KB041703

제12판

민사소송법

김홍엽

박영사

Civil Procedure

Twelfth Edition

by

HONG-YUP KIM

Professor of Law, Sungkyunkwan University

Seoul, Korea

Parkyoung Publishing&Company

2024

제12판 머 리 말

　제11개정판을 발간한지 1년 반 만 가까이 되었다. 그동안 민사소송법 등의 개정에 따라 도입된 괄목할 만한 제도들과 전원합의체 판결을 비롯한 주목할 만한 판례의 분석 등 연구결과를 가능한 한 알차게 반영하기 위하여 새롭게 보충할 내용이 다른 개정판 작업 때보다 더 많았다. 관련 문헌들도 상대적으로 많이 축적되어 여러모로 시간과 노력이 많이 들었다. 이번 개정 작업도 많은 쟁점들에 관하여 오래 사색하고 연구한 결과를 담아내려고 노력했다.

　2023. 2. 제11개정판의 발간 후 민사소송법이 3차례 개정되었다. 2023. 4. 18. 민사소송법의 개정(2023. 10. 19. 시행) 및 이에 따른 관련 법률 및 규칙(민사소송 등 인지법, 민사소송 등에서의 전자문서 이용 등에 관한 법률, 민사소송 등 인지규칙, 민사소송 등에서의 전자문서 이용 등에 관한 규칙)의 개정으로 소권남용에 대하여 적극적 대응하는 절차법적 조치가 있었으며, 같은 맥락에서 최소인지금액에 미달하는 소장에 대한 접수보류제도(전자소송에서는 접수보류사유확인제도)가 도입되었다. 한편 2024. 1. 16. 민사소송법의 개정(2025. 3. 1. 시행)으로 항소이유서 제출강제주의가 도입되었다. 그동안 소송절차에서 상고이유서(재항고이유서) 제출강제주의와 달리 항소이유서(항고이유서) 제출강제주의는 도입되지 않았는데(집행법원의 집행절차에 관해서는 2002년 민사집행법 제정시 항고이유서 제출강제주의가 도입되었다) 이번 개정으로 소송절차나 집행절차 모두 상소심 재판에서는 상소이유서 제출강제주의가 채택되게 되었다. 2025. 3. 1. 시행을 앞두고 있는데 신속하고 효율적인 상소심 제도의 운용을 위한 획기적인 변화를 가져올 것으로 예상된다. 한편 2023. 7. 11. 민사소송법의 개정(2025. 7. 12. 시행)으로, 소송관계인의 생명 또는 신체에 대한 위해의 우려가 있다는 소명이 있는 경우 소송기록의 열람·복사·송달에 앞서 주소 등 개인정보에 대해서는 공개되지 않도록 보호조치를 할 수 있도록 하였다. 판결서 공개 등 소송기록의 열람·등사가 확대됨에 따른 필요한 조치로 시의적절하게 개정이 이루어졌다.

　　2023. 8. 8. 민사소송 등에서의 전자문서 이용 등에 관한 법률의 개정(2025. 1. 31. 시행)으로, 법원에 제출할 서류가 전자정부법에 따라 공동이용이 가능한 행정정보이거나 정보주체가 행정기관 등에 대해서 제공을 요구할 수 있는 행정정보에 해당하는 때에는 소송당사자 등이 행정기관 등을 직접 찾아가지 않고도 전산정보처리시스템을 통해 행정정보를 법원에 제출할 수 있도록 하였다. 전자소송에서 소송당사자 등이 소송절차에 필요한 각종 서류를 행정기관 등 직접 발급받아 법원에 제출하는 데 따른 불편을 해소하기 위한 적절한 조치이다. 한편 2023. 3. 28. 소액사건심판법의 개정(같은 날 시행)으로 소액사건의 판결시 일정한 경우 청구를 특정함에 필요한 사항 및 주문의 정당함을 뒷받침하는 공격방어방법에 관한 판단 요지를 판결서의 이유에 기재하도록 노력해야 한다는 명시적 규정을 두었다. 2022. 10. 11. '소액사건 심판사무의 처리에 관한 예규'가 개정(같은 날 시행)되어 이미 예규에 같은 내용을 두고 있는 것을 법률의 개정을 통하여 법률에 규정하고 있는 만큼 규범적 효력이 적절하게 행해질 것을 기대한다. 이와 아울러 소액사건도 일정한 경우 간략한 이유 기재를 통하여 국민이 납득할 수 있는 재판이 될 수 있도록 하는데, 민사·가사·행정상고사건에 대하여 중대한 법령위반으로 판결결과에 영향을 미친 위법이 없다는 이유로 심리불속행으로 인한 상고기각판결을 하면서 판결서상 심리불속행사유에 해당한다는 취지 기재만 이유에서 적고 실질적으로 아무런 이유를 적지 않고 있는 현행 제도에 대해서는 이를 개선하기 위한 진지한 숙고가 필요하다. 현재 민사본안상고사건의 70% 넘게 심리불속행으로 인한 상고기각판결이 이루어지고 있는 현실을 고려하면 결론만 있고 이유설시 없는 재판에 대하여 국민이 납득하기 어렵기 때문이다.

　　관련 규칙 및 예규의 개정 상황도 필요한 범위에서 이를 충실히 반영했다. 특히 대법원규칙인 행정소송규칙이 2023. 8. 31. 제정·시행(2024. 2. 22. 개정, 2024. 3. 1. 시행)되었는데 그동안 축적된 판례의 내용을 대법원규칙에 규정함으로써 예측가능성을 제고하는 의미에서 고무적인 조치로 생각한다. 위 규칙에는, 민사소송인지 행정소송상 당사자소송인지 문제가 될 수 있는 사건 유형과 관련하여 당사자소송에 해당하는 사건을 열거하고 있으며, 행정소송에서 다툼의 적정한 해결을 위해 법원이 필요한 사항을 서면으로 권고하는 등 필요한 조치를 취할 수 있도록 하고 있으며, 피고의 경정을 사실심 변론을 종결할 때까지 할 수 있음을 명문으로 규정했다. 한편 재판예규인 '사건관리방식에 관한 예규'가 2023. 9. 14. 개정(2023. 10. 19. 시행)되고, '영상재판의 실시에 관한 업무처리지침'이 2023. 1. 9. 개정(2023. 1. 16. 시행)되었으며, 2023. 2. 24. '민사소송 등에서의 전자문서 이용 등에 관한 업무처리지침'이 개정(2023. 3. 1. 시행)되었다. 한편 재판예규 가운데 '법관 등의 사무분담 및 사건배당에 관한 예규'의 경우 (제11판 발간 당시 시행되던) 2022. 5. 17. 개정(2022. 5. 19. 시행)에 이어 그 뒤로도 2023. 2. 7., 2024. 2. 1., 2024. 6. 27. 등 3차례 걸쳐 연이어 개정이 이루어졌다. 마지막 개정은 바로 전 개정시 제1심 민사 또는 가사단독사건이 청구취지의 확장 등이나 반소, 독립당사자참가 등으로 소송목적의 값 또는 청구목적의 값이 2억원을 초과하는 고액단독사건에 해당하게 된 경우 부장판사가 심판하도록 재배당 절차를 취하도록 한 것을 시행 후 4개월 남짓 되어 재배당으로 인한 심리의 중복과 절차지연을 최소화하기 위하여 이를 재배당사유에서 삭제하는 내용이었다. 대법원이 규칙이나 예규를 개정할 때 사법정책 내지 사법제도적 측면에서 보다 신중하게 제도설계를 할 필요성을 일깨워준다.

　　제11개정판 발간 후 특히 주목할 만한 대법원판결·결정으로, ① 외국국가의 재판권 면제와 관련하여, 외국국가가 우리나라에서 다른 사람 소유의 토지 일부를 공관지역(외교공관)으로 점유하는 경우에 피고 건물의 일부철거 및 그 부지 등 인도 청구, 부지의 부당점유에 따른 부당이득반환청구 등의 가부에 관하여 그 판단기준을 상세히 제시하고 있는 대법원 2023. 4. 27. 선고 2019다247903 판결, ② 비송사건을 소송사건으로 제기한 경우 수소법원은 당사자에게 석명을 구하여 당사자가 소송절차로만 처리해 달라는 것이 아니라 비송사건으로 처리해 주기를 바라는 의사도 포함되어 있음이 확인된다면 이를 비송사건 신청으로 보아 재배당 등을 거쳐 비송사건으로 심리·판단해야 하고, 그 비송사건에 대한 토지관할을 가지고 있지 않을 때에는 관할법원에 이송하는 것이 타당하다고 본 대법원 2023. 9. 14. 선고 2020다238622 판결, ③ 진술금지재판에 따른 변호사선임명령의 불이행에 따른 소 또는 상소각하결정과 관련하여, 이러한 제도의 취지를 분명히 하면서 판단기준을 상세히 제시하고 있는 대법원 2023. 12. 14.자 2023마6934 결정, ④ 상소제기의 특별한 권한을 수여받은 소송대리인이 상소를 제기하지 않고 당사자 본인이 상소장을 작성하여 제출한 경우 보정명령을 소송대리인에게 할 수 있는지 여부에 관한 대법원 2024. 1. 11.자 2023마7122 결정, ⑤ 과거의 법률관계의 확인과 관련하여, 혼인관계가 이혼으로 해소된 후에도 혼인무효의 확인을 구할 이익이 인정되는지 여부에 관한 대법원 2024. 5. 23. 선고 2020므15896 전원합의체 판결, ⑥ 장래의 이행의 소의 적법 여부의 판단에서, 특히 쌍무계약관계에 기한 청구에서는 상대방 당사자와의 계약관계의 균형이 상실되지 않도록 미리 청구할 필요가 있는지 여부에 관하여 엄격한 기준에 따라 신중하게 해야 한다는 대법원 2023. 3. 13. 선고 2022다286786 판결, ⑦ 적정하고 신속한 재판을 통한 개인의 권리구제를 위하여 문서가 반드시 재판에 증거로 제출될 필요가 있다면 해당 문서가 민사소송법 344조에서 정한 예외에 해당하지 않는 이상 문서제출명령이라는 방법을 통하여 증거로 제출될 수 있어야 한다는 기본적 입장에서 통신사실확인자료도 문서제출명령의 대상이 된다고 본 대법원 2023. 7. 17.자 2018스34 전원합의체 결정, ⑧ (행정소송 가운데 항고소송에서 민사소송으로의 소변경이 가능하다는 판례의 입장의 연장선에서) 행정소송 가운데 당사자소송에 대해서도 청구의 기초가 바뀌지 않는 한도 안에서 민사소송으로 소변경이 가능하다고 본 대법원 2023. 6. 29. 선고 2022두44262 판결, ⑨ 제 1 심법원이 항고에 정당한 이유가 있다고 인정하여 항고대상인 재판을 재도의 고안으로 경정한 때에는 그로 인해 불이익을 받는 상대방 당사자도 민사소송법 211조 3항을 준용 또는 유추적용하여 즉시항고로 불복할 수 있다고 해석하는 것이 타당하다고 보는 본 대법원 2023. 7. 14.자 2023그585,586 결정 등을 들 수 있는데, 이를 비롯하여 민사절차법과 관련된 중요한 판결·결정들을 빠짐없이 상세하게 언급했다. 특히 소송절차의 중단과 관련하여 제 1 심 소송계속 중 상소제기에 관한 특별수권을 받은 소송대리인이 있는 당사자가 사망한 경우 판결서상 소송수계절차에서 누락된 상속인이 당사자로 표시되지 않은 상태에서 상소가 이루어지고 판결이 확정되었더라도 누락된 상속인들에 대해서는 상소심에서 소송절차가 중단된 채로 있다고 볼 것인지 여부에 관한 대법원 2023. 8. 18.자 2022그779 결정과 관련해서는, 기존 판례(대법원 1992. 11. 5.자 91마342 결정, 대법원 2010. 12. 23. 선고 2007다22859 판결 등)와의 관계에서 치밀하게 다루어야 할 여러 쟁점들이 있어 별도로 여러 쪽을 할애하면서까지 상세히 검토했다.

　　이번 개정판에서는 이론적으로 보다 철저하게 다룰 부분에 대해서는 상당한

양을 추가하여 상세히 서술했다. 특히 추심명령에 따른 추심채권자의 소송상 지위를 제3자 소송담당을 보는 통설 및 판례의 입장에 대하여 새로운 이론이 제기되고 있는 상황에서 행정소송(당사자소송)인 보상금증액청구소송에서 압류채무자의 당사자적격을 인정한 대법원 2022. 11. 24. 선고 2018두67 전원합의체 판결로 민사소송에서의 추심명령에 관해서도 본격적으로 논의가 재점화될 것으로 예상되어, 추심채권자와 채무자의 소송상 지위를 둘러싼 관련 문제(중복소송, 기판력, 재소금지의 효력, 유사필수적 공동소송, 공동소송참가 등)의 논의에서 고유적격설 등 다른 입장에 대해서도 상세하게 다루었다. 나아가 전자소송이 일반화된 상황에서 실무적으로도 도움이 될 수 있게 전자소송에서 변론, 증거조사, 송달 등이 어떻게 행해지는지 구체적 설명을 보충했다. 아울러 영상재판이 확대되는 상황에서 변론기일에서의 영상변론, 변론준비기일이나 심문기일에서의 영상심문, 증인신문·당사자신문 등 영상신문 등에 관해서도 설명을 보충했다. 한편 민사소송법상 쟁점에 관한 입법적 상황으로, 제21대 국회에 계류되었다가 임기종료로 자동폐기된 법률안들에 대해서도 상세히 언급했다. 사법통계도 사법연감 및 국회에 제출된 자료 등을 통하여 구체적으로 언급했다. 여느 개정판 작업 때와 마찬가지로 해당 쟁점에 관하여 최근 발표된 논문 등 문헌을 가능한 한 빠뜨리지 않고 반영하여 추후 활발한 논의가 이어지도록 노력했다. 나아가 판사들이 해당 쟁점에 관하여 어떻게 이해하는지에 관해서도 실증적으로 검토하기 위하여 판사들의 판례스터디 모임에서 발간하는 민사판례해설집도 검토하여 이를 반영하였다.

제11개정판에서는 제10개정판의 내용을 보충하면서 늘어날 책 분량을 가독성을 유지하면서 체계적으로 디자인하는 방법으로 간신히 쪽수를 조절했는데, 이번 제12개정판에서는 추가할 내용을 풍부하게 언급하는 바람에 쪽수가 늘어날 수밖에 없었다. 내용의 충실에 주안을 둔다는 나름 저술의 정체성(identity) 때문에 불가피한 일이기는 하나 마음의 부담이 따르는 것은 어쩔 수 없었다.

연구자에게 체력적 면에서나 심적인 면에서 안정(stability)은 깊이 있는 연구를 위하여 지대한 의미를 지닌다. 많은 시간 연구 등 일에 몰두하는 저자를 격려하고 힘이 되어준 가족에게 깊이 감사한다. 늘 좋은 책의 발간을 위하여 격려 아끼지 않으시는 박영사 안종만 회장님, 저자의 책을 세심히 살피고 제때 출간될 수 있도록 배려해 주신 조성호 이사님, 그리고 혼신의 힘을 다해 편집에 임해주신 김선민 이사님께 깊이 감사드린다. 개정판이 이어지게 하는 원천적 힘은 독자의 관심이다. 독자들의 기대에 어긋나지 않고, 그 기대에 부응하겠다는 서원을 다시 되새긴다. 개정판 머리말을 쓸 때면 또 다른 모습의 다음을 기약하게 된다. 그리고 연구결과가 알차게 담겨져 있는 좋은 책에 대한 신념을 새롭게 한다.

2024. 7.

저　자 씀

제11판 머리말

제10개정판을 발간한 지 1년 반 되어 제11개정판을 발간하게 되었다. 거의 매년 개정판을 발간하다가 작년 6월 민사집행법 제7개정판의 발간 작업으로 몇 개월 늦어졌다. 법원에서 실무를 통하여 연구 결과를 점검하고, 연구 결과를 실무에 반영하는 연구와 실무의 상호 순환적 일상의 생활은 아무런 변화가 없었다. 이번 개정판 역시 1년 반 동안 변경된 법령 및 예규, 새로 나온 판결 및 결정 등 판례, 새로 발표된 논문 등 문헌을 분석하여 이를 반영했다.

민사소송법의 개정에 따른 변론기일에서의 영상재판의 확대(2021. 11. 18.자 시행), 미확정판결서에 대한 인터넷 열람서비스 개시(2023. 1. 1.자 시행), 국제사법의 전부개정(2022. 7. 5.자 시행)에 따른 국제재판관할권과 관련된 중요 쟁점들에 관한 전면적 재검토의 필요, '민사 및 가사소송의 사물관할에 관한 규칙'의 개정에 따른 단독사건의 사물관할의 변경과 이로 인한 항소심 관할의 변경(2022. 3. 1.자 시행) 등 제도적 변경에 대해 상세하게 설명했다. 단순히 관련 법률의 개정 내용뿐만 아니라 관련 개정 규칙 및 개정 예규(특히 '법관 등의 사무분담 및 사건배당에 관한 예규', '고등법원에서 항소·항고심을 관할하는 민사단독사건의 업무처리 예규', '소액사건 심판사무의 처리에 관한 예규' 등)까지 분석하여 보다 정확하게 이해할 수 있도록 했다. 상고심의 개혁과 관련하여 상고심사제의 도입 및 대법관 증원의 문제에 대해 2023. 1. 5.자로 국회에 제출한 대법원장의 입법의견까지 소개하면서 상세히 다루었다. 한편 민사소송의 이상에서 적정과 신속의 갈등 및 신속한 재판의 필요성에 관해서는 기존 내용을 보충하면서 문제의 심각성에 따른 재인식을 촉구했다.

판례는 2021. 7. 이후 2023. 12. 29.까지의 민사소송법 관련 주요 판결 및 결정들을 모두 검토하여 반영했다. 전원합의체 판결들 가운데 ① 기존의 판례를 변경한 경우로, 외국법원의 확정재판 등의 승인요건상 적법한 송달에 보충송달을 포함시킬 것인지에 관한 대판(전) 2021. 12. 23. 2017다257746, ② 기존의 판례를 재확인하고 있는 경우로, 부작위채무나 부대체적 작위채무의 이행을 청구하는 민사소송에서 간접강제청구를 병합할 수 있는지에 관한 대판(전) 2021. 7. 22. 2020 다248124, ③ 기존의 판례가 여태껏 다루지 않았던 쟁점에 관한 경우로, 주주총 회결의의 부존재확인 또는 무효확인을 구하는 소를 여러 사람이 공동소송으로 제 기한 경우와 필수적 공동소송에 관한 대판(전) 2021. 7. 22. 2020다284977들은, 국 제화 시대에 대응하는 전향적인 태도를 취함으로써 사법선진적 모습을 보여주었 을 뿐만 아니라(① 전원합의체 판결), 소송절차와 집행절차와의 관계, 통상공동소송 과 필수적 공동소송과의 관계 등 민사절차법의 중요 쟁점들을 근본적인 면에서 치 열하게 다루고 있어(②, ③ 전원합의체 판결), 학문적으로도 시사하는 점이 많았다.

　한편 판례 중에는 새로운 쟁점에 대하여 처음으로 다루거나, 기존 판례의 입 장을 논리적으로 더 확장·보충하여 다루고 있는 판례들(특히 ① 상계항변선행형과 중복소송에 관한 대판 2022. 2. 17. 2021다275741, ② 반대급부와 동시이행의 지급명령을 명하는 경우 반대급부의 대상 및 이를 이행할 사람에 관한 대결 2022. 6. 21. 2021그753, ③ 집합건물 위탁관리업자의 구분소유자에 대한 연체관리비청구의 소송계속 중 위탁관리 업자와의 위탁관리계약이 종료될 때의 소송절차중단 및 소송수계의 문제에 관한 대판 2022. 5. 13. 2019다229516, ④ 소송비용부담의 재판에서 보조참가로 인한 부분에 대하여 별도로 판결주문에서 특정하여 판단하지 않고 있는 경우 재판의 누락으로 볼 것인지 여부 의 판단기준에 관한 대결 2022. 4. 5. 2020마7530, ⑤ 외국재판이 실제 손해액의 일정 배수 를 자동적으로 최종 손해액으로 정하고 있는 경우 승인 여부의 판단방법에 관한 대판 2022. 3. 11. 2018다231550, ⑥ 여러 채권자에 의한 채권자취소소송의 확정판결에 대하여 일부 가액반환을 한 수익자가 청구이의의 소를 제기하는 경우 집행력 배제를 구할 수 있는 범위의 판단방법에 관한 대판 2022. 8. 11. 2018다202774 등)이 많이 생성되고 축적되어 판례이론 역시 보다 정치화(精緻化)되고 있음은 고무적이다.

　특히 판례가 사실심법원이 재판운영상 반드시 고려해야 할 사항들을 강조하 는 경우들이 상대적으로 많아졌는데(예컨대 ① 현재의 법률관계의 확인을 구하는 소송 계속 중 현재의 법률관계가 과거의 법률관계로 된 경우 법원이 취할 조치에 관한 대판 2022. 6. 16. 2022다207967, ② 묵시적 재판상 자백과 자백간주와의 구별기준에 관한 대판 2021. 7. 29. 2018다267900 및 대판 2022. 4. 14. 2021다280781, ③ 동시이행판결을 하는 경우 반대의무의 내용을 명확히 할 필요성에 관한 대판 2021. 7. 8. 2020다290804, ④ 부대 항소로 취급할 수 있는지 여부와 관련하여 이를 명확히 하기 위한 법원의 조치에 관한 대판 2022. 10. 14. 2022다252387, 대판 2022. 12. 29. 2022다263462 등) 하급심법원으로서는 판례가 거듭 언급하고 있는 문제들에 대하여 보다 정확한 지식과 통찰이 필요하지 않나 생각이 들었다. 저자는 이러한 판례들이 지니는 의미들을 판례의 맥(脈)과 결에 충실하게 개정판에 반영하도록 고심했다. 물론 판례 가운데 결론에 동의하기 어려운 판결(수감 중인 당사자의 종전 주소로의 공시송달의 유효성에 관한 대판 2022. 1. 13. 2019다220618) 및 결론에 동의하되 논리적 설명이 부족한 판결(항소심에서 확정된 화해권고결정상 원고의 소취하 및 피고의 동의가 제1심 본안판결 선고 뒤 소취하와 같이 보아 재소금지의 규정을 적용할 것인지에 관한 대판 2021. 7. 29. 2018다230229)에 대해서는 각 그 문제점을 구체적으로 지적했다.

한편 민사소송과 집단소송 및 가사소송 등과 관련하여 국회에 계류 중인 법률안들에 대해서도 일일이 언급했다. 통계자료가 필요한 경우에는 2022년판 사법연감과 국회에 제출된 자료 등을 참고하여 정확하게 수치적으로 밝히려고 했다.

매번 개정판을 낼 때마다 추가되는 내용을 어느 정도의 범위에서 담아내어야 하는지에 관한 실체적인 부분 외에도 이러한 추가로 책의 분량이 어느 정도로 늘어나게 될 것인지에 관한 형식적인 부분 등으로 인하여 개정작업에는 엄청난 부담감이 따르게 된다. 새로운 내용들의 추가로 내용의 풍부함을 도모할 수 있으나 그 대가로 책의 부피가 늘어날 수밖에 없게 되어 이러한 긴장관계 속에서 균형점을 찾으려고 노력해야 했다. 지금까지는 조심스럽게 기존 내용을 적절히 조절하면서 새로운 내용을 추가하는 방식을 취했으나 그마저 한계에 봉착했다. 견해에 따라서는 교재에서는 꼭 필요한 내용만을 담고 그 범위를 벗어나는 내용들은 논문으로 담아야 한다고 한다. 우리나라 법공부의 현실에 비추어 그러한 견해가 지니는 위험성을 일단 차치하면 일리가 없는 말이 아니므로 경청의 여지는 있다. 그러나 하나의 문제를 정확히 이해하기 위해서는 그 문제의 실체와 관련된 현재적 및 잠재적 쟁점(existing & potential issues)을 다룰 수밖에 없고 교재에서 다룰 쟁점과 논문으로 다룰 쟁점이 별개의 것이 아닌 이상 문제점과 그 발전(development)에 대하여 최소한 그 가치적 쟁점(ramifications)에 대한 언급을 통해 스스로 해당 문제점의 실체를 정확히 이해할 수 있어야 한다는 것이 저자의 지론(持論)이다. 이번 개정판에서도 이러한 갈등을 여과해나가는 고통스런 과정이 필요했다. 결국 기존 내용을 전반적으로 점검하여 압축적 설명이 가능한 부분들을 찾아내어 이를 짜임새 있게 조절했다. 그리고 해당 내용을 미리 파악하도록 소제목을 많이 활용했던 부분을 줄이고 가능한 한 줄을 이어 쓰는 방법을 취하되 제목에 해당할 수 있는 주요개념에 대해서는 블록(block) 처리를 하여 가독성(可讀性)에는 달리 영향을 받지 않도록 했다.

이제 개정 10판을 넘어섰다. 거의 매년마다 민사소송법 개정이 가능한 것은 출판사의 판단에 기한 것이다. 늘 개정 준비를 하고 있음에도 막상 해마다 개정 원고의 부탁을 받으면 고마운 마음과 더불어 책임감으로 부담감을 더하게 된다. 늘 저자에 대해 관심을 가지고 격려해 주시는 박영사 안종만 회장님과 안상준 대표님, 출간 계획과 일정을 조율해 주시면서 좋은 책이 발간될 수 있도록 많은 배려를 해주시는 조성호 이사님, 이번 개정판은 체제면에서도 전반적인 조정이 필요하여 이전 개정 때보다 훨씬 더 힘드셨음에도 정말 훌륭히 편집 작업을 해주신 김선민 이사님 등께 깊이 감사드린다. 법률을 다루는 법조인과 법학자의 천직에 평정(tranquility)과 안정(stability)으로 매진할 수 있도록 도와준 가족에게 늘 한결같은 감동으로 감사한다. 힘이 드는 순간에도 가족의 사랑과 성원에 힘입어 힘을 얻게 된다. 개정판을 거듭할 수 있는 것은 독자 때문이다. 법조인이나 학자, 그리고 법을 배우는 분들이 저자의 책을 아끼시는 덕분에 더욱 용기를 내고 연구 자세를 가다듬게 된다. 다시 한 번 모든 분께 감사드린다.

2023. 1.

저 자 씀

제10판 머 리 말

어느덧 제10판의 발간에 이르렀다. 제10판의 발간은 저자로서 여러모로 의미를 지닌다. 오랜 기간 민사절차법을 연구해 온 성과를 되돌아보면서 연구 자세를 가다듬고, 앞으로의 연구 방향을 모색하는 계기가 되기 때문이다.

제10판도 제9판 발간 이후 관계 법령, 예규 등의 변경 등을 상세히 반영하고, 전원합의체 판결들을 비롯하여 중요한 판례 등을 철저히 분석함으로써 주요 쟁점에 대한 기존의 논의를 보다 심화하는 데 주력하였다. 한편 기존의 참고문헌 등의 개정 내용을 비롯하여 새로 나온 연구논문 등 자료들을 논점의 정확한 이해를 위해 필요한 범위 내에서 구체적으로 언급하였다.

매년 개정판을 내지만 이번 개정판에서는 보충할 내용이 상당히 많아졌을 뿐만 아니라, 보다 상세하게 설명할 필요가 있는 부분들을 추가하는 등 페이지 수가 많이 늘어나게 되었다. 분량이 늘어나지 않으면서 기존 내용을 보충하고, 새로운 내용들을 추가할 수 있는 뾰족한 방법을 찾을 수 없는 까닭에 개정판을 낼 때마다 페이지 수가 늘어날 수밖에 없어 이에 비례하여 저자의 심적 부담이 늘어나게 되었다. 그러나 저자의 책의 정체성(identity)이 철저한 분석적 마인드(analytical mind)로 정확성(precision)을 기한다는 데 있다는 생각으로 이를 합리화해 본다.

10판에서 보완·추가된 내용들을 대략적으로 정리하면 다음과 같다.

(1) 국민의 사법접근권(right to access to justice)의 실질적 보장을 위한 필수적 제도라고 볼 수 있는 판결서의 열람 및 복사와 관련하여 제9판에 이르기까지 상세히 설명하였는데, 2020. 12. 8. 민사소송법이 개정되어 확정되지 아니한 사건의 판결서에 대해서도 열람 및 복사가 가능하게 되었다. 만시지탄(晩時之歎)이나 매우 고무적인 제도개혁으로 시행시기인 2023. 1. 1.까지 비실명화작업 및 예산확보 등의 준비를 철저히 할 필요가 있음을 지적하였다.

(2) 법원을 통한 민사분쟁의 해결은 재판과 조정에 의해서 이루어진다. '좋은

재판' 못지않게 '좋은 조정'이 무엇보다 중요하다. 권리확정절차의 양축이라고 할 수 있는 민사재판절차와 민사조정절차가 효율적으로 상호 작용하기 위해서는 보다 활발한 논의와 제도개선이 따라야 한다. 2020. 2. 4. 민사조정법이 개정되고 이에 따라 2020. 3. 30. 민사조정규칙이 개정됨으로써 비변호사 조정대리의 범위가 확대되고, 조정절차상 사실조회를 제외한 증거조사를 허용하지 않는 등 조기조정(early mediation)을 위한 제도적 정비가 이루어졌다. 제10판에서는 이러한 제도적 변화의 의미를 설명하고, 나아가 민사조정절차상 특수한 제도인 대표당사자제도와 민사소송절차상 선정당사자제도를 비교분석함으로써 실무상 제도운영뿐만 아니라 입법에도 참고가 될 수 있도록 하였다.

(3) 이미 일정한 경우 비디오 등 중계장치 등에 의한 증인신문이나 감정인신문(원격영상신문절차)을 허용하고 있으나, 2020. 6. 1. 민사소송규칙이 개정되어 코로나와 같은 재난 등의 상황에서 변론준비절차상 재판장 등과 당사자 사이의 협의(pre-trial conference)를 비롯하여 변론준비기일의 진행을 인터넷 화상장치를 이용할 수 있도록 하였다. 앞으로 변론기일이나 심문기일에서도 필요시 영상재판을 할 수 있도록 점진적인 제도개혁이 이루어지고 있는 상황에서 이러한 재판절차상 변화에 대하여 관심을 가질 수 있도록 구체적으로 언급하였다.

(4) 제 9 판 발간 후 선고된 민사소송법에 관한 판결들 가운데 전원합의체 판결들을 집중 분석하고, 기존 판례의 입장을 재확인하는 이상의 중요한 의미를 지니는 판결들에 대해서는 상세하게 이를 평석하였다.

먼저 전원합의체 판결에 대해서는, ① 확인의 소에서 제소권자에 관한 규정을 두고 있는 경우 이를 제한적으로 볼 것인지 예시적으로 볼 것인지 여부와 관련하여, 특히 친생자관계 존부확인의 소와 민법 제865조 제 1 항의 해석에 관한 대판(전) 2020. 6. 18. 2015므8351, ② 확인의 소에서의 확인의 이익에 관련하여, 특히 보험회사가 보험수익자를 상대로 제기한 채무부존재확인의 소의 경우 단순히 다툼이 있다는 이유만으로 확인의 이익이 있다고 볼 것인지에 관한 대판(전) 2021. 6. 17. 2018다257958,257965, ③ 공유관계소송에서 소수지분권자가 다른 소수지분권자에 대하여 공유물에 대한 보존행위로서 공유물의 인도를 청구할 수 있는지 여부에 관한 대판(전) 2020. 5. 21. 2018다287522, ④ 항소심에서 항소장부본의 송달불능으로 항소심재판장 등이 항소인에 대하여 주소보정명령을 하였으나 보정기간 내에 보정하지 아니한 경우 항소심재판장이 항소장각하명령을 하는 현재 판례의 타당성에 관한 대결(전) 2021. 4. 22. 2017마6438 등을 설명하고 그 의의를 분석하였다.

나아가 기존 판례의 입장을 보다 논리적으로 입론하여 판례이론을 심화·발전시킨 것으로 평가할 수 있는 판결들 가운데, 예컨대 ① 담보권실행을 위한 경매절차에서 유치권이 주장되지 아니한 경우에도 채권자인 근저당권자, 또는 채무자가 아닌 소유자가 유치권부존재확인을 구할 법률상 이익이 있는지 여부에 관한 대판 2020. 1. 16. 2019다247385, ② 청구취지의 확장을 전제로 한 일부청구에서 해당 소송절차에서 청구취지를 확장하지 아니한 경우 소제기로 인한 시효중단의 효력에 관한 대판 2020. 2. 6. 2019다223723, ③ 추심금청구소송에서 본안에 대한 종국판결이 있는 뒤 추심채권자가 소를 취하한 경우 추심채권자에게 재소금지의 효력이 미치는지 여부에 관한 대판 2021. 5. 7. 2018다259213, ④ 공동소송적 보조참가인이 상고심에서 상고이유서를 상고이유서 제출기간을 지켜 적법하게 제출한 것으로 볼 것인지에 관한 대판 2020. 10. 15. 2019두40611 등에 대해서는 해당 논점이 관련 쟁점 등과 어떻게 상호 연관성을 가지고 체계 정합적으로 이해해야 하는지 비판적으로 언급하였다.

(5) 한편 기존 학계에서 충분하게 논의되고 있지 않지만 중요하게 취급되어야 할 부분들, 예컨대 ① 피고가 소송무능력자인 경우 법원의 조치 및 그 근거, ② 소취하합의의 취소시 그 근거, ③ 추후보완상소에서 당사자가 책임질 수 없는 사유인지 여부에 대하여 구체적 사례에 따른 체계적 분류, ④ 상고심절차에서 상고이유서 제출기간이 지난 뒤 소송중단사유가 발생한 경우 소송절차의 수계 여부, ⑤ 소송상 상계에서 상계로 제공한 여러 개의 반대채권(자동채권) 가운데 일부에 대하여 그 존재를 인정하고, 나머지 일부에 대해서는 그 존재를 인정하지 아니한 판결의 기판력의 범위, ⑥ 소송탈퇴의 경우 승계사실의 부존재나 승계의 무효를 이유로 승계인에 관한 청구가 기각된 판결도 그 효력이 탈퇴한 당사자에게 미칠 것인지 여부, ⑦ 항소심에서 항소심재판장이 항소장각하명령을 할 수 있는 시기 등에 관해서는 이미 시도하였던 분석의 연장선에서 더욱 구체적으로 논의를 전개함으로써 입론을 강화하였다.

(6) 보다 설득력 있게 제도적 상황을 이해할 수 있도록 주요 논점에 대해서

는 제 9 판에서와 같이 통계자료를 덧붙였다. 이러한 작업은 저자의 기존의 입장을 소송의 실제에서 점검하는 의미도 있으므로 사법연감을 비롯하여 대법원이 공식적으로 밝히고 있는 자료들을 확보 가능한 범위에서 언급하였다. 예컨대 ① 확정된 채권의 시효중단을 위하여 제기하는 신소의 형태로서 '새로운 방식의 확인소송'을 허용하는 대판(전) 2018. 10. 18. 2015다232316 이후에 실제 이러한 '새로운 방식의 확인소송'의 이용실태, ② 나홀로소송(unrepresented litigation)의 실태 및 증가원인 등에 관해서는 통계자료 등을 통하여 생동감 있게 파악하도록 하였다.

(7) 중요한 법률개정안이 국회에 계류되었다가 임기만료로 폐기되는 경우 다음 국회에 다시 제안되기도 한다. 21대 국회에 계류 중인 국제사법 전부개정법률안은 국제재판관할의 판단기준인 실질적 관련성을 판례의 태도에 부합되게 구체적으로 규정하고, 대한민국 법원에 전속관할이 있는 특정 사건을 열거하여 이를 분명히 하고, 전속적 국제재판관할합의의 효력 유무의 판단에서 판례가 제시하고 있는 '합리적 관련성'을 별도로 요구하지 않는 것으로 하며, 중복소송금지와 관련하여 외국법원에 계속 중인 사건과 동일한 사건이 대한민국 법원에 제기되는 경우 직권 또는 당사자의 신청에 의하여 결정으로 소송절차를 중지할 수 있도록 하는 등 그 입법화가 주목되므로 이를 각 해당 부분에서 언급하였다.

한편 21대 국회에 계류 중인 민사소송법 개정안들 가운데, 특히 ① 소송절차상 변호사강제주의의 도입과 관련하여 상고심절차에서의 필수적 변호사대리인제도 및 이를 위한 국선대리인제도의 도입을 내용으로 하는 개정안, ② 증거조사절차상 문서제출명령과 문서목록제출명령과 관련하여 그 불이행시의 효과 등에 관한 개정안, ③ 증거보전절차상 한국적 디스커버리(discovery)제도로 볼 수 있는 '소제기 전 증거절차제도'의 도입을 내용으로 하는 개정안 등에 대해서도 관심을 가지고 지켜볼 일이므로 이를 적절하게 언급하였다. 물론 민사소송법 외의 집단소송 관련 법률안 등에 대해서도 빠뜨리지 않고 언급하였다.

로스쿨에서 가르치고 연구에만 몰두하다가 법원으로 다시 돌아와 실무를 하면서도 늘 이론과 실무의 경계선을 넘나든다. 마음속에 '실무로써 검증 가능한 이론', '이론이 뒷받침된 실무'라는 명제를 화두처럼 새기게 된다. 제10판에서도 학자로서의, 그리고 법조인으로서의 사명감으로 일궈낸 결과들이 반영되었다.

코로나 팬데믹으로 비대면 강의가 일상화되는 상황에서 출판사가 처한 어려운 사정을 제대로 헤아리기 어렵다. 무엇보다도 매년 개정판을 낼 수 있는 행운에 대하여 박영사 안종만 회장님과 안상준 대표님께 감사드린다. 출간 계획 등에서 저자의 입장을 고려하여 세심하게 살펴주신 조성호 이사님, 좋은 책을 위한 저자의 마음을 헤아리면서 치밀하게 편집 작업을 해주신 김선민 이사님 등께도 감사드린다.

늘 똑같은 생활의 반복에서 마음의 평정을 잃지 않고, 평생 해오는 일에 몰두할 수 있도록 배려와 격려를 아끼지 아니하는 가족에게 한결같은 감사의 마음을 전한다.

제10판은 또 다른 여정(旅程)의 시작을 알리는 이정표(里程標)이다. 좀 더 큰 시각에서 민사사법정책과 민사사법제도의 모습을 그려가면서 민사소송법 연구에 매진하는 것이 이 책과 인연이 된 모든 분들에 대하여 진정으로 고마운 마음을 전달하는 길임을 명심해 본다.

2021. 7.

저 자 씀

제 9 판 머 리 말

지난 한 해 민사사법제도에도 많은 변화가 있었다. 2019. 3. 수원고등법원 및 수원가정법원이 신설되고, 서울고등법원 인천 원외재판부가 설치되어 국민의 사법접근성이 한층 강화되었다. 사법개혁의 조치로서 검토되었던 여러 가지 제도가 아직 제대로 시행되지는 않았으나 입법조치를 필요로 하는 사항도 있어 더 두고 지켜볼 일이다.

저자가 2018년 한 해를 대법원 '국민과 함께하는 사법발전위원회' 등의 활동에, 2019년 한 해를 법원행정처 발주의 '국민의 사법수요 분석 및 정책제안'을 위한 연구에 매진하면서 체득한 한 가지는 진정으로 국민이 중심이 되는 사법(citizen-focused/centered justice)을 위하여 보다 쉽게 다가갈 수 있고, 누구에게나 공평하게 주어지는 사법접근성(easy, available, fair access to justice)의 실질적 보장을 위한 헌신의 필요성이다.

한편 2019. 4.부터 법원에서 상임조정위원 조정에 회부된 사건의 처리를 통하여 분쟁 및 소송상황을 실제 경험하면서 이론과 실무를 다시금 검증할 기회를 가지게 되었다. 예전 판사로 있을 때로 돌아간 듯하지만 학자로서 민사재판제도의 실정과 효율성을 한 걸음 바싹 다가가 들여다볼 수 있게 되었다. 평소 논문과 강연 등에서 강조해 온 대화와 토론 및 설득을 통한, 정의와 형평에 부합하는 분쟁해결을 검증할 수 있는 계기가 마련된 점에서 다행스럽게 생각하고 있다. 이번 개정판에도 저자의 사법정책과 사법제도에 대한 철학과 관념, 그리고 민사재판의 이론과 실무의 가교(架橋) 등이 배어날 수 있도록 힘썼다.

민사소송법은 민사절차법으로 민사집행법과 채무자 회생 및 파산에 관한 법률, 민사조정법 등과 긴밀히 연결되어 있다. 집행권원, 판결의 효력 등과 관련해서는 민사집행법에 관한 통합적 이해가 선행되어야 한다. 이미 기판력의 주관적 범위에 관련하여 실질설을 취할 것인지 형식설을 취할 것인지에 관하여 보다 시각을 넓혀 이해할 필요성을 강조한 바 있다. 이번 개정판에서는 ① 선정당사자제

도와 관련하여 판결 등 집행권원의 주문에 선정자에 대한 표시가 없는 경우 선정
자가 집행채권자로서 하는 집행이나, 선정자를 집행채무자로 하는 집행이 가능한
지, ② 소송절차의 중단과 관련하여 소송계속 중 파산선고가 있거나 회생절차개
시결정이 있는 경우 언제 어떠한 경우에 누가 누구를 상대로 어떠한 청구의 소송
수계가 이루어져야 하는지 등에 관하여, 간단한 언급만으로는 실제 분쟁상황에
대응하기 어려운 점을 감안하여 이 책이 법조인을 위한 지침서가 될 수 있도록
해당 논점들에 대하여 충분한 설명을 하였다.

지난 2018년과 2019년에 걸쳐 민사소송법상 중요한 전원합의체 판결들이 있
었다. 특히 ① 2018년 전원합의체 판결 가운데 시효중단을 위한 신소제기와 관련
하여 그 허용 여부 및 허용하는 경우에 신소 제기의 방식, 즉 전통적 방식의 이행
소송 외에 새로운 방식의 확인소송을 제기할 수 있는지 여부 등에 대해서는 제 8
판의 분석에 이어 추가적으로, ② 2019년 전원합의체 판결 가운데, 권리승계형 참
가승계에서 피승계인의 소송탈퇴가 없는 경우 피승계인과 승계인 사이의 소송관
계를 통상공동소송관계로 볼 것인지 필수적 공동소송에 관한 민사소송법 제67조
규정이 준용되는 관계로 볼 것인지 여부 등에 관하여, 각 해당 부분에서 몇 페이
지의 지면을 할애하면서까지 상세한 분석을 통하여 문제점을 지적하고 비판을 하
였다.

전원합의체 판결은 아니지만 중요한 의미를 지니는 주목할 판결로서는 ① 국
제재판관할권과 관련하여 민사소송법상 관할규정이 판단기준으로서 어느 정도 작
용할 것인지, ② 전속적 관할합의와 관련하여 어떠한 내용의 관할합의조항이 약
관의 규제에 관한 법률상 고객에게 부당하게 불리한 약관으로 무효라고 볼 것인
지, ③ 기피신청에서 법관에게 공정한 재판을 기대하기 어려운 사정이 있는 때의
판단기준과 관련하여 새롭게 언급하는 평균적 일반인의 기준이 기피제도의 운영
에서 어떠한 영향을 미칠 것인지 등에 대하여 구체적으로 분석하였다.

2019년 선고된 대법원 판결들 가운데 기존의 판례의 입장과 정합성 차원에
서 보다 구체적인 판시가 요구되는데도 단편적으로 언급한 판결들이 있는가 하
면, 하급심 판결에서 가능할 수 있는 이론적 설명을 다소 무리하게 구성하여 상
고심 판결로서는 부적절한 언급들이 있는 판결들도 있었다. 전자의 경우는 판례
이론을 보다 체계적으로 정립할 수 있도록 이를 보완하는 논리적 설명을 부가하

였으며, 후자의 경우는 판례이론의 발전을 위해 고심한 면을 고려하여 그 문제점만을 지적하였다.

　법령 등의 개정과 관련하여, 특히 소송촉진 등에 관한 특례법상 법정이율의 변경(연 15%에서 연 12%), 민사소송 등 인지규칙상 시효중단을 위한 새로운 방식의 확인소송의 인지액에 관한 규정의 신설 등을 비롯하여, 송달료의 변경 및 집행관 통합송달 방식의 확대 등에 이르기까지 실무상 정확한 사법정보를 접할 수 있도록 하였다. 늘 강조하지만 대법원의 재판예규는 실제 재판절차에 관한 지침으로 매우 중요하므로, 이번 개정판에서도 개정원고를 넘기는 순간까지 수많은 재판예규의 개정을 추적하여 이를 일일이 반영하였다.

　매년 개정판을 내는 것은 출판사의 판단의 몫이다. 저자는 그 감사함을 받을 따름이다. 늘 준비를 하고 있으나, 준비가 결실을 맺고 맺지 않고는 저자의 결단과는 무관하다. 법서의 출판사정이 녹록하지 아니한 현실에서, 민사소송법 저서의 개정판을 매년 낼 수 있다는 것은 행운이다. 개정판의 발간을 결정해주신 ㈜박영사 안종만 회장님, 안상준 대표님, 기획해주신 조성호 이사님, 편집을 맡아주신 김선민 이사님 등께 어떠한 감사의 표시도 저자의 감사의 마음을 담아내기 어렵다는 생각으로 깊이 감사드린다.

　법원과 집을 오가며 집에서조차 서재에 머무는 시간이 대부분인, 삶의 다양한 모습들을 상당 부분 접고 사는 저자인데도, 연구를 한결같이 할 수 있게 격려하고 활력을 주는 가족 한 사람 한 사람에게 지면을 빌어 감사의 마음을 전한다.

　좋은 책은 독자에게 진정으로 필요한 내용을 담아내는 책이다. 이는 독자가 당장은 알아차리지 못할 수 있지만, 정도(正道)를 벗어나지 않고 학문 본연의 모습으로 독자에 다가감으로써 가능한 일이다. 이 책이 생명력을 가지고 늘 독자와 숨쉬면서 서로의 고마움을 나누는 책으로 있기를 기대하고 기원하면서, 다음을 기약한다.

2020. 1.

저 자 씀

제 8 판 머 리 말

저술한 책들의 개정 원고를 마무리하고 교정 단계가 끝날 무렵 머리말을 써야 할 때가 다가오면 늘 그렇듯이 경건해진다. 한 해 동안의 민사절차법에 대한 연구의 성과를 되돌아보고 학문적 자세를 다시 가다듬게 되기 때문이다. 그동안의 이론적 성과에 대한 점검과 보다 실증적인 민사절차법 연구에 대한 욕심으로 다시 실무에 발을 들여놓았으나, 여전히 로스쿨에서의 강의를 계속하고 있으니 학계와 실무계를 오가는 운명이 숙명(宿命)처럼 느껴진다.

금년 한 해는 사법부로선 격동의 시기였다. 사법정책과 사법제도를 연구하는 저자로서는 안타까운 마음과 더불어 개혁과 변화에 무언가 기여를 하여야 한다는 사명감을 가지지 않을 수 없었다. 금년 2월부터 12월까지 10개월간 대법원 국민과 함께하는 사법발전위원회 위원으로 사법개혁의 방향을 모색하고 그 결과를 대법원장에게 건의하는 활동을 하였다. 일복이 많아서인지 전문위원회 활동까지 아울러 하는 바람에 회의만 하더라도 30여 차례를 훌쩍 넘겼다.

회의가 있는 날 대법원을 들어설 때마다 한 때 대법원 재판연구관으로 같은 건물에서 근무하던 추억을 회상하면서도 사법부가 처한 현실에 늘 마음이 무거웠다. 지혜를 짜내어 현실적으로 수용가능한 개혁의 방향을 찾고, 이를 위한 제도개선의 방안을 강구하는 작업을 통하여 우리 민사절차법의 모습을 또 다른 시야에서 관찰하게 되었다. 민사절차법이 살아 움직이는 법으로 우리의 법 생활에 실질적으로 역할하기 위하여 민사절차법의 연구가 보다 실증적으로 이루어져야 한다는 생각과 다짐을 더욱 굳건히 하였다.

이번 개정 제 8 판 역시 그동안의 개정의 목표와 방식에서 다를 바 없으나, 곳곳에서 새로운 변화를 시도하였다. 모든 논점을 망라하여 심도 있는 체계적·분석적 설명을 한다는 기본 입장을 견지하면서, 재판의 현실을 제대로 이해할 수 있도록 최근에 대두되는 중요한 실무적 문제에 대해서도 과감하게 설명을 시도하였다. 이러한 시도는 의욕과 결의만으로 이루어지지 않았다. 설명이 가해질수록 책의 페이지수가 늘어나기 마련이어서 마음의 갈등을 겪지 않을 수 없었다.

특히 상고심에서의 심리불속행판결의 실태, 본인소송의 실태, 집단소송 등의 실태, 전자소송의 각 단계별 운용의 실태, 판결서공개 제도의 현실, 송달료제도의 현실, 집행관통합송달의 실정, 변호사보수의 소송비용 산입의 구체적 내용 등 이미 변화가 이루어졌거나, 앞으로 변화가 이루어져야 할 실무적 쟁점들에 대하여 지면을 의식하여 가능한 한 알차고 짜임새 있게 서술하였다.

금년 한 해 동안 선고된 판례 가운데 재판상 청구와 시효중단과 관련한 전원합의체 판결 두 개와 이와 관련된 판결들이 이어졌다. 확정판결에 의한 채권의 시효중단을 위한 신소 제기의 허용을 재확인하는 전원합의체 판결 및 이러한 목적의 신소 제기의 방식에서 재판상 청구가 있다는 점에 대해서만 확인을 구하는 새로운 방식의 확인소송을 허용하는 전원합의체 판결을 비롯하여, 소송물의 양도에 따른 소송탈퇴에서의 시효중단의 문제, 후속적 법률관계에서의 재판상 청구와 시효중단의 문제 등에 관한 판결들이 있었다. 특히 최근 상계의 항변과 기판력의 범위에 관련된 다양한 논점들에 관한 판결들까지 이어져, 민사소송법을 정확히 이해하기 위해서는 민사실체법에 관한 통합적 사고가 반드시 필요하게 되었다. 이번 개정판에서는 이러한 판결들 모두 일일이 분석하여 반영하였다. 물론 2018년 한 해에 나온 민사소송법에 관한 주요 논문 및 자료들도 분석하여 해당 내용에서 언급하였다. 한편 법규범성이 없는 실무가이드로 작용하는 예규의 개정까지 추적하여 담았다.

이번 개정판에서도 정확한 이해를 돕기 위하여 더욱 구체적으로 보충설명한 부분들이 많았다. 책을 읽을 때 조금이라도 의문이 생길 여지가 있을 수 있는 부분들을 미리 파악하여 질문에 답하듯 치밀하게 언급하였다. 혹시나 하는 노파심에서 디자인적 마인드까지 동원하여 키워드를 굵은 글씨체로 눈에 쉽게 들어오도록 하였다.

예년과 달리 이번 개정판의 머리말에는 무언가 남다른 소회(所懷) 때문인지 적어야 할 내용이 많을 것 같은데 막상 풀어내려고 하면 가로막힌다. 사법 현실에 대한 안타까움도 한 몫을 한 것 같다. 사법의 신뢰는 법치국가의 근간이다. 재판에 대한 신뢰의 확보는 공정한 재판, 신속한 재판으로 가능하다. 민사절차법은 사법 현실과의 갈등에서도 여전히 우리의 재판이 나아가야 할 반듯한 길을 밝힌다. 미력하나마 이런 작업에 학자로서, 그리고 실무가로서 동참할 수 있는 인연에 회향(回向)하기 위하여 더욱 연구에 매진하여야겠다는 각오를 다진다.

　이제 감사의 인사를 드리고자 한다. 먼저 출판사에 대한 감사의 인사이다. 박영사와 인연을 맺고 민사소송법과 민사집행법 책들을 거의 매년 낼 수 있었던 것은 저자의 행운이다. 늘 저자를 지켜보시고 물심양면 성원을 아끼지 않으시는 박영사 안종만 회장님, 저자의 책에 관한 한 가장 많이 발품을 하신, 저자의 책을 떠올리면 같이 떠올려질 정도로 정이 든 조성호 이사님, 페이지수가 늘어나는 까다롭고 힘든 작업을 내색조차 하지 않으시고 오히려 앞장서 박차를 가하시는, 저자의 책들의 최종 산파역을 감당하시는 김선민 부장님 등에 깊은 감사의 말씀을 드린다.

　늘 그 모습대로, 그 길을 갈 수 있는 마음의 평정심을 잃지 않도록 한 것은 가족의 힘이다. 학문의 진리를 추구하는 삶에 감사하는 마음만으로 저자에겐 삶의 안무(按撫)이며, 위로(慰勞)이다. 힘을 추스르면서 이 길을 묵묵히 걸어가고자 하는 마음으로 가족에 대한 감사의 마음을 갈음한다.

　이 책이 세상에 나온 후 또 한 해가 지나갈 무렵 또 다른 머리말을 쓸 날을 기약해 본다. 학문의 세계나 재판의 세계나 모두 우리의 세계이다. 더욱 좋은 세상으로 나아가길 기원하면서 머리말을 맺는다.

2018. 12.

저 자 씀

제 6 판을 내고 1년 반 가까이 지났다. 그동안 단독사건의 항소심관할의 변동, 소액사건의 범위의 변동, 제한능력자・특별대리인 및 진술보조인 등에 관한 개정 민사소송법의 시행 등을 비롯한 관련 법률과 규칙 등 변화가 적잖게 있었다. 최근엔 사건관리방식에 관한 예규 등 관련 예규들까지 많은 개정이 있었다.

획기적으로 주목할 만한 판례는 찾아보기 어려우나 사안에 따라 판례가 어떻게 적용되는지 세심하게 분석할 필요는 여느 판례나 마찬가지이다. 판례의 논리성이 충분하지 아니한 경우라도 판례가 취하는 결론이 타당한 이상 설득력 있는 논리를 개발하는 것은 저자의 몫이다. 판례의 형성 과정을 아는 저자로서는, 일정 부분 연구자의 몫으로 남겨질 부분을 양해(諒解)하기 때문이다. 바람직하기는 판례가 탄탄한 이론적 근거를 가지고 깔끔하게 논리를 전개하는 일이다. 참조 판례를 찾고 이에 근거하여 판결하기에 급급해서는 판례이론의 발전은 기대하기 어렵다. 이번 개정판에서도 미흡한 판례이론을 보충하는 데 나름 힘을 기울였다.

1년 여 짧은 기간이지만 그 사이에 발표된 논문 등 자료들을 분석하여 적절한 범위 내에서 개정판에 반영하였다. 쪽수가 더 늘어나는 것에 대한 강박관념으로 이미 확보된 쪽수 범위 내에서 가능한 한 깊이 있고 알찬 연구서 및 교재가 되도록 최선을 다하였다. 늘 그렇듯이 서술하는 표현에도 많은 신경을 썼다. 표현 하나 하나 글의 품격에 맞고 잘 읽힐 수 있도록 거듭 읽어보고 꼼꼼히 챙겼다. 그동안 아끼고 성원해 준 많은 독자들의 기대에 부응하는 제 7 판이 되길 바라는 마음이다.

오랜 실무 경험과 연구에도 불구하고 민사절차법은 늘 일정 부분 미지(未知)의 세계이다. 민사절차법을 담아내는 큰 틀인 민사사법제도의 연구는 더욱 그러하다. 소송절차는 관념으로만 파악하기 어렵다. 민사절차법에 관한 한 이론은 실무와 일정 거리에서 실무의 모습을 놓치지 않고 지켜보고, 종국적으론 실무를 이끌 수 있어야 한다. 민사소송법의 연구가 관념적 논의에 머문다면 학문의 진정한 의미에선 비켜나 있는 셈이 된다.

　캠퍼스에 머문 오랜 시간을 벗어나 실무 현장에 다시 발을 들여놓았다. 가르치고 연구하는 일에는 다름없으나 적나라한 민사소송법의 바다에 던져진 느낌이다. 스스로 선택한 일이니 잘 헤쳐 나가려고 다짐한다.

　저자의 책을 올 한 해만 여러 권 발간하는 데도 늘 용기와 격려를 아끼지 않으신 박영사 안종만 회장님, 초판부터 지금까지 변함없이 많은 이해와 배려를 해 주신 조성호 이사님, 그리고 책 구석구석 손길이 닿지 않은 곳 없이 신경써 주신 편집부 김선민 부장님 등께 깊은 감사의 말씀을 드린다.

　멀리 있기만 한 학문적 진리에 초심 잃지 않고 나아갈 수 있는 신념과 의지의 원천은 가족의 헌신과 사랑이다. 가족 모두에 경건하게 고마운 마음을 전한다. 머리말의 마무리 멘트는 '다시 시작이다'이다. 늘 새롭게 시작하는 것이 연구자의 운명이다. 그 운명을 기꺼이 받아들이면서 다음을 기약한다.

2017. 12.

서초동 법원을 마주보며

저 자 씀

제6판 머리말

　　민사소송법 제5판을 낸지 2년 가까이 지나서 제6판을 내게 되었다. 연구와 강의, 그리고 저술은 교수 본연의 일이다. 민사절차법 전공 교수로서 민사소송법과 민사집행법의 개정판을 매년 빠뜨리지 않고 낸다는 것은 엄청난 노력이 요구된다. 민사소송법 제5판까지 매년 개정판을 내다가 그 뒤 한 해 거르는 동안 심적 고통이 가중되었다. 그 사이 민사집행법 제3판을 내는 간단없는 저술의 연속이었지만 마음의 부담은 어쩔 수 없었다.

　　제5판을 낸 이후에도 민사소송법 및 관련 법률, 그리고 규칙 등의 개정이 잇달았다. 이러한 개정이 빠른 속도로 이루어진다는 것은 한편으로는 고무적이나 다른 한편으론 반드시 반가운 일만은 아니다. 국민을 위한 사법제도의 측면에서 더욱 신중한 검토가 요구되는 경우도 적지 않았다. 민사절차에 관한 법률과 규칙 등이 끊임없이 변경되는 상황에서 이러한 변화를 정확하게 가늠하여 체계적으로 수용할 것이 요구된다.

　　이번 개정판을 저술함에 있어서 주요한 논점들에 대하여 문제의 상황 및 타당성의 검토를 보다 치밀하게 언급하였다. 새로운 판례들에 대해서는 상세하게 분석하였다. 판례의 취지가 부당한 경우뿐만 아니라 판례의 취지가 타당한 경우에도 논리적 완결성이 부족한 경우에는 과감하게 이를 지적하였다. 물론 그 동안 공간된 연구논문들도 그 연구성과를 충분히 저술에 반영되도록 하였다.

　　이번 개정판에서도 내용의 이해를 돕기 위하여 내용을 압축하는 소제목을 가능한 한 많이 달아 소제목만 보더라도 논점을 쉽게 이해할 수 있도록 하였다. 나아가 본문의 내용을 보다 심층적으로 또는 관련적으로 언급할 필요가 있는 부분은 박스(box)로 처리하여 추가적이고 보충적인 논점을 보다 구체적으로 정리하였다. 책의 분량도 염두에 두지 않을 수 없었으나 이해를 돕기 위한 충분한 설명과 새로운 내용의 보충 등으로 페이지 수가 훌쩍 늘어났다. 한편 독자들의 부탁에 따라 판례색인까지 넣게 되었다. 책에서 언급하고 있는 판결의 수가 엄청나게 많아 이를 그대로 싣는 경우 늘어나는 페이지 수를 감당하기 어려운 점을 감안하여, 같은 취지의 판결인 경우에는 가능한 한 최후의 것을 선별하여 색인에 넣는 등으로 판례색인 작업에도 섬세하게 신경을 써야 하였다.

책이 나오는 것은 저자의 몫만은 아니다. 마음의 공동저자는 있게 마련이다. 먼저 저자가 저술에 몰입할 수 있게 해준 가족에 대하여 고마운 마음을 전한다. 가까이 있으나 멀리 있으나 가족은 늘 그리운 존재이다. 거의 대부분의 시간을 연구실에서 지내는 저자가 평정심(tranquility)을 잃지 않은 것은 오로지 가족의 덕분이다. 학자로서의 의미 있는 삶을 선택하고 추구함에 있어서 요구되는 안정과 사랑을 준 가족 모두에게 이 책으로나마 보답이 되었으면 한다.

책의 개정 작업이 가능한 것은 출판사의 배려 덕분이다. 좋은 책을 만들기 위하여 혼신의 노력을 아끼지 않으시는 안종만 회장님, 먼 길을 마다하지 않고 연구실까지 들려 격려해주시는 조성호 이사님, 그리고 한여름 출판의 고통을 몸으로 겪어내신 편집부 김선민 부장님 등 관계자 분들께 감사의 말씀을 올린다.

저자에겐 prologue는 epilogue이다. 새로운 개정판을 내는 순간 또 새로운 개정판을 준비하여야 하는 학자로서의 숙명을 잘 감당할 수 있도록 마음을 다져본다. 고궁(古宮)의 숲과 어우러진 명징(明澄)한 하늘이 오늘따라 더욱 아름답다.

2016. 8.

성균관대학교 법학관 연구실에서

저 자 씀

제 5 판 머 리 말

올 한 해도 무더운 여름을 연구실과 서재에서 개정판 작업으로 보냈다. 입추(立秋)라는 절기가 제 몫을 하는 듯 간간히 서늘한 바람도 분다. 저자로서 개정작업의 마무리는 머리말을 쓰는 일이다. 머리말이 프롤로그(prologue)가 아니라 에필로그(epilogue)인 셈이다. 머리말을 써야 할 때에 이르면 한숨 돌릴 수 있는 홀가분함보다는 한 해를 돌아보는 소회를 어떻게 풀어내야 할까 긴장감이 돌기도 한다. 교수란 스스로 깨치고, 깨친 것을 가르치기를 반복하는 일을 하지만 시지프스(Sisyphus)와 달리 그 속에서 학자로서의 삶의 보람을 찾을 수 있는 즐거움이 있다. 제 4 판을 낸 후에도 이러한 교수의 운명을 즐기듯 줄달음쳐 왔다.

한 해 동안 민사소송법 관련 판례들을 분석하면서 판례이론의 논리성에 솔직히 아쉬운 마음을 떨쳐 버릴 수 없었다. 그렇다고 하여 학계의 연구 성과 역시 괄목한 것도 아니어서 민사소송법 발전의 도모가 말처럼 쉽지 않다는 것을 절실히 느끼기도 하였다. 판례이론의 정치함과 학문적 연구의 견고함의 조화(integration)만이 민사소송법을 비롯한 민사절차법의 희망이다. 민사소송법을 전공하는 연구자와 민사소송법을 적용하는 실무가 모두가 그런 염원(aspiration)을 실현하여야 할 당위성과 필요성의 인식을 더욱 두텁게 가졌으면 하는 마음이다.

제 5 판에서도 관련 법령 등의 변경과 새로운 판례 및 연구 성과를 분석하여 이를 포함시켰다. 1년간 축적된 새로운 판례에 대하여 단순한 소개의 차원이 아니라 분석적 연구 결과를 내보이는 일이므로 부담이 큰 만큼 보람 있는 작업이었다.

특히 제 5 판에서는 전체적으로 소제목을 풍부하면서도 균형 잡히게 활용함으로써 전체 체계에서 해당 내용의 의미가 보다 빠르고 정확히 이해될 수 있도록 짜임새에도 각별히 신경을 썼다. 이러한 체계 구축은 복잡한 민사소송법의 원리를 파악하는 데 크게 도움이 되리라고 확신하고 있다.

새로운 내용이 상당 부분 추가됨으로써 책의 분량이 이에 비례하여 증대됨에 따라 독자의 부담 가중으로 작용할 것이 개정작업 내내 마음에 걸렸다. 결국 내용을 압축하여 보다 간결하게 설명할 수 있는 범위 내에서 내용적 깊이는 그대로 유지하되 이해하기 쉬운 방향으로 상당 부분 다시 썼다. 본문 내용 외에도 주석 부분도 일정 부분 정리하였다. 용어 하나, 표현 하나도 체계 내 정합성에 어긋나지 않도록 운율까지 신경을 쓴다는 기분으로 임하였다. 이 책을 통하여 저자의 민사소송법에 대한 철학이 배어나도록 노력하였다. 물론 이는 저자의 생각과 바람이므로, 평가는 독자의 몫이다. 다만 저자로서는 스스로를 채찍질을 하면서 연구에 매진할 따름이다.

　머리말을 끝맺음에 있어 하심(下心)으로 돌아가게 된다. 돌이켜 보면 크다면 크고, 작다면 작은 저술 작업을 통하여 이 책이 또 다른 모습으로 세상과 마주하게 되는 경이로움을 가능하게 하는 것은 저자의 힘만으로는 결코 이루어질 수 없기 때문이다.

　마음의 안정 없이는 철저함의 추구를 기대하기 어려운 상황에서 마음의 평정을 잃지 않게 곁에서 늘 격려해준 아내에게 고마운 마음을 전한다. 같은 길을 걸어가는 법조인으로서 바쁜 일과에서도 아빠의 책을 항상 곁에 두고 틈틈이 읽고 독자의 입장에서 많은 코멘트를 해준 딸 효정, 유학생활을 하면서도 늘 아빠를 걱정하는 아들 태욱 모두 고맙다. 아울러 연구로 지친 몸과 마음을 일시에 날려버릴 놀라운 힐링력을 가진 갓 돌을 지난 손주 민조도 이 책에 기여하였다.

　출판 사정상 매년마다 개정판을 낸다는 것이 무척이나 어려운 일인데도 개정판의 제의를 아끼지 않으신 박영사 안종만 회장님, 누구보다도 저자의 책에 애정과 관심을 가지고 성원해 주시는 기획부 조성호 부장님, 그리고 편집 과정에서 보여주신 치밀함과 정성으로 많은 감동을 주신 편집부 김선민 부장님께 진정으로 감사의 말씀을 드린다.

　늘 그렇듯이 학자로서 저자를 지탱하게 하는 것은 '진정으로 그리운 것' 때문이다. 이 책은 또 다른 시작이다. 힘을 차려 지치지 않고 걸어갈 따름이다. 늘 그립기 때문에 늘 고맙다.

2014. 8.

성균관대학교 법학관 연구실에서

저 자 씀

제 4 판 머 리 말

　　개정판을 낼 때마다 반복되는 당연한 일이지만 이번 개정판에도 지난 한 해 동안 변경된 법령과 예규, 새로 추가된 판례와 문헌 등을 검토·분석하여 반영하였다. 그동안 민사소송법상 주요 쟁점에 관한 일부 연구 성과 및 주목할 만한 판례가 있기는 하였으나, 뚜렷한 실질적인 발전이 있었다고 평가하기 어려운 상태에서 민사소송법상 근본 문제에 관한 질문과 해답을 위한 힘든 나날을 보내었다. 특히 2013. 7. 1. 시행되는 개정 민법에 따라 성년후견제도가 시행되나 이에 따른 소송능력·소송대리 등 소송절차와 관련하여 전반적 검토가 거의 이루어지지 아니한 탓에 이에 관한 연구에 많은 어려움을 겪었다. 성년후견제도의 시행에 따른 개정 민법 부칙규정의 해석 및 운용, 나아가 앞으로 민사소송법 관련 규정의 개정을 위하여 민사소송법 학계의 진지한 문제의식 및 연구가 기대된다.

　　민사소송법의 이론적 정확성과 실무적 타당성을 검증하는 일은 과학자가 실험실에서 하는 일과 다를 바 없어 비록 몸은 연구실에 있지만 마음은 늘 실험실에 있다는 생각이 들었다. 이번 개정판에서도 그동안의 연구 성과를 담아내려고 노력하였다. 겸손에는 약간 비껴갈 수 있는 말이 될 수 있으나, 나름대로는 치열한 성찰을 통하여 혼을 담아내는 각고의 흔적이 행간에 배어나도록 노력하였다.

　　교재라는 성격을 강조하는 경우 분량도 의식하여야 하며, 독자의 수준도 고려하여야 하지만, 논점에 대한 정확한 이해를 위하여 필요한 범위 내에서 충분한 설명이 불가피하여 결과적으로 쪽수가 늘었다. 이미 서술한 내용도 강의 등을 통하여 읽는 사람이 정확하게 이해하는 데 부족함이 없는지, 문법상으로나 가독성에 있어서도 매끈한지 거듭 살펴보고 다듬었다. 좋은 책을 만들고자 하는 염원을 실현하기에 비재(菲才)한 저자로서는 오로지 주마가편(走馬加鞭)의 각오와 노력으로 제대로 된 책을 만들어가야 함을 잘 알고 있다. 따라서 더욱 분발하여 연구에 매진할 각오를 다진다.

그동안 한 해도 거르지 않고 개정판을 연이어 낸 것은 저자의 희망과 결의만으로 결코 이루어질 수 없는 일이다. 가까이서, 그리고 멀리서 이 책에 애정과 관심을 기울여주신 많은 분들께 감사의 마음을 잠시라도 늦출 수 없는 이유가 바로 여기에 있다. 책을 통하여 인연을 만들고, 그 인연을 키워가게 되므로, 이를 잘 갈무리하는 것은 오로지 저자의 몫이다.

끝으로 이 책이 세상에 나오게 하는 통로 역할을 한 박영사에 대한 감사의 말씀을 드리지 않을 수 없다. 박영사 안종만 회장님, 기획부 조성호 부장님, 편집부 김선민 부장님께 깊이 감사드린다. 그리고 편집 실무에 헌신적으로 노력을 아끼지 아니하신 엄주양 대리님에게도 감사드린다. 또한 하루하루 오로지 학문에만 전념할 수 있도록 도와준 가족에게 고마운 마음을 전한다. 나를 키운 건 8할이 바람이었다는 어느 시인의 말처럼 저자가 학문의 길을 지치지 않고 걸어갈 수 있도록 한 것은 8할이 그리움이다. 그리움을 향한 설렘으로 다시 출발을 위한 채비를 차린다.

2013. 7.

성균관대학교 법학관 연구실에서

저 자 씀

제 3 판 머 리 말

한 해 한 해 개정판을 낼수록 책을 저술하는 일이 얼마나 힘든 일인지 실감하게 된다. 그리고 어떻게 학문의 깊이와 폭을 더해나가야 할지 갈등과 고민을 하게 된다. 저술을 함에 있어서 지식의 효과적인 전달만이 아닌 학문의 체계를 수립하여야 하는 궁극적 목적을 화두처럼 잡고 이를 추구하는 것이 말처럼 그리고, 생각처럼 그렇게 간단하지 않다는 사실도 새삼 깨닫게 된다.

이번 개정판은 먼저 균형 잡힌 짜임새를 유지하면서, 보다 논리정연한 설명이 되도록 노력하였다. 제 2 판까지 의욕이 앞서서 너무 구체적으로 언급한 부분도 더 연구할 수 있는 방향을 제시하는 선에서 전체적인 균형에 맞게 조절하였다.

제 2 판을 내고 난 한 해 사이에도 민사소송법을 비롯하여 셀 수 없이 많은 관계법령, 규칙, 예규 등의 제 · 개정이 있었다. 민사소송법의 정확한 이해를 위하여 이러한 관계법령 등을 지속적으로 공부해 나간다는 것은 그 양에 있어서도 엄청난 것이었다. 그리고 매년 그러하듯 민사소송법 분야의 판례도 쏟아져 나오고 있다.

매너리즘에 빠진, 갇힌 학문의 수준으로는 결코 학문의 발전을 기대할 수 없다는 사명감으로 민사실체법을 정확히 이해하여야 한다는 전제에서 민사절차법을 재검토하는 연구방법론을 유지하려고 노력하고 있으나, 다루어야 할 학문적 넓이와 깊이로 인하여 순간 순간 좌절감에 빠지기도 하였다. 한편 학문적 논의가 제대로 활성화되지 않고 정체된 듯한 민사소송법 학계의 상황이 안타깝기는 하나, 서두르지 않고 꾸준히 추구하다보면 만족할 만한 수준으로 발돋음할 수 있지 않을까 조심스러운 낙관도 해본다.

사법시험 체제와는 다른 로스쿨 체제에서 강의의 수준과 방식들에 대한 시험적 시도를 통하여 민사소송법적 원리의 체계적 이해를 위한 효율적 교육방법론을 모색하게 된다. 민사소송법에 있어서 법적 사고력의 함양을 위하여 기존의 민사소송법 학계는 어떠한 준비를 하고, 어떻게 이에 기여하고 있는지에 대하여 심각한 고민을 하게 된다.

절차법의 특수성상 관념적인 논의만으로는 실제 문제를 해결할 수 있는 데 한계가 있으므로, 모든 논의는 철저히 실증적이어야 한다. 적지 않은 기간 실무에 몸을 담았던 저자로서도 새로운 실무적 경향의 파악에 세심한 주의를 기울이지 않으면 실무적 감각을 잃지 않을까 걱정을 할 만큼 지속적인 제도의 변화에 대한 적응력의 확보가 중요한 문제로 제기된다.

항상 개정판을 낼 때마다 전면개정판을 내는 기분으로 내용을 점검하여 보충하고, 전체적으로 문맥하나, 문장 표현 하나까지 신경을 쓰게 되지만 마음에 늘 차지 않았다. 욕심을 버리고 겸손하게 초심을 잃지 않고 꾸준히 채워 나가겠다.

책을 내는 동안 마음고생을 같이 한 가족들에게 고마운 마음을 전한다. 안정되지 않으면 이루어낼 수 없는 작업인데도, 건강과 마음의 평정 속에 연구와 강의 등에 몰두할 수 있도록 가까이서 또는 멀리서, 눈으로 볼 수 있는 곳에서 또는 마음으로만 볼 수 있는 곳에서, 용기와 격려를 아끼지 아니하신 데 대하여 물기 젖은 마음으로 감사의 마음을 표한다.

항상 그러하듯 제 책을 신뢰하고 보다 좋은 책으로 자리매김할 수 있도록 물심양면 지원해주신 박영사 안종만 회장님, 그리고 매년 책을 낼 때마다 혼신의 힘을 아끼지 아니하신 기획마케팅부 조성호 부장님, 편집부 노현 부장님 등 관계자분들께 깊은 감사의 말씀을 드린다.

끝으로 나의 책을 아끼고 성원해준 많은 독자들, 특히 글자 하나 놓치지 않고 읽고, 생각하고, 공부해 준 학생들에게 교수로서 깊은 감사의 말을 전한다. 금년 법조인의 길로 들어서는 로스쿨 1기 졸업생들을 비롯한 많은 독자들에게 민사소송법이 보다 가깝고, 친숙하고 정확히 알아가야 할, 정말 사랑하여야 할 법으로 가슴 속에 새겨지길 기대해 본다.

2012. 2.

성균관대 법학관 연구실에서

저 자 씀

제 2 판 머 리 말

민사소송법 초판을 발간한 지 1년 만에 제 2 판을 내게 되었다. 민사소송법과의 오랜 인연의 결실로서 낸 초판에서는 판례의 정확한 이해, 제기된 학설의 철저한 검증이라는 목표를 세우고 저술에 임하였다. 초판에 대하여 많은 관심과 격려, 애정을 보여주신 학계 및 실무계에 대하여 깊은 감사의 마음을 갖고 있으며 늘 기대에 부응하여야 한다는 사명감을 다지고 있다. 그러나 초판을 발간한 후 이를 교재로 강의를 하고, 초판의 내용을 객관적인 입장에서 스스로 검증하는 작업을 진행하면서 더욱 저술의 어려움, 그리고 근본적으로는 학문의 어려움을 실감하였다.

나로서는 민사소송법학계의 수준을 전반적으로 정확하게 가늠하기에 충분한 역량을 갖추고 있지 아니하나, 그동안 민사소송법과 길들이면서 생활해온 소박한 입장에서 보면 우리나라의 민사소송법 연구가 짜임새와 깊이의 면, 나아가 진지성의 면에서 만족할 만한 수준에 이르지 못하고 있다는 생각이다. 한편 민사소송법의 주요쟁점에 대한 연구결과에 대한 진지한 분석·평가가 온전히 행하여지지 아니할 뿐만 아니라, 교과서 수준에서의 논의조차도 그 정확성에 있어서 많이 부족하다는 느낌을 늘 가지고 있다. 민사소송법의 실제에 있어서 판례 역시 학문적 성과의 부진으로 인하여 이러한 성과를 판례에 제대로 담아내려는 성의 있는 모습을 보여주지 않고 있으며, 관련법의 개정에 따른 기존 판례이론의 진지한 재검토조차 충분히 이루어지지 않고 있는 실정이다.

민사소송법에 대하여 학문적 차원에서, 그리고 실무적 차원에서 그동안 계속 공부해 온 저자의 입장에서는 민사소송법의 현재의 수준을 끌어올리기 위하여는 무엇보다도 학계의 진지한 반성과 고민이 앞서야 한다고 생각한다. 한편 법학전문대학원이 개원되었으나, 민사소송법에 대한 교육방식이 과연 실제적으로 변화되고 있는지 의문일 뿐 아니라 그 변화가 어떤 측면에서 요구되어야 하는지에 관하여도 실제적이고 실증적인 검토가 제대로 행하여지지 않고 있다.

　이러한 여러 가지 학계의 내외 사정을 둘러보면, 결국 현 단계에서 우리가 가져야 할 자세는 초심(初心)으로 돌아가는 것이 아닌가 생각한다. 법을 법답게 공부하는 것, 희망컨대 한 치의 오차도 없을 정도로 정확하게 법을 공부하는 것, 그 희망사항의 실현이 당장은 어려울지 모르고 인연이 되지 아니하여 그 실현 자체가 미완(未完)의 것으로 남을지라도, 열의만은 식지 않고 불을 지피고 불태우는 것이 바로 우리가 간직하여 할 초심이 아닌가 생각한다.

　제 2 판은 초판에 비하여 상당 부분 많은 내용들을 추가·보완하였다. 이미 철저한 검토를 표방하고 있는 만큼 보다 철저하게 충분한 분석을 하여야겠다는 일종의 사명감이 작용한 결과이다. 물론 제 2 판 역시 하나의 이정표(里程標)에 불과하다. 그러나 초심의 마음을 잃지 않으려는 열의에서 비롯된 것인 만큼 또다시 학문의 긴 여정을 흔들림 없이 나아갈 수 있는 발판으로 생각하고, 그동안 너무 힘들었던 작업으로 지친 몸을 추스르고 다시 서둘러 또 다른 이정표를 향하여 나아가겠다.

　초판이 나오고 한 해 동안 송구스러울 정도로 많은 관심과 격려를 아끼지 아니하신 박영사 안종만 회장님, 좋은 책이 되도록 모든 성의를 보여주신 기획부 조성호 부장님, 실질과 내용이 걸맞는 새로운 모습의 책에 대한 기대와 열망으로 주말도 반납하고 작업에 몰두하신 편집부 노현 부장님께 깊이 감사드립니다.

　초판이 나오고 한숨 돌릴까 생각하였으나 초판 때 못지않게 서재와 연구실에 박혀 지내는 매일의 생활에도 공부의 중요성에 대한 공감으로 이해해 준 가족들에게 감사한 마음이다. 특히 이 책의 국제소송 부분에는 국제거래법과 관련분야를 전공하는 딸 효정이의 조언도 큰 도움이 되었다.

　제 2 판에서도 의미 있는 closing 멘트가 허용된다면, 초판에 적은 바와 같이 오늘의 나를 있도록 해 주신 어머님께 감사의 말씀을 드리면서, 지치지 않고 나아가도록 항상 옆에서 좋은 기운을 북돋아 준 아내에게 감사한 마음을 표합니다.

2011. 2.

성균관대 법학관 연구실에서

저 자 씀

머 리 말

　처음으로 민사소송법을 가르치기 위하여 강단에 선 것이 초임 판사 시절인 1984년으로, 그 후 지금까지 판사와 변호사, 교수로서 민사소송법과의 질긴 인연으로 인하여 민사소송법은 나의 법조 인생에 있어서 떼려야 뗄 수 없는 분신처럼 되었다. 민사소송법에 대한 사랑이 남달라 거의 하루도 빠지지 않고 실무와 연구·강의에 몸담아 왔지만, 민사소송법의 세계는 깊고도 넓어 아직까지도 가야 할 길이 멀고도 험하여 학문은 정녕 미완으로 영원히 숙제처럼 남아 있음을 절감하게 된다.

　일찍 민사소송법 책을 내려는 욕심에서 그 동안 배우고 깨친 내용을 정리한 자료만 하더라도 몇 권의 책을 낼 수 있을 정도였지만, 번번이 상당부분 저술을 마친 상태에서 여러 가지 제약으로 발간을 미루게 되었다. 이제는 책을 내야 한다는 더 이상 거부할 수 없는 운명을 느끼고 본격적인 저술작업에 들어갔지만 자신감으로 섣불리 덤벼들었다는 후회 같은 것이 엄습하여 순간순간 좌절하곤 하였다. 더욱 철저히, 더욱 정확하게 본질을 꿰뚫어보려는 욕심 때문인지 균형 잡힌 내용의 안배에 대한 부담감을 쉽게 떨쳐버리기 어려웠다.

　민사소송법 학계에서 존함만 떠올려도 존경의 마음으로 고개가 숙여지는 선생님들의 이론에 대하여 어떻게 접근하여 분석하고, 경우에 따라서 문제점을 비판할 것인지에 관한 방법론에 대하여도 고민을 하지 않을 수 없었다. 너무나 가까이서 아껴주시고 키워주신 선생님들의 모습과 체취에 이론을 파고드는 것 자체가 송구스럽게 생각되기도 하였다. 그러나 어려운 상황에서 한국 민사소송법의 정체성과 독자성을 확립하고 후학들의 갈 길을 터주신 선생님들에 대한 뜻을 이어받아 민사소송법 연구를 더욱 두텁게 하여 이를 발전시키는 것이야말로 후학들의 사명이자 당면과제임을 확신하게 되었다.

　다른 법 분야도 그렇거니와 민사소송법은 쉬운 듯하면서 어려운 학문일 뿐만 아니라 바로 실무와 연계되어 그 타당성이 검증되므로, 관념적인 접근 내지 이해가 전혀 실감이 나지 않는 공허감으로 다가오는 매우 실증적인 학문이다. 민사소송법의 주요 쟁점에 대하여 판례가 상당히 집적되고 있으나, 판례의 단순한 소개 내지 평면적 해설 또는 한쪽으로 치우친 분석은 판례의 취지의 정확한 이해에 오히려 장애가 될 수 있으며, 판례 역시 학문적 성과를 제대로 담아내지 못하고 종래 언급한 판시 내용을 반복한다든지 법의 개정 등을 제대로 반영하지 못하고 구태한 모습을 보이기도 하여, 판례와 학문의 가교는 여간 어려운 일이 아니다.

통상 한 권의 교과서에 민사소송법의 전체 내용을 취급하는 경우에는 기존 교과서들의 내용을 서로 교환하여 학설을 소개하고 자신의 입장을 제시하는 방법이 일반적이어서, 이러한 교과서적 수준으로서는 학계와 실무계에서의 논의를 제대로 다룰 수 없는 제약이 있을 수밖에 없다. 따라서 비록 이 책이 교과서라고 하더라도 관련 문제에 관하여 심도 깊고 다양한 학문적 성과를 반영하는 것이 바람직하다는 생각에서, 교과서에서 다루는 정도의 내용을 벗어나 해당 논점에 관한 많은 논문들을 가능한 한 언급하고자 하였다. 우리 민사소송법에서 보다 깊이 있게 검토되어야 할 부분들이 제대로 연구되지 않고, 통설 내지 다수설이라는 명목으로 무비판적으로 소개되고 있는 경우도 있어, 마음을 비우고 근본으로 돌아가 따져야 할 부분은 그야말로 꼼꼼히 따지는 등 냉철한 비판이 필요하다는 생각이 들었다. 한편 실제 발생하는 문제에 대하여 즉각적으로 실무에 투입될 수 있는 현실성을 전제로 하지 아니한 관념적인 견해에 대하여는 학문의 진정한 의미를 캐묻고, 지면상으로 논박을 거듭하고자 하였다.

이제 부끄럽지만 나의 책을 내게 되었다. 그러나 마치 처음으로 걸음마를 내딛는 기분이 든다. 지금까지 민사소송법을 접한 것이 마치 티끌처럼 작게만 여겨져 이제부터 본격적으로 공부를 하여야겠다는 각오를 단단히 다지게 된다. 앞으로 더욱 열심히 민사소송법을 연구하고 가르치겠다. 누군가가 나의 책으로 조금이나마 도움을 받으면 그것으로 큰 보람을 느낀다. 한때 가르쳤던 제자가 불현듯 메일을 보내 감사의 마음을 전할 때 느꼈던 그 뿌듯한 마음을 한순간도 놓치지 않아야겠다는 다짐을 한다.

저자가 학문의 길로 나아갈 수 있게 길을 열어주시고, 변함없는 격려와 지도로 자상하게 이끌어주시는 이시윤 선생님, 대학 때 선생님의 민사소송법 책을 보고 부푼 가슴 진정하기 어려웠던 추억에서 시작된 인연으로 항상 보이지 않는 곳에서 드러나지 않게 많은 도움을 주셨으나 그 높으신 학덕을 더욱 가까이서 접하게 될 홍분이 채 가시기 전 저자가 연세대 교수로 부임하는 해에 유명을 달리하신 김홍규 선생님, 저자가 판사로 있을 때 교수로 본격적으로 활동할 것을 거듭 권유하시면서 학자로서의 길에 관하여 일깨워 주신 정동윤 선생님, 초임 판사로 대학 강단에서 민사소송법을 강의할 수 있도록 처음으로 길을 터주시고 민사소송법 공부를 얼마나 애정을 가지고 임하여야 하는지 솔선수범 보여주신 강현중 선생님, 항상 저자를 자랑스럽게 기억하고 격려해 주시면서 민사소송법 학계가 가야 할 큰 가닥을 짚어주신 양병회 선생님을 비롯한 많은 선배님들의 학은에 대하여 머리 숙여 감사드린다.

　　그리고 저자의 법조 인생의 친정인 법원에 대하여도 한결 같은 고마운 마음을 간직하고 있다. 법원의 공기는 자유롭게 한다는 분위기에서 사건 하나하나에서 법에 대한 눈이 새롭게 뜨이게 되고, 법에 대한 마음이 더욱 열리게 되어 지금껏 열린 법적 사고(open legal mind)를 견지하도록 성장하게 해주신 전·현직 대법관님들과 법원 선·후배 판사님들 및 법원관계자분들에 대하여 깊은 감사의 마음을 전하고 싶다.

　　그 동안 힘들었던 순간들도 이제 지난 일이 되어 주마등처럼 떠오른다. 포기하고 싶을 때 옆에서 격려를 아끼지 않았던 아내 서화종에게 감사의 마음을 표한다. 좋은 책의 의미를 새롭게 부각시키고, 좋은 책을 보는 사람들에게 깨침의 좋은 일이 일어나기를 바라는 마음을 한 순간도 잊지 않게 하였다. 좋은 내용을 담을 아름다운 책 표지와 각 편 페이지의 네잎클로버 사진은 이러한 소담스런 정성과 기원이 담겨 있는 아내의 작품이다. 같은 법학의 길을 묵묵히 걸어가고 있는 연세대 박사과정의 딸 효정이도 시간을 내기 어려운데도 이 책에서 언급한 법령 하나하나를 찾고 확인하면서 도와주었다. 항상 옆에서 힘을 준 아들 태욱이도 고맙다.

　　책의 오·탈자를 찾아내고, 자연스런 문맥이 되도록 문장을 가다듬는 데 도움을 준 많은 제자들에게 감사를 표한다. 금년에 사법연수원에 입소한 성균관대 백상현·고아연, 내년에 사법연수원에 입소할 연세대 박민지 그리고 성균관대 로스쿨에 재학 중인 한지윤·마지예·송현아·설재윤에게 고마운 마음을 전한다.

발간을 권유하고 모든 편의와 배려를 아끼지 않으신 박영사 안종만 회장님, 출판의 힘든 작업에 시간을 쪼개면서 알뜰살뜰 살펴주신 기획부 조성호 부장님, 편집부 이경희 위원님 그리고 드러나지 않는 곳에서 세심하게 신경 써주신 분들께 무어라 감사의 말씀을 드려야 할지 모르겠다.

이제 마지막으로 감사의 말씀을 드릴 분이 있다. 생각만 하여도 그리움에 눈물이 솟구치는 어머님이다. 법조인으로서의 길을 한치 흐트러짐 없이 올곧게 가야 함을 가르쳐 주신 어머님, 훌륭한 교수로서의 길을 가도록 항상 기도하고 옆에서 지켜보고 계실 어머님께 향을 사르고 이 책을 올립니다. 어머님, 정말 고맙습니다.

2010. 3.

성균관대 법학관 연구실에서

저 자 씀

제 1 편 총   론

제 2 편　소송의 주체

제 1 장 법　　원

제 2 장　당 사 자

제 3 편　제 1 심의 소송절차

제 1 장　소송의 개시

제 2 장 변   론

제 3 장 증　거

제 4 편   소송의 종료

제 1 장   총   설

제 2 장   당사자의 행위에 의한 소송종료

제 3 장　종국판결에 의한 종료

제 5 편   병합소송

제 1 장   병합청구소송

제 2 장   다수당사자소송

제 6 편   상소심절차

제 7 편 재심절차

제 8 편   간이소송절차

약어표

[참고문헌약어표]

강현중	강현중, 민사소송법(제 8 판, 2023년)
권혁재	권혁재, 민사소송법요론(제 2 판, 2014년)
김상수	김상수, 민사소송법(제 2 판, 2015년)
김연	김연, 민사소송법(제 2 판, 2023년)
김용진	김용진, 민사소송법(2016년)
김일룡	김일룡, 민사소송법(2023년)
김학기	김학기, 민사소송법(2015년)
김홍규·강태원	김홍규·강태원, 민사소송법(제 5 판, 2020년)
김홍엽(민사사법제도)	김홍엽, 민사사법제도론(2017년)
김홍엽(민사집행)	김홍엽, 민사집행법(제 8 판, 2024년)
박재완	박재완, 민사소송법강의(제 5 판, 2024년)
방순원	방순원, 민사소송법(상)(전정개정판, 1989년)
범경철·곽승구	범경철·곽승구, 민사소송법(제 2 판, 2024년)
법원실무제요 가사	사법연수원, 법원실무제요 가사(2021년)
법원실무제요 민사소송	법원행정처, 법원실무제요 민사소송(2017년)
법원실무제요 민사집행	사법연수원, 법원실무제요 민사집행(2020년)
법원실무제요 비송	법원행정처, 법원실무제요 비송(2014년)
손한기	손한기, 민사소송법(제 4 판, 2022년)
송상현·박익환	송상현·박익환, 민사소송법(신정 7 판, 2014년)
양병회	양병회, 민사소송법강의(제 6 판, 2017년)
이시윤	이시윤, 신민사소송법(제17판, 2024년)
이영섭	이영섭, 신민사소송법(상)(제 7 개정판, 1972년)
이태영	이태영, 민사소송법강의(제 3 판, 2022년)
이헌묵	이헌묵, 민사소송법(제 4 판, 2022년)
전병서	전병서, 강의 민사소송법(제 4 판, 2023년)

약 어 표

전원열	전원열, 민사소송법 강의(제3판, 2022년)
정동윤·유병현·김경욱	정동윤·유병현·김경욱, 민사소송법(제10판, 2023년)
정영환	정영환, 신민사소송법(제3판, 2023년)
주석서(1)~(5)	주석 민사소송법(제9판, 2023년)(Ⅰ)~(Ⅴ)
한종렬	한종렬, 민사소송법(상)(1993년)
한충수	한충수, 민사소송법(제3판, 2021년)
호문혁	호문혁, 민사소송법(제14판, 2020년)
홍기문	홍기문, 민사소송법(개정6판, 2015년)

[법령약어표]

가등	가족관계의 등록 등에 관한 법률
가소	가사소송법
가소규	가사소송규칙
개인정보	개인정보 보호법
개인정보단규	개인정보 단체소송규칙
공증	공증인법
공탁	공탁법
국배	국가배상법
국사	국제사법
국가소송	국가를 당사자로 하는 소송에 관한 법률
국제공조	국제민사사법공조법
규칙	**민사소송규칙**
근기	근로기준법
민	민법
민가규	민사 및 가사소송의 사물관할에 관한 규칙
민비	민사소송비용법
민인	민사소송 등 인지법
민인규	민사소송 등 인지규칙
민전	민사소송 등에서의 전자문서 이용 등에 관한 법률
민전규	민사소송 등에서의 전자문서 이용 등에 관한 규칙
민조	민사조정법

민조규	민사조정규칙
민집	민사집행법
민집규	민사집행규칙
법	**민사소송법**
법조	법원조직법
변호	변호사법
부등	부동산등기법
비송	비송사건절차법
사보규	사법보좌관규칙
상	상법
상특	상고심절차에 관한 특례법
소기	소비자기본법
소단규	소비자단체소송규칙
소심	소액사건심판법
소심규	소액사건심판규칙
소촉	소송촉진 등에 관한 특례법
수표	수표법
신탁	신탁법
실용신안	실용신안법
약관규제	약관의 규제에 관한 법률
어음	어음법
언론중재	언론중재 및 피해구제 등에 관한 법률
중재	중재법
증집	증권관련 집단소송법
증집규	증권관련 집단소송규칙
채무회생	채무자 회생 및 파산에 관한 법률
특허	특허법
행소	행정소송법
헌	대한민국헌법
헌재	헌법재판소법
형소	형사소송법

총 론 **PART** 1

제1절 민사소송의 목적과 이상

Ⅰ. 민사소송의 목적

민사소송제도는 민사적 분쟁에 대하여 국민의 권리 또는 법률관계를 확정·보전·실현하기 위한 것이다. **민사소송의 목적**에 관하여 종래 사권보호설, 사법질서유지설, 사권보호 및 사법질서유지설, 분쟁해결설, 절차보장설 등이 주장되고 있다.[1] 민사소송제도는 국가가 국민의 사권이 침해당하거나 당할 우려가 있는 경우(분쟁, 쟁송, 사건성) 국민의 **사권을 보호**함을 우선적 목적으로 한다. 따라서 법적 분쟁의 당사자가 법원에 대하여 해당 분쟁의 해결을 구하는 것은 법치국가의 근간에 관계되는 중요한 일이므로 재판을 받을 권리는 최대한 존중되어야 하며, 재판제도의 이용을 부당하게 제한하지 않도록 신중하게 배려해야 한다.[2] 한편 민사소송상 사권보호는 사법질서의 유지에도 기여한다. 사권보호, 사법질서유지, 분쟁해결의 세 가지의 요청 모두가 민사소송제도 운영의 기본적 가치이며, 개개의 문제의 해결을 위하여 이들 측면에서 상호 조정하여 타당한 결론을 도출할 필요가 있다.

Ⅱ. 민사소송의 이상

민사소송절차는 공정하고 신속하며 경제적으로 진행되어야 한다(법 1조 1항). 즉 민사소송제도는 **적정·공평**, **신속**, **소송경제**의 이념의 지배하에 이상적(理想的)으로 운영될 것이 요구된다.[3] 신속한 재판과 공정한 재판을 받을 권리는 헌법상 보장

---

1) **사권보호설**의 견해로는 정동윤·유병현, 27쪽; 강현중, 25쪽; 호문혁, 9쪽; 정영환, 47쪽. **사권보호 및 사법질서유지설**의 견해로는 이시윤, 4쪽; 양병회, 37쪽; 김연, 7쪽. **분쟁해결설**의 견해로는 김홍규·강태원, 37쪽.
2) 판례의 태도가 명확한 것은 아니나, 소송상 사권보호청구권은 사법제도를 이용할 수 있는 전제인 권리보호의 요건을 갖추어야 적법하게 된다고 판시하고 있어(대판 2002. 9. 4. 98다17145) **사권보호설**을 취한 것으로 이해할 수도 있다.
3) 법 1조 1항은 추상적인 제도로서 민사소송의 이상을 규정한 것이 아니라, 구체적인 민사소송절차에서 실현되어야 할 가치, 또는 수소법원이 지켜야 할 의무를 규정한 것이라고 보아야 한다는 견해로는, 문영화, "민사소송법 제1조 제1항의 의미 ―공정(公正)'한 민사소송절차의 진행에 관하여―," 법조 통권 748호(2021. 7.), 171쪽 이하.

된 국민의 기본적 권리이다(헌법 27조 1항·3항).¹⁾ 이러한 이념이나 이상은 상호 충돌할 수 있다.

■ 민사소송의 이상에서 적정과 신속의 충돌과 갈등 ―신속한 재판의 필요성에 대한 재인식―

　　민사소송의 이상 가운데 적정은 실체적 진실발견을 위한 가치이다. 민사소송의 이상 가운데 신속은 분쟁의 빠른 해결을 위한 가치이다. 재판의 적정과 신속은 모두 온전히 실현되어야 할 궁극적 이념이다. 그러나 민사소송의 실제에서는 신속을 위하여 적정이 결코 양보되어서는 안 된다는 관념이 지배하고 있다. 실제 민사소송 중 '적정·공평'을 민사소송제도의 요체로 보고 다른 이상보다 더 우선시해야 한다는 견해도 있다.²⁾ 과연 이러한 견해가 정당한지 여부는 **적정과 신속**이라는 **이념의 정체성**(identity)에 대한 진지한 논의를 전제로 판단 가능한 일이다. 민사재판의 목적은 분쟁 실체의 발견(실체적 진실발견)을 통한 정의(justice)와 형평(equity)의 확인과 선언이며, 이로써 분쟁을 종국적으로 해결하는 데 있다. 따라서 이러한 관점에서 보면 민사재판의 이상 가운데 적정이 다른 이상보다 우선할 것으로 보이기도 한다.

　　그러나 **신속을 전제로 하지 않은 적정은 정의가 아니다.** 지연된 정의는 정의가 아니기 때문이다(**justice delayed is justice denied**). 현재 우리나라 민사소송에서 재판의 지연은 심각한 수준이다.³⁾ 국민의 입장에서 재판의 실제를 경험하면 우리나라 민사사법제도의 문제점을 적나라하게 실감하게 된다. 물론 적정과 신속은 어느 한쪽을 우선하거나 어느 한쪽에 양보할 수 있는 것이 아니라 서로의 가치에 의해 견제되고 조화를 이루어야 함은 두말 할 나위가 없다. 다만 이러한 적정과 신속과의 충돌시에는 **신속의 이념**이 우선해야 한다. 대부분 선진 민사사법제도의 동향을 보더라도 적정보다 신속을 우위에 두고 있다.⁴⁾ 민사사법제도의 운영에서 적정의 도그마(dogma)에 빠져 재판제도의 진정한 변화를 위한 패러다임(paradigm)을 잘못 잡아서는 안 된다. 신속한 재판을 위하여 마련된 민사소송법상 여러 제도적 장치[재정

---

1) 헌재 2001. 8. 30. 99헌마496 결정.

2) 정동윤·유병현·김경욱, 32쪽; 송상현·박익환, 18쪽; 정영환, 60쪽.

3) 2022년 5월 기준 전국 법원 제1심 민사본안사건 가운데 접수 후 2년 6개월이 초과하는 장기미제 사건이 총 7,494건(5년 초과도 490건)에 이르며, 2022년 1월부터 5월까지 전국 법원 제1심 민사본안사건은 접수 후 첫 변론기일이 잡히기까지 평균 138.1일(4.6개월)이 소요되고, 같은 기간 전국법원 항소심 민사본안사건은 첫 변론기일이 잡히기까지 평균 220.2일(7.34개월)이 소요된다는 통계도 나오고 있다. 법률신문 4996호(2022. 6. 20.), 3쪽.

4) 이에 관한 기본적 문헌으로는, Alan Uzelac, ed., "Goals of Civil Justice and Civil Procedure in Contemporary Judicial System,"(Springer, 2014); Colin B. Picker, Guy Ⅰ. Seidman, ed., "The Dynamism of Civil Procedure ― Global Trends and Developments,"(Springer, 2016).

기간(裁定期間), 실기(失機)한 공격방어방법의 각하, 변론준비기일의 효과 등과 관련한 실권효(失權效)의 적용 등]가 거의 이용되고 있지 않은 현실에서 더욱 그렇다. 사실심 충실화와 더불어 사실심 법원의 재판에 대한 관념과 인식의 근본적 변화가 효율적 사건 처리에 획기적으로 기여한다. 신속한 재판의 강조가 오히려 사실심 법원의 업무를 가중시킬지 모른다는 생각은 재판의 적정과 신속의 근본적 재설정(再設定)을 전제로 하지 않은 우려에 지나지 않는다.[1]

　　민사소송의 목적과 이상에 부합하는 **민사소송의 해석원리**를 추출할 때에는 민사소송이 **사적 분쟁**의 **공권적 해결**이라는 점을 염두에 두어야 한다. **사적 분쟁**이라는 측면은 국민보호라는 국민의 입장에서의 해석원리로서, 이로부터 재판을 받을 권리의 평등한 보장, 실체법적 지위의 절차적 보장, 재판의 공개 등의 요청이 도출된다. **공권적 해결**이라는 측면은 법원 주도의 분쟁해결에 의한 사법질서의 유지라는 국가의 입장에서의 해석원리로서, 이로부터 소송경제, 절차의 안정, 절차의 명확 및 획일적 처리의 요청이 도출된다.

제 2 절　민사소송과 다른 소송 등과의 관계

Ⅰ. 형사소송과의 관계

1. 의　　의

　　민사소송은 민사사건을 대상으로 한다는 점에서, 사인(私人)에 대한 국가의 형벌권의 행사에 관한 사건을 대상으로 하는 형사소송과 구별된다. 그러나 형사사건에서도 일정한 경우 민사적 분쟁을 해결하는 기능을 하기도 한다.

2. 형사소송상 민사적 구제절차

(1) 배상명령제도

　　소송촉진 등에 관한 특례법상 형사절차(제 1 심ㆍ제 2 심)에서의 **배상명령제도**(소촉 25조 이하)는 ① 위 법이 정하는 피고인의 일정한 범죄행위로, ② 피해자가

---

[1] 김홍엽(민사사법제도), 40쪽 이하.

입은 물적 피해나 치료비 손해 및 정신적 손해(위자료)에 대하여, ③ 그 피해금액
이 특정되고, 피고인의 배상책임의 범위가 명백한 경우에 한하여, ④ 법원이 직권
으로 또는 피해자나 그 상속인의 신청(배상신청)에 의하여 피고인에게 유죄판결을
선고할 때에 그 배상을 명함으로써[피고사건에 대하여 피고인과 피해자 사이에 합의된
손해배상액에 대해서도 배상을 명할 수 있다] 간편하고 신속하게 피해자의 피해회복을
도모하도록 하고 있다.

　　피고인의 배상책임의 유무 또는 그 범위가 명백하지 않은 때에는 배상명령을
해서는 안 되고, 그와 같은 경우에는 법원은 결정으로 배상신청을 각하해야 한다
(소촉 25조 3항 3호, 32조 1항). 확정된 배상명령, 또는 가집행선고가 있는 배상명령
이 기재된 유죄판결서의 정본은 강제집행에 관하여 **집행력 있는 민사판결의 정본**
과 동일한 효력이 있다(소촉 34조 1항).[1]

(2) 형사절차상 화해제도

　　소송촉진 등에 관한 특례법상 형사절차에서의 **화해제도**는 피고인과 피해자가
민사상 다툼[해당 피고사건과 관련된 피해에 관한 다툼을 포함하는 경우로 한정한다]에 관
하여 합의를 한 경우 형사사건이 진행 중인 제 1 · 2 심법원에 피고인과 피해자가
공동으로 **공판조서**에 합의사실을 기재해 줄 것을 공판기일에 출석하여 서면으로
신청할 수 있고(소촉 36조 1항),[2] 이러한 합의가 기재된 공판조서는 **재판상 화해**와
같은 효력을 가진다(소촉 36조 5항).

3. 형사판결과 민사판결의 상호관계

　　원래 민사재판에서는 형사재판의 사실인정에 구속을 받는 것은 아니라고 하

---

1) 대판 1985. 11. 12. 85도1765 등. 배상명령제도의 적극적 활용을 강조하는 입장(박성철, "배
상명령제도," 외국사법연수논집 3권(재판자료 10집, 1981. 9.), 723쪽 이하)이 있는 반면, 배상
명령제도는 민 · 형사청구가 무리하게 병합되어 당사자의 절차적 권리보장이 소홀해지기 쉽다
는 등의 이유로 부정적으로 보는 입장(송상현 · 박익환, 252쪽)도 있다. 한편 재판예규 제
1776-12호 '배상신청에 관한 예규'(재형 2003-8, 2021. 7. 22. 개정 · 시행) 2조는 각급 법원에
서 자체적으로 배상명령제도에 관한 홍보를 실시함과 아울러 법관 및 직원들에게 그 중요성
을 주지시킴으로써 **배상명령제도의 활성화**에 힘써야 할 것을 규정하고 있다.
2) 이러한 합의가 피고인의 피해자에 대한 금전지급을 내용으로 하는 경우 피고인 외의 사람
이 피해자에 대하여 그 지급을 보증하거나 연대하여 의무를 부담하기로 합의했을 때에는 앞
서의 신청과 동시에 그 피고인 외의 사람은 피고인 및 피해자와 공동으로 그 취지를 공판조
서에 기재해 줄 것을 신청할 수 있다(2022. 1. 4. 개정 · 시행 소촉 36조 2항). 이러한 신청들
은 변론이 종결되기 전까지 공판기일에 출석해서 서면으로 해야 한다(소촉 36조 3항).

더라도 동일한 사실관계에 관하여 관련 형사사건의 판결에서 인정된 사실은 **특별한 사정이 없는 한** 민사재판에서 유력한 증거자료가 된다. 그러나 민사재판에서 제출된 다른 증거 내용에 비추어 형사판결의 사실판단을 그대로 채용하기 어렵다고 인정되는 **특별한 사정**이 있는 경우에는 이를 배척할 수 있다.[1] 다만 이 경우에도 형사재판의 사실판단을 배척하는 **합리적인 이유설시**(설명)가 있어야 한다.[2]

　　한편 형사재판 가운데 **유죄판결**은 공소사실에 대하여 증거능력 있는 엄격한 증거에 의하여 법관으로 하여금 합리적인 의심을 배제할 정도의 확신을 가지게 하는 증명이 있다는 의미가 있는 반면, **무죄판결**은 그러한 증명이 없다는 의미가 있을 뿐이지 공소사실의 부존재가 증명되었다는 의미가 아니므로,[3][4] 민사재판에서 관련 형사사건의 확정된 유죄판결과 무죄판결은 동일한 증명력을 가지는 것으로 볼 수 없다.

Ⅱ. 행정소송과의 관계

1. 의　　　의

　　민사소송은 민사사건을 대상으로 한다는 점에서, 공법상의 권리관계에 관한 사건(행정사건)을 대상으로 하는 행정소송과 구별된다. 행정소송, 특히 **항고소송**은 행정청의 위법한 처분 등을 취소·변경(**취소소송**)하거나, 그 효력 유무 또는 존재 여부를 확인(**무효등확인소송**)하고, 행정청의 부작위가 위법하다는 것을 확인(**부작위위법확인소송**)함으로써(행소 4조) 국민의 권리 또는 이익의 침해를 구제하고, 공법상의 권리관계 또는 법적용에 관한 다툼을 적정하게 해결함을 목적으로 한다. 따라서 대등한 주체 사이의 사법상 생활관계에 관한 분쟁을 심판대상으로 하는 민사소송과는 그 목적·취지 및 기능 등을 달리한다.[5]

　　민사소송사건인지, 행정소송사건(특히 행정소송사건 가운데 **당사자소송사건**)인지

---

1) 대판 2008. 2. 14. 2007다69148,69155, 2021. 10. 14. 2021다243430, 2022. 7. 28. 2019다202146; 정성태, "민사재판에서의 사실인정과 관련하여 형사재판에서 인정한 사실에 대한 구속력," 대법원판례해설 63호(2006년 하반기), 154쪽 이하.

2) 대판 1995. 7. 14. 94다32757, 2023. 2. 2. 2022다284353.

3) 대판 2005. 12. 23. 2004다46366, 2006. 9. 14. 2006다27055, 2022. 7. 28. 2019다202146.

4) 검찰의 무혐의결정(불기소처분)에는 확정된 형사판결과 동일한 증거가치가 부여되지 않는다. 대판 1995. 12. 26. 95다21884, 2001. 5. 8. 2000다43284,43307,43291.

5) 대판(전) 2008. 3. 20. 2007두6342.

의 **구별**이 구체적 사안에서 반드시 용이한 것만은 아니다. 따라서 관련 법규에서 명확한 규정을 두고 있지 않은 때에는 어떠한 구제절차를 취할 것인지를 합목적적으로 판단하여 결정해야 한다.[1] **2023. 8. 31. 제정·시행**(2024. 2. 22. 개정, 2024. 3. 1. 시행)된 **행정소송규칙**(19조)은 대법원 판례에서 **당사자소송**으로 확인된 사례를 분석하여, ① 손실보상금에 관한 소송 중 일정한 경우, ② 그 존부와 범위가 구체적으로 확정된 공법상 법률관계 그 자체에 관한 소송 중 일정한 경우, ③ 처분에 이르는 절차적 요건의 존부나 효력 유무에 관한 소송 중 일정한 경우, ④ 공법상 계약에 따른 권리·의무의 확인·이행청구소송을 당사자소송에 포함하고 있다. 민사소송사항인지, 행정소송사항인지에 따라 **행정소송법**의 적용 여부, **행정법원**의 관할 여부 등이 결정된다.

2. 행정소송에서의 직권탐지주의 적용 여부

행정소송의 절차적 성격에 관하여 행정소송법 26조(법원은 필요하다고 인정할 때에는 직권으로 증거조사를 할 수 있고, 당사자가 주장하지 아니한 사실에 대하여도 판단할 수 있다)에 근거하여, 행정소송에서는 민사소송에서의 변론주의와 달리 **직권탐지주의**가 적용된다고 보는 견해도 있다.[2] 그러나 같은 법 8조 2항(행정소송에 관하여 이 법에 특별한 규정이 없는 사항에 대하여는 법원조직법과 민사소송법 및 민사집행법의 규정을 준용한다)에 근거하여, 행정소송(항고소송 등 행정소송 일반을 말한다)도 원칙적으로 **변론주의**가 지배하는 절차이며, 일정한 경우에 한하여 **직권주의가 가미**되어 있을 따름으로 본다. **판례**도 같은 입장이다.[3]

3. 민사소송에서 행정처분의 위법성이 선결문제가 되는 경우

(1) 행정처분의 효력 유무 또는 존재 여부가 선결문제가 되는 경우

행정처분의 효력 유무 또는 존재 여부가 민사소송의 선결문제가 된 경우 해

---

1) 판례의 입장도 통일되어 있다고 볼 수 없다. 안철상, "행정소송과 민사소송의 관계," 법조 57권 1호(2008. 1.), 320쪽 이하. 따라서 가능한 한 명확한 규정을 두어 당사자의 구제절차가 분명하도록 하여 그 선택이 용이해야 한다. 고종주, "행정주체에 대한 금전급부청구권의 행사방법·소송방식의 선택기준에 관한 판례와 이론의 검토," 판례연구(부산판례연구회) 12집(2001. 6.), 365쪽 이하; 이홍훈, "행정소송과 민사소송," 한국공법이론의 새로운 전개(2005. 6.), 459쪽 이하.

2) 이시윤, 350쪽; 정동윤·유병현·김경욱, 406쪽; 송상현·박익환, 370쪽; 손한기, 9쪽.

3) 대판 2001. 1. 16. 99두8107, 2011. 3. 24. 2010후3509, 2019. 6. 13. 2018두35674 등.

당 민사소송의 수소법원이 이를 심리·판단할 수 있다(행소 11조 1항). 따라서 민
사소송에서 어느 행정처분의 당연무효 여부가 선결문제로 되는 때에는 이를 판단
하여 당연무효임을 전제로 판결할 수 있고 반드시 행정소송 등의 절차에 의하여
그 무효확인을 받아야 하는 것은 아니다.[1] 예컨대 위법한 과세처분의 경우 그 납부
여부를 불문하고 과세처분 자체에 대하여 행정소송(항고소송)으로 과세처분무효확인소
송을 제기할 수 있으나(이미 납부한 경우에도 과세처분무효확인소송을 제기할 수 있고, 이 경
우 **확인의 소의 보충성**이 요구되지 않는다),[2] 이를 잘못 납부했다고 하여 민사소송으로
부당이득반환청구소송을 제기하는 경우[3][4] 민사법원은 **과세처분의 무효** 여부,[5] 즉
과세처분상 흠이 중대하고 명백하여 당연무효라고 보아야 할 사유가 있는지 여부를
선결문제로서 심리·판단할 수 있다(행소 11조 1항은 행정처분 등의 효력 유무 또는 존재
여부를 민사법원이 선결적으로 심리·판단하는 경우에 일정한 범위 내에서 취소소송에 관한
규정을 준용하도록 하고 있다).[6]

(2) 행정처분의 무효에 이르지 않는 위법성 여부가 선결문제가 되는 경우

위법한 행정행위 자체에 대하여 민사소송으로 **손해배상청구소송**을 제기한 경

---

1) 대판 2010. 4. 8. 2009다90092. **판례**는, 등록상표에 대한 등록무효심결이 확정되기 전이라
   고 하더라도 상표등록이 무효심판에 의하여 무효로 될 것이 명백한 경우라면 상표권에 기
   초한 침해금지 또는 손해배상 등의 청구는 특별한 사정이 없는 한 권리남용에 해당하여 허용
   되지 않으므로, 상표권침해소송을 담당하는 법원으로서도 상표권자의 그러한 청구가 권리남용
   에 해당한다는 항변이 있는 경우 그 당부를 살피기 위한 전제로서 상표등록의 무효 여부에
   대하여 심리·판단할 수 있다고 한다. 대판(전) 2012. 10. 18. 2010다103000, 대판 2015. 10.
   15. 2013다84568.

2) 대판(전) 2008. 3. 20. 2007두6342.

3) **판례**는 **조세환급금청구소송**(조세과오납금청구소송, 즉 조세과오납금의 반환청구소송)을 **민
   사소송**으로 보고 있다. 대판(전) 1989. 6. 15. 88누6436, 대판 1990. 2. 13. 88누6610, 1995. 4.
   28. 94다55019. 조세환급금(조세과오납금)은 조세채무가 존재하지 않거나 그 후 소멸했음에도
   불구하고 국가가 법률상 원인 없이 수령하거나 보유하고 있는 **부당이득**에 해당한다. 대판
   2009. 9. 10. 2009다11808. 이에 대하여, 행정소송의 일종인 공법상 당사자소송으로 보는 것이
   타당하다는 견해도 있다. 최형기, "과오납금환급청구소송의 성격 ─실질적 당사자소송과 행정소
   송의 구별─," 조세사건에 관한 제문제(상)(재판자료 60집, 1993. 10.), 387쪽 이하.

4) 대법원은 종전의 판례를 변경하여 조세환급금청구소송 가운데 **부가가치세 환급세액지급청
   구소송**은 민사소송이 아니라 행정소송법 3조 2호에 규정된 **당사자소송**의 절차에 따라야 한
   다고 보고 있다. 대판(전) 2013. 3. 21. 2011다95564; 성중탁, "과오납부 부가가치세환급청구의
   재판관할," 대한변협신문 448호(2013. 5. 27.), 12쪽.

5) 흠이 있는 행정처분이 당연무효가 되기 위해서는 그 흠이 법규의 중요한 부분을 위반한 중
   대한 것으로서 객관적으로 명백한 것이어야 한다. 대판 2004. 10. 15. 2002다68485, 2007. 5.
   10. 2005다31828, 2009. 9. 24. 2009두2825.

6) 이 경우 해당 수소법원은 행정처분 등을 행한 행정청에게 그 선결문제로 된 사실을 통지해
   야 한다(행소 11조 2항).

우 민사법원이 행정행위의 위법성 여부를 선결문제로 판단할 수 있는지가 문제된다. 행정처분의 흠이 당연무효에 이르지 않는 취소사유에 불과한 때에는 행정행위의 공정력으로 인하여 원칙적으로 그 처분이 취소되지 않는 한 민사법원은 그 처분의 효력을 부정할 수 없다.[1][2] 다만 행정처분이 집행의 완료 또는 기간의 만료 등으로 그 목적을 달성한 경우에는 행정처분에 대하여 별도로 취소를 구할 소의 이익이 없으므로, 행정처분이 취소되었는지 여부와는 관계없이 행정처분의 위법을 이유로 한 손해배상청구를 할 수 있다.[3] 위법한 행정처분의 취소소송과 함께 그 취소로 인한 손해배상청구소송을 **관련청구소송**으로 병합하여 제기함으로써(행소 10조 2항) 권리구제가 가능하지만, 행정처분의 집행이 종료되는 등 그 취소를 구할 소의 이익이 없게 된 때에는 행정처분의 취소를 구함이 없이 바로 민사소송으로 손해배상청구를 할 수밖에 없다.

Ⅲ. 가사소송과의 관계

1. 의   의

민사사건은 재산권에 관한 분쟁을 대상으로 한다는 점에서, 민사상 분쟁 중 신분관계에 관한 분쟁을 대상으로 하는 가사사건과 구별된다. 가사사건은 **가사소송사건**과 **가사비송사건**으로 구별된다. 가사소송사건은 가사소송법 2조 1항 1호에서 가사소송사건으로 정하고 있는 사건 및 같은 조 2항에 따라 다른 법률 또는 대법원규칙(가사소송규칙)[4]에서 가사소송사건으로 정하고 있는 사건이다. 다만 가사소송

---

1) **2021. 3. 23. 제정·시행**(2024. 1. 16. 개정·시행)**된 행정기본법**(15조)에는 **무효인 처분이 아닌 한**(무효인 처분은 처음부터 그 효력이 발생하지 않는다) 처분은 권한이 있는 기관이 취소 또는 철회하거나 기간의 경과 등으로 소멸되기 전까지는 유효한 것으로 **통용**된다는 취지의 규정을 두고 있다.

2) 대판 1991. 10. 22. 91다26690, 1994. 11. 11. 94다28000, 1999. 8. 20. 99다20179. 조세의 과오납이 부당이득이 되기 위해서는 납세 또는 조세의 징수가 실체법적으로나 절차법적으로 전혀 법률상의 근거가 없거나 과세처분의 흠이 중대하고 명백하여 당연무효이어야 하고, 과세처분의 흠이 단지 취소할 수 있는 정도에 불과한 때에는 과세관청이 이를 스스로 취소하거나 항고소송(취소소송)절차에 의하여 취소되지 않은 한 그로 인한 조세의 납부가 부당이득이 된다고 할 수 없다. 대판 1994. 11. 11. 94다28000.

3) 위법한 행정대집행이 완료된 경우의 손해배상청구에 관해서는, 대판 1972. 4. 28. 72다337. 영업정지처분상 영업정지기간이 만료된 경우의 손해배상청구에 관해서는, 대판 1974. 3. 12. 73누228.

4) 제한적으로 열거하는 경우 융통성이 없게 되어 변화에 대응할 수 없다는 문제점이 있다. 따라서 가사소송법 2조는 1항에서 제한적 열거의 입장을 취하면서 2항에 다른 법률에서 가사

법이 2조 1항 1호에서 규정되지 않은 사건도 그와 가장 유사한 가사사건의 규정
을 유추적용하여 준가사사건(準家事事件)으로 처리하는 것을 일체 배제하는 것은
아니다. **판례**도 신분관계 존부의 확정에 관하여 민법이나 가사소송법 등에서 구
체적으로 소송유형을 규정하고 있는 예가 많으나, 그와 같이 실정법상 소송유형
이 규정되어 있는 때에 한하여 신분관계 존부확인에 관한 소송을 제기할 수 있
는 것으로 볼 것은 아니며, 소송유형이 따로 규정되어 있지 않더라도 법률관계
인 신분관계의 존부를 즉시 확정할 이익이 있으면 일반 소송법리에 따라 그 신
분관계확인의 소송을 제기할 수 있다고 보고 있다.[1] 사건의 성격이 가사사건인
지 민사사건인지 명백하지 않은 때에는 관계법원의 공통되는 고등법원이 관할법
원을 지정한다(가소 3조).

2. 가사소송사건의 종류 및 특질

(1) 가사소송사건의 종류

가사소송사건은 가류·나류·다류 가사소송사건으로 분류된다. ① **가류** 가사
소송사건(가소 2조 1항 1호 가목)은 주로 신분관계의 무효를 구하는 사건이며, ②
나류 가사소송사건(가소 2조 1항 1호 나목)은 주로 신분관계의 취소를 구하는 사건
이며, ③ **다류** 가사소송사건(가소 2조 1항 1호 다목)은 신분관계의 무효·취소로 인
한 손해배상 등을 구하는 사건(제 3 자에 대한 청구를 포함한다)이다.[2]

(2) 가사소송사건과 직권탐지주의

가사소송사건 가운데 ① 가류·나류 가사소송사건은 민사소송과 달리 가사소
송법 17조 및 가사소송규칙 23조 1항에 의하여 **직권탐지주의**가 적용된다. ② 다류
가사소송사건은 순수한 재산상 청구로서 본질상 민사사건이나, 가류 또는 나류 가

사건으로 규정한 것 외에 대법원규칙으로 가사사건을 추가할 수 있도록 규정했다. 서정우,
"새 가사소송법의 개설," 가족법학논총 1권(박병호교수환갑기념, 1991. 10.), 669쪽 이하; 서정
우, "가사소송법해설," 가족법연구 5호(1991. 11.), 173쪽 이하.

[1] 대판 1993. 7. 16. 92므372; 김선혜, "친생자관계존부확인의 소송실무상 몇 가지 문제점," 가
정법원사건의 제문제(재판자료 62집, 1993. 12.), 617쪽 이하; 김연, "양친자관계존부확인의 소
의 적부," 가족법연구 9호(설송정광현선생추모기념, 1995. 12.), 213쪽 이하.

[2] 2022. 11. 10. 국회에 제출된 정부 제안의 **가사소송법 전부개정법률안**(의안번호 2118198)
은, 가사사건 분류를 체계화하여 가사소송사건을 **가족관계 가사소송사건**과 **재산관계 가사소
송사건**으로, 가사비송사건을 **상대방이 없는 가사비송사건**과 **상대방이 있는 가사비송사건**으
로 분류하고 있다. 한편 2018. 3. 2. 국회에 제출된 정부 제안의 가사소송법 전부개정법률안은
제20대 국회의 임기종료(2020. 5. 29.)로 자동폐기되었다.

사소송사건에 속하는 사건을 원인으로 하는 손해배상청구나 원상회복청구이므로 민사소송과 같이 **변론주의**가 적용된다.

(3) 가사소송사건과 조정전치주의

가사소송사건 가운데 ① **가류** 가사소송사건은 당사자가 소송물을 임의로 처분하는 것이 허용되지 않으므로 조정의 대상이 되지 않고, 따라서 **조정전치주의**가 적용되지 않는다. ② **나류** 가사소송사건은 당사자가 그 소송물을 임의로 처분할 수 있는 경우[재판상 이혼·재판상 파양(다만 양자가 미성년자·피성년후견인인 경우에는 양부모와 양자가 협의하여 파양할 수 없다. 2012. 2. 10. 개정, 2013. 7. 1. 시행 민법 898조) 등]가 있으며, 임의로 처분할 수 없는 경우라고 하더라도 간접적이고 우회적인 방법으로 당사자가 소송의 목적을 소멸시킬 수 있으므로 조정의 대상이 된다고 보아 조정전치주의가 적용된다. ③ **다류** 가사소송사건은 물론 조정전치주의가 적용된다.[1)]

(4) 가사소송사건과 판결의 효력

가사소송사건 가운데 **가류·나류** 가사소송사건의 **청구인용의 확정판결**은 제3자에게도 효력(**대세효**)이 있다(가소 21조 1항). 다만 이러한 가사소송사건의 **청구배척**(소각하·청구기각)**의 확정판결**에 대해서도 이러한 대세효가 있는지에 관하여, 가사소송법 21조 2항(다른 제소권자가 사실심의 변론종결 전에 참가하지 못한 데에 대하여 정당한 사유가 있지 아니하면 다시 소를 제기할 수 없다)의 규정과 관련하여 논의가 있다. 청구배척의 확정판결의 경우 대세효가 미치지 않지만 다른 제소권자가 이러한 확정판결 후에도 피고를 상대로 여러 번 제소하는 것을 막기 위하여 다른 제소권자가 전소 사실심 변론종결시까지 소송참가할 수 없었던 정당한 사유가 없는 경우에는 다시 제소할 수 없다고 보아야 한다(**특수효력설**).[2)]

(5) 가사비송사건과의 차이

가사비송사건은 라류·마류 가사비송사건으로 분류된다. ① **라류** 가사비송사건(가소 2조 1항 2호 가목)은 순수한 가사비송사건으로 대립당사자 구조를 취하고

---

1) 가사사건 중 나류 가사소송사건 및 다류 가사소송사건과 마류 가사비송사건에 대하여 가정법원에 소를 제기하거나 심판을 청구하려는 사람은 먼저 조정을 신청해야 한다(가소 50조 1항). 따라서 이들 사건에 관하여 당사자가 가사조정을 신청하지 않고 소를 제기하거나 심판을 청구한 때에는 가정법원은 조정성립의 가능성이 없다고 인정되는 등의 예외적인 경우를 제외하고는 직권으로 그 사건을 조정에 회부해야 한다(가소 50조 2항).

2) 김홍엽, "가사소송의 특질 —민사소송과 관련하여—," 성균관법학(성균관대학교 법학연구소) 22권 3호(2010. 12.), 593쪽 이하.

있지 않으며 법원의 후견적 허가나 감독처분이 요구되는 사건이다. 따라서 조정
의 대상이 되지 않는다. ② **마류** 가사비송사건(가소 2조 1항 2호 나목)은 법원이 후
견적 입장에서 재량에 의하여 판단할 사건이기는 하나 쟁송성을 지닌 소송사건적
성격이 있다. 따라서 대립당사자 구조, 조정전치주의, 필수적 심문절차 등을 취하
고 있다.[1]

Ⅳ. 비송사건과의 관계

1. 의   의

민사소송은 민사사건 중 소송절차로 처리하는 사건이라는 점에서 소송절차로
처리하지 않는 사건인 비송사건과 구별된다. 소송사건인지 비송사건인지의 **구별
기준**에 관하여, ① 국가작용을 기준으로 하여 소송사건은 실체법을 구체적으로
적용하여 권리의무의 존부를 판단하는 민사사법(司法)작용인 데 반하여, 비송사건
은 국가가 사인간의 생활관계에 후견적으로 개입하여 조정을 도모하는 민사행정
작용에 의한 것으로 보는 견해(**대상설**),[2] ② 소송사건인지 비송사건인지는 실정법
의 규정을 기준으로 하여 구별해야 한다는 견해(**실정법설**) 등이 있으나,[3] ③ 원칙
적으로는 법률상 명문으로 비송사건으로 규정되어 있는 경우에는 비송사건으로
보되, 그렇지 않는 경우에는 법원의 합목적적 재량이 필요하여 법원이 모든 사정
을 고려하여 유효적절한 조치를 강구할 것이 요구되며 절차의 간이·신속성이 요
구되는 사건은 이를 **비송사건**으로 보고, 그 외의 사건은 **소송사건**으로 보는 견해
(**절충설**)가 타당하다.[4] **판례**는, **가사비송사건**인지 여부에 관해서는 **실정법설**을 따
르고 있으나[가사에 관한 소송과 비송은 가사소송법에 명확하게 규정되어 있다],[5] **그 밖**

---

1) **판례**는, 마류 가사비송사건은 일반적으로 쟁송성이 강하고 소송사건적 성격을 띠고 있어
   전형적인 비송사건과 거리가 없지 않다고 보고 있다. 대결 2010. 2. 25. 2009스113.
2) 이시윤, 15쪽; 강현중, 7쪽; 송상현·박익환, 29쪽. 이러한 대상설에 대하여, 이시윤, 15쪽과
   정영환, 27쪽은 다수설로, 정동윤·유병현·김경욱, 15쪽; 강현중, 7쪽; 홍기문, 24쪽은 통설로
   소개하고 있으나, 절충설과의 구별을 전제로 한 언급인지 의문이다.
3) 정동윤·유병현·김경욱, 15쪽; 황진구, 주석서(1), 31쪽.
4) 김홍규·강태원, 58쪽.
5) 부부간의 부양의무를 이행하지 않은 부부의 일방에 대하여, 상대방의 친족이 구하는 부양
   료의 상환청구는 가사소송법 2조 1항 2호 나목(마류 가사비송사건)의 어디에도 해당하지 않아
   이를 가사비송사건으로 가정법원의 전속관할에 속하는 것이라고 할 수 없고, 민사소송사건에
   해당한다고 봄이 상당하다고 본다. 대판 2012. 12. 27. 2011다96932.

의 경우에 관해서는 **절충설**의 입장인 것으로 이해된다.[1]

2. 비송사건의 종류 및 특질

(1) 비송사건에 해당하는 경우

비송사건에는 크게 비송사건절차법이 적용되는 **민사비송사건**, **상사비송사건**, 과태료사건 등과 가사소송법이 적용되는 **가사비송사건**이 있다.[2] ① 민사조정(민조 39조),[3] 가사조정(가소 49조), ② 등기관의 결정 또는 처분에 대한 이의(부등 100조), ③ 가족관계등록부에 관하여 **확정판결에 의한 정정**(가족관계의 등록 등에 관한 법률 107조)에 의한 것이 아닌 **가정법원의 허가에 의한 정정**(같은 법률 104조) 등의 경우는 비송사건이다.[4] 공유물분할의 소, 경계확정의 소, 아버지를 정하는 소(민 845조, 가소 27조), 법정지상권상의 지료결정의 소(민 366조 단서) 등은 **형식적**으로는 **형성의 소**로서 소송사건이나, 그 **실질**은 **비송사건**이다(이러한 소를 '**형식적 형성의 소**'라고 한다).

(2) 비송사건절차의 특수성

비송사건절차는 민사소송절차와 달리 당사자의 변론에만 의존하는 것이 아니고, 법원이 자기의 권능과 책임으로 재판의 기초가 되는 자료를 수집하는, 이른바 **직권탐지주의**에 의하고 있다(비송 11조). 따라서 법원으로서는 당사자의 주장에 구

---

1) 대결 1984. 10. 5. 84마카42.
2) 종래 상업등기도 비송사건으로 비송사건절차법의 적용을 받았으나, 현재는 2007. 8. 3. 제정된 상업등기법(2020. 6. 9. 개정, 2020. 9. 10. 시행)이 적용된다.
3) 민사조정법 38조는 민사소송법의 일부 조항만을 열거하여 준용하도록 정하는 한편, 같은 법 39조는 "조정에 관하여는 이 법에 특별한 규정이 있는 경우를 제외하고는 그 성질에 반하지 아니하는 범위에서 비송사건절차법 제11편(제15조는 제외한다)을 준용한다."라고 정하고 있다. 그러나 민사조정사건은 이해관계가 대립되는 당사자 사이의 민사분쟁을 해결하기 위한 점에서 소송절차와 공통점이 있으므로, 상대방을 예정하고 있지 않고 비대심적(非對審的) 구조를 취하고 있는 **전형적인 비송사건과 구별**되는 특징을 갖는다. 대결 2022. 10. 14. 2020마7330.
4) 정정하려고 하는 가족관계등록부의 기록사항이 신분관계에 중대한 영향을 미치기 때문에 그 기록사항에 관련된 신분관계의 존부에 관하여 직접적인 쟁송방법이 가사소송법 등에 마련되어 있는 경우에는 가족관계의 등록 등에 관한 법률 107조에 따라 그 사건의 확정판결 등에 의해서만 가족관계등록부의 기록사항을 정정할 수 있다. 그러나 이와 달리 가족관계등록부의 기록사항과 관련하여 가사소송법 등에 직접적인 쟁송방법이 없는 경우에는 위 법률 104조에 따라 정정할 수 있다. 예컨대 가사소송법 등이 사람이 태어난 일시 또는 사망한 일시를 확정하는 직접적인 쟁송방법을 별도로 정하고 있지 않으므로 특별한 사정이 없는 한 가족관계등록부 기록사항 중 출생연월일·사망일시는 위 법률 104조에 의한 가족관계등록부 정정 대상으로 봄이 타당하다. 대결 2012. 4. 13. 2011스160.

애받지 않고 직권으로 사실조사를 하여 판단을 한다.[1] 비송사건에서 심문은 비공개이며, 검사의 참여 및 의견진술이 허용된다(비송 13조·15조). 재판은 결정으로 하고 재판한 뒤에도 상황에 따라 법원이 그 재판이 위법 또는 부당하다고 인정하는 경우에는 취소·변경할 수 있다(비송 19조).

(3) 소송사건의 비송화 경향

최근 전통적으로 소송으로 처리하던 사건을 비송의 영역으로 이관하여 법원의 재량에 의한 탄력적 처리가 늘어나고 있는 경향에 주목할 필요가 있다. 이를 **'소송사건의 비송화 경향'**이라 한다. 비송사건절차는 재판의 공개나 대립당사자구조를 취하지 않으므로 종래 소송사건을 비송사건으로 취급하는 경우 소송사건에서 요구되는 절차적 보장이 이루어지지 않게 된다. 따라서 헌법상 보장된 재판을 받을 권리(헌 27조 1항)의 침해 여부가 문제된다. 다만 소송사건을 비송화한다고 하더라도 사건의 유형에 따른 실질적 쟁송성의 정도에 비추어 개별적으로 그 취급을 달리함으로써 어느 정도 그 문제를 해결할 수 있다고 본다.[2]

제 3 절 소송을 갈음하는 분쟁해결제도

Ⅰ. 개   관

소송을 갈음하는 분쟁해결제도(Alternative Dispute Resolution, ADR)에는 화해, 조정, 중재 등이 있다. 소송사건의 폭주에 따른 소송의 지연과 소송비용의 과다 및 엄격한 재판절차로 인한 재판의 경직성 등으로 인하여 재판제도에 의하지 않는 새로운 분쟁해결제도에 대한 관심이 커지고 있다.[3] 이러한 새로운 분쟁해결제

---

1) 대판 2013. 7. 12. 2011므1116,1123, 대결 2022. 4. 14. 2016마5394, 5395,5396, 대판 2023. 12. 21. 2023므11819.

2) 손해배상사건의 심리는 구체적 타당성 있는 결론을 위하여 필요한 범위 내에서 직권주의를 가미하는 등 직권주의적 색채가 강하여 사실상 비송절차화되는 경향이 있다는 견해로는, 황현호, "손해배상소송에 있어서 증명의 정도 및 범위," 법조 52권 2호(2003. 2.), 5쪽 이하.

3) 이석선, "민사분쟁의 재판상·재판외 해결방법," 민사재판의 제문제(하)(송천이시윤박사화갑기념, 1995. 10.), 1쪽 이하. 새로운 분쟁해결제도의 모색과 관심에 앞서 우리나라 재판제도가 갖는 절차의 복잡성·경직성·과비용 등 근원적 문제점의 해결에 우선해야 한다는 견해로는, 김연, "소송외 분쟁해결제도의 활성화를 위한 서론적 연구," 민사법의 실천적 과제(한도정환담교수화갑기념, 2000. 2.), 641쪽 이하.

도는 법원의 재판업무의 부담이라는 측면이 아니라 국민의 법원 및 분쟁해결기관에 대한 접근의 용이성 측면에서 효과적으로 활용되어야 한다.[1] 즉 ADR이 전통적인 대체적 분쟁해결제도에서 나아가 **적절한** 분쟁해결제도(Appropriate Dispute Resolution), **효율적** 분쟁해결제도(EDR, Effective Dispute Resolution)로서 자리매김할 수 있어야 한다.

II. 화 해

1. 의 의

(1) 재판 외 화해와 재판상 화해

화해에는 먼저 재판 외 화해와 재판상 화해 등이 있다. ① **재판 외 화해**는 민법상 화해(민 731조 이하)로서 당사자가 서로 양보하여 당사자들 사이에 분쟁을 끝낼 것을 약정하는 것이다. ② **재판상 화해**(법 220조)에는 민사상 다툼이 소송으로 발전하는 것을 방지하기 위해 당사자가 법원에 출석하여 화해하는 **제소전 화해**(법 385조), 일단 소송이 개시되어 소송계속 중 당사자가 서로 양보하여 합의한 내용을 법원에 진술하여 재판에 의하지 않고 소송을 종료시키는 **소송상 화해**가 있다.

(2) 그 밖의 화해제도

그 밖에도 화해의 촉진을 위하여 **서면화해제도**(법 148조 3항)와 **화해권고결정제도**(법 225조 이하), **형사피고사건**에서 피고인과 피해자 사이의 민사상 다툼에 관한 **화해제도**(소촉 36조 이하) 등이 있다.

2. 효 력

재판상 화해가 성립되어 화해조서에 기재되는 경우(법 220조), 수소법원의 화해권고결정이 확정되는 경우(법 231조) 및 형사피고사건에서 피고인과 피해자, 또는 피해자에 대하여 그 지급을 보증하거나 연대한 피고인 외의 제 3 자와 피해자 사이의 합의가 공판조서에 기재되는 경우(소촉 36조 1항 내지 4항) 등에는 확정판결과 같은 효력이 있다(법 220조·231조, 소촉 36조 5항).

---

[1] 송상현, "재판에 의하지 아니한 분쟁해결방법의 이념과 전망," 인권과 정의 215호(1994. 7.), 8쪽 이하.

Ⅲ. 조   정

1. 의   의

조정이란 조정담당기관이 민사에 관한 분쟁을 간이한 절차에 따라 당사자 사이의 상호 양해를 통하여 조리를 바탕으로 실정에 맞게 해결하는 절차를 말한다(민조 1조).[1] 조정에는 원칙적으로 민사조정법이 적용되거나 준용된다[가사조정에 관해서는 가사소송법에 특별한 규정이 있는 경우를 제외하고는 원칙적으로 민사조정법의 규정이 준용된다(가소 49조)].

2. 법원의 조정

(1) 조정의 개시 및 절차

법원의 조정은 **신청에 의하여(조정신청사건)** 또는 수소법원의 **직권에 의한 회부(직권조정, 조정회부사건)**로써 개시된다. 여기에는, ① **조정담당판사**가 스스로 처리하는 경우, ② 조정담당판사가 **상임조정위원**이나 **조정위원회**로 하여금 처리하게 하는 경우,[2] ③ **수소법원** 스스로 처리하는 경우가 있다.[3]

▣ **법원의 조정에서의 조정담당기관과 처리방식**

(1) **조정신청에 의한 조정의 경우**

1) 조정신청이 된 사건은 원칙적으로 **조정담당판사**가 맡는데, 조정담당판사는 스스로 조정사건을 처리하거나(**단독조정**), 조정담당판사를 조정장으로 하는 조정위

---

1) 서울중앙지방법원은 2010. 5. 1.부터 민사사건에서 '**조기조정제도**'(early mediation)를 도입하여 운영하고 있다. 조기조정제도는 재판이 시작되기 전에 당사자와 조정위원들이 분쟁의 종국적인 해결을 시도하는 절차로서, 재판부가 직접 개입하지 않고 조정위원들이 사실상 전과정을 주도함으로써 조정에 대한 당사자의 자발적인 참여를 유도하여 신속한 분쟁해결을 모색하는 ADR의 한 형태이다. 이러한 조기조정제도는 **외부연계형조정제도(법원연계조정제도)**를 활용하여 운용된다. 외부연계형조정은 법원으로부터 회부받은 조정사건을 분쟁의 성격에 맞는 **외부의 조정전문기관**으로 하여금 신속하게 조정업무를 수행하도록 하는 제도이다.
2) 민사조정법은 2009. 2. 9. 개정시 **상임조정위원제도**를 두었다(민조 7조). 조정위원규칙 2조의4에 의하면 법원행정처장은 효율적인 조정사무 처리를 위하여 필요하다고 판단하는 때에는 각급 법원에 **조정센터**를 설치할 수 있도록 하고 있다. 현재 전국적으로 12개 조정센터가 운영되고 있다.
3) 조정절차 및 조정기일의 운영에 관한 대법원예규로는, 재판예규 제1803호 '민사 및 가사조정의 사무처리에 관한 예규'(재민 2001-8, 2022. 3. 24. 개정·시행)가 있다.

원회로 하여금 처리하게 할 수 있다(**조정위원회조정**).¹⁾ 한편 조정담당판사가 스스로 조정을 하는 경우에도 조정위원으로 하여금 조정사건의 처리를 위하여 필요한 사무를 수행하도록 할 수 있다(**책임조정**, 2020. 2. 4. 개정·시행시 신설된 민조 7조 6항).

2) 상임조정위원이 위촉되어 있는 경우 조정담당판사는 **상임조정위원**으로 하여금 처리하게 할 수 있는데, 상임조정위원은 스스로 조정사건을 처리하거나(**단독조정**), 상임조정위원을 조정장으로 하는 조정위원회로 하여금 처리하게 할 수 있다(**조정위원회조정**).

(2) 직권조정의 경우

소송이 제기된 경우 수소법원은 사건을 조정에 부칠 수 있는데(**직권조정, 수소법원의 조정회부사건**), 이 경우 ① 수소법원이 스스로 조정을 하거나, ② 수소법원의 재판장(또는 수명법관)을 조정장으로 하는 수소법원 직속 조정위원회로 하여금 처리하게 할 수 있으며, ③ 아예 수소법원이 조정담당판사에게 보내, 앞서 (1)의 방식에 따라 처리하게 할 수 있다. 통상 ①, ②를 '**수소법원 조정**'이라 한다.

(2) 조정의 성립과 조정을 갈음하는 결정

조정은 당사자 사이에 합의된 사항을 조서에 기재함으로써 성립하고 조정조서는 재판상 화해와 동일한 효력이 있다(민조 29조).²⁾ 조정절차에서 합의가 성립되지 않거나, 성립된 합의의 내용이 적당하지 않는 경우 또는 (조정신청사건에서) 피신청인이 조정기일에 불출석한 경우에는 직권으로 **조정을 갈음하는 결정**을 한다(민조 30조·32조)[2010. 3. 31. 민사조정법 개정시 종전의 '조정에 갈음하는 결정'이라는 표현을 '조정을 갈음하는 결정'이라는 표현으로 바꾸었다. 이를 **강제조정**이라 한다].

(3) 조정절차상 소제기로 이행되는 경우

조정절차에서 ① 조정을 신청했으나 조정을 하지 아니하는 결정이 있는 때, ② 조정이 성립되지 않는 것(조정불성립)으로 사건이 종결된 때, ③ 조정을 갈음하는 결정에 대하여 이의신청이 있는 때 등의 경우에는 **조정신청을 한 때**에 소가 제기된 것으로 본다(민조 36조 1항). 이 경우 조정절차에서의 의견과 진술은 민사소송(해당 조정에 대한 준재심을 제외한다)에서 원용하지 못한다(2020. 2. 4. 개정, 2020. 3. 5. 시행 민조 23조)³⁾

---

1) 조정위원회는 조정장, 조정위원 2인 이상으로 구성되며, 조정장은 조정담당판사, 또는 뒤에서 보는 바와 같이 상임조정위원, 수소법원의 재판장이 된다.

2) 대판 2008. 1. 10. 2006다37304.

3) 대판 2009. 11. 12. 2009다42635는 수소법원의 변론이 종결된 후에 이루어진 (직권)조정절차에서 한 원고의 진술에 대하여 이를 소송자료로 취급하지 않은 법원의 조치는 옳다고 판시한

[다만 가사조정의 경우에는 그렇지 않다(가소 49조 단서)].[1] 비송절차인 조정절차와 소송절차는 준별되기 때문이다.[2]

3. 법원 외 조정(각종 분쟁조정위원회)

(1) 법원 외 조정의 종류

법원의 조정(**사법형 ADR**) 외에 법원 외에서 **각종 분쟁조정위원회**가 하는 조정(**행정형 ADR**)이 있다. 여기에는 예컨대 소비자분쟁조정위원회, 건설분쟁조정위원회, 의료분쟁조정위원회, 금융분쟁조정위원회, 하자심사조정위원회, 환경분쟁조정위원회,[3] 한국저작권위원회, 건축분쟁조정위원회, 집합건물분쟁조정위원회, 약관분쟁조정협의회, 노동위원회 등의 조정이 있다.

(2) 법원 외 조정의 성립의 효력

(a) 의   의

각종 분쟁조정위원회 조정절차에서 조정이 성립하는 경우 그 효력의 인정 정도는 크게 두 가지로 나누어 볼 수 있다. ① 하나는 **재판상 화해와 동일한 효력**을 갖는 것으로 보는 경우이며, ② 다른 하나는 당사자 사이에 **조정조서**(조정서)**와 동일한 내용의 합의가 성립**된 것으로 보는 경우가 그것이다. 각 해당 법률에서 이를 규정하고 있다. 각종 분쟁조정위원회의 조정의 효력에 관하여 해당 법률에서 당사자 사이에 합의가 성립된 것으로 규정하는 경향이 있으나, 여전히 재판상 화해와 동일한 효력이 있는 것으로 규정하고 있는 경우도 많다.[4]

바 있다.

1) 가사조정의 경우 가사소송법은 오히려 소송절차 등으로 이행되는 때에는 조정장이나 조정담당판사가 의견을 첨부하도록 규정하여(가소 61조) 조정경과를 재판에 반영할 수 있도록 하고 있다. 따라서 재판상 이혼사건의 조정기일조서에 기재된 당사자의 진술로서 당사자나 이해관계인이 열람·복사할 수 있는 내용은 당사자가 그 소송에서 원용할 수 있고 가정법원은 이를 판단의 자료로 삼을 수 있다. 대판 2010. 12. 23. 2010므2785.

2) 재판예규 제1525호 '민사조정절차에 관련된 여러 의문점에 대한 검토의견'(재민 95-1, 2015. 4. 8. 개정). 수소법원이 직권으로 조정에 회부한 다음 직접 조정을 했으나(**수소법원조정**) 조정이 성립되지 않아 다시 소송절차로 이행된 경우 특히 문제가 된다. 김홍엽, "민사소송에 있어서 신모델의 현황 및 실천적 개선과제," 민사신모델의 시행평가와 개선방안(재판자료 106집, 2005. 7.), 75쪽 이하.

3) 환경분쟁조정위원회의 **조정(調整)**은 일반적인 조정(調停) 외에 알선·재정 및 중재를 포함한다(2024. 3. 19. 전부개정, 2025. 1. 1. 시행 환경분쟁 조정 및 환경피해 구제 등에 관한 법률 2조 4호).

4) 대법원규칙 제1768호 '각종 분쟁조정위원회 등의 조정조서 등에 대한 집행문부여에 관한 규칙'(2002. 6. 28. 개정)은, 민사집행법이 적용 또는 준용되지 않는 법률의 규정에 의하여 재판

(b) 효력의 인정 정도

법원 외 조정의 경우 해당 조정절차에서의 조정성립의 효력은 각 해당 근거 법률에서 이를 정하고 있다. ① 소비자분쟁조정위원회(소기 67조 4항), 건설분쟁조정위원회(건설산업기본법 78조 4항), 의료분쟁조정위원회(의료사고 피해구제 및 의료분쟁 조정 등에 관한 법률 37조 4항), 금융분쟁조정위원회(**2020. 3. 24. 제정, 2021. 3. 25. 시행 금융소비자 보호에 관한 법률** 39조) 등의 조정에서는 **재판상 화해와 동일한 효력**을 갖는다. ② 하자심사·분쟁조정위원회(공동주택관리법 44조 4항), 환경분쟁조정위원회(**2024. 3. 19. 전부개정, 2025. 1. 1. 시행 환경분쟁 조정 및 환경피해 구제 등에 관한 법률** 54조), 한국저작권위원회(저작권법 117조 5항), 건축분쟁조정위원회(2020. 12. 22. 개정, 2021. 6. 23. 시행 건축법 96조 4항) 등의 조정에서는 당사자가 **임의로 처분할 수 없는 사항을 제외**하고 조정조서(조정서)가 **재판상 화해와 동일한 효력**을 갖는다. ③ 집합건물분쟁조정위원회(집합건물의 소유 및 관리에 관한 법률 52조의9 2항), 약관분쟁조정협의회(약관규제 28조 1항 후문) 등의 조정에서는 당사자 사이에 **조정조서(조정서)**에 기재된 내용의 **합의가 성립**된 것으로 본다. ④ 주택임대차분쟁조정위원회의 조정에서 조정서에 각 당사자 사이에 금전 그 밖의 대체물의 지급 또는 부동산의 인도에 강제집행을 승낙하는 취지의 합의가 있는 경우에는 **집행력 있는 집행권원**과 같은 효력을 가진다(주택임대차보호법 27조, 26조 4항 후단). ⑤ 노동조합 및 노동관계조정법상 노동위원회의 조정은 **단체협약**과 동일한 효력을 가진다(같은 법 61조 2항).

(3) 법원 외 조정의 문제점

각종 분쟁조정위원회를 법원과 같은 중립적 기관이라고 볼 수 없으므로 이러한 조정에 대해 법원의 관여하에 이루어지는 재판상 화해의 경우와 같은 효력을 부여하는 것은 헌법상 국민의 재판을 받을 권리(헌 27조 1항)와 관련하여 문제가 있다.[1]

상 화해와 동일한 효력이 있는 문서(법원 또는 법원의 조정위원회 이외의 각종 조정위원회, 중재위원회 또는 중재부 그 밖의 분쟁조정기관이 작성한 화해조서, 조정조서, 중재조서, 조정서 기타 명칭의 여하를 불문한다)에 대한 **집행문** 부여신청의 방식과 부여절차를 정하고 있다.

[1] 행정위원회에 의한 조정과 관련하여 조정기관 및 조정절차·효력 등을 통일적으로 규율할 필요성 및 특히 효력에서 '당사자 사이의 합의와 동일한 효력'으로 개정되어야 함을 강조하는 견해로는, 유병현, "ADR의 발전과 법원 외 조정의 효력," 법조 53권 6호(2004. 6.), 27쪽 이하. 한편 재판상 화해의 효력을 인정할 것인지 아닌지가 중요한 것이 아니라 절차의 적정성에 합당한 효력을 인정하는 것이 중요하다는 견해로는, 김연, "법원이 관여하지 않는 특별 조정절차의 검토," 민사소송 14권 1호(2010. 5.), 70쪽.

이에 대하여, 신청인의 동의가 있으면 국가배상심의회의 배상결정을 재판상 화해로 간주하는 구 국가배상법 16조에 대해서는 위헌결정이 있었다.[1] 한편 이와 달리, 신청인의 동의가 있으면 특수임무수행자보상심의위원회의 보상금지급결정을 재판상 화해로 간주하는 '특수임무수행자 보상에 관한 법률' 17조의2에 대해서는 합헌결정이 있었다.[2]

Ⅳ. 중   재

1. 의   의

중재란 당사자 사이의 합의로 사법상의 분쟁(재산권상의 분쟁 및 당사자가 화해에 의해 해결할 수 있는 비재산권상의 분쟁)을 법원의 재판에 의하지 않고 중재인의 판정에 의하여 해결하는 절차를 말한다(중재 1조, 3조 1호). 중재는 중재인이 하는 사적 재판으로, 단심제이며 비공개로 심리된다.[3] 법무부장관 또는 산업통상자원부장관은 상사중재를 하는 사단법인을 지정할 수 있다(중재 40조). 상사중재에 관한 상설중재기관으로는 산업통상자원부장관이 지정한 사단법인인 **대한상사중재원**이 있다(중재 40조)[2016. 6. 15. 산업통상자원부에서 **법무부**로 주무관청이 변경되었다]. 대한상사중재원은 **중재규칙**을 두고 있다. 중재규칙의 제정 · 변경시 대법원장의 승인을 받아야 한다(중재 41조).[4]

---

1) 헌재 1995. 5. 25. 91헌가7 결정은, ① 사법절차에 준한다고 볼 수 있는 각종 중재 · 조정절차와 달리 배상결정절차에서는 심의회의 제3자성 · 독립성이 희박한 점, ② 심의절차의 공정성 · 신중성도 결여되어 있는 점, ③ 부제소합의의 경우와 달리 신청인의 배상결정에 대한 동의에 재판청구권을 포기할 의사까지 포함되어 있는 것으로 볼 수 없는 점 등을 그 근거로 들고 있다.

2) 헌재 2011. 2. 24. 2010헌바199 결정은, ① 위원회의 제3자성 및 독립성이 보장되어 있는 점, ② 심의절차의 공정성 · 신중성이 충분히 갖추어져 있는 점, ③ 위원회에서 결정하는 보상액과 법원의 그것 사이에 별 다른 차이가 없게 되는 점, ④ 보상금지급결정에 대한 보상신청인의 동의에는 특수임무수행 등으로 인한 피해에 대하여 더 이상 재판을 청구하지 않겠다는 재판청구권 포기의사까지 명백하게 포함되어 있는 점 등을 그 근거로 들고 있다.

3) 중재산업 진흥에 관한 법률(2016. 12. 27. 제정, 2017. 6. 28. 시행)은, 국내 및 국제 분쟁해결수단으로서 중재를 활성화하고, 대한민국이 중재 중심지로 발전할 수 있도록 법무부장관을 주무관청으로 하여 중재산업의 진흥에 관한 필요한 사항을 정하고 있다.

4) 현재 2016. 11. 29. 개정 **국내중재규칙**(대법원 승인, 2016. 11. 30. 시행) 및 2016. 3. 15. 개정 **국제중재규칙**(대법원 승인, 2016. 6. 1. 시행)이 시행되고 있다.

2. 효   력

중재판정의 효력은 양쪽 당사자 사이에 법원의 확정판결과 동일한 효력을 가진다(중재 35조). 중재판정은 구속력을 가진다는 점에서, 조정의 경우 조정안은 당사자가 이를 수락하지 않으면 구속력이 없는 것과 차이가 있다. 중재판정의 승인 또는 집행은 법원의 **승인결정** 또는 **집행결정**에 따라 한다(중재 37조).[1] 한편 '언론중재 및 피해구제 등에 관한 법률'은 당사자가 정정보도청구 등 또는 손해배상의 분쟁에 관하여 중재부의 종국적 결정에 따르기로 합의하고 중재신청을 한 경우 절차가 개시되고(언론중재 24조), **중재결정**은 확정판결과 동일한 효력이 있다고 규정하고 있다(언론중재 25조 1항).

3. 중재합의와 소송상 처리

중재합의가 있음에도 소를 제기한 경우 피고가 **본안**에 관한 **최초의 변론**을 할 때까지 **중재합의존재의 항변**을 하는 때에는(중재합의가 없거나, 무효이거나, 효력을 상실했거나, 그 이행이 불가능한 경우에 해당하지 않는 한) 소가 부적법하게 되므로 판결로써 소를 각하한다(중재 9조 1항 · 2항).

제 4 절 민사소송상 신의칙

I. 총   설

1. 민사소송상 신의칙의 의의

민사소송법은 민법상 신의칙(민 2조)과는 별도로 신의칙에 관한 규정을 두고 있다. 민사소송법 1조 2항은 "당사자와 소송관계인은 신의에 따라 성실하게 소송

---

1) '외국 중재판정의 승인 및 집행에 관한 협약'('**뉴욕협약**')의 적용을 받는 외국 중재판정의 승인 또는 집행은 위 협약에 의하고(중재 39조 1항), 위 협약의 적용을 받지 않는 외국 중재판정의 승인 또는 집행에 관해서는 민사소송법 217조 · 217조의2, 민사집행법 26조 · 27조의 규정을 준용한다(중재 39조 2항). 한편 뉴욕협약 5조에서 승인 및 집행의 거부사유를 제한적으로 열거하고 있다. 대판 2003. 4. 11. 2001다20134, 2009. 5. 28. 2006다20290; 장상균, "외국중재판정에 대한 집행재판과정에서의 청구이의사유의 주장," 상사판례연구 6권(2006. 3.), 620쪽 이하; 이명우, "외국중재판정의 승인 및 집행에 관한 고찰," 민사소송 8권 1호(2004. 2.), 462쪽 이하.

을 수행하여야 한다"고 규정하고 있다.[1][2] 신의칙은 민사소송의 이상 자체라고는
보기 어려우나 민사소송의 이상을 실현하기 위하여 당사자와 소송관계인의 소송
행위를 지배하는 행동원리이다.[3] 신의칙은 법질서 전체를 지배하는 **지도적 원리**
이다. 즉 권리의 행사와 의무의 이행은 신의에 따라 성실히 해야 한다는 신의칙
은 계약법뿐 아니라 모든 법률관계를 규제·지배하는 법의 일반원칙으로서 민사
소송에서도 당연히 요청된다.[4] 따라서 형식적으로는 권리행사라고 해도 그것이
권리의 사회성과 적법성의 관념에 비추어 도저히 허용할 수 없을 정도의 것이라
면 그 권리의 행사는 부인되어야 한다. **판례**는 재판청구권의 행사도 상대방의 보
호 및 사법기능의 확보를 위하여 신의칙에 의하여 규제된다고 본다.[5]

　　민사소송법상 신의칙은 실체법상의 권리행사에는 적용되지 않는다. **실체법상
권리행사**와 관련하여 **민법 2조**에서 별도로 신의칙의 규정을 두고 있기 때문이다.
소제기에 관한 민사소송법상 신의칙 위반의 경우로는 소권의 남용, 소권의 실효
등을 들 수 있으나, 이를 실체법상의 권리의 남용·실효의 문제로 해결해야 한다
는 견해도 있다.[6]

2. 신의칙 적용의 대상

　　신의칙은 **당사자**와 **소송관계인**에 대하여 적용된다(법 1조 2항). 여기서 소송관
계인은 당사자 외에 소송상 대리인, 보조참가인을 비롯하여 증인·감정인, 조사·송

---

1) 구 민사소송법 1조는 "법원은 소송절차가 공정·신속하고 경제적으로 진행되도록 노력하여야 하
　며, 당사자와 관계인은 신의에 좇아 성실하게 이에 협력하여야 한다"라는 규정을 두었으나, **신법**은
　신의칙의 내용을 법원에 대한 협력의무로 규정하지 않고, 보다 일반적이고 근본적인 기본이념이 될
　수 있도록 그 표현을 수정하고, 법원의 책무와 당사자에 대한 신의성실의 요구를 별개의 항으로 분
　리하여 규정했다. 법원행정처, "민사소송법 개정내용 해설"(2002. 6.), 11쪽 이하.
2) 민사소송상 신의칙은 당연히 인정되어야 하는 원칙으로, 굳이 명문의 규정으로 선언할 필
　요는 없다는 입장도 있다. 이러한 견해는 이 규정이 바로 적용될 경우란 그렇게 많지 않고,
　또 이론이나 해석으로 충분히 해결되기 때문에 오히려 이런 조문을 둠으로써 일반조항으로의
　도피현상이 늘어날 것을 우려하고 있다. 호문혁, "민사소송에 있어서의 신의성실의 원칙," 인
　권과 정의 166호(1990. 6.), 24쪽 이하.
3) 정동윤·유병현·김경욱, 33쪽; 송상현·박익환, 22쪽. **판례**도 민사소송법 1조에 규정된 신의칙
　은 소송의 지도이념으로서 전반적인 민사소송절차를 규율한다고 본다. 대판 2002. 9. 4. 98다17145.
4) 대판 1993. 5. 14. 92다21760.
5) 대판 1997. 12. 23. 96재다226, 1999. 5. 28. 98재다275.
6) 호문혁, 50쪽. 한편 판례가 실체법상 신의칙 위반과 소송법상 신의칙 위반을 명백히 구분하
　지 않고 있다는 견해로는, 한충수, "신의칙에 기한 소권의 박탈과 정지의 정당성 여부에 관하
　여," 법학논총(한양대학교) 23집 1호(2006. 6.), 447쪽 이하.

부의 촉탁을 받은 사람(법 294조) 또는 문서송부촉탁을 받은 사람(법 352조, 352조의2) 등을 포함한다. **법원도** 신의칙 적용의 대상이라고 보는 견해가 있으나,[1] 민사소송법 1조의 규정체계[1항은 법원의 책무를, 2항은 당사자 등에 대한 신의칙 적용을 규정하고 있다]상 법원은 원칙적으로 신의칙 적용의 대상이 아니라고 봄이 타당하다.[2]

3. 신의칙 적용의 한계

신의칙의 적용에서는 **일반조항으로의 도피**를 각별히 경계해야 한다. 신의칙이라는 일반적인 원칙을 적용하여 법이 두고 있는 구체적인 제도의 운용을 배제하는 것은 법해석에서 또 하나의 대원칙인 법적 안정성을 해할 위험이 있다.[3] 따라서 신의칙의 적용에는 신중을 기해야 한다.[4] 신의칙에 반하고 권리남용에 해당한다고 하려면 이를 적용해야 할 특별한 사정이 인정되어야 한다.

신의칙과 **합법성의 원칙과의 관계**에서, 원칙적으로 합법성의 원칙이 신의칙보다 우월할 것이므로 신의칙은 합법성의 원칙을 희생해서라도 구체적 신뢰보호의 필요성이 인정되는 **예외적인 경우**에 비로소 적용된다고 봄이 상당하다(**보충적 적용설**).[5] 신의칙은 **일반조항**이므로 개별규정이나 특정한 해석이론을 형식적으로 적용하여 타당한 결과를 얻을 수 없는 경우에 비로소 적용해야 한다.[6] 이러한 경우 신의칙은 법의 경직성을 보완하여 법을 구체적 타당성에 부합하게 구체화하고 보충하며, 더 나아가 이를 보정하는 기능을 수행한다.[7]

---

1) 정동윤·유병현·김경욱, 34쪽; 홍기문, 42쪽; 권혁재, 9쪽.

2) 김용진, 6쪽; 김일룡, 36쪽.

3) 실정법은 내용이 막연한 신의칙보다 더욱 현명하고 공평한 것이라는 지적으로는, 대판 2014. 3. 13. 2013다34143.

4) 대판 2005. 5. 13. 2004다71881, 2014. 5. 29. 2011다95847.

5) **판례**는 신의칙의 적용은 법적 안정성에 중대한 위협이 될 수 있으므로 극히 예외적으로 인정해야 한다는 입장이다. 대판 2004. 1. 27. 2003다45410, 2013. 7. 12. 2011다66252, 2015. 10. 15. 2012다64253. 어떠한 경우에 합법성의 원칙보다 구체적 신뢰보호를 우선할 필요가 있는지를 판단하기 위해서는 ① 신뢰보호를 주장하는 사람에게 위법행위와 관련한 주관적 귀책사유가 있는지 여부, ② 그와 같은 신뢰가 법적으로 보호할 가치가 있는지 여부 등을 종합적으로 고려해야 한다. 대판 2014. 5. 29. 2012다44518.

6) 민사소송법상 신의칙을 일반규정으로서 적용하기 위해서는 개별규정의 존재를 선결적으로 확인해야 하고, 개별규정이 존재한다면 신의칙 규정을 원칙적으로 적용해서는 안 된다. 정영환, "민사소송에 있어서 신의성실의 원칙," 민사재판의 제문제 13권(2004. 12.), 195쪽 이하; 김상영, "민사소송에서의 신의칙에 관한 판례의 동향," 법학연구(부산대학교) 39권 1호(1998. 12.), 237쪽 이하.

7) 이에 대하여, 개별규정이나 특정 해석이론에 의할 수 있는 경우에도 신의칙에 의하는 것이 보다 직접적이고 용이하다고 인정되는 때에는 선택적으로 신의칙을 적용할 수 있다는 견해

Ⅱ. 신의칙의 발현형태

신의칙은 민사소송법 등에 그 취지가 반영되어 개별적으로 규율하는 규정이 있는가 하면, 이에 해당하는 개별규정이 없더라도 일반적으로 적용되기도 한다. 신의칙의 적정한 운용을 위하여 신의칙의 적용모습을 유형화·요건화하는 것이 일반적인 추세이다. 통상 신의칙의 발현형태(**신의칙 적용의 유형화**)로서 ① **소송상태의 부당형성**, ② **선행행위와 모순되는 거동**, ③ **소권의 실효**, ④ **소권의 남용**을 들고 있다.[1)]

1. 소송상태의 부당형성

소송상태의 부당형성은 상대방에게 불리한 소송상태를 미리 형성한 뒤 이를 부당하게 이용하는 행위를 하는 것을 말한다. 소송상태의 부당형성에 해당하는 대표적 사례로는 ① 국내에 주소도 재산도 없는 사람을 상대로 국내에서 재산권에 관한 소송을 제기할 수 있도록 억지로 재산을 국내에 끌어들여 관할원인인 재판적(법 11조)을 만드는 행위(**재판적의 남용**으로 **관할원인의 불법·부당한 취득**, 재판적의 절도), ② 상대방의 주소를 알고 있음에도 주소불명으로 만들어 공시송달로 재판이 진행되게 하여 유리한 판결을 취득하는 행위(**판결의 편취**), ③ 선박의 실질적 소유자가 편의상 형식적으로 회사[형식상 회사(paper company)]를 설립하고 그 명의로 선박의 적(籍)을 두는 편의치적(便宜置籍)이라는 편법행위를 통하여, 거래 상대방이 선박의 실질적 소유자에 대한 채권에 기하여 선박 자체에 가압류나 강제집행을 할 수 없도록 이를 이용하는 행위(**편의치적의 악용**) 등이 있다.

(**선택적 적용설**)로는, 홍기문, 41쪽. 한편 정동윤·유병현·김경욱, 34쪽에서는 판례 역시 이러한 입장인 것으로 소개하고 있으나, 적절하지 않다. 이러한 견해에서 지적하는 판례(대판 1993. 5. 14. 92다21760 등)는 부제소합의가 있음에도 소를 제기한 경우 소의 이익이 없고, 신의칙에도 반하는 행위여서 부적법하다고 판시한 데 불과하므로, 부제소합의가 있는 경우 소의 이익의 문제가 아닌 신의칙 위반을 들어 소를 각하할 수 있다는 것이 아니다. 따라서 이미 본문에서 본 바와 같이 판례는 극히 예외적으로 신의칙을 인정해야 한다는 보충적 적용설의 입장을 취하고 있는 것으로 보아야 한다.

1) 신의칙을 법원과 당사자 사이의 관계에서 양자의 실질적 협동을 확보하는 기능과 당사자 상호간의 실질적 평등을 유지하는 기능을 가지고 있는 것으로 보고, '법원과 당사자 사이의 관계에 적용되는 경우'와 '당사자 상호간의 관계에서 적용되는 경우'로 나누어 유형화하는 견해로는, 김홍규·강태원, 44쪽 이하; 손한기, 18쪽; 김재진, "민사소송에 있어서의 신의성실의 원칙," 사법연구자료 7집(1980. 4.), 5쪽 이하.

■ 판례가 소송상태의 부당형성에 해당한다고 본 구체적 사례

(1) 선박의 편의치적의 경우

선박을 편의치적시켜 소유·운영할 목적으로 설립한 형식상 회사(paper company)가 그 선박의 실제 소유자와 외형상 별개의 회사이더라도 그 선박의 소유권을 주장하여 그 선박에 대한 가압류집행의 불허를 구하기 위하여 **제3자이의**(민집 291조·48조)의 소를 제기한다면, 이는 편의치적이라는 편법행위가 용인되는 한계를 넘어서 채무를 면탈하려는 불법목적을 달성하려고 함에 지나지 않아 신의칙상 허용되지 않는다.[1]

(2) 관할선택권의 남용의 경우

원고가 관할만을 발생시킬 목적으로 본래 제소할 의사 없는 청구를 **공동소송**으로 병합한 것(**일부러 관할의 경합**을 만들어 경합된 관할 가운데 일정한 **관할을 선택한 것**)이 명백하다면, 이는 **관할선택권의 남용(재판적의 남용)**으로 신의칙에 위반하여 허용될 수 없으므로 **관련재판적**에 관한 법 25조 2항의 규정을 적용해서는 안 된다.[2]

2. 선행행위와 모순되는 거동(소송상 금반언)

선행행위와 모순되는 거동은 상대방에 대하여 이미 일정한 행위(**선행행위**)를 하여 상대방이 이를 신뢰한 상태에서 이에 반하는 행위(**후행행위**)를 하는 것으로

---

1) **편의치적**의 경우 선박의 수리업자는 실제 소유자인 운영선사(船社)나 대리인으로 된 회사 등과 수리계약을 체결하거나 그 보증을 받아 채권확보를 하는 것이 통례이다. 위 사례도 실제 소유자가 수리비를 지급하지 않자 수리업자가 형식상 회사 소유명의로 된 선박에 대하여 가압류 등의 조치를 한 데 대하여, 형식상 회사가 원고가 되어 **제3자이의의 소**를 제기한 경우이다. **가압류집행**에 대해서는 널리 강제집행의 규정을 준용하고 있는데, 강제집행에서 강제집행의 목적물에 대하여 소유권이 있다고 주장하거나 목적물의 양도나 인도를 막을 수 있는 권리가 있다고 주장하는 때에는 채권자를 상대로 제3자이의의 소(민집 291조·48조)를 제기할 수 있다. 대판 1988. 11. 22. 87다카1671; 1989. 9. 12. 89다카678; 김인유, "편의치적선의 법적 지위," 해사법연구(한국해사법학회) 20권 3호(2008년), 111쪽 이하; 손태우, "편의치적회사의 법적 지위," 상사판례연구 4집(1991. 6.), 285쪽 이하.

2) 변호사 갑과 을 사찰이, 소송위임계약으로 인하여 생기는 일체 소송은 전주지방법원을 관할 법원으로 하기로 합의했는데, 갑이 을 사찰을 상대로 소송위임계약에 따른 성공보수금 지급청구소송을 제기하면서 을 사찰의 대표단체인 병 재단을 공동피고로 추가하여 병 재단의 주소지를 관할하는 서울중앙지방법원에 소를 제기한 사안에서 **판례**는, 을 사찰은 종단에 등록을 마친 사찰로서 독자적인 권리능력과 당사자능력을 가지고, 을 사찰의 갑에 대한 소송위임약정에 따른 성공보수금 채무에 관하여 병 재단이 당연히 연대채무를 부담하게 되는 것은 아니며, 법률전문가인 갑으로서는 이러한 점을 잘 알고 있었다고 보아야 할 것인데, 갑이 위 소송을 제기하면서 병 재단을 공동피고로 추가한 것은 실제로는 병 재단을 상대로 성공보수금을 **청구할 의도는 없으면서도** 단지 병 재단의 주소지를 관할하는 서울중앙지방법원에 관할권을 생기게 하기 위한 것이라고 보았다. 대결 2011. 9. 29. 2011마62.

서, 상대방과 한 약속을 저버리거나 상대방과의 행위에 비추어 상대방이 전혀 예
상할 수 없는 행위를 하는 것을 말한다. 다만 선행행위와 모순되는 행위라고 하더
라도 후행행위가 오히려 실체적 진실에 부합한다면 그 적용이 배제될 수 있다.[1]

　　부제소합의, 소취하합의, 부집행합의 등 소송상 합의를 위반하는 행위도 넓
은 의미에서 신의칙에 반하는 행위로 볼 수 있으나, 이를 위반하는 때에는 그 자
체로서 **소의 이익**이 없거나[**부제소합의**를 위반하여 소를 제기하거나, **소취하합의**를 위
반하여 소를 취하하지 않는 경우], 또는 **청구이의사유**[**부집행합의**에 반하여 집행을 하는
경우(민집 44조 유추적용)]가 된다.

■ 판례가 선행행위와 모순되는 거동에 해당한다고 본 구체적 사례
　(1) 전·후소에서 서로 모순되는 주장을 하는 경우
　　① 항소심에서 피고의 추후보완항소를 받아들여 본안에 관하여 심리한 결과 피
고의 항소가 이유 없다고 기각하자 추후보완항소를 신청했던 피고 자신이 이제 상
고이유에서 그 부적법함을 스스로 주장하는 것은 신의칙상 허용되지 않는다.[2] ②
원고가 매매계약의 무효 또는 해제를 주장하면서 그 매매대금의 반환을 구하는 소
를 제기하고 그 소송계속 중에 이중의 이득을 얻으려는 목적으로 매매계약이 유효
함을 주장하여 그 이행을 구하는 별도의 소를 제기하는 것은 신의칙상 허용되지 않
는다.[3]
　(2) 집행채무자가 집행권원인 집행증서의 무효를 경매절차에서 주장하지 않은 경우
　　채무자를 대리할 권한이 없는 사람의 촉탁에 의하여 작성된 무효인 **집행증서**(공
증인이 직무상 작성한 채무자의 '집행승낙의 의사표시'가 기재된 공정증서로서 **집행
권원**이 된다. 민집 56조 4호)에 의한 경매절차에서, **집행채무자**가 집행증서의 무효
를 주장하여 경매절차를 저지할 수 있었음에도 그러한 주장을 일체 하지 않고 이를
방치했을 뿐 아니라, 집행증서가 유효임을 전제로 변제를 주장하여 매각허가결정에
대한 즉시항고절차(민집 129조 1항)를 취하고, 매각허가결정이 확정된 후 배당까지
받았음에도 그 후 집행채무자가 **매수인**(경매절차에서 경매목적물을 매수·취득한

---

1) 소송절차상 금반언 원칙의 적용은 실체적 진실발견을 통한 적정한 재판의 실현이라는 목적과 상
　호충돌의 가능성이 크므로 그 인정 여부에 신중을 기해야 한다는 견해로는, 권혁재, "금반언원칙의
　실체법적·소송법적 적용에 관한 유형별 고찰 —판례를 중심으로—," 민사법이론과 실무 7집
　(2003. 11.), 181쪽 이하.
2) 대판 1995. 1. 24. 93다25875.
3) 원고와 피고 사이에 매매계약을 무효로 하거나 해제하기로 하는 합의가 있었든지 원고가
　피고에게 매매계약에 기한 소유권이전등기청구를 하지 않는다는 신뢰를 부여하는 행위를 하
　여 피고가 이를 신뢰할 정당한 이유가 있음에도 원고가 이를 위반하여 매매계약의 이행을 구
　하는 소를 제기하는 경우도 마찬가지이다. 대판 2005. 12. 23. 2004다55698.

사람)에 대하여 집행증서의 무효를 이유로 경매절차가 무효라고 주장하는 것은 신
의칙상 허용되지 않는다.[1]

3. 소권(소송상 권능)의 실효

소권(**소송상 권능**)[2]의 실효(失效)는 권리자가 의무자인 상대방에 대하여 실제
로 권리를 행사할 수 있는 기회가 있었음에도 불구하고 상당한 기간이 지나도록
그 권리를 행사하지 않아 상대방으로서도 이제는 권리자가 권리를 행사하지 않을
것으로 신뢰할 만한 정당한 기대를 가지게 된 다음에 새삼스럽게 그 권리를 행사
하는 것을 허용하지 않는 것을 말한다. **실효의 원칙**은 신의칙에서 파생된 것이고,
민사소송법에도 신의칙이 적용되기 때문에 일반적으로 실효의 원칙 또한 **소송법
상 권리**에 대해서도 적용될 수 있다고 보고 있다.

소권의 실효가 인정되는지 여부에 관하여 소권은 독립하여 실효하는 것이 아니
며, 소권의 불행사로 문제되는 것은 실체법상 청구권의 불행사이므로 실체법상 실효
의 문제이지 소송법상 실효의 문제가 아니라는 견해도 있다.[3] 이러한 견해는 소권
의 본질을 법치국가성에 기인하는 헌법상 권리로 보아 소권의 실효를 인정하는 것
은 기본권의 실효를 인정하는 결론이 되기 때문에 실효를 부정함이 타당하다고 한
다.[4] 이러한 입장에 서면 결국 청구권이 실효되는 것이므로 실체의 당부판단을 하여
청구기각판결을 해야 한다. 그러나 청구를 소로써 하는 때에는 **민사소송법상 신의
칙**이 적용된다고 보는 것이 타당하며[특히 확인판결을 구하는 때에는 더욱 그렇다], 민
사소송법상 신의칙의 규정을 별도로 두고 있는 마당에 신의칙의 적용영역을 협소
하게 볼 근거가 없으므로 구태여 민법상 신의칙을 적용할 이유가 없다고 본다.
판례도 신의칙에 반하는 소를 **부적법**하다고 보아 소각하판결을 하고 있다.[5]

---

1) 대판 1992. 7. 28. 92다7726; 민경도, "선행행위와 모순되는 행위라고 하여 신의칙에 위배된다고
   본 사례," 대법원판례해설 18호(1992년 하반기), 235쪽 이하.
2) **소송상 권능**은 소송절차의 개시·진행·종료 등과 관련하여 당사자가 가지는 권능으로서
   여기에는 소권·상소권, 신청권·불복신청권(이의신청권) 등을 포함한다.
3) 호문혁, "민사소송에 있어서 신의성실의 원칙," 인권과 정의 166호(1990. 6.), 24쪽 이하.
4) 소권은 독립하여 실효하는 것이 아니라고 보고, 오직 소송의 대상인 실체법상 권리 자체가
   실효된 경우에는 이를 소송상 주장하는 것을 허용하지 않을 따름이라고 보는 견해(송상현·
   박익환, 21쪽)도 같은 입장이다.
5) 대판 1992. 8. 14. 91다29811, 2005. 10. 28. 2005다45827. 정진경, "해고무효확인소송과 신
   의칙, 실효의 원칙," 사법논집 43집(2006년), 552쪽.

실효의 원칙은 **항소권**과 같은 소송법상 권리에 대해서도 적용될 수 있다.[1] 이는 **항소기간**[판결정본이 송달된 날부터 2주 이내(법 396조)]**이 진행되지 않는 경우**, 특히 **판결의 편취**[이하 편취된 판결을 **사위판결**(詐僞判決)이라 한다]에서와 같이 판결정본이 피고의 거짓 주소에 송달되게 하여 그 송달이 무효가 됨에 따라 항소기간이 진행하지 않는 경우에서 문제가 된다[물론 판결정본이 **수령권한이 없는 사람**에게 송달되어 송달의 효력이 발생하지 않는 경우에도 항소기간이 진행되지 않는다]. 다만 **항소권의 실효**는 매우 엄격하게 적용해야 한다. 실효의 원칙 자체도 제한적으로 인정해야 하는데 하물며 소송상 권리, 특히 항소권에 관해서는 실효의 원칙을 보다 신중하게 적용해야 한다.[2] 기간의 정함이 없는 **통상항고, 가압류ㆍ가처분결정에 대한 이의신청** 등에서도 마찬가지로 실효의 원칙이 적용된다.

실효의 원칙이 적용되기 위하여 필요한 요건인 실효기간(권리를 행사하지 않은 기간)의 길이와 권리자가 의무자인 상대방에게 그 권리를 행사하지 않으리라고 신뢰할 만한 정당한 사유가 있었는지 여부는 일률적으로 판단할 수 없고, 구체적인 사안에서 권리를 행사하지 않은 기간의 장단(長短)과 함께 권리자 측과 상대방 측 양쪽의 사정 및 객관적으로 존재한 사정 등을 모두 고려하여 사회통념에 따라 합리적으로 판단해야 한다.[3]

> ■ 판례가 소권의 실효에 해당한다고 본 구체적 사례
> (1) 판례의 입장
> 판례는 일반적인 경우와 달리 노사(勞使) 간의 고용관계에 관한 분쟁은 신속한 분쟁해결이 요청된다고 하여 소권의 실효를 상대적으로 용이하게 인정하고 있다.[4]
> (2) 구체적 경우
> 사용자로부터 해고된 근로자가 퇴직금 등을 수령하면서 아무런 이의의 유보나 조건을 제기하지 않았음에도 그로부터 오랜 기간이 지난 후에 그 해고의 효력을 다

---

1) 대판 1996. 7. 30. 94다51840(아버지가 사위판결을 받아 해당 부동산의 소유권이 이전된 것을 알고도 4년간 아무런 법적 조치를 취하지 않던 딸이 아버지의 부동산 처분사실을 듣고 항소를 제기한 사안에서 딸의 항소권이 실효된 것으로 본 원심판결을 파기했다), 2006. 12. 27. 2004다63408 등.
2) 이광범, "실효의 원칙의 의의 및 그 원칙의 소송법상 권리에 대한 적용 가부," 대법원판례해설 27호(1996년 하반기), 9쪽.
3) 대판 1992. 5. 26. 92다3670, 1992. 12. 11. 92다23285 등.
4) 대판 1992. 1. 21. 91다30118, 2003. 10. 10. 2001다76229, 2005. 11. 25. 2005다38270; 윤재식, "해고무효의 주장과 실효의 원칙," 법학논집(취봉김용철선생고희기념, 1993. 12.), 924쪽 이하.

투는 소를 제기하는 것은 신의칙에 위배되어 허용되지 않는다.[1] 다만 이와 같은 경우라도 해고의 효력을 인정하지 않고 이를 다투고 있었다고 볼 수 있는 객관적인 사정이 있다거나 그 밖에 상당한 이유가 있는 상황에서 퇴직금 등을 수령하는 등 **반대의 사정**이 인정되는 때에는, 명시적인 이의를 유보함이 없이 퇴직금 등을 수령한 경우라고 해도 일률적으로 해고의 효력을 인정했다고 보아서는 안 된다.[2]

4. 소권(소송상 권능)의 남용

소권(소송상 권능)의 남용은 주로 법의 목적, 사법제도의 측면에서 소송상 권능의 행사가 신의칙상 허용되지 않는 것(**사법제도의 부당이용·남용**)을 말한다. 신의칙을 위반한 소권의 행사는 허용되지 않으나, 재판을 받을 권리는 헌법상 보장된 기본권에 속하는 이상 실체법상 권리를 실현하기 위한 소제기 등에 대하여 이를 신의칙에 반하는 소권의 남용이라고 판단하기 위해서는 신중을 기해야 하므로, 달리 특별한 사정이 없는 한 소권의 남용을 쉽게 인정해서는 안 된다.[3]

2023. 4. 18. 개정 민사소송법(2023. 10. 19. 시행)은 원고가 소권(항소권을 포함)을 남용하여 이유 없음이 명백한 소를 반복적으로 제기한 경우에 법원이 결정으로 500만원 이하의 과태료에 처할 수 있도록 하고 있다(**법 291조의2 신설**).

■ **판례상 소권의 남용에 해당하는지 여부에 관한 구체적 사례**

(1) **판례가 소권의 남용에 해당한다고 본 사례**

① 어느 분쟁해결을 위하여 적정한 판단을 받을 수 있도록 마련된 보다 더 간편한 절차를 이용할 수 있었음에도 그 절차를 이용하지 않는 경우,[4] ② 사실심에 일부청구가 계속 중이어서 해당 소송절차에서 청구취지의 확장으로 용이하게 청구할 수 있음에도 불구하고 별도로 소를 제기하는 경우,[5] ③ 주식양도인이 양수인에게 주권을 교부할 의무를 이행하지 않은 채 그 후의 임시주주총회의 부존재확인을 구하는 경우,[6] ④ 학교법인의 경영권을 다른 사람에게 양도하기로 하여 학교법인의 이사직을 사임한 사람이 학교법인의 이사로서의 직무수행의사는 없으면서 오로지

1) 대판 1992. 8. 14. 91다29811, 1993. 5. 25. 91다41750, 2005. 10. 28. 2005다45827.
2) 대판 1996. 3. 8. 95다51847, 2003. 10. 10. 2001다76229, 2005. 11. 25. 2005다38270 등.
3) 대판 2004. 6. 24. 2004므405.
4) 대판 2002. 9. 4. 98다17145.
5) 대판 1996. 3. 8. 95다46319 등.
6) 대판 1991. 12. 13. 90다카1158; 한종원, "주주총회결의의 부존재확인의 소에 있어서의 소의 이익 및 신의성실의 원칙," 대법원판례해설 16호(1991년 하반기), 313쪽 이하.

학교법인이나 현 이사로부터 돈을 받을 목적만으로 학교법인의 이사회결의의 부존
재확인을 구하는 경우,[1] ⑤ 법원에서 여러 차례에 걸쳐 같은 이유로 재심청구가 기
각되어 확정되었음에도 불구하고 법률상 받아들여질 수 없음이 명백한 이유를 들어
같은 내용의 재심청구를 거듭하는 것과 같이 상대방을 괴롭히는 결과가 되고, 나아
가 사법인력을 불필요하게 하는 소제기의 경우,[2] ⑥ 경매절차에서 점유자의 유치권
신고사실을 알고 부동산을 매수한 사람이 그 점유를 침탈하여 유치권을 소멸시키고
나아가 고의적인 점유이전으로 유치권자의 확정판결(점유회복의 소)에 기한 점유회
복조차 곤란하게 했음에도, 유치권자가 현재까지 점유회복을 하지 못한 사실을 내
세워 유치권자를 상대로 적극적으로 유치권부존재확인을 구하는 경우,[3] ⑦ 중혼(重
婚) 성립 후 10여 년이 지나 혼인취소소송을 제기하는 경우[4] 등은 소권을 남용하는
사례들이다.

   (2) 판례가 소권의 남용에 해당하지 않는다고 본 사례

   ① 원고가 전소의 소송물과 다른 소송물로 후소를 제기한 경우 당사자와 사실관
계가 동일하다는 사유만으로 후소의 제기를 소권의 남용이나 신의칙 위반에 해당한
다고 볼 수 없다.[5] ② 원고로서는 자신이 주장하는 실체적 권리에 대하여 소구할
이익이 있으므로 단순히 여러 가지 방법으로 소를 제기했다는 이유만으로 원고의
소제기가 소권의 남용이라고 보기 어렵다.[6] ③ 다른 고액의 배당요구채권자(배당요
구의 종기까지 배당요구를 한 채권자, 민집 88조 1항, 148조 2호)가 있어 경매신청
채권자에게 배당될 금액이 소액에 그친다고 하더라도 그러한 사유만으로 그 경매신
청이 경매신청권의 남용에 해당된다고 볼 수 없다.[7]

Ⅲ. 신의칙의 위반과 그 효과

1. 신의칙과 직권조사사항

   신의칙 위반 여부는 소송요건에 관한 사항으로 **직권조사사항**이다.[8] 즉 당사
자의 주장이 없더라도 법원은 직권으로 판단할 수 있다.[9] 이에 대하여, 신의칙이

---

1) 대판 1974. 9. 24. 74다767.
2) 대판 1997. 12. 23. 96재다226, 1999. 5. 28. 98재다275, 2005. 11. 10. 2005재다303.
3) 대판 2010. 4. 15. 2009다96953.
4) 대판 1993. 8. 24. 92므907; 박동진, "신의칙과 권리남용금지원칙의 가족법관계에의 적용,"
   가족법연구 19권 1호(2005. 3.), 27쪽 이하.
5) 대판 2006. 7. 13. 2004다36130.
6) 대판 2000. 12. 22. 2000다46399.
7) 대결 1997. 6. 10. 97마814.
8) 이시윤, 38쪽; 송상현·박익환, 22쪽; 강현중, 97쪽.
9) 주의를 요하는 것은 신의칙 위반이 실체법상의 것인지, 소송법상의 것인지를 구별해야 한

적용되는 경우를 법원과 당사자 상호간, 당사자 등 상호간으로 나누어, 법원과 당
사자 상호간 신의칙에 대해서는 법원이 직권으로 고려해야 하나, 당사자 등 상호
간 신의칙에 대해서는 상대방의 원용을 기다려 참작해야 한다는 견해도 있다.[1]

2. 신의칙 위반의 효과

(1) 신의칙 위반의 소송행위 및 판결의 경우

신의칙 위반은 강행규정에 위배되어 부적법하므로 신의칙에 반하는 소는 판
결로 **각하**해야 하며, 신의칙에 반하는 개개의 소송행위는 **무효**가 된다. 신의칙에
반하는 소송행위에 대해서는 승소한 당사자에게도 **소송비용**의 전부 또는 일부를
부담하게 할 수 있고(법 100조), 민사상 손해배상청구를 할 수 있다. 신의칙 위반
의 소송행위를 간과하고 판결한 때에는 **판결이 확정되기 전**이면 상소로써 취소
(항소심) 또는 파기(상고심)시킬 수 있다(따라서 이러한 때에도 당연무효의 판결이라 할
수 없다). 한편 신의칙 위반을 간과하여 한 **판결이 확정된 후**라도 판결의 편취에
해당한다면 재심사유가 될 수 있으므로(법 451조 1항 11호), 이에 해당하는 경우에
는 재심의 소를 제기할 수 있다.

(2) 신의칙 위반의 강제집행의 경우

신의칙을 위반하여 확정판결에 기한 **강제집행**을 하는 경우(강제집행에 **착수**하
는 경우)에는 이러한 강제집행(착수)을 변론종결 뒤의 청구이의사유로 보아 **청구이
의의 소**(민집 44조)를 제기할 수 있다. 다만 강제집행이 **종료**되어 청구이의의 소
를 제기할 수 없는 때에는 실체법상 불법행위를 원인으로 한 **손해배상청구**를 할
수 있다.[2]

다는 것이다. 두 경우 모두 신의칙 위반 여부가 **직권조사사항**이기는 하지만, 그 **적용법조** 및
근거가 다르다. 판례에서 예컨대 신의칙에 반하는 것으로 법원이 직권으로 판단할 수 있다고
하는 판시 등은 실체법과 관계된 것이 대부분이다. 대판 1995. 12. 22. 94다42129, 1998. 8.
21. 97다37821, 2003. 4. 25. 2003두988 등.

1) 김홍규·강태원, 47쪽 이하; 정동윤·유병현·김경욱, 40쪽. 한편 직권으로 판단하는 것이지
   직권조사사항이 아니라는 견해로는, 호문혁, 53쪽.

2) 대판 2008. 11. 13. 2008다51588 등.

제 5 절 민사소송절차 및 민사소송법의 일반

Ⅰ. 민사소송절차의 종류

민사소송절차는 크게 통상소송절차와 특별소송절차로 나누어 볼 수 있다. **통상소송절차**는 통상의 민사사건에 적용되는 소송절차로 다시 판결절차, 민사집행절차, 부수절차[증거보전절차, 보전처분절차(가압류·가처분절차)]로 나뉜다. **특별소송절차**는 법이 정한 일정한 특수민사사건에 한하여 적용되는 소송절차로 간이소송절차[독촉절차(지급명령), 소액사건심판절차(소액사건)], 가사소송절차, 도산절차 등이 있다.

Ⅱ. 민사소송법의 의의와 종류

1. 공법과 절차법

형식적 의미에서 민사소송법은 '민사소송법'이라고 불리는 법전(法典)을 가리키지만, 실질적 의미로는 민사소송제도를 규율하는 법규의 총체를 말한다. 민사소송법은 공법과 사법의 구별에서는 **공법**, 민사법과 형사법의 구별에서는 민사법, 실체법과 절차법의 구별에서는 **절차법**에 속한다.

2. 효력규정과 훈시규정

민사소송법에는 그 규정을 위반하면 그 행위나 절차의 효력에 영향을 미치게 되는 종류의 규정(**효력규정**), 이를 위반해도 소송법상의 효력에는 영향이 없는 종류의 규정(**훈시규정**)[주로 법원의 직무수행에 관한 규정이 이에 속한다]이 있다.

3. 강행규정과 임의규정

효력규정에는 재판제도의 기본요구인 공정의 유지라는 강한 공익성에 근거를 둠으로써 당사자의 임의의 의사에 의하여 그 효력이 좌우되지 않는 규정(**강행규정**)과 당사자의 소송수행상의 편의와 이익을 보호할 목적으로 정해진 규정(**임의규정**)이 있다. 민사소송법상 임의규정은 사법상의 임의규정과 다르다. 따라서 임의규정이라 하더라도 당사자가 임의로 **소송절차를 변경**하는 것은 원칙적으로 허용되지 않는다(**임의소송금지**). 법률상 명문으로 소송절차의 변경을 인정하는 것으로는 관할의 합의(법 29조), 불항소합의(법 390조 1항 단서) 등이 있다. 민사소송법상 임의규정을 위반한 행위나 절차는 당사자가 **이의권**을 포기하든지, 바로 행사하지 않아 이의권을 상실하면 유효하게 된다(법 151조). 따라서 임의규정의 위반은 법원이 직권으로 조사할 필요가 없고, 당사자의 소송절차에 관한 이의권의 행사를 기다려서 고려하면 된다.

Ⅲ. 민사소송법의 해석

1. 헌법합치적 해석

민사소송법규는 헌법적 가치에 의하여 구체화되며 정당화되므로, **헌법합치적 해석**을 해야 한다.[1] 다만 민사소송법규의 해석에서 헌법상 가치적 지향점과 타당 영역을 고려하되 민사소송법규 자체의 신축적 해석이 경직화되지 않도록 주의해야 한다.[2]

2. 법규내적 해석

민사소송법규는 되도록이면 문언의 통상적 의미에 충실한 해석을 해야 하며(**문리해석**), 나아가 다른 법규와의 관련의미를 고려하여(**논리해석**),[3] 민사소송의 이상이 구현될 수 있도록 합목적적 해석을 해야 한다(**목적론적 해석**).[4] 한편 민사소송법은 민사절차법으로 민사실체법과 달리 구체적 타당성 못지않게 **획일성 · 안정성**을 고려한 해석이 이루어져야 한다.

---

[1] 장석조, "헌법과 민사소송법," 민사소송 9권 1호(2005. 5.), 40쪽 이하.

[2] 헌법 27조는 인간의 존엄과 가치를 보장하는 기본권의 핵심이며, 이에 기초한 민사소송은 그 내용을 실질적으로 보장할 지도원리의 지배하에 있다. 홍기문, "헌법과 민사소송," 민사소송 9권 2호(2005. 11.), 12쪽 이하.

[3] **판례**는, 실정법 조항의 문리해석 또는 논리해석만으로는 현실적인 법적 분쟁을 해결할 수 없거나 사회적 정의관념에 현저히 반하게 되는 결과가 초래되는 경우에는 법원이 실정법의 입법정신을 살려 법적 분쟁을 합리적으로 해결하고 정의관념에 적합한 결과를 도출할 수 있도록 실정법 조항을 **유추적용**을 할 수 있다고 본다. 대판 1994. 8. 12. 93다52808, 2020. 4. 29. 2019다226135, 대결 2022. 10. 14. 2020마7330.

[4] 이시윤, 45쪽; 정동윤 · 유병현 · 김경욱, 51쪽; 강현중, 52쪽. 다만 민사소송의 이상은 법규의 제정 · 운영과 관련된 것이므로 목적론적 해석의 지침이 될 수 없다는 견해로는, 정영환, 74쪽.

Ⅳ. 민사소송법의 연혁

1. 2002년 민사소송법 전부개정 전의 연혁

(1) 민사소송법은 1960. 4. 4. 제정되었다[여러 차례 개정을 거듭하다가 2002. 1. 26. 전부개정되어 같은 해 7. 1.부터 시행된 민사소송법에 의하여 폐지되었다. 이를 '**구법**'이라 한다]. 그 이전에는 일본 민사소송법을 의용하여 실시했다. 그 후 1973. 2. 24. **소액사건심판법**, 1981. 1. 29. **소송촉진 등에 관한 특례법**이 제정되었다.

(2) 1990. 9. 1. 시행의 민사소송법 3차 개정으로 이전의 경매법이 폐지되어 임의경매절차가 민사소송법의 강제집행편에 흡수되었다. 1990. 1. 13. **민사조정법**이 제정되었다.¹⁾ 특히 1994. 7. 27. **상고심절차에 관한 특례법**을 제정하여 상고이유에 중대한 법령위반에 관한 사항이 포함되어 있지 않은 경우에는 심리를 속행하지 않고 상고기각판결을 하는 **심리불속행제도**를 도입했다.

2. 2002년 민사소송법 전부개정 후의 연혁

(1) 그 후 2002. 1. 26. **민사소송법**이 **전부개정**되어 같은 해 7. 1.부터 시행되었다(이하 '**신법**'이라 한다). 이와 함께 종래의 가압류·가처분절차와 강제집행절차를 분리하여 별도로 **민사집행법**을 제정했다. 2005. 3. 24. 법원조직법 54조를 개정하여 **사법보좌관제도**를 대폭 개편하여 같은 해 7. 1.부터 사법보좌관이 부동산 및 채권 등에 대한 강제집행이나 담보권실행 등을 위한 경매절차에서의 법원사무를 수행하게 되었다[법원조직법 54조의 규정에 따라 사법보좌관이 할 수 있는 업무의 범위, 사법보좌관의 처분에 대한 이의신청절차 등에 관해서는 대법원규칙인 **사법보좌관규칙**(2024. 4. 23. 개정·시행)에서 이를 정하고 있다].

(2) 2004. 1. 20. 증권관련 집단소송법을 제정하여 2005. 1. 1.부터 **증권관련 집단소송제도**를 시행하고 있다. 2006. 9. 27. 전부개정된 소비자기본법에 **소비자단체소송제도**를 도입하여 2008. 1. 1.부터 시행하고 있으며, 2011. 3. 29. 개인정보 보호법을 제정하여 2011. 9. 30.부터 **개인정보단체소송제도**를 시행하고 있다.

---

1) 이시윤, "1989년 민사사법제도의 개혁과 그 문제점," 민사재판의 제문제 6권(1991. 11.), 211쪽 이하.

(3) 2010. 3. 24. '민사소송 등에서의 전자문서 이용 등에 관한 법률'이 제정되어 시행되었다이에 따라 2011. 3. 28. '민사소송 등에서의 전자문서 이용 등에 관한 규칙'이 제정되었다.[1] **전자소송제도(e-justice)**란 당사자가 소장, 준비서면, 증거서류 등을 전자문서로 제출하고, 법원도 판결서나 결정서를 전자문서로 송달하며, 전자적으로 기일 등을 통지할 수 있는 전자정보처리시스템을 이용한 소송절차를 말한다.[2] 이러한 전자소송제도는 ① 2010. 4. 26. 특허소송에서, ② 2011. 5. 2. 민사소송에서, ③ 2013. 1. 21. 가사 및 행정소송에서, ④ 2013. 9. 16. 가압류·가처분 등 신청사건에서, ⑤ 2014. 4. 28. 회생 및 파산사건에서, ⑥ 2015. 3. 23. 민사집행 및 비송사건에서 각 시행되었다.[3]

(4) 민사소송법은 위 전부개정 후 여러 차례의 개정을 거쳐 현재는 **2023. 4. 18.** 개정 법**(2023. 10. 19. 시행)**이 시행되고 있다[2023. 7. 11. 개정 민사소송법은 2025. 7. 12. 시행을, 2024. 1. 16. 개정 민사소송법은 2025. 3. 1. 시행을 앞두고 있다]. 민사소송법의 하위규범으로 대법원규칙인 **민사소송규칙**이 1983. 9. 1. 제정되어 여러 차례의 개정을 거쳐 현재 **2021. 10. 29.** 개정 규칙**(2021. 11. 18. 시행)**이 시행되고 있다.

---

1) 위 법률 및 규칙에 따른 전자문서의 제출·접수, 전자기록의 관리 등 전자소송시스템을 이용한 소송사건의 업무처리에 필요한 사항 등에 관한 실무적 업무처리방법에 관해서는, 재판예규 제1848호 '민사소송 등에서의 전자문서 이용 등에 관한 업무처리지침'(재일 2012-1, 2023. 2. 24. 개정, 2023. 3. 1. 시행).

2) 전자적 소송서류관리(e-filing), 전자적 사건관리(e-case management), 전자적 법정변론(e-court-room)이 이에 해당한다. 법원실무제요 민사소송(1), 84쪽.

3) 우리나라에서 전자소송제도가 시행된 지 10여 년이 된다. 민사소송의 경우 사물관할에 관계없이 90% 이상이 전자소송시스템을 통해 접수·처리되고 있다. 대법원의 2024년 '차세대 전자소송시스템'의 구축에 따라 전자소송을 기본으로 하는 민사소송법을 개정하고, 새로운 ICT 환경에 맞게 규범을 재설계해야 한다는 견해로는, 전휴재, "민사전자소송 시행 10년, 그 성과와 전망 ─민사 본안소송을 중심으로─," 사법정책연구원(2022. 5.), 212쪽.

소송의 주체 PART _ 2

제 1 장 법 원

제 1 절 민사재판권

Ⅰ. 의 의

재판권은 법질서실현을 위하여 구체적 사건(법률적 쟁송사건)을 재판에 의하여 처리하는 국가의 권능을 말한다. **재판권**은 일반적으로 **사법권**(司法權)이라고 한다. 재판권은 법관으로 구성된 법원에 속한다(헌 101조 1항). 이는 사법행정권(예컨대 등기, 가족관계등록, 공탁, 집행관·법무사에 관한 사무의 관장·감독, 법조 2조 3항)과 구별된다. 재판권은 헌법재판권, 형사재판권, 민사재판권으로 크게 구별할 수 있다. **민사재판권**은 민사소송을 처리하는 권능을 말한다. 민사재판권에는 민사소송재판권과 민사비송재판권이 있다. 민사재판권은 원칙적으로 국내에 있는 모든 사람에게 미치나, **치외법권자**에게는 미치지 않는다.

Ⅱ. 인적 범위

1. 일반적 경우

① 외교사절단의 구성원과 그 가족에 대해서는 '**외교관계에 관한 비엔나 협약**'에 의하여 광범위하게 치외법권이 인정된다. 다만 외교관의 개인 부동산에 관한 소송 등의 경우는 제외된다. ② 영사관원과 그 사무직원에 대해서는 '**영사관계에 관한 비엔나 협약**'에 의하여 직무수행 중의 행위에 대해서만 치외법권이 인정된다. ③ 외국의 원수·수행원과 그 가족에 대해서는 치외법권이 인정된다. ④ 국제연합기구 및 산하 특별기구, 그 기구의 대표자·직원도 UN헌장에 따라 직무상 재판권이 면제된다.

2. 외국국가에 대한 재판권

(1) 절대적 면제주의와 상대적 면제주의

외국국가에 대해서는 그 행위의 성질을 묻지 않고 모두 재판권이 면제된다는 **절대적 면제주의**(absolute immunity)의 입장과 외국국가의 행위 자체의 성질에 따라 재판권 면제 여부를 정해야 한다는 **상대적(제한적) 면제주의**(relative or restrictive immunity)의 입장이 있다. **상대적 면제주의**에는, ① 국가기관이 공인격의 지위에서 행했는지 사인격의 지위에서 행했는지에 따라 그 범위를 정해야 한다는 견해(**기관성격기준설**), ② 그 행위가 국가만이 할 수 있는 행위인지 사인도 할 수 있는 행위인지에 따라 정해야 한다는 견해(**기관능력기준설**), ③ 그 행위가 주권적 활동에 속하는 것인지 단순한 사법적 행위에 불과한 것인지에 따라 정해야 한다는 견해(**행위성질기준설**), ④ 그 행위가 상사적 활동(commercial activity)인지 비상사적 활동(non-commercial activity)인지에 따라 정해야 한다는 견해(**상사활동기준설**) 등이 있다.[1]

(2) 판례의 태도

1) **판례**는, 국제관습법에 의하면 국가의 주권적(主權的) 행위는 다른 국가의 재판권으로부터 면제되는 것이 원칙이나, **국가의 사법적**(私法的) **행위**까지 다른 국가의 재판권으로부터 면제된다는 것이 오늘날의 국제법이나 국제관례라고 할 수 없으므로, 우리나라의 영토 내에서 행해진 외국의 사법적 행위가 주권적 활동에 속하는 것이거나 이와 밀접한 관련이 있어서 이에 대한 재판권의 행사가 **외국의 주권적 활동**에 대한 **부당한 간섭**이 될 우려가 있다는 등의 **특별한 사정**이 없는 한, 외국의 사법적 행위에 대해서는 해당 국가를 피고로 하여 우리나라의 법원이 재판권을 행사할 수 있다고 보고 있다.[2] 판례는 국내에서 이루어진 외국의 사법적 행위는 **원칙적**으로 국내법원의 재판권으로부터 면제되지 않지만, **예외적**으로 주권적 활동과의 관련성 등을 고려하여 그 재판권으로부터 면제되는 때도 있다는 입장으로, **상대적 면제주의** 가운데에서 **행위성질기준설**에 입각한 것으로 평가되고 있다.[3] 따라서 외국국가에 대하여 재판권을 행사할 수 있는지 여부는, ① 먼저

---

1) 황진구, 주석서(1), 100쪽.

2) 대판(전) 1998. 12. 17. 97다39216, 대판 2011. 12. 13. 2009다16766.

3) 유남석, "외국의 사법적 행위에 대한 재판권," 국민과 사법(윤관대법원장퇴임기념, 1991. 1.), 635쪽 이하.

우리나라 영토 내에서 행해진 외국국가의 행위가 **사법적 행위**인지 여부를 판단
하고, ② 사법적 행위라고 하더라도 그 행위가 **주권적 활동 또는 이와 밀접한 관
련성**이 있는지 여부를 판단하여 결정해야 하므로, 원고가 주장하는 피고인 외국국
가와의 계약이나 행위의 성질 등을 충분히 심리하여 판단해야 한다.

   2) 한편 **판례**는, 외국이 경계를 침범하여 인접한 다른 사람 소유의 토지 일
부를 **공관지역**으로 점유하고 있음을 이유로 한 민사소송에서 재판권 면제 인정
여부와 관련하여, **외교공관**은 한 국가가 자국을 대표하여 외교 활동을 하고 자국
민을 보호하며 영사 사무 등을 처리하기 위하여 다른 국가에 설치된 기관이므로,
외국이 부동산을 공관지역으로 점유하는 것은 그 성질과 목적에 비추어 주권적
활동과 밀접한 관련이 있다고 볼 수 있고, 국제법상 외국의 공관지역은 원칙적으
로 불가침이며 접수국은 이를 보호할 의무가 있으므로, 해당 국가를 피고로 하여
제기된 소송이 외교공관의 **직무수행을 방해할 우려**가 있는 때에는 그에 대한 우
리나라 법원의 재판권 행사가 제한되고, 이때 그 소송이 외교공관의 직무수행을
방해할 우려가 있는지 여부는 원고가 주장하는 청구 권원의 내용, 그에 근거한
승소판결의 효력, 그 청구나 판결과 외교공관 또는 공관직무의 관련성 정도 등을
종합적으로 고려하여 판단해야 한다는 입장이다.[1]

▣ **집행절차와 재판권 면제**
   (1) 의   의
   주의할 것은 **판결절차에서의 재판권 면제**와 **집행절차에서의 재판권 면제**는 반
드시 일치하지는 않는다는 점이다. 외국국가가 판결절차에서 재판권 면제를 포기했
다고 하더라도 외국국가를 상대로 한 승소확정판결에 기하여 강제집행을 하기 위해서
는 외국국가가 이와 별개로 집행절차에서 재판권 면제를 명시적으로 포기하고 있는지

---

1) 대판 2023. 4. 27. 2019다247903(대법원은 원고의 주위적 청구 중 **피고 건물의 일부 철거
및 그 부지 등 인도** 청구부분에 대하여 이를 각하한 원심판단을 그대로 유지했으나, 주위적
청구 중 **부당이득반환** 청구부분에 대해서는 이러한 금전지급청구는 특별한 사정이 없는 한
외교공관의 직무수행을 방해할 우려가 있다고 할 수 없다는 이유로 이러한 부당이득반환청구
부분 역시 피고 건물의 일부 철거 및 그 부지 등 인도 청구소송과 동일하게 취급하여 우리나
라 법원의 재판권이 없다고 본 원심판단을 파기·환송했다). **외교공관 목적 부동산에 관한
소송**에서는 일반 부동산에 관한 소송에서와 달리 사안에 따라 국가면제를 인정할 수 있고,
구체적인 면제 범위는 해당 법정지국의 법률 또는 법원의 판단에 의하여 정해질 수 있다고
보는 것(**제한적 긍정설**)이 주요 국가의 실행이고, 적어도 이것이 국제관습법에 위반되는 것은
아니라고 본다. 안경록, "외국의 부동산 점유 관련 민사소송에 대한 대한민국 법원의 재판권,"
대법원판례해설 135호(2023년상), 290쪽.

가 문제된다.[1]

(2) 외국국가에 대한 판결과 집행재산

법정지 내에 소재하는 것으로서 외국의 주권적 활동에 사용되는 재산은 법정지 국의 강제집행으로부터 면제된다는 원칙이 일반적으로 승인된 국제법규로서 헌법 6조 1항에 의하여 국내법과 같은 효력이 있다. 한편 '외교관계에 관한 비엔나협약'은 외국대사관 공관 내의 재산에 대한 강제집행을 직접적으로 금하고 있다.[2] 따라서 외국국가가 자발적으로 판결을 이행하지 않는 경우 집행절차상 재판권 행사에 대하여 명시적 동의를 하거나 재판권 면제에 대한 명시적 포기가 없는 한 외국국가에 대한 강제집행의 대상이 되는 재산은 국내에 소재한 외국국가의 재산으로서 사법적 활동에 사용되는 **상업적 목적의 재산**에 국한된다.[3]

3. 주한미군에 대한 재판권

(1) 주한미군의 불법행위와 재판권

한미행정협정[SOFA, 정확하게는 '대한민국과 아메리카합중국 간의 상호방위조약 4조에 의한 시설과 구역 및 대한민국에서의 합중국 군대의 지위에 관한 협정'] 23조에 의하여 주한미군의 구성원과 내국인이 아닌 고용원(카투사 포함)의 공무집행 중의 불법행위에 대해서는 한국법원의 미합중국을 상대로 한 민사재판권이 면제된다.

---

1) 우리나라 법원이 **외국국가를 제 3 채무자**로 하는 채권압류 및 추심명령을 발령할 재판권을 가지는지에 관하여, **판례**는 피압류채권이 외국의 사법적 행위를 원인으로 하여 발생한 것이고 그 사법적 행위에 대하여 해당 국가를 피고로 하여 우리나라의 법원이 재판권을 행사할 수 있다고 하더라도, **피압류채권의 당사자가 아닌 집행채권자가 해당 국가를 제 3 채무자로 한 압류 및 추심명령을 신청하는 경우, 우리나라 법원은 해당 국가가 국제협약, 중재합의, 서면계약, 법정에서 진술 등의 방법으로 그 사법적 행위로 부담하는 국가의 채무에 대하여 압류 그 밖에 우리나라 법원에 의하여 명해지는 강제집행의 대상이 될 수 있다는 점에 대하여 **명시적으로 동의**했거나 또는 우리나라에 그 채무의 지급을 위한 재산을 따로 할당해 두는 등 우리나라 법원의 압류 등 강제조치에 대하여 **재판권 면제의 주장을 포기**한 것으로 볼 수 있는 경우 등에 한하여 그 해당 국가를 제 3 채무자로 하는 채권압류 및 추심명령을 발령할 재판권을 가진다고 보고 있다. 대판 2011. 12. 13. 2009다16766.

2) 대판 1997. 4. 25. 96다16940.

3) 유남석, "외국에 대한 민사재판권과 강제집행권," 민사재판의 제문제 10권(운파박준서선생화갑기념, 2000. 4.), 649쪽; 석광현, "외국국가에 대한 민사재판권의 행사와 주권면제," 법조 49권 12호(2000. 12.), 290쪽 이하; 김화진, "법원 관할권의 국제법적 한계," 법조 44권 5호(1995. 6.), 48쪽 이하. 한편 외국국가의 주권면제를 규율하는 별도의 입법이 없는 우리나라로서는 강제집행의 대상이 되지 않는 재산의 범위를 각국 및 국제적 입법례와 판결례를 참고하여 정할 수밖에 없으므로, 우리나라 내에 있는 외국국가의 재산이라고 하더라도 그 외국국가의 주권행위 또는 주권적 활동을 위하여 사용되는 재산은 국제관습법상 강제집행의 대상이 될 수 없다고 보는 견해로는, 문영화, "외국국가의 재산에 대한 민사집행법에 의한 강제집행," 성균관법학(성균관대학교 법학연구소) 27권 2호(2015. 6.), 266쪽.

(2) 공무집행 관련 여부에 의한 구별

(a) 공무집행 중에 행해진 불법행위인 경우

공무집행 중(공무상)**에 행해진** 불법행위에 대해서는 **대한민국**을 피고로 해야 하며(대한민국이 소송담당자가 된다), 이 때에는 국가배상법이 적용된다(한미행정협정 23조 5항, 위 협정의 시행에 관한 민사특별법 2조). **판례** 가운데, 미국 공군에 의하여 경기 화성군 우정면 매향리 지역에 설치된 사격장에서 발생하는 소음 등에 대하여 그 피해가 사회통념상 참을 수 있는 정도를 넘은 것으로서 사격장의 설치 또는 관리에 흠이 있다는 이유로 그 지역주민이 입은 손해에 대하여 대한민국이 배상해야 한다는 판결이 있다.[1]

(b) 공무집행 중에 행해진 불법행위가 아닌 경우

공무집행 중에 행해진 것이 아닌(공무집행과 관련 없는) 불법행위(계약상 청구권에 의한 경우도 포함)에 대해서는 가해자인 미국군인이나 고용원 등을 상대로 제소해야 한다.[2] 이 때에도 ① 대한민국 당국의 배상금 사정(査定), ② 그 결정을 통보받은 미군 당국의 배상금 지급 여부와 액수의 결정에 따른 지급제의, ③ 이러한 지급제의에 대한 이의가 있어야 한다.[3]

Ⅲ. 물적 범위(국제재판관할권)

1. 의   의

(1) 개   념

외국과 관련된 요소가 있는 법률관계(섭외사건)에 관하여[4] 국제재판관할의

---

1) 대판 2004. 3. 12. 2002다1424.
2) 한미행정협정 23조 5항은 '**계약상 청구권**'(contractual claim)인 경우에는 대한민국이 처리할 대상에서 제외하도록 규정하고 있다. '계약상 청구권'의 실현을 위한 소송은 **계약당사자가 미합중국**인 경우 미합중국을 상대로 제기할 수 있다. 여기서 '계약상 청구권'에는 계약의 당사자인 미합중국에 대한 계약의 이행청구와 계약불이행을 원인으로 한 손해배상청구뿐만 아니라, 계약의 체결·이행사무를 담당하는 미합중국 군대의 구성원이나 고용원 등이 계약의 체결·이행과 직접 관련하여 행한 **불법행위**를 원인으로 한 계약 상대방의 손해배상청구도 포함된다. 대판 1997. 12. 12. 95다29895.
3) 협정상으로는 미군 당국의 지급제의의 명목은 '배상금'이 아닌 '호의금'(an ex gratia payment)이다. 장주영, "민사청구권 및 노무관계조항의 개정방향," 인권과 정의 285호(2000. 5.), 37쪽 이하.
4) **외국과 관련된 요소가** 있는지 여부를 판단하기 위해서는 거래당사자의 **국적**뿐만 아니라

합의가 없거나, 우리나라 법원의 재판권에 복종할 의사가 없는 경우에 국제재판
관할권의 유무가 문제된다.

(2) 직접관할과 간접관할

국제재판관할은 직접관할과 간접관할이 있다. **직접관할**은 어느 국가의 법원
에 소가 제기된 경우 재판을 하기 위한 전제로서 국제재판관할권을 가지는 것인
지의 문제이며, **간접관할**은 외국법원이 선고한 판결을 어느 국가의 법원이 승인
및 집행하기 위한 전제로서 재판국인 해당 외국이 국제재판관할권을 가지는 것인
지의 문제이다(법 217조 1항 1호). 직접관할과 간접관할은 동일한 문제를 2개의 측
면에서 보는 데에 차이가 있을 뿐이므로 동일한 원칙에 따라 규율된다.

2. 판단기준

(1) 학설의 입장

국제재판관할권의 판단기준에 관해서는 견해의 대립이 있다. ① 민사소송법
상 토지관할에 관한 규정을 역으로 추지하여 국내법원에 관할권이 인정되는 사건
에 대하여 원칙적으로 국제재판관할권을 인정해야 한다는 견해(**역추지설**),[1] ② 민
사소송법상 기본이념인 조리(條理), 즉 어느 나라에서 재판하는 것이 사건의 해결
에 도움을 주고 당사자에게 공평하며, 또 능률적·경제적인지를 따져 국제재판관
할을 정해야 한다는 견해(**관할배분설, 조리설**),[2] ③ 원칙적으로 토지관할에 관한 규
정을 참작하여 국제재판관할을 정하되, 이 기준에 의해 우리나라에서 재판관할을
갖는 것이 심히 부당한 '특별한 사정'이 있는 때에는 관할배분설의 기준에 의해야
한다는 견해(**수정역추지설, 특별사정설**)가 있다.[3]

(2) 판례의 태도

판례는, 국제재판관할을 결정하는 데에는 당사자 사이의 공평, 재판의 적

주소, **물건 소재지, 행위지, 사실발생지** 등이 **외국과 밀접하게 관련**되어 있는지 등을 종합
적으로 고려해야 한다. 대판 2008. 1. 31. 2004다26454, 2014. 12. 11. 2012다119443; 김원태,
"섭외가사사건절차에 관한 연구," 법학연구(부산대학교 법학연구소) 40권 1호(1999. 12.), 385
쪽 이하.
1) 이영섭, 61쪽.
2) 김홍규·강태원, 74쪽; 정동윤·유병현·김경욱, 130쪽; 강현중, 135쪽; 정영환, 177쪽.
3) 이시윤, 65쪽; 송상현·박익환, 61쪽; 홍기문, 54쪽. 한편 관할배분설(조리설)을 수정역추지
설(특별사정설)과 같은 것으로 보고 있는 견해로는, 김홍규·강태원, 72쪽.

정·신속 및 경제를 기한다는 기본이념에 따라야 하며, 구체적으로는 소송당사자
들의 공평·편의 그리고 예측가능성과 같은 **개인적 이익**뿐만 아니라 재판의 적
정·신속·효율 및 판결의 실효성 등과 같은 **법원 및 국가의 이익**도 함께 고려해
야 하는데, 이러한 다양한 이익 중 어떠한 이익을 보호할 필요가 있는지 여부는
개별 사건에서 법정지와 **당사자와의 실질적 관련성** 및 법정지와 **분쟁이 된 사안
과의 실질적 관련성**을 객관적 기준으로 삼아 합리적으로 판단해야 하며, 국제사
법 2조의 내용 역시 위와 같은 일반원칙을 표현한 것으로 볼 수 있다고 하여,[1]
관할배분설의 입장을 취하고 있음을 알 수 있다.[2]

(3) 2차 전부개정 국제사법의 입장

국제재판관할에 관한 규정을 두고 있는 **국제사법**은 **2001. 4. 7. 전부개정**
(2001. 7. 1. 시행, **1차 전부개정**)을 거쳐 다시 **2022. 1. 4. 전부개정(2022. 7. 5. 시행, 2
차 전부개정, 현행법)**되었다.[3] **1차 전부개정 국제사법 2조 1항**은, "법원은 당사자
또는 분쟁이 된 사안이 대한민국과 실질적 관련이 있는 경우에 국제재판관할권을
가진다. 이 경우 법원은 실질적 관련의 유무를 판단함에 있어 국제재판관할 배분
의 이념에 부합하는 합리적 원칙에 따라야 한다.", 2항은, "법원은 국내법의 관할
규정을 참작하여 국제재판관할의 유무를 판단하되, 제 1 항의 규정의 취지에 비추
어 국제재판관할의 특수성을 충분히 고려하여야 한다."는 규정을 두고 있었다. 그
러나 위 규정은 **총괄적**이고, **추상적**이어서 국제재판관할의 문제를 해결하기 위해
서는 보다 **세부적인 구체적 규정**들을 둘 **필요성**이 제기되었으며,[4] 새로운 개정
입법이 마련되기 전에는 판례의 태도를 충분히 고려한 법해석 작업이 요구되었
다.[5]

이에 국제재판관할 결정의 일반원칙인 **'실질적 관련성'**의 판단기준을 **구체화**
하고, **일반관할** 및 사무소·영업소 소재지 등의 **특별관할**, 반소관할·합의관할과
전속관할 등 국제재판관할에 관한 **총칙** 규정을 신설하는 한편, 채권, 지식재산권,

---

  1) 대판 2005. 1. 27. 2002다59788, 2012. 5. 24. 2009다22549(일제 강제징용사건), 2013. 7.
     12. 2006다17539(베트남전 참전군인 고엽제피해사건) 등.
  2) 정동윤·유병현·김경욱, 133쪽; 정영환, 178쪽.
  3) 2차 전부개정 국제사법의 개정 경위 등에 관한 간략한 소개로는, 손경한, "2021년 국제사법
     전면 개정을 환영하며," 법률신문 4950호(2021. 12. 27.), 12쪽.
  4) 한충수, "국내토지관할 규정의 국제적 정합성," 민사소송 13권 2호(2009. 11.), 125쪽 이하.
  5) 장준혁, "한국 국제이혼관할법 판례의 현황," 민사소송 13권 1호(2009. 5.), 33쪽 이하.

상속, 해상 등 **유형별** 사건에 관한 국제재판관할 규정을 도입하여 법적 안정성과 예측가능성을 확보할 수 있도록 **2차 전부개정**이 이루어지게 되었다. 현행법은 1차 전부개정 국제사법 2조가 국제재판관할을 결정하는 기준과 관련하여 대한민국과 실질적 관련이 있는 사안에 대하여 국제재판관할을 가진다는 일반원칙만 규정하고 있는 데 대하여 판례가 실질적 관련성을 판단하는 기준을 제시함에 따라, 법원은 실질적 관련의 유무를 판단할 때에 **당사자 사이의 공평**, **재판의 적정**, **신속** 및 **경제**를 꾀한다는 **국제재판관할 배분의 이념**에 부합하는 **합리적인 원칙**에 따라야 한다는 구체적 기준을 명시하고 있다(2조 1항).[1]

(4) 민사소송법과 2차 전부개정 국제사법의 관계

1차 전부개정 국제사법에서는 국제재판관할의 판단기준에 관하여 세부적인 규정을 두고 있지 않음으로써 판례는 뒤에서 보는 바와 같이 민사소송법의 관할규정이 국제재판관할권을 판단하는 데 가장 중요한 판단기준으로 작용한다고 보았다. 그러나 2차 전부개정 국제사법에서는 국제재판관할권의 판단기준에 관하여 정치한 규정을 두고 있어 2차 전부개정 국제사법이나 그 밖의 대한민국의 법령 또는 조약에 국제재판관할에 관한 규정이 있는 범위 내에서는 민사소송법의 관할규정은 원칙적으로 국제재판관할권의 판단에 중요한 의미를 가지지 않게 되었다. 따라서 민사소송법과 2차 전부개정 국제사법은 **상호 독립적 관계**에 있게 되었다. 다만 2차 전부개정 국제사법이나 그 밖의 대한민국의 법령 또는 조약에서도 해당 사건에 적용할 수 있는 규정을 두고 있지 않은 경우에는 국내법의 관할규정을 참작해야 하므로(2조 2항), 민사소송법의 관할규정은 이러한 제한적 범위 내에서 여전히 중요한 의미를 지닌다.[2]

3. 국제재판관할의 배타성 여부

국제재판관할권은 배타적인 것이 아니라 **병존**할 수 있다. **판례**는, 지리, 언어, 통신의 편의 측면에서 다른 나라 법원이 대한민국 법원보다 더 편리하다는 것만으로 대한민국 법원의 재판관할권을 쉽게 부정할 수는 없다고 본다.[3]

---

[1] 민사소송법 등 국내법의 토지관할규정과 2차 전부개정 국제사법의 국제재판관할규정의 비교에 관해서는, 석광현, "2022년 개정 국제사법 해설 국제재판관할법"(2022년), 31쪽 이하.

[2] 석광현, "2022년 개정 국제사법 해설 국제재판관할법"(2022년), 33·34쪽.

[3] 대판 2019. 6. 13. 2016다33752. **판례**는, 대한민국 회사가 일본 회사에게 러시아에서 선적한 냉동청어를 중국에서 인도하기로 하고 그 대금은 선적 당시의 임시검품 결과에 따라 임시

2차 전부개정 국제사법은 우리나라 법원에 국제재판관할이 있는 경우에도 국제재판관할권을 행사하기에 부적절하고 국제재판관할이 있는 외국법원이 분쟁을 해결하기에 더 적절하다는 **예외적인 사정이 명백히 존재**할 때에는 (우리나라 법원이 **합의관할법원**이 아닌 한) 피고의 신청에 의하여 법원은 본안에 관한 최초의 변론기일 또는 변론준비기일까지 소송절차를 결정으로 중지(**소송절차중지결정**)하거나 판결로 소를 각하(**소각하판결**)할 수 있다고 규정하고 있다(12조 1항). 법원은 소송절차중지결정이나 소각하판결을 하기 전에 원고에게 진술기회를 주어야 한다(12조 2항). 소송절차중지결정에 대해서는 즉시항고를 할 수 있다(12조 3항).

■ **국제재판관할권 판단상 민사소송법 관할규정의 참작의 정도**

판례는, 민사소송법의 관할규정은 국제재판관할권을 판단하는 데 **가장 중요한 판단기준**으로 작용하는데, 다만 관할규정은 국내적 관점에서 마련된 재판적에 관한 규정이므로 국제재판관할권을 판단할 때에는 국제재판관할권의 특수성을 고려하여 국제재판관할 배분의 이념에 부합하도록 **수정하여 적용**해야 하는 경우도 있다고 본다. 예컨대 뒤에서 보는 바와 같이 대한민국에 주소가 없는 사람 또는 주소를 알 수 없는 사람에 대하여 재산권에 관한 소를 제기하는 경우 압류할 수 있는 피고의 재산이 있는 곳의 법원에 제소할 수 있다는 특별재판적의 규정(법 11조)을 참작하여 피고의 재산이 대한민국에 있다면 당사자의 권리구제나 판결의 실효성 측면에서 대한민국 법원에 국제재판관할권을 인정할 수 있으나, 그 재산이 우연히 대한민국에 있는 경우까지 무조건 국제재판관할권을 인정하는 것은 피고에게 현저한 불이익이 발생할 수 있으므로, **원고의 청구가 피고의 재산과 직접적인 관련**이 없는 때에는 그 재산이 대한민국에 있게 된 경위, 재산의 가액, 원고의 권리구제 필요성과 판결의 실효성 등을 고려하여 국제재판관할권을 판단해야 한다고 한다.[1]

그러나 **2차 전부개정 국제사법**은 **5조**(재산소재지의 특별관할)에서, 재산권에 관

로 정하여 지급하되 인도지에서 최종검품을 하여 최종가격을 정한 후 위 임시가격과의 차액을 정산하기로 한 매매계약에서, 그 차액정산에 관한 분쟁은 최종검품 여부 및 그 결과가 주로 문제되므로 인도지인 중국 법원이 분쟁이 된 사안과 **가장 실질적 관련**이 있는 법원이나, 대한민국 법원에도 당사자 또는 분쟁이 된 사안과 **실질적 관련**이 있어 국제재판관할권을 인정할 수 있다고 본다. 대판 2008. 5. 29. 2006다71908,71915.

[1] 대판 2019. 6. 13. 2016다33752, 2021. 3. 25. 2018다230588. 판례는 '실질적 관련성'이라는 단일기준에 따른 불확실성을 줄임과 아울러 재산소재지 관할에 대하여 합리적인 제한기준을 제시하고는 있으나 가장 바람직한 것은 더 이상 종전의 국제사법(1차 전부개정 국제사법) 2조의 일반조항에 의존하지 않고 구체적·개별적인 국제재판관할 규정을 두는 것이라는 입장에서, 2차 전부개정 국제사법이 국회에 통과되기 전 개정안 5조 2항이 타당한지 여부를 검토하고 있는 견해로는, 한애라, "재산소재지 특별관할에 관한 법리와 판례의 검토 및 입법론," 민사판례연구 43권(2021년), 871쪽 이하.

한 소는 청구의 목적 또는 담보의 목적인 재산이 우리나라에 있거나, 압류할 수 있
는 피고의 재산이 우리나라에 있는 경우에는 우리나라 법원에 제기할 수 있되, 압
류할 수 있는 피고의 재산이 우리나라에 있다고 하더라도 분쟁이 된 사안이 우리나
라와 아무런 관련이 없거나 근소한 관련만 있는 경우 또는 그 재산의 가액이 현저
하게 적은 경우는 제외한다는 명문의 규정을 두어 **입법적으로 해결**했다.

4. 국제재판관할의 특수성을 고려한 국제재판관할권의 결정

(1) 특정 국가에만 국제재판관할권이 인정되는 경우

국제재판관할의 특수성을 고려하여 **특정 국가**에만 **국제재판관할권**이 인정되
는 경우(**전속관할**)가 있다. 예컨대 ① 외국에 있는 부동산의 물권에 관한 소송(국제
법상 일반적으로 인정된 원칙상 소재지국의 전속관할이다), ② 외국의 권리나 그 이해
에만 관계되는 소송(외국의 특허권·상표권 등에 관한 사항,[1] 국적에 관한 사항 등의 소
송으로 해당국의 전속관할이다), ③ 외국인 사이의 이혼소송 등 가사소송사건, ④ 국
제사법의 특칙 규정으로 일상거소(日常居所, habitual residence) 국가의 관할로 하는
소비자계약[소비자는 원칙적으로 그의 일상거소가 있는 국가에서도 상대방에 대하여 소를
제기할 수 있으나, 소비자의 상대방인 사업자가 소비자에 대하여 제기하는 소는 소비자의
일상거소가 있는 국가에서만 제기할 수 있다(국사 42조 1항·2항)]이나 **근로계약**[근로자
는 원칙적으로 자신이 일상적으로 노무를 제공하거나 최후로 일상적 노무를 제공하는 국
가에서도 사용자에 대하여 소를 제기할 수 있으나, 근로자의 상대방인 사용자가 근로자에
대하여 제기하는 소는 근로자의 일상거소가 있는 국가 또는 근로자가 일상적으로 노무를
제공하는 국가에서만 제기할 수 있다(국사 43조 1항·2항)]을 들 수 있다.[2]

한편 **2차 전부개정 국제사법**은 10조에서, ① 대한민국의 공적 장부의 등기
또는 등록에 관한 소, ② 대한민국 법령에 따라 설립된 법인·단체의 설립무효,

---

1) 해당 사건이 외국법원의 전속관할에 속하는지 여부와 관련하여 특허권은 등록국법에 의해
발생하는 권리로서 법원은 다른 국가의 특허권 부여행위와 그 행위의 유효성에 대하여 판단
할 수 없으므로 등록을 요하는 특허권의 성립에 관한 것이거나 유·무효 또는 취소 등을 구
하는 소는 일반적으로 등록국 또는 등록이 청구된 국가 법원의 전속관할로 볼 수 있다. 그러
나 그 주된 분쟁 및 심리의 대상이 **특허권의 성립, 유·무효 또는 취소**와 관계없는 특허권
등을 양도하는 **계약의 해석과 효력의 유무**일 뿐인 그 **양도계약의 이행을 구하는 소**는 등록국
이나 등록이 청구된 국가 법원의 전속관할로 볼 수 없다. 대판 2011. 4. 28. 2009다19093,
2015. 1. 15. 2012다4763.
2) 이들은 사회적 약자인 소비자나 근로자에 대한 **보호관할**(protective jurisdiction) 규정들이
다. 한충수, "국제사법의 탄생과 국제재판관할," 법조 50권 5호(2001. 5.), 40쪽 이하.

해산 또는 그 기관의 결의의 유효·무효 등에 관한 소, ③ 대한민국에 있는 부동산에 관한 물권에 관한 소, ④ 등록에 의하여 창설되는 지식재산권이 대한민국에 등록되어 있는 경우 그 지식재산권의 성립, 유효성 또는 소멸에 관한 소는 우리나라 법원에 **전속관할**이 있음을 명시하고 있다.

(2) 긴급·보충관할의 경우

국제재판관할권의 판단기준에 따른 국제재판권 유무에 불구하고 국제재판관할권을 인정해야 하는 때가 있다. **긴급·보충관할**이 이에 해당한다.

5. 국제재판관할권 유무의 심리 및 법원의 처리

(1) 소송요건

국제재판관할권 유무는 소송요건으로 직권조사사항이며, 국제재판관할권이 없는 경우에는 판결로써 소를 각하해야 한다(국제민사재판관할에서는 소송이송이 허용되지 않는다). **2차 전부개정 국제사법** 12조는, 대한민국 법원에 국제재판관할이 있더라도 우리나라 법원이 국제재판관할권을 행사하기에 부적절하고 외국법원이 분쟁을 해결하기에 더 적절하다는 **예외적 사정**이 **명백**하면 우리나라 법원은 피고의 신청에 의하여 **결정**으로 **소송절차**를 **중지**하거나 **판결**로 소를 **각하**할 수 있도록 했다(다만 **합의관할**인 경우에는 그렇지 않다).

(2) 변론관할의 적용 여부

국제재판관할에도 뒤에서 볼 **변론관할**이 인정된다(국사 9조). 국제재판관할에 변론관할을 인정하더라도 당사자 사이의 공평을 해할 우려가 없으며, 오히려 같은 당사자 사이의 분쟁을 1회적으로 해결할 수 있고 효과적인 절차의 진행 및 소송경제에도 적합하기 때문이다.[1]

Ⅳ. 장소적 범위

1. 국제민사사법공조

국제민사사법공조(司法共助)란 재판상 **서류의 송달**과 **증거조사**에 관하여 국내절차의 외국 수행 또는 외국절차의 국내 수행을 위해 행하는 법원, 그 밖의

---

[1] 대판 2014. 4. 10. 2012다7571.

공무소 등의 협조를 말한다(국제공조 2조 1호).[1] 이에 관해서는 우리나라에서 발효되고 있는 관련 조약 및 '국제민사사법공조법', '국제민사사법공조규칙'에 의한다.[2]

▣ 우리나라의 국제민사사법공조에 관한 다자조약 및 양자조약 관계

　(1) 다자조약의 경우

　　우리나라가 가입한 민사사법공조에 관한 **다자(多者)조약**으로는 '**헤이그송달협약**'('민사 또는 상사의 재판상 및 재판 외 문서의 해외송달에 관한 협약,' 우리나라에서는 2000. 8. 1. 발효)[3]과 '**헤이그증거협약**'('민사 또는 상사의 해외증거조사에 관한 협약,' 우리나라에서는 2010. 2. 12. 발효)이 있다. '**영사관계에 관한 비엔나협약**'(우리나라에서는 1977. 4. 6. 발효)은 본래적 의미의 사법공조조약으로 분류되지는 않으나, 영사의 권한에 관한 위 협약 5조 (j)항이 우리 실무상 많이 활용되는 이른바 영사송달의 근거가 된다는 점에서 민사사법공조와 관련된다.

　(2) 양자조약의 경우

　　우리나라가 체결한 **양자(兩者)조약**으로는, ① 한호조약('대한민국과 호주 간의 민사사법공조조약,' 2000. 1. 16. 발효), ② 한중조약('대한민국과 중화인민공화국 간의 민사 및 상사사법공조조약,' 2005. 4. 27. 발효), ③ 한·몽골조약('대한민국과 몽골 간의 민사 및 상사사법공조조약,' 2010. 5. 8. 발효), ④ 한·우즈벡조약('대한민국과 우즈베키스탄공화국 간의 민사 및 상사사법공조조약,' 2013. 8. 11. 발효), ⑤ 한·태국 조약('대한민국과 태국 간의 민사 및 상사사법공조조약,' 2015. 4. 16. 발효) 등이 있다.[4]

2. 송달방식

　외국에 하는 송달의 방식은 간접송달방식과 직접송달방식의 두 가지로 나눌

---

1) 전병서, "국제민사소송에 있어서 송달," 법조 45권 2호(1996. 2.), 122쪽 이하.

2) 예규로는, 재판예규 제1864호 '국제민사사법공조 등에 관한 예규'(재일 2014-1, 2023. 11. 23. 개정·시행)가 있다.

3) 우리나라는 헤이그송달협약에 가입하면서 협약 8조·10조에 따른 반대선언 및 15조 2단에 따른 선언을 함으로써 위 협약의 일부내용을 유보했는데, 협약 8조·10조의 반대선언은 다른 체약국이 우리나라에서 실시할 수 있는 송달의 방식과 범위를 제한하고자 하는 것이고, 15조의 선언은 일정한 요건하에서 공시송달 등 의제적 송달을 실시할 수 있도록 하기 위한 것이다. 석광현, "헤이그송달협약에의 가입과 관련한 몇 가지 문제점," 국제법논총 9권(2000. 12.), 103쪽 이하; 임치용, "헤이그송달협약에 관한 연구," 저스티스 31권 1호(1998. 3.), 85쪽 이하.

4) 우리나라와 국제거래가 많은 국가들과도 양자조약을 체결하여 국제적 협력을 통한 보다 신속한 민사사법공조가 이루어질 수 있도록 적극적인 연구와 검토가 필요하다. 양병회, "국제민사소송에 있어서의 송달에 관한 연구," 일감법학 3권(내동우병구박사화갑기념, 1998. 3.), 49쪽 이하.

수 있다.

(1) 간접송달방식

간접송달방식은, 중앙당국을 통하여 실시하는 방식(외교경로를 통하지 않고 지정된 **중앙당국**(central authority)을 통하여 송달하는 방식)과 외국 관할법원 그 밖의 공공기관을 통하여 실시하는 방식(**외교경로**를 통하는 방식)이 있다. 간접송달방식은 일반적으로 절차가 번잡하고 비용과 시간이 많이 소요된다는 단점이 있으나, 수탁국(受託國)의 통제하에 송달이 실시되므로 외교적 분쟁이 생길 여지가 없고, 수탁국의 법률에 따른 강제력의 행사도 기대할 수 있으므로 그 효과가 확실하다는 장점이 있다.

(2) 직접송달방식

직접송달방식은 수탁국의 협조 없이 바로 송달하는 것으로, 영사(領事)송달과 우편송달이 있다. 직접송달방식은 그 절차가 간편하고 시간이 절약되는 장점이 있으나, 외교적 분쟁의 원인이 될 위험성이 있다.[1]

(3) 송달방식의 판단기준

외국에의 송달시 먼저 양자조약이 체결된 국가인지, 그렇지 않다면 다자조약인 **'헤이그송달협약'에 가입한 국가**인지 등을 차례로 확인하여 그 조약이 정하는 송달방법에 우선적으로 따라야 한다. 위와 같은 **조약관계가 없는 국가**에 송달을 하고자 할 때에는 국제민사사법공조법과 민사소송법에 따라서 송달을 실시해야 한다. 외국에 하는 송달의 구체적인 절차에 관해서는 송달 부분에서 살펴보기로 한다.

3. 증거조사

(1) 국제민사사법공조법에 의한 증거조사

민사소송법은 외국에서 시행할 증거조사는 그 나라에 주재하는 우리나라 대사 · 공사 · 영사 또는 그 나라의 관할 공공기관에 촉탁한다고 규정하고 있다(법 296조 1항). **국제민사사법공조법**은, 사법공조에 관한 협약이 체결되어 있지 않은 경우에, 상호보증[사법공조를 촉탁하는 외국법원이 속하는 국가가 동일 또는 유사한 사항에 관하여 대한민국 법원의 사법공조촉탁에 응한다는 보증을 한 경우]이 있거나 의사표

---

1) 양병회, "국제사법공조로서의 외국송달에 관한 소고," 민사소송 3권(2000. 2.), 228쪽 이하.

시로서 이를 승인한 때에 적용된다. 국제민사사법공조법은 **원칙적**으로 수소법원의 재판장이 외국의 관할법원 그 밖의 공무소에 대하여 촉탁하는 방법으로 증거조사를 할 수 있도록 하고(국제공조 5조 1항), **예외적**으로 증인신문을 받을 사람이 우리나라 국민으로서, '영사관계에 관한 비엔나협약'에 가입한 외국에 거주하는 경우에는 외국 주재 우리나라 대사·공사 또는 영사에게 촉탁할 수 있도록 했다(국제공조 5조 2항).

(2) 헤이그증거협약에 의한 증거조사

우리나라에서 2010. 2. 12. 발효된 **'헤이그증거협약'**은 촉탁서에 의한 중앙당국(우리나라는 법원행정처를 중앙당국으로 지정했다)을 통한 증거조사를 채택하고 있다. 중앙당국을 통한 증거조사는 수탁국이 강제력을 행사할 수 있다는 장점이 있다(헤이그증거협약 10조). 우리나라는 헤이그증거협약 가입시에 보통법(common law) 국가에서 통용되는 **기일 전 서류개시절차(pre-trial discovery of documents)**의 목적으로 작성된 촉탁서를 집행하지 않을 것을 선언했다(위 협약 23조). 헤이그증거협약은 외교관, 영사관원 및 수임인에 의한 직접적인 증거조사도 허용하나, 우리나라는 이와 관련한 일부 조항(위 협약 16조·17조)에 대하여 유보를 했으므로 우리나라 영토 내에서 외국의 외교관 등의 우리나라 국민 또는 제3국 국민에 대한 증거조사와 수임인을 통한 증거조사는 허용되지 않는다. 다만 우리나라에서 외국의 외교관 등이 파견국 국민에 대한 증거조사는 할 수 있다.

V. 재판권이 없을 때의 효과

1. 재판권의 흠과 소각하판결

재판권의 존재 여부와 관련하여 ① 재판권의 결여가 명백하면 소장부본을 송달할 필요가 없으며 재판장이 소장각하명령을 해야 한다는 견해,[1] ② 기일을 지정하지 않고 사실상 소장부본을 송달하여 알리고 재판권 없음이 명확해지면 소각하판결을 해야 한다는 견해[2] 등이 있다. 그러나 재판권이 없는 것이 분명한지 여부가 불명확할 뿐만 아니라[외국국가를 상대로 한 소송에서 판례의 입장인 상대적 면제주의에 입각하면 외국국가의 행위가 사법적 행위에 속하는지, 사법적 행위에 속한다고 하

---

1) 이시윤, 68쪽; 정동윤·유병현·김경욱, 143쪽.

2) 정영환, 199쪽.

더라도 이러한 행위가 주권적 활동 또는 이에 밀접한 관련성이 있음이 분명한지 여부는 심리를 통하여 밝혀질 문제이다],[1] 재판권이 없는 경우에 해당한다고 하더라도 재판권면제를 포기할 여지가 있을 수 있다.[2] 따라서 이러한 경우라도 재판장이 소장각하명령(법 254조 2항)을 해서는 안 되며, 법원이 **소장부본의 송달**(법 255조 1항)과 **기일통지**(법 167조 1항)를 해야 한다.[3] 심리결과 재판권 없음이 판명되면 그 소는 부적법하므로 **소각하판결**을 한다.[4] 재판권 없음을 간과한 판결에 대하여 판결확정 전에는 상소로써 다툴 수 있으나, 판결확정 후에는 재심의 소는 허용되지 않는다[재판권의 부존재는 재심사유가 아니다. 다만 확정되더라도 기판력·집행력 등 판결의 내용에 따른 효력이 생기지 않는다. 따라서 당연무효의 판결이다].

2. 치외법권자에 대한 재판권 행사의 상대성

치외법권자는 소송·강제집행·보전처분(가압류·가처분)의 상대방이 되지 않으며, 소송상 증인능력이나 감정인능력이 없다. 치외법권자가 그 특권을 **포기**하면 피고나 상대방이 될 수 있다[이러한 포기는 **명시적**으로 해야 한다]. 즉 치외법권자라도 원고로서 소제기를 하거나,[5] 집행채권자(강제집행의 경우) 또는 담보권자(담보권 실행을 위한 경매의 경우)로서 경매신청[6] 등을 하는 것은 물론 허용된다. 한편 치외법권자가 증인으로 임의출석하여 증언하면 증언거부권을 포기한 것이 되므로, 그 증언의 효력에는 영향이 없다.[7] 치외법권자라도 그가 먼저 **원고로서 제기한 소송**과 관련한 **방어**(防禦)**소송**(반소)이나 **부수**(附隨)**소송**(재심의 소, 청구이의의 소, 제 3 자 이의의 소 등)의 피고가 될 수 있다.

---

1) 절대적 면제주의에 의하면 외국국가를 상대로 제소한 경우 재판장의 소장심사권에 기해 소장 각하명령을 해야 한다. 대판(전) 1998. 12. 17. 97다39216로 판례가 변경되기 이전의 판례(대결 1975. 5. 23. 74마281)는, 국가는 국제관례상 외국의 재판권에 복종하지 않게 되어 있으므로 특히 조약에 의하여 예외로 된 경우나 스스로 외교상의 특권을 포기하는 경우를 제외하고는 외국 국가를 피고로 하여 우리나라가 재판권을 행사할 수 없으므로 이는 외국국가를 상대로 한 소장 을 송달할 수 없는 경우에 해당하고, 따라서 소장각하명령을 해야 한다고 보았다.
2) 피정현, "민사재판권의 면제 —국가면제를 중심으로—," 비교사법 4권 1호(1997. 6.), 458쪽.
3) 김상훈, "민사재판권 면제자와 그 소송상 취급," 민사소송 18권 2호(2014. 11.), 39쪽.
4) 강현중, 146쪽; 송상현·박익환, 62쪽.
5) 대판 1978. 2. 14. 77다2310.
6) 대판 1989. 12. 26. 88다카3991.
7) 황진구, 주석서(1), 129쪽.

제 2 절 민사법원의 종류와 구성

I. 법원의 의의

법원은 실정법상 **넓은 의미**로는 법관, 법원사무관 등, 집행관 그 밖의 법원직원을 포함한 사법관서를 말하며(이를 **국법상 의미의 법원**이라 한다), **좁은 의미**로는 민사재판권을 행사하는 1인 또는 수인의 법관으로 구성된 재판기관(재판부)을 말한다(이를 **소송법상 의미의 법원**이라 한다).

II. 법원의 종류

1. 민사법원

재판기관에는 대법원, 고등법원,[1] 특허법원, 지방법원, 가정법원, 행정법원, 회생법원[2] 등 7종류가 있다(2020. 12. 22. 개정, 2021. 1. 1. 시행 법조 3조 1항). 그 중에서 대법원, 고등법원, 지방법원은 민사사건을 다루는 통상의 **민사법원**이다. 특허법원, 가정법원, 행정법원, 회생법원 등은 민사법원과 다른 **전문법원**이다.

2. 지원, 시·군법원 및 고등법원 원외재판부

지방법원 **지원**이나 가정법원 **지원**,[3] **시·군법원**(법조 3조 2항, 33조·34조)은 지방법원의 출장소격에 지나지 않는다[다만 **시·군법원**은 민사사건의 경우 소액사건과 이를 본안으로 하는 가압류·가처분, 제소전 화해, 독촉·조정사건 및 '가족관계의 등록 등

---

[1] 2014. 3. 18. '각급 법원의 설치와 관할구역에 관한 법률'이 개정됨에 따라 **2019. 3. 1.**부터 **수원고등법원**이 설치되었다.

[2] 2016. 12. 27. '각급 법원의 설치와 관할구역에 관한 법률'이 개정(2017. 3. 1. 시행)되어, 2017. 3. 1. 회생·파산 전문법원인 **서울회생법원**을 개원했으며, 2022. 12. 27. 위 법률이 개정됨에 따라 **2023. 3. 1. 수원회생법원** 및 **부산회생법원**을 개원했다.

[3] 2011. 4. 5. '각급 법원의 설치와 관할구역에 관한 법률'이 개정됨에 따라 2011. 4. 11. 부산가정법원이, 2012. 3. 1. 대구가정법원과 그 지원, 광주가정법원과 그 지원, 대전가정법원과 그 지원이 각 설치되었으며, 2012. 1. 17. 위 법률이 개정됨에 따라 2016. 3. 1. 인천가정법원과 그 지원이 각 설치되었다. 2014. 1. 7. 위 법률이 개정됨에 따라 2018. 3. 1. 울산가정법원이 설치되었으며, 2014. 3. 18. 위 법률이 개정됨에 따라 2019. 3. 1. 수원가정법원과 그 지원이 설치되었다. 한편 2020. 3. 24. 위 법률이 개정됨에 따라 **2025. 3. 1.** 창원가정법원과 그 지원이 설치된다.

에 관한 법률' 75조에 의한 협의상 이혼의 확인 등을 관할하는 전속적 관할구역을 갖고 있다
(법조 34조 1항 1호·2호·4호, 민집 278조·303조·22조)]. 지방법원 소재지에 설치하는
고등법원 원외재판부(법조 27조 4항·5항)도 고등법원의 출장소격에 지나지 않는다.[1]

Ⅲ. 법원의 구성

1. 법   관

재판기관으로서의 법원은 법관으로 구성된다. 재판기관을 구성하는 방법에
따라 **합의제와 단독제**가 있다. **대법원**에는 대법관 전원(현재 대법원장 포함 14인이
다. 법조 4조 2항)의 3분의 2로 구성되는 합의체(**전원합의체**, 대법관인 법원행정처장은
전원합의체에서 제외한다)와 대법관 3인 이상으로 구성되는 **소부**(小部, 대법원장과 대
법관인 법원행정처장은 소부에서 제외한다)가 있다. 전원합의체에서 행할 사건에 관해
서는 법원조직법(7조 1항)에서 규정하고 있다. **고등법원**은 합의제이다(법조 7조 3
항). **지방법원**은 단독제를 원칙으로 하고(법조 7조 4항) 합의제를 병용하고 있다(법조
32조). 지방법원, 가정법원, 행정법원, 회생법원의 합의부 및 고등법원·특허법원의
재판부는 3인의 법관으로 구성한다(법조 7조 3항·5항). 재판기관 내부에서 재판사무
를 분담하는 것을 **사무분담**이라고 한다. **합의부**는 3인 이상의 법관(**재판장**과 **합의부
원**)으로 구성된다. 합의부에 배당된 사건에 관해서는 구성법관 중 1인을 주심(主審)으
로 정하여 운영한다. 주심법관은 담당한 사건기록의 검토, 합의의 준비 및 합의결과
에 따른 판결서의 작성을 담당한다. 합의부는 판결, 그 밖의 사건의 처리상 중요한
사항의 재판을 합의하여 그 과반수의 의견으로 결정한다(법조 66조 1항). 합의부는 구
성법관 중 한 사람에게 법률에 규정된 사항의 처리를 위임할 수 있다. 그 위임받은
법관을 **수명**(受命)**법관**이라 한다(법 139조 1항, 280조 3항 등). 한편 수소법원이 같은
심급의 다른 법원의 단독판사에게 일정한 사항의 처리를 촉탁하는 경우가 있는데, 그

---

1) 대법원규칙 제2898호 '고등법원 부의 지방법원 소재지에서의 사무처리에 관한 규칙'(2020.
6. 1. 개정, 2021. 3. 1. 시행)에 따라 1995. 3. 1. 광주고등법원 제주재판부가 설치된 것을 시
작으로 광주고등법원 전주재판부, 대전고등법원 청주재판부, 부산고등법원 창원재판부, 서울고
등법원 춘천재판부에 원외재판부가 설치되어 운영되고 있으며, **2019. 3. 1.** 서울고등법원 인천
재판부가, **2021. 3. 1.** 부산고등법원 울산재판부가 각 설치되어 운영되고 있다. 한편 2010. 1.
25. 법원조직법 27조 4항·5항을 개정하여 대법원규칙으로 지방법원 소재지에 고등법원 부를
2개 이상 운영할 수 있는 근거를 마련했다. 항소심 재판에 대한 접근성을 향상시키고 항소심
의 기능을 효율화하기 위해서이다.

촉탁받은 판사를 **수탁**(受託)**판사**라 한다(법 139조 2항, 297조 등).

2. 재판연구관 등

① **재판연구관**: 대법원에는 대법원장의 명을 받아 대법원에서 사건의 심리 및 재판에 관한 조사 · 연구를 행하는 재판연구관이 있다(법조 24조 1항 · 2항). 재판 연구관은 판사로 보(補)하거나 3년 이내의 기간을 정하여 판사가 아닌 사람 중에 서 임명할 수 있다(법조 24조 3항). ② **재판연구원**: 각급 법원에는 소속 법원장의 명을 받아 사건의 심리 및 재판에 관한 조사 · 연구, 그 밖에 필요한 업무를 행하는 재판연구원이 있다. 재판연구원은 변호사 자격이 있는 사람 중에서 총 3년의 범위 에서 기간을 정해 채용하며, 대법원장이 임용한다(법조 53조의2).

3. 법원사무관 등 및 사법보좌관

① **법원사무관 등**: 법원사무관 등(법원서기관, 법원사무관, 법원주사, 법원주사보, 법 40조 2항)은 대법원과 각급 법원에 배치되어 있는 단독제 기관으로 심판에 참 여하고, 조서를 작성하고 송달업무 등을 담당한다. 법원사무관 등은 **2014. 12. 30.** 민사소송법 **개정(2015. 7. 1. 시행)**으로 그 명의로 소장의 **보정명령**을 할 수 있고(법 254조 1항), **공시송달처분**을 할 수 있게 되었다(법 194조 1항). ② **사법보좌관**: 사법 보좌관은 법원공무원 중 보직을 부여받아 대법원과 각급 법원에 배치되어, 법관의 감독을 받아 법원조직법(54조)과 **사법보좌관규칙**(2024. 4. 23. 개정 · 시행)이 정하는 업무를 수행한다. 사법보좌관은 i) 민사소송법상 소송비용액확정절차, 독촉절차, 공 시최고절차 등의 업무, ii) 소액사건심판법상 소액사건의 이행권고결정의 업무를 담당하고, iii) 민사집행법상 부동산 및 채권에 대한 강제집행이나 담보권실행 등을 위한 경매절차 등에서 중심적인 업무를 담당한다. 사법보좌관의 업무로 할 것인지 는 법원조직법 54조 2항이 정하는 개괄적 업무 가운데 사법보좌관규칙이 정하는 바에 의한다.1)2)

---

1) 대법원은 사법보좌관규칙상 사법보좌관이 처리할 수 있는 사건으로 정할 것인지는 그 사건이 **'실질적 쟁송성'**이 없는 사건(법원의 업무 중 상대적으로 쟁송성이 없거나 희박한 업무의 사건) 인지 여부를 기준으로 한다고 하나, 헌법상 법관에 의한 재판을 받을 권리 등에 비추어 문제가 있다. 김홍엽, "사법보좌관제도의 시행상 문제점," 민사집행법연구 2권(2006. 2.), 133쪽 이하. 한 편 법원조직법 54조 2항이 법관에 의한 재판을 받을 권리를 침해하여 헌법에 위반된다고 볼 수 없다는 헌법재판소결정으로는, 헌재 2009. 2. 26. 2007헌바8, 2020. 12. 23. 2019헌바353 등.
2) 사법보좌관제도의 시행 이후 법원의 인적자원을 효율적으로 활용하여 사법보좌관이 비송적

■ 사법보좌관의 처분과 법관에 의한 재판을 받을 권리의 보장

   (1) 사법보좌관의 처분과 이의신청
   사법보좌관의 처분에 대해서는 사법보좌관규칙이 정하는 바에 따라 법관에게 **이의신청**을 할 수 있다(법조 54조 3항). 사법보좌관의 처분 중 단독판사 또는 합의부(단독판사 등)가 처리하는 경우 항고 · 즉시항고 또는 특별항고의 대상이 되는 처분에 대하여 이의신청을 하는 때에는 '민사소송 등 인지법' 또는 해당 법률에서 정하는 인지를 붙일 필요가 없다. 사법보좌관의 처분 중 단독판사 등이 처리하는 경우 **즉시항고** 또는 **특별항고**의 대상이 되는 처분에 대한 이의신청은 그 처분을 고지받은 날부터 **7일 이내**에 해야 한다(사보규 4조 1항 · 3항 · 4항).

   (2) 이의신청 후 법원의 처리
   사법보좌관의 처분에 대하여 이의신청이 있으면 사법보좌관은 **이의신청사건을** 지체 없이 소속 법원의 **단독판사 등**에게 **송부**한다(사보규 4조 5항). 이를 송부받은 단독판사 등은 그 이의신청이 **이유 있다**고 인정되는 때에는 사법보좌관의 처분을 **경정**한다(사보규 4조 6항 3호). 이에 대해서는 해당 법률에서 정한 절차에 따라 불복할 수 있다(사보규 4조 7항). 이의신청이 **이유 없다**고 인정되는 때에는 ① 그 이의신청이 사법보좌관의 처분 중 단독판사 등이 처리하는 경우 **특별항고**의 대상이 되는 처분에 대한 것이라면 결정으로 이를 각하하며(사보규 4조 6항 4호), ② 그 이의신청이 사법보좌관의 처분 중 단독판사 등이 처리하는 경우 **항고 또는 즉시항고**의 대상이 되는 처분에 대한 것이라면 결정으로 사법보좌관의 처분을 **인가**하고, 인가결정을 이의신청인에게 **고지**한다(사보규 4조 6항 5호, 5-2호).[1]

   위 ①의 각하결정 및 ②의 인가결정에 대해서는 불복할 수 없다(사보규 4조 8항). ②와 같이 사법보좌관의 처분을 인가하는 때에는 이의신청사건을 **항고법원에 송부**한다. 이 경우 이의신청은 해당 법률에 의한 항고 또는 즉시항고로 본다(사보규 4조 6항 5호). 그 이의신청사건을 송부받은 항고법원은 단독판사 등이 한 인가처분에 대한 항고 또는 즉시항고로 보아 재판절차를 진행한다(사보규 4조 9항).[2]

사건을 신속하게 처리함으로써 사법서비스의 질적 향상 및 법관의 업무 경감과 충실한 심리 기반의 조성에 기여했다는 평가를 받고 있다는 견해로는, 김경오, "사법보좌관제도의 발전적 운영방안에 관한 연구," 사법정책연구원(2019. 8.), 189쪽.

1) 이러한 인가는 사법보좌관이 한 처분의 적정성을 확인하는 단독판사 등의 판단행위로서 재판의 한 형식인 '결정'으로 해야 하고, 절차의 투명성을 위해 그 인가결정은 이의신청인에게 반드시 고지해야 한다. 대결 2021. 9. 9. 2021마167(즉시항고장의 우측 상단에 아무런 문언의 기재 없이 행해진 판사의 날인만으로는 사법보좌관이 한 처분에 대한 단독판사 등의 판단행위로서 이러한 '인가'결정이 있었다고 보기 어렵다).

2) 대결 2008. 6. 23. 2007마634.

4. 그 밖의 구성원

① **집행관**: 집행관은 각급 법원 및 그 지원에 배치되어 법령에 정하는 바에 따라 강제집행과 소송서류의 송달 등을 행하는 단독제 국가기관이다(법조 55조). 집행관의 집행처분, 그 밖에 집행관이 지킬 집행절차에 대해서는 집행법원에 집행에 관한 이의신청을 할 수 있다(민집 16조). 집행관이 유체동산의 경매 등 위임을 받은 직무를 수행하는 경우에는 대법원규칙(집행관수수료규칙)이 정하는 바에 따라 수수료를 받는다(집행관법 19조). 집행관이 재판서류의 송달 그 밖의 법령에 의한 사무에 종사하는 경우 집행관은 실질적 의미에서의 국가공무원에 속한다. 따라서 집행관의 위법집행으로 인하여 손해를 입은 경우에는 국가배상법에 따른 손해배상청구를 할 수 있다.[1] ② **법원경위**: 법원경위는 대법원 및 각급 법원에 배치되어, 법정에서 법관이 명하는 사무, 그 밖에 대법원장이 정하는 사무를 집행한다(법조 64조 1항·2항).[2] 한편 법원은 집행관을 사용하기 어려운 사정이 있다고 인정될 때에는 법원경위로 하여금 소송서류를 송달하게 할 수 있다(법조 64조 3항). ③ **기술심리관**과 **조사관**: **기술심리관**은 특허법원에 배치되어 특허 등에 관한 소송에서 심리에 참여하여 재판장의 허가를 받아 기술적 사항에 관하여 소송관계인에게 질문을 할 수 있고, 재판의 합의에서 의견진술을 한다(법조 54조의2). **조사관**은 대법원과 각급 법원에 배치되어 법관의 명을 받아 심판에 필요한 자료의 수집·조사 그 밖에 필요한 업무를 담당한다(법조 54조의3). 예컨대 i) **가사조사관**은 재판장, 조정장 또는 조정담당판사의 명을 받아 사실을 조사하고 의무이행상태를 점검하며 당사자 또는 사건관계인의 가정 그 밖의 주위 환경의 조정을 위한 조치를 행하며(가소 6조, 가소규 8조), ii) **법률조사관**은 대법원에서 법관인 재판연구관의 명을 받아, 민사, 형사, 행정사건의 심판에 필요한 자료를 수집·조사하고, 그 밖에 필요한 업무를 수행한다(2021. 6. 28. 개정·시행 '법원조사관 등 규칙' 2조의1). ④ **전문심리위원**: 전문심리위원은 첨단산업분야, 지식재산권, 국제금융 등 전문적 지식이 요구되는 사건에서 소송절차에 참여하여 서면 또는 말로 설명하거나 의견을 진술한다(법 164조의2). 전문심리위원제도는 2007. 7. 13. 민사소송법 개정(2007. 8. 14. 시행)시 도입되었다.[3] 전문

---

[1] 대판 1966. 7. 26. 66다854, 1968. 5. 7. 68다326.
[2] 2005. 12. 14. 법원조직법 개정으로 종전 '법정경위'에서 '법원경위'로 명칭이 바뀌었다.
[3] 임채웅, "민사소송법의 전문심리위원제도에 관한 연구," 민사소송 11권 2호(2007. 11.), 176쪽 이하.

심리위원은 벌칙적용에서는 공무원으로 의제된다(법 164조의8). ⑤ **변호사·검사· 공익법무관** 등: 법률에 따라 재판상 행위를 할 수 있는 대리인(**법률상 소송대리인**) 외에는(즉 **소송위임에 의한 소송대리인**의 경우에는) 원칙적으로 **변호사**[1])만이 소송대리를 할 수 있다(**변호사소송대리원칙**, 법 87조). **검사**는 가사소송사건에서 예외적으로 공익을 대표하여 직무상 당사자로 관여할 수 있다. 검사는 국가를 당사자로 하는 사건에서 법무부장관으로부터 소송수행자로 지정되어 소송에 관여할 수 있다(국가소송 3조 1항). **공익법무관**은 변호사 자격이 있는 사람 가운데 군복무를 갈음하여 법률구조법인, 법무부 소속기관 또는 각 검찰청에 배치된 사람으로, 국가를 당사자 또는 참가인으로 하는 소송 및 행정소송(행정청을 참가인으로 하는 경우를 포함한다)의 수행과 법률자문업무 등 공공 목적의 업무 수행에 필요한 법률사무에 관하여 지원하는 업무를 수행한다(국가소송 3조 1항, 공익법무관에 관한 법률 2조 3호).

제3절   법관의 제척·기피·회피

Ⅰ. 의   의

제척·기피·회피는 재판의 공정성 및 중립성에 대한 국민의 신뢰를 보장하기 위한 제도적 장치이다. 법관과 개별 사건과의 관계로 인하여 발생할 수 있는 재판의 불공정성에 대한 의심을 해소하여 당사자로 하여금 재판이 편파적이지 않고 공정하게 진행되리라는 신뢰를 갖게 함으로써 구체적인 재판의 공정성을 보장할 필요에서 이러한 제도를 두고 있다.[2]) 제척·기피·회피는 법관에만 적용되는 것은 아니다. 법원사무관 등, 사법보좌관, 전문심리위원, 감정인, 집행관에 대해서는 그 업무의 성격상 제척·기피·회피 중 전부나 일부를 각 해당 법률·규칙 등에서 규정하고 있다.[3])

---

1) 등록변호사(개업, 휴업, 미개업 포함) 수는, **2024. 4. 24.** 현재 35,097명이다(그 가운데 **개업 변호사**의 수는 29,524명이다). 대한변호사협회 회원현황(https://www.koreanbar.or.kr/pages/introduce/stat.asp)
2) 대결 2019. 1. 4. 2018스563.
3) 법원사무관 등 및 사법보좌관에 대해서는 법관에 관한 제척·기피·회피에 관한 규정을 준용하고(법 50조, 사보규 9조 1항), 전문심리위원에 대해서는 법관에 관한 제척·기피에 관한 규정을 준용하며(법 164조의5), 감정인에 대해서는 별도로 정하는 기피에 관한 규정을 적용하고(법 336조·337조), 집행관에 대해서는 집행관법상 제척에 관한 규정을 적용한다(집행관법

　　제척은 법률에서 정한 사유에 해당하면 당연히 그 사건의 직무수행을 할
수 없는 것을 말하며[1] **기피**는 당사자의 신청 및 이에 대한 재판으로 그 사건
의 직무수행으로부터 배제하는 것을 말하며, **회피**는 스스로 그 사건의 직무수행
을 피하는 것을 말한다.

Ⅱ. 법관의 제척

1. 제척이유

　　법관은 법 41조 각호의 어느 하나에 해당하면 직무집행에서 제척된다.

(1) 1호의 경우

　　1호(법관 또는 그 배우자나 배우자이었던 사람이 사건의 당사자가 되거나, 사건의 당
사자와 공동권리자·공동의무자 또는 상환의무자의 관계에 있는 때)의 '**배우자**'는 **법률
혼 배우자**를 말하며, 사실혼 배우자는 포함하지 않는다. 여기서 '**당사자**'는 넓은
의미의 당사자로서, 보조참가인을 포함한다. **공동권리자·공동의무자**의 관계는 소
송목적이 된 권리관계에 관하여 **공통되는 법률상 이해관계**가 있어 재판의 공정성
을 의심할 만한 사정이 존재하는 지위에 있는 관계를 의미한다.[2][3]

13조). 사법보좌관에 관해서는 대결 2019. 12. 27. 2019마6269.

1) **제척사유가 있는 사건**은 해당 법관이나 그가 속한 재판부에는 **배당하지 않는다**. 재판예규
제1877호 '법관 등의 사무분담 및 사건배당에 관한 예규'(재일 2003-4, 2024. 6. 27. 개정,
2024. 7. 1. 시행) 10조의3 1항 1호.

2) **판례**는, 종중이 종중소유재산의 관리방법과 종중 대표자를 비롯한 임원의 선임, 그 밖의 목
적사업의 수행을 위하여 성문의 종중규약을 제정할 수 있고, 종중에 종중규약이 존재하는 경
우에 종중원의 총유로 귀속되는 종중소유재산의 사용수익은 종중규약에 따르고 그 관리·처
분도 종중규약, 또는 종중규약이 정하는 바에 따라 개최된 종중총회의 결의에 의하며, 종중
임원의 선임권 등 신분상 권리의무 관계에 대해서도 종중규약에서 정하는 바에 따르게 되므
로, 종중의 종중원들은 종중원의 **재산상·신분상 권리의무관계**에 직접적인 영향을 미치는
종중규약을 개정한 종중총회결의의 효력 유무에 관하여 **공통되는 법률상 이해관계**가 있다고
보고 있다. 대판 2010. 5. 13. 2009다102254. 한편 이러한 판례의 취지는 종중뿐만 아니라 법
인 아닌 사단 등 단체의 구성원 가운데 일부가 단체의 총회나 이사회의 결의무효확인을 구하
는 사건에서 담당법관이 그 단체의 구성원인 경우에도 적용된다고 보는 견해로는, 오상현,
"법관 제척이유로서의 '당사자'와 '공동권리자·공동의무자'," 성균관법학(성균관대학교 법학연
구소) 26권 1호(2014. 3.), 265쪽.

3) 1호가 '공동권리자·공동의무자 또는 상환의무자'라고만 정함으로써 현대사회의 다양한 경
제적 이해관계(financial interest)에서 비롯되는 제척사유를 포괄하지 못하고 있다는 지적으로
는, 전원열, "법관 제척사유의 재검토," 저스티스 통권 173호(2019. 8.), 82쪽.

(2) 2호·3호·4호의 경우

2호(법관이 당사자와 친족의 관계에 있거나 그러한 관계에 있었을 때)의 친족의 범위는 민법 777조에서 정하는 바와 같다. **3호**(법관이 사건에 관하여 증언이나 감정을 하였을 때)의 '**사건**'은 해당 사건을 말하며, **4호**(법관이 사건당사자의 대리인이었거나 대리인이 된 때)의 '**사건**'은 동일한 분쟁사건을 말한다.

(3) 5호의 경우

(a) 의   의

5호(법관이 불복사건의 이전심급의 재판에 관여하였을 때. 다만 다른 법원의 촉탁에 따라 그 직무를 수행한 경우에는 그러하지 아니하다)의 취지는 예단배제의 필요에 의하여 새로운 법관으로 하여금 재심사하게 함으로써 심급제도의 취지를 확보함에 있다.[1] 여기서 '**이전심급**'(前審)의 재판은 상소에 의하여 상소심의 심판대상이 되어 있는 하급심의 모든 재판, 즉 불복사건의 하급심 재판을 말한다. 이전심급의 재판은 종국판결 등 종국적 재판 및 이와 더불어 상급심의 판단을 받을 중간판결 등 중간적 재판도 포함한다. 여기서 '**관여**'는 전심 재판에 실질적으로 관여하는 것으로 최종변론에 관여하거나 판결의 합의(合議) 등에 관여하는 것을 말한다.[2] 물론 동일한 사건에 관여한 경우이어야 한다.

법관이 해당 사건의 이전심급이 아닌 같은 심급의 재판에 관여한 때에는 이에 해당하지 않는다. 그러나 **상고심**에서 **파기환송 또는 파기이송**되기 전의 원심판결에 관여한 법관에 대해서는 민사소송법에 **별도의 제척규정**을 두고 있다(법 436조 3항). 이는 해당 사건의 전심이 아니지만 상고심에 의한 환송 등의 제도적 취지에 따른 것이다[**항소심**에서 취소환송하거나 취소이송하는 경우에는 별도의 제척규정을 두고 있지 않으므로 결국 제척이유에 해당하지 않는다]. 재심대상재판에 관여한 법관은 해당 재심사건의 재판에 관여할 수 있으며,[3] 본안사건에 관여한 법관은 그 집행문부여의 소(민집 33조)나 강제집행정지신청(민집 46조) 등 사건의 재판에 관여할 수 있다.[4]

---

1) 5호가 '이전 심급의 재판'으로 한정하고 있으나, '이전 절차에의 관여'로 확대하는 법개정이 이루어져야 한다는 견해로는, 전원열, 위 논문, 86쪽.
2) 대판 1997. 6. 13. 96다56115. 따라서 최종변론 전의 변론이나 또는 기일지정과 같은 소송지휘상의 재판 등에 관여한 경우는 포함되지 않는다. 대판 1994. 8. 12. 92다23537.
3) 대판 1988. 5. 10. 87다카1979, 2000. 8. 18. 2000재다87.
4) 대판 1969. 11. 4. 69그17. 본안사건의 재판장에 대한 기피신청사건의 재판에 관여한 판사

2. 제척의 재판 등

제척이유가 있는지 여부는 **직권조사사항**이다. 제척이유가 명백하면 스스로 물러나며, 의문이 있으면 **확인적** 의미에서 직권으로 또는 당사자의 신청에 따라 제척의 재판을 한다(법 42조). 제척신청의 방식 및 재판은 뒤에서 보는 기피신청의 방식 및 재판과 마찬가지이다. 제척이유 있는 법관이 소송에 관여한 때에는 그 소송행위가 무효가 되며, 판결확정 전에는 상소이유[상고시에는 판결에 영향을 미쳤는지 여부를 불문하는 **절대적 상고이유**가 된다(법 424조 1항 2호)], 판결확정 후에는 재심사유가 된다(법 451조 1항 2호).[1]

Ⅲ. 법관의 기피

1. 기피이유

당사자는 **법관에게 공정한 재판을 기대하기 어려운 사정이 있는 때**에는 기피신청을 할 수 있다(법 43조 1항). 법관에게 공정한 재판을 기대하기 어려운 사정이 있는 때란 우리 사회의 평균적인 일반인의 관점에서 볼 때 법관과 사건과의 관계, 즉 법관과 당사자 사이의 특수한 사적 관계 또는 법관과 해당 사건 사이의 특별한 이해관계 등으로 인하여 그 법관이 불공정한 재판을 할 수 있다는 의심을 할 만한 **객관적 사정**이 있고, 그러한 의심이 단순한 주관적 우려나 추측을 넘어 **합리적**인 것이라고 인정될 만한 때를 말한다.[2]

가 다시 위 본안사건에 관여한다 하더라도 이전심급의 재판의 관여에 해당하지 않는다. 대결 1991. 12. 27. 91마631.

1) 대판 2020. 1. 9. 2018다229212.

2) 대결 1992. 12. 30. 92마783, 2006. 2. 28. 2006카기23, 2019. 1. 4. 2018스563. 다만 ① 당사자 한쪽이 재판장의 변경에 따라 소송대리인을 교체한 경우(대결 1992. 12. 30. 92마783), ② 재판장이 재판진행 중 당사자에게 상기된 어조로 '이 사람아'라고 칭했고 이로 인하여 그 당사자가 모욕감을 느낀 경우(대결 1987. 10. 21. 87두10), ③ 법관이 다른 당사자 사이의 동일한 내용의 다른 사건에서 당사자에게 불리한 법률적 의견을 표시한 경우(대판 1993. 6. 22. 93재누97) 등은 공정한 재판을 기대하기 어려운 사정이 있는 때에 해당한다고 할 수 없다.

■ 기피제도의 활성화와 최근 판례의 경향

(1) 민사사건에서의 기피제도 운용의 현실

1) 기피제도는 앞서 본 바와 같이 재판의 공정성을 담보하기 위한 핵심적인 소송제도이나, 그동안 법원이 기피제도의 운용에 매우 소극적인 입장을 취함으로써 그 활용이 지극히 미미했다. 지금까지 실무상 기피신청을 하더라도 기피신청이 인용되는 경우는 거의 없는 형편이었다. 한 통계에 의하면 지난 2009년부터 2018년까지 민·형사재판을 통틀어 접수된 8,353건의 기피신청 중 실제 기피신청에 따라 (기피신청의 인용 여부를 불문하고 이로써) 재판부가 바뀐 경우는 11건(0.13%)에 불과할 정도이다. 전관예우 등 국민이 재판의 공정성에 합리적 의심을 가질 수 있는 경우에는 이를 해소할 수 있는 제도적 장치가 온전히 작동을 해야 한다.[1]

2) '법관 등의 사무분담 및 사건배당에 관한 예규'(재판예규 제1877호, 2024. 6. 27. 개정, 2024. 7. 1. 시행) 및 '대법원사건의 배당에 관한 내규'(내규 제599호, 2023. 10. 12. 개정·시행) 등에서 연고 관계 등으로 재판의 공정성에 대한 오해의 우려가 있다고 판단하는 경우에는 재배당을 요구할 수 있는 근거를 두고 있으나, 형사사건과 달리 민사사건에서는 아직까지 가시적 변화를 찾아보기 어려운 실정이다.

(2) 최근 판례의 태도와 기피제도 운영의 가시적 변화에의 기대

1) 최근 대법원은, 종전의 판례가 제시하고 있는 '법관에게 공정한 재판을 기대하기 어려운 사정이 있는 때'의 판단기준을 보다 구체화하여 앞으로 기피제도가 보다 활성화될 수 있는 물꼬를 텄다고 평가할 수 있는 결정(**대결 2019. 1. 4. 2018스563**)을 한 바 있다.[2] 위 대법원 결정은 앞서 법관에게 공정한 재판을 기대하기 어려운 사정이 있는 때의 의미를 보다 구체적으로 판시한 다음, 평균적 일반인으로서의 **당사자의 관점**에서 위와 같은 의심을 가질 객관적인 사정이 있는 때에는 실제로 그 법관에게 편파성이 존재하지 않았거나 헌법과 법률이 정한 바에 따라 공정한 재판을 할 수 있는 경우에도 기피가 인정될 수 있다고 보았다.

2) 위 판례가 제시하는 판단기준을 실제 사안에 적용하는 경우 실무 운영상 기피제도가 보다 활성화될 것이라는 명확한 담보는 없지만, 기피제도의 활성화의 요구가 고조되는 상황에서는 위 판례가 하나의 새로운 전기(轉機)를 마련할 수도 있을 것이라는 기대를 가질 수 있다고 본다.

---

1) 김홍엽(민사사법제도), 16쪽.
2) 위 대법원결정은, 재판을 담당한 법관이 사건 당사자와 직접적으로 접촉한 바는 없지만, 사건 당사자가 기업 내에서 가지는 직위나 직책상 실질적으로 영향력을 행사하거나 그렇지 않더라도 밀접한 협력관계가 있는 기업 내부의 임원과 법관의 신상 등 사적인 내용이 포함된 문자 메시지를 보내는 등의 행위를 한 경우에는, 우리 사회의 평균적인 일반인의 관점에서 볼 때 법관과 사건과의 관계로 인하여 법관이 불공정한 재판을 할 수 있다는 의심할 만한 객관적인 사정이 있고, 그러한 의심이 단순한 주관적 우려나 추측을 넘어 합리적인 것이라고 볼 여지가 있다고 하여, 기피신청을 기각한 원심결정을 파기했다.

2. 기피신청

(1) 기피신청의 방식

기피신청에 관해서는 법 43조·44조에 상세히 규정하고 있다. 기피신청은 기피이유를 알면서 본안에 관하여 변론하거나 또는 변론준비기일에서 진술하기 전까지 해야 한다(법 43조 2항). 즉 기피이유가 있는 것을 알면서도 이러한 변론이나 진술을 한 때에는 **기피신청권**을 **상실**한다. 다만 변론 후에 **새로이** 기피사유가 발생하고 이를 안 때에는 그 다음에 오는 최초의 기일에서 변론을 하기 전까지 기피신청을 해야 한다.[1] 합의부의 법관에 대한 기피는 그 합의부에, 단독판사 등에 대한 기피는 그 법관에게 **이유**를 밝혀 신청해야 하며, 기피신청한 날부터 **3일 이내**에 **기피이유** 및 **소명방법**을 서면으로 제출해야 한다(법 44조).

(2) 기피신청의 이익

기피신청에는 **기피신청의 이익**이 있어야 한다. 법관에 대한 기피신청에도 불구하고 본안사건 담당법원이 법 48조 단서의 규정에 의하여 소송절차를 정지하지 않고 종국판결을 선고한 경우에는, 담당법관을 그 사건의 심리재판에서 배제하고자 하는 기피신청의 목적은 사라지므로 기피신청에 대한 재판을 할 이익이 없게 된다.[2]

3. 기피신청에 대한 재판

(1) 기피신청과 소송절차의 정지

기피신청이 있으면 그 재판이 확정될 때까지 **소송절차를 정지**해야 한다(법 48조 본문). 다만 **종국판결의 선고**(변론이 종결된 상태에서 판결의 선고만 남아 있는 경우) 또는 **긴급을 요하는 행위**[그 행위를 지연하면 상대방이 회복할 수 없는 손해를 입게 되는 행위, 예컨대 증거보전결정, 가압류·가처분결정, 집행정지결정]는 허용된다(법 48조 단서). 따라서 변론종결 뒤에 기피신청이 있더라도 판결을 선고할 수 있으며,[3] 긴급을 요하는 행위를 한 뒤에 기피신청이 이유 있다는 결정이 확정된 때에도 그 행위는 유효하다.

---

1) 황진구, 주석서(1), 324쪽.
2) 대결 1993. 9. 27. 93마1184, 2008. 5. 2. 2008마427, 2018. 11. 20. 2018마5960 등.
3) 대판 1966. 5. 24. 66다517, 1996. 1. 23. 94누5526.

(2) 기피신청의 각하

(a) 각하사유

기피신청이 ① 신청한 날부터 **3일** 이내에 그 **이유**와 **소명방법**을 서면으로 제출하지 않아 방식에 어긋나거나,[1] ② **소송의 지연**을 목적으로 하는 것이 분명한 경우(기피신청권의 남용의 경우)에는 그러한 **신청을 받은 법원 또는 법관**(해당 재판부)이 스스로 신속하게 신청을 각하할 수 있다(법 45조 1항). 이를 **간이각하제도**라 한다.[2]

(b) 소송절차의 정지 여부

기피신청이 있는 때에는 앞서 본 바와 같이 원칙적으로 소송절차를 정지해야 하나, 해당 재판부가 기피신청의 방식에 어긋나거나 소송지연 목적이 분명한 **기피신청권의 남용**이라는 이유로 기피신청을 각하하는 경우에는 소송절차가 정지되지 않는다(법 48조 단서). 따라서 기피신청의 각하결정이 **확정되기 전**이라도 재판부는 그대로 소송행위를 할 수 있다.

(3) 기피신청각하 외의 재판

해당 재판부가 기피신청을 각하하지 않는 경우 기피를 당한 법관은 바로 기피신청에 대한 의견서를 제출해야 한다(법 45조 2항).[3] 이 경우 기피신청에 대한 재판은 그 신청을 받은 법관의 소속 법원의 **합의부**에서 결정으로 한다. 기피신청을 받은 법관은 의견을 진술할 수 있으나 그 재판에는 관여하지 못한다(법 46조 1항·2항).

(4) 소송절차의 정지 중의 소송행위의 효력

(a) 소송행위의 흠과 위법·무효

기피신청이 있어 소송절차가 정지 중[① **기피신청의 각하 전**, 정확하게는 **기피신청의 각하결정의 고지 전**,[4] 또는 ② **그 밖의 기피신청의 재판의 확정 전**]임에도 긴급을 요하지 않는 소송행위를 한 경우 이는 강행규정을 위반한 행위로서 위법하여 무효가 된

---

1) 이미 한 기피신청과 같은 내용으로 한 기피신청은 **중복신청**에 해당하므로 역시 부적법한 신청으로 각하해야 한다. 대결 1991. 6. 14. 90두21.

2) 이러한 간이각하제도는 국민의 재판청구권을 침해하는 위헌성을 지닌다고 볼 수 없다. 헌재 2008. 6. 26. 2007헌바28,55 결정.

3) 실무상 보통 간단히 기재한 의견서를 기피신청기록에 편철한다. 법원실무제요 민사소송(1), 79쪽.

4) 결정·명령은 (확정되어야 효력이 발생한다는 법률상 명문의 규정이 없는 한) 원칙적으로 고지하면 효력이 발생한다(법 221조 1항). 따라서 결정·명령에 대하여 즉시항고를 하더라도 (결정·명령은 원칙적으로 즉시항고를 할 수 있다는 법률상 명문의 규정이 있는 때에만 즉시항고를 할 수 있다) 즉시항고로 결정·명령의 확정은 차단되지만 그 효력의 발생에는 아무런 영향이 없다.

다. 이는 절대적 상고이유(법 424조 1항 2호) 또는 재심사유(법 451조 1항 2호)가 된다.

(b) 소송행위의 흠과 치유 여부

소송절차의 정지 중 소송행위를 한 경우 이러한 행위가 무효가 된다고 하더라도 그 뒤에 기피신청을 기각하거나 각하하는 결정이 확정된 때에는 그 **위법성**이 **치유**되어 유효한 것으로 볼 것인지에 관하여 논의가 있다. 이에 대하여 그 위법성이 치유가 되지 않는다는 견해(**부정설**)가 있으나,[1] 긴급을 요하지 않는 소송절차의 진행에 의하여 기피신청인이 소송상 **실질적인 불이익**을 입지 않았다면[즉 기일진행 자체가 기피신청인에게 불이익한 결과를 초래했다고 볼 수 없는 경우] 그 위법성이 치유된다고 봄이 타당하다(**제한적 긍정설**).[2]

판례는 **일반적**으로는 그 위법성이 **치유된다**고 보고 있다.[3] 그러나 판례는, 기피신청에 대한 각하결정 전에 변론기일을 진행하고, 나아가 각하결정을 한 뒤에도 각하결정이 당사자에게 고지되기 전에 변론기일을 진행한 것은 모두 법 48조의 규정을 위반하여 **양쪽 당사자 불출석의 효과**[제 1 심에서는 소취하간주의 효과, 항소심에서는 항소취하간주의 효과(법 268조)]를 발생시킨 절차상 흠이 있고, 특별한 사정이 없는 이상 그 후 기피신청을 각하하는 결정이 확정되었다는 사정만으로 법 48조의 규정을 위반하여 양쪽 당사자 불출석의 효과를 발생시킨 절차위반의 **흠이 치유된다고 할 수 없다**고 본다.[4] 결국 **판례**는 기피신청으로 소송절차를 정지해야 함에도 긴급을 요하지 않는 소송행위를 했다면 그 뒤에 기피신청을 각하하거나 기각하는 결정이 확정되었다고 하여 어떠한 경우라도 그 위법성이 치유되는 것이 아니라, 기피신청인이 **소송행위를 할 수 있어** 기피신청인에게 불이익이 없었던 때에는 그 위법성이 치유된다고 보는 것으로 이해된다. 따라서 판례의 태도는 앞서의 **제한적 긍정설**의 입장과 다를 바 없다.[5]

---

1) 전병서, 54쪽; 이태영, 126쪽.
2) 이시윤, 94쪽; 김홍규 · 강태원, 148쪽; 정동윤 · 유병현 · 김경욱, 121쪽; 범경철 · 곽승구, 50쪽.
3) 대판 1978. 10. 31. 78다1242; 고형규, "법관기피신청을 배척하는 재판이 확정된 경우에 그 확정 전에 한 본안판결의 효력," 대법원판례해설 1권 1호(1979년), 87쪽 이하.
4) 대판 2010. 2. 11. 2009다78467,78474.
5) 이에 대하여, 위 대판 2010. 2. 11. 2009다78467,78474는 소송절차를 정지하지 않고 양쪽 당사자 불출석의 효과를 발생시킨 경우뿐 아니라 일반적인 경우, 즉 심리를 계속하여 본안판결을 선고한 경우에까지 적용되어야 한다는 견해로는, 오상현, "법관기피신청과 소송절차의 정지," 법조 통권 670호(2012. 7.), 277쪽 이하.

(5) 기피신청에 대한 재판과 불복방법

기피신청을 **인용**한 결정(기피결정)에 대해서는 불복할 수 없으나(법 47조 1항), 기피신청을 **각하**하거나 **기각**하는 결정에 대해서는 **즉시항고**를 할 수 있다(법 47조 2항). **기피신청을 각하한 결정**에 대한 즉시항고는 **집행정지의 효력**을 가지지 않는다(법 47조 3항)[소송절차에 관한 즉시항고의 경우 **원칙적**으로 집행정지의 효력을 가지지만(법 447조) **법률상 명문**으로 집행정지의 효력을 가지지 않는다는 규정을 둔 경우에는 **예외적**으로 그렇지 않다]. 따라서 기피신청의 각하결정에 대하여 즉시항고를 하더라도 (집행정지의 효력이 없으므로) 소송절차가 정지되지 않는다(법 48조 단서).

(6) 기피결정의 효력

기피신청에 대한 재판은 **형성적**인 것이어서 기피신청이 이유 있다는 결정이 확정되면 기피당한 법관은 그때부터 그 재판에 관여할 수 없게 되고, 그 법관이 해당 사건에 관하여 하는 소송행위는 효력이 없게 된다.

Ⅳ. 법관의 회피

법관 스스로 감독권 있는 법원의 허가를 받아 회피할 수 있다(법 49조). 감독권 있는 법원이란 사법행정상의 감독권을 가지는 법관(법원장 · 지원장)을 가리킨다. 실무에서는 감독권자의 허가에 의한 회피의 절차가 사건배당절차와 관련된 재배당절차에 흡수되어 한꺼번에 행해지는 경우가 대부분이며, 재배당으로부터 분리된 순수한 회피절차는 거의 행해지지 않고 있다.

제 4 절　관　　할

Ⅰ. 관할의 의의와 종류

1. 의　　의

관할이란 어떤 사건에 대하여 어느 법원이 재판권을 행사하는지에 관한 **재판권의 분담관계**를 말한다. 관할은 같은 법원 내부의 사무분담[1]과는 당연히 구별된

---

1) 재판예규 제1877호 '법관 등의 사무분담 및 사건배당에 관한 예규'(재일 2003-4, **2024. 6.**

다. 재판권이 없는 때에는 소각하판결을 해야 하는 데 반하여, 관할권이 없는 때에는 관할권 있는 법원으로 이송결정을 해야 한다(법 34조 1항).

2. 종   류

(1) 구분방식

관할은 법정관할과 재정(裁定)관할 및 당사자의 거동에 의한 관할로 구분할 수 있다. ① **법정관할**에는 직분관할(직무관할), 사물관할, 토지관할이 있다. ② **재정관할**에는 지정관할이 있다. ③ **당사자의 거동에 의한 관할**에는 합의관할, 변론관할이 있다.

(2) 전속관할과 임의관할

(a) 의   의

전속관할은 원칙적으로 법률상 명문으로 특정법원만이 배타적으로 관할을 가지는 것으로 정한 경우로서, 재판의 적정 등 고도의 공익적 고려에서 정해진다. 이에 반하여 **임의관할**은 전속관할이 아닌 관할로서 당사자의 편의와 공평을 위한 사익적 고려에서 정해진다. 전속관할로 할 것인지 여부는 특정의 직분, 다수인의 이해관계, 특정한 소송법적 목적 등을 고려하여 정한다. ① **직분관할**은 법률상 명문의 규정이 없어도 성질상 전속관할이다.[1] 다만 직분관할 중 심급관할은 **비약상고**(법 422조 2항, 390조 1항 단서)의 경우에 한하여 임의관할이다. ② 사물관할 및 토지관할은 법률상 명문으로 **전속관할로 정한 경우**에만 전속관할이며, 그 밖의 경우에는 임의관할이다.

(b) 전속관할의 성질

전속관할은 **직권조사사항**이며, 합의관할이나 변론관할이 생길 여지가 없으며, 관할의 경합(보통재판적과 특별재판적)이 발생하지 않는다. 소송이송 가운데 **심판의 편의에 의한 이송**은 전속관할에서는 **원칙적**으로 적용되지 않는다(법 34조 4항, 35조 단서, 36조 2항). 다만 **예외적**으로 소송의 이송에서 살펴보는 바와 같이 **특허권 등의 지식재산권에 관한 소**는 전속관할에 해당하지만 현저한 손해나 지연을 피하기 위한 이송을 할 수 있다(법 36조 3항). 전속관할을 위반한 판결에 대하여

---

27. 개정, **2024. 7. 1. 시행**)는, 각급 법원 및 지원에서 법관 및 사법보좌관의 사무분담 및 사건배당에 관한 원칙을 정하여 사무분담 및 사건배당의 공정성과 투명성을 보장하고 있다.

1) 대결 2011. 6. 30. 2010마1001.

판결확정 전에는 상소할 수 있으나(법 411조 단서)[상고시 절대적 상고이유가 된다(법 424조 1항 3호)], 판결확정 후에는 재심의 소를 제기할 수 없다(재심사유는 아니다).

(c) 임의관할의 성질

임의관할은 **항변사항**이며, 합의관할이나 변론관할이 적용되며, 소송이송 가운데 심판의 편의에 의한 이송이 허용된다. 임의관할을 위반한 제 1 심판결에 대해서는 항소심에서 이를 다툴 수 없다(법 411조 본문).

(3) 직분관할

직분관할(직무관할)은 담당직분의 차이(재판작용)를 표준으로 한 관할로서 공익성이 매우 강하므로 원칙적으로 **전속관할**이다. 따라서 직권조사사항이다.

(a) 수소법원과 집행법원

직분관할에는 크게 나누어 수소법원과 집행법원이 있다. **수소법원**은 판결절차 담당의 판결법원을 말하며, 해당 사건의 관련적 사건 즉 보전처분절차·증거보전절차도 포함된다. **집행법원**은 민사집행법에서 규정한 집행행위에 관한 법원의 처분이나 그 행위에 관한 법원의 협력사항을 관할하는 법원을 말한다(민집 3조 1항). 부동산이나 채권 등의 집행절차에서는 주로 사법보좌관이 이를 담당하고 있다(법조 54조, 사보규 2조).

(b) 지방법원 단독판사와 지방법원 합의부 및 본원 합의부의 직분관할

한편 직분관할에는 사건의 성질에 비추어 직무상 관할을 배분하여 지방법원 단독판사, 지방법원 합의부 및 지방법원 본원 합의부로 하는 경우가 있다. 이 경우 간이한 사건이나 급속을 요하는 사건은 그 직무의 성질상 **지방법원 단독판사**의 관할로 한다[예컨대 증거보전절차 중 특수한 경우(소제기 전, 또는 소제기 뒤로서 급박한 경우), 제소전 화해절차, 법관의 공조 등의 경우이다. 다만 독촉절차·공시최고절차는 **사법보좌관**의 업무이다(법조 54조 2항 1호)]. 다만 급속을 요하는 사건 가운데 중요한 사건이나 신중한 판단을 요하는 사건은 **지방법원 합의부**의 관할로 한다[예컨대 정정보도청구 등의 소, 지방법원 단독판사에 대한 제척·기피사건 등1)]. 증권관련집단소송·소비자단체소송·개인정보단체소송 등과 같이 사건의 특수성(집단적 이해관계)

---

1) 제척·기피사건을 사물관할로 보는 견해로는, 김홍규·강태원, 154쪽. 그러나 제척·기피사건을 합의부 관할로 한 것은 공익적 고려에서 인정된 것으로, 사물관할로 보면 합의관할·변론관할이 생길 수 있으므로 직분관할로 보아야 한다. 정동윤·유병현·김경욱, 148쪽.

에 의해 지방법원 본원 합의부 관할로 하는 경우도 있다(증집 4조, 소기 71조, 개인
정보 52조 등).

(c) 심급관할

심급관할(3심제)도 직분관할이다. 심급관할 중 **비약상고**(법 422조 2항, 390조 1
항 단서)를 제외하고는 전속관할이다. 심급은 소 또는 상소의 제기로 개시되며, 종
국판결정본의 송달로 종료된다.

II. 사물관할

1. 의   의

제 1 심 소송사건에서 **지방법원 단독판사**와 **지방법원 합의부** 사이의 재판권의
분담관계를 **사물관할**(事物管轄)이라고 한다. 법원조직법은 원칙적으로 단독판사의
관할을, 민사소송법은 지방법원 합의부의 관할을 보다 중시하고 있다. 그러나 제 1
심법원으로서 지방법원 및 그 지원의 심판은 단독판사에 의함을 원칙으로 하고 있
으므로, 법률이 단순히 지방법원의 관할에 속한다고 규정한 경우는 모두 단독판사
가 심판하게 된다. 따라서 합의부 심판사건 이외의 모든 사건은 단독판사가 심판하
게 된다.

2. 합의부의 관할

(1) 합의부의 관할(합의사건)의 일반적 기준

합의부는 합의부에서 심판할 것으로 합의부가 결정한 사건과 민사사건에 관
하여 대법원규칙(**2023. 1. 31. 개정, 2023. 3. 1. 시행 민사 및 가사소송의 사물관할에 관
한 규칙**)으로 정하는 사건을 관할한다(법조 32조 1항 1호・2호).

(a) 소송목적의 값을 기준으로 하는 합의사건의 경우

지방법원 및 지방법원 지원의 합의부의 관할은 소송목적의 값이 **5억원**을 초
과하는 민사사건이다[법조 32조 1항 2호 본문, **2022. 1. 28. 개정(2022. 3. 1. 시행) 민가
규 2조 본문**]. 다만 뒤에서 보는 바와 같이 소송목적의 값이 5억원을 초과하더라
도 단독판사의 관할로 하는 사건은 제외한다(**민가규 2조 단서**).

(b) 소송목적의 값을 기준으로 하지 않는 합의사건의 경우

1) 재산권에 관한 소로서 그 소송목적의 값을 계산할 수 없는 것과 비재산권을 목적으로 하는 소송(민인 2조 4항)은 비록 그 소송목적의 값을 5,000만원 또는 1억원으로 정하고 있지만(민인규 18조의2), 소송목적의 값과 관계없이 합의부의 관할이다(법조 32조 1항 2호, **민가규 2조 본문**).

2) 한편 단독사건이지만 합의부가 심판할 것으로 합의부(**재정결정부**)[1]가 결정한 사건 역시 합의부의 관할이다(법조 32조 1항 1호). 이를 **재정**(裁定)**합의사건**이라 한다.[2] 소송목적의 값을 기준으로 하는 단독사건에서 **소송목적의 값이 2억 원을 초과**하는 경우(**민사고액단독사건**) **당사자의 합의**로 **제 1 회 변론기일 전**에 합의부에서 심판받기를 신청하는 사건으로 합의부(재정결정부)가 결정한 사건 역시 합의부의 관할이다.[3]

(2) 소송 중의 소 등과 합의부의 관할

(a) 소송 중의 소의 경우

합의부의 관할에 속하는 본소에 대한 **당사자참가**(독립당사자참가, 공동소송참가), **중간확인의 소**, 또는 **반소**[이들을 **소송 중의 소**라고 한다]는 그 청구의 소송목적의 값에 관계없이 합의부 관할에 속한다.

(b) 청구취지의 감축 등의 경우

소송계속 중 **청구취지의 감축 등 청구의 변경**으로 인하여 원래 합의사건이었던 것이 소송목적의 값이 5억원 이하로 떨어져 단독사건으로 변경되었더라도 단독판사에게 이송할 필요가 없다. 소송목적의 값의 계산 및 사물관할은 소제기시를 표준으로 함이 원칙이고 합의부는 언제든지 단독사건을 합의부에서 심판할 것을 스스로 결정할 수 있으므로(법 34조 3항), 이러한 경우에 사건을 단독판사에게

---

1) 각급 지방법원 및 그 지원에서 사무분담을 정할 때에는 **재정결정부**를 반드시 구성해야 한다. 법원실무제요 민사소송(1), 45쪽.

2) 재정합의사건의 대상은 제 1 심 단독사건 가운데 ① 선례나 판례가 없는 사건 또는 선례나 판례가 서로 엇갈리는 사건, ② 사실관계나 쟁점이 복잡한 사건, ③ 사회에 미치는 영향이 중대한 사건, ④ 동일 유형의 사건이 여러 재판부에 흩어져 통일적이고 시범적인 처리가 필요한 사건, ⑤ 전문지식이 필요한 사건, ⑥ 그 밖에 사건의 성격상 합의체로 심판하는 것이 적절한 사건 등이다. 재판예규 제1877호 '법관 등의 사무분담 및 사건배당에 관한 예규'(재일 2003-4, 2024. 6. 27. 개정, 2024. 7. 1. 시행) 12조 1항.

3) 재판예규 제1877호 '법관 등의 사무분담 및 사건배당에 관한 예규'(재일 2003-4, 2024. 6. 27. 개정, 2024. 7. 1. 시행) 13조 4항 3호.

이송하게 되면 소송경제에 반하게 될 뿐만 아니라 합의부에서 계속 심판하더라도 당사자에게 불리하지 않기 때문이다.

(3) 합의부의 관할과 항소시 심급관할

합의부의 제1심 판결·결정·명령에 대한 항소(판결에 대하여) 또는 항고(결정·명령에 대하여) 사건의 심급관할은 고등법원이다(법조 28조 1호).

3. 단독판사의 관할

(1) 단독판사의 관할(단독사건)의 일반적 기준

(a) 소송목적의 값을 기준으로 하는 단독사건의 경우

단독판사의 관할은 앞서의 '민사 및 가사소송의 사물관할에 관한 규칙'에 의하여 소송목적의 값이 **5억원 이하**의 사건이다(민가규 2조 본문).[1]

(b) 소송목적의 값을 기준으로 하지 않는 단독사건의 경우

1) 소송목적의 값이 5억원을 초과하는 사건이라도 ① **수표금·약속어음금**청구사건, ② **금융기관 등**이 **원고**가 된 **대여금·구상금·보증금**청구사건, ③ **자동차**나 철도차량 등의 **운행** 및 근로자의 **업무상 재해**로 인한 **손해배상**청구사건과 이에 관한 **채무부존재확인**사건 등은 단독판사의 관할이다(민가규 **2조 단서 1, 2, 3호**).

2) 한편 제1심 합의사건 가운데 사안이 단순하고 정형적인 민사소송사건에 대하여 단독판사가 심판할 것으로 합의부(**재정결정부**)가 정한 사건 역시 단독판사의 관할이다(민가규 **2조 단서 4호**). 이를 **재정**(裁定)**단독사건**이라 한다.[2]

(2) 청구의 병합·변론의 병합과 사물관할의 변동

(a) 청구의 병합의 경우

원고가 하나의 소로써 여러 개의 청구를 하는 경우(**청구의 병합**)에는 그 여러 청구의 값을 모두 합하여 소송목적의 값을 정하므로(법 27조 1항), (소송목적의 값을 기준으로 하는 사물관할의 경우) 각각의 청구가 단독판사의 관할사건에 속한다 하더

---

[1] 원래 '민사 및 가사소송의 사물관할에 관한 규칙'상 단독판사의 관할은 소송목적의 값이 1,000만원 이하의 사건으로 했으나, 위 규칙을 개정하여 1991. 8. 3. 3,000만원 이하, 1997. 12. 31. 5,000만원 이하, 2001. 2. 10. 1억원 이하, **2015. 1. 28. 2억원 이하, 2022. 1. 28. 5억원 이하**의 사건으로 그때마다 대폭 상향조정했다.
[2] 재정단독사건의 대상은 제1심 합의사건 가운데 사안이 단순하고 정형적인 민사소송사건 등이다. 재판예규 제1877호 '법관 등의 사무분담 및 사건배당에 관한 예규'(재일 2003-4, 2024. 6. 27. 개정, 2024. 7. 1. 시행) 12조 2항.

라도 그 **합산**한 가액이 5억원을 초과하면 합의부의 관할사건이 된다.

(b) 변론의 병합의 경우

같은 법원에 소송계속 중인 여러 개의 소송을 **법원의 결정**에 의해 하나의 소송절차에 병합하여 심판을 하는 **변론의 병합**의 관할은 원고가 청구취지를 확장하거나 또는 별개의 청구를 추가한 경우와는 달리, **제 1 심 사물관할의 적용**에서는 청구취지의 확장 등이 없는 한 소제기 당시를 표준으로 해야 하므로 병합된 각개 청구의 소송목적의 값의 합산액을 표준으로 하지 않는다.[1]

(3) 소송 중의 소와 사물관할의 변동

(a) 합의부로 소송이송을 할 경우

단독사건이 청구취지의 확장 등 **청구의 변경**으로 소송목적의 값이 단독사건의 범위를 초과하여 합의사건의 사물관할에 속하거나, 본소에 대한 **당사자참가**(독립당사자참가, 공동소송참가), **중간확인의 소, 또는 반소** 등(**소송 중의 소**)의 제기로 인하여[이 경우에는 본소의 소송목적의 값에 이러한 소송 중의 소의 소송목적의 값을 합산하지 않는다] 단독사건이 합의사건의 사물관할에 속하게 된 때에는, 법원은 **직권** 또는 **당사자의 신청**에 따른 결정으로 **사건의 전부**를 합의부로 이송함이 원칙이다 (법 269조 2항 본문 **적용** 또는 **유추적용**).[2] **반소**의 경우에는 이에 관하여 법률상 명문의 규정을 두고 있다(법 269조 2항 본문).

(b) 합의부로 소송이송을 하지 않는 경우

앞서의 경우에 상대방이 관할위반의 항변을 하지 않고 본안에 관하여 변론하거나 변론준비기일에서 진술하면 원래의 단독판사에 **변론관할**(법 30조)이 생기므로, 이송하지 않고 단독판사가 계속 심리해야 한다. **반소**의 경우에는 이에 관하여 법률상 명문의 규정을 두고 있다(법 269조 2항 단서). 변론관할이 생기지 않는 때에도 합의부(재정결정부)의 **재정단독결정**을 받아 계속하여 단독판사가 심리할 수 있다.

---

1) 대결 1966. 9. 28. 66마322.
2) **판례**는, 청구취지를 확장하여 합의사건에 해당하게 되는 경우 청구변경신청서를 이송결정을 하기 전에 피고에게 송달하거나 교부하지 않은 흠이 있다고 하여 이로써 이송결정이 위법하다고 보지 않는다. 대결 1983. 6. 21. 83마214.

(4) 소액사건과 사물관할

(a) 소액사건의 의미

소송목적의 값이 **3,000만원 이하**의 금전, 그 밖의 대체물이나 유가증권의 일정한 수량의 **지급을 구하는 사건**인 **소액사건**(소액단독사건, 소심 2조 1항, 소심규 1조 의2)은 **소액사건심판법**에 따라 처리되는 사건을 말한다. 소액사건은 고유의 사물관할이 있는 것이 아니고, 민사단독사건 가운데 소송목적의 값에 따라 특례로 처리하는 것뿐이다.[1] 시·군법원 관할구역 내 소액사건은 **시·군법원**만의 **전속관할**(**직분관할**)이다(법조 7조 4항, 34조 1항 1호).

(b) 소액사건에서 소송목적의 값이 변동되는 경우

소액사건이 청구취지의 확장 등 청구의 변경으로 소송목적의 값이 소액사건의 범위를 초과하게 되거나, 당사자참가(독립당사자참가, 공동소송참가), 중간확인의 소, 또는 반소 등(소송 중의 소)가 제기되거나, 법원의 결정에 의한 변론의 병합 등으로 인하여 소액사건에 해당하지 않는 사건과 병합심리하게 된 경우에는, 본래의 소액사건은 **소액사건심판법의 대상**에서 **제외**된다(소심규 1조의2).[2] 소액사건의 심리 중에 청구의 변경, 당사자참가, 중간확인의 소, 또는 반소 등으로 인하여 **합의사건으로 변경된 경우**에는 변론관할이 생기지 않는 한 합의부로 **이송**해야 한다.

(c) 소액사건에서 변론이 병합되는 경우

소액사건심판법의 적용대상인 소액사건에 해당하는지 여부는 원칙적으로 소제기 당시를 기준으로 정해지므로, 법원의 결정에 의하여 **두 개 이상의 소액사건**이 하나의 소액사건심판절차에서 **변론이 병합**되는 경우[이 경우 병합된 각 청구의 소송목적의 값을 **합산하지 않는다**] 소송목적의 값을 합산한다면 소액사건의 소송목적의 값(3,000만원)을 초과하더라도 소액사건임에는 변함이 없다.[3] 따라서 변론이

---

1) 대결 1974. 7. 23. 74마71.

2) ① 소액사건 **전담법관을 두고 있는 경우**에는 특별한 사유가 없는 한 **재배당**을 실시한다. 재판예규 제1877호 '법관 등의 사무분담 및 사건배당에 관한 예규'(재일 2003-4, 2024. 6. 27. 개정, 2024. 7. 1. 시행) 14조 6호. ② 소액사건 **전담법관을 두고 있지 않은 경우**에는 소액사건이나 단독사건이나 지방법원 단독판사의 사물관할에 속함에는 변동이 없으므로 원래의 단독판사가 계속하여 심리한다. ③ 한편 **시·군법원**에서는 소액사건 이외의 민사사건에 대한 관할이 없으므로(법조 34조 1항 1호) 해당 관할법원으로 이송한다.

3) 대판 1991. 9. 10. 91다20579,20586, 1992. 7. 24. 91다43176.

병합되더라도 여전히 소액사건심판법이 적용된다.

　(5) 단독판사의 관할과 항소시 심급관할

　2022. 1. 28. 민사 및 가사소송의 사물관할에 관한 규칙이 개정(2022. 3. 1. 시행)되어, **소송목적의 값을 기준으로 하는 단독사건**에서 소송목적의 값이 **소제기 당시** 또는 **청구취지의 확장**(변론의 병합을 포함한다) **당시 2억원을 초과**하는 사건(민사고액단독 사건)의 **항소심**은 **고등법원**의 관할이다(4조 1항 본문).[1] 다만 **소송목적의 값을 기준으로 하지 않는 단독사건**의 경우 항소심은 **지방법원** 본원 **합의부** 및 지원(춘천지방법원 강릉지원) 합의부의 관할이다(4조 1항 단서).

　4. 소송목적의 값

　(1) 의　　의

　소송목적의 값(**구법**에서는 **소가**(訴價)라 했다)이란[2] 원고가 소로써 주장하는 이익(법 26조 1항), 즉 원고가 소로써 달성하려는 목적이 갖는 경제적 이익을 금전으로 평가한 금액을 말한다. 소송목적의 값은 일정한 경우 사물관할의 표준 및 인지액의 기준이 된다.

　(2) 산정방법

　(a) 경제적 이익에 의한 산정 등

　소송목적의 값의 산정방법은 원고가 청구취지로써 구하는 범위 내에서 원고가 전부승소할 경우에 직접 받게 될 **경제적 이익**을 기준으로 객관적으로 평가하여 금액으로 산정한다(민인규 6조). 여기서 이익은 **직접적 이익**을 말하므로 예컨대 동시이행판결을 구하는 경우 반대급부를 공제할 필요가 없다. 원고는 소송목적의 값의 **산정자료**를 소장에 첨부해야 한다(민인규 8조 1항).[3] 법원은 소송목적의 값의

---

1) 소송목적의 값을 기준으로 하는 단독사건의 **항소**와 관련하여 고등법원 관할사건의 결정 **기준시점**은 소제기 당시, 청구취지의 확장 당시 또는 변론의 병합 당시이므로, 변론진행 도중 **청구취지의 감축, 일부취하·각하** 등에 의하여 소송목적의 값이 **2억원 이하로 내려가더라도** 항소가 제기되는 경우 여전히 고등법원 관할사건에 해당한다. 한편 병합된 청구, 본소나 **반소**, 또는 본소나 **참가소송** 중 **일부**에 대해서만 항소가 제기된 경우도 마찬가지이다. 재판예규 제1847호 '고등법원에서 항소·항고심을 관할하는 민사단독 및 가사단독사건의 업무처리예규'(재민 2022-1, **2023. 2. 24. 개정, 2023. 3. 1. 시행**) 5조.

2) 신법 시행(2002. 7. 1.) 이후에도 '민사소송 등 인지규칙'에서는 여전히 구법에서의 '소가'라는 용어를 그대로 사용하다가 2019. 1. 29. 개정·시행된 위 규칙(2조 3항)에서 비로소 '소송목적의 값(이하 '소가'라 한다)'이라고 바꾸었다.

3) 토지 또는 건물에 관한 소송을 제기하는 경우에는 목적물의 개별공시지가 또는 시가표준액

산정을 위하여 필요한 때에는 직권으로 또는 신청에 따라 사실조사 또는 감정을
촉탁하고, 필요한 사항의 보고를 요구할 수 있다(**석명처분권**, 민인규 8조 3항).[1]

(b) 소송목적의 값을 계산할 수 없는 경우

소송목적의 값을 계산할 수 없는 경우 그 값은 '민사소송 등 인지법'의 규정
에 따라 정한다(법 26조 2항). '민사소송 등 인지법'은 재산권에 관한 소로서 그 소
송목적의 값을 계산할 수 없는 것과 비재산권을 목적으로 하는 소의 소송목적의
값은 대법원규칙에서 정하도록 하고 있다(민인 2조 4항). '민사소송 등 인지규칙'은
이들 소의 소송목적의 값을 **5,000만원**으로 하되(민인규 18조의2 본문), 일정한 경우
예컨대 **주주대표소송**[2] 등 **회사 등 관계소송**(단 해고무효확인의 소는 제외), **소비자단
체소송 · 개인정보단체소송**, **특허소송**(특허법원의 전속관할에 속하는 소송), **무체재산
권**(지식재산권 등)**에 관한 소송**(금전의 지급이나 물건의 인도를 구하는 소송은 제외) 등
의 경우에는 각 그 소송목적의 값을 **1억원**으로 정하고 있다(민인규 18조의2 단서).

■ 소송목적의 값의 산정기준 및 계산방법

'민사소송 등 인지법' 및 '민사소송 등 인지규칙'은 소송목적의 값의 산정기준
및 그 계산방법에 관하여 상세한 규정을 두고 있다. 다만 기본적 이해를 위하여 전
형적인 이행의 소의 몇 가지 예를 들어 보면 다음과 같다.

(1) 금전지급청구의 소의 경우

금전지급청구의 소의 경우는 청구금액이다[이자, 손해배상, 위약금 또는 비용의
청구가 소송의 부대목적이 되는 때에는 가액에 산입하지 않는다].

(2) 물건의 인도 또는 방해배제를 구하는 소의 경우

물건의 인도 또는 방해배제를 구하는 소 가운데, ① 소유권에 기한 경우는 목적
물건 가액의 2분의 1, ② 지상권 · 전세권 · 임차권 · 담보물권에 기한 경우 또는 그
계약의 해지 · 해제 · 계약기간만료를 원인으로 하는 경우는 목적물건 가액의 2분의
1, ③ 점유권에 기한 경우는 목적물건 가액의 3분의 1, ④ 소유권의 이전을 목적으

을 알 수 있는 토지대장등본, 공시지가확인원 또는 건축물대장등본 등을 제출해야 한다. 민인
규 8조 2항.

[1] 법원은 소송목적의 값의 산정과 관련하여 필수적인 자료에 해당하거나, 당사자가 부주의,
오해 또는 법률의 부지로 인하여 그 제출이나 진술을 간과했음이 분명하다고 인정되는 사항
등에 관하여 법 136조 4항(법적관점지적의무)에 따라 적극적으로 석명권을 행사하여 당사자에
게 자료제출 등의 기회를 주거나 관련기관에 조사를 촉탁하는 등의 조치를 취할 의무가 있다.
대결 2014. 5. 29. 2014마329.

[2] **주주대표소송**에서 패소한 피고가 항소 · 상고를 하는 경우 그 상소심의 소송목적의 값은 **여
전히** 1억원이다. 대결 2009. 6. 25. 2008마1930.

로 하는 계약에 기한 동산인도청구의 경우는 목적물건의 가액이다.

(3) 등기·등록 등 절차에 관한 소의 경우

등기·등록 등 절차에 관한 소 가운데, ① 소유권이전등기를 구하는 경우는 목적물건의 가액, ② 담보물권·전세권의 설정등기 또는 이전등기를 구하는 경우는 목적물건의 가액을 한도로 한 피담보채권액(근저당권의 경우에는 채권최고액)이다.

(3) 산정시기

소송목적의 값의 산정은 **소제기시**를 표준으로 한다(민인규 7조). 소제기시를 표준으로 산정된 소송목적의 값에 의하여 사물관할이 정해지므로 (소송목적의 값을 기준으로 하는 사물관할의 경우) 관할의 표준시기는 소송목적의 값의 산정의 표준시기와 일치한다(법 33조). 소제기 뒤의 사정(소송목적의 값의 산정의 표준이 되는 소송목적물의 가액 변동 등 사정)은 고려하지 않는다. 물론 **청구의 변경** 등으로 소송목적의 값이 늘어난 때에는 그 늘어난 금액을 기준으로 한다.

(4) 청구의 병합 등과 소송목적의 값의 산정

(a) 합산의 원칙

1) 원칙적으로 하나의 소로써 여러 개의 청구를 하는 경우에는 그 여러 청구의 값을 모두 합하여 소송목적의 값으로 한다(**합산의 원칙**, 법 27조 1항). 이 경우 각 청구는 **독립한 경제적 이익**이 있어야 한다.

2) 원고가 여러 청구의 소를 제기한 경우 그 소가 **주관적 병합**(공동소송의 경우)인지, **객관적 병합**(청구의 병합의 경우)인지를 묻지 않으며, 그 소가 **원시적 병합**(소제기 당시 병합한 경우)인지, **후발적 병합**(소송계속 중 병합한 경우)인지를 묻지 않는다. 피고가 제기하는 반소, 원·피고가 제기하는 중간확인의 소, 제 3 자가 제기하는 독립당사자참가 등 **소송 중의 소**에서는 그 소송목적의 값을 본소의 소송목적의 값에 합산하지 않는다. 청구의 병합과 달리 법원이 결정하는 **변론의 병합**은 소송목적의 값에 아무런 영향이 없다.

3) 뒤에서 보는 비재산권을 목적으로 하는 소송과 **그 소송의 원인이 된 사실**로부터 발생하는 재산권에 관한 소송을 병합한 경우를 **제외**하고, **비재산권을 목적으로 하는 소송**과 **재산권에 관한 소송**을 **병합**한 때에는 각 소송목적의 값을 합산한다(민인규 23조 1항).

(b) 흡수의 원칙

1) 앞서의 합산의 원칙에는 다음과 같은 **예외**가 있다. 1개의 소로써 주장하는 여러 개의 청구의 **경제적 이익**이 동일하거나 **중복**되는 때에는 중복되는 범위 내에서 흡수되고, 그 가운데 가장 액수가 많은 청구의 값을 소송목적의 값으로 한다(**흡수의 원칙**, 민인규 20조).[1]

2) **소의 주관적 병합**인 **공동소송**에서는 ① **필수적 공동소송**, ② **예비적·선택적 공동소송**, ③ **통상공동소송** 가운데 공동소송인에 관한 청구가 **경제적 이익**이 **공통**된 관계에 있는 통상공동소송[예컨대 i) 주채무자와 연대보증인을 공동피고로 하는 대여금청구 및 보증금청구, ii) 여러 사람의 연대채무자들을 공동피고로 하는 대여금청구,[2] iii) 여러 사람의 연대채무자들이 공동원고가 된 채무부존재확인청구 등] 등이 이에 해당한다.

소의 객관적 병합인 **청구의 병합**에서는, ① **단순병합** 가운데 그 병합된 청구가 경제적 이익이 공통된 관계에 있는 단순병합[예컨대 i) 동일한 목적물에 대한 소유권확인청구 및 그 인도청구, ii) 목적물의 인도청구와 그 집행불능을 대비하여 전보배상청구로서 하는 대상(代償)청구 등], ② **예비적 병합**[예컨대 주위적 청구로 매매계약에 의한 대금지급청구와 예비적 청구로 그 매매계약이 무효인 경우의 목적물반환청구 등], ③ **선택적 병합**[예컨대 동일한 목적물에 대하여 소유권에 기한 인도청구 또는 임대차종료에 기한 인도청구 등] 등이 이에 해당한다.

3) 1개의 청구가 다른 청구(**주된 청구**)의 **수단**에 지나지 않을 때에는 특별한 규정이 있는 경우를 제외하고, 그 가액은 소송목적의 값에 넣지 않는다. 다만 수단인 청구의 가액이 주된 청구의 가액보다 액수가 많은 때에는 그 가액을 소송목적의 값으로 한다(민인규 21조). 예컨대 토지인도청구 및 그 지상물철거청구에서는 인도청구만의 소송목적의 값에 의한다.

4) **비재산권을 목적으로 하는 소송**과 그 소송의 원인이 된 사실로부터 발생

---

1) **흡수법칙**이라는 표현으로는, 대결 2011. 1. 27. 2010마1491, **흡수주의**라는 표현으로는, 법원실무제요 민사소송(1), 138쪽.

2) 이러한 흡수의 원칙은 피고들에 대하여 연대하여 지급을 구하는 병합청구에서 (피고들이) 패소하여 하나의 항소장으로 **공동명의의 항소**를 제기한 피고들 사이에도 적용된다. 그러나 원고가 피고들에게 경제적 이익이 동일하거나 중복되는 여러 개의 청구를 1개의 소로써 구하여 승소하고, 이에 불복하는 **어느 피고**가 먼저 **단독명의**의 항소장에 인지를 붙여 항소를 제기한 후에 **다른 피고**가 위 피고를 포함한 **공동명의**의 항소를 제기하는 경우, 먼저 제출된 항소장의 인지부착 효력을 원용하는 것이 허용되지 않는다. 대결 2011. 1. 27. 2010마1491.

하는 **재산권에 관한 소송**을 병합한 때에도 액수가 많은 소송목적의 값에 따른다(민인 2조 5항).

　5) **과실**(민법 101조에서 규정한 천연과실과 법정과실), **손해배상금**, **위약금** 또는 **비용**의 청구는 각 별개의 소송물이나 이러한 청구가 소송(주된 청구)의 부대목적이 되는 때(**부대청구**)에는 소송목적의 값에 넣지 않는다(법 27조 2항).[1] 소송목적의 값에 넣지 않는 소송의 부대목적이 되는 손해배상은 주된 청구의 이행을 지연했기 때문에 생기는 **지연배상**을 의미한다.[2]

Ⅲ. 토지관할

1. 의 의

토지관할이란 소재지를 달리 하는 같은 종류의 법원 사이의 재판권의 분담관계를 말한다(법 2조 내지 25조). 법원의 관할구역에 관해서는, '**각급 법원의 설치와 관할구역에 관한 법률**'(2023. 12. 26. 개정, 2024. 1. 18. 시행)에서 정하고 있다. 토지관할은 사건이 어느 법원의 관할구역 내의 일정한 지점과 인적 또는 물적으로 관련되어 있는 경우에 그 지점을 기준으로 정해진다. 이와 같이 **토지관할의 발생원인**이 되는 인적 · 물적 관련사유를 **재판적**[3]이라 한다. 당사자는 재판적이 없는 법원에 제소할 수 없고 법원으로서도 재판적이 없는 사건에 대하여 관할권을 가지지 않는다.

2. 재판적의 종류

모든 소송사건에 대하여 공통적으로 적용되는 일반재판적을 **보통재판적**이라 하고, 특별한 종류 및 내용의 사건에 대하여 제한적으로 적용되는 재판적을 **특별재판적**이라고 한다. 특별재판적은 다른 사건과 관련 없이 인정되는 재판적인 **독립재판적**과 다른 사건과 관련하여 인정되는 재판적인 **관련재판적**이 있다. 한편 당사자

---

1) 김병운, "순차 경료된 복수의 등기의 말소청구가 병합청구된 경우의 소가산정방법," 대법원 판례해설 31호(1999년 하반기), 316쪽 이하.

2) 대결 1992. 1. 7. 91마692. 위약금도 주된 청구의 부대목적이 되는 경우이어야 한다. 대판 2014. 4. 24. 2012다47494.

3) '재판적'이라는 용어보다는 '토지관할의 근거', '토지관할의 원인'이라는 표현이 보다 적절하다는 견해로는, 정영환, 213쪽.

특히 피고와 관련하여 인정되는 재판적을 **인적 재판적**이라 하고, 소송물과 관련하여 인정되는 재판적을 **물적 재판적**이라 한다. 재판적은 경합할 수 있으며(**관할의 경합**), 이 경우에는 원고가 임의로 선택하여 소를 제기할 수 있다(**관할의 선택**). 소송계속 중 다른 관할법원에 동일한 소를 제기하는 경우 중복소송의 문제가 발생한다.

3. 보통재판적

소는 피고의 보통재판적이 있는 곳의 법원이 관할한다(법 2조). 피고의 보통재판적은 다음과 같이 정한다. 다음과 같이 보통재판적을 정할 수 없는 때에는 대법원이 있는 곳을 보통재판적으로 한다(규칙 6조).

(1) 피고가 사람인 경우

피고가 사람인 경우에는 주소에 따르고, 주소가 없거나 주소를 알 수 없는 경우에는 거소에 따르며, 거소가 일정하지 않거나 거소도 알 수 없으면 마지막 주소에 따른다(법 3조).

(2) 피고가 법인 등인 경우

피고가 **법인**이나 **법인 아닌 사단 또는 재단**인 경우에는 **주된** 사무소 또는 영업소가 있는 곳에 따르고, 사무소와 영업소가 없는 경우에는 **주된** 업무담당자의 주소에 따른다(법 5조 1항). **외국법인**이나 외국의 법인 아닌 사단 또는 재단인 경우에는 우리나라 내 주된 사무소·영업소 또는 주된 업무담당자의 주소에 따른다(법 5조 2항). 다만 외국법인 등이 당사자라고 하더라도 외국과 관련된 요소가 있는 법률관계에 관한 **국제재판관할**에는 법 5조 2항이 원칙적으로 적용되지는 않는다.[1] 이 경우에는 **2차 전부개정 국제사법 3조 3항**의 규정을 적용하여 정한다.

(3) 피고가 국가인 경우

피고가 **국가**인 경우에는 국가를 대표하는 관청인 법무부장관(법무부)이 있는 곳(과천시를 관할하는 수원지방법원 안양지원), 또는 대법원이 있는 곳(서울중앙지방법

---

[1] 판례 가운데 국제재판관할을 정함에 있어서 법 5조 2항을 근거로, 외국법인 등이 우리나라 내 사무소·영업소 또는 업무담당자의 주소를 가지고 있는 경우에는 특별한 사정이 없는 한 원칙적으로 그 분쟁이 외국법인 등의 우리나라 지점의 영업에 관한 것이 아니라 하더라도 우리나라 법원의 관할권을 인정하는 것이 조리(條理)에 맞다는 판결(대판 **2000. 6. 9. 98다35037**)이 있으나, 이는 앞서 본 바와 같이 2001년 **국제사법 1차 전부개정 전 판례가 수정역추지설**을 취하고 있을 때의 판결임에 주의를 요한다.

원)에 따른다(법 6조).

4. 특별재판적(독립재판적)

법 7조 이하 24조까지는 특별재판적 가운데 **독립재판적**을 정하고 있다. 이러한 토지관할규정은 민사소송법의 이념인 당사자 사이의 공평, 재판의 공정 · 신속을 고려하여 정해진 것이다.

(1) 근 무 지

근무지는 사무소 · 영업소에 **계속 근무하는 사람**(피고)에 대한 소에서의 특별재판적이다(법 7조). 사무소 또는 영업소가 있는 사람에 대한 사무소 또는 영업소의 업무와 관련이 있는 소송(법 12조)이 아니더라도 사무소 또는 영업소에 근무하는 사람에 대하여 그 주소지에서 제소하는 것보다 근무지에서 제소하는 것이원 · 피고 모두에게 편리하기 때문이다.[1]

(2) 거 소 지

거소지는 보통재판적으로서는 보충적이지만[국내에 주소가 없거나 주소를 알 수 없는 때에만 적용된다], 재산권에 관한 소를 제기하는 경우에는 **독립적 재판적**이다(법 8조 전단). 즉 재산권에 관한 소에서는 피고의 주소를 알 수 있는 때에도 피고의 거소지 관할법원에 제소할 수 있다.

(3) 의무이행지

1) 재산권에 관한 소는 **의무이행지**의 법원에 제소할 수 있다(법 8조 후단). 의무이행지에는 **계약상 의무**의 경우뿐만 아니라 **불법행위 · 부당이득** 등 법률의 규정에 의한 경우도 포함된다. ① **특정물인도의 채무이행**은 i) 채무의 성질 또는 당사자의 의사표시로 변제장소를 정한 경우에는 그 장소가, ii) 그렇지 않은 경우에는 채권 성립 당시에 그 물건이 있던 장소가 의무이행지가 된다(민 467조 1항). ② **특정물인도 외의 채무이행**은 i) **법률**에 **다른 규정**이 있는 경우,[2] ii) 당사자 사이에 **다른 약정**이 있는 경우, iii) **다른 관행**이 있는 경우, iv) **채무의 성질**상 다른 장소로 볼 수 있는 경우 등을 **제외**하고는, **채권자**인 **원고의 주소지**, 또는 (**영업에 관**

---

1) 황진구, 주석서(1), 162쪽.
2) **지시채권**의 경우 증서에 변제장소를 정하지 않은 때에는 **채무자의 현영업소**를 변제장소로 하며, 영업소가 없는 때에는 **현주소**를 변제장소로 한다(민 516조).

한 채무의 변제의 경우) **현영업소가** 의무이행지가 된다(**지참채무의 원칙**, 민 467조 2항).[1]

　2) 2010. 5. 14. 개정, 2010. 11. 15. 시행 **상법**(56조)상 **채권자의 지점에서의 거래**로 인한 채무이행의 장소가 그 **채무의 성질** 또는 **당사자의 의사표시**에 의하여 특정되지 않은 경우 **특정물 인도 외의 채무이행은 그 채권자의 지점을** 이행장소로 본다. 주의할 것은 **채권자의 지점에서의 거래로 인한** 채무의 이행을 구하는 소가 아니더라도 **채권자의 영업에 관한 채무의 이행**을 구하는 소는 앞서 본 바와 같이 법 8조 후단의 의무이행지로서 **현영업소**(민 467조 2항 단서)에 해당하는 제소 당시 해당 채권의 **추심관련 업무를 실제로 담당하는 영업소**(지점) 소재지 법원에 제기할 수 있다는 점이다.[2]

　한편 **채무자의 지점에서의 거래**에 대해서는 민법 467조 2항 단서에 따라 **채권자의 현영업소가** 채무이행의 장소가 된다.[3] 다만 채무자의 지점에서의 거래로

---

1) 민법 467조 2항 단서에서 규정하고 있는 **현영업소**란 주된 영업소(본점)에 한정되는 것이 아니라, 그 **채권의 추심관련 업무를** 실제로 담당하는 **영업소**까지 포함한다. 따라서 **채권자의 영업에 관한 채무의 이행**을 구하는 소는 **제소 당시**(변제 당시) 채권의 추심관련 업무를 실제로 담당하는 채권자의 영업소 소재지 법원에 제기할 수 있다. 대결 2022. 5. 3. 2021마6868 [원고는 보험회사로 무보험운전자인 피고가 논산시(관할법원은 대전지방법원 논산지원이다)에서 일으킨 교통사고에 대하여 상법 682조의 보험자대위를 근거로 구상금청구의 소를 대전지방법원에 제기했다. 원고는 구상금채무자의 주소 등이 대전광역시 등(충청남도·충청북도 포함)인 경우에는 보상 및 채권집행보전을 위한 행위, 소제기 등 일체의 행위를 대전광역시에 위치한 지점이 전담하므로 **민법 467조 2항 단서에 따라** 대전지방법원에 관할이 있다고 주장했다. 제 1 심법원은 위 소가 **상법 56조에 따른** '채권자의 지점에서의 거래로 인한 청구'에 해당하지 않는다고 이유는 대전지방법원 논산지원으로 이송결정을 하고, 항고법원인 원심법원 역시 제 1 심법원의 결정이유를 인용하여 항고를 기각하자 원고가 대법원에 재항고를 했다. 대법원은 원심법원이 민법 467조 2항 단서 적용 여부에 관하여 앞서의 법리에 따라 심리·판단 했어야 함에도 그 부분 판단을 하지 않은 채 항고를 기각함으로써 민법 467조 2항에 관한 법리를 오해하는 등 했다고 원심결정을 파기하고, 사건을 원심법원에 환송했다]. 위 결정에 대하여, 위 결정은 보험회사에 대한 구상금채무는 영업에 관한 채무로서 보험회사 영업소(지점을 포함한다)가 그 의무이행지라는 원칙을 인정한 점에서 의의가 있으나, 결과적으로 보험회사인 원고에게 매우 유리한 판단을 하게 된 것으로 보험업계에 미치는 영향이 매우 클 것으로 평가하고 있는 견해로는, 김상수, "판례 평석 : 보험회사의 지점과 의무이행지 관할 —대법원 2022. 5. 3.자 2021마6868 결정—," 금융법연구(한국금융법학회) 19권 3호(2022. 12.), 269쪽 이하.

2) 예컨대 채권자가 본사 이외에도 지점 곳곳에 추심팀(또는 법무팀)을 배치하고 담당 구역의 추심업무를 담당시켰다면 그 지점의 관할에서 소송을 할 수 있다. 서울고등법원 판례공보스터디, 민사판례해설 Ⅳ-상, 4쪽.

3) 위 상법 개정 이전의 규정은 지점에서의 거래의 경우 채무이행의 장소를 그 지점으로 하고 있어, 채무자의 지점에서 거래가 이루어진 때에는 채무자의 지점이 채무이행의 장소가 되어 지참채무의 일반원칙 및 채권자의 현영업소를 채무이행의 장소로 하는 민법 467조 2항 단서에 배치되는 문제점이 있었다. 위 상법 개정으로 거래 지점이 채무이행의 장소가 되는 경우를 **채권자**의 지점에서의 거래로 한정함으로써 민법과의 모순이 해결될 것으로 기대된다.

인하여 **채무자를 상대로** (채무자를 피고로 하여) 채무이행의 소를 제기하는 때에는 뒤에서 보는 바와 같이 채무자의 영업소인 그 **지점이 있는 곳**(법 12조)의 특별재판적이 **경합**될 수 있다.

3) 의무이행지에 관해서는 피고의 보호라는 피고의 주소지주의에 반하고, 보통재판적의 취지를 무의미하게 한다는 비판적 견해가 있는 등 입법론상 문제가 있다.[1]

　■ **채권자취소소송에서 사해행위취소에 따른 원상회복의 의무이행지**

　　채권자취소소송에서의 **의무이행지**는 '취소의 대상인 법률행위의 의무이행지'가 아니라, '**취소로 인하여 형성되는 법률관계**'(이러한 법률관계는 채권자와 수익자 또는 전득자 사이에서만 생긴다. 즉 수익자 또는 전득자의 원상회복의무는 **채권자에 대한 관계**에서만 생긴다)의 의무이행지이다. 그런데 부동산등기의 신청에 협조할 **의무의 이행지**(법 8조 후단)는 성질상 뒤에서 볼 등기관서가 있는 곳(법 21조)이다. 따라서 원고가 채권자취소소송의 채권자라고 하더라도 사해행위취소에 따른 **원상회복**(**원물반환**의 경우)으로서의 소유권이전등기의 말소등기절차를 이행하는 **의무이행지**는 그 **등기관서가 있는 곳**이며, 원고의 주소지를 의무이행지로 볼 수 없다.[2]

(4) 어음·수표지급지

어음·수표에 관한 소를 제기하는 경우 **주채무자**(주채무자에 대한 청구에서), **상환의무자**(배서인에 대한 청구에서) 구별 없이 모두 어음·수표의 **지급지**가 특별재판적이다(법 9조). 지급지의 행정구역 내에 여러 개의 법원이 있는 때에는 관할의 경합이 생기며, 제소자가 관할을 선택할 수 있다. **어음·수표상**의 청구가 아닌 **어음·수표법상**의 이득상환청구 등에서는 위 특별재판적이 적용되지 않는다.[3] 어음·수표금지급을 구하는 소송의 특별재판적은 어음·수표의 지급지이므로, 채권자의 주소지 등이 아니다[4][**법 9조가 적용되는 때에는 법 8조 후단이 적용되지 않는다**].

---

1) 이시윤, 110쪽. 모든 의무이행지에 특별재판적을 인정할 것이 아니고, 계약으로 의무이행지를 정한 경우에만 특별재판적으로 인정하는 법개정이 필요하다는 견해로는, 호문혁, 177쪽. 별도의 특별재판적이 마련되어 있는 경우에는 가능한 한 의무이행지의 특별재판적은 적용되지 않는다고 해석하는 것이 타당하다는 견해로는, 손한기, 38쪽.
2) 대결 2002. 5. 10. 2002마1156; 배광국, "사해행위취소의 소에 있어서의 의무이행지 및 소유권이전등기 말소등기의 의무이행지," 대법원판례해설 42호(2002년 하반기), 717쪽 이하.
3) 황진구, 주석서(1), 174쪽; 법원실무제요 민사소송(1), 55쪽.
4) 대결 1973. 11. 26. 73마910, 1980. 7. 22. 80마208.

(5) 재산이 있는 곳

재산권에 관한 소를 제기하는 경우 피고의 주소가 **국내에 없거나 주소를 알
수 없는 때**에는 강제집행을 고려하여 **청구의 목적** 또는 **담보의 목적이나 압류할
수 있는 피고의 재산**이 있는 곳이 특별재판적이다(법 11조).[1] 어음·수표, 주식의
경우에는 그 **증서의 소재지**이다.

(6) 사무소·영업소가 있는 곳

사무소 또는 영업소가 있는 **사람**(자연인, 법인 등을 불문한다)**에 대하여**(즉 **피고
에 대하여**) 그 사무소 또는 영업소의 **업무와 관련**이 있는 소(즉 사업을 하는 사람을
상대로 한 사업상의 소)를 제기하는 경우 (피고의) 사무소·영업소가 있는 곳이 그
특별재판적이다(법 12조). 대기업·외국회사를 상대로 한 소송을 용이하게 하기 위
해서이다. 이 경우 **영업**은 공익사업이나 행정사무도 포함하며, 업무에 부수하여
발생한 불법행위·부당이득청구 등도 포함한다. **사무소·영업소**는 반드시 주된 사
무소나 영업소일 필요는 없지만, 적어도 어느 정도 **독립**하여 업무의 전부 또는
일부를 **총괄적으로 경영되는 장소**이어야 한다.[2] 여기서 사무소·영업소에는 **지배
인이 있는 지점**도 포함된다[지배인은 지점에 관한 영업 전부를 처리할 수 있기 때문이
다]. 다만 업무의 성질상 본점만이 취급할 수 있는 것인 때에는 지점에 재판적이
없다.[3]

(7) 불법행위지

불법행위에 관한 소를 제기하는 경우 행위지가 특별재판적이다(법 18조 1항).
여기서 불법행위란 공동행위·방조행위·사용자책임 등을 포함한다. **원격지 불법
행위**로서 **행동지**(가해행위지)와 **결과발생지**(손해발생지)가 다른 때에는 행동지와 결
과발생지가 모두 재판적이 된다.[4] 따라서 관할의 경합이 있다. **채무불이행**을 원인
으로 소를 제기하는 경우도 이에 포함되는지 여부에 관해서는 논의가 있으나 청
구권의 경합을 인정하는 판례의 입장에서 본다면 불법행위와 채무불이행은 그 요

---

[1] 피고의 주소가 국내에 없거나 주소를 알 수 없는 때에는 예컨대 압류할 수 있는 피고의 재
산이 있는 곳에서 승소판결을 얻으면 이를 집행하여 재판의 실효성을 얻을 수 있기 때문이다.
대판 1988. 10. 25. 87다카1728.

[2] 법원실무제요 민사소송(1), 56쪽.

[3] 대결 1980. 6. 12. 80마158.

[4] 김홍엽, "국제 간 제조물책임소송과 외국법원의 국제재판관할권 인정기준," 인권과 정의
237호(1996. 5.), 19쪽 이하.

건을 달리할 뿐만 아니라, 원고가 하나의 소에 이들을 병합시킨다면 불법행위지의 법원에 채무불이행책임을 청구할 수 있어(**관련재판적**, 법 25조 1항) 채무불이행만을 원인으로 하여 제소하는 때에는 이에 해당하지 않는다고 봄이 상당하다.[1] 한편 불법행위로 인한 손해배상과 관련한 (손해배상책임의) **채무부존재확인소송**의 경우에는 법 18조 1항의 불법행위지에 근거한 토지관할이 인정된다.[2]

(8) 부동산이 있는 곳

부동산에 관한 소를 제기하는 경우 부동산(토지 · 건물)이 있는 곳이 특별재판적이다(법 20조). 부동산에 관한 소에는 **부동산에 관한 물권의 소와 부동산에 관한 채권**의 소를 포함한다. 부동산에 관한 소는 **부동산 자체**에 관한 소만을 의미한다. 즉 부동산에 관한 등기나 인도 · 철거를 구하는 소를 말하며, 그 매매대금, 공사대금, 차임 등의 지급을 구하는 소는 여기에 포함되지 않는다.[3] 여기서 부동산에는 ① 법률의 규정에 의하여 **부동산으로 취급**되는 공장재단 · 광업재단('공장 및 광업재단 저당법' 12조 1항, 54조) 등은 포함되며, ② 법률의 규정에 의하여 **부동산이나 토지에 관한 규정이 준용**되는 광업권(광업법 10조 1항)이나 어업권(수산업법 16조 2항) 등도 포함된다[다만 이동성이 있는 선박 · 자동차 · 중기 · 항공기는 포함되지 않는다].

(9) 등기 · 등록할 공공기관이 있는 곳

등기 · 등록에 관한 소를 제기하는 경우 등기 또는 등록할 공공기관이 있는 곳의 법원에 제소할 수 있다(법 21조). **등기에 관한 소**는 부동산에 관한 소송이 일반적인데, 부동산에 관한 소송은 부동산이 있는 곳을 특별재판적(법 20조)으로 두고 있을 뿐만 아니라, 통상 부동산 소재지와 등기지가 일치하여 등기지의 특별재판적은 상대적으로 그 실익이 적다고 볼 수 있다. 그러나 **등록에 관한 소**로서, 예컨대 **건설기계 · 소형선박 · 자동차 · 항공기** 등의 경우[이들에 대해서는 '자동차 등 특정동산 저당법'(2022. 6. 10. 개정, 2023. 6. 11. 시행)이 적용된다]에는 그 **등록지**가 특별재판적이 되도록 하여 실익이 있다. **'동산 · 채권 등의 담보에 관한 법률'**(2020. 10.

---

1) 이시윤, 111쪽. 이에 대하여, 채무불이행은 넓은 의미의 위법행위이고, 불법행위와 연계되어 주장되는 것이 대부분인 점에 비추어 불법행위의 특별재판적에는 채무불이행의 경우도 포함된다는 견해로는, 송상현 · 박익환, 97쪽; 정영환, 219쪽.
2) 대결 2011. 7. 14. 2011그65.
3) 공작물의 설치 · 보존상 하자로 인한 손해배상청구(민 758조) 등과 같이 부동산에 기인하거나 부동산에 대하여 생긴 손해배상청구는 엄격한 의미에서는 부동산에 관한 소로 볼 수 없다고 하더라도 구태여 이를 제외할 필요가 없다는 견해로는, 황진구, 주석서(1), 204쪽.

20. 개정, 2022. 4. 21. 시행)에 의하여 법인 또는 부가가치세법에 따라 사업자등록을 한 사람의 **담보등기**(동산담보권, 채권담보권의 경우) 또는 **담보등록**(지식재산권담보권의 경우)을 한 경우에도 그 **등기 · 등록지**가 특별재판적이 된다.

(10) 고등법원이 있는 곳 등

(a) 특허권 등을 제외한 지식재산권과 국제거래에 관한 소의 경우

지식재산권(2011. 5. 19. 개정, 2011. 7. 20. 시행 법 24조는 타법개정을 통하여 종전의 '지적재산권'을 '지식재산권'으로 변경했다)[1] 가운데 **특허권**, **실용신안권**, **디자인권**, **상표권**, **품종보호권**('**특허권 등**')을 **제외한 지식재산권** 및 **국제거래에 관한 소**는 법 2조부터 23조까지의 규정에 따른 관할법원 소재지를 관할하는 **고등법원이 있는 곳의 지방법원**에도 제소할 수 있다(**중복관할**). 다만 서울고등법원이 있는 곳의 지방법원은 서울중앙지방법원으로 한정한다(**2015. 12. 1. 개정, 2016. 1. 1. 시행 법 24조 1항**). 이는 전문재판부를 고려한 **집중관할**을 통한 **광역토지관할**의 경우이다.

(b) 특허권 등의 지식재산권에 관한 소의 경우

특허권 등의 지식재산권에 관한 소는 법 2조부터 23조까지의 규정에 따른 관할법원 소재지를 관할하는 **고등법원이 있는 곳의 지방법원의 전속관할**로 한다. 서울고등법원이 있는 곳의 지방법원은 서울중앙지방법원으로 한정한다(법 24조 2항). 다만 **전속관할**이지만 당사자의 선택으로 특허권 등의 지식재산권에 관한 소를 **서울중앙지방법원에도** 제기할 수 있다(법 24조 3항). 특허권 등의 지식재산권에 관한 소송의 전문성 및 효율성을 제고함과 동시에, 중복관할을 인정했다.[2] 특허권 등의 지식재산권에 관한 민사사건의 **항소사건**은 **특허법원의 전속관할**이다(2015.

---

1) 2011. 5. 19. **지식재산 기본법**이 제정(2011. 7. 20. 시행)되었다. 그 법의 제정으로 종전의 '지적재산권'은 '지식재산권'으로 변경되었다. 지식재산권에 관한 소송은 특허 · 상표 · 실용신안 · 디자인에 관한 특허심판원 **심결취소소송** 등 **지식재산권에 관한 행정소송**(특허법원이 제1심법원이다)과 특허 · 상표 등의 침해로 인한 **손해배상청구소송**(지식재산권 침해소송) 등 **지식재산권에 관한 민사소송**으로 나누어진다.

2) 특허권 등의 지식재산권에 관한 소의 관할에 대하여 별도의 규정을 둔 이유는 통상적으로 그 심리 · 판단에 전문적인 지식이나 기술 등에 대한 이해가 필요하므로, 심리에 적합한 체계와 숙련된 경험을 갖춘 전문재판부에 사건을 집중시킴으로써 충실한 심리와 신속한 재판뿐만 아니라 지식재산권의 적정한 보호에 이바지할 수 있기 때문이다. 대결 2019. 4. 10. 2017마6337, 대판 2024. 3. 28. 2023다309549. 한편 소송당사자가 서울중앙지방법원이 축적해 온 특허권 등의 지식재산권소송의 전문성을 활용하고자 하는 경우 전속관할법원 외에 서울중앙지방법원에 소송을 제기할 수 있도록 했다. 정차호, "특허소송의 관할집중: '특허권에 관한' 사건인지 여부의 판단," 성균관법학(성균관대학교 법학연구소) 28권 4호(2016. 12.), 193쪽 이하.

12. 1. 개정, 2016. 1. 1. 시행 법조 28조의4 2호). 이러한 특허법원의 권한에 속하는 사건은 고등법원 및 지방법원 합의부의 심판대상에서 제외한다(법조 28조, 32조 2항).[1] 따라서 특허권 등의 지식재산권 침해로 인한 손해배상청구 사건의 제 1 심을 지방법원 **단독판사가 심판한 경우에도** 그 항소사건은 특허법원의 전속관할이다.[2]

5. 관련재판적(병합청구의 재판적)

(1) 청구의 병합과 관련재판적

1) **청구의 병합**(소의 객관적 병합), 즉 하나의 소로 여러 개의 청구를 하는 경우(법 253조) 그 여러 개 가운데 하나의 청구에 대한 관할권이 있는 법원에 소를 제기할 수 있다(**법 25조 1항**). 이를 **관련재판적**이라 한다. 관련재판적은 **관련사건**의 **집중관할**로서 **특별재판적**의 하나이다. 관련재판적에 의하여 원고로서는 하나의 법원에 여러 개의 청구를 병합하여 제기하는 것이 용이하게 되어 원고의 편의가 도모되고, 피고로서도 어차피 응소할 바에는 한 법원에서 재판을 받는다 하여 특별히 불이익을 받는다고 할 수 없으며, 법원으로서도 분쟁을 통일적으로 해결할 수 있게 되어 소송경제를 꾀할 수 있다.

국제재판관할의 관련재판적은 피고의 입장에서 부당하게 응소를 강요당하지 않도록 청구의 관련성, 분쟁의 1회적 해결가능성, 피고의 현실적 응소가능성 등을 종합적으로 고려하여 신중하게 인정되어야 한다.[3] **2차 전부개정 국제사법**은 **상호 밀접한 관련**이 있는 여러 개의 청구 가운데 하나에 대하여 법원에 국제재판관할이 있으면 그 여러 개의 청구를 하나의 소로 법원에 제기할 수 있도록 규정하고 있다(6조 1항).

2) 청구의 병합에서 **사물관할**은 합산 또는 흡수된 소송목적의 값에 따라 결정되므로(법 27조) 관련재판적의 적용이 있을 수 없다. 청구의 병합에서의 관련재판적에 관하여 법률상 명문(법 25조 1항)으로는 여러 개의 청구 가운데 **하나의 청**

---

1) 대판 2017. 12. 22. 2017다259988.
2) 대판 2020. 2. 27. 2019다284186, 2023. 12. 28. 2023다277260, 2024. 3. 28. 2023다309549 (지방법원 민사소액재판부가 특허권 등의 지식재산권에 관한 소에 해당하는 사건에 관하여 제 1 심판결을 선고했고, 항소심인 지방법원 민사항소부가 항소사건을 실체에 들어가 판단한 사안에서, 대법원은 그 항소사건이 **특허법원의 전속관할**에 속한다고 보아, 원심판결을 파기하고 사건을 항소심 관할법원인 특허법원으로 이송했다).
3) 대판 2003. 9. 26. 2003다29555.

구에 대하여 **법정관할**(법 2조 내지 24조)이 있는 때로 규정하고 있으나, **합의관할** (법 29조)이나 **변론관할**(법 30조)이 생긴 때에도 적용된다.[1] 다만 병합된 청구 가 운데 **전속관할**에 속하는 청구에 대해서는 관련재판적이 배제된다(법 31조).

(2) 공동소송과 관련재판적

1) **공동소송**(소의 주관적 병합)의 경우에도 관련재판적에 관한 규정이 준용되 는지에 관하여 1990. 1. 13. 구 민사소송법 개정 전에는 논의가 있었으나, 위 개 정시 현행 민사소송법 25조 2항과 같은 취지의 규정을 두어 입법적으로 해결했 다. **법 25조 2항**은 공동소송의 유형 가운데 **법 65조 전문**의 경우와 후문의 경우 를 나누어 **전문**에 해당하는 경우[소송목적이 되는 **권리**나 **의무**가 여러 사람에게 **공통되** 거나 **사실상** 또는 **법률상 같은 원인**으로 말미암아 그 여러 사람이 공동소송인으로서 당사 자가 되는 때]에는 실질적인 관련성이 있는 공동소송으로서 **법 25조 1항의 규정**을 **준용**하도록 하여 관련재판적을 허용하고 있다.

국제재판관할의 관련재판적에서 공동소송의 경우 **2차 전부개정 국제사법**은 공동피고 가운데에 한 사람의 피고에 대하여 법원이 **일반관할**(보통재판적)을 가지 는 때에는 그 피고에 대한 청구와 다른 공동피고에 대한 청구 사이에 **밀접한 관 련**이 있어서 **모순된 재판의 위험을 피할 필요**가 있는 경우에만 공동피고에 대한 소를 하나의 소로 법원에 제기할 수 있도록 규정하고 있다(6조 2항).

2) 공동소송에서도 앞서의 청구의 병합에서의 관련재판적과 마찬가지로, 법 65조 전문의 공동소송인 가운데 일부에 대하여 **법정관할** 외에 **합의관할**이나 **변론 관할**이 생긴 때에도 **다른 공동소송인**에게 **관련재판적**이 적용된다.[2] 이 경우 **다른 공동소송인**이 **다른 법원**에 대하여 **전속적 관할합의**를 한 때에도 다를 바 없다. **전속관할**에 한하여 관련재판적의 적용이 배제되기 때문이다(법 31조).

3) 관할만을 발생시킬 목적으로 본래 제소할 의사도 없이 공동소송으로 청구 를 병합한 것이 명백한 경우에는 **관할선택권의 남용**(소송상태의 부당형성에 해당하

---

1) 이시윤, 115쪽; 김홍규·강태원, 164쪽; 정동윤·유병현·김경욱, 166쪽; 호문혁, 183쪽; 정영 환, 224쪽; 손한기, 41쪽; 김용진, 74쪽; 전원열, 126쪽. 반대견해로는, 한충수, 73쪽.

2) 이에 대하여, 법정관할 외에 합의관할 및 변론관할은 포함하지 않는다고 보는 견해로는, 호 문혁, 183쪽; 한충수, 73쪽; 문일봉, "현저한 손해나 지연을 피하기 위한 이송의 요건(상)," 사 법행정 40권 5호(1999. 5.), 46쪽. 한편 **소제기 전** 관할합의를 한 때와 **소제기 후** 관할합의를 하거나, 또는 변론관할이 생긴 때를 나누어 전자에 대해서만 관련재판적이 인정된다고 보는 견해로는, 나원식, "관련재판적과 관할선택권의 남용," 민사소송 17권 2호(2013. 11.), 60쪽.

는 **재판적의 남용**)으로 **신의칙**에 위배되어 허용되지 않으므로 법 25조 2항의 규정이 적용되지 않음은 이미 신의칙 부분에서 본 바와 같다.[1]

Ⅳ. 지정관할

지정관할은 관할법원이 재판권을 법률상 또는 사실상 행사할 수 없는 때, 또는 법원의 **관할구역**이 분명하지 않는 때에 생기는 관할이다(법 28조). 이 경우 바로 위의 상급법원에서 그 관계된 법원 또는 당사자의 신청에 따라 관할법원을 결정함으로써 관할권이 창설적으로 발생한다. **민사소송규칙**에서 상세한 규정을 두고 있다(규칙 7조 내지 9조). 그러나 지정관할은 실무상 거의 없다. 사건이 **가정법원**과 **지방법원** 중 어느 법원의 관할에 속하는지 명백하지 않는 때에도 관계법원의 공통되는 고등법원이 관할법원을 지정한다(가소 3조).

Ⅴ. 합의관할

1. 의   의

합의관할은 당사자의 합의(**관할합의**)에 의하여 생기는 관할이다(법 29조). **보통거래약관**[2]상 **관할합의조항**이 있는 때에는 '약관의 규제에 관한 법률' 14조 1호가 적용되므로, 관할합의조항이 고객에 부당하게 불리한 때에는 무효가 된다.

2. 관할합의의 성질
(1) 소송행위에 해당하는 소송상 합의

관할합의는 법률상 명문의 규정을 두고 있는 **소송상 합의**로서 관할의 발생이라는 소송법상 효과를 낳는 **소송행위**(즉 소송상 합의 가운데 소송행위인 소송계약)이다. 관할합의와 동시에 체결되는 **기본계약**인 사법상 계약이 무효·취소·해제된 경우도 관할합의에는 아무런 영향이 없다.

---

1) 대결 2011. 9. 29. 2011마62.
2) **약관**이란 그 명칭이나 형태 또는 범위에 상관없이 계약의 한쪽 당사자가 여러 명의 상대방과 계약을 체결하기 위하여 일정한 형식으로 미리 마련한 계약의 내용을 말한다. 약관규제 2조 1호.

(2) 관할합의의 흠 등과 민법규정의 유추적용 문제

관할합의의 성립상 의사와 표시의 불일치(착오), 또는 의사표시에 관한 흠(사기·강박)에 관해서는 소송법상 특별한 규정이 없으므로 민법규정을 유추적용해야 하는지 문제가 있다. 관할합의는 (**소송상 합의** 가운데 **소송계약**에 속하는) **소송행위**이기는 하나 **소송 외**(제소 전 또는 제소 후) 소송행위로서 소송절차와 직접적인 관련이 없으므로(즉 소송절차조성행위가 아니다), 민법규정을 **유추적용**하여 **취소나 무효**를 주장할 수 있다. 다만 일단 소송절차에 들어간 뒤에는 소송절차의 안정을 위하여 관할의 합의에 흠이 있다는 이유로 취소할 수 없다고 보아야 한다.[1]

3. 관할합의의 요건

(1) 관할합의의 대상

관할합의는 **제 1 심법원**의 **임의관할**에서 인정된다(법 29조 1항). 따라서 전속관할에서는 관할합의가 허용되지 않는다(법 31조). 제 1 심법원이라면 토지관할에 한정되지 않으며, 사물관할에 관해서도 합의할 수 있다. 관할합의는 그 대상인 **소송**이 **특정**되어야 한다(법 29조 2항). 즉 일정한 법률관계로 말미암은 소에 관한 것으로서, 피고의 관할이익상 예측가능해야 한다. 따라서 포괄적 합의는 허용되지 않는다. 나아가 관할합의에는 **관할법원**이 특정되어야 한다. 예컨대 원고가 지정하는 법원을 관할법원으로 한다는 합의는 피고의 권리를 부당하게 침해하고 공평의 원칙에 반하므로 허용되지 않는다. 전국의 모든 법원을 관할법원으로 한다는 합의 역시 허용되지 않는다. 다만 전국의 모든 법원을 배제하는 합의는 관할을 정하는 합의로서는 아무런 의미가 없으므로 오히려 그 대상인 법률관계에 관한 **부제소합의**로 보아야 한다.[2]

(2) 관할합의의 시기 및 방식

관할합의는 소제기 전 또는 후에 가능하다. 다만 소제기 뒤에 관할합의를 한 때에는 관할이 항정(恒定)된 후이므로 관할의 변경이 없고, 현저한 손해나 지연을 피하기 위한 이송(법 35조 본문) 가운데 **현저한 손해**를 피하기 위한 이송의 전제로만 고려된다. 관할합의는 합의의 성립과 내용을 명확히 하기 위하여 **서면**으로 해야

---

1) 황진구, 주석서(1), 246쪽.
2) 이러한 경우에는 관할제도 자체를 무의미하게 만들며 피고에게 일방적인 불이익을 강요하는 것이 되어, 무효라고 보는 견해로는, 송상현·박익환, 103쪽.

한다(법 29조 2항)[유가증권에서는 발행인의 관할합의의 청약과 최후 소지인의 승낙이 필요하다]. **국제재판관할합의**에 관해서는 **2차 전부개정 국제사법**에서 이에 관한 규정을 두고 있다(국사 8조 2항).[1]

4. 관할합의의 모습

(1) 부가적 합의와 전속적 합의

관할합의에는 법정관할법원과 더불어 다른 관할법원을 정하는 **부가적 합의**와 특정한 법원에만 관할권을 인정하는 **전속적 합의**가 있다.

(a) 전속적 합의인지 부가적 합의인지 명시된 경우

관할합의를 (서면에) **명시적으로** 전속적 또는 부가적 합의로 했을 때에는 합의된 바에 따른다[예컨대 '서울중앙지방법원을 전속적 제1심 관할법원으로 한다'는 전속적 합의를 명시적으로 할 수 있다].

(b) 전속적 합의인지 부가적 합의인지 명시되지 않은 경우

1) 관할합의가 전속적 합의인지 부가적 합의인지 명시되지 않은 때에는 당사자에게 **석명**을 구하여 밝힐 필요가 있다. 석명을 통해서도 관할합의의 내용이 **분명하지 않은 경우**[2] 법정관할 자체를 배제하는 전속적 합의를 인정할 것인지 여부에 관해서는 논의가 있다.

판례 및 **통설**은 이를 부정하고 있다.[3] 따라서 법정관할법원 가운데 하나로 특정하는 관할합의를 **전속적 합의**로, 법정관할법원 외의 다른 법원을 관할법원으로 하는 관할합의를 **부가적 합의**로 본다.[4] 예컨대 갑·을의 법정관할법원 가운데 갑 법원에 관할합의를 했다면 당사자는 을 법원을 관할법원에서 배제할 의사가 있었

---

1) 2차 전부개정 국제사법은 2015. 10. 발효한 헤이그국제사법회의의 관할합의협약(특히 6조)의 태도를 반영하여, 국제재판관할합의의 준거법, 방식, 전속성의 추정, 관할합의의 독립성과 외국법원을 위한 전속적 관할합의의 효력을 명시하고 있다. 석광현, "2022년 개정 국제사법에 따른 국제재판관할합의의 제문제," 경희법학(경희법학연구소) 57권 2호(2022년), 3쪽 이하.
2) 물론 당사자가 특정한 법원을 지정했으나 이를 전속적으로 할 것인지, 부가적으로 할 것인지에 대하여 달리 논의된 바 없는 경우에는 전속적 합의 여부가 불명한 때에 해당한다. 호문혁, 195쪽. 실제로 관할합의조항의 문구가 명확하지 않은 때에는 전속적 합의 여부에 관하여 당사자의 의사의 합치가 있었다고 보기 어려운 경우가 많다.
3) 다만 특정한 법원을 지정하고 있는 경우에는 다른 특별한 사정이 없는 한 그 법원을 전속적 합의관할로 하는 취지로 해석하는 것이 일반적으로 당사자의 의사에 합치한다는 견해로는, 김홍규·강태원, 171쪽.
4) 김병운, "약관에 의한 관할합의의 효력," 민사소송 2권(1999. 2.), 150쪽 이하.

다고 볼 수 있어 전속적 합의로 볼 수 있으나, 갑·을 법원이 아닌 병 법원을 관할법원으로 하는 관할합의를 했다면 이를 부가적 합의로 본다.[1] 이에 대하여, ① 약관에 의한 경우에는 판례·통설과 같이 보나, 그 밖의 경우는 부가적 합의라고 볼 특별한 사정이 없는 한 전속적 합의라는 견해,[2] ② 당사자 사이에 다툼이 있는 경우는 굳이 법정관할을 배제할 사유가 있다고 보는 것은 무리이므로 이러한 경우에는 부가적 합의라고 보아야 한다는 견해[3]도 있다.

　2) 한편 **국제재판관할**에서의 관할합의는 **전속적인 것으로 추정**한다(**2차 전부 개정** 국사 8조 3항).

(2) 약관에 의한 관할합의

(a) 약관에 의한 관할합의가 무효가 되는 경우

　1) 사업자와 고객 사이의 계약체결시 **약관**에 "본 계약에 관한 소송은 서울중앙지방법원을 관할법원으로 한다"라는 **관할합의조항**을 두는 경우가 있다. 이에 대하여 **한때 판례**는, 이러한 관할합의가 **약관의 규제에 관한 법률** 2조 1호에서 규정하고 있는 약관에 해당하고, 이러한 약관상 관할합의가 민사소송법상의 관할법원 규정보다 고객에게 불리하게 관할법원을 약정하여 사업자에게는 유리할지언정 원거리에 사는 경제적 약자인 고객에게는 제소 및 응소에 큰 불편을 초래할 우려가 있는 경우에는 같은 법률, **14조 1호**에서 규정하고 있는 '고객에게 부당하게 불리한 재판관할의 합의조항'에 해당하여 무효라고 보고, 이러한 관할합의가 전속적 합의인지, 또는 부가적 합의인지를 명백히 하지 않았다.[4] 그러나 **그 후 판례**는, 사업자와 고객 사이에서 사업자의 영업소를 관할하는 지방법원에 관하여 **전속적 관할합의**를 하는 내용의 약관조항이 고객에 대하여 **부당하게 불리**하다는 이유로 무효라고 보기 위해서는 그 약관조항이 고객에게 **다소 불이익**하다는 점만으로는 부족하고, **사업자가** 그 **거래상의 지위**를 **남용**하여 이러한 약관조항을 작성·사용함으로써 **건전한 거래질서를 훼손**하는 등 고객에게 부당하게 불

---

　1) 대판 1963. 5. 15. 63다111, 2008. 3. 13. 2006다68209.
　2) 유병현, "민사소송상 관할합의의 규제 ―약관에 의한 관할합의를 중심으로―," 법학논고(경북대학교 법학연구소) 16집(2000. 12.), 119쪽 이하.
　3) 호문혁, 195쪽.
　4) 대결 1998. 6. 29. 98마863(대전에 주소를 둔 계약자와 서울에 주영업소를 둔 사업자 사이에 체결된 아파트공급계약서에 "본 계약에 관한 소송은 서울중앙지방법원을 관할법원으로 한다."는 관할합의조항을 둔 사안에서, 이러한 관할합의조항을 유효로 보았다); 김병운, "약관에 의한 관할합의의 효력," 민사소송 2권(1999. 2.), 150쪽 이하.

이익을 주었다는 점이 인정되어야 한다는 점을 분명히 하고 있다. 이 경우 **전속적 관할합의조항**이 고객에게 부당한 불이익을 주는 행위인지 여부는 그 약관조항에 의하여 고객에게 생길 수 있는 불이익의 내용과 불이익 발생의 개연성, 당사자들 사이의 거래과정에 미치는 영향, 관계법령의 규정 등 모든 사정을 종합하여 판단해야 한다는 입장을 보이고 있다.[1][2]

2) 약관에서 '상대방의 관할 영업점 소재지 법원'이라고 규정하고 있더라도 다른 특별한 사정이 없는 한 이는 약관에 의한 계약이 **체결될 당시** 이를 관할하던 상대방의 영업점 소재지 법원을 의미하는 것으로 보아야 한다. 만약 상대방의 내부적인 업무조정에 따라 위 약관조항에 의한 전속적 합의관할이 변경된다고 볼 경우에는 당사자 한쪽이 지정하는 법원에 관할권을 인정한다는 관할합의조항과 다를 바 없는 결과를 초래하게 되고, 사업자가 그 거래상의 지위를 남용하여 사업자의 영업소를 관할하는 지방법원을 전속적 관할로 하는 약관조항을 작성하여 고객과 계약을 체결함으로써 거래질서를 훼손하는 등 고객에게 부당하게 불이익을 주는 것으로 무효인 약관조항이라고 볼 수밖에 없기 때문이다.[3]

(b) 약관에 의한 관할합의가 배제되는 경우

1) 약관에 의한 관할합의를 배제하기 위하여 법률에 **전속관할**을 규정하고 있는 경우가 있다. ① **할부거래** 및 선불식 할부거래와 관련된 소(할부거래에 관한 법률 44조), ② **특수판매**(방문판매·전화권유판매·다단계판매 등)와 관련된 소(방문판매 등에 관한 법률 53조), ③ **통신판매업자와의 거래**에 관련된 소(전자상거래 등에서의 소비자보호에 관한 법률 36조) 등에서는, 제소 당시 소비자의 주소 또는 거소가 분명하지 않는 경우를 제외하고는 제소 당시 **소비자의 주소**를, 주소가 없는 경우에는 **소비자의 거소**를 관할하는 지방법원의 **전속관할**로 한다.

---

1) 대결 2008. 12. 16. 2007마1328(경주에 주소를 둔 계약자와 대구에 영업소를 둔 사업자 사이에 체결된 위임계약서에 "이 위임계약으로 인하여 생기는 일체의 소송에 대해서는 대구지방법원을 전속적 관할법원으로 한다."는 관할합의조항을 둔 사안에서, 이러한 관할합의조항을 유효로 보았다); 김시철, "개별약정에 의한 관할합의의 허용범위와 법원이 관할합의 약관조항에 대하여 행하는 구체적 내용통제의 특성," 대법원판례해설 77호(2008년 하반기), 363쪽 이하.

2) 판례 가운데, **가맹점계약**(약관)상 **사업자의 본점 소재지** 관할법원을 **전속적 합의관할**로 하는 관할합의조항이 유효한지 여부에 관한 판단에서 약관의 규제에 관한 법률 14조 1호의 적용시 **고객의 관할이익을 보다 보호**하는 면에서 관할합의조항을 해석해야 함을 시사하고 있는 결정으로는, 대결 2019. 2. 15. 2018마6258.

3) 대결 2009. 11. 13. 2009마1482.

2) 이러한 소들은 통상 **소액사건**에 속하는 경우가 대부분이므로 실무상 **전속관할의 위배 여부**에 관하여 특히 주의해야 한다.

(3) 국제재판관할합의

(a) 의   의

국제재판관할합의에는 국내법원과 더불어 외국법원을 관할법원으로 하는 **부가적 합의**와 외국법원만을 관할법원으로 하는 **전속적 합의**가 있다. 전속적 합의는 우리나라 재판권을 배제하는 관할합의이므로 엄격하고 신중하게 해석해야 한다[우리나라에 제소된 사건에서 전속적 합의가 인정된다면 국제간에 이송제도도 없는 상태에서 부적법한 소로서 각하할 수밖에 없게 된다].

(b) 전속적 합의의 요건

판례는, **대한민국 법원**의 관할을 배제하고 **외국법원**을 관할법원으로 하는 **전속적 국제재판관할합의**가 유효하기 위해서는, ① 해당 사건이 대한민국 법원의 전속관할에 속하지 않고, ② 지정된 외국법원이 그 외국법상 해당 사건에 대하여 관할권을 가져야 하며, ③ 해당 사건이 그 외국법원에 대하여 **합리적 관련성**을 가질 것이 요구되며, ④ 전속적 관할합의가 현저하게 불합리하고 불공정하여 **공서양속**에 반하는 법률행위에 해당하지 않아야 한다는 입장이었다.[1)2)]

그러나 **2차 전부개정 국제사법 8조**는, 당사자 사이의 일정한 법률관계로 말미암은 소에 관하여 외국법원을 선택하는 **전속적 국제재판관할합의**가 있으면 그 합의가 효력이 없거나(국사 8조 단서 각호) 변론관할이 발생하는 때(국사 9조) 등을 제외하고는 대한민국 법원에 그 소가 제기되는 경우 대한민국 법원은 해당 소를 각하하도록 하여, 종래 판례가 제시한 합리적 관련성의 요건을 **별도로 요구하지**

---

1) 대판 2004. 3. 25. 2001다53349, 2010. 8. 26. 2010다28185, 2011. 4. 28. 2009다19093.
2) 판례가 전속적 국제재판관할합의의 유효요건의 하나로서 **합리적 관련성**(내국관련성)을 요구하는 것에 대하여, ① 합리적 관련성은 당사자 사이의 공평, 재판의 적정·신속 및 경제라는 민사소송법의 기본이념에도 부합할 뿐만 아니라 당사자 사이의 관할합의가 없는 경우 국제재판관할의 유무를 정할 때에 국제사법에서 '실질적 관련성'을 요구하고 있는 것과의 균형상으로도 정당하다는 견해[이인재, "국제적 관할합의," 사법논집 26집(1989. 12.), 636쪽 이하; 강희철, "전속적인 국제재판 합의의 유효요건," 인권과 정의 254호(1997. 10.), 105쪽 이하], ② 합리적 관련성은 그 개념이 명확하지도 않고, 이러한 개념의 요구는 관할합의의 영역을 줄어들게 할 우려가 있다는 입장에서 반대하는 견해[한충수, "국제재판관할합의에 있어서 전속적 관할합의의 유효요건 중 내국관련성 문제," 민사소송 1권(1998. 1.), 595쪽 이하; 정해덕, "선하증권상의 국제재판관할합의," 국제사법연구 8호(2003. 8.), 9쪽 이하]의 대립이 있었다.

않고 있다.[1]

(c) 전속적 합의 후 외국과 관련된 요소가 있는 법률관계가 발생한 경우

당사자가 법정관할법원에 속하는 여러 관할법원 가운데 어느 하나의 법원을 관할법원으로 하기로 약정했다면 그와 같은 약정은 그 **약정이 이루어진 국가 내에서** 재판이 이루어질 경우를 예상하여 그 국가 내에서의 전속적 관할법원을 정하는 취지의 합의라고 해석될 수 있다. 그러나 특별한 사정이 없는 한 다른 국가의 재판관할권을 완전히 배제하거나 다른 국가에서의 전속적인 관할법원까지 정하는 합의를 한 것으로 볼 수는 없다. 예컨대 일본국에 거주하던 채권자와 채무자가 돈을 대차하면서 채권자 주소지 법원을 제 1 심 관할법원으로 하는 전속적 관할합의를 했는데, 그 후 위 채권이 국내에 주소를 둔 내국인에게 **양도**되어 **외국과 관련된 요소가 있는 법률관계**가 발생한 경우에는 우리나라의 재판관할권이 성립될 수 있고, 이 경우에는 위 약정의 효력이 미치지 않으므로 관할법원은 우리나라의 소송법에 따라 정해진다.[2]

(d) 국제사법상 특례

외국과 관련된 요소가 있는 법률관계에 관한 **소비자계약**과 **근로계약**의 경우 **국제사법**은 이들 계약에서 국제재판관할의 합의는 **분쟁이 이미 발생한 때**에만 전속적 합의가 허용되며, **분쟁이 발생하기 전**에는 부가적 합의이어야 하는 등 국제재판관할의 합의의 요건을 정하고 있다(국사 42조 3항, 43조 3항).[3] 따라서 이러한 계약에서의 국제재판관할에 관한 합의는 분쟁이 이미 발생한 때, 또는 소비자·근로자에게 법상 관할법원에 추가하여 다른 법원에 제소하는 때에 한하여 허용되는 것이므로, 이러한 계약의 당사자가 **분쟁이 발생하기 전**에 우리나라 법원의 국제재판관할권을 배제하기로 하는 내용의 **합의**를 한 경우는 **무효**이다.[4]

---

1) 2차 전부개정 국제사법이 국제재판관할합의가 무효로 되는 사유로 합리적 관련성의 요건을 규정하고 있지 않음에도 향후 판례가 기존의 입장을 유지할 것인지 아니면 국제사법의 규정에 따른 전환을 할 것인지 지켜보아야 한다는 견해로는, 김인호, "국제거래분쟁의 해결을 위한 국제재판관할합의에 대한 분쟁," 국제거래법연구(국제거래법학회) 31권 1호(2022. 7.), 427쪽.
2) 대판 2008. 3. 13. 2006다68209.
3) 대판 2010. 8. 26. 2010다28185.
4) 대판 2006. 12. 7. 2006다53627.

5. 관할합의의 효력

(1) 관할의 변동

관할합의의 내용에 따라 법정관할권이 없는 법원에 **관할권을 발생**시키며(**부가적 합의**의 경우), 다른 법정관할의 **관할권을 소멸**시킨다(**전속적 합의**의 경우). 물론 법정관할법원 외의 법원을 전속적 합의관할법원으로 **명시**하는 등 분명히 한 경우에는 법정관할권이 없는 법원에 관할권을 발생시키며, 법정관할권을 소멸시킨다. 전속적 합의관할은 전속관할이 아니다. 따라서 다른 법원에 변론관할(법 30조)이 생길 여지가 있다. 합의된 법원이라도 현저한 '지연'을 피하기 위한 공익상 요청에 따라 다른 법정관할법원으로 이송할 수 있다(법 35조 본문).[1]

(2) 주관적 범위

(a) 원 칙

관할합의는 당사자와 그 **일반승계인**에게 미친다. 그러나 관할합의는 일반 제3자를 구속할 수 없다. 따라서 채권자와 보증인 사이의 보증계약상 관할합의의 효력은 약정당사자 아닌 주채무자에게 미친다고 할 수 없다.[2]

(b) 특정승계인에게 미치는지 여부

관할합의의 효력이 미치는 승계인에 **특정승계인**이 포함되는지가 문제된다. 소송물이 **채권적 권리**인 경우에는 권리관계의 내용을 당사자가 자유롭게 정할 수 있어 해당 권리관계의 특정승계인은 그와 같이 변경된 권리관계를 승계한 것이므로 관할합의의 효력은 양수인에게 미친다. 다만 채권적 권리라도 이에 관한 관할합의 후에 채권양도 등으로 인하여 **외국과 관련된 요소가 있는 법률관계**가 생긴 경우에는 달리 볼 수 있음은 이미 본 바와 같다. 그러나 소송물이 **물권적 권리**인 경우에는 권리관계의 내용을 당사자가 자유롭게 정할 수 없을 뿐 아니라 이를 공시할 수 있는 것도 아니어서 관할합의의 효력은 양수인에게 미치지 않는다(**통설**).[3] 예컨대 근저당권이 설정된 부동산을 양수한 사람에게는 양도인(근저당

---

1) 대결 2008. 12. 16. 2007마1328.

2) 대판 1988. 10. 25. 87다카1728.

3) 이에 대하여, 특정승계인의 관할합의 승계의 의사표시가 분명하거나 계약의 성질상 명확한 경우에는 물권과 채권을 가리지 않고 특정승계인에게 원래 계약당사자의 관할합의는 승계된다는 견해로는, 최광선, "민사소송법상 관할합의의 승계에 관한 소고," 법학논총(전남대학교 법학연구소) 42권 2호(2022), 29쪽 이하.

권설정자)과 근저당권자 사이의 근저당권설정계약에 포함된 관할합의의 효력이 미치지 않는다.[1]

판례도, 관할합의는 소송법상의 행위로서 합의당사자 및 그 일반승계인을 제외한 제 3 자에게 그 효력이 미치지 않는 것이 원칙이지만, 관할에 관한 당사자의 합의로 관할이 변경된다는 것을 실체법적으로 보면, **권리행사의 조건**으로서 그 권리관계에 **불가분적**으로 **부착**된 실체적 이해관계의 변경이라 할 수 있으므로, **지명채권**과 같이 그 권리관계의 내용을 당사자가 **자유롭게** 정할 수 있는 경우에는 해당 권리관계의 특정승계인은 그와 같이 **변경된 권리관계**를 **승계**한 것이어서, 관할합의의 효력은 특정승계인에게도 미친다고 보고 있다.[2]

Ⅵ. 변론관할

1. 의   의

변론관할은 원고가 관할권 없는 법원에 소를 제기하고 **제 1 심법원**에서 피고가 이의 없이 이에 응한 때에 생기는 관할이다(법 30조)[**구법**에서는 '**응소관할**'이라고 했다]. 변론관할은 소송수행의 편의라는 당사자의 이익과 소송촉진 등을 고려한 것으로, **임의관할**의 경우에만 인정된다[즉 전속관할에는 적용이 없다(법 31조)]. 소제기 당시에 관할권이 없는 경우뿐만 아니라 그 후 제 1 심에서 청구취지의 확장 등 청구의 변경, 또는 반소 등의 제기에 의하여 관할권이 없게 된 경우에도 변론관할이 생길 수 있다. 한편 국제재판관할에도 변론관할이 발생할 수 있음은 국제재판관할권 유무에서 이미 살펴본 바와 같다.

2. 요   건

(1) 본안에 대한 변론 또는 진술

1) 변론관할은 피고가 **관할위반의 항변**을 하지 않고, **본안**에 대하여 (변론기일에서) **변론**하거나 변론준비기일에서 **진술**하는 때에 발생한다(법 30조). 여기서 **본안**은 청구의 당부에 관한 것이다. 즉 실체사항이 아닌 절차사항에 관하여 신청·주장을 하는 경우, 예컨대 기일변경신청을 하거나 본안전 항변으로 소각하판결을 구하

---

1) 대결 1994. 5. 26. 94마536.
2) 대결 2006. 3. 2. 2005마902.

는 것은 이에 해당하지 않는다. 피고가 **주위적**으로 소각하판결을, **예비적**으로 청구기각판결을 구한 때에는 본안에 대하여 변론이나 진술을 한 것으로 보지 않는다.[1]

　　2) 변론준비기일이나 변론기일에 출석한 피고가 청구기각판결을 구하는 진술만 한 채 청구원인에 관한 답변을 뒤로 미루는 경우 본안에 대하여 변론이나 진술을 한 것으로 볼 것인지에 관해서는 논의가 있다. **통설**은, 이 경우에도 본안에 해당하는 청구 자체가 이유 없다고 하여 그 배척을 구하는 취지로 보아 이를 인정하고 있다. 그러나 **판례**는 원고가 소장을 진술한 데 대하여 피고가 '원고청구기각의 답변'을 한 것만으로는 본안에 대한 변론을 한 것으로 보지 않으므로 부정적인 입장이다.[2] 다만 법 256조 1항 본문은 피고가 원고의 청구를 다투는 경우 소장부본을 송달받은 날부터 30일 이내에 **답변서**를 제출하도록 하고 있고, 규칙 65조 1항은 이러한 답변서에 소장에 기재된 개개의 사실에 대한 **인정 여부** 등을 **구체적**으로 적도록 하고 있어, 변론준비기일이나 변론기일에 출석하여 답변서를 진술하는 피고로서는 본안에 대한 진술이나 변론 여부를 명백히 해야 하므로 논의의 실익이 없다.

　　3) 피고가 변론기일에 **출석**하여 변론을 하거나 변론준비기일에 출석하여 진술해야 하므로, 이들 기일에 출석해도 변론·진술을 하지 않는 경우 또는 불출석에 의하여 답변서 등이 진술된 것으로 간주되는 경우는 이에 포함되지 않는다.[3]

(2) 관할위반의 항변의 부존재

변론관할이 생기기 위해서는 **관할위반의 항변**이 없어야 한다. 이러한 항변은 **묵시적**으로 가능하다. 피고가 원고 제소의 법원에 관할권이 있는 것을 **조건**으로 본안에 대하여 변론 등을 한 때에는 관할위반의 항변을 한 것으로 볼 수 있다. 관할권이 발생된 뒤에는 관할위반의 항변이 허용되지 않으며, 뒤에 관할위반의 흠을 주장하지 못한다.

---

1) 대판 2010. 7. 22. 2009므1861,1878 등.
2) 대판 1991. 3. 27. 91다1783,1790.
3) 대결 1980. 9. 26. 80마403.

Ⅶ. 관할권의 조사

1. 직권조사

(1) 관할권 유무를 조사하는 경우

법원은 관할권 유무에 관하여 직권으로 조사할 수 있다(법 32조).[1] 임의관할을 위반했다 하더라도 변론관할이 생길 수 있으므로 법원으로서는 관할을 위반하여 제소된 소송에서 피고의 관할위반의 항변을 기다려 관할권 유무를 조사한다. 따라서 법원이 직권으로 관할권 유무를 조사할 필요가 있는 것은 ① 변론관할이 발생할 여지가 없는 전속관할의 경우, ② 임의관할에서 피고가 관할위반의 항변을 하고 있는 경우이다.

(2) 관할권 유무와 직권조사사항 여부

관할권 유무는 소송요건이다. ① **임의관할**의 경우 관할위반의 항변이 있어야 법원이 관할권 유무에 관하여 조사를 개시하므로 임의관할사항은 소송요건 가운데 직권조사사항이 아니라 **항변사항**(본안전 항변 가운데 **방소항변**)이다. ② **전속관할**의 경우 관할위반의 항변이 없더라도 법원이 직권으로 관할권의 유무에 관하여 조사를 개시해야 하므로 전속관할사항은 소송요건 가운데 **직권조사사항**이다.

(3) 관할권 유무를 조사하는 법원

① **임의관할**의 경우 비록 피고가 제 1 심법원에서 관할위반의 항변을 했다고 하더라도[따라서 변론관할이 생기지 않았음에도 불구하고 제 1 심법원이 적법한 관할법원으로 소송이송을 하지 않은 채 판결을 했다 하더라도] 상소심(항소심·상고심)에서는 관할위반을 다툴 수 없으므로(법 411조 본문) 관할권 유무는 **제 1 심법원**에서만 조사한다. ② **전속관할**의 경우 상소심에서 관할위반을 다툴 수 있으므로(법 411조 단서, 424조 1항 3호. 상고시 절대적 상고이유가 된다) 관할권 유무는 **제 1 심법원**뿐만 아니라 **상소법원**에서도 조사해야 한다.

---

1) 대결 1980. 6. 23. 80마242.

2. 조사방법

(1) 관할의 원인에 따른 조사방법의 차이

관할권 유무에 관한 조사는 관할을 정하기 위하여 필요한 한도 내에서 하면 된다.

(a) 관할이 청구원인에 의해 정해지는 경우

관할이 청구의 종류나 법적 성질과 관계되어 **청구원인**에 의해 정해지는 경우, 예컨대 비재산권을 목적으로 하는 청구인지 여부, 특별재판적 가운데 어떠한 청구에 관한 것인지 여부 등은 원고의 청구원인사실을 기초로 하여 관할권의 유무를 확인한다. 관할의 판단은 본안청구에 관한 당부의 판단과는 분리되므로 원고의 청구원인에 관한 주장사실이 존재한다고 가정하여 관할의 유무를 판단한다.

판례는, 관할권은 법원이 사건에 관하여 재판권을 행사할 권한으로서 청구의 당부에 관하여 본안판결을 할 수 있는 **전제요건**을 이루는 것이므로 법원은 **우선** 사건에 관하여 **관할권 유무**를 확인한 후에 **본안심리**에 들어가야 하며, 관할의 원인이 동시에 본안의 내용과 관련이 있는 때에는 원고의 청구원인사실을 기초로 하여 관할권 유무를 판단할 것이지, 본안심리를 한 후에 관할권의 유무를 결정할 것은 아니라고 보고 있다.[1]

(b) 관할이 법원과의 특수관계에 의해 정해지는 경우

관할이 청구의 종류나 법적 성질과 관계없이 **법원과 특수관계**에 의하여 정해지는 경우, 예컨대 합의관할의 법원을 어느 법원으로 한 것인지 여부, 피고가 관할법원의 구역 내에 주소·거소 또는 재산이 있는지 여부, 불법행위 지점이 관할법원의 구역 내에 있는지 여부 등은 해당 관할원인이 되는 사실에 대한 증거조사를 해서 관할권 유무를 확인한다.

(2) 관할의 존부에 관한 증명책임 및 직권증거조사 여부

① **전속관할**의 경우 관할의 유무는 **직권조사사항**으로 판단자료의 수집에서 원칙적으로 직권증거조사가 허용된다(직권조사사항 가운데 **직권탐지형**). 이 경우 관할의 존재에 관한 증명책임이 **원고**에게 있다. ② **임의관할**의 경우 관할의 유무는 **항변사항**이지만 본안에 관한 항변사항과 달리, 법 32조에 의하여 원칙적인 직권

---

1) 대결 2004. 7. 14. 2004무20.

증거조사가 허용된다. 이 경우 관할의 부존재에 관한 증명책임이 **피고**에게 있다.

3. 관할결정의 표준시

(1) 관할의 항정 여부

법원의 관할은 소를 제기한 때를 표준으로 정한다(법 33조). 여기서 소를 제기한 때란 법원에 **소장의 접수를 조건으로 소장을 제출한 때**를 말한다(**2023. 4. 18. 개정, 2023. 10. 19. 개정** 법 248조 3항). 소제기시에 관할이 인정되는 한 그 뒤 **사정변경**[예컨대 ① 토지관할에서 **당사자 주소의 변경**이 있는 경우, 또는 ② 사물관할에서 **소송의 목적물인 토지·건물 등의 가액의 변동**이 있는 경우 등]이 있다 하더라도 관할에 영향이 없다[**관할의 항정**(恒定)]. 그러나 **예외적으로** 단독판사 관할의 본소 계속 중에 **청구취지의 확장** 등 **청구의 변경**으로 합의사건이 된 경우, 또는 합의부의 관할에 속하는 반소, 중간확인의 소, 독립당사자참가 등 **소송 중의 소**의 제기로 합의사건이 된 경우에는 합의부로의 이송원인이 된다.

(2) 관할위반의 흠의 치유

소제기시에 관할이 없는 경우에도 제 1 심 변론종결시까지 관할원인이 생긴다면 관할위반의 흠은 치유된다.

4. 관할의 존재에 관한 재판

(1) 관할권이 인정되는 경우

관할권의 조사결과 관할권의 존재가 인정되면 심리를 그대로 진행한다. 당사자 사이에 다툼이 있으면 이에 대하여 중간판결(법 201조 1항)을 하든지, 종국판결의 이유에서 판단한다.

(2) 관할권이 인정되지 않는 경우

관할권의 조사결과 관할권이 없으면 **직권이송**한다(법 34조 1항). 이 경우 당사자에게 이송신청권이 없다. 따라서 당사자가 신청을 하더라도 이에 대하여 재판할 필요가 없다. 만약 이에 대한 재판을 하는 경우에도 그 결정에 대해서는 즉시항고가 인정되지 않는다.

Ⅷ. 소송의 이송

1. 의   의

소송의 이송이란 어느 법원에 계속된 소송을 다른 법원으로 이전하는 것을 말한다(법 34조·35조·36조). 관할을 위반하여 제소된 때에는 관할법원으로 소송을 이송해야 하며, 관할을 위반하여 제소된 것은 아니지만 심판의 편의 등을 위하여 다른 법원으로 소송이송을 할 수 있다. 제 1 심에서 하는 소송의 이송이 있는가 하면, 상급심에서 하는 소송의 이송도 있다. 소송의 이송은 소송상 부담의 절감, 시효 중단·기간준수의 효력 유지, 소송촉진과 소송경제 등의 필요에 의하여 인정된다. 소송의 이송과 구별할 것으로는 '**이부**'(移部)가 있다. 이부는 동일 법원 내부에서 사건을 재배당하는 것을 말한다. 한편 사법보좌관이 판사로 사건을 송부하는 '**사건의 송부**'도 있다(사보규 7조).

▣ 상소장을 원심법원에 제출하지 않은 경우와 상소장의 송부

(1) 실무상 인정되는 상소장의 원심법원에의 송부

상소장을 **원심법원**에 제출하지 않고(법 397조 1항은 "항소는 항소장을 제 1 심 법원에 제출함으로써 한다."라고 규정하고 있다. 이를 **상소장 원심법원제출주의**라 한다) **원심법원이 아닌 법원**(상소법원 등)에 상소장을 제출한 경우 실무상 그 법원은 원심법원으로 **상소장을 송부**한다. **판례**는, 원심법원이 아닌 법원에 상소장을 제출한 경우 상소제기의 효력이 없고,[1] 다만 상소장을 제출받은 법원은 상소장을 **기록(상소장)송부의 형식**으로 원심법원에 송부해야 한다는 입장이다.

(2) 상소장의 송부와 상소기간의 준수 여부

판례는, 이 경우 상소기간을 넘겼는지 여부와 관련하여 **상소제기의 시기**는 원칙적으로 원심법원이 아닌 법원에 최초로 상소장이 제출된 때가 아니라 상소장이 기록송부의 형식으로 **원심법원에 송부되어 접수된 때**로 보고 있다.[2] 다만 **판례**는, 항소심판결에 대하여 상고를 제기하기 위해서는 원심법원인 서울고등법원에 **상고장을**

---

1) 대결 1992. 4. 15. 92마146.

2) 항소장을 원심법원에 제출하지 않은 경우 항소장의 송부에 관해서는, 대결 1987. 12. 30. 87마1028, 1992. 4. 15. 92마146. 상고장을 원심법원에 제출하지 않은 경우 상고장의 송부에 관해서는, 대결 1981. 10. 31. 91누230. 항고장을 원심법원에 제출하지 않은 경우 항고장의 송부에 관해서는, 대결 1985. 5. 14. 85마178; 조수정, "원심법원 이외의 법원에 상소가 제출된 경우에 있어서의 상소제기기간," 민사판례연구 20권(1998. 6.), 485쪽 이하.

제출해야 하는데 원심법원이 아닌 서울중앙지방법원 종합접수과에 상고장을 제출한 경우, 동일한 청사에 위치한 관계로 착각하여 혼동할 수 있는 점, 지체없이 송부했더라면 기간을 지킬 수 있었던 점 등을 종합하여 상고장을 제출한 때 상고기간이 지켜진 것으로 보고 있다.[1]

2. 관할위반에 의한 이송

(1) 적용범위

관할위반에 의한 이송은 관할권이 없는 법원에서 관할권이 있는 법원으로 이송하는 것을 말한다(법 34조 1항). 관할위반은 전속관할위반에 국한하지 않으며, 임의관할로서 변론관할이 생기지 않는 한 그 위반이 토지관할·사물관할인지를 묻지 않는다. 소송사건이 아닌 **신청사건**의 경우 **관할위반의 신청**에 관하여 해당 법률에서 이를 **각하**하도록 규정하고 있지 않는 한[관할위반의 **지급명령신청사건**은 각하하도록 규정하고 있다(법 465조 1항, 463조)], 원칙적으로 관할위반에 의한 이송에 관한 **법 34조 1항의 규정**이 **준용**된다.[2]

(2) 심급관할위반에 의한 이송

(a) 심급관할위반의 소의 경우

제 1 심법원에 제기할 소를 상급심법원에 제기하거나 상급심법원에 제기할 소를 제 1 심법원에 제기한 때에는 해당 심급 관할법원으로 이송해야 한다. 예컨대 **재심대상판결**이 항소심판결로서 재심관할법원인 **항소법원**(법 453조 1항)에 재심의 소를 제기해야 함에도[재심관할법원은 재심대상판결을 한 법원의 전속관할이다(법 453조 1항)] **제 1 심법원**에 **재심의 소**를 제기한 때[재심소장에 재심대상판결을 제 1 심판결로 표시한 경우이다]에는 제 1 심법원은 항소법원으로 이송해야 한다.[3]

(b) 심급관할위반의 상소의 경우

먼저 심급관할위반의 상소와 구별할 것은 상소인이 상소장을 원심법원에 제출하지 않은 때에 하는 (앞서 본 바와 같은) 원심법원으로의 **상소장 송부**이다[이 경

---

1) 대결 1996. 10. 25. 96마1590.
2) 예컨대 **민사집행사건**의 경우는 민집 23조 1항, **회생·파산사건**의 경우는 채무회생 33조. 한편 **비송사건**의 경우 비송사건절차법에서 민사소송법의 준용을 일부 사항으로 제한하는 규정을 두고 있으나(비송 10조), 법 34조 1항이 준용되는 것으로 본다. 다만 **민사조정사건**의 경우와 같이 해당 법률에서 관할위반의 이송에 관한 별도의 규정을 두기도 한다(민조 4항).
3) 대판(전) 1984. 2. 28. 83다카1981.

우 원심법원으로 상소장이 송부되어 원심법원에 상소장이 접수된 때를 기준으로 상소기간
이 지켜졌는지 여부를 결정한다]. 이는 상소장을 잘못 제출한 데 불과한 것으로 심급
관할위반의 상소라고 볼 수 없다. 상소인이 원심법원에 상소장을 제출했으나 원심
법원이 소송기록을 적법한 상소법원에 송부하지 않은 때에는 소송기록을 잘못 송
부받은 법원은 정당한 상소법원으로 심급관할위반에 의한 이송을 해야 한다.

▣ 심급관할위반에 의한 이송에 관한 판례의 태도
(1) 즉시항고 · 통상항고사건에 관한 심급관할위반의 경우
① **즉시항고**로 불복해야 할 사건을 불복서면에 '재항고장'이라고 기재되었다고
하여 원심법원(제1심법원)이 대법원에 기록을 송부를 했다면 대법원은 항고법원으
로 사건을 이송해야 한다.1) 한편 즉시항고로 불복해야 할 사건을 원심법원이 특별
항고로 보아 대법원에 기록을 송부했다면 대법원은 항고법원으로 사건을 이송해야
한다.2) ② **통상항고**로 불복해야 할 사건을 불복서면에 '특별항고장', '대법원 귀중'
이라고 기재되었다고 하여 원심법원이 대법원에 기록을 송부했다면 대법원은 항고
법원으로 사건을 이송해야 한다.3)
(2) 특별항고 · 재항고사건에 관한 심급관할위반의 경우
① **특별항고**만이 허용되는 재판에 대하여 원심법원(제1심법원)에 항고장을 제
출하면서 특별항고라는 표시와 항고법원을 대법원으로 표시하지 않아 원심법원이
항고법원으로 기록을 송부했다면 항고법원은 대법원으로 사건을 이송해야 한다.4)
② 항소법원(지방법원 항소부)이 한 결정으로 대법원에 **재항고**할 사건인데도(법
442조) 즉시항고로 보아 원심법원이 항고법원(고등법원)으로 기록을 송부했다면 항
고법원은 대법원으로 사건을 이송해야 한다.5)

(3) 민사소송사건으로 혼동한 소제기와 이송
(a) 가사소송사건의 경우
가정법원이 관할할 사건은 가사소송법상 **전속관할**로서 법정되어 있어(가소 2

---

1) 대결(전) 1995. 1. 20. 94마1961.
2) 대결 2018. 10. 25. 2018그82.
3) 대결 1997. 3. 3. 97으1.
4) 이 경우 잘못 기록을 송부받은 항고법원이 대법원으로 이송하지 않고 항고심으로 재판을
했다면 이는 권한 없이 재판을 한 셈이 된다. 따라서 항고법원의 이러한 결정에 대하여 불복
하여 대법원에서 재판을 하는 경우에는 대법원은 **항고법원의 재판을 고려함이 없이** 해당 사
건을 제1심법원의 결정에 대한 특별항고사건으로 보아 재판을 한다. 대결 2014. 1. 3. 2013
마2042, 2016. 4. 18. 2015마2115, 2016. 6. 21. 2016마5082.
5) 대결 2004. 4. 28. 2004스19.

조·13조) 민사법원이 관장할 여지가 전혀 없다. **가사소송사건을 민사소송사건으로 혼동하여 소를 제기한 경우**에는 가정법원(또는 그 지원)으로 이송한다.[1]

(b) 행정소송사건의 경우

1) **행정소송사건을 민사소송사건으로 혼동하여 소를 제기한 경우** 이러한 제소에 고의 또는 중대한 과실이 없다면 수소법원이 그 **행정소송에 대한 관할을 동시에 가지고 있지 않는 한** 행정법원으로 이송한다.[2][3] 즉 ① **서울의 경우**(행정법원이 설치된 지역) 소가 제기된 **서울의 각 지방법원**에서 **서울행정법원**으로, ② **서울 외의 경우**(행정법원이 설치되지 않은 지역) 소가 제기된 **각 지방법원 지원**에서 **각 지방법원 본원**으로 이송한다.[4]

행정소송법 7조는 원고의 고의 또는 중대한 과실 없이 행정소송이 심급을 달리하는 법원에 **잘못 제기된 경우**에 민사소송법 34조 1항을 적용하여 이를 관할법원에 이송하도록 규정하고 있을 뿐 아니라,[5] 이는 관할위반의 소를 부적법하다고 하여 각하하는 것보다 관할법원에 이송하는 것이 당사자의 **권리구제**나 **소송경제**의 측면에서 바람직하기 때문이다. 다만 이러한 경우에도 수소법원으로서는 해당(행정)소송이 일정한 경우 요구되는 이미 행정소송으로서의 전심(前審)절차[6]를 거치지 않았다든지, 원칙적으로 요구되는 제소기간[7]을 이미 넘겼거나, 행정소송의 대상이 되는 처분 등이 존재하지도 않는 상태에 있는 등 행정소송으로서의 **소송**

---

1) 대결 1980. 11. 25. 80마445; 박동섭, "가사소송의 몇 가지 문제점," 인권과 정의 246호 (1997. 2.), 58쪽 이하.

2) 대판 2021. 2. 4. 2019다277133 등.

3) **판례**는 행정소송사건이 행정법원의 **전속관할**에 속하는 것으로 본다. 대판 2010. 4. 8. 2009다27636, 2010. 7. 29. 2008다6328, 대판(전) 2013. 3. 21. 2011다95564.

4) **행정법원이 설치되지 않은 지역**에서 행정법원의 권한에 속하는 사건은 행정법원이 설치될 때까지 **해당 지방법원 본원**이 관할한다(법조 부칙 2조). 따라서 따로 행정법원이 설치된 서울(서울행정법원)을 제외하고 피고의 소재지를 관할하는 법원이 행정사건을 관할한다.

5) 행정소송법이 **1994. 7. 27. 개정되기 전**에는 행정소송 가운데 취소소송 등 **항고소송**의 제1심 관할법원은 피고의 소재지를 관할하는 고등법원으로, 현재와 같은 3심제가 아니라 2심제를 채택했다(1984. 12. 15. 전부개정, 1985. 10. 1. 시행 행소 9조·38조). 따라서 애당초 행정소송법 7조는 항고소송이 고등법원에 제소되지 않고, (민사)지방법원에 제소된 경우 주로 기능했다.

6) 행정소송 가운데 취소소송은 법령의 규정에 의하여 해당 처분에 대한 행정심판을 제기할 수 있는 경우에도 이를 거치지 않고 제기할 수 있으나, 다른 법률에 해당 처분에 대한 행정심판의 재결을 거치지 않으면 취소소송을 제기할 수 없다는 규정을 두고 있는 때에는 일정한 예외적 경우를 제외하고는 **원칙적으로** 행정심판의 절차(전심절차)를 거쳐야 한다(행소 18조).

7) 행정소송 가운데 취소소송은 **원칙적으로** 처분 등이 있음을 안 날부터 90일 이내에, 정당한 사유가 없는 한 처분 등이 있은 날부터 1년 이내에 제기해야 한다(행소 20조).

요건을 갖추지 않고 있음이 **명백**하여 행정소송으로 제기되었더라도 어차피 부적법하게 되는 때에는 이를 각하해야 한다.[1]

　　2) 행정소송사건에 관하여 고의 또는 중대한 과실 없이 민사소송으로 잘못 제기되었다 하더라도 수소법원이 그 **행정소송에 대한 관할을 동시에 가지고 있는 때**에는 앞서와 같이 어차피 부적법하게 되는 것이 아닌 이상 원고로 하여금 행정소송으로 **소**(소의 종류)**를 변경**하도록 석명권을 행사하여 **행정소송법**이 정하는 절차에 따라 심리·판단해야 한다.[2] **판례**는, 행정소송(항고소송)으로 제기했어야 할 소를 민사소송으로 제기했다 하더라도 그 **항소법원**이 행정소송에 대한 관할을 동시에 가지고 있다면, 당사자의 권리구제나 소송경제의 측면에서 행정소송에 대한 **제1심법원으로서** 사건을 심리·판단해야 한다고 본다.[3]

　(c) 비송사건의 경우

　　1) **비송사건을 민사소송사건으로** 혼동하여 소로서 제기한 경우 법 34조 1항을 유추적용하여 비송사건의 관할법원으로 이송해야 하는지 여부에 관하여, 다수설은 소송과 비송의 한계가 불분명한 점을 고려하여 법 34조 1항을 유추적용해서 이송해야 한다고 보고 있다.[4] 그러나 비송사건절차법에 의한 간이하고 경제적인 특별구제절차가 있음에도 불구하고 민사소송으로 제기한 때에는 소의 이익(권리보호자격)이 없으므로 소를 각하해야 한다. **판례도 기본적으로는 같은 입장이다.**[5]

---

1) 대판 2008. 7. 24. 2007다25261, 2017. 11. 9. 2015다215526, 2018. 7. 26. 2015다221569 등. 다만 소송이송 후 행정법원의 허가를 얻어 다른 행정소송으로 변경될 수 있는 경우에는 소가 부적법하여 각하될 것이 명백한 경우에 해당한다고 보기 어렵다. 대판(전) 2009. 9. 17. 2007다2428, 대판 2010. 4. 8. 2009다27636, 2010. 7. 29. 2008다6328.

2) 대판 2009. 11. 26. 2008다41383, 2020. 1. 16. 2019다264700, 2020. 4. 9. 2015다34444.

3) 대판(전) 1996. 2. 15. 94다31235.

4) 이시윤, 129쪽; 김홍규·강태원, 178쪽; 정동윤·유병현·김경욱, 183쪽; 송상현·박익환, 110쪽; 강현중, 186쪽; 손한기, 59쪽; 홍기문, 103쪽.

5) 대판 1976. 10. 26. 76다1771(법인의 이사가 없거나 결원이 있는 경우(민 63조) 비송사건절차법에 따른 법원의 임시이사선임결정(비송 33조 1항)에 대하여 불복이 있다면 같은 법 규정(비송 20조)에 의하여 항고로서 불복을 해야 함에도 불구하고, 임시이사선임결정 자체가 부당하다는 이유로 일반 민사소송으로 임시이사선임결정의 취소를 구하는 청구는 허용되지 않는다), 대판 2013. 3. 28. 2012다42604, 2013. 11. 28. 2013다50367(상법 391조의3 4항의 규정에 의한 이사회 의사록의 열람 등 허가사건은 비송사건절차법 72조 1항에 규정된 비송사건이므로 민사소송의 방법으로 이사회 의사록의 열람 또는 등사를 청구하는 것은 허용되지 않는다). 호문혁, 205쪽도 이 경우는 관할위반의 문제가 아니라 본래 선택했어야 할 구제수단과는 완전히 다른 종류의 절차와 다른 내용의 청구를 하는 것이기 때문에 권리보호자격의 불비로 부적법하므로 각하해야 한다는 입장이다.

2) 다만 **판례**는, 소송사건과 비송사건의 구별이 항상 명확한 것은 아니고, **비송사건절차법이나 다른 법령에 비송사건임이 명확히 규정되어 있지 않은 경우** 당사자로서는 비송사건임을 알기 어려우므로, **이러한 경우** 수소법원은 **당사자에게 석명을 구하여** 당사자가 소로써 제기한 사건을 소송절차로만 처리해 달라는 것이 아니라 **비송사건으로 처리해 주기를 바라는 의사도 포함되어 있음**이 확인된다면, 당사자의 소제기를 비송사건신청으로 **재배당** 등을 거쳐 **비송사건으로 심리·판단**해야 하고, 그 비송사건에 대한 토지관할을 가지고 있지 않을 때에는 **관할법원에 이송**하는 것이 타당하다고 보고 있다.[1] 실무상 당사자의 편의를 위하여 원래 사건을 취하하고, 올바른 절차에 따라 관할법원에 신청하도록 안내하는 경우가 많다.[2]

(4) 관할위반에 의한 이송의 모습

(a) 전부이송과 일부이송

관할위반에 의한 이송에는 전부이송 또는 일부이송이 있다(법 34조 1항). **전부이송**은 병합된 청구의 전부가 관할위반인 경우에 하는 이송이며, **일부이송**은 병합된 청구의 일부가 관할위반인 경우에 하는 이송이다. **소송의 일부**에 관하여 일부이송을 해야 할 사건에서 **관할권** 있는 나머지 **소송부분**에 대해서도 뒤에서 보는 바와 같이 현저한 손해나 지연을 피하기 위한 이송이 필요하다고 인정될 때에는 법 35조 본문을 함께 적용하여 **소송의 전부**를 이송할 수도 있다.[3]

(b) 직권이송

1) 관할위반에 의한 이송은 **직권이송**이다. 따라서 당사자에게는 **이송신청권**이 없다. 이에 대하여, 관할권 있는 법원에서 재판을 받을 피고의 이익보호의 필요와 관할위반에 의한 이송이 아닌 다른 원인에 의한 이송에 이송신청권이 인정되는 것과의 균형상 이송신청권을 주어 신청기각결정에 즉시항고를 인정함이 타당하다는 견해가 있다.[4][5]

---

1) 대판 2023. 9. 14. 2020다238622(구 기업구조조정 촉진법 32조 3항에 의한 금융채권자조정위원회 조정결정의 변경결정청구가 민사소송절차로 제기된 사건에서, 제 1 심법원은 위 변경결정청구가 비송사건에 해당한다는 이유로 소를 각하했으나, 원심은 제 1 심이 위 변경결정청구를 비송사건으로 심리·판단했어야 한다는 이유로 사건을 제 1 심으로 환송했는데, 대법원은 원심판단이 정당하다고 하여 상고를 기각했다).
2) 법원실무제요 비송, 8쪽.
3) 법원실무제요 민사소송(1), 65쪽.
4) 이시윤, 130쪽; 김홍규·강태원, 181쪽; 정동윤·유병현·김경욱, 187쪽; 한충수, 88쪽.
5) **일본**의 경우 "법원은 소송의 전부 또는 일부가 그 관할에 속하지 않는다고 인정하는 때에

  2) **판례**는 당사자에게 이송신청권 및 즉시항고권(불복신청권) 등을 인정하지 않는다.[1][2] **판례**는, 법원은 그 관할에 속하지 않음을 인정한 때에는 법 34조 1항에 의하여 **직권으로** 이송결정을 하는 것이고, 소송당사자에게 관할위반을 이유로 하는 **이송신청권**이 있는 것이 아니므로, 당사자가 관할위반을 이유로 한 이송신청을 한 때에도 이는 단지 법원의 **직권발동을 촉구하는 의미**밖에 없으며, 따라서 법원은 이송신청에 대해서는 재판을 할 필요가 없다는 입장이다.[3]

  이에 따라 **판례**는, ① 법원이 이송신청을 기각하는 결정을 한 경우에도 **즉시항고**가 허용될 수 없으므로 항고법원은 항고를 각하하는 결정을 해야 하는데, 비록 항고법원이 항고를 각하하는 결정을 하지 않고 항고이유의 당부에 관한 판단을 하여 기각하는 결정을 했다고 하더라도 이러한 **항고기각결정**은 항고인에게 어떠한 불이익을 주는 것이 아니므로 항고법원의 결정에 대하여 **재항고**를 할 아무런 이익이 없어 이에 대한 재항고는 허용되지 않으며, ② 법원이 당사자(피고)의 신청에 따른 **직권발동**으로 **이송결정**을 한 경우에는 (뒤에서 보는 바와 같이) 즉시항고가 허용되지만(법 39조), 당사자(피고)에게 이송신청권이 인정되지 않는 이상 **항고심**에서 당초의 **이송결정이 취소**되었다 하더라도 항고법원의 결정에 대하여 **재항고**는 허용되지 않으며,[4] ③ 법원이 관할위반에 의한 이송신청에 대하여 재판을

는 **신청에 의하여** 또는 **직권으로** 이를 관할법원에 이송한다.”는 규정을 둠으로써 이송신청권을 인정하고 있다(일본 민사소송법 16조).

  1) **대결(전) 1993. 12. 6. 93마524**. 위 전원합의체 결정의 **반대의견**은 다수의견의 해석이 법원의 편의에 입각한 것이라고 비판하면서, 법 34조 1항은 피고의 관할이익을 보호하는 법원의 책무를 규정한 것으로 피고의 이송신청권을 부정하는 취지라고 해석해서는 안 된다고 한다. 특히 당사자에게 법률상 관할위반을 이유로 하는 이송신청권이 있고 없고를 떠나서 법원이 일단 이송신청을 기각하는 재판을 했으면 적어도 그에 대한 불복은 허용되어야 함을 강조하고 있다. 황병하, “관할위반을 이유로 한 소송이송신청을 기각한 결정에 대한 불복,” 국민과 사법(윤관대법원장퇴임기념, 1999. 1.), 637쪽 이하. 일본 민사소송법 16조 1항에서는 당사자에게 이송신청권을 인정하고 있다.

  2) 판례의 태도에 찬동하는 견해로는, 강현중, 187쪽; 송상현·박익환, 111쪽; 호문혁, 206쪽.

  3) 판례 가운데 제1심의 이송결정에 대하여 한 즉시항고를 기각한 원심결정을 파기하면서, “상대방의 관할위반을 이유로 한 이 사건 이송신청은 단지 법원의 직권발동을 촉구하는 의미밖에 없으므로, 이에 대해 따로 재판을 하지 않는다.”고 판시한 결정으로는, 대결 2019. 2. 15. 2018마6258.

  4) 대결 2018. 1. 19. 2017마1332, 2018. 10. 19. 2018마5705. 판례의 태도에 대하여, 관할위반에 의한 이송에서 항고법원이 원심법원의 이송결정을 취소하더라도 이는 이송신청을 기각한 결정이 아니라 항고법원의 취소결정에 해당하므로 재항고가 있으면 이에 대한 당부판단을 해야 한다는 견해로는, 한충수, “관할위반을 이유로 한 이송결정과 이에 대한 즉시항고 및 재항고,” 법조 통권 731호(2018. 10.), 562쪽 이하.

할 필요가 없는데도 이송신청을 기각하는 결정에 대해서는 앞서와 같이 **즉시항고**가 허용되지 않을 뿐만 아니라, 특별항고를 할 어떠한 이익도 없으므로 **특별항고**(법 449조)도 허용되지 않는다고 보고 있다.[1]

(c) 관할의 경합과 소송의 이송

소송의 이송시 관할권 있는 법원이 경합할 때에는 희망하는 법원으로 이송함이 타당하다.

3. 심판의 편의에 의한 이송

(1) 현저한 손해나 지연을 피하기 위한 이송

(a) 의　　의

법원이 소송에 대하여 관할권을 가지는 경우에도 현저한 손해나 지연을 피하기 위하여 필요하면 소송의 전부 또는 일부를 다른 관할법원에 이송할 수 있다(법 35조 본문). 현저한 손해나 지연을 피하기 위한 이송은 관할권 있는 법원 사이의 이송으로 원고의 관할권 선택의 범위를 넓게 인정하면서 그 폐해를 제거하고자 하는 입법취지에서 마련되었다. 같은 취지의 규정은 민사소송법 외에도 민사집행법(284조, 290조 1항), 가사소송법(13조 4항), 채무자 회생 및 파산에 관한 법률(4조) 등에도 있다.

(b) 현저한 손해 및 지연의 의미

여기서 '**현저한 손해**'는 당사자에게 소송수행상의 부담이 생겨 소송불경제가 되는 경우로서, 이에 관한 규정은 주로 피고의 소송수행상의 부담과 소송경제를 고려한 **사익적 규정**이다. 반면 여기서 '(**현저한**) **지연**'은 법원의 심리상 증거조사 등 시간과 노력이 크게 소요되어 신속한 사건처리가 저해(沮害)되는 경우로서, 이에 관한 규정은 법원의 증거조사·소송촉진 등을 고려한 **공익적 규정**이다. 현저한 손해 또는 지연에 해당하는지 여부는 자유재량으로 판단한다. **판례**는 그 요건을 매우 엄격하게 해석하여, (대법원) 판례에서 이를 인정한 사례가 아직까지 보이지 않는다.[2]

---

[1] 대결 1996. 1. 12. 95그59 등.

[2] 이에 대하여, 이러한 이송제도는 미국법상의 forum non conveniens 법리와 맥을 같이 하는 매우 의미 있는 제도로서 그 활성화가 요망된다는 견해로는, 이시윤, 131쪽.

(c) 판례의 태도

판례는, 현저한 손해나 지연을 피하기 위한 이송의 경우 **이송사유의 존부**는 이송 여부에 따른 양쪽 당사자의 부담의 증감관계, 심리의 대상과 방법 및 그에 따른 법원의 심리상 편의 등 여러 사정을 종합적으로 비교·교량하여 결정해야 한다는 입장이다. **판례**는, 법 35조에서 말하는 **현저한 손해**란 주로 피고 측의 소송수행상의 부담을 의미하는 것이기는 하지만 원고 측의 손해도 도외시해서는 안 되므로, 피고 측이 소송을 수행하는 데 많은 비용과 시간이 소요된다는 사정만으로는 법 35조에서 말하는 현저한 손해 또는 소송의 지연을 가져올 사유가 된다고 단정할 수 없다고 보고 있다.[1]

(d) 구체적 사례

판례는, 원고들이 서울중앙지방법원에 피고들을 상대로 제기한 약정금 등 청구사건에서 피고들이 광주지방법원 순천지원으로 소송이송신청을 한 데 대하여, 원고들이 서울에 사무소의 소재지를 두고 있는 변호사를 선임하여 소송을 제기하고 있고, 피고들 중 약 4분의 1 정도가 서울이나 부천, 안양 등지에서 거주하고 있어 사건을 광주지방법원 순천지원으로 이송할 경우 이들의 비용과 시간도 상당히 소요될 것으로 보여지며, 원고들이 이미 관련사건을 서울중앙지방법원에 제기하여 상당한 정도의 심리가 진행되어 있는 점 등에 비추어 보면, 위 약정금과 관련된 낙찰계가 광주지방법원 순천지원 관할지역에서 운영되어 관련 증거나 증인이 대부분 위 지역에 거주하고, 상대방의 약 4분의 3 정도가 위 지역에 있다는 것만으로는 법 35조에 의하여 순천지원으로 이송해야 할 만한 정당한 사유로는 부족하다고 보고 있다.[2]

---

[1] 대결 2007. 11. 15. 2007마346 등.
[2] 대결 1998. 8. 14. 98마1301. 위 결정에 대하여, 양쪽 당사자 및 소송대리인과 법원의 지리적 관계 및 교통상황에 따른 출석의 난이성, 당사자 및 예정 증인의 수와 그 주소지관계, 관련사건과의 심리의 관계, 지참채무 발생 후의 채권자 측의 사정으로 인한 의무이행지의 변동 및 그 예측가능성 등의 사정을 고려해 보면 이송을 필요로 하는 현저한 손해가 있다고 보는 것이 상당하다는 견해로는, 문일봉, "현저한 손해나 지연을 피하기 위한 이송의 요건(상)," 사법행정 40권 5호(1999. 5.), 40쪽 이하/(하) 사법행정, 40권 6호(1999. 6.), 32쪽 이하.

■ 현저한 손해나 지연을 피하기 위한 이송의 경우에 해당하는지 여부가 문제된
  사례

① 신청인이 소송을 수행하는 데 많은 비용과 시간이 소요된다거나 관련사건이
다른 법원에서 따로 심리됨으로 말미암아 결론을 달리하는 판결이 선고될 우려가
있다는 사정만으로는 현저한 손해나 지연을 피하기 위한 이송사유가 된다고 볼 수
없다.1) ② 불법행위지이고 또한 피고의 주소지라 하여 반드시 소송에 필요한 모든 증
거가 그곳에 있다고 단정할 수 없고 관련증인이나 등기신청서류 등이 그곳에 있다 하
여 그 밖의 곳에서 재판함이 현저한 손해나 지연을 가져오는 것이라고는 볼 수 없
다.2) ③ 수형자가 국가를 상대로 손해배상을 청구한 사안에서, 대한민국이 수형자
의 관리주체로서 부담하는 '수형자의 민사소송을 위한 장거리 호송에 소요되는 상
당한 인적·물적 비용'은 행정적인 부담이지 소송상대방으로서 부담하는 것이 아니
어서, 현저한 손해나 지연을 피하기 위한 필요한 사정에 해당되지 않는다.3)

(e) 신청권에 기한 이송 및 직권이송

현저한 손해나 지연을 피하기 위한 이송은 직권 또는 당사자의 신청에 따른
결정으로 한다(법 35조 본문). 전속적 합의관할에서는 현저한 지연을 피하기 위한
이송에만 적용된다. 그러나 전속관할에서는 적용되지 않고, 임의관할에서만 적용
된다(법 35조 단서).4)

(2) 지방법원 단독판사로부터 지방법원 합의부로의 이송

(a) 지방법원 단독판사가 관할권 있는 사건을 지방법원 합의부로 이송하는
    경우

지방법원 단독판사는 소송에 대하여 관할권이 있더라도 사건의 난이도·복
잡성, 관련사건의 합의부 계속 등을 고려하여 **상당하다고 인정하면** 소송의 전부
또는 일부를 **같은 지방법원 합의부**로 이송할 수 있다(법 34조 2항)[이를 '**재량에 따
른 이송**'이라고 한다]. 이는 직권 또는 당사자의 신청에 따른 결정으로 한다(법 34조
2항). 소액사건에도 해당된다.5) **실무상** 같은 지방법원 합의부에 소속되지 않은

---

1) 대결 1979. 12. 22. 79마392.
2) 대결 1963. 9. 27. 63마16.
3) 대결 2010. 3. 22. 2010마215.
4) 대결 2011. 7. 14. 2011그65.
5) 소액사건의 경우 사안의 성질로 보아 간이한 절차로 **빠르게** 처리될 수 없는 사건은 소액사
   건심판법에 따라 처리하지 않고, 통상절차에 따라 처리해도 무방하다. 따라서 단독판사가 그
   사건을 법 34조 2항에 따라 지방법원 및 지원 합의부에 이송할 수 있다. 대결 1974. 7. 23.

단독판사는 자신에게 배당된 단독사건이 **재정합의의 대상사건**에 해당하는 때에는 **재정결정부에 기록을 회부**할 수 있다.1)

> (b) 지방법원 합의부가 관할권 없는 사건을 지방법원 단독판사로 이송하지 않는 경우

지방법원 **합의부**는 소송에 대하여 관할권이 없더라도(같은 지방법원의 단독판사 관할사건을 말한다) **상당하다고 인정하면** 직권으로 또는 당사자의 신청에 따라 소송의 전부 또는 일부를 스스로 심리·재판할 수 있다(법 34조 3항).2) 즉 이 때에는 지방법원 합의부는 소송을 지방법원 단독판사로 이송하지 않는다.

> (c) 전속관할의 경우

앞서의 경우들은 전속관할에서는 적용되지 않는다(법 34조 4항).

(3) 지식재산권 등에 관한 소송의 이송

> (a) 특허권 등을 제외한 지식재산권과 국제거래에 관한 소의 경우

특허권 등을 제외한 지식재산권과 국제거래에 관한 소에서는 소송의 전부 또는 일부를 고등법원이 있는 곳의 지방법원으로 이송할 수 있다(법 36조 1항)[법 24조 1항의 특허권 등을 제외한 지식재산권 등에 관한 특별재판적을 전제로 한 것이다]. 이는 직권 또는 당사자의 신청에 따른 결정으로 한다(법 36조 1항 본문). 다만 이로 인하여 소송절차를 현저하게 지연시키는 경우에는 그렇지 않다(법 36조 1항 단서). 그러나 이러한 이송은 전속관할에서는 적용되지 않는다(법 36조 2항).

> (b) 특허권 등의 지식재산권에 관한 소의 경우

특허권 등의 지식재산권에 관한 소는 전속관할이지만 **현저한 손해** 또는 **지연**을 피하기 위해 필요한 때에는 직권 또는 당사자의 신청에 따른 결정으로 그 소송의 전부 또는 일부를 법 2조부터 23조까지의 규정에 따른 지방법원에 이송할 수 있다(**2015. 12. 1. 개정, 2016. 1. 1. 시행** 개정 법 36조 3항). 이는 특허권 등의 지식

74마71.

1) 이 경우 **재정결정부**는 재정합의사건으로 처리할 필요가 있다고 인정하는 때에는 재정합의 결정을 한 후 그 결정을 기록에 첨부하여 사건배당 주관자에게 제출하고, 재정합의사건으로 처리할 필요가 없다고 인정하는 때에는 '**불결정**'을 하여 기록을 사건배당 주관자에게 제출한다. 재판예규 제1877호 '법관 등의 사무분담 및 사건배당에 관한 예규'(재일 2003-4, 2024. 6. 27. 개정, 2024. 7. 1. 시행) 13조 4항 1호, 5항, 12조 3항.

2) 합의부는 이에 관한 결정을 해야 한다. 이 결정에 따라 합의부에 관할권이 생긴다. 이러한 결정은 이송결정이 아니기 때문에 이에 대해서는 당사자는 불복할 수 없다. 당사자의 신청을 각하하는 경우에는 반드시 이송결정을 해야 한다. 황진구, 주석서(1), 289쪽.

재산권에 관한 소송이 전속관할로 됨에 따라 소송과정에서의 소송당사자 피해를 방지하고 **사법접근성(access to justice)**을 보장하기 위한 것이다.

4. 반소제기 등에 의한 이송

단독사건의 본소 소송계속 중 합의사건의 **반소**가 제기된 때에는 변론관할이 생기지 않는 한 법원은 **직권** 또는 **당사자의 신청**에 따른 결정으로 **본소와 반소**를 합의부에 이송해야 한다(법 269조 2항). 한편 단독사건의 본소 소송계속 중 **청구취지의 확장** 등 **청구의 변경**으로 합의사건된 경우, 또는 합의부의 관할에 속하는 **중간확인의 소, 독립당사자참가** 등 **소송 중의 소**의 제기로 합의사건이 된 경우에도 법 269조 2항이 **유추적용**됨은 앞서 살펴본 바와 같다.

5. 이송의 절차

(1) 이송신청 및 재판

1) 신청이유를 밝힌 서면으로 해야 한다[다만 기일에 출석하여 말로 할 수 있다(규칙 10조)]. **관할위반에 의한 이송**의 신청서에는 인지를 붙일 필요가 없으나[당사자에게 이송신청권이 인정되지 않고 그 신청은 법원의 직권발동을 촉구하는 의미에 불과하다(민인 10조 단서)], **심판의 편의에 의한 이송**(법 34조 2항, 35조·36조)의 신청서에는 인지(1,000원)를 붙여야 한다(민인 9조 5항 4호).[1]

2) 이송신청에 대한 재판은 **결정**으로 한다. 다만 상소법원이 원심판결을 취소(항소심의 경우)·파기(상고심의 경우)하고 이송하는 경우에는 **판결**로 한다(법 419조, 436조 1항).[2] 이송결정시 당사자의 **의견진술**을 들을 필요가 있는지 여부에 관하여, ① **관할위반에 의한 이송신청의 경우**에는 당사자에게 이송신청권이 없어 당사자의 의견을 들을 **필요가 없으나**, ② **그 밖의 경우**(당사자에게 이송신청권이 있는 경우)로서, **직권**으로 이송결정을 하는 때에는 당사자에게 의견을 **들을 수 있고**, 당사자의 **신청**에 따라 이송결정을 하는 때에는 상대방에게 의견진술의 기회를 **주어야 한다**

---

1) 관할위반에 의한 이송의 신청서에는 사건번호를 부여하지 않고 이를 본안기록에 그대로 가철하나, 심판의 편의에 의한 이송의 신청서에는 신청사건으로 취급하여 사건번호를 부여하고 별도 기록을 만든다. 재판예규 제1692호 '민사접수서류에 붙일 인지액 및 그 편철방법 등에 관한 예규'(재민 91-1, 2018. 6. 7. 개정, 2018. 7. 1. 시행).

2) **상고심의 판결주문례**는 "원심판결을 파기하고, 제 1 심판결을 취소한다. 사건을 '제 1 심 관할법원(예컨대 서울행정법원, 또는 서울가정법원)'으로 이송한다."이다. 대판 2008. 7. 10. 2008다17762, 2010. 4. 8. 2009다27636.

(규칙 11조).

(2) 불복방법

이송재판 가운데 **이송결정**에 대해서는 관할위반에 의한 이송결정의 경우이거나,[1] 그 밖의 경우를 불문하고 즉시항고를 할 수 있다(법 39조). 이송재판 가운데 이송신청의 **기각결정**에 대하여, ① **관할위반에 의한 이송신청의 기각결정의 경우**는 즉시항고를 할 수 없으나(특별항고조차 할 수 없다. 즉 달리 불복의 방법이 없다), ② **그 밖의 경우**는 즉시항고를 할 수 있다(법 39조). 가사소송의 경우에도 마찬가지이다(가소 13조 5항).

6. 이송의 효과

(1) 구 속 력

소송을 이송받은 법원은 이송결정에 따라야 한다(법 38조 1항)[이를 **이송결정의 구속력**이라 한다. 구법은 "이송결정은 이송을 받은 법원을 기속한다."고 규정하고 있어 이를 이송결정의 기속력이라 했다]. 따라서 이송이 잘못된 경우에도 보낸 법원으로 되돌리거나(반송) 다른 법원으로 넘길(전송) 수 없다(법 38조 2항).

(2) 전속관할을 위반한 이송결정과 구속력

(a) 인정근거

이송결정이 **전속관할**을 위반한 경우에도 이송결정의 구속력이 인정되는지 여부에 관하여 전속관할의 공익성과 이송의 공익성 중 어느 것에 보다 비중을 두는지에 따라 견해의 차이가 있다. 그러나 법 38조가 전속관할을 제외하고 있지 않으며, 이송의 반복에 따른 소송지연을 피하려는 공익적 요청은 전속관할의 경우에도 마찬가지이므로, 이송의 공익성에 우선을 두어 당사자가 이송결정에 대하여 즉시항고를 하지 않아 확정된 이상 **원칙적으로** 전속관할을 위반하여 이송한 경우에도 구속력이 있다고 보아야 한다.[2] **판례**의 입장도 마찬가지이다.[3]

---

1) 대결 2018. 1. 19. 2017마1332.
2) 이시윤, 134쪽; 정동윤·유병현·김경욱, 189쪽; 정영환, 251쪽. 이에 대하여, 이송의 목적은 절차촉진과 비용절감에 있는 것이지 관할 있는 재판권의 최종적 결정을 위한 것이 아니며, 전속관할위반은 절대적 상고이유(법 424조 1항 3호)가 되는 점에 비추어 전속관할을 위반한 이송재판은 이송받은 법원을 구속하지 못하고 그 법원은 전속관할법원으로 다시 이송해야 한다는 견해로는, 송상현·박익환, 115쪽.
3) 대결 1995. 5. 15. 94마1059,1060, 대판 2023. 8. 31. 2021다243355.

(b) 심급관할위반의 경우

1) 전속관할 가운데 **심급관할**을 위반한 때에도 이송결정의 구속력이 인정되는지 여부에 관하여 논의가 있다. 상소시 소송기록을 송부받은 법원이 심급관할을 잘못 알고 이송결정을 하는 것에는, ① 상소기록을 송부받은 법원(하급심법원)이 적법한 관할법원임에도 불구하고 상급심법원으로 잘못 이송한 경우, ② 상소기록을 송부받은 법원(상급심법원)이 적법한 관할법원임에도 불구하고 하급심법원으로 잘못 이송한 경우가 있다.

이에 대하여 **판례**는, ①**의 경우** 즉 하급심법원이 상급심법원으로 한 이송결정은 당사자의 심급이익, 그리고 상급심이 법률심인 대법원일 때에는 당사자의 사실에 관한 주장·증명기회의 박탈하는 점 등을 고려하여 상급심법원을 **구속하지 않는다**고 보나[예컨대 즉시항고사건으로 항고법원이 적법한 관할법원임에도 불구하고 항고법원이 특별항고사건으로 잘못 알고 대법원으로 이송한 경우 이러한 이송결정의 구속력은 사건을 이송받은 대법원에 미치지 않으므로, 대법원은 다시 항고법원으로 이송할 수 있다],[1] ②**의 경우** 즉 상급심법원이 하급심법원으로 한 이송결정은 심급구조, 그리고 하급심법원과 상급심법원 사이에 반복하여 전전(轉轉) 이송되는 불합리한 결과를 피할 필요가 있는 점 등을 고려하여 하급심법원을 **구속한다**고 본다.[2]

2) 그러나 판례와 같이 심급관할을 위반한 이송결정이 하급심법원을 구속한다고 보는 경우 ① 한 심급이 더 확장되어[예컨대 특별항고사건으로 대법원이 적법한 관할법원임에도 불구하고 대법원이 즉시항고사건으로 잘못 알고 하급심법원으로 이송한 경우 하급심법원으로서는 이를 대법원으로 다시 이송하지 못하여 불필요한 하나의 심급의 재판을 더 해야 한다] 소송의 신속을 해하게 되는 점, ② 이송결정이 구속력을 갖는 것은 법 38조에 의한 것이고 이송한 법원이 상급심이기 때문인 것이 아니므로 심급구조와 무관한 점 등에 비추어보면, 심급관할 위반의 이송결정은 **상급심법원과 하급심법원 모두에게 구속력이 없다**고 보는 것이 타당하다.[3] 즉 심급관할을 위반한 이송결정은 그것이 상급심의 잘못에 의한 것이든 하급심의 잘못에 의한 것이든 심급의 생략 또는 추가를 발생케 하여 심급제도에 반하는 결과를 초래하므로

---

1) 대결 2009. 4. 15. 2007그154.

2) 대결 1995. 5. 15. 94마1059,1060, 2007. 11. 15. 2007재마26, 2009. 4. 15. 2007그154.

3) 박성철, "심급관할을 위반한 이송결정의 구속력," 판례연구(부산판례연구회) 7집(1997. 1.), 413쪽 이하; 조관행, "심급관할을 위반한 이송결정의 구속력," 민사재판의 제문제(하)(송천이시윤박사화갑기념, 1995. 10.), 75쪽 이하.

구속력이 없다고 보아야 한다. 결국 심급관할을 위반한 이송결정의 경우 **이송받은 법원**은 적법한 심급관할 법원으로 **다시 이송**할 수 있다.

(3) 소송계속의 이전

이송결정이 **확정**되었을 때에는 소송은 처음부터 이송받은 법원에 계속된 것으로 본다(법 40조 1항). 소제기에 의한 **시효중단·기간준수의 효력**은 그대로 유지된다. 즉 시효중단·기간준수 여부는 소송이 이송된 때가 아니라 이송한 법원에 **소가 제기된 때**를 기준으로 해야 한다.1)2) 이송 전에 한 소송행위는 관할위반에 의한 이송인지 여부를 불문하고 그 효력이 그대로 유지된다. 소송의 이송에는 소송계속의 일체성 및 변론의 일체성이 적용된다. 이송받은 법원은 이송으로 인하여 법관이 바뀌게 되었으므로 직접심리주의의 원칙상 (소액사건이 아닌 한) **변론의 갱신**이 필요하다(법 204조 2항. 소액사건에서는 변론의 갱신절차를 배제하고 있다. 소심 9조 2항).

(4) 이송법원의 긴급처분과 소송기록의 송부

이송결정을 한 법원은 이송결정이 **확정된 뒤라도** 소송기록이 있는 동안(즉 이송받을 법원으로 소송기록을 보내기 전) **급박한 사정**이 있는 때에는 직권으로 또는 당사자의 신청에 따라 증거보전이나 가압류·가처분 등의 필요한 처분을 할 수 있다(법 37조). 이송결정이 **확정**되면 (결정의 정본을 붙여) 소송기록을 이송받을 법원에 보내야 한다(법 40조 2항).

---

1) 대판(전) 1984. 2. 28. 83다카1981, 대판 2007. 11. 30. 2007다54610.

2) 한편 이미 민사소송과 행정소송과의 관계에서 살펴본 바와 같이 원고가 행정소송법상 항고소송으로 제기해야 할 사건을 **민사소송**으로 **잘못 제기**한 경우에 수소법원이 그 항고소송에 대한 관할을 가지고 있지 않다면 관할법원에 이송하는 결정을 해야 하는데, 그 이송결정이 확정된 후 원고가 항고소송으로 소의 종류를 변경했다면, 그 항고소송에 대한 제소기간의 준수 여부는 원칙적으로 **소를 제기한 때**를 기준으로 판단해야 한다는 판결로는, 대판 2022. 11. 17. 2021두44425.

제 2 장 당 사 자

제 1 절 총 설

Ⅰ. 의 의

소송상 **당사자**는 실체법과는 관계없는 소송법상 당사자를 말한다(이를 '**형식적 당사자개념**'이라 한다). 당사자의 호칭은 '원고·피고', '항소인(상고인)·피항소인(피상고인)', '재심원고·재심피고'이다. 법정대리인 및 소송대리인 등 소송상 대리인은 당사자가 아니다. 보조참가인(법 71조)도 당사자가 아니나 '준당사자' 또는 '종된 당사자'로 불린다. 소송사건은 당사자가 대립되어 있다(**대립당사자주의**). 한쪽이 이미 사망한 사람인 소송, 같은 회사의 본·지점 사이의 소송 등은 **대립당사자 구조**를 갖추지 않아 부적법하므로 소를 각하한다. 예컨대 도(道) 교육감이 교육·학예의 사무에 관하여 도를 대표하여(지방교육자치에 관한 법률 18조 2항) 도지사가 대표하는(지방자치법 114조) 도를 상대로 청구를 하는 때에는 지방자치단체로서의 도는 1개의 법인만 존재하며, 다만 사무의 영역에 따라 도지사와 교육감이 별개의 집행 및 대표기관으로 병존할 뿐이므로 이러한 소는 결국 자기가 자기를 상대로 제기한 것으로 부적법하다.[1] 소송의 전형적인 모습은 원·피고 한 사람인 **단일소송**이나, 공동소송이나 참가소송 등 **다면(多面)소송**도 있다.

소송계속 중 **당사자의 혼동**이 있는 때에는 소송이 종료된다. 소송계속 중 당사자의 사망 등으로 소송물인 권리관계의 성질상 승계할 사람이 없는 때(소송물이 일신전속적인 법률관계인 경우)에도 마찬가지이다. 당사자 사이에 소송종료 여부에 관하여 다툼이 있거나 법원이 소송종료를 간과하고 재판을 진행한 경우에 법원은 이를 분명히 하기 위하여 **소송종료선언**을 한다(**규칙 67조 유추적용**)[소송종료선언은 소송판결이다].

---

1) 대판 2001. 5. 8. 99다69341.

Ⅱ. 당사자권(절차적 기본권)

당사자는 재판절차에서 단순한 객체가 아니라 주체로서 절차상 권리인 **당사자권**, 즉 **절차적 기본권**을 가진다. 이는 헌법 10조의 인간으로서의 존엄과 가치에서 보장된 권리이며, 헌법 27조 1항의 재판을 받을 권리에서 비롯된 권리이다.[1] 절차적 기본권은 실체적 진실의 발견이라는 민사소송의 이념을 실현하고 판결에 정당성을 부여하므로 당사자에게 적법한 절차에 의한 재판이 보장되지 않으면 안 된다. 이러한 절차적 기본권 부여 여부는 **소송과 비송**의 **구별기준**으로 작용한다. 당사자가 가지는 절차적 기본권이 **침해**된 때에는 (당사자가 대리인에 의하여 적법하게 대리되지 않았던 경우 또는 이와 마찬가지로 보아) 판결확정 전에는 상소(상고시 절대적 상고이유가 된다. 법 424조 1항 4호 **적용** 또는 **유추적용**)로써, 판결확정 후에는 재심의 소(법 451조 1항 3호 **적용** 또는 **유추적용**)로써 구제될 수 있다.[2] 한편 **판례**는 확정판결에 기한 강제집행이라도 당사자의 절차적 기본권이 근본적으로 침해된 상태에서 판결이 선고된 경우 등 확정판결의 효력을 존중하는 것이 정의에 반함이 명백하여 이를 묵과할 수 없는 때에는 **불법행위**의 성립을 인정하고 있다.[3]

제 2 절 당사자의 확정

Ⅰ. 의   의

당사자확정이란 특정의 소송사건에서 원고가 누구이며, 피고가 누구인지를 분명히 하는 것을 말한다. 소송에서 당사자가 누구인지는 기판력의 주관적 범위, 인적 재판적, 법관의 제척원인, 당사자적격, 당사자능력, 소송능력, 소송절차의 중단과 수계, 송달 등과 관련된 중요한 사항이므로 사건을 심리·판단하는 법원으로서는 직

---

1) 홍기문, "헌법과 민사소송," 민사소송 9권 2호(2005. 11.), 12쪽 이하. 헌법 27조 1항은 법원이 법률에 기속된다는 당연한 법치국가적 원칙을 확인하고, 법률에 의한 재판, 즉 절차법이 정한 절차에 따라 실체법이 정한 내용대로 재판을 받을 권리를 보장하고 있다. 헌재 2006. 2. 23. 2005헌가7 결정.

2) 대판 2014. 3. 27. 2013다39551, 2019. 2. 28. 2018두60458, 2021. 9. 16. 2021므13217 등; 최상열, "귀책사유 없이 변론기일에 출석하지 못한 채 변론이 종결되고 판결이 선고된 당사자에 대한 구제," 대법원판례해설 28호(1997년 상반기), 290쪽 이하.

3) 대판 1995. 12. 5. 95다21808 등.

권으로 소송당사자가 누구인지를 확정하여 심리를 진행해야 함은 물론 판결서의 표
시에도 이를 분명히 해야 한다.[1] 당사자확정은 누가 당사자인지의 판단작업을 요
구하는 문제로서, 단순히 소장상 누가 당사자로 표시되어 있는지의 식별작업인
당사자특정의 문제와 다르다. 그리고 당사자확정은 일반적으로 누가 당사자가 될
수 있는지의 **당사자능력**의 문제와 해당 사건에서 누가 정당한 당사자인지의 **당사
자적격**의 문제와 구별된다.

Ⅱ. 당사자확정의 기준

1. 학설의 대립

당사자확정의 방법에 관하여 종래, ① 원고나 법원의 의사를 기준으로 해야
한다는 **의사설**, ② 소송절차에서 법원에 의해 실제로 당사자로 취급되거나, 또는
스스로 당사자로 행동하는 사람을 기준으로 해야 한다는 **행동설**, ③ 소장에 기재
된 당사자의 표시를 기준으로 해야 한다는 **형식적 표시설**, ④ 소장에 기재된 표
시 및 청구의 내용과 원인사실 등 소장 전체의 취지를 합리적으로 해석하여 당사
자를 확정해야 한다는 **실질적 표시설** 또는 **수정된 표시설**[이는 단순히 소장상 당사
자란에 기재된 당사자에 의하여 당사자를 확정하는 형식적 표시설과 구별된다][2] 등의 견
해가 있다. **통설·판례**는 **실질적 표시설**을 취하고 있다. 이러한 실질적 표시설에
의하면 당사자가 누구인지는 소장의 당사자란 기재를 원칙적 기준으로 하되, 청
구취지 및 청구원인 그 밖의 일체의 자료를 종합하여 합리적으로 해석·판단해
서 정한다.

최근 실질적 표시설에 대하여 이를 다시 **수정하는 견해**가 제기되고 있다. ①
소송상 여러 징표로 보아 실체법상 분쟁주체가 되기에 가장 적합한 사람이 누구
인지를 기준으로 당사자를 정해야 한다는 견해(**적격설**), ② 행위규범과 평가규범
을 나누어 소송이 개시되는 때에는 표시설에 의하되, 소송이 진행된 뒤에는 누가
당사자로 행동했는지, 누가 분쟁주체로서 절차보장을 받았는지를 기준으로 당사자
를 정해야 한다는 견해(**규범분류설**), ③ 원고의 확정에서는 행동설을 적용하되, 피고
의 확정에서는 원고의 의사, 당사자적격, 당사자표시의 순위를 기준으로 당사자를

---

1) 대판 1987. 4. 14. 84다카1969, 2011. 3. 10. 2010다99040, 2019. 10. 18. 2019다238411.
2) 대판 2003. 3. 11. 2002두8459, 2011. 1. 27. 2008다27615 등.

정해야 한다는 견해(**병용설**) 등이 있다.[1]

2. 판례가 의사설을 부분적으로 채택하고 있는지 여부

판례의 태도를 실질적 표시설의 입장을 취하되, 판례가 사망한 사람을 당사자로 하는 소송에서 원고가 제소 당시 피고의 사망사실을 모르고 사망한 사람을 피고로 표시한 경우에 당사자표시정정을 허용함을 들어 의사설을 부분적으로 채택하고 있다고 설명하는 견해가 있다.[2] 그러나 판례는 **실질적 표시설**의 입장에서 소장 전체의 취지를 상당히 **신축적**이고 **탄력적**으로 **해석**하여 당사자표시정정제도를 운용하고 있으므로, 판례가 사망한 사람을 당사자로 하는 소송의 경우에만 의사설을 부분적으로 채택하고 있는 것으로 이해할 이유가 없다.

Ⅲ. 당사자표시정정

1. 의   의

당사자표시정정이란 당사자확정 후 당사자의 동일성을 해치지 않는 범위 내에서 당사자표시를 바로잡는 것을 말한다.[3] 이 경우 소장에 표시된 당사자를 '**형식적 당사자**', 확정된 당사자를 '**실질적 당사자**', '**사실상 당사자**', 또는 '**진정한 당사자**'라고 부르기도 한다. 당사자표시를 잘못 적거나 빠뜨렸다는 이유로 이를 바로잡거나 애당초 당사자능력이 없는 사람(자연인, 단체)을 당사자로 잘못 표시한 것이 분명한 때에는 당사자의 동일성이 인정되는 범위 내에서 **당사자표시정정**을 한다. 한편 피고를 잘못 지정했다는 이유로 당사자의 동일성이 없는 사람으로 당사자를 바꾸는 것은 **피고의 경정**(법 260조)으로 **당사자변경**에 해당한다.

2. 판례의 태도 및 분석

(1) 기본적 입장

판례는, 당사자는 소장에 기재된 표시 및 청구의 내용과 원인사실 등 **소장 전체의 취지**를 합리적으로 해석하여 확정해야 하며, 확정된 당사자와 표시된 당

---

1) 김홍엽, "소송 또는 심판상 당사자의 특정과 당사자표시정정 내지 당사자표시보정," 대법원 판례해설 23호(1995년 상반기), 601쪽 이하.
2) 이시윤, 142쪽; 정동윤·유병현·김경욱, 201쪽; 정영환, 274쪽; 김지향, 주석서(1), 361쪽.
3) 대판 1996. 3. 22. 94다61243, 2009. 10. 29. 2009다54744,54751.

사자가 일치하지 않으면 소장에 **당사자의 동일성**이 인정되는 범위 내에서 당사자 표시를 정정할 수 있으며,1) 이는 종전의 당사자를 교체하는 당사자경정(更正)(**피고의 경우, 법 260조)**과는 다른 것이므로 당연히 허용된다고 본다.2)

　　이에 대하여, 당사자능력이 없는 경우의 보정방법은 피고 측 능력의 흠이면 법 260조(피고의 경정)를 적용하여, 원고 측 능력의 흠이면 법 260조를 유추적용하여 경정하면 된다는 견해가 있다.3) 그러나 당사자표시정정은 당사자의 동일성이 인정되는 범위 내에서 가능하므로, 통상 당사자적격을 혼동하여 잘못 지정한 경우에 적용되는 피고경정의 규정을 끌어올 것이 아닐 뿐만 아니라, 원고 측의 보정의 근거를 피고경정 규정의 유추적용에서 찾는 것은 **피고에 한하여** 경정을 허용하고 있는 법규정의 해석론의 범위를 벗어난 것이다.

(2) 판례의 입장의 적용범위와 정당성

　　판례는 청구의 내용과 원인사실, 해당 소송을 통하여 분쟁을 해결하려는 원고의 소제기 목적 및 원고의 당사자표시정정신청의 경위 등 여러 사정을 종합하여 당사자표시정정의 허용 여부를 판단하고 있다.4) 한편 판례는, 뒤에서 언급할 구체적 사례에서 보듯이 당사자능력이 있는 경우에도 **당사자적격**까지 염두에 두고 소송목적 등을 고려하여 당사자표시정정을 허용하고 있다. 판례의 이러한 태도는 판례가 법률상 명문으로 임의적 당사자변경을 허용하는 경우 외에는 임의적 당사자변경을 허용하지 않고 있으므로[피고의 경우는 민사소송법상 피고경정이 가능하나 이는 제 1 심에 한한다(법 260조 1항)] 당사자표시정정의 범위를 **합목적적으로 조절할 필요성**도 고려한 까닭이다. 법률상 명문으로 허용하는 임의적 당사자변경 외에도 임의적 당사자변경을 자유로이 허용해야 한다는 일부 학설의 입장과는 다른 입장에 서 있는 판례로서는 당사자표시정정의 허용범위를 **합목적적 · 신축적**으로 운영함으로써 당사자표시정정의 허용범위가 **상대적**으로 **확장**되는 것은 부득이한 것이므로 판례의 태도는 정당하다.

---

1) 대판 1996. 3. 22. 94다61243, 1999. 11. 26. 98다19950, 2011. 7. 28. 2010다97044.
2) 대판 1997. 6. 27. 97누5725, 1999. 4. 27. 99다3150 등.
3) 정동윤 · 유병현 · 김경욱, 203쪽.
4) 대결 2006. 7. 4. 2005마425, 대판 2011. 3. 10. 2010다99040.

■ 판례가 당사자표시정정을 허용한 구체적 사례

(1) 소송당사자가 부존재함에도 당사자로 표시한 경우

원고가 이미 사망한 사람을 피고로 표시하여 제소했을 경우에 사실상 피고는 사망한 사람의 상속인이고, 다만 표시를 그릇한 것에 불과하다고 해석함이 타당하므로, 실질에서는 최초부터 사망한 사람의 각 재산상속인을 피고로 하여 제소한 것이라고 보아 원고의 당사자표시정정신청은 당연히 허용된다.[1]

(2) 당사자능력이 없는 자를 당사자로 표시한 경우

① 지방자치단체의 하부 행정구역(읍·면)에 불과하여 민사소송법상 당사자능력이 없는 읍·면을 상대로 한 채권자대위소송에서 정당한 당사자능력자로 당사자 표시를 정정케 하는 조치를 취해야 한다.[2] ② 순천향교수습위원회를 피고로 하여 제소된 사건에서 순천향교수습위원회는 성균관 또는 순천향교의 내부기관에 불과하고 당사자능력도 없다면, 원고는 사실관계나 법리를 잘못 이해함으로써 피고를 정확히 표시하지 못하고 당사자능력이 없는 자를 피고로 잘못 표시한 것이라고 보아야 하므로, 법원으로서는 위 당사자를 확정한 연후에 원고가 정정신청한 '순천향교'가 그 확정된 당사자의 올바른 표시이며 동일성이 인정되는지 여부를 살피고, 그 확정된 당사자로 피고의 표시를 정정하도록 하는 조치를 취해야 한다.[3] ③ 원고가 자신의 표시를 '전국운수노동조합 전북지부 정읍미화분회'에서 '전라북도 항운노동조합'으로 표시를 정정하고 있는 경우에, 정읍미화분회가 원래는 법인격이 있는 노동조합이었다가 그 후 원고 산하로 편입되어 관련 영업을 하여왔다면 당초의 표시와 정정된 표시는 모두 동일한 당사자를 표상하는 것이며, 원고가 당초 법인격이 없는 위 정읍미화분회의 명의로 소를 제기한 것은 단지 법률적인 평가를 그르친 잘못에 기인한 것으로 보여질 뿐이므로 그 표시정정을 허용해야 한다.[4] ④ 원고가 자신의 표시를 '사단법인 한국장애인부모회'(중앙회)에서 '사단법인 한국장애인부모회 전라북도지회'(전북지회)로 표시를 정정한 경우에, 소장 제출 당시 중앙회를 원고로 표시했던 것은 전북지회가 당사자능력이 있는지 여부가 확실하지 않았기 때문이었던 점, 소장에는 비록 원고가 중앙회인 것처럼 기재되어 있기는 하나, 원고의 표시 중 '소관'란에는 전북지회를 의미하는 '전라북도 장애인부모회'를 함께 기재함으로써

---

1) 대판 1969. 12. 9. 69다1230 등.
2) 대판 2002. 3. 29. 2001다83258.
3) 대판 1996. 10. 11. 96다3852. 이에 대하여, 이를 피고의 경정으로 처리해야 한다고 주장하면서 소제기에 따른 실체법상 효력은 예외적으로 피고의 경정시가 아니라 소장제출시라고 보는 견해로는, 유병현, "임의적 당사자변경의 한계," 민사소송 2권(1999. 2.), 240쪽. 그러나 이러한 경우 실질적 표시설의 입장에서 당사자표시정정으로 처리함이 상당할 뿐 아니라, 이를 피고의 경정으로 보는 한 소제기에 따른 실체법상 효력(시효중단·기간준수의 효력)은 **피고의 경정시**로 보아야 함은 법 265조, 260조 2항의 규정으로 명백하므로 실정법의 해석론으로는 타당한 견해로 보기 어렵다.
4) 대판 1999. 11. 26. 98다19950.

실질적인 소송당사자가 전북지회라는 뜻을 표시한 바 있는 점, 소장 기재 청구원인
에서도 피고가 전북지회에 대한 불법행위를 함으로써 전북지회가 손해를 입었음을
주장하고 있는 점, 소장에 첨부하여 제출한 증거들 중 고소장에는 '전북지회'가 고
소인으로 기재되어 있는 점 등을 종합하여 보면 원고는 소장의 일부 기재에도 불구
하고 전북지회로 확정되었다고 봄이 상당하다.1)

  (3) 당사자적격이 없는 자를 당사자로 표시한 경우

  ① 피고를 회생채무자로 표시했으나 원고가 바라는 소제기의 목적이라는 견지에
서 청구원인을 살펴보아 원고가 회생채무자에 대한 회생절차개시결정이 된 사실을
알았더라면 그 관리인(회생채무자의 재산에 관한 소송에서는 관리인이 당사자가 된
다. 채무회생 78조)을 피고로 표시하여 청구했을 것으로 짐작된다면 원고는 단지 소
장상 피고의 표시를 당사자적격이 없는 자로 잘못 표시했음에 지나지 않고 사실상
피고(실질적 피고)는 그 관리인임을 알아볼 수 있으므로 피고의 표시정정을 허용해
야 한다.2) ② 갑 등 83명이 갑을 선정당사자로 선정하여 제기한 것으로 보아야 할
사건에서, 원고의 표시를 '대한예수교장로회 순천순광교회 대표자 담임목사 갑'에서
'원고(선정당사자) 갑'으로 변경한 것은 당사자의 동일성이 인정되는 범위 내에서의
당사자표시정정에 지나지 않는다.3)

  (4) 항소인의 표시를 잘못 기재한 경우

  제 1 심판결에서 피고로 특정된 당사자는 '대한민국'인데 항소장 표지 및 본문
말미에는 '항소인(피고) 목포시'라고 기재되어 있으나, 항소장 본문의 당사자표시 부
분에는 '피고(항소인) 대한민국'이라고 분명히 기재되어 있고, 항소장도 대한민국이
소송수행자로 지정한 목포시 소속 직원들에 의하여 제출되었으며, 항소장에 첨부된
송달료납부서에도 납부자 성명이 '대한민국'으로 기재된 경우, 대한민국은 항소법원
에서 항소장의 '항소인(피고) 목포시' 기재부분을 '항소인(피고) 대한민국'으로 당사
자표시정정을 할 수 있다.4)

---

1) 대판 2011. 7. 28. 2010다97044.
2) 대판 1999. 1. 26. 97후3371. 한편 갑에 대하여 회생절차를 개시하면서 관리인을 선임하지
않고 갑을 관리인으로 본다는 내용의 **회생절차개시결정**(개인채무자인 갑에 대해 회생절차개
시결정이 내려진 경우, 갑은 채무자 본인으로서의 자격과 관리인으로서의 자격을 동시에 가지
고 있다)이 있은 후 을 주식회사가 갑을 상대로 사해행위취소의 소를 제기한 사안에서, 법원
으로서는 을 회사에, 갑을 채무자 본인으로 본 것인지 아니면 관리인으로 본 것인지에 관하여
석명을 구할 필요 없이, 관리인의 지위에 있는 갑을 상대로 소를 제기한 것으로 보고 **관리인**
으로서 갑의 지위를 표시하라는 취지로 **당사자표시정정**의 보정명령을 내렸어야 하는데도, 그
와 같은 조치를 취하지 않고 당사자적격이 없다는 이유로 소를 각하할 수 없다고 본 판결로
는 대판 2013. 8. 22. 2012다68279.
3) 대판 1996. 12. 20. 95다26773.
4) 대판 2009. 8. 20. 2009다32027.

■ 판례가 당사자표시정정을 허용하지 않는 구체적 사례 등

(1) 별개의 당사자를 추가하거나 변경하는 경우

① 실질적으로 당사자가 변경되는 당사자표시정정신청은 허용되지 않는다. 따라서 법률상 명문으로 당사자의 추가를 허용하고 있는 필수적 공동소송(법 68조), 예비적·선택적 공동소송(법 70조 1항 본문) 등의 경우가 아닌 한 소송 도중에 당사자를 추가하는 것은 원칙적으로 허용될 수 없다.[1] ② 피고의 표시를 피고 갑 주식회사에서 회사분할된 을 주식회사로 변경하는 것은 당사자표시정정의 대상이 되지 않으므로 허용되지 않는다.[2]

(2) 당사자표시정정신청이 부적법하나 이를 다투는 것이 허용되지 않는 경우

회사의 대표이사이었던 사람의 **개인** 명의(원고 명의)로 제기된 소송에서 그 개인을 **회사**로 당사자표시를 정정하는 것은 부적법하다.[3] 그러나 **판례**는, 제1심법원이 제1차 변론준비기일에서 이와 같은 부적법한 당사자표시정정신청을 받아들이고 피고도 이에 명시적으로 동의하여 제1심 제1차 변론기일부터 정정된 원고인 회사와 피고 사이에 본안에 관한 변론이 진행된 다음 제1심 및 항소심에서 본안판결이 선고되었다면, 당사자표시정정신청이 부적법하다고 하여 그 후에 진행된 변론과 그에 근거한 판결을 모두 부적법하거나 무효라고 하는 것은 **소송절차의 안정**을 해칠 뿐만 아니라 그 후에 새삼스럽게 이를 문제삼는 것은 **소송경제나 신의칙** 등에 비추어 허용될 수 없다고 보고 있다.[4]

3. 당사자표시정정과 재판

(1) 당사자표시정정이 허용되는 심급

(a) 당사자를 정확히(올바로) 표시하지 못한 경우

① 당사자표시에 오기(誤記)가 있어 이를 바로잡거나, ② 당사자표시를 교육시설이나 유치원시설에 불과한 학교나 유치원으로 한 것을 법인이나 개인으로 바로잡거나,[5] ③ 당사자표시를 당사자능력이 없는 단체, 또는 당사자적격이 없는 사람으로 한 것을 당사자능력이 있는 법인 아닌 사단, 또는 당사자적격이 있는

---

1) 대판 1993. 9. 28. 93다32095, 1998. 1. 23. 96다41496.
2) 대판 2012. 7. 26. 2010다37813.
3) 대판 1998. 1. 23. 96다41496 등.
4) 대판 2008. 6. 12. 2008다11276. 법률상 명문의 규정이 없어도 임의적 당사자변경이 허용된다고 보는 입장에서, 변경 전 개인의 소송수행의 결과가 변경 후 회사에게 그대로 유지된다고 보는 견해로는, 전병서, "임의적 당사자변경," 판례월보 338호(1998. 11.), 37쪽 이하.
5) 대판 2019. 10. 18. 2019다238411.

사람으로 바로잡는 당사자표시정정은 **소송의 모든 단계**, 즉 항소심 또는 상고심
에서도 가능하다.¹⁾ 상소심에서 이러한 당사자표시정정을 한다고 하여 당사자의
심급의 이익을 박탈한다고 볼 수 없다. 따라서 이 경우 당사자표시정정을 하기
위해서 상대방의 동의가 있어야 하는 것도 아니다.²⁾

  (b) 소제기 당시 이미 사망한 사람을 당사자로 표시한 경우

  이 경우 상속인으로의 당사자표시정정은 원칙적으로 **상소심(항소심 · 상고심)**
에서 허용되지 않는다.³⁾ **상고심**은 법률심이므로 확정된 당사자(상속인)에 대한 사
실심리가 허용되지 않기 때문이며, **항소심**에서 이러한 당사자표시정정을 허용하
는 경우에는 확정된 당사자의 **심급의 이익**을 박탈하기 때문이다.⁴⁾ 다만 ① 확정
된 당사자가 당사자표시정정에 **동의**를 하거나 이를 다투지 않는 경우, ② 확정된
당사자가 제 1 심에서 **실질적**으로 **소송에 관여**한 경우 등에서는 **항소심**에서 확정
된 당사자로 당사자표시정정을 할 수 있다.

  판례는 ① 원고가 이미 사망한 사람을 피고로 하여 제소한 뒤 제 1 심에서 그
상속인으로 당사자표시정정을 할 때 일부 상속인을 누락시킨 탓으로 그 누락된
상속인이 피고로 되지 않은 채 제 1 심판결이 선고된 경우에 원고는 항소심에서
그 누락된 상속인을 다시 피고로 추가하는 당사자표시정정을 할 수 없으며,⁵⁾ ②
마찬가지로 원고가 사망한 사람을 피고들 가운데 한 사람으로 하여 제소한 뒤 항
소심(상고심)에 이르러 사망한 사람의 표시를 상속인으로 정정하는 당사자표시정
정을 할 수 없다고 보고 있다.⁶⁾

  (2) 당사자의 확정과 법원의 조치

  1) 법원은 **당사자의 확정**을 위하여, 그리고 확정된 당사자와 표시된 당사자

---

  1) 대판 1996. 10. 11. 96다3852, 2021. 6. 24. 2019다278433 등.
  2) 대판 1978. 8. 22. 78다1205.
  3) 대판 2015. 1. 29. 2014다34041, 2015. 7. 23. 2015다8360, 2022. 1. 27. 2021다279675 등.
  4) 강수미, "사자명의소송에 관한 고찰," 민사소송 21권 2호(2017년), 137쪽.
  5) **판례**는, 항소심에서의 소송계속은 심급제도상 제 1 심판결을 받은 당사자(그 포괄승계인 포
     함)로서 제 1 심판결에 불복한 당사자와 그 상대방 당사자 사이에서만 발생하므로, 제 1 심판결
     을 받지 않은 당사자 사이에서는 비록 한쪽 당사자가 제 1 심판결을 받았다 해도 항소에 의하
     여 이심의 효력이 발생할 수 없다는 이유로, 이 경우 **항소심**에서의 당사자표시정정을 허용하
     지 않았다. 대판 1974. 7. 16. 73다1190; 박우동, "당사자의 표시정정," 판례회고(서울대학교)
     7호(1978년), 155쪽 이하.
  6) 대판 2012. 6. 14. 2010다105310.

사이의 **동일성 여부**를 판단하기 위하여 필요한 경우에는 석명권을 행사해서라도 이를 분명히 해야 한다. 예컨대 원고에게 해당 사건의 피고가 누구인지를 분명히 하도록 **보완**을 명하여 피고를 명확히 확정한 연후에 본안에 대한 심리·판단을 해야 한다.[1]

　2) 법원은 확정된 당사자가 표시된 당사자와의 동일성 범위 내에 있는 경우 **법 59조**(소송능력 등 흠의 보정)를 **유추적용**하여 당사자표시정정을 할 수 있도록 **보정명령**을 발해야 한다. 법원의 이러한 보정명령은 당사자의 표시를 **정정·보충시키는 조치**이어야 하며, 이러한 조치를 취함이 없이 단지 원고에게 막연히(아무런 구체적 지적 없이) 보정명령만을 명한 후 소를 각하하는 것은 위법하다. 따라서 일단 당사자가 확정되고, 확정된 당사자와 표시된 당사자 사이에 **동일성이 인정되는 한** 원고에게 별도로 이에 관하여 석명을 구할 필요도 없이 원고가 확정된 당사자(피고)를 상대로 소를 제기한 것으로 보고, 그 **확정된 당사자**로 당사자표시정정을 하라는 **보정명령**을 내림이 타당하다.[2]

　3) 확정된 당사자가 표시된 당사자와의 동일성이 인정되는 범위 내로서 원고가 당사자 표시를 바로잡기 위한 **당사자표시정정신청**을 한 경우 법원으로서는 이를 받아들인 후 본안에 관하여 심리·판단해야 하며, 원고가 그와 같은 당사자표시정정신청을 했음에도 불구하고 이를 기각한 후 바로 소를 각하해서는 안 된다.[3]

(3) 당사자표시정정신청과 재판

당사자표시정정을 위해서는 당사자의 신청이 있어야 한다.[4] ① 법원이 당사자표시정정신청을 **허용하는 경우**에는 별도의 명시적 결정 없이 그 후 진행되는 소송절차에서 정정표시된 사람을 당사자로 취급한다(이로써 **묵시적**으로 **결정**한 셈이 된다). ② 법원이 당사자표시정정신청을 **허용하지 않는 경우**에는 불허결정(**기각결정**)을 한다.[5]

---

1) 대판 1987. 4. 14. 84다카1969, 2019. 11. 15. 2019다247712, 2021. 6. 24. 2019다278433 등.
2) 대판 2001. 11. 13. 99두2017, 2013. 8. 22. 2012다68279, 2019. 11. 15. 2019다247712.
3) 대판 2016. 12. 27. 2016두50440, 2019. 10. 18. 2019다238411.
4) 당사자표시정정은 소장의 필수적 기재사항인 당사자표시를 정정하는 것이므로, 당사자표시정정신청서는 청구변경신청서에 준하여 실무상 이를 당사자에게 송달하고 변론(준비)기일에서 진술한다. 법원실무제요 민사소송(1), 326쪽.
5) 대판 2012. 7. 26. 2010다37813, 2021. 6. 10. 2017다254891.

(4) 당사자표시정정과 임의적 당사자변경을 혼동하여 한 재판

당사자표시정정에 해당함에도 임의적 당사자변경에 해당한다고 잘못 판단하거나, 임의적 당사자변경에 해당함에도 당사자표시정정에 해당한다고 잘못 판단하여 진정한 당사자 아닌 사람을 소송당사자로 취급하여 변론을 진행시키고 판결을 선고한 경우 **진정한 당사자**에 대해서는 **재판의 누락**(법 212조 1항)에 해당한다. 따라서 진정한 소송당사자와의 사건은 아직 해당 법원에서 변론도 진행되지 않은 채 소송계속 중에 있게 된다. 이 경우 진정한 당사자는 그 판결에 대하여 상소를 제기할 것이 아니라[진정한 당사자에 대해서는 아직 판결이 선고되지 않았으므로 이러한 판결은 진정한 당사자에 대한 관계에서는 적법한 상소대상이 되지 않는다] 해당 법원에 그 사건에 대하여 (직권발동을 촉구하는 의미에서) 기일지정신청을 하여 소송을 다시 진행하게 함으로써 **추가판결**을 받아야 한다.[1]

(5) 당사자표시정정 없이 한 판결의 효력

(a) 당사자를 정확히(올바로) 표시하지 못한 경우

소장상 당사자표시가 단순한 착오로 잘못 기재되었음에도 소송계속 중 당사자표시정정이 이루어지지 않아 잘못 기재된 당사자를 표시한 본안판결이 선고·확정된 경우라고 하더라도 그 확정판결을 당연무효라고 볼 수 없다. 그 확정판결의 효력은 잘못 기재된 당사자와 동일성이 인정되는 범위 내에서 적법하게 확정된 당사자에 대하여 미친다고 본다.[2]

(b) 소제기 당시 이미 사망한 사람을 당사자로 표시한 경우

소제기 당시 이미 사망한 사람을 당사자로 표시하여 제기한 소송에서 확정된 당사자로의 당사자표시정정이 이루어지지 않은 채 법원이 이를 간과하고 한 판결은 **당연무효**로서 그 확정된 당사자에게 미치지 않는다.

---

1) 당사자표시정정에 해당함에도 임의적 당사자변경에 해당한다고 잘못 판단한 경우에 관해서는, 대판 1996. 12. 20. 95다26773. 임의적 당사자변경에 해당함에도 당사자표시정정에 해당한다고 잘못 판단한 경우에 관해서는, 대판 2003. 3. 11. 2002두8459, 2009. 10. 29. 2009다54744,54751.

2) 대판 2011. 1. 27. 2008다27615(임야의 소유자인 갑이 매도증서에 자신의 성명을 을로 잘못 기재함에 따라 임야에 관한 등기부 및 구 토지대장에도 소유명의자가 을로 잘못 기재된 사안에서, 위 등기부상 소유명의자인 을을 상대로 진정명의회복을 위한 소유권이전등기절차의 이행을 구하는 소송을 제기하여 공시송달에 의하여 받은 승소확정판결의 효력이 동일한 당사자로 인정되는 갑에게 미친다고 본 원심의 판단을 수긍한 사례이다).

Ⅳ. 성명모용소송

1. 의　　의

성명모용(冒用)소송이란 실제 당사자 명의자 아닌 사람(**모용자**)이 당사자 명의자(당사자로 표시된 사람, **피모용자**)의 성명을 무단히 사용[도용(盜用)]하여 소송수행을 하는 소송을 말한다. 이러한 모용에는 **원고 측 모용**과 **피고 측 모용**이 있다.

2. 성명모용소송과 재판

(1) 당사자의 확정과 법원의 조치

성명모용소송의 경우 당사자확정에 관한 실질적 표시설에 의하면, 당사자로 표시된 **피모용자**가 **당사자**이다. ① **원고 측 모용**의 경우에는 피모용자(원고명의자)가 소를 추인하지 않는 한 소를 각하하고, 소송비용은 모용자가 부담하도록 한다(법 108조). ② **피고 측 모용**의 경우에는 모용자의 소송관여를 배척하고(절차에서 배제하고), 피모용자(피고명의자)에게 기일통지해야 한다(피모용자에 대하여 소송을 속행해야 한다).

(2) 성명모용을 간과한 판결의 효력

법원이 성명모용을 간과하고 본안판결을 했을 경우[절차에 관여할 수 없는 사람이 절차에 관여한 경우는 무권대리인이 대리권을 행사한 경우와 마찬가지로 취급한다] 판결확정 전에는 **상소**[상고시 절대적 상고이유가 된다(법 424조 1항 4호 **유추적용**)], 판결확정 후에는 **재심의 소**(법 451조 1항 3호 **유추적용**)에 의하여 구제된다.[1] 성명모용소송에서 피모용자는 모용자의 소송행위를 **추인**할 수 있다.[2] 추인의 시기에는 제한이 없다[상고심에서도 할 수 있으며, 재심의 소가 제기된 후에도 할 수 있다]. 피용자가 추인을 한 경우에는 판결에 대하여 상소 또는 재심의 소를 제기할 수 없다(법 424조 2항, 451조 1항 3호 단서 각 **유추적용**).[3]

---

1) 대판 1964. 3. 31. 63다656, 1964. 11. 17. 64다328; 김능환, "판결의 하자와 그 구제에 관한 몇 가지 문제," 사법행정 7권 4호(1976. 4.), 63쪽 이하.

2) 항소장이 패소한 당사자가 작성하여 제출한 것이 아니고, 다른 사람이 그 당사자의 **명의를 도용**하여 작성·제출한 것이라고 하더라도, 그 당사자의 적법한 소송대리인이 항소심에서 본안에 대하여 변론을 했다면 이로써 그 항소제기행위를 **추인**한 것이므로, 그 항소는 당사자가 적법하게 제기한 것으로 된다. 대판 1995. 7. 28. 95다18406.

3) 이에 대하여, 피모용자에게 유리한 판결일 때에는 피모용자의 원용의 자유를 인정해도 좋

▣ 성명모용소송에서의 송달 및 판결확정 여부

(1) 모용자에 대한 판결정본의 송달과 항소기간의 진행 여부

성명모용소송에서 법원이 피모용자를 송달받을 사람으로 하여 소송서류를 송달하는 경우 모용자가 피모용자의 명의로 이를 수령하여 사실상 송달받게 된다. 그런데 송달받을 사람이 아닌 사람이 수령한 경우에는 원칙적으로 그 **송달**은 **무효**가 된다. 따라서 성명모용소송에서 모용자가 소송서류를 사실상 송달받은 경우에는 그 송달은 무효가 된다고 보아야 한다. 그러나 **판례**는 성명모용소송에서 피모용자를 송달받을 사람으로 하여 판결정본을 송달했으나 모용자가 이를 수령한 경우에도 **항소기간**이 **진행**됨으로써 **판결**이 **확정**되는 것으로 이해하고 있다.[1]

(2) 판례의 논리적 문제점 및 실제적 타당성

이러한 판례의 태도는 논리적으로 부당하나, 판례의 이러한 입장이 판결정본의 송달을 무효를 보아 항소기간이 진행하지 않는다고 보는 입장보다 피모용자를 더욱 보호하게 된다는 점에서 마냥 부정할 수만은 없다. 만약 판결정본의 송달을 무효로 보는 경우에는 항소기간이 진행되지 않아 언제든지 항소를 할 수 있으나, 피모용자는 항소심에서부터 보호를 받게 되는 결과가 되어 심급의 이익을 침해받게 된다.

그러나 판례의 입장과 같이 판결정본의 송달을 유효한 것으로 보아 항소기간이 진행되는 것으로 보는 경우에는 비록 확정되더라도 ① 재심기간의 제한을 받지 않고 언제든지 재심의 소를 제기할 수 있을 뿐만 아니라[성명모용소송의 경우 피모용자의 소송관여 없이 이루어지므로 **법 451조 1항 3호**(그 가운데 **대리권의 흠**)를 유추적용하여 재심의 소를 허용하고 있는데, 이 경우에는 **법 457조의 유추적용**에 따라 일반적으로 요구되는 **재심기간(법 456조)**의 적용을 받지 않는다], ② 재심의 소의 관할법원이 재심대상판결을 한 제1심법원이므로(법 453조 1항) 피모용자의 **심급의 이익**도 보호받게 된다. 결국 당사자의 구제를 위하여 엄격한 법적 논리를 완화할 필요성이 있는 경우 어떠한 방법으로 어떠한 범위 내에서 이를 반영할 것인지는 합목적적인 법해석의 한계와 관련된 매우 어려운 문제임을 알 수 있다.

을 것이라는 견해가 있으나(이시윤, 147쪽), 유리한 판결인지 여부를 불문하고 피모용자의 추인의 자유가 허용된다고 보아야 한다(불리한 판결임에도 피모용자가 추인하는 경우를 예상하기 어려우나 그렇다고 하여 추인 자체가 허용되지 않는다고 볼 수는 없다).

1) 이에 대하여, 뒤에서 보는 바와 같이 사위판결의 경우에 해당하는 **송달과정상 피고 측 모용**의 경우에는 판결정본의 송달이 무효이므로 항소기간이 진행되지 않아 언제든지 항소할 수 있다(항소기간이 진행되지 않아 판결은 확정되지 않으므로 재심의 소는 허용되지 않는다)는 판례에 비추어 보면, 성명모용소송에 관한 판례의 태도가 계속 유지될 것인지 의문이라는 견해로는, 정진아, 주석서(5), 771쪽.

3. 송달과정상 피고 측 모용의 경우와의 구별

원고가 소장에 피고의 주소를 거짓 주소로 기재하여 그 거짓 주소로 판결[사위 **(詐僞)판결**]의 정본이 송달되게 하여 원고가 스스로 수령하거나 다른 사람으로 하여 금 수령하게 하는 **송달과정상 피고 측 모용**의 경우가 있다. **판례**는 이 경우 판결 정본의 송달은 무효가 되어 항소기간이 진행되지 않으므로 언제든지 항소할 수 있고, 따라서 (판결이 확정됨을 전제로 한) 재심의 소는 허용되지 않는다고 보고 있다[1] [다만 판례는, 판결정본이 피고의 거짓 주소로 **공시송달**되는 경우에는 그 송달이 유효하여 판결이 확정되므로 추후보완항소 또는 재심의 소로써 구제된다고 본다].[2]

V. 사망한 사람을 당사자로 한 소송

1. 소제기 전에 사망한 경우

(1) 소제기 당시 피고가 이미 사망한 경우

(a) 당사자(피고)표시정정을 한 경우

원고가 소제기 당시 ① 피고가 이미 사망한 사실을 **모르고** 사망한 사람을 소장에 피고로 표시하여 소를 제기하거나, ② 또는 피고가 이미 사망한 사실을 **알면서도** 상속인을 제대로 확인할 수 없어 사망한 사람을 소장에 그대로 표시하 여 소를 제기한 경우[3]에는 당사자표시정정이 허용된다. 이 경우 실질적 피고는 소송당사자가 될 수 없는 사망한 사람이 아니라 처음부터 사망한 사람의 상속인이 고 다만 그 표시에 잘못이 있는 것에 지나지 않는다고 인정된다면 사망한 사람의 상속인으로 피고의 표시를 정정할 수 있다.

---

1) 대판(전) 1978. 5. 9. 75다634, 대판 1994. 12. 22. 94다45449, 1995. 5. 9. 94다41010.
2) 대판 1985. 8. 20. 85므21, 1985. 10. 8. 85므40.
3) 대판 2011. 3. 10. 2010다99040(소제기 후 상속인을 확인할 수 있는 가족관계증명서 등에 관한 사실조회를 신청하여, 사실조회결과에 따라 피고의 표시를 상속인들로 정정한 사안이 다). 이에 대하여, 위 판결은 종래 사망한 사실을 모르고 제소한 경우 당사자표시정정을 인정 한 법리를 확대·적용한 것으로 평가하고 있는 견해로는, 장재형, "2011년 민사소송법 중요판 례," 인권과 정의 424호(2012. 3.), 163쪽.

▣ 소제기 전 사망한 사람을 상대로 한 소송과 상속포기에 따른 실질적 당사자
　(1) 당사자확정과 실제 상속한 사람
　　소제기 전 사망한 사람을 상대로 한 소송에서 **실질적인 피고**로 해석되는 사망자의 상속인이란 **실제로 상속을 하는 사람**을 가리킨다. 따라서 상속을 포기한 사람은 상속개시시부터 상속인이 아니었던 것과 같은 지위에 놓이게 되므로(상속포기는 **상속개시된 때**에 소급하여 그 효력이 있다. 민 1042조) 제 1 순위 상속인이라도 상속을 포기한 경우에는 실질적 피고에 해당하지 않으며, **후순위 상속인**이라도 선순위 상속인의 상속포기 등으로 실제로 상속인이 되는 경우에는 **실질적 피고**에 해당한다.[1]
　(2) 상속포기와 제 2 순위 상속인으로의 당사자표시정정 허용 여부
　　상속개시 이후 **상속의 포기**를 통한 **상속채무의 순차적 승계** 및 그에 따른 **상속채무자 확정의 곤란성** 등 상속제도의 특성에 비추어 앞서의 법리는 채권자가 채무자의 사망 이후 그 **제 1 순위 상속인의 상속포기사실**을 알지 못하고 제 1 순위 상속인을 상대로 소를 제기한 경우에도 채권자가 의도한 실질적 피고의 동일성에 관한 전제요건이 충족되는 한 마찬가지로 적용이 된다.[2] 따라서 이 경우 원고는 **제 2 순위 상속인**으로의 **당사자표시정정**을 할 수 있다.[3]

(b) 당사자(피고)표시정정을 하지 않은 경우

　　소제기 당시 피고가 이미 사망한 경우 이러한 소제기는 원·피고의 대립당사자 구조를 요구하는 민사소송법상의 기본원칙이 무시된 부적법한 것으로서 실질적 소송관계가 이루어질 수 없다.[4] 소제기 당시 피고가 이미 사망했는데 당사자표시정정이 되지 않고 소송절차가 진행된 경우(당사자대립이 없는 경우)에는 법원이 이를 직권으로 조사하여 부적법한 소로 판결로 각하해야 한다. 민사소송에서 **소**

---

1) 대결 2006. 7. 4. 2005마425, 2014. 10. 2. 2014마1248; 이상원, "원고가 사망자의 사망 사실을 모르고 그를 피고로 표시하여 소를 제기한 경우, 사망자의 상속인으로의 당사자표시정정이 허용되는지 여부 및 이 경우 실질적인 피고로 해석되는 상속인의 의미," 대법원판례해설 63호(2006년 하반기), 300쪽 이하.
2) 대판 2009. 10. 15. 2009다49964.
3) 공동상속인인 **배우자**와 **자녀들** 가운데 **자녀 일부만 상속을 포기한 경우**에는 민법 1043조에 따라 그 상속포기자인 자녀의 상속분이 배우자와 상속을 포기하지 않은 다른 자녀에게 귀속된다. 이와 동일하게 공동상속인인 배우자와 자녀들 중 **자녀 전부가 상속을 포기한 경우** 민법 1043조(상속인이 수인인 경우 어느 상속인이 상속을 포기한 때에는 그 상속분은 다른 상속인의 상속분의 비율로 그 상속인에게 귀속된다)에 따라 상속을 포기한 자녀의 상속분은 남아 있는 '다른 상속인'인 배우자에게 귀속되고, 따라서 **배우자가 단독상속인**이 된다(배우자와 손자녀 또는 직계존속이 공동상속인이 되지 않는다). 이에 비하여 피상속인의 배우자와 자녀 모두 상속을 포기한 경우 민법 1043조는 적용되지 않는다. **대결(전) 2023. 3. 23. 2020그42.**
4) 대판 2015. 1. 29. 2014다34041, 2017. 5. 17. 2016다274188, 2018. 6. 15. 2017다289828.

송당사자의 존재나 **당사자능력**은 소송요건에 해당하고(사망한 사람은 당사자능력이 없으며, 당사자능력이 있는 당사자가 없는 경우는 소송당사자가 부존재하는 것이 된다), 이미 사망한 사람을 상대로 한 소제기는 소송요건을 갖추지 않은 것으로 부적법하기 때문이다.[1] 다만 법원은 **석명권의 행사** 등을 통해 원고에게 피고 표시를 보완하도록 명하는 방법으로 **피고표시정정의 기회**를 주어야 한다. 그러나 원고가 법원의 피고표시정정에 관한 보정명령에도 불구하고 이에 불응한 경우에는 원고의 소를 부적법한 소로서 각하한다.

(2) 소제기 당시 원고가 이미 사망한 경우

(a) 당사자(원고)표시정정이 허용되는 경우

소제기 당시 원고로 된 사람이 이미 사망했으나 그 상속인이 이를 **알고서 부득이한 사정상** 사망한 사람을 원고로 하여 제소했음이 인정되는 경우에는 상속인으로 원고 표시를 정정할 수 있다.[2]

(b) 당사자(원고)표시정정이 허용되지 않는 경우

소제기 당시 원고 명의로 된 사람이 이미 사망한 것으로 밝혀진 경우 이러한 소는 **원칙적으로** 부적법하므로 판결로 각하해야 한다. 즉 소제기 당시 이미 사망한 사람을 원고로 표시하여 소를 제기하는 것은 **특별한 사정이 없는 한** 부적법하다. 물론 이 경우 사망한 사람의 상속인에 의한 당사자표시정정신청이나 소송수계신청도 허용되지 않는다.[3] 한편 **판례**는 소제기 당시 공동원고 중 한 사람이 이미 사망한 경우 그 원고 명의의 제소는 부적법하므로 그 부분은 각하될 수밖에 없다고 보고 있다.[4]

---

1) 대판 2012. 6. 14. 2010다105310.

2) **판례**는, 피상속인이 양도소득세부과처분에 대하여 이의신청·심사청구를 거쳐 국세심판소장에게 심판청구를 한 후 사망했고 그 사망사실을 모르는 국세심판소장은 심판청구를 기각하는 결정을 하면서 그 결정서에 사망한 피상속인을 청구인으로 표시했으며 그 상속인들이 기각결정에 불복하여 피상속인 명의로 양도소득세부과처분 취소청구소송을 제기한 후 상속인들 명의로 소송수계신청을 했다면, 비록 **전치절차 중에 사망**한 피상속인의 명의로 소가 제기되었다고 하더라도 실제 그 소를 제기한 사람들은 상속인들이고 다만 그 표시를 잘못한 것에 불과하다고 보아야 한다는 입장에서, 이 경우 법원으로서는 그 소송수계신청을 **당사자표시정정신청**으로 보아 이를 받아들여 그 청구를 심리·판단해야 한다고 본다. 대판 1994. 12. 2. 93누12206, 2009. 3. 12. 2008후5090; 임호영, "상속인들이 전치절차 중 사망한 피상속인 명의로 항고소송을 제기한 후 소송수계신청을 한 경우 법원의 처리," 대법원판례해설 22호(1994년 하반기), 466쪽 이하.

3) 대판 2016. 4. 29. 2014다210449, 2016. 7. 7. 2014다60194, 2018. 6. 15. 2017다289828.

4) 대판 1990. 10. 26. 90다카21695. 소제기 당시 이미 사망한 당사자와 그 상속인이 공동원고

(c) 소송대리인을 선임한 뒤 사망한 경우와 소송수계

원고로 될 사람이 소송대리인에게 **소송위임**을 한 다음 소제기 전에 사망하였는데 소송대리인이 본인의 사망 사실을 모르고 그를 원고로 표시하여 소를 제기했다면 이러한 **소제기**는 **적법**하다. 당사자가 사망하더라도 소송대리인의 소송대리권은 소멸하지 않기 때문이다(법 95조 1호). 이 경우 **시효중단 · 기간준수의 효력** 등 **소제기의 효력**은 상속인들에게 귀속한다. **판례**는 이 경우 사망한 사람의 상속인들이 소송절차를 **수계**해야 한다고 본다[소송계속 전 사망한 경우이지만 **소송계속 중** 당사자가 사망한 경우 소송절차의 수계에 관한 **법 233조 1항**이 **유추적용**된다고 본다].[1] 다만 **법 238조가 유추적용**되어 소송절차가 **중단되지 않은** 채 소송대리인이 상속인들 전원을 위하여 소송을 수행하게 되며, 판결은 상속인들 전원에 대하여 효력이 있게 된다. 이 경우 **심급대리의 원칙상** 판결정본이 소송대리인에게 송달되면 소송절차가 중단되므로 항소는 소송수계절차를 밟은 다음 제기하는 것이 원칙이나, 제 1 심 소송대리인에게 상소제기에 관한 특별한 권한의 수여가 있어 제 1 심 소송대리인이 항소를 제기했다면 그 항소제기시부터 소송절차가 중단되므로 항소심에서 소송수계절차를 거치면 된다.

(3) 소제기 당시 당사자가 이미 사망한 사실을 간과한 판결의 효력

(a) 당연무효의 판결과 상소 허용 여부

법원이 소제기 당시 당사자가 이미 사망한 사실을 간과하여 사망한 사람을 상대로 한 판결은 **당연무효**이다. 따라서 그 효력이 상속인에게 미치지 않는다.[2][3] 이 경우 판결정본이 상속인에게 송달되는 등으로 형식적으로 판결이 확정된 것

로 표시된 손해배상청구의 소가 제기된 경우 이미 사망한 당사자 명의의 제소 부분은 부적법하여 각하되어야 한다. 이와 같은 소제기로써 그 상속인이 자기 고유의 손해배상청구권뿐만 아니라 이미 사망한 당사자의 손해배상청구권에 대한 자신의 상속분에 대해서까지 함께 권리를 행사한 것으로 볼 수는 없기 때문이다. 대판 2015. 8. 13. 2015다209002.

1) 대판 2016. 4. 29. 2014다210449; 한충수, "소제기 전 당사자의 사망과 소송대리인의 소송대리권," 법조 통권 719호(2016. 10.), 564쪽 이하.

2) 대판 2002. 4. 26. 2000다30578, 2014. 2. 27. 2013다94312.

3) **판례**는 심문절차나 변론절차를 거치지 않는 **가압류 · 가처분신청**에 대한 결정에서, 당사자의 사망시기가 신청 전인지, 신청 후인지를 구별하여 ① **신청 전**에 이미 사망했다면 이러한 결정은 당연무효이나(대판 1991. 3. 29. 89그9, 2004. 12. 10. 2004다38921, 38938, 2006. 8. 24. 2004다26287,26294), ② **신청 후**에 사망했다면 이러한 결정 당시에는 사망한 경우에도 그 결정은 유효하다고 본다(대판 1993. 7. 27. 92다48017). 송진현, "사망자를 채무자로 한 가압류결정의 효력과 이를 상속인으로 경정함의 가부," 대법원판례해설 15호(1991년 상반기), 89쪽 이하; 박영식, "사망한 채무자 명의의 가압류결정과 시효중단," 민사판례연구 1권(1979. 4.), 279쪽 이하.

같은 외형이 생겼다고 하더라도 사망한 사람을 상대로 한 판결이 상속인에게 유효하게 되는 것은 아니다.[1] 이러한 당연무효의 판결에 대하여 사망한 사람의 상속인에 의한 상소,[2] 또는 사망한 사람을 상대로 한 상소[3]는 허용되지 않는다. 따라서 이러한 **상소는 원칙적으로** 부적법하다.[4]

다만 이 경우에도 **예외적으로 무효인 판결에 의하여 생기거나 생길 외관**[무효인 판결이 존재한다는 것 자체를 외관으로 볼 수 없다. 여기서 **외관**이란 무효인 판결에 의하여 생길 외관, 예컨대 의사진술을 명하는 이행판결의 경우 그 판결이 무효임에도 형식적으로 확정됨으로써 그 판결에 의하여 경료될 **등기·등록 등**을 말한다][5]을 제거하기 위한 상소는 허용된다고 본다.[6] 이러한 경우 상속인은 원칙적으로(달리 신의칙상 허용되지 않는 상소권의 남용에 해당되지 않는 한) **언제든지** 상소를 할 수 있다[제소 당시 이미 사망한 사람을 당사자로 한 판결은 당연무효이므로, 송달받을 사람을 사망한 사람으로 하여 판결정본을 송달하고 이를 상속인이 수령했다고 하더라도 그 **송달**은 **무효**이므로[7] 상소기간이 진행되지 않는다].

■ 소제기 당시 이미 사망한 사람을 당사자로 하는 소송과 대립당사자 구조의 문제

(1) 당사자확정과 대립당사자 구조의 의미

소제기 당시 이미 사망한 사람을 당사자로 하는 소송에서 당사자확정상 실질적 표시설에 따라 상속인이 당사자로 확정된다고 하여 상속인 앞으로 **당사자표시정정이 이루어지지 않은 이상** 사망한 사람이 여전히 형식적으로 당사자이므로 대립당사자 구조를 지니지 않는다.

---

1) 대판 2017. 5. 17. 2016다274188.
2) 대판 1970. 3. 24. 69다929, 1971. 2. 9. 69다1741, 2015. 1. 29. 2014다34041.
3) 대판 2000. 10. 27. 2000다33775.
4) 한편 이 경우 당연무효의 판결이므로 원칙적으로 상속인에 의한 상소가 허용되지 않는다고 보는 논리적 설명과 접근방법을 달리하여, 상속인 명의의 상소는 판결상 당사자 아닌 사람의 상소로서 부적법하다고 보는 견해로는, 박재완, "제소전 사망한 자를 피고로 한 소송에 관한 대법원판례에 대한 고찰," 법학논총(한양대학교 법학연구소) 34집 4호(2017년), 444쪽·445쪽; 이현종, "민사판결의 무효가 문제되는 몇 가지 사례에 관한 검토," 법조 통권 745호(2021. 2.), 145쪽.
5) 여기서 외관의 의미를 유효한 판결처럼 보이는 것으로 이해하는 견해로는, 이시윤, 148쪽; 정동윤·유병현·김경욱, 207쪽; 정영환 280쪽 등.
6) **판례**는, 신청 당시 이미 사망한 사람을 채무자로 한 가처분결정에 대하여 상속인은 일반승계인으로서 무효인 그 가처분결정에 의하여 생긴 외관을 제거하기 위한 방편으로 가처분결정에 대한 이의신청으로써 그 취소를 구할 수 있다고 보고 있다. 대판 2002. 4. 26. 2000다30578.
7) 대판 2017. 5. 17. 2016다274188.

(2) 당사자표시정정이 없는 경우와 대립당사자 구조

당사자확정상 상속인이 실질적 당사자라고 하여 곧바로 상속인이 현실적으로 당사자로 되는 것은 아니다. 따라서 상속인으로 당사자표시정정이 이루어지지 않은 채 제소 당시 이미 사망한 사람을 당사자로 한 판결은 **당연무효**이다. 다만 뒤에서 보는 바와 같이 상속인들이 실질적으로 소송에 관여하여 소송을 수행한 경우에는 **신의칙상** 판결이 **유효**하다고 본다.

(b) 당연무효의 판결과 재심의 소 허용 여부

소제기 당시 당사자가 이미 사망한 사실을 간과한 판결은 **당연무효**로서 (형식적 확정력은 가지나) **실체적**(실질적) **확정력**인 **기판력**이 없으므로 (기판력의 배제를 위한) 재심의 소가 허용되지 않는다.[1] 이에 대하여, 유효한 판결로 이용될 가능성이 있다는 이유로 재심대상으로 해야 한다는 견해도 있다.[2]

(c) 신의칙상 판결의 효력이 인정되는 경우

원고가 피고의 사망사실을 간과하여 소를 제기했다고 하더라도 사망한 사람의 상속인이 **현실적**으로 **소송에 관여**하여 소송수행을 한 경우에는 **신의칙상** 상속인에게 그 소송수행의 결과 및 판결의 효력을 인수케 할 수 있다.[3]

2. 소제기 뒤에 사망한 경우

(1) 소송계속의 발생 전에 사망한 경우

(a) 피고가 사망한 경우

소를 제기한 뒤, 소장부본이 피고에게 송달되어 소송계속이 발생하기 전에 **피고**가 사망한 경우에는 원 · 피고 사이의 대립당사자 구조는 소송계속시에 필요한 것이므로 소제기 전에 사망한 경우와 같이 취급한다. 따라서 소송계속 전에 피고가 사망했음에도 이를 간과한 판결은 당연무효이며, 이러한 판결에 대한 상속인들의 항소나 소송수계신청(법 233조 1항)은 모두 부적법하다.[4]

---

1) 대판 1994. 12. 9. 94다16564.
2) 정동윤 · 유병현 · 김경욱, 207쪽.
3) 이시윤, 148쪽; 정동윤 · 유병현 · 김경욱, 207쪽; 정영환, 280쪽; 범경철 · 곽승구, 102쪽. 일본 최고재 1966. 7. 14. 판결은, 피고가 소장송달 전에 사망했음에도 상속인이 이의 없이 소송수계절차를 취하여 제 1, 2 심을 수행하고 상고심에 이르러 이를 다투는 것은 신의칙상 허용되지 않는다고 한다.
4) 대판 2015. 1. 29. 2014다34041, 2017. 5. 17. 2016다274188, 2018. 6. 15. 2017다289828. 이

(b) 원고가 사망한 경우

소송계속 전 **원고가** 사망한 경우에는 소송계속이 발생한 이후 사망한 경우와 마찬가지로 보아 법 233조 1항을 **유추적용**하여 상속인이 소송을 수계해야 한다.[1] 한편 **판례(대판 2018. 6. 15. 2017다289828)**는, **원고가** 파산재단에 관한 소(파산채권에 관한 소송으로 파산채권자에 대한 채무부존재확인소송)를 제기한 후 **소장부본이 피고에게 송달되기 전**에 **파산선고**를 받아 당사자적격을 상실했다면 위 소는 각하되어야 하며, 파산관재인이 (소송계속이 발생하기 전의 사유로) 한 소송수계신청 역시 부적법하므로 각하해야 한다고 본다. 그런데, 위 판례는 사망한 사람을 원고로 표시하여 소를 제기하는 때에는 특별한 경우를 제외하고는 적법하지 않다는 판례(**대판 2016. 4. 29. 2014다210449**)를 원용하고 있으나, 과연 **원고가 소제기 후 소장부본 송달 전**에 **사망**한 경우에도 원고가 **소제기시 이미 사망**한 경우와 마찬가지로 부적법한 것으로 보아 소송수계신청을 허용하지 않는 취지(법 233조 1항의 유추적용을 허용하지 않는 취지)인지는 분명하지 않다.[2]

(2) 소송계속의 발생 이후 변론종결 전에 사망한 경우

소송계속이 발생한 이후 변론종결 전에 당사자가 사망한 경우 일신전속적 권리관계에 관한 소송이 아니라면 **당연승계**가 된다(즉 소송수계사유가 된다). 다만 **소송절차의 중단** 여부는 **소송대리인**이 있는지 여부에 따라 결정된다(법 238조). **소송절차의 중단**을 **간과하고 판결**을 한 경우 상속인(수계인)의 절차관여를 배제한 것이 되므로(대리권의 흠이 있는 경우와 마찬가지로 취급된다), 판결확정 전에는 상소(상

러한 법리는 **사망한 사람**을 **채무자**로 한 **지급명령**에 대해서도 적용된다. 사망한 사람을 채무자로 하여 지급명령을 신청하거나, **지급명령신청 후 지급명령정본이 송달되기 전**에 **채무자가 사망**한 경우에는 지급명령은 효력이 없다. 설령 지급명령이 상속인에게 송달되는 등으로 형식적으로 확정된 것 같은 외형이 생겼다고 하더라도 사망자를 상대로 한 지급명령이 상속인에 대하여 유효하게 된다고 할 수는 없다. 대판 2017. 5. 17. 2016다274188. 이에 대하여, 소장부본 송달시를 기준으로 할 것이 아니라, 소제기시를 기준으로 하여 당사자의 생존 여부를 따져야 한다는 견해로는, 오상현, "소장송달 전에 사망한 사람을 당사자로 한 판결의 효력과 상소, 수계," 법조 통권713호(2016. 2.), 308쪽 이하.

1) 정동윤·유병현·김경욱, 208쪽.

2) 소제기 후 소송계속 전에 당사자가 사망한 경우에는 그 사망한 사람이 원고이든 피고이든 상관없이 소송절차의 중단 및 수계에 관한 민사소송법의 규정을 유추적용하는 것이 타당하다는 견해(소송절차가 개시되는 소제기 이후에는 소송계속 이전이라고 하더라도 소송절차의 진행에 관한 소송절차의 중단 및 수계제도의 목적이 추구되어야 할 필요가 있고 이미 제기된 소송을 수계절차를 통하여 속행하는 것이 소송경제에도 부합됨을 그 근거로 들고 있다)로는, 문영화, "소제기 후 소장부본 송달 전에 당사자 일반에 대하여 파산선고가 내려진 경우 소송절차의 중단과 수계," 법조 69권 1호(통권 739호, 2020. 2.), 587쪽 이하.

고시 절대적 상고이유가 된다. 법 424조 1항 4호 **유추적용**)로써, 판결확정 후에는 재심의 소(법 451조 1항 3호 **유추적용**)로써 구제된다. 다만 상소심에서 당사자가 수계절차를 밟으면 상소사유, 또는 재심사유는 소멸한다.[1]

(3) 변론종결 뒤 판결정본의 송달 전에 사망한 경우

변론종결 뒤에 당사자가 사망한 경우에는 판결을 선고할 수 있다[판결선고는 소송절차가 중단된 중에도 할 수 있기 때문이다(법 247조 1항)]. 따라서 이러한 경우 판결은 유효하며, 그 판결이 확정되면 변론종결 뒤의 승계인인 상속인에게 기판력이 미친다(법 218조 1항). 한편 상속인이 소송절차를 수계하여[수계신청에 대하여 법원은 별도로 명시적인 수계허가결정을 할 필요가 없다] 상속인이 판결정본을 송달받기 전에는 그에 대한 **상소기간**이 진행될 수 없다.[2]

(4) 판결정본의 송달 이후에 사망한 경우

판결정본의 송달 이후에 당사자가 사망한 경우에는, 상속인이 수계신청을 하여 법원으로부터 **수계허가결정**[원칙적으로 원심법원에 수계신청을 해야 하며, 이에 대하여 법원은 **명시적**으로 수계허가결정을 해야 한다]을 통지받기 전에는 그에 대한 상소기간이 진행되지 않는다(법 243조 2항, 247조 2항).

Ⅵ. 법인격부인과 당사자

1. 법인격부인의 의의

(1) 법인격부인과 배후의 주체

거래회사의 배후자가 채무면탈의 목적으로 **법인격을 남용**하여, **거래회사를** 설립하여 그 회사를 내세워 행위를 하거나, 또는 거래회사와 기업의 형태·내용이 동일한 **신설회사**나 이미 설립되어 있는 **다른 회사** 등 **배후회사**를 이용하여 행위를 한 경우에, **거래회사의 채권자**는 거래회사의 법인격을 부인하여 거래회사는 물론 그 **배후자**에 대하여 책임을 추궁하거나, 배후회사의 법인격을 부인하여 거래회사는 물론 그 **배후회사**에 대해서도 책임을 추궁할 수 있다. 이 때 거래회사(채무자)의 배후자나 배후회사(**배후의 주체**)인 피고가 거래회사의 채권자인 원고에

---

1) 대판 2003. 11. 14. 2003다34038.
2) 대판 2007. 12. 14. 2007다52997.

대하여 거래회사나 배후회사가 별개의 법인격을 갖고 있음을 주장하는 것은 **신의칙상** 허용되지 않는다.[1] 이를 **법인격부인론**이라 한다. 통상 기존회사가 채무를 면탈할 의도로 기업의 형태·내용이 실질적으로 동일한 신설회사를 설립한 경우 기존회사의 채권자가 신설회사를 상대로 기존회사의 채무의 이행을 구하는 때에 적용된다. 한편 **개인이 채무자**인 경우 그 채무를 그 개인이 남용하고 있는(사실상 지배하고 있는) **법인**(채무면탈의 목적으로 설립된 신설회사, 또는 같은 목적으로 법인격이 이용된 기존회사)에게 물을 수 있다(**법인격부인론의 역적용**).[2]

(2) 법인격의 형해화와 그 외의 법인격의 남용

법인격이 부인되는 법인격의 남용은 그 남용의 정도가 법인격이 형해화(形骸化)되었다고 볼 정도인 경우와 이에 이르지 않은 정도의 법인격을 남용한 경우로 나누어 볼 수 있다.[3] ① **법인격의 형해화**는 회사가 외형상으로는 법인의 형식을 갖추고 있으나 법인의 형태를 빌리고 있는 것에 지나지 않고 실질적으로는 완전히 그 법인격의 배후에 있는 타인의 개인기업에 불과한 경우이다. ② **법인격의 남용**은 배후의 주체에 대한 법률적용을 회피하기 위한 수단으로 법인격이 함부로 이용되는 경우이다. **판례**는 법인격의 형해화와 법인격의 남용을 개념상으로 구별하고 있지만,[4][5] 아직까지 양자에 대한 소송상 취급을 달리하고 있지는 않는

---

1) 대판 2013. 2. 15. 2011다103984, 2016. 4. 28. 2015다13690(기존회사에 대한 채권자라고 주장하는 원고가 피고 회사(신설회사)는 기존회사의 실질 경영자가 기존회사와 동일한 사업 목적으로 설립한 것으로 기존회사의 주요 자산 등이 대가의 지급 없이 피고 회사에게 이전되었으므로 기존회사의 채무를 면탈할 목적으로 설립된 것이라고 주장하며 피고 회사를 상대로 기존회사의 채무이행을 구한 사안에서, 기존회사와 피고 회사는 동일한 실질 경영자가 사실상 지배하는 동일한 회사로서 실질 경영자가 기존회사의 채무를 면탈할 목적으로 피고 회사를 설립한 것으로 볼 여지가 충분함에도, 이와 달리 판단하여 원고의 청구를 기각한 원심판결을 파기했다), 대판 2021. 3. 25. 2020다275942.

2) 대판 2021. 4. 15. 2019다293449, 2023. 2. 2. 2022다276703.

3) 송승훈, "법인격부인론의 적용요건에 있어 법인격 형해화 및 남용의 구분문제," 재판실무연구(광주지방법원) 2009년도(2009. 1.), 25쪽 이하.

4) 판례는 2001. 1. 19. 97다21604 이래 법인격의 남용의 법리가 점차 구체화되었다. 김재형, "2008년도 민법 판례동향," 민사재판의 제문제 18권(2009. 12.), 3쪽 이하. 그 적용요건에 대해서는, 대판 2006. 8. 25. 2004다26119, 2008. 9. 11. 2007다90982과 같이 법인격남용과 법인격의 형해화의 두 경우로 나누어 검토하는 것이 대세이다. 이성철, "판례를 중심으로 본 법인격부인론," 민사재판의 제문제 18권(2009. 12.), 288쪽 이하.

5) 이때 회사의 **법인격이 형해화**되었다고 볼 수 있는지 여부는 원칙적으로 문제가 되고 있는 법률행위나 사실행위를 한 시점을 기준으로, 회사의 법인격이 형해화될 정도에 이르지 않더라도 개인이 회사의 **법인격을 남용**했는지 여부는 채무면탈 등의 남용행위를 한 시점을 기준으로 각 판단해야 한다. 대판 2008. 9. 11. 2007다90982, 2010. 1. 28. 2009다73400, 2023. 2. 2. 2022다276703.

다. 이러한 판례의 태도는 법인격의 남용과 형해화의 구별이 용이하지 않고, 어느 경우나 거래회사와 그 배후의 주체 모두 피고가 될 수 있으므로 달리 양자를 구별할 필요가 없기 때문인 것으로 보인다.

(3) 법인격부인과 피고적격 및 공동소송관계 등

법인격이 부인되는 경우 **거래회사** 및 그 **배후의 주체**(배후자나 배후회사) 모두 피고가 될 수 있다. 즉 원고는 그 중 **하나** 또는 그들 **모두**를 피고로 할 수 있다.[1] 거래회사 및 배후의 주체가 **공동피고**로 된 경우에는 공동소송의 형태는 **통상공동소송**이 된다.[2] 공동피고로 된 이들의 **실체법상 관계**는 주관적 공동관계(출연부담에 관한 주관적인 밀접한 연관관계를 말한다) 여하에 따라 연대채무관계 또는 부진정연대채무관계로 본다.[3]

2. 법인격부인과 소송상 당사자의 교체

원고가 거래회사를 상대로 제기한 소송의 소송계속 중 거래회사나 배후회사의 법인격을 부인하여 피고를 **거래회사**에서 그 **배후의 주체**로 바꿀 수 있는지에 관하여 논의가 있다. 이에 대하여, 법률상 명문의 규정이 없더라도 임의적 당사자변경이 허용된다는 입장에서 ① 배후의 주체로 임의적 당사자변경을 할 수 있다는 견해(**임의적 당사자변경설**),[4] ② 법인격의 남용에 해당하는 때에는 배후의 주체로 임의적 당사자변경을 해야 하나, 법인격의 형해화에 해당하는 때에는 임의적 당사자변경을 할 필요도 없이 당사자표시정정으로도 가능하다는 견해(**수정임의적 당사자변경설**)[5] 등이 있으며, 한편 임의적 당사자변경의 허용 여부와 관계없이, ③ 이러한 경우에는

---

1) 대판 1995. 5. 12. 93다44531, 2001. 1. 19. 97다21604, 2004. 11. 12. 2002다66892, 2006. 7. 13. 2004다36130. 채권자의 보호를 위하여 판례의 입장을 지지하는 견해로는, 이성철, "판례를 중심으로 본 법인격부인론," 민사재판의 제문제 18권(2009. 12.), 288쪽 이하.

2) 정동윤·유병현·김경욱, 210쪽; 정영환, "민사소송에 있어서의 법인격부인," 민사소송 4권(2001. 2.), 195쪽 이하.

3) 차한성, "법인격부인론," 민사판례연구 24권(2002. 1.), 568쪽 이하. 다만 불법행위인지, 계약관계인지를 묻지 않고, 법인격의 독립성이 인정됨으로써 피해를 입을 위험에 놓인 채권자를 두텁게 보호하기 위하여 채권자와의 관계에서 거래회사와 배후의 주체가 부진정연대채무의 관계에 있다고 보는 것이 타당하는 견해로는, 나현, "법인격무시의 법리를 재론함 —실체법과 절차법의 연결적 이해를 중심으로—," 민사소송 10권 2호(2006. 11.), 29쪽. 한편 거래회사와 배후의 주체 사이에 거래회사의 채무를 배후의 주체가 병존적으로 인수하려는 추단적 의사가 있었던 것으로 보는 견해로는, 송호영, "법인격부인론의 요건과 한계," 저스티스 66호(2002. 4.), 244쪽 이하.

4) 송상현·박익환, 124쪽.

5) 이시윤, 145쪽; 김홍규·강태원, 195쪽.

배후의 주체로 인수승계(법 82조) 등 소송승계의 방법에 의해야 한다는 견해(**소송승계설**)[1]도 있다.

　　그러나 법률상 명문의 규정으로 임의적 당사자변경을 허용하는 외에는 임의적 당사자변경이 허용되지 않는다고 보아야 한다. 따라서 법인격의 형해화·남용 가운데 어디에 해당하는지 관계없이 배후의 주체는 거래회사(피고)와는 실체법상 별개의 독립한 책임주체로서 동일성이 인정되지 않으므로, 소송계속 중 배후의 주체로의 **당사자표시정정**은 물론이거니와 **임의적 당사자변경** 역시 **허용되지 않는다**고 보아야 한다. 다만 원고가 제소 당시 배후의 주체를 피고로 지정해야 하는데도 불구하고 거래회사로 잘못 지정한 것이 분명한 경우에 한하여 법률이 허용하는 임의적 당사자변경제도인 **피고의 경정**(법 260조 1항)으로 당사자를 (제1심 변론종결시까지) 교체하는 것은 가능하다. 그러나 본안의 심리결과 비로소 배후의 주체가 밝혀진 경우에는 피고의 경정조차 허용되지 않는다. **판례**도 당사자와 다른 실체를 가진 단체로의 당사자변경은 임의적 당사자변경에 해당하여 허용되지 않는다는 입장이다.[2]

3. 법인격부인과 판결의 효력

　　형식적 당사자에 대한 판결의 효력이 배후의 주체에게 미치는지에 관하여 논의가 있다. 이에 대하여, ① 법인격부인론은 실체적 법률관계뿐만 아니라 절차적 법률관계에도 미친다고 하여 이를 긍정하는 견해, ② 거래회사와 배후의 주체가 그 지위에서 동일하다고 평가되는 때에는 배후의 주체에게 별도의 절차적 보장이 필요하지 않아 집행력을 확장시켜도 좋으나, 동일하다고 평가되지 않는 때에는 소송에 참여하지 않은 배후의 주체의 절차적 보장을 위하여 집행력을 확장시켜서는 안 된다는 절충적 견해[법인격의 형해화와 법인격의 남용을 구별하여 법인격의 형해화의 경우는 집행력을 확장시킬 수 있으나 법인격의 남용의 경우는 그렇지 않다는 견해도 같은 맥락이다][3] 등이 있다.

　　그러나 거래회사와 배후의 주체는 별개의 법인격을 가진 당사자로서 거래회

1) 정동윤·유병현·김경욱, 210쪽.
2) 대판 2003. 3. 11. 2002두8459, 2008. 5. 29. 2007다63683.
3) 형해화된 법인일 때에는 실질적 당사자에게 별도의 절차적 보장이 필요없는 것으로 보아 집행력을 확장시켜도 좋다는 견해로는, 이시윤, 신민사집행법(제8개정판, 2020년), 74쪽. 한편 절차적 보장에 흠이 없고, 그 적용요건이 명확한 것이라면 집행력을 확장시켜도 좋다는 견해로는, 정규상, "법인격부인법리와 판결의 효력의 확장문제(일본의 논의를 중심으로)," 성균관법학(성균관대학교 법학연구소) 2호(1988. 12.), 133쪽 이하.

사에 대한 판결의 기판력 · 집행력이 배후의 주체에게 미치지 않는다고 보아야 한
다. 이는 절차의 형식성 · 명확성 · 안정성을 중시하는 판결절차 및 강제집행절차
의 특성에 비추어도 그렇다.[1] 법인격의 형해화 · 남용을 구별하여 법인격의 형해
화의 경우에는 집행력을 확장시킬 수 있다는 견해는 법인격의 형해화 · 남용의 구
별이 본안절차도 아닌 집행절차상 용이하게 판별 가능함을 전제로 하는 것인데, 법
인격이 형해화되어 배후의 주체에 집행력이 확장된다는 이유로 승계집행문을 내어
달라는 신청이 거절되는 경우 **집행문부여거절에 대한 이의신청**(민집 34조 1항)의
재판은 물론 (승계)**집행문부여의 소**(민집 33조)의 재판에서 이를 심리하여 판단할
수 있을지도 의문이다.[2]

　　판례도, "A회사와 B회사가 기업의 형태, 내용이 실질적으로 동일하고, A회사
는 B회사의 채무를 면탈할 목적으로 설립된 것으로서 A회사가 B회사의 채권자에
대하여 B회사와는 별개의 법인격을 가지는 회사라고 주장하는 것이 신의칙에 반하
거나 법인격을 남용하는 것으로 인정되는 경우에도, 권리관계의 공권적인 확정 및
그 신속 · 확실한 실현을 도모하기 위하여 절차의 명확 · 안정을 중시하는 소송절차
및 강제집행절차에서는 그 절차의 성격상 B회사에 대한 판결의 기판력 및 집행력의
범위를 A회사에까지 확장하는 것은 허용되지 않는다."[3]라고 하여 같은 입장이다.

제 3 절　당사자의 자격

제 1 관　당사자능력

Ⅰ. 의　　의

　　당사자의 자격에는 당사자능력, 소송능력, 당사자적격, 변론능력 등이 있다.
여기서 **당사자능력**이란 소송의 주체가 될 수 있는 일반적인 능력(일반적인 자격)을

---

1) 정동윤 · 유병현 · 김경욱, 210쪽; 한충수, 122쪽.
2) 판결이 그 판결에 표시된 당사자 외의 사람에게 효력이 미치는 때에는 그 사람에 대하여
　 집행을 하기 위해서는 **승계집행문**을 부여받아야 하는데(민집 25조 1항 본문, 2항, 31조), 제 3
　 자에게 판결의 효력이 미치는지에 관하여 **필요한 증명**을 할 수 없는 때에는 집행채권자는 승
　 계집행문을 내어 달라는 **집행문부여의 소**(민집 33조)를 제 1 심법원에 제기할 수 있다.
3) 대판 1995. 5. 12. 93다44531; 김재범, "두 회사 법인격의 동일성과 승계집행문의 부여," 상
　 사판례연구(한국상사판례학회) 8집(1997. 12.), 32쪽 이하.

말한다. 당사자능력의 유무는 민사소송법에 특별한 규정이 없으면 민법, 그 밖의 법률의 **권리능력**을 기준으로 결정된다(법 51조). 다만 실체법상 권리능력의 발생을 요하는 시기(**본안청구의 당부 문제**)와 민사소송법상 당사자능력의 발생을 요하는 시기(**소송요건의 문제**)가 일치할 필요는 없다.[1]

Ⅱ. 당사자능력자

1. 권리능력자

(1) 자 연 인

1) 자연인은 누구나 당사자능력을 갖는다.[2] **외국인**도 당연히 당사자능력을 갖는다. 외교사절과 같이 재판권이 면제된 사람이라도 당사자능력이 있으므로, 원고로서 스스로 제소할 수 있으며, 재판권 면제를 포기하면 피고로 될 수 있다.[3]

2) **태아**의 경우 민법은 **예외적**으로 일정한 권리관계에 관하여 **이미 출생**한 것으로 보고 있다. 즉 불법행위에 기한 손해배상청구권(민 762조), 재산상속순위(민 1000조 3항), 대습상속(민 1001조), 유증(민 1064조) 등의 경우가 그렇다. 이와 같이 태아가 출생한 것으로 보는 경우에 태아에게 당사자능력을 인정할 것인지에 대해서는 논의가 있다. 이에 대하여, ① 태아를 위한 법률관계의 보전(증거보전이나 집행보전) 또는 본안소송을 위하여 태아에게 당사자능력을 인정하여 법정대리인에게 권리보전 수단 및 본안소송의 대리권한을 부여하고, 태아가 살아서 태어나지 않을 때에는 그 권리능력이나 당사자능력이 그때부터 소멸하는 것으로 보는 견해(**해제조건설**, 제한적 인격설), ② 태아로 있는 기간은 당사자능력을 취득할 수 없고, 살아서 출생한 때에 출생시기가 문제의 사건의 시기까지 소급하여 그때에 태아가 출생한 것과 같이 법률상 취급한다는 견해(**정지조건설**, 인격소급설) 등이 대립되어 있다. **판례**는 **정지조건설**을 취하고 있으나,[4] **통설**은 **해제조건설**을 취하고 있다.

---

1) 대판 2020. 10. 15. 2020다232846.

2) **부재자**의 생사가 분명하지 않은 경우라도 법원의 **실종선고가 없는 한** 사망자로 간주되지 않으며, **실종선고의 효력**이 발생하기 전(실종선고가 확정되기 전)에는 **실종기간이 만료**된 **실종자**라고 해도 소송상 당사자능력을 상실하는 것은 아니다. 대판 1983. 2. 22. 82사18, 1992. 7. 14. 92다2455, 2008. 6. 26. 2007다11057.

3) 석광현, "국제소송의 외국인당사자에 관한 몇 가지 문제점," 변호사(서울지방변호사회) 36집 (2006. 1.), 263쪽 이하.

4) 대판 1976. 9. 14. 76다1365. 판례의 태도에 대하여, 판례는 태아가 사산되는 경우의 법적

3) 한편 **판례**는 환경소송에서 **자연물**에 대하여 당사자능력을 인정하지 않는다.1)

(2) 법인 등

1) 권리능력 있는 법인은 모두 당사자능력을 가진다. **법인이 해산되거나 파산되더라도 청산**이나 **파산의 목적 범위** 내에서 당사자능력이 있다. **청산종결등기**가 있어도 **청산사무가 완료되지 않는 이상** 그 한도에서 **청산법인**으로 존속하여 당사자능력이 있다.2) **판례**는, 법인이나 법인 아닌 사단에 해산사유가 발생했다고 하더라도 곧바로 당사자능력이 소멸하는 것이 아니라 현실적으로 **청산사무가 완료될 때**까지 청산의 목적범위 내에서 권리·의무의 주체가 되고,3) 이 경우 청산 중의 법인이나 법인 아닌 사단은 해산 전의 법인이나 법인 아닌 사단과 동일한 사단이고 다만 그 목적이 **청산범위 내로 축소**된 데 지나지 않는다고 본다.4)

2) **국가·지방자치단체** 등도 당사자능력이 있다. 다만 **행정청**은 행정소송 가운데 **항고소송**(행정처분에 대한 취소소송, 무효등확인소송 등)에서 피고로서의 당사자능력이 있으나, 민사소송에서는 당사자능력이 인정되지 않는다. **국가**를 당사자 또는 참가인으로 하는 소송에는 '국가를 당사자로 하는 소송에 관한 법률' 등에서 몇 가지 **특례**를 두고 있다.5) 예컨대 ① 법무부장관은 변호사 아닌 사람(검사, 공익법무

혼란을 우려하여 소송절차의 안정과 명확성을 위하여 태아 상태의 당사자능력을 부정하는 정지조건설을 취한 것으로 보는 견해로는, 강현중, 209쪽.

1) 대결 2006. 6. 2. 2004마1148,1149(천성산 일원에 서식하고 있는 도롱뇽목 도롱뇽과에 속하는 양서류로서 자연물인 도롱뇽 또는 그를 포함한 자연 그 자체로서는 당사자능력을 인정할 수 없다). 이에 대하여, 자연을 위한 법적 절차의 보장의 필요성에 비추어 자연이나 자연물에 대하여 기술적인 의미에서의 법적 주체성을 인정하는 것은 가능하고, 현대의 환경침해행위 등을 둘러싼 분쟁의 해결에 유효적절한 수단으로서 일정한 효과를 기대할 수도 있다고 하여 이를 긍정하는 견해가 있다. 자연물에 당사자능력을 인정한다면 원고의 당사자적격은 ① 무능력자에 대한 후견인의 경우처럼 단체나 개인이 자연의 후견인으로서 관여하는 방법, ② 단체나 개인이 자연의 수탁자로서 관여하는 방법, ③ 관리자인 보호단체가 법인 아닌 사단이나 재단에 준하여 그 대표자로서 관여하는 방법, ④ 자연물과 이를 대변하는 자가 공동원고가 되어 관여하는 방법 등을 상정해 볼 수 있다고 한다. 허상수, "도롱뇽의 당사자능력과 환경소송," 판례연구(부산판례연구회) 18집(2007. 2.), 533쪽 이하.

2) 주식회사가 해산되고 그 청산이 종결된 것으로 보게 되는 회사(**청산종결 간주된 휴면회사**)라도 어떤 권리관계가 남아 있어 **현실적으로** 정리할 필요가 있으면 그 범위 내에서는 아직 완전히 소멸하지 않는다. 대결 1991. 4. 30. 90마672, 대판 1994. 5. 27. 94다7607, 2001. 7. 13. 2000두5333; 김문수, "청산종결등기가 경료된 법인의 당사자능력," 판례연구(부산판례연구회) 3집(1999. 2.), 413쪽 이하.

3) 대판 1992. 10. 9. 92다23087, 2003. 11. 14. 2001다32687, 2005. 11. 24. 2003후2515 등.

4) 대판 2007. 11. 16. 2006다41297.

5) 국가가 당사자 한쪽을 위하여 보조참가인으로서 참가하고 있는 소송은 위 규정에서 말하는 국가를 당사자로 하는 소송이라고 볼 수 없다. 대결 1969. 10. 18. 69마683, 2008. 7. 11.

관, 행정청의 직원 등)도 소송수행자로 지정하여 소송을 수행하게 할 수 있으며(국가
소송 3조), ② 국가는 (민사소송 등 인지법에 따른) 인지납부의무 및 (민사소송법에 따
른) 담보공탁의무가 없다(인지 첩부·첨부 및 공탁 제공에 관한 특례법 2조·3조).

2. 법인 아닌 사단

(1) 의   의

법인 아닌 사단이란 일정한 목적을 위하여 조직된 다수인의 결합체로서 대외
적으로 사단을 대표할 기관에 관한 정함이 있는 단체를 말한다. 법인 아닌 사단
은 그 **대표자**나 **관리인**이 있으면 당사자능력이 인정된다(법 52조). 법 52조가 법인
아닌 사단의 당사자능력을 인정하는 것은 법인이 아니라도 사단으로서의 실체를
갖추고 그 대표자 또는 관리인을 통하여 사회적 활동이나 거래를 하는 경우에는
그로 인하여 발생하는 분쟁은 그 단체가 자기 이름으로 당사자가 되어 소송을 통
하여 해결하도록 하기 위한 것이다.[1] 법인 아닌 사단으로서 당사자능력이 있는
지 여부는 소송요건의 판단시기인 사실심 변론종결시를 기준으로 하여 판단한다.[2]

(2) 성립요건 등

1) 법인 아닌 사단이 성립되기 위해서는, ① 어떤 단체가 고유의 목적을 가
지고 사단적 성격을 가지는 규약을 만들어, ② 이에 근거하여 의사결정기관 및
집행기관인 대표자를 두는 등의 조직을 갖추고 있고, ③ 기관의 의결이나 업무집
행방법이 다수결의 원칙에 의하여 행해지며, ④ 구성원의 가입·탈퇴 등으로 인
한 변경에 관계없이 단체 그 자체가 존속되고, ⑤ 그 조직에 의하여 대표의 방법,
총회나 이사회 등의 운영, 자본의 구성, 재산의 관리 그 밖의 단체로서의 주요사
항이 확정되어 있어야 한다.[3]

2) 단체의 **하부조직** 또는 **내부기관**에 불과한 경우에는 이에 해당하지 않는
다. **판례**는, ① 대한불교조계종 총무원은 법인 아닌 사단인 대한불교조계종의 하

2008마600.

1) 대판 1999. 4. 23. 99다4504, 2022. 8. 11. 2022다227688. 즉 단체 및 상대방의 제소 및 소
   송수행상의 편의를 위한 것이다. 판례도 이러한 점을 고려하여 비교적 폭넓게 법인 아닌 사단
   의 당사자능력을 인정하고 있다. 김능환, "2004년 분야별 주요판례 분석," 법률신문 3354호
   (2005. 4. 14.), 10쪽.

2) 대판 1991. 11. 26. 91다30675, 2002. 4. 12. 2000다16800, 2008. 5. 29. 2007다63683.

3) 대판 1999. 4. 23. 99다4504, 2020. 11. 5. 2017다23776 등; 이주홍, "권리능력 없는 사단,"
   사법논집 22집(1991. 12.), 143쪽 이하.

나의 기구에 불과한 것이고 독립된 개체가 아니므로 그 자체에 당사자능력이 없으며,[1] ② 전국버스운송사업조합연합회 공제조합은 연합회의 공제사업을 효율적으로 달성하고자 만든 연합회 산하의 부속기관에 불과하고 연합회와는 별개의 독립된 단체라고 볼 수 없어 당사자능력이 없으며,[2] ③ 노동조합 선거관리위원회는 그 자체가 법인이 아님은 물론 법인 아닌 사단이나 재단도 아니고 단지 노동조합의 기관의 하나에 불과할 뿐이므로 당사자능력이 없다고 본다.[3] 그러나 하부조직 또는 내부기관이라고 하더라도 **독자적 규약**을 가지는 등 단체로서의 실체를 갖추고 **독립한 단체적 사회활동**을 하는 경우에는 법인 아닌 사단으로 인정될 여지가 있다.[4] 예컨대 중앙조직의 지방조직단체가 활동의 내용면에서는 중앙조직과 연관이 있으나, 독자적인 정관 또는 규약을 두고 있고, 독립된 회원으로 구성되어 있으며, 예산·결산처리 및 활동도 중앙조직과 별개로 이루어진 경우에는 중앙조직과는 별도의 법인 아닌 사단으로서 당사자능력이 인정된다.[5]

  3) 한편 법인 아닌 사단에 대해서는 사단법인에 관한 민법규정 가운데서 법인격을 전제로 하는 것을 제외하고는 이를 **유추적용**해야 한다.[6] 따라서 사단법인에서 사원이 없게 된다고 하더라도 이는 해산사유가 될 뿐 막바로 권리능력이 소멸하는 것이 아니므로(민 77조 2항), 법인 아닌 사단에서도 구성원이 없게 되었다 하여 막바로 그 사단이 소멸하여 소송상 당사자능력을 상실했다고 할 수는 없고, **청산사무가 완료**되어야 비로소 그 당사자능력이 소멸한다.[7]

---

1) 대판 1967. 7. 4. 67다549.

2) 대판 1991. 11. 22. 91다16136.

3) 대판 1992. 5. 12. 91다37683.

4) 대판 1998. 7. 24. 96누14937('대한예수교장로회총회 산하의 신학연구원 이사회'의 경우), 2003. 4. 11. 2002다59337('사단법인 대한약사회 산하의 서울시지부 구(區)분회'의 경우), 2018. 4. 26. 2015다211289(항만물류협회 산하의 항만근로자 퇴직충당금 관리위원회), 대판 2022. 8. 11. 2022다227688 등.

5) 대판 2009. 1. 30. 2006다60908.

6) 민법은 법인 아닌 사단의 법률관계에 관하여 재산의 소유 형태 및 관리 등을 규정하는 275조·276조·277조를 두고 있을 뿐이므로, 사단의 실체·성립, 사원자격의 득실, 대표의 선정 방법, 총회의 운영, 해산사유와 같은 그 밖의 법률관계에 관해서는 민법의 법인에 관한 규정 가운데 법인격을 전제로 하는 조항을 제외한 나머지 조항이 원칙적으로 유추적용된다. 대판(전) 2006. 4. 20. 2004다37775, 대결(전) 2009. 11. 19. 2008마699, 대판 2011. 4. 28. 2008다15438.

7) 대판 1992. 10. 9. 92다23087.

(3) 이에 해당하는 구체적 경우

(a) 교   회

개신교의 개별 교회는 일반적으로 당사자능력이 인정되나,[1] 천주교단에 속한 개별 교회는 당사자능력이 부정된다.[2]

(b) 사   찰

사찰은 개인사찰이 아닌 한[3] 신도들이 사찰의 운영이나 재산의 관리·처분에 관여하는 정도에 따라 **법인 아닌 재단** 또는 **법인 아닌 사단**으로 구분된다.[4] **판례**는, 사찰이 독립한 단체를 이루었다고 볼 수 있는 경우 이를 사단으로 볼 것인지 재단으로 볼 것인지에 관하여 대부분 '법인 아닌 사단 또는 재단', '비법인 재단 또는 비법인사단' 등의 애매한 표현을 하고 있다.[5] 사찰은 '전통사찰의 보존 및 지원에 관한 법률'(구 전통사찰보존법)[6]에 의하여 등록된 전통사찰과 그렇지 않은 일반사찰로 구분할 수 있으며, 통상 단체성이 있는 **일반사찰**은 **법인 아닌 사단**으로, **전통사찰**은 **법인 아닌 재단**으로 분류된다. 이러한 단체성을 갖추지 아니한 사찰은 **개인사찰**이나 **불교목적시설**에 불과한 경우로서 당사자능력이 부정된다.[7] 한편 일정 지역에서 독립한 조직을 갖추고 독자적인 종교활동을 해 온 불교신도회를 그 소속 종단과는 별개의 법인 아닌 사단으로 볼 수 있는 경우가

---

1) 판례는 종래 **교회의 분열**을 인정했으나, 그 후 **판례를 변경**하여 교회의 분열을 인정하지 않는다. 대판(전) 2006. 4. 20. 2004다37775, 대판 2008. 1. 10. 2006다39683, 2008. 1. 31. 2005 다60871.

2) **천주교회**의 경우 통상 재단법인인 '○○교구 천주교회유지재단'이 설립되어 있다. 대판 2007. 12. 27. 2006도8870.

3) 사찰이란 불교교의(敎義)를 선포하고 불교의식을 행하기 위한 시설을 갖춘 승려·신도의 조직인 단체로서 **독립한 사찰**로서의 실체를 가지기 위해서는 물적 요소인 불당 등의 **사찰재산**이 있고, 인적 요소인 주지를 비롯한 **승려**와 상당수의 **신도**가 존재하며, 단체로서의 **규약**을 가지고 사찰이 그 자체 생명력을 지니며 사회적 활동을 할 것을 필요로 한다. 대판 2001. 1. 30. 99다42179, 2020. 12. 24. 2015다222920; 김종석, "사찰의 종단소속관계와 독립된 실체," 대법원판례해설 125호(2021년), 30쪽 이하.

4) 대판 1997. 12. 9. 94다41249 등; 안종혁, "사찰의 법인격," 변호사(서울지방변호사회) 32집 (2002. 1.), 93쪽 이하.

5) 대판 1999. 9. 3. 98다13600, 2004. 10. 28. 2004다32206,32213, 2005. 6. 24. 2003다54971; 이홍권, "사찰의 재산귀속관계 및 신도회의 종단탈퇴결의의 효력," 대법원판례해설 15호(1991 년 상반기), 399쪽.

6) 전통사찰보존법이 2007. 4. 11. 전부개정되었다가 2009. 3. 5. '전통사찰의 보존 및 지원에 관한 법률'로 법제명이 변경되는 등 일부개정되어 2009. 6. 11.부터 시행되고 있다.

7) 민유숙, "개인사찰 건물의 소유권 귀속," 대법원판례해설 54호(2005년 상반기), 38쪽 이하; 법원실무제요 민사소송(1), 329쪽.

있다.1)

(c) 종   중

　종중은 공동선조의 분묘수호와 제사 및 종중원 상호간의 친목 등을 목적으로
하여 성년의 남·여가 구성원이 되어 구성되는 자연발생적인 종족집단으로 법인
아닌 사단이다.2) 이러한 의미의 종중을 **고유한 의미의 종중**이라 한다.3)

　공동선조의 후손 중 특정 지역 거주자나 특정 범위 내의 사람들만으로 조직
체를 구성하여 활동하고 있어 그 단체로서의 실체를 인정할 수 있을 경우에는 본
래의 의미의 종중은 아니나, '**종중 유사의 법인 아닌 사단**'(종중 유사의 권리능력 없
는 사단, 종중 유사단체)으로서의 단체성을 인정할 여지는 있다.4) 종중 유사의 법인
아닌 사단은 공동선조의 분묘수호와 제사봉행(祭祀奉行) 및 종중원 상호간의 친목도
모를 목적으로 하는 점에서는 고유한 의미의 종중과 같으나, 종중원의 자격이 일정
부분 제한되고, 가입과 탈퇴가 자유로운 점 등이 고유한 의미의 종중과 다르다.5)
다만 종중 유사의 법인 아닌 사단의 성립을 인정하기 위해서는 고유한 의미의 종
중이 소를 제기하는 데 필요한 여러 절차(종중원의 확정, 종중총회의 소집, 총회의 결
의, 대표자의 선임 등)를 우회하거나 특정 종중원을 배제하기 위한 목적에서 종중 유

---

1) 대판 1987. 4. 28. 86다카1757, 1996. 7. 12. 96다6103.
2) 종중의 이러한 목적과 본질에 비추어 볼 때 공동선조와 성(姓)과 본(本)을 같이 하는 후손
　은 성별의 구별 없이 성년이 되면 당연히 그 구성원이 된다고 보는 것이 조리에 합당하다고
　한다. 대판(전) 2005. 7. 21. 2002다13850.
3) 종중은 공동선조의 분묘수호와 제사 및 종중원 상호간의 친목 등을 목적으로 하는 자연발
　생적인 종족단체로서 특별한 조직행위를 필요로 하는 것은 아니나 **공동선조**를 누구로 하느냐
　에 따라 종중 안에 무수한 **소종중**이 있을 수 있으므로, 어느 종중을 특정하고 그 실체를 파
　악하는 데에 그 종중의 공동선조가 누구인지가 가장 중요한 기준이 되고, 공동선조를 달리하
　는 종중은 그 구성원도 달리하는 별개의 실체를 가지는 종중으로 본다. 대판 2007. 10. 25.
　2006다14165, 2010. 5. 13. 2009다101251 등.
4) 대판 1996. 10. 11. 95다34330, 2007. 6. 29. 2005다69908, 2008. 10. 9. 2008다45378 등. 종
　중 유사의 법인 아닌 사단은 반드시 총회를 열어 성문화된 규약을 만들고 정식의 조직체계를
　갖추어야만 비로소 단체로서 성립하는 것이 아니라, 실질적으로 공동의 목적을 달성하기 위하여
　공동의 재산을 형성하고 일을 주도하는 사람을 중심으로 계속적으로 사회적인 활동을 하여 온
　경우에는 이미 그 무렵부터 단체로서의 실체가 존재한다고 보아야 한다. 대판 1996. 3. 12. 94다
　56401, 2010. 4. 29. 2010다1166, 2020. 10. 15. 2020다232846.
5) 종중 유사의 법인 아닌 사단에서는 원칙적으로 사적자치의 원칙이나 결사의 자유에 따라
　구성원의 자격이나 가입조건을 자유롭게 정할 수 있다. 대판 2019. 2. 14. 2018다264628 등.
　따라서 회칙이나 규약에서 공동선조의 후손 중 남성만으로 구성원을 한정해도 무효라고 볼
　수 없다. 대판 2011. 2. 24. 2009다17783. 박정화, "고유의미의 종중과 종중에 유사한 비법인
　사단," 재판과 판례(대구판례연구회) 6집(1997. 12.), 39쪽 이하.

사의 법인 아닌 사단을 **표방**했다고 볼 여지가 없는지 신중하게 판단해야 한다.[1]

(d) 그 밖의 경우

그 밖에 판례가 법인 아닌 사단으로 보고 있는 예로는 ① 주택조합,[2] ② 재건축조합,[3] ③ 집합건물의 **관리단**,[4] ④ 공동주택의 **입주자대표회의**,[5] ⑤ 고유재산을 가지고 부락총회와 대표자 등이 존재하는 자연부락[6]이나 고유재산을 가지고 행정구역의 명칭을 사용하는 주민공동체,[7] ⑥ 아파트부녀회[8] 등이 있다.

■ 채권자들이 구성한 채권단 또는 채권청산위원회가 법인 아닌 사단인지 여부

(1) 판단기준

채권자들이 그 채권을 확보할 목적으로 **채권단** 또는 **채권청산위원회**을 구성한

---

1) 2020. 4. 9. 2019다216411.

2) 대판 1993. 4. 27. 92누8163, 1998. 6. 26. 97누2801. 주택법에 근거한 단체로서, 여기에는 **지역주택조합, 직장주택조합, 리모델링주택조합**이 있다(주택법 2조 11호).

3) 대판 1997. 1. 24. 96다39721, 2001. 5. 29. 2000다10246. 구 주택건설촉진법에 의하여 설립된 단체이다. 한편 '도시 및 주거환경정비법'에 근거한(**주택재개발, 주택재건축, 도시환경**)**정비사업조합**은 **법인이다**(같은 법 38조 1항).

4) 대판 2015. 2. 26. 2014다48354, 2019. 4. 25. 2018다295127 등. 건물에 대하여 구분소유관계가 성립되면 구분소유자 전원을 구성원으로 하여 건물과 그 대지 및 부속시설의 관리에 관한 사업의 시행을 목적으로 하는 **관리단**이 **구분소유자 단체**로서 **당연히**(어떠한 조직행위가 없더라도) 설립된다(집합건물의 소유 및 관리에 관한 법률 23조 1항). 구분소유자로서 구성되어 있는 단체로서 위 법률 23조 1항의 취지에 부합하는 것이면 그 존립형식이나 명칭에 불구하고 관리단으로서의 역할을 수행할 수 있다. 대판 1996. 8. 23. 94다27199, 2013. 3. 28. 2012다4985. 한편 구분소유자와 구분소유자 아닌 사람으로 구성된 단체라 하더라도 구분소유자만으로 구성된 관리단의 성격을 겸유할 수 있다. 대판 1996. 8. 23. 94다27199, 2017. 9. 21. 2015다47310.

5) 대판 2007. 6. 15. 2007다6307, 2016. 9. 8. 2015다39357. **공동주택의 입주자대표회의**는 **공동주택관리법** 14조에 근거한 단체로서(집합건물이 일정 규모 이상의 **공동주택**에 해당하는 경우에 입주자대표회의가 구성된다), 동(棟)별 세대수에 비례하여 선출되는 동별 대표자를 구성원으로 하는 4인 이상으로 구성된 **법인 아닌 사단**이다. 공동주택관리법에 따라 자치관리로 공동주택의 관리방법을 정한 아파트에서 입주자대표회의가 선임한 자치관리기구인 **관리사무소장**은 입주자대표회의의 감독을 받는 입주자대표회의의 **업무집행기관**이다(공동주택관리법 시행령 4조). 대판 2015. 1. 29. 2014다62657.

6) 대판 2007. 7. 26. 2006다64573, 2008. 1. 31. 2005다60871, 2008. 11. 13. 2008다24081 등. 어떤 임야가 임야조사령에 의하여 동(洞)·리(里)의 명의로 사정(査定)된 경우 그 동·리를 법인 아닌 사단으로 본 판결로는, 대판 2009. 1. 30. 2008다71469.

7) 대판 2009. 1. 30. 2008다71469 등.

8) 아파트에 거주하는 부녀를 회원으로 하여 입주자의 복지증진과 지역사회 발전 등을 목적으로 설립되어 회칙과 임원을 두고서 주요 업무를 월례회나 임시회를 개최하여 의사결정을 하여 온 경우이다. 대판 2006. 12. 21. 2006다52723.

경우 그 단체의 명칭 여하에 불구하고 그 실체가 법인 아닌 사단인지를 판단하여 당사자능력의 유무가 결정된다. 이러한 단체가 고유의 목적을 가지고 의결기관인 총회 및 집행기관인 대표자를 두는 등 일정한 조직을 갖추어 탈퇴·사망 등으로 인한 구성원의 변경에 관계없이 단체 그 자체로 존속하며, 대표방법·총회의 운영·재산의 관리, 그 밖에 단체로서의 주요사항이 확정되어 있는 경우에는 법인 아닌 사단으로서의 실체를 가진다고 본다.[1]

(2) 법인 아닌 사단으로 볼 수 없는 경우

채권자들이 채권의 회수나 확보를 목적으로 단체를 구성한 경우에도 ① 채권자들이 대표자들을 선임하여 채권회수를 위한 일체의 권한을 위임했을 뿐, 정관 또는 규약을 제정하거나 사단으로서의 실체를 갖추기 위한 일체의 조직행위가 없었고, ② 사단으로서의 실체를 인정할 만한 조직·재정적 기초·총회의 운영·재산의 관리, 그 밖에 단체로서의 활동에 관한 증명도 없는 경우에는 이를 법인 아닌 사단으로 볼 수 없다. 특히 이러한 단체가 소송상 당사자능력을 해결할 의도로 급하게 만들어진 것인 경우에는 더욱 그렇다. 즉 이러한 단체의 조직행위는 구성원의 개인성과는 별개로 권리·의무의 주체가 될 수 있는 독자적 존재로서의 사단을 성립시켜 그 구성원으로 되는 것을 목적으로 하는 채권자들의 의사 합치에 기한 것이라고도 볼 수 없다.[2]

3. 법인 아닌 재단

법인 아닌 재단도 법인 아닌 사단과 마찬가지로 그 대표자나 관리인이 있으면 당사자능력이 인정된다(법 52조). 법인 아닌 재단은 일정한 목적에 따라 일정한 재산이 있으며, **출연자**로부터 **독립하여** 존재하고 관리·운영된다. 법인 아닌 재단의 예로는 육영회, 대학교장학회 등이 있다. 다만 학교는 교육시설에 불과하며,[3] '노인요양원'이나 '노인요양센터'는 노인의료복지시설에 불과하므로[4] 모두 당사자능력이 인정되지 않는다. 국·공립학교는 국가·지방자치단체, 사립학교는 **학교법인**, 그 밖의 학교는 설립자에게 당사자능력이 있다.

---

1) 대판 1996. 6. 28. 96다16582.
2) 대판 1999. 4. 23. 99다4504.
3) 대판 2001. 6. 29. 2001다21991, 2017. 3. 15. 2014다208255, 대결 2019. 3. 25. 2016마5908.
4) 대판 2018. 8. 1. 2018다227865.

4. 민법상 조합

(1) 민법상 조합의 당사자능력 인정 여부

1) **민법상 조합**[1]은 단체성의 정도가 법인 아닌 사단보다 훨씬 더 약하다. 이러한 민법상 조합에 당사자능력을 인정할 것인지에 관하여 견해가 대립하고 있다. 상법상 업무집행조합원과 유한책임조합원으로 구성된 **합자조합**의 경우에도 민법상 조합의 당사자능력 인정 여부에 관한 논의가 그대로 적용된다[상법상 합자조합 제도는 2011. 4. 14. 개정, 2012. 4. 15. 시행 상법에 의하여 신설되었다. 상법 86조의8 4항은 합자조합에 관하여 상법 또는 조합계약에 다른 규정이 없으면 원칙적으로 민법 중 조합에 관한 규정을 준용하도록 하고 있다].

2) 이에 대하여 민법상 조합의 당사자능력을 긍정하는 입장(**긍정설**)은 그 논거로, ① 민법상 조합은 어느 정도 계속적 존재이고, 조합재산의 독립성도 확보되어 있으며, ② 민법상 조합도 대외적 거래관계에서 거래의 주체로서 활동하는 이상 이에 대해 당사자능력을 인정함이 상당하며, ③ 조합인지 사단인지 구별이 용이하지 않아 그 중간적 단체도 많이 존재하고 있음에도 불구하고, 이러한 판단을 잘못하여 제소한 경우 그 소가 부적법하다고 하여 각하하는 것은 부당하다는 점을 들고 있다.[2][3] 민법상 조합의 당사자능력을 긍정하는 견해에서는 대부분 모든 민법상 조합에 대해 이를 인정하는 것이 아니라, 대체로 조합활동을 위한 조합재산이 조합원으로부터 독립되어 있고, 대표기관의 정함이 있는 일정한 규모 이상의 조합

---

1) 민법상 조합계약은 2명 이상이 **상호출자**하여 공동으로 사업을 경영할 것을 약정하는 계약이다(민 703조 1항). 특정한 사업을 **공동경영**하는 약정에 한하여 이를 조합계약이라고 할 수 있고, 공동목적의 달성이라는 정도만으로는 조합의 성립요건을 갖춘 것이 아니다. 대판 2004. 4. 9. 2003다60778, 2010. 10. 28. 2010다51369, 2012. 8. 17. 2011다80005. 따라서 ① 부동산의 공동매수인들이 전매차익을 얻으려고 상호협력한 것에 불과한 경우(공동매수 후 매수인별로 토지에 관하여 공유에 관한 지분권을 가지고 자유롭게 그 지분권을 처분하여 대가를 취득할 수 있도록 한 경우)에는 민법상 조합이라고 볼 수 없으며(대판 2007. 6. 14. 2005다5140, 2012. 8. 30. 2010다39918), ② 공유재산인 대지 및 점포를 임대·관리하는 공동목적의 달성을 위한 모임에 불과한 경우도 민법상 조합이라고 볼 수 없으며(대판 2008. 7. 10. 2007다44965), ③ 8층 상가 점포 소유자들이 8층 상가의 내부구조 변경 및 임대분양 사업추진을 위하여 구성한 활성화위원회의 경우도 민법상 조합으로 보지 않는다(대판 2009. 7. 9. 2007다42617).

2) 김홍규·강태원, 202쪽; 강현중, 212쪽; 전병서, 226쪽; 손한기, 79쪽; 김용진, 116쪽.

3) 독일과 일본의 경우 사단의 개념에는 조합의 개념을 포함하는 것으로 이해하고 있는 등 법제사적 관점에서나, 분쟁해결의 실효성 확보차원에서 민법상 조합에 당사자능력을 인정할 필요가 있다는 견해로는, 정규상, "민법상 조합의 당사자능력에 관한 고찰," 민사소송 16권 2호 (2012. 11.), 33쪽 이하.

에 한하여 인정하는 입장을 취하고 있다.1)2)

　　3) 그러나 민법상 조합은 ① 단체성보다 조합원의 개성이 강하고, 조합원을 떠난 고유의 목적이 존재하지 않을 뿐만 아니라 재산관계도 명료하지 않으므로 법인 아닌 사단과 동일시할 수 없으며, ② 소송절차의 간소화는 선정당사자제도 및 임의적 소송담당제도 등을 활용할 수 있으며, ③ 조합의 당사자능력을 긍정하면 스스로 선임하지 아니한 대표자의 소송수행의 결과를 승인케 하여 조합원의 이익을 해하게 된다. 따라서 민법상 조합에 당사자능력을 부정함이 옳다(**부정설**).3)4) **판례** 역시 민법상 조합의 당사자능력을 부정하고 있다.5)

　　민법상 조합에 당사자능력을 부정하는 입장에서는, 어떤 단체가 당사자능력이 인정되는 법인 아닌 사단인지, 당사자능력이 인정되지 않는 조합인지 구별이 중요하다. 어떤 단체가 외형상 목적·명칭, 사무소 및 대표자를 정하고 있다고 할지라도 사단의 실체를 인정할 만한 조직, 그 재정적 기초, 총회의 운영, 재산의 관리, 그 밖에 단체로서의 활동에 관한 증명이 없는 이상 이를 법인이 아닌 사단

---

1) 김홍규, "민법상의 조합에 형식적 당사자능력의 인정 및 독립당사자참가소송에 있어서 소송 탈퇴규정의 개정의 필요성," 대한변호사협회지 101호(1984. 10.), 21쪽 이하; 이동률, "조합의 당사자능력," 민사소송 1권(1998. 1.), 561쪽 이하. 한편 규모가 큰 단체를 조합으로 규율하려고 하면 조합에 관한 이론이 지나치게 복잡해질 우려가 있으므로, 소규모 단체는 조합으로 규율하고, 규모가 큰 단체는 가급적 사단으로 규율하는 것이 바람직하며, 조합과 법인 아닌 사단은 그 구분의 명확성이 요구되나, 양자를 통일적으로 규율하는 방안도 모색할 필요가 있다는 견해로는, 김재형, "조합에 대한 법적 규율," 민사판례연구 19권(1997. 2.), 624쪽 이하.
2) 조합에 당사자능력을 인정한다면 조합에 대한 집행권원에 기하여 조합재산 외에 조합원의 개인재산에 대하여 집행을 할 수 있는지 여부에 관해서는 논의가 있다. 재판 당시의 조합원인 경우에는 강제집행이 가능하다는 견해가 있으나(김경욱, "민법상 조합의 민사소송상의 지위," 민사소송 13권 1호(2009. 5.), 84쪽 이하), 가사 조합의 당사자능력을 인정하는 입장을 취한다고 하더라도 조합 자체와 조합원은 별개의 인격이므로 조합 자체를 상대로 한 집행권원에 기해 조합원에게 조합채무에 대한 개인적인 책임을 이유로 강제집행할 수 없다고 봄이 상당하다. 안성포, "민법상 조합의 권리능력과 당사자능력," 비교사법 10권 3호(2003. 9.), 292쪽 이하.
3) 이시윤, 157쪽; 정동윤·유병현·김경욱, 216쪽; 호문혁, 236쪽; 양병회, 125쪽; 홍기문, 134쪽; 정영환, 292쪽; 이태영, 149쪽; 김연, 176쪽.
4) 우리나라의 경우 법인 아닌 사단과 조합은 민법에서 양자를 구별할 뿐 아니라 소유형태도 서로 달리 규정하고 있는 등 조합과 법인 아닌 사단을 상호 명확히 구별하는 체계를 갖추고 있으므로, 한국의 독특한 법제하에서는 조합에 당사자능력을 인정하기 어렵다는 견해로는, 임상혁, "민사법체계에서 조합의 당사자능력에 관한 검토," 민사소송 13권 1호(2009. 5.), 122쪽 이하. 한편 우리 민법의 해석론으로서는 조합의 권리능력을 인정하기는 어려우나, 독일 민법이 2021. 8. 17. 외적 조합의 권리능력을 인정하는 것으로 개정된 점을 고려하여 입법론적 측면에서는 우리나라에서도 조합에 대하여 적어도 법인 아닌 사단에 준하는 정도의 등기능력과 당사자능력을 인정하는 것은 충분히 검토할 가치가 있다는 견해로는, 윤진수, "민법상 조합의 권리능력에 관한 독일의 경향," 법조 통권 757호(2023. 2.), 35쪽 이하.
5) 대판 1984. 2. 14. 83다카1815, 1991. 6. 25. 88다카6358, 1999. 4. 23. 99다4504.

으로 보지 않는다.[1]

(2) 민법상 조합에 관한 소송과 소송편의를 위한 제도적 장치

1) 민법상 조합의 당사자능력이 인정되지 않을 경우 민법상 조합 측의 또는 민법상 조합 측에 대한 소송에서의 소송형태는 원칙적으로 **고유필수적 공동소송**(소송목적이 공동소송인 모두에게 합일적으로 확정되어야 할 소송, 법 67조)이 된다. 즉 민법상 조합이 가지는 **채권(조합채권)에 관한 소송**(민법상 조합 측이 원고인 경우)이나, 민법상 조합이 부담하는 **채무(조합채무)로서 조합재산에 의한 소송**[민법상 조합 측이 피고인 소송으로, 조합재산을 집행재산으로 하려는 경우이다. 민법상 조합에 대한 채권자가 조합재산에 대하여 강제집행을 하기 위해서는 **조합원 전원에 대한 집행권원이** 필요하다][2]의 경우에는 반드시 **조합원 전원**이 원고가 되어, 또는 **조합원 전원**이 피고가 되어야 한다.[3]

따라서 조합원 전원이 당사자가 되어 소송을 수행하기 위해서는 변호사가 조합원 전원을 대리하지 않는 한 소송의 번잡함을 피하고 소송의 편의를 도모할 필요성이 제기된다. 이에 대하여 일반적으로, ① **선정당사자제도**(법 53조, 법률상 명문의 규정이 있어 임의적 소송담당이 허용되는 경우)를 이용하는 방법으로, 조합원들[조합원들은 법 65조 전문 가운데 '소송목적이 되는 권리나 의무가 여러 사람에게 공통된' 경우로서, 법 53조 1항의 '공동의 이해관계를 가진 여러 사람'에 해당한다] 가운데 일부를 선정당사자로 선정하여 그 조합원만이 당사자로 소송을 수행하게 하는 방법, ② **임의적 소송담당제도**[법률상 명문의 규정이 없으나, 예외적으로 합리적 이유와 필요가 있다고 하여 임의적 소송담당이 허용되는 경우]를 이용하는 방법으로, **업무집행조합원**(업무집행자인 조합원)에게 임의적 소송신탁을 하여 업무집행조합원만이 당사자로 소송을 수행하게 하는 방법, ③ **법률상 소송대리인제도**를 이용하는 방법으로, 업무집행조합원은 그 업무집행의 대리권이 있는 것으로 추정한다는 민법 709조 규정을 들어 업무집행조합원을 법률상 소송대리인으로 보아 업무집행조합원이

---

1) 대판 1999. 4. 23. 99다4504.

2) 따라서 **조합재산**에 대한 강제집행의 보전을 위한 **가압류**의 경우에도 마찬가지로 조합원 전원에 대한 가압류명령이 있어야 하므로, 조합원 가운데 1인만을 가압류채무자로 한 가압류 명령으로써 조합재산에 가압류집행을 할 수는 없다. 대판 2015. 10. 2. 2012다21560.

3) 물론 조합채무에 대하여 조합재산에 의한 소송이 아니라 **조합원의 개인재산에 의한 소송**(조합원의 개별적 책임에 기한 소송)은 조합원 각자를 상대로 소송을 제기할 수 있으므로, 조합원 전원을 상대로 하는 고유필수적 공동소송이 아니다. 대판 1976. 12. 14. 76다2212, 1991. 11. 22. 91다30705.

소송대리인으로 소송을 수행하게 하는 방법 등이 제시되고 있다.

　2) **임의적 소송담당이** 원칙적으로는 허용되지 않지만 민법상 조합에서 업무집행조합원에게 임의적 소송신탁을 할 **합리적 이유와 필요**가 있다고 보여지는 경우에는 **업무집행조합원**에게 당사자적격이 인정된다. **판례도** 조합업무를 집행할 권한을 수여받은 업무집행조합원은 조합원으로부터 임의적 소송신탁을 받아 자기 이름으로 소송을 수행하는 것이 허용된다고 보고 있다.[1] 주의를 요하는 것은 업무집행조합원을 선임하는 것과 임의적 소송신탁을 하는 것은 별개의 문제이므로, 업무집행조합원으로 선임되었다고 하여 이를 근거로 임의적 소송신탁이 되었다고 볼 수는 없다는 점이다.[2] 따라서 업무집행조합원이 대내적 업무집행권만 가지고 있음에 불과하다면 임의적 소송담당에 해당하지 않으며, 한편 대외적 업무집행권을 갖고 있더라도 소송에 관하여 조합원으로부터 별도의 임의적 소송신탁을 받아야 한다.

　3) **업무집행조합원**에 대하여 법률상으로는 재판상 행위를 대리할 수 있음에 관한 명시적 규정을 두고 있지 않으므로, 업무집행조합원이 **법률상 소송대리인**인지에 관해서는 논의가 있다. 이에 대하여, ① 이를 **긍정하는 입장**에서는 업무집행조합원은 일반적으로 포괄적 대리권한을 가지고 있으므로 법률상 소송대리인의 일종으로 보며, ② 이를 **부정하는 입장**에서는 법률상 소송대리인은 그 대리권한이 법률상 명시된 경우에 한하며, 업무집행조합원에 대해서는 임의적 소송담당이 허용될 수 있으므로 구태여 법률상 소송대리인의 개념을 확대해석할 필요가 없다고 보고 있다.[3] 민법 709조는 업무집행조합원에게 업무집행의 대리권이 있는 것으로 추정하고 있을 뿐이고 다른 법률상 소송대리인의 경우와 같이 **재판상 대리**에 관하여 **법률상 명문의 규정**을 두고 있지 않으며, 업무집행조합원을 법률상 소송대리인으로 보는 경우 **대리권의 범위**가 지나치게 **불명확**하여 법원이나 상대방에게 예측할 수 없는 불이익을 줄 수 있으므로 업무집행조합원을 법률상 소송대리인으로 보기 어렵다.[4]

---

　1) 대판 1984. 2. 14. 83다카1815, 1997. 11. 28. 95다35302, 2001. 2. 23. 2000다68924; 오영권, "민법상 조합의 당사자능력과 소송고지의 효력 범위," 대법원판례해설 16호(1991년 하반기), 15쪽 이하.

　2) 김재형, "조합에 대한 법적 규율," 민사판례연구 19권(1997. 2.), 624쪽 이하.

　3) 이동률, "조합의 당사자능력," 민사소송 1권(1998. 1.), 571쪽.

　4) 민법 709조는 **임의규정**이므로, 당사자 사이의 약정에 의하여 조합의 업무집행에 관하여 조합원 전원의 동의를 요하도록 하는 등 그 내용을 달리 정할 수 있고, 그와 같은 약정이 있는

5. 조합 명칭의 단체가 당사자능력을 가진 경우

농업협동조합(농업협동조합법 4조 1항), 수산업협동조합(수산업협동조합법 4조 1항), (주택재개발, 주택재건축, 또는 도시환경) 정비사업조합(도시 및 주거환경정비법 38조 1항) 등의 경우 명칭은 조합이지만 단체의 법적 성격은 법인이다. 법무조합의 경우는 민법상 조합의 규정이 준용되지만 당사자능력은 인정된다(변호 58조의26).

6. 법인이지만 일정한 경우 민법상 조합으로 취급되는 경우

실체적으로 민법상 조합이지만 특별법에 의하여 **특별히** 법인격이 부여된 경우가 있다. 이러한 경우 해당 법률 등에 특별한 규정이 없으면 법인격을 전제로 한 것을 제외하고는 민법상 조합에 관한 규정이 준용된다. 예컨대 '농어업경영체 육성 및 지원에 관한 법률'에 의한 **영농조합법인**의 경우(위 법률 16조 8항) 영농조합법인의 채권자는 민법 712조에 따라 채권 발생 당시의 각 조합원에 대하여 해당 채무의 이행을 청구할 수 있다.[1]

7. 당사자능력이 없는 자에게 권리행사를 허용하는 경우

언론중재 및 피해구제 등에 관한 법률에 의하면 민사소송법상 당사자능력이 없는 기관 또는 단체라도 하나의 생활단위를 구성하고 보도 내용과 직접적인 이해관계가 있을 때에는 그 대표자가 정정보도청구 등의 소를 제기할 수 있다고 규정하고 있다(같은 법률 26조, 14조 4항).

Ⅲ. 소송상 취급

1. 소송요건 및 심리방법

(1) 직권조사사항

1) 당사자능력은 본안판결을 받기 위한 소송요건으로서, 당사자능력의 유무에

경우에는 조합의 업무집행은 조합원 전원의 동의가 있는 때에만 유효하다. 따라서 조합의 구성원이 위와 같은 약정의 존재를 주장·증명하면 조합의 업무집행자가 조합원을 대리할 권한이 있다는 추정은 깨어지고, 업무집행자와 사이에 법률행위를 한 상대방이 나머지 조합원에게 그 법률행위의 효력을 주장하기 위해서는 그와 같은 약정에 따른 조합원 전원의 동의가 있었다는 점을 주장·증명할 필요가 있다. 대판 2002. 1. 25. 99다62838.

1) 대판 2018. 4. 12. 2016다39897.

관한 사항은 **직권조사사항**이다. 당사자능력이 있는지의 문제는 소제기 당시만이
아니라 사실심 변론종결시를 기준으로 판단해야 한다.[1] 당사자능력 판단의 전제
가 되는 사실에 관해서는 법원이 원칙적으로 직권증거조사해야 한다(**직권탐지형**).

  2) 법원은 법인 아닌 사단이나 재단이 당사자가 되어 있는 때에는 정관·규
약, 그 밖에 그 당사자의 당사자능력을 판단하기 위하여 필요한 자료를 제출하게
할 수 있다(규칙 12조). 법원의 자료제출요구에 당사자가 응하지 않는다고 하더라
도 이로써 당사자에게 불이익을 가할 수 없으며 법원은 직권으로 당사자능력의
유무를 판단해야 한다.[2]

(2) 심리의 대상 및 방법

  1) 특히 특정한 단체가 법인 아닌 사단으로서 당사자능력을 가지는지는 **당사
자가 내세우는 단체**의 목적·조직, 구성원 등 단체를 사회적 실체로서 규정하는
요소를 갖춘 단체가 실재하는지 여부만을 심리하여 판단한다. 심리결과 그와 같
은 의미의 단체가 실재한다면 그로써 당사자능력은 충족되는 것이고,[3] 그렇지 않
다면 부적법한 소로서 판결로써 소를 각하하면 족하다(법 219조). 따라서 당사자의
주장과는 전혀 다른 실체를 인정하여 당사자능력을 인정하는 것은 소송상 무의미
할 뿐 아니라 **당사자를 변경**하는 결과로 되어 허용되지 않는다.[4]

  한편 당사자가 내세우는 단체가 실재하는지 여부를 심리·판단을 하기 위한
전제되는 사실에 관해서는 법원은 당사자의 주장에 구속될 필요 없이 직권으로
조사해야 하고, 따라서 당사자가 법인 아닌 사단의 성립의 기초가 되는 사실에
관하여 다양한 주장을 하는 경우에도 구체적인 주장사실에 구속될 필요 없이 직
권으로 단체의 실체를 파악하여 당사자능력의 존부를 판단해야 한다.[5]

  2) 법원은 당사자확정의 방법에 따라 확정된 당사자가 소장의 표시와 다르거
나 소장의 표시만으로 분명하지 않다면 앞서 본 바와 같이 원고에게 당사자표시

---

[1] 대판 2010. 12. 9. 2009다26596, 2020. 10. 20. 2020다232846, 2021. 6. 24. 2019다278433 등.
[2] 법원실무제요 민사소송(1), 329쪽.
[3] 이 경우 당사자가 자신이 내세우는 단체의 성격을 제대로 알지 못하여 그 단체의 성격 및
   실체에 관하여 일부 부적절한 주장을 했다고 하더라도, 전체적으로 보아 처음부터 당사자능력
   을 가진 단체라고 볼 수 있는 주장을 해 왔다면 그 실체가 당사자능력이 있는 단체라고 하는
   사실관계의 기본적 동일성은 유지되는 것이므로, 법원으로서는 당사자능력 있는 단체로서의
   실재 여부를 가려 당사자능력의 유무를 판단해야 한다. 대판 2010. 4. 29. 2010다1166.
[4] 대판 1997. 12. 9. 94다41249, 2002. 4. 12. 2000다16800, 2008. 5. 29. 2007다63683 등.
[5] 대판 2021. 6. 24. 2019다278433.

를 **정정·보충**시키는 조치를 취한 다음 당사자에게 당사자능력이 있는지를 가려 보아야 한다.[1]

2. 당사자능력이 없는 경우와 법원의 조치

(1) 당사자능력 유무의 시기에 따른 법원의 조치

소제기시 당사자능력이 없더라도 **당사자표시정정**이 허용되면 당사자표시정정을 할 수 있다(법 59조 유추적용). 그렇지 않다면 판결로써 소를 각하한다. 소제기시 당사자능력이 없었으나 변론종결시까지 당사자능력을 취득하게 되었다면 소를 각하해서는 안 된다[이 경우 능력취득자의 추인도 필요하지 않다]. 소송계속 중에 당사자의 사망·합병 등으로 당사자능력이 상실된 때에는 **소송수계사유가** 된다(법 233조·234조)[다만 일신전속적 법률관계에서는 소송이 종료된다]. **소송비용**은 원고 측에 당사자능력이 없는 때에는 **사실상 소를 제기한 사람**에게, 피고 측에 당사자능력이 없는 때에는 **원고**에게 부담시킨다(법 108조 유추적용).

(2) 당사자능력 유무에 관한 재판과 불복방법

당사자능력의 유무에 관하여 **다툼이 있는 경우** 당사자능력이 없으면 소를 각하하고, 당사자능력이 있으면 중간판결(법 201조 1항)로 또는 종국판결의 이유에서 이를 판단한다. 당사자능력이 있음에 대하여 원고에게 **증명책임**이 있다. 당사자능력이 없다고 판단 받은 당사자도 이를 다투어 상소를 제기할 수 있다. 따라서 이러한 경우 상소를 각하해서는 안 된다.

3. 당사자능력의 흠을 간과한 판결의 효력

(1) 당사자의 비실재 또는 사망을 간과한 경우

당사자의 **비실재**(허무인이거나, 단체가 존재하지 않은 경우)[2] 또는 **사망**의 경우는 소송당사자가 부존재하여 대립당사자 구조를 갖추지 않으므로, 이를 간과하고 한 판결은 **당연무효**이다. **판례**도 어떠한 단체가 실제로 존재하지 않음에도 불구하고 그 단체가 존재하고 그 대표자로 표시된 사람이 대표자 자격이 있는 사람인 것으로 오인하여 판결이나 결정이 내려졌다고 하더라도, 그 단체가 실제로 존재

---

[1] 대판 1997. 6. 27. 97누5725, 2013. 8. 22. 2012다68279, 2019. 11. 15. 2019다247712.

[2] 단체의 경우 단체가 실체를 가진다고 볼 만한 물적 요소 및 인적 요소 또는 규약을 가지고 있다고 보기 어려운 때에는 그 단체가 실제로는 존재하지 않는다고 본다. 대결 2008. 7. 11. 2008마520.

하지 않는다면 이러한 판결이나 결정은 누구에게도 효력을 발생할 수 없는 **무효**라고 보고 있다.[1]

(2) 단체가 실재하나 당사자능력 없음을 간과한 경우

어떤 단체가 당사자능력에 흠이 있다고 하더라도 하나의 **사회생활단위**로서 소송상 행위를 하여 판결을 받았다면 **판결확정 전**이면 상소할 수 있으나, **판결확정 후**에는 재심의 소는 허용되지 않는다[재심사유로 규정되어 있지 않을 뿐만 아니라, 재심의 소로써 다툴 이익도 없다]. 따라서 그 판결이 확정되면 **결과적으로** 그 단체는 해당 사건에 한하여 당사자능력이 있는 것으로 취급되며 그 판결은 유효한 것이 된다.[2] 다만 이에 대하여, 그 판결을 무효로 보는 견해,[3] 그 판결을 무효로 보지 않더라도 재심사유(법 451조 1항 3호)를 유추적용하여 재심의 소를 허용해야 한다는 견해[4]도 있다.

제 2 관   당사자적격

Ⅰ. 의   의

당사자적격은 특정의 소송사건에서 **정당한 당사자**(소송수행권을 가지는 사람)로서 본안판결을 받기에 적합한 자격을 말한다. 여기서 **소송수행권**은 실체법상 **관리처분권**에 대응하는 개념이나, 실체법상 권리·의무의 구체적 발현과는 분리된 소송법상 개념이다.[5] **판례**는 재산권상 청구에 관한 소송물인 권리 또는 법률관계에 관하여 관리처분권을 갖는 권리주체에게 당사자적격이 있다고 보고 있다.[6]

---

1) 대결 2008. 7. 11. 2008마520.

2) 이시윤, 159쪽; 김홍규·강태원, 206쪽; 송상현·박익환, 132쪽.

3) 조합에 대하여 승소확정판결을 받아 조합재산에 대해서 지급받을 수 있다고 해도 조합에 대한 집행권원으로는 집행에 어려움이 있으므로 부당집행의 폐단을 막기 위해서도 확정판결은 무효라고 보는 것이 간명하다는 입장이다. 호문혁, 241쪽.

4) 당사자능력의 흠은 재심사유에 해당하지 않지만 조합에 대하여 본안판결이 확정된 경우에는 조합에 대한 강제집행을 저지하기 위하여 법 451조 1항 3호를 유추하여 재심이 가능하다는 입장이다. 정동윤·유병현·김경욱, 220쪽; 전원열, 175쪽.

5) 표호건, "당사자적격," 연세법학연구 4집(1997. 9.), 267쪽 이하. 당사자적격은 실체법과 절차법이 교차하는 문제로서, 소권론, 소송요건론, 기판력의 주관적 범위확장 등 다른 중요한 민사소송법이론과 밀접하게 연결되어 있으나 그 이론적 근거에 관한 명확한 기준이 없는 실정이다. 이동률, "당사자적격의 이론적 발전과정," 법학연구(충북대학교 법학연구소) 15권 1호(2004. 8.), 247쪽 이하.

6) 대판 1984. 2. 14. 83다카1815.

Ⅱ. 당사자적격자

1. 이행의 소

이행의 소에서는 자기에게 이행(급부)청구권이 있다고 주장하는 사람이 **원고적격**을 가지며, 그로부터 이행의무자로 주장된 사람이 **피고적격**을 가진다(**통설·판례**의 입장이다). 이행의 소의 당사자적격은 실제로 원고가 이행청구권자이며 피고가 이행의무자일 것을 요하지 않는다.[1] 이행의 소에서는 원칙적으로 원고 **주장 자체**에 의하여 당사자적격이 판가름되며, 그 **주장의 당부 판단**은 **청구의 당부 판단**(본안의 판단, 이행청구권이 존재하는지 여부의 판단)이 된다.[2] 심리결과 이행청구권이 없는 경우에는 청구기각판결을 한다. 이행의 소에서 당사자적격이 없다고 다투는 경우 실무상으로는 본안심리의 대상이 되는 이행청구권의 존부에 관한 주장에 불과한 것으로 본다.[3]

한편 **예외적**으로 이행의 소라고 하더라도 당사자적격 없음이 원고 **주장 자체** 등에 의하여 **분명한 경우**에는 당사자적격의 흠을 이유로 소각하판결을 해야 한다.[4]

■ 이행의 소라고 하더라도 당사자적격 없음이 분명하여 소각하판결을 할 경우

(1) 판례의 태도

1) 채권에 대한 **압류·추심명령**(민집 229조 2항)이 있는 경우 추심채권자가 아닌 **채무자**(집행채무자, 피압류채권의 채권자)가 제3채무자에 대하여 제기하는 이행의 소는 (**추심권능을 상실**한 사람이 제기한 소로서) 당사자적격의 흠으로 부적법하므로 이를 각하해야 한다.[5] 다만 채무자의 이행소송의 소송계속 중에 추심채권자가 **압류·추심명령신청의 취하**에 따라 추심권능을 상실하게 되면 채무자는 **당사자적격**을 **회복**하게 된다.[6]

2) 채권에 대한 압류·추심명령의 결정정본이 제3채무자에게 적법하게 송달되지 않아 압류·추심명령의 효력이 발생하지 않는 경우(민집 227조 3항, 229조 4항)

1) 대판 1987. 7. 25. 88다카26499.
2) 대판 1994. 6. 14. 94다14797.
3) 대판 2005. 10. 7. 2003다44387,44394.
4) 대판 1972. 7. 25. 72다866, 1987. 4. 28. 86다카1757, 1994. 6. 14. 94다14797.
5) 대판 2000. 4. 11. 99다23888. 추심권능의 존부가 단순히 청구의 당부에 관한 사항에 불과한 것으로 보고 원고의 청구를 기각한 것은 당사자적격의 법리를 오해한 것이라는 판결로는, 대판 2008. 8. 11. 2008다32310.
6) 대판 2010. 11. 25. 2010다64877.

추심채권자가 제기하는 추심금청구의 소는 당사자적격의 흠으로 부적법하므로 이를 각하해야 한다.1)

3) 근저당권 이전의 부기등기(부등 52조 2호)가 경료된 경우 근저당권 양도의 부기등기는 기존의 근저당권설정등기에 의한 권리의 승계를 등기부상 명시하는 것 뿐으로, 그 등기에 의하여 새로운 권리가 생기는 것이 아닌 만큼 근저당권설정등기의 말소등기청구는 **양수인**만을 상대로 해야 하며, 양도인은 그 말소등기청구에서 피고적격이 없다. 따라서 양도인을 상대로 한 근저당권말소등기의 소는 부적법하므로 이를 각하해야 한다.2)

4) 등기의무자(등기명의인이거나 그 포괄승계인, 부등 22조 1항, 27조)가 아닌 사람이나 등기에 관한 이해관계 있는 제 3 자가 아닌 사람을 상대로 등기의 말소절차이행을 구하는 소는 당사자적격이 없는 사람을 상대로 한 부적법한 소이므로 이를 각하해야 한다.3) 예컨대 진정명의회복을 위한(원인으로 한) 소유권이전등기청구는 원칙적으로 현재의 등기명의인을 상대로 해야 하고, 현재의 등기명의인이 아닌 사람은 피고적격이 없다.4)

5) 가등기가 이루어진 부동산에 관하여 제 3 취득자 앞으로 소유권이전등기가 마쳐진 후 그 가등기가 말소된 경우 그와 같이 말소된 가등기의 회복등기절차에서 회복등기의무자는 가등기가 말소될 당시의 소유자인 제 3 취득자이므로, 그 가등기의 회복등기청구는 회복등기의무자인 제 3 취득자를 상대로 해야 한다(말소된 등기의 회복등기절차의 이행을 구하는 소에서는 회복등기의무자에게만 피고적격이 있다). 따라서 가등기 당시의 원래의 소유자를 상대로 한 소는 부적법하므로 이를 각하해야 한다.5)

---

1) 대판 2016. 11. 10. 2014다54366.

2) 대판 1995. 5. 26. 95다7550, 2000. 4. 11. 2000다5640, 2003. 4. 11. 2003다5016. 이에 대하여, ① 부기등기명의자가 패소할 경우 저당권의 양수인은 그 양도인을 상대로 부당이득반환 또는 담보책임을 물을 수 있으므로 당사자만 달리하여 분쟁이 계속될 여지가 있고, ② 저당권설정계약에 유·무효나 취소사유가 있는지 여부는 저당권의 양수인인 부기등기명의자보다는 저당권의 양도인인 저당권설정계약의 당사자가 잘 알고 있는 것이 당연하므로 저당권설정계약의 당사자가 직접 분쟁에 뛰어들어 방어하도록 함에 이치에 맞고, ③ 부기등기명의자를 상대로 곧바로 저당권설정등기의 말소를 구하는 것을 허용한다면 '등기는 등기권리자와 등기의무자가 공동으로 신청해야 한다'는 등기의 기본원칙과도 조화하기 쉽지 않다는 이유로, 판례를 비판하는 견해로는, 하현국, "부기등기의 말소에 관한 일고 —저당권 이전을 중심으로— ," 청연논총(사법연수원교수논문집) 6집(2009. 1.), 135쪽 이하.

3) 대판 1992. 7. 28. 92다10173,10180, 1994. 2. 25. 93다39225, 2019. 5. 30. 2015다47105 등. 다만 등기부상 진실한 소유자의 소유권에 방해가 되는 불실등기가 존재하는 경우에 그 **등기명의인이 허무인** 또는 **실체가 없는 단체**인 때에는 소유자는 그와 같은 허무인 또는 실체가 없는 단체 명의로 **실제 등기행위를 한 사람**에 대하여 소유권에 기한 방해배제로서 등기행위자를 표상하는 허무인 또는 실체가 없는 단체 명의 등기의 말소를 구할 수 있다. 대판 1990. 5. 8. 90다684,90다카3307, 대결 2008. 7. 11. 2008마615, 대판 2019. 5. 30. 2015다47105.

4) 대판 2017. 12. 5. 2015다240645.

5) 대판 1969. 3. 18. 68다1617, 2009. 10. 15. 2006다43903.

　　6) 파산재단에 관한 소송에서 파산채무자는 당사자적격이 없어(파산관재인에게 당사자적격이 있다. 채무회생 359조·384조) 파산채무자가 원고가 되어 제기한 소는 부적법하므로 이를 각하해야 한다.[1]

　　(2) 검　　토

　　판례의 이러한 태도에 대하여, 당사자적격과 본안적격을 혼동한 것이라는 비판적 견해가 있다.[2] 그러나 이행의 소의 경우 원고가 실제 이행청구권자이며 피고가 이행의무자인지는 본안심리에서 가릴 본안의 문제라고 하더라도, 원고가 주장하는 사실관계만으로도 원고 또는 피고가 당사자적격이 없다고 판단된다면 본안심리에 들어갈 필요가 없으므로, 이러한 경우에 한하여 소를 각하함이 상당하다. 따라서 판례의 태도를 충분히 수긍할 수 있다.

2. 확인의 소

(1) 확인의 소의 당사자적격과 확인의 이익

　　확인의 소의 **원고적격**은 그 청구에 관하여 **확인의 이익**을 가진 사람이 가지며, **피고적격**은 원고의 권리 또는 법률관계를 다툼으로써 원고의 권리 또는 법률상 지위에 불안·위험을 초래하고 있거나 초래할 염려가 있는 사람, 즉 원고의 보호이익과 대립·저촉되는 이익을 주장하는 사람이 가진다[확인의 이익에 의하여 각 사건마다 개별적으로 판단한다].[3] 따라서 확인의 소에서 **당사자적격**의 문제는 통상 **확인의 이익**이 있는지 **여부의 판단에 흡수**된다.

(2) 단체 내부의 분쟁에 관한 본안소송과 당사자적격

(a) 원고적격의 경우

　　단체 내부의 분쟁에 관한 **본안소송**(확인소송)의 **원고적격**은 단체 내부의 사람만이 될 수 있다는 견해가 있으나,[4] 단체 외부의 **제 3 자**도 될 수 있다고 봄이 타당하다. 예컨대 결의부존재확인이나 무효확인의 소는 제소권자에 제한이 없으므로 확인의 이익이 있으면 단체 내부의 사람이든 단체 외부의 제 3 자이든 불문하고 이러한 소를 제기할 수 있다. **판례**의 태도도 같다.[5]

---

1) 대판 2018. 6. 15. 2017다289828.

2) 이시윤, 160쪽; 윤재식, "재소금지의 법리," 민사판례연구 8권(1986. 5.), 292쪽 이하.

3) 대판 2007. 2. 9. 2006다68650,68667, 2013. 2. 15. 2012다67399.

4) 상법 376조(주주총회결의취소의 소)를 유추적용하여 주주 또는 이사·감사와 같은 단체 내부의 사람에 한하여 원고적격을 인정해야 한다는 견해로는, 김교창, "주주총회결의에 관한 소," 회사법의 제문제(1982. 7.), 245쪽.

5) 대판 1962. 1. 25. 4294민상525, 2001. 7. 13. 2001다13013, 2011. 9. 8. 2009다67115.

(b) 피고적격의 경우

단체 내부의 분쟁에 관한 **본안소송**의 **피고적격**은 단체 이외의 사람도 될 수 있다는 견해도 있으나, **단체 자체**가 되어야 한다고 봄이 타당하다. 즉 단체의 결의는 단체의 의사결정으로서 단체가 그 결의의 효력에 관한 분쟁의 실질적인 주체이며(결의에 관여한 사람은 그 구성원에 불과하다),[1] 단체 외의 사람에 대하여 청구인용판결이 선고되더라도 그 판결의 효력은 해당 단체에 미친다고 할 수 없으므로 당사자들 사이의 분쟁을 근본적으로 해결하는 가장 유효적절한 방법이 될 수 없다. 따라서 그 단체를 상대로 하지 않고 대표자 또는 구성원 개인을 상대로 한 확인의 소는 **확인의 이익이 없어** 부적법하다.[2] **판례**의 태도도 같다.[3]

(3) 단체 내부의 분쟁에 관한 가처분과 당사자적격

단체 내부의 분쟁에 관한 **보전처분**(가처분)의 **피신청인적격**은 본안소송(확인소송)의 경우와 다른 차원에서 논의된다. 단체의 대표자선출결의의 흠을 다투는 본안소송 이전에 단체의 대표자 또는 이사의 직무집행정지 및 직무대행자선임과 같은 임시의 지위를 정하기 위한 가처분신청(민집 300조 2항)에서는 본안소송에서와 달리 단체에게 피신청인적격이 있는 것이 아니라 **해당 대표자** 또는 **이사에게 피신청인적격**이 있다.[4] **판례**는, 임시의 지위를 정하기 위한 가처분은 그 가처분의 성질상 그 주장 자체에 의하여 다툼이 있는 권리관계에 관한 정당한 이익이 있는 사람은 그 가처분의 신청을 할 수 있으며, 그 경우 그 주장 자체에 의하여 신청인과 저촉되는 지위에 있는 사람을 피신청인으로 해야 한다고 보고 있다.[5]

---

1) 오세욱, "합자회사나 합명회사의 사원총회결의등 무효확인소송에서의 피고적격," 대법원판례해설 16호(1991년 하반기), 9쪽 이하.

2) 김능환, "단체의 대표자에 대한 직무집행정지, 직무대행자선임의 가처분과 본안소송 등에서 그 단체를 대표할 자," 민사소송 1권(1998. 1.), 40쪽 이하; 김규장, "종중대표자인 지위의 적극적 확인을 구하는 소송의 피고적격," 대법원판례해설 31호(1998년 하반기), 307쪽 이하.

3) 대판(전) 1982. 9. 14. 80다2425, 대판 2015. 2. 16. 2011다101155, 2024. 1. 4. 2023다244499 등.

4) 대판 1972. 1. 31. 71다235, 1982. 2. 9. 80다2424. 가처분의 피신청인은 회사와 이사 모두가 되어야 한다는 견해로는, 강봉수, "이사 등의 직무집행정지, 직무대행자선임의 가처분," 회사법상의 제문제(하)(재판자료 38집, 1987. 12.), 205쪽 이하.

5) 대판 1997. 7. 25. 96다15916, 대결 2011. 4. 18. 2010마1576, 2023. 5. 23. 2022마6500 등. **판례**는 대세적 효력이 없는 민법상 법인의 이사회결의무효확인소송을 본안으로 하는 경우는 별론으로 하고, 대세효가 있는 주식회사 이사등 선임의 주주총회결의의 취소, 무효·부존재확인의 소를 본안으로 하는 경우에는 그 대세적 효력에 관한 규정(상 190조 본문, 376조 2항, 380조)이 준용되므로 **이사만을 채무자로 하는 가처분**의 효력이 회사 등 제 3 자에게도 미친다고 본다. 대판 1992. 5. 12. 92다5638.

3. 형성의 소

형성의 소의 경우 원칙적으로 **법률상 명문**으로 원고적격자나 피고적격자를 정해 놓고 있다. 예컨대 **회사관계소송** 가운데 형성의 소에 해당하는 경우는 일반적으로 **주주·이사** 또는 **감사**(감사위원회가 설치된 회사의 경우에는 **감사위원회**)가 원고적격을 가지며,[1][2] 해당 회사가 피고적격을 가진다. **사해행위취소의 소**(민 406조 1항)에서는 수익자 또는 전득자에게만 피고적격이 있고 채무자에게는 피고적격이 없다.[3] 한편 **예외적**으로 법률상 명문의 규정을 두고 있지 않는 경우에는 가장 강한 이해관계에 있고, 충실한 소송수행을 기대할 수 있는 사람이 당사자적격을 가진다.

4. 고유필수적 공동소송

고유필수적 공동소송(법 67조)에서는, 반드시 권리·의무자 전원이 함께 당사자가 되어야 당사자적격을 가진다. 당사자적격에 흠이 있는 경우에는 부적법하게 된다. 다만 원고는 **제 1 심 변론종결시**까지 법원의 **허가결정**을 받아 빠뜨린 당사자를 **추가**할 수 있다(법 68조).

Ⅲ. 제 3 자 소송담당

1. 의　　의

소송물인 권리·법률관계의 존부에 관하여 스스로 법적 이익을 가지는 통상

---

1) **주주명부**에 적법하게 **주주**로 **기재**되어 있는 사람은 **회사에 대한 관계**에서 그 주식에 관한 의결권 등 **주주권**을 **행사**할 수 있다[주주명부에 기재를 마치지 않은 사람의 주주권 행사는 인정되지 않는다]. 대판(전) 2017. 3. 23. 2015다248342, 대판 2018. 2. 28. 2015다50439, 2019. 2. 14. 2015다255258 등. 그러나 상법은 주주명부의 기재를 회사에 대한 대항요건으로 정하고 있을 뿐 주식 이전의 효력발생요건으로 정하고 있지 않으므로 명의개서(名義改書)가 이루어졌다고 하여 무권리자가 주주가 되는 것은 아니고, 명의개서가 이루어지지 않았다고 해서 주주가 그 권리를 상실하는 것은 아니다. 따라서 **주주의 회사에 대한 주주권 행사국면**과 **주식의 소유권 귀속에 관한 권리관계**가 구분된다(회사와 주주 사이에서 주식의 소유권, 즉 주주권의 귀속이 다투어지는 경우 역시 주식의 소유권 귀속에 관한 권리관계로서 마찬가지이다). 대판 2018. 10. 12. 2017다221501, 2020. 6. 11. 2017다278385,278392.

2) **이사·감사**의 지위는 주주총회의 선임결의가 있고 선임된 사람의 동의가 있으면 취득한다. 대판(전) 2017. 3. 23. 2016다251215.

3) 대판 2009. 1. 15. 2008다72394 등.

의 당사자적격자(실질적 이익귀속주체)를 대신하여(이와 함께 또는 이를 갈음하여) 제 3 자에게 당사자적격이 있는 경우를 **제 3 자 소송담당**이라 한다. 여기에는 법률에서 제 3 자에게 소송수행권을 부여한 **법정소송담당**과 본래의 권리관계의 주체가 임의로 제 3 자에게 소송수행권을 부여한 **임의적 소송담당**이 있다.

2. 법정소송담당

(1) 의   의

법정소송담당은 권리관계의 주체인 사람의 의사와 관계없이 법률상 제 3 자가 당연히 소송수행권(관리처분권)을 가지는 경우이다. 여기에는 ① 법률상 제 3 자에게 **관리처분권을 부여한 결과** 제 3 자가 소송수행권을 가지게 된 경우[주로 소송담당자 자신을 위한 법정소송담당이다], ② 법률상 직무와 관련하여 **직무로서** 제 3 자가 소송수행권을 가지게 된 경우[전적으로 권리관계의 주체인 피담당자를 위한 법정소송담당이다(이를 **직무상 당사자**라고 한다)]가 있다. 제 3 자에게 관리처분권이 부여된 결과 제 3 자가 소송담당자가 된 경우에는, ① 법률상 권리관계의 주체가 관리처분권을 가지고 있지만 제 3 자가 권리관계의 주체와 함께 소송수행권을 가지는 경우(**병행형**), ② 권리관계의 주체는 관리처분권이 박탈되거나 제한되고 제 3 자만이 전적으로 소송수행권을 가지는 경우(**갈음형**)가 있다.

(2) 법정소송담당 가운데 병행형의 경우

(a) 이에 해당하는 구체적 경우

여기에는 ① 주주대표소송의 주주, 또는 다중대표소송의 모회사 주주(상 403조 3항 · 4항, 406조의2, 542조의6 6항),[1] ② 질권의 목적이 된 채권을 직접 청구하는 채권질의 질권자(민 353조 1항 · 2항),[2] ③ 공유자 · 합유자 전원을 위하여 보존행위

---

[1] 발행주식 총수의 **100분의 1 이상**[상 403조 1항. **다중대표소송**의 경우 모회사 발행주식 총수의 100분의 1 이상이다. **2020. 12. 29. 개정 · 시행** 상 406조의2. 한편 **상장회사**의 경우에는 **6개월 전부터 계속하여 주식을 보유**하고 있어야 하며, 그 보유주식은 발행주식 총수의 **1만분의 1 이상**이어야 한다. 상 542의6 6항]에 해당하는 주식을 가진 주주는 회사(자회사)에 대하여 이사의 책임을 추궁할 소의 제기를 청구할 수 있는데, 회사(자회사)가 위 청구를 받은 날부터 30일 내에 소를 제기하지 않거나 위 기간이 지나면 회사에 회복할 수 없는 손해가 생길 염려가 있는 때에는 발행주식 총수의 100분의 1 이상에 해당하는 주식을 가진 주주가 즉시 회사(자회사)를 위하여 소를 제기할 수 있다. 대판 2010. 4. 15. 2009다98058.

[2] 대판 2022. 3. 31. 2020다245408. 질권의 목적이 된 채권이 금전채권인 때에는 질권자는 자기 채권의 한도에서 질권의 목적이 된 채권을 직접 청구할 수 있고, 피담보채권의 범위에 속하는 자기 채권액에 대한 부분에 한하여 직접 추심하여 자기채권의 변제에 충당할 수 있다.

를 하는 공유자·합유자(민 265조 단서, 272조 단서) 등이 있다.

(b) 채권자대위소송의 경우

1) 채권자대위소송(민 404조 1항)을 소송담당으로 보지 않고 채권자 자신의 실체법상의 권리인 대위권을 행사하는 것으로 보는 견해가 있기는 하나,[1] **통설**은 채권자대위소송을 **법정소송담당**으로 보고 있다. 채권자대위소송은 대위채권자가 자신이 제 3 채무자에 대하여 가지는 실체법상 권리를 권리관계의 주체로서 행사하는 것이 아니라, 채무자가 제 3 채무자에 대하여 가지는 실체법상 권리를 **권리관계의 주체는 아니지만 소송담당자로서** 소송수행권을 행사하는 것으로 보아야 하므로, 통설이 타당하다.

2) 먼저 문제가 되는 것은 채권자에 의하여 채권자대위소송이 제기되더라도 **채무자가 당사자적격**을 여전히 가지는지 여부이다. 대부분의 견해가 이를 인정하고 있다. 그러나 채권자가 채권자대위권에 기하여 채무자의 권리를 행사하고 있는 경우 그 사실을 채무자에게 통지했거나 채무자가 그 사실을 알고 있었던 때에는 그 권리를 **처분할 수 없거나 처분해도** 채권자에게 **대항할 수 없으므로**(민 405조 2항, 비송 49조 2항)[2] 이러한 경우에는 채무자의 **처분행위가 제한**되어 채무자의 관리처분권이 채권자에게 이전되므로 **채무자는 관리처분권을 상실**한다고 보아야 한다.[3][4]

대판 2005. 2. 25. 2003다40668.

1) 채권자는 자기채권의 보전을 위하여 대위권을 행사하는 것으로 자신의 이익을 위하여 소송을 수행하는 것이라는 견해이다. 호문혁, "채권자대위소송과 기판력," 민사판례연구 16권(1994. 5.), 376쪽 이하; 오수원, "채권자대위권과 당사자적격," 민사법연구(대한민사법학회) 6집(1997. 12), 151쪽 이하.

2) 대판 1993. 4. 27. 92다44350, 2003. 1. 10. 2000다27343, 2007. 9. 6. 2007다34135. 민법 405조 2항의 취지는 이러한 처분행위를 허용하면 채권자에 의한 대위권 행사를 방해하는 것이 되므로 이를 금지하는 데 있다. 대판(전) 2012. 5. 17. 2011다87235.

3) 일반적으로 소제기 자체를 처분행위라고 할 수 없지만, 소송수행권은 처분권의 존재를 전제로 하는 것이며, 소송에서 패소하면 그 권리를 근거로 다시 주장할 수 없는 효과가 뒤따르기 때문이다. 김상균, "공동소송적 보조참가에 관한 고찰," 법조 통권570호(2004. 3.), 74쪽 이하; 일본 최고재 1973. 4. 24. 판결.

4) **일본의 경우** 2017. 6. 2. **민법을 개정**하여 채권자대위권의 행사 후에도 피대위채권에 관한 채무자의 처분권이 제한되지 않도록 했으며(일 민법 423조의5), 채권자대위소송을 제기한 채권자는 지체 없이 채무자에게 소송고지를 하도록 소송고지의무를 부여했다(일 민법 423조의 6). 우리나라 민법과 비송사건절차법 등이 일본의 위 개정 민법과는 달리(반대로) 규정하고 있는데도, 채권자대위소송이 제기된 후에도 채무자가 여전히 당사자적격을 가진다고 보는 우리나라의 대다수의 견해는 일본의 개정 민법에서나 가능할 수 있는 견해로서 부당하다. 최근 일본 개정 민법상 앞서의 규정과 관련하여 우리나라의 통설이 민법 405조의 해석론과 정합되는 것인지 재검토가 필요하다는 견해로는, 문영화, "채권자대위권에 관한 일본 민법 개정의 시사점과 민사소송법적 쟁점," 법조 722호(2017. 4.), 225쪽 이하.

판례의 태도도 같다.[1] 따라서 채권자대위소송에서는 ① 채무자가 대위소송의 계속사실을 **알기 전**에는 채무자의 관리처분권이 상실되지 않아 채무자는 당사자적격을 가지며(**병행형**), ② 채무자가 대위소송의 계속사실을 **안 후**에는 채무자의 관리처분권이 상실되어 채무자는 당사자적격을 잃는다(**갈음형**).

> ■ **채권자대위소송에서 채무자도 당사자적격을 가지는지 여부에 관한 판례의 태도**
>
> **판례**도, "민법 405조에 의하여 채권자가 대위권을 행사한 경우에는 채무자에게 그 통지를 해야 하고 이 통지를 받은 후에는 채무자가 그 권리를 **처분해도** 이로써 채권자에게 **대항하지 못한다**고 규정하고 있고, 또 이보다 직접적인 규정이라고 볼 수 있는 비송사건절차법 49조는 채권자대위신청의 허가는 직권으로 채무자에게 고지해야 하고(1항) 이 고지를 받은 채무자는 그 권리를 **처분할 수 없다**고 규정하고 있다(2항). 즉 대위권에 의한 제소의 통지나 고지로 채무자에게 그 권리의 처분행위를 금하고 있다. 그러므로 이 경우에 비록 채권자는 채무자의 대리인 자격이 아니라 자기이름으로 원고가 되어 제소한다고 하여도 채무자의 권리를 관리 처분할 권능을 갖고 소송을 수행하므로 이는 흡사 파산재단에 관한 소송에서의 **파산관재인** 또는 추심명령을 받고 채무자의 채권의 **추심소송을 하는 채권자**의 경우(**갈음형**)와 같아서 타인의 권리에 관하여 그 자를 위하여 당사자가 되는 소위 소송신탁의 경우에 해당한다"고 보고 있다.[2]

　　3) 다음 문제가 되는 것은 **채권자**는 어떠한 경우에도 채권자대위소송에서 **당사자적격**을 가지는지 여부이다. 채권자대위소송에서 ① 채권자의 채무자에 대한 **피보전채권**이 없거나 소멸된 경우,[3] ② 피보전채권의 **기한이 미도래**한 경우, ③ 피보전채권에 대한 **보전의 필요성**이 없는 경우, ④ 이미 **채무자 스스로 자신의 권**

---

1) **판례**는 채권자대위소송이 제기되고 대위채권자가 채무자에게 대위권 행사사실을 **통지**하거나 채무자가 이를 **알게 된** 후에는 ① 채무자는 그 권리(피대위채권)에 대한 **관리처분권**을 상실하므로 채권의 양도나 포기 등 처분행위를 할 수 없으며(대판 1991. 4. 12. 90다9407), ② 채무자의 권리에 대한 전부명령은 (민집 229조 5항이 적용되어) 우선권이 있는 채권에 기초한 것이라는 등의 특별한 사정이 없는 한 무효라고 본다(대판 2016. 8. 29. 2015다236547).

2) 대판(전) 1975. 5. 13. 74다1664.

3) 피대위자인 **채무자가 실존인물이 아니거나 사망한 사람**인 경우 역시 피보전채권인 채권자의 채무자에 대한 권리를 인정할 수 없는 경우에 해당하므로 그러한 채권자대위소송은 당사자적격이 없어 부적법하다. 대판 2021. 7. 21. 2020다300893. 피대위자가 사망한 경우라면 **채권자**는 피대위자의 사망사실을 인정하면서 피대위자의 **상속인이 존재하는지** 여부를 밝혀 상속인이 존재하는 때에는 **피대위자를 상속인**으로 **변경**해야 한다(법원은 채권자가 이러한 조치를 취하지 못하고 있음에도 만연히 '피대위자가 사망했다면 원고가 그 상속인을 대위하여 상속인의 소유권확인을 구하는 취지로 선해(善解)할 수 있다'고 판단해서는 안 된다).

리를 **재판상 행사**한 경우 등에는 채권자가 스스로 원고가 되어 채무자의 제 3 채무자에 대한 권리를 행사할 **당사자적격**이 없는 것으로 보아야 한다. 따라서 이 경우 채권자가 제기한 채권자대위소송은 부적법하므로 그 소는 각하되어야 한다. **판례**[1] 및 **통설**[2]의 입장이다.

■ 채권자대위소송에서 채권자가 당사자적격을 가지는지 여부에 관한 구체적 사례

1) 채권자가 채무자에 대한 채권을 보전하기 위하여 **제 3 채무자를 상대로** 채무자의 제 3 채무자에 대한 채권에 기한 이행청구의 소를 제기하는 한편 **채무자를 상대로** 피보전채권에 기한 이행청구의 소를 제기한 경우(채무자와 제 3 채무자를 공동피고로 한 경우), **채무자의 소멸시효항변**으로 피보전채권의 소멸시효가 적법하게 완성된 것으로 판단되면, 채권자는 더 이상 채무자를 대위할 권한이 없게 된다.[3]

2) 채권자가 **채무자를 상대로 피보전채권**에 기하여 이행청구의 소를 제기하여 **승소확정판결**을 받았다면 특별한 사정이 없는 한 그 피보전채권의 발생원인이 되는 사실관계가 제 3 채무자에 대한 관계에서도 **증명**되었다고 볼 수 있다. 그러나 그 피보전권리의 취득이 채권자로 하여금 채무자를 대신하여 소송행위를 하게 하는 것을 주된 목적으로 이루어진 경우와 같이 **강행법규에 위반되어 무효**라고 볼 수 있는 경우 등에는 위 확정판결에도 불구하고 채권자대위소송의 제 3 채무자에 대한 관계에서는 피보전채권이 존재하지 않는다고 본다.[4]

3) 채권자가 **채무자를 상대로 피보전채권**에 기하여 소유권이전등기절차이행의 소를 제기하여 **패소확정판결**을 받았다면 그 확정판결의 기판력으로 말미암아 더 이상 채무자에 대하여 동일한 청구원인으로 소유권이전등기청구를 할 수 없으므로 그러한 권리를 보전하기 위하여 채무자의 제 3 채무자에 대한 권리를 행사하는 채권자대위소송은 그 요건을 갖추지 못하여(**보전의 필요성**이 없으므로) 부적법하다.[5]

---

1) 대판 1993. 3. 26. 92다32876, 2010. 11. 11. 2010다43597, 2012. 8. 30. 2010다39918 등.
2) 채권자대위소송을 소송담당으로 보지 않는 입장에서는 피보전채권이 부존재하는 경우에도 채권자대위소송 자체가 부적법하게 되는 것은 아니고 청구기각사유가 될 따름이라고 보고 있다. 호문혁, "채권자대위소송에 있어서 피보전채권과 당사자적격," 민사판례연구 12권(1990. 4.), 22쪽 이하. 한편 판례·통설과 같이 채권자대위소송을 법정소송담당으로 보는 입장에서도 피보전채권이 부존재하는 때에는 청구기각판결을 해야 한다는 견해로는, 원유석, "채권자대위소송에 있어서 피보전권리의 존부에 대한 판단기준," 민사판례연구 22권(2000. 2.), 473쪽 이하.
3) 대판 2000. 5. 26. 98다40695, 2008. 1. 31. 2007다64471; 이동훈, "채권자대위소송에서 제 3 채무자의 소멸시효 항변," 대법원판례해설 75호(2008년 상반기), 30쪽 이하.
4) 대판 2015. 9. 24. 2014다74919, 2019. 1. 31. 2017다228618(이는 위 확정판결 또는 그와 같은 효력이 있는 재판상 화해조서 등이 재심이나 준재심으로 취소되지 않아 **채권자와 채무자 사이에서는** 그 판결이나 화해가 무효라는 주장을 할 수 없는 경우라 하더라도 마찬가지이다).
5) 채권자로서는 채무자의 제 3 자에 대한 권리를 대위행사함으로써 위 소유권이전등기청구권

4) **채무자 스스로 제 3 채무자를 상대로** 이행청구의 소를 제기했으나 소송계속 중 피고인 제 3 채무자와 합의를 하여 그 **소를 취하했다** 하더라도(소취하의 효력으로 그 소송계속이 소급적으로 소멸했다 하더라도) 채무자가 재판상 그 권리를 행사했다고 할 것이므로 그 후 **채권자가** 채무자의 제 3 채무자를 권리를 행사하는 채권자대위소송은 당사자적격의 흠으로 부적법하다.[1]

(c) 권리관계의 주체가 소송참가하는 방법

제 3 자가 권리관계의 주체와 함께 소송수행권을 갖는 경우 권리관계의 주체인 사람은 **공동소송참가**(법 83조 1항)[2] 또는 **독립당사자참가**(법 79조 1항) 등으로 소송참가를 할 수 있다. 다만 권리관계의 주체가 당사자적격은 있으나 이미 별소를 제기하여 중복소송에 해당하는 때에는 당사자로서 참가할 수 없으므로, **공동소송적 보조참가**(법 78조)만 할 수 있을 따름이다. **채권자대위소송**의 경우 채무자는 당사자로서(당사자적격을 가지는 사람으로서) **공동소송참가**를 할 수 없다. 채무자가 당사자로서 대위소송에 참가를 한다는 것 자체가 이미 대위소송의 계속사실을 안다는 것을 의미하므로 당사자적격을 상실한 상태(갈음형의 경우)이기 때문이다 (따라서 채무자는 뒤에서 보는 바와 같이 **공동소송적 보조참가**를 할 수 있을 따름이다).

(3) 법정소송담당 가운데 갈음형의 경우

(a) 이에 해당하는 구체적 경우

여기에는 ① **파산재단**에 관한 소송[파산재단에 관한 소송에는, **파산재단에 속하는 재산**에 관한 소송 및 (파산선고 전의 원인으로 생긴 재산권상의 청구권에 해당하는) **파산채권**에 관한 소송이 있다]에서 **파산관재인**(채무회생 359조 · 384조),[3] ② (기업)**회생채무자의 재산**에 관한 소송에서 **관리인**(채무회생 56조 1항, 78조),[4] ③ 채권에 대한 압

을 보전할 필요가 없게 되었으므로 채권자대위소송은 부적법한 것으로 각하되어야 한다. 대판 1993. 2. 12. 92다25151, 2002. 5. 10. 2000다55171, 2003. 5. 13. 2002다64148.

1) 대판 2016. 4. 12. 2015다69372.
2) **주주대표소송**에서는 회사가, **다중대표소송**에서는 자회사가 원고 측에 공동소송참가를 할 수 있다(상 404조 1항, 406조의2 3항). 대판 2002. 3. 15. 2000다9086.
3) 파산재단에 속하는 재산의 관리처분권은 파산채무자로부터 이탈하여 파산관재인에게 전속하게 된다. 대판 2008. 4. 24. 2006다14363. **관리인** 또는 **파산관재인**이 원고 또는 피고가 된다고 하는 것은 소송법상의 **법기술적인 요청**에서 당사자적격을 인정한 것뿐이지, 자기의 이름으로 소송행위를 한다고 해도 관리인 또는 파산관재인 스스로 실체법상 또는 소송법상의 효과를 받는 것은 아니고 어디까지나 다른 사람의 권리를 기초로 하여 **실질적으로** 이를 대리 또는 대표하는 것에 지나지 않는다. 대판 1990. 11. 13. 88다카26987.
4) 이 경우 당사자의 표시는 '회생채무자 주식회사 ○○○의 관리인 ○○○'이라고 기재한다.

류 및 **추심명령**을 받은 **추심채권자**(민집 229조 2항, 249조 1항),[1] ④ 주한미군의 공무집행 중의 불법행위에 대한 손해배상청구소송에서 **대한민국**(한미행정협정 23조 5항, 위 협정의 시행에 관한 민사특별법 2조) 등이 있다.

> ■ **추심채권자를 법정소송담당자로 보는 통설의 입장에 대한 비판적 견해**
>
> 　1) 앞서 언급한 바와 같이 추심명령을 받은 추심채권자가 제기하는 추심금청구소송이 법정소송담당의 갈음형에 속한다고 보는 견해가 통설이다.[2] 그러나 추심채권자가 제기하는 추심소송의 법적 성질을 법정소송담당으로 보는 경우 중복소송, 재소금지효력, 기판력, 유사필수적 공동소송 및 공동소송참가 등의 문제들에서 해결해야 할 많은 난제들을 봉착하게 된다(이에 관해서는 각 해당 부분에서 살펴보기로 한다). 여기서 추심금청구소송을 추심채권자가 실체법적 가지는 권리(추심권)에 기한 것으로 보고, 추심채권자는 자신의 **고유한 당사자적격**을 가지는 것으로 권리관계의 주체를 위한 제3자 소송담당자로서의 당사자적격을 가지는 것이 아니라고 보는 견해(**고유적격설**)가 제기되고 있다.[3] 고유적격설은 추심명령이 있다고 하더라도 압류채무자의 소송수행권이 유지되고, 추심금청구소송의 판결의 기판력이 압류채무자에게 미치지 않는다고 본다.

대판 1985. 5. 28. 84다카2285; 황경남, "정리회사의 관리인," 회사정리법ㆍ화의법상의 제문제 6집(재판자료 86집, 2000. 7.), 127쪽 이하.

1) 채권에 대한 압류 및 추심명령이 있으면 제3채무자에 대한 이행의 소는 **추심채권자**만이 제기할 수 있고, 채무자는 피압류채권에 대한 이행소송을 제기할 당사자적격을 상실한다. 대판 2000. 4. 11. 99다23888, 2010. 8. 19. 2009다70067, 대판(전) 2013. 12. 18. 2013다202120.

2) 민사집행법에서 인정되는 추심권에 실체적 권리로서의 성격이 없고, 추심채권자는 추심권이라는 권능과 함께 권리관계의 주체인 채무자의 채권을 대신하여 추심하는 자격을 함께 가지므로 법정소송담당으로 보아야 하며, 이는 채권자로서 권리(집행채권)의 실현을 위한 것으로 채무자의 소송수행권이 상실된다고 보더라도 소송경제에 반하거나 제3채무자에게 불이익이 된다고 볼 수 없으며, 채무자에게는 일정한 구제수단이 마련되어 있음을 들고 있다. 양진수, "추심의 소와 채무자의 당사자적격, 중복된 소제기의 금지," 민사판례연구(민사판례연구회) 37권(2015년), 811쪽 이하. 한편, 추심채권자를 법정소송담당자로 보되 채무자가 당사자적격을 상실하지 않는다(**병행형**)고 보는 견해(**적격유지설**)로는, 태기정, "추심의 소의 법적 성격과 중복제소 ―대판 2013. 12. 18. 2013다202120과 관련하여―," 민사법학(한국민사법학회) 83호(2018. 6.), 167쪽 이하; 이봉민, "추심명령이 당사자적격에 미치는 영향에 관한 재검토 필요성 ―대법원 2022. 11. 24. 선고 2018두67 전원합의체 판결을 계기로―," 민사재판의 제문제(안철상대법관 퇴임기념) 30권(2023. 12.), 892쪽.

3) 호문혁, 256쪽ㆍ257쪽; 강구욱, "금전채권에 대한 추심소송에 관한 재고 ―법정소송담당론에 대한 비판을 중심으로―," 민사집행법연구 16권(2020년), 214쪽(고유적격설의 명칭보다 '권리행사설', '실체적권리행사설'이 보다 적절하다고 보고 있다); 최성호, "추심의 소와 중복소송에 관한 검토 ―대법원 2013. 12. 18. 2013 다202120 전원합의체 판결을 중심으로―," 법학논집(이화여자대학교 법학연구소) 18권 3호(2014. 3.), 541쪽ㆍ542쪽. 한편 이러한 입론에 긍정적인 입장으로는, 전병서, "추심의 소에 있어서 몇 가지 쟁점에 관한 검토 ―대법원 2020. 10. 29. 선고 2016다35390 판결을 계기로―," 민사집행법연구 17권(2021년), 196쪽.

2) **최근 대판(전) 2022. 11. 24. 2018두67**은, 토지소유자 등의 사업시행자에 대한 손실보상금채권에 관하여 압류 및 추심명령이 있는 경우 추심채권자가 아닌 압류채무자(토지소유자 등)가 **보상금증액청구의 소**(행정소송으로 **당사자소송**)를 제기할 당사자적격을 갖는다고 판단하고, 이와 반대로 추심채권자만이 당사자적격을 갖는다 (압류채무자는 당사자적격을 상실한다)는 **대판 2013. 11. 14. 2013두9526을 폐기**했는데 이를 계기로, 압류채무자의 금전채권에 대하여 압류 및 추심명령이 있는 경우 **민사소송**으로 압류채무자가 금전채권의 이행 자체를 구할 당사자적격을 상실하는지 재검토를 요한다고 보는 견해들이 힘을 얻고 있다. 이러한 비판적 견해들은, 추심명령으로 압류채무자의 소송수행권을 박탈하고, 추심금청구소송의 기판력을 채무자에게 획일적으로 적용하는 것은 절차적으로 간명할 수 있지만 압류채무자의 소송수행권을 부당하게 제약하는 문제와 함께 다양한 구체적 사례에서 여러 가지 비합리적인 결과를 가져오고 있다는 문제의식에서 출발한다.[1)]
3) 법정소송담당설과 고유적격설 가운데 어떠한 입장을 취하는 것이 압류채무자, 추심채권자, 제 3 채무자 사이에서 민사소송절차 및 민사집행절차상 발생하는 여러 복합적인 이해관계를 합리적으로 규율하고, 구체적 타당성을 도모할 수 있는지는 철저한 검토를 요한다.

(b) 유언집행자가 이에 해당하는지 여부

유언집행자(유언자 등의 지정에 의하거나, 법원의 선임에 의한다)는 유증의 목적인 재산의 관리 그 밖의 유언의 집행에 필요한 모든 행위를 할 수 있는데(민 1101조), 유언집행자가 유언의 집행에 필요한 범위 내에서는 상속인과 이해상반되는 사항에 대해서도 중립적 입장에서 직무를 수행해야 하므로 유언집행자는 **법정소송담당자**로 본다.[2)] 유언집행자가 있는 경우 그의 유언집행에 필요한 한도 내에서 상속인의 상속재산에 대한 처분권은 제한되며 그 제한범위 내에서 상속인은 원고적격이 없다.[3)] 민법 1103조 1항은 "지정 또는 선임에 의한 유언집행자는 상속인의 대리인으로 본다"고 규정하고 있으나, 이 조항은 유언집행자의 행위의 효과가 상속인에게 귀속함을 규정한 것이지, 유언집행자의 소송수행권과

---

1) 박진수, "추심명령에 따른 압류채무자의 소송수행권 상실 여부 재검토 —대법원 2022. 11. 24. 선고 2018두67 전원합의체 판결을 계기로—," 민사재판의 제문제(안철상대법관 퇴임기념) 30권(2023. 12.), 764쪽.
2) 유증목적물에 관하여 경료된, 유언의 집행에 방해가 되는 다른 등기의 말소를 구하는 소송에서 유언집행자는 법정소송담당으로 원고적격을 가진다. 대판 1999. 11. 26. 97다57733 등.
3) 대판 2001. 3. 27. 2000다26920, 2010. 10. 28. 2009다20840; 김종기, "지정 유언집행자의 해임과 상속인의 원고적격," 대법원판례해설 85호(2010년 하반기), 285쪽 이하.

별도로 상속인 본인의 소송수행권도 언제나 병존함을 규정한 것은 아니다.1) 한
편 유언집행자를 직무상 당사자로 보는 견해도 있다.2)

(c) 상속재산관리인 등이 이에 해당하는지 여부

재산상속인의 존부가 분명하지 않은 때에 법원이 선임하는 **상속재산관리인**
(민 1053조 1항)은 상속채무의 변제라는 청산사무를 행하고, 관계인의 이해관계를
조정하여 중립적 위치에서 공평한 처리를 도모할 역할을 수행해야 하므로 **상속재**
산에 관한 소송에서 상속인의 대리인이 아니라, 상속인의 이익을 위하여 소송수
행권을 가지는 **법정소송담당자**이다.3) 한편 상속재산관리인을 직무상 당사자로 보
는 견해도 있다.4) 상속재산관리인과 달리 법원이 선임한 **부재자재산관리인**(민 22
조·23조)의 경우 부재자가 당사자적격을 가지고, 부재자재산관리인은 부재자의
법정대리인이다.

(d) 권리관계의 주체가 소송참가하는 방법

제 3 자가 권리관계의 주체를 갈음하여 소송수행권을 갖는 경우 권리관계의
주체인 사람은 일반적으로 **공동소송적 보조참가**(법 78조)를 할 수 있다. 다만 **예외**
적으로 채권자대위소송에 채무자가 채권자(원고)의 피보전채권의 존재를 다투기
위해 **독립당사자참가**(법 79조 1항 전단의 **권리주장참가**)를 할 수 있다.

(4) 법정소송담당 가운데 직무상 당사자의 경우

직무상 당사자는 법률상 제 3 자가 그가 수행하는 **직무와 관련**하여(실체법상
권리관계와는 아무 상관없이) 소송담당자가 된 경우이다. 권리관계의 주체인 본인이
소송수행하는 것이 불가능하거나 부적당하거나 곤란한 경우 본인의 이익을 보호
해야 할 직무를 담당하는 신분을 가진 제 3 자가 당사자로서 소송수행권을 가진
다. 여기에는 ① 가류·나류 가사소송사건에서 피고적격자 사망 후의 **검사**(민 849
조·864조, 가소 24조 3항, 27조 4항, 31조),5) ② 피성년후견인의 친생부인의 소에서

---

1) 대판 2001. 3. 27. 2000다26920; 변희찬, "유언집행자," 상속법의 제문제(재판자료 78집,
   1998. 6.), 407쪽 이하.
2) 강현중, 223쪽; 정영환, 320쪽.
3) 대판 2007. 6. 28. 2005다55879. 상속재산관리인은 재산상속인이 있다면 추상적으로 재산상
   속인의 법정대리인이라고 본 판결로는, 대판 1976. 12. 28. 76다797.
4) 강현중, 223쪽; 정영환, 319쪽.
5) 이는 위법한 신분관계가 존재하는 경우에 이를 다툴 구체적 상대방이 없다는 이유로 방치하
   는 것은 공익에 반하므로 공익의 대표자인 검사를 상대로 하여 소송을 제기하도록 한 것이다.

성년후견인(민 848조 1항), ③ 해양사고구조료지급청구소송사건에서 구조료를 지급할 채무자를 갈음하여 당사자가 되는 **선장**(상 894조 2항) 등이 있다.

3. 임의적 소송담당

임의적 소송담당은 본래의 **권리관계의 주체**가 **자신의 의사**에 기해 **제 3 자에게 자신의 권리의무**에 대한 **소송수행권**을 수여하는 경우이다.

(1) 법률상 명문의 규정으로 임의적 소송담당을 허용한 경우

여기에는 ① 선정당사자(법 53조), ② 추심위임배서(어음 18조 1항, 77조 1항 1호, 수표 23조 1항)의 피배서인, ③ 금융기관의 연체대출금의 회수 위임을 받은 한국자산관리공사(2019. 11. 26. 개정·시행 '한국자산관리공사 설립 등에 관한 법률' 26조 1항) 등이 있다.

■ **추심위임배서의 피배서인이 임의적 소송담당에 해당하는지 여부**

앞에서 언급한 **추심위임배서**의 경우 **피배서인**은 어음·수표로부터 발생하는 일체의 권리를 재판상·재판 외 행사할 수 있는 포괄적 대리권을 가지는 법률상 소송대리인으로 봄이 상당하다는 견해가 있으나,1) 다수설은 이를 법률이 임의적 소송담당을 인정한 경우로 보고 있다[임의적 소송담당자로 보는 경우에는 추심위임배서의 **배서인**은 공동소송적 보조참가(법 78조)를 할 수 있으나, 법률상 소송대리인으로 보는 경우에는 소송참가를 할 수 없다].

판례는 추심위임을 목적으로 하는 통상의 양도배서, 즉 **숨은 추심위임배서**도 유효하다고 하고 있다.2) 다만 소송행위를 하게 하는 것을 주된 목적으로 한 숨은 추심위임배서는 신탁법 6조에 위반하는 권리이전행위이므로 무효라고 보고 있다.3) 따라서 예컨대 수표의 수취인이 발행인과의 분쟁으로 인한 인적 항변(수표 22조)에 의하여 수표금을 지급받지 못하게 될 것이 예상되자 제 3 자를 통한 소제기로 승소판결을 받아 수표금을 지급받기 위하여 제 3 자를 피배서인으로 하여 수표의 배서양도를 한 경우, 이러한 배서는 제 3 자로 하여금 소송행위를 하게 하는 것을 주된 목적으로 하는 소송신탁에 해당하여 무효라고 보고 있다.4)

대판 1992. 5. 26. 90므1135; 서정우, "이혼소송재심중 당사자의 사망과 수계," 국민과 사법(윤관대법원장퇴임기념, 1999. 1.), 245쪽 이하.

1) 송상현·박익환, 139쪽 이하; 호문혁, 251쪽; 한충수, 215쪽.
2) 대판 1970. 7. 28. 70다1295, 1990. 4. 13. 89다카1084 등.
3) 대판 1982. 3. 23. 81다540, 2004. 3. 25. 2003다20909,20916, 2007. 12. 13. 2007다53464.
4) 대판 2007. 12. 13. 2007다53464.

(2) 법률상 명문의 규정이 없는 경우 임의적 소송담당의 허용 여부

(a) 의   의

법률상 명문의 규정으로 임의적 소송담당을 허용하는 경우 외에는 원칙적으로 임의적 소송담당은 허용되지 않는다. 민사소송법상 **변호사소송대리원칙**(법 87조)을 잠탈할 염려가 있으며,[1] 실체법상으로도 **신탁법 6조**의 **소송신탁금지원칙**에 저촉될 염려가 있기 때문이다. 한편 권리관계의 주체가 **실질적으로는** 제 3 자에게 자신의 권리관계에 대한 소송수행권을 수여하기 위하여 **형식적으로** 자신의 권리를 양도하는 경우가 있는데 이를 **소송신탁**이라고 부른다.

판례는, 신탁법 6조는 "수탁자로 하여금 **소송행위를 하게 하는 것을 주된 목적**으로 하는 신탁은 무효로 한다."고 규정하고 있으므로 원고 앞으로의 권리의 양도 등 **재산권 이전**이 원고로 하여금 소송행위를 하게 하는 것을 주된 목적으로 하는 이른바 **소송신탁**에 해당하는 것인지 여부는 이러한 재산권 이전이 이루어진 모든 사정을 토대로 하여 이를 판단해야 한다고 본다.[2] 소송행위를 하게 하는 것을 주된 목적으로 소송신탁한 것인지 여부의 판단에서 수탁자가 반드시 직접 소송을 수행함을 요하지 않고 소송대리인에게 위임한 경우에도 이를 인정할 수 있다.[3]

(b) 임의적 소송담당이 허용되지 않는 경우 법원의 재판

제 3 자가 **임의적 소송담당자**로서 원고가 되어 권리관계의 주체의 권리를 행사하는 경우 임의적 소송담당이 허용되지 않아 당사자적격이 인정되지 않으면 **소각하판결**을 해야 한다. 이에 반하여 앞서 본 **재산권 이전**에 따른 **소송신탁**의 경우에는 원고 앞으로의 권리의 양도가 무효가 되어 이러한 권리에 기한 청구는 이유 없으므로 **청구기각판결**을 해야 한다.

---

1) **판례**는, 재산의 권리주체가 관련 소송을 제 3 자에게 위임해서 하게 하는 것은 임의적 소송신탁에 해당하여 원칙적으로 허용되지 않으므로, 부부 중 한 사람이 배우자의 권리에 관하여 변호사소송대리원칙(법 87조)의 예외가 인정되는 범위 내에서 소송대리인이 되거나, 선정당사자(법 53조)로서 소송수행을 할 수 있을 뿐이며, 그러한 지위를 갖추지 않고는 소송을 제기할 수 없다고 보고 있다. 대판 2021. 12. 16. 2021다257255.

2) 대판 1991. 11. 12. 91다26522.

3) 대판 1995. 4. 7. 94다55811, 2006. 6. 27. 2006다463.

■ 소송행위를 하게 하는 것을 주된 목적으로 하는 채권양도 등의 경우와 신탁법
  6조의 유추적용

  (1) 권리양도와 소송신탁

　소송행위를 하게 하는 것을 주된 목적으로 **채권양도** 등이 이루어진 경우, 그 채
권양도 등이 신탁법상의 신탁에 해당하지 않는다고 해도[1] **신탁법 6조가 유추적용**
되므로 **무효**이다. 이러한 **소송신탁**에서 소송행위란 **민사소송법**상의 **소송행위**에 한
정되지 않고 널리 사법기관을 통하여 권리의 실현을 도모하는 행위를 말한다. 따라
서 **민사집행법**에 의한 **강제집행의 신청**도 포함된다.[2]

  (2) 판단기준

　채권양도의 경우 소송행위를 하게 하는 것이 주된 목적인지 여부는 채권양도계
약이 체결된 **경위**와 **방식**, 양도계약이 이루어진 후 제소에 이르기까지의 **시간적 간
격**, 양도인과 양수인 사이의 **신분관계** 등 모든 상황에 비추어 판단해야 한다.[3]

  (3) 구체적 사례

　판례는, ① 원고의 남편이 제 1 심 법정에서 원고 측 증인으로 출석하여, 자기가
사업상 시간이 없기 때문에 처인 원고로 하여금 소송을 제기하여 수행케 하고자 채
권양도를 했다고 진술한 바 있고, 원고가 남편의 증언과는 다른 원인이나 목적에
기하여 채권을 양수했다고 볼 만한 자료를 전혀 찾아볼 수 없으며, 피고가 제 1 심
에서부터 위와 같은 소송신탁의 주장을 하고 있음에도 불구하고 원고 측에서는 항
소심에 이르기까지 채권양도의 원인에 대하여 달리 납득할 만한 답변을 하지 않은
사정 등을 종합하면, 원고에 대한 채권양도는 소송행위를 하게 하는 것을 주된 목
적으로 한 것으로 볼 수밖에 없으며,[4] ② 공사의 수급인이 건축 중인 도급인 소유
의 주택 및 부지를 매수한 후 공사대금을 지급받을 목적으로 제 3 자와 그 매매계약
상 권리 및 의무를 양도하기로 하는 계약을 체결한 사안에서, 수급인과 제 3 자 사
이에 양도계약이 체결된 경위와 방식, 양도계약시부터 단기간 내에 소송이 제기된
점, 소송과 관련된 제 3 자의 그동안의 행적 등 모든 상황에 비추어 볼 때, 수급인과
제 3 자 사이의 양도계약은 진정한 의미에서의 권리의 양도·양수가 아니라 소송행
위를 하게 하는 것을 주된 목적으로 하는 소송신탁으로서 무효라고 보아야 한다고

---

1) **신탁법상 신탁**이란 신탁설정자(위탁자)와 신탁을 인수하는 사람(수탁자)의 특별한 신임관계
　에 기하여 위탁자의 특정의 재산권을 수탁자에게 이전하거나 그 밖의 처분을 하고 수탁자로
　하여금 일정한 자(수익자)의 이익을 위하여 또는 특정의 목적을 위하여 그 재산권을 관리·처
　분하게 하는 법률관계를 말한다(신탁 2조).
2) 대판 2010. 1. 14. 2009다55808, 2022. 1. 14. 2017다257098.
3) 대판 2014. 3. 27. 2012다23412, 2018. 10. 25. 2017다272103, 2021. 3. 25. 2020다282506;
　송홍섭, "소송신탁의 판정기준," 대법원판례해설 16호(1991년 하반기), 214쪽 이하; 최철환,
　"소송행위를 주목적으로 하는 채권양도의 효력과 입주자대표회의의 하자보수추급권 유무," 대
　법원판례해설 63호(2006년 하반기), 699쪽 이하.
4) 대판 1996. 3. 26. 95다20041.

했다.[1]

한편 **판례** 가운데에는, 다수의 채권자가 채권자단의 대표에게 자신들의 채권을 양도하고 그 양도된 채권을 피담보채권으로 한 근저당권을 양수인 명의로 설정받은 경우, 다수 당사자가 권리를 행사하는 불편함을 없애고 채권의 효율적인 회수를 하기 위하여 채권양도를 한 점, 채권양도 및 근저당권설정등기 일자와 근저당권실행을 위한 경매신청 일자 사이의 시간적 간격이 약 2년으로 비교적 길었던 점, 채무자들도 양도인과 양수인 사이의 위와 같은 약정을 용인하고 합의당사자가 되었던 점 등 모든 사정에 비추어 그 채권양도는 소송행위를 하게 하는 것이 주된 목적이었다고 볼 수 없다고 한 판결도 있다.[2]

(3) 법률상 명문의 규정이 없음에도 임의적 소송담당이 허용되는 경우

(a) 의   의

임의적 소송담당은 변호사소송대리원칙이나 소송신탁금지원칙에 반하지 않는 범위 내에서(즉 이러한 원칙을 잠탈할 염려가 없는 범위 내에서) 이를 인정할 **합리적 이유**와 **필요**가 있는 때에 한하여 **예외적 · 제한적**으로 허용된다(**판례 · 통설**).[3] 여기서 **합리적 이유와 필요**가 있는지 여부를 판단하는 기준으로, ① 소송담당자가 다른 사람의 권리관계에 관한 소송에 대하여 자기의 고유한 이익을 가지고 있을 것, ② 소송수행권한을 포함한 포괄적인 관리처분권을 수여받았을 것, ③ 권리관계의 주체와 동등한 또는 그 이상으로 해당 권리관계에 대한 지식을 가지고 있을 것 등을 들 수 있다.[4][5][6]

---

1) 대판 1997. 5. 16. 95다54464. 토지의 점유 · 사용으로 인한 부당이득반환청구의 소를 제기할 목적으로 그 토지에 관하여 소유권이전등기를 경료한 사안에서 같은 결론의 판결로는, 대판 1970. 3. 31. 70다55, 2006. 6. 27. 2006다463.

2) 대판 2002. 12. 6. 2000다4210.

3) 대판 2012. 5. 10. 2010다87474, 2016. 12. 15. 2014다87885,87892, 2017. 3. 16. 2015다3570; 이시윤, 165쪽; 정동윤 · 유병현 · 김경욱, 241쪽; 강현중, 225쪽. 이에 대하여, 임의적 소송담당의 본래 취지에 따라 탈법적 방법(변호사소송대리원칙이나 소송신탁금지원칙의 회피 · 잠탈)에 의한 것이 아닌 때에도, 그 밖에 이를 인정할 합리적 필요가 있을 것을 요구함으로써, 임의적 소송담당을 극히 제한적으로 인정하는 것은 문제가 있다는 견해로는, 윤재식, "조합과 소송 —임의적 소송담당의 허용성 문제를 중심으로— ," 민사판례연구 7권(2판 1993. 5.), 228쪽 이하.

4) 정동윤 · 유병현 · 김경욱, 242쪽; 전병서, 254쪽.

5) 일반적으로 임의적 소송담당을 허용할 수 있는 예로서, 사용자의 근로기준법 위반으로 해고를 당한 영세근로자가 그 소속 노동조합에, 또는 집단적 피해자가 그 소속 단체에 각자의 소송수행권을 신탁하여 노동조합이나 단체를 내세우는 때(이시윤, 165쪽), 이에 더하여 계원의 담보책임자인 계주에게 자기의 계금청구에 관한 소송수행권을 신탁하는 때(김홍규 · 강태원, 211쪽; 손한기, 94쪽) 등을 들고 있다. 그러나 이러한 경우에까지 임의적 소송담당을 확대할

(b) 민법상 조합의 경우

민법상 조합에서 **조합규약**이나 **조합결의**에 의하여 자기의 이름으로 조합재산을 관리하고 대외적 업무를 집행할 권한을 수여받은 **업무집행조합원**은 조합재산에 관한 소송에 관하여 조합원으로부터 **임의적 소송신탁**을 받아 자기의 이름으로 소송을 수행하는 것은 허용된다.1)

(c) 공동주택의 입주자대표회의의 경우

1) 공동주택(아파트)의 **입주자대표회의**는 입주자대표회의가 공동주택의 관리에 관한 사항을 결정하여 시행하는 등의 관리권한만을 가질 뿐이므로 입주민(**구분소유자**)들에게 **단체적으로 귀속되는 권리관계**에 관해서는 입주민들의 공동의 이익을 위하여 소송수행권을 가지나,2) 입주민들에게 **고유하게 귀속되는 권리관계**에 관해서는 소송수행권을 가지지 않는다.3) 그러나 **관리단**은 구분소유자들의 공동이익을

것인지는 신중한 검토가 필요하다. 앞서의 예들에서 법률상 명문의 규정이 없다면 실체법상 관리처분권이 아닌 소송수행권만의 수권이 된다는 이유로, 변호사소송대리원칙이나 소송신탁금지원칙에 정면으로 위배될 가능성이 있다는 지적으로는, 이동률, "임의적 소송담당의 한계," 법조 통권613호(2007. 10.), 336쪽.

6) 외국계 커피 전문점(스타벅스)의 국내 지사인 갑 주식회사(주식회사 스타벅스커피코리아)가, 본사(Starbucks Coffee International, Inc.)와 음악서비스계약을 체결하고 배경음악 서비스를 제공하고 있는 을 외국회사(Playnetwork, Inc.)로부터 음악저작물을 포함한 배경음악이 담긴 CD를 구매하여 국내 각지에 있는 커피숍 매장에서 배경음악으로 공연한 사안에서, **사단법인 한국음악저작권협회**가 위 음악저작물 일부에 관해서는 **공연권 등의 저작재산권자**로부터 국내에서 공연을 허락할 권리를 부여받았을 뿐 공연권까지 신탁받지는 않았고, **권리주체가 아닌 협회**에 위 음악저작물 일부에 대한 소송에 관하여 임의적 소송신탁을 받아 자기의 이름으로 소송을 수행할 **합리적 필요**가 있다고 볼 만한 특별한 사정이 없으므로, 위 **협회**가 **원고**가 되어 **갑 주식회사**를 **피고**로 하여 제기한 위 음악저작물 일부에 대한 침해금지청구의 소에서 위 협회는 당사자적격이 없다고 한 판결로는, 대판 2012. 5. 10. 2010다87474.

1) 대판 1984. 2. 14. 83다카1815, 1997. 11. 28. 95다35302. 특히 조합원이 다수인 조합을 상대로 제소하는 경우 일부 조합원의 소재불명 또는 사망 그 밖의 사정으로 당사자표시에서 누락되었음을 이유로 소가 각하되는 불경제 또는 부당한 결과를 막기 위하여 선정당사자에 의하지 않고 임의적 소송신탁을 받은 업무집행조합원에게 당사자적격을 인정함은 의의가 있다. 김성용, "업무집행조합원과 임의적소송신탁," 대법원판례해설 3호(1985년), 115쪽 이하.

2) 대판 2003. 8. 22. 2002다4290, 2003. 11. 28. 2001다69085 등.

3) 집합건물의 공용부분이나 **구분소유자**의 공유에 속하는 집합건물의 대지 또는 그 부속시설을 제 3 자가 불법으로 점유하는 경우에 그 제 3 자에 대하여 방해배제와 부당이득반환 또는 손해배상을 청구하는 법률관계는 구분소유자에게 단체적으로 귀속되는 법률관계가 아니고 공용부분 등의 **공유지분권에 기초**한 것으로 **구분소유자에게 고유하게 귀속되는 권리관계**이다. 이러한 권리관계에 관한 소송은 1차적으로 **구분소유자**가 각각 또는 전원의 이름으로 할 수 있다. 이에 대하여, 입주자대표회의에게 일반적인 소송수행권을 인정하는 것이 바람직하고 그 근거와 형식은 임의적 소송담당으로 보는 것이 타당하다는 견해로는, 이수철, "입주자대표회의의 소송수행권 임의적 소송담당의 관점에서," 판례연구(부산판례연구회) 16집(2005. 2.), 577쪽

위하여, 집합건물의 공용부분과 대지 등의 관리에 관한 사항에 관하여 구분소유자들의 공유지분권을 재판상 또는 재판 외 행사할 수 있으므로(집합건물의 소유 및 관리에 관한 법률 23조의2, 25조 1항 3호),[1] 관리단은 구분소유자들의 공유지분권을 **제 3 자 소송담당자**로서 재판상 행사할 수 있다.

　2) **판례**는, 구분소유자들로 구성되는 집합건물의 **관리단**이 입주자대표회의에 **위임**하여 공용부분 변경에 관한 업무를 **수행하도록 했다면** 입주자대표회의가 이러한 업무를 수행하는 과정에서 체납된 공용부분 변경에 따른 비용을 추심(징수)하기 위하여 구분소유자들을 상대로 직접 자기의 이름으로 소를 제기하는 것은 비록 임의적 소송담당에 해당하지만 이를 인정할 합리적 이유와 필요가 있다고 보고 있다.[2][3]

　　한편 아파트 입주민들에게 고유하게 귀속되는 권리관계에 관하여 **입주민(구분소유자)**들이 자신들의 채권을 **입주자대표회의**에 **양도**한 때에는 입주자대표회의

이하.

[1] 한편 집합건물에 관하여 구분소유관계가 성립하면, 동시에 **법률상 당연히** 건물 및 그 대지와 부속시설의 관리를 위하여 구분소유자 전원을 구성원으로 하는 단체인 **관리단**이 구성되고(집합건물의 소유 및 관리에 관한 법률 23조 1항), 구분소유자가 10인 이상일 때에는 관리단집회의 결의로 **관리인**을 선임해야 하는데, 관리인이 선임되면 그는 사업집행에 관하여 관리단을 대표하므로(같은 법률 24조), **관리단**은 **관리인을 대표자**로 하여 관리단집회의 결의 또는 규약에서 정하는 바에 따라 공용부분의 관리에 관한 사항과 관련된 **재판상** 또는 **재판 외의 행위**를 할 수 있다(같은 법률 25조 1항 3호). 대판 2003. 6. 24. 2003다17774, 대판(전) 2020. 5. 21. 2017다220744, 대판 2022. 9. 29. 2021다292425 등.

[2] **대판 2017. 3. 16. 2015다3570**. 위 판결은, ① 구분소유자들의 비용 부담 아래 구분소유자들로 구성되는 집합건물의 관리단이 입주자대표회의에 위임하여 공용부분 변경에 관한 업무를 수행하도록 하는 데에는 합리적인 이유와 필요가 있고, ② 그러한 업무처리방식이 일반적인 거래현실이며, ③ 공용부분 변경에 따른 비용의 징수는 업무수행에 당연히 수반되는 필수적인 요소이고, ④ 공동주택에 대해서는 주택관리업자에게 관리업무를 위임하고 주택관리업자가 관리비에 관한 재판상 청구를 할 수 있는 것이 법률의 규정에 의하여 인정되고 있음[구 주택법(2015. 8. 11. 법률 제13474호로 개정되기 전의 것) 43조 2항, 5항, 45조 1항]을 그 이유로 들고 있다.

[3] 위 **대판 2017. 3. 16. 2015다3570**에 대하여, 입주자대표회의가 중심이 되어 아파트관리를 담당하고 있고, 집합건물법상 집합건물의 관리업무를 담당하는 관리단이 실제로 조직되어 활동하고 있는 경우는 드문 현실을 반영한 것이라는 점에서 결론의 타당성을 수긍할 수밖에 없지만, 묵시적 수권행위에 의한 소송담당자의 지위를 원형적인 임의적 소송담당자의 지위와 동일하게 볼 수 있는지에 관해서는 의문이라는 견해로는, 문영화, "입주자대표회의의 임의적 소송담당 ―대상판결: 대법원 2017. 3. 16. 선고 2015다3570 판결―," 성균관법학(성균관대학교 법학연구원) 30권 3호(2018년), 140쪽. 같은 입장에서, 묵시적·포괄적인 수권을 통한 임의적 소송담당을 인정하면서 일반적인 거래현실이나 비용의 징수가 업무수행에 필연적으로 수반된다는 사정만을 근거로 들고 있는 것은 임의적 소송담당에 관한 구체적 범위를 명확히 설정하지 못하는 한계점이 있다는 견해로는, 정우채, "임의적 소송담당의 허용기준 및 범위에 관한 연구," 사법논집 77권(2023. 12.), 358쪽.

가 당사자가 되어 소송을 제기할 수 있다.1)

(d) 집합건물의 위탁관리회사의 경우

집합건물(상가, 의무관리대상 공동주택이 아닌 공동주택 등)의 경우 그 관리단이나 관리인은 집합건물의 관리를 위하여 **관리비의 부과·징수**를 포함한 포괄적인 관리업무를 **위탁관리업자**에게 위탁하는 것이 통상적인데, 여기에는 관리비에 관한 재판상 청구권한을 수여하는 것도 포함된다고 본다.

판례는, 이러한 관리업무를 위탁받은 위탁관리업자가 관리업무를 수행하면서 구분소유자 등의 **체납 관리비**를 추심하기 위하여 직접 자기 이름으로 관리비에 관한 재판상 청구를 하는 것은 임의적 소송신탁에 해당하지만, 집합건물 관리업무의 성격과 거래현실 등을 고려하면 이는 특별한 사정이 없는 한 허용되어야 하고, 이때 위탁관리업자는 관리비를 청구할 당사자적격이 있다고 보고 있다.2)

한편 주의할 것은 **집합건물** 가운데 **의무관리대상 공동주택**3)의 경우에 **주택관리업자**가 구분소유자에게 체납 관리비를 추심하는 재판상 청구를 하는 것은 주택관리업자가 공동주택의 관리주체로서 **공동주택관리법 23조**에 따라 행하는 것으로 제 3 자 소송담당에 해당하는 경우가 아니라는 점이다.

4. 법원허가에 의한 소송담당

(1) 이에 해당하는 구체적 경우

증권관련집단소송에서는 증권의 매매 등 거래에서 피해를 입은 구성원들 가운데 **대표당사자가 법원의 허가**를 받아 소송을 수행하도록 하고 있다[소송허가결정(증집 15조)과 별도로 **대표당사자에 관한 허가결정**을 한다(증집 21조 1항)]. 소비자단체소송·개인정보단체소송에서는 소비자기본법·개인정보 보호법이 정하는 일정한 **소비자단체 등**이 **법원의 허가**를 받아 소송수행권을 갖는다[단체에 관하여 별도로 허가를 하지 않고 **소송허가결정**을 한다(소기 74조 1항, 개인정보 57조 1항)].

(2) 증권관련집단소송의 경우

증권관련집단소송에서 구성원은 **제외신고기간**(증집 18조 1항, 27조 3항)이 **만료**

---

1) 대판 2008. 12. 24. 2008다48490, 2009. 5. 28. 2009다9539, 2011. 5. 13. 2010다29454 등.
2) 대판 2022. 5. 13. 2019다229516.
3) **의무관리대상 공동주택**이란 해당 공동주택을 전문적으로 관리하는 사람을 두고 자치의결기구를 의무적으로 구성해야 하는 등 일정한 의무가 부과되는 공동주택으로서 **300세대 이상**의 공동주택 등 일정한 요건에 해당하는 공동주택을 말한다. 공동주택관리법 2조 1항 2호.

되기 전까지는 언제든지 제외신고를 하여(증집 28조 1항)[1] 별도의 소를 제기할 수 있으므로 당사자적격이 있다. 그러나 제외신고기간이 **만료된 후**에는 제외신고가 허용되지 않으므로 별도의 소를 제기할 당사자적격이 인정되지 않는다. 여기서 **제외신고**란 총원을 구성하는 각각의 피해자인 구성원이 증권관련집단소송에 관한 판결 등의 기판력을 받지 않겠다는 의사를 법원에 신고하는 것을 말한다(증집 2조 5호). 따라서 증권관련집단소송의 대표당사자는 제외신고기간이 **만료되기 전**에는 **병행형**(구성원과 함께)의 법정소송담당에 해당하고(증집 10조 4항, 37조), 제외신고기간이 **만료된 후**에는 **갈음형**(구성원을 갈음하여)의 법정소송담당에 해당한다.[2]

5. 제 3 자 소송담당과 기판력

(1) 일반적 경우

다른 사람을 위하여 원고나 피고가 된 사람에 대한 확정판결은 그 다른 사람에 대해서도 판결의 효력이 미친다(법 218조 3항). 따라서 **제 3 자 소송담당**에 대한 확정판결의 효력(기판력 등)은 원칙적으로 권리관계의 주체인 사람에게 미친다. 이와 관련하여 **법정소송담당**에 해당하는 경우 권리관계의 주체의 절차적 보호를 위하여 논의가 있다.

(2) 채권자대위소송의 경우

판례는 채무자가 **대위소송의 계속사실을 알았을 때**에 채무자에게 기판력이 미치는 것으로 보고 있다(**절충설·절차보장설**).[3] 채무자가 대위소송의 계속사실을 알 수 있는 방법으로는, ① 민법 405조 1항에 의하여 **채권자**가 채무자의 보존행위 이외의 권리를 행사한 때에 채권자가 채무자에게 **통지**하는 방법, ② 민법 404조 2항, 비송사건절차법 49조 1항에 의하여 채권자가 자신의 채권의 기한이 도래하기 전에 채무자의 보존행위 이외의 권리를 행사하는 때에 채권자의 대위신청을 허가한 **법원**이 직권으로 채무자에게 그 허가를 **고지**하는 방법, ③ 민사소송법 84조 1

---

1) 제외신고기간이 만료되기 전에 증권관련집단소송의 목적으로 된 권리와 동일한 권리에 대하여 개별적으로 소를 제기한 사람은 제외신고기간 내에 그 소를 취하하지 않는 한 제외신고를 한 것으로 본다. 증집 28조 2항.

2) 법원실무제요 민사소송(1), 339쪽.

3) 대판(전) 1975. 5. 13. 74다1664. 한편 채권자대위소송을 소송담당으로 보지 않고, 채권자의 실체법상 고유한 권리에 기한 것으로 보는 입장에서, 이는 채무자의 소송과는 무관하므로 기판력은 아예 문제되지 않는다는 견해로는, 호문혁, 257쪽.

항에 의하여 **소송고지**를 하는 방법 등이 있다.

(3) 추심금청구소송 · 주주대표소송의 경우

추심금청구소송을 제기한 원고(추심채권자)는 **채무자**에게 **의무적**으로 **소송고지**를 하도록 하고 있고(민집 238조 본문), **주주대표소송** 또는 **다중대표소송**을 제기한 원고(소수주주)는 해당 **회사** 또는 **자회사**에게 **의무적**으로 **소송고지**를 하도록 하고 있다(상 404조 2항, 406조의2 3항). 이들 소송에서 원고가 이러한 소송고지의무를 위반한 때에는 판결의 효력(기판력)이 채무자나 회사에게 미치지 않는 것으로 본다.

(4) 증권관련집단소송 등의 경우

증권관련집단소송에서는 **제외신고**를 하지 않은 구성원에게도 기판력이 미친다(증집 37조). 소비자단체소송 · 개인정보단체소송에서는 원고단체가 **청구기각의 확정판결**을 받은 경우 원칙적으로 **동일한 사안**에 대하여 다른 단체에게도 기판력이 미친다(소기 75조 본문, 개인정보 56조 본문).

Ⅳ. 소송상 취급

1. 당사자적격의 조사와 법원의 조치

(1) 소송요건으로서의 당사자적격

당사자적격은 소송요건으로서 **직권조사사항**이다.[1] 따라서 피고가 이를 다투다가 철회해도 법원은 이를 심리해야 한다.[2] 당사자적격은 사실심 변론종결시를 기준으로 법원이 그 유무를 직권으로 조사하여 판단해야 한다. 당사자가 사실심 변론종결시까지 이에 관하여 주장하지 않았다 하더라도 상고심에서 새로이 이를 주장 · 증명할 수 있다.[3] 당사자적격에 흠이 있는 때에는 소각하판결을 한다. 한편 당사자적격에 대하여 다툼이 있는 때에는 중간판결(법 201조 1항)을 하든지, 또는 종국판결의 이유에서 판단한다.

---

1) 대판 2008. 9. 25. 2007다60417, 2018. 7. 20. 2018다220178, 2018. 12. 27. 2018다268385.
2) 대판 1971. 3. 23. 70다2639.
3) 대판 1989. 10. 10. 89누1308, 2008. 9. 25. 2007다60417, 2010. 2. 25. 2009다85717.

(2) 승계인적격으로서의 당사자적격

소송계속 중 당사자적격을 상실하면 **당연승계**에서는 신적격자의 소송수계에 의하여(법 237조), **소송물의 양도**에서는 신적격자의 참가승계 또는 신적격자에 대한 인수승계에 의한다(법 81조 · 82조).

2. 당사자적격의 흠을 간과한 판결의 효력

법원이 당사자적격의 흠을 간과하고 판결을 했다면 판결확정 전에는 **상소**를 할 수 있으나, 판결확정 후에는 재심사유가 되지 않으므로[당사자적격의 흠은 법 451조 1항 각 호에서 재심사유로 규정하고 있지 않다] 재심의 소가 허용되지 않는다. 제 3 자 소송담당에서 당사자적격의 흠을 간과한 **확정판결의 효력**은 정당한 당사자가 될 사람이나 권리관계의 주체인 사람에게 미치지 않는다[제 3 자 소송담당에서는 소송담당자가 당사자적격을 가지고 있는 때에 한하여 법 218조 3항에 따라 권리관계의 주체인 사람에게 판결의 효력이 미친다]. 따라서 당사자적격이 없는 사람이 받은 판결은 기판력이나 집행력 · 형성력이 발생하지 않는다는 의미에서 **무효**이다.

제 3 관   소송능력

Ⅰ. 의   의

소송능력은 당사자(또는 보조참가인)로서 유효하게 소송행위를 하거나 소송행위를 받기 위하여 갖추어야 할 능력을 말한다. 따라서 증인 · 당사자본인으로 신문을 받거나, 다른 사람의 대리인으로 소송행위를 하는 경우 등에는 소송능력이 필요하지 않다. 소송행위라면 소송절차 내 · 외, 소송개시 전 · 후를 불문하고 모두 소송능력이 필요하다. 소송절차 외 또는 소송절차 전에 행해진 소송행위라도 그 효력이 소송절차 전체에 영향을 미칠 수 있으므로 행위능력을 갖추지 못한 사람을 보호하기 위한 요청 때문이다.

Ⅱ. 소송능력자

소송능력의 유무는 민사소송법에 특별한 규정이 없으면 민법, 그 밖의 법률

의 행위능력을 기준으로 결정된다(법 51조). 따라서 민법상 행위능력을 갖는 사람
(법 51조)이 소송능력자이다. **외국인**은 본국법에 의하여 소송능력의 유무가 정해진
다[한편 본국법상 소송무능력자라도 우리나라 법상 소송능력자이면 된다(법 57조)]. 관리
처분권을 상실한 때에도 소송능력이 있다(예컨대 파산절차상 파산채무자, 회생절차상
회생채무자 등). 소송능력자라도 **의사능력**이 없으면 절대무효이다[따라서 추인이 허
용되지 않는다). 의사능력 유무는 개별적으로 판단한다. **법인**, 또는 **법인 아닌 사단
이나 재단**은 소송무능력자임을 전제로 그 **대표자·관리인**을 법정대리인에 **준하여**
취급한다(법 64조).

Ⅲ. 소송무능력자(제한능력자제도)

1. 개정 민법상 성년후견제도의 도입과 민사소송법상 소송능력에 관한 규정의 적용관계

(1) 성년후견제도의 도입에 따른 개정 민법 부칙상 경과조치에 관한 규정

2011. 3. 7. 개정, 2013. 7. 1. 시행 민법은 종래 **성년연령**을 만 20세에서 만
19세로 낮추고(민 4조), 종전의 한정치산자, 금치산자 등과 같은 일률적인 **행위무
능력제도**를 대신하여 **행위능력의 범위**를 **개별화**하여 피한정후견인, 피성년후견인
과 같은 **제한능력자제도(성년후견제도)**를 도입했다(민 9조 등). 민법상 제한능력자에
대하여 **소송능력의 제한을 받는 범위**, 즉 제한능력자가 소송능력이 없어 **소송무
능력자로 취급되는 범위**를 어떻게 정할 것인지는 민사소송법의 독자적 입장에서
민사소송법에서 이를 명확히 규정해야 하는데도, 당시 민법 개정에 따른 민사소
송법의 개정이 아울러 이루어지지 않았다. 다만 **개정 민법**은 **금치산자 등에 관한
경과조치**로서 **부칙**(법률 제10429호 민법 일부개정) **2조**에서 개정 민법 시행 당시 이
미 금치산 또는 한정치산의 선고를 받은 사람에 대해서는 종전의 규정을 적용하
며(1항), 이러한 금치산자 또는 한정치산자에 대하여 개정 민법에 따라 성년후
견·한정후견·특정후견이 개시되거나 임의후견감독인이 선임된 때 또는 개정 민
법 시행일부터 **5년**이 경과한 때에는 그 금치산 또는 한정치산의 선고는 장래를
향하여 그 효력을 잃는다(2항)고 규정하고 있다.

(2) 2016. 2. 3. 개정(2017. 2. 4. 시행) 민사소송법상 소송능력에 관한 규정
　　의 적용시기

(a) 개정 민법 시행 후 성년후견 · 한정후견개시심판을 받은 경우

민법상 성년후견 · 한정후견제도 등의 도입에 따라 **2016. 2. 3. 민사소송법 개정**
(2017. 2. 4. 시행)이 이루어지게 되었다. 따라서 개정 민법에 의해 성견후견 · 한정후견
등의 심판을 받은 사람에 대해서는 **2017. 2. 4.부터** 위 **개정 민사소송법**이 적용되었다.

(b) 개정 민법 시행 당시 이미 금치산 · 한정치산선고를 받은 경우

개정 민법 시행 당시 이미 금치산 · 한정치산선고를 받은 사람이라도 개정 민
법에 따라 성년후견 · 한정후견이 개시되는 때에는 금치산 · 한정치산의 선고는 장
래를 향하여 그 효력을 잃게 되어 개정 민법에 의해 성년후견 · 한정후견의 심판
을 받은 사람으로 취급된다. 개정 민법 시행 당시 이미 금치산 · 한정치산선고를
받은 사람이 개정 민법에 의해 성년후견 · 한정후견 등의 심판을 받지 않고, 개정
민법 시행일부터 5년인 **2018. 6. 30.을 경과한 때**에는 그때부터(**2018. 7. 1.부터**) 금
치산 · 한정치산의 선고는 장래를 향하여 그 효력을 잃게 되므로, 이러한 사람에
대해서는 **2018. 7. 1.**부터 위 개정 민사소송법이 적용되었다.

(3) 소송무능력자 및 제한능력자 등 지칭상 표현

아래에서는 미성년자, 피성년후견인 · 피한정후견인을 **제한능력자**로, **제한능**
력자로 소송능력이 없는 사람을 소송무능력자라고 부르기로 한다.

2. 제한능력자의 소송능력 유무

(1) 미성년자의 경우

1) 미성년자는 **원칙적으로 소송무능력자**이다. 따라서 미성년자는 **법정대리인**
인 **친권자**나 **후견인**에 의해서만 소송행위를 할 수 있다(법 55조 1항 본문). 미성년
자라도 **혼인**한 경우에는 완전한 소송능력을 가진다[미성년자가 혼인한 때에는 성년자
로 보기 때문이다(민 826조의2)]. 미성년자가 **독립하여 법률행위**를 할 수 있는 경우,
즉 법정대리인의 허락을 얻어 특정한 **영업**에 관한 법률행위를 하거나(민 8조),[1]
미성년자가 법정대리인의 허락을 얻어 회사의 무한책임사원이 되어 그 자격으로
인한 행위를 하거나(상 7조), 또는 미성년자가 근로계약을 체결하거나 임금을 청구

---

1) 미성년자가 법정대리인의 허락을 얻어 영업을 하는 때에는 등기를 해야 한다(상 6조).

하는 경우(근기 67조 1항, 68조) 등에서는 그 범위 내에서 소송능력이 인정된다(법 55조 1항 단서 1호).

2) 민법상 미성년자는 법정대리인의 동의가 있으면 법률행위를 할 수 있고 (민 5조 1항 본문), 법정대리인이 범위를 정하여 처분을 허락한 재산에 대해서는 임 의로 처분할 수 있지만(민 6조), 이와 같은 경우라도 소송법상 미성년자의 소송능 력은 인정되지 않는다. 소송행위는 1회적인 법률행위와 달리 연쇄적이고 복잡하 여, 이러한 경우에 소송능력을 인정하는 것은 소송절차의 안정을 해할 염려가 있 기 때문이다.[1]

(2) 피성년후견인의 경우

1) 피성년후견인은 **원칙적**으로 **소송무능력자**이다. 따라서 피성년후견인은 법 정대리인인 **성년후견인**에 의해서만 소송행위를 할 수 있다(법 55조 1항 본문). 다만 **예외적**으로 가정법원은 취소할 수 없는 피성년후견인의 법률행위의 범위를 정할 수 있는데(민 10조 2항), 그 **범위 내**에서는 피성년후견인의 소송능력이 인정된다 (법 55조 1항 단서 2호). 그러나 일용품의 구입 등 일상생활에 필요하고 그 대가가 과도하지 않은 피성년후견인의 법률행위는 성년후견인이 취소할 수 없도록 하고 있지만(민 10조 4항), 이러한 경우라도 피성년후견인의 이익의 보호와 소송절차의 안정을 위하여 피성년후견인의 소송능력이 인정된다고 볼 수 없다.

2) 법정대리인에 의해서만 소송행위를 할 수 있는데도 법정대리인이 없거나, 법정대리인이 있다고 하더라도 제대로 대리권을 행사할 수 없는 경우 등에는 법 원에 의하여 선임된 특별대리인이 소송행위를 대리해야 한다(법 62조).[2] 피성년후 견인에 관한 정보자료는 후견등기부에 등기된다(**성년후견에 관한 등기기록**, 후견등기 에 관한 법률 2조 · 20조 · 25조).

(3) 피한정후견인의 경우

1) 피한정후견인은 가정법원이 정한 **한정후견인의 동의가 필요한 행위**(민 13 조 1항)에 관한 것이 **아닌 한** 소송능력이 인정된다(법 55조 2항의 반대해석). 즉 피 한정후견인의 경우 한정후견개시심판이 있었다는 것만으로 행위능력이 제한되는 것이 아니라, 가정법원이 피한정후견인의 **일정한 행위**에 **한정후견인의 동의**를 받

---

1) 정동윤 · 유병현 · 김경욱, 224쪽; 강현중, 232쪽.

2) 대결 1984. 5. 30. 84스12, 대판 1993. 7. 27. 93다8986; 조한창, "의사능력의 흠결과 법률행 위의 무효," 대법원판례해설 24호(2002년 상반기), 135쪽 이하.

도록 정하는 심판을 한 때에 한하여 그 **범위 내에서(동의유보의 범위 내에서)** 행위능력이 제한되고, 이에 따라 **소송능력도 제한**되므로 그 범위 내에서는 **소송무능력자**이다.[1]

2) **한정후견인의 동의가 필요한** 행위에 관해서는 **대리권이 있는 한정후견인**[대리권 있는 한정후견인만이 **법정대리인**이 된다(민 959조의4 1항)]에 의해서만 소송행위를 할 수 있다(법 55조 2항). 한정후견개시심판에서 한정후견인에게 **특정 영역의 재산관리에 관한 법정대리권을 부여한 때**에는 **그와 관련된** 소송대리권도 부여한 것으로 보아야 하며, 나아가 그 심판에서 한정후견인에게 **소송행위 일반에 관한 법정대리권을 부여한 때**에는 **민사소송 전반**에 관하여 소송대리권을 부여한 것으로 본다.[2]

통상 실무에서는 피한정후견인이 부동산의 구입·관리·보전·처분, 금전, 유체동산 등의 차용·대여·증여, 보증행위, 이러한 행위들과 관련한 분쟁의 처리, 소송절차상 소송행위 및 변호사 등에 대한 소송위임 등의 행위를 할 때에는 **한정후견인의 동의**를 받도록 하고 있으며[다만 법원의 허가사항으로 정한 사항에 관해서는 한정후견인이 동의할 때에 미리 법원의 허가를 받아야 한다], 한정후견인은 이러한 동의가 필요한 피한정후견인의 행위들을 비롯한 일정한 행위들에 대하여 **대리권**을 가지도록 하고 있다. 피한정후견인에 관한 정보자료는 후견등기부에 등기된다(**한정후견에 관한 등기기록**, 후견등기에 관한 법률 2조·20조·25조).

(4) 의사무능력자의 경우

의사능력이 없는 사람은 소송능력이 없다. **의사능력**이란 자신의 행위의 의미와 결과를 합리적으로 판단할 수 있는 정신적 능력이나 지능을 말한다.[3] 의사능력의 유무는 **구체적 소송행위**와 관련하여 개별적으로 판단한다. 의사능력이 없는 사람을 상대로 소송행위를 하거나, 의사능력이 없는 사람이 소송행위를 하는 데 필요한 경우에는 **특별대리인**의 선임을 신청할 수 있다(법 62조의2).

---

1) 당사자의 보호와 소송절차의 명확성을 위하여 제한적 행위능력은 소송무능력으로 보아야 한다는 견해로는, 정선주, "행위능력제도의 변화에 따른 소송능력의 재검토," 민사소송 18권 1호(2014. 5.), 85쪽.

2) 김형석, "피성년후견인과 피한정후견인의 소송능력 ―해석론과 입법론―," 가족법연구 27권 1호(2013. 3.), 73쪽 이하.

3) 대판 2002. 10. 11. 2001다10113, 2009. 1. 15. 2008다58367.

Ⅳ. 소송상 취급

1. 소송능력의 흠과 그 효력

(1) 소송행위의 유효요건

1) 소송능력은 **개개의 소송행위**의 **유효요건**이다. 즉 소송무능력자의 소송행위나 소송무능력자에 대한 소송행위는 **무효**이다. **소송무능력자가 소를 제기한 경우** 그 소제기는 무효이므로, 뒤에서 보는 바와 같이 보정이 없는 한(법 59조 전단) 판결로써 소를 각하한다. 따라서 그 범위 내에서 소송능력의 존재는 **소송요건**이 된다.

▣ 피고의 소송능력의 존재가 소송요건인지 여부 및 피고가 소송무능력자인 경우 법원의 조치

소송무능력자에 대하여 소를 제기한 경우 소송무능력자에 대한 소장부본의 송달은 무효가 되는데, 과연 피고의 소송능력이 소송요건이 되는지가 문제된다. 이에 대하여, ① 이 경우 원고의 소제기 자체가 부적법한 것은 아니나, 법정대리인이나 특별대리인에 의하여 대리되지 않는 한 본안재판을 할 수 없다는 점에서 피고의 소송능력도 소송요건으로 보아야 하므로 본안재판을 해서는 안 된다는 견해,[1] ② 이 경우 변론종결시까지 보정되지 않는 한 소가 부적법하게 되어 소를 각하해야 한다는 견해[2]가 있다.

그러나 소송무능력자에 대한 소장부본의 송달이 무효로 밝혀진 경우 법원으로서는 소장부본의 송달이 가능하도록 **소장상 기재사항**인 **법정대리인의 기재**(법 249조 1항) 및 그 증명서류(규칙 63조 1항)의 흠을 들어 **보정을 명해야** 하며(법 255조 2항, 254조 1항)[소장부본을 송달할 수 없는 경우에도 소장상 필수적 기재사항의 누락이나 인지 미첨부의 경우와 같이 재판장 등은 그 보정을 명해야 한다], 보정명령을 받은 원고로서는 피고의 소송능력 유무를 확인하여 법정대리인이 있다면 **법정대리인의 표시신청**을, 법정대리인이 없다면 **특별대리인의 선임신청**(법 62조 1항 1호)을 하여 피고에 대한 소장부본의 송달이 적법하게 이루어지도록 해야 한다. 만약 원고가 이러한 조치를 취하지 않는 경우에는 **재판장**으로서는 **소장각하명령**을 할 수밖에 없게 된다(법 254조 2항)[소장부본의 송달로 소송계속이 이루어지므로 소송계속이 되지 않는 한 소각하판결을 할 수 없고, 소장각하명령을 해야 한다].

1) 호문혁, 270쪽; 한충수, 138쪽.
2) 이시윤, 173쪽.

2) 기일에 소송무능력자가 출석하여 변론하는 때에는 소송관여를 배척하고 **기일불출석**으로 처리한다.[1] 따라서 기일에 소송무능력자의 **법정대리인**이 **출석해야** 기일불출석의 불이익을 받지 않는다.

3) 소송무능력자에게 할 **송달**은 그의 **법정대리인**에게 해야 한다(법 179조). 따라서 판결정본이 소송무능력자에게만 송달되고 법정대리인에게 송달되지 않으면 [송달받을 사람에 대한 송달이 아니므로 그 송달은 **무효**이다] 상소기간이 진행되지 않는다. 따라서 판결이 확정되지 않는다.

(2) 소송무능력자가 한 소송행위의 추인

소송무능력자의 행위는 확정적 무효가 아니라 **보정된 당사자**나 **법정대리인**이 이를 **추인**하면 **행위시에 소급**하여 유효하게 될 수 있다(즉 **유동적 무효**이다. 법 60조). 소송무능력자가 한 소송행위에 대한 추인의 **시기** 및 **방법**은 뒤에서 볼 무권대리인이 한 소송행위에 대한 추인과 동일하다.

2. 소송능력의 조사와 법원의 조치

(1) 소송능력의 조사와 보정

소송능력 유무는 **직권조사사항**이다. 법원의 조사결과 소송능력의 흠의 발견시 법원은 해당 행위를 배척한다. 추인의 여지가 있을 때에는 법원은 **보정**(과거의 소송행위를 추인하여 유효하게 하고, 장래의 소송행위를 유효하게 하는 조치)을 명해야 한다(법 59조 전단). 다만 보정으로 인한 지연시 보정을 조건으로 일시적인 소송행위를 하게 할 수 있다(법 59조 후단).

(2) 소송능력의 유무와 법원의 조치

(a) 소송능력이 있다고 판단되는 경우

법원의 조사결과 소송능력이 있다고 판단되면 중간판결(법 201조 1항)을 하든지, 또는 종국판결의 이유에서 이에 대하여 판단한다.

---

[1] 소송무능력자가 피고인 경우 피고 측(법정대리인)이 불출석한 때에는 자백간주로 처리할 것이 아니라 특별대리인의 선임을 신청할 수 있도록 법 62조를 유추적용하는 것이 타당하다는 견해로는, 호문혁, 273쪽. 다만 소송무능력자의 법정대리인이 기일에 불출석하는 등 **불성실한 소송수행**으로 소송절차의 진행에 현저하게 방해받는 경우에는 뒤에서 보는 바와 같이 **법원**은 **직권**으로 특별대리인을 선임할 수 있다(법 62조 1항 3호, 2항).

(b) 소송능력이 없다고 판단되는 경우

소송능력의 흠이 **소제기시**에 있는 때에는 소송능력은 소송요건이 되므로 소송무능력자 또는 그가 직접 선임한 소송대리인이 한 **소제기**는 부적법하여 소를 각하해야 한다. 법정대리인에 의한 추인으로, 또는 소송무능력자가 소송능력을 취득한 후 추인으로 그 흠을 보정할 수 있다. 소송능력의 흠이 **소제기 뒤**에 생긴 때에는 소가 부적법한 것이 아니므로 소를 각하해서는 안 된다. 이 경우 법정대리인이 소송을 수계할 때까지 **소송절차가 중단**된다(법 235조)[다만 **소송대리인**이 있는 경우에는 소송절차가 중단되지 않는다(법 238조)].

(c) 소송능력 유무를 다투기 위한 소송행위 여부

소송능력이 없다고 판단된 사람이라도(소송능력의 흠을 이유로 각하한 판결에 대하여) 이를 다투기 위하여 유효하게 소송행위를 할 수 있다. 따라서 그 범위 내에서는 그러한 사람에 대한 송달이 유효하고 상소기간도 진행되며, 그러한 사람에 의한 **상소제기**가 허용된다. 물론 그러한 사람에 의한 **소의 취하**도 허용된다.

3. 소송무능력을 간과한 판결의 효력

(1) 소송무능력자 측이 패소한 경우

소송무능력자 측이 패소한 경우에 소송무능력을 간과한 판결은 당연무효가 아니다. **판결확정 전**에는 상소가 허용된다(상고시 절대적 상고이유가 된다. 법 424조 1항 4호 **유추적용**). **판결확정 후**에는 재심의 소가 허용된다(법 451조 1항 3호 본문 **유추적용**). 다만 판결 후 또는 판결확정 후 법정대리인 또는 보정된 당사자가 이를 추인하면 상소나 재심의 소가 허용되지 않는다(법 424조 2항, 451조 1항 3호 단서 각 유추적용).

(2) 소송무능력자 측이 승소한 경우

소송무능력자 측이 승소한 경우에 **패소한 상대방**은 승소한 당사자 측의 소송능력의 흠을 주장하여 상소나 재심의 소를 제기할 수 없다. 소송능력제도는 소송무능력자 본인을 보호하기 위한 제도이기 때문이다.[1]

---

1) 이시윤 174쪽; 정동윤·유병현·김경욱, 229쪽; 강현중, 238쪽; 전원열, 183쪽.

제 4 관　변론능력

Ⅰ. 의　　　의

1. 개　　　념

변론능력은 법원에 대하여 유효하게 변론을 하기 위하여 필요한 능력이다. 변론능력이 없는 사람에 대하여 법원이 하는 아래의 진술금지재판, 변호사선임명령, 발언금지명령은 **변론준비기일**에서도 그대로 준용된다(법 286조). 다만 변론준비기일에서는 **재판장 등**(법 282조 1항)이 진술금지재판 및 변호사선임명령을 한다.

2. 변호사강제주의

민사소송법은 **변호사강제주의**(필수적 변호사변론주의)를 채택하지 않고, **당사자본인소송**(나홀로소송, self-represented litigation)을 허용하고 있다. 다만 증권관련집단소송에는 **원·피고** 모두 변호사강제주의를 채택하고 있으며(증집 5조 1항), 소비자단체소송·개인정보단체소송에는 **원고**의 경우에 한하여 변호사강제주의를 채택하고 있다(소기 72조, 개인정보 53조).

> ▣ **나홀로소송의 실태 및 증가원인**
>
> 　최근 통계에 따르면 **2016. 1.부터 2021. 3.까지** 제1심 민사본안사건 가운데 원고와 피고 한쪽이 변호사를 선임하지 않은 비율이 **92.7%**로 훌쩍 뛰었으며(이 가운데 원고와 피고 모두 변호사를 선임하지 않은 비율은 **72.7%**이다), **소액사건의 경우** 같은 기간 원고와 피고 한쪽 이상이 변호사를 선임하지 않은 비율은 무려 **98.9%**에 이른다(그 가운데 원고와 피고 모두 변호사를 선임하지 않은 비율은 **83.5%**이다. 즉 원고와 피고 모두 변호사를 선임한 비율은 고작 **1.1%**이다).[1]
>
> 　나홀로소송의 비율이 늘어나는 원인으로 ① 정보기술(IT)의 발달과 함께 포털사이트 등을 통한 법률지식과 소송관련 정보에 대한 접근의 용이성, ② 모든 사람에게 평등한 사법접근권(**equal access to justice**)을 제공함으로써 사회적 약자를 보호하고, 보다 효율적인 소송업무 수행하도록 하는 대법원의 나홀로소송 지원프로그

---

[1] 매일경제 2021. 5. 20.자 1쪽, 4쪽 '변호사 3만명 시대에도 민사 70% 나홀로소송' 기사 참조. 한편 2011년부터 2017년 상반기까지의 이에 관한 통계자료에 관해서는, 법원행정처, 국민과 함께하는 사법발전위원회 백서 자료집 상권(2020. 2.), 569쪽.

램(Self-Help Service Program)의 확대 실시, ③ '변호사 3만 명 시대'에도 불구하고 여전히 일반인에게는 법률시장 접근의 문턱이 높은 것 등을 들 수 있다.[1]

3. 변호사소송대리원칙

변호사 아닌 사람은 단독판사가 심리·재판하는 사건 가운데 일정한 사건의 경우와 법률상 소송대리인을 제외하고는 소송대리인의 자격이 없고(이를 **변호사소송대리원칙**이라 한다. 법 87조), 따라서 소송대리인으로서의 변론능력이 없다.

Ⅱ. 변론능력이 없는 사람

1. 진술금지재판

(1) 의   의

1) **법원**은 **소송관계를 분명**하게 하기 위하여 필요한 진술을 할 수 없는 **당사자** 또는 **대리인**의 **진술을 금지**하고(이로써 그 단계에서 기일 진행을 끝내고), 변론을 계속할 **새 기일**을 정하는 **결정**을 할 수 있다(법 144조 1항). 이러한 진술금지재판은 변론능력을 상실케 하는 재판이다. 이러한 진술금지재판 및 이에 따른 변호사선임명령은 당사자 또는 대리인의 변론이 애매하거나 그 의미가 분명하지 않아 법원이 법 136조에 따라 소송관계를 분명하게 하기 위하여 **석명을 구하더라도** 당사자 등이 사안의 진상을 충분히 밝혀 필요한 진술을 할 수 있는 능력이 없는 때에 당사자 등으로 하여금 변론을 계속하게 하는 것이 그 **당사자에게 불이익**하고 또한 **소송절차를 지연**시키는 등 바람직하지 않은 결과를 가져오므로 이를 막기 위한 것이다.[2]

2) 법 144조 1항의 '**대리인**'은 **변호사 아닌 소송대리인**(비변호사 소송대리인, 즉 **법률상 소송대리인**이거나 **변호사 아닌 소송위임에 의한 소송대리인**)을 말한다. 따라서 법정대리인 또는 법인 등의 대표자는 당사자 본인으로 취급된다. 뒤에서 보는

---

1) 다양한 원인으로 본인소송을 하는 현대의 추세를 고려하면, 본인소송에 대한 취급이나 대응방안도 예전처럼 막연히 일률적으로 법원이 후견적 기능을 강화하기보다는 사안별로 개별화된 접근이 필요하다는 견해로는, 현낙희, "본인소송(나홀로소송)에 관한 연구," 비교사법(한국비교사법학회) 30권 4호(2023년), 101쪽 이하.

2) 대결 2023. 12. 14. 2023마6934.

바와 같이 법 144조 3항은 대리인에게 진술금지를 하거나 변호사선임을 명하는 경우 그 취지를 본인에게 통지하도록 하고 있는데, 법정대리인이나 대표자를 법 144조 1항의 대리인으로 보게 되면 결국 본인에 대한 통지를 법정대리인이나 대표자에게 하게 되는 결과가 되기 때문이다.

　　3) 진술금지재판의 효력은 진술금지를 명한 기일에만 한정되는 것이 아니라 그 **심급**에서는 그 **이후의 변론 전부**에 미친다.

(2) 활용범위

　　진술금지재판은 소송절차의 원활·신속한 진행과 사법제도의 능률적 운용을 위하여 필요한 한도에 그쳐야 한다. 헌법상 보장된 재판을 받을 권리를 본질적으로 침해하지 않는 범위 내에서, 그리고 변호사강제주의를 채택하지 않고 있는 민사소송법의 취지가 존중될 수 있도록 배려할 필요가 있기 때문이다.[1]

2. 변호사선임명령

(1) 의   의

　　1) **법원**은 진술금지재판을 할 때 **필요하다고 인정**하면 변호사선임을 명하는 **결정**을 할 수 있다(법 144조 2항). 변호사선임명령을 받은 당사자 등이 이를 이행하지 않아 원고의 소 또는 항소인의 항소가 각하되는 경우(법 144조 4항)에는 당사자의 재판을 받을 권리에 상당한 제약이 가해지고 경제적·시간적으로도 많은 불이익이 주어진다. 따라서 앞서 본 바와 같이 법원이 소송관계를 분명하게 하기 위하여 석명을 구하더라도 당사자 등에게 필요한 진술을 할 능력이 없어 진술금지재판 또는 변호사선임명령을 할 필요가 있는지 여부를 신중하게 판단해야 한다. 특히 항소심에서 항소인이 변호사선임명령을 받고 이를 이행하지 않아 항소가 각하된다면 그에게 불이익한 제 1 심판결이 확정되는 결과를 가져오므로 이러한 경우 법원은 변호사선임명령을 할 것인지 여부를 더욱더 신중하게 판단할 필요가 있다.[2]

　　2) 법원이 변호사선임명령을 하는 경우 그 당사자에게 **소송구조**를 신청하게

---

[1] 부산고등법원 2004. 4. 22. 선고 2003나13734,13741 판결(확정).

[2] 법원이 진술금지재판 및 변호사선임명령 등을 할 것인지 여부를 판단하기 위하여, 청구의 종류와 내용, 본안소송의 진행경과, 소장 및 답변서 등을 통해 제출한 공격방어방법의 주요 내용, 증명책임의 부담에 따른 증거신청 내역 및 변론기일에서의 진술 등을 전체적으로 고려해야 한다. 대결 2023. 12. 14. 2023마6934.

하거나 직권으로 소송구조를 하여(법 128조 1항) **자금능력이 부족한 당사자**의 재판을 받을 권리가 실질적으로 보장되도록 해야 한다.[1]

(2) 변호사선임명령시 법원의 조치

법원이 당사자본인이 아닌 **대리인**에게 진술을 금지하거나 변호사선임을 명하였을 때에는 실질적으로 변호사 선임권한을 가진 **본인**에게 그 취지를 **통지**하여 그로 하여금 변호사선임 여부를 결정할 수 있는 기회를 부여해야 한다(법 144조 3항). 따라서 그러한 통지가 없는 때에는 변호사선임명령을 받고도 변호사를 선임하지 않았더라도 뒤에서 보는 바와 같은 소·상소를 각하하는 결정을 할 수 없다. 한편 법원이 **선정당사자**(법 53조 1항)에게 진술을 금지하거나 변호사선임을 명한 경우에도 법 144조 3항을 **유추적용**하여 **선정자**에게 그 취지를 통지하거나 다른 적당한 방법으로 이를 알려주어야 한다.[2]

3. 발언금지명령

재판장은 자신이 가진 소송지휘권을 행사하여 발언을 허가하거나 그의 명령에 따르지 않는 사람의 발언을 금지하는 **명령**을 할 수 있다(법 135조 2항)[진술금지재판과 변호사선임명령은 **법원**의 권한으로 결정사항이나, 발언금지명령은 **재판장**의 권한으로 명령사항이다]. 발언금지명령을 받은 사람은 **해당 기일**에만 변론능력이 없다.

4. 진술보조인제도

2016. 2. 3. 개정(2017. 2. 4. 시행) 민사소송법은 **질병**, **장애**, **연령**, 그 밖의 사유로 인한 **정신적·신체적 제약**으로 소송관계를 분명하게 하기 위한 필요한 진술이 어려운 당사자는 **법원의 허가**를 받아 **진술보조인**과 함께 **변론기일**에 출석할 수 있도록 했다(법 143조의2 1항). 진술보조인제도는 **변론준비기일**에도 적용된다(법 286조). 이에 관한 구체적 사항은 **민사소송규칙(2017. 2. 2. 개정, 2017. 2. 4. 시행,** 30조의2)에서 정하고 있다.

---

1) 재판예규 1861호 '소송구조제도의 운영에 관한 예규'(재일 2002, **2023. 10. 17. 개정·시행**) 2조 2항. **판례**도, 변호사선임명령을 할 것인지 여부를 판단함에 있어서 그 당사자가 패소할 것이 분명하지 않은 경우 법원은 소송비용을 지출할 자금능력이 부족한 사람에게 신청에 따라 또는 직권으로 소송구조를 할 수 있으므로(법 128조 1항), 변호사선임명령을 받은 당사자에 대하여 소송구조를 통하여 소송관계를 분명하게 할 수 있는 사안인지 여부도 함께 살필 필요가 있다고 한다. 대결 2023. 12. 14. 2023마6934.

2) 대결 2000. 10. 18. 2000마2999.

　　진술보조인은 당사자의 배우자, 직계친족, 형제자매, 가족, 그 밖에 동거인으로서 당사자와의 생활관계에 비추어 상당하다고 인정되는 경우에 해당하거나, 당사자와 고용, 그 밖에 이에 준하는 계약관계 또는 신뢰관계를 맺고 있는 사람으로서 그 사람이 담당하는 사무의 내용 등에 비추어 상당하다고 인정되는 경우에 해당하고, 듣거나 말하는 데 장애가 없어야 한다(규칙 30조의2 1항). 진술보조인은 변론기일 등에 당사자본인과 동석하여 당사자본인의 진술이나, 법원과 상대방, 그 밖의 소송관계인의 진술을 **중개**하거나 **설명**하는 행위를 한다(규칙 30조의2 3항). 진술보조허가신청은 심급마다 서면으로 해야 한다(규칙 30조의2 2항). 법원은 언제든지 진술보조허가를 취소할 수 있다(법 143조의2 2항). 그 밖의 구체적 사항은 민사소송규칙(30조의2)에서 정하고 있다(법 143조의2 3항).

Ⅲ. 소송상 취급

1. 소송행위의 유효요건

(1) 변론능력의 흠과 소송행위의 효력

　　변론능력은 소송요건이 아니며, 소송행위의 유효요건이다. 변론능력이 없는 사람의 소송행위는 **무효**이다. 이러한 무효는 절대무효이며 이에 대해 추인할 수 없다는 견해가 있으나,[1] 변론능력자의 **추인**이 가능하다고 본다.[2]

(2) 변론능력의 흠과 치유 여부

　　변론능력이 없는 사람의 소송행위를 법원이 즉시 배척하지 않고 그 사람의 소송관여를 문제삼지 않은 채 넘어가는 등 이를 **묵인**했을 때에는 그 흠이 치유되어 그 소송행위가 유효하게 된다.[3] 이러한 때에는 법원이 결과적으로 그의 변론능력을 인정한 것으로 볼 여지가 있을 뿐 아니라, 이를 무효라고 한다면 소송경제에 반하기 때문이다.

(3) 변론능력의 흠과 기일불출석의 효과

　　변론능력이 없는 사람은 기일에 출석하더라도 **기일불출석의 불이익**을 받는다. 진술금지재판을 받은 당사자가 새 기일에 그대로 출석한 때에는 기일에 불출

---

　1) 이시윤, 177쪽; 송상현·박익환, 151쪽.
　2) 정동윤·유병현·김경욱, 233쪽.
　3) 정동윤·유병현·김경욱, 233쪽; 강현중, 279쪽; 정영환, 311쪽; 손한기, 87쪽.

석한 것으로 취급하여 기일불출석의 불이익(기일불출석의 효과인 **진술간주, 자백간주**, 또는 소·상소취하간주 등)을 받게 된다(법 148조 1항, 150조 3항 본문, 268조·286조).

2. 변호사선임명령의 불이행시 법원의 조치

(1) 소·상소각하결정

소 또는 상소를 제기한 사람(원고 또는 상소인)이 **진술금지재판**과 함께 **변호사선임명령**을 받은 경우 새 기일까지 변호사를 선임하지 않은 때에는 법원은 **결정**으로 **소각하** 또는 **상소각하**할 수 있다(법 144조 4항)[**상소각하결정**인 경우에는 그 결정의 확정시 **원심판결**이 **확정**된다]. 법문상으로는 상소를 각하할 수 있도록 하여 **상고각하**도 포함하고 있으나, **상고심**은 법률심으로 변론을 열지 않아도 되는 임의적 변론절차에 의하여 재판하므로 상고심에서 변론이 열리는 때를 전제로 소송관계를 분명히 하기 위하여 당사자 또는 대리인에게 진술금지명령과 더불어 변호사선임명령을 하고, 이에 따른 상고각하결정을 하는 경우를 예상하기 어렵다. 이러한 결정에 대해서는 즉시항고할 수 있다(법 144조 5항).

(2) 문 제 점

이러한 각하 규정에 대해서는, ① 경제적 약자에 대한 법원에의 사법접근(access to justice)권 보장상 문제가 있으며, ② 나아가 소극적 당사자인 피고가 변호사선임명령을 받고 새 기일까지 변호사를 선임하지 않는 때에는 일반적인 기일불출석의 불이익을 받는 외에 다른 제재를 받지 않으므로 원고 측과 피고 측이 받는 불이익의 불균형으로 파행적이며, ③ 헌법 11조 1항의 평등의 원칙에 반한다는 문제점이 제기된다.[1] 참고로 일본 민사소송법에는 이러한 각하규정을 두고 있지 않다.

■ **다른 법령상 변호사선임명령제도**

소비자단체소송·개인정보단체소송에서는 **원고 측**의 경우 변호사강제주의가 채택되어 소송대리인으로 변호사의 선임이 강제된다. 이러한 소송에서는 **원고의 소송대리인 전원**이 사망 또는 사임하거나 해임된 때에는 원고가 새로운 소송대리인을 선임할 때까지 소송절차가 **중지**된다(소단규 12조 1항, 개인정보단규 11조 1항). 이

---

1) 이시윤 178쪽. 한편 변호사강제주의를 채택하고 있지 않는 현제도하에서 이러한 소각하결정 등이 간접적으로나마 변호사선임을 강제하고자 하는 취지에 비추어 보면, 소송의 원활한 진행을 위해 이를 지금보다 더 적극적으로 활용할 필요가 있다는 견해로는, 이동률, "선정당사자에 대한 소각하결정," 민사소송 9권 1호(2005. 5.), 169쪽 이하.

경우 법원은 원고에게 1개월 이상의 기간을 정하여 변호사를 선임할 것을 명해야 하는데 원고가 이러한 명령을 받고도 정해진 기간 내에 변호사를 선임하지 않는 때에는 법원은 **결정**으로써 **소를 각하**해야 한다(소단규 12조 2항·3항, 개인정보단규 11조 2항·3항).

3. 변론능력의 흠을 간과한 판결의 효력

변론능력의 흠을 간과하여 한 판결에 대해서는 상소나 재심의 소가 허용되지 않는다. 결국 이러한 판결을 함으로써 그 흠이 치유된다.

제 4 절 소송상 대리인

제 1 관 총   설

Ⅰ. 의   의

소송상 대리인이란 당사자 또는 보조참가인의 이름으로 소송행위를 하거나 소송행위를 받는 제 3 자를 말한다. 이는 (제 3 자) 소송담당자, 보조참가인, 사자(使者) 등과 구별된다. 선서·증언의 경우, 당사자신문의 경우, 법원이 당사자본인의 출석을 명한 경우 등에는 대리가 허용되지 않는다. **가사소송**에서는 원칙적으로 **본인출석주의**를 채택하고 있다(가소 7조 1항).[1] **민사소송**에서도 법원은 필요한 때에는 당사자본인 또는 그 법정대리인에게 출석하도록 명할 수 있고, 소송대리인에게 당사자본인 또는 그 법정대리인의 출석을 요청할 수 있다(법 140조 1항 1호, 규칙 29조의2).[2]

Ⅱ. 종   류

1. 법정대리인과 임의대리인

소송상 대리인은 본인의 의사에 의한 대리인인지, 본인의 의사와 상관없이

---

1) 박순성, "가사소송법상의 본인출석주의," 법조 40권 7호(1991. 7.), 49쪽 이하.
2) 민사조정절차에서는 조정기일통지를 받은 당사자는 기일에 본인이 출석해야 한다. 다만 특별한 사정이 있는 경우에는 대리인을 출석시키거나 보조인을 동반할 수 있다(민조규 6조 1항).

법률의 규정 등에 의한 대리인인지 여부에 따라 **임의대리인**과 **법정대리인**으로 나누어진다.

2. 포괄적 대리인과 개별적 대리인

소송상 대리인은 일체의 소송행위를 대리할 수 있는 대리인인지, 개개의 특정한 소송행위만 대리할 수 있는 대리인[예컨대 송달영수의 경우 군사용 청사 또는 선박의 장 (법 181조), 교도소장·구치소장 또는 국가경찰관서의 장(법 182조), 신고된 송달영수인(법 184조 후문) 등]인지 여부에 따라 **포괄적 대리인**과 **개별적 대리인**으로 나누어진다. 소송상 대리인 가운데 포괄적 대리권을 가진 임의대리인을 **소송대리인**이라 한다.

제 2 관   법정대리인

I. 실체법상 법정대리인

실체법상 법정대리인의 지위에 있는 사람은 소송법상으로도 법정대리인이 된다(법 51조).

1. 제한능력자의 경우

① **미성년자**의 경우 **친권자**인 부모(민 909조·911조) 또는 **미성년후견인**(민 928조, 938조 1항)[1][2]이, ② **피성년후견인**의 경우 **성년후견인**(민 936조, 938조 1항)이, ③ **피한정후견인**의 경우 한정후견인에게 **대리권이 수여되었다면**(가정법원이 대리권을 수여하는 심판을 했다면) 그 **한정후견인**(민 959조의4 1항)[3]이 소송법상 각 법정대

---

1) 미성년자의 경우 **1차적**으로 **친권자**가 법정대리인이 된다(민 911조, 누가 친권자가 되는지는 민법 909조에서 정하고 있다). 친권자가 없거나 친권자가 친권의 전부 또는 일부를 행사할 수 없는 경우에는 **2차적**으로 **미성년후견인**이 법정대리인으로 된다[미성년후견인은 지정후견인(민 931조)과 선임후견인(민 932조)의 순서로 된다].

2) 부모가 **이혼**한 때에는 부모의 협의나 가정법원에 의하여 친권자가 정해진다(민 909조 4항·5항). **단독친권자**로 정해진 부모의 일방이 **사망**한 경우에는 가정법원이 미성년후견인을 선임하거나 생존하는 부 또는 모 일방을 친권자로 지정해야 한다(민 909조의2 1항·3항·4항). 이 경우 가정법원은 친권자가 지정되거나 미성년후견인이 선임될 때까지 그 임무를 대행할 사람을 선임할 수 있다(민 909조의2 5항).

3) '후견인은 피후견인의 법정대리인이 된다'는 민법 938조 1항의 규정은 **미성년후견** 및 **성년후견**에 관한 것으로, 한정후견인의 한정후견사무를 규정하고 있는 민법 959조의6은 민법 938

리인이다.

2. 그 밖의 경우

그 밖에 민법상 특별대리인(민 64조·921조), 법원이 선임한 부재자의 재산관리인(민 22조 내지 26조) 등도 소송법상 법정대리인이 된다. **판례**는, 상속재산관리인·유언집행자를 모두 당사자적격을 가지는 소송담당자로 보고 있다.

Ⅱ. 소송법상 특별대리인

1. 제한능력자 등을 위한 특별대리인

(1) 의　　의

① 당사자가 미성년자, 피성년후견인, 또는 동의유보의 범위 내에서의 피한정후견인 등 **제한능력자**로서 소송능력이 없음에도(**소송무능력자**인 경우) 법정대리인이 없거나(법정대리인에게 소송에 관한 대리권이 없는 경우를 포함한다), 법정대리인이 소송에 관한 대리권을 제대로 행사할 수 없는 경우, ② 당사자가 **법인**, 또는 **법인 아닌 사단이나 재단**으로서 대표자나 관리인이 없거나 대표자나 관리인이 그 대표권을 제대로 행사할 수 없는 경우, 또는 ③ 당사자가 **의사무능력자**인 경우 등에는 이들을 상대로 소송행위를 하고자 하거나 이들이 소송행위를 하는 데 필요한 때에는 신청에 의해 수소법원이 **특별대리인**을 선임한다(법 62조·62조의2). 특별대리인은 **해당 소송**에서 본인(제한능력자, 법인, 또는 법인 아닌 사단이나 재단, 의사무능력자)을 위한 **한정된 법정대리인**이다.[1]

(2) 요　　건

(a) 제한능력자 등에 관한 소송행위의 경우

1) 제한능력자 등을 **피고**로 하여 소송행위를 하고자 할 경우, 또는 제한능력자가 **원고**가 되어 소송행위를 하고자 할 경우이어야 한다(법 62조 1항). 여기서 **소송행위**는 일반적으로는 **제소행위**를 일컫는 것이지만, 그뿐만 아니라 소송계속 중 법정대

조 1항을 준용하고 있지 않다. 따라서 한정후견인이 당연히 피한정후견인의 법정대리인이 되는 것은 아니다. 이 점에서 종래 한정치산자의 후견인이 당연히 대리권을 가져 법정대리인이 되는 것(개정 전 민법 938조)과 대조됨에 주의를 요한다.

[1] 대판 1993. 7. 27. 93다8986, 2012. 8. 30. 2012다38216, 2018. 12. 13. 2016다210849,210856.

리인이 사망하든지 또는 대리권을 행사할 수 없는 사유가 발생하여 **소송절차가 중단**되는 경우(법 235조) 그 중단 후의 소송행위도 포함되며, 판결절차상 소송행위 외에도 지급명령신청, 가압류 · 가처분신청 등에서도 이를 준용한다.[1]

2) 제한능력자를 위한 특별대리인에 관한 규정은 원칙적으로 당사자가 **의사능력이 없는 사람**(의사무능력자)인 경우에도 **준용**된다(법 62조의2 1항 본문). 여기서 의사무능력자는 성년후견이나 한정후견과 같은 상시적(常時的)인 후견이 아니라 법적 분쟁이 발생한 경우 **일시적**으로만 지원을 받고자 하는 의사무능력자를 말한다.[2]

(b) 법정대리인이 대리권을 행사할 수 없는 경우 등

1) 법정대리인이 대리권을 행사할 수 없는 경우에는 **법률상 장애**[친권자와 그 자 사이의 **이해상반행위**(민 921조 1항) 등] 외에 **사실상 장애**[법정대리인의 질병, 소재불명, 장기여행 등]도 포함된다(법 62조 1항 2호). 법정대리인의 대리권 행사가 **불성실**하거나 **미숙**하여 소송절차의 진행이 현저하게 방해받는 경우에도 특별대리인을 선임할 수 있다(법 62조 1항 3호).

2) 법정대리인이 대리권을 행사할 수 없는 경우에도 통상의 절차에 의하여 법정대리인을 선임하기까지 그 지연으로 손해를 받을 염려가 있는 경우에 인정된다. 예컨대 통상의 절차에 의한 법정대리인이 선임되기를 기다리다가는 소멸시효가 완성될 염려가 있다든가, 집행보전을 위한 가압류 · 가처분등의 기회를 상실할 염려가 있는 등의 경우이다.

(c) 법인 등의 대표자가 대표권을 행사할 수 없는 경우 등

1) **법인**, 또는 법인 아닌 사단이나 재단에서 대표자나 관리인이 없거나, 대표자나 관리인이 있다고 하더라도 그가 대표권을 행사할 수 없는 **법률상 장애**[법인과 이사의 **이익상반행위**(민 64) 등]나 **사실상 장애**가 있는 경우, 또는 그 대표자나 관리인의 대표권 행사가 **불성실**하거나 **미숙**하여 소송절차의 진행이 현저하게 방해를 받는 경우 등에도 제한능력자를 위한 특별대리인에 관한 규정이 **준용**된다(법 64조, 62조 1항 1호 내지 3호).

2) 주식회사에서 법률 또는 정관에 정한 대표이사의 **원수**(員數)를 **결**(缺)한 경우[상법상 주식회사의 **이사**에 대해서는 **3인** 이상의 원수 제한이 있으나(상 383조 1항 본

---

1) 김지향, 주석서(1), 479쪽.
2) 즉 아직 성년후견개시심판을 받지 않았거나 심판을 받았지만 대리권의 제한으로 해당 제한 능력자에게 소송능력이 인정되는 사람이다. 법원실무제요 민사소송(1), 426쪽.

문), **대표이사**에 대해서는 원수 제한이 없다. 따라서 **정관**에서 **1인** 또는 **수인**을 대표이사로 정할 수 있다]에는 주식회사의 대표이사가 **임기만료** 또는 **사임**으로 인해 퇴임을 하더라도 후임 대표이사가 적법하게 선출될 때까지는 **종전 대표이사가 대표권**을 가지므로(상 389조 3항, 386조 1항), 이로 인해 소송법상 특별대리인을 선임해야 할 경우에 해당하지 않는다.[1] 한편 주식회사의 대표이사 원수를 결한 때로서, 주식회사의 대표이사가 ① 사망한 경우, ② 중병으로 사임한 경우, ③ 해임된 경우, ④ 장기간 부재 중인 경우 등과 같이 퇴임 등 대표이사로 하여금 대표이사로서의 권리·의무를 가지게 하는 것이 **불가능**하거나 **부적당**한 경우라면 법원은 이사, 감사 그 밖의 이해관계인의 청구에 의하여 **일시**(一時)**대표이사**(임시대표이사, **가**(假)**대표이사**)의 직무를 행할 사람을 선임할 수 있으나(상 389조 3항, 386조 2항)[2] 이로 인해 **대표권을 행사할 다른 대표이사가 없다면** 상법상 일시대표이사의 선임을 신청할 수 있는 경우라고 하더라도 **소송절차의 지연으로 손해를 볼 염려가** 있음을 소명하여 **소송법상 특별대리인**의 선임을 신청할 수 있다.

　　주식회사의 **감사**가 주식회사의 **대표자**가 되는 **이사와 회사 사이의 소송**(상 394조 1항)에서 감사의 경우[상법상 주식회사의 감사에 대해서는 원수 제한이 없다. 따라서 **정관**에서 **1인** 또는 **수인**을 감사로 정할 수 있다]도 앞에서 설명한 바와 같다(상법 415조는 상법 389조를 준용하고 있다).

　　3) 주식회사가 해산되었으나 아직 등기부에 청산인의 성명이 등기되지 않은 경우라 하더라도, 정관에 다른 정함이 있거나 주주총회가 다른 사람을 선임한 경우 외에는 이사가 청산인이 되며(상 531조 1항), 이러한 사람이 있는 한 특별대리인을 선임해야 할 경우에 해당하지 않는다.

■ 이익상반 또는 이해상반 등으로 대리권 행사에 법률상 장애가 있는 경우와 소송법상 특별대리인의 선임 가부

　(1) 법인의 이사와 법인의 이익상반행위 등의 경우

　법인의 이사와 법인의 이익상반행위에서는 이사에게 대표권이 없으며, 그 경우에는 이해관계인이나 검사의 청구에 의하여 법원이 특별대리인을 선임하도록 하고

---

1) 대판 1974. 12. 10. 74다428.
2) 상법 389조 3항, 386조 2항은 대표이사의 임기만료 또는 사임의 경우로서 필요하다고 인정할 때에 일시대표이사를 선임할 수 있는 것으로 규정하고 있으나, **판례**는 이를 넓게 적용하고 있다. 대결 2000. 11. 17. 2000마5632.

있고(민 64조), 그 사항에 대해서는 특별대리인이 법인을 대표한다. 그런데 이 경우에는 비송사건절차법 33조에 규정을 두고 있으므로[1] 민사소송법 62조 1항·2항의 특별대리인의 선임의 경우에 해당하지 않는다. 관할법원도 수소법원이 아니다. **법인 아닌 사단**에서도 민법의 법인에 관한 규정 중 법인격을 전제로 하는 조항을 제외한 나머지 조항이 원칙적으로 유추적용되므로, 이 경우에도 앞서의 논의가 그대로 적용된다.

　　주식회사의 이사와 회사 사이의 소송에서는 **감사** 또는 **감사위원회**가 회사를 대표하므로(상 394조 1항, 415조의2 7항), 대표자가 없거나 대표권을 행사할 수 없는 경우에 해당하지 않아 민사소송법 64조, 62조 1항·2항의 특별대리인의 선임에 관한 규정이 적용될 여지가 없다.[2] 이 경우에는 민법 64조의 규정도 적용되지 않는다.[3]

　　(2) 친권자와 미성년자인 자(子)의 이해상반행위 등의 경우

　　친권자와 **미성년자**인 자(子)의 이해상반행위, 후견감독인이 있지 않은 경우 **미성년후견인**과 **미성년자** 사이의 이해상반행위, 또는 후견감독인이 있지 않은 경우 **성년후견인**과 **피성년후견인** 사이의 이해상반행위(후견감독인이 있는 경우 후견인과 피후견인 사이의 이해상반행위에 관해서는 후견감독인이 피후견인을 대리한다. 민 940조의6 3항) 등에서는 친권자나 후견인이 법원에 그 자의 특별대리인의 선임을 청구해야 하므로(민 921조 1항, 949조의3, 가소 2조 1항 2호 가목 16), 민사소송법 62조 1항·2항의 특별대리인의 선임의 경우가 아니다. 관할법원도 수소법원이 아니라 가정법원이다. 민법 921조 1항 등에 따라 이미 선임된 특별대리인이 그후에 제기된 소송절차 등에서 미성년자인 자(子)를 대리할 수 있다.

　　(3) 민법상 특별대리인이 선임되지 않은 경우 소송법상 특별대리인 선임 여부

　　앞서의 각 경우에 민법상 특별대리인이 선임되지 않은 때에는 소송절차가 지연됨으로써 손해를 받을 염려가 있다는 것을 소명하면 **민법상 특별대리인의 선임신청을 할 필요 없이** 곧바로 민사소송법 62조 1항(법인 등의 경우 법 64조에 의하여 준용)에 의한 특별대리인의 선임신청을 할 수 있다.[4]

---

1) 특별대리인의 선임은 법인의 주된 사무소 소재지 지방법원 합의부가 관할한다(비송 33조 1항). 대결 2014. 5. 7. 2014마397.

2) 이 경우 수소법원이 이를 간과하고 특별대리인을 선임했더라도 그 특별대리인은 이사가 제기한 소에 관하여 회사를 대표할 권한이 없다. 대판 2015. 4. 9. 2013다89372.

3) 대판 1962. 1. 11. 4294민상558; 김중곤, "법인과 이사 간 소송에서 법인을 대표할 자에 관한 연구," 사법논집 35집(2002. 12.), 479쪽.

4) 신청인을 당사자로 하는 본안사건이 항소심에 계속 중이라고 하더라도 신청인이 **민법 64조에 의한 특별대리인의 선임신청**을 한 이상 그 재판은 제 1 심법원이 관할한다. 대결 2014. 5. 7. 2014마397. 이에 대하여, 신청인이 본안에 관한 항소심절차에서 특별대리인으로 선임될 필요가 있었던 사정이 있었던 점을 참작하면 비록 특별대리인의 선임신청시 민사소송법 62조를 명시하지 않았다고 하더라도 민사소송법 62조에 의한 특별대리인의 선임신청을 한 것으로 해석하는 것이 합리적이라는 견해로는, 문영화, "항소심에서 한 특별대리인선임신청을 기각하는 결정에 대한 항고의 성질," 민사소송 22권 1호(2018. 5.), 181쪽 이하.

(3) 선임신청 및 재판 등

1) 미성년자, 피한정후견인·피성년후견인이 당사자인 경우 그 **친족, 이해관계인**(미성년자, 피한정후견인·피성년후견인을 상대로 소송행위를 하려는 사람(**원고**)을 포함한다), **대리권이 없는 성년후견인,**[1] **대리권이 없는 한정후견인**, 지방자치단체의 장 또는 검사가 수소법원에 특별대리인의 선임을 신청할 수 있다(법 62조 1항). **의사무능력자를 위한 특별대리인**의 선임의 경우 **특정후견인** 또는 **임의후견인**도 선임을 신청할 수 있다(법 62조의2 1항 단서). **수소법원**은 소송이 장래 계속될 또는 이미 계속되어 있는 법원을 말한다.[2] **법인 등**에서 대표자가 없거나 대표자가 있다고 하더라도 대표권을 행사할 수 없는 경우 이러한 **법인 등을 상대로** 소송행위를 하고자 할 때에는 그 상대방 당사자(소제기에서는 원고)가 신청권자이고, 이러한 **법인 등이** 소송행위를 하고자 할 때에는 이해관계인 또는 검사가 신청권자이다(법 64조, 62조 1항). 선임신청시 **소송절차가 지연됨으로써 손해를 볼 염려가 있음을 소명**해야 한다(법 62조 1항·2항).[3]

2) 법원은 **선임신청**에 대하여 결정으로써 재판을 한다(법 62조 4항 전단). 선임신청에 대한 **기각결정**에 대해서는 **통상항고**할 수 있다(법 439조).[4] 그러나 **선임결정**에 대해서는 항고할 수 없다.[5] 법원은 **소송계속 후 필요하다고 인정**하는 경우에는 **직권으로** 특별대리인을 **선임·개임**하거나 **해임**할 수 있다(법 62조 2항). 특별대리인의 선임·개임 또는 해임의 결정은 특별대리인에게 **송달**해야 한다(법 62조 4항 후단). **특별대리인의 보수**, 특별대리인의 선임에 관한 비용과 특별대리인의 소송행위에 관한 비용은 **소송비용**에 포함된다(법 62조 5항).

(4) 특별대리권의 소멸

특별대리인의 사망, 법원에 의한 해임결정 등에 의하여 특별대리권이 소멸한

---

1) **성년후견인의 법정대리권**은 포괄적이지만, 가정법원은 그 법정대리권을 **제한**할 수 있다(민 938조 2항).

2) 대결 2024. 2. 15. 2023마7226.

3) 특별대리인은 잠정적 법정대리인으로서 예외적인 제도이므로, 그 요건은 엄격하게 해석해야 한다는 입장도 있을 수 있으나, 실무상으로는 특별대리인제도의 적절한 활용을 위하여 그 요건을 관대하게 해석하고 있다. 법원실무제요 민사소송(1), 428쪽; 김지향, 주석서(1), 482쪽.

4) 특별대리인 선임신청을 **기각하는 결정**에 대해서는 즉시항고를 해야 한다는 규정이 없으므로, 결국 법 439조에 의하여 **통상항고**의 방법으로 불복해야 한다. 따라서 항고의 이익이 있는 한 항고기간에 제한이 없다. 대결 2018. 9. 18. 2018무682.

5) 법원실무제요 민사소송(1), 428쪽.

다. 법정대리인이 생기거나 또는 대리권을 행사할 수 있게 된 경우[당사자본인이 능력을 취득하거나 회복한 경우도 마찬가지이다] 특별대리권이 당연히 소멸되는 것이 아니고 법원의 해임결정이 있어야 소멸된다는 견해가 있으나,1) 법 62조·62조의2·64조에 따라 수소법원에 의하여 선임되는 특별대리인은 법정대리권 또는 대표권을 행사할 수 없는 흠을 보충하기 위하여 마련된 제도이므로, 특별대리인이 선임된 후 소송절차가 진행되던 중에 법정대리권이나 대표권에 있던 **흠이 보완**되었다면 특별대리인에 대한 수소법원의 **해임결정이 있기 전**이라 하더라도 그 법정대리인 또는 대표자는 소송무능력자 또는 법인을 위하여 유효하게 소송행위를 할 수 있다고 본다.2)

2. 판결절차 외의 특별대리인

제한능력자 등을 위한 특별대리인 외에도, ① **증거보전절차**에서 증거보전의 신청시 상대방을 지정할 수 없는 경우에 상대방을 위한 특별대리인(법 378조 후문), ② **상속재산에 대한 집행절차**에서 채무자에게 알려야 할 집행행위의 실시시 상속인이 없거나 상속인이 있는 곳이 분명하지 않은 경우에 상속재산 또는 상속인을 위한 특별대리인(민집 52조 2항) 등이 있다.

Ⅲ. 법정대리인의 지위

법정대리인은 당사자가 아니므로, 법관의 제척이나 재판적을 정하는 표준이 되지 않는다. 법정대리인은 확정판결의 기판력이나 집행력을 받지 않는다. 법정대리인은 보조참가인이나 증인이 될 수 없으며, 법정대리인을 신문할 때는 당사자신문의 규정에 의한다(법 372조 본문). 법정대리인은 소장·판결서의 필수적 기재사항이 되며(법 208조 1항 1호, 249조 1항), 본인에 대한 송달은 법정대리인에게 해야 한다(법 179조).

---

1) 장석조, 주석서(제 8 판)(1), 434쪽.
2) 대판 2011. 1. 27. 2008다85758; 김지향, 주석서(1), 490쪽. 위 판결에 대한 반대견해로는, 김교창, "특별대리인과 흠이 보완된 대표자와의 관계," 법률신문 3935호(2011. 5.), 12쪽.

Ⅳ. 법정대리인의 권한

1. 법정대리권의 범위

법정대리인의 대리권의 범위에 관하여 민사소송법에 특별한 규정이 없으면 민법, 그 밖의 법률에 따른다(법 51조).

(1) 친권자의 경우

친권자는 미성년자를 대리하여 **아무런 제약 없이** 모든 소송행위를 할 수 있다(민 920조 본문). 친권자는 소취하, 화해, 청구의 포기·인낙 또는 소송탈퇴를 할 때에 **후견감독인**이 있는 경우[친권자의 유언에 의하여 지정된 후견감독인(민 940조의2)이 있거나, 또는 법원의 선임에 의한 후견감독인(민 940조의3)이 있는 경우]에도 후견감독인으로부터 특별한 권한을 받을 필요가 없다(법 56조 2항의 '법정대리인'에는 친권자는 포함하지 않는 것으로 본다).[1]

(2) 후견인의 경우

1) 미성년후견인, 대리권 있는 성년후견인 또는 대리권 있는 한정후견인이 **피후견인을 대리**하여 소 또는 상소 제기 등 원고 또는 상소인 측으로서 소송행위(**능동적 소송행위**)를 할 때에는 **후견감독인**이 **있으면**(있는 경우에 한하여) 후견감독인으로부터 **특별한 권한**(**동의**)을 받아야 한다[법 56조 1항의 반대해석. 한편 미성년후견인 및 대리권 있는 성년후견인의 경우는 민 950조 1항 5호, 대리권 있는 한정후견인의 경우는 민 959조의6].[2] 후견인이 **상대방**의 소 또는 상소 제기에 관하여 피고 또는 피상소인 측으로서 소송행위(**수동적 소송행위**)를 할 때에는 **후견감독인**이 **있다고 하더라도** 후견감독인으로부터 특별한 권한을 받을 필요가 없다(법 56조 1항).

2) **후견인**이 소·상소취하,[3] 화해, 청구의 포기·인낙 또는 소송탈퇴 등 **소**

---

1) **판례**도, 생모인 법정대리인이 소를 취하할 때에는 개정 민법상 후견감독인에 상응하는 (개정 민법 전) 친족회의 특별수권이 필요하지 않는 것으로 보고 있다. 대판 1974. 10. 22. 74다1216.

2) 대판 2001. 7. 27. 2001다5937. 예컨대 성년후견인은 민법 950조 1항 5호에 따라 소송행위에 대하여 후견감독인의 동의를 받은 경우 특별한 사정이 없는 한 민사소송법 56조 2항이 정하는 소송행위(이러한 경우는 후견감독인이나 가정법원으로부터 특별한 권한을 수여받아야 한다)를 제외하고는 일체의 소송행위를 할 수 있다. 한편 이러한 취지는 가정법원이 민법 938조 2항에 따라 성년후견인이 가지는 법정대리권의 범위를 정함에 있어서 법정대리권의 범위 중 소송행위에 관하여 법원의 허가를 받도록 한 경우에도 마찬가지이다. 대판 2023. 3. 30. 2022재다300253.

3) 법문상은 '소의 취하'라고 규정하고 있지만, 여기에는 **상소**(항소·상고)의 **취하**도 포함된다.

송처분적 소송행위(소송종료적 소송행위)를 할 때에는 **후견감독인이 있는 때에는 후견감독인**으로부터 **특별한 권한**을 받아야 한다(법 56조 2항 본문). **후견감독인이 없는 때**에는 **가정법원**으로부터 **특별한 권한**을 받아야 한다(법 56조 2항 단서). 이는 제한능력자를 보호하기 위하여 소송을 종료시키는 중대한 소송행위에 대해서는 후견감독인, 또는 가정법원으로부터 특별한 권한을 받도록 한 것이다.[1] 법원은 후견인의 임무수행에 관하여 필요한 **처분명령**으로 이러한 행위에 대하여 **허가**를 한다.

(3) 특별대리인의 경우

1) **민법상 특별대리인**(민 64조 · 921조, 949조의3 등)은 해당 소송에 관하여 일체의 소송행위를 할 수 있다. **소송법상 특별대리인**은 **대리권 있는 후견인**, 또는 **대표자**(법인 등의 경우)와 같은 권한이 있으며, 특별대리인의 대리권의 범위에서 법정대리인, 또는 대표자(법인 등의 경우)의 권한은 정지된다(법 62조 3항, 64조).[2]

제한능력자를 위한 소송법상 특별대리인의 경우 특별대리인은 대리권 있는 후견인과 동일한 권한이 있지만, 앞서 본 바와 같이 대리권 있는 후견인이 **소 또는 상소 제기 등 소송행위**(능동적 소송행위)를 하기 위해서는 후견감독인이 있으면 후견감독인으로부터 특별한 권한을 받아야 하는데 반하여, **특별대리인의 경우**에는 후견감독인이 있다고 하더라도 후견감독인으로부터 특별한 권한을 받을 필요가 없다. **판례**도 소송법상 특별대리인은 법원의 선임결정에 따라서 상대방이 제기한 소송에 응소할 수 있을 뿐만 아니라 스스로 그 **소송을 제기**하고 이를 수행할 수 있고, 그와 같은 소송행위를 하기 위해서는 후견인과 동일한 특별한 권한의 수여를 필요로 하는 것은 아니라고 본다.[3]

제한능력자를 위한 소송법상 특별대리인의 경우 특별대리인이 소 · 상소취하,

김지향, 주석서(1), 455쪽.

1) 대판 2023. 3. 30. 2022재다300253.

2) 2016. 2. 3. 개정 민사소송법(2017. 2. 4. 시행)상 특별대리인의 선임요건에 '법정대리인의 불성실하거나 미숙한 대리권의 행사로 소송절차의 진행이 현저하게 방해받는 경우'(법 62조 1항 3호)가 추가됨으로써 법정대리인과 특별대리인이 동시에 존재할 수 있게 되어 그 권한충돌의 문제를 해결하기 위하여 특별대리인의 대리권의 범위에서 법정대리권의 권한이 정지된다는 규정을 두었다. 김경욱, "2015년 민사소송법 개정안의 주요내용과 쟁점," 민사소송 19권 2호(2016년), 37쪽.

3) 2016. 2. 3. 민사소송법이 개정되기 전 민사소송법 62조 4항은 "특별대리인이 소송행위를 하기 위하여서는 후견인과 같은 권한을 받아야 한다."고 규정하고 있었으나, **판례**는 앞서와 같이 특별대리인이 소 또는 상소의 제기 등 소송행위를 하기 위해서는 후견인과 같은 특별수권이 필요하지 않은 것으로 보았다. 대판 1983. 2. 8. 82므34.

화해, 청구의 포기·인낙 또는 소송탈퇴 등 **소송처분적 소송행위**를 하기 위해서는 **후견감독인이 있는 때**에는 후견감독인으로부터 특별한 권한을 받아야 한다. **후견감독인이 없는 때**에는 가정법원이 아니라 **특별대리인을 선임한 수소법원**으로부터 특별한 권한을 받아야 한다(이 점이 대리권 있는 후견인이 이러한 소송행위를 할 경우 후견감독인이 없는 때에는 가정법원으로부터 특별한 권한을 받아야 하는 것과 다르다. 특별대리인의 선임·개임, 또는 해임의 권한이 수소법원에게 있기 때문이다).[1]

법인 등을 위한 소송법상 특별대리인의 경우 특별대리인이 법인 등의 대표자와 동일한 권한을 가져 그 소송수행에 관한 **일체의 소송행위**를 할 수 있다.[2] 일체의 소송행위는 소·상소제기 등 능동적 소송행위뿐만 아니라 소·상소취하, 청구의 포기·인낙, 소송탈퇴 등 **소송처분적 소송행위**도 포함한다. **판례도** 이러한 소송법상 특별대리인은 특별한 사정이 없는 한 법인 등을 대표하여 수행하는 소송에 관하여 **상소를 제기**하거나, **상소를 취하**할 권리가 있다고 보고 있다.[3]

2) **의사무능력자를 위한 특별대리인**이 소·상소취하, 화해, 청구의 포기·인낙 또는 소송탈퇴 등 소송처분적 소송행위를 하는 경우 법원은 그 행위가 **본인의 이익을 명백히 침해**한다고 인정할 때에는 그 행위가 있는 날부터 **14일 이내**에 결정으로 이를 **허가하지 않을 수** 있다(법 62조의2 2항 본문). 이 결정에 대해서는 불복할 수 없다(법 62조의2 2항 단서).

3) 소송법상 특별대리인은 해당 소송행위를 할 권한뿐만 아니라 해당 소송에서 공격방어방법으로서 필요한 때에는 **사법상의 실체적 권리**도 행사할 수 있다. 다만 무권리자의 부동산 처분행위에 대한 본인(당사자)의 추인과 같은 행위는 부동산에 관한 권리의 득실변경을 초래하는 것이어서(민 950조 1항 4호) 민법 950조 1항·2항에 의한 특별한 권한의 수여(후견감독인이 있는 경우 그의 동의)가 없는 한 이를 할 수 없다.[4] 소송법상 특별대리인을 선임한 경우에도 그 소송사건의 판결에 의한 권리의 처분권한은 본인에게 귀속한다.[5]

1) 전원열, 181쪽. 한편 이 경우에도 가정법원으로부터 특별한 권한을 받아야 한다는 견해로는, 정영환, 334쪽; 한충수, 147쪽.
2) 대판 2010. 6. 10. 2010다5373, 2018. 12. 13. 2016다210849,210856.
3) 대판 2018. 12. 13. 2016다210849,210856. 한편 이러한 소송처분적 소송행위를 하기 위해서는 특별대리인의 선임권이 있는 수소법원으로부터 특별한 권한을 받아야 한다는 견해로는, 강현중, 253쪽.
4) 대판 1993. 7. 27. 93다8986.
5) 따라서 특별대리인이 본인을 위하여 소송대리인을 선임한 경우 특별대리인이 본인을 대리

2. 공동법정대리(공동대표)

(1) 의   의

공동법정대리는 여러 사람이 공동으로 대리권을 행사하는 것을 말한다. 공동대리는 **실체법상 공동대리**에 관한 규정이 있는 경우에 한하여 인정된다. **공동법정대리**(또는 **공동대표**)에는 ① 혼인 중의 부모(민 909조 2항), ② 공동성년후견인(민 949조의2 1항), ③ 합명회사·합자회사의 공동대표사원(상 208조 1항, 269조), ④ 주식회사·유한회사의 공동대표이사(상 389조 2항, 562조 3항), ⑤ 공동청산인(상 542조 2항, 389조 2항), ⑥ 주식회사 감사위원회의 공동대표위원(상 415조의2 4항 후단) 등이 있다. 한편 **법정대리인이 아닌**, 임의대리인으로서 **법률상 소송대리인**에 해당하는 지배인의 경우에도 **공동지배인**을 둘 수 있다(상 12조 1항).

(2) 수동적 소송행위의 경우

공동대리의 경우 상대방의 소송행위를 받아들이는 수동적 소송행위는 단독으로 할 수 있다(상 12조 2항, 208조 2항, 389조 3항, 562조 4항). 송달도 그 가운데 한 사람에게 하면 된다(법 180조). 다만 송달받을 대리인(**송달영수인**)을 지정하여 신고한 때에는 반드시 그 대리인에게 해야 한다(규칙 49조).

(3) 능동적 소송행위의 경우

공동대리의 경우 소·상소제기, 소·상소취하, 화해, 청구의 포기·인낙, 소송탈퇴 등 **법 56조 2항 소정의 소송행위**는 **명시적**으로 공동으로 해야 유효하게 된다. **그 밖의 소송행위**는 단독으로 해도 다른 대리인이 묵인하면 **묵시적**으로 공동으로 한 것으로 본다(**법 56조 2항 유추설**, 다수설이다).[1] 공동대리인의 행위(공동으로 대리권을 행사한 결과)가 **서로 모순되는 경우** 본인을 위한 유효한 대리행위로 보지 않는 견해가 있으나,[2] 공동대리인의 행위가 모순되는 한 언제나 대리행위의 효력이 발생하지 않는다는 결론은 부당하므로 본인에게 보다 유리한 쪽으로 그

하여 본인의 소송대리인에 대한 선임료 지급채무의 지급을 갈음하여 그 소송사건의 판결에 의하여 확보된 본인의 채권을 양도하는 등의 방법으로 처분할 권한까지 당연히 가진다고 할 수는 없다. 대판 1993. 7. 27. 93다8986, 2012. 8. 30. 2012다38216 등.

1) 이 경우 법 67조 규정을 준용하여 공동대리인 가운데 한 사람의 행위가 본인에게 유리한 것은 혼자서 할 수 있으나, 본인에게 불리한 것은 공동대리인 전원이 해야 한다는 견해(**법 67조 준용설**)로는, 강현중, 254쪽.

2) 송상현·박익환, 158쪽; 한충수, 149쪽; 박찬주, "수인의 대리인의 상이한 소송행위의 효력," 법조 648호(2010. 9.), 5쪽 이하.

효력을 인정해야 한다.[1]

3. 법정대리권의 증명

법정대리권(대표권)이 있는 사실 또는 소송행위를 위한 권한을 받은 사실은 **서면**으로 증명해야 한다(법 58조 1항, 64조). 이를 **서면증명의 원칙**이라 한다. 이러한 서면에는 가족관계증명서, 후견등기사항증명서, 법인등기사항증명서 등이 있다. 이러한 서면은 소송기록에 붙여야 한다(법 58조 2항).

V. 법정대리권의 소멸

1. 소멸원인

법정대리권의 소멸원인은, ① 본인·법정대리인의 사망, ② 법정대리인이 성년후견개시심판을 받거나 파산선고를 받은 경우, ③ 법정대리인이 자격을 상실한 경우, ④ 또는 본인이 소송능력을 갖게 된 경우 등이 있다.

2. 소멸통지

(1) 원　칙

(a) 소멸통지의 의의

소송절차가 **진행되는 중**에 법정대리권이 소멸했다면 본인 또는 법정대리인이 **상대방**에게 소멸된 사실을 **통지**해야 하며, 이를 통지하지 않으면 그 소멸의 효력을 주장할 수 없다(법 63조 1항 본문). 이는 법정대리권의 **소멸사유**가 발생하더라도 이를 상대방에게 통지하여 그 통지가 도달되었을 때 비로소 법정대리권의 **소멸의 효력**이 발생한다는 의미이다.[2] 즉 이러한 소멸통지를 하지 않는 한 종전의 법정대리인의 **대리권**은 여전히 **존속**한다[즉 소멸되지 않는 것으로 보아야 한다].[3] 여기서 소멸통지할 '**본인**'이란 소송능력을 새로이 취득하거나, 소송능력을 상실한 후 이를 회복한 본인을 말하며, 소멸통지할 '**대리인**'이란 신대리인 또는 구대리인을 말한다.

---

1) 이시윤, 185쪽; 정동윤·유병현·김경욱, 253쪽; 호문혁, 281쪽; 전병서, 240쪽; 전원열, 192쪽.
2) 대판 1968. 12. 27. 68다1629.
3) 대판 1995. 2. 28. 94다49311, 2020. 5. 28. 2018다280231.

상대방이 법정대리권의 소멸사실을 알고 있던 경우라도 통지를 해야 한다. 소멸통지를 하지 않는 이상 상대방이 소멸원인의 발생을 알든 모르든, 모른 데 대한 과실이 있든 없든 법정대리인이 한 소송행위는 유효하다.[1] 이는 법정대리권이 소멸한 경우 그 사실의 통지 유무에 의하여 법정대리권의 소멸 여부를 획일적으로 처리함으로써 소송절차의 안정과 명확을 기하기 위해서이다.[2]

(b) 소멸통지와 소송절차의 중단

법정대리권이 소멸하더라도 이러한 통지가 있기까지는 **소송절차의 중단**(법 235조)의 효과가 생기지 않는다. 따라서 대리권의 소멸통지가 상대방에게 도달할 때까지는 구대리인이 한, 또는 구대리인에 대한 소송행위는 유효하다.

(c) 소멸통지를 할 수 없는 경우

법정대리인이 **사망**하거나 **성년후견개시심판**을 받는 등 소송능력을 상실한 때에는 상대방에게 통지할 수 없는 상황이므로[본인이나 법정대리인 모두 소멸의 통지를 할 수 없는 경우이다] 사망·성년후견개시심판시 등에 대리권의 소멸의 효력이 발생한다.

(d) 소멸통지의 방법

법정대리권의 소멸통지는 변론준비기일 또는 변론기일에서 **말로써** 할 수 있으며, 기일 외에서 **서면으로** 할 수도 있다. 다만 소멸통지를 한 사람은 그 취지를 **법원**에 **서면신고**해야 한다(규칙 13조 1항). 소송절차의 안정과 명확성을 위하여 법정대리권 등의 소멸사실은 법원도 당연히 알고 있어야 하기 때문이다.

(e) 법인 등 대표자의 경우

법정대리권의 소멸통지는 **법인 등의 대표자**의 경우에도 준용된다(법 64조). 따라서 **종전** 대표자 또는 관리인이나 **새로운** 대표자 또는 관리인이 대표권의 소멸을 상대방에게 통지하지 않으면 그 대표권이 소멸되지 않는 것으로 보아야 한다.[3]

---

1) 대판(전) 1998. 2. 19. 95다52710.
2) 대판 2007. 5. 10. 2007다7256.
3) 따라서 소송계속 중 피고의 대표이사이던 A가 퇴임하고 새로운 대표이사 B가 취임했다고 하더라도, 피고가 대표이사의 변동사실을 원고에게 통지했다는 사정이 나타나지 않는 이상 판결서에 피고의 대표자를 A로 표시한 것이 어떠한 잘못이 있다고 볼 수 없다. 대판 2020. 5. 28. 2018다280231.

(2) 예　　외

법원에 법정대리권의 소멸사실이 **알려진 뒤**에는 상대방에게 통지하기 전이라도 종전의 대리인에 의한 소·상소취하, 화해, 청구의 포기·인낙, 소송탈퇴 등 소송행위(**소송처분적 소송행위**, **소송종료적 소송행위**)를 할 수 없다(법 63조 1항 단서). 이 경우 종전의 대리인이나 대표자가 상대방과 통모하여 본인에게 손해를 입히는 행위를 할 수 있기 때문이다. 이러한 소송행위를 할 수 없다는 것은 그 소송행위를 하더라도 **무권대리인**의 소송행위가 된다는 의미이다.[1]

Ⅵ. 법인 등의 대표자

법인의 대표자, 또는 법인 아닌 사단이나 재단의 대표자나 관리인은 법정대리인에 준한다(법 64조, **준법정대리인**).

1. 법인 등의 대표기관

(1) 사법인 등의 경우

사법인(私法人) 등의 경우 이사, 대표이사, 청산인, 대표이사직무대행자 등이 대표기관이다. 집행임원을 둔 주식회사(**집행임원 설치회사**)에서는 대표이사를 둘 수 없는데(상 408조의2 1항) 2명 이상의 집행임원이 선임된 경우에는 이사회의 결의로 **집행임원 설치회사**를 대표할 **대표집행임원**을 선임해야 한다. 다만 집행임원이 1명인 경우에는 그 집행임원이 대표집행임원이 된다(상 408조의5 1항). 자본금 총액이 10억원 미만인 회사(**소규모 주식회사**)가 **1명** 또는 **2명**의 **이사**를 둔 경우(상 383조 1항) 각 이사[정관에 따라 대표이사를 정한 경우에는 그 대표이사를 말한다]가 회사를 대표한다(상 383조 6항).

(2) 공법인의 경우

국가를 당사자로 하는 소송의 경우 법무부장관이 대표자이다(국가소송 2조). 법무부장관은 소송수행자를 지정하여 대리케 한다(국가소송 3조 1항·2항). 지방자치단체의 경우 시장, 도지사, 군수, 구청장 등 단체장이 대표자이다[지방자치단체의 장은 해당 지방자치단체를 대표하고, 그 사무를 통괄한다(지방자치법 114조)]. 그러나 특별시·

---

1) 김지향, 주석서(1), 498쪽.

광역시·도1) 등 광역지방자치단체의 경우 **교육·학예**에 관한 소관사무로 인한 소송에 관해서는 그 집행기관인 **교육감**이 대표자이다(지방교육자치에 관한 법률 18조 2항. 교육·학예에 관한 구체적인 관장사무에 관해서는, 같은 법률 20조).2) 1개 또는 2개 이상의 시·군 및 자치구를 관할구역으로 하는 하급교육행정기관으로서 교육지원청을 둔 경우에는 **교육장**이 교육감으로부터 위임받은 사무에 관하여 대표자가 될 수 있다(지방교육자치에 관한 법률 34조·35조).

■ **단체 내부의 분쟁에 관한 소송과 단체의 대표자**

단체 내부의 분쟁에 관한 소송에서 단체를 당사자로 하는 경우 단체의 대표자가 누가 되어야 하는지에 관해서는 논의가 있다.

(1) 법률상 명문의 규정을 두고 있는 경우

(a) 주식회사 외의 경우

합명회사와 **합자회사**에서 회사가 사원에 대하여 또는 사원이 회사에 대하여 소를 제기하는 경우에 회사를 대표할 사원이 없을 때에는 다른 사원 과반수의 결의로 선정해야 한다(상 211조·269조). **유한회사**에서 회사가 이사에 대하여 또는 이사가 회사에 대하여 소를 제기하는 경우에는 사원총회는 그 소에 관하여 회사를 대표할 사람을 선정해야 한다(상 563조).

(b) 주식회사의 경우

주식회사에서 회사가 이사에 대하여 또는 이사가 회사에 대하여 소를 제기하는 경우 등은 **감사** 또는 **감사위원회**가 그 소에 관하여 회사를 대표한다(상 394조 1항, 415조의2 7항). 이는 이사와 회사 사이의 소에서 양자 간에 이해의 충돌이 있기 쉬우므로 그 충돌을 방지하고 **공정한 소송수행**을 확보하기 위하여 비교적 객관적 지위에 있는 감사 또는 감사위원회로 하여금 그 소에 관하여 회사를 대표하도록 한 것이다.3) 자본금 총액이 **10억원 미만**인 회사(**소규모 주식회사**)는 감사를 두지 않을

---

1) 제주특별자치도교육감('제주특별자치도 설치 및 국제자유도시 조성을 위한 특별법' 9조 6항, **2006. 7. 1.** 제주특별자치도가 설치되었다), 강원특별자치도교육감('강원특별자치도 설치 등에 관한 특별법' 10조 6항, **2023. 6. 14.** 강원특별자치도가 설치되었다) 및 전북특별자치도교육감('전북특별자치도 설치 등에 관한 특별법' 10조 6항, **2024. 1. 18.** 전북특별자치도가 설치되었다)을 포함한다.

2) 세종특별자치시교육감도 마찬가지이다. '세종특별자치시 설치 등에 관한 특별법' 8조 7항.

3) 따라서 ① 소송목적이 되는 권리관계가 이사의 재직 중에 일어난 사유로 인한 것이라 할지라도 **회사가 그 사람을 이사의 자격으로 제소하는 것이 아니라, 이사가 이미 이사의 자리를 떠난 후에** 회사가 그 사람을 상대로 제소하는 경우에는 특별한 사정이 없는 한 상법 394조 1항 등이 적용되지 않으며(대판 2002. 3. 15. 2000다9086), ② **이사가 회사를 상대로 소를 제기하면서 스스로 사임으로 이사의 지위를 상실**했다고 주장하는 경우에는 상법 394조 1항 등이 적용되지 않으며(대결 2013. 9. 9. 2013마1273), ③ **이사가 회사를 상대로 소를 제기하기**

수 있다(상 409조 4항). 이 경우 회사가 이사에 대하여, 또는 이사가 회사에 대하여 소를 제기하는 경우에는 회사, 이사 또는 이해관계인은 법원에 회사를 대표할 사람을 선임하여 줄 것을 신청해야 한다(상 409조 5항).[1] **감사위원회**의 설치는 임의적이다(상 415조의2 1항). 다만 최근 사업연도 말 현재의 자산총액이 **2조원 이상**인 상장회사(**대규모 상장회사**)의 경우 원칙적으로 감사위원회의 설치가 필수적이다(상 542조의11, 상법 시행령 37조 1항).

(2) 법률상 명문의 규정을 두고 있지 않는 경우

(a) 직무대행자가 선임되었는지 여부에 의한 구별

해당 법인 등 대표자에 대해 **직무집행정지·직무대행자선임가처분이 되지 않은 경우**, 즉 직무대행자가 선임되어 있지 않은 경우에는 단체의 결의의 무효나 부존재확인을 구하는 소송(본안소송)에서 그 단체를 대표할 사람은 무효 또는 부존재확인의 대상이 된 결의에 의하여 선출된 **대표자**이다.[2] 해당 법인 등 대표자에 대해 **직무집행정지·직무대행자선임가처분이 된 경우**에는 그 가처분에 특별한 정함이 없는 한 그 대표자는 그 본안소송에서 그 단체를 대표할 권한을 포함한 일체의 직무집행에서 배제되고 직무대행자로 선임된 사람이 대표자의 직무를 대행하게 되므로, 그 본안소송에서 그 단체를 대표할 사람도 직무집행을 정지당한 대표자가 아니라 **대표자직무대행자**로 보아야 한다.[3]

(b) 직무대행자 선임 후 적법한 대표자가 선임된 경우

법인 등 대표자의 직무대행자가 선임된 상태에서 피대행자의 후임자가 적법하게 소집된 총회의 결의에 따라 새로 선출되었다 해도 그 직무대행자의 권한은 위 총회의 결의에 의하여 당연히 소멸하는 것은 아니므로, 사정변경 등을 이유로 **가처분결정이 취소**(민집 301조, 288조 1항 1호)되지 않는 한 직무대행자만이 적법하게 법인 등을 대표할 수 있고, 총회에서 선임된 후임자는 그 선임결의의 적법 여부에 관계없이 대표권을 가지지 못한다.[4] 즉 가처분에 의하여 선임된 직무대행자의 권한은

전에 회사를 적법하게 대표할 사람이 없다는 이유로 법원에 **일시대표이사**(상 389조 3항, 386조 2항)의 선임을 구하는 신청을 하여 법원에 의하여 일시대표이사가 선임된 경우에는 상법 394조 1항 등이 적용되지 않는다(대판 2018. 3. 15. 2016다275679).

1) 이 경우 법원이 대표이사를 소송에서 회사를 대표할 사람으로 선임했다는 특별한 사정이 없는 이상 대표이사는 그 소송에 관하여 회사를 대표할 권한이 없다. 대판 2023. 6. 29. 2023다210953.

2) 대판(전) 1983. 3. 22. 82다카1810 등. 유병현, "주주총회결의무효, 부존재확인판결의 소급효와 제 3 자 보호," 사법행정 37권 6호(1996. 6.), 14쪽 이하.

3) 대판 1982. 3. 9. 81다614, 1982. 4. 27. 81다358, 1995. 12. 12. 95다31348; 김능환, "단체의 대표자에 대한 직무집행정지·직무대행자선임의 가처분과 본안소송 등에서 그 단체를 대표할 자," 민사소송 1권(1998년), 40쪽 이하.

4) 대판 1992. 5. 12. 92다5638, 2010. 2. 11. 2009다70395, 2014. 3. 27. 2013다39551; 천대엽, "직무대행자가 선임된 상태에서 총회의 결의에 따라 새로 선출된 피대행자의 후임자의 대표권 여부," 대법원판례해설 83호(2010년 상반기), 350쪽 이하. 판례에 대한 반대견해로는, 김교

법원의 취소결정이 있기까지는 유효하게 존속한다.[1]

2. 대표자의 권한과 지위 등

(1) 대표자의 권한과 지위

대표자의 권한과 지위는 법정대리인의 소송상 권한과 지위에 준한다(법 64조). 특별한 규정이 없으면 실체법의 규정에 따른다(법 51조). 주식회사의 대표이사직무대행자(상 407조 1항)는 회사의 **상무**(常務, 통상의 업무)에 속하는 업무만 할 수 있다(상 408조 1항 본문). 대표이사직무대행자가 변호사에게 소송대리를 위임하고 보수계약을 체결하는 행위 등은 상무에 속하나,[2] 청구의 인낙, 상소취하, 상소권포기 등은 상무로 보지 않는다.[3] 상무에 속하지 않는 행위를 하는 때에도 **법원의 허가**를 받으면 가능하다(상 408조 1항 단서). 종중의 대표자는 종중의 규약이나 관례가 있으면 그에 따라 선임하고, 그것이 없다면 종장(宗長) 또는 문장(門長)이 그 종중원(성년 이상의 남자·여자)을 소집하여 그 출석자 과반수의 결의에 의하여 선임한다.[4]

(2) 무자격 대표자의 소송행위와 추인

적법한 대표자자격이 없는 사람이 법인 등의 대표자로서 한 소송행위는 후에 대표자자격을 적법하게 취득한 대표자가 그 소송행위를 **추인**하면 행위시에 소급하여 효력을 갖고(법 64조, 59조 전단), 이러한 추인은 상고심에서도 할 수 있다.[5] 새로운 대표자를 내세워 이미 한 소송행위를 추인하는 취지로 당사자표시정정신청을 하는 방법으로도 할 수 있다.[6]

창, "직무대행자와 피대행자의 후임자와의 관계," 법률신문 3859호(2010. 7.), 15쪽.
1) 대판 2014. 3. 27. 2013다39551.
2) 대판 1970. 4. 14. 69다1613, 1989. 9. 12. 87다카2691.
3) 대판 1975. 5. 27. 75다120, 1982. 4. 27. 81다358, 2006. 1. 26. 2003다36225.
4) 평소 종중에 종장이나 문장이 선임되어 있지 않고 선임에 관한 규약이나 관례가 없는 경우에는, 현존하는 연고항존자(年高行尊者)가 종장이나 문장이 되어 국내에 거주하고 소재가 분명한 종중원에게 통지하여 종중총회를 소집하고 그 회의에서 종중 대표자를 선임한다. 대판 1997. 11. 14. 96다25715, 2009. 5. 28. 2009다7182.
5) 대판 2010. 3. 25. 2009다95387, 2019. 9. 10. 2019다208953, 2022. 4. 14. 2021다276973 등.
6) 대판 2022. 4. 14. 2021다276973.

3. 소장상 대표자를 잘못 지정하여 표시한 경우의 소송상 처리

원고가 소를 제기하면서 피고 법인 등의 **대표자를 잘못 지정**하여 표시한 경우, 예컨대 ① 피고 회사의 **이사**인 원고가 피고 **회사**에 대하여 소를 제기하면서 상법 394조 1항에 의하여 그 소에 관하여 회사를 대표할 권한이 있는 **감사**를 대표자로 표시하지 않고 **대표이사**를 피고 회사의 대표자로 표시한 경우, 또는 ② 원고가 피고 법인 등을 상대로 그 대표자의 지위부존재확인의 소를 제기하면서 그 대표자에 대해 이미 **직무집행정지가처분결정**이 내려졌음에도 불구하고[1] 그 대표자를 법인 등의 대표자로 표시한 경우라도 법원은 이러한 소를 부적법하다는 이유로 곧바로 각하해서는 안 된다.

법원은 이 경우 대표자를 잘못 지정한 흠을 보정할 수 없음이 **명백한 사정이 있지 않는 한** 기간을 정하여 원고로 하여금 소장에 잘못 표시된 피고의 대표자를 적법하게 피고를 대표할 권한이 있는 사람으로 정정함으로써 그 흠을 **보정**하도록 명해야 한다(법 64조, 59조 전단). 이러한 대표권의 보정은 **항소심**에서도 가능하다.[2] 그 보정에 따라 표시정정된 피고의 **적법한 대표자**에게 다시 **소장부본을 송달**해야 한다[적법한 대표자에게 소장부본을 송달함으로써 **소송계속**의 효과가 발생한다].[3] 법원은 보정된 적법한 대표자로 하여금 소송에 참여하게 하여 소송절차를 진행한 뒤 본안청구의 당부에 관하여 심리·판단해야 한다.[4]

4. 소송상 대표권 유무가 쟁점이 된 경우의 소송상 처리

법인 등의 대표자가 적법한 대표권이 있는지 여부가 소송상 쟁점이 되어 항소심에 이르기까지 이에 대한 당사자들의 공격방어와 법원의 심리 등을 거쳐 그

---

1) 이러한 가처분결정에 특별한 정함이 없는 한 그 대표자는 본안소송에서 그 법인 등을 대표할 권한을 포함한 일체의 직무집행에서 배제된다. 대판 1995. 12. 12. 95다31348, 2015. 7. 23. 2015다18473, 2024. 4. 12. 2023다313241.

2) 대판 2003. 3. 28. 2003다2376, 2024. 4. 12. 2023다313241.

3) 이 경우 피고 법인 등의 대표자가 잘못 지정되었음에도 불구하고 그 대표자에게 소장부본이 송달되고 이후 그 대표자에 의하여 소송이 진행되었다면 이는 피고 법인 등에 대한 적법한 소장부본의 송달이 이루어진 것으로 볼 수 없음은 물론이고 그 대표자에 의한 또는 그에 대한 일체의 소송행위는 그 효력이 없다. 대판 1990. 5. 11. 89다카15199, 2024. 4. 12. 2023다313241.

4) 대판 1990. 12. 7. 90다카25895, 1996. 10. 11. 96다3852, 2011. 7. 28. 2009다86918; 서상홍, "법인의 대표권한에 흠결 있음이 항소심에서 발견된 경우 항소심이 취하여야 할 조처," 대법원판례해설 13호(1990년 상반기), 81쪽 이하.

에게 대표권이 없다는 사실이 밝혀지게 된 경우라면, 법원은 그 사유를 들어 소를 각하하면 족하고 이러한 경우에까지 그 대표권의 흠에 관하여 보정을 명한다거나 대표자표시정정을 촉구할 의무가 있다고 할 수 없다.[1]

제 3 관   임의대리인(소송대리인)

Ⅰ. 의   의

임의대리인이란 소송상 대리권의 수여가 본인의 의사에 기한 대리인이다. 이 점에서 법정대리인과 다르다. 임의대리인에는 포괄적 대리인과 개별적 대리인이 있다. 임의대리인 가운데 포괄적 대리인을 **소송대리인**이라고 한다. 따라서 임의대리인 가운데 (송달받을 사람이 원칙적인 송달장소 외의 장소를 송달장소로 신고하는 경우 함께) **신고된 송달영수인**(법 184조 후문) 또는 화해를 위한 대리인과 같이 개별적 대리권을 가진 대리인이든지, 중재절차 또는 민사조정절차를 위한 대리인은 판결절차 외의 대리인으로서 소송대리인이 아니다. 소송대리인에는 **법률상 소송대리인과 소송위임에 의한 소송대리인**이 있다.

Ⅱ. 종   류

1. 법률상 소송대리인

(1) 의   의

법률상 소송대리인('법령상 소송대리인' 또는 '법령에 의한 소송대리인'이라고도 한다)[2]은 법률에 따라 본인을 위해 재판상 행위를 행할 수 있는 것으로 인정된 사람이다(법 87조). 법률상 소송대리인은 본인의 의사에 따라 임면(任免)된다는 점에서 성질상 임의대리인이지만, 본인을 갈음하여 제한 없이 일체의 행위를 할 수 있고, 변호사에게 소송위임할 수 있다는 점에서 법정대리인과 유사한 점이 있다.

판례는, 국가를 당사자로 하는 소송에 관한 법률 7조에 의하면 **국가소송수행**

---

[1] 대판 1993. 3. 12. 92다48789,48796, 1995. 9. 29. 94다15738.
[2] 법 87조는 '**법률에 따라** 재판상 행위를 할 수 있는 대리인', 법 92조는 '**법률에 의하여** 재판상 행위를 할 수 있는 대리인', 규칙 16조는 '**법률상 소송대리인**'이라는 표현을 하고 있다.

자로 지정된 사람은 해당 소송에 관하여 **대리인의 선임 이외**의 **모든 재판상의 행위**를 할 수 있도록 규정되어 있으므로, 소송수행자는 별도의 필요한 권한의 수여 없이 해당 청구의 인낙(법 220조)을 할 수 있고, 그 인낙행위가 법무부장관 등의 승인(위 법률 시행령 3조, 시행규칙 11조 5항 단서) 없이 이루어졌다고 하더라도 소송수행자가 내부적으로 지휘감독상의 책임을 지는 것은 별론으로 하고 그 소송법상의 효력에는 아무런 영향이 없다고 본다.1)

> ■ **법률상 소송대리인의 구체적 예**
> 　법률상 소송대리인으로는, ① 상법 11조 1항의 **지배인**, ② 상법 749조 1항의 선적항 외에서의 **선장**, ③ 상법 765조 1항의 공유선박의 **선박관리인**, ④ 농업협동조합법 56조 3항, 131조 6항(수산업협동조합법 59조 4항, 136조 5항)의 농업(수산업)협동조합과 농업(수산업)협동조합중앙회의 **간부직원**(집행간부 또는 일부간부직원), ⑤ 국민건강보험법 30조의 이사 또는 직원, ⑥ 공무원연금법 10조의 직원, ⑦ '국가를 당사자로 하는 소송에 관한 법률'의 **국가소송수행자**(위 법률은 지방자치단체를 당사자로 하는 소송에는 적용되지 않는다2)) 등이 있다.

(2) 법률상 소송대리인인지 여부가 문제되는 경우

　민법상 조합의 업무집행조합원이 법률상 소송대리인인지 여부에 관해서는 민법 709조와 관련하여 논의가 있다. 민법 709조는 "조합의 업무를 집행하는 조합원은 그 업무집행의 대리권 있는 것으로 추정한다."는 규정을 두고 있을 따름으로, 달리 업무집행조합원이 재판상 행위를 할 수 있다는 명문의 규정을 두고 있지 않을 뿐만 아니라, 업무집행조합원의 업무집행상 대리권의 범위가 명확하지 않고, 또한 조합계약상 대리권의 제한이 있는 경우 상대방이 예측하기 곤란하므로, 이를 **부정**함이 옳다. 이에 관해서는 조합의 당사자능력에서 이미 살펴보았다.

(3) 법률상 소송대리인의 권한

　법률상 소송대리인의 권한의 범위는 **각 해당 법률**에서 규정하고 있다. 법률상 소송대리인은 재판상 행위를 할 수 있다(법 87조). 법률상 소송대리인의 권한은 해당 법률에서 제한하는 것 외에는 달리 제한을 할 수 없으며, 제한을 해도 효력이 없다(법 92조). 법원은 지배인·선장 등 법률상 소송대리인의 **자격** 또는 **권한**을

---

1) 대판 1995. 4. 28. 95다3077.
2) 대판 2006. 6. 9. 2006두4035.

심사할 수 있고, 그 심사에 필요한 때에는 그 소송대리인·당사자본인 또는 참고인을 **심문**하거나 **관련자료**를 **제출**하게 할 수 있다(규칙 16조 1항). 법원은 심사결과 법률상 소송대리인이 그 자격 또는 권한이 없다고 인정하는 때에는 **재판상 행위**를 **금지**하고 **당사자본인**에게 그 취지를 **통지**해야 한다(규칙 16조 2항).

> ▣ **지배인으로 등기는 되어 있지만 법률상 소송대리인으로 볼 수 없는 경우 (가장지배인의 경우)**
>
> 　　회사의 말단사원이 지배인의 실체를 갖춤이 없이 오직 소송의 편의만을 위하여 지배인등기를 한 경우에는 **형식상 지배인등기**를 하였을 따름이고 실제로는 영업상 **포괄적 대리권**을 갖는 **상업사용인**이 아니므로 이를 부정해야 한다.1) 따라서 지배인에 의한 소송대리의 경우 지배인의 고용관계, 통상적인 업무내용, 업무내용에 소송관여가 차지하는 비중, 해당 사건과 업무관련성 등을 종합적으로 평가하여 **가장지배인**(형식상 지배인, 사이비 지배인)의 소송대리 여부를 판단해야 한다.2)
>
> 　　**판례**도, "피고인이 변호사 사무원으로 있으면서 그 판시 3개 회사의 지배인으로 등기된 것은 그 회사들이 피고인을 회사에 종속시켜 대외적인 영업상의 활동을 보조토록 하는 이른바 상업사용인으로서의 지배인으로 선임해서가 아니라, 이는 순전히 변호사법을 어겨 변호사가 아닌 피고인으로 하여금 그 회사의 소송사건을 맡아 처리할 수 있도록 하기 위한 하나의 방편에 불과했던 것임을 인정할 수가 있다"3)고 보아, 이러한 경우가 변호사법(109조) 위반에 해당함을 분명히 하고 있음에 주목할 필요가 있다.

---

1) 김홍엽, "민사소송에 있어서 법률상 소송대리인," 민사소송(한국민사소송법학회지) 19권 2호 (2015. 11.), 59쪽 이하; 김교창, "지배인의 재판상의 권한 —사이비지배인과 관련하여—," 대한변호사협회지 131호(1987. 7.), 16쪽 이하; 최광률, "변호사 아닌 자의 소송대리행위," 대한변호사협회지 131호(1987. 7.), 8쪽 이하. 이러한 경우 지배인으로 등기한 사람의 소제기가 부적법하다고 하여 소각하판결을 한 하급심판결로는, 서울민사지방법원 1985. 12. 18. 선고 85가단6904 판결.

2) 지배인으로 등기되었으나 실질상 지배인이 아닌 경우는 **등기사항의 기재**에 의해서도 용이하게 판단할 수 있다. ① 지배인등기상 대리권을 소송업무로 제한하고 있는 경우, ② 지배인등기상 지배인을 둔 장소가 본점의 '법무팀', '법무파트'로 되어 있는 경우, ③ 지배인등기상 지배인을 둔 장소가 본점 또는 지점 외의 영업소로 되어 있는 경우, ④ 지배인등기상 본점 또는 동일 지점에 여러 명의 지배인이 등기되어 있는 경우, ⑤ 지배인등기상 여러 회사의 지배인으로 등기된 경우 등은 그 자체로서 가장지배인으로 볼 수 있다. 김홍엽, "민사소송에 있어서 법률상 소송대리인," 민사소송 19권 2호(2015. 11.), 67-69쪽.

3) 대판 1978. 12. 26. 78도2131.

2. 소송위임에 의한 소송대리인(좁은 의미의 소송대리인)

원칙적으로 소송위임에 의한 소송대리인은 자연인인 변호사, 법무법인, 법무법인(유한) 또는 법무조합이다. 법무법인 등의 경우에는 해당 사건의 업무를 담당할 것으로 지정된 변호사(**담당변호사**)를 표시해야 한다(변호 50조 1항, 58조의16, 58조의30).[1] 담당변호사는 지정한 업무를 행할 경우 법무법인 등을 대표한다(변호 50조 6항). 그러나 뒤에서 보는 바와 같이 예외적으로 비변호사도 소송대리인이 될 수 있는 경우도 있다.

Ⅲ. 소송대리인의 자격

1. 의   의

민사소송에서는 법률에 따라 재판상 행위를 할 수 있는 대리인(**법률상 소송대리인**)을 제외하고 원칙적으로 변호사가 아니면 소송대리인이 될 수 없다(법 87조, **변호사소송대리원칙**). 다만 **단독판사**가 심리·재판하는 사건 가운데 ① 뒤에서 보는 바와 같은 **일정한 사건**에서는 당사자와 일정한 친족관계나 고용관계 등이 있는 사람이 법원의 허가를 받아 소송대리를 할 수 있으며, ② **소액사건**에서는 일정한 친족관계에 있는 사람이 법원의 허가 없이도 소송대리를 할 수 있는 등 일정한 경우 **예외**를 인정하고 있다.

우리나라는 헌법재판(헌재 25조 2항·3항), 증권관련집단소송[**원고**와 **피고**는 변호사를 소송대리인으로 선임해야 한다(증집 5조 1항)], 소비자단체소송·개인정보단체소송[**원고**는 변호사를 소송대리인으로 선임해야 한다(소기 72조, 개인정보 53조)]에만 당사자본인소송을 허용하지 않고 변호사소송대리를 법률상 강제하는 **변호사강제주의**[이를 '**필수적 변호사변론주의**', '**필수적 변호사선임제도**', 또는 '**필수적 변호사소송대리원칙**'이라고도 부른다]를 채택하고 있다.[2] 변호사강제주의의 도입을 위해서는 충분한 수의 변호사의 확보, 변호사보수의 적정화, 변호사보수의 현실적 소송비용화 등

---

1) 법무법인 등의 구성원이 아닌 소속변호사는 구성원인 변호사와 공동으로만 담당변호사로 지정될 수 있다(변호 50조 1항 단서).

2) **상고심절차**에서 필수적으로 변호사 대리인 선임을 강제하는 한편 변호사를 선임할 자격이 없는 당사자를 위하여 **국선대리인제도**를 도입하는 내용의 민사소송법 일부개정법률안(의안번호 2110370, 제안일자 2021. 5. 25., 제안자 전주혜 의원 등 10인)이 제21대 국회에 계류되었으나 임기종료(2024. 5. 29.)로 자동폐기되었다.

의 전제조건이 갖추어져야 한다.1) 현재로서는 당사자본인소송에서도 당사자의 절차참여의 충분한 보장과 적절한 소송지휘를 통하여 효율적인 심리를 도모하고, 필요하다면 변호사에 의하여 대리될 수 있도록 **변호사선임명령제도**(법 144조 2항)를 활용하는 방법을 강구할 필요가 있다.2)

2. 소송대리인 자격의 예외

(1) 의   의

제 1 심에서 **단독판사가** 심리·재판하는 사건(단독사건) 가운데 **일정한 사건**[소송목적의 값을 기준으로 하지 않는 단독사건, 또는 소송목적의 값을 기준으로 하는 단독사건 가운데 소송목적의 값이 1억원 이하인 사건]에서는, ① 당사자와 밀접한 생활관계를 맺고 있고 일정한 범위 안의 **친족관계**에 있는 사람, ② 또는 당사자와 **고용관계** 등으로 그 사건에 관한 통상사무를 처리·보조하여 오는 등 일정한 관계에 있는 사람이 **법원의 허가**를 받은 때에는 변호사가 아니더라도 소송대리인이 될 수 있다(법 88조 1항). 민사소송법은 비변호사의 소송대리가 허용되는 사건의 범위와 소송대리인의 자격요건에 관하여 추상적인 기준만 규정하고, 구체적인 내용은 탄력적 운용을 위하여 대법원규칙인 **민사소송규칙**에서 정하도록 위임하고 있다(법 88조 2항).3)

(2) 단독판사가 심리·재판하는 사건

(a) 적용범위

1) **2015. 1. 28. 민사소송규칙 15조 1항의 개정·시행 전**에는 비변호사의 소송대리는 단독판사가 심리·재판하는 사건[소송목적의 값을 기준으로 하지 않는 단독사건, 소송목적의 값(1억원)을 기준으로 하는 단독사건]에 허용되었다. 그러나 단독판사의 사물관할에 관한 범위를 확대한 2015. 1. 28. 민사 및 가사소송의 사물관할에 관한 규칙의 개정(2015. 2. 13. 시행)에 따라 **2015. 1. 28. 민사소송규칙 15조 1항**을 개정했다[2016. 9. 6. 민사 및 가사소송의 사물관할에 관한 규칙의 개정(2016. 10. 1. 시행)에 따라 **2016. 9. 6. 민사소송규칙**이 다시 **개정**(2016. 10. 1. 시행)되었다].

위 개정 민사소송규칙에 의하면, 단독판사가 심리·재판하는 사건(단독사건)

---

1) 문일봉, "민사소송에 있어서의 변호사강제(2)," 법조 44권 2호(1995. 2.), 1145쪽 이하; 오세혁, "민사소송에 있어서의 변호사강제주의," 인권과 정의 249호(1997. 5.), 66쪽 이하.
2) 홍기문, "변호사강제주의," 법조 48권 11호(1999. 11.), 80쪽 이하; 신용석, "당사자본인소송에 대한 대응방안," 법조 50권 4호(2001. 4.), 203쪽 이하.
3) 법원행정처, 민사소송법개정내용해설(2002. 6.), 35쪽.

가운데 ① **소송목적의 값을 기준으로 하지 않는 단독사건**[소송목적의 값이 5억원을 초과하는 경우에도 단독판사의 관할인 사건으로, 민사 및 가사소송의 사물관할에 관한 규칙 **2조 단서 각호**에 해당하는 사건. 이 경우는 위 민사소송규칙의 개정 전·후 동일하다] **(규칙 15조 1항 1호)**, ② **소송목적의 값을 기준으로 하는 단독사건**으로 소송목적의 **값이 소제기 당시 또는 청구취지 확장(변론의 병합 포함) 당시 1억원 이하인 소송 사건**[및 이러한 사건을 본안으로 하는 신청사건 및 이에 부수하는 신청사건, 다만 소송목적의 값이 1억원을 초과하는 사건을 본안으로 하더라도 가압류신청사건, 다툼의 대상에 관한 가처분신청사건 및 이에 부수하는 신청사건은 비변호사의 소송대리를 허용한다]**(규칙 15조 1항 2호)** 등에 한하여 비변호사의 소송대리를 허용한다.[1]

　　주의할 것은 **비변호사 소송대리 허가 여부**의 기준 적용에서 **변론의 병합**은 청구취지의 확장과 같이 보아 변론의 병합 당시를 기준으로 **병합 전 각 청구**의 각 소송목적의 값의 **합산액**을 기준으로 한다는 점이다.

　　2) 제소전 화해사건, 증거보전사건, 독촉사건, 강제집행사건 등은 원래부터 단독판사의 관할인 이상 비변호사대리가 허용된다고 본다[독촉사건, 일부 강제집행 사건 등은 2005. 7. 1.부터 단독판사가 아닌 사법보좌관이 행할 수 있다(법조 54조 2항, 사보규 2조)].

---

1) **조정사건**의 경우 종전에는 민사소송에서와 같이 항소심 사건 및 제1심 합의부 사건, 제1심 단독사건 가운데 소송목적의 값을 기준으로 하는 단독사건에서 소송목적의 값이 앞서와 같이 1억원을 초과하는 사건에 관하여 직권으로 조정에 회부된 때(그와 같이 1억원을 초과하는 조정신청사건에서도 마찬가지이다)에는 **비변호사 조정대리가 허용되지 않았으나**(개정 전 민조 38조 1항에 의하여 법 87조·88조가 준용되었다), **2020. 2. 4. 민사조정법 38조 1항이 개정**(2020. 3. 5. 시행. 준용되는 민사소송법 조항 가운데 법 87조·88조가 삭제되었다)되어 **이러한 제한이 없어지게** 되었다. 따라서 조정담당판사(상임조정위원 포함)는 당사자와 일정한 신분관계 및 고용관계에 있는 사람으로 조정대리를 허가할 기준에 해당하는 사람을 **조정대리인**으로 **허가할 수 있다(2020. 3. 30. 개정·시행 민조규 6조 2항 본문 각호**, 이러한 신분관계 및 고용관계는 뒤에서 보는 법원의 허가를 받아 소송대리인이 될 수 있는 사람의 경우와 동일하다). 다만 **소액사건**의 경우 민사소송과 마찬가지로 뒤에서 보는 바와 같이 일정한 친족관계가 있을 때에는 법원의 허가 없이 조정대리인이 될 수 있다(민조규 6조 2항 단서). 한편 직권으로 조정에 회부된 사건에서 **소송절차**에서의 **소송대리인**은 조정에 관해서도 조정대리를 할 수 있다. 이 경우 화해 또는 조정에 관한 권한이 있음을 서면으로 증명해야 한다(민조규 6조 3항).

▣ 비변호사 소송대리의 허가 여부에 관한 특수문제

  (1) 소송목적의 값을 기준으로 하지 않는 단독사건의 청구와의 청구의 병합의
    경우

    소송목적의 값을 기준으로 한 단독사건에 해당하는 청구가 소송목적의 값이 1억
원 이하인 경우에는 비록 이러한 청구에 소송목적의 값을 기준으로 하지 않는 단독
사건에 해당하는 청구를 병합했다고 하더라도 비변호사 소송대리허가가 인정된다
[청구의 병합으로 소송목적의 값이 1억원을 초과하여 비변호사 소송대리허가가 인
정되지 않는 경우는 소송목적의 값을 기준으로 하는 단독사건에 한한다]. 따라서 예
컨대 8천만원의 지급을 구하는 대여금청구와 1억 3천만원의 지급을 구하는 약속어
음금청구가 병합된 경우에도 비변호사 소송대리허가가 인정된다.

  (2) 소송목적의 값의 기준시점의 의미

    비변호사 소송대리허가의 기준이 되는 소송목적의 값은 **소제기 당시**, **청구취지**
확장 당시, 또는 **변론의 병합 당시**이다. 따라서 ① **소제기 당시** 소송목적의 값이 1
억원을 초과했다면 그 후 **청구취지의 감축**, **소의 일부취하**, **소의 일부각하** 등으로
소송목적의 값이 1억원 이하가 되었다고 하더라도 소송대리허가를 할 수 없으며,
② 소제기 당시 소송목적의 값이 1억원 이하라고 하더라도 그 후 **청구취지의 확장**
으로 소송목적의 값이 1억원을 초과했다면 소송대리허가를 할 수 없다. ③ 또한 변
론의 병합 전(소제기 당시) 각 청구의 소송목적의 값이 각 1억원 이하라고 하더라도
변론의 병합으로 병합 전 각 청구의 소송목적의 값의 합산액이 1억원을 초과했다면
그 뒤 변론이 병합된 어느 청구에 관하여 청구취지의 감축, 소의 일부취하 등으로 병
합된 각 청구의 소송목적의 값의 합산액이 1억원 이하가 되었다고 하더라도 허가를
할 수 없다.

  (b) 소송목적의 값이 1억원을 초과하게 된 경우 등과 법원의 조치

    단독사건 가운데 **소송목적의 값을 기준으로 하지 않는 사건**, 또는 **소송목적**
의 값을 기준으로 하는 사건으로 소송목적의 값이 1억원 이하인 사건 등에서, 변
호사 아닌 사람에 대하여 **소송대리허가를 한 후**, ① **이러한 사건** 등이 청구의 변
경 등으로 **민사소송 등 인지법 2조 4항**에 해당하게 된 때[재산권에 관한 소로서 그
소송목적의 값을 계산할 수 없는 사건이 되거나, 비재산권을 목적으로 하는 사건이 된 때],
또는 ② **소송목적의 값을 기준으로 하는 사건**에서 반소, 중간확인의 소, 독립당사
자참가, **청구취지의 확장 등 청구의 변경** 또는 변론의 병합 등으로 소송목적의
값이 1억원을 **초과**하게 된 때에는 법원은 그 허가를 **취소**하고, 당사자본인에게
그 취지를 **통지**해야 한다(법 88조 3항, 규칙 15조 4항).

(c) 법원의 허가를 받아 소송대리인이 될 수 있는 사람

법 88조 1항과 규칙 15조 1항의 규정에 따라 법원의 허가를 받을 수 있는 사람은, ① 당사자의 **배우자** 또는 **4촌 안의 친족**으로서 **당사자와의 생활관계**에 비추어 상당하다고 인정되는 경우, ② 당사자와 **고용**, 그 밖에 이에 준하는 **계약관계**를 맺고 그 사건에 관한 통상사무를 처리·보조하는 사람으로서 그 사람이 **담당하는 사무와 사건의 내용** 등에 비추어 상당하다고 인정되는 경우 가운데 어느 하나에 해당해야 한다(규칙 15조 2항).

(d) 소송대리허가신청과 재판 등

소송대리허가신청은 서면으로 해야 한다(규칙 15조 3항). 소송대리허가신청에 대하여 법원은 **허부결정(소송대리허가결정, 소송대리불허결정)**을 한다.[1] 전체 민사사건 가운데 비변호사가 대리할 수 있는 사건이 매우 광범위하므로 법원은 비변호사의 소송대리에 관한 허가요건의 해당 여부를 신중히 판단해야 한다.[2] 비변호사에게 소송대리를 허가한 때에도 변론능력이 부족하다고 판단되면 그 허가를 취소하고(법 88조 3항) 변호사선임명령을 하는 방안을 활용할 수 있다.

(3) 소액사건 등의 경우

소액사건에서는 일정한 친족관계에 있는 사람(당사자의 배우자, 직계혈족, 형제자매)은 법원의 **허가 없이** 소송대리인이 될 수 있다(소심 8조 1항). 한편 형사절차상 배상명령을 구하는 **배상신청사건**에서는 일정한 친족관계에 있는 사람(피해자의 배우자, 직계혈족, 형제자매)에 한하여 법원의 **허가를 받아** 피해자의 소송행위를 대리할 수 있다(소촉 27조 1항).[3]

> ▣ 민사소송 외의 경우와 비변호사의 소송대리
> (1) 가사소송사건의 경우
> 가사소송사건은 **본인출석주의**를 채택하고 있다(가소 7조 1항 본문). 다만 특별한 사정이 있는 때에는 재판장 등의 허가를 받아 대리인이 출석할 수 있다(가소 7조 1

---

1) 실무상 별도로 결정서를 작성하지 않고 허가신청서의 '허부'란에 날인을 하고 그 밑에 결정 일자를 적는 방식으로 한다. 법원실무제요 민사소송(2), 644쪽.
2) 이동률, "비변호사에 의한 소송대리의 문제점과 개선방안," 민사소송 7권 1호(2003. 2.), 69쪽 이하.
3) 피고인의 대리인은 배상신청에 관하여 피고인의 대리인으로서 소송행위를 할 수 있다. 소촉 27조 2항.

항 단서).

(2) 특허 등 소송사건의 경우

특허·실용신안·디자인 또는 상표에 관한 사건에 관하여 변리사가 소송대리인
이 될 수 있다. **변리사법 2조**는 "변리사는 특허청 또는 법원에 대하여 특허, 실용신
안, 디자인 또는 상표에 관한 사항을 대리하고 그 사항에 관한 감정과 그 밖의 사무
를 수행하는 것을 업으로 한다."고 규정하고 있으며, **변리사법 8조**는 "변리사는 특
허, 실용신안, 디자인 또는 상표에 관한 사항의 소송대리인이 될 수 있다."고 규정
하고 있다. 여기서 변리사가 특허권 자체의 분쟁에 관한 **특허 등 심결취소소송(특
허법원사건)**에 관하여 소송대리인이 될 수 있음에는 달리 문제가 없다.

그러나 **특허 등 침해소송**(특허·실용신안·디자인 또는 상표의 침해로 인한 손
해배상, 침해금지 등의 민사소송사건)과 같은 **민사사건**에서 소송대리권을 인정할
것인지 여부에 관해서는 논의가 있었다. 헌법재판소는 **헌재 2012. 8. 23. 2010헌마
740 결정**에서, 특허심결취소소송에서는 특허권 등 자체에 관한 전문적 내용의 쟁점
이 소송의 핵심이 되므로 이에 대한 전문가인 변리사가 당사자의 권리의 내용과 범
위를 정확하게 전달하고 이를 법관에게 잘 설명해 소송당사자의 권익을 도모할 수
있지만, 특허침해소송은 고도의 법률지식 및 공정성과 신뢰성이 요구되는 소송으로
변호사소송대리원칙(법 87조)이 적용되어야 함을 명확히 했다. 그 후 **대법원 판례도**
변리사법 2조에서 '특허, 실용신안, 디자인 또는 상표에 관한 사항'이란 특허·실용
신안·디자인 또는 상표의 출원·등록, 특허 등에 관한 특허심판원의 각종 심판 및
특허심판원의 심결에 대한 심결취소소송을 의미하므로, "변리사는 특허, 실용신안,
디자인 또는 상표에 관한 사항의 소송대리인이 될 수 있다"고 정하는 변리사법 8조
에 의하여 변리사에게 허용되는 소송대리의 범위 역시 특허심판원의 심결에 대한
심결취소소송으로 한정되고, 현행법상 특허 등의 침해를 청구원인으로 하는 침해금
지청구 또는 손해배상청구 등과 같은 민사사건에서 변리사의 소송대리는 허용되지
않는다고 보고 있다.[1]

한편 변리사로 하여금 특허 등 침해소송에서 **변호사와 공동으로** 소송대리인이
될 수 있도록 하는 **변리사법 일부개정법률안**이 제21대 국회에 계류되었으나,[2] 임기
종료(2024. 5. 29.)로 자동폐기되었다.

---

1) 대판 2012. 10. 25. 2010다108104.
2) 의안번호 2105075, 제안일 2020. 11. 26., 제안자 이규민 의원 등 14인. 2022. 5. 12. 산업통
   상자원중소벤처기업위원회에서 수정가결되었다. 이에 대해 특허청과 변리사업계는 법제사법위
   원회의 조속한 심의와 본회의 통과를 주장하는 반면, 변호사업계와 전국의 법학전문대학원들
   은 개정안의 폐기를 강력하게 주장하는 등 첨예하게 대립한 바 있다. 법률신문 4992호(2022.
   6. 6.자), 15쪽(사설, '변리사 소송대리 허용하는 변리사법 개정 반대한다'). 한편 변리사법 8조
   자체가 헌법 27조 1항에 위반된다는 견해로는, 강현중, "변리사법과 변호사대리의 원칙," 법
   률신문 4995호(2022. 6. 16.), 11쪽.

　(3) 비송사건의 경우

　비송사건에서는 본인이 출석하도록 명령을 받은 때를 제외하고 소송능력자이면 대리인이 될 수 있다(비송 6조 1항).

　(4) 조정사건의 경우

　조정사건에서는 앞서 본 바와 같이 변호사 아닌 사람도 조정담당판사(상임조정위원 조정의 경우에는 상임조정위원)의 **허가**를 얻어 조정사건의 대리인이 될 수 있다(민조규 6조 2항 본문). 다만 소액사건의 경우에는 소액사건심판법 8조가 준용된다(민조규 6조 2항 단서).[1]

　(5) 경매사건 등의 경우

　민사집행법에 의한 경매사건, 국세징수법 그 밖의 법령에 의한 공매사건에서 법무사와 공인중개사는 매수신청 또는 입찰신청의 대리를 할 수 있다(법무사법 2조 1항 5호, 공인중개사법 14조 2항). 한편 채무자 회생 및 파산에 관한 법률에 따른 **개인파산사건** 및 **개인회생사건**에서 법무사는 신청대리를 할 수 있다(다만 각종 기일에서의 진술의 대리는 제외한다)(2020. 2. 4. 개정, 2020. 8. 5. 시행 법무사법 2조 1항 6호).

　(6) 외국법 적용 국제중재사건의 경우

　외국법자문사(외국변호사의 자격을 취득한 후 법률이 정하는 바에 따라 법무부장관으로부터 자격승인을 받고 대한변호사협회에 등록한 사람), 또는 **일시 입국한 외국변호사**는 대한민국 외 법령 등이 적용되는 국제중재사건의 대리사무를 처리할 수 있다(외국법자문사법 24조 3호, 24조의2).

Ⅳ. 소송대리권의 수여

1. 법적 성질

　소송대리권을 수여하는 행위는 단독적 소송행위이다. 수권행위를 취소할 수 있으나 취소를 하더라도 소급효가 없다. 소송대리권의 수여에는 소송능력이 있어야 한다. 소송대리권의 수여는 기초적 법률관계인 본인과 대리인 사이의 위임계약(보수청구권 및 성실의무 발생)과는 별개의 문제이다.

---

1) 조정절차는 원칙적으로 비송사건절차법의 적용을 받는 점(민조 39조)에서 조정절차와 소송절차는 준별되므로, 조정절차에서의 대리인이 소송절차에서도 대리할 수 있다는 명문의 규정이 없는 현행법상 조정절차에서 판사의 허가를 얻어 대리인이 된 사람은 소송으로 이행되거나 소송으로 복귀한 경우에 대리인의 자격이 상실된다. 재판예규 제1525호 '민사조정절차에 관련된 여러 의문점에 대한 검토의견'(재민 95-1, 2015. 4. 8. 개정).

2. 소송대리권의 존재 및 범위의 증명

(1) 서면증명

소송대리인의 권한(소송대리권의 존재와 범위)은 **서면**으로 증명해야 한다(법 89
조 1항). 이러한 서면에는 소송위임장, (회사)등기사항전부증명서나 지배인등기사항
증명서, 가족관계증명서(일반) 등이 있다. 이러한 서면은 소송기록에 붙여야 한다
(법 97조, 58조 2항). **전자소송**에서 소송대리인의 권한의 증명은 **전자문서**로 할 수
있다(민전규 11조 4항).

(2) 인증명령

소송대리인의 권한을 증명하는 서면, 즉 소송위임장 등이 사문서인 경우에는
법원은 공증인, 그 밖의 공증업무를 보는 사람의 인증을 받도록 소송대리인에게
명할 수 있다(**인증명령**, 법 89조 2항). 다만 당사자가 말로 소송대리인을 선임하고,
법원사무관 등이 조서에 그 진술을 적어 놓은 경우에는 앞서와 같은 소송대리권의
증명이 요구되지 않는다(법 89조 3항). 법원이 소송대리권의 증명에 관하여 **인증명
령**을 할 것인지 여부는 원칙적으로 법원의 **재량**에 속한다. 그러나 상대방이 다투
고 있고 또 기록상 그 위임장이 진정하다고 인정할 만한 뚜렷한 증거가 없는 때
에는 법원은 그 대리권의 증명에 관하여 인증명령을 하거나(법 89조 2항) 아니면
진정하게 소송대리권을 위임한 것인지 여부를 심리하는 등 대리권의 흠이 있는지
에 관하여 **의무적**으로 이를 조사해야 한다.[1]

소송대리인이 소 또는 상소를 제기한 경우 법원의 인증명령에도 불구하고 그
대리권을 증명하지 못하는 때에는 법원은 그 소 또는 상소가 소송대리권이 없는
사람에 의하여 제기된 부적법한 것임을 이유로 각하할 수 있고, 이때 그 소송비
용은 그 소송대리인이 부담해야 한다(법 108조, 107조 2항).[2] 다만 소송대리인의
소송위임에 관하여 중대한 과실이 없는 때에는 소 또는 상소의 제기를 위임한 사
람이 소송비용을 부담한다.[3]

---

1) 대결 1997. 9. 22. 97마1574; 대판 2009. 10. 29. 2008다37247, 2015. 12. 10. 2012다16063.
2) 대판 1997. 10. 10. 96다48756.
3) 대결 2014. 7. 4. 2014마381, 2016. 6. 17. 2016마371.

V. 소송대리권의 범위

1. 소송대리권의 범위제한 여부

(1) 법률상 소송대리인의 경우

법률상 소송대리인의 소송대리권의 범위는 법률의 규정에 따라 정해지므로 소송위임에 의한 소송대리인의 소송대리권의 범위에 관한 법 90조·91조가 적용되지 않는다(법 92조). 따라서 법률상 소송대리인은 일반적으로 일체의 재판상 행위를 할 수 있다. 법률상 소송대리인에게 법 91조가 적용되지 않으므로 그 대리권의 제한을 허용하는 취지로 해석될 여지가 있으나, **법률상 제한**을 두고 있는 경우를 제외하고는 본인이 그 대리권을 제한할 수 없으며, 제한한 때에는 그 효력이 없다.[1]

(2) 소송위임에 의한 소송대리인의 경우

소송위임에 의한 소송대리인의 소송대리권의 범위는 법에서 정하고 있다(**법 정범위**, 법 90조 1항). 소송대리인이 **변호사인 경우** 본인이 이를 제한할 수 없다(법 91조 본문). 그러나 **변호사가 아닌 경우**에는 이를 제한할 수 있다(법 91조 단서). 이를 제한하는 경우 예컨대 법 90조 1항의 소송행위 가운데 변제의 영수를 할 수 없다는 등 개별적으로 그 범위를 명백히 하여 제한해야 한다.[2] 다만 제한할 수 있다고 하더라도 소송수행에 지장을 줄 수 있는 제한은 할 수 없다.[3]

2. 소송위임에 의한 소송대리권의 범위

(1) 특별수권사항 외의 일체의 소송행위

(a) 의   의

소송대리권의 법정범위는 법 90조 1항에서 상세히 정하고 있다. 소송절차의 원활·확실을 도모하기 위하여 소송법상 소송대리권을 정형적·포괄적으로 **법정**할 필요가 있기 때문이다.[4] 소송대리인은 **특별한 권한**을 따로 (**수여**)받아야 하는

---

1) 대판 1962. 3. 29. 4294민상841, 1995. 4. 18. 95다3077; 방순원, 266쪽; 이시윤, 194쪽; 김지향, 주석서(1), 823쪽.
2) 김지향, 주석서(1), 821쪽.
3) 송상현·박익환, 169쪽.
4) 그렇다고 하여 변호사와 의뢰인 사이의 사법상 위임계약의 내용까지 법정한 것은 아니므로, 본안소송을 수임한 변호사가 그 소송을 수행하는 데에 강제집행이나 보전처분에 관한 소

사항(**특별수권사항**, 법 90조 2항)을 제외하고는 필요한 일체의 소송행위를 할 수 있다.

(b) 기본적 소송절차상 권한

소송대리인은 소제기, 청구의 변경 등을 할 수 있으며, 상대방이 제기한 반소나 제 3 자가 제기한 소송참가(독립당사자참가, 공동소송참가, 참가승계)에 **응소**할 수 있다. 해당 소송에 관한 강제집행, 가압류·가처분 등도 할 수 있다. 물론 공격방어방법의 제출 등도 할 수 있다.

(c) 부수·파생적 소송절차상 권한

소송대리인은 주된 소송절차(본안소송절차)에 부수·파생되는 절차인 판결경정절차, 소송비용액확정절차,[1] 집행정지절차, 위헌법률심판제청절차 등에서도 별도의 위임 없이 대리권을 가진다.

(d) 당사자본인의 사법상 권리의 행사

법 90조 1항에는 '변제의 영수'로 규정하고 있지만 이는 예시적인 데 불과하며, 소송목적인 채권에 대한 변제의 영수 외에도 해당 사건에 관한 **공격방어방법**의 **전제**로서 본인이 가진 **실체법상 권리**인 상계권, 취소권, 해지·해제권 등 형성권을 행사할 수 있다. 그러나 재판 외의 행위, 예컨대 재판 외 화해계약은 할 수 없다.[2] **판례**도, 소송위임에 의한 소송대리인이 가지는 소송대리권의 범위에는 특별수권을 필요로 하는 사항을 제외한 소송수행에 필요한 일체의 소송행위를 할 권한뿐만 아니라 소송목적인 채권의 변제를 채무자로부터 수령하는 권한을 비롯하여 위임을 받은 사건에 관한 실체법상 사법행위를 하는 권한도 포함된다고 보고 있다.[3]

(2) 특별수권사항에 속하는 소송행위

(a) 의   의

법 90조 2항에서 특별수권사항에 대하여 상세히 정하고 있다. 본인에게 중대

송행위를 할 수 있는 소송대리권을 가진다고 하여 의뢰인에 대한 관계에서 당연히 그 권한에 상응한 위임계약상의 의무를 부담한다고는 할 수는 없고, 변호사가 처리의무를 부담하는 사무의 범위는 변호사와 의뢰인 사이의 위임계약의 내용에 의하여 정해진다. 대판 1997. 12. 12. 95다20775.

1) 대결 1995. 12. 4. 95마726, 2023. 11. 2. 2023마5298.

2) 이시윤, 195쪽; 김지향, 주석서(1), 809쪽.

3) 대판 2015. 10. 29. 2015다32585.

한 결과를 미치는 경우는 본인의 개별적 의사를 확인하기 위해서이다. 실무상 소송위임장에는 이러한 사항 가운데 통상 상소의 제기를 제외한 나머지를 포괄적으로 수여하는 것으로 기재하고 있다.

(b) 반소의 제기

해당 소송의 피고로서의 반소의 제기는 특별수권사항이다(법 90조 2항 1호). 그러나 반소에 대한 응소는 특별수권사항이 아니다(법 90조 1항). 피고가 제기하는 중간확인의 소(법 264조)는 일종의 반소에 해당하므로 특별수권이 필요하다(통설).[1] 다만 가집행의 원상회복(**가지급물반환신청**)과 손해배상을 구하는 신청(법 215조 2항)은 그 성질상 **반소**(본소판결이 취소·변경될 것을 대비하여 하는 **예비적 반소**)이기는 하나, 소송대리권의 부수적 권한으로 특별수권 없이 할 수 있다.[2]

(c) 소취하, 화해, 청구의 포기·인낙 또는 소송탈퇴

소취하는 특별수권사항이다.[3] 화해 또는 청구의 포기·인낙, 소송탈퇴도 소취하와 마찬가지로 소송물을 처분하는 행위이므로 특별수권사항이다(법 90조 2항 2호). 그러나 소취하에 상대방의 동의가 필요한 경우(법 266조 2항) 소취하에 대한 동의는 특별수권사항이 아니다.[4] 화해 또는 청구의 포기에 관한 특별수권이 있으면 소송물인 실체법상 권리의 처분·포기에 대한 권한도 수여한 것으로 본다.[5]

(d) 상소의 제기

1) 상소의 제기는 특별수권사항이다. 상소의 제기는 원심법원에 상소장을 제출하는 것을 말한다. 상소의 제기만 특별수권했을 뿐 **상소심**에서의 **소송대리권**을

---

1) 반대견해로는 호문혁, 887쪽.

2) 김지향, 주석서(1), 810쪽.

3) 소송대리의 실제에서는 사건 수임 당시에 인쇄된 **소송위임장**에 의하여 소취하 등에 관한 특별수권을 받은 경우에도 소송대리인이 실제로 소를 취하할 때에 다시 본인의 승낙을 받는 것이 통례(通例)라 하더라도, 이는 소송대리인이 소를 취하할 때에 본인의 그에 관한 의사를 확인하는 신중한 태도에서 나온 것이므로 그러한 통례가 있다 하여 인쇄된 소송위임장의 소취하의 문구가 의미 없는 예문(例文)에 불과하다거나 그로 인한 특별수권의 효력이 없다고는 할 수 없다. 대판 1984. 2. 28. 84누4.

4) 소취하에 대한 소송대리인의 동의는 특별수권사항이 아닐 뿐 아니라, 소송대리인에 대하여 특별수권사항인 소취하를 할 수 있는 대리권을 부여한 때에는 상대방의 소취하에 대한 동의권도 포함되어 있다고 봄이 상당하다. 대판 1984. 3. 13. 82므40.

5) 대판 1994. 3. 8. 93다52105, 대결 2000. 1. 31. 99마6205. 소송절차의 안정을 기하기 위하여 화해에 관한 특별수권을 받은 소송대리인은 그 위임사건의 소송물뿐만 아니라 이에 관련된 권리관계까지 포함하여 화해를 할 수 있다. 김상원, "소송대리권의 범위," 사법행정 15권 10호(1974. 10.), 56쪽 이하.

위임받지 않은 이상 **상소장의 제출**로 소송대리권이 소멸한다.[1][2] 다만 **판례**는, 소송대리인이 **상소제기**에 관한 **특별수권**을 따로 받았다면 특별한 사정이 없는 한 상소장을 제출할 권한과 의무가 있으므로, 상소장에 **인지**를 붙이지 않은 흠이 있다면 **소송대리인**은 **인지보정**을 할 수 있고, **원심재판장 등**도 **상소장심사권한**에 기하여 소송대리인에게 상소장에 관하여 **인지보정명령**을 할 수 있다고 보고 있다.[3] 그러나 소송대리인이 상소제기에 관한 특별수권을 따로 받았다고 하더라도, 실제로 **소송대리인이 아닌 당사자본인이** 상소장을 작성하여 **제출**한 경우에는 소송대리인에게 상소장과 관련한 보정명령을 수령할 권능이 없으므로, 원심재판장 등이 소송대리인에게 보정명령을 송달한 것은 부적법한 송달이어서 그 송달의 효력이 발생하지 않는다.[4]

　　2) 법문에는 상소의 제기로 규정하고 있는데(법 90조 2항 3호), 여기서 **상소에 대한 응소**에도 특별수권이 필요한지에 관하여 논의가 있다. **통설**은 소송대리권은 특별한 의사표시가 없는 한 해당 심급에 한하므로, 상소심에서의 소송수행에 관하여 별도의 소송위임을 받아야 한다고 보고 있다(**심급대리의 원칙**). **판례** 역시 소송대리권의 범위는 특별한 사정이 없는 한 해당 심급에 한정되어,[5] 소송대리인의 소송대리권의 범위는 수임한 소송사무가 종료하는 시기인 해당 심급의 판결을 송달받은 때까지라고 보고 있다.[6] 따라서 소송대리권은 해당 심급에서 심판절차가 종료됨으로써(전형적으로는 종국판결이 소송대리인에게 송달됨으로써) 소멸된다. 다만 상소의 제기에 관한 특별수권이 있는 때에는 상소의 제기에 관해서만 소송대리권이 그대로 존속한다[이 경우 앞서 본 바와 같이 소송대리인이 상소를 제기함으로써 소송

1) 대결 2013. 7. 31. 2013마670, 대판 2016. 4. 29. 2014다210449, 2016. 9. 8. 2015다39357.

2) 소송대리인이 상소제기의 특별수권을 받은 경우 상소를 제기하여 소송이 종료될 때까지 소송을 수행할 수 있다는 견해(심급대리의 원칙의 해석상 당사자가 일부러 별도의 상소제기의 권한을 부여했다면 소송이 종료될 때까지 소송수행을 맡긴 것으로 보는 것이 옳다는 것을 그 근거로 한다)로는, 유병현, "대표권 소멸과 소송절차 중단시점, 그리고 상소제기 특별수권의 범위," 민사소송 26권 1호(2022. 2.), 135쪽 이하. 그러나 심급대리의 원칙상 상소제기의 특별수권을 하는 것은 자신이 선임한 소송대리인에 의한 소송에서 패소(전부 또는 일부)한 경우를 대비하여 상소제기기간을 지켜 상소장을 제출하도록 하는 권한을 부여했을 따름이며, 일단 상소제기 후 원심 소송대리인과 다른 소송대리인을 선임할 것인지 여부는 그 이후에 결정한다는 취지로 이해함이 타당하다. 소송의 실제에서도 그렇다.

3) 대결 2013. 7. 31. 2013마670, 대판 2020. 6. 25. 2019다292026,292033,292040, 대결 2024. 1. 11. 2023마7122.

4) 대결 2016. 12. 27. 2016무745, 2024. 1. 11. 2023마7122.

5) 대결 1996. 4. 4. 96마148, 대판 1994. 3. 8. 93다52105 등.

6) 대판 1995. 12. 26. 95다24609, 대결 2000. 1. 31. 99마6205, 대판 2023. 2. 2. 2022다276307 등.

대리권이 소멸한다].[1]

이에 대하여, 상소에 대한 응소는 특별수권이 필요하지 않다는 **반대견해도** 있다.[2] 법상 '상소의 제기'만을 특별수권사항으로 규정하고 있으므로, 이에 대한 반대해석으로 상대방이 제기한 상소에 대해 대응하는 응소행위는 통상의 소송대리권에 포함된다고 볼 여지가 있음을 그 이유로 들고 있다. 그러나 법문상 '상소의 제기'란 심급대리의 원칙을 규정하고 있는 것으로, 예컨대 후견인이 법정대리인으로서 소송행위를 하는 경우 후견감독인이 있다면 후견감독인의 동의를 요하나(민 950조 1항 5호), 상대방의 소 또는 상소에 응하는 경우에는 후견감독인이 있다 하더라도 후견감독인으로부터 특별한 권한을 받을 필요가 없다(법 56조 1항)는 규정과 같이 법률상 명문으로 상소의 응소에는 특별수권을 요하지 않는다는 규정을 두고 있지 않는 한 법문상 상소의 제기에는 상소에 대한 응소가 당연히 포함된다고 본다. 따라서 특별수권이 없는 한 (원심)소송대리인은 (패소당사자 측으로서) 상소제기도 할 수 없음은 물론이고 (승소당사자 측으로서) 상대방의 상소에 대하여 응소도 할 수 없다. 예컨대 제1심 소송대리인으로서는 상대방의 상소에 대하여 응소를 하기 위하여 제1심 소송위임시 이에 대한 특별수권이 없는 한 항소심에서 **별도로 소송위임**을 받아야 한다.

3) 항소제기에 관하여 **필요한 권한의 수여**에 **흠**이 있는 소송대리인이 항소장을 제출한 경우 당사자 또는 적법한 소송대리인이 항소심에서 본안에 관하여 **변론함으로써** 그 항소제기행위를 (묵시적으로) **추인**할 수 있다[이로써 그 항소는 당사자가 적법하게 제기한 것으로 된다].[3]

(e) 상소취하 등

상소취하도 소취하와 마찬가지로 특별수권사항이다(법 90조 2항 3호). 불항소합의(법 390조 1항 단서), 불상소합의(불항소합의·불상소합의는 소송상 합의 가운데 소송행위인 소송계약이다), 상소권포기(법 394조)도 상소취하에 준하여 특별수권이 필

---

1) 대판 2010. 12. 23. 2007다22859. 이에 대하여, 상소제기에 관한 특별수권이 있다고 하더라도 심급이 종료되면 심급대리의 원칙에 따라 그 심급에서의 소송대리권은 소멸한다고 보는 견해로는, 오상현, "상소제기의 특별수권과 소송대리권의 소멸시기," 법조 통권692호(2014. 5.), 210쪽 이하(이러한 견해는 상소제기에 관한 특별수권이 있는 경우 소송계속 중 당사자의 사망과 소송절차의 중단시기, 상소기간의 진행 여부에 관하여 판례와 다른 입장을 취하고 있다).

2) 이시윤, 196쪽; 전병서, 69쪽.

3) 대판 2007. 2. 8. 2006다67893, 2007. 2. 22. 2006다81653, 2020. 6. 25. 2019다246399.

요하다.[1]

■ 파기(취소)환송 후의 재판에서 환송 전 원심에서의 소송대리인의 대리권이 부활하는지 여부

(1) 견해의 대립

소송이 상급심에서 파기환송(상고심에서, 법 436조 1항) 또는 취소환송(항소심에서, 법 416조, 418조 본문)되어 원심법원에 계속하게 된 경우 환송 전 원심에서의 소송대리인의 대리권이 부활되는지에 관해서는 논의가 있다. **판례**는, 해당 소송이 상급심에서 파기환송 또는 취소환송되어 다시 원심법원에 계속하게 된 때에는 환송 전 원심에서의 소송대리인의 **대리권**이 **부활**한다고 본다.[2]

이에 대하여, ① 환송판결은 종국판결로서 환송 후 원심에서는 다른 상급심을 거쳐서 변론이 속행된다는 점, 의뢰인인 당사자와 변호사 사이의 신뢰관계는 이미 소멸되었다는 점 등을 들어 판례의 입장에 **반대하는** 견해,[3] ② 환송 전 원심 소송대리인은 이미 사실관계에 정통하고 있는 점, 만약 본인이 그 대리인을 신뢰할 수 없게 되었다면 언제라도 해임할 수 있다는 점 등을 들어 판례의 입장을 **지지하는** 견해[4]가 있다.

(2) 검   토

판례에 반대하는 견해가 내세우는 환송판결이 종국판결이라는 것은 상급심을 이탈한다는 의미에 불과할 뿐이어서 환송 후 원심법원은 (변론을 갱신하여) **변론을 속행**하여 심리를 계속하게 되므로[5] 이를 그 논거로 드는 것은 정확한 것으로 볼 수 없다. 나아가 이러한 견해가 주장하는 당사자의 의사나 신뢰관계의 소멸은 당사자가 부활하는 소송대리인을 **해임**함으로써 달성할 수 있다. 뿐만 아니라 당사자로서는 환송판결의 취지에 따라 종전 소송대리인이 변론해 줄 것을 기대한다고 봄이 상당하며, 환송 후 원심에서 별도로 소송대리인을 선임해야 한다는 부담을 줄일 수도 있으므로, 환송 전 원심에서의 소송대리인의 대리권이 부활한다고 보는 것이 당사자의 의사에도 부합한다고 본다. 따라서 **판례의 태도가 정당**하다.

판례는 이러한 입장에서, 항소심판결이 상고심에서 파기되고 사건이 환송된 경우 환송 전 항소심에서의 소송대리인으로서는 환송 후 사건을 위임사무의 범위에서

---

1) 일체 상소를 하지 않기로 하는 불상소합의는 판결선고 전·후에 할 수 있으나, 상고할 권리를 유보하고 항소를 하지 않기로 하는 불항소합의(비약상고의 합의, 법 390조 단서, 422조 2항)는 제 1 심판결선고 후에야 할 수 있다. 상소권의 포기도 판결선고 후에 할 수 있다. 즉 상소권은 판결선고 전 포기(사전포기)가 허용되지 않는다.

2) 대판 1985. 5. 28. 84후102, 2016. 7. 7. 2014다1447 등.

3) 이시윤, 197쪽; 정동윤·유병현·김경욱, 265쪽; 호문혁, 290쪽.

4) 강현중, 274쪽.

5) 대판(전) 1995. 2. 14. 93재다27,34.

제외하기로 약정했다는 등의 특별한 사정이 없는 한 환송 후 항소심 사건의 소송사무까지 처리해야만(민 686조 2항) 비로소 **위임사무의 종료**에 따른 보수(성공보수)를 청구할 수 있다고 본다.[1]

(3) 구별할 경우

(a) 재상고심의 재판에서 상고심의 소송대리인의 대리권이 부활하는지 여부

상고심에서 항소심으로 파기환송된 사건이 다시 상고되었을 경우에는 항소심에서의 소송대리인은 그 소송대리권을 상실하게 되고, 이때 환송 전의 상고심에서의 소송대리인의 대리권이 그 사건이 다시 상고심에 계속되면서 부활하게 되는 것은 아니다. **판례**의 태도도 같다.[2]

(b) 재심의 소의 재판에서 재심 전 소송의 소송대리인의 대리권이 부활하는지 여부

재심의 소에서는 사전 또는 사후의 특별수권이 없는 이상 재심 전의 소송의 소송대리인이 당연히 재심의 소의 소송대리인이 되는 것은 아니다. 재심의 소에서의 변론은 재심 전 소송절차의 속행이기는 하나, 재심의 소는 새로운 소의 제기라는 형식을 취하고 재심 전의 소송과는 일응 분리된 별개의 다른 종류의 소송절차이기 때문이다.[3]

(f) 복대리인의 선임

1) 소송대리인의 복대리인 선임은 특별수권사항이다(법 90조 2항 4호). 복대리인은 **본인의 대리인**이다. 복대리인은 **법 90조 1항**의 **권한 범위 내**에서 대리권한을 가진다. 즉 본대리인이 특별수권사항에 관하여 수권되어 있다고 하더라도 그가 선임한 복대리인의 권한은 별도로 본인으로부터 특별수권을 받지 않는 한 **원칙적**으로 법 90조 1항의 권한을 넘어설 수 없다.[4] **본인**이 복대리인에게 법 90조 2항의 특별한 권한의 수여를 **소송대리인을 통하여** 한 것으로 볼 수 있는 경우에는 복대리인 역시 법 90조 2항의 소송행위를 할 수 있다(통상 소송대리인이 제출하는 소송복대리위임장에서는 이러한 특별수권사항이 기재되어 있다). 한편 복대리인은 원칙적으로 다시 복대리인(**재복대리인**)을 선임할 수 없다.

2) **소송대리인**이 **사망**하면 소송대리권은 당연히 소멸하지만 복대리인의 대리

---

1) 대판 2016. 7. 7. 2014다1447; 방웅환, "항소심 사건을 소송대리하는 변호사 등의 위임사무의 범위와 성공보수의 지급시기," 대법원판례해설 109호(2017년), 173쪽 이하.

2) 대결 1996. 4. 4. 96마148. 따라서 새로운 상고심은 대법원규칙인 '변호사보수의 소송비용 산입에 관한 규칙'의 적용에서 환송 전의 상고심과는 별개의 심급으로 보아야 한다.

3) 대결 1991. 3. 27. 90마970.

4) 이시윤, 197쪽; 송상현 · 박익환, 168쪽.

권은 당연히 소멸하는 것은 아니다. **소송대리인**이 **해임**되거나 **사임**했으나 그 사실이 상대방에게 **통지되지 않으면** 해임 또는 사임의 효력을 주장할 수 없으므로 (법 97조, 63조 1항 본문) 소송대리인이 선임한 소송복대리인의 대리권의 소멸 여부는 아예 문제되지 않는다(당연히 소멸하지 않는다).[1] 이에 반하여, 소송대리인의 해임 또는 사임이 상대방에게 **통지되어** 소송대리권이 **소멸**하면 소송복대리인의 대리권도 소멸하는지에 관해서는 논의가 있다. 그러나 이러한 경우에도 소송복대리인은 본인의 대리인이므로 소송복대리권은 소멸하지 않는다고 본다. 물론 **소송복대리인**이 본인에 의해 해임되거나, 또는 스스로 사임함에 따라 상대방에게 그 사실이 통지되면 소송복대리권은 소멸한다.[2]

Ⅵ. 소송대리인의 지위

1. 제 3 자 및 소송수행자로서의 지위

소송대리인은 당사자가 아니라 제 3 자의 지위에 있다. 따라서 소송행위의 효력, 판결의 효력은 당사자본인에게만 미친다. 소송대리인은 제 3 자로서 증인·감정인 능력이 있다. 한편 소송대리인에 의하여 소송을 수행할 때 어떠한 사정의 알고·모름 또는 고의·과실이 소송법상 효과에 영향을 미치는 경우(법 43조 2항, 77조 3호, 149조 1항, 173조 1항, 285조 1항 2호, 451조 1항 단서)에는 본인보다 우선하여 **대리인을 표준으로** 결정한다(민 116조 1항 참조). 당사자는 자기가 안 사정 또는 과실로 인하여 알지 못한 사정에 관하여 대리인의 몰랐음을 내세워 자기의 이익으로 원용할 수 없다(민 116조 2항 참조).

2. 당사자의 경정권

소송대리인의 사실상 진술은 당사자가 이를 곧 취소하거나 경정한 때에는 그

1) 대판 1970. 9. 29. 70다1593.
2) 이에 대하여, 소송대리인이 해임 또는 사임으로 인하여 소송대리권이 소멸했음에도 불구하고 소송대리인이 자신의 필요에 의하여 선임한 복대리인의 대리권이 존재한다는 것은 당사자의 의사에 반한다는 점, 소송대리인의 해임 또는 사임으로 인하여 신뢰관계가 파괴되어 있는 상태에서 당사자의 기초적 내부관계가 없는 복대리인에게 성실한 변론을 기대하기 어려운 점 등을 고려하면, 소송대리인의 해임 또는 사임에 의하여 소송대리권이 소멸하면 그가 선임한 복대리인의 대리권도 함께 소멸하는 것으로 해석함이 상당하다는 견해로는, 박해식, "소송복대리권의 소멸에 관한 고찰 —변호사인 소송대리인의 사망으로 인한 대리권상실의 여부—," 법조 48권 11호(1999. 11.), 194쪽 이하.

효력을 잃는다(법 94조). 이를 **당사자의 경정권**이라 한다. 소송대리인이 선임되어 있다고 하더라도 본인이 소송수행권을 여전히 가지고 있기 때문이다. 당사자가 소송대리인의 진술을 취소·경정한 때에는 소송대리인의 진술은 없었던 것으로 된다. 다만 변론 전체의 취지로서 사실인정에 영향을 줄 수는 있다. 경정권의 대상은 소송대리인의 **사실상 진술**에 한한다. 신청, 소송물을 처분하는 행위, 법률상 진술은 사실상 진술이 아니다. 구체적인 사실관계에 관한 진술에 한하며(자백도 포함한다), 법률상 의견이나 경험법칙에 관한 진술은 포함하지 않는다.

　경정권은 당사자본인 및 **법정대리인**이 이를 행사한다. 이에 대하여 법률상 소송대리인도 경정권을 행사할 수 있는 주체에 포함된다는 견해도 있다.[1] 경정권의 행사는 소송대리인의 진술이 있은 후 '**곧**' 해야 한다. '곧'이란 소송대리인의 진술 후 객관적으로 취소·경정할 기회가 있는 한 지체 없이 해야 한다는 의미이다. 소송대리인이 진술한 기일에 본인이 출석하여 본인이 이를 취소·경정할 기회가 있는 한 그 기일에 해야 하나, 그렇지 않는 때(본인이 그 기일에 출석하지 않는 때에도 마찬가지이다)[2]에는 그 다음 기일까지 할 수 있다.

3. 개별대리의 원칙

(1) 의　　의

　원칙적으로 소송위임에 의한 소송대리인이 여럿 있는 때에는 **각자가** 당사자를 대리한다(**개별대리**, 법 93조 1항). 이에 어긋나는 약정을 한 경우 그 약정은 법원이나 상대방에 대하여 무효이다(법 93조 2항). 즉 소송대리인이 소송수행시 본인과 공동으로 협의할 것을 정하더라도 법원이나 상대방에 대해서는 무효이며, 본인과 대리인 사이의 내부관계에 한하여 사법상 효력이 있을 뿐이다. 법 90조 2항의 특별수권사항을 여러 소송대리인 가운데 어느 하나의 소송대리인에게 부여하는 것은 대리권의 제한이 아니므로 유효하다.[3]

(2) 서로 모순되는 소송행위의 효력

　여러 소송대리인이 한 소송행위가 서로 모순되는 것으로 보여진다면 법원은 석명권을 행사하여 이를 분명히 밝혀야 하나, 그래도 (모순되지 않음이) 분명하지

---

1) 방순원, 179쪽; 김지향, 주석서(1), 832쪽.
2) 김홍규·강태원, 239쪽.
3) 김지향, 주석서(1), 829쪽.

않으면 이들 소송행위가 때를 같이하여 이루어졌는지, 때를 달리하여 이루어졌는지에 따라 그 효력을 달리 취급해야 한다.

　　소송대리인들의 서로 모순되는 행위가 **때를 같이하여** 이루어진 경우에는 어느 것도 효력이 없다. 서로 모순되는 행위가 **때를 달리하여** 이루어진 경우에는 앞의 행위가 **철회될 수 있으면**(예컨대 주장, 증거신청 등) 뒤의 행위가 효력이 있다(앞의 행위를 철회하는 효력을 가진다). 다만 앞의 행위가 **철회될 수 없으면**(예컨대 자백, 소취하 또는 상소취하, 청구의 포기·인낙, 화해 등) 뒤의 행위는 효력이 없다.[1] 그러나 앞의 행위가 비록 일반적으로는 철회될 수 없는 경우라고 하더라도 **예외적**으로 ① 앞의 행위인 자백에 대하여 그 **취소**(법 288조 단서)의 주장을 명시적·묵시적으로 하는 뒤의 행위, ② 앞의 행위인 소취하 또는 상소취하, 청구의 포기·인낙, 화해에 대하여 그 **당연무효사유**를 주장하면서 기일지정신청[소취하에 대해서는 규칙 67조의 **적용**, 상소취하에 대해서는 규칙 67조의 **준용**(규칙 128조·135조), 나머지에 대해서는 규칙 67조의 **유추적용**]을 하는 뒤의 행위는 그 효력을 가진다고 보아야 한다.

(3) 소송서류의 송달, 특히 판결정본의 송달의 경우

　　소송위임에 의한 소송대리인이 여럿 있는 때에는 각자가 당사자를 대리하게 되므로(**개별대리**, 법 93조 1항), 여러 사람이 공동으로 대리권을 행사할 때(공동대리의 경우) 그 가운데 한 사람에게 송달을 하도록 한 법 180조가 적용될 여지가 없다[당사자가 공동대리로 한다는 특약을 하더라도 그 효력이 없다(법 93조 2항)].[2] 따라서 법원으로서는 소송서류를 여러 소송대리인에게 **각각(모두에게)** 송달을 해야 한다. 다만 이 경우에도 소송대리인 모두 당사자 본인을 위하여 소송서류를 송달받을 지위에 있으므로, 당사자에 대한 판결정본의 송달의 경우 소송대리인들 가운데 한 사람에게 **최초로** 송달되었을 때 송달의 효력이 발생한다[따라서 항소기간은 소송대리인들 가운데 한 사람에게 최초로 판결정본이 송달되었을 때부터 기산된다].[3]

1) 이시윤, 199쪽; 정동윤·유병현·김경욱, 265쪽; 송상현·박익환, 171쪽; 호문혁, 292쪽; 김지향, 주석서(1), 828쪽.
2) 정동윤·유병현·김경욱, 266쪽; 호문혁, 292쪽 등에서는 개별대리의 원칙과 관련하여, 소송서류의 송달은 원칙적으로 여러 사람의 소송대리인 가운데 한 사람에게 하면 된다고 설명하고 있으나, 소송위임에 의한 소송대리인의 경우 공동대리가 생길 여지가 없으므로 공동대리의 경우에 적용되는 법 180조를 소송위임의 소송대리인의 경우에도 적용되는 듯한 언급은 오해를 불러일으킬 소지가 있다.
3) 대결 2011. 9. 29. 2011마1335.

(4) 변호사보수의 소송비용에의 산입의 경우

변호사보수의 소송비용에의 산입에 관해서는 여러 변호사가 소송대리를 했더라도 변호사 한 사람이 소송대리를 한 것으로 본다(법 109조 2항).

Ⅶ. 소송대리권의 소멸

1. 소멸하지 않는 경우

(1) 법 95조·96조에서 열거하고 있는 사유

법 95조·96조의 각 사유가 있는 경우에는 소송대리권이 소멸되지 않는다. 즉 소송대리권을 수여한 당사자·법정대리인의 사망 또는 소송능력상실, 일정한 자격에 기하여 남을 위하여 당사자가 된 사람이나 선정당사자의 자격상실 등의 사정은 소송대리인의 대리권에는 영향을 미치지 않는다. 이 점에서 본인의 사망으로 대리권이 소멸하는 민법상 대리(민 127조 1호)와 다르다[다만 **상법상 대리**의 경우는 본인의 사망으로 대리권이 소멸하지 않는다(상 50조)]. 민법상 대리는 개인적 신뢰관계에 의존하나, 소송대리는 소송절차의 신속·원활의 필요, 위임범위의 명확화, 수임자가 원칙적으로 변호사인 점 등을 고려하기 때문이다.

(2) 소송절차의 중단 여부

법 95조·96조의 각 사유가 있는 경우 소송대리인이 있으면 소송절차의 중단의 효과가 생기지 않는다(법 238조). 소송대리인은 수권자의 승계인, 즉 소송절차의 소송수계인이 될 사람의 대리인으로서 소송수행을 할 수 있다. 다만 소송대리인의 대리권은 **심급대리의 원칙**에 따라 그 **심급의 종료**와 동시에(상소제기에 관한 특별수권이 있는 경우에는 **상소제기**와 동시에) 소멸함으로써 소송대리인이 없는 상태로 되어 소송절차가 중단되게 된다.

2. 소멸하는 경우

(1) 소송대리권이 당연히 소멸되는 경우

(a) 원   칙

소송대리인의 사망, 성년후견개시, 또는 파산 등(민 127조 2호)의 경우에는 소송대리권이 소멸한다. 한편 소송대리인에게 상소제기에 관한 특별수권이 없는 한

해당 심급의 판결정본의 송달로써 소송대리인이 수임한 소송사무는 종료된다.[1]

(b) 변호사에 대한 등록취소 · 제명 등의 경우

변호사에 대한 **등록취소**(변호 18조 1항 2호 · 3호 · 4호), 또는 징계에 의한 제명 (변호 90조 1 · 2호) 등은 **변론능력의 상실사유**인지, **소송대리권의 소멸사유**인지 여부에 관하여 견해의 대립이 있다. ① 변호사자격을 소송대리권의 발생 · 존속요건으로 보는 입장에서는 변호사의 자격상실 등은 **소송대리권의 소멸원인**으로 보게 되고,[2] 변호사자격을 변론능력으로 보는 입장에서는 변호사의 자격상실 등은 변론능력의 소멸원인이 됨에 그치고 소송대리권의 소멸원인으로 보지 않는다.[3] ② 변호사의 자격상실 등을 소송대리권의 소멸원인으로 보는 경우에는 그에 대한 **송달**은 **무효**이나, 변호사의 자격상실 등을 변론능력의 소멸원인으로 보는 경우에는 그에 대한 송달은 유효하게 된다. 만약 변론능력이 상실될 따름이고 소송대리권 자체는 소멸하지 않는다고 보는 경우 본인이 소송계속 중 사망하더라도 소송대리인이 존재한다는 이유로 소송절차가 중단되지 않는 결과 본인을 위한 변론권 행사에 중대한 지장이 초래될 수 있다. 따라서 **소송대리권이 소멸**된다고 보는 것이 타당하다.

(2) 소송대리권이 소멸통지로 소멸되는 경우

소송위임계약의 해지, 본인의 파산 등에 의하여(위임인의 파산에 의해서도 당연히 종료된다, 민 690조) 소송대리인의 대리권은 소멸된다. 이 경우 상대방에게 **통지**하지 않으면 소멸의 효력을 주장하지 못한다(법 97조, 63조 1항 본문). 따라서 소송대리인이 사임서를 법원에 제출했다 하더라도 상대방에게 그 사실을 통지하지 않은 이상 그 소송대리인의 대리권은 여전히 존속하므로 그 대리인의 소송행위는 유효하다.[4] 다만 **법원**에 소송대리권의 **소멸사실**이 **알려진 뒤**에는 그 소송대리인

---

1) 대판 1995. 12. 26. 95다24609, 대결 2000. 1. 31. 99마6205. 일반적으로 수임인은 위임의 내용에 따라 선량한 관리자의 주의의무를 다해야 하고, 특히 소송대리를 위임받은 변호사가 그 수임사무를 수행할 때에는 전문적인 법률지식과 경험에 기초하여 성실하게 의뢰인의 권리를 옹호할 의무가 있으며, 구체적인 위임사무의 범위는 변호사와 의뢰인 사이의 위임계약의 내용에 의해 정해지는 것이지만, 위임사무의 종료단계에서 패소판결이 있었던 경우에는 의뢰인으로부터 상소에 관하여 특별한 수권이 없는 때에도 그 판결을 점검하여 의뢰인에게 불이익한 계산상의 잘못이 있다면 의뢰인에게 그 판결의 내용과 상소하는 때의 승소가능성 등에 대하여 구체적으로 설명하고 조언해야 할 의무가 있다. 대판 2004. 5. 14. 2004다7354.

2) 정동윤 · 유병현 · 김경욱, 267쪽; 강현중, 274쪽; 호문혁, 293쪽.

3) 이시윤, 200쪽; 김용진, 150쪽.

4) 대판 1995. 2. 28. 94다49311, 대결 2008. 4. 18. 2008마392 등; 서기석, "대표권 소멸통지

은 소취하, 화해, 청구의 포기·인낙, 소송탈퇴 등 소송목적을 처분하는 소송행위
를 하지 못한다(법 97조, 63조 1항 단서).[1]

제 4 관   무권대리인

Ⅰ. 의   의

무권대리인이란 **대리권이 없는 대리인**(법정대리인·임의대리인)으로, 예컨대 ①
대리권을 수여받지 못한 경우, ② 법정대리인이 무자격인 경우, ③ 특별수권 없는
대리행위의 경우, ④ 대리권을 서면으로 증명하지 못한 경우, ⑤ 송달받을 권한이
없는 사람에게 잘못 송달된 경우(개별적 대리인의 경우) 등이 이에 해당된다. 한편
법인, 또는 법인 아닌 사단이나 재단의 대표자가 **대표권이 없는 경우**에는 무권대
리인에 준한다(법 64조).

Ⅱ. 소송상 취급

1. 무권대리와 추인

(1) 대리권의 존재와 소송행위의 유효요건

대리권의 존재는 소송행위의 유효요건이다(다만 소제기 당시 대리권의 존재는
소송요건이다). 무권대리인에 의한 또는 그에 대한 소송행위는 무효이다. 그러나
확정적으로 무효가 되는 것은 아니며, **보정**된 **당사자**나 **법정대리인**(대표자), 또는
소송대리인이 **추인**하면 행위시에 **소급하여 유효**하게 된다(법 60조·64조·97조). 그
러나 추인거절의 의사표시가 있는 이상 그 무권대리행위는 확정적으로 무효가 되

전에 구대표자가 한 소취하의 효력," 국민과 사법(윤관대법원장퇴임기념, 1999. 1.), 653쪽.

1) 법 63조 1항을 문리적으로 해석한다면 당사자나 소송대리인으로부터 상대방에게 소송대리
권 소멸의 통지가 되지 않는 한 소송대리권은 소멸하지 않는 것으로 해석할 수밖에 없으나,
이를 개별적으로 고찰하여 **소송의 상대방**에 대해서는 상대방에게 소송대리권 소멸통지가 있
을 때에, 또한 **소송행위의 상대방**인 법원에 대해서는 법원에 소송대리권 소멸통지가 있을 때
에 각각 대리권 소멸의 효과가 생긴다고 해석함이 타당하다는 견해가 있다. 이러한 입장에서
는 법원에 사임서 등이 제출되어 법원에 소송대리권 소멸통지가 있을 때에는 그것이 상대방
에게 통지가 되지 않아도 **법원과의 관계**에서는 소송대리권이 소멸된 것으로 보아 법원으로서
는 소송대리인의 소송행위를 배제하고 당사자본인이나 새로 선임된 소송대리인을 상대로 하여
일체의 소송행위를 해야 한다고 본다. 박해식, "소송대리권의 소멸에 관한 고찰 —변호사인 소
송대리인의 사망 등으로 인한 대리권상실의 여부—," 법조 48권 11호(1999. 11.), 194쪽 이하.

므로, 그 후에 이를 추인할 수 없다.[1] 소제기 당시 대리권에 흠이 있다고 하더라도 그 소가 각하되지 않고 추인으로 인하여 소급하여 유효한 것으로 인정되는 한 소제기(재판상 청구)에 의한 시효중단의 효력(민 170조 1항)도 유효하며, 소송행위가 추인될 때에 시효가 중단되는 것이 아니다.

(2) 추인의 시기 및 방법

1) 추인은 상소심(항소심·상고심)에서도 할 수 있다.[2] 따라서 원심판결이 대법원에서 파기환송된 경우 환송 후 원심법원으로서는 상고심에서 제출된 추인서까지 포함하여 소송요건을 갖춘 것인지 여부를 심리·판단할 필요가 있다.[3]

2) 추인은 **법원** 또는 **상대방**에 대하여 한다. 추인은 반드시 명시적으로 하지 않더라도 **묵시적**으로도 할 수 있다.[4] 추인은 **원칙적**으로 (특별한 사정이 없는 한) 소송행위 전체를 대상으로 해야 하고(**일괄추인**), 그 일부의 소송행위만을 선별하여 하는 것(**일부추인**)은 허용되지 않는다. 다만 **예외적**으로 ① 소송의 혼란을 일으킬 우려가 없고, ② 소송경제적으로도 적절한 때에 한하여 일부추인이 허용된다. 예컨대 무권대리인이 한 상소행위만을 추인하는 것은 특별한 사정이 없는 한 허용되지 않으므로 이로써 상소행위가 유효하게 되는 것은 아니나,[5] 무권대리인이 위임한 변호사가 소를 제기하여 승소했는데 상대방의 항소로 소송이 제 2 심에 계속 중 그 변호사가 소를 취하한 사안에서, 일련의 소송행위 가운데 **소취하행위만**을 분리해도 독립의 의미를 가지고 있어서 이것만을 제외하고 **나머지 소송행위**를 추인하더라도 소송의 혼란을 일으킬 우려가 없고, 소송경제적으로도 적절하므로 그 추인은 유효하다.[6]

3) 무권대리인의 추인의 방식과 관련하여, 무권대리인의 촉탁에 따라 작성한 **집행증서**[7]의 흠의 추인은 해당 집행증서를 작성한 **공증인**(증서의 원본을 보존하고 있는 공증인)에 대해서 해야 하고, 또 **공정증서**로써(그 의사표시를 공증하는 방

---

1) 대판 2008. 8. 21. 2007다79480.
2) 대판 2012. 4. 13. 2011다70169, 2016. 7. 7. 2013다76871, 2019. 9. 10. 2019다208953 등.
3) 대판 2022. 4. 14. 2021다276973.
4) 대판 2007. 2. 8. 2006다67893, 2007. 2. 22. 2006다81653.
5) 대판 2008. 8. 21. 2007다79480.
6) 대판 1973. 7. 24. 69다60.
7) **집행증서**는 공정증서상 **집행승낙의 의사표시**가 적혀있는 것으로 집행권원이 된다. 민사집행법 56조 4호는, '채무자가 강제집행을 승낙한 취지가 적혀 있는 것'으로 규정하고 있다. 실무상으로는 이를 집행승낙문구, 집행인낙문구, 집행수락문구, 집행수락약관이라고 한다.

식으로) 해야 한다. 이와 같은 방식에 의하지 않은 추인행위는 그 추인행위에 의하여 채무자가 실체법상의 채무를 부담하게 되는 것은 별론으로 하고 무효의 집행권원을 유효하게 할 수는 없다.[1]

2. 무권대리의 심리와 재판

(1) 무권대리 여부와 직권조사사항

1) 무권대리 여부는 **직권조사사항**이다.[2] 대리권 유무의 판단에서 제출자료에 의하여 의심할 만한 사정이 엿보이면 상대방이 이를 구체적으로 지적하여 다투지 않더라도 이에 대해 적극적으로 심리·조사해야 한다. 그러나 기초자료가 되는 사실과 증거를 직권탐지해야 하는 것은 아니다.[3] 즉 대리권 유무에 대한 판단자료의 수집에서는 직권탐지주의가 적용되지 않고, 변론주의가 적용된다(**변론주의형**).[4] 소제기 단계에서의 대리권의 존재는 소송요건으로서 직권조사사항이나, 직권조사사항에 대해서도 판단자료의 수집에서(직권탐지형이든 변론주의형이든 관계없이) 그 사실의 존부가 불분명한 때에는 증명책임의 원칙이 적용되므로, 본안판결을 받는다는 것 자체가 원고에게 유리하다는 점에 비추어 이에 대한 **증명책임**은 원고에게 있다.[5]

2) 무권대리 여부가 직권조사사항이기는 하나, **판례**는 당사자 사이에 다툼이 전혀 없었음에도 **석명절차도 없이** 당사자가 다투지도 않은 대리권(대표권)을 문제 삼아 소를 각하한 것은 석명의무를 위반한 것이라고 본다.[6]

(2) 무권대리인으로 밝혀졌을 때의 법원의 조치

1) 무권대리인으로 밝혀지는 경우에는 무권대리인의 소송관여를 배척해야 한다(그 경우 기일불출석의 불이익을 받는다). 법원은 **기간**을 정해 **보정을 명해야** 하

1) 대판 1991. 4. 26. 90다20473, 2006. 3. 24. 2006다2803 등; 이재철, "대리권 흠결이 있는 공정증서 중 집행인낙에 대한 추인의 방식," 대법원판례해설 15호(1991년 상반기), 219쪽 이하; 김능환, "하자 있는 집행증서의 효력," 민사집행에 관한 제문제(상)(재판자료 71집, 1996. 6.), 7쪽 이하.
2) 대결 1997. 9. 22. 97마1574, 2009. 10. 29. 2008다37247, 2015. 12. 10. 2012다16063 등.
3) 대판 1994. 11. 8. 94다31549, 1997. 10. 10. 96다40578 등.
4) 대판 1999. 2. 24. 97다38930은 "소송대리권의 존부는 법원의 직권탐지사항으로서, 이에 대해서는 자백간주에 관한 규정이 적용될 여지가 없다"고 하여 소송대리권 존부에 관한 판단을 위한 사실자료의 수집을 직권탐지형으로 보고 있는 듯한 판시를 하고 있다.
5) 대판 1997. 7. 25. 96다39301, 2022. 10. 14. 2022다247538.
6) 대판 2022. 4. 14. 2021다276973.

고,1) 만일 보정하는 것이 지연됨으로써 손해가 생길 염려가 있는 경우에는 보정하기 전이라도 일시적으로 소송행위를 하게 할 수 있다(법 59조, 64조, 97조).

　　2) 대리인에 의한 소제기에서 대리권의 존재는 소송요건이다. 따라서 무권대리인이 제기한 소·상소는 변론종결시까지 보정되지 않는 한 종국판결로써 소·상소를 각하해야 한다.2) 이러한 경우에는 **무권대리인**에게 **소송비용의 부담**을 명한다(법 108조).

　　3) 무권대리를 간과한 판결의 경우 판결확정 전에는 상소(상고시 절대적 상고이유가 된다. 법 424조 1항 4호)로써, 판결확정 후에는 재심의 소(법 451조 1항 3호)로써 구제된다.3) 다만 무권대리를 간과한 판결이라 하더라도 법 60조 또는 97조에 따라 **추인**한 경우에는 그렇지 않다(법 424조 2항, 451조 1항 3호 단서).

Ⅲ. 쌍방대리의 금지

1. 통상의 쌍방대리

(1) 쌍방대리가 금지되는 경우

　　1) 민법상 자기계약이나 쌍방대리가 금지되는 것(민 124조)과 마찬가지로 소송상으로도 같은 사람이 이해관계가 상반되는 당사자 양쪽을 실질적으로 대리하거나, 당사자 한쪽이 상대방을 대리하는 것은 허용되지 않는다. 예컨대 **독립당사자참가**에서는 원·피고, 참가인이 서로 대립되는 지위에 있으므로 같은 사람이 그 가운데 양쪽 당사자를 대리함은 허용되지 않는다.4) 그러나 **참가승계**(법 81조)에서 피승계인이 승계사실을 다투지 않는 한 피승계인의 소송대리인이 승계인의 소송행위를 대리했다 하여 쌍방대리 금지의 원칙에 저촉되지 않는다.5)

---

1) 법원은 대리권(대표권)에 흠이 있는 경우에는 그 **흠을 보정할 수 없음이 명백한 때가** 아닌 한 기간을 정해 **보정을 명해야 할 의무**가 있다. 대판 2003. 3. 28. 2003다2376, 2019. 9. 10. 2019다208953, 2021. 10. 28. 2019두60714.

2) 소송대리인이 당사자의 의사를 확인하지 않은 상태에서 상고기간을 넘길 것을 우려하여 미리 상고를 제기했으나, 그 후 당사자가 상고를 제기하지 않겠다는 의사를 밝힌 경우 그 상고는 당사자로부터 적법하게 소송대리권을 수여받은 바가 없는 무권대리인에 의하여 제기된 것으로서 부적법하므로 각하되어야 한다. 대판 2006. 11. 9. 2006후1841.

3) 따라서 소송에서 법인의 대표자로 된 사람이 당시 법인의 적법한 대표자가 아니라 하더라도 그 판결의 효력은 그 법인에 미치는 것이므로, 그 판결이 재심절차에 의하여 취소되지 않는 한 법인은 이에 저촉되는 청구를 할 수 없다. 대판 1994. 1. 11. 93다28706.

4) 대판 1965. 3. 16. 64다1691,1692.

5) 대판 1969. 12. 9. 69다1578, 1991. 1. 29. 90다9520,9537.

2) **제소전 화해**의 경우 법 385조 2항에서 당사자는 제소전 화해를 위하여 대리인을 선임하는 권리를 상대방에게 위임할 수 없다는 별도의 규정을 두어 쌍방대리를 금지하고 있다. 한편 **집행증서** 가운데 **건물·토지 또는 특정동산**(공증인법 시행령 37조의2가 정하는 동산)의 **인도·반환**을 목적으로 하는 청구에 관한 **집행증서의 경우 공증인법 56조의3 2항**에서 이러한 집행증서 작성을 촉탁할 때에는 어느 한 당사자가 다른 당사자를 대리하거나 어느 한 대리인이 당사자 양쪽을 대리하는 것을 금지하는 별도의 규정을 두어 쌍방대리를 금지하고 있다.[1]

3) **법정대리인**의 경우 쌍방대리에 해당하는 때에는 법정대리권을 제한하는 실체법상 규정을 두고 있다. 예컨대 민법 64조는 법인과 이사의 이익상반의 경우를, 민법 921조 1항은 친권자와 미성년자인 자(子) 또는 수인의 자(子) 사이의 이해상반의 경우를, 민법 949조의3은 후견인과 미성년자 또는 피성년후견인 사이의 이해상반의 경우(후견감독인이 있는 때를 제외한다)를 규정하고 있다.

(2) 쌍방대리와 소송법상 효력

쌍방대리가 금지되는 경우에도 대리가 불가능한 것이 아니고 이러한 소송행위를 했을 경우에는 **무권대리**가 된다. 따라서 본인이 미리 의뢰(승낙)한 때에는 유효하고,[2] 본인의 동의 없이 한 때라도 본인이 나중에 추인할 때에는 그 흠이 치유되어 유효하게 된다. **판례**도, 이러한 무권대리행위는 예외적으로 본인의 허락이 있는 경우에 한하여 효력이 인정될 수 있는데, '본인의 허락'이 있는지 여부는 이익충돌의 위험을 회피하기 위한 입법취지에 비추어 쌍방대리행위에 관하여 유효성을 주장하는 사람이 **주장·증명책임**을 부담하고, 이때의 '허락'은 명시된 사전 허락 이외에도 '묵시적 허락' 또는 '사후 추인'의 방식으로도 가능하다고 본다.[3]

---

[1] 그러나 공증인법에서는 **그 밖의 집행증서**의 작성을 촉탁하는 경우 쌍방대리를 금지하는 법률상 명문의 규정을 두고 있지 않다. **판례**는, 민법 124조도 본인의 허락이 없는 사람이 한 자기계약과 쌍방대리를 금지하고 있을 뿐이고, 본인의 허락이 있는 경우에는 자기계약과 쌍방대리가 금지되지 않을 뿐 아니라, 채무자의 '**계약체결에 관한 의사표시 및 강제집행을 승낙하는 의사표시**'(상대방에 대한 행위)와 '**집행증서 작성을 촉탁하는 의사표시**'(공증인에 대한 행위)는 구분해야 하므로, 전자의 의사표시를 채무자 본인이 직접 한 이상, 단지 후자의 의사표시에 관한 대리권만 위임하여 촉탁대리인이 집행증서 작성을 촉탁하도록 하는 것은 민법 124조의 법의(法意)에 위배되지 않는다는 입장이다. 대판 2020. 11. 26. 2020두42262.

[2] 대판 1969. 6. 24. 69다571, 1973. 10. 23. 73다437.

[3] 대판 2024. 1. 4. 2023다225580. 위 판결은, 변호사가 변호사법 31조 1항 1호에 따른 수임 제한 규정을 위반한 경우에는 민법 124조가 적용된다고 판시하고 있으나, 쌍방대리에 해당하는 소송행위에는 민법 124조가 **유추적용**된다.

2. 변호사법 31조 1항 1호 · 2호 위반의 대리행위

(1) 위반행위의 모습

변호사의 소송대리가 雙方代理가 되는 경우로서 변호사법 31조 1항은 변호사가, ① 당사자 한쪽으로부터 상의를 받아 그 수임을 승낙한 사건의 상대방이 위임하는 사건(1호), ② 수임하고 있는 사건의 상대방이 위임하는 다른 사건(2호) [다만 2호의 경우 수임하고 있는 사건의 위임인이 동의한 때에는 예외이다. 변호 31조 1항 단서]에 관하여 그 직무를 수행할 수 없도록 규정하고 있다.[1] 변호사법 31조 1항 1호 · 2호 규정은 **법무법인 · 법무법인(유한) · 법무조합**에도 준용된다(변호 57조, 58조의16, 58조의30). 한편 법무법인 · 법무법인(유한) · 법무조합이 아니면서도 변호사 2명 이상이 사건의 수임 · 처리나 그 밖의 변호사 업무수행시 **통일된 형태**를 갖추고 **수익을 분배**하거나 **비용을 분담**하는 형태로 운영되는 **법률사무소**는 하나의 변호사로 본다(변호 31조 2항).[2][3]

(2) 수임을 승낙한 사건의 상대방이 위임하는 사건

한쪽 당사자로부터 상의를 받아 그 수임을 승낙한 사건이란 일정한 구체적 사건[대립당사자 구조를 갖는 사건으로 민 · 형사소송사건뿐만 아니라 법률자문사건도 포함된다]에 관하여 법률적 해석이나 해결을 요청하는 법률상담을 받아 한쪽 당사자인 의뢰인 측을 위하여 업무를 수행하겠다는 의사표시를 한 경우를 말한다. 상대방이 위임하는 사건이란 한쪽 당사자로부터 상의를 받아 수임을 승낙한 사건과 동일한 경우이어야 한다. 변호사법 31조 1항 1호에서 **동일한 사건**인지에 관한 명문의 규정을 두고 있지 않으나, 2호에서 수임하고 있는 사건의 상대방이 위임하는 '다른 사건'이라고 규정하고 있는 점과 대비하여 1호의 사건은 **동일한 사건**

---

1) **판례**는, 변호사가 그와 같은 사건에 관하여 직무를 행하는 것은 먼저 그 변호사를 신뢰하여 상의를 하고 사건을 위임한 당사자 한쪽의 신뢰를 배반하고 변호사의 품위를 실추시키는 것이므로 그러한 사건에서는 변호사가 직무를 집행할 수 없도록 한 것이라고 본다. 대판 2003. 11. 28. 2003다41791, 2018. 11. 29. 2018다22077,22084.

2) 따라서 이러한 법률사무소 소속 변호사들이 상대방의 관계에 있는 당사자 양쪽으로부터 각자 수임을 한 경우에도 '쌍방대리'에 해당하여 변호사법 31조 1항 1호에 따라 원칙적으로 수임이 제한된다. 대판 2024. 1. 4. 2023다225580.

3) **피고 소송대리인**이 단순히 상대방 당사자인 **원고 본인**과 같은 법무법인 소속 변호사라는 이유만으로 피고 소송대리인의 소송행위의 효력이 제한되는 것은 아니다(이러한 경우에는 변호사법 31조 1항 · 2항이 적용되지 않으며, 그 수임을 제한하는 다른 법률규정이 있는 것도 아니다). 대판 2018. 11. 29. 2018다22077,22084.

일 것이 요구된다. 사건이 동일한지 여부는 그 기초된 **분쟁의 실체**가 동일한지 여부에 의하여 결정된다. 상반되는 이익의 범위에 따라서 개별적으로 판단되어야 하며, 소송물이 동일한지 여부나 민사사건과 형사사건과 같이 그 절차가 같은 성질의 것인지 여부는 관계없다.[1]

수임을 승낙한 사건은 **현재 수임**하고 있는 사건뿐만 아니라 **수임**을 **종료한** 사건도 포함한다.[2] 예컨대 동일한 변호사가 형사사건에서 피고인을 위한 변호인으로 선임되어 변호활동을 하는 등 직무를 수행했다가 나중에 실질적으로 동일한 쟁점을 포함하고 있는 민사사건에서 위 형사사건의 피해자에 해당하는 상대방 당사자를 위한 소송대리인으로서 소송행위를 하는 등 직무를 수행하는 경우도 마찬가지로 금지된다.[3]

(3) 수임하고 있는 사건의 상대방이 위임하는 다른 사건

수임하고 있는 사건이란 현재 수임하여 직무를 수행하고 있는 사건을 말하며, 수임사무가 종료된 경우는 포함되지 않는다. 한편 상대방이 위임하는 **다른 사건**이란 현재 수임하고 있는 사건과 동일성이 없는 별개의 사건을 말한다. 현재 수임하고 있는 사건이라고 하더라도 수임하고 있는 사건의 **위임인**이 **동의**를 한 경우에는 상대방이 위임하는 사건도 대리할 수 있다(변호 31조 1항 단서).[4] 이때 동의는 위임인뿐만 아니라 상대방의 동의도 필요하다는 견해가 있으나,[5] 법문상 동의의 주체가 먼저 수임하고 있는 사건의 위임인임이 분명하므로 별도로 상대방의 동의를 받을 필요가 없다.[6]

---

1) 대판 2003. 11. 28. 2003다41791; 김상준, "수임제한에 관한 변호사법 규정을 위반한 소송대리인의 대리권," 대법원판례해설 44호(2003년 상반기), 535쪽 이하.

2) **변호사윤리장전**(2021. 5. 31. 개정·시행) **윤리규약** 22조 2항은, "변호사는 위임사무가 종료된 경우에도 종전 사건과 기초가 된 분쟁의 실체가 동일한 사건에서 대립되는 당사자로부터 사건을 수임하지 아니한다."라고 규정하고 있다.

3) 대결 1962. 12. 27. 62두12, 1968. 8. 1. 68두8, 대판 2003. 5. 30. 2003다15556.

4) **변호사윤리장전**(2021. 5. 31. 개정·시행) **윤리규약** 22조 1항 3호는, "변호사는 '수임하고 있는 사건의 상대방이 위임하는 다른 사건'을 수임하지 아니한다. 다만 (3호의 경우) 수임하고 있는 사건의 의뢰인이 동의한 경우에는 그러하지 아니하다."고 규정하고 있다.

5) 최진안, 법조윤리(제 3 판, 2014년), 176쪽.

6) 정형근, 변호사법주석(제 2 판, 2022년), 355쪽.

■ 변호사법 31조 1항 1호·2호 위반의 대리행위로서 상대방으로부터 수임이 금
  지되는 경우의 체계적 이해

(1) 수임을 승낙한 사건의 경우

변호사가 수임을 승낙한 사건에는 ① 수임을 승낙했으나 아직 수임하지 못한 사
건, ② 현재 수임하고 있는 사건, ③ 수임을 종료한 사건이 있다. 수임을 승낙한 이
상 앞서의 어떤 경우이든 상대방으로부터 동일한 사건은 수임하지 못한다. 즉 수임
을 승낙한 이상 **수임 전**의 경우이나 또는 수임한 사건이 **종료**된 경우에도 그 사건
과 동일한 사건인 한 상대방으로부터 수임할 수 없다. 여기서 동일한 사건이란 소송
물이나 민·형사사건에 구애받지 않고 그 기초된 분쟁의 실체적 동일성 여부에 의
하여 판단된다.

(2) 현재 수임하고 있는 사건의 경우

수임을 승낙한 사건 가운데 현재 수임하고 있는 사건의 경우에는 상대방으로부
터 그 사건과 동일한 사건뿐만 아니라 **다른 사건**도 수임하지 못한다. 다만 수임한
사건의 **위임인**이 **동의**한 때에는 다른 사건을 수임할 수 있다.

(4) 위반행위의 효력

변호사법 31조 1항 1호·2호를 위반한 대리행위의 효력에 관해서는 견해의
대립이 있다. ① 유효한 것으로 보는 견해(**직무규정설**, **유효설**), ② 절대무효로 보
는 견해(**절대무효설**), ③ 뒤에 선임한 사람(뒤에 선임한 사건의 본인)이 추인하면 유
효한 것으로 보는 견해(**추인설**), ④ 먼저 선임을 하거나 (변호사로부터) 수임을 승
낙받은 사람(뒤에 선임한 사건의 상대방, 종전 사건의 의뢰인)이 이의하지 않으면 유효
한 것으로 보는 견해(**이의설**) 등이 있다. 변호사법 31조 1항 1호·2호가 뒤에 선
임한 사람보다는 먼저 선임을 하거나 수임을 승낙받은 사람의 보호를 위한 취지
에서 규정하고 있는 점을 고려하면, 그 위반을 **알거나 알 수 있었음에도** 이의를
제기하지 않은 경우에는 유효한 것으로 보는 **이의설**이 타당하다.[1][2] **판례도**, 상대

---

1) 이시윤, 205쪽; 정동윤·유병현·김경욱, 275쪽; 손한기, 107쪽; 정영환, 362쪽; 김상준, "수
   임제한에 관한 변호사법 규정을 위반한 소송대리인의 대리권," 대법원판례해설 44권(2003년
   상반기), 535쪽 이하.
2) 상대방 당사자가 이의를 하지 않는 경우 앞서의 변호사법 위반행위가 유효한 것으로 되는
   근거를 **법 151조의 이의권의 포기·상실**에 찾는 견해로는, 정동윤·유병현·김경욱, 275쪽.
   이에 대하여, 변호사법 위반의 소송행위의 효력 여부는 소송절차의 방식·요건 등 형식적 사
   항에 관한 것이 아니므로 법 151조의 소송절차에 관한 **이의권의 포기·상실의 대상이 아니
   라**고 보는 견해로는, 강현중, 245쪽. 후자의 견해에 의하면, 법 151조의 이의권의 행사는 위
   반행위가 있는 경우 '**바로**' 행사해야 하지만, 변호사법 위반의 소송행위에 대해서는 '**사실심**

방 당사자가 법원에 대하여 **이의를 제기**하는 경우에는 그 소송행위는 무효이고, 그러한 이의를 받은 법원으로서는 그러한 소송관여를 더 이상 허용해서는 안 되지만, 상대방 당사자가 그와 같은 사실을 **알았거나 알 수 있었음**에도 불구하고 **사실심 변론종결시까지** 아무런 **이의를 제기하지 않았다면** 그 소송행위는 소송법상 완전한 효력을 가진다고 하여, 같은 입장이다.[1]

Ⅳ. 소송행위와 표현대리

무권대리인 또는 대표권한이 없는 사람의 소송행위에 대하여, 상대방이 대리권 또는 대표권이 있는 것을 믿고 그 믿은 데 정당한 사유가 있는 때에는 실체법상 표현대리의 법리(민 125조 이하, 상 14조·395조 등)가 유추적용되는지에 관하여 논의가 있다.

1. 무권대리인의 소송행위의 경우

원칙적으로 무권대리인의 소송행위에는 소송절차의 안정과 소송행위의 명확성의 요청상 실체법상의 표현대리의 규정이 유추적용되지 않는다. **판례**도, **집행증서**(민집 56조 4호)가 집행권원으로서 집행력을 가질 수 있도록 하는 집행승낙의 의사표시는 **공증인**에 대한 **소송행위**로서 이러한 소송행위에는 민법상 표현대리의 규정이 적용 또는 준용될 수 없으며,[2] 무권대리인의 촉탁에 의하여 작성된 집행증서는 채권자는 물론 공증인이 대리권이 있는 것으로 믿은 여부나 믿을 만한 정당한 사유의 유무에 관계없이 집행권원으로서의 효력을 부정해야 한다고 한다.[3]

변론종결시'까지 행사할 수 있어, 사실심 변론종결시까지 이의권의 행사 유무를 오로지 상대방에게 맡기게 되는 문제가 생긴다고 보고, 민법 131조를 유추하여 당사자본인이 상대방 당사자에게 이의를 할 것인지 여부에 관한 확답을 상당한 기간을 정해 최고하고 상대방이 그 기간 내에 확답하지 않는 때에는 이의를 하지 않는 것으로 보아야 한다고 주장하고 있다.

1) 대판(전) 1975. 5. 13. 72다1183, 대판 1995. 7. 28. 94다44903, 2003. 5. 30. 2003다15556. 예컨대 원고 측 소송복대리인으로서 변론기일에 출석하여 소송행위를 했던 변호사가 피고 측 소송복대리인으로도 출석하여 변론을 했다 하더라도 당사자가 그에 대하여 아무런 이의를 제기하지 않으면 그 소송행위는 소송법상 완전한 효력이 생긴다.

2) 대판 1994. 2. 22. 93다42047; 김대환, "집행수락의 의사표시에 표현대리규정의 적용 여부," 대법원판례해설 2호(1983년 상반기), 65쪽 이하; 이재성, "공정증서작성의 촉탁행위의 성질," 사법행정 26권 2호(1985. 2.), 86쪽 이하.

3) 대판 1984. 6. 26. 82다카1758, 2002. 5. 31. 2001다64486. 따라서 무효인 집행증서에 기하여 진행된 경매절차 역시 무효이므로 매수인은 소유권을 취득하지 못하고 매수인 명의의 등

2. 대표권한이 없는 사람의 소송행위의 경우

법인의 대표자에 관하여 실체법상의 **표현대리의 규정**이 **유추적용**되는지에 관해서는 견해의 대립이 있다. 이는 특히 법인을 상대로 한 소송에서 법인등기부에 등재된 대표자가 진정한 대표자인 것으로 신뢰하여 소송을 수행한 선의의 당사자를 표현대리의 법리에 따라 보호를 받게 할 것인지(즉 진정한 대표자가 아니지만 적법한 대표자로 취급하여, 그가 한 소송행위의 효력을 인정할 것인지), 그렇지 않으면 대표권한이 없는 사람에 의한 소송행위로서 판결이 확정되더라도 **재심의 소**(법 451조 1항 3호, 64조)를 허용할 것인지에 관한 논의이다[이는 제소 당시 이미 법인의 대표자가 해임 등으로 대표권이 소멸되었음에도 불구하고 법인등기부상으로는 대표자가 그대로 등재되어 있는 경우에 문제가 된다].

이에 대하여, 거래행위와 소송이 무관하지 않고, 등기를 게을리한 법인을 보호하기 위하여 표현대리의 법리를 부정하여 상대방에게 불이익을 강요하는 것은 공평의 관념에 반하며, 외관존중의 요청은 소송행위에도 적용된다는 논거로 표현대리의 규정을 유추적용해야 한다는 견해가 있다(**적용긍정설**).[1] 그러나 ① 실체법상 표현대리의 규정은 거래의 안전과 당사자 사이의 이익조정을 위한 규정인데, 소송행위에는 절차적 안정이 중요시되는 점, ② 표현지배인에 관한 상법 14조 1항 단서가 재판상 행위를 제외하고 있는 점, ③ 만약 표현대리의 성립을 긍정하는 경우 상대방의 선의·악의에 의하여 법인의 대표권이 좌우되어 절차의 안정을 해하게 되는 점, ④ 진정한 대표자에 의하여 재판을 받을 법인의 권리가 침해되어서는 안 되는 점 등에 비추어 표현대리의 규정의 유추적용을 부정함이 타당하다(**적용부정설**).[2]

한편 적용부정설이 일반적으로 타당하다고 보되, 진정한 대표자로 등기되지 않은 불실등기가 법인의 고의적 태만에 의한 때에는 표현대리의 규정을 유추적용할 수 있다는 견해(**절충설**)가 있다.[3] 그러나 절충설의 입장을 취하면 고의적 태만

기는 원인무효로서 말소되어야 한다. 판례는 집행증서가 법원의 관여 없이 작성되는 점에 비추어 가급적 그 요건이나 효력을 엄격히 해석하고자 하는 입장이다. 김능환, "하자있는 집행증서의 효력," 민사집행에 관한 제문제(상)(재판자료 71집, 1996. 6.), 5쪽 이하.

1) 강현중(제 7 판, 2018년), 246쪽.

2) 송상현·박익환, 154쪽; 호문혁, 300쪽; 양병회, 142쪽; 김용진, 153쪽; 이태영, 193쪽.

3) 이시윤, 206쪽; 김홍규·강태원, 226쪽; 정동윤·유병현·김경욱, 273쪽; 오대성·노갑영, "소송행위에서의 표현대리(표현법리)," 민사법연구(대한민사법학회) 3집(1994. 12.), 129쪽 이하.

에 해당하는지가 불명확하여 표현대리규정의 유추적용 여부가 불분명해질 뿐만
아니라, 이러한 불실등기가 법인의 고의적 태만에 의하여 생기는 것이 일반적이
므로 등기절차상 등기관의 과실로 진정한 대표자의 등기가 지연되거나 과오가 생
겼을 때를 제외하고는 일반적으로 표현대리의 규정을 유추적용하는 결과가 되어
실질적으로는 적용긍정설과 크게 다를 바 없어, 부당하다고 본다.

V. 비변호사 등의 대리행위

1. 정직 중의 변호사의 대리행위의 경우

징계에 의해 정직(변호 90조 3호) 중에 있거나 법무부장관의 업무정지명령(변
호 102조)을 받은 변호사가 대리를 한 경우에는 법원이 그 사실을 안 때에는 그
변호사의 소송관여를 배척해야 한다. 법원이 그 징계사실을 모르고 소송절차에서
배척함이 없이 소송행위를 하게 한 경우에는 의뢰자나 상대방의 뜻하지 않는 손
해의 방지와 절차의 안정, 소송경제를 위하여 그 소송행위를 유효한 것으로 본다
(유효설).

2. 등록취소된 변호사 또는 비변호사의 대리행위의 경우

(1) 무효인 소송행위와 추인

등록취소(변호 18조 1항 2호·3호·4호)되거나 징계에 의해 제명(변호 90조 1·2
호)된 변호사의 소송행위, 법무사의 소송행위, 소송브로커 등의 소송행위는 모두
무효이다. 이미 살펴본 바와 같이 변호사자격의 존재는 소송대리권의 발생·존속
요건으로 보기 때문이다. 다만 이러한 변호사자격에 의한 제한은 당사자 보호를
주된 목적으로 하므로, **추인**이 허용된다(추인설). 만약 비변호사에 의하여 이루어
진 소송행위를 언제나 무효라고 한다면 재판을 다시 해야 하는 경우가 있을 수
있어 무용의 절차를 반복하게 되어 소송경제에 반하며 당사자본인은 물론 그 상
대방에게도 손해를 입히는 일이 있게 되기 때문이다.[1]

(2) 추인이 허용되지 않는 경우

앞서의 경우에도 대리인이 변호사자격이 없음을 당사자본인이 **알고 있었던**

---

[1] 김문수, "등록이 취소된 변호사에 대한 소송행위의 효력," 대법원판례해설 11호(1989년 상
반기), 359쪽 이하.

때에는 추인이 허용되지 않는다.[1] 나아가 대리인이 변호사자격이 없음을 당사자
가 알지 못한 때에도 비변호사가 **이익을 받을 목적**으로 또는 **영업으로** 하는 행위
라면 추인이 허용되지 않는다.[2] 이는 고도의 공익적 규정인 변호사법 109조(벌칙)
규정을 정면으로 위반하는 것이기 때문이다. 이미 앞에서 본 바와 같이 지배인의
실체를 갖춤이 없이 오직 소송수행만을 전담케 할 목적으로 비변호사를 지배인으
로 등기를 한 경우 이러한 **가장지배인**(형식상 지배인)의 소송행위는 절대적으로 무
효이므로 추인이 인정되지 않는다.

---

1) 정동윤 · 유병현 · 김경욱, 276쪽.
2) 이시윤, 207쪽; 김홍규 · 강태원, 235쪽; 강현중, 268쪽.

제1심의 소송절차 PART 3

제 1 장 소송의 개시

제 1 절 소의 의의와 종류

I. 의   의

소는 법원에 대하여 일정한 내용의 판결을 해달라는 당사자의 신청이다[판결절차는 소로써 개시되고 판결의 확정으로써 종료되는 것이 일반적인 모습이다. 이를 **소송절차, 판결절차**라고 한다]. 소에는 심판의 대상(**소송물, 소송상 청구**), 법원과 원·피고를 특정해야 한다. 소도 신청의 일종으로 소송행위이다. 소제기에는 시효중단·기간준수와 같은 실체법상의 효과도 발생한다.

법적 분쟁의 해결을 구하기 위하여 소를 제기하는 것은 원칙적으로 정당한 행위이나, 소제기가 재판제도의 취지와 목적에 비추어 현저하게 상당성을 잃었다고 인정되는 경우에는 **불법행위**를 구성한다. 법적 분쟁의 당사자가 법원에 대하여 해당 분쟁의 종국적인 해결을 구하는 것은 법치국가의 근간에 관계되는 중요한 일이므로 **재판을 받을 권리**는 최대한 존중되어야 하고, 제소행위나 응소행위가 불법행위가 되는지를 판단할 때에는 적어도 재판제도의 이용을 부당하게 제한하는 결과가 되지 않도록 신중하게 배려해야 한다.[1][2]

소는 청구의 성질·내용에 따라 **이행의 소, 확인의 소, 형성의 소**로 나누어

---

[1] 민사소송을 제기한 사람이 패소판결을 받아 확정된 경우에 그와 같은 소제기가 **부당제소**로서 상대방에 대하여 불법행위가 되는 것은 해당 소송에서 제소자가 주장한 권리 또는 법률관계가 사실적·법률적 근거가 없고, 제소자가 그와 같은 점을 알면서 또는 통상인이라면 그 점을 쉽게 알 수 있음에도 불구하고 소를 제기한 경우에 한한다. 대판 2002. 5. 31. 2001다64486, 2010. 6. 10. 2010다15363,15370.

[2] **부당소송인**(vexatious litigant) 규제 제도의 도입과 관련하여, 이러한 제소 당사자의 재판청구권 제한으로 인한 피해를 최소화하고, 그로 인하여 달성하려는 재판제도의 효율성 및 일반국민의 정당한 재판청구권 보장과의 균형을 도모할 수 있도록 세심한 제도 설계가 필요하다는 견해로는, 정승연, "소권 남용 대응 방안에 대한 연구," 사법정책연구원(2022. 7.). 한편 부당소송(meritless litigation)을 소송절차 내에서 걸러내어 상대방의 손해를 미리 방지하고 제소자의 의도를 억제하는 방안을 강구할 필요성에 관해서는, 정영수, "부당소송에 관한 연구," 민사소송 22권 2호(2018년), 330쪽 이하.

진다. 위 세 가지 소송유형 가운데 확인의 소가 기본형인지 여부에 대하여 논의가 없지 않으나, 세 가지 유형의 독자성을 인정해야 한다.

Ⅱ. 이행의 소

1. 의　　의

이행의 소는 이행청구권의 확정과 피고에 대한 이행명령을 할 것을 요구하는 소이다. 이행의 소의 청구인용판결은 **집행권원**이 된다(민집 24조). 즉 확정된 청구인용판결은 기판력뿐만 아니라 **집행력**도 발생한다(가집행선고가 붙은 인용판결은 확정 전이라도 집행권원이 된다. 민집 56조 2호). 이행의 소의 청구기각판결은 청구권의 부존재를 확정하는 확인판결에 지나지 않는다. 이행의 소와 관련한 **보전처분**은 금전청구의 경우 가압류(민집 276조)로, 비금전청구의 경우 **다툼의 대상에 관한 가처분**(민집 300조 1항)으로 한다.

2. 종　　류

이행의 소에는 **현재의 이행의 소**와 **장래의 이행의 소**가 있다. 현재의 이행의 소는 사실심 변론종결 전에 이행기가 도래하는 경우에 그 이행을 구하는 소이다. 장래의 이행의 소는 사실심 변론종결 뒤에 청구권이 발생하든지(장래의 청구권인 경우), 이미 발생한 청구권의 이행기가 도래하는 경우에 그 이행을 구하는 소이다. 장래의 이행의 소는 **미리 청구할 필요**가 있어야 한다(법 251조).

Ⅲ. 확인의 소

1. 의　　의

확인의 소는 '권리·법률관계'의 존재·부존재의 확정을 요구하는 소이다[예외적으로 사실관계의 확인으로서 **증서의 진정 여부를 확인하는 소**가 인정된다(법 250조)]. 확인의 소에는 **확인의 이익**이 있어야 한다. 소유권·상속권 등 절대권 자체나 임대차관계·고용관계와 같은 포괄적 권리관계 등 모든 법률관계를 소의 대상으로 한다. 확인의 소에는 보충성(**확인의 소의 보충성**)이 요구된다. 즉 확인의 소는 이행·형성의 소를 제기할 수 없거나 시효중단 등의 목적으로 제기하는 경우에 한하여 허용된다. 확인의 소의 청구인용판결에는 기판력은 생기나 집행력이 인정되지 않는다. 확인의 소와 관련한 **보전처분**은 주로, **임시의 지위를 정하기 위한 가처분**(민집 300조 2항)으로 한다.

2. 종   류

확인의 소에는 **적극적 확인의 소와 소극적 확인의 소, 중간확인의 소**(법 264조)가 있다. 소극적 확인의 소는 법률관계의 명확화와 선제공격을 통한 분쟁해결의 사전 예방을 목적으로 한다.

Ⅳ. 형성의 소

1. 의   의

형성의 소는 **권리관계의 변동**(법률관계의 **발생·변경·소멸** 등 창설적 효과)을 요구하는 소이다. 이 점에서 법률관계를 확정·실현시키는 선언적 효과를 목적으로 하는 확인·이행의 소와 구별된다. 형성의 소는 소로써만 행사할 수 있는 형성권(형성소권)을 실현시키는 소로서 원칙적으로 **법률상 명문의 규정**이 있는 경우에만 허용된다[다만 예외적으로 법률상 명문의 규정이 없음에도, 해석상 형성의 소가 인정되는 경우가 있다.[1] 법률상 명문의 규정이 없이 제기된 형성의 소는 원칙적으로 부적법하므로 이를 각하한다.[2] 따라서 법률상 명문의 규정이 없는 경우 예컨대 민법상 법인의 이사, 법인 아닌 사단의 대표자, 합명회사 및 합자회사의 대표자 등의 위법행위나 정관위반행위를 이유로 그 해임을 청구하는 소 또는 이러한 해임청구권을 피보전권리로 하는 직무집행정지가처분 등은 허용되지 않는다.[3]

---

1) 대판 2000. 5. 26. 2000다2375,2382. **판례**는, 상법 부칙 5조 2항에 의한 주식병합의 효력을 다투는 방법은 원칙적으로 상법 445조의 감자(減資)무효의 소에 관한 규정을 유추적용하여, 주식병합으로 인한 변경등기가 있는 날부터 6월 내에 주식병합무효의 소로써만 주식병합의 무효를 주장할 수 있게 함이 상당하다고 보고 있다. 대판 2009. 12. 24. 2008다15520.

2) 대판 1993. 10. 12. 92다50799, 2000. 2. 11. 99다30039, 2001. 1. 16. 2000다45020.

3) 대결 1997. 10. 27. 97마2269, 대판 2001. 1. 16. 2000다45020, 대결 2020. 4. 24. 2019마6918. 민법상 법인의 청산인(민 84조), 주식회사의 이사·감사(상 385조 2항, 407조·415조), 주식회사의 청산인(상 539조·542조), 유한회사의 이사·청산인(상 567조·613조)의 경우에는 해임청구권이 법률상 명문으로 규정되어 있으므로, 위 해임청구권을 보전하기 위한 직무집행정지가처분이 허용된다. 그러나 민법상 법인의 이사, 법인 아닌 사단의 대표자, 합명회사 및 합자회사의 대표자 등의 경우에는 해임청구권에 관한 법률상 명문의 규정이 없다. 따라서 이

형성의 소와 관련한 **보전처분**은 **다툼의 대상에 관한 가처분**(민집 300조 1항), **임시의 지위를 정하기 위한 가처분**(민집 300조 2항) 등으로 한다.

2. 형성의 소인지 여부가 문제되는 경우

(1) 가류 가사소송

대부분의 민사소송법학자들은 가류 및 나류 가사소송을 구별함이 없이 이들 모두를 형성소송으로 보고 있다(**형성소송설**). 신분관계를 획일적으로 확정할 필요가 있다는 점 및 청구인용의 확정판결에는 대세효가 인정되는 점(가소 21조 1항) 등을 그 근거로 들고 있다. 그런데 나류 가사소송은 뒤에서 보는 바와 같이 사실상 혼인관계 존부확인의 소를 제외하고는 형성소송으로 보는 데에는 달리 문제가 없으나, 가류 가사소송(가소 2조 1항 1호 가목) 역시 나류 가사소송(가소 2조 1항 1호 나목)과 같이 형성소송으로 보는 것은 문제가 있다.

가류 가사소송사건(혼인의 무효, 이혼의 무효, 인지의 무효, 친생자관계의 존부확인, 입양의 무효, 파양의 무효의 소 등)은 진실한 신분관계가 가족관계등록부의 기재 등에 의하여 공시되어 있는 외형상의 신분관계와 불일치하여 이를 해소하기 위한 구제수단으로 인정된 것들로서, 달리 소에 의해야 한다는 규정이 없고, 제소기간의 정함이 없으므로 **확인소송**이라고 보는 것이 타당하다(**확인소송설**). 이러한 확인소송설은 민법학계의 통설적 견해이기도 하다.[1] **판례도 확인소송설**에 입각하고 있다.[2] 가류 가사소송에 관해서는 민법이나 가사소송법에서 소를 제기할 수 있는 사람을 규정하고 있으나(혼인무효·이혼무효의 소에는 가소 23조, 인지무효의 소에는 가소 28조·23조, 입양무효·파양무효의 소에는 가소 31조), 이는 그들에게는 당연히 확인의 이익이 인정된다는 취지일 뿐 그 밖의 사람에 의한 소제기를 금지하는 취

러한 대표자 등이 부정행위를 하여 그 단체의 존립을 위태롭게 할 만한 특수한 사정이 있는 경우에는 위와 같은 가처분이 허용되는지에 관하여, **판례**는 이를 허용하지 않고 있다. 한편 회사 아닌 단체의 정관에서 이에 대하여 법원에 해임청구를 할 수 있다는 규정을 두고 있는 경우에는 이를 근거로 하여, 이러한 규정이 없는 경우에는 대표자나 임원의 부정과 비리가 중대하거나 유죄의 판결을 받았다면 일반적인 해임청구권을 인정하여 이를 근거로 하여 위와 같은 가처분을 허용해야 한다고 보는 견해로는, 조상희, "민법상 사단법인·비법인사단의 임원의 해임청구권을 피보전권리로 하는 가처분," 일감법학(건국대학교 법학연구소) 10권(2005. 12.), 51쪽 이하. 한편 상법상의 회사 외의 단체에 대하여 상법규정을 유추적용함으로써 이러한 가처분을 허용해야 한다는 견해로는, 권성·장성원, "조합장해임청구권을 피보전권리로 하는 직무집행정지가처분," 인권과 정의 195호 (1992. 11.), 131쪽 이하.

1) 박동섭, "가사소송의 제소기간," 가정법원사건의 제문제(재판자료 62집, 1993. 12.), 63쪽 이하.
2) 대판 1983. 9. 27. 83므22, 대결 2009. 10. 8. 2009스64, 대판 2013. 9. 13. 2013두9564 등.

지는 아니라고 본다.[1] 형성소송설에 의하면 반드시 소로써만 주장할 수 있으나, 확인소송설에 의하면 어느 누구든지 어떤 방법으로든지 그 무효를 주장할 수 있으며, 선결문제로 주장할 수도 있게 된다.

(2) 나류 가사소송 가운데 사실상 혼인관계 존재확인의 소

나류 가사소송은 앞서 본 바와 같이 일반적으로 형성소송으로 본다. 다만 나류 가사소송 가운데 사실상 혼인관계 존부확인의 소에 대해서는 논의가 있다. 그 가운데 **사실상 혼인관계 부존재확인의 소**가 확인소송이라는 데는 달리 이의가 없다. 그러나 **사실상 혼인관계 존재확인의 소**가 확인소송인지 형성소송인지에 관해서는 견해의 대립이 있다.[2]

사실상 혼인관계 존재확인의 소는 사실혼관계를 형성요건으로 하여 법률혼의 창설을 목적으로 하는 형성소송이라고 보는 견해(**형성소송설**)[3]가 있으나, 사실상 혼인관계라는 사실관계의 확인을 구하는 확인소송 또는 혼인의 법률상 요건인 당

---

1) 다만 대판(전) **2020. 6. 18. 2015므8351**은, 친생자관계 존부확인의 소에 관한 **민법 865조 1항**이 친생자관계 존부확인의 소를 제기할 수 있는 사람을 구체적으로 특정하여 직접 규정하는 대신 소송목적이 유사한 다른 소송절차에 관한 규정들을 인용하면서 각 소의 제소권자에게 원고적격을 부여하고 그 사유만을 달리한 점(**친생자관계 존부확인의 소의 보충성**), 친생자관계의 존부를 다투는 소를 제기할 수 있는 제 3 자의 범위를 법률상 명문의 규정 없이 해석을 통하여 함부로 확대하는 것은 바람직하지 않다는 점 등을 이유로 친생자관계 존부확인의 소를 제기할 수 있는 사람은 **민법 865조 1항에서 정한 제소권자로 한정**된다고 봄이 타당하다는 전제에서 민법 865조 1항에서 제소권자로 규정하고 있는 민법 862조의 '**이해관계인**'은 다른 사람들 사이의 친생자관계가 존재하거나 존재하지 않는다는 내용의 판결이 확정됨으로써 일정한 권리를 얻거나 의무를 면하는 등 **법률상 이해관계**가 있는 **제 3 자**를 뜻한다고 보고 있다(따라서 여기서 '이해관계인'은 다른 사람들 사이의 친생자관계의 존부가 판결로써 확정됨에 따라 상속이나 부양 등에 관한 자신의 권리나 의무, 법적 지위에 구체적인 영향을 받게 되는 경우이어야 한다고 본다). 위 전원합의체 판결은 이러한 입장에서, 종래 민법 777조에서 정한 친족은 특별한 사정이 없는 한 그와 같은 신분관계에 있다는 사실만으로 친생자관계 존부확인의 소를 제기할 소송상 이익이 있다고 판단한 대판 1998. 10. 20. 97므1585, 2004. 2. 12. 2003므2503을 변경했다. 이소은, "친생자 관계 부존재 확인소송의 요건," 법률신문 4924호(2021. 9. 23.), 13쪽.

2) 민법 812조 1항은 "혼인은 가족관계의 등록 등에 관한 법률에 정한 바에 의하여 신고함으로써 그 효력이 생긴다"고 규정하고 있고, 가족관계의 등록 등에 관한 법률 72조는 "사실상 혼인관계 존재확인의 재판이 확정된 경우에는 소를 제기한 사람은 재판의 확정일부터 1개월 이내에 재판서의 등본 및 확정증명서를 첨부하여 제71조의 신고를 하여야 한다"고 규정하고 있다. 따라서 사실상 혼인관계 존재확인의 소를 형성소송으로 보는 경우에는 이미 혼인관계가 형성된 것을 신고하는 **보고적 신고**에 불과한 것으로 보게 되고, 확인소송으로 보는 경우에는 이러한 신고로써 혼인관계가 성립하게 되는 **창설적 신고**로 보게 된다. 정조근, "사실혼부부의 혼인신고청구권," 판례연구(부산판례연구회) 12집(2001. 6.), 3쪽 이하; 임성근, "사실혼의 보호와 한계," 판례연구(부산판례연구회) 8집(1998. 1.), 483쪽 이하.

3) 이시윤, 213쪽; 김홍규·강태원, 248쪽; 정동윤·유병현·김경욱, 76쪽.

사자의 혼인에 관한 합의의 존부를 확인하는 것을 내용으로 하는 **확인소송**이라고 봄이 상당하다(**확인소송설**).[1] **판례도 확인소송설**에 입각하고 있다.[2] 판례는 사실상 혼인관계 존재확인의 확정판결에 따른 신고를 **보고적 신고**가 아닌 **창설적 신고**라고 보고[즉 확정판결이 있다고 하더라도 이로써 혼인관계가 성립되는 것은 아니며, '가족관계의 등록 등에 관한 법률'에 의한 신고가 있어야만 비로소 혼인이 성립된다고 본다], 사실상 혼인관계 존재를 별도의 소로써 제기할 필요 없이 다른 소송에서 **선결문제**로 주장할 수 있다고 본다.[3]

(3) 주주총회결의부존재·무효확인의 소

주주총회결의취소의 소가 형성소송인 데 반하여, **주주총회결의부존재·무효확인**의 소가 형성소송인지 확인소송인지 여부에 관해서는 논의가 있다. **주주총회결의부존재**는 총회의 소집절차 또는 결의방법에 총회결의가 존재한다고 볼 수 없을 정도의 중대한 흠이 있는 때(상 380조 후단), **주주총회결의무효**는 결의내용이 법령에 위반한 때(상 380조 전단), **주주총회결의취소**는 총회의 **소집절차** 또는 **결의방법**이 법령이나 정관에 위반하거나 현저하게 불공정한 때 및 **결의내용**이 정관에 위반한 때(상 376조 1항)에 해당한다. 결의부존재는 **절차상 흠**, 결의무효는 **내용상 흠**, 결의취소는 **절차상 흠 및 내용상 흠**을 그 사유로 한다(취소사유는 무효·부존재사유보다 경미한 사유이다). 이들 소송을 확인소송으로 보게 되면, 주주총회결의부존재 또는 무효를 주장하기 위하여 별소의 제기를 요하지 않고 다른 소송에서 **선결문제**로 주장할 수 있게 된다[즉 주주총회결의부존재·무효사유는 언제든지 누구에 대해서든 주장할 수 있으며 반드시 소로써 주장할 필요가 없다]. 그러나 이들 소송을 형성소송으로 보게 되면 반드시 별소를 제기해야 한다.

이에 대하여, 주주총회결의부존재·무효확인의 소와 결의취소의 소는 판결의 효력에서 대세효가 있고, 흠이 있는 결의의 효력 제거라는 목적 및 이익에서 차이가

---

1) 윤진수, "검사를 상대로 하는 사실상혼인관계 존재확인청구," 대한변호사협회지 116호(1986. 4.), 55쪽 이하; 최한수, "사실혼관계에 대한 전반적고찰," 사법논집 16집(1985. 12.), 285쪽 이하; 박재윤, "사실상혼인관계존재확인청구," 가정법원사건의 제문제(재판자료 18집, 1983. 8.), 246쪽 이하.

2) 대판 1977. 3. 22. 75므28.

3) 대결 1991. 8. 13. 91스6, 대판 1995. 11. 14. 95므694. 사실상 혼인관계 존재확인의 확정판결을 받았더라도 그에 기한 혼인신고를 하기에 앞서 상대방이 먼저 제3자와 혼인신고를 해 버리면 그 제3자와의 혼인신고가 유효하다. 대판 1973. 1. 16. 72므25.

없다는 점을 들어, 모두 형성소송으로 보아야 한다는 견해(**형성소송설**)가 있다.[1] 그러나 이들 소송은 주주총회결의취소의 소와 달리 제소권자 및 제소기간의 제한을 두지 않고 있다[회사설립무효의 소는 상법 328조 1항에서, 회사합병무효의 소는 상법 529조에서 각 제소권자 및 제소기간의 규정을 두고 있으므로, 이들 소를 형성의 소로 본다].[2] 한편 주주총회결의부존재·무효확인의 소도 예전에는 장래효만 인정되어 종래 이들 소송을 형성소송으로 보는 입장에서 가장 설득력 있는 근거가 이들 소송의 원고승소판결이 모두 소급효가 없어 장래효만을 가지므로 확인소송으로 볼 수 없다는 것이었으나, 그 후 상법의 개정으로 주주총회결의취소의 소와 같이 모두 **장래효**를 **배제**하고 있어[1995. 12. 29. 상법 개정으로 상법 380조 소정의 결의무효·부존재확인판결에도 **상법 190조 본문**만 준용되고 단서는 준용되지 않으므로 결의무효·부존재확인판결의 **소급효**가 인정된다],[3] 이러한 주장의 근거는 더 이상 유효하지 않게 되었다(한편 앞서와 같이 회사설립무효의 소나 회사합병무효의 소는 여전히 장래효를 가진다. 즉 상법 190조의 단서까지 준용하고 있다).

따라서 주주총회결의부존재·무효확인의 소를 **확인소송**으로 보는 것이 옳다.[4] **판례**도 주주총회결의부존재·무효확인의 소를 모두 확인소송으로 보고 있다(**확인소송설**).[5] **판례**는, 주주총회의 결의의 효력이 그 회사 아닌 제 3 자 사이의 소송에서 **선결문제**로 된 경우에는 당사자는 언제든지 **해당 소송**에서 주주총회결의가 처음부터 무효 또는 부존재하다고 다투어 주장할 수 있으며, 반드시 먼저 회사를 상대로 제소해야만 하는 것은 아니라고 본다.[6]

---

1) 이시윤, 215쪽; 김홍규·강태원, 287쪽; 정동윤·유병현·김경욱, 79쪽; 유병현, "선결문제로서의 주주총회결의의 하자," 인권과 정의 238호(1996. 6.), 105쪽 이하.
2) 최기원, "주주총회결의의 하자에 관한 소고," 법조 38권 8호(1989. 8.), 3쪽 이하.
3) 이사선임의 주주총회결의에 대한 취소판결이 확정된 경우 그 결의에 의하여 이사로 선임된 이사들에 의하여 구성된 이사회에서 선정된 대표이사는 소급하여 그 자격을 상실하고, 그 대표이사가 이사선임의 주주총회결의에 대한 취소판결이 확정되기 전에 한 행위는 대표권이 없는 사람이 한 행위로서 무효가 된다. 대판 2004. 2. 27. 2002다19797; 오영준, "주주총회결의의 하자와 상법 제39조의 불실등기책임," 대법원판례해설 77호(2008년 하반기), 49쪽 이하.
4) **확인소송**이라고 보는 견해로는, 강현중, 334쪽; 정영환, 375쪽; 김용진, 171쪽.
5) 대판 1992. 8. 18. 91다39924, 1992. 9. 22. 91다5365.
6) 대판 1992. 9. 22. 91다5365, 2011. 6. 24. 2009다35033. 무효 또는 존재하지 않는 주주총회의 결의에 의하여 대표이사직에서 해임된 사람은 주주인지 아닌지를 막론하고 주주총회결의의 무효·부존재확인을 청구할 수 있다. 대판 1975. 4. 22. 74다1464; 김병재, "주주총회결의부존재확인의 소," 회사법상의 제문제(상)(재판자료 37집, 1987. 12.), 591쪽 이하; 고의영, "주주총회결의 부존재확인판결의 소급효," 민사판례연구 16권(1994. 5.), 285쪽 이하.

(4) 사해행위취소의 소

사해행위취소의 소(민 406조)의 법적 성질에 관해서는 논의가 있다. 사해행
위취소의 소에 관하여, 반드시 소에 의하여 사해행위취소를 구할 필요는 없으며
수익자 또는 전득자만을 피고로 하여 원상회복을 구하면서 청구원인에서 사해행
위취소는 선결문제로 주장하면 된다고 보는 입장이 있다[채권자취소권과 같은 성
질을 가지는 파산절차상의 부인권도 항변에 의하여 행사될 수 있는 점을 그 근거로 들고
있다.[1] 그러나 채권자취소소송은 사해행위의 취소를 구하는 **형성소송**과 원상회복
을 구하는 **이행소송**이 병합된 것으로 보아야 하므로(**병합설**) 사해행위취소도 반드
시 소로써 구해야 한다. **판례**도 같은 입장이다.[2] **판례**는 사해행위취소의 소만을
먼저 제기하여 승소확정판결 후에 나중에 별소로 원상회복의 소를 제기하는 것
을 인정하고 있다.[3] 다만 사해행위취소의 소가 민법 406조 2항에 정해진 제소기
간 안에 제기된 경우에만 원상회복청구는 그 기간이 지난 뒤에도 할 수 있다.[4]

(5) 경계확정의 소

경계확정의 소는 서로 인접한 **토지**의 경계(**공적으로 설정·인증**된 지번과 지번
과의 **경계선, 객관적인 진실한 경계선**)가 사실상 불분명하여 다툼이 있는 때에 법원
의 판결에 의하여 이를 확정하는 소송이다.[5] 즉 경계확정의 소는 실질적으로는
지적도상 경계가 **진실한 경계선**과 다르게 잘못 작성되었다는 **지적도 자체의 오류**

---

1) 이시윤, 216쪽; 한충수, 177쪽.

2) 대판 1995. 7. 25. 95다8393, 1998. 3. 13. 95다48599,48605 등(채권자는 사해행위취소를 법
원에 소로써 제기하는 방법으로 청구할 수 있을 뿐 소송상 공격방어방법으로 주장할 수 없
다); 김능환, "채권자취소권의 행사방법 —부동산이 전전양도된 경우를 중심으로," 민사재판의
제문제 6권(1991년), 31쪽 이하. 사해행위취소의 소를 제기함이 없이 원상회복청구의 소만을
제기한 경우, 사해행위취소가 없는 이상 원상회복청구권이 인정되지 않으므로 청구기각판결을
해야 한다(각하판결을 하는 것이 아니다). 사법연수원, 요건사실론(2019년), 142쪽.

3) 윤경, "사해행위의 취소와 가액배상," 저스티스 34권 5호(2001. 10.), 114쪽 이하.

4) 대판 2001. 9. 4. 2001다14108. 채권자가 **수익자**를 상대로 사해행위취소를 구하는 소를 이
미 제기하여 승소판결을 선고받아 확정되었더라도 그 판결의 효력은 그 소송의 피고가 아닌
전득자에게는 미치지 않으므로, 채권자가 그 소송과는 별도로 **전득자**에 대하여 채권자취소권
을 행사하여 원상회복을 구하기 위해서는 민법 406조 2항에서 정한 기간 안에 전득자에 대한
관계에서 채무자와 수익자 사이의 사해행위를 취소하는 청구를 해야 한다. 대판 2005. 6. 9.
2004다17535.

5) 여기서 '인접한 토지의 경계가 사실상 불분명하여 다툼이 있는 경우'란 지적도를 작성하면
서 기점(起點)을 잘못 선택하는 등 기술적인 착오로 지적도상 경계가 진실한 경계선과 다르게
잘못 작성되었다고 인접토지 소유자들 사이에 다툼이 있는 경우를 포함한다. 대판 2021. 8.
19. 2018다207830.

있음을 주장할 때에만 제기할 수 있다.[1] 경계확정의 소는 형성소송이지만 이에 관하여 법률상 명문의 규정을 두고 있지 않으며, **해석상** 인정되고 있다. 한편 토지와 달리 **건물**에 관한 경계확정의 소는 인정되지 않는다. 건물의 경계는 공적으로 설정·인증된 것이 아니고 단순한 사적 관계에서의 소유권의 한계선에 불과하기 때문에 사적자치의 영역에 속하는 건물소유권의 범위를 확정하기 위해서는 소유권확인의 소에 의해야 하며, 공법상 경계를 확정하는 경계확정의 소에 의할 수는 없다.[2]

경계확정의 소의 **법적 성질**에 관하여, 토지소유권의 한계를 확인하는 소송이라는 견해(**확인소송설**)와 객관적인 경계선을 발견할 수 없는 경우에 법원은 당사자의 주장의 내용이나 범위에 구속됨이 없이 형평의 관점에서 재량에 의하여 경계를 확정하는 소송이라는 견해(**형성소송설**)가 있다. 경계확정의 소는 원래 비송사건이지만(법규에 형성의 기준이 되는 형성요건을 결하고, 법률적 주장으로서의 청구가 없다), 형식적으로 민사소송의 형식, 즉 형성소송으로 취급하는 것으로 보는 견해(**형식적 형성소송설**)가 타당하다.[3] **판례**도 같은 입장이다.[4]

3. 종   류

(1) 법률상 근거 및 성질에 따른 분류

형성의 소에 대해서는 법률상 명문의 규정을 두어 대세적 효력, 제소권자와 제소기간을 한정하는 경우가 많다. 형성의 소는 실체법상 형성의 소, 소송법상 형성의 소, 형식적 형성의 소로 분류하여 볼 수 있다.

---

1) 따라서 **지적도**에 의해 **명확한 공법상 경계**가 설정되어 있는 경우 현실적으로 상대방이 그 **경계를 침범**했다는 이유로 그 침범 대지의 인도를 구하는 외에 별도로 그 경계의 확인을 구하는 것은 적법한 경계확정의 소가 될 수 없고, 소의 이익이 없어 부적법하다. 대판 1991. 4. 9. 90다12649.

2) 대판 1997. 7. 8. 96다36517.

3) 박국수, "경계확정소송의 성질," 민사재판의 제문제 8권(1994. 10.), 670쪽 이하.

4) 서로 인접한 토지의 경계선에 관하여 다툼이 있어서 경계확정의 소가 제기되면 법원은 당사자 양쪽이 주장하는 경계선에 구속되지 않고 스스로 진실하다고 인정되는 바에 따라 경계를 확정해야 한다. 대판 1996. 4. 23. 95다54761, 2021. 8. 19. 2018다207830. 한편 경계확정의 소는 그 토지에 관한 소유권의 범위나 실체상 권리의 확인을 목적으로 하는 것은 아니므로 해당 토지의 일부를 시효취득했는지 여부는 경계확정의 소에서 심리할 대상이 되지 않는다. 대판 1993. 10. 8. 92다44503.

(a) 실체법상 형성의 소

실체법상 형성의 소는 민사실체법상 법률관계의 변동을 구하는 소를 말한다. 이러한 소송에는 사해행위취소의 소(민 406조), 주주총회결의취소의 소(상 376조)[주주총회결의부존재·무효확인의 소(상 380조)에 관해서는 논의가 있음은 이미 살펴본 바와 같다], 회사설립무효의 소(상 328조), 회사합병무효의 소(상 529조) 등이 있다.

(b) 소송법상 형성의 소

소송법상 형성의 소는 민사절차법(민사소송법, 민사집행법 등)상 법률관계의 변동을 목적으로 하는 소를 말한다. 이러한 소송에는 재심의 소(법 451조), 준재심의 소(법 461조), 정기금판결에 대한 변경의 소(법 252조), 중재판정취소의 소(중재 36조), 제권판결에 대한 불복의 소(법 490조 2항), 집행문부여에 대한 이의의 소(민집 45조), 청구이의의 소(민집 44조), 제 3 자이의의 소(민집 48조), 배당이의의 소(민집 154조 1항) 등이 있다.

(c) 형식적 형성의 소

형식적 형성의 소는 형식은 소송사건이나 실질은 비송사건인 소를 말한다. 형식적 형성의 소에서는 법원이 당사자 주장의 범위나 내용에 구속받지 않으며, 처분권주의 및 불이익변경금지의 원칙이 적용되지 않는다. 따라서 원고청구기각이 있을 수 없다. 이러한 소송에는 경계확정의 소,[1] 아버지를 정하는 소(나류 가사소송사건, 민 845조, 가소 27조), 공유물분할의 소(민 269조 1항),[2] 법정지상권상의 지료결정의 소(민 366조 단서)[3] 등이 있다.

---

[1] 대판 1996. 4. 23. 95다54761.

[2] 법원은 공유물분할을 청구하는 사람이 구하는 방법에 구애받지 않고 **자유로운 재량**에 따라 공유관계나 그 객체인 물건의 모든 상황에 따라 공유자의 지분 비율에 따른 **합리적인 분할**을 하면 된다. 대판 2015. 7. 23. 2014다88888, 2020. 8. 20. 2018다241410, 2022. 9. 7. 2022다244805 등. 다만 재판에 의하여 공유물을 분할하는 경우에 법원은 현물로 분할하는 것이 원칙이므로, 불가피하게 경매분할을 할 수밖에 없는 요건에 관한 객관적·구체적인 심리 없이 단순히 공유자들 사이에 분할의 방법에 관하여 의사가 합치하고 있지 않다는 등의 주관적·추상적인 사정을 들어 함부로 경매분할을 하는 것은 허용되지 않는다. 따라서 법원이 경매분할을 선택하기 위해서는 현물로 분할할 수 없거나 현물로 분할하게 되면 그 가액이 현저히 감손될 염려가 있다는 사정(민법 269조)이 분명하게 드러나야 하고, 현물분할을 위한 금전적 조정에 어려움이 있다고 하여 경매분할을 명하는 것에는 매우 신중해야 한다. 대판 2023. 6. 29. 2020다260025, 2023. 6. 29. 2023다217916, 2023. 10. 26. 2023다240213 등.

[3] 법원이 지료결정을 할 때에는 법정지상권 설정 당시의 모든 사정을 참작하고 또 당사자 양쪽의 이익을 조화하여 어느 한쪽에 부당하게 불이익 또는 이익을 주는 결과가 되어서는 안 된다. 대판 1966. 9. 6. 65다2587, 1989. 8. 8. 88다카18504, 1995. 9. 15. 94다61144.

(2) 법률상 효력에 따른 분류

형성의 소는 장래의 형성의 소와 소급적 형성의 소로 분류하여 볼 수 있다.

(a) 장래의 형성의 소

장래의 형성의 소는 장래에 향하여 권리변동이 생기는 소를 말한다. 이러한 소송에는 사해행위취소의 소(민 406조),[1] 재판상 이혼이나 혼인취소의 소(가소 2조 1항 1호 나목. 특히 혼인취소의 소에 관해서는 민 824조) 등이 있다.

(b) 소급적 형성의 소

소급적 형성의 소는 소급적으로 권리변동을 시키는 소를 말한다. 이러한 소송에는 이혼취소의 소(가소 2조 1항 1호 나목),[2] 주주총회결의취소의 소(상 376조), 재심 또는 준재심의 소(법 451조・461조), 중재판정취소의 소(중재 36조) 등이 있다. 혼인무효, 이혼무효, 친생자관계 존부확인 등의 소(모두 가류 가사소송이다. 가소 2조 1항 1호 가목) 등의 경우도 소급적 형성의 소로 분류하는 견해가 있으나,[3] 이는 가류 가사소송을 나류 가사소송과 마찬가지로 형성소송으로 보는 입장에서 가능한 견해이다[가류 가사소송을 확인소송으로 보는 것이 가사소송법상 통설적 입장이다]. 한편 주주총회결의부존재・무효확인의 소(상 380조)를 형성소송으로 보는 견해에 의하면 이러한 경우도 소급적 형성의 소에 해당하는 경우로 보나, 이들 소송은 확인소송으로 보아야 함은 이미 살펴본 바와 같다.

4. 형성판결의 효력

형성의 소에서 청구기각의 확정판결은 형성소권(형성요건)의 부존재를 확정하는 확인판결의 효력을 가진다. 형성의 소에서 청구인용의 확정판결은 법률관계를 발생・변경・소멸시키는 **형성력**을 가진다. 형성판결의 형성력은 **제 3 자**에게 미친다. 예컨대 법정지상권 등에서의 법원에 의한 지료결정(민 366조 단서)은 당사자의 지료결정청구(형식적 형성소송)에 의하여 **지료결정판결**로 이루어져야 제 3 자에게도

---

1) 사해행위취소의 효력이 소급하여 채무자의 책임재산으로 회복되는 것은 아니다. 대판 2006. 8. 24. 2004다23110, 2014. 6. 12. 2012다47548,47555, 2020. 11. 26. 2014두46485 등.
2) 이혼의 취소는 혼인의 취소와 달리 그 소급효를 제한하는 규정이 없으므로 이혼취소의 판결이 확정되면 (협의)이혼은 당초부터 그 효력이 없었던 것으로 된다. 법원실무제요 가사(2), 25쪽.
3) 이시윤, 218쪽.

그 효력이 미친다.[1][2] **판례**는, 공유물분할의 소는 공유자 사이의 기존의 공유관계를 해소하고 단독소유권을 취득하게 하는 형성의 소로서 공유자 사이의 권리관계를 정하는 창설적 판결을 구하는 것이므로(현물분할의 경우) 그 판결의 확정 전에는 공유물은 아직 분할되지 않고 따라서 분할물의 급부를 청구할 권리는 발생하지 않으며, **분할판결의 확정**으로 각자의 취득부분에 대하여 비로소 단독소유권이 창설되는 것이어서 미리 그 부분에 대한 소유권확인의 청구도 할 수 없다고 보고 있다.[3]

　　형성판결에 형성력 외에 **기판력 인정 여부**에 관한 논의가 있으나, 패소판결 확정 후 패소당사자에 의한 손해배상청구나 부당이득반환청구를 막을 수 있기 위해서는 **기판력**을 인정해야 한다[전소 소송물이 후소 소송물의 선결관계에 있는 경우 후소 법원은 전소 소송물에 관한 확정판결의 기판력에 반하는 판단을 할 수 없다]. **판례**는 공유물분할판결에 기판력이 있다고 보고 있다.[4]

　　형성판결이 확정되어야 법률관계 변동의 효과가 발생한다. 따라서 판결 확정 전에는 그 법률관계를 존중해야 한다. 예컨대 주주총회결의에 취소사유(상 376조 1항)가 있다고 하더라도 취소판결이 확정되지 않은 이상 그 결의의 효력에 영향이 없다.

V. 소제기의 모습·시기에 의한 분류

1. 단일의 소와 병합의 소

　　단일의 소는 한 사람의 원고가 한 사람의 피고를 상대방으로 하여 하나의 청구를 하는 소를 말한다. **병합의 소**는 한 사람의 원고가 한 사람의 피고를 상대방

---

1) 대판 2001. 3. 13. 99다17142; 최상열, "법정지상권의 지료결정과 지료연체로 인한 소멸청구," 대법원판례해설 36호(2001년 상반기), 37쪽 이하.
2) 법정지상권이 발생하여 토지소유자가 법정지상권자에게 지료를 청구하는 경우 지료를 확정하는 재판이 있기 전에는 지료의 지급을 소구할 수 없는 것이 아니라 법원에서 상당한 지료를 결정할 것을 전제로 바로 그 급부를 구하는 청구를 할 수 있다. 다만 지료결정청구에 따른 법원의 지료결정이 확정되기 전에 바로 **지료급부청구**를 하는 경우 그 판결의 이유에서 정하는 지료는 소송당사자인 **토지소유자와 법정지상권자 사이에서만** 지료결정으로서의 효력이 있을 따름이다. 대판 2020. 1. 9. 2019다266324.
3) 대판 1969. 12. 29. 68다2425; 이용훈, "공유물분할의 소와 이와 관련된 몇가지 문제에 대하여," 사법논집 4집(1973. 12.), 133쪽 이하; 김소영, "공유물분할의 소에 대하여," 사법논집 24집(1993. 12.), 137쪽 이하.
4) 대판 1981. 3. 24. 80다1888,1889.

으로 하여 여러 개의 청구를 하는 소(소의 **객관적 병합** 또는 **병합청구**라 한다) 또는
여러 사람의 원고가 또는 여러 사람의 피고를 상대방으로 하여 제기하는 소(소의
주관적 병합 또는 공동소송이라 한다)를 말한다. 병합의 소에는 **병합요건**을 갖추어야
한다.

2. 독립의 소와 소송 중의 소

독립의 소는 다른 소송절차와 관계없이 그 제기에 의하여 비로소 새로 판결
절차가 개시되는 소를 말한다. **소송 중의 소**는 이미 계속 중인 소송절차를 이용
하여 그 당사자나 제 3 자가 이와 병합심리를 구하기 위하여 제기하는 소를 말한
다. 여기에는, ① **당사자**가 구하는 것으로는 청구의 변경(법 262조), 중간확인의 소
(법 264조), 반소(법 269조), 인수승계(법 82조), 필수적 공동소송인의 추가(법 68조),
예비적·선택적 공동소송인의 추가(법 70조 1항 본문, 68조) 등이 있고, ② **제 3 자**
가 구하는 것으로는 독립당사자참가(법 79조), 공동소송참가(법 83조), 참가승계(법
81조) 등이 있다. 소송 중의 소는 이미 계속 중인 소송절차를 이용하는 것이므로,
각기 **특별한 제소방식**과 **병합요건**이 정해져 있다. 소송 중의 소의 특수한 형태로
서 형사사건의 계속 중에 그 절차에 부대(附帶)하여 배상명령을 구하는 **배상신청**
이 있다(소촉 26조 이하).

제 2 절   소송요건

제 1 관   총   설

I . 의   의

소송요건은 소가 적법한 취급을 받기 위해 갖추어야 할 사항으로 본안판결요
건인 동시에 본안심리요건(**소의 적법요건**)이다. 즉 소송요건은 소장이 적법한 형식
을 갖추고 있는 경우(**소장의 적식**(適式))에 소의 적법 여부를 심사하기 위한 요건이
다. 소송요건은 소송성립요건이 아닐 뿐만 아니라, 개개의 소송행위의 유효요건도
아니다. 소송요건에 흠이 있는 때에는 소가 부적법하게 되므로 판결로 소를 각하
한다(법 219조).

Ⅱ. 종   류

1. 법원에 관한 것

법원에 관한 소송요건으로는, ① 재판권, ② 국제재판관할권, ③ 민사법원의 관할인 민사소송사항, ④ 직분관할권, ⑤ 토지·사물관할권 등이 있다.

2. 당사자에 관한 것

당사자에 관한 소송요건으로는, ① **소송당사자의 존재**, ② **당사자능력**, ③ **당사자적격**, ④ 원고가 **소송비용의 담보를 제공**할 필요가 없을 것 등이 있다. 소송능력·법정대리권·소송대리권은 **소송행위의 유효요건**이다. 다만 소제기 단계에서 이러한 소송능력·법정대리권·소송대리권의 흠이 있는 때에는 소제기행위가 무효가 되므로 소송요건이 된다. 한편 변론능력은 소송요건이 아니며, 변론능력이 없는 때에는 기일에 출석하더라도 **기일불출석의 불이익**을 받는다. 소송계속 중 당사자능력·소송능력의 상실, 또는 법정대리권의 소멸은 소송요건의 흠으로 인한 소각하사유가 아니라, **소송절차의 중단사유**가 된다.

3. 소송물에 관한 것

소송물에 관한 소송요건으로는, ① **소송물의 특정**,[1] ② **소의 이익**(권리보호자격과 권리보호이익 또는 필요) 등이 있다. **기판력이 있는 전소 확정판결**이 소송요건인지에 관하여 논의가 있다. 기판력의 본질에 관하여 **반복금지설**을 취하는 입장에서는 기판력의 부존재가 그 자체로서 소송요건(소극적 소송요건)이 된다.[2] 기판력의 본질에 관하여 **모순금지설**(**판례**의 입장이기도 하다)을 취하는 입장에서는 전소에서 **승소확정판결**을 받은 사람이(승소한 범위 내에서) 동일한 소송을 제기하는 경우에만 **소의 이익**(권리보호이익)이 없는 것으로 **소각하판결**을 하게 되므로,[3] 그 경우에 한하여 소송요건이 된다[전소에서 **패소확정판결**을 받은 사람이 동일한 소송을 제기하는 경우 후소 법원은 전소 확정판결과 모순·저촉되는 판단을 할 수 없으므로 **청구기각판결**을 하게 된다. 따라서 기판력의 부존재가 소송요건이 되는 경우와 그렇지 않은 경우를 구별해

---

1) 대판 2011. 3. 10. 2010다87641, 2011. 8. 25. 2011다29703, 2013. 3. 14. 2011다28946.
2) 이시윤, 222쪽; 김홍규·강태원, 301쪽; 송상현·박익환, 200쪽; 강현중, 65쪽.
3) 대판 2006. 4. 14. 2005다74764, 2016. 9. 28. 2016다13482.

야 한다).

4. 특수소송에 관한 것

특수소송에 관한 소송요건으로는, ① 병합소송(**병합청구소송, 다수당사자소송**)의 요건[각 해당 요건을 '**청구병합요건**', '**청구변경요건**', '**공동소송요건**', '**소송참가요건**', '**소송승계요건**'이라고 부른다], ② 주주대표소송의 **제소요건**(상 403조 1항·3항·4항, 542조의6 6항),[1] ③ **제소기간**(출소기간), ④ 선행적 절차 등이 있다.

Ⅲ. 모   습

1. 적극적 요건과 소극적 요건

재판권, 관할권, 당사자능력 등은 그 존재가 소송요건으로 이를 **적극적 소송요건**이라고 하며, 중복소송금지, 재소금지(본안에 대한 제 1 심판결 선고 뒤 소를 취하하는 경우), 기판력의 저촉(원고가 전소에서 승소확정판결을 받은 경우), 중재합의의 존재 등과 같은 **소송장애사유**는 그 부존재가 소송요건으로 이를 **소극적 소송요건**이라 한다.

2. 직권조사사항과 항변사항

(1) 소송요건의 흠과 본안전 항변

소송요건의 흠을 다투는 피고의 주장을 실무상 **본안전**(本案前) **항변**이라고 한다. 대부분의 소송요건은 직권조사사항으로 이에 관하여 다투는 주장은 직권발동을 촉구하는 의미에 불과하다. 이러한 의미에서 본안전 항변에 관하여 판단을 누락했다 하더라도 상고이유가 되지 않는다.

(2) 항변사항인 소송요건의 흠과 방소항변

소송요건 가운데 피고의 주장을 기다려 판단하는 경우도 있다(**항변사항**). 이러한 본안전 항변을 특히 **방소**(妨訴)**항변**이라고 한다. 예컨대 임의관할 위반, 부제소합의[**판례**는 부제소합의 역시 불상소합의와 마찬가지로 직권조사사항으로 보고 있다[2]],

---

1) 대판 2010. 4. 15. 2009다98058

2) 대판 2013. 11. 28. 2011다80449. 불상소합의를 직권조사사항으로 본 판결로는, 대판 1980. 1. 29. 79다2066.

소·상소취하합의, 중재합의(중재 9조 1항), 소송비용의 담보제공(법 117조 1항) 등
이다. **임의관할 위반, 소송비용의 담보제공** 등 **항변**은 본안에 대하여 변론을 하거
나 변론준비기일에서 진술하기 전까지 해야 하며(법 30조·118조), **중재합의 존재
의 항변**은 본안에 관한 최초의 변론을 할 때까지 해야 한다(중재 9조 2항). 피고의
담보제공의 신청에 따라 원고가 **소송비용의 담보를 제공**할 의무가 있음에도 이를
제공하지 않는 경우 담보제공의 신청을 한 피고로서는 **응소를 거부할 권리**가 있
다(법 119조). 이와 달리 다른 방소항변에서는 피고에게 응소를 거부할 권리가 있
지 않다.

Ⅳ. 소송요건의 조사

1. 원칙적 직권조사사항

(1) 의   의

소송요건은 앞서와 같이 **예외적**으로 당사자의 주장을 기다려 판단하는 **항변
사항**인 경우를 제외하고는 **원칙적**으로 **직권조사사항**이다. 직권조사사항은, ① 이
의권의 포기·상실의 대상이 되지 않으며(법 151조 단서), ② 답변서 부제출의 경
우에도 무변론판결을 할 수 없으며(법 257조 1항 단서), ③ 실기한 공격방어방법이
라고 하여 각하결정(법 149조 1항)을 할 수 없고,[1] ④ 상고이유서 부제출로 인한
상고기각판결도 할 수 없다(법 429조 단서).

(2) 직권조사사항과 판단자료의 수집

(a) 직권탐지형과 변론주의형의 분류방식

직권조사사항인 경우 조사의 개시를 직권으로 하지만 그 판단자료의 수집방
법에서 공익성이 강한 일정한 사항은 직권탐지에 의하며(**직권탐지형**), 그 밖의 사
항은 당사자가 제출한 자료에 의존하는 변론주의에 의한다(**변론주의형**).[2] 소송요건
에 대한 판단자료의 수집방법에 관하여 **변론주의형**과 **직권탐지형** 등으로 나누는
통설의 입장과는 달리, 직권탐지를 인정하는 것은 타당하지 않다는 견해도 있
다.[3] 그러나 공익성이 강한 재판권 등과 같은 사항에는 그 판단의 기초자료가 되

---

1) 대판 2003. 4. 25. 2003두988.
2) 박우동, "소송에 있어 직권발동의 실태(2)," 법조 25권 4호(1976. 4.), 13쪽 이하.
3) 호문혁, 342쪽.

는 사실과 증거의 직권탐지를 인정하고 있으므로, 문제는 공익성이 매우 강하여 직권탐지에 의해야 할 사항의 **한계**(범위)를 어디까지로 볼 것인지 여부로 귀결된다.

(b) 직권탐지형과 변론주의형에 각 해당하는 구체적 경우

직권조사사항 가운데 직권탐지형에 속하는 소송요건으로 재판권·재심사유의 존재 등을 제외하고는 어떠한 소송요건이 이에 해당하는지에 관하여 견해의 대립이 있다. 재판권, 재심사유의 존재 외에는 ① 전속관할의 존재와 소송당사자의 실재만이 직권탐지의 대상이 된다고 보는 견해,[1] ② 그뿐만 아니라 소송능력의 유무 역시 직권탐지의 대상이 된다고 보는 견해,[2] ③ 이에 더하여 당사자능력과 소송상 대리권의 유무 역시 직권탐지의 대상이 된다고 보는 견해,[3] ④ 더 나아가 기판력의 유무까지 직권탐지의 대상이 된다고 보는 견해[4] 등이 있다. 직권조사사항 가운데 변론주의형에 속하는 소송요건은 본안의 심리와 밀접하게 관계된 당사자적격, 소의 이익 등과 같이 주로 당사자의 이익을 위하여 인정된 소송요건이다.

(c) 직권탐지형과 변론주의형에 따른 조사방법

직권조사사항 가운데 변론주의형에 속하는 사항에서 그 존부를 판단하기 위한 구체적 사실자료의 수집은 당사자의 책임으로 되며, 법원은 당사자의 자백에 구속되게 된다. 따라서 직권조사사항인 소송요건에 대하여 재판상 자백 또는 자백간주의 대상이 되지 않는 것은, ① 이러한 직권조사사항 자체의 존부, ② 직권조사사항 가운데 직권탐지형에 의하는 사항에서 이에 해당하는 구체적 사실의 존부이다.

판례도 소송상 대리권(법정대리권·대표권, 소송대리권)의 유무,[5] 당사자능력의 유무[6]와 같은 **직권조사사항 자체**는 자백의 대상이 될 수 없다[즉 상대방이 그 유무에 관하여 다투지 않는다고 하더라도 법원이 이에 구속되는 것은 아니다]고 보고 있는

---

1) 정동윤·유병현·김경욱, 422쪽; 정영환, 388쪽.

2) 양병회, 285쪽.

3) 김홍규·강태원, 302쪽.

4) 송상현·박익환, 370쪽.

5) 대판 2002. 5. 14. 2000다42908, 2008. 5. 15. 2007다71318, 2009. 1. 30. 2006다60908. 판례 중에는, "소송대리권의 존부는 법원의 직권탐지사항으로서, 이에 대해서는 자백간주에 관한 규정이 준용될 여지가 없다"고 한 것이 있다. 대판 1999. 2. 24. 97다38930.

6) 대판 1982. 3. 9. 80다3290.

반면, ① 기판력의 저촉과 같은 그 **요건 유무의 근거**가 되는 **구체적인 사실**에 관하여 사실심 변론종결 당시까지 당사자의 주장이 없는 한 법원은 이를 고려할 수 없고 또 다툼이 있는 사실에 관해서는 당사자의 증명을 기다려서 판단함이 원칙이라고 보고 있으며,[1] ② 채권자대위소송에서 **피보전채권**의 존재 여부가 직권조사사항이기는 하나, 피보전채권에 관한 주장·증명책임이 채권자대위권을 행사하려는 사람에게 있으므로, 법원은 원고가 피보전채권으로 주장하지 않은 권리에 대해서까지 피보전채권이 될 수 있는지 여부를 판단할 필요가 없다고 보고 있다.[2]

2. 증명의 방법

소송요건도 원칙적으로 **엄격한 증명**을 요한다.[3] 엄격한 증명이란 법률에서 정한 증거방법에 대해, 법률에서 정한 증거조사절차에 의하여 행하는 증명을 말한다. 소송요건의 **증명책임**은 원칙적으로 본안판결을 받을 이익이 있는 원고에게 있다.[4] 다만 **판례**는, **사해행위취소소송**에서 제소기간을 넘겼는지 여부에 관한 증명책임은 사해행위취소소송의 피고(상대방)에게 있다고 보고 있다.[5] 소송요건 가운데 항변사항(**방소항변**)에 관해서는 원칙적으로 피고에게 증명책임이 있다.

3. 판단의 표준시

(1) 원   칙

소송요건은 제소 당시에는 부존재하더라도 **사실심 변론종결시**까지 이를 갖추면 되나, 제소 당시에는 소송요건이 갖추어져 있더라도 그 뒤 소멸하면 부적법하게 된다. 민사소송에서는 사실심 변론종결시를 기준시로 하여 변동하는 권리·법률관계를 파악하여 판결을 하고 있고, 소송요건은 본안판결의 요건이므로 소송요건을 갖추고 있는지 여부에 관한 판단의 **표준시**도 그 판결의 표준시와 동일하게 보아야 한다. 다만 **관할권**의 존부는 소송절차의 안정을 위하여 **제소시**를 기준으로 판단한다(법 33조).

---

1) 대판 1981. 6. 23. 81다124; 변재승, "기판력의 존재와 같은 권리보호요건의 흠결이 직권탐지사항인지 여부," 대법원판례해설 1호(1981, 82년), 117쪽 이하.

2) 대판 1998. 3. 24. 95다6885, 2000. 1. 28. 98다17183, 2014. 10. 27. 2013다25217.

3) 정동윤·유병현·김경욱, 423쪽; 호문혁, 493쪽. 자유로운 증명으로 증명하는 것이 정당하다는 견해로는, 이시윤, 224, 462쪽; 강현중, 490쪽.

4) 대판 1997. 7. 25. 96다39301, 2022. 10. 14. 2022다247538.

5) 대판 2009. 10. 29. 2009다47852, 2013. 4. 26. 2013다5855.

(2) 사실심 변론종결 뒤의 사정의 고려

소송요건의 판단시기(표준시)는 원칙적으로는 **사실심 변론종결시**이므로 표준시 후의 사정을 고려하여 소송요건을 다시 판단해서는 안 된다. 그러나 소송요건은 사법권의 작용에 제한을 가하는 것이므로 그 제한을 가할 이유가 추후 발생하거나 소멸한 때에는 **상고심**에서 이를 **고려**해야 한다.

판례도, 원칙적으로 소송요건의 판단은 사실심 변론종결시가 그 기준이 되어야 한다고 보고 있으나, 사실심 **변론종결 뒤**에 **소송요건이 흠결**되거나 또는 그 **흠결이 치유**되는 등 **사정변경**(소송요건에 해당하는 사정의 발생·변경·소멸 등)이 생긴 때에는 **상고심에서도** 이러한 변경된 사정을 참작(고려)해야 한다는 입장이다.[1] 판례의 이러한 태도에 대하여, 소송요건 판단의 표준시는 상고심 심리종결시로서, 상고심에서는 통상 변론을 열지 않으므로(법 430조) 심리종결시는 판결선고시이며, 변론을 열더라도 변론종결 뒤 판결선고시까지의 사정을 고려해야 하므로 역시 심리종결시는 판결선고시로 보아야 한다는 견해가 있다.[2]

■ **판례가 사실심 변론종결 뒤에 변경된 사정을 고려한 구체적 사례**

(1) **상고심에서 당사자적격을 갖춘 경우**

항소심까지는 당사자적격이 없다가 상고심에서 당사자적격을 갖춘 경우로서, 채권에 대한 압류 및 추심명령이 있어 집행채무자(피압류채권의 채권자)가 당사자적격이 없음에도 제3채무자를 상대로 이행의 소를 제기했더라도 항소심판결 선고 후 압류 및 추심명령에 대한 압류해제(집행취소) 및 추심포기서가 제출되었다면 상고심에서 그 치유를 인정해야 한다.[3]

(2) **상고심에서 소의 이익을 잃게 되는 경우**

항소심까지는 소의 이익이 있었으나 상고심에서 소의 이익을 잃게 되는 경우로서, 근로자에 대한 명예퇴직처분이 실질상 해고에 해당한다고 하여 그 무효임의 확인을 구함과 아울러 근로를 제공할 수 있었던 기간 동안의 임금을 청구하는 경우 해고무효확인의 소는 피고와의 사이에 이루어진 근로계약상의 지위 회복을 목적으로 하는 것임이 명백하여, 상고심 계속 중에 이미 피고의 인사규정에 의한 당연해직사유인 정년을 지났다면 명예퇴직처분이 무효로 확인된다 하더라도 근로자로서의 지위를 회복하는 것은 불가능하게 되어 해고무효확인의 소는 확인의 이익이 없게

---

1) 대판 2018. 9. 28. 2016다231198, 2021. 7. 8. 2021다218168, 2021. 9. 15. 2020다297843 등.
2) 강용현, "소송요건에 관한 판단의 기준시," 민사재판의 제문제 10권(2000. 4.), 716쪽 이하.
3) 대판 2007. 11. 29. 2007다63362.

되었다고 보아야 한다.[1]

4. 조사순서

소송요건은 소송경제상 가장 신속하고 쉽게 그 존부를 가릴 수 있는 것부터 (일반적 > 특수적, 추상적 > 구체적) 심리·판단한다.[2] 통상 본안판단과 밀접한 관련이 있는 소의 이익은 소송요건 가운데 마지막에 판단한다.[3] 소송요건을 판단할 때에는 재판권, 전속관할, 소송당사자의 존재,[4] 당사자능력, 중복소송금지, 당사자적격, 그 밖의 소의 이익의 존재 여부 순으로 판단한다. 다만 소송요건들 사이의 심리순서를 어겼다고 하여 그 판결이 위법한 것은 아니다.

5. 재   판

(1) 소송요건 심리의 선순위성

소송요건은 본안판결의 요건으로, 본안판결에 앞서 미리 조사해야 한다는 것이 통설이다.[5] **판례**도 소송요건에 흠이 있다면 그 소송은 부적법하므로 각하해야 하고, 본안에 들어가 판단할 수 없다고 본다.[6] 즉 소송요건의 존부에 대한 심사 없이 (본안에 관한) 청구기각판결을 해서는 안 된다.[7]

(2) 소송요건의 구비 여부와 재판

1) 소송요건에 관한 본안전 항변에 대하여 조사결과 **소송요건을 갖추었음**이 인정되는 때에는 중간판결을 하든지, 또는 종국판결의 이유에서 이를 판단해야 한다.

2) 소송요건을 갖추지 못한 경우, 즉 **소송요건에 흠이 있음**이 밝혀진 때에는 소각하판결을 한다.[8] **이행의 소**에서도 당사자적격 없음이 **원고 주장 자체** 등에

---

1) 대판 2004. 7. 22. 2002다57362.
2) 이시윤, 225쪽; 정동윤·유병현·김경욱, 426쪽.
3) 송상현·박익환, 228쪽 등.
4) 대판 2012. 6. 14. 2010다105310.
5) 정동윤·유병현·김경욱, 426쪽; 송상현·박익환, 228쪽 등. 이시윤, 225쪽도 원칙적으로 통설을 따르고 있다.
6) 대판 1997. 6. 27. 97후235.
7) 다만 소송요건 가운데에서 부제소합의, 소의 이익 등에 관해서는 그 존부심사를 뒤로 미루어 두고 청구기각판결을 할 수 있다는 견해로는, 이시윤, 226쪽.
8) 권리보호이익과 청구의 이유가 모두 없다는 것이 동시에 밝혀지는 경우에도 청구기각판결을 허용하는 것이 타당하다는 견해로는, 호문혁, 347쪽.

의하여 분명하다면 그 밖의 경우(본안에 관하여 청구기각판결을 할 경우)와 달리 **소각하판결**을 해야 한다. 소송요건의 흠을 **보정할 수 있는 때**에는 보정을 명해야 하나, **보정할 수 없는 때**에는 변론 없이 판결로 소를 각하할 수 있다(법 219조). 소송요건의 흠이 보정가능하여 법원이 원고에게 보정을 명했음에도 **보정하지 않은 때**에도 법 219조를 준용하여 변론 없이 소를 각하할 수 있다. 소각하판결은 종국판결(소송판결, 본안전 판결)로서 소송요건의 부존재를 확정하는 확인판결의 일종이다. 소각하의 확정판결은 소송요건의 부존재에 대하여 기판력이 생긴다. 그러나 소각하의 확정판결 뒤에도 그 흠을 보충하여 다시 제소할 수 있다[이 경우 기판력에 저촉되지 않는다].

    3) 소송요건에 흠이 있음에도 이를 **간과**하여 판결을 한 때에는 판결확정 전에는 상소를, 판결확정 후에는 재심사유에 해당할 때에 한하여 재심의 소를 제기할 수 있다. 소송요건을 갖추었음에도 이를 **간과**하고 소를 부적법하다고 각하한 판결을 한 때에는 상소법원(항소법원·상고법원)은 원심판결을 **취소**하거나(항소심에서) **파기**하고(상고심에서), 원칙적으로 원심법원에 **환송**해야 한다(법 418조 본문, 436조 1항). 소송요건 가운데 **전속관할**을 위반했음에도 이를 간과하여 판결을 한 때에는 상소법원은 원심판결을 **취소**하거나 **파기**하고, 적법한 관할법원에 **이송**해야 한다(법 419조, 436조 1항).

(3) 소송요건의 흠이 있는 경우와 구제방법

    관할권에 흠이 있는 경우는 소송이송제도에 의해 관할법원으로 이송하게 되므로(법 34조 1항) 달리 문제가 되지 않는다. 그러나 소의 주관적 병합(공동소송의 경우) 또는 소의 객관적 병합(청구의 병합의 경우)에서 그 **병합요건**에 흠이 있다거나, 소송 중의 소(반소, 중간확인의 소, 독립당사자참가, 공동소송참가 등)에서 **특별요건**에 흠이 있는 경우 소송경제, 분쟁의 1회적 해결 등을 고려하여 단일의 소 또는 독립의 소로서의 요건을 갖추고 있다면 이를 단일의 소 또는 독립의 소로 취급해야 하는지에 관해서는 논의가 있다. **학설**은 대체로 **무효행위의 전환**의 문제로 취급하여 이를 인정하고 있으나, **판례**는 원칙적으로 소송행위에서 무효행위의 전환을 인정하지 않고 **소송행위의 해석**의 문제로 취급해 제한적으로 인정하고 있다. 이에 대해서는 해당 부분에서 살펴보기로 한다.

제 2 관   소의 이익(권리보호요건)

I. 의   의

소의 이익은 **권리보호요건, 소권요건** 또는 **소의 정당한 이익** 등으로 부르기도 한다. 소의 이익은 국가적·공익적 입장에서는 무익한 소송제도의 이용을 통제할 필요성에서, 당사자의 입장에서는 소송제도를 이용할 정당한 이익 또는 필요성에서 고려된다.[1] 소의 이익을 지나치게 좁게 인정하면 법원의 본안판단의 부담을 절감할 수 있지만 반면에 재판을 받을 권리를 부당하게 박탈하는 결과에 이르게 되므로, 소의 이익 유무를 신중하게 판단해야 한다.[2] 소의 이익은 헌법 27조 1항의 재판을 받을 권리의 보장 여부, 다른 민사분쟁 해결수단의 유무, 행정적 또는 입법적 구제수단의 유무, 민사사법권의 한계 등을 기준으로 판단한다.[3]

소의 이익에는 청구의 내용이 본안판결을 받기에 적합한 **일반적(기본적)**인 자격인 **권리보호자격(청구적격)**[다만 아래에서는 편의상 각종의 소에 해당하는 권리보호자격을 **청구적격**으로 부르기로 한다]과 원고가 청구에 대하여 판결을 구할 만한 **구체적(개별적)**인 법적 이익 또는 필요인 **권리보호이익(권리보호필요)**이 있다. 이러한 의미의 소의 이익은 '청구의 측면에서 본 객관적 이익', '일반적인 소의 이익', '청구에 관한 객관적 이익'이라 볼 수 있다. 한편 이와 더불어 당사자의 측면에서 본 주관적 이익으로 본안판결을 받기에 적합한 자격인 **당사자적격**을 소의 이익에 포함하기도 한다. **판례**는 **소의 이익**과 **권리보호이익**을 **혼용**하여 사용하고 있다.

소의 이익은 원칙적으로 **직권조사사항**이다. 따라서 당사자의 주장 여부에 관계없이 법원이 직권으로 판단해야 한다.[4] 소의 이익은 소송요건이므로 흠결시 부적법한 소로서 **소각하판결**을 해야 한다.[5] 다만 소각하판결 대신 청구기각판결을 했다 하더라도 본안인 권리관계의 존부에 기판력이 생기는 것은 아니다.

---

1) 김상원, "권리보호요건," 민사소송법의 제문제 1권(경허김홍규박사화갑기념, 1992. 12.), 21쪽 이하.
2) 헌재 2001. 9. 27. 2001헌마152 결정.
3) 조수정, "권리보호이익," 법학논집(이화여자대학교 법학연구소) 2권 2호(1998. 2.), 223쪽 이하.
4) 대판 1991. 7. 12. 91다12905, 2006. 3. 9. 2005다60239.
5) 다만 확인의 이익은 원고가 법적 불안에서 벗어날 실체법상 이익으로 확인판결을 받을 실체법상 요건으로 보아 확인의 이익이 없으면 청구기각판결을 해야 한다는 견해로는, 호문혁, 347쪽.

▣ 소권이론

(1) 소권에 관한 이론적 대립

1) **사법적 소권설과 공법적 소권설**: 먼저 소권을 특히 이행의 소의 경우 사권의 변형물로 보는 사법적 소권설과 소권을 사권과는 별개로서 공법적 성질을 지닌 국가에 대한 권리로 보는 공법적 소권설로 나누어 볼 수 있다.

2) **추상적 소권설과 구체적 소권설**: 소권을 공법적인 권리로 보는 공법적 소권설은 그 권리를 구체적 권리로 볼 것인지 여부에 따라, 추상적 소권설과 구체적 소권설로 나누어 볼 수 있다. 만약 소권을 추상적 소권이라고 볼 때에는 소권은 구체적 권리가 아니기 때문에 소송판결(소각하판결)로도 만족하게 된다.

3) **권리보호청구권설과 본안판결청구권설**: 구체적 소권설은 그 구체적 권리를 자기에게 유리한 승소판결을 요구하는 권리로 볼 것인지, 자기에게 유·불리를 불문하고 본안판결을 요구하는 권리로 볼 것인지 여부에 따라, 권리보호청구권설[이설에 의하면 순수한 일반적 소송요건 외에 승소판결을 받기 위한 소송적 권리보호요건과 실체적 권리보호요건을 구별하여 소송적 권리보호요건을 흠결한 경우는 청구기각판결을 해야 한다][1]과 본안판결청구권설[이 설에 의하면 소권은 구체적 권리이기는 하나 소송의 승패에 관계없이 본안판결을 요구하는 권리로 본다][2]로 나누어 볼 수 있다.

4) **사법행위청구권설과 신권리보호청구권설**: 구체적 소권설에서도 그 구체적 권리를 자기에의 유·불리의 측면에서 접근하지 않는 견해도 있다. 이러한 견해 가운데에는 소권을 헌법상 재판을 받을 권리라는 점에서 접근하여 법원에 사법행위(司法行爲)를 요구할 재판청구권으로 보는 사법행위청구권설[소권을 유리한 판결이나 본안판결이 아닌 판결 일반을 청구하는 권리로 본다][3]과 당사자에게 유리한 판결을 요구하는 권리라고 보되 유리한 판결을 본안에 대한 승소판결에 국한하지 않으며, 헌법과 법률에 의하여 당사자에게 올바르게 법률을 적용하도록 요구하는 권리로 보는 신권리보호청구권설로 나누어 볼 수 있다.

5) **소권부인설**: 한편 아예 소권 자체를 부정하는 소권부인설도 있다. 이러한 견해에서는 소권을 부정하고, 단지 소송 내에서 소송의 진행에 따라 발전·변화하는 권리로 본다.

(2) 검   토

1) 이러한 소권이론 가운데 헌법상 재판을 받을 권리라는 측면에서 소권의 내용을 규명하는 **사법행위청구권설**이 가장 설득력이 있다. **판례**는, 소송상 사권보호청구

---

1) 호문혁, 95쪽; 강현중, 59쪽.

2) 방순원, 297쪽; 이영섭, 29쪽; 김홍규·강태원, 292쪽.

3) 이시윤, 229쪽; 정동윤·유병현·김경욱, 29쪽; 정영환, 53쪽. 사법행위청구권을 권리보호청구권과 같은 소권과는 구별되는 개념으로 보는 견해로는, 장석조, "민사소송에 있어서의 사법행위 청구권 —민사소송에 있어서의 재판청구권—," 민사소송 2권(1999. 2.), 11쪽 이하.

권은 사법제도를 이용할 수 있는 전제인 권리보호요건을 갖추어야 적법하게 되는 것이라고 판시한 바 있으나,1) 앞서의 소권이론 중 어떠한 입장을 취하고 있는지 분명하지 않다.

　　2) 소권이론을 소송의 목적론과 대비하면, 권리보호청구권설은 사권보호설, 본안판결청구권설은 분쟁해결설, 사법행위청구권설은 사법질서유지설과 연관시켜 볼 수 있다. 소권논쟁에 의해, ① 실체법과 소송법과의 관계를 상세하게 분석함으로써 사권과 소송의 관계가 명확하게 되고, ② 공법적 소권설에 의해, 사권과 소송상 재판을 요구할 수 있는 지위가 분리되게 되었으며, ③ 구체적 소권설에 의해, 소송적 권리보호요건의 추출을 통하여 일단 사권과는 별개의 것으로 보았던 재판을 요구하는 지위가 사권의 내용과 밀접하게 관련되어 있음이 명확하게 됨으로써 이에 따라 소의 이익 및 당사자적격의 관념이 확립되었다.

Ⅱ. 각종의 소의 공통적인 소의 이익(권리보호자격)

1. 소구할 수 있는 구체적인 권리 또는 법률관계에 관한 것일 것

(1) 재판상 청구할 수 있는 것일 것

자연채무는 소구할 수 없다. 소로써 형성권을 행사할 수 있음을 (원칙적으로) 법률상 명문으로 허용하는 경우(형성의 소)가 아닌 한 형성권을 행사하기 위하여 형성의 소를 제기하는 것은 허용되지 않는다. 약혼의 강제이행 청구를 할 수 없으며, 입법청구도 허용되지 않는다.

(2) 구체적인 권리 또는 법률관계의 주장으로서 '법률상 쟁송'에 해당할 것

(a) 원　　칙

청구는 **구체적인 권리 또는 법률관계**를 주장하는 것이어야 한다(법률상 쟁송, 법조 2조 1항 전단). 따라서 현행법상 허용되지 않는 권리관계는 물론 권리관계와 관련이 없는 사항은 청구의 대상이 되지 않는다. ① 단순한 **사실의 존부**에 관한 다툼에 대해서는 소구할 수 없다. 따라서 예컨대 임야대장·토지대장 또는 건축물대장상 명의의 말소나 변경 등을 청구할 수 없다.2) ② 구체적 이익분쟁과 관계없는

---

1) 대판 2002. 9. 4. 98다17145.
2) ① 토지대장상 소유명의자의 주소의 기입을 구하는 청구에 관해서는, 대판 1994. 6. 14. 93다36967. ② 임대대장상 소유명의의 말소를 구하는 청구에 관해서는, 대판 1979. 2. 27. 78다913. ③ 부동산등기기록의 사항란에 기재된 근저당권설정등기의 접수일자의 변경을 구하는 청구에 관해서는, 대판 2003. 10. 24. 2003다13260. ④ 온천관리대장상 온천발견신고자 명의의

추상적인 법령의 효력이나 **해석의견**에 관한 다툼에 대해서는 소구할 수 없다.1)
③ 단체 구성원이 정관 등 **단체내부규정의 효력**을 다투는 소(예컨대 정관무효확인의 소)는 당사자 사이의 구체적인 권리 또는 법률관계의 존부확인을 구하는 것이 아니므로 허용되지 않는다.2)3)

(b) 예   외

행정상 편의 또는 사업상 목적을 위하여 행정관청 또는 기업이 일정한 사항을 명확히 해두기 위해 작성·비치한 대장이나 명부의 경우 그 대장이나 명부상 등재 여부는 실체상 권리관계(예컨대 물권의 득실변경)에 아무런 영향이 없다고 하더라도4) 그 행정관청 또는 기업이 이에 등재된 사람의 명의변경을 허용하고, 변경된 명의인을 일정한 권리자로 인정한다면[예컨대 **무허가건축물대장**상 건물주명의변경의 경우 변경된 명의인의 철거보상금을 지급받을 수 있는 보상청구권, 시영아파트를 특별분양 받을 수 있는 시영아파트분양권 등] 권리관계의 양수인이 양도인을 상대로 그 지위의 양도를 구하는 대신 위 대장이나 명부의 **명의변경**을 소로써 청구하여 권리양수의 목적을 달성할 수 있다.

판례 역시 같은 취지에서, ① 무허가건물대장상 명의변경절차의 이행청구,5)

변경을 구하는 청구에 관해서는, 대판 2004. 8. 20. 2002다20353.

1) 대판 1992. 3. 10. 91누12639.

2) 대판 1992. 8. 18. 92다13875, 1995. 12. 22. 93다61567, 2011. 9. 8. 2011다38271.

3) 해당 규정의 위법성이 명백하고 그 규정으로 인하여 구성원들의 본질적인 권리·의무, 법률관계 또는 법적 지위를 직접 침해하고, 다른 구제수단이 없는 경우 또는 다른 구제수단이 있더라도 그 규정무효확인을 구하는 것이 문제의 본질적·근본적 해결에 도움이 되는 경우에는 예외적으로 규정 자체의 무효확인소송을 허용하는 방법도 열어두어야 한다는 견해로는, 김상훈, "규정무효확인청구와 그 소의 이익," 민사소송 24권 1호(2020년), 131쪽 이하.

4) 무허가건축물대장은 무허가건축물에 관한 관리의 편의를 위하여 작성된 것일뿐 그에 관한 권리관계를 공시할 목적으로 작성된 것이 아니므로 무허가건축물대장에 소유자로 등재되었다는 사실만으로는 무허가건축물에 관한 소유권, 그 밖의 권리를 취득하는 효력이 없다. 대판 1993. 1. 26. 92다36274, 2014. 2. 13. 2011다64782.

5) 무허가건축물이 동사무소(주민센터)에 비치된 무허가건축물대장에 등재되었고, 해당 구청 '무허가건물 정비에 대한 보상금지급조례'에 일정기한 전 관내 무허가건축물대장에 등재된 건물에 대해서는 도시계획사업이나 '공익사업을 위한 토지 등의 취득 및 보상에 관한 법률' 소정의 공익사업 등에 따른 철거시 철거보상금을 지급하도록 규정되어 있으며, 동사무소(주민센터)에서는 종전에 무허가건축물대장의 건물주명의 말소를 명하는 확정판결이 있는 경우 그 판결에 따라 업무를 처리했음을 들어 무허가건축물대장상 명의변경절차이행청구를 인정하고 있는 판례로는, 대판 1998. 6. 26. 97다48937. 이와 같이 사실심 변론종결시까지 적어도 무허가건축물의 사실상 소유자에게 장차 철거보상청구권이나 아파트특별분양권 등의 권리가 부여되리라는 사정이 인정되는 경우에만 소의 이익을 인정함이 타당하다는 견해로는, 김용상, "무허가건물대장에 등재된 건물의 소유권확인청구와 소의 이익," 민사판례연구 17권(1995. 4.), 276쪽 이하.

② 토지피공급자명부상 명의변경절차의 이행청구,[1] ③ 건축허가서상 건축주명의 변경절차의 이행청구[2] 등에 대하여 각 그 소의 이익을 인정하고 있다.[3] 다만 **판례**는, 무허가건축물대장상 공동명의로 이전하는 것을 금지하는 관할 행정관청 지침이 있는 경우(예컨대 '서울특별시 무허가건물 정비사업 업무처리지침') 그 지침의 내용과 해당 건물에의 적용 여부 등을 심리하여 무허가건축물대장에 공동명의로 등재하는 것이 허용되는지 여부를 확정할 필요가 있으며, 만약 공동명의 등재가 불가능하다는 점이 확정된다면, 그럼에도 원고가 여전히 공동명의로 이전하는 청구를 유지할 것인지 여부를 석명하여 그에 따라 심리·판단해야 한다고 본다.[4]

(3) 법원의 권한에 속하는 법률상 쟁송일 것

법원의 권한에 속하는 법률상 쟁송이 아닌 **정치적 문제**(political question)에 대해서는 소송상 다툴 수 없다. 정당, 종교단체, 종중 등과 같은 **단체의 내부 분쟁**에 대해서는 원칙적으로 법원이 관여하지 않는다.[5] 다만 단체 내부에서의 처분의 효력 유무와 관련하여 구체적인 권리 또는 법률관계를 둘러싼 분쟁이 존재하고, 또한 청구의 당부를 판단하기 위해 그 처분의 당부를 판단할 필요가 있는 때에는 그 판단 내용이 단체 내부의 규정이나 종교의 교리의 해석에 미치지 않는 한 그 처분의 당부를 판단해야 한다.[6]

---

1) 대판 1990. 3. 13. 88다카100,101, 1991. 10. 8. 91다20913.

2) 건축허가에 관한 건축주명의의 변경은 미완성 건물에 대하여 건축공사를 계속하거나 건축공사를 완료한 후 부동산등기법 등에 따른 소유권보존등기를 하는 데에 필요한 것이므로 건축 중인 건물을 양수한 사람이 양도인을 상대로 건축주명의변경절차의 이행을 구하는 소는 소의 이익이 있다. 대판 2007. 12. 27. 2006다60229, 2009. 2. 12. 2008다72844, 2009. 3. 12. 2006다28454 등; 김재구, "건축허가명의변경," 대법원판례해설 11호(1989년 상반기), 301쪽 이하.

3) 판례는 이러한 명의변경절차이행청구에서 소의 이익을 넓게 인정하고 있는 경향으로 분석된다. 이와 같은 판례의 태도를 지지하는 견해로는, 권오곤, "건물임차권 명의변경청구와 소의 이익," 민사판례연구 9권(1987. 2.), 225쪽 이하; 차성호, "판례에 나타난 의사의 진술을 명하는 청구의 소의 이익에 관한 소고," 수원지방변호사회지 5호(1994. 3.), 28쪽 이하.

4) 대판 2019. 3. 14. 2015다232040,232057.

5) 법원은 종교단체 내부관계에 관한 사항에 대해서는 그것이 일반 국민으로서의 권리의무나 법률관계를 규율하는 것이 아닌 이상 원칙적으로 그 실체적인 심리판단을 하지 않음으로써 해당 종교단체의 자율권을 최대한 보장해야 한다. 대판 2011. 10. 27. 2009다32386, 2015. 4. 23. 2013다20311, 2019. 4. 3. 2014다22932.

6) 대판 2006. 2. 10. 2003다63104, 2012. 8. 30. 2010다52072, 2019. 4. 3. 2014다22932(권징(勸懲)재판이 아니고 해당 종교의 교리 또는 신앙의 해석과 깊이 관련되어 있는 종교단체의 의사결정도 아니라면, 종교단체 내에서 개인이 누리는 지위에 영향을 미치는 단체법상의 행위, 예컨대 목사나 장로 등 교역자에 대한 임면(任免)행위 등은 특별한 사정이 없는 한 원칙적으로 사법심사의 대상이 될 수 있다) 등; 박태신, "민사재판권의 한계에 관한 고찰 —종교단

2. 법률상·계약상 소제기금지사유가 없을 것

(1) 의   의

법률상 소제기금지사유로서 법 259조의 **중복소송금지**(소송계속 중 동일한 소를 별개의 소송절차로 다시 제기하는 것), 법 267조 2항의 **재소금지**(본안에 대한 종국판결 선고 뒤 소를 취하했음에도 동일한 소를 다시 제기하는 것) 등이 있다. **계약상 소제기 금지사유**로서 당사자 사이의 부제소합의, 중재합의 등이 있다. 한편 **계약상 상소 제기금지사유**로서 당사자 사이의 불상소합의, 불항소합의(법 390조 1항 단서), 상소 권포기합의 등이 있다.

(2) 부제소합의의 경우

(a) 법적 성질 및 항변사항인 소송요건인지 여부

1) 소송상 합의인 부제소합의에 위반하여 **제소**한 경우(부제소하기로 한 부분에 대하여 **청구취지**를 **확장**하는 경우도 포함한다)[1] 상대방에게 항변권을 인정한다. 즉 부제소합의는 소송요건 가운데 **항변사항**이다. 부제소합의의 **법적 성질**에 관하여 **사법계약설**에 의하면 피고에 의하여 합의의 존재가 주장·증명되는 때에는 소의 이익이 없는 것으로서 소각하판결을 해야 한다고 보며, **소송계약설**에 의하면 합의의 존재가 법원에 보고되면 소송절차에 의한 해결이 불필요한 때에 해당되어 소의 이익이 없는 것으로서 소각하판결을 해야 한다고 본다.

2) **판례**는, 부제소합의가 있는 경우 소의 이익이 없어 소각하판결을 해야 한다고 보면서도, 이러한 부제소합의는 당사자가 부제소합의의 존재에 관하여 주장을 하지 않더라도 법원이 직권으로 조사를 개시하여 판단할 수 있는 **직권조사사항**으로 보고 있다.[2] 이러한 판례의 태도의 문제점에 관해서는 소송상 합의에 관한 부분에서 상세히 다루기로 한다.

(b) 요건 등

1) 부제소합의가 유효하기 위해서는 그 부제소합의가 ① 당사자가 자유로이 처분할 수 있는 권리의 범위 내의 것이어야 하며, ② 특정된 법률관계에 한정되어야 하며, ③ 합의 당시 각 당사자가 예상할 수 있는 사항에 관한 것이어야 하며,

---

체의 내부분쟁을 중심으로—," 민사소송 5권(2002. 2.), 11쪽 이하.

1) 대판 2011. 6. 24. 2009다35033.

2) 대판 2013. 11. 28. 2011다80449.

④ 그 합의가 불공정한 방법에 의하여 이루어진 것이 아니어야 한다.1)

　　먼저 부제소합의는 자유로이 처분할 수 있는 권리의 범위 내의 것이어야 하
므로 장래 발생할 권리에 대하여 **사전에** 미리 부제소합의를 하는 것이 **강행법규
에 위반**되어 **무효**가 되는 경우는 허용되지 않는다. 예컨대 **퇴직 전** 퇴직금청구권
에 관한 부제소합의(이에 관해서는 뒤에서 자세히 살펴본다), **상속개시 전** 유류분청구
권에 관한 부제소합의2) 등은 모두 강행법규에 위반되므로 허용되지 않는다. 한편
부제소합의는 당사자가 임의로 처분할 수 없는 공법상의 권리관계를 대상으로 하
는 것은 허용되지 않는다.3)

　　나아가 부제소합의는 **특정한 권리관계**에 관한 것이어야 하므로, 앞으로 민사
상 일체의 소송을 제기하지 않는다는 **포괄적인 합의조항**은 헌법상 재판을 받을
권리를 미리 일률적으로 박탈하는 것이므로 무효이다. 다만 **특정한 권리관계**에
관한 한 당사자 사이의 권리관계에서 발생한 분쟁에 관하여 **포괄적 부제소합의**를
하는 것은 인정된다.4)

　　끝으로 부제소합의가 **불공정한 법률행위**(민 104조)에 해당하는 경우에는 무효
이다.5) **기본약정**인 매매계약과 같은 쌍무계약이 급부와 반대급부와의 불균형으
로 말미암아 민법 104조에서 정하는 불공정한 법률행위에 해당하여 무효라고 한
다면, 그 계약으로 인하여 불이익을 입은 당사자로 하여금 위와 같은 불공정성
을 소송 등 사법적 구제수단을 통하여 주장하지 못하도록 하는 **부제소합의** 역시

---

1) 대판 1999. 3. 26. 98다63988, 2002. 2. 22. 2000다65086. 특정된 분쟁에 대하여 부제소합의
가 허용된다고 하더라도 이를 무한정 허용하면 합의 당사자에게 예측할 수 없는 불이익을 입
힐 수 있으므로 그 요건을 엄격히 할 필요가 있다. 강현중, "소송계약에 관한 소고," 법조 38
권 11호(1989. 11.), 23쪽 이하.

2) 유류분을 포함한 상속의 포기는 상속이 개시된 후 일정한 기간 내에만 가능하고, 가정법원
에 신고하는 등 일정한 절차와 방식을 따라야만 그 효력이 있으므로, 상속개시 전에 유류분청
구권에 관하여 포기약정을 하거나 부제소합의를 하는 것은 그 효력이 없다. 대판 1998. 7.
24. 98다9021, 2011. 4. 28. 2010다29409.

3) 대판 1998. 8. 21. 98두8919, 1999. 1. 26. 98두12598.

4) 대판 2018. 7. 20. 2016다17729.

5) **판례**는, 스포츠용품 대리점과 실내골프연습장을 운영하던 피해자가 교통사고로 사망한 후
망인의 채권자들이 그 손해배상청구권에 대하여 법적 조치를 취할 움직임을 보이자 전업주부
로 가사를 전담하던 망인의 처가 망인의 사망 후 5일만에 친지와 보험회사 담당자의 권유에
따라 보험회사와 사이에 보험약관상 인정되는 최소금액의 손해배상금만을 받기로 하고 부제
소합의를 한 경우 그 합의는 불공정 법률행위에 해당하여 무효라고 한다. 대판 1999. 5. 28.
98다58825; 박철, "불공정한 법률행위의 요건 및 판단기준," 대법원판례해설 32호(1999년 상
반기), 11쪽 이하.

다른 특별한 사정이 없는 한 무효이다.[1] 나아가 기본약정에 부수하여 한 부제소 합의로 인해 기본약정이 **강행법규에 반하여** 무효임을 주장하지 못하게 됨으로써 강행법규의 입법취지를 몰각하는 결과가 초래되는 경우에도 그 부제소합의는 특별한 사정이 없는 한 무효이다.[2]

　　한편 **소송제기금지**의 **약관조항**은 고객에게 부당하게 불리하면 무효가 된다 (약관규제 14조 1호).[3]

　　2) 부제소합의의 효력의 유무나 범위를 둘러싸고 이견(異見)이 있을 수 있는 경우에는 당사자의 의사를 합리적으로 해석한 후 이를 판단해야 한다.[4] 이 경우 부제소합의를 하게 된 동기와 경위, 그 합의에 의하여 달성하려는 목적, 당사자의 진정한 의사 등에 관하여 충분히 심리할 필요가 있다.

　　▣ 퇴직금 관련 부제소합의가 유효한지 여부
　　(1) 퇴직 전 부제소합의 허용 여부
　　퇴직금은 사용자가 일정기간을 계속근로하고 퇴직하는 근로자에게 그 계속근로 에 대한 대가로서 지급하는 후불적 임금의 성질을 띤 금원으로서[5] 구체적인 퇴직 금청구권은 계속근로가 끝나는 퇴직이라는 사실을 요건으로 하여 발생한다. 따라서 최종 퇴직시 발생하는 이와 같은 퇴직금청구권을 사전에 포기하거나[6] **사전에** 그에 관한 민사상 소송을 제기하지 않겠다는 **부제소합의**를 하는 것은 강행법규인 **근로자 퇴직급여 보장법**(사용자가 퇴직하는 근로자에게 지급하는 퇴직급여제도에 관해서는 근로자퇴직급여 보장법이 정하는 바에 따른다. 근기 34조)에 위반되어 무효이다.[7]
　　(2) 퇴직시 부제소합의 허용 여부
　　앞서와 달리 회사를 퇴직하고 퇴직금 등을 수령하면서 "회사와의 근로관계를 종 료함에 있어 노사합의에 의한 퇴직금 등 근로 대가 일체를 지급받은바, 근로관계

---

1) 대판 2010. 7. 15. 2009다50308, 2011. 4. 28. 2010다106702, 2017. 5. 30. 2017다201422.
2) 대판 2023. 2. 2. 2018다261773.
3) 대판 1994. 12. 9. 93다43873.
4) 대판 2013. 11. 28. 2011다80449, 2019. 5. 30. 2018다304908, 2019. 8. 14. 2017다217151.
5) 대판 1998. 3. 27. 97다49732, 2005. 10. 13. 2004다13755, 2007. 3. 30. 2004다8333.
6) 대판 2002. 7. 26. 2000다27671, 대판(전) 2010. 5. 20. 2007다90760, 대판 2018. 7. 12. 2018다21821.
7) 대판 1997. 7. 25. 96다22174, 1998. 3. 27. 97다49732 등. 일반적으로 소권은 공권이므로 이를 포기했는지 여부는 신중하게 판단되어야 하며, 부제소합의는 당사자가 자유로이 처분할 수 있는 권리관계에 한정되는 것인데, 퇴직금제도 자체는 강행법규의 성질을 띠고 있는 점에 유의해야 한다. 대판 1997. 11. 28. 97다11133.

종료와 관련하여 추후 어떠한 이의 제기도 하지 않을 것을 서약합니다"라는 내용의
서약서에 서명하는 경우가 있다. 이와 같은 경우에는 그 문언에 표시된 대로 회사와
의 근로관계가 종료됨으로 인하여 발생하는 모든 법률관계, 특히 퇴직금 등 근로
대가와 관련된 일체의 청구권을 포기한 것이거나 향후 이에 관한 민사상 소송을 제
기하지 않겠다는 **부제소합의**를 한 것으로 보는 것이 합리적인 의사해석의 방법이
다. 소권이 공권이라거나 퇴직금제도 자체가 강행법규의 성질을 띠고 있다는 이유
로 이러한 특약을 할 수 없는 것이 아니다.[1]

(3) 중재합의의 경우

중재합의란 계약상의 분쟁인지 여부에 관계없이 일정한 법률관계[재산권상의
분쟁 및 당사자가 화해에 의하여 해결할 수 있는 비재산권상의 분쟁에 관한 법률관계]에
관하여 당사자 사이에 이미 발생했거나 앞으로 발생할 수 있는 분쟁의 전부 또는
일부를 법원의 재판에 의하지 않고 중재인의 판정에 의하여 해결하도록 하는 당
사자 사이의 합의를 말한다(**2016. 5. 29. 개정, 2016. 11. 30. 시행** 중재 3조 1호·2호).
중재합의는 서면으로 해야 한다(중재 8조 2항, 일정한 경우에는 서면에 의한 것으로 본
다. 중재 8조 3항). 중재합의는 독립된 합의의 형식으로, 또는 계약에 중재조항을
포함하는 형식으로 할 수 있다(중재 8조 1항).[2] 중재합의의 대상인 분쟁에 관하여
소가 제기된 경우에 피고가 중재합의가 있다는 항변(**중재합의존재의 항변**)을 했을
때에는 법원은 그 소를 각하해야 한다(중재 9조 1항). 피고는 이러한 항변을 본안에
관한 최초의 변론을 할 때까지 해야 한다(중재 9조 2항).[3]

---

1) 대판 1997. 11. 28. 97다11133, 2006. 12. 8. 2005다36762, 2018. 7. 12. 2018다21821 등; 문
   일봉, "강행법규에 반하는 부제소특약의 효력," 판례월보 335호(1998. 8.), 24쪽 이하.
2) 장래 분쟁을 중재에 의하여 해결하겠다는 명시적인 의사표시가 있는 한 비록 중재기관, 준
   거법이나 중재지의 명시가 되어 있지 않더라도 유효한 중재합의로서의 요건은 충족한다. 이러
   한 중재합의가 있다고 인정되는 경우, 특별한 사정이 없는 한 당사자 사이의 특정한 법률관계
   에서 비롯되는 모든 분쟁을 중재에 의하여 해결하기로 정한 것으로 봄이 상당하다. 대판
   2007. 5. 31. 2005다74344.
3) 중재합의존재의 항변이 허용되는 시기를 제한하는 취지는, 이미 본안에 관한 실질적인 변
   론을 하여 본안의 심리에 들어간 후에는 소송에 의하여 분쟁을 해결하려고 한 원고의 이익
   및 기대를 보호할 필요가 있고, 만약 본안에 관한 실질적인 변론을 한 후에도 중재합의존재의
   항변을 허용하게 되면 그때까지 법원이 행한 심리가 무위(無爲)로 돌아가 소송경제에 반할 뿐
   만 아니라, 그만큼 중재절차의 개시가 늦어져 분쟁의 신속한 해결을 저해하는 결과가 되므로
   이를 방지하려는 데 있다. 대결 2014. 4. 25. 2013마2408.

278 제 3 편 제 1 심의 소송절차

(4) 불상소합의 등의 경우

소송상 합의인 **불상소합의**는 반드시 서면에 의해야 한다. 구체적인 사건의 소송계속 중 그 소송당사자 양쪽이 판결선고 전에 미리 상소를 하지 않기로 합의했다면 그 판결은 선고와 동시에 확정되는 것이므로, 이러한 합의는 소송당사자에 대하여 상소권의 사전포기와 같은 중대한 소송법상 효과가 발생하게 되는 것이기 때문이다.[1] 불상소합의는 심급제도의 이용을 배제하여 간이·신속하게 분쟁을 해결하고자 하는 당사자의 의사를 존중하여 인정되는 제도이므로, 당사자의 한쪽만이 상소를 하지 않기로 약정하는 합의는 공평에 어긋나 불상소합의로서의 효력이 없다.[2] 소송상 합의인 **불항소합의**[상고할 권리를 유보하고 항소만 하지 않기로 하는 합의로서 **비약상고의 합의**라고도 한다(법 390조 1항 단서, 422조 2항)]는 법률상 명문으로 서면에 의해 하도록 규정하고 있다(법 390조 2항, 29조 2항). 불상소합의와 불항소합의는 모두 소송상 합의 가운데 소송행위인 **소송계약**으로서 **직권조사사항**에 속한다.

3. 특별구제절차가 없을 것

(1) 의   의

어느 분쟁해결을 위하여 적정한 판단을 받을 수 있도록 마련된 보다 더 간편한 절차를 이용할 수 있음에도 그 절차를 이용하지 않는다는 사정은 소송제기에 있어 소극적 소송요건으로서 직권조사사항에 해당한다.[3]

(2) 이에 해당하는 구체적 경우

예컨대 ① 소송비용액확정결정절차(법 110조)에 의해야 하는데도 소송비용액상환의 소를 제기하는 것,[4] ② 집행비용을 집행절차에서 변상을 받지 못했을 때에는 별도로 집행법원에 집행비용액확정결정절차(민집 53조, 민집규 24조, 법 110조)에 의해야 하는데도 집행관에게 지급한 수수료 상당의 금원을 채무자에게 지급명령신청의 방법으로 지급을 구하는 것,[5] ③ 가압류집행비용은 승소확정판결 집행시 별도의 집행권원 없이 회수할 수 있는데도 이를 불법행위로 인한 손해라 하여 별도로 소구하

---

1) 대판 2002. 10. 11. 2000다17803.
2) 대판 1987. 6. 23. 86다카2728.
3) 대판 2002. 9. 4. 98다17145.
4) 대판 1987. 6. 9. 86다카2000, 2000. 5. 12. 99다68577, 2011. 3. 24. 2010다96997; 윤재식, "소송비용에 대한 손해배상청구의 가부," 민사판례연구 10권(1988. 3.), 209쪽 이하.
5) 대결 1996. 8. 21. 96그8.

는 것,1) ④ 민사집행법에 따른 구제수단에 의해야 하는데도 경매불허의 소를 제기하는 것,2) ⑤ 가압류·가처분법원의 가압류·가처분결정의 취소절차(민집288조·301조)에 의해야 하는데도 가압류·가처분말소등기의 소를 제기하는 것,3) ⑥ 공탁관의 처분에 대하여 공탁법에 따라 (공탁관의 처분에 대한 이의신청을 거쳐) 항고절차에 의해야 하는데도 직접 국가를 상대로 공탁금지급청구의 소를 하는 것,4) ⑦ 비송사건절차법에 따라 항고절차에 의해야 하는데도 임시이사선임취소의 소를 제기하는 것5) 등은 허용되지 않는다.

4. 원고가 동일한 청구에 대하여 승소확정판결을 받거나 이와 같은 기판력을 가진 집행권원을 취득한 경우가 아닐 것

(1) 의   의

원고가 동일한 청구에 대하여 전소에서 (전부 또는 일부) **승소확정판결**을 받은 경우이거나, **기판력** 있는 전소 (전부 또는 일부) **승소확정판결과 같은 효력**을 가지는 화해조서, 인낙조서(법 220조), 조정조서(민조 29조), 확정된 화해권고결정(법 231조), 확정된 조정을 갈음하는 결정(민조 34조 4항) 등이 있는 경우에도 그 (인용) 범위 내에서는 재소할 수 있는 소의 이익이 없다.6)

---

1) 대판 1979. 2. 27. 78다1820.

2) 대판 1987. 3. 10. 86다152, 2018. 11. 15. 2018다38591.

3) 대판 1976. 3. 9. 75다1923,1924. 원인무효인 소유권이전등기 명의인을 채무자로 한 가압류등기와 그에 근거한 경매개시결정등기가 경료된 경우, 그 부동산의 소유자는 원인무효인 소유권이전등기의 말소를 위하여 이해관계에 있는 제 3 자인 가압류채권자를 상대로 하여 원인무효 등기의 말소에 대한 승낙을 청구할 수 있고(부등 57조 1항), 그 승낙이나 이를 갈음하는 재판이 있으면 등기관은 신청에 따른 원인무효 등기를 말소하면서 직권으로 가압류등기와 경매개시결정등기를 말소해야 한다(부등 57조 2항). 따라서 소유자가 원인무효인 소유권이전등기의 말소와 함께 가압류등기 등의 말소를 구하는 경우 그 청구취지는 소유권이전등기의 말소에 대한 승낙을 구하는 것으로 해석할 여지가 있다. 대판 1998. 11. 27. 97다41103; 안영진, "가압류등기의 말소청구소송," 민사재판의 제문제 11권(2002. 12.), 952쪽 이하.

4) 대판 1991. 7. 12. 91다15447, 2007. 2. 9. 2006다68650,68667, 2013. 7. 25. 2012다204815. 이에 대하여, 판례의 취지는 공탁금지급청구권자가 우선적으로 공탁관을 상대로 공탁금지급청구를 하고, 공탁관이 이를 불수리(不受理)할 경우 공탁법상의 항고절차를 취해야 하며, 이러한 절차를 이행한 이후에는 민사소송으로 직접 국가를 상대로 하여 공탁금지급청구의 소를 제기할 수 있다는 것을 전제로 하고 있다는 견해로는, 김수형, "공탁관계의 법적 성질 및 공탁물지급청구절차," 민사판례연구 15집(1993. 5.), 226쪽.

5) 대판 1976. 10. 26. 76다1771.

6) **판례**는, 승소확정판결을 받은 당사자가 판결서상 피고의 주소가 등기기록상 주소로 기재된 판결을 받기 위하여 전소의 상대방이나 그 포괄승계인을 상대로 동일한 소유권이전등기청구

(2) 기판력이 있는 집행권원이 존재함에도 신소제기가 허용되는 경우

1) 예외적으로 신소가 허용되는 경우로서, ① **확정판결**(확정판결 외에도 위에서 언급한 기판력이 있는 집행권원을 포함한다)에 의한 **소멸시효기간인 10년이 끝나감이 임박한 상황**에서 **시효중단**을 위하여 **필요**로 한 경우[소멸시효의 완성이 임박한 상황에서 강제집행신청을 하여 집행법원으로부터 경매개시결정을 받아 압류로써 시효중단을 시키는 것(민집 83조 1항, 민 168조 2호)이 현실적으로 어려운 경우이다. 따라서 그 이전에 강제집행의 실시가 가능했는지 여부와 관계없다.],1)2) ② **확정판결의 판결내용**(판결주문)의 **특정**을 위하여 **필요**로 한 경우(판결주문이 특정되지 않아 **강제집행**할 수 없는 경우이다3))

의 소를 다시 제기하는 경우 그 소는 소의 이익이 없어 부적법하다고 본다[판결서에 기재된 피고가 등기의무자와 동일인이라면 등기권리자는 등기절차에서 등기의무자의 주소에 관한 자료를 첨부정보로 제공하여 등기신청을 할 수 있고, 등기관이 등기신청을 각하하면 등기관의 처분에 대한 이의신청의 방법으로 불복할 수 있다]. 대판 2017. 12. 22. 2015다73753.

1) 대판 1987. 11. 10. 87다카1761, 2018. 4. 24. 2017다293858 등. 다만 이 경우에도 시효중단의 대상이 되는 전소에서 **확정된 권리**를 그대로 **유지시킬 실익**이 있어야 한다. 예컨대 사찰재산의 양도계약에 기한 소유권등기이전청구권이 인낙조서에 의해 확정되었으나 '전통사찰의 보존 및 지원에 관한 법률'에 의하여 그 양도계약이 관할청의 허가를 받지 못해 무효가 되어 유효한 소유권이전등기를 경료할 수 없게 되었다면, 인낙조서에 의해 확정된 소유권이전등기청구권의 시효중단을 위한 재소는 소의 이익이 없어 부적법하다. 대판 2001. 2. 9. 99다26979. 확정판결에 기한 채권의 소멸시효기간인 **10년이 끝나감이 임박**해서 **강제집행**의 실시가 현실적으로 어렵게 되었다면, 그 이전에 강제집행의 실시가 가능했는지 여부에 관계없이 시효중단을 위해서는 같은 내용의 재판상 청구가 불가피하다. 채권자가 확정판결에 기하여 채무자에 대한 **강제집행**을 하는 경우에는 **압류시**에 채권의 소멸시효가 중단되므로, 강제집행에 의하지 않고 **재소**로써 소멸시효를 중단시키기 위해서는 당장 중단시키지 않으면 안 될 정도의 **시간적 급박성**이 있어야 한다. 전하은, "시효중단을 위한 재소에 관한 소고," 민사재판의 제문제(상)(송천이시윤박사화갑기념, 1995. 10.), 83쪽 이하. 한편 이러한 경우에도 확정판결이 있음에도 시효중단을 위한 재소는 원칙적으로 허용하지 않고, 채무자의 재산을 찾고 있거나 거의 찾아놓았으나 아직 압류를 할 수 있는 단계에는 미처 이르지 못했을 경우와 같은 특별한 사정이 있는 때에만 예외적으로 허용해야 한다는 견해로는, 김교창, "시효중단을 위한 재소의 이익," 판례연구(서울지방변호사회) 4집(1991. 1.), 21쪽 이하.

2) **대판(전) 2018. 7. 19. 2018다22008**의 다수의견은, 종래 판례의 법리가 현재에도 여전히 타당함을 확인했다. 다수의견은 그 이유로, ① 다른 시효중단사유인 압류·가압류나 승인 등의 경우 이를 1회로 제한하고 있지 않음에도 유독 재판상 청구의 경우만 1회로 제한되어야 한다고 보아야 할 합리적인 근거가 없으며, ② 확정판결에 의한 채무라 하더라도 채무자가 파산이나 회생제도를 통해 이로부터 전부 또는 일부 벗어날 수 있는 이상, 채권자에게는 시효중단을 위한 재소를 허용하는 것이 균형에 맞다는 것을 들고 있다. 이에 대하여 **반대의견**은, 다수의견이 판결로 확정된 채권이 변제 등으로 만족되지 않는 한 시효로 소멸되는 것은 막아야 한다는 것을 당연한 전제로 하고 있는데, 이는 채권의 소멸과 소멸시효제도를 두고 있는 민법의 기본원칙과 확정판결의 기판력을 인정하는 민사소송의 원칙에 반하므로 다수의견이 따르고 있는 종전 판례는 변경되어야 한다는 입장이다.

3) 대판 1998. 5. 15. 97다57658. 한편 **화해조서**의 기재 내용이 특정되지 않아 강제집행이 불가능한 경우 재소의 이익이 있다고 본 판결로는, 대판 1995. 5. 12. 94다25216.

등이 있다.

2) **시효중단** 등 특별한 사정이 있어 예외적으로 신소가 허용되는 경우라고
하더라도, 신소의 판결은 원칙적으로 전소의 승소확정판결의 내용에 저촉되어서
는 안 된다. 따라서 당사자는 **기판력에 기속되어** 그와 저촉·모순되는 주장을 할
수 없으며,[1] 후소법원으로서는 그 확정된 권리를 주장할 수 있는 모든 요건이 구
비되어 있는지 여부에 관하여 다시 심리할 수는 없다.[2] 다만 **판결내용의 불특정**
으로 신소를 제기하는 경우에는 불특정한 범위 내에서 종전 소송의 기판력이 미
치지 않는다.[3]

■ 판결원본의 멸실의 경우에도 신소제기가 허용되는지 여부

판결원본이 멸실된 경우에도 신소제기가 허용된다고 보는 것이 일반적 견해이
다. 이는 판례가 한때 판결원본이 멸실되어 집행문을 부여받을 수 없는 경우에는 신
소제기가 허용되는 것으로 보았기 때문이다.[4] 그러나 **재판예규**가 개정되어 집행문
을 부여할 법원에 판결원본이 없는 경우에는 판결정본에 기하여 집행문을 부여할
수 있도록 허용하고 있고(이 경우 집행문을 부여한 취지 등은 해당 판결정본에 기
재한다),[5] **민사집행규칙**(21조 1항)에서도 집행문을 내어 주는 때에는 집행권원의
원본 또는 정본에 이를 적도록 규정하고 있다. 따라서 위 예규의 개정 및 민사집행
규칙의 제정 후에도 여전히 판결원본이 멸실된 경우 신소제기가 허용된다고 보는
견해는 적절치 않다.

(3) 기판력은 없고 집행력만 있는 집행권원의 존재와 신소제기의 허용 여부

집행권원 가운데 기판력은 없고 **집행력만 있는 경우**에는 신소제기를 하더라도
소의 이익이 있다. 예컨대 집행증서(민집 56조 4호, 59조 3항, 공증 56조의3 1항·3항),[6]

---

1) 대판 1998. 7. 28. 96다50025. 따라서 피고가 후소에서 전소의 확정된 권리를 다투기 위해
서는 먼저 (원고의) 전소 승소확정판결에 대하여 **추후보완항소**를 제기함으로써 그 기판력을
소멸시켜야 한다. 대판 2013. 4. 11. 2012다111340.

2) 대판 2010. 10. 28. 2010다61557, 2018. 4. 24. 2017다293858, 대판(전) 2018. 7. 19. 2018다
22008.

3) 대판 1965. 2. 3. 64다1387.

4) 대판 1981. 3. 24. 80다1888,1889.

5) 재판예규 제871-46호 '판결정본에 기하여 집행문을 부여하는 요령'(재민 85-3, 2002. 6. 27.
개정).

6) 대판 1996. 3. 8. 95다22795.

확정된 지급명령(법 474조, 민집 58조 3항), 확정된 이행권고결정(소심 5조의7 1항, 5조의8 3항) 등의 경우에는 별도로 소를 제기할 소의 이익이 있다. 한편 **확정된 배상명령**은 기판력은 없고 집행력만 있는 집행권원이기는 하나(소촉 34조 1항·4항), 법률상 명문의 규정을 두어 이 경우 피해자는 확정된 배상명령에서 **인용된 금액의 범위**에서 다른 절차에 따른 손해배상을 청구할 수 없도록 하고 있다(소촉 34조 2항). 따라서 확정된 배상명령에서 인용된 금액의 범위에서는 별도로 소를 제기할 소의 이익이 인정되지 않는다.

5. 신의칙을 위반한 소제기가 아닐 것

신의칙 위반 여부를 소송요건(소의 이익)으로 보는 것이 통설·판례[1]이다. 다만 신의칙을 위반한 제소는 실체법상의 권리를 신의칙을 위반하여 행사하는 것으로 소송요건의 하나인 소의 이익과 무관하다는 견해가 있다.[2]

Ⅲ. 이행의 소의 소의 이익

1. 현재의 이행의 소

(1) 의   의

현재의 이행의 소는 사실심 변론종결시까지 이행기가 도래하는 청구권의 이행을 구하는 소로서, 특별히 소의 이익을 증명할 필요가 없이 인정된다. 즉 현재의 이행의 소는 원칙적으로 원고가 **이행청구권의 존재**를 **주장**하는 것으로 소의 이익이 인정된다.[3] 이행의 소를 제기하기 위하여 소제기 전 이행최고·이행거절이 있었을 것을 필요로 하지 않는다. 다만 이행최고를 했더라면 임의이행을 기대할 수 있음에도 이러한 조치를 취하지 않은 경우에는 소제기가 필요치 않는 행위

---

1) 대판 1984. 10. 23. 84다카855, 1985. 6. 11. 84다카197. 한편 **판례**는, 원고의 소제기가 **권리남용(신의칙 위반)**이라는 피고의 주장에 대하여 법원이 명시적으로 판단하지 않았다고 하더라도 피고에 대한 **소의 이익**을 인정하는 판단에는 위 주장을 간접적으로 배척하는 판단이 포함되었다고 볼 수 있다는 입장이다. 대판 2022. 11. 30. 2021다287171.

2) 이러한 견해는 신의칙 위반의 경우 본안판단으로 청구기각판결을 해야 한다고 본다. 호문혁, 311쪽. 한편 신의칙을 공통된 소의 이익으로 보지 않고 있는 견해도 있다. 즉 신의칙은 근본규범으로 상위개념인데 반하여 소의 이익은 하위개념으로서, 상위개념인 신의칙이 하위개념인 소의 이익에 포섭되는 것이 개념적으로나 실질적으로나 타당하지 않다는 이유에서이다. 정영환, 406쪽.

3) 대판 2022. 1. 27. 2018다259565.

로 보아 원고의 승소시에도 원고에게 **소송비용**을 부담케 할 수 있다(법 99조).

(2) 강제집행에 의한 실현이 **법률상 또는 사실상 불가능하거나 현저히 곤란한 청구의 경우**

(a) 일반적 경우

1) **판례** 가운데에는, ① 국가가 사인(私人) 소유의 토지를 공군비행장 부지로 불법점유하고 있는 경우에 그 반환이 전혀 불가능한 것은 아니지만 그 비행장의 보유가 국방상 절대로 필요하고 또 그 시설철거나 변경이 용이하지 않다면 그 원상회복을 구하는 것은 허용되지 않는다고 본 경우,[1] ② 보세(保稅)구역 내에 있는 물건은 소정의 관세가 부과징수되어 통관절차를 밟아 내국물품이 되지 않고는 인도될 수 없는 물건이므로 국가에 대하여 그 인도를 구하는 것은 허용되지 않는다고 본 경우[2]가 있기는 하다. 그러나 이행의 소의 경우 이행판결을 받더라도 강제집행이 법률상 또는 사실상 불가능하거나 현저히 곤란한 청구라고 하더라도 **원칙적**으로 소의 이익이 인정된다고 보아야 한다.[3] **판결절차**는 분쟁의 관념적 해결절차로서 실질적 해결절차인 강제집행절차와 다르고, 집행권원의 보유 자체만으로도 의미가 있기 때문이다. **판례**는, 집합건물 부지의 소유자가 대지사용권을 갖지 않은 구분소유자에 대하여 **집합건물 전유부분의 철거**를 청구한 사안에서, 피고가 구분소유한 전유부분만을 철거하는 것이 사실상 불가능하다고 하더라도 이는 **집행개시의 장애요건**에 불과할 뿐이어서 원고의 철거청구를 기각할 사유에 해당하지 않으므로, 이를 구할 소의 이익이 없다고 볼 수 없다고 한다.[4]

2) **외국환거래법**상 기획재정부장관의 허가 없는 상태에서 **비거주자가 거주자**에 대하여 외화의 무조건 지급청구를 할 수 있다. 외국환거래법 15조 2항의 기획재정부장관의 허가는 집행의 요건에 지나지 않기 때문이다.

3) 순차적으로 마쳐진 소유권이전등기가 있는 경우 **후순위등기명의자**(최종등기명의자)에 대한 **후순위등기**의 **말소등기청구**가 **패소확정**됨으로써 전순위등기의

---

1) 대판 1971. 5. 24. 71다361.

2) 대판 1974. 7. 16. 74다435.

3) 대판 2016. 8. 30. 2015다255265(원고가 개성공업지구에 위치한 건물에 관한 인도청구의 소에서 승소하더라도 그 강제집행이 곤란하다는 사정만으로 소의 이익이 부정되는 것은 아니다. 개성공업지구 현지기업 사이의 민사분쟁에 대해서는 대한민국 법원이 재판관할권을 가진다), 대판 2022. 1. 27. 2018다259565.

4) 대판 2011. 9. 8. 2011다23125. 한편 이 경우 대지소유자의 건물철거청구가 권리남용에 해당한다고도 볼 수 없다. 대판 2011. 9. 8. 2010다18447.

말소등기의 실행이 결과적으로 불가능하다 하더라도(후순위등기가 말소되어야 전순위등기가 말소된다) **전순위등기명의자**(중간등기명의자)에 대한 관계에서 그 **전순위등기**의 말소의무가 있다고 인정되는 때에는 그 등기의 말소절차의 이행을 명해야 한다.[1] 즉 최종등기명의자에 대하여 등기말소를 구할 수 있는지 여부와 관계없이 중간등기명의자에 대하여 등기말소를 구할 소의 이익이 있다.[2]

(b) 가압류 · 가처분, 또는 압류된 채권의 이행청구

채무자의 제 3 채무자에 대한 채권이 **가압류 · 가처분, 압류**가 되었다고 하더라도 채무자는 제 3 채무자에 대하여 무조건의 이행판결을 구할 수 있다. 채권이 **가압류 · 가처분, 압류**가 된 경우 제 3 채무자는 채무자에 대하여 채무의 이행을 해서는 안 되고, 채무자는 추심 · 양도 등의 처분행위를 해서는 안 된다(**처분금지적 효력**, 민집 227조 1항, 296조 3항, 301조). 그러나 채무자로서는 ① 제 3 채무자에 대한 자신의 채권이 가압류 · 가처분, 압류가 되어 있다 하더라도 **집행권원을 취득**할 필요가 있고, ② 또는 **시효를 중단**할 필요가 있는 경우도 있으며, ③ 또한 채무자가 이미 자신의 채권에 대한 이행의 소를 제기했으나 그 소송의 계속 중에 가압류 · 가처분이 행해진 경우에 이를 이유로 청구가 배척된다면 장차 가압류 · 가처분이 취소된 후 다시 소를 제기해야 하므로 **소송경제**에도 반하며, ④ 제 3 채무자로서는 이행을 명하는 판결이 있더라도 **집행단계**에서 이를 **저지**하면 되기 때문이다.[3]

■ 소유권이전등기청구권이 가압류 · 가처분되어 있는 경우의 특수문제

(1) 채무자의 이전등기청구가 허용되는지 여부

1) 소유권이전등기청구권에 대하여 **가압류**가 이루어진 경우에는 가압류채무자가 제 3 채무자를 상대로 이전등기청구를 하기 위해서는 **가압류의 해제**(집행해제, 집행취소)**를** 조건으로 해야만 이전등기청구가 가능하다. 소유권이전등기를 명하는 판결은 **의사의 진술을 명하는 판결**(민 389조 2항 전단)로서 확정되면 의사진술을 한 것으로 보게 되므로(민집 263조 1항) 채무자는 일방적으로 이전등기를 신청할 수 있

---

1) 대판 1983. 3. 8. 80다3198 등.

2) 대판 1998. 9. 22. 98다23393, 2008. 6. 12. 2007다36445, 2017. 9. 12. 2015다242849.

3) 대판(전) 1992. 11. 10. 92다4680, 대판 2008. 5. 15. 2006다8481, 2011. 8. 18. 2009다60077; 전봉진, "가압류된 채권의 이행청구의 가부," 대법원판례해설 12호(1989년 하반기), 27쪽 이하; 김상철, "소유권이전등기청구권에 대한 압류 및 가압류의 효력," 민사판례연구 13권(1991. 3.), 269쪽 이하.

고(부등 23조 4항 전문) 제3채무자는 이를 저지할 방법이 없으므로 앞서 본 다른 일반적인 채권에 대한 가압류의 경우와 같이 볼 수 없고, 이와 같은 때에는 가압류의 해제를 조건으로 하지 않는 한 법원은 원고의 청구를 인용해서는 안 된다.[1][2]

2) 소유권이전등기청구권에 대하여 **가처분**이 이루어진 경우에도 이와 마찬가지로 가처분채무자가 제3채무자를 상대로 이전등기청구를 하기 위해서는 그 **가처분의 해제를 조건**으로 해야만 법원은 소유권이전등기절차의 이행을 명할 수 있다.[3]

(2) 제3채무자에게 응소의무가 있는지 여부

1) 소유권이전등기청구권이 **가압류**된 경우에 가압류채무자가 제3채무자에 대하여 이행의 소를 제기할 수 있는지와 관련하여 이러한 소송에서 제3채무자에게 **응소의무**가 있는지의 문제가 있다[소유권이전등기청구권에 대한 **가처분**의 경우도 마찬가지이다]. 소유권이전등기청구권이 가압류된 경우에는[4] 변제금지의 효력(**처분금지적 효력**)이 미치고 있는 제3채무자로서는 일반채권이 가압류된 경우와는 달리 채무자 또는 그 채무자를 대위한 사람으로부터 제기된 소유권이전등기청구소송에 응소하여 그 소유권이전등기청구권이 가압류된 사실을 주장하고 자신이 송달받은 가압류결정(정본)을 제출하는 방법으로 증명해야 할 의무가 있다[소유권이전등기청구권이 가압류되어 있다는 사정은 피고 측의 **항변사항**에 해당하며, 직권조사사항이 아니다].[5]

2) 따라서 제3채무자가 고의 또는 과실로 위 소유권이전등기청구소송에 응소하지 않은 결과 답변서 부제출로 자백간주에 의한 판결(법 257조 1항 본문)이 선고되어 확정됨에 따라 채무자에게 소유권이전등기가 경료되고 다시 제3자에게 처분된 결과 채권자가 손해를 입었다면,[6] 이러한 경우는 제3채무자가 채무자에게 임의로

1) 대판(전) 1992. 11. 10. 92다4680, 대판 2001. 7. 27. 2001다27784,27791 등; 정연욱, "가압류된 채권의 이행청구와 소유권이전등기청구권에 대한 압류나 가압류에 위반되는 등기의 효력," 대법원판례해설 18호(1992년 하반기), 425쪽 이하.
2) 이러한 법리는 도시개발법(구 토지구획정리사업법)이 적용되는 **체비지**에 대한 **소유권이전등기청구권**이 가압류 또는 압류가 되어 있는 상태에서 제3채무자인 사업시행자를 상대로 **체비지대장상**의 **소유자명의변경**을 **청구**하는 경우에도 마찬가지로 적용되며(대판 2011. 8. 18. 2009다60077), **주식양도청구권**이 가압류 또는 가압류가 된 경우 그 주식이 지명채권의 양도방법으로 양도할 수 있는 **주권발행 전 주식**인 때에도 마찬가지로 적용된다[주권발행 전 주식의 양도를 명하는 판결은 **의사진술을 명하는 판결**에 해당한다. 왜냐하면 주권발행 전이라도 회사성립 후 또는 신주의 납입기일 후 6개월이 지나면(상 335조 1항) 주권의 교부 없이 지명채권의 양도에 관한 일반원칙에 따라 당사자의 의사표시만으로 주식을 양도할 수 있기 때문이다. 대판 2021. 7. 29. 2017다3222,3239].
3) 대판 1998. 2. 27. 97다45532, 1999. 2. 9. 98다42615.
4) 소유권이전등기청구권에 대한 압류나 가압류·가처분은 채무자와 제3채무자에게 그 결정을 송달하는 외에 등기부상 이를 공시하는 방법이 없다. 대판 2011. 8. 18. 2009다60077.
5) 대판 1999. 6. 11. 98다22963.
6) 가압류·압류에는 청구의 목적인 부동산 자체의 처분을 금지하는 대물적 효력이 없으므로, 제3채무자나 채무자로부터 이전등기를 마친 제3자에 대해서는 취득한 등기가 원인무효라고 주장하며 말소를 청구할 수 없다.

소유권이전등기를 경료하여 준 것과 마찬가지로 **불법행위를** 구성한다.1)2)

(c) 추심명령이 있는 채권의 이행청구

채권에 대한 **추심명령**이 있는 경우(민집 229조 2항) 채무자(집행채무자)가 제 3 채무자를 상대로 이행의 소를 제기할 수 없다. 채무자가 제 3 채무자에 대하여 가지는 채권에 대한 압류 및 추심명령이 있으면 제 3 채무자를 상대로 한 이행의 소는 추심채권자만이 제기할 수 있고(민집 249조 1항) 채무자는 피압류채권에 대한 이행소송을 제기할 **당사자적격을** 상실하기 때문이다.3)4)

(3) 청구의 목적이 실현되거나 실익 없는 청구의 경우

(a) 일반적 경우

원칙적으로 이 경우에는 소의 이익이 인정되지 않는다. 예컨대 **근저당권설정등기의 말소등기절차이행**을 구하는 소송 도중에 그 근저당권설정등기가 경매절차상 매각을 원인으로 하여 **말소**되거나 장차 말소될 수밖에 없는 경우[경매절차상 매각허가결정이 확정되고 매각대금이 완납됨으로써 근저당권설정등기는 소멸하고(민집 91조 2항, 268조), 말소촉탁의 대상이 된다(민집 144조 1항 2호)]에는 더 이상 근저당권설정등기의 말소를 구할 법률상 이익이 없다.5) 한편 폐쇄된 등기부상에 기재된 등기

---

1) 대판 1999. 6. 11. 98다22963; 이윤승, "소유권이전등기청구권의 가압류와 응소의무," 대법원판례해설 32호(1999년 상반기), 114쪽 이하. 다만 판례의 이러한 태도에 대하여, 소유권이전등기청구권에 대한 가압류라는 보전처분의 불안정성을 고려하여 피고의 응소의무를 전제로 한 불법행위책임의 인정에 보다 신중을 기할 것이 요구된다는 비판적 견해도 있다. 김대영, "타인을 위한 응소의무와 불법행위책임: 소유권이전등기청구권가압류의 효력에 관하여," 민사재판의 제문제 10권(2000. 4.), 501쪽 이하; 이상원, "소유권이전등기청구권이 가압류된 경우 제 3 채무자의 응소의무불이행으로 인한 불법행위책임의 성부," 민사판례연구 23권(2001. 2.), 363쪽 이하.

2) 소유권이전등기청구권에 대한 가압류·압류가 있는 경우 제 3 채무자가 가압류·압류결정을 무시하고 채무자에게 이전등기를 이행하고 채무자가 다시 제 3 자에게 이전등기를 마쳐준 결과 채권자에게 손해를 입힌 때에는 불법행위에 따른 배상책임을 진다. 대판 2007. 9. 21. 2005다44886, 2022. 12. 15. 2022다247750 등.

3) 대판 2008. 9. 25. 2007다60417, 2010. 8. 19. 2009다70067, 2015. 5. 28. 2013다1587 등; 조관행, "추심명령에 의한 추심에 관한 제문제," 강제집행·임의경매에 관한 제문제(상)(재판자료 35집, 1987. 7.), 495쪽 이하.

4) 채권자는 현금화절차가 끝나기 전까지 **압류명령의 신청을 취하**할 수 있고, 이 때 채권자의 추심권도 당연히 소멸하게 된다. 따라서 추심금청구소송을 제기하여 확정판결을 받은 경우라도 그 **집행에 의한 변제를 받기 전**에 압류명령의 신청을 취하하여 추심권이 소멸하면 추심능과 소송수행권이 모두 **채무자에게 복귀**한다. 대판 2009. 11. 12. 2009다48879, 2021. 5. 27. 2021다204466.

5) 대판 2003. 1. 10. 2002다57904, 2007. 12. 13. 2007다57459, 2013. 4. 26. 2011다37001. 부

(폐쇄등기)는 현재의 등기로서 효력이 없으므로 그 말소를 구할 소의 이익이 없다. 다만 폐쇄등기 자체를 대상으로 하는 것이 아니라, 원인 없이 이전된 진정한 권리자의 등기를 회복하는 데에 필요하여 '현재의 등기기록에 옮겨 기록되었을 위와 같은 등기'를 대상으로 말소등기절차의 이행을 구하는 소는 특별한 사정이 없는 한 허용된다.[1]

(b) 부기등기의 말소등기청구

근저당권이전의 부기등기가 기존의 주등기인 근저당권설정등기에 종속되어 **주등기와 일체를 이룬 경우**에는 근저당권설정등기의 말소만 구하면 되고 부기등기만의 말소를 따로 인정할 아무런 실익이 없으므로 부기등기의 말소청구는 소의 이익이 없다.[2] 그러나 근저당권이전의 원인만이 무효로 되거나 취소 또는 해제된 경우, 즉 근저당권의 주등기 자체는 유효한 것을 전제로 이와는 별도로 근저당권이전의 부기등기에 한하여 무효사유가 있다는 이유로 **부기등기만의 효력을 다투는 때**에는 그 부기등기의 말소를 소구할 필요가 있으므로 예외적으로 소의 이익이 있다.[3]

(c) 철거의무 있는 건물소유자에 대한 건물퇴거청구

건물의 소유자가 건물의 소유를 통하여 다른 사람 소유의 토지를 점유하고 있다고 하더라도 토지소유자로서는 건물의 철거와 대지 부분의 인도를 청구할 수

동산에 관하여 근저당권설정등기가 경료되었다가 그 등기가 위조된 관계서류에 기하여 아무런 원인 없이 말소되었다는 사정만으로는 곧바로 근저당권이 소멸하지는 않지만, 부동산이 경매절차에서 매각되면 그 부동산에 존재했던 저당권은 당연히 소멸한다(민집 91조 2항, 268조). 따라서 근저당권설정등기가 원인 없이 말소된 이후에 근저당목적물인 부동산에 관하여 다른 근저당권자 등 권리자의 신청에 따라 경매절차가 진행되어 매각허가결정이 확정되고 매수인이 매각대금을 완납했다면, 더 이상 원인 없이 말소된 근저당권설정등기의 회복등기절차 이행이나 그 회복등기에 대한 승낙의 의사표시를 구할 법률상 이익이 없게 된다. 대판 2014. 12. 11. 2013다28025.

1) 대판 2017. 9. 12. 2015다242849.

2) 대판 1988. 11. 22. 87다카1836, 2000. 10. 10. 2000다19526. 그 부기등기는 별도로 말소를 구하지 않더라도 주등기의 말소에 따라 직권으로 말소하면 된다. 대판 1995. 5. 26. 95다7550, 2009. 7. 9. 2009다21386 등. 한편 양수인을 상대로 근저당권의 이전등기의 말소를 명하는 판결만으로는 주등기인 근저당권설정등기의 말소를 신청할 수 없다. 등기선례 제4-228호 '판결에 의한 근저당권설정등기 말소등기'(1994. 7. 1. 제정).

3) 대판 2005. 6. 10. 2002다15412,15429. 즉 원인 없이 근저당권이전등기를 경료한 사람이 근저당권을 실행하는 데도 **근저당권자**가 아무런 조치를 취하지 않고 있는 경우 **소유권자**는 방해배제청구권의 행사로 부기등기의 말소를 소구할 수 있다. 박종민, "근저당권의 이전에 물상보증인의 동의 요부와 부기등기만의 말소를 구할 소의 이익에 관하여," 대법원판례해설 54호 (2005년 상반기), 619쪽 이하.

있을 뿐, 자기 소유의 건물을 점유하고 있는 사람에 대하여 건물에서 퇴거할 것을 청구할 수 없다.[1] **건물의 점유자가 철거의무자**일 때에는 건물철거의무에 퇴거의무도 포함되어 있어 별도로 퇴거를 명하는 집행권원이 필요하지 않으므로, 건물퇴거를 구하는 소는 소의 이익이 없다.[2] 한편 이러한 법리는 건물이 공유관계에 있는 경우에 건물의 공유자에 대해서도 마찬가지로 적용된다.[3]

(4) 일부청구

(a) 의   의

일정한 금전이나 대체물 등과 같이 수량적으로 가분(可分)인 급부를 목적으로 하는 특정의 채권에 관하여 채권자가 임의로 그를 분할하여 일부만을 소송상 청구하는 것을 **일부청구**라고 한다. 일부청구는 소의 이익 외에도 과실상계의 방법, 중복소송의 여부, 시효중단의 범위, 기판력의 범위 등과 관련하여 문제가 된다.

(b) 일부청구의 허용 여부

1) 일부청구가 허용되는지 **여부**, **허용**된다면 그 **소송물**을 어떻게 볼 것인지 여부 등에 관해서는 견해가 대립된다. 이에 대하여, ① 일부청구시 피고가 여러 번 응소해야 하는 소송상 부담과 법원이 중복하여 심리해야 하는 비경제성과 비효율성을 고려하면 일부청구 후 잔부청구는 모두 허용될 수 없다는 입장(**일부청구부정설**),[4] ② 실체법상 채권을 분할하여 행사하는 것은 채권자의 자유이고, 일부양

---

[1] 대판 1999. 7. 9. 98다57457,57464, 2022. 6. 30. 2021다276256.

[2] 대판 2017. 4. 28. 2016다213916.

[3] 토지소유자는 토지소유권에 기한 방해배제청구권의 행사로써 그 지상 건물의 철거와 해당 토지의 인도를 구할 수 있을 뿐이고 건물 자체를 회복하거나 건물에 관한 건물 공유자의 사용관계를 정할 권한이 없다. 토지소유자로 하여금 그 지상 건물 공유자를 상대로 퇴거청구를 할 수 있도록 허용한다면 토지소유자가 건물의 점유 자체를 회복하도록 하거나 해당 건물에 관한 공유자의 사용관계를 임의로 정하게 하는 결과를 가져온다. 대판 2022. 6. 30. 2021다 276256.

[4] **일부청구부정설**에는 이와 같은 **전면적 부정설** 외에 채권액 중 청구한 일부와 잔부 사이에 담보권의 유무, 반대급부의 유무, 이행기의 차이, 정기금채권에서의 각 기간의 지분채권 등과 같은 식별기준이 있는 때에 한하여 예외적으로 일부청구를 허용하되, 단순히 기계적·수량적으로 분할하여 청구하는 때에는 일부청구를 부정해야 한다고 하는 **제한적 부정설**도 있다. 김홍규, "일부청구의 소송상의 취급," 손해배상법의 제문제(성헌황적인박사화갑기념, 1990. 10.), 801쪽 이하; 손한기, "일부청구 허부에 관한 소고," 민사소송법의 제문제(경허김홍규박사화갑기념, 1992. 12.), 217쪽 이하. 일부청구부정설은 전체 채권을 소송물로 보므로, 과실상계의 문제에 대해서는 외측설을, 시효중단의 문제에서는 전체 채권에 대한 시효중단의 효과를, 중복소송의 문제에 대해서는 이를 허용하지 않는 입장을 취하게 된다. 손한기, "수액을 확정하기 어려운 소송의 문제점," 21세기민사소송법의 전망(하촌정동윤선생화갑기념, 1999. 6.), 187쪽

도도 가능한 만큼 소송법에서도 이를 존중해야 하므로 전소에서 일부청구가 명시되었는지 여부와 관계없이 일부청구의 소송물은 청구부분에 한정되고, 동일 청구권의 잔부를 재소로써 청구할 수 있다는 입장(**일부청구긍정설**)[1]도 있다.

그러나 한편으로는 분쟁해결의 1회성의 요청과 다른 한편으로는 원고의 분할청구의 필요 또는 이익의 존중, 당사자의 절차권 보장 등을 종합적으로 고려하면, 일부청구라고 하더라도 이를 원칙적으로는 **허용**해야 한다. 일부청구와 소송물의 관계에서 원고가 일부청구임을 **명시한 경우**(**명시적 일부청구**)에만 일부청구를 독립된 소송물로 보고(잔부청구는 별개의 소송물로 보고), **명시하지 않은 경우**(**비명시적 일부청구, 묵시적 일부청구**)에는 비록 일부만을 청구하고 있지만 전부를 소송물로 보는 것이 타당하다(**명시적 일부청구설**). **판례** 및 다수설의 입장이기도 하다.[2]

2) 주의할 것은 **명시한 일부청구**라도 그 일부청구가 **사실심법원**에 **소송계속** 중인 경우 **청구취지의 확장**에 의하지 않고 **별소**로써 **잔부청구**를 하는 것은 **소권남용이나 중복소송금지규정**(법 259조)의 **유추적용**으로 허용되지 않는다는 점이다. 이에 관해서는 중복소송금지에서 자세히 살펴보기로 한다.

(c) 일부청구가 허용되지 않는 경우

소액사건에서 소액사건심판법의 **적용**을 받기 위해 청구를 분할하여 그 일부만을 청구하는 것은 허용되지 않는다. 이 경우 판결로 소를 각하해야 한다(**2023. 3. 28. 개정·시행** 소심 5조의2). 예컨대 실제 청구할 금액이 4,500만원이어서 소송목적의 값이 소액사건의 적용기준인 3,000만원을 초과함에도 이를 2,500만원과 2,000만원으로 분할하여 별소로써 청구하는 것은 허용되지 않는다.

2. 장래의 이행의 소
(1) 의   의
장래의 이행의 소는 사실심 변론종결 뒤에, 청구권이 발생하거나 (장래 증

이하.
1) 호문혁, "일부청구와 기판력," 사법행정 375호(1992. 3), 72쪽 이하.
2) 대판 1989. 6. 27. 87다카2478, 2000. 2. 11. 99다10424, 2008. 12. 24. 2008다51649; 양병회, "일부청구의 적법성에 관한 연구," 일감법학(건국대학교 법학연구소) 5권(2000. 12.), 23쪽 이하; 박우동, "일부청구 ─특히 손해배상의 일부청구에 관하여─," 법조 23권 4호(1974. 4.), 1쪽 이하; 이석선, "일부청구에 대한 소송법적 고찰," 민사법학의 제문제(소봉김용한교수화갑기념, 1990. 5.), 241쪽 이하.

감·변동이 예정되어) 청구권이 특정될 경우(이러한 청구권들을 '**장래의 불확정 청구권**' 이라고 한다), 또는 특정된 청구권으로서 그 이행기가 도래하는 경우 채무자의 임 의이행 거부에 대비하는 소이다. 장래의 이행의 소는 **공통적**으로 **미리 청구할 필 요**가 있어야 한다(법 251조). 여기서 미리 청구할 필요가 있는 경우란 장래 발생· 특정될 청구권 또는 이행기가 도래하지 않은 청구권에 대하여 채무자가 미리부터 채무의 존재를 다투기 때문에 장래 발생·특정되거나 이행기가 도래되었을 때에 **임의의 이행을 기대할 수 없는 경우**를 말한다.[1] 그러나 장래 발생·특정되거나 이행기에 이르렀을 때에 채무자의 **무자력**으로 말미암아 **집행이 곤란**해진다든가 또는 이행불능에 빠질 사정이 있다는 것은 미리 청구할 필요가 있는 경우에 해당 되지 않는다.[2] 이는 보전처분인 가압류·가처분사유이다. 미리 청구할 필요가 있 는지 여부는 **채무자의 태도**나 **채무의 내용과 성질** 등을 고려하여 개별적으로 판 단해야 한다.[3] 정기행위(민 545조)의 경우나 이행지체시 회복할 수 없는 손해발생 의 경우 채무자가 이행을 확약해도 미리 청구할 필요가 있다.

(2) 청구적격

(a) 일반적 경우

기한부 청구권·(정지)조건부 청구권, 그 밖의 장래에 발생할 청구권(**장래의 채 권**)이라도 그 기초관계가 성립되어 있는 경우 등에는 이행의 소의 대상이 된다. 장 래에 발생할 청구권에 관한 장래의 이행의 소가 적법하려면, ① 그 청구권 발생 의 기초가 되는 **법률상·사실상 관계(기초관계)**가 사실심 변론종결 당시 존재하고, ② 그러한 상태가 계속될 것이 **확실히 예측**되는 경우, 즉 이러한 기초관계에 따 라 청구권이 발생할 **충분한 개연성**이 있는 경우이어야 한다.[4]

판례는, 장래의 이행의 소는 **통상적인 이행의 소의 예외**에 해당하는 것일 뿐 채무자의 무자력에 따른 강제집행의 곤란에 대비하기 위해 마련된 것이 아니며, 더구나 쌍무계약관계의 이행기가 도래하지 않은 상태임에도 당사자 한쪽에 대하 여 **선제적으로 집행권원을 확보**할 수 있게 하는 것은 자칫 계약관계의 균형이 상 실되어 상대방 당사자의 계약상 권리가 침해될 수 있을 뿐만 아니라 장래의 이행

---

1) 대판 2000. 8. 22. 2000다25576, 2004. 1. 15. 2002다3891, 2004. 9. 3. 2002다37405.
2) 대판 2000. 8. 22. 2000다25576.
3) 대판 2018. 7. 26. 2018다227551, 2021. 10. 14. 2021다225968.
4) 대판 1997. 11. 11. 95누4902,4919, 2004. 1. 15. 2002다3891 등.

기에 이르기까지 발생할 수 있는 계약상 다양한 변화를 반영하지 못함으로써 이행기 당시 양쪽 당사자의 권리의무관계와 집행권원이 모순·충돌되는 불합리한 결과를 초래할 수 있으므로, 장래의 이행의 소의 적법 여부는 엄격한 기준에 따라 신중하게 판단해야 한다는 입장이다.[1]

(b) 관할청의 허가를 조건으로 하는 경우

사립학교법상 학교법인의 기본재산 가운데 학교교육에 직접 사용되는 교지(校地)·교사(校舍) 등(교육용 기본재산) 외의 기본재산(수익용 기본재산)의 매도 등은 관할청의 허가를 받아야 한다(사립학교법 28조 1항·2항, 같은 법 시행령 12조). 관할청의 허가를 받지 않고 한 처분행위에 기하여 관할청의 허가를 조건으로 그 이행을 구하는 소를 제기할 수 있는지에 관하여 논의가 있다.[2] **판례**는, 학교법인의 기본재산의 매매 등의 경우 반드시 계약성립 전에 관할청의 허가를 받아야만 하는 것은 아니고, 매매 등 계약성립 후에라도 관할청의 허가를 받으면 그 매매 등 계약이 유효하게 되며, 매매계약이 관할청의 허가 없이 체결되어 아직은 그 효력이 없다고 하더라도 해당 매매계약에 기한 소유권이전등기청구권의 **기초**가 되는 **법률관계**는 이미 존재한다고 볼 수 있고, 장차 관할청의 허가에 따라 그 청구권이 발생할 **개연성** 또한 **충분**한 경우에는 비록 관할청의 허가 없이 매매계약을 체결했다고 하더라도, 미리 그 청구를 할 필요가 있는 한, **관할청의 허가를 조건**으로 소유권이전등기절차의 이행을 청구할 수 있다고 봄이 상당하다고 한다.[3]

판례의 이러한 태도는 분쟁의 1회적 해결이라는 소송경제의 관점에서 매우

---

1) 대판 2023. 3. 13. 2022다286786(대법원은, 원고가 임대차계약이 이미 기간만료로 종료되었음을 원인으로 건물인도청구를 했다가 받아들여지지 않자, 원심 변론종결 직전에 제2 예비적 청구로 약 1년 8개월 후 임대차계약의 종료에 따른 건물인도청구를 추가한 사안에서, 임대차보증금·권리금·차임 등에 관한 언급 없이 단지 장래의 인도청구권에 관한 집행권원을 부여하는 내용의 원고의 화해권고 요청에 따라 피고가 이에 응하지 않았다는 사정만으로 '미리 청구할 필요'가 있다고 볼 수 없다고 판단하여, '장래의 이행의 소'인 제2 예비적 청구를 인용한 원심판결을 파기하고 이 부분 소를 각하했다).
2) **관할청의 허가를 조건으로 한 이행청구**와 **병합**하여 **관할청에의 허가신청절차의 이행청구**를 하기도 한다. 예컨대 "피고는 원고에게 별지 목록 기재 부동산에 관하여 매수인을 원고, 매도인을 피고로 하는 학교법인 기본재산 매도에 관한 관할청에의 허가신청절차를 이행하고, 위 **허가를 조건**으로 위 부동산에 관하여 몇 일자 매매를 원인으로 하는 소유권이전등기절차를 이행하라."는 청구취지로 판결을 구한다.
3) 대판 1998. 7. 24. 96다27988. **판례**는, 관할청의 허가를 받을 수 없는 사정이 확실하다고 인정되는 등의 특별한 사정이 없는 한, 사립학교의 (수익용)기본재산에 대한 **압류**는 허용된다고 보고 있다. 대결 2002. 9. 30. 2002마2209, 대판 2003. 5. 16. 2002두3669.

바람직하지만, 법리상 문제가 없는 것은 아니다. 사립학교의 기본재산의 매도 등의 경우 관할청의 허가를 받지 않은 계약은 물권적 효력뿐만 아니라 채권적으로도 무효라고 보아야 한다면, 허가를 받기 전에는 채권적으로 아무런 효력이 없다.[1] 따라서 매수인으로서는 매도인에 대하여 허가조건부 소유권이전등기청구를 할 수 없게 된다. 장래의 이행의 소는 최소한 유효한 채권행위로부터 성립된 정지조건부 청구권만을 대상으로 하기 때문이다. 그러나 판례는 정지조건부 채권 등 장래에 발생할 채권에 관한 장래의 이행의 소에서의 청구적격은 '기초가 되는 법률관계(기초관계)'가 성립되어 있고 '청구권 자체의 발생의 개연성' 또는 '기초관계 계속의 확실성'이 있으면 된다는 입장에서, 관할청의 허가가 없어 그 법률행위의 효력이 없다고 하더라도 일정한 사실관계하에서는 청구권이 발생할 개연성이 확실한 경우에는 허가조건부 소유권이전등기청구가 가능하다는 취지로 보인다.[2]

■ **토지거래허가구역 내의 토지매매계약과 관할청의 허가를 조건하는 소유권이전 등기청구 가부**

　　판례는, 부동산 거래신고 등에 관한 법률[2016. 1. 19. 제정, 2017. 1. 20. 시행, 위 법률 제정 전에는 '국토의 계획 및 이용에 관한 법률'에 토지거래허가구역에서의 토지거래에 대한 허가 규정을 두었다]이 적용되는 토지거래허가구역 내 토지에 관한 매매계약에서 이러한 매매계약이 관할청의 허가를 전제로 한 계약이라고 할지라도(위 법률 11조 1항) 허가받기 전의 상태에서는 아무런 효력이 없어(위 법률 11조 6항),[3] 이에 기해서는 권리의 이전 또는 설정에 관한 어떠한 이행청구도 할 수 없다고 보아야 한다는 입장이다.[4]

---

1) 대판 1994. 1. 25. 93다42993, 1994. 9. 27. 93누22784.

2) 윤인태, "사립학교법 제28조 소정의 허가를 조건으로 하는 소유권이전등기청구의 허용 여부," 판례연구(부산판례연구회) 11집(2000. 1.), 171쪽 이하.

3) 토지거래허가구역 내 토지에 관한 토지매매계약의 성질에 관하여, **판례는 유동적 무효**라는 입장을 유지하고 있다. 다만 토지거래허가구역 내 토지에 관하여 허가를 배제하거나 잠탈하는 내용으로 매매계약이 체결된 경우에는 부동산 거래신고 등에 관한 법률 11조 6항에 따라 그 계약은 체결된 때부터 **확정적으로 무효**이다. 대판(전) 1991. 12. 24. 90다12243, 대판 2010. 6. 10. 2009다96328.

4) 토지거래허가구역 내 토지에 관한 매매계약이 토지거래허가를 받기 이전의 유동적 무효인 상태에 있는 한 계약의 채권적 효력은 발생하지 않으므로 소유권 등 권리의 이전을 위한 계약의 이행을 구할 수는 없지만, 그 경우에도 토지거래허가신청절차에 협력하지 않는 상대방에 대하여 그 **협력의무의 이행**을 소로써 구할 수는 있다. 대판 2006. 1. 27. 2005다52047; 김홍엽, "토지거래허가구역 내의 토지매매계약체결시 협력의무불이행 등에 대한 배상액예정의 효력," 법조 44권 4호(1995. 4.), 162쪽.

이러한 판례의 태도는 사립학교법상 기본재산의 매도 등에서 관할청의 허가가 없는 경우와 비교하면 논리적으로 일관되지 않는 듯하나,[1] 토지거래허가구역 내 토지에 관한 매매계약에서의 관할청의 허가가 사립학교의 기본재산의 처분에서의 관할청의 허가에 비하여 그 **개연성이 충분하다고 볼 수 없는 사정** 등을 종합하면 판례의 태도는 정당하다.

(c) 대항요건을 갖추지 못한 채권양수의 경우

판례는, 채권을 양수하기는 했으나 아직 양도인의 통지 또는 채무자의 승낙이라는 대항요건을 갖추지 못했다면 채권양수인은 현재는 채무자와 사이에 아무런 **법률관계**가 없어 어떠한 권리주장도 할 수 없기 때문에 채무자에 대하여 채권양도인으로부터 양도통지를 받은 다음(**조건부로**) 채무를 이행하라는 청구는 장래의 이행의 소로서의 요건을 갖추지 못하여 부적법하다고 보고 있다.[2] 판례는 앞서와 같이 채권양도의 통지가 없는 한 양수인과 채무자 사이에 아무런 기초적 법률관계가 없다는 이유로 채권양도의 통지를 조건으로 한 양수금청구가 부적법하다고 보고 있다.

그러나 장래 발생할 채권의 이행을 구하는 장래의 이행의 소에서 요구되는 장래 발생할 채권의 기초적 법률관계에는 당사자 사이의 **법률관계**에 한정되는 것이 아니며, 채권 성립의 개연성 있는 **사실관계** 등을 포함한다고 보아야 하는데,[3] 채권양도의 통지가 없는 상태에서 양수인과 채무자 사이에 이러한 사실관계조차 없다고 볼 것인지는 의문이다. 오히려 채권양도의 통지를 조건으로 한 양수금청구가 부적법한 이유는 양수인이 채무자 사이에 기초관계가 없기 때문이라기보다는, 양도인이 과연 채권양도의 통지를 할 것인지에 관하여 **확실히 예측**할 수 있다거나 **충분한 개연성**이 있다고 보기 어렵기 때문으로 보아야 한다. 결국 판례의 태도는 결론에서는 타당하나, 그 이유에서는 정당한 것으로 보이지 않는다.

(d) 농지법상 농지취득자격증명을 취득하지 못한 경우

종래 구농지개혁법상 농지매매에서 소재지관서의 농지매매증명이 없는 경우 판례는, 매수인은 그 필요가 있는 한 장래의 이행의 소로 농지매매증명이 발급되

1) 이주흥, "토지거래허가에 있어서 이른바 유동적 무효에 기한 법률관계," 민사재판의 제문제 8권(1994. 10.), 32쪽 이하.
2) 대판 1992. 8. 18. 90다9452,9469.
3) 대판 2000. 8. 22. 2000다25576, 2002. 11. 8. 2002다42957, 2023. 3. 13. 2022다286786.

는 것을 조건으로 미리 농지에 관한 소유권이전등기절차의 이행을 청구할 수는 있는 것이라고 보았다.[1] 그러나 **농지법**의 제정(1994. 12. 22. 제정, 1996. 1. 1. 시행)에 의해 **농지취득자격증명**은 농지를 취득하는 사람이 그 소유권에 관한 등기를 신청할 때에 첨부해야 할 서류로서(농지법 8조 1항 · 6항), 농지를 취득하는 사람에게 농지취득의 자격이 있다는 것을 증명하는 것일 뿐 농지취득의 원인이 되는 법률행위(매매 등)의 효력을 발생시키는 요건은 아니다.[2] 따라서 조건부의 장래의 이행의 소가 허용되는 예로서 소재지관서의 증명이 없는 경우 그 발급을 조건으로 한 소유권이전등기청구소송을 드는 것은[3] 부적절하다.

(3) 미리 청구할 필요

(a) 의   의

장래의 이행의 소는 미리 청구할 필요가 있어야 제기할 수 있다(법 251조). **이행기 미도래** 또는 **조건 미성취**의 청구권의 경우에도 채무자가 미리부터 채무의 존재를 다투는 등 채무자의 태도나 채무의 내용과 성질에 비추어 채무의 이행기가 도래되거나 조건이 성취되더라도 채무자의 **임의의 이행을 기대할 수 없다**고 판단되는 때에는 미리 청구할 필요가 있다고 본다.[4]

(b) 계속적 · 반복적 이행청구의 경우

계속적 · 반복적 이행청구(예컨대 장래의 계속적인 불법행위에 기한 손해배상청구 · 부당이득반환청구 등)에서, 이미 현재 이행기 도래분에 대하여 이행하지 않고

---

1) 대판 1994. 7. 29. 94다9986, 1994. 12. 9. 94다42402. 구 농지개혁법 19조 2항 소정의 소재지관서의 증명이 농지매매의 효력발생요건이라는 취지가 매매로 인한 소유권이전의 효과를 발생할 수 없다는 것일 뿐, 농지매매 당사자 사이에 채권계약으로서의 효력까지 발생하지 못한다는 것은 아니라 할지라도, 소재지관서의 증명을 얻지 않은 채 체결된 농지의 매매계약을 원인으로 하여 매수인이 매도인을 상대로 현재의 이행의 소로 무조건으로 소유권이전등기절차의 이행을 청구하는 경우에는 적어도 사실심 변론종결시까지는 소재지관서의 증명을 얻어야만 인용될 수 있었다.

2) 대판 1998. 2. 27. 97다49251. 예컨대 농지에 관한 명의신탁자가 명의신탁을 해지하고 그 반환을 구하는 경우 수탁자는 신탁자 명의의 농지취득자격증명이 발급되지 않았다는 사정을 내세워서 그 청구를 거부할 수 없다. 대판 2006. 1. 27. 2005다59871, 2008. 8. 29. 2007도11029. 한편 비록 사실심 변론종결시까지 농지취득자격증명을 발급받지 못했다 하더라도 민사소송절차의 종료 후 얼마든지 농지취득자격증명을 발급받아 농지의 소유권을 취득할 수 있는 길이 열려져 있다. **판례**는, 농지에 관한 경매절차에서 농지취득자격증명 없이 소유권이전등기까지 경료된 경우 그 후에 농지취득자격증명을 추후보완할 수 있다고 한다. 대판 2008. 2. 1. 2006다27451.

3) 송상현 · 박익환, 216쪽.

4) 대판 2018. 7. 26. 2018다227551, 2021. 10. 14. 2021다225968.

있는 경우에는 **장래의 이행기 도래분**에 대하여 미리 청구할 필요가 있다[이행기 미도래의 부작위채무에 대해서도 채무자의 의무위반이 있거나, 또는 의무위반의 염려가 있는 때에는 미리 청구할 필요가 있다]. 계속적·반복적 이행청구의 경우 장래의 이행을 명하는 판결을 하기 위해서는 채무의 이행기가 **장래에 도래할 예정**이고 그때까지 **채무불이행사유가** 계속 존속할 것이 변론종결 당시에 **확정적으로 예정**되어 있어야 (**확실히 예상**되어야) 한다.[1] 따라서 원고가 주장하는 장래의 시점까지의 기간이 불확실하여 변론종결 당시에 확정적으로 예정할 수 없는 때에는 장래의 이행을 명하는 판결을 할 수 없다.[2]

(c) 선이행의무자의 변제를 조건으로 하는 청구의 경우

원고가 피고에 대하여 먼저 자기의 채무를 이행해야만 비로소 이행청구권을 행사할 수 있는 때에는 자기의 채무를 이행하는 것을 조건으로 하는 청구(**선이행청구**)는 **원칙적**으로 허용되지 않는다. 예컨대 저당채무자가 원고가 되어 저당권자인 피고를 상대로 피담보채무의 변제를 조건으로 한 저당권설정등기말소청구, 양도담보설정자가 원고가 되어 양도담보권자인 피고를 상대로 피담보채무의 변제를 조건으로 한 소유권이전등기말소청구는 허용되지 않는다.

그러나 ① 담보목적으로 소유권이전등기가 경료되거나(**양도담보**), 가등기가 경료되었음에도(**담보가등기**), 채권자가 그 등기가 담보목적으로 경료된 것이 아님을 다투는 경우, 즉 양도담보로 소유권이전등기가 경료되었음에도 매매 등에 기한 소유권이전등기라고 다투거나, 담보가등기임에도 담보가등기가 아니라 일반가

---

1) 대판 1991. 6. 28. 90다카25277, 대판 1993. 7. 27. 92다13332, 2018. 7. 26. 2018다227551(원고가 원고 소유의 건물을 피고가 불법점유를 하고 있다는 이유로 차임 상당의 손해배상을 구하는 소송에서, **원심은 원심 변론종결 다음날부터 건물 인도 완료일**까지의 손해배상청구 부분에 대해서는 피고가 제3자로 하여금 건물을 직접점유케 하고 있어 피고의 의사와 관계없이 원고의 손해 발생이 중단될 수 있어, 원고의 손해가 계속 발생할 것이 확정적으로 예정되어 있지 않으므로 장래의 이행을 명하는 판결을 하기 위한 요건을 갖추지 못한 것으로 부적법하다고 판단했다. 이에 대해 **대법원**은 피고가 제3자에게 건물의 열쇠를 건네주어 점유·사용케 함으로써 원고는 건물을 인도받지 못하여 차임 상당의 손해를 입고 있는데, 제3자가 피고의 양해를 얻어 건물을 점유한 이래 건물의 인도를 거부하고 있고 피고가 여전히 원고에게 건물에 대한 인도의무를 부담하고 있는 이상, 피고의 불법행위로 인한 원고의 위와 같은 손해는 원고가 건물을 인도받을 때까지 **계속해서 발생할 것이 확정적으로 예정**되어 있다고 볼 여지가 있으므로, 원고로서는 이에 대하여 **미리 청구할 필요**가 있다고 보고 원심판결을 파기했다).

2) 대판 1987. 9. 22. 86다카2151, 1993. 7. 27. 92다13332 등; 이영애, "장래이행청구의 요건," 대법원판례해설 8호(1987년 하반기), 247쪽 이하. 황형모, "도로부지의 점용에 따른 장래의 부당이득반환청구의 소," 판례연구(부산판례연구회) 5권(1995. 1.), 194쪽 이하.

등기(순위보전의 가등기)라고 다투는 경우, 또는 ② 이러한 등기가 담보목적으로 경료된 것은 다투지 않는다고 하더라도 피담보채무의 액수에 대하여 다투는 경우 등에서는, 채무자가 피담보채무를 변제한다고 해도 채권자의 태도에 비추어 채권자가 그 등기말소에 선뜻 협력할 것으로 기대할 수 없으면 피담보채무의 변제를 조건으로 그 등기말소를 미리 청구할 필요가 있다.[1]

■ 장래의 이행의 소에서 장래기한을 정하는 방법

　　토지소유자가 자신의 토지를 점유·사용하고 있는 지방자치단체를 상대로 차임 상당의 부당이득금반환청구를 하는 경우 사실심 변론종결 뒤의 장래기한을 어떻게 정하여 차임 상당을 구할 수 있는지가 문제된다. 이에 대해, **판례**는, 장래의 이행을 명하는 판결을 하기 위해서는 채무의 이행기가 장래에 도래하는 것뿐만이 아니라 의무불이행 사유가 그때까지 계속하여 존속한다는 것을 변론종결 당시에 확정적으로 예정할 수 있는 것이어야 하며 이러한 책임기간이 불확실하여 변론종결 당시에 확정적으로 예정할 수 없는 경우에는 장래의 이행을 명하는 판결을 할 수 없다고 본다. 따라서 예컨대 '2025년까지' 또는 '피고가 당해 토지를 매수할 때까지'라는 장래의 기한설정은 모두 불확실한 시점이므로 이러한 시점까지 이행하라는 장래이행판결은 허용되지 않는다고 본다.[2]

　　판례는, 지방자치단체가 사실심 변론종결 무렵까지 다른 사람 소유의 토지를 점유·사용하면서도 이에 대한 차임 상당의 부당이득금의 반환을 거부하고 있으며 그로 인한 계속적·반복적 이행의무에 관하여 현재의 이행기 도래분에 대하여 그 이행을 하지 않고 있다면, 그 토지에 개설된 도로의 폐쇄에 의한 지방자치단체의 **점유 종료일**과 그 토지소유자의 **토지소유권 상실일** 가운데 **먼저 도래하는 날**까지의 이행기 도래분에 대해서도 지방자치단체가 그 채무를 자진하여 이행하지 않을 것이 명백히 예견되므로, 토지소유자로서는 장래에 이행기가 도래할 부당이득금 부분에 대해서도 미리 청구할 필요가 있다고 보고 있다.[3]

---

1) 대판 1987. 4. 14. 86다카981, 1992. 7. 10. 92다15376; 윤진영, "피담보채무의 변제를 조건으로 한 가등기말소청구와 장래이행의 소," 법조 42권 5호(1993. 5.), 144쪽 이하.

2) 이러한 장래의 기한설정은 그 시기 이전에 피고가 해당 토지를 수용하거나 도로폐쇄조치를 하여 점유사용을 그칠 수도 있고 원고가 토지를 계속하여 소유하지 못할 수도 있으므로 의무불이행의 사유가 그때까지 계속하여 존속한다는 보장이 성립되지 않는 불확실한 시점임을 부인할 수 없기 때문이다. 대판 1987. 9. 22. 86다카2151, 1991. 10. 8. 91다17139.

3) 대판 1993. 3. 9. 91다46717, 1994. 9. 30. 94다32085. 한편 피고가 원고에게 토지를 인도하지 않더라도 원심판결이 이행을 명한 '인도하는 날' 이전에 토지의 사용·수익을 종료할 수도 있기 때문에 의무불이행사유가 '인도하는 날까지' 존속한다는 것을 변론종결 당시에 확정적으로 예정할 수 없는 경우에 해당하므로 그때까지 이행할 것을 명하는 판결을 할 수 없다고 한 것으로는, 대판 2002. 6. 14. 2000다37517.

판례 가운데, 장래의 부당이득금의 계속적·반복적 지급을 명하는 판결의 주문
에 '**피고의 점유종료일**' 또는 '**원고의 소유권 상실일**'까지라는 표시가 광범위하게
사용되고 있는데, 피고의 '**점유종료일**'은 부당이득반환의무를 부담하는 피고의 임의
의 이행과 관련되는 의무자 측의 사정으로서 장래의 부당이득금의 지급을 명하는
판결의 주문에 그 의무의 종료 시점으로 기재할 수 있는 최소한의 표현에 해당한다
고 볼 수 있으나, 이와 달리 원고의 '소유권 상실·이전' 여부는 권리자인 원고의
영역에 속하는 사정으로서 특별한 사정이 없는 한 의무자인 피고가 이를 좌우할 수
있는 성질의 것이 아니어서, '**원고의 소유권 상실일**'까지라는 표현은 바람직하지 않
다고 지적하는 판결이 있다.[1] 그러나 앞서 본 바와 같이 '피고의 점유 종료일과 원
고의 소유권 상실일 가운데 먼저 도래하는 날'까지라는 판결 주문의 기재가 실무상
일반적으로 사용되고 있는 것은 이를 인정하고 있는 판례의 태도에 따른 것으로,
이러한 지적이 얼마나 실제적인 의미를 지닐지는 의문이다.[2]

(4) 현재의 이행의 소와 병합하여 제기하는 장래의 이행의 소

원금청구와 함께 다 갚을 때까지의 지연이자·지연손해금청구, 건물인도청구
와 함께 인도할 때까지의 차임상당의 손해배상금청구도 가능하다. 본래적 급부청
구(목적물의 인도청구)와 함께 **집행불능**에 대비하여 구하는 청구인 **대상청구**(代償請
求, 두 청구는 단순병합관계에 있다)도 허용된다.

Ⅳ. 확인의 소의 소의 이익

1. 의   의

확인의 소는 그 대상이 매우 넓고 강제적 실현을 수반하지 않으므로, 분쟁해결
의 필요성·실효성을 고려하여 소의 이익을 정한다. 확인의 소라는 구제방법의 선택
의 적부, 확인대상의 적부 및 즉시확정의 이익의 존부 등에 관하여 논의가 있다.

---

1) 대판 2019. 2. 14. 2015다244432.
2) 한편 **판례**는, **원고의 소유권 상실일**을 **단일한 종기**(終期)로 하여 장래의 부당이득반환을
   구하는 경우 피고의 의무불이행 사유가 원고의 소유권 상실일까지 존속한다는 것을 사실심
   변론종결 당시에 확정적으로 예정할 수 있다고 단정할 수 없으므로(원고의 소유권 상실일 전
   에 피고가 점유를 종료할 수 있다) 그때까지 부당이득의 반환을 명하는 판결을 할 수 없다고
   본다. 대판 2023. 7. 27. 2020다277023.

2. 청구적격

(1) 현재의 권리·법률관계와 확인의 소

확인의 대상은 다른 특별한 사정이 없는 한 분쟁의 당사자 사이의 **현재의 권리·법률관계**이어야 한다. 확인의 소는 현존하는 법적 분쟁의 해결을 목적으로 하기 때문이다(즉시성). 한편 사실관계에 대해서는 **원칙적**으로 확인의 소가 허용되지 않는다. 예컨대 과실유무 확인청구, 종물 확인청구, 손해액산정기준 확인청구는 허용되지 않는다. 다만 **예외적**으로 법률상 명문의 규정으로 이를 허용하는 경우가 있다(뒤에서 볼 **증서의 진정 여부를 확인하는 소**, 법 250조). **판례**는, ① 어떠한 사찰이 특정 종단에 소속하지 않음의 확인을 구하는 경우,[1] ② 교수자격의 존부 확인을 구하는 경우,[2] ③ 특정한 단체와 별도로 다른 단체가 존재하는지 확인을 구하는 경우[3] 등은 허용되지 않는다고 본다.

(2) 과거의 권리·법률관계와 확인의 소

1) 과거의 특정 시점을 기준으로 한 과거의 법률관계의 확인을 구하는 것은 허용되지 않는다.[4] 예컨대 단체의 이사회에서 이사의 해임결의가 있은 후 다시 개최된 이사회에서 종전 결의를 추인하거나 재차 해임결의를 한 경우에는, 당초 해임결의가 무효라고 할지라도 다시 개최된 이사회결의가 흠으로 인하여 무효라고 인정되는 등의 특별한 사정이 없는 한 종전 이사회결의의 무효확인을 구하는 것은 **과거의 권리관계 또는 법률관계의 확인**을 구하는 것에 불과하여 확인의 소의 대상이 되지 않는다.[5] 다만 과거의 법률관계라고 하더라도 **현재의 권리 또는 법률관계**에 **관련**되어 있으면(현재의 권리 또는 법률관계에 영향을 미친다면) 일정한 경우에 **예외적**으로 확인의 소가 허용된다(확인소송의 분쟁해결기능과 분쟁예방기능에 합치되는 경우에 한한다).[6] 이에 관해서는 뒤에서 다시 살펴보기로 한다.

2) **형식적**으로는 과거의 권리·법률관계의 확인을 구하는 취지(**청구취지**)로

---

1) 대판 1992. 12. 8. 92다23872.

2) 대판 1996. 5. 31. 95다26971.

3) 대판 1991. 10. 8. 91다25413.

4) 대판 1995. 12. 22. 95다5622, 1996. 5. 10. 94다35565,35572.

5) 대판 2010. 10. 28. 2009다63694, 2018. 12. 27. 2018다235071, 2021. 5. 7. 2021다200112 등.

6) 대판(전) 2000. 5. 18. 95재다199, 대판 2018. 5. 30. 2014다9632, 2021. 4. 29. 2016두39856 등; 김민기, "정직처분과 확인의 이익," 대법원판례해설 85호(2010년 하반기), 711쪽 이하.

표현되어 있으나 **실질적**으로는 현재의 권리·법률관계의 확인을 구하는 것으로 볼 수 있는 때에는 이를 허용한다. 예컨대 매매무효확인의 소는 현재 매매계약에 기한 채권·채무가 존재하지 않는다는 확인을 구하는 취지를 간결하게 표현한 것으로 선해(善解)하여 이를 허용한다.

  3) 과거의 법률관계 자체의 확인을 구하는 것이 **관련된 분쟁**을 **한꺼번**에 해결하는 유효적절한 수단인 경우에는 확인의 소가 허용된다.1) 혼인·입양과 같은 **신분관계**나 단체의 총회결의와 같은 **사단적 관계**, 행정처분과 같은 **행정관계**는 그것을 기본으로 하여 **수많은 법률관계**가 **계속하여 발생**하고 그 효과도 널리 일반 제 3 자에게까지 미치게 되어 그로 인한 법률효과도 복잡다기하므로, 이러한 법률관계가 현재의 법률상태에 영향을 미치고 있는 한 그것을 기본으로 하여 발생하는 현재의 수많은 법률상태에 대하여 일일이 개별적으로 확인을 구해야 하는 번잡한 절차를 반복하는 것보다는 오히려 **현재의 수많은 개개의 분쟁의 근원**이 되는 과거의 법률관계 그 자체의 확인을 구하는 편이 관련된 분쟁의 직접적이고도 획일적인 해결을 기대할 수 있어 본래의 민사소송의 목적에도 적합하다.2)

  예컨대 사실상 혼인관계에 있던 당사자 한쪽이 사망했더라도 현재적 또는 잠재적 법적 분쟁을 한꺼번에 해결하는 유효적절한 수단이 될 수 있는 한 그 사실상 혼인관계 존부확인청구에는 확인의 이익이 인정되고, 이러한 경우 친생자관계 존부확인청구에 관한 민법 865조와 인지청구에 관한 민법 864조의 규정을 각 유추적용하여, 생존 당사자는 그 사망을 안 날부터 2년 내에 검사를 상대로 과거의 사실상 혼인관계에 대한 존부확인청구를 할 수 있다.3) 다만 사실상 혼인관계에 있었던 배우자 한쪽이 사망한 때에는 생존하는 배우자가 혼인신고를 하기 위한 목적으로서는 사망한 사람과의 과거의 사실상 혼인관계 존재확인을 구할 소의 이익이 없다.4)

  판례는, 혼인관계가 이혼으로 해소되었더라도 그 효력은 장래에 대해서만 발

---

  1) 대판 1995. 11. 14. 95므694, 2021. 2. 25. 2017다51610, 대판(전) 2024. 5. 23. 2020므15896 등.
  2) 대판 1978. 7. 11. 78므7, 1995. 3. 28. 94므1447, 2010. 5. 27. 2008다53430. 과거의 법률관계 그 자체의 확인을 구하는 것은 현재의 '여러 법률관계'를 '한꺼번에 해결'하기 위한 수단이어야 하므로, **파생되는 법률관계**가 적어도 **'2개 이상'**은 되어야 과거의 법률관계를 확인할 이익이 인정된다고 보는 입장에서, 파생되는 법률관계가 하나뿐이라면 확인의 이익이 없어 소를 각하해야 한다는 견해로는, 서울고등법원 판례공보스터디, 민사판례해설 Ⅳ-상, 176쪽.
  3) 대판 1983. 3. 8. 81므76, 1995. 3. 28. 94므1447; 부구욱, "당사자 일방이 사망한 경우의 사실혼관계존재확인청구," 법조 45권 3호(1996. 3.), 137쪽 이하.
  4) 대판 1995. 11. 14. 95므694.

생할 따름으로, 과거의 법률관계인 혼인관계 자체의 무효확인을 구하는 편이 관련된 분쟁을 한꺼번에 해결하는 유효적절한 수단이 될 수 있으므로, 특별한 사정이 없는 한 혼인관계가 이미 해소된 이후라고 하더라도 혼인무효의 확인을 구할 이익이 인정된다고 본다.[1]

(3) 장래의 권리·법률관계와 확인의 소

장래의 권리나 법률관계의 확인도 허용되지 않는다. 상속개시 전의 상속권확인청구나 유언자 생전의 유언무효확인청구는 허용되지 않는다. 그러나 **조건부 권리나 기한부 권리**, 그 밖에 **장래에 발생할 권리**는 확인의 대상이 된다. 즉 확인의 소로써 위험·불안을 제거하려는 법률상 지위는 반드시 구체적 권리로 뒷받침될 것을 요하지 않고 그 법률상 지위에 근거한 구체적 권리발생이 조건 또는 기한에 걸려 있거나, 법률관계가 형성과정에 있는 등 원인으로 불확정적이라고 하더라도 **보호할 가치 있는 법적 이익**에 해당하는 경우에는 확인의 이익이 인정될 수 있다.[2]

(4) 다른 사람 사이의 권리관계에 관한 다툼이 있는 경우와 확인의 소

(a) 의   의

확인의 대상이 소송당사자(원·피고) 사이의 권리관계가 아니라 다른 사람 사이의 권리관계라고 하더라도 자기의 권리관계에 대한 위험이나 불안을 제거할 수 있는 유효적절한 수단인 경우에는 확인의 이익이 있다.[3] 즉 확인의 소에서 오로지 소송당사자 사이의 권리관계만이 확인의 대상이 될 수 있는 것은 아니고, **소송당사자 한쪽과 제 3 자** 사이의 권리관계 또는 **제 3 자들** 사이의 권리관계에 관해서도 이에 대하여 소송당사자 사이에 다툼이 있어서 소송당사자 한쪽(원고)의 권리관계에 위험이나 불안이 초래되고 있고, 다른 한쪽(피고)에 대한 관계에서 그

---

1) 대판(전) 2024. 5. 23. 2020므15896.
2) 대판 2000. 5. 12. 2000다2429는 입찰절차의 취소가 효력이 없다고 할 경우 원고는 제 2 순위 적격심사대상자로서 추후 진행되는 적격심사에서 제 1 순위 적격심사대상자가 부적격판정을 받거나 계약을 체결하지 않으면 적격심사를 받아 낙찰자지위를 취득할 수도 있으므로 입찰절차상 제 2 순위 적격심사대상자로서의 지위에 대한 확인과 입찰절차의 취소 및 새로운 입찰공고가 무효임의 확인을 구하는 소가 단순한 사실관계나 과거의 법률관계의 존부확인에 불과하다고 할 수 없다고 한다. 남영찬, "입찰절차상 제 2 순위 적격심사대상자의 지위가 확인의 소의 대상이 되는지 여부 및 구체적 권리의 발생이 불확정적인 경우 법률상 지위의 확인을 구할 소의 이익 유무," 대법원판례해설 34호(2000년 상반기), 353쪽 이하; 홍기태, "국가 또는 지방자치단체가 실시하는 경쟁입찰의 적격심사에 잘못이 있는 경우의 사법심사," 민사재판의 제문제 12권(2003. 12.), 30쪽 이하.
3) 대판 2004. 8. 20. 2002다20353, 2005. 4. 29. 2005다9463 등.

법률관계를 확정시키는 것이 당사자의 권리관계에 대한 위험이나 불안을 제거할 수 있는 유효적절한 수단이 되는 경우에는 확인의 이익이 있다.[1] **판례**는, 채권자는 채무자가 제 3 자와 체결한 계약이 자신의 권리나 법적 지위를 구체적으로 침해하거나 이에 직접적으로 영향을 미치는 경우에는 그 계약의 무효확인을 구할 수 있으나, 그 계약으로 인하여 채무자의 변제자력이 감소되어 그 결과 채권의 전부나 일부가 만족될 수 없게 될 뿐인 때에는 채권자의 권리나 법적 지위가 그 계약에 의해 구체적으로 침해되거나 직접적으로 영향을 받는다고 볼 수 없으므로 직접 그 계약의 무효확인을 구할 이익이 없다고 한다.[2]

(b) 원고가 원고와 제 3 자와의 법률관계에 관하여 피고를 상대로 확인청구하는 경우

물상보증인이 근저당권자의 채무자(제 3 자)에 대한 채권을 다투고 있는 경우 **근저당권자**(원고)는 피담보채권의 확정을 위하여 **물상보증인**(피고)을 상대로 피담보채권존재확인의 소를 제기할 수 있다.[3]

(c) 원고가 제 3 자와 피고 사이의 법률관계에 관하여 제 3 자를 대위하여 피고를 상대로 확인청구하는 경우

원고가 매수인으로서 매매계약의 목적물의 소유권의 귀속에 관하여 제 3 자인 매도인을 대위하여 피고를 상대로 확인청구를 하는 경우에 관해서는, 특히 **확인의 소의 보충성**과 관련하여 문제가 된다.

① 매도인(**제 3 자**)의 소유이나 매도인 앞으로 소유권등기가 되어 있지 않은 상태에서 피고가 매도인의 소유권을 다투고 있다면 매수인은 매도인의 소유임을 확인하기 위하여 매도인을 대위하여 (매수인과 피고는 아무런 직접적인 법률관계가 없으므로) 피고를 상대로 확인의 소를 제기할 수 있다. 매도인 앞으로 소유권등기가 되어 있다고 하더라도 중복등기로 중복등기의 유효성이 다투어지는 경우에도 마찬가지이다.[4] ② 매도인(**제 3 자**) 앞으로 소유권등기가 되어 있는 상태에서 피고가

---

1) 대판 2016. 5. 12. 2013다1570, 2019. 7. 10. 2016다254719, 2021. 5. 7. 2021다201320 등. 이러한 법리는 원·피고의 한쪽이 제 3 자와 계약이나 협약을 체결했으나 그 후 계약이나 협약의 해제·해지를 둘러싸고 분쟁이 생긴 경우에도 적용된다. 대판 2017. 3. 15. 2014다208255.
2) 대판 2022. 6. 9. 2018다228462.
3) 대판 2004. 3. 25. 2002다20742.
4) 대판 1976. 4. 27. 73다1306.

매도인의 소유권을 다투고 있다고 하더라도 매수인은 매도인으로부터 소유권등기를 이전받으면 되므로 매도인의 소유임을 확인하기 위하여 매도인을 대위하여 피고를 상대로 확인의 소를 제기할 수 없다. ③ 매도인(제 3 자) 앞으로 소유권등기가 되어 있다가 등기부가 멸실된 상태에서 피고가 매도인의 소유권을 다투고 있다고 하더라도 매수인은 매도인을 대위하여 멸실회복등기를 할 수 있으므로 매도인의 소유임을 확인하기 위하여 매도인을 대위하여 피고를 상대로 확인의 소를 제기할 수 없다.1)

(d) 원고가 제 3 자와 피고 사이의 법률관계의 전제로서 먼저 원고와 피고 사이의 법률관계에 관하여 피고를 상대로 확인청구를 하는 경우

① 보증인의 채권자에 대한 보증채무는 채무자(원고)의 채권자(피고)에 대한 채무(주채무)의 존재를 전제로 하므로, 채무자(원고)는 채권자(피고)를 상대로 채무부존재확인의 소를 제기할 수 있다.2) ② 마찬가지로 보증계약의 성질을 갖는 **보증보험계약**에서 보험자의 피보험자(피고)에 대한 보험금지급채무는 보험계약자(원고)의 피보험자(피고)에 대한 주계약에 따른 채무의 존재를 전제로 하므로, 보험계약자(원고)의 피보험자(피고)에 대한 주계약채무부존재확인의 소는 확인의 이익이 있다.3)

3. 확인의 이익

(1) 의   의

1) 확인의 소는 확인의 이익이 있어야 한다. 확인의 소에서 확인의 이익은

---

1) 대판 1971. 12. 28. 71다1116.

2) 보증인이 스스로 원고가 되어 채권자를 상대로 채무자의 채권자에 대한 채무부존재확인을 청구하는 것은 확인의 이익이 없다. 보증인은 채권자를 상대로 보증인과 채권자 사이의 보증계약에 기하여 보증채무부존재확인의 소를 제기하는 것이 가장 유효적절한 수단이기 때문이다.

3) 보증보험계약은 피보험자와 특정 법률관계가 있는 보험계약자(주계약상의 채무자)의 채무불이행으로 인하여 피보험자(주계약상의 채권자)가 입게 될 손해의 전보를 보험자가 인수하는 것을 내용으로 하는 손해보험으로서, 형식적으로는 채무자의 채무불이행을 보험사고로 하는 보험계약이나 실질적으로는 보증의 성격을 가지고 보증계약과 같은 효과를 목적으로 한다. 한편 2014. 3. 11. 상법 개정시 보증보험에 관한 규정(726조의5 내지 726조의7)을 신설하여, 보증보험계약의 보험자는 보험계약자가 피보험자에게 계약상의 채무불이행 또는 법령상의 의무불이행으로 입은 손해를 보상할 책임이 있다고 정하는 한편(726조의5), 보증보험계약에 관해서는 그 성질에 반하지 않는 범위에서 보증채무에 관한 민법의 규정을 준용하도록 하였다(726조의7). 대판 2022. 12. 15. 2019다269156.

소송물인 법률관계의 존부가 당사자 사이에 불명확하여 그 관계가 즉시 확정됨으로써 원고의 **권리** 또는 **법률상 지위**에 **현존**하는 **위험**이나 **불안(불안정)**이 제거될 수 있는 경우에 존재한다.[1] 이를 '**즉시확정의 법률상 이익**'이라 한다. 확인의 이익은 확인의 소에 특수한 소의 이익으로서 국가적·공익적 측면에서는 무익한 소송제도의 이용을 통제하는 원리로 작용한다.[2] 확인의 소는 권리 또는 법률상 지위에[3] 현존하는 불안·위험이 있고, 그 불안·위험을 제거함에는 확인판결을 받은 것이 **가장 유효적절한 수단**일 때에 인정된다.[4] 따라서 확인의 이익은 구체적인 분쟁의 해결을 위하여 유효적절한 수단인지 아닌지 여부의 관점에서 실질적이고 개별적으로 판단해야 한다. 예컨대 **금전채무**에 대한 **채무부존재확인의 소**에서는 채무가 존재하는지 또는 잔존채무액이 얼마인지에 관하여 당사자 사이에 다툼이 있는 경우에 원고의 법적 지위에 불안·위험이 있는 것이며, 현재 금전채무가 없다는 점에 대하여 당사자 사이에 다툼이 없다면 원고의 법적 지위에 어떠한 불안·위험이 있다고 할 수 없으므로 특별한 사정이 없는 한 그 채무의 부존재확인을 구할 확인의 이익이 없다.[5]

  2) **과거의 법률관계**가 현재의 법률관계의 존부에 영향을 미치는 경우라 하더라도 단지 현재의 분쟁을 해결하는 **전제에 불과한 때**에는 확인의 이익이 부정된다.[6]

---

1) 대판 1982. 6. 8. 81다636, 1995. 12. 22. 95다5622 등.
2) 대판 2020. 8. 20. 2018다249148. 따라서 확인의 소에서 확인의 이익의 문제는 국민의 재판청구권 행사와 밀접한 관계가 있다. 확인의 소에서 확인의 이익은 국민의 재판청구권을 인정하면서도 남소를 억제하여 재판제도가 합리적이고 효율적인 분쟁해결수단으로 자리할 수 있도록 기능해야 한다. 대판(전) 2007. 5. 17. 2006다19054(다수의견에 대한 대법관 김황식, 박일환 보충의견).
3) 지상권은 용익물권으로서 담보물권이 아니므로, 비록 근저당권 등 담보권설정의 당사자들이 담보권과 아울러 담보로 제공된 토지에 지상권을 설정한 경우(이른바 '담보지상권')라고 하더라도 지상권설정등기에 관한 피담보채무의 범위확인을 구하는 청구는 원고의 권리 또는 법률상 지위에 관한 청구라고 보기 어려우므로, 확인의 이익이 인정되지 않는다. 대판 2017. 10. 31. 2015다65042.
4) 대판 2005. 12. 22. 2003다55059, 2010. 2. 25. 2009다93299, 2017. 6. 29. 2014다30803 등. 한편 확인의 소가 이러한 의미의 가장 유효적절한 수단인 경우에만 한정하여 허용된다고 볼 것이 아니라는 견해로는, 이충상, "장래의 권리관계의 확인—확인의 대상과 이익의 확대—," 민사재판의 제문제 20권(2011. 2.), 257쪽 이하. 확인의 소가 이러한 의미의 가장 유효적절한 수단이 아니라고 하더라도 분쟁해결에 실질적으로 기능하는 경우에는 확인의 이익이 있다고 보아 허용해야 한다는 견해로는, 최성호, "근저당권의 피담보채무에 관한 부존재확인의 소에 관한 검토," 민사소송 18권 2호(2014. 11.), 82쪽.
5) 대판 2023. 6. 29. 2021다277525.
6) 박병휴, "과거의 법률관계와 확인의 이익," 대법원판례해설 16호(1991년 하반기), 28쪽 이하.

그러나 과거의 법률관계라고 할지라도 **현재의 권리** 또는 **법률상 지위**에 **영향**을 미치고 이에 대한 위험이나 불안을 제거하기 위하여 그 법률관계에 관한 확인판결을 받는 것이 **유효적절한 수단**이라고 인정될 때에는 확인의 이익이 인정된다.[1] 예컨대 원고가 자신이 받은 정직(停職)의 징계처분에 대하여 무효확인을 구하는 소를 제기했으나 소송계속 중 이미 정직기간인 2개월이 지난 때에도 이러한 징계처분으로 인하여 정직기간 동안 임금을 전혀 지급받지 못하는 법률상 불이익을 입게 된 이상 이러한 징계처분은 정직기간 동안의 임금 미지급 처분의 성질을 갖는 것으로서, 이는 원고의 임금청구권의 존부에 관한 현재의 권리 또는 법률상 지위에 영향을 미치고 있으므로 원고로서는 비록 징계처분에서 정한 징계기간이 넘어갔다고 할지라도 징계처분의 무효 여부에 관한 확인판결을 받음으로써 가장 유효적절하게 자신의 현재의 권리 또는 법률상 지위에 대한 위험이나 불안을 제거할 수 있어 이러한 경우에도 확인의 이익이 인정된다.[2][3]

　　따라서 이 경우 무효확인청구가 과거의 법률관계에 대한 확인을 구하는 것이 되었다는 등의 이유만으로 곧바로 이를 부적법 각하해서는 안 되며, 원고에게 현재의 권리 또는 법률상 지위에 대한 위험이나 불안을 제거하기 위해 과거의 법률관계에 대한 확인을 구할 이익이나 필요성이 있는지 여부를 **석명**하고 이에 관한 의견을 진술하게 하거나 **청구취지를 변경**할 수 있는 기회를 주어야 한다.[4]

　　3) 확인의 소에서 확인의 이익은 **직권조사사항**이다. 따라서 당사자 주장 여

---

1) 대판 2010. 10. 14. 2010다36407, 2018. 5. 30. 2014다9632, 2023. 2. 23. 2022다207547.
2) 대판 2010. 10. 14. 2010다36407, 2020. 8. 20. 2018다249148(갑 회사의 주주들이 법원의 허가를 얻어 개최한 주주총회에서 을이 감사로 선임되었는데도 갑 회사가 감사임용계약의 체결을 거부하자, 을이 갑 회사를 상대로 **감사지위확인을 구하는 소**를 제기하여 소를 제기할 당시는 물론 대법원이 을의 청구를 받아들이는 취지의 환송판결을 할 당시에도 을의 감사로서의 임기가 남아 있었는데, 환송 후 원심의 **심리 도중** 을의 **임기가 만료**되어 후임 감사가 선임된 경우 종전의 감사지위확인청구가 과거의 법률관계에 대한 확인을 구하는 것이 되었다는 등의 이유만으로 확인의 이익이 없다고 보아 을의 청구를 부적법 각하한 원심판결에는 법리오해의 잘못이 있다).
3) 정영호, "감사지위확인청구 소송 도중 임기가 만료된 경우 그 확인의 이익 유무를 판단하는 기준과 법원의 석명의무," 대법원판례해설 125호(2021년), 233쪽 이하.
4) 대판 2020. 8. 20. 2018다249148. 확인의 이익 유무에 대한 판단은 개별 사건의 구체적 사정(실질적인 분쟁해결의 필요성, 소송경제, 당사자의 권리구제를 목적으로 하는 사법절차의 기능과 역할 등 다양한 법익이나 제도적 취지 등)을 종합적으로 고려해야 하는데, 이는 법원의 적극적인 석명권 행사를 통해 보다 충실하게 이루어질 수 있다는 견해로는, 정영호, "감사지위 확인청구 소송 도중 임기가 만료된 경우 그 확인의 이익 유무를 판단하는 기준과 법원의 석명의무," 대법원판례해설 125호(2020년하), 273쪽.

부에 관계없이 법원이 직권으로 판단해야 한다. **판례**는 당사자가 현재의 권리나 법률관계에 존재하는 불안·위험이 있어 확인을 구하는 소를 제기했으나 법원의 심리 도중 시간적 경과로 인해 확인을 구하는 대상이 과거의 법률관계가 되어 버린 경우, 법원으로서는 확인의 대상이 과거의 법률관계라는 이유로 확인의 이익이 없다고 보아 **곧바로 소를 각하할 것이 아니라**, 당사자에게 현재의 권리 또는 법률상 지위에 대한 위험이나 불안을 제거하기 위해 과거의 법률관계에 대한 확인을 구할 이익이나 필요성이 있는지 여부에 관하여 **석명**을 구하여 이에 관한 **의견을 진술**하게 하거나 당사자로 하여금 **청구취지를 변경**할 수 있는 기회를 주어야 한다고 보고 있다.[1]

(2) 법률상 이익일 것

확인의 이익은 사실상·경제적 이익이 아니라 **법률상 이익**이어야 한다. 따라서 판결에 의하여 위험·불안을 제거함으로써 원고의 법률상 지위에 영향을 줄 수 있는 경우에 확인의 이익이 있다. 예컨대 주식회사의 주주는 회사의 재산관계에 대하여 단순히 사실상·경제상 또는 일반적·추상적인 이해관계만 가질 뿐 **구체적** 또는 **법률상 이해관계**를 가지는 것은 아니므로, 이러한 주주가 직접 제 3 자와의 거래관계에 개입하여 회사가 체결한 계약의 무효확인을 구할 확인의 이익을 갖는다고 볼 수 없다.[2]

■ 경매절차가 진행되는 중 근저당권자가 제기하는 유치권부존재확인의 소와 확인의 이익의 존재 여부

(1) 경매절차에서 유치권이 주장된 경우

1) 근저당권이 설정된 부동산에 대한 **경매절차**(강제경매절차, 담보권실행을 위한 경매절차)에서 유치권자가 매수인에 대하여 그 피담보채권의 변제를 청구할 수는 없으나, 유치권자는 여전히 자신의 피담보채권이 변제될 때까지 유치목적물인 부동산의 인도를 거절할 수 있어(민집 91조 5항) 경매절차의 입찰인들은 낙찰 후 유치

---

1) 대판 2020. 8. 20. 2018다249148, 2022. 6. 16. 2022다207967.
2) 이 경우 **주주**는 일정한 요건에 따라 이사를 상대로 그 이사의 행위에 대하여 **유지**(留止)**청구권**(상 402조, 542조의6 5항)을 행사하여 그 행위를 금지시키거나, 또는 **주주대표소송**(상 403조 3항, 542조의6 6항)에 의하여 그 책임을 추궁하는 소를 제기할 수 있을 뿐이다. 대판 1979. 2. 13. 78다1117, 대결 2001. 2. 28. 2000마7839, 대판 2022. 6. 9. 2018다228462; 노태악, "주주총회결의의 하자와 주주권에 기한 가처분," 민사재판의 제문제 15권(2006. 12.), 472쪽 이하. **판례**는 회사가 영업의 전부 또는 중요한 일부를 양도하는 계약을 체결하는 경우에도 이러한 법리가 마찬가지로 적용된다고 보고 있다. 대판 2022. 6. 9. 2018다228462.

권자로부터 경매목적물을 쉽게 인도받을 수 없다는 점을 고려하여 입찰을 하게 되고 그에 따라 경매목적물이 그만큼 낮은 가격에 낙찰될 우려가 있다. 따라서 이와 같은 낮은 금액의 낙찰로 인해 **근저당권자**의 배당액이 줄어들 위험은 경매절차에서 근저당권자의 **법률상 지위**를 불안정하게 하는 것이므로 위 불안을 제거하는 근저당권자의 이익을 단순한 사실상·경제상의 이익으로 볼 수 없고, 유치권자라고 하여 민법 367조(제 3 취득자의 비용상환청구권)에 기한 우선상환청구를 한다면 매각대금에서 우선상환을 받을 수 있어[1] 근저당권자는 그만큼 배당받을 금액이 줄어들게 된다. 따라서 **근저당권자로서는** 유치권을 주장하는 사람을 상대로 **유치권부존재확인을 구할 법률상 이익**이 있다.[2]

2) 이는 **소유자가** 그 소유의 부동산에 관한 경매절차에서 유치권부존재확인을 구하는 경우에도 마찬가지이다. 다만 경매절차에서 유치권이 주장되었으나 소유부동산 또는 담보목적물이 매각되어 그 소유권이 이전되어 소유권을 상실하거나 근저당권이 소멸했다면, 소유자와 근저당권자는 유치권부존재확인을 구할 법률상 이익이 없다.[3]

(2) 경매절차에서 유치권이 주장되지 않은 경우

1) 경매절차에서 유치권이 주장되지 않은 경우에는, 담보목적물이 매각되어 그 소유권이 이전됨으로써 **근저당권이 소멸**했더라도, 경매절차에서 **배당받은 채권자는** (유치권의 존재가 인정되는 경우) **유치권의 존재를 알지 못한 매수인**으로부터 민법 575조, 578조 1항·2항에 의한 **담보책임**을 추급당할 우려가 있고(매수인은 원칙적으로 **채무자**에게 담보책임을 청구할 수 있으나, 채무자가 자력이 없는 때에는 경매절차에서 **배당받은 채권자**에게 담보책임을 추급할 수 있다), 위와 같은 위험은 채권자의 법률상 지위를 불안정하게 하는 것이므로, **채권자인 근저당권자로서는** 위 불안을 제거하기 위하여 유치권부존재확인을 구할 법률상 이익이 있다.

2) 한편 **채무자가 아닌 소유자는** (소유자가 채무자의 채무를 승계하지 않는 한) 위 각 규정에 의한 담보책임을 부담하지 않으므로, 유치권부존재확인을 구할 법률상 이익이 없다.[4]

(3) 유치권일부부존재확인의 소가 허용되는지 여부

원고는 피고를 상대로 유치권 **전부**의 부존재뿐만 아니라 해당 경매절차에서 유치권을 내세워 대항할 수 있는 **범위를 초과하는** 유치권의 부존재확인을 구할 법률

---

1) 저당권설정자가 아닌 제 3 취득자(지상권자, 전세권자, 유치권자, 소유권을 취득한 사람 등)가 저당목적물에 관한 필요비 또는 유익비를 지출하여 저당목적물의 가치가 유지·증가된 경우 매각대금 중 그로 인한 부분은 일정의 공익비용으로 보아 제 3 취득자가 매각대금에서 우선상환을 받을 수 있다. 대판 2004. 10. 15. 2004다36604.

2) 대판 2004. 9. 23. 2004다32848, 2011. 12. 22. 2011다84298.

3) 대판 2020. 1. 16. 2019다247385.

4) 대판 2020. 1. 16. 2019다247385.

상 이익이 있다. 원고가 유치권부존재확인의 소를 제기한 경우 심리결과 피고가 유
치권의 피담보채권으로 주장하는 금액의 **일부**만이 해당 경매절차에서 유치권으로
대항할 수 있는 것으로 인정되는 경우에는 법원은 특별한 사정이 없는 한 그 유치
권부분에 대하여 **일부패소의 판결**을 해야 한다.[1]

(3) 현존하는 법적 불안이 존재할 것

1) 자기의 법적 권리 또는 법률상 지위가 다른 사람으로부터 **부인**당하거나
이와 **양립하지 않는 주장**을 당하게 되는 때에는 현존하는 법적 불안이 있다고
본다. 예컨대 보험자(보험회사)가 보험계약을 해지한 뒤에도 피보험자가 여전히
자기 아닌 제3자가 보험금청구권을 가진다고 주장하는 경우, 이는 피보험자가
보험자에게 보험계약에 기한 보험금지급채무가 있다고 다투는 것으로서 보험자는
보험계약의 상대방이자 분쟁의 당사자인 피보험자를 상대로 보험금채무부존재확
인을 구할 이익이 있다.[2] 한편 비록 당사자 사이에 다툼이 없더라도 **소멸시효의
완성단계**에 이른 경우이거나 **원고 주장과 반대되는 공부상의 기재**(등기기록, 가족
관계등록)가 있는 경우에도 현존하는 법적 불안이 있다고 본다.[3]

2) **판례**는, 채무자가 (기업)회생절차에서 **회생계획인가결정**이 있어 **회생채권**
에 관하여 **면책**된 경우(채무회생 251조) 면책된 회생채권은 통상의 채권이 가지는
소제기권능을 **상실**하게 되므로(여기서 말하는 **면책**이란 채무 자체는 존재하지만 채무
자에 대하여 이행을 강제할 수 없다는 의미이다),[4] 그 면책된 회생채권의 존부나 효력
이 다투어지고 그것이 채무자의 회생채권자에 대한 법률상 지위에 영향을 미칠

---

1) 대판 2016. 3. 10. 2013다99409. 이는 부동산경매절차에서 매수인이 유치권을 신고한 사람
을 상대로 유치권부존재확인의 소를 제기한 때에도 마찬가지이다. 대판 2018. 7. 24. 2018다
221553.

2) 대판 1996. 3. 22. 94다51536.

3) 갑 소유의 부동산에 관하여 을(피고) 명의의 **소유권이전등기청구권가등기**가 있는 상태에
서 병(원고) 명의의 **가압류등기**가 마쳐진 경우 부동산등기법 92조 1항(등기관은 가등기에 의
한 본등기를 했을 때에는 대법원규칙으로 정하는 바에 따라 가등기 이후에 된 등기로서 가등
기에 의하여 보전되는 권리를 침해하는 등기를 직권으로 말소해야 한다)에 따라 병의 가압류
등기가 직권으로 말소되는지 여부가 을의 가등기가 순위보전을 위한 가등기(**순위보전의 가등
기**)인지 담보목적의 가등기(**담보가등기**)인지에 따라 결정되는 것이 아니므로(가등기가 **담보
목적인지 여부와 상관없이** 그 본등기가 이루어지면 가등기 후의 가압류등기는 말소될 수밖
에 없다), 병이 을을 상대로 한 위 가등기가 담보가등기인지 확인을 구하는 청구는 원고의 법
률상 지위에 현존하는 불안·위험이 존재한다고 볼 수 없어 확인의 이익이 없다. 대판 2017.
6. 29. 2014다30803.

4) 대판 2015. 9. 10. 2015다28173, 대결 2023. 12. 21. 2023마6918.

수 있는 특별한 사정이 없는 한, 채무자의 회생채권자에 대한 법률상 지위에 현존하는 불안·위험이 있다고 할 수 없어 그 회생채권자를 상대로 면책된 채무 그 자체의 부존재확인을 구할 확인의 이익이 인정되지 않는다고 본다.[1]

　　3) 피고가 **소제기 전·후**에 권리관계를 다툰 바 있으나 **항소심**에 이르러 권리관계를 다투지 않은 경우 확인의 이익이 있는지 여부가 문제된다. **판례**는 권리관계에 대하여 당사자 사이에 아무런 다툼이 없어 법적 불안이 없으면 원칙적으로 확인의 이익이 없으나, 피고가 권리관계를 다투어 원고가 확인의 소를 제기했고 **해당 소송**에서 피고가 권리관계를 다툰 바 있다면 특별한 사정이 없는 한 **항소심**에 이르러 피고가 권리관계를 다투지 않는다는 사유만으로 확인의 이익이 없다고 할 수 없다는 입장이다.[2]

> ▣ **토지소유권자가 미등기 토지에 관하여 국가를 상대로 소유권확인청구를 하는 것이 가능한지 여부**
>
> 　(1) 일반적 경우
> 　국가를 상대로 제기하는 토지소유권확인청구는 ① 그 토지가 **미등기**이고 토지대장이나 임야대장상에 **등록명의자가 없거나** 등록명의자가 누구인지 **알 수 없을 때**, 또는 ② 그 밖에 국가가 **등기 또는 등록명의자의 소유를 부인**하면서 계속 국가의 소유를 주장하는 등 특별한 사정이 있는 때에 한하여 그 확인의 이익이 있다. **판례**도, 부동산등기법 65조 2호에 비추어 볼 때 미등기 토지에 관하여 소유권보존등기를 하려고 하는 경우 토지대장 또는 임야대장에 의하여 **최초의 소유자**로 등록되어 있는 사람임을 증명할 수 없다면, **확정판결**에 의하여 **자기의 소유권을 증명**하여 소유권보존등기를 할 수밖에 없으며, 더욱이 대장소관청인 국가기관이 그 소유를 다투고 있다면 이와 같은 판결을 얻기 위한 소송은 국가를 상대로 제기할 수 있다고 본다.[3]
>
> 　(2) 구체적 경우
> 　1) 미등기 토지에 관한 토지대장에 소유권을 이전받은 사람은 등재되어 있으나 **최초의 소유자**는 등재되어 있지 않다면, 위 토지대장상 소유권이전등록을 받은 자는 (대장상 최초의 소유자 앞으로 소유권보존등기를 하기 위하여 최초의 소유자를 대위하여) 국가를 상대로 토지소유권확인청구를 할 확인의 이익이 있다.[4]

---

[1] 대판 2019. 3. 14. 2018다281159.

[2] 대판 2009. 1. 15. 2008다74130.

[3] 대판 2001. 7. 10. 99다34390 등; 서정우, "미등기 토지에 관하여 국가를 상대로 한 확인의 소," 민사판례연구 2권(2판, 1992. 12.), 157쪽 이하.

[4] 대판 2009. 10. 15. 2009다48633. 미등기 토지에 관한 소유권보존등기는 토지대장등본 또는

2) 미등기 토지에 관한 토지대장상 최초의 소유자가 등재되어 있다고 하더라도 소유자 표시 중 **주소 기재의 일부가 누락**된 경우에는 등록명의자가 누구인지 알 수 없는 때에 해당하여 그 토지대장에 의하여 소유권보존등기를 신청할 수 없고, 토지대장상 토지소유자의 채권자는 토지소유자를 대위하여 토지대장상 등록사항을 정정할 수 없으므로, **토지대장상 토지소유자의 채권자**는 소유권보존등기의 신청을 위하여 토지소유자를 **대위하여** 국가를 상대로 소유권확인을 구할 이익이 있다.[1][2]

3) 토지대장이나 임야대장상 등록명의자가 없거나 등록명의자가 누구인지 알 수 없다는 이유로 국가를 상대로 토지소유권확인청구를 하고 있는 경우, 국가가 미등기 토지를 20년 간 점유하여 **취득시효가 완성**되었다면, 그 미등기 토지의 소유자로서는 국가에게 이를 원인으로 하여 소유권이전등기절차를 이행하여 줄 의무를 부담하므로 국가에 대하여 그 소유권을 행사할 지위에 있다고 보기 어렵다. 이러한 경우 그가 소유권확인판결을 받는다고 하여 이러한 지위에 변동이 생기는 것도 아니다. 따라서 이와 같은 사정하에서는 그 소유자가 굳이 국가를 상대로 토지에 대한 소유권의 확인을 구하는 것은 무용·무의미하다고 볼 수밖에 없어 확인판결을 받을 법률상 이익이 있다고 할 수 없다.[3]

4) 토지대장이나 임야대장상 등록명의자가 확인되나 국가가 그 등록명의자의 소유를 부인한다는 이유로 국가를 상대로 토지소유권확인청구를 하고 있는 경우, 국가가 해당 토지를 **시효취득**했다고 **주장**하고 있다면 이는 국가가 취득시효완성을 원

임야대장등본에 의하여 자기 또는 피상속인이 토지대장 또는 임야대장에 최초의 소유자로 등록되어 있는 것을 증명하는 사람(부등 65조 1호) 등이 신청할 수 있는데, 대장(토지대장·임야대장)등본에 의하여 자기 또는 피상속인이 대장에 소유자로서 등록되어 있는 것을 증명하는 사람은 대장에 최초의 소유자로 등록되어 있는 사람 및 그 사람을 포괄승계한 사람이며, 대장상 소유권이전등록을 받았다 하더라도 물권변동에 관한 형식주의를 취하고 있는 현행 민법상 소유권을 취득했다고 할 수 없다. 따라서 대장상 소유권이전등록을 받은 사람은 자기 앞으로 바로 보존등기를 신청할 수는 없으며, 대장상 최초의 소유명의인 앞으로 보존등기를 한 다음 이전등기를 해야 한다.

1) 대판 2019. 5. 16. 2018다242246.
2) 한편 부동산등기규칙 46조 1항 6호는 보존등기 신청시 등기권리자의 주소 및 주민등록번호를 증명하는 정보를 첨부정보로서 등기소에 제공해야 한다고 규정하고 있으므로, 미등기 토지에 대하여 토지대장이나 임야대장의 소유자 명의인 표시란에 **구체적 주소**나 **인적사항**에 관한 기재가 없어서 그 **명의인**을 소송상 **특정**할 수 없는 경우에는 그 소유명의인의 채권자가 국가를 상대로 소유명의인을 대위하여 소유권확인의 확정판결을 받더라도 이러한 확인판결에는 **소유자가 특정**되지 않아 이를 특정인이 위 토지의 소유자임을 증명하는 확정판결(부등 65조 2호)이라고 볼 수 없다. 따라서 이러한 확정판결을 받더라도 그에 따른 소유권보존등기를 마칠 수 없으므로 이러한 경우 국가를 상대로 한 소유권확인의 소는 법률상 이익이 없다. 대판 2021. 7. 21. 2020다300893; 등기선례 제9-187호(2011. 12. 21. 제정) "국가를 상대로 '갑의 최후주소 00리 번지 불명, 갑의 소유임을 확인한다'라는 소유권확인판결을 받는 경우, 이 판결에 의하여 소유권보존등기를 신청할 수 있는지 여부(소극)".
3) 대판 1991. 12. 10. 91다14420, 1995. 6. 9. 94다13480, 2008. 5. 15. 2008다13432.

인으로 한 **소유권이전등기청구권**이 있다는 **주장**에 불과하다. 따라서 이 경우 국가
가 그 토지에 관한 임야대장상 등록명의자의 소유 자체를 부인하면서 국가의 소유
라고 주장하는 것이라고는 볼 수 없으므로 별도로 국가를 상대로 소유권확인을 구
할 이익이 있다고 할 수 없다.[1]

■ 건물소유권자가 미등기 건물에 대하여 국가를 상대로 소유권확인청구를 하는
   것이 가능한지 여부

   (1) 국가를 상대로 한 소유권확인청구가 인정되지 않는 근거

   미등기 부동산 중 건물에 대해서는 국가를 상대로 한 건물소유권확인소송이 허
용되지 않는다. 건물의 경우 건축물대장의 비치·관리업무는 해당 **지방자치단체**의
고유사무로서 국가사무라고 할 수도 없을 뿐만 아니라, 그 소유권에 관하여 국가가
이를 특별히 다투고 있지도 않는 경우에, 국가는 그 소유권 귀속에 관한 직접적인
분쟁의 당사자가 아니어서 이를 확인해 주어야 할 지위가 있지 않다. 또한 그 건물
에 관하여 국가를 상대로 한 소유권확인판결을 받는다고 하더라도 그 판결은 부동산
등기법 65조 2호에 해당하는 판결이라고 볼 수 없어 이를 근거로 소유권보존등기를
신청할 수도 없으므로, 국가를 상대로 한 건물소유권확인청구는 허용되지 않는다.[2]

   (2) 지방자치단체를 상대로 한 소유권확인청구가 인정되는 근거

   건축물대장이 작성되어 있으나 **건축물대장의 소유자표시**란이 공란이거나 소유
자표시에 일부 누락이 있어 대장상의 소유자를 확정할 수 없는 미등기 건물에 관하
여, 소유권확인청구소송을 제기하기 위해서는 건축물대장의 비치·관리업무의 소관
청인 지방자치단체를 상대로 해야 한다. 지방자치단체는 건축허가 등의 건축과정을
관할함으로써 비록 사용승인서를 교부받지 못해 건축물대장이 작성되지 않은 건축
물이라 하더라도 그 소유관계를 가장 정확하게 파악할 수 있고, 또한 부동산등기법
65조 4호의 소유권을 확인하여 주어야 할 지위에 있는 자이기 때문이다.[3] 등기선례
도 이와 같다.[4]

   다만 지방자치단체를 상대로 한 소유권확인소송이더라도 **건축물대장이 작성되
지 않은 건물**에 대하여 부동산등기법 65조 2호에 따라 소유권보존등기를 마칠 목적
으로 제기하는 소유권확인청구소송은 당사자의 법률상 지위의 불안제거에 별다른
실효성이 없으므로[건축물대장이 작성되지 않은 건물에 대해서는 소유권확인판결을

---

1) 대판 2003. 12. 12. 2002다33601.

2) 대판 1995. 5. 12. 94다20464, 1999. 5. 28. 99다2188.

3) 서명수, "건물의 소유권보존등기를 위하여 국가를 상대로 건물소유권확인을 구할 확인의 이
   익이 있는지 여부," 대법원판례해설 23호(1995년 상반기), 169쪽 이하; 법원행정처, 부동산등
   기실무(2), 203쪽 이하.

4) 법원행정처, 주요 부동산등기선례해설집, 61쪽 이하.

받는다고 하더라도 그 판결은 부동산등기법 65조 2호에 해당하는 판결이라고 볼 수
없어 이를 근거로 건물의 소유권보존등기를 신청할 수 없기 때문이다], 확인의 이익
이 없어 부적법하다.[1]

■ 공탁관계소송과 확인의 이익

   (1) 피공탁자가 제 3 자를 상대로 한 공탁금출급청구권의 확인청구의 경우
   공탁금출급청구권의 귀속과 관련하여 피공탁자 아닌 사람이 다투고 있다고 하더
라도, 피공탁자로서는 직접 공탁관에 대하여 공탁금출급청구권을 행사하여 공탁금
을 수령하면 되므로, 구태여 피공탁자가 될 수 없는 사람을 상대로 공탁금출급청구
권의 확인을 구하는 것은 확인의 이익이 없다.[2]
   (2) 피공탁자 아닌 제 3 자가 피공탁자를 상대로 한 공탁금출급청구권의 확인청
       구의 경우
   ① 변제공탁의 공탁금출급청구권자는 피공탁자 또는 그 승계인이고, 피공탁자는
공탁서의 기재에 의하여 형식적으로 결정되므로 실체법상의 채권자라 하더라도 피
공탁자로 지정되어 있지 않다면 공탁금출급청구권을 행사할 수 없다. 따라서 피공
탁자 아닌 제 3 자가 피공탁자를 상대로 하여 공탁금출급청구권의 확인을 구하는 것
은 확인의 이익이 없다.[3] ② 채무자로서는 진정한 채권자가 A인지 B인지 모른다면
(예컨대 채권양도가 이루어진 경우 양도인과 양수인 가운데 누가 진정한 청구권자
인지 모른다면) 채무자는 A와 B를 피공탁자로 하는 **상대적 불확지 변제공탁**을 하
게 되는데 이러한 경우 진정한 채권자라고 주장하는 피공탁자가 다른 피공탁자를
상대로 공탁금출급청구권의 확인을 구하는 것은 확인의 이익이 있다. 한편 상대적
불확지 변제공탁에서 피공탁자 가운데 한 사람을 채무자로 하여 그의 공탁금출급청
구권에 대하여 채권압류 및 추심명령을 받은 **추심채권자**가 공탁금을 추심(출급)하
기 위하여 자기의 이름으로 **다른 피공탁자**를 상대로 하여 공탁금출급청구권이 추심
채권자의 **채무자**에게 있음의 확인을 구하는 것은 확인의 이익이 있다.[4]
   (3) 절대적 불확지 변제공탁에서 공탁금출급청구권의 확인청구의 경우
   ① 채권자가 사망하고 과실 없이 그 상속인을 알 수 없다는 이유로 채무자가

---

1) 대판 2011. 11. 10. 2009다93428; 김승정, "건축물대장이 작성되어 있지 않은 건축물에 대
   하여 소유권보존등기를 경료하기 위하여 지방자치단체를 상대로 소유권확인을 구할 확인의
   이익이 있는지 여부," 대법원판례해설 89호(2011년 하반기), 383쪽 이하.
2) 대판 2001. 6. 26. 2001다19776, 2006. 8. 25. 2005다67476; 김태우, "공탁금출급청구권 확인
   소송의 상대방," 판례연구(부산판례연구회) 9집(1998. 12.), 411쪽 이하.
3) 대판 2007. 5. 31. 2007다3391.
4) 대판 2011. 11. 10. 2011다55405. **상대적 불확지 변제공탁**에서 피공탁자 가운데 한 사람이
   공탁금출급청구를 하기 위해서는 **다른 피공탁자의 승낙서**나 그를 상대로 한 **공탁금출급청
   구권확인의 승소확정판결**이 있으면 된다. 대판 2008. 10. 28. 2007다35596.

민법 487조 후문에 따라 변제공탁을 하는 경우 피공탁자인 망인의 상속인이 공탁자를 상대방으로 하여 공탁금출급청구권의 확인을 구하는 것은 확인의 이익이 있다.[1] ② '공익사업을 위한 토지 등의 취득 및 보상에 관한 법률'(40조 2항 2호)에 따라 사업시행자가 **보상금수령권자의 절대적 불확지**를 이유로 수용보상금을 공탁한 경우 **(절대적 불확지 변제공탁)** 자기가 진정한 보상금수령권자라고 주장하는 사람이 공탁자인 사업시행자를 상대로 한 공탁금출급청구권의 확인을 구하는 것은 확인의 이익이 있다.[2]

(4) 불안제거에 유효적절한 수단일 것

문제해결에 근본적인 수단임이 인정되는 경우에는 확인의 소를 제기하는 것이 허용된다.

(a) 소유권의 귀속에 관하여 다툼이 있는 경우

일반적으로 소유권의 귀속에 관하여 다툼이 있는 경우에 **적극적**으로 **자기 소유권의 확인**을 구하지 않고 소극적으로 상대방 소유권의 부존재확인을 구하는 것은 그 소유권의 귀속에 관한 분쟁을 근본적으로 해결하는 즉시확정의 방법이 되지 못하므로 확인의 이익이 없다.[3] **예외적**으로, ① 원고에게 내세울 소유권이 없고, ② 피고의 소유권이 부인되면 그로써 원고의 법적 지위의 불안이 제거되어 분쟁이 해결될 수 있는 경우에는 **피고의 소유권의 소극적 확인**을 구할 이익이 있다. 예컨대 원고가 제 3 자를 대리인으로 하여 단독매수한 부동산에 대하여 제 3 자가 피고 명의로 소유권이전등기를 경료한 경우 그 소유권이전등기는 무효이고, 원고로서는 오로지 원래 소유자를 대위하여 피고 명의의 소유권이전등기가 실체 권리관계와 부합하지 않음을 이유로 무효임을 주장할 수 있을 뿐이고 적극적으로 자기의 소유권을 주장할 수 없는 처지이므로 이와 같은 경우에는 피고의 소유권에 대한 소극적 확인을 구할 이익이 있다.[4]

---

1) 대판 2014. 4. 24. 2012다40592.
2) 대판(전) 1997. 10. 16. 96다11747, 대판 2007. 2. 9. 2006다68650,68667; 강용현, "절대적 불확지공탁의 경우 공탁금출급청구권확인소송의 상대방," 국민과 사법(윤관대법원장퇴임기념, 1999. 1.), 554쪽 이하; 박영호, "절대적 불확지공탁에 있어서 기업자 및 국가의 피고적격 여부," 재판과 판례(대구판례연구회) 16집(2007. 12.), 179쪽 이하.
3) 그러한 판결만으로는 자기의 소유권이 확인되지 않아 소유권자로서 (토지의 경우) 지적도의 경계에 대한 정정을 신청할 수도 없으므로 확인의 이익이 없다. 대판 2016. 5. 24. 2012다87898.
4) 대판 1984. 3. 27. 83다카2337.

(b) 채권의 귀속에 관하여 다툼이 있는 경우

1) **채무자가 채권의 존재를 다투고 있지 않는 상황**에서 **채권의 귀속에 관하여 다툼이 있는** 경우, 즉 하나의 채권에 관하여 두 사람 이상이 서로 자신이 채권자라고 주장하고 있는 경우에 그 채권의 귀속에 관한 분쟁은 채무자와의 사이에서 생기는 것이 아니라 **스스로 채권자라고 주장하는 사람들 사이**에 발생한다. 이 경우 **참칭채권자**가 채무자로부터 변제를 받아버리게 되면 **진정한 채권자**는 그 때문에 자신의 권리가 침해될 우려가 있어 그 참칭채권자와의 사이에서 그 채권의 귀속에 관하여 즉시확정을 받을 필요가 있고, 또 그들 사이의 분쟁을 해결하기 위해서는 그 채권의 귀속에 관하여 **확인판결**을 받는 것이 가장 유효적절한 권리구제수단으로 용인되어야 한다. 따라서 스스로 채권자라고 주장하는 어느 한쪽(진정한 채권자)이 상대방(참칭채권자)에 대하여 채무자에 대한 채권이 자기에게 속한다는 채권의 귀속에 관한 확인을 구하는 청구(**적극적 확인청구**)는 그 확인의 이익이 있다.[1] 즉 하나의 채권에 대하여 두 사람 이상이 서로 자신이 채권자라고 주장하는 때에는 어느 한쪽이 상대방에 대하여 채권의 귀속에 관하여 **적극적으로 확인**을 구하는 청구를 해야 하며, 소송상대방과 제 3 자 사이의 법률관계 부존재확인을 구하는 청구(**소극적 확인청구**)는 허용되지 않는다.[2]

왜냐하면 자기의 권리 또는 법률상 지위를 부인하는 상대방이 자기 주장과는 양립할 수 없는 제 3 자에 대한 권리 또는 법률관계를 주장한다고 하여 상대방 주장의 그 제 3 자에 대한 권리 또는 법률관계가 부존재한다는 것만의 확인을 구하는 것은, 비록 그 확인의 소에서 승소판결을 받는다고 하더라도 그 판결로 인하여 상대방에 대한 관계에서 자기의 권리가 확정되는 것도 아니고, 그 판결의 효력이 제 3 자에게 미치는 것도 아니어서 그와 같은 부존재확인의 소는 자기의 권리 또는 법률상 지위에 현존하는 위험·불안을 해소시키기 위한 **유효적절한 수단**이 될 수 없으므로 확인의 이익이 없기 때문이다.[3] 예컨대 원·피고가 서로 자신이

---

1) 대판 1988. 9. 27. 87다카2269, 1996. 10. 29. 95다56910 등.

2) 김인수, "참칭채권자 사이의 채권귀속에 관한 확인을 구할 이익이 있는지의 여부," 법조 38권 6호(1989. 6.), 131쪽 이하; 박철, "채권의 귀속에 관한 확인의 이익," 국민과 사법(윤관대법원장퇴임기념, 1991. 1.), 228쪽 이하.

3) 대판 1995. 10. 12. 95다26131, 2012. 6. 28. 2010다54535,54542 등. 이에 대하여, 서로 상용될 수 없는 권리의 귀속이 다투어지는 경우 그 적극적 확인을 구하는 것이 분쟁의 종국적이고 발본색원적인 해결책이 된다고 할 것이나, 그렇다고 하여 상대방의 권리의 소극적 확인이 일률적으로 부적법하다고 판단해서는 안 되고, 해당 소송에서 나타난 분쟁의 핵심 여하에 따

받은 압류 및 전부명령에 기하여 채무자의 제 3 채무자에 대한 금전채권이 자신에게 전부(轉付)되었다고 주장하는 사건에서, 적극적으로 그 금전채권이 원고에게 귀속되었음의 확인을 구하는 것이 아니라 소극적으로 그 금전채권이 피고에게 귀속되지 않았음의 확인을 구하는 소는 확인의 이익이 없어 부적법하다.[1]

2) 한편 **채무자가 채권의 존재 자체를 다투는 경우**에도 진정한 채권자가 참칭채권자를 상대로 앞서와 같은 채권의 귀속에 관한 (적극적) 확인의 소를 제기할 즉시확정의 법률상 이익이 있다고 볼 것인지 여부에 관하여 논의가 있다. 그러나 채무자가 채권의 존재 자체를 다투는 경우에는 진정한 채권자가 또 다시 채무자를 상대로 확인판결 또는 급부판결을 소구해야 하므로 참칭채권자를 상대로 채권의 귀속에 관한 확인의 소를 제기하는 것은 종국적인 분쟁의 해결수단으로 볼 수 없다. 따라서 이러한 경우에는 확인의 이익이 부정되어야 한다.

▣ **보험금지급책임의 존부에 관하여 다툼이 있는 경우 보험회사가 제기하는 채무부존재확인소송과 확인의 이익**

보험계약 당사자들 사이에서 어떤 경우에 보험회사가 보험계약자 등(보험계약자, 피보험자, 보험수익자)을 상대로 먼저 소극적 확인의 소로 채무부존재확인의 소를 제기할 확인의 이익이 있는지에 관하여 **대판(전) 2021. 6. 17. 2018다257958,257965**는 보험회사와 보험계약자 등 사이에 계약상 채무의 존부나 범위에 관하여 **다툼이 있는 경우** 그로 인한 법적 불안을 제거하기 위하여 보험회사는 먼저 보험수익자를 상대로 소극적 확인의 소를 제기할 확인의 이익이 인정된다고 봄으로써, 종래 위와 같은 채무부존재확인의 소를 적법한 것으로 본 재판실무가 정당한 것임을 재확인했다.

위 전원합의체 판결의 **반대의견**은 보험계약자 등이 단순히 보험회사를 상대로 보험사고 여부나 보험금의 범위에 관하여 다툰다는 사정만으로는 보험회사의 법적 지위에 현존하는 불안·위험이 없다고 볼 수 없을 뿐만 아니라, 보험회사가 이와 같은 사유만으로 보험계약자 등을 상대로 제기한 소극적 확인의 소는 특별한 사정이 없는 한 **국가적·공익적 측면**에서 형평에 반하는 소송제도의 이용에 해당하여 확인의 이익이 없는 것으로 보고 있다. 위 반대의견은 보험회사는 보험계약자 등과 사이에 다툼이 있다는 사정 외에 추가로 '**특별한 사정**'[① 보험계약자 등이 보험계약이나 관계 법령에서 정한 범위를 벗어나 사회적으로 상당성이 없는 방법으로 보험금 지급을 요구함으로써 보험계약에서 예상하지 않았던 불안이나 위험이 보험회

라 개별적이고 구체적으로 판단되어야 한다는 견해로는, 윤우정, "권리의 귀속을 다투는 소에 있어서의 소극적 확인의 이익," 대법원판례해설 3호(1984년 하반기), 129쪽.

[1] 대판 2004. 3. 12. 2003다49092.

사에게 발생한 경우, ② 보험계약의 체결이나 보험금청구가 보험사기에 해당하여 보험회사가 범죄나 불법행위의 피해자가 될 우려가 있다고 볼 만한 사정 등]이 있는 경우에만 채무부존재확인의 소를 제기할 수 있는 확인의 이익이 있다고 보고 있다.

(c) 소송절차 내 구제수단이 확보되어 있는 경우

소송절차 내에서 재판을 받는 것이 예정되어 있는 경우 별도의 소로 확인청구가 허용되지 않는다. 예컨대 소송대리권과 같은 소송요건의 존부확인청구,[1] 소 취하의 유·무효 확인청구는 허용되지 않는다.

(5) 확인의 소의 보충성에 반하지 않을 것

(a) 원   칙

이행의 소나 형성의 소를 제기할 수 있는데도 같은 권리관계에 관하여 확인의 소를 제기하는 것은 **분쟁의 종국적인 해결방법**이 아니어서 원칙적으로 허용되지 않는다.[2] 왜냐하면 확인판결에는 집행력·형성력이 없어 분쟁의 근본적 해결에 실효성이 없고, 소송경제에도 반하기 때문이다. 이를 **확인의 소의 보충성**이라 한다. 예컨대 ① 원고가 주장하는 채권이 그 채권액수가 확정되어 있고 이행기도 도래한 경우에는, 피고에게 직접 그 이행을 청구하는 것은 별론으로 하고, 다른 특별한 사정이 없는 한 피고를 상대로 그 채권존재의 확인을 청구하는 것은 확인의 이익이 없다.[3] ② 미등기 건물의 매수인이 매도인에게 소유권이전등기의무의 이행을 청구하지 않은 채 그 건물에 대한 사용·수익·처분권의 확인을 청구하는 것은 확인의 이익이 없다.[4] ③ 주식취득자가 자신이 점유하고 있는 주권을 제시하는 등의 방법으로 주식을 취득한 사실을 증명하여 주식을 발행한 회사를 상대로 명의개서(名義改書)를 청구하지 않고, 회사를 상대로 주주권의 확인을 청구하는 것은 확인의 이익이 없다.[5] ④ **파산절차**에서 파산채무자(개인인 채무자)에 대한 **면책결**

---

1) 대판 1982. 6. 8. 81다636.

2) 대판 1995. 12. 22. 95다5622, 2006. 3. 9. 2005다60239, 2023. 12. 21. 2023다275424 등; 박우동, "확인의 이익이 인정되는 한계," 민사법의 제문제(온산방순원선생고희기념, 1984. 4.), 308쪽 이하.

3) 대판 1980. 3. 25. 80다16,17, 1995. 12. 22. 95다5622, 2001. 12. 24. 2001다30469; 오복동, "급부의 소가 가능한 경우의 채권존재확인의 소의 허부," 대법원판례해설 2권 1호(1980. 8.), 237쪽 이하.

4) 대판 2008. 7. 10. 2005다41153.

5) 대판 2019. 5. 16. 2016다240338.

정이 확정된 경우(채무회생 565조) **면책채무에 관한 집행권원**을 가지고 있는 채권
자에 대하여 청구이의의 소(민집 44조)를 제기하여 면책의 효력(파산채무자에 대한
면책결정이 확정되면, 면책된 채권은 통상의 채권이 가지는 소제기권능을 상실하게 된다)
에 기한 집행력의 배제를 청구하지 않고, 면책확인을 청구하는 것은 확인의 이익
이 없다.[1]

(b) 예   외

1) 원고가 **이행의 소를 제기하기 어려운 상태**에 있어 원고가 그의 권리 또는
법률상 지위의 불안을 해소시키기 위해서는 해당 채권의 존재에 대하여 확인판결
을 받는 이외에 다른 유효적절한 수단이 있다고 볼 수 없는 경우에는 확인의 이
익이 인정된다. 예컨대 원고의 채권액이 확정되지 않아 불분명한 상태이고, 피고
가 그 채권의 존재 자체를 다투면서 그 이행을 거절하고 있는 경우에는 원고는
그 채권존재확인의 소를 청구할 수 있다.[2]

2) 원고가 직접 채권의 이행을 구할 수 있으나, 피고가 그 **채권발생의 기본
되는 법률관계를 다투고 있어** 이를 즉시확정의 법률상 이익이 있는 경우에는 확
인의 소가 허용된다. 예컨대 원고가 매매계약이 적법하게 해제되었음을 전제로
그 효과로서 이미 이행한 것의 반환을 구하는 이행의 소를 제기할 수 있을지라도
피고가 매매계약이 아직 해제되지 않아 유효하게 존속함을 주장하는 등 그 기본
되는 매매계약의 존부에 대하여 다툼이 있어 즉시확정의 법률상 이익이 있는 때
에는 매매계약이 해제됨으로써 현재의 법률관계(매매계약상 법률관계)가 존재하지
않는다는 취지의 확인의 소를 구할 수 있다.[3]

3) 목적물이 압류된 경우라든가 확인판결이 나면 피고의 **임의이행을 기대할**

---

1) 그러나 파산채무자에 대한 면책결정의 확정에도 불구하고 어떠한 채권이 **비면책채권**에 해
   당하는지 여부 등이 다투어지는 경우에는 채무자는 **면책확인의 소**를 제기함으로써 그 권리
   또는 법률상 지위에 현존하는 불안·위험을 제거할 수 있다. 대판 2017. 10. 12. 2017다17771.
2) 대판 2005. 7. 14. 2004다36215(교통사고 피해자들이 손해배상을 청구하지 않는 등의 사유
   로 보험금채권의 전제가 되는 **손해배상액**이 확정되지 않아 **불분명한 상태**이고, 보험회사는
   이 사건 보험계약이 적법하게 해지되었다고 주장하여 **보험금채권**의 존재 자체를 다투면서 교
   통사고 피해자들에게 치료비 지급을 거절하고 있으며, 보험계약자인 원고는 교통사고로 교통
   사고처리 특례법 위반으로 입건되어 형사절차까지 진행되고 있는 사안에서, 대법원은 위와 같
   은 사정이라면 원고는 당장 피고에게 보험금지급을 청구하는 **소를 제기하기 어려운 상태**에
   있어 원고는 그의 권리 또는 법률상 지위의 불안을 해소시키기 위해서는 **보험금채권의 존재**
   에 대하여 **확인판결**을 받는 이외에 다른 유효적절한 수단이 있다고 볼 수 없다는 이유로, 보
   험금채권의 존재확인을 구하는 원고의 이 사건 청구는 확인의 이익이 있다고 보았다).
3) 대판 1982. 10. 26. 81다108.

수 있는 경우(피고가 국가 또는 지방자치단체인 경우) 등에서의 확인의 소는 확인의
이익이 있다.

　　4) **집행증서**(민집 56조 4호)에 대한 **청구이의의 소**[청구이의의 소는 집행권원의
집행력을 배제하기 위하여 제기하는 소이다(민집 44조)]를 **제기하지 않고** 집행증서의
작성원인이 된 채무에 관하여 **채무부존재확인의 소**를 제기한 경우[1] 그 목적이
오로지 집행증서의 집행력 배제에 있는 것이 아닌 이상 청구이의의 소를 제기할
수 있다는 사정만으로 채무부존재확인소송의 확인의 이익이 없어 부적법하다고
볼 수 없다.[2] 한편 집행증서에 대하여 **청구이의의 소와 더불어 채무부존재확인의
소**가 제기된 경우(**청구의 병합의 경우**) 원고가 권리 또는 법률상 지위에 현존하는
불안과 위험을 제거하는 가장 유효적절한 수단인 청구이의의 소를 제기했다면 그
와 함께 제기된 채무부존재확인의 소는 확인의 이익이 없다.[3]

　■ 근저당권설정자가　근저당권설정등기말소청구를 하면서 이와 병합하여 피담보
　　채무부존재확인을 구할 소의 이익이 있는지 여부
　　(1) 판례의 태도 및 이에 대한 비판적 견해
　　근저당권설정자가 피담보채무의 부존재를 이유로 근저당권설정등기의 말소를
구하는 청구와 별도로 근저당권설정계약에 의한 피담보채무의 부존재확인을 구하는
청구가 허용되는지 여부에 관하여 논의가 있다. **판례**는 근저당권설정자가 근저당권
설정계약에 기한 피담보채무가 존재하지 않음의 확인을 구함과 함께 그 근저당권설
정등기의 말소를 구하는 경우에 근저당권설정자로서는 피담보채무가 존재하지 않
음을 이유로 근저당권설정등기의 말소를 구하는 것이 분쟁을 유효적절하게 해결하
는 직접적인 수단이 되므로, 별도로 근저당권설정계약에 기한 피담보채무가 존재하
지 않음의 확인을 구하는 것은 확인의 이익이 있다고 할 수 없다는 입장이다.[4]
　　이에 대하여, 원고가 피담보채무 전부가 소멸했다고 주장하면서 근저당권설정등
기의 말소만을 청구한 경우 그 판결은 피담보채무의 존부를 확정하는 효력이 없어
그 후에 피담보채무의 존부에 대하여 다툼의 여지가 있고, 따라서 이 경우에 피담
보채무부존재확인청구의 소를 병합·제기하여 그 판결을 받아둔다면 그 기판력에

---

1) 집행증서는 집행력만 인정되며 기판력은 인정되지 않는다. 따라서 집행증서에 기재된 청구가
　그 **작성** 전부터 불성립하거나 무효인 경우에도 청구이의의 소를 제기할 수 있다(민집 59조 3항).
2) 대판 2013. 5. 9. 2012다4381.
3) 대판 2019. 11. 28. 2019다235733.
4) 대판 2000. 4. 11. 2000다5640(피담보채무가 존재하지 않고 피고가 다투고 있다는 이유만으
　로 채무부존재확인을 구할 이익이 있다는 원심판결을 파기했다).

의하여 확정판결과 다른 주장을 할 수 없기 때문에 채무자는 불안정한 지위에서 벗
어날 수 있게 되므로, 분쟁의 종국적인 해결을 위해서는 피담보채무부존재확인청구
의 소를 허용하는 것이 타당하다는 견해가 있다.[1]

(2) 검   토

피담보채무가 부존재한다고 하여 근저당권말소등기를 청구하는 경우(근저당권말
소등기청구를 현재의 이행의 소로 제기하는 경우)에는 분쟁의 주된 대상은 말소등기
자체이므로 피담보채무의 부존재확인은 분쟁의 유효적절한 수단이 될 수 없다. 따라
서 이 경우 채무부존재확인의 소는 확인의 이익이 없다고 봄이 상당하다. 다만 **피담보
채무액**에 관하여 **다툼**이 있어 선이행의무인 **피담보채무의 변제를 조건으로 근저당
권말소등기를 청구**하는 경우(근저당권말소등기청구를 장래의 이행의 소로 제기하는
경우)에는 **분쟁의 주된 대상**은 말소등기뿐만 아니라 피담보채무액의 확정에 있으므
로 **조건부 말소등기청구와 병합하여 채무부존재확인청구**(피담보채무액은 원고가 주
장하는 채무액을 초과해서는 존재하지 않는다는 청구)를 하는 것은 분쟁해결의 유
효적절한 수단이 되므로 이때 채무부존재확인의 소는 확인의 이익이 있다고 볼 수
있다. **판례**도 원고가 자인하는 금액을 제외한 나머지 채무의 부존재확인을 구함과
동시에 그 피담보채무 중 잔존채무를 변제하는 것을 조건으로 하여 그 담보로 경료
된 근저당권설정등기의 말소를 구한 사안에서, 확인의 이익이 있음을 전제로 일부
채무의 부존재확인판결을 한 사례가 있다.[2]

(c) 일단 갖춘 확인의 이익이 반소의 제기로 소멸하는지 여부

원고가 피고에 대하여 한 채무부존재확인청구의 소송계속 중에 피고가 원고
에 대하여 그 채무이행을 구하는 **반소를 제기한 경우** 이미 소송요건을 갖추어(확인의
이익이 존재하여) 적법하게 제기된 본소가 그 후에 상대방이 제기한 반소로 인하여
소송요건에 흠이 생겨(**확인의 소의 보충성**에 반하여 확인의 이익이 소멸되어) 부적법하
게 되는 것은 아니다.[3]

이에 대하여, 원고가 채무부존재확인소송을 제기하던 중 피고가 그 채무의

---

1) 안철상, "근저당권 피담보채무 부존재확인의 소와 확인의 이익," 민사재판의 제문제 11권
   (2002. 12.), 934쪽 이하; 이충상, "장래의 권리관계의 확인," 민사재판의 제문제 20권(2011.
   12.), 292쪽; 최성호, "근저당권의 피담보채무에 관한 부존재확인의 소에 관한 검토," 대한변협
   신문 498호(2014. 6. 9.), 12쪽.
2) 대판 1982. 11. 23. 81다393.
3) 대판 1999. 6. 8. 99다17401,17418. 2010. 7. 15. 2010다2428,2435. 판례의 태도를 지지하는
   견해로는, 김문관, "채무부존재확인을 구하는 본소가 계속 중 채권자가 그 채무의 이행을 구
   하는 반소를 제기한 경우, 본소의 적법 여부," 민사재판의 제문제 19권(2010. 12.), 554쪽 이
   하; 김동현, "동일한 청구권에 관한 이행의 소와 소극적 확인의 소," 민사소송 19권 2호(2015.
   11.), 188쪽 이하.

이행을 구하는 반소를 제기한 이상, 원고의 본소는 결과적으로 확인의 이익이 없어 부적법하다는 견해가 있다.[1] 그 이유로서, ① 채무부존재확인소송의 제소강제적 기능이 채권자의 반소에 의하여 이행의 소의 제기라는 형태로 현실화되었다면 본소인 채무부존재확인소송은 그 당초의 기능상의 목적을 다하는 것으로 볼 수 있고, ② 피고가 이행의 소를 반소로 제기했다면 반소청구를 기각하는 확정판결의 기판력은 원칙적으로 본소의 원고가 채무부존재확인소송에 의하여 달성하려는 목적과 동일함을 들고 있다. 이러한 입장에서는, 소송실무의 운용도 이와 같은 상황에서 채무부존재확인을 구하는 원고의 본소를 취하하도록 권고하는 방향으로 개선할 필요가 있다고 주장한다. 그러나 원고가 반소가 제기되었다는 이유로 본소를 취하한다면 피고가 일방적으로 반소를 취하함으로써 원고가 당초 추구한 기판력 있는 확정판결을 취득할 수 없는 사정이 발생할 수 있으므로[본소가 취하된 때에는 피고는 원고의 동의 없이 반소를 취하할 수 있다(법 271조)], 반소가 제기되었다는 사정만으로 본소청구에 대한 확인의 이익이 소멸한다고는 볼 수 없다.[2]

4. 증서의 진정 여부를 확인하는 소

(1) 의   의

확인의 소에서 예외적으로 사실관계의 확인을 인정하는 경우로서 **'증서의 진정 여부를 확인하는 소'**가 있다(법 250조)[신법 전에는 제목을 '증서진부확인의 소'라고 했으나 신법에서는 '증서의 진정 여부를 확인하는 소'로 바꾸었다]. 증서의 진정 여부를 확인하는 소는 법률관계를 증명하는 서면이 진정한지 아닌지를 확정하기 위하여 허용된다. 법률관계를 증명하는 서면은 그 내용에 의하여 **직접적**으로 **현재의** 법률관계의 존부를 증명할 수 있는 문서를 말한다. 법률관계를 증명하는 서면에는 계약서·차용증서 등 **처분문서**가 많으나, **보고문서**도 이에 의하여 직접 일정한 법률관계의 존부가 증명된다면 이에 해당한다. 증서의 진정 여부는 서면이 그 작성명의인의 의사에 기하여 작성된 것인지, 즉 위조·변조되었는지 여부에 관한 것으로,[3] 그 서면에 기재된 내용이 객관적 진실인지 여부에 관한 것이 아니다.

---

1) 전병서, "소극적 확인소송과 이행소송의 경합의 처리," 판례월보 361호(2000. 10.), 7쪽 이하; 김상수, "중복된 소제기의 금지에 관한 연구," 인권과 정의 372호(2007. 8.), 113쪽.
2) 대판 2010. 7. 15. 2010다2428,2435.
3) 대판 1991. 12. 10. 91다15317.

(2) 확인의 이익

증서의 진정 여부를 확인하는 소가 적법하기 위해서는 그 서면에 대한 진정 여부의 확인을 구할 **확인의 이익**이 있어야 한다.[1] 증서의 진정 여부를 확인하는 소를 허용하고 있는 이유는 법률관계를 증명하는 서면의 진정 여부가 확정되면 당사자가 그 서면의 진정 여부에 관하여 더 이상 다툴 수 없게 되는 결과, 법률관계에 관한 분쟁 그 자체가 해결되거나 적어도 분쟁 자체의 해결에 크게 도움이 된다는 데에 있기 때문이다. 따라서 소로써 확인을 구하는 서면의 진정 여부가 확정되어도 서면이 증명하려는 권리관계나 법률적 지위에 현존하는 법적 불안이 제거될 수 없고, 별도로 그 법적 불안을 제거하기 위하여 해당 권리 또는 법률관계 자체의 확인을 구해야 할 필요가 있는 때에는 증서의 진정 여부를 확인하는 소는 **즉시확정의 이익**이 없어 부적법하다.[2] 어느 서면에 의하여 증명되어야 할 법률관계를 둘러싸고 이미 소가 제기되어 있는 때에는 그 소송에서 분쟁을 해결하면 되므로, 그와 별도로 그 서면에 대한 진정 여부를 확인하는 소를 제기하는 것은 특별한 사정이 없는 한 확인의 이익이 있다고 볼 수 없다.[3]

▣ **증서의 진정 여부를 확인하는 소의 대상이 되는 증서로 인정되지 않는 구체적 사례**

판례는, ① 세금계산서는 일반적으로 부가가치세법에서 정한 사업자가 공급받는 자에게 재화 또는 용역을 공급한 **과거의** 사실을 증명하기 위하여 작성되는 보고문서에 불과하며,[4] ② 대차대조표나 회계결산보고서는 **일정한 시기의** 영업재산상태를 밝힌 장부이거나 영업재산의 손익관계를 밝힌 보고문서에 지나지 않고, 조합원입금일람표는 조합원이 일정한 금액을 그 조합에 입금했다는 것을 기재·확인하여 둔 것에 지나지 않는다고 본다.[5] 따라서 이들 문서들은 어느 것이나 직접 당사자 사이의 **현재의** 법률관계의 존재 여부를 증명하는 서면이 아니어서, 증서의 진정 여부를 확인하는 소의 대상이 되지 않는다고 본다.[6]

---

1) 대판 2001. 12. 14. 2001다53714. 확인의 이익이 있으면 서증으로 제출한 경우에도 별도로 증서의 진정 여부를 확인하는 소가 가능하다.
2) 대판 1991. 12. 10. 91다15317, 2014. 11. 13. 2009다3494.
3) 대판 2007. 6. 14. 2005다29290,29306.
4) 대판 2001. 12. 14. 2001다53714; 김상철, "세금계산서에 대한 증서진부확인의 소가 적법한지 여부," 대법원판례해설 38호(2001년 하반기), 318쪽 이하.
5) 대판 1967. 3. 21. 66다2154.
6) 증서의 진정 여부를 확인하는 소에서 확인의 이익을 엄격하게 적용하면 이를 이용할 소지가 거의 없을 것이 분명하므로, 확인의 이익을 확대하는 방향으로 해석함이 타당하다는 견해

V. 형성의 소의 소의 이익

1. 의   의

원칙적으로 **법률상 명문의 규정**이 있는 경우에 한하여 형성의 소를 제기할 수 있다. 따라서 법률상 명문의 규정에 따라 소송을 제기하면 소의 이익이 있다.[1] 예컨대 재판상 화해의 실현을 위하여 부동산을 경매하여 대금을 분배할 것을 구하는 소는 이에 대한 법률상 근거가 없으므로 허용되지 않는다.[2] 다만 법률상 명문의 규정이 없더라도 특정 형성소송에 관한 규정을 유추적용하여 일정한 요건하에 최소한의 범위 내에서 그와 유사한 법률관계에 관하여 형성의 소를 허용해야 할 경우가 있을 수 있다.[3] 예컨대 **경계확정의 소**는 인접한 토지의 경계가 사실상 불분명하여(지적도상 경계선의 오류가 있어) 다툼이 있는 경우 재판으로 그 경계를 확정해 줄 것을 구하는 소로서, 인접한 토지의 경계가 불분명하여 그 소유자들 사이에 다툼이 있다는 것만으로 소의 이익이 인정된다.[4]

2. 예외적으로 법률상 명문의 규정에 따라 형성의 소를 제기해도 소의 이익이 없는 경우

(1) 소송목적이 이미 실현된 경우

1) 회사해산 후의 회사설립무효의 소(주식회사의 경우는 상 328조, 형성의 소이다), 이혼판결 후의 혼인취소의 소(가소 2조 1항 1호 나목, 나류 가사소송사건) 등은 허용되지 않는다. 주의할 것은 협의이혼으로 혼인관계가 해소된 때에도 현재의 법률관계에 영향을 미치는 이상 과거의 혼인관계의 무효를 구할 정당한 법률상 이익이 있으며,[5] 협의파양으로 양친자관계가 해소된 때에도 입양의 무효를 구할 수 있으나,[6] 이러한 혼인무효의 소나 입양무효의 소는 가류 가사소송으로 확인소

로는, 황현찬, "증서의 진정 여부를 확인하는 소에 있어서의 대상적격 및 소의 이익," 대법원 판례해설 67호(2007년 상반기), 657쪽 이하.

[1] 대판 2001. 1. 16. 2000다45020.
[2] 대판 1993. 9. 14. 92다35462; 홍광식, "소유권이전등기말소청구소송에서 목적물을 처분하여 대금을 양분한다는 소송상 화해조항," 판례연구(부산판례연구회) 5집(1995. 1.), 370쪽 이하.
[3] 대판 2000. 5. 26. 2000다2375,2382.
[4] 대판 1993. 11. 23. 93다41792,41808, 2021. 8. 19. 2018다207830.
[5] 대판 1978. 7. 11. 78므7.
[6] 대판 1995. 9. 29. 94므1553,1560.

송이라는 점이다.

　2) **공유물분할**에 관한 **협의가 성립**된 후(**협의분할**의 경우) 그 분할된 부분에 대한 소유권이전등기를 청구하거나 소유권확인을 구함은 별개의 문제이나(민 268조·269조), **공유물분할의 소로써** 그 분할을 **청구**하거나, 이미 제기하여 소송계속 중에 있는 **공유물분할의 소를 유지함**은 허용되지 않는다[소의 이익이 없다는 이유로 **소를 각하**해야 한다].1)

　3) **경계확정의 소**에서 당사자 양쪽이 경계에 관하여 **합의가 성립**되어 당사자의 주장이 일치하게 되었다고 하더라도 경계확정의 소가 소의 이익이 없어 부적법해지는 것은 아니다. 소송 도중에 당사자 양쪽이 경계에 관하여 합의를 도출해냈다고 하더라도 원고가 그 소를 취하하지 않고 법원의 판결에 의하여 경계를 확정할 의사를 유지하고 있는 한, 법원은 그 합의에 구속되지 않고 진실한(지적도상 경계선의 오류를 바로잡는) 경계를 확정해야 하기 때문이다.2)

　▣ **채권자취소소송에서의 소의 이익 유무**
　　(1) 소송계속 중 채무자의 책임재산으로 원상회복이 이루어진 경우
　　채권자취소소송의 계속 중 취소의 대상인 사해행위가 해제 또는 해지되고 채권자가 그 사해행위의 취소에 의해 복귀를 구하는 재산이 벌써 채무자에게 복귀된 경우에는 특별한 사정이 없는 한 그 채권자취소소송은 이미 그 목적이 실현되어 더 이상 그 소에 의해 확보할 이익이 없게 된다.3)
　　(2) 소송계속 중 말소를 구하는 근저당권설정등기가 경매절차상 말소된 경우
　　채권자취소소송의 계속 중 사해행위인 근저당권설정계약에 기해 설정된 근저당권설정등기가 경매절차상 매각으로 인하여 말소된 경우 근저당권자로 하여금 근저당권자로서의 배당을 받도록 하는 것은 민법 406조 1항의 취지에 반한다. 따라서 근저당권자에게 그와 같은 부당한 이익을 보유시키지 않기 위하여 근저당권설정등기로 인하여 해를 입게 되는 채권자는 근저당권설정계약의 취소를 구할 이익이 있다.4)

---

1) 대판 1995. 1. 12. 94다30348,30355, 대판(전) 2013. 11. 21. 2011두1917.
2) 대판 1996. 4. 23. 95다54761.
3) 대판(전) 2015. 5. 21. 2012다952, 대판 2020. 1. 30. 2019다244775, 2022. 4. 14. 2021다299549 등.
4) 대판 1997. 10. 10. 97다8687, 2012. 11. 15. 2012다65058, 2013. 4. 26. 2011다37011; 최상열, "사해행위인 근저당권설정계약에 기해 설정된 근저당권설정등기가 경락으로 말소된 경우에도 그 설정계약의 취소를 구할 이익이 있는지 여부," 대법원판례해설 29호(1997년 하반기), 45쪽 이하.

　(3) 사해행위취소의 소에서 추후 원상회복청구의 소가 패소될 것이 예상되는 경우

　채권자취소소송의 경우 사해행위취소의 소와 원상회복청구의 소는 서로 소송물과 쟁점을 달리하는 별개의 소로서 양자가 반드시 동시에 제기되어야 하는 것은 아니며 별개로 제기될 수 있다. 전자의 소에서는 승소하더라도 후자의 소에서는 당사자가 제출한 공격방어방법 여하에 따라 패소할 수도 있고, 취소채권자가 사해행위취소의 소를 제기하여 승소한 경우 그 취소의 효력은 민법 407조에 의하여 모든 채권자의 이익을 위하여 미치고 이로써 그 소의 목적은 달성된다. 따라서 채권자가 원상회복청구의 소에서 패소할 것이 예상된다는 이유로 그와 별개인 사해행위취소의 소에 대하여 소송요건을 갖추지 못한 것으로 보아 소의 이익을 부정할 수는 없다.[1]

　(2) 사정변경에 의하여 원상회복이 불능에 이른 경우

　확정판결 등 집행권원에 기한 **강제집행**이 일단 전체적으로 **종료**되어 집행채권자가 만족을 얻은 뒤에는 더 이상 **청구이의의 소**로써 그 집행권원의 집행력의 배제를 구할 소의 이익이 없다[2][청구이의의 소는 확정판결 등 집행권원에 관하여 생긴 이의사유를 내세워 그 집행권원이 가지는 집행력의 배제를 구하는 소이다(민집 44조)]. 마찬가지로 강제집행이 종료된 뒤에 **제 3 자이의의 소**[제 3 자이의의 소는 강제집행의 목적물에 대하여 소유권 또는 양도나 인도를 막을 수 있는 권리가 있다고 주장하는 제 3 자가 그 권리를 침해하여 현실적으로 진행되고 있는 강제집행에 대하여 채권자를 상대로 집행의 배제를 구하는 소이다(민집 48조)]가 제기되거나 또는 제 3 자이의의 소가 제기된 당시 존재했던 **강제집행**이 소송계속 중 **종료**된 때에는 소의 이익이 없어 부적법하다.[3]

3. 형성의 소의 제기시 추후 형성될 법률관계에 기한 이행의 소 등을 병합할 수 있는지 여부

(1) 일반적 경우

　형성의 소는 그 판결이 확정됨으로써 비로소 권리변동의 효력이 발생하게 되므로 형성판결의 확정으로 인하여 **형성될 법률관계**를 전제로 하는 이행소송 등을 병합하여 제기하는 것은 달리 이를 허용하는 법률상 명문의 규정이 없는 한 허용

---

1) 대판 2012. 12. 26. 2011다60421, 2013. 4. 26. 2011다37001, 2021. 7. 21. 2017다35106.
2) 대판 1989. 12. 12. 87다카3125, 1997. 4. 25. 96다52489; 장윤기, "청구이의의 소를 제기할 수 있는 시기," 법조 39권 8호(1990. 8.), 107쪽 이하.
3) 대판 1996. 11. 22. 96다37176, 1997. 10. 10. 96다49049.

되지 않는 것이 원칙이다.[1]

(2) 법률상 명문의 규정으로 허용하는 경우

법률상 명문으로 이를 허용하고 있는 경우로는, 사해행위취소청구와 원상회복청구의 병합(민 406조),[2] 재판상 이혼청구(나류 가사소송사건)와 이혼이 성립되는 경우를 대비한 위자료청구(다류 가사소송사건)나 재산분할청구(마류 가사비송사건)의 병합(가소 14조 1항) 등이 있다. 결정절차에서 형성청구인 양육자지정청구(마류 가사비송사건)와 이행청구인 양육비지급청구(마류 가사비송사건)(민 837조 2항·4항)도 병합할 수 있다.[3]

(3) 재심의 소에서의 병합 여부

재심의 소를 제기하면서 재심대상판결의 취소청구에 재심대상판결의 취소에 따른 원상회복청구를 병합하는 것이 허용되는지에 관하여 논의가 있다. 이에 대하여, 분쟁의 1회적 해결에 도움이 되고, 가집행선고에 따른 가지급물반환신청(법 215조 2항)을 허용하고 있는 것과의 균형상 이를 허용해야 한다는 견해가 있다.[4] 그러나 **판례**는 이를 부정하고 있다.[5]

재심의 소는 소송법상 형성의 소이다. 형성의 소에서는 이미 앞서 본 바와 같이 형성판결의 확정으로 인하여 **형성될 법률관계**를 전제로 하는 이행의 소를 이에 병합하는 것은 이를 허용하는 법률상 명문의 규정이 없는 한 원칙적으로 허용되지 않는다. 뿐만 아니라 재심의 소는 확정된 종국판결에 재심사유가 있는 때에 그 판결을 취소하여 기판력 등 판결의 효력을 배제하고 재심 전 소송에서의 청구에 대하여 재판을 하기 위한 비상구제수단으로 인정되는 소송절차이므로

---

[1] 대판 1969. 12. 29. 68다2425, 2004. 1. 27. 2003다6200, 2013. 9. 13. 2012다36661.
[2] 사해행위취소의 소는 형성의 소로서 그 판결이 확정됨으로써 비로소 권리변동의 효력이 발생하나, 민법 406조 1항은 채권자가 사해행위취소와 원상회복을 법원에 청구할 수 있도록 규정함으로써 사해행위취소청구에는 그 **취소판결**이 **미확정인 상태에서도** 그 취소의 효력을 전제로 하는 원상회복청구를 병합하여 제기할 수 있도록 규정하고 있다. 대판 2019. 3. 14. 2018다277785.
[3] 대판 1988. 5. 10. 88므92,108. 2007. 12. 21. 민법 개정(2008. 6. 22. 시행)시 837조 4항이 신설되어 양육에 관한 사항의 협의가 이루어지지 않거나 협의할 수 없는 때에는 가정법원은 직권으로 또는 당사자의 청구에 따라 이에 관하여 결정하도록 하고 있는데, 협의의 대상에는 양육자의 결정, 양육비용의 부담 등이 포함되어야 하므로(민 837조 2항) 양육자지정청구에 양육비지급청구를 병합하는 것은 당연하다.
[4] 이시윤, 733쪽; 정동윤·유병현·김경욱, 1004쪽.
[5] 대판 1971. 3. 31. 71다8, 1997. 5. 28. 96다41649.

통상의 소송절차와는 그 성질을 달리한다. 따라서 재심의 소가 인용될 것을 조건으로 재심대상판결에 의하여 이루어진 결과에 대한 원상회복청구를 재심의 소에 병합하는 것은 동종의 소송절차가 아닌 청구를 병합하는 것으로 허용되지 않는다. 이에 관해서는 청구의 병합에서 상세히 보기로 한다.

(4) 공유물분할의 소에서의 병합 여부

공유물분할의 소와 병합하여 분할판결이 날 경우에 대비하여 소유권(지분)이전등기를 구하는 청구는 허용되지 않는다. 이러한 소가 허용되지 않는 이유는 장래의 이행의 소로서 미리 청구할 필요가 없기 때문이 아니라, 분할판결의 확정에 따라 단독소유권을 취득하며(분할판결이 확정되면 민법 187조에 따라 등기 없이 물권변동의 효력이 발생한다), **단독으로** 이전등기신청을 할 수 있기 때문이다. 공유물분할판결에 따라 분할된 부분에 대하여 단독소유권 또는 공유지분을 취득한 공유자는 부동산등기법 28조 1항(채권자대위권에 의한 등기신청)에 의하여 다른 공유자를 **대위하여** 그 특정부분에 대하여 분할등기를 신청할 수 있고, 부동산등기법(2020. 2. 4. 개정, 2020. 8. 5. 시행) 23조 4항 후단(공유물분할판결에 의한 등기신청)에 의하여 **단독으로** 다른 공유자의 공유지분에 관하여 지분이전등기절차를 신청할 수 있다. 따라서 공유물분할의 소와 병합하여 한 소유권이전등기청구는 소의 이익이 없으므로 부적법 각하해야 한다. **등기예규**도 이와 같은 취지이다.[1] 다만 부동산 공유지분권자가 공유물분할의 소를 제기하기에 앞서 승소판결시 취득할 특정부분에 대한 소유권(분할 후 생길 지분이전등기청구권)을 피보전권리로 하여 다른 공유자들의 각 지분에 관하여 처분금지가처분을 할 수 있다.[2]

---

[1] 등기예규 제1692호 '판결 등 집행권원에 의한 등기의 신청에 관한 업무처리지침'(2020. 7. 21. 개정, 2020. 8. 5. 시행)(공유물분할판결이 확정되면 그 소송당사자는 원·피고인지 여부에 관계없이 그 확정판결을 첨부하여 **등기권리자** 또는 **등기의무자 단독으로** 공유물분할을 원인으로 한 지분이전등기를 신청할 수 있다).

[2] 가처분의 피보전권리는 가처분신청 당시 확정적으로 발생되어 있어야 하는 것은 아니고 이미 그 발생의 기초가 존재하는 한 **장래에 발생할 채권**도 가처분의 **피보전권리가** 될 수 있기 때문이다. 대결 2002. 9. 27. 2000마6135(원심결정은 공유물분할의 소가 제기되더라도 장차 어떻게 분할될 것인지 불분명하다는 이유로 분할 후 생길 지분이전등기청구권을 피보전권리로 한 다툼의 대상에 관한 가처분은 허용되지 않는다고 보았으나, 대법원은 원심결정을 파기했다), 대결 2013. 6. 14. 2013마396; 윤경, "공유물분할의 소를 본안으로 한 부동산처분금지가처분의 허부," 민사재판의 제문제 11권(2002. 12.), 797쪽 이하.

제 3 절   소 송 물

I. 의   의

소송물이란 법률상 명문으로 '소송물'이라는 용어로 사용되는 경우가 있기는 하나(민집 48조 2항. 한편 민집 309조는 '**소송물인 권리 또는 법률관계**'라는 용어를 사용하고 있다), 통상 '**소송목적이 되는 권리나 의무**'(법 25조 2항, 65조), '**소송목적인 권리 또는 의무**'(법 81조·82조), '**소송의 목적인 권리**'(상 406조 1항) 또는 '**청구**'(법 25조 1항, 253조·262조)라는 용어로 사용되는데, **소송의 객체** 또는 **심판의 대상**을 말한다. 원고는 소송물을 특정해야 한다(처분권주의). 소송물은 ① 절차의 **개시**(청구의 특정과 범위, 토지관할, 사물관할), ② 절차의 **진행과정**(청구의 병합, 청구의 변경, 중복소송금지, 처분권주의), ③ 절차의 **종결과정**(확정판결 등의 기판력, 제 1 심 본안판결 뒤 소취하의 재소금지의 효력)에서 각 그 표준이 된다.

소송물은 **청구의 목적물** 또는 **다툼의 대상**(계쟁물)과 다르다(**판례**는 청구의 목적물을 '**소송목적물**'이라고 부르기도 한다). 소송에 이르게 된 사실관계는 소송물이 아니다. 한편 **소송물의 양도**에서는 소송물인 **권리의무 자체의 승계**뿐만 아니라 다툼의 대상에 관한 **당사자적격의 승계도** 포함한다(**적격승계설**). 즉 승계의 개념을 실체관계로 파악하지 않고 소송물을 다툴 수 있는 지위인 당사자적격의 승계로 본다.

소송물과 법원의 **법률적 관점선택**은 별개의 문제이다. 즉 당사자가 소송물을 특정하여 청구하고 있는 이상 그 소송물(또는 그 전제되는 법률관계)에 대한 법률적 평가는 소송물의 범위 내에서의 법률적 관점선택에 불과하다. 법원은 원고가 선택한 법률적 관점에 구속되지 않는다.[1] **판례**도, 변론주의의 원칙상 당사자가 주장하지 않은 사실을 기초로 법원이 판단할 수 없는 것이지만 소송물의 전제가 되는 권리관계나 법률효과를 인정하는 것은 권리자백으로서 법원을 구속하는 것이 아니므로 청구의 객관적 실체가 동일하다고 보여지는 한 법원은 원고가 청구원인으로 주장하는 실체적 권리관계에 대하여 정당한 법률해석에 따른 판단할 수 있다고 한다.[2]

---

1) 정동윤·유병현·김경욱, 299쪽.
2) 대판 1992. 2. 14. 91다31494.

Ⅱ. 소송물에 관한 이론

1. 구소송물이론(구실체법설)

구소송물이론에서는 실체법상 권리 또는 법률관계를 소송물로 본다. 동일한 사실관계를 토대로 하는 경우에도 실체법상 권리 또는 법률관계를 구성하는 청구원인이 서로 다르다면 별개의 소송물로 본다. 예컨대 같은 급여나 같은 법률관계의 형성을 목적으로 여러 개의 청구권·형성권(형성원인)이 경합할 수 있다. 이는 우리나라 및 일본의 **판례**의 입장이다.

구소송물이론에 의하더라도 실체법상의 권리 또는 법률관계를 어디까지 **세분**(細分)하여 별개의 소송물을 구성한다고 볼 것인지는 반드시 명확한 것만은 아니다. 예컨대 임대차계약에 기한 건물인도소송에서 임대차계약의 실체법상 계약종료의 원인은, 임대차계약의 합의해지, 임대차기간의 만료, 임대차기간의 약정 없는 경우 해지통고에 의한 해지(민 635조), 차임연체로 인한 해지(민 640조·641조), 임대인의 승낙이 없는 임차권양도나 전대차로 인한 해지(민 629조) 등으로 나누어 볼 수 있는데, 이러한 임대차계약종료의 개별 원인마다 별개의 소송물을 구성한다고 볼 여지가 없지 않다. 일반적으로 임대차계약의 종료에 따른 청구에서 그 청구원인을 **합의해지**, **임대차기간의 만료** 또는 차임연체나 무단전대 등 채무불이행에 의한 **법정해지**로 각 구성하는 경우 이들을 각 별개의 소송물로 볼 수 있으나,[1] 각 종료사유마다 청구가 다르지 않고 소송물은 하나뿐이라고 볼 여지도 있다.[2]

2. 신소송물이론(소송법설)

신소송물이론에서도 다음과 같은 입장의 차이가 있다.

(1) 이분지설(二分肢說, 이본설·이원설)

이분지설은 신청(청구취지)과 청구원인을 구성하는 사실관계[여기서 사실관계는

---

[1] 김상원, "임대차계약해지로 인한 가옥명도청구권과 소송물," 사법행정 8권 3호(1967. 3.), 79쪽 이하.

[2] 지홍원, "소송물에 관한 소고," 사법논집 2집(1972. 2.), 144쪽 이하; 김상수, "계약해제를 이유로 한 대금반환청구소송의 소송물," 법률신문 2901호(2000. 7.), 14쪽. 한편 하나의 소송물로 보는 것이 현재의 실무라고 소개하고 있는 것으로는, 사법연수원, 요건사실론(2019년도), 118쪽.

요건사실 즉 권리의 발생원인사실보다는 더 넓은 개념으로 사회적 · 역사적으로 보아 1개의 일련의 사실관계이다라는 두 가지 요소에 의하여 소송물이 구성된다고 보는 견해이다.[1] 이분지설에서도 **확인의 소**의 소송물은 예외적으로 청구취지만으로 특정된다는 **예외설**[2]과 확인의 소의 소송물도 이분지설을 일관하여 청구취지와 청구원인의 사실관계에 의하여 특정된다는 **일관설**[3]이 있다.

(2) 일분지설(一分肢說, 일본설 · 일원설)

일분지설은 신청(청구취지)만이 소송물의 식별기준이 된다는 입장으로 청구원인의 사실관계를 청구취지와 같은 소송물의 구성요소로 보지 않는다. 다만 예외적으로 금전지급이나 대체물인도를 구하는 소송에서는 청구원인을 구성하는 사실관계의 보충에 의하여 비로소 소송물이 특정된다고 본다.[4] 일분지설에 의하면 기판력이 소송물 범위의 확장에 따라 유례 없이 확대된다는 문제가 발생한다. 이에 대하여, ① **일본의 일분지설**은 석명권의 강화 또는 보완을 통해 해결하려는 입장을, ② **독일의 일분지설**은 전소에서 제출한 소송자료와 무관계한 사실관계까지 기판력의 시적 범위(기판력의 실권효 · 차단효)에 의하여 차단되지는 않는다는 입장을 취하고 있다.

3. 신실체법설 및 상대적 소송물설

신실체법설은 수정된 의미의 실체법상 청구권의 주장을 소송물로 본다. 이 경우 청구법규가 아니라 급여 그 자체만을 민법상 청구권[여기서의 청구권은 통일적 청구권으로, 전통적 의미에서 경합될 수 있는 청구권을 말하는 것이 아니다]으로 보는 입장이다. **상대적 소송물설**은 소송물이론의 통일적 · 절대적 구성(통일적 소송물개념론)을 포기하고, 소송진행 과정의 문제(청구의 병합, 청구의 변경 등)에서는 일분지설을, 기판력 범위의 문제에서는 이분지설을 취하는 입장이다. 이러한 입장에서는 소송법상의 각 제도의 취지에 따라 소송물의 개념을 재조정할 필요가 있다고 주장한다.[5]

---

1) 정동윤, "소송물의 식별기준에 관하여," 민사재판의 제문제 8권(1994. 10.), 617쪽 이하.
2) 정동윤 · 유병현 · 김경욱, 295쪽.
3) 호문혁, 141쪽.
4) 이시윤, 266쪽; 김홍규 · 강태원, 259쪽.
5) 김용진, 169쪽; 김상수, 64쪽.

4. 소송물에 관한 현행법의 태도

현행법이 소송물을 어떻게 보고 있는지는 **현행법상 명문의 규정** 내용을 반드시 고려하여야 한다. 이미 소송물의 의의에서 보았듯이 현행법상 소송물, 즉 소송목적을 '권리 또는 법률관계', '권리 또는 의무'라고 규정하고 있을 뿐만 아니라, 현행법은 이러한 실체법상 권리 또는 법률관계를 전제로 하여 소송상 청구를 구성하고 이에 따라 청구의 병합, 청구의 변경, 공동소송, 참가소송, 소송승계 등을 규정하고 있음을 알 수 있다. 따라서 현행법은 적어도 법률상 명문으로 **구소송물이론**을 채택하고 있다고 보아야 한다. 이러한 현행법의 태도는 뒤에서 보는 바와 같이 판례의 기본적 태도와 일치한다.

5. 신소송물이론의 도입 여부 및 그 한계

소송물이론은 시대적·사회적 상황에 따라 변천가능한 것이므로, 어떤 소송물이론이 보다 타당한 것인지는 이론적으로 판가름할 수 있는 문제가 아니다. 분쟁의 1회적 해결을 목표로 하는 신소송물이론의 입장이 구소송물이론보다 우월한 면이 있음을 부인할 수 없으나 신소송물이론을 채택한다면 필연적으로 법원의 석명권 확대와 법원의 실무부담 가중의 문제가 뒤따를 수밖에 없다. 현재의 법원의 재판인력, 재판건수, 재판기간 등 재판여건 등을 고려하면 신소송물이론을 도입하는 것은 현실적으로 한계가 있다.[1] 다만 신소송물이론의 근본취지를 기존의 처분권주의와 변론주의의 범위 내에서 어떻게 수용(고려)할 수 있을 것인지 그 방법론에 대한 진지한 숙고가 필요하다.[2] 현재로서는 현행법의 입장에 충실하게 소송물을 실체법상 권리 또는 법률관계로 파악하여, 심리범위와 확정판결의 효력범위를 명확하게 함으로써 소송절차의 안정을 도모하는 구소송물이론이 논리적으로도 설득력이 있을 뿐만 아니라, 소송실무에도 더욱 적합하다고 본다.

■ **구소송물이론과 신소송물이론의 적용상 구체적 차이점**

구소송물이론과 신소송물이론은 다음과 같은 점에서 차이가 있다. ① **손해배상 청구의 원인을 달리하는 경우**: 채무불이행으로 인한 손해배상청구와 불법행위로 인

---

[1] 강봉수, "신소송물론의 도입이 법원과 당사자에게 미치는 영향," 논설집(법무부자문위원회) 8집(1984. 8.), 201쪽 이하.

[2] 김용철, "소송물이론에 관한 소고," 법학논집(취봉김용철선생고희기념, 1993. 12.), 96쪽.

한 손해배상청구에 대하여 구소송물이론은 별개의 소송물로 보고, 신소송물이론은 일분지설·이분지설 모두 하나의 소송물로 본다. ② **침탈된 목적물의 반환청구의 원인을 달리하는 경우**: 소유물 침탈에 대하여 소유권에 기한 반환청구와 점유권에 기한 반환청구에 대하여 구소송물이론은 별개의 소송물로 보고, 신소송물이론은 일분지설·이분지설 모두 하나의 소송물로 본다. ③ **어음채권·원인채권에 기한 청구의 경우**: 금전의 이행청구에서 어음채권에 기한 청구와 원인채권에 기한 청구에 대하여 구소송물이론은 별개의 소송물로 보고, 신소송물이론 가운데 일분지설은 하나의 소송물로, 이분지설은 별개의 소송물로 본다. ④ **소유권이전등기청구의 원인을 달리하는 경우**: 매매계약에 기한 소유권이전등기청구와 시효취득에 의한 소유권이전등기청구에 대하여 구소송물이론은 별개의 소송물로 보고, 신소송물이론 가운데 일분지설은 하나의 소송물로, 이분지설은 별개의 소송물로 본다. ⑤ **이혼소송에서 이혼사유를 달리하는 경우**: 이혼소송에서 심히 부당한 대우를 이혼사유로 하는 청구(민 840조 3호)와 부정한 행위를 이혼사유로 하는 청구(민 840조 1호)에 대하여 구소송물이론은 별개의 소송물로, 신소송물이론 가운데 일분지설은 하나의 소송물로, 이분지설은 별개의 소송물로 본다.

Ⅲ. 판례의 입장

1. 기본적 입장

판례는 기본적으로는 **구소송물이론**의 입장을 취한다. 즉 청구원인에 의하여 소송물이 특정되고, 동일성이 식별된다는 입장이다. 판례는, 소송물을 실체법상 권리 또는 법률관계로 세분하여 파악하고 있으나 드물게나마 경우에 따라서 이를 완화하는 경우도 있다.

판례에 의하면, 예컨대 ① 실체법상의 근거를 달리하는 손해배상청구, ② 채무불이행으로 인한 손해배상청구와 불법행위로 인한 손해배상청구, ③ 채무불이행으로 인한 손해배상청구와 하자담보책임에 기한 손해배상청구, ④ 부당이득반환청구와 손해배상청구, ⑤ 어음·수표금청구와 그 원인관계에 기한 청구, ⑥ 동일한 목적물의 소유권에 기한 반환청구와 점유권에 기한 반환청구, ⑦ 등기원인을 달리하는 각 소유권이전등기청구, ⑧ 이혼소송에서 이혼사유를 달리하는 각 청구,[1] ⑨ 재심의 소에서 재심사유를 달리하는 각 청구[2] 등은 모두 별개의 소송물이다. 따라

---

1) 대판 2000. 9. 5. 99므1886.
2) 대판 1970. 1. 27. 69다1888, 1992. 10. 9. 92므266.

서 이들 사유를 병합하면 **청구의 병합**, 이들 사유를 변경하면 **청구의 변경**이 된다(단순한 공격방법의 차이가 아니다). 원고가 청구한 소송물과 다른 소송물을 법원이 인용하는 경우에는 원칙적으로 **처분권주의**(법 203조)에 반한다.

2. 인신사고로 인한 손해배상청구의 경우

판례는 **인신사고**(신체상해·사망)로 인한 **손해배상청구**를 ① 재산적 손해로서 **적극적 손해**(치료비 등), ② 재산적 손해로서 **소극적 손해**(일실수입), ③ **정신적 손해**(위자료)의 각 청구에 따른 **세 개의 소송물**로 본다(이를 **손해 3 분설**이라 한다).[1] 따라서 당사자는 각 소송물에 따른 청구의 금액을 특정하여 청구해야 하고, 법원으로서도 그 내역을 밝혀 각 청구의 당부에 관하여 판단해야 한다.[2]

이에 대하여, 재산적 손해와 정신적 손해의 2개의 소송물로 보는 견해(**손해 2 분설**)가 있다.[3] 나아가 이 모든 손해를 1개의 소송물로 보는 견해(**손해 1 개설**)도 있다.[4] 손해 1 개설은 불법행위로 인한 손해배상청구소송의 경우 당사자로서는 위자료, 과실상계, 일실수입을 정확히 예측하기 어려우며 위자료, 과실상계 등은 법원의 직권조사를 통한 후견적 개입에 의하여 조정될 수 있을 뿐만 아니라 당사자로서는 전체로서의 손해액에 대하여 관심이 있으므로 필요한 때에는 손해항목별 유용(流用)이 허용되어야 함을 그 근거로 들고 있다. 그러나 불법행위로 인한 손해배상청구소송에서의 이러한 비송적(非訟的) 성격을 고려한다고 하더라도, ① 기본적으로 손해를 분류하여 별개의 소송물로 구성한 뒤 각 소송물별로 처분권주의를 적용하는 것이 오히려 소송물에 따른 주장·증명의 범위를 명확히 할 수 있

---

1) 대판 2010. 4. 29. 2009다99105, 2022. 4. 28. 2022다200768 등. **판례**는, 재산적 손해배상의 청구에서 별개의 소송물인 적극적 손해 및 소극적 손해의 각 내용이 여러 개의 손해항목으로 나누어져 있는 경우 각 항목은 청구를 이유 있게 하는 공격방법에 불과한 것으로 본다. 대판 1992. 10. 13. 91다27624, 27631, 1996. 8. 23. 94다20730.

2) 대판 1989. 10. 24. 88다카29269, 2006. 9. 22. 2006다32569.

3) 호문혁, 393쪽. 이러한 입장에서는 손해 1 개설은 재산적 손해와 정신적 손해는 근본적으로 다르다는 기본원칙을 무시한 것이며, 손해 3 분설은 적극적 손해와 소극적 손해가 법적 성격에 차이가 없음에도 이를 지나치게 세분화한 것으로, 이들 손해는 재산적 손해의 각 항목에 지나지 않으므로 하나의 소송물에 포함된다고 한다.

4) 배기원, "손해배상청구의 소송물 — 교통사고소송을 중심으로 —," 사법논집 11집(1980. 12.), 279쪽 이하; 윤재식, "교통사고소송에 있어서 소송물과 그 주장·입증책임," 자동차사고로 인한 손해배상(상)(재판자료 20집, 1984. 6.), 438쪽 이하. **일본**의 판례는, 동일 사고에 의한 동일 신체침해를 이유로 한 재산적 손해와 정신적 손해는 '원인사실 및 피침해이익을 공통으로 하기 때문에 손해배상청구권은 1개이고 또 소송물도 1개'라고 하여 손해 1 개설을 따르고 있다. 일본 최고재 1973. 4. 5. 판결.

으며, ② 이러한 비송적 성격은 각 소송물 범위 내에서도 얼마든지 가능하다 할 것이므로, **손해 3 분설**을 취하는 판례의 입장이 타당하다고 본다.[1]

3. 구소송물이론의 엄격성 · 경직성의 완화문제

판례는 엄격한 구소송물이론의 경직성에서 오는 문제점을 부분적으로 시정하기 위하여 이를 **제한적 범위** 내에서 **완화**하는 경우도 있다. 예컨대 판례는 인신사고로 인한 손해배상청구에서 앞서와 같이 **손해 3 분설**을 취하고 있으나, 경우에 따라 제한적으로 손해3 분설의 **경직성**을 **완화**하기도 한다.[2] **판례**는, 원고가 인신사고로 인한 손해배상청구를 했는데 재산적 손해(소극적 손해)에 대해서는 형식상 전부승소했으나 위자료에 대해서는 일부패소했고, 이에 대하여 원고가 (위자료)패소부분에 불복하는 형식으로 항소를 제기하여 사건 전부가 확정이 차단되고 소송물 전부가 항소심에 계속되게 된 사안[피고가 재산적 손해에 관한 원고승소판결에 대하여 항소를 하지 않아 원고로서는 이에 대하여 **부대항소**(법 403조)를 할 수도 없어 이에 따른 청구취지를 확장할 수 없었던 사안이다]에서, 불법행위로 인한 손해배상청구상 재산적 손해나 위자료는 단일한 원인에 근거한 것인데 편의상 이를 별개의 소송물로 분류하고 있는 것에 지나지 않는 것이므로 이를 **실질적**으로 파악하여, 항소심에서 위자료는 물론이고 소극적 손해에 관해서도(**항소의 이익**을 인정하여) **청구취지의 확장**을 허용하는 것이 상당하다고 본다.[3]

Ⅳ. 소의 종류에 따른 소송물의 특수성

1. 이행의 소의 소송물

(1) 의   의

이행의 소의 소송물을 실체법상 청구권으로 볼 것인지, 청구취지에 표현된

---

1) 재산적 손해의 발생이 인정되는데도 **증명곤란** 등의 이유로 그 손해액의 확정이 불가능하여 그 배상을 받을 수 없는 경우에 이러한 사정을 **위자료의 증액사유**로 참작할 수는 있다. 다만 이러한 **위자료의 보완적 기능**은 재산적 손해액의 주장 · 증명 및 분류 · 확정이 가능한 경우에까지 확장되는 것은 아니다. 대판 2004. 11. 12. 2002다53865, 2014. 1. 16. 2011다108057.
2) 이는 구체적 사안에서 판결이 확정되기도 전에 나머지 부분을 청구할 기회를 절대적으로 박탈하는 것이 부당하다고 보여지는 매우 제한적 범위 내에서 구체적 타당성을 고려하여 엄격한 손해 3 분설을 완화한 경우이다. 따라서 이를 확대해석할 것은 아니다.
3) 대판 1994. 6. 28. 94다3063.

급여를 구할 수 있는 법적 지위로 볼 것인지가 문제된다. 구소송물이론에 의하면 실체법상 청구권으로 보게 된다. 반면 신소송물이론(일분지설)에 의하면 특정물에 관한 이행소송에서는 소송물을 청구취지에 표현된 급여를 구할 수 있는 법적 지위로 보나, 예외적으로 금전지급이나 대체물인도소송에서는 청구취지만으로는 급여의 동일성 여부를 가리기 어렵기 때문에 소송물의 특정을 위하여 사실관계의 보충에 의하여 소송물이 특정된다고 이해한다.

(2) 실체법상 청구권이 별도의 소송물을 구성하는 경우

(a) 일반적 경우

점유권과 본권, 소유권에 기한 청구권과 계약에 기한 청구권, 계약에 기한 청구권에서도 그 계약의 법정해지에 기한 청구권과 합의해지에 기한 청구권, 불법점유로 인한 차임 상당의 손해배상청구권과 차임 상당의 부당이득반환청구권,[1] 등기원인을 달리하는 소유권이전등기청구권[2] 등의 경우 구소송물이론에 의하면 별개의 소송물로, 신소송물이론에 의하면 하나의 소송물로 보게 된다.

(b) 명의신탁해지와 소유권이전등기청구의 소송물

명의신탁자는 명의수탁자에 대하여 명의신탁해지를 하고, **신탁관계의 종료**만을 이유로 하여 소유 명의의 이전등기절차의 이행을 청구할 수 있음은 물론, 신탁해지를 원인으로 하여 **소유권**에 기해서도 그와 같은 청구를 할 수 있고, 이 경우 두 청구는 청구원인을 달리하는 별개의 소송이다.[3][4]

(c) 가등기와 소유권이전등기청구의 소송물

순위보전의 가등기(일반가등기)에 기하여 본등기가 된 때에는 본등기의 순위가 가등기한 때로 소급함으로써(부등 91조) 가등기 후 본등기 전에 이루어진 가압류

---

1) 대판 1991. 3. 27. 91다650,667.
2) 예컨대 대물변제예약에 기한 소유권이전등기청구권과 매매계약에 기한 소유권이전등기청구권은 소송물이 다르다. 대판 1997. 4. 25. 96다32133. 부동산의 처분에 관한 사무를 위임하면서 그 위임사무 처리를 위하여 소유권이전등기를 넘겨주기로 한 약정은 매매와는 서로 다른 법률관계임이 분명하고, 그와 같은 약정을 원인으로 한 소유권이전등기청구권과 매매를 원인으로 하는 소유권이전등기청구권은 별개의 소송물이다. 대판 1996. 8. 23. 94다49922.
3) 대판(전) 1980. 12. 9. 79다634, 대판 2002. 5. 10. 2000다55171.
4) '부동산 실권리자명의 등기에 관한 법률'에 의하면 명의신탁약정은 무효이므로(4조 1항), 명의신탁해지를 원인으로 한 소유권이전등기는 원칙적으로 할 수 없다. 다만 위 법률상 '명의신탁약정'의 용어의 뜻에서 제외되는 경우(2조 1호) 및 **특례규정**(종중, 배우자 및 종교단체에 대한 명의신탁)이 적용되는 경우(8조)에는 명의신탁이 허용되므로 명의신탁해지를 원인으로 한 소유권이전등기청구가 가능하다.

등 중간처분이 본등기보다 후순위로 되어 실효되므로 **가등기에 기한 본등기청구**
와 단순한 소유권이전등기청구는 비록 그 등기원인이 동일하다고 하더라도 이는
서로 다른 청구로 보아야 한다.[1] 따라서 부동산에 관한 소유권이전청구권 보전을
위한 가등기가 마쳐진 뒤에 다른 가압류등기가 이루어졌다면, 그 가등기에 기한
본등기 절차에 의하지 않고 별도로 가등기권자 명의의 소유권이전등기가 마쳐졌
다고 하여 가등기권리자와 의무자 사이의 가등기 약정상의 채무내용에 좇은 이행
이 완료되었다고 할 수 없으므로, 특별한 사정이 없는 한 가등기권리자는 가등기
의무자에 대하여 그 가등기에 기한 본등기절차의 이행을 구할 수도 있다.[2]

(3) 실체법상 청구권이 별도의 소송물을 구성하지 않는 경우

(a) 말소등기청구의 소송물

1) 말소등기청구권의 발생원인을 등기원인의 무효로 하는 말소등기청구의 소
송물은 해당 등기의 **말소등기청구권**이고, 그 동일성 식별의 표준이 되는 청구원
인, 즉 말소등기청구권의 발생원인은 해당 '**등기원인의 무효**'이며, 등기원인의 무
효를 뒷받침하는 개개의 사유는 독립한 공격방법에 불과하여 별개의 청구원인을
구성하지 않는다.[3] 이러한 무효사유에는 **원시적 무효** 외에도 취소 · 해제로 인한
물권적 효과로서 **후발적 무효**가 되는 경우를 포함한다.[4] 그리고 원시적 무효사유
에는, 무권대리행위(민 130조), 불공정한 법률행위(민 104조), 통정허위표시(민 108조
1항) 등을 포함한다.[5] 예컨대 소유권이전등기의 말소등기청구소송에서 사기에 의
한 매매계약의 취소를 원인으로 하는 것과 매매계약의 부존재 또는 불성립을 원
인으로 하는 것은 모두 청구원인인 등기원인의 무효를 뒷받침하는 독립된 공격방
법에 불과할 뿐 이러한 주장들이 별개의 청구원인을 구성하지 않는다.[6]

---

1) 대판 1988. 9. 27. 87다카1637, 1994. 4. 26. 92다34100,34117; 이성훈, "가등기에 기하지 않
   은 본등기와 가등기에 기한 본등기의 관계," 법조 55권 6호(2006. 6.), 251쪽 이하.
2) 대판 1995. 12. 26. 95다29888; 김수형, "가등기에 기한 본등기절차에 의하지 아니하고 별도
   로 가등기권리자 명의의 소유권이전등기가 경료된 경우, 가등기에 기한 본등기청구권이 소멸
   되는지 여부," 대법원판례해설 24호(1995년 하반기), 93쪽 이하.
3) 대판 1993. 6. 29. 93다11050, 2009. 1. 15. 2007다51703, 2011. 6. 30. 2011다24340 등.
4) 처음부터 원인무효의 등기가 이루어졌거나 등기 당시에는 적법했으나 취소 · 해제 등 후발
   적인 사유로 등기원인이 무효로 되었다고 하여 말소등기청구를 하는 경우 판결에는 말소대상
   등기를 표시하기 위하여 등기소, 접수연월일, 접수번호, 등기의 종류만을 표시하면 족하다. 판
   결이 확정된 경우의 등기신청서에는 등기원인을 그 확정 '판결'로, 그 연월일을 선고연월일로
   기재한다. 대판 1981. 3. 10. 80다2583.
5) 대판 1982. 12. 14. 82다카148,149, 1999. 9. 17. 97다54024.
6) 대판 1981. 12. 22. 80다1548; 노경래, "말소등기청구사건에 관한 확정판결의 기판력," 대법

2) 한편 말소등기청구권의 발생원인을 등기원인의 무효로 말소등기청구를 하
는 것이 아니라, **다른 원인** 예컨대 **피담보채무의 변제**로 인한 말소등기청구 또는
계약해제에 따른 계약상 권리(채권적 청구권)에 기하여 원상회복으로서 말소등기청
구를 하는 것은 별개의 소송물이다.1) 예컨대 ① 소유권이전등기의 말소등기청구
소송에서 담보목적으로 경료된 소유권이전등기의 무효를 원인으로 하는 것과 피
담보채무를 변제했음을 원인으로 하는 것은 청구원인을 달리하는 별개의 소송물
이며,2) ② 소유권이전등기의 말소등기청구소송에서 소유권에 기한 방해배제청구
권의 행사를 원인으로 하는 것과 매매계약의 해제에 따른 원상회복을 원인으로
하는 것은 청구원인을 달리하는 별개의 소송물이며,3) ③ 근저당권설정등기의 말
소등기청구소송에서 사기에 의한 근저당권설정계약의 취소를 원인으로 하는 것과
피담보채권의 부존재를 이유로 한 근저당권설정계약의 해지에 따른 원상회복을
원인으로 하는 것은 청구원인을 달리하는 별개의 소송물이다.4)

(b) 부당이득반환청구의 소송물

부당이득반환청구의 소송물은 **부당이득반환청구권** 자체이고, 그 동일성 식
별의 표준이 되는 청구원인, 즉 부당이득반환청구권의 발생원인은 해당 '**법률상
원인 없음**'이며, 법률상 원인 없음을 뒷받침하는 개개의 사유는 독립한 공격방법
에 불과하여 별개의 청구원인을 구성하지 않는다. 따라서 부당이득반환청구소송
에서 법률상 원인 없는 사유를 **계약의 불성립 · 무효 · 취소 · 해제** 등으로 주장하
는 것은 **공격방법**에 지나지 않는다.5)

원판례해설 1호(1981년), 131쪽 이하.

1) 성기창, "재소금지원칙에 위반된 소와 그에 대한 판단방법," 대법원판례해설 6호(1986년 하
반기), 157쪽 이하.

2) 대판 1983. 3. 8. 82다카1203.

3) 대판 1993. 9. 14. 92다1353.

4) 대판 1986. 9. 23. 85다353.

5) 대판 2008. 2. 29. 2007다49960, 2019. 12. 12. 2019다221444, 2022. 7. 28. 2020다231928 등.
패소판결이 확정된 전소에서 **사기에 의한 의사표시의 취소**의 효과로서 구하는 매매대금반환
청구의 소송물도 **부당이득반환청구권**이고, 후소에서 **계약해제**의 효과인 원상회복으로 구하는
매매대금반환청구의 소송물도 **부당이득반환청구권**이므로(계약해제의 효과로서의 원상회복은
부당이득에 관한 특별규정의 성질을 갖는다), 전소의 소송물인 부당이득반환청구권의 존부에 관
한 공격방법을 후소에 다시 제출하여 전소와 다른 판단을 구하는 것은 전소 확정판결의 기판력
에 저촉되어 허용될 수 없다. 대판 2000. 5. 12. 2000다5978. 한편 전소에서 **채무불이행에 따른
매매계약의 해제**의 효과로서 원상회복을 구하는 매매대금반환청구의 소송물과 후소에서 **매매
계약의 자동해제 또는 실효**를 이유로 구하는 매매대금반환청구의 소송물 역시 동일하다. 대판
2019. 1. 17. 2018다244013.

(c) 계약해지를 원인으로 한 손해배상청구의 소송물

계약해지를 원인으로 한 손해배상청구의 소송물은 그 해지를 원인으로 한 **손해배상청구권**이고, 그 동일성 식별의 표준이 되는 **청구원인**, 즉 계약해지를 원인으로 한 손해배상청구권의 발생원인은 '**계약의 해지**'이며, 계약해지를 뒷받침하는 **개개의 해지사유**는 독립한 **공격방법**에 불과하여 별개의 청구원인을 구성하지 않는다. 따라서 계약해지를 원인으로 한 손해배상청구소송에서 계약의 해지사유인 **당사자의 귀책사유**에 관한 주장은 공격방법에 지나지 않는다.[1)]

(4) 소유권이전등기의 말소등기청구와 진정명의회복을 위한 소유권이전등기청구의 소송물

진정명의회복을 위한(원인으로 한) 소유권이전등기청구는 이미 자기 앞으로 소유권을 표상하는 등기(소유권보존등기 또는 소유권이전등기)가 되어 있었거나 법률(민 187조)에 의하여 소유권을 취득한 사람이 진정한 등기명의를 회복하기 위한 방법으로 현재의 등기명의인을 상대로 한 등기말소청구를 갈음하여 허용된다.[2)] 그런데 진정명의회복을 위한 소유권이전등기청구권과 무효등기의 말소등기청구권은 어느 것이나 진정한 소유자의 등기명의를 회복하기 위한 것으로서 실질적으로 그 **목적**이 동일하고, 두 청구권은 모두 소유권에 기한 방해배제청구권으로서 그 **법적 근거와 성질**이 동일하다. 따라서 비록 전자는 이전등기, 후자는 말소등기의 형식을 취하고 있다고 하더라도 그 **소송물은 실질상 동일**한 것으로 보아야 한다.[3)] 이에 관해서는 기판력의 객관적 범위에서 상세히 다룬다.

(5) 후유증에 기한 추가청구의 소송물

후유증에 기한 확대손해의 경우, ① 전소 표준시(사실심 변론종결시) 뒤에 생긴 후유증에 기한 추가청구는 명시적 일부청구 뒤의 잔부청구로서 허용된다는 입장(**명시적 일부청구에 따른 잔부청구설**), ② 전소 표준시 당시 예견할 수 없었던 후유증에 기한 추가청구는 전소 표준시 뒤에 생긴 사유로 전소 확정판결의 기판력

---

1) 대판 2023. 2. 2. 2022다275311.
2) 진정명의회복을 위한 소유권이전등기청구권을 행사하기 위해서는 그 상대방인 현재의 등기 명의자에 대하여 **진정한 소유자**로서 그 소유권을 주장할 수 있어야 한다. 대판 2009. 4. 9. 2006다30921.
3) 따라서 소유권이전등기의 말소등기청구소송에서 패소확정판결을 받았다면 그 기판력은 그 후 제기된 진정명의회복을 위한 소유권이전등기청구권에도 미친다. 대판(전) 2001. 9. 20. 99 다37894, 대판 2023. 4. 13. 2022다294251.

에 저촉되지 않으므로 허용된다는 입장(**기판력의 시적 한계설**) 등이 있으나, ③ 이 러한 확대손해가 **예견할 수 없었던 새로운 손해**로서 이에 대한 추가청구를 포기했다고 볼 수 없는 한 **별개의 소송물**로 보아야 한다(**별개의 소송물설**). **판례도 같은 입장이다.**[1] 한편 신소송물이론(특히 일분지설)에서도, 전소 소송계속 중에 당사자에게 그 제출을 기대할 수 없었던 사실자료에 관해서는 전소 확정판결의 기판력이 미치지 않으므로 후유증에 기한 추가청구의 소송물은 전소와는 다른 별개의 소송물로 본다.[2]

(6) 일부청구의 소송물

다수설 및 판례가 일부청구의 허용 여부에 관하여 이른바 '**명시적 일부청구설**'의 입장을 취하고 있음은 이미 (이행의 소의 소의 이익에서) 본 바와 같다. 가분채권의 일부에 대한 이행청구의 소를 제기하면서 나머지 부분을 유보하고 청구한다는 취지를 명시한 경우(**명시적 일부청구**) 소송물은 일부청구 부분에 한정되고 그 확정판결의 기판력도 잔부청구에는 미치지 않으므로 나머지 부분을 별도로 다시 청구할 수 있으나, 일부청구라는 취지를 명시하지 않은 경우(**비명시적 일부청구**, **묵시적 일부청구**)에는 기판력은 잔부청구에까지 미치고 나머지 부분에 대하여 다시 청구를 할 수 없다.[3]

■ **일부청구의 명시방법**

(1) **일부청구의 특정방법**

일부청구의 특정방법은, 반드시 전체를 특정하여 그 가운데 일부만을 청구하고 나머지에 대한 청구를 유보하는 취지임을 밝혀야 할 필요는 없다. 따라서 일부청구하는 범위를 잔부청구와 **구별**하여 그 심리범위를 **특정할 수 있는** 정도의 표시를 하여 **전체의 일부로서 우선 청구**하고 있는 것임을 밝히는 것으로 족하다.[4] 일부청구임을 명시했는지는 소장·준비서면 등의 기재뿐만 아니라 **소송의 경과** 등도 함께 살펴 판단해야 한다.[5]

---

1) 대판 2002. 2. 22. 2001다71446, 2007. 4. 13. 2006다78640(예컨대 식물인간 피해자의 여명이 종전의 예측에 비하여 수년 연장되어 그에 상응한 향후치료, 보조구 및 간병 등이 추가적으로 필요하게 된 것은 전소 변론종결 당시에는 예견할 수 없었던 새로운 중한 손해로서 전소의 기판력에 저촉되지 않는다), 대판 2019. 12. 27. 2019다260395.

2) 이시윤, 268쪽.

3) 대판 1989. 6. 27. 87다카2478, 2000. 2. 11. 99다10424, 2008. 12. 24. 2008다51649.

4) 대판 1986. 12. 23. 86다카536, 1989. 6. 27. 87다카2478, 2016. 6. 10. 2016다203025 등.

5) 2016. 7. 27. 2013다96165; 송진성, "가분채권의 일부에 대한 이행청구의 소를 제기하면서

(2) 판례의 태도

판례는, 상속재산에 대한 협의분할의 소급효(민 1015조)에 의하여 피상속인의 사망시부터 원고의 단독소유로 되었는데 원고가 이를 알지 못한 탓으로(원고는 협의분할시까지는 공동상속인들의 공유로 잘못 알았던 경우이다) 전소에서 법정상속분만을 청구했다가 전소가 항소심에 계속 중 별소로 법정상속분을 제외한 나머지 부분(법정상속분을 제외한 상속재산의 협의분할로 원고에게 귀속된 부분)을 청구한 경우 소송의 경과로 보아 원고가 전소의 사실심 변론종결시까지 전소가 일부청구임을 명시했다고 본다.[1)][다만 사안과 같이 명시적 일부청구가 사실심에 계속 중에 있음에도 **청구취지의 확장**의 방법에 의하지 않고 별소를 제기한 경우 뒤에서 보는 바와 같이 **중복소송금지규정**이 **유추적용**되거나 **소권의 남용**에 해당된다].

이와 달리 **판례**는, 전소의 사실심 변론종결시까지 소유권이전을 소구할 수 있는 공유지분의 범위를 정확히 알 수 없어 전소에서 일부 공유지분에 관한 청구를 하지 못한 경우에는 이를 일부청구를 명시한 경우와 마찬가지로 취급할 수 없으므로 전소 확정판결의 기판력이 잔부청구에 미친다고 한다.[2)]

(7) 동일한 사실관계에 기하지 않는 이행청구의 소송물

같은 내용의 급여이지만 시간과 장소 따위를 표준으로 하든지, 거래관념을 표준으로 했을 때 여러 개의 사실관계로 보여지는 경우 별도의 소송물로 본다. 예컨대 채권자가 동일한 목적을 달성하기 위하여 복수의 채권을 가지고 이를 행사하는 때에는 각 채권의 발생시기와 발생원인 등을 달리하는 별개의 채권인 이상 별개의 소송물에 해당한다.[3)] **어음(수표)채권**과 **원인채권**의 경우 구소송물이론에 의하면 양 채권은 실체법상 완전히 별개의 청구권이므로 소송물도 별개라고 본다.[4)] 신소송물이론의 일분지설은 이들 채권이 동일한 금전지급을 목적으로 하는 것이므로 동일한 소송물이라고 보나, 이분지설은 이들 채권이 청구원인을 구성하는 사실관계가 다를 뿐 아니라 어음채권의 무인성(無因性) 등 어음채권의 특수성을 고려하여 다른 소송물이라고 본다.[5)]

———————

　나머지를 유보하고 일부만을 청구한다는 취지를 명시하는 방법," 대법원판례해설 109호(2017년), 306쪽 이하.

1) 대판 1994. 1. 14. 93다43170.
2) 대판 1993. 6. 25. 92다33008.
3) 대판 2013. 2. 15. 2012다68217.
4) 한종렬, "소송물의 범위," 현대법학의 제문제(서돈각박사화갑기념, 1981. 1.), 395쪽 이하.
5) 지홍원, "소송물에 관한 소고," 사법논집 2집(1972. 2.), 144쪽 이하.

2. 확인의 소의 소송물

(1) 의   의

확인의 소에서 확인을 구하는 권리관계는 청구취지만으로 동일성이 특정된다.[1] 확인의 소에서만큼은 신소송물이론의 이분지설 가운데 일관설을 제외하고 신소송물이론('일분지설', 또는 '이분지설 가운데 예외설')이나 구소송물이론 모두 청구취지에 의하여 소송물이 특정된다는 점에서 차이가 없다. 예컨대 소유권확인의 소의 소송물은 소유권 자체의 존부이므로,[2] 소유권확인의 소에서 소유권취득원인, 즉 매매나 시효취득은 공격방법에 불과하다. **판례**는, 특정토지에 대한 소유권확인의 본안판결이 확정되면 그에 대한 권리 또는 법률관계가 그대로 확정되는 것이므로 그 사건의 변론종결 전에 그 확인원인이 되는 다른 사실이 있었다 하더라도 그 확정판결의 기판력은 거기까지도 미친다고 본다.[3]

(2) 청구취지의 법률적 성질과 소송물 관계

확인의 소의 경우 원고가 청구취지에서 밝힌 법률적 성질은 소송물의 본질적 요소가 아니므로, 법원은 이에 구속되지 않는다.[4]

3. 형성의 소의 소송물

(1) 의   의

형성의 소의 경우 소송물이 개개의 형성권인지, 청구취지에 표시된 법률관계의 형성을 구할 수 있는 법적 지위인지가 문제된다. 구소송물이론에서는 형성의

---

1) **판례**는, 해고무효확인의 소는 해고, 즉 근로계약관계를 종료시킨 사용자의 일방적인 의사표시라는 과거의 법률행위가 무효라는 점에 대하여 판결로써 공적 확인을 하여 달라는 것이므로, 그 확인심판의 대상(소송물)은 소장의 청구취지에 표시된 해고의 무효 여부 그 자체로 보아야 하며, 판결의 기판력에 의하여 확정되는 사항도 심판대상으로서 판결주문에 포함된 해고처분의 무효 여부에 관한 법률적 판단의 내용이라는 입장에서, 전소 확정판결 뒤 전소에서 주장한 해고일자와 다른 해고일자를 주장하면서 해고무효확인의 소를 제기하는 경우 동일한 소송물이 아니라 별개의 소송물로 보아야 한다고 한다. 대판 1993. 1. 15. 92다20149. 이에 대하여, 위 판결은 전소에서 소송물의 특정을 잘못한 원고를 보호하려는 데 그 의도가 있으나, 소송물의 범위를 종래의 구소송물이론보다 극도로 축소시킴으로써 분쟁의 1회적 해결이라는 소송목적에 반한다는 견해로는, 권순일, "해고무효확인소송의 소송물," 민사재판의 제문제 8권(1994. 10.), 634쪽 이하.
2) 대판 2011. 6. 30. 2011다24340.
3) 대판 1987. 3. 10. 84다카2132.
4) 이시윤, 271쪽; 정동윤·유병현·김경욱, 304쪽.

소의 소송물을 일정한 형성원인에 기한 법률관계변동(실체법상의 권리)의 주장으로
본다. 이에 반해 신소송물이론에서는 형성의 소의 소송물을 법률관계의 형성을
구할 법적 지위의 주장으로 보고, 개개의 형성권의 주장은 형성을 구할 수 있는
법적 지위의 존부를 가리는 공격방법 또는 법률적 관점 이상의 의미가 없는 것으
로 본다.

(2) 재심소송의 소송물

구소송물이론에 의하면 재심소송 중에 새로운 재심사유(법 451조 1항 각호)를
추가한 경우에는 재심사유 별로 별개의 소송물을 구성하므로 추가한 때를 기준으
로 재심기간이 지켜졌는지 여부[재심사유 가운데 재심기간의 정함이 있는 경우(법 456
조)]를 판단해야 한다. 신소송물이론의 이분지설도 각 재심사유 별로 각기 다른
사실관계를 주장하는 것으로 별개의 소송물을 구성하므로 구소송물이론과 같이
본다. 신소송물이론의 일분지설에 의하면 각 재심사유는 단순한 공격방법에 불과
한 것으로, 새로운 재심사유의 추가·변경은 공격방법의 추가·변경에 지나지 않
으므로 재심기간을 지켰는지 여부는 당초에 소를 제기한 때를 기준으로 한다.[1]

(3) 회사관계소송의 소송물

(a) 회사설립무효의 소의 소송물

회사관계소송 가운데 회사설립무효의 소(주식회사의 경우는 상 328조)는 제소권
자(주주·이사 또는 감사 등)와 제소기간(회사성립의 날부터 2년 내)의 정함이 있으므
로 형성의 소에 속한다. 회사설립무효의 소의 소송물은 회사의 설립무효를 구하
는 형성권이며 구체적인 무효사유는 공격방법에 불과하다. 따라서 회사설립무효
의 소에서 회사설립이 모집설립임을 전제로 창립총회 개최의 결여를 무효사유로
주장하다가, 발기설립의 실체로서의 흠도 무효사유로 주장하는 것은 별개의 소송
물의 변경 즉 청구의 변경(법 262조)이 아니라 (청구원인의 보충으로서) 공격방법의
변경에 불과하다.[2]

---

1) 이시윤, 974쪽.
2) 대판 1992. 2. 14. 91다31494.

■ 회사관계소송이라는 용어 사용의 통일성·명확성의 필요

　(1) 회사관계소송이라는 용어의 의미

　　회사관계소송의 용어는 법률상 용어가 아니다[다만 '민사소송 등 인지규칙' 15조 2항에서 '회사관계소송'이라는 용어를 사용하고 있다].[1] 회사관계소송은 통상 **넓은 의미**로는 회사가 소송당사자인지 여부를 불문하고 상법(회사법)상 법률문제가 쟁점인 소송을 말하기도 하나, **좁은 의미**로는 상법상 법률문제가 쟁점인 소송에서 회사가 단독으로 또는 공동으로 소송당사자가 되는 소송을 가리킨다.

　(2) 본서에서 회사관계소송의 용어 사용례

　　본서에서는 회사관계소송을 이러한 **좁은 의미의 회사관계소송** 가운데에서 ① **원고가 주로 주주·이사·감사** 등이며(물론 이에 국한하는 것은 아니며, 이해관계 있는 회사 외부의 제3자가 원고로 되는 경우도 있다), ② **피고가 회사인** 소송으로 상법상 **명문의 규정**을 두고 있는 경우로 제한하여 사용하기로 한다. 따라서 예컨대 주식회사의 이사회결의에 관한 무효확인의 소는 비록 회사를 피고로 하는 소송이기는 하나, 상법상 명문의 규정을 두고 있지 않으므로 회사관계소송으로 보지 않으며, **주주대표소송** 또는 **다중대표소송**은 상법상 명문의 규정을 두고 있고(상 403조 3항·4항, 406조의2 2항·3항, 542조의6 6항), 원고가 주주인 소송이기는 하나[회사 또는 자회사는 원고 측에 공동소송참가할 수 있다(상 404조 1항, 406조의2 3항)], 피고가 이사, 감사 또는 감사위원회 위원인 소송이므로(상 403조 1항·3항, 415조, 406조 1항·2항, 415조의2 7항) 회사관계소송으로 보지 않는다. 본서에서 사용하는 개념상 회사관계소송에서 **청구인용(원고승소)확정판결**은 **원칙적으로 제3자에게** 그 효력이 미친다(**편면적 대세효**). 다만 **예외적으로** 상법상 **이사해임의 소**(상 385조 2항, 542조의6 3항) 또는 **청산인해임의 소**(상법 539조 2항, 542조의6 3항)는 해당 이사 또는 청산인과 함께 **회사를 공동피고로** 하여 제기하는 소송이지만 청구인용(원고승소)확정판결은 제3자에게 그 효력이 미치지 않는다.

　(b) 주주총회결의의 흠을 다투는 소의 소송물

　1) 주주총회결의취소의 소(상 376조. 형성소송이다), 주주총회결의부존재·무효확인의 소(상 380조)[형성소송으로 보는 견해도 있으나 확인소송으로 봄이 상당하다. 판례도 같다]는 별개의 청구로서 별개의 소송물이다.[2]

---

[1] 판례 가운데 회사관계소송이라는 용어를 사용하고 있는 판결로는, 대판 2004. 9. 24. 2004다28047, 2010. 12. 23. 2010다58889.

[2] 대판 1978. 9. 26. 78다1219는, 결의취소의 소를 제기하였으나 결의부존재가 인정되는 경우 결의취소의 소가 부적법하다고 판시하여, 위 세 가지의 소가 별개의 것이라는 전제에 서 있음을 알 수 있다.

이에 대하여, 이들 세 가지 소가 모두 형성소송으로 하나의 소송물이라고 보는 견해가 있다.1) 이들 세 가지 소를 모두 동일한 소송물로 보는 신소송물이론에 따르면 취소사유·부존재사유·무효사유의 주장은 모두 공격방법으로 보게 된다.2) **판례** 가운데에는, 회사의 총회결의에 대한 부존재확인청구나 무효확인청구는 모두 법률상 유효한 결의의 효과가 현재 존재하지 않음을 확인받고자 하는 점에서 동일한 것이므로 법률상 부존재로 볼 수밖에 없는 총회결의에 대하여 원고가 그 결의의 무효확인을 청구하고 있다고 해도 이는 부존재확인의 의미로 무효확인을 청구하는 취지라고 풀이함이 타당하다는 내용의 대법원 전원합의체 판결이 있다.3) 위 판결은 결의부존재확인청구와 무효확인청구가 별개의 소송물임을 전제로 한 것이기는 하나 넓은 의미에서는 그 소송물이 실질적으로 동일한 것으로 이해할 여지가 있음을 보여주고 있다.4)

2) 한편 이들 소가 모두 형성소송이라고 보는 입장에서, **대판 2003. 7. 11. 2001다45584**가 결의취소소송과 결의부존재확인소송이 소송물을 공통으로 한다는 전제에서 내린 판결이라고 보는 견해가 있다.5) 그러나 위 판례는 **동일한 결의**에서 **동일한 흠**을 원인으로 하여 그 **결의부존재확인의 소**가 결의한 날부터 **2월 내**에 제기되었으면 그 후에(비록 2월이 지났더라도) 결의취소의 소로 청구를 변경해도 결의취소의 소의 제소기간(상 376조 1항)이 지켜졌다는 취지로서, 이들 소송이 **별개의 소송물인 점을 전제**로 부존재확인소송과 취소소송을(**청구의 추가적 변경**을 통하여) 선택적 또는 예비적으로 병합할 수 있다는 것이다[청구의 변경은 별개의 소송

---

1) 이시윤, 272쪽; 정동윤·유병현·김경욱, 311쪽.
2) 김교창, "주주총회결의 부존재확인판결의 효력," 판례연구(서울지방변호사회) 7집(1994. 1.), 269쪽 이하.
3) 대판(전) 1983. 3. 22. 82다카1810.
4) 이에 대하여, "3개 소송으로 보는 입장을 다소 완화하고 있다"(김병재, "주주총회결의부존재확인의 소," 회사법상의 제문제(상)(재판자료 37집, 1987. 12.), 569쪽 이하), "소송물을 공통으로 하는 관계라고 보았다"(이시윤, 263쪽), "상법 380조에 같이 규정되어 있고 그 효력도 동일한 것으로 보아도 무방하다"(정영환, 463쪽), "구실체법의 입장을 버리고 소송물의 개념을 좀 더 포괄적으로 구성하는 방향으로 선회한 것으로 본다"(정동윤, "소송물의 식별기준에 관하여," 민사재판의 제문제 8권(1994. 10.), 617쪽 이하)는 견해 등이 있다. 한편 이에 대하여, 결의부존재확인의 소가 1984년 상법상 명문으로 도입된 후에는 결의부존재확인청구와 결의무효확인청구가 동일하다고 인정한 판례가 없음을 들어, 결의부존재확인의 소도 상법상 규율을 받고 있는 이상 결의무효확인의 소의 소송물과 별개로 결의부존재확인의 소의 소송물을 구성하는 것이 가능할 뿐만 아니라 바람직하다는 견해로는, 강수미, "주주총회결의를 다투는 소송의 소송물에 관한 고찰," 민사소송 19권 2호(2015. 11.), 146쪽.
5) 이시윤, 272쪽.

물 사이의 변경이다.[1] **판례**는 **결의무효확인의 소**가 결의한 날부터 **2월 내**에 제기되었다면 그 후 결의취소의 소로 **청구를 변경**할 때에도 마찬가지로 보고 있다.[2]

3) 특정의 주주총회결의에 대하여 취소를 주장하면서 취소사유로 **절차상 흠**과 **내용상 흠**을 동시에 주장하는 때에도 소송물을 하나로 볼 것인지에 관해서는 논의가 있다.[3] 주주총회에서 여러 개의 안건이 상정되어 각각 결의가 행해진 때에는 각 안건에 대한 결의마다 별개의 소송물이 성립한다.[4]

(4) 이혼소송·혼인취소소송의 소송물

재판상 이혼의 소와 혼인취소의 소(이들은 모두 나류 가사소송이다)도 소송물을 동일하다고 볼 것인지 여부가 문제된다. 신소송물이론의 일분지설의 입장에서는 양소가 모두 실질적으로 장래를 향하여 혼인관계의 해소를 구하는 소송으로 하나의 소송물로 보게 되나,[5] 이분지설의 입장에서는 전자는 혼인관계의 후발적인 해소사유에 의한 것이며, 후자는 혼인관계의 원시적인 해소사유에 의한 것으로 별개의 소송물로 본다.[6] 구소송물이론은 이들 소에 대하여 가사소송법 2조 1항 1호 나목상 별개의 소로 규정하고 있으므로 당연히 별개의 소송물로 본다.[7]

---

1) 만약 '흠의 동일성'을 요구하지 않는다면 이는 취소소송의 제소기간 경과 후 취소사유(흠)를 새로 주장하는 것으로 허용되지 않는다[취소소송의 원인이 되는 결의성립과정의 흠은 비교적 경미하고 시간의 경과에 따라 그 증명이 곤란하게 되므로 가능한 한 빨리 결의의 효력을 명확히 하기 위하여 2월의 제한을 두고 있다]. 장상균, "주주총회결의 취소소송의 요건 및 법원의 재량기각," 대법원판례해설 47호(2003년 하반기), 389쪽 이하.
2) 대판 2007. 9. 6. 2007다40000. 행정소송에 관해서는 박해식, "무효확인의 소에 취소청구를 추가적으로 병합한 경우 병합된 소의 제소기간 준수의 기준시," 특별법연구 8권(2006. 9.), 333쪽 이하; 안철상, "행정소송에서의 소의 변경과 새로운 소의 제소기간," 행정판례연구 11집(2006. 6.), 271쪽 이하.
3) 김상근, "주주총회하자소송에 관한 실무적 고찰," 민사재판의 제문제 12권(2003. 12.), 285쪽. 이에 대하여, 주주총회결의취소의 소의 소송물이 결의마다 하나이고 개개의 흠은 공격방법에 불과하다고 보는 견해로는, 장상균, "주주총회결의 취소소송의 요건 및 법원의 재량기각," 대법원판례해설 47호(2003년 하반기), 375쪽 이하.
4) 따라서 제소기간의 준수 여부도 각 안건에 대한 결의마다 별도로 판단되어야 한다. 대판 2010. 3. 11. 2007다51505.
5) 이시윤, 272쪽.
6) 정동윤·유병현·김경욱, 309쪽.
7) 혼인이 일단 성립하면 그것이 위법한 중혼(重婚)이라 하더라도 당연히 무효가 되는 것은 아니고, 법원의 판결에 의하여 취소될 때에 비로소 그 효력이 소멸될 뿐이다. 따라서 아직 그 혼인취소의 확정판결이 없는 한 법률상 부부이므로, 재판상 이혼의 청구도 가능하다. 대판 1991. 12. 10. 91므344.

제 4 절   소 의 제 기

Ⅰ. 소제기의 방식

1. 소장제출주의

(1) 소장의 제출 및 접수

1) 소를 제기하려는 사람은 법원에 소장을 제출해야 한다[2023. 4. 18. 개정, 2023. 10. 19. 시행 법 248조 1항]. 다만 소액사건은 말로써 소를 제기할 수 있다(소심 4조). 법원은 소장에 붙이거나 납부한 인지액이 '민사소송 등 인지법' 13조 2항 각 호에서 정한 금액(**최소인지금액**)에 미달하는 경우1) (접수담당) 법원사무관 등은 **소 장의 접수를 보류**할 수 있다[소장접수보류제도, 개정 법 248조 2항, **2023. 4. 18. 개정,** 2023. 10. 19. 시행 민인 13조 2항].2) 법원사무관 등이 앞서와 같이 소장접수를 보류 한 경우 소장을 제출한 사람에게 지체 없이 접수보류 취지 등의 **통지**를 한다[2023. 8. 31. 개정, 2023. 10. 19. 시행 민인규 4조의3 1항]. 소장을 제출한 사람이 소장접수보 류 통지일(또는 민사소송 등 인지규칙 4조의3 3항에 따라 통지가 도달한 것으로 보는 날) 부터 14일 이내에 **최소인지금액 이상의 인지액을 납부한 때**에는 법원사무관 등은 지체 없이 **소장을 접수**하고, 그 기간 내에 소장 등 관계서류의 반환을 신청한 때 에는 법원사무관 등은 원칙적으로 이를 **반환**하며, 그 기간 내에서 어떠한 행위도 하지 않은 때에는 법원사무관 등은 지체 없이 해당 소장 등 관계서류를 **폐기**한다 (개정 민인규 4조의3 4항ㆍ5항).

2) 법원에 제출한 **소장이 접수**되면 **소장이 제출된 때**에 **소가 제기된 것**으로 본다(개정 법 248조 3항). **전자소송**의 경우 전산정보처리시스템을 이용하여 제출된 소장이 앞서 본 민사소송 등 인지법 13조 2항에 따른 접수보류사유가 없으면 법 원사무관 등은 그에 대하여 전자적으로 **접수확인**을 해야 하는데(**접수보류사유확인 제도**), 접수확인을 받은 소장은 전산정보처리시스템을 이용하여 제출된 때에 접수

---

1) **최소인지금액**은 소송목적의 값이 3천만원 이하인 경우 1천원, 3천만원 초과 5억원 이하인 경우 1만원, 5억원 초과인 경우 5만원이다(개정 민인 13조 2항).
2) **소장접수보류제도**는 민사소송법 81조에 따른 **참가신청서**의 제출(피신청인이 승계사실을 다투는 경우), **재심소장**의 제출 및 **준재심소장**의 제출에도 마찬가지로 적용된다(개정 민인 13조 2항, 개정 민인규 4조의3).

된 것으로 본다(**2023. 4. 18. 개정, 2023. 10. 19. 시행** 민전 9조 2항·3항).

(2) 인지의 첩부

1) **소장**에 **인지**를 붙여야 한다(민인 2조 1항). 인지는 수익자 부담의 원칙에 따라 법원이 행하는 업무에 대한 반대급부로서의 성질(**사법수수료의 성질**)을 가지고 있다.[1] 인지제도는 불필요하고 성공가능성이 없는 소송을 방지하고, 남소에 따른 법원의 과중한 업무 부담에서 오는 법원업무의 양질성과 효율성 저하를 방지하기 위한 것이다.[2] 원칙적으로 소장 등에 붙이거나 보정해야 할 인지액(이미 납부한 인지액이 있는 때에는 그 합산액)이 **1만원 이상**인 때에는 인지를 붙이는 것(또는 인지를 보정하는 것)을 갈음하여 인지액 상당의 금액 전액을 **현금**으로 **납부해야 한다**(인지액이 1만원 미만인 때에는 선택에 따라 인지를 붙이거나 현금으로도 **납부할 수 있다**.[3] 민인 1조, 민인규 27조 1항·2항). 대법원규칙이 정하는 바에 따라 인지를 붙이는 대신 그 인지액에 해당하는 금액을 현금이나 **신용카드·직불카드** 등으로 납부할 수 있다(민인 1조 단서, 민인규 28조의2 1항).[4] 한편 **전자소송**에서는 인지액 등을 신용카드, 계좌이체 등의 결제방식에 따라 **전자적으로** 납부할 수 있다(다만 독촉절차에서는 전자적으로 납부해야 한다. 민전 15조, 민전규 41조 1항).

2) **항소장**에는 항소로써 불복하는 범위 내에서 소장에 붙일 인지액의 **1.5배**, 상고장에는 상고로써 불복하는 범위 내에서 소장에 붙일 인지액의 **2배**를 붙여야 한다(민인 3조).

▣ **인지액의 계산**

(1) **일반적 경우**

소송목적의 값을 기준으로 인지액을 계산한다. 이에 관해서는 '민사소송 등 인지법' 및 '민사소송 등 인지규칙'에서 상세히 규정하고 있다.[5] 소장에 붙일 인지액

---

1) 대결 2011. 1. 27. 2010마1491.
2) 헌재 1996. 10. 4. 95헌가1,4 결정, 2006. 5. 25. 2004헌바22 결정.
3) 이러한 현금 납부의 규정은 민사소송 등 인지법상 신청서에 500원의 인지액을 붙여야 할 경우(민인 10조)와 재판서 또는 조서의 등본 또는 초본 발급을 청구하는 경우(민인 12조)에는 적용하지 않는다(민인규 27조 3항).
4) 시·군법원에 제출하는 소장 등에는 인지를 첩부하거나 인지액 상당의 금액을 현금 또는 신용카드 등으로 납부할 수 있다. 다만 제소전 화해, 지급명령, 조정신청 등 사건이 소로 이행하는 경우(애당초 소를 제기하는 경우에 소장에 붙여야 할 인지액이 10만원을 초과하는 경우에 한하여) 보정해야 인지액은 현금 또는 신용카드 등으로 납부해야 한다(민인규 27조 4항).
5) 계산한 인지액이 1천원 미만이면 그 인지액은 1천원으로 하고, 1천원 이상이면 100원 미만

의 액수는, ① 소송목적의 값이 1,000만원 미만인 경우에는 소송목적의 값 × 10,000
분의 50, ② 1,000만원 이상 1억원 미만인 경우에는 소송목적의 값 × 10,000분의 45
+5,000원, ③ 1억원 이상 10억원 미만인 경우에는 소송목적의 값 × 10,000분의 40
+55,000원, ④ 10억원 이상인 경우에는 소송목적의 값 × 10,000분의 35 + 555,000
원이다(민인 2조 1항).1)

　(2) 소송목적의 값을 계산할 수 없는 소송의 경우

　재산권에 관한 소로서 소송목적의 값을 계산할 수 없거나 비재산권을 목적으로
하는 소에서 인지액 산출을 위한 기준으로서의 소송목적의 값은 원칙적으로 5,000
만원이나, 주주대표소송이나 회사관계소송 등에서는 1억원이므로 이를 기준으로 앞
서의 (1)에 따라 인지액을 산출한다(민인 2조 4항, 민인규 18조의2).2)

　(3) 증권관련집단소송의 경우

　증권관련집단소송의 경우에는 인지액을 소송목적의 값에 따라 산출된 금액의
1/2로 하되 인지액의 **상한**은 5천만원으로 제한하고 있다(증집 7조 2항).

　(4) 전자소송의 경우

　'민사소송 등에서의 전자문서 이용 등에 관한 법률' 8조에 따라 등록사용자로서
전산정보처리시스템을 이용한 민사소송 등의 진행에 동의한 사람이 전자문서로 제
출하는 소장에는 민사소송 등 인지법 2조에 따른 인지액의 **9/10**에 해당하는 인지를
붙여야 한다(민인 16조 1항).3)

2. 소제기가 간주되는 경우

　소장제출에 의한 소제기는 아니지만, 소제기가 간주되는 경우도 있다. 예컨
대 ① 독촉절차에 의한 **지급명령**에 대하여 채무자의 **이의신청**이 있는 때, ② 제
소전 화해의 불성립에 따른 소제기신청이 있는 때, ③ 조정을 신청했으나 **조정을
하지 아니하는 결정**이 있거나, **조정불성립**으로 사건이 종결되거나, **조정을 갈음하
는 결정**에 **이의신청**을 한 때에는 소송절차로 이행된다. 이 경우 지급명령신청시
(법 472조 2항), 제소전 화해신청시(법 388조 2항), 조정신청시(민조 36조 1항) 소가

　은 계산하지 않는다(민인 2조 2항).

1) 인지액의 산정을 소송목적의 값과 연동시키고 있으나, 소송목적의 값과 사건의 난이도는
　반드시 비례하지 않으므로 문제가 있다는 지적이 있다. 전병서, "소송비용의 부담에 관한 약
　간의 검토," 민사소송 13권 2호(2009. 11.), 176쪽.

2) 이 경우 패소한 당사자가 항소·상고를 하는 때에도 그 상소심의 소송목적의 값은 여전히
　5,000만원 또는 1억원으로 본다. 대결 2009. 6. 25. 2008마1930.

3) 전자소송은 종이소송에 비하여 국가경제적으로 많은 비용을 절감시키는 효과가 있고, 법원
　의 역무제공도 감소시키므로 재판수수료의 성격을 갖는 인지액의 액수를 실질적으로 형평에
　부합하도록 하향조정한 것이다.

제기된 것으로 간주한다.

Ⅱ. 소장의 기재사항

1. 필수적 기재사항

(1) 소장의 필수적 기재사항

소장에는 **당사자**와 **법정대리인**(법인 등의 경우는 대표자), **청구취지**와 **청구원인**을 적어야 한다(법 249조 1항, 64조). 소송대리인은 필수적 기재사항이 아니나, 실무상 소송서류의 송달을 위하여 편의상 기재한다. 소장의 맨 끝에는 당사자 또는 대리인이 기명날인 또는 서명을 해야 한다(법 249조 2항, 274조 1항).

(2) 청구취지의 특정

(a) 직권조사사항과 보정명령

1) 청구취지가 일응 알아볼 수 있도록 적혀 있다고 하더라도 청구취지는 그 **내용** 및 **범위를 명확히 알아볼 수**(파악할 수) 있도록 **구체적**으로 **특정**되어야 한다. 청구취지의 불특정은 본안판결을 불가능하게 하는 사유이므로 청구취지의 특정 여부는 **직권조사사항**이다.[1] 청구취지의 내용 및 범위가 일응 **특정되지 않은 경우** 법원은 피고의 이의 여부에 불구하고 직권으로 **보정명령**을 하고, 이에 응하지 않을 때에는 **판결로 소를 각하**해야 한다.[2] 형식적으로 청구취지 보정의 기회가 주어지지 않았더라도 실질적으로 이러한 기회가 주어졌다고 볼 수 있을 만한 **특별한 사정**이 있는 때에는 보정명령 없이 소를 각하할 수 있다.[3]

2) 당사자가 부주의 또는 오해로 인하여 청구취지가 특정되지 않은 것을 명백히 간과하고 본안에 관하여 공방(攻防)을 하고 있는데도 **보정의 기회를 부여하지 않은 채** 당사자가 전혀 예상하지 못했던 청구취지의 불특정을 이유로 소를 각하하는 것은 **법적관점지적의무**(법 136조 4항)를 위반한 것으로 위법하다.[4]

---

1) 대판 2011. 9. 8. 2011다17090, 2014. 3. 13. 2011다111459, 2014. 5. 16. 2013다101104 등.
2) 대판 2009. 11. 12. 2007다53785, 2011. 9. 8. 2011다17090, 2014. 5. 16. 2013다101104 등.
3) 대판 2011. 9. 8. 2011다17090(원고가 소송절차에서 청구취지의 특정 여부를 다투는 내용의 준비서면을 여러 차례 제출함으로써 청구취지가 구체적으로 특정되었다고 다툰 점 등에 비추어 원고에게 실질적으로 청구취지 보정의 기회가 주어졌다고 보아야 하므로, 법원이 보정명령 없이 청구취지의 불특정을 이유로 소를 각하한 것은 위법하다 할 수 없다고 한 사례이다).
4) 대판 2002. 1. 25. 2001다11055, 2014. 3. 13. 2011다111459, 2024. 1. 4. 2023다282040.

(b) 특정의 정도

청구취지의 **특정의 정도**에 관하여, ① **이행의 소**는 소송의 목적이 급부에 있으므로 원고의 청구취지는 (확정판결의) 집행시 의문이 없을 정도로 명확하게 특정해야 한다. ② **확인의 소**는 소송의 목적이 법률관계의 존부에 있으므로 원고의 청구취지는 법률관계의 동일성을 인식할 수 있을 정도의 특정으로 족하다.[1) 채무의 일부부존재확인의 소에서 원고가 상한(上限)을 표시하지 않고 일정액을 초과하는 채무의 부존재확인을 청구한다는 취지의 기재도 허용된다.[2) ③ **형성의 소**는 소송의 목적이 법률관계의 형성에 있으므로 원고의 청구취지는 형성판결을 구하는 취지를 명시해야 한다. 다만 **형식적 형성의 소**에서는 청구취지를 반드시 명확히 기재할 필요가 없다. 예컨대 형식적 형성의 소인 공유물분할의 소에서는 당사자는 청구취지에 분할의 방법이나 내용을 구체적으로 특정하여 기재할 필요 없이 **단순히** 공유물분할을 구하는 취지의 기재만으로 충분하다.[3)

(3) 청구취지의 확정

청구취지는 **확정적**인 요구이어야 한다. 수액(數額)을 확정하지 않은 금전지급청구는 허용되지 않는다.[4) 청구취지에서 **소송 외**의 조건을 붙이는 것도 허용되지 않는다. 다만 **소송 내**의 조건(이 경우 소송 내에서 조건의 성취 여부가 정해진다)을 붙이는 것은 허용된다. 예컨대 예비적 신청(예비적 청구, 예비적 반소, 예비적 공동소송)은 허용된다.

▣ **청구취지의 구체적 기재례**

  (1) 이행의 소
    ① 피고는 원고에게 100,000,000원 및 이에 대한 소장부본 송달일 다음 날부터

---

1) 대판 1960. 6. 9. 4292민상446.
2) 대판 1983. 6. 14. 83다카37, 1994. 1. 25. 93다9422.
3) 비록 청구취지에 분할의 방법이나 내용에 관한 구체적인 사항을 정하여 기재하고 있다고 하더라도 그것은 법원에 대한 **당사자의 제안** 정도의 의미가 있을 뿐이어서 법원은 그에 구속되지 않는다. 대판 1969. 12. 29. 68다2425, 1991. 11. 12. 91다27228, 대판(전) 2013. 11. 21. 2011두1917.
4) 독일에서의 학설·판례는 예컨대 위자료청구권, 위약금감액청구권 등과 같이 청구권의 수액이 법원의 재량에 의하여 정해지는 경우 등에서 청구취지에 확정적인 청구액을 표시할 필요 없이 **개괄적 청구액**(최소액 또는 기준액)을 표시할 수 있는 '수액을 확정하지 않는 소'를 허용하고 있다. 손한기, "수액을 확정하기 어려운 소송의 문제점," 21세기민사소송법의 전망(하촌정동윤선생화갑기념, 1999. 6.), 195쪽 이하.

다 갚는 날까지 **연 12%**의 비율에 의한 돈을 지급하라(금전지급청구). ② 피고는 원고에게 별지 목록 기재 부동산에 관하여 2023. 5. 8. 매매를 원인으로 한 소유권이전등기절차를 이행하라(소유권이전등기청구). ③ 피고는 원고로부터 100,000,000원을 지급받음과 동시에(또는 상환으로) 원고에게 별지 목록 기재 부동산을 인도하라(동시이행청구).

(2) 확인의 소

① 별지 목록 기재 부동산이 원고의 소유임을 확인한다(소유권확인). ② 원고의 피고에 대한 2023. 5. 8.자 금전소비대차계약에 기한 채무는 (10,000,000원을 초과해서는) 존재하지 아니함을 확인한다(채무부존재확인). ③ 원고를 매도인, 피고를 매수인으로 하여 2023. 5. 8.자로 작성된 별지 사본과 같은 매매계약서는 진정하게 성립된 것이 아님을 확인한다(증서진정여부확인).

(3) 형성의 소

① 별지 목록 기재 토지를, 별지 도면 표시 ㄱ. ㄴ. ㄷ. ㄹ. ㄱ. 의 각 점을 차례로 연결한 선내 ㉮부분 100㎡는 원고의 소유로, 같은 도면 표시 ㄴ. ㅁ. ㅂ. ㄷ. ㄴ. 의 각 점을 차례로 연결한 선내 ㉯부분 60㎡는 피고의 소유로 분할한다(공유물분할). ② 재심대상판결을 취소한다. 원고(재심피고)의 청구를 기각한다(재심청구). ③ 피고의 주주총회가 2020. 5. 8.에 한 별지 목록 기재 결의를 취소한다(주주총회결의취소). ④ 원고와 피고는 이혼한다(재판상 이혼). ⑤ 피고의 원고에 대한 서울중앙지방법원 2023. 5. 8. 선고 2022가합22385 판결에 기한 강제집행을 불허한다(청구이의).

(4) 청구원인의 기재정도

1) 청구원인에는 넓은 의미의 청구원인과 좁은 의미의 청구원인이 있다. **넓은 의미의 청구원인**은 소송물인 권리관계의 발생원인에 해당하는 사실관계로서 원고 측이 주장·증명할 사실관계이며, 원고가 자신의 청구를 이유 있게 하기 위해 필요한 사실관계를 말한다. 이에 대하여, **좁은 의미의 청구원인**은 소송물을 특정함에 필요한 사실관계를 말하며, 뒤에서 보는 바와 같이 신·구소송물이론에 따라 다르게 본다.

2) 청구원인의 기재에 관하여, 좁은 의미의 청구원인의 기재만으로 족하다는 **식별설**과 넓은 의미의 청구원인을 기재해야 한다는 **이유기재설**의 대립이 있다. **식별설**도, 구소송물이론에 기초하여 청구원인이란 소송물인 권리 또는 법률관계의 요건사실이므로 그러한 구체적인 법률관계의 발생에 해당하는 (구체적) 사실을 기재할 것이 필요하다는 견해(**구식별설**), 신소송물이론(일분지설)의 입장에서 청구원인은 청구취지에서 주장하는 법률효과를 도출함에 필요한 사실관계이므로

이러한 사실관계를 다른 청구와 구별할 수 있을 정도로 기재하면 된다는 견해(**신식별설**)가 있다.[1] 청구원인의 주장의 시기에 관하여 동시제출주의를 채택하지 않고 적시(適時)제출주의를 채택하고 있는 **현행법**상 **식별설**이 타당하다.[2] 그러나 **민사소송규칙**은 **이유기재설**에 입각하여 소장의 청구원인으로서, ① 청구를 뒷받침하는 구체적 사실, ② 피고가 주장할 것이 명백한 방어방법에 대한 구체적인 진술, ③ 증명이 필요한 사실에 대한 증거방법 등을 적도록 요구하고 있다(규칙 62조). 이 경우 법률적 용어, 법조문 기재가 반드시 필요한 것은 아니다.

2. 임의적 기재사항

소장에는 준비서면에 기재할 사항을 미리 기재할 수 있다(법 249조 2항). 이러한 임의적 기재사항은 원칙적으로 재판장 등의 소장심사의 대상이 아니다.

제 5 절 재판장 등의 소장심사와 소제기 후의 조치

Ⅰ. 재판장 등의 소장심사

1. 의 의

재판장 등의 소장심사는 **재판장**(합의사건에서는 재판장, 단독사건에서는 단독판사) 또는 **법원사무관 등**이 소장의 적식(適式)을 심사하는 것을 말한다. 재판장 등의 소장심사는 수소법원의 소송요건에 관한 존부심사보다 선행한다(**소장심사의 선순위성**).

2. 심사의 대상

재판장 등의 소장심사의 대상은 원칙적으로 ① 소장의 필수적 기재사항, ② 인지의 붙임(첩부), ③ 소장부본의 송달 가능 여부 등이다(법 254조 1항, 255조 2항). **재판장**은 소장을 심사하면서 필요하다고 인정하는 때에는 청구원인사실에 대응하는 구체적인 증거방법의 기재 및 소장에 인용된 서증의 등본·사본의 제출을 명

---

1) 호문혁, 108쪽.
2) 이시윤, 282쪽; 호문혁, 108쪽; 정영환, 477쪽; 범경철·곽승구, 228쪽.

할 수 있다(법 254조 4항).

재판장 등의 소장심사권에 의한 소장심사의 대상이 되는 것은 소장의 필수적 기재사항, 즉 청구취지 및 청구원인 등이 빠짐없이 (알아볼 수 있도록) 기재되어 있는지 여부이다. 만약 청구취지 및 청구원인 등이 알아볼 수 있도록 기재되어 있으나 **특정되지 않은 경우**에는 법원은 그 보정을 명하되, 원고가 보정에 응하지 않으면 판결로써 **소를 각하**해야 함은 앞서 본 바와 같다. 한편 소장에 **일응** 청구의 **특정이 가능한 정도**로 청구취지 및 청구원인이 기재되어 있다면 비록 그것이 **불명확**하여 파악하기 어렵다 하더라도 그 후는 **석명권 행사**의 문제로서 석명권 행사에 의해서도 원고의 청구가 명확하게 되지 않는 때에는 판결로 원고의 **청구를 기각**할 수 있을 뿐이다.[1]

3. 보정명령 등

(1) 재판장 등의 권한으로서 보정명령

재판장은 소장에 흠이 있는 경우 일정 기간 내에 흠을 보정할 것을 명할 수 있다. 재판장은 **법원사무관 등**으로 하여금 위 보정명령을 하게 할 수 있다(법 254조 1항). 이러한 **보정기간**은 재정기간(裁定期間)으로, 법정기간 가운데 기간을 늘이거나 줄일 수 없는 불변기간(법 172조 1항 단서)이 아니다. 따라서 원고는 보정기간 내에 보정이 어려우면 그 연장신청을 할 수 있으나 이에 대한 허부는 재판장 등의 재량에 속한다.[2] 재판장 등의 보정명령에는 시기적인 제한이 없으므로, 소송계속이 되어 변론이 개시된 뒤라도 소장에 흠이 발견되면 그 보정을 명할 수 있다.[3]

■ 소송실무상 접수사무관 등 및 참여사무관 등에 의한 소장의 흠의 심사

(1) 접수시 보정권고

소송실무상 접수담당 법원사무관 등(**접수사무관** 등)이 소장 접수시 소송목적의 값의 산정과 인지액의 적정 여부, 송달료, 관할 및 필수적 기재사항과 연락처 등의 기재, 기본적 서증 및 그 사본의 첨부 여부, 민사소송 등 인지규칙 4조의2의 **소장접수보류사유**의 존부에 유의하여 소장을 심사하고, 흠결사항이 있는 때에는 제출자에게 **보정을 권고**한다. 접수사무관 등이 소장의 접수를 보류할 때에는 민사소송 등

---

1) 대결 2004. 11. 24. 2004무54; 정한익, "석명권 행사에 불응한 경우에 있어서 소장각하의 적법 여부," 대법원판례해설 52호(2004년 하반기), 376쪽 이하.
2) 대결 1969. 12. 19. 69마500.
3) 대판 1969. 12. 26. 67다1744,1746.

인지규칙 4조의3에 따라 업무를 처리한다.[1)

  (2) 배당 뒤 보정명령 또는 보정권고

    각급 법원 재판부에 참여하는 법원사무관 등(**참여사무관** 등)은 사건이 배당되는
즉시 접수사무관 등이 심사한 사항을 **재점검**하고, ① 당사자표시의 적정 여부, ②
필수 첨부서류(법인등기사항증명서, 소송위임장 등 각종 자격증명서류)의 첨부 여
부, ③ 소송목적의 값의 산정과 인지액의 적정 여부, ④ 사물관할, 토지관할, 전속관
할의 유무, ⑤ 청구취지 중 누락부분(지연손해금 기산일 또는 별지 등) 유무, ⑥ 청
구취지와 청구원인의 부합, ⑦ 기본적 서증의 첨부 여부, ⑧ 소장에 기재된 당사자
표시와 전산시스템에 입력된 내용의 일치 여부, ⑨ 사건유형별 요건사실 등 그 밖
에 협의된 사항 등을 **중심으로** 소장을 심사하여, 소장에 흠결사항이 있는 때에는
참여사무관 등 또는 재판장의 명의로 **보정명령**을 발한다. 다만 소장각하명령의 대
상이 되지 않는 사항(예컨대 기본서증의 첨부 누락 등)에 대해서는 참여사무관 등
명의로 **보정권고**를 할 수 있다.[2)

(2) 보정명령의 대상

  1) 재판장 등이 소장심사와 관련하여 보정명령을 발해야 할 때는, ① 소장에
형식적 흠이 있는 경우로서 소장에 **필수적 기재사항**이 **누락**되어 있거나 **법정의
인지가 붙어 있지 않은 경우**(법 254조 1항),[3) ② **소장부본을 송달할 수 없는 경우**
(법 255조 2항)[여기에는 **피고, 또는 피고의 법정대리인의 주소**가 소장에 기재되어 있으나
불분명한 경우, 송달료의 납부가 없는 경우 등이 있다], ③ 소장에 인용한 서증의 등본
또는 사본을 붙이지 않은 경우 등이다. 다만 위 세 가지 가운데 ③**의 경우**는 실
질적 사항에 대한 보정명령이므로 ①·②의 경우와 달리, 그 명령에 따르지 않았
다고 하더라도 소장을 각하할 수 없는 점을 주의할 필요가 있다.

  2) 소장에 **대표자**의 표시가 되어 있는 이상 비록 그 표시에 잘못이 있다고
하더라도 이를 정정표시하라는 보정명령을 하고 그에 대한 불응을 이유로 뒤에서
보는 바와 같은 소장각하명령을 하는 것은 허용되지 않는다. 이러한 경우에는 오

---

  1) 재판예규 제1857호 '사건관리방식에 관한 예규'(재일 2001-2, **2023. 9. 14. 개정, 2023. 10.
19. 시행**) 3.

  2) 재판예규 제1857호 '사건관리방식에 관한 예규'(재일 2001-2, 2023. 9. 14. 개정, 2023. 10.
19. 시행) 4-2. **전자소송**에서의 소장 등 접수에 관한 접수사무관 등 및 참여사무관 등의 심사
내용 등에 관해서는, 재판예규 제1848호 '민사소송 등에서의 전자문서 이용 등에 관한 업무처
리지침'(재일 2012-1, **2023. 2. 24. 개정, 2023. 3. 1. 시행**) 17조·18조.

  3) **인지보정명령**에 관하여 민사소송법 254조 1항과 별도로 민사소송 등 인지규칙 4조에서 규
정을 두고 있다.

로지 판결로써 소를 각하할 수 있을 뿐이다.1)

(3) 보정명령의 방법과 보정명령에 대한 불복방법

1) 재판장 등이 보정명령을 발할 때에는 **보정할 내용**을 특정하여 **명시**해야 한다. 예컨대 소장에 법정의 인지가 붙어 있지 않은 경우 재판장 등은 **인지액**을 **명시**하여 보정을 명해야 한다. 인지액이 명시되지 않은 보정명령을 내린 경우 인지액을 보정하지 않았더라도 재판장은 소장각하명령을 할 수 없다.2)

2) 재판장 등의 보정명령에 대해서는 이의신청이나 항고 등으로 독립하여 불복할 수 없다.3) 왜냐하면 보정명령은 법 439조에서 **통상항고**의 대상으로 정하고 있는 '소송절차에 관한 신청을 기각하는 결정이나 명령'에 해당하지 않고, 또 이에 대하여 불복할 수 있는 특별규정도 없기 때문이다. 뿐만 아니라, 인지보정명령에 따른 인지를 보정하지 않아 재판장에 의하여 소장이나 상소장이 각하되면 이 **각하명령**에 대하여 **즉시항고**로 다툴 수 있으므로, 인지보정명령은 소장 또는 상소장의 각하명령과 함께 상소심의 심판을 받는 **중간적 재판**의 성질을 가지는 것으로서 법 449조 1항에서 **특별항고**의 대상으로 정하고 있는 '불복할 수 없는 결정이나 명령'에도 해당되지 않는다(참고로 통상항고나 특별항고 모두 **종국적 재판**을 그 대상으로 한다).4) 따라서 재판장 등의 인지보정명령에 대하여 이의신청 등 불복이 있더라도 이는 소송법상의 권리에 근거한 신청으로 볼 수 없고 법원의 직권에 의한 시정을 촉구하는 것에 불과하므로, 소장각하명령에서 이에 대한 판단을 명시할 필요도 없다.5)

(4) 보정과 적법한 소장제출 취급시기

인지가 붙어 있지 않거나 부족하여 이를 보정한 때에는6) **소장제출시**로 소급하

---

1) 대결 2013. 9. 9. 2013마1273.
2) 항소장에 법정의 인지가 붙어 있지 않은 경우에 관해서는, 대결 2021. 3. 17. 2020마7948.
3) 대결 1995. 6. 30. 94다39086,39093.
4) 대결 2009. 3. 27. 2009그35, 2012. 3. 27. 2012그46, 2015. 3. 3. 2014그352.
5) 대판 1993. 8. 19. 93재수13.
6) 인지보정명령에 따라 인지 상당액의 현금을 납부하는 경우 **인지보정**의 **효력발생시기**는 송달료규칙 3조에서 정한 **송달료 수납은행**에 **현금을 납부한 때**이다. 따라서 그 납부서를 법원에 제출하지 않았다고 하여 그 보정의 효력을 부정할 수 없다. 대결 2000. 5. 22. 2000마2434, 2008. 8. 28. 2008마1073, 2018. 11. 16. 2018마5882 등. 인지보정명령에 따라 **인지 상당액의 현금**을 인지로 납부하지 않고 **송달료로 납부한 경우** 인지보정의 효과는 발생하지 않으나, 소장을 심사하는 재판장 등으로서는 원고에게 인지를 보정하는 취지로 송달료를 납부한 것인지 석명을 구하고 다시 인지를 보정할 기회를 부여해야 한다. 대결 2014. 4. 30. 2014마76. **상소장 인지보정명령**의 경우에도 마찬가지이다. 대결 2021. 3. 11. 2020마7755.

여 적법한 소장제출로 취급한다. 피고나 피고의 법정대리인의 **주소** 따위를 보정한 때에도 부족 인지를 보정한 때와 같이 취급한다.[1] 이와 달리 **청구취지** 및 **청구원인**의 기재가 없거나 그 내용을 알 수 없어 이를 보정을 한 때에는 **보정시** 적법한 소장제출로 취급한다.[2] 이에 대하여, 청구의 내용을 보정한 때에도 역시 소장제출시로 소급시키는 것이 타당하다는 견해도 있다.[3]

4. 소장각하명령

(1) 재판장의 권한으로서 소장각하명령

소장상 형식적 흠 또는 소장부본을 송달할 수 없음에도 보정명령상 **보정기간** 내에 보정하지 않은 때에는 재판장은 **명령**으로 **소장**을 각하해야 한다(법 254조 2항, 255조 2항)[소장원본을 각하한다].[4]

(2) 소장각하명령의 가능시기

재판장이 언제까지 그 권한으로 소장각하명령을 할 수 있는지에 관하여, ① 소송계속시(소장부본이 피고에게 송달된 때)까지라는 견해(**소송계속시설**),[5] ② 변론개시시까지라는 견해(**변론개시시설**)[6]가 있다. 변론개시시설에 의하면 재판장의 소장각하명령은 합의부원 및 당사자 모두가 관여하여야 하는 변론을 열기에 앞서 소장의 명백한 흠을 간단한 방법으로 처리하여 소송경제를 도모하기 위한 것이라고 한다.[7] 그러나 피고에게 소장부본을 송달한 후에는 소송계속이 이루어져 대립당

---

1) 김상연, 주석서(4), 223쪽.

2) 이시윤, 286쪽; 김홍규·강태원, 127쪽; 정동윤·유병현·김경욱, 99쪽; 강현중, 352쪽; 김상연, 주석서(4), 223쪽.

3) 송상현·박익환, 253쪽; 호문혁, 111쪽.

4) 인지보정명령에 따른 보정기간 중에 **소송구조신청이 있는 경우** 원칙적으로 그에 대한 기각결정이 확정될 때까지는 인지첩부의무의 발생이 저지되므로, 재판장은 소장에 인지가 첩부되어 있지 않음을 들어 소장을 각하할 수 없다. 다만 소송구조신청이 있었다고 하여 종전에 이루어진 인지보정명령의 효력이 상실되는 것은 아니므로, 종전의 인지보정명령에 따른 보정기간 중에 제기된 소송구조신청에 대하여 기각결정이 확정되면 다시 인지보정명령을 할 필요는 없지만 종전의 인지보정명령에 따른 보정기간 전체가 다시 진행되어 그 기간이 지난 때에 비로소 소장각하명령을 할 수 있다. 대결 2008. 6. 2. 2007무77, 2018. 5. 4. 2018무513.

5) 김홍규·강태원, 126쪽; 강현중, 347쪽; 양병회, 234쪽; 호문혁, 112쪽; 김용진, 177쪽; 전원열, 63쪽; 한충수, "재판장의 소장각하명령과 소각하 판결의 경계설정," 민사소송 18권 1호(2014. 5.), 98쪽.

6) 이시윤, 286쪽; 정동윤·유병현·김경욱, 99쪽; 송상현·박익환, 254쪽; 정영환, 483쪽; 이태영, 54쪽.

7) 김상연, 주석서(3), 227쪽.

사자 구조의 절차가 개시되기 때문에 재판장의 명령에 의하여 소장을 각하할 수 없고, 수소법원이 법 219조에 따라 종국판결로 소를 각하해야 한다. **판례**의 입장도 마찬가지이다.1) 즉 소장심사의 단계에서 흠이 간과된 채 소장부본이 피고에게 송달되어 버린 때에는 이로써 재판장의 소장각하명령권은 소멸하고, 그 후에는 법원은 판결로써 소를 각하해야 한다. 따라서 **소송계속시설**이 타당하다.2) 실무상으로도 소송계속시설에 의하고 있다.

(3) 소장각하명령에 대한 즉시항고

소장각하명령에 대해서는 **즉시항고**를 할 수 있다(법 254조 3항). 문제는 이러한 즉시항고를 하면서 **보정**을 하는 것이 허용되는지 여부이다. **판례**는 소장각하명령에 대하여 즉시항고를 제기하고 항고심 계속 중에 흠을 보정했다고 하여 그 흠이 보정되는 것은 아니라는 입장이다.3) 즉 재판장이 소장을 심사한 결과 그 소장에 붙여야 할 인지의 부족액이 있음을 발견하고 원고에게 일정한 기간을 정하여 부족한 인지를 붙일 것을 명했으나 원고가 그 기간 내에 인지를 붙이지 않아 이를 이유로 소장각하명령을 하여, 소장각하명령이 원고에게 송달되었다면 그 뒤에는 설사 원고가 부족된 인지를 붙이고 그 명령에 불복을 신청하더라도 법원으로서는 **재도**(再度)**의 고안**(考案)(법 446조)에 의하여 소장각하명령을 취소할 수 없다고 보고 있다.

이에 대하여, 항고심은 항소심에 준하는 속심이므로 항고법원은 제 1 심결정의 당부만을 심사하는 것이 아니라 제 1 심결정 이후의 사정까지를 참작해야 한다는 입장에서, 소장각하명령의 적법 여부는 항고심 심리종결시를 기준으로 해야 하며, 그때까지 보정하면 적법한 것으로 보아야 한다는 견해가 있다.4) 그러나 법원이 기간을 정하여 일정한 사실을 증명할 서류를 제출하도록 명하든지, 일정한 사

---

1) 대결 1973. 10. 26. 73마641, 1981. 11. 26. 81마275, 1995. 5. 3. 95마337. **항소심**의 경우 **항소장부본**이 **피항소인**에게 **송달**되어 항소법원과 당사자들 사이에 소송관계가 성립되면(**항소심**에서 **소송계속**이 되면) 항소심재판장은 더 이상 단독으로 항소장각하명령을 할 수 없고, 항소법원은 **판결**로써 **항소**를 **각하**해야 한다. 대결 1981. 11. 26. 81마275, 2020. 1. 30. 2019마5599,5600.
2) 법원실무제요 민사소송(2), 640쪽; 재판실무편람(4) 민사항고재판실무편람, 49쪽.
3) 대결(전) 1968. 7. 29. 68사49, 대결 1969. 9. 30. 69마684, 1996. 1. 12. 95두61. **상고장**의 경우에는, 대결 1991. 1. 16. 90마878(상고장각하명령이 있은 후에는 그 부족 인지액을 보정하고 불복을 신청했다고 하더라도 그 각하명령을 취소할 수 없다).
4) 이시윤, 287쪽; 정동윤·유병현·김경욱, 100쪽; 정영환, 484쪽.

실에 관하여 보정하도록 명했으나 이에 응하지 않음으로써 법원이 이에 따른 결정·명령을 한 데 대하여 즉시항고를 하면서 비로소 그러한 사실을 증명하든지, 보정하는 경우에는 항고심의 구조가 속심인 점과 관계 없이 이로써 이러한 법원의 결정·명령을 취소할 수 없다고 보아야 한다.[1] **판례의 태도가 타당**하다.

> ■ **판례가 보정명령에 따른 인지보정의 가능시기를 소장각하명령 성립시로 보는지 여부**
>
> (1) 판례의 태도
>
> 판례 가운데 **대결 2013. 7. 31. 2013마670** 등은,[2] 결정이나 명령의 경우 그 재판의 원본이 법원사무관 등에게 교부되었을 때에 그 결정이나 명령이 **성립**하는 것이고, **소장(항소장)각하명령이 성립**된 이상 그 명령이 고지되기 전에 인지보정을 하더라도 재도의 고안에 의하여 취소할 수 없다고 보도 있다. 위 판례는 소장각하명령에 대한 즉시항고의 제기 이후 인지보정을 하는 것이 허용되지 않을 뿐만 아니라, 최소한 소장각하명령이 성립하는 시기를 지난 뒤에는 인지보정을 하는 것이 허용되지 않음을 명백히 하고 있다.
>
> (2) 검   토
>
> 1) 앞서 본 바와 같이 인지보정은 원칙적으로 인지보정명령에서 정한 **보정기간내**에 해야 한다. 보정기간을 지난 뒤 인지보정을 한 때에도 재판장은 **묵시적**으로 **보정기간**을 연장할 수 있다. 따라서 보정기간이 지난 뒤 인지보정을 했다고 하더라도 최소한 소장각하명령이 성립하기 전이라면 묵시적으로 보정기간을 연장한 것으로 볼 수 있다. 비록 판례가 이유설시에서 논리를 분명히 하지는 않았지만, 최소한 **소장각하명령의 성립시**까지 인지보정을 하는 경우 원고를 구제하는 것이 소송경제상 바람직하다는 점에서 위 판례의 태도는 결론에서는 **정당**하다.
>
> 2) 한편 판례 가운데 **대결 2018. 11. 16. 2018마5882**는, 인지 등 보정명령 불이행을 이유로 한 (재항고장)각하명령이 (재항고인에게) **송달된 후**에는 인지 등(인지, 송달료)을 납부하더라도 그 보정의 효과가 없으나, 그 **송달 전**에 인지 등의 납부가 이루어진 때에는 (원심)법원으로서는 각하명령에 대한 즉시항고에 정당한 이유가 있다고 인정하여 그 각하명령을 취소할 수 있다고 보고 있다. 그러나 위 결정은 앞서 본 바와 같이 **대결 2013. 7. 31. 2013마670**에서 인지 등 보정의 가능시기에 관한 **명**

---

[1] 판례도, 같은 맥락에서 민사집행법 90조 4호(부동산 위의 권리자로서 그 권리를 증명한 사람) 소정의 이해관계인이라 하여 매각허가결정에 대하여 즉시항고를 제기하기 위해서는 '매각허가결정이 있을 때까지' 그러한 사실을 증명해야 하고, 매각허가결정이 있은 후에 즉시항고장을 제출하면서 비로소 그러한 사실을 증명하는 서류를 제출한 때에는 위 4호 소정의 이해관계인이라 할 수 없으므로 그 항고는 부적법하다고 보고 있다. 대결 1994. 9. 13. 94마1342, 2004. 6. 14. 2004마118, 2005. 3. 29. 2005마58.

[2] 대결 1969. 12. 8. 69마703도 마찬가지이다.

확한 기준을 제시하기 이전의 판례인 대결 1996. 1. 12. 95두61, 2007. 5. 3. 2007마
264 등에서, 판례가 단지 각하명령이 송달된 이후에 인지 등 납부가 이루어진 경우
라면 재도의 고안에 의하여 취소할 수 없다는 취지로 판시한 것을 들어, 마치 각하
명령이 송달되기 전에 인지 등 납부가 이루어진 때에는 재도의 고안에 의하여 취소
할 수 있는 것처럼 잘못 이해하여 한 것으로 **부당**하다[위 결정의 사안은 그나마 각
하명령일(2018. 7. 10.)과 인지 등 보정일(2018. 7. 10.)이 같은 날로서 재도의 고안
에 의하여 취소가능한 경우로 보여진다].

(4) 소장각하명령의 확정과 인지액의 환급

소장(항소장·상고장)에 대한 각하명령이 확정되면 원고(항소인·상고인)는 소
장(항소장·상고장)에 붙인 인지액의 1/2에 해당하는 금액의 환급을 청구할 수
있다(민인 14조).

Ⅱ. 소장부본의 송달

1. 소장부본의 송달과 답변서제출의무의 고지 등

소장을 심사하여 형식에 맞는 경우(소장의 적식) 피고에게 소장부본을 송달한
다(법 255조 1항). 소장부본의 송달불능시(피고나 법정대리인의 주소가 잘못된 경우) 송
달가능한 주소의 보정이 없으면 재판장은 명령으로 소장을 각하해야 한다(법 255
조 2항).[1] 소장부본의 송달시 피고에게 뒤에서 보는 답변서제출의무를 알려야 하
며(법 256조 2항), 답변서 부제출 등에 따라 변론 없이(**무변론**) 판결을 선고할 기일
을 함께 통지할 수 있다(법 257조 3항).[2]

2. 소장부본의 송달의 효과

피고에 대한 소장부본의 송달로써 소송계속의 효과가 발생한다. 피고에게 소

---

1) 실무상 소장부본 송달시 이러한 내용의 소송절차안내서와 더불어 답변서요약표도 함께 송
   달한다. 재판예규 제1857호 '사건관리방식에 관한 예규'(재일 2001-2, 2023. 9. 14. 개정, 2023.
   10. 19. 시행) 5.
2) 실무상 법원은 재판부의 업무와 사건의 특성 등을 고려하여 ① 피고에게 소장부본을 송달
   할 때에 무변론판결의 선고기일을 **함께** 통지하는 방식이나, ② 답변서 제출기한이 지난 뒤에
   따로 선고기일을 지정하여 **통지**하는 방식 가운데 하나를 **선택**한다. 법원실무제요 민사소송
   (2), 1069쪽 이하.

장부본의 송달로써 소장에 기재된 최고·해제·해지 등 실체법상 의사표시의 효력이 발생한다.[1]

Ⅲ. 피고의 답변서제출의무와 법원의 조치

1. 답변서제출의무

(1) 의   의

소장부본을 송달받은 날부터 **30일 이내**에 **답변서**를 제출해야 한다(법 256조 1항 본문)[다만 피고가 공시송달의 방법으로 소장부본을 송달받은 경우에는 그렇지 않다(법 256조 1항 단서)]. 종래 실무에서 답변서는 단지 '피고가 처음으로 제출하는 청구에 대한 답변이 포함된 준비서면'을 가리키는 것뿐이고, 그 자체에 준비서면과 구별되는 어떤 법률적 의미나 소송상 효력이 인정되는 것이 아니었다. 그러나 **신법**상 답변서는 변론기일에서의 진술을 준비하는 서면인 동시에 변론기일에서의 진술 이전에도 그 자체만으로 무변론판결을 저지하는 법률효과를 가진 서류로 그 성격이 강화되었다.[2]

(2) 답변서 기재사항 등

답변서에는 준비서면에 기재할 사항을 적어야 한다(법 256조 4항, 274조). 그 외에도 청구취지 및 청구원인에 대한 답변을 **구체적**으로 적어야 한다(규칙 65조 1항). 즉 ① 청구취지에 대한 답변과 소장에 기재된 개개의 사실에 대한 인정 여부, ② 항변과 이를 뒷받침하는 구체적 사실, ③ 이에(①·②) 관한 증거방법을 적어야 한다. 따라서 전부부인 또는 전부부지의 답변은 구체성 없는 답변으로 허용되지 않는다. 방식에 어긋나는 답변서가 제출된 때에는 재판장은 **법원사무관 등**으로 하여금 방식에 맞는 답변서를 제출하도록 촉구하게 할 수 있다(규칙 65조 3항). 법원은 답변서부본을 원고에게 송달해야 한다(법 256조 3항).

1) 예컨대 원고가 소제기시 매매계약해제의 의사표시를 명시적으로 하지는 않았더라도 원고가 피고에게 매매계약의 존속과는 양립할 수 없는 위약금의 지급청구를 하고, 그 소장부본이 피고에게 송달됨으로써 해제권을 행사했다고 본다. 대판 1969. 1. 28. 68다626, 1982. 5. 11. 80다916.
2) 법원행정처, 민사소송법개정내용해설(2002. 6.), 133쪽.

2. 답변서 부제출에 의한 무변론판결

(1) 의   의

답변서 부제출에 의한 무변론판결제도는 ① 피고가 소장부본을 송달받은 날부터 30일 이내에 답변서를 **제출하지 않은 때**, ② 또는 피고가 청구의 원인이 된 사실을 모두 **자백**하는 취지의 **답변서**를 제출하고 따로 항변을 하지 않은 때에는 청구의 원인된 사실을 자백한 것으로 보고 변론 없이 판결을 할 수 있는 제도를 말한다(법 257조). 이러한 무변론판결제도는 집중심리방식에 의한 재판진행의 전제로서 다툼이 없는 사건은 서면심리만으로 걸러내어 재판을 종결하고, 다툼이 있는 사건만을 변론에 부침으로써 변론절차의 효율을 도모하기 위한 것이다. 답변서 부제출에 의한 무변론판결제도는 종전 **자백간주판결제도**의 문제점을 보완하기 위하여 도입되었다. 자백간주판결제도에서는 피고가 원고의 청구를 다투지 않는 때에도 반드시 변론기일을 열어야 하고, 원고는 그 기일에 출석해야 한다. 그러나 답변서 부제출에 의한 **무변론판결제도**에서는 피고가 원고의 청구를 다투지 않는 때에는 **서면심리**만으로 판결을 선고함으로써 원고가 기일에 출석해야 하는 불편을 없앨 수 있을 뿐만 아니라, 법원으로서도 무조건 모든 사건을 변론에 부쳐야 하는 부담을 덜 수 있게 된다.[1)

(2) 피고가 답변서를 부제출하더라도 무변론판결을 할 수 없는 경우

피고가 답변서를 부제출하더라도 예외적으로 **법률상** 또는 **성질상** 무변론판결을 할 수 없거나, **실무운영상** 무변론판결에 적합하지 않은 사건은 변론기일을 지정하여 처리하게 된다.

(a) 법률상 무변론판결을 할 수 없는 경우

답변서 제출기간 내 답변서가 제출되지 않더라도 무변론판결을 할 수 없도록 **법률상 명문**의 규정을 두고 있는 경우가 있다. 예컨대 ① 피고에게 공시송달로 소장부본을 송달한 경우(법 256조 1항 단서), ② 소송요건의 존부 등 직권조사사항이 있는 경우(법 257조 1항 단서), ③ 판결선고기일까지 원고의 청구를 다투는 취지의 답변서가 제출된 경우[답변서 제출기간이 지난 후 판결이 선고되기까지 답변서가 제출된 경우는 무변론판결을 할 수 없으므로(법 257조 1항 단서) **지정된 선고기일**을 **취소해**

---

1) 법원행정처, 민사소송법개정내용해설(2002. 6.), 137쪽 이하; 김상연, 주석서(3), 240쪽.

야 한다)[1] 등은 무변론판결을 할 수 없다.

(b) 사건의 성질상 무변론판결을 할 수 없는 경우

사건의 성질상 변론주의의 적용이 배제되는 사건(예컨대 가류·나류 가사소송, 형식적 형성의 소 등)이나 자백간주의 법리가 적용되지 않는 사건도 무변론판결을 할 수 없다.

(c) 실무운영상 무변론판결을 하지 않는 경우

소액사건에서는 소가 제기되면 원칙적으로 소장부본을 첨부하여 피고에게 청구취지대로 이행할 것을 권고하는 **이행권고결정**을 하도록 하고 있는데(소심 5조의 3)[피고에게 이행권고결정서의 **등본**이 송달된 때에는 소장부본이 송달된 것으로 본다(소심 6조 단서)] 피고가 이의신청을 한 때에는 법원은 바로 변론기일을 지정해야 한다(소심 5조의4 3항)[피고가 이의신청을 한 때에는 원고가 주장한 사실을 다툰 것으로 보게 된다(소심 5조의4 5항)]. 따라서 실무운영상 소액사건의 경우 답변서 부제출로 무변론판결을 활용할 여지는 그다지 크지 않다. 그러나 소액사건에서도 이행권고를 하기에 적절하지 않다고 인정하는 경우에는 이행권고결정을 하지 않으므로(소심 5조의3 1항 단서), 이러한 경우에는 여전히 소장부본을 피고에게 송달해야 하고(소심 6조 본문), 피고가 답변서를 제출기한 내에 제출하지 않으면 무변론으로 원고청구 인용판결을 할 수 있다.

(3) 원고의 청구가 주장 자체로 이유 없는 경우와 무변론 청구기각판결 가부

1) **원고의 청구가 주장 자체로 이유 없는 경우** 법원은 원고가 주장하는 사실의 존부를 가릴 필요도 없이 **청구기각판결**을 해야 한다. 즉 원고의 청구가 주장 자체로 이유 없는 경우에는 증거조사에 의해 원고 주장사실을 확정할 필요가 없으며, 피고 측 항변을 고려할 필요가 없다. 원고의 청구가 주장 자체로 이유 없는 경우 피고의 답변서 부제출로 자백간주가 되더라도(법 257조 1항) 무변론으로 원고 승소판결하지 않는다.

2) 원고의 청구가 주장 자체로 이유 없는 경우 청구기각판결을 **무변론**으로

---

1) 제 1 심법원이 피고가 판결이 선고되기까지 원고의 청구를 다투는 취지의 답변서를 제출한 것을 간과한 채 법 257조 1항 본문에 따라 무변론판결을 선고한 경우 이러한 제 1 심판결의 절차는 법률에 어긋난 때에 해당하므로 항소법원은 법 417조(판결절차의 위법으로 말미암은 취소)에 의하여 **제 1 심판결**을 **취소**해야 하며, 이 경우 항소법원은 사건을 제 1 심법원으로 환송하지 않고 직접 판결할 수 있다. 대판 2020. 12. 10. 2020다255085.

할 수 있는지 여부에 관해서는, **법률상 명문의 규정**이 있는 때에는 달리 문제가
없다. **소액사건**에서 소장·준비서면, 그 밖의 소송기록에 의하여 청구가 이유 없
음이 명백한 때에는 무변론으로 청구기각판결을 할 수 있다(소심 9조 1항).

문제는 **법률상 명문의 규정이 없는 경우** 피고가 답변서를 부제출하더라도 **원
고 주장 자체로** 이유 없다면 무변론으로 **청구기각판결**을 할 수 있는지 여부이다.
이에 대하여, 피고의 답변서 부제출로 자백간주가 된다 해도 보정의 여지가 없으
면 원칙적으로 무변론으로 청구기각판결을 해야 하고, 변론을 하여 보정의 여지
가 있으면 그 기회를 주고 통상의 판결로 그 이유를 밝혀주는 것이 상당하다는
견해가 있다.[1] 그러나 이러한 입장은, 한편으로는 원고 주장 자체로 이유 없음을
전제하면서도, 다른 한편으로는 변론에 부칠 것인지 여부를 결정하는 기준으로
보정이 가능한지 여부를 들고 있어 수긍하기 어렵다. 무변론판결은 답변서를 제
출하지 않은 피고에 대한 관계에서 소송촉진을 도모하는 데에 제도적 취지가 있
으며, 변론주의에 대한 예외는 법률상 명문의 규정이 있어야 한다는 점에서 법률
상 명문의 규정이 없는 한 **무변론** 청구기각판결은 **원칙적으로 허용되지 않는다.**[2]
판례 역시 무변론판결은 원고의 청구를 인용할 때에만 가능하고, 원고의 청구가
이유 없음이 명백하더라도 무변론으로 하는 청구기각판결은 허용되지 않음을 분
명히 하고 있다.[3]

(4) 답변서 부제출에 의한 무변론판결의 재판

답변서 부제출에 의한 무변론판결은 청구인용판결이 일반적이다. 지연손해금
의 이율이나 기산점에 착오가 있는 등 그 흠이 사소한 때에는 청구일부기각판결
도 가능하다.[4] 무변론판결시 판결서의 판결이유는 청구를 특정함에 필요한 사항
만 간략하게 설시한다(법 208조 3항 1호).

Ⅳ. 변론기일의 지정

2008. 12. 26. 민사소송법의 개정으로 답변서가 제출되면[청구원인사실을 다투

---

1) 이시윤, 290쪽.
2) 김용진, 228쪽.
3) 대판 2017. 4. 26. 2017다201033.
4) 이시윤 290쪽.

지 않는 답변서가 제출된 때는 제외한다. 이 경우는 변론 없이 판결한다(법 257조 2항·1항)] 원칙적으로는 변론기일을 지정한다(법 258조 1항). 즉 재판장은 답변서가 제출되면 바로 사건을 검토하여 가능한 최단기간 안의 날로 제 1 회 변론기일을 지정해야 한다(규칙 69조 1항).

제 6 절   소송구조

Ⅰ. 의   의

민사소송법상 소송구조는 소송수행상 필요한 비용을 감당할 수 없는 경제적 약자를 위하여 우선 비용을 안들이고 소송을 할 수 있도록 하는 제도이다.[1] 한편 경제적으로 어렵거나 법을 몰라서 법의 보호를 충분히 받지 못하는 사람에게 **법률구조**를 한다. 법률구조는 법률상담, 변호사나 공익법무관[2]에 의한 소송대리 그 밖에 법률사무에 관한 모든 지원을 하는 것을 말한다(법률구조법 2조). 법률구조를 효율적으로 추진하기 위하여 대한법률구조공단이 설립되었다(법률구조법 8조). 대한법률구조공단은 정부의 출연금에 의하여 운영된다.

Ⅱ. 구조의 요건

1. 자금능력이 부족한 경우

소송구조는 **소송사건**에 관하여,[3] 소송비용[법정비용 외에 널리 소송수행을 위하

---

1) 이동률, "소송구조의 현황과 개선방안," 민사소송 14권 2호(2010. 11.), 789쪽 이하.
2) 공익법무관제도는 변호사 자격이 있는 사람으로서 일정한 요건에 해당하는 경우 공익법무관으로 편입하여 운영된다(병역법 34조의6, 공익법무관에 관한 법률 2조 1호). 공익법무관은 법률구조공단 및 그 지부 등에 배치되어 법률구조업무를 수행한다.
3) 대결 2009. 9. 10. 2009스89. 비송사건절차법에서 민사소송법의 개별 규정을 준용하고 있으나(비송 8조·10조) 소송구조에 관한 규정은 준용하지 않고 있으므로, 비송사건절차법이 적용 또는 준용되는 **비송사건**은 소송구조의 대상이 되지 않고, 이러한 비송사건을 대상으로 하는 소송구조신청은 부적법하다. 한편 **민사조정사건**도 민사조정법이 조정에 관하여 특별한 규정이 없는 한 비송사건절차법을 준용하도록 하면서(민조 39조), 달리 민사소송법상 소송구조에 관한 규정을 준용하지 않고 있으므로 마찬가지이다. 다만 **가사비송사건**에서는 2013. 4. 5. 가사소송법 개정(2013. 7. 1. 시행)시 37조의2를 신설하여 **절차구조**를 인정하고, 이에 대하여 민사소송법상 소송구조규정을 준용하도록 하고 있다.

여 지출을 필요로 하는 비용, 예컨대 변호사비용 등을 포함한다]을 지출할 자금능력이 부족한 사람을 그 대상으로 한다(법 128조 1항 본문). 자금능력의 부족은 비용을 전부 지출하게 되면 자기나 그 동거가족이 통상의 경제생활에 위협을 받게 될 경우를 말한다.[1] 1990. 1. 13. 구 민사소송법 개정 전에는 '자금능력이 없는 자'라 하였다.

2. 패소할 것이 분명하지 않은 경우

소송구조는 패소할 것이 분명한 경우가 아니어야 한다(법 128조 1항 단서). 패소할 것이 분명한지 여부는 소송구조의 **소극적 요건**이므로 신청인이 승소의 가능성을 적극적으로 진술하고 소명해야 하는 것이 아니며, 법원이 신청 당시까지의 재판절차에서 나온 자료를 기초로 하여 판단한다.[2][3] 1990. 1. 13. 구 민사소송법 개정 전에는 '승소의 가망이 없는 것이 아닐 것'으로 규정되었다. 패소할 것이 분명한 경우에는 소송구조신청에 필요한 소송비용과 소송구조신청의 재판에 대한 불복신청에 필요한 소송비용에 대해서도 소송구조를 하지 않는다(**2023. 4. 18. 개정, 2023. 10. 19. 시행** 법 128조 2항).

Ⅲ. 구조의 절차

1. 소송구조의 신청

소송구조는 법원이 소송비용을 지출할 자금능력이 부족한 사람의 신청에 따라 또는 직권으로 할 수 있다(법 128조 1항 본문). 소송구조신청은 서면으로 해야 하고(규칙 24조 1항), 신청인은 구조의 사유를 소명해야 한다(법 128조 3항). 그 신청서에는 신청인 및 그와 같이 사는 가족의 자금능력을 적은 **서면**을 붙여야 한다(규칙 24

---

1) 소송구조신청인이 ① 국민기초생활 보장법에 따른 수급자 및 차상위계층, ② 한부모가족지원법에 따른 지원대상자, ③ 기초연금법에 따른 기초연금 수급자, ④ 장애인연금법에 따른 수급자, ⑤ 북한이탈주민의 보호 및 정착지원에 관한 법률에 따른 보호대상자 가운에 어느 하나에 해당하는 때에는 법 128조에 따른 **자금능력이 부족한 것**으로 보고 다른 요건의 심사만으로 소송구조 여부를 결정할 수 있다. 재판예규 1861호 '소송구조제도의 운영에 관한 예규'(재일 2002-2, 2023. 10. 17. 개정·시행 3조의2).

2) 대결 2001. 6. 9. 2001마1044, 2018. 10. 2. 2018마451, 2021. 5. 27. 2021스576.

3) 민사소송상 항소심은 속심으로서 원칙적으로 제1심에서 제출하지 않았던 새로운 주장과 증거를 제출할 수 있으므로 제1심에서 패소했다는 사실만으로 항소심에서도 패소할 것이 분명하다고 추정되는 것은 아니다. 대결 2001. 6. 9, 2001마1044, 2018. 8. 16. 2018무635.

조 2항). 다만 이와 같은 자금능력에 대한 서면의 제출은 신청인이 소송비용을 지출할 자금능력이 부족한 사람이라는 점을 소명하기 위한 하나의 방법으로 예시된 것이므로, 신청인으로서는 **다른 방법으로** 자금능력의 부족에 대한 소명을 하는 것도 가능하며, 법원은 자유심증에 따라 그 소명 여부를 판단해야 한다.[1]

2. 소송구조신청에 대한 재판

소송구조신청에 대해서는 소송기록을 보관하고 있는 법원이 결정으로 재판한다(**2023. 4. 18. 개정, 2023. 10. 19. 시행** 법 128조 4항). 법원은 소송구조신청을 **인용할 때**에는 소장의 인지액, 송달료, 변호사비용, 감정료 등 **특정**하여 **소송구조의 범위**(예컨대 변호사비용에 대해서만, 또는 인지액·송달료·변호사비용을 포함한 소송비용 전부에 대하여)를 명확하게 기재해야 한다.[2] 소송구조신청이 이유 없을 때에는 소송구조신청 **기각결정**을 한다.[3] 소송구조에 관한 재판에 대하여 즉시항고할 수 있다(법 133조 본문). 다만 **상대방**은 소송비용의 담보면제의 소송구조결정을 제외하고는 불복할 수 없다(법 133조 단서). 추후 소송구조를 받은 사람이 소송비용을 납입할 자금능력이 있음이 판명된 경우 소송구조결정을 취소하고 유예한 비용의 납입을 명할 수 있다(법 131조).

Ⅳ. 구조의 효과

1. 소송구조의 내용

소송구조는 재판비용 즉 인지액 등(인지액, 송달료, 검증비용, 감정료, 증인의 일당, 여비 등 당사자가 예납하는 비용)의 **납입유예**, 변호사 및 집행관의 보수와 체당금(替當金)의 **지급유예**, 소송비용의 **담보면제**,[4] 대법원규칙이 정하는 **그 밖의 비용의 유예나 면제**를 한다(법 129조 1항). 소송구조는 소송비용의 **전부** 또는 **일부**에 대하여 한다.

---

[1] 대결 2003. 5. 23. 2003마89, 2021. 5. 27. 2021스576.

[2] 재판예규 1861호 '소송구조제도의 운영에 관한 예규'(재일 2002-2, 2023. 10. 17. 개정·시행).

[3] 2021년 **소송구조신청사건**의 **인용률**은 62.7%이다(접수건수 7,017건, 처리건수 7,017건, 인용건수 4,398건). 한편 민사본안사건에서의 **직권** 소송구조건수는 638건이다. 법원행정처, 사법연감(2022년) 제 1 절 사건개황, 695쪽.

[4] 소송비용의 담보면제는 법원이 법 117조에 따라 원고에게 피고가 부담하게 될 소송비용에 대한 담보를 제공하도록 명한 경우 소송구조의 요건을 갖춘 원고가 재판을 받을 수 있도록 위 담보를 제공할 의무를 면제해 주기 위해 마련된 것이다. 대판 2017. 4. 7. 2016다251994.

소송구조 가운데 지급을 유예하는 때에는 그 비용을 면제하는 것이 아니므로 종국판결로 소송비용부담의 재판을 받았으면(소송구조를 받은 사람이 패소한 경우) 이를 지급해야 한다. 상대방이 소송비용부담의 재판을 받은 때에는(소송구조를 받은 사람이 승소한 경우) 국가가 상대방에 대하여 직접적 추심권을 갖는다(법 132조 1항).

2. 소송구조의 주관적 범위

소송구조의 효과는 구조받은 사람에게 **개별적 · 일신전속적**이며,[1] **소송승계인**(일반승계인 · 특정승계인)에게 미치지 않는다(법 130조 1항). 따라서 법원은 소송승계인에게 미루어 둔 비용의 납입을 명할 수 있다(법 130조 2항).

제 7 절   소제기의 효과

제 1 관   소송계속

Ⅰ. 의   의

소송계속(訴訟係屬)이란 특정한 청구에 대하여 법원에 판결절차가 현실적으로 존재하는 상태를 말한다. 판결절차는 강제집행절차, 보전절차(가압류 · 가처분절차), 증거보전절차, 중재절차 등과 구별된다. 판결절차로 이행할 수 있는 독촉절차(법 472조), 제소전 화해절차(법 388조), 민사조정절차(민조 36조 1항)도 소송계속이 생길 수 있다고 본다.[2] 소송계속은 중복소송금지, 소송참가, 소송고지 등의 기준이 된다.

Ⅱ. 발생시기

소송계속의 발생시기에 관하여 법률상 명문의 규정이 없으나, 원고와 피고,

---

1) 따라서 여러 선정자가 그 가운데 여러 사람을 **선정당사자**로 선정하고 그 선정당사자가 소송구조를 신청한 때에는 그 선정당사자와 선정자와의 관계를 밝히고 어느 선정자에 대하여 어느 범위에서 소송구조를 하는 것인지를 명백히 해야 한다. 대결 2003. 5. 23. 2003마89.

2) 이에 대하여, 독촉절차는 처음부터, 제소전 화해절차는 소제기신청을 하는 경우 화해신청시에 소급하여, 민사조정절차는 소제기의 간주가 되는 경우 조정신청시에 소급하여 각 소송계속이 되는 것으로 보는 견해로는, 이시윤, 296쪽; 정영환, 490쪽.

법원 사이의 3면적 법률관계라는 소송관계가 형성되는 시점인 피고에게 **소장부본이 송달된 때**에 소송계속이 된다고 본다(**통설·판례**).[1] **항소심**의 경우 **항소장부본**이 피항소인에게 송달되면 항소법원과 당사자들 사이의 소송관계가 성립된다.[2]

Ⅲ. 효   과

소송상 **청구**(소송물)에 대하여 소송계속의 효과가 발생하며, 공격방어방법으로 주장한 권리관계에 대해서는 소송계속의 효과가 발생하지 않는다. 소송계속으로 법원·소송물·당사자가 **특정**되기는 하나 **항정**(恒定)되는 것은 아니다. 즉 소송계속으로 ① **법원**이 특정되나 소송이송(법 34조 내지 36조)이 가능하고, ② **소송물**이 특정되나 청구의 변경(법 262조)이 가능하고, ③ **당사자**가 특정되나 피고의 경정(법 260조)이나 필수적 공동소송인의 추가(법 68조), 예비적·선택적 공동소송인의 추가(법 70조 1항 본문, 68조), 독립당사자참가(법 79조), 공동소송참가(법 83조), 참가승계(법 81조), 인수승계(법 82조) 등이 가능하므로 항정된다고 볼 수 없다.

Ⅳ. 종   료

소송계속의 효과는 소각하결정(법 144조 4항)의 확정, 판결의 확정, 이행권고결정 및 화해권고결정의 확정, 화해조서나 청구의 포기·인낙조서의 작성, 조정조서의 작성, 소취하나 소취하간주 등에 의하여 **소멸**한다.[3] **소송계속의 종료를 다투는 방법**으로는 해당 소송절차에서의 **기일지정신청**이 있다[규칙 67조는 소취하의 **효력**을 다투기 위하여 기일지정신청을 할 수 있음을 규정하고 있으나, **그 밖의 소송계속의 종료**를 다투기 위해서도 **규칙 67조**가 **유추적용**된다]. 소송계속이 종료되었음이 판명되

---

1) 대판 1989. 4. 11. 87다카3155, 1990. 4. 27. 88다카25274,25281, 1994. 11. 25. 94다12517, 12524. 이에 대하여, 적식의 소장 제출시 당사자가 실재하는 경우 소송이 성립되고, 소송절차가 개시되어 소송계속이 발생한다고 보는 견해로는, 오상현, "소장송달 전에 사망한 사람을 당사자로 한 판결의 효력과 상소, 수계," 법조 통권713호(2016. 2.), 308쪽 이하.

2) 대결 2020. 1. 30. 2019마5599.

3) 소장각하명령의 행사시기에 관하여 **변론개시시설**을 취하는 입장에서는, 소장부본의 송달로 소송이 계속된 뒤에 변론을 개시하기 전까지는 재판장이 소장각하명령을 할 수 있으므로 소장각하명령의 확정을 소송계속의 종료사유 가운데 하나로 들고 있으나(이시윤, 297쪽), 소장각하명령의 행사시기에 관하여 **소송계속시설**을 취하는 입장에서는 소장부본이 송달된 뒤에는 재판장이 소장각하명령을 할 수 없으므로 소장각하명령의 확정은 소송계속의 종료사유가 될 수 없다.

면 **소송종료선언**(규칙 67조 3항, 소송종료선언은 종국판결로서 **소송판결**이다)을 한다.

제 2 관   중복소송의 금지

I. 의   의

법원에 소송계속이 되어 있는 사건에 대하여 당사자는 다시 소를 제기하지 못한다('**중복소송금지원칙**', 이를 '중복소제기 금지의 원칙' 또는 '이중소송 금지의 원칙'이라고도 한다. 법 259조). 중복소송금지는 소송제도의 남용을 방지하고, 소송경제를 도모하며, 판결의 모순·저촉을 방지함에 그 목적이 있다.

II. 당사자의 동일

1. 당사자 동일의 의미

전소·후소의 당사자가 동일해야 한다(원·피고가 바뀌어도 무방하다). 당사자와 동일하다고 볼 수 있는 **제3자**로서 **전소 확정판결의 효력**을 받게 될 경우(법 218조 1항·3항, 80조 단서, 82조 3항)를 말한다. 예컨대 ① 당사자가 사실심 변론종결 뒤에 **소송물을 양도**한 경우 그 양수인, ② 채권자가 제3채무자를 상대로 **채권자대위소송**을 제기한 경우 그 채무자, ③ 채권자가 제3채무자를 상대로 **추심금청구소송**을 제기한 경우 그 채무자, ④ **선정당사자**가 소송을 제기한 경우 그 선정자 등은 **당사자가 동일**하다고 본다.

2. 채권자대위소송과 중복소송

(1) 채권자대위소송의 계속 중 채무자가 자신의 권리(피대위채권)에 관한 소를 제기하는 경우

이 경우 채권자대위소송은 제3자 소송담당이 아니므로 중복소송이 아니라는 견해가 있으나,[1] 양소송은 동일소송이므로 중복소송으로 보는 것이 다수설의

---

1) 채무자가 참가하면 채무자가 스스로 권리를 행사하는 것이 되어 채권자의 대위권 행사는 민법상 법률요건을 갖추지 못한 것으로 채권자의 대위청구를 기각해야 한다는 견해로는, 호문혁, 154쪽.

견해이다.1) 주의할 것은 채권자대위소송의 계속 중에 **별개의 소송절차**로 소 또는 반소를 제기하는 경우와 **동일한**(대위)**소송절차**에 소송참가를 하는 경우를 구분하여 보아야 하며, 중복소송에 해당하는 경우에도 그 논거를 분명히 해야 한다는 점이다.

(a) 채권자대위소송의 계속 중 채무자가 별개의 소송절차로 소 또는 반소를 제기하는 경우

이 경우 후소 원고인 채무자가 대위소송의 계속사실을 **알든 모르든** 중복소송이 된다(이에 관하여 뒤에서 보기로 한다). 다만 채무자가 대위소송의 계속사실을 **모르는** 경우에는 채무자가 여전히 소송수행권을 가지고 있으므로('병행형') 중복소송에만 해당하나, 채무자가 대위소송의 계속사실을 **안** 경우에는 채무자는 소송수행권을 상실하여 당사자적격이 없게 되므로('갈음형') 후소는 당사자적격의 흠으로도 부적법하게 된다. 그러나 후자의 경우에도 **중복소송인지 여부**는 **당사자적격의 유무**보다 우선하여 판단할 문제이므로(중복소송이 당사자적격보다 **일반적인** 소송요건이다) 원칙적으로 중복소송으로 소각하판결을 한다.

(b) 채권자대위소송의 계속 중 채무자가 동일한 소송절차에 소송참가를 하는 경우

이 경우에도 중복소송에 해당하는지 여부에 관하여 대부분의 학설은 전자의 경우와 구별하여 분명한 입장을 밝히고 있지 않다. 그러나 이와 같이 채무자가 **동일한 소송절차** 내에서 **소송참가**를 하는 경우에는 심리의 중복으로 인한 소송불경제나 판결의 모순·저촉의 우려가 없으므로 중복소송에 해당하지 않는다고 보아야 한다. 이 경우 채무자는 대위소송의 계속사실을 **알고** 소송참가를 하는 것이므로 당사자적격이 없게 되어 **공동소송적 보조참가**(법 78조)를 할 수 있을 따름이다. 채무자는 채권자의 대위권을 다투면서 **독립당사자참가**(법 79조 1항 전단, 권리주장참가)를 할 수도 있으며, 이 경우 역시 중복소송이 되지 않는다.

1) 강현중, 352쪽; 정동윤·유병현·김경욱, 323쪽; 송상현·박익환, 283쪽; 정영환, 495쪽.

▣ 채권자대위소송의 계속 중 채무자가 동일한 내용의 소를 제기한 경우 채무자
   가 대위소송의 계속사실을 알아야만 중복소송이 되는지 여부

   (1) 다수설·판례에 대한 비판적 견해

   다수설과 판례는, 채권자대위소송의 계속 중 채무자가 동일한 내용의 소를 제기
한 경우에는 채무자가 대위소송의 계속사실을 **알든 모르든** 이를 묻지 않고 중복소
송이 된다고 본다.[1] 이에 대하여, 채무자가 대위소송의 계속사실을 안 경우에 한정
하여 중복소송이 된다고 보아야 한다는 견해가 있다.[2] 이러한 견해는 판례가 대위
소송의 경우 채무자에 대한 기판력과 재소금지의 효력의 적용에서는 채무자가 알았
을 때에 한하여 이를 인정하고 있는 것에 비추어 보면, 중복소송의 문제에서 채무
자가 알았을 것을 요구하지 않고 중복소송이 된다는 것은 일련의 판례와 일관성이
없으므로, 채무자가 대위소송의 계속사실을 모르는 경우에는 이를 알려 소송에 참
가할 기회를 제공하고 후소를 각하함이 상당하다는 입장이다.

   (2) 검   토

   채권자대위소송의 경우 채무자에게 확정판결의 효력인 기판력을 미치게 한다든
지(법 218조 3항), 또는 제 1 심 본안 판결선고 후 소취하시 재소금지의 효력을 미치
게 하기 위하여(법 267조 2항) 채무자에게 어떠한 절차보장을 해야 하는지와 대위
소송의 계속 중 채무자에게 중복소송금지의 효력이 미치게 하기 위하여 채무자에게
어떠한 절차보장을 해야 하는지는 별개의 문제이므로, 위 견해는 그 전제에서 납득
하기 어렵다.[3] 채무자가 대위소송의 계속사실을 알든 모르든 채무자가 제기한 후소
를 중복소송으로 각하하기 위하여 변론을 열어 그 사실에 관하여 심리를 해야 하는
데, 이러한 심리를 통하여 종국적으로는 채무자가 대위소송의 계속사실을 알게 된
다. 따라서 채무자가 사실심 변론종결시까지 대위소송의 계속사실을 모르는 상태에
서 중복소송으로 소각하판결을 받는 경우를 예상하기 어렵다. 만약 채무자가 전소인
대위소송의 계속사실을 모르는 상태에서 후소에 대해 중복소송으로 소각하판결을 받
았다고 하더라도 채무자는 이러한 소각하판결의 이유를 통하여 대위소송의 계속사실
을 알게 되고, 따라서 대위소송에 참가하여 절차보장을 받을 수 있다.

---

1) 대판 1989. 4. 11. 87다카3155, 1990. 4. 27. 88다카25274, 1992. 5. 22. 91다41187.

2) 이시윤, 299쪽; 김홍규·강태원, 308쪽; 이태영, 209쪽.

3) 기판력의 문제와 중복소송금지의 문제가 다르므로, 채무자가 대위소송의 계속사실을 아느냐
   에 관계 없이 일률적으로 중복소송을 금지하는 판례의 태도를 지지하는 견해로는, 강현중,
   352쪽; 정동윤·유병현·김경욱, 323쪽; 정영환, 495쪽; 한충수, 258쪽; 범경철·곽승구, 243쪽.

(2) 채무자의 자신의 권리에 관한 소송의 계속 중 채권자가 채권자대위소송을 제기하는 경우

이 경우 **중복소송**으로 보는 것이 통설이다.[1] 한편 채무자가 스스로 자기의 권리를 행사하고 있어 후소 원고인 채권자는 채무자의 제3채무자에 대한 권리를 행사할(소송수행권을 행사할) **당사자적격**도 없다. 앞서 본 바와 같이 당사자적격의 흠과 중복소송이 경합되면 원칙적으로 중복소송으로 소각하판결을 한다.

판례는, ① 채권자가 채무자를 상대로 제기한 소송이 계속 중인데 제3자가 채권자를 대위하여 같은 채무자를 상대로 청구취지 및 청구원인을 같이 하는 내용의 소송을 제기한 경우에는 양소송은 비록 당사자는 다를지라도 실질적으로는 동일소송이므로 후소는 **중복소송**에 해당한다고 보기도 하고,[2] ② 다른 한편으로는 채권자대위권은 채무자가 제3채무자에 대한 권리를 행사하지 않는 경우에 한하여 채권자가 자기의 채권을 보전하기 위하여 행사할 수 있는 것이어서, 채권자가 대위권을 행사할 당시에 이미 채무자가 그 권리를 재판상 행사했을 때에는 채권자는 채무자를 대위하여 채무자의 권리를 행사할 **당사자적격**이 없으므로[채무자 스스로 그 권리를 행사하지 않을 것의 요건은 피보전권리에 관한 사항으로 당사자적격의 문제이다] 소를 부적법 각하해야 한다고 본다.[3]

(3) 채권자대위소송의 계속 중 다른 채권자가 동일한 채권자대위소송을 제기하는 경우

이 경우 중복소송이 아니라는 견해, 채무자가 대위소송을 하는 것을 알았을 때에 한하여 중복소송이라는 견해 등이 있으나, 비록 그 당사자는 다르다 할지라도 **실질적**으로는 **동일소송**이므로 중복소송으로 보는 것이 타당하다. **판례**도 같은 입장이다.[4]

---

1) 이에 대하여, 실체법상 채권자대위권 행사의 요건불비로 보아 청구기각해야 한다는 견해로는, 호문혁, 153쪽.
2) 대판 1974. 1. 29. 73다351, 1981. 7. 7. 80다2751.
3) 대판 1992. 11. 10. 92다30016, 2009. 3. 12. 2008다65839.
4) 대판 1998. 2. 27. 97다45532, 2008. 6. 12. 2008다8690, 8706, 2021. 5. 13. 2020다71690 등.

3. 추심금청구소송과 중복소송

(1) 추심금청구소송의 계속 중에 채무자가 자신의 권리(피압류채권)에 관한 소를 제기하는 경우

이 경우 양 소송은 동일소송으로 **중복소송**이다(뒤에서 보는 바와 같이 추심채권자의 추심금청구소송의 소송물은 채무자의 이행의 소의 소송물을 포함한다). 한편 채무자의 제3채무자에 대한 금전채권 등에 대하여 압류 및 추심명령이 있으면 채무자는 압류 및 추심명령이 있는 채권에 대하여 제3채무자를 상대로 이행의 소를 제기할 **당사자적격**을 상실하므로[압류 및 추심명령을 받은 채권자(**추심채권자**)가 당사자적격을 가진다. 법정소송담당 가운데 '갈음형'에 해당한다] 별개의 소송절차로 소 또는 반소를 제기하는 후소는 당사자적격의 흠으로 부적법하게 된다. 다만 중복소송의 여부는 당사자적격의 유무보다 우선하여 판단할 문제임은 앞서 본 바와 같다.

(2) 채무자의 자신의 권리에 관한 이행소송의 계속 중 압류채권자가 추심금청구소송을 제기하는 경우

채무자가 제3채무자를 상대로 자신의 권리에 관하여 제기한 이행소송(전소)의 계속 중 추심채권자가 제3채무자를 상대로 제기한 추심금청구소송(후소)이 중복소송이 되는지 논의가 있다.

(a) 판례의 태도

대판(전) 2013. 12. 18. 2013다202120은 이 경우 후소의 본안에 관하여 심리·판단한다고 하여 제3채무자에게 불합리하게 과도한 이중응소의 부담을 지우고, 본안심리가 중복되어 당사자와 법원의 소송경제에 반한다거나, 판결의 모순·저촉의 위험이 크다고 볼 수 없다고 하여 **중복소송에 해당하지 않는다**고 보고 있다.[1] 이에 대하여, 위 전원합의체 판결의 **반대의견**은 전소와 후소는 비록 당사자

---

1) 위 전원합의체 판결의 다수의견은, ① 오히려 후소를 중복소송에 해당한다는 이유로 각하한 다음 당사자적격이 없는 전소(추심명령으로 추심권을 상실하게 된 채무자가 제기한 전소)에 대한 소각하판결의 확정을 기다려 다시 추심채권자로 하여금 추심금청구소송을 제기하도록 하는 것은 소송경제에 반하며, ② 추심채권자는 채무자가 제기한 전소에 (당사자적격의 이전에 따른) 참가승계(법 81조)를 할 수도 있으나, 전소가 법률심인 상고심에 계속 중인 때에는 참가승계가 허용되지 않으므로 추심채권자의 참가승계가 언제나 가능한 것만은 아니며, 추심채권자가 전소에 참가할 의무가 있는 것도 아니라고 보고 있다. 황진구, "추심의 소제기가 채무자가 제기한 이행의 소에 대한 관계에서 중복된 소제기에 해당하는지," 민사재판의 제문제 23권(2015. 8), 25쪽 이하; 양진수, "추심의 소와 채무자의 당사자적격, 중복된 소제기의

가 다를지라도 실질적으로 동일한 사건으로서 후소는 중복소송에 해당한다고 보고 있다. 위 전원합의체 판결의 다수의견 및 반대의견 모두 추심금청구소송을 **제3자 소송담당**으로 보고, 추심명령이 있는 경우 채무자가 **당사자적격을 상실**한다는 입장에 있다. 다만 **반대의견**은 추심금청구소송이 채권자대위소송과 구조가 다르지 않으므로 앞서 본 채권자대위소송과 채무자의 이행소송의 중복소송에 관한 법리가 추심금청구소송과 채무자의 이행소송의 중복소송에도 그대로 적용된다고 보는 점에서 다수의견과 입장을 달리한다.1)2)

(b) 검　토

이 경우 중복소송에 해당하는지 여부에 관하여 판례가 들고 있는 **판단기준**은 설득력이 있다고 보기 어렵다. ① 추심채권자의 추심금청구의 소 역시 채무자의 제3채무자에 대한 권리의 행사이므로 피고인 제3채무자에게 이중응소의 부담을 지우게 되는 것은 틀림 없으므로 판례가 언급하듯이 그 부담이 불합리하게 과도한지 여부는 고려할 사항이 아니며, ② 동일한 권리에 대하여 별개의 소송절차에서의 심리·판단에 따른 소송불경제와 판결의 모순·저촉 역시 충분히 예상할 수 있으므로 역시 판례가 언급하듯이 판결의 모순·저촉의 위험의 크고 작음의 여부

금지," 민사판례연구(민사판례연구회) 37권(2015년), 811쪽 이하.

1) 위 전원합의체 판결의 반대의견은 "압류채권자가 제3채무자를 상대로 추심의 소를 제기하는 것과 채권자가 민법 404조 1항에 따라 채무자를 대위하여 제3채무자를 상대로 이행의 소를 제기하는 것은 채권자가 제3채무자를 상대로 채무자의 권리를 행사한다는 점에서 다를 바 없는데, 위와 같은 판례의 법리가 유독 채무자가 제3채무자를 상대로 이행의 소를 제기하여 사건이 법원에 계속되어 있는 상태에서 압류채권자가 제3채무자를 상대로 추심의 소를 제기한 경우에는 적용되지 않는다고 할 이유가 없다."고 보고 있다. 위 반대의견에 찬성하는 견해로는, 이점인, "추심의 소와 중복소송 여부 ― 대법원 2013. 12. 18. 선고 2013다202120 전원합의체 판결 ―," 재산법연구 34권 4호(2018. 2.), 95쪽 이하; 황용경, "추심명령에 의한 추심의 소와 중복제소," 홍익법학(홍익대학교 법학연구소) 16권 4호(2015. 12.), 445쪽. 한편 추심금청구소송이 채권자대위소송과 별 차이가 없으므로 채권자대위소송의 경우와 달리 보는 것은 문제라고 보는 견해로는, 이시윤, 299쪽.

2) 한편 위 전원합의체 판결은 추심금청구소송이 법정소송담당이라기보다는, 압류채권자의 실체적 지위에 기한 이행소송이라는 **고유적격설**과 같은 결론이라고 보는 견해로는, 이시윤, 민사집행법(제 8 개정판, 2020년), 471쪽. 위 전원합의체 판결의 다수의견과 반대의견은 법정소송담당설의 입장에 서 있는 점에서 모두 타당하지 않고, 다만 후소가 중복소송에 해당하지 않는다고 본 다수의견이 결과적으로 타당하다고 보는 견해로는, 강우욱, "금전채권에 대한 추심소송에 관한 재고 ―법정소송담당론에 대한 비판을 중심으로―," 민사집행법연구 16권(2020년), 237쪽. 같은 고유적격설에서 입론하고 있는 견해로는, 전병서, "추심의 소에 있어서 몇 가지 쟁점에 관한 검토 ―대법원 2020. 10. 29. 선고 2016다35390 판결을 계기로―," 민사집행법연구 17권(2021년), 193쪽; 최성호, "추심의 소와 중복소송에 관한 검토 ―대법원 2013. 12. 18. 선고 2013다202120 전원합의체 판결을 중심으로―," 법학논집 18권 3호(2014년), 541쪽·542쪽.

는 고려할 사항이 아니며, ③ 나아가 소송경제에 반하지 않는다고 보는 것은 무리이다.

　　그렇다고 하여 판례의 결론 자체가 부당하다고 보지는 않는다. 전·후소가 중복소송에 해당하는지 여부는 전·후소의 소송물이 동일한지의 문제와 더불어 **전·후소의 소송의 목적도** 아울러 고려하여 판단해야 한다. 추심금청구소송은 추심채권자가 피압류채권(채무자의 제3채무자에 대한 채권)을 **현금화하는 절차**로서 단순히 채무자의 권리를 대위절차 없이 추심할 수 있는 것(민집 229조 2항)만은 아니고 이후 추심에 따른 집행절차(배당절차)를 예정하고 있다. 따라서 채무자가 스스로 제3채무자를 상대로 이행의 소를 제기했다고 해서 추심채권자로 하여금 그 소송이 당사자적격이 없는 소로서 각하되기를 기다리든지, 추심채권자가 채무자 제기의 소송절차에 참가승계(법 81조)하는 방법으로 그 권리를 행사하기를 기대할 수 없으며 법적으로 이를 요구할 수도 없다. 즉 후소인 추심금청구소송은 확정판결 등 집행권원을 취득한 뒤 피압류채권을 **추심**하여 이를 **집행**하는 두 가지 목적을 가지고 있으므로 추심채권자의 **추심금청구소송의 소송물**은 채무자의 **이행의 소의 소송물 전부**를 포함하나, 채무자의 **이행의 소의 소송물**은 추심채권자의 **추심금청구소송의 소송물 전부를 포함한다고 보기 어렵다.** 따라서 채무자가 제기한 이행소송의 계속 중에 추심채권자가 제기한 추심금청구소송은 중복소송에 해당되지 않는다.

4. 채권자취소소송과 중복소송

　　채권자취소소송의 계속 중 **동일한 채권자**가 **피보전권리**를 달리하여 동일한 사해행위에 대하여 채권자취소소송을 이중으로 제기하는 경우 전·후소는 소송물(사해행위취소권·원상회복청구권)이 동일하다고 보아야 하므로 중복소송에 해당한다.[1] 채권자취소소송의 계속 중 **다른 채권자**가 동시에 또는 이시(異時)에 동일한 사해행위에 대하여 채권자취소소송을 제기한 경우에는 중복소송이 아니다. 채권자취소권의 요건을 갖춘 각 채권자는 자신의 고유의 권리로서 채무자의 재산처분행위를 취소하고 그 원상회복을 구할 수 있기 때문이다.[2]

----

1) 대판 2012. 7. 5. 2010다80503.
2) 대판 2013. 4. 26. 2011다37001, 2014. 8. 20. 2014다28114. 따라서 여러 사람의 채권자가 사해행위취소 및 원상회복 청구의 소를 제기하여 여러 개의 소송이 계속 중인 때에는 각 소송에서 채권자의 청구에 따라 사해행위취소 및 원상회복을 명하는 판결을 선고해야 한다. 수

Ⅲ. 청구(소송물)의 동일

1. 실체법상 권리가 다른 경우

청구취지가 같아도 실체법상 권리가 다른 경우 구소송물이론에 의하면 동일사건이 아니나, 신소송물이론에 의하면 동일사건이다[공격방법이나 법률적 관점만 달리 하는 경우로 본다].

2. 선결적 법률관계에 있는 경우, 즉 후소 소송물이 전소 소송물의 선결관계에 있는 경우 또는 그 반대의 경우

임대인의 임대차계약의 종료를 원인으로 한 임대차목적물의 반환청구소송의 계속 중 같은 목적물에 대한 상대방(임차인)의 임대차계약의 존속을 원인으로 한 임차권존재확인의 별소가 제기된다든지, 소유자의 소유권에 기한 등기말소청구소송의 계속 중 같은 목적물에 대한 상대방(등기명의인)의 소유권확인의 별소가 제기되는 경우 등에 대하여, **통설**은 중복소송으로 보지 않는다. 즉 선결적 법률관계에 대해서는 판결이유에서 판단될 뿐이고, 기판력이 미치지 않으므로 이러한 선결적 법률관계에 관하여 별소를 제기하더라도 동일사건이 아니고 중복소송금지규정에 저촉되지 않는다.

익자(전득자)가 가액배상을 해야 할 때에도 수익자가 반환해야 할 가액을 각 채권자의 채권액에 비례하여 채권자별로 안분한 범위 내에서 반환을 명할 것이 아니라, 수익자가 반환해야 할 가액범위 내에서 **각 채권자의 피보전채권액 전액**의 반환을 명해야 한다. 이와 같이 여러 개의 소송에서 수익자가 배상해야 할 가액 전액의 반환을 명하는 판결이 선고되어 확정될 경우 수익자는 이중으로 가액을 반환하게 될 위험에 처할 수 있으나, 수익자가 어느 채권자에게 자신이 배상할 가액의 일부 또는 전부를 반환한 때에는 **그 범위 내에서** 다른 채권자에 대하여 **청구이의의 소**(민집 44조) 등의 방법으로 이중지급을 거부할 수 있다. 대판 2003. 7. 11. 2003다19558, 2005. 11. 25. 2005다51457, 2008. 4. 24. 2007다84352; 김병수, "가액배상을 명하여야 할 사해행위취소소송이 병합된 경우 가액배상의 범위," 대법원판례해설 75호(2008년 상반기), 54쪽 이하. 한편 수익자가 어느 채권자에게 자신이 배상할 가액의 일부 및 전부를 반환한 때에는 다른 채권자에 대하여 각 사해행위취소 판결에서 **가장 다액으로 산정된 공동담보가액**에서 **자신이 반환한 가액을 공제한 금액을 초과하는 범위**에서 청구이의의 방법으로 집행권원의 집행력의 배제를 구할 수 있을 뿐이다. 대판 2022. 8. 11. 2018다202774. 임정윤, "여러 개의 사해행위취소 및 가액배상 판결이 확정된 다음 가액배상액 중 일부를 반환한 수익자가 청구이의의 소로 집행력의 배제를 구할 수 있는 범위," 대법원판례해설 133호(2022년 하) 398쪽 이하.

3. 동시이행항변 또는 유치권항변의 경우

동시이행항변 또는 유치권항변으로 제출한 반대채권을 별소로 청구해도 중복소송이 아니다. 공격방어방법을 이루는 선결적 법률관계나 항변으로 주장된 권리에 대해서는 소송계속이 발생하지 않기 때문이다.

4. 상계항변의 경우

(1) 상계항변과 별소와의 관계

상계항변으로 주장한 반대채권(자동채권)에 대하여 중복소송금지규정을 **유추적용**할 것인지 논의가 있다. 전·후소에서의 상계항변과 별소(본소 또는 반소)와의 관계에 관하여 다음 두 가지의 형태가 있다. ① 소송계속 중인 전소에서 반대채권으로 상계항변을 하고 있음에도 별도로 그 채권에 기하여 상대방에 대하여 소 또는 반소를 제기하는 경우(**상계항변선행형**), ② 본소 또는 반소를 청구하고 있는 채권에 대하여 상대방이 청구하는 후소에서 그 채권을 반대채권으로 하여 상계항변을 하는 경우(**상계항변후행형**)이다.

(2) 유추적용긍정설의 입장

이에 대하여, 위와 같은 경우에는 중복소송금지규정을 유추적용해야 한다는 견해가 있다(**유추적용긍정설**). 그 논거로서, ① **상계항변선행형**에서는 전소에서 상계항변에 제공된 채권의 존부에 기판력이 생기므로(법 216조 2항), 상계항변은 일종의 중간확인의 반소라고 할 수 있으며, 독일(민사소송법 148조)에서처럼 이러한 경우 후소의 변론을 중지하는 제도적 장치가 없는 현행법하에서는 심판의 중복과 판결의 모순·저촉을 피할 필요가 있으며,[1] ② **상계항변후행형**에서는 전소에서 이미 반대채권에 대하여 소 또는 반소를 제기하여 확실하고 강력한 권리행사방법을 취하고 있으므로 후소에서 상계항변을 제한해도 무방하며, 상계항변선행형에서는 만약 반대채권에 대하여 집행권원을 시급히 얻어야 한다거나 소멸시효를 중단시킬 필요가 있다면 전소에서 반소를 제기하거나 상계항변을 철회한 후 별소를 제기하면 된다[2]는 점 등을 그 논거로 들고 있다.

---

1) 강현중, 363쪽; 전병서, 293쪽.
2) 조무제, "소송상 상계의 항변," 사법논집 12집(1981. 12.), 93쪽 이하; 신동기, "상계의 항변과 중복제소의 금지," 판례연구(부산판례연구회) 7집(1997. 1.), 445쪽 이하.

한편 상계항변후행형에 한하여 중복소송금지규정을 유추적용해야 한다는 입장도 있다.1)

(3) 유추적용부정설의 타당성

위와 같은 경우에는 중복소송금지규정의 유추적용을 부정하여 상계항변선행형이거나 상계항변후행형이거나 모두 허용해야 한다(**유추적용부정설**).

(a) 상계항변선행형의 경우

상계항변선행형에서는, ① 상계항변에 제공된 채권의 존부에 기판력이 생기나 이로써 상계항변이 소송상 청구가 되는 것이 아니고, ② 상계항변은 일종의 소송상 예비적 항변에 불과하여 심판될지 여부가 불확실하고, ③ 상계항변에 제공한 채권에 대해서도 집행권원을 얻기 위해 별소 또는 (**다른 사건에서**) 반소의 제기를 허용해야 한다.

(b) 상계항변후행형의 경우

상계항변후행형에서는, ① 반대채권에 기한 전소를 취하하려고 하더라도 상대방이 동의를 하지 않는 한 그 소를 취하할 수 없는데도(법 266조 2항), 후소에서 반대채권에 기한 상계항변을 허용하지 않는다는 것은 상계에 의한 방어의 길을 봉쇄하는 결과가 되며, ② 이미 반대채권에 대하여 전소를 제기하고 있더라도 후소에서 반대채권을 가지고 상계항변을 허용하는 것이 소송의 실정과 당사자의 공평한 편의에 적합하므로 후소에서의 상계항변을 허용해야 한다.

(c) 유추적용부정설의 입장과 법원의 조치

유추적용부정설을 취하더라도 **사실심**에서 법원은 **이부**(移部, 두 사건이 **같은 법원**의 다른 재판부에 계속된 때)·**이송**(두 사건이 같은 심급의 **다른 법원**에 계속된 때) 등의 조치를 취하고, 결국 **변론의 병합**(두 사건이 **같은 재판부**에 계속된 때)을 통하여 하나의 소송절차에서 심리·판단될 수 있도록 **소송지휘권**을 더욱 적극적으로 행사하여 기판력의 모순·저촉을 방지함과 아울러 소송경제를 도모해야 한다.2)3) 한편 **상계항변선행형**의 경우 법원으로서는 전소에서 상계항변으로 제공된 반대채

---

1) 일본 최고재 1991. 12. 17. 판결은 자동채권과 수동채권이 견련성이 없더라도 청구선행형 (상계항변후행형)의 경우 별소에서 하는 상계항변은 일반적으로 부적법하다고 보고 있다.

2) 노태악, "소송상 상계의 항변과 중복제소," JURIST 385호(2002. 10.), 47쪽 이하.

3) 두 사건이 **다른 심급**에 **계속 중**인 때에는 이송이 불가능하여, 동일한 소송절차에서 가능한 변론의 병합을 할 수 없다.

권에 관해서는 별도의 소제기를 금하고 석명권에 기하여 반소의 제기를 유도함이 타당하며, 이미 별도의 소(후소)를 제기한 때에는 이부·이송 또는 변론의 병합으로 동일 절차에서 반소로써 병합되도록 노력해야 한다는 견해(**반소병합설**)도 있다.[1][2]

(d) 판례의 태도

판례 역시 **유추적용부정설**의 입장을 취하고 있다. **판례**는 **후소**에서 상계항변을 제출할 당시 이미 반대채권과 동일한 채권에 기한 소송(**전소**)을 별도로 제기하여 계속 중이라면(**상계항변후행형**의 경우), 후소의 사실심 담당재판부로서는 전·후소를 같은 기회에 심리·판단하기 위하여 이부·이송 또는 변론의 병합 등을 시도함으로써 판결의 모순·저촉을 방지함과 아울러 소송경제를 도모함이 바람직하나, 그렇다고 하더라도 특별한 사정이 없는 한 별소로 계속 중인 채권을 자동채권으로 하는 소송상 상계의 주장이 허용되지 않는다고 볼 수 없다는 입장이다.[3] 나아가 **판례**는, 마찬가지로 먼저 제기된 소송(**전소**)에서 상계항변을 제출한 다음 그 소송계속 중에 자동채권과 동일한 채권에 기한 소송(**후소**)을 별소나 반소로 제기하는 것(**상계항변선행형**의 경우)도 가능하다고 보고 있다.[4]

5. 동일한 권리관계에 관하여 소의 종류를 달리하든지 청구취지를 달리 하는 경우

동일한 권리관계에 관해서도 소의 종류를 달리하든지 청구취지를 달리하면 별개의 소송물이므로, 여기서 중복소송 여부의 문제는 별개의 소송물이지만 동일 사건에 준하여 **중복소송금지규정**을 **유추적용**할 것인지에 관한 것이다. 주의를 요하는 것은 소의 종류나 청구취지가 다르다면 소송물도 달라 동일사건이 아니므로 중복소송의 문제가 아니라고 보는 견해[5]는 논의의 전제를 달리한다는 점이다.

---

1) 이시윤, 302쪽. 이 경우 양소를 이부, 이송 등으로 병합하여 심리하도록 하되, 그것이 불가능한 경우에는 전소에서 한 상계항변이 조건부, 즉 예비적이면 후소를 적법한 소로 허용하고, 전소에서 한 상계항변이 무조건적이면 중복소송으로 처리하는 것이 타당하다는 견해로는, 호문혁, 162쪽.

2) 구체적 상황에 따라서는 변론의 병합이 아닌, 변론의 분리나 소송절차의 중지가 보다 적절할 수 있다는 견해로는, 정상민, "상계의 항변과 중복된 소제기의 금지," 법조 통권 750호 (2021. 7.), 37쪽 이하.

3) 대판 2001. 4. 27. 2000다4050, 2022. 2. 17. 2021다275741.

4) 대판 2022. 2. 17. 2021다275741.

5) 호문혁, 160쪽. 양소가 서로 다른 소송물을 내포하고 있으므로 중복소송금지원칙으로 해결하기보다는 오히려 확인의 이익 유무로서 해결하는 것이 논리적이고 간명하다는 견해(한충수,

(1) 동일한 권리에 관한 원고의 적극적 확인청구(전소)에 대하여 피고의 소극적 확인청구(후소)

이 경우는 후소가 전소에서의 원고의 청구에 대한 기각판결을 구하는 것 이상의 의미가 없으므로 중복소송에 해당한다.

(2) 동일한 권리에 관한 원고의 소극적 확인청구(전소)에 대하여 피고의 이행청구(후소) 또는 그 반대의 경우(다른 당사자에 의한 대향형의 경우)

(a) 동일한 소송절차에서 반소로써 이루어지는 경우

이러한 대향형의 청구가 **동일한 소송절차**에서 **반소**로써 이루어지는 때에는 중복소송의 문제가 발생할 여지가 없다. 다만 ① 갑이 을을 상대로 한 채무부존재확인소송의 계속 중에 을이 갑을 상대로 이행청구의 반소를 제기하더라도 (이미 확인의 소의 확인의 이익에서 본 바와 같이) 채무부존재확인의 소의 확인의 이익이 소멸되지 않으나,[1] ② 갑이 을을 상대로 한 이행청구소송의 계속 중 을이 갑을 상대로 채무부존재확인의 반소를 제기하는 것은 본소청구의 기각을 구하는 데 그치므로 반소청구의 이익이 없다고 본다.[2]

(b) 별개의 소송절차에서 별소로써 이루어지는 경우

1) 이러한 대향형의 청구가 **별개의 소송절차**에서 **별소**(소 또는 반소)로써 이루어지는 경우, 예컨대 갑이 을을 상대로 한 채무부존재확인소송의 계속 중 을이 갑을 상대로 별소로써 이행청구소송을 제기하거나, 갑이 을을 상대로 한 이행청구소송의 계속 중에 을이 갑을 상대로 별소로써 채무부존재확인소송을 제기하는 것은 모두 청구취지를 달리하여 동일사건은 아니지만, 앞서 논의의 전제에서 언급한 바와 같이 동일사건에 준하여 **중복소송금지규정**을 **유추적용**할 것인지의 문제가 있다.

2) 먼저 갑이 을을 상대로 **이행청구소송**을 제기하여 그 소송이 계속 중임에도 불구하고 을이 갑을 상대로 **채무부존재확인소송**을 제기하는 것은 동일사건에 준하여 중복소송에 해당한다고 본다. 다만 **판례**는 기본적으로는 양소의 청구취지가 다르면 중복소송으로 보지 않고 있으므로 이러한 경우 중복소송의 문제로

262쪽)도 같은 입장이다.

1) 대판 1999. 6. 8. 99다17401,17418.

2) 대판 2007. 4. 13. 2005다40709,40716.

보지 않고 단지 **확인의 이익**의 문제로 처리하고 있다. **판례**는, 근저당권자인 피고가 원고에 대하여 원고가 근저당권설정자인 제 3 자의 채무를 병존적으로 인수했다고 하여 그 채무이행을 구하는 소(**전소**)를 제기하여 소송계속 중이라면 원고로서는 전소에서 피고가 원고나 위 제 3 자에 대하여 채권을 가지고 있지 않음을 다툴 수 있으므로, 이와는 별도로 원고가 피고를 상대로 제기한 (제 3 자의 피고에 대한 채무가 존재하지 않는다는) 채무부존재확인의 소(**후소**)는 확인의 이익이 없어 부적법하므로 소를 각하해야 한다고 보고 있다.[1]

3) 다음 갑이 을을 상대로 **채무부존재확인소송**을 제기하여 소송계속 중임에도 을이 갑을 상대로 **이행청구소송**을 제기하는 것은 이를 동일사건에 준하여 볼 수 없으므로 중복소송에 해당하지 않는다고 보아야 한다. 을로서는 ① 전소가 사실심에 계속 중인 때에는 동일한 소송절차 내에서 반소를 제기할 수 없는 것은 아니나, 반소로 제기할 것인지는 피고가 자유로이 선택할 수 있을 뿐만 아니라,[2] ② 전소가 항소심에 계속 중인 때에는 상대방의 심급의 이익을 해할 우려가 없거나, 또는 상대방의 동의가 있는 경우에 한하여 반소를 제기할 수 있는 등(법 412조 1항) 반소의 제기가 반드시 용이하다고 볼 수 없으므로 이를 동일사건에 준하여 보는 것은 무리이기 때문이다.

한편 이러한 경우 중복소송이 되지 않으나 전소인 채무부존재확인소송은 후소인 이행청구소송의 제기로 확인의 이익의 소멸된다고 볼 것인지 여부에 관하여 이를 긍정하는 견해가 있다.[3] 그러나 채무부존재확인소송의 계속 중에 반소로써 이행청구소송이 제기되는 때에도 이미 앞서 본 바와 같이 채무부존재확인소송의 확인의 이익이 소멸하지 않는다고 보아야 하므로, 동일 소송절차가 아닌 별소로써 이행청구소송을 제기하는 경우에 더욱 그렇다고 보아야 한다.

---

1) 대판 2001. 7. 24. 2001다22246.

2) 미국 연방민사소송규칙(FRCP) 13조(a)는 본소 청구원인인 거래 또는 사건(transaction or occurrence)에서 발생한 경우 반소를 강제하고 있다(강제반소, compulsory counterclaim).

3) 강수미, "채무부존재확인의 소의 확인의 이익에 관한 고찰," 민사소송 18권 2호(2014. 11.), 128쪽. 한편 후소인 이행청구소송에 대하여 피고인 채무자가 응소하여 채무자 동의 없이 일방적으로 취하될 수 없는 때(법 266조 2항)에는 원칙적으로 전소인 채무부존재확인소송의 확인의 이익이 소멸한다고 보는 견해로는, 김동현, "동일한 청구권에 관한 이행의 소와 소극적 확인의 소," 민사소송 19권 2호(2015. 11.), 192쪽. 다만 이들 견해에 의하더라도 예외적으로 전소인 채무부존재확인소송이 본안판단을 할 수 있을 정도로 심리가 이루어져서 판결하기에 성숙한 단계에 이르렀으면 소송경제상 확인의 이익이 소멸하지 않는다고 본다.

(3) 동일한 권리에 관한 원고의 적극적 확인청구(전소) 후 원고의 별소나 반소에 의한 이행청구(후소) 또는 그 반대의 경우(같은 당사자에 의한 **반복형**의 경우)

1) 채권자가 채권존재확인의 소를 제기한 후 동일한 채권에 대하여 이행의 소를 제기하거나 또는 그 반대로 채권자가 이행의 소를 제기한 후 동일한 채권에 대하여 확인의 소를 제기하는 것은 그 청구취지가 서로 다르므로 중복소송에 해당하지 않는다고 보는 견해가 있다. 이러한 입장에서는 중복소송으로 보지 않되, 전자이든 후자이든 적극적 확인청구는 확인의 이익이 없어 각하해야 한다고 본다.[1] 그러나 이러한 입장은 청구취지가 다르더라도 중복소송금지규정을 **유추적용**할 것인지의 논의에서 벗어난 것임은 이미 본 바와 같다. 이와 달리 청구취지가 다르더라도 중복소송금지규정을 유추적용할 수 있다는 입장에서, 이행의 소가 먼저 제기된 때에 후소로 확인의 소를 제기하는 것은 동일사건으로 보되, 확인의 소가 먼저 제기되었을 때에 후소로 이행의 소를 제기하는 것은 집행력 있는 판결을 구하는 것으로 동일사건이 아니라고 보는 견해가 있다.[2]

2) 이행의 소를 먼저 제기한 후 확인의 소를 제기하는 것은 동일사건에 준하여 중복소송에 해당한다. 확인의 소를 먼저 제기한 후 이행의 소를 제기하는 것 역시 전소가 **사실심**에 계속 중이라면 그 소송절차 내에서 **청구취지의 변경**(청구의 변경, 청구의 교환적 변경)으로 이행청구의 목적을 달성할 수 있으므로(즉 구태여 별개의 소송절차로 이행청구를 할 필요가 없으므로) 이를 동일사건에 준하여 중복소송에 해당한다고 보아야 한다. 다만 전소가 **법률심**인 상고심에 계속 중이라면 그 소송절차에서 청구취지의 변경이 불가능하므로 별소(소 또는 반소)로 이행의 소를 제기하는 것을 중복소송으로 보지 않는다.[3]

3) 이에 관하여 **판례**가 아직 나오지 않아 판례의 태도를 확인할 수 없다. 다만 판례는 청구취지가 다르면 중복소송으로 보지 않고, **소권의 남용**이나 **확인의 이익** 등으로 해결하는 입장이므로 이를 미루어 볼 수 있다. ① 원고가 확인의 소

---

1) 호문혁, 160쪽; 한충수, 263쪽; 김용진, 136쪽.

2) 이시윤, 303쪽.

3) 김홍규·강태원, 313쪽; 정동윤·유병현·김경욱, 326쪽; 강현중, 361쪽; 송상현·박익환, 285쪽 등은 전소가 청구취지의 확장이 가능한 사실심에 계속 중인지 여부를 구분하지 않고, 확인의 소가 먼저 제기된 후 이행의 소를 제기하면 중복소송이 된다고 본다. 따라서 전소인 확인의 소가 법률심인 상고심에 계속 중인 때에는 그 판결을 기다려 이행의 소를 제기하면 된다고 본다. 김홍규·강태원, 313쪽.

(전소)를 제기하여 소송계속 중 동일한 권리에 관하여 이행의 소(소 또는 반소)를 제기하는 경우 전소가 사실심 계속 중인 때에는 전소에서 청구취지의 변경이 가능한데도 별소를 제기한 것이 되어 **소권의 남용**으로 부적법하므로 소를 각하해야 한다(물론 전소가 상고심에 계속 중인 때에는 그렇지 않다). ② 원고가 이행의 소(전소)를 제기하여 소송계속 중 동일한 권리에 관하여 확인의 소를 제기하는 경우 전소로 이미 이행청구를 하고 있는데도 별소를 제기한 것이 되어 후소는 **확인의 소의 보충성**에 반하여 **확인의 이익**이 없게 되므로 소를 각하해야 한다는 입장에 설 것으로 보인다.

6. 일부청구의 경우

일부청구의 소송계속 중 별소로 잔부청구를 하는 경우 중복소송에 해당하는지에 관하여 논의가 있다. 여기서 중복소송의 문제는 특히 일부청구와 잔부청구가 별개의 소송물이지만(명시적 일부청구의 경우) 동일사건에 준하여 중복소송으로 볼 것인지 여부에 관한 것이다. 주의를 요하는 것은 이러한 경우는 아예 소송물이 달라 동일사건이 아니어서 중복소송의 문제가 아니라고 보는 견해[1]는 논의의 전제를 달리한다는 점이다.

(1) 명시적 일부청구와 중복소송금지규정의 유추적용

명시적 일부청구가 아닌 **비명시적 일부청구**(묵시적 일부청구)의 소송계속 중에 잔부청구를 하는 것은 동일한 소송물이므로 중복소송이 된다. **명시적 일부청구**의 소송계속 중에 잔부청구를 하는 것은 동일한 소송물이 아니나 전소가 사실심에 계속 중인 때에는 **청구취지의 확장**(청구의 변경, 청구의 추가적 변경)으로 가능하므로 동일사건에 준하여 중복소송금지규정을 유추적용하여 중복소송에 해당한다. 다만 전소가 법률심인 상고심에 계속 중인 때에는 중복소송으로 보지 않는다(다수설).

(2) 판례의 태도

판례는 전소가 명시적 일부청구가 아닌 경우에는 중복소송이 된다고 보나, 명시적 일부청구의 경우에는 일부청구와 잔부청구는 별개의 소송물이어서 이를 중복소송의 문제로 보지 않고 앞서와 같이 **소권의 남용**으로 이를 처리하고 있다. **판례**는, ① 전소가 명시적 일부청구로서 법률심인 **상고심**에 계속 중인 때에는

---

1) 호문혁, 158쪽.

원고가 유보된 잔부청구를 별소로 제기했다고 하더라도 소권의 남용이 아닌 것으로 보나,[1] ② 전소가 명시적 일부청구로서 **사실심**에 계속 중인 때에는 원고가 전소에서 청구취지의 확장으로 용이하게 후소의 청구를 할 수 있었는데도 별소로 잔부청구를 하는 것은 소권의 남용에 해당되어 부적법하다고 본다.[2]

　　판례의 입장에 대하여, ① 소권의 남용을 인정하는 것은 개인의 소권을 제한하거나 박탈하는 결과가 될 수 있어 신중을 기해야 하므로, 청구취지를 확장할 수 있는데도 잔부청구를 한다고 해서 만연히 소권의 남용이 된다고 보는 것은 위험한 발상이라는 견해,[3] ② 청구취지의 확장은 원고의 권리이지 의무가 아니므로 특별한 사정의 존부에 관한 검토 없이 전소에서 청구취지의 확장으로 잔부청구가 용이했다는 점만을 들어 후소가 소권의 남용에 해당한다고 하면 구체적 타당성을 잃을 수 있다는 견해가 있다.[4]

(3) 단일절차병합설의 입장과 문제점

　　한편 일부청구가 명시적이든 아니든 사실심에 계속 중일 때에는 청구취지의 확장이 가능한데도 구태여 잔부청구를 별소로 제기하는 것으로 소권의 남용으로 볼 여지가 있으므로, 분쟁의 1회적 해결의 요청과 분할청구의 자유를 조화시키기 위하여, 이부·이송, 변론의 병합으로 절차의 단일화를 시도해 보고, 그것이 잘 안 될 때에는 각하해야 한다는 견해(**단일절차병합설**)가 있다.[5] 그러나 이러한 입장은 동일한 권리관계에 관하여 전소로 확인의 소가 사실심에 계속 중인데도 별소로 이행의 소를 제기하는 것은 소권의 남용으로 보지 않는 것(물론 중복소송으로도 보지 않는다)과 대비하여 논리의 일관성에 문제가 있으며, 전소 일부청구와 후소 잔부청구를 하나의 절차로 병합처리하는 것이 바람직하기는 하나 이러한 조치가 제대로 되는 경우와 그렇지 않은 경우를 구별하여 달리 취급하는 근거가 뚜렷한 것도 아니므로, 실제 재판의 운영에 특별한 지침이 될 수 있을지 의문이다.

---

1) 대판 1985. 4. 9. 84다552.
2) 대판 1996. 3. 8. 95다46319.
3) 호문혁, 158쪽. 이러한 입장에서는 잔부를 청구하는 경우 후소를 중복소송의 문제로 삼을 것이 아니라 처분권주의에 충실하게 적법한 것으로 인정하고, 가능하면 이송 등으로 변론을 병합하는 것이 타당하다고 한다.
4) 문일봉, "일부청구와 중복제소금지," 인권과 정의 242호(1996. 10.), 117쪽.
5) 이시윤, 304쪽.

Ⅳ. 전소의 소송계속 중 후소의 제기

1. 중복소송과 전·후소의 관계

전소인지 후소인지의 판별은 **소송계속의 발생시기**(즉 소장부본이나 청구변경신청서부본 등이 피고에게 송달된 때)의 선후(先後)에 의한다.[1] 전·후소가 제기된 법원이 같은 법원인지, 다른 법원인지 여부를 불문하고, 후소가 **다른 소송절차**에서 소(청구의 변경을 포함한다), 반소, 또는 참가의 소, 또는 참가승계신청[2] 등 어떠한 형태의 소라도 무방하다. 다만 유의할 것은 **참가승계신청**도 소제기에 해당하나 그 효력은 참가하는 소송의 소제기시로 소급하여 효력이 있으므로(법 81조), 참가승계신청한 소송과 참가승계인이 별도로 제기한 소송의 중복소송 여부를 판단하기 위해서는 참가승계신청시와 별도의 소의 제기시를 비교하여 전소·후소의 관계를 판단하는 것이 아니라, 참가승계신청한 소송에서의 **소송계속시**와 참가승계인이 별도로 제기한 소송에서의 **소송계속시**를 **비교**하여 전소·후소의 관계를 판단한다는 점이다.[3]

2. 전소와 소송요건 구비 여부

전소가 소송요건을 갖추지 못한 부적법한 소라도 무방하다. **판례**도, 중복소송금지는 소송계속으로 인하여 당연히 발생하는 소송요건의 하나로서 이미 동일한 사건에 관하여 전소가 제기되었다면, 비록 그 전소가 소송요건에 흠이 있어 부적법하다고 할지라도 후소의 변론종결시까지 **취하·각하** 등에 의하여 그 소송계속이 **소멸**되지 않는 한 후소는 중복소송금지원칙에 위배되어 각하를 면치 못한다고 한다.[4]

---

1) 대판 1990. 4. 27. 88다카25274,25281, 1992. 5. 22. 91다41187, 2012. 11. 29. 2010두7796. 소제기에 앞서 가압류·가처분 등 보전절차가 있었다고 하더라도 이를 기준으로 가릴 것은 아니다. 대판 1994. 11. 25. 94다12517,12524.

2) 전소와 후소 중 어느 하나가 참가승계신청에 의하여 이루어진 경우에도 마찬가지이다. 대판 2012. 7. 5. 2010다80503.

3) 대판 2021. 7. 29. 2018다230229.

4) 대판 1998. 2. 27. 97다45532, 2021. 5. 7. 2018다259213, 2021. 5. 13. 2020다71690 등.

Ⅴ. 중복소송의 효과

1. 소극적 소송요건

중복소송은 소극적 소송요건으로 당사자의 주장이 없더라도 직권으로 조사를 개시하여 판단하는 **직권조사사항**이다(판단자료의 수집에서는 **직권탐지형**이다). 중복소송인지 여부는 **법원에 현저한 사실로서 불요증사실**(법 288조 본문)이다.[1] 중복소송은 부적법하므로 소각하판결을 한다. 동일사건이라도 **후소의 제기시** 이미 **전소의 소송기록**이 **분실**된 상태라면 후소는 **기록재편제**를 위한 신소의 제기로 보아 중복소송에 해당하지 않는다.[2]

2. 중복소송을 간과한 판결의 경우

중복소송을 간과한 본안판결에 대하여 **판결확정 전**에는 상소할 수 있다. 중복소송을 간과한 판결은 당연무효가 아니다. 그러나 **판결확정 뒤**에는 중복소송이라는 이유만으로는 재심의 소를 제기할 수 없다(재심사유가 아니다). 다만 중복소송을 간과한 판결이 확정되어 전소 확정판결과 서로 모순·저촉되는 경우 전소 판결과 후소(중복소송) 판결의 **각 확정시를 비교**하여 **뒤에 확정된 판결**이 **재심사유**가 된다(법 451조 1항 10호, 재심을 제기할 판결이 전에 선고한 확정판결에 어긋나는 때). 예컨대 전소 판결이라도 뒤에 확정되면 전소 판결이 재심사유가 된다. 한편 먼저 확정된 판결이 뒤에 확정된 판결과 저촉된다고 하더라도 먼저 확정된 판결의 효력이 실효되는 것은 아니며, **재심의 소**에 의하여 뒤에 확정된 판결이 **취소될 때까지** 먼저 확정된 판결과 뒤에 확정된 판결은 저촉되는 상태에서 그대로 판결의 효력을 갖는다.[3]

▣ 중복소송금지원칙의 적용범위의 확대시도 논의
　(1) 중복소송금지원칙의 확대적용의 견해
　양소의 사실관계나 사실자료가 공통하여 청구의 기초에 동일성이 있다고 인정되

---

1) 대판 1995. 4. 14. 94다29256.
2) 대판 1981. 3. 24. 80다1888,1889는 후소의 제1심 변론종결 후 전소의 소송기록이 폐기된 사안에서, 이 경우에는 중복소송에 해당한다고 보았다.
3) 대판 1997. 1. 24. 96다32706.

는 때, 또는 양소의 주요한 쟁점을 공통으로 하는 때에도 판결내용의 모순방지와
소송경제의 취지에서 인정되는 중복소송금지원칙을 확대하는 것이 타당하다는 견해
가 제기되고 있다. 예컨대 매매의 목적물의 소유권확인청구와 상대방의 같은 목적
물의 인도청구, 소유권에 기한 말소등기청구와 상대방의 같은 부동산에 대한 소유
권확인청구, 가등기말소청구와 상대방의 가등기에 기한 본등기청구 등에서는 쟁점
을 공통으로 하므로 별소를 금지하고 청구취지를 확장(청구의 변경)하게 하거나 반
소를 제기하도록 해야 한다는 견해이다.[1]

  (2) 중복소송금지원칙의 엄격한 제한적 유추적용
  중복소송금지원칙은 원칙적으로 동일사건에 국한하여 적용되어야 하며, 동일사
건이 아닌 경우에는 **실질적으로** 동일사건으로 볼 수 있는 때에 한하여 **제한적으로**
중복소송금지원칙의 유추적용을 통하여 허용될 따름이다. 따라서 별소의 제기가 가
능한데도 하나의 소송절차에서의 병합심리를 강제하는 것은 지나치게 소권의 행사
를 제약하는 것으로 받아들이기 어렵다.

Ⅵ. 외국법원의 소송과 국내법원의 소송 사이의 중복소송 여부

1. 국제적 소송경합 인정여부

  외국법원에 소가 제기되어 계속 중 동일사건에 대하여 국내법원에 제소했을
때 중복소송(**국제적 소송경합**)이 되는지 여부에 관하여 논의가 있다. 이에 대하여,
① 외국법원에 계속된 소송의 소송물과의 동일성 판단 및 외국판결의 승인가능성
에 대한 예측곤란 등을 이유로, 외국법원에서의 소제기에도 불구하고 국내법원에
서의 소제기는 무방하다는 견해(**규제소극설**),[2] ② 외국법원의 판결이 장차 법 217
조 1항에 의하여 승인받을 가능성이 예측되는 때에는 중복소송으로 인정된다는 견
해(**적극설, 승인예측설**),[3] ③ 사안별로 판단하여 외국과 우리나라 가운데 어디가 적
절한 법정지인지를 비교형량하여 외국법원이 보다 적절한 법정지인 경우에 국내법
원에 제소된 소송을 중복소송으로 인정하자는 견해(**절충설, 비교형량설**)가 있다.[4] 국

---

1) 이시윤, 305쪽; 김홍규, "중복제소금지의 요건으로서 전소와 후소에 있어서 청구의 동일성
  범위," 대한변호사협회지 111호(1985. 10.), 31쪽 이하.
2) 정동윤·유병현·김경욱, 331쪽.
3) 이시윤, 306쪽; 강현중, 366쪽; 송상현·박익환, 286쪽. 한편 외국법원의 판결이 국내에서
  승인이 예측되더라도 국내에서 다시 소를 제기할 권리보호이익이나 구체적 필요성이 있으면
  중복소송이 아니라고 보는 견해로는, 한충수, "국제적 소송경합," 민사소송 8권 2호(2004.
  11.), 66쪽; 호문혁, 166쪽.
4) 국제적 소송경합의 문제는 국제재판관할의 조정이라는 포괄적이고 유연한 원칙을 추구하는

제화시대에 부합하고 객관적인 기준을 제공하는 **승인예측설**이 타당하다.

2. 국제적 소송경합에 해당하는 경우와 소송상 처리 등

2차 전부개정 국제사법은 외국법원에 계속 중인 사건과 동일한 소가 우리나라 법원에 다시 제기된 경우에 외국법원의 재판이 대한민국에서 승인될 것으로 예상되는 때에는 법원은 판결의 모순·저촉을 피하기 위하여 **직권** 또는 **당사자의 신청**에 의하여 **소송절차를 중지**하는 결정을 할 수 있도록 하고(다만 전속적 국제재판관할합의에 따라 우리나라 법원에 국제재판관할이 있거나, 우리나라 법원에서 해당 사건을 재판하는 것이 외국법원에서 재판하는 것보다 더 적절함이 명백한 때에는 그렇지 않다), 이에 대한 결정에 대해서는 즉시항고를 할 수 있도록 하고 있다(11조 1항·2항). 그러나 외국법원이 본안에 대한 재판을 하기 위하여 필요한 조치를 하지 않는 경우 또는 외국법원이 합리적인 기간 내에서 본안에 관하여 재판을 선고하지 않거나 선고하지 않을 것으로 예상되는 경우에 **당사자의 신청**이 있으면 법원은 앞서와 같이 **중지된 사건의 심리를 계속**할 수 있다(11조 4항). 국제적 소송경합이 있는 경우 소송절차의 중지 여부를 결정할 때 소의 선후는 **소를 제기한 때**를 기준으로 한다(11조 5항). 국제적 소송경합이 있는 경우 대한민국 법령 또는 조약에 따른 승인요건을 갖춘 외국재판이 있는 때에는 우리나라 법원에 제기된 소를 각하해야 한다(11조 3항).[1] 한편 외국법원에 제소한 경우 그 소송에 계속된 권리에 대한 **시효중단**의 문제에서도 승인예측설의 입장에서 판단해야 한다.

접근방식을 취하는 입장에서 헤이그신협약 21조 1호를 국제소송경합 처리의 원칙적 입장으로 고려할 수 있다는 견해로는, 유영일, "국제재판관할의 실무운영에 관한 소고 —개정 국제사법과 헤이그신협약의 논의를 중심으로—," 법조 51권 12호(2002. 12.), 178쪽 이하. 한편 동일 당사자 사이에 사실관계의 동일성이 인정되는 사건이 외국법원과 국내법원에 동시에 소송계속되면, 법원은 직권으로 당사자의 이익의 관점에서 중복소송의 권리남용 여부를 판단하여 권리남용적인 소송을 부적법하다고 보아 각하할 수 있어야 한다는 견해로는, 피정현, "국제적 중복제소의 금지 여부 —국내법원에서의 외국소송계속의 고려 여부—," 현대사회와 법의 발달(균제양승두교수화갑기념, 1994. 12.), 599쪽 이하.

1) 2차 전부개정 국제사법 11조 3항의 법문상으로는 국제적 소송경합의 경우임에 대한 명시적 언급이 없으나 위 규정은 국제적 소송경합을 전제로 한 것으로 이해해야 한다. 국제적 소송경합이 없이 외국법원에 제소된 전소에 대한 확정재판이 있은 뒤에 우리나라 법원에 후소가 제기된 경우에는 외국법원의 확정재판 등의 승인(민사소송법 217조 등) 및 기판력의 법리에 따라 처리해야 하며 국제사법 11조 3항을 적용할 것은 아니기 때문이다. 석광현, "2022년 개정 국제사법 해설 국제재판관할법"(2022년), 162쪽.

제 3 관 실체법상의 효력

I. 의   의

1. 시효중단·기간준수 등 효력

권리자에 의한 **소제기**(소장의 제출에 따른 **소장의 접수**)는 시효중단 또는 법률상 기간(제척기간)의 준수의 효력이 있다. 한편 금전채무의 이행을 구하는 소의 경우 소장부본 송달 후에는 '소송촉진 등에 관한 특례법'상 **연 12%**의 지연손해금이 발생한다.

2. 그 밖의 실체법상 효과

소제기에 따른 소장부본의 송달로써 하는 최고, 계약의 취소·해제·해지 등의 의사표시는 사법상의 의사표시에 불과하다. 따라서 소의 취하·각하 등의 경우에도 아무런 영향을 받지 않는다[다만 상계의 경우에는 논의가 있다. 소송상 형성권의 행사에서 살펴보기로 한다]. 한편 **선의의 점유자**도 본권에 관한 소에서 패소한 경우(패소로 확정된 경우)에는 그 소가 제기된 때부터[1] **악의의 점유자**로 간주된다(민 197조 2항).

II. 시효의 중단

1. 중단의 근거

제소에 의한 시효중단의 근거에 관하여, 소제기라는 권리자의 단호한 권리주장행위에 의하여 권리 위에 잠자지 않는 사람임을 명백히 함에 있다는 견해(**권리행사설**)와 소송물인 권리관계의 존재가 판결의 기판력에 의하여 확정되고, 계속한

---

1) 민법 197조 2항의 '**소가 제기된 때**'란 소제기일(소장이 법원에 접수된 날)인지, **소송계속일**(소장부본이 피고에게 송달된 날)인지 문제가 된다. **판례** 가운데 '**소제기일**' 또는 '**소가 제기된 (일자)**'이라고 판시한 판결들(대판 2000. 12. 8. 2000다14934,14941, 2008. 6. 26. 2008다19966, 2016. 12. 27. 2014다225793)도 있으나, '**소가 제기된 때란 소송이 계속된 때, 즉 소장부본이 피고에게 송달된 때**'를 말한다고 명확히 한 판결(대판 2016. 12. 29. 2016다242273)도 있다. 한편 민법의 문언, 입법목적 및 연혁 등으로 보아 '소제기시'임이 명확함에도 불구하고 합리적이고 설득력 있는 근거 제시 없이 '소장부본의 송달시(소송계속시)'로 보는 것은 부당하다는 견해로는, 김기정, "민법 제197조 제2항의 '소가 제기된 때'의 의미에 관하여," 민사소송 26권 1호(2022. 2.), 45쪽 이하.

사실상태가 법적으로 부정된다는 견해(**권리확정설**)가 있다. 통설은 **권리행사설**에 입각해 있으며, **판례** 역시 권리자가 재판상 그 권리를 행사하여 권리 위에 잠자는 것이 아님을 표명한 때에는 시효중단사유인 재판상 청구에 해당된다고 보아 권리행사설을 취하고 있다.[1]

2. 권리관계 자체에 관한 재판상 청구

(1) 일반적 경우

이행의 소, 확인의 소, 형성의 소가 제기된 경우 시효중단의 효력이 있다. **재심의 소**가 제기된 때도 같다.[2] 또한 민법 168조 1호에서 규정하고 있는 '**청구**'(재판상 **청구**, 민 170조)는 종국판결을 받기 위한 '소의 제기'에 한정되지 않고, 권리자가 이행의 소를 대신하여 재판기관의 공권적인 법률판단을 구하는 **지급명령신청**(법 464조)도 포함된다.[3]

(2) 행정소송의 경우

민법상 시효중단사유인 재판상 청구는 그 권리를 민사소송의 절차에 준하여 주장하는 것을 뜻하므로 공법상 구제수단인 행정소송은 재판상 청구라고 할 수 없다. 행정소송의 제기는 원칙적으로 시효중단사유가 아니나, 그 **파생권리**에 대해서는 민사소송의 시효중단사유가 될 수 있다. 예컨대 과오납한 조세에 대한 부당이득반환청구권을 실현하기 위한 수단이 되는 과세처분의 취소 또는 무효확인의 소는 비록 행정소송이지만 조세환급을 구하는 부당이득반환청구권의 소멸시효중단사유인 재판상 청구에 해당한다[민사소송으로 과오납한 금액의 반환을 구하는 부당

---

1) 대판(전) 1992. 3. 31. 91다32053, 대판 2014. 4. 24. 2012다105314 등.

2) 소유권이전등기를 명한 확정판결의 피고가 재심의 소를 제기하여 해당 부동산에 대한 소유권이 여전히 자신에게 있다고 주장한 것은 상대방의 시효취득과 양립할 수 없는 자신의 권리를 명확히 표명한 것이므로 취득시효의 중단사유가 되는 **재판상 청구에 준하는** 것으로 볼 수 있다. 따라서 위 확정판결에 의해 소유권이전등기를 마친 사람의 해당 부동산에 대한 취득시효는 재심의 소제기일부터 재심판결 확정일까지 중단된다. 대판 1996. 9. 24. 96다11334, 1997. 11. 11. 96다28196, 1998. 6. 12. 96다26961.

3) 대판 2011. 11. 10. 2011다54686. **판례**는 지급명령에 대한 이의신청 여부와 관계없이 지급명령신청 자체에 시효중단의 효력을 인정하고 있다. 대판 2015. 2. 12. 2014다228440은, 채무자가 지급명령에 대하여 적법한 이의신청을 한 경우 지급명령을 신청한 때에 이의신청된 청구목적의 값에 관하여 소가 제기된 것으로 본다는 법 472조 2항의 규정을 들어, 지급명령 사건이 채무자의 이의신청으로 제 1 심소송으로 이행되는 경우에 시효중단의 효력은 지급명령을 신청한 때에 발생한다고 보고 있다(즉 지급명령에 대하여 **이의신청을 한 경우에도** 소송으로 이행된 때에 시효중단되는 것이 아니라, **지급명령을 신청한 때**에 시효중단된다).

이득반환청구를 하지 않고 행정소송으로 과세처분무효확인의 소를 제기하는 경우 확인의 소의 보충성은 요구되지 않음은 이미 살펴본 바와 같다.[1]

(3) 제소 당시 이미 사망한 사람을 상대로 한 소송의 경우

제소 당시 이미 사망한 사람을 피고로 하여 제기된 소는 부적법하여 이를 간과한 채 본안의 판단에 나아간 판결은 당연무효로서 그 효력이 상속인에게 미치지 않고, 채권자의 이러한 제소는 권리자의 의무자에 대한 권리행사에 해당하지 않는다. 따라서 상속인을 피고로 하는 **당사자표시정정**이 이루어진 경우와 같은 **특별한 사정이 없는 한**, 거기에는 애초부터 시효중단의 효력이 없으며(이 경우 민법 170조 2항도 적용되지 않는다) 법원이 이를 간과하여 본안에 나아가 판결을 내린 경우에도 마찬가지이다.[2]

(4) 채권양도의 대항요건을 갖추지 않은 양수금청구소송 등의 경우

채권의 **양수인**이 채권양도의 대항요건을 갖추지 않은 상태에서 **채무자**를 상대로 재판상 청구를 한 경우[3]에도 **양도인**이 양도한 **채권**에 대하여 소멸시효중단 사유인 재판상 청구에 해당한다. 채권양도의 대항요건을 갖추지 않았다고 하더라도 채권은 그 동일성을 잃지 않고 양도인으로부터 양수인에게 이전되며, 양수인은 대항요건을 갖추지 않은 상태에서도 (채무자에게는 대항할 수 없다고 하더라도) 양수받은 권리를 처분할 수 있을 뿐만 아니라[민 149조의 '조건의 성취가 미정(未定)

---

1) 대판(전) 1992. 3. 31. 91다32053, 대판 1994. 5. 10. 93다21606, 2010. 9. 30. 2010다49540; 임승순, "행정소송의 제기와 국세환급청구권의 시효중단," 대법원판례해설 17호(1992년), 244쪽 이하; 황익, "과세처분에 대한 무효 의미의 취소소송의 제기와 환급청구권에 대한 시효중단," 판례연구(부산판례연구회) 3집(1993. 2.), 7쪽 이하. 한편 **판례**는, 근로자가 사용자의 부당노동행위로 인하여 해고를 당한 경우 근로자로서는 민사소송으로 해고의 무효확인 및 임금의 지급을 청구할 수 있으나 부당노동행위에 대한 신속한 권리구제를 위하여 마련된 근로기준법 28조와 노동조합 및 노동관계조정법 82조 내지 86조(85조 5항 제외)의 행정상 구제절차를 이용하여 노동위원회에 **구제신청**을 한 후 노동위원회의 구제명령 또는 기각결정에 대하여 **행정소송**에서 다투는 방법으로 임금청구권 등 부당노동행위로 침해된 권리의 회복을 구할 수도 있다고 한다. 따라서 근로자가 위 관계 법령에 따른 구제신청을 한 후 이에 관한 행정소송에서 그 권리관계를 다투는 것 역시 권리자가 재판상 그 권리를 주장하여 권리 위에 잠자는 것이 아님을 표명한 것으로서 소멸시효중단사유인 재판상 청구에 해당한다고 본다. 대판 2012. 2. 9. 2011다20034.
2) 대판 2014. 2. 27. 2013다94312; 강수미, "사자명의소송에 관한 고찰," 민사소송(한국민사소송법학회) 21권 2호(2017년), 132쪽.
3) 채권양도의 대항요건이 갖추어졌다는 **주장·증명책임**은 원고인 양수인에게 있다. 대판 1978. 3. 28. 77다2513, 1990. 11. 27. 90다카27662, 2003. 3. 28. 2002다62500; 김정만, "지명채권양도의 요건사실 및 증명책임," 청연논총(사법연수원교수논문집) 6집(2009. 1.), 1쪽 이하.

한 권리'로 볼 수 있다), 채무자를 상대로 재판상 청구를 한 채권의 양수인을 '권리 위에 잠자는 사람'으로 볼 수 없기 때문이다.[1][2]

한편 채권양도 후 대항요건을 갖추기 전의 **양도인**은 채무자에 대한 관계에서는 여전히 채권자의 지위에 있으므로 채무자를 상대로 시효중단의 효력이 있는 재판상 청구를 할 수 있다. 이 경우 양도인이 제기한 소송 중에 채무자가 채권양도의 효력을 인정하는 등의 사정으로 인하여 양도인의 청구가 **기각**됨으로써 민법 170조 1항에 의하여 시효중단의 효력이 소멸된다고 하더라도, 양도인의 청구가 당초부터 무권리자에 의한 청구로 되는 것은 아니다. 따라서 양수인이 그때부터 **6월 내**에 채무자를 상대로 **양수금청구소송을 제기했다면** 민법 169조 및 170조 2항에 의하여 양도인이 제기한 재판상 청구로 인하여 발생한 시효중단의 효력은 양수인의 양수금청구소송에서도 그대로 유지된다.[3]

(5) 채무자가 제 3 채무자를 상대로 이행소송을 제기한 후 채권자가 동일한 채권에 대하여 추심금청구소송을 제기한 경우

채무자가 제 3 채무자를 상대로 금전채권의 이행을 구하는 소를 제기한 후 채권자가 위 금전채권에 대하여 압류 및 추심명령을 받아 제 3 채무자를 상대로 추심금청구소송을 제기한 경우, **채무자**가 권리관계의 주체의 지위에서 한 **시효중단의 효력**은 집행법원의 수권(授權)에 따라 피압류채권에 대한 추심권능을 부여받아 일종의 추심기관으로서 그 채권을 추심하는 **추심채권자**에게 미친다. 채무자가 제 3 채무자를 상대로 제기한 금전채권의 이행소송이 압류 및 추심명령[압류 및 추심명령은 제 3 채무자에게 송달됨으로써 그 효력이 발생한다(민집 227조 3항, 229조 4항 전단)]으로 인한 **당사자적격의 상실**로 **각하**됨으로써 민법 170조 1항에 의하여 시효

---

1) 대판 2004. 4. 28. 2004다3673,3680, 2005. 11. 10. 2005다41818, 2018. 6. 15. 2018다10920; 이상주, "채권의 양수인이 채권양도의 대항요건을 갖추지 못한 상태에서 채무자를 상대로 재판상의 청구를 한 경우, 소멸시효 중단사유인 재판상 청구에 해당하는지 여부," 대법원판례해설 57호(2005년 하반기), 260쪽 이하. 이러한 판례의 태도에 대하여, ① 판례가 대항요건을 갖추지 못한 양수금청구에 대하여 시효중단을 인정하기 위하여 조건부권리에 관한 민법 149조를 원용하는 것은 적절하지 않고, ② '재판상 청구를 했으므로' 양수인은 '권리 위에 잠자는 사람'이 아니라는 판시는 채무자에게 채권을 주장(행사)하지 못하는 양수인에게 왜 시효중단을 위한 재판상 청구를 허용할 수 있는지에 대한 이유가 되지 못한다는 이유로, 판례를 비판하는 견해로는, 남효순, "대항요건을 갖추지 못한 동안 채권양도의 채무자에 대한 효력 —양수인의 재판상 청구를 중심으로— ," 민사판례연구 31권(2009. 2.), 281쪽 이하.
2) 채권의 양수인이 채권양도의 대항요건을 갖추지 않은 채 채무자를 상대로 지급명령신청을 한 경우도 마찬가지이다. 대판 2020. 4. 29. 2018다267689.
3) 대판 2009. 2. 12. 2008두20109.

중단의 효력이 소멸된다고 하더라도, 위 이행소송의 계속 중에 피압류채권에 대하여 채무자를 **갈음하여** 당사자적격을 취득한 **추심채권자**가 위 각하판결이 확정된 날부터 **6월 내**에 제 3 채무자를 상대로 **추심금청구소송**을 제기했다면 민법 170조 2항에 의하여 채무자가 제기한 재판상 청구로 인하여 발생한 시효중단의 효력은 추심채권자의 추심금청구소송에서도 그대로 유지된다.[1]

(6) 만기 기재의 백지어음에 기한 어음금청구소송의 경우

만기는 기재되어 있으나 **지급을 받을 사람, 발행일** 등과 같은 어음요건이 백지인 약속어음(**백지어음**, 어음 10조, 77조 2항)의 소지인은 그 백지 부분을 보충하지 않은 상태에서 소멸시효기간이 진행되는 데 대응하여 발행인을 상대로 어음상 청구권에 대한 시효진행을 중단시킬 수 있는 조치를 취할 수 있다.[2] 이 경우 약속어음의 소지인이 그 백지 부분을 보충하지 않은 상태에서 어음금을 청구하는 것은 어음상 청구권에 관하여 권리 위에 잠자는 사람이 아님을 객관적으로 표명한 것이라고 할 수 있고 그 청구로써 어음상 청구권에 관한 소멸시효는 중단된다고 본다.[3]

---

1) 대판 2019. 7. 25. 2019다212945[채무자가 제 3 채무자를 상대로 제기한 금전채권의 이행을 구하는 소의 항소심에서 채권압류 및 추심명령으로 채무자의 당사자적격이 없음을 확인하는 화해권고결정이 확정(사실상 소가 각하된 것과 동일한 효력이 발생했다)되었는데 추심채권자가 화해권고결정이 확정된 때부터 6월 내에 제 3 채무자를 상대로 추심금청구소송을 제기한 사안이다]; 신지혜, "소멸시효 중단사유로서의 압류·추심명령 및 추심소송," 법조 통권 740호 (2020. 4.), 191쪽; 정태우, "채무자의 재판상 청구로 인한 시효중단의 효력이 추심채권자에게 미치는지 여부," 서강법률논총(서강대학교 법학연구소) 9권 1호(2020. 2.), 179쪽 이하.

2) **백지약속어음**은 백지의 보충권과 **백지 보충을 조건으로** 한 어음상 청구권을 표창하는 유가증권으로서(대판 1998. 9. 4. 97다57573 등), 후일 어음요건이 보충되어야 비로소 완전한 어음이 되고 그 보충이 있기까지는 미완성어음에 지나지 않지만, **만기가 기재된 백지어음**은 일반적인 조건부권리와는 달리 그 백지 부분이 보충되지 않은 미완성어음인 상태에서도 만기일부터 어음상 청구권에 대하여 소멸시효가 진행한다[어음 77조 1항 8호, 70조 1항, 78조 1항에 의하면 약속어음의 발행인에 대한 어음상 청구권은 만기일부터 **3년간** 행사하지 않으면 소멸시효가 완성된다].

3) 백지어음상 백지 보충을 조건으로 하는 어음상 청구권은 그 소지인이 언제라도 백지 부분을 보충하기만 하면 어음이 완성되어 완전한 어음상 청구권으로 성립하게 되고, 백지 부분을 보충하지 않은 상태의 어음금청구라도 그 백지어음의 발행인이 어음금채무를 승인하고 어음금을 지급하여 어음에 관한 법률관계를 소멸시키는 것도 얼마든지 가능하다. 따라서 백지어음의 소지인이 어음요건의 일부를 오해하거나 그 흠결을 알지 못하는 등의 사유로 백지 부분을 보충하지 않은 채 어음금을 청구하더라도, 이는 **완성될 어음**에 기한 어음금청구와 동일한 경제적 급부를 목적으로 하는 **실질적으로 동일한** 법률관계에 관한 청구로서 어음상 청구권을 실현하기 위한 수단이라고 봄이 상당하다. 대판(전) 2010. 5. 20. 2009다48312; 오용준, "백지어음의 소지인의 어음금청구에 의한 소멸시효 중단," 대법원판례해설 83호(2010년 상반기), 478쪽 이하; 강영수, "만기가 기재된 백지어음과 소멸시효 중단," 정의로운 사법(이용훈대법원

3. 경합하는 권리관계에 관한 재판상 청구

(1) 일반적 경우

원칙적으로 소송물로 주장한 권리관계에 대하여 시효중단의 효력이 있다. 따라서 시효중단의 범위는 소송물이론에 따라 달리 본다. 구소송물이론에 의하면 동일한 목적의 **복수의 채권** 중 한 채권에 기하여 소를 제기한 경우 다른 채권에 대해서는 시효중단의 효력이 없다. 신소송물이론에 의하면 이 경우 1회적 급부실현의 수단이 되는 모든 실체법상의 권리에 대하여 시효중단의 효력이 있다.[1]

(2) 실체법상 권리 또는 법률관계를 달리하는 청구의 경우

채권자가 동일한 목적을 달성하기 위하여 복수의 채권을 갖고 있는 경우 채권자로서는 그 선택에 따라 권리를 행사할 수 있으나, 그 가운데 어느 하나의 청구를 한 것만으로는 다른 채권을 행사한 것으로 볼 수는 없으므로, 특별한 사정이 없는 한 그 다른 채권에 대한 소멸시효중단의 효력은 없다.[2]

따라서 ① 원고가 피고를 상대로 부당이득반환청구의 소를 제기했다고 하여 이로써 원고의 피고에 대한 채무불이행으로 인한 손해배상청구권의 소멸시효가 중단될 수 없으며,[3] ② 원고가 피고를 상대로 공동불법행위자에 대한 구상금청구의 소를 제기했다고 하여 이로써 원고의 피고에 대한 사무관리로 인한 비용상환청구권(민 739조)의 소멸시효가 중단될 수는 없으며,[4] ③ 원고가 피고를 상대로 상법 399조(이사의 회사에 대한 손해배상책임)에 기한 손해배상청구의 소를 제기했다고 하여 이로써 원고의 피고에 대한 일반 불법행위로 인한 손해배상청구권의 소멸시효가 중단될 수는 없다.[5]

장 재임기념논문집, 2011년), 628쪽 이하; 박준용, "만기가 기재된 백지어음에 기한 재판상 청구와 시효중단," 판례연구(부산판례연구회) 22집(2011년), 785쪽 이하.

[1] 이시윤, 308쪽.

[2] 대판 2014. 6. 26. 2013다45716, 2020. 3. 26. 2018다221867 등. 판례의 태도에 대하여, 청구권경합시 권리자가 자신의 권리를 자각하고 그 가운데 어느 하나의 청구권을 선택하여 행사했는데 그것에 잘못이 있는 것으로 판명된 경우 그와 급부청구권의 단일성이 인정되는 다른 경합하는 청구권에 관하여 이미 소멸시효기간이 지났다는 이유로 소멸시효의 제재를 가하는 것은 시효제도의 존재이유와 부합하지 않는다고 입장에서 비판하는 견해로는, 오영준, "청구권경합과 소멸시효의 중단 —재판상 청구를 중심으로—," 사법논집 77권(2023년), 1쪽 이하.

[3] 대판 2011. 2. 10. 2010다81285.

[4] 대판 2001. 3. 23. 2001다6145, 2002. 5. 10. 2000다39735.

[5] 대판 2002. 6. 14. 2002다11441.

(3) 어음채권 또는 원인채권에 기한 청구 등의 경우

어음채권에 기한 소의 제기가 어음채권의 원인채권에 대하여 소멸시효중단사유가 되는지, 그 반대의 경우는 어떠한지에 관하여 논의가 있다. 원인채권의 **지급을 확보하기 위한**(지급을 담보하기 위한) 방법으로1) 어음이 수수(授受)된 경우(원인관계상 **채무자**가 약속어음을 발행하여 약속어음상 **주채무자**가 된 경우)에 원인채권과 어음채권은 별개로서 채권자는 그 선택에 따라 권리를 행사할 수 있고, **원인채권에 기하여** 청구를 한 것만으로는 어음채권 그 자체를 행사한 것으로 볼 수 없어 어음채권의 소멸시효를 중단시키지 못한다.

이와 달리 채권자가 원인채권에 기하여 청구를 한 것이 아니라 **어음채권에 기하여** 청구를 하는 반대의 경우에는 원인채권의 소멸시효를 중단시키는 효력이 있다.2)3) 원인채권의 지급을 확보하기 위한 방법으로 어음이 수수된 경우 이러한 어음은 경제적으로 동일한 급부를 위하여 원인채권의 지급을 담보하기 위하여 수수된 것으로서 그 어음채권의 행사는 원인채권을 실현하기 위한 것일 뿐만 아니라, 원인채권의 소멸시효는 어음금청구소송에서 채무자의 **인적 항변사유**에 해당하므로 채권자가 어음채권의 소멸시효를 중단하여 두어도 채무자의 **인적 항변**(어음 77조 1항, 17조)에 따라 그 권리를 실현할 수 없게 되는 불합리한 결과가 발생하게 되기 때문이다.

한편 부동산경매절차에서 **집행력 있는 집행권원 정본**을 가진 **채권자**가 하는 **배당요구**(민집 88조 1항)는 민법 168조 2호의 **압류에 준하는** 것으로서 배당요구에

---

1) 기존채무에 관하여 채무자가 약속어음을 발행하거나 다른 사람이 발행한 약속어음을 교부한 때에는 당사자 사이에 **특별한 의사표시가 없는** 한 기존채무의 **지급을 확보하기 위하여**(지급을 담보하기 위하여) 또는 그 지급방법으로(지급수단으로 또는 지급을 위하여) 발행하거나 교부한 것으로 **추정**해야 한다. 대판 1990. 5. 22. 89다카13322 등.

2) **판례**는 이러한 법리가 채권자가 어음채권을 **피보전권리**로 하여 채무자의 재산을 가압류함으로써 그 권리를 행사한 때와 채권자가 어음채권을 **집행채권**으로 하여 채무자의 재산을 압류함으로써 그 권리를 행사한 때에도 마찬가지로 적용된다고 보고 있다. 대판 1999. 6. 11. 99다16378, 2002. 2. 26. 2000다25484 등; 문용선, "어음금청구의 소의 제기와 원인채권의 소멸시효의 중단," 법조 41권 12호(1992. 12.), 44쪽 이하; 남효순, "원인채권의 지급확보를 위하여 어음이 수수된 경우의 법률관계: 어음채권의 행사에 의한 원인채권의 소멸시효의 중단을 중심으로," 민사판례연구 23권(2001. 2.), 16쪽 이하.

3) 그러나 이미 어음채권의 소멸시효가 완성된 후에는 그 채권이 소멸되고 시효중단을 인정할 여지가 없으므로, 시효로 소멸된 어음채권을 청구채권으로 하여 채무자의 재산을 압류한다 하더라도 이를 어음채권이나 원인채권을 실현하기 위한 적법한 권리행사로 볼 수 없어, 그 압류에 의하여 그 원인채권의 소멸시효가 중단된다고 볼 수 없다. 대판 2010. 5. 13. 2010다6345.

관련된 채권에 관하여 소멸시효를 중단하는 효력이 생긴다. 따라서 원인채권의 지급을 확보하기 위하여 어음이 수수된 당사자 사이에 채권자가 **어음채권**에 관한 집행력 있는 집행권원 정본에 기하여 한 배당요구는 그 원인채권의 소멸시효를 중단시키는 효력이 있다.[1]

(4) 채권자대위권에 기한 청구와 피대위채권의 양수에 기한 양수금청구의 경우

원고가 **채권자대위권에 기해 청구**를 하다가 해당 피대위채권(대위할 채권) 자체를 양수하여 **양수금청구로 청구를 교환적으로 변경**한 경우(청구의 교환적 변경은 **구청구의 취하와 신청구의 제기**의 결합으로 본다) 채권자대위권에 기한 구청구는 취하된 것으로 보아야 하나[따라서 민법 170조 1항에 의하여 구청구의 취하로 시효중단의 효력이 소멸된 것으로 보아야 하나], 그 채권자대위소송의 **소송물**은 채무자의 제 3 채무자에 대한 청구권인데 위 양수금청구는 원고가 위 청구권 자체를 양수했다는 것이어서 두 청구는 동일한 청구권에 관한 권리의무의 특정승계가 있을 뿐 그 **소송물은 실질적으로 동일**하므로, 당초의 채권자대위소송으로 인한 시효중단의 효력이 소멸되지 않는다.[2][3]

4. 기본적 · 선결적 · 파생적 · 후속적 권리관계 등에 관한 재판상 청구

(1) 기본적 법률관계에 관한 재판상 청구

소유권의 시효취득에 준용되는 시효중단사유인 재판상 청구(민 168조 · 170조)에는

---

1) 집행력 있는 집행권원 정본을 가진 채권자는 이에 기하여 강제경매를 신청할 수 있으며, 다른 채권자의 신청에 의하여 개시된 경매절차를 이용하여 배당요구를 신청하는 행위도 집행권원에 기하여 능동적으로 그 권리를 실현하려고 하는 점에서는 강제경매의 신청과 동일하다고 할 수 있기 때문이다. 대판 2002. 2. 26. 2000다25484; 김문재, "2007년도 어음 · 수표에 관한 대법원판례의 동향과 분석," 상사판례연구 20집 4권(2007. 12.), 259쪽 이하.

2) 대판 2010. 6. 24. 2010다17284[위 판결은, 본문에서 본 이유와 더불어 ① 시효중단의 효력은 특정승계인에게도 미치는 점, ② 계속 중인 소송에 소송목적인 권리 또는 의무의 전부나 일부를 승계한 특정승계인이 참가승계(법 81조)를 하거나 인수승계(법 82조)를 한다면 소송이 법원에 처음 계속된 때에 소급하여 시효중단의 효력이 생기는 점, ③ 원고가 채무자의 제 3 채무자에 대한 청구권을 채권자대위권에 기해 행사하다가 다시 이를 양수하여 직접 행사한 것이어서 위 청구권과 관련하여 원고를 '권리 위에 잠자는 사람'으로 볼 수 없는 점 등에 비추어, 당초의 채권자대위소송으로 인한 시효중단의 효력이 소멸하지 않는다고 보았다].

3) 위 대판 2010. 6. 24. 2010다17284는 두 청구의 '**소송물이 동일**'한 것으로 판시하고 있으나, 청구의 변경은 원칙적으로 **소송물의 변경**으로 두 청구의 소송물이 다른 경우이어야 하므로 정확한 판시라고 보기 어렵다. 다만 **실질적으로** 두 청구의 소송물이 동일하더라도 **형식적으로** 두 청구의 소송물이 다르다면 청구의 변경을 허용한다.

시효취득의 대상인 목적물 자체에 대한 인도청구, 또는 소유권확인청구나 소유권에 관한 등기청구는 말할 것도 없고, 소유권침해의 경우에 그 **기본적 법률관계**인 소유권에 기한 방해배제 및 손해배상청구, 또는 부당이득반환청구 등도 이에 포함된다.[1] 한편 **매매계약**을 원인으로 **건축주명의변경을 구하는 소**를 제기하는 것은 소유권이전등기청구권이 발생한 **기본적 법률관계**에 해당하는 매매계약을 기초로 하는 것으로 **소유권이전등기청구권**의 소멸시효를 중단시키는 재판상 청구에 포함된다.[2]

(2) 선결적 법률관계에 관한 재판상 청구

해고무효확인청구의 소제기는 해고가 무효임을 전제로 고용관계에서 파생하는 **임금(보수금)채권**의 시효중단사유에 해당한다. 다만 해고무효확인청구의 소제기는 해고가 유효임을 전제로 한 **퇴직급여청구권**의 시효중단사유가 되지 않는다.[3]

(3) 파생적 법률관계에 관한 재판상 청구

저당권설정청구권(민 666조)의 행사는 그 피담보채권이 될 금전채권의 실현을 목적으로 하는 것으로서, 그 **피담보채권이 될 채권**으로 주장되고 심리된 채권에 관해서는 저당권설정청구의 소제기에 의하여 피담보채권이 될 채권에 관한 권리의 행사가 있었던 것으로 볼 수 있다. 따라서 저당권설정청구의 소제기는 그 피담보채권의 재판상 청구에 준하는 것으로서 피담보채권에 대한 소멸시효중단의 효력을 생기게 한다.[4]

(4) 후속적 법률관계에 관한 재판상 청구

기존 채권의 존재를 전제로 하여 이를 포함하는 **새로운 약정**을 한 후 새로운 약정에 따른 권리의 행사로 재판상 청구를 했다면 이는 새로운 약정에 포함된 **기존 채권**을 실현하고자 하는 뜻까지 포함하여 **권리실행의 의사**를 객관적으로 표명

---

1) 대판 1979. 7. 10. 79다569, 대판(전) 1992. 3. 31. 91다32053, 대판 1997. 3. 14. 96다55221; 박종택, "취득시효중단사유로서 재판상의 청구," 대법원판례해설 1권 1호(1979년), 377쪽 이하.

2) 대판 2011. 7. 14. 2011다19737.

3) 대판 1990. 8. 14. 90누2024; 최정수, "파업처분무효확인청구의 소가 퇴직급여청구권에 대한 소멸시효중단사유에 해당하는지 여부," 대법원판례해설 14호(1990년 하반기), 403쪽 이하.

4) **저당권설정청구의 소**에는 그 피담보채권이 될 채권의 존재에 관한 주장이 당연히 포함되어 있으며, 피고로서도 피담보채권이 될 금전채권의 소멸을 항변으로 주장하여 그 채권의 존부에 관한 실질적 심리가 이루어져 그 존부가 확인된 경우이다. 대판 2004. 2. 13. 2002다7213; 김승표, "근저당권설정청구권이 그 피담보채권이 된 채권과 별개로 소멸시효에 걸리는지 여부 및 근저당권설정등기의 소제기가 그 피담보채권이 될 채권에 대한 소멸시효 중단사유가 되는지 여부," 대법원판례해설 49호(2004년 상반기), 11쪽 이하.

한 것으로 볼 수 있다. 따라서 새로운 약정이 무효로 되는 등의 사정으로 이에 근거한 권리행사가 저지됨에 따라 다시 기존 채권을 행사하게 되었다면, 기존 채권의 소멸시효는 새로운 약정에 의한 권리를 행사한 때에 중단되었다고 보아야 한다.[1]

5. 응소행위와 재판상 청구

(1) 응소를 재판상 청구에 준하는 것으로 볼 수 있는 경우

1) **의무자인 원고**가 제기한 소송에서 **권리자인 피고**가 권리 있음을 주장하는 **응소행위**는 소제기(재판상 청구, 민 168조 1호)에 준하는 권리주장으로 시효중단의 효력이 있다.[2] 즉 이 경우도 민법 168조 1호, 170조 1항의 **재판상 청구**에 포함된다. 예컨대 시효취득을 원인으로 한 소유권이전등기청구소송에서 피고가 적극적으로 다투면서 피고의 소유라고 주장하는 것은 자신이 권리 위에 잠자는 사람이 아님을 표명한 것에 다름 아닐 뿐만 아니라, 계속된 사실상태와 상용(相容)할 수 없는 다른 사정이 발생한 때로 보아야 하므로, 이를 민법이 시효중단사유로서 규정한 재판상 청구에 준하는 것으로 보더라도 전혀 시효제도의 본래의 취지에 반한다고 말할 수 없기 때문이다. 그러나 점유자가 소유자를 상대로 소유권이전등기청구소송을 제기하면서 그 청구원인으로 '취득시효완성'이 아닌 '매매'를 주장함에 대하여, 소유자인 피고가 이에 응소하여 청구기각판결을 구하면서 원고의 주장사실을 부인하는 때에는, 이는 원고 주장의 매매사실을 부인하여 원고에게 그 매매로 인한 **소유권이전등기청구권**이 없음을 주장함에 불과한 것이고 **소유자가 자신의 소유권**을 적극적으로 주장한 것이라 볼 수 없으므로 시효중단사유의 하나인 재판상 청구에 해당한다고 할 수 없다.[3]

한편 채권양도의 대항요건을 갖추기 전(**채권양도통지 전**)의 **양도인**이 관련

---

1) 소멸시효의 중단과 관련하여 소멸대상인 **권리를 기초**로 하거나 그 **권리를 포함하여 형성된 후속적 법률관계**에 관한 청구를 하는 경우에도 그로써 권리실행의 의사를 표명한 것으로 볼 수 있을 때에는 시효중단사유인 재판상 청구에 포함된다. 대판 2016. 10. 27. 2016다25140, 대결 2023. 11. 9. 2023마6582.

2) 대판(전) 1993. 12. 21. 92다47861 등. 판례가 응소를 통한 어느 정도의 권리주장에 대하여까지 시효중단의 효력을 인정할 것인지에 관하여 분명한 입장을 밝히지 않고 있는 점을 지적하면서, 실제로 해당 소송의 소송물이나 응소에 의한 권리주장의 태양과 수단, 그리고 소송의 결과 여하 등과 관련하여 이에 대한 명확한 규준을 세우기가 어려우므로 구체적 사건을 통하여 해결해 나가야 한다는 견해로는, 김용균, "응소행위와 시효중단," 국민과 사법(윤관대법원장퇴임기념, 1999. 1.), 521쪽.

3) 대판 1997. 12. 12. 97다30288.

소송에서 그 채권의 권리자로서 채권이 적법·유효하게 발생했다고 주장하는 응소행위를 하여 승소한 경우에는 그 채권의 소멸시효가 중단된다.[1]

2) 권리자의 응소가 재판상 청구로 볼 수 있는 것은 응소하여 그 소송에서 **적극적으로 권리를 주장**하고, 그것이 **받아들여진 때(승소한 때)**에 한한다.[2] 권리자의 응소행위에 시효중단의 효력이 발생하기 위해서는 의무자가 반드시 시효완성을 원인으로 한 소송을 제기한 경우이거나, 권리자가 해당 소송이 아닌 전(前) 소송 또는 다른 소송에서 그와 같은 권리주장을 한 경우이어야 할 필요는 없다.[3]

■ 재판상 청구에 해당하는 응소행위인지 여부가 문제되는 경우

(1) 채무자가 원고로서 제기한 저당권말소등기청구소송의 경우

채무자 겸 저당권설정자가 피담보채무의 부존재 또는 소멸을 이유로 하여 제기한 저당권말소등기청구소송에서 채권자 겸 저당권자가 청구기각판결을 구하면서 피담보채권의 존재를 주장하는 경우에는 그와 같은 주장은 재판상 청구에 준하는 것으로서 피담보채권에 관하여 소멸시효중단의 효력이 생긴다.

(2) 물상보증인이 원고로서 제기한 저당권말소등기청구소송의 경우

다른 사람의 채무를 담보하기 위하여 자기 소유의 부동산에 저당권을 설정한 물상보증인은 채권자에 대해서는 아무런 채무도 부담하고 있지 않으므로, 물상보증인이 그 피담보채무의 부존재 또는 소멸을 이유로 제기한 저당권말소등기청구소송에서 채권자 겸 저당권자가 청구기각판결을 구하면서 피담보채권의 존재를 주장하였다고 하더라도 이로써 직접 채무자에 대하여 재판상 청구를 한 것으로 볼 수는 없기 때문이다.[4]

---

1) 대판 2022. 4. 14. 2021다299549.

2) 대판 2022. 4. 14. 2021다299549; 이시윤, "피고의 방어방법과 시효의 중단," 민사판례연구 3집(1981. 4.), 5쪽 이하. 이와 관련하여 응소한 피고가 패소한 경우에도 피고의 응소행위에 시효중단의 효력을 인정할 수 있는지 여부에 관한 논의가 있다. 이에 대하여, 원고로서 소제기한 경우나 피고로서 적극적으로 응소한 경우는 '권리주체에 의한 소송상 권리행사'에 해당한다는 점에서 달리 평가할 이유가 없고, 따라서 적극적으로 응소한 피고가 패소확정판결을 받은 경우 민법 170조 1항에 따라 당초 발생했던 시효중단의 효력은 소멸하는 것으로 볼 것이지만, 같은 조 2항의 사유가 있을 경우에는 최초의 재판상 청구시에 시효가 중단된 것으로 보는 점에서 원고로서 소제기한 경우와 달리 해석할 이유는 없다고 보는 견해로는, 나현, "시효중단의 사유인 소송상 행위 —'청구'—," 민사소송 11권 1호(2006. 5.), 135쪽.

3) 대판 2010. 8. 26. 2008다42416,42423.

4) 대판 2004. 1. 16. 2003다30890. **담보가등기**가 설정된 후에 그 목적부동산의 소유권을 취득한 **제3취득자**는 앞서 본 **물상보증인**의 경우와 마찬가지로 시효를 원용할 수 있는 지위에 있으나 직접 의무(채무)를 부담하지 않으므로, 그가 제기한 소송에서 가등기권자가 담보가등기의 피담보채권의 존재를 주장하면서 응소한 행위는 권리자의 의무자에 대한 재판상 청구에 준하는 행위에 해당한다고 볼 수 없다. 대판 2007. 1. 11. 2006다33364; 최철환, "시효중단사

(2) 응소로 인한 시효중단의 효력발생시기

응소행위에 의한 시효중단의 효력발생시기는 원고가 소를 제기한 때가 아니라, 피고가 현실적으로 권리를 행사하여 **응소한 때**이다. 구체적으로는 ① 변론에서 응소에 해당하는 권리주장의 진술을 할 때(답변서 또는 준비서면을 제출하지 않은 채 변론에서 진술하는 경우), ② 또는 그러한 주장을 담은 답변서 또는 준비서면을 제출할 때이다.[1] 권리자인 피고가 응소하여 권리를 주장했으나 그 **소가 각하되거나 취하되는** 등의 사유로 본안에서 **그 권리주장에 관한 판단 없이** 소송이 종료된 경우에도 **민법 170조 2항을 유추적용**하여 그때부터 6월 이내에 재판상 청구 등 다른 시효중단조치를 취하면 **응소시에 소급하여** 시효중단의 효력이 있는 것으로 본다.[2] 채무자가 **여러 차례** 소를 제기하여 채권자가 응소했으나 소가 모두 **각하된** 경우 채무자가 다시 소를 제기하여 채권자가 응소했다면, 이전 소송들 가운데 최초의 응소시에 시효중단의 효력이 발생하는 것이 아니라, **마지막 소송에서 응소한 시점**을 기준으로 하여 이로부터 소급하여 **6월 이내에 한** (이전 소송에서의) 응소시에 시효중단의 효력이 발생한다.[3]

(3) 응소로 인한 시효중단과 변론주의

취득시효를 주장하는 사람이 원고가 되어 소를 제기한 경우에 피고가 응소행위를 했다고 하여 바로 시효중단의 효력이 발생하는 것이 아니고, **변론주의의 원칙상** 시효중단의 효력을 원하는 피고로서는 해당 소송 또는 다른 소송에서의 응소행위로써 시효가 중단되었다고 주장하지 않으면 안 된다. 따라서 피고가 변론에서 시효중단의 주장 또는 이러한 취지가 포함되었다고 볼 만한 주장을 하지 않는 한, 피고의 응소행위가 있었다는 사정만으로 당연히 시효중단의 효력이 발생한다고 할 수는 없다.[4] 다만 시효중단의 주장은 반드시 응소시에 할 필요는 없고 소멸시효기간이 만료된 후라도 사실심 변론종결 전에는 언제든지 할 수 있다.[5]

유로서의 응소행위에 있어서 소 제기자의 허용범위," 대법원판례해설 67호(2007년 상반기), 118쪽 이하.

1) 한승, "응소와 시효중단," 민사판례연구 17권(1995. 4.), 1쪽 이하.

2) 대판 2010. 8. 26. 2008다42416,42423, 2012. 1. 12. 2011다78606, 2019. 3. 14. 2018두56435.

3) 대판 2019. 3. 14. 2018두56435.

4) 대판 1997. 2. 28. 96다26190, 2003. 6. 13. 2003다17927,17934 등.

5) 대판 2010. 8. 26. 2008다42416,42423.

6. 보조참가와 재판상 청구

판례는, 교통사고의 피해자가 가입한 보험회사가 가해차량 소유자인 피고를 상대로 제기한 구상금청구소송에 피해자가 재판상 **보조참가**(법 71조)하여 피고 과실의 존부 및 그 범위에 관하여 적극적으로 다투었다면, 피해자가 그 권리를 주장하여 권리 위에 잠자는 것이 아님을 표명한 것으로 보기에 충분하므로 피해자의 위와 같은 보조참가는 재판상 청구에 **준하는** 권리행사로 이러한 보조참가로 인해 피해자의 피고에 대한 손해배상청구권의 소멸시효는 중단되었다고 본다.[1]

7. 일부청구와 시효중단의 범위

(1) 견해의 대립

일부청구의 경우 시효중단의 효력이 미치는 범위에 관하여, 시효중단의 효력이 ① 명시 여부를 불문하고 청구한 일부에 대하여 시효중단의 효력이 미친다는 견해(**일부중단설**), ② 명시 여부를 불문하고 전부에 대하여 미친다는 견해(**전부중단설**),[2] ③ 일부청구임을 명시한 경우(**명시적 일부청구**)에는 그 한도 내에서, 명시하지 않은 경우(**비명시적 일부청구**)에는 채권의 동일성의 범위에서 그 전부에 대하여 미친다는 견해(**명시설, 절충설**)가 있다. 시효중단의 대상을 기판력이 미치는 권리관계나 소송물인 권리관계와 반드시 일치시키는 것은 아니라 하더라도, 일부청구에서 당사자가 일부청구임을 명시한 것은 그 명시한 일부청구에 한하여 권리를 행사할 의사를 명백히 한 것으로 볼 수 있으므로 **명시설**이 타당하다.[3]

(2) 판례의 태도

(a) 기본적 입장

판례는, 일부청구가 명시적 일부청구라면 그 **명시**한 **일부채권**의 범위에서 시효중단의 효력이 미친다(**명시설**)고 보고 있다. 이에 대하여, 대판 1970. 4. 14.

---

1) 대판 2014. 4. 24. 2012다105314.

2) 명시적 일부청구이지만 잔부청구에 대해서도 권리 위에 잠자지 않는다는 점이 나타나 있으므로, 결국 명시적인지 여부를 가리지 않고 그 권리관계의 전부에 대하여 시효중단의 효력이 미친다고 보는 것이 시효제도의 취지에 가장 충실한 결론이 된다는 입장이다. 이석선, "일부청구에 대한 소송법적 고찰," 민사법학의 제문제(소봉김용한교수화갑기념, 1990. 5.), 241쪽 이하; 최공웅, "시효중단사유로서의 재판상 청구와 소송물," 사법행정 20권 9호(1979. 9.), 58쪽 이하; 정동윤·유병현·김경욱, 332쪽; 송상현·박익환, 288쪽; 정영환, 468쪽.

3) 이시윤, 309쪽.

69다597, 1975. 2. 25. 74다1557의 판결들을 들어, 판례가 한때 시효중단의 효력이 명시 여부를 불문하고 청구한 일부에만 미치고, 나머지 부분에는 미치지 않는다는 입장을 따른 것으로 보는 견해가 있다.[1] 그러나 판례는 해당 일부청구가 성질상 그 일부를 특정할 수 있는 것으로 이를 명시한 것과 다를 바 없다면 이러한 일부청구로써 나머지 청구부분에 대하여 시효중단의 효력이 발생하지 않는다고 보는 취지이므로,[2] 판례의 태도에 대한 정확한 이해에 주의를 요한다.

(b) 일부의 청구이지만 전부청구의 취지로 볼 수 있는 경우

판례는, 한 개의 채권 가운데 일부에 관해서만 판결을 구한다는 취지를 명백히 하여 소송을 제기한 때에는 소제기에 의한 소멸시효중단의 효력이 그 일부에만 발생하고 나머지 부분에는 발생하지 않지만, 비록 일부만을 청구한 때에도 **그 취지로 보아** 채권 전부에 관하여 판결을 구하는 것으로 해석된다면 그 **청구금액**을 소송물인 **채권 전부**로 보아야 하고, 이러한 경우에는 그 채권의 동일성의 범위 내에서 그 전부에 관하여 시효중단의 효력이 발생한다고 본다.[3]

(c) 해당 소송절차에서 청구취지의 확장을 전제로 한 일부청구의 경우

1) **판례**는, 원고가 불법행위로 인한 손해배상청구소송을 제기하면서 **일부청구**를 했다가 민법 766조 1항에서 정한 소멸시효기간이 지난 뒤에야 제 1 심법원에 청구금액을 확장하는 **청구취지확장신청서**를 **제출**한 경우, 원고가 소멸시효기간이 지나기 전에 해당 사고로 인한 손해배상을 구하는 소장을 제출하면서 앞으로 시행될 법원의 신체감정결과에 따라 **청구금액**을 **확장**할 뜻을 **명백히 표시**한 사실이 소장 기재 자체로 보아 분명하다면[예컨대 상해로 인한 손해배상을 청구하는 사건에서는 그 손해액을 확정하기 위하여 통상 법원의 신체감정을 필요로 하기 때문에, 앞으로 그러한 절차를 거친 후 그 결과에 따라 청구금액을 확장하겠다는 뜻을 소장에 객관적으로 명백히 표시한 경우], 그 소제기에 따른 시효중단의 효력은 소장에 기재된 일부청구금액뿐만 아니라 그 손해배상청구권 전부에 대하여 미친다고 보고 있다.[4]

판례의 태도에 대하여, 판례가 이러한 경우를 명시적 일부청구로 보고 예외적으로 비록 명시적 일부청구라도 그 한도 내에서 중단의 효력을 인정할 것이 아

---

1) 이시윤, 309쪽; 김용진, 132쪽.
2) 대판 1985. 2. 13. 84누649.
3) 대판 2001. 9. 28. 99다72521, 2006. 1. 26. 2005다60017,60024, 2022. 11. 17. 2022두19 등.
4) 대판 1992. 4. 10. 91다43695, 1992. 12. 8. 92다29924, 2001. 9. 28. 99다72521 등.

니라 청구권 전부에 대하여 미친다고 보았다는 견해가 있으나,[1] 위 사안은 소제기 당시 이미 **전부청구의 의사**로 추후 청구취지확장을 전제로 한 것으로 그 후 실제로 **청구취지확장신청서**까지 **제출**한 경우이므로(즉 **전부청구**로 보아야 할 것이므로), 이를 들어 판례가 명시적 일부청구의 경우이지만 예외적으로 그 전부에 대하여 시효중단의 효력이 미치는 것으로 보는 것은 적절치 않다.

    2) 결국 하나의 채권 중 일부에 관해서만 판결을 구한다는 취지를 **명백히 하여 소송을 제기한 경우**에는 소제기에 의한 소멸시효중단의 효력이 그 일부에 관해서만 발생하고 나머지 부분에는 발생하지 않으나, 소장에서 청구의 대상으로 삼은 채권 중 일부만을 청구하면서 소송의 진행경과에 따라 **장차 청구금액을 확장할 뜻을 표시**하고 해당 소송이 종료될 때까지 **실제로 청구금액을 확장한 경우**에는 소제기 당시부터 채권 전부에 관하여 재판상 청구로 인한 시효중단의 효력이 발생한다.[2]

    3) 주의할 것은 소장에서 청구의 대상으로 삼은 채권 가운데 일부만을 청구하면서 소송의 진행경과에 따라 **장차 청구금액을 확장할 뜻을 표시**했으나 해당 **소송이 종료될 때까지 실제로 청구금액을 확장하지 않은 경우**에는 소송의 경과에 비추어 볼 때 채권 전부에 관하여 판결을 구한 것으로 볼 수 없으므로, 나머지 부분에 대해서는 재판상 청구로 인한 시효중단의 효력이 발생하지 않는다는 점이다. **대판 2020. 2. 6. 2019다223723** 및 **대판 2022. 5. 26. 2020다206625**는 이 점을 명확히 하면서, 이 경우에도 소를 제기하면서 **장차 청구금액을 확장할 뜻을 표시**한 채권자로서는 장래에 나머지 부분을 청구할 의사를 가지고 있는 것이 일반적이므로, 다른 특별한 사정이 없는 한 해당 소송이 계속 중인 동안에는 나머지 부분에 대하여 권리를 행사하겠다는 의사가 표명되어 **최고에 의해 권리를 행사하고 있는 상태가 지속**되고 있는 것으로 보아야 하며, 채권자는 **해당 소송이 종료된 때부터 6월 내**에 민법 174조에서 정한 조치를 취함으로써 나머지 부분에 대한 소멸시효를 중단시킬 수 있다고 보고 있다.

    4) 한편 소장에서 청구의 대상으로 삼은 채권 가운데 일부만을 청구하면서 소송의 진행경과에 따라 **장차 청구금액을 확장할 뜻을 표시**했더라도 그 후 **채권의 특정 부분**을 청구범위에서 **명시적으로 제외**했다면, 그 부분에 대해서는 **애초**

---

[1] 이시윤, 310쪽.

[2] 대판 2020. 8. 20. 2019다14110, 2022. 5. 26. 2020다206625, 2023. 10. 12. 2020다210860.

부터 소제기가 없었던 것과 마찬가지로 재판상 청구로 인한 시효중단의 효력이 발생하지 않는다.[1][2]

Ⅲ. 법률상 기간준수

1. 의 의

소제기로 제소기간 그 밖의 청구를 위한 **제척기간**이 지켜진다. **판례**는 **제척기간**을 재판상 또는 재판 외 권리행사기간으로 본다. 제척기간은 일반적으로 권리자로 하여금 자신의 권리를 신속하게 행사하도록 함으로써 법률관계를 조속하게 확정하려는 데 그 제도의 취지가 있으며, 그 제척기간이 지나면 권리가 소멸한다.[3] 제척기간 진행의 기산점은 특별한 사정이 없는 한 원칙적으로 권리가 발생한 때이다.[4] 제척기간 가운데 재판상 권리행사기간인 **제소기간(출소기간)인 경우**로는, 예컨대 민법상 점유보호청구소송(점유침탈자 또는 방해자에 대한 청구소송)의 제소기간(민 204조 3항, 205조 2항),[5] 채권자취소소송의 제소기간(민 406조 2항), 상속회복청구소송의 제소기간(민 999조 2항), 배당이의소송의 제소기간(민집 154조 1항·3항), 그 밖에 나류 가사소송 및 회사관계소송 등에서의 제소기간 등이 있다. 제척기간 가운데 **제소기간이 아닌 경우**로는, 예컨대 매매예약완결권(민 564조)의 행사기간,[6] 수급인의 하자담보책임기간(민 670조·671조)[7] 등이 있다.

---

1) 대판 2021. 6. 10. 2018다44114, 2022. 5. 26. 2020다206625.
2) 이러한 일련의 대법원 판결들에 대하여, 대법원은 일부청구와 소멸시효의 중단 여부를 청구취지의 확장 및 제외 등 구체적인 소송의 진행경과에 따라 **개별적·구체적**으로 판단했다는 점에서 의의가 있다고 보는 견해로는, 강윤희, "일부청구와 시효 중단에 관한 대법원 판결의 체계적 이해 —대법원 2020. 2. 6. 선고 2019다22723 판결, 대법원 2020. 8. 20. 선고 2019다14110,14127,14134,14141 판결, 대법원 2021. 6. 10. 선고 2018다44114 판결을 비교·분석하여—," 법조 통권 제752호(2022. 4.), 344쪽 이하.
3) 대판 1995. 11. 10. 94다22682,22699, 2022. 12. 1. 2020다280685.
4) 대판(전) 2016. 10. 19. 2014다46648.
5) 대판 2002. 4. 26. 2001다8097,8103, 2021. 8. 19. 2021다213866(다만 민법 204조 3항은 **본권 침해**로 발생한 손해배상청구권의 행사에는 적용되지 않으므로 점유를 침탈당한 사람이 본권인 유치권 소멸에 따른 손해배상청구권을 행사하는 때에는 위 규정이 적용되지 않고, 점유를 침탈당한 날부터 1년 내에 행사할 것을 요하지 않는다).
6) 매매예약완결권은 일종의 **형성권**으로서 당사자 사이에 그 행사기간을 약정한 경우에는 그 기간 내에, 그러한 약정이 없는 경우에는 그 예약이 성립한 때부터 10년 내에 이를 행사해야 하고, 그 기간이 지난 때에는 매매예약완결권은 제척기간을 넘김으로써 소멸한다. 대판 1997. 7. 25. 96다47494,47500, 2003. 1. 10. 2000다26425 등.
7) 대판 2004. 1. 27. 2001다24891, 2009. 5. 28. 2008다86232, 2010. 1. 14. 2008다88368.

2. 제척기간과 직권조사사항

이러한 제척기간을 넘겼는지 여부는 당사자의 주장에 관계없이 법원이 당연히 조사하여 고려해야 할 **직권조사사항(변론주의형)**이다.[1] 제척기간을 지켰는지 여부는 상대방별로 각각 판단해야 한다.[2] **판례**는 **채권자취소소송**에서 제소기간이 지났는지에 관한 증명책임은 권리자의 상대방(피고)에게 있다고 보고 있다.[3]

3. 제척기간 도과의 법적 효과

제척기간 가운데 **제소기간인 경우**(예컨대 민법 406조 2항의 채권자취소권의 행사기간) 그 기간이 지난 뒤에 제기된 소는 부적법하므로 그 소를 각하해야 한다.[4] 제척기간 가운데 **제소기간이 아닌 경우** 그 기간이 지남으로써 권리가 당연히 소멸하므로 그 청구를 기각해야 한다.[5]

> ▣ **채권자취소소송과 제척기간**
>
> **(1) 원상회복청구를 별소로 제기하는 경우**
> 채권자가 민법 406조 1항에 따라 사해행위취소와 원상회복을 청구하기 위해서는 사해행위취소만을 먼저 청구한 다음 원상회복을 나중에 청구할 수 있으며, 이 경우 **사해행위취소청구**가 민법 406조 2항에 정해진 기간 안에 제기되었다면 원상회복청구는 그 기간이 지난 뒤에도 할 수 있다.[6]
>
> **(2) 일부취소 또는 전부취소로 청구취지를 변경하는 경우**
> 매매행위가 사해행위에 해당함을 이유로 그 매매계약의 전부취소 및 그 원상회복으로서 소유권이전등기의 말소를 구하다가 사해행위 이후 저당권이 소멸된 사정을 고려하여 원상회복이 허용되는 범위 내의 가액배상을 구하는 것으로 **청구취지를 변경**하면서 그에 맞추어 사해행위취소의 청구취지를 (그 범위 내의 일부취소로) 변

---

1) 대판 1996. 9. 20. 96다25371, 2014. 1. 23. 2011다84915, 2021. 1. 14. 2018다273981. 제소기간인 제척기간은 직권조사사항이나, 재판 외의 제척기간은 직권조사사항이 아니라는 견해로는, 윤진수, 민법주해(3), 405쪽; 이상태, "제척기간의 본질에 관한 연구," 저스티스 72호(2003. 4.), 129쪽 이하.

2) 대판 2009. 10. 15. 2009다42321.

3) 대판 2014. 3. 27. 2013다79320, 2018. 4. 10. 2016다272311, 2023. 4. 13. 2021다309231 등.

4) 대판 1996. 5. 14. 95다50875, 2010. 1. 14. 2009다41199.

5) 대판 2009. 5. 28. 2008다86232, 2014. 3. 27. 2013다79320, 2018. 4. 10. 2016다272311.

6) 대판 2001. 9. 4. 2001다14108.

경한 데에 불과한 경우에는 하나의 매매계약으로서의 해당 사해행위의 취소를 구하는 소제기의 효과는 그대로 유지되고 있다고 봄이 상당하다. 따라서 비록 취소소송의 제척기간이 지난 뒤에 당초의 청구취지의 변경이 잘못 되었음을 이유로 다시 위 매매계약의 전부취소 및 소유권이전등기의 말소를 구하는 것으로 청구취지를 변경한다고 해도 **최초 소제기시에 발생한 제척기간 준수의 효과에는 영향이 없다.**[1]

(3) 수익자와 전득자를 공동피고로 하면서 수익자와 전득자에 대한 청구취지를 분리하지 않은 경우

채권자가 수익자와 전득자를 공동피고로 삼아 사해행위취소와 원상회복을 청구하면서 청구취지로 '채무자와 수익자 사이의 사해행위취소 청구'를 구하는 취지를 명시한 경우 **전득자에 대한 관계**에서도 채무자와 수익자 사이의 사해행위를 취소하면서 채권자취소권을 행사한 것으로 보아야 하므로, 전득자에 대한 관계에서도 소제기시를 기준으로 제척기간 준수 여부를 정한다.[2]

(4) 채권자가 파산한 경우

채권자가 사해행위의 취소원인을 알게 되어 채권자취소소송의 제척기간이 진행되던 도중 채권자가 파산하여 파산관재인이 선임된 경우라도 그 제척기간은 파산관재인이 사해행위의 취소원인을 안 때부터 새로 진행되어야 하는 것은 아니다.[3]

4. 제척기간과 소송물

원칙적으로는 소송물인 권리관계와 일치한다. 제척기간 내에 **명시적 일부청구**를 한 경우 제척기간이 지난 뒤에 잔부를 확장하는 것은 (잔부청구는 별개의 소송물이므로) 허용되지 않는다. **판례는, 주주총회결의부존재확인**의 소가 동일한 결의에 관하여 **상법 376조 1항이 정하는 제소기간 내**(결의의 날부터 2월 내)에 제기되어 있다면, **동일한 흠**을 원인으로 하여 결의의 날부터 2월이 지난 뒤에 **주주총회결의취소의 소**로 청구를 변경하거나 추가한 경우에도 위 부존재확인의 소제기시에 제기된 것과 동일하게 취급하여 제소기간을 지킨 것으로 보고 있다.[4] 또한 **판례는, 주주총회결의무효확인**의 소가 상법 376조 1항이 정하는 제소기간 내에 제기된 경우도(주주총회결의취소의 소와의 관계에서) 마찬가지로 보고 있다.[5] 한편 **판**

---

1) 대판 2005. 5. 27. 2004다67806.
2) 사해행위취소를 구하는 취지를 수익자에 대한 청구취지와 전득자에 대한 청구취지를 분리하여 각각 기재하지 않았다고 하더라도 **취소를 구하는 취지**가 수익자에 대한 청구에 한정된 것이라고 할 수 없기 때문이다. 대판 2011. 10. 13. 2011다46647, 2021. 2. 4. 2018다271909.
3) 대판 2006. 8. 25. 2004다24144.
4) 대판 2003. 7. 11. 2001다45584.
5) 대판 2007. 9. 6. 2007다40000.

례는, **신주발행무효**의 소(상 429조)에서 제소기간이 지난 뒤에 새로운 무효사유를 추가하는 것을 허용하지 않는다.[1]

Ⅳ. 시효중단·기간준수의 효력의 발생 및 소멸

1. 효력의 발생시기

시효중단·기간준수의 효력은 **소제기시**에 발생한다. 즉 소장을 법원에 제출한 때이다. **소송 중의 소**에서도 소장에 해당하는 서면을 법원에 제출한 때이다(법 265조 후단). 다만 제척기간 가운데 **형성권**의 행사기간에서는 소장(반소장) 부본이 **상대방에게 도달된 때**에 기간준수의 효력이 발생한다.[2] **소액사건**에서 서면이 아닌 말로 제소하는 경우에는 법원사무관 등 앞에서 **진술한 때**이다(소심 4조 2항).

2. 효력의 소멸시기

시효중단·기간준수의 효력은 소취하(취하간주도 포함), 소각하 등으로 소급하여 소멸한다(민법 170조 1항).[3] 인지보정명령을 받고도 보정기간 내 보정하지 않아 **소장각하명령**을 받은 때에도 마찬가지이다. 다만 이 경우에도 6월 내에 재판상 청구, 압류 또는 가압류·가처분 등을 하면 최초의 소제기시에 중단한다(민 170조 2항). 시효중단·기간준수의 효력은 소송의 이송에 의해서는 소멸하지 않는다(법 40조 1항).

---

1) 상법 429조의 "신주발행의 무효는 주주·이사 또는 감사에 한하여 신주를 발행한 날로부터 6월 내에 소만으로 이를 주장할 수 있다"는 규정은 신주발행에 수반되는 복잡한 법률관계를 조기에 확정하고자 하는 것이므로, 새로운 무효사유를 제소기간이 지난 뒤에도 주장할 수 있도록 하면 법률관계가 불안정하게 되어 위 규정의 취지가 몰각된다는 점에 비추어 위 규정은 **무효사유의 주장시기도** 제한하고 있는 것이라고 해석함이 상당하기 때문이다. 대판 2004. 6. 25. 2000다37326, 2012. 11. 15. 2010다49380. 전환사채발행의 경우 신주발행무효의 소에 관한 상법 429조가 유추적용된다. 대판 2004. 8. 16. 2003다9636.
2) 대판 2000. 1. 28. 99다50712, 2008. 9. 11. 2008다27301,27318, 2009. 6. 23. 2007다26165.
3) 증권관련집단소송에서 소제기로 인한 시효중단의 효력은, ① 소송불허가결정이 확정된 경우(증집 17조), ② 총원의 범위변경결정에 의하여 구성원에서 제외된 경우(증집 27조), ③ 구성원이 제외신고를 한 경우(증집 28조) 등에서 그 사유가 발생한 때부터 6월 이내에 그 청구에 관한 소가 제기되지 않은 경우에 소멸한다(증집 29조).

V. 지연손해금의 법정이율의 인상

1. 의   의

소송촉진 등에 관한 특례법 3조 1항은 금전채무의 전부 또는 일부의 이행을 명하는 판결을 선고할 경우 금전채무 불이행으로 인한 손해배상액 산정의 기준이 되는 법정이율은 그 금전채무의 이행을 구하는 소장 또는 이에 준하는 서면이 채무자에게 송달된 날의 다음 날부터는 다 갚을 때까지 연 40% 이내의 범위에서 '은행법'에 따른 은행이 적용하는 연체금리 등 경제여건을 고려하여 대통령령으로 정하는 이율에 따른다고 규정하고 있다. **2019. 5. 21.** 대통령령 29768호로 개정 **(2019. 6. 1. 시행)**된 '소송촉진 등에 관한 특례법 제 3 조 제 1 항 본문의 법정이율에 관한 규정'에 의하면 **2019. 6. 1.** 이후에 적용할 법정이율은 **연 12%**이다. 이는 **금전채권자**의 **소제기** 후에도 상당한 이유 없이 채무를 이행하지 않는 채무자에게 지연이자에 관하여 불이익을 가함으로써 채무불이행 상태의 유지 및 소송의 불필요한 지연을 막고자 하는 것을 그 중요한 취지로 한다.[1][2]

2. 적용범위

(1) 금전채무의 이행을 명하는 경우

1) 위 특례법에서 정한 이율은 금전채무의 이행을 명하는 판결을 선고할 경우에 적용된다. 따라서 금전채무에 관하여 채무자가 채권자를 상대로 **채무부존재확인**을 구했을 뿐 이에 대한 채권자의 **(반소 등에 의한) 이행소송이 없는 경우**에는 사실심 심리결과 채무의 존재가 일부 인정되어 이에 대한 **확인판결**을 선고하더라도 이는 금전채무의 전부 또는 일부의 이행을 명하는 판결을 선고한 것은 아니므로 이 경우 **지연손해금 산정**에 대해서는(예컨대 원고의 피고에 대한 채무는 일부 인정

---

[1] 한편 위 규정은 금전채무불이행자에 대한 '처벌'을 입법목적의 하나로 한다. 즉 위 규정에 의한 법정이율은 채권자의 **실손해를 배상**하는 이율로서의 기능과 악의적인 채무자에 대한 **벌칙**의 기능을 함께 가진다고 본다. 대판(전) 1987. 5. 26. 86다카1876, 대판 2010. 9. 30. 2010다50922.

[2] 한편 위 규정은 비록 소송촉진을 목적으로 소송절차에 의한 권리구제와 관련하여 적용되는 것이지만 **절차법적인 성격**을 가지는 것이라고만 볼 수는 없고, 그 실질은 금전채무의 불이행으로 인한 손해배상의 범위를 정하기 위한 것이므로, **본래의 채권채무관계**의 준거법이 외국법인 경우에는 위 규정이 적용되지 않는다. 대판 2012. 10. 25 2009다77754, 2015. 2. 26. 2012다79866.

된 채무액을 초과해서는 존재하지 아니함을 확인한다는 판결을 할 때에 채무액에서의 지연손해금 산정에 대해서는) 위 특례법에서 정한 이율이 적용되지 않는다.[1]

2) 위 특례법에서 정한 이율은 **금전채무 원본**의 이행청구가 **소송물**일 때 그 이행을 명하면서 동시에 그에 덧붙이는 지연손해금에 관하여 적용되므로, 해당 사건에서 지연손해금 발생의 원인이 된 **원본에 관하여 이행판결을 선고하지 않는 경우**에는 위 특례법에서 정한 이율이 되지 않는다. 따라서 원고가 금전채권 원본에 대해서는 (지연손해금 발생의 원인이 되는 **원본채무**가 채무자의 이행으로 **소멸**하여 그에 관하여 이행판결이 선고될 수 없음을 이유 등으로) **청구취지의 변경**을 통하여 **소를 취하**하고 그에 대한 **지연손해금만 청구**하는 이상 위 특례법에서 정한 이율을 적용해서는 안 된다.[2]

(2) 이행의무에 관하여 항쟁하는 것이 타당한 경우

1) 채무자에게 그 이행의무가 있음을 선언하는 사실심판결이 선고되기 전까지 채무자가 이행의무의 존재 여부나 범위에 관하여 **항쟁하는 것이 타당**하다고 인정되는 경우에는 그 타당한 범위에서 위 특례법에서 정한 이율을 적용하지 않는다(소촉 3조 2항). 항쟁하는 것이 타당하다고 인정되는 경우란 그 이행의무의 존재 여부나 범위에 관하여 항쟁하는 채무자의 주장에 **타당한 근거가 있는 때**를 말하며,[3] 여러 개의 **청구가 병합**된 때에는 병합된 **각 청구별**로 따로 판단해야 한다.[4]

2) 항쟁하는 것이 타당한 것인지 여부는 해당 사건에 관한 법원의 사실인정과 그 평가에 관한 문제이다. ① 다만 제1심이 인용한 청구액을 항소심이 그대로 유지한 경우에는 특별한 사정이 없는 한 피고가 항소심절차에서 위 인용금액에 대하여 이행의 존재 여부와 범위를 다툰 것은 타당하다고 볼 수 없다.[5] ② 한

---

1) 대판 2021. 6. 3. 2018다276768; 김은경, "채무부존재확인소송만이 제기된 경우 지연손해금에 소송촉진 등에 관한 특례법상의 법정이율이 적용되는지 여부," 대법원판례해설 127호(2021년상), 275쪽 이하. 채무부존재확인소송에서 이행소송이 **반소로 제기된** 경우 위 특례법에서 정한 이율을 적용한 판결로는, 대판 2010. 2. 11. 2009다82633,82640.

2) 대판 2010. 9. 30. 2010다50922, 2022. 3. 11. 2021다232331.

3) 대판(전) 1987. 5. 26. 86다카1876, 대판 2020. 11. 26. 2019다2049, 2023. 3. 30. 2022다297649 등.

4) 대판 2009. 7. 9. 2006다73966. 생명 또는 신체에 대한 불법행위로 인하여 입게 된 **적극적 손해**와 **소극적 손해** 및 **정신적 손해**는 서로 소송물을 달리하므로 그 손해배상의무의 존부나 범위에 관하여 항쟁함이 타당한지 여부는 **각 손해마다** 따로 판단해야 한다. 대판 2002. 9. 10. 2002다34581, 2006. 10. 13. 2006다32446, 2022. 4. 28. 2022다200768 등.

5) 대판 1995. 2. 17. 94다56234, 2008. 11. 13. 2006다61567, 2022. 4. 28. 2022다200768.

편 채무자가 이행의무의 존재와 범위 등을 다투어 **제1심에서 그 주장이 받아들여졌다면** 비록 **항소심에서** 그 주장이 배척되더라도 그 주장은 타당한 근거가 없다고 쉽사리 말할 수 없으므로, 위 특례법 3조 2항에 따라 **항소심판결의 선고일**까지는 위 특례법에서 정한 이율이 적용되지 않는다.[1]

(3) 장래의 이행의 소의 경우

장래의 이행의 소(법 251조)에는 애당초 위 특례법에서 정한 이율이 적용되지 않는다(소촉 3조 1항 단서).

▣ 판례가 소송촉진 등에 관한 특례법상 지연손해금의 법정이율(연 12%)이 적용되지 않는다고 본 구체적 사례

(1) 쌍무계약에서 원·피고 쌍방의 채무가 동시이행관계에 있는 경우

쌍무계약에서 쌍방의 채무가 동시이행관계에 있는 경우 일방의 채무의 이행기가 도래하더라도 상대방 채무의 이행제공이 있을 때까지는 그 채무를 이행하지 않아도 이행지체책임을 지지 않는다. 따라서 예컨대 사실심 변론종결일까지 원고가 피고에게 건물의 인도를 위한 이행제공 또는 이행을 했다고 볼 수 없는 경우 건물의 인도의무와 동시이행관계에 있는 공사대금의 지급의무에 관하여 피고에게 이행지체책임이 있다고 할 수 없으므로, 공사대금에 대하여 **건물을 인도한 날의 다음 날부터의** 지연손해금의 인정에서는 위 특례법에서 정한 이율이 적용되지 않는다(민법이 정한 **연 5%**의 이율 또는 상법이 정한 **연 6%**의 이율이 적용된다).[2]

(2) 이혼소송에서 재산분할에 따른 금전지급채무의 경우

이혼으로 인한 재산분할청구권은 이혼을 한 당사자 한쪽이 다른 한쪽에 대하여 재산분할을 청구할 수 있는 권리로서 이혼이 성립한 때에 그 법적 효과로서 비로소 발생하는 것일 뿐만 아니라, 재산분할에 관한 협의 또는 심판에 의하여 그 구체적 내용이 형성되기까지는 그 범위 및 내용이 불명확·불확정하기 때문에 구체적으로 권리가 발생했다고 할 수 없다.[3] 따라서 당사자가 이혼이 성립하기 전에 이혼소송

---

[1] 대판 2017. 2. 9. 2016다258544, 2019. 12. 27. 2016다208600, 2023. 3. 30. 2022다297649 등. 제1심판결에서 원고의 청구가 인용되었다가 피고의 항소가 받아들여져 원고 패소판결이 선고되었으나, 원고가 상고한 결과 환송 전 원심판결이 파기되어 환송 후 원심에서 제1심판결과 같이 원고의 청구가 인용되었다면 피고의 주장이 환송 전 원심에 의하여 받아들여진 적이 있을 정도였으므로, 위 특례법 3조 2항에 따라 **파기환송판결의 선고시까지는** 위 특례법이 정한 이율이 적용되지 않는다. 대판 2005. 2. 17. 2004다50341, 2014. 10. 27. 2013다84582, 2024. 6. 13. 2024다225723.

[2] 대판 2002. 10. 25. 2002다43370; 최진수, "지연손해금청구," 사법연수원논문집 4집(2007. 1), 1쪽 이하.

[3] 대판 2017. 9. 21. 2015다61286, 대결 2022. 7. 28. 2022스613, 대판 2023. 9. 21. 2023므10861.

과 병합하여 재산분할의 청구를 하고 법원이 이혼과 동시에 재산분할로서 금전의
지급을 명하는 판결을 하는 경우 그 금전지급채무에 관해서는 그 **판결이 확정된 날
의 다음 날부터** 이행지체책임을 지게 되고, 그 지연손해금의 인정에서는 위 특례법
에서 정한 이율이 적용되지 않는다(민법이 정한 **연 5%**의 이율이 적용된다).[1]

　(3) 채권자취소소송에서 사해행위취소에 따른 가액배상의무의 경우

　채권자취소소송에서 **가액배상의무**는 사해행위취소를 명하는 판결이 확정된 때
에 비로소 발생하므로 그 **판결이 확정된 날의 다음 날부터** 이행지체책임을 지게 되
고, 그 지연손해금의 인정에서는 위 특례법에서 정한 이율이 적용되지 않는다(민법
이 정한 **연 5%**의 이율이 적용된다).[2]

제 8 절   배상명령제도

Ⅰ. 의   의

　배상명령은 형사소송의 부대소송(附帶訴訟)이다. 배상신청에는 **인지가 면제**되며
(소촉 26조 1항 단서), 절차비용을 국가가 부담한다. 직권배상명령도 가능하다.

Ⅱ. 배상명령의 요건

1. 배상명령의 대상

　배상명령은 제1, 2심 형사소송절차에서 일정한 범죄에 한하여 **유죄선고할** 때에
한하여 한다. 배상명령은 **직권으로**[3] 또는 피해자나 그 상속인의 **신청에 따라** 한

---

1) 대판 2001. 9. 25. 2001므725,732. 이혼이 먼저 성립한 후에 재산분할로 금전의 지급을 명
　하는 경우라고 하더라도 마찬가지이다. 대판 2014. 9. 4. 2012므1656.

2) 대판 2002. 3. 26. 2001다72968, 2009. 1. 15. 2007다61618.

3) 직권으로도 배상명령을 할 수 있도록 법률에 규정하고 있음에도 불구하고 법원은 이를 적
　극적으로 활용하지 않고 있다. 통계자료에 의하면 직권에 의하여 배상명령을 한 경우는 1981
　년 배상명령제도가 시행된 후 33년 동안 150건에 불과하며, 그나마 2007년 이후 2013년까지
　는 한 건도 없다(법무연수원, 2014년 범죄백서). 직권에 의한 배상명령의 활성화 방안에 관해
　서는, 김홍엽, "배상명령제도의 활성화," 법률신문 4364호(2015. 11. 9.), 14쪽. 한편 재판예규
　제1776-12호 '배상신청에 관한 예규'(재형 2003-8, 2021. 7. 22. 개정·시행) 6조 2항에서는 배
　상신청이 없는 경우에도 가능한 한 직권에 의한 배상명령제도를 활용하되 특히 공소제기된
　범죄의 피해품이 **현금**인 때에는 소송촉진 등에 관한 특례법 25조 3항에 해당하는 사유가 없
　는 한 **원칙적으로** 직권으로 배상명령을 하도록 규정하고 있다.

다. 배상명령의 대상은 피고사건의 범죄행위로 인하여 발생한 재산적 손해(직접적인 물적 피해, 치료비 손해) 및 위자료이다(소촉 25조 1항).

2. 배상명령이 허용되지 않는 경우

① 피해자의 성명·주소가 분명하지 않는 경우, ② 피해 금액이 특정되지 않은 경우, ③ 피고인의 배상책임의 유무 또는 그 범위가 명백하지 않은 경우, ④ 배상명령으로 인하여 공판절차가 현저히 지연될 우려가 있거나 형사소송절차에서 배상명령을 하는 것이 타당하지 않다고 인정되는 경우 등에는 배상명령을 할 수 없다(소촉 25조 3항).[1] 한편 이미 집행권원을 가지고 있는 경우에는 신청의 이익이 없다.[2]

Ⅲ. 배상신청 및 배상명령

1. 배상신청 및 재판

(1) 배상신청

배상신청은 서면으로, 배상청구액에 해당하는 사물관할을 고려함이 없이 해당 피고사건이 계속된 법원에 해야 한다(소촉 26조 1항). 해당 피고사건의 범죄행위로 인하여 발생한 피해에 대하여 다른 절차에 따른 손해배상청구가 법원에 계속 중인 때에는 배상신청을 하지 못한다(소촉 26조 7항). 배상신청은 **소제기와 동일한 효력**(시효중단·기간준수의 효력)이 있다(소촉 26조 8항). 피해자는 **법원의 허가**를 얻어 일정한 신분관계 있는 사람(**배우자, 직계혈족** 또는 **형제자매**)에게 소송대리하게 할 수 있다(소촉 27조 1항). 신청인은 배상명령이 확정되기 전까지는 언제든지 배상신청을 취하할 수 있다(소촉 26조 6항).[3]

(2) 배상신청에 대한 재판

1) 배상신청이 ① 부적법하거나, ② 이유 없거나, ③ 배상명령을 하는 것이

---

1) 피고인이 재판과정에서 배상신청인과 민사적으로 합의했다는 내용의 합의서를 제출했고, 그 합의서 기재 내용만으로는 배상신청인이 변제를 받았는지 여부 등 피고인의 민사책임에 관한 구체적인 합의 내용을 알 수 없다면, 사실심법원으로서는 배상신청인이 처음 신청한 금액을 바로 인용할 것이 아니라 구체적인 합의 내용에 관하여 심리하여 피고인의 배상책임의 유무 또는 그 범위에 관하여 살펴보는 것이 합당하다. 대판 2013. 10. 11. 2013도9616.

2) 대판 1982. 7. 27. 82도1217.

3) 배상신청이 있는 경우 이에 대한 **재판절차**에 관해서는 **소송촉진 등에 관한 특례규칙**(2024. 3. 28. 개정, 2024. 4. 17. 시행) 6장에서 규정하고 있다.

타당하지 않다고 인정되는 때에는 결정으로 **각하**해야 한다(소촉 32조 1항. 이유가 없는 경우에도 '**각하**'한다). 배상신청의 일부만이 이유 있는 경우에는 원칙적으로 그 일부를 인용해야 하고 전부를 각하해서는 안 된다.[1] 유죄판결의 선고와 동시에 배상신청을 각하할 때에는 이를 유죄판결의 주문에 표시할 수 있다(소촉 32조 2항). 배상명령을 **각하**하거나 그 **일부**를 **인용**한 재판에 대하여 신청인은 **불복을 신청하지 못하며**, 다시 동일한 배상신청을 할 수 없다(소촉 32조 4항).[2][3]

2) **배상명령**은 유죄판결의 선고와 동시에 해야 하며(소촉 31조 1항), 일정액의 금전지급을 명함으로써 하고, **배상의 대상**과 **금액**을 유죄판결의 주문에 표시해야 한다(소촉 31조 2항 본문).[4] 배상명령에 대해서는 **가집행선고**를 할 수 있다(소촉 31조 3항). 배상명령에는 필요한 경우가 아니면 **이유기재**를 **생략**한다(소촉 31조 2항 후문).

3) 피고인이 유죄판결에 대하여 상소를 하는 경우 배상명령도 확정이 차단되고 상소심으로의 이심(移審)의 효력이 생긴다. 피고인은 유죄판결에 대하여 상소를 제기함이 없이 배상명령만에 대해서만 불복할 수 있다[이 경우 상소기간 내에 형사소송법에 의한 즉시항고로 한다(소촉 33조 5항)].

2. 배상명령의 효력

확정된 배상명령 또는 가집행선고가 있는 배상명령이 기재된 유죄판결서의 정본은 민사집행법에 따른 강제집행에 관해서는 **집행력 있는 민사판결 정본**과 동일한 효력이 있다(소촉 34조 1항). 따라서 배상명령을 집행하기 위하여 별도로 **집행문**을 부여받을 필요가 없다. 배상명령이 확정되더라도 **기판력**은 **인정되지 않으며** 집행력이 있을 따름이다. 따라서 피고인이 배상명령에 대하여 청구이의의 소(민집 44조 1항)를 제기하는 경우에도 변론종결 전의 사유를 이의사유로 할 수 있다(소촉 34조 4항). 다만 배상명령이 확정된 경우 피해자는 그 **인용**된 **금액**의 범위에서 다른 절차에 따른 손해배상을 청구할 수 없다(소촉 34조 2항).

---

1) 재판예규 제1776-12호 '배상신청에 관한 예규'(재형 2003-8, 2021. 7. 22. 개정·시행) 6조 1항(위 예규상은 '기각'이라는 표현을 사용하고 있으나, '각하'가 법상 명칭이다).

2) 제 1 심법원이 배상신청을 각하한 경우 피고인 등의 불복으로 항소가 제기되었다고 하더라도 항소심에서 다시 동일한 배상신청을 할 수 없다. 대판 2016. 8. 24. 2016도7968, 2022. 1. 14. 2021도13768. 배상신청이 각하되었음에도 다시 같은 배상신청을 한 경우 법원은 이러한 배상신청을 각하해야 한다. 대판 2014. 1. 23. 2013도14383.

3) 제 1 심에서 배상신청을 했다가 **각하**된 피해자들에 대하여 항소법원이 **직권으로** 배상명령을 한 사례로는, 대전지방법원 2024. 4. 25. 선고 2024노733 판결.

4) 예컨대 "피고인은 배상신청인에게 편취금 1억 4천만원을 지급하라"는 방식으로 한다.

제 2 장 변 론

제 1 절 총 설

Ⅰ. 변론의 의의

변론은 변론기일에 수소법원의 공개법정에서 당사자 양쪽이 구술에 의하여 판결의 기초가 될 소송자료, 즉 사실과 증거를 제출하는 방법으로 소송을 심리하는 절차이다. **넓은 의미의 변론**은 당사자의 소송행위 외에 법원이 변론기일에서 행하는 소송행위도 포함한다[즉 소송주체가 변론기일에 하는 일체의 소송행위를 말한다]. 이에 대하여 **좁은 의미의 변론**은 당사자의 소송행위와 증거조사를 말한다. **가장 좁은 의미의 변론**은 증거조사를 제외하고 당사자의 소송행위만을 말한다.

Ⅱ. 변론의 종류

1. 필수적 변론

원칙적으로, 판결절차는 **필수적 변론**에 의해야 한다(법 134조 1항, 408조. **필수적 변론의 원칙**이라 한다).[1] 구술진술만이 판결의 기초가 된다. 필수적 변론기일의 불출석은 변론을 게을리하는 것(기일의 부준수)이 된다. **예외적**으로, 판결절차도 변론 없이 판결(**무변론판결**)을 할 수 있는 경우가 있다. ① 소송요건이나 항소요건에 보정할 수 없는 흠이 있어 소·항소각하판결을 하는 경우(법 219조·413조), ② 소액사건에서 청구가 이유 없음이 명백하여 청구기각판결을 하는 경우(소심 9조 1항), ③ 상고심판결의 경우(법 430조 1항), ④ 소송비용에 대한 담보제공을 명하는 결정을 받고도 담보를 제공하지 않아 소각하판결을 하는 경우(법 124조 본문), ⑤ 답변서 부제출에 의한 무변론 원고승소판결을 하는 경우(법 257조 1항·2항) 등이다.

---

1) 비송사건절차법에 의하여 회사의 해산을 명하는 재판의 항고심절차에서는 반드시 필수적 변론을 거쳐야 하는 것은 아니므로 항고인에게 변론의 기회가 부여되지 않았다 하여 위법하다고 할 수 없다. 대결 1987. 3. 6. 87마1.

2. 임의적 변론

변론을 여는 것이 법원의 재량에 맡겨져 있는 것을 **임의적 변론**이라 한다. 결정으로 완결할 사건에 대해서는 임의적 변론에 의한다(법 134조 1항 단서). 신속한 처리를 필요로 하기 때문이다. 변론을 열 때에도 반드시 기일에 출석하여 말로 진술할 필요가 없다. 따라서 임의적 변론에서는 기일에 불출석하더라도 필수적 변론에서 적용되는 기일불출석에 따른 불이익을 받지 않으며, 기일불출석에 의하여 진술간주·자백간주·소취하간주가 되지 않는다. 임의적 변론에서 변론을 열지 않는 때에는 **서면심리**만으로 재판할 수 있다. 다만 변론을 열지 않는 때에도 법원은 당사자와 이해관계인, 그 밖의 참고인을 심문할 수 있다(법 134조 2항). **심문**은 이들에게 적당한 방법으로 서면에 의하여, 또는 말로 개별적으로 **진술할 기회**를 주는 것을 말한다. 심문의 여부는 **원칙적**으로 재량에 의하나(**임의적 심문**), **예외적**으로 반드시 심문을 해야 할 경우가 있는가 하면(**필수적 심문**, 법 82조 2항, 317조 1항, 민집 232조·262조 등), 반대로 심문할 수 없는 경우도 있다(**심문의 생략**, 법 467조, 민집 226조). 필수적 심문사건에서 특별한 사정이 없이 당사자를 심문하지 않은 채 진행한 경우는 위법이다.[1]

제 2 절 심리의 여러 원칙

제 1 관 총   설

I. 공개심리주의

1. 의   의

공개심리주의는 재판의 심리와 판결선고를 일반에게 공개하는 것을 말한다(헌 109조 본문, 법조 57조 1항 본문). 공개에는 일반공개(법 163조·163조의2)와 당사자공개[소송기록의 **열람·복사청구권**, 재판서 등의 정본 등 및 소송에 관한 사항의 증명서의 **교부청구권**을 포함한다(법 162조)]가 있다. 법률상의 실체적 권리관계 자체를 확정

---

[1] 대결 2009. 5. 6. 2009스16.

하는 소송사건의 재판, 변론절차와 판결의 선고만 공개한다. 공개에 관한 사항은 **변론조서의 필수적 기재사항**이며(법 153조 6호), 상고시 절대적 상고이유가 된다(법 424조 1항 5호).

2. 적용범위

공개심리주의는 ① 수명법관에 의한 수소법원 밖에서의 증거조사,[1] ② 변론준비절차(변론준비기일),[2] ③ 민사조정절차(민조 20조 본문),[3] ④ 비송사건절차(비송 13조 본문) 등에서는 적용되지 않는다.[4] 한편 국가의 안전보장, 안녕질서 또는 선량한 풍속을 해칠 우려가 있는 경우에는 법원의 결정으로 공개하지 않을 수 있다(헌 109조 단서, 법조 57조 1항 단서).[5] 이러한 비공개결정은 그 이유를 밝혀 선고해야 한다(법조 57조 2항). 다만 비공개로 심리하는 경우에도 **판결선고**는 반드시 공개해야 한다.[6]

3. 영상재판

영상재판이란 재판부 및 소송관계인의 전부 또는 일부가 법정에 직접 출석하

---

1) 대판 1971. 6. 30. 71다1027.
2) 재판장 등의 허가를 받은 때에는 당사자가 변론준비기일에 제3자와 함께 출석할 수 있으므로(법 282조 3항), 변론준비기일을 비공개로 진행하더라도 당사자가 데리고 간 이해관계인에 대해서는 그 출석을 일률적으로 불허할 것은 아니라고 본다. 법원실무제요 민사소송(2), 1123쪽. 한편 변론준비절차에서 증인신문 등을 제외한 모든 증거조사가 실시될 수 있으므로 이를 재판의 '심리'로 보지 않을 이유가 없으며, 변론준비기일의 비공개가 법률상 명문으로 규정되어 있지 않으므로, 변론준비기일에서도 공개심리주의가 적용되어야 한다는 견해로는, 한충수, "신모델하에서의 변론준비기일과 변론기일의 상관성 연구," 법학논총(한양대학교) 22집 1호, 108쪽 이하.
3) 민사조정절차는 공개하지 **않을 수** 있다(민조 20조). 1990. 12. 31. 민사조정법 제정 당시에는 '조정절차는 공개하지 아니한다'고 규정했으나 조정절차를 공개하는 것이 헌법상 재판공개의 원칙에 부합한다고 보아 1992. 11. 30. 개정시 현행법과 같은 내용으로 개정했다. 법원행정처, 조정실무(2002년), 93쪽·94쪽. 다만 조정절차를 공개하지 않는 경우에도 조정담당판사(상임조정위원 포함)는 적당하다고 인정하는 사람에게 방청을 허가할 수 있다(민조 20조 단서, 7조 4항).
4) 비송사건절차에서도 법원은 적정하다고 인정하는 사람에게 **방청**을 **허가**할 수 있다(비송 13조 단서).
5) 예컨대 가사소송사건에서 당사자의 비밀보장 또는 명예보호의 필요가 있는 경우에는 선량한 풍속을 해할 염려가 있는 때에 해당한다고 보아 심리를 공개하지 않을 수 있다.
6) 개인이나 기업의 정보보호에 대한 요구를 수용하여 융통성 있게 공개심리주의를 운용하고, 이를 위하여 소송관계인의 비밀보호를 위한 적절한 조치를 마련하는 것이 필요하다는 견해로는, 정선주, "민사소송절차에서 공개재판의 원칙과 비밀보호," 저스티스 33권 1호(2000. 3.), 54쪽 이하.

지 않고 **영상과 음성을 동시에 송수신하는 장치가 갖추어진 법정 외 다른 장소에** 출석하여 진행하는 절차를 말한다. 영상재판은 **중계시설을 통한 영상재판과 화상 장치를 이용한 영상재판**으로 이루어진다. 법원은 **교통의 불편** 또는 **그 밖의 사정** 으로 당사자가 법정에 직접 출석하기 어렵다고 인정하는 때에는 당사자의 신청을 받거나 동의를 얻어 **비디오 등 중계장치**에 의한 중계시설을 통하거나, **인터넷 화 상장치를 이용하여**(비디오 등 중계장치와 인터넷 화상장치를 통틀어 '**비디오 등 중계장 치 등**'이라고 줄여 표현한다) **변론기일**을 열 수 있다. 이 경우 법원은 **심리의 공개에** 필요한 조치를 취해야 한다(**2021. 8. 17. 개정, 2021. 11. 18. 시행 법 287조의2 2항**). 영 상재판은 뒤에서 살펴보는 바와 같이 **변론준비기일** 또는 **심문기일**에서도 할 수 있으며(같은 개정 법 287조의2 1항), **증인신문 및 감정인신문(2016. 3. 29. 개정, 2016. 9. 30. 시행 법 327조의2 · 339조의2**)에서도 할 수 있다.[1][2] 한편 **민사조정절차**에서도 비디오 등 중계장치 등에 의하여 조정기일을 열 수 있도록 하고 있다(**2021. 10. 29. 개정, 2021. 11. 18. 시행** 민조규 6조의2).[3][4]

Ⅱ. 쌍방심리주의

1. 의   의

쌍방심리주의는 심리에서 양쪽 당사자에게 평등하게 진술하고 증명할 기회를 주는 것을 말한다. 쌍방심리주의에는 당사자평등의 원칙, 무기대등의 원칙이 적용된

---

[1] 최근의 전자통신 · 인터넷 분야 기술의 획기적인 발전은 재판관계인이 직접 법정에 출석하지 않더라도 이른바 '**비대면**' 방식으로 각종 재판절차를 진행하는 것이 가능하게 했으며, 법원은 이미 2016년에 증인 · 감정인에 대하여 영상신문제도를 도입하여 영상재판을 위한 기본적인 인적 · 물적 기반을 갖추고 있어 국민의 재판을 받을 권리를 보장하고, **사법접근성 확대**를 도모하기 위하여 단계적으로 영상재판을 확대했다.

[2] **인터넷 화상장치**를 이용한 **영상재판**은 개인 사무실이나 집에서 법원이 별도로 보내는 영상법정 접속링크로 접속한 다음 영상재판 프로그램을 다운로드하여 설치한 후 영상법정에 입장하는 방식으로 진행된다. 한편 **비디오 등 중계장치**에 의한 중계시설을 통한 **영상재판**은 개인 사무실이나 집에서 인터넷 화상장치를 이용하기 어려운 경우 **가까운 법원 등**에 설치된 중계시설(희망 출석장소)을 찾아가서 출석하는 방식으로 진행된다.

[3] 영상재판의 실시에 관한 법원의 업무처리에 필요한 사항에 관해서는 재판예규 제1839호 '**영상재판의 실시에 관한 업무처리지침**'(재일 2021-2, 2023. 1. 9. 개정, 2023. 1. 16. 시행)에서 규정하고 있다.

[4] 향후에는 기본적으로 영상재판이 활용되고, 예외적으로 디지털 소외계층이 당사자인 사건이나 다수당사자 사건 또는 쟁점이 매우 복잡한 사건 등과 같이 이례적인 사건들을 대상으로 대면재판이 이루어질 가능성이 높을 것으로 예상하는 견해로는, 권순형, "코로나19 팬데믹 이후 국내외 영상재판(Video conference hearing)에 관한 연구," 사법논집 72집(2021년), 149쪽.

다. 쌍방심리주의에서는 당사자권, 법적심문청구권이나 적법절차가 강조되고 있다.

2. 적용범위

결정으로 완결할 사건은 임의적 변론에 의하므로 반드시 쌍방심리주의에 의하는 것은 아니다[가압류·가처분결정에 대한 이의신청·취소신청의 재판은 필수적 변론절차에 의하지 않으나 필수적 심문절차에 의한다(민집 286조 1항, 288조 3항, 307조 2항)]. 독촉절차에서 지급명령에 대한 이의신청이 있으면(민사조정법 5조의2 1항에 의한 **조정으로의 이행신청**이 없는 한) 소로 이행되므로(법 472조 2항) 쌍방심리주의가 적용된다. 강제집행절차에는 쌍방심리주의가 적용되지 않는다.

Ⅲ. 구술심리주의

1. 의   의

구술심리주의는 당사자가 소송에 대하여 법관의 면전에서 구술변론을 해야 하는 것을 말한다(법 134조 1항). 말로 진술한 소송자료만이 판결의 기초가 된다.[1] 현행법은 구술심리주의를 원칙으로 하면서 **서면심리주의**로써 그 결점을 보완하고 있다. 변론은 당사자가 말로 중요한 사실상 또는 법률상 사항에 대하여 진술하거나, 법원이 당사자에게 말로 해당사항을 확인하는 방식으로 한다(규칙 28조 1항)[이는 변론이 **구술변론**을 의미함을 명확히 하고 있다].

2. 구술심리주의의 실질화

실무상 구술심리주의가 서면주의화하는 경향이 있다. 소장, 답변서, 준비서면 등에 대하여 법정에서 실제적인 구술진술을 생략한 채 당사자가 이러한 서면을 진술한다고 말하는 것으로 그 진술을 의제하는 것(**인용진술**)이 종래의 관행이었다(예컨대 '소장 진술', '몇 일자 준비서면 진술' 등). 그러나 이는 엄격히 말하면 구술심리주의에 반한다. 따라서 서면 내용을 그대로 진술하는 것은 불필요하고 부적절하나, 적어도 간략하게나마 그 요지 정도는 진술하도록 해야 한다. 당사자본인의 변론기일에서의 의견진술권을 실질적으로 보장하기 위하여, **2015. 6. 29. 개정(2015. 7. 1. 시행) 민사소송규칙**은 당사자본인이 변론에서 이미 충분한 의견진술의 기회

---

1) 대판 1981. 6. 9. 80누391.

를 가졌거나 그 밖의 특별한 사정이 있는 경우를 제외하고, 변론이 종결되기 전에 재판장의 허가를 받아 **최종의견**을 **진술**할 수 있도록 했다(규칙 28조의3 1항). 다만 재판장은 당사자본인의 수가 너무 많은 경우에는 당사자본인 중 일부에 대하여 최종의견 진술기회를 제한할 수 있으며, 필요하다고 인정할 때에는 최종의견 진술시간을 제한할 수 있다(규칙 28조의3 2항 · 3항).

■ **구술심리주의의 실질화의 필요성**

　　신법은 종전보다 구술심리주의를 강화하는 입법을 했다. 종래 구술심리주의가 실질적으로 운용되지 않고 **인용진술방식**의 변론이 일반적이었다. 이에 대하여 실질적인 대화에 의한 변론으로 전환시키는 등 구술심리주의를 현실화함으로써 심리의 충실을 도모함과 동시에 소송당사자의 만족도와 승복률을 높여가는 쪽으로 방향전환할 필요성의 인식하에 법원이 최근 구술심리주의의 활성화를 추진하고 있다.[1] 다만 통상 구술은 이미 서면에서 주장한 것을 다시 되풀이하는 것으로 순수한 구술만으로 심리가 진행되는 것이 아닌 바에야 오히려 당사자에게 구술의 부담이 추가되어 바람직하지 않다는 점도 유의해야 한다. 즉 당사자들의 말을 들어주고 당사자와 대화나 토론을 한다고 하여 공정한 판결이 저절로 확보되는 것은 아니며, 당사자가 재판다운 재판을 받았다는 절차적 만족감의 충족만으로는 재판의 이상이 달성된다고 볼 수 없으므로, 구술심리주의의 활성화와 그 효용성의 한계를 어떻게 조화할 것인지를 항상 염두에 두고 이를 추진해야 한다.[2][3]

Ⅳ. 직접심리주의

1. 의 의

　　직접심리주의는 판결을 하는 법관이 직접 변론을 듣고 증거조사를 행해야 하

---

[1] 박병대, "재판구조 개혁의 논리 및 전개과정," 새로운 사건관리방식의 이해와 전망(상)(재판자료 96집, 2002. 7.), 41쪽.

[2] 김홍엽, "민사소송상 구술주의의 적용태양 및 한계에 관한 실무적 고찰," 저스티스 96호 (2007. 2.), 139쪽 이하. 구술심리주의에 의한 재판을 정착해 나가는 것이 국민을 위한 사법, 국민과 소통하는 열린 법원(**open court**)으로 국민에게 다가가는 가장 직접적이고 효율적인 방법이다. 김홍엽, "민사소송상 구술심리주의의 효율성 제고의 실질적 방안," 성균관법학(성균관대학교 법학연구소) 24권 2호(2012. 6.), 253쪽 이하.

[3] 의사소통적 소송모델에서 강조되는 대화와 토론을 통해, 당사자주의와 직권주의의 장점, 즉 법관의 주도성과 당사자의 주장을 조화시킬 수 있으며, 소송의 주도권이 민주적으로 배분될 수 있다는 견해로는, 이종엽, "당사자주의와 직권주의가 조화된 적정한 재판운영," 사법정책연구원(2019. 11.), 317쪽.

는 것을 말한다. 판결은 기본이 되는 변론에 관여한 법관이 해야 한다(법 204조 1항). **직접심리주의의 예외**로서, ① 법관이 바뀐 경우의 변론의 갱신(법 204조 2항), ② 수명법관이나 수탁판사에 의한 증거조사(법 297조·298조)나 외국에서 그 나라에 주재하는 우리나라의 대사·공사·영사 또는 그 나라의 관할 공공기관에 촉탁해서 하는 증거조사(법 296조), ③ 변론준비절차에서 재판장, 수명법관이나 수탁판사가 하는 (증인신문과 당사자신문을 제외한) 증거조사(법 281조 1항·3항)[다만 단독판사가 수탁판사에 의하지 않고 직접 변론준비절차를 진행하는 경우에는 직접심리주의의 예외에 해당하지 않는다] 등이 있다.

2. 변론의 갱신

(1) 변론의 갱신이 요구되는 경우

법관이 바뀐 경우에 당사자는 **종전의 변론결과**를 진술해야 한다(법 204조 2항, **변론의 갱신절차**).[1] 변론의 갱신은, ① 상고법원에 의한 원심판결의 파기환송에 따른 환송 후 원심법원의 심리시[원심판결에 관여한 법관이 환송 후 재판에 관여하지 못한다(법 436조 3항)], ② 소송이송을 받은 법원의 심리시, ③ 항소법원의 심리시(법 407조 2항), ④ 재심사건의 본안심리시에도 필요하다. 다만 **소액사건**에서는 변론의 갱신절차를 배제하고 있다(소심 9조 2항).

(2) 변론갱신절차의 실질화

실무상으로는 변론의 갱신이 실질적으로 행해지지 않고, 형식적으로 '변론갱신한다'라는 방법으로 행해지고 있어 **변론갱신의 형해화(形骸化)**가 우려되고 있다.[2] 이러한 문제점을 의식하여 **규칙 55조**에서, 법 204조 2항에 따른 종전 변론결과의 진술은 당사자가 사실상 또는 법률상 주장, 정리된 쟁점 및 증거조사 결과의 요지 등을 진술하거나, 법원이 당사자에게 해당사항을 확인하는 방식으로 할 수 있다고 규정하고 있다.[3]

---

1) **대법원**에서 변론을 진행한 후 판결선고 이전에 재판부 구성에 변동이 있는 경우 대법원은 법률심이자 사후심이고, 상고심의 변론절차는 보충적 자료를 수집하기 위한 임의적 절차에 불과하므로, 하급심과 같은 변론의 갱신이 필요하지 않다. 따라서 변론에 관여하지 않은 대법관도 합의에 관여할 수 있다. 이를 명확히 하기 위하여 **2018. 10. 8. 대법원에서의 변론에 관한 규칙**을 개정(2018. 10. 8. 시행)하여 이에 관한 규정(8조의2)을 신설했다.

2) 심지어 판례는, 변론의 갱신절차를 밟지 않았다 하더라도 최종변론기일에서 소송관계를 표명하고 변론을 했다면 이것으로써 변론을 갱신한 효과는 생긴 것이라고 보아도 좋을 것이라고 하여(대판 1966. 10. 25. 66다1639), 변론의 갱신의 형해화를 묵인하는 태도를 보이고 있다.

3) 규칙 127조의2, 민전규 30조 4항에서도 같은 취지의 규정을 두고 있다.

(3) 증인을 재신문해야 할 경우

단독판사가 바뀌거나, **합의부 법관의 반수 이상**이 바뀐 경우에 종전에 신문한 **증인**에 대하여 당사자가 다시 **신문신청**을 한 때에는 법원은 그 신문(**재신문**)을 해야 한다(법 204조 3항). 다만 당사자가 신청하기만 하면 어떤 경우에든지 반드시 재신문을 해야 하는 것이 아니며, ① 법원이 소송상태에 비추어 재신문이 필요하지 않다고 인정하는 경우, 예컨대 종전에는 증인을 신문할 당시 당사자 사이에 다툼이 있는 사실이었으나 현재는 당사자 사이에 다툼이 없는 사실이 된 경우, ② 다른 증거들에 의하여 이미 심증이 형성되어 새로 심증을 형성할 가능성이 없는 경우, ③ 소송완결을 지연시킬 목적 등의 경우는 재신문을 하지 않을 수도 있다.[1]

V. 집중심리주의

1. 의   의

집중심리주의는 소송의 촉진과 충실을 도모하기 하기 위하여 변론이 집중되어야 한다는 원칙이다(법 272조 1항). 사건이 지연되지 않도록 사건의 초기부터 법원의 적극적인 관여로 사건의 관리 및 통제(**case management**)가 필요하다. 따라서 무계획적이고 방만한 재판운영방식을 탈피하고, 목표를 세운 계획적이고 효율적인 재판진행으로 심리의 충실화를 달성해야 한다. 당사자로서도 소비적인 소송활동을 억제하고 보다 철저한 변론준비를 통하여 변론의 질을 높일 것이 요구된다.[2]

2. 현행법상 집중심리주의의 운용

종래 집중심리주의를 구현하기 위한 원칙들로서 변론준비절차원칙, 1회 변론기일원칙, 집중증거조사원칙 등을 들고 있었으나, 2008. 12. 26. **민사소송법 개정**으로 변론준비절차가 **예외적**인 것으로 되어 변론준비절차원칙, 1회 변론기일원칙은 해당이 없게 되었다. 집중심리주의는 현행법하에서도 관철되어야 한다. 현행법

---

1) 법 204조 3항은, 바뀐 법관이 변론조서나 증인신문조서의 기재에 의하여 종전에 신문한 증인의 진술의 요지를 파악할 수 있으나, 법관의 심증에 상당한 영향을 미칠 수 있는 증인의 진술태도 등을 통하여 받은 인상은 문서인 증인신문조서의 기재만으로는 알 수 없기 때문에 재신문에 의하여 바뀐 법관에게 직접 심증을 얻도록 하려는 데에 그 취지가 있다. 대판 1992. 7. 14. 92누2424.

2) 김홍엽, "민사소송상 집중심리와 재판상 운영방식의 재검토 —미국의 민사재판개혁조치와의 비교법적 견지에서—," 인권과 정의 247호(1997. 3.), 64쪽 이하.

하에서 **변론기일 중심주의**로 회귀되었으나 1회 변론기일을 쟁점정리기일(준비적 변론기일)로 이용하는 등 집중심리주의를 고려한 재판운영절차가 조속히 제도화되어야 한다. 민사소송규칙 69조 2항은, "법원은 변론이 집중되도록 함으로써 변론이 가능한 한 속행되지 않도록 하여야 하고, 당사자는 이에 협력하여야 한다"고 규정하고 있다.[1][2]

제 2 관 처분권주의

I. 의   의

처분권주의는 절차의 개시, 심판의 대상, 절차의 종결을 당사자의 처분에 맡기는 원칙을 말한다. 사적자치의 원칙의 소송법적 측면이다. **법 203조**는 명문으로 이를 규정하고 있다. 예외적으로 증권관련집단소송 등에서는 이러한 처분권주의를 수정하여, 일정한 경우에는 법원의 허가를 받도록 하고 있다(증집 7조·35조). 처분권주의 및 변론주의를 **당사자주의**라고 한다. 처분권주의와 **변론주의**를 **구별**해야 한다. 처분권주의와 변론주의는 분쟁의 해결에서 당사자의 의사를 존중하고, 상대방에게 공격방어의 목표를 명시하고, 공격·방어를 다할 기회를 부여하는 기능의 면에서 유사하다. 그러나 **변론주의**는 청구의 당부 판단에 필요한 사실과 증거의 탐색 및 제출을 당사자의 권능 또는 책임으로 하는 '**사실**'의 면에서의 문제인데 대하여, **처분권주의**는 심판을 구하고 있는지, 어떤 심판을 구하는지를 당사자의 의사에 맡기는 '**청구**'의 면에서의 문제이므로, 양자는 차원을 달리하는 원칙이다. 즉 처분권주의는 당사자의 **소송물에 대한 처분의 자유**를, 변론주의는 당사자의 **소송자료에 대한 수집·제출의 자유**를 뜻한다.

---

1) 재판예규 제1857호 '사건관리방식에 관한 예규'(재일 2001-2, 2023. 9. 14. 개정, 2023. 10. 19. 시행) 15-2는 "재판장은 제 1 심에서 청구취지와 청구원인이 분명하게 정리되고, 이와 관련된 증거조사도 완료될 수 있도록 노력하여야 한다."고 규정하고 있다.
2) 집중심리주의를 통한 **제 1 심 강화**의 필요성에 관해서는, 김홍엽, "민사소송의 제 1 심 강화를 위한 실효적 방안의 모색," 성균관법학(성균관대학교 법학연구소) 23권 3호(2011. 12.), 47쪽 이하.

Ⅱ. 절차의 개시

소제기가 있어야 절차가 개시된다. **예외적**으로 당사자의 신청 없이 **직권으로** 재판할 수 있는 경우로는, 소송비용의 재판(법 98조 이하), 가집행선고(법 213조), 판결의 경정(법 211조), 추가재판[청구의 일부에 대하여 **재판을 누락**한 때에는 법원은 직권으로 누락한 청구부분에 대하여 **추가판결**을 한다(법 212조 1항). 다만 소송비용의 재판을 누락한 때에는 법원은 직권으로 또는 당사자의 신청에 의하여 **추가결정**을 한다(법 212조 2항)], 배상명령(소촉 25조), 소송구조(법 128조) 등이 있다. 직권탐지주의가 인정되는 경우에도 절차의 개시, 소송물의 특정은 당사자에게 맡기고 있다. 한편 증권관련집단소송과 소비자단체소송·개인정보단체소송은 법원에 소제기에 대한 허가신청을 하여 법원이 결정으로 **허가**한 때에 본격적으로 절차가 개시된다(증집 7조·13조, 소기 73조·74조, 개인정보 54조·55조).

Ⅲ. 심판의 대상과 범위

1. 의   의

민사소송절차에서 심판의 대상은 원고의 의사에 의하여 특정되고 한정되므로, 법원은 당사자가 신청한 사항에 대하여 신청 범위 내에서만 판단해야 한다.[1] 따라서 법원은 당사자가 신청하지 않은 사항에 대해서는 판결하지 못하며(법 203조), 상소법원은 원심판결을 불복의 한도 안에서만 바꿀 수 있다(**불이익변경금지의 원칙**, 법 415조·425조). 신청사항에 의하여 추단되는 원고의 합리적 의사에 판결내용이 부합되는 정도이면 비록 신청취지의 문언과 다소 차이가 있더라도 허용된다.

2. 질적 동일

(1) 소 송 물

1) 원고가 **심판을 구하는 소송물**과 별개의 소송물에 대한 판단을 해서는 안 된다. **구소송물이론**에 의하면 실체법상의 권리마다 별개의 소송물이므로 청구취지가 동일하다 하더라도 원고 주장과 다른 실체법상의 권리에 기하여 판단해서는 안 된다. **신소송물이론**에 의하면 원고 주장의 실체법상의 권리는 공격방법이나 법률

---

1) 대판 2018. 10. 25. 2015다205536, 2020. 1. 30. 2015다49422, 2024. 6. 13. 2024다213157 등.

적 관점이고 소송물의 요소가 아니므로 법원은 원고 주장과는 다른 실체법상의 권리에 기하여 판단할 수 있다. 구소송물이론에 의하면 ① 불법행위로 인한 손해배상청구권과 채무불이행으로 인한 손해배상청구권, ② 대물변제예약에 기한 소유권이전등기청구권과 매매계약에 기한 소유권이전등기청구권,1) ③ 분할채무와 연대채무, ④ 집행불능시 대상청구와 이행불능시 전보배상 등은 모두 별개의 소송물이므로, 그 권리들 가운데 원고가 주장하는 권리에 기하여 판단해야 한다.

　　2) **판례**는, 원고가 피고에 대하여 **건물에서의 퇴거**를 구하고 있는데 법원이 피고에 대하여 **건물의 인도**를 명하는 것은 처분권주의에 반하는 것으로 본다. 건물의 인도는 건물에 대한 현실적·사실적 지배를 완전히 이전하는 것을 의미하고, 민사집행법상 인도청구의 집행은 집행관이 채무자로부터 물건의 점유를 빼앗아 이를 채권자에게 인도하는 방법으로 하나, 건물에서의 퇴거는 건물에 대한 채무자의 점유를 해제하는 것을 의미할 뿐, 더 나아가 채권자에게 그 점유를 이전할 것까지 의미하지 않는 점에서 건물의 인도와 구별되기 때문이다.2)

(2) 소의 종류·순서

법원은 이행·확인·형성소송 등 원고가 특정한 소의 종류에 구속되며, 당사자가 구하는 권리구제의 순서에 구속된다. 예컨대 예비적 병합, 예비적 공동소송(법 70조)은 그 청구의 순서에 구속된다.

(3) 처분권주의가 배제되는 소

형식적 형성의 소(실질은 비송사건이나 형식은 형성의 소), 예컨대 경계확정의 소(법원은 자유로이 토지경계선을 정할 수 있다),3) 공유물분할의 소(법원은 자유로이 분할방법을 정할 수 있다)4) 등의 경우에는 처분권주의가 적용되지 않는다. 이러한 형

---

1) 동일 부동산에 대한 것이라 하더라도 매매를 원인으로 한 소유권이전등기청구와 양도담보약정을 원인으로 한 소유권이전등기청구와는 청구원인사실이 달라 동일한 청구라 할 수 없다. 대판 1992. 3. 27. 91다40696.

2) 대판 2023. 6. 13. 2024다213157(임대인인 원고가 임차인인 피고를 상대로 건물 3층에서의 퇴거 및 퇴거완료일까지의 차임 상당 부당이득금의 지급을 청구한 사안에서, 원심은 피고에게 건물 3층의 인도 및 인도완료일까지의 차임 상당 부당이득금 지급을 명했다. 대법원은, 원고의 청구에는 건물 3층의 인도 및 인도완료일까지의 부당이득금의 지급청구가 포함되어 있다고 할 수 없는데도 원심이 건물 3층의 인도 및 인도완료일까지의 부당이득금의 지급을 명했으므로 처분권주의를 위반한 잘못이 있다고 보아 원심판결을 파기했다).

3) 대판 1996. 4. 23. 95다54761.

4) 대판 2004. 10. 14. 2004다30583, 2015. 7. 23. 2014다88888, 2020. 8. 20. 2018다241410 등; 김대원, "전면적 가격배상 방법에 의한 공유물 분할의 허용 여부," 대법원판례해설 51호(2004

식적 형성의 소에서는 원고의 청구를 **전부기각** 또는 **일부기각**하는 판결이 있을 수 없으므로, **판결주문**에서도 "원고의 청구를 기각한다." 또는 "원고의 나머지 청구를 기각한다."는 기재가 있을 수 없다.[1]

3. 양적 상한

원고의 청구에는 원칙적으로 양적인 상한(上限)을 명시해야 한다. 법원은 그 상한을 넘어서 판결할 수 없다.

(1) 채무부존재확인청구

채권자·채무자 사이에 현존 채무의 액수에 대하여 다툼이 있어 채무자가 일정금액을 초과하는 범위의 채무에 대하여 부존재확인청구소송을 제기한 경우는 **청구취지에 채무의 상한(上限)의 표시**가 있는지 여부에 따라 이를 나누어 볼 수 있다.

(a) 청구취지에 채무의 상한이 표시되어 있는 경우

청구취지에 채무의 상한이 표시되어 있는 경우 예컨대 채무 금 1,000만원 중 금 400만원을 초과하는 부분의 부존재확인을 구하는 소의 소송물은 부존재하는 채무부분, 즉 금 600만원이고, 그 부존재확인을 구하는 목적인 법률관계가 가분적인 때에는 그 부존재 부분을 전부심리하여 존재하는 부분이 있다면 그 액수를 확정하고 채무자인 원고에 대하여 **일부패소판결**을 해야 한다.

(b) 청구취지에 채무의 상한이 표시되어 있지 않은 경우

1) 청구취지에 채무의 상한이 표시되어 있지 않은 경우 원고의 청구취지를 문자 그대로 해석하여 채무액이 원고가 자인하는 일정금액을 초과하는 것이 분명하면 그 초과액을 구체적으로 심리할 필요 없이 바로 청구를 기각할 것인지[즉 소송물을 채무 존재 여부만의 확인, 즉 금 ○○○원을 초과한 채무가 있는지 여부의 확인으로 볼 것인지], 그렇지 않으면 원고의 청구취지에 **상한의 표시가 있는 것**으로 해석하여 **현재 존재하는 채무액**을 명확히 **심리·판단**해야 할 것인지가 문제가 된다.[2]

년 하반기), 69쪽 이하.

1) 예컨대 경계확정의 소가 제기되면 법원은 당사자 양쪽이 주장하는 경계선에 구속되지 않고 어떠한 형식으로든 스스로 진실하다고 인정되는 바에 따라 경계를 확정해야 하므로, 경계확정의 소에서는 특별한 사정이 없는 한 원고가 주장하는 경계가 인정되지 않더라도 **청구의 전부 또는 일부**를 기각할 수 없다. 대판 2021. 8. 19. 2018다207830.

2) 유태현, "일정금액을 초과한 채무부존재확인청구의 소송물," 민사판례연구 6권(1984. 4.), 254쪽 이하.

원고가 청구취지에 상한을 표시하지 않고 일정액을 초과하는 채무의 부존재확인을 청구하는 사건에서 일정액을 초과하는 채무의 존재가 인정되는 경우에는, 특별한 사정이 없는 한 법원은 그 청구의 전부를 기각할 것이 아니라 존재하는 채무 부분에 대하여 **일부패소판결**을 해야 한다.[1]

　　2) 결국 채무부존재확인소송의 **판결주문**에서는, 채무의 **존재 여부**만의 확인을 청구하는 것이 아닌 한, 채무의 존재가 일부라도 인정되는 때에는 법원은 현재 존재하는 구체적인 **채무액**을 확정하는 판결을 하지 않으면 안 된다[예컨대 1. 원고의 피고에 대한 별지 목록 기재 채무는 ○○○○○원(**확정된 채무액**)을 초과해서는 존재하지 아니함을 확인한다. 2. 원고의 나머지 청구를 기각한다].[2] 법원이 채무의 일부의 존재를 인정하고, 그 금액 이상의 채무에 대하여 부존재확인하는 것은 원고가 청구하는 범위 내일 뿐만 아니라 법원의 의무이기도 하기 때문이다.[3]

> ■ **면책을 주장하면서 제기한 채무부존재확인소송에서 심리결과 책임이 인정되는 경우의 판결방법**
>
> 　차량 운전자인 원고가 자신의 차량과의 충돌에 의한 교통사고에 대하여 면책을 주장하면서 피해자를 상대로 채무부존재확인소송을 제기한 사건에서 심리결과 원고의 과실이 일부 경합된 것으로 밝혀진 경우 원고의 청구를 **전부기각**할 것인지, 그렇지 않으면 원고가 피고에게 부담하는 채무의 구체적인 범위를 심리·판단하여 채무액이 존재하는 범위에서 원고의 청구를 **일부기각**하는 판결(**일부패소판결**)을 할 것인지 문제가 된다. 예를 들어, 차량 운전자인 원고가 위 교통사고는 자전거 운전자인 피고의 전적인 과실(예컨대 피고 자전거가 중앙선을 넘어 역주행한 과실)로 인한 것이며, 원고는 과실이 전혀 없었으므로 원고의 피고에 대한 손해배상채무는 존재하지 않는다고 주장하면서 채무부존재확인소송을 제기했는데, 법원이 심리결과 위 교통사고의 주된 원인이 피고가 자전거를 운전하여 중앙선이 있는 도로를 역주행 과실로 보아야 하나, 원고의 우회전시 주의의무 위반의 과실도 일부 경합하여 발생한 것이라고 인정하는 경우를 본다.
>
> 　① 만약 원고가 위 채무부존재확인소송에서 교통사고로 인한 **손해배상책임의**

---

[1] 대판 1994. 1. 25. 93다9422, 2007. 5. 31. 2007다6772, 2018. 7. 24. 2018다221553.
[2] 다른 예로는, "1. 원고의 피고에 대한 2017. 2. 2.부터 2017. 2. 4.까지 서울 관악구(이하 주소 생략)에서 시행된 철거공사로 인한 손해배상채무는 11,083,010원과 이에 대하여 2017. 2. 2.부터 다 갚는 날까지 연 5%의 비율로 계산한 돈을 초과해서는 존재하지 아니함을 확인한다. 2. 원고의 나머지 청구를 기각한다."(대판 2021. 6. 3. 2018다276768).
[3] 조용호, "채무부존재확인소송," 사법논집 20집(1989. 12.), 425쪽 이하.

존부만을 구하는 취지임을 **명백히** 했다면, 법원으로서는 심리결과 원고의 책임이 일부라도 인정되는 경우에는 원고의 청구를 **전부기각**하는 것이 옳다[필요한 경우에는 석명권을 적절히 행사하여 청구취지와 주장취지를 명확히 해야 한다]. ② **그렇지 않은 경우**에는 사고의 발생에 원고의 과실이 경합되었다고 인정되는 이상 원고의 과실비율에 따른 구체적인 채무액을 산정한 다음 그 부분에 대해서만 원고의 청구를 기각하고, 이를 넘는 부분에 대해서는 원고의 청구를 인용하는 판결을 해야 한다. 소극적 확인소송에서 그 부존재확인을 구하는 목적인 법률관계가 **가분적**이고 심리결과 **분량적**으로 그 일부만이 존재하는 경우에는 그 청구 전부를 기각할 것이 아니고, 존재하는 부분에 대해서만 **일부패소판결**을 해야 하기 때문이다.[1)]

(2) 인신사고로 인한 손해배상청구

인신사고로 인한 손해배상청구에서 **손해 3 분설**에 의하면 각 **별개의 소송물**을 구성하는 각 손해(**적극적 손해, 소극적 손해, 정신적 손해**)의 청구액에 구속된다[전체 손해의 청구총액을 벗어나지 않았다고 하더라도 어느 손해의 청구액이라도 초과해서 인용하면 처분권주의에 위배된다]. 한편 손해 1개설에 의하면 소송물은 손해를 전보하기 위한 하나의 청구권이므로 전체손해의 청구액에 구속된다고 본다.

앞서의 소송물을 이루는 각 손해가 그 내용상 여러 개의 손해항목[예컨대 적극적 손해로서 치료비(기왕치료비, 향후치료비), 개호비(기왕개호비, 향후개호비), 장례비 등]으로 나누어져 있는 경우에는 **각 손해항목**은 청구를 이유 있게 하는 **공격방법**에 불과하므로, **처분권주의**(또는 상소심에서의 **불이익변경금지원칙**)의 적용에서는 이러한 손해 가운데 개별 손해항목을 단순비교하여 결정할 것이 아니라 동일한 소송물인 손해의 금액을 기준으로 판단해야 한다.[2)]

(3) 원금 및 지연손해금청구

금전채무불이행의 경우에 발생하는 지연손해금채권은 원본채권의 일부가 아니라 전혀 별개의 채권으로 원본채권과는 별개의 소송물이다. 따라서 처분권주의의 적용에서도 각 소송물별로 원금과 지연손해금 부분을 각각 따로 비교해서 판단해야 한다. 이 경우 별개의 소송물을 합산한 전체금액을 기준으로 판단해서는

---

1) 대판 2018. 6. 28. 2018다10081, 2018. 12. 13. 2018다273196. 위 판결들은, 원고의 채무부존재확인청구의 취지가 '채무의 존부'만에 있는 것인지를 분명히 하지 않은 채, 원고의 과실이 일부 경합된다는 이유로 원고의 청구를 전부기각한 원심판결들을 파기했다.

2) 대판 1996. 8. 23. 94다20730.

안 된다.[1]

(4) 이자청구

판례는 **원금·이율·기간**의 각 기준 가운데 어느 것에서나 원고 주장의 기준을 넘어서면 처분권주의를 위반한 것으로 본다.[2] 이러한 판례의 태도에 의문을 표시하는 견해도 있으나,[3] 판결금액이 청구금액의 범위 내인지를 식별하기 위하여 원고가 특정하고 있는 이율·기간이 반드시 그 기준이 될 수밖에 없으므로 그 기준으로 처분권주의의 위반 여부를 결정하는 판례의 태도는 정당하다.[4]

(5) 일부청구와 과실상계(손익상계)

(a) 외측설과 안분설

일부청구에서 **과실상계의 방법**(피해자의 과실비율 적용방법)에 관하여 외측설(外測說)과 안분설(按分說)의 입장의 대립이 있다. **외측설**은 손해 전액에 대하여 과실상계한 뒤 남은 금액이 청구금액을 초과하는지 여부에 따라 처분권주의의 위반 여부를 정한다. **안분설**은 손해 전액에 대해서가 아니라 청구금액을 기준으로 이를 정한다.

(b) 판례의 입장

판례는 일부청구에 관하여 명시적 일부청구설을 취하면서도 과실상계에서는 **외측설**을 취하고 있다. **판례**는, 하나의 손해배상청구권 가운데 일부가 소송상 청구되어 있는 경우에 과실상계를 할 때에는 **손해 전액**에서 과실비율에 의한 감액을 하고 그 잔액이 청구금액을 초과하지 않을 경우에는 그 잔액을 인용할 것이고

---

1) 대판 2005. 4. 29. 2004다40160, 2018. 11. 9. 2018다239349, 2022. 4. 14. 2020다268760 등. 예컨대 피고만이 항소한 항소심에서 심리결과 피고가 원고에게 지급해야 할 지연손해금이 제 1 심에서 인용한 액수보다 적어졌지만 원본채권에 대한 인용액은 늘어난 경우 원본채권 부분에 대한 항소만을 불이익변경금지원칙에 따라 기각하고, 지연손해금채권에 대한 부분은 취소해서 바로잡아야 한다. 대판 2005. 4. 29. 2004다40160; 최진수, "지연손해금청구," 사법연수원논문집 4집(2007. 1.), 1쪽 이하.

2) 대판 1989. 6. 13. 88다카19231.

3) 이시윤, 335쪽; 정동윤·유병현·김경욱, 371쪽.

4) 주의를 요하는 것은, **월리**(月利)와 그 월리를 연으로 환산한 **연리**(年利)가 반드시 일치하는 것이 아니라는 점이다. 예컨대 월 2%와 연 24%는 기산일부터 완제일까지의 기간에 따라 월 2%에 의한 금원과 연 24%에 의한 금원이 차이가 생긴다. 당사자가 월 2%로 약정이율을 정하였음에도 원고가 연 24%로 청구한 경우에는 기산일부터 완제일까지의 기간이 어떠한지에 따라 월 2%가 유리한지, 연 24%가 유리한지 달라지게 되므로, 처분권주의의 위반의 문제가 생긴다. 실무는 원고가 구하는 대로 월리로 구하면 월리로, 연리로 구하면 연리로 인정한다. 최진수, "지연손해금청구," 사법연수원논문집 4집(2007. 1.), 1쪽 이하.

잔액이 청구금액을 초과할 경우에는 청구금액 전액을 인용해야 하며, 이와 같이 해석하는 것이 일부청구를 하는 당사자의 **통상적 의사**라고 할 것이므로, 이러한 방식에 따라 원고의 청구를 인용한다고 해도 처분권주의를 위반하는 것이라고 할 수는 없다고 한다.[1] 이는 원고가 자기 과실 등을 고려하여 미리 청구의 범위를 한정하는 자기제약적 청구가 많은 실무상의 현실을 고려한 것으로 보인다.[2]

(c) 검 토

판례의 태도에 대하여, 비명시적 일부청구에서는 외측설에 의한 과실상계가 타당하나, **명시적 일부청구**에서는 그 명시한 일부만이 소송물로서 심판대상이 되므로 외측설을 관철하여 손해 전액에서 과실상계한다면 유보하여 둔 잔액부분에 대해서까지도 심판한 결과가 되어 처분권주의에도 명백히 반하는 결과가 될 뿐만 아니라, 만일 원고가 다시 후소로써 잔부청구를 한다면 전소에서 행해진 과실상계의 결과를 어떻게 참작해야 할 것인지 하는 문제가 남게 되므로 안분설에 의한 과실상계가 타당하다는 견해가 있다.[3] 그러나 ① 명시적 일부청구라도 과실을 미리 고려하여 일부청구를 하는 경우가 얼마든지 있을 수 있으며, ② 잔부를 유보하여 두었다고 하더라도 잔부를 반드시 청구한다는 것을 보장할 수 없으므로 과실상계 등을 전체적으로 하는 것이 바람직하며, ③ 명시적 일부청구를 하더라도 과실상계를 고려하여 전소에서 청구취지를 확장할 수 있는 점 등을 고려하면 명시적 일부청구에서도 **외측설**을 취하는 판례의 태도가 정당하다. 따라서 원고의 청구금액을 초과하여 청구의 기초가 되는 손해액을 인정하더라도 과실상계 후 지급을 명한 잔액이 청구액을 초과하지 않았다면 **처분권주의**에 위반되지 않는다.[4]

(d) 외측설의 적용범위

판례의 이러한 **외측설**의 입장은, ① 일부청구에 대하여, 반대채권으로 **상계**를 하는 경우,[5] ② 일부청구(손해배상청구)에 대하여, 책임감경사유와 책임제한비

---

1) 대판 1976. 6. 22. 75다819, 2008. 12. 11. 2006다5550, 2008. 12. 24. 2008다51649.
2) 손한기, "일부청구와 과실상계," 재산법연구 8권 1호(1991. 12.), 207쪽 이하.
3) 이시윤, 336쪽; 호문혁, 394쪽.
4) 대판 1994. 10. 11. 94다17710 등.
5) 대판 1984. 3. 27. 83다323,83다카1037. 이에 대하여, 원고 주장의 채권전액이 일부청구액을 넘어 존재하는 경우 일부청구액에서 반대채권의 전액을 공제하고 그 잔액에 대하여 청구를 인용해야 한다는 견해[**내측설**(內測說)]로는, 박태신, "일부청구 및 그 관련문제에 관한 고찰," 법조 통권556호(2003. 1.), 154쪽.

율을 적용하여 **손해배상액을 제한**하는 경우[1] 등에도 적용된다.

4. 일부인용

(1) 분량적인 일부인용판결

1) 원고의 청구에 대하여 분량적인 일부인용판결은 처분권주의에 반하지 않는다. ① 큰 금액과 작은 금액, ② 소유권과 지분, ③ 부진정연대채무와 진정연대채무 등의 관계에서 그렇다. 예컨대 대여금에 대한 **약정이자**(약정이율에 따른 이자)나 **약정이율에 따른 지연손해금**의 지급청구에는 **법정이자**(법정이율에 의한 이자)나 **법정이율에 의한 지연손해금**의 지급을 구하는 취지가 포함되어 있다고 보아야 하므로, 법원으로서는 약정이율이 인정되지 않는다 하더라도 곧바로 이러한 청구를 배척할 것이 아니라 법정이자나 법정이율에 의한 지연손해금 청구에 대해서도 판단해야 한다.[2] 원고가 피고들이 원고에게 지급해야 할 동업정산금 총액이 10,000,000원이라고 주장하면서 피고들에 대하여 연대하여 위 금원 및 그 지연손해금을 지급할 것을 구한 경우, 법원이 피고들이 원고에게 반환해야 할 동업정산금 총액이 15,000,000원이라고 판단하면서 그 동업정산금 반환채무는 분할채무라는 이유로 피고들에 대하여 각 7,500,000원(15,000,000×1/2)의 동업정산금 및 그 지연손해금의 지급을 각 명하는 것은 법원이 피고들에 대하여 각 지급을 명한 동업정산금의 합계액 15,000,000원이 원고가 구하는 동업정산금 10,000,000원을 초과함이 분명하므로, 처분권주의에 반한다.[3]

2) **판례**는, 원고가 청구취지로 피고들의 각 채무가 부진정연대채무의 관계에 있음을 전제로 피고들이 **연대하여** 그 지급을 구하고 있음에도 불구하고, 피고들에게 중첩관계가 아닌 **개별적**인 지급책임을 인정한 것은 당사자가 청구한 범위를 넘는 것으로서 처분권주의를 위배한 것으로 본다.[4] 나아가 **판례**는, 원고가 청구취지로 피고들에 대하여 **개별적으로** 그 지급을 구하고 있음에도 불구하고, 피고들에게 피고들의 손해배상채무가 부진정연대채무관계를 전제로 **연대하여** 지급책임을 인정한 것은 처분권주의를 위반한 것으로 본다.[5]

---

1) 대판 2008. 12. 11. 2006다5550.
2) 대판 2007. 3. 15. 2006다73072, 2017. 9. 26. 2017다22407.
3) 대판 2010. 1. 14. 2008다69169.
4) 대판 2014. 7. 10. 2012다89832.
5) 대판 2013. 5. 9. 2011다61646.

(2) 단순이행청구와 동시이행판결

원고의 단순이행청구에 대하여 피고의 동시이행항변, 유치권항변1)이 이유 있는 경우 원고의 **청구취지의 변경이 없더라도** 법원이 **동시이행판결**(상환이행판결, 원고 일부승소판결)을 하는 것은 처분권주의에 반하지 않는다. 부동산매매계약을 한 매수인이 원고가 되어 매도인을 피고로 하여 단순히 소유권이전등기청구만을 하고, 매도인인 피고가 이에 대하여 대금지급과의 동시이행항변을 제기한 경우에, 법원이 피고에게 대금을 지급받음과 상환으로 소유권이전등기절차를 이행할 것을 명하는 것은 원고의 청구 가운데에 대금지급과의 상환으로 소유권이전등기를 받겠다는 **취지가 포함**되었다고 보여지는 때에 한한다. 따라서 원고의 청구가 자기의 반대급부의무가 없다는 취지임이 **분명한 때**에는 법원은 원고의 청구를 기각해야 한다.2) 다만 원고가 원·피고 사이의 매매계약체결과 대금완납을 청구원인으로 하고 청구취지로써 (무조건)소유권이전등기절차를 이행하라고 청구한 경우에, 이러한 청구취지 가운데는 심리결과 지급하지 않은 잔대금부분이 있음이 판명되었을 때는 그 미지급한 잔대금을 지급받음과 상환으로 소유권이전등기절차를 이행하라는 취지도 포함된 것으로 본다.3)

(3) 채권자취소소송에서 원물반환청구와 가액배상판결

저당권이 설정되어 있는 부동산의 소유권이 사해행위로 이전된 경우에 그 사해행위는 부동산의 가액에서 저당권의 피담보채권액을 공제한 잔액의 범위 내에서만 성립한다고 보아야 하므로, 사해행위 후 **변제** 등에 의하여 **저당권설정등기가 말소**되었다면 그 부동산의 가액에서 저당권의 피담보채권액을 공제한 **잔액의 한도 내에서** 사해행위를 취소하고 그 가액의 배상을 구할 수 있을 뿐이다. 따라서 사해행위인 계약의 **전부취소**와 원상회복으로서 **원물반환**(부동산 자체의 반환)을 구하는 청구취지 가운데에는 위와 같이 **일부취소**를 해야 할 경우 그 사해행위인 계약의 **일부취소**와 원상회복으로서 **가액배상**을 구하는 취지도 포함되어 있다고 볼 수 있으

---

1) 대판 1969. 11. 25. 69다1592(물건의 인도를 청구하는 소송에서 피고의 유치권항변이 인용되는 경우에는 그 물건에 관하여 생긴 채권의 변제와 상환으로 그 물건의 인도를 명해야 한다).

2) 대판 1980. 2. 26. 80다56. 한편 원고의 청구가 자기의 반대급부가 없다는 취지임이 분명한 경우란 원고가 피고에 대한 잔대금지급과 상환으로 하는 원고의 소유권이전등기청구의 인용은 감수할 수 없다는 **반대의사를 표시한** 경우 등 **특별한 사정**이 있음을 말한다. 대판 1966. 9. 27. 66다1183.

3) 대판 1969. 11. 25. 69다1592, 1979. 10. 10. 79다1508.

므로 **원고의 청구취지의 변경이 없더라도** 법원은 바로 가액반환을 명할 수 있다.[1]

(4) 집행불능시 대상청구와 이행불능시 전보배상판결

본래적 급부청구(목적물의 인도청구)와 집행불능시의 **대상(代償)청구**를 하는 경우 이러한 청구에는 변론종결시까지 이행불능이 되면 전보배상판결을 받으려는 의사가 포함되어 있지 않기 때문에, 변론종결시까지 이행불능이 되면 인도청구는 물론이고 대상청구도 모두 기각해야 한다.[2]

(5) 건물매수청구권 행사와 동시이행판결

건물의 소유를 목적으로 한 토지임대차에서 **임대차기간의 만료**로 임대차가 종료하였다는 이유로 임대인이 현존하는 건물의 철거 및 대지의 인도를 구하는 소를 제기했는데 그 소송에서 임차인이 **건물매수청구권**(민 643조, 283조 2항)을 행사했다면 법원은 원고의 **청구의 변경**(청구취지의 변경)이 없어도 건물의 매매대금을 지급받음과 동시에(상환하여) 건물의 인도를 명하는 판결을 할 수 있는지에 관하여 논의가 있다.[3][4] 통상 임차인인 피고가 건물매수청구권을 행사하면, 임대인

---

1) 대판 2001. 6. 12. 99다20612, 2001. 9. 4. 2000다66416, 2001. 12. 11. 2001다64547; 박치봉, "원물반환을 청구취지로 하는 사해행위취소소송에서 가액배상판결을 할 수 있는가," 재판과 판례(대구판례연구회) 11집(2002. 12.), 59쪽. 이러한 법리는 그 부동산이 양도담보로 제공된 경우에도 마찬가지이다. 대판 2002. 4. 12. 2000다63912. **판례**는, 사해행위 후 기존의 근저당권이 변제에 의하여 말소된 경우에 채권자의 사해행위취소청구 및 (원상회복으로서) 가액배상청구가 정당한 이상, 특별한 사정이 없는 한 채권자가 구하는 가액배상의 범위를 넘어 원물반환을 구하는 것은 허용될 수 없다고 본다. 대판 2009. 5. 14. 2009다4947; 이진수, "가액배상을 구하는 사해행위취소소송에서 원물반환을 명할 수 있는지 여부," 판례연구(부산판례연구회) 21집(2010. 2.), 645쪽 이하.

2) 대판 1969. 10. 28. 68다158, 1969. 12. 16. 67다1525. 이에 대하여, 이러한 경우는 변론종결시까지는 목적물이 보존될 것을 낙관한 나머지 장래 집행불능에만 대비한 것으로, 이와 같은 병합에는 만약 변론종결시에 목적물이 인도불능으로 된다면 전보배상판결을 받겠다는 의사가 포함된 것으로 볼 수 있으므로 인도청구만 기각하고 대상청구는 전보배상청구로 보아 인용해야 한다는 견해로는, 임채웅, "특수한 형태의 병합청구에 관한 연구," 인권과 정의 297호(2001. 5.), 26쪽 이하.

3) 건물의 소유를 목적으로 한 기간의 약정 없는 토지임대차계약을 임대인이 해지함으로써 임대차가 종료하여 임차인이 임대인에게 토지를 인도해야 하는 법률관계라면, 임차인은 임대인에게 계약갱신청구의 유무에 불구하고 건물매수청구권을 행사하여 건물대금의 지급을 구할 수 있다. 대판 1995. 2. 3. 94다51178,51185. **지상권**에서도 지상권의 존속기간이 만료한 경우 매수청구권이 적용된다(민 283조 2항). 한편 토지임차인의 건물, 그 밖의 공작물의 매수청구권에 관한 민법 643조의 규정은 성질상 토지의 **전세권**에도 유추적용될 수 있다. 대판 2007. 9. 21. 2005다41740.

4) 건물 그 밖의 공작물의 소유를 목적으로 한 대지임대차에서 임차인이 그 지상건물에 대하여 민법 643조 소정의 매수청구권을 행사한 경우 임대인인 대지의 소유자로부터 매수대금을 지급받을 때까지 그 지상건물 등의 인도를 거부할 수 있다. 대판 2001. 6. 1. 99다60535.

인 원고로서는 그 지상건물에 대한 **매매계약이 성립**된 것을 전제로,[1] 건물의 매매
대금을 지급받음과 동시에(상환하여) 건물소유권이전등기청구 및 건물인도청구로
청구를 변경한다.

　이에 대해 **판례**는, 원고의 건물철거와 그 대지인도청구에는 건물매매대금지
급과 동시에 건물인도를 구하는 청구가 포함되어 있다고 볼 수는 없다는 입장이
다.[2] 따라서 **건물의 매매대금지급과 동시에**(상환하여) **건물인도**를 구하는 청구취
지로 **청구의 변경**(법 262조)이 없는 한 청구가 기각되게 된다.[3] **판례**는, 이 경우
법원으로서는 임대인이 종전의 청구를 계속 유지할 것인지, 아니면 건물매매대금지
급과 상환으로 건물인도를 청구할 의사가 있는 것인지(예비적으로라도)에 관하여 석
명을 구하고(**적극적 석명**의 경우이다) 임대인이 그 석명에 응하여 청구를 변경한 때
에는 건물인도판결을 함으로써 분쟁의 1회적 해결을 꾀해야 한다고 봄이 상당하다
고 한다.[4]

(6) 현재의 이행의 소와 장래의 이행판결

　원고가 현재의 이행의 소를 구했으나, 장래의 이행의 소로서 미리 청구할 필
요가 있고 원고의 의사에 반하는 것이 아니면 장래의 이행판결도 가능하다. 채무
자가 현재의 이행의 소로서, 피담보채무 전액을 변제했다고 주장하면서 근저당권
설정등기나 담보가등기의 말소등기절차의 이행을 청구했으나 법원의 **심리결과**(원
리금의 계산 등에 관한 다툼 등으로 인하여 변제액이 채무 전액을 소멸시키는 데 미치지
못하고) 잔존채무가 있는 것으로 밝혀진 경우에는 특별한 사정이 없는 한 위 청구

---

[1] 민법 643조에서 정한 지상물매수청구권은 이른바 형성권이므로, 그 행사로써 곧바로 임대
　인과 임차인 사이에 임차토지 지상의 건물에 관하여 매수청구권 행사 당시의 건물 시가를 대
　금으로 하는 매매계약이 체결된 것과 같은 효과가 발생한다. 대판(전) 1995. 7. 11. 94다34265,
　대판 2024. 4. 12. 2023다309020.

[2] 대판(전) 1995. 7. 11. 94다34265. 건물인도청구를 건물철거청구의 일부로 보기 어렵다. 건
　물철거청구와 건물인도청구는 청구취지 자체가 상이할 뿐만 아니라, 건물철거청구 및 대지인
　도청구의 권원(權原)은 소유권에 기한 물권적 청구권이나 임대차계약상의 반환청구권인데 반
　하여, 여기서 건물인도청구의 권원은 건물매수인의 지위에서 나오는 매매계약상의 인도청구권
　이므로 그 청구원인 자체가 서로 다르기 때문이다. 윤진수, "토지임차인의 매수청구권 행사와
　법원의 석명의무," 민사소송 2권(1999. 2.), 350쪽 이하.

[3] 대판 1995. 2. 3. 94다51178,51185, 2009. 11. 26. 2009다70012.

[4] 대판(전) 1995. 7. 11. 94다34265; 윤진수·강용현, "토지임차인의 매수청구권행사와 법원의
　석명의무," 인권과 정의 236호(1996. 4.), 123쪽 이하; 정규상, "토지임대차에 있어서 매수청구
　권의 행사로 인한 소의 변경과 석명의무," 성균관법학(성균관대학교 법학연구소) 6호(1995.
　12.), 165쪽 이하.

중에는 확정된 잔존채무를 변제하고 그 다음에 위 등기의 말소를 구한다는 **취지**까지 **포함**되어 있는 것으로 봄이 상당하다[필요한 경우에는 **석명권**을 적절히 행사하여 청구취지와 주장취지를 명확히 해야 한다]. 이 경우 장래의 이행의 소로서 **미리 청구할 필요**도 인정된다.[1] 따라서 법원으로서는 피담보채무 중 잔존 원금 및 지연손해금의 액수를 심리·확정한 다음, 그 **변제를 조건으로** 근저당권설정등기 등의 말소를 명해야 한다.[2] 다만 원고가 피담보채무가 **발생하지도 않았음**을 전제로 근저당권설정등기 등의 말소등기절차의 이행을 청구하는 경우 그 청구 가운데에는 피담보채무의 변제를 조건으로 장래의 이행을 청구하는 취지가 포함된 것으로 볼 수 없으므로 채무의 변제를 조건으로 말소를 명하는 이행판결을 할 여지가 없다.[3]

(7) 일시금 청구와 정기금 지급판결

원고가 인신사고로 인한 손해배상청구를 하는 경우 **정기금 방식** 또는 **일시금 방식** 가운데 어떤 방식에 의하여 청구할 것인지는 **원칙적**으로 손해배상청구권자인 원고가 임의로 선택할 수 있다. 다만 **예외적**으로 **특별한 사정**이 있는 때에는 원고가 일시금 지급을 청구한 데 대하여 법원은 정기금 방식으로 지급하라는 판결을 할 수 있다.[4][5] 예컨대 피해자의 잔존여명(기대여명, 잔여평균수명)의 예측이 불확실한 경우에는 법원으로서는 일실수입(소극적 손해)과 향후치료비(적극적 손해) 등 산정시 피해자가 확실히 생존하고 있으리라고 인정되는 기간 동안의 손해는 일시금의 지급을 명하고 그 이후의 기간은 피해자의 생존을 조건으로 정기금의

1) 대판 1996. 2. 23. 95다9310, 1996. 11. 12. 96다 96다33938, 2023. 11. 16. 2023다266390 등.
2) 대판 2008. 4. 10. 2007다83694, 2014. 1. 23. 2013다64793, 2023. 11. 16. 2023다266390.
3) 대판 1991. 4. 23. 91다6009.
4) **판례**는 종전에는 당사자의 일시금 방식 또는 정기금 방식의 손해배상청구에 대하여 어떠한 방식의 지급판결을 할 것인지는 법원의 자유재량에 속하는 것으로 보았다. 대판 1988. 11. 8. 87다카1032, 1991. 1. 25. 90다카27587, 1992. 11. 27. 92다26673 등; 송홍섭, "손해배상금의 정기금지급," 민사판례연구 14권(1992. 5.), 263쪽 이하. 그러나 **판례**는 1994년 이후 그 선택권은 원칙적으로 손해배상청구권자에 있으며, 다만 **특별한 사정**이 있는 경우에만 법원이 당사자의 의사에 반하여 정기금을 명할 수 있는 것으로 보고 있다. 판례는 이러한 특별한 사정을, 특히 여명단축의 인정과 관련하여 엄격히 제한하는 취지로 이해된다. 문용호, "중증 피해자에 대한 정기금 배상론의 검토," 민사재판의 제문제 10권(2000. 4.), 300쪽 이하.
5) 이러한 **특별한 사정**은, 식물인간 등의 경우와 같이 그 후유장애의 계속기간이나 잔존여명이 단축된 정도 등을 **확정하기 곤란**하여 일시금 지급방식에 의한 손해배상이 사회정의와 형평의 이념에 비추어 현저하게 불합리한 결과를 초래할 우려가 있다고 인정되는 경우를 말한다. 대판 1994. 1. 25 93다48526, 2021. 7. 29. 2016다11257 등.

지급을 명할 수밖에 없으므로 그와 같은 산정방식이 처분권주의를 위반한 것으로 볼 수 없다.[1]

Ⅳ. 절차의 종결

1. 일반적 경우

당사자는 소취하(법 266조), 청구의 인낙·포기 또는 화해(법 220조)에 의하여 절차를 종결하게 할 수 있다. 상소취하(법 393조·425조), 불상소합의(불항소합의의 경우는 법 390조 1항 단서), 상소권포기(법 394조·425조)도 할 수 있다.

2. 예외적 경우

(1) 행정소송의 경우

행정소송 가운데 **항고소송**(취소소송·무효등확인소송 등)에서는 **청구인용**의 **확정판결**의 기판력이 제3자에게 미치므로(행소 29조·38조), 이와 동일한 효력이 있는 **청구의 인낙**이 허용되지 않는다. 한편 이러한 소송에서는 당사자가 행정처분을 임의로 처분하거나 변경하는 것이 인정되지 않으므로, 청구의 포기 및 화해도 허용되지 않는다.[2]

(2) 가사소송의 경우

가류·나류 가사소송에서 **청구의 인낙**은 할 수 없도록 법률상 명문의 규정을 두고 있다(가소 12조 단서). 다만 가류·나류 가사소송에서 **청구의 포기** 및 **화해**가 허용되는지 논의가 있으나, 당사자의 임의처분이 허용되는 경우[예컨대 재판상 이혼, 재판상 파양(다만 양자가 미성년자 또는 피성년후견인인 경우에는 협의파양이 인정되지 않으므로 당사자의 임의처분이 허용되지 않는다(2012. 2. 10. 개정, 2013. 7. 1. 시행 민법 898조) 등]에는 청구의 포기 및 화해가 허용된다고 본다.

---

1) 대판 1994. 3. 25. 93다43644, 2002. 11. 26. 2001다72678, 2010. 2. 25. 2009다75574 등.
2) 행정소송법 26조는 행정소송에서의 직권심리에 관한 규정을 두고 있으나, 이는 행정소송에서 원고의 청구범위를 초과하여 그 이상의 청구를 인용할 수 있다는 의미가 아니라 원고의 청구범위를 유지하면서 그 범위 내에서 필요에 따라 주장 외의 사실에 관해서도 판단할 수 있다는 뜻이다. 대판 1987. 11. 10. 86누491, 1992. 3. 10. 91누6030.

(3) 회사관계소송 등의 경우

피고를 회사로 하는 회사관계소송에서 법률상 명문의 규정이 있는 일정한 경우에는 **청구인용**의 **확정판결**의 기판력이 제 3 자에게 미치므로(상 376조 2항, 380조, 190조 본문), 이와 동일한 효력이 있는 **청구의 인낙**이나 청구인용의 확정판결과 같은 내용을 포함하는 **화해**는 허용되지 않는다. 청구기각의 확정판결과 동일한 효력이 있는 청구의 포기는 할 수 있다. 소수주주의 소제기청구에 따라 회사·자회사가 제기하는 이사책임추궁의 소(상 403조 1항, 406조의2 1항, 542조의6 6항), 또는 주주대표소송·다중대표소송(상 403조 3항·4항, 406조의2 2항·3항, 542조의6 6항)에서 소취하(상소취하는 해당하지 않는다), 화해, 청구의 포기·인낙은 **법원의 허가**를 받아야 한다(상 403조 6항).

(4) 증권관련집단소송 등의 경우

증권관련집단소송에서 소제기, 소·상소취하, 화해, 청구의 포기, 상소권포기는 법원의 허가를 받아야 한다(증집 15조 1항, 35조 1항). 소비자단체소송·개인정보단체소송에서 소제기는 법원의 허가를 받아야 하며(소기 73조 1항, 74조 1항, 개인정보 54조 1항, 55조 1항), 청구기각의 확정판결은 동일한 사안에서 대세효가 있으므로(소기 75조, 개인정보 56조) 이와 동일한 효력이 있는 청구의 포기는 허용되지 않는다.

Ⅴ. 처분권주의 위반의 효과

처분권주의를 위반하더라도 이는 판결의 내용에 관한 것이고, 소송절차에 관한 것이 아니므로 **이의권의 포기·상실**(법 151조)의 대상이 되지 않는다. 처분권주의를 위반한 판결에 대해서는 판결확정 전에는 상소로써 다툴 수 있다. 그러나 판결확정 후에는 **재심의 소**로써 다툴 수 없다. 처분권주의 위반은 법 451조 1항에서 규정하고 있는 어떠한 재심사유에도 해당하지 않기 때문이다. 한편 처분권주의를 위반했다 하더라도 피고가 항소한 경우에 원고가 제 1 심에서 신청하지 않은 사항에 대하여 피항소인으로서 **부대항소**(법 403조)를 통하여 항소심에서 **청구취지의 확장** 등 **청구의 변경**의 방법으로 새로이 신청하면 그 흠이 치유된다.

제 3 관 변론주의

I. 의   의

변론주의는 소송자료의 수집·제출책임을 당사자에게 맡기고, 당사자가 수집하여 변론에서 제출한 **소송자료**[여기서 소송자료는 넓은 의미의 소송자료로서 사실자료와 증거자료를 포함한다. 한편 **좁은 의미**의 소송자료는 사실자료만을 말한다]만을 재판의 기초로 삼아야 한다는 원칙을 말한다. 즉 변론주의는 당사자가 **주장**(사실자료)해야 비로소 법원이 이에 대하여 판단하며(**조사의 개시**), 이러한 판단시 그 **판단자료**(사실자료 및 증거자료)의 **수집**을 당사자에게 맡기는 원칙을 의미한다.[1] 변론주의와 달리 **직권조사사항**은 당사자의 주장이 없어도 법원이 이를 판단할 수 있으며, **직권탐지주의**는 직권조사사항 가운데 그 판단자료의 수집을 위하여 법원이 원칙적으로 직권증거조사를 할 수 있다.

변론주의는 사실과 증거방법에 국한되며 그 주장된 **사실관계**에 대한 **법적 평가**나 제출된 **증거의 가치평가**는 법원의 직책에 속한다. 즉 변론주의의 원칙상 당사자가 주장하지 않은 사실을 기초로 법원이 판단할 수 없는 것이지만 법원은 청구의 객관적 실체가 동일하다고 보여지는 한 청구원인으로 주장된 실체적 권리관계에 대한 정당한 법률해석에 의하여 판단할 수 있다.[2] 사실판단의 전제가 되는 경험법칙, 간접사실, 보조사실도 변론주의의 적용이 없다.

변론주의의 **기능**으로는, 분쟁 내용(소송자료)의 자주적 형성기능, 진실발견기능, 불의타방지[예상 외의 재판결과로 인한 불의의 타격(不意打) 방지] 및 절차보장기능, 공정한 재판에의 신뢰확보기능 등이 있다. 민사소송법은 변론주의에 관하여 직접적인 규정을 두고 있지 않으나, 직권조사사항 및 직권탐지주의에 관한 규정들로부터 이를 추단할 수 있다. 변론주의의 **근거**에 관하여, ① 사적자치의 반영이라는 **본질설**, ② 실체적 진실발견을 위한 합목적적 고려라는 **수단설**, ③ 불의타방지 및 절차보장에 의한 공평한 재판의 필요라는 **절차보장설**, ④ 앞서의 여러 가지를 종합하여 파악함이 상당하다는 **다원설** 등이 있다. 변론주의의 근거를 어디에서

1) 대판 2018. 10. 25. 2015다205536, 2021. 3. 25. 2020다289989, 2022. 2. 24. 2021다291934 등.
2) 대판 1992. 2. 14. 91다31494, 1994. 11. 25. 94므826,833.

찾느냐, 즉 민사소송의 본질에서 찾느냐 또는 합목적적 또는 기술적 필요에서 찾느냐에 따라 변론주의와 관련한 문제의 취급에서 입장을 달리 하는 경우가 있다. 예컨대 **현저한 사실**(공지의 사실 및 법원에 현저한 사실)에 반하는 자백이 있는 경우 본질설의 입장에서는 법원을 구속한다고 보는 데 대하여, 수단설의 입장에서는 그 구속력을 부정한다.

Ⅱ. 변론주의의 내용

1. 사실의 주장책임

(1) 변론주의가 적용되는 '사실'의 의미

1) 변론주의는 권리의 발생·소멸·저지라는 법률효과의 판단에 직접 필요한 **주요사실**에 적용된다(**주요사실적용설**, 통설·판례).[1] 따라서 변론주의는 그 주요사실의 존부를 확인하는 데 도움이 되는 사실인 **간접사실**과 증거능력이나 증거력(형식적 증거력인 문서의 진정성립이나 실질적 증거력인 증거가치)에 관한 사실인 **보조사실**(보조사실은 원칙적으로 간접사실에 준하여 취급한다)에는 적용되지 않는다.[2] 다만 **문서의 진정성립**에 관한 사실은 보조사실이지만 주요사실에 준하여 취급되기도 한다.[3]

2) 주요사실에 대해서는 당사자가 변론에서 주장해야 하며, 법원은 당사자가 주장하지 않은 사실을 판결의 기초로 삼을 수 없다.[4] 다만 법원이 원고의 주장사실과 다소 다르게 인정했다 하더라도 원고의 주장범위 내에 속하는 사실이라면 원고가 주장하지도 않은 사실을 인정한 위법이 있는 것으로 보지 않는다.[5]

3) 소송물의 전제가 되는 권리관계나 법률효과를 인정하는 진술은 **권리자백**에 해당하여 법원을 구속하는 것이 아니므로, 청구의 객관적 실체가 동일하다고 보여지는 한, 법원은 원고가 청구원인으로 주장하는 실체적 권리관계에 대한 정당한 법률해석에 의하여 판결할 수 있다.[6]

1) 대판 2009. 10. 29. 2008다51359, 2021. 1. 14. 2020다261776, 2021. 4. 8. 2020다286409.
2) 대판 2004. 5. 14. 2003다57697, 2018. 6. 28. 2016다31855, 2021. 4. 8. 2020다286409 등.
3) 대판 1991. 1. 11. 90다8244, 2001. 4. 24. 2001다5654.
4) 대판 2010. 2013. 5. 9. 2011다61646, 2018. 10. 25. 2015다205536, 2021. 3. 25. 2020다289989.
5) 대판 1971. 4. 20. 71다278, 1979. 7. 24. 79다879.
6) 대판 1992. 2. 14. 91다31494.

4) 증명이 필요하지 않은(불요증사실인) **현저한 사실**(법 288조 본문)에 대해서도 변론주의가 적용되는지 여부에 관하여 견해의 대립이 있다. ① 현저한 사실이라면 당사자의 주장이 없어도 이를 당연히 판결의 기초로 할 수 있다는 견해[1]가 있으나, ② 당사자의 절차권 보장 등을 위하여 현저한 사실이라도 그것이 주요사실인 때에는 당사자가 이를 **주장해야** 판결의 기초로 할 수 있다고 본다.[2] **판례**도 같은 입장이다.[3]

(2) 주장책임의 의미

1) 변론주의하에서 권리의 발생·소멸·저지라는 법률효과의 판단에 직접 필요한 주요사실은 당사자가 변론에 현출하지 않는 한, 법원은 이를 판결의 기초로 할 수 없으므로, 당사자는 주요사실을 주장하지 않으면 유리한 법률효과의 발생이 인정되지 않을 위험 또는 불이익을 부담하게 된다. 이와 같은 당사자 한쪽의 위험 또는 불이익을 **주장책임**이라고 한다.

2) 주장책임은 객관적 주장책임과 주관적 주장책임으로 나누어 볼 수 있다. ① 당사자가 주요사실을 주장하지 않으면 결과적으로 유리한 법률효과의 발생이 인정되지 않을 위험 및 불이익을 **객관적 주장책임**이라 하고, ② 당사자가 주요사실을 주장하지 않으면 받을 이러한 위험 및 불이익을 피하기 위한 당사자의 소송절차상 부담 및 책임을 **주관적 주장책임**이라 한다.

3) **주장책임**은 변론주의에 특유한 것이나, **증명책임**은 직권탐지주의에서도 적용된다. 변론주의하에서 주장책임은 논리적으로나 시간적으로 증명책임에 선행한다.

(3) 주장책임의 분배

1) 어느 당사자가 주장책임을 부담하는지를 정하는 것을 **주장책임의 분배**라 한다. 주장책임의 분배는 원칙적으로 **증명책임의 분배**의 경우와 일치한다. 즉 **청구원인사실**인 권리근거규정의 주요사실(**권리근거사실**)은 원고(권리자)가, **항변사실**인 권리장애규정·권리소멸규정·권리저지규정의 주요사실(**권리장애사실·권리소멸사실·권리저지사실**)은 피고(의무자)가 각 주장하지 않으면 안 된다. 이는 실체법상 각 요건사실의 규정에 의해 주장·증명책임을 분배하는 **법률요건분류설**의 입장이다.

---

1) 김홍규·강태원, 523쪽; 정동윤·유병현·김경욱, 572쪽.
2) 이시윤, 343쪽; 송상현·박익환, 526쪽; 호문혁, 514쪽; 강현중, 503쪽; 정영환, 717쪽.
3) 대판 1965. 3. 2. 64다1761, 2010. 1. 14. 2009다69531.

2) 일반적으로는 앞서 본 바와 같이 원고가 청구원인사실인 권리근거사실에 대하여 주장·증명책임을 부담하나, ① **소극적 확인소송인 채무부존재확인소송**에서는 채무자인 원고가 청구를 특정하여 **채무의 성립을 부정**하는(채무의 발생원인사실을 부정하는) 주장을 하면, 채권자인 피고가 권리근거사실인 채권의 발생원인사실에 대하여 주장·증명책임을 부담한다.1) **유치권부존재확인소송**에서도 마찬가지로 채무자인 원고가 청구를 특정하여 채무의 발생원인사실을 부정하는 주장을 하면 유치권자(채권자)가 채권의 존재(유치권의 주요사실인 유치권의 목적과 견련관계 있는 채권의 존재)에 대하여 주장·증명책임을 부담한다.2) ② **이행소송인 근저당권설정등기의 말소등기청구소송**에서도 채무자인 원고가 피담보채무의 성립을 부정하는(피담보채무가 존재하지 않는다는) 주장을 하면, 근저당권자(채권자)인 피고가 권리근거사실에 해당하는 (근저당권 성립 당시 근저당권설정행위와는 별도로) 근저당권의 피담보채권을 성립시키는 법률행위가 있었다는 사실에 관하여 주장·증명책임을 부담한다.3) ③ **형성소송인 청구이의의 소**에서도 **집행력만 있고 기판력이 없는 집행권원**에 대하여 집행력의 배제를 위한 경우, 예컨대 **확정된 지급명령**에 대한 청구이의의 소에서는 채무자인 원고가 채권자인 피고의 채권의 성립을 부정하는 주장을 하면, 피고가 권리근거사실인 채권의 발생원인사실에 대하여 주장·증명책임을 부담한다.4)

다만 앞서의 ①, ②, ③의 어떠한 경우라도 채무자는 통정허위표시 등 권리장애사실, 또는 변제 등 권리소멸사실에 대하여 주장·증명책임을 부담한다.5)

(4) 주장책임의 정도

주장책임을 부담하는 사람은 요건사실을 변론에 현출하면 족하며, 그 요건사실의 존재로 인하여 어떠한 법률효과가 발생하는지에 대해서까지 주장해야만 하는 것은 아니다.6) 예컨대 어떤 권리의 **소멸시효기간**이 얼마인지에 관한 주장은

1) 대판 1998. 3. 13. 97다45259.
2) 대판 2016. 3. 10. 2013다99409, 2018. 7. 24. 2018다221553.
3) 대판 2009. 12. 24. 2009다72070[근저당권은 그 담보할 채무의 최고액만을 정하고, 채무의 확정을 장래에 보류하여 설정하는 저당권으로(민 357조 1항), 계속적인 거래관계로부터 발생하는 다수의 불특정채권을 장래의 결산기에서 일정한 한도까지 담보하기 위한 목적으로 설정되는 담보권이므로, 근저당권설정행위와는 별도로 근저당권의 피담보채권을 성립시키는 법률행위가 있어야 하기 때문이다].
4) 대판 2010. 6. 24. 2010다12852.
5) 대판 2010. 6. 24. 2010다12852.
6) 대판 1983. 3. 8. 82다카172, 1997. 4. 25. 96다46484, 2002. 2. 26. 2000다48265. 한편 법률효과 역시 당사자의 법률상 주장에 의해 제출되어야만 법원이 이를 인정할 수 있다는 견해

단순히 법률의 해석이나 적용에 관한 의견을 표명하는 **법률상 주장**에 불과하므로, 변론주의의 적용대상이 되지 않고 법원은 **직권으로** 판단할 수 있다.[1] 따라서 원고가 민법에 의한 10년의 소멸시효기간을 주장한 경우라도 법원은 직권으로 상법(64조)에 의한 5년의 소멸시효기간을 적용하든지,[2] 국가재정법(96조 1항) 또는 지방재정법(82조 1항)에 의한 5년(금전의 급부를 목적으로 하는 국가 또는 지방자치단체의 권리의 소멸시효기간은 원칙적으로 5년이다)의 소멸시효기간을 적용하는 것은[3] 변론주의를 위반한 것이 아니다. 당사자가 법률효과에 대하여 주장하더라도 이는 법률적 견해의 표명에 불과하므로 법원은 이에 구속되지 않는다.[4]

(5) 주요사실의 주장방법

(a) 명시적 주장의 필요 여부

주요사실의 주장은 반드시 명시적일 필요는 없으며, 당사자의 **주장취지**에 비추어 이러한 주장을 한 것으로 볼 수 있으면 족하다.[5] 한편 **피고**가 원고의 청구원인에 관한 주장이 불분명하다는 이유로 원고의 주장이 무엇인지에 관하여 **석명**을 **구하면서** 청구원인에 대하여 **가정적**으로 **항변**한 경우에도 주요사실에 대한 주장이 있다고 볼 수 있다.[6]

(b) 주장공통의 원칙

주요사실은 반드시 주장책임을 지는 당사자가 진술해야 하는 것은 아니다. 따라서 어느 당사자이든 진술하면 된다. 소송에서 양쪽 당사자 사이에 제출된 소송자료를 통하여 **심리**가 됨으로써 그 주장의 존재를 인정하더라도 상대방에게 **불의의 타격**을 줄 우려가 없는 경우에는 이를 재판의 기초로 삼을 수 있다.[7] 이를

(**확장된 주장책임**을 긍정하는 견해)로는, 강구욱, "소멸시효 완성의 효과," 외법논집(한국외국어대학교 법학연구소) 39권 3호(2015년), 82쪽. 이러한 입장에 대해 주장책임과 변론주의 관계에서 비판하고 있는 견해로는, 석현수, "주장책임에 관한 대법원 판결에 대한 고찰," 민사재판의 제문제(민사실무연구회), 28권(2021년), 268쪽 이하.

1) 대판 2013. 2. 15. 2012다68217, 2017. 3. 22. 2016다258124, 2023. 12. 14. 2023다248903 등.

2) 대판 2017. 3. 22. 2016다258124.

3) 대판 2008. 3. 27. 2006다70929,70936.

4) 대판 2002. 2. 26. 2000다48265.

5) 대판 2008. 4. 24. 2008다5073, 2021. 7. 8. 2018다248688 등.

6) 이러한 경우 (가정적) 항변이 있다고 볼 수 있는지는 당사자들이 진술한 내용이나 취지뿐만 아니라 상대방이 당사자의 진술을 어떻게 이해했는지도 함께 고려해서 합리적으로 판단해야 한다. 대판 2017. 9. 12. 2017다865.

7) 대판 2008. 4. 24. 2008다5073, 2009. 6. 23. 2007다26165, 2021. 7. 8. 2018다248688 등.

주장공통의 원칙이라 한다.

　　(c) 주장의 의제의 문제

　　판례는, 일정한 경우 명시적 주장이 없음에도 주장이 있는 것으로 **추단**(推斷)하는 **주장의 의제**(擬制)를 인정하고 있다.[1] 즉 판례는, 당사자의 주장과 이를 뒷받침하기 위하여 제출한 증거의 내용 사이에 모순이 있는 경우에는 법원은 그 밖에 변론에 제출된 모든 증거 등을 종합하여 그 **진술취지**를 **추단**할 수 있다면 굳이 이를 지적하고 시정을 촉구하기 위한 석명권을 행사할 의무가 없이, 진술을 한 것으로 추단할 수 있다고 본다.[2] 그러나 당사자 주장의 해석을 통하여 쉽사리 주장을 의제하는 방법으로 주장을 확정하는 것은 변론주의의 원칙상 매우 신중해야 한다.[3]

　　(d) 주장의 포함의 문제

　　한편 일정한 주장에 다른 **주장이 포함**되어 있는지는 해당 주장의 취지를 종합적으로 고려해서 판단해야 한다.[4]

　■ **판례상 일정한 주장에 다른 주장이 포함되어 있는지 여부가 문제된 구체적 사례**

　　(1) 일정한 주장에 다른 주장이 포함되어 있다고 본 사례

　　① 피고가 본안전 항변으로 채권양도사실을 내세워 당사자적격이 없다고 주장했다고 하더라도, 피고의 위와 같은 주장에는 원고가 소외인에게 채권을 양도했기 때문에 원고가 그 채권자임을 전제로 한 청구는 이유가 없는 것이라는 취지의 본안에 관한 항변이 포함되어 있다고 볼 수 있다.[5] ② 자신이 무인(拇印)한 각서에 대하여 위조라는 용어를 사용하면서도 각서에 동의할 수 없는 여러 사정을 들어 각서의 효력이 없다는 주장에는 그 각서에 의한 약정이 당시 궁박한 상태에서 경솔하게 행해진 불공정한 법률행위(민 104조)로서 무효라는 주장도 포함되어 있다고 볼 수 있다.[6] ③ 고의에 의한 불법행위를 원인으로 한 손해배상책임의 주장에는 만일 고의는 없으나 과실이 인정될 경우에는 과실에 의한 불법행위를 원인으로 한 손해배상을 바라는 주장도 포함되어 있다고 볼 수 있다.[7] ④ 중재신청으로 소멸시효가 중단

---

1) 김홍엽, "민사소송상 주장책임과 간접적 주장," 민사재판의 제문제 8권(1994. 10.), 735쪽.
2) 대판 1988. 3. 8. 87다카1801.
3) 김홍엽, "민사소송상 당사자주장의 해석작업의 한계," 성균관법학(성균관대학교 법학연구소) 20권 3호 별권(2008. 12.), 613쪽 이하.
4) 주장의 포함을 묵시적 주장으로 이해하는 견해로는, 김학기, 305쪽.
5) 대판 1992. 10. 27. 92다18597.
6) 대판 1994. 10. 25. 94다29027.
7) 대판 1995. 12. 22. 94다21078.

되었다는 피고의 주장에는 권리 위에 잠자는 것이 아님을 표명한 것으로서 소멸시효중단사유로서 민법 168조 1호의 '청구'의 주장도 포함되어 있다고 볼 수 있다.[1]

(2) 일정한 주장에 다른 주장이 포함되어 있지 않다고 본 사례

① 불공정한 법률행위로서 무효라는 주장에는 착오에 기한 의사표시로 취소를 구한다는 주장이 포함되어 있다고 보기 어렵다.[2] ② 불공정한 법률행위로서 무효라는 주장에는 반사회질서의 법률행위로서 무효라는 주장이 포함되어 있다고 볼 수 없다.[3] ③ 대물변제계약이 채무자의 급박한 사정에 편승한 불공정한 법률행위로서 무효라는 주장에는 민법 607조의 위반으로서 무효라는 주장이 포함되어 있다고는 볼 수 없다.[4] ④ 임대인이 임차인의 차임연체액이 2기의 차임액에 달한다는 이유로 임대차계약을 해지하고 임차목적물의 반환을 청구한다는 주장에는 임대차기간의 약정이 없어서 바로 계약해지의 통고를 하고 임차목적물의 반환을 청구한다는 주장이 포함되어 있다고 볼 수 없다.[5]

(6) 소송자료와 증거자료의 준별

(a) 원 칙

소송자료(사실자료)와 증거자료는 엄격하게 구별[준별(峻別)]된다. 따라서 원칙적으로 주장하지 않은 사실을 증거제출행위 등 소송행위에 의하여 주장된 것으로 볼 수 없다. 예컨대 증인의 증언으로 당사자의 주장을 변경·보충할 수 없다.

(b) 판례가 인정하는 간접적 주장 이론

판례는, 변론에서 당사자가 주요사실을 직접적이고 명시적으로 주장하지 않아도 **서증의 제출**과 **증명취지의 진술** 등으로 간접적으로 주장한 것으로 볼 수 있다는 입장(**간접적 주장 이론**)이다. 즉 법률상 요건사실에 해당하는 주요사실에 대하여 당사자가 주장하지도 않은 사실을 인정하여 판단하는 것은 변론주의에 위반되나, 당사자가 주요사실에 대한 주장을 직접적으로 명백히 한 경우뿐만 아니라 당사자가 법원에 서증을 제출하며 그 **증명취지**(증명할 사실과 증명방법과의 관계)를 진술함으로써 서증에 기재된 사실을 주장하거나, **그 밖에** 당사자의 **변론을 전체적으로 관찰**하여 간접적으로 주장한 것으로 볼 수 있는 경우에도 주요사실의 주장

---

1) 대판 2023. 10. 12. 2020다210860.
2) 대판 1993. 7. 13. 93다19962.
3) 대판 1997. 3. 25. 96다47951.
4) 대판 1983. 2. 8. 80다1764.
5) 대판 1993. 4. 27. 93다1688.

이 있는 것으로 보아야 한다는 입장이다.[1]

판례는, 당사자가 변제공탁을 했다는 취지의 공탁서를 제출했을 뿐 그에 기재된 금액 상당에 대한 변제 주장을 명시적으로 하지 않았다고 하더라도 공탁서를 증거로 제출한 것은 그 금액에 해당하는 만큼 변제되었음을 주장하는 **취지임이 명백**하므로, 법원으로서는 그와 같은 주장이 있는 것으로 보고 그 당부를 판단하거나, 아니면 그렇게 주장하는 **취지인지 석명권**을 행사하여 당사자의 주장이 의미하는 바[진의(眞意)]를 분명히 밝히고 그에 대한 판단을 해야 한다고 본다.[2]

(c) 간접적 주장 이론의 제한적 인정 필요성

간접적 주장의 개념은 변론주의의 경직성을 완화하기 위해 인정된 것으로 재판의 구체적 타당성 또는 진실발견을 위하여 중요한 기능을 한다. 따라서 소송의 경과에 따른 쟁점의 형성 및 당사자의 의사의 측면에서 일정한 요건하에서 명시적인 주장이 없더라도 증거제출행위 등을 통하여 주장한 것으로 보는 간접적 주장의 개념을 **인정할 필요**가 있다. 다만 판례가 증거방법의 제출 및 증명취지의 진술을 통한 간접적 주장을 인정하는 외에 **변론의 전체적 관찰**을 통한 **간접적 주장**도 인정하고 있는데,[3] 간접적 주장의 개념을 구체적 기준도 없이 확대하여 사용하는 것은 결코 바람직하지 못하다.[4]

---

1) 대판 2002. 6. 28. 2000다62254, 2002. 11. 8. 2002다38361, 2006. 6. 30. 2005다21531 등.

2) 대판 2002. 5. 31. 2001다42080, 2020. 4. 29. 2019다297908.

3) 특히 대판 1995. 4. 28. 94다16083, 2017. 9. 12. 2017다865, 2021. 6. 10. 2021다217370 등은, "당사자의 이러한 주장은 직접적으로 명백히 한 경우뿐만 아니라 당사자의 변론을 전체적으로 관찰하여 간접적으로 주장한 것으로 볼 수 있는 경우에도 주장이 있는 것으로 보아"라고 판시하여 변론의 전체적 관찰을 통한 간접적 주장의 개념을 인정하고 있음을 명백히 하고 있다.

4) 간접적 주장을 허용한다고 하더라도 **제한적**으로 이를 **인정**해야 한다. 따라서 ① 당사자가 한 일정한 소송행위에 비추어 당연히 주요사실을 주장하는 것으로 예상되어야 하며, ② 증거방법의 제출 등이 특정한 주장을 전제로 한 명확한 것이어야 하며, ③ 이러한 경우에도 방어권 행사에 지장을 초래함이 없어야 하므로 상대방에게 불의의 타격(不意打)을 입히는 때에는 인정되지 않으며, ④ 이러한 간접적 주장의 유무의 판단은 변론 전체의 취지를 고려하여 인정될 수 있어야 하며, ⑤ 법원은 간접적 주장으로 인정할 수 있는 때에도 가능한 한 이를 **직접적 주장**으로 유도하기 위해 석명권을 행사해야 한다. 김홍엽, "민사소송상 주장책임과 간접적 주장," 민사재판의 제문제 8권(1994. 10.), 735쪽 이하.

2. 요건사실과 주요사실의 관계

(1) 의   의

요건사실은 법률요건에서 법률효과를 발생시키는 사실이다. 즉 법원이 당사자가 구하는 법률효과를 인정하는 데 필요한 사실이다. 주요사실은 변론주의가 적용되는 사실이다. 즉 당사자가 주장하고 법원이 심리해야 할 사실이다. 뒤에서 보는 바와 같이 요건사실이 일반조항의 경우가 아닌 한 요건사실 자체가 주요사실이 된다. 요건사실 가운데 실체법상 **'신의칙 위반'**과 **'권리남용'**(민 2조)은 **직권조사사항**으로 당사자의 주장이 없더라도 법원이 직권으로 조사를 개시하여 판단할 사항이므로 변론주의가 적용되는 요건사실이 아니다.

(2) 일반조항과 주요사실

요건사실은 사실 그 자체가 대부분이나, 일정한 사실에 대한 법적 평가인 때도 있다. 여기서 요건사실이 '선량한 풍속 그 밖의 사회질서 위반', '정당한 사유', '고의', '과실' 등과 같이 **일반조항**이나 **불확정개념**인 경우에 변론주의가 적용되는 주요사실을 무엇으로 볼 것인지에 관하여 논의가 있다. 이에 대하여, ① 일반조항 그 자체가 주요사실이라는 견해, ② 일반조항의 요건사실은 주요사실이 아니라, 요건사실을 구성하는 개개의 구체적 사실을 주요사실에 준(準)하여, 즉 준주요사실로 보아 변론주의의 적용을 긍정하는 견해,[1] ③ 아예 논거를 달리하여, 실체법상의 요건사실이 소송법상의 주요사실과 동일하지 않다는 것을 전제로, 당사자의 구체적 사실 자체가 주요사실이 된다는 견해[2]가 있다.

이러한 일반조항에서 이에 해당하는 구체적 사실을 준주요사실로 본다면, 요건사실 자체가 주요사실로서 이에 해당하는 사실을 준주요사실로 보거나, 그렇지 않으면 요건사실 자체가 주요사실이 아니라 이에 해당하는 사실을 준주요사실로 보아야 한다. 그런데 전자로 본다면 주요사실이지만 변론주의가 적용되지 않고 준주요사실에 변론주의가 적용되는 것이 되고,[3] 후자로 본다면 변론주의가 적용되는 준주요사실만 있고 주요사실이 없는 셈이 된다. 따라서 어느 것이나 논리적

---

1) 이시윤, 345쪽; 정동윤 · 유병현 · 김경욱, 382쪽; 정영환, 545쪽.
2) 호문혁, 411쪽.
3) 홍기문, "민사소송에 있어서 주요사실과 간접사실의 구별에 관한 소고," 전남대법률행정(전남대학교 법률행정연구소) 1집(1991. 12.), 101쪽 이하.

으로 문제가 있으므로, 구태여 준주요사실이라는 별도의 개념을 설정할 합리적
이유가 없다고 본다. 따라서 '선량한 풍속 그 밖의 사회질서 위반', '정당한 사유',
'고의', '과실' 등과 같은 일반조항은 이들 일반조항이 **요건사실**이기는 하나 그
자체가 주요사실이 되는 것은 아니고, 이에 **해당하는 구체적인 사실**이 **주요사실**
이 된다. 즉 '선량한 풍속 그 밖의 사회질서 위반', '정당한 사유', '고의', '과실'
의 경우 사실에 대한 법적 평가가 요건사실이며, 그와 같은 평가에 해당하는 구
체적 사실이 주요사실이다. 결국 **일반조항 외**에서는 **요건사실 = 주요사실**이지만,
일반조항에서는 **요건사실 > 주요사실**이 된다. **판례**도 당사자가 변론에서 주장한
주요사실만이 심판대상이 되는 것으로서 여기서 주요사실이란 법률효과를 발생시키
는 **실체법상 구성요건 해당사실**이라고 하여 같은 입장이다.[1]

3. 주요사실과 간접사실의 관계

(1) 구별기준

주요사실과 간접사실의 구별은 법규의 구조에서 구해야 한다고 보는 **법규기
준설**이 통설이다.[2] **주요사실**은 법률효과를 발생시키는 법규의 직접 요건사실에
해당하는 사실이다(**직접사실**이라고 한다). **간접사실**은 주요사실의 존재를 경험법칙
에 의하여 추인하는 데 쓰이는 사실이다[주로 배경, 교섭의 경과와 동기, 내역, 목적
등에 관한 사실이다]. 법규기준설에 의하더라도 주요사실과 간접사실의 구별이 반
드시 용이한것만은 아니다. 특히 **현대형소송**에서 주요사실을 직접 주장·증명하
는 것(**직접증명**)이 곤란하여 간접사실에 의하여 그 존재를 추정해야 할 경우(**간접
증명**)가 많기 때문에 소송의 승패에서 간접사실이 주요사실을 사실상 갈음하는
기능을 담당한다. 따라서 **간접사실**은, ① 증명이 곤란한 공해소송, 의료과오소송,
제조물책임소송 등 **현대형소송**에서의 증명, ② **소극적 사실**의 증명[3] 등에서 그
중요성을 더하고 있다.

---

1) 대판(전) 1983. 12. 13. 83다카1489, 대판 2018. 12. 27. 2015다58440,58457.
2) 이인재, "주요사실과 간접사실의 구별의 필요성과 그 기준," 민사증거법(상)(재판자료 25집,
   1985. 7.), 95쪽 이하.
3) **소극적 사실**은 이를 직접증거에 의하여 정면으로 증명(**직접증명**)하기는 어렵고, 따라서 먼
   저 **간접사실**을 증명한 다음 경험법칙에 의한 추론과정을 거쳐 그 주요사실의 존재를 **추인(간
   접증명**)하는 것이 보통이다. 대판 1996. 12. 23. 95다22436, 1999. 2. 9. 98다38739.

■ 주요사실과 간접사실 · 보조사실의 상호관계

① **변론주의 등 적용 여부**: 주요사실은 당사자의 주장이 있어야 법원이 이를 판단하며 자백의 구속력이 인정되나, 간접사실 · 보조사실은 (변론주의가 적용되지 않으므로) 당사자의 주장이 없어도 법원은 증거로 인정할 수 있으며 이에 대한 자백은 법원이나 당사자를 구속하지 않는다. ② **유일한 증거 여부**: 유일한 증거가 주요사실에 관한 것일 때에는 법원은 원칙적으로 이를 반드시 증거조사해야 하나(법 290조 단서), 간접사실 · 보조사실은 그렇지 않다. ③ **판단누락 해당 여부**: 상고이유(절대적 상고이유) · 재심사유에 해당하는 판단누락(법 424조 1항 6호, 451조 1항 9호)이 되는 사실은 주요사실이며, 간접사실 · 보조사실은 그렇지 않다.

(2) 주요사실에 해당하는지 여부가 문제되는 구체적 경우

(a) 기본사실에 대한 경위 · 내역

판결의 기초가 되는 법률효과의 존부의 판단에 직접 필요한 주요사실은 당사자가 주장하는 사실관계를 그 토대로 삼아야 하나 그 기본사실의 경위 · 내역 등은 간접사실로서 당사자의 주장 유무에 불구하고 법원이 증거에 의하여 자유로이 사실을 인정할 수 있다.[1] 다만 경위 자체가 **기본사실**이라면 주요사실로 보아야 하는 때도 있다. 예컨대 어느 재산이 종중재산임을 주장하는 당사자는 그 재산이 종중재산으로 **설정된 경위**에 관하여 **주장 · 증명**을 해야 한다. 다만 이를 반드시 명시적으로 할 필요는 없으며 어느 재산이 종중재산이라는 주장 · 증명 속에 그 설정 경위에 관한 사실이 포함되어 있다고 볼 수 있으면 충분하고(**주장의 포함**), 그 설정 경위의 증명은 **간접사실** 등을 주장 · 증명함으로써 이를 추정할 수도 있다(**간접증명**).[2]

(b) 일실수익의 산정기초

판례는, 인신사고로 인한 손해배상청구소송에서 **일실수입**의 산정기초가 되는 **월수입, 가동연한, 노동능력상실률**,[3] **공제할 월생계비** 등은 주요사실에 관한 사실상 주장에 해당하지만,[4] **중간이자의 공제방법**인 현가(現價)산정[5]방식에 관한 주

---

1) 대판 1971. 4. 20. 71다278, 1993. 9. 14. 93다28379 등. 이전등기의 경위에 관해서는, 대판 1969. 7. 8. 69다486. 계약성립의 경위에 관해서는, 대판 1971. 4. 20. 71다278. 충돌사고의 경위에 관해서는, 대판 1979. 7. 24. 79다879.

2) 대판 1997. 10. 10. 95다44283 등.

3) 대판 1988. 3. 8. 87다카1354.

4) 가동연한 · 생계비에 관한 주장이 사실상 주장으로 주요사실이라고 보는 판례에 반대하는

장은 구체적 사실에 대한 법률적 평가에 불과하므로 당사자의 주장에 불구하고 법원
이 자유로이 판단할 수 있다고 본다. 따라서 일실수입의 산정에서 호프만(Hoffmann)
식 계산법(단리에 의한 중간이자공제방식)에 의하지 않고 라이프니쯔(Leibnitz)식 계산
법(복리에 의한 중간이자공제방식)에 의하여 일실수입의 현가를 계산했다 하여 이를
변론주의에 반한다고 보지 않고 있다.[1]

(c) 소멸시효의 기산점과 취득시효의 기산점

판례는 **소멸시효의 기산점**은 **주요사실**로 본다. 소멸시효의 기산점은 채무의
소멸이라고 하는 법률효과 발생의 요건에 해당하는 소멸시효의 기간계산의 시발
점으로서 소멸시효항변의 법률요건을 구성하는 구체적인 사실에 해당하므로 이는
변론주의의 대상이 되고, 법원으로서는 당사자가 주장하는 기산일과 다른 날짜를
기준으로 소멸시효를 계산할 수 없다.[2]

판례는 **취득시효의 기산점**은 법률효과의 판단에 관하여 직접 필요한 주요사실
이 아니고 **간접사실**에 불과하므로 법원으로서는 이에 관한 당사자의 주장에 구속되
지 않고 소송자료에 의하여 점유의 시기를 인정할 수 있다고 한다(고정시설).[3] 다만
취득시효의 기산점과 관련하여 주의를 요하는 것은, 점유취득시효기간 중 계속해서
등기명의자가 동일한 경우에는 기산점을 어디에 두어도 무방하나[따라서 시효취득을 주
장하는 시점에서 역산하여 임의의 시점을 선택할 수 있다(고정시설의 완화)],[4] 시효완성 후

견해로는, 이시윤, "불법행위법에 있어서 일실이익의 산정과 변론주의," 사법행정 28권 3호
(1987. 3.), 16쪽 이하.

5) 원래 불법행위로 인한 손해배상채권은 불법행위시에 발생하고 그 이행기가 도래하므로, **장
래 발생할 소극적 · 적극적 손해**에 대해서도 불법행위시가 현가산정의 기준시가 되고, 이때부터
장래의 손해발생시점까지의 중간이자를 공제한 금액에 대하여 다시 불법행위시부터의 지연손
해금을 부가하여 지급을 명하는 것이 원칙이다. 다만 불법행위시 이후로 사실심 변론종결일
이전의 어느 시점을 기준으로, 그 이후 발생할 손해를 그 시점부터 장래 각 손해발생시점까지
의 중간이자를 공제하는 방법으로 현가를 산정하되 지연손해금은 그 기준시점 이후부터 구하
는 것도 허용된다. 대판 1994. 11. 25. 94다30065, 1997. 10. 28. 97다26043.

1) 대판 1983. 6. 28. 83다191.

2) 이는 당사자가 본래의 기산일보다 뒤의 날짜를 기산일로 하여 주장하는 경우는 물론이고
특별한 사정이 없는 한 그 반대의 경우에도 마찬가지이다. 대판 2006. 9. 22. 2006다22852,
22869, 2009. 12. 24. 2009다60244, 2017. 10. 26. 2017다20111 등.

3) 대판 1993. 10. 26. 93다7358,7365, 2007. 2. 8. 2006다28065, 2015. 3. 20. 2012다17479; 김
병운, "취득시효기간 중 계속해서 등기명의자가 동일한 경우 그 기간 내의 전 점유자의 점유
기간 중 임의시점을 기산점으로 선택할 수 있는지 여부," 대법원판례해설 30호(1998년 상반
기), 33쪽 이하; 송희호, "취득시효의 기산점과 관련문제 등에 관한 고찰," 사법논집 26집
(1995. 12.), 73쪽 이하.

4) 대판 1976. 6. 22. 76다487,488, 1999. 2. 12. 98다40688 등.

등기명의를 취득한 **이해관계 있는 제 3 자가 있는 경우**에는 기산점을 임의로 선택할
수 없다는 점이다. 후자의 경우 시효기간의 기산점을 당사자가 임의로 선택할 수
있게 되면 당사자는 시효완성 후에 등기명의를 취득한 사람을 시효완성 당시의 권
리의무 변동의 당사자로 삼을 수 있게 되어 결국 시효완성을 주장하는 당사자는 등
기 없이 언제나 제 3 취득자에 대하여 시효완성을 주장하고 그에 관해서 등기를 청
구하는 등 그에 상응하는 권리관계를 주장할 수 있게 되는 결과가 되어 부당하기
때문이다. 그러나 시효완성 후 등기명의가 변경되고 그 뒤에 다시 취득시효(**2차
취득시효**)가 완성한 때에는 등기명의 변경시를 새로운 기산점으로 삼아도 무방하
며,[1] 이 경우 새로이 2차 취득시효가 개시되어 그 취득시효기간이 경과하기 전에
등기부상의 소유명의자가 다시 변경된 때에도 마찬가지이다.[2][3]

(d) 본인에 의한 행위와 대리인에 의한 행위

1) 본인에 의한 행위와 대리인에 의한 행위가 별개의 주요사실인지에 관하여
논의가 있다. **판례**는, 본인에 의하여 계약이 체결되었는지, 대리인에 의하여 계약
이 체결되었는지는 각 **별개의 주요사실**이나, 반드시 이를 명시적으로 주장해야만
하는 것은 아니라는 입장이다. 즉 대리인 자격으로 계약을 체결했다는 사실은 법
률효과를 발생시키는 실체법상의 구성요건 해당사실(주요사실)에 속하므로 법원으
로서는 변론에서 당사자가 주장하지 않은 이상 이를 인정할 수 없으나 이와 같은
주장은 반드시 명시적인 것이어야 하는 것은 아니라고 본다. 따라서 ① 당사자의
주장취지에 비추어 이러한 주장이 포함되어 있는 경우(**주장의 포함**), ② 증거방법
의 제출 및 증명취지의 진술 등으로 간접적 진술을 한 것으로 볼 수 있는 경우(**간
접적 주장**), ③ 상대방의 진술을 통하여 심리가 됨으로써 그 주장의 존재를 인정하

---

1) 대판(전) 1994. 3. 22. 93다46360, 대판 1993. 1. 15. 92다12377, 1999. 2. 12. 98다40688 등.
2) 대판(전) 2009. 7. 16. 2007다15172,15189, 대판 2009. 9. 10. 2006다609; 송오식, "점유취득
   시효의 완성 후 소유명의가 변동한 경우 취득시효 가능여부," 법학논고(경북대학교) 32집
   (2010. 2.), 445쪽 이하.
3) 이에 대하여, 판례가 취득시효의 기산점을 간접사실로 보는 것은 제 3 자를 해치는 주장을
   배척하기 위한 도구로 동원된 것으로 보이지만, 소멸시효나 취득시효나 모두 기산점 자체는
   권리의 취득이나 상실의 요건사실이 아니며 요건사실은 시효기간이 이미 완성되었다는 것으로
   보는 견해로는, 호문혁, 410쪽. 그러나 **소멸시효**의 경우에는 그 기산점에 관하여 민법 166조
   1항에 규정을 두고 있는 반면 **취득시효**의 경우에는 취득시효의 기산점에 관한 규정을 두고
   있지 않는 점, 그리고 취득시효의 기산점을 간접사실로 보게 되면 기산점을 당사자가 임의로
   선택할 수 없게 고정시킴으로써(변론주의의 적용범위 밖에 두어) 법원이 당사자의 임의의 선택
   에 따른 주장에 구속되어 당사자의 기산점에 관한 주장 여하에 따라 제 3 자의 권리가 침해되
   는 결과를 막을 수 있는 점 등에 비추어 보면, 앞서의 견해는 타당하다고 볼 수 없다.

더라도 상대방에게 불의의 타격(不意打)을 줄 우려가 없는 경우(**주장공통의 원칙**) 등에는 그 대리행위의 주장이 있는 것으로 보아 이를 재판의 기초로 삼을 수 있다고 보고 있다.

예컨대 ① 원고가 갑이 매수한 토지를 갑이 사망 후 그의 상속인들인 을·병·정으로부터 매수했다고 주장하다가 그 뒤 갑의 장남인 을로부터 매수했다고 주장한 경우 원고의 주장의 경과에 비추어 볼 때 이러한 주장 속에는 을을 제외한 나머지 상속인들인 병·정에 관해서는 을이 그들을 대리하여 매도했다는 주장이 포함된 것으로 볼 수 있으며(**주장의 포함**),1) ② 원고가 피고에게 피고 측 제 3 자를 통하여 대여했다고 주장하면서 그 제 3 자를 증인으로 신청하여 제 3 자가 원고와 피고 사이의 금전거래를 중개한 사실을 증명한 경우 비록 원고가 변론에서 제 3 자가 피고를 대리하여 원고로부터 돈을 차용한 것이라고 진술한 바 없다 하더라도 위 증인신청 및 증명취지의 진술로써 위 대리행위에 관한 간접적인 진술이 있었다고 볼 수 있으며(**간접적 주장**),2) ③ 원고가 변론에서 소외인이 피고를 대리하여 계약을 체결했다고 명백한 진술은 한 바가 없으나 피고가 소외인에게 위 계약을 체결할 권한을 수여하거나 승낙한 사실이 없다고 주장함으로써 원고가 소외인의 대리행위 주장을 한 것을 전제로 소외인이 무권대리라는 취지의 주장을 하고 있는 경우에 위 계약체결에 소외인이 피고를 대리한 사실이 변론에서 주장된 것으로 볼 수 있다(**주장공통의 원칙**).3)

2) 계약이 당사자 본인에 의하여 체결되었는지, 대리인에 의하여 체결되었는지는 계약에 의한 법률효과가 본인에게 귀속된다는 점에서 같으나, 그 법률효과의 발생에 관한 주요사실은 다르다. 앞서 본 **판례**의 태도에 대해서는, 본인에 의한 계약의 체결사실과 대리인에 의한 계약의 체결사실을 별개의 주요사실에 관한 것으로 보고 별도 주장의 필요성을 전제로 하되, 이러한 주장은 명시적으로 하지 않아도 된다는 입장에서 주장의 정도를 여러 면에서 상당히 완화함으로써 별도 주장을 요구하는 **변론주의의 실질적 의미를 반감**하고 있음을 지적할 수 있다.4)5)

---

1) 대판 1996. 2. 9. 95다27998.
2) 대판 1987. 9. 8. 87다카982, 1994. 10. 11. 94다24626.
3) 대판 1990. 6. 26. 89다카15359.
4) 김홍엽, "민사소송상 당사자의 주장의 해석작업의 한계," 성균관법학(성균관대학교 법학연구소) 20권 3호 별권(2008. 12.), 613쪽 이하.
5) 일본 최고재 1958. 7. 8. 판결은 당사자본인에 의하여 이루어졌는지, 대리인에 의하여 이루어졌는지에 따라 그 법률효과에 변함이 있는 것이 아님을 근거로 반대입장이다.

3) **대리행위와 구별할 것**으로, 단순히 당사자를 대신하여 계약서상 이름 밑에 도장을 찍은 행위[사자(使者)로서의 행위]는 기본사실의 경위·내력 등에 관한 사실로서 주요사실로 보지 않는다.[1][2] 한편 예컨대 갑이 중도금을 을에게 직접 지급했는지 또는 그 수령권한 수임자로 인정되는 사람을 통하여 지급했는지는 변제사실에 대한 간접사실에 지나지 않는다.[3]

(e) 유권대리와 표현대리

대리권이 있다는 것(유권대리)과 대리권이 인정되지 않으나 표현대리가 성립한다는 것이 (본인에게 책임이 있다는 점에서 공통되지만) 별개의 주요사실인지에 관하여 논의가 있다. 대리권이 있다는 것과 표현대리가 성립한다는 것은 그 요건사실이 다르므로[4] 유권대리의 주장만이 있는 경우 표현대리의 주장이 당연히 포함되어 있다거나 법원이 표현대리의 성립 여부까지 판단해야 하는 것은 아니다. **판례**도 같은 태도이다.[5]

4. 자백의 구속력

변론주의가 적용되는 경우 당사자 사이에 다툼이 없는 사실(자백한 사실 및 자백한 것으로 간주되는 사실)은 증거조사가 필요 없으며, 법원은 이를 판결의 기초로 해야 한다(**법원의 사실인정권 배제**). 법원이 반대심증을 얻었다고 하더라도 자백에 반하는 사실인정을 해서는 안 된다. 그러나 **현저한 사실**에 반하는 자백은 구속력이 없다.

---

1) 대판 1971. 4. 20. 71다278.
2) **대리인**과 **사자**의 구별기준에 관해서는, 대판 2024. 1. 4. 2023다225580.
3) 대판 1993. 9. 14. 93다28379.
4) 유권대리에서는 본인이 대리인에게 수여한 대리권의 효력에 의하여 법률효과가 발생하는 반면, 표현대리에서는 **대리권이 없음에도 불구하고** 법률이 특히 거래상대방의 보호와 거래 안전의 유지를 위하여 본래 무효인 무권대리행위의 효과를 본인에게 미치게 하는 것이다. 따라서 표현대리가 성립된다고 하여 무권대리의 성질이 유권대리로 전환되는 것은 아니므로, 양자의 구성요건 해당사실, 즉 주요사실은 다르다고 볼 수밖에 없다. 결국 유권대리에 관한 주장 속에 무권대리에 속하는 표현대리의 주장이 포함되어 있다고 볼 수 없다.
5) 대판(전) 1983. 12. 13. 83다카1489, 대판 1990. 3. 27. 88다카181. 이에 대하여, 주장공통의 원칙상 대리권이 존재하지 않는다는 사실은 표현대리를 주장하는 사람이 반드시 이를 주장할 것이 요구되지 않아 본인이 이를 주장해도 무방하며, 표현대리를 주장하는 사람이 자신의 선의·무과실에 관한 증명책임이 있는 것이 아니라고 보는 입장에서 표현대리의 주장이 있는 것으로 봄이 상당하다는 견해로는, 김황식, "유권대리의 주장 가운데 표현대리의 주장이 포함되는지 여부," 민사판례연구 7권(1985. 5.), 13쪽 이하.

5. 증거제출책임

변론주의가 적용되는 경우 원칙적으로 직권증거조사를 하지 않는다. 판단
자료의 수집책임은 원칙적으로 당사자에게 있다(증거제출책임). 법원은 당사자가
신청한 증거에 의하여 심증을 얻을 수 없거나, 그 밖에 필요하다고 인정한 때
에 한하여 보충적으로 직권증거조사를 한다(보충적 직권증거조사, 법 292조). 소액사
건과 증권관련집단소송에서는 이러한 보충성을 지양(止揚)하고, 법원은 원칙적으
로 필요하다고 인정한 때에는 직권으로 증거조사를 할 수 있다(소심 10조 1항, 증
집 30조).

Ⅲ. 변론주의의 보완·수정(진실의무)

진실의무란 당사자가 진실이 아님을 알고 있는 사실을 소송에서 진실이라고
주장해서는 안 되며, 또 진실에 합치된다고 알고 있는 상대방의 주장을 다투어서는
아니 되는 당사자의 소송법상 의무를 말한다. 다만 여기서 진실이란 객관적 진실
을 말하는 것이 아니라, 당사자가 믿고 있는 진실을 말한다.[1] 우리나라는 소송상
진실의무에 관한 법률상 직접적인 명문의 규정을 두고 있지 않다. 민사소송법상 **간
접적 규정**으로는 법 1조 2항의 신의칙 규정, 법 363조 1항의 문서성립의 부인에
대한 제재 규정(종전 과태료 50만원 이하에서 200만원 이하로 상향), 법 370조 1항의 당
사자신문시 선서한 당사자의 거짓 진술에 대한 제재 규정(종전 과태료 50만원 이하
에서 500만원 이하로 상향) 등이 있다. 변호사법 24조 2항은 "변호사는 그 직무를
수행할 때에 진실을 은폐하거나 거짓 진술을 하여서는 아니 된다"고 규정하고
있다.

당사자가 진실의무를 위반하더라도 이에 대해 특별한 법률효과를 인정하는
일반적 규정이 없다.[2] 다만 법은 이러한 당사자가 승소를 하더라도 사정에 따라

---

1) 김홍규, "민사소송에 있어서의 진실의무," 법조춘추 118호(1974. 11.), 5쪽 이하. 민사소송에
   서 추구해야 할 진실개념으로 '절차주의적 진실'이라는 개념을 설정하고, 이를 합리적 대화를
   최대한 가동할 수 있도록 제도화되고 운용된 소송절차를 통해 합의된 진실이라고 보는 견해
   로는, 우세나·양천수, "민사소송에서 바라본 진실개념," 민사소송 14권 2호(2010. 11.), 33쪽
   이하.
2) 이에 대하여, 진실의무가 도덕적 수준에 머물거나 위반에 대한 실효적 제재가 존재하지 않
   는 추상적 규범에 불과하다면 재판상 신뢰형성에 기여하지 못하므로, 진실의무의 핵심적 내용

상대방에 대한 **소송비용**을 부담하게 할 수 있다(법 99조). 한편 진실의무를 위반한 때에는 법원은 사실인정에서 **변론 전체의 취지**(법 202조)로써 당사자에게 불리하게 고려할 수 있다. 당사자가 한 소송상 주장이 사실과 다름이 객관적으로 분명하고, 당사자가 명백히 거짓인 것을 인식했거나 증거를 조작하려고 했음이 인정되는 때에는 형사상 **소송사기죄**가 성립될 수 있으며,[1] 민사상 **불법행위**로 인한 손해배상책임을 물을 수 있다.

IV. 직권탐지주의

1. 의 의

직권탐지주의는 당사자의 주장이 없어도 법원이 이를 직권으로 판단할 수 있는 사항(**직권조사사항**) 가운데 그 판단자료의 수집에서 법원이 **원칙적**으로 **직권증거조사**를 하여 이를 탐지할 수 있는 소송자료 수집의 원칙을 말한다(**판단자료의 직권탐지**). 즉 직권탐지주의가 적용되는 경우 재판자료의 수집과 제출을 당사자에게 맡겨두지 않고 법원이 주도적으로 할 책무를 진다. **판례**는, 직권탐지주의를 '법원이 **자기의 권능과 책임**으로 재판의 기초가 되는 자료를 수집하는' 원칙으로 이해하고 있다.[2] 직권탐지는 무제한적인 것은 아니고, 기록에 나타난 사실에 한하는 것으로 보는 견해가 있으나,[3] 판단의 대상이 되는 사실자료의 수집은 기록에 나타난 사실에 한하지 않는다.

이 법률에 명시적으로 규정되어야 한다는 견해로는, 윤정운, "민사소송에서의 진실의무에 관한 연구," 사법논집 75집(2022년), 140쪽.

1) **판례**는, 소송사기는 법원을 속여 자기에게 유리한 판결을 얻음으로써 상대방의 재물 또는 재산상 이익을 취득하는 범죄로서, 이를 쉽사리 유죄로 인정하게 되면 누구든지 자기에게 유리한 주장을 하고 소송을 통하여 권리구제를 받을 수 있는 민사재판제도의 위축을 가져올 수밖에 없다고 보고 있다. 대판 2009. 9. 24. 2008도11788, 2024. 1. 25. 2020도10330 등. 특히 대판 2004. 6. 25. 2003도7124는, 소송사기죄 적용의 엄격성과 성립요건 및 소송사기에서 말하는 증거조작에 대하여 구체적으로 판시하고 있다.

2) 대판 2013. 7. 12. 2011므1116,1123, 대결 2022. 11. 10. 2021스766, 대판 2023. 12. 21. 2023므11819 등. 한편 판례는 직권탐지주의가 적용되는 사항을 **직권탐지사항**이라고 부르기도 한다. 대판 1963. 5. 15. 63다138, 1981. 6. 23. 81다124, 2018. 10. 25. 2018다210359 등.

3) 이시윤, 349쪽; 정영환, 563쪽. 이러한 견해는 판례 역시 같은 입장인 것으로 소개하고 있으나, 이러한 견해가 들고 있는 판례(대판 1975. 5. 27. 74누233, 1994. 4. 26. 92누17402)는 행정소송에서 예외적으로 인정되는 직권조사의 범위에 관한 것으로 일반적인 직권탐지에 관한 것으로 볼 수 없다. 위 판례와 같은 취지로는, 대판 2011. 1. 13. 2010두21310, 2015. 1. 29. 2012두28247.

2. 구체적 내용

(1) 소송상 취급

직권탐지주의가 적용되는 경우, ① 당사자의 자백은 법원을 구속하지 않는다(**자백의 구속력 배제**). ② 당사자의 증거신청 여부에 불구하고 법원은 원칙적으로 직권증거조사의 책임이 있다(**원칙적 직권증거조사**). 즉 변론주의가 적용되는 때에는 직권증거조사를 보충적으로 하나(법 292조), 직권탐지주의가 적용되는 때에는 직권 증거조사를 원칙적으로 한다. ③ 실기한 공격방어방법의 각하(법 149조 1항)와 변론준비기일을 종결한 효과(법 285조 1항 3호)는 배제된다(**공격방어방법의 제출기한의 무제한**). ④ 당사자가 (직권탐지주의가 적용되는 사건의) 소송물을 임의로 처분할 수 없는 때에는 청구의 포기·인낙, 화해를 할 수 없다(**처분권주의의 제한**).

(2) 당사자의 절차권보장

직권으로 탐지한 사실이나 증거도 판결의 자료로 삼기 위해서는 미리 당사자 (및 참가인)에게 알려 증거조사의 결과에 관한 의견진술의 기회를 부여해야 한다[이를 법률상 명문으로 규정하고 있는 것으로는, 소심 10조 1항 후문, 특허 159조 1항 후문].[1] **판례**는, 특허법 159조 1항 후문이 심판의 적정을 기함으로써 심판제도의 신용을 유지하기 위하여 지키지 않으면 안 된다는 공익상의 요구에 기인하는 강행규정이라고 보고 있다.[2]

3. 적용범위

(1) 일반적 경우

재판권,[3] 재심사유의 존재[4] 등 **고도의 공익성이 있는 사항**이나, 경험법칙, 외국법규, 관습법[5] 등 **법관이 직책상 규명할 사항**은 직권탐지주의가 적용된다. 한

---

1) 법원으로서는 변론주의의 주요내용을 이루는 당사자의 권능이 제약되는 소송에서 직권으로 탐색·조사한 자료에 관하여 당사자에게 의견을 진술할 기회를 주어 충분히 납득할 수 있도록 배려해야 한다. 박우동, "소송에 있어서 직권발동의 실태(3)," 법조 25권 5호(1976. 5.), 20쪽 이하.

2) 대판 1996. 2. 9. 94후241, 1997. 8. 29. 96후2104, 1999. 6. 8. 98후1143.

3) 재판권은 국가주권의 한 부분으로, 재판권의 존재는 소송요건 가운데에서 가장 공익성이 강하므로 직권탐지주의가 적용됨은 달리 이론이 없다. 노재호, 주석서(2), 52쪽.

4) 대판 1992. 7. 24. 91다45691.

5) 법령과 같은 효력을 가지는 관습법과 달리 **사실인 관습**은 그 존재를 당사자가 주장·증명

편 전속관할, 소송당사자의 존재, 당사자능력, 소송능력, 소송상 대리권(법정대리권·대표권, 소송대리권) 등에 관해서는 견해가 나누어지고 있음은 이미 소송요건에서 본 바와 같다.

(2) 가사소송의 경우

가류·나류 가사소송사건에서는 직권탐지주의가 적용된다(가소 12조 단서, 17조).[1] **가사비송사건** 등 비송사건의 경우도 같다(가소 34조, 비송 11조, 가소규 23조 1항).[2] 가류·나류 가사소송사건에서는 직권탐지주의가 적용되나 무제한으로 적용되는 것은 아니다(**직권탐지주의의 적용 정도**). 가정법원이 직권으로 탐지해도 당사자가 주장하는 사실을 인정할 수 없는 때에는 종국적으로 해당 당사자의 불이익으로 귀착될 수밖에 없고(**증명책임의 적용**), 당사자에게 **원칙적으로 소송자료의 제출권** 및 **증거조사상 절차관여권**을 보장할 필요가 있기 때문이다.

■ 가류·나류 가사소송에서의 직권탐지주의에 관한 판례의 태도

(1) 판례가 이해하는 직권탐지주의의 적용 모습

판례는 가사소송법 17조가 가류·나류 가사소송사건을 심리할 때에는 직권으로 사실조사 및 필요한 증거조사를 해야 하며, 언제든지 당사자 또는 법정대리인을 신문할 수 있도록 규정하고 있고, 같은 법 12조 단서가 변론주의의 일부를 제한하고 있다 하더라도 이는 어디까지나 사실의 진상을 밝히기 위하여 법원으로 하여금 적극적으로 필요한 조치를 취할 수 있게 함과 아울러 당사자의 잘못된 소송행위에 의하여 사실관계가 좌우되는 것을 방지하려는 것일 뿐 변론주의의 원칙 자체를 배제하려는 것은 아니라는 입장이다.[3] 따라서 당사자가 주장하지도 않은 독립한 공격방어방법의 제출을 촉구하는 따위의 석명은 가사소송에서도 허용될 수 없다고 본다.[4]

해야 한다. 대판 1983. 6. 14. 80다3231.

1) 가사소송법 12조는 민사사건과 다른 가사사건의 특성을 고려하여 가사소송법에 가사사건의 심리절차의 특칙을 두고 민사소송법에 우선하여 적용되도록 하고 있고, 성질상 순수한 민사소송에 속하는 다류 가사소송사건을 제외한 **가류 및 나류 소송사건**에 관해서는 **직권탐지주의**가 적용되도록 변론주의에 관한 민사소송법의 일부 규정을 적용하지 않도록 하고 있는 등(가소 12조 단서) 사인간 신분관계에 관한 분쟁을 대상으로 하는 가사소송법의 특성을 손상하지 않으면서 **특별민사소송**으로서의 기능을 할 수 있도록 하고 있다. 헌재 2018. 12. 27. 2017헌바472.

2) 가사비송사건에도 직권탐지주의는 공익성의 정도, 대심적 구조의 존부, 법원의 재량적 판단의 필요성 정도 등 **개별사건의 성질**에 따라 **다양**하게 나타날 수 있는데, **특히 라류 가사비송사건**은 상대방이 없는 비대심적 구조로서 비송재판으로서의 성격이 두드러진다. 대결 2022. 3. 31. 2021스3, 2022. 10. 14. 2022스625.

3) 대판 1987. 12. 22. 86므90.

4) 대판 1990. 12. 21. 90므897.

가사소송법상 직권으로 증거를 조사하도록 규정되어 있다고 하여 당사자가 주장하지도 않고 심리과정에서 나타나지도 않은 독립한 공격방어방법에 관한 사실까지 법원이 조사해야 하는 것은 아니라는 이유에서이다.

  (2) 검   토

  이에 대하여, 판례가 가사소송법 17조를 의무적 규정으로 보지 않고 재량적 규정으로 보고 있다는 견해가 있으나,[1] 가사소송법 17조를 의무적 규정으로 보되 직권탐지의무의 발동은 **실무운영상 먼저 당사자의 주장을 기다렸다가** 당사자의 주장이 없더라도 **필요한 경우에는 의무적으로 직권탐지를 해야** 한다는 입장으로 이해된다.[2]

(3) 행정소송의 경우

  1) 행정소송법 **26조**("법원은 필요하다고 인정할 때에는 직권으로 증거조사를 할 수 있고, 당사자가 주장하지 아니한 사실에 대하여도 판단할 수 있다")와 같은 법 **8조 2항**("행정소송에 관하여 이 법에 특별한 규정이 없는 사항에 대하여는 법원조직법과 민사소송법 및 민사집행법의 규정을 준용한다")과 관련하여,[3] 행정소송법 8조 2항이 행정소송의 성질에 반하지 않는 한 민사소송법의 규정을 준용하도록 규정하고 있음에도 불구하고 행정소송법 26조의 규정을 따로 두고 있는 것으로 보아[**항고소송** 가운데 취소소송에 관한 행정소송법 26조는 다른 항고소송인 무효등확인소송 및 부작위위법확인소송에도 준용되고(행소 38조 1항 · 2항), 나아가 **당사자소송**에도 준용되며(행소 44조 1항), 성질에 반하지 않는 한 **민중소송 · 기관소송**에도 준용된다(행소 46조)] 행정소송법 26조를 근거로 행정소송에서는 변론주의를 배제하는 직권탐지주의를 취한 것으로 보아야 할 것인지에 관하여 논의가 있다.[4] 이에 대하여, 행정소송법 26조를 들어 행정소

---

1) 피정현, "가사소송에서의 소송자료수집원칙," 가족법연구 22권 2호(2008. 9.), 243쪽 이하.
2) 김홍엽, "가사소송의 특질 ―민사소송과 관련하여―," 성균관법학(성균관대학교 법학연구소) 22권 3호(2010. 12.), 593쪽 이하. 한편 가사소송법 17조는 모든 가류 · 나류 가사소송사건에 대하여 획일적 · 필요적으로 직권탐지주의를 적용하도록 규정하고 있으나, 가사소송사건에 관한 절차라고 하더라도 사건의 성질과 공익성의 정도에 따라 개별적 · 구체적으로 변론주의의 제한 정도, 즉 직권탐지주의의 적용 정도가 정해지는 것이 바람직하다는 견해로는, 권재문, "가사소송법 제17조의 연혁과 문제점 ―가사소송절차에서의 직권탐지주의와 관련하여 ―," 법사학연구(한국법사학회) 29호(2004. 4.), 251쪽 이하.
3) **2023. 8. 31. 제정 · 시행 행정소송규칙 4조**는, "행정소송절차에 관하여는 법 및 이 규칙에 특별한 규정이 있는 경우를 제외하고는 **그 성질에 반하지 않는 한** '민사소송규칙' 및 '민사집행규칙'의 규정을 준용한다."고 규정하고 있다.
4) 최선웅, "행정소송에서의 변론주의와 직권탐지주의 ―행정소송법 제26조를 중심으로―," 서울대학교법학박사학위논문(2004년).

송에서는 직권탐지주의가 적용된다고 보는 견해가 있다(**직권탐지주의설**)[이러한 입
장에서는 가사소송에는 구속적 탐지주의가 적용되는 반면, 행정소송에는 재량적 탐지주의
가 적용된다고 본다].1) 그러나 행정소송법 26조는 행정소송의 특수성에 연유하는
변론주의에 대한 **일부 예외규정**으로, 행정소송에 관해서는 행정소송법에 특별한
규정이 없는 한 민사소송법이 준용되므로(행소 8조 2항), 원칙적으로 변론주의가
지배한다고 보아야 한다(**원칙적 변론주의설**).2) 즉 행정소송법 26조의 규정과 행
정소송의 특수성, 즉 공공복리의 유지와 행정목적의 달성, 일정한 경우에 인정
되는 판결의 대세효 등만을 내세워 행정소송을 직권탐지주의를 원칙으로 한 소
송절차로 단정할 수 없다.3)

　　2) 행정소송에 **직권주의가 가미**되어 있다고 하더라도4) 여전히 **변론주의를
기본구조**로 하는 이상 행정처분의 위법을 들어 그 취소를 청구하는 소송에서는,
예컨대 ① 행정처분이 존재하는지 여부,5) ② 전치절차를 거쳤는지 여부,6) ③ 제
소기간을 지켰는지 여부7) 등과 같은 **직권조사사항**(판단자료의 수집에서 **직권탐지형**
이 적용된다)을 제외하고는8) 그 취소를 구하는 사람이 위법사유에 해당하는 구체
적 사실을 먼저 주장해야 하며, 법원이 당사자가 주장하지도 않은 법률요건에 관
하여 판단하는 것은 변론주의의 원칙에 위배된다.9)

　　판례도 행정사건의 **심리절차**는 행정소송의 특수성을 고려하여 행정소송법이

　1) 이시윤, 350쪽.
　2) 행정법학계에서는 이를 '**변론주의보충설**'이라고 부르고 있다. 행정법학계에서 '직권탐지주
　　의설'을 주장하는 견해도 있으나, 대세는 변론주의보충설이다. 김남진·김연태, 행정법(1)(제27
　　판, 2023년), 971쪽; 김성수, 일반행정법(제9판, 2021년), 922쪽.
　3) 이혁우, "행정소송에서의 직권심리의 범위 —행정소송법 제26조의 해석과 관련하여—," 법조
　　45권 11호(1996. 11.), 104쪽 이하. 한편 절충설로서, 행정소송법 26조는 소송자료에 대한 책
　　임을 1차적으로 당사자에게 인정하면서, 동시에 공익을 고려하여 직권으로 탐지할 수 있도록
　　하고 있다는 견해로는, 홍정선, 행정법원론(상)(제26판, 2018년), 1132쪽.
　4) 어느 정도의 직권주의가 가미된 것인지는 일률적으로 그 선을 긋기가 매우 어렵다. 다만
　　민사소송에서 예외적으로 인정되는 직권주의보다는 그 정도가 강한 것으로 이해된다. 한편 행
　　정소송법 26조의 '법원은 필요하다고 인정할 때'란 '공공복리를 유지하기 위하여 필요한 때'라
　　고 봄이 상당하므로, 법원의 직권개입의 척도는 바로 공익이라고 보는 견해로는, 구욱서, "행
　　정소송과 자백법칙," 저스티스 29권 1호(1996. 6.), 22쪽 이하.
　5) 대판 2001. 11. 9. 98두892, 2004. 12. 24. 2003두15195, 2005. 10. 14. 2004두8972 등.
　6) 대판 1993. 12. 24. 92누17204, 1995. 1. 12. 94누9948.
　7) 대판 2013. 3. 14. 2010두2623.
　8) (그 범위 내에서) 행정소송법 26조가 법원의 **직권증거조사**와 **직권탐지**를 규정한 것이라는
　　판결로는, 2011. 1. 13. 2010두21310, 2015. 1. 29. 2012두28247.
　9) 대판 2003. 8. 19. 2001후1655, 2011. 3. 24. 2010후3509, 2019. 6. 13. 2018두35674.

정하고 있는 특칙이 적용될 수 있는 점을 제외하면 심리절차의 면에서 **민사소송절차와 큰 차이가 없다**는 기본적 입장에 따라[1] **행정소송에서도,** ① 당사자가 주장하지도 않은 사실을 판단할 수 없으며 기록상 현출되어 있는 사항에 관해서만 직권으로 증거조사를 하고 이를 기초로 하여 판단할 수 있을 따름이며[그것도 법원이 필요하다고 인정할 때에 한하여 청구의 범위 내에서 증거조사를 하고 판단할 수 있을 뿐이다],[2] ② 직권조사사항에 관한 것이 아닌 이상 실기한 공격방어방법의 각하에 관한 민사소송법 149조 1항이 준용되므로 행정소송법 26조가 있다고 하여 달리 볼 것은 아니며,[3] ③ 법원의 석명권 행사에서 당사자가 주장하지도 않은 법률효과에 관한 요건사실이나 독립된 공격방어방법을 시사하여 그 제출을 권유함과 같은 행위는 변론주의의 원칙에 위배되는 것으로 석명권 행사의 한계를 벗어난 것이 된다고 본다.[4]

(4) 회사관계소송의 경우

1) 회사관계소송에도 직권탐지주의가 적용되는지에 관하여, 원칙적으로 회사가 피고가 되는 회사관계소송은 일정한 경우 청구인용의 확정판결은 당사자 외의 제 3 자에 대해서도 그 효력이 미치기 때문에(상 190조)[다만 상 376조 2항, 380조, 381조 2항 등은 상 190조 본문만 준용한다] 비록 법률상 명문의 규정이 없으나 직권탐지주의가 적용된다는 견해가 있다.[5] 그러나 회사관계소송에서 청구인용의 확정판결은 **대세적 효력**(대세효)이 있고, 따라서 청구인용 확정판결과 동일한 효력을 가지는 청구의 인낙, 재판상 화해(청구인용 취지의 재판상 화해의 경우이다)는 허용되지 않으나, 다른 한편으로는 소제기시 이를 공고하도록 하고 있고, 판결의 효력을 받을 제 3 자에게 공동소송참가의 기회를 보장하며, 원고패소의 확정판결은 제 3 자에게 그 효력이 미치지 않는 점 등에 비추어 보면 회사관계소송에서 직권탐지주의가 적용된다고 볼 수 없다.

2) 회사관계소송 가운데 ① **회사설립무효·취소**의 소[주식회사의 경우 설립무효의 소만 인정된다(상 328조 1항)], **신주발행무효**의 소 또는 **합병무효**의 소에서 그 심

---

1) **판례**는, 특별한 사정이 없는 한 민사사건을 행정소송절차로 진행한 것 자체가 위법하다고 볼 수도 없다고 한다. 대판 2018. 2. 13. 2014두11328.

2) 대판 1994. 4. 26. 92누17402.

3) 대판 2003. 4. 25. 2003두988, 2014. 5. 29. 2011두25876.

4) 대판 2001. 1. 16. 99두8107, 2019. 11. 14. 2015두54902.

5) 이영섭, 198쪽.

리 중에 원인이 된 흠이 보완되고, 회사의 현황과 모든 사정을 참작하여 설립을 무효·취소하거나 신주발행 또는 합병을 무효로 하는 것이 부적당하다고 인정한 때에는 법원은 그 청구를 기각할 수 있고(상 189조·240조, 328조 2항, 430조·530조), ② **주주총회결의취소의 소**(상 376조 1항)에서 결의의 내용, 회사의 현황과 모든 사정을 참작하여 그 취소가 부적당하다고 인정한 때에는 법원은 그 청구를 기각할 수 있다(상 379조)[이를 '**사정판결**'(事情判決), 또는 '**재량기각판결**'이라 한다]. 직권으로 이와 같은 사정판결을 할 경우[1] 흠의 보완 여부[2]나 회사의 현황과 모든 사정을 참작하여 무효 또는 취소를 하는 것이 부적당하다고 인정하기 위한 사실자료의 수집에서는 직권탐지주의가 적용된다고 본다.[3]

(5) 그 밖의 경우

증권관련집단소송은 직권주의의 요소가 가미되어 있다(증집 30조 이하). 그 밖에 헌법재판사건, 특허심판사건도 직권탐지주의가 적용된다(헌재 31조 1항, 특허 159조 1항). 소송사건이 아닌 비송사건도 직권탐지주의에 의한다(비송 11조).[4]

Ⅴ. 직권조사사항

1. 의   의

직권조사사항은 당사자의 주장 또는 이의에 관계없이 법원이 반드시 직권으로 판단해야 할 사항이다. **법률상 명문**으로는, '직권조사사항'(법 434조) 외에도 '직권으로 조사할 사항'(법 257조 1항, 285조 1항 3호), '직권으로 조사하여야 할 사항'(법 434조), '직권으로 조사하여야 할 사유'(법 429조) 등으로 부르고 있다. 한편 판례 가운데는 직권조사사항을 '직권판단사항'이라고 부른 경우도 있다.[5]

---

1) 주주총회가 이사회의 결정 없이 소집된 경우에는 주주총회결의 자체가 법률상 존재하지 않으므로 상법 379조를 적용할 여지가 없다. 대판 1978. 9. 26. 78다1219.

2) 그 흠이 보완될 수 없는 성질인 경우에는 그 흠이 보완되지 않았더라도 회사의 현황과 모든 사정을 참작하여 재량기각할 수 있다. 대판 2004. 4. 27. 2003다29616, 2010. 7. 22. 2008다37193.

3) 김홍규·강태원, 386쪽; 정동윤·유병현·김경욱, 407쪽; 송상현·박익환, 371쪽. 이를 들어 회사관계소송에는 제한적 직권탐지주의가 적용된다는 견해로는, 이시윤, 351쪽; 정영환, 565쪽.

4) 비송사건에서는 항고이유 주장된 바 없더라도 마땅히 진실 여부를 직권으로 조사해서 항고의 당부를 가릴 수 있다. 대결 1982. 10. 12. 82마523, 2007. 3. 29. 2006마724.

5) 대판 1991. 11. 8. 90다17804, 2010. 2. 25. 2007다85980.

직권조사사항은 항변사항과 대립한다.

2. 변론주의 및 직권탐지주의와의 관계

직권조사사항은 변론주의와 직권탐지주의 중간지대에 속한다는 견해가 있으나,[1] **조사의 개시**(판단의 개시)에서는 당사자의 주장이 없더라도 법원이 판단해야 하는 **직권조사사항**과 당사자의 주장이 있어야 판단하는 **변론주의**(적용사항)로 나누어진다. 나아가 조사가 개시된 상태에서 **판단자료(사실자료)의 수집**에서는 원칙적으로 직권증거조사를 하여 이를 탐지해야 하는 **직권탐지주의**와 당사자에게 자료의 수집·제출책임이 있는 **변론주의**로 나누어진다. 따라서 직권조사사항과 변론주의 또는 직권탐지주의는 그 기능하는 영역 자체가 다르다. 소송요건은 항변사항 외에는 직권조사사항이나 소송요건에 관한 판단자료의 수집은 사항에 따라 직권탐지에 의하는 것(**직권탐지형**)과 변론주의에 의하는 것(**변론주의형**)이 있을 수 있다.

3. 구체적 내용

(1) 직권판단(조사의 개시)

직권조사사항의 경우 법원은 당사자의 주장이 없거나, 또는 당사자의 주장이 있다고 하더라도 이에 구속될 필요 없이 직권으로 조사해서 판단한다. 직권조사사항이라도 당사자의 주장이 없는 경우에는 항상 이를 먼저 문제 삼아야 하는 것이 아니며, 그 존부가 당사자의 주장이나 그 밖의 자료에 의하여 의심스러운 경우에 비로소 문제를 삼으면 족한 것이 대부분이다.[2]

(2) 판단자료(사실자료)의 수집

(a) 직권조사사항과 변론주의의 관계

직권조사사항의 경우 판단의 기초될 사실에 관하여 항상 **직권탐지**(원칙적 직권증거조사)를 요하는 것(**직권탐지형**)은 아니다. 따라서 직권탐지해야 할 경우가 아닌 한도 내에서는 **변론주의**(변론주의형)에 의한다. 이미 제출된 자료상 그 존부에

---

1) 이시윤, 351쪽. 이러한 입장을 취하는 경우 개념적인 혼동이 발생할 여지가 많고, 직권조사의 기능적 차이점을 간과하게 되며, 직권조사사항의 범위설정이 어렵게 된다는 견해로는, 정동윤·유병현·김경욱, 409쪽; 정영환, 565쪽.
2) 대판 1989. 3. 14. 87다카1574.

대하여 의문이 제기될 사정이 있을 때에는 직권으로 석명하거나 조사할 의무가 있다. 변론주의하에서도 **보충적 직권증거조사**가 가능한 것이므로(법 292조), 직권조사사항 가운데 **변론주의형**에 속하는 경우에는 현출된 모든 소송자료를 통하여 살펴보더라도 의심할 만한 사정이 발견된다면 보충적으로 직권증거조사가 허용된다.[1)]

(b) 판례상 구체적 사례

판례는, 예컨대 ① 법인, 또는 법인 아닌 사단이 당사자인 사건에서 대표자에게 적법한 **대표권이 있는지 여부**는 소송요건에 관한 것으로서 법원의 직권조사사항이므로 법원으로서는 그 판단의 기초자료인 사실과 증거를 직권으로 탐지할 의무까지는 없다 하더라도 이미 제출된 자료에 의하여 그 대표권의 적법성에 의심이 갈만한 사정이 엿보인다면 이에 관하여 심리·조사할 의무가 있으며,[2)] ② 채권자취소권(사해행위취소의 소)의 행사기간은 **제소기간**이므로 법원은 그 **기간이 지켜졌는지 여부**에 관하여 직권으로 조사하여 그 기간이 지난 뒤에 제기된 사해행위취소의 소는 부적법한 것으로 각하해야 하므로 그 기간을 지켰는지 여부에 대하여 의심이 있는 경우에는 법원이 필요한 정도에 따라 직권으로 증거조사를 할 수 있으나, 법원에 현출된 모든 소송자료를 통하여 살펴보았을 때 그 기간이 지났다고 의심할 만한 사정이 발견되지 않는 경우까지 법원이 직권으로 추가적인 증거조사를 하여 그 기간이 지켜졌는지 여부를 확인해야 할 의무는 없다고 본다.[3)]

(3) 직권조사사항의 소송상 취급

(a) 이의권의 포기·상실 여부

직권조사사항은 당사자의 이의의 유무에 관계없이 이를 조사하여 판단한다. 따라서 이의를 철회하더라도 심리·판단한다. 이의권의 포기·상실은 허용되지 않는다(법 151조 단서).

(b) 재판상 자백 등의 대상 여부

직권조사사항 자체의 존부는 재판상 자백이나 자백간주의 대상이 될 수 없다.[4)] 설사 당사자가 다투지 않는다 하더라도 그 존부에 관하여 의심이 있는 경우

---

1) 대판 2005. 4. 28. 2004다71201.
2) 대판 2011. 7. 28. 2010다97044, 2019. 4. 25. 2018다295127, 2023. 6. 29. 2023다210953 등.
3) 대판 2005. 4. 28. 2004다71201, 2007. 6. 28. 2007다16113, 2012. 4. 12. 2011다110579 등.
4) 대판 2001. 11. 9. 98두892(행정소송에서 쟁송의 대상이 되는 행정처분의 존부는 소송요건으로서 직권조사사항이므로 자백의 대상이 될 수 없다), 대판 2002. 5. 14. 2000다42908(종중

에는 이를 직권으로 밝혀 보아야 한다.

(c) 공격방어방법 등 제출시기 제한 여부

직권조사사항은 공격방어방법이나 상고이유서 등의 제출에 관한 시기적 제한이 없다(법 285조 1항 3호, 429조 단서). 소송요건 가운데 직권조사사항에 관한 것은 원칙적으로 사실심 변론종결시를 기준으로 하여 이를 직권으로 조사하여 판단해야 하나, 비록 당사자가 사실심 변론종결시까지 이에 관하여 주장하지 않았다고 하더라도 상고심에서 새로이 주장할 수 있다.[1] 따라서 사실심 변론종결시까지 당사자가 주장하지 않았던 직권조사사항에 해당하는 사항을 상고심에서 비로소 주장하는 경우 이러한 사항은 상고심의 심판범위에 포함된다.[2]

4. 적용범위

소송요건이나 상소요건[부제소합의, 소·상소취하합의, 상소권포기의 합의 등과 같은 항변사항이 아닌 경우이다. 다만 최근 판례는 부제소합의를 직권조사사항으로 보고 있다],[3] 절차적 강행법규의 준수, 외국법(**2차 전부개정** 국사 18조)[4]은 직권조사사항이다. 과실상계, 위자료의 액수, 신의칙 위반 또는 권리남용[5][6] 등도 직권조사

이 당사자인 사건에서 그 종중의 대표자에게 적법한 대표권이 있는지 여부는 소송요건에 관한 것으로서 법원의 직권조사사항이므로, 자백의 대상이 될 수가 없다).

1) 대판 1994. 9. 30. 93다27703, 2008. 9. 25. 2007다60417, 2010. 2. 25. 2009다85717.

2) 대판 2004. 12. 24. 2003두15195, 2009. 10. 29. 2008다37247, 2015. 12. 10. 2012다16063.

3) 대판 2013. 11. 28. 2011다80449.

4) 2차 전부개정 국제사법 18조는, '법원은 이 법에 따라 준거법으로 정해진 외국법의 내용을 직권으로 조사·적용하여야 하며, 이를 위하여 당사자에게 협력을 요구할 수 있다'고 정하고 있다. **판례**도 외국과 관련된 요소가 있는 법률관계에 관하여 적용될 준거법으로서의 외국법은 여전히 사실이 아니라 법으로서, 법원은 직권으로 그 내용을 조사해야 한다고 보았다. 대판 2000. 6. 9. 98다35037, 2010. 3. 25. 2008다88375, 대결 2023. 10. 31. 2023스643. 따라서 외국과 관련된 요소가 있는 법률관계에 관한 사건이라면 준거법과 관련한 주장이 없더라도 법원으로서는 적극적으로 석명권을 행사하여 당사자에게 의견을 진술할 수 있는 기회를 부여하거나 필요한 자료를 제출하게 하는 등 그 법률관계에 적용될 국제협약 또는 국제사법에 따른 준거법에 관하여 심리·조사할 의무가 있다. 대판 2022. 1. 13. 2021다269388, 대결 2023. 10. 31. 2023스643. 이 경우 법원은 합리적이라고 판단하는 방법에 의하여 조사하면 충분하고, 반드시 감정인의 감정이나 전문가의 증언 또는 국내의 공무소, 학교 등에 감정을 촉탁하거나 사실조회를 하는 등의 방법만에 의할 필요는 없다. 대판 1990. 4. 10. 89다카20252.

5) **판례**는, "신의칙 위반 또는 권리남용은 강행규정에 위배되는 것이므로 당사자의 주장이 없더라도 법원은 직권으로 판단할 수 있다"(대판 1989. 9. 29. 88다카17181, 1995. 12. 22. 94다42129), "신의칙 위반 및 권리남용 부분은 직권조사사항에 해당한다고 볼 여지가 있다"(대판 2010. 9. 9. 2010다24435), "제반 사정을 심리하여 이 사건에서 직권조사사항인 신의성실의 원칙이나 권리남용금지의 원칙 위반 여부가 문제되는지 아울러 살펴볼 필요가 있음을 지적하여

사항이다.

■ **판례가 항변사항이 아니라 직권조사사항이라고 본 구체적 경우**

판례는 **소송법상 사유**에 관한 **직권조사사항**으로, ① 중복소송인지 여부,[1] ② 제척기간이나[2] 제소기간 도과 여부,[3] ③ 당사자능력 유무,[4] ④ 소송대리인의 대리권 존부,[5] ⑤ 확정판결의 존재 여부,[6] ⑥ 강행규정인 신의칙 위반 여부,[7] ⑦ 청구취지가 그 내용 및 범위에서 명확히 알아볼 수 있도록 특정했는지 여부,[8] ⑧ 채권자대위소송에서 대위에 의하여 보전될 채권자의 채무자에 대한 권리(피보전채권)의 존재 여부[9] 등을 직권조사사항으로 보고 있다.

한편 **판례**는 **실체법상 사유**에 관한 **직권조사사항**으로, ① 손해배상예정액이 부당하게 과다하여 감액할 것(민 398조 2항)인지 여부,[10] ② 채무불이행이나 불법행위로 인한 손해배상청구소송에서 피해자 과실이 인정되는 경우 손해배상액의 산정시 고려 여부,[11] ③ 불법행위로 인한 손해배상청구소송에서 피해자 측의 체질적 소인 또는 질병의 위험도와 같이 피해자 측의 귀책사유와 무관한 경우에도 손해배상액의 산정시 과실상계의 법리를 유추적용하여 참작해야 하는지 여부,[12] ④ 무과실책임으로서 과실상계 규정이 준용될 수 없는 경우 공평의 원칙에 입각하여 당사자의 잘못

둔다"(대판 2016. 11. 18. 2013다42236)라고 판시하여 신의칙 위반 및 권리남용을 직권조사사항으로 보고 있으나, **다른 한편** 권리남용 여부는 직권조사사항이라고 할 수 없다고 판시한 판결(대판 1979. 6. 5. 79다572) 및 권리남용에 해당한다는 항변이 있는 경우라는 표현을 쓰고 있는 판결(대판 2020. 1. 22. 2016후2522)도 있다.

6) 당사자가 신의칙 위반이나 권리남용의 주장을 하더라도 이를 주장책임이 적용되는 공격방어방법으로 볼 수 없으나, **실무상** 이러한 주장이 있는 경우 이를 독립한 공격방어방법으로 취급하여 이에 대하여 판단을 하고 있다. 사법연수원, 요건사실론(2019년), 85쪽.

1) 대판 1990. 4. 27. 88다카25274,25281.

2) 매매예약완결권에 관해서는, 대판 2000. 10. 13. 99다18725. 민법 146조의 취소권에 관해서는, 대판 1996. 9. 20. 96다25371. 상속회복청구의 소에 관해서는, 대판 2010. 4. 14. 2009다41199.

3) 대판 1992. 10. 9. 92다11046, 2005. 4. 28. 2004다71201, 2007. 6. 28. 2007다16113 등.

4) 대판 1994. 5. 10. 93다53955.

5) 대판 1997. 7. 25. 96다39301, 2009. 10. 29. 2008다37247, 2015. 12. 10. 2012다16063.

6) 대판 2006. 10. 13. 2004두10227 등.

7) 대판 1989. 9. 29. 88다카17181, 1995. 12. 22. 94다42129, 1998. 8. 21. 97다37821.

8) 대판 1981. 9. 8. 80다2904, 2014. 3. 13. 2011다111459.

9) 판례는 이를 당사자적격의 문제로서 소송요건으로 보고 있다. 대판 2009. 4. 23. 2009다3234, 2014. 10. 27. 2013다25217 등.

10) 대판 2004. 7. 22. 2004다3543, 2010. 7. 15. 2010다10382.

11) 대판 2005. 10. 7. 2005다32197, 2008. 6. 12. 2007다36445.

12) 대판 2000. 1. 21. 98다50586.

을 참작할 수 있는지 여부,[1] ⑤ 채무불이행이나 불법행위로 인한 손해배상청구소송
에서 채권자 또는 피해자에게 손해를 생기게 하는 동시에 이익을 가져다 준 경우에
공평의 관념상 손해액 산정시 그 이익의 공제 여부,[2] ⑥ 불법행위로 입은 정신적
고통에 대한 위자료 액수의 산정[3] 등을 직권조사사항으로 보고 있다.

Ⅵ. 석 명 권

1. 의   의

석명권은 소송관계를 분명하게 하기 위하여 당사자에게 사실상 또는 법률상
사항에 대하여 질문하고(설명하도록 하고) 증명을 촉구할 뿐 아니라, 당사자가 간
과한 법률상 사항을 지적하여 의견진술의 기회를 주는 법원의 권능이다(법 136조).
석명권은 법원이 당사자의 소송자료수집에 협력하여 변론주의의 결함을 시정하는
Magna Charta로서 실질적 당사자평등을 보장하는 제도이다.[4] 변론주의의 형식적
인 적용에 의한 불합리를 시정하고, 적정하고 공정한 재판을 가능하게 하기 위하
여 법원의 소송지휘권의 하나로서 석명권을 인정하고 있다. 따라서 석명권은 **변
론주의의 보충·수정**의 원리에 의한 것으로 법원의 권한임과 동시에 의무(**석명의무**)
이다. 법 136조는 행정소송에도 준용된다(행소 8조 2항).[5] 법원은 변론주의에 반
하지 않는 범위 내에서 소송관계를 명료하게 하기 위하여 석명권 등 소송지휘권
을 적절히 행사하여 가급적 실체적인 진실을 규명하고, 구체적 타당성 있는 재판
을 함으로써 분쟁을 효과적으로 종식시킬 수 있도록 충실히 사건을 심리할 것이
요구된다.[6]

법원은 법률전문가가 아닌 당사자본인이 소송을 수행하는 경우(당사자본인소
송) 석명권을 보다 적극적으로 행사할 것이 요청된다. **판례**도, 이러한 경우 석명
권을 적절히 행사하여 진실을 밝혀 **구체적 정의**를 실현하는 노력을 게을리하지
않음으로써, 법원이 신속하고 경제적으로 소송을 진행하는 데 치중한 나머지 적정

---

1) 하자담보책임에 관해서는, 대판 1995. 6. 30. 94다23920, 2004. 8. 20. 2001다70337.
2) 대판 2002. 5. 10. 2000다37296,37302, 2020. 7. 9. 2017다247800, 2023. 11. 30. 2019다
224238.
3) 대판 1999. 4. 23. 98다41377, 2005. 6. 23. 2004다66001, 2021. 7. 25. 2016다260097.
4) 이시윤, 354쪽; 정동윤·유병현·김경욱, 390쪽, 정영환, 549쪽.
5) 대판 1997. 8. 22. 96누5285.
6) 대판 2003. 1. 24. 2002다61668, 2017. 9. 26. 2015다11984.

한 공평을 소홀히 하고 있는 것이 아닌가 하는 의구심이 생기지 않도록 해야 함을 강조하고 있다.[1)]

2. 석명권의 범위

(1) 소극적 석명과 적극적 석명

1) 당사자의 신청이나 주장에 불명료, 불완전, 모순이 있는 점을 제거하기 위한 석명을 **소극적 석명**이라 하고, 새로운 신청·주장, 공격방어방법의 제출을 권유하는 석명을 **적극적 석명**이라 한다. **판례**는, 당사자가 주장할 책임이 있는 사항 자체에 대하여 이를 주장하는지 여부를 석명해야 할 의무가 없다고 본다.[2)] 적극적 석명은 소송경과 및 소송자료에 비추어 청구를 달리 구성할 수 있음이 명백하고, 그 청구를 구성하지 못함에 대하여 원고의 오해·부주의가 있는 경우에는 허용을 고려해야 한다. 적극적 석명도 변론주의의 결함을 시정하여 변론주의를 수정·보완하고, 실질적 당사자 평등을 위하여 필요한 한도 내에서 허용되나, 적극적 석명이 변론주의가 가지는 소송자료의 자주적 형성기능 및 공평한 재판에 대한 신뢰확보를 저해(沮害)하는 것을 부정할 수 없으므로, 이러한 기능이 보장되는 범위 내에서만 인정되어야 한다(**제한부 적극적 석명설**).[3)] 따라서 적극적 석명에는 신중해야 한다.[4)]

2) 구체적 사건에서 어느 한도까지 **적극적 석명**이 허용되는지는 당사자의 법률지식, 대리인의 역량, 사건의 내용 등을 고려하여 법관이 합목적적으로 판단해야 한다. 석명권 행사에 따라 **승패가 전환될 개연성**이 있는지를 살펴서[당사자가 그 권리를 보호받아야 마땅함에도 적절히 권리를 행사하지 않아 패소할 지경에 이르렀으면, 석명을 통하여 이를 구제할 필요가 있다], 석명권 행사에 의한 적정한 해결이 **당**

1) 대판 1989. 7. 25. 89다카4045, 2014. 12. 11. 2013다59531, 2022. 12. 29. 2022다263462.

2) 대판 1988. 9. 27. 88다카1797, 2008. 2. 1. 2007다8914.

3) 김홍규·강태원, 395쪽. 소송심리에서 법관이나 법원의 무제한 개입을 인정하는 넓은 의미의 적극적 석명을 허용하면 사안의 진상을 그르치고 당사자 사이의 공평을 해할 위험성이 있으므로, 다각적인 이익교량에 의하여 합리적으로 석명범위를 정해야 한다.

4) 소극적 석명의 인정이 판례의 주류적 경향이나, 법원의 법적관점지적의무에 따라 적극적 석명이 강화되는 면이 있다는 지적으로는, 홍기문, "석명권," 민사법연구(대한민사법연구회) 2집 (1993. 12.), 49쪽 이하. 현실에서 작용하는 변론주의의 기능을 고려하여 석명권의 범위를 넓혀 운용할 만한 필요성이 인정되는 한 사안의 진상을 밝히기 위한 통제적 석명의 강화가 필요하며, 이것이 변론주의의 원리를 제한하거나 또는 당사자의 분쟁에 대한 법원의 간섭권의 확대를 의미하는 것은 아니라는 견해로는, 정규상, "토지임대차에 있어서 매수청구권의 행사로 인한 소의 변경과 석명의무," 성균관법학(성균관대학교 법학연구소) 6호(1995. 12.), 165쪽 이하.

사자의 **진정한 의사**나 **합리적 기대**의 범위 내에 있고, 당사자의 **공평**에 부합하는 경우에는 적극적 석명이 허용된다고 본다.[1] **판례**는, 원고의 청구취지대로 채무의 이행을 명하는 판결을 할 수는 없음에도 원고가 이를 간과하여 청구취지 등을 변경하지 않는 경우에는 법원은 원고에게 청구취지 등을 변경할 필요가 있다는 점을 지적하여 청구취지 등을 변경할 의사가 있는지에 관하여 석명을 구해야 한다고 보고 있다.[2] 다만 종전의 소송자료에 비추어 예기하기 어려운 새로운 신청이나 주장의 변경을 시사(示唆)하는 석명은 허용되지 않는다고 보아야 한다.

(2) 석명권 행사의 한계를 벗어난 경우

1) 법원의 석명권 행사는 당사자의 주장에 모순된 점이 있거나 불완전·불명료한 점이 있을 때 이를 지적하여 정정·보충할 수 있는 기회를 주고, 다툼이 있는 사실에 대한 증거의 제출을 촉구하는 것이다. 따라서 당사자가 주장하지도 않은 법률효과에 관한 요건사실이나 독립된 공격방어방법을 시사하여 그 제출을 권유하는 행위 등은 변론주의의 원칙에 위배되고 석명권 행사의 한계를 벗어난 것이 된다.[3]

2) 법원이 당사자의 한쪽에 대하여 어느 사실의 유무만을 석명을 구하고 그 석명진술의 법률적 효과가 **석명한 당사자**에게 불이익함을 간과하여 그 불이익을 배제할 주장을 할 기회를 주지 않고 그 당사자에게 예기하지 않은 불이익한 판단으로 판결한다면 이와 같은 석명권 행사는 석명권의 정당한 한계를 벗어난 것이다.[4] 절차권 보장의 측면에서 석명결과 석명한 당사자에게 불이익한 경우에는 불이익 배제의 기회를 제공해야 하기 때문이다. 한편 석명결과 석명한 당사자의 **상대방**에게 불이익하게 된 경우에는 공평의 관념상 석명결과로서 주장된 사실에 관해서 상대방 당사자에게 방어의 기회를 주어야 한다.[5]

---

1) 기우종, "예비적 청구를 취하하는 경우의 적극적 석명에 관하여," 재판실무연구(수원지방법원) 2권(1997. 12.), 325쪽 이하; 최은희, "석명권에 관한 연구 —판례를 중심으로—," 법조 46권 12호(1997. 12.), 31쪽 이하.

2) 대판 2015. 7. 9. 2013다69866.

3) 대판 2013. 7. 11. 2011다60759, 2018. 11. 9. 2015다75308, 2019. 11. 14. 2015두54902 등.

4) 대판 1964. 4. 28. 63다735.

5) 석명권 행사와 관련한 **판례의 경향**에 대하여, 판례가 석명권 행사에서 2000년대 이전에는 다소 소극적인 입장을 취했으나, 2000년대 이후에 이르러 법적관점지적의무를 중심으로 **적극적 입장**을 취하고 있다는 평가로는, 설민수, "한국 민사소송에서 법관의 석명권 행사범위 확장의 원인과 그 문제점," 법조 통권688호(2014. 1.), 191쪽 이하(위 견해는 석명권 행사의 확대에 따른 석명권 남용에 대한 견제의 필요성을 강조하고 있다). 한편 최근에는 사법에 대한

(3) 석명권 불행사와 상고이유 해당 여부

석명권의 불행사가 상고이유가 되는지에 대하여, ① 석명권의 범위와 석명의무의 범위가 일치한다고 보는 입장에서 석명권의 불행사가 판결결과에 영향을 미칠 수 있는 한 모두 심리미진으로 상고이유가 된다는 견해(**적극설**), ② 석명권 행사 여부는 법원의 재량이므로 석명권의 불행사는 상고이유가 되지 않는다는 견해(**소극설**)가 있다. 적극설은 사실인정이 사실심의 전권(專權)사항임을 간과한 것으로 상고심이 법률심인 점에서 문제가 있으며, 소극설은 석명권이 법원의 권한인 동시에 의무임을 도외시한 점에서 문제가 있다. 따라서 석명권의 권능으로서의 범위가 석명의무의 범위보다 넓다고 보아 석명권의 행사를 게을리함이 중대하여 심리가 현저히 조잡하게 되어(석명권의 불행사가 객관적 자의(恣意)라고 할 정도로서) 판결에 영향을 미쳤다고 보여질 경우에 한하여 **상고이유**(법 423조)가 되고, 중대한 법령위반으로 **심리속행사유**(상특 4조 1항 5호, 4조 3항 2호)가 된다고 본다(**절충설**, 다수설).[1] 즉 구체적 사안에 따라 석명권을 불행사한 채로 재판하는 것이 공평에 어긋나고 소송제도의 이념에 반하여 인정할 수 없는 경우에는 상고이유가 되고, 나아가 심리속행사유가 된다.[2]

3. 석명의 대상

(1) 청구취지 등의 석명

청구취지 자체가 법률적으로 부당하거나 그 청구원인과 서로 맞지 않음이 분명하거나, 청구취지에서 구하고 있는 권리가 어떠한 내용의 권리를 가리키는지 분명하지 않은 때에는 법원은 원고가 소로써 달성하려는 진정한 목적이 무엇인지에 관하여 **석명**을 구하여 청구취지를 바로잡아야 한다.[3] 예컨대 ① 청구의 변경의 형태가 교환적인지 추가적인지 분명하지 않은 때,[4] ② 권리확인의 소에서 확인

국민의 신뢰를 강화하기 위한 사법적극주의를 반영하여 적극적 석명이 점차 강화되는 경향이라는 지적으로는, 강현중, 481쪽.

1) 이시윤, 354쪽; 김홍규·강태원, 399쪽; 정동윤·유병현·김경욱, 404쪽; 송상현·박익환, 367쪽.

2) 석명의무 위반을 인정한 대법원 판례의 유형별 분석으로는, 정회일, "'법률상 사항에 관한 법원의 석명 또는 지적의무를' 인정한 대법원 민사판결의 유형별 검토," 재판실무연구(광주지방법원) 2011(2012년), 125쪽 이하.

3) 대판 1992. 11. 10. 92다32258, 2001. 11. 13. 99두2017.

4) 대판 2002. 10. 11. 2002다40098, 2009. 1. 15. 2007다51703 등.

을 구하는 권리의 범위가 특정되지 않은 때,[1] ③ 청구의 예비적 병합에서 주위적 청구의 일부 변경시 예비적 청구를 취하하는 것인지 분명하지 않은 때[2] 등은 이를 분명히 하는 석명을 해야 한다.

다만 전혀 새로운 청구로 청구취지를 변경하도록 하는 석명은 허용되지 않는다.[3]

(2) 주장사실 등의 석명

주장사실이 불분명하다든지 법률상 정리가 되지 않은 주장을 하는 때 또는 주장이나 소송자료·증거자료가 서로 모순되거나 불일치하는 때[4]에는 법원은 원칙적으로 이를 밝히기 위하여 석명(**소송자료의 불분명을 바로잡기 위한 석명**)을 구해야 한다. 다만 서로 모순되는 전후의 진술이 있을 때에는 종전의 진술은 그 뒤의 진술에 의하여 정정되었다고 볼 수도 있으므로, 종전의 진술과 모순되는 진술이라도 법원이 그 취지를 추단할 수 있을 때에는 이를 석명해야 할 의무는 없다.[5]

주장책임이 있는 사항에 대하여 당사자에게 이를 주장하는지 여부를 석명할 의무는 없으나,[6] 어떠한 법률효과를 주장하면서 미처 깨닫지 못하고 그 요건사실의 일부를 빠뜨린 경우 그 누락사실을 지적하고 보충시키기 위한 석명(**소송자료의 보충을 위한 석명**)[7]이나, 종전의 소송자료에 비추어 법률상·논리상 당연히 예기되는 주장·증명을 촉구하는 석명(**새로운 소송자료의 제출을 위한 석명**)은 제한적으로 요구된다.

(3) 증명촉구

(a) 증명촉구의무

소송정도에 비추어 보아 당사자가 **증명을 해야 할 사항**(당사자의 증명이 필요

---

1) 대판 1984. 3. 27. 83다카2337.

2) 대판 2003. 1. 10. 2002다41435, 2004. 3. 26. 2003다21834,21841.

3) **판례**는, 원고의 주장사실은 모두 인정되나 청구취지가 이에 부합하지 않은 경우 청구취지를 변경할 기회를 주지 않았다고 하여 석명의무를 다하지 않았다고 할 수 없다고 본다. 대판 1992. 3. 10. 91다36550.

4) 대판 1994. 9. 30. 94다16700, 2010. 9. 30. 2009다71121.

5) 대판 1993. 6. 25. 92다20330.

6) 대판 1988. 9. 27. 88다카1797, 2008. 2. 1. 2007다8914.

7) 이 경우 법원으로서는 당사자가 이 점에 관하여 변론을 하지 않는 취지가 무엇인지를 밝혀 당사자에게 그에 대한 **변론을 할 기회**를 주어야 할 의무가 있다. 대판 1995. 2. 28. 94누4325, 2005. 3. 11. 2002다60207.

한 사항)임에도 당사자의 무지·부주의 또는 오해로 인하여 **증명하지 않는 경우**
(증명이 미흡한 경우도 포함한다) 이에 관하여 증명을 하도록 촉구해야 한다[**증명촉구**
의무가 있다(법 136조 1항·4항)].[1] 증명촉구는 증명책임을 진 당사자에게 주의를 환
기시키는 것이다. 다만 구체적으로 증명방법까지 지시하면서 증거신청을 종용할
필요가 없다. 이러한 증명촉구는 소송의 정도를 보아 당사자가 무지·부주의 또
는 오해로 인하여 증명하지 않는 것이 **명백한 경우**에 한하여 인정된다(**증명촉구의**
한계). 따라서 다툼이 있는 사실에 관하여 증명이 없는 모든 경우에 법원이 심증
을 얻을 때까지 증명을 촉구해야 하는 것은 아니다.[2]

■ **판례가 인정한 증명촉구의무의 구체적 사례**

　판례는, ① 불법행위로 인한 손해배상책임이 인정되는데도 배상액에 관한 아무
런 증명이 없는 경우,[3] ② 채무불이행으로 인한 손해배상책임이 인정되는데도 손해
액에 관한 증명이 불충분한 경우,[4] ③ 부당이득반환책임이 인정되는데도 그 손해액
에 관한 증명이 미흡한 경우,[5] ④ 유익비상환청구권이 인정되는데도 그 상환액에
관한 증명이 없는 경우,[6] ⑤ 매매계약의 해제로 인한 원물반환의무가 이행불능되어
이행불능 당시 가액의 반환채권이 인정되는데도 그 가액에 관한 당사자의 주장·증
명이 미흡한 경우 등[7]에서 각 그 액수에 관하여 증명을 촉구해야 한다고 보고 있
다. 이러한 증명촉구를 함이 없이 그 액수에 관한 증명이 없다고 청구를 기각해서는
안 된다.

(b) 증명촉구의 방법

　앞서 구체적 사례의 경우 법원으로서는 적극적으로 석명권을 행사하여 구체적
액수에 관한 증명을 촉구하고, 경우에 따라서는 **직권으로라도**(간접사실을 인정하여 주
요사실을 추인하는 방법으로라도) 그 액수를 심리·판단해야 한다.[8] 그러나 당사자가
법원의 증명촉구에 불응할 뿐 아니라 명백히 증명하지 않겠다는 의사표시를 한

---

1) 대판 2006. 1. 26. 2005다37185, 2018. 11. 29. 2018다251646, 2022. 4. 14. 2021다276973.
2) 대판 2005. 9. 29. 2005다25755, 2008. 7. 24. 2007다50663, 2009. 10. 29. 2008다94585 등.
3) 대판 2011. 7. 14. 2010다103451, 2016. 11. 24. 2014다81511.
4) 대판 1987. 12. 22. 85다카2453, 2006. 1. 17. 2005다52078,52085, 2008. 2. 14. 2006다37892.
5) 대판 2012. 6. 14. 2012다20819.
6) 대판 1993. 12. 28. 93다30471.
7) 대판 1998. 5. 12. 96다47913.
8) 대판 2011. 7. 14. 2010다103451, 2016. 11. 24. 2014다81511, 2021. 10. 14. 2020다277306 등.

경우에는 청구기각을 할 수 있다.[1] 당사자가 법원의 증명촉구에도 불구하고 이에 응하지 않고 손해액에 관하여 나름대로의 주장을 하고 그에 관해서만 증명을 다 하고 있는 경우라면, 법원은 굳이 스스로 적정하다고 생각하는 손해액의 산정기준이나 방법을 적극적으로 원고에게 제시할 필요까지는 없다.[2]

4. 법적관점지적의무

(1) 의   의

법원은 소송관계를 분명하게 하기 위하여 소송자료에 관한 사실적인 면뿐만 아니라, 재판의 기초가 되는 신청이나 주장을 전제로 하여 적용될 **법률적 관점(구성요건적 인식)**에 관하여 당사자의 견해와 법원의 견해가 다르다는 것을 당사자가 분명히 간과하고 있는 경우에는 당사자에게 이를 지적하여 의견진술의 기회를 주어야 할 의무(**법적관점지적의무**)를 부담한다. 법적관점지적의무는 법원이 당사자가 전제로 하는 법률적 관점과 별개의 법적 구성으로 법적 판단을 할 경우에, 그 법률구성이나 법률적 관점을 시사(示唆)하는 의무를 말한다(법 136조 4항)[이를 **법적관점시사의무, 법적관점표명의무**라고도 부른다]. 이러한 법적관점지적의무를 법률상 의무로 명백히 규정해 석명권은 권한인 동시에 의무임을 1990. 1. 13. 구 민사소송법 개정시 입법화했다.

> ■ 쟁점이 된 법률상 사항에 대한 의견진술의 기회부여와 쟁점이 간과된 법률상 사항에 대한 의견진술의 기회부여의 구별
>
> 규칙 28조 2항에서, "법원은 변론에서 당사자에게 중요한 사실상 또는 법률상 쟁점에 관하여 의견을 진술할 기회를 주어야 한다."라고 규정하고 있음을 들어 이를 법적관점지적의무와 연관시켜 언급하고 있는 견해가 있다.[3] 그러나 위 규정은 당사자 사이에 **쟁점이 된 사항**에 관하여 의견진술의 기회를 주어야 한다는 것으로, 당사자가 간과하여 쟁점이 되지 않은 법률상 사항에 관하여 법원이 이를 지적하고 의견진술의 기회를 주는 법적관점지적의무와는 맥락이 다르다.

---

1) 재판장이 원고 소송대리인에게 증명을 촉구했으나 원고 소송대리인이 더 증명할 자료가 없다고 하자, 변론을 종결한 후 손해배상청구를 기각한 조치는 정당하다. 대판 1992. 3. 31. 91다21398, 1994. 5. 13. 93다45831.
2) 대판 2009. 3. 25. 2009다88617.
3) 이시윤, 361쪽.

(2) 법적관점지적의무와 소송물이론

신·구소송물이론은 법적관점지적의무에 대하여 이해의 각도를 달리한다. 신소송물이론의 입장에서 법 136조 4항의 법적관점지적의무 규정이 법원의 청구근거 등 모든 법률적 관점선택의 자유를 인정하는 신소송물이론의 입지를 크게 강화했다는 견해가 있다.[1] 그러나 법적관점지적의무는 특정 소송물 내에서의 법률적 관점의 문제이므로, 구소송물이론에서도 당사자가 간과했음이 분명한 법률적 사항이면 법원이 이에 대하여 의견진술의 기회를 부여한 다음 판단해야 함을 분명히 한 것으로 본다.[2]

(3) 법적관점지적의무와 석명의무와의 관계

법적관점지적의무는 석명의무에 속하나 현행법상 그 작용하는 구체적 상황이 다르다. 석명의 대상인 사실상 및 법률상 사항에 대하여, 종래의 석명의무는 사실상 사항에 중점이 있다면 법적관점지적의무는 법률상 사항, 즉 법률적 관점에 중점을 둔 것으로 종래의 석명의무를 법적 측면에서 강화·확대한 것이다.[3] 한편 법적관점지적의무는 법적심문청구권에 기초한 것으로 사안의 실체적 해명 또는 당사자의 실질적 평등실현을 추구하는 법원의 석명의무와는 근본적으로 그 성격을 달리한다고 보는 견해도 있다.[4]

■ **판례가 이해하는 법 136조 1항과 4항의 관계**

판례는, 당사자가 부주의 또는 오해로 인하여 명백히 간과한 법률상 사항이 있거나 당사자의 주장이 법률적 관점에서 보아 불명료 또는 불완전하거나 모순이 있는 경우, 법원은 적극적으로 석명권을 행사하여 당사자에게 의견진술의 기회를 부여해야 하고, 만일 이를 게을리한 채 당사자가 전혀 예상하지 못했던 법률적 관점에 기

---

1) 이시윤, 361쪽; 권혁재, "법원의 석명권 행사범위와 법적 관점 지적의무," 인권과 정의 360호(2006. 8.), 7쪽 이하; 강봉수, "법원의 법률사항 지적의무," 민사재판의 제문제 7권(윤일영·김상원화갑기념, 1993. 6.), 279쪽.
2) 법적관점지적의무는 신소송물이론에서뿐만 아니라 구소송물이론에서도 의미 있는 제도라고 보는 견해로는, 정동윤·유병현·김경욱, 398쪽; 정영환, 557쪽.
3) 이시윤, 362쪽; 정동윤·유병현·김경욱, 398쪽; 정영환, 556쪽.
4) 이러한 입장에서는 법적심문청구권을 민사소송절차상의 기본적 원리라고 할 수 있는 변론주의·석명권 등을 근거지우는 상위개념으로 파악한다. 강봉수, "법원의 법률사항 지적의무," 민사재판의 제문제 7권(1993. 6.), 275쪽 이하; 장석조, "공정한 재판을 받을 권리 ―법적 청문청구권을 중심으로― ," 헌법문제와 재판(재판자료 76집, 1997. 6.), 525쪽; 김경욱, "민사소송에 있어서 법적심문청구권에 관한 고찰," 비교사법 13권 3호(2006. 9.), 487쪽 이하.

한 재판으로 당사자 한쪽에게 불의의 타격을 가했다면 석명 또는 지적의무를 다하지 않아 심리를 제대로 하지 않은 것으로서 위법하다고 판시하고 있다.[1]

여기서 ① 당사자가 부주의 또는 오해로 인하여 명백히 **간과한 법률상 사항**이 있는 경우는 **법 136조 4항**에 해당하는 것으로, ② 당사자의 **주장이 법률적 관점**에서 보아 불명료 또는 불완전하거나 모순이 있는 경우는 **법 136조 1항**에 중점을 둔 것으로 볼 수 있다. 이러한 경우들 모두 석명권을 적극적으로 행사하여 당사자에게 질문을 하거나 해당사항을 확인하는 등으로 의견진술의 기회를 부여해야 한다. 한편 법 136조 1항과 4항의 '법률상 사항'은 차이가 있는 것이 아니다.[2] '사실상 사항'이 아닌 **'법률상 사항'**에 관하여 법 136조 1항과 4항은 **일반규정**과 **특별규정**의 관계에 있다(즉 법적관점지적의무는 석명의무에 속한다).[3]

(4) 법적관점지적의무의 소송상 기능

법원의 판결은 언제나 법에 준거해야 하므로 심리과정에서 법원 및 양쪽 당사자의 법률요건적 인식(법률적 관점)의 일치는 충실한 심리를 위해서는 필수적이다. 따라서 법적관점지적의무는 판결에 앞서서 심리과정에서 이러한 법률적 관점의 일치 여부를 명확히 해야 할 의무를 법관의 석명의무로 규정하여 법원의 부담으로 한 데 그 의의가 있다. 법적관점지적의무를 법원의 부담으로 함으로써 당사자가 **전혀 의식하지 못했거나 예상하지 못했던** 법률적 관점을 이유로 법원이 소의 적법 여부 및 청구의 당부를 판단하려고 할 때에는 그 법률적 관점에 대하여 당사자에게 의견진술의 기회를 주어야 한다. 따라서 그와 같이 하지 않고 예상 밖의 재판으로 당사자 한쪽에게 불의의 타격을 가하는 것은 법적관점지적의무를 위반한 것이 된다.[4]

---

1) 대판 2017. 12. 22. 2015다236820, 236837, 2021. 9. 16. 2021다200914,200921, 2023. 7. 27. 2023다223171 등.

2) 법 136조 1항의 법률상 사항과 4항의 법률상 사항을 구별하여, 1항의 법률상 사항은 당사자의 사실상 주장의 법률적 근거나 효과, 즉 개개의 법률요건에 관한 것이고, 4항의 법률상 사항은 원고의 소송상 청구나 피고의 항변 자체의 근거가 되는 법률적 관점, 즉 사건에 적용한 법규범에 관한 것으로 보는 견해로는, 호문혁, 435쪽. 같은 입장에서 1항의 일반적인 석명의 대상인 법률상 사항의 범위보다는 4항의 의무적인 석명의 대상인 법률상 사항의 범위를 좁게 보아야 한다는 견해로는, 손한기, 189쪽.

3) 이에 대하여, 법적관점지적의무의 대상은 법률상 사항이므로 소송자료의 제출(사실관계의 주장과 증거자료의 제출)을 대상으로 하는 변론주의나 그 보완수단인 석명과는 그 적용영역과 성질이 분명히 구별되는 것이므로, 법적관점지적의무의 허용범위는 석명의무의 허용기준과는 독립적 관점에서 모색되어야 한다는 견해로는, 나현, "자기책임의 원칙과 민사소송법상의 책임," 민사소송 26권 1호(2022. 2.), 10쪽.

4) 대판 2018. 11. 29. 2018다251646, 2019. 11. 28. 2019다257542, 2023. 10. 12. 2020다

(5) 요   건

(a) 간과했음이 분명하다고 인정되는 경우일 것

간과했음이 **분명**하다고 인정되는 경우란 통상인의 주의력을 기준으로 당사자가 소송목적에 비추어 당연히 변론에서 고려하거나 주장되어야 할 법률상 사항을 부주의 또는 오해로 빠뜨리고 넘어간 것을 말한다.[1] 즉 법률적 관점이 명백히 또는 적어도 실질적 변론의 대상이 된 때에는 이에 해당되지 않는다.[2] 간과했음이 분명하다고 인정되는 경우인지 여부는 당사자의 법률지식 정도를 고려하여 사실심 변론종결 당시를 기준으로 판단한다. 다만 가능한 한 일찍 이를 시사(示唆)함이 바람직하다. 변론종결 뒤 간과한 법률적 관점이 발견되어 지적이 필요한 것을 발견했을 때에는 법원은 직권으로 변론을 재개해야 한다.[3]

(b) 법률상 사항일 것

법률상 사항이란 사실관계에 대한 **법률적 관점**인 법규적용사항으로, 직권조사사항 또는 당사자의 주장·증명에 의하여 확정된 사실에 대한 법적 평가나 법적 개념 등을 말한다.[4] 당사자가 주장하지도 예상하지도 않은 법률적 관점도 석명의 범위 내에서 할 수 있다. 여기서 법률상 사항은 판결결과에 영향이 있는 **기본적**이고 **주요한** 법률적 관점을 의미한다.[5] 법률적 관점과 사실적 관점은 밀접하게 관련되어 있지만 법률에서 '법률상 사항'으로 제한하고 있으므로, 사실적 관점에 대해서는 지적의무가 없다.[6]

(c) 의견진술의 기회를 줄 것

법원은 적절한 방법으로 간과한 법률적 관점을 지적하여 당사자로 하여금 불이익의 배제를 위한 의견진술의 기회를 갖도록 해야 한다.[7] 법률상 사항을 간과

210860 등. 법적관점지적의무는 예상 밖의 재판으로부터 당사자를 보호하려는 데 그 목적이 있으므로, 법적용이 법원의 전권(專權)이라고 하여 법적용과정에서 당사자의 참가 기회를 배제해 왔던 종래의 입장은 바뀌어야 한다는 견해로는, 양병회, "석명권 행사의 범위," 법학의 제문제(덕암김병대교수화갑기념, 1998. 2.), 831쪽 이하.

1) 이시윤, 361쪽; 정동윤·유병현·김경욱, 402쪽.
2) 정동윤·유병현·김경욱, 401쪽.
3) 대판 2010. 10. 28. 2010다20532
4) 강현중, 447쪽.
5) 정동윤·유병현·김경욱, 398쪽; 정영환, 558쪽.
6) 정동윤·유병현·김경욱, 401쪽.
7) 이러한 의견진술을 통하여 당사자로 하여금 그 주장을 명쾌하게 정리할 수 있도록 해야 한

하여 불이익을 입을 당사자가 지적의무의 상대방이 된다. 다만 법률상 사항을 간과하여 이익을 받을 당사자로 하여금 상대방에게 지적했음을 알게 해야 한다.

■ 판례가 법원의 법적관점지적의무가 있다고 본 구체적 경우

(1) 부제소합의 존재 관련사항

당사자가 부제소합의(**판례**는 부제소합의를 직권조사사항으로 보고 있다. 이에 관한 문제점은 뒤에서 언급할 소송상 합의에서 상세히 살펴보기로 한다)의 효력이나 그 범위에 관하여 쟁점으로 삼아 소의 적법 여부를 다투지 않았는데도 법원이 직권으로 부제소합의에 위배되었다는 이유로 소가 부적법하다고 판단하기 위한 경우[1]

(2) 제소기간 관련사항

사해행위취소의 소는 채권자가 취소원인을 안 날부터 1년 내에 소를 제기해야 하는데(민 406조 2항), 채권자가 안 날인지 여부에 관한 사실관계가 변론에 현출되었으나 이에 관하여 달리 쟁점이 되지 않은 경우[2]

(3) 청구취지의 특정·확정 관련사항

① 청구취지가 소장상 사건명(事件名)의 표시, 청구원인의 근거조문, 주된 쟁점이 된 사항 등에 비추어 원고의 진정한 의사와 일치하지 않은 경우,[3] ② 당사자가 청구취지가 특정되지 않은 것을 간과한 채 본안에 관하여 공방(攻防)을 하는 경우 **청구취지의 특정**을 위하여 보정의 기회를 부여해야 할 경우,[4] ③ 채권자대위소송에서 원고의 공유지분(피보전채권)을 초과하는 청구부분에 대해서는 **보전의 필요성**이 인정되지 않으므로 **청구취지의 변경**을 위한 기회를 부여해야 할 경우[5]

(4) 당사자적격 등 관련사항

저당권등기와 저당권이전의 부기등기의 말소를 구하는 소송에서 저당권등기의 피담보채권의 발생 여부에 대한 쟁점에 관해서만 심리가 되어 본안에 관하여 판단하고, **피고적격**이나 저당권이전의 **부기등기의 말소청구**에 관한 석명이나 변론이 없이 판결한 경우[저당권이전의 부기등기는 기존의 저당권등기에 의한 권리의 승계관계를 등기부상에 명시하는 것뿐으로 그 등기에 의하여 새로운 권리가 생기는 것이

다. 대판 2009. 11. 12. 2009다42765.

1) 대판 2013. 11. 28. 2011다80449.

2) 대판 2006. 1. 26. 2005다37185.

3) 예컨대 상법 445조의 자본금감소무효의 소(형성소송)인지, 그렇지 않다면 상법 380조의 자본금감소결의무효(주주총회결의무효)의 소(확인소송)인지를 분명하게 하고, 거기에 알맞은 청구취지와 청구원인으로 정리하도록 석명한 다음 본안에 대하여 심리·판단해야 하므로, 이를 게을리한 때에는 법률상 사항에 관한 법원의 석명 또는 법적관점지적의무를 다하지 않은 것이 된다. 대판 2010. 2. 11. 2009다83599.

4) 대판 2002. 1. 25. 2001다11055, 2014. 3. 13. 2011다111459, 2024. 1. 4. 2023다282040.

5) 대판 2014. 10. 27. 2013다25217.

아닌 만큼 저당권등기의 말소등기청구는 **양수인만**을 상대로 하면 족하고, 양도인은 그 말소등기청구에서 **피고적격**이 없으며, 저당권이전의 부기등기는 기존의 주등기인 저당권등기에 종속되어 주등기와 일체를 이루는 것이어서 피담보채무가 소멸된 경우에는 **주등기인 저당권등기의 말소**만 구하면 되고 그 부기등기는 별도로 말소를 구하지 않더라도 주등기의 말소에 따라 직권으로 말소된다[1]

(5) 청구의 변경 및 소 · 항소취하 관련사항

① 청구의 변경이 **교환적 변경**인지 여부에 관한 것으로, 특히 **항소심**에서의 청구의 변경이 교환적인 경우에는 **변경 전** 청구는 취하한 것이 되고, 결국 제 1 심 본안판결 선고 후 소의 취하로 재소금지가 되는 불이익을 받게 되는데도(법 267조 2항) 당사자가 부주의나 법률적 지식의 부족으로 잘못하여 청구를 변경하는 경우,[2] ② 항소 또는 부대항소(법 403조)시 항소취지나 부대항소취지에 비추어 당초의 청구부분을 취하하는지가 불명확한 경우[3]

(6) 소송물 및 법적관점선택 관련사항

① **청구취지나 청구원인의 법적 근거에 따라** 요건사실에 대한 **증명책임이 달라지는 중대한 법률적 사항**으로,[4] 예컨대 손해배상책임이 인정될 것인지 여부의 관건이 되는 **핵심적 법률요건** 등에 대한 **증명책임**이 손해배상청구의 **법률적 근거**를 계약책임으로 구성하는지 아니면 불법행위책임으로 구성하는지에 따라 정반대로 달라지게 되는 경우,[5] ② 법원이 당사자의 손해배상책임의 인정근거로서 **일반법**에 대한

---

1) **담보가등기** 또는 **전세권등기**와 각 그 이전의 부기등기의 경우도 마찬가지이다. 대판 1994. 10. 21. 94다17109.

2) 대판 2003. 1. 10. 2002다41435. 위 **판결**은, 원고가 부동산을 종중원 등 3인(종중원 2인, 종중원 아닌 사람 1인)에게 명의신탁하여 그 명의로 사정을 받았다고 주장하면서 명의수탁자 가운데 종중원 아닌 사람을 **대위하여** 피고들 명의의 **소유권보존등기의 말소등기절차**의 이행을 청구하여 제 1 심에서 승소하고서도, **항소심**에서 자기 앞으로 소유권을 표상하는 등기가 되어 있지 않았고 법률에 의하여 소유권을 취득하지도 않았다는 종전의 주장을 그대로 유지한 채 **진정명의회복을 위한 소유권이전등기절차**의 이행을 청구하는 새로운 청구를 (청구의 교환적 변경의 형태로) 제기함으로써 원고의 주장 자체에 명백한 모순이 있게 된 사안에 관한 것이다. 위 **판결**은 이에 대하여, 이는 원고가 **부주의나 법률적인 지식의 부족**으로 진정명의회복을 위한 소유권이전등기의 법리를 제대로 이해하지 못하고 있는 데서 비롯된 것으로 보일 뿐만 아니라, **항소심**에서 **청구를 교환적으로 변경**한 경우 법 267조 2항에 의하여 종전의 소와 동일한 소를 제기할 수 없게 되는 **중대한 법적 효과**가 따르게 된다(청구를 교환적으로 변경한 경우 구 청구에 대해서는 **소취하의 효력**이 생긴다. 한편 제 1 심 본안판결 선고 뒤에 소를 취하한 경우 **재소금지적 효력**이 생긴다)는 사정까지도 함께 고려하면, 이와 같은 경우 항소심으로서는 원고의 청구변경신청에 법률적 모순이 있음을 지적하고 원고에게 의견진술의 기회를 부여함으로써 원고로 하여금 청구와 주장을 법률적으로 합당하게 정정할 수 있는 기회를 부여하여 분쟁을 실질적으로 해결하도록 했어야 한다고 판시했다.

3) 대판 2009. 1. 15. 2007다51703.

4) 대판 2022. 4. 28. 2019다200843, 2023. 4. 13. 2021다271725.

5) 이러한 경우 손해배상청구의 법률적 성질을 어떻게 파악하는지는 그에 따라 소송의 승패가 달라질 수 있는 중대한 법률상 사항에 해당한다. 따라서 원고의 손해배상청구가 계약책임을 묻는

특별법의 관계에 있는 법률을 적용할 때에도 당사자가 그 법률상 책임 여부를 간과하고 있는 경우로서, 예컨대 소송과정에서 환경정책기본법 44조 1항(환경오염 피해에 대한 무과실책임)에 의한 책임 여부에 대하여 당사자 사이에 쟁점이 된 바 없고 법원도 그에 관해 의견진술의 기회를 주거나 석명권을 행사한 바 없는 상태에서 피고에 대해 환경정책기본법 44조 1항에 의한 손해배상책임을 인정하는 경우,[1] ③ 당사자가 주장하는 권리관계가 법률적 관점에서 그 **권리의 발생근거**와 **성격이 불명확**한 경우[2]

(7) 주장·증명책임 관련사항

① 당사자가 요건사실에 해당하는 법률효과를 주장하면서 미처 깨닫지 못하여 요건사실의 일부를 빠뜨린 경우,[3] ② 원고가 비록 명시적으로 그 권리를 행사한다는 주장을 표시한 바 없지만, 그 권리발생의 기초가 되는 요건사실은 원·피고 양쪽의 공방을 통해 모두 현출된 데다가 원고의 일관된 주장은 그 권리를 행사하는 취지로 이해해야만 그 주장 자체 및 원고 제출 증거들과 모순 없는 해석이 가능한데도, 법원이 이와 다른 권리에 대한 판단을 하는 경우,[4] ③ 당사자의 주장과 제출된 증거 사이에 모순되거나 불일치하는 경우,[5] ④ 다툼 있는 사실을 증명하기 위하여 제출한 증거가 당사자의 부주의 또는 오해로 인하여 불완전·불명료한 경우[6]

(6) 법적관점지적의무의 위반

법적관점지적의무의 위반은 절대적 상고이유(법 424조)가 아니라 **일반적 상고이유**(법 423조)가 되고, 중대한 법령위반의 경우에는 **심리속행사유**(상특 4조 1항 5호)가 된다[따라서 판결의 결과에 영향을 미치는 경우이어야 한다(법 423조, 상특 4조 3항 2호)].

것인지 아니면 불법행위책임을 묻는 것인지 명시한 바 없다면 이는 원고가 부주의나 법률적인 지식의 부족으로 증명책임의 법률적 효과에 관하여 명백히 이해하지 못하고 있거나 그 주장이 법률적 관점에서 보아 불명료 또는 불완전한 경우라고 하지 않을 수 없으므로, 법원으로서는 마땅히 이러한 점을 지적하고 원고에게 의견진술의 기회를 부여함으로써 원고로 하여금 그 주장을 법률적으로 명쾌하게 정리할 기회를 주어야 한다. 대판 2009. 11. 12. 2009다42765.
1) 대판 2008. 9. 11. 2006다50338.
2) 대판 2005. 11. 10. 2004다37676.
3) 대판 1995. 2. 28. 94누4325, 2005. 3. 11. 2002다60207.
4) 대판 2009. 7. 23. 2009다13200.
5) 대판 1994. 9. 30. 94다16700, 2010. 9. 30. 2009다71121.
6) 대판 2005. 7. 28. 2003후922, 2021. 3. 11. 2020다273045.

5. 석명권의 행사

(1) 석명권의 행사방법

1) 석명권은 법원이 가지는 **소송지휘권**의 일종이다.[1] 따라서 합의사건에서는 대표기관인 재판장이, 단독사건에서는 단독판사가 석명권을 행사한다. 합의부원 (배석판사)도 재판장에게 알리고 석명권을 행사할 수 있다(법 136조 2항). **당사자**는 재판장에게 **상대방**에 대하여 설명을 요구[**구문**(求問)]하여 줄 것을 **요청**할 수 있다 (법 136조 3항, **구문권**).[2] 구문권의 행사는 소송상 신청으로서 조서(변론조서, 변론준비기일조서 등)의 **필수적 기재사항**(실질적 기재사항)이므로 구문사실과 재판장의 거부사실(재판장이 당사자의 상대방에 대한 구문요청에 응하지 않는 경우)을 조서에 적는 것이 원칙이다.[3]

2) 재판장은 필요한 경우에는 미리 당사자에게 **석명할 사항**(설명할 사항, 증명할 사항, 의견진술할 사항)을 지적하고 변론기일 이전에 이를 준비할 것을 명할 수 있다(법 137조, **석명준비명령**). 석명권의 행사나 석명준비명령이 있는 경우에 재판장 또는 법원은 법원사무관 등으로 하여금 그 조치나 그 처분의 이행 여부를 확인하고 그 이행을 촉구하게 할 수 있다(규칙 30조). **당사자**는 재판장이나 합의부원의 석명권 행사나 석명준비명령에 따른 조치에 대하여 **이의신청**을 할 수 있다. 법원은 결정으로 그 이의신청에 대하여 재판한다(법 138조).

(2) 석명불응의 불이익

석명에 응할 의무는 없으나, 당사자가 석명에 불응하는 때에는 주장책임이나 증명책임의 원칙에 따라 주장·증명이 없는 것으로 취급되어 불이익한 재판을 받을 수 있다. 한편 석명에 응하지 않는 사항에 대하여 진술취지의 불명으로 각하되는 불이익을 받을 수도 있다(법 149조 2항).

---

1) 이시윤, 364쪽; 정동윤·유병현·김경욱, 391쪽; 정영환, 549쪽.
2) **판례**는, 피고의 설명요구의 요청에 의한 재판장의 석명권행사에 대해 원고가 제대로 답변을 하지 않았음에도 법원이 더 이상의 확인조치 없이 변론을 종결한 경우, 그러한 자료가 나오더라도 피고의 주장에 부합하지 않는다고 보여진다면 법원이 원고로 하여금 충분히 답변하도록 하지 않았다 하여 석명의무를 다하지 않았다고 할 수 없다고 한다. 대판 1996. 5. 28. 96다7120.
3) 법원실무제요 민사소송(2), 995쪽.

6. 석명처분

법원은 앞서와 같은 석명권 행사 및 석명준비명령 외에 소송관계를 분명하게 하기 위하여 **일정한 처분**(석명처분)을 할 수 있다(법 140조). 여기서 **소송관계**란 심리대상이 되는 사실 및 쟁점을 말한다. 석명처분은 소송관계를 분명하게 하기 위하여 소송지휘권을 행사하는 것이므로, 사실인정을 위한 증거조사와는 그 성질을 달리한다.[1] 석명처분으로 증거자료의 수집을 목적으로 하는 증거조사는 할 수 없다(석명처분은 사건의 내용을 이해하기 위한 것이기 때문이다). 따라서 석명처분에 의하여 얻은 자료는 증거로서의 효력이 없으며, **변론 전체의 취지**로 참작될 수 있을 뿐이다. 물론 당사자가 이를 **원용**하면 증거자료가 될 수 있다.

석명처분에는, ① 당사자본인 또는 법정대리인의 출석명령(법 140조 1항 1호, 규칙 29조의2), ② 당사자 소지의 문서나 그 밖의 물건의 제출명령, 그 제출문서나 물건의 유치명령(법 140조 1항 2호·3호), ③ 검증, 감정명령 또는 필요한 조사의 촉탁(법 140조 1항 4호·5호, 검증·감정)[조사촉탁에 관해서는 증거조사에 관한 규정이 준용된다(법 140조 2항, 규칙 29조)] 등이 있다. 석명처분이 있는 경우에 재판장 또는 법원은 법원사무관 등으로 하여금 그 조치나 처분의 이행 여부를 확인하고 그 이행을 촉구하게 할 수 있다(규칙 30조).

제 4 관   적시제출주의

Ⅰ. 의   의

1. 적시제출주의와 집중심리방식

공격방어방법의 **제출방식**에는, 공격방어방법을 ① 동시에 일괄적으로 제출해야 하는 동시제출주의, ② 순서를 정하여 제출해야 하는 법정제출주의, ③ 변론종결시까지 언제라도 제출할 수 있는 수시(隨時)제출주의, ④ 소송의 정도에 따라 적절한 시기에 제출해야 하는 **적시**(適時)**제출주의**가 있다. **신법**은 종래의 수시제출주의에서 전환하여 적시제출주의를 채택했다(법 146조). 적시제출주의는 소송의 집중, 변론의 집중을 위하여 당사자에게 신의칙에 의한 소송수행의무를 부과하면

---

[1] 노재호, 주석서(2), 131쪽.

서 초기 단계에서 주장과 증거자료를 제출하도록 하여 쟁점을 정리하는 집중심리
방식이다.1) 신법은, 적시제출주의에 관한 **일반적 규정**(법 146조)과 **실기**(失機)**한 공
격방어방법의 각하규정**(법 149조)을 두어 공격방어방법에 관한 특별한 법정기간을
정하지 않고, 당사자가 소송의 정도에 따라 공격방어방법의 제출을 적절한 시기에
행해야 할 '**일반적 소송촉진의무**'를 부과하는 한편, **재정기간제도**(법 147조)를 두어
당사자가 소송자료를 제출할 기한을 법원이 구체적·개별적으로 정하고 그 재정기
간을 넘기면 이를 실권시키는 '**개별적 소송촉진의무**'를 부과하고 있다.2) 신법상 적
시제출주의가 목표로 하는 충실한 심리와 소송의 촉진은 법원·당사자·소송대리인
이 이를 어떻게 운영을 하느냐에 그 실현 여부가 달려 있다.

2. 적시제출주의의 적용범위

　적시제출주의는 **변론주의**가 적용되는 범위에 한정하여 적용된다. 직권탐지주
의가 적용되는 사건[예컨대 가류·나류 가사소송의 경우(가소 12조 단서. 적시제출주의
의 위반의 효과에 관한 법 147조 2항 및 149조가 적용되지 않는다)] 및 직권조사사항(법
285조 1항 3호, 408조, 429조 단서 등)에 대해서는 그 적용이 배제된다.3) 이들 절차
에서는 절차의 촉진보다 실체적 진실발견이 우선되기 때문이다.

Ⅱ. 재정기간제도(제출기간의 제한)

1. 의　　의

　신법은 적시제출주의의 실효성을 확보하고 소송절차를 신속하고 탄력적으로
진행하여 집중심리제도의 효율성을 높이기 위하여 실기한 공격방어방법의 각하규
정(법 149조 1항)만으로는 불충분하다고 보고, **재정**(裁定)**기간제도**(법 147조)를 도입
했다. 재정기간제도는 당사자가 특정한 공격방어방법을 적절한 시기에 제출하도
록 재판장이 그 제출기간을 정하고, 그 기간을 넘긴 때에는 그 공격방어방법을

---

　1) 곽종훈, "실권효 적용기준 및 석명권 행사의 한계," JURIST 395호(2003. 8.), 59쪽 이하; 조
　　관행, "민사소송의 집중심리방안 — 민사소송법 개정부분을 중심으로 —," 민사재판의 제문제
　　11권(변재승·권광중선생화갑기념, 2002. 12.), 868쪽 이하.
　2) 김경욱, "신민사소송법상의 적시제출주의," 민사소송 7권 1호(2003. 2.), 96쪽 이하; 조상혁,
　　"당사자의 개별적인 소송촉진의무," 민사소송 4권(2001. 2.), 339쪽 이하.
　3) 대판 2003. 4. 25. 2003두988.

제출할 수 없도록 하는 제도이다. 재정기간제도는 변론의 집중을 통하여 실체적 진실을 발견하기 위한 제도로서 국민의 재판청구권을 실효적으로 보장하기 위한 것이므로, 이로써 당사자의 소송자료제출권을 부당하게 제한하는 것이 되어서는 안 된다. 재정기간제도는 변론절차뿐만 아니라 **변론준비절차**에서도 **준용**된다(법 286조 · 147조).

2. 요   건

재판장 등[재정기간을 정하는 주체는 변론절차에서는 재판장이고, 변론준비절차에서는 그 진행을 담당하는 재판장 · 수명법관 등이다]은 **한쪽** 또는 **양쪽 당사자**에 대하여 **특정한 사항**[가급적 구체적으로 정하는 것이 바람직하다]에 관하여 주장을 제출하거나 증거를 신청할 기간을 정할 수 있다(법 147조 1항). 재정기간은 **해당 당사자의 의견**을 들어 정해야 한다(법 147조 1항). 재정기간을 정하기 앞서 당사자의 의견을 듣도록 한 것은 절차진행에서의 당사자의 절차권을 보장하는 의미와 함께 재정기간이 부당하게 단기간으로 지정되는 것을 막기 위한 것이다. 가급적 변론(준비)기일에 말로 의견을 묻고 듣는 것이 바람직하다.

3. 효   과

당사자가 정해진 기간을 넘긴 때에는 뒤에 새로 주장을 제출하거나 증거를 신청할 수 없다(법 147조 2항 본문)[이를 **실권효의 제재**라고 한다]. 다만 **정당한 사유**가 있고 이를 소명한 경우에는 **예외**가 인정된다(법 147조 2항 단서). **변론준비절차**에서도 준비서면 등 제출 또는 증거신청의 기간을 정할 수 있으며(법 280조 1항), 당사자가 이를 따르지 않으면 변론준비절차의 종결사유가 된다(법 284조 1항 2호).

Ⅲ. 실기한 공격방어방법의 각하

1. 의   의

당사자가 적시제출주의를 어겨[실기(失機)하여] 고의 또는 중과실로 공격방어방법을 뒤늦게 제출했을 때에는 법원은 심리하지 않고 이를 각하할 수 있다(법 149조 1항). 수시제출주의에서 적시제출주의로 전환하고, 재정기간제도를 채택한 신법하에서 소송의 부당한 지연을 피하기 위하여 이 제도의 적절한 활용이 요구된다. 실기한 공격방어방법의 각하제도는 변론절차뿐만 아니라 **변론준비절차**에도 **준용**된다(법 286조, 149조 1항).

2. 요   건

(1) 적시제출주의를 어기어 공격방어방법을 뒤늦게 제출한 경우일 것

(a) 의   의

소송의 진행상황과 신의칙에 비추어 적시제출주의를 어기어(적절한 시기를 넘겨) 뒤늦게 제출했는지 여부를 판단한다. 항소심은 제 1 심의 속심이고, 법 149조가 총칙규정인 점에서 실기 여부는 **제 1, 2 심**을 통틀어 판단한다.[1] 구법에서는 단지 '시기에 늦어서'라고만 규정하고 있었지만, 신법은 '법 146조(적시제출주의)의 규정을 어기어'라고 하여 실기한 공격방어방법의 각하를 **적시제출주의**와 연계시키고 있다. **'뒤늦게 제출'**이란 변론의 경과에 비추어 해당 공격방어방법이 제출된 시점보다 이전의 변론에서 제출할 기회가 있었음에도 그때에 제출하지 않은 경우를 말한다. 적절한 시기(時機)인지 여부는 대체로 심리의 진행상황 및 해당 공격방어방법의 내용과 성질을 고려하여 구체적·개별적으로 판단해야 한다.[2]

판례도, 여기에서 적절한 시기를 넘겨 뒤늦게 제출했는지 여부를 판단함에는 새로운 공격방어방법이 구체적인 소송의 진행정도에 비추어 당사자가 과거에 제출했을 것을 기대할 수 있었던 **객관적인 사정**이 있었는데도 이를 하지 않은 것인지, **상대방**과 **법원**에 새로운 공격방어방법을 제출하지 않을 것이라는 **신뢰**를 부여했는지 여부 등을 고려해야 한다고 보고 있다.[3]

(b) 구체적 경우

판례는, ① 항소심 계속 중에 증거서류가 위조되었다는 증거를 확보하게 된 사정 등에 비추어 제 1 심 이래 21개월여가 지난 뒤에 제출한 **위조항변**은 실기한 공격방어방법에 해당하지 않으며,[4] ② 제 1 심에서 패소한 후 항소심에서 비로소 **약정해제권**을 행사한 것이 신의칙에 반하거나 실기한 공격방어방법에 해당하지

---

1) 대판 1962. 4. 4. 4294민상1122, 2017. 5. 17. 2017다1097; 이시윤, 370쪽; 정동윤·유병현·김경욱, 358쪽.
2) 유해용, "집중심리와 실권효제도의 활용," 민사재판의 제문제 16권(2007. 12.), 421쪽 이하.
3) 대판 2017. 5. 17. 2017다1097.
4) 대판 1992. 2. 25. 91다490.

않는다고 보고 있다.[1] 그러나 **판례**는, 건물철거와 대지인도의 청구사건에서, 제 1 심에서 **유치권항변**을 주장할 수 있었을 뿐만 아니라 제 2 심의 제 1, 2, 3 차 변론기일에까지도 그 항변을 주장할 수 있었을 것인데 만연히 주장을 하지 않고 제 4 차 변론기일에 비로소 그 주장을 한 것은 시기에 늦어서 방어방법을 제출한 것이고, 만일 항변의 제출을 허용한다면 소송의 완결을 지연시킬 것이 분명하다고 한다.[2]

(c) 유일한 증거방법인 경우

당사자가 주장한 사실에 대한 유일한 증거인 때에는 법원이 필요하지 않다고 인정하는 때에도 이를 조사해야 하는데(법 290조 단서), 당사자가 **유일한 증거방법**을 실기하여 제출하는 경우 법원이 이를 각하할 수 있는지가 문제가 된다. 이에 대하여, 유일한 증거방법인 경우에는 실기한 공격방어방법으로 각하할 수 없다고 보는 견해[3] 및 일부 판례[4]도 있으나, 유일한 증거방법이라고 하더라도 소송촉진을 위하여 법 149조 1항의 요건을 갖추는 한 각하할 수 있다고 본다.[5] 주류적 **판례**의 태도도 같다.[6]

(2) 당사자에게 고의·중과실이 있을 것

(a) 의   의

당사자에게 고의 또는 중대한 과실이 있는지 여부는 당사자본인 또는 대리인을 기준으로 하되 법률지식의 정도, 새로운 공격방어방법의 종류와 내용 등을 고려해서 개별적으로 판단해야 한다.[7] 적절한 시기를 넘긴 때에는 합리적인 이유가 없는 한 중대한 과실이 **추정**되므로, 실권효의 배제를 주장하는 당사자가 중대한 과실이 없다는 점에 대한 **증명책임**을 진다.[8] **판례**는, 피고가 증인신청을 하여 법원이 이를 채택하고 증인신문기일을 정했으나 피고가 그 비용을 예납하지 않은 채 증인신문기일에 출석하지 않아 법원이 증거채택결정을 취소하고 변론을 종결했는데, 그 후 피고가 변론재개신청을 하여 이를 채택해서 다음 기일을 지정해 통

---

1) 대판 2004. 12. 9. 2004다51054.
2) 대판 1962. 4. 4. 4294민상1122.
3) 방순원, 437쪽; 송상현·박익환, 349쪽; 호문혁, 457쪽.
4) 대판 1962. 7. 26. 62다315.
5) 이시윤, 370쪽; 김홍규·강태원, 409쪽; 정동윤·유병현·김경욱, 359쪽; 전병서, 313쪽.
6) 대판 1968. 1. 31. 67다2628, 2009. 6. 25. 2009다24415.
7) 대판 2017. 5. 17. 2017다1097.
8) 강현중, 417쪽.

지했음에도 불구하고 피고가 출석하지 않고, 다음 기일에 비로소 출석하여 이미 취소된 증인의 신문을 다시 신청한 경우, 이러한 신청은 실기한 공격방어방법에 해당한다고 보고 있다.1)

(b) 상계항변 등의 경우

상계항변(민 493조)이나 **건물매수청구권행사**(민 643조 · 283조)는 일반적으로 예비적 항변으로 최종적인 방어방법이므로, 일반적인 경우와 달리 이를 일찍 제출할 것을 기대하기 어렵다.2) 다만 상계항변의 경우 **의도적으로** 늦게 내는 것이 분명하거나 반대(자동)채권의 존재가 의심스러워 그 항변이 소송지연책으로 보일 때에는 각하할 수 있다. **판례**는 환송 전 원심 소송절차에서 상계항변을 할 기회가 있었음에도 불구하고 **환송 후** 원심 소송절차에서 비로소 주장하는 상계항변은 실기한 공격방어방법에 해당한다고 보고 있다.3)

(3) 제출된 공격방어방법을 심리하면 각하할 때보다 소송의 완결을 지연시키게 될 것

(a) 의 의

실기한 공격방어방법이라도 따로 심리하거나 증거조사를 해야 할 사항이 남아 있어 어차피 기일의 속행을 필요로 하고, 그 속행기일의 범위 내에서 공격방어방법의 심리도 마칠 수 있거나 공격방어방법의 내용이 이미 심리를 마친 소송자료의 범위 안에 포함되어 있는 때에는 소송의 완결을 지연시키는 것으로 볼 수 없다.4) 이는 소송완결의 지연 여부에 관한 **절대적 지연개념**에 근거한 것이다. 절대적 지연개념은 공격방어방법의 제출을 허용하는 것이 각하할 때보다 절차가 지

---

1) 대판 1968. 1. 31. 67다2628.

2) **취소권** 행사를 전제로 하는 공격방어방법의 경우에도 취소권 행사에 신중을 기할 수밖에 없어 이를 일찍 제출하는 데에 어려움이 있다고 본다. 대판 2006. 3. 10. 2005다46363,46370, 46387,46394.

3) 대판 2005. 10. 7. 2003다44387,44394(위 판결은, ① 피고가 스스로 환송 전 원심에서 상계항변을 할 수 있음을 알고 있었지만 부제소합의의 주장으로 충분히 승산이 있다고 생각하여 상계항변을 하지 않은 것이라고 주장함으로써 그 항변을 하지 않은 것이 **의도적**이거나 또는 **속단**에 의한 것임을 자인하고 있는데, 이는 그 자체로 고의 또는 중대한 과실로 평가될 수 있는 점, ② 피고가 상계항변과는 모순되는 내용의 주장 및 증명만 계속했을 뿐이어서 상계적상에 있는 **자동채권의 존재** 자체도 **의심**스러운 점, ③ 상계항변의 당부를 판단하기 위해서는 새로운 증거조사가 필요하므로 그로 인하여 소송완결을 지연시키게 된다고 하지 않을 수 없는 점, ④ 실기한 공격방어방법의 각하는 상대방의 신청이 없더라도 법원이 직권으로 할 수 있는 점 등을 종합하여 실기한 공격방어방법에 해당한다고 판단했다).

4) 대판 1999. 2. 26. 98다52469, 2000. 4. 7. 99다53742, 2010. 1. 14. 2009다55808 등.

연될 것인지를 공격방어방법을 **제출한 시점**에서 절대적으로 비교한다(**절대설, 절대적 비교설**). 이에 대하여, 소송완결의 지연 여부를 적시에 공격방어방법을 제출했을 경우를 가정하여 적시에 제출했다면 소요되었을 기간과 뒤늦게 제출한 공격방어방법을 허용하여 지속될 기간을 상대적으로 비교하여 결정하는 **상대적 지연개념**에 따라 결정해야 한다는 견해(**상대설, 상대적 비교설**)도 있다.[1] 법원이 당사자의 공격방어방법에 대하여 각하결정을 하지 않은 채 그 공격방어방법에 관한 증거조사까지 마친 경우에는 더 이상 소송완결을 지연할 염려가 없어진 것으로 본다.

(b) 변론재개의 경우

판례는, 법원이 당사자의 변론재개신청을 받아들여 **변론재개를 한 경우**에 소송관계는 변론재개 전의 상태로 환원되므로, 그 재개된 변론기일에서 제출된 주장·증명이 실기한 공격방어방법에 해당하는지 여부는 변론재개 자체로 인한 소송완결의 지연을 고려할 필요 없이 법 149조 1항이 규정하는 요건을 충족하는지를 기준으로 판단하면 된다고 본다.[2]

3. 재판절차

각하 여부의 재판은 **직권으로** 또는 **상대방의 신청**에 따라 결정으로 한다(법 149조 1항). 각하할 것인지는 **법원의 재량**이다[법문상 '각하할 수 있다'고 규정하고 있다]. 다만 재판의 진행상황 등 여러 사정을 살펴서 적시제출주의의 취지가 관철될 수 있도록 각하 조치를 **적극적으로 고려할** 필요가 있다.[3] 한편 법 149조 1항은 신속한 소송완결을 위한 공익적 규정으로 반드시 각하해야 한다는 견해도 있다.[4]

각하 여부의 재판은 독립된 결정의 형식뿐만 아니라 판결이유에서 판단하는 방법에 의할 수도 있다.[5] 각하되지 않았다 하더라도 이로써 소송을 지연시킨 당

---

1) 호문혁, 456쪽. 비교적 간단한 사건으로 증거조사도 그다지 복잡하지 않은 경우에는 절대적 지연개념에 따르고, 사건이 복잡한 경우(공정거래, 지식재산권, 국제거래 등 사건)에는 당사자의 변론권을 보장하기 위하여 상대적 지연개념에 따라야 한다는 견해(**절충설**)로는, 강현중, 446쪽.

2) 대판 2010. 10. 28. 2010다20532.

3) 종래 수시제출주의하에서 '각하'를 극히 예외적인 것으로 여겼던 실무관행을 그대로 답습하는 것은 적시제출주의의 관점에서 바람직한 모습이라고 보기 어렵다는 견해로는, 법원실무제요 민사소송(2), 972쪽.

4) 송상현·박익환, 350쪽.

5) 법원이 판결이유에서 실기 여부가 문제된 당사자의 주장에 대하여 판단을 한 것에는 당사자의 이러한 주장이 실기한 공격방어방법에 해당하여 각하되어야 한다는 상대방의 주장을 배척하

사자는 승소에도 불구하고 증가된 **소송비용**을 부담하는 불이익을 입을 수 있다(법 100조). 각하신청이 있는 경우 ① 각하신청이 **인용**된 때에는 각하당한 당사자(각하신청인의 상대방)로서는 독립하여 항고할 수 없고[중간적 재판이며 달리 즉시항고를 할 수 있다는 법률상 명문의 규정도 없다] 종국판결에 대한 상소와 함께 불복해야 한다(법 392조 본문). ② 각하신청이 **배척**된 때에는 법원의 소송지휘에 관한 사항이므로 각하신청인은 불복신청을 할 수 없다.

Ⅳ. 그 밖의 적시제출주의 관련제도

1. 석명에 불응하는 공격방어방법의 각하

비록 공격방어방법을 적절한 시기에 제출했다고 하더라도 당사자가 제출한 공격방어방법의 **취지가 분명하지 않은 경우**에, 당사자가 필요한 설명을 하지 않거나 설명할 기일에 출석하지 않는 때에는 직권으로 또는 상대방의 신청에 따라 결정으로 공격방어방법을 각하할 수 있다(법 149조 2항). 이러한 경우 법원은 당사자가 심리에 협력하지 않는 것으로 보고 실기한 공격방어방법의 각하처럼 각하할 수 있다는 것으로, 주로 재판장의 석명준비명령에 불응한 경우에 적용된다. 석명에 불응하는 공격방어방법의 각하제도는 변론절차뿐만 아니라 **변론준비절차**에도 **준용**된다(법 286조, 149조 2항).

2. 그 밖의 경우

변론준비기일을 거친 경우에 새로운 주장을 제한한다든지(법 285조), 상고이유서 제출기간(상고인이 상고기록접수통지를 받은 날부터 20일 이내)이 지난 뒤 새로운 상고이유의 제출을 제한하며(법 427조·431조), 항소이유서 제출기간(항소인이 항소기록접수통지를 받은 날부터 40일 이내, 1회에 한하여 1개월 연장가능)이 지난 뒤 새로운 항소이유의 제출을 제한한다(**2024. 1. 16. 개정, 2025. 3. 1. 시행** 법 402조의2·3). 소장부본을 송달받은 날부터 30일 이내에 답변서를 제출해야 한다(법 256조 1항 본문). 일정한 **방소항변** 예컨대 임의관할 위반, 소송비용담보제공 등 항변은 본안에 관한 변론 또는 변론준비기일에서의 진술 전에 하도록 하며(법 30조·118조), 중재합의존재의 항변은 본안에 관한 최초의 변론 전까지 하도록 하고 있다(중재 9조 2항).

는 취지의 판단이 포함되어 있다. 대판 2002. 5. 31. 2001다42080, 2010. 1. 14. 2009다55808.

제 5 관   직권진행주의와 소송지휘권

I. 의   의

소송물의 특정과 소송자료의 제출에 대해서는 당사자주의를 기조로 하여 원칙적으로 처분권주의·변론주의를 채택했으나, 소송의 진행에 대해서는 법원에 주도권을 주는 **직권진행주의**를 채택했다. 직권진행주의를 법원의 권능 면으로 파악하면 **소송지휘권**이 된다. 변론은 전적으로 법원의 지휘에 의하여 진행된다.

II. 소송지휘권

1. 의   의

소송지휘권은 소송절차를 신속·원활히 진행시키고 심리를 완전하게 하여 분쟁을 신속·적정하게 해결하기 위하여 원칙적으로 **법원**에 인정된 소송의 주재(主宰)권능이다. 이는 법원의 직권인 동시에 책무이다. 소송지휘권은 종국판결 이외의 법원의 소송행위 전체를 망라하나, 주로 절차의 진행, 심리의 집중과 촉진 등에 관한 것이다.

2. 주   체

법원이 소송지휘권을 가진다. 따라서 당사자의 신청은 법원의 직권발동을 촉구하는 의미밖에 없으므로 법원이 이를 받아들이지 않는 때에도 각하재판이 불필요하다. 예외적으로 당사자에게 소송지휘를 구하는 신청권을 인정하는 경우[소송이송, 구문권, 실기한 공격방어방법의 각하, 중단된 소송절차의 수계 등]도 있다. **합의체**인 경우 주로 재판장이 **대표기관**으로 소송지휘권을 맡게 된다. 여기에는 예컨대 변론지휘권의 행사(법 135조 1항), 석명권의 행사(법 136조), 석명준비명령(법 137조), 증인신문방식에 관한 권한행사(법 327조), 증인에 대한 대질신문명령(법 329조), 증인에 대한 일정한 행위의무의 이행명령(법 330조), 증인에 대한 서류에 의한 진술허가(법 331조 단서) 등이 있다. 합의체의 경우 재판장의 소송지휘권의 행사에 대해서는 당사자가 **이의신청**을 할 수 있다(단독판사의 경우 이의신청을 할 수 없다).

이의신청은 소송절차에 관한 이의권의 포기·상실의 경우를 제외하고는 그 명령이나 조치가 있은 뒤 **바로** 해야 한다(규칙 28조의2 1항). 이의신청시 그 이유를 구체적으로 밝혀야 한다(규칙 28조의2 2항). 이의신청이 있는 경우 **합의체**가 이에 대하여 재판을 한다(법 138조).

재판장이 합의체로부터 **독립**하여 소송지휘권을 갖는 경우도 있다. 여기에는 예컨대 기일지정(법 165조 1항 본문), 공시송달명령, 또는 법원사무관 등이 한 공시송달처분의 취소(법 194조 3항·4항), 소장심사(법 254조), 변론준비기일의 진행(법 282조) 등이 있다. **수명법관·수탁판사**도 수권된 사항을 처리하기 위하여 소송지휘권을 가진다(법 165조 1항 단서, 332조).

3. 행사방법

재판장은 변론준비기일 또는 변론기일에서 소송지휘권을 행사하기 위하여 소송관계인에 대하여 발언을 **허가**하거나 그의 명령에 따르지 않는 사람의 발언을 **금지**할 수 있다(법 135조 2항, 286조). 발언금지명령은 **해당 기일**에 한하여 그 효력이 있다(발언금지명령은 변론능력의 흠을 이유로 한 진술금지재판(법 144조)과 다르다). 발언금지명령에 반하여 발언한 경우 소송법상의 효력이 생기지 않는다. 소송지휘권은 재판의 형식 또는 사실행위로써 행한다. 소송지휘에 관한 결정과 명령은 그것이 부적당하거나 사정변경으로 불필요하게 된 경우에는 언제든지 **취소**할 수 있다(법 222조).

Ⅲ. 소송절차에 관한 이의권

1. 의   의

소송절차에 관한 **이의권**은 소송절차에 관한 규정에 어긋난 경우 잘못을 지적하고 그 효력을 다툴 수 있는 소송상 권능을 말한다(법 151조). 구법에서는 책문권(責問權)이라 했다. 민사소송법은 이를 다툴 수 있는 이의권의 불행사의 측면, 즉 **이의권의 포기·상실**을 규정하고 있다.

2. 적용범위

이의권은 **소송절차에 관한 규정**에 어긋난 경우에 적용된다(법 151조 본문). 소송절차에 관한 규정에 어긋난 경우란 **소송행위의 방식·시기·장소 등 형식적 사**

항에 관한 규정에 어긋남을 말한다. 따라서 소송절차에 관한 규정이 아닌, 소송행위의 내용이나 소송상 주장의 당부에 관한 규정은 이의권의 포기·상실의 대상이 아니다. 이의권은 소송절차에 관한 규정 중에서도 당사자가 처분가능한 **임의규정**에 어긋난 경우에 적용된다. 임의규정이란 당사자의 소송진행상의 이익보장과 편의를 목적으로 한 사익규정을 말한다. 예컨대 소장, 답변서 등 소송서류의 송달의 흠은 이의권의 포기·상실의 대상이 된다. 따라서 이의권은 소송절차에 관한 규정 가운데 당사자의 처분이 가능하지 않는 **강행규정**에는 적용되지 않는다(법 151조 단서). 강행규정은 공익에 관계가 있으므로 주로 직권조사사항이다. 예컨대 항소기간은 불변기간이고, 이에 관한 규정은 성질상 강행규정이므로 그 기간 계산의 기산점이 되는 판결정본의 부적법한 송달의 흠은 이의권의 포기나 상실로 인하여 치유될 수 없다.[1]

소송절차에 관한 규정이라 하더라도 **효력규정**이 아닌 단순한 **훈시규정**을 위반한 경우에는 무효를 주장할 수 없다. 예컨대 법원이 종국판결 선고기간 **5월**(제1심에서는 **소제기일부터**, 상소심에서는 **기록접수일부터**)을 넘기거나, 선고기일 **2주**(**변론종결일부터**, 복잡한 사건 등에서는 **4주**) 이내 선고하지 않았다고 하더라도 이에 관한 법 199조, 207조 1항 등은 모두 훈시규정이므로 이를 위반했다는 이유로 무효를 주장할 수는 없다.[2]

3. 이의권의 포기와 상실

이의권의 포기는 임의규정인 소송절차에 관한 규정에 어긋난 소송행위가 있는 때에 당사자가 일방적으로 명시 또는 묵시의 의사표시로써 한다. 사전포기는 허용되지 않는다. 이는 임의소송금지에 저촉되기 때문이다. **이의권의 상실**은 당사자가 그 어긋남을 알았거나 알 수 있었을 경우에 바로 이의를 하지 않음으로써 발생한다(법 151조 본문). 여기서 '**바로**'란 소송절차에 관한 규정에 어긋난 소송행위가 있은 뒤 이의를 할 수 있는 맨 처음의 기회를 뜻하는 것으로, 본인이나 대리인이 이를 알았거나 알 수 있었을 때의 직후의 변론준비기일 또는 변론기일을 말한다. 이의권의 포기·상실은 소송절차에 관한 규정에 어긋난 소송행위를 완전히 **유효**하게 한다. 법원의 행위로 양쪽 당사자에 이의권이 생긴 경우에는 양쪽 모두가 이의권을 상실한 때

1) 대판 1972. 5. 9. 72다379, 2007. 12. 14. 2007다52997.
2) 대판 2008. 2. 1. 2007다8914, 2008. 2. 1. 2007다9009.

에 그 행위가 유효하게 된다.

제 3 절 변론의 준비

Ⅰ. 의   의

소송촉진을 위하여 변론은 집중되어야 한다(법 272조). 변론의 사전준비를 철저히 함으로써 법정변론의 횟수를 줄여야 한다. 당사자는 주장과 증명을 충실히 할 수 있도록 사전에 사실관계와 증거를 **상세히 조사**해야 한다(**당사자의 조사의무**, 규칙 69조의2). 변론을 열기 전 변론준비의 방법으로서는, 준비서면, 변론준비절차, 재판장 등의 소장심사권의 강화, 기일 전의 증거신청·증거조사제도(법 280조·281조, 289조 2항) 등이 있다.

Ⅱ. 준비서면

1. 의   의

준비서면은 당사자가 변론에서 하고자 하는 진술사항을 적어 기일 전에 법원에 제출하는 서면을 말한다. 준비서면은 변론을 예고하기 위한 것이다. 준비서면을 제출했다 하더라도 변론에서 이를 진술해야 소송자료가 된다. 이처럼 준비서면은 반드시 변론(준비)기일에서 **진술** 또는 **진술간주**되어야만 하는 점이 변론기일 전에도 할 수 있는 증거신청과 다르다(법 289조 2항). 준비서면은 진술하지 않고 철회할 수 있다. 물론 기재사항을 정정할 수도 있다. 준비서면에는 통상의 준비서면, 답변서[답변서는 준비서면의 일종이다. 따라서 답변서에는 준비서면에 관한 규정을 준용한다(법 256조 4항)], **요약준비서면**(법 278조)[1][2] 등이 있다.

---

1) 신법은 종전의 규칙에서 규정한 **요약준비서면제도**를 규정하고 있으나, 요약준비서면의 **신중한 활용**이 요망된다. 변론기일에서 변론을 종결하기 앞서 요약준비서면을 제출하도록 요구하는 경우가 있다. 재판부에 따라서는 변론을 집중하지 않아 쟁점을 파악하지 못하고 있다가 변론종결에 이르러 이러한 요약준비서면을 제출하고 이미 제출한 준비서면 중 요약준비서면에서 주장한 내용과 반하는 것은 철회하는 방식으로 요약준비서면을 활용하는 경우가 있는데, 이는 바람직한 조치라고 할 수 없다. 김홍엽, "민사소송에 있어서 신모델방식의 운용상의 문제점," 민사신모델의 시행평가와 개선방안(재판자료 106집, 2005. 7.), 75쪽 이하.
2) 요약준비서면을 작성할 때에는 특정 부분을 참조하는 뜻을 적는 방법으로 소장, 답변서 또

　　지방법원 합의부 이상의 소송절차에서는 준비서면의 제출이 반드시 필요하다. **단독판사**의 제 1 심 사건에서는 소송절차를 신속·간이화할 필요가 있으므로 준비서면을 제출하지 않을 수 있다(법 272조 2항 본문). 다만 이러한 단독사건이라도 상대방이 준비하지 않으면 진술할 수 없는 사항은 예외이다(법 272조 2항 단서).[1]

2. 준비서면의 방식 등

　　준비서면의 **기재사항**에 관해서는 법 274조에서 규정하고 있다. 준비서면에는 사실상 주장, 법률상 주장, 증거신청, 증거항변 등을 기재해야 한다. 상대방 제출의 증거방법에 대한 의견(서증의 인부 등)도 기재해야 한다. 준비서면의 분량은 재판장 등과 당사자 사이에 그에 관한 합의가 이루어진 경우를 제외하고는 **30쪽**을 넘지 못한다. 재판장 등은 이를 어긴 당사자에게 해당 준비서면을 30쪽 이내로 줄여 제출하도록 명할 수 있다(2016. 8. 1. 개정·시행 규칙 69조의4). 준비서면은 그 기재사항에 대한 상대방의 준비기간을 두고 미리 **제출**해야 한다(법 273조 전단). **새로운 공격방어방법**을 포함한 준비서면은 변론기일 또는 변론준비기일의 **7일 전까지 상대방에게 송달**될 수 있도록 적당한 시기에 제출해야 한다(규칙 69조의3). 법원은 당사자가 제출한 준비서면의 부본을 상대방에게 **송달**해야 한다(법 273조 후단).

3. 준비서면의 제출·부제출의 효과

(1) 부제출의 효과

(a) 무변론 패소판결의 위험

　　소장을 송달받은 날부터 30일 이내 답변서를 제출하지 않으면 무변론 패소판결을 선고받을 수 있다(법 257조 1항).

(b) 예고 없는 사실의 주장 금지

　　1) **준비서면에 적지 않은 사실**은 상대방이 출석하지 않은 때에는 변론에서 주장하지 못한다. 즉 예고 없는 사실상 주장은 금지된다(법 276조 본문). 여기서 상대방이 출석하지 않는 경우 주장하지 못하는 '**사실**'에 **증거신청**이 포함되는지(즉 준비서면에 적지 아니한 증거신청을 상대방이 출석하지 않는 때에도 할 수 있는지)에 관

　　　는 앞서 제출한 준비서면의 전부 또는 일부를 인용하는 것이 허용되지 않는다(규칙 69조의5).
　　1) 실무상 단독사건의 경우에도 준비서면으로 준비하지 않는 변론은 찾아보기 어렵다. 법원실무제요 민사소송(2), 1098쪽.

하여 논의가 있다. 이에 대하여, ① 증거조사에의 참여나 증거조사의 결과에 대한 진술은 사실인정에 중대한 영향을 미치므로 상대방에게 예고하여 기회를 주어야 공평을 기할 수 있다는 이유로 증거신청도 포함된다고 보는 견해(**적극설**)가 있으나,[1] ② 증거신청이라도 상대방이 **알고 있거나 충분히 예상할 수 있는** 경우라면 비록 상대방이 출석하지 않은 상태이지만 할 수 있다고 보더라도 불공평하지 않으므로, 절차의 촉진을 위하여 이러한 증거신청은 여기의 '사실'에서 제외된다고 보는 것이 타당하다(**절충설**).[2] 여기서의 주장은 **사실상 주장**을 말하므로 법률상 진술은 포함되지 않으며, 불출석한 상대방 주장에 대한 출석한 당사자의 부인·부지는 상대방이 능히 이를 예상할 수 있으므로 이에 포함되지 않는다.

2) **단독사건**에서 준비서면을 필요로 하지 않은 경우(법 272조 2항 본문)에는 준비서면으로 예고하지 않은 사실도 변론에서 주장할 수 있다(법 276조 단서). **변론준비기일**에서는 준비서면으로 예고하지 않은 사실도 주장할 수 있다. 변론준비기일은 그 자체가 변론의 준비를 위한 것이기 때문이다[**법 286조**의 변론준비절차 준용규정 가운데에는 **법 276조**가 빠져 있다. 따라서 변론준비기일에는 법 276조가 준용되지 않는다].

(c) 변론준비절차의 종결

변론준비절차에서 법원이 정한 기간 내에 준비서면을 제출하지 않은 경우 상당한 이유가 없는 한 변론준비절차를 종결해야 한다(법 284조 1항 2호).

(d) 소송비용의 부담

준비서면의 부제출로 인하여 기일을 속행하게 된 경우 준비서면을 부제출한 당사자가 승소를 하더라도 이에 불구하고 소송비용의 전부나 일부를 부담할 수 있다(법 100조).

(2) 제출의 효과

(a) 자백간주의 효과

준비서면을 제출하여 상대방에게 송달했는데도, **상대방**이 공시송달에 의하지 않은 방법으로 기일통지서를 송달받고도 변론기일에 불출석한 때에는 그 기재 내용에 대하여 상대방이 명백히 다투지 않은 것으로 자백간주되는 이익을 얻을 수

---

[1] 강현중, 436쪽; 송상현·박익환, 303쪽.
[2] 이시윤, 387쪽; 정동윤·유병현·김경욱, 469쪽; 일본 최고재 1952. 6. 17. 판결.

있다(법 150조 3항·1항).

(b) 진술간주의 효과

준비서면을 제출했다면 **제출한 당사자**가 변론기일에 불출석하더라도 준비서면에 적혀 있는 사항에 관하여 진술간주의 이익을 얻을 수 있다(법 148조 1항). **판례**는, 변론기일에 한쪽 당사자가 불출석한 때에 변론을 진행할 것인지 변론을 연기할 것인지는 법원의 재량에 속하나, 출석한 당사자만으로 변론을 진행할 때에는 반드시 불출석한 당사자가 그때까지 제출한 소장·답변서, 그 밖의 준비서면에 적혀 있는 사항을 진술한 것으로 보아야 한다는 입장이다.[1]

(c) 실권효 배제의 효과

변론준비절차에 부쳐진 사건에서 변론준비절차가 **열리기 전에** 준비서면을 제출하였다면 변론준비기일에 진술하지 않았더라도 그 준비서면이 변론준비절차에서 철회되거나 변경되지 않은 이상 그 준비서면에 적힌 사항을 **변론에서** 주장할 수 있다(법 285조 3항).

(d) 소취하 등에 대한 동의의 필요

피고가 본안에 관하여 준비서면을 제출했다면 그 뒤에 원고가 **소를 취하**하는 때에는 피고의 동의를 받아야 소취하는 그 효력을 가진다(법 266조 2항). 한편 피고가 본안에 관하여 준비서면을 제출했다면 그 뒤에 원고가 **피고를 경정**하는 때에는 구피고의 동의를 받아야 피고경정은 그 효력을 가진다(법 260조 1항 단서).

Ⅲ. 변론준비절차

1. 의   의

변론준비절차란 변론기일에 앞서 변론이 효율적이고 집중적으로 실시될 수 있도록 당사자의 주장과 증거를 정리하는 절차를 말한다(법 279조). 2008. 12. 26. 법 279조 1항을 "당사자의 주장과 증거를 정리하여 소송관계를 뚜렷하게 하여야 한다"에서 "당사자의 주장과 증거를 정리하여야 한다"라고 **개정**하여, "소송관계를 뚜

---

1) 대판 2008. 5. 8. 2008다2890; 강승준, "민사소송법 제148조 제 1 항(변론기일에 한쪽 당사자가 불출석한 경우 진술간주에 관한 규정)의 적용에 관하여," 민사재판의 제문제 19권(박일환 대법관화갑기념, 2010. 12.), 440쪽 이하.

렷하게 하여야 한다"를 삭제했다. 이러한 "소송관계를 뚜렷하게 하여야 한다"는 문구의 개념이 불명확하여 변론준비절차와 변론절차를 혼동할 우려가 있었으며, 실무에서도 '소송관계를 뚜렷하게 하는 것'을 변론종결 직전에 하는 '소송관계 표명'과 혼동함으로써 변론준비기일에 쟁점에 관하여 실질적인 변론을 해야 하는 것으로 오해할 여지가 있으므로 이를 바로잡을 필요가 있었다는 것이 개정이유이다.[1] 변론준비절차는 주장과 증거를 정리하여 변론을 준비하는 절차이며, 실질적인 변론은 변론준비기일이 아니라 변론기일에서 이루어진다. 재판장 등은 변론준비절차에서 법원은 쟁점과 증거의 정리, 그 밖에 효율적이고 신속한 변론진행을 위한 준비가 완료되도록 노력할 책무를 지고, 당사자는 이에 협력할 책무를 진다(규칙 70조 1항).

2. 변론준비절차의 개시

(1) 2008. 12. 26. 법개정에 따른 예외적인 절차로서의 변론준비절차

1) 위 법개정 전 변론준비절차는 원칙적으로 모든 사건에서 변론에 앞서 거쳐야 할 절차였다. 다만 변론 없이 원고승소판결을 할 수 있는 경우 즉 피고의 답변서 부제출이나 모두 자백하는 취지의 답변서 제출의 경우, 변론을 준비할 필요가 없는 공시송달사건, 보정불능의 소송요건의 흠이 있는 사건, 소장과 답변서 등으로 보아 구태여 쟁점을 정리할 필요가 없을 정도로 간단한 사건은 예외이었다. 그런데 개정된 법 258조 1항은, 재판장이 사건을 법 257조 1항·2항에 따라 변론없이 판결을 하는 경우 외에는 바로 변론기일을 정해야 하며, 다만 변론준비절차에 부칠 필요가 있는 경우에만 변론준비절차에 부치도록 하고 있다. 즉 **원칙적**으로 변론준비절차를 거치지 않으며, **예외적**으로 변론준비절차를 거치도록 하고 있다.

2) 개정취지가 신속한 재판을 받을 권리를 보장하기 위한 것이라고 하나,[2] 기존 소송절차의 기본틀을 바꾸는 것으로서 논의의 여지가 많다.[3] 이에 대하여,

---

1) 2009. 1. 법원행정처 사법정책실 민사소송규칙 개정설명자료.
2) 대법원은 위 법개정의 배경에 대하여, ① 재판장 또는 수명법관에 의하여 진행되는 변론준비기일에서 실질적인 변론이 행해진다면 직접심리주의와 공개심리주의 원칙에 어긋날 우려가 있으므로, 변론기일지정을 원칙적인 사건관리방식으로 함으로써 변론기일중심의 재판을 구현하고, 직접심리주의·공개심리주의를 실현하며, ② 당사자가 법관을 조기에 대면하지 못하여 분쟁의 신속한 해결이 지연될 우려가 있으므로, 법관이 신속하게 당사자를 만나도록 하여 신속한 재판을 구현하고 분쟁을 조기에 종결하도록 하기 위한 것이라고 설명하고 있다. 2008. 12. 법원행정처 사법정책실 민사소송법개정안 설명자료.
3) 성급하게 서둘러 개정했다는 지적으로는, 이시윤, 389쪽; 정영환, 610쪽.

집중심리방식의 큰 틀을 유지하면서 세부적인 방법론에서 차이가 나는 변화로 이해할 수 있다는 입장에서 법 258조 1항의 본문과 단서를 원칙과 예외로 이해하기보다는 사건의 성격에 따른 선택사항으로 이해할 수 있다는 견해가 있으나,[1] 2008년 개정법은 집중심리주의의 운영방식에 관한 기본적인 틀을 바꾼 것으로, 법문의 구조 및 법 개정의 취지나 배경에 비추어 보더라도 원칙과 예외의 관계로 봄이 상당하고, 실무례도 마찬가지이다.[2] 신법이 채택한 이러한 **변론준비절차 중심주의**는 오랫동안 집중심리주의의 가장 바람직한 소송모델(신모델)을 개발하고 운영한 성과를 반영하여 입법화된 것으로 변론준비절차는 효율적이고 집중적인 심리의 기본절차이다. 그런데도 불구하고 신법이 시행된 지 6년 여 남짓 만에 법 자체를 개정하여 소송절차의 근본틀을 바꾼 것은 옳은 처사라고 보기 어렵다.

(2) 변론준비절차에 부치는 경우

1) 비록 원칙적이지는 않지만 변론준비절차에 부칠 때에는 피고의 답변서가 제출되는 대로 바로 변론준비절차에 부쳐야 한다[법원의 결정이 아닌 재판장의 직권으로 한다(법 258조 1항 단서, 규칙 69조 3항)].[3] 재판장은 답변서가 제출된 단계에서 사건을 검토하여 사건의 처리방향을 결정해야 한다.[4] 통상 ① 쟁점과 주장 내용이 복잡하거나 방대한 사건, ② 전문적인 분야나 새로운 형태의 법률관계에 관한 사건, ③ 주장 자체가 불분명하거나 서로 모순되는 사건, ④ 증거가 많고 복잡하

---

1) 설범식, "한국법원에 있어서 구술심리 강화와 사건관리방식의 변화," 민사소송 14권 2호 (2010. 11.), 448쪽.

2) 법원실무제요 민사소송(2), 1077쪽 · 1078쪽.

3) 사건을 변론준비절차에 부칠 경우에는 별도의 재판서를 작성할 필요가 없고, **소송기록표지 이면**의 **변론준비절차란**에 회부일자를 적고 재판장이 날인한다. 변론준비절차 회부명령은 당사자에게 별도로 고지하지 않고, 양쪽 당사자에게 '사건을 변론준비절차에 부쳤다'는 문구가 기재된 준비명령을 송달함으로써 갈음한다. 재판예규 제1857호 '사건관리방식에 관한 예규'(재일 2001-2, 2023. 9. 14. 개정, 2023. 10. 19. 시행) 10. 가.

4) 변론준비절차를 거칠 것인지 여부를 판단할 사건관리전담부의 강화가 필요하다는 견해가 있다. 홍기문, "한국에 있어서 집중심리방식의 현황," 법학논총(전남대학교 법률행정연구소) 30집 1호(2010. 4.), 417쪽. 그러나 어떤 사건관리방식에 의하여 사건을 처리할 것인지에 관한 사건관리부(일명 문지기 재판부)의 설치도 실패했음을 유의할 필요가 있다. 민사단독사건 중 소액사건을 제외한 사건에 대하여 1차적으로 배당을 받아, 간이한 사건은 직접 처리하고, 그 밖에 쟁점이 복잡한 사건은 본안재판부에 재배당하여 본안재판부가 구술변론을 집중적으로 실시하기 위하여 2006년 도입된 사건관리부가 서울중앙지방법원 등 일부법원에서 시범적으로 운영되었으나, 제대로 뿌리를 내리지 못하고 서울중앙지방법원의 경우 점차 사건관리부를 줄여나가다가 2010. 4. 이를 폐지했다. 법률신문 2010. 3. 6.자 1쪽. 한편 재판예규 제1057호 '사건관리부 시범실시에 관한 예규'(재민 2006-4, 2006. 2. 15. 제정)는 재판예규 제1313호로 2010. 7. 6. 폐지되었다.

여 증명계획 등을 사전에 협의할 필요가 있는 사건 등의 경우에는 변론준비절차에 부칠 수 있다.[1]

변론절차에 들어간 뒤에도 특별한 사정이 있는 때(청구의 변경, 반소제기, 소송참가 등)에는 새로 변론준비절차에 부칠 수 있다. 항소심에서도 변론준비절차에 부칠 수 있다. 특히 항소이유 중심의 쟁점정리의 필요가 있는 경우에 그렇다(법 408조). 물론 사실심리를 하지 않는 상고심에서는 변론준비절차가 있을 수 없다.

2) 사건을 변론준비절차에 부칠 필요가 있는 경우(법 258조 1항 단서) 재판장은 사건의 **신속한 진행**을 위하여 필요한 때에는 ① 사건을 변론준비절차에 부침과 동시에 **변론준비기일**을 정하고, ② **기간**을 정해 당사자로 하여금 준비서면, 그 밖의 서류를 제출하게 하거나 당사자 사이에 이를 교환하게 하고 주장사실을 증명할 증거를 신청하게 할 수 있다(규칙 69조 3항).

3. 변론준비절차의 진행

(1) 일 반

1) 변론준비절차는 재판장이 진행함을 원칙으로 하나, 합의사건에서는 수명법관·수탁판사에게 맡길 수 있다(법 280조 2항 내지 4항, 이 경우 재판장 또는 수명법관·수탁판사를 '**재판장 등**'이라 한다). 재판장 등은 변론준비절차에서 쟁점과 증거의 정리, 그 밖에 효율적이고 신속한 변론진행을 위한 준비가 완료되도록 노력해야 하며, 당사자는 이에 협력해야 한다(규칙 70조 1항). **재판장 등**은 당사자와 변론의 준비와 진행 및 변론에 필요한 시간에 관한 **협의**를 할 수 있으며(규칙 70조 3항), **준비서면**의 제출횟수·분량·제출기간 및 양식에 관한 협의를 할 수 있다. 이에 관한 합의가 이루어진 경우 당사자는 그 합의에 따라 준비서면을 제출해야 한다(규칙 70조 4항). **당사자**도 상대방과 협의를 할 수 있다. 재판장 등은 당사자에게 변론 진행의 준비를 위하여 필요한 협의를 하도록 권고할 수 있다(규칙 70조 2항). 재판장 등은 이러한 **협의**를 기일을 열거나, 당사자의 의견을 들어 양쪽 당사자와 음성의 송수신에 의하여 **동시에 통화**를 하거나 **인터넷 화상장치**를 이용하여 이러한 협의를 할 수 있다(규칙 70조 5항).

2) 변론준비절차에서 **재판장 등**은 증거신청을 받고, 쟁점정리를 위하여 필요한 경우 **증거채택 여부를 결정**(증거결정)하고(법 281조 1항), 그 범위 안에서 증인

[1] 재판예규 제1857호 '사건관리방식에 관한 예규'(2023. 9. 14. 개정, 2023. 10. 19. 시행) 9. 다.

신문과 당사자신문을 **제외한** 모든 증거조사를 할 수 있다(법 281조 3항). 합의사건인 때에는 변론준비절차에서의 **증거결정**에 대하여 당사자는 **이의신청**을 할 수 있고 이에 대하여 **법원**이 결정으로 재판한다(법 281조 2항, 138조). 변론준비절차의 방식에는 **서면방식**(서면에 의한 변론준비절차)과 **기일방식**(변론준비기일)이 있다.

(2) 서면에 의한 변론준비절차

서면에 의한 변론준비절차는 기간을 정하여 준비서면, 그 밖의 서류를 제출·교환하게 하고 증거를 신청하게 하는 방법으로 진행한다(법 280조 1항). 서면에 의한 변론준비절차는 서면공방으로 쟁점을 정리하는 절차이다. 위 기간은 재정기간이지만, 그 기간 내에 준비서면 등을 제출하지 않거나 증거신청을 하지 않으면 변론준비절차를 종결하고 변론절차로 들어갈 수 있다(법 284조 1항 2호, 2항). 서면에 의한 변론준비절차를 진행하는 경우 재판장 등은 법원사무관 등으로 하여금 그 이름으로 준비서면, 증거신청서 및 그 밖의 서류의 제출을 촉구하게 할 수 있다(**2015. 1. 28. 개정·시행** 규칙 70조의3 1항). 서면에 의한 변론준비절차에 부쳐진 뒤에는 **4월**을 넘어설 수 없다(법 282조 2항).

(3) 변론준비기일

(a) 의   의

재판장 등은 변론준비절차를 진행하는 동안에 주장 및 증거를 정리하기 위해 필요하다고 인정하는 때에는 변론준비기일을 열어 당사자를 출석하게 할 수 있다(법 282조 1항). 변론준비기일을 열었을 때에는 원칙적으로 서면에 의한 변론준비절차를 합쳐서 **6월**을 넘어설 수 없는 기간의 제약이 있다(법 284조 1항 1호).

(b) 진행내용

당사자는 변론준비기일이 끝날 때까지 변론의 준비에 필요한 주장과 증거를 정리하여 제출해야 한다(법 282조 4항). 당사자는 이미 제출한 소장, 답변서, 준비서면을 진술할 수 있다. 이러한 진술을 했다고 하더라도 변론기일에서 변론준비기일의 결과를 진술함으로써 비로소 변론이 된다. 재판장 등은 석명권의 행사, 석명준비명령, 석명처분 등 필요한 처분을 하여 **쟁점정리**에 모든 노력을 해야 한다(법 282조 5항, 286조, 규칙 70조 1항).

■ 변론준비기일에서의 심증형성의 개시 문제

(1) 변론준비기일 단계에서의 심증개시의 성격

변론준비기일 단계에서 재판장 등의 심증(心證)형성은 변론기일을 거치지 않은 초기의 것으로서 심증형성 자체가 불완전하거나 미성숙하므로, 엄격한 의미에서 자유심증주의하에서의 변론이 종결된 뒤 변론 전체의 취지와 증거조사의 결과를 참작한 종국적인 심증과는 거리가 있을 수밖에 없다. 비록 변론준비기일에서 심증을 개시(開示)할 수 있다 하더라도 이는 잠정적이고 발전적인 심증의 노출로서, 이후 심리에서 고려할 요소에 대한 사전적(事前的) 제시라고 볼 수 있다.

(2) 변론준비기일에서의 심증개시의 정도

변론준비기일에서의 확정적 심증개시는 허용되지 않는다. 변론준비기일에서의 이러한 심증개시는 당사자 사이에 유·불리한 점을 균형 있게 지적하는 형태로, 가능한 한 탄력성 있게 행해져야 한다. 불필요하고 부적절한 심증개시는 당사자로 하여금 법원이 사건에 대한 예단(豫斷)을 가지고 있는 것으로 오해하게 할 수 있으며, 법원의 입장에서도 이미 개시된 심증과 다른 심증을 변론과정을 통하여 형성하는 경우 당사자가 납득할 수 있는 재판에 사실상 제약을 받을 수 있기 때문이다.[1]

(c) 진행방식

1) 변론준비기일은 공개법정이 아닌 준비절차실 또는 심문실에서 진행한다.[2] 변론준비기일에는 당사자가 말로 변론의 준비에 필요한 주장과 증거를 정리하여 진술하거나, 법원이 당사자에게 말로 해당사항을 확인하여 정리해야 한다(규칙 70조의2).

2) 재판장 등은 **상당하다고 인정**하는 때에는 당사자의 신청을 받거나 동의를 얻어 **비디오 등 중계장치**에 의한 중계시설을 통하거나 **인터넷 화상장치**를 이용하여 변론준비기일을 열 수 있다. 이 경우 원격영상신문절차에 의한 증인신문방식이 준용된다(**2021. 8. 17. 개정, 2021. 11. 18. 시행** 법 287조의2 1항·3항).[3]

---

1) 김홍엽, "민사소송에 있어서 신모델 방식의 운용상의 문제점," 민사신모델 시행평가와 개선방안(재판자료 106집, 2005. 7.), 94쪽.

2) 변론준비기일이 공개법정이 아닌 곳에서 실시된다고 하여 공개심리주의에 반하는 것이 아니다. 변론준비기일은 변론의 준비를 위하여 열리는 것으로 변론준비기일의 결과는 변론기일에서 진술(변론에의 상정)할 뿐만 아니라, 법관의 심증형성에 결정적인 증인 등 증거조사는 공개된 법정에서 실시하기 때문이다. 이호원, "민사소송법(소송절차편) 개정사항에 관한 소고 ─쟁점정리절차를 중심으로─," 민사재판의 제문제 10권(2000. 4.), 894쪽 이하; 조관행, "집중심리를 위한 변론준비절차: 개정민사소송법을 중심으로," 민사소송 5권(2002. 2.), 210쪽 이하.

3) 재판장 등이 재난 등 상황에서 당사자가 법정에 직접 출석하기 어려운 특별한 사정이 있는 때에 국민의 재판을 받을 권리를 실질적으로 보장하기 위하여 모든 당사자의 동의를 얻어 변

3) 변론준비기일에는 **변론준비기일조서**를 작성한다. 변론준비기일조서에는 당사자의 진술에 따라 공격방어방법 및 상대방의 청구와 공격방어방법에 대한 진술에 관한 사항, 변론준비절차의 시행결과를 적어야 한다. 이 경우 특히 증거에 관한 진술을 명확히 해야 한다(법 283조 1항, 규칙 71조 1항). 변론준비기일조서는 변론조서의 규정을 준용한다(법 283조 2항, 규칙 71조 2항).

(d) 당사자 불출석의 경우

1) 당사자가 변론준비기일에 불출석한 때에는 재판장 등은 변론준비절차를 종결해야 함이 원칙이나, 변론의 준비를 계속해야 할 상당한 이유가 있을 때에는 종결함이 없이 진행시킬 수 있다(법 284조 1항 3호).

2) **한쪽 당사자**가 변론준비기일에 불출석한 때에는 진술간주와 자백간주의 법리를 준용한다(법 286조·148조·150조). 변론기일에서와 달리 변론준비기일에 출석한 당사자는 상대방이 불출석한 경우 준비서면으로 예고하지 않은 사항도 진술할 수 있음은 이미 살펴본 바와 같다. **양쪽 당사자**가 변론준비기일에 불출석한 때에는 다시 기일을 정하여 양쪽 당사자에게 통지해야 하며, 계속적으로 불출석하는 때에는 변론기일에 양쪽 불출석의 경우처럼 **소취하간주**의 법리가 준용된다(법 286조·268조). 다만 변론준비기일에서의 불출석의 효과는 변론기일에 **승계되지 않으므로** 변론준비기일에 1회, 변론기일에 2회 불출석으로 곧 소취하간주가 되지는 않는다.

▣ **변론준비기일과 변론기일이 일체성을 갖는지 여부**

재판장이 예외적으로 변론준비절차에 부쳐서 변론준비기일을 여는 경우 변론준비기일과 그 후 열리는 변론기일이 일체성을 갖는지가 문제된다.

(1) **변론준비기일과 변론기일의 차이점**

변론준비기일이 변론기일과 밀접한 관련성을 갖고 유사한 기능을 수행하는 점을 부정할 수 없으나, 변론준비기일은, ① 수소법원 아닌 재판장 등에 의하여 진행되는 점, ② 변론기일과 달리 비공개로 진행될 수 있어서 직접심리주의와 공개심리주의가 후퇴되는 점, ③ 변론기일에서는 사건과 당사자의 부름에 의하여 개시된 기일에 양쪽 당사자의 불출석이 밝혀진 이상 양쪽 불출석의 효과가 발생하여 이에 따라 처

론준비기일에서 영상재판을 열 수 있도록 **2020. 6. 1. 개정·시행 민사소송규칙**(70조 6항)에 이에 관한 규정을 두었으나, 2021. 8. 17. 민사소송법 개정에 따라 민사소송법에 이러한 규정을 둠으로써 민사소송규칙의 위 규정은 **삭제**되었다.

리해야 하는 데에 비하여, 변론준비기일에서 양쪽 당사자의 불출석이 밝혀진 경우
재판장 등은 양쪽의 불출석으로 처리하여 새로운 변론준비기일을 지정하는 외에도
당사자 불출석을 이유로 변론준비절차를 종결할 수 있는 점(법 284조 1항 3호) 등
에서 변론기일과 다르다.

(2) 변론준비기일 불출석과 변론기일에의 승계 여부

변론준비기일은 변론기일에 앞서 주장과 증거를 정리하기 위하여 진행되는 변론
전 절차에 불과할 뿐이어서 변론기일의 일부라고 볼 수 없고, 변론준비기일과 그
이후에 진행되는 변론기일이 **일체성**을 갖는다고 볼 수도 없다. 따라서 변론준비기
일에서 양쪽 당사자 불출석의 효과는 변론기일에 승계되지도 않는다.[1]

4. 변론준비절차의 종결

(1) 의   의

변론준비절차에서 주장과 증거가 제대로 정리되어 쟁점이 뚜렷이 된 것으로
인정되는 때에는 변론준비절차를 종결한다(법 284조 1항). 이 경우 재판장 등은 변
론기일을 미리 지정할 수 있다(법 284조 2항).

(2) 변론준비기일 종결의 효과로서의 실권효

1) **변론준비기일 종결**의 효과로서 **실권효**를 들 수 있다. 실권효란 변론준비기
일에 제출하지 않은 공격방어방법은 원칙적으로 그 뒤 변론에서 제출하지 못한다
는 효과를 말한다(법 285조 1항). 제 1 심에서의 변론준비절차는 항소심에서도 그
효력을 가지므로(법 410조) 실권효는 **항소심**에서도 유지된다.

2) 이러한 실권효는 **직권탐지주의**에서는 적용이 없다. 실권효는 **서면에 의한
변론준비절차**로 종결한 사건에 대해서도 적용이 없다.[2]

3) 변론준비기일에서 제출하지 않은 공격방어방법이라도 변론에서 제출이 허
용되는 **예외적** 경우로는, ① 직권조사사항, ② 제출해도 현저하게 소송을 지연시
키지 않을 사항, ③ 중대한 과실 없이 변론준비절차에서 제출하지 못했다는 것을
소명한 사항, ④ 소장 또는 변론준비절차에 부쳐지기 전에 제출한 준비서면에 적

---

1) 대판 2006. 10. 27. 2004다69581; 민유숙, "변론준비기일에서 양쪽 당사자 불출석의 효과가
변론기일에 승계되는지 여부," 대법원판례해설 63호(2006년 하반기), 340쪽 이하.

2) 서면에 의한 변론준비절차방식과 변론준비기일방식이 소송절차상 동일한 위치를 차지하는
것으로 파악할 경우 서면에 의한 변론준비절차가 종결되면 변론준비기일의 경우와 동일한
실권효를 부여함이 상당하다는 견해로는, 이호원, "민사소송법(소송절차편) 개정사항에 관한
소고 —쟁점정리절차를 중심으로—," 민사재판의 제문제 10권(2000. 4.), 910쪽 이하.

힌 사항[다만 이에 해당되어도 변론준비절차에서 철회·변경된 때에는 변론에서 제출하지 못한다] 등이 있다(법 285조 1항·3항).

4) 앞서와 같이 2008. 12. 26. 개정법에 의해 기존의 변론준비절차의 효용이 상당히 반감되기는 했으나, 예외적으로 변론준비절차를 거친 사건 가운데 **변론준비기일의 방식에 의한 변론준비절차**를 거친 사건의 경우에는 보다 적극적으로 실권효를 적용해야 할 필요가 있다.[1]

5. 변론준비절차 뒤의 변론절차의 운영

(1) 변론기일의 지정과 변론에의 상정

재판장은 변론준비절차가 끝난 경우에는 바로 변론기일을 정해야 한다(법 258조 2항). 변론준비기일을 거친 경우 변론기일을 지정하는 때에는 당사자의 의견을 들어야 한다(규칙 72조 2항). **변론준비기일**을 거친 경우에는 변론기일에서 **변론준비기일의 결과를 진술**해야 한다(법 287조 2항). **전자소송**에서 변론준비기일 결과의 진술방법에 관해서는 민사소송 등에서의 전자문서 이용 등에 관한 규칙 30조 4항에 따른다. 이러한 진술은 **변론에의 상정**(上程)을 의미한다. 이로써 변론준비기일의 결과는 **소송자료**가 된다. 단순히 조서에 '변론준비기일의 결과 진술'이라고만 기재하는 정도로 형식적인 변론에의 상정에 그칠 것이 아니라, 변론준비기일에서 정리한 쟁점과 증거의 신청 및 조사결과를 **실질적**으로 상정해야 한다. 변론준비기일 결과의 진술은 당사자가 정리된 쟁점 및 증거조사 결과의 요지 등을 진술하거나, 법원이 당사자에게 해당사항을 확인하는 방식으로 할 수 있다(규칙 72조의2). 한편 **서면에 의한 변론준비절차**를 마친 경우에는 변론기일에서 소장, 답변서, 준비서면에 따라 변론한다.

(2) 원칙적 1회 변론기일방식의 변론절차

법원은 변론준비절차를 거친 경우에는 변론기일을 거친 뒤 바로 변론을 종결할 수 있도록 해야 한다. 변론준비절차를 거친 경우에는 그 심리에 2일 이상이 소요되는 때에는 가능한 한 종결에 이르기까지 매일 변론을 진행해야 한다. 특별한 사정이 있는 경우에도 가능한 최단기간 안의 날로 다음 변론기일을 지정해야 한다(규칙 72조 1항). 이에 따라 지정된 변론기일은 사실과 증거에 관한 조사가 충분하지 않다는

---

1) 김홍엽, "민사소송의 제 1 심 강화를 위한 실효적 방안의 모색," 성균관법학(성균관대학교 법학연구소) 23권 3호(2011. 12.), 50쪽.

이유로 변경할 수 없다(규칙 72조 3항). 법원은 변론기일에 변론준비절차에서 정리된 결과에 따라서 바로 증거조사를 해야 한다(법 287조 1항·3항). 여기서 바로 해야할 증거조사는 **증인신문**과 **당사자신문**을 의미한다(**증거조사의 집중**, 법 293조).

제4절 변론의 내용

제1관 총 설

변론이란 좁은 의미로는 **당사자**가 변론기일에 소송자료(사실과 증거)를 제출하는 소송행위를 말한다. 보다 넓게는 당사자의 이러한 소송행위 외에 **법원의** 증거조사, 소송지휘, 판결의 선고까지 포함하는 의미로 사용된다. 변론은 주로 본안의 신청, 주장, 증거신청으로 이어진다. 변론은 원칙적으로(변론준비기일이 열리지 않은 경우에는) 원고의 소장 진술로써 시작된다. 변론은 **당사자**가 말로 중요한 사실상 또는 법률상 사항에 대하여 **진술**하거나, **법원**이 당사자에게 말로 해당사항을 **확인**하는 방식으로 한다(규칙 28조 1항). **전자소송**에서의 변론은 컴퓨터 등 정보처리능력을 갖춘 장치에 의하여 **전자문서**를 현출한 화면에서 필요한 사항을 지적하면서 할 수 있다(민전규 30조 1항·2항). 한편 공격방어방법 등이 음성·영상 등 **멀티미디어 방식의 자료**로 전자소송시스템에 의하여 제출된 경우(민전규 13조) 이에 따른 변론은 컴퓨터 등 정보처리능력을 갖춘 장치에 의하여 재생되는 음성이나 영상 중 필요한 부분을 청취 또는 시청하는 방법으로 한다(민전규 30조 3항).

법원은 변론에서 당사자에게 **중요한** 사실상 또는 법률상 쟁점에 관하여 의견 진술의 기회를 주어야 한다(규칙 28조 2항).

Ⅰ. 본안의 신청

본안의 신청은 소송물이나 재판의 내용에 관한 신청으로 종국판결에서 판단한다(법 198조). 한편 소송비용부담 및 가집행선고는 직권으로 심판한다(법 104조·213조). 소각하판결이나 청구기각판결을 구하는 피고의 신청은 이에 의하여 소송물이나 재판내용이 결정되는 것이 아니므로 본안의 신청이 아니라 **소송상 신청**이다.

Ⅱ. 공격방어방법

1. 의   의

변론주의하에서는 당사자가 신청을 뒷받침하기 위해 제출하는 소송자료를 **공격방어방법**이라고 한다. **공격방법**은 원고가 자기의 청구를 이유 있게 하기 위해 제출하는 소송자료이며, **방어방법**은 피고가 원고의 청구를 배척하기 위해 제출하는 소송자료이다.[1] 공격방어방법은 법률상·사실상 주장 및 증거신청을 그 주된 내용으로 하나, 그 밖에 증거항변, 개개의 소송행위의 효력·방식의 당부에 관한 주장도 이에 포함된다. 공격방어방법은 소송물의 존부판단에 필요한 자료이므로 소송물 자체와 달리 소송계속의 효과나 기판력이 미치지 않는다. 공격방어방법의 제출시기는 적시제출주의에 의한다.

2. 주   장

주장은 법률상 주장과 사실상 주장으로 나누어진다. 주장은 말로 하여야 한다. 주장은 상대방이 불출석한 경우에도 할 수 있다.

(1) 법률상 주장

1) 법률상 주장은 법규의 존부·내용 또는 그 해석적용에 관한 의견진술[이를 '**법률상 의견**'이라 한다(**넓은 의미의 법률상 진술**)]을 하거나, 구체적인 권리관계의 존부나 개개의 법률효과의 발생·변경·소멸에 관한 당사자의 법률적 판단을 법원에 보고하는 진술[이를 '**권리주장**'이라 한다(**좁은 의미의 법률상 진술**)]을 하는 것을 말한다. 법률상 주장은 법원을 구속하지 않는다. 법률상 주장에 대하여 상대방이 다투는 경우 그 주장을 하는 당사자는 이를 뒷받침할 사실을 주장해야 한다. 법률상 주장에 대하여 상대방이 이를 시인하는 경우(이를 **권리자백**이라 한다) 원칙적으로 구속력이 없다. 다만 소송물인 권리관계 자체에 대한 법률상 주장을 시인하는 때에는 권리자백이지만 청구의 포기·인낙이 되어 구속력이 인정된다(법 220조).

---

1) 이러한 구별은 제출자의 입장 차이에서 비롯한 것으로 내용상 차이가 없다. 법원실무제요 민사소송(2), 950쪽.

▣ **상식적인 법률상 용어의 사용과 법률상 진술**

　당사자의 진술이 법률상 용어를 사용했으나 상식적인 용어로 사용되는 경우 이러한 진술을 법률상 진술로 볼 수 있는지에 관하여 논의가 있다. 실제 소송에서 당사자가 '매매', '임대차' 또는 '소비대차'라는 법률상 명칭을 사용하는 경우가 있더라도 이는 매매, 임대차 또는 소비대차를 이루고 있는 요건사실을 구체적으로 진술하는 대신에 상식적인 용어로 사용되는 단순한 법률상 용어로 **압축하여 표현**한 것에 불과하므로, 사실에 관한 진술로 볼 수도 있다. 따라서 '소유권자'라는 진술 또한 소유권의 내용을 이루는 사실에 대한 진술로 볼 수 있으므로 어느 물건이 누구의 '소유인 사실'에 관하여 자백이 성립될 수 있다.[1]

　　2) 원래 변론주의의 원칙이 적용되는 민사소송에서 당사자는 원칙적으로 소송물인 권리 또는 법률관계의 존부를 판단함에 기초가 되는 사실관계만을 공격 또는 방어방법으로서 진술하면 충분하다. 당사자 주장의 사실관계에 실체법규를 적용할 경우에 과연 법률효과가 발생하는지, 나아가 그 법률효과의 내용은 무엇인지 하는 판단은 법률의 적용에 의한 판단으로서 법원의 전권(專權)에 속하는 것이기 때문이다.[2] 다만 **구소송물이론**에 따르면 소송물인 특정한 권리 또는 법률관계의 존부에 관한 주장을 해야 하므로, 이를 이유 있게 하기 위한 공격방법인 법률상 진술이 원고에 의하여 주장될 필요가 있게 된다. 예컨대 동일한 사실관계로부터 2개 이상의 청구권이 **경합적**으로 발생하는 경우 법률상 주장을 하는 것은 그 **청구를 특정**함에 필요한 요소가 되므로 법원은 그 주장에 구속된다. 마찬가지로 피고가 항변을 하는 경우에도 원고의 권리관계가 어떤 이유로 불발생 또는 소멸했는지에 관하여 법률상 주장을 하게 된다. 이에 반하여 **신소송물이론**에 따르면 이러한 주장은 법률적 관점에 관한 주장에 불과하여 법원을 구속하지 않는다.

(2) 사실상 주장

　1) 사실상 주장은 구체적 사실의 존부에 대하여 당사자의 지식이나 인식을 진술하는 것을 말한다. 당사자 주장의 사실은 주요사실·간접사실·보조사실로 구별된다. 변론주의하에서는 주요사실에 관한 한 변론에서 주장되지 않았으면 판결의 기초로 할 수 없다. 당사자는 일단 사실상 주장을 했더라도 사실심 변론종결시까지 이를 임의로 철회·정정할 수 있다. 다만 자기에게 불리한 주요사실에 관한 사

---

1) 대판 1989. 5. 9. 87다카749.

2) 대판 1981. 6. 9. 79다62.

실상 진술이 상대방의 진술과 일치하면 **재판상 자백**이 되어 취소요건을 갖추어야 취소할 수 있다.

2) 당사자의 사실상 주장에 대하여 **상대방**은, ① 이를 부정하는 진술인 **부인**, ② 이를 알지 못한다는 진술인 **부지**[부인으로 추정한다(법 150조 2항)], ③ 이를 시인하는 진술인 **자백**[자백한 경우 이를 재판의 기초로 해야 한다(법 288조 본문)]을 하든지, ④ 이를 명백히 다투지 않는 **침묵**[변론 전체의 취지로 보아 다툰 것으로 인정될 경우를 제외하고는 자백한 것으로 간주된다. 당사자가 불출석한 경우에도 침묵에 준하여 자백으로 간주된다(법 150조 1항·3항)]을 할 수 있다.

▣ 부인과 부지의 차이

　당사자의 사실상 주장에 대하여 상대방이 다투는 방법으로는 부인과 부지가 있다. **부인**은 **자기가 관여한 것**으로 주장된 경우에 그런 사실이 없다고 다투는 것을 말하며, **부지는 자기가 관여하지 않은 것**으로 주장된 경우에 그런 사실은 알지 못한다고 다투는 것을 말한다.[1]

---

3) 사실상 주장은 절차의 불안정을 피하기 위하여 조건이나 기한을 붙일 수 없으나, 하나의 주장이 배척될 것을 염려하여 다른 주장을 가정적으로 하는 **가정적 주장(예비적 주장)**은 허용된다. 이 경우 법원은 어느 것을 선택해 당사자를 승소시켜도 무방하다. 다만 **상계항변**은 통상 예비적 항변의 성질을 지니므로 최후에 판단해야 한다. 상계항변에는 판결확정시 기판력이 생기고(법 216조 2항), 피고의 반대채권(자동채권)을 희생시켜야 하는 출혈적(出血的) 항변이기 때문이다. 건물의 소유를 목적으로 한 토지임대차계약의 종료(기간만료)에 따라 임대인이 제기한 건물철거소송에서 임차인인 피고가 하는 **건물매수청구권 행사의 항변**도 마찬가지로 최후에 판단해야 한다.

(3) 부인의 모습

상대방이 하는 부인에는 상대방의 주장사실이 진실이 아니라고 한마디로 부정하는 **직접부인(소극부인·단순부인)**과 상대방의 주장사실과 양립되지 않는 사실

---

1) 진실의무에 기초하여, 소송당사자의 무책임한 부지 진술을 제한하고 스스로 행하거나 직접적으로 관여한 사실에 대한 합리적 조사의무를 부담시키기 위해서는 법률상 근거를 두는 것이 바람직하다는 견해로는, 윤정운, "민사소송에서의 진실의무에 관한 연구," 사법논집 75집 (2022년), 138쪽.

을 적극적으로 진술하며 상대방의 주장을 부정하는 **간접부인(적극부인·이유부부인)**[이 점에서 원고의 주장사실이 진실임을 전제로 이와 논리적으로 양립할 수 있는 진술을 하는 항변과 차이가 있다]이 있다. 피고의 **답변서**에는 원고의 소장상 청구원인에 대한 구체적인 진술을 적어야 하므로(규칙 65조 1항), 청구원인사실의 전부부인과 같은 직접부인(단순부인)은 허용되지 않는다.

3. 증거신청

증거신청은 다툼이 있는 사실(상대방이 부인이나 부지로 답변한 사실)에 대해 법관으로 하여금 사실상 주장이 진실이라는 확신을 얻게 하기 위한 행위이다. 증거신청은 법원에 의한 증거조사가 개시되기 전까지는 임의로 철회할 수 있다. 증거신청에 대하여 상대방은 증거항변으로 대응할 수 있다.

Ⅲ. 항 변

1. 의 의

피고가 원고의 청구를 배척하기 위하여 소송상 또는 실체상 이유를 들어 적극적인 방어를 하는 것을 널리 **항변**이라고 한다. 소송절차에 관한 항변인 **소송상 항변**과 청구기각을 목적으로 한 실체관계에 관한 항변인 **본안의 항변**으로 나누어진다. 넓은 의미의 항변은 양자를 포함하나, 좁은 의미의 항변은 후자인 본안의 항변만을 가리킨다. 소송상 항변은 실체법상 효과에 관계없는 항변으로, ① 원고가 제기한 소에 소송요건의 흠이 있어 소가 부적법하므로 소각하판결을 해달라는 피고의 주장인 **본안전 항변**과, ② 상대방의 증거신청에 대하여 채택하지 말아달라는(적법하지 않다고 하여 각하결정을, 관련성이 없는 등 필요하지 않다고 하여 기각결정을 해달라는) 진술, 또는 증거력(실질적 증거력)이 없다는 취지로 증거조사결과를 채택하지 말아달라는 진술인 **증거항변**이 있다.

소송요건의 대부분은 법원의 **직권조사사항**에 속하는 것이므로 피고의 주장을 기다려 고려할 사항이 아니기 때문에, 이러한 피고의 본안전 항변은 엄밀한 의미의 항변이 아니라 법원의 직권발동을 촉구하는 의미밖에 없다. 예컨대 무권대리의 항변, 소송계속의 항변, 기판력의 항변[다만 원고가 전소에서 패소확정판결을 받은 경우 기판력 있는 확정판결의 존재는 소송요건이 아니나 역시 직권조사사항이다] 등이 그것이다. 본안전 항변 가운데 임의관할 위반, 소송비용 담보제공, 부제소합의[판례는 부제소합의를 직권조사사항으로 본다],[1] 중재합의 등의 **방소항변**은 예외적으로 피고의 주장을 기다려 고려하므로, 진정한 의미의 항변이다.

2. 본안의 항변

(1) 의   의

본안의 항변은 실체법상 효과에 관계있는 항변으로, 원고의 청구를 배척하기 위하여 원고의 주장사실이 진실임을 전제로 하여 이와 양립가능하며 자신에게 증명책임이 있는 별개의 주요사실에 대하여 피고가 하는 사실상 진술을 말한다. 원고가 **권리근거규정**의 주요사실을 주장함에 대하여 피고가 그 **반대규정**의 주요사실을 주장하는 것이다.

▣ **부인과 항변의 구별실익**

① **증명책임의 부담**: 부인의 경우 부인당한 사실은 상대방에게 증명책임이 있지만, 항변의 경우에는 항변한 사실은 그 제출자인 자신에게 증명책임이 있다. ② **판결이유에서의 판단의 필요성**: 부인의 경우 판결이유에서 이를 판단할 필요가 없으나, 항변의 경우에는 항변이 이유 없다면 판결이유에서 반드시 이를 배척하는 판단을 해야 한다. 이러한 판단을 하지 않은 경우에는 판단누락의 위법이 있게 된다. ③ **청구원인사실의 구체적 주장의 필요성**: 부인의 경우 원고가 청구원인사실을 구체적으로 밝혀야 하나, 항변의 경우에는 원고가 이를 구체적으로 밝힐 필요가 없다.[2] ④ **상대방의 사실상 주장에 대한 인정 여부**: 부인의 경우 상대방의 주장을 인정하지 않는다면 반드시 부인을 해야 하나, 항변의 경우에는 상대방의 주장을 인정하지 않는다고 하더라도 반드시 항변을 해야 하는 것은 아니다.[3]

---

(2) 제한부자백과 가정항변(예비적 항변)

항변의 종류는 **주장의 형태**에 따라 원고의 주장사실을 인정하면서 양립가능한 별개의 사실을 진술하는 **제한부자백**과 원고의 주장사실을 일단 다투면서(가사 원고의 주장사실이 인정된다 하더라도) 예비적으로 항변하는 **가정항변(예비적 항변)**으

---

1) 대판 2013. 11. 28. 2011다80449.
2) 이시윤, 406쪽.
3) 정동윤·유병현·김경욱, 487쪽; 송상현·박익환, 325쪽. 다만 이와 같은 택일성 유무는 부인과 항변의 구별기준으로 보기가 애매하다는 견해로는, 정영환, 633쪽.

로 나눌 수 있다.

(3) 권리장애 · 소멸 · 저지적 항변

권리근거규정에 대한 **반대규정의 성질**에 따라, ① 권리장애적 항변, ② 권리소멸적 항변, ③ 권리저지적 항변으로 나눌 수 있다.

(a) 권리장애적 항변

권리장애적 항변이란 권리근거규정에 기한 권리발생을 애당초부터 방해하는 **권리장애규정**의 요건사실(**권리장애사실**)을 주장하는 것을 말한다. 이러한 사실은 권리근거규정의 요건사실에 해당하는 권리근거사실이 생김과 동시에 또는 그 이전에 존재해야 한다. 예컨대 ① 선량한 풍속 그 밖의 사회질서 위반(민 103조), 불공정한 법률행위(민 104조), 통정허위표시(민 108조) 등 **무효사유 존재**의 항변, ② 원시적 이행불능의 항변, ③ 소송행위를 하게 하는 것을 주된 목적으로 하는 신탁, 또는 채권양도(신탁 6조, 또는 신탁 6조의 유추적용)의 항변, ④ 비채변제에서 변제자의 악의(민 742조)에 관한 항변 등이 있다.

(b) 권리소멸적 항변

권리소멸적 항변이란 권리근거규정에 기하여 일단 발생한 권리를 소멸시키는 **권리소멸규정**(권리멸각규정)의 요건사실(**권리소멸사실**)을 주장하는 것을 말한다. 이러한 사실은 보통 권리근거사실보다 후에 생긴다는 점에서 권리장애사실과 구별된다. 예컨대 ① **채권의 소멸원인**(변제, 해제조건의 성취, 소멸시효의 완성,[1] 경개, 후발적 이행불능 등)의 항변, ② 해제 · 해지권, 취소권, 상계권 등 **실체법상 형성권의 행사**의 항변 등이 있다.

(c) 권리저지적 항변

권리저지적 항변이란 권리근거규정에 기한 **권리의 발생** 자체를 저지시키든지, 또는 권리근거규정에 기하여 이미 발생한 **권리의 행사**를 저지시키는 **권리저지규정**의 요건사실(**권리저지사실**)을 주장하는 것을 말한다. 예컨대 ① **전자**로는 정지조건 또는 기한의 존재의 항변(장래 발생할 채권이라는 항변) 등이 있으며, ② **후**

---

[1] 소멸시효가 완성되면 실체법상 당사자의 원용이 없어도 시효완성의 사실로써 채무는 당연히 소멸한다. 대판 1978. 10. 10. 78다910, 1985. 5. 14. 83누655. 다만 소송법상 변론주의의 원칙에 따라 소멸시효의 이익을 받는 사람이 소멸시효의 이익을 받겠다는 뜻을 항변하지 않는 이상 그 의사에 반하여 재판을 할 수 없을 뿐이다. 대판 1979. 2. 13. 78다2157, 2017. 3. 22. 2016다258124; 장석조, "소멸시효 항변의 소송상 취급," 법조 48권 1호(1999. 1.), 32쪽 이하.

자로는 유치권항변, 보증인의 최고·검색의 항변(민 437조 본문),[1] 동시이행항변,[2] 기한유예의 항변, 변제기 미도래의 항변 등이 있다.

이러한 항변들은 보통 원고의 이행청구를 일시적·잠정적으로 거절하는 **연기적 항변**의 모습으로 나타난다. 이들 항변 가운데 **유치권항변**이나 **동시이행항변**의 경우 그 항변이 이유 있을 때에는 청구기각판결이 아니라 **동시이행판결**(**상환이행판결**, 일부인용판결)의 주문을 내어야 한다.[3]

▣ **구체적 사례**

(1) 약정채무 불발생 또는 소멸사실

원고가 피고로부터 금전을 지급받기로 하는 약정이 있다고 주장하고 그러한 약정의 존재를 증명한 경우 약정금 범위 내에서 구체적인 액수 등에 대해서는 더 심리해야 하더라도 원고로서는 일응 그 권리발생의 근거에 대한 주장·증명을 한 것이 된다. 따라서 그 약정에 따른 채무가 불발생한다거나 소멸했다는 주장은 피고의 항변사항에 속한다고 한다.[4]

(2) 기한부 법률행위

법률행위가 **기한부**라는 것은 권리발생을 저지하는 항변이나, 기한이 **확정기한**으로 정해진 경우에는 피고의 항변 단계에서 종료되고 기한의 도래에 관한 원고의 재항변이 등장할 여지가 없다. 이러한 점에서 확정기한의 경우 피고의 **항변**은 단순한 기한의 존재에 관한 주장에 그치지 않고 **기한의 존재** 및 **미도래**(해당 소송에서 변론종결시까지)에 관한 주장이어야 그 의미가 있게 된다[기한의 도래 여부는 **공지의 사실**로서 **현저한 사실**(법 288조 본문)이므로 증명을 요하지 않는다(**불요증사실**)]. 따라서 원고가 기한의 도래에 관하여 재항변으로 주장·증명해야 하는 것이 아니다. 이에 반하여 기한이 **불확정기한**인 경우에는 피고는 **항변**으로 **불확정기한의 존재**를 주장·증명하면 되고, 원고가 **재항변**으로 그 **기한의 도래**를 주장·증명해야 한다.[5]

---

1) 보증인의 최고·검색의 항변권은 보증인이 주채무자에게 변제자력이 있고 집행이 용이한 사실을 **증명**할 때에 성립될 수 있고, 단순히 주채무자에게 먼저 청구할 것을 항변할 수는 없다. 대판 1968. 9. 24. 68다1271.

2) 동시이행항변권은 당사자가 이를 원용해야 그 인정 여부에 대하여 심리할 수 있다. 대판 1990. 11. 27. 90다카25222, 2006. 2. 23. 2005다53187.

3) 물건의 인도를 청구하는 소송에서 피고의 유치권항변이 인용되는 경우에는 그 물건에 관하여 생긴 채권의 변제와 상환으로 그 물건의 인도를 명해야 한다. 대판 1969. 11. 25. 69다1592, 2011. 12. 13. 2009다5162.

4) 대판 1997. 3. 25. 96다42130.

5) 정갑주, "조건과 기한의 증명책임," 민사증거법(하)(재판자료 26집, 1985. 7.), 50쪽 이하; 장성원, "대여금 청구사건에서 변제기의 입증책임," 사법연수원논문집 1집(2004년), 67쪽 이하.

(3) 조건부 법률행위

법률행위가 **정지조건부**라는 것은 권리발생을 저지하는 **항변**이나, **정지조건의 성취**는 권리를 주장하는 사람의 증명책임에 속하는 **재항변**이다. 이에 대하여 상대방은 권리자가 신의성실에 반하여 조건을 성취시켰으므로 그 조건이 성취하지 않았다(민 150조 2항)는 **재재항변**을 할 수 있다. 다만 **해제조건부** 법률행위는 그 성립에 의하여 효력이 생기지만, 그 발생한 효력은 해제조건의 성취에 의하여 소멸한다. 따라서 법률행위에 기한 권리를 주장하는 사람은 그 권리의 근거사실로서 법률행위의 성립에 관하여 증명책임을 부담하는 데 반하여, **해제조건부 법률행위** 및 그 **해제조건의 성취**는 발생한 권리의 소멸사유이므로 그 사실은 권리소멸사실로서 권리를 다투는 사람의 증명책임에 속한다.[1]

판례도, 어느 법률행위에 어떤 조건이 붙어 있었는지 아닌지는 사실인정의 문제로서, 어떠한 법률행위가 조건의 성취시 법률행위의 효력이 발생하는 소위 **정지조건부 법률행위에 해당한다는 사실**은 그 법률행위로 인한 법률효과의 발생을 저지하는 사유로서 그 법률효과의 발생을 다투려는 피고에게 주장·증명책임이 있으며, 이 경우 그 **정지조건의 성취**에 관한 주장·증명책임은 원고에게 있다고 한다.[2]

(4) 재 항 변

(a) 의 의

피고의 항변에 대하여, ① 원고가 항변사실에 기한 효과의 발생에 **장애**가 되는 사실을 주장하거나(이로써 항변의 법률효과의 발생 자체가 부정되는 경우), ② 또는 일단 발생한 효과를 **소멸·저지**하는 사실을 주장하는 것(이로써 항변의 법률효과가 더 이상 유지될 수 없는 경우)을 **재항변**이라고 한다. 예컨대 **전자**로는 피고가 소멸시효의 항변을 했을 때에 원고가 가압류나 채무승인(민 168조) 등에 의한 시효중단을 주장하는 재항변 등이 있으며, **후자**로는 원고의 소유권에 기한 건물인도청구에 대하여 피고가 임차권의 항변을 했을 때에 원고가 차임연체로 인한 임대차계약의 해지(민 640조)를 주장하는 재항변 등이 있다.

(b) 상계항변에 대한 상계재항변이 허용되는지 여부

1) 피고의 **상계항변**에 대하여 원고의 **상계재항변**은 다른 특별한 사정이 없는 한 허용되지 않는다. 그 이유는, ① 법원이 원고의 상계재항변과 무관한 사유로 피고의 **상계항변**을 **배척**하는 때에는 원고의 상계재항변을 판단할 필요가 없고,

---

1) 정갑주, "조건과 기한의 증명책임," 민사증거법(하)(재판자료 26집, 1985. 7.), 50쪽 이하.
2) 대판 1993. 9. 28. 93다20832, 2006. 11. 24. 2006다35766, 2011. 8. 25. 2008다47367.

② 법원이 피고의 **상계항변**이 **이유 있다**고 판단하는 때에는 원고의 청구채권인 수동채권과 피고의 자동채권이 상계적상 당시에 대등액에서 소멸한 것으로 보게 되므로, 원고가 상계재항변으로써 상계할 대상인 피고의 자동채권이 그 범위에서 존재하지 않는 것이 되어 이때에도 역시 원고의 상계재항변에 관하여 판단할 필요가 없게 되며, ③ 원고가 소송물인 **청구채권 외**에 피고에 대하여 **다른 채권**을 가지고 있다면 청구의 추가적 변경(법 262조)에 의하여 그 채권을 해당 소송에서 청구하거나 별소를 제기할 수 있으므로, 원고의 상계재항변은 일반적으로 이를 **허용할 이익**이 없기 때문이다.[1]

2) 이러한 법리는 원고가 2개의 채권을 청구하고, 피고가 그 가운데 1개의 채권을 수동채권으로 삼아 상계항변을 하자, 원고가 다시 위 **청구채권 가운데 다른 1개의 채권**을 자동채권으로 상계재항변을 하는 때에도 마찬가지로 적용된다.[2] 상계재항변이 허용되지 않는 경우에는 상계재항변을 주장 자체로 받아들일 수 없다는 이유로 배척해야 한다[즉 원고가 상계재항변으로 주장한 채권의 존부에 대하여 나아가 판단해서는 안 된다].

(5) 여러 항변의 판단순서

법원은 당사자가 **가정항변**을 하더라도 반드시 주된 항변부터 심리·판단해야 하는 것은 아니다. 다만 **상계항변**에 대해서는 비록 판결이유에서의 판단이지만 예외적으로 기판력이 인정되므로(법 216조 2항), 가정적으로 상계항변을 한 때에는 반드시 주된 항변부터 먼저 심리·판단해야 한다.

Ⅳ. 소송상 형성권의 행사

1. 의   의

소송절차에서 공격방어방법으로 형성권(해제권·해지권·취소권·상계권)을 행사하는 경우, 즉 소송외에서 형성권을 행사하고 그 사법상 효과를 소송절차에서 진술하는 것과 달리 소송절차에서 형성권의 행사와 동시에 공격방어방법으로 이

---

1) 대판 2014. 6. 12. 2013다95964; 권혁재, "소송상 상계항변의 법적 성질," 법조 통권688호 (2014. 1.), 5쪽 이하; 송영복, "소송상 상계재항변 불허판결로 살펴본 상계충당, 소송의 상계의 해석론," 사법(사법발전재단) 36호(2016년), 263쪽 이하.

2) 대판 2015. 3. 20. 2012다107662.

를 주장할 때 그 사법상 효과가 어떻게 되는지 문제가 된다. 특히 ① **소가 취하되는 경우(소취하)**, ② **소가 부적법하여 각하**되는 경우(**부적법 각하**), ③ 또는 **공격방어방법의 제출이 실기하여 각하**되는 경우(**실기 각하**), ④ 나아가 소송계속 중 **소송상 화해**가 성립되거나 수소법원에 의해 **조정(수소법원 조정)**이 성립되는 경우 등에서 특히 상계항변과 관련하여 논의가 있다.

2. 소송상 형성권의 행사와 사법상 효과

(1) 병존설, 양성설 및 소송행위설

실체법상 권리(특히 형성권)를 **소송상** 행사하는 경우 그 권리행사의 성질에 관해서는 학설의 대립이 있다. 이에 대하여, ① 외관상 하나의 행위이지만 법률적으로 보아 형성권 행사라는 상대방에 대한 사법상 의사표시(사법행위)와 그러한 의사표시가 있었다는 것을 법원에 대하여 사실상 진술(소송행위)하는 두 가지가 병존한다고 보는 견해(**병존설**), ② 사법행위와 소송행위 두 가지 성질을 모두 갖춘 하나의 행위라고 보는 견해(**양성설**), ③ 순수한 소송행위라고 보는 견해(**소송행위설**)로 크게 대별하여 볼 수 있다.

소취하, 부적법 각하, 실기 각하 등의 경우에 이들 각 견해의 입장을 보면, ① **병존설**은 애당초 발생한 사법상 효과가 그대로 유효하게 존속한다고 보며, ② **양성설**은 애당초 발생한 사법상 효과가 소멸한다고 보며, ③ **소송행위설**은 아예 사법상 효과가 발생하지 않는다는 것이므로 이러한 경우라고 해서 달리 볼 여지가 없게 된다.

(2) 신병존설

기본적으로는 병존설의 입장이나, **상계권**을 행사했으나 소취하, 부적법 각하, 실기 각하 등으로 법원에 의해 실체적인 판단을 받지 못한 경우에는 사법상 효과가 발생하지 않는 것으로 해석하려는 견해(**신병존설**)가 있다.[1] 신병존설에 의하

---

1) 김홍엽, "민사소송상 형성권의 행사," 성균관법학(성균관대학교 법학연구소) 21권 3호(2009. 12.), 415쪽 이하. **신병존설**에도 크게 세 가지의 접근방법이 있다. 무효설 · 철회설 · **조건설** 등이 있다. 그 중에서 상계권의 행사의 경우만은 그것이 공격방어방법으로서 법원의 판단을 받는 것을 정지조건으로 하여 사법상의 효과도 발생한다는 조건설을 취하고 있는 입장(정동윤 · 유병현 · 김경욱, 486쪽)에서는, 상계의 의사표시에는 조건을 붙일 수 없다는 민법 493조 1항 후문이 문제가 되나 소송상 항변으로서의 상계항변은 소송 중에 행해지므로 이에 대한 예외를 이룬다고 한다.

면, 상계권의 경우는 그 행사가 공격방어방법으로서의 의미를 잃는 경우에는 사법상 효과를 후에 남기지 않는다는 의사에 기한 것이나, 취소권·해제권의 행사의 경우는 그 행사가 공격방어방법으로서의 의미를 잃는 경우에도 사법상 효과를 후에 남기는 의사에 기한 것으로 본다.

(3) 판례의 태도

(a) 소취하, 부적법 각하, 실기 각하의 경우

판례는, 원고의 소제기로써 매매계약의 해제의 의사표시를 명시적으로 하지는 않았다 하더라도 원고가 피고에게 매매계약의 존속과는 양립할 수 없는 위약금청구를 하고, 그 소장이 피고에게 송달됨으로써 **해제권**을 행사했다 할 것인데, 해제권은 형성권이므로 비록 그 후에 원고가 소를 취하했다 하여 위 해제권 행사의 효력에 아무런 영향도 미치지 않는다고 한다.[1] 판례가 병존설의 입장을 취하고 있다고 보는 견해가 있으나,[2] 판례가 병존설을 취하고 있는지, 신병존설을 취하고 있는지는 불분명하다. **판례**는 **해제권 외**에 **상계권**의 행사에 대하여 소취하, 부적법 각하, 실기 각하 등의 경우에도 그 효력이 유지되는지에 관하여 아직까지 판시한 바가 없기 때문이다.

(b) 소송절차 진행 중 수소법원에 의해 조정이 성립한 경우

대판 2013. 3. 28. 2011다3329에서는, 소송상 방어방법으로서의 상계항변은 그 **수동채권의 존재**가 확정되는 것을 전제로 하여 행해지는 **일종의 예비적 항변**으로서 당사자가 소송상 상계항변으로 달성하려는 목적, 상호양해에 의한 자주적 분쟁해결수단인 조정의 성격 등에 비추어 볼 때 해당 소송절차 진행 중 당사자 사이에 **조정이 성립**됨으로써 **수동채권의 존재**에 관한 법원의 **실질적 판단**이 이루어지지 않은 경우에는 그 소송절차에서 행해진 소송상 상계항변의 사법상 효과도 발생하지 않는다고 봄이 상당하다고 보고 있다.

(c) 소송상 상계항변의 성질론과 판례의 입장

1) **대판 2014. 6. 12. 2013다95964**에서는, 소송절차 진행 중 당사자 사이에 조정이 성립된 경우를 전제로 하지 않은 채, **일반적으로** 앞서의 판례가 언급한 **소송상 상계의 성질**을 들어, 소송상 상계는 소송상 상계의 의사표시에 의해 확정

1) 대판 1982. 5. 11. 80다916.
2) 권혁재, 204쪽.

적으로 그 효과가 발생하는 것이 아니라 해당 소송에서 **수동채권의 존재** 등 상계에 관한 법원의 **실질적 판단**이 이루어지는 경우에 **비로소** 실체법상 상계의 효과가 발생한다고 판시하면서 위 대판 2013. 3. 28. 2011다3329를 참조하고 있다. 그후 **대판 2015. 3. 20. 2012다107662**에서도 같은 취지의 판결을 하고 있다.[1] 이러한 판례의 태도에 비추어 보면, **소취하, 부적법 각하, 실기 각하** 등으로 수동채권의 존재 등 상계항변에 대하여 실질적 판단이 이루어지지 않은 경우에도 **신병존설**(특히 **조건설**)의 입장을 취할 것으로 보인다.

  2) 소송상 상계항변의 법적 성질을 수동채권의 존재가 확정되는 것을 전제로 행해지는 일종의 예비적 항변으로 보는 판례의 입장에서는, **상대방의 동의 없이**이를 **철회**할 수 있고[상대방이 본안에 관하여 준비서면을 제출하거나 변론 또는 변론준비기일에서 진술한 뒤에는 상대방의 동의를 받아야 효력을 가지는 소취하(법 266조 2항)의 경우와 다르다], 그 경우 법원은 **변론주의의 원칙상** 이에 대하여 심판할 수 없게된다.[2]

■ 소송상 상계항변 후 조정이 성립된 경우 상계항변의 사법상 효과가 발생하지 않는다고 보는 판례(대판 2013. 3. 28. 2011다3329)의 타당성 여부

(1) 위 판례가 전제하고 있는 논거

  위 판례는 소송상 방어방법으로서 상계항변이 있었으나 소송절차 진행 중 조정이 성립된 경우에는 수동채권의 존재에 관하여 법원의 실질적 판단이 이루어지지 않았음을 전제로 하고 있다. 판례는, 소송절차 진행 중에 행해지는 조정은 원고의 청구 및 피고의 항변 등에 대한 법원의 법률적 판단을 전제로 하여 이루어지는 것이 아니라 당사자가 자치적으로 분쟁을 해결하는 절차이며, 소송상 상계항변은 일

---

1) 소송상 상계에서 상계에 관한 실질적 판단이 이루어지는 것을 '조건'으로 실체법상 상계의 효과가 발생한다고 볼 때 이러한 '조건'을 정지조건으로 볼 것인지, 해제조건으로 볼 것인지 논의가 있다. 소송상 상계항변의 실체법적 효과 발생시기에 둘러싼 정지조건설과 해제조건설의 논의에 대해서는, 송영복, "소송상 상계 재항변 불허 판결로 살펴본 상계충당, 소송상 상계의 해석론," 사법(사법발전재단) 36호(2016. 6.), 291쪽 이하. 이에 대하여 정지조건설을 취하는 견해로는, 권혁재, "소송상 상계항변의 법적 성질," 법조 통권688호(2014. 1.), 5쪽 이하. 위 대판 2014. 6. 12. 2013다95964 및 대판 2015. 3. 20. 2012다107662는 그 판시상 정지조건설을 취한 것으로 이해된다. 한편 해제조건설을 취하는 입장에서 이들 판결상 판시가 부당하다는 지적으로는, 송영복, 위 논문, 295쪽(이러한 견해는, 대판 2013. 3. 28. 2011다3329의 판시가 보다 적절하다고 보고 있다).
2) 대판 2011. 7. 14. 2011다23323, 2022. 2. 17. 2021다275741. 위 판결들은 이 경우 처분권주의의 원칙상 이에 대하여 심판할 수 없다고 판시하고 있으나, 이는 소송물의 처분에 관한 처분권주의의 문제가 아니라 당사자의 주장에 관한 변론주의 문제이므로 부적절한 판시이다.

종의 예비적 항변의 성격을 가지므로 조정절차에서 이러한 예비적 항변까지 고려하여 조정이 이루어지는 것으로 단정할 수 없다는 점을 고려한 것으로 보인다.

　(2) 위 판례의 태도에 대한 비판적 검토

　　1) 소송절차의 진행 중 조정이 이루어지는 경우[수소법원이 직권으로 조정에 회부하여 수소법원의 관여하에 이루어지는 **수소법원 조정**의 경우를 말한다(민조 7조 3항)] 이러한 상계항변을 전제로 하여 조정이 이루어지지 않았다고 단정할 수 없다[법원의 이에 대한 실질적 판단은 수소법원이 제시하는 **조정안**에 관하여 당사자에게 그 타당성을 설명하는 과정에서도 드러나게 된다]. 한편 **법원의 실질적 판단을** 받지 않았다는 것은 일반적으로는 아예 법원의 실질적 판단을 받을 수 없게 된 경우, 즉 소취하, 부적법 각하, 실기 각하 등의 경우를 말하는 것으로, 법원의 관여로 이루어지는 수소법원의 조정에서까지 법원의 실질적 판단이 이루어지지 않았다고 보는 것은 문제이다.

　　2) 판례의 취지대로라면 ① 상계항변을 하는 피고가 상계항변에 제공된 자동채권을 가지고 **반소를 제기한 후 조정**에 임하든지, 또는 ② 상계항변에 제공한 자동채권에 대하여 **조정시 조정조항에 이를 포함하여 특정**하거나, ③ **조정조서의 청구의 표시 다음에 이를 부가적으로 기재케** 함으로써 **조정의 대상이 된 소송물인 권리관계**(이에 대해서는 조정의 효력이 미친다)로 만들지 않는 한, 상계항변 후 조정이 이루어지는 경우에도 상계항변의 사법상 효과가 발생하지 않게 되어 다시 상계항변에 제공된 반대채권에 대하여 소구할 수 있게 된다. 법원의 관여하에 이루어진 **수소법원 조정**에서 법원이 피고의 상계항변이 있음에도 **앞서와 같은 조치 등을** 취하지 않은 채(이러한 조치를 취하는 것을 게을리한 채) 만연히 조정을 권유하여 조정이 성립하게 되었는데도 상계항변의 사법상 효과가 발생하지 않는다고 보아 다시 반대채권의 소구(訴求)를 유발하게 하여 분쟁을 확대케 하는 것은 조정제도의 취지에도 부합하지 않는다.[1]

제 2 관   소송행위

Ⅰ. 의   의

　소송행위란 소송주체의 행위로서, 법원의 소송행위와 당사자의 소송행위를 말한다. 여기서 **당사자의 소송행위**를 어떻게 볼 것인지에 관하여 견해의 대립이 있다. ① **요건 및 효과설**은 소송절차를 형성하는 행위로서 그 효과뿐만 아니라 요건까

---

[1] 위 판례의 문제점에 대해서는, 김홍엽, "소송상 상계항변 후 조정이 성립한 경우 상계의 사법상 효과의 발생 여부," 대한변협신문 460호(2013. 8. 26.), 12쪽.

지도 소송법에 규정된 당사자의 행위를 소송행위로 보는 견해이다.1) ② **효과설**은 소송법상 효과를 발생시키는 당사자의 모든 행위를 소송행위로 보는 견해이며, ③ **주요효과설**은 소송절차에 고유한 법적 효과를 그 주요불가결한 본래적 효과로서 발생시키는 당사자의 행위만이 소송행위라고 보는 견해이다.2) 당사자의 어떤 행위가 소송행위가 되기 위해서는 반드시 법률상 명문의 규정에 의하여 요건 및 효과가 모두 규정되어 있을 필요는 없고, 소송법상 효과가 인정되는 행위이면 일응 소송행위라고 볼 여지가 있다. 그런데 하나의 행위로 소송법상 효과와 실체법상 효과가 모두 발생하는 경우(소제기, 소송계속 중 소송물의 양도 등)에는 소송법상 효과와 실체법상 효과 가운데 어느 쪽이 **주요불가결한 본래의 효과**인지(그 효과 없이는 그 행위를 생각할 수 없는 행위인지)를 판단하여 소송절차에 고유한 법적 효과를 그 주요불가결한 본래의 효과로서 발생시키는 행위만이 소송행위라고 보아야 한다. 따라서 당사자의 소송행위는 소송절차상 법적 효과를 그 **본래의 효과**(intrinsic effect)로서 발생시키는 행위라고 보는 **주요효과설**이 타당하다.

소송행위는 **소송 전·소송 외** 소송행위와 **소송절차**(변론준비절차 및 변론절차)에서의 소송행위로 구분하기도 한다. 한편 법원의 재판을 통하여 비로소 소송법상 효과가 발생하는 소송행위[**취효적**(取效的) **소송행위**, 신청·주장·증명행위 등 소송행위]와 재판을 통하지 않고 직접적으로 소송법상 효과가 발생하는 소송행위[**여효적**(與效的) **소송행위**, 신청·주장·증명행위 외의 소송행위]로 구분하기도 한다.

Ⅱ. 소송상 합의

1. 의 의

소송상 합의는 현재 계속 중이거나 또는 장래 계속될 특정의 소송에 대해 직접 또는 간접으로 어떠한 영향을 미치는 법적 효과의 발생을 목적으로 한 당사자의 합의를 말한다. 소송상 합의를 소송계약이라고 부르기도 하나, 뒤에서 보는 바와 같이 법률상 명문의 규정을 두고 있지 않는 소송상 합의의 법적 성질을 원칙적으로 사법계약이라고 보는 입장에서는 소송상 합의를 소송계약이라고 부르는

1) 이시윤, 410쪽; 송상현·박익환, 316쪽; 호문혁, 463쪽.
2) 주요효과설을 취하는 입장으로는, 김홍규·강태원, 424쪽; 정동윤·유병현·김경욱, 488쪽; 정영환, 640쪽; 한충수, 380쪽; 전원열, 314쪽; 김연, 280쪽.

것은 개념상 혼란을 초래할 우려가 있다.

2. 소송상 합의의 허용 여부

법률상 명문의 규정을 두고 있는 경우 예컨대 관할의 합의(법 29조), 담보제
공방식에 관한 합의(법 122조 단서), 담보물변경의 합의(법 126조 단서), 기일변경의
합의(법 165조 2항), 불항소합의(법 390조 1항 단서) 등의 경우 외에, **법률상 명문의
규정을 두고 있지 않는 경우**에도 이를 일반적으로 허용할 것인지에 대하여 논의
가 있다. 전속관할의 합의, 증거력계약, 소송절차변경의 합의와 같이 공익에 직결
되는 **강행법규**를 변경하거나 배제하려는 합의는 부적법하므로 무효이다. 그러나
당사자의 **의사결정의 자유**가 허용된 소송행위에 관한 계약, 예컨대 부제소합의,
소취하합의 · 상소취하합의, 상소권포기합의, 불상소합의[상고할 권리를 유보하지 않
은 합의로서, 불항소합의와 다르다], 부집행합의, 강제집행신청취하합의, 증거계약(증
거력계약을 제외한 증거계약으로 자백계약, 증거제한계약 및 중재감정계약 등이 있다) 등
은 적법하므로 유효하다고 본다.

3. 소송상 합의의 법적 성질

(1) 법률상 명문의 규정을 두고 있는 경우

앞서 본 바와 같이 법률상 명문의 규정을 두고 있는 소송상 합의는 **소송행위**
로 본다. 상고할 권리를 유보하고 항소를 하지 않기로 하는 **불항소합의**는 법률상
명문의 규정을 두고 있으므로(법 390조 1항 단서) 소송행위이다. 그러나 상고할 권
리를 유보하지 않고 상소를 하지 않기로 하는 **불상소합의**는 비록 법률상 명문의
규정을 두고 있지 않더라도 불항소합의와 마찬가지로 소송행위로 본다.

(2) 법률상 명문의 규정을 두고 있지 않는 경우

법률상 명문의 규정을 두고 있지 않지만 적법성을 인정해야 할 소송상 합의
에 대해서는 그 법적 성질에 관하여 견해의 대립이 있다. 아래에서는 소 · 상소에
관련한 소송상 합의(즉 **부제소합의, 소취하합의 · 상소취하합의** 등)에 관한 논의에 대하
여 보기로 한다.

(a) 사법계약설

사법계약설에는, ① 한쪽 당사자가 소송상 합의의 내용대로 일정한 작위 또는

부작위의무(소송상 합의는 부대체적 의무에 관한 것이다)를 이행하지 않았다면 상대방은 그 의무이행을 소구하여 승소판결을 받아서,[1] 간접강제(민집 261조)나 의사표시 의무의 집행방법(민집 263조)으로 강제집행을 할 수 있다는 견해(**의무이행소구설, 고전적 사법계약설**), ② 소송상 합의의 효력으로서 계약당사자 사이에는 계약내용에 따라 일정한 소송행위에 대한 작위·부작위의 사법상 의무가 발생하고, 한쪽 당사자가 이 의무를 이행하지 않을 경우에는 상대방에게 항변권이 발생한다는 견해(**항변권발생설, 발전적 사법계약설**)가 있다. 후자의 견해가 **다수설**이다.[2]

(b) 소송계약설

소송상 합의는 소송법상 효력을 목적으로 하는 것이므로 그 계약의 효력이 소송법상 직접 발생한다고 하는 설이다.[3] 이 견해에 의하면 소송상 합의의 소송법상 효력은 소송계약 자체에서 직접 발생하므로, 법원이 스스로 또는 당사자의 주장에 의해서 소송계약의 존재를 알게 되면 반드시 이를 직권으로 고려해야 한다.

(c) 병존설(발전적 소송계약설)

소송상 합의에는 사법계약과 소송계약이 병존하는 것으로 보고, 당사자 사이에는 사법계약에 따라 소송행위를 할 의무를 부담하고, 동시에 소송계약에 따라 소송상 효력이 생긴다고 한다. 예컨대 원고가 소취하합의에도 불구하고 소를 취하하지 않으면 법원은 소송종료선언을 하게 되며, 원고가 소취하합의를 위반하여 소를 계속 진행한 경우에 피고는 이를 이유로 손해배상청구가 가능하다고 보고 있다.[4]

(d) 검 토

소송계약설이나 병존설과 같이 소송상 합의를 모두 소송행위로 본다면 소송상 합의가 법상 그 요건이나 효과를 정하고 있는 전형적인 소송행위와 같아지게

---

1) **판례**는, 소취하합의에 기한 소취하청구는 공법상의 권리의 처분을 구하는 것이어서 부적법하다고 본다. 대판 1966. 5. 31. 66다564(강제집행 당사자 사이에 강제집행신청을 취하하기로 하는 내용의 계약은 사법상 계약으로서는 유효하나, 강제집행신청자가 이러한 약정에 위배하여 그 신청을 취하하지 않았다고 하여, 직접 소송으로 그 취하를 청구하는 것은 공법상 권리인 강제집행청구권의 처분을 구하는 것으로서 할 수 없다).
2) 이시윤, 412쪽; 한충수, 377쪽; 이태영, 311쪽; 전원열, 318쪽; 범경철·곽승구, 325쪽; 김연, 283쪽; 김상원, "소송상의 계약에 관한 제문제," 법조 26권 4호(1977. 4.), 90쪽 이하; 강현중, "소송계약에 관한 소고," 법조 38권 11호(1989. 11.), 23쪽 이하.
3) 김홍규·강태원, 430쪽; 손한기, 217쪽; 김용진, 313쪽.
4) 정동윤·유병현·김경욱, 495쪽; 전병서, 145쪽; 정영환, 646쪽.

되어 소송행위의 범위가 지나치게 넓어지게 되고 직권으로 심리할 범위도 확대되어 심리의 부담이 커지게 된다. 병존설에서와 같이 소송행위와 병존하는 순수한 의미의 사법계약을 구태여(별도로) 소송상 합의의 한 내용으로 볼 필요가 없다. 사법계약설 중 의무이행소구설은 구제방법으로서 우회적이고 간접적이다. 따라서 사법계약설 중 **항변권발생설**이 타당하다.

(3) 판례의 태도

(a) 판례가 사법계약설을 취하고 있는지 여부

1) **판례**는 부제소합의, 소취하합의·상소취하합의 등 **법률상 명문의 규정을 두고 있지 않는 소송상 합의**의 법적 성질에 관하여 명시적으로 이를 사법계약이라고 판시한 바는 없으나, 일반적인 사법계약과 달리 구별하여 취급하지 않고 있는 점 등에 비추어 보면 **사법계약설**의 입장인 것으로 이해된다. 판례는 부제소합의와 같은 법적 성질을 지닌 소송상 합의인 **부집행합의**가 사법상 채권계약임을 명백히 하고 있다.[1]

2) 한편 뒤에서 보는 바와 같이 **대판 2013. 11. 28. 2011다80449**가 부제소합의를 소송당사자에게 헌법상 보장된 재판청구권의 포기와 같은 중대한 소송법상 효과를 발생시키는 것이라고 판시하고 있어[2] 마치 부제소합의를 소송행위(소송계약)로 보는 듯한 인상을 주고 있다. 그러나 **최근 판례**(대판 2020. 10. 15. 2020다227523)는 **착오**를 이유로 **소취하합의를 취소**할 수 있는지 여부를 다투는 사건에서 소취하합의가 **사법계약**임을 전제로, 소취하합의가 민법상 화해계약(민 731조)에 해당하는 경우에는 **민법 733조에** 따라 취소할 수 있으며, 소취하합의가 민법상 화해계약에 이르지 않은 법률행위에 해당하는 경우에는 **민법 109조에** 따라 취소할 수 있다고 보고 있다.

(b) 판례가 항변권발생설을 취하고 있는지 여부

1) **대판 2013. 11. 28. 2011다80449**는 **부제소합의**에 위배되어 소가 제기된 경우 법원은 직권으로 소의 적법 여부를 판단할 수 있다고 하여 부제소합의를 **직권**

---

1) 대판 1966. 5. 31. 66다564, 1996. 7. 26. 95다19072(부집행합의는 실체상 청구의 실현에 관련하여 이루어지는 사법상 채권계약이라고 봄이 상당하고 이것에 위반하는 집행은 실체상 부당한 집행이라고 할 수 있으므로 민사집행법 44조를 유추적용 또는 준용하여 청구이의의 사유가 된다).

2) 대판 2019. 8. 14. 2017다217151, 2023. 2. 2. 2018다261773도 같은 판시를 하고 있다.

조사사항으로 보고 있다. 위 대법원 판결은 부제소합의의 법적 성질에 대해서는
달리 언급하지 않은 채 부제소합의가 마치 불상소합의와 같은 성질의 소송상 합
의인 양 불상소합의를 직권조사사항으로 본 판례(대판 1980. 1. 29. 79다2066)를 그
대로 참조하여 부제소합의 역시 직권조사사항으로 보았다. 그러나 앞서 본 바와
같이 소송상 합의 가운데 법률상 명문의 규정을 두고 있는 경우와 같이 볼 불상
소합의는 소송행위인 소송계약의 성질을 지니고 따라서 이를 직권조사사항으로
보아야 하지만, 부제소합의와 같이 법률상 명문의 규정을 두고 있지 않는 소송상
합의는 사법계약으로서 당사자가 이를 주장(소송장애사유에 관한 항변, 방소항변)해
야만 법원이 이를 판단할 수 있다고 보아야 한다. 당사자 사이에 부제소합의가
있다고 하더라도 당사자가 이를 주장하지도 않고 있는데도 법원이 이를 직권으로
조사를 개시하여 판단한다는 것은 사적자치의 영역에서 이루어지는 사법계약의
성질을 무시한 것으로 받아들이기 어렵다.

    위 판결은 **부제소합의**를 직권조사사항으로 보는 한편 당사자가 주장하지도
않은 부제소합의를 인정하는 데 따른 당사자에게 초래할 불의의 타격에 대해서는
법적관점지적의무(법 136조 4항)로써 이를 해결하고 있다. 그러나 이러한 법적관점
지적의무의 요구는 부제소합의가 불상소합의와 그 법적 성질을 달리함을 간과하
고 만연히 직권조사사항이라고 본 결과에 따른 우회적인 궁색한 논리에 불과하다
[즉 부제소합의를 사법계약임을 전제로 항변사항으로 보는 경우에는 구태여 법적관점지적
의무를 언급할 하등의 필요가 없게 된다].

    2) 한편 **대판 2018. 5. 30. 2017다21411**에서 부제소합의와 마찬가지로 법률상
명문의 규정이 없는 소송상 합의로서 사법계약의 성질을 지닌 **상소취하합의**에 대
하여 "당사자 사이에 항소취하의 합의가 있는데도 항소취하서가 제출되지 않는
경우 상대방은 이를 **항변**으로 주장할 수 있고, 이 경우 항소심법원은 항소의 이
익이 없다고 보아 그 항소를 각하함이 원칙이다."라고 판시하여 상소취하합의의
경우 이를 **항변사항**임을 명백히 하고 있으며, **대판 2022. 7. 28. 2021다293831**에
서는 "소외인의 연대보증인인 피고로서는 협약에 따라 원고의 구상금 청구에 대
해 **부제소합의**가 있었다는 **항변권을 행사**할 수 있다고 할 것이다."라고 판시하여
부제소합의가 **항변사항**임을 분명히 하고 있다.[1] 따라서 대판 2013. 11. 28. 2011

---

1) 위 대법원 판결의 원심판결(서울중앙지방법원 2021. 10. 26. 선고 2021나3907 판결)에서도
   부제소합의가 항변사항임을 전제로 피고의 본안전 항변(방소항변)에 대하여 판단하고 있다.

다80449는 소송상 합의이지만 그 성질을 서로 달리하는 부제소합의와 불상소합의를 구별하지 않은 채 불상소합의에 관한 종전의 판결을 그대로 참조하여 한 판결로서 부당하다.

(c) 판례가 소의 이익 또는 상소의 이익의 문제로 보고 있는지 여부

판례는 부제소합의나 소취하합의를 위반한 소는 **소의 이익(권리보호이익)**이 없는 것으로 보아 소각하판결을 해야 한다는 입장이다. 판례가 판시하고 있는 구체적 내용은 다음과 같다. ① 당사자 사이에 특정한 권리나 법률관계에 관하여 **부제소합의**가 있음에도 소를 제기한 경우 그 소는 **소의 이익**이 없으므로 (상대방의 항변이 있으면) 법원은 **소를 각하해야** 한다.[1] ② 당사자 사이에 **소취하합의**가 있음에도 소를 취하하지 않는 경우 특별한 사정이 없는 한 소송을 계속 유지할 법률상 이익이 소멸되어 **소의 이익**이 없으므로 (상대방의 항변이 있으면) 법원은 소를 각하해야 한다.[2] 다만 **조건부 소취하합의**를 한 경우에는 조건의 성취사실이 인정되지 않는 한 그 소송을 계속 유지할 법률상 이익을 부정할 수 없다.[3] ③ 당사자 사이에 **상소취하합의**가 있음에도 상소를 취하하지 않는 경우 원칙적으로 **상소의 이익**이 없으므로 (상대방의 항변이 있으면) 상소법원은 **상소를 각하**해야 한다.[4] ④ 어느 소송에서 재판상 화해가 이루어져 법원에 계속 중인 **다른 소송**을 취하하기로 하는 내용의 **화해조서**가 작성되었다면 당사자 사이에 그 소송을 취하하기로 하는 합의가 있었다고 볼 것이므로, 그 소송이 계속 중인 법원에 소취하서를 제출하지 않는 이상 그 소송이 취하로 종결되지는 않지만 이러한 재판상 화해가 준재심의 소(법 461조)에 의하여 취소 또는 변경되는 등의 특별한 사정이 없는 한 그 소송은 소의 이익(권리보호의 이익)이 없게 되므로 법원은 소를 각하해야 한다.[5]

4. 소송상 합의의 특질

(1) 조건·기한 등 부관을 붙일 수 있는지 여부

소송상 합의는 법률상 명문의 규정을 두고 있어 소송행위로 보는 경우이거나, 법률상 명문의 규정을 두고 있지 않아 사법계약으로 보는 경우이거나 모두

---

1) 대판 1992. 3. 10. 92다589, 1993. 5. 14. 92다21760 등.
2) 대판 1997. 9. 5. 96후1743, 2007. 5. 11. 2005후1202.
3) 대판 2013. 7. 12. 2013다19571.
4) 대판 2018. 5. 30. 2017다21411.
5) 대판 1982. 3. 9. 81다1312, 1997. 9. 5. 96후1743, 2005. 6. 10. 2005다14861.

단독적 소송행위와 달리 조건·기한 등 부관을 붙일 수 있다.1)

(2) 민법규정의 적용·유추적용 여부

이들 소송상 합의는 당사자 사이의 합의에 의하여 해제할 수 있으며,2) 의사표시의 흠이 있는 경우 민법규정을 **적용**(사법계약인 소송상 합의의 경우) 또는 **유추적용**(소송행위인 소송상 합의의 경우)하여 취소·무효를 주장할 수 있다. 소송 외에서 하는 소송상 합의는 소송절차와 직접 관련이 없기 때문이다.

(3) 직권조사사항과 항변사항

소송상 합의 가운데 법률상 명문의 규정을 두고 있어 소송행위로 보는 경우 소송상 합의의 존부는 **직권조사사항**이다. 소송상 합의 가운데 법률상 명문의 규정을 두고 있지 않아 사법계약으로 보는 경우 소송상 합의의 존부는 **항변사항**이다. 다만 앞서 본 바와 같이 **불상소합의**는 법률상 명문의 규정을 두고 있지 않지만 법률상 명문의 규정을 두고 있는 불항소합의와 같이 소송행위로 보므로, 불상소합의의 존부는 직권조사사항이다.3)

Ⅲ. 소송행위의 특질

1. 소송행위의 요건 및 방식

소송행위를 유효하게 하기 위해서는 당사자능력·소송능력·변론능력이 있어야 하고, 법정대리권이나 소송대리권이 필요하다. 소송행위는 변론준비절차나 변론절차에서 말로 함이 원칙이나 예외적으로 상대방에게 송달해야 할 경우와 같이 서면에 의해야 하는 경우도 있다(예컨대, 소·상소, 재심의 소, 항고, 청구의 변경, 소취하, 소송고지 등).

---

1) **조건부 소취하합의**에 관해서는, 대판 1992. 9. 22. 91다44001, 2013. 7. 12. 2013다19571.

2) **판례도**, 당사자 사이에 소를 취하하기로 하는 합의가 이루어졌다면 특별한 사정이 없는 한 소송을 계속 유지할 법률상 이익이 소멸되어 해당 소는 각하되어야 하는 것이지만, 소취하합의도 당사자 사이의 **합의에 의하여 해제**할 수 있음은 물론이고 계약의 합의해제는 **명시적**으로 이루어진 경우뿐만 아니라 **묵시적**으로 이루어질 수도 있는 것으로, 계약의 성립 후에 당사자 양쪽의 계약실현의사의 결여 또는 포기로 인하여 양쪽 모두 이행의 제공이나 최고에 이름이 없이 장기간 이를 방치했다면, 그 계약은 당사자 양쪽이 계약을 실현하지 않을 의사가 일치됨으로써 **묵시적으로 합의해제**되었다고 해석함이 상당하다고 한다. 대판 1994. 8. 26. 93다28836, 2007. 5. 11. 2005후1202; 정태학, "소취하합의의 묵시적 합의해제," 대법원판례해설 69호(2007년 상반기), 483쪽 이하.

3) 대판 1980. 1. 29. 79다2066.

2. 소송행위의 조건과 기한

소송행위(**단독적 소송행위**)에는 원칙적으로 조건이나 기한과 같은 부관을 붙일 수 없다. 소송행위 효력의 발생·소멸시기 등 **기한**은 소송절차를 불안정하게 하므로, 어떠한 경우에도 허용되지 않는다. **조건** 가운데 소송절차의 진행 중에 판명될 사실을 조건으로 하는 경우(**소송 내적 조건**, 예컨대 예비적 신청이나 예비적 주장 등)에는 소송절차의 안정을 해칠 염려가 없으므로 허용된다. 그러나 소송 외의 장래 발생할 불확실한 사정에 소송행위의 효력 발생을 의존케 하는 것을 조건으로 하는 경우(**소송 외적 조건**)는 허용되지 않는다.

3. 소송행위의 철회

소송행위는 상대방이 그에 의하여 소송상 지위를 취득하지 않는 **비구속적 소송행위**의 경우, 예컨대 ① 소제기의 경우 피고의 **응소 전** 단계, ② 증거신청의 경우 증거조사의 **개시 전** 단계, ③ 주장의 경우 재판상 자백의 **성립 전** 단계에는 자유롭게 철회할 수 있다. 한편 소송행위 가운데 상대방이 그에 의하여 소송상 지위를 취득하는 **구속적 소송행위**의 경우, 예컨대 ① 소제기의 경우 피고의 **응소 뒤** 단계, ② 증거신청의 경우 증거조사의 **개시 뒤** 단계, ③ 주장의 경우 재판상 자백의 **성립 뒤** 단계에는 상대방의 절차상 지위의 안정을 고려하여 원칙적으로 자유롭게 철회할 수 없다. 그러나 이 경우에도 상대방의 동의가 있으면 소송행위의 철회가 인정된다.

Ⅳ. 소송행위의 흠

1. 소송행위의 흠과 민법규정의 유추적용 여부

구속적 소송행위가 착오나 사기·강박 등에 의하여 행해진 경우[착오는 의사와 표시가 불일치한 경우이나 아래에서는 사기·강박 등과 같이 의사표시의 흠에 포함하여 본다] 이를 이유로 민법 109조·110조를 **유추적용**하여 취소·무효를 주장할 수 있는지 여부에 관하여 논의가 있다. 이에 대하여, 각 소송행위를 구체적으로 검토하여 의사표시의 흠을 다루어야 한다는 입장에서 소송절차를 종료시키는 소송행위는 소송절차의 명확이나 안정과 무관하므로 의사표시의 흠에 관한 규정을 유추적용

해야 한다는 견해가 있다(**유추적용고려설**).[1]

그러나 소송행위가 여효적 소송행위이든 취효적 소송행위이든 특별한 규정이나 그 밖에 특별한 사정이 없는 한 원칙적으로 민법규정이 유추적용되지 않는다고 본다(**유추적용불고려설**, **통설**의 입장이다). 소송행위는 소송절차를 이루는 행위로 고도의 절차의 안정성이 요청될 뿐만 아니라, 그 소송행위의 명확성의 요청으로 인하여 표시주의·외관주의의 원칙이 관철되어야 하기 때문이다. **판례**도 민법규정은 특별한 사정이 없는 한 소송행위에는 유추적용되지 않는다는 입장을 취하고 있는 점에서는 통설적 견해와 일치한다.[2] **판례**는, 소송행위인 한 소송 전 소송행위이냐, 소송 외 소송행위이냐를 묻지 않고 민법규정의 유추적용을 인정하지 않고 있다.[3] 물론 소송종료행위라고 하여 달리 취급하지 않는다.

2. 청구의 포기나 인낙, 재판상 화해의 흠과 소송상 구제방법

재판상 화해, 청구의 포기·인낙의 경우 화해·포기·인낙조서가 작성되면 확정판결과 같은 효력을 가진다(법 220조). **청구의 포기·인낙**은 소송행위로서 그 효력을 다투기 위해서는 준재심(법 461조)에 의해야 하고, 따라서 민법규정의 유추적용이 없다고 함은 달리 이론이 없다. **재판상 화해**에 흠이 있는 경우 재판상 화해의 법적 성질을 소송행위로 볼 것인지에 따라 민법규정의 **유추적용**의 문제를 달리 보게 된다. 재판상 화해의 법적 성질에 관하여 학설의 대립이 있으나 소송행위로 봄이 타당하고(**소송행위설**), 따라서 재판상 화해의 효력을 다투기 위해서는 준재심(법 461조)에 의해야 하므로(**무제한기판력설**), 재판상 화해에 흠이 있는 경우 앞서의 청구의 포기·인낙의 경우와 마찬가지로 민법규정이 유추적용되지 않는다고 보아야 한다. 다만 재판상 화해의 법적 성질을 소송행위 외에 사법행위(민법상 화해계약)가 경합된 것으로 보는 견해(양성설)에 의하면 재판상 화해에 실체법상 흠이 있는 경우에는 그 범위 내에서 민법규정이 '**적용**'되므로[양성설은 대체로 **제한적 기판력설**을 취하고 있다] 민법규정의 '유추적용'의 문제는 애당초 발생할 여지가 없게 된다.[4]

---

1) 정동윤·유병현·김경욱, 502쪽; 호문혁, 468쪽; 민경도, "흠 있는 소취하 및 상소취하의 효력 및 그 구제에 관하여," 인권과 정의 455호(2016. 2.), 85쪽 이하.

2) 대판 1980. 8. 26. 80다76, 1984. 5. 29. 82다카963, 1997. 10. 10. 96다35484 등. 한편 경매절차에서도 불공정한 법률행위 또는 채무자에게 불리한 약정에 관한 것으로서 효력이 없다는 민법 104조·608조는 적용될 여지가 없다는 결정으로는, 대결 1980. 3. 21. 80마77.

3) 대판 1997. 10. 10. 96다35484.

4) 재판상 화해의 법적 성질에 관하여 양성설의 입장을 취하면서도, 소송행위의 흠과 민법규

3. 소취하나 상소취하의 흠과 소송상 구제방법

(1) 재심사유에 해당하지 않는 의사와 표시의 불일치의 경우(착오에 의한 경우)

통설・판례는 소송행위는 일반적인 사법상 행위와 달리 내심의 의사보다 그 표시를 기준으로 하여 그 효력 유무를 판정할 수밖에 없으므로 원고가 착오로 소 또는 상소를 취하했다고 하더라도 이를 무효라고 보지 않는다.[1]

(2) 재심사유에 해당하는 의사표시의 흠이 있는 경우(사기・강박 등에 의한 경우)

(a) 통설 및 판례의 입장

1) 소송행위가 사기・강박 등에 의하여 이루어진 경우 이는 **형사상 처벌을 받을 다른 사람의 행위**로 말미암은 것으로(법 **451조 1항 5호 유추적용**), 이러한 재심사유를 해당 소송절차에서 고려해야 한다는 점에는 **통설・판례가 일치한다**(**해당소송절차고려설**). 다만 재심사유를 해당 소송절차에서 **어떻게 고려**하는지에 관해서는 **통설과 판례**는 입장을 **달리한다**. 통설은 유죄확정판결 또는 과태료부과확정재판(**유죄확정판결 등**)을 요구하지 않고 소송절차 내에서 재심사유를 고려하면 된다는 입장이다(**재심규정유추설**).[2] 사기・강박 등 범죄행위에 의한 소송행위를 기초로 이루어진 판결이 확정되더라도 재심에 의하여 취소되므로 차라리 판결이 확정되기 전에 소송절차 내에서 흠이 있는 소송행위의 효력을 제거하는 것이 소송경제에 합치한다는 데서 그 근거를 찾고 있다. 한편 **판례**는 통설보다 **매우 엄격한 입장**을 취함으로써 통설과 여러 면에서 차이가 있다. 판례는 소취하가 형사상 처벌을 받을 다른 사람의 행위로 이루어진 경우에 원칙적으로 **유죄확정판결을 받는 등** 일정한 요건하에 이를 해당 소송절차 내에서 고려할 수 있다는 입장이다.[3] 다만 소취하에 관한 약정이 강요와 폭행에 의하여 이루어지고 소취하서의 제출 역시 강요에 의한 경우에는 소취하의 약정뿐만 아니라 소취하서의 제출(소취하행위) 자체

정의 유추적용의 문제에서는 재판상 화해의 경우에도 청구의 포기・인낙의 경우와 구별함이 없이 이들 모두 우리 법제상 준재심 이외에 그 흠의 구제책을 인정하지 않고 있으므로 민법규정에 의한 유추적용은 논의되기 어렵다고 보는 견해(이시윤, 415쪽)는 적절하지 않다.

1) 대판 1983. 4. 12. 80다3251, 2004. 7. 9. 2003다46758, 2009. 4. 23. 2008다95151 등.
2) 이에 대하여, 사기・강박 등에 의한 소송행위의 경우에 법 451조 1항 5호를 유추적용하여 재심에 의하지 않고 이를 취소할 수 있다고 풀이하는 것은 결과적으로 사기・강박에 의한 소송행위의 취소를 인정하는 것으로 다만 그 근거가 민법규정이 아니라 민사소송법규정이라고 강변하는 것에 지나지 않는다는 견해로는, 정동윤・유병현・김경욱, 502쪽.
3) 대판 1984. 5. 29. 82다카963, 1997. 6. 27. 97다6124, 2004. 7. 9. 2003다46758.

가 무효라고 보아야 한다는 입장이다.[1] 따라서 판례는 통설적 견해에서 인정되는 재심사유 존재시 유죄확정판결 등이 없이 소송절차 내에서 이를 고려할 수 있다는 입장과 상반된다.[2]

2) 주의할 것은 판례가 이 경우에도 그 **소송행위에 부합되는 의사** 없이 **외형만 존재**할 것(예컨대 소취하의 경우에는 소취하에 들어맞는 당사자의 의사 없이 한 행위이어야 한다)을 요구함으로써 그 요건을 매우 엄격하게 보고 있다는 점이다. 즉 **판례**는, "소송행위에 대해서는 민법 109조·110조의 규정이 적용될 여지가 없으므로 소송행위가 사기·강박 등 형사상 처벌을 받을 다른 사람의 행위로 인하여 이루어졌다 하더라도 이를 이유로 그 소송행위의 효력을 부인할 수 없고 다만 그 형사상 처벌을 받을 다른 사람의 행위에 대하여 유죄판결이 확정된 경우에는 **법 451조 1항 5호, 2항**의 규정취지를 **유추해석**하여 그로 인한 소송행위의 효력을 부인할 수 있다 하겠으나, 이러한 경우에도 그 소송행위가 이에 부합되는 의사 없이 외형적으로만 존재할 때에 한하여 그 효력을 부인할 수 있다고 해석함이 상당하므로 다른 사람의 범죄행위가 소송행위를 하는 데 착오를 일으키게 한 정도에 불과할 뿐 소송행위에 부합되는 의사가 존재할 때에는 그 소송행위의 효력을 다툴 수 없다고 보아야 한다."는 입장이다.[3]

(b) 검 토

1) **통설**은 민사법원이 다른 사람의 사기·강박의 행위가 처벌을 받을 행위인지 여부를 판단할 수 있음을 전제로 하고 있으나, 민사법원이 다른 사람의 행위가 사기죄 또는 강요죄의 유죄에 해당하는지 여부를 판단할 수 있다는 것은 민사심리절차의 성질상 가능하다고 볼 수 없으므로 통설의 견해는 따르기 어렵다. 따라서 소취하 등이 다른 사람의 사기·강박에 의한 것인 경우에는 **유죄확정판결 등**을 요구하는 **판례의 입장**이 **원칙적으로** 타당하다.

그러나 **판례**가 다른 사람의 행위가 처벌을 받을 행위로서 이에 대하여 유죄확정판결 등의 요건에 추가하여, 처벌을 받을 행위로 인한 소송행위는 **외형만 존재**할 뿐이고 **이에 부합하는 의사 없이** 이루어진 경우에만 소송절차 내에서 그 무

---

1) 대판 1985. 9. 24. 82다카312,313,314.
2) 정준영, "소송행위에 있어서 의사표시의 하자 —소송위임행위와 당사자에 의한 소송종료행위를 중심으로—," 민사판례연구 21권(1999. 7.), 483쪽 이하.
3) 대판 1984. 5. 29. 82다카963.

효로 할 수 있다는 입장은 동의하기 어렵다. 판례의 이러한 입장대로라면, 소취하 등 소송행위가 강박에 의하여 행해진 경우로서 그 억압의 정도로 보아 당연무효라고 볼 수 있는 경우를 제외하고는, 비록 다른 사람의 사기·강박의 행위에 대하여 유죄판결 등을 받았지만 소취하 등의 의사를 가지고 한 경우라면 무효가 될 수 없다는 결과가 된다. 형사상 처벌을 받을 다른 사람의 행위로 인한 소송행위에 대하여 **무효가 될 수 있는 여지**를 **부당하게 제한**하고 있는 판례의 이러한 태도는 동의하기 어렵다. 결론적으로 소취하 등의 소송행위가 다른 사람의 처벌을 받을 행위로 이루어지고[소취하 등의 의사표시를 하게 된 **직접적인 원인**이 된 경우로서, 소취하 등에 이르게 된 간접적인 원인밖에 되지 않은 경우에는 그렇지 않다], 또한 이에 대하여 유죄확정판결 등이 있는 경우에는 해당 소송절차 내에서 무효를 주장할 수 있으며, 법원은 소송행위의 무효를 인정할 수 있다고 본다[물론 유죄확정판결 등을 받았다고 하여 언제나 무효로 보아야 하는 것은 아니다].

   2) **대판 2012. 6. 14. 2010다86112**는, 상소취하가 형사상 처벌을 받을 다른 사람의 행위인 배임에 의하여 이루어진 사례에서, 어떠한 소송행위에 법 451조 1항 5호의 **재심사유**가 있다고 인정되는 경우 그러한 소송행위에 기초한 확정판결의 효력을 배제하기 위한 재심제도의 취지상 재심절차에서 **해당 소송행위 효력**은 당연히 **부정**될 수밖에 없고, 그에 따라 법원으로서는 위 소송행위가 존재하지 않은 것과 같은 상태를 전제로 재심대상사건의 본안에 나아가 심리·판단해야 하며 달리 소송행위의 효력을 인정할 여지가 없다고 하여, 상소취하가 외형만 존재할 뿐이고 이에 부합하는 의사 없이 이루어진 경우인지 여부에 대해서는 이를 묻지 않는 판결을 한 바 있다. 다만 위 판결은, '형사상 처벌을 받을 다른 사람의 행위'에는 당사자의 대리인이 범한 배임죄도 포함될 수 있으나, 이를 재심사유로 인정하기 위해서는 단순히 대리인이 문제된 소송행위와 관련하여 배임죄로 유죄확정판결을 받았다는 것만으로는 충분하지 않고, 대리인의 배임행위에 소송상대방 본인 또는 그 대리인이 **통모하여 가담**한 경우와 같이 대리인이 한 소송행위의 효과를 당사자본인에게 귀속시키는 것이 **절차적 정의**에 반하여 도저히 수긍할 수 없다고 볼 정도로 **대리권에 실질적인 흠이 발생한 경우**이어야 한다고 본다.

   항소취하의 경우 그 효력을 다투기 위해서는 해당 소송절차 내에서 **기일지정신청**을 해야 한다(규칙 128조·67조). 항소취하의 효력을 인정하여 항소취하로 인하여 소송이 종료되었다는 판결(**소송종료선언**)이 선고되어 (이에 대하여 상고한 경우에는 상고기각판결이 선고되어) 확정된 경우 이에 대하여 **재심의 소**를 제기할 수 있다. 위 대법원 판결이 이러한 재심의 소에서 재심사유가 존재하여 당연히 해당 항소취하행위가 무효라고 보는 입장이라면, 항소취하의 효력을 다투면서 **기일지 정신청을 한 단계**[항소취하의 효력을 해당 소송절차에서 다투기 위해서는 재심의 소의 규정이 유추적용된다]에서도 재심사유에 해당하는 사유(법 451조 1항 5호 유추적용)가 존재하고, 유죄확정판결 등(법 451조 2항 유추적용)이 존재한다면 당연히 해당 항소취하행위가 무효가 된다고 보아야 한다. 결국 판례가 유죄확정판결 등의 존재와는 별도로 외형에 부합하는 의사가 존재하지 않을 것이라는 요건을 별도로 부가하여 요구하는 것은 부당하다.[1]

4. 소송행위의 흠의 치유 등

소송행위의 인적 요건을 갖추지 못하고, 방식과 내용에서 소송법규에 합치하지 않는 소송행위는 흠이 있는 소송행위로서 무효이다. 무효인 소송행위라도 일정한 경우에는 **치유**를 인정한다. 예컨대 ① 흠이 없는 새로운 소송행위를 다시 하거나(엄격한 의미에서는 '치유'의 경우가 아니다), ② 추인·보정을 하든지, 또는 ③ 이의권의 포기·상실로 치유되기도 한다(법 151조). 뒤에서 보는 바와 같이 흠이 있는 소송행위가 당사자가 의욕하는 범위 내에서 다른 소송행위의 요건을 갖춘 경우에 그 다른 소송행위로서 효력을 갖게 되는 경우(이를 **무효행위의 전환**이라고 한다)도 소송행위의 흠이 치유되는 한 예로서 들 수 있는지 논의가 있다. 민법상 무효행위의 전환규정(민 138조)이 소송행위, 특히 **단독적 소송행위**에 유추적용된다고 보기 어렵다. 무효행위의 전환이 문제가 되는 경우에는 뒤에서 보는 바와 같이 **소송행위의 해석**에 의하여 얼마든지 구제가능하므로, 구태여 소송행위에 민법상 무효행위의 전환규정을 유추적용할 실제적 필요성도 없다고 본다.

---

[1] 기존 판례와 위 판결의 공통된 문제점은 대법원이 소송행위의 흠과 그 효력의 문제에서 소송행위가 사법행위와는 다르다는 점에 집착한 나머지, 통설과는 너무나 대조적으로 무효의 인정에 매우 엄격한 입장을 보이고 있다는 점이다. 그러나 소송절차를 조성하는 행위가 아닌, 소송절차를 종료케 하는 소취하나 상소취하의 흠에 관한 판례의 이러한 입장은 지나치게 형식논리에 집착하고 있는 것이 아닌가 하는 생각이 든다. 기존 판례는 유죄확정판결 외에 다른 요건을 추가하여 그 소송행위라는 외형에 부합하는 의사의 존재를 요구하고, 위 판결은 형사상 처벌받을 행위가 배임죄에 해당하는 경우에도 유죄확정판결 외에 상대방과의 답합 등 실질적인 흠의 존재를 요구하는 등 문제를 더욱 복잡하게 만들고 있기 때문이다. 김홍엽, "상소취하의 흠과 소송상 구제방법," 대한변협신문 424호(2012. 11. 26.), 12쪽.

▣ 소송행위에도 민법상 무효행위의 전환규정(민법 138조)이 유추적용되는지 여부

(1) 강행규정을 위반한 소송행위와의 관계

민법상 일부무효에 관한 규정(민 137조) 및 무효행위의 전환에 관한 규정(민 138조)은 임의규정으로서 사적자치의 원칙이 지배되는 영역에서 적용된다. 즉 효력규정 가운데 강행규정에 위반한 때에는 아예 무효행위의 전환규정이 적용될 여지가 없다. 따라서 **강행규정을 위반한 소송행위**에 민법상 무효행위의 전환규정이 유추적용될 여지가 없다.

(2) 단독적 소송행위와의 관계

민법상 무효행위의 전환규정은 원칙적으로 단독행위에는 적용이 없다(민법상 통설). 즉 무효행위의 전환은 실체법상 당사자 양쪽의 가정적 의사를 전제로 한 계약의 경우에 적용된다. 따라서 소송법상 **단독적 소송행위**에 민법상 무효행위의 전환규정이 유추적용될 여지가 없다.

(3) 전부무효인 소송행위와의 관계

민법상 무효행위의 전환규정은 일부무효의 법리를 전제로 한다. 소송행위가 그 요건에 흠이 있는 때에는 **전부무효**가 됨이 원칙이다. 따라서 소송행위에 민법상 일부무효의 법리를 전제로 한 무효행위의 전환규정이 유추적용될 여지가 없다.

▣ 통상 무효행위의 전환의 사례로 들고 있는 몇 가지 경우와 그 타당성 여부

(1) 무효행위의 전환을 인정하는 입장에서 이해하는 구체적 사례

무효행위의 전환을 인정하는 입장에서 통상 무효행위의 전환과 관련하여 그 예로서, ① 불복할 수 없는 결정·명령에 대하여 항고법원에 항고했을 때에 특별항고로 보아 항고법원이 대법원에 소송기록을 송부하는 경우, ② 항소기간을 넘긴 것이 항소인이 그 책임질 수 없는 사유에 기인한 것으로 인정되는 이상 추후보완항소라는 기재가 없어도 추후보완항소로 보는 경우, ③ 부적법한 독립당사자참가신청을 당사자 한쪽을 위한 보조참가신청으로 보는 경우, ④ 제소기간을 넘겨서 한 공동소송참가신청을 보조참가신청으로 보는 경우, ⑤ 항소심판결을 재심대상판결로 하여 항소법원에 제기해야 할 재심의 소인데 제 1 심판결을 재심대상판결로 하여 제 1 심법원에 제기를 했다 하더라도 이를 관할위반으로 보아 항소법원으로 이송하는 경우 등을 들고 있다.[1]

(2) 비판적 검토

1) 불복할 수 없는 결정·명령에 대해 항고법원에 항고했을 때에 특별항고로 보아 항고법원이 대법원에 소송기록을 송부한다고 들고 있는 판례는,[2] 이미 소송의

---

1) 이시윤, 417쪽; 정동윤·유병현·김경욱, 510쪽; 강현중, 123쪽; 한충수, 385쪽.
2) 대결 1968. 11. 8. 68마1303, 1981. 8. 21. 81마292 등.

이송에서 언급한 바와 같이 원심법원에 항고장을 제출하면서 항고장에 특별항고라고 기재하지 않은 때에도 그 성질이 특별항고에 해당한다면 원심법원이 대법원으로 특별항고에 따른 기록송부를 해야 한다는 것으로, 항고법원이 대법원에 기록송부하는 경우도 아닐 뿐만 아니라 이는 뒤에서 보는 바와 같이 당사자의 **소송행위의 해석**의 사례에 불과하다.

　2) 앞서의 사례 가운데 추후보완항소의 기재가 없더라도 추후보완항소로 보는 것,[1] 또는 재심대상판결을 잘못 정하여 재심법원을 그르쳤더라도 정당한 재심법원으로 소송이송해야 한다는 것[2] 등은 모두 판례가 **소송행위의 해석**의 방법을 통하여 그러한 결론을 낸 것들이다.

　3) 독립당사자참가신청에서 보조참가신청으로의 전환, 또는 공동소송참가신청에서 공동소송적 보조참가신청으로의 전환에 대해서는 판례가 이를 인정하지 않고 있다. 다만 공동소송참가신청을 공동소송적 보조참가신청으로 볼 수 있는 경우에 대해서는 헌법재판소 판례[3]가 이를 인정하고 있으나, 이는 법령의 해석상 공동소송적 보조참가에 해당함에도(헌법소원 청구기간이 지난 때) 공동소송참가신청을 한 경우 이를 공동소송적 보조참가로 인정하는 데 불과하다. 따라서 이러한 경우들을 무효행위의 전환의 예로 드는 것은 부적절하다.

V. 소송행위의 해석

　소송행위의 해석은 일반적으로 **표시주의**와 **외관주의**에 따르므로 표시된 내용과 저촉되거나 모순되는 해석을 할 수 없다. 소송행위의 해석시 표시된 어구(語句)에 지나치게 구애되어 획일적이고 형식적인 해석에만 집착한다면 도리어 당사자의 권리구제를 위한 소송제도의 목적과 소송경제에 반하는 부당한 결과를 초래할 수 있다. 따라서 그 소송행위에 관한 당사자의 주장 전체를 고찰하고 그 소송행위를 하는 당사자의 의사를 참작하여 **객관적이고 합리적으로** 소송행위를 해석할 필요가 있다.[4]

---

1) 대판 1980. 10. 14. 80다1795 등.

2) 대판(전) 1984. 2. 28. 83다카1981 등.

3) 헌재 2008. 2. 28. 2005헌마872,918 결정.

4) 대판(전) 1984. 2. 28. 83다카1981, 대결 2002. 4. 22. 2002그26, 대판 2008. 3. 27. 2007다 80183 등.

■ 소송행위의 해석에 관한 판례의 태도

(1) 재심소장상 재심대상판결 기재의 해석

재심원고가 제 1 심법원에 제출한 재심소장에서 재심대상판결로 제 1 심판결을 표시하고 있다고 해도 그 재심의 이유에서 주장하고 있는 **재심사유가 항소심판결**에 관한 것임이 그 주장 자체나 소송자료에 의하여 분명한 경우에는(항소심판결과 제 1 심판결에 공통되는 재심사유인 때에도 같다), 재심원고가 주장하는 재심사유가 항소심판결에 관련된 사유라는 점과 재심원고가 항소심판결에 관한 재심사유가 있는데도 구태여 제 1 심판결을 대상으로 각하될 것이 분명한 재심의 소를 제기할 리 없는 점 등에 비추어 본다면, 재심원고의 의사는 항소심판결을 재심대상으로 한 것으로서 다만 재심소장에 재심을 할 판결의 표시를 잘못 기재하여 제 1 심법원에 제출하였다고 보는 것이 객관적이고, 합리적인 해석이다.[1] 따라서 제 1 심법원은 재심원고가 비록 재심대상판결을 제 1 심판결로 하여 제 1 심법원에 재심의 소를 제기했다고 하더라도 **재심대상판결**을 **항소심판결**로 보아 **재심관할법원**(재심관할법원은 원칙적으로 재심대상판결을 한 법원이다. 법 453조 1항)인 **항소법원**으로 심급관할위반을 원인으로 한 **소송이송**을 해야 한다.

(2) 판결경정신청서상 경정사항 기재의 해석

판결경정신청이 이미 항소심에서 취소되어 효력이 상실된 제 1 심의 청구기각판결 중의 청구취지 기재 부분을 경정하여 달라는 취지가 아니라, **항소심의 청구인용판결**의 주문에 기재된 소송목적물인 토지의 표시를 경정하여 달라는 뜻으로 해석해야 하므로, 제 1 심법원은 그 신청을 기각할 것이 아니라 관할법원인 **항소법원**에 이송해야 한다.[2]

(3) 항소장상 항소취지 기재의 해석

피고가 제출한 항소장의 **항소취지란**에 본소청구에 관한 부분이 누락되어 있더라도, 항소장에 본소부분에 대한 항소에 관한 인지가 붙여져 있고, 제 1 심판결의 본소·반소에 관한 사건명과 사건번호의 표시와 함께 제 1 심판결에 대하여 전부불복이므로 항소를 제기한다는 취지가 기재되어 있으며, 그 불복하는 **제 1 심판결의 표시란**에는 본소·반소 전체에 걸친 주문 내용이 분명히 기재되어 있다면, 피고는 **본소 및**

---

1) 대판(전) 1984. 2. 28. 83다카1981(이와 같이 해석하여 재심의 소를 각하하지 않고 재심관할법원인 항소법원에 이송하여 유지시켜 주는 것이 재심기간을 넘겨 당사자가 입게 될 회복할 수 없는 손해를 방지할 뿐 아니라 소송경제적으로도 타당한 조치라고 하여, 종전에 재심소장에서 재심대상판결로 제 1 심판결을 명시한 이상 그 재심의 소는 항상 부적법하고 관할 이송을 할 여지가 없다는 취지의 견해를 변경하고 있다); 이재성, "재심의 소와 소송의 이송," 판례월보 167호(1984. 8.), 156쪽; 민일영, "재심대상판결의 잘못 지정과 소송행위의 해석," 법과 정의(경사이회창선생화갑기념, 1995. 1.), 798쪽 이하. 위 전원합의체 판결 후 같은 취지의 결정으로는, 대결 1995. 6. 19. 94마2513, 2007. 11. 15. 2007재마26.

2) 대결 2002. 4. 22. 2002그26.

반소의 패소부분 전부에 대하여 **항소**한 것으로 보아야 한다.[1]

(4) 조정조서에 대한 불복으로 제출한 이의신청서 기재의 해석

당사자 한쪽이 조정조서에 대하여 불복하면서 제출한 서면의 제목이 '이의신청서'이고 조정을 갈음하는 결정에 대한 이의신청절차를 규정하고 있는 민사조정법 34조가 그 불복신청의 근거 조문으로 기재되어 있다고 하더라도, 조정조서에 대해서는 이의신청이 허용되지 않고 서면에 기재된 불복사유가 조정 자체가 성립된 바 없는데도 마치 조정이 성립된 것처럼 조정조서가 작성되어 있어 조정조서가 무효라는 취지이므로 위 서면은 **조정조서의 당연무효사유**를 주장하며 한 **기일지정신청(규칙 67조 1항의 유추적용)**으로 보아 처리하는 것이 상당하다.[2]

(5) 소송계속 중 작성한 서면에 불상소합의가 포함되어 있는지 여부의 해석

당사자 양쪽이 소송계속 중 작성한 서면에 상소권의 사전포기와 같은 중대한 소송법상 효과가 발생하게 되는 **불상소합의**가 포함되어 있는지 여부의 해석을 둘러싸고 이견(異見)이 있어 그 서면에 나타난 당사자의 의사해석이 문제로 되는 경우, 불상소합의처럼 그 합의의 존부 판단에 따라 당사자들 사이에 이해관계가 극명하게 갈리게 되는 소송행위에 관한 당사자의 의사해석에서는, 표시된 문언의 내용이 불분명하여 당사자의 의사해석에 관한 주장이 대립할 소지가 있고 나아가 당사자의 의사를 참작한 객관적·합리적 의사해석에 의하거나 외부로 표시된 행위에 의하여 추단하더라도 당사자의 의사가 불분명하다면, 가급적 소극적 입장에서 그러한 **합의의 존재를 부정**할 수밖에는 없다.[3]

제 5 절 변론의 실시

I. 변론의 경과

변론은 미리 재판장이 지정하여(법 165조 1항 본문) 양쪽 당사자에게 통지한 기일에 공개법정에서 열린다. 사건과 당사자의 이름을 부름으로써 기일이 개시되며(법 169조), 재판장의 소송지휘하에 변론이 진행된다(법 135조 1항). 변론을 여러 차례 기일에 열었다 해도 같은 기일에 동시에 연 것과 같다(**변론의 일체성**). 2008. 12. 26. 법개정으로 변론준비절차가 예외적인 것이 되고 **변론기일 중심주의**로 회

[1] 대판 2001. 4. 13. 99다62036,62043.
[2] 대판 2001. 3. 9. 2000다58668.
[3] 대판 2002. 10. 11. 2000다17803, 2007. 11. 29. 2007다52317,52324, 2015. 5. 28. 2014다24327 등.

귀함에 따라 여러 차례 변론기일을 여는 것이 불가피하게 되었다. 한편 2009. 1.
9. 개정 규칙 69조 2항은, '법원은 변론이 집중되도록 함으로써 변론이 가능한 한
속행되지 않도록 하여야 하고, 당사자는 이에 협력하여야 한다'고 규정하고 있다.

Ⅱ. 변론의 정리(변론의 제한·분리·병합)

법원은 변론 중에 변론의 제한·분리 또는 병합을 명하는 결정을 하거나, 그
결정을 취소할 수 있다(법 141조). 법원의 이러한 결정은 법원이 **소송지휘권**의 행사
로서 직권으로 하는 **재량적 재판**이다. 당사자에게 신청권이 없으므로 당사자의 신
청이 있더라도 신청이 이유가 없으면 별도로 이를 불허하는 결정을 할 필요가 없
으며, 이러한 결정을 했다고 하더라도 당사자는 이에 대하여 불복신청을 할 수
없다.

1. 변론의 제한

(1) 의   의

변론의 제한이란 하나의 소송절차에 여러 개의 청구가 병합되거나 또는 여러
개의 독립한 공격방어방법이 제출되어 쟁점이 복잡한 경우 이를 정리하기 위하여
변론의 대상인 사항을 한정하는 조치를 취하는 것을 말한다. 예컨대 본안전 항변에
관한 증거조사에 국한하거나, 손해배상청구에서 책임원인과 손해액 두 가지가 모
두 쟁점이 되었을 때에 먼저 책임원인에만 변론을 제한하는 등이다.

(2) 중간판결과의 관계

변론을 제한하여 심리한 결과 종국판결을 하기에 성숙하면 나머지 사항을 심
리할 필요 없이 변론을 종결하고 종국판결을 한다. 그렇지 않은 때에는 제한하여
심리한 사항에 대하여 **중간판결**(법 201조, 454조 2항)을 한 뒤 나머지 사항에 대하
여 심리를 하거나, 중간판결을 하지 않은 채(**변론제한결정을 취소**한 뒤) 나머지 사
항에 대하여 심리를 한다.[1]

---

1) 법원실무제요 민사소송(2), 1008쪽.

2. 변론의 분리

(1) 의   의

변론의 분리란 청구의 병합이나 공동소송 등으로 청구가 여러 개인 경우에 법원이 그 가운데 어느 청구에 대하여 별개의 소송절차로 심리하는 조치를 취하는 것을 말한다. 변론이 분리되어도 **관할**에 영향이 없다. 변론이 분리되어도 **분리 전**에 시행한 모든 **절차**는 분리 후에도 당연히 효력이 있다. 따라서 분리 전의 증거자료는 그대로 분리 후 양절차의 증거자료로 된다.[1]

(2) 변론의 분리가 허용되는지 여부

어느 청구가 다른 청구와 관련성이 없거나 먼저 판결하기에 성숙하면 변론의 분리에 의하여 가분적 처리가 가능하다. 다만 필수적 공동소송, 독립당사자참가소송, 이혼소송의 본소청구와 반소청구, 예비적·선택적 병합이나 예비적·선택적 공동소송에서는 변론의 분리가 허용되지 않는다. **단순병합**에서 두 청구가 ① 선결적 법률관계에 있는 경우, ② 기본적 법률관계를 공통으로 하는 경우, ③ 그 밖에 공통된 사실을 주요쟁점으로 하는 경우 등 **관련적 병합**은 변론의 분리가 적절치 않으나 법률상 불가능한 것은 아니다(이에 관해서는 '일부판결'에서 보기로 한다).

3. 변론의 병합

(1) 의   의

1) 변론의 병합이란 법원이 따로 계속되어 있는 여러 개의 소송을 하나로 묶어 동일한 소송절차에서 심리하는 조치를 취하는 것을 말한다(**기본사건**과 거기에 **병합되는 사건**을 정하여 전자의 사건에 후자의 사건을 병합한다).[2] 변론의 병합을 통하여 여러 개의 소송이 하나의 **공동소송**의 형태(다른 소송과 당사자가 다른 경우), 또는 **청구의 병합**(다른 소송과 당사자가 같고, 원고 역시 같은 경우)이나 **본소·반소**(다른 소송과 당사자가 같으나, 원고가 서로 다른 경우)의 형태로 결합된다.[3] 변론의 병

---

1) 이기택, "통상공동소송에 있어서 변론분리 중의 증거조사와 관련된 실무상 문제," 민사재판의 제문제 8권(1994. 10.), 589쪽 이하.
2) 통상 당사자가 먼저 접수된 사건의 재판부에 **병합심리신청**을, 뒤에 접수된 사건의 재판부에 **이부**(移部)**신청**을 하면, **재배당요구** 절차를 거쳐 뒤에 접수된 사건이 먼저 접수된 사건의 재판부에 넘겨지면 그때 **병합결정**을 한다. 법원실무제요 민사소송(2), 1012쪽.
3) **본소·반소의 형태**로 결합되게 되는 변론의 병합은 실무상으로는 거의 행해지지 않는다.

합을 위해서는 특별한 규정이 없으면 **동종의 소송절차**로 심판될 것에 한한다. 한편 변론의 병합을 위해서는 각 청구 사이에 **법률상 관련성**이 있을 것을 요한다. 공동소송의 주관적 요건(법 65조)을 갖추었으면 이러한 관련성이 인정된다.[1] 변론의 병합과 구별할 것은 '**변론의 병행**'이다. 변론의 병행은 여러 개의 사건을 같은 소송절차에 병합하는 것이 아니고 단지 심리를 동시에 행하는 것으로, 병합요건을 갖추지 못했지만 서로 관련성이 있는 사건일 때에 한다.

    2) 변론의 병합 여부는 원칙적으로 법원의 **재량**이나,[2] 변론의 병합이 **법령상 강제**되는 경우도 있다. 같은 법원에 같은 피고를 상대로 여러 개의 회사설립무효의 소 또는 설립취소의 소, 여러 개의 주주총회결의무효확인의 소나 부존재확인의 소 또는 취소의 소 등이 제기된 때에는 법원은 이들을 **병합**하여 **심리**해야 한다(상 188조, 328조 2항, 376조 2항, 380조 등). 한편 같은 법원에 청구의 기초와 피고인 사업자·개인정보처리자가 같은 여러 개의 소비자단체소송·개인정보단체소송이 계속 중인 때에는 심리상황이나 그 밖의 사정을 고려하여 병합심리가 타당하지 않는 경우 외에는 법원은 원칙적으로 이들을 **병합**하여 **심리해야** 한다(소단규 15조, 개인정보단규 14조).

    3) 단독사건과 합의사건을 병합하는 때에는 **합의부**에서 병합결정을 하여 합의부에서 처리함이 상당하다.[3]

(2) 변론의 병합과 사물관할의 변동 여부

제 1 심 사물관할의 적용에서, 병합된 각 청구의 소송목적의 값은 합산액을

통상 변론의 진행을 같이할 필요가 있는 경우에는 뒤에서 보는 **변론의 병행**의 방법으로 한다. 법원실무제요 민사소송(3), 1011쪽.

1) 다만 동종의 소송절차에 따르는 사건이 아니어서 변론을 병합할 수 없는 것인데도 두 사건의 변론을 병합하여 하나의 판결을 선고한 것은 위법이기는 하나 이러한 절차상 위법은 절대적 상고이유(법 424조 1항)에 해당하지 않으므로, 판결에 영향을 미친 때에 한하여 파기사유(일반적 상고이유, 법 423조)가 된다. 대판 2003. 8. 22. 2001다23225; 김대원, "원심이 본안사건과 가처분에 대한 이의사건을 병합하여 판결을 선고한 경우 상고심의 처리방법," 대법원판례해설 47호(2003년 하반기), 27쪽 이하.

2) 대판 1987. 6. 23. 87도706. 가사소송법은 가류 또는 나류 가사소송사건의 소제기가 있고, 그 사건과 청구의 원인이 동일한 사실관계에 기초하거나 1개의 청구의 당부가 다른 청구의 당부의 전제가 되는 관계에 있는 다류 가사소송사건 또는 가사비송사건이 각각 다른 가정법원에 계속된 경우에는 결정으로 다류 가사소송사건 또는 가사비송사건을 병합할 수 있도록 규정하고 있다(가소 14조 3항). 김홍엽, "가사소송의 특질 —민사소송과 관련하여—," 성균관법학(성균관대학교 법학연구소) 22권 3호(2010. 12.), 593쪽 이하.

3) 법원실무제요 민사소송(2), 1012쪽.

표준하여 새로 관할이 정해지는 것이 아니고, **소제기시**의 관할에 따른다[이 점에서 당사자에 의한 병합인 소의 객관적 병합(청구의 병합) 또는 소의 주관적 병합(공동소송)의 경우와 다르다]. 여러 단독판사 사건의 변론이 병합되어 소송목적의 값의 합산액이 합의부 사건에 해당되더라도 소제기시에 정해진 **사물관할**은 변동되지 않는다.1) 다만 **항소심 관할의 적용**에서는, 소송목적의 값을 기준으로 하는 단독사건의 경우 병합된 각 청구의 소송목적의 값의 합산액을 기준으로 소송목적의 값이 2억원을 초과하는 때에는 **고등법원의 관할**이 된다(민가규 4조 본문).

(3) 변론의 병합 후 심리방식

병합 후에는 같은 기일에 변론과 증거조사를 공통으로 한다. **병합 전** 각 사건에서 행한 **증거조사의 결과**는, 병합 전 각 사건의 **당사자가 같은 경우**(병합으로 **청구의 병합** 또는 본소·반소의 형태로 된 경우)에는 **원용이 불필요**하나, 병합 전 각 사건의 **당사자가 다른 경우**(병합으로 **공동소송**의 형태로 된 경우)에는 종전 증거조사에 참여하지 않은 당사자의 절차보장을 위하여 **원용이 필요**하다고 본다. 다만 원용은 묵시적 의사표시로도 족하다. 따라서 병합 전 각 사건에서 행한 증거조사의 결과에 대하여 원용이 필요한 경우 당사자가 병합 후의 심리에서 특별히 이의를 제기함이 없이 소송행위를 한 때에는 **묵시적**으로 **원용**한 것으로 볼 수 있고, 당사자가 법원에 변론의 병합을 촉구하는 신청을 한 때에는 그 신청에 원용의 의사표시도 포함되어 있다고 볼 수 있다.2)

Ⅲ. 변론의 재개

1. 의 의

법원은 일단 변론을 종결한 후라도 심리가 덜 되어[미진(未盡)] 있음이 발견되거나 그 밖에 필요하다고 인정할 때에는 변론을 재개할 수 있다(법 142조). 변론의 재개 여부는 원칙적으로 법원의 **직권사항**(**법원의 재량사항**)이고 당사자에게 신청권이 없기 때문에 변론재개신청은 법원의 직권발동을 촉구하는 의미밖에 없으며, 이에 대해 허부의 결정을 할 필요가 없다.3)

---

1) 대결 1966. 9. 28. 66마322.
2) 법원실무제요 민사소송(2), 1014쪽.
3) 대판 2007. 4. 26. 2005다53866, 2008. 4. 10. 2006후572, 2011. 11. 10. 2011다67743.

2. 법원의 변론재개의무가 인정되는 경우

(1) 판단기준

변론재개신청에 대하여 ① 재심사유를 재개사유로 제출한 경우, ② 판결의 결론을 좌우하는 **관건적(關鍵的) 요증사실**을 재개사유로 제출한 경우 등과 같이, 변론을 재개하여 다시 공격방어방법을 제출할 기회를 주는 것이 **명백히 절차적 정의의 요구**라고 보여질 경우(**예외적 요건을 갖춘 경우**)에는 법원은 **변론재개의무**가 있다.[1]

(2) 판례의 태도

판례도, 당사자가 변론종결 뒤 그 주장 및 증명을 위하여 변론재개신청을 한 경우에 변론재개신청을 한 당사자가 변론종결 전에 그에게 **책임을 지우기 어려운 사정**으로 주장·증명을 제출할 기회를 제대로 갖지 못했고, 그 주장·증명의 여하에 따라 판결결과가 달라질 수도 있는 **관건적(關鍵的) 요증사실**[판결결과를 좌우할 수 있는 **주요한 핵심적 요증사실**]에 해당하는 등의 **특별한 사정**이 있다면 당사자 사이의 분쟁을 적절하고 공평하게 해결하기 위하여 변론의 재개를 허용하고 증명의 기회를 부여하는 등으로 충분한 심리를 다해야 하며,[2] 변론재개신청사유가 신빙성이 있다고 보여지고 이에 따른 증거조사결과 승패가 바뀔 수 있는 때에는 변론재개의무가 있다고 본다.[3] 즉 **판례**는, 변론을 재개하여 당사자에게 그 주장·증명을 제출할 기회를 주지 않은 채 패소의 판결을 하는 것이 민사소송법이 추구하는 **절차적 정의**에 반하는 경우 법원은 적정·공평한 해결을 위해서 변론을 재개하고 심리를 속행하여 충분한 심리를 다해야 할 의무가 있다고 본다.[4][5]

---

1) 절차적 안정성이 강조되는 소송법적 영역에서 재량권 행사의 적법성과 적정성을 확보하여 절차운영의 투명성을 높이고 당사자의 절차권을 보장하기 위해 변론재개의무를 입법화해야 한다는 견해로는, 정우채, "변론재개의무에 관한 대법원 판례의 분석과 입법론," 민사소송 26권 1호(2022. 2.), 83쪽 이하.

2) 대판 2010. 1. 28. 2008다90347, 2019. 11. 28. 2017다244115, 2022. 4. 14. 2021다305796 등.

3) 대판 1982. 6. 22. 81다911,81다카397.

4) 대판 2018. 1. 25. 2015다24904, 대판(전) 2019. 2. 21. 2017후2819, 대판 2019. 12. 12. 2016다255545 등.

5) 원고 본인소송으로 진행된 제 1 심에 대하여 피고가 항소심에서 비로소 응소하면서 제 1 회 변론기일에 임박해 새로운 항변이 포함된 준비서면 등을 제출하고 그대로 변론이 종결된 후 원고가 피고의 항변에 대응한 재항변이나 반박 주장을 기재한 **참고서면** 등을 제출하면서 변론재개신청 등을 했다면(원고의 위 참고서면의 제출은 변론재개신청으로 선해할 수 있다) 항소법원으로서는 변론재개의 필요성에 관하여 세심하게 살펴보아야 한다는 판결로는, 대판 2022. 12. 29. 2022다263462.

한편 **판례**는 법원이 사실상 또는 법률상 사항에 관한 **석명의무**나 **법적관점지적의무** 등을 위반한 채 변론을 종결했는데 당사자가 그에 관한 주장·증명을 제출하기 위하여 변론재개신청을 한 경우 등과 같이 사건의 적정하고 공평한 해결에 영향을 미칠 수 있는 **소송절차상의 위법**이 드러난 때에는, 사건을 적정하고 공정하게 심리·판단할 책무가 있는 법원으로서는 그와 같은 소송절차상의 위법을 치유하고 그 책무를 다하기 위하여 변론을 재개하고 심리를 속행할 의무가 있다고 한다.[1][2]

3. 변론재개결정과 불복방법

변론재개결정을 하는 때에는 재판장은 특별한 사정이 없으면 그 결정과 동시에 변론기일을 지정하고 당사자에게 변론을 재개하는 사유를 알려야 한다(규칙 43조).[3] 변론재개결정은 항고의 대상으로 삼고 있는 법 439조 소정의 '소송절차에 관한 신청을 기각한 결정이나 명령'에 해당하지 않을 뿐만 아니라 이에 대하여 불복할 수 있는 특별규정도 없으므로 이에 대해서는 항고로 불복할 수 없다.[4] 변론재개결정은 상소가 있는 경우에 종국판결과 함께 상소심의 심판을 받는 **중간적 재판**의 성질을 갖는 것으로서(법 392조 본문, 425조) 특별항고(법 449조)의 대상이 되는 불복할 수 없는 결정이나 명령에도 해당되지 않는다.[5]

Ⅳ. 변론조서

1. 의 의

1) 변론조서는 변론의 경과를 명확하게 기록하여 보전하기 위하여 **법원사무**

---

1) 대판 2010. 10. 28. 2010다20532, 2019. 11. 28. 2017다244115, 2021. 3. 25. 2020다277641.
2) **판례**는, 앞서 본 바와 같은 예외적 요건을 갖추지 못하여 법원이 변론을 재개할 의무가 없는데도 변론이 재개될 것을 가정한 다음 그와 같이 **가정적으로** 재개되어 속행될 변론기일에서 새로운 주장·증명을 제출할 경우 실기한 공격방어방법으로 각하당하지 않을 가능성이 있다는 사정만으로 법원이 변론을 재개할 의무가 생긴다고 할 수 없다고 본다. 대판 2010. 10. 28. 2010다20532, 2021. 10. 28. 2020다290538.
3) 판례 가운데에는, 변론재개에 관한 결정(결정서의 작성과 그것의 고지)이 없이 사실상의 재개로서 그 변론을 속행했다 하여 위법이 아니라고 본 판결[대판 1970. 10. 22. 70누123, 대판 (전) 1971. 2. 25. 70누125]이 있으나, 부당하다.
4) 대결 2020. 3. 10. 2019그98.
5) 대결 2007. 6. 8. 2007그47, 2008. 5. 26. 2008마368, 2020. 3. 10. 2019그98.

관 등이 작성하는 문서이다(법 152조). 변론기일 외에도 변론준비기일(법 282조), 법원 밖에서의 증거조사기일(법 297조), 화해기일(법 145조 1항, 286조·386조·387조)에도 **각 조서**가 작성된다. 법원·수명법관 또는 수탁판사의 신문 또는 심문과 증거조사 등에 관한 각 조서에는 변론조서에 관한 규정이 준용된다(법 160조). **변론준비기일조서**에도 변론조서에 관한 규정이 준용된다(법 283조 2항, 규칙 71조 2항).

2) 법원사무관 등은 **원칙적**으로 기일에 **참여**한다. **예외적**으로 ① 변론기일, 변론준비기일이 녹음·속기에 의하는 경우, ② 그 밖의 기일인 화해기일, 조정기일, 증거조사기일, 심문기일 등은 재판장이 필요하다고 인정하는 경우에, 법원사무관 등의 참여 없이 기일을 열 수 있다(법 152조 1항 단서, 2항). 다만 법원사무관 등의 참여 없이 기일을 열어도 법원사무관 등은 그 기일이 끝난 뒤에 재판장의 설명에 따라 조서를 작성하고 그 취지를 덧붙여 적어야 한다(법 152조 3항).

2. 조서의 기재

(1) 원   칙

1) 조서에 적을 사항(**필수적 기재사항**)에는 형식적 기재사항과 실질적 기재사항이 있다. 조서의 **형식적 기재사항**에 관해서는 법 153조 1호 내지 6호에 규정되어 있다. 조서의 **실질적 기재사항**에 해당하는 경우 변론의 내용을 이루는 당사자나 법원의 소송행위 및 증거조사의 결과 등을 기재해야 하나, 구술심리주의·직접심리주의의 원칙상 그 내용의 전부를 기재할 필요가 없고 변론의 요지를 기재하면 된다. 다만 그 내용의 중요성에 비추어 법이 분명하게 기재할 것을 요구하고 있는 사항이 있다(법 154조).

2) 조서의 **형식적 기재사항**(법 153조 각호) 가운데 사건의 표시(1호), 법관과 법원사무관 등의 성명(2호) 및 변론의 날짜와 장소(5호)와 같은 **중요한 사항**이 **누락**된 경우에는 그 조서는 **무효**가 된다.[1] 다만 **그 외의 사항**이 누락된 경우에는 조서 자체가 무효가 되는 것은 아니며, 단지 그 누락사항에 관하여 조서에 의한 증명력(법 158조)이 없음에 그친다.[2] 한편 조서의 **실질적 기재사항**(법 154조 각호)은 형식적 기재사항과 달리 그 기재사항에 누락이 있더라도 조서 자체가 무효로 되지

---

1) 이시윤, 423쪽; 정동윤·유병현·김경욱, 521쪽. 이에 대하여 법 153조 각호 중 어느 하나라도 누락된 경우 조서가 무효로 된다는 견해로는, 한충수, 391쪽.
2) 법원실무제요 민사소송(2), 1221쪽.

는 않는다.[1]

3) 법원사무관 등이 작성한 조서에는 재판장과 법원사무관 등이 **기명날인 또
는 서명**을 해야 한다[2017. 10. 31. 법 153조의 개정(같은 날 시행)으로 종전의 '기명날
인'을 '기명날인 또는 서명'으로 변경했다]. 재판장과 법원사무관 등의 기명날인 또는
서명이 없으면 조서는 **무효**가 된다.

(2) 조서기재의 생략

1) 조서에 적을 사항이라도 당사자의 이의가 있지 않는 한 **통상사건**에서는
민사소송규칙이 정하는 바에 따라 재판장의 허가를 얻어 생략할 수 있으며(법 155
조 1항, 규칙 32조),[2] **소액사건**에서는 판사의 허가를 얻어(소심 11조 1항) 생략할 수
있다. 법원사무관 등의 **공시송달처분**이나 재판장의 **공시송달명령**에 따라 송달을
한 사건에서는 재판장의 허가를 받아 **서증목록**에 적을 사항을 생략할 수 있다.
이러한 공시송달처분이나 공시송달명령이 취소되거나, 상소가 제기된 때에는 서
증목록을 작성해야 한다(규칙 32조 4항).

2) **변론의 방식에 관한 규정**의 준수, **화해나 청구의 포기·인낙, 소취하** 및
자백에 대해서는 당사자의 이의가 없더라도 이에 관한 조서의 기재를 생략할 수
없다(법 155조 2항, 소심 11조 2항).

(3) 조서기재의 갈음

1) 법원은 ① **필요하다고 인정**하는 경우, 또는 ② **당사자의 신청**이 있고 **특
별한 사유가 없는** 경우 등에는 변론의 전부나 일부를 녹음하거나 속기하도록 명
해야 한다(법 159조 1항).[3][4] 이 경우 **녹음테이프와 속기록**은 조서의 일부로 삼는

---

1) 정동윤·유병현·김경욱, 521쪽; 한충수, 391쪽; 법원실무제요 민사소송(2), 1229쪽.
2) 소송이 판결에 의하지 않고 완결된 때에는 재판장의 허가를 받아 증인·당사자본인 및 감
  정인의 진술과 검증결과의 기재를 생략할 수 있다. 법원사무관 등은 재판장의 허가가 있는 때
  에는 바로 그 취지를 당사자에게 통지해야 한다. 당사자가 이러한 통지를 받은 날부터 1주
  안에 이의를 한 때에는 법원사무관 등은 바로 그 증인·당사자본인 및 감정인의 진술과 검증
  결과를 적은 조서를 작성해야 한다(규칙 32조 1항·2항·3항).
3) 재판예규 제1501호 '변론의 속기·녹음에 관한 업무처리요령'(재일 2004-3, 2015. 1. 29. 개
  정·시행). **법정녹음제도가 2015. 1. 1.**부터 각급 법원에서 전면적으로 실시되고 있다. 법정녹
  음제도는 재판절차와 심리과정의 투명성을 높인다는 점에서 획기적인 조치이다. 법정녹음은
  궁극적으로 조서를 대체하게 되어, 재판에서 조서작성의 부담이 상대적으로 줄어들게 된다.
  이에 따라 재판의 역량을 심리에 집중할 수 있어 재판의 충실화를 가져온다.
4) 현재 법정녹음은 **증인신문절차**와 같이 교호신문의 진술이 주요증거가 되는 경우에 **의무적
  절차**로 진행되고 있고, **다른 소송절차**의 경우에는 직권 또는 신청에 따라 법정녹음이 이루어
  질 수 있으나 **실무상** 관련 소송당사자가 녹음·속기를 신청하기가 쉽지 않고, 법원이 필요하

다(법 159조 2항). 다만 재판장은 법원사무관 등으로 하여금 증인 또는 당사자본인의 진술 가운데 중요한 사항을 **요약**하여 조서의 일부로 기재하게 할 수 있다(**요약조서**, 규칙 36조 2항).

　　2) 녹음테이프 또는 속기록으로 조서의 기재를 대신하더라도, ① 소송이 완결되기 전에 당사자가 신청한 때, ② 상소가 제기된 때, ③ 법관이 바뀐 때에는 녹음테이프나 속기록의 **요지**를 정리해서 **조서를 작성**해야 한다(**요지조서**, 법 159조 3항, 규칙 36조 3항 본문). 다만 ②, ③의 경우로서 앞서 1)에서 본 요약조서의 기재가 있거나 녹취서(녹음과 속기를 병행한 경우 등에는 속기록)가 작성된 때에는 요지조서를 작성하지 않을 수 있다(규칙 36조 3항 단서). 녹음테이프만이 아니라 녹화테이프, 컴퓨터용자기디스크 · 광디스크 등으로 음성이나 영상을 녹음 또는 녹화하여 재생할 수 있는 매체를 이용하여 변론의 전부나 일부를 녹음 또는 녹화함으로써 조서의 기재를 갈음할 수 있다(규칙 37조 1항, 36조 1항).[1]

3. 사건관계인 및 일반인의 변론조서 등 소송기록의 열람 등과 그 제한

(1) 사건관계인의 열람권 등

(a) 의   의

당사자나 이해관계를 소명한 제 3 자는 대법원규칙인 '**재판기록 열람 · 복사**

다고 인정하여 녹음 · 속기를 명하는 경우도 거의 없다. 이에 대해, 법정녹음의 의무화는 법정녹음이 증인 등 신문절차를 대상으로 한 지난 수년간의 실무 경험의 축적을 통하여 유용성 및 안정성이 검증되었으므로, 향후 공개된 법정에서 진행되는 **모든 변론절차를 대상으로 확대**되는 것이 바람직하며, 다만 비공개심리와 같이 녹음이 곤란한 개별 사안에서는 별도의 예외규정을 두어 기존의 조서작성 방식으로 기록화를 병행하는 등 탄력적인 절차 운영의 근거를 마련할 필요가 있다는 견해로는, 이민형, "법정녹음을 활용한 바람직한 재판의 운영 및 기록화 방안 ―녹음제도의 확대 및 개선방안을 중심으로―," 사법정책연구원(2022. 7.), 216쪽. 한편 특별한 사정이 없는 한 변론의 전부를 속기사로 하여금 받아 적도록 하고, 녹음장치 또는 영상녹화장치를 사용하여 녹음 또는 영상녹화를 하도록 하는 민사소송법 일부개정법률안(의안번호 2112712, 제안일자 2021. 9. 28., 제안자 최기상 의원 등 13인) 및 민사재판의 전 과정을 의무적으로 녹음하고 필요시 속기하도록 하는 민사소송법 일부개정법률안(의안번호 2117237, 제안일자 2022. 9. 6., 제안자 김용민 의원 등 13인)이 제21대 국회에 계류되었으나 임기종료(2024. 5. 29.)로 자동폐기되었다.

[1] 이 경우 녹음테이프와 속기록은 소송기록과 함께 보관해야 한다(규칙 34조 1항). 당사자나 이해관계를 소명한 제 3 자는 법원사무관 등에게 녹음테이프를 재생하여 들려줄 것을 신청할 수 있다(규칙 34조 2항). 다만 이러한 신청은 **조서의 일부**로 삼은 녹음테이프 등에 국한되며, 재판장 또는 참여사무관 등이 조서작성의 편의와 조서기재 내용의 정확성을 보장하기 위하여 필요하다고 인정하는 경우에 변론의 전부 또는 일부를 녹음 또는 녹화한 것으로서 조서의 일부로 삼지 아니한 녹음테이프 등에 대해서는 허용되지 않는다. 대결 2004. 4. 28. 2004스19.

규칙'(2018. 12. 4. 개정, 2019. 1. 1. 시행)이 정하는 바에 따라 변론조서 등 소송기록의 열람·복사, 재판서·조서의 정본·등본·초본의 교부 또는 소송에 관한 사항의 증명서의 교부를 법원사무관 등에게 신청할 수 있다(**소송기록의 열람·복사신청권**, **증명서의 교부청구권**, 법 162조 1항).

(b) 제 3 자의 경우

당사자와 달리 제 3 자에 대해서는 일정한 제한하에서, 즉 **이해관계**를 **소명**한 때에 한하여 소송기록에 대한 열람권을 인정하고 있다. 제 3 자에 의한 소송기록 열람의 남용을 방지하기 위해서는 '이해관계'를 '법률상 이해관계'로 좁게 해석하여, 제 3 자가 소송기록을 열람할 수 있는 경우를 열람에 대해 법률상 이익이 있음을 소명한 때로 제한하는 것이 바람직하다.[1]

(2) 일반인의 열람권 등

(a) 민사사건의 소송기록 열람제도

민사재판에 대한 국민의 신뢰를 증진하고자 하기 위하여 2007. 5. 17. 법 162조를 개정하여 누구든지 공개를 금지한 변론에 관련된 소송기록을 제외하고는 권리구제·학술연구 또는 공익적 목적으로 대법원규칙으로 정하는 바에 따라 법원사무관 등에게 재판이 **확정된 소송기록**의 열람을 신청할 수 있도록 했다(법 162조 2항). 이 경우 해당 소송관계인(소송기록의 열람과 이해관계가 있는 당사자 또는 법정대리인, 참가인·증인)이 동의하지 않는 때에는 열람하게 해서는 안 된다(법 162조 3항, 규칙 37조의3 1항).

(b) 민사사건의 판결서 공개제도

재판의 공개원칙을 실질적으로 보장하고 사법권 행사의 적정성을 높이기 위하여, **2011. 7. 18.** 민사소송법을 개정하여 **163조의2를 신설(2015. 1. 1. 시행)**함으로써 법 162조에도 불구하고 누구든지 판결이 **확정된 사건(확정사건)**의 **판결서**[소액사건심판법이 적용되는 사건의 판결서와 '상고심절차에 관한 특례법' 4조 및 민사소송법

---

1) 법률상 이해관계의 존부에 대해서는 법원이 관련당사자의 이해관계를 고려하여 비밀유지에 대한 당사자의 이익과 제 3 자의 정보 필요성에 대한 이익을 비교형량하여 결정해야 하며, 특히 법원은 재판이 비공개로 진행된 경우에는 제 3 자의 소송기록 열람에 대해 엄격하게 심사해야 한다. 다만 당사자의 명시한 동의가 있는 경우에는 이해관계 없는 제 3 자라 하더라도 소송기록에 대한 열람이 허용된다. 정선주, "민사소송절차에서 개인정보의 보호," 민사소송 4권(2001. 2.), 401쪽 이하.

429조 본문에 따른 판결서는 제외)를 **인터넷**, 그 밖의 **전산정보처리시스템**을 통한 전자적 방법 등으로 **열람** 및 **복사**할 수 있도록 했다.

한편 **2020. 12. 8.** 위 **법 163조의2를 개정**(2023. 1. 1. 시행)하여 판결이 확정된 사건뿐만 아니라 **확정되지 않은 사건**(미확정사건)의 판결서(**2023. 1. 1. 이후 선고되는 사건의 판결서부터** 적용한다. 부칙 17568호 2조)에 대해서도 열람 및 복사를 할 수 있도록 했다.[1][2] 다만 **변론의 공개를 금지한 사건**의 판결서로서 대법원규칙이 정하는 경우에는 열람 및 복사의 전부 또는 일부를 제한할 수 있다(법 163조의2 1항 단서). 위 법 163조의2 1항 본문에 따라 열람 및 복사의 대상이 되는 판결서는 대법원규칙이 정하는 바에 따라 판결서에 기재된 문자열 또는 숫자열이 **검색어**로 가능할 수 있도록 제공되어야 한다(위 개정 법 163조의2 2항). 법원사무관 등이나 그 밖의 법원공무원은 위 법 163조의2 1항 본문에 따른 열람 및 복사에 앞서 판결서에 기재된 성명 등 **개인정보가 공개되지 않도록** 대법원규칙으로 정하는 **보호조치**(비실명화처리)를 해야 한다(위 개정 법 163조의2 3항).

(3) 당사자의 비밀보호를 위한 제 3 자의 열람권 등 제한

(a) 비밀기재 부분에 대한 제 3 자 열람 등의 제한

1) 소송기록 중에 ① 당사자의 사생활에 관한 중대한 비밀이 적혀 있고 제 3 자의 열람허용이 당사자의 사회생활에 큰 지장을 줄 우려가 있거나, ② 당사자가 갖는 **영업비밀**(부정경쟁방지 및 영업비밀보호에 관한 법률 2조 2호에 규정된 영업비밀)이 적혀 있다는(제한사유가 존재한다는) **소명**이 있는 때에는 법원은 **당사자의 신청**(열람 등 제한신청)에 따라 소송기록 중 비밀 기재부분의 열람·복사, 재판서·조서 중 비밀 기재부분의 정본·등본·초본의 교부를 신청할 수 있는 사람을 당사자로 한정하는 **결정**(열람 등 제한결정)을 할 수 있다(법 163조 1항).[3]

---

1) 미확정사건 판결서 공개제도가 제대로 실현되기 위해서는 대법원이 위 개정법 시행(2023. 1. 1.) 전에 풀어야 할 과제들이 많은데, 그 대표적인 것이 판결서 **비실명화처리** 및 관련 예산확보이다. 미확정사건의 판결서 공개제도 시행에도 불구하고, 비실명화작업을 통한 예산확보가 이뤄지지 않으면 실질적인 제도 운용이 힘들기 때문이다. 법률신문 4848호(2020. 12. 3.), 17쪽.

2) 대법원은 2023. 1. 1.부터 시행되는 미확정사건의 판결서 열람 및 복사를 위하여 민사판결서 열람 및 복사에 관한 규칙(2022. 12. 1. 개정, 2023. 1. 1. 시행) 및 재판예규 제1825호 '민사판결서 열람 및 복사에 관한 예규'(재민 2014-1. 2022. 11. 25. 개정, 2023. 1. 1. 시행)를 각 개정했다.

3) 다른 사건의 소송당사자로서 제 3 자인 갑 회사가 아직 미확정 상태인 사건의 소송기록을 대상으로 문서송부촉탁을 신청하여 채택되자, 미확정사건의 소송당사자인 을 회사가 위 소송

2) 한편 **2023. 7. 11.** 위 **법 163조를 개정(2025. 7. 12. 시행)**하여 소송관계인의 생명 또는 신체에 대한 위해의 우려가 있다는 소명이 있는 경우 법원은 해당 소송관계인의 신청에 따라 결정으로 소송기록의 열람·복사·송달에 앞서 주소 등 대법원규칙으로 정하는 **개인정보**로서 해당 소송관계인이 지정하는 부분(**개인정보 기재부분**)이 당사자 및 제3자에게 공개되지 않도록 보호조치를 할 수 있도록 했다[위 개정 법 163조 2항(신설)].[1]

3) 당사자의 제한신청이 있으면 그 신청에 관한 재판이 확정될 때까지 제3자는 문제된 개인정보 기재부분 또는 비밀 기재부분의 열람 등을 신청할 수 없다(위 개정 법 163조 3항). 즉 당사자의 제한신청만으로 제3자의 열람 등이 바로 금지되는 강력한 효과가 발생하게 된다. 당사자의 제한신청을 기각한 결정에 대해서는 즉시항고를 할 수 있다(위 개정 법 163조 5항).

(b) 비밀 기재부분에 대한 열람 등 제한결정의 취소

소송기록을 보관하고 있는 법원은 이해관계를 소명한 **제3자의 신청**에 따라 비밀보호를 위한 열람 등 제한사유 또는 개인정보 기재부분 보호조치사유가 존재하지 않거나 소멸되었음을 이유로 이러한 **제한결정**을 **취소**할 수 있다(위 개정 법 163조 4항). 이러한 취소결정은 **확정되어야 효력**을 가진다(위 개정 법 163조 5항). 제3자의 신청에 관한 결정(취소결정 또는 신청기각결정)에 대해서는 즉시항고를 할 수 있다(위 개정 법 163조 5항).

4. 조서의 정정

완성된 조서에 잘못된 기재가 있음을 이유로 관계인이 **이의**를 제기할 수 있다. 이의가 이유 없으면 조서에 그 취지를 적어 처리한다(법 164조). 이의가 이유

기록 중 일부문서에 영업비밀이 포함되어 있다며 그 일부문서에 대하여 **열람 등 제한신청**을 한 사안에서, 을 회사가 열람 등 제한신청한 대상문서 중 일부는 을 회사가 제3자와 체결한 계약서이고, 그 계약서의 비밀준수의무 관련조항 등에 비추어 위 계약서에 영업비밀이 적혀 있다는 점에 대한 소명이 있다고 볼 여지가 있는데도, 이와 달리 보아 위 계약서에 관한 열람 등 제한신청을 기각한 원심결정 부분에는 민사소송법 163조 1항 2호, 부정경쟁방지 및 영업비밀보호에 관한 법률 2조 2호에서 정한 영업비밀 소명 등에 관한 법리오해의 잘못이 있다고 한 대법원결정으로는, 대결 2020. 1. 9. 2019마6016.

[1] 소장제출 및 송달, 소송기록열람, 판결서송달 등 민사소송의 각 단계에서 범죄피해자 등의 주소나 성명 등 개인정보가 노출될 염려가 있으므로, 민사소송법에서 구체적으로 그 요건과 절차, 범위 및 효과 등에 관하여 규정할 필요가 있다는 견해로는, 조수혜, "민사소송에서의 개인정보 비공개 ―우리 민사소송법 개정과 일본의 2022년 개정 민사소송법의 비교―," 사법 66호(2023년), 338쪽.

있으면 조서의 기재를 정정한다. 관계인이 변론조서에 잘못된 기재가 있다는 이유로 법 223조에 따른 법원사무관 등의 처분에 대한 이의신청을 하는 것은 허용되지 않는다.1) 조서에 대한 **이의가 없어도** 조서의 기재에 분명한 잘못이 있으면 **판결의 경정**(법 211조)에 **준하여** 정정할 수 있다.2)

5. 조서의 증명력

(1) 변론의 방식에 관한 사항인 경우

조서가 무효가 아닌 한, **변론의 방식**[변론의 날짜 및 장소, 변론의 공개 유무, 관여 법관, 당사자와 대리인의 출석 여부, 판결의 선고날짜와 선고사실 등의 변론의 외형적 형식]에 관한 규정이 지켜졌다는 것은 **조서의 기재**에 의해서만 증명할 수 있다. 즉 조서만이 **법정증명력**을 가진다(법 158조 본문)[다만 조서가 없어진 때에는 다른 증거방법에 의한 증명이 허용된다(법 158조 단서)]. 따라서 이에 대해서는 다른 증거방법으로 증명하거나 반증을 들어 다툴 수 없다[변론의 방식에 관한 한 자유심증주의를 버리고, **법정증거주의**를 따랐다]. 예컨대 ① 당사자의 이름을 부르지 않았다는 주장은 변론의 방식에 관한 사항으로서 이는 조서의 기재에 의해서만 증명할 수 있으며,3) ② 변론조서에 소송대리인 불출석이라고만 기재되어 있고 당사자본인의 출석 여부에 대하여 아무런 기재가 없다면 당사자의 변론기일에의 불출석은 증명되지 않으며,4) ③ 판결서에 기재된 선고일자가 선고조서에 기재된 선고일자와 다르다면 판결서의 그 기재는 오기이고 선고조서에 기재된 선고일자에 선고된 것으로 보아야 한다.5)

(2) 변론의 방식에 관한 사항이 아닌 경우

변론의 방식에 관한 사항이 아닌 것, 즉 당사자의 변론의 내용, 자백, 증인의 선서나 진술내용 등 법 154조(6호의 재판의 선고 제외)의 **실질적 기재사항**은 법정증명력이 인정되지 않는다. 따라서 이에 관한 변론조서의 기재 내용은 **일응의 증거**가 되는 데 그치고 다른 증거로 이를 번복할 수 있다. 변론의 내용이 조서에 기재되어 있는 경우 변론조서가 엄격한 형식에 따라 법원사무관 등이 작성하고 재판

---

1) 대결 1975. 12. 8. 75마372, 1989. 9. 7. 89마694.
2) 이시윤, 427쪽; 정동윤·유병현·김경욱, 523쪽; 정영환, 666쪽.
3) 대판 1991. 9. 10. 90누5153.
4) 대판 1982. 6. 8. 81다817.
5) 대판 1972. 2. 29. 71다2770.

장이 인증한 것이므로, 특별한 사정이 없는 한 그 내용이 진실한 것이라는 **강한 증명력**을 가진다.[1] 따라서 변론조서의 기재는 변론의 방식에 관한 사항이 아니더라도 문서의 성질상 그 내용이 진실하다고 추정된다. 예컨대 변론기일에 주장,[2] 자백,[3] 변론종결,[4] 소취하,[5] 청구의 인낙[6] 등을 한 것으로 기재되어 있는 변론조서의 내용은 변론조서의 성질상 진실하다고 추정해야 한다.

V. 변론기일 등에서의 당사자 불출석

1. 기일불출석

(1) 의   의

1) 당사자가 기일을 게을리하여 **기일에 불출석**한다는 것은 당사자가 적법한 기일통지를 받고도 **필수적 변론기일**에, **불출석**하거나 출석해도 **변론을 하지 않는 것**(출석·무변론)을 말한다. 변론기일에 출석하더라도 변론을 하지 않는다는 것은 기일이 개시되어 변론을 할 수 있었으나 스스로 변론을 하지 않는 것을 말한다. 당사자가 출석을 했으나 ① 당사자가 **소송능력**이 없는 경우, ② 당사자가 **진술금지의 재판**(법 144조 1항)을 받아 **변론능력**을 상실한 경우, ③ 당사자가 **퇴정명령**을 받거나 **임의퇴정**한 경우는 **불출석**이 된다.

2) 변론기일 등을 **비디오 등 중계장치**에 의한 중계시설을 이용하여 하는 **영상기일**(영상변론기일의 경우, 법 287조의2 2항·3항, 327조의2 2항·3항)의 경우에는 이러한 중계시설이 있는 곳에 출석하지 않으면 기일에 불출석한 것이 된다. 변론기일 등을 **인터넷 화상장치**를 이용하여 하는 영상기일의 경우에는 당사자가 책임질 수 없는 사유로 접속할 수 없었던 때를 제외하고는, 영상기일에 지정된 인터넷주소에 접속하지 않는 때에는 불출석한 것으로 본다(규칙 73조의3 5항).

---

1) 대판 2001. 4. 13. 2001다6367, 2002. 6. 28. 2000다62254(다만 변론조서에 기재된 문언의 의미가 분명하지 않아 이와 관련하여 당사자 사이에 다툼이 있는 경우에는 그 변론조서가 작성된 변론기일 이후의 소송진행 과정에서의 당사자의 변론 및 증인신문 내용, 그 기재 내용과 관련된 당사자의 석명 여부 및 내용 등을 종합하여 합리적으로 해석을 할 수밖에 없다).
2) 대판 1992. 5. 26. 91다35571.
3) 대판 2000. 10. 10. 2000다19526.
4) 대판 1991. 9. 10. 90누5153.
5) 대판 1993. 1. 12. 91다8142.
6) 대판 1993. 7. 13. 92다23230.

3) 변론기일에서 사건과 당사자의 이름을 불렀을 때 적법한 기일통지를 받은 당사자가 불출석한 경우 기일을 게을리함에 따른 불이익의 효과가 발생한다. **공동소송인** 가운데 일부에게 기일을 실시할 수 없는 사유가 있다 하더라도 필수적 공동소송(법 67조 1항)이 아닌 이상 기일을 게을리한 공동소송인만이 불출석의 불이익을 입게 된다. 법정 밖에서 한다는 특별한 사정이 없는 한 **증거조사기일**은 변론기일에 포함된다. 한편 **임의적 변론기일**, **판결선고기일**에 불출석한 경우에는 기일불출석의 불이익을 받지 않는다.

(2) 기일불출석과 기일의 변경과의 관계

최초의 기일이 아닌 변론기일에서 당사자의 합의로 기일변경신청을 하고 출석하지 않았더라도, 기일의 지정·변경권을 가진 재판장이 기일을 변경하지 않은 채 지정된 변론기일에 사건과 당사자의 이름을 불렀다면(법 165조 1항 본문·2항, 169조) 불출석의 효과는 발생한다.[1] 당사자가 출석해도 변론을 하지 않고 단순히 변론의 연기를 구한 경우에는 기일을 게을리한 것이 된다.

(3) 기일불출석과 변론의 연기와의 관계

당사자가 출석을 했는데도 변론에 들어가기 전에 재판장이 변론을 연기하고 출석한 당사자에게 변론의 기회를 주지 않음으로써 변론을 하지 않은 경우에는 당사자가 기일을 게을리한 것이 아니다. 즉 출석·무변론에 해당하지 않는다.[2] 변론조서에 '연기'라는 기재가 있다 하더라도 그 기재는 기일에 출석했으나 변론을 실시할 수 없는 당사자의 관계에서만 변론을 연기한다는 것일 뿐, 기일을 게을리한 당사자에 대한 관계에서는 사건과 이름을 부름으로써 불출석의 효과가 이미 발생한 후에 연기의 기재가 있는 것이 되어 무의미한 기재이다.[3]

(4) 적법한 기일통지를 하지 않은 경우와 기일불출석

적법한 기일통지를 받고도 변론기일에 불출석한 경우이어야 한다.[4] 따라서 ① 기일통지서의 송달이 불능이 된 경우, ② 기일통지서의 송달이 무효가 된 경우,[5] ③ 기일통지서의 송달을 요건에 흠이 있는 공시송달의 방법으로 한 경우[이러

---

1) 대판 1982. 6. 22. 81다791.
2) 대판 1990. 2. 23. 89다카19191.
3) 대판 1980. 11. 11. 80다2065, 1982. 6. 22. 81다791.
4) 대판 1997. 7. 11. 96므1380, 2023. 5. 18. 2023다204224.
5) 예컨대 법 187조의 우편송달(발송송달)의 요건을 갖추지 않은 송달로서 무효인 경우 등이

한 공시송달은 유효하기는 하나, 적법한 송달이 아니다)[1] 등은 이에 해당하지 않는다.

2. 양쪽 당사자의 불출석

(1) 의 의

양쪽 당사자가 **적법한** 기일통지를 받고도 변론기일에 2회 불출석하거나 출석·무변론하고도 1월 이내에 기일지정신청이 없을 때(**1월**의 기일지정신청기간이 끝난 때), 또는 1월 이내에 기일지정신청이 있다고 하더라도 이러한 기일지정신청에 따라 정한 변론기일에 또는 그 뒤의 변론기일에 다시 1회 양쪽 당사자가 불출석하거나 출석·무변론한 때(양쪽이 **3회** 불출석한 때) **소취하간주**의 효력이 생긴다(법 268조).[2] 그러나 변론기일의 **송달절차**가 **부적법**한 이상 비록 그 변론기일에 양쪽 당사자가 출석하지 않았다고 하더라도 양쪽 당사자 불출석의 효과가 발생하지 않는다.[3] 한편 기일통지가 공시송달에 의한 경우 앞서와 같이 공시송달의 요건에 흠이 있다고 볼 수 없는 **적법한 공시송달**이라면 양쪽 당사자의 기일불출석의 효과가 적용된다.[4] 양쪽 당사자가 **변론준비기일**에 **불출석**하거나 **출석·부진술**한 경우도 마찬가지이다(법 286조·268조). **증권관련집단소송**에서는 소취하간주가 **배제**된다(증집 35조 4항).

(2) 취하간주의 요건

(a) 2회에 걸친 기일불출석

1) 먼저 양쪽 당사자가 변론기일(첫 기일 또는 그 뒤의 기일)에 **1회 불출석**하거나 **출석·무변론**한 경우이어야 한다(법 268조 1항, 286조)[원고가 불출석하고, 피고가 출석했으나 피고가 변론하지 않는 경우가 많다]. 이 경우 재판장은 반드시 다시 변론

다. 대판 2023. 5. 18. 2023다204224.

1) 대판 1997. 7. 11. 96무1380; 오기두, "민사절차상 당사자의 출석 보론(1)," 인권과 정의 268호 (1998. 12.), 149쪽 이하.

2) 일본의 경우, 양쪽 당사자가 1회 불출석하고 그때부터 1월 이내에 기일지정신청을 하지 않았을 때와 양쪽 당사자가 연속하여 2회 불출석했을 때에 소의 취하가 있는 것으로 보는 입장을 채택했다(여기서 '불출석'에는 출석했으나 진술하지 않고 퇴정하거나 퇴석한 경우를 포함한다. 일본 민사소송법 263조).

3) 대판 2022. 3. 17. 2020다216462(법 185조 2항 또는 법 187조의 우편송달의 요건이 갖추어지지 않은 채 원고에 대하여 변론기일통지서를 우편송달로 한 것은 부적법한 송달로서 그 효력이 없으므로 원고가 항소심 1, 2차 변론기일에 출석하지 않았다고 하더라도 항소를 취하한 것으로 보는 효과가 발생하지 않는다).

4) 대판 1977. 1. 11. 76다1658, 1982. 12. 28. 82누486.

기일을 정하여 양쪽 당사자에게 통지해야 한다.[1] 이에 대하여, 일반적으로 사건이 판결할 만큼 성숙되지 않아 기일이 새로 지정되는 것이므로 사건이 재판할 만큼 성숙되었다면 소송기록에 의한 재판도 가능하다는 견해가 있다.[2] 그러나 법 268조 1항은, 이 경우 재판장은 다시 변론기일을 정하여 양쪽 당사자에게 통지해야 한다고 규정하고 있다.

2) 다음 양쪽 당사자의 1회 불출석 후의 새 기일 또는 그 뒤의 기일에 **2회 불출석**하거나 출석·무변론한 경우이어야 한다(법 268조 2항). 2회 불출석의 경우에는 1회 불출석과 달리, 판결을 하기에 성숙했다고 인정될 때에 변론종결을 할 수 있으나, 통상 법원은 변론을 종결하지 않고 새 기일의 지정도 없이 해당 기일을 종료시킨다(**사실상의 휴지(休止)**).[3]

(b) 기일지정신청이 없거나 새 기일 이후 1회 불출석

1) 양쪽 당사자가 2회 불출석한 후 그때부터 **1월 내**에 당사자가 기일지정신청을 하지 않으면 소를 취하한 것으로 본다(법 268조 2항). 소송위임장을 제출한 것만으로는 여기서 말하는 기일지정신청이라고 볼 수 없다.[4] 기일지정신청은 양쪽 당사자가 2회 불출석한 기일부터 1월 내에 해야 하며, 당사자가 그 사실을 안 때부터 그 기간이 기산되지 않는다.[5] 위 1월의 **기일지정신청기간[휴지(休止)기간]**은 불변기간이 아니어서 기일지정신청의 추후보완이 허용되지 않는다.[6] 1월의 기간은 양쪽 당사자가 2회 불출석한 변론기일(변론준비기일)의 다음 날부터 기산된다(민 157조).

만일 당사자가 1월 내에 **기일지정신청**을 함으로써 새 기일이 지정되거나, (2회 불출석한 날에 법원이 새 기일을 지정하는 등) 법원이 **직권으로** 새 기일을 지정한 때에는 소송은 속행되지만[법원이 직권으로 새 기일을 지정한 때에는 당사자의 기일지정

1) 당사자의 기일변경신청을 받아들이지 않고 당초 지정된 일시에 변론기일을 열고 출석한 상대방 당사자가 변론을 하지 않음에 따라 법 268조 1항에 의하여 새로운 변론기일을 정한 조치는 출석한 당사자가 변론하지 않음에 따라 당연히 발생하는 효과로서 항고의 대상인 '결정'이나 '명령'에 해당하지 않는다. 대결 2008. 11. 13. 2008으5.
2) 정동윤·유병현·김경욱, 536쪽.
3) 대판 1994. 2. 22. 93다50442.
4) 대판 1993. 6. 25. 93다9200.
5) 대판 1992. 4. 14. 92다3441.
6) 대결 1992. 4. 21. 92마175, 대판 2022. 3. 17. 2020다216462; 이윤승, "민사소송법 제241조 제2항 소정의 기일지정신청기간의 성질 및 기일지정신청의 추완 가능 여부," 대법원판례해설 17호(1992년 상반기), 343쪽 이하.

신청에 의한 기일지정이 있는 경우와 마찬가지로 본다],[1] 새 기일 또는 그 뒤의 기일에 양쪽 당사자가 다시 불출석하거나 출석·무변론하면 소를 취하한 것으로 본다(법 268조 3항)[실무상 **쌍**방 불출석으로 **취**하되는 경우라는 의미로 '**쌍불취하**'라고 부른다]. 법률상 소취하를 간주하는 것으로, 이는 법률상 당연히 발생하는 효과로서 당사자나 법원의 의사로 그 효과를 좌우할 수 없다.

2) 2회 또는 3회 불출석은 반드시 연속적이어야 하지 않고 **단속적**(비연속적)이어도 무방하며, **같은 심급의 같은 종류**의 기일에 2회 또는 3회 불출석이어야 한다. ① 제1심 1회와 제2심 1회의 경우, ② 파기환송 전 1회와 파기환송 후 1회의 경우,[2] ③ 변론준비기일 1회와 변론기일 1회의 경우 등은 해당되지 않는다.

3) 같은 소가 유지되는 상태에서 2회 또는 3회 불출석일 것을 요한다. **청구의 교환적 변경**이 있는 경우 변경 전 1회, 변경 후 1회는 이에는 해당하지 않는다. 청구가 교환적으로 변경되면 구청구가 취하되어 소멸된 것으로 보기 때문이다. 본래의 소의 계속 중 **본래의 소**의 당사자가 1회 불출석 한 뒤에 **청구의 추가적 변경**, 반소, 중간확인의 소 등의 **소송 중의 소**가 제기된 경우에 본래의 소의 당사자가 다시 1회 불출석 후에 기일지정신청이 없을 때 취하의 효과가 미치는 것은 본래의 소(청구) 부분뿐이다. 따라서 이 경우는 가분적(可分的)인 **일부 취하간주**가 된다.

(3) 취하간주의 효과
(a) 소취하간주의 경우
소취하간주는 원고의 의사표시에 의한 소취하와 그 효과가 같다[소송계속의 효과는 소급적으로 소멸하며 소송은 종료된다]. 소취하간주가 있음에도 이를 간과한 채 본안판결을 한 때에는 상소법원은 **소송종료선언**(규칙 68조, 67조 3항)을 해야 한다.

(b) 항소취하간주의 경우
상소심에서 기일을 게을리한 때에는 상소를 취하한 것으로 본다(법 268조 4항). 법상 상소심절차에도 준용한다고 규정하고 있으나(법 268조 4항 본문), 상고심의 변론은 임의적 변론절차에 불과하므로[필요한 경우에 변론을 열 수 있을 따름이다(법 430조 2항)], 여기서 상소심은 **항소심**을 말한다. 양쪽 당사자의 기일불출석에 따른 것이므로, 항소한 당사자가 어느 쪽이든 불문하고, **항소취하**가 간주된다. 항

---
1) 대판 1994. 2. 22. 93다56442, 2002. 7. 26. 2001다60491.
2) 대판 1963. 6. 20. 63다166.

소취하가 간주됨으로써 항소심절차가 종결되고, 제 1 심판결이 그대로 확정된다. 제 1 심에서 소취하가 간주되는 것과 달리 항소심에서 항소취하가 간주되면 제 1 심판결이 그대로 **확정**되어 항소인에게는 가혹한 불이익이 돌아간다.

3. 한쪽 당사자의 불출석

(1) 진술간주

(a) 의   의

한쪽 당사자가 변론기일에 불출석하거나 출석하더라도 본안에 관하여 변론하지 않는(출석·무변론) 경우에는 그가 제출한 소장, 답변서 그 밖의 준비서면에 적혀 있는 사항을 진술한 것으로 간주하고 출석한 상대방에 대하여 변론을 명할 수 있다(**진술간주**, 법 148조 1항). 이는 당사자 한쪽의 불출석에 따른 소송지연의 방지 및 기일출석의 시간·노력, 비용상의 불편과 불경제를 제거하기 위한 것이다. 한쪽 당사자가 변론기일에 불출석하거나 출석·무변론인 경우에 법원으로서는 **변론을 연기**할 수도 있다[즉 법 148조 1항에 의한 진술간주는 법원이 필수적으로 해야 하는 것은 아니다]. 그러나 출석한 당사자만으로 변론을 진행할 때에는 이들 서면에 적혀 있는 사항을 반드시 진술한 것으로 보아야 한다.[1] 여기서 **변론기일**은 첫 기일 뿐만 아니라 속행기일도 포함한다. 항소심기일, 파기환송 후의 항소심기일도 포함한다. 한쪽 당사자가 **변론준비기일**에 **불출석**하거나 **출석·부진술**(본안에 관하여)한 경우도 마찬가지이다(법 286조, 148조 1항).

(b) 진술간주 내용

진술간주는 서면에서 상대방의 주장사실, 특히 원고의 주장사실을 ① 인정한 때에는 **재판상 자백**(법 288조)이 성립되고[준비서면이 진술간주되는 이상 상대방의 주장사실을 인정한다고 적혀 있는 준비서면을 말로 진술한 것으로 보므로 재판상 자백이 성립한 것으로 해석해야 한다], ② 명백히 다투지 않는 때에는 **자백간주**(법 150조 1항 본문)가 되어, 증거조사 없이 변론을 종결할 수 있다. 그러나 상대방의 주장사실을 다투는 때에는 증거조사 때문에 특별한 사정이 없는 한 속행기일의 지정이 필요하다.

---

1) 대판 2008. 5. 8. 2008다2890; 강승준, "민사소송법 제148조 제 1 항(변론기일에 한쪽 당사자가 불출석한 경우 진술간주에 관한 규정)의 적용에 관하여," 민사재판의 제문제 19권(박일환 대법관화갑기념, 2010. 12.), 440쪽 이하.

(c) 적용의 확대

신법은 당사자의 법원출석의 불편을 덜기 위해 진술간주제도의 **적용범위를 확대**했다. ① 불출석한 당사자가 진술한 것으로 보는 서면에 **청구의 포기 또는 인낙의 의사표시**가 적혀 있고 공증사무소의 **인증**까지 받은 때에는 그 취지에 따라 청구의 포기・인낙이 성립된 것으로 본다(법 148조 2항). ② 불출석한 당사자가 진술한 것으로 보는 서면에 **화해의 의사표시**가 적혀 있고 공증사무소의 **인증**까지 받은 경우에, 상대방 당사자가 변론기일에 출석하여 그 화해의 의사표시를 받아들인 때에는 재판상 화해가 성립된 것으로 본다(법 148조 3항).

(d) 적용의 제한

원고가 관할권 없는 법원에 제소한 때에 피고가 본안에 관한 사실을 기재한 답변서만을 제출한 채 불출석한 경우 그것이 진술간주가 되어도 **변론관할**(법 30조)이 생기지 않는다. 변론관할이 생기기 위한 본안에 관한 변론이나 변론준비기일에서의 진술은 피고가 그 기일에 출석하여 **현실적**으로 해야 하므로 피고의 불출석에 의하여 답변서 등이 법률상 진술간주되는 경우는 이에 포함되지 않기 때문이다.[1] 소장 또는 준비서면 등에 증거를 첨부하여 제출했을 때 그 서면이 진술간주되어도 증거신청의 효과가 생기지 않는다. **서증**은 법원 밖에서 조사하는 경우 외에는 당사자가 변론기일 또는 변론준비기일에 출석하여 **현실적**으로 제출해야 하고, 서증이 첨부된 소장 또는 준비서면 등이 진술되는 경우에도 마찬가지이기 때문이다.[2]

(2) 자백간주(의제자백)

(a) 출석한 당사자의 주장사실에 대한 자백간주

공시송달에 의하지 않은 방법으로 기일통지서를 송달받은 당사자가 답변서・준비서면 등을 제출하지 않고 해당 변론기일에 출석하지 않은 경우에는 출석한 당사자의 주장사실(소장・준비서면으로 예고한 사항)에 대해 마치 출석하여 명백히 다투지 않은 경우처럼 자백한 것으로 간주된다(법 150조 3항 본문). 변론준비기일에 출석하지 아니한 경우도 마찬가지이다(법 286조, 150조 3항 본문).

---

1) 대결 1980. 9. 26. 80마403.
2) 대판 1991. 11. 8. 91다15775.

(b) 답변서 부제출에 의한 자백간주와의 관계

피고가 답변서를 제출하지 않으면 원칙적으로 자백간주되어 무변론으로 원고 승소판결을 할 수 있으므로(법 257조 1항), 피고가 답변서를 제출하지 않았는데도 법원이 무변론판결을 하지 않고 변론기일을 연 경우 외에는 피고가 답변서를 제출하지 않고도 변론기일에 불출석하여 자백간주의 효력이 생기는 일은 예상하기 어렵다.

제 6 절   기일 · 기간 및 송달

제 1 관   기   일

Ⅰ. 의   의

기일이란 법원, 당사자 그 밖의 소송관계인이 모여서 소송행위를 하기 위해 정해진 시간을 말한다. 기일은 그 목적에 따라 변론기일, 변론준비기일, 증거조사기일, 화해기일, 판결선고기일 등이 있다.

Ⅱ. 기일의 지정

1. 지정방법

기일은 직권으로 또는 당사자의 신청에 따라 재판장이 지정한다(법 165조 1항).[1][2] 다만 수명법관·수탁판사가 신문하거나 심문하는 기일은 각 그 법관이 정한다(법 165조 1항 단서). 기일의 지정은 직권으로 또는 당사자의 신청에 따라 하나, 직권진행주의가 심리의 원칙이므로 기일의 지정도 **직권**으로 하는 것이 원칙이다. 다만 기일의 지정에 관한 **당사자의 신청권**은 기일지정신청에 관하여 당사자

---

[1] 기일의 지정·변경 및 속행은 재판장의 권한사항이다. 대판 1982. 6. 22. 81다791, 1992. 11. 24. 92누282. 따라서 당사자의 기일변경신청을 받아들이지 않더라도 이에 항고를 제기할 수 없다. 대결 2008. 11. 13. 2008으5.

[2] 재판장은 사건의 변론 개정시간을 구분하여 지정해야 한다(규칙 39조). 변론기일은 가능한 한 시간대를 세분하여 **시차**를 두고 지정하되, 충분한 변론시간이 확보되어야 한다. 재판예규 제1857호 '사건관리방식에 관한 예규'(재일 2001-2, 2023. 9. 14. 개정, 2023. 10. 19. 시행) 11. 가.

에게 신청권이 있음이 법률상 명문으로 규정하고 있는 경우에 한하여 인정된다.

2. 기일지정신청

기일지정신청은 널리 심리의 속행을 위하여 기일의 지정을 촉구하는 당사자의 신청을 말한다(법 165조 1항).

(1) 신청권에 의하지 않는 기일지정신청의 경우

이러한 기일지정신청은 법원이 사건을 심리하지 않고 오랫동안 방치할 때에 당사자가 법원에 의한 기일의 **직권지정**을 촉구하는 의미에서 하는 신청을 말한다.

(2) 신청권에 의한 기일지정신청의 경우

여기에는 ① 소송종료 후 그 종료효를 다투며[소·상소의 취하·취하간주 등의 **부존재나 무효**를 주장하면서 그 효력을 다투거나, **청구의 인낙·포기조서** 또는 **화해조서** 등의 **당연무효**를 주장하면서 그 효력을 다투는 경우] 기일지정신청을 하는 경우(규칙 67조·68조·135조 및 규칙 67조 유추적용)[이 경우 반드시 변론을 열어 심리한 후 소취하 등의 효력이 인정되어 소송이 종결된 것으로 인정되면 종국판결로 소송종료선언을, 그렇지 않으면 변론기일을 지정하여 기일을 속행하는 등 소송정도에 따라 필요한 절차를 계속하여 진행해야 한다], ② 양쪽 당사자가 2회 불출석(출석·무변론 포함)한 때에 소·항소의 취하간주를 막기 위해 당사자가 1월 내에 기일지정신청을 하는 경우(법 268조 2항·4항) 등이 있다.

Ⅲ. 기일의 변경

1. 의   의

기일의 변경은, 기일개시 전에 그 지정을 취소하고 이를 갈음하여 새 기일을 지정하는 것이다. 기일개시 후에 그 기일에 아무런 소송행위를 하지 않고 새 기일을 지정하는 **변론의 연기**(변론기일에서 변론의 연기)나 **기일의 연기**(예컨대 증거조사기일에서 증거조사의 연기)와 구별된다. 기일을 변경하는 때에는 바로 당사자에게 그 사실을 알려야 하며(규칙 42조 2항), 증인·감정인 등에 대해서도 변경되었다는 취지를 통지할 시간적 여유가 없는 때를 제외하고 즉시 통지해야 한다(규칙 44조 1항). 기일을 변경하거나 변론을 연기 또는 속행하는 때에는 소송절차의 중단 또

는 중지, 그 밖에 다른 특별한 사정이 없으면 원칙적으로 다음 기일을 바로 지
정해야 한다(규칙 42조 1항). 기일의 변경, 변론의 연기 또는 속행을 하면서 다음
기일을 추후에 지정하는 것을 실무상 기일의 **추후지정**(추정)이라 한다. 다음 기
일을 추후지정하는 때에는 변론조서 등에 그 추후지정하게 된 사유를 구체적으로
기재해야 한다.[1]

2. 기일변경의 요건

기일의 변경은 엄격한 요건하에서 허용된다. **첫 기일**(첫 변론기일·첫 변론준비
기일)은 당사자의 **합의**가 있으면 당연히 허가된다(법 165조 2항). **그 뒤의 기일**은
현저한 사유가 있는 경우에 한하여 변경이 허용된다(법 165조 2항의 반대해석). 여
기서 **현저한 사유**는 부득이한 사유보다 다소 넓게 보아야 하므로, 당사자 한쪽이
출석하여 변론할 수 없는 합리적인 사유가 있는 때에는 이에 해당한다. 또한 당
사자에게 주장이나 증거제출의 준비를 하지 못한 데 정당한 이유가 있는 때에도
현저한 사유로 본다.[2] **기일변경의 허부**는 재판장의 **직권사항**이다. 그 허부 재판
에 대하여 불복신청할 수 없다. 다만 재판장 등은 법 165조 2항에 따른 경우 외
에는 특별한 사정이 없으면 기일변경을 허가해서는 안 된다(규칙 41조).

Ⅳ. 기일의 통지 및 실시

1. 기일의 통지

지정된 기일을 당사자, 그 밖의 소송관계인에게 알리거나 출석을 요구하는
것을 **기일의 통지**라 한다. 구법에서는 '소환'이라고 했으나, 신법은 이를 '**기일통
지**' 또는 '**출석요구**'라 한다(법 167조 1항, 168조). 기일통지는 변론기일통지처럼 **출
석의무가 없는 사람**에 대하여 하며(예컨대 법 150조 3항의 기일통지서), 출석요구는
증인 또는 감정인 등에 대한 출석요구처럼 **출석의무가 있는 사람**에 대하여 한다
(예컨대 법 309조, 333조 본문의 출석요구서).

---

1) 재판예규 제1401호 '조서작성시 유의사항 및 색지와 인장의 규격 등에 관한 예규'(재일 2003-10,
   2012. 10. 9. 개정).
2) 이시윤, 439쪽; 정동윤·유병현·김경욱, 680쪽. 최초의 기일통지서가 적기(適期)에 송달되
   었음에도 불구하고 뒤늦게 변론을 준비하거나 소송대리인을 선임하려는 것은 현저한 사유에
   해당한다고 보기 어렵다. 호문혁, 365쪽; 박태일, 주석서(2), 343쪽.

통지의 방식은 기일통지서 또는 출석요구서를 작성하여 이를 송달하는 것이 원칙이다(법 167조 1항). 소송관계인이 일정한 기일에 출석하겠다고 적은 서면(**출석 승낙서**)을 제출하거나(법 168조), 법원사무관 등이 그 법원 안에서 송달을 받을 사람에게 서류를 교부하고 영수증을 받은 때(법 177조 2항)에는 송달의 효력이 있다. 해당 사건으로 출석한 사람에게는 직접 기일을 고지하면 된다(법 167조 1항 단서). **신법**은 기일에 출석하지 않은 당사자·증인·감정인 등에 대하여 법률상 제재, 그 밖에 기일을 게을리함에 따른 불이익을 주지 않는 조건으로 대법원규칙이 정하는 **간이통지방식**을 도입했다(법 167조 2항). 대법원규칙(민사소송규칙)이 정하는 기일의 간이통지는 전화·팩시밀리·보통우편 또는 전자우편, 그 밖에 상당하다고 인정되는 방법에 의한 통지를 말한다(규칙 45조 1항). '민사소송 등에서의 전자문서 이용 등에 관한 법률'에 따른 전자적 송달 또는 통지에 관해서는 뒤에서 보기로 한다.

2. 기일의 실시

(1) 적법한 기일의 통지

1) 기일의 실시를 위하여 당사자에게 적법한 기일의 통지가 있어야 한다. 적법한 기일통지 없이 한 변론은 법 167조의 규정에 위반될 뿐만 아니라, 이러한 위반은 판결에 영향을 미친 것으로 본다.[1] 당사자가 변론기일통지서를 송달받은 바없다 하더라도 변론기일에 임의출석하여 변론을 하면서 그 변론기일의 불통지를 이의하지 않으면 **이의권**의 상실(법 151조)로 그 흠이 치유된다.[2] 기일을 통지받지 못해 출석할 수 없었기 때문에 패소판결을 받은 사람은 기일에 **정당하게 대리**되지 않은 사람에 준하여 판결확정 전에는 상소(상고시 절대적 상고이유가 된다. 법 424조 1항 4호 **유추적용**)로써, 판결확정 후에는 재심의 소(법 451조 1항 3호 **유추적용**)로써 구제된다.[3]

2) 기일은 지정된 일시와 장소에서 재판장이 사건과 당사자의 이름을 부름으로써 **개시**된다(법 169조). 당사자본인의 이름을 부름으로써 충분하고 소송대리인의 출석 여부의 확인은 기일개시의 요건이 아니다.[4]

---

1) 대판 1962. 9. 20. 62다380.
2) 대판 1984. 4. 24. 82므14.
3) 이시윤, 441쪽; 정동윤·유병현·김경욱, 678쪽; 강현중, 376쪽.
4) 대판 1970. 11. 24. 70다1893.

(2) 선고기일의 경우

1) **판결선고**는 별도로 변론을 연 경우에는 물론이며, 변론 없이(무변론으로) 하는 경우에도 **원칙적**으로 **선고기일**을 **지정**하여(법 207조 1항) 당사자에게 **기일통지**를 하고 그 지정된 선고기일에 해야 한다[**예외적**으로 심리불속행으로 인한 상고기각판결, 상고이유서 부제출로 인한 상고기각판결은 선고가 필요치 않다(상특 5조 2항)]. 따라서 이러한 절차를 거치지 않고 변론기일에 선고된 판결은 위법하다.1) 소액사건심판법의 적용을 받는 **소액사건**인 경우에는 변론종결 후 즉시 판결을 선고할 수 있다(소심 11조의2 1항).

한편 법원이 **적법하게 변론을 진행**한 후 이를 종결하고 판결선고기일을 **지정·고지**한 때에는 **출석하지 않은 당사자**에게도 **그 지정·고지의 효력**이 있으며, 그 당사자에 대하여 판결선고기일통지서를 송달하지 않았다 하더라도 판결선고는 당사자의 출석 없이도 할 수 있으므로(법 207조 2항), 그 판결은 위법한 것은 아니다.2) 그러나 법원이 피고에게 제대로 송달하지 않고 피고가 출석하지도 않은 상태에서 변론기일을 진행하는 등 **부적법**하게 **진행**된 변론기일에 원고만 출석하여 변론한 상태로 변론을 종결하고 판결선고기일을 지정·고지한 때에는 출석하지 않은 당사자에게 그 **지정·고지의 효력**이 미친다고 볼 수 없으므로, 이 경우 출석하지 않은 당사자에게 판결선고통지서를 송달하지 않은 채 한 판결선고는 **위법**하다.3)

2) **결정절차**에서는 심문기일에 결정기일을 지정하거나 그 기일을 당사자에게 미리 통보할 필요가 없다.4)

(3) 영상기일의 경우

영상기일이란 법 287조의2 1항 및 2항에 따라 비디오 등 중계장치에 의한 중계시설을 통하거나 인터넷 화상장치를 이용하여 실시하는 기일 및 그 밖에 이

---

1) 대판 1996. 5. 28. 96누2699. 판결선고기일의 통지 없이 판결을 선고해도 판결 내용에 영향이 없기 때문에 상소이유가 되지 않는다고 보는 견해로는, 이시윤, 441쪽.

2) 대판 1966. 7. 5. 66다882, 2003. 4. 25. 2002다72514.

3) 대판 2003. 4. 25. 2002다72514, 2004. 10. 15. 2004다11988(제 1 심의 중대한 소송절차가 법률에 어긋난 경우에 해당하여 제 1 심판결이 부당할 뿐만 아니라(법 416조), 제 1 심의 판결절차(판결선고절차) 역시 법률에 어긋난 것이므로(법 417조) 항소심으로서는 제 1 심판결 전부를 취소하여 소장의 진술을 비롯하여 소송서류의 송달과 증거의 제출 등 모든 변론절차를 새로 진행한 다음 본안에 대하여 다시 판단해야 한다).

4) 대결 2000. 11. 14. 99스38,39.

에 준하는 기일을 말한다.1) **영상재판**은 영상기일에 실시한다. 영상재판은 변론준
비기일이나 심문기일에서 하는 **영상심문**(법 287조의2 1항 · 3항, 327조의2 2항 · 3항),
변론기일에서 하는 영상변론(법 287조의2 2항 · 3항, 327조의2 2항 · 3항) 및 증인신
문 · 감정인신문 등의 **영상신문**(법 327조의2, 3339조의3) 등을 말한다. 영상기일은
당사자, 그 밖의 소송관계인을 비디오 등 중계장치에 의한 중계시설에 출석하게
하거나 인터넷 화상장치를 이용하여 지정된 인터넷주소에 접속하게 하고, 영상과
음향의 송수신에 의하여 법관, 당사자, 그 밖의 소송관계인이 상대방을 인식할 수
있는 방법으로 한다(규칙 73조의3 1항). 통신불량, 소음, 문서 등 확인의 불편, 제 3
자 관여 우려 등의 사유로 영상기일의 실시가 상당하지 않는 당사자가 있는 경우
재판장 등 또는 법원은 영상기일을 연기 또는 속행하면서 그 당사자가 법정에 직
접 출석하는 기일을 지정할 수 있다(규칙 73조의3 6항).

제 2 관 기 간

Ⅰ. 기간의 의의

기간은 소송행위나 기일의 준비를 위한 일정한 시점으로부터 다른 시점까지의
시간적 경과를 말한다. 소송상 기간은 당사자나 그 밖의 소송관계인의 소송행위에 관
한 기간(행위기간)과 법원의 소송행위에 관한 기간(직무기간)으로 나누어 볼 수 있다.

Ⅱ. 기간의 종류

1. 법정기간과 재정기간

기간에는 법률에 의해 정해진 기간인 **법정기간**(예컨대 제척 · 기피이유 및 소명
방법 제출기간, 답변서 제출기간, 상소기간 등), 재판기관이 재판으로 정하는 기간인
재정기간(예컨대 소송능력의 흠 등의 보정기간, 소장의 흠의 보정기간, 주장 · 증거의 제출
기간 등)이 있다.

---

1) 재판예규 제1839호 '영상재판의 실시에 관한 업무처리지침'(재일 2021-2, 2023. 1. 9. 개정,
2023. 1. 16. 시행) 2조 2호.

2. 법정기간의 종류

(1) 불변기간과 통상기간

법정기간에는 불변기간과 통상기간이 있다. 법률상 명문으로 '불변기간으로 한다'라고 정해놓고 있는 기간을 **불변기간**이라 한다.[1] 그 예로 상소기간(항소·상고기간, 즉시항고·특별항고기간), 재심기간, 이의신청기간(이행권고결정, 화해권고결정, 조정을 갈음하는 결정, 지급명령 등에 대한 이의신청기간) 등이 있다. 다만 상고이유서 제출기간,[2] 항소이유서 제출기간(2024. 1. 16. 개정, 2025. 3. 1. 시행 법 402조의2), 소·항소취하간주와 관련한 기일지정신청기간[3]은 불변기간이 아니다. 불변기간이 아닌 기간을 **통상기간**이라 한다.

(2) 불변기간의 법적 성질

불변기간은 대체로 재판에 대한 불복신청기간으로서 이를 늘이고 줄일 수 없다(법 172조 1항 단서). 불변기간을 지켰는지 여부는 **직권조사사항**에 속하는 소송요건이다. 당사자가 책임질 수 없는 사유로 불변기간을 지킬 수 없었을 때 소송행위의 **추후보완**(법 173조)이 허용된다. 불변기간은 소송촉진을 위한 공익상 필요에서 마련된 것이므로 법원은 불변기간에 대하여 **부가**(附加)**기간**을 정할 수 있다(법 172조 2항). 부가기간은 주소 또는 거소가 멀리 떨어져 있는 사람을 위한 불변기간에 대한 사전구제제도로서 법원이 직권으로 한다. 당사자의 주소 또는 거소가 멀리 떨어져 있는지 여부는 법원이 당사자의 주소와 법원 소재지와의 거리 및 교통수단 등 모든 사정을 참작하여 판단한다. 부가기간을 정한 경우 원래의 기간과 부가기간이 일체가 되어 연장된 기간까지 합하여 **전체기간**이 불변기간이 된다. 부가기간은 원래의 불변기간이 지나기 전에 정해야 한다. 따라서 불변기간의 연장을 위한 부가기간의 **지정**은 불변기간 내에 이루어져야만 효력이 있고, 단순히 부가기간의 지정신청이 불변기간 내에 있었다는 점만으로는 불변기간이 당연히 연장되는 것이라 할 수 없다.[4] 부가기간을 한 번 정한 뒤에 또 다시 부가기간을 정할

---

1) 불변기간은 국민의 재판을 받을 권리에 직접 관계되는 것이므로 그에 관한 규정은 명확하여야 한다. 헌재 1992. 7. 23. 90헌바2 결정 등.

2) 대결 1981. 1. 28. 81사2.

3) 대결 1992. 4. 21. 92마175.

4) 대판 2008. 9. 11. 2007후4649; 윤태식, "특허심판원의 심결에 대한 소의 제소기간 경과 전에 부가기간지정신청을 하였지만, 부가기간지정이 제소기간 경과 후에 이루어진 경우 그 부가

수 없다.1)

3. 기간의 늘임과 줄임

불변기간이 아닌 법정기간인 경우는 법원이, 재정기간인 경우는 이를 정한 재판기관(법원이나 재판장 또는 변론준비절차를 담당한 법관)이 늘이거나 또는 줄일 수 있다. 기간의 늘임과 줄임에 관한 재판은 직권으로 재량에 의하여 한다. 기간을 늘이거나 줄이는 결정은 기간의 **진행 전**에 하는 것이 원칙이다. 기간의 **진행 중**에는 기간을 늘이는 것은 무방하나, 기간을 줄이는 것은 당사자의 동의를 요한다. 기간이 **지난 뒤**에는 원칙적으로 기간을 늘이거나 줄일 수 없다.2)

다만 ① **기간의 늘임과 줄임**이 **법률상 제한**되는 경우로서, i) 불변기간(법 172조 1항 단서), ii) 소송행위의 추후보완기간(법 173조 2항)[불변기간이 아니나, 기간을 늘이거나 줄일 수 없다]3) 등이 있으며, ② **기간의 줄임**이 **법률상 제한**되는 경우로서, 공시송달기간(법 196조 3항)[불변기간이 아니나, 기간을 줄일 수 없고 늘이는 것만 허용된다]이 있으며, ③ **기간의 줄임**이 **성질상 제한**되는 경우로서, i) 상고이유서 제출기간(법 427조), ii) 재항고이유서 제출기간(법 443조 2항, 427조), iii) 민사집행절차상 항고이유서·재항고이유서 제출기간(민집 15조 3항, 민집규 14조의2 2항) 등[이들은 불변기간은 아니나, 기간을 줄일 수 없고 늘이는 것만 허용된다]이 있다.

Ⅲ. 기간의 계산과 진행

1. 기간의 계산

기간의 계산은 **민법의 규정**에 따른다(법 170조). 기간의 말일(末日)이 토요일·공휴일인 때에는 기간은 다음 날 만료된다(민 161조). **토요일**은 공휴일이 아니나, 민법 161조가 2007. 12. 21. 개정되어 2008. 3. 22.부터 민법 및 민사소송법의 기간 계산에서 토요일도 다른 공휴일과 같이 취급되게 되었다.4) **일요일**은 공휴일에 속하므로 기간의 말일이 토요일인 경우에는 기간은 다음 주 월요일에 만료

기간지정의 효력," 대법원판례해설 78호(2008년 하반기), 424쪽 이하.
1) 송상현·박익환, 275쪽.
2) 박태일, 주석서(2), 357쪽.
3) 대결 1992. 4. 21. 92마175.
4) 특허에 관한 절차에서는 공휴일에 근로자의 날과 토요일을 포함한다(특허 14조 4호).

한다.[1] 종래 국민의 공휴일에 관해서는 대통령령인 '**관공서의 공휴일에 관한 규정**'에서 정하고 있었으나. 2021. 7. 7. '**공휴일에 관한 법률**'이 제정되어 **2022. 1. 1.부터** 시행되게 되었다. 대통령령이 아닌 **법률**에서 규정함으로써 공휴일에 대한 법적 안정성을 확보하여 사회 각 분야의 공휴일의 운영에 통일성을 기하게 되었다. 위 법률에 의한 공휴일(위 법률 2조)이 토요일이나 일요일, 다른 공휴일과 겹칠 경우 이들 공휴일 다음의 첫 번째 비공휴일을 공휴일(**대체공휴일**)로 **지정**하여 운영할 수 있으며(위 법률 3조 1항), 대체공휴일의 지정 및 운영에 관한 사항은 대통령령(**관공서의 공휴일에 관한 규정**)으로 정할 수 있도록 했다(위 법률 3조 2항).[2]

2. 기간의 진행

법정기간은 법이 정한 시기(始期)의 도래시부터 기간이 진행된다. **재정기간**의 경우 재판으로 시기를 정한 때에는 그 시기가 도래한 때부터, 시기를 재판으로 정하지 않은 때에는 재판의 효력이 생긴 때부터 진행된다(법 171조). 기간의 진행은 **소송절차**의 **중단** 또는 **중지** 중에는 정지되며, 그 해소와 동시에 다시 전체기간이 새로이 진행된다(법 247조 2항).

Ⅳ. 기간의 부준수와 소송행위의 추후보완

1. 의   의

당사자가 책임질 수 없는 사유로 말미암아 불변기간을 지킬 수 없었던 경우에는 그 기간 내에 하지 못한 소송행위를 추후보완할 수 있다(법 173조). **추후보완**은 당사자가 책임질 수 없는 사유로 단기간의 불변기간을 지킬 수 없었던 경우에 아무런 구제책 없이 그대로 재판이 확정되어 버리거나 소권이 상실되면 너무나 가혹하기 때문에 인정된다.[3]

---

1) 대결 2008. 6. 12. 2006마851.
2) 현재 **관공서의 공휴일에 관한 규정(2023. 5. 4. 개정·시행)**은 설연휴, 어린이날, 추석연휴, 3·1절, 광복절, 개천절, 한글날, 부처님오신날(음력 4월 8일) 및 기독탄신일(12월 25일)에 대하여 **대체공휴일**을 지정하도록 하고 있다.
3) 송상현·박익환, 275쪽.

2. 추후보완의 대상인 기간

(1) 불변기간

추후보완의 대상인 기간은 불변기간으로 법률상 명문으로 정해진 것에 한하며(법 173조 1항 본문), 그 나머지 기간은 추후보완의 대상이 되지 않는다. **판례도 같은 입장이다.**[1] 이에 대하여, 불변기간은 아니나 불변기간과 유사한 성격을 가지고 있는 기간으로서 추후보완이 인정될 당위성과 필요성이 존재하고 또 추후보완 규정의 입법취지에 적합한 경우에 한정하여 이를 유추적용할 수 있다는 입장에서, 법률로 정해진 불변기간은 아니지만 상고이유서 제출기간, 재항고이유서 제출기간은 이를 지키지 못한 데 대한 효과가 상고기간·재항고기간에 대한 것과 실질적으로 차이가 없으므로 추후보완규정의 유추적용이 필요하다는 견해가 있다.[2] 이에 관해서는 상고심절차와 관련하여 상고이유서 제출기간의 법적 성질에서 살펴보기로 한다.

(2) 송달의 무효와 불변기간의 진행 여부

송달상 흠으로 송달이 무효가 되어 불변기간이 진행될 수 없는 경우에는 추후보완의 문제는 생기지 않는다.[3]

3. 추후보완의 요건

(1) 당사자가 책임질 수 없는 사유의 의미

추후보완이 허용되는 것은 '당사자가 책임질 수 없는 사유'로 말미암은 경우(귀책사유가 없는 경우)이다(법 173조 1항 본문). 여기서 **당사자가 책임질 수 없는 사유**란 당사자가 소송행위를 하기 위하여 일반적으로 해야 할 주의의무를 다했음에도 불구하고 그 기간을 지킬 수 없었던 사유를 가리킨다.[4] 즉 일반인의 주의와

---

1) 대판 1980. 12. 9. 80다1479, 대결 1981. 1. 28. 81사2.
2) 정선주, "소송행위의 추완," 저스티스 30권 2호(1997. 6.), 139쪽 이하; 이시윤, 428쪽(이 견해는 추후보완유추적용설을 다수설이라고 소개하고 있으나, 불변기간이 아니라고 보는 입장에서 기간을 늘이는 것만을 허용하는 입장이 다수설이라고 보여진다).
3) 대판(전) 1978. 5. 9. 75다634.
4) 대판 2018. 4. 12. 2017다53623, 2021. 11. 25. 2018다27393, 2022. 6. 30. 2022다214699 등. **소액사건**에서 이행권고결정에 대한 이의신청기간(소심 5조의4 1항·2항)을 지키지 못한 것이 **'부득이한 사유'**로 말미암은 경우에는 추후보완신청을 할 수 있다(소심 5조의6 1항).

능력을 다해도 피할 수 없었던 사유를 말한다.[1] 그 **당사자**에는 당사자본인뿐만
아니라 **해당사건**의 소송대리인 및 대리인의 보조인도 포함된다.[2] 그러나 **다른 사
건**의 소송대리인은 여기에 포함되지 않는다.[3] 당사자가 기간을 지키지 못한 데
에 과실이 없다는 사정은 추후보완하고자 하는 당사자 측에서 **주장·증명**을 해야
한다.[4]

> ▣ **당사자가 책임질 수 없는 사유에 해당하는지 여부가 문제된 사례**
>
>   (1) 송달과정상 잘못 등에 기한 경우
>   천재지변에 의한 교통과 통신의 두절, 법원 및 우편집배원의 업무처리의 잘못으
> 로 불변기간을 지키지 못한 경우 등이 여기에 해당한다. 예컨대 우편집배원이 송달
> 통지서상 송달장소란 기재를 잘못하여('이사하여 전송'한 신주소의 기재를 누락하
> 여) 변론기일통지서가 우편송달(발송송달)되고 판결정본이 공시송달된 경우는 당사
> 자가 책임질 수 없는 사유에 해당된다.[5] 다만 항소인이 항소장을 우편으로 발송했
> 는데 배달지연으로 항소기간을 넘긴 경우는 이에 해당하지 않는다.[6]
>   (2) 무권대리인에 의한 소송수행 등의 경우
>   **무권대리인**이 소송을 수행하고 판결정본을 송달받음으로써, 당사자가 소송계속
> 사실 및 그 판결정본의 송달사실을 모른 경우는 당사자가 책임질 수 없는 사유에
> 해당한다.[7] 다만 **소송대리인**이 판결정본의 송달을 받고도 당사자에게 그 사실을 알
> 려 주지 않아 당사자가 그 판결정본의 송달사실을 모르고 있다가 상소기간이 지난
> 뒤에 비로소 그 사실을 알게 되었다 하더라도 이를 가리켜 당사자가 책임질 수 없
> 는 사유로 인하여 불변기간을 지킬 수 없었던 경우에 해당한다고는 볼 수 없다.[8]

---

1) 법원이 당사자의 책임과 소송대리인인 변호사의 책임을 엄격히 구분하여, 변호사의 책임을
   판단할 때에는 좀 더 완화된 기준을 적용해서 가능한 한 폭넓게 추후보완의 길을 열어주어야
   할 필요가 있다는 견해로는, 정선주, "소송행위의 추완과 변호사의 책임," 인권과 정의 260호
   (1998. 4.), 48쪽 이하.
2) 대판 1999. 6. 11. 99다9622, 2016. 1. 28. 2013다51933.
3) 대판 2022. 9. 7. 2022다231038.
4) 대판 2012. 10. 11. 2012다44730, 2013. 4. 25. 2012다98423, 2018. 8. 30. 2018다229984.
5) 대판 2003. 6. 10. 2002다67628.
6) 대판 1991. 12. 13. 91다34509.
7) 대판 1996. 5. 31. 94다55774.
8) 대판 1984. 6. 14. 84다카744.

(2) **공시송달로 진행된 사건**(판결정본이 공시송달의 방법으로 송달되어 확정된 사건)과 추후보완상소

(a) 당사자 구제의 필요성

공시송달제도는 본래 송달장소가 불명인 사람에 대하여 수송달자가 송달서류의 내용을 현실적으로 알 수 없더라도 법률상 안 것으로 인정하여 송달의 효력을 부여하는 제도이다. 공시송달은 법원 홈페이지에서 게시(공시)되기 때문에 수송달자가 송달사실과 그 내용을 아는 경우가 매우 드물어 그의 불이익이 예상되므로 소송행위의 추후보완을 통하여 일정한 범위 내에서 이를 구제할 필요가 있다. 따라서 공시송달에 의한 송달을 받았다고 하더라도 당사자가 책임질 수 없는 사유가 있는 때에 소송행위의 추후보완을 허용한다고 하여 공시송달제도의 취지와 효력을 무의미하게 만드는 것은 아니다.[1]

(b) 추후보완상소의 허용기준

1) 공시송달이 유효하게 효력이 발생한 이상 기간을 지키지 못한 데 대한 당사자의 과실 유무는 당사자가 기간을 지키지 못한 것이 그 당사자가 책임질 수 없는 사유로 인한 것인지 아닌지를 따져 판단해야 한다. 따라서 상대방이 공시송달을 신청했을 때에 과실이 있는지 여부를 가려 그 당부를 판단할 것은 아니다.[2]

2) 피고(또는 피항소인)가 (**소송의 진행 도중** 통상의 방법으로 소송서류를 송달할 수 없게 되어 공시송달의 방법으로 송달되었더라도) 소송계속사실을 **이미 알고 있었다면** 피고(또는 피항소인)에게는 **소송의 진행상황을 조사할 의무**가 있으므로 피고(또는 피항소인)가 법원에 소송의 진행상황을 알아보지 않았다면 과실이 없다고 할 수 없다.[3]

그러나 피고(또는 피항소인)가 [소장부본(또는 **항소장부본**)이 공시송달의 방법으로 송달되는 바람에] 소송계속사실[제 1 심(항소심)절차 진행사실]을 **처음부터 알지 못한 채** 판결이 선고되었고 그 판결정본이 공시송달의 방법으로 피고(또는 피항소인)에게 송달되어 **확정된 이후**에야 비로소 피고(또는 피항소인)가 그러한 사실을 알게

1) 대판 1999. 4. 27. 99다3150.
2) 대판 1970. 3. 24. 69다1171, 1987. 9. 22. 87므8.
3) 대판 2013. 4. 25. 2012다98423, 2021. 1. 14. 2020다264980 등. 이러한 의무는 당사자가 변론기일에 출석해서 변론을 했는지 여부, 출석한 변론기일에서 다음 변론기일을 고지받았는지 여부, 소송대리인을 선임한 바 있는지 여부를 불문하고 부담한다. 대판 2014. 10. 30. 2014다211886, 2018. 12. 28. 2018므14418,14425, 2021. 3. 11. 2020다279746 등.

되었다면, **특별한 사정이 없는 한** 피고(또는 피항소인)가 상소(항소 또는 상고)제기의 불변기간을 지키지 못한 것은 피고(또는 피항소인)가 책임질 수 없는 사유로 말미암은 것이라고 보아야 한다.[1]

여기서 피고(또는 피항소인)에게 과실이 있다고 할 수 있는 **특별한 사정**이란, 피고(또는 피항소인)가 소송을 회피하거나 이를 곤란하게 할 목적으로 의도적으로 송달을 받지 않았다거나, 피고(또는 피항소인)가 소(또는 항소)제기 사실을 알고 주소신고까지 해 두고서도 그 주소로 송달되는 소송서류가 송달불능되도록 장기간 방치했다는 등의 사정을 말한다.[2] **판례**는, 소장부본 등이 이미 공시송달의 방법으로 송달된 상태에서 제 1 심법원이 피고에게 전화로 연락하여 소장부본 송달에 관한 내용과 변론기일 등을 안내해 주었다는 정도의 사정만으로는 제 1 심판결이 공시송달의 방법으로 송달된 사실을 피고가 모른 데 대하여 피고에게 책임을 돌릴 수 있는 사유가 있다고 섣불리 단정하기 어렵다고 보고 있다.[3]

3) **조정신청사건**에서 조정이 성립되지 않은 것으로 사건이 종결된 후 피신청인의 주소가 변경되었음에도 피신청인이 조정법원에 주소변경신고를 하지 않은 채로 민사조정법 36조 1항 2호에 따라 **조정이 소송으로 이행**되었는데, 통상의 방법으로 변론기일통지서 등 소송서류를 송달할 수 없게 되어 **우편송달**이나 **공시송달**의 방법으로 송달한 경우에는 처음부터 소장부본이 적법하게 송달된 경우와 달라서 피신청인에게 소송의 진행상황을 조사할 의무가 있다고 할 수 없다. 따라서 피신청인이 이러한 소송의 진행상황을 조사하지 않아 상소제기의 불변기간을 지키지 못했다면 이는 당사자가 책임질 수 없는 사유로 말미암은 것에 해당한다.[4]

4) 피고가 (소액사건에서) 이행권고결정등본 및 조정기일통지서를 송달받은 바 있으나, 법원이 그 후 피고에 대한 기일통지서가 송달불능이 되자 **우편송달**의 방법으로 기일통지서를 송달하여 기일을 진행한 후 원고의 청구를 인용하는 판결을 선고하고, 판결정본 역시 송달불능되자 **우편송달** 및 **공시송달**의 방법으로 송달한 사안에서, 법원이 한 **우편송달**이 그 요건을 갖추지 못하여 **부적법·무효**이고, **공**

---

1) 대판 2005. 11. 10. 2005다27195, 2015. 6. 15. 2015다8964, 2020. 4. 9. 2019다207042.
2) 대판 2005. 4. 29. 2004다41484,41491, 2010. 10. 28. 2010므2082, 2021. 8. 19. 2021다228745.
3) 대판 2010. 10. 28. 2010므2082, 2021. 8. 19. 2021다228745.
4) 대판 2015. 8. 13. 2015다213322.

시송달 역시 부적법하다면[공시송달의 경우 그 요건에 흠이 있어 부적법하다고 해서 당연히 무효가 되는 것은 아니다] 비록 피고가 소송의 진행상황을 알아보지 않았다고 하더라도 상소제기의 불변기간을 지키지 못한 것은 피고가 책임질 수 없는 사유로 말미암은 것으로 보아야 한다.1)

■ 판례상 공시송달로 진행된 사건에서 당사자가 책임질 수 없는 사유에 해당되는 것인지 여부에 관한 구체적 사례

(1) 당사자가 주소이전신고를 하지 않은 과실이 인정되는 경우

당사자(상소인)가 이사를 하면서 법원에 주소이전신고를 하지 않은 과실이 인정되는 경우, 법원이 상소장각하명령을 종전의 주소지로 발송한 데 대하여 우편집배원이 당사자의 현주소를 추적할 수 있음에도 불구하고 이를 하지 않은 것이 불성실한 업무처리였다고 하더라도 당사자의 책임을 부정할 수는 없으므로, 법원이 위 명령을 공시송달의 방법에 의하여 송달한 관계로 당사자가 불변기간인 즉시항고기간을 지킬 수 없었음은 당사자가 책임질 수 없는 사유로 인한 것이라고 볼 수는 없다.2)

(2) 피항소인이 항소심 계속사실을 과실 없이 알지 못한 경우

피항소인인 원고에게 항소장부본 및 변론기일통지서가 공시송달의 방법에 의하여 송달되었고 판결정본도 공시송달의 방법으로 송달된 경우, 원고로서는 피고가 항소를 제기하여 항소심의 절차가 진행되었던 사실을 모르고 있었다고 할 것이어서 특별한 사정이 없는 한 원고는 과실 없이 그 판결의 송달을 알지 못한 것이므로, 원고는 그 책임질 수 없는 사유로 불변기간을 지킬 수 없었던 때에 해당한다.3)

(3) 법원이 당사자의 변경된 주소를 간과하고 변경 전 주소로 송달한 경우

피고가 제1심법원에 제출한 답변서에 변경된 주소를 기재했음에도 법원이 이를 간과한 채 변론준비기일통지서 등을 변경 전 주소로 등기우편에 의한 우편송달(발송송달)을 하고 판결정본을 공시송달하여 피고가 항소기간을 10여일 넘긴 뒤에 판결정본을 받아 본 경우, 위 불변기간을 지키지 못한 것은 피고가 책임질 수 없는 사유에 해당한다.4)

(4) 법원이 판결선고기일의 연기를 통지하지 않은 채 판결을 선고한 경우

제1심 소송절차에서 한 번도 빠짐없이 변론기일에 출석하여 소송을 수행했는데 법원이 직권으로 선고기일을 연기하면서 당사자에게 이를 통지하는 절차를 누락

---

1) 대판 2018. 4. 12. 2017다53623.
2) 대판 1990. 12. 11. 90다카21206, 대결 1993. 6. 17. 92마1030; 이태종, "공시송달의 위법과 추완항소에 있어 당사자의 무과실," 대법원판례해설 36호(2001 상반기), 391쪽 이하.
3) 대판 1997. 5. 30. 95다21365, 2009. 5. 14. 2009다1665, 2012. 4. 13. 2011다102172.
4) 대판 2007. 12. 14. 2007다54009.

했고 판결정본을 한여름 휴가철에 연속하여 송달했으나 폐문부재로 송달불능되자 이를 공시송달한 경우, 당사자로서는 선고기일과 멀지 않은 날짜에 법원에 가서 판결정본을 직접 수령하기 전까지는 자기가 책임을 질 수 없는 사유로 판결선고사실을 알 수 없었다고 봄이 상당하고, 정상적으로 소송을 수행하여 오던 당사자가 원래 예정된 선고기일 직후의 재판진행상황을 그 즉시 알아보지 않음으로써 불변기간을 지키지 못하게 되었다 할지라도 당사자가 그 책임을 질 수 없다.[1]

4. 추후보완의 절차

(1) 추후보완기간

1) 불변기간을 지킬 수 없어 못했던 소송행위의 추후보완은 당사자가 책임질 수 없는 사유가 없어진 날부터 **2주** 이내에 해야 한다(법 173조 1항 본문). 다만 외국에 있는 당사자의 추후보완기간은 **30일**이다(법 173조 1항 단서). 추후보완기간은 불변기간이 아니다. 따라서 추후보완기간을 당사자가 책임질 수 없는 사유로 지키지 못했다고 하더라도 **추후보완신청**을 추후보완할 수 없다. 추후보완기간은 불변기간이 아니더라도 **법률상 명문**으로 그 기간을 늘이거나 줄일 수 없다고 규정하고 있다(법 173조 2항). 나아가 추후보완기간은 불변기간이 아니므로 부가기간도 정할 수 없다.

2) 여기서 '**사유가 없어진 날**'이란 ① 천재지변, 그 밖의 이와 유사한 경우에서는 그 재난이 없어진 때이며, ② **공시송달**에 의한 송달사실을 과실 없이 알지 못한 경우에서는 당사자나 대리인이 단순히 **판결이 있었던 사실**을 안 때가 아니라, **그 판결이 공시송달의 방법으로 송달된 사실**을 안 때이다.[2] 통상의 경우에는 당사자나 소송대리인이 **해당 사건기록을 열람**하거나 또는 **새로이 판결정본을 영수**한 경우에는 그때에 그 판결이 공시송달의 방법으로 송달된 사실을 알게 되었다고 본다.[3] 다만 새로이 판결정본을 영수해도 공시송달의 방법으로 송달된 사실을 알 수 없는 경우에는 그렇지 않다. 예컨대 제 1 심 피고의 주민등록상 주소가 아닌 장소에 소장이 송달되어 **자백간주판결**이 선고되었는데, 그 후 그 **판결정본**이 공시송달의 방법으로 송달되었다면 피고가 제 1 심 판결이 공시송달된 사실을 알았다고 보기 어렵다[이러한 경우 판결에 공시송달로 진행된 사건임을 알 수 있는 아무

---

1) 대판 2001. 2. 23. 2000다19069.
2) 대판 2009. 9. 24. 2009다40660, 2019. 10. 31. 2019다14479, 2021. 7. 8. 2021므11600 등.
3) 대판 2013. 1. 10. 2010다75044,75051, 2015. 6. 11. 2015다8964, 2022. 9. 7. 2022다231038 등.

런 기재가 없다.1) 당사자나 소송대리인이 해당 사건기록을 열람하거나 새로이 판결정본을 영수했다고 볼 자료가 없는 경우 또는 새로이 판결정본을 영수해도 공시송달의 방법으로 송달된 사실을 알 수 없는 경우에는 **개별 사안**에서 **구체적·개별적**으로 언제 그 판결이 공시송달의 방법으로 송달된 사실을 알았는지 여부를 판단한다.2)

　　3) 한편 당사자가 해당 **판결이 있었던 사실**을 알았고 **사회통념상** 그 **경위**에 대하여 당연히 **알아볼 만한 특별한 사정**이 있었다고 인정되는 경우에는, 그 경위에 대하여 알아보는 데 **통상 소요되는 시간**이 경과한 때에 그 판결이 **공시송달의 방법으로 송달된 사실**을 알게 된 것으로 **추인**(推認)하여 그 책임질 수 없는 사유가 소멸했다고 본다.3)

■ 판례상 앞서와 같은 특별한 사정이 존재하는지 여부에 관한 구체적 사례

　　이러한 **특별한 사정**이 있었다고 **볼 수 있는 예**로는, ① 당사자가 다른 소송의 재판절차에서 송달받은 준비서면 등에 해당 사건의 제 1 심판결서와 확정증명원 등이 첨부된 경우,4)5) ② 제 1 심판결이 있었던 사실을 알게 된 후 그 대처방안에 관하여 변호사와 상담을 하거나 추후보완항소 제기에 필요한 해외거주증명서 등을 발급받은 경우6) 등을 들 수 있다. 한편 이러한 **특별한 사정**이 있었다고 **볼 수 없는 예**로는, ① 유체동산 압류집행을 당했다는 사정만이 있는 경우,7) ② 채권추심회사

---

1) 대판 2008. 2. 28. 2007다41560.
2) 대판 2009. 9. 24. 2009다40660은, 피고에 대한 소송서류의 공시송달로 원고가 제 1 심에서 승소확정판결을 받은 후 원고의 신청에 따라 피고 소유의 부동산에 대한 강제경매절차에서 피고가 **경매사건기록을 열람**한 경우, 그 **경매기록**에 첨부된 **제 1 심 판결정본**에 피고 **주소 및 이유란**에 공시송달에 의한 판결임을 알 수 있는 **기재**가 되어 있다면 다른 특별한 사정이 없는 한 피고는 이러한 경매기록을 열람함으로써 제 1 심판결이 공시송달의 방법으로 피고에게 송달된 사실을 알게 되었다고 봄이 상당하고, 그 후 피고가 '소송기록'을 열람함으로써 또는 제 1 심 판결등본을 교부받음으로써 그 사실을 알게 되었다고 볼 수 없다고 판시하고 있다.
3) 이를 판단하기 위해 이러한 사정이 주장되고 이에 관한 소송자료나 증거들이 현출되어 심리되어야 한다. 당사자의 주장이 분명하지 않은 경우 법원은 석명권을 행사하여 이를 명확히 해야 하나, 법원의 석명에도 불구하고 피고가 그 주장한 추후보완사유에 대하여 증명을 하지 않는다면 그 불이익은 피고에게 돌아간다. 대판 2022. 10. 14. 2022다247538.
4) 대판 2018. 9. 13. 2018다25670.
5) 다만 **다른 사건**에서 **선임된 피고의 소송대리인**이 그 소송절차에서 위와 같은 준비서면 등을 송달받았다는 사정만으로 이를 피고가 직접 송달받은 경우와 동일하게 평가할 수 없다. 대판 2022. 4. 14. 2021다305796, 2022. 9. 7. 2022다231038.
6) 대판 2001. 1. 30. 2000다21222.
7) 대판 2011. 5. 26. 2011다19430, 2019. 9. 9. 2019다217179.

직원과의 통화과정에서 사건번호 등을 특정하지 않고 단지 "판결서에 기하여 채권 추심을 할 것이다."라는 말을 들은 경우,[1] ③ 원고가 피고의 예금채권에 대한 채권압류 및 추심명령을 받자 제 3 채무자인 금융기관 측에서 피고에게 "법원의 요청으로 계좌가 압류되었다."는 내용(채권압류 및 추심명령의 사건번호와 채권자만 기재되어 있었다)의 문자메시지를 보낸 경우[2] 등을 들 수 있다.

(2) 추후보완신청 및 재판

1) 추후보완신청을 할 수 있는 사람은 그 사유가 있는 사람에 한하며, 미처 못한 소송행위를 본래의 방식에 따라 하면 된다. 당사자가 항소를 제기하면서 '추후보완항소'라는 취지의 문언을 기재하지 않았다고 하더라도 그 전체적인 취지에 비추어 항소를 추후보완한다는 주장이 있는 것으로 볼 수 있는 때에는 당연히 그 사유에 대하여 심리·판단해야 한다. 이 경우 증거에 의하여 항소기간을 넘긴 것이 그의 책임질 수 없는 사유로 말미암은 것으로 인정되는 이상, 그 항소는 처음부터 소송행위의 추후보완에 의하여 제기된 항소라고 보아야 한다.[3]

2) 추후보완사유의 유무는 소송요건으로서 법원의 **직권조사사항**이므로 이에 관한 당사자의 주장은 직권발동을 촉구하는 의미밖에 없어 이에 대하여 판단하지 않았다고 하더라도 판단누락의 상고이유(법 424조 1항 6호)로 삼을 수 없다.[4] 추후보완신청은 별도의 독립된 신청이 아니므로 법원은, ① 추후보완사유가 있으면 추후보완된 소송행위의 당부에 관하여 실질적 판단을 해야 하고, ② 추후보완사유가 없으면 추후보완된 소송행위는 불변기간을 넘긴 부적법한 것이므로 이를 각하하는 재판(추후보완상소인 경우 **상소각하판결**)을 한다.

---

1) 대판 2019. 12. 12. 2019다17836.
2) 대판 2021. 3. 25. 2020다46601.
3) 대판 1980. 10. 14. 80다1795, 1990. 11. 27. 90다카28559, 2008. 2. 28. 2007다41560. 한편 이시윤, 449쪽(주 5)은 대판 1981. 6. 23. 80다2315를 다른 취지의 판결로 소개하고 있으나, 위 판결은 항소기간 내에 항소장을 제출하지 못한 것이 설사 당사자가 책임질 수 없는 사유로 인한 것이었다 하더라도 항소인이 소송행위의 추후보완임을 명백히 하지 않은 이상, 법원이 항소각하판결(재판장이 항소장각하명령을 해야 하나, 항소장부본이 피항소인에게 송달된 후에는 법원이 항소각하판결을 해야 한다)을 하기 전에 반드시 그 추후보완사유의 유무를 심리해야 하거나 이를 주장할 수 있는 기회를 주어야 하는 것은 아니라는 것으로, 항소장에 추후보완항소임을 알 수 있는 사유에 관한 주장이 없는 경우에 관한 것이므로, 다른 취지의 판결이라고 볼 수 없다. 위 판결과 같은 취지로는 대결 2011. 9. 29. 2011마1335.
4) 대판 1999. 4. 27. 99다3150.

(3) 추후보완상소의 효력

1) 추후보완상소가 있다고 하여 불변기간을 넘김으로써 발생한 확정판결의 **기판력·집행력**에 아무런 영향이 없다(**형식적 확정**에 의하여 **판결의 효력**이 발생한다). 한편 추후보완상소에 **집행정지효력이 없다**. 확정판결에 의한 집행을 정지시키려면 별도의 신청에 의하여(집행정지사유를 소명하여) **집행정지결정**을 받아야 한다(법 500조).

2) **판례**도, 피고승소의 판결정본이 공시송달의 방법에 의하여 원고에게 송달되었는데도 원고가 항소기간을 넘겼다면 그 판결은 해당 소송절차 내에서 통상적인 불복방법에 의하여 취소·변경될 수 없게 되어 확정판결로서 **기판력**이 있으며,[1] 확정판결에 대한 추후보완항소가 **제기되었다고 하더라도** 그 추후보완항소에 의하여 불복항소의 대상이 된 **확정판결이 취소될 때까지는** 확정판결로서의 효력이 배제되는 것은 아니라고 보고 있다.[2] 다만 **추후보완항소가 적법하여 허용되는** 경우에는 항소심으로서는 **제1심판결을 취소**(전부 또는 일부)·**변경**하여 다른 판단을 할 수 있고, **그 범위 내에서** 제1심판결의 **확정이 차단**되어 확정력 및 기판력이 발생하지 않는다고 본다(따라서 항소법원이 제1심판결과 다른 판단을 해도 기판력에 저촉되는 것은 아니다).[3]

(4) 적법한 추후보완항소와 항소심의 재판

1) 추후보완항소가 **적법하여** 해당 사건이 항소심에 계속된 경우 그 항소심은 다른 일반적인 항소심과 다를 바 없다. 따라서 원·피고는 형식적으로 확정된 제1심판결에도 불구하고 실기한 공격방어방법에 해당하지 않는 한 자유로이 공격방어방법을 제출할 수 있으며, 피고는 상대방의 심급의 이익을 해할 우려가 없는 경우 또는 상대방의 동의를 받은 경우(법 412조 1항)에는 **반소**를 제기할 수도 있다.[4]

2) **판례**는, 소송서류 등이 공시송달의 방법으로 송달되어 확정된 제1심판결

---

1) 대판 1990. 11. 27. 90다카28559, 2008. 2. 28. 2007다41560.
2) 대판 1978. 9. 12. 76다2400. 따라서 확정판결에 기하여 경료된 소유권이전등기가 미확정판결에 의하여 이루어진 원인무효의 것이라 할 수 없다. 박우동, "추완신청에 의한 항소제기로 그 항소의 대상이 된 확정판결에 기하여 경료된 소유권이전등기가 원인무효로 되는지 여부," 판례회고(서울대학교) 7호(1979. 11.), 147쪽 이하.
3) 대판 1979. 9. 25. 79다505, 1999. 4. 27. 99다3150, 2021. 11. 25. 2018다27393; 문영화, "추완항소가 제기된 후의 민사소송절차," 법조 통권 제763호(2024. 2.), 7쪽 이하.
4) 대판 2013. 1. 10. 2010다75044.

을 기초로 등기권리자가 소유권이전등기를 마쳤으나, 이후 제기된 추후보완항소에서 제 1 심판결이 취소되고 등기권리자의 청구가 기각되어야 할 경우 등기의무자로서는 이미 등기명의를 이전받은 등기권리자를 상대로 위 추후보완항소절차에서 **반소**를 제기하거나(반소를 제기할 **소의 이익이** 있다) **별소**를 제기하여 소유권이전등기의 말소등기절차를 구할 수 있다고 본다.[1]

    3) 다만 추후보완항소가 부적법한 이상 앞서 본 바와 같이 제 1 심판결의 확정력이 배제되지 않으므로(제 1 심판결의 확정력이 그대로 유지되므로) 추후보완항소장이 제출된 후 원고가 소취하서를 제출하고, 피고가 소취하에 대한 동의서를 제출했다고 하더라도 **추후보완항소가 부적법**한 이상 **소취하의 효력이 발생하지 않는다**(원고의 소취하는 제 1 심판결이 확정되어 소송계속이 소멸한 상태에서 이루어진 것으로 효력이 없다. 소송계속이 없어진 상태에서 이루어진 소취하의 의사표시는 그 대상을 결여하여 무효이다).[2][3]

5. 추후보완상소와 재심의 소의 관계

(1) 구제방법의 선택

    1) 추후보완사유와 재심사유가 **동시에** 존재하는 경우로는, ① 상대방의 주소 등을 알고 있었음에도 소재불명 또는 거짓 주소 등으로 공시송달의 방법으로 확정판

---

[1] 대판 2023. 4. 27. 2021다276225.

[2] 대판 2021. 11. 25. 2018다27393. 이에 대하여, 제 1 심판결의 항소기간이 지난 뒤에 추후보완의 요건을 갖추었다고 주장하면서 항소를 제기하는 경우, 즉 추후보완항소의 경우에도 제 1 심판결의 항소기간이 지남으로써 일응 종료되었던 소송절차가 부활하여 통상의 항소가 제기된 경우와 마찬가지로 진행한다(항소장이 피항소인인 원고에게 송달됨으로써 항소법원과 항소인·피항소인 사이의 소송관계가 성립한다)고 보아야 하므로, 항소심의 소송계속이 되지 않음을 이유로 원고의 소취하에 의하여 소송절차를 종료시킬 수 없다는 위 판결의 판단을 수긍할 수 없다는 견해로는, 문영화, "추완항소가 제기된 후의 민사소송절차," 법조 통권 제763호 (2024. 2.), 7쪽 이하. 그러나 추후보완항소로 항소심 소송계속이 이루어지는 것은 추후보완항소가 적법함을 전제로 하는 것으로(이러한 점에서 확정적으로 소송계속이 이루어지는 것이 아니라 **추후보완항소가 적법함을 조건으로 잠정적으로 소송계속**이 이루어지는 것으로) 추후보완항소가 적법하지 않는 이상 제 1 심판결의 확정력은 배제되지 않으므로 제 1 심판결 확정 후 소취하에 해당하여 허용되지 않는다고 보는 것이 타당하다.

[3] 한편 대판 2016. 8. 29. 2016다25300(종합법률정보 미등록)은 앞서의 **대판 2021. 11. 25. 2018다27393과 같은 취지**로, 제 1 심판결에 대한 피고의 추후보완항소가 제기된 후 항소심에서 원고참가승계인이 참가승계신청을 한 사안에서 피고가 제기한 추후보완항소가 부적법한 이상 공시송달 후 항소기간이 지남으로써 발생된 제 1 심판결 확정의 효력은 배제되지 않으며, 참가승계신청은 다른 사람들 사이의 소송이 계속 중일 것을 요건으로 하므로 위 참가승계신청은 항소심에서의 소송계속이 되지 않은 상태에서 제기된 것으로 그 요건을 갖추지 못하여 부적법하다고 했다.

결을 취득한 경우이거나(**판결의 편취의 경우**), ② 그렇지 않더라도 공시송달의 방법으로 진행된 사건에서 당사자가 책임질 수 없는 사유가 있어 상소기간을 지킬 수 없었던 경우(**판결의 편취가 아닌 경우**)가 있다. ①**의 경우** 당사자는 **법 451조 1항 11호**에 따른 재심의 소에 의하든지, 추후보완상소에 의하여 구제되며, ②**의 경우** 당사자는 **법 451조 1항 3호 유추적용**에 따른 재심의 소에 의하든지, 추후보완상소에 의하여 구제된다. 그런데 ①**의 경우**에는 재심기간의 적용이 있으나(법 456조), ②**의 경우**에는 재심기간의 적용이 없다(법 457조 유추적용).

2) **재심기간의 정함이 없는** ②**의 경우**에는 언제든지 재심의 소를 제기할 수 있으므로, 당사자는 추후보완기간 내에 추후보완상소를 제기하거나 그렇지 않더라도 언제든지 재심의 소를 제기할 수 있다. 이에 반해서 **재심기간의 정함이 있는** ①**의 경우**에는 재심기간 내에 재심의 소를 제기하거나, 추후보완기간 내에 추후보완상소를 제기할 수 있다. 예컨대 공시송달에 의하여 판결이 선고되고 판결정본이 송달되어 확정된 이후에 추후보완상소의 방법이 아닌 재심의 소의 방법을 택한 경우에는 추후보완기간을 넘겼다 하더라도 재심기간 내에 재심의 소를 제기할 수 있다.[1]

(2) 구제방법의 차이

재심기간의 정함이 있는 ①**의 경우**에 **재심의 소**를 제기하는 것과 **추후보완상소**를 제기하는 것의 **구제방법상 구체적 차이**는 다음과 같다. 재심의 소를 제기하면 확정판결이 행해진 해당 심급에서 재판을 받게 되므로 **심급의 이익**이 보장되어 유리하지만, 추후보완상소를 제기하면 상소심에서 비로소 재판을 받게 되므로 심급의 이익상 불리하다. 한편 법 451조 1항 11호의 사유를 들어 제기하는 재심의 소와 같이 **재심기간**의 적용을 받는 경우 판결이 확정된 뒤 5년이 지나면 재심사유를 안 날부터 30일 이내라고 하더라도 재심기간을 넘김으로써 재심의 소를 제기할 수 없게 되나(법 456조 1항·3항), 비록 판결이 확정된 뒤 5년이 지났다고 하더라도 공시송달에 의하여 재판이 된 사실을 안 날(불변기간을 지킬 수 없었던 사유가 없어진 날)부터 14일 이내라면 추후보완상소가 가능하게 된다. 다른 한편 재

---

1) 이회창, "민사소송법 제160조와 같은 법 제422조 제 1 항 제11호와의 관계에 관한 연구," 이회창기념논문집(1995년), 877쪽 이하; 송상현·박익환, 278쪽. 다만 이 경우 추후보완항소를 신청해야 하며, 바로 재심을 청구하는 것은 법 451조 1항 단서에 해당하여 재심이 인정되지 않는다는 견해로는, 이재성, "민소법 제422조 1항 11호의 재심사유와 상소의 추완," 이재성판례평석집 10권(1989. 7.), 61쪽 이하.

심의 소는 **추후보완상소기간**을 넘긴 경우라도 재심기간이 지나지 않았으면 제기할 수 있다.[1]

제 3 관   송   달

Ⅰ. 의   의

송달이란 당사자 그 밖의 소송관계인에게 소송상 서류(소장, 준비서면, 상소장, 판결정본 등)의 내용을 알리거나 알 기회를 주기 위하여 법정의 방식에 좇아 하는 통지행위이며, 재판권의 한 가지 작용이다.[2] 송달은 예컨대 단순한 통지의 경우, 법원의 요구를 관계인에게 알리기 위한 경우, 소송행위를 완성시키고 효력을 발생시키기 위한 경우, 상소 등 기간의 진행을 개시시키기 위한 경우 등에 한다. 절차권의 보장을 위하여 송달로써 제대로 알리는 것이 필요하다. 따라서 원활한 송달은 소송촉진의 요체이다. 송달받을 사람과 송달장소 등에 관하여 구체적으로 법이 정하는 바에 따라 행해지지 않으면 부적법하여 송달로서의 효력이 발생하지 않는다.

송달은 법원이 **직권으로** 하는 것이 **원칙**이다(법 174조, **직권송달주의**). 송달은 원칙적으로 당사자의 신청이 필요하지 않으며, 그 실시를 원칙적으로 당사자에게 맡기지 않는다(당사자송달주의가 아니다). 송달은 소송절차의 개시, 진행·종료의 시점으로 되는 경우가 많아 직권으로 송달함으로써 신속·확실을 기하기 위해서이다. 다만 **예외적으로** ① **공시송달**은 당사자의 신청에 따라 할 수 있으며(법 194조 1항), ② **집행관에 의한 송달**의 실시는 당사자의 신청이 있어야 한다(법 190조 1항).

비용을 요하는 소송행위에 그 비용의 예납이 없으면 법원은 그 행위를 하지

---

1) 법 451조 1항 단서는 당사자가 상소에 의하여 재심사유를 주장했거나 이를 알고 주장하지 않은 때에는 재심의 소를 제기할 수 없는 것으로 규정하고 있는데, 이는 **재심의 소의 보충성**에 대한 규정으로서 당사자가 상소를 제기할 수 있는 시기에 재심사유의 존재를 안 경우에는 상소에 의하여 이를 주장하게 하고, 상소로 주장할 수 없었던 경우에 한하여 재심의 소에 의한 비상구제를 인정하려는 취지인 점, 추후보완상소와 재심의 소는 독립된 별개의 제도이므로 추후보완상소의 방법을 택하는 경우에는 추후보완기간 내에, 재심의 소의 방법을 택하는 경우에는 재심기간 내에 이를 제기해야 하는 점 등을 고려하면 그렇다. 대판 2011. 12. 22. 2011다73540.

2) 대판 2009. 7. 23. 2006다87798. 형사소송에서도 서류의 송달에 관하여 법률에 다른 규정이 없는 때에는 민사소송법을 준용한다(형소 65조). 대결 1996. 6. 3. 96모32, 2000. 2. 14. 99모225.

않을 수 있으므로 법원이 직권으로 소송서류의 송달을 위해서는 당사자가 **송달료**를 **예납**해야 한다(법 116조). 송달료는 원고, 상소인 등 심급절차의 개시를 구하는 당사자가 **송달료납부의무자**로서 이를 예납한다[**송달료규칙**(2022. 9. 29. 개정, 2023. 1. 1. 시행) 2조].1)2) 소장부본이나 항소장부본을 피고나 피항소인에게 송달해야 하므로 소장이나 항소장의 제출시 송달료의 예납이 없는 경우에는 재판장 등(재판장이나 법원사무관 등)은 **보정명령**을 하고, 이러한 보정명령에 따라 송달료를 납부하지 않는 경우에는 재판장(항소장의 경우 원심재판장이 아닌 **항소심재판장**)은 **소장**이나 **항소장**을 **각하**하는 **명령**을 해야 한다(법 255조 2항, 254조 1항·2항, 402조 1항·2항).

Ⅱ. 송달기관

1. 송달담당기관

송달사무는 원칙적으로 법원사무관 등이 처리한다(법 175조 1항). 송달하는 곳이 관할구역 외인 경우에는 해당 지역을 관할하는 법원사무관 등 또는 그 곳의 집행관에게 촉탁할 수 있다(법 175조 2항). 송달사무는 **원칙적**으로는 법원사무관 등의 고유권한으로서 자기판단과 책임하에서 행한다. 다만 **예외적**으로 **공시송달**은 직권 또는 당사자의 신청에 의하여 법원사무관 등의 처분이나 재판장의 명령을 요한다(법 194조 1항).

2. 송달실시기관

(1) 원   칙

1) **원칙적**인 송달실시기관은 **우편집배원**과 **집행관**이다(법 176조 1항). 우편에 의한 송달은 우편집배원이 한다(법 176조 2항). 집행관에 의한 실시는 특별한 경우에 한다(실무상 '**특별송달**'이라 한다). 공휴일 또는 해 뜨기 전, 해 진 뒤의 송달은 **당사자의 신청**이 있는 때에 집행관이나 대법원규칙이 정하는 사람에 의해 실시할 수 있다(법 190조 1항). 송달실시기관이 송달하는 데 필요한 때에는 **경찰공무원**에

---

1) 구체적인 **송달료 산정기준**에 관해서는, 재판예규 제1859호 '송달료규칙의 시행에 따른 업무처리요령'(재일 87-4, 2023. 9. 14. 개정, 2023. 10. 19. 시행) 7조 1항, [별표 1].

2) **전자소송**(전자소송시스템을 이용한 소송)에서는 전자소송의 진행에 동의한 등록사용자가 송달료납부의무자인 경우 원칙적으로 **자신에 대한 송달료**에 해당하는 금액을 납부하지 않는다. 재판예규 1848호 '민사소송 등에서의 전자문서 이용 등에 관한 업무처리지침'(재일 2012-1, 2023. 2. 24. 개정, 2023. 3. 1. 시행) 89조 1항.

게 원조를 요청할 수 있다(2020. 12. 22. 개정, 2021. 1. 1. 시행 법 176조 3항).

  2) **전자소송**에서는 법원사무관 등이 송달담당기관인 동시에 송달실시기관
이다.

■ 집행관에 의한 특별송달과 통합송달방식

  대법원은 2017. 8. 17. 행정예규(제1136호)인 '**집행관의 송달사무처리에 관한 지
침**'을 개정하여 2017. 9. 29.부터 집행관의 송달방식에 **통합송달방식**(주간, 야간, 휴
일 송달을 각 1회씩 실시하는 송달방식)을 추가했다. 종래 집행관에 의한 특별송달
은 서류송달사건을 접수한 날부터 7일 이내에 송달을 실시하되 수취인부재 또는 폐
문부재로 송달불능된 경우에는 그 기간 내에 총 3회 실시하도록 했다. 그러나 **통합
송달방식에 의한 특별송달**은 서류송달사건을 접수한 날부터 **20일 이내**에 송달을 실
시하되 앞서와 같이 송달불능의 경우에는 그 기간 내에 **주간, 야간, 휴일송달**을 **각
1회씩** 각 송달실시일 사이에 3일 이상의 간격을 두어 실시하도록 하고 있다.

  대법원은 2017. 9. 29.부터 **전자독촉사건**에서 집행관에 의한 통합송달방식에 의
한 특별송달을 실시하도록 하다가, 2018. 9. 7.부터는 **종이독촉사건**에서도 같은 방
식에 의한 특별송달을 실시하도록 했는데, 사건처리기간을 대폭 단축하는 등 뚜렷
한 성과를 내자 2019. 10. 11.부터 **민사본안**(**소액, 단독, 합의**) 사건으로 확대하여
실시하고 있다. 이러한 집행관에 의한 통합송달실시는 한 번의 송달신청으로 주간,
야간 및 휴일송달이 가능하도록 함으로써 송달성공률을 높이고, 불필요한 송달절차
의 반복에 따른 송달비용의 증가를 방지하며, 소송기간의 단축을 꾀할 수 있도록
하는 긍정적인 효과가 있다.

---

  (2) 예   외

  1) **예외적**인 송달실시기관으로는 법원사무관 등과 법원경위가 있다. ① **법원
사무관 등**은 해당 사건의 기일에 출석한 사람에게 직접 송달할 수 있으며 그 법
원 안에서 송달받을 사람으로부터 영수증을 받고 서류를 직접 교부하는 교부송달
(법 177조), 그 밖에 우편송달(법 187조, 185조 2항), 송달함송달(법 188조), 공시송달
(법 195조), 간이통지방식에 의한 송달(법 167조 2항)을 실시한다. ② **법원경위**에 의
한 송달은 법원이 집행관을 사용하기 어려운 사정이 있다고 인정될 때에 할 수
있다(법조 64조 3항).

  2) **전자소송**에서는 법원사무관 등이 전자문서(전자소송시스템에 의하여 제출된
소송서류)를 법정에서 송달할 필요가 있을 때에는 앞서의 법 177조의 **교부송달의**

방법 이외에 그 제출자로 하여금 해당 전자문서의 요지를 설명하게 하고, 송달받을 사람의 요청에 따라 컴퓨터 등 정보처리능력을 갖춘 장치에 의하여 전자문서를 현출한 화면을 이용하여 주요부분을 즉석에서 열람하는 방법으로 할 수 있다(민전규 27조).

(3) 송달에 관한 사유의 통지

1) 송달실시기관은 송달에 관한 사유를 서면으로 법원에 통지해야 하며, 다만 법원이 상당하다고 인정할 때에는 전자통신매체를 이용한 통지로 서면통지를 갈음할 수 있다(법 193조, 규칙 53조). 송달사유의 통지서면을 **송달통지서**라고 한다. 집행관 또는 법원사무관 등이나 법원경위가 하는 경우는 통상 **송달보고서**라고 부른다. **우편집배원**이 하는 우편에 의한 송달(법 176조 2항)에서 송달에 관한 사유의 통지는 **원칙적**으로 **전자송달통지서**에 의하며,[1] **예외적**으로 법원은 송달에 관한 정보의 관리를 위하여 필요하다고 인정하는 때에는 우편집배원으로 하여금 **종이송달통지서**에 의하여 송달에 관한 사유를 통지하게 할 수 있다.[2]

2) 송달통지서는 송달사실에 대한 단순한 증거방법에 지나지 않는다. 송달통지서는 공문서로서 그의 진정성립이 추정되므로(법 356조 1항), 송달통지서의 기재상 흠이 있다고 하여 바로 그 송달이 부적법하게 되어 무효가 되는 것은 아니다. 따라서 다른 증거방법에 의하여 송달실시행위가 적법하게 이루어졌음이 증명되는 한 송달은 유효하며, 다른 증거방법에 의해서도 송달실시행위가 적법하게 이루어졌음을 증명할 수 없는 경우에만 송달은 무효가 된다.[3]

Ⅲ. 송달할 서류 등

송달은 특별한 규정이 없으면 송달할 서류의 원본이 아니라, **등본** 또는 **부본**을 교부하여 실시한다(법 178조 1항). 송달해야 하는 소송서류를 법원에 제출하는 때에는 원칙적으로 송달에 필요한 수의 **부본**을 제출할 의무가 있다(규칙 48조 1항). 기일통지서 또는 출석요구서의 송달은 **원본**의 교부를, 판결의 송달은 **정본**의

---

1) 우편집배원이 종이송달통지서를 작성하는 대신 송달결과를 휴대용 전자통신기기에 입력하면 송달결과가 재판사무시스템에 자동으로 전송·등록되어 송달사무처리자는 **송달현황**을 **전산조회**할 수 있다. 법원실무제요 민사소송(2), 852쪽.
2) 재판예규 제1719호 '송달통지서 전산화에 따른 업무처리지침'(재일 2006-2, 2019. 5. 8. 개정·시행).
3) 대판 1986. 2. 25. 85누894, 대결 2000. 8. 22. 2000모42.

574 제3편 제1심의 소송절차

교부를 요한다. 송달할 서류의 제출을 갈음하여 조서, 그 밖의 서면을 작성한 때에는 그 **등본**이나 **초본**을 교부해야 한다(법 178조 2항).

전자소송에서 공격방어방법을 음성·영상 등 멀티미디어 방식의 자료로 제출한 경우 재판장 등의 허가를 받은 때에 한하여 상대방에게 상당하다고 인정되는 방법으로 송달할 수 있다. 법원은 이를 위하여 멀티미디어 자료를 제출한 사람에게 해당 자료를 자기디스크 등에 담아 제출하거나 그 출력물을 제출하게 할 수 있다(민전규 13조 3항).

Ⅳ. 송달받을 사람

1. 당사자본인

송달받을 사람은 원칙적으로 소송서류의 명의인인 당사자이다. 송달받을 사람이 **사망**한 경우 사망한 사람에 대하여 실시된 송달은 위법하여 원칙적으로 무효이다.[1] 그러나 사망한 사람의 상속인이 현실적으로 그 송달서류를 수령한 경우에는 흠이 치유되어 그 송달은 그때에 **상속인**에 대한 송달로서 효력을 발생한다.[2]

2. 법정대리인 등

소송서류의 명의인인 당사자가 소송무능력자일 때는 송달받을 사람은 **법정대리인**이다(법 179조).[3] 법인, 또는 법인 아닌 사단이나 재단에 대한 송달은 법정대리인에 준하는 그 **대표자** 또는 **관리인**에게 한다(법 64조·179조). **국가를 당사자로 하는 소송**에서 국가에 대한 송달은 국가의 소송수행자 또는 소송대리인이 있는지 여부를 확인하여 소송수행자 또는 소송대리인이 있는 경우에는 그 **소송수행자** 또는 **소송대리인**에게 송달한다(국가소송 9조 2항). 그러한 사람이 없는 경우에는 국가의 대표자라 해서 법무부장관에게 송달해서는 안 되며 **수소법원에 대응**하는 **검찰청의 장**에게 송달해야 한다. 다만 고등검찰청 소재지의 지방법원 또는 그 지원에 소가 제기된 경우에는 그 고등검찰청의 장에게 송달해야 한다(국가소송 9조 1항).[4]

---

1) 대판 1978. 2. 28. 77다687, 1994. 4. 26. 93누13360, 2005. 10. 14. 2004다52705 등.
2) 대판 1998. 2. 13. 95다15667.
3) 법원에 의하여 부재자재산관리인이 선임되어 있는 때(민 22조 1항)에는 재산관리인에 대해서만 송달해야 한다. 대판 1968. 12. 28. 68다2021.
4) 대판 2002. 11. 8. 2001다84497; 조원철, "국가를 당사자로 하는 소송에서 법무부장관에게 한 판결정본 송달의 효력," 대법원판례해설 42호(2002년 하반기), 387쪽 이하.

3. 소송대리인

소송서류의 명의인인 당사자가 소송위임을 했을 때에는 **소송대리인**에게 송달함이 원칙이다. 민사소송법에서는 이에 관한 규정을 두고 있지 않으나, **민사소송 등에서의 전자문서 이용 등에 관한 법률**(11조 2항)에서는 이에 관한 별도의 규정을 두어 전자소송에서 소송대리인이 있는 경우 송달 또는 통지는 소송대리인에게 해야 함을 분명히 하고 있다. 당사자본인에 대하여 송달한 경우에는 그 송달이 적절한 것이라고 할 수 없으나 위법한 것은 아니므로 유효하다.[1]

한편 ① 여러 사람이 **공동대리**를 하는 경우(공동으로만 대리권을 행사해야 하는 경우) 그 가운데 한 사람에게 송달하면 된다(법 180조). 그러나 공동대리인이 송달받을 대리인 한 사람을 지정하여 신고한 때에는 그 대리인에게 송달해야 한다(규칙 49조). ② 여러 소송대리인이 **개별대리**를 하는 경우(법 93조 1항) 각자(모두)에게 송달해야 한다.[2]

4. 법규상 송달영수권이 있는 사람

군사용의 청사 또는 선박에 속하여 있는 사람에 대한 송달은 그 청사 또는 선박의 장에게 해야 한다(법 181조). 교도소·구치소 또는 국가경찰관서의 유치장에 체포·구속 또는 유치된 사람에 대한 송달은 **수용자**(收容者)[**수감자**라고도 하나, 해당 법률(형의 집행 및 수용자의 처우에 관한 법률 2조 1호)상 정확한 명칭은 **수용자**이다. 수용자에는 **수형자**와 **미결수용자** 등이 있다]에 대한 일종의 법정대리인이라고 볼 수 있는 교도소장·구치소장 또는 국가경찰관서의 장에게 해야 한다(법 182조).[3] 비록 송달받을 본인이 교도소 등에 수용 중인 사실을 법원에 신고하지 않았거나 기록에 의하여 법원에서 그 사실을 알 수 없었다고(몰랐다고) 해도 반드시 교도소장 등에게 송달해야 한다. 수용된 당사자가 송달할 서류의 내용을 알았다고 하더

---

1) 대결 1970. 6. 5. 70마325.

2) 대결 2011. 9. 29. 2011마1335.

3) 법 182조는 '형의 집행 및 수용자의 처우에 관한 법률' 43조·87조에 규정된 수용자에 대한 서신수발의 제한에 대응하는 규정으로서, 양자는 교도소, 구치소 등 교정시설의 질서유지를 위하여 수용자를 감시해야 할 공익상의 필요 및 수용자에 대하여 수용되기 전의 주소·거소 등에 송달을 하면 송달서류가 수용자에 전달되는 데 시간이 걸린다는 점을 고려한 규정으로 해석된다. 대결 2009. 10. 8. 2009마529.

라도 마찬가지이다.[1] 교도소 또는 구치소에 구속된 사람에 대한 송달은 그 소장에게 송달하면 구속된 사람에게 전달된 여부와 관계없이 효력이 생긴다.[2] 수용자의 **종전 주소**에의 송달은 **무효**이다.[3] 수용자에게 직접 송달해도 역시 무효이다. 따라서 상소기간의 기산일을 정하게 되는 송달 자체가 무효인 이상 수용자인 상소인이 판결정본을 직접 송달받았다 하더라도 상소기간이 진행되지 않는다.[4]

5. 신고된 송달영수인

뒤에서 보는 바와 같이 송달받을 사람인 당사자·법정대리인 또는 소송대리인은 원칙적인 송달장소인 **주소 등 외의 장소**를 송달장소로 정하여 법원에 신고할 수 있는데(법 184조 전문), 이 경우 **송달영수인**을 정해 **신고**한 때에는[송달영수인의 신고는 의무적이 아니라 임의적이다(**임의적 신고**)] 송달영수인에게 송달해야 한다(법 184조 후문). 신고된 송달영수인은 송달받을 사람의 위임에 의하여 송달할 서류를 수령할 대리권만을 갖는 **개별적 임의대리인**이다. 송달영수인의 신고의 효력은 **해당 심급**에서만 미치며, 송달영수인은 상소법원 또는 이송받은 법원의 소송절차에서는 송달영수의 권한이 없다.[5] 한편 신고된 송달영수인의 사무원에게 한 보충송달(법 186조 2항)도 유효하다.[6]

V. 송달실시의 방법

송달실시는 교부송달을 원칙으로 하면서 우편송달, 공시송달, 송달함송달의 방법에 의한다. 교부송달은 몇 개의 유형으로 나누어진다. 또한 대법원규칙에는 송달실시방법에 관한 특례를 두고 있다.

---

1) 대판(전) 1982. 12. 28. 82다카349, 대판 2016. 3. 10. 2013다13993, 2021. 8. 19. 2021다53.
2) 대판 1995. 1. 12. 94도2687. 교도소장 등은 송달된 서류를 송달받을 본인에게 바로 교부해야 하며, 부득이한 사유가 없는 한 송달을 받은 본인이 소송수행에 지장을 받지 않도록 조치해야 한다. 규칙 50조 1항·2항.
3) 대판(전) 1982. 12. 28. 82다카349, 대결 1995. 6. 14. 95모14, 2009. 10. 8. 2009마529 등. 따라서 수용된 당사자에 대하여 법 185조나 187조에 따라 종전에 송달받던 장소로 우편송달(발송송달)을 했더라도 적법한 송달의 효력이 발생하지 않는다. 대판 2021. 8. 19. 2021다53.
4) 대결 2009. 8. 20. 2008모630; 김병운, "재감자를 '송달받을 자'로 하여 수감되기 전의 주·거소에 대한 송달의 효력," 법률실무연구(강원법률실무연구회) 1호(1999년), 77쪽 이하.
5) 법원실무제요 민사소송(2), 868쪽.
6) 대판 2001. 5. 29. 2000재다186.

1. 교부송달

송달은 원칙적으로 송달받을 사람에게 송달서류를 교부하는 방법에 의한다 (법 178조).

(1) 송달장소

(a) 원　　칙

송달장소는 송달받을 사람의 주소 · 거소, 영업소 또는 사무소('**주소 등**')가 원칙이다(법 183조 1항 본문). 이는 송달받을 사람이 소송서류를 받아 볼 가능성이 있는 적법한 송달장소를 말한다.[1] 여기서 **영업소** 또는 **사무소**는 송달받을 사람이 **경영**하는 영업소 또는 사무소이며, 송달받을 사람의 근무장소는 이에 해당하지 않는다.[2] 송달받을 사람(당사자 · 법정대리인 또는 소송대리인)은 원칙적인 송달장소인 자신의 주소 등 외의 장소(대한민국 안의 장소)를 송달장소로 정하여 법원에 신고할 수 있다(법 184조 전문). 이 경우 **신고된 송달장소**가 적법한 송달장소가 된다.

(b) 법정대리인 등에 대하여 송달할 경우

법정대리인에게 할 송달은 소송무능력자 **본인**의 **영업소**나 **사무소**에서도 할 수 있다(법 183조 1항 단서). **법인 등의 대표자**에게 할 송달은 **법인 등**의 **영업소**나 **사무소**에서도 할 수 있다(법 64조, 183조 1항 단서). 여기서 영업소나 사무소란 **해당 법인**의 영업소 또는 사무소를 말한다.[3] 법인 등의 대표자에 대한 송달은 물론 그 대표자의 주소 등에 할 수 있으므로, 법인 등의 영업소나 사무소에서의 송달이 불능인 경우에도 법인등기부상 대표자의 주소지 등을 확인하여 그곳으로 송달을 실시하여 보고 그 송달 역시 불능인 경우에 비로소 공시송달을 할 수 있다.[4]

---

1) 대결 2003. 10. 30. 2003마1355.

2) 여기서 영업소 또는 사무소는 송달받을 사람의 영업 또는 사무가 **일정 기간 지속**하여 행해지는 중심적 장소를 말한다. 다만 **한시적 기간**에만 설치되거나 운영되는 곳이라고 하더라도 그곳에서 이루어지는 영업이나 사무의 내용, 기간 등에 비추어 볼 때 어느 정도 **반복**해서 송달이 이루어질 것이라고 **객관적으로 기대**할 수 있는 곳이라면 이에 해당한다고 본다. 대판 2014. 10. 30. 2014다43076.

3) 법인 등의 대표자가 겸임하고 있는 별도의 법인격을 가진 다른 법인의 영업소 또는 사무소는 그 대표자의 근무처에 불과하다. 대판 1997. 12. 9. 97다31267.

4) 대결 1997. 5. 19. 97마600, 대판 2007. 1. 25. 2004후3508; 재판예규 제1102호 '송달사무처리의 효율화와 업무상 유의사항에 관한 예규'(재일 2003-9, 2006. 12. 26. 개정); 윤인태, "법인 대표자의 주소지에 송달하여 보지도 아니한 채 법인 소재지의 주소보정명령에 응하지 아니하였음을 이유로 한 소장각하명령의 적부," 대법원판례해설 28호(1997년 상반기), 279쪽 이하.

(c) 근무장소에서 송달할 경우

송달받을 사람의 주소 등을 알지 못하거나 그 장소에서 송달할 수 없는 때에는 송달받을 사람이 고용·위임, 그 밖의 법률상 행위로 취업하고 있는 다른 사람의 주소·거소, 영업소 또는 사무소, 즉 **근무장소**에서 송달할 수 있다(법 183조 2항). 근무장소에서의 송달은 주소 등에서의 송달이 불가능하거나 주소 등을 알 수 없는 때에 한하여 인정되는 **보충적·부가적** 송달방법이다.[1] 여기서 '근무장소'는 현실의 근무장소로서 고용계약 등 법률상 행위로 취업하고 있는 **지속적인** 근무장소를 말한다.[2]

(d) 만나는 장소에서 송달할 경우

송달실시기관이 송달받을 사람의 송달장소 외의 곳에서 송달받을 사람을 만난 때에 행하는 송달이 허용되는 경우가 있다. 이를 **조우(遭遇)송달**이라고 한다.[3] 조우송달은 송달받을 사람 **본인**에게 행해야 하며 수령대행인에게는 할 수 없다. ① 송달받을 사람의 주소 등 또는 근무장소가 국내에 없거나 알 수 없을 때에는 그를 만나는 장소에서 송달할 수 있다. 이 경우에는 송달받을 사람이 **송달받기를 거부하더라도** 그를 만나는 장소에서 **유치송달**(법 186조 3항)을 할 수 있다(법 183조 3항). ② 한편 송달받을 사람이 주소 등 또는 근무장소가 있다고 하더라도 **송달받기를 거부하지 않으면** 그를 만나는 장소에서 송달할 수 있다(법 183조 4항).[4]

(e) 송달장소의 변경과 신고의무

당사자·법정대리인 또는 소송대리인이 송달받을 장소를 바꿀 때에는 바로 그 취지를 법원에 신고할 의무가 있다(**의무적 신고**, 법 185조 1항). 신고하지 않으면 (달리 송달할 장소를 알 수 없는 경우에는) 종전에 송달받던 장소로 (등기우편으로) **우편송달**할 수 있다(법 185조 2항, 규칙 51조).

---

[1] 법원실무제요 민사소송(2), 876쪽.
[2] 다른 주된 직업을 가지고 있으면서 비상근이사, 사외이사, 비상근감사의 직에 있는 회사의 소재지 등은 이에 해당하지 않는다. 대판 2015. 12. 10. 2012다16063.
[3] 일본 민사소송법(105조)은 이를 '출회(出会)송달'이라고 부른다.
[4] 예컨대 송달받을 사람이 해당 사건 외의 일로 법원에 출석한 기회에 법원사무관 등이 송달서류를 교부하고 영수증을 받거나, 송달받을 사람이 수취인부재로 반송된 송달서류를 찾으러 우체국 창구에 온 기회에 우체국 직원이 송달서류를 교부하고 영수증을 받는 경우 등이 이에 해당한다. 법원실무제요 민사소송(2), 884쪽.

(2) 보충송달

(a) 의   의

1) **송달장소**에서 송달받을 사람을 못 만났을 때에 일정한 요건 아래 **다른 사람**[법 186조 3항은 이러한 사람을 '**서류를 넘겨받을 사람**'이라고 표현하고 있으나, (송달받을 사람에게) '**서류를 넘겨줄 사람**'이 정확한 표현이다]에게 대리송달하는 송달방법을 **보충송달**이라 한다. 여기에는 ① **근무장소 외의 송달할 장소에서의 보충송달**(법 186조 1항), ② **근무장소에서의 보충송달**(법 186조 2항)이 있다.

송달받을 사람의 **근무장소 외의 송달할 장소**에서 송달받을 사람을 만나지 못한 때에는 그 **사무원, 피용자** 또는 **동거인**으로서 사리(事理)를 분별할 지능이 있는 사람(이를 '**수령대행인**' 또는 '**수령대리인**'이라고 한다)에게 교부할 수 있다(법 186조 1항). **판례**는, 법인에 대한 송달은 대표자에게 교부함이 원칙이지만 그 대표자를 만나지 못한 때에는 **사무원**이나 **피용자**로서 사리를 분별할 지능이 있는 사람에게 교부할 수 있으며, 이 경우 송달은 사무원 등에게 서류를 교부한 때 완료되어 그 효력이 생긴다고 본다.[1] 한편 **판례**는, 보충송달을 받을 사람이 아닌 사람이 송달 서류를 받았으나 그 후 그 서류가 전전하여 제때에 그 사무원의 신분을 가진 사람에게 전달되었으면 보충송달로서 유효하다고 보고 있다.[2]

한편 **근무장소**에서 송달받을 사람에게 송달이 가능할 수 있게 한 것(법 183조 2항)처럼 근무장소에서의 대리인 송달이라고 할 보충송달도 할 수 있다. 따라서 근무장소에서 송달받을 사람을 만나지 못한 때에는 그의 사용자(법 183조 2항의 다른 사람), 사용자의 법정대리인이나 피용자 그 밖의 종업원으로서 사리를 분별할 지능이 있는 사람이 서류의 수령을 **거부하지 않으면** 그에게 서류를 교부하여 송달할 수 있다(법 186조 2항). 송달받을 사람이 자신의 **근무장소**를 **송달받을 장소**로 **신고**한 경우(법 184조 전문)에도 근무장소에서의 보충송달에 관한 위 규정이 적용된다.[3]

보충송달은 앞서 본 '**송달장소**'에서 하는 경우에만 허용되고 **송달장소가 아닌 곳**에서 사무원, 고용인 또는 동거자를 만난 때에는 사무원 등이 송달받기를 거부하지 않더라도 그 곳에서 사무원 등에게 서류를 교부하는 것은 보충송달의

---

1) 대판 1992. 2. 11. 91누5877.
2) 대판 1979. 1. 30. 78다2269.
3) 대판 2005. 10. 28. 2005다25779.

방법으로서 부적법하다.[1]

2) 송달받을 사람과 **해당 소송**에 관하여 **이해의 대립**이나 **상반된 이해관계**가 있는 수령대행인에 대해서는 보충송달을 할 수 없다. 이러한 경우에는 수령대행인이 소송서류를 본인에게 전달할 것이라고 합리적으로 기대하기 어렵고, 이해가 대립하는 수령대행인이 본인을 대신하여 소송서류를 송달받는 것은 쌍방대리금지의 원칙에도 반하기 때문이다.[2]

3) 보충송달은 **수령대행인**에게 서류가 **교부됨으로써** 송달의 효력이 발생하며, 위 서류가 송달받을 본인에게 전달된 때에 송달의 효력이 발생하는 것이 아닐 뿐만 아니라,[3] 송달받을 본인이 그 서류의 내용을 실제로 알지 못한 경우에도 송달의 효력이 있다.[4]

(b) 사리를 분별할 지능이 있는 사람

여기서 사리를 분별할 지능이 있는 사람이란 **송달의 취지**를 이해하고 송달받을 사람에게 **교부**하는 것을 기대할 수 있는 정도의 능력을 갖춘 사람을 말한다.[5] 반드시 성년자임을 요하지 않는다. **판례**는, 만 8세 4개월의 어린이가 이에 포함된다고 보기도 하고,[6] 이와 달리 만 8세 9개월의 어린이가 이에 포함되지 않는다고 보기도 한다.[7] 사리를 분별할 지능이 있는지 여부는 미성년자의 연령, 교육정도, **송달서류**가 가지는 소송법적 **의미**와 **중요성** 등을 고려하여, 그 소송서류의 송달실시기관(우편집배원 등)이 이를 교부받는 미성년자에 대하여 송달하는 서류의 중요성을 주지시키고 부모에게 이를 교부할 것을 당부하는 등 필요한 조치를 취했다는 등의 특별한 사정이 있는 경우에는 달리 볼 수 있다.

---

1) 대결 2001. 8. 31. 2001마3790, 2018. 5. 4. 2018무513.
2) 대판 2016. 11. 10. 2014다54366, 2021. 3. 11. 2020므11658.
3) 대결 2008. 1. 14. 2007마994, 대판 2012. 2. 23. 2011다85208, 2018. 8. 30. 2018다229984.
4) 대판 2004. 11. 26. 2004도5207, 2018. 7. 12. 2016재다50045.
5) 대결 2000. 2. 14. 99모225, 2005. 12. 5. 2005마1039, 대판 2013. 1. 16. 2012재다370.
6) 대결 1995. 8. 16. 95모20. 한편 만 8세 10개월 어린이의 경우는 대결 1968. 5. 7. 68마336, 대판 2006. 3. 10. 2006다3844. 만 9세 7개월 어린이의 경우는 대판 1990. 3. 27. 89누6013. 만 11세 6개월 어린이의 경우는 대결 1990. 2. 14. 89재다카9.
7) 상고기록접수통지서를 송달한 경우이다(대판 2013. 1. 16. 2012재다370). 한편 이행권고결정서 등본의 송달에서 만 8세 3개월 어린이가 이에 포함되지 않는다고 본 경우로는 대결 2005. 12. 5. 2005마1039.

(c) 사 무 원

보충송달을 받을 수 있는 사무원은 반드시 송달받을 사람과 고용관계가 있어야 하는 것은 아니고 평소 **본인을 위하여** 사무 등을 보조하는 사람이면 충분하다.[1]

■ 판례상 보충송달을 받을 수 있는 '사무원'에 해당한다고 본 구체적 사례
(1) 같은 사무실을 나누어 사용하는 경우
송달받을 변호사와 같은 사무실을 나누어 사용하는 다른 변호사의 사무원에게 판결정본을 송달한 경우, 이들 변호사들이 공동으로 사용하는 사무실 내부에 각자 독립된 집무공간을 가지고 있으나 각 변호사 사무원들이 사용하는 공간이 물리적으로 완전히 구분되어 있다고 보기 어렵고, 우편집배원이 그 동안 대부분의 우편물을 다른 변호사의 사무원에게 배달했다면, 다른 변호사의 사무원은 평소 원고 소송대리인의 **우편물 수령에 관한 사무 등을 보조**하는 사람으로서 보충송달에서 수령대리인이 될 수 있는 '사무원'에 해당한다.[2]
(2) 같은 장소에 입주한 경우
대학교에서 문서의 접수·발송·분류 등의 업무를 담당하는 교직원이 그 대학교 내 창업보육센터에 입주한 송달받을 기업과 고용관계에 있지는 않으나 평소 그 기업을 위하여 우편물 수령사무 등을 보조해 온 사람은 '사무원'에 해당한다.[3]

(d) 동 거 인

보충송달을 받을 수 있는 동거인은 송달받을 사람과 **사실상 동일한 세대**에 속하여 생활을 같이하는 사람을 말한다.[4] 따라서 송달받을 사람과 같은 집에서 거주한다 해도 세대를 달리 하는 임대인·임차인 등은 동거인이라 할 수 없다. 물론 여기서 동거인은 법률상 친족관계에 있어야 하는 것은 아니다.[5] **판례**는, ① 수송달인이 동일한 송달장소에 거주한다 하더라도 세대를 달리하는 반대 당사자의 아들이라면 이를 동거인이라고 볼 수 없고 따라서 특별한 사정이 없는 이상 그에 대한 송달은 효력이 없으며,[6] ② **법률상 부부**는 동거의무가 있고, 사회통념

---

1) 대판 2005. 8. 19. 2005다22640, 2007. 12. 13. 2007다53822, 2010. 10. 14. 2010다48455.
2) 대판 2007. 12. 13. 2007다53822.
3) 대결 2009. 1. 30. 2008마1540.
4) 대판 2018. 5. 15. 2017다236336, 2021. 4. 15. 2019다244980,244997, 2022. 10. 14. 2022다29936 등.
5) 따라서 이혼한 처라도 사정에 의하여 사실상 동일한 세대에 소속되어 생활을 같이하고 있다면 여기에서 말하는 '동거인'이 될 수 있다. 대결 2000. 10. 28. 2000마5732.
6) 대판 1982. 9. 14. 81다카864.

상 통상적으로 법률상 배우자라면 '동거인'으로서 송달받을 사람과 동일한 세대에
속하여 생활을 같이하는 사람으로 인정할 수 있으나, 법률상 배우자라고 하더라
도 별거와 혼인공동체의 실체 소멸 등으로 **혼인관계의 실질**이 **소멸**하여 소송당사
자인 상대방 배우자의 '동거인'으로서 법 186조 1항에 정해진 보충송달을 받을 수
있는 지위를 인정할 수 없는 **특별한 경우**에는 송달의 효력에 관하여 심리·판단
할 필요가 있다고 보고 있다.[1]

■ 보충송달을 받을 수 있는 '사무원', '동거인'과 구별할 개념으로서 '수령권한을
  위임받은 사람'

(1) 임대인 또는 임차인의 경우

임대인이나 임차인의 관계라도 평소에 등기우편물 등을 수령하여 오는 관계라면
(동거인으로서) 송달수령의 권한을 인정해야 한다는 견해가 있다.[2] 그러나 임대인
이나 임차인이 평소에 등기우편물 등을 수령하여 오는 관계라고 해서 이들이 동거
인의 개념에는 속한다고 볼 수 없다. 그러나 서류의 송달을 받을 사람이 다른 사람
에게 우편물 그 밖의 서류의 **수령권한**을 명시적 또는 묵시적으로 **위임**한 경우에는
수령대리권을 부여받은 수임인이 해당 서류를 수령함으로써 송달받을 사람 본인에
게 해당 서류가 적법하게 송달된 것으로 본다. **판례**는, 당사자가 아닌 집주인이 송
달서류를 수령한 경우 집주인이 적법한 수송달인이 되려면 수령대리권이 있거나 사
리를 분별함에 족한 생계를 같이하는 동거인이어야 한다고 한다.[3]

(2) 아파트 등 경비원 또는 관리인의 경우

이와 관련하여 빌딩이나 아파트의 경비원·관리인의 경우에 오로지 경비업무나
빌딩 자체의 관리업무만 맡긴 관계가 아니고, 평소에 우편물도 대신 수령해 왔으면
송달수령권을 가진다. **판례**는, 원고가 거주하는 아파트에서는 일반우편물이나 등기
우편물 등 특수우편물이 배달되는 경우 관례적으로 아파트 경비원이 이를 수령하여
거주자에게 전달하여 왔고, 이에 대하여 원고를 비롯한 아파트 주민들이 평소 이러
한 특수우편물 배달방법에 관하여 아무런 이의도 제기한 바 없다면, 원고가 거주하
는 아파트의 주민들은 등기우편물 등의 수령권한을 아파트 경비원에게 묵시적으로
위임한 것이라고 봄이 상당하다고 한다.[4]

---

1) 대판 2022. 10. 14. 2022다229936.
2) 이시윤, 456쪽.
3) 대결 1983. 12. 30. 83모53.
4) 대판 2000. 7. 4. 2000두1164.

(3) 유치송달

송달받을 사람 등이 정당한 사유 없이 송달받기를 거부하는 때에 송달할 장소에 서류를 놓아두는 방식의 송달방법을 **유치송달**이라고 한다(법 186조 3항). 송달받을 본인·대리인의 거부뿐만 아니라, 법 186조 1항에서 말하는 사무원·피용자 또는 동거인의 거부도 포함한다.

2. 우편송달

(1) 의　　　의

우편송달은 송달할 장소에서 보충송달·유치송달도 불가능한 때, 또는 당사자 등이 송달장소변경의 신고의무를 이행하지 않고 또 기록에 나타난 자료만으로 달리 송달장소를 알 수 없는 때에 하는 송달방법이다(법 187조, 185조 2항). 우편송달은 소송의 신속·경제의 측면에서 소송진행의 원활을 기하고 당사자의 고의적인 소송지연을 방지할 목적으로 당사자에게 송달되었는지 여부에 관계없이 **등기우편**에 의한 발송만으로 **발송시**에 **송달**된 것으로 **간주**한다. 이러한 우편송달에 의하여 소송이 진행되거나 상소기간 등의 불변기간이 개시되어[뒤에서 보는 바와 같이 **이의신청기간의 진행**과 관련하여 우편송달의 방법으로 할 수 없는 경우를 제외한다], 당사자에게는 지극히 불리한 제도이므로 그 요건을 엄격히 해석할 필요가 있다.[1]

> ■ **우편송달이라는 용어의 실무상 혼용 사용례**
>
> 법 187조에 의한 송달 및 법 185조 2항에 의한 송달의 정확한 명칭은 법 187조 조문 제목에서 알 수 있듯이 **우편송달**이다. **실무상**으로 '**발송송달**', 또는 '**등기우편에 의한 발송송달**'이라는 용어를 사용한다.[2] **판례**는 이 경우 '법 187조에 의한 우편송달', '법 185조 2항에 의한 우편송달', 또는 '등기우편에 의한 발송송달'이라는 용어를 일반적으로 사용하기도 하나,[3] 판례 가운데에는 우편송달을 우편집배원의 송달방법을 통칭하는 용어로 이해하는 전제에서 우편집배원에 의한 통상의 송달을 **우편송달(통상송달)**이라는 용어를,[4] 법 187조 및 법 185조 2항에 의한 송달을 **우편송**

[1] 조건호, "민사소송법 제173조에 의한 우편송달의 요건," 대법원판례해설 12호(1989년 하반기), 409쪽 이하. 최근 판례가 우편송달의 효력을 엄격하게 심사하여 송달의 효력을 부정함으로써 당사자가 구제될 여지가 넓어졌다는 견해로는, 김동윤, "발송송달의 요건," 판례연구(부산판례연구회) 27집(2016. 2.), 36쪽.
[2] 법원실무제요 민사소송(2), 893쪽.
[3] 대판 1997. 9. 26. 97다23464, 2018. 4. 12. 2017다53625, 2021. 4. 15. 2021두30051 등.
[4] 대판 2015. 8. 13. 2015다213322.

달(**발송송달**)이라는 용어를[1] 사용하기도 한다. 따라서 판례에서 사용하는 우편송달이라는 용어의 의미가 무엇인지 해당 판시를 통하여 정확히 이해할 필요가 있다.

(2) 요   건

(a) 법 185조 2항에 의한 우편송달의 경우

1) 당사자·법정대리인 또는 소송대리인이 송달받을 장소를 바꿀 때에는 바로 그 취지를 법원에 신고(**송달장소변경신고**)해야 하는데(법 185조 1항),[2] **이러한 신고를 하지 않은** 사람에게 달리 송달할 장소를 알 수 없는 경우에는 **종전에 송달받던 장소**에 우편송달을 할 수 있다(법 185조 2항).[3] 한편 비록 당사자가 송달장소를 신고한 바 있다고 하더라도 그 송달장소로 송달된 바 없다면 그곳을 법 185조 2항에서 정하는 '종전에 송달받던 장소'로 볼 수 없다.[4] **판례**는, 당사자가 종전의 송달장소에 대하여 변경신고를 한 경우에도 그 변경된 송달장소에서의 송달이 불능이 되는 때에는 우편송달을 할 수 있는 것으로 보고 있다.[5] 법 185조 2항에서 '**달리 송달할 장소를 알 수 없는 경우**'란 상대방에게 주소보정을 명하거나 직권으로 주민등록표 등을 조사할 필요까지는 없지만, 적어도 기록에 나타나 있는 자료로 송달할 장소를 알 수 없는 때를 뜻한다.[6] **기록에 나타나 있는 자료**(예컨대 서증 등 증거자료)로 송달할 장소를 **알 수 있음에도 불구**하고 종전에 송달받던 장소에서의 송달이 불능되자 바로 우편송달을 하는 것은 **위법**하며, 그 송달은 **무효**이다.[7]

2) 법 185조 2항에 의한 우편송달의 경우에는 송달장소변경신고를 게을리한

---

1) 대판 1990. 1. 12. 89다카4946.

2) **피고 등 소극적 당사자**에게 송달장소변경신고의무가 발생하기 위해서는 적어도 한 번 이상 그 당사자에 대한 적법한 송달장소에서 유효하게 송달이 이루어져야 한다. 법원실무제요 민사소송(2), 896쪽.

3) 재판의 당사자가 송달장소변경신고를 하지 않는 경우 종전의 송달장소로 송달서류를 등기우편으로 발송하도록 한 법 185조 2항이 공정한 재판을 받을 권리를 침해한 것이라고 볼 수 없다. 헌재 2002. 7. 18. 2001헌바53 결정.

4) 대결 2005. 8. 2. 2005마201, 대판 2012. 1. 12. 2011다85796, 2022. 3. 17. 2020다216462.

5) 대판 2001. 9. 7. 2001다30025(다만 원고가 항소장에다 소장에 기재했던 주소를 다시 기재했다고 하여 송달장소변경신고를 한 것과 동일하게 취급할 수도 없다), 대판 2009. 5. 28. 2009다5292, 2012. 1. 12. 2011다85796 등; 고영석, "민사소송법 제173조의 우편송달에 있어서의 송달장소," 대법원판례해설 38호(2001년 하반기), 277쪽 이하.

6) 대판 2011. 5. 13. 2010다84956, 2018. 4. 12. 2017다53623, 2022. 3. 17. 2020다216462 등.

7) 대판 2018. 4. 12. 2017다53623.

당사자에 대한 불이익을 주는 제재적 의미가 있으므로 그 요건이 갖추어지면 그 뒤에 그 당사자에게 송달할 모든 서류의 송달을 우편송달로 할 수 있다(**우편송달의 계속성**).[1]

(b) 법 187조에 의한 우편송달의 경우

1) 송달받을 사람의 주소 등 송달해야 할 장소는 밝혀져 있으나 송달받을 사람은 물론이고 그 사무원·피용자 또는 동거인 등 보충송달을 받을 사람도 없거나 부재해서 보충송달이나 유치송달(법 186조)도 할 수 없는 경우에는, 송달할 장소에 우편송달을 할 수 있다(법 187조).[2] 법 187조에 따른 우편송달에서, 법 186조 1항의 '**송달할 장소**'란 실제 송달받을 사람의 생활근거지가 되는 주소·거소·영업소 또는 사무소 등 송달받을 사람이 소송서류를 받아볼 가능성이 있는 적법한 송달장소를 말한다.[3]

2) 법 187조에 의한 우편송달은 **해당 서류의 송달**에 한하여 할 수 있으며(**우편송달의 제한성·일회성**) 그에 이은 별개의 서류의 송달은 우편송달의 요건이 따로 갖추어지지 않는 한 우편송달을 할 수 있는 것은 아니다.[4]

(3) 송달방법

1) 우편송달은 법원사무관 등이 서류를 **송달장소 또는 종전에 송달받던 장소**에 등기우편 등 대법원규칙이 정하는 방법으로 발송하면 된다(법 187조, 185조 2항). 현재 **등기우편**으로 한다(규칙 51조). 신법 전에는 우편송달의 방법을 등기우편에 의하는 것으로 제한함에 따라 서류를 우편송달하면 반드시 그 결과를 특수우편물수령증을 첨부하여 보고해야 했다. 따라서 공시송달에 비하여 그 절차가 복잡하고, 요건이 너무 엄격하여 실무상 활용도가 떨어지는 문제가 있었다. **신법**은 우편송달의 방법을 등기우편에 국한하지 않고 다양한 방법에 의한 송달이 가능하도록

---

1) 법원실무제요 민사소송(2), 899쪽.

2) 대결 2003. 10. 30. 2003마1355, 2007. 5. 11. 2004마801. **판례**는, 재판의 신속한 진행을 도모하기 위하여 마련된 위 규정으로 말미암아 당사자의 절차적 권리가 침해되는 일이 없도록 우편송달의 요건을 해석해야 한다는 입장에서, 당사자가 별도의 송달장소를 신고했는지 여부를 불문하고, 종전의 송달장소로 송달불능이 되었다고 막바로 우편송달을 할 수 있는 것이 아니라 기록상 현출된 송달가능한 장소로 송달을 하여 본 후 우편송달을 해야 함을 명백히 하고 있다. 김대영, "민사소송법 제171조의2 소정의 발송송달의 요건," 대법원판례해설 38호(2001년 하반기), 288쪽 이하.

3) 대결 2009. 10. 29. 2009마1029, 대판 2022. 3. 17. 2020다216462, 2023. 5. 18. 2023다204224 등.

4) 대결 1990. 1. 25. 89마939, 대판 1994. 11. 11. 94다36278; 법원실무제요 민사소송(2), 895쪽.

수정할 필요가 있었다. 특히 보통우편의 방법에서도 전자우편제도를 이용하는 방법도 강구할 수 있다.[1]

2) 우편송달은 송달담당기관인 법원사무관 등이 동시에 송달실시기관이 되어 송달을 시행하는 것이므로 스스로 **송달보고서**를 작성해야 한다. 다만 우체국이 전자통신매체를 이용하여 특수우편물 접수사실 및 그 일시를 통지한 때에는 (서면통지를 갈음하여) 그 전자적 정보에 의하여 송달일시를 증명할 수 있고(규칙 53조 단서), 법원사무관 등이 이러한 전자적 정보를 확인하고 이를 전자시스템에 등록한 때에는 송달보고서를 작성하지 않을 수 있다.[2]

(4) 효력발생시기

우편송달은 **발송한 때**(법원사무관 등이 송달할 서류를 우체국 창구에 접수시켜 송달할 서류가 우편함에 투입된 때)[3]에 송달된 것으로 본다(법 189조, **발송송달**). 등기우편에 의한 우편송달을 할 때에는 **확정일자** 있는 우체국의 **특수우편물수령증**이 첨부된 법원사무관 등의 송달보고서가 있어야 한다.[4] 우편송달은 **발신주의**에 의하므로, 현실적인 서류의 도달 여부 또는 도달시기 등은 불문한다. 우편송달은 송달받을 사람이 송달사실을 알기 어려우므로 신중하게 해야 한다.[5]

(5) 우편송달의 방법으로 할 수 없는 경우 등

조정을 갈음하는 결정, 화해권고결정, 이행권고결정의 송달은 우편송달에 의할 수 없으며(민조 38조 2항 단서, 법 225조 2항 단서, 소심 5조의3 3항 단서), 우편송달을 받은 당사자에게는 외국법원의 확정재판 등의 승인 규정(법 217조 1항 2호)이 적

---

1) 법원행정처, 민사소송법개정내용해설(2002. 6.), 90, 91쪽; 조관행, "우편송달," 민사재판의 제문제 7권(1993. 6.), 297쪽 이하; 이강국, "민사소송에 있어서 송달의 방법," 법학논집(취봉 김용철선생고희기념, 1993. 12.), 786쪽 이하.

2) 재판예규 제1102호 '송달사무처리의 효율화와 업무상 유의사항에 관한 예규'(재일 2003-9, 2006. 12. 26. 개정). 다만 재판예규 제1719호 '송달통지서 전산화에 따른 업무처리지침'(재일 2006-2, 2019. 5. 8. 개정·시행)에서 정한 '송달현황목록'에는 위 전자적 정보 및 이에 대한 법원사무관 등의 등록사항이 포함되도록 해야 한다. 대결 2009. 8. 31. 2009스75.

3) 대결 2006. 1. 9. 2005마1042.

4) 대결 2000. 1. 31. 99마7663, 2009. 8. 31. 2009스75. 우편송달은 발송시에 그 송달의 효력이 발생하는 관계로 **우편물 발송일시**가 중요하고 그 송달일시의 증명은 확정일자 있는 우체국의 특수우편물수령증에 의할 수밖에 없으므로, 특수우편물수령증이 첨부되지 않은 송달보고서에 의한 송달은 부적법하여 그 효력을 발생할 수 없다고 봄이 상당하다. 대결 2009. 8. 31. 2009스75.

5) 강동명, "제 1 심에서 부적법한 발송송달로 변론기일이 진행되어 판결선고까지 된 경우 항소심이 취하여야 할 조치," 재판과 판례(대구판례연구회) 15집(2007. 1.), 127쪽 이하.

용되지 않는다.

3. 송달함송달

송달함송달이란 교부송달·유치송달·우편송달 등의 송달방법에 불구하고 법원 안에 **송달함**(mail box)을 설치하여 여기에 송달할 서류를 넣는 방법의 송달을 말한다(법 188조 1항). **송달함**은 송달받을 사람이 법원에 신고한 송달받을 장소 가운데 특수한 경우에 해당한다. 송달함송달은 법원사무관 등이 한다(법 188조 2항). 송달함의 이용신청은 법원장 또는 지원장에게 서면으로 신청해야 한다. 송달함을 이용하려는 사람은 그 **수수료**를 미리 내야 한다. 그 밖에 송달함을 이용한 송달절차에 관해서는 규칙 52조에 상세하게 규정되어 있다. 송달함송달의 경우 송달받을 사람이 송달함에서 송달할 서류를 수령해가지 않는 때에는 송달함에 서류를 넣은 지 3일이 지나면(서류를 실제로 받아갔는지 여부를 묻지 않고) 송달된 것으로 본다(법 188조 3항).

4. 전자소송에서의 송달

전산정보처리시스템을 이용한 민사소송의 진행에 동의한 등록사용자(**전자소송동의자**)나 국가, 지방자치단체 등 전자소송동의가 간주되는 당사자 등에 대해서는 전산정보처리시스템에 의하여 전자적으로 송달하거나 통지할 수 있다(민전 11조 1항). 소송대리인이 있는 때에는 소송대리인에게 이러한 송달 또는 통지를 해야 한다(민전 11조 2항). 이러한 **전자적 송달**은 법원사무관 등이 송달할 **전자문서**를 전산정보처리시스템에 **등재**하고 그 사실을 송달받을 사람에게 **전자적으로 통지**하는 방법으로 한다(민전 11조 3항).[1] 한편 전자기록사건이라도 전자소송에 동의하지 않거나 동의간주되지 않는 경우의 송달, 군관계인 또는 구속된 사람 등에 대한 송달, 전자소송시스템의 장애가 있는 경우의 송달, 전자문서 제출이 곤란·부적합하여 종이서류로 제출된 경우의 송달, 또는 재판장 등이 필요하다고 인정하는 경우에는 전자적 송달을 하지 않고 **전자문서를 출력한 서면**을 민사소송법에

---

1) 전자소송사건에서 당초에 **전자문서로 제출된 서류**는 자동적으로 전자소송시스템에 등재되므로 법원사무관 등이 별도로 등재할 필요가 없고 등재사실의 통지로 충분하다. 등재사실의 통지는 **전자우편** 및 **휴대전화 문자메시지**의 방법에 의하되, 문자메시지는 등록사용자의 요청에 따라 보내지 않을 수 있다(민전규 26조 1항). 통지를 받은 등록사용자는 **전자소송시스템에 접속**하여 등재된 전자문서를 확인 또는 출력할 수 있다(민전규 26조 4항). 법원실무제요 민사소송(1), 90쪽.

따라 송달한다(민전 12조, 민전규 29조 1항).[1] 전자적 송달의 경우 송달받을 사람이 **등재된 전자문서를 확인한 때**에 송달된 것으로 본다. 다만 그 **등재사실을 통지한 날부터 1주 이내에서 확인하지 않는 때에는 등재사실을 통지한 날부터 1주가 지난 날에 송달된 것으로 본다(송달간주시기, 민전 11조 4항).**[2] 전산정보처리시스템의 장애로 인하여 송달받을 사람이 전자문서를 확인할 수 없는 기간은 위 1주의 기간에 산입하지 않는다(민전 11조 5항 본문). 등록사용자가 책임질 수 없는 사유로 전자소송시스템에 등재된 전자문서를 위 기간 안에 확인하지 못한 경우에는 법 173조에 따라 이를 증명하여 게을리 한 소송행위를 추후보완할 수 있다(민전규 26조 3항).

5. 공시송달

(1) 의   의

1) **공시송달**은 당사자의 행방을 알기 어려워 송달장소의 불명으로 통상의 송달방법에 의해서는 송달을 실시할 수 없을 때에 송달할 서류를 법원에 보관하고 그 취지를 공고함으로써 하는 송달방법이다. 공시송달은 당사자의 주소 등 또는 근무장소를 알 수 없는 경우와 외국에서 해야 할 송달에 관하여 촉탁송달을 하기 어려운 것으로 인정되는 경우에 한다(법 194조 1항). 공시송달의 경우에 송달받을 사람이 송달의 내용을 현실적으로 안다는 것은 어렵기 때문에 공시송달은 신중하게 해야 하며, 다른 송달방법에 의하는 것이 불가능한 때에 하는 보충적인 송달방법이다. **민법 113조**는, 표의자(表意者)가 과실 없이 상대방을 알지 못하거나 상

---

1) 위와 같은 전자소송 비동의자 등에 대한 **출력서면 송달 업무**의 효율성을 높이기 위하여 2013. 7. 1.부터(민사, 가사, 신청 등의 경우 2013. 11. 4.부터) 법원과 우정사업본부의 연계시스템이 시행되면서 법원사무관 등은 우정사업본부에 송달대상 전자문서를 전송하기만 하면 되고, 이를 직접 출력·봉인하여 전자소송 비동의자 등에게 송달하는 업무는 우정사업본부가 시행하게 되었다[**전자우편제도(e-Post)**, 민전규 29조 4항]. 법원실무제요 민사소송(2), 924쪽.

2) 전자소송의 등록사용자가 전자우편주소와 휴대전화번호를 전자소송시스템에 입력한 경우에는 등록사용자가 문자메시지를 따로 보내지 않을 것을 요청하지 않는 한 반드시 전자우편과 문자메시지 양자의 방법으로 전자문서의 등재사실을 통지해야 한다. **판례**는, 이 경우 그 등재된 전자문서가 등록사용자의 미확인으로 송달간주되는 시기는 전자우편과 문자메시지 양자 모두의 방법으로 등재사실이 통지된 날부터 1주가 지난 날이라고 보아야 한다는 입장이었으나(대결 2013. 4. 26. 2013마4003), 위 대법원결정 뒤인 **2013. 6. 27. 민사소송 등에서의 전자문서 이용 등에 관한 규칙**의 **개정**(2013. 7. 1. 시행)에 따라, **신설된 2항**에 전자문서 등재사실의 통지의 효력은 전자우편이 전자우편주소로 전송된 때 또는 문자메시지가 휴대전화번호로 전송된 때에 생긴다는 규정을 두고 있으므로, 미확인으로 송달간주되는 시기는 **양자 중 어느 하나라도 먼저 전송된 때부터 1주가 지난 날**이다.

대방의 주소를 알지 못하는 경우에는 민사소송법 공시송달의 규정에 의하여 송달할 수 있다고 규정하고 있다.

2) **2023. 4. 18. 개정 민사소송법**(2023. 10. 19. 시행)은 **194조 4항을 신설**하여, 원고가 소권(항소권을 포함)을 남용해서 청구가 이유 없음이 명백한 소를 반복적으로 제기한 것에 대하여 법원이 변론 없이 판결로 소를 각하하는 경우 재판장은 **직권으로** 피고에 대하여 공시송달을 명할 수 있도록 하였다.

(2) 송달방법

(a) 원칙적 법원사무관 등에 의한 공시송달

공시송달은 **직권으로** 또는 **당사자의 신청**에 따라 **원칙적으로 법원사무관 등**이 한다(**공시송달처분**, 법 194조 1항). **2014. 12. 30.** 민사소송법 개정(**2015. 7. 1. 시행**) 전에는 **재판장의 명**(**공시송달명령**)에 의해서만 공시송달을 실시했다. **당사자가 공시송달의 신청**을 함에는 송달받을 사람의 행방을 알 수 없다는 사유를 **소명**해야 한다(법 194조 2항). **직권**에 의한 공시송달은 당사자의 신청을 기대할 수 없거나 또는 소송지연을 방지할 필요가 있는 경우에 한다. 실무상 통상의 송달방법에 의하여 송달을 받아오던 사람이 뒤에 소재불명으로 송달불능되면 직권에 의한 공시송달을 명하는 것이 보통이다. **재판장**은 앞서의 공시송달사유가 있었음에도 법원사무관 등이 공시송달처분을 하지 않은 경우 **소송의 지연**을 피하기 위하여 **필요**하다고 인정하는 때에는 공시송달을 명할 수 있다(**공시송달명령**, 법 194조 3항).[1]

(b) 대법원규칙이 정하는 송달방법

공시송달의 **구체적 방법**은 공시송달의 실효성을 도모하기 위하여 대법원규칙으로 정할 수 있다(법 195조). 공시송달은 법원사무관 등의 공시송달처분 또는 재판장의 공시송달명령이 있으면 법원사무관 등이 송달서류를 보관하고 그 사유를 법원게시판 게시 또는 관보·공보·신문 게재, 또는 전화자동응답시스템, PC통신, **인터넷 등 전자통신매체**를 이용한 공시 가운데 어느 하나의 방법으로 그 사유를 공시함으로써 행한다(**2015. 6. 29. 개정, 2015. 7. 1. 시행** 규칙 54조 1항). 2004. 1. 5.부터 규칙 54조의 규정에 따른 공시송달절차에서의 공시는 공시사항을 **인터넷 법원 홈페이지**(www.scourt.

---

1) 위 개정 민사소송법은 법원사무관 등에게도 **공시송달처분**을 할 수 있는 권한을 부여하는 한편, 재판장에게는 공시송달명령을 할 권한을 유지시키면서 뒤에서 보는 바와 같이 법원사무관 등의 공시송달처분을 취소할 수 있는 권한을 부여하는 등 공시송달에 관한 **감독**이나 **사후교정**의 역할을 수행하게 했다. 법원실무제요 민사소송(2), 905쪽.

go.kr) **'법원공고란'**에 게시(법원홈페이지 → 대국민서비스 → 공고 → 공시송달)하는 방법
으로 한다[따라서 자신의 사건이 공시송달로 진행되고 있는지 여부를 검색해서 확인할 수
있다].¹⁾ 다만 외국에의 공시송달은 송달서류보관, 법원게시판 게시와 아울러 그 나
라 주재의 우리나라 대사·공사 또는 영사에게 통지를 해야 한다(국제공조 10조).

(3) 효   력

(a) 효력발생시기 등

1) 최초의 공시송달은 법 195조의 규정에 따라 실시한 날부터 **2주**가 지나야
효력이 생긴다(법 196조 1항 본문). 다만 외국거주자에 대한 최초의 공시송달은 그
효력의 발생을 위한 공시기간을 2월로 하고 있다(법 196조 2항). 같은 당사자에 대
한 **그 뒤**의 공시송달은 실시한 날의 **다음 날**부터 그 효력이 생긴다(법 196조 1항
단서).²⁾ 이러한 기간은 불변기간이 아니어서 늘이거나 줄일 수도 있겠지만, 명문
의 규정으로 늘일 수는 있되 줄일 수는 없도록 하고 있다(법 196조 3항).

2) **당사자의 신청**에 의하여 **법원사무관 등이 하는 공시송달처분**은 개개의 송
달행위마다 그 요건을 심사하여 하는 것이므로 **개개의 공시송달**에 한하여 그 효
력이 있다. 다만 최초의 공시송달처분이 있었다면 특별한 사정변경이 없는 한 그
이후의 송달은 **직권에 의한** 공시송달처분으로 할 수 있다. **재판장의 공시송달명
령**은 달리 그 취소가 없는 한 **해당 심급**에서는 그 효력이 지속된다. 따라서 그 심
급에서는 어떠한 송달서류이든 계속하여 공시송달의 방법에 의하여 송달할 수 있다.

3) 공시송달로 진행 중에 다시 통상의 송달이 행해진 경우에 공시송달처분이
나 공시송달명령은 당연히 효력을 잃는다.³⁾

(b) 공시송달의 요건상 흠이 있는 경우

1) 공시송달의 **요건에 흠**이 있다 하더라도 재판장이 **공시송달명령**을 하거나

---

1) 재판예규 제1422호 '민사소송규칙 및 가사소송규칙에 규정한 공고방법에 관한 업무처리지침'
(재일 2002-3, 2013. 1. 18. 개정). 공시송달의 공고방법상 그 실효성이 떨어지는 **법원게시판**을
대신하여 공고의 효과를 제고함과 아울러 공고업무의 효율화를 기하기 위하여 신법에 도입된
전자통신매체로서의 인터넷을 활용하여 **법원 홈페이지 법원공고란 공고제도**를 도입했다.
2) 특허법에 규정된 서류의 송달의 경우 공시송달은 서류를 받을 사람에게 어느 때라도 발급
한다는 뜻을 특허공보에 게재하는 것으로 하며(특허 219조 2항. 특허공보는 산업통상자원부령
이 정하는 바에 따라 전자적 매체로 발행할 수 있다. 특허 221조 2항), 최초의 공시송달은 특
허공보에 게재한 날부터 2주가 지나면 그 효력이 발생하며, 다만 같은 당사자에 대한 그 뒤의
공시송달은 특허공보에 게재한 날의 다음 날부터 그 효력이 발생한다(특허 219조 3항).
3) 대결 1965. 8. 31. 65마636.

법원사무관 등이 **공시송달처분**을 한 이상[법원사무관 등이 한 공시송달처분의 경우 뒤에서 보는 바와 같이 재판장이 이를 취소할 수 있으나, 재판장의 **취소명령이 없는 한**] **유효**한 송달이다.1) 따라서 공시송달이 무효임을 전제로 한 재송달은 있을 수 없다.2)

2) 재판장은 **직권**으로 또는 **당사자의 신청**에 따라 법원사무관 등이 한 공시송달처분을 **취소**할 수 있다(**공시송달처분 취소명령**, 위 개정 법 194조 5항). 예컨대 공시송달의 요건이 갖추어지지 않은 상태에서 법원사무관 등이 공시송달처분을 하였는데 그 흠이 나중에 밝혀진 때에는 재판장은 직권으로 또는 당사자의 신청에 따라 법원사무관 등이 행한 **개개의 공시송달처분**을 **특정**하여 이를 취소하는 명령을 해야 한다. 재판장의 **공시송달처분 취소명령**이 있는 경우 이미 실시한 공시송달은 효력을 상실하므로 법원사무관 등은 다시 통상의 송달방법으로 송달을 실시해야 한다.3)

3) 판결정본이 공시송달의 방법에 의하여 피고에게 송달되었다면 비록 피고의 주소가 거짓이거나 그 요건에 미비가 있다 할지라도 그 송달은 유효한 것이므로 항소기간을 넘김으로써 판결은 형식적으로 **확정**되어 **기판력**이 발생한다.4) 다만 잘못된 공시송달로 심리가 진행된 끝에 패소된 경우 송달받을 사람은 선택에 따라 **추후보완상소**(법 173조) 또는 **재심의 소**(법 451조 1항 11호)를 제기하여 구제를 받을 수 있을 뿐이다.5)

4) **판례**는, 당사자가 **소송계속 중에 교도소 등에 수용**된 경우 법원이 판결정본을 법 182조에 따라 **교도소장 등**에게 송달하지 않고 **당사자 주소 등**에 공시송달 방법으로 송달했다면, 공시송달의 요건을 갖추지 못한 흠이 있다고 하더라도 재판장의 명령에 따라 공시송달을 한 이상 송달의 효력은 있다고 보고 있다.6)

---

1) 대결(전) 1984. 3. 15. 84마20. 대판 1992. 10. 9. 92다12131; 정승열, "공시송달신청과 소명의 문제점 및 개선방향," 법조 49권 5호(2000. 5.), 278쪽 이하. 한편 공시송달의 요건이 갖추어지지 않았음에도 법원사무관 등이 피고에 대하여 공시송달처분을 한 경우에는 재판장이 한 공시송달명령의 경우와는 달리 송달의 효력이 인정되지 않는 것으로 보아야 한다는 견해로는, 나현, "자기책임의 원칙과 민사소송법상의 책임," 민사소송 26권 1호(2022. 2.), 7쪽.

2) 대판 1997. 7. 11. 96므1380.

3) 법원실무제요 민사소송(2), 916쪽.

4) 대판 1990. 11. 27. 90다카28559, 2008. 2. 28. 2007다41560.

5) **판례**는, 특허법 219조 1항에서 규정하고 있는 공시송달요건이 갖추어지지 않은 상태에서 이루어진 공시송달은 부적법하여 그 효력이 발생하지 않는다고 한다. 대판 1991. 10. 8. 91후59, 2005. 5. 27. 2003후182, 2007. 1. 25. 2004후3508.

6) 대판 2022. 1. 13. 2019다220618. **위 판례**는 이러한 송달 역시 그 효력이 발생하는 것을 전제로 판결정본의 송달이 유효하여 항소기간이 진행함으로써 제1심판결이 확정된 이상 당사

그러나 뒤에서 보는 바와 같이 공시송달의 요건을 갖추지 않은 경우라도 재
판장의 명령에 따라 공시송달을 한 이상 송달의 효력을 인정할 따름이지 공시송
달의 요건을 갖추었는지 여부와 **관계없이 어떠한** 송달방법에 의하더라도 송달의
효력이 발생하지 않는 경우(**송달이 무효인 경우**)에는 공시송달의 방법에 의했다고
하더라도 여전히 그 효력이 인정되지 않는다고 보아야 한다. 따라서 교도소장 등
에게 송달하지 않고 당사자 주소 등에 송달했다면 그 송달을 공시송달의 방법으
로 했다고 하더라도 무효로 보아야 하므로, 수용된 당사자에 대한 판결정본의 송
달의 효력은 발생하지 않고 따라서 항소기간이 진행되지 않는다고 보아야 한다.

(c) 송달 일반의 무효사유가 있는 경우

공시송달의 요건에 흠이 있다 하더라도 유효하다고 보는 것은 어디까지나 공
시송달의 요건만이 갖추어지지 않은 경우에 국한된다. 따라서 당사자나 법인의
대표자가 사망하는 등 어떠한 송달방법에 의하더라도 송달 자체가 불가능한 때에
는 그 송달이 공시송달의 방법에 의하여 이루어졌다고 하여 송달로서의 효력을
갖게 된다고 볼 수 없다.[1]

(4) 공시송달의 방법으로 할 수 없는 경우 등

공시송달의 방법으로 송달 자체를 할 수 없는 경우와 공시송달의 방법으로
송달하는 때에는 그 적용이 없는 경우가 있다.

(a) 공시송달 자체를 할 수 없는 경우

조정을 갈음하는 결정(민조 38조 2항 단서), 화해권고결정(법 225조 2항 단서),
이행권고결정(소심 5조의3 3항 단서), 지급명령(법 462조 단서) 등의 송달은 공시송달
에 의할 수 없다. 이러한 결정을 공시송달의 방법으로 송달하더라도 **송달되지 않
은 것**으로 본다. 따라서 그 결정의 송달이 유효하게 된 것을 전제로 한 **이의신청
기간**이 진행되지 않으므로 그 결정은 **확정**이 되지 않고, 따라서 유효한 **집행권원**

자는 추후보완항소로 구제될 수 있다고 본다. 즉 수감된 당사자는 법 185조에서 정한 송달장
소변경의 신고의무를 부담하지 않고, 요건을 갖추지 못한 공시송달로 항소기간을 지키지 못하
게 되었으므로 특별한 사정이 없는 한 과실 없이 판결의 송달을 알지 못한 것이고, 이러한
경우 당사자가 책임을 질 수 없는 사유로 불변기간을 지킬 수 없었던 때에 해당하여 그 사유
가 없어진 후 2주 내에 추후보완항소를 할 수 있다고 본다.

1) 대판 1978. 2. 28. 77다687, 1991. 10. 22. 91다9985, 2007. 12. 14. 2007다52997; 박영식,
"사망한 대리인에 대한 판결의 송달과 판결의 확정," 사법행정 19권 9호(1978. 9.), 55쪽 이
하; 김관재, "법인의 대표자가 사망한 경우 법인에 대한 송달방법," 대법원판례해설 16호(1991
년 하반기), 194쪽 이하.

이 될 수 없다.[1]

(b) 공시송달시 그 적용이 없는 경우

공시송달을 받은 당사자에게는 자백간주(법 150조 3항 단서), 답변서제출의무(법 256조 1항 단서), 외국법원의 확정재판 등의 승인(법 217조 1항 2호) 등의 규정이 적용되지 않는다.

6. 그 밖의 방식

(1) 간이방법에 의한 기일통지

법원은 **기일을 통지할 때** 기일통지서·출석요구서를 송달하지 않고 대법원규칙이 정하는 **간이한 방법**에 의하여 할 수 있다(간이통지, 법 167조 2항 전문). 법원사무관 등이 전화·팩시밀리·보통우편 또는 **전자우편**(e-mail)으로 하거나, 그 밖에 상당하다고 인정되는 방법으로 한다(규칙 45조 1항). 다만 이러한 간이통지는 기일에 불출석한 당사자, 증인 또는 감정인 등에 대하여 법률상 제재나 그 밖에 기일을 게을리함에 따른 불이익을 줄 수 없는 **효력상 제한**이 있다(법 167조 2항 후문).

(2) 변호사에 대한 송달 등

변호사인 소송대리인에 대한 **소송서류의 송달**은 법원사무관 등이 전화·팩시밀리·**전자우편**(e-mail) 또는 **휴대전화 문자전송**을 이용하여 할 수 있으며, 이를 우선적으로 고려해야 한다(규칙 46조 1항·3항). 변호사에 대한 이러한 송달방식은 앞서의 간이통지와 달리 **정규의 송달방식**이므로 법 167조 2항 후문의 효력상 제한이 없다.[2] 한편 양쪽 당사자가 변호사에 의하여 대리되는, 즉 **변호사 사이**에서는 (소송서류가 당사자본인에게 교부되어야 할 경우를 제외하고는) 한쪽 당사자의 변호사가 상대방 변호사에게 송달될 서류의 부본을 **직접 교부**하거나 **팩시밀리·전자우편**(e-mail)으로 보내고 그 사실을 법원에 **증명**한 때에는 송달의 효력이 있다(규칙 47조 1항).

---

1) 물론 이 경우 유효한 집행권원임을 전제로 그 집행력의 배제를 구하는 청구이의의 소도 제기할 수 없다. 대판 2016. 4. 15. 2015다201510.

2) 예컨대 변호사에 대하여 이러한 송달방식으로 기일통지를 한 경우 변호사가 해당 기일에 출석하지 않으면 법률상 제재 및 불이익을 줄 수 있다. 김상영, "전자우편(E-Mail)에 의한 송달," 민사법이론과 실무 9권 1호(2005. 6.), 195쪽.

VI. 외국에서 하는 송달

1. 양자조약이 있는 국가의 경우

우리나라와 양자(兩者)조약 관계에 있는 국가, 즉 호주, 중국, 몽골, 우즈베키스탄 및 태국과의 관계에서 송달을 실시하는 경우에는 한호조약, 한중조약, 한·몽골조약, 한·우즈벡조약 및 한·태국조약이 정하는 바에 따라야 하는데, 이들 조약은 모두 **중앙당국을 통한 간접송달방식**을 채택하고 있다.[1]

2. 헤이그송달협약에 가입한 국가의 경우

다자(多者)조약인 '헤이그송달협약'에 가입한 국가에의 송달은 헤이그송달협약이 정하는 바에 따른다. **헤이그송달협약**은 송달요청을 수락하고 이를 처리할 중앙당국을 지정하여 사법공조의 수신기관의 역할을 담당하게 하여 외국에의 송달업무를 처리하도록 함으로써[헤이그송달협약 2조, 우리나라는 법원행정처를 중앙당국으로 지정했으므로 법원행정처장으로부터 곧바로 외국중앙당국을 거쳐서 실시당국으로 연결된다] **중앙당국을 통한 간접송달방식**을 원칙으로 하고 있다. 다만 해외에 거주하는 사람이 우리나라 국민이면 우리나라 외교관 또는 영사관원을 통하여 직접 해외거주자에게 서류를 송달할 수 있다.[2]

3. 송달관련 조약관계가 없는 국가의 경우

위와 같은 조약관계가 없는 국가에 송달할 경우에는 민사소송법 및 국제민사사법공조법에 의한다. 민사소송법은 외국에서 해야 하는 송달은 재판장이 그 나라에 주재하는 우리나라의 대사·공사·영사 또는 그 나라의 관할 공공기관에 촉탁한다고 규정하고 있다(법 191조). 국제민사사법공조법은 사법공조에 관한 협약이 체결되어 있지 않은 경우로서 상호보증이 있거나 의사표시로써 이를 승인한 경우에

---

[1] 이들 조약은 중앙당국을 통한 간접송달방식을 취하는 등 많은 점에서 헤이그송달협약과 유사하나, 중앙당국이 송달촉탁서 작성기관이 된다는 점에서 수소법원 재판장 명의로 송달촉탁서를 작성해야 하는 헤이그송달협약과 다르다.

[2] 우리나라가 헤이그송달협약에 가입하면서 촉탁국의 국민에게 송달되는 경우를 제외하고는 우리나라 영역 내에서의 영사송달을 반대하는 선언(위 협약 8조에 따른 반대선언)을 한 이상 상호주의 원칙에서 우리나라 국민이 아닌 수송달자에 대한 영사송달방식은 자제하는 것이 바람직하다.

적용된다. 국제민사사법공조법은 외국으로의 촉탁시 수소법원의 재판장이 그 외국의 관할법원 그 밖의 공무소에 대하여 하도록 함으로써(국제공조 5조 1항) 원칙적으로 **외국 관할법원 그 밖의 공공기관을 통한 간접송달방식**[법원행정처장으로부터 외교부를 거쳐 재외한국대사관을 경유하여 외국 외무부를 거쳐 외국법원으로 연결된다]을 채택하고 있다. 다만 **예외적**으로 송달받을 사람 또는 증인신문을 받을 사람이 **우리나라 국민**으로서 '영사관계에 관한 비엔나협약'에 **가입한 외국**에 거주하는 경우에는 그 외국에 주재하는 우리나라의 대사·공사 또는 영사를 통하여 송달할 수 있다고 하여(국제공조 5조 2항 1호 전단) '영사관계에 관한 비엔나협약'에 따라 **직접송달방식**인 **영사송달방식**을 채택하고 있다. 이러한 영사송달방식은 접수국의 법령 또는 의사표시에 위배되지 않을 때에만 가능하다(국제공조 5조 2항 1호 후단).[1]

Ⅶ. 송달의 흠

1. 송달의 흠과 효력

송달이 법정의 방식에 위배된 흠이 있는 경우, 예컨대 ① 송달받을 사람이 이미 사망했음에도 사망한 사람이 수령한 것으로 되어 있는 송달, ② 송달받을 사람이 아닌 사람에게 하는 송달, ③ 송달받을 사람에게 송달했지만 수령권자 아닌 사람이 수령한 송달, ④ 송달장소 아닌 곳에서 하는 송달, ⑤ 보충송달·유치송달을 해보지도 않고 하는 우편송달 등은 원칙적으로 무효이다. 송달의 흠이 있는지 여부, 즉 송달의 효력이 있는지 여부는 **직권조사사항**이다. 당사자의 주장·증명에도 불구하고 그 효력에 의심할 만한 사정이 있다면 법원은 이를 직권으로 심리·판단해야 한다.[2]

---

[1] '영사관계에 관한 비엔나협약'상 영사송달은 **자국민**에 대해서만 가능한 것이고 수송달자가 외국인인 경우에는 이러한 방식을 취하지 않는 것이 국제예양이며, 위 협약에 가입하고 있는 국가라고 할지라도 명시적으로 위 방식에 대한 **이의**를 표시하고 있는 경우에는 영사송달을 할 수 없다. **판례**는 영사파견국의 법원이 영사파견국의 국민이 아님에도 불구하고 공조요건인 외교상의 경로를 거치지 않고 우리나라 국민이나 법인을 상대로 하여 자국영사에 의한 직접실시방식으로 송달한 것이라면, 이는 위 영사파견국이 우리나라와 영사관계가 있다 하더라도 우리나라의 재판사무권을 침해한 것으로서 적법한 송달로서의 효력이 없다고 보며, 이와 같은 경우에는 외국법원의 확정재판 등의 효력에 관한 법 217조 1항 2호의 송달요건을 갖추지 못한 것이라고 보고 있다. 대판 1992. 7. 14. 92다2585; 정연욱, "영사파견국의 법원이 우리나라 국민에 대하여 한 영사송달의 효력," 대법원판례해설 18호(1992년 하반기), 193쪽 이하; 정병석, "외국법원의 우리나라 국민에 대한 영사송달의 적법 여부," 판례연구(서울지방변호사회) 6집(1993. 1.), 301쪽 이하.

[2] 대판 2022. 10. 14. 2022다229936.

■ 참칭법정대리인이나 참칭대표자, 또는 성명모용자에 대한 송달과 그 효력

(1) 참칭법정대리인(대표자)을 송달받을 사람으로 한 송달과 그 효력

소송무능력자에 대한 송달은 법정대리인에게 해야 하고(법 179조), 법인 그 밖의 법인 아닌 사단 또는 재단에 대한 송달은 그 대표자나 관리인에게 해야 한다(법 64조·179조). 이 경우 법원이 적법한 법정대리인 또는 대표자에게 송달하지 않은 경우에는 그 송달은 무효가 된다. 그런데 적법한 법정대리인이나 대표자가 아님에도 불구하고(무권대리인이나 대표권한이 없는 사람인 경우) 자신을 적법한 법정대리인이나 대표자로 참칭하여 소장에 자신을 적법한 법정대리인 또는 대표자로 기재되게 한 경우(**자격의 참칭**), 법원이 그 사람을 적법한 법정대리인이나 대표자로 잘못 알고 그 사람을 송달받을 사람으로 하여 송달을 명하고, 그 사람이 송달받을 장소에서 이를 수령했다면 송달 자체는 적법하여 유효한 것으로 본다.[1]

(2) 피모용자를 송달받을 사람으로 한 송달과 그 효력

판례는, 당사자가 아님에도 불구하고 당사자를 모용하여 당사자의 이름으로 원고나 피고가 된 경우(**당사자의 모용**), 법원이 명의가 모용된 사실을 모르고 소장에 기재된 사람(피모용자)을 송달받을 사람으로 하여 송달을 명하고, 모용자가 송달받을 장소에서 수령했다면 송달 자체는 (절차상 위법하기는 하나) **유효**한 것으로 본다.[2] 판례의 태도의 **문제점**에 관해서는 이미 성명모용소송에서 상세히 살펴보았다. 이러한 판례의 태도는 원고가 소장에 피고의 주소를 거짓 주소로 기재하고 그 거짓 주소로 판결정본이 송달되게 하여 원고 측이 이를 수령하는 경우(**송달과정상 피고 측 모용**) 그 송달을 무효로 보는 것[3]과는 다르다.

(3) 당사자본인 또는 피모용자의 소송상 구제방법

이 경우 적법한 법정대리인이나 대표자 또는 피모용자는 자신의 관여 없이 이루어진 판결에 대하여, **판결확정 전**에는 **상소**(법 424조 1항 4호, 피모용자의 경우에는 그 유추적용)로써, **판결확정 후**에는 **재심의 소**(법 451조 1항 3호, 피모용자의 경우에는 그 유추적용), 또는 **추후보완상소**(법 173조 1항)로써 구제될 수 있다.

2. 송달의 흠과 치유 여부

송달의 흠으로 송달이 무효가 되는 때에도 송달받을 사람이 **추인**하면 유효하게 된다. 송달의 흠이 있다고 하더라도 이의 없이 변론하거나 수령하면 **이의권의 포기·상실**로 흠이 치유된다. 다만 불변기간의 기산점과 관계있는 송달(상소기간의

---

1) 대판 1994. 1. 11. 92다47632; 박재윤, "종중의 참칭대표자에 대한 의제자백판결이 확정된 경우 재심사유," 민사판례연구 17권(1995. 4.), 287쪽 이하.

2) 대판 1964. 11. 17. 64다328.

3) 대판 1997. 5. 30. 97다10345 등.

기산점으로 되는 판결정본의 송달)에 위법이 있는 때에는 이의권의 포기·상실의 대
상에서 제외된다.[1] 예컨대 판결정본의 송달을 피고의 거짓 주소에서 원고 측이
수령한 경우(판결편취의 경우) 그 송달은 무효이고, 상소기간이 진행되지 않는다.

제 7 절 소송절차의 정지

I. 의   의

　　소송절차의 정지란 소송이 계속된 뒤에 아직 절차가 종료되기 전에 소송절차
가 **법률상** 진행되지 않는 상태를 말한다. 기일(변론)의 연기, 기일의 추후지정, 기
일 불출석이나 판결선고의 지연 등 절차가 사실상 정지되는 것과 구별된다. 소송
절차의 정지는 당사자 등 소송수행자가 그 소송에 관여할 수 없게 되어 소송행위
가 불가능하게 된 때에 **쌍방심리주의**에 의한 재판절차에서 당사자의 **절차적 기본
권(당사자권)**을 보장하기 위하여 마련된 제도이다. 그러므로 판결절차나 판결절차
에 준하는 절차(예컨대 독촉절차, 제소전 화해절차, 항고절차, 소송비용액확정절차 등)에
적용된다. 따라서 소송절차의 정지는 대립당사자 구조에 의한 재판의 적정보다는
절차의 신속을 앞세우는 강제집행절차, 담보권실행을 위한 경매절차, 가압류·가
처분절차, 증거보전절차 등에는 준용되지 않는다. 다만 조정절차에서는 유추적용
된다고 본다.[2]

　　소송절차의 정지에는 원칙적으로 소송절차의 중단과 중지 등이 있다. ① **소
송절차의 중단**은 소송계속 중 당사자나 소송수행자에게 소송수행을 할 수 없는 사
유가 발생했을 경우 새로운 소송수행자가 나타나 소송에 관여할 수 있을 때까지
법률상 당연히 절차의 진행이 정지되는 것을 말한다[중단은 일정한 사유에 의하여 발
생하며, 당사자 등에 의한 소송절차의 수계나 법원의 속행명령에 의하여 해소된다]. ② **소송
절차의 중지**는 소송계속 중 법원이나 당사자에게 소송을 진행할 수 없는 장애가
생겼거나 진행에 부적당한 사유가 발생하여 법률상 당연히(**당연중지**, 법 245조) 또
는 법원의 결정에 의하여(**재판중지**, 법 246조 1항) 절차가 정지되는 것을 말한다.
새로운 소송수행자로의 교체가 없고, 수계가 없는 점에서 중단과 다르다. ③ **그**

---

1) 대판 1972. 5. 9. 72다379, 1979. 9. 25. 78다2448, 2002. 11. 8. 2001다84497.
2) 법원행정처, 조정실무(2002년), 60-61쪽.

밖에도 긴급을 요하는 행위 등이 아닌 한 원칙적으로 당사자로부터 제척·기피신청이 있는 경우(법 48조 본문)와 관할지정신청이 있는 경우(법 28조 1항, 규칙 9조 본문) 등도 소송절차가 **정지**된다.

Ⅱ. 소송절차의 중단

1. 소송중단사유

(1) 당사자의 사망

1) 소송계속 중에 **당사자가 사망**한 때에 소송절차는 중단된다(법 233조 1항 전문).[1] **통상공동소송**에서는 소송절차의 중단이 사망한 당사자와 그 상대방 사이에만 생기는 데 반하여, **필수적 공동소송**에서는 전면적으로 중단된다(법 67조 3항). 소송계속 중에 당사자가 사망했다고 하더라도 **소송물인 권리관계가 상속의 대상**이 되지 않는 경우(상속인이 상속포기기간 내에 상속포기를 한 경우, 권리관계가 사망에 의하여 소멸되거나 일신전속적인 경우 등)에는 소송절차가 종료된다. 예컨대 ① 이혼소송에서 당사자의 한쪽의 사망,[2] ② 제 3 자가 친자(親子) 양쪽을 상대로 제기한 친생자관계 부존재확인소송에서 친자 가운데 한 사람의 사망,[3] ③ 이사가 제기한 주주총회결의취소소송 또는 이사회결의무효확인소송에서 이사의 사망,[4] ④ 공무원

---

[1] **부재자의 재산관리인**이 부재자의 **대리인**으로서 제소한 소송이 적법하게 계속된 후 해당 소송의 당사자에 대하여 실종선고가 확정된 경우에 실종자가 사망했다고 보는 시기는 실종기간(5년)이 만료한 때라고 하더라도(민 27조 1항, 28조) 소송상 지위의 승계절차는 실종선고가 확정되어야만 비로소 취할 수 있으므로 실종선고가 있기까지는 소송상 당사자능력이 없다고 할 수 없고 소송절차가 법률상 그 진행을 할 수 없게 된 때, 즉 **실종선고가 확정**된 때(**실종선고의 효력**이 발생한 때)에 **소송절차가 중단**된다. 대판 1983. 2. 22. 82사18, 2008. 6. 26. 2007다11057, 2014. 9. 4. 2013므4201.

[2] 이혼소송과 재산분할청구가 병합된 경우(가소 14조 1항), 재판상 이혼청구권은 부부의 일신전속적 권리이므로 이혼소송의 계속 중 배우자의 한쪽이 사망한 때에는 상속인이 그 절차를 수계할 수 없음은 물론이고, 또 그러한 경우에 검사가 이를 수계할 수 있는 특별한 규정도 없다. 이러한 경우 **이혼소송**은 종료되고, 이에 따라 이혼의 성립을 전제로 하여 이혼소송에 부대한 **재산분할청구** 역시 이를 유지할 이익이 상실되어 이혼소송의 종료와 동시에 종료한다. 대판 1993. 5. 27. 92므143, 1994. 10. 28. 94므246,253, 2019. 11. 15. 2019므13047,13054 등. 즉 이혼소송은 당사자 한쪽의 사망으로 소송종료되고, 이에 따라 부대신청인 재산분할청구도 판결로 소송종료선언을 해야 한다. 대판 2019. 11. 15. 2019므13047,13054; 김홍엽, "이혼소송 및 재산분할청구의 계속 중 당사자 일방의 사망과 소송상 처리," 대법원판례해설 22호(1994년 하반기), 238쪽.

[3] 이 경우 생존한 사람만이 피고가 된다. 사망한 사람의 상속인이나 검사가 소송절차를 수계할 수 없으므로 사망한 사람에 대한 소송은 종료된다. 대판 2018. 5. 15. 2014므4963.

[4] 대판 1962. 11. 29. 62다524, 대결 1981. 7. 16. 80마370, 대판 2019. 2. 14. 2015다255258

의 면직처분·직위해제처분 등의 무효확인소송에서 공무원의 사망,[1] ⑤ 공동광업권자 가운데 한 사람이 다른 공동광업권자를 상대로 제기한 공동광업권소송에서 그 공동광업권자의 사망[2] 등의 경우에는 소송절차가 종료된다. 한편 당사자 한쪽이 당사자의 수계인이 될 때(혼동)에도 소송절차가 종료된다.

▣ 가사소송과 소송승계

(1) 가사소송법 16조에 따른 소송승계

가류·나류 가사소송과 같이 가사소송의 소송물이 일신전속적이면 당사자(원·피고)가 사망하더라도, 원칙적으로 소송절차의 승계는 허용되지 않는다. 다만 이 경우 원고가 사망, 그 밖의 사유(소송능력을 상실한 경우는 제외한다)로 소송절차를 속행할 수 없는 사유가 생겼다고 하더라도 다른 제소권자가 있으면(법률에 의하여 원고적격자가 경합적으로 인정되는 경우이다) 다른 제소권자는 앞서의 수계사유가 생긴 때부터 6개월 이내에 소송절차를 수계해야 하며, 위 기간 내에 수계신청이 없을 때에는 소취하한 것으로 본다(가소 16조). 이러한 소송에서 원고가 사망했다고 하여 소송물의 일신전속성을 이유로 소송을 종료시켜 버리고 다른 제소권자가 새로이 소송을 제기하게 하는 것은 소송경제에 반할 뿐만 아니라, 신분관계를 바로잡으려고 하는 가사소송의 목적에도 부합하지 않기 때문이다.

(2) 가사소송법 16조의 유추적용에 따른 소송승계

예컨대 친생자관계 존부 확인의 소(가류 가사소송사건, 가소 2조 1항 1호 가목)는 소송물이 일신전속적인 것이지만, 당사자 한쪽이 사망한 때에는 일정한 기간 내에 검사를 상대로 그 소를 제기할 수 있으므로(민 865조 2항), 당초에는 원래의 피고적격자를 상대로 친생자관계 존부 확인의 소를 제기했으나 소송계속 중 피고가 사망한 경우 원고의 수계신청이 있으면 검사로 하여금 사망한 피고의 지위를 수계하게 해야 한다. 그러나 그 경우에도 가사소송법 16조 2항을 유추적용하여 원고는 피고가 사망한 때부터 6개월 이내에 수계신청을 해야 하고, 그 기간 내에 수계신청을 하지 않으면 그 소송절차는 종료된 것으로 보아야 한다.[3]

(이사는 주식회사의 의사결정기관인 이사회의 구성원이고, 의사결정기관 구성원으로서의 지위는 일신전속적이어서 상속의 대상이 되지 않기 때문이다).

1) 대판 2007. 7. 26. 2005두15748.

2) 광업법 17조 5항, 30조 1항에 의하면 공동광업권자는 조합계약을 한 것으로 간주된다. 따라서 공동광업권자의 한 사람이 사망한 때에는 민법 717조 1호에 의하여 공동광업권의 조합관계로부터 당연히 탈퇴된다. 특히 조합계약에서 사망한 공동광업권자의 지위를 그 상속인이 승계하기로 약정한 바가 없는 이상 사망한 공동광업권자의 지위는 상속인에게 승계되지 않는다. 대판 1981. 7. 28. 81다145, 1995. 5. 23. 94다23500.

3) 판례는, 이와 같은 법리는 친생자관계 존부 확인의 소의 소송계속 중 실종선고가 확정되어 피고가 사망한 것으로 간주되는 경우에도 마찬가지로 적용된다고 본다. 대판 2014. 9. 4.

2) 당사자의 사망으로 소송절차가 종료되는 사건에서 ① 당사자가 제 1 심판결 **선고 뒤**에 사망했다면 항소법원으로서는 **소송종료선언**만 하면 되나, ② 당사자가 제 1 심판결 **선고 전**에 사망했음에도 제 1 심법원이 이를 간과하고 판결을 했다면 이러한 판결은 당연무효이므로 항소법원으로서는 제 1 심판결을 **취소**하고 소송종료선언을 해야 한다.[1)

■ **소송계속 중 당사자의 사망과 소송승계시기**

일신전속적 권리관계가 아닌 소송에서 소송계속 중 당사자가 사망한 경우 상속인의 소송승계시기, 즉 상속인이 새로운 당사자가 되는 시기가 언제인지에 관하여 **통설·판례**는 당사자 사망시 상속인이 법률상 당연히 당사자의 지위를 승계한다고 본다**(당연승계설)**. 이에 대하여, 상속인이 수계에 의하여 비로소 새로운 당사자가 된다고 보는 것이 형식적 당사자개념에 부합한다고 하여 당연승계를 부정하는 견해가 있다.[2) 당연승계를 부정한다면 사망한 당사자에게 소송대리인이 있는 경우에도 상속인이 소송수계를 해야만 당사자가 된다고 보는 것인지 분명치 않으며, **속행명령제도**를 두고 있는 것은 당연승계를 전제로 한 것이라는 점에서 이러한 견해는 받아들이기 어렵다.

판례는, 당사자가 사망하여 실재하지 않는 사람을 당사자로 하여 소가 제기된 경우는 당초부터 원고와 피고의 대립당사자 구조를 요구하는 민사소송법상의 기본원칙이 무시된 것이므로, 그와 같은 상태하에서의 판결은 당연무효라고 할 것이지만, 일응 대립당사자 구조를 갖추고 적법히 소가 제기되었다가 소송 도중 어느 한쪽의 당사자가 사망함으로 인해서 그 당사자로서의 자격을 상실하게 된 때에는 그 대립당사자 구조가 없어져 버린 것이 아니고, 그때부터 그 소송은 그의 지위를 당연히 이어받게 되는 상속인들과의 관계에서 대립당사자 구조를 형성하여 존재하게 된다고 본다[다만 상속인들이 그 소송을 이어 받는 외형상의 절차인 소송수계절차를 밟을 때까지는 실제상 그 소송을 진행할 수 없는 장애사유가 발생했기 때문에 적법한 수계인이 수계절차를 밟아 소송에 관여할 수 있게 될 때까지 소송절차는 중단되도록 법이 규정하고 있을 뿐이다].[3)

2013므4201.

1) 대판 1995. 4. 7. 94다4332; 강현중, "소송물이 일신전속권인 경우의 당사자의 사망과 소송절차의 종료," 법조 31권 2호(1982. 2.), 71쪽 이하.

2) 당사자개념에 관하여 형식적 당사자개념을 취하는 입장에서는 당사자가 사망한 경우에 상속인이 수계절차를 밟아 당사자표시를 상속인으로 고쳐야 비로소 당사자가 변경된다고 보는 것이 타당하며, 이는 재판청구권 및 법적심문청구권을 보장하기 위해서도 그렇다고 한다. 호문혁, "민사소송에서 당사자사망으로 인한 당사자 변경에 관한 연구," 21세기 한국민사법학의 과제와 전망(심당송상현교수화갑기념, 2002. 1.), 538쪽 이하.

3) 대판(전) 1995. 5. 23. 94다28444.

(2) 당사자인 법인의 합병

회사 그 밖의 법인이 합병에 의하여 소멸된 때에 소송절차는 중단된다(법 234조 전문). 법인이 합병 이외의 사유로 해산한 때에는 청산의 목적범위 내에서 존속하므로(민 81조, 상 245조) 소송절차가 중단되지 않는다. 합병에 의하여 법인이 소멸된 경우뿐만 아니라 청산절차를 밟지 않고 법인이 소멸된 때에도 중단된다. 법인의 권리의무가 상법상 **회사분할**의 규정(상 530조의2) 등 법률의 규정에 의하여 새로 설립된 법인에 승계된 때에도 소송절차가 중단된다.[1] 한편 상법상 주식회사의 유한회사로의 **조직변경**이나, 유한회사의 주식회사로의 **조직변경**은 주식회사의, 또는 유한회사의 **동일성**을 유지하면서 행해지는 것이므로 소송절차가 중단되지 않는다.[2] 한편 법인 아닌 사단·재단(법 52조)에 대해서도 법 234조가 준용된다.

(3) 당사자의 소송능력의 상실, 법정대리인(대표자)의 사망 또는 법정대리권(대표권)의 소멸

당사자가 성년후견개시심판을 받거나, 당사자가 한정후견개시심판을 받고 한정후견인의 동의를 받아야만 할 수 있는 행위(민 12조·13조)에 속하거나, 당사자인 미성년자에 대한 영업허락이 취소되는 등으로 **소송능력을 잃거나**, **법정대리인**(법 62조 및 62조의2의 특별대리인을 포함한다), **법인의 대표자** 또는 **법인 아닌 사단·재단의 대표자나 관리인**이 **사망**하거나, **법정대리권**이나 **대표권**을 **상실**한 때에는 소송절차가 중단된다(법 235조 전문, 64조). 법정대리권이나 대표권의 상실에는 가처분에 의하여 직무집행이 정지된 경우도 포함한다.[3] 소송대리인의 사망, 소송대리권의 소멸의 경우는 본인 스스로 소송행위를 할 수 있기 때문에 중단사유가 아니다. **법정대리인**이나 **대표자**가 **사망**하거나 **소송능력을 상실**한 경우에는 통지 없이 대리권·대표권이 소멸하므로 그 사실이 발생한 때에 중단된다. 그러나 그

---

1) 법인의 권리·의무가 **법률의 규정에 의하여** 새로 설립된 법인에 **승계**되는 때에는 **특별한 사정이 없는 한** 계속 중인 소송에서 그 법인의 법률상 지위도 새로 설립된 법인에 승계된다. 대판 1984. 6. 12. 83다카1409, 2002. 11. 26. 2001다44352. 다만 **법률에** 법인의 지위를 승계하거나 법인의 권리의무가 새로 설립된 법인에 **포괄적으로 승계**된다는 **명문의 규정이 없는 이상** 새로 설립된 법인이 소송절차를 수계할 근거는 없다고 보아야 한다. 대판 2022. 1. 27. 2020다39719.

2) 대판 2021. 12. 10. 2021후10855.

3) 법인의 대표자가 법원의 결정에 의하여 그 직무집행이 정지된 때에도 소송대리인이 있으면 소송절차가 중단되지 않지만 종국판결이 소송대리인에게 송달됨으로써 그 소송절차는 중단된다. 대판 1980. 10. 14. 80다623,624.

외의 사유로 법정대리권이나 대표권이 소멸된 경우에는 상대방에게 **통지해야** 효력이 생기기 때문에(법 63조·64조), 통지가 있어야 중단된다.[1]

(4) 수탁자의 임무종료

신탁법에 의한 수탁자의 위탁임무가 끝난 때에 소송절차는 중단된다(법 236조 전문). 신탁법에 의한 신탁의 경우이므로 명의신탁관계는 해당이 없다.

(5) 소송담당자 모두의 자격상실 등 또는 선정당사자 모두의 자격상실 등

일정한 자격에 의하여 자기 이름으로 남을 위하여 소송당사자가 된 사람 모두가 그 자격을 잃거나 죽은 때, 또는 선정당사자 모두가 자격을 잃거나 죽은 때에는 소송절차는 중단된다(법 237조 1항 전문, 237조 2항 전문). 여기서 **남을 위하여** 소송당사자가 된 사람이란 권리관계의 주체인 사람을 대신하여 당사자적격을 갖게 된 사람, 예컨대 ① 파산채무자의 파산관재인,[2] ② 회생채무자의 관리인, ③ 유언집행자 등을 말한다.[3] 증권관련집단소송에서 대표당사자 모두가 사망하거나 사임한 경우 또는 대표당사자에 대하여 법원의 소송수행금지결정이 있는 경우(증집 22조 1항)에도 마찬가지이다(증집 24조 1항).

소송당사자가 된 사람 가운데에서 자신의 권리나 지위에 기하여 **자기를 위하여** 소송당사자가 된 사람, 예컨대 ① 채권자대위권에 의하여 소송을 하는 채권자, ② 질권의 목적이 된 채권에 대하여 소송을 하는 채권질권자(민 353조 1항), ③ 추심명령을 받아 제 3 채무자를 상대로 소송을 하는 추심채권자(민집 249조 1항), ④ 주주대표소송의 주주(상 403조 3항·4항, 542조의6 6항) 등은 이에 해당하지 않는다.[4]

---

1) 대판 2006. 11. 23. 2006재다171.

2) 공동파산관재인 중 일부가 파산관재인의 자격을 상실한 때에는 남아 있는 파산관재인에게 관리처분권이 귀속되고 소송절차는 중단되지 않으므로, 남아 있는 파산관재인은 자격을 상실한 파산관재인을 수계하기 위한 절차를 따로 거칠 필요가 없이 혼자서 소송행위를 할 수 있다. 대판 2008. 4. 24. 2006다14363.

3) **판례**는, 집합건물(상가, 의무관리대상 공동주택이 아닌 공동주택 등)의 관리단과 관리인으로부터 집합건물의 구분소유자 등의 관리비를 부과·징수할 업무를 위탁받는 위탁관리업자는 법 237조 1항에서 정하는 '일정한 자격에 의하여 자기 이름으로 남을 위하여 소송담당자가 된 사람'에 해당하므로, **위탁관리업자**가 구분소유자 등을 상대로 관리비청구소송을 수행하던 중 **관리위탁계약이 종료**되어 그 자격을 잃게 되면 소송절차는 중단되고, 같은 자격을 가진 **새로운 위탁관리업자**가 소송절차를 수계하거나 새로운 위탁관리업자가 없으면 **관리단**이나 **관리인**이 직접 소송절차를 수계해야 하며, 다만 소송대리인이 있는 경우에는 관리위탁계약이 종료하더라도 소송절차가 중단되지 않는다(법 238조)고 본다. 대판 2022. 5. 13. 2019다229516.

4) 소송담당자 가운데에서 병행형 소송담당자인 경우에는 그 자격을 상실해도 여기에 포함되지 않는다고 하는 견해가 있으나(이시윤, 448쪽), 병행형 소송담당자인지 또는 갈음형 소송담당자인지 여부가 아니라, 남을 위하여 하는 경우인지 또는 자신의 권리나 지위에 기하여 자기

위와 같은 채권자나 주주가 사망한 때에는 법 237조 1항 전문에 따른 중단이 생기는 것이 아니라, 법 233조 1항 전문에 따른 중단이 생긴다.

(6) 당사자가 파산선고를 받거나 회생절차개시결정을 받은 경우 등

당사자가 **파산선고**를 받은 때에 **파산재단에 관한 소송절차**는 중단된다(법 239조 전문). **파산재단에 관한 소송**이란 **파산재단에 속하는 재산에 관한 소송**과 (파산선고 전의 원인으로 생긴 재산권상의 청구권에 해당하는) **파산채권에 관한 소송**을 의미한다.[1][2] '채무자 회생 및 파산에 관한 법률'에 따라 파산재단에 관한 소송의 수계가 이루어진 뒤 파산절차가 해지된 때에도 소송절차는 중단된다(법 240조 전문). 당사자에 대하여 **회생절차개시결정**이 있는 때에는 **채무자의 재산**에 관한 소송절차는 중단된다(채무회생 59조 1항). 이 경우 채무자 회생 및 파산에 관한 법률에 따라 소송절차의 수계가 이루어진 뒤 회생절차가 종료된 때에도 소송절차는 중단된다(채무회생 59조 4항 본문).

> ▣ 채권자취소소송 또는 채권자대위소송의 계속 중 채무자가 파산한 경우와 소송절차의 중단
>
> (1) 채권자취소소송의 경우
> 채무자 회생 및 파산에 관한 법률은 **파산채권자가** 제기한 **채권자취소소송의 계속** **중**에 소송당사자가 아닌 **채무자가 파산선고**를 받은 때에는 소송절차가 (수계 또는 파산절차의 종료에 이르기까지) 중단되고 **파산관재인** 또는 상대방이 이를 수계할 수 있다고 규정하고 있다(채무회생 406조, 347조 1항 본문).[3][4][5]

를 위하여 하는 것인지에 따라 구별해야 한다(정동윤·유병현·김경욱, 684쪽; 강현중, 393쪽). 예컨대 추심명령에 따른 추심금청구소송에서 채권자는 갈음형 소송담당자이지만 자기를 위하여 소송담당자가 된 사람이므로 이에 해당하지 않는다.

1) 파산재단에 속하는 재산에 관한 소송에 관해서는, 대판 2023. 9. 21. 2023므10861. 파산채권에 관한 소송에 관해서는, 대판 1999. 7. 23. 99다22267, 2005. 10. 27. 2003다66691.

2) **판례는, 파산재단에 속하는 재산에 관한 소송이라도 소송의 결과가 파산재단의 증감에 영향을 미치지 않는 경우**에는 파산관재인이나 상대방이 수계할 이유가 없으므로, 그 소송이 채무자의 책임재산 보전과 관련 없는 소송이라면 특별한 사정이 없는 한 수계의 대상이 아니라고 본다. 대결 2019. 3. 6. 2017마5292.

3) 채무자에 대한 **파산선고 후**에는 파산관재인이 파산재단을 위하여 **부인권**을 행사할 수 있으므로(채무회생 391조·396조), 파산선고 후에는 파산채권자가 수익자나 전득자를 상대로 채권자취소의 소를 제기할 수 없다. 그러나 **판례는,** 파산채권자가 파산선고 후에 제기한 채권자취소의 소가 부적법하더라도 **파산관재인**은 소송수계를 할 수 있다고 본다. 대결 2013. 6. 27. 2013마4020, 대판 2018. 6. 15. 2017다265129.

4) 이 경우 파산관재인은 이러한 소송을 수계한 다음 **청구변경**의 방법으로 **부인권**(否認權)을

(2) 채권자대위소송의 경우

파산채권자가 제기한 채권자대위소송의 계속 중 소송당사자가 아닌 채무자가 파산선고를 받은 때에 대해서는 아무런 규정이 없다. 채권자대위소송도 그 목적이 채무자의 책임재산보전에 있고 채무자에 대하여 파산이 선고되면 그 소송결과는 파산재단의 증감에 직결된다는 점은 채권자취소소송에서와 같다. 따라서 파산채권자가 제기한 채권자대위소송이 채무자에 대한 파산선고 당시 법원에 계속되어 있는 때에는 다른 특별한 사정이 없는 한 민사소송법 239조, 채무자 회생 및 파산에 관한 법률 406조, 347조 1항 본문을 **유추적용**하여 그 소송절차는 중단되고 **파산관재인**이 이를 수계할 수 있다고 보아야 한다.[1]

2. 소송중단의 예외

(1) 의   의

일반적으로 중단사유가 생긴 당사자 측에 **소송대리인**이 있으면 중단사유에도 불구하고 소송절차는 중단되지 않는다(법 238조). 다만 당사자에 대한 **파산선고** 또는 **파산절차의 해지**로 인한 중단사유(법 239조·240조)가 있는 때에는 **소송대리인의 유무**에 불문하고 소송절차가 중단된다(법 238조의 적용이 없다). 당사자에 대한 **회생절차개시결정** 또는 **회생절차의 종료**로 인한 중단사유(채무회생 59조 1항, 59조 4항 본문)가 있는 때에도 마찬가지이다. 소송대리인이 있어 소송절차가 중단되지 않으면 소송대리인의 소송대리권도 소멸되지 않는다. 따라서 소송대리인은 당사자의 지위를 **당연승계**한 상속인으로부터 새로이 수권을 받을 필요 없이 **법률상 당연히 상속인의 소송대리인**으로 취급된다.[2] 그 소송대리인은 상속인들 모두를

행사(**부인소송**)할 수 있다. 그런데 **부인의 소**는 **파산계속법원**의 **관할**에 **전속**한다(채무회생 396조 3항·1항). 따라서 채권자취소소송이 계속 중인 **제 1 심법원**이 파산계속법원이 아니라면 그 법원은 관할법원인 **파산계속법원에 사건을 이송**해야 한다. 다만 파산채권자가 제기한 채권자취소소송이 **항소심에 계속된 후**에는 파산관재인이 소송을 수계하여 부인권을 행사하더라도 **항소법원**이 소송을 심리·판단할 수 있다. 대판 2017. 5. 30. 2017다205073, 2018. 6. 15. 2017다265129.

5) **회생채권자**가 제기한 **채권자취소소송의 계속** 중에 소송당사자가 아닌 **채무자**가 **회생절차개시결정**을 받은 때에도 소송절차가 (수계 또는 회생절차의 종료에 이르기까지) 중단되고 **관리인**이나 상대방이 이를 수계할 수 있다(채무회생 113조, 59조 2항). 대판 2022. 10. 27. 2022다241998. 그 이후의 절차는 앞서와 같이 진행된다.

1) 대판 2013. 3. 28. 2012다100746, 대결 2019. 3. 6. 2017마5292; 강상효, "파산선고로 인하여 채권자대위소송이 중단 및 수계되는지 여부," 재판과 판례(대구판례연구회) 22집(2013. 12.), 476쪽 이하.

2) 대판 2010. 12. 23. 2007다22859, 2011. 4. 28. 2010다103048 등.

위하여 소송을 수행하게 되며, 그 사건의 판결은 상속인들 모두에 대하여 효력
이 있다.[1]

(2) 소송대리인의 소송중단사유의 신고와 소송수계 여부

(a) 소송대리인의 중단사유의 신고

소송절차의 **중단사유**가 생긴 때에는(소송절차가 중단된다는 의미가 아니다) 소송
대리인은 그 사실을 법원에 **서면**으로 **신고**해야 한다(규칙 61조). 소송절차의 중단
여부와 관계없이 실체법상 권리의무관계가 승계되어 소송절차의 **실질적인 당사자**
는 실체법상 권리의무관계를 승계한 사람이 되므로, 이러한 실체관계와 절차에서
의 당사자를 합치시킬 필요가 있기 때문이다.

(b) 소송대리인의 수계신청 등

소송계속 중 중단사유가 발생해도 소송대리인이 있어 소송절차가 중단되지
않은 때에도 승계인은 소송절차를 수계할 수 있다.[2] 소송대리인의 소송대리권이
소멸하지 않는 한 (소송절차가 중단되는 것이 아니어서) 소송절차의 수계가 필요하지
않으나, 그렇다고 하여 (소송대리권의 소멸로 소송절차가 중단되는 것을 대비하여) **미**
리(앞당겨) 소송절차를 수계하지 못한다고 볼 수 없다. 법원은 그 승계사실이 인정
되는 때에는(또는 당사자 사이에 다툼이 없는 때에는) 승계인을 소송절차상의 당사자
로 하여 절차를 진행하며, 판결서에도 승계인을 당사자로 표시한다.[3] 소송대리인
은 수계절차를 밟지 않더라도 신당사자의 소송대리인이 되므로 판결서에 신당사
자가 잘못 표시된 때에도 판결의 효력은 정당한 상속인에게 미친다.[4] 따라서 사
망한 당사자의 공동상속인 가운데 수계절차를 밟은 일부만을 당사자로 표시한 판
결 역시 수계하지 않은 나머지 공동상속인들에게도 효력이 미친다.

(3) 소송대리인에 대한 판결정본의 송달과 소송중단 여부

1) 소송대리인이 있다고 하여 소송절차가 무제한 진행되는 것이 아니라, **심급**
대리의 원칙상 그 심급의 판결정본이 소송대리인에게 송달되면서 소송절차는 중단
된다.[5] 그러나 소송대리인에게 **상소제기에 관한 특별한 권한수여**(특별수권)가 있

---

1) 대판 1995. 9. 26. 94다54160, 2016. 4. 29. 2014다210449.
2) 대판 1972. 10. 31. 72다1271, 2008. 4. 10. 2007다28598.
3) 법원실무제요 민사소송(2), 1200쪽.
4) 대결 1992. 11. 5. 91마342, 대판 2010. 12. 23. 2007다22859, 2014. 12. 24. 2012다74304.
5) 대판 1995. 5. 23. 94다23500, 1996. 2. 9. 94다61649, 2016. 4. 29. 2014다210449 등.

으면 판결정본이 송달되어도 예외적으로 중단되지 않으며, 이러한 특별수권에 따라 상소를 제기했다면 **상소제기시**부터 소송절차는 중단된다.[1] 이 경우 소송대리인이 패소한 당사자를 위하여 상소를 제기하지 않으면 상소기간을 넘김으로써 판결은 확정된다. 물론 사망한 당사자의 소송대리인이나 상속인 또는 상대방 당사자에 의하여 적법하게 상소가 제기되면 그 판결은 확정되지 않는다.[2]

  2) **판례**는, 판결서상 당사자표시가 잘못 되었음에도 사망한 당사자의 소송상 지위를 당연승계한 **정당한 상속인들** 모두에게 효력이 미치는 판결에 대하여 그 **잘못된 당사자표시**를 신뢰한 **사망한 당사자**의 **소송대리인**(상소제기에 관한 특별수권이 있는 경우)이나 **상대방 당사자**가 판결서상 잘못된 당사자를 상소인 또는 피상소인으로 표시하여 상소를 제기한 때에는 상소를 제기한 사람의 **합리적인 의사**에 비추어 **특별한 사정**이 없는 한 **정당한 상속인들** 모두에게 효력이 미치는 위 **판결 전부**에 대하여 **상소가 제기**된 것으로 보는 것이 타당하다고 한다.[3]

---

1) 대결 2013. 7. 31. 2013마670, 대판 2016. 4. 29. 2014다210449. 이에 대하여, 당사자와 소송대리인 사이에 상소제기에 관한 특별한 권한수여가 있다고 하더라도 이는 이들 사이에 특별한 신임관계에 기초한 것이므로 당사자가 사망하면 소송대리인은 상소제기에 관한 특별한 권한이 인정되지 않는다고 보는 입장에서, 이 경우 판결정본의 송달시 소송절차가 중단된다고 보는 견해로는, 이태영, "소송계속 중 당사자의 사망과 판결의 효력," 사법(사법발전재단) 27호(2014. 3.), 158쪽 이하.

2) 대판 2010. 10. 23. 2007다22859. 이에 대하여, 상소제기에 관한 특별수권이 있다고 하더라도 심급이 종료되면 심급대리의 원칙에 따라 그 심급에서의 소송대리권은 소멸하고, 그 때(심급종료시에) 소송절차가 중단되어 상소기간이 진행되지 않으며, 다만 특별규정(법 90조 2항 3호)과 당사자의 특별수권에 의하여 상소를 제기할 권한만은 있다고 해석하는 것이 옳다는 견해로는, 오상현, "상소제기의 특별수권과 소송대리권의 소멸시기," 법조 통권692호(2014. 5.), 210쪽 이하.

3) **대판 2010. 12. 23. 2007다22859**(원고 X_1이 피고들을 상대로 소유권이전등기청구의 소를 제기했다. X_1은 A를 소송대리인으로 선임하고 상소제기에 관한 특별수권을 하였다. 소송대리인 A는 X_1이 제 1 심 소송계속 중 사망하자 그 처인 X_2가 X_1로부터 **포괄유증**을 받았다고 하여, "X_1의 소송수계인 X_2"만을 원고로 표시하여 소송수계신청을 했다. 그러나 X_2는 포괄유증을 받은 것이 아니라 **특정유증**을 받은 것이어서 이를 단독으로 승계할 수 없으며, X_2(처)를 비롯한 X_3 내지 X_7(자녀들)이 공동으로 소송을 수계했어야 했다. 그러나 **법원은** X_2가 포괄유증을 통하여 망인의 원고 지위를 **단독으로 수계한 것으로 보아**, "X_1의 소송수계인 X_2"만을 원고로 표시하여 판결을 선고했다. 이에 대하여 위 판결의 당사자 표시를 신뢰한 소송대리인 A는 항소인을 판결서상 원고 기재와 같이 "X_1의 소송수계인 X_2"로 기재한 항소장을 제출하여 X_2를 당사자로 한 원고 패소판결 전부에 대하여 항소를 제기했다), **대결 2023. 8. 18. 2022그779**; 김미리, "사망한 당사자의 소송대리인이 제기한 상소의 효력범위 등," 대법원판례해설 85호(2010년 하반기), 366쪽 이하. 위 판례에 대하여, 통상공동소송에서 상소장에 상소인으로 표시되지 않은 사람에게도 상소의 효력이 미친다고 보는 것은 소송행위의 해석 및 당사자확정상 문제가 있음을 들어 비판하는 견해로는, 오상현, "상소제기의 특별수권과 소송대리권의 소멸시기," 법조 통권692호(2014. 5.), 210쪽 이하; 민경도, "일부 상속인만을 소송수계인으로 잘못 표시한 판결에 대한 상소의 효력범위," 법조 통권692호(2014. 5.), 172쪽 이하.

3) 소송대리인에게 상소제기에 관한 특별수권이 있어 소송대리인이 상소를 제기하여 판결 전부의 확정이 차단되고 상소심절차가 개시되었다고 하더라도 상소 이전에 소송수계를 하지 않은 상속인에 대해서는(소송수계절차를 밟은 일부 상속인 외에 나머지 상속인의 경우도 마찬가지이다), 상소제기 이후로 소송대리인의 소송대리권이 소멸됨에 따라 소송절차는 중단된 상태에 있게 된다. 따라서 이러한 상속인은 **상소심**에서 **소송수계**를 해야 한다.[1]

■ 소송중단사유의 발생과 소송대리인에게 상소제기에 관한 특별수권이 있는 경우의 특수문제(1)

당사자가 사망했으나 소송대리인이 있어 소송절차가 중단되지 않은 상태에서 소송대리인이 상속인들 중 일부에 대해서만 소송수계신청을 하여 법원이 이들을 소송수계인으로 표시한 판결을 한 경우 상소제기에 관한 특별한 권한을 수여받은 소송대리인이 판결에 소송수계인으로 표시된 당사자들 외에 나머지 상속인들에 관해서는 그 명의로 상소제기를 하지 않았다면 그 나머지 상속인들에 대해서는 상소기간을 넘김으로써 판결이 확정되는지에 관하여 논의가 있다.

(1) 판례(대결 1992. 11. 5. 91마342)의 태도

1) 피고 Y_1이 제 1 심 소송계속 중 사망했으나 그를 위한 **소송대리인**이 있어 소송절차가 중단되지 않은 채로 그대로 진행되다가 원고 소송대리인이 Y_1의 법정상속인들 가운데 Y_2, Y_3만이 재산상속인이라고 하여(Y_4, Y_5, Y_6 역시 법정상속인들이나 이들은 **상속포기했다는** 이유로 이들을 제외하고) 이들을 소송수계인으로 하는 **소송수계신청**을 하고, **제 1 심법원**이 Y_2, Y_3에 대한 원고의 청구를 인용하는 판결을 선고하자, **Y_2, Y_3이 스스로 항소를 하여** (상소제기의 특별수권을 받은 소송대리인이 항소를 하지 않았다) 항소심에 계속 중 원고가 Y_1의 재산을 Y_2, Y_3 외에도 Y_7, Y_8이 상속한 사실을 알고 항소법원에 Y_7, Y_8에 대하여 추가로 소송수계신청을 한 사안의 예를 들어 본다.

이에 대하여 **대결 1992. 11. 5. 91마342**는, "이 사건 제 1 심판결의 효력은 당사자 표시에서 누락되었음에도 불구하고 위 망 Y_1의 정당한 상속인인 위 Y_7, Y_8에게도 그들의 상속지분만큼 미치는 것이고 통상의 경우라면 심급대리의 원칙상 판결정본이 소송대리인에게 송달된 때에 소송절차는 중단되는 것이며, 소송수계를 하지 않은 Y_7과 Y_8에 관해서는 현재까지도 중단상태에 있다고 할 것이나, 기록에 의하면 이 사건의 경우 **망 Y_1의 소송대리인**이 **상소제기의 특별수권**을 부여받고 있었으므로 (소송위임장에 부동문자로 특별수권이 부여되어 있다) 항소기간은 진행된다고 하지 않을 수 없어 제 1 심판결 가운데 위 **Y_7, Y_8의 상속지분**에 해당하는 부분은 그들

---

1) 대판 2010. 10. 23. 2007다22859, 2016. 4. 29. 2014다210449, 2016. 9. 8. 2015다39357.

이나 소송대리인이 항소를 제기하지 않은 채 **항소기간이 도과**하여 이미 그 **판결이 확정**되었다고 하지 않을 수 없다. 그렇다면 원고로서는 이미 판결이 확정된 위 Y₇, Y₈에 대하여 항소심에서 새삼스럽게 소송수계신청을 할 필요도 없고 할 수도 없다 할 것이므로, 이 사건 소송수계신청은 부적법하다"고 판시했다.[1]

(2) 검   토

위 대법원결정은 당사자 사망시 상속인의 당연승계를 긍정하는 입장에 따른 것으로 정당하다. 다만 소송수계신청에서 누락된 상속인들(판결서상 당사자표시에서 누락된 상속인들)을 위하여 이들이 소송절차의 중단상태에 있다고 보는 시도들이 제기되고 있다. 이에 관하여, ① 위임장에 부동문자로 인쇄된 특별수권의 의사표시를 예문으로 해석하여 그 효력을 부인하는 견해,[2] ② 누락된 상속인에 대해서는 소송절차가 사실상 중단되어 있다고 보는 견해 등이 있으나,[3] ③ 판결은 확정된 것으로 보되 누락된 상속인들과 대리인이 책임질 수 없는 사유로 말미암은 경우에는 추후보완상소(법 173조)로 침해된 절차권을 보호할 수 있으며, 그렇지 않으면 이들을 위한 손해배상 등 실체법상의 문제로 해결할 수밖에 없다.[4]

한편 이에 대하여, 위 대법원결정은 당연승계설을 전제로 한 것으로 당연승계이론 자체가 타당하지 않으므로 이 판례 또한 타당하지 않다는 입장에서, 소송수계신청에서 누락된 상속인은 당사자가 아니어서 소송대리인도 누락된 상속인을 위한 대리권은 없다고 보고, 누락된 상속인에 대한 관계에서는 그 소송절차가 중단된 상태에 있게 되어 그 동안 선고한 판결도 이들을 대상으로 한 것이 아니라 수계한 상속인들만을 당사자로 한 것이라고 보아야 한다는 견해도 있다.[5]

---

1) 위 대법원결정(수계신청기각결정에 대한 재항고사건)의 **원심법원**은 소송계속 중 당사자가 사망하더라도 그를 위한 소송대리인이 있으면 소송절차는 중단되지 않고 그 상속인을 위하여 진행되는 것이지만 일단 수계신청의 형식으로 그 상속인이 특정되어 그 특정된 상속인을 당사자로 하여 판결이 선고되었을 때에는 그 판결은 상속인으로 표시된 특정인에 대해서만 효력이 있을 뿐이고 그 **특정에서 누락된 다른 상속인**에 대한 관계에 대해서까지 그 판결의 효력이 생기는 것은 아니라는 입장에서, 그 누락된 상속인에 대해서는 아직 판결이 선고되지 않은 상태에 있으므로, 그 판결에 대하여 특정된 상속인이 한 항소로 인하여 판결에서 누락된 다른 상속인에 대해서까지 이심의 효력이 생기는 것도 아니라고 판단하여 소송수계신청을 기각했다. 이에 대하여, **대법원**은 원심법원이 Y₇, Y₈에 대한 부분이 제 1 심법원에 계속 중이라고 본 것은 소송절차의 중단과 소송대리인이 있는 경우의 예외에 관한 법리를 오해한 잘못이 있으나, Y₇, Y₈의 상속지분에 대해서는 항소심에 이심되지 않았다고 본 결론은 정당하다고 판시했다.

2) 최춘근, "소송수계신청과 특별수권," 민사재판의 제문제 7권(1993. 6.), 626쪽 이하.

3) 강봉수, "소송대리인이 있는 경우 당사자의 사망과 수계," 민사재판의 제문제 8권(1994. 10.), 682쪽 이하.

4) 이시윤, 469쪽; 정동윤·유병현·김경욱, 713쪽; 정영환, 868쪽; 유병현, "소송계속 중 사망한 자를 당사자로 표시한 판결의 승계인에 대한 기판력과 집행방법," 21세기민사소송법의 전망(하촌정동윤선생화갑기념, 1999. 6.), 335쪽 이하.

5) 호문혁, "민사소송에서 당사자사망으로 인한 당사자 변경에 관한 연구," 21세기한국민사법학의 과제와 전망(심당송상현교수화갑기념, 2002. 1.), 538쪽 이하.

■ 소송중단사유의 발생과 소송대리인에게 상소제기에 관한 특별수권이 있는 경
  우의 특수문제(2)

(1) 대결 1992. 11. 5. 91마342의 문제상황

1) 앞서의 본 **대결 1992. 11. 5. 91마342**(원심결정, 부산고등법원 **1991. 5. 29.자
89나7771 결정**)의 사안은 다음과 같다. 제 1 심 소송계속 중 피고들 가운데 한 사람
인 피고 Y_1이 사망했으나, Y_1의 소송대리인이 선임되어 있으므로 소송절차가 중단
되지 않았다. 원고는 사망한 Y_1의 상속인들이 Y_2 내지 Y_6(5인)이 있는데 Y_4, Y_5, Y_6
이 상속포기했으므로 Y_2, Y_3만 공동재산상속인이 되었다고 하여 Y_2, Y_3에 대하여 소
송수계신청을 했으며, 이와 아울러 Y_2, Y_3에 대한 상속분 해당 금원(합산액은 Y_1의
채무액과 같다)의 지급청구로 청구취지를 정정했다. 제 1 심법원은 Y_1의 소송수계인
인 Y_2, Y_3을 피고로 하여 그에 대한 원고의 청구를 일부인용하고 나머지를 기각하
는 판결을 선고했다. 이에 대하여 Y_2, Y_3이 항소를 제기했다. 피고 측 소송대리인은
상소제기에 관한 특별수권을 받았으나 **피고 측 소송대리인이 항소를 제기한 것이
아니라 Y_2, Y_3 본인들 스스로 항소를 제기했다**. 원고는 항소심 소송계속 중 Y_1의 상
속인으로 Y_7, Y_8이 더 있는데 제 1 심 소송수계신청시 빠뜨렸다는 이유로 항소법원
에 Y_7, Y_8에 대한 소송수계신청을 하였다. 이에 대한 항소법원의 결정 및 대법원의
결정의 각 판시내용은 앞서 본 바와 같다.

2) 위 **대결 1992. 11. 5. 91마342**는, 제 1 심에서 사망한 당사자의 지위를 당연승
계한 상속인들 가운데 실제로 수계절차를 밟은 **일부 상속인들이** 제 1 심판결에 불복
하여 **스스로 항소를 제기했으나** 이들이 수계인으로 표시되어 있지 않은 나머지 상
속인들의 소송을 대리할 아무런 권한도 갖지 않았던 사안에 대한 것으로, 망인의
소송상 지위를 당연승계한 상속인들 전원을 위하여 소송대리권을 가지는 망인의 소
송대리인이 상소를 제기한 경우와는 사안의 내용을 달리한다(이 점에 관해서는, **대
판 2010. 12. 23. 2007다22859**의 판시내용에서 분명히 한 바 있다).

(2) 대결 2023. 8. 18. 2022그779의 문제상황

1) **대결 2023. 8. 18. 2022그779**의 사안은 다음과 같다. 제 1 심 소송계속 중 피고
(Y_1)가 사망했으나, Y_1의 소송대리인(변호사 A)이 선임되어 있으므로 소송절차가 중
단되지 않았다. 원고는 소송수계신청을 하기 위하여 Y_1의 상속인에 관한 조사 및
그 관계서류(기본증명서, 가족관계증명서)의 송부의 촉탁(사실조회)을 신청했다. 원
고는 회신한 자료에 의하여 Y_2, Y_3, Y_4, Y_5가 Y_1의 상속인들 전부로 알고 이들을 소
송수계인으로 하는 소송수계신청을 하고, 이와 아울러 이들에 대하여 상속분에 상
응한 금액을 청구하는 것으로 청구취지 및 청구원인변경신청을 하였다. 제 1 심법원
도 이들이 상속인들 전부로 알고 이들을 Y_1의 소송수계인들로 표시하여 판결을 하
였다. 상소제기에 관한 특별수권이 있는 **피고 측 소송대리인은 판결서상 소송수계
인들로 표시된 사람들을 항소인 명의로 하여 항소를 제기했다**(원고 역시 항소를 하

였다). 그런데 항소법원도 Y_1의 상속인들이 제 1 심판결에서 표시된 소송수계인들임을 전제로 판결(경정대상판결)을 하였다. 위 항소심판결에 대하여 Y_2, Y_3, Y_4, Y_5가 상고를 했으나 기각되어 위 판결은 그대로 확정되었다. 그 후 원고는 Y_1의 상속인들 가운데 Y_1의 장남으로 **2008. 1. 이전에 사망하여** 그 상속인들인 Y_6, Y_7, Y_8, Y_9 등이 Y_1의 대습상속인들임을 알게 되었다.[1] 이에 원고는 확정판결상 상속인들인 Y_2 내지 Y_5 및 대습상속인들인 Y_6 내지 Y_9를 상대방으로 하여 **상속지분의 변경**을 위한 **판결경정신청**을 했다(원고는 Y_1 명의로 소유권이전등기가 마쳐진 부동산에 대하여 강제집행을 하려는 과정에서 본안수계절차에서 빠뜨린 상속인들 존재를 알게 되었고 그 때문에 위 부동산에 관하여 상속으로 인한 소유권이전등기절차와 강제집행을 실현하지 못하고 있음을 이유로 판결경정신청을 했다). 원심법원(항소법원)은 Y_2 내지 Y_5, 그리고 Y_6 내지 Y_9 모두에 대하여 판결경정신청을 기각하는 결정을 하고(원심결정인 제주지방법원 2022. 4. 12.자 2021카경73은 "이 사건 신청은 이유 없으므로 주문과 같이 결정한다."고 하여 달리 기각결정의 이유를 구체적으로 기재하지 않았다), 이에 대해 원고가 특별항고를 하였다.

  2) 앞서의 사안에 대하여 **대결 2023. 8. 18. 2022그779**는, Y_2 내지 Y_5에 대해서는 판결경정이 허용된다는 이유로 원심결정을 파기했으나(이에 관해서는 판결의 경정에서 살펴보기로 한다), Y_6 내지 Y_9에 대해서는 특별항고를 기각하는 결정을 하였다. 위 대법원결정은, 결론적으로 Y_6 내지 Y_9가 항소법원에 소송절차가 중단된 채로 있으며, 따라서 이들에 대해서는 항소법원의 판결이 선고된 바 없으므로, 결국 항소법원의 이들에 대한 판결이 있음을 전제로 하는 판결경정은 허용될 수 없다는 취지이다. 위 대법원결정 가운데 Y_6 내지 Y_9에 대한 판결경정 허용 여부와 관련한 판시부분은 다음과 같다. "본안소송 제 1 심 계속 중 사망한 Y_1의 소송상 지위는 그를 공동상속한 Y_6 내지 Y_9에게도 당연승계된 것이고, 이들에 관해서는 수계절차가 없었던 채로(상태에서) 수계절차가 있었던 다른 상속인들만 Y_1의 소송수계인으로 표시된 제1심판결이 선고되었더라도, 소송을 대리하고 판결을 송달받은 (피고 측 소송대리인) 변호사 A가 Y_1의 공동상속인들 모두를 위하여 소송대리인의 지위를 여전히 보유하고 있었으므로, 제 1 심판결은 Y_1의 공동상속인들 모두에 대하여 그 상속지분에 따라 효력이 있다. 그러나 원고와 상소제기에 관한 특별수권을 부여받은 변호사 A가 패소부분 전부에 대하여 전부불복하는 취지의 항소를 각 제기한 이상, 그 항소

1) 가족관계의 등록 등에 관한 법률 및 이에 관한 예규 등에 의하면, 가족관계등록부에 기록하는 범위는 2008. 1. 1. 당시 종전 호적에 기재된 유효한 사항을 기준으로 했으므로 2008. 1. 1. 전에 사망 등으로 제적된 사람들에 대해서는 가족관계등록부에 이기(移記)하지 않았다. 따라서 가족관계등록부로의 이기 범위에 위와 같은 한계가 있으므로, 2008. 1. 1. 이후에 사망한 상속인 전원을 알기 위해서는 2008. 1. 1. 전 사망 등의 사유로 가족관계증명서로는 확인되지 않은 상속인이 있을 수 있기 때문에 가족관계증명서뿐만 아니라 제적등본까지 함께 확인하는 것이 원칙이다. 대결 2023. 8. 18. 2022그779.

로 인하여 **제 1 심판결 전부에 대하여 확정이 차단**되고 수계절차를 밟지 않은 Y_6 내지 Y_9에 관한 소송절차는 항소심에서 중단된 상태이다. 원고는 항소법원에 수계신청을 할 수 있고, 항소심에서 선고된 경정대상판결에 대한 경정을 통하여 Y_6 내지 Y_9를 당사자와 주문에 반영하도록 변경할 수 없다."

(3) 검 토

(a) 제 1 심에서 소송수계한 상속인들(상속인들 가운데 일부) 명의의 제 1 심판결에 대한 항소시 소송수계하지 않은 상속인들(나머지 상속인들)에 대해서도 항소의 효력이 미치는지 여부

1) **대결 1992. 11. 5. 91마342(제 1 의 결정)**와 **대결 2023. 8. 18. 2022그779(제 2 의 결정)**는 모두 제 1 심 소송계속 중 피고가 사망함에 따라 상대방인 원고가 소송수계신청을 함에 있어서 진정한 상속인들 가운데 일부를 빠뜨린 사안에서, 제 1 심 판결이 판결서상 진정한 상속인들 전부를 당사자로 표시하지 않고 소송수계한 상속인들만 당사자로 표시했지만 그 판결의 효력이 사망한 당사자의 소송상 지위를 당연승계한 정당한 상속인들 모두에게 미치는 판결이라는 판단에서는 동일하다.

제 1 의 결정에서는 판결의 효력이 미치는 진정한 상속인들 가운데 소송절차를 수계하지 않은 상속인들(Y_7, Y_8)이 스스로 상소를 제기하지 않든지, 또는 상소제기에 관한 특별수권을 받은 소송대리인이 상소제기를 하지 않은 이상 상소제기기간이 지남에 따라 이들에 대해서는 판결이 확정된다고 보았다. 그런데 만약 상소제기에 관한 특별수권을 받은 피고 측 소송대리인이 판결서상 당사자로 표시된 소송수계인들 명의로 상소를 제기하고, 판결서상 당사자표시에서 누락된 상속인들 명의로는 상소를 제기하지 않았다면 상소인 표시에서 누락된 상속인들에 대해서도 상소제기의 효력이 미치는지 여부에 관해서는 명백히 하지 않았다.

2) **제 1 의 결정** 후 선고된 앞서의 **대판 2010. 12. 23. 2007다22859**에서 "판결서상 당사자표시가 잘못 되었음에도 사망한 당사자의 소송상 지위를 당연승계한 정당한 상속인들 모두에게 효력이 미치는 판결에 대하여 그 잘못된 당사자표시를 신뢰한 사망한 당사자의 소송대리인(상소제기에 관한 특별수권이 있는 경우)이나 상대방 당사자가 판결서상 잘못된 당사자를 상소인 또는 피상소인으로 표시하여 상소를 제기한 때에는 상소를 제기한 사람의 합리적 의사에 비추어 특별한 사정이 없는 한 정당한 상속인들 모두에게 효력이 미치는 판결 전부에 대하여 상소가 제기된 것으로 보는 것이 타당하다"고 판시하면서, **제 1 의 결정의 경우 소송절차를 수계한 상속인들 스스로 항소를 한 사안임**을 명백히 함으로써 만약 제 1 의 결정의 사안에서 피고 측 소송대리인이 (Y_2, Y_3을 항소인 명의로 하는) 항소를 했다면 제 1 심판결상 당사자로 표시되지 않았던 소송수계하지 않은 상속인들(Y_7, Y_8)에 대해서도 항소제기의 효력이 미칠 수 있음을 분명히 하고 있다(위 **대판 2010. 12. 23. 2007다22859**의 **원심법원**은 제 1 의 결정을 참조판례로 하여, 항소를 하지 않은 상속인들에 대해서

는 제 1 심판결이 확정되었고, 따라서 항소심에서 소송절차가 중단된 채로 있음을 전제로 하는 이들에 대한 소송수계신청을 허용하지 않았다).

3) **제 2 의 결정**에서는 위 **대판 2010. 12. 23. 2007다22859에서 판시한 논리에 따라** 제 1 심 판결서상 당사자표시에 소송절차를 수계한 상속인들 명의만 표시되어 있다고 하더라도 이러한 잘못된 표시를 신뢰하여 이들만을 상소인 또는 피상소인으로 표시하여 상소를 하더라도 상소제기의 효력이 소송절차를 수계하지 않은 상속인들에 대하여 미친다고 보았다. 대판 2010. 12. 23. 2007다22859에서 판시하고 있는 바와 같이 제 1 의 결정의 사안은 소송수계한 상속인들 스스로 항소를 제기한 경우이므로, **상소제기의 특별수권을 받은 소송대리인이 항소를 제기했다면** 항소제기의 효력이 소송수계를 하지 않은 상속인들에게도 미친다고 보는 점에서는 **제 1 의 결정의 논리와 제 2 의 결정의 논리는 상소제기의 효력에 관해서는 동일한 입장임을 알 수** 있다.

(b) 소송수계한 상속인들을 당사자로 표시한 항소심판결이 선고된 경우 항소심에서 소송절차가 중단된 채로 있는 상속인들에 대해서는 판결이 선고되지 않은 것으로 볼 것인지 여부

1) 제 2 의 결정에서 더 깊고 넘어갈 문제로는, 항소심에서 소송절차가 중단된 채로 있는 상속인들에 대해서는 항소심판결(경정대상판결)이 선고된 것으로 보지 않고, 따라서 판결이 확정될 여지가 없다고 보는 것이 타당한지 여부이다. 소송절차의 중단을 간과한 판결도 그 판결을 당연무효로 보지 않고 당연승계된 상속인들에 대하여 한 판결로 유효하고, 상소제기기간이 지남에 따라 확정된다고 보는 것이 판례의 입장이다(이는 뒤에서 상세히 살펴본다). 그런데 제 2 의 결정의 사안으로 돌아와 보면, **소송절차가 진행된 상속인들**과 **소송절차가 중단된 상속인들**이 모두 **항소심의 당사자들**인데, 항소법원의 판결이 과연 소송절차를 수계한 상속인들에 대하여 한 것이며, 소송절차를 수계하지 않아 소송절차가 중단된 채로 있는 상속인들에 대하여 한 것이 아니므로 이들에 대해서는 그 판결의 효력의 효력이 미칠 여지가 없는 것(즉 이들에 대해서는 판결의 선고가 없는 채 항소심에 소송이 계속되어 있는 것)으로 보는 것이 타당한 것인지에 관해서는 더 깊은 연구가 필요하다.

2) 이 점에 관한 제 2 의 결정의 결론을 긍정적으로 보기 위해서는, 항소심에서 소송절차가 진행된 상속인들과 소송절차가 중단된 상속인들이 있는 경우 소송절차가 중단된 상속인들 역시 항소심의 당사자이지만 소송절차가 중단된 상속인들에 대해서는 원칙적으로 판결을 해서는 안 되는 것이므로, 그 판결은 마땅히 소송절차가 진행된 상속인들에 대한 것으로 보아야 한다는 논리가 선행되어야 한다. 만약 그렇지 않다면 항소심판결은 **소송절차가 진행된 상속인들**에 대해서는 **법원이 당연히**, **소송절차가 중단된 상속인들**에 대해서는 **법원이 이를 간과하여** 한 판결로서, 소송절차의 중단 여부를 불문하고 (당연승계이론에 따라) **모두 당사자로 된 상속인들**

전부에 대하여 한 판결로 보게 되며, 소송절차가 중단된 상속인들에 대해서도 판결은 확정된 것으로 볼 수 있게 된다. 이 경우에 소송절차를 수계하지 않은 상속인들은 **재심의 소**로 구제될 수 있으며(소송절차에 관여하지 않은 채 판결이 선고된 경우 실질적으로 절차적 기본권의 침해를 이유로 재심사유인 법 451조 1항 3호를 유추적용하여 재심의 소를 허용한다), 이러한 재심의 소는 재심기간의 제한이 없으므로(법 457조의 '대리권의 흠'이 유추적용된다) 재심관할법원인 항소법원에 재심의 소를 제기할 수 있게 된다(항소심에서 소송절차가 중단된 채로 있는 경우와 동일하게 항소심의 재판을 받을 심급의 이익이 보호된다).

(c) 대결 2023. 8. 18. 2022그779의 타당성 여부

사견으로는 항소심에서 소송절차를 수계하지 않은 상속인들에 대해서는 항소심에서 소송절차가 중단된 채로 있으므로 항소법원에 소송수계신청을 하여 재판을 받을 수 있다고 보는 것과 이미 소송절차를 수계한 상속인들을 당사자로 한 항소심판결에 따라 소송절차를 수계하지 않은 상속인들에 대해서도 판결이 확정되어 항소법원에 재심의 소를 제기하여 재판을 받을 수 있다고 보는 것은 심급상 이익의 측면에서는 마찬가지이나, 소송절차가 중단된 상태에서 판결을 하는 것이 원칙적으로 허용되지 않는다는 점을 강조할 때에는 제 2 의 결정의 판시 이유와 같이 소송절차를 수계하지 않은 상속인들에 대해서는 항소심에서 소송절차가 중단된 상태로 있다고 봄이 판례 법리의 확장적 해석상 보다 타당하다고 본다. 다만 판례는 차제에 이 점에 대하여 문제의식을 갖고 명확한 입장을 논리적으로 풀어나갈 필요가 있다.

3. 수계신청에 의한 소송중단의 해소

(1) 의   의

소송절차의 중단은 **당사자 측의 소송절차의 수계신청**, 또는 **법원의 소송절차의 속행명령**에 의하여 해소된다. 중단이 해소되면 소송절차의 진행이 재개된다. 법원에의 수계신청은 당사자 측에서 중단된 절차의 속행을 구하는 신청이다. 상고심에서 **상고이유서 제출기간**이 **지난 뒤**에 소송중단사유가 발생했다 하더라도(예외적으로 변론을 열어 판결을 선고하는 경우를 제외하고는) 상고심의 소송절차가 이와 같은 단계에 이른 이상 소송절차를 수계할 필요가 없다.[1]

---

1) 상고이유서 제출기간이 지난 뒤 ① 당사자가 사망한 경우로는, 대판 2019. 11. 28. 2015다222586, 222593, ② 당사자가 합병된 경우로는, 대판 2019. 6. 13. 2016다221085, ③ 당사자로부터 분할·설립된 경우로는, 대판 2020. 5. 28. 2018다218618, ④ 당사자에 대한 회생절차개시결정, 또는 회생절차종결결정이 있는 경우로는, 대판 2015. 2. 26. 2012다89320, 2016. 4. 12. 2014다68761, 2020. 3. 26. 2017다206014, ⑤ 당사자에 대한 파산선고가 있는 경우로는, 대판 2001. 6. 26. 2000다44928,44935.

(2) 수계신청권자

중단사유가 있는 당사자 측의 **신수행자**뿐만 아니라 **상대방** 당사자도 할 수 있다(법 241조, **상대방의 수계신청권**). **신수행자**는 각 중단사유마다 법정되어 있다.

(a) 당사자의 사망의 경우

이 경우 수계신청권자는 상속인·상속재산관리인, 그 밖에 법률에 의하여 소송을 계속하여 수행할 사람이다(법 233조 1항 후문). 소송계속 중 당사자가 사망하고 그 상속인의 존부가 분명하지 않은 때에는 소송절차를 중단한 채 민법 1053조 1항에 따른 **상속재산관리인**의 선임을 기다려 그로 하여금 소송을 수계하도록 해야 한다.[1] 공동상속재산은 원칙적으로 공유로서 필수적 공동소송관계가 아니므로, 상속인들 모두가 함께 수계해야 하는 것은 아니며, **개별적**으로 수계해도 무방하다. 상속인들 가운데 한 사람만이 수계절차를 밟아 판결을 받았으면 수계절차를 밟지 않은 상속인과의 관계에서 그 소송은 중단된 채 제1심에 그대로 계속되어 있다. 가류·나류 가사소송사건에서 원고 사망 등의 경우는 다른 제소권자가 소송수계를 할 수 있는데(가소 16조 1항), 수계신청은 그 사유가 생긴 때부터 6월 내에 해야 하며 (가소 16조 2항) 그렇지 않으면 소가 취하된 것으로 본다(가소 16조 3항).

(b) 당사자인 법인의 합병의 경우

이 경우 수계신청권자는 합병에 의하여 설립된 법인 또는 합병 뒤의 존속법인이다(법 234조 후문).

(c) 당사자의 소송능력의 상실 등의 경우

이 경우 수계신청권자는 소송능력을 회복한 당사자 또는 법정대리인이 된 사람이다(법 235조 후문). 법인 대표자의 직무집행정지가처분이 있는 때(가처분에 의하여 직무집행이 정지됨으로써 대표자의 직무를 행할 사람이 없게 되어 중단된 경우)에는 그 직무대행자가 수계신청권자가 된다.

---

1) 대판 2002. 10. 25. 2000다21802. 소송계속 중 당사자가 사망하고 그 상속인이 없는 것이 분명한 때라도, 사망한 사람을 둘러싼 채권·채무관계가 청산되지 않은 이상 상속재산관리인을 선임하여 상속재산을 청산하는 절차가 필요하므로, 법원은 소송종료선언을 할 것이 아니라 상속재산관리인의 선임을 기다려 그로 하여금 소송수계하도록 해야 한다. 한범수, "소송계속 중 당사자가 사망하고 그 상속인의 존부가 분명하지 않은 경우 법원이 취해야 할 소송절차의 진행," 대법원판례해설 42호(2002년 상반기), 606쪽 이하.

(d) 수탁자의 임무종료의 경우

이 경우 수계신청권자는 새로운 수탁자이다(법 236조 후문). 소송계속 중 수탁자가 파산선고를 받아 임무가 종료되고 새로운 수탁자가 선임되지 않은 때에는 신탁법 12조에 따라 신탁재산에 대한 임시적인 관리업무만을 처리하고 있는 파산관재인에게 수계적격이 인정되지 않는다.[1]

(e) 소송담당자 등의 자격상실 등의 경우

이 경우 수계신청권자는 같은 자격을 가진 사람이거나(법 237조 1항 후문), 선정자 모두 또는 새로운 선정당사자이다(법 237조 2항 후문). 증권관련집단소송에서 대표당사자 모두의 사망 등의 경우 수계신청권자는 대표당사자가 되려는 구성원으로서 법원으로부터 허가를 받은 사람이다(증집 24조 2항).

(f) 당사자의 파산 등의 경우

1) 당사자에 대하여 **파산선고**가 있는 경우 수계신청권자는 소송절차 가운데 **파산재단에 속하는 재산에 관한 소송**(파산재단에 관한 소송 가운데 뒤에서 보는 바와 같이 **파산채권에 관한 소송이 아닌 경우**)이라면 **파산관재인** 또는 **상대방**이다(채무회생 347조 1항 1문). 다만 채무자 회생 및 파산에 관한 법률에 따른 **수계가 이루어지기 전**에 파산절차가 해지되면 파산선고를 받은 사람이 당연히 소송절차를 수계한다(법 239조 후문). 이에 따른 **수계가 이루어진 뒤** 파산절차가 해지되어 소송절차가 중단된 경우에는 파산선고를 받은 사람이 소송절차를 수계해야 한다(법 240조 후문).

2) 당사자에 대하여 **회생절차개시결정**이 있는 경우 수계신청권자는 소송절차 가운데 **회생채권**, 또는 **회생담보권과 관계없는** 소송(뒤에서 보는 바와 같은 **회생채권** 또는 **회생담보권에 관한 소송**이 아닌 경우)이라면 **관리인** 또는 **상대방**이다(채무회생 59조 2항). 다만 채무자 회생 및 파산에 관한 법률에 따른 **수계가 이루어지기 전**에 회생절차가 종료되면 채무자가 당연히 소송절차를 수계한다(채무회생 59조 3항). 위 법률에 따른 **수계가 이루어진 뒤** 회생절차가 종료되어 소송절차가 중단된 때에는 채무자가 소송절차를 수계해야 한다(채무회생 59조 4항. 이 경우 상대방도 소송절차를 수계할 수 있다. 채무회생 59조 5항).

---

1) 대결 2008. 9. 11. 2006마272.

■ 파산채권이나, 회생채권 또는 회생담보권에 관한 소송계속 중 당사자에 대한 파산선고가 있거나 회생절차개시결정이 있는 경우의 소송수계절차 및 방법

(1) 파산채권에 관한 소송계속 중 파산선고가 있는 경우

1) **파산채권에 관한 소송**이 계속 중 채무자인 당사자가 **파산선고**를 받으면 소송절차가 중단되는데(법 239조 전문), 이 경우 파산채권자는 파산사건의 관할법원에 **채권신고**를 해야 한다(채무회생 447조). **채권조사절차**에서 **파산관재인 등**에 의한 **이의가 없는 경우**에는 파산채권이 신고한 내용대로 확정되고, 계속 중이던 소송은 부적법하게 된다(법원은 **소각하판결**을 한다).

2) 만일 채권조사절차에서 파산관재인 등에 의한 **이의가 제기되는 경우**에는 **파산채권자**가 그 권리(**이의채권**)의 확정을 위하여 **이의자 전원을 소송상대방**으로 하여 소송절차를 **수계해야 한다**(채무회생 464조). 이 경우 청구취지 등을 **채권확정소송**으로 변경해야 한다. **이의채권이 집행력 있는 집행권원이나 종국판결이 있는 채권인 경우**(예컨대 가집행선고가 있는 판결에 대한 항소심 계속 중 채무자인 피고가 파산선고를 받거나, 청구이의소송의 계속 중 채무자인 원고가 파산선고를 받는 경우)에는 **이의자**(파산관재인 등)가 **파산채권자를 상대방**으로 하여 소송절차를 **수계해야 한다**(채무회생 466조 2항).

3) 이처럼 파산선고 당시 계속 중이던 파산채권에 관한 소송은 **파산관재인이 당연히 수계하는 것이 아니라** 파산채권자의 채권신고와 그에 대한 채권조사의 결과에 따라 처리되므로, 당사자는 파산채권이 **이의채권이 되지 않은 상태**에서 **미리 수계신청을 할 수 없고**, 이와 같은 수계신청은 부적법하다.[1]

(2) 회생채권 또는 회생담보권에 관한 소송계속 중 회생절차개시결정이 있는 경우

1) **회생채권 또는 회생담보권에 관한 소송**이 계속 중 채무자인 당사자가 **회생절차개시결정**을 받으면 소송절차가 중단되는데(채무회생 59조 1항), 이 경우 회생채권자 또는 회생담보권자는 회생사건의 관할법원에 **회생채권신고 또는 회생담보권신고**를 해야 한다(채무회생 148조 · 149조). 채권조사절차에서 **관리인 등**에 의한 **이의가 없는 경우**에는 회생채권 또는 회생담보권은 신고한 내용대로 확정되고, 계속 중이던 소송은 부적법하게 된다(법원은 **소각하판결**을 한다).

2) 만일 **채권조사절차**에서 관리인 등에 의한 **이의가 제기되는 경우**에는 **회생채권자 또는 회생담보권자**는 그 권리(**이의채권**)의 확정을 위하여 **이의자 전원을 소송상대방**으로 하여 소송절차를 **수계해야 한다**(채무회생 172조 1항). 이 경우 청구취지 등을 **채권(담보권)확정소송**으로 변경해야 한다. **이의채권이 집행력 있는 집행권원이나 종국판결이 있는 경우**(예컨대 가집행선고가 있는 판결에 대한 항소심 계속 중 채무자인 피고가 회생절차개시결정을 받거나, 청구이의소송의 계속 중 채무자인 원고가 회생절차개시결정을 받은 경우)에는 **이의자**(관리인 등)가 **회생채권자 또는 회**

---

1) 대판 2018. 4. 24. 2017다287587.

생담보권자를 상대방으로 하여 소송절차를 수계해야 한다(채무회생 174조 2항). 이러한 소송수계는 조사기간 말일부터 **1월** 이내에 해야 하고(채무회생 170조 2항, 172조 2항). 그 기간 경과 후에 수계신청을 한 경우에는 그 소는 부적법하게 된다.[1]

3) 이처럼 회생절차개시결정 당시 계속 중이던 회생채권 또는 회생담보권에 관한 소송은 **관리인 등이 당연히 수계하는 것이 아니라** 회생채권 또는 회생담보권자의 채권신고 또는 담보권신고와 그에 대한 채권조사의 결과에 따라 처리되므로, 당사자는 회생채권이나 회생담보권이 **이의채권이 되지 않은 상태**에서 **미리 수계신청을 할 수 없고**, 이와 같은 수계신청은 부적법하다.[2]

(3) 수계신청을 할 법원

(a) 재판을 한 법원

수계신청은 소송절차의 중단 당시 소송이 계속된 법원에 해야 한다. 종국판결의 송달과 동시에 또는 그 후에(상소기간이 지나기 전에) 중단이 된 때는 원칙적으로 그 판결을 한 **원심법원**에 신청해야 한다. 여기서 종국판결의 송달과 동시에 소송절차가 중단되는 때란 예컨대 앞서 본 바와 같이 당사자가 소송계속 중에 사망했으나 소송대리인이 있어 소송절차가 중단되지 않았다가(법 238조), 소송대리인에게 판결정본이 송달되어 소송대리권이 소멸됨에 따라 소송절차가 중단되는 경우를 말한다. 원심법원에 수계신청을 하는 경우 원심법원은 **명시적**으로 **수계허가결정**을 하여(법 243조 2항), 이를 당사자에게 **송달**해야 한다. 원심법원의 수계허가결정의 송달시부터 상소기간이 진행된다.

(b) 종국판결의 송달 뒤 수계신청과 상소법원

종국판결이 송달된 뒤의 수계신청은 어떠한 경우에도 원심법원에 해야 하는지에 관해서는 논의가 있다. 이에 대하여, ① 법 243조 2항에 명문의 규정을 두고 있고, 상소장 원심법원제출주의(법 397조 1항)를 취하고 있으며, 중단 중의 소송행위는 무효이고 상소제기도 할 수 없으므로 판결을 한 원심법원에만 할 수 있다는 이유로 종국판결이 송달된 뒤에 중단된 경우에 원심법원에 해야 한다는 견해(**원심법원설**),[3] ② 원심법원에만 수계신청을 할 수 있다고 보아 원심법원의 수계허가결정

1) 대판 2013. 5. 24. 2012다31789.
2) 대판 2016. 12. 27. 2016다35123.
3) 이시윤, 471쪽; 정동윤·유병현·김경욱, 715쪽; 송상현·박익환, 388쪽.

이 없이 한 상소가 부적법하다고 한다면 이는 결국 소송의 지연을 초래하여 소송경제의 원칙에 반한다는 점을 들어 원심법원 또는 상소법원 어느 곳에나 할 수 있다는 견해(**선택설**)[1]가 있다.

    법이 상소장 원심법원제출주의를 취하고 있는 이상 수계신청도 **원칙적**으로 상소장 제출과 마찬가지로 **원심법원**에 해야 한다. 그러나 소송절차 중단사유의 발생을 간과하든지[특히 피상소인 측에서 중단사유가 발생한 경우에는 더욱 그렇다][2] 또는 중단사유의 발생을 알고 있다고 하더라도 그 중단의 효과를 간과하여 수계신청을 하지 않은 채 상소를 하는 때가 있다. 이 경우 이러한 중단 중의 **상소의 제기 등** 당사자의 소송행위는 그 효력이 없다고 하더라도 뒤에서 보는 바와 같이 상대방이 **이의 없이** 응소하는 등으로 그 **이의권을 포기·상실**하면 그 흠이 치유되어 상소가 적법하게 된다. 따라서 **상소가 적법하게 된 이상** 소송경제상 **상소법원**에 **수계신청**을 할 수 있다고 보는 것이 옳다.[3]

    판례도, 소송절차의 중단 중에 제기된 상소는 원칙적으로 부적법하다고 할 것이지만, 상소법원에 수계신청을 하여 그 흠을 치유시키는 경우 그 **상소와 수계**는 적법한 것이 된다고 본다.[4] 따라서 상소법원에 수계신청을 하기 전에 한 소송행위도 수계신청을 한 후(묵시적 수계허가결정을 받은 후) 적법한 것으로 추인하면 그 흠은 치유된다(이러한 추인은 묵시적으로 할 수 있다).[5]

(4) 수계신청절차

(a) 수계신청방법

    수계신청은 신수행자가 수계의 의사를 명시하여 서면 또는 (법원사무관 등의 앞에서) 말로 할 수 있다(법 161조)[한편 **규칙**은 소송절차의 수계신청을 **서면**으로 하도록 하고, 신청서에 소송절차의 중단사유와 수계할 사람의 자격을 **소명**하는 자료를 붙이도록 하고 있다(규칙 60조)]. 수계신청인지 여부는 명칭에 구애됨이 없이 실질적으로 판단해야 한다. 기일지정신청 또는 당사자표시정정신청도 경우에 따라 수계신청으로

---

1) 다만 중단사실을 간과하여 사건이 상소심에 계속 중에는 당사자표시정정의 법리를 유추하여 그 상소심에 신청해야 한다는 견해로는, 강현중, 414쪽.
2) 소송진행 중 한쪽 당사자가 사망했으나 소송대리인이 있어서 소송절차가 중단되지 않았지만, 판결정본이 소송대리인에게 송달되어 소송절차가 중단된 경우 다른 쪽 당사자가 그 사실을 모르고 상소한 경우이다. 대판 1963. 5. 30. 63다123, 1996. 2. 9. 94다61649.
3) 김길량, 주석서(2), 1053쪽 이하.
4) 대판 1996. 2. 9. 94다61649, 1999. 12. 28. 99다8971, 2003. 11. 14. 2003다34038 등.
5) 대판 2016. 4. 29. 2014다210449.

볼 수 있다.[1]

(b) 수계신청기간

수계신청기간에는 **원칙적**으로 제한이 없다.[2] 다만 **사망의 경우**에 상속인은 **상속포기기간**인 **상속개시 있음을 안 날부터 3월** 또는 (이해관계인 또는 검사의 청구에 의하여 가정법원이 이를 연장한 경우에는) 그 **연장된 기간**(민 1019조 1항) 내에는[3][4] 수계신청을 하지 못하나(법 233조 2항), 상속포기기간 중에 한 소송수계신청을 받아들여 소송절차를 진행한 흠이 있다고 하더라도 그 후 상속포기 없이 앞서의 기간을 넘긴 때에는 그 전까지의 소송행위에 관한 흠은 치유된다.[5]

(5) 수계신청에 대한 재판

(a) 수계신청과 통지

수계신청이 있으면 법원은 이를 상대방에게 **통지**해야 한다(법 242조). **상대방**에 대한 관계에서는 **통지시**에 중단이 해소된다. **수계신청인**과의 관계에서는 **신청과 동시**에 중단이 해소된다. 수계신청이 있으면 법원은 수계신청이 적법한지 여부 및 이유 있는지 여부를 직권으로 조사한다.

(b) 수계신청이 부적법하거나 이유 없는 경우

조사 결과 수계신청이 **부적법**하거나 **이유 없다**고 인정할 경우에는 결정으로 **기각**한다(법 243조 1항).[6] **수계신청기각결정**은 **종국적 재판**이므로 그 결정에

---

1) 대판 1980. 10. 14. 80다623,624.
2) 한편 앞서 본 바와 같이 회생채권 또는 회생담보권에 관한 소송의 계속 중에 회생절차개시결정이 있는 경우에는 예외적으로 소송수계신청기간이 인정된다(채무회생 170조 2항, 172조 2항).
3) 다만 상속인이 **제한능력자**인 경우에는 민법 1019조 1항의 기간은 그의 친권자 또는 후견인이 상속이 개시된 것을 안 날부터 기산한다(민 1020조). 대결 2018. 12. 21. 2018마6031.
4) **상속개시 있음을 안 날**이란 상속개시의 원인사실뿐만 아니라, 더 나아가 그로써 자신이 **상속인이 된 사실**을 안 날을 말한다. 대판 2005. 7. 22. 2003다43681(선순위 상속권자인 피상속인의 처와 자녀가 상속을 포기하여 그 다음의 상속순위에 있는 손자녀가 상속인이 되는 경우, 상속인이 상속개시의 원인사실을 아는 것만으로는 상속인이 된 사실을 알기 어려운 **특별한 사정**이 있다고 본 사례이다).
5) 대판 1995. 6. 16. 95다5905,5912.
6) 법 243조 1항은 수계신청이 이유 없는 경우만을 규정하고 있으나, 수계신청이 **부적법**한 경우에도 마찬가지로 수계신청을 **기각**해야 한다. 가사소송규칙 17조는 수계신청이 부적법한 경우에도 결정으로 이를 기각해야 함을 명시적으로 규정하고 있다. **판례** 가운데 수계신청이 부적법한 경우 수계신청기각결정을 해야 한다는 판결로는, 대판 2022. 1. 27. 2020다39719. 한편 판례 가운데 수계신청이 부적법한 경우 수계신청을 기각한 판결로는, 대판 2018. 4. 24. 2017다287587.

대해서는 통상항고를 할 수 있다(법 439조). 수계신청이 기각되면 중단은 해소되지 않고, 새로운 수계신청이 필요하다. 한편 소송절차의 중단사유에 해당하지 않아 수계신청이 기각된 경우 당사자의 동일성이 유지되는 한 **당사자표시정정**을 할 수 있다.[1] 진정한 수계인이 아닌 **참칭수계인**임에도 불구하고 법원이 이를 간과한 채 부적법한 소송수계신청을 받아들여 소송을 진행한 후 소송수계인(참칭수계인)을 당사자로 하여 판결을 선고했다면 **진정한 수계인**에 대한 관계에서는 소송은 여전히 중단상태에 있게 된다. 그러나 참칭수계인에 대해서는 기판력이 미친다.[2] 이 경우 진정한 수계인에 대한 관계에서는, 그 판결은 소송에 관여할 수 있는 적법한 당사자가 법률상 소송행위를 할 수 없는 상태에서 심리되어 선고된 것이어서 마치 대리인에 의해 적법하게 대리되지 않았던 경우와 마찬가지로 위법하다.[3]

(c) 수계신청이 이유 있는 경우

조사결과 수계신청이 **이유 있다**고 인정할 경우에는 별도의 명시적인 **수계허가결정**을 할 필요 없이 그대로 소송절차를 진행하면 된다[이는 묵시적으로 수계허가결정을 한 것으로 볼 수 있다].[4] 다만 판결정본이 송달된 뒤에 중단된 소송절차에서의 수계신청에 대해서는 반드시 명시적인 수계허가결정을 해야 한다. **수계허가결정**은 (이를 명시적으로 했든, 묵시적으로 했든 불문하고) **중간적 재판**이므로 독립하여 불복할 수 없고, 상소법원의 판단을 받는다(법 392조 본문, 425조).

4. 법원의 속행명령에 의한 소송중단의 해소

당사자 가운데 어느 누구(신수행자 또는 상대방)도 **수계신청을 하지 않아** 사건이 중단된 상태로 오랫동안 방치되었을 때에는 법원이 **직권으로** 소송절차를 계속 진행하도록 **속행명령**을 할 수 있다(법 244조). 속행명령이 당사자에게 송달되면 중단은 해소된다(법 247조 2항). 속행명령은 중단 당시에 소송이 계속된 법원이 발한다. 법원이 속행명령을 발하지 않고 직접 변론기일을 지정하여 양쪽 당사자에 통지한 경우에도 속행명령을 발한 것으로 볼 것인지에 관하여 논의가 있다. 중단 중의 소송행위가 무효인 것에 비추어 속행명령은 **명시적**으로 해야 하므로, 이 경

---

1) 대판 2021. 12. 10. 2021후10855.
2) 대판 1981. 3. 10. 80다1895.
3) 대판 2019. 4. 25. 2018다270951,270968, 2023. 9. 21. 2023므10861.
4) 대판 1984. 6. 12. 83다카1409, 2006. 11. 23. 2006재다171.

우에는 속행명령을 발한 것으로 보지 않는 것이 타당하다.[1] 한편 속행명령은 **중간적 재판**이므로 독립하여 불복할 수 없고, 상소법원의 판단을 받는다(법 392조 본문, 425조).

Ⅲ. 소송절차의 중지

1. 민사소송법상 중지

(1) 당연중지

천재지변, 그 밖의 사고로 법원이 직무수행을 할 수 없게 된 경우에는 법원의 결정 없이 **당연히** 소송절차가 중지된다(법 245조). 이 경우 직무수행불능의 상태가 소멸함과 동시에 소송절차의 중지도 해소된다.

(2) 재판중지

법원은 직무수행을 할 수 있으나, 당사자가 법원에 출석하여 소송행위를 할 수 없는 **장애사유**가 발생한 경우[예컨대 전쟁, 그 밖의 사유로 교통이 두절되어 당분간 회복될 전망이 보이지 않거나 또는 당사자가 갑작스러운 중병 등으로 법원에 출석은 물론 법원이나 변호사와 통신연락을 할 수 없게 된 경우 등] 법원은 **결정으로** 소송절차의 중지를 명할 수 있다(법 246조 1항). 이 경우 법원의 취소결정에 의하여 소송절차의 중지가 해소된다(법 246조 2항).

2. 다른 법령 등에 의한 중지

다른 절차와의 관계에서 소송절차의 진행이 부적당하여 소송절차가 중지되는 경우가 있다.

(1) 당연중지

1) 다른 법령에서 재판절차가 **당연히 중지**되는 것을 정하고 있는 경우가 있다. 예컨대 ① 전부명령에 대한 즉시항고시 민사집행법 49조 2호 또는 4호의 집행정지서류가 제출된 경우(민집 229조 8항),[2] ② 위헌법률심판제청의 경우(헌재 42조 1항 본문), ③ 수소법원의 조정회부의 경우(민조 6조, 민조규 4조 2항) 등에서는

---

1) 이시윤, 472쪽.
2) 대결 2009. 1. 28. 2008마1140, 2009. 9. 24. 2009마1300.

해당 절차가 중지된다.

2) **증권관련집단소송**에서 동일한 분쟁에 관하여 여러 개의 증권관련집단소송의 소송허가신청서가 각각 다른 법원에 제출된 경우 관계법원에 공통되는 바로 위의 상급법원이 심리할 법원을 정할 때까지(심리할 법원의 지정신청이 있는 때부터) 긴급한 필요가 있지 않는 한 소송절차가 정지된다(증집 14조 2항, 증집규 11조). 한편 원고 측 변호사강제주의를 채택한 **소비자단체소송·개인정보단체소송**에서 원고 소송대리인 모두가 사망 또는 사임하거나 해임된 때에는 원고가 새로운 소송대리인을 선임할 때까지 소송절차가 중지된다(소단규 12조 1항, 개인정보단규 11조 1항).

(2) 재량중지

다른 법령에서 재판절차가 **결정에 의하여 중지**되는 것을 정하고 있는 경우가 있다. 예컨대 ① 수소법원은 **조정신청이 있는 사건**에 관하여 소송이 계속된 경우에는 결정으로 조정이 종료될 때까지 소송절차를 중지할 수 있으며(민조규 4조 1항, 2023. 6. 20. 개정, 2023. 12. 21. 시행 소기 68조의4 1항), ② 수소법원은 소송절차에서 필요하면 직권 또는 당사자의 신청에 따라 특허 등에 관한 심결이 확정될 때까지 그 소송절차를 중지할 수 있으며(특허 164조 2항, 실용신안 33조), ③ 법원은 회생절차개시의 신청이 있는 경우 필요하다고 인정하는 때에는 이해관계인의 신청 또는 직권으로 채무자의 재산에 관한 소송절차를 중지할 수 있다(채무회생 44조 1항 3호). 위와 같은 법령상 명문의 규정이 있는 경우 외에 **해석상** 다른 민사사건이나 형사사건이 선결관계에 있는 때에도 법원은 재량으로 중지를 명할 수 있다.[1][2]

---

1) 다만 기일을 **추후지정**하여 관련사건의 결과를 기다리는 것이 일반적인 실무례이다. 이시윤, 473쪽.
2) 한편 **입법론적**으로 우리 민사소송법에서도 기존의 소송중지제도 외에 심리의 중복과 판결의 모순·저촉을 막을 수 있는 **독일**과 같은 **변론중지제도**[독일 민사소송법 148조, 법원은 어떤 소송의 재판의 전부 또는 일부가 계속 중인 다른 사건의 목적물인 법률관계나 행정관청에 의해 확정될 권리관계의 존재 또는 부존재에 달려 있는 경우에는, 그 다른 사건이 종결될 때까지 또는 행정관청의 결정이 있을 때까지 그 소송의 **변론**을 **중지**할 수 있다]의 도입을 고려해 볼 필요가 있다는 견해로는, 김상훈, "중복 소송상상계와 그 소송상 취급," 비교사법 22권 3호(통권 70호, 2015년), 1291쪽.

Ⅳ. 소송절차의 정지의 효과

1. 의 의

소송절차의 정지 중에는 변론종결된 경우의 **판결의 선고**를 제외하고, 소송절차상의 **일체의 소송행위**를 할 수 없다. **기간의 진행** 또한 **정지**된다(법 247조). 예컨대 재판장 등의 인지보정명령의 보정기간 중에 소송절차가 중단된 경우 보정기간의 진행은 정지되고, 소송절차가 중단된 상태에서 행한 재판장 등의 보정기간연장명령도 효력이 없으므로, 각 보정명령에 따른 기간부준수의 효과도 발생하지 않는다.[1]

2. 소송절차의 정지와 당사자의 소송행위

소송절차의 정지 중에 한 당사자의 소송행위는 **원칙적**으로 **무효**이다. 예외적으로 **소송절차 외**에서 행하는 소송대리인의 선임·해임, 소송구조신청은 유효하게 할 수 있다. 소송절차의 정지 중에 한 당사자의 소송행위가 무효라고 하더라도 **상대방**이 아무런 이의를 하지 않아 **이의권**이 상실되면 유효하게 된다. 정지제도는 공익적 제도가 아니고, 당사자보호를 위한 **사익적 제도**이기 때문이다. 소송절차의 정지 중에 한 당사자의 소송행위라도 **적법한 수계인**이 수계신청을 한 후 이를 **추인**하면 유효하게 된다. 추인은 **명시적** 또는 **묵시적**으로 할 수 있다. 중단 중에 제기한 **상소**는 부적법하지만 **상소법원**에 수계신청을 하여 그 흠을 치유할 수 있다.[2] 소송계속 중 당사자가 **사망**하여 소송절차가 중단되었으나, 중단사유가 발생한 사망자 측(**상속인**)이 현실적으로 소송에 관여하여 소송을 수행함으로써 당사자로서의 실질적인 소송관계가 성립한 때에는 **신의칙상** 그 당사자(**상속인**)에게 그 소송수행의 결과나 판결의 효력을 인수케 할 수 있다.[3]

---

1) 대결 2009. 11. 23. 2009마1260. 지급명령이 송달된 후 이의신청기간 내에 회생절차개시결정 등과 같은 소송중단사유가 생긴 경우에는 법 464조에 따라 법 247조 2항이 준용되어 그 이의신청기간의 진행이 정지된다. 대판 2012. 11. 15. 2012다70012.

2) 대판 1996. 2. 9. 94다61649.

3) 일본 최고재 1959. 3. 26. 판결은 필수적 공동소송인 가운데 한 사람이 사망하여 소송절차가 중단되었는데도 망인에 대하여 수계절차를 해야 할 사람이 다른 공동소송인들 중에 있음에도 불구하고 이러한 절차를 취하지 않은 채 항소를 비롯한 항소심에서의 일체의 소송행위를 한 경우에, 공동소송인들이 상고심에서 그 소송행위의 무효를 주장하는 것은 소송경제 및

3. 소송절차의 정지와 법원의 소송행위

(1) 의   의

소송절차의 정지 중에 **법원**은 기일지정, 기일통지나 재판·증거조사, 그 밖의 행위가 허용되지 않는다. 소송절차가 정지 중인데도 법원이 소송행위를 행했다면 **재판**을 제외하고 모두 무효가 된다. 이 경우 당사자 **양쪽**에 대하여 모두 무효이다.[1] 다만 당사자의 **이의권**의 **포기·상실**로 흠이 치유된다.

(2) 소송절차의 중단을 간과한 판결의 효력 등

1) 법원이 소송절차의 중단을 **간과**하고 소송수계가 이루어지지 않은 상태로 (적법한 수계인의 소송절차의 관여 없이) 소송절차를 진행하여 **판결**을 선고했다면 그 판결은 소송에 관여할 수 있는 적법한 수계인의 권한을 배제한 결과가 되는 절차상 **위법**한 것이지만, 이로써 당연무효로 되는 것은 아니며 **유효**하다. 다만 소송절차의 중단을 간과하고 한 판결은 **대리인에 의하여 적법하게 대리**되지 않았던 때 (대리권의 흠)와 **마찬가지**로 보아 그 **판결확정 전**이면 상소(상고시 절대적 상고이유가 된다. 법 424조 1항 4호 **유추적용**)로써, **판결확정 후**이면 재심의 소(법 451조 1항 3호 **유추적용**)로써 그 취소를 구할 수 있다. **판례**도 같은 태도이다.[2] 이러한 입장은 앞서 본 **소송승계시기**와 관련한 **당연승계설**과 일치한다.

2) 소송절차가 중단된 상태에서 상속인들이 상소심에서 본안판단을 받으려고

신의칙상 허용될 수 없다고 판시했다.

1) 정동윤·유병현·김경욱, 718쪽; 강현중, 416쪽; 송상현·박익환, 390쪽. 한편 이러한 소송행위는 중단사유가 발생한 당사자 한쪽에 대해서만 무효가 되고 그렇지 않은 당사자에 대한 관계에서는 유효하다는 견해로는, 이재성, "승소자에게 소송중단사유가 발생한 경우의 패소자의 상소제기기간," 민사재판의 제문제 6권(1991. 11.), 251쪽 이하.

2) **대판(전) 1995. 5. 23. 94다28444**(위 전원합의체 판결은, 소송절차의 중단 중에 변론이 종결되어 선고된 종국판결은 사망 등의 사유로 이미 존재하지 않은 사람을 당사자로 하여 한 판결로서 당연무효이고 상고의 대상이 될 수 없으므로 그에 관한 상고는 부적법하다는 취지로 판시한 종래의 판례들을 모두 폐기했다). 한편 원심법원이 소송계속 중 한쪽 당사자에 대한 **회생절차개시결정**사실을 알지 못한 채 **관리인**의 소송수계가 이루어지지 않은 상태로 소송절차를 진행하여 판결을 선고한 경우에 관해서는, 대판 2015. 10. 15. 2015다1826,1833. 원심법원이 **채권자취소소송**의 소송계속 중 **채무자에 대한 파산선고**사실을 알지 못한 채 **파산관재인**의 소송수계가 이루어지지 않은 상태로 소송절차를 진행하여 판결을 선고한 경우에 관해서는, 대판 2014. 1. 29. 2013다65222, 2015. 11. 12. 2014다228587, 2022. 5. 26. 2022다209987 등. 한편 원심법원이 **채권자취소소송**의 소송계속 중 **채무자의 상속재산에 대한 파산선고**사실을 알지 못한 채 **상속재산 파산관재인**의 소송수계가 이루어지지 않은 상태로 소송절차를 진행하여 판결을 선고한 경우에 관해서는, 대판 2023. 2. 23. 2022다267440.

하는 경우에는 소송수계를 한 후 그 절차상 흠을 **추인**하면 그 위법사유가 소멸되는 것으로 보므로 불필요한 절차가 반복되는 것을 방지할 수 있다. 따라서 원심판결에 불복이 없으면 이를 추인하면 되고, 불복이 있으면 수계신청을 하여 상소 또는 재심의 소의 방법으로 원심판결의 흠을 시정할 수 있으므로 권리구제의 면에서도 바람직하다.[1] 이에 대하여, 당연승계설에 반대하는 입장에서 당사자의 사망을 간과한 판결은 사망한 당사자, 즉 존재하지 않는 당사자를 대상으로 하는 것이므로 무효라고 보아야 한다는 견해도 있다.[2]

3) 소송절차의 중단을 간과하고 한 판결이 선고된 후 ① 그 상속인들이 수계신청을 하여 판결을 송달받아 상소하거나(**수계 후 상소**), ② 또는 적법한 상속인들이 현실적으로(사실상) 송달을 받아 상소장을 제출하고 상소심에서 수계절차를 밟으면(**상소 후 수계**) 그 수계와 상소는 적법한 것이라고 보아야 한다. 소송절차의 중단을 간과하고 한 판결이 선고된 후 당사자가 명시적 또는 묵시적으로 원심절차를 적법한 것으로 **추인**하면 그 상소사유 또는 재심사유는 소멸한다.[3]

▣ 소송계속 중 당사자가 사망했음에도 사망한 사람 명의로 판결이 이루어진 경우 강제집행상 특수문제

소송계속 중 당사자가 사망했음에도 사망한 사람 명의로 판결이 된 경우 강제집행을 하기 위하여 승계집행문부여(민집 31조) 방식에 의해야 하는지, 단순히 판결경정(법 211조) 방식으로도 충분한지에 관해서는 논의가 있다. 이 경우 ① 승계집행문에 관한 민사집행법 31조를 유추적용하여 상속인 명의의 승계집행문의 부여를 구할 수 있다는 견해, ② 판결서상 당사자표시가 실질적 당사자와 달리 표시된 것이므로 판결경정(법 211조)으로 이를 시정한 후 상속인 명의의 통상의 집행문으로 부여받으면 된다는 견해 등의 대립이 있다.[4]

---

1) 서기석, "당사자의 사망이 재판과 집행에 미치는 영향," 인권과 정의 266호(1998. 10.), 50쪽 이하; 유병현, "소송계속 중 사망한 사람을 당사자로 표시한 판결의 승계인에 대한 기판력과 집행방법," 21세기민사소송법의 전망(하촌정동윤선생화갑기념, 1999. 6.), 317쪽 이하; 조관행, "당사자의 사망으로 소송절차가 중단된 것을 간과하고 한 판결의 효력," 민사재판의 제문제 8권(1994. 10.), 696쪽 이하.

2) 호문혁, "민사소송에서 당사자 사망으로 인한 당사자 변경에 관한 연구," 21세기한국민사법학의 과제와 전망(심당송상현교수화갑기념, 2002. 1.), 538쪽 이하.

3) 대판(전) 1995. 5. 23. 94다28444, 대결 1998. 5. 30. 98그7, 대판 2003. 11. 14. 2003다34038.

4) 김광태, "당사자의 사망으로 인한 소송중단을 간과한 승소판결에 대한 상대방의 상소," 민사판례연구 20권(1998. 6.), 453쪽 이하.

당사자가 사망했음에도 불구하고 사망한 당사자의 명의로 판결이 선고되었다면 ① 소송대리인이 있어 소송절차가 중단되지 않은 경우에는 확정판결상 당사자표시를 상속인으로 경정하는 **판결경정**(법 211조)을 받아 상속인에 대한 강제집행을 할 수 있으며,1) ② 소송대리인이 없어 소송절차가 중단되었는데도 상속인으로의 수계절차 없이 (법원이 이를 간과하여) 판결이 확정된 경우에는 재심의 소(법 451조 1항 3호 유추적용)에 의하여 확정판결이 취소되지 않는 한 **승계집행문**(민집 25조 2항, 31조)을 받아 강제집행을 할 수 있다.2)3) 후자의 경우 상속인으로서는 재심이 소를 제기하면서 집행정지결정을 받아(법 500조) 강제집행을 정지시킬 수 있다.

4. 기간의 진행

소송절차의 중단 또는 중지는 기간의 진행을 정지시킨다. 이 경우 법원이 수계사실을 통지한 때(법 242조에 따라 수계신청을 통지한 때, 또는 종국판결이 송달된 뒤에 소송절차가 중단된 경우 수계허가결정을 통지한 때) 또는 소송절차를 다시 진행하는 때(소송절차의 중단에서 법원의 속행명령이 있는 경우, 또는 소송절차의 중지에서 중지사유가 소멸되거나 중지결정이 취소되는 경우)부터 기간이 **다시** 진행을 시작한다. 이 경우 남은 기간이 진행되는 것이 아니라, **전체기간**이 새로이 진행된다(법 247조 2항 후단).

---

1) 대판 2002. 9. 24. 2000다49374.

2) 대결 1998. 5. 30. 98그7; 유병현, "소송계속 중 사망한 사람을 당사자로 표시한 판결의 승계인에 대한 기판력과 집행방법," 21세기민사소송법의 전망(하촌정동윤선생화갑기념, 1999. 6.), 317쪽 이하.

3) 당연승계한 상속인에게 판결의 효력이 미치므로 민사집행법 25조 2항에 의하여 같은 법 31조의 승계집행문 규정이 준용된다.

제 3 장 증   거

제 1 절 총   설

Ⅰ. 증거의 의의

증거란 원칙적으로 사실을 확정하기 위한, 즉 사실주장이 진실한지 아닌지를 판단하기 위한 자료를 말한다.1) 재판과정은 사실을 확정하는 과정과 법규를 해석·적용하는 과정으로 나누어 볼 수 있다. 법관은 법률전문가이므로 원칙적으로 법규의 존재사실을 증거에 의하여 확정할 필요는 없으나, 사실을 확정하기 위해서는 이를 위한 자료가 있어야 하는데, 이를 **증거**라 한다.

증거라는 말은 증거방법, 증거자료, 증거원인 등 여러 가지 뜻으로 쓰인다. ① **증거방법**: 증거방법은 법원이 사실의 존부를 확정하기 위하여 조사 대상이 되는 **유형물**을 말한다. 증거방법 가운데 증인, 감정인, 당사자본인 등은 인증(人證)이고, 문서, 검증물, 그 밖의 증거인 사진·녹음테이프 등, 전자문서 등은 물증(物證)이다. ② **증거자료**: 증거자료는 증거방법을 조사하여 얻은 내용, 즉 **증거조사결과**를 말한다. 여기에는 증언(법 303조), 감정결과(법 339조), 문서의 기재 내용, 검증결과(법 364조), 당사자신문결과(법 367조), 조사촉탁결과(법 294조), 그 밖의 증거의 조사결과(법 374조), 전자문서의 조사결과(전자문서 13조) 등이 있다. ③ **증거원인**: 증거원인은 법관의 심증형성의 원인이 된 자료나 상황, 즉 증거조사결과인 증거자료나 변론 전체의 취지를 말한다(법 202조).

---

1) 민사판결의 사실인정이 항상 진실한 사실에 해당한다고 단정할 수는 없다. 민사재판에서 법원은 당사자 사이에 다툼이 있는 사실관계에 대하여 처분권주의와 변론주의, 그리고 자유심증주의의 원칙에 따라 신빙성이 있다고 보이는 당사자의 주장과 증거를 받아들여 사실을 인정하는 것이기 때문이다. 대판 2017. 12. 5. 2017도15628.

Ⅱ. 증거능력 · 증거력

1. 증거능력

증거능력은 유형물인 증거방법으로서 증거조사의 대상이 될 수 있는 자격을 말한다. 예컨대 법정대리인이나 법인 등 단체의 대표자는 당사자신문의 대상일 뿐 증인능력이 없다(법 367조 · 372조 · 64조). 기피당한 감정인도 감정인능력이 없다(법 336조). 위와 같은 법률상 예외를 제외하고 자유심증주의(법 202조)를 채택하고 있는 민사소송법상 **원칙적**으로 **증거능력**의 **제한은 없다.** ① 소제기 후 그 소송에 사용하기 위하여 작성한 문서,1) ② 일부가 사후에 조작된 문서,2) ③ 전문(傳聞)증거,3) ④ 미확정사건의 판결서4)도 증거능력이 있다. 다만 **판례**는, 선서하지 않은 감정인에 의한 감정결과는 증거능력이 없으므로 이를 사실인정의 자료로 삼을 수 없다고 한다.5)

2. 증거력(증명력)

증거력은 증거자료가 증명할 사실(요증사실)의 인정에 기여하는 정도를 말한다. 증거력을 **증명력** 또는 **증거가치**라고 하기도 한다. 법관은 증거력을 논리법칙과 경험법칙에 입각하여 자유롭게 판단한다. **서증**의 경우 문서의 진정성립을 말하는 **형식적 증거력**과 문서의 기재 내용의 증명력을 말하는 **실질적 증거력**으로 나누어 볼 수 있다.

3. 위법하게 수집한 증거방법의 증거능력

(1) 의   의

증명책임을 부담하는 당사자는 그 사실을 증명할 법률상 이익을 갖고 있으므로 원칙적으로 당사자가 제출한 증거방법은 무엇이든 증거조사의 대상이 되어야

---

1) 대판 1966. 9. 27. 66다1133, 1992. 4. 14. 91다24755.
2) 대판 1979. 8. 14. 78다1283; 송상현, "문서의 증거능력," 판례회고 8호(1980. 12.), 115쪽 이하.
3) 대판 1967. 3. 21. 67다67.
4) 대판 1992. 11. 10. 92다22107, 1995. 4. 28. 94누11583.
5) 대판 1982. 8. 24. 82다카317, 2006. 5. 25. 2005다77848.

한다. 그러나 증거의 수집과정에서의 인격권 침해 문제와 관련하여, **위법수집증거**라 하더라도 원칙적으로 그 증거능력을 인정할 것인지에 관해서는 논의가 있다. 이는 진실발견을 우선시킬 것인지, 위법행위의 유발방지에 중점을 둘 것인지의 문제와 관련이 있다.[1]

위법수집증거에 대하여 일률적으로 그 증거능력을 부정하는 견해(**부정설**)나 이를 인정하는 견해(**긍정설**)는 모두 증거능력의 판단에서 지나치게 경직되고 획일적이어서 구체적 타당성이 있다고 보기 어렵다. 따라서 위법수집증거의 증거능력의 판단을 획일화하지 않고 유연하게 처리하기 위하여, **원칙적**으로는 위법행위에 의하여 수집된 증거라고 하더라도 **증거능력**을 **인정**하고, **예외적**으로 **헌법상 인격권을 침해할 정도의 위법행위**에 의하여 수집된 증거에 대해서는 **증거능력**을 **부정하되**[2] 이 경우에도 정당행위 등의 위법성조각사유가 존재하거나 현저히 우선되어야 할 이익이 존재하는 때에는 증거능력을 인정함이 상당하다(**절충설**).[3][4] 원칙적으로 증거능력이 인정되는 만큼 증거능력이 부정되는 예외적인 경우에 대한 **증명책임**은 상대방에게 있다.[5]

---

1) 박이규, "헌법과 형사소송법이 정한 절차를 위반하여 수집한 압수물과 이를 기초로 획득한 2차적 증거의 증거능력 유무 및 그 판단 기준," 대법원판례해설 74호(2007년 하반기), 516쪽 이하.

2) 증거수집절차가 개인의 사생활 내지 인격적 이익을 중대하게 침해하여 사회통념상 허용되는 한도를 벗어난 경우이다. 대판 2023. 12. 14. 2021도2299.

3) 홍기문, "자유심증주의에 관한 몇 가지의 문제," 민사법연구(대한민사법학회) 3집(1994. 12.), 1쪽 이하. 한편 예외적으로 사생활의 자유와 비밀보호, 통신의 자유 등 헌법상 보장되고 있는 인격권이 침해된 경우와 그 증거방법이 형사법상 범죄행위에 의하여 수집된 경우 등은 증거능력이 부정된다는 견해로는, 호문혁, "민사소송에서의 위법수집증거의 증거능력," 법실천의 제문제(동천김인섭변호사화갑기념, 1996. 12.), 477쪽; 정선주, "민사소송에 있어 위법하게 수집된 증거방법의 증거능력," 민사소송법의 제문제(경허김홍규박사화갑기념, 1992. 12.), 245쪽. 보호되어야 할 사생활이나 비밀의 범위를 정하는 때에 이와 대립하는 이익과의 비교형량은 위법행위의 태양, 사건의 중요성, 증거의 중요성 등을 고려하여 폭넓게 하는 기존의 이론과 달리 보호법익의 범위를 정하는 데 필요 최소한의 범위에서 행해져야 한다는 견해로는, 정영수, "민사소송에서 위법수집증거의 취급에 관한 이론적 고찰," 연세법학(연세법학회) 42호(2023. 7.), 280쪽.

4) 판례가 형사소송에서 위법수집증거는 원칙적으로 증거능력을 부정하기에 이르렀으므로(대판(전) 2007. 11. 15. 2007도3061) 민사소송에서도 판례가 변경될 때가 되었다고 보는 견해로는, 이시윤, 478쪽; 정영환, 691쪽. 이에 대하여, 민사소송법에서도 위법수집증거의 증거능력을 전면적으로 부인하기 위해서는 형사소송법(308조의2)과 같은 명문의 규정이 필요하다고 보는 견해로는, 최광선, "민사소송에서 증거신청과 증거채부에 관한 몇 가지 쟁점 사항 검토 —증거에 관한 당사자권을 중심으로—," 민사소송 24권 3호(2020년), 244쪽.

5) 정규상, "위법수집증거의 증거능력," 민사소송 9권 2호(2005. 11.), 76쪽 이하.

　　(2) 전화통화 내용 및 대화 내용을 무단녹음한 경우와 증거능력 유무

　　위법수집증거의 증거능력 인정 여부와 관련하여 **전화통화 내용** 및 **대화 내용**
을 **당사자의 동의 없이** 채록하거나 그 **내용을 녹취**한 경우 **증거능력**을 인정할 것
인지에 관해서는 논의가 있다.

　　통신비밀보호법 3조 1항 본문은 '누구든지 이 법과 형사소송법 또는 군사법
원법의 규정에 의하지 아니하고는 우편물의 검열·전기통신의 감청 또는 통신사
실확인자료의 제공을 하거나 공개되지 아니한 타인간의 대화를 녹음 또는 청취하
지 못한다'고 규정하고,[1] 같은 법 14조 1항은 '누구든지 공개되지 아니한 타인간
의 대화를 녹음하거나 전자장치 또는 기계적 수단을 이용하여 청취할 수 없다'고
규정하고, 같은 법 4조, 14조 2항은 '제 3 조의 규정에 위반하여, 불법검열에 의하
여 취득한 우편물이나 그 내용 및 불법감청에 의하여 지득 또는 채록된 전기통신
의 내용은 재판 또는 징계절차에서 증거로 사용할 수 없다'고 규정하고 있다. **전
화통화**는 '**전기통신에 의한 송신·수신**'에 해당하고, '**전기통신의 감청**'은 **제 3 자**
가 전기통신의 당사자인 송신인과 수신인의 동의를 받지 않고 전기통신 내용을
녹음하는 등의 행위를 하는 것만을 말한다. 따라서 **제 3 자의 경우**는 설령 전화통
화 **당사자 한쪽의 동의**를 받고 그 통화 내용을 녹음했다고 하더라도 그 상대방의
동의가 없는 이상, 이는 여기의 감청에 해당하여 통신비밀보호법 3조 1항의 위반
이 되고, 이와 같이 3조 1항을 위반한 불법감청에 의하여 녹음된 전화통화의 내
용은 같은 법 4조에 의하여 **증거능력이 없다**.[2] 이 점은 (대화에 원래부터 참여하지
않은) 제 3 자가 일반 공중이 알 수 있도록 공개되지 않은 **타인간의 대화**를 녹음한
경우에도 마찬가지이다.[3] 다만 전기통신에 해당하는 **전화통화 당사자의 한쪽**이
상대방 모르게 **통화 내용**을 녹음하는 것은 여기의 감청에 해당하지 않으며, **대화
당사자 한쪽**이 상대방 모르게 그 **대화 내용**을 녹음한 경우도 마찬가지이다.[4]

　1) 여기서 '청취'는 타인간의 대화가 이루어지고 있는 상황에서 실시간으로 그 대화의 내용을
　　엿듣는 행위를 의미하고, 대화가 이미 종료된 상태에서 그 대화의 녹음물을 재생하여 듣는 행
　　위는 '청취'에 포함되지 않는다. 대판 2024. 2. 29. 2023도8603.
　2) 대판 2002. 10. 8. 2002도123, 2021. 8. 26. 2021다236999, 2024. 4. 16. 2023므16593.
　3) 대판 2002. 10. 8. 2002도123, 2024. 4. 16. 2023므16593.
　4) 대판 2002. 10. 8. 2002도123, 2021. 8. 26. 2021다236999. 한편 판례는, **자유심증주의**를 채
　　택하고 있는 우리 민사소송법하에서 **상대방 부지 중 비밀리**에 **상대방과의 대화**를 **녹음했**다
　　는 이유만으로 그 녹음테이프나 이를 속기사에 의하여 녹취한 녹취서가 증거능력이 없다고
　　단정할 수 없고, 그 채증 여부는 사실심법원의 재량에 속한다고 보고 있다. 대판 1998. 12.

이에 대하여, 위 법은 제 3 자에 의하여 타인간의 대화를 비밀녹음한 경우만을 규정하고 있으나 자신이 상대방과의 대화를 비밀녹음한 경우에도 헌법상 통신의 비밀보호(헌 18조, "모든 국민은 통신의 비밀을 침해받지 아니한다")를 위하여 이를 유추하여 원칙적으로 증거능력을 부인해야 한다는 견해가 있다.[1] 그러나 앞서 본 바와 같이 이러한 경우에도 원칙적으로 증거능력을 인정하되 인격권 침해 등의 경우에는 예외적으로 그 증거능력을 부정해야 한다.[2]

Ⅲ. 증거·증명의 종류

1. 직접증거 · 간접증거

증거는 주요사실에 관계되는지 여부를 기준으로 직접증거와 간접증거로 나누어진다. ① **직접증거**는 주요사실의 존부를 직접 증명하는 증거를 말한다. ② **간접증거**는 간접사실이나 보조사실을 증명하기 위한 증거를 말한다.

2. 본증 · 반증 · 반대사실의 증명

증거는 증명책임의 소재를 기준으로 본증과 반증으로 나누어진다. ① **본증**은 당사자가 자기에게 증명책임 있는 사실을 증명하기 위하여 제출하는 증거를 말한다. 본증의 경우에는 법관이 요증사실의 존재가 확실하다고 **확신**을 갖게 되지 않으면 그 목적을 달성할 수 없으며, 증명책임의 효과로서 불이익을 받게 된다. ② **반증**은 상대방이 증명책임을 지는 사실을 부정하기 위해 제출하는 증거를 말한다. 반증의 경우에는 법관으로 하여금 요증사실의 존재가 확실치 못하다는 **의심을 품게 할** 정도의 심증을 형성케 하면 된다. 반증에는 **직접반증**과 **간접반증**이 있다. 한편 반증과 구별해야 할 것에 **반대사실의 증명**이 있다. 원칙적으로 **법률상 추정**이 이루어졌을 때 이를 깨뜨리기 위하여(즉 추정된 사실이 인정되지 않도록 하기 위하여) 그 추정을 다투는 사람이 제출하는 증거는 반증이 아니라 **본증**이다. 당사자로서는 법원이 그 추정된 사실의 존재에 대하여 의심을 품게 하는 정도로는 되지

---

23. 97다38435, 1999. 5. 25. 99다1789, 2009. 9. 10. 2009다37138,37145.

1) 이시윤, 477쪽; 한충수, 446쪽.

2) 김홍규, "부지중 대화를 녹취한 원본이 분명한 녹음테이프의 증거능력," 법률신문 1415호(1981. 10.), 12쪽; 이교림, "민사소송에 있어서 증거의 증거능력," 민사증거법(상)(재판자료 25집, 1985. 7.), 60쪽.

아니하고, 추정된 사실을 깨뜨릴 수 있는 반대사실을 완벽하게 증명해야 한다.

3. 증명·소명

넓은 의미의 증명은 **법관의 심증정도(증명도)**를 기준으로 증명과 소명(疏明)으로 나누어진다. ① **증명**은 법관이 요증사실의 존재에 대하여 **고도의 개연성**에 의한 **확신**을 얻은 상태를 의미하거나 또는 그와 같은 상태에 이르도록 증거를 제출하는 당사자의 노력을 말한다. ② **소명**은 증명에 비하여 한 단계 낮은 개연성(**저도의 개연성**), 즉 법관이 일응 확실할 것이라는 **추측**(대개 그럴 것이라는 추측 정도)을 얻은 상태를 의미하거나 또는 그와 같은 상태에 이르도록 증거를 제출하는 당사자의 노력을 말한다.

소명은 원칙적으로 **법률에 특별한 규정**이 있는 경우에 한한다. 절차상의 파생적 사항, 신속한 처리를 요하는 사항에 대한 것이 많다. 보전처분(가압류·가처분)절차에서는 소명을 요한다(민집 279조 2항, 301조 본문). 소명의 증거방법(**소명방법**)은 **즉시 조사할 수 있는 증거**에 한정한다(법 299조 1항). 즉 증거신청을 한 해당 기일에 증거조사를 마칠 수 있는 증거방법에 한한다(예컨대 법정에 나와 있는 증인, 당사자가 소지하고 있는 문서 등).[1] 증거방법의 즉시성을 요구한 결과 이용할 수 있는 증거방법이 당장 없을 때를 염려하여 법원이 당사자 또는 법정대리인으로 하여금 **보증금을 공탁**하게 하거나, 그 주장이 진실하다는 것을 **선서**하게 하여, **소명을 갈음**할 수 있게 했다(법 299조 2항)[다만 이로써 소명을 갈음할 수 없도록 특별히 규정을 두고 있는 경우도 있다(민집 309조 2항)].[2] 보증금을 공탁하거나 선서한 당사자 또는 법정대리인이 거짓 진술을 한 때에는, **보증금의 몰취**(보증금을 공탁한 경우) 또는 **과태료의 제재**(200만원 이하, 선서를 한 경우)를 받는다(법 300조·301조).

4. 엄격한 증명·자유로운 증명

증명은 증거조사에 관한 **법률규정의 준수 여부**를 기준으로 엄격한 증명과 자유로운 증명으로 나누어진다. ① **엄격한 증명**은 법률에서 정한 증거방법에 대하

---

1) 정선주, "가처분절차에서 소명," 민사소송 13권 2호(2009. 11.), 240쪽 이하.
2) 법원은 소명의 대용(代用)으로서 보증이나 선서 가운데 사안에 따라 선택할 수 있다. 대결 1990. 3. 24. 90마155. 소명을 필요한 모든 경우에 당사자의 신청에 맡기는 것보다 법원이 보증금의 공탁이나 선서를 가급적 폭넓게 이용해야 한다는 견해로는, 정승열, "공시송달신청과 소명의 문제점 및 개선방향," 법조 49권 5호(2000. 5.), 278쪽 이하.

여 법률이 정한 증거조사절차에 의하여 행하는 증명을 말한다. ② **자유로운 증명**
은 증거방법과 증거조사절차에 대해 법률의 규정에서 해방되는 증명을 말한다.[1)]
엄격한 증명이나 자유로운 증명 모두 증명에 해당하므로 확신의 정도에 차이는
없으며, 일응 확실할 것이라는 추측만으로 족한 소명과 구별된다.

　　자유로운 증명으로 족할 것인지 여부는 증명할 사항의 중요성이나 절차의 구
조 등을 고려하여 판단해야 한다.[2)] **소송물**인 권리관계의 기초사실은 엄격한 증명
을 요함에 대하여, 간이·신속을 요하는 **결정절차**나 **직권조사사항** 등 제한적인 경
우는 자유로운 증명이 허용된다. 예컨대 ① 외국과 관련된 요소가 있는 법률관계
에 준거할 외국법, 지방자치단체의 조례나 관습법의 인정, ② 전문적·학리적 경
험법칙의 인정, ③ 소송목적의 값의 산정은 자유로운 증명으로 된다. **판례**는, 외국
과 관련된 요소가 있는 법률관계에 관하여 적용할 **준거외국법**의 내용에 대해서는
이를 증명하기 위한 증거방법과 절차에 관하여 우리나라의 민사소송법에 어떠한
제한도 없으므로 자유로운 증명으로 충분하다[즉 법원이 합리적이라고 판단하는 방
법에 의하여 조사하면 충분하다]고 한다.[3)] 직권조사사항 가운데 **소송요건·상소요건**
에 대해서는 자유로운 증명이 소송경제상 바람직하다는 견해가 있으나,[4)] 이러한
요건은 실체상 요건에 못지않게 중요한 사항이므로 엄격한 증명을 요한다고 본다.[5)]

Ⅳ. 증명의 대상

1. 사   실

　　증명의 대상 가운데 **증명할 사실**(요증사실)에는 주요사실(요건사실)이 당연히

---

1) 따라서 자유로운 증명은 증거조사절차에서 당사자참여, 공개심리주의, 직접심리주의 등의
　후퇴를 의미한다. 정동윤·유병현·김경욱, 544쪽; 정영환, 688쪽. 독일의 경우 2004년 법원은
　상당하다고 인정하는 방식으로 증거조사를 할 수 있도록 하는 규정을 신설했다. 이에 대하여, 독일
　과 같이 당사자의 동의가 있으면 법원이 자유로운 증명을 적용할 수 있도록 함으로써 자유로운 증
　명이 지닌 장점인 절차진행의 신속성과 유연성을 확보할 수 있다는 견해로는, 반흥식, "민사소송에
　있어서의 자유증명 이론의 기원과 전개," 민사소송 14권 1호(2010. 5.), 218쪽 이하.

2) 정동윤·유병현·김경욱, 544쪽; 정영환, 688쪽.

3) 대판 1990. 4. 10. 89다카20252, 1992. 7. 28. 91다41897.

4) 이시윤, 224쪽·481쪽. 한편 소송요건의 판단을 위한 전제사실은 대부분 소송절차 안에서
　쉽게 파악할 수 있는 것이거나 형식적인 사실이기 때문에 심리의 간이·신속이라는 입장에서
　법관의 판단을 신뢰하여 사안에 따른 적절한 방법을 강구할 수 있도록 자유로운 증명으로 증
　명하는 것이 정당하다는 견해로는, 강현중, 490쪽; 손한기, 245쪽.

5) 정동윤·유병현·김경욱, 544쪽; 호문혁, 494쪽; 마용주, 주석서(4), 15쪽.

포함되고, 간접사실과 보조사실도 그에 의하여 주요사실을 증명하려고 하는 때에는 이에 포함된다. 다툼 있는 사실이더라도 재판과 관련성이 있어 재판결과에 영향을 미치는 사실이어야 증거조사의 대상이 된다.[1] 당사자의 주장 자체로 이유 없는 때에는 달리 증거조사를 할 필요 없이 이를 배척하면 된다.

2. 경험법칙

(1) 의　　의

경험법칙(경험칙)이란 인간의 경험에서 귀납적으로 얻어지는 사물에 대한 지식이나 법칙을 말한다. 즉 같은 종류의 많은 사실을 경험한 결과 얻은 일반적인 결론을 경험법칙이라 한다.[2] **판례**도, 경험법칙은 각개의 경험으로부터 귀납적으로 얻어지는 사물의 성상(性狀)이나 인과의 관계에 관한 사실판단의 법칙으로서 구체적인 경험적 사실로부터 도출되는 공통인식에 바탕을 둔 판단형식이므로, 어떠한 경험법칙이 존재한다고 하기 위해서는 이를 도출해 내기 위한 **기초되는 구체적**인 **경험적 사실**의 존재가 전제되어야 한다고 한다.[3] 경험법칙은 사실에 대한 평가적 판단, 증거의 가치판단, 간접사실에 의한 주요사실의 추단에 이용된다.

(2) 편의상 분류

경험법칙은 **일반성의 정도**에 따라 ① 일상적 · 상식적 경험법칙, ② 전문적 · 학리적 경험법칙으로 나누어 볼 수 있다. 한편 경험법칙은 **개연성의 정도**에 따라 ① 고도의 개연성 있는 경험법칙('**일응의 추정**'에 이용된다), ② 단순히 가능성 있는 경험법칙으로 나누어 볼 수 있다.

(3) 자백의 대상 및 증명의 대상 여부

경험법칙은 일종의 법칙이므로 법관은 특정한 경험법칙 유무의 판단에서 당사자의 주장이나 증명에 구애됨이 없이 스스로 직권에 의하여 판단할 수 있다.[4] 경

---

1) 이시윤, 482쪽; 정동윤 · 유병현 · 김경욱, 555쪽; 정영환, 700쪽.

2) **판례**는, 일반육체노동을 하는 사람 또는 육체노동을 주로 생계활동으로 하는 사람의 가동연한을 경험법칙상 만 55세로 보다가 1989년 전원합의체 판결[대판(전) 1989. 12. 26. 88다카16867]로 만 60세로 보았으나, 2019년 전원합의체 판결[**대판(전) 2019. 2. 21. 2018다248909**]은 그동안의 사회적 · 경제적 구조와 생활여건이 급속하게 향상 · 발전하고, 법제도가 정비 · 개선되는 등 여러 사정이 현저히 변했음을 들어 특별한 사정이 없는 한 만 60세를 넘어 만 **65세**까지도 가동할 수 있다고 보는 것이 경험법칙에 합당하다고 했다. 그 이후 판결로는, 대판 2020. 1. 30. 2018다290504, 2021. 3. 11. 2018다285106.

3) 대판 1992. 7. 24. 92다10135.

4) 대판 1976. 7. 13. 76다983.

험법칙은 구체적 사실 자체가 아니므로 **자백의 대상**이 되지 않는다. 경험법칙 가운데 **일상적·상식적 경험법칙은 증명의 대상**이 되지 않지만, 특수한 **전문적·학리적 경험법칙**은 증명의 대상이 된다(통설)[다만 이 경우에도 **자유로운 증명**으로 족하다].

(4) 경험법칙 위반과 상고이유 등 여부

경험법칙은 법규에 준할 것이므로 그 위배는 법률문제로서 이로써 판결에 영향을 미친 때에는 상고이유(법 423조)가 된다(**법률문제설**).[1] 경험법칙 위반이 현저하여 **판결에 영향을 미쳤다**고 보여질 때에는 상고이유가 되고, 중대한 법령위반으로 심리속행사유(상특 4조 1항 5호, 4조 3항 2호)가 된다. **판례**도 경험법칙 적용의 잘못을 법령의 위배처럼 보아 판결결과에 영향을 미쳤다면 상고이유가 된다고 보는 법률문제설의 입장에 있다.[2][3]

3. 법   규

(1) 증명의 대상 여부

법규의 존부확정이나 적용은 법원의 직책이므로 일반적인 법규의 존재사실은 증명의 대상이 되지 않으나,[4] **외국법**, 지방자치단체의 조례, 관습법 등을 법원이 알지 못하는 때에는 증명의 대상이 된다.[5]

(2) 외국법의 존부 및 내용이 증명되지 않은 경우의 법적용

외국법의 적용에서 직권조사를 다하여 보아도(외국법의 적용은 직권조사사항이

---

1) 이시윤, 484쪽; 정동윤·유병현·김경욱, 557쪽; 호문혁, 499쪽; 정영환, 701쪽; 김홍진, 365쪽.
2) 대판 1970. 10. 23. 70누117, 1971. 11. 15. 71다2070. **판례**는, 예컨대 "경험법칙 위배 및 심리미진으로 사실오인하여 판결결과에 영향을 미친 위법이 있다"라고 판시하고 있다. 대판 2003. 1. 24. 2002다64377 등.
3) 이에 대하여, 경험법칙은 법규와 달리 통상적으로 사실판단에 쓰이는 자료이므로, 법률이 아닌 경험법칙에 대해서는 더 잘 안다고 할 수 없는 법률심인 대법원이 사실심의 인정을 비판한다는 것은 부당하다는 이유로 경험법칙의 인정을 그르쳤거나 그 적용을 잘못한 때에도 이는 사실문제로서 사실심법원의 전권에 속한다고 보는 견해(**사실문제설**)로는, 김홍규·강태원, 509쪽; 송상현·박익환, 525쪽.
4) **판례**는, 민사소송에서 증명의 대상이 되는 것은 원칙적으로 당사자 사이에 다툼이 있는 사실관계이므로, 재판에 적용되는 법령은 법원이 이미 알고 있거나 직권으로 조사하여 해석·적용해야 하는 성질을 지니므로 법령의 존재 여부를 탐지하고 해석하는 것은 법원의 직권에 속한다고 본다. 대판 2007. 10. 25. 2005다62235.
5) 외국법규나 관습법 등은 그 법원(法源)이 분명하지 못하여 법원이 간과하는 경우가 있을 것을 염려하여 당사자가 스스로 증명하여 그런 위험이나 불이익을 배제할 수 있다. 대판 1981. 2. 10. 80다2189.

다. 국사 5조) 그 **외국법의 존부 및 내용**을 확정할 수 없는 경우에 관하여 논의가 있다. 이에 대하여, 국내의 법률을 적용할 수밖에 없다는 견해(**국내법적용설·법정지법설**), 원고의 청구를 기각해야 한다는 견해(**청구기각설**), 민법 1조의 법원(法源)에 관한 원칙에 의해 조리에 따라 재판해야 한다는 견해(**조리설**)[1]가 있다. 그러나 적용될 해당 외국법이나 외국관습법의 확인조차 불가능한 경우에는 조리에 의할 수밖에 없으나, 그 조리의 내용은 해당 외국법질서와 가장 유사하다고 생각되는 법에 의하여 유추될 수 있다고 본다[2](이를 **유사법적용설에 의하여 보충되는 조리설**이라 할 수 있다).[3] **판례**의 태도도 같다.

　　판례는, 외국과 관련된 요소가 있는 법률관계에 관하여 적용될 외국법규의 내용을 확정하고 그 의미를 해석하기 위해서는 그 외국법이 그 본국에서 현실로 해석·적용되고 있는 의미·내용대로 해석·적용되어야 하므로,[4] 이에 관하여 심리하거나 직권으로 조사해도 그 내용의 확인이 불가능한 경우 법원으로서는 법원(法源)에 관한 민사상의 대원칙에 따라 **외국관습법**에 의할 것이고, 외국관습법도 그 내용의 확인이 불가능하면 **조리**(條理)에 의하여 재판할 수밖에 없는데, 그러한 조리의 내용은 가능하면 원래 적용되어야 할 외국법에 의한 해결과 가장 가까운 해결 방법을 취하기 위해서 그 외국법의 전체계적인 질서에 의해 보충·유추되어야 하고, 그러한 의미에서 그 **외국법과 가장 유사**하다고 생각되는 법이 조리의 내용으로 유추될 수도 있다는 입장이다.[5]

1) 이시윤, 485쪽; 강현중, 493쪽. 이러한 조리설의 입장에 대하여, 조리를 적용하기 위하여 그 기초인 외국법의 가치체계를 명확하게 인식하는 것도 쉬운 일이 아니며, 법관이 자의적으로 조리를 인식하여 통일적인 규율을 곤란하게 한다는 견해로는, 피정현, "민사소송에서 외국법의 적용," 비교사법 7권 2호(2000. 12.), 807쪽 이하.
2) 정동윤·유병현·김경욱, 558쪽. 한편 조리설과 유사법적용설을 별개의 것으로 소개하는 견해(이시윤, 485쪽), 조리설과 유사법적용설이 같은 것으로 소개하는 견해(정동윤·유병현·김경욱, 558쪽)가 있어, 그 학설을 무엇으로 부르든 그 내용에 주목해야 한다.
3) 오영준, "선박우선특권에 의하여 담보되는 피담보채권의 임의대위 및 선원임금채권의 대위에 관한 준거법 등," 대법원판례해설 71호(2007년 하반기), 680쪽 이하.
4) 대판 2010. 8. 26. 2010다28185.
5) 대판 2000. 6. 9. 98다35037, 2003. 1. 10. 2000다70064, 2021. 7. 8. 2017다218895.

제 2 절 불요증사실

I. 의   의

법원에서 당사자가 **자백**한 사실(당사자 사이에 소송상 다툼이 없는 사실, **재판상 자백**)과 **현저한 사실**(법 288조 본문)은 증명을 필요로 하지 않는다. 법률상 추정이 있는 사실도 마찬가지이다. 이를 **불요증사실**(不要證事實)이라 한다.

II. 재판상 자백

1. 의   의

일반적으로 자백이란 소송당사자가 자기에게 불리한 사실을 인정하는 진술을 말한다. 여기에는 변론기일 또는 변론준비기일에서 소송행위로서 하는 **재판상 자백**과 이러한 기일 외에 상대방 또는 제3자에 대하여 하는 **재판 외 자백**으로 나누어진다.

▣ 증명의 대상과 재판상 자백과의 관계

　　법규(외국법, 지방자치단체의 조례 또는 관습법)나 **경험법칙**(전문적·학리적 경험법칙)이 증명의 대상이 되는 경우가 있으나, 이는 사실을 대상으로 하는 것이 아니므로 재판상 자백의 대상이 되지 않는다. **사실** 가운데에도 간접사실이나 보조사실은 증명의 대상이기는 하나, 주요사실과 달리 재판상 자백의 대상이 되지 않는다.

2. 요   건

재판상 자백이 성립하기 위해서는, ① 구체적인 사실을 대상으로 해야 하며(**자백의 대상적격**), ② 자기에게 불리한 사실상 진술이어야 하며(**자백의 내용**), ③ 상대방의 주장사실과 일치되는 사실상 진술이어야 하며(**자백의 모습**), ④ 변론기일이나 변론준비기일에서 소송행위로서 진술한 것이어야 한다(**자백의 형식**).

(1) 구체적인 사실(주요사실)을 대상으로 했을 것

(a) 자백의 대상과 사실상 진술

자백은 상대방의 사실상 진술에 대하여 성립하며, 자기에게 불리한 상대방의 법률상 진술(법률상 주장)은 원칙적으로 자백의 대상이 되지 않는다.[1] 자기에게 불리한 상대방의 법률상 진술 또는 의견에 대하여 일치하는 진술을 하는 것을 **권리자백**이라고 하는데, 권리자백은 법원을 구속하지 않으며, 법원은 직권으로 정당한 법률적 평가를 해야 한다.[2] **판례**도, 주요사실에 대한 당사자의 불리한 진술인 자백이 성립하는 대상은 사실에 한하며, 사실에 대한 **법적 판단**이나 **평가**에 관한 **법률상 주장**은 자백의 대상이 되지 않는다고 본다.[3]

◼ **판례상 권리자백 여부가 문제가 된 구체적 경우**

　(1) **판례가 권리자백이라고 본 구체적 사례**
　① 법정변제충당의 순서를 정할 때 기준이 되는 이행기나 변제이익에 관한 사항(민 477조) 등은 구체적 사실로서 자백의 대상이 될 수 있으나, **법정변제충당의 순서**(비용＞이자＞원본) 자체는 법률 규정(민 479조)의 적용에 의하여 정해지는 법률상 효과여서 그에 관한 진술이 비록 그 진술자에게 불리하더라도 이를 자백이라고 볼 수는 없다.[4] ② 매매계약이 **이행불능**으로 되어 원고에게 계약금 상당의 손해가 발생했다는 원고의 주장은 법률상 효과에 관한 진술에 불과하고 사실에 관한 진술에 관한 것이라고 볼 수 없어 자백이나 자백간주의 대상이 될 수 없다[따라서 이행불능에 관한 주장은 자유로이 철회할 수 있고 법원도 이에 구속되지 않는다].[5]
　(2) **권리자백 여부가 문제가 되는 경우**
　판례는, 인신사고로 인한 손해배상청구사건에서 노동능력상실비율, 후유장해등급, 기대여명 등은 자백의 대상이 된다고 보고 있다.[6] 그러나 노동능력상실률 등은 피해자의 여러 조건을 경험법칙에 비추어 법관이 규범적으로 정하는 합리적이고 객관성 있는 것이어야 하므로,[7] 이를 자백의 대상으로 보는 판례의 태도는 부당하다.

　(b) 넓은 의미의 법률상 진술과 자백의 대상 여부
　법률상 진술 가운데 법규의 존부나 내용 및 해석에 관한 진술 외에, ① 사실

---

1) 이창구, "권리자백," 민사증거법(상)(재판자료 25집, 1985. 7.), 227쪽 이하.
2) 법률상 유언이 아닌 것을 유언이라고 시인했다 하여 그것이 곧 유언이 될 수 없고(의사표시의 법률적 성격에 관한 진술에 불과하다), 이와 같은 진술은 자백이 될 수 없다. 대판 2001. 9. 14. 2000다66430,66447. 피정현, "법률상의 진술과 권리자백," 비교사법 13권 3호(2006. 9.), 461쪽 이하.
3) 대판 2006. 6. 2. 2004다70789, 2016. 3. 24. 2013다81514, 2022. 4. 14. 2021다280781.
4) 대판 1990. 11. 9. 90다카7262, 1998. 7. 10. 98다6763.
5) 대판 1990. 12. 11. 90다7104, 2009. 4. 9. 2008다93384.
6) 대판 1982. 5. 25. 80다2884, 2006. 4. 27. 2005다5485, 2018. 10. 4. 2016다41869.
7) 대판 2012. 4. 13. 2009다77198,77204, 2017. 11. 9. 2013다26708, 2023. 11. 16. 2020다292671.

에 대한 법률적 평가, ② 법률적 사실의 진술, ③ 소송물의 존부의 판단의 전제가 되는 선결적 법률관계의 진술 등이 자백의 대상이 될 수 있는지는 개별적으로 검토해야 한다.

1) '과실', '정당한 사유', '선량한 풍속위반' 등을 인정하는 진술은 **사실에 대한 평가적 판단(법적 추론)의 진술**로서 재판상 자백에 해당하지 않으므로 법원을 구속하지 못한다. 다만 변론의 상황에 비추어 보아, 해당 진술이 법적 평가의 전제로 되는 구체적 주요사실을 고려하여 이루어진 때에는 그 사실에 대하여 자백한 것으로 볼 여지가 있다.

2) 당사자가 법률적 용어로써 진술한 경우에 그것이 동시에 구체적인 사실관계의 표현으로서 사실상 진술을 포함하고 있을 때[**법률적 사실의 진술, 압축진술** (shorthand rendition)]에는 그 범위에서 자백이 성립한다.[1] 예컨대 '매매', '임대차'라는 진술은 법률상 의견의 진술임과 동시에 '매매', '임대차'를 구성하는 사실관계를 **총괄적**으로 표현하는 사실상 진술도 포함한다고 볼 수 있다. 이를 통상 '**법률상 진술의 형태를 띤 사실상 진술**'이라고도 한다.[2]

3) **소송물의 전제가 되는 선결적 법률관계나 법률상 효과를 인정하는 진술**은 권리자백으로서 법원을 구속하지 않으며, 상대방의 동의 없이 자유로이 철회할 수 있다.[3] 이 경우 법원은 청구의 객관적 실체가 동일하다고 보여지는 한 원고가 청구원인으로 주장하는 실체적 권리관계에 대한 정당한 법률해석에 의하여 판결할 수 있다.[4] 그러나 선결적 법률관계도 그 내용을 이루는 **사실**에 대해서는 자백이 성립한다. 예컨대 소유권에 기한 이전등기말소청구소송에서 피고가 원고 주장의 소유권을 인정하는 진술은 그 소전제(小前提)가 되는 소유권의 내용을 이루는 사실에 대한 진술로 볼 수 있으므로 재판상 자백이다.[5] 다만 이는 사실에 대한 법적 추론(推論)의 결과에 대하여 의문의 여지가 없는 **단순한 법개념**에 대한 자백의 경우에 한하여 인정되는 것이고, 추론의 결과에 대한 다툼이 있을 수 있는 때

---

1) 대판 1984. 5. 29. 84다122. 상식적인 법률개념을 사용한 경우로서, 그 법률개념의 기초를 이루는 구체적 사실의 표현으로 볼 수 있으므로, 그 구체적 사실에 관하여 자백의 구속력이 생긴다.

2) 사법연수원, 민사실무(1)(2019년), 221쪽.

3) 대판 1982. 4. 27. 80다851, 2007. 8. 23. 2005다65449, 2008. 3. 27. 2007다87061.

4) 대판 1992. 2. 14. 91다31494.

5) 대판 1989. 5. 9. 87다카749; 양병회, "재판상 자백의 구속력," 판례월보 345호(1999. 6.), 29쪽 이하; 채영수, "자백의 성부," 대법원판례해설 11호(1989년 상반기), 115쪽.

에는 이른바 권리자백으로서 법원이 이에 기속을 받을 이유는 없다.[1] 이에 대하여, 소유권 문제는 선결적 법률관계를 이루는 것으로 중간확인의 소(법 264조)의 대상이 될 수도 있는데 그때에 피고로서 청구의 인낙이 가능할 수 있는 것이라면, 그보다 유리한 피고의 자백은 긍정해야 한다는 견해도 있다.[2]

(c) 자백의 대상과 주요사실

1) 자백의 대상이 되는 사실은 변론주의가 적용되는 **주요사실**에 한하며, 간접사실과 보조사실에 대해서는 자백이 성립하지 않는다.[3] 변론주의는 주요사실에 대하여 작용하며, **간접사실**이나 **보조사실** 등에 자백을 인정하면 주요사실의 인정시 법관의 전권(專權)인 자유심증에 의한 사실인정권을 제약하므로 허용되지 않는다. 간접사실은 주요사실의 존부를 추인(推認)케 하는 사실로서 증명의 대상이 되나, 간접사실에는 변론주의가 적용되지 않으므로 법관이 직권으로 이를 인정할 수 있다. 그런데 당사자 사이에 간접사실에 대한 재판상 자백을 인정한다면 법관의 증거에 의한 사실인정권을 침해하게 되어 자유심증주의에 반하기 때문이다. 이에 대하여, 간접사실에 대해서는 금반언과 자기책임을 근거로 당사자에 대해서만 구속력을 인정하여 자백한 당사자의 임의철회를 허용할 수 없다는 견해도 있다.[4]

2) 한편 **문서의 진정성립에 관한 사실**은 **보조사실**이나, 이에 관한 진술의 취소에 관해서는 **주요사실**과 같이 취급한다. ① 문서의 진정성립이 갖는 **의미** 및 **기능**이 주요사실의 그것과 매우 비슷하며, ② 문서의 진정성립에 관한 자백에 구속

---

1) 대판 1979. 6. 12. 78다1992, 2007. 5. 11. 2006다6836(원고가 소장에서 주장한 해당 건물이 원고의 소유라는 주장은 원고와 시공업자인 소외인 사이의 도급계약에 기한 소유권귀속의 문제는 거론되지 않은 상태에서 단순히 건물의 소유권보존등기가 원고 명의로 되어 있으므로 원고의 소유라는 주장에 불과하고, 따라서 피고가 답변서에서 자백한 소유권의 내용을 이루는 사실 역시 원고가 건물의 등기부상 소유명의자라는 점에 그칠 뿐 소외인과 체결한 도급계약의 해석상 원고가 건물의 소유자라는 점에 대한 자백까지 포함하는 것은 아니라고 한 사례이다. 이 경우 비록 건물의 등기명의자가 건물의 소유자로 추정된다 하더라도 시공업자의 건물의 원시취득이 문제되는 때에는 위와 같은 법리가 당연히 적용되는 것은 아니며, 피고가 **궁극적**으로 건물의 소유권은 시공업자로서 **원시취득자**인 소외인에게 있다고 주장함으로써 그 소유권이 원고에게 있다는 **원고의 주장**에 **대항**하고 있으므로, 건물의 소유권의 귀속에 관한 피고의 자백은 이른바 **권리자백**으로서 법원이 이에 구속을 받을 이유는 없다는 이유에서이다).
2) 이시윤, 487쪽; 정동윤·유병현·김경욱, 561쪽; 송상현·박익환, 531쪽; 정영환, 706쪽.
3) 대판 2002. 6. 28. 2000다62254, 2006. 8. 24. 2004후905, 2014. 3. 13. 2013다213823,213830.
4) 박태영, "간접사실의 자백," 민사증거법(상)(재판자료 25집, 1985. 7.), 202쪽 이하.

력을 인정하여 당사자의 임의철회를 제한함으로써 **심리의 촉진**을 기대할 수 있을 뿐만 아니라, ③ 당사자에 대한 **불의의 타격**의 위험도 **방지**할 수 있기 때문이다.[1] 따라서 그 문서의 진정성립을 인정한 당사자는 주요사실에 대한 자백의 취소와 마찬가지로 이를 자유롭게 철회할 수 없으며,[2] 이는 문서에 찍힌 인영의 진정함을 인정했다가 나중에 이를 철회하는 경우에도 마찬가지이다.[3]

(2) 자기에게 불리한 사실상 진술일 것

(a) 증명책임의 소재와 자백의 대상 여부

자백의 대상이 되는 사실은 상대방이 증명책임을 지는 사실에 국한되는지 여부에 관하여 논의가 있다. 자신의 자백에 의하여 상대방의 증명책임이 면제되므로 자기에게는 불리하게 된다는 의미에서, 불리한 사실이란 상대방이 증명책임을 지는 사실을 의미한다고 보는 견해가 있으나(**증명책임설**),[4] 자기책임의 원칙에 비추어 **불이익**이란 그 사실을 바탕으로 판결이 나면 자기에 대하여 전부이든 일부이든 **패소될 가능성**의 의미로 보아야 하므로 자기에게 증명책임이 있는 사실도 불이익한 사실에 포함된다고 본다(**패소가능성설**).[5] 즉 자기가 증명책임을 부담하는 사실을 부정(부인)하는 것도 불이익한 사실에 포함된다. 우리나라의 **다수설** 및 **판례**의 입장이다. **판례**는, 원고가 소유권확인을 구하고 있는 사건에서 원고의 피상속인 명의로 소유권이전등기가 마쳐진 것이라는 점은 원래 원고가 증명책임을 부담할 사항이지만 소유권이전등기를 마치지 않았다는 사실을 원고가 스스로 **자인**한 바 있고 이를 피고가 **원용**한 이상 이 점에 관해서는 자백이 성립한 것으로 보아야 한다고 하여,[6] 자신이 증명책임을 부담하는 사항에 관하여 자신에게 불리한 진술을

---

1) 자유심증주의와의 관계에서도, 서증의 진정성립은 그 형식적 증거력에 관한 문제로서, 법관은 진정성립이 인정된 서증이라도 자유심증에 의하여 실질적 증거력을 배척할 수 있으므로, 이에 구속력을 인정한다고 하여 법관의 자유심증을 제약한다고 볼 수 없다. 강현중, 501쪽.

2) 대판 1991. 1. 11. 90다8244. 이에 반하여, 일본 최고재 1977. 4. 15. 판결은 서증의 성립의 진정에 관한 자백은 법원을 구속하는 것은 아니라고 해석함이 상당하다고 하여, 부정설의 입장에 서 있다. 문서의 성립의 진정은 문서의 실질적 증거력을 판단하는 전제를 이루는 것이므로, 실질적 증거력의 평가가 법관의 자유심증에 위임되어 있는 이상 형식적 증거력의 유무의 판단도 실질적 증거력의 평가의 한 과정으로 전면적으로 법관의 자유심증에 맡겨져 있다고 해석하는 것이 옳다는 입장이다.

3) 대판 2001. 4. 24. 2001다5654.

4) 이시윤, 488쪽; 전병서, 383쪽.

5) 김홍규·강태원, 511쪽; 정동윤·유병현·김경욱, 564쪽; 송상현·박익환, 529쪽; 강현중, 498쪽; 호문혁, 504쪽; 정영환, 707쪽.

6) 대판 1993. 9. 14. 92다24899; 윤경, "자백의 대상과 강행법규위반사실," 법조 51권 1호

하는 것 역시 자백에 해당한다고 본다.[1]

(b) 패소가능성설과 증명책임설의 적용상 차이

패소가능성설에 의하면 자기가 증명책임을 지는 사실까지 자백으로 보게 되므로 자백의 범위가 넓어지게 된다. 예컨대 ① 이행지체로 인한 계약해제를 원인으로 한 원상회복청구소송에서 계약해제를 위하여 이행의 최고가 요구되는데도 원고가 스스로 이행의 최고를 하지 않았다고 진술하거나, ② 어음금청구소송에서 원고가 스스로 어음요건을 갖추지 못했다고 진술하는 경우 등도 재판상 자백이 되어, 당사자는 법 288조 단서 소정의 취소요건에 해당하지 않는 한 자백을 함부로 철회할 수 없다.[2] 이에 반하여 **증명책임설**에 의하면 이러한 진술은 상대방이 증명책임을 부담하는 것이 아니기 때문에 재판상 자백이 성립되지 않으므로 당사자는 언제라도 불리한 진술을 철회할 수 있게 된다.[3]

(3) 상대방의 주장사실과 일치하는 사실상 진술일 것

(a) 법정자백

1) 재판상 자백은 변론기일 또는 변론준비기일에 당사자에 의하여 행해지는 진술로서 상대방 당사자의 주장과 일치하는, 자기에게 불리한 사실의 진술이다. 법원에 제출되어 상대방에게 송달된 답변서나 준비서면에 자백에 해당하는 내용이 기재되어 있는 경우라도 그것이 변론기일이나 변론준비기일에서 진술 또는 진술 간주되어야 재판상 자백이 성립한다.[4] 법정에서 당사자가 한 사실상 진술의 일치 여부에 관해서는 필요하다면 석명권을 행사하여 변론 전체의 취지에서 판단해야 한다.[5]

(2002. 1.), 111쪽 이하.

1) 대판 1977. 12. 27. 77다1968,1969는 대여금의 채무자인 피고가 원금 중 50만원과 3개월분의 이자를 변제하지 못한 사실을 자인하고 있음을 자백으로 판시하고 있다. 정지형, "재판상의 자백(선행자백을 중심으로)," 민사판례연구 3권(2판, 1993. 1.), 180쪽 이하.

2) 패소가능성설을 취하더라도 증명책임을 부담하는 당사자가 일관되지 않은 주장을 동시에 하는 경우에는 법원이 석명을 하여 당사자로 하여금 확실하게 하도록 한 뒤에 자백 여부를 판단해야 한다는 견해로는, 강현중, 498쪽.

3) 자기가 증명책임을 부담하는 사실을 부정하는 진술은 주장책임이 있는 당사자가 주장 자체로서 이유 없는 주장을 한 셈이 되는데 이는 흔히 본인소송에서 생길 수 있는 것으로 법률적 약자에 도움이 되지 않으므로, 자백이 아님을 전제로 당사자에게 정정의 기회를 주는 것이 옳다고 보아 증명책임설의 입장을 지지하는 견해로는, 이시윤, 488쪽. 이러한 입장에 의하면 이를 자백이 아니라 변론 전체의 취지로 참작해야 한다고 본다.

4) 대판 2015. 2. 12. 2014다229870, 2021. 7. 29. 2018다276027, 2024. 2. 29. 2023다299789.

5) 대판 2007. 6. 28. 2007다26424.

2) 자백은 명시적인 진술이 있는 경우에 인정되는 것이 보통이지만, **자백의 의사를 추인**할 수 있는 행위가 있으면 **묵시적 자백**으로 인정된다. 다만 상대방의 주장을 명백히 다투지 않고 **단순히 침묵**하거나 **불분명한(불명확한) 진술**을 하는 경우에는 **자백간주**(법 150조 1항 본문, 다만 변론 전체의 취지로 보아 다툰 것으로 인정되는 경우에는 그렇지 않다. 법 150조 1항 단서)가 될지언정 재판상 자백이 있다고 인정하기에 충분하지 않다.[1]

3) 다른 소송에서 한 자백은 하나의 증거원인이 될 뿐 구속력이 없다.[2] 한편 소송당사자가 형사사건의 법정이나 수사기관에서 상대방의 주장과 일치하는 진술을 했고 상대방이 이러한 진술이 담긴 서증을 원용했다 하더라도 이를 재판상 자백으로 볼 수는 없다.[3]

(b) 선행자백

상대방이든 자백하는 당사자이든 어느 쪽이 먼저 진술했는가의 시간적 선후는 문제가 되지 않는다. 한쪽이 자신에게 유리한 진술을 한 뒤에 다른 쪽이 이를 시인하는 것이 보통이나, 한쪽이 먼저 자진하여 불리한 진술을 하는 경우도 있다. 이 때 상대방이 이를 자기 것으로 만드는 의미의 **원용을 하면** 자백으로 된다[이를 **선행자백** 또는 자발적 자백이라 한다]. 상대방이 **원용하기 전에는** 자백이 아니기 때문에 자유롭게 철회할 수 있으며 이와 모순된 사실상의 진술을 함으로써 제거할 수도 있다.

판례는, 재판상 자백의 일종인 이른바 선행자백은 당사자 한쪽이 자기에게 불리한 사실상 진술을 먼저 자진하여 한 후[이를 '**자인진술**'이라 한다], 그 상대방이 이를 원용함으로써[4] 그 사실에 관하여 당사자 양쪽의 주장이 일치함을 요하므로 그 일치가 있기 전에는 앞서의 진술을 선행자백이라 할 수 없고, 따라서 일단 자기에게 불리한 사실을 진술한 당사자도 그 후 그 상대방의 원용이 있기 전에는 그 자인한 진술을 철회하고 이와 모순되는 진술을 자유로이 할 수 있으며 이 경우 앞의 자인진술은 소송자료로부터 제거된다고 한다.[5]

---

1) 대판 2021. 7. 29. 2018다267900, 2022. 4. 14. 2021다280781.
2) 대판 1992. 11. 10. 92다22121, 1996. 11. 15. 96다31116, 1996. 12. 20. 95다37988.
3) 대판 1991. 12. 27. 91다3208.
4) 이 경우 상대방이 이를 명시적으로 원용하거나 그 진술과 일치되는 진술을 하면 된다. 대판 1992. 8. 18. 92다5546, 2005. 11. 25. 2002다59528,59535, 2024. 2. 29. 2023다299789.
5) 대판 2008. 10. 9. 2008다3022, 2016. 6. 9. 2014다64752, 2018. 8. 1. 2018다229564.

■ 선행자백의 용어상 문제

용어상 문제이기는 하나, 일부 견해는 상대방이 원용하기 전의 상태를 선행자백
이라고 하고 원용하면 재판상 자백이라고 한다. 즉 선행자백의 경우 원용 이전에는
아직 자백이 성립된 것이 아니므로 이러한 의미에서 선행자백은 당사자에게 구속력
이 없다고 하기도 하며,[1] 상대방이 원용하기 전의 상태를 선행자백이라고 하여 재
판상 자백과 구별된다고 하면서 일단 상대방이 원용하여 재판상 자백이 되었으면
굳이 이를 따로 선행자백이라고 부를 이유가 없다고 하기도 한다.[2] 그러나 선행자
백은 재판상 자백의 한 모습이며, 자백은 자기에게 불리한 선행진술을 상대방이 원
용해야 성립되는 것이므로, 이러한 원용이 있기 전의 상태(자인진술)를 선행자백이
라고 부르는 것은 적절하지 않다.

(c) 가분적 자백

상대방의 주장과 전부 완전히 일치되어야 하는 것은 아니다. 자백의 가분성
(可分性)의 원칙은 당연히 인정된다. 이 경우 양쪽의 진술이 일치하는 부분의 한도
에서 가분적으로 자백의 성립을 인정한다. 상대방의 주장사실을 전체로서는 다투
지만 그 일부에서는 일치된 진술을 하는 경우(이유부부인), 예컨대 돈을 받은 것은
인정하지만 상대방의 주장과 같이 차용한 것이 아니라 증여로 받았다는 진술에서
진술이 일치하지 않는 나머지 부분은 **부인**이 된다. 이에 반하여 상대방의 주장사
실을 인정하면서 이에 관련되는 방어방법을 부가하는 경우(제한부자백), 예컨대 금
전을 차용한 것은 인정하지만 변제했다는 진술에서 진술이 일치하지 않는 나머지
부분은 **항변**이 된다.[3]

3. 성   질

자백은 상대방의 증명책임을 면제해 주고 자신의 방어권을 포기하는 의사표
시 또는 상대방이 주장하는 자기에게 불리한 사실을 진실로 받아들여 재판의 기초
로 삼고자 하는 의사표시라고 보는 견해(의사표시설)가 있으나, 단지 상대방의 주장

---

1) 정영환, 708쪽.
2) 호문혁, 505쪽.
3) 채무자가 특정한 채무의 변제조로 금원 등을 지급한 사실을 주장함에 대하여, 채권자가 이
   를 수령한 사실을 인정하면서 다만 다른 채무의 변제에 충당하였다고 주장하는 경우에는, 채
   권자는 다른 채권이 존재하는 사실과 다른 채권에 대한 변제충당하기로 한 합의나 지정이 있
   다거나 다른 채권이 법정충당의 우선순위에 있다는 사실을 주장·증명해야 한다. 대판 1999.
   12. 20. 99다14433, 2014. 1. 23. 2011다108095, 2021. 10. 28. 2021다251813.

사실이 진실이라는 지식의 보고에 그친다고 보는 견해(**사실보고설**)가 통설이다(사실의 보고는 관념의 통지 또는 사실의 통지를 말한다). 다만 견해의 대립에 실천적 의미는 없다.

4. 효   력

(1) 의   의

자백한 사실은 증명을 요하지 않는다(법 288조 본문). 법원은 이를 기초로 판단해야 하며, 당사자는 자백이 되는 진술을 자유롭게 철회할 수 없다. 자백의 구속력은 상급심에도 미친다(법 409조).

(2) 허용범위

(a) 원   칙

자백의 구속력은 **변론주의**에 의하여 심리되는 소송절차에 한하며, 직권탐지주의가 적용되는 사건(가류·나류 가사소송사건 등, 가소 12조 단서, 17조)에는 재판상 자백의 구속력이 인정되지 않는다.[1]

일반적으로 직권조사사항에는 재판상 자백이 적용되지 않는다고 보고 있다.[2] 그러나 직권조사사항의 문제에서는 **직권조사사항 자체**(판단할 사항)와 이를 판단하기 위한 **구체적 해당 사실**(판단을 위한 사실관계)을 나누어 이해해야 한다. 여기서 **직권조사사항 자체의 존재** 여부는 재판상 자백이 허용되지 않음은 물론이다. 다만 직권조사사항의 존재 여부를 판단하기 위한 **자료수집**에서, ① 직권조사사항 가운데 **직권탐지형**에 속하는 때에는 그 구체적 해당사실에 관하여 재판상 자백이 허용되지 않으나, ② 직권조사사항 가운데 **변론주의형**에 속하는 때에는 그 구체적 해당사실에 관하여 재판상 자백이 허용된다. 예컨대 ① 종중이 당사자인 사건에서 종중 대표자에게 적법한 대표권이 있는지 여부,[3] 종중의 권리능력의 취득시기(종중의 발생시기)[4]는 직권조사사항이므로 자백의 대상이 되지 않으며, ② 재심법원은 직권으로 당사자가 주장하는 재심사유 해당사실의 존부에 관한 자료를 탐지하여 판단할 필요가 있으므로 재심사유에 대해서

---

1) 대판 2021. 12. 10. 2019므11584, 2021. 12. 30. 2020므11221,11238.
2) 이시윤, 491쪽; 김홍규·강태원, 515쪽; 정동윤·유병현·김경욱, 565쪽.
3) 대판 2001. 11. 9. 98두892, 2002. 5. 14. 2000다42908.
4) 대판 1982. 3. 9. 80다3290.

자백이 허용되지 않는다.[1] 그러나 **채권자대위소송**에서 **피보전채권의 존재** 여부는 당사자적격에 관한 사항(소송요건)으로 직권조사사항이지만 피보전채권 유무의 근거가 되는 **구체적 사실**에 관해서는 재판상 자백의 대상이 된다.[2]

(b) 행정소송의 경우

행정소송에서도 원칙적으로 변론주의가 적용되므로, 공공의 복지를 유지하기 위하여 필요한 직권조사사항에 관한 사실을 제외하고는 자백에 관한 법칙이 적용된다. 따라서 행정소송에서도 주요사실에 대해서는 당사자의 불리한 진술인 자백이 성립한다.[3] 다만 ① 행정처분이 존재하는지 여부,[4] ② 전심절차를 거쳐야 하는 경우(행소 18조) 전심절차를 거쳤는지 여부,[5] ③ 제소기간의 정함이 있는 경우(행소 20조) 제소기간을 지켰는지 여부[6] 등의 직권조사사항에 관한 사실(**직권탐지형**)은 자백의 대상이 되지 않는다.[7]

이에 대하여, 행정소송법(26조)이 직권탐지주의를 채택하여 당사자가 주장하지 않은 사실에 대해서도 참작하여 판단할 수 있도록 했고, 행정소송에서 확정판결의 효력이 제 3 자에게 대세효를 가지며, 행정소송이 공익관계의 소송이라는 점 등을 고려하면 자백의 구속력을 인정해서는 안 된다는 견해(다수설)가 있다.[8] 그러나 ① 행정소송법 26조가 당사자가 주장하지 않은 사실에 대해서도 판단할 수 있다는 규정을 두고 있다고 하여[행정소송법 26조는 모든 행정소송에 적용·준용된다. 즉 항고소송 외에도 당사자소송·기관소송·민중소송에도 준용된다] 모든 사항에 관하여 자백의 구속력을 배제하는 근거가 된다고 볼 수 없으며[행정소송에 직권탐지주의가 적용되는 것도 아니다], ② 행정소송(항고소송)의 확정판결의 효력이 제 3 자에게 미치는 것[대세적 효력(대세효)]은 모든 확정판결이 아닌, **원고승소확정판결**에 한하며(행소 30조 1항)[이 조항은 행정소송 가운데 **항고소송**에만 적용·준용된다], ③ 행정소송의 공익관계적 소송의 측면은 무시할 수 없으나 이러한 점만으로 모든 사항에

1) 대판 1992. 7. 24. 91다45691.
2) 어떠한 피보전채권이 존재하는지에 관한 주장·증명책임은 채권자대위권을 행사하려는 사람에게 있다. 대판 1998. 3. 24. 95다6885, 2000. 1. 28. 98다17183, 2014. 10. 27. 2013다25217.
3) 대판 1991. 1. 29. 90누5054, 1995. 2. 24. 94누9146.
4) 대판 1984. 1. 24. 83누212, 2004. 12. 24. 2003두15195.
5) 대판 1995. 12. 26. 95누14220.
6) 대판 1988. 5. 24. 87누990.
7) 대판 1986. 7. 8. 84누653, 1993. 7. 27. 92누15499.
8) 이시윤, 491쪽; 정동윤·유병현·김경욱, 566쪽.

관하여 자백의 구속력을 인정해서는 안 될 근거가 되지 않는다.[1][2] 한편 행정소송에도 자백이 성립되나, 자백의 취소요건을 완화하는 것이 상당하다는 견해, 행정소송에서 원고의 자백은 인정하되, 피고의 자백은 인정하지 않아야 한다는 견해 등도 있다.[3]

(c) 회사관계소송의 경우

회사를 피고로 하는 회사관계소송은 직권탐지주의가 적용되는 소송절차는 아니나, 법률상 명문의 규정이 있는 경우 원고 승소확정판결의 효력이 제3자에게 미치는 대세효(상 376조 2항, 380조, 190조 본문 등)가 있음에 비추어, 당사자는 자기의 이익만이 아니라 이해관계인 일반의 이익을 대표하는 것이라 보아 법 67조 1항의 유추적용에 의하여 다른 필수적 공동소송인이 있는 경우처럼 자백과 같은 불리한 행위를 하지 못하는 것으로 보는 견해가 있다.[4] 그러나 이러한 회사관계소송은 재산권에 관한 소송으로 그 대상(소송물)이 되는 것은 처분할 수 있는 사법상 권리이고, 비록 원고 승소확정판결의 대세효가 인정된다고 해도 변론주의를 제한하는 것은 무리이므로 이를 들어 재판상 자백의 구속력을 제한할 근거가 되지 않는다.[5]

(3) 법원에 대한 구속력

자백은 법원을 구속한다. 법원은 자백사실이 진실인지의 여부에 관하여 판단할 필요가 없다(사실인정권의 배제). 증거조사의 결과 반대심증을 얻었다 해도 이에 반하는 사실을 인정할 수 없다. 즉 법원은 당사자 사이에 다툼이 없는 사실에 관하여 성립된 자백과 배치되는 사실을 증거에 의하여 인정할 수 없다.[6] 물론 현저

---

1) 실제로 판례가 자백의 구속력을 인정한 사례들은 비록 행정소송이지만 그 사항의 내용이 공익과는 별 관계가 없는 것들로 보고, 추상적으로 행정소송이 공익과 관련된 소송이므로 직권탐지주의에 의한 절차라고만 강조하는 것은 이러한 경우에는 큰 의미가 없으므로 판례의 태도가 정당하다는 견해로는, 호문혁, 510쪽.

2) 행정소송에도 자백이 성립되나, 다만 자백의 취소요건을 완화하는 것이 상당하다는 견해가 있다. 행정소송에는 국민의 권리보호와 행정목적의 달성이라는 공익적 요소가 있는 만큼 자백이 진실에 어긋난다고 증명만 하면 그것이 착오로 말미암은 것까지 나아가 증명하지 않더라도 자백취소의 요건을 충족한다고 보아야 한다는 입장이다. 구욱서, "행정소송과 자백법칙," 저스티스 29권 1호(1996. 6.), 22쪽 이하.

3) 이재성, "행정소송과 자백," 민사소송의 이론과 실제 1권(1976. 9.), 260쪽 이하.

4) 이시윤, 472쪽.

5) 마용주, 주석서(4), 121쪽; 정동윤·유병현·김경욱, 566쪽; 호문혁, 488쪽; 정영환, 710쪽.

6) 대판 2021. 7. 29. 2018다276027, 2022. 1. 27. 2019다277751, 2024. 2. 29. 2023다299789 등.

한 사실에 반하는 자백, 경험법칙에 반하는 자백은 그 구속력이 없다.1)

(4) 당사자에 대한 구속력

(a) 원   칙

자백은 당사자를 구속한다. 자백이 성립하면 당사자는 원칙적으로 자백을 취소할 수 없다. 즉 당사자는 자백이 되는 진술을 철회할 수 없다. **자백간주**(법 150조 1항·3항, 257조 1항·2항)의 경우에는 당사자에게 자백의 구속력이 인정되지 않는다. 즉 당사자는 자백으로 간주되는 사실 자체를 다툼으로써 그 효과를 부정할 수 있다. 아래에서는 자백을 취소할 수 있는 경우, 자백이 실효되거나 무효인 경우 등에 대하여 본다.

> ■ **자백의 철회라는 용어 사용례의 정확성 여부**
>
> 자백의 취소와 자백의 철회를 혼용하는 경우가 있으나, 엄격하게는 자백의 효과를 부정하는 의미에서 **자백의 취소**라고 하든지, 자백이 성립하게 된 진술 자체를 부정하거나 바꾸는 의미에서 **자백이 되는 진술의 철회**라고 부르는 것이 옳다[따라서 자백의 철회라는 용어는 정확한 용어가 아니다]. 한편 유효한 자백이 그 후 효력을 상실하는 경우(**자백의 실효**), 또는 자백이 애당초 무효가 되는 경우(**자백의 무효**)도 있다.

(b) 상대방의 동의가 있는 경우와 자백의 취소

상대방이 동의한 때에는 자백을 취소할 수 있다. 자백한 당사자가 자백의 내용에 **배치되는 주장**을 하고 이에 상대방이 아무런 이의를 제기함이 없이 그 **주장내용을 인정**한 때에는 종전의 자백은 취소된 것으로 본다.2) 이 경우에는 **새로운 자백**이 성립된 것으로 보아야 한다.3) 다만 자백의 취소에 대하여 이의를 제기하지 않았다는 점만으로는 취소에 동의했다고 할 수 없다.4)

(c) 진실에 어긋나고 착오로 말미암은 경우와 자백의 취소

자백이 진실에 어긋나고 착오로 말미암은 것임을 **증명**한 때에는 자백을 취소할 수 있다(법 288조 단서). **자백의 취소 주장**은 명시적 또는 묵시적으로도 가능하

---

1) 대판 1959. 7. 30. 4291민상551.
2) 대판 1967. 8. 29. 67다1216.
3) 대판 1990. 11. 27. 90다카20548.
4) 대판 1987. 7. 7. 87다카69, 1994. 9. 27. 94다22897.

다. 즉 종전의 자백과 배치되는 사실을 주장함으로써 **묵시적**으로도 할 수 있다.[1] 취소하려면 **진실에 어긋남**과 **착오** 두 가지를 **아울러 주장·증명**해야 하며, 진실에 어긋난다는 증명만으로 착오로 말미암은 자백으로 추정되지 않는다.[2] 따라서 진실에 어긋나는 자백은 착오로 말미암은 것임을 증명한 때에 한하여 이를 취소할 수 있으므로, 자백이 **어떠한 착오**에서 한 것인지에 관하여 주장·증명이 있어야 한다.[3] **진실에 어긋난다**는 사실에 대한 증명은 그 반대되는 사실을 직접증거에 의하여 증명함으로써 할 수 있지만 자백사실이 진실에 어긋남을 추인할 수 있는 **간접사실의 증명**에 의해서도 가능하다. 자백이 진실에 어긋난다는 사실이 증명된 경우라면 **변론 전체의 취지**에 의하여 그 자백이 **착오로 말미암은 것**이라는 점을 인정할 수 있다.[4]

(d) 청구의 교환적 변경의 경우와 자백의 실효

원고의 청구원인사실에 대하여 피고가 이를 인정함으로써 **자백**이 성립된 후 원고가 청구원인사실을 새로운 청구원인사실로 교환적으로 변경하면(**청구의 교환적 변경**)[이 경우 구청구는 취하되고 신청구가 심판대상이 된다] 이미 성립되었던 자백은 그 대상이 없어짐으로써 **실효(소멸)**된다. 이 경우 피고가 변경 전 청구원인사실에 부합하는 진술 자체를 **철회**하면[그 진술과 배치되는 주장을 함으로써 이를 묵시적으로 철회할 수 있다] 원고로서는 피고가 이미 철회한 진술을 원용할 수도 없게 된다. 따라서 만약 원고가 변경 전 청구원인사실을 예비적 청구원인사실로 다시 추가적으로 변경(**청구의 추가적 변경**)을 했다 하여 자백의 효력이 되살아나지 않는다.[5]

(e) 형사상 처벌받을 다른 사람의 행위로 인한 경우와 자백의 무효

자백이 형사상 처벌을 받을 다른 사람의 행위로 말미암아 이루어진 때(법 451조 1항 5호 **유추적용**)[판결확정시 재심사유가 되는 것이므로 판결확정 전에는 이러한 재심사유가 유추적용된다]에는 그 무효를 주장할 수 있다.[6]

---

1) 대판 1996. 2. 23. 94다31976, 2001. 4. 13. 2001다6367.
2) 대판 1994. 9. 27. 94다22897, 2010. 2. 11. 2009다84288,84295.
3) 대판 1977. 12. 27. 77다1968,1969.
4) 대판 2004. 6. 11. 2004다13533, 2013. 6. 27. 2012다86048. 다만 착오에 대해서는 자백 당사자의 법률지식이나 자백의 내용에 따라 탄력적으로 대처해야 하며, 과실의 유무를 묻지 않는다. 양병회, "재판상 자백의 구속력," 판례월보 345호(1999. 6.), 29쪽 이하.
5) 대판 1997. 4. 22. 95다10204.
6) 이 경우 단지 불요증사실인 자백을 무효로 하는 것에 불과하므로, 유죄확정판결 등을 그 요건을 하지 않는다(즉 법 451조 2항은 유추적용되지 않는다). 정동윤·유병현·김경욱, 568

(f) 소송대리인의 행위에 대한 경정권의 행사와 자백의 무효

소송대리인이 사실상 진술을 함으로써 자백이 이루어진 때에도 본인(또는 법정대리인)이 경정권(법 94조)을 행사하여 이를 곧 취소하거나 경정을 하면 자백은 무효가 된다.

Ⅲ. 자백간주

1. 의   의

당사자가 상대방의 주장사실을 자진하여 자백하지 않아도, ① 명백히 다투지 않거나, ② 당사자 한쪽이 기일에 불출석하거나, ③ 또는 피고가 답변서를 부제출한 때에는 그 사실을 자백한 것으로 본다(**자백간주**, 법 150조 1항·3항, 257조 1항·2항)[구법에서는 **의제자백**이라고 했다].

2. 적용범위

변론주의하에서는 당사자의 태도로 보아 다툴 의사가 없다고 인정되는 이상 증거조사를 생략하는 것이 타당하다. 따라서 자백간주가 인정되는 것은 **변론주의**가 적용되는 절차에 한하며, **직권탐지주의**에 의하는 가류·나류 가사소송(가소 12조 단서, 17조)에는 그 적용이 없다. **행정소송**의 경우 판례는, 원칙적으로 변론주의가 적용된다고 보므로 자백간주도 인정된다.[1] 다만 행정소송에서도 행정처분의 존부 등과 같은 직권주의(행소 26조)가 적용되는 범위 내에서는 그 적용이 없다. 한편 **직권조사사항** 가운데 판단자료의 수집에서 **직권탐지형**에 해당하는 소송요건이나 재심사유에도 자백간주의 적용이 없다. 한편 **법률상 주장**이나 법적 판단에 대해서는 자백간주가 적용되지 않는다.[2]

쪽; 강현중, 501쪽; 정영환, 712쪽; 일본 최고재 1961. 10. 5. 판결.

1) 대판 2000. 12. 22. 2000후1542; 박성수, "특허발명의 진보성 판단과 재판상 자백," 대법원 판례해설 65호(2006년 하반기), 399쪽 이하.

2) 대판 2000. 12. 22. 2000후1542, 2022. 4. 14. 2021다280781.

3. 성   립

(1) 상대방의 주장사실을 명백히 다투지 않는 경우

당사자가 변론준비기일 또는 변론기일에 출석했으나 상대방의 주장사실을 명백히 다투지 않았으면 그 사실에 대해서는 자백간주가 성립한다(법 150조 1항 본문, 286조). 그러나 **변론 전체의 취지**로 보아 다투었다고 인정되면 자백간주가 성립될 수 없다(법 150조 1항 단서, 286조). 여기서 변론 전체의 취지는 법 202조의 증거원인이 되는 경우와는 달리 **변론의 일체성**을 뜻한다. 따라서 명백히 다투었는지는 사실심 변론종결 당시(자백간주 배제의 종기)의 상태에서 당사자의 **변론을 일체**로 하여 당사자가 한 **주장의 취지**와 **소송의 경과**를 **전체적**으로 종합해서 판단해야 한다.[1] 제 1 심에서 피고가 원고의 주장사실을 명백히 다투지 않아 자백간주로 패소했는데, 항소심에서도 원고청구기각의 판결을 구했을 뿐 원고의 청구원인사실에 대해서는 아무런 답변도 진술하지 않았다면 변론 전체의 취지에 의하여 그 사실을 다툰 것으로 인정되지 않는 한, 항소심에서도 자백간주가 성립한다.[2]

(2) 한쪽 당사자가 기일에 불출석한 경우

당사자 한쪽이 변론준비기일 또는 변론기일에 불출석한 경우에도 상대방이 소장·준비서면으로 예고한 사항에 대해서, 미리 답변서 그 밖의 준비서면을 제출하여 다투는 뜻을 나타낸 바 없다면 자백한 것으로 간주된다(법 150조 3항 본문, 286조). 만일 불출석한 당사자가 그와 같은 다투는 취지의 서면을 제출했을 때에는 비록 불출석했더라도 그 서면에 따라 진술한 것으로 간주되어 상대방의 주장에 대하여 다툰 결과가 되므로(법 148조 1항), 자백간주가 될 여지가 없다. 당사자가 공시송달에 의하지 않은 기일통지를 받았음에도 불구하고 불출석한 경우이어야 한다(법 150조 3항 단서). 공시송달에 의한 기일통지를 받은 경우에는 당사자가 기일을 현실적으로 알았다고 할 수 없기 때문이다. **제 1 심**에서 피고에 대하여 **공시송달**로 재판이 진행되어 피고에 대한 청구가 기각되었다고 해도 피고가 원고의 청구원인사실을 다툰 것으로 볼 수 없으므로, 원고가 항소한 **항소심**에서 피고가 **공시송달이 아닌 방법**으로 송달받고도 다투지 않는 때에는 자백간주가 성립된다.[3]

---

1) 대판 2004. 9. 24. 2004다21305, 2012. 5. 24. 2012다19758, 2022. 4. 14. 2021다280781.
2) 대판 1989. 7. 25. 89다카4045.
3) 대판 2018. 7. 12. 2015다36167.

(3) 답변서를 부제출한 경우 등

피고가 (공시송달에 의하지 않은 방법으로) 소장부본을 송달받고 30일의 답변서 제출기간 내에 답변서를 제출하지 않는 때에는, 직권조사사항이 있거나 판결선고 전까지 원고의 청구를 다투는 취지의 답변서를 제출한 경우를 제외하고 청구원인사실에 대해 자백한 것으로 본다(법 257조 1항). 피고가 청구원인사실을 모두 자백하는 취지의 답변서를 제출하고 따로 항변을 하지 않은 때에도 마찬가지이다(법 257조 2항).

4. 효   력

자백간주가 성립되면 재판상 자백과 마찬가지로 **법원에 대한 구속력**이 있다. 따라서 법원은 그 사실을 판결의 기초로 삼지 않으면 안 된다. 자백간주의 요건이 갖추어지면 그 뒤 공시송달로 진행되는 등의 사정이 생겨도 자백간주의 효과가 상실되지 않는다.[1] 자백간주는 재판상 자백과 달리 **당사자에 대한 구속력**은 없다. 당사자는 자백간주가 있었다 해도 그 뒤 사실심에서 그 사실을 다툼으로써 그 효과를 번복할 수 있다. 제 1 심에서 자백간주가 있었다 해도 항소심의 변론종결 당시까지 이를 다투는 한 그 효과를 배제시킬 수 있다[다만 이러한 다툼이 실기한 공격방어방법으로 각하될 수 있다(법 408조, 149조 1항)].[2]

Ⅳ. 현저한 사실

1. 의   의

현저한 사실이란 법관이 명확하게 인식하고 있고, 증거에 의하여 그 존부를 인정할 필요가 없을 정도로 객관성이 담보되어 있는 사실을 말한다. 현저한 사실에는 **공지의 사실**과 **법원에 현저한 사실**이 있다. 현저한 사실은 불요증사실일 뿐, 변론주의가 적용되어 주요사실인 한 당사자가 진술하여 공격방어의 대상으로 한 바 없으면 판결의 기초로 할 수 없다(**주장필요설**).[3] 절차권을 보장하고 예상 밖의 불리한 재판으로부터 당사자를 보호할 필요가 있기 때문이다. 이에

---

1) 대판 1988. 2. 23. 87다카961.
2) 대판 2004. 9. 24. 2004다21305.
3) 이시윤, 496쪽; 송상현 · 박익환, 528쪽; 강현중, 503쪽; 호문혁, 514쪽; 정영환, 717쪽.

대하여, 현저한 사실은 당사자도 알고 있는 것으로 전제되고 있으므로 변론주의가 적용되지 않는다는 견해(**주장불요설**)도 있다.[1]

  판례는, 한 때 법원에 현저한 사실은 당사자가 이를 변론에서 원용했다든가 현출되지 않았다고 하여 그 소송법상의 성질이 변경되지 않는다고 보았으나,[2] **주류적 판례**는 변론주의가 적용되는 소송절차에서 현저한 사실도 그 사실이 주요사실인 경우에는 당사자의 **주장**이 있어야만 비로소 판결의 기초로 할 수 있으므로[3] 당사자가 주장하지 않았음에도 현저한 사실로 인정한 것은 변론주의를 위반한 것이라고 보고 있다.[4] 현저한 사실에 반하는 자백은 그 구속력이 인정되지 않음은 이미 본 바와 같다.

2. 공지의 사실

  공지(公知)의 사실은 일반인에게 널리 알려진 사실로서, 통상의 지식과 경험을 가진 일반인이 믿어 의심하지 않을 정도로 알려진 사실을 말한다(역사적으로 유명한 사건, 천재지변, 전쟁 등).[5] 공지인지 여부에 대해서는 **반증**을 들어 이를 다툴 수 있으며, 공지라고 하더라도 공지의 사실 자체가 진실이 아님을 **증명**함으로써 이를 다툴 수 있다. 공지인지 여부는 **사실문제**이며, 상고심이 그 당부를 가릴 사항이 아니다. 다만 공지라고 인정하기에 이른 경로는 통상인의 사고에 비추어 납득할 수 있을 것을 요하며, 그 한도에서 제한적으로 상고심의 심사를 받는다.[6]

3. 법원에 현저한 사실

(1) 의   의

  법원에 현저한 사실(**직무상 현저한 사실**이라고도 한다)이란 법관이 직무상 경험

---

1) 김홍규·강태원, 523쪽; 정동윤·유병현·김경욱, 572쪽; 김용진, 363쪽.
2) 대판 1963. 11. 28. 63다494.
3) 대판 1965. 3. 2. 64다1761.
4) 대판 2010. 1. 14. 2009다69531.
5) **판례**는, 서울대학교는 국가가 설립·경영하는 학교임은 공지의 사실이라고 하고(대판 2001. 6. 29. 2001다21991), 문제된 기간 우리나라의 부동산의 시세는 상승세에 있었음이 공지의 사실이라고 하나(대판 1990. 6. 12. 90누1090, 1992. 2. 11. 91누12301, 1992. 7. 10. 92누3199), 우리나라의 농촌일용노동 임금액이 계속적으로 급격한 상승세에 있다는 것은 공지의 사실에 속한다고 할 수 없다고 본다(대판 1969. 7. 22. 69다684).
6) 이시윤, 497쪽; 김홍규·강태원, 522쪽; 정동윤·유병현·김경욱, 573쪽; 정영환, 718쪽. 반대견해로는, 송상현·박익환, 527쪽.

으로 알고 있는 사실로서 ① 그 사실의 존재에 관하여 명확한 기억을 하고 있거나, ② 다른 기록 등을 조사하여 곧바로 그 내용을 알 수 있는 사실을 말한다. 이러한 입장은 **대판(전) 1996. 7. 18. 94다20051**의 **다수의견**의 견해이다. 이에 대하여, 법원에 현저한 사실은 법관이 직무상 경험으로 그 사실의 존재에 관하여 명확한 기억을 하고 있는 사실을 말하므로, 법관이 직무상 안 사실이라고 하더라도 명확한 기억을 하고 있지 않으면 법원에 현저한 사실에 속한다고 할 수 없다고 보는 견해도 있다. 이는 위 전원합의체 판결의 **반대의견**의 입장이다.

(2) 구체적 경우

1) 위 전원합의체 판결의 **다수의견**은, 피해자의 장래수입 상실액을 인정하는 데 이용되는 **직종별임금실태조사보고서**(현재의 **고용형태별 근로실태조사보고서**)[1]와 **한국직업사전**의 각 존재 및 그 기재 내용을 법원에 현저한 사실로 보아, 그를 기초로 피해자의 일실수입을 산정한 조치는 객관적이고 합리적인 방법에 의한 것으로 적법하다는 입장이다. 이에 대하여, **반대의견**은 직종별임금실태조사보고서는 법관이 그 기재 내용을 기억할 수 없거나 또는 다른 사건의 증거조사과정을 통하여 그 일부를 기억할 수 있을 뿐이므로 이를 전연 별개의 사건에서 법원에 현저한 사실이라고 하여 판결의 기초로 삼을 수 없고, 이를 다수의견과 같이 법원에 현저한 사실에 속한다고 보게 되면 변론에 전혀 현출되지 않았음에도 불구하고 사실심법원이 그 사실을 피해자의 수입을 인정하는 자료로 이용하게 됨으로써 소송당사자가 예상하지 못한 불이익한 재판을 받게 될 우려가 있다는 입장이다.

2) 직종별임금실태조사보고서를 이용하여 원고가 주장하는 수입의 범위를 넘어서까지 법원이 자의적으로 일실수익의 기초가 되는 수입을 산정하는 것이 아니라, 원고가 주장하는 피해자의 직종의 종류, 내용 및 그에 해당하는 수입의 범위 내에서 객관적이고 합리적인 기대수익액을 산정하기 위하여 이를 이용하는 것에 불과하므로 전혀 당사자가 주장하지도 않은 직종을 인정하여 원고 주장의 범위를 넘어서는 수입을 인정하는 것은 아니다.[2] 나아가 직종별임금실태조사보고서의 기재 내용을 법원에 현저한 사실로 보더라도 그로 인하여 당사자에게 예상 외의 불

---

1) '직종별임금실태조사보고서'는 '임금구조기본통계조사보고서'로 명칭이 바뀌었다가 현재는 다시 **고용형태별 근로실태조사보고서**로 바뀌었다.

2) 이희영, "직종별임금실태조사보고서와 법원에 현저한 사실," 국민과 사법(윤관대법원장퇴임 기념, 1999. 1.), 655쪽 이하.

의의 타격(不意打)을 주었다고 볼 수 있는 경우에는 변론주의 위반 또는 석명권 불행사를 이유로 원심판결을 파기함으로써 당사자가 예상하지 못한 불이익을 받는 것을 막을 수 있다.[1] 따라서 위 전원합의체 판결의 **다수의견**의 입장이 타당하다.

3) 통계청이 정기적으로 조사·작성하는 한국인의 **생명표**에 의한 남녀별 각 **연령별 기대여명**은 법원에 현저한 사실이다. 따라서 불법행위로 인한 피해자의 일실수입 등 손해액의 산정에서 기초가 되는 피해자의 기대여명(期待餘命, 잔여평균수명)은 당사자가 제출한 증거에 구애됨이 없이 그 손해발생 시점과 가장 가까운 때에 작성된 생명표에 의하여 확정할 수 있다.[2]

4) **같은 법원에서 한 다른 판결**은 그 판결이 **선고된 사실** 자체는 법원에 현저한 사실로 볼 수 있으나, 이를 넘어 그 **판결에 나타난 사실관계**까지 법원에 현저한 사실로 볼 수는 없다.[3]

V. 법률상 추정

법률상 추정규정이 있는 경우 증명책임이 있는 사람이 추정사실보다는 증명이 용이한 전제사실을 증명하여 이를 갈음할 수 있으므로, 불요증사실이다(증명할 사실을 **직접** 증명할 필요가 없다). 뒤에서 상세히 본다.

---

1) 서기석, "변론에 현출되지 아니한 직종별임금실태조사보고서의 기재내용을 법원에 현저한 사실로 보고 이에 기초하여 일실이익을 산정한 조치의 적부 여부," 판례실무연구(대법원 비교법실무연구회) 1권(1997. 9.), 3쪽 이하.

2) 대판 1999. 12. 7. 99다41886. 이를 경험법칙으로 보아야 한다는 견해로는, 이시윤, 497쪽; 호문혁, 517쪽. 이러한 입장은 경험법칙 가운데 전문적·학리적 경험법칙으로 보아 증명이 필요한 것으로 본다. 이 경우 현저한 사실로 보게 되면 당사자의 증명부담이 덜어져 법원으로서도 증거조사절차에 대한 업무가 대폭 경감될 것이라는 이점이 있겠지만, 반대로 사회사정이 변경되어도 이를 반영할 수 없고, 당사자는 예측하지 못한 적은 손해액(일실수입)을 인정한 판결을 받을 수 있다는 입장이다.

3) 대판 2010. 1. 14. 2009다69531, 2019. 8. 9. 2019다222140(원심법원이 다른 하급심판결의 이유 중 일부 사실관계에 관한 인정사실을 그대로 인정하면서 위 사정들이 '이 법원에 현저한 사실'이라고 본 사안에서, 해당 재판의 제 1 심 및 원심에서 다른 하급심판결의 판결서 등이 증거로 제출된 적이 없고, 당사자들도 이에 관하여 주장한 바가 없음에도 이를 '법원에 현저한 사실'로 본 원심판단에 법리오해의 잘못이 있다고 했다).

제 3 절   증거조사의 개시와 실시

제 1 관   증거조사의 개시

I. 증거신청

1. 의   의

(1) 증명할 사실과 증거신청

증거조사절차는 증거신청, 채부결정, 증거조사의 실시, 증거조사의 결과에 의한 심증형성의 순으로 진행된다. 증거신청은 원칙적으로 일정한 사실(**증명할 사실, 이를 요증사실, 증명사항, 증명주제라고도 부른다**)을 증명하기 위하여 일정한 증거방법을 지정하여 법원에 그 조사를 청구하는 소송행위이다.

(2) 증거제출권

1) 증거신청과 관련하여 **당사자권**(當事者權)의 한 가지 내용으로 **증거제출권** (증명권, 증거신청권)이 인정된다. 증거에 관한 당사자권은 좁게는 증거제출권만을, 넓게는 증거보전신청권, 증거조사에의 참여권, 증거수집에의 협력요구권까지 포함한다.[1] 나아가 상대방의 반증제출권도 전제된다.[2] 이와 같은 증거제출권은 헌법상 보장된 권리로서, 증거제출에 어떠한 절차상의 제한을 가하기 위해서는 특별히 정당한 사유를 필요로 한다는 것을 뜻한다.[3] **판례**는, 민사소송절차의 변론과정에서 당사자가 상대방의 프라이버시나 명예에 관한 사항을 주장하고 이에 관한 증거방법을 제출함으로써 상대방의 프라이버시가 침해되거나 명예가 훼손되었다 하더라도, 그 주장과 증명이 당사자에게 허용되는 정당한 변론활동의 범위를 벗

---

1) 정동윤, "증거에 관한 당사자권 —소위 증명권에 관하여—," 법조 37권 1호(1988. 1.), 1쪽 이하. 증거신청권 없는 재판자료제출권은 무의미하고 맹목적이라는 견해로는, 장석조, "공정한 재판을 받을 권리 —법적청문청구권을 중심으로—," 헌법문제와 재판(중)(재판자료 76집, 1997. 6.), 489쪽 이하.

2) 증거에 대한 당사자권은 비단 신청자뿐만 아니라 그 신청의 상대방에게도 인정되어야 하는 권리의 개념으로 접근해야 한다는 견해로는, 최광선, "민사소송에서 증거신청과 증거채부에 관한 몇 가지 쟁점 사항 검토 —증거에 관한 당사자권을 중심으로—," 민사소송 24권 3호(2020년), 262쪽.

3) 당사자권은 헌법상의 재판청구권에 기초하고, 구체적 내용은 소송절차의 구체적 상황과 단계에 따라 법률상 행위를 법원에 요구할 수 있는 소권론상 사법행위청구권설의 일종이라고 보는 견해로는, 정영환, 691쪽.

어난 것이 아니라면 위법성이 없다고 본다.[1]

　　2) 법원은 증거법에서 정한 요건을 갖추었다면 신청한 증거를 원칙적으로 모두 조사해야 한다. 그와 같은 증거신청을 거부하거나 방치하면 소송법규(법 202조)를 위배함은 물론 법적심문청구권, 즉 헌법상 재판을 받을 권리를 침해하는 것이 되어 상고이유가 된다. 당사자가 자신의 주장에 부합하는 **증거를 제출할 기회**를 상실함으로써 당사자로서 **절차상 권리**를 침해당한 때에는 당사자가 대리인에 의하여 적법하게 대리되지 않았던 때와 마찬가지로 절대적 상고이유(법 424조 1항 4호 **유추적용**) 및 재심사유(법 451조 1항 3호 **유추적용**)가 된다.[2]

2. 증거신청의 방식 및 시기 등

(1) 증거신청과 증명취지 등의 표시

증거신청은 서면 또는 말로 한다. 증거를 신청할 때에는 **증명할 사실**, 특정의 **증거방법·증명취지**(입증취지)를 표시해야 한다(법 289조 1항, 규칙 74조). **증명취지**는 해당 증거방법과 증명할 사실의 관계를 말한다. 증거신청시 증명취지를 구체적으로 명확히 밝혀야 한다. 신청서에는 인지를 붙일 필요가 없다(민인 10조 단서). 전자문서에 대한 증거신청에 관해서는 '민사소송 등에서의 전자문서 이용 등에 관한 규칙' 31조에서 규정하고 있다. 증명할 사실을 구체적으로 특정하지 않고 **일반적·추상적 증거신청**을 하면서, 증거조사를 통해 자기의 구체적 주장의 기초자료를 얻어내려는 **모색적 증명(모색적 증거신청)**에 관해서는 논의가 있다. 한편 **증인신문**을 신청하는 때에는 부득이한 사정이 없는 한 **일괄하여** 신청해야 한다. **당사자신문**의 신청에서도 마찬가지이다(규칙 75조 1항).

■ 모색적 증명(모색적 증거신청)의 허용 여부 및 그 한계

　(1) 의　　의

　모색적 증명이란 증명책임을 지는 사람이 사실경과 과정을 상세히 모르는 경우에 증명할 사실을 정확히 특정하여 주장하지 않고, 먼저 증거신청(**모색적 증거신청**)

---

[1] 대판 2008. 2. 15. 2006다26243.
[2] 대판 1997. 5. 30. 95다21365(원고는 제1심에서 자백간주에 의한 승소판결을 받았는데 항소장부본부터 공시송달의 방법으로 송달되어 귀책사유 없이 항소가 제기된 사실조차 모르고 있었고, 이러한 상태에서 원고의 출석 없이 항소심의 변론기일이 진행된 사안이다), 대판 2011. 4. 28. 2010다98948, 2021. 7. 21. 2021다225241 등.

을 하여 증거조사를 통해 자기의 구체적 주장의 기초자료를 얻어내려고 하는 것을 말한다.1)

(2) 허용 여부

모색적 증명은 법 289조 1항(증거를 신청할 때에는 증명할 사실을 표시해야 한다)에 위반될 뿐만 아니라, 남소(濫訴)나 남용적(濫用的)인 증거신청으로부터 상대방이나 법원을 보호하기 위해서 변론주의가 적용되는 절차에서는 **원칙적으로** 허용되지 않는다. 다만 형평에 맞는 증거조사를 구현함으로써 **증거의 구조적 편재**를 시정해야 할 필요가 있는 **현대형소송** 등에서는 **제한적**으로 그 적법성이 인정될 수 있다.2) 모색적 증명이 제한적으로 허용되는 경우에는 증명책임이 있는 당사자가 증거신청시 증명사항을 구체적으로 특정하지 않아도 되므로3) 그만큼 증거제출책임이 완화된다.4)

(3) 현행법의 태도

법 346조는 현대형소송 등에서 증거가 되는 문서가 기업 등에게 편재하는 경우에 법률요건분류설에 의한 증명책임의 분배로서는 증거에 관한 당사자의 소송수행상의 지위의 실질적 평등의 실현이 곤란하다. 따라서 법 346조는 법원이 필요하다고 인정하는 경우에는 신청대상이 되는 문서의 취지나 그 문서로 증명할 사실을 **개괄적**으로 표시한 당사자의 신청에 따라 상대방에게 신청내용과 관련하여 가지고 있는 문서, 또는 신청내용과 관련하여 서증으로 제출할 문서에 관하여 그 표시와 취지 등(문서목록)을 적어내도록 명할 수 있는 **문서목록제출제도(문서정보공개제도)**를 규정하고 있다. 현대형소송 등에서 증명책임을 부담하는 사람이 사실경과를 잘 모르는 경우에, 증명주제(증명할 사실)를 특정하여 증명주제와 증거와의 관계를 명시해서 증거조사의 신청을 하도록 요구하지 않고 어느 정도 **일반적·추상적 신청(모색적 증거신청)**을 허용하여, 구체적이고도 확실한 주장·증명의 자료를 취득하는 방도를 열어주는 **모색적 증명제도**를 도입한 것이다.

(2) 증거신청의 시기

증거신청은 집중심리주의와 적시제출주의하에서 소송의 정도에 따라 적절한

---

1) 이시윤, 499쪽; 정동윤·유병현·김경욱, 552쪽.
2) 이시윤, 500쪽; 김홍규·강태원, 489쪽; 전원열, 410쪽. 한편 이러한 경우 신의칙상 이를 인정하는 것이 타당하다는 견해로는, 정영환, 697쪽.
3) 다만 구체적인 사실 주장을 못하는 경우라도 무모하게 증거조사를 한다는 의심을 배제할 정도의 정황으로 최소한의 근거는 제시해야 한다. 마용주, 주석서(4), 91쪽.
4) 당사자의 증거수집권을 확대하기 위하여 당사자에게 어떻게든 증거수집의 방편을 마련해줄 필요성이 절실하므로, 모색적 증명의 금지라는 과거의 입장에서 일정 부분 벗어나야 한다는 견해로는, 전원열, "민사소송절차상 디스커버리 도입에 관한 검토," 인권과 정의(대한변호사협회지) 501호(2021년), 110쪽 이하.

시기에 해야 한다.1)

(3) 상대방의 의견진술기회의 보장

증거에 관한 당사자권의 보장을 위하여 증거신청이 있으면 법원은 이에 대하여 상대방에게 의견진술의 기회를 주지 않으면 안 된다(법 274조 2항, 283조 1항). 상대방은 **증거항변**을 할 수 있다. 상대방에게 의견진술의 기회를 주면 되고, 상대방이 실제 주장할 필요는 없다. 의견진술의 기회를 주었음에도 의견의 제출이 없으면 소송절차에 관한 이의권의 포기·상실로 위법한 증거조사라도 그 잘못이 치유되어 적법한 것이 된다.

(4) 증거신청의 철회

① 증거신청은 증거조사가 **개시되기 전**까지는 (판단자료의 수집을 당사자에게 맡기는) 변론주의에 의해 어느 때나 철회할 수 있다. ② 증거조사가 **개시되면** 상대방의 동의가 있는 때에 한하여 철회할 수 있다[증거조사결과가 증거제출자의 상대방에게 유리하게 참작될 수 있기 때문이다]. ③ 그러나 증거조사가 **종료된 뒤**에는 철회가 허용되지 않는다[증거신청의 목적이 달성되었기 때문이다]. 적법하게 철회된 증거를 채택함은 위법하다.

Ⅱ. 증거신청의 채택여부결정

1. 증거신청의 채부결정의 기준

(1) 증거신청의 적법성 등

증거신청이 **부적법**한 경우 예컨대 방식을 어긴 경우, 증거방법 자체가 부적법한 경우, 위법하게 수집한 증거방법의 경우, 또는 재정기간을 넘겼거나 시기에 늦은 경우 등에는 **증거신청을 각하**한다. 증인의 행방불명, 목적물의 분실, 증인에 대한 구인장의 집행불능 등으로 증거조사를 할 수 있을지, 언제 할 수 있을지 알 수 없는 장애(**증거조사의 장애**)가 있는 때에도 그 증거를 조사하지 않을 수 있다(법 291조).

---

1) 법원사무관 등(참여사무관 등)은 전형적으로 증거신청이 필요하다고 판단됨에도 불구하고 (예컨대 인신사고로 인한 손해배상사건에서의 신체감정, 관련 형사기록이 있는 사건에서의 문서송부촉탁 등), 당사자가 필요한 증거신청을 하지 않은 때에는 증명촉구서 등을 송부하거나, 전화 또는 팩시밀리로 신청을 촉구해야 한다. 재판예규 제1857호 '사건관리방식에 관한 예규'(재일 2001-2, 2023. 9. 14. 개정, 2023. 10. 19. 시행) 12. 나. (1).

(2) 증거신청과 필요성

적법한 증거신청이라도 **필요**하지 않다고 인정한 때에는 조사하지 않을 수 있다(법 290조 본문). 이 경우 **증거신청을 기각**한다. 즉 법원은 당사자가 신청하는 모든 증거를 조사하지 않고 법원이 필요하다고 인정하는 것에 대해서만 증거조사를 할 수 있다.[1] 다만 **필요성** 여부는 증거채부결정의 판단기준으로서 포괄적이고 막연하므로, 증명할 사실과의 관계에서 **직접적**인 **관련성**(relevance)이 있고, **증거가치**(probative value)가 있는 증거방법인지 여부 등 보다 실질적인 기준에 의하여 판단할 것이 요구된다.[2]

2. 유일한 증거

(1) 의   의

증거신청에 대한 채택 여부는 소송촉진과 소송경제와의 관계에서 매우 중요한 문제로서 그 판단은 원칙적으로 법원의 직권에 속하는 재량사항이나, 예외적으로 주요사실에 대한 **유일(唯一)한 증거**일 때에는 반드시 조사해야 한다(법 290조 단서). 다만 유일한 증거이면 증거조사를 거부할 수 없다는 것뿐이며, 그 내용을 채택해야 하는 것은 아니다. 유일한 증거란 당사자로부터 신청된 주요사실에 대한 증거방법이 유일함을 말한다. 즉 그 증거를 조사하지 않으면 증명할 길이 없어 아무런 증명이 없는 것으로 되는 경우의 증거이다. 민사소송절차의 신속과 심리의 원활한 진행을 위하여 당사자가 신청한 증거 가운데(유일한 증거가 아닌 한) 심리의 진행이나 진실발견과 무관한 증거에 대해서는 이를 조사하지 않을 수 있도록 함으로써, 신속한 재판실현이라는 소송경제와 실체적 진실에 합치하는 공정한 재판실현이라는 헌법적 요청에 부합한다.[3]

(2) 판단기준

'**유일한**' 증거인지 여부는 사건 전체에 대해서가 아니라 **쟁점 단위별**로, 그리고 **전체 심급**을 통하여 판단해야 한다. 여기서 유일한 '증거'는 **주요사실**에 대한

---

1) 이는 소송절차의 신속·원활한 진행을 도모하고, 소송과 무관하거나 왜곡된 증거가 제출·조사됨으로써 부당한 결론이 도출되는 것을 방지하여 실체적 진실에 합치하는 공정한 재판실현이라는 헌법적 요청을 구현하기 위하기 위함이다. 헌재 2011. 10. 25. 2010헌바64 결정.

2) 이를 포섭하는 **증거허용성**(admissibility) 개념의 도입을 주장하는 견해로는, 김홍엽, "민사증거법상 증거허용성개념의 도입과 그 문제점," 법조 46권 9호(1997. 9.), 46쪽 이하.

3) 헌재 2004. 9. 23. 2002헌바46 결정.

증거(직접증거)를 말하며 간접사실·보조사실에 대한 증거인 간접증거는 포함하지 않는다. 유일한 증거는 **자기에게 증명책임**이 있는 사항에 대한 증거로서, **본증**에 한하며 반증은 이에 해당하지 않는다.[1][2] 한편 구 민사소송법은 당사자신문을 법원이 증거조사를 해도 심증을 얻지 못한 때에만 인정했는데(당사자신문의 보충성, 구법 339조), 이에 따라 구법하에서 판례는, 당사자신문은 보충적 증거방법에 불과하여 다른 증거 없이 오로지 당사자신문의 결과만으로 주요사실을 인정할 수 없다고 보아 유일한 증거가 아니라고 했다.[3] 그러나 **보충성**이 **폐지**된 신법(법 367조)하에서는 유일한 증거가 될 수 있다.

(3) 유일한 증거이지만 증거조사를 하지 않는 경우

유일한 증거는 반드시 증거조사를 해야 함이 원칙이나, 그 **예외**로서 다음과 같은 경우가 있다. ① 신청자의 증거신청이 부적법한 경우, ② 신청자의 증거신청이 고의 또는 중대한 과실에 의하여 재정기간을 넘겼거나, 시기(時機)에 늦은 경우[유일한 증거에 관한 증거방법이더라도 실기하여 증거신청한 경우 각하할 수 있음은 이미 실기한 공격방어방법의 각하에서 살펴본 바와 같다],[4] ③ 신청자가 증거신청서를 제출하지 않거나 비용을 납부하지 않는 경우,[5] ④ 증인의 병환 또는 증인에 대한 송달불능 등으로 증거조사의 장애가 있는 경우,[6] ⑤ 쟁점판단에 적절하지 않거나 불필요한 증거신청의 경우, ⑥ 최종 변론기일에서 당사자가 증거방법이 없다고 진술한 경우, ⑦ 직권탐지주의에 의하는 소송의 경우 등이다.

---

1) 대판 1980. 1. 13. 80다2631, 1998. 6. 12. 97다38510(따라서 유언의 존재 및 내용이 증명사항인 이상 유서에 대한 필적 및 무인의 감정은 반증에 불과하여 유일한 증거에 해당하지 않는다), 대판 2023. 2. 23. 2022다286144; 정동윤·유병현·김경욱, 619쪽; 강현중, 514쪽; 정영환, 726쪽; 전병서, 397쪽; 전원열, 412쪽.
2) 이에 대하여 '법관 앞의 평등'이라는 쌍방심리주의와 당사자의 증거제출권의 중요성에 비추어 보면 반증을 본증과 달리 취급할 것은 아니라는 견해로는, 이시윤, 503쪽; 김홍규·강태원, 541쪽; 한충수, 497쪽; 이석우, "유일한 증거," 민사증거법(상)(재판자료 25집, 1985. 7.), 429쪽 이하.
3) 대판 1983. 12. 13. 83누492, 2000. 11. 24. 99두3980(원고가 원심에서 새로이 매매계약의 해제 주장을 하고서 이에 대한 증명을 위하여 증인신청을 하여 채택되었으나 증인의 행방을 찾지 못했다는 이유로 철회한 다음 원고에 대한 당사자신문을 신청했다면 법원이 이를 채택하지 않았다 해도 당사자의 주장사실에 대한 유일한 증거를 채택하지 않은 위법이 있다고 볼 수 없다).
4) 대판 1962. 7. 26. 62다315.
5) 대판 1968. 1. 31. 67다2628, 1969. 1. 21. 68다2188.
6) 대판 1971. 7. 27. 71다1195(유일한 증인의 신청을 채택한 후 증인을 출석요구했으나 기일에 출석하지 않아 여러 차례 구인까지 하려 했는데도 이것 또한 실패로 돌아간 경우에는 유일한 증거방법을 조사하지 않은 위법이 있다고 할 수 없다), 대판 1973. 12. 11. 73다711.

3. 증거신청에 대한 결정 등

(1) 결정내용

당사자의 증거신청권의 행사에 대하여 법원은 응답의 의무를 지므로, 법원은 증거신청에 대하여 결정으로 증거조사를 할 것인지 여부를 결정한다(**증거신청의 채 부결정**). 당사자의 주장사실에 대한 유일한 증거가 아닌 한 증거신청의 채부는 원칙적으로 법원이 자유로이 결정할 수 있는 **재량사항**이다.[1] 이러한 결정에는 ① 증거신청을 배척하는 **각하결정** 또는 **기각결정**[적법하지 않은 증거신청에 대해서는 **각 하결정**을, 관련성이 없는 등 필요하지 않은 증거신청에 대해서는 **기각결정**을 한다], ② 이를 받아들이는 **채택결정**이 있다.

(2) 불복 여부

증거신청에 대한 채부결정은 **소송지휘에 관한 재판**이므로 언제든지 취소·변경할 수 있으며(법 222조), 독립한 불복신청이 허용되지 않는다.[2] **합의사건**에서 **재판장 등**(재판장, 수명법관 또는 수탁판사)이 변론준비를 위해 필요하다고 인정해서 하는 증거신청의 채부결정에 대해서는 당사자가 이의신청을 할 수 있고, 법원은 결정으로 그 이의신청에 대하여 재판해야 한다(법 138조, 281조 2항). 한편 **문서제출신청에 대한 채부결정**도 증거신청에 대한 채부결정이지만, 뒤에서 보는 바와 같이 문서제출명령의 중요성에 비추어 다른 증거신청에 대한 채부결정과 달리 이에 대해서는 즉시항고를 할 수 있도록 하고 있다(법 348조).

(3) 증거조사비용의 예납

법원은 증거조사의 결정을 한 때에는 바로 그 비용을 부담할 당사자에게 필요한 비용을 미리 내도록 명해야 한다(**예납명령**, 법 116조 1항, 규칙 77조 1항). 증거조사를 신청한 사람은 이러한 예납명령을 받기 전이라도 필요한 비용을 미리 낼 수 있다(규칙 77조 2항). 예납명령을 받았음에도 예납을 하지 않은 때에는 증거조사결정을 취소할 수 있다(법 116조 2항, 규칙 77조 3항).

---

1) 대판 1991. 7. 26. 90다19121, 2023. 2. 23. 2022다286144.
2) 대결 2018. 3. 7. 2018그512.

■ 증거신청의 채부결정을 명시적으로 할 필요가 있는지 여부

(1) 학설 및 판례의 태도

학설은, 대체로 증거신청에 대하여 이를 받아들여 증거조사를 하는 경우에는 법원의 증거신청에 대하여 응답을 표시한 것이 되므로 굳이 채택결정을 할 필요가 없으나[물론 수명법관 또는 수탁판사에 의한 증거조사를 행하는 경우에는 명시적인 채택결정을 한다(법 297조 1항 후단, 313조, 333조 본문)], 증거신청을 받아들이지 않는 경우에는 당사자가 별도로 증거의 준비를 할 수 있도록 각하결정을 할 필요가 있다고 보고 있다.[1]

판례는, ① 당사자가 신청한 증거로서 법원이 필요없다고 인정한 것은 조사하지 않을 수 있고, 이에 대하여 반드시 증거채부를 결정해야 하는 것은 아니며,[2] ② 증거신청에 대하여 채부결정 없이 변론이 종결되었다면 증거등목록에 기재하지 않았다 하더라도 그 신청을 묵시적으로 기각했다고 볼 수 있으므로, 법원이 문서제출신청에 대하여 별다른 판단을 하지 않은 채 변론을 종결하고 판결을 선고한 경우에는 법원이 문서제출신청을 기각한 취지라고 보고 있다.[3]

(2) 검 토

그러나 증거신청에 대하여 반드시 형식적 결정을 요구하는 것이 융통성 있는 증거절차의 운영을 저해(沮害)하는 면도 지적될 수 있으나, 법원의 채부결정의 명확화, 법원의 자의적 행사에 대한 견제 및 당사자의 증거조사청구권의 실질적 보장을 위하여 명시적으로 증거채부결정을 함이 바람직하다. 특히 문서제출신청에 대한 결정에 대해서는 즉시항고를 할 수 있으므로(법 348조), 당사자의 이러한 절차적 기본권을 보장하기 위해서도 명시적인 결정이 요구된다.[4][5]

---

1) 이시윤, 504쪽; 호문혁, 569쪽.

2) 대판 1965. 5. 31. 65다15.

3) 대판 1992. 9. 25. 92누5096, 2001. 5. 8. 2000다35955.

4) 김홍엽, "민사증거조사방식상 새로운 증거법적 원리의 모색과 그 적용 ─미국증거법적 원리와의 비교법적 검토를 통하여─," 민사재판의 제문제(하)(송천이시윤박사화갑기념, 1995. 10.), 35쪽 이하.

5) 재판예규 제1857호 '사건관리방식에 관한 예규'(재일 2001-2, 2023. 9. 14. 개정, 2023. 10. 19. 시행) 12.나.는, 증거신청에 대한 채부결정은 증거신청서 표지의 적당한 부분에 채부란의 고무인을 찍고 재판장이 날인하는 방식으로 할 수 있으며[이 경우 예컨대 신체감정·측량감정 등과 같이 당사자의 참여나 참고자료의 제출이 예상되는 증거방법이 채택된 때에는, 참여사무관 등은 바로 그 사실을 양쪽 당사자에게 통지한다], 변론기일 전 증거신청 및 그 채부결정과 실시에 관한 사항은 그 사유가 생길 때마다 바로 변론조서의 일부인 **증인등목록**에 기재하도록 하고 있다.

Ⅲ. 직권증거조사

1. 의   의

통상의 사건에서는 당사자가 신청한 증거에 의한 증거조사만으로 심증을 얻을 수 없거나, 그 밖에 필요한 경우에 **보충적**으로 **직권증거조사**를 할 수 있다(**보충적 직권증거조사**, 법 292조). 직권증거조사는 보충적이므로 심리의 최종단계에 이르러 당사자 신청의 증거로는 심증형성이 안 될 때에 법원이 이미 얻은 심증의 정도에 따라 할 수 있다. 따라서 처음부터 적극적으로 직권증거조사를 해서는 안 된다. 그러나 직권탐지주의가 적용되는 사건에서는 원칙적으로 직권증거조사를 한다(**원칙적 직권증거조사**, 가소 17조).

2. 직권증거조사를 하는 경우

직권으로 증거조사를 할 것인지 여부는 법원의 재량이다. 증명책임분배의 원칙에 따라 판단하는 것이 부당하고, 증명책임을 부담하는 당사자가 스스로 증명을 할 능력이 없는 경우에 직권증거조사를 행할 수 있다.[1] 소액사건과 증권관련집단소송사건에서는 보충성을 없애고 **필요하다고 인정**할 때에 직권으로 증거조사할 수 있도록 했다(소심 10조 1항, 증집 30조). 이 밖에 직권증거조사를 허용한 것으로는, 조사의 촉탁(법 294조), 당사자신문(법 367조), 감정의 촉탁(법 341조) 등이 있다.

당사자가 철회한 증거방법에 대해서도 직권으로 증거조사를 할 수 있다. 뒤에서 보는 바와 같이 **증거조사의 결과**에 대해서는 당사자의 **의견**을 들어야 한다. 직권증거조사에서 **증거조사비용**은 그 증거조사로 이익을 받는 당사자에게 **예납**을 명해야 하나, 이익을 받을 당사자가 분명하지 않으면 원고가 예납을 해야 한다(법 116조 1항, 규칙 19조 1항 3호 단서). 당사자가 비용을 미리 내지 않은 때에는 법원은 직권증거조사를 하지 않을 수 있다(법 116조 2항). 다만 비송사건에서 직권증거조사를 한 경우 국가가 그 비용을 체당(替當)한다(비송 30조).[2]

---

1) 이시윤, 505쪽.
2) 재판예규 제871-33호 '민사사건의 직권조사비용의 지급방법'(재민 62-8, 2002. 6. 27. 개정, 2002. 7. 1. 시행).

제 2 관 증거조사의 실시

Ⅰ. 개 설

1. 의 의

증거조사를 하는 경우에는 그 기일·장소를 당사자에게 고지하고 통지해야 한다(법 167조, 297조 2항 후단, 381조 본문). 당사자공개의 원칙과 당사자권으로서 증거조사에의 참여권을 보장하기 위한 것이다.[1] 당사자에게 참여의 기회를 주면 되는 것이지 당사자가 반드시 그 기일에 출석해야 하는 것은 아니다[증거조사의 주체는 법원이기 때문이다]. 당사자가 기일에 출석하지 않은 때에도 법원은 증거조사를 할 수 있다(법 295조). 법원은 필요하다고 인정하는 경우에 변론기일 전에도 증거조사를 할 수 있다(법 289조 2항). 증거조사의 절차 및 결과는 변론기일·변론준비기일에 행한 경우는 **변론조서**(법 154조 2호·3호)·**변론준비기일조서**(법 283조 2항)에, 그렇지 않은 경우는 **증거조사기일조서**에 기재해야 한다(법 160조). 법원은 **증거조사의 결과**에 대하여 당사자에게 **변론의 기회**를 주어야 한다. 법원이 직권 증거조사한 결과에 대해서는 당사자의 의견을 들어야 한다(소심 10조 1항 후단, 특허 159조 1항 후단). 당사자에게 이러한 절차권이 보장되지 않은 경우에는 법원은 그 증거자료를 채택하여 사실인정을 해서는 안 된다.

2. 증거조사와 직접심리주의

증거조사는 수소법원이 법정에서 시행하는 것이 원칙이다. 그러나 **예외적**으로 실시되는 수명법관·수탁판사에 의한 증거조사(법 297조·298조), 외국에서 시행하는 증거조사(법 296조) 등 **법원 밖에서 행해지는 증거조사**의 경우 그 결과를 재판의 기초로 삼기 위하여 이를 변론에서 진술해야 하는지, 즉 당사자가 그 결과를 원용(援用)해야 하는지 여부에 관하여 논의가 있다. 이에 대하여, ① 직접심리주의·구술심리주의의 요청상 이러한 증거조사의 결과를 당사자의 책임하에 수소법원의 변론에서 이를 원용해야 한다는 견해(**원용필요설**),[2] ② 이러한 증거조사

---

[1] 이에 대하여, 이는 당사자에게 증거조사 참여의 기회를 주기 위한 것이며, 당사자에게 주어진 권리로 보지 않는 견해로는, 송상현·박익환, 561쪽; 호문혁, 574쪽.

[2] 송상현·박익환, 561쪽; 호문혁, 574쪽.

는 법률에 의하여 직접심리주의의 예외가 인정된 것이니만큼 법원이 그 결과를
변론에 제시(제출)하여 당사자에게 의견을 진술할 기회를 부여하면 재판의 기초로
될 수 있다는 견해(**원용불요설**)가 있다.[1]

먼저 여기서 유의해야 할 것은 이러한 증거조사의 결과를 **당사자가 변론에서
진술**하는 것(통상 '**원용**'이라고 한다)[2]과 이러한 변론을 위하여 **법원이** 증거조사의
결과를 **변론에 제시**하여 **변론에 현출**하는 것을 구별해야 한다는 점이다. 일반적으
로 증거조사의 결과에 대해서는 당사자에게 변론의 기회가 주어져야 하는데, 수명
법관 또는 수탁판사가 행한 증거조사나 수소법원이 법원 밖에서 행한 증거조사의
결과에 대해서도 변론기일을 열어 이를 **변론의 대상**으로 삼을 필요가 있다. 그러
므로 그 전제로서 증거조사의 결과를 변론에 현출하는 절차가 요구된다. 증거조사
결과를 변론에 현출하는 절차는 당사자에게 변론의 기회를 주기 위한 것에 불과하
며, 당사자로 하여금 반드시 이를 '원용'을 하게 하기 위한 절차는 아니다. 다만 법
원이 채택한 증거를 조사한 이상, 그 결과를 변론에 현출하여 이에 대하여 당사자
에게 변론의 기회를 주는 것은 수소법원의 직책이라 할 수 있다. 결국 **원용불요설**
이 타당하다. **증거보전절차**에서 증거조사를 한 경우에도 같다. 즉 법원은 이를 변
론에 제시하여 당사자에게 변론의 기회를 제공하면 족하다.

Ⅱ. 증인신문

1. 의   의

증인신문은 당사자신문과 더불어 변론기일에서 집중적으로 한다(법 293조)[수
명법관·수탁판사에 의한 증인신문(법 313조)을 제외한 증인신문, 그리고 당사자신문은 **변론
준비절차**에서 할 수 없다(법 281조 3항)]. 증인은 과거에 경험한 사실을 법원에 보고할
것을 명령받은 사람으로서 당사자 및 법정대리인(대표자 포함) 이외의 제 3 자이다.

---

1) 이시윤, 508쪽; 김홍규·강태원, 545쪽; 정동윤·유병현·김경욱, 623쪽; 정영환, 731쪽.

2) 증거조사에 관련한 '**원용**'의 의미에는 두 가지가 있다. ① 하나는 일정한 증거를 자기에게
유리하게 써달라는 진술이고, ② 다른 하나는 법원 밖에서 행해진 증거조사의 결과를 보고하
는 진술이다(이를 '연술(演述)'이라고 표현하기도 한다). 실무상으로 이들 양자를 포함하는 개
념으로 사용하고 있으나, 엄밀하게는 **전자의 의미**는 증거의 평가에서 법원의 직권발동을 촉
구하는 당사자의 증거에 관한 의견에 불과하며, **후자의 의미**는 객관적인 사실의 보고를 말한
다. 김상원, "법원 외에서의 증거조사와 채증절차," 대한변호사협회지 11호 (1975. 5.), 19쪽
이하.

특별한 학식과 경험을 기초로 하여 얻은 사실을 보고하는 **감정증인**도 증인일 뿐 감정인은 아니므로, 그 조사절차는 증인신문절차에 의한다(법 340조 본문).

2. 증인능력

(1) 일반적 경우

공동소송인도 자기의 소송관계와 무관한 사항에 관해서는 증인이 될 수 있다. 다만 공동의 이해관계가 있는 사항에 대해서는 당사자신문을 해야 한다.[1] 제1심의 공동소송인이었다가 항소심에서 공동소송인이 아닌 경우는 아무런 제한 없이 증인이 될 수 있다. 당사자본인이나 법정대리인을 잘못하여 증인으로 신문했어도 당사자신문절차와의 유사성에 비추어 바로 방식위배를 들어 이의권을 행사하지 않으면 그 흠이 치유된다.[2]

(2) 동의를 요하는 경우

법 304조・305조・306조는 일정한 직책의 공무원(그러한 직책에 있었던 사람을 포함한다. 법 304조・305조), 그 밖의 공무원(공무원이었던 사람을 포함한다. 법 306조)을 증인으로 하여 **직무상 비밀에 관한 사항**을 신문할 때에 법 304조(대통령, 국회의장, 대법원장, 헌법재판소장)에 해당하는 경우에는 그의 동의를, 법 305조(국회의원, 국무총리, 국무위원)에 해당하는 경우에는 국회 또는 국무회의의 동의를, 법 306조(그 밖의 경우)에 해당하는 경우에는 소속관청 또는 감독관청의 동의를 받도록 규정하고 있다. 다만 법 305조・306조에 해당하는 경우 국회, 국무회의 또는 앞서의 관청은 국가의 중대한 이익을 해치는 경우를 제외하고는 동의를 거부하지 못한다(**거부권의 제한**, 법 307조).

3. 증인의무

(1) 출석의무

(a) 의 의

출석요구를 받은 증인은 그 지정된 일시・장소에 출석할 의무가 있다. 증인에 대한 출석요구서에는 당사자의 표시, 신문사항의 요지, 출석하지 않는 경우의 법률상 제재 등을 적어야 한다(법 309조). 이에 관한 구체적 절차 등에 관해서는

---

1) 이시윤, 510쪽; 정동윤・유병현・김경욱, 626쪽; 정영환, 733쪽.
2) 대판 1977. 10. 11. 77다1316.

민사소송규칙에서 정하고 있다(규칙 81조 내지 83조).

(b) 불출석 증인에 대한 제재

불출석 증인에 대한 제재에 관하여, **신법 전**에는 불출석 증인에 대한 제재수단으로 소송비용을 부담하게 하고 과태료를 부과하며, 강제적 출석확보 수단으로 구인을 이용했으나, **신법**에서는 과태료 상한액을 대폭 상향조정하고 불출석 증인을 구금할 수 있는 **감치제도**를 신설하여 불출석 증인에 대한 제재 수단을 한층 강화했다(법 311조). 즉 증인이 정당한 사유 없이 출석하지 않은 때에는 법원은 결정으로 증인에게 이로 말미암은 **소송비용**[예컨대 증인에 대한 출석요구서 송달비용, 당사자 또는 대리인이 그 기일에 출석하기 위하여 쓴 여비·일당 등]을 부담하도록 명하고 500만원 이하의 **과태료**에 처할 수 있으며(법 311조 1항),[1] 증인이 불출석에 따른 과태료의 재판을 받고도 정당한 사유 없이 다시 출석하지 않는 때에는 결정으로 증인을 7일 이내의 **감치**에 처할 수 있다(법 311조 2항). 증인이 정당한 사유 없이 출석하지 않는 때에는 법원은 증인을 법정이나 그 밖의 신문장소로 **구인**하도록 명할 수 있다(법 312조 1항). 증인의 구인에 관해서는 형사소송법과 형사소송규칙 중 구인에 관한 규정이 준용된다(법 312조 2항, 규칙 87조).

(c) 원격영상신문절차

민사소송법은 **2016. 3. 29. 개정**(2016. 9. 30. 시행) 및 **2021. 8. 17. 개정**(2021. 11. 18. 시행)을 통하여 **증인에 대한** 증거조사절차의 편리성과 효율성을 도모하고 증인을 배려하기 위하여 정보통신기술을 활용한 **원격영상신문절차**[비디오 등 중계장치 등에 의한](비디오 등 중계장치에 의한 중계시설을 통하거나, 인터넷 화상장치를 이용한) **증인신문절차**를 도입했다(법 327조의2 1항). 비디오 등 중계장치 등에 의한 증인신문은 ① 증인이 지리적 또는 교통상 사정 등으로 법정에 직접 출석하기 어렵거나, ② 증인이 법정에서 당사자 등과 대면하여 진술하면 심리적인 부담으로 정신

---

1) 증인에 대한 과태료는 적법한 출석요구를 받고도 정당한 사유 없이 출석하지 않은 때 부과하는 것이어서 적법한 출석요구를 받은 증인만이 그 대상이 된다. 대결 2008. 3. 24. 2007마 1492. 한편 정당한 사유 없이 출석하지 않는 증인에 대하여 과태료에 처하는 결정을 하는 방법으로는, ① 그 증인에게 과태료 재판에 관한 진술의 기회를 주어 **정식재판을 하는 방법**, ② 증인에게 진술의 기회를 주지 않고 **약식재판을 하는 방법**(비송 250조 1항) 등이 있다. 정식재판에 대해서는 바로 법 311조 8항에 의한 즉시항고를 제기할 수 있으나, 약식재판에 대해서는 비송사건절차법 250조 2항에 의한 이의신청을 하여 정식재판을 받고(이 경우 과태료 재판에 관한 진술의 기회를 부여한 후 다시 과태료 재판을 한다), 이에 대하여 법 311조 8항에 의한 즉시항고를 하는 방법으로 불복할 수 있다. 대결 2001. 5. 2. 2001마1733, 2008. 3. 24. 2007마1492.

적 평온을 현저하게 잃을 우려가 있는 경우에, 법원이 **당사자의 의견을 들어** 실시 여부를 정한다(법 327조의2 1항). 이러한 중계장치에 의한 증인신문은 증인이 법정에 출석하여 이루어진 증인신문으로 본다(법 327조의2 2항). 그 밖의 구체적 사항은 민사소송규칙(95조의2)에서 정하고 있다(법 327조의2 3항). 감정증인신문은 앞서 본 바와 같이 원칙적으로 증인신문의 규정을 따르나(법 340조 본문), 비디오 등 중계장치 등에 의한 **감정증인신문**에 관해서는 뒤에서 보는 바와 같이 비디오 등 중계장치 등에 의한 **감정인신문**에 관한 규정을 준용한다(법 340조 단서).

(2) 선서의무

(a) 의　　의

재판장은 선서에 앞서 증인에게 선서의 취지를 밝히고 위증의 벌에 대하여 경고한 후(법 320조) 증인으로 하여금 선서서를 소리내어 읽고 기명날인 또는 서명하도록 해야 한다(법 321조 3항 전단)[서명날인이 아님에 주의를 요한다. 즉 인장을 지참하지 않은 경우 서명만으로 족하다. 서명 후 무인케 할 필요가 없다]. 다만 특별한 사유가 있는 때에는 신문을 한 뒤에 선서를 하게 할 수 있다(법 319조 단서). 증인이 선서서를 읽지 못하거나 기명날인 또는 서명하지 못하는 경우에는 참여한 법원사무관 등이나 그 밖의 법원공무원(예컨대 법원경위 등)으로 하여금 이를 대신하게 해야 한다(법 321조 3항 후단).

(b) 선서를 하지 않는 경우

① 16세 미만인 사람 또는 선서의 취지를 이해하지 못하는 사람(**선서무능력자**)을 증인으로 신문할 때에는 선서를 시키지 못하고(법 322조), ② 뒤에서 볼 법 314조의 증언거부권이 있으나 증언을 거부하지 않는 사람을 신문할 때에는 선서를 시키지 않을 수 있으며(**선서의 면제**, 법 323조), ③ 증인이 자기 또는 증인의 친족(이러한 관계에 있었던 사람도 포함)이나 증인의 후견인·피후견인과 **현저한 이해관계가** 있는 사항1)에 관하여 신문을 받을 때에는 **선서거부권**을 행사할 수 있다(법 324조).2) 재판장은 선서거부권 있음을 고지할 의무가 없다.3) 선서무능력자가 선서거부를

---

1) 선서를 거부하는 경우에는 선서를 거부하는 이유를 소명하고, 이에 관한 재판을 하는 등 증언거부에 관한 규정이 준용된다(법 326조).

2) 법 324조의 '현저한 이해관계가 있는 사항'은 뒤에서 볼 증언거부사유의 하나로 규정하고 있는 법 314조에서 말하는 '공소제기되거나 유죄판결을 받을 염려가 있는 사항 또는 치욕이 될 사항'보다 더 넓은 개념이다. 심담, 주석서(4), 331쪽.

3) 대판 1971. 4. 30. 71다452.

하지 않고 선서하고 증언한 이상 그 선서만이 무효가 되고 그 증언의 효력에는 영향이 없고 유효하다.[1]

(3) 진술의무

(a) 증언을 거부할 수 있는 경우

법 314조·315조는 증언을 거부할 수 있는 경우를 규정하고 있다. 즉 증인은 증언이 ① 자기 또는 증인의 친족(이러한 관계에 있었던 사람도 포함)이나 증인의 후견인·피후견인이 공소제기되거나 유죄판결을 받을 염려가 있는 사항 또는 자기나 그들에게 치욕이 될 사항(법 314조), ② 변호사·변리사·공증인·공인회계사·세무사·의료인·약사, 그 밖에 법령에 따라 **비밀을 지킬 의무**가 있는 직책 또는 종교의 직책에 있거나 이러한 직책에 있었던 사람의 직무상 비밀에 속하는 사항(법 315조 1항 1호), ③ **기술·직업의 비밀**에 속하는 사항(법 315조 1항 2호) 등에 해당하면 증언을 거부할 수 있다. 다만 ②, ③은 증인이 비밀을 지킬 의무가 면제된 경우에는 그렇지 않다(법 315조 2항).

> ▣ **직업의 비밀과 취재원의 보호**
>
> 법 315조 1항 2호의 '**직업의 비밀**'에 기자의 **취재원**(取材源) **보호**가 해당하는지에 관하여 논의가 있다. 기자의 취재원을 무조건 보호하는 것은 타당하지 않으며 공표가 그 뒤의 취재에 지장을 주거나 불공표가 사회적으로 보아 직업상의 의무라고 보여지는 경우에 한하여 증언거부를 할 수 있다는 견해가 있으나,[2] 기자의 취재원은 언론의 자유와 직결되는 문제이므로 원칙적으로 증언거부할 수 있다고 본다.[3]

(b) 증언거부에 대한 재판

증언을 거부하는 경우에는 그 **이유**를 **소명**해야 한다(법 316조). 다만 형사소

---

1) 대판 1966. 12. 27. 66다1535.

2) 호문혁, 577쪽; 김용진, 350쪽.

3) 이시윤, 514쪽; 정동윤·유병현·김경욱, 632쪽; 송상현·박익환, 566쪽; 강현중, 549쪽; 정영환, 738쪽. 미국의 경우 1972. 연방대법원의 Branburg v. Hayes 사건에서 다수의견은 기자에게 일반국민이 향유하지 않는 특별한 권리로서 정보원에 접근할 수 있는 권리나 법정증언을 거부할 권리가 헌법상 원칙적으로 인정되지 않는다는 점을 분명히 했다. 그럼에도 연방항소법원은 민사사건에서 취재원 묵비권을 쉽게 인정하는 경향이었으나 2000년대부터 위 연방대법원 판결의 다수의견으로 회귀했다. 다만 법원의 이러한 입장의 변화와 다르게 취재원 보호를 위한 'shield law'가 과반수 이상의 주에서 제정되어 취재원 보호를 포함한 기자특권을 부여하고 있음을 주목할 필요가 있다. 임종휘, "미국헌법상의 취재원 묵비권," 미국헌법연구 17권 2호(2006. 9.), 135쪽 이하.

송(형소 160조)과 달리 민사소송에서는 재판장은 증언거부권 있음을 고지할 의무가 없다.[1] 법원은 당사자를 심문하여 증언거부가 옳은지를 재판한다(법 317조 1항). 이러한 재판에 대하여 당사자 또는 증인은 즉시항고를 할 수 있다(법 317조 2항). 증언의 거부에 정당한 이유가 없다고 한 재판이 확정된 뒤에 증인이 증언을 거부한 때에는 증인은 이로 인한 소송비용을 부담하고, 과태료의 제재를 받게 된다(법 318조).

4. 증인신문절차

(1) 구술신문과 격리신문

증인의 진술은 말로 함을 원칙으로 하며, **재판장의 허가**가 있을 때에 한하여 서류에 의하여 진술할 수 있다(법 331조, **구술신문의 원칙**). 같은 기일에 두 사람 이상의 증인을 신문할 때에는 재판장은 뒤에 신문하는 증인을 법정에서 일단 퇴정시키고, 개별적으로 신문하는 것이 원칙이다(법 328조 1항, 2항 본문, **격리신문의 원칙**). 그러나 필요하다고 인정할 때에는 뒤에 신문할 증인을 재정케 하거나 또는 증인들 사이에 대질을 명할 수 있다(법 328조 2항 단서, 329조). 증인이 법정 안에 있는 특정인 앞에서는 충분히 진술하기 어려운 현저한 사유가 있는 때에는 재판장은 당사자의 의견을 들어 증인이 진술하는 동안 그 **재정인**의 퇴정을 명할 수 있다(규칙 98조).

(2) 증인신문사항의 제출

뒤에서 보는 증인진술서를 제출하는 경우로서 법원이 증인신문사항을 제출할 필요가 없다고 인정하는 때를 제외하고는 증인신문을 신청한 당사자는 법원이 정한 기한까지 상대방의 수에 3(다만 합의부에서는 상대방의 수에 4)을 더한 통수의 **증인신문사항**을 적은 서면을 **제출**해야 한다(규칙 80조 1항). **전자소송**에서는 부본을 제출하지 않을 수 있다.[2] 법원사무관 등은 제출된 증인신문사항 중 1통을 증인신문기일 전에 상대방에게 **송달**해야 한다(규칙 80조 2항). 상대방으로 하여금 반대신문을 준비할 수 있도록 하기 위함이다.

---

[1] 따라서 민사소송절차에 증인으로 출석한 사람이 재판장으로부터 증언거부권을 고지받지 않은 상태에서 증인으로서 적법하게 선서를 마치고도 거짓 증언을 한 경우에는 위증죄가 성립한다. 대판 2011. 7. 28. 2009도14928.

[2] 재판예규 제1848호 '민사소송 등에서의 전자문서 이용 등에 관한 업무처리지침'(재일 2012-1, 2023. 2. 24. 개정, 2023. 3. 1. 시행) 23조 3항.

(3) 증인진술서의 제출

법원은 효율적인 증인신문을 위하여 필요하다고 인정하는 때에는 증인을 신청한 당사자에게 **증인진술서**를 제출하게 할 수 있다(규칙 79조 1항).[1] 증인진술서에는 증언할 내용을 그 시간 순서에 따라 적고, 증인이 서명날인해야 한다(규칙 79조 2항). **전자소송**에서는 증인진술서를 전자소송시스템을 이용하여 전자적으로 제출할 수 있다. 이 경우 재판장 등이 명하거나 상대방이 신청한 때에는 증인진술서 원본을 제출해야 한다(민전규 35조). 증인진술서는 주신문사항의 사전파악으로 상대방의 반대신문에 도움이 되며, 주신문사항을 일정 부분 대체하는 기능도 할 수 있다. 증인진술서는 **서증**으로 취급된다.[2] 즉 증인진술서는 그 자체로는 서증에 불과하여 그 기재 내용이 법정에서 진술되지 않는 한 여전히 서증으로 남게 된다.[3]

■ **증인진술서의 활용과 문제점**

증인진술서가 교호신문제도를 사실상 약화시키는 방향으로 활용되지 않도록 주의해야 한다. 따라서 증인진술서는 당사자 사이에 실질적인 다툼이 없는 사건의 경위나 정황을 진술하는 경우 및 문서상 기재 내용에 관하여 전문적 지식을 활용하여 객관적으로 이를 설명하거나 형식적인 사항을 설명하는 경우 등으로 국한되어야 한다.[4] 특히 당사자의 지배영역 내에 있는 증인에 대해서는 반대신문권의 실효성을 담보하기 위하여 주신문이 제대로 선행되어야 할 경우가 많으므로 증인진술서로 일정 부분 신문사항을 대체하는 것은 결코 바람직하지 못하다.[5]

---

1) 증인진술서는 전자소송시스템을 이용하여 전자적으로 제출할 수 있다(민전규 35조 1항). 이 경우 재판장이 명하거나 상대방이 신청하는 때에는 증인진술서 원본을 제출해야 한다(민전규 35조 2항).

2) 권오창, "집중증거조사의 과제와 전망," 민사판례연구 24권(2002. 1.), 949쪽 이하.

3) 대판 2010. 5. 13. 2007도1397.

4) 재판예규 제1857호 '사건관리방식에 관한 예규'(재일 2001-2, 2023. 9. 14. 개정, 2023. 10. 19. 시행) 14. 다. (1)은, 증인진술서가 제출된 경우, 주신문은 **핵심쟁점사항**에 한정하며, 상대방의 반대신문권을 충분히 보장하는 방향으로 운영하되, 주신문절차에서 증인진술서의 진정성 립만 확인하고 주신문을 전면 생략하는 방식은 상당하지 않다고 규정하고 있다.

5) 김홍엽, "민사소송에 있어서 신모델 방식의 운용상 문제점," 민사 신모델의 시행평가와 개선방안(재판자료 106집, 2005. 7.), 75쪽 이하. 한편 증인진술서의 쟁점정리기능과 진술개시기능에 대해서는 아직 충분히 검증된 바 없다는 견해로는, 한충수, "개정안과 신모델 하에서의 증인조사방식에 대한 소고," 민사소송 5권(2002. 2.), 255쪽 이하.

(4) 서면에 의한 증언

1) 법원은 증인과 증명할 사항의 내용 등을 고려하여 서면에 의한 진술로 충분하다고 인정할 때에는 증인으로 하여금 **출석·증언을 갈음**하여 증언할 사항을 적은 서면을 제출하게 할 수 있다(법 310조 1항). 여기서 서면은 공정증서일 것을 요구하지 않으므로 단순한 서면에 의할 수 있다. 서면에 의한 증언을 시킬 것인지는 법원이 **직권으로** 정한다. 다만 당사자는 증인신청과 동시에 법원에 서면진술을 희망한다는 **의견을 제시**할 수 있다. 상대방의 이의가 있더라도 서면증언하게 할 수 있다. 다만 법원은 상대방의 이의가 있거나 필요하다고 인정할 때에는 위 증인으로 하여금 출석·증언하게 할 수도 있다(법 310조 2항).[1] 서면에 의한 증언은 주로 ① 공시송달사건이나 피고가 형식적인 답변서만 제출하고 출석하지 않는 사건,[2] ② 사건의 경위나 정황 등 당사자 사이의 실질적 다툼의 대상이 아닌 사실을 진술할 필요가 있는 사건, ③ 문서의 기재 내용에 대하여 전문적 지식에 의하여 설명할 필요가 있는 사건 등에서 활용된다.[3]

2) 서면에 의한 증언의 경우 선서의무가 면제되고(따라서 위증죄가 성립하지 않는다), 제출하는 서면은 서증이 아니라 **증언**이다. 법원은 서면에 의한 증언을 명하면서 증인에 대한 신문사항, 그 제출기한, 법원이 출석을 요구할 때에는 법정출석·증언을 해야 한다는 취지 등을 증인에게 고지해야 한다. 증인은 증언할 사항을 적은 서면에 서명날인해야 한다(규칙 84조 2항·3항).

(5) 주신문·반대신문·재주신문 등(교호신문)

1) 재판장의 인정신문 뒤에 증인신문의 신청자가 먼저 신문하고(**주신문**), 상대방 당사자가 신문한다(**반대신문**)(법 327조 1항). 재판장은 원칙적으로는 반대신문이 끝난 뒤에 신문할 수 있으나(**보충신문**), 필요한 경우에는 앞서의 신문순서에 불구하고 언제든지 신문할 수 있다(**개입신문**, 법 327조 2항·3항). 한편 재판장은 알맞다고 인정하는 때에는 당사자의 의견을 들어 주신문, 반대신문, 재판장신문의 순서를 바꿀 수 있다(법 327조 4항). 합의사건에서 합의부원은 재판장에게 알리고 신문

---

1) 이에 대한 특칙으로, 소액사건에서는 판사가 상당하다고 인정한 때에는 증인의 신문을 갈음하여 서면을 제출하게 할 수 있다(소심 10조 3항).
2) 재판예규 제1857호 '사건관리방식에 관한 예규'(재일 2001-2, 2023. 9. 14. 개정, 2023. 10. 19. 시행) 14. 가.
3) 법원실무제요 민사소송(3), 1351쪽.

할 수 있다(법 327조 6항).

2) 재판장은 주신문에 앞서 증인에게 그 사건과의 관계, 쟁점에 관하여 알고 있는 사실을 개략적으로 진술시킬 수 있다(**증인신문 전 진술**, 규칙 89조 1항 단서). 주신문을 한 당사자가 **재주신문**을 할 수 있다(규칙 89조 1항 3호). 앞서의 순서에 따른 신문(재주신문까지)이 끝난 후에는 당사자는 **재판장의 허가**를 받은 때에만 다시 신문을 할 수 있다. 따라서 **재반대신문**은 재판장의 허가를 받아야 한다(규칙 89조 2항). 재판장은 당사자의 신문이 중복되거나 쟁점과 관계없는 때, 그 밖에 필요한 사정이 있는 때에는 당사자의 **신문을 제한**할 수 있다(법 327조 5항). 재판장은 증인신문사항이 복잡하고 긴 경우에 쟁점별로(모든 쟁점에 대하여 한꺼번에 하지 않고) 앞서의 순서에 따라(주신문 – 반대신문 – 재주신문) 신문하게 할 수 있다(**쟁점별 증인신문방식**, 규칙 89조 3항).

3) 신문은 개별적이고 구체적으로 해야 한다(규칙 95조 1항). 증인으로 하여금 **의견**의 진술을 구하는 신문, 또는 증인이 **직접 경험**하지 않은 사항에 관하여 진술을 구하는 신문 등은 정당한 사유가 없는 한 재판장이 이를 **제한**할 수 있다(규칙 95조 2항).

Ⅲ. 감   정

1. 의   의

감정은 특별한 학식과 경험을 가진 사람에게 그 전문적 지식 또는 그 지식을 이용한 판단을 소송상 보고시켜, 법관의 판단능력을 보충하기 위한 증거조사를 말한다.[1] 그 증거방법이 **감정인**이다. 2007. 7. 13. 민사소송법을 개정(2007. 8. 14. 시행)하여 **전문심리위원제도**를 도입했다(법 164조의2 내지 8). 첨단산업분야, 지식재산권, 국제금융 등 전문적인 지식이 요구되는 사건에서 법원 외부의 관련분야 전문가를 전문심리위원으로 지정하고, 소송절차에 참여시켜 전문적인 지식에 의한 설명 또는 의견을 기재한 서면을 제출하게 하거나 기일에 출석하여 설명이나 의견을 진술하도록 하여 재판의 전문성을 보완함으로써 재판절차를 보다 충실하게 하기 위해서이다. 이에 따라 **민사소송규칙**에 전문심리위원에 관한 규정을 신설했

---

[1] 감정은 법원이 어떤 사항을 판단하면서 특별한 지식과 경험법칙을 필요로 하는 경우에 그 판단의 보조수단으로서 그러한 지식과 경험을 이용하는 것이다. 대판 2020. 4. 9. 2016다32582.

다(규칙 38조의2 내지 38조의 9). 전문심리위원에 관한 구체적 사항은 대법원규칙인 **전문심리위원규칙**(2020. 10. 29. 개정, 2021. 1. 1. 시행)에서 정하고 있다. 같은 규칙에서 **상임전문심리위원제도**에 관한 규정을 두고 있다(같은 규칙 2조의2).[1] 전문심리위원의 설명·의견은 감정인의 감정의견과 달리 증거자료가 되지 않으므로, 선서를 시키지 않는다.

2. 종　류

(1) 통상의 감정과 현대형감정

통상의 감정은 법원이 감정인에게 감정인의 전문지식을 적용할 전제사실을 주고 감정인은 이러한 사실에 대하여 전문적 분석을 행하여 구체적인 감정의견을 제출하는 감정을 말한다. 종전의 일반사건에서 흔히 시행되는 측량감정, 시가감정, 차임감정, 문서감정, 신체·진료감정 등 **일반감정**이 이에 해당한다. 한편 감정의 전제사실이 주어지지 않은 상태에서 감정인이 주도적으로 사실을 인식·수집하고 이를 기초로 감정의견을 제출하여 법원에 보고하는 현대형 사건에서의 감정이 있다. 건축·토목감정, 지식재산권감정, 환경감정, 과학기술감정, 경제기업감정, 농업감정 등 **특수분야 전문감정**이 이에 해당한다. **현대형감정**은 다양한 신기술의 등장에 따른 전문화·세분화된 감정의 필요에 의해 감정의 전제조건 설정부터 까다롭고, 감정사항이 복잡하며 감정료가 고액이고, 무엇보다도 감정결과에 대한 검토와 오류지적이 매우 어렵다. 감정결과에 애매한 부분이 많아서 내용에 불복하는 경우가 많고 대부분 보완적인 확인이 필요하다.[2]

(2) 법원의 감정과 사감정

법원의 감정이란 법관의 지식과 경험을 보충하기 위하여 하는 증거방법으로서 학식과 경험이 있는 사람을 감정인으로 지정하여 선서를 하게 한 후에 감정을 명하는 것을 말한다. 한편 당사자 한쪽 또는 양쪽이 소송 밖에서 학식·경험 있는 제 3 자에게 직접감정을 의뢰하여 경험법칙에 관한 전문지식 또는 경험법칙을 이용하여 얻은 사실판단을 보고받고, 그 보고받은 사항을 자신이 주장하는 사실

---

[1] 전문심리위원제도의 운영과 관련된 사무처리요령에 관해서는, 재판예규 제1815호 '전문심리위원의 소송절차 참여에 관한 예규'(재일 2007-2, 2022. 8. 1. 개정·시행).

[2] 따라서 현재 일반적인 감정을 전제로 규정된 감정절차는 전문감정을 위하여 대폭적으로 보완되어야 한다. 윤재윤, "전문소송의 감정절차에 대하여 ―건설감정의 표준절차를 중심으로―," 법조 51권 11호(2002. 11.), 235쪽 이하.

을 증명하기 위한 자료로 법원에 제출하는 방법을 이용하는 데 이를 **사감정**(私鑑定)이라고 한다. 감정의견이 소송법상 감정인신문이나 감정의 촉탁방법에 의한 것이 아니고 소송 밖에서 전문적인 학식·경험이 있는 사람이 작성한 감정의견을 기재한 서면이라 하더라도 그 서면이 서증으로 제출되었을 때 법원이 이를 합리적이라고 인정하면 이를 사실인정의 자료로 할 수 있다.[1] 그러나 당사자가 서증으로 제출한 감정의견이 법원의 감정 또는 뒤에서 보는 바와 같은 감정촉탁에 의하여 얻은 그것에 못지않게 공정하고 신뢰성 있는 전문가에 의하여 행해진 것이 아니라고 의심할 사정이 있거나 그 의견이 법원의 합리적 의심을 제거할 수 있는 정도가 되지 않는 경우에는 이를 쉽게 채용해서는 안 된다. 특히 소송이 진행되는 중이어서 법원에 대한 감정신청을 통한 감정이 가능함에도 그와 같은 절차에 의하지 않은 채 당사자 한쪽이 임의로 의뢰하여 작성한 경우라면 더욱더 신중을 기해야 한다.[2] 소송 밖에서 당사자의 직접 의뢰에 의하여 작성된 사감정의 감정서는 감정인에 대한 당사자의 기피권(법 336조), 증인신문규정의 준용에 따른 신문권(법 333조)을 침해하기 때문에 통상의 감정과는 달리 **서증**으로 취급한다.[3]

(3) 감정촉탁

법원은 필요하다고 인정하는 경우에는 공공기관·학교, 그 밖의 상당한 설비가 있는 단체 등에 **감정을 촉탁**할 수 있다(법 341조 1항 본문).[4] 감정촉탁은 개인에 대해서는 할 수 없다. 감정촉탁은 감정인에게 감정촉탁서에 의하여 감정지시의 방법으로 한다. 감정촉탁에서는 감정인에게 **선서나 진술의무가 면제**된다(법 341조 1항 후문). 따라서 감정촉탁은 **권위 있는 기관**에 의하여 그 공정성·진실성

---

1) 대판 1999. 7. 13. 97다57979, 2002. 12. 27. 2000다47361, 2006. 5. 25. 2005다77848. 따라서 법원이 감정인을 지정하고 그에게 감정을 명하면서 착오로 감정인으로부터 선서를 받는 것을 누락함으로 말미암아 그 감정인에 의한 감정결과가 증거능력이 없게 된 경우라도, 그 감정인이 작성한 감정결과를 기재한 서면이 당사자에 의하여 서증으로 제출되고, 법원이 그 내용을 합리적이라고 인정하는 때에는, 이를 사실인정의 자료로 삼을 수 있다.
2) 대판 2010. 5. 13. 2010다6222. 법원은 사감정서를 서증으로 증거조사할 경우 그에 관한 증거판단 단계에서 사감정인의 중립성이나 적격성을 적절히 평가해야 한다. 강수미, "사감정의 소송법상 취급," 민사소송 10권 2호(2006. 11.), 98쪽 이하.
3) 함영주, "민사감정제도에 관한 소고," 민사소송 3권(2000. 2.), 292쪽 이하. 감정증거의 평가에 대한 법관의 부담을 줄이기 위한 방안으로 사감정제도의 적극적 활용을 고려해 볼 만하다는 견해로는, 정선주, "민사소송절차에서 감정인의 지위와 임무," 민사소송 6권(2002. 8.), 83쪽 이하.
4) 법원이 감정을 명할 것인지, 감정촉탁을 할 것인지는 관련 예규 등에 따라서 **직권으로** 정하며, 당사자의 신청 여하에 매이지 않는다. 법원실무제요 민사소송(3), 1513쪽.

및 전문성이 담보되어야 한다.1)

　제출된 감정서가 불명하거나 불비한 점이 있으면 그 촉탁을 받은 공공기관 등의 구성원 중 감정에 관여한 사람에게 **감정서의 보충설명**을 요구할 수 있다(법 341조 2항). 이 경우 감정서를 설명하게 하는 때에는 당사자를 참여하게 하여야 하며(규칙 103조 1항), 그 설명의 요지는 조서에 적어야 한다(규칙 103조 2항). 이러한 감정서의 설명시 뒤에서 보는 바와 같이 비디오 등 중계장치 등에 의한 감정인신문에 관한 규정을 준용한다(2016. 3. 29. 개정, 2016. 9. 30. 시행 법 341조 3항). **전자소송**에서는 재판장 등의 허가를 받아 멀티미디어 등 전자문서를 이용하여 감정서를 설명할 수 있다(민전규 36조 2항).

■ **개인에 대한 감정촉탁결과의 증거능력의 유무**

　(1) 개인에 대한 감정촉탁이 허용되지 않는 이유
　법 341조 1항은 공공기관·학교, 그 밖에 상당한 설비가 있는 단체 또는 외국의 공공기관에 감정을 촉탁할 수 있도록 하고, 나아가 이는 공공기관·학교 등 전문적 연구시설을 갖춘 **권위 있는 기관**에 대한 촉탁인 까닭에 감정인 선서에 관한 규정을 적용하지 않는다고 규정하고 있다. 따라서 법 341조 1항에 의한 감정촉탁을 하기 위해서는 위와 같은 권위 있는 기관에 의하여 그 **공정성**과 **진실성** 및 그 **전문성**이 담보되어야 한다.
　(2) 감정촉탁에 의한 감정서가 개인 명의로 작성된 경우
　법원의 신체감정촉탁에 의한 **개인 이름**으로 된 감정서에 의한 감정결과는 이와 같은 요건을 갖추지 않은 것일 뿐 아니라, 한편 고도로 전문지식을 가진 사람의 감정이라고 하더라도 **자연인**의 감정인이라면 민사소송법이 정하는 절차에 따라 선서를 해야 함에도 불구하고 이러한 선서를 한 바 없다면, 이러한 신체감정결과는 **신빙성**은 물론 적법한 **증거능력**조차 없다.2) 다만 ① 법원이 대학병원장에게 신체감정을 촉탁하고 이에 따라 그 병원장이 그 소속의사를 감정인으로 지정하여 그 의사가 자신의 명의로 작성·송부하여 온 감정서나, ② 법원이 위 감정촉탁병원장에게 사실조회를 하여 그 병원장 명의로 송부되어 온 위 감정의사가 작성한 병원장의 회보서는 자연인에 대한 감정촉탁결과로 볼 것이 아니고 법 341조 1항 소정의 **기관에 대한 감정촉탁결과**로 보아야 하므로, 이러한 감정서나 회보서는 증거능력이 있는 증거로서 사실인정의 자료로 할 수 있다.3)

---

1) 대판 1992. 4. 10. 91다44674, 1999. 7. 13. 97다57979 등.
2) 대판 1982. 8. 24. 82다카317.
3) 대판 1986. 9. 23. 85다카1923.

3. 감정의무

학식경험이 있는 사람으로서 법 334조 2항에 해당하지 않는 사람은 **감정의무**가 있다. 그 내용은 ① 출석의무, ② 선서의무, ③ 감정의견 보고의무(감정진술의무)이다. 이러한 의무를 위배하는 때에는 증인의 의무위배에 관한 제재규정이 준용된다(법 333조). 감정인은 감정을 다른 사람에게 위임해서는 안 된다(2016. 3. 29. 개정, 2016. 9. 30. 시행 법 335조의2 2항). 감정인은 감정사항이 자신의 전문분야에 속하지 않거나, 전문분야에 속하더라도 다른 감정인과 함께 감정을 해야 할 때에는 곧바로 법원에 감정인의 지정 취소 또는 추가 지정을 요구해야 한다(위 개정 법 335조의2 1항).

4. 감정절차

감정절차는 원칙적으로 **증인신문**에 준한다(법 333조 본문).[1] 신청에 의해 행하는 것이 원칙이지만, 직권으로도 감정을 명할 수 있다(법 292조). **감정인신문**이란 ① 감정인에게 최초로 출석을 요구하여 선서를 시킨 후 감정사항을 알리고 감정을 명하는 것, 또는 ② 감정인이 감정의견을 서면으로 제출한 후 법원이 감정인에 대하여 보충진술을 하게 하는 것을 말한다.[2] **2016. 3. 29. 개정(2016. 9. 30. 시행)** 민사소송법은 감정인신문에 관하여 구체적인 규정을 두었다. 감정인은 재판장이 신문하며, 합의부원은 재판장에 알리고 신문할 수 있다. 당사자는 재판장에게 알리고 신문할 수 있되, 다만 당사자의 신문이 중복되거나 쟁점과 관계가 없는 때, 그 밖에 필요한 사정이 있는 때에는 재판장은 당사자의 신문을 제한할 수 있다(법 339조의2).

감정인이 법정에 직접 출석하기 어려운 특별한 사정이 있거나, 감정인이 외국에 거주하는 경우 법원은 상당하다고 인정하는 때에는 **당사자의 의견**을 들어 **비디오 등 중계장치**에 의한 중계시설을 통하여 감정인을 신문하거나, **인터넷 화상장치**를 이용하여 감정인을 신문할 수 있다(법 339조의3 1항). 이러한 비디오 등 중계장치 등에 의한 감정인신문에 관해서는 비디오 등 중계장치에 의한 증인신문에 관한

---

1) 감정인으로서 선서를 하지 않고 이루어진 감정결과는 그 신빙성은 물론 적법한 증거능력조차 없다. 대판 1982. 8. 24. 82다카317.

2) 법원실무제요 민사소송(3), 1499쪽.

일부 규정(법 327조의2 2항·3항)을 준용한다(법 339조의3 2항). 감정의 경우 그 성질에 어긋나지 않는 범위 안에서 증인신문에 관한 **민사소송규칙**이 준용된다(규칙 104조). 감정인신문을 행한 때에는 **감정인신문조서**를 작성한다(법 154조 2호).

감정인은 감정을 위하여 필요한 경우에는 남의 토지, 주거 등의 시설물 안에 들어갈 수 있고(법 342조 1항), 저항을 받을 때에는 **경찰공무원**에게 원조를 요청할 수 있다(2020. 12. 22. 개정, 2021. 1. 1. 시행 법 342조 2항). **감정의견의 보고**는 변론기일 또는 감정인신문기일에서는 말로 하고, 기일 외에서는 서면으로 한다(법 339조 1항). 기일의 구술보고보다 기일 외에서의 서면보고, 즉 **감정서**의 제출이 실무상 통례이다. **전자소송**에서는 재판장 등의 허가를 받아 멀티미디어 등 전자문서를 이용하여 감정의견을 진술할 수 있다(민전규 36조 2항).

5. 감정결과의 채택 여부

(1) 감정의견의 진술과 원용 여부

감정인의 감정의견의 진술이 있으면 법원은 이러한 감정결과를 법정에 현출시켜 당사자에게 변론의 기회를 주어야 한다. 위 개정 민사소송법은 감정인의 감정의견의 진술에 관하여 당사자에게 서면이나 말로써 의견을 진술할 기회를 주어야 함을 명문으로 규정했다(위 개정 법 339조 3항). 감정인의 감정결과는 당사자가 이를 원용하지 않는 경우에도 법원으로서는 증거로 할 수 있다.[1] 실무에서는 감정결과에 대한 법원의 판단을 받기 위하여, 감정결과가 유리한 당사자 측에서 이를 원용한다는 진술을 하는 것이 보통이다.[2]

(2) 감정결과의 채택 여부와 자유심증주의

감정결과를 현실적으로 증거로 채용할 것인지는 다른 증거와 마찬가지로 법관의 자유심증에 의한다(법 202조). 그러나 감정인의 감정결과는 그 감정방법 등이 경험법칙에 반하거나 합리성이 없는 등의 현저한 잘못이 없는 한 이를 존중해야 한다.[3] 따라서 과학적인 방법이라고 할 수 있는 감정결과를 배척하기 위해서는 특별한 사정이 없는 한 감정경위나 감정방법의 잘못 등 감정 자체에서 배척사유가 있어야 한다.[4] 감정촉탁은 법관이 그 특별한 지식·경험을 이용하는 데 불과한 것이므

---

1) 대판 1994. 8. 26. 94누2718.
2) 대판 1976. 6. 22. 75다2227.
3) 대판 2007. 2. 22. 2004다70420,70437, 2020. 4. 9. 2016다32582, 2023. 6. 1. 2023다217534 등.
4) 대판 1999. 4. 9. 98다57198. 따라서 감정과정에서 상당히 중한 잘못이 있었다거나 상대방

로 법원은 그 견해에 구속되지 않으나, 예컨대 신체감정촉탁에 의한 감정결과는 의학적 판단에 속하는 것으로서 특별한 사정이 없는 한 그에 관한 감정인의 판단은 존중되어야 한다.1)

　　동일한 사실에 관하여 상반되는 여러 개의 감정평가가 있고, 그 가운데 어느 하나의 감정평가에 잘못이 있음을 인정할 자료가 없는 이상 법원이 각 감정평가 가운데 어느 하나를 채용하거나 하나의 감정평가 가운데 일부만에 의거하여 사실을 인정했다 하더라도 그것이 경험법칙이나 논리법칙에 위배되지 않는 한 적법하다.2) 동일한 사항에 대한 상반된 여러 개의 감정결과가 나왔을 때에 그 가운데 채용하지 아니한 다른 것에 대해 배척하는 이유를 설시하지 않아도 된다.3) 동일한 감정인이 동일한 감정사항에 대하여 서로 모순되거나 매우 불명료한 감정의견을 기재한 감정서를 제출하는 경우에 법원이 그 기재의 감정서를 직접증거로 채용하여 사실인정을 하기 위해서는, 특별히 다른 증거자료가 뒷받침되지 않는 한 감정인에 대하여 **감정서보완**을 명하거나 **감정증인**(법 340조)으로서의 신문방법 등을 통하여 정확한 감정의견을 밝히도록 하는 등의 적극적인 조치를 강구해야 한다.4) 감정인의 감정결과가 일부에 잘못이 있는 경우에도 그로 인하여 감정사항에 대한 감정결과가 전체적으로 서로 모순되거나 매우 불명료한 것이 아닌 이상, 법원은 감정결과 전부를 배척할 것이 아니라 그 해당되는 **일부 부분**만을 배척하고 **나머지 부분**에 관한 감정결과를 증거로 채택하여 사용할 수 있다.5)

이 그 신빙성을 탄핵할 만한 객관적인 자료를 제출하지 않는다면 감정과정 등에 있을 수 있는 사소한 잘못의 가능성을 지적하는 것만으로 이를 쉽게 배척할 수 없다. 대판 2010. 11. 25. 2007다74560.

1) 대판 1992. 11. 27. 92다26673, 2005. 4. 29. 2005다3946, 2008. 2. 29. 2007다85973; 신은주, "인신사고에서의 노동능력상실률평가와 신체감정의 문제점," 의료법학 창간호(2000. 5.), 260쪽 이하.

2) 대판 2009. 6. 25. 2008다18932,18949, 2010. 4. 15. 2009다98904, 2023. 11. 16. 2020다292671 등.

3) 대판 2000. 5. 26. 98두6531.

4) 대판 1999. 5. 11. 99다2171, 2008. 3. 27. 2007다16519, 2019. 10. 31. 2017다204490,204506.

5) 대판 2012. 1. 12. 2009다84608, 2014. 10. 15. 2012다18762, 2023. 10. 12. 2020다246999, 247008.

Ⅳ. 서   증

1. 의   의

서증은 문서를 열람하여 그에 기재된 의미 내용을 증거자료로 하기 위한 증거조사를 말한다.

(1) 문서의 종류

(a) 공문서 · 사문서

공무원이 그 직무권한 내의 사항에 대하여 직무상 작성한 문서를 **공문서**라 하고, 공문서 이외의 문서를 **사문서**라 한다. 공증인 또는 그 직무를 행하는 자[법무법인, 법무법인(유한), 법무조합 및 2005. 1. 27. 변호사법이 개정되기 전 구 변호사법 59조, 62조 1항에 의하여 인가받은 공증인가 합동법률사무소[1]]가 작성한 **공정증서**(공증 25조 이하) 역시 공문서로 취급하며, 그들이 작성한 사서증서의 **인증부분**(공증 57조 이하) 역시 그렇다. **공사병존문서**는 사문서에 공무원이 직무상 일정한 사항을 기입해 넣은 문서이다. 예컨대 ① 등기관이 **매매계약서**(등기원인증서)에 **등기필**을 기입한 등기필증,[2] ② **내용증명**우편에 의한 **통지서**, ③ **확정일자** 있는 **사문서** 등은 공사병존문서이다(그 가운데 **등기필**, **내용증명**,[3] **확정일자**는 공문서 부분이다). 이 경우 공문서 부분의 성립이 인정된다고 하여 바로 사문서 부분의 진정성립이 추정된다거나 인정되는 것은 아니다.[4]

(b) 처분문서 · 보고문서

증명하고자 하는 법률적 행위(처분)가 그 문서 자체에 의하여 이루어진 문서

---

1) 위 개정법률에 의하여 공증인가 합동법률사무소의 근거규정이 폐지되었다.

2) 주의를 요하는 것은, 부동산등기법이 2011. 4. 12. 전부개정(2011. 10. 13. 시행)되어 종전의 등기필증제도는 **등기필정보통지서**(**등기필정보 및 등기완료통지서**)**제도**로 대체되었다는 점이다. **등기필정보**는 등기부에 새로운 권리자가 기록되는 경우에 그 권리자를 확인하기 위해 등기관이 작성한 정보를 말한다(부등 2조 4호). 등기관은 새로운 권리에 관한 등기를 마쳤을 때에는 원칙적으로 등기필정보를 작성하여 등기권리자에게 통지(**등기완료통지서**)해야 한다(부등 50조 1항). 그러나 종전 법규정에 따라 **등기필증**을 발급받은 경우 개정법 시행 후 등기의무자가 되어 등기신청을 할 때에는 개정법 규정에 따른 등기필정보통지서를 갈음하여 신청서에 종전 법규정에 따른 등기필증을 첨부할 수 있다(부등 부칙 2조). 한편 **등기필정보 및 등기완료통지서**는 **공문서**이다.

3) 대판 1976. 5. 11. 73다616.

4) 대판 1989. 9. 12. 88다카5836, 2018. 4. 12. 2017다292244.

를 **처분문서**라고 하고(예컨대 계약서, 약정서, 차용증서, 해약통지서, 어음·수표 등), 작성자가 듣고, 보고, 느끼고, 판단한 바를 기재한 문서를 **보고문서**라고 한다(예컨대 가족관계증명서, 진단서, 일기 등).

> ▣ **처분문서와 보고문서의 구별기준**
>
>   어떤 문서가 **처분문서**라고 할 수 있기 위해서는 증명하고자 하는 공법상 또는 사법상 행위가 그 문서에 의하여 행해졌음을 필요로 한다. 따라서 그 문서의 내용이 작성자 자신의 법률행위에 관한 것이라 할지라도, 그 법률행위를 외부적 사실로서 보고·기술하고 있거나 그에 관한 의견이나 감상을 기재하고 있는 경우에는 처분문서가 아니라 **보고문서**로 본다. 예컨대 과거에 체결된 매매계약의 이행 여부와 그 계약이 유효하게 존속하는지 여부에 관한 기억 내용 및 의견을 기재한 것일 뿐 이에 의하여 증명하고자 하는 어떤 행위가 행해진 것이 아님이 분명한 문서는 보고문서이다.[1] **판결서**는 **처분문서**이기는 하나 그것은 그 판결이 있었는지 또 어떠한 내용의 판결이 있었는지의 사실을 증명하기 위한 처분문서라는 뜻이다. 따라서 판결서 중에서 한 사실판단을 그 사실을 증명하기 위하여 이용하는 것을 불허하는 것은 아니므로 이를 이용하는 경우에는 판결서는 그 한도 내에서 **보고문서**이다.[2]

(c) 원본·정본·등본·초본

원본은 문서 그 자체를 말하고, **정본**은 공증권한을 갖는 공무원이 특히 정본이라 표시한 문서의 등본으로서 원본과 같은 효력이 인정되는 것을 말한다. **등본**은 원본 전부의 사본이고, **초본**은 그 일부의 사본이다. 인증기관이 공증한 등본을 **인증등본**이라 한다(예컨대 가족관계증명서, 등기사항증명서, 주민등록등본 등). 문서의 제출 또는 송부는 원본·정본 또는 인증등본에 의할 것을 원칙으로 한다(법 355조 1항).

(d) 전자문서

전자문서란 컴퓨터 등 정보처리능력을 가진 장치에 의하여 전자적인 형태로 작성되거나 변환되어 송신·수신 또는 저장되는 정보를 말한다(민전 2조 1호, 전자문서 및 전자거래 기본법 2조 1호). 당사자, 소송대리인, 그 밖에 대법원규칙으로 정하는 자는 **민사소송 등에서 법원에 제출할 서류**를 전산정보처리시스템을 이용하

---

1) 대판 1987. 6. 23. 87다카400, 2010. 5. 13. 2010다6222.
2) 대판(전) 1980. 9. 9. 79다1281, 대판 1992. 11. 10. 92다22107, 2010. 9. 30. 2009다76195, 76201; 박우동, "판결서의 증거력," 민사판례연구 4권(1982. 5.), 209쪽 이하.

여 전자문서로 제출할 수 있다(민전 5조 1항).[1] 여기서 전산정보처리시스템이란 민사소송 등 절차에 필요한 전자문서를 작성·제출·송달하거나 관리하는 데 이용되는 정보처리능력을 가진 전자적 장치 또는 체계로서 법원행정처장이 지정하는 것을 말한다(민전 2조 2호). 민사소송 등에서의 전자문서 이용 등에 관한 법률에 따라 작성·제출·송달·보존하는 전자문서는 다른 법률에 특별한 규정이 있는 경우를 제외하고는 **민사소송법 등** 법률에서 정한 요건과 절차에 따른 **문서**로 본다(민전 5조 2항). 민사소송 등에서의 전자문서 이용 등에 관한 법률은 위 법률에서 규정하는 사항 외 민사소송 등에서의 전자문서 이용·관리 및 전산정보처리시스템의 운영에 필요한 사항은 대법원규칙에 위임하고 있는데(민전 16조), 이에 따라 민사소송 등에서의 전자문서 이용 등에 관한 규칙(30조 내지 37조)은 전자문서에 의한 변론과 전자문서에 대한 증거조사의 방법을 규정하고 있다.[2]

(2) 문서의 증거능력과 증거력

(a) 문서의 증거능력

문서의 증거능력은 추상적으로 서증으로서 증거조사의 대상이 될 수 있는 자격을 말한다. 민사소송에서는 형사소송에서와 달리 증거능력에 제한이 없음이 원칙이다. **판례**는 소제기 뒤에 그 소송에 사용하기 위하여 작성된 문서라도 반드시 증거능력이 없는 것이라고 할 수 없다고 본다.[3] 나아가 서증의 사본도 증거능력이 부인되지 않는다.[4]

(b) 문서의 증거력

문서의 증거력은 그 문서가 요증사실의 증명에 기여하는 효과를 말한다. 문서의 증거력에는 문서의 진정성립을 의미하는 문서의 **형식적 증거력**과 문서의 기재 내용의 증명력(증거가치)을 의미하는 문서의 **실질적 증거력**이 있다. 일반적으로 문서의 형식적 증거력이 있는 때에 한하여 실질적 증거력을 판단한다.

---

1) 전자소송 동의를 한 등록사용자가 전자문서가 아닌 서류를 법원에 제출하고자 할 때에는 그 서류를 전자문서로 변환하여 제출해야 한다(민전규 12조 1항). 이 경우 변환된 전자문서로 소송서류를 제출한 때에는 제출자는 그 원본을 해당 소송절차가 확정될 때까지 보관해야 한다(민전규 12조 3항).
2) 이에 관련된 예규로는, 재판예규 제1848호 '민사소송 등에서의 전자문서 이용 등에 관한 업무처리지침'(재일 2012-1, 2023. 2. 24. 개정, 2023. 3. 1. 시행).
3) 대판 1966. 9. 27. 66다1133, 1992. 4. 14. 91다24755.
4) 대판 1966. 9. 20. 66다636; 이교림, "민사소송에 있어서 증거의 증거능력," 민사증거법(상) (재판자료 25집, 1985. 7.), 34쪽 이하.

2. 문서의 형식적 증거력(문서의 진정성립)

(1) 의   의

1) 문서가 신청자가 주장하는 문서작성자의 의사에 기하여 작성된 것인지 여부가 진정성립의 문제이다. 진정하게 작성된 문서를 **진정성립**의 문서라고 하고, 이를 **형식적 증거력**이 있는 문서라고 한다. 즉 진정성립의 문서이면 원칙적으로 형식적 증거력이 있다.[1] 문서에 대한 진정성립의 인정 여부는 법원이 모든 증거자료와 변론 전체의 취지에 근거하여 자유심증에 따라 판단한다.[2]

2) **전자문서**의 경우 전자문서가 정보로서 증거자료가 되기 위해서는 형식적 증거력이 인정되어야 한다. 따라서 문서가 전자문서로 전자적인 형태를 취했다고 하더라도 그 문서를 제출한 사람이 그 문서가 작성명의인의 의사에 기하여 작성된 것임을 밝혀 문서의 진정성립이 인정되게 해야만 형식적 증거력이 인정된다.

(2) 문서의 진정성립에 대한 인부

1) 문서가 증거로 제출되면 상대방이 그 문서의 진정성립 여부를 답변하게 하는 절차를 통상 '**성립의 인부**(認否)'라고 한다. 여기에는 성립인정·침묵·부인·부지가 있다. 문서에 인부를 하는 당사자본인 또는 그 대리인(대표자)의 서명이나 날인이 있는 경우에는 '부지'라고 할 수 없으며, '성립인정' 또는 '**부인**'할 수 있다. '**부지**'는 인부를 하는 당사자본인 또는 그 대리인의 서명이나 날인이 없는 때에 할 수 있다.

2) 문서의 진정성립을 부인하는 때에는 그 이유를 구체적으로 밝혀야 한다 (규칙 116조). 당사자본인 또는 그 대리인이 고의나 중대한 과실로 진실에 어긋나게 문서의 진정성립을 **다툰 때**에는 200만원 이하의 과태료의 제재를 받게 된다(법 363조 1항). 법원의 과태료결정에 대해서는 즉시항고할 수 있다(법 363조 2항). 이 경우 문서의 진정성립을 다툰 당사자본인 또는 그 대리인이 소송이 법원에 계속 중[항소심도 포함한다. 그러나 상고심단계에서는 이미 사실심리가 끝났으므로 상

---

1) 이시윤, 529쪽; 정영환, 755쪽. 이에 대하여, 문서의 진정성립과 문서의 형식적 증거력을 구별하는 견해가 있다. 이러한 입장에서는 문서의 형식적 증거력은 문서작성자가 문서에 나타난 의사를 실제로 표시했다는 것을 믿도록 하는 신빙성이라고 보고, 문서의 진정성립을 근거로 의사표시의 존재를 인정하는 것은 표현증명에 해당한다고 본다. 정선주, "문서의 증거력," 민사소송 3권(2000. 2.), 245쪽 이하; 호문혁, 593쪽.

2) 대판 2003. 4. 8. 2001다29254.

고심은 해당되지 않는다]에 그 진정을 인정하는 때에는 법원(과태료재판을 한 해당 법원을 말한다)은 과태료결정을 취소할 수 있다(법 363조 3항).

3) 문서의 진정성립을 인정하는 진술은 보조사실에 관하여 이를 다투지 않는 진술에 불과하므로 재판상 자백은 아니나, 이를 주요사실에 관한 재판상 자백과 마찬가지로 취급하여 그 진술을 임의로 철회하지 못하고, **자백의 취소요건**을 갖춘 경우에만 이를 취소할 수 있음은 이미 자백의 대상이 되는 주요사실에서 살펴본 바와 같다.

■ 문서의 진정성립에 대한 인부가 반드시 필요한지 여부

제출된 서증에 관하여 상대방이 적극적·명시적으로 인부의 진술을 하지 않는 때에는 굳이 인부의 진술을 촉구하지 않는다. 그러나 ① 부각된 쟁점 등에 비추어 해당 문서의 성립에 관하여 그 자체로 다툼이 있는 문서, ② 해당 문서로 증명될 사실의 존부 등이 쟁점이 되는 등 핵심적 증거가치를 가지고 있는 문서(예컨대 당사자 사이에 법률행위의 존부나 내용에 관하여 다툼이 있는 경우에 그 법률행위에 관한 처분문서), ③ 그 밖에 사건의 쟁점과 관련된 문서로서 인부가 필요하다고 판단되는 문서[이들 문서를 '**필요적 인부문서**'라고 한다]에 대해서는 상대방에게 인부의 의견을 진술하게 해야 한다.[1]

---

(3) 사문서의 진정성립을 증명하기 위한 방법

1) 사문서의 진정성립에 관한 증명방법에 관해서는 특별한 제한이 없으나 그 증명방법은 신빙성이 있어야 하고, 증인의 증언에 의하여 그 진정성립을 인정하는 경우 그 신빙성 여부를 판단할 때에는 증언 내용의 합리성, 증인의 증언 태도, 다른 증거와의 합치 여부, 증인의 사건에 대한 이해관계, 당사자와의 관계 등을 종합적으로 검토해야 한다.[2] 문서의 진정성립은 필적 또는 인영을 **대조**하여 증명할 수 있고(법 359조), 그 필적 또는 인영의 대조는 사실심법원의 자유심증에 속하는 사항으로서, 문서작성자의 필적 또는 인영과 증명의 대상인 문서의 필적 또는 인영이 동일하다고 인정될 때에는 특별한 사정이 없는 한 문서의 진정성립을 인정할 수 있으며, 이 경우 법원은 반드시 감정으로써 필적·인영 등의 동일 여부를 판단할 필요가 없이 육안에 의한 대조로도 이를 판단할 수 있다.[3]

---

1) 재판예규 제1857호 '사건관리방식에 관한 예규'(재일 2001-2, 2023. 9. 14. 개정, 2023. 10. 19. 시행) 13. 나.

2) 대판 1999. 4. 9. 98다57198, 2010. 6. 14. 2009다10980, 2016. 10. 27. 2014다72210.

3) 대판 1991. 10. 11. 91다12707, 1997. 12. 12. 95다38240.

2) 당사자가 부지로서 다투는 문서에 관하여 신청자가 특히 그 진정성립을 증명하지 않더라도 법원은 다른 증거에 의하지 않고 **변론 전체의 취지**를 참작하여 자유심증으로써 진정성립을 인정할 수 있다.[1] 다만 변론 전체의 취지에 의하여 만연히 문서의 진정성립을 인정하는 것은 경계해야 한다. **판례**도, 법원이 서증조사를 할 때에 사본을 증거로 제출받으면서도 그 사본이 원본과 일치하는지 여부에 대하여 심리조차 하지 않고, 나아가 석명권을 행사하여 원본의 작성자, 작성경위 및 내용 등을 밝히도록 문서제출자에게 증명을 촉구하여 사실관계를 명백히 하지 않은 채 만연히 변론 전체의 취지에 의하여 원본의 존재와 그 진정성립을 인정하여 증거로 채용하는 것은 위법이라고 한다.[2]

(4) 사문서의 진정성립의 근거를 판결이유에서 설시해야 할 경우

실무에서는, 서증의 형식적 증거력의 인정근거를 상대방이 위조항변을 제출하는 등 적극적으로 진정성립을 다툰 때를 제외하고는 판결서에 기재하지 않는다.[3] 다만 ① 상대방이 문서의 진정성립을 적극적으로 다투거나 서증의 진정성립 여부가 쟁점이 된 때, ② 서증이 해당 사건의 쟁점이 되는 주요사실을 인정하는 자료로 쓰여지는데 상대방이 그 증거력을 다툴 때, ③ 문서가 어떠한 증거에 의하여 그 진정성립이 인정된 것인지 잘 알아보기 어려운 때 등에는 판결서에 문서가 어떠한 이유로 증거력이 있는 것인지 그 근거를 분명히 밝혀서 설시해야 한다.[4]

(5) 문서의 진정성립의 추정 등

(a) 공문서의 경우

1) 문서의 **작성방식**과 **취지**에 의하여 공문서로 인정되는 때에는 진정한 공문서로 추정된다(법 356조 1항, **전면적 추정력**). 여기의 추정은 실체법상의 법률요건사실의 추정은 아니므로 법률상 추정이 아니다. 이를 **증거법칙적 추정**이라고 한다. 이러한 증거법칙적 추정을 깨뜨리기 위하여 이를 다투는 상대방이 진실에 의심이 들 정도의 반증을 세우는 것으로써 족하지 않고 **반대사실의 증명**을 요한다. **판례**도 공문서는 그 진정성립이 추정되므로 이러한 추정을 깨뜨릴만한 특별한 사정

---

1) 대판 1990. 9. 25. 90누3904, 1993. 4. 13. 92다12070, 2010. 2. 25. 2007다85980 등.
2) 대판 1996. 3. 8. 95다48667; 박기동, "원본·정본 또는 인증등본이 아닌 사본만의 제출에 의한 증거신청이 허용되기 위한 요건," 대법원판례해설 25호(1996년 상반기), 93쪽.
3) 대판 1993. 4. 13. 92다12070; 재판예규 제625-1호 '판결서 작성방식에 관한 권장사항'(1998. 8. 20. 제정).
4) 대판 1997. 4. 11. 96다50520, 1997. 12. 12. 95다38240, 2001. 6. 15. 99다72453 등.

이 증거에 의하여 밝혀지지 않은 한 그 성립의 진정은 부인될 수 없으며, 이 경우 그 증명력을 다투는 사람이 이에 대한 증명책임을 진다고 하여,[1] 상대방이 반증이 아니라 본증, 즉 **반대사실을 증명**할 책임이 있다고 보고 있다. 추정의 범위는 공문서의 진정성립에 국한된다.

2) 법원은 공문서가 진정한지 의심스러운 때에는 직권으로 해당 공공기관에 조회할 수 있다(법 356조 2항). 외국의 공공기관이 작성한 문서에 대해서도 앞서의 진정성립의 추정에 관한 규정이 준용된다(법 356조 3항).[2]

> ▣ **공정증서 및 인증된 사서증서의 증거력**
>
> **(1) 공증인이 작성한 공정증서의 경우**
> 판례는, 공증인이 작성한 공정증서에 관하여 성질상 공문서와 같은 추정력을 인정한다. 따라서 이 경우 신빙성 있는 반대자료가 없는 한 증거력을 부정할 수 없다고 한다.[3]
>
> **(2) 공증인이 인증한 사서증서의 경우**
> 판례는, 공증인이 사서증서를 인증한 경우(공증 57조 이하) 공증인법에 규정된 절차를 제대로 거치지 않았다는 사실의 주장·증명이 있는 등 특별한 사정이 없는 한 공증인이 인증한 사서증서의 진정성립을 추정했다.[4] 더욱이 **2009. 2. 6. 공증인법을 개정**(2010. 2. 7. 시행)하여 촉탁인이 공증인 앞에서 사서증서의 내용이 진실함을 선서하는 경우 그 **형식적 진정성**뿐만 아니라 **내용의 진실성**까지 인증하는 선서인증제도를 도입했다(공증 57조의2, 66조의5).
>
> 선서인증의 실효성과 효용성을 높여 공증의 분쟁예방기능을 더욱 강화하기 위하여 **2013. 5. 28. 공증인법을 개정**(2013. 11. 29. 시행)하여 거짓 선서를 한 사람에게는 과태료(300만원 이하)를 부과할 수 있도록 하되, 거짓 선서를 한 후에도 법정에서 그 잘못을 시정한 때에는 과태료를 감경하거나 면제하도록 하여(공증 90조), 관련 사건의 재판과정에서 법관이 실체적 진실을 발견하는 데 장애가 되지 않도록 했다.

---

1) 대판 1985. 5. 14. 84누786. 한편 판례 가운데에는 법 356조 1항의 추정은 '위조 또는 변조 등 특별한 사정이 있다고 볼 만한 **반증**이 있는 경우에는 깨어진다'고 본 것이 있으나(대판 2018. 4. 12. 2017다292244), **반증**과 **반대사실의 증명**의 구별을 전제로 한 판시라고 보기 어렵다.
2) 따라서 외국의 공문서라고 제출한 문서가 진정성립의 추정을 받기 위해서는 제출한 문서의 방식이 외관상 외국의 공공기관이 직무상 작성하는 방식에 합치되어야 하고, 문서의 취지로부터 그 외국의 공공기관이 직무상 작성한 것이라고 인정되어야 한다. 대판 2016. 3. 10. 2013두14269. 법원은 이러한 요건이 충족되었는지 여부를 심사할 때 해당 공문서를 작성한 외국에 소재한 대한민국의 공관의 인증이나 확인을 거치는 것이 바람직하지만 자유심증에 따라 다른 증거와 변론 전체의 취지를 종합하여 인정할 수 있다. 대판 2016. 12. 15. 2016다205373.
3) 대판 1994. 6. 28. 94누2046.
4) 대판 1992. 7. 28. 91다35816, 2008. 12. 24. 2008두17806.

(b) 사문서의 경우

1) 사문서는 신청자 측이 그 성립의 진정을 증명해야 하지만(법 357조), 그 문서에 있는 본인 또는 대리인의 **서명**이나 **날인** 또는 **무인**(이하에서는 대표적으로 **날인**이 있는 경우에 관하여 본다)이 진정한 것임을 증명하면 진정한 문서로서 추정을 받는다(법 358조, **제한적 추정력**). 문서에 날인된 작성명의인의 인영이 그의 인장에 의하여 현출된 것이라면 특별한 사정이 없는 한 그 **인영의 진정성립**, 즉 **날인행위**가 작성명의인의 의사에 기한 것임이 사실상 추정되고(**제 1 단계의 추정**), 일단 인영의 진정성립이 추정되면 **법 358조에 의하여** 그 문서전체의 진정성립이 추정된다(**제 2 단계의 추정**).[1]

2) 그 가운데 **제 1 단계의 추정**인 **인영의 진정성립**, 즉 **날인행위**가 작성명의인의 의사에 기한 것이라는 추정은 **사실상 추정**이므로,[2] 그 날인행위가 ① 작성명의인 외의 사람에 의하여 이루어진 것임이 밝혀지거나, ② 작성명의인의 의사에 반하여 또는 작성명의인의 의사에 기하지 않고 이루어진 것임이 밝혀진 경우에는 그 추정이 깨어진다.[3] 따라서 인영의 진정성립을 다투는 사람이 **반증**을 들어 인영의 날인행위가 작성명의인의 의사에 기한 것임에 관하여 법원으로 하여금 **의심을 품게 할 수 있는 사정**을 밝히면 인영의 진정성립의 추정은 깨어진다.[4] 날인행위가 작성명의인 외의 사람에 의하여 이루어진 것임이 밝혀져서 이러한 **사실상 추정이 깨뜨려진 경우**에는, 문서제출자는 그 날인행위가 작성명의인으로부터 위임받은 **정당한 권원**에 의한 것이라는 사실까지 **증명**할 책임이 있다.[5]

---

1) **판례**는, **처분문서**의 경우 뒤에서 보는 바와 같이 처분문서는 진정성립이 인정되면 그 기재 내용을 부정할 만한 분명하고도 수긍할 수 있는 반증이 없는 이상 문서의 기재 내용에 따른 의사표시의 존재와 내용을 인정해야 한다는 점을 고려하여, 작성명의인의 **인영에 의하여 처분문서의 진정성립을 추정**하는 데에 **신중**해야 함을 강조하고 있다. 특히 처분문서의 소지자가 업무 또는 친족관계 등에 의하여 작성명의인의 위임을 받아 그의 인장을 사용하기도 했던 사실이 밝혀진 경우라면 더욱 그렇다고 한다. 대판 2002. 9. 6. 2002다34666, 2014. 9. 26. 2014다29667.

2) 대판 2003. 7. 25. 2003다21384,21391, 2010. 4. 29. 2009다38049, 2014. 9. 26. 2014다29667 등.

3) 대판(전) 1993. 8. 24. 93다4151, 대판 1995. 6. 30. 94다41324, 1997. 6. 13. 96재다462 등.

4) 대판 1997. 6. 13. 96재다462, 2003. 2. 11. 2002다59122, 2014. 9. 26. 2014다29667 등.

5) 대판 1995. 3. 10. 94다24770, 1995. 6. 30. 94다41324, 2009. 9. 24. 2009다37831; 이광범, "인영의 진정성립 추정의 사문서 전체의 진정성립 추정과 번복요건," 대법원판례해설 28호 (1997년 상반기), 317쪽 이하; 이동원, "인영의 동일성에 의한 사문서의 진정성립추정이 깨어지는 경우," 재판과 판례(대구판례연구회) 5집(1996. 12.), 363쪽 이하.

3) 이러한 제 1 단계의 추정에 의하여 **제 2 단계의 추정인 문서의 진정성립이**
추정된다. 법 358조의 추정은 법률상 추정과는 다른 **증거법칙적 추정**이다. 이에
대하여, ① 법률의 규정에 의한 추정이라고 하여 법률상 추정으로 보는 견해도
있으나,[1] 본증에 의하여 추정을 깨뜨릴 수 있다는 의미에서는 타당하지만 뒤에서
보는 바와 같이 증거법칙적 추정은 법률상 추정이 아닌 **유사적 추정**의 일종이므
로 개념상으로 부적절하다. ② 한편 제 2 단계의 추정에서 법 358조의 추정은 반
증에 의하여 그 추정이 깨질 수 있는 사실상 추정이라는 견해도 있으나,[2] 증거법
칙적 추정이므로 반증이 아니라 **본증**에 의해서만 그 추정력이 깨질 수 있다고 본
다.[3] 만약 법 358조의 추정을 사실상 추정으로 본다면 구태여 법에 명문으로 추
정규정을 둘 이유가 없다. 이러한 추정규정을 두지 않더라도 경험법칙에 의한 사
실상 추정이 얼마든지 가능하기 때문이다.

4) **판례는, 제 2 단계의 추정**에서 그 문서가 작성명의인의 의사에 반하여 또
는 작성명의인의 의사에 기하지 않고 **작성**된 것이라는 것은 그것을 주장하는 사
람이 **적극적으로 증명**해야 하고 이 **항변사실(증거항변)**을 증명하는 증거의 증명력
은 개연성만으로는 부족하다고 보고 있어, 반증이 아니라 **반대사실에 대한 증명**
(본증)에 의하여 그 추정력이 깨어지는 것으로 보는 입장으로 이해된다.[4] **판례는,**
문서의 진정성립이 추정되는 경우 **"납득할 만한 설명 없이** 함부로 그 증명력을
배척할 수 없으며,"[5] **"진정성립의 추정력을 뒤집으려면 그럴 만한 합리적 이유와**
이를 뒷받침할 증거가 필요하다."고 보고 있다.[6] 판례 가운데에는 사문서 작성명
의인이 스스로 해당 사문서에 서명·날인·무인했음을 인정하는 경우, 즉 인영 부
분 등의 성립을 인정하는 경우에는 **반증**으로 문서 전체의 진정성립의 추정이 번복
되는 등의 다른 특별한 사정이 없는 한 해당 문서 전체에 관한 진정성립이 추정된

---

1) 호문혁, 564쪽.
2) 이시윤, 532쪽; 강현중, 573쪽; 손한기, 274쪽; 김길중, "사문서의 진정성립의 추정력," 대법
   원판례해설 6호(1986년 하반기), 143쪽 이하; 손용근, "사문서 진정의 추정," 강의중교수정년
   기념논문집(2002. 2.), 493쪽 이하.
3) 송상현·박익환, 579쪽; 정재훈, "법률상의 추정과 사실상의 추정," 민사증거법(상)(재판자료
   25집, 1985. 7.), 332쪽.
4) 대판 2008. 11. 13. 2007다82158 등. 예컨대 그 문서가 강박의 정도가 극심하여 의사표시자
   가 의사결정의 자유가 완전히 박탈된 상태에서 작성된 것임은 이를 주장하는 사람에게 증명책임
   이 있다. 대판 1991. 1. 11. 90누6408.
5) 대판 1990. 2. 13. 89다카16383, 1994. 10. 14. 94다11590, 2008. 2. 14. 2007다17222.
6) 대판 1988. 9. 27. 85다카1397, 1994. 10. 14. 94다11590.

다고 보고 있는 판결도 있어,[1] 과연 판례가 '증명'과 '반증'의 **개념 구별**에 대한
정확한 이해를 전제로 판시하고 있는지 의문이 들기도 한다.

■ 문서에 대한 위조·변조항변과 인영 또는 문서 전체의 진정성립의 추정과의
  관계

  (1) 문서에 대한 위조항변

  1) 문서에 대한 **위조항변**은 문서에 대한 성립의 진정 여부에 대한 인부에서 작
성명의인이 그 성립을 부인하면서 위조되었다고 주장하는 증거항변을 말한다[이러
한 위조항변 가운데는 인영은 자기의 것임을 인정하는 경우와 인영조차 자기의 것
이 아님을 다투는 경우를 포함한다].[2] 이 경우 문서제출자가 그 성립의 진정을 증
명해야 한다.[3]

  2) 다만 인영이 있는 문서에서 작성명의인이 그 인영이 자신의 인장에 의한 것
임을 인정하고 있는 경우(작성명의인의 인영임이 증명되는 경우도 마찬가지이다)에
는 인영의 진정성립이 사실상 추정(**제 1 단계의 추정**)되므로, 작성명의인으로서는 **반
증**을 들어, ① (직접적으로) 그 인영이 자신의 의사에 반하여 또는 자신의 의사에
기하지 않고 이루어진 사실을 밝히든지, ② (그보다 쉽게) 그 인영이 다른 사람에
의하여 이루어진 사실을 밝힘으로써 그 추정을 깨뜨릴 수 있다.[4] 후자의 방법으로
추정을 깨뜨리는 경우 문서제출자로서는 작성명의인으로부터 날인을 할 권한을 위
임받은 사람(제 3 자)이 날인한 사실을 증명해야만 문서의 성립이 진정한 것임이 증
명됨은 앞서 본 바와 같다. 따라서 문서의 위조항변 가운데 인영이 있는 문서로서
작성명의인이 그 인영이 자기 것임을 인정하면서 하는 위조항변은 **제 1 단계의 추정**
을 깨뜨리기 위한 **증거항변**이다.

  (2) 문서에 대한 변조항변

  문서에 대한 **변조항변**은 문서 가운데 일부 내용이 문서 작성 후 변조되었다고
주장하는 증거항변을 말한다. 이 경우 문서의 변조가 있었다는 사실, 즉 작성명의인

---

1) 대판 2003. 4. 11. 2001다11406, 2009. 5. 14. 2009다7762, 2021. 9. 30. 2019다245457 등.
   이들 판시상 '간접반증', '적극적인 반증', '적극적인 소명 내지 반증' 등의 용어를 **혼용**하고
   있다.

2) 위조자가 피위조자의 진정한 인영을 이용하는 방법과 위조자가 그와 다른 인영을 이용하는
   방법이 있다. 전자를 '**진영**(眞影)위조', 후자를 '**위영**(僞影)위조'라고 부르는 견해로는, 김교창,
   "어음위조의 입증책임," 판례월보 282호(1994. 3.), 18쪽.

3) 대판(전) 1993. 8. 24. 93다4151, 대판 1998. 2. 10. 97다31113; 윤경, "어음·수표소송의 요
   건사실과 입증책임," 사법연수원 논문집 2집(2004. 12.), 129쪽 이하.

4) 대판 2020. 2. 6. 2019다275977,275984는 "문서가 위조된 것임을 주장하는 자는 적극적으로
   위 인영이 명의인의 의사에 반하여 날인된 것임을 증명할 필요가 있고 이 항변사실을 증명하
   는 증거의 증명력은 개연성만으로 부족하다."고 판시하고 있으나, 제 1 단계의 추정을 깨뜨리
   기 위한 경우와 제 2 단계의 추정을 깨뜨리기 위한 경우를 혼동하여 판시한 것으로 보인다.

의 의사에 반하여 또는 작성명의인의 의사에 기하지 않고 작성된 것이라는 사실은 이를 주장하는 사람이 증명해야 한다.1) 따라서 문서의 변조항변은 **제 2 단계의 추정**을 깨뜨리기 위한 **증거항변**이다.

■ 백지문서(일부백지문서, 보충문서) 또는 미완성문서의 형식적 증거력

(1) 일반적 백지문서인 경우

1) 사문서의 인영 부분 등의 진정성립이 인정되어 문서의 전체의 진정성립이 추정되는 경우 그 문서가 작성 당시에 백지 부분 또는 미완성 부분이 있었던 사실이 밝혀지더라도 그 문서 전체에 관하여 완성문서로서의 진정성립이 여전히 추정되는지 여부, 즉 백지 부분 또는 미완성 부분이 있는 사실이 밝혀지면 앞서 본 바와 같은 제 2 단계의 추정(증거법칙적 추정)이 깨뜨려지는지 여부에 관하여 논의가 있다.

이에 대하여, 백지문서인 사실이 밝혀지더라도 백지보충권까지 준 것으로 보아 문서의 진정성립을 추정해도 좋을 것이라는 견해가 있다.2) 그러나 뒤에서 보는 바와 같이 어음을 제외한 일반문서에서 백지 부분 또는 미완성 부분이 있었던 문서인 사실이 밝혀지면 완성문서로서의 진정성립, 즉 완성문서가 작성명의인의 의사에 기하여 작성된 것이라는 추정이 깨뜨려진다고 보아야 한다.

2) 백지문서의 항변도 넓은 의미에서 문서의 **변조항변**에 속하지만, 일반적인 문서의 **변조항변과 달리**(일반적인 문서의 변조항변은 문서의 기재 내용이 작성명의인의 의사에 반하여 또는 작성명의인의 의사에 기하지 않고 작성된 사실이 밝혀져야 한다) 백지문서 또는 미완성문서라는 사실이 밝혀지는 것만으로 제 2 단계의 추정이 깨뜨려진다. 즉 ① 제출된 문서가 **작성 당시 완성문서가 아니라는 사실**(즉 작성 당시에는 백지문서 또는 미완성문서이었으나, 이러한 백지 부분 또는 미완성 부분을 작성명의인이 아닌 사람이 보충했다는 사실)이 **반대사실의 증명**을 통하여 밝혀지면, ② 문서의 진정성립을 주장하는 사람 또는 문서제출자가 **문서의 진정성립**(백지 부분 또는 미완성 부분을 정당한 권한에 기하여 보충함으로써 작성명의인의 의사에 기하여 작성되었다는 사실)을 **증명**(본증)해야 한다.

3) **판례**는, ① 일반적으로 문서의 일부가 미완성인 상태로 서명날인을 하여 교부한다는 것은 이례(異例)에 속하므로 그 문서의 작성·교부 당시 백지 상태인 공란 부분이 있었고 그것이 사후에 보충되었다는 점은 작성명의인이 **증명**해야 하며, ② 일단 문서의 내용 중 일부가 사후 보충되었다는 사실이 증명이 된 다음에는 그 백지 부분이 정당하게 위임받은 권한에 의하여 보충되었다는 사실은 그 백지 부분의 기재에 따른 효과를 주장하는 당사자가 이를 **증명**할 책임이 있다고 보고 있다.3)

---

1) 대판 1995. 11. 10. 95다4674.

2) 이시윤, 533쪽.

3) 대판 2013. 8. 22. 2011다100923. **종전 판례**는, 백지문서의 진정성립의 추정의 문제에서,

(2) 백지어음의 경우

백지문서 가운데 백지어음의 경우에는 당연히 **보충권을 예정**하고 있으므로[1] 일반적 백지문서와는 달리 보아야 한다. 백지어음의 경우 발행인이 수취인 또는 그 소지인으로 하여금 백지 부분을 보충케 하려는 보충권을 줄 의사로써 발행했는지 여부에 관해서는 보충권을 줄 의사로 발행한 것이 아니라는 점, 즉 백지어음이 아니고 불완전어음으로서 무효라는 점에 관하여 **발행인**(작성명의인)에게 증명책임이 있다.[2]

3. 문서의 실질적 증거력(실질적 증명력)[3]

(1) 공문서의 경우

공문서는 그 진정성립이 추정됨과 아울러 그 기재 내용의 증명력 역시 진실에 반한다는 등의 특별한 사정이 없는 한 쉽게(함부로) 배척할 수 없다.[4] 따라서 공문서의 기재 가운데에 의문점이 있는 부분이 일부 있더라도 그 기재 내용과 배치되는 사실이나 그 문서가 작성된 근거와 경위에 비추어 그 기재가 비정상적으로 이루어졌거나 그 내용의 신빙성을 의심할 만한(진실이 아니라고 볼 만한) **특별한 사정**을 증명할 만한 다른 증거자료가 없는 상황이라면 그 기재 내용대로 증명력을 가진다고 보아야 한다.[5] 예컨대 가족관계등록부에 기재된 사항은 일응 진실에 부합하

완성문서로서의 진정성립의 추정을 깨뜨리기 위하여 그럴만한 합리적인 이유와 이를 뒷받침할 간접반증 등의 증거가 필요하다고 함으로써 제 2 단계의 추정을 **반증**에 의하여 깨뜨릴 수 있는 것으로 보았다(대판 2003. 4. 11. 2001다11406, 2008. 1. 10. 2006다41204, 2011. 11. 10. 2011다62977 등).

1) **백지어음**은 어음행위자가 후일 어음소지인으로 하여금 어음요건의 전부 또는 일부를 보충시킬 의사로서 고의로 이를 기재하지 않고 어음이 될 서면에 기명날인 또는 서명하여 어음행위를 한 미완성의 어음을 말한다. 따라서 어음을 완성하지 않은 모든 어음이 백지어음이 되는 것이 아니라 어음에 기명날인한 사람이 후일 어음취득자로 하여금 흠결된 요건을 보충하게 할 의사를 가지고 유통과정에 둔 어음만이 백지어음이 된다.

2) 대판 1984. 5. 22. 83다카1585, 2001. 4. 24. 2001다6718 등. 즉 어음발행인이 백지어음을 발행한 것이 인정되는 이상 자신이 수여한 보충권의 범위를 넘어서 보충이 되었더라도 어음소지인이 선의인 경우 이를 대항하지 못한다. 이 경우 어음발행인은 상대방이 백지어음을 취득할 당시에 악의 또는 중대한 과실로 인하여(어음 10조, 77조 2항) 어음발행인이 부여한 보충권의 범위를 알지 못하고 어음을 취득했다는 사실을 항변으로 주장·증명해야 한다. 대판 1978. 3. 14. 77다2020, 1999. 2. 9. 98다37736. 이재철, "어음금청구소송에 있어서 요건사실과 그 입증방법," 재판자료 31(1986. 7.), 432쪽 이하; 박동섭, "백지어음의 보충권수여에 대한 입증책임," 법조 34권 12호(1985. 12.), 81쪽 이하.

3) 판례 가운데에는 '실질적 증거력'을 '**실질적 증명력**'이라고 한 것으로는, 대판 1997. 4. 11. 96다50520, 2002. 8. 23. 2000다66133.

4) 대판 2003. 11. 28. 2003다14652, 2006. 6. 15. 2006다16055, 2010. 1. 28. 2009다72698 등.

5) 대판 2002. 2. 22. 2001다78768, 2015. 7. 9. 2013두3658.

는 것이라는 추정을 받으며,1) 그 토지대장·임야대장·토지조사부 등에 소유자로 등재되어 있다면 토지소유자로 추정된다.2) 한편 확정된 민·형사판결에서 확정된 사실은 특별한 사정이 없는 한 유력한 증거자료가 되므로 합리적 이유설시 없이 배척할 수 없다.3)

(2) 사문서의 경우

(a) 보고문서의 경우

사문서인 보고문서는 작성자의 신분·직업, 작성의 목적·시기, 기재의 방법, 기록이나 표현의 정확성 등 여러 사정을 종합적으로 고려하여 법관의 자유심증으로 그 기재 내용의 증명력을 결정한다. **판례**는, 법인의 총회 또는 이사회 등의 의사에는 의사록을 작성해야 하고 의사록에는 의사의 경과, 요령 및 결과 등을 기재하고 이와 같은 의사의 경과·요령 및 결과 등은 의사록을 작성하지 못했든지 또는 이를 분실했다는 등의 특별한 사정이 없는 한 의사록에 의해서만 증명된다고 본다.4)

(b) 처분문서의 경우

서증 가운데 처분문서는 그 진정성립이 인정되는 이상 법원은 그 기재 내용을 부인할 만한 **분명하고도 수긍할 수 있는 반증**이 없는 한 그 처분문서에 기재되어 있는 문언대로의 의사표시의 존재와 내용을 인정해야 한다.5) 다만 처분문서의 진성성립이 인정되더라도 **반증**에 의하여 그 기재 내용과 다른 **명시적·묵시적 약정**이 있는 사실이 인정될 경우에는 그 기재 내용과 다른 사실을 인정할 수 있다.6) 한편 처분문서의 기재 내용을 믿지 않고 이를 배척함에는 판결서에 **합리적인 이유설시**가 필요하다.7) 처분문서의 경우 **특별한 사정**이 없는 한 문언대로의 의사표시의 존재와 내용을 인정해야 하는 것은 ① 그 서면의 기재 내용에 의하여 당사자

---

1) 대판 1994. 6. 10. 94다1883, 2002. 6. 14. 2001므1537, 대결 2023. 7. 14. 2023스17.
2) 토지대장의 추정력에 관해서는 대판 1976. 9. 28. 76다1431 등. 임야대장의 추정력에 관해서는 대판 2002. 2. 22. 2001다78768 등. 토지조사부의 추정력에 관해서는 대판 2008. 12. 24. 2007다79718(토지조사부에 소유자로 등재되어 있는 사람은 재결(裁決)에 의하여 사정(查定) 내용이 변경되었다는 등의 반증이 없는 이상 토지의 소유자로 추정되어 그 토지를 원시적으로 취득하게 된다) 등.
3) 대판 2000. 9. 8. 99다58471, 2005. 1. 13. 2004다19647. 확정된 판결이 외국의 민사판결인 경우에도 마찬가지이다. 대판 2007. 8. 23. 2005다72386,72393.
4) 대판 2010. 4. 29. 2008두5568.
5) 대판 2010. 5. 27. 2010다6659, 2018. 7. 12. 2017다235647, 2019. 2. 14. 2018다275727 등.
6) 대판 2000. 1. 21. 97다1013, 2006. 12. 21. 2004다45400, 2011. 1. 27. 2010다81957 등.
7) 대판 2000. 1. 21. 97다1013.

가 그 표시행위에 부여한 객관적 의미를 합리적으로 해석하여, ② **문언의 객관적 의미**가 명확한 경우를 전제로 한다.[1] 판례 가운데 위와 같은 특별한 사정에 대한 **증명책임**은 처분문서의 문언과 배치되는 사실을 주장하는 측에 있다고 보고 있는 판결이 있으나,[2] 판례의 기본적 입장이 처분문서의 진정성립이 인정되더라도 분명하고도 수긍할 수 있는 **반증**에 의하여 그 처분문서의 문언과 배치되는 사실을 인정할 수 있다는 것이므로[이 경우 증명책임은 여전히 증명할 사실을 증명하기 위하여 서증으로 문서를 제출한 당사자에 있다] 위 판결 역시 '증명책임'의 정확한 개념을 전제로 한 것인지 의문이다. 처분문서라 하더라도 부동문자(不動文字)로 인쇄된 일반 거래약관의 형태를 취한 때에는 예문(例文)에 불과한 것으로 보아 그 구속력을 배제하는 경우가 있다.[3]

▣ **예금계약이나 금융거래계약에 관한 처분문서의 실질적 증거력**

처분문서 가운데 **예금계약서**나 **금융거래계약서**는 '금융실명거래 및 비밀보장에 관한 법률'상 그 실질적 증거력이 다른 서증의 경우보다 더욱 강화될 필요성이 제기된다. **판례**는, 본인인 예금명의자의 의사에 따라 예금명의자의 **실명확인절차**가 이루어지고 예금명의자를 예금주로 하여 예금계약서를 작성하였음에도 불구하고, 위에서 본 바와 달리 예금명의자가 아닌 출연자 등을 예금계약의 당사자라고 볼 수 있으려면, 금융기관과 출연자 등과 사이에서 실명확인절차를 거쳐 서면으로 이루어진 예금명의자와의 예금계약을 부정하여 예금명의자의 예금반환청구권을 배제하고, 출연자 등과 예금계약을 체결하여 출연자 등에게 예금반환청구권을 귀속시키겠다는 명확한 의사의 합치가 있는 **극히 예외적인 경우**로 제한되어야 하며, 이러한 의사의 합치는 금융실명법에 따라 실명확인절차를 거쳐 작성된 예금계약서 등의 증명력을 번복하기에 충분할 정도의 명확한 증명력을 가진 구체적이고 객관적인 증거에 의하여 매우 엄격하게 인정해야 함을 명백히 하고 있다. 대량적·반복적으로 이루어지는 예금계약과 같은 금융거래는 금융기관에 의하여 정형적이고 신속하게 취급되어야 하며, 예금계약에 기한 예금반환청구권 등이 누구에게 귀속되는지를 명확히 하여 금융거래를 투명하게 함으로써 금융거래의 정상화를 기할 필요가 있기 때문이다.[4]

---

1) 대판 2013. 4. 26. 2013다2245, 대판(전) 2016. 5. 19. 2009다66549, 대판 2019. 10. 17. 2018 두60588 등. 다만 문언의 객관적 의미와 달리 해석함으로써 당사자 사이의 법률관계에 중대한 영향을 초래하게 되는 경우에는 그 문언의 내용을 더욱 엄격하게 해석해야 한다. 대판 2010. 11. 11. 2010다26769, 2014. 6. 12. 2012다92159,92166, 2023. 4. 13. 2022다279733,279740 등.

2) 대판 2019. 10. 18. 2019다237227,237234, 2019. 10. 18. 2019다237241.

3) 대판 2001. 9. 18. 2001다36962, 2004. 2. 13. 2002다43882.

4) 대판(전) 2009. 3. 19. 2008다45828, 대판 2011. 9. 29. 2011다47169, 2013. 9. 26. 2013다

4. 서증신청의 방법과 증거조사의 순서

(1) 서증신청의 방법

서증신청은, ① 신청자가 스스로 가진 문서이면 이를 **직접제출**의 방법으로(법 343조 전단, 규칙 105조), ② 상대방·제 3 자가 가진 것으로서 제출의무가 있는 문서는 그 소지자에 대한 **문서제출명령**을 신청하는 방법으로(법 343조 후단, 345조, 규칙 110조), ③ 소지자에게 제출의무가 없는 문서는 그에 대한 **문서송부촉탁**을 신청하는 방법으로(법 352조, 규칙 113조), ④ 소지자에 대한 송부촉탁이 어려운 문서는 **문서가 있는 장소에서의 서증조사**를 신청하는 방법으로(법 297조, 규칙 112조) 한다.

(2) 서증의 증거조사의 순서

서증은 문서에 표현된 작성명의인의 의사를 증거자료로 하여 요증사실을 증명하려는 증거방법이므로, ① 우선 그 문서가 증거신청의 당사자에 의하여 작성자로 주장되는 사람의 의사에 기하여 작성된 것임이 밝혀져야 하고, ② 이러한 형식적 증거력이 인정된 다음 비로소 작성자의 의사가 요증사실의 증거로서 얼마나 유용한지에 관한 실질적 증거력을 판단해야 한다.[1] 다만 해당 법원이 다른 증거자료들을 통하여 해당 문서의 실질적 증거력 자체를 부정하는 심증을 이미 형성하고 있는 때에는 문서의 진정성립 여부를 조사함이 없이 바로 그 증거력을 배척해도 위법이라고 할 수는 없다.[2]

5. 문서의 직접제출

(1) 의   의

신청자가 스스로 가지고 있는 문서에 대하여 서증신청을 하는 때에는 그 문서를 법원에 직접 제출해야 한다(법 343조 전단). 문서는 **원본·정본** 또는 **인증등본**의 제출이 원칙이다(법 355조 1항). 원본·정본 또는 인증등본이 아니고 단순한 사본만에

2504; 오영준, "금융실명제하에서 예금계약의 당사자 확정 방법," 정의로운 사법(이용훈대법원장재임기념, 2011년), 501쪽 이하.

1) 대판 1997. 4. 11. 96다50520, 2002. 8. 23. 2000다66133.

2) 대판 1988. 4. 27. 87다카623; 김홍엽, "민사증거법상 증거허용성 개념의 도입과 그 문제점," 법조 46권 9호(1997. 9.), 46쪽 이하; 김홍엽, "민사증거조사방식상 새로운 증거법적 원리의 모색과 그 적용 ─미국증거법적 원리와의 비교법적 검토를 통하여─," 민사재판의 제문제(하)(송천이시윤박사화갑기념, 1995. 10.), 35쪽 이하.

의한 증거의 제출은 정확성의 보증이 없어 원칙적으로 부적법하기 때문이다.[1] 문서를 제출하여 서증신청을 하는 때에는 문서의 기재상 명백한 경우가 아닌 한 문서의 제목·작성자 및 작성일을 밝혀야 하며(규칙 105조 1항), 법원이 달리 정하는 경우가 아닌 한 서증을 제출하는 때에 상대방의 수에 1을 더한 수의 사본을 함께 제출해야 한다(규칙 105조 2항). **전자소송**에서는 사본을 제출하지 않을 수 있다.[2]

다만 **예외적**으로, 신청자가 문서 원본을 분실했다든가 선의로 이를 훼손한 경우, 문서제출명령에 응할 의무가 없는 제 3 자가 해당 문서 원본을 소지하고 있는 경우, 또는 원본이 방대한 양의 문서인 경우 등 원본의 제출이 불가능하거나 비실제적인 상황에서는 원본의 제출이 요구되지 않는다. 이러한 경우에는 해당 서증의 신청자가 **원본의 부제출을 정당화할 수 있는 구체적 사유**를 주장·증명해야 한다.[3]

(2) 서증의 사본에 대한 증거조사

① **원본을 갈음하여**(원본의 대용으로) **사본을 제출하는 경우**: 상대방이 원본의 존재 및 진정성립을 인정하고 사본으로써 원본을 갈음하는 것에 대하여 이의가 없는 경우에는 사본을 원본을 갈음하여(원본의 대용으로) 제출할 수 있다. 이때에는 그 원본을 제출한 것과 동일한 효과가 생긴다. 따라서 i) 원본의 존재 및 성립의 진정에 관하여 다툼이 있고, ii) 사본을 원본의 대용으로 하는 데 대하여 상대방으로부터 이의가 있는 경우에는 사본으로써 원본을 대신할 수 없다.[4] ② **원본으로 사본을 제출하는 경우**: 사본을 원본으로서 제출할 수 있는데, 이 경우에는 그 사본이 독립한 서증이 된다. 그러나 그 대신 이에 의하여 원본이 제출된 것으로 되지는 않는다. 따라서 이때에는 증거에 의하여 사본과 같은 원본의 존재 및 진정성립이 인정되어야 하며, 원본의 진정성립이 인정되지 않는 한 그와 같은 내용의 사본이 존재한다는 것 이상의 증거가치는 없다.[5] ③ **전자사본을 제출하는 경우**: 원본이 **현존하지 않는 문서**라 하더라도 그것이 적어도 과거에 존재한 적이 있는 문서를 전자복사한 것이라면 법원이 그 원본의 존재 및 진정성립을 인정하여 이를 서증

1) 대판 2009. 3. 12. 2007다56524, 2023. 6. 1. 2023다217534.
2) 재판예규 제1848호 '민사소송 등에서의 전자문서 이용 등에 관한 업무처리지침'(재일 2012-1, 2023. 2. 24. 개정, 2023. 3. 1. 시행) 23조 3항.
3) 대판 2002. 8. 23. 2000다66133, 2010. 2. 25. 2009다96403, 2023. 6. 1. 2023다217534.
4) 대판 1996. 3. 8. 95다48667, 대결 2010. 1. 29. 2009마2050.
5) 대판 2004. 11. 12. 2002다73319, 2009. 3. 12. 2007다56524, 2023. 6. 1. 2023다217534 등.

으로 채용할 수 있다.[1]

(3) 서증의 증거조사방식

원고 제출의 서증은 갑 제-호증, 피고 제출의 서증은 을 제-호증, 독립당사자참가인 제출의 서증은 병 제-호증으로 구별하여, 제출순서에 따라 번호를 붙여나간다(규칙 107조 2항). 같은 부호를 사용할 당사자가 여러 사람인 때에는 재판장은 갑 또는 을, 병의 부호 다음에 '가', '나', '다' 등의 가지부호(branch number, 다시 가지를 쳐서 매기는 번호)를 붙여서(예컨대 갑가 제 1 호증, 을가 제 1 호증) 사용하게 할 수 있다(규칙 107조 3항).[2] 재판장은 서증의 내용을 이해하기 어렵거나 서증의 수가 방대한 경우 또는 서증의 증명취지(서증과 증명할 사실 사이의 관련성)가 불명확한 경우에는 당사자에게 서증과 증명할 사실과의 관계를 구체적으로 밝힌 **증거설명서**를 제출할 것을 명할 수 있다(규칙 106조 1항). 제출된 서증은 그 증명취지와 문서의 내용을 개별적으로 확인하여 **규칙 109조 각호**에 해당하는 사유(신청한 서증에 대하여 법원이 그 서증을 채택하지 않거나 채택결정을 취소할 수 있는 사유)가 있는지를 가려 신중하게 그 채부(採否)를 결정해야 한다.

6. 문서제출명령

(1) 의   의

1) 문서제출명령이란 문서제출신청의 상대방이 소지하고 있는 문서가 서증으로 필요한 경우 문서의 제출의무를 부담하는 문서제출신청의 상대방에 대하여 그 문서의 제출을 명하는 것을 말한다(법 343조 후단, 345조·347조).[3] 전산정보처리시스템에 의하여 전자적 형태로 작성되어 저장된 **정보**로서 **전자문서**에 해당하는 경우에도 문서제출명령의 대상이 된다.[4] 서증이 아닌 **다른 증거방법**으로 필요한 경우에는 문서제출명령의 대상이 되지 않는다. 예컨대 **동영상 파일**은 검증의 방법

---

1) 대판 1992. 12. 22. 91다35540,35557; 정갑주, "과거에 존재하였으나 현존하지 아니하는 문서원본의 전자복사본을 서증으로 채용할 수 있는지 여부," 대법원판례해설 19-1호(1993년 상반기), 36쪽.

2) 재판예규 제1293호 '민사 등 증거목록에 관한 예규'(재민 2004-6, 2009. 12. 30. 개정·시행).

3) 대결 2010. 7. 14. 2009마2105.

4) 대결(전) 2023. 7. 17. 2018스34. 한편 소송실무상 소송지휘에 따른 임의제출방식으로, 또는 문서제출방식으로 자료가 제출되는 경우에 문서 형태 외에 파일(쓰기 방지됨)로 제출되는 때도 상당히 있으므로, 제출명령의 대상을 '**정보**'로 개정하는 것이 소송현실을 규범화하는 방안이 된다는 견해로는, 박병민·이주연, "민사소송절차에서 비밀보호에 관한 연구 ―in camera 심리절차를 중심으로―," 사법정책연구원(2022. 2.), 223쪽.

으로 증거조사를 해야 하므로 문서제출명령의 대상이 될 수 없으며, 사진은 그 형태, 담겨진 내용 등을 종합하여 감정, 서증, 검증의 방법 가운데 가장 적절한 증거조사의 방법을 택하여 이를 준용해야 하므로 구체적 사안에서 문서제출명령의 대상이 되는지 여부를 검토해서 결정해야 한다.[1]

    2) **신법**은 미국법상의 **증거개시제도**(證據開示制度, disclosure, discovery)와 같은 증거확보수단이 인정되지 않는 상황에서 상대방이 가지고 있는 서증의 포괄적 개시를 목적으로 한 증거개시제도와 거의 같은 효과를 거둘 수 있도록 문서제출명령제도를 확장 · 강화했다.[2] 신법은, ① 문서제출명령의 대상이 되는 문서제출의무를 증인의무와 같은 **일반의무**(법 344조 2항)로 확대하고, ② 그 부작용을 막기 위하여 제 3 자에 대한 **필수적 심문제도**(법 347조 3항)를 채택했으며, ③ 나아가 비밀보호를 위한 비공개(비밀)심리제도인 **in camera proceedings 제도**(법 347조 4항)를 도입하고, ④ **문서의 일부제출제도**(법 347조 2항)의 도입을 비롯하여, ⑤ 상대방이 가지고 있는 문서를 잘 알 수 없는 때에는 그 목록을 제출하도록 하는 **문서목록 제출제도**(문서정보공개제도, 법 346조)를 채택했다.

    3) **판례**는, 적정하고 신속한 재판을 통한 개인의 권리구제를 위하여 문서가 반드시 재판에 증거로 제출될 필요가 있다면 해당 문서가 뒤에서 볼 법 344조에서 정한 예외에 해당하지 않는 이상 문서제출명령이라는 방법을 통하여 증거로 제출될 수 있어야 한다고 보고 있다.[3]

(2) 문서제출의무

(a) 열거문서의 경우

    법 344조는 문서제출의무가 있는 문서에 대하여, 당사자와 문서와의 사이에 특수관계가 있는 문서로서 ① **인용문서**, ② **인도 · 열람문서**, ③ **이익문서**, ④ **법률관계문서** 등 네 가지를 **열거적**으로 규정하고 있다(1항).

(b) 일반문서의 경우

    앞서의 열거문서에 해당하지 않아도 증언거부사유와 같은 일정한 이유가 있는 문서나 특수한 문서를 제외하고는 문서를 모두 제출하도록 **일반의무**했다(2항).

---

1) 대결 2010. 7. 14. 2009마2105.
2) 이에 대하여 미국법상의 증거개시제도를 직접 도입한 것은 아니지만 그 취지를 문서제출명령에 충분히 반영한 개편이라고 평가된다는 견해로는, 정영환, 764쪽.
3) 대결(전) 2023. 7. 17. 2018스34.

오늘날 기업이나 행정관청의 활동에서 일어나는 여러 가지 사항이 문서화되고 보존되고 있는 것이 실정인데, 기업·행정관청 측은 이를 장악하여 어느 때나 이용이 가능하지만 이를 갖고 있지 못하는 상대방은 이를 확보하여 이용하기 어렵기 때문에[이를 '**증거의 구조적 편재**'라고 하며, 특히 현대형소송에서 그렇다], 이러한 문서도 일정한 제출거부사유에 해당하는 경우를 제외하고는 일반적으로 제출하도록 하고 있다. **판례**도, 문서제출의무의 대상 범위를 확대한 신법의 입법취지에 비추어 보면 법 344조 2항 각 호에서 규정하고 있는 문서제출거부사유에 해당하지 않는 경우 그 소지자는 원칙적으로 문서제출의무를 부담한다고 본다.[1][2]

(3) 대상문서

(a) 인용문서

1) **인용문서**는 당사자가 소송에서 자기를 위한 증거로 사용하기 위하여 또는 주장을 명백히 하기 위하여 끌어 쓴, 그 당사자가 소지하고 있는 문서이다(법 344조 1항 1호). 인용문서라면 상대방에게도 이용시키는 것이 형평에 맞기 때문에 그 대상으로 한다. 여기서 **인용**했다는 것은 증거로 원용한 경우는 물론, 주장을 명확히 하기 위하여 문서의 존재를 주장하고 그 내용을 인용한 경우도 포함한다. **판례**도, 법 344조 1항 1호에서 말하는 '당사자가 소송에서 인용한 문서'란 당사자가 소송에서 해당 문서 그 자체를 **증거**로서 **인용**한 때의 문서뿐 아니라 자기 주장을 명백히 하기 위하여 적극적으로 문서의 존재와 내용을 언급하여 자기 **주장의 근거** 또는 **보조**로 삼은 문서도 포함하며, 이러한 인용문서에 해당하는 이상 법 344조 2항에서 규정하는 바와는 달리, 그것이 '공무원 또는 공무원이었던 사람이 그 직무와 관련하여 보관하거나 가지고 있는 문서'로서 '공공기관의 정보공개에 관한 법률' 9조에서 정하고 있는 **비공개대상정보**에 해당한다고 하더라도, 특별한 사정이 없는 한 문서제출의무를 면할 수 없다고 한다.[3]

2) 인용문서는 형평상 언제나 제출되어야 할 경우이므로 뒤에서 보는 이익문

---

1) 대결 2008. 4. 14. 2007마725.
2) **통신사실확인자료**도 문서제출명령의 대상이 된다. 따라서 법원은 법 344조 이하의 규정을 근거로 통신사실확인자료에 대한 문서제출명령을 할 수 있고, **전기통신사업자**는 특별한 사정이 없는 한 이에 응할 의무가 있으며, 전기통신사업자가 통신비밀보호법 3조 1항 본문을 들어 문서제출명령의 대상이 된 통신사실확인자료의 제출을 거부하는 것에는 정당한 사유가 있다고 볼 수 없다. 대결(전) 2023. 7. 17. 2018스34. 통신비밀보호법 13조의2는 이미 민사소송법 294조에서 정한 '조사의 촉탁'의 방법에 따른 통신사실확인자료의 제공을 허용하고 있다.
3) 대결 2008. 6. 12. 2006무82, 2011. 7. 6. 2010마1659, 2017. 12. 28. 2015무423.

서나 법률관계문서와는 달리 **제출거부사유**가 인정되지 않는다.

(b) 인도 · 열람문서

1) **인도 · 열람문서**는 신청자가 문서소지자에 대해 인도 · 열람을 요구할 수 있는 사법상(私法上) 청구권을 가지고 있는 문서이다(법 344조 1항 2호). 문서소지자는 제 3 자라도 관계가 없다. 이러한 사법상 청구권은 **계약**에 기한 것이든, **법률상**의 것이든 관계가 없다. **판례**는, 신법 전에는 신청자가 문서소지자에 대하여 그 인도나 열람을 청구할 수 있는 때란 신청자가 문서의 인도 · 열람을 청구할 수 있는 실체법상 권리를 가지는 모든 경우를 가리키는 것으로 보았다.[1] 이에 대해 **신법**은 공법상 권리에 기한 것이 아닌 사법상 권리에 기한 경우로 제한하고 있다(법 344조 1항 2호). 공공기관의 문서 등 열람에 대해서는 '공공기관의 정보공개에 관한 법률'에서 규정하고 있기 때문이다.

2) 인도 · 열람문서는 신청자가 청구권을 갖고 있는 것이므로 증언거부사유를 유추적용할 바가 아니어서, 인용문서와 마찬가지로 **제출거부사유**가 인정되지 않는다.

(c) 이익문서 · 법률관계문서

1) **이익문서**는 **신청자**의 이익을 위하여 작성된 문서이다(법 344조 1항 3호 본문 전단). 여기의 이익문서에는 **직접적**으로 신청자를 위하여 작성한 문서만이 아니라 **간접적**으로 신청자를 위해 작성된 것도 포함한다. 한편 이익을 넓게 해석하여 증거확보라는 **소송상 이익**도 포함한다. **법률관계문서**는 **신청자**와 **문서소지자** 사이의 법률관계에 관하여 작성된 문서이다(법 344조 1항 3호 본문 후단). 여기에는 **법률관계 그 자체**가 기재된 문서만이 아니라 그 법률관계에 **관련된** 사항의 기재가 있으면 되고 따라서 그 **법률관계의 형성** 또는 **생성 과정**에서 작성된 문서도 포함한다.[2] 이익문서나 법률관계문서의 문서소지자는 제 3 자라도 관계가 없다.

2) 이익문서와 법률관계문서라도, ① 법 304조 내지 306조에서 규정된 사항(공무원의 직무상 비밀에 관한 사항)이 적혀 있는 문서로서 그 규정에 의한 동의를

---

1) 대결 1993. 6. 18. 93마434.
2) 이시윤, 538쪽. 이익문서 · 법률관계문서에 속하는지, 그렇지 않으면 일반적 제출의무에 해당하는 문서인지 여부에 따라 제출거부사유가 달라진다. 따라서 일반적 제출의무가 새로 추가된 신법하에서는 이익문서 · 법률관계문서의 개념을 굳이 확대해석할 필요가 없다는 견해(정동윤 · 유병현 · 김경욱, 654쪽; 정영환, 766쪽) 또는 이익문서 · 법률관계문서를 둘러싼 문제가 생길 여지가 별로 없게 되었다는 견해(김홍규 · 강태원, 569쪽)는 적절치 않다.

받지 않은 문서(법 344조 1항 3호 가목), ② 문서소지자나 그 친족·후견인 등이 공소제기되거나 유죄판결을 받을 염려가 있는 사항 또는 그들에게 치욕이 될 사항(법 314조)이 적혀 있는 문서(법 344조 1항 3호 나목), ③ 변호사·의료인·종교인 등의 직무상 비밀에 속하는 사항이 적혀 있는 문서(**전문직업 비밀문서**), 또는 **기술·직업의 비밀**에 속하는 사항[1]이 적혀 있는 문서(**기술·직업 비밀문서**)로서 그 비밀을 지킬 의무가 면제되지 않은 문서(법 344조 1항 3호 다목) 등은 그 **제출을 거부**할 수 있다(법 344조 1항 3호 단서).[2]

    3) 주의할 것은 이러한 **제출거부사유**는 뒤에서 볼 법 344조 2항의 일반문서에 대한 제출거부사유보다 협소하다는 점이다.[3] 다만 문서제출거부사유는 법 344조 1항 3호 단서에 해당되거나 법 344조 2항에 해당되는지의 구별 없이 문서소지자가 이에 관해 주장·증명해야 한다.[4]

---

1) **'직업의 비밀'**은 그 사항이 공개되면 해당 직업에 심각한 영향을 미치고 이후 그 직업의 수행이 어려운 경우를 가리킨다. 어느 정보가 이러한 직업의 비밀에 해당하는 경우에도 문서소지자는 위 비밀이 **보호가치 있는 비밀**일 경우에만 문서의 제출을 거부할 수 있다. 나아가 어느 정보가 보호가치 있는 비밀인지는 그 정보의 내용과 성격, 그 정보가 공개됨으로써 문서소지자에게 미치는 불이익의 내용과 정도, 그 민사사건의 내용과 성격, 그 민사사건의 증거로 해당 문서를 필요로 하는 정도 또는 대체할 수 있는 증거의 존부 등 모든 사정을 종합하여 그 비밀의 공개로 인하여 발생하는 **불이익**과 이로 인하여 달성되는 **실체적 진실발견** 및 **재판의 공정**을 **비교형량**하여 판단해야 한다. 대결 2015. 12. 21. 2015마4174, 2016. 7. 1. 2014마2239.

2) 하도급거래 공정화에 관한 법률(**2021. 8. 17. 개정, 2022. 2. 28. 시행**) 35조의 2 내지 5(신설)는 **하도급거래**에 관한 **손해배상청구소송**에서 손해를 증명해야 하는 피해 기업의 부담을 완화하기 위하여 법원이 손해를 입힌 당사자에게 손해의 증명이나 손해액 산정에 필요한 자료의 제출을 명할 수 있도록 하는 **자료제출명령제도**와 그로 인한 영업비밀의 유출을 최소화할 수 있도록 하는 **비밀유지명령제도**를 도입했다.

3) 예컨대 **진료기록부**를 이익문서로 볼 것인지, 아닌지의 문제는 결국 진료기록부가 법 344조 1항 3호 단서에 해당되지 않아 제출거부사유에 해당하지 않는다고 볼 것인지, 법 344조 2항에 해당하여 제출거부사유에 해당한다고 볼 것인지 여부와 관련되어 있다. 이러한 점과 관련하여 문서제출이 일반적 의무로 규정되어 있지만 이익문서나 법률관계문서의 범위를 확대하려는 견해와 이에 반대하는 견해는 바로 앞서와 같이 문서소지자의 제출거부사유를 제한할 것인지 아니면 확대할 것인지의 문제와 관련되어 있음을 주목할 필요가 있다.

4) 이호원, "민사소송법 개정법률안에 있어서의 증거조사절차," 민사소송 6권(2002. 8.), 46쪽 이하. 한편 법 344조 1항 3호 단서의 제출거부사유와 법 344조 2항의 제출거부사유를 구별하여 전자에서는 문서소지자가 자신의 프라이버시 또는 영업비밀에 해당됨을 주장·증명해야 하며, 후자에서는 신청자가 그 제출거부사유의 부존재를 주장·증명해야 한다는 견해로는, 김용진, "민사소송에서 문서제출의무범위의 확대와 영업비밀의 보호," 민사소송 4권(2001. 2.), 451쪽 이하.

(d) 일반문서

1) 일반문서는 앞서 법률에서 열거한 문서를 제외한 문서로서 **공무원** 또는 **공무원이었던 사람**이 그 **직무**와 관련하여 **보관**하거나 가지고 있던 문서에 해당하지 않는 모든 문서를 말한다(법 344조 2항 본문). 법 344조 2항에서는 1항에서 열거한 문서에 해당하지 않는 문서라도 원칙적으로 문서소지자는 이를 모두 제출할 의무가 있는 것으로 규정하여, 문서제출의무를 **일반적 의무**로 확장했다.[1]

예외적으로 **제출거부사유**(exception)로서 다음의 두 가지 경우를 규정하고 있다(법 344조 2항 1호, 2호). 먼저 앞서의 이익문서·법률관계문서의 제출거부사유 가운데 ②·③의 사유이다(법 344조 2항 1호). 다음은 **오로지 문서소지자가 이용하기 위한 문서**이다(법 344조 2항 2호)[이를 '**자기이용문서**' 또는 '자기사용문서'라 한다. 예컨대 일기, 가계부, 사적인 편지 등].

■ **자기이용문서의 인정범위 및 인정기준**

(1) **자기이용문서의 요건**

일반적으로 어느 문서가 그 작성 목적, 기재 내용, 이를 현재의 문서소지자가 소지하게 된 경위나 그 밖의 사정 등을 참작하여 판단해 볼 때, ① 전적으로 내부자의 이용에 제공할 목적으로 작성되고 외부자에게 개시(開示)하는 것이 예정되어 있지 않은 문서로서(**내부문서성의 요건**), ② 그것이 개시되면 개인의 사생활이 침해되거나 의사결정과정에서 개인이나 단체의 자유로운 의사형성이 방해되는 등 개시에 의하여 문서소지자 측에 심각한 불이익이 생길 염려가 있는 경우에는(**불이익성의 요건**), 특별한 사정이 없는 한 해당 문서는 민사소송법상 **자기이용문서**에 해당한다고 본다.[2]

(2) **회사 내부문서의 경우**

회사 **내부문서**인 품의서, 보고서, 의사록 등을 자기이용문서로 볼 것인지에 관하여 논의가 있다.[3] ① 회사 내부의 의사결정의 투명성 확보를 위하여 자기이용문서에 해당하지 않는 것으로 보아 개시하도록 할 것인지, ② 그렇지 않다면 회사 내

---

1) 대결 2008. 4. 14. 2007마725.

2) 대결 2015. 12. 21. 2015마4174, 2016. 7. 1. 2014마2239; 정규상, "문서제출명령," 민사소송 13권 1호(2009. 5.), 250쪽 이하.

3) 내부문서를 자기이용문서로 보는 경우에는 문서제출의무의 예외를 인정하는 것이 된다. 따라서 내부문서의 제출의무를 **확대**하는 입장에서는 자기이용문서의 범위를 좁히려는 입장이며, 내부문서의 제출의무를 **제한**하는 입장(예외를 엄격히 보는 입장)에서는 자기이용문서의 범위를 넓히려는 입장이 된다.

부의 자유로운 의견표명 및 의사형성을 위하여 자기이용문서에 해당하는 것으로 보아 개시되지 않도록 할 것인지의 문제이다.[1] 문서제출의무를 일반의무화하는 법 344조 2항의 입법취지상 제출의무의 예외를 인정하는 자기이용문서의 대상범위를 **제한적**으로 해석함이 타당하므로, 이들 문서는 자기이용문서에 해당하지 않는 것으로 봄이 타당하다.

2) 앞서 본 바와 같이 **공무원** 또는 **공무원이었던 사람**이 그 **직무**와 관련하여 **보관**하거나 가지고 있던 문서는 애당초 일반문서에서 **배제**(exemption)된다. 여기서 말하는 '공무원 또는 공무원이었던 사람이 그 직무와 관련하여 보관하거나 가지고 있던 문서'는 **국가기관**이 보유·관리하는 문서를 의미한다.[2] 공무원의 직무상 보관문서의 공개에 관해서는 '공공기관의 정보공개에 관한 법률'에 정한 절차와 방법에 의해야 하므로 위 법률에 따라 제출하도록 한 것이다. 따라서 근본적으로 제출의무 없는 문서로 되는 것이 아니다. 당사자가 행정관청에 정보공개청구를 하여 이를 교부받아 법원에 제출하는 우회적 방법을 쓸 수밖에 없다. 시간도 걸리고 비공개범위가 넓어 증거로 이끌어내기 어려운 문제점이 있다.[3]

(4) 문서제출신청

(a) 문서제출신청의 방식

문서제출신청은 ① 문서의 표시, ② 문서의 취지, ③ 문서소지자, ④ 증명할 사실, ⑤ 문서를 제출해야 하는 의무의 원인을 밝혀 서면으로 해야 한다(법 345조, 규칙 110조 1항).[4] 문서제출신청의 상대방은 이에 관하여 의견이 있는 때에는 이를

---

1) 이들 문서를 자기이용문서로 보는 견해(**제출의무부정설**)로는, 일본 최고재 1999. 11. 12. 판결. 이와 달리 이들 문서를 자기이용문서로 보지 않는 견해(**제출의무긍정설**)로는, 김홍규·강태원, 570쪽; 강현중, 582쪽. 한편 자기이용문서는 개인의 사생활의 비밀의 보호를 위한 것으로 한정하여 인정해야 한다는 견해로는, 이호원, "문서제출의무의 범위에 관한 개선방안 연구," 민사소송 17권 1호(2013. 5.), 23쪽. 단체나 법인 등의 내부의사 형성과정은 관련 법과 정관에 따라 규율되어야 하므로 이들 문서를 자기이용문서라고 하여 제출을 거부할 수 없다는 견해로는, 한충수, "'오로지 문서를 가진 사람이 이용하기 위한 문서'의 개념과 한계," 법조 722호(2017. 4.), 634쪽.

2) 대결 2010. 1. 19. 2008마546.

3) 일본의 경우 2001년 "공무원 또는 공무원이었던 사람이 그 직무에 관하여 보관 또는 소지하는 문서"를 "그 제출에 의해 공공의 이익을 해하고, 또는 공무의 수행에 현저한 지장을 생기게 할 우려가 있는 문서"로 개정하여, 공무원 또는 공무원이었던 사람이 직무에 관하여 보관·소지하고 있는 문서라도 직접 제출의무의 대상에 포함시키는 방향으로 민사소송법(220조 4호 나목)을 개정했다.

4) 문서제출신청서에 기재된 문서의 표시와 문서의 취지에 관한 내용에 의하면 그 문서가 신

적은 서면을 법원에 제출할 수 있다(규칙 110조 2항). 증거조사의 개시(開始)가 있기 전에는 증거신청을 자유로이 철회할 수 있으므로, 문서제출신청이 있고 그에 따른 문서제출명령이 있었더라도 그 문서가 법원에 **제출되기 전**에는 그 신청을 철회할 수 있고, 이 경우 상대방의 동의를 필요로 하지 않는다.1)

(b) 문서목록제출제도

1) 문서제출신청을 하려고 하는 **당사자**는 **상대방 당사자**가 어떠한 문서를 소지하고 있는지 몰라서 문서제출신청의 방식에 맞추어 특정하기 어려운 때가 많다. 이러한 경우를 대비하여 **법 346조**는 ① 당사자가 신청대상이 되는 **문서의 취지**나 그 **문서로 증명할 사실**을 **개괄적으로 표시**하여 신청할 수 있도록 했으며, ② 법원은 당사자가 법 345조의 방식에 의한 문서제출신청을 위하여 필요하다고 인정하는 경우에는 당사자의 신청에 따라 상대방 당사자에게 신청내용과 관련하여 **가지고 있는 문서** 또는 신청내용과 관련하여 **서증으로 제출할 문서**에 관하여 그 **표시와 취지 등**을 적어 내도록 명(**문서목록제출명령**)할 수 있는 제도(**문서목록제출제도, 문서정보공개제도**)를 새로 도입했다.2)

2) 이러한 문서목록의 제출신청은 실질적으로 **문서제출신청의 일부**로 볼 수 있으므로 서면으로 신청해야 하고, 상대방은 그 신청에 의견이 있는 때에는 이를 적은 서면을 법원에 제출할 수 있다(규칙 110조 3항).

3) 당사자가 **문서목록제출명령에 따르지 않는 경우**에도 직접적으로 이를 제재할 수 있는 규정을 두고 있지 않다.3) 다만 ① 그 목록에서 누락된 문서를 서증으로 제출하는 때에는 실기한 공격방어방법으로 이를 각하하거나(법 149조 1항),4)

청인만의 명의로 작성된 각서 형식의 문서인지, 아니면 상대방과 같이 작성한 일종의 약정서인지는 명백하지 않으나, 그 문서는 적어도 신청인이 그 일시에 다툼이 있는 토지에 대한 권리관계에 관하여 상대방에게 작성·교부한 서면을 의미하는 것임은 신청서의 기재 자체에 의하여 명백하므로 그 문서는 특정되어 있다고 본 판결로는, 대결 1995. 5. 3. 95마415.

1) 대판 1971. 3. 23. 70다3013.
2) 문서목록제출의 대상을 문서제출의무의 대상이 되는 것으로 국한시켜서는 안 된다는 견해로는, 한충수, 528쪽. 한편 문서목록제출의 대상에 상대방 당사자가 소지하는 문서 외에도 제3자가 소지하는 문서도 포함시켜야 한다는 견해로는, 강현중, 584쪽.
3) 법 349조의 개정을 통하여 문서목록제출명령(법 346조)을 따르지 않는 때에도 법원은 문서의 기재에 대한 상대방의 주장을 진실한 것으로 인정할 수 있도록 해야 한다는 **입법론적 제시**로는, 박병민·이주연, "민사소송절차에서 비밀보호에 관한 연구 —in camera 심리절차를 중심으로—," 사법정책연구원(2022. 2.), 246쪽.
4) 상대방이 고의 또는 중대한 과실로 문서목록제출명령이나 문서제출명령에 따르지 않거나 거짓으로 제출하는 행위를 하고 뒤늦게 해당 문서를 자신의 공격방어방법으로 제출하는 때에

② 특정 사실의 증명에 관한 재정기간을 활용하여 이를 제출할 수 없도록 하는 방법(법 147조 2항) 등으로 제재를 가하는 것을 검토할 수 있고, ③ 이를 변론 전체의 취지로 참작할 수도 있다(법 202조).

(5) 문서제출신청에 대한 재판

(a) 문서제출신청과 상대방의 의견진술기회의 보장

문서제출신청의 허가 여부에 관한 재판에서는 그때까지의 소송경과와 문서제출신청의 내용에 비추어 신청 자체로 받아들일 수 없는 경우가 아닌 한 상대방(해당 소송의 당사자 또는 제3자)에게 문서제출신청서를 **송달**하는 등 문서제출신청이 있음을 알림으로써 그에 관한 **의견을 진술할 기회**를 **부여**해야 한다.[1]

(b) 문서제출신청과 심리방식

1) 문서제출신청이 있으면 법원은 해당 문서의 존재와 소지 여부, 해당 문서가 서증으로 필요한지 여부, 문서제출신청의 상대방이 법 344조에 따라 문서제출의무를 부담하는지 여부를 **심리**해야 한다(법 347조). 문서의 제출의무는 그 문서소지자에게 있으므로 법원이 문서제출명령을 하기 위해서는 먼저 그 문서의 존재와 소지가 증명되어야 하고 그 **증명책임**은 원칙적으로 신청인에게 있다.[2]

2) ① 문서소지자가 **당사자**이면 **변론(준비)절차**에서 심리하되, **추가심리**가 필요한 때에는 심문기일을 열어 심리하거나 기일 외에서 추가 소명을 하도록 명한다.[3] ② 문서소지자가 **제3자**이면 그로부터 제출의무에 대한 의견을 들을 기회가 없으므로 그 제3자(개인이 소지하는 경우) 또는 그가 지정하는 사람(법인이 소지하는 경우)을 **반드시(필수적으로) 심문**해야 한다(**필수적 심문**, 법 347조 3항).[4] 이는 그 제3자가 문서제출명령에 따르지 않는 때에는 과태료의 제재를 받게 되는 점(법 351조·318조, 311조 1항)을 고려하여 미리 그 진술 기회를 제공하고 이를 통하여

는 이를 각하할 수 있도록 하는 **민사소송법 일부개정법률안**(의안번호 2110939, 제안일자 2021. 6. 21., 제안자 조응천 의원 등 10인)이 제21대 국회에 계류되었으나 임기종료(2024. 5. 29.)로 자동폐기되었다.

1) 대결 2009. 4. 28. 2009무12(문서제출신청 후 이를 그 상대방에게 송달하는 등 문서제출신청에 대하여 의견진술의 기회를 부여함에 필요한 조치를 취하지 않은 채 문서제출명령의 요건에 관하여 별다른 심리도 없이 문서제출신청 바로 다음 날 문서제출명령을 한 사례이다), 대결 2019. 11. 1. 2019무798.

2) 대결 1995. 5. 3. 95마415, 2005. 7. 11. 2005마259, 2008. 4. 14. 2007마725.

3) 법원실무제요 민사소송(3), 1460쪽.

4) 통상 심문기일을 열지 않고 제3자에게 **심문서**(문서제출신청에 따른 심문서)를 보내고, 이를 받은 제3자가 이에 대하여 회신하는 방식으로 이루어진다.

그 제 3 자의 문서소지 여부 및 문서제출의무의 존부와 범위 등에 관하여 충실한 심리가 이루어지게 하기 위함이다.[1] 이런 점에서 문서제출명령은 법 294조에서 정한 조사의 촉탁보다 더 엄격한 법적 절차를 거쳐 발령된다.[2] 한편 제 3 자에 대한 필수적 심문은 **문서제출명령을 하는 경우**에 요구되는 절차이므로, 제 3 자가 소지하고 있는 문서에 대한 **문서제출신청**을 **각하**하거나 **기각**하는 결정을 하는 경우에는 이러한 재판 전에 제 3 자를 심문하지 않더라도 무방하다.[3]

(c) 심리대상 문서에 대한 제시명령과 비공개(비밀)심리(in camera proceedings)[4]

문서제출거부사유(예컨대 프라이버시나 영업비밀 등)에 관한 사항이 기재된 문서에 해당한다는 이유로 문서제출의무의 존재 여부가 다투어지는 경우 문서제출신청에 대한 재판은 그 문서가 공개되지 않아야 한다는 문서소지자의 주장의 당부를 판단하는 것이 된다. 따라서 이 절차에 법관과 문서소지자 외의 다른 사람이 참여한다면 사실상 문서제출을 명하는 결과가 되고, 경우에 따라서는 문서소지자에게 회복할 수 없는 손해를 입히게 된다. 법원은 그 문서가 제출의무가 있는 문서(법 344조)에 해당하는지를 판단하기 위하여 필요하다고 인정하는 때에는 문서소지자에게 **그 문서를 제시하도록** 명할 수 있다(**문서제시명령**, 법 347조 4항 전문). 법원은 필요하다고 인정하는 때에는 문서제시명령에 따라 제시받은 문서를 일시적으로 맡아 둘 수 있다(규칙 111조 1항). 이 경우 그 문서를 다른 사람이 보지 않도록 법정이 아닌 **심문실**(판사실)에서 **비공개적**으로 **비밀심리**하여 문서제출의무의 존재 여부를 판단해야 한다(법 347조 4항 후문).[5]

---

1) 대결 2008. 9. 26. 2007마672.

2) 대결(전) 2023. 7. 17. 2018스34.

3) 법원실무제요 민사소송(3), 1461쪽.

4) in camera는 in the chamber의 라틴어로, '법정에서'(in the court)가 아닌 '심문실에서'를 의미한다.

5) 권혁재, "문서제출명령신청의 범위," 인권과 정의 331호(2004. 3.), 106쪽 이하. 비밀심리절차가 활용된다고 하더라도 그 절차는 법원의 직권에 의해서만 진행될 수 있기 때문에 한계가 있으므로, 문서제출신청의 상대방에게 **비밀심리신청권**을 부여할 필요가 있다는 견해로는, 이규호, "민사소송법상 증거조사절차에 있어 비밀보호," 민사소송 10권 1호(2006. 5.), 403쪽 이하. 이에 대하여, 비밀심리는 문서제출신청에 대한 결정에 이르기 위해 필요한 심리방식으로 중간적 절차에 해당하고, 문서제출신청에 대한 결정 자체에 불복도 가능하므로 당사자에게 비밀심리신청권을 부여하는 것이 필연적으로 요구된다고 보기 어려우나, 법원은 쌍방에 비밀심리 개시 여부에 대한 의견을 가급적 반영할 필요가 있다는 견해로는, 박병민·이주연, "민사소송절차에서 비밀보호에 관한 연구 —in camera 심리절차를 중심으로—," 사법정책연구원(2022. 2.), 234쪽.

(d) 문서제출신청에 대한 결정 등

1) 법원은 문서제출신청이 **정당한 이유**가 있다고 인정한 때에는 결정으로 문서소지자에게 그 제출을 명할 수 있다(**문서제출명령**, 법 347조 1항). 문서의 일부에 제출의무가 없는 부분(제출거부사유가 있는 경우)이나 증거로서 필요하지 않다고 인정하는 부분이 있는 경우 나머지 부분만으로 증거가치가 있다면 그 부분만의 제출명령(**문서일부제출명령**)을 해야 한다(법 347조 2항). 증권관련집단소송에서는 법원이 필요하다고 인정할 때에는 문서제출신청이 없더라도 직권으로 소송과 관련 있는 문서를 가지고 있는 사람에게 그 문서의 제출을 명할 수 있다(증집 32조 1항).

2) 법원은 ① 문서제출신청이 방식위배 등으로 부적법한 경우에는 **문서제출신청각하결정**을 하고, ② 문서제출신청이 **정당한 이유**가 없다고 인정한 때에는 **문서제출신청기각결정**을 한다. 문서제출신청도 서증신청의 한 방법이므로 법원은 법 290조에 따라 문서제출신청의 대상이 된 문서가 서증으로서 **필요하지 않다**고 인정하거나,[1] 이러한 문서에 의하여 증명하고자 하는 사항이 해당 청구와 **직접 관련이 없는 것**이라면 받아들이지 않을 수 있다.[2]

3) 문서제출신청에 관한 결정에 대해서는 **즉시항고**를 할 수 있다(법 348조).[3] **제3자**에 대한 문서제출명령을 하는 경우 법 347조 3항의 규정에 따른 심문절차를 거쳤는지 여부는 그 문서제출명령을 받은 제3자만이 법률상 이해관계를 가지므로, 제3자에 대한 문서제출명령에 대해서는 그 제3자만이 자기에 대한 **심문절차의 누락**을 이유로 즉시항고할 수 있을 뿐이다. 따라서 본안소송의 당사자가 그 제3자에 대한 심문절차의 누락을 이유로 즉시항고하는 것은 허용되지 않는다.[4]

판례는, 법원이 문서제출신청에 대하여 별다른 판단을 하지 않은 채 변론을 종결하고 판결을 선고한 경우 이는 법원이 문서제출신청을 **묵시적으로 기각**한 취

---

[1] 문서제출신청이 있다 하더라도 법원이 그 증명사항에 관하여 이미 다른 증거들에 의하여 충분한 심리를 하여 그 **필요성**이 없다고 인정되는 때에는 이를 받아들이지 않아도 무방하다. 대결 1993. 6. 18. 93마434.

[2] 대결 2016. 7. 1. 2014마2239, 2017. 12. 28. 2015무423, 대결(전) 2023. 7. 17. 2018스34 등.

[3] 문서제출신청에 관한 결정에 대하여 이해관계인이 즉시항고를 제기할 수 있으므로, 이에 대하여 특별항고(법 449조)를 제기할 수는 없다. 대결 2012. 3. 20. 2012그21.

[4] 대결 2008. 9. 26. 2007마672. 한편 제3자가 소지하는 문서라고 하더라도 소송당사자(신청인의 본안사건의 상대방 당사자)는 그 문서의 기재에 이해관계를 가지는 경우가 많을 것이므로, 소송당사자에게 원칙적으로 즉시항고권을 인정해야 한다는 견해로는, 고홍석, 주석서(4), 542쪽.

지인 것으로 보고 있다.[1] 그러나 앞서 본 바와 같이 일반적 증거신청에 대한 재판과 달리 문서제출신청에 대한 결정에 대해서는 즉시항고를 할 수 있으므로(법 348조), 문서제출신청을 기각하는 결정은 반드시 **명시적**으로 해야 하며, 일정한 절차에 따른 결정이어야 한다. 따라서 판례의 태도는 부당하다[명시적 증거채부결정 여부에 관해서는 이미 살펴보았다].

4) 문서제출명령에 기하여 제출하는 문서는 **원본 · 정본** 또는 **인증등본**이어야 한다(법 355조 1항). **전자소송(전자기록사건)**에서 법원으로부터 **문서제출명령**을 받은 사람이 문서를 전자데이터 또는 전자문서로 가지고 있는 경우에는 전자소송시스템을 이용하여 이를 전송해야 하고(민전규 37조 1항, 3조 9호), 법원은 제출해야 하는 문서가 전자데이터 또는 전자문서가 아닌 경우에는 이를 전자문서로 변환하여 전송하여 줄 것을 요청할 수 있다(민전규 37조 2항).[2] 뒤에서 볼 증거방법인 **문서송부촉탁**이나 **조사 · 송부의 촉탁**도 같은 방식으로 한다.[3]

(6) 문서의 부제출 · 훼손 등에 대한 제재

(a) 의   의

1) **제 3 자**가 정당한 사유 없이 **문서제출명령, 일부제출명령, 비밀심리를 위한 문서제시명령**에 응하지 않은 때에는 법원은 결정으로 500만원 이하의 과태료에 처할 수 있고, 이에 대해서는 즉시항고할 수 있다(법 351조 · 318조, 311조 1항 · 8항).

2) **당사자**가 ① 문서제출명령, 일부제출명령, 비밀심리를 위한 문서의 제시명령을 받고도 이에 따르지 않은 때(**부제출한 경우**), 또는 ② 상대방의 사용을 방해할 목적으로 제출의무 있는 문서를 훼손하여 버리거나(**훼기한 경우**) 이를 사용할 수 없게 한(**사용불능케 한 경우**) 때에는, 법원은 그 **문서의 기재**에 대한 **상대방의 주장**을 진실한 것으로 인정할 수 있다(법 349조 · 350조).[4] 그 밖에 과태료 부과의 제재는 없다.[5] 여기서 ① **훼손하여 버린다는 것**은 문서를 찢어 버리거나 불태워 버리거나 하여 문서로서의 효용을 다할 수 없게 하는 것을 말하며, ② **사용할 수**

---

1) 대판 2001. 5. 8. 2000다35955.

2) 법원실무제요 민사소송(3), 1463쪽.

3) 법원실무제요 민사소송(3), 1476쪽 · 1547쪽.

4) 다만 문서의 기재 내용을 알 수 없는 문서제출명령이었다면 설사 불응했더라도 그 문서를 소지한 사실 외에 그 내용을 진실한 것으로 인정할 수는 없다. 대판 1967. 3. 21. 65다828.

5) 증명방해 목적의 문서훼손행위에 대한 적극적 제재방안에 관해서는, 설민수, "문서훼손을 통한 입증방해행위와 그 제재," 인권과 정의 416호(2011. 4.), 29쪽 이하.

없게 한다는 것은 문서를 지우는 등 읽을 수 없게 하거나 반환받기 곤란한 다른 사람에게 인도하는 것을 말한다. 상대방의 사용을 방해할 목적으로 제출의무 있는 문서를 훼기하거나 사용불능케 하는 경우에는 **문서제출명령이 있기 전**에도 이러한 제재를 받는다.

3) 다만 **가류·나류 가사소송사건**에서는 법 349조·350조가 적용되지 않는다(가소 12조 단서).

■ **훼손된 문서를 제출하는 경우와 법원의 조치**

민사소송에서 당사자 한쪽이 일부가 훼손된 문서를 증거로 제출했는데, 상대방이 위 서증에 대하여 제출된 문서 가운데 훼손된 부분에는 잔존부분의 기재와 상반된 내용이 기재되어 있다고 주장하는 경우가 있다. 이때 문서제출자가 상대방의 사용을 **방해할 목적으로** 그 문서를 훼손한 경우 법원은 훼손된 문서부분의 기재에 대한 상대방의 주장을 진실한 것으로 인정할 수 있다(법 350조). 만약 **그러한 목적 없이** 문서가 훼손되었다고 하더라도 문서의 훼손된 부분에 잔존부분과 상반되는 내용의 기재가 있을 가능성이 인정되어 문서 전체의 취지가 문서를 제출한 당사자의 주장에 부합한다는 확신을 할 수 없게 된 때에는 이로 인한 불이익은 훼손된 문서를 제출한 당사자가 부담한다.[1]

(b) 문서의 변조가 문서의 훼손 등에 해당하는지 여부

문서제출명령을 받은 사람이 문서를 '**변조**'하여 제출한 경우는 문서를 훼손해 버리는 것도 아니고, 사용할 수 없게 한 것도 아니므로, 법 349조·350조에 해당하지 않는다. 그러나 이 역시 법률상 명문의 규정이 없는 **증명방해**의 경우에 해당한다.

(c) 당사자의 문서 부제출·훼손 등에 대한 제재의 효과

1) 당사자에 대한 제재로서 **문서의 기재에 대한** 상대방의 주장을 진실한 것으로 인정할 수 있다는 것은 **문서의 성립과 내용**에 관한 상대방의 주장을 진실한 것으로 인정한다는 것을 의미한다. 다만 이로써 그 문서에 의하여 증명하고자 하는 사실(요증사실)이 곧바로 직접적으로 증명되었다는 것이 아니며 **요증사실의 인정 여부**는 법관의 **자유심증**에 의해야 한다(**자유심증설, 통설**). **판례**의 태도도 같다. **판례**는, 당사자가 법원으로부터 문서제출명령을 받았음에도 불구하고 그 명령에

---

1) 대판 2015. 11. 17. 2014다81542.

따르지 않은 때에는 법원은 상대방의 그 문서에 관한 주장 즉 문서의 성질·내용, 성립의 진정 등에 관한 주장을 진실한 것으로 인정할 수 있음은 별론으로 하고, 그 문서들에 의하여 증명하려고 하는 상대방의 주장사실이 바로 증명되었다고 볼 수는 없으며, 그 **주장사실의 인정 여부**는 법원의 자유심증에 의하는 것으로 보고 있다.[1]

2) 이에 대하여, 당사자에 대한 제재로서 요증사실 자체를 진실인 것으로 인정할 수 있다는 견해(**법정증거설**)가 있으나,[2] 이는 법 349조·350조의 법문에 반한다. 한편 행정소송, 공해소송, 국가상대 손해배상소송 등에서 대상문서가 상대방의 지배영역하에 있어 신청자로서는 문서의 기재 내용을 구체적으로 특정하여 주장할 수 없고, 해당 문서에 의하여 증명해야 할 사실을 다른 증거에 의하여 증명하는 것이 현저하게 곤란한 때에는 제한적으로나마 요증사실이 직접 증명되었다고 볼 수 있다는 견해(**절충설**)도 있다.[3][4]

(7) 문서제출명령에 따라 제출된 문서의 처리

문서제출명령에 따라 법원에 제출된 문서라고 하더라도 신청자가 이를 서증으로 제출해야 증거방법이 된다. 이러한 문서를 서증으로 제출하더라도 특히 사문서의 경우에는 그 진정성립이 인정되어야만 증거로 할 수 있다.

7. 문서송부촉탁

(1) 의   의

1) 서증의 신청은 당사자가 앞서의 문서의 직접 제출 또는 문서제출명령에 의한 방식에 의하지 않고 **문서소지자**에게 그 문서를 보내도록 촉탁할 것을 신청하여 이를 할 수 있다(법 352조, 규칙 113조). 문서송부촉탁은 **원칙적으로** 문서소지자

---

1) 대판 1993. 6. 25. 93다15991, 2007. 9. 21. 2006다9446, 2008. 2. 28. 2005다60369 등.

2) 강현중, 587쪽.

3) 이시윤, 543쪽. 송상현·박익환, 590쪽. 일본 민사소송법의 입장이다[일본 민사소송법 224조 3항은, '상대방이 해당 문서의 기재에 관하여 구체적인 주장을 하고 있고, 해당 문서에 의해 증명해야 할 사실을 다른 증거에 의하여 증명하는 것이 현저히 곤란한 때에는, 법원은 **그 사실에 관한** 상대방의 주장을 진실한 것으로 인정할 수 있다'고 규정하고 있다]. 같은 내용의 **민사소송법 일부개정법률안**(의안번호 2110939, 제안일자 2021. 6. 21., 제안자 조응천 의원 등 10인)이 제21대 국회에 계류되었으나 임기종료(2024. 5. 29.)로 자동폐기되었다.

4) 한편 당사자에 대한 제재로서 **자료제출명령제도**의 실효성을 높이기 위하여 증명하려는 사실에 관한 주장을 진실한 것으로 인정하는 법률로서는, 하도급거래 공정화에 관한 법률(**2021. 8. 17. 개정, 2022. 2. 28. 시행**) 35조의2 4항.

에게 **문서제출의무가 없는 때**에 이용된다. 그러나 문서제출의무가 있다고 하더라도 법원의 문서송부촉탁만으로 임의로 제출할 것이 기대되는 경우도 있으므로, 반드시 문서제출의무가 없는 때에 한하여 문서송부촉탁신청을 해야 하는 것은 아니다.[1] 다만 문서소지자가 해당 사건의 당사자인 경우에는 문서제출명령에 의하는 것이 원칙이므로 문서송부촉탁을 하는 것은 적절하지 못하다.[2] 한편 증권관련집단소송에서는 법원이 필요하다고 인정할 때에는 직권으로 소송과 관련 있는 문서를 가지고 있는 사람에게 문서송부촉탁을 할 수 있다(증집 32조 1항).

2) 당사자가 법령에 의하여 문서의 정본 또는 등본을 청구할 수 있는 경우에는 할 수 없다(법 352조 단서). 예컨대 등기부, 가족관계등록부 등과 같이 등기사항증명서, 가족관계증명서 등을 청구할 수 있는 경우에는 문서송부촉탁의 **신청의 이익**이 없다.

(2) 문서송부촉탁시 상대방의 협력의무

문서송부촉탁의 상대방에 관하여 법률상 명문으로 한정되어 있지 않지만, 실무상 교통사고나 산업재해로 인한 손해배상사건 등에서 **법원·검찰청, 그 밖의 공공기관**이거나 법인에 대하여 하는 경우가 많다.[3] 법원으로부터 문서송부촉탁을 받은 사람은 **정당한 사유가 없는 한** 이에 **협력**해야 하며(협력의무, 법 352조의2 1항), 문서송부촉탁을 받은 사람이 그 문서를 보관하고 있지 않거나 그 밖에 문서송부촉탁에 따를 수 없는 사정이 있는 때에는 법원에 그 사유를 **통지**해야 한다(법 352조의2 2항). 이는 종전에 규칙 114조에 있던 내용을 2007. 5. 17. 민사소송법 개정시 법률로 편입한 것이다.

(3) 문서송부촉탁 및 문서송부의 방법

1) 법원으로부터 문서송부촉탁을 받은 사람이 법원에 문서를 보낼 때에는 **원본, 정본** 또는 **인증등본**으로 해야 한다(법 355조 1항). 법원은 필요하다고 인정하는 때에는 원본을 보내도록 촉탁할 수 있다(법 355조 2항). 실무에서는 송부할 문서의

---

1) 전병서, 433쪽.
2) 법원실무제요 민사소송(3), 1467쪽.
3) 독점규제 및 공정거래에 관한 법률 110조는 같은 법률 119조(손해배상책임)에 따른 손해배상청구의 소가 제기된 때에 법원은 필요한 경우 공정거래위원회에 대하여 해당 사건의 기록(사건관계인, 참고인 또는 감정인에 대한 심문조서, 속기록 및 그 밖에 재판상 증거가 되는 모든 것을 포함한다)의 송부를 요구할 수 있다고 규정하고 있다. 하도급거래 공정화에 관한 법률 35조 4항에서도 앞서의 규정을 준용하고 있다.

형태를 명백히 하기 위하여 **원본**을 보아야 하는 것이 아닌 경우 '**인증등본송부촉탁신청**'이라는 제목으로 **문서인증등본**의 송부를 바라는 취지를 명시하기도 한다.[1] 법원은 법원·검찰청, 그 밖의 공공기관이 보관하고 있는 기록의 **불특정한 일부**에 대해서도 문서송부촉탁을 할 수 있다(규칙 113조 1항). 이 경우 법원은 기록을 보관하고 있는 법원 등에 대하여 그 기록 가운데 신청자 또는 소송대리인이 **지정하는 부분**[원칙적으로 신청자 또는 소송대리인은 그 기록을 열람하여 필요한 부분을 지정할 수 있다]의 인증등본을 보내줄 것을 촉탁해야 한다(규칙 113조 2항·3항).

2) **전자소송**에서는 법원으로부터 문서송부촉탁을 받은 사람이 송부대상인 문서를 전자데이터 또는 전자문서로 가지고 있다면 전자소송시스템을 이용하여 이를 전송해야 하며(민전규 37조 1항), 이러한 송부대상인 문서가 전자데이터 또는 전자문서가 아니라면 법원은 이를 전자문서로 변환하여 전송해 줄 것을 요청할 수 있다(민전규 37조 2항).

> ▣ **수사기록에 대한 인증등본송부촉탁시 실무상 문제**
>
> 　민사재판에서 관련 형사사건의 수사기록에 대하여 인증등본송부촉탁신청을 하는 경우가 있다. 이 때 검찰은 '**검찰보존사무규칙**'(법무부령 1022호, 2022. 2. 7. 개정·시행)에 의하여 원칙적으로 재판확정기록 외에 **불기소사건기록 등** 검사의 처분으로 완결된 사건기록에 한하여, 그것도 피의자이었던 사람, 고소인·고발인, 피해자, 참고인으로 진술한 사람 등의 청구에 의하여 **본인의 진술이 기재된 서류나 본인이 제출한 서류**에 대한 열람·등사만을 허용하고 있다. 한편 이마저도 기록의 공개로 인하여 불필요한 새로운 분쟁이 야기될 우려가 있거나, 그 밖에 기록을 공개함이 적합하지 않다고 인정되는 현저한 사유가 있는 경우에는 기록의 열람·등사를 제한할 수 있도록 하고 있다(위 규칙 20조의3).
>
> 　현재의 민사재판에서는 관련 형사사건에 대한 공소가 제기되어 형사법원에서 증거조사가 실시된 이후에야 형사법원에 대하여 수사기록에 대한 인증등본촉탁신청을 함으로써 수사기록에 대한 열람·등사가 가능할 따름이다. 이해관계인의 수사기록에 대한 열람 및 등사신청을 무조건 거부함은 국민의 기본권을 명백히 침해하는 것이라고 지적되어 왔다.[2]

---

1) 법원실무제요 민사소송(3), 1467쪽.
2) 이동흡, "문서송부촉탁에 관하여 ─형사기록의 열람·등사 문제를 중심으로─," 사법논집 29집(1998. 12.), 7쪽; 한충수, "민사소송법개정안의 문서제출의무 범위," 인권과 정의 299호 (2001. 7.), 35쪽 이하.

(4) 문서송부촉탁에 따라 송부된 문서의 처리

법원·검찰청 그 밖의 공무소로부터 송부되어 온 문서의 인증등본은 별도의 의사표시가 없는 한 기록에 가철하고 송부자에게 이를 반환할 필요가 없다. 송부된 문서는 당사자에게 열람시켜 필요한 부분을 **서증**으로 제출케 한다. 다만 별도로 법원용 서증사본을 제출하게 할 필요는 없다(이 경우 서증의 부호와 번호는 위 인증등본에 직접 부기한다).[1] 송부된 문서로서 서증으로 제출한 문서라고 하여 모두 형식적 증거력이 생기는 것이 아니고, 사문서의 경우에는 그 진정성립이 인정되어야만 증거로 할 수 있다.[2]

8. 문서가 있는 장소에서의 서증조사(법원 밖에서의 서증조사)

문서제출신청의 대상도 아니고 송부촉탁신청을 하기도 어려운 사정이 있는 문서에 대해서는, 법원이 그 문서가 있는 장소에 가서 서증조사를 해 줄 것을 신청할 수 있다(법 297조 1항 본문, 규칙 112조 1항). 예컨대 검찰에서 기소중지된 수사기록 등과 같이 대외적으로 이를 내보내기 어려운 경우가 이에 해당한다. 종래 문서가 있는 장소에 가서 **기록검증**의 방법으로 행해졌으나, 문서의 외관과 형태가 아닌 문서의 내용이 증거자료가 되므로 검증은 적절한 증거방법이 될 수 없어 법원 밖에서의 **서증조사방법**으로 바로잡았다.

재판부 전원이 문서가 있는 장소에 갈 필요가 없는 경우에는 수명법관·수탁판사제도를 이용한다(법 297조 1항 후문, 298조). 문서송부촉탁의 경우처럼 정당한 사유가 없는 한 문서소지자에게 협력의무가 부과된다(법 352조의2). 이러한 방식에 의한 증거조사는 문서가 있는 장소에서 문서를 읽음으로써 마쳐진다. 그러나 조사결과를 기록에 나타내고 상대방에게 방어권을 보장하기 위하여 신청자는 신청한 문서의 사본을 법원에 제출해야 한다(규칙 112조 2항).[3]

---

1) 재판예규 제875호 '문서송부촉탁 등에 따라 법원에 문서의 인증등본이 제출된 경우의 업무처리요령'(재일 2002-6, 2002. 6. 27. 전부개정).
2) 전자소송에서의 문서송부촉탁 결과의 처리에 관해서는, 재판예규 제1848호 '민사소송 등에서의 전자문서 이용 등에 관한 업무처리지침'(재일 2012-1, 2023. 2. 24. 개정, 2023. 3. 1. 시행) 86조.
3) 신청자는 법원 밖에서의 서증조사기일에 참여하여 보관 중인 문서 가운데 서증으로 신청할 문서를 개별적으로 지정하고 서증부호와 번호를 붙여야 한다. 재판장은 신청자가 지정한 서증부분을 문서보관장소의 담당직원에게 복사하게 하고, 서증사본 1통씩을 직접 재판장에게 제출할 것을 요청해야 한다. 재판예규 제998-2호 '법원밖에서의 서증조사에 관한 업무처리요령'(재민 2004-5, 2004. 12. 29. 개정, 2005. 2. 21. 시행).

V. 검　　증

1. 의　　의

검증은 법관이 직접 자기의 오관의 작용에 의하여 사물의 성상(性狀)이나 현상을 보고, 듣고, 느낀 인식을 증거자료로 하는 증거조사이다. 검증의 대상이 되는 증거방법을 **검증목적물**이라 한다.

> ■ **문서가 검증의 대상이 되는 경우**
>
> 문서의 진정성립의 인정을 위한 필적 또는 인영의 대조를 위하여 문서를 제출하는 경우(**대조용문서**, 법 359조 · 361조)에는 이를 눈으로 보고 확인이 가능한 범위 내에서 검증의 방법에 의한다. 일정한 문서를 **위조문서**라고 하여 제출한 경우에는 그 기재 내용을 증거로 하는 것이 아니라, 그 지질 · 필적 · 인영의 동일성 등을 조사하기 위한 것으로 검증의 방법에 의한다.

2. 검증의 신청 등

검증은 원칙적으로 당사자의 신청에 따라 시행된다. 당사자가 검증을 신청하는 때에는 검증목적물을 특정하여 표시해야 하고(법 364조), 그에 의하여 증명할 사실의 관계를 구체적으로 명시해야 한다(규칙 74조). 수소법원은 필요에 따라 법원 밖에서 검증을 하게 하기 위하여 수명법관이나 수탁판사에게 검증을 수권하는 경우(법 297조 1항 후단)에 수명법관 등에게 **검증과 동시에 감정**이나 **증인신문**까지 수권할 수 있다. 다만 이러한 수권이 없더라도 수명법관 등은 검증에 필요하다고 인정할 때에는 감정을 명하거나 증인을 신문할 수 있다(법 365조). 법원이 검증목적물의 소재지에서 검증을 실시하는 경우 외에는 검증목적물의 소지자는 법원에 **검증목적물**을 **제출**해야 한다. 이 경우 서증에 관한 규정이 **준용**된다(법 366조 1항). 따라서 신청인이 소지하고 있는 검증목적물은 이를 직접 법원에 제출하고(법 343조 전단), 다른 사람이 소지하고 있는 검증목적물은 제출신청을 하거나(법 343조 후단), 송부촉탁신청을 해야 한다(법 352조).

3. 검증의 실시

소송당사자나 제3자는 증인의무와 마찬가지로 정당한 사유가 있는 경우를 제외하고는 부동산에의 출입, 혈액의 채취, 신체검사, 정신상태의 진찰 등의 검증절차를 수인(受忍)할 의무(**검증수인의무**)가 있으며, 법원은 검증을 위하여 필요한 경우에는 남의 토지, 주거 등의 시설물 안에 들어갈 수 있고, 저항을 받은 때에는 **경찰공무원**에게 원조를 요청할 수 있다(법 366조 3항, 342조 1항). **당사자**가 검증목적물을 제시하지 않거나 출석요구에 불응한 때에는 법원은 검증목적물의 존재·성상에 관하여 증명하고자 하는 당사자의 주장을 진실한 것으로 인정할 수 있다(법 366조 1항, 349조). **제3자**가 정당한 사유 없이 법원의 검증목적물제출명령에 응하지 않는 때에는 법원은 결정으로 200만원 이하의 과태료에 처할 수 있다. 이 결정에 대해서는 즉시항고할 수 있다(법 366조 2항). 검증에 참여한 법원사무관 등은 조서에 검증의 결과를 기재해야 한다(법 154조 3호). 그 기재사항에 관해서는 변론조서에 관한 규정이 준용된다(법 160조). 변론기일에서 실시된 때에는 변론조서에, 법원 밖에서 실시된 때에는 별도의 검증조서를 작성하여 검증의 결과를 기재한다.

Ⅵ. 당사자신문

1. 의 의

당사자본인은 소송의 주체이지 증거조사의 객체가 아닌 것이 원칙이다. 그러나 예외적으로 당사자본인을 증거방법으로 하여, 마치 증인처럼 그가 경험한 사실에 대해 진술케 하는 증거조사를 **당사자신문**이라 한다(법 367조). **법정대리인**과 **법인 등 대표자**에 대해서도 당사자신문의 방법으로 증거조사를 한다(법 372조 본문, 64조). 법정대리인이 있는 경우라도 당사자본인에 대하여 당사자신문을 할 수 있다(법 372조 단서).

2. 독립된 증거방법

구법에서의 **판례**는, 당사자신문결과만으로 주요사실을 인정할 수 없고, 다른 증거자료에 종합하여 주요사실의 인정자료가 될 수 있다고 보아, **증거방법의 보충**

성에 그치지 않고, **증거력의 보충성**까지 뜻하는 것으로 확장하여 해석했다.[1] 그러나 **신법**에서 당사자신문의 **보충성**을 **폐지**한 만큼 종전의 판례는 더 이상 유지될 수 없게 되었다. 따라서 신법에서는 당사자신문을 **독립된 증거방법**으로 적극 활용하여 사안에 따라서는 증인에 앞서 당사자를 먼저 신문함으로써 쟁점을 보다 명확히 한 후에 증인을 신문하는 방식도 가능하다.[2] 한편 **가류·나류 가사소송**은 직권탐지주의에 의하므로, 재판장은 언제든지(소송의 어느 단계에서나) 당사자본인을 신문할 수 있다(가소 17조 후단). **소액사건**의 경우 판사는 필요하다고 인정한 때에는 직권으로 증거조사를 할 수 있으므로 언제든지 당사자본인을 신문할 수 있다(소심 10조 1항 본문). **증권관련집단소송**의 경우 법원은 필요하다고 인정하는 때에는 대표당사자뿐만 아니라 **구성원**까지도 직권신문할 수 있다(증집 31조).

3. 절   차

(1) 당사자신청의 경우

당사자신문은 직권으로 또는 당사자의 신청에 따라 할 수 있다(법 367조 전단). 법원은 효율적인 당사자신문을 위하여 필요하다고 인정하는 때에는 당사자신문을 신청한 당사자에게 **당사자진술서** 또는 **당사자신문사항**을 제출하게 할 수 있다(**2015. 6. 29. 개정, 2015. 7. 1. 시행** 규칙 119조의2). 종전에는 당사자신문을 신청한 당사자는 원칙적으로 법원이 정한 기한까지 당사자신문사항을 제출하도록 했으나, 위 규칙의 개정시 사실심리의 충실화를 위해 당사자신문이 활성화될 수 있도록 **당사자신문사항의 사전제출의무에 관한 규정을 삭제**했다.

(2) 선서의무

신문기일에 당사자본인이 출석한 때에는 재판장이 인정신문을 하고 **선서**를 하게 해야 한다(법 367조 후단). 구법에서는 **선서**를 시킬 것인지 여부가 법원의 재량에 의하여 정해졌으나, **신법**에서는 선서가 필수적 절차가 되었다. 신법에서 당사자신문의 보충성을 폐지함에 따라, 거짓 진술의 억제를 위한 제도적 보완책으로 신법에서 규정했다. 선서한 당사자가 거짓 진술을 한 때에는 법원은 결정으로 500만원 이하의 과태료에 처할 수 있다. 법원의 결정에 대해서는 즉시항고를 할

---

1) 대판 1983. 6. 14. 83다카95, 1987. 5. 26. 86누909, 2000. 11. 24. 99두3980.
2) 재판예규 제1857호 '사건관리방식에 관한 예규'(재일 2001-2, 2023. 9. 14. 개정, 2023. 10. 19. 시행) 15.

수 있다(법 370조 1항·2항).

(3) 불출석 등에 대한 제재

당사자본인이 정당한 사유 없이 출석하지 않거나[1] 선서 또는 진술을 거부한 때에는[당사자신문에서 증인의 선서거부권과 증언거부권에 관한 규정은 준용되지 않는다(법 373조)], 법원은 **신문사항에 관한 상대방의 주장**을 진실한 것으로 인정할 수 있다(법 369조). 이는 법원의 재량에 따라 신문사항에 포함된 내용에 관한 상대방의 주장을 진실한 것으로 인정할 수 있다는 취지이다.[2]

(4) 당사자신문방식의 위반과 그 효력

당사자본인으로 신문할 사람을 증인으로 신문한 경우 증인능력 없는 사람의 진술은 증거자료로 삼을 수 없다는 견해가 있으나,[3] 이와 같은 증거조사방식의 위반에 대하여 지체 없이 이의를 하지 않으면 **이의권의 상실로 흠이 치유**된다고 봄이 상당하다.[4] **판례**도 같은 입장이다.[5]

Ⅶ. 그 밖의 증거

1. 의 의

법 374조는 그 밖의 증거로, **도면·사진·녹음테이프·비디오테이프·컴퓨터용 자기디스크** 그 밖에 정보를 담기 위하여 만들어진 물건으로서 **문서가 아닌** 증거를 **그 밖의 증거**로 열거하고, 이에 대한 증거의 조사에 관한 사항은 감정·검증·서증에 준하여 대법원규칙으로 정한다고 규정하고 있다. 이에 따라 **전자저장정보매체에 관한 구체적 사항**에 대하여 규칙 120조 내지 122조에서 규정하고 있다.

1) 여기서 당사자가 출석할 수 없는 '**정당한 사유**'란 법정에 나올 수 없는 질병, 교통기관의 두절, 관혼상제, 천재지변 등을 말한다. 이러한 정당한 사유의 존재는 그 불출석한 당사자가 이를 주장·증명해야 한다. 대판 2010. 11. 11. 2010다56616.
2) 대판 1973. 9. 25. 73다1060. 법원이 이를 적용할 때에는 상대방의 요건사실에 관한 주장사실을 진실한 것으로 인정할 것이라고 설시할 것이 아니라 **당사자신문사항** 가운데 **어느 항**을 진실한 것으로 인정한 뒤에 그에 의하면 상대방의 요건사실에 관한 주장사실을 인정할 수 있다고 판시하는 것이 정당하다. 대판 1990. 4. 13. 89다카1084.
3) 정동윤·유병현·김경욱, 665쪽.
4) 이시윤, 548쪽; 호문혁, 604쪽; 정영환, 776쪽; 전병서, 416쪽; 전원열, 454쪽; 박우동, 판례회고(서울대학교) 6호(1977년도), 95쪽.
5) 대판 1977. 10. 11. 77다1316, 1992. 10. 27. 92다32463.

법 374조의 그 밖의 증거에 속하는 물건이라고 하더라도 그것이 법원행정처장이 지정하는 전산정보처리시스템에 의하여 전자적 형태로 작성·송신·수신 또는 저장된 정보로 되었다면 전자문서로 문서화되었으므로 **민사소송 등에서의 전자문서 이용 등에 관한 법률**이 적용되어야 한다. 따라서 법 374조의 그 밖의 증거에 속한 물건 가운데 앞서와 같이 **전자적 형태로 되지 않은 것들**만이 **법 374조의 적용대상**이 된다.[1]

2. 조사방법

녹음·녹화테이프, 컴퓨터용자기디스크·광디스크, 그 밖에 이와 비슷한 방법으로 **음성이나 영상을 녹음 또는 녹화**('녹음 등')하여 재생할 수 있는 매체에 대한 증거조사는 이를 재생하여 **검증**하는 방법으로 하며, 이에 대한 증거조사를 신청한 당사자는 법원이 명하거나 상대방이 요구한 때에는 그 **녹취서** 그 밖에 그 **내용을 설명하는 서면**을 제출해야 한다(규칙 121조 3항).[2] 이 경우 음성이나 영상이 녹음 등이 된 사람, 녹음 등을 한 사람 및 녹음 등을 한 일시·장소를 밝혀야 한다(규칙 121조 1항). **도면·사진 등**에 대한 증거조사는 특별한 규정이 없으면 감정·서증조사·검증에 관한 규정을 준용한다(규칙 122조). 이 경우 그 도면·사진의 형태, 담겨진 내용 등을 종합하여 감정·서증조사·검증의 방법 중에서 가장 적절한 증거조사의 방법을 택하여 이를 준용해야 한다.[3] 음성·영상자료에 해당하는 **동영상파일**은 검증의 방법으로 증거조사를 해야 하므로, 법 366조에 따라 **검증목적물제출명령**의 대상이 될 수 있음은 별론으로 하고 문서가 아닌 동영상파일이 문서제출명령의 대상이 될 수 없다.

당사자 한쪽이 녹음테이프를 증거로 제출하지 않고 이를 속기사에 의하여 녹취한 **녹취서**를 증거(서증)로 제출하고, 이에 대하여 그 문서의 진정성립의 인부(認否)에서 상대방이 자기 명의의 문서가 아니어서(통상 제 3 자인 속기사 명의로 작성된 문서이다) 모른다(不知)로 답한 경우 법원은 대화자가 진술한 대로 녹취되었는지 확인하기 위해서 녹음테이프를 검증해야 한다. **판례**는, 이 경우 그 녹취서가 오히려 상대방에게 유리한 내용으로 되어 있다면 그 녹취 자체는 정확하게 이루어진

---

1) 강현중, 604쪽.
2) 판례도, 녹음테이프에 대한 증거조사는 검증의 방법으로 한다고 본다. 대판 1981. 4. 14. 80다2314, 1999. 5. 25. 99다1789 등.
3) 대결 2010. 7. 14. 2009마2105.

것으로 보아(녹취서의 진정성립을 의심할 만한 특별한 사정이 없으므로), 녹음테이프의
검증 없이 변론 전체의 취지로 녹취서의 진정성립을 인정할 수 있다고 본다.[1]

> ▣ **전자문서에 대한 증거조사**
>
> (1) 문자, 그 밖의 기호·도면·사진 등에 관한 정보(문자 등 정보)에 대한 증거조사
> **문자 등 정보에 해당하는 전자문서에 대한 증거조사는** 전자문서를 **모니터, 스크
> 린 등**을 이용하는 방법으로 한다(민전 13조 1항 1호). 컴퓨터 등 정보처리능력을 갖
> 춘 장치를 이용하여 증거조사를 하기 곤란한 사유가 있는 때에는 그 **출력문서**로 증
> 거조사를 할 수 있다. 이때에는 민사소송규칙 120조 2항을 준용한다(민전규 32조 3
> 항). 다만 필요한 경우에는 직권으로 또는 당사자의 신청에 따라 **검증 또는 감정**의
> 방법으로 할 수 있다(민전규 32조 1항). 전자문서로 변환하여 제출된 증거에 대하여
> 원본의 존재나 내용에 대하여 이의가 있는 때에는 원본을 열람하는 방법에 의한다
> (민전규 32조 2항).
>
> (2) 음성·음향이나 영상정보(음성·영상 등 정보)에 대한 증거조사
> **음성·영상 등 정보에 해당하는 전자문서에 대한 증거조사는** 전자문서를 **청취**하
> 거나 **시청**하는 방법으로 한다(민전 13조 1항 2호). 다만 필요한 경우에는 직권으로
> 또는 당사자의 신청에 따라 **다른 방법**으로 **검증**하거나 **감정**의 방법으로 할 수 있다
> (민전규 33조 1항). 위 전자문서에 대한 증거조사를 신청한 당사자는 법원이 명하거
> 나 상대방이 요구하는 경우에는 녹취서, 그 밖에 그 내용을 설명하는 문서를 전자
> 문서로 제출해야 한다(민전규 33조 2항). 법원사무관 등이 증거조사의 결과에 따라
> 조서를 작성하는 때에는 재판장 등의 허가를 받아 앞서와 같이 제출된 전자문서 가
> 운데 필요한 부분을 그 조서에 인용할 수 있다(민전규 33조 3항).
>
> (3) 민사소송법의 준용
> 전자문서에 대한 증거조사에 관해서는 그 성질에 반하지 않는 범위에서 민사소
> 송법상 감정·서증·검증에 관한 규정을 준용한다(민전 13조 2항).[2]

---

1) 대판 1999. 5. 25. 99다1789 등.
2) 우리나라 민사소송의 증거조사절차에서 **디지털증거**를 어떻게 취급하고 조사할 것인지에 관
 한 **구체적인 지침**이 부족함을 지적하고, 디지털증거의 증거조사방법에 대하여 대법원규칙이
 나 그 하위규정을 통하여 보다 상세한 지침이 마련되어야 한다는 견해로는, 전원열, "증거보
 전절차의 개선을 위한 시론 —디지털 증거를 중심으로—," 민사소송 24권 3호(2020년), 267쪽
 이하.

Ⅷ. 조사 · 송부의 촉탁

1. 의　　의

조사 · 송부의 촉탁은 법원이 공공기관 · 학교, 그 밖의 단체 · 개인 또는 외국의 공공기관에게 그 **업무에 속하는 특정사항**에 관하여 **필요한 조사** 또는 **보관 중인 문서의 등본 · 사본의 송부**를 **촉탁**함으로써 증거를 수집하는 절차를 말한다(법 294조). 조사 · 송부의 촉탁은 민사소송법상 증거에 관한 총칙(제 3 장 제 1 절) 중에 규정되어 있으나, 그 실질은 증인신문 등과 마찬가지로 **독립한 증거방법**이다. 실무상 이를 '**사실조회**'라고 부른다.

신법은, ① 효율적인 증거조사를 위하여 전문적이고 특수한 분야에 관한 지식이나 정보를 갖고 있는 **개인**에게도 조사촉탁을 할 수 있도록 확대했고,[1] ② (법조문의 제목은 '**조사의 촉탁**'으로 되어 있으나) 조사촉탁의 한 방법으로 대상자가 **업무상 보관 중인 문서**로서 조사과정에서 참고하거나 근거로 한 문서(참고문서 · 근거문서)가 있으면 그 **등본 · 사본**을 함께 송부할 것을 촉탁할 수 있다는 점을 명확히 했다. 그러나 **실무상으로는 법 294조에 의한 조사촉탁**은 촉탁의 상대방이 용이하게 조사할 수 있는 사실에 한하여 하며, 조사할 내용이 촉탁의 상대방의 특별한 지식과 경험을 필요로 하는 것이거나 촉탁의 상대방의 전문적인 의견을 구하는 것일 때에는 **법 341조에 의한 감정촉탁**의 방법으로 하는 것을 원칙으로 하고 있다.[2]

2. 조사 · 송부촉탁의 절차

(1) 금융거래정보 · 과세정보 등 제출명령의 경우

특히 **금융거래정보 제출명령, 신용정보 제출명령** 및 **과세정보 제출명령**에 대하여 유의할 점이 있다. 금융거래정보나 신용정보(연체정보, 대출정보 등) 또는 과세정보의 수집은 금융기관, 신용정보를 처리하는 공공기관 또는 세무공무원에 대한 법원의 제출명령 형식에 의하는데, 그 근거조문은 각 해당 제출명령에 따라 '금융실명거래 및 비밀보장에 관한 법률' 4조 1항 단서 1호(금융거래정보의 경우),

---

[1] 독일과 일본에서는 조사촉탁의 대상자를 관공서와 공무원에 한정하고 있다. 반홍식, "민사소송에 있어서의 '조사의 촉탁'의 법적 성질," 민사소송 16권 1호(2012. 5.), 125쪽 이하.
[2] 재판예규 제1697호 '사실조사 촉탁 등의 비용 지급에 관한 예규'(재민 98-14, 2018. 7. 4. 개정 · 시행).

'신용정보의 이용 및 보호에 관한 법률' 32조 6항 5호(신용정보의 경우), 또는 '국세기본법' 81조의13 1항 단서 3호나 '지방세기본법' 86조 1항 단서 3호(과세정보의 경우)와 (위 각 해당조문과 함께) 조사·송부촉탁(사실조회), 문서송부송탁, 문서제출명령 등에 관한 민사소송법 규정이다.[1][2] 한편 변호사법 75조의2에서는 **지방변호사회**가 회원인 변호사의 신청에 따라 (수임사건과 관련하여) **공공기관**에 사실조회를 하도록 하고 있다.

(2) 조사·송부의 촉탁에 따른 회보서 등의 처리

조사·송부의 촉탁에 따른 회보에 관해서는 이를 따로 서증으로 제출시킬 필요가 없다. 회보서에 참고서류 사본 등을 함께 보낸 경우에도 이를 포함한 전체를 조사·송부의 촉탁결과로 처리하면 된다. 따라서 이러한 참고서류 등을 별도로 서증으로 취급하지 않는다[이 점에서 문서송부촉탁으로 송부된 문서의 처리와 다르다.[3] 조사·송부촉탁의 결과를 증거자료로 하기 위해서는 법원이 이를 변론에 현출하여 당사자에게 **의견진술의 기회**를 주어야 하나,[4] 당사자에 의한 원용이 요구되지 않는다.[5]

Ⅸ. 증거보전

1. 의　　의

증거보전은 소송절차 내에서 본래의 증거조사를 행할 기일까지 기다리면 그 증거방법의 조사가 불가능하거나 또는 곤란하게 될 사정이 있는 경우에 본안의 소송절차와는 별도로 미리 증거조사를 하여 그 결과를 확보하여 두는 판결절차

---

1) 재판예규 제1658호 '금융거래정보·과세정보 제출명령에 관한 예규'(재일 2005-1, 2017. 5. 25. 개정, 2017. 7. 21. 시행).

2) 이러한 금융거래정보 제출명령 등에 대해서는 **항고할 수 없다.** 이에 관하여 불복할 수 있는 특별규정이 없으며, 소송절차에 관한 신청을 기각하는 결정이나 명령이 아니어서 통상항고(법 439조)를 할 수 없다. 또한 이는 상소가 있는 경우에 종국판결과 함께 상소심의 심판을 받는 중간적 재판의 성질을 갖는 것(법 392조)으로 특별항고(법 449조)의 대상도 되지 않는다. 대결 2018. 2. 20. 2017으524, 2021. 1. 6. 2020으563,564.

3) 다만 회보한 기관 등에서 작성한 문서가 아니라 제3자가 작성한 문서로서 단순한 참고서류가 아닌 정식의 문서가 포함되어 있는 경우에는 이를 증거로 삼기 위해서는 별도로 서증으로 제출해야 한다. 이때에는 그 사본을 다시 제출할 필요가 없고 첨부되어 온 서류에 직접 서증번호를 부기한다. 법원실무제요 민사소송 (3), 1544쪽.

4) 대판 1982. 8. 24. 81누270.

5) 대판 1981. 1. 27. 80다51.

의 부수절차이다(법 375조). 증거보전제도는 원래 본안소송에서 증거를 조사할 때까지 증거이용이 곤란해지는 것을 방지하기 위한 수단으로서 기능한다(**증거의 보전기능**). 나아가 **변론 전 개시**(開示)**제도**(disclosure, pretrial discovery)가 없는 우리의 법제하에서 **소송 전 증거수집제도**로 이용되도록 탄력적인 운영을 한다면 증거의 구조적 편재를 방지할 수 있게 된다(**증거의 개시기능**).[1][2] 증거보전절차에서 서증이나 검증의 절차가 행해지게 되면 신청인은 그 내용을 미리 알 수 있게 되어 증거보전절차는 상대방의 지배영역 내의 증거나 사실을 사전에 개시하게 하는 기능을 하게 된다. 다만 기업소송 등에서는 상대기업의 기술·경영·비밀 등을 탐지하기 위해 악용될 위험이 있으므로 증거보전의 결정을 신중하게 할 필요가 있다.[3][4]

2. 증거보전의 사유

증거보전을 하기 위해서는 원칙적으로 **증거보전의 필요성**이 인정되어야 한다. 증거보전의 필요성이란 미리 증거조사를 하지 않으면 그 **증거를 사용하기 곤란한 사정**을 말한다(법 375조). 증거를 사용하기 곤란하다는 것에는 증거조사가 물

---

1) 이시윤, 553쪽; 정영환, 783쪽; 전원열, 459쪽. 증거보전의 증거개시기능에 대하여 소극적인 입장에서는 증거보전의 필요성에 대한 소명을 엄격히 요구하고 있는 반면에, 증거개시기능에 대하여 적극적인 입장에서는 증거보전의 필요성에 대한 소명을 완화하여 해석하고 있다.

2) **독일**에서는 1991년 **사법간소화법**을 통한 민사소송법의 개정으로, 증거보전의 필요성과 관계없이 소제기 전에 증거조사를 할 수 있는 **독립적 증거절차**로 개편하여 검증·증인신문·감정이 가능하도록 했다(485조). **일본**에서는 2003년 민사소송법을 개정하여 종전에 소제기 후 법원의 개입 없이 당사자 사이에 정보를 교환할 수 있는 **당사자조회제도**(일 민소 163조)를 개편하여, **소제기 전 예고통지자조회제도** 및 **증거수집처분제도**를 도입했다(일 민소 132조의 2 내지 132조의9). 위 제도에 의하면, 제소예고통지를 한 **잠재적 원고**가 제소예고통지에 답변을 한 **잠재적 피고**에 대하여, 잠재적 피고 역시 잠재적 원고에 대하여, 예고통지된 날부터 **4월 이내**에 일정한 사항에 관하여 **조회**할 수 있으며, 비록 엄격하지만 일정한 요건하에 법원이 문서송부촉탁, 조사촉탁, 전문가의 의견진술촉탁, 집행관에 의한 현황조사 등 **증거수집처분**을 할 수 있도록 했다.

3) 표호건, "증거보전의 새로운 기능," 사법행정 39권 10호(1998. 10.), 35쪽 이하.

4) 미국의 증거개시제도와 독일의 독립적 증거절차제도, 일본의 당사자조회제도 등을 고려하여 **소제기 전 증거절차**를 신설하는 **민사소송법 일부개정법률안**(의안번호 2110874, 제안일자 2021. 6. 18., 제안자 조응천 의원 등 11인)이 제21대 국회에 계류되었으나 임기종료(2024. 5. 29.)로 자동폐기되었다(위 개정안은 민사소송법 2편 3장 8절 '증거보전' 부분을 '**증거보전 및 소제기 전 증거조사**'로 확대·개편하여 규정하고 있다). 한편 현행 민사소송법은 증거와 관련하여 당사자가 제출한 증거를 법원이 어떻게 조사할 것인지에 초점이 맞춰져 있을 뿐 당사자가 증거를 어떻게 수집할 수 있는지에 대해서는 침묵하고 있으며, 부분적으로 증거수집기능을 할 수 있는 절차도 활용도가 매우 제한적임을 지적하고, **한국형 디스커버리**(discovery)의 도입을 제시하고 있는 견해로는, 김기홍, "한국형 디스커버리의 도입과 실효성 확보방안," 사법논집 74집(2021년), 69쪽.

리적으로 곤란한 경우 및 그 뒤에 실시하면 그 비용이 현저히 증가되는 경우를 포함한다.[1] 증거보전의 필요성이 있는지 여부는 소송절차에서 통상의 증거조사를 할 수 있는 시기를 기준으로 한다. 소제기 뒤에는 변론준비절차의 개시 여부, 변론준비기일 또는 변론기일의 지정 및 진행 등 소송절차의 진행상황을 고려하여 판단한다. **증권관련집단소송**의 경우 법원은 미리 증거조사를 하지 않으면 그 증거를 사용하기 곤란한 사정이 있지 않는 경우에도 필요하다고 인정할 때에는 당사자의 신청에 의하여 증거조사를 할 수 있도록 했다(증집 33조).

3. 증거보전의 신청

증거보전은 원칙적으로 당사자의 신청에 따라 소제기 전 또는 소제기 뒤에 한다. 다만 법원은 필요하다고 인정한 때에는 소송계속 중에 직권으로 증거보전을 결정할 수 있다(법 379조). 증거보전신청은, ① **소제기 뒤**에는 그 증거를 사용할 심급의 법원에 해야 하며, ② **소제기 전**에는 신문을 받을 사람이나 문서를 가진 사람의 거소 또는 검증하고자 하는 목적물이 있는 곳을 관할하는 지방법원에 해야 한다(법 376조 1항). 다만 급박한 경우에는 소제기 뒤에도 소제기 전과 마찬가지의 지방법원에 증거보전신청을 할 수 있다(법 376조 2항). 증거보전신청은 서면으로 해야 하며, 증거보전신청서에는 상대방의 표시, 증명할 사실, 보전하고자 하는 증거, 증거보전의 사유를 밝혀야 한다(법 377조 1항, 규칙 124조 1항). 증거보전신청은 **상대방**을 지정할 수 없는 경우에도 할 수 있으며, 이 경우 법원은 상대방이 될 사람을 위하여 **특별대리인**을 선임할 수 있다(법 378조). 증거보전신청시 증거보전의 사유를 소명해야 하며, 신청서에는 증거보전의 사유에 관한 소명자료를 붙여야 한다(법 377조 2항, 규칙 124조 2항).

4. 증거보전신청에 대한 재판

증거보전신청을 **각하·기각하는 결정**에 대해서는 **통상항고**를 할 수 있다(법 439조). 증거보전신청을 **인용하는 결정**(증거보전의 결정)에 대해서는 불복할 수 없다(법 380조). 이 경우 **특별항고**(법 449조)를 할 수 있을 따름이다. 다만 증거보전을 실시

1) 예컨대 ① 증인이나 당사자본인이 고령이나 병환으로 여명(餘命)을 보장하기 어려운 경우, ② 증인이나 당사자본인이 외국에 나가 당분간 귀국을 기대하기 어려운 경우, ③ 공문서 또는 소송기록이나 등기신청서류가 보존기간의 경과로 폐기의 염려가 있는 경우 등이다. 법원실무제요 민사소송(3), 1327쪽.

하는 결정으로서 법원이 **문서제출명령**을 한 경우 이에 대하여 이해관계인은 **즉시항고**를 할 수 있으므로(법 348조), 이러한 경우에는 특별항고가 허용되지 않는다.[1] 증거보전에 관한 기록은 본안소송의 기록이 있는 법원에 보내야 한다(법 382조, 규칙 125조). 증거보전에 관한 비용은 소송비용의 일부로 한다(법 383조). 증거보전절차에서 신문한 증인을 당사자가 변론에서 다시 신문하고자 신청한 때에는 법원은 그 증인을 신문해야 한다(법 384조).

제 4 절   자유심증주의

I. 총   설

자유심증주의란 법관이 재판의 기초를 이루는 사실을 인정할 때에 소송절차에 제출된 모든 자료를 자유롭게 판단하여 심증을 형성할 수 있는 원칙을 말한다. 이에 따라 법관은 증거의 증거능력과 증거력에 관하여 아무런 법률상 구속도 받지 않고 논리법칙과 경험법칙에 따라 자유롭게 판단할 수 있다(법 202조). 자유심증주의는 증거능력과 증거력을 법적으로 제한하여 증거에 관한 판단을 구속하는 입장인 **법정증거주의**와 대비된다. 법 202조는 "법원은 변론 전체의 취지와 증거조사의 결과를 참작하여 자유로운 심증으로 사회정의와 형평의 이념에 입각하여 논리와 경험의 법칙에 따라 사실주장이 진실한지 아닌지를 판단한다"라고 규정하고 있다.[2] 여기서 **변론 전체의 취지**와 **증거조사의 결과**를 사실인정의 자료가 되는 **증거원인**이라고 한다. 자유심증주의라고 하여 형식적인 증거법칙으로부터 해방됨을 의미하는 것이지 법관의 자의적(恣意的)인 판단을 묵인하는 것은 아니다(자의금지). 따라서 적법한 증거조사절차를 거친 적법한 증거에 의하여 사회정의와 형평의 이념에 입각하여 논리법칙과 경험법칙에 따라 사실주장의 진실 여부를 판단해야 하며 사실인정이 사실심의 전권(專權)에 속한다 하더라도 이와 같은 제약에서 벗어날 수 없다.[3]

---

1) 대결 2012. 3. 20. 2012그21.
2) 형사소송에서 증거원인은 증거조사결과만이다(형사소송법 307조 1항은, '사실의 인정은 증거에 의하여야 한다'고 규정하고 있다).
3) 대판 2018. 4. 12. 2016다223357, 2021. 3. 11. 2019다208472, 2023. 10. 12. 2023다242875 등.

Ⅱ. 증거원인

1. 변론 전체의 취지

변론 전체의 취지란 증거조사의 결과 얻은 증거자료 이외에 변론에 나타난 일체의 자료 및 상황을 말한다.[1] 민사소송법상 **변론 전체의 취지**라는 용어는 자백간주를 배제시키는 법 150조 1항 단서와 자유심증주의의 원칙을 명시한 법 202조에서 나타난다. 다만 자백간주 여부에 관한 법 150조 1항 단서의 경우는 변론 종결시까지 제출된 변론을 전체로 취급하는 **변론의 일체성**을 가리키므로, 자유심증주의의 **증거원인**으로서 변론 전체의 취지와 그 뜻을 달리한다.

변론 전체의 취지만으로 당사자 사이의 다툼 있는 사실을 인정할 수 있는지 여부에 관하여 견해의 대립이 있다. 이에 대하여, 자유심증주의의 본래의 의미에 충실하게 해석하여, 증거조사를 거쳐도 사실주장의 진실 여부가 불분명한 경우에는 변론 전체의 취지로 판단해도 무방하다는 입장에서 법 202조는 증거조사를 행했다면 그 결과를 참작한다는 취지일 뿐이라는 견해(**독립적 증거원인설**)가 있다.[2] 그러나 변론 전체의 취지는 그 의미가 애매하며 이를 기록화하기도 힘들어 상급심의 심사가 곤란할 뿐만 아니라 법관의 자의(恣意)에 의한 사실인정을 가능케 하므로 변론 전체의 취지는 증거자료에 보태어 사실인정자료에 쓰일 따름으로 봄이 상당하다(**보충적 증거원인설**).[3] **판례**는 **예외적**으로 변론 전체의 취지만으로 인정할 수 있는 경우를 ① **문서의 진정성립**(형식적 증거력)과, ② **자백의 취소요건**으로서의 **착오**에 국한시키고 있다. 따라서 판례는 주요사실의 인정에 관해서는 변론 전체의 취지에 대하여 증거원인으로서 독립성을 부인함으로써 **보충적 증거원인설**을 취하고 있다.[4]

---

1) 변론종결 뒤에 제출된 자료는 여기에 포함되지 않는다. 대판 2013. 8. 22. 2012다94728.

2) 강현중, 510쪽; 정영환, 791쪽. 독립적 증거원인설을 따르면서 다만 그 심증형성 과정과 자료를 판결서에서 밝히도록 함이 보다 합리적이라고 보는 견해로는, 송상현·박익환, 512쪽.

3) 이시윤, 556쪽; 한충수, 472쪽; 전원열, 357쪽. 한편 김홍규·강태원, 530쪽은 독립적 증거원인으로 보는 견해가 법 202조의 문언에 합치하지만, 증거에 의한 사실인정이 기본이고 변론 전체의 취지는 보충적인 증거원인에 그친다고 본다.

4) 변론 전체의 취지는 변론의 과정에 현출된 모든 상황과 자료를 말하여 증거원인이 되는 것이기는 하나 이것만으로는 사실인정의 자료로 할 수 없다. 대판 1983. 9. 13. 83다카971.

2. 증거조사의 결과

증거조사의 결과란 법원이 증거방법에 대한 적법한 증거조사로 얻은 **증거자료**를 말한다. 예컨대 증인의 증언, 서증의 기재 내용, 검증결과, 감정결과, 당사자신문 결과 등이다. 자유심증주의는 먼저 증거방법이나 증거능력으로부터 제한을 받지 않는다(**증거방법의 무제한**). 예컨대 소제기 후 그 소송에 사용하기 위하여 작성한 문서라도 증거능력이 있으며,[1] 형사소송과 달리 전문(傳聞)증거라도 증거능력이 있다.[2] 위법하게 수집한 증거방법의 증거능력에 관해서는 이미 살펴본 바와 같다. 적법하게 실시된 증거조사에 의하여 얻은 증거자료의 증거력의 평가는 법관의 자유로운 판단에 일임되어 있다.[3] 다만 그 판단은 사회정의와 형평의 이념에 입각하여 논리법칙과 경험법칙에 따라야 한다.[4]

3. 증거공통의 원칙

증거력의 자유평가는 증거제출자에게 유리하게도 또는 불리하게도 평가될 수 있다. 이를 **증거공통의 원칙**이라 한다.[5] 즉 증거는 어느 당사자에 의하여 제출된 것인지 또는 상대방이 이를 **원용**하는지 여부에 불구하고 당사자 어느 한쪽에 유리한 사실인정자료로 쓸 수 있다.[6] **필수적 공동소송**에서는 공동소송인 가운데 한

---

1) 대판 1966. 9. 27. 66다1133, 1992. 4. 14. 91다24755.
2) 대판 1967. 3. 21. 67다67은 증언의 내용이 쌀을 대여하는 것을 직접 목격했다는 것이 아니라는 이유로 그것으로서는 쌀의 대여사실을 인정할 수 없다고 한 것은 민사소송에서의 전문증거의 증거력을 전적으로 부정하는 것으로서 위법이라고 했다. 한편 전문증인의 증언을 채택하고 원진술자의 진술 내용을 배척하는 것 역시 위법이다. 대판 1989. 10. 13. 88다카28051.
3) **증거의 종합판단**에서 각 증거 사이에 모순된 부분이 있다 하더라도 법관은 자유심증에 의하여 그 각개의 증거 가운데 모순 있는 부분을 제거하고 필요·적절한 부분만 모아서 그 구체적 사실의 인정자료로 채용할 수 있다. 대판 1966. 6. 21. 66다632.
4) 대판 1982. 8. 24. 82다카317, 1986. 3. 25. 85다카2130, 2008. 2. 14. 2007다57619.
5) 증거공통의 원칙은 변론주의와 저촉되는 것이 아니다. 변론주의는 증거제출책임을 법원과의 관계에서 당사자에게 맡긴다는 것이지, 일단 제출된 증거를 놓고 어떻게 평가하느냐는 변론주의 범위 밖의 문제이며 법원의 직권이기 때문이다. 문일봉, "민사소송에 있어서의 변론주의와 자유심증주의," 사법행정 38권 7호(1997. 7.), 10쪽 이하.
6) 대판 2004. 5. 14. 2003다57697, 2014. 3. 13. 2013다213823, 2021. 4. 29. 2020다294806 등. 일부 견해(이시윤, 558쪽)는 판례 가운데 대판 1974. 3. 26. 73다160, 1982. 12. 28. 82누461 등이 원용이 없는 이상 상대방 제출의 증거에 대하여 채택 여부를 판단하지 않아도 증거공통의 원칙에 저촉되지 않는다고 하여 아직 원용에 의미를 부여하고 있다고 보고 있다. 그러나 위 판결들은 당사자 한쪽이 제출한 증거에 대한 증거조사의 결과에 따른 증거판단에 관한 것이 아니라, 당사자 한쪽이 제출한 증거에 대하여 상대방이 이를 이익으로 원용하지 않은 이상 증거판

사람이 증거를 제출하면 공동소송인 모두에게 효력이 있으므로(법 67조 1항) 증거공통의 원칙이 당연히 적용된다. **통상공동소송**에서, 특히 **법 65조 전문**에 해당하는 통상공동소송의 경우에 증거공통의 원칙이 적용되는지에 관해서는 논의가 있다. 통설은 이 경우에도 증거공통의 원칙이 적용된다고 보고 있다. 다만 통설의 입장에서도, 공동소송인 사이에 **이해관계가 상반되는 경우**까지 확장되는 것은 아니라고 본다.[1] 따라서 공동소송인 사이에 이해관계가 상반되는 때에는 당사자의 변론권을 보장하기 위하여 명시적인 원용이 없는 한 증거공통의 원칙이 적용되지 않는다고 본다.

Ⅲ. 자유심증주의의 정도

1. 증명의 정도의 원칙

민사소송의 사실인정은 **고도의 개연성**(highly likelihood)에 의한 **확신**을 요한다(개연성은 확실성의 정도를 말한다).[2] 즉 '객관적으로는 **고도의 개연성**', '주관적으로는 **법관의 확신**'이 있을 것을 요한다(**고도의 개연성설**).[3] 법관의 심증이 확신에 이르렀는지 여부의 판정기준은 통상인이 의심을 품지 않을 정도의 진실성의 확신이 있는지에 따른다.[4] 따라서 사실주장의 진실 여부에 대해 이와 같은 확신이 서지 않은 경우 증명책임분배의 원칙에 의하여 재판을 하지 않으면 안 된다. **판례**는, 민사소송에서의 증명은 법관의 심증이 **확신**의 정도에 달하는 것을 가리키고, 그 확신이란 자연과학이나 수학의 증명과 같이 반대의 가능성이 없는 절대적 정확성을 말하는 것은 아니지만, 통상인의 일상생활에서 진실하다고 믿고 의심치 않는 정도의 **고도의 개연성**을 말하는 것이고, 막연한 의심이나 추측을 하는 정도에 이르

단할 필요조차 없다는 것이므로, **증거공통의 원칙과 원용의 문제**와는 직접적인 관련이 없다.

1) 이시윤, 558쪽; 김홍규·강태원, 534쪽; 정동윤·유병현·김경욱, 580쪽; 강현중, 515쪽; 정영환, 793쪽.

2) 형사소송법 307조 2항은 "범죄사실의 인정은 합리적인 의심이 없는 정도의 증명에 이르러야 한다"고 규정하고 있다. 합리적 의심이 자유심증의 주체인 법관의 의심이 아니라고 할 수는 없지만, 그 기준이 합리적이어야 한다는 점에서 결국은 통상의 합리적 의심이 없는 정도의 증명수준에 만족해야 한다. 김종률, "합리적 심증과 과학적 사실인정," 형사법의 신동향(대검찰청미래기획단) 26호(2010. 6.), 1쪽 이하.

3) 따라서 확신 없는 개연성으로 족하지 않으며, 개연성 없는 확신은 자의(恣意)이다. 홍기문, "자유심증주의의 몇 가지 문제점," 민사법연구(대한민사법학회) 3집(1994. 12.), 1쪽 이하.

4) **증거의 비교우월**(preponderance of evidence)이면 된다는 견해(**우월적 증명설**)로는, 정동윤·유병현·김경욱, 581쪽; 한충수, 474쪽.

는 것만으로는 부족하다고 본다.1)

2. 증명의 정도의 완화

원칙적으로 고도의 개연성을 요구하는 입장에서도 경우에 따라서는 이를 부분적으로 완화하고 있다.

(1) 법률상 명문의 규정을 두고 있는 경우

1) **2016. 3. 29.** 민사소송법을 **개정(2016. 9. 30. 시행)**하여 뒤에서 보는 바와 같이 증명도의 경감에 관한 판례의 태도를 **입법화**했다. 개정 민사소송법은 손해가 발생한 사실은 인정되나 **구체적인 손해의 액수**를 증명하는 것이 **사안의 성질상 매우 어려운 경우**에 법원은 변론 전체의 취지와 증거조사의 결과에 의하여 인정되는 모든 사정을 종합하여 **상당하다고 인정**되는 금액을 손해배상액수로 정할 수 있도록 했다(법 202조의2).2)3) 이를 **재량에 의한 손해배상액 산정**이라고 한다. 다만 이 경우에도 손해액 산정의 근거가 되는 간접사실이 합리적으로 평가된 가운데 객관적으로 수긍할 수 있도록 손해액이 산정되어야 한다.4) 이 때 **고려할 사정**은 당사자들 사이의 관계, 채무불이행이나 불법행위 등으로 인한 손해가 발생하게 된 경위, 손해의 성격, 손해가 발생한 이후의 정황 등이 포함된다.5) 따라서 손해가 발생한 사실이 인정되나 구체적인 손해의 액수를 증명하는 것이 매우 어려운 경우에는 법원은 손해배상청구를 쉽사리 배척해서는 안 되고, **먼저** 적극적으로 석명권을 행사하여 **증명을 촉구**하는 등으로 구체적인 손해액에 관하여 심리해야 하며, **그 후에도** 구체적인 액수를 알 수 없다면 법 202조의2에 따라 손해배상액을 정할 수 있다.6)

---

1) 대판 1990. 6. 26. 89다카7730, 2009. 12. 10. 2009다56603,56610, 2010. 10. 28. 2008다6755(화재가 담뱃불로 발생했을 상당한 가능성이 있다고 의심되나 이러한 의심만으로는 갑 회사 직원들이 피운 담뱃불로 인한 것이라고 인정하기에 부족하고, 아울러 화재의 원인이 갑 회사 직원들의 과실에 있음을 증명할 책임은 원고에게 있다는 이유로, 화재가 갑 회사 직원들이 피운 담뱃불로 인한 것임을 전제로 하는 원고의 주장을 배척한 원심판단을 수긍했다), 대판 2012. 4. 13. 2011다1828 등.

2) 이 규정은 특별한 정함이 없는 한 **채무불이행**이나 **불법행위**로 인한 손해배상뿐만 아니라 **특별법에 따른** 손해배상에도 적용되는 일반적 성격의 규정이다. 대판 2020. 3. 26. 2018다301336.

3) 특허법 128조 7항, 독점규제 및 공정거래에 관한 법률 115조, 하도급거래 공정화에 관한 법률 35조 4항에서도 같은 취지의 규정을 두고 있다.

4) 대판 2019. 5. 10. 2017다239311.

5) 대판 2009. 8. 20. 2008다19355, 2021. 5. 27. 2017다230963, 2021. 6. 30. 2017다249219.

6) 대판 2021. 6. 30. 2017다249219.

2) 증권관련집단소송에서는 정확한 손해액의 산정곤란을 대비하여 모든 사정
을 참작하여 **표본적·평균적·통계적 방법** 또는 그 밖의 **합리적인 방법**으로 손해
액을 정할 수 있다(증집 34조 2항).[1]

(2) 법률상 명문의 규정을 두고 있지 않는 경우

일반 및 현대형 손해배상소송에서도 **증명도**를 **경감**하여 **상당한 개연성** 있는
증명만으로 가능한 경우를 인정하고 있다.

▣ 판례가 인정하는 증명도 경감에 관한 구체적 사례
(1) 일반 손해배상청구소송과 손해액 증명의 완화
(a) 장래 발생의 일실이익에 대한 상당한 개연성 정도의 증명
채무불이행이나 불법행위로 인한 손해배상청구소송에서 장래 얻을 수 있는 이익
(**일실이익**)은 불확실한 미래 사실의 예측이므로, 이에 대한 증명은 과거사실에 대한
증명보다 경감되어 피해자나 채권자가 현실적으로 얻을 수 있을 구체적이고 확실한
이익의 증명이 아니라, 합리성과 객관성을 잃지 않는 범위 내에서 **상당한 개연성**
있는 증명이면 된다.[2] 따라서 법원은 이 경우 모든 증거자료를 종합하고 경험법칙
을 활용하여 가능한 한 **합리적이고 개연성 있는 액수**를 산출하도록 노력해야 한다.[3]
(b) 손해액 증명의 곤란과 통계적 증거에 의한 산정
채무불이행이나 불법행위로 인한 손해배상청구소송에서 재산적 손해의 발생사
실은 인정되나 구체적인 손해의 액수를 증명하는 것이 사안의 성질상 곤란한 경우,
법원은 법 **202조의2에 따라** 증거조사의 결과와 변론 전체의 취지에 의하여 밝혀진
당사자들 사이의 관계, 채무불이행이나 불법행위와 그로 인한 재산적 손해가 발생
하게 된 경위, 손해의 성격, 손해가 발생한 이후의 모든 정황 등의 관련된 모든 간
접사실들을 종합하여 손해의 액수를 판단할 수 있다.[4] 이 경우 구체적 증거에 의하
여 인정하는 대신에 평균수입액에 대해 **통계적 증거**로 산정하는 것은 공평성과 합
리성이 보장되는 한 허용된다.[5]
한편 **판례**는, 구체적인 손해의 액수를 증명하는 것이 **사안의 성질상 곤란한 경
우에 해당하지 않아** 앞서 본 바와 같이 간접사실을 종합하여 적당하다고 인정되는

---

1) 한충수, "증권관련집단소송에서의 손해산정과 분배절차," 저스티스 72호(2003. 4.), 27쪽 이
   하; 노혁준, "증권관련집단소송상의 손해배상액의 산정," 법률신문 3310호(2004. 10. 28.자).
2) 대판 1992. 4. 28, 91다29972, 2008. 2. 14. 2006다37892 등.
3) 대판 2019. 9. 26. 2017다280951.
4) 대판 2009. 8. 20. 2008다19355, 2020. 3. 26. 2018다301336, 2021. 10. 14. 2020다277306.
5) 대판 2004. 6. 24. 2002다6951,6968, 2006. 9. 8. 2006다21880 등. 김상국, "채무불이행으로
   인한 재산상 손해의 증명이 곤란한 경우 그 손해액의 판단방법," 판례연구(부산판례연구회)
   17집(2006. 2.), 215쪽 이하.

금액을 손해액으로 정할 수 있는 경우가 아니더라도, 법원이 손해배상의 범위를 산정하는 데에 어쩔 수 없이 **추정치**(推定値)를 사용하게 되는 경우도 있으나, 그때에도 추정치는 사회평균인의 일반적인 관점에서 현실과 크게 동떨어진 전제하에 도출된 것이거나 통계적·확률적인 관점에서 볼 때 합리적인 범위를 넘어서는 것이어서는 안 된다는 입장이다.[1]

(c) 손해액 증명의 곤란과 간접사실의 합리적 평가에 의한 산정

자유심증주의하에서 손해의 발생사실은 증명되었으나 사안의 성질상 손해액에 대한 증명이 곤란한 경우 증명도·심증도를 경감하는 것은 손해의 공평·타당한 분담을 지도원리로 하는 손해배상제도의 이상과 기능을 실현하고자 함에 그 취지가 있는 것이지, 법관에게 손해액의 산정에 관한 자유재량을 부여한 것은 아니다. 따라서 법원이 위와 같은 방법으로 구체적 손해액을 판단할 때에는, 손해액 산정의 근거가 되는 **간접사실**들의 **탐색**에 최선의 노력을 다해야 하고, 그와 같이 탐색해 낸 간접사실들을 합리적으로 평가하여 **객관적으로 수긍할 수 있는** 손해액(객관적·합리적인 금액)을 산정해야 한다.[2]

(2) 현대형소송과 인과관계 증명의 완화

민사분쟁에서의 인과관계는 의학적·자연과학적 인과관계가 아니라 사회적·법적 인과관계이고, 그 인과관계는 반드시 의학적·자연과학적으로 명백히 증명되어야 하는 것은 아니다.[3] 특히 공해소송, 의료과오소송, 제조물책임소송 등 **현대형소송**에서는 뒤에서 보는 바와 같이 인과관계를 구성하는 하나하나의 고리에 관하여 과학적인 엄밀한 증명을 요구하는 것은 곤란하므로, 증명을 완화시키고 있다.

(3) 확률적 심증이론

확률적 심증이론(비율적 사실인정이론)은 심증비율만큼 사실을 인정한다는 이론이다. 어떤 요소가 과연 결과발생의 원인이 되었는지 여부 자체가 불분명한 경우 또는 복수의 요소 중 어느 것이 결과발생의 원인이 되었는지 불분명한 경우에 적용되는 이론이다. 인과관계는 원인과 결과 사이의 관계개념으로서 존재와 부존재로 구분될 뿐이고, 정량적·비율적으로 파악될 수 있는 것은 아니므로 확률적

---

1) 대판 2021. 10. 14. 2020다277306.
2) 대판 2009. 9. 10. 2006다64627, 2016. 11. 24. 2014다81511, 2023. 10. 12. 2020다246999, 247008 등. 손해액의 산정시 구체적 액수의 증명이 곤란한 경우 법원은 직권증거조사권능과 원칙적으로 요구된 증명도를 경감시킬 수 있는 선택권능을 가지고 있으나, 이러한 권능 등은 보충적이고 예외적으로 행사되어야 한다는 견해로는, 최우진, "구체적 액수로 증명곤란한 재산적 손해의 조사 및 확정 — 사실심 법원의 권능의 내용과 한계 —," 사법논집(법원도서관) 51집(2010. 12.), 413쪽 이하.
3) 대판 1977. 8. 23. 77다686, 1995. 3. 14. 94누7935, 2000. 3. 28. 99다67147 등.

심증이론은 허용될 수 없다고 본다. **판례**도 불법행위로 인한 손해배상사건에서 가해행위와 손해발생 사이의 인과관계는 존재하거나 부존재하는지를 판단하는 것이고, 이를 비율적으로 인정할 수는 없으므로, 이른바 '비율적 인과관계론'을 받아들일 수 없다고 본다.[1]

▣ 기여도이론

(1) 피해자 측의 귀책사유와 무관한 피해자 측 요인이 경합한 경우

판례는, 가해행위와 피해자 측의 요인이 경합하여 손해가 발생하거나 확대되었다면 이러한 **피해자 측의 요인**이 체질적인 소인(素因) 또는 질병의 위험도와 같이 피해자 측의 귀책사유와 무관한 것이라고 할지라도, 그 질환의 태양·정도 등에 비추어 가해자에게 손해의 전부를 배상하게 하는 것이 공평의 이념에 반하는 경우에는, 법원은 손해배상액을 정하면서 **과실상계의 법리를 유추적용**하여 그 손해의 발생 또는 확대에 기여한 피해자 측의 요인을 참작할 수 있다고 본다.[2]

(2) 손해의 발생·확대에 자연력이 경합한 경우

판례는, 공해소송사건에서 피해자의 손해가 가뭄·태풍·한파·낙뢰와 같은 **자연력**과 가해자의 과실행위가 경합되어 발생된 경우 가해자의 배상의 범위는 손해의 공평한 부담이라는 견지에서 손해에 대한 **자연력의 기여분**을 공제한 부분으로 제한해야 한다고 보고 있다.[3] 다만 피해자가 입은 손해가 통상의 손해와는 달리 특수한 자연적 조건 아래 발생한 것이라 하더라도, 가해자가 그와 같은 자연적 조건이나 그에 따른 위험의 정도를 미리 예상할 수 있었고 또 과도한 노력이나 비용을 들이지 않고도 적절한 조치를 취하여 자연적 조건에 따른 위험의 발생을 사전에 예방할 수 있

---

[1] 대판 2013. 7. 12. 2006다17539. 한편 판례 가운데 민사상 손해배상사건에서 손해의 확대 등에 기여한 기왕증(既往症)을 참작하는 법리를 유추적용하여 산업재해보상보험법상 업무와 재해 사이의 인과관계를 비율적으로 인정할 수 없다고 한 것으로는, 대판 2010. 8. 19. 2010 두4216.

[2] 대판 2010. 4. 13. 2009다77198,77204, 2010. 7. 8. 2010다20563, 2020. 4. 9. 2018다246767; 김훈, "손해배상소송에 있어서의 비율적 인정," 민사증거법(하)(재판자료 26집, 1985. 7.), 349 쪽 이하. **기여도**를 인과관계의 문제로 파악하는 '**부분적 인과관계론**'과 손해액 산정에서 참작사유로 파악하는 '**기여도감액설**' 등이 있다. 한편 기여도감액설에는 감액의 근거를 공평의 원칙과 신의칙에서 찾는 '**일반조항원용설**'과 과실상계 규정의 유추적용에서 찾는 '**과실상계 유추적용설**'이 있다. **판례**는 기여도를 인과관계 측면에서 반영하지 않고, 단지 배상액을 산정시 참작사유로 봄으로써 '**기여도감액설**'의 입장에 서고 있으며, 감액의 근거를 과실상계의 법리가 유추적용될 수 있다는 '**과실상계유추적용설**'을 취하고 있다. 임준호, "의료과오소송에서 기여도에 의한 배상액의 비율적 인정 —체질적 소인, 기왕증의 참작—," 민사판례연구 21권(1999. 7.), 389쪽 이하.

[3] 대판 1991. 7. 23. 89다카1275, 2019. 11. 28. 2016다233538 등; 이재철, "한파 등의 자연력이 가공한 손해발생과 그 책임의 범위," 대법원판례해설 16호(1991년 하반기), 92쪽 이하.

있다면, 그러한 사고방지 조치를 소홀히 하여 발생한 사고로 인한 손해배상의 범위를 정할 때에 자연력의 기여분을 인정하여 가해자의 배상범위를 제한해서는 안 된다.[1]

(4) 역학적 증명

역학적(疫學的) 증명은 공해·약해(藥害)소송 등에서 원고 측의 집단적 질환의 발생과 그 발생원인과의 인과관계를 직접적으로 증명하기 곤란한 경우 그 개연성의 증명을 위하여 역학적 조사연구의 성과를 활용한다[**역학**이란 원래 집단적 질환의 계통·원인을 규명하기 위한 것이다].[2] 역학적 증명에서는, **원고 측**에서 인과관계의 존재를 증명할 경우에, ① 그 인자(因子, 발생원인)가 발병의 일정기간 전에 작용하는 것이고(인자의 작용시기), ② 그 인자가 작용하는 정도가 현저할 정도로 질병의 발병률을 높이는 것으로(인자의 작용정도), ③ 그 인자의 분포와 질병의 발생이나 정도 사이에 상관관계가 있으며(인자와의 상관관계), ④ 그 인자가 질병의 원인으로서 작용하는 메커니즘이 생물학적으로 모순 없이 설명되는지(인자의 작용메커니즘의 설명가능성)를 증명하면(**역학의 4원칙**), 이에 대하여 **피고 측**에서 원고의 질병은 그 인자와는 관계없다는 것을 추인케 할 특별한 사정을 증명하지 못하는 한 패소를 면하지 못한다.[3] **판례**는, '비특이성 질환'의 경우에는 특정 위험인자와 비특이성 질환 사이에 역학적 상관관계가 인정된다 하더라도, 어느 개인이 그 위험인자에 노출되었다는 사실과 그 비특이성 질환에 걸렸다는 사실을 증명하는 것만으로 양자 사이의 인과관계를 인정할 만한 개연성이 증명되었다고 볼 수 없다고 본다.[4]

---

1) 대판 2003. 6. 27. 2001다734, 2004. 6. 25. 2003다69652, 2009. 6. 11. 2006다13001. 이때 자연력의 기여 부분 및 그 정도에 관한 사실인정이나 비율을 정하는 것은 형평의 원칙에 비추어 현저히 불합리하다고 인정되지 않는 한 사실심의 전권사항에 속한다고 본다. 대판 2005. 4. 29. 2004다66476, 2009. 6. 11. 2006다13001.

2) 역학이란 집단현상으로서의 질병의 발생, 분포, 소멸 등과 이에 미치는 영향을 분석하여 여러 자연적·사회적 요인과의 상관관계를 통계적 방법으로 규명하고 그에 의하여 질병의 발생을 방지·감소시키는 방법을 발견하려는 학문이다. 역학은 집단현상으로서의 질병에 관한 원인을 조사하여 규명하는 것이고 그 집단에 소속된 개인이 걸린 질병의 원인을 판명하는 것이 아니다. 따라서 어느 위험인자와 어느 질병 사이에 역학적으로 상관관계가 있다고 인정된다 하더라도 그로부터 그 집단에 속한 개인이 걸린 질병의 원인이 무엇인지가 판명되는 것은 아니고, 다만 어느 위험인자에 노출된 집단의 질병 발생률이 그 위험인자에 노출되지 않은 다른 일반 집단의 질병 발생률보다 높은 경우 그 높은 비율의 정도에 따라 그 집단에 속한 개인이 걸린 질병이 그 위험인자로 인하여 발생했을 가능성이 얼마나 되는지를 추론할 수 있을 뿐이다. 대판 2014. 9. 4. 2011다7437.

3) 이연갑, "역학연구결과에 의한 인과관계의 증명," 법조 670호(2012. 7.), 110쪽 이하.

4) 대판 2013. 7. 12. 2006다17539, 2014. 9. 4. 2011다7437.

Ⅳ. 사실인정의 위법과 상고 여부

증거의 취사와 사실인정은 사실심의 전권(專權)에 속하므로(법 432조), 원심법원의 증거취사와 사실인정이 잘못되었다는 것을 상고법원에서 문제삼을 수 없다.[1] 위법한 변론이나 증거조사의 결과에 의한 사실인정, 적법한 변론이나 증거조사의 결과를 간과한 사실인정, 논리법칙과 경험법칙을 위반한 사실인정 등은 자유심증주의의 내재적 한계를 벗어난 것으로 법 202조 위반에 해당하여 판결에 영향을 미친 때에는 (일반적) 상고이유(법 423조)가 되며, 그 위반의 정도가 현저하다면 중대한 법령위반으로 심리속행사유(상특 4조 1항 5호)가 되어 이로써 판결에 영향을 미친 때에는 심리불속행판결을 면할 수 있다(상특 4조 3항 2호).

Ⅴ. 자유심증주의의 예외

1. 증거방법·증거력 등의 법정

자유심증주의의 예외 또는 제한으로 법률상 명문으로 규정하고 있는 경우가 있다. ① 증거방법의 제한: 절차의 명확하고 획일적인 진행과 사건의 신속한 처리의 필요에 의하여 대리권(대표권)의 존재에 대한 증명은 서면으로 하도록 하고(법 58조 1항, 64조, 89조 1항), 소명방법은 즉시 조사할 수 있는 것에 한정하고 있다(법 299조 1항). ② 증거능력의 제한: 당사자와 법정대리인, 법인이나 법인 아닌 사단 또는 재단의 대표자에 대한 증인능력은 부정된다(법 367조·64조·372조). ③ 증거력 자유평가의 제한: 변론의 방식에 관해서는 변론조서에 법정증명력(법 158조)을 부여하며, 공문서·사문서에 관해서는 형식적 증거력(진정성립)에 관한 추정규정 (법 356조·358조)을 두고 있다.

2. 증명방해

(1) 의   의

증명방해(입증방해)란 증명책임을 부담하지 않는 당사자가 고의·과실, 작위·부작위에 의한 행위에 의하여 증명책임을 부담하는 당사자에 의한 증명을 불

---

[1] 대판 2006. 6. 29. 2005다11602,11619, 2006. 5. 25. 2005다77848, 2019. 11. 14. 2016다227694.

가능하게 하거나 곤란하게 하는 것을 말한다.

(2) 법률상 명문의 규정을 두고 있는 경우

민사소송법은 증명방해에 관한 일반적인 규정을 두고 있지 않다. 다만 개별적으로 당사자의 문서부제출(법 349조), 당사자의 문서사용방해(법 350조), 당사자 또는 제 3 자의 대조용문서의 제출거부(법 360조), 상대방의 수기(手記)의무(손수 써야 하는 의무)위반(법 361조 2항), 검증목적물의 제출거부(법 366조 1항·2항), 당사자신문에서 당사자의 출석·선서·진술의무위반(법 369조) 등에 대하여 규정하고 있다. 법률상 명문의 규정을 두고 있는 증명방해의 경우 그 효과, 즉 소송상 제재는 각 해당 규정에 따른다.

(3) 법률상 명문의 규정을 두고 있지 않는 경우와 증명방해이론

(a) 증명방해의 인정근거

법에서 개별적으로 규정하고 있는 증명방해가 아닌 경우에도 자유심증주의의 예외로서 증명방해의 개념을 일반적으로 인정할 것인지 논의가 있을 수 있으나, 민사소송법상 **신의칙, 적정·공평의 이념**에 비추어 증명방해의 개념을 일반적으로 인정함이 타당하다고 본다.

(b) 증명방해의 효과

1) 증명방해의 개념을 인정할 때 그 증명방해의 효과에 관하여, ① 증명방해행위가 있으면 증명책임이 방해한 사람에게 전환되어 증명책임이 있는 사람이 그 증거에 관하여 주장하는 사실의 반대사실을 그 상대방(방해자)이 증명해야 한다는 견해(**증명책임전환설**), ② 증명방해행위가 있으면 자유심증주의의 예외로서 요증사실 자체를 진실한 것으로 인정할 수 있다는 견해(**법정증거설**) 등이 있으나,[1] ③ 증명방해행위가 있으면 증명방해의 모습이나 정도, 그 증거의 가치, 비난가능성의 정도를 고려하여 자유재량으로 방해받은 상대방의 주장의 진실 여부를 가려야 한다는 견해(**자유심증설**, 증거평가설)가 원칙적으로 옳고, 또 그것이 탄력적 문제해결에도 기여한다고 본다.[2]

이에 대하여, 원칙적으로는 자유심증설을 취하되 공해소송 등 현대형소송에

---

1) 법원은 이미 다른 증거나 변론 전체의 취지로부터 얻은 자유심증의 결과에 따라서 방해의 모습, 귀책의 정도, 방해받은 증거의 정도 등을 반영하여 신의칙에 따라 적절한 불이익을 방해자에게 주어야 한다고 하여 신의칙에 의한 법정증거설을 취하는 견해로는, 강현중, 508쪽.

2) 김홍규·강태원, 533쪽; 정동윤·유병현·김경욱, 551쪽; 호문혁, 531쪽.

서와 같이 증거의 구조적 편재로 말미암아 문서가 상대방 지배영역하에 있어 증
거제출자로서는 문서의 구체적 내용을 특정할 수 없고, 또한 다른 증거에 의한
증명이 현저히 곤란한 때에는 예외적·제한적으로나마 요증사실이 직접 증명된
것으로 볼 필요가 있다는 견해(**절충설**)도 있다.[1]

　　2) **판례**는, 당사자 한쪽이 증명을 방해하는 행위를 했더라도 법원으로서는 이
를 하나의 자료로 삼아 자유로운 심증에 따라 방해자 측에게 불리한 평가를 할 수
있음에 그칠 뿐 증명책임이 전환되거나 곧바로 상대방의 주장사실이 증명된 것으
로 보아야 하는 것은 아니라고 하여,[2] **자유심증설**을 취하고 있다. 예컨대 의사 측
이 진료기록을 변조한 행위는 그 변조이유에 대하여 상당하고도 합리적인 이유를
제시하지 못하는 한, 당사자 사이의 공평의 원칙 또는 신의칙에 어긋나는 증명방
해행위에 해당하고, 따라서 법원으로서는 이를 하나의 자료로 하여 자유로운 심증
에 따라 의사 측에게 불리한 평가를 할 수 있다고 보고 있다.[3]

■ **진료기록의 변조와 그 내용의 허위 여부에 관한 자유심증주의의 적용모습**

　　(1) 진료기록의 변조와 증명방해

　　의료분쟁에서 의사 측이 가지고 있는 진료기록 등의 기재가 사실인정이나 법적
판단을 하는 데 중요한 역할을 하고 있는 점을 고려하여 볼 때, 의사 측이 소제기
후 진료기록(차트)을 **가필·정정**하는 경우, 예컨대 진료기록 중 환자에 대한 진단명
의 일부가 흑색볼펜으로 가필되어 원래의 진단명을 식별할 수 없도록 변조되어 있
는 경우[4] 의사 측이 **상당하고도 합리적인 이유**를 제시하지 못하는 한 **증명방해행
위**에 해당한다.

　　(2) 증명방해와 자유심증주의의 적용

　　이 경우 그 내용의 허위 여부는 의료진이 진료기록을 가필·정정한 시점과 그
사유, 가필·정정 부분의 중요도와 가필·정정 전후 기재 내용의 관련성, 다른 의료
진이나 병원이 작성·보유한 관련 자료의 내용, 가필·정정 시점에서의 환자와 의
료진의 행태, 질병의 자연경과 등 모든 사정을 종합하여 합리적 **자유심증**으로 판단
해야 한다.[5]

---

1) 이시윤, 564쪽.

2) 대판 1999. 4. 13. 98다9915, 2010. 5. 27. 2007다25971 등.

3) 대판 1995. 3. 10. 94다39567, 1999. 4. 13. 98다9915, 2014. 11. 27. 2012다11389 등; 최재
　천, "의료과오소송에 있어서의 입증방해," 판례월보 351호(1999. 12.), 16쪽 이하.

4) 대판 1995. 3. 10. 94다39567.

5) 대판 2010. 7. 8. 2007다55866.

3. 증거계약

(1) 의   의

증거계약이란 소송에서 판결의 기초를 이루는 사실확정에 관한 당사자의 합의를 말한다. 증거계약으로 **자백계약, 증거제한계약, 중재감정계약, 증거력계약**이 있다. 넓은 의미의 증거계약으로 **증명책임계약**을 포함시키고 있으나, 증명책임계약은 사실의 진실 여부가 불분명한 경우에 누구에게 불이익을 돌릴 것인지의 법률문제에 관한 합의이므로 좁은 의미의 증거계약과 차이가 있다.

■ **증명책임계약의 허용 여부**

  (1) 증명책임계약의 효력

  증명책임계약은 당사자가 처분할 수 있는 권리관계에 관한 것으로, 강행법규에 반하지 않는 한 그 효력이 인정된다.[1] 따라서 증명책임의 소재에 관하여 당사자 사이에 특약이 있으면 특별한 사정이 없는 한 그에 따라야 한다. 예컨대 일반적으로 상법 655조 단서에 의한 고지의무의 위반사실과 보험사고의 발생과의 사이에 인과관계가 부존재한다는 점에 관한 주장·증명책임은 보험계약자에게 있으나,[2] 보험약관상 고지의무의 위반이 보험사고의 발생에 영향을 미쳤다는 사실에 대한 증명책임이 보험자에게 있다고 규정한 때에는 그에 따라야 한다.[3]

  (2) 약관에 의한 증명책임계약의 경우

  소송제기 등과 관련된 약관의 내용 중 **상당한 이유 없이** 고객에게 **증명책임**을 부담시키는 약관조항은 무효이다(약관규제 14조 2호).

---

(2) 증거계약의 허용 여부

(a) 자백계약

자백계약은 일정한 사실을 인정하거나 또는 다투지 않기로 하는 합의를 말한다. **변론주의**의 적용을 받는 통상의 민사소송에서는 당사자의 자백이 허용되므로 자백계약은 유효하다.[4] 그러나 **권리자백**은 원칙적으로 재판상 자백과 달리 법원을

---

1) 이시윤, 565쪽; 정동윤·유병현·김경욱, 588쪽; 정영환, 800쪽; 전원열, 369쪽.
2) 대판 1994. 2. 25. 93다52082, 1997. 9. 5. 95다25268.
3) 대판 1997. 10. 28. 97다33089; 이석웅, "고지의무 위반과 보험사고의 발생과의 인과관계," 대법원판례해설 29호(1997년 상반기), 172쪽 이하.
4) 이에 대하여, 자백계약에 따라 당사자들이 다투지 않으면 법 288조에 의하여 재판상 자백이 성립할 뿐이지 특별히 자백계약에 의하여 법관의 심증형성이 제한되는 것은 아니라는 견해로는, 호문혁, 524쪽.

구속하는 것이 아니므로 이에 관한 자백계약은 무효이다. **간접사실**에 대한 자백도 법원을 구속하는 것은 아니므로 이에 관한 자백계약은 무효이다.

(b) 증거(방법)제한계약

증거제한계약은 일정한 **증거방법**을 증거로 제출하지 않기로 하는 합의를 말한다. ① **보충적 직권증거조사**(법 292조)가 적용되는 절차에서는 약정한 증거방법의 조사로 심증형성이 되지 않을 때에 직권으로 다른 증거를 조사하는 것을 막을 수 없기 때문에 이 한도에서 증거제한계약은 효력을 잃는다[즉 보충적으로 직권증거조사를 하지 않는 경우에만 효력이 있다].[1] 이에 대하여, 변론주의가 적용되는 절차에서는 당사자에게 증거방법의 제출에 관하여 주도권이 인정되고 법원의 직권증거조사는 어디까지나 보충적·예외적이기 때문에 장래에 제출할 증거방법을 당사자들이 제한한다고 하더라도 이는 변론주의가 적용된 결과로서 적법하므로, 증거방법을 제한한다고 하여 제한된 증거로부터의 심증형성에 아무런 법적 제약이 없는 이상 자유심증주의에도 위반되지 않는다는 견해도 있다.[2] ② **원칙적 직권증거조사**가 적용되는 절차, 예컨대 소액사건(소심 10조 1항), 증권관련집단소송(증집 30조)에서는 이러한 계약은 무효이다.

(c) 중재감정계약

중재감정계약은 권리관계 존부를 판단하는 전제가 되는 사실의 확정을 제 3 자에게 맡기기로 하는 합의를 말한다. 처분할 수 있는 법률관계에 관해서는 권리관계 존부의 확정을 당사자 사이의 합의에 의해 제 3 자에게 맡길 수 있으므로(중재합의, 중재 8조) 중재감정계약은 유효하다.[3]

(d) 증거력계약

증거력계약은 증거조사결과에 대한 법관의 자유로운 심증형성을 부당하게 제약하여 자유심증주의에 정면으로 배치되므로 무효이다[예컨대 증인의 증언 내용을 진실인 것으로 인정하는 합의는 무효이다].[4] 이는 증거조사의 종료 후에 증거신청의

---

1) 이시윤, 565쪽; 송상현·박익환, 517쪽; 호문혁, 549쪽; 정영환, 801쪽; 김용진, 387쪽; 전원열, 369쪽.
2) 김홍규·강태원, 526쪽; 정동윤·유병현·김경욱, 588쪽; 강현중, 509쪽.
3) 김홍규, "중재감정계약," 민사재판의 제문제(하)(송천이시윤박사화갑기념, 1995. 10.), 150쪽 이하.
4) 하급심 판결 가운데, "계약상의 권리를 행사함에 있어서 보전소송상 요구되는 소명만 있으면 증명된 것으로 인정하기로 한 계약 당사자 사이의 약정은 민사소송법의 원칙인 자유심증주의에 반하는 증거계약으로서 무효이다"라고 본 것으로는, 서울지방법원 1996. 6. 13. 선고

철회의 여지가 없는 것에 대응하여 당연한 귀결이다.

제 5 절   증명책임

I. 총   설

1. 의   의

증명책임이란 소송상 증명을 요하는 어느 사실의 존부가 확정되지 않을 때 (眞僞不明) 해당 사실을 요건으로 하는 법규의 적용이 부정됨으로써 자기에게 유리한 법률효과를 얻을 수 없게 되는 당사자 한쪽의 위험 또는 불이익을 말한다. 이를 **객관적 증명책임**이라 한다. 한편 객관적 증명책임에 의해 진실 여부가 불분명한 때에 불이익한 판단을 면하기 위하여 증명책임을 지는 사실에 대해 증거를 제출해야 할 **증거제출책임**을 **주관적 증명책임**이라 한다.[1] **객관적 증명책임**은 심리의 최종단계에 이르러서도 사실주장이 진실인지 아닌지에 대해 아무런 확신이 서지 않을 때 즉 증명이 되지 않을 때에 누가 불이익을 부담하느냐의 문제(**결과책임, 최종책임**)이다. 이러한 객관적 증명책임은 당사자의 소송수행 및 법원의 소송수행의 지표로서 기능한다. 진실 여부 불분명의 결과는 직권탐지주의가 적용되는 경우에도 문제될 수 있기 때문에, 진실 여부 불분명의 결과책임인 객관적 증명책임은 모든 절차 즉 변론주의에 의한 절차뿐만 아니라 **직권탐지주의**에 의한 절차에서도 문제된다. 이에 대해, **주관적 증명책임**(**동태적 증명책임**)은 심리의 최종단계에서 문제되는 객관적 증명책임과 달리 심리의 개시단계에서부터 문제가 된다. 이러한 주관적 증명책임은 직권탐지주의가 적용되는 경우에는 그 적용이 없다. 증명책임은 민사소송에서 심리진행 및 판결에서 **중추적**인 **역할**을 한다.

94가합30633 판결.

1) '**증명의 필요**'를 주관적 증명책임과 구별하여, 증명의 필요는 상대방이 일응 유력한 증거를 제출했을 때에는 그에 대항하는 반증을 제출하지 않는 한 패소의 불이익을 입게 된다는 입장에서 자신에게 유리한 증명활동을 하는 사실적 상황에 불과하며, 법적 개념이 아니라고 보는 견해로는, 오석락, "주관적 입증책임과 객관적 입증책임," 사법행정 17권 12호(1976. 12.), 28쪽 이하.

2. 기　　능

증명책임은 ① 청구원인과 항변의 구별, ② 항변과 부인의 구별, ③ 본증과 반증의 구별, ④ 증명촉구의 대상 등 석명권 행사의 지침 등에서 **중요**한 **역할**을 한다. 자백의 성립 여부도 증명책임의 역할의 한 예로 들고 있는 견해가 있으 나,[1] 이러한 입장은 자백의 성립 여부에 관한 증명책임설을 취하고 있기 때문이 다. 자백의 성립 여부에 관하여 **패소가능성설**을 취하는 한 자백의 성립 여부와 증명책임은 직접적인 관련이 없다.

> ▣ 증명책임규정이 실체법규인지 여부
>
> 증명책임규정이 실체법규에 속하는지에 관하여 논의가 있다. 증명책임의 규정이 소송법에 속한다면 외국과 관련된 요소가 있는 법률관계에 관해서도 우리나라 민사 소송법을 적용해야 하나, 실체법에 속한다면 국제사법에 따라 준거법이 본국법일 경우에는 본국법의 증명책임규정을 적용하게 되는 등 구별의 실익이 있다. 다툼 있 는 사실이 실체법상의 법조문에 규정된 법률요건을 이루고 있는 때에는 그에 관한 증명책임 규정은 실체법에 속하고, 다툼 있는 사실이 소송법상의 법조문에 규정된 법률요건을 이루고 있는 때에는 소송법에 속한다는 견해(**절충설**)도 있으나,[2] 증명 책임에 관한 규정은 재판규범으로서 본안판결의 내용을 정하기 때문에 이를 실체법 규로 보아야 한다는 견해(**실체법설**)[3]가 타당하다.

Ⅱ. 증명책임의 분배

1. 의　　의

증명책임의 분배는 증명의 대상이 되는 사실(증명할 사실, 요증사실)의 진실 여 부가 불분명한 때에 당사자 가운데 누구에게 불이익을 돌릴 것인지의 문제이다. 증명책임의 분배에 관해서는 대다수의 경우에는 법률상 명문의 규정을 두고 있지 않다. 증명책임의 분배에 관하여 **법률상 명문**의 규정을 두고 있는 경우로는, 민법 135조 1항(무권대리인의 상대방에 대한 책임), 민법 437조 본문(보증인의 최고·검색의 항변권), 상법 115조(운송주선인의 손해배상책임), 상법 135조, 148조 1항(운송인의 손

---

1) 이시윤, 567쪽.
2) 김홍규·강태원, 483쪽; 송상현·박익환, 539쪽.
3) 이시윤, 567쪽; 정동윤·유병현·김경욱, 592쪽; 강현중, 521쪽; 정영환, 804쪽.

해배상책임), 상법 655조 단서(고지의무위반 등과 보험사고의 인과관계), 수표법 41조 5항(지급거절통지의 적법기간 준수) 등이 있다. 뒤에서 보는 **법률상 추정**은 반대사실의 증명책임을 상대방에게 부담시킨다는 면에서 **증명책임의 규정**이라고 본다.

2. 증명책임분배이론

(1) 법률요건분류설

증명책임의 분배에 관하여, 현재로서는 증명책임은 사실주장의 진실 여부가 불분명한 경우의 법적용에 관한 문제이기 때문에, 법규의 구조·형식 속에서 그 분배를 구해야 한다는 **법률요건분류설(규범설)**이 **통설·판례**로 되어 있다. 법률요건분류설에 의하면 법규의 부적용에 따른 불이익은 그 법규가 적용되었다면 승소했을 당사자에게 돌아가므로 각 당사자는 자기에게 유리한 법규의 요건사실에 관한 증명책임을 부담한다. 다만 법률요건분류설에 의하더라도 반드시 법률요건에 의하여 명확하게 증명책임의 소재가 밝혀지는 것은 아니다. 예컨대 지명채권의 양도의 경우 대항요건을 갖추었다는 점에 대하여 양수인에게 증명책임이 있는 것인지, 대항요건을 갖추지 않았다는 점에 대하여 채무자에게 증명책임이 있는 것인지는 법률요건(민 450조 1항)상으로는 명확한 것이 아니다.

■ **지명채권양도의 대항요건에 관한 증명책임**

(1) 양수금청구의 경우

판례는, ① 채권양수인으로서는 양도인이 채무자에게 채권양도통지를 하거나 채무자가 이를 승낙해야 채무자에게 채권양수를 주장(대항)할 수 있는 것이며, 그 증명은 양수인이 사실심에서 해야 할 책임이 있으며,[1] ② 지명채권의 양도는 양도인이 채무자에게 통지하거나, 채무자가 승낙하지 않으면 채무자에게 대항하지 못하는 것이므로 그와 같은 대항요건을 갖추었는지 여부를 확정하지 않고는 청구를 인용할 수 없다고 하여,[2] 양수인에게 대항요건의 증명책임이 있는 것으로 보고 있다(**청구원인설, 권리발생요건설**). 따라서 채권양수인이 대항요건을 갖추었음에 대한 증명이

---

[1] 대판 1990. 11. 27. 90다카27662.

[2] 대판 1968. 3. 26. 68다164; 김정만, "지명채권양도의 요건사실 및 입증책임," 청연논총(사법연수원교수논문집) 6집(2009. 1.), 1쪽 이하; 문준섭, "채무자에 대한 대항요건을 갖추지 못한 경우의 채권양수인의 법적 지위," 법조 58권 1호(2009. 1.), 206쪽 이하; 남효순, "대항요건을 갖추지 못한 동안 채권양도의 채무자에 대한 효력 ─양수인의 재판상 청구를 중심으로─," 민사판례연구 31권(2009. 2.), 281쪽 이하; 최진수, "판례에 나타난 민법 주요 조문별 주장·입증책임," 사법연수원논문집 3집(2006. 1.), 1쪽 이하.

없으면 청구기각판결을 해야 한다.[1]

(2) 담보권실행을 위한 경매의 경우

다만 **판례**는, 피담보채권을 저당권과 함께 양수한 사람은 저당권이전의 부기등기를 마치고 저당권실행의 요건을 갖추고 있는 한 채권양도의 대항요건을 갖추고 있지 않더라도 **경매신청**을 할 수 있으며, 채무자는 경매절차의 이해관계인으로서 채권양도의 대항요건을 갖추지 못했다는 사유를 들어 경매개시결정에 대한 이의신청절차(민집 86조 1항) 및 그 항고절차에서 다툴 수 있고, 이 경우(이러한 단계에 이르러서야) 신청채권자가 대항요건을 갖추었다는 사실을 **증명**해야 한다고 보고 있다.[2]

(2) 법률요건분류설에 따른 증명책임의 분배

(a) 의   의

법률요건분류설에 의하면, 각 당사자가 자기에게 유리한 법규의 요건사실(주요사실)의 존부에 대해 증명책임을 지게 된다. 소송요건의 존부는 원칙적으로 원고에게 증명책임이 있다. 소송요건이 존재하면 원고에게 유리한 본안판결을 받을 수 있기 때문이다. 본안에 관해서는 다음과 같이 나누어 볼 수 있다.

(b) 본안의 요증사실에 따른 분배

권리의 존재를 주장하는 사람은 **권리근거규정의 주요사실(권리근거사실=넓은 의미의 청구원인사실)**에 대하여 증명책임을 진다.[3] 권리의 존재를 다투는 상대방은 **반대규정의 주요사실(반대사실=항변사실)**에 대하여 증명책임을 진다. 여기에는 다음 세 가지 경우가 있다. ① **권리장애규정**의 주요사실(**권리장애사실**): 예컨대 선량한 풍속 그 밖의 사회질서 위반, 불공정한 법률행위,[4] 통정허위표시[5] 등이 있다. ② **권리소멸규정**의 주요사실(**권리소멸사실**): 예컨대 변제, 공탁, 상계, 소멸시효의

1) 대판 2009. 7. 9. 2009다23696.
2) 대판 2005. 6. 23. 2004다29279, 대결 2014. 12. 2. 2014마1412, 2022. 1. 14. 2019마71 등; 이현종, "채권양도의 대항요건을 갖추지 못한 저당권부 채권양수인의 저당권실행," 민사판례연구 29권(2007. 3.), 199쪽 이하; 이우재, "근저당권의 피담보채권과 함께 근저당권을 양수하였으나 채권양도의 대항요건을 갖추지 못한 양수인의 저당권실행의 가부 등," 대법원판례해설 54호(2005년 상반기), 158쪽 이하.
3) 대판 2019. 12. 27. 2019다16000.
4) 매도인 측에서 매매계약이 불공정한 법률행위(민 104조)로서 무효라고 주장하려면 객관적으로 매매가격이 실제 가격에 비하여 현저하게 헐값이고 주관적으로 매도인이 궁박·경솔·무경험 등의 상태에 있었으며 매수인 측에서 이와 같은 사실을 인식하고 있었다는 점을 주장·증명해야 한다. 대판 1988. 9. 13. 86다카563, 1991. 5. 28. 90다19770 등.
5) 허위표시의 경우 **제3자가 악의**라는 사실(민 108조 2항)에 관해서는 허위표시의 무효를 주장하는 사람에게 증명책임이 있다. 대판 2007. 11. 29. 2007다53013.

완성, 착오¹⁾나 사기·강박에 의한 취소, 계약의 해제, 권리의 포기·소멸,²⁾ 면책³⁾ 등이 있다. ③ **권리저지규정**의 주요사실(**권리저지사실**): 예컨대 정지조건의 존재, 동시이행항변이나 유치권항변의 원인사실, 기한의 유예 등이 있다.

(3) 법률요건분류설의 문제점과 새로운 이론의 등장

(a) 법률요건분류설의 한계

공해소송, 의료과오소송, 제조물책임소송 등 현대형소송에서는 증거가 구조적으로 편재되어 있어 법규의 형식적 구조에만 착안한 법률요건분류설에 의하여 증명책임을 분배하게 되면 대부분의 증거를 가해자(피고)가 가지고 있음에도 청구원인사실(특히 인과관계의 존재)을 피해자(원고)가 증명해야 되어 사실상 증명이 곤란하게 된다. 따라서 법률요건분류설의 기계적 관철이 어려운 현대형소송의 분야에서 피해자의 증명곤란을 완화하여 소송당사자의 실질적 평등을 도모하기 위하여 새로운 이론이 대두되고 있다.⁴⁾

(b) 위험영역설

위험영역설은 위험을 발생시킬 수 있는 사실상·법률상 수단을 자기의 지배아래 가지고 있는 사실적 생활영역(위험영역)에 주목하여, 피해자는 손해의 원인이 가해자의 위험영역 안에서 발생했다는 것을 증명하면 족하며 가해자가 손해발생의 주관적·객관적 요건의 부존재를 증명해야 한다는 견해이다[가해자 측이 사실관계를 용이하게 해명할 수 있는 입장에 있으므로 이에 대한 증명책임을 가해자에게 전환한다].⁵⁾

---

1) 착오를 이유로 의사표시를 취소(민 109조 1항 본문)하는 사람은 법률행위의 내용에 착오가 있었다는 사실과 함께 그 착오가 의사표시에 결정적인 영향을 미쳤다는 점, 즉 만약 그 착오가 없었더라면 의사표시를 하지 않았을 것이라는 점을 증명해야 한다. 대판 2008. 1. 17. 2007다74188.

2) 대판 1992. 6. 9. 91다43640, 1992. 11. 24. 92다11176.

3) 예컨대 민법 756조 1항 및 2항의 책임에서 사용자나 그를 갈음하여 사무를 감독하는 사람은 그 피용자의 선임과 사무감독에 상당한 주의를 했거나 상당한 주의를 해도 손해가 있을 경우에는 손해배상의 책임이 없으나, 이러한 사정은 사용자 등이 주장·증명을 해야 한다. 대판 1969. 1. 28. 68다578, 1998. 5. 15. 97다58538.

4) 홍기문, "소송심리에 있어서 증명책임의 역할에 관한 고찰," 전남대사회과학논총 10집(1982. 12.), 125쪽 이하.

5) 강봉수, "입증책임분배에 있어서의 위험영역이론," 민사재판의 제문제 2권(1980. 12.), 260쪽 이하. 가해자의 고의·과실은 어느 경우에나 가해자의 위험영역에 속하므로 가해자가 증명책임을 지게 되어 민법이 의도한 바가 아닐 뿐만 아니라 민법의 규율과도 맞지 않는다는 견해로는, 호문혁, 531쪽.

(c) 이익형량설(증거거리설)

이익형량설은 당사자의 이해(利害)의 공평한 조정이라는 관점에서 입법자의 의사, 신의칙 외에 증거와의 거리, 증명의 난이(難易), 개연성이 높은 경험법칙 등 당사자를 둘러싼 각종의 이익을 형량하여 실질적인 증명책임분배의 기준을 마련하자는 견해이다(어떤 사실을 증명하는 증거를 보유하기 쉬운 입장에 있는 사람에게 증명책임을 부담시킨다).

(d) 수정법률요건분류설

수정법률요건분류설은 법률요건분류설을 원칙으로 하되, 그 타당성이 현저히 결여되었다고 보여질 때나 요증사실이 권리근거규정, 권리장애규정, 권리소멸규정 가운데 어디에 해당하는지 불명확할 때에 이를 보충·수정하는 원리로서 앞서의 새로운 이론을 받아들이는 견해이다.[1]

(e) 검 토

법률요건분류설의 입장에서도 해석에 의한 보충·수정의 방법으로 법률요건분류설의 불합리나 불비(不備)를 피할 수 있으므로, 기준이 명확하여 소송수행의 지표로 편리한 **법률요건분류설**을 취하는 것이 바람직하다.[2]

Ⅲ. 증명책임의 전환과 완화

1. 법률상 명문의 규정에 의한 증명책임의 전환

(1) 증명책임의 전환의 의의

증명책임의 전환이란 증명책임의 일반원칙에 대하여 특별한 경우에 입법에 의하여 예외적으로 수정을 가한 것을 말한다. 일반원칙과 다른 증명책임의 분배를 처음부터 규정한 것이다. 예컨대 과실의 경우 일반규정(민 750조)에서는 **과실의 증명책임**이 피해자에게 있지만, 특별규정에서는 가해자에게 **무과실의 증명책임**을 지우고 있다. 민법 759조 1항 단서,[3] 자동차손해배상 보장법 3조 단서,[4] 제조물 책

---

1) 이시윤, 571쪽; 정영환, 811쪽.
2) 정동윤·유병현·김경욱, 599쪽; 호문혁, 559쪽; 전원열, 391쪽.
3) 민법 759조 1항 **본문**에서는, "동물의 점유자는 그 동물이 타인에게 가한 손해를 배상할 책임이 있다"고 규정하고 있으나 그 **단서**에, "그러나 동물의 종류 또는 성질에 따라 그 보관에 상당한 주의를 해태하지 아니한 때에는 그러하지 아니하다"고 규정하고 있다.
4) 자동차손해배상 보장법 3조 **본문**에서는, "자기를 위하여 자동차를 운행하는 자는 그 운행

임법 4조 1항[1] 등이 이에 해당한다.[2] 이러한 특별입법 이외에도 증명이 곤란한 경우에 해석에 의하여 증명책임을 전환시키려는 시도가 증명방해, 설명의무위반 등과 관련하여 활발히 논의되고 있다.[3] 판례는 **해석에 의한 증명책임의 전환**을 원칙적으로 인정하지 않고 있으며, 다만 일정한 경우에 한하여 매우 제한적으로 이를 허용하고 있는 것으로 보인다.[4]

(2) 무과실책임규정과의 관계

과실책임을 전제로 가해자 측에서 무과실을 증명하게 하는 증명책임의 전환과 달리 아예 법률상 명문으로 **무과실책임**에 관한 규정을 두기도 한다. 불법행위에 관한 민법규정의 특별규정이라고 볼 수 있는 **환경정책기본법** 44조 1항은 "환경오염 또는 환경훼손으로 피해가 발생한 경우에는 해당 환경오염 또는 환경훼손

으로 다른 사람을 사망하게 하거나 부상하게 한 경우에는 그 손해를 배상할 책임을 진다"고 규정하고 있으나 그 **단서**에, "다만, 다음 각 호의 어느 하나에 해당하면 그러하지 아니하다"라고 규정하고 있다.

1) 제조물 책임법 **3조 1항**에서는, "제조업자는 제조물의 결함으로 생명·신체 또는 재산에 손해(그 제조물에 대하여만 발생한 손해는 제외한다)를 입은 자에게 그 손해를 배상하여야 한다"고 규정하고 있으나, 그 **4조 1항**에서는, "제 3 조에 따라 손해배상책임을 지는 자가 다음 각 호의 어느 하나에 해당하는 사실을 입증한 경우에는 이 법에 따른 손해배상책임을 면한다"고 규정하고 있다.

2) 증명책임의 분배의 일반원칙으로서 법률요건분류설을 취하는 이상, 법규정 자체에서 일반적인 경우와 다른 증명책임의 분배를 규율하고 있다고 하여 이를 증명책임의 전환이라고 보는 것은 타당하지 않으며, 오히려 이러한 규정은 반대규정의 성격을 가지는 것으로서 그 규정에 의한 증명책임의 분배는 기본원칙에 충실한 분배라고 보아야 한다는 견해로는, 정선주, "법률요건분류설과 증명책임의 전환," 민사소송 11권 2호(2007. 11.), 144쪽 이하. 한편 증명책임의 전환은 단지 법문구성상 원칙과 예외의 관계를 달리 표현한 데 지나지 않고 소송의 진행과는 관계가 없으므로 증명책임의 분배이론의 해명에서 중요성을 갖지 않는다는 견해로는, 송상현·박익환, 543쪽.

3) 해석론으로 증명책임의 전환이 불가능하며 오로지 증명책임의 완화만이 가능하다는 견해로는, 한충수, 490쪽.

4) 예컨대 법인세과세처분 취소소송에서 과세근거로 되는 과세표준의 증명책임은 과세관청에 있는 것이고, 과세표준은 수입으로부터 필요경비를 공제한 것이므로 수입 및 필요경비의 증명책임은 과세관청에 있으나, 필요경비는 납세의무자에게 유리한 것이고 그 필요경비를 발생시키는 사실관계의 대부분은 납세의무자가 지배하는 영역 안에 있는 것이어서 그가 증명하는 것이 손쉽다는 점을 고려해 보면, 납세의무자가 증명활동을 하지 않고 있는 필요경비에 대해서는 부존재의 추정을 용인하여 납세의무자에게 **증명의 필요성**을 인정하는 것이 공평의 관념에도 부합된다고 한다. 대판 2004. 9. 23. 2002두1588, 2009. 3. 26. 2007두22955. 판례가 '증명의 필요성'이라는 표현을 사용하고 있으나, 사업소득에서 소요된 필요경비에 관한 주장·증명이 없는 한 수입금액에서 공제할 필요경비가 없는 것으로 보는 점에서 증명책임의 전환과 다를 바 없으므로, 결국 판례는 앞서와 같은 경우에 한하여 **해석에 의한 증명책임의 전환**을 인정하고 있는 셈이다.

의 원인자가 그 피해를 배상하여야 한다"고 규정하고 있다. 이는 환경오염의 피해에 대한 무과실책임 규정이다. **토양환경보전법** 10조의3 1항도 토양오염으로 인하여 피해가 발생했을 때에는 원칙적으로 그 오염을 발생시킨 자가 그 피해를 배상해야 한다는 무과실책임규정을 두고 있다. **판례**는, 수급인의 하자담보책임(민667조)은 법이 특별히 인정하고 있는 무과실책임이라고 보고 있다.[1]

2. 증명책임의 완화

엄격한 증명책임의 분배에 따른 증명이 곤란한 때에 형평의 이념을 살리기 위해 이에 의하여 불이익을 받는 당사자에게 증명책임의 일반원칙을 완화(緩和)시켜 주는 경우가 있다. 이에 관해서는 **입법**으로 법률상 규정에 의한 추정인 **법률상 추정**과 **유사적 추정**이 있으며, **해석론**으로 **일응의 추정** 등이 있다.

Ⅳ. 법률상 추정

1. 의   의

추정(推定)은 일반적으로 어느 사실(전제사실)에서 다른 사실(증명할 사실, 요증사실)을 추인(推認)하는 것을 말한다. 추정에는 **법률상 추정**과 **사실상 추정**이 있다.

(1) 법률상 추정과 사실상 추정

법률상 추정은 이미 법규화된 경험법칙, 즉 법률상 추정규정을 적용하여 행하는 추정을 말한다. 법률상 추정은 일반적으로 법률의 규정에 의하여, 예외적으로 법률의 해석에 의하여 인정된다. 법률상 추정은 증거제출자의 부담경감을 위한 법기술이다. 법률상 추정은 추정사실이 진실이 아니라는 적극적인 **반대사실의 증명**이 있어야 깨뜨려진다. **사실상 추정**은 일반적 경험법칙을 적용하여 행하는 추정을 말한다. 사실상 추정은 추정된 사실이 진실인지에 관하여 법관으로 하여금 의심을 품게 할 **반증**으로 깨뜨려진다. 사실상 추정은 법관이 경험법칙을 적용하여 일정한 전제사실로부터 증명할 사실을 추정하는 것이므로 자유심증주의의 과정이다.[2]

---

1) 대판 1999. 7. 13. 99다12888, 2004. 8. 20. 2001다70337.
2) 정재훈, "법률상 추정과 사실상 추정," 민사증거법(상)(재판자료 25집, 1985. 7.), 313쪽 이하.

(2) 법률상 사실추정과 법률상 권리추정

법률상 추정에는 사실추정과 권리추정이 있다. ① **법률상 사실추정**은 일정한 사실(전제사실)에서 다른 일정한 사실을 추정하는 것을 말한다[예컨대 민법 198조의 점유계속의 추정, 민법(2017. 10. 31. 개정, 2018. 2. 1. 시행) 844조의 아내가 혼인 중에 임신한 자녀에 대한 남편의 친생자 추정 등]. ② **법률상 권리추정**은 일정한 사실에서 일정한 권리를 추정하는 것을 말한다[민법 200조의 점유자의 권리의 적법추정,[1] 민법 830조의 부부의 특유재산의 추정(1항)[2] 및 귀속불명재산의 공유추정(2항) 등].

2. 효   과

(1) 법률상 추정과 증명책임의 완화 및 증명책임의 전환과의 관계

증명주제인 증명할 사실에 관하여 법률상 추정이 적용되는 경우 증명책임이 있는 **당사자**로서는 이를 직접적으로 증명할 필요가 없이(불요증사실이다) 그 전제된 사실을 증명하면 족하다는 면에서 증명책임이 완화된다. 증명할 사실이 법률상 추정이 되면 추정된 사실에 대한 반대적 사실(반대사실)의 증명이 없는 한 그 추정이 깨어지지 않는다는 점에서 증명책임의 전환이 있게 된다. **상대방**으로서는 법률상 추정을 일으키는 **전제사실**에 대한 반증을 통하여 애당초 추정이 일어나지 않도록 함으로써 추정을 깨뜨릴 수 있다[**추정을 깨뜨린다**는 말은 법관으로 하여금 추정되는 사실을 인정하지 않게 한다는 말이다]. 물론 앞서와 같이 법률상 추정되는 사실과 반대되는 사실을 본증으로 증명하여 그 추정을 깨뜨릴 수도 있다. 따라서 법률상 추정은 깨뜨릴 여지가 없는 '**간주**'(看做), '**의제**'(擬制)와 구별된다.

(2) 일반적 예시

민법 30조는 2인 이상이 동일한 위난(危難)으로 사망한 경우에는 동시에 사망한 것으로 추정하도록 규정하고 있는데, 이 추정은 법률상 추정으로서 이를 깨뜨리기 위해서는 동일한 위난으로 사망했다는 **전제사실**에 대하여 법원의 확신을 흔들리게 하는 **반증**을 제출하거나 또는 각자 다른 시각에 사망했다는 점(**법률상 추정된 사실에 대한 반대사실**)에 대하여 법원에 확신을 줄 수 있는 **본증**을 제출해야 한다. **판례**는, 이 경우 사망의 선후에 의하여 관계인들의 법적 지위에 중대한

---

1) 대판 1970. 7. 24. 70다729, 1982. 4. 13. 81다780.
2) 대판 2008. 9. 25. 2006두8068.

영향을 미치는 점을 고려할 때 충분하고도 명백한 증명이 없는 한 이러한 추정은 깨어지지 않는다고 본다.[1]

▣ **법률상 추정과 판례가 인정하는 등기의 추정력**

(1) **판례의 기본적 태도**

판례는 등기의 추정에 대하여 법률상 명문의 규정이 없음에도 불구하고 이를 법률상 추정으로 보면서 **법률상 권리추정**(진실한 권리관계에 대한 추정)과 **법률상 사실추정**(등기절차·원인에 대한 추정)을 인정하고 있다[일본 판례는 등기의 추정을 법률상 추정으로 보지 않고 사실상 추정으로 본다].[2] 이러한 등기의 추정력은 **일반제3자**에 대해서뿐만 아니라 현등기명의인과 **전등기명의인** 사이에서까지 미친다고 본다.[3]

(2) **일반적 등기의 경우**

1) **판례**는, 현재 등기부상 피고 명의로 소유권이전등기가 마쳐져 있는 이상 그 등기는 적법하게 된 것으로서 진실한 권리상태를 공시하는 것이라고 추정되므로, 그 등기가 위법하게 된 것이라고 주장하는 원고에게 그 추정력을 번복할 만한(뒤집을 만한) 반대사실을 증명할 책임이 있다고 본다.[4]

2) 또한 **판례**는 ① 등기부상 소유권이전등기가 경료되어 있는 이상 일응 그 절차 및 원인이 정당한 것이라는 추정을 받게 되어,[5] 그 절차 및 원인의 부당을 주장하는 당사자에게 이를 증명할 책임이 있는 것이나, 등기절차가 적법하게 진행되지 않은 것으로 볼만한 의심스러운 사정이 있음이 증명되는 경우에는 그 추정력은 깨어지며,[6] ② 부동산등기는 현재의 진실한 권리상태를 공시하면 그에 이른 과정이나 태양을 그대로 반영하지 않았어도 유효한 것으로서, 등기명의자가 전소유자로부터

---

1) 대판 1998. 8. 21. 98다8974; 최진수, "판례에 나타난 민법 주요 조문별 주장·입증책임," 사법연수원논문집 3집(2006. 1), 1쪽 이하; 최영룡, "법률상의 추정에서의 주장책임 및 부인·항변," 사법연수원논문집 2집(2004. 12.), 27쪽 이하.

2) 구재군, "등기의 추정력에 관한 약간의 문제," 판례월보 359호(2000. 8.), 33쪽 이하. 법률상 명문의 추정규정이 없음에도 강력한 법률상 추정력을 인정하는 것은 의문이라는 견해로는, 이시윤, 575쪽.

3) 대판 2007. 2. 8. 2005다18542, 2011. 11. 10. 2010다75648 등.

4) 대판 1992. 10. 27. 92다30047 등.

5) 등기원인에 관한 **확정판결**에 따라 등기가 이루어진 경우 기판력이 미치지 않는 다른 사람이 등기원인의 부존재를 이유로 확정판결에 기한 등기의 추정력을 깨뜨리기 위해서는 일반적으로 등기의 추정력을 깨뜨리는 데 요구되는 **증명의 정도를 넘는 명백한 증거나 자료**를 제출해야 한다. 법원도 그러한 정도의 증명이 없는 한 확정판결에 기한 등기가 원인무효라고 단정해서는 안 된다. 대판 2002. 9. 24. 2002다26252, 2023. 7. 13. 2023다223591; 황병하, "확정판결 등에 기한 등기의 원인무효와 그 등기의 추정력을 번복하기 위한 입증의 정도," 대법원판례해설 42호(2002년 하반기), 395쪽.

6) 대판 2003. 2. 28. 2002다46256, 2008. 3. 27. 2007다91756 등.

부동산을 취득할 때에 등기부상 기재된 등기원인에 의하지 않고 다른 원인으로 적법하게 취득했다고 하면서 등기원인행위의 태양이나 과정을 다소 다르게 주장한다고 하여 이러한 주장만 가지고 그 등기의 추정력이 깨어진다고 할 수는 없고,[1] ③ 전등기명의인의 직접적인 처분행위에 의한 것이 아니라 제 3 자가 그 처분행위에 개입된 경우 현등기명의인이 그 제 3 자가 전등기명의인의 대리인이라고 주장하더라도 현등기명의인의 등기가 적법하게 이루어진 것으로 추정되므로 그 등기가 원인무효임을 이유로 말소를 청구하는 전등기명의인으로서는 그 반대사실, 즉 그 제 3 자에게 전등기명의인을 대리할 권한이 없었다든지, 또는 그 제 3 자가 전등기명의인의 등기서류를 위조했다는 등의 무효사실에 대한 증명책임을 진다고 본다.[2]

(3) 특별조치법에 따른 등기의 경우

다만 **판례**는, '부동산소유권 이전등기 등에 관한 특별조치법' 등 등기에 관한 특별조치법에 의하여 등기가 경료된 경우 그 추정을 깨뜨리는 방법 및 정도에서 이러한 특별조치법에 의한 등기는 특별조치법 소정의 적법한 절차에 따라 마쳐진 것으로서 실체관계에 부합하는 등기로 추정되므로, 이와 같은 추정을 깨뜨리기 위해서는 ① 그 등기의 기초가 된 특별조치법 소정의 **보증서**나 **확인서**가 **위조**되었거나 **허위로 작성**된 것이라든지, ② 그 밖의 다른 어떤 사유로 인하여 그 등기가 특별조치법에 따라 적법하게 된 것이 아니라는 점을 주장·증명해야 하므로,[3] 그 등기말소를 청구하는 사람에게 적극적으로 그 추정을 깨뜨릴 주장·증명책임이 있지만, 등기의 기초가 되는 보증서나 확인서의 실체적 기재 내용이 진실이 아님을 의심할 만큼 증명이 된 때에는 등기의 추정력은 깨어진 것으로 보아야 하고, 이러한 보증서 등의 허위성의 증명의 정도가 법관이 확신할 정도가 되어야만 하는 것이 아니라고 본다.[4]

3. 유사적 추정

(1) 의   의

법률상 추정과 구별되는 개념으로는 **유사적 추정**(類似的 推定)이 있다. 비록 법문상으로는 '추정'이라는 표현을 사용하고 있지만 엄격한 의미의 법률상 추정, 즉 진정한 법률상 추정이라고 볼 수 없는 경우를 유사적 추정이라 한다. 일정한 사실을 전제로 하지 않는 추정 및 일정한 요건사실에 대한 것이 아닌 추정 등

1) 대판 1994. 9. 13. 94다10160, 2000. 3. 10. 99다65462, 2005. 9. 29. 2003다40651 등.
2) 대판 1992. 4. 24. 91다26379,26386, 1993. 10. 12. 93다18914 등.
3) 대판 1990. 5. 25. 89다카24797.
4) 대판 1996. 2. 23. 95다50738, 2009. 4. 9. 2006다30921 등; 박강회, "특별조치법에 의하여 마친 등기의 추정력의 복멸," 재판실무연구(광주지방법원) 1997년(1998. 1,), 87쪽 이하.

을 말한다. 이러한 유사적 추정을 깨뜨리기 위해서는 법률상 추정과 마찬가지로 그 **반대사실**을 법관이 확신을 가질 정도(**본증**)로 증명해야 한다.

(2) 종   류
(a) 잠정적 진실

전제사실로부터 일정한 사실이 추정되는 진정한 법률상 사실추정과 달리, **전제사실이 없이** 무조건으로 일정한 사실을 추정하는 **무전제의 추정(무조건의 추정)**이 있는데, 이 경우 추정된 사실을 **잠정적 진실**(暫定的 眞實)이라고 한다. 잠정적 진실은 추정된 사실의 부존재에 대한 증명책임을 상대방에 부담시키는 취지를 간접적으로 표현한 것으로, 이러한 추정이 깨어지기까지는 진실한 것으로 본다. 이는 **기본규정**에 대한 **반대규정**, 또는 **본문규정**에 대한 **단서규정**의 성질을 가진 증명책임전환규정에 불과하다. 예컨대 **민법 197조 1항**이 점유자는 소유의 의사로 선의·평온 및 공연하게 점유한 것으로 추정한다고 규정하고 있는 결과, 민법 245조 1항의 점유취득시효를 주장하는 사람은 소유의 의사, 평온·공연에 대하여, 민법 245조 2항의 등기부취득시효를 주장하는 사람은 소유의 의사, 선의·평온·공연에 대하여 각 증명책임이 없게 되고, 이를 다투는 상대방이 그 반대사실에 대한 증명책임을 부담하게 된다.[1] 그 밖에 이러한 잠정적 진실에 관한 규정으로는, 상법 47조 2항(상인의 행위의 영업목적 추정), 어음법 29조 1항(인수기재 말소의 어음반환 전 행위 추정) 등이 있다.

■ 민법 197조 1항의 추정이 유사적 추정(잠정적 진실)인지, 법률상 추정인지 여부
  (1) 문 제 점
  민법 197조 1항의 점유자는 소유의 의사로 선의·평온 및 공연하게 점유한 것으로 추정한다는 규정을 유사적 추정 가운데 무전제(무조건)의 추정, 즉 **잠정적 진실**로 볼 것인지에 관하여 명확한 것만은 아니다. 즉 점유자가 소유의 의사로 점유한 것으로 추정하는 경우에도 점유 사실을 전제로 하고 있기 때문이다.

---

[1] 민법 197조 1항과 민법 245조 1항을 통합하여 하나의 조항으로 규정한다면, "20년간 부동산을 점유한 자는 등기함으로써 그 소유권을 취득한다. 다만 소유의 의사 없이, 강포, 또는 은비하게 점유한 때에는 그러하지 아니하다"가 되며, 민법 197조 1항과 민법 245조 2항을 통합하여 하나의 조항으로 규정한다면, "부동산의 소유자로 등기한 자가 10년간 과실 없이 그 부동산을 점유한 때에는 소유권을 취득한다. 다만 소유의 의사 없이, 악의, 강포, 또는 은비하게 점유한 때에는 그러하지 아니하다"가 될 수 있다. 최영룡, "법률상 추정에서의 주장책임 및 부인·항변," 사법연수원논문집 2집(2004. 12.), 29쪽 이하.

점유자가 점유물에 대하여 행사하는 권리는 적법하게 보유한 것으로 본다는 민법 200조의 추정에 대해서는 이를 법률상 권리추정이라고 보고 있음에도, 유독 민법 197조 1항의 추정규정은 잠정적 진실이라고 하여 법률상 추정과는 다른 유사적 추정의 일종으로 보는 것이 과연 타당한 것인지 의문이 들기도 한다. 그러나 이를 법률상 추정이라고 보든, 잠정적 진실이라고 보든 점유자의 점유가 소유의 의사 없이 한 점유인지 여부는 이를 다투는 사람에게 주장·증명책임이 있으므로(즉 증명책임의 전환을 가져오므로) 실제 아무런 차이가 없다.

(2) 검   토

판례는 민법 197조 1항을 **법률상 추정**이라고 보고 있다. 예컨대 취득시효에서 자주점유의 요건인 소유의 의사는 객관적으로 점유권원의 성질에 의하여 그 존부를 결정해야 하나 그 점유권원의 성질이 불분명한 때에는 민법 197조 1항에 의하여 자주점유로 추정되므로 점유자가 스스로 자주점유를 뒷받침할 점유권원의 성질을 주장·증명할 책임이 없고 위 법률상 추정을 깨뜨려 타주점유임을 주장하는 상대방에게 타주점유에 대한 증명책임이 있다고 판시한 바 있다.[1] 따라서 비록 민법 197조 1항의 추정을 잠정적 진실이라고 보더라도 이는 강학상의 논의에 불과하고, 실제적으로는 법률상 사실추정과 다를 바 없음에 유의해야 한다.

(b) 의사추정

의사추정(意思推定)은 구체적 사실로부터 사람의 내심적 의사를 추정하는 것이 아니라, 법규가 **의사표시의 내용**을 **추정**하는 것으로, 법률행위의 해석규정을 말한다. 따라서 사실을 추정하는 것이 아니므로 엄격한 의미의 추정이 아니다. 의사추정은 의사표시가 불분명한 경우에 상대방에게 반대의 의사표시의 내용에 대한 증명책임을 부담하게 하기 위한 것이다.[2] 이러한 의사추정에 관한 규정으로는, 민법 153조 1항(기한의 채무자이익으로의 추정). 민법 398조 4항(위약금의 약정과 손해배상액 예정의 추정), 민법 579조 1항·2항(채권매매에서 매매계약시 또는 변제기의 자력담보 추정), 민법 585조(매매에서 상대방의 의무이행에 대한 동일기한 추정), 상법 47조 2항(상인의 행위의 영업을 위한 것으로의 추정) 등이 있다.

(c) 증거법칙적 추정

증거법칙적 추정은 실체법의 요건사실과 무관한 추정으로, 증거의 증거력이나 증거가치에 관한 사실 즉 **보조사실**을 **추정**하는 것을 말한다. 이러한 추정규정

---

[1] 대판 1984. 3. 27. 83다카2406, 1991. 7. 12. 91다6139, 1993. 8. 27. 93다17829.
[2] 정재훈, "법률상의 추정과 사실상의 추정," 민사증거법(상)(재판자료 25집, 1985. 7.), 314쪽 이하.

은 소송법상 법정증거법칙으로, 법률상 추정이 아니다. 증거법칙적 추정은 자유심증을 제한하는 규정으로서 자유심증주의의 예외에 해당한다. 이러한 증거법칙적 추정에 관한 규정으로는, 문서의 진정성립을 추정하는 법 356조(공문서의 진정 추정), 법 358조(사문서의 진정 추정)가 있다.

V. 일응의 추정

1. 의   의

사실상 추정의 한가지로, 고도의 개연성이 있는 경험법칙을 이용하여 간접사실로부터 주요사실을 추정하는 것을 **'일응의 추정'**(一應의 推定)[일응 충분한 증명, 우선 충분한 증명)[1]이라 하며, 추정된 사실은 거의 증명된 것이나 마찬가지로 보기 때문에 **표현증명**(表見證明)이라 한다. 표현증명은 독일 판례법상 발달한 법리로서,[2] 영미법상 일응의 추정에 관한 res ipsa loquitur(the thing speaks for itself) 법리[3]와 같은 맥락의 이론이다. 통상 주요사실의 존재나 부존재를 추인시키는 간접사실을 통하여 경험법칙에 의한 사실상 추정에 의하여 주요사실을 추인하는 방법의 증명을 **간접증명**이라고 한다.[4] 일응의 추정은 단순히 가능성이 있다는 정도의 경험법칙이 적용되는 경우가 아닌 **고도의 개연성 있는 경험법칙**[경험법칙 가운데 십중팔구는 틀림없는 정도의 개연성이 큰 경험법칙을 말한다]이 적용되는 경우로서 간접증명 가운데에서 보다 강한 증명력을 가지는 경우이다.

2. 기   능

일응의 추정 또는 표현증명은 주로 불법행위에서 인과관계의 인정의 경우에 적용되고, 또 흔하게 거듭 일어날 수 있는 **정형적 사상경과**(定型的 事象經過)가 문제된 경우에만 기능을 발휘하는 점에 그 특징이 있다. 정형적 사상경과란 문자 그대로 정형적(typical) 사태의 진전으로서, 구체적 사실의 증명이 없어도 일반적 사실 자체로써 일정한 원인행위와 그 결과 사이의 인과관계를 인정할 수 있는 경

---

1) 정동윤·유병현·김경욱, 605쪽은 '일단(一旦)의 추정'이라고 한다.
2) 김성수, "독일민사소송에 있어서 표현증명의 법리," 외국사법연수논문집(5)(재판자료 19집, 1983. 11.), 385쪽 이하.
3) 박기동, "미국의 제조물책임과 사실추정의 법리," 판례실무연구 3권(1999. 12.), 444쪽 이하.
4) 대판 2002. 6. 14. 2001므1537.

우이다. 일응의 추정이 **자유심증주의**에 반하는지가 문제된다. 자유심증주의는 법관의 자의(恣意)를 허용하는 것이 아니라 논리법칙과 경험법칙에 따라야 하는 것인데, 일응의 추정은 고도의 개연성을 가진 경험법칙에 의하여 심증을 형성하는 것이므로, 그 역시 자유심증주의의 범위 안의 문제이다.[1]

3. 효   과

증명책임이 있는 당사자가 일응의 추정의 **전제사실**인 **간접사실**[일반적 사실, 즉 특별한 사정이 없는 한 일반적으로 추정을 일으킬 수 있는 사실을 말한다]을 증명하여 **주요사실**에 관한 추정이 성립되면, 상대방이 그 전제된 사실에 대한 **예외적 사실**(예외사실), 즉 특별한 사정을 증명하지 않는 한 그대로 추정된 사실이 인정된다. 일응 추정이 일어난 이상 이러한 추정을 깨뜨리기 위해서는 추정된 사실에 대한 반대사실의 증명이 아닌 반증으로 가능하다. 다만 논리적으로는 추정된 사실에 대한 증명책임이 애당초 증명책임이 있는 사람에게 있다는 의미에서 상대방은 법관으로 하여금 의심을 품게 할 정도의 반증으로 추정된 사실을 깨뜨릴 수 있다고 하지만, 실제적으로는 추정을 일으키는 전제사실에 대한 예외적 사실을 증명하지 못함으로써 고도의 개연성 있는 경험법칙이 적용되어 추정이 일어난 이상 추정된 사실을 반증으로 깨뜨리기는 매우 어렵다.

VI. 간접반증

1. 의   의

간접반증이란 증명할 사실에 대하여 일응의 추정이 생긴 경우, 그 추정의 전제사실에 대한 **예외사실**, 즉 **특별한 사정**(비정형적 사상경과)을 증명하여 일응의 추정을 방해하기 위한 증명활동을 말한다. 일응의 추정이 생긴 경우에 상대방 측이 방어방법으로 하는 증명활동이다. 간접반증은 증명책임이 있는 당사자가 증명할 사실을 일응 추정시킬 수 있는 간접사실(전제사실)을 증명한 경우에, 상대방이 이러한 전제사실과 모순되지 않는(양립할 수 있는) 별개의 간접사실인 예외사실을 증명하여 이러한 추인이 일어나지 않게 하려는 것이므로, 법관으로 하여금 그 간접사실에 대해 확신이 가게 증명하지 않으면 안 된다. 따라서 간접반증은 **증명할**

---

[1] 정동윤 · 유병현 · 김경욱, 607쪽; 정영환, 819쪽.

사실 자체에 대한 관계에서는 **반증**, 그 **전제사실**에 대한 관계에서는 **본증**이 된다.[1]

2. 기   능

이러한 간접반증이론은 법률요건분류설에 입각한 것으로, 증명곤란한 주요사실의 증명을 위하여 관련 간접사실에 대하여 증명의 부담을 양쪽 당사자에게 분담시켜[예컨대 간접사실 세 가지 가운데 두 가지는 피해자에게, 한 가지는 가해자에게 분담시키는 방법으로], 증명책임제도의 공평한 운영을 기하려는 것이라고 본다. 최근에 공해소송, 의료과오소송, 제조물책임소송, 산업재해소송 등 인과관계의 증명이 곤란한 소송(**현대형소송**)이 증대함에 비추어 피해자의 인과관계의 증명곤란을 완화하는 방안으로 간접반증이론을 응용하고 있다. 이와 같은 소송에서 인과관계의 모든 과정을 피해자인 원고 혼자에게 증명하도록 요구하는 것은 형평의 관념에 반하는 것이므로, 그 과정의 일부를 피고의 간접반증의 대상으로 해야 한다는 것이다.[2]

Ⅶ. 증명책임의 완화와 현대형소송

1. 공해소송에서의 증명책임

(1) 판례의 태도

판례는, "공해소송에서 피해자에게 사실적인 인과관계의 존재에 관하여 과학적으로 엄밀한 증명을 요구한다는 것은 공해로 인한 사법적 구제를 사실상 거부하는 결과가 될 우려가 있는 반면에, 가해기업은 기술적·경제적으로 피해자보다 훨씬 원인조사가 용이한 경우가 많을 뿐만 아니라 그 원인을 은폐할 염려가 있기 때문에, 가해기업이 어떠한 **유해**(有害)**한 원인물질**을 배출하고 그것이 피해물건에 도달하여 손해가 발생했다면 가해자 측에서 그것이 무해(無害)하다는 것을 증명하지 못하는 한 책임을 면할 수 없다고 보는 것이 사회형평의 관념에 적합하다."고 판시했다.[3] 예컨대 수질오염으로 인한 공해소송에서 원고들이 ① 피고들 공장이 위

---

1) 이시윤, 578쪽; 김홍규·강태원, 495쪽; 정동윤·유병현·김경욱, 608쪽; 정영환, 819쪽.
2) 김홍규·강태원, 496쪽; 정동윤·유병현·김경욱, 610쪽.
3) 대판 2002. 10. 22. 2000다65666,65673, 2009. 10. 29. 2009다42666, 2012. 1. 12. 2009다 84608(김포 및 강화도 부근 해역에서 조업하는 어민인 원고들 275명이 피고가 수도권 쓰레기 매립지로부터 나온 침출수를 처리한 침출처리수를 장기간 바다에 방류함으로써 그 어장 해역의 수질이 악화되고 그 결과 어획량이 감소하는 등의 피해가 발생했다고 주장하며 그로 말미암은 손해배상을 청구한 사안이다). 한편 가해기업은 기술적·경제적으로 피해자보다 원인조

치한 공단에서 농작물 재배에 악영향을 줄 수 있는 폐수가 **배출**되고, ② 그 유해
의 정도가 사회통념상 **일반적으로 참아내야 할 정도**(수인한도, 참을 한도)를 넘으
며,¹⁾ ③ 그 폐수 중 일부가 물의 흐름에 따라 농작지에 **도달**했으며, ④ 그 후 농
작물에 **피해**가 있었다는 사실을 각 모순 없이 증명하면,²⁾ 공단 공장들의 폐수배
출과 농작물 폐사로 발생한 손해 사이의 **인과관계**가 일응 증명되었다고 본다. 이
에 대하여 **피고들이**, ① **직접반증**으로 피고들이 배출하는 폐수 중에는 농작물의 성
장에 악영향을 끼칠 수 있는 원인물질이 들어 있지 않으며, 원인물질이 들어 있다
하더라도 안전농도 범위 내에 속한다는 사실을 증명하거나, ② **간접반증**으로 원고
들의 농작지의 피해는 피고들이 배출한 폐수가 아닌 다른 원인이 전적으로 작용하
여 발생한 것임을 증명하지 못하는 이상 피고들은 그 책임을 면할 수 없다고 본다.³⁾

　　판례는 초기에는 **개연성이론**을 염두에 두면서 조심스럽게 받아들이는 듯하다
가, **그 후** 원고의 증명대상과 피고의 반증대상을 구체적으로 제시함으로써 일본에
서 논의되고 있는 **신개연성설**과 유사한 입장을 취하고 있는 것으로 볼 수 있다. 신
개연성설은 개연성이론이 막연하게 피해자의 증명의 부담을 경감하려 한 데 대하
여 가해자 측에 간접반증책임을 부과하는 방식으로 명확하게 이론구성을 하고 있
다. 즉 신개연성설은 경험법칙을 적용하는 부분을 명확히 하고 이를 확충하여 피
해자의 **증명의 범위**를 완화하거나 경감하는 반면, 가해자의 **반증의 범위**는 확대
함으로써 개연성이론의 약점을 소송법적으로 극복하고 있다.⁴⁾⁵⁾

사가 용이할 뿐 아니라 자신이 배출하는 물질이 유해하지 않다는 것을 증명할 **사회적 의무**를
부담한다고 판시하고 있는 판결로는, 대판 2004. 11. 26. 2003다2123.

1) 대판 2013. 10. 11. 2012다111661.
2) 이러한 사항들에 대한 원고 측의 증명을 강조하고 있는 판결로는, 대판 2013 10. 24. 2013
다10383, 2019. 4. 23. 2018다237428, 2019. 11. 28. 2016다233538,233545.
3) 대판 2004. 11. 26. 2003다2123, 2009. 10. 29. 2009다42666 등.
4) **개연성설**이 실체법학자에 의하여 주장되었으나 구체적으로 일반불법행위소송에서의 증명의
정도와 공해소송에서의 그것이 과연 어떠한 차이가 있는지에 관하여 불명확하다는 비판을 받
게 되었다. 이에 일본에서 소송법상의 증거법적인 관점에서 원고의 증명책임을 어느 정도 완
화하여 그 증명의 정도를 구체화하기 위하여 주장된 것이 **신개연성설**이다. 신개연성설은 간
접반증의 증명책임을 가중하고 법관의 경험법칙의 적용범위를 확대하는 데 그 특징이 있다.
임치용, "환경소송에서의 인과관계와 입증책임," 환경법의 제문제(상)(재판자료 94집, 2002.
7.), 85쪽 이하. 한편 대판 1984. 6. 12. 81다558이 신개연성설이론에 접근한 입장을 보였으며,
이러한 입장은 1991. 7. 23. 89다카1275 판결과 대법원 1997. 6. 27. 95다2692 판결에서 그대
로 유지되고 있다는 견해로는, 우성만, "수질오염, 해양오염과 환경소송," 환경법의 제문제
(하)(재판자료 95집, 2002. 7.), 66쪽.
5) **판례의 태도**에 관하여, 판례는 초기(대판 1974. 12. 10. 72다1774)에는 개연성이론이 원고의
인과관계의 증명도를 단순히 낮춘 '증명도의 경감'인지, 아니면 일응의 추정이나 간접반증이론

(2) 환경 관련 특별법 등의 시행과 공해소송

이미 본 바와 같이 **환경정책기본법·토양환경보전법** 등에서는 환경오염이나 토양오염 등에 의한 피해에 관하여 **무과실책임규정**(귀책사유가 없더라도 피해를 배상해야 한다는 규정)을 두고 있다.[1] 따라서 공해소송의 경우는 앞서 판례에서 본 바와 같이 가해자의 과실 여부는 증명의 대상이 아니며, 오로지 인과관계 및 피해의 발생이 증명의 대상이 된다. 그런데 **2014. 12. 30. 제정**(**2015. 12. 31. 시행**)된 '**환경오염피해 배상책임 및 구제에 관한 법률**'에서는 환경오염(대기오염, 수질오염, 토양오염, 해양오염, 소음·진동 등을 포함한다) 관련 시설의 설치·운영과 관련하여 환경오염피해가 발생한 때에 원칙적으로 해당 시설의 사업자가 그 피해를 배상해야 한다는 **무과실책임규정**(6조 1항)과 함께, **이러한 시설**이 환염오염피해 발생의 원인을 제공한 것으로 볼 만한 **상당한 개연성**이 있는 때에 그 시설로 인하여 환경오염피해가 발생한 것으로 원칙적으로 추정하는 **인과관계의 추정규정**(9조 1항) 및 **상당한 개연성의 판단기준에 관한 규정**(9조 2항)을 두고 있다[다만 일정한 경우에는 이러한 추정이 배제된다(9조 3항)].[2] 앞으로 이러한 특별법의 제정·시행에 따라 판례의 태도가 어떻게 발전적으로 변화될지 주목된다.[3]

을 바탕으로 한 피해자와 가해자 사이의 증명책임의 분담인지가 분명치 않고, 이론구성에 취약했으나, 그 후 판례를 통하여(대판 1984. 6. 12. 81다558 등) 일응의 추정이나 간접반증이론에 입각한 피해자와 가해자의 증명책임분담임이 분명해졌다고 보는 견해로는, 이시윤, 580쪽. 그러나 **판례의 태도**의 분석에서, 학설상 논의를 그대로 대입하여 판례가 어떤 설을 취하고 있다고 단정하기는 어렵다. 판례가 판시상 '**개연성**'이라는 표현을 여전히 사용하고 있을 뿐만 아니라, 개연성이론에 입각해야 한다는 전제에서의 판단을 하고 있기 때문이다. 예컨대 "인과관계에 관한 개연성이론에 입각해 볼 때 정당하다"(대판 1991. 7. 23. 89다카1275), "개연성이론에 의하여 인과관계가 증명되었다"(대판 1997. 6. 27. 95다2692) 등이 그것이다. 판례가 판시하는 표현상으로는, 공해소송에서 판례는 **신개연성이론**을 취하고 있다고 보아도 무방하다고 생각한다.

1) 대판 2017. 2. 15. 2015다23321, 2018. 9. 13. 2016다35802, 2020. 6. 25. 2019다292026,292033, 292040.

2) 환경오염피해 배상책임 및 구제에 관한 법률 9조가 대법원의 신개연성설을 그대로 입법화한 것으로 볼 수 없고 증명도를 경감하는 규정으로 보아야 하는데, 증명도를 경감한다고 하여 반드시 개별 환경오염소송에서 인과관계가 더 넓게 인정되는 것도 아니라는 입장에서, 환경오염으로 인한 피해자를 실질적으로 구제하기 위해서는 증명주제를 한정하여 증명부담을 실질적으로 경감한 대법원의 기존 법리와 조화롭게 위 조문을 해석해야 한다는 견해로는, 강윤희, "환경오염피해구제법 제9조에 따른 인과관계의 증명," 법조 통권 758호(2023. 4.), 162쪽.

3) 환경오염피해 배상책임 및 구제에 관한 법률 9조의 '상당한 개연성'은 다소 추상적인 개념이고, 같은 조 2항에서 이를 판단하기 위하여 고려해야 할 요소들을 나열하고 있지만 구체적인 사안마다 이러한 요소들의 비중이 달라지고 다른 추가적인 사유들도 함께 고려될 수 있으므로, 앞으로 이와 관련한 사례가 축적되어야 보다 구체적인 해석론을 제시하는 것이 가능하다는 견해로는, 박성은, "환경소송에서의 증명책임에 관한 이론들과 환경오염피해구제법 제9

2. 의료과오소송에서의 증명책임

　　판례는, "의료행위상의 주의의무 위반으로 인한 손해배상청구에서 **피해자 측**에서 일련의 의료행위 과정에서 저질러진 일반인의 상식에 바탕을 둔 의료상의 **과실 있는 행위를 증명**하고 그 결과와 사이에 일련의 의료행위 외에 다른 원인이 개재될 수 없다는 점, 이를테면 환자에게 의료행위 이전에 그러한 결과의 원인이 될 만한 건강상의 결함이 없었다는 사정(인과관계의 전제사실)을 증명한 경우에는, **의료행위를 한 측**이 그 결과가 의료상의 과실로 인한 것이 아니라 전혀 다른 원인에 의한 것이라는 증명을 하지 않는 이상 의료상 과실과 결과 사이의 **인과관계를 추정**하여 손해배상책임을 지울 수 있도록 **증명책임을 완화**하는 것이 손해의 공평·타당한 부담을 그 지도원리로 하는 손해배상제도의 이상에 맞는다."고 한다.[1] 다만 **판례**는, 일련의 의료행위 과정에서 일반인의 상식에 바탕을 둔 **의료상 과실**의 존재는 **환자 측**에서(과실로 평가될 수 있는 구체적 사실을) 증명하여야 하는 것이지 의사에게 무과실의 증명책임을 지우는 것까지 허용되는 것은 아니라고 보고 있다.[2] 즉 의료행위의 앞서와 같은 특수성으로 말미암아 수술 도중 환자에게 사망의 원인이 된 증상이 발생한 경우 그 증상 발생에 관하여 의료상 과실 이외의 다른 원인이 있다고 보기 어려운 간접사실들을 증명함으로써 그와 같은 증상이 의료상 과실에 기한 것이라고 추정하는 것도 가능하나,[3] 그 경우에도 의사의 과실로 인한 결과발생을 추정할 수 있을 정도의 개연성이 담보되지 않는 사정들을 가지고 막연하게 중(重)한 결과에서 의사의 과실과 인과관계를 추정함으로써 결과적으로 의사에게 무과실의 증명책임을 지우는 것까지 허용되는 것은 아님을 분명히 하고 있다.[4]

　　이러한 판례의 태도에 대하여, 판례는 아직 의사에게 증명책임을 전환시키기

　　조의 해석론," 민사소송 26권 3호(2022. 10.), 325쪽.

1) 대판 2010. 5. 27. 2007다25971, 2012. 1. 27. 2009다82275,82282, 2020. 2. 6. 2017다6726 등.
2) 대판 2007. 5. 31. 2005다41863, 2010. 6. 24. 2007다62505, 2019. 2. 14. 2017다203763.
3) 대판 2000. 7. 7. 99다66328, 2012. 5. 9. 2010다57787, 2013. 6. 27. 2010다96010,96027 등.
4) 대판 2016. 9. 23. 2015다66601,66618, 2020. 11. 26. 2020다244511, 2022. 12. 29. 2022다264434 등. 의료과오소송에서 환자 측의 증명곤란에 대한 대책만 지나치게 강조하다 보면 의사의 책임을 부당하게 확대하여 결국 의사의 위축 진료나 방어적 진료를 초래할 우려가 있으므로 신중을 기할 필요가 있기 때문이다. 김상영, "의료과오소송에 있어서의 인과관계·과실의 입증책임," 법학연구(부산대학교 법학연구소) 37권 1호(1996. 12.), 191쪽 이하; 박일환, "의료과오소송에서의 입증책임," 민사법학 8호(1990. 4.), 369쪽 이하.

보다 '일응의 추정론'으로 증명책임을 완화시키려는 태도를 보인다는 견해가 있으나,[1] 판례는 이를 **'사실상 추정론'**(일응의 추정에는 이르지 않은 일반적인 사실상 추정을 말한다)으로 증명책임을 완화시키고 있다. **판례**는, "위와 같은 결과가 발생한 것이라면, 그 진료에 관여한 의사들이 자신이 처한 의료환경, 환자의 특이체질 그 밖의 구체적 상태 등으로 인하여 그러한 조치를 취하지 아니한 특별한 사정에 관하여 납득할 만한 이유를 제시하고 이를 증명하지 않는 한, 그 의료상의 과실과 결과 사이의 **인과관계**는 **사실상 추정**되어 해당 의사에게 그로 인한 손해배상책임을 지울 수밖에 없다."[2]고 하여 이를 명백히 하고 있다.

3. 제조물책임소송에서의 증명책임

(1) 판례의 태도

판례는, "제품이 정상적으로 사용되는 상태에서 사고가 발생한 경우 **소비자 측**에서 그 사고가 제조업자의 배타적 지배하에 있는 영역에서 발생했다는 점과 그 사고가 어떤 자의 과실 없이는 통상 발생하지 않는다고 하는 사정을 증명하면, **제조업자 측**에서 그 사고가 제품의 결함이 아닌 다른 원인으로 말미암아 발생한 것임을 증명하지 못하는 이상 그 제품에 **결함이 존재**하며 그 **결함으로 말미암아 사고가 발생**했다고 **추정**하여 손해배상책임을 지울 수 있도록 증명책임을 완화하는 것이 손해의 공평·타당한 부담을 그 지도원리로 하는 손해배상제도의 이상에 맞다"고 한다.[3]

(2) 제조물 책임법 시행과 제조물책임소송

1) 2000. 1. 12. 제조물 책임법이 제정되어 2002. 7. 1.부터 시행되고 있다. **제조물책임**이란 제조물에 통상적으로 기대되는 안전성을 갖추지 못한 결함으로 생명·신체 또는 건강이 침해되거나 물건이 손상된 경우에 제조업자 등에게 지우

---

1) **사실상 추정론**에 의할 경우 지나치게 의사에게 불리한 면이 있다고 보고, **일응의 추정론**에 기하여 치료행위와 나쁜 결과 사이의 인과관계에서 고도의 개연성이 존재했다는 점에 관한 증명책임을 환자 측에 부담시켜 증명책임에서 공평성을 기해야 한다는 견해로는, 손용근, "의료과오소송의 증명책임에 관한 대법원 최근 판례 소고," 민사재판의 제문제(하)(송천이시윤박사화갑기념, 1995. 10.), 188쪽 이하.

2) 대판 1998. 2. 27. 97다38442.

3) 대판 2000. 2. 25. 98다15934, 2004. 3. 12. 2003다16771(제조물 책임법 시행 이전에 발생한 급발진사고(1997. 2. 3.)의 사례이다). 제조물 책임법 시행 이후에 민법상 일반 불법행위책임으로 손해배상을 청구하는 경우에도 본문에서 언급한 판례의 기본적 태도는 그대로 유지되고 있다. 대판 2013. 9. 26. 2011다88870.

는 손해배상책임이다. 피해자가 제조물의 **결함**을 증명하지 못하면 제조물책임이 인정되지 않는다.1)

　　2) **제조물 책임법**상 '**결함**'은 해당 제조물에 제조·설계상 또는 표시상의 결함이 있거나 그 밖에 통상적으로 기대할 수 있는 안전성이 결여되어 있는 것을 말한다. 이러한 결함 가운데 ① '**제조상의 결함**'은 제조업자의 제조물에 대한 제조상·가공상의 주의의무를 이행했는지에 관계없이 제조물이 원래 의도한 설계와 다르게 제조·가공됨으로써 안전하지 못하게 된 경우를, ② '**설계상의 결함**'은 제조업자가 합리적인 대체설계를 채용했더라면 피해나 위험을 줄이거나 피할 수 있었음에도 대체설계를 채용하지 않아 해당 제조물이 안전하지 못하게 된 경우를, ③ '**표시상의 결함**'은 제조업자가 합리적인 설명·지시·경고 그 밖의 표시를 했더라면 해당 제조물에 의하여 발생할 수 있는 피해나 위험을 줄이거나 피할 수 있었음에도 이를 하지 않은 경우를 말한다(제조물 책임법 2조 2호 가·나·다목).2)

　　3) 제조물 결함의 정의와 관련한 제조물 책임법의 위와 같은 규정 내용에 비추어, 제조물 책임법은 ① **제조상의 결함**으로 인한 제조물책임은 **무과실책임**으로, ② **설계상의 결함** 또는 **표시상의 결함**으로 인한 제조물책임은 **과실책임**[설계상의 결함에서는 제조업자가 합리적인 대체설계를 채용하지 않는 것이 과실이고, 표시상의 결함에서는 제조업자가 합리적인 설명·지시·경고 그 밖의 표시를 하지 않은 것이 과실이라고 이해된다]으로 규정한 것으로 해석된다.3) 제조물책임이 **무과실책임**이라고 할 때에는 제조물에 결함이 있고 이로 인하여 제 3 자가 손해를 입었을 경우 제조자에게 과실이 있는지 여부를 불문하고 제조자가 손해배상책임을 진다고 본다. 그러나 제조물책임을 **과실책임**이라고 할 때에는 제조자에게 결함 있는 제품을 제작·공급한 것에 과실이 있어야 제조자가 손해배상책임을 지는 것을 의미한다. 설계상의 결함 또는 표시상의 결함과 같은 **과실책임**에서 결함의 존재가 증명된다면 제조물 책임법상 과실과 인과관계에 관한 증명책임의 전환이 이루어진다. 따라서 가해자 측에서 **무과실에 대한 증명책임**을 지게 된다.

　　4) 제조물책임에 관한 판례의 태도를 반영하여 **2017. 4. 18. 제조물 책임법이**

---

1) 제조물의 결함에서 발생한 손해라고 하더라도 제조물에 상품적합성이 없어 제조물 그 자체에 발생한 손해는 제조물책임의 적용대상이 아니다. 대판 2000. 7. 28. 98다35525, 2019. 1. 17. 2017다1448.
2) 대판 2008. 2. 28. 2007다52287.
3) 서울고등법원 2006. 1. 26. 선고 2002나32662 판결.

개정(2018. 4. 19. 시행)되었다. 개정된 제조물 책임법은 **피해자가** ① 해당 제조물이 정상적으로 사용되는 상태에서 피해자의 손해가 발생했다는 사실, ② 이러한 손해가 제조업자의 실질적인 지배영역에 속한 원인으로부터 초래되었다는 사실, ③ 이러한 손해가 해당 제조물의 결함 없이는 통상적으로 발생하지 않는다는 사실을 증명한 경우에는 제조물을 공급할 당시 해당 **제조물상 결함**이 있었음을 **추정**(결함의 존재의 추정)하고, 나아가 그 **제조물의 결함**으로 인하여 **손해가 발생**한 것으로 추정(**인과관계의 추정**)하고 있다(3조의2 본문). 다만 **제조업자가** 제조물의 결함이 아닌 다른 원인으로 인하여 그 손해가 발생한 사실을 증명할 경우에는 그렇지 않다(3조의2 단서).

Ⅷ. 증명책임 없는 당사자의 사안해명의무

사안해명의무는 실체적 진실발견을 위하여 증명책임이 있는 당사자뿐 아니라 널리 일반 당사자에게도 인정되는 의무로서, 이에 대해서는 특히 증명책임이 있는 당사자가 상대방의 생활영역에 속하는 사실관계를 요증사실로 함으로써 그 구체적 내용을 전혀 알 수 없는 때에 이를 인정해야 할 것인지 논의되고 있다. 이에 대해, 법률상 명문의 규정을 두어, 증명책임이 없는 당사자가 예외적으로 증거제출을 해야 할 경우가 있다. 예컨대 자기가 가지고 있는 문서의 제출의무(법 344조), 당사자신문(법 367조), 가사소송법에 의한 혈액형 등의 수검(受檢)명령(가소 29조) 등이다. 이러한 법률상 명문의 규정이 없음에도 불구하고 이러한 규정을 **유추**하여 증명책임이 없는 당사자에게 **포괄적인** 사안해명의무를 인정해야 한다는 견해가 나타나고 있다.[1]

이러한 사안해명의무를 주장하는 견해가 제시하는 **사안해명의무의 요건**으로서, 상대방에 대하여 사실의 해명을 구하는 당사자가, ① 자기의 권리주장에 합리적인 기초가 있음을 명백히 할 '**실마리**'를 보여주고, ② 자기가 객관적으로 사실의 해명을 할 수 없는 상황에 있으며, ③ 그와 같이 된 데 대하여 비난가능성이 없으며, ④ 그에 반하여 상대방은 용이하게 해명할 수 있는 입장에 있고 기대가

---

1) 이는 법률요건분류설에 의하여 증명책임이 있는 사람이 사안해명을 기대할 수 없는 경우 증명책임이 없는 상대방에게 사안해명의무를 인정함으로써 양쪽 당사자 사이의 증거를 둘러싼 법적 지위의 불평등을 조정하여 실질적인 당사자평등을 실현하려는 이론이다. 김홍규·강태원, 490쪽.

능성이 있을 것 등이 있다. 한편 아래에서 보는 바와 같이 사안해명의무를 **제한
적**으로나마 긍정하는 입장에서는 당사자가 그 의무를 불이행하는 경우 법원이 이
를 변론 전체의 취지로 참작하여 해당 사실의 인정 여부를 자유재량에 의하여 할
수 있다고 본다.[1]

■ **사안해명의무의 도입 여부**

　　증명책임 없는 당사자에게 포괄적인 사안해명의무를 부과시킨다면 증명책임을
지는 당사자의 증거제출책임을 부정하는 결과가 될 뿐만 아니라 대립당사자 구조에
반하는 결과가 되어 문제가 있다.[2] 그러나 공해소송, 의료과오소송, 제조물책임소송
등 현대형소송에서 증거가 당사자의 한쪽에 편재되어 양 당사자의 불평등이 생겼을
때에 그 시정방안으로 자기가 가지고 있는 문서의 제출의무(법 344조), 당사자신문
(법 367조)을 **유추**하여 **제한적**으로나마 긍정할 수 있다고 본다(**제한적 긍정설**).[3]
　　한편 **판례**는, 증거자료에의 접근이 훨씬 용이한 당사자가 상대방의 증명활동에
협력하지 않는다고 하여 신의칙에 위배되는 것이라 할 수 없다고 했다.[4][5]

---

1) 강현중, 520쪽.

2) 사안해명의무를 일반적으로 수용하는 것은 당사자주의와 변론주의에 관한 원칙과 예외를
   바꾸는 것이 된다는 견해로는, 윤정운, "민사소송에서의 진실의무에 관한 연구," 사법논집 75
   집(2022년), 135쪽.

3) 이시윤, 585쪽; 정동윤 · 유병현 · 김경욱, 615쪽; 강현중, 520쪽; 정영환, 827쪽.

4) 법 1조에서 규정한 신의칙을 근거로 하여 대등한 사인(私人) 사이의 법률적 쟁송인 민사소
   송절차에서 한쪽 당사자에게 소송의 승패와 직결되는 상대방의 증명활동에 협력해야 할 의무
   가 부여되어 있다고 할 수 없기 때문이다. 대판 1996. 4. 23. 95다23835.

5) 사안해명의무의 범위를 넓혀 사실에 대한 정보뿐만 아니라 증거까지도 포함하는 개념의 설
   정이 요청된다는 견해로는, 피정현, "입증책임 없는 당사자의 해명의무에 관한 비교법적 고
   찰," 민사소송법의 제문제 1권(경허김홍규박사화갑기념, 1992. 12.), 218쪽 이하.

소송의 종료 PART 4

제 1 장 총 설

Ⅰ. 소송종료사유

1. 일반적 경우

(1) 종국판결 등에 의한 소송종료

법이 규정하는 원칙적인 소송종료사유는 종국판결의 확정이지만(법 198조), 예외적으로 소·상소각하결정(법 144조 4항)이나 재판장의 소장·상소장각하명령(법 254조 2항, 399조 2항, 402조 2항, 425조)의 확정에 의하여 종료되기도 하고, 조정을 갈음하는 결정(민조 30조), 화해권고결정(법 225조), 이행권고결정(소심 5조의3) 등이 확정됨으로써 종료되기도 한다.

(2) 당사자의 행위에 의한 소송종료

소·상소의 취하(법 266조·393조·425조) 또는 소·항소취하간주(법 268조. 상고취하간주는 인정되지 않는다), 소송상 화해(법 220조), 조정(민조 28조), 청구의 포기·인낙(법 220조) 등과 같이 당사자의 직접적인 행위에 의하여 종료되기도 한다.

2. 대립당사자 구조 소멸의 경우

소송계속 중 대립당사자 구조가 소멸됨으로써 소송이 종료하는 경우가 있다. 원·피고의 지위가 혼동된 경우[예컨대 원고가 사망하고 피고가 원고의 단독상속인으로서 소송물인 상속재산을 상속한 경우 또는 대립당사자인 두 법인의 합병의 경우 등]라든가, 소송물인 권리관계의 일신전속적인 성질상 승계가 허용되지 않는 소송에서 당사자가 사망한 경우[예컨대 해고무효확인소송의 계속 중에 원고가 사망한 경우 등]에는 소송이 종료된다.[1]

---

1) 박우동, "소송종료선언의 재판," 민사재판의 제문제 3권(1985. 5.), 334쪽 이하; 정영환, "소송종료선언에 관한 연구," 민사소송 5권(2002. 2.), 314쪽 이하.

Ⅱ. 소송종료선언

1. 의   의

소송종료선언이란 소송종료 여부가 문제가 되는 사건에서 법원의 종국판결로 계속 중인 소송이 유효하게 종료되었음을 선언하는 것으로서[예컨대 '이 사건은 2019. 5. 6. 소취하(또는 소취하간주)로 종료되었다'], **판례**에 의하여 형성된 제도인데 **민사소송규칙**에서 이를 명문화했다(규칙 67조 3항·4항). 소송종료선언은 확인적 성질을 가진 종국판결이다. 소송종료선언은 **소송판결**로서 불복상소가 허용된다.

2. 당사자의 기일지정신청에 의한 소송종료선언

(1) 당사자의 기일지정신청권이 인정되는 경우

확정판결에 의하지 않고 소송종료된 것으로 처리된 뒤(법원이 심리를 진행하지 않은 경우) 그 소송종료가 무효라고 다투면서 당사자가 **기일지정신청**을 하는 경우이다. 예컨대 ① 소 또는 **상소(항소·상고)**의 **취하**로 소송종료된 것으로 처리된 데 대하여 다툼이 있는 경우(규칙 67조 1항, 128조·135조)[소 또는 **항소**의 **취하간주**도 마찬가지이다(규칙 68조·128조)], ② 소송계속 중 당사자 한쪽의 지위를 상속 등에 의하여 상대방 당사자가 승계하여 당사자의 **혼동**으로 소송종료된 것으로 처리된 데 대하여 다툼이 있는 경우, ③ 이혼소송과 같이 **일신전속적인 법률관계**에 대한 소송계속 중 당사자 한쪽이 사망하여 소송종료된 것으로 처리된 데 대하여 다툼이 있는 경우, ④ 소송상 화해가 성립하여 소송종료된 것으로 처리되었으나 **화해조서**에 확정판결의 **당연무효사유**와 같은 사유가 있다고 다투는 경우[1][소송상 화해와 동일한 효력이 있는 **조정조서**에 대해서도 마찬가지이다][2] 등이다.

비록 ②·③·④ 등의 경우에는 ①의 경우와 같은 기일지정신청에 관한 민사소송규칙상 규정을 두고 있지 않으나, 이를 **유추적용**한다.

(2) 당사자의 기일지정신청과 재판

(a) 일반적 경우

당사자의 **기일지정신청**이 있는 경우 법원은 소송이 유효하게 종료되었는지

---

1) 대판 2000. 3. 10. 99다67703.
2) 대판 2001. 3. 9. 2000다58668.

여부에 관하여 **변론**을 열어 심리해야 한다(규칙 67조 2항).1) 심리한 결과 ① 기일지정신청이 **이유 없다**고 인정하는 경우(법원의 소송종료처리가 타당한 경우)에는 판결로 **소송종료선언**을 해야 하며, ② 기일지정신청이 **이유 있다**고 인정하는 경우(법원의 소송종료처리가 잘못된 경우)에는 소송종료처리 당시의 소송정도에 따라 필요한 절차를 계속 진행하고, 중간판결로써 또는 종국판결의 이유에서 그 판단을 표시해야 한다(규칙 67조 3항).

(b) 종국판결이 선고된 뒤 상소기록을 송부하기 전 소의 취하가 있는 경우

종국판결이 선고된 뒤 소송기록을 상소법원으로 송부하기 전에 소가 취하되었는데 그 취하의 부존재 또는 무효를 주장하면서 기일지정신청을 한 경우는 다음과 같은 절차에 의한다. 이와 같은 기일지정신청이 있는 때에 상소의 이익이 있는 **당사자 모두가 상소를 한 경우**[당사자 일부가 상소하고 나머지 당사자의 상소권이 소멸된 경우를 포함한다]에는 판결법원은 소송기록을 상소법원으로 보내야 하고, 상소법원이 앞서와 같은 절차를 취해야 한다. 그러나 기일지정신청이 있는 때에 상소의 이익이 있으면서도 **아직 상소를 하지 않은 당사자가 남아 있으면** 판결법원에서 변론을 열어 신청사유에 관하여 심리한 후 ① 신청이 이유 없다고 인정하는 때에는 판결로 **소송종료선언**을 해야 하며, ② 신청이 이유 있다고 인정하는 때에는 판결로 **소취하무효선언**을 해야 한다(규칙 67조 4항). 이러한 소취하무효선언판결이 확정된 때에는 판결법원은 종국판결 후에 했어야 할 절차를 계속하여 진행해야 하고, 당사자는 종국판결 후에 할 수 있었던 소송행위를 할 수 있다. 이 경우(상소의 이익은 있으나 상소를 하지 않고 있는 당사자에 대한) **상소기간**은 소취하무효선언판결이 확정된 날의 다음 날부터 전체기간이 새로이 진행된다(규칙 67조 5항).

3. 법원이 소송종료를 간과한 경우에 하는 소송종료선언

확정판결,2) 청구의 포기·인낙,3) 소송상 화해, 소·상소의 취하(취하간주),

---

1) 기일지정신청을 하기 위하여 반드시 '기일지정신청서'라는 제목이나 형식을 갖춘 서면이 필요한 것은 아니다. 따라서 그때까지 이루어진 소송의 경과 등에 비추어 당사자가 제출한 서면의 내용이 소취하의 효력을 다투면서 기일지정을 구하는 것이라면 법원은 **불복신청서의 제목에 구애받지 않고** 기일지정신청이 있는 것으로 볼 수 있다. 이러한 경우 법원은 변론을 열어 신청사유에 관하여 심리해야 한다. 대판 2021. 11. 25. 2018다27393.
2) 대판 1991. 5. 24. 90다18036, 2007. 12. 14. 2007다37776,37783.
3) 대결 1962. 6. 14. 62마6.

확정된 화해권고결정,[1] 대립당사자 구조의 소멸 등에 의하여 소송종료의 효과가
발생되었는데도 법원이 이를 간과하고 소송심리를 진행한 경우, **법원**은 당사자
의 이의 여부와 관계없이 직권으로 소송종료 여부를 조사하여 판결로 소송종료
선언을 해야 한다.[2] 만일 끝까지 이를 간과하고 본안판결을 한 경우에는 **상소법
원**이 원심판결을 취소하고 소송종료선언을 해야 한다.

---

1) 대판 2010. 10. 28. 2010다53754는 화해권고결정에 대하여 이의신청을 하지 않은 원고들에
   대한 부분까지 심리·판단한 원심판결을 파기하고 그 부분에 대한 소송종료선언을 했다.
2) 대판 2011. 4. 28. 2010다103048.

제 2 장   당사자의 행위에 의한 소송종료

제 1 절   소의 취하

I. 의   의

소취하는 원고가 소의 전부 또는 일부를 철회하는 법원에 대한 단독적 소송행위이다(법 266조).[1] 소가 주관적 또는 객관적으로 병합되어 있는 여러 개의 청구(다만 고유필수적 공동소송의 경우는 제외한다) 가운데 **일부**를 취하할 수 있음은 물론, 하나의 청구 가운데 **일부**를 취하할 수도 있다. **청구취지**를 **감축**하는 경우 원고가 감축된 부분에 대한 청구를 포기한다는 명시적 의사표시가 없는 경우에는 이를 소의 일부취하로 본다(이에 관해서는 청구의 변경에서 보기로 한다). 한편 소취하와 달리 **상소취하**는 원심판결을 그대로 유지·확정시키는 데 반하여, 소취하는 이미 이루어진 판결도 실효하게 한다.

소송 외에서 원고가 피고에 대하여 소를 취하하기로 하는 약정을 **소취하합의** 또는 **소취하계약**이라고 한다. 소취하합의의 법적 성질에 관하여 논의가 있다(이에 관해서는 이미 소송상 합의에서 살펴보았다). 소취하합의를 했음에도 소를 취하하지 않은 경우에는 소의 이익이 없다는 이유로 소를 각하해야 한다.[2] 소취하합의에 의하여 소가 각하된 뒤라도 원칙적으로 재소를 할 수 있지만, 부제소합의까지 포함된 경우라면 재소가 허용되지 않는다. **판례**는, 계속 중인 민사소송을 포함한 관련 소송을 모두 취하하고 분쟁을 종국적으로 처리하기로 하는 합의를 한 뒤 이들 관련 소송 모두를 취하했다면 그 후 다시 민사소송 등을 제기하거나 이를 유지할 소의 이익이 없다고 보고 있다.[3]

한편 원고가 제 1 심·제 2 심 변론종결 전까지 소를 취하한 경우(**취하간주**된

---

1) 대판 2004. 7. 9. 2003다46758.
2) 판례는, 소취하합의를 했음에도 원고가 소를 취하하지 않고 승소확정판결을 받은 경우 그 판결에 기한 등기는 당연무효가 아니라고 본다. 대판 1981. 12. 8. 80다2817.
3) 대판 1983. 3. 2. 82누354.

경우도 포함한다) 원고는 소장에 붙인 **인지액**의 **2분의 1**에 해당하는 금액(인지액의 2분의 1에 해당하는 금액이 10만원 미만이면 인지액에서 10만원을 **빼고** 남은 금액)의 **환급**을 청구할 수 있다(민인 14조 1항 2호). **소의 일부취하**에서 하나의 소로써 여러 개의 청구를 했다가 그 여러 청구 가운데 일부를 이루는 청구 전부를 취하함으로써 인지액의 변동이 생긴 경우에는 일부취하 부분에 대하여 환급을 청구할 수 있다. 다만 어느 청구가 취하된 것이 아니라 단순히 **하나의 청구**를 **일부감축**한 데 그친 경우에는 환급의 대상이 되지 않는다.[1]

Ⅱ. 요건 등

1. 소 송 물

원고는 모든 소송물에 대하여 자유롭게 소를 취하할 수 있다. 직권탐지주의가 적용되는 사건에서도 소취하가 허용된다. 따라서 가류·나류 가사소송에서도 소취하가 허용된다. 소수주주의 소제기청구에 따라 회사·자회사가 제기하는 **이사책임추궁의 소**(상 403조 1항, 406조의2 1항, 542조의6 6항), 또는 **주주대표소송·다중대표소송**(상 403조 3항·4항, 406조의2 2항·3항, 542조의6 6항)[2]에서 소취하는 법원의 허가를 받아야 한다(상 403조 6항, 406조의2 3항). **증권관련집단소송**[3]에서도 소취하는 **법원의 허가**를 요한다(증집 35조 1항).

2. 시   기

소취하는 소의 **전부** 또는 **일부**에 대하여 **판결이 확정될 때까지** 언제든지 할 수 있다(법 266조 1항).[4] 상소심(항소심·상고심)에서도 소취하는 허용된다. 다만 상소심에서의 소취하에는 재소금지의 제재가 따른다(법 267조 2항). **상소심**에서 상소

---

1) 대결 2012. 4. 13. 2012마249.
2) 주주대표소송 등에서 **상소취하**는 상법 403조 6항의 '소의 취하'에 포함되지 않는다. 따라서 법원의 허가를 받을 필요가 없다. 주주대표소송 등에서 상소취하로 원심판결이 확정되더라도 원고와 피고의 공모로 인하여 소송목적인 회사의 권리를 사해할 목적으로써 판결을 하게 한 때에는 회사·자회사 또는 주주는 재심의 소를 제기할 수 있다(상 406조 1항, 406조의2 3항).
3) 증권관련집단소송에서는 상소취하의 경우에도 법원의 허가를 받아야 한다(증집 38조 1항, 35조 1항).
4) 판결이 확정되어 **소송계속이 소멸**하면 소취하는 불가능하고 소송계속이 없는 상태에서 이루어진 소취하의 의사표시는 그 대상이 없어 **무효**이다. 대판 2021. 11. 25. 2018다27393.

인인 원고가 피고의 동의를 얻어 소취하서를 제출했을 때에 소취하인지 상소취하인지가 불명한 때에는 석명하여 밝혀야 하나, 석명을 해도 명확하지 않은 때에는 불이익이 비교적 적은 **소취하**로 본다. 소취하는 재소금지의 효력이 발생하나, 상소취하는 판결의 확정으로 기판력이 발생하므로, 소취하가 원고에게 유리하기 때문이다.

3. 피고의 동의

(1) 동의가 요구되는 경우

1) 소취하는 피고가 본안에 관한 **준비서면**(답변서도 포함한다. 답변서는 최초의 준비서면이다)의 제출, 변론준비기일에서의 진술, 변론기일에서의 변론(**본안에 대한 피고의 응소**)을 하기 전까지는 피고의 동의가 필요없으나, **그 뒤에는** 피고의 동의가 필요하다(법 266조 2항).[1] 피고가 단지 본안전 항변으로 소각하판결을 구한 데 그친 경우에는 본안에 관하여 응소한 것으로 볼 수 없다. **판례**는, 피고가 주위적으로 소각하판결을, 예비적으로 청구기각판결을 구한 경우에는 청구기각의 본안판결을 구하는 것은 예비적인 것에 불과하므로 피고의 동의가 필요없다고 본다.[2]

2) **소의 일부취하**에서 ① 하나의 소로써 여러 개의 청구를 했다가 그 여러 청구 가운데 일부를 이루는 청구 전부를 취하한 경우이거나, ② 하나의 청구를 일부감축한 경우이거나 모두 피고가 본안에 관하여 응소했다면 그 일부취하에 대하여 피고의 동의가 있어야 한다. 다만 **청구의 교환적 변경**은 그 법적 성질을 구청구의 취하와 신청구의 제기로 보는데 이 경우 피고가 구청구에 응소했다고 하더라도 피고의 동의를 필요로 하지 않는다. 이에 관해서는 청구의 변경에서 살펴보기로 한다.

3) 한편 ① 피고 측 **고유필수적 공동소송**에서는 공동피고 모두의 동의가 있어야 한다(법 67조 1항). ② **독립당사자참가**에서 **본소의 취하**는 피고 및 참가인 양쪽의 동의가 있어야 하며, **참가신청의 취하**는 원고 및 피고 양쪽의 동의가 있어

---

1) 상대방이 있는 마류 가사비송사건인 **재산분할심판사건**의 경우 심판청구의 취하에 상대방의 동의를 필요로 하지 않고, 상대방이 그 취하에 부동의했다고 하더라도 취하의 효력이 발생한다(나류 가사소송사건인 **재판상 이혼**과 병합하여 **재산분할**을 구하는 소를 제기한 경우 제1심 소송계속 중 원고의 소취하서 제출에 대해 피고가 소취하부동의서를 제출했다고 하더라도 **재산분할청구부분**에 대해서는 그 취하에 상대방의 동의를 필요로 하지 않아 원고의 소취하서 제출에 의해 취하의 효력이 발생한다). 대판 2023. 11. 2. 2023므12218.

2) 대판 1991. 3. 27. 91다1783,1790, 2010. 7. 22. 2009므1861,1878.

야 한다(법 79조 2항, 67조 1항, 266조 2항).

(2) 동의의 방식

1) 소취하의 동의는 서면 또는 말로 한다. 소취하의 동의 또는 동의거절은 반드시 **명시적**으로 해야 하는 것은 아니며 **묵시적**으로 해도 무방하다.[1]

이러한 동의 여부가 명확하지 않은 경우에는 ① 취하의 **서면**이나, 취하진술을 기재한 **조서등본**[변론 또는 변론준비기일에서 말로 취하한 경우 피고가 그 기일에 **출석하지 않은 때**에는 그 기일의 조서등본을 송달해야 한다(법 266조 5항)]이 송달된 날부터 **2주 이내**에, ② 변론 또는 변론준비기일에서 **말로** 취하한 경우 피고가 그 기일에 **출석한 때**에는 그 출석한 날부터 **2주 이내**에 이의를 제기하지 않으면 소취하에 동의한 것으로 본다(법 266조 6항).[2]

2) 소취하의 동의는 **소송행위**이므로 **소송능력**이 있어야 한다. 소송대리인이 동의를 할 때에는 **특별수권**을 요하지 않는다.[3] 소취하의 동의에 **조건**을 붙일 수 없다.

(3) 동의의 효과

소취하의 동의에 의하여 소취하는 확정적으로 효과가 생긴다. **동의를 거절**하면 소취하의 효과는 발생하지 않는다. 일단 피고가 동의를 거절하여 놓고 그 뒤에 이를 **철회**하여 동의한다고 해도 취하의 효과는 생기지 않는다.[4] **동의의 대상**이 없어졌기 때문이다. **소의 일부취하로 피고의 동의**가 필요한 경우에는 소취하의 동의 여부에 따라 심판범위를 확정하여 재판해야 한다. 이러한 동의 여부가 결정되지 않은 상태에서 종전(일부취하 전)의 청구에 대하여 재판을 해서는 안 된다.[5]

4. 소취하와 소송행위로서의 유효한 요건

소송상 대리인(친권자를 제외한 법정대리인, 소송위임에 의한 소송대리인)이 소취하를 하기 위해서는 **특별한 권한의 수여**가 있어야 한다(법 56조 2항, 90조 2항 2호). 한편 **소취하에 흠**이 없어야 한다. 소취하가 착오, 사기·강박, 배임 등에 의한 경우

---

1) 대판 1993. 9. 14. 93누9460.
2) 대결 2018. 12. 28. 2018마7018.
3) 대판 1984. 3. 13. 82므40.
4) 대판 1961. 7. 10. 4292행상72.
5) 대판 2005. 7. 14. 2005다19477.

에 관해서는 이미 소송행위의 흠과 민법규정의 유추적용 허용 여부에서 살펴보았
다. **판례**는, ① 원고들 소송대리인으로부터 원고들 중 일부 원고의 소취하를 지시
받은 사무원은 원고들 소송대리인의 표시기관에 해당되어 그의 착오는 원고들 소
송대리인의 착오로 보아야 하므로 사무원이 착오로 원고들 소송대리인의 의사에
반하여 원고들 전원의 소를 취하했다 하더라도 이를 무효라 볼 수 없으며,[1] ②
원고가 자유로운 의사에 기하여 소취하서를 작성하여 다른 사람에게 그 제출을
위임한 경우 소취하서에 제 1 심판결선고 전까지 한정하여 제출할 수 있다는 취지
의 기재도 없고, 가사 원고로부터 소취하서의 제출을 위임받은 사람이 그 임무에
위배하여 제 1 심판결선고 뒤에 이를 제출했다 하더라도 소취하서의 표시를 기준
으로 그 효력 유무를 판정할 수밖에 없는 소송행위에서 이를 무효라고 볼 수는
없다는 입장이다.[2]

5. 소취하의 방법

원칙적으로 소송이 계속된 법원에 **소취하서**를 제출해야 한다(법 266조 3항 본
문). 소장부본을 송달한 뒤에는 소취하서를 상대방에게 송달해야 한다. 적법한 소
취하서가 제출된 이상 그 서면이 상대방에게 송달되기 전·후를 묻지 않고 원고
는 이를 임의로 철회할 수 없다.[3] 다만 변론기일 또는 변론준비기일에서는 **말로**
소를 취하할 수 있다(법 266조 3항 단서). 소취하는 법원에 대한 단독적 소송행위이
므로 상대방이 **불출석**해도 할 수 있고, 말로 소를 취하한 경우에 상대방이 불출
석한 경우에는 취하의 진술을 기재한 조서의 등본을 상대방에게 송달해야 한다
(법 266조 5항).

Ⅲ. 효   과

1. 소송계속의 소급적 소멸

(1) 소취하와 소송계속의 효력

소가 취하되면 처음부터 소송이 계속되지 않았던 것과 같은 상태에서 소송이

---

1) 대판 1997. 6. 27. 97다6124.
2) 대판 1997. 6. 27. 97다6124, 1997. 10. 24. 95다11740, 2009. 4. 23. 2008다95151.
3) 대판 1997. 6. 27. 97다6124.

종료된다(법 267조 1항). 그러나 소취하에 앞서 제기한 독립당사자참가, 반소, 중간확인의 소는 본소의 취하에 불구하고 원칙적으로 아무런 영향을 받지 않는다. 한편 소송계속에 바탕을 둔 관련재판적은 본소가 취하되어도 소멸되지 않는다(법 33조).

(2) 소취하의 실체법상 효력

소제기에 의한 실체법적 효과인 시효중단·기간준수의 효력은 소취하에 의하여 소급적으로 소멸된다(민 170조 1항). 다만 6월 내에 재판상 청구 등을 한 때에는 애당초 소제기로 인한 시효중단의 효력이 그대로 유지된다(민 170조 2항). 소송에서 공격방어방법으로 형성권을 행사한 경우 소취하에 의하여 실체법상 형성권 행사의 효력이 소멸되는지에 관해서는 소송상 형성권의 행사에서 이미 살펴보았다.

2. 재소의 금지

(1) 의   의

소가 취하되면 소송계속이 소급적으로 소멸되므로 다시 같은 소를 제기할 수 있다. 그러나 본안에 대한 종국판결이 선고된 뒤에 소를 취하한 다음 다시 소제기를 허용한다면 본안판결에 이르기까지 법원이 들인 노력과 비용이 무용화되고 법원의 종국판결이 당사자에 의하여 농락당할 수 있으며,[1] 다시 동일한 분쟁을 문제삼아 소송제도를 남용하는 부당한 사태를 방지하기 위하여 본안에 대한 종국판결이 있은 뒤에는 이미 **취하한 소와 같은 소(반소, 참가승계 등)**의 제기를 허용하지 않는다(법 267조 2항).[2] 법은 본안에 대한 종국판결 선고 뒤의 소취하를 허용하면서도 **취하의 남용**을 제재하고, 다른 한편으로는 **재소의 남용**을 금지하기 위하여 동일한 소의 제기를 금지하는 규정을 두게 되었다.[3] 따라서 본안에 대한 종국판결이 있은 뒤 소를 취하한 사람이라 할지라도 이러한 규정의 취지에 반하지 않고 **소제기를 필요로 하는 정당한 사정(권리보호이익)**이 있다면 다시 소를 제기할 수 있다.[4]

---

1) 대판 1989. 10. 10. 88다카18023, 1998. 3. 13. 95다48599,48605, 2009. 6. 25. 2009다22037.
2) 대판 2021. 5. 7. 2018다259213, 2022. 2. 17. 2021다275741, 2023. 3. 16. 2022두58599.
3) 윤재식, "재소금지의 법리," 민사판례연구 8권(1986. 5.), 292쪽 이하.
4) 대판 1989. 10. 10. 88다카18023, 1998. 3. 13. 95다48599,48605, 2009. 6. 25. 2009다22037.

(2) 동일한 소

(a) 당사자의 동일

1) 재소를 제기할 수 없는 것은 원칙적으로 당사자로서 **전소의 원고만**이다. 보조참가인은 이에 해당하지 않는다.1) 피고는 재소의 제기에 영향을 받지 않는다. 예컨대 원고가 피고를 상대로 한 채무부존재확인의 소를 제 1 심 본안판결 선고 뒤 취하를 했다고 하더라도 피고는 원고를 상대로 동일한 채권에 관하여 채권존재확인의 소를 제기할 수 있다.

2) 전소 원고의 **일반승계인**이 당사자에 포함되는 것은 문제없으나, 원고의 **특정승계인**도 이에 해당하는지에 관해서는 논의가 있다. 이에 대하여, ① 재소금지의 범위를 확대함은 바람직하지 않다는 입장에서 특정승계인에게는 재소금지의 효력이 미치지 않는다고 보는 견해,2) ② 재소금지의 효력은 기판력처럼 법적 안정성을 위한 것이 아니고 소권남용에 대한 제재이므로 전소의 취하를 알면서 승계했다는 등의 특별한 사정이 없는 한 특정승계인에게는 미치지 않는다고 보는 견해도 있으나,3) ③ 여기서 소를 취하한 사람에는 **특정승계인도 포함**하는 것으로 보아야 한다. **다수설**4) 및 **판례**5)의 입장도 같다.

판례는, 동일한 소는 뒤에서 보는 바와 같이 당사자와 소송물인 권리관계가 동일할 뿐 아니라 **소제기를 필요로 하는 정당한 사정**, 즉 권리보호이익도 같아야 하므로, 새로운 권리보호이익이 있는 때에는 전소와 후소는 동일한 소라고 할 수 없다는 입장에서, **특정승계인이라도** 다시 소를 제기할 권리보호이익이 있는 때에는 재소를 허용한다. 예컨대 토지의 전소유자가 피고를 상대로 한 전소와 토지를 특정승계한 현소유자가 피고를 상대로 한 후소는 소송물인 권리관계는 동일하다 할지라도 전소의 취하 후에 그 토지를 양수한 원고는 그 소유권을 침해하고 있는 피고에 대하여 그 배제를 구할 새로운 권리보호이익이 있으므로, 전소와 후소는

---

1) 대판 1984. 9. 25. 80다1501.

2) 송상현·박익환, 482쪽.

3) 이시윤, 601쪽; 호문혁, 807쪽; 문일봉, "채권자대위소송의 몇 가지 문제점에 관한 검토 등 —재소금지, 임의적 소송담당, 피보전권리와 관련하여—," 법조 45권 8호(1996. 8.), 122쪽 이하. 한편 재소금지가 제재적 기능으로서 소취하의 자유에 대한 제한이라는 취지에 비추어 보면 본인에게만 미친다고 보고 일반승계인이나 특정승계인에게는 미치지 않는다는 견해로는, 김홍규·강태원, 585쪽.

4) 정동윤·유병현·김경욱, 736쪽; 강현중, 636쪽; 정영환, 1115쪽.

5) 대판 1969. 7. 22. 67다760, 1981. 7. 14. 81다64.

동일한 소라고 할 수 없다.[1]

　3) 재소금지의 효력을 받는 당사자에는 당사자와 동일하다고 볼 수 있는 **제 3 자로서 전소 확정판결의 효력**을 받게 되는 사람(법 218조 1항·3항, 80조 단서, 82조 3항)도 포함한다. 예컨대 **선정당사자**가 본안에 대한 종국판결이 있은 뒤 소를 취하한 경우 재소금지의 효력은 선정자에게 미친다. 한편 **채권자대위소송**에서(채권자가 채무자를 대위하여 채무자의 권리를 행사할 당사자적격이 있어야 한다) 채권자가 본안에 대한 종국판결이 있은 뒤 소를 취하한 경우에는 채무자가 **대위소송의 계속사실을 안** 이상 재소금지의 효력이 **채무자**에게 미친다.[2] **판례**의 입장도 같다.[3]

　이에 대하여, 임의적 소송담당에 해당하는 선정당사자의 경우와 달리 법정소송담당에 해당하는 채권자대위소송의 채권자의 경우에는 채무자가 재소금지의 효력을 받기 위해서는 그에 대한 충분한 책임과 비난가능성이 있어야 하는데 이러한 사정을 인정하기 어려우므로 채무자에게 재소금지의 효력을 인정하지 않아야 한다는 견해가 있다.[4] 그러나 제 3 자로서 재소금지의 효력을 받을 당사자와 동일한 사람으로 볼 것인지 여부를 제 3 자에게 재소금지의 제재를 할 충분한 책임과 비난가능성의 유무를 고려하여 판단할 수 없으며, 채무자에게 재소금지의 효력이 미치는 경우에도 뒤에서 보는 바와 같이 채무자에게 **소제기를 필요로 하는 정당한 사정**이 있다면 재소가 허용되므로, 위와 같은 견해는 받아들이기 어렵다.

■ 추심금청구소송에서 본안에 대한 종국판결이 있은 뒤 추심채권자가 소를 취하한 경우 다른 추심채권자에게 재소금지의 효력이 미치는지 여부

　(1) 판례의 태도
　채권자 X가 채무자(A)의 제 3 채무자(B)에 대한 채권에 대하여 압류 및 추심명령을 받아 제 3 채무자(B)를 상대로 추심금청구소송(선행 추심소송)을 제기하여 제 1 심에서 청구의 대부분을 인용하는 판결을 받은 후 항소심에서 소를 취하했다. 그 후 채무자(A)의 다른 채권자 Y가 채무자(A)의 같은 채권에 대하여 제 3 채무자(B)를 상대로 추심금청구소송(후행 추심소송)을 제기한 사안에서, **대판 2021. 5. 7. 2018다**

1) 대판 1981. 7. 14. 81다64,65; 이재성, "소 취하로 인한 재소금지," 이재성판례평석집 6권 (1982. 9.), 63쪽 이하.
2) 채무자가 대위소송의 계속사실을 안 이상 대위소송의 판결의 효력이 채무자에게 미치는 점에 비추어 그렇다. 이시윤, 601쪽; 정동윤·유병현·김경욱, 737쪽; 강현중, 636쪽.
3) 대판 1981. 12. 27. 79다1618,1619, 1996. 9. 20. 93다20177,20184.
4) 한충수, 557쪽.

259213은 Y가 선행 추심소송과 별도로 자신의 채무자(A)에 대한 (집행)채권의 집행을 위하여 후행 추심소송을 제기한 것이므로 뒤에서 보는 바와 같이 새로운 권리보호이익(소제기를 필요로 하는 정당한 사정)이 발생한 것으로 볼 수 있어 재소금지규정에 반한다고 볼 수 없다는 원심판결의 판단에 대하여, X가 선행 추심소송에서 패소판결을 회피할 목적 등으로 본안에 대한 종국판결 뒤에 소를 취하했다거나 Y가 소송제도를 남용할 의도로 후행 추심소송을 제기했다고 보기 어렵다는 사정 등을 살펴보면 원심판결은 정당하다고 보았다.

　(2) 검　　토

　1) 위 판례는 추심채권자 X와 Y가 재소금지의 효력이 미치는 동일한 당사자의 지위에 있음(당사자가 다르나 실질상 동일한 관계에 있는 사람, 즉 당사자와 동일한 것으로 볼 수 있는 제3자로 보고 있음)을 전제로 비록 당사자가 동일한 것으로 보되 Y가 자신의 집행채권을 집행(현금화)하기 위하여 후행 추심소송을 제기한 사정 및 재소금지규정의 취지 등에 비추어 Y가 후행 추심소송의 제기를 필요로 하는 정당한 사정이 있으므로 후행 추심소송을 제기한 것은 재소금지규정에 반하지 않는다는 논리에 입각했다.

　그러나 기판력의 주관적 범위에서 상세히 살펴보는 바와 같이 추심채권자인 X가 제기한 선행 추심소송의 확정된 **판결의 효력**(판결이 선고되어 확정될 경우)이 후행 추심소송을 제기한 **다른 추심채권자**인 Y에게 **미치는 것이 아니므로**, Y는 재소금지의 효력이 미치는 **동일한 당사자의 지위에 있지 않다**. X와 Y가 동일한 당사자의 지위에 있음을 전제로 더 나아가 소제기를 필요로 하는 정당한 사정 등 유무를 판단한 판례의 논리는 수긍하기 어렵다.

　2) 위 판례는 마치 **채권자대위소송**(선행 대위소송)에서 원고인 채권자가 본안에 대한 종국판결 뒤에 소를 취하한 뒤에 다른 채권자가 채무자의 제3채무자에 대한 동일한 채권에 대하여 채권자대위소송(후행 대위소송)을 제기한 경우에 적용될 수 있는 법리를 추심금청구소송에 그대로 대입한 것으로 이해된다.

　그러나 동일한 채권(**피대위채권**)에 대하여 여러 명의 채권자 가운데 어느 한 채권자가 제기한 **채권자대위소송**에서 확정된 **판결의 기판력**은 채무자가 대위소송의 계속사실을 아는 이상 **다른 채권자에게 미친다**고 볼 수 있어, 선행 대위소송을 제기한 채권자가 본안에 대한 종국판결 뒤 소를 취하한 경우 후행 대위소송을 제기한 채권자를 재소금지의 효력이 미칠 수 있는 동일한 당사자(실질적으로 동일한 당사자)로 보는 전제에서 소제기를 필요로 하는 정당한 사정 등이 있는지 여부에 따라 재소 허용 여부를 정하는 법리를 추심채권자를 달리하여 제기하는 추심금청구소송에 그대로 대입하는 것은 정당하지 않다.

　이는 **대판 2020. 10. 29. 2016다35390**에서 밝힌 바와 같이 추심금청구소송과 채권자대위소송은 그 **소송물**이 채무자의 제3채무자에 대한 채권의 존부의 면에서는 같다고 볼 수 있지만 그 **근거규정**과 **당사자적격**의 요건이 다르므로, 추심금청구소송의 기판력이 다른 채권자에게 미치는지 여부와 채권자대위소송의 기판력이 다른 채권자에게 미치는지 여부를 반드시 같은 맥락에서 보아야 하는 것은 아니기 때문이다.

(b) 소송물의 동일

1) 동일한 소가 되기 위해서는 전소와 후소의 소송물이 동일해야 한다. 건물인도를 구하는 경우 물권인 소유권에 기한 청구와 채권인 약정에 기한 청구는 동일한 청구가 아니다.[1] 명의신탁해지에 따른 소유권에 기한 소유권이전등기청구와 명의신탁해지에 따른 신탁계약의 종료를 원인으로 계약상 권리에 기한 소유권이전등기청구도 별개의 청구이다.[2]

2) **원본채권**의 이행을 청구하는 소를 제기했으나 청구기각판결을 받자 그 소를 취하한 뒤 (지분적) **이자채권**의 이행을 청구하는 소를 제기하는 때와 같이 전소의 소송물이 후소의 소송물에 대한 **선결적 법률관계**를 이루고 있는 경우에는 소송물 자체는 다르나 동일한 소로 보아 재소가 금지된다. **면직처분무효확인**의 소를 제기했으나 청구기각판결을 받자 그 소를 취하한 뒤 면직처분이 무효임을 전제로 **급여채권**의 이행을 청구하는 경우도 마찬가지이다(다수설).[3]

판례도, 여기에서 동일한 소란 반드시 기판력의 객관적 범위나 중복소송금지의 경우의 그것과 같이 풀이할 것은 아니고 따라서 당사자와 소송물이 동일하더라도 권리보호이익이 다른 때에는 동일한 소라 할 수 없는 반면, 후소가 전소의 소송물을 선결적 법률관계나 전제로 하는 것일 때에는 비록 소송물은 다르지만 원고는 전소의 목적이었던 권리나 법률관계의 존부에 대해서는 다시 법원의 판단을 구할 수 없는 관계상 재소금지제도의 **취지**와 **목적**에 비추어 후소는 동일한 소로서 판결을 구할 수 없다고 보고 있다.[4]

이에 대하여, 이러한 경우에는 동일한 소가 아니라는 견해가 있다.[5] 이러한

---

1) 대판 1991. 1. 15. 90다카25970.
2) 대판(전) 1980. 12. 9. 79다634.
3) 김홍규·강태원, 585쪽; 정동윤·유병현·김경욱, 737쪽; 강현중, 636쪽.
4) 대판 1989. 10. 10. 88다카18023. 다만 이 경우에도 후소제기를 필요로 하는 정당한 사정이 있는 경우에는 그렇지 않다.
5) 호문혁, "선결적 법률관계와 재소금지," 민사판례연구 13권(1991. 3.), 212쪽 이하; 이시윤, 576쪽; 송상현·박익환, 483쪽; 호문혁, 762쪽.

견해는, 원래 전소 소송물을 선결문제로 하는 후소가 제기된 경우에 선결문제의 한도에서 전소의 기판력 있는 판단에 구속될 뿐이지 후소의 제기 자체가 불허되는 것은 아니므로(소각하판결을 해야 하는 것은 아니다), 이 경우 전소 본안판결 선고 뒤 취하했다고 하여 재소시 이를 각하하는 것은 당사자에게 본안에 대한 종국판결(확정판결) 이상의 구속을 가하는 것으로 부당하다는 것을 근거로 내세우고 있다. 그러나 원래 판결확정시까지는 소취하의 자유를 주면서 한편으로는 일정한 시기 이후의 소취하에 재소를 금지시키는 현행법의 **제도적 취지**를 고려하여 그 **적용범위를 합리적**으로 **해석**하는 것이 타당하므로, 동일한 소란 반드시 기판력의 객관적 범위(법 216조 1항)나 중복소송금지(법 259조)의 그것과 같게 해석할 필요는 없다.[1]

따라서 전소 소송물이 후소 소송물에 대한 선결적 법률관계나 전제를 이루고 있는 경우에는 전소에서 본안에 대한 종국판결 뒤에 소를 취하한 사람은 전소의 목적이었던 권리나 법률관계의 존부에 대해서는 다시 법원의 판단을 구할 수 없는 관계상 위 제도의 제재적 취지와 목적에 비추어 후소에 대해서도 동일한 소로서 판결을 구할 수 없다고 풀이함이 상당하다. 재소를 제기하지 못함으로 말미암아 불이익을 입는 원고에 대한 구제는 재소금지의 또 하나의 요건인 **권리보호이익**의 동일성이 있는지 여부에서 검토하면 족하다.[2]

3) 앞서의 경우와 달리 **이자채권**의 이행을 청구하는 소에 대한 본안판결이 선고된 뒤에 그 소를 취하하고 다시 **원본채권**의 이행을 청구하는 소를 제기하는 것은 전소가 후소의 선결적 법률관계를 이루지 않으므로 허용된다. **급여채권**의 이행을 청구하는 소에 대한 본안판결이 선고된 뒤에 그 소를 취하하고 다시 **면직처분무효확인**을 청구하는 소를 제기하는 경우도 마찬가지이다.

(c) 권리보호이익의 동일

정당한 이유 없이 소를 취하한 경우에는 재소를 금지해야 하지만, 한편으로는 재판을 받을 권리를 부당하게 제한하는 일이 없도록 해석할 필요가 있다. 따라서 당사자 및 소송물이 같더라도 재소금지규정의 취지에 반하지 않고, **권리보호이익**, 즉 **소제기를 필요로 하는 정당한 사정**이 다를 때에는 재소는 금지되지

---

1) 대판 2023. 3. 16. 2022두58599.
2) 김태훈, "후소가 전소의 소송물을 선결문제로 하는 경우 민사소송법 제240조 제 2 항에 의한 재소금지의 적용 여부," 대법원판례해설 13호(1990년 상반기), 53쪽 이하; 정동윤·유병현·김경욱, 699쪽.

않는다고 보아야 한다.[1][2] 이 경우 권리보호이익의 동일성은 위에서 본 재소금지 제도의 취지, 즉 취하남용금지와 재소남용금지의 두 가지 관점에서 판단해야 한다. 이 점이 중복소송금지와 다르다. 소제기를 필요로 하는 사정이 발생했는지 여부는 재소에 이른 **객관적 사정**(새로운 사정의 발생 등)과 **주관적 사정**(취하한 원고 측의 귀책사유 등)을 종합하여 판단해야 한다.[3]

■ **권리보호이익의 동일성이 없어 재소가 허용되는 구체적 사례**

(1) 피고가 소취하의 전제조건을 위반한 경우

일반적으로 본안에 관한 제 1 심판결 선고 뒤에 원고가 소를 취하했는데, 피고가 소취하의 전제조건인 약정을 위반하여 약정이 해제 또는 실효되는 사정변경이 생긴 경우가 있다. 이러한 경우에는 후소와 전소는 일반적으로 소제기를 필요로 하는 사정이 같지 않아 권리보호의 이익이 다르므로 재소금지의 원칙에 위배되지 않는다.[4] 예컨대 ① 피고가 변제를 확약하여 원고가 소를 취하했는데, 피고가 그 후 변제하지 않는 경우(이행을 유예했으나 유예한 이행기가 지난 경우), ② 피고가 소유권침해행위 또는 부정경쟁행위를 중지함으로써 원고가 소를 취하했는데, 피고가 그 후 다시 침해행위를 하는 경우[5] 등이다.

(2) 전소 원고의 특정승계인에게 소취하에 대한 책임이 있다고 볼 수 없는 경우

부동산 공유자들이 제기한 건물인도청구소송에서 항소심 계속 중 소송당사자 상호간의 지분양도·양수에 따라 소취하 및 재소가 이루어진 경우가 있다. 이러한 경우 그로 인하여 그때까지의 법원의 노력이 무용화된다든가 당사자에 의하여 법원이 농락당한 것이라 할 수 없고, 소송계속 중 부동산의 공유지분을 양도함으로써 그 권리를 상실한 원고들이 더 이상 소를 유지할 필요가 없다고 생각하고 소를 취하한 것이라면 그 지분을 양도받은 **승계인**에게 **소취하에 대한 책임**이 있다고 할 수 없으며, 승계인으로서는 자신의 권리를 보호하기 위하여 양도받은 공유지분에 기하여 **다시 소를 제기할 필요**도 있다. 따라서 승계인이 추가한 건물인도청구는 원고

---

1) '**소제기를 필요로 하는 사정**'이라는 표현을 사용하고 있는 것에는, 대판 1981. 7. 14. 81다64,65. '**소제기를 필요로 하는 정당한 사정**'이라고 한 것에는, 대판 2009. 6. 25. 2009다22037, 2021. 7. 29. 2018다230229, 2023. 3. 16. 2022두58599 등.

2) 한충수, 544쪽은, 재소금지의 대상이 되는 후소의 이익 판단기준을 '후소를 정당화할 권리보호이익'의 존부로 보고 있다. 호문혁, 811쪽은, '권리보호이익이 동일할 것'이라는 표현에 대하여, '재소를 허용할 만한 사정이 없을 것'이라고 표현하는 것이 더 적절하다고 한다. 한편 '소의 이익의 동일'이라는 표현을 사용하고 있는 것에는, 정동윤·유병현·김경욱, 737쪽. '소의 이익 및 필요사정의 동일'이라는 표현을 사용하는 있는 것에는, 김홍규·강태원, 585쪽.

3) 문일봉, "재소금지원칙의 몇 가지 문제에 관한 고찰(하)," 법조 47권 8호(1998. 8.), 148쪽.

4) 대판 2000. 12. 22. 2000다46399.

5) 대판 1981. 7. 14. 81다64,65, 2009. 6. 25. 2009다22037.

들이 취하한 전소와는 권리보호의 이익을 달리하여 재소금지의 원칙에 위배되지 않는다.[1]

(3) 전·후소의 소송목적이 동일한 경우

집합건물의 구분소유자들이 자신들의 공유지분권에 기하여 집합건물의 공용부분이나 대지를 점유·사용하는 무단점유자를 상대로 한 부당이득반환청구소송에서 항소심 소송계속 중 소를 취하했다고 하더라도, 집합건물의 관리단은 **구분소유자들의 공동이익을 위하여** 부당이득반환청구소송을 제기할 수 있다. 비록 관리단이 부당이득반환청구소송을 제기하여 판결이 확정되었다면 그 효력은 구분소유자에게도 미치고(**제3자 소송담당**, 법 218조 3항), 특별한 사정이 없는 한 구분소유자가 부당이득반환청구소송을 제기하여 판결이 확정되었다면 그 부분에 대한 효력도 관리단에 미친다고 보아야 하나, 관리단이 부당이득반환청구소송을 제기한 것은 특별한 사정이 없는 한 **새로운 권리보호이익이 발생한 것**으로 재소금지의 원칙에 위배되지 않는다.[2]

(3) 본안에 대한 종국판결 선고 뒤의 취하

1) **본안**에 대한 종국판결이어야 하므로, 소각하판결이나 소송종료선언 등 소송판결이 있고 난 뒤에 소를 취하한 경우 원고가 다시 동일한 소를 제기해도 무방하다. **종국판결**이어야 하므로, 본안에 대한 판결이라도 **중간판결**이 선고된 뒤에 소를 취하한 경우에는 원고가 다시 동일한 소를 제기할 수 있다. 한편 종국판결 **선고 뒤**의 소취하이어야 하므로, 종국판결 선고 전에 소를 취하한 경우이면 법원이 이를 간과하고 종국판결을 선고했다고 하더라도 뒤에 동일한 소를 제기할 수 있다.

2) **대판 2021. 7. 29. 2018다230229**는 항소법원이 한 **화해권고결정**에 '원고는 소를 취하하고, 피고는 이에 동의한다'는 **화해조항**이 있고, 이러한 화해권고결정에 대하여 양 당사자가 이의신청을 하지 않아 **확정**되었다면 화해권고결정의 확정으로 당사자 사이에 소를 취하한다는 내용의 **소송상 합의**를 했다고 볼 수 있으므로, 본안에 대한 종국판결이 있은 뒤에 이러한 화해권고결정이 확정되어 소송이 종결된 경우에는 소취하한 경우와 마찬가지로 법 267조 2항의 규정에 따라 같은 소를 제기하지 못한다고 본다.

위 판결은 항소심에서 확정된 화해권고결정상 '원고는 소를 취하하고, 피고

---

1) 대판 1998. 3. 13. 95다48599,48605.
2) 대판 2022. 6. 30. 2021다239301.

는 이에 동의한다'는 화해조항에 의해 당사자가 **소취하합의**를 한 것으로 보고 있는데, 제 1 심 본안판결 선고 뒤 항소법원의 화해권고결정에 의해 당사자 사이에 소취하합의를 한 경우에도 이를 원고가 소취하를 한 것과 같이 보아야 할 아무런 **법적 근거를 제시하고** 있지 않다. 소취하를 하기로 하는 **소송상 합의**의 법적 성질을 소송계약으로 보지 않고, **사법계약**으로 보는 한 소취하합의를 했다고 하여 소취하의 효력이 발생하지 않고 단지 **소취하를 할 의무**가 발생할 따름인데 재소금지의 효력과 관련하여 항소심에서 화해권고결정을 통하여 한 소취하합의를 소취하와 같이 보아야 할 **논리적 이유**를 제시하지 않고 있다. 항소법원이 한 화해권고결정에 대하여 원고와 피고 모두 이의신청을 하지 않아 확정되었다면 **원고**는 이의신청을 하지 않음으로써 **소취하의 의사표시**를 한 것으로, **피고**는 이의신청을 하지 않음으로써 **소취하에 동의**한 것으로 보아야 하므로, 이의신청기간이 지남으로써 확정된 화해권고결정에 의하여 **소취하 자체의 효력**이 발생한 것으로 볼 여지가 있다. 따라서 해당 소송의 종결원인은 '확정된 화해권고결정'이지만 확정된 화해권고결정에 따라 소취하의 효력이 발생한다고 보아야 한다.[1]

3) **판례**는, 일정한 경우 상대방의 동의를 받아야 효력을 가지는 소취하와 달리, **소송상 상계항변**은 그 수동채권의 존재가 확정되는 것을 전제로 행해지는 일종의 예비적 항변으로 상대방의 동의 없이 이를 철회할 수 있고, 그 경우 먼저 제기된 소송의 제 1 심에서 상계항변을 제출하여 제 1 심판결로 본안에 관한 판단을 받았다가 **항소심**에서 **상계항변**을 **철회**했더라도 이는 **소송상 방어방법**의 **철회**에 불과하여 법 267조 2항의 재소금지의 원칙이 적용되지 않으므로, 그 자동채권과 동일한 채권에 기한 소송을 별도로 제기할 수 있다고 본다.[2]

(4) 재소금지의 효력

(a) 의   의

재소금지 여부는 소송요건으로 직권조사사항이다. 재소금지의 효력은 소송법상 효력으로서, 실체법상의 권리관계에는 영향이 없다. 따라서 재소금지의 효력을

---

1) '원고는 소를 취하하고, 피고는 이에 동의한다'는 내용의 화해권고결정은 부적법하고 화해권고결정제도의 입법취지에 반할 뿐만 아니라, 소송종료만을 목적으로 하는 것으로 소송물에 관한 사항을 내용으로 하는 것이 아니어서 소송상 화해의 내용이 될 수 없으므로 화해의 효력을 부여할 수 없다는 견해로는, 문영화, "원고는 소를 취하하고, 피고는 이에 동의한다'는 내용의 화해권고결정의 효력," 민사소송 27권 2호(2023. 6.), 132쪽.

2) 대판 2022. 2. 17. 2021다275741.

받는 권리관계라고 하여 실체법상으로도 권리가 소멸하는 것은 아니다.[1] 이 경우 자
연채무가 된다. 따라서 원고는 임의로 변제수령이 가능하며, 담보권을 실행하고, 상
계권 등을 행사할 수 있다. 원고는 재소가 금지되었다고 하더라도 피고를 상대로 실
체법상의 의무를 면하게 되었음을 전제로 하는 부당이득반환 청구를 할 수 없다.[2]

(b) 가사소송의 경우

청구가 임의로 처분할 수 없는 법률관계에 관한 것으로 청구의 포기를 할 수
없는 소송의 경우는 재소금지의 원칙이 적용되지 않는다. 가류·나류 가사소송에
서는 청구의 인낙을 할 수 없도록 법률상 명문으로 규정되어 있는데(가소 12조 단
서), 청구의 포기도 할 수 없는지에 관하여 논의가 있다. 이에 관해서는 청구의
포기·인낙에서 보기로 한다.

(c) 항소심에서 청구를 교환적으로 변경한 경우

항소심에서 청구의 교환적 변경 후 다시 구청구로 재변경하여 구청구를 되살
리는 것은 재소금지의 원칙에 저촉된다. 항소심에서 청구의 교환적 변경이 있는
경우 **구청구**는 제 1 심판결 선고 뒤에 **취하**한 셈이 되므로 동일한 소를 제기하지
못하는데, 만약 다시 구청구로 교환적으로 재변경한다면 구청구에 대하여 새로이
소를 제기한 셈이 되기 때문이다(통설).[3]

(d) 중복소송을 간과한 본안판결 뒤 후소를 취하한 경우

중복소송에 해당하는 후소에 관하여 본안 종국판결 선고 뒤에 소를 취하한
경우에 전소에 대해서도 재소금지의 효력이 미쳐 전소가 부적법하게 되는지에 관
하여, **판례**는, 중복소송의 경우 본안에 대한 종국판결이 있은 뒤에 소를 취하한
사람은 동일한 소를 제기할 수 없다는 법리에 의하여 후소의 본안에 대한 판결이
있은 후 그 후소를 취하한 사람은 전소를 유지할 수 없으므로 전소는 부적법하여
각하해야 한다고 본다.[4]

이에 대하여, 중복소송에서 부적법한 것은 후소이지 전소가 아니므로 부적법

---

1) 대판 1989. 7. 11. 87다카2406.
2) 대판 1969. 4. 22. 68다1722. 법원은 원고에게 권리가 있다고 확정해 준 것도 아니므로 원
고는 계속 불안한 지위에 놓이게 되고, 상계를 할 기회가 오기를 기다리거나 임의변제라는 채
무자의 선처를 기대할 수밖에 없는 부당한 결과가 되므로, 기본적으로는 이런 일이 생기지 않
도록 재소금지의 원칙을 확대적용하지 말아야 한다는 견해로는, 호문혁, 816쪽.
3) 이시윤, 603쪽; 김홍규·강태원, 586쪽; 정동윤·유병현·김경욱, 739쪽; 강현중, 637쪽.
4) 대판 1967. 3. 7. 66다2663, 1967. 7. 18. 67다1042.

한 후소를 취하하면 전소는 아무런 영향을 받지 않고 그대로 적법한 상태로 남아
있다고 보아야 하며, 전소를 유지시켜도 법원이 농락을 당한다고는 할 수 없을 것이
므로 판례가 재소금지의 원칙을 이 경우에까지 확장시키는 것은 재소금지제도의 취
지를 몰각한 해석이며, 부당한 소권의 박탈이라는 견해가 있다.[1] 그러나 후소가 중
복소송에 해당하여 부적법함에도 이를 취하하지 않고 본안 종국판결의 선고를 기
다렸다가 취하한 것을 가지고 그 이전에 이를 취하한 경우와 같이 보아야 할 이
유가 없다. 뿐만 아니라 중복소송에 해당하는 후소에 대하여 법원이 이를 간과하
고 본안 종국판결을 선고한 경우 원고가 그 선고 뒤에 후소를 취하했음에도 전소
를 그대로 유지하는 것은 후소에 들인 법원의 노력과 내용을 무용화하고 법원의
종국판결을 농락한 셈이 되므로 재소금지원칙이 그대로 적용되어야 한다. 따라서
판례의 태도가 정당하다.

Ⅳ. 소의 취하간주

소취하행위가 없더라도 소가 취하된 것으로 보는 경우가 있다.

1. 기일불출석의 경우

당사자 양쪽이 2회에 걸쳐 기일에 출석하지 않거나 출석하더라도 변론하지
않고, 나아가 1월 내에 기일지정신청을 하지 않든지 또는 기일지정신청이나 직권
으로 정한 새 기일에 양쪽 당사자가 출석하지 않거나 출석하더라도 변론하지 않은
때에는 소를 취하한 것으로 본다(법 268조·286조). 한편 배당이의의 소에서 원고가
첫 변론기일에 출석하지 않은 때에는 소를 취하한 것으로 본다(민집 158조).[2]

■ 기일불출석에 의하여 신청취하가 간주되는 경우
① 공시최고신청의 경우: 공시최고절차에서 신청인이 공시최고기일에 출석하지
않거나, 기일변경신청을 하는 때에는 법원이 1회에 한하여 2월을 넘기지 않은 새

---

1) 호문혁, 816쪽.
2) 여기서 '첫 변론기일'에 '첫 변론준비기일'은 포함되지 않는다. 민사집행법 158조의 문언이
'첫 변론기일'이라고 명시하고 있을 뿐만 아니라, 변론준비기일의 제도적 취지, 그 진행방법과
효과, 규정의 형식 등에 비추어 볼 때 그렇다. 대판 2006. 11. 10. 2005다41856, 2007. 10. 25.
2007다34876.

기일을 정하는데, 새 기일에 출석하지 않은 때에는 공시최고신청을 취하한 것으로 본다(법 483조·484조). ② **조정신청의 경우**: 신청에 의한 조정절차에서 신청인이 조정기일에 출석하지 않은 때에는 다시 기일을 정해 통지하는데, 새로운 기일 또는 그 후의 기일에 신청인이 출석하지 않은 때에는 조정신청을 취하한 것으로 본다(민조 31조 1항·2항).

2. 그 밖의 경우

① **피고의 경정**의 경우 경정신청을 허가하는 결정을 한 때에는 종전 피고에 대한 소는 취하된 것으로 본다(법 261조 4항). ② 소송계속 중인 사건을 수소법원이 민사조정법 6조에 의하여 직권으로 조정에 회부(**직권조정회부**)한 경우, **조정이 성립**하거나 **조정을 갈음하는 결정**이 **확정**된 때에는 소의 취하가 있는 것으로 본다(민조규 4조 3항). ③ **가류·나류 가사소송**에서 원고가 사망이나 그 밖의 사유(소송능력을 상실한 경우는 제외한다)로 소송절차를 계속하여 진행할 수 없게 된 경우, 승계사유가 생긴 때부터 6월 이내에 다른 제소권자로부터 승계신청이 없는 때에는 소가 취하된 것으로 본다(가소 16조 3항). ④ **증권관련집단소송**에서 대표당사자 전원의 사망·사임 또는 대표당사자에 대한 법원의 **소송수행금지결정**에 따라 소송절차가 중단되거나, 원고 측 소송대리인 전원의 사망·사임 또는 해임에 따라 소송절차가 중단된 경우에, 소송절차의 중단 후 1년 이내에 적법한 수계권자[i) 대표당사자 측의 소송중단사유인 경우에는 법원으로부터 대표당사자 허가를 받은 사람, ii) 소송대리인 측의 소송중단사유인 경우에는 법원으로부터 소송대리인 선임을 허가받은 대표당사자가 선임한 소송대리인]로부터 수계신청이 없는 때에는 소가 취하된 것으로 본다(증집 24조·26조).

V. 소취하 등의 효력을 다투는 절차

소취하(또는 소취하간주)의 효력을 다투기 위해서는 해당 소송에서 **기일지정신청**을 해야 한다(규칙 67조 1항, 68조). 별도의 소로써 소취하의 무효확인청구를 할 수 없다. 기일변경신청에 따라 변론기일을 열어 심리한 결과 소취하의 효력이 인정되면, 종국판결로 **소송종료선언**을 해야 한다(규칙 67조 3항).

제2절 청구의 포기·인낙

I. 의 의

청구의 포기는 변론기일 또는 변론준비기일에서 원고가 자기의 소송상 청구가 이유 없음을 자인하는 법원에 대한 일방적 의사표시이다. **청구의 인낙**은 피고가 원고의 소송상 청구가 이유 있음을 자인하는 법원에 대한 일방적 의사표시이다. 청구의 포기·인낙은 **무조건적**이어야 한다. 따라서 **조건부인낙**이나 **유보부인낙**은 허용되지 않는다. 예컨대 피고가 원고의 청구를 받아들이되, 반대채권으로 상계한다든지, 반대급부의 이행과 상환하여 이행한다는 등의 진술은 청구의 인낙이 아니다. 피고가 원고의 청구의 존재를 받아들이되, 변제기가 미도래했으므로 기한도래시 이행한다는 진술 역시 청구의 인낙이 아니다.[1] 청구의 포기·인낙을 변론조서 또는 변론준비기일조서에 적은 때에는 그 조서는 확정판결과 동일한 효력이 생기며(법 220조), 이로써 소송은 종료된다. 제1심·제2심에서 청구의 포기·인낙이 있는 경우 원고는 소장에 붙인 **인지액**의 **2분의 1**에 해당하는 금액(인지액의 2분의 1에 해당하는 금액이 10만원 미만이면 인지액에서 10만원을 빼고 남은 금액)의 **환급**을 **청구**할 수 있다(민인 14조 1항 4호).

■ **소취하와 청구의 포기의 구별**

① 소취하는 소송계속의 효과가 소급적으로 소멸하나, 청구의 포기는 원고 패소 확정판결과 동일한 효력을 가진다. ② 소취하는 본안의 종국판결 선고 뒤에 하는 경우에는 재소가 금지되나 그 밖의 경우에는 재소가 가능하지만, 청구의 포기는 재소시에 기판력에 반하는 판단을 할 수 없다[기판력의 본질에 관한 모순금지설의 입장

---

[1] 이에 대하여, 예컨대 채무불이행이나 불법행위로 인한 손해배상청구에서 피고가 청구원인은 인정하나 그 수액을 다툴 때 청구원인의 한도 내에서 **제한부인낙**을 허용할 수 있다는 견해로는, 이시윤, 607쪽; 정동윤·유병현·김경욱, 744쪽. 그러나 ① 피고가 청구원인에 대하여 다투지 않는다면 원고로서는 중간확인의 소를 제기하여 기판력 있는 확정판결을 취득할 수도 없는데, 굳이 이에 대하여 청구의 인낙을 허용하여 확정판결과 같은 효력을 부여할 이유가 없으며[원고로서는 종국적으로 이행판결을 받아 집행권원을 취득할 목적으로 소를 제기한 것이므로, 법원으로서는 피고가 청구원인에 대하여 다투지 않으면 이를 자백한 것으로 보아 수액에 관한 재판을 하면 될 일이다], ② 청구취지상 수액을 확정하지 않는 소를 인정하고 있는 독일의 경우에는 제한부인낙을 허용할 필요성이 있을 수 있으나 우리나라는 청구취지의 특정을 요하므로, 위 견해는 받아들이기 어렵다.

이다. 반복금지설의 입장에서는 재소 자체가 허용되지 않는다]. ③ 소취하는 피고가
응소한 뒤에는 피고의 동의가 필요하나, 청구의 포기는 피고의 승낙이 필요 없다.
④ 소취하는 임의로 처분할 수 없는 소송물에 대해서도 할 수 있으나, 청구의 포기
는 임의로 처분할 수 있는 소송물에 대해서만 할 수 있다.

II. 법적 성질

1. 소송행위설의 타당성

청구의 포기·인낙의 법적 성질에 대하여, ① **사법행위설**[청구의 포기·인낙을
권리의 포기, 채무의 승인 등 실체법상 권리관계의 처분을 목적으로 하는 사법상 법률행위
로 보는 견해], ② **양성설**[청구의 포기·인낙은 하나의 행위이지만 소송의 종료를 목적으
로 하는 소송행위의 성질과 실체법상 권리관계의 처분을 목적으로 하는 사법행위의 성질
을 같이 가지고 있다고 보는 견해], ③ **소송행위설**[청구의 포기·인낙을 법원에 대한 소
송의 종료를 목적으로 하는 소송행위로 보는 견해] 등의 견해가 대립되어 있었으나, **소
송행위설**이 타당하다(**통설**).

2. 판례의 태도

판례 역시 일찍부터 청구의 포기·인낙을 원고가 소송물에 관한 자기의 청구
가 이유 없음을 인정하거나, 피고가 원고의 청구를 이유 있다고 인정하는 관념의
표시에 불과한 **소송행위**로서 이를 조서에 기재한 때에는 확정판결과 동일한 효력
이 발생되어 그로써 **소송을 종료시키는 효력**이 있을 뿐이고, 실체법상 채권·채
무의 발생 또는 소멸의 원인이 되는 법률행위라고 볼 수 없다는 입장이다.[1] 더구
나 **법 461조**는 청구의 포기·인낙조서의 효력의 취소는 준재심에 의하여 하도록
규정함으로써 입법적으로도 **소송행위설**을 따랐다.

---

1) 대판 1957. 3. 14. 4289민상439, 2022. 3. 31. 2020다271919.

Ⅲ. 요   건

1. 당사자에 관한 요건

당사자가 청구의 포기·인낙을 하기 위해서는 소송행위의 유효요건인 당사자 능력과 소송능력을 갖추어야 한다. 소송상 대리인(친권자를 제외한 법정대리인, 소송 위임에 의한 소송대리인)이 청구의 포기·인낙을 하기 위해서는 **특별한 권한**의 **수 여**가 있어야 한다(법 56조 2항, 90조 2항 2호). 한편 **필수적 공동소송**에서는 공동소 송인 모두가 일치하여 청구의 포기·인낙을 해야 하며 그 가운데 한 사람의 청구 의 포기·인낙은 무효이다(법 67조 1항). **독립당사자참가**에서는 본소 당사자(원·피 고) 사이의 청구의 포기·인낙은 참가인이 다투는 한 효력이 없다(법 79조 2항, 67 조 1항). 참가인과 본소 당사자 사이의 청구의 포기·인낙도 본소 상대방이 다투 는 한 효력이 없다.

2. 소송물에 관한 요건

(1) 임의로 처분할 수 있는 소송물일 것

청구의 포기·인낙의 대상은 당사자가 임의로 처분할 수 있는 소송물이어야 한다.

(a) 가사소송의 경우

1) 가류·나류 가사소송의 경우 가사소송법 12조 단서는 민사소송법 220조 가 운데 **청구의 인낙**에 관한 규정만 그 적용에서 배제하고 있다[이는 가소 21조 1항은 청구인용판결에 대세효를 인정하고 있으나, 같은 조 2항은 1항과 같은 대세효를 인정하지 않고 있는 것과 같은 맥락이다]. 따라서 가류·나류 가사소송에서 당사자가 상대방의 청구를 인낙하여 조서에 기재되더라도 확정판결과 같은 효력을 가지지 않고 무효 가 된다.[1] 다만 나류 가사소송 가운데 재판상 이혼이나 재판상 파양에는 협의이혼 이나 협의파양을 인정하고 있으므로 청구의 인낙이 허용된다는 견해가 있으나,[2]

---

[1] 변론에서 당사자가 상대방의 청구를 인낙한다는 진술 자체가 금지되는 것은 아니며, 그러한 진술이 있는 때에는 인낙조서를 작성하지 않고 변론조서에 그 취지를 기재하며, 이러한 기재 는 변론 전체의 취지로서 법원의 사실인정의 참작요소가 된다. 법원실무제요 가사(1), 262쪽.

[2] 이시윤, 610쪽. **일본**에서는 재판상 이혼에서 청구의 인낙을 허용하는 명문의 규정을 두고 있다(인사소송법 37조 1항 본문, 인사소송규칙 30조).

이는 가류·나류 가사소송에서 청구의 인낙을 불허하는 명문의 규정에 명백히 반한다.

　2) 가사소송법 12조 단서는 앞서와 같이 가류·나류 가사소송에서 청구의 인낙만 그 적용을 배제하는 규정을 두고 있을 뿐이므로, 가류·나류 가사소송에서 **청구의 포기**가 허용되는지에 관하여 논의가 있다.[1] 이에 대하여, ① 청구의 포기에 관하여 달리 명문의 규정이 없으며, 청구의 포기는 소취하와 같이 소의 철회라는 성질이 있으므로 이를 불허할 이유가 없다는 견해(다수설),[2] ② 가사소송법 21조 2항에 대하여 청구배척의 판결까지도 원칙적으로 기판력이 제 3 자에게 미치는 것으로 보는 입장에서, 청구기각판결에 해당하는 청구의 포기는 원칙적으로 할 수 없다는 견해가 있다.[3] 가류·나류 가사소송 가운데 당사자의 **임의처분이 허용되지 않는 경우**, 예컨대 혼인의 무효·취소, 인지의 무효·취소, 입양의 무효·취소 등의 청구에서와 같이 실체법상 그 청구권의 포기가 성질상 허용되지 않는 경우에는 그 청구권을 소송상으로 포기하는 것도 허용되지 않지만,[4] **그 밖의 경우**[나류 가사소송 가운데 이혼소송과 파양소송에는 **협의이혼**이나 **협의파양**을 인정하고 있다(다만 양자가 미성년자 또는 피성년후견인인 경우에는 협의파양이 허용되지 않는다. 2012. 2. 10. 개정, 2013. 7. 1. 시행 민법 898조)]에는 청구의 포기를 허용하지 않을 이유가 없다고 본다.[5]

(b) 행정소송의 경우

행정소송에서 청구의 포기·인낙이 허용되는지 문제가 된다. 행정소송(행정처분의 취소소송·무효등확인소송·부작위법확인소송 등 **항고소송의 경우**)에서 **청구인용의 확정판결**은 일반 제 3 자에게 미치는 대세효가 있으므로(행소 29조 1항, 38조 1항·2항) 피고가 청구인용의 확정판결과 같은 효력을 가지는 **청구의 인낙**을 임의

---

1) 김홍엽, "가사소송의 특질 ―민사소송과 관련하여―," 성균관법학(성균관대학교 법학연구소) 22권 3호(2010. 12.), 593쪽 이하.
2) 김홍규·강태원, 616쪽; 송상현·박익환, 487쪽; 강현중, 644쪽; 호문혁, 840쪽; 김윤종, 주석서(2), 943쪽.
3) 이시윤, 610쪽.
4) **판례**는, 임의로 처분하는 것이 허용되지 않는 나류 가사소송에서 인지청구권은 신분법상의 권리이기 때문에 포기할 수 없고, 포기하더라도 그 효력이 발생할 수 없다고 보고 있다. 대판 1982. 3. 9. 81므10, 1987. 1. 20. 85므70, 1999. 10. 8. 98므1698.
5) 김원태, "가사소송에서의 청구의 포기·인낙 및 소송상 화해의 가부에 관한 검토," 법이론과 실무 3집(1999. 12.), 94쪽; 윤재식, "재판상 이혼에 있어서의 제문제 ―절차법상의 문제를 중심으로―," 민사판례연구 4집(1982. 5.), 325쪽 이하.

로 하는 것은 허용되지 않는다. 한편 행정소송에서 **청구의 포기**를 허용할 것인지에 관하여, 행정소송에 직권탐지주의가 적용된다고 보는 입장에서 이를 이유로 허용되지 않는다고 보는 견해가 있다.[1] 그러나 행정소송에 직권탐지주의가 적용된다고 볼 수 없을 뿐만 아니라[행정소송도 여전히 변론주의를 기본으로 하되 일정한 경우 직권주의가 가미된 것에 불과하다] 직권탐지주의는 판단자료의 수집에 관한 원칙으로서 소송물의 처분의 문제와는 직접적인 관련이 없다. 따라서 이러한 행정소송에서는 당사자가 임의로 행정처분의 내용을 변경할 수 없으므로 청구의 포기가 허용되지 않는다고 보아야 한다.[2]

(c) 회사관계소송 등의 경우

회사를 피고로 하는 회사관계소송에서 법률상 명문의 규정을 두고 있는 경우에는 **청구인용의 확정판결**의 효력이 일반 제 3 자에게 미치므로(상 190조, 376조 2항, 380조 등) 청구인용의 확정판결에 해당하는 **청구의 인낙**은 허용되지 않으나(법률상 인정되지 않는 권리관계를 대상으로 하는 청구인낙은 **무효**이다), 청구기각의 확정판결에 해당하는 **청구의 포기**는 허용된다(통설·판례이다).[3] **판례**는, 주주총회결의의 부존재·무효를 확인하거나 결의를 취소하는 판결이 확정되면 당사자 이외의 제 3 자에게도 그 효력이 미쳐 제 3 자도 이를 다툴 수 없게 되므로, 주주총회결의의 흠을 다투는 소에서 **청구의 인낙**이나 그 **결의의 부존재·무효를 확인**하는 내용의 **화해·조정**은 할 수 없고, 가사 이러한 내용의 청구의 인낙 또는 화해·조정이 이루어졌다 하더라도 그 인낙조서나 화해·조정조서는 효력이 없다고 한다.[4] 한편 소수주주의 소제기청구에 따라 회사·자회사가 제기하는 **이사책임추궁의 소**(상 403조 1항, 406조의2 1항, 542조의6 6항), 또는 **주주대표소송·다중대표소송**(상 403조 3항·4항, 406조의2 2항·3항, 542조의6 6항)에서 청구의 포기·인낙은 **법원의 허가**를 받아야 한다(상 403조 6항, 406조의2 3항).

---

1) 이시윤, 610쪽.
2) 김남진·김연태, 행정법(1)(제27판, 2023년), 1003쪽.
3) 대판 1993. 5. 27. 92누14908.
4) 대판 1993. 5. 27. 92누14908, 2004. 9. 24. 2004다28047(청구의 인낙은 당사자의 자유로운 처분이 허용되는 권리에 관해서만 허용되는 것으로서 회사법상 주주총회결의의 흠을 다투는 소나 회사합병무효의 소 등에 있어서는 인정되지 않으므로, 법률상 인정되지 않는 권리관계를 대상으로 하는 청구의 인낙은 효력이 없다).

(d) 소비자단체소송 · 증권관련집단소송 등의 경우

소비자단체소송 · 개인정보단체소송에서 **청구기각의 확정판결**은 대세효가 있음에 비추어(소기 75조 · 개인정보 56조) 청구기각의 확정판결에 해당하는 청구의 포기는 허용되지 않는다. **증권관련집단소송**에서 청구의 포기는 법원의 허가를 받아야 한다(증집 35조 1항)[청구의 인낙은 법원의 허가 없이 가능하다]. 허가에 관한 결정을 하려는 때에는 미리 구성원에게 이를 고지하여 의견을 진술할 기회를 주어야 한다(증집 35조 2항).

(2) 선량한 풍속 그 밖의 사회질서나 강행법규에 반하지 않을 것

청구 자체, 즉 **소송물**인 권리 · 의무 자체가 선량한 풍속 그 밖의 사회질서나 강행법규에 반하는 때에는 청구의 포기 · 인낙이 허용되지 않는다.[1] 기판력이 미치는 법률효과 자체가 이에 해당하는 때에는 그 판결을 무효라고 보는 것과 같은 이유에서이다. 한편 청구 자체가 아니라 **청구원인**이 선량한 풍속 그 밖의 사회질서나 강행법규에 반하는 때, 즉 그 청구에 대하여 법원의 법률판단을 받게 된다면 이러한 이유로 패소할 수밖에 없는 경우(예컨대 도박채권과 같이 청구 자체는 적법하나 그 원인이 되는 행위가 위법인 경우) 청구의 인낙이 허용되는지(법원은 이를 받아들여 조서기재를 해야 하는지)에 관해서는 논의가 있다. 이에 대하여, 이를 허용하면 불법에 국가가 협력하는 것이라는 이유로 반대하는 견해가 있다.[2] 그러나 **청구 자체**가 아니라 **청구원인**에 불법이 있는지 여부 또는 강행법규에 반하는지 여부에 대한 법원의 판단권 배제가 청구의 인낙의 취지일 뿐만 아니라, 이러한 청구에 대하여 인낙을 해도 그로 인하여 제 3 자의 지위에 영향을 줄 염려도 없다. 따라서 이러한 청구도 인낙의 대상이 되며, 법원은 인낙의 효력을 부인하고 청구기각판결을 해서는 안 된다.[3] **판례**도 청구원인이 비록 강행법규에 반한 경우라도 인낙조서 자체를 무효라고 볼 수 없다고 하여,[4] 같은 입장이다.

(3) 소송요건에 흠이 없을 것

소송요건에 흠이 있는 때에는 청구의 포기 · 인낙이 허용되는지에 관하여 논

---

1) 이 경우에 청구의 인낙은 허용되지 않으나, 청구의 포기는 가능하다고 보는 견해로는, 김윤종, 주석서(2), 944쪽.

2) 정동윤 · 유병현 · 김경욱, 747쪽; 송상현 · 박익환, 487쪽; 강현중, 644쪽; 호문혁, 841쪽.

3) 이시윤, 611쪽.

4) 대판 1969. 3. 25. 68다2024.

의가 있으나, 청구의 포기·인낙은 본안의 확정판결과 동일한 효력을 가지므로 소송요건을 갖추지 않으면, 청구의 포기·인낙의 진술이 있더라도 법원은 소를 각하하여야 한다(통설).[1]

(4) 소송물 자체에 관한 것일 것

청구의 포기·인낙은 화해와 달리 그 소의 소송물만이 대상이 될 수 있다. 가분할 수 있는 청구에서는 그 일부에 대하여 청구의 포기·인낙을 할 수 있다. 청구의 병합, 통상공동소송(법 66조), 예비적·선택적 공동소송(법 70조 1항 단서)에서는 그 일부의 청구에 관하여 청구의 포기·인낙을 할 수 있다.

(5) 청구의 성질상 청구의 인낙이 허용되지 않는 경우가 아닐 것

예비적 병합에서 피고가 예비적 청구만 인낙할 수는 없으며 인낙의 취지가 조서에 기재되어 있더라도 **무효**이다.[2] 주위적 청구의 당부를 먼저 판단하여 그 이유가 없을 때에만 예비적 청구에 관하여 심리·판단할 수 있고, 예비적 청구만을 분리하여 심리하거나 일부판결을 할 수 없기 때문이다. 이에 대하여, 주위적 청구가 인용되면 무효이나, 배척이 되면 유효하게 되는 제한부 인낙으로 해석할 수 있다는 견해가 있다.[3] 그러나 인낙조서가 작성되었음에도 확정판결과 같은 효력이 확정적으로 발생하지 않은 채 이와 같은 인낙조서가 유효한지, 그렇지 않으면 무효인지가 주위적 청구의 인용 여부라는 조건에 걸리게 되어 부당하다.

Ⅳ. 시기와 방식

청구의 포기·인낙은 소송계속 중 어느 때나 할 수 있다. 상소심(항소심·상고심)에서도 할 수 있다. 청구의 포기·인낙은 **기일**에 **말**로 해야 한다. 법원에 대한 진술이므로 상대방이 출석하지 않아도 할 수 있다. 당사자의 불출석, 준비서면의 부제출 등과 같은 당사자의 태도로써는 청구의 포기·인낙을 한 것으로 되지 않는다. 따라서 자백간주와 같은 **인낙간주**는 있을 수 **없다**. 다만 **신법**은 변론기일

1) 이시윤, 612쪽; 김홍규·강태원, 617쪽; 정동윤·유병현·김경욱, 747쪽; 한충수, 564쪽; 전원열, 594쪽. 한편 소송요건 가운데 관할위반, 중복소송, 소의 이익의 흠이 있는 경우에는 청구의 포기·인낙이 가능하다는 견해로는, 이영섭, 211쪽; 방순원, 545쪽; 강현중, 645쪽.
2) 대판 1995. 7. 25. 94다62017.
3) 이시윤, 611쪽.

또는 변론준비기일에 당사자가 **불출석**한 경우에도 **진술간주**되는 답변서, 그 밖의
준비서면에 청구의 **포기·인낙의 의사표시**가 적혀 있고, 공증사무소의 **인증**을 받
은 때에는 그 취지대로 청구의 포기·인낙이 성립된 것으로 보도록 했다(**서면포
기·인낙제도**, 법 148조 2항, 286조). 서면포기·인낙을 입법화한 것으로 기일출석의
불편을 덜기 위한 것인데 타당한 입법이다.[1]

V. 효   과

1. 조서의 작성

청구의 포기·인낙의 진술이 있는 때에는 변론조서나 변론준비기일조서(**기일
조서**)에 이를 적어야 한다(법 154조 1호, 155조 2항, 160조). 청구의 포기·인낙을 **변
론조서나 변론준비기일조서에 적은 때**에 그 조서는 확정판결과 같은 효력을 가진
다(법 220조). 뒤에서 보는 별도의 포기·인낙조서의 작성이 없는 경우라도 청구의
포기·인낙이 변론조서나 변론준비기일조서에 기재가 되면 확정판결과 같은 효력
이 있는 동시에 그것으로써 소송은 종료된다.[2] 청구의 포기·인낙이 있으면 별도
의 용지에 청구의 포기·인낙의 취지 및 청구의 취지와 원인을 적은 청구의 포
기·인낙조서를 **따로 작성**해야 한다(규칙 31조 본문). 이러한 청구의 포기·인낙조
서는 변론조서나 변론준비기일조서의 **일부**로 작성된다. 한편 **소액사건**에서는 특
히 필요하다고 인정하는 경우 외에는 청구의 포기·인낙조서에 청구의 원인을 적
지 않는다(규칙 31조 단서). 청구의 포기·인낙이 있는 날부터 1주 안에 그 조서의
정본을 당사자에게 송달해야 한다(규칙 56조).

2. 소송종료효 등

청구의 포기·인낙이 있는 경우 청구의 포기나 인낙이 있는 한도 내에서 소송
은 당연히 종료된다(**소송종료효**). 이를 간과한 채 심리가 속행된 때에는 법원은 소
송종료선언을 해야 한다.[3] 청구의 포기·인낙을 한 당사자는 패소자로서 소송비용

---

1) 공증을 받도록 요구함으로써, 공증절차의 번거로움과 비용 부담 때문에 서면에 의한 화해
   등의 제도를 이용하는 것을 주저할 가능성이 있으나, 청구의 포기 등은 매우 중요한 의사표시
   로서 당사자의 의사의 **진정성**을 확보하는 것이 필요하다. 법원행정처, 민사소송법개정내용해
   설(2002. 6.), 55쪽.
2) 대결 1962. 6. 14. 62마6, 대판 1969. 10. 7. 69다1027.
3) 대결 1962. 6. 14. 62마6.

을 부담하는 것이 원칙이다(법 114조·98조). 포기조서나 인낙조서는 확정판결과 동일한 효력이 있으므로 당연무효사유가 없는 한 기판력 등이 생긴다.

3. 흠을 다투는 방법

조서작성 전에는 자백의 철회에 준하여 상대방의 동의를 얻거나 진실에 어긋나고 착오로 말미암은 것이라는 이유로 철회를 할 수 있다(**동의필요설**).[1] **조서작성 뒤**에는 기판력 있는 확정판결의 흠을 다투는 방법과 마찬가지로 준재심의 소에 의하여 다투어야 하므로(법 461조), 재심사유가 있어야 한다. 실체법상 무효·취소사유를 이유로 흠을 다투는 것은 허용되지 않는다. 따라서 무효확인소송이나 기일지정신청은 허용되지 않는다. 다만 **당연무효사유**가 있다면 예외적으로 기일지정신청을 하여 소송을 진행시킬 수 있다(**규칙 67조 유추적용**).

제 3 절 재판상 화해

Ⅰ. 의   의

재판상 화해란 소송계속 전에 지방법원 단독판사 앞에서 하는 **제소전 화해**(법 385조 1항)와 소송계속 중 변론기일 또는 변론준비기일에서 하는 **소송상 화해**를 말한다. 재판상 화해가 성립되어 화해를 조서(소송상 화해는 변론조서나 변론준비기일조서, 제소전 화해는 제소전 화해조서)에 적은 때에는 그 조서는 확정판결과 같은 효력을 가진다(법 220조). 제 1 심·제 2 심에서 소송상 화해가 성립된 경우 원고는 소장에 붙인 **인지액의 2분의 1**에 해당하는 금액(인지액의 2분의 1에 해당하는 금액이 10만원 미만이면 인지액에서 10만원을 빼고 남은 금액)의 **환급**을 청구할 수 있다(민인 14조 1항 5호). 재판상 화해와 같은 효력이 있는, 화해권고결정이 확정된 경우(법 231조), 조정이 성립한 경우(민조 20조), 조정을 갈음하는 결정이 확정된 경우(민조 34조 4항) 등도 마찬가지이다(민인 14조 1항 5호).

---

1) 이시윤, 613쪽.

Ⅱ. 소송상 화해

1. 의   의

소송상 화해는 소송계속 중 양쪽 당사자가 소송물인 권리관계의 주장을 서로 양보하여 소송을 종료시키기로 하는 기일에서의 합의이다. 소송물에 관한 주장을 서로 양보할 것을 요하기 때문에 양보가 한쪽이 다른 쪽의 주장을 전면적으로 인정한다든지, 소송상 청구와 관계없이 단순히 소송종료만 합의하는 것은 청구의 포기·인낙이거나 또는 소취하 및 이에 대한 동의이며, 소송상 화해라고 할 수 없다. 양보의 정도·방법에 대해서는 법률상 제한이 없으므로 유연성 있는 분쟁해결이 가능하다. 원고가 청구의 전부를 포기하고 소송비용의 부담에 관해서만 피고로부터 양보 받는 화해도 가능하다.

2. 법적 성질

(1) 사법행위설

소송상 화해는 소송행위가 아니라 민법상 화해계약(민 731조)과 동일한 것으로 본다. 소송상 화해는 소송계속 중 법관의 면전에서 행해지고, 화해가 성립되었을 때에 법원사무관 등이 조서를 작성하여 이를 확인·공증한다는 점에서만 민법상 화해계약과 차이가 있다는 입장이다.

(2) 소송행위설

소송상 화해는 소송행위로서 소송법의 원칙에 따라 규율되고 민법상 화해계약에 관한 규정의 적용은 배제된다고 본다(즉 재판상 화해에 사법상 화해를 포함하지 않는다). 한때 다수설이었고,[1] 현재 **판례**의 입장이다.[2] 다만 소송행위설을 일관하는 경우 소송상 화해에는 민법상 화해에서와 같이 창설적 효력이 인정될 수 없고, 실효조건 즉 해제조건을 붙일 수 없으나, **판례**는 이를 인정하고 있다(판례의 이러한 입장에 대해서는 뒤에서 본다). 그 성질에 관하여 소송을 종료시키는 합의(소

---

1) 이영섭, 206쪽; 방순원, 549쪽; 김홍규·강태원, 599쪽; 송상현·박익환, 492쪽; 한충수, 567쪽. 한편 정동윤·유병현·김경욱, 755쪽과 송상현·박익환, 491쪽은 소송행위설을 통설이라고 소개하고 있다.
2) 대판(전) 1962. 2. 15. 4294민상914 이후 일관하여 소송행위설의 입장을 취하고 있다. 대판 2000. 3. 10. 99다67703, 2002. 12. 6. 2002다44014.

송계약)로 보는 견해와 합동행위로 보는 견해[1]의 대립이 있다.

(3) 절 충 설

사법행위설과 소송행위설을 절충하는 입장으로서, 그 가운데에는 다음 두 가지의 견해가 있다. ① 소송상 화해에는 민법상 화해계약과 소송종료목적의 소송행위 등 **2개의 행위**가 병존하며 각각 독립·개별적으로 실체법과 소송법의 원칙의 지배를 받는다고 보는 견해(**양행위병존설**)가 있다. ② 소송상 화해는 **1개의 행위**로 민법상 화해계약과 동시에 소송행위인 성질을 갖춘 경합된 행위로 보아 법원에 대한 관계에서는 화해의 내용에 관하여 진술하고 조서에 기재함으로써 소송이 종료되며 이 점에서는 소송법의 적용을 받지만, 당사자 사이에서는 화해의 내용에 대하여 민법의 적용을 받는 것이라는 견해(**양행위경합설, 양성설**)가 있다. **양성설**이 현재로서는 다수설이다.[2]

(4) 소송행위설의 타당성

소송상 화해에는 뒤에서 보는 바와 같이 무제한 기판력이 인정된다. 이는 법 220조·461조의 해석상 명확하다고 본다. 뒤에서 보는 바와 같이 무제한 기판력이 인정된다고 보는 입장(**무제한기판력설**)에서는 소송상 화해의 법적 성질을 소송행위로 보게 된다. 소송상 화해는 민법상 화해계약과는 별도로 확정판결과 같은 효력을 가지는 화해조서의 작성을 위하여 당사자가 법원에 대하여 하는 진술인 소송행위이다. 소송행위설을 일관할 때 발생하는 문제점이 없지 않으나 뒤에서 보는 바와 같이 소송상 화해의 법적 성질에 굳이 사법행위적 성질이 있다고까지 보아야 할 정도로 문제가 되는 것은 아니다. 소송상 화해와 관련하여 소송행위설을 관철할 때 발생하는 문제점을 해소하기 위하여 제한된 범위 내에서 소송행위설의 수정이 가능하다고 본다. 결국 이러한 의미에서 소송상 화해의 법적 성질을 '**수정된 소송행위**' 또는 '**제한적 소송행위**'라고 볼 수 있다.

3. 당 사 자

(1) 소송당사자의 경우

화해하는 당사자가 실재해야 하고, **소송능력**을 갖추어야 한다. **소송상 대리인**

---

1) 김홍규·강태원, 600쪽.
2) 이시윤, 618쪽; 정동윤·유병현·김경욱, 755쪽; 강현중, 651쪽; 호문혁, 822쪽; 손한기, 319쪽.

(친권자를 제외한 법정대리인, 소송위임에 의한 소송대리인)이 화해를 하기 위해서는 **특별한 권한**의 **수여**가 있어야 한다(법 56조 2항, 90조 2항 2호). 한편 **파산관재인**의 경우 파산관재인은 제 3 자 소송담당자(법정소송담당자)이기는 하나, 어디까지나 다른 사람의 권리를 기초로 하여 실질적으로 이를 대리 또는 대표하는 것에 지나지 않으므로 파산관재인이 채권자집회의 결의 등이 없이 화해를 했다면 이는 소송행위를 함에 필요한 권한의 수여에 흠결이 있는 것으로서 법 451조 1항 3호(대리권 등의 흠)의 재심사유에 해당한다.[1] 화해는 형사상 처벌을 받을 상대방 등 다른 사람의 행위로 이루어져서는 안 된다(법 461조, 451조 1항 5호). 한편 **필수적 공동소송**의 경우 공동소송인 모두가 일치하여 화해를 해야 한다(법 67조 1항). **독립당사자참가**의 경우에도 원·피고와 참가인 모두가 일치하여 화해를 해야 한다(법 79조 2항, 67조 1항). 원·피고 사이에만 화해를 하는 것은 세 당사자 사이의 합일확정의 목적에 반하기 때문이다.[2]

(2) 소송당사자가 아닌 경우

소송당사자가 아닌 **보조참가인**이나 **제 3 자**도 **화해의 당사자**가 될 수 있다.[3] 이는 제 3 자가 직접 화해절차상 당사자가 아닌 단지 수익자로서 화해의 내용에 포함됨에 그치는 경우와 구별된다. 제 3 자가 화해의 당사자가 되는 경우에는 화해 내용의 효력이 제 3 자에게 미친다. 따라서 **화해참가인**은 특별한 사정이 없는 한 화해조서에 기재된 내용에 관하여 동일한 소를 제기할 수 없다.[4] 제 3 자가 화해의 당사자가 되기 위하여 **제 3 자가 직접 화해절차참가신청**을 하거나, **당사자와 공동으로** 화해절차참가신청을 할 수 있다.[5][6] 다만 해당 소송상 **보조참가인**은 이미 소송절차에 참가하고 있으므로 별도의 화해절차참가신청 없이 화해절차상 당사자의 지위를 취득하는 것으로 본다.

---

1) 대판 1990. 11. 13. 88다카26987.

2) 대판 2005. 5. 26. 2004다25901,25918.

3) 대판 1985. 11. 26. 84다카1880.

4) 대판 1991. 6. 25. 91다11476.

5) 법원실무제요 민사소송(3), 1610쪽.

6) 한편 **조정절차**[조정이 성립되거나, 조정을 갈음하는 결정이 확정되는 때에는 재판상 화해가 같은 효력을 가진다(민조 29조, 34조 4항)]에서는 조정결과에 관하여 이해관계가 있는 사람은 조정담당판사나 상임조정위원, 조정위원회의 허가를 얻어 조정에 참가할 수 있으며(민조 16조 1항), 조정담당판사나 상임조정위원, 조정위원회가 필요하다고 인정하면 직권으로 조정결과에 관하여 이해관계가 있는 사람을 조정에 참가하게 할 수 있다(민조 16조 2항).

4. 대상(소송물)

(1) 화해의 대상인 소송물은 사적 이익에 관한 것이고 당사자가 임의로 처분할 수 있는 것일 것

(a) 의   의

화해의 대상인 소송물은 사적 이익에 관한 것으로서, 당사자가 자유롭게 처분할 수 있는 것이어야 한다. 따라서 당사자가 임의로 처분할 수 없는 사항을 대상으로 하는 화해는 허용될 수 없고, 비록 그에 관하여 화해가 성립했다고 하더라도 효력이 없어 당연무효이다.[1] 따라서 법률관계의 변경·형성을 목적으로 하는 **형성의 소**는 법률상 명문의 규정이 있어야 제기할 수 있고 그 판결이 확정됨에 따라 효력이 생기며, 이러한 형성판결의 효력을 개인 사이의 합의로 창설할 수 없으므로, 형성판결과 같은 내용으로 재판상 화해를 하더라도 형성판결을 받은 것과 같은 효력이 생기지 않는다. 이는 **화해**뿐만 아니라 **조정이 성립**되거나 **화해권고결정** 또는 **조정을 갈음하는 결정**이 **확정**된 경우도 마찬가지이다.[2] 예컨대 재심의 소에서 '재심대상판결을 취소한다'는 화해가 성립되거나, 청구이의의 소에서 '이 사건 집행권원에 기한 강제집행을 불허한다'는 화해가 성립되었다고 하더라도 이러한 화해조항은 법원의 형성재판을 대상으로 한 것으로서 당사자가 자유롭게 처분할 수 있는 권리에 관한 것이 아니어서 **당연무효**이다.

(b) 가사소송의 경우

가류·나류 가사소송에서 가사소송법 12조 단서는 민사소송법 220조 중 청구의 인낙에 관한 규정만 그 준용에서 배제하고, 화해에 대해서는 달리 배제하고 있지 않으므로, 소송상 화해가 허용되는지에 관하여 논의가 있다. 다수설은 가류·나류 가사소송에서는 직권탐지주의가 적용되므로 원칙적으로는 화해가 허용되지 않으나, 그 가운데 재판상 이혼 및 재판상 파양은 협의이혼 및 협의파양이 인정되므로 예외적으로 화해가 허용된다고 보고 있다.[3] 그러나 가류·나류 가사소송에서 판단자료의 수집에 관한 원칙인 직권탐지주의가 적용된다는 이유

---

1) 대판 2007. 7. 26. 2006므2757,2764, 2012. 9. 13. 2010다97846, 대판(전) 2013. 11. 21. 2011두1917.

2) 조정의 성립에 관해서는, 대판 2012. 9. 13. 2010다97846. 화해권고결정에 관해서는, 대결 2022. 6. 7. 2022그534. 조정을 갈음하는 결정에 관해서는, 대판 2023. 11. 9. 2023다256577.

3) 이시윤, 620쪽; 정동윤·유병현·김경욱, 756쪽; 정영환, 1144쪽.

만으로 소송물 자체의 처분에 관한 화해가 획일적으로 허용되지 않는다는 것은
논리적으로 타당하다고 볼 수 없으므로, 청구의 포기와 마찬가지로 가류·나류
가사소송 중 당사자의 처분권이 배제되는, 즉 당사자가 임의로 처분할 수 없는
사건은 화해의 대상이 될 수 없으나 당사자가 임의로 처분할 수 있는 사건은
화해의 대상이 된다고 보는 것이 타당하다[1][가소 59조 2항 단서는 당사자가 임의로
처분할 수 없는 사항에 대한 조정, 또는 조정을 갈음하는 결정은 재판상 화해와 동일한 효
력이 없는 것으로 규정하고 있다]. 따라서 **가류 가사소송**에서는 화해가 인정되는 경
우를 상정할 수 없으나, **나류 가사소송**에서는 그 가운데 **이혼소송**(재판상 이혼)과
파양소송(재판상 파양)에 한하여 앞서 본 바와 같이 협의이혼이나 협의파양이 인
정되므로 화해가 인정된다고 본다.[2] **판례**는, 친생자관계 존부확인과 같이 가류
가사소송에 해당하는 청구는 성질상 당사자가 임의로 처분할 수 없는 사항을 대
상으로 하는 것으로, 이에 관하여 조정이나 화해가 성립되더라도 그 효력이 있
을 수 없다고 보고 있다.[3] 한편 **판례**는 나류 가사소송 중 인지청구에 대하여, 인
지청구권은 본인의 일신전속적인 신분관계상 권리로서 포기할 수 없고, 포기했다
하더라도 그 효력이 발생할 수 없는 것이므로 청구인의 인지청구권을 포기하기
로 하는 화해가 이루어지고 그것이 화해조항에 표시되었다 하더라도 그 효력이
없다고 한다.[4]

(c) 행정소송의 경우

행정소송에서 화해가 허용되는지에 관하여, 행정소송에 직권탐지주의가 적용
됨을 이유로 부정하는 견해가 있으나,[5] 행정소송에 직권탐지주의가 적용된다고
볼 수 없으며[직권탐지주의는 판단자료의 수집에 관한 원칙으로서 재판상 화해 여부와는
직접적인 관련이 없음은 이미 본 바와 같다], 이러한 행정소송, 특히 그 가운데 **항고**

---

1) 김원태, "가사소송에서의 청구의 포기·인낙 및 소송상 화해의 가부에 관한 검토," 법이론
   과 실무 3집(1999. 12.), 96쪽.
2) 대법원 가족관계등록선례도 나류 가사소송사건 중 혼인의 취소와 같이 본인이 임의로 처분
   할 수 없는 사항에 관해서는 법원의 판결에 의하지 않고는 가족관계등록신고를 할 수 없다고
   규정하고 있다. 가족관계등록선례 제201502-8호 '혼인취소와 같은 사항을 조정에 의하여 신고
   할 수 있는지 여부'(2015. 2. 1. 제정).
3) 대판 1968. 2. 27. 67므34, 1999. 10. 8. 98므1698, 2007. 7. 26. 2006므2757,2764.
4) 대판 1982. 3. 9. 81므10, 1987. 1. 20. 85므70, 1999. 10. 8. 98므1698; 한상호, "인지청구권
   포기의 소송상 화해의 효력," 대법원판례해설 7호(1987년 상반기), 297쪽 이하.
5) 이시윤, 620쪽.

소송에서 재판상 화해가 허용되지 않는 것은 당사자가 행정처분의 내용을 **임의로 변경할 수 없기 때문**이라고 봄이 상당하다.1) 다만 **2023. 8. 31. 제정·시행**된 **행정소송규칙**(15조)은 행정소송에서 항고소송 가운데 **취소소송**의 경우 재판장은 신속하고 공정한 분쟁해결과 국민의 권익구제를 위하여 필요하다고 인정하는 때에는 소송계속 중인 사건에 관하여 직권으로 소의 취하, 처분 등의 취소 또는 변경, 그 밖에 다툼을 적정하게 해결하기 위해 필요한 사항을 서면으로 권고할 수 있도록 하고 있고, 이러한 권고를 위하여 필요한 때에는 당사자, 이해관계인, 그 밖의 참고인을 심문할 수 있도록 규정하고 있다.2)

(d) 회사관계소송 등의 경우

회사를 피고로 하는 회사관계소송에서 **청구인용의 확정판결**의 효력은 일반 제 3 자에게 미치므로[**대세적 효력(대세효)**, 상 190조, 376조 2항, 380조 등] 원고의 **청구를 인용하는** 내용의 화해는 허용되지 않으나, 원고의 **청구를 포기하는** 내용의 화해는 허용된다.3) 회사관계소송은 예컨대 주주총회결의의 흠을 다투는 소, 회사설립무효의 소 또는 회사합병무효의 소 등과 같이 원고의 청구를 가분적으로 인용하고, 나머지를 포기하는 것과 같은 화해는 예상하기 어렵다. 따라서 원고가 청구를 포기하되, 피고가 소송비용에 대하여 일부양보하는 형식(소송비용은 각자 부담으로 한다)의 화해가 이루어질 수 있다. 다만 소수주주의 소제기청구에 따라 회사·자회사가 제기하는 **이사책임추궁의 소**(상 403조 1항, 406조의2 1항, 542조의6 6항), 또는 **주주대표소송·다중대표소송**(상 403조 3항·4항, 406조의2 2항·3항, 542조의6 6항)에서 화해는 **법원의 허가**를 받아야 한다(상 403조 6항, 406조의2 3항).

(e) 소비자단체소송·증권관련집단소송 등의 경우

소비자단체소송·개인정보단체소송에서 **청구기각의 확정판결**은 대세효가 있음에 비추어(소기 75조, 개인정보 56조), 원고의 청구 자체를 포기하는 내용의 화해

---

1) 한편 화해에서 행정청이 소송물에 관하여 일정한 양보를 하는 것은 그 의사표시를 통하여 자신의 처분권이나 결정권한을 행사하는 것이므로 화해가 허용된다는 견해로는, 박정훈, "행정소송에 있어 소송상 화해," 인권과 정의 279호(1999. 11.), 8쪽 이하.
2) 실무상 **항고소송** 가운데 일부 사건(영업정지취소사건, 조세소송사건, 과징금사건, 부당해고사건, 산업재해사건 등)에 관해서는 법원이 피고인 행정청에게 해당 처분을 적법하다고 인정되는 처분으로 변경할 것을 권고하고, 원고에게는 변경처분이 이루어지면 소를 취하할 것을 권고하는 **권고안**을 제시하여 실제 변경처분이 이루어지면 원고가 **소를 취하**하는 방식으로 **사실상** 화해나 조정이 이루어진다. 법원행정처, 법원실무제요 행정(2016년), 370쪽.
3) 대판 2004. 9. 24. 2004다28047.

는 허용되지 않으나, 원고의 청구를 인낙하는 내용의 화해는 허용된다. **증권관련집단소송**에서 화해는 법원의 허가를 받아야 한다(증집 35조 1항).

　(2) 화해조항이 선량한 풍속 그 밖의 사회질서나 강행법규에 반하지 않을 것

　　화해조항의 내용이 현행법상 인정되는 것이어야 하고, 선량한 풍속 그 밖의 사회질서나 강행법규에 반한 것이 아니어야 한다. **판례**는, 화해조서는 확정판결과 동일한 효력이 있으므로 화해에 확정판결의 당연무효 등의 사유가 없는 한 설령 그 내용이 강행법규에 위반된다 할지라도 그것은 단지 화해에 흠이 있음에 지나지 않아 준재심절차(법 461조)에 의하여 구제받는 것은 별문제로 하고 그 화해조서를 무효라고 주장할 수 없다고 본다.[1] 한편 **판례**는, ① **실체법적**으로 사립학교법을 위반한 경우,[2] 통정한 허위표시에 의한 경우,[3] 민법 607조·608조를 위반한 경우,[4] 배임행위에 적극적으로 가담하여 이루어진 반사회적 행위로 인한 경우[5] 등의 화해나, ② **소송법적**으로 중복소송금지원칙(법 259조)에 위배되어 제기된 소송절차에서 이루어진 경우[6]는 무효가 아니라고 본다. 판례상 강행법규 등 위반의 내용이 **화해조항 자체**에 관한 것이라기보다는 **청구원인사실**에 관한 것이거나, 또는 확정되더라도 당연무효가 되지 않는 **소송요건**에 관한 것임을 주의할 필요가 있다. 이는 판례가 소송상 화해의 법적 성질을 소송행위로 보는 입장에서 실체법상 무효사유가 있다고 하여 화해 자체가 무효로 되는 것은 아니라고 보기 때문이다.

　(3) 소송요건에 흠이 있는 경우에도 화해가 허용되는지 여부

　　소송요건에 흠이 있는 때에도 원칙적으로 화해가 허용된다. 제소전 화해가 인정되기 때문이다.[7] 이 점에서 청구의 포기·인낙의 경우와 다르다.

---

　1) 대판 2007. 4. 26. 2006다78732, 2014. 3. 27. 2009다104960 등.
　2) 대판 1975. 11. 11. 74다634. 구 농지개혁법 위반의 화해의 경우에 관해서는, 대판 1962. 5. 10. 4294민상1522. 입목에 관한 법률 위반의 화해의 경우에 관해서는, 대판 1962. 4. 18. 4294민상1268.
　3) 대판 1992. 10. 27. 92다19033.
　4) 대판 1991. 4. 12. 90다9872.
　5) 대판 1999. 10. 8. 98다38760, 2002. 12. 6. 2002다44014.
　6) 대판 1968. 4. 16. 68다122, 1995. 12. 5. 94다59028.
　7) 대판 2002. 12. 6. 2002다44014.

5. 상호의 양보

(1) 소송행위설과 상호의 양보

소송상 화해에 상호양보가 있어야 하는지에 관하여 법 220조에서는 아무런 규정이 없어 논의의 여지가 있다. 소송상 화해의 법적 성질에 관한 사법행위설이나 절충설(양행위병존설, 양성설)의 입장에서는 당연히 민법상 화해계약에서 민법 731조가 당사자의 상호양보를 그 요건으로 하고 있으므로 소송상 화해에도 당사자의 상호양보가 필요한 것으로 이해하나, **소송행위설**의 입장에서는 견해의 차이가 있을 수 있다. 소송상 화해가 청구의 포기·인낙과 다른 것은 원고의 청구에 대하여 어느 한쪽이 다른 쪽에 대하여 전면적으로 인정하는 것이 아니라는 점에서 소송상 화해에 **상호양보**가 필요하다고 본다.[1]

(2) 상호의 양보의 방법·범위

1) 소송상 화해에서 양보의 방법이나 범위는 대단히 넓게 해석하는 것이 실무이다. 당사자가 화해에서 양보의 방법으로서 계쟁물(다툼의 대상)과 관계없는 물건 또는 금전의 지급을 약속하거나 제 3 자와의 권리관계를 포함시켜도 된다. 화해의 내용이 **소송물 외의 권리관계**를 포함하고 있을 때에는 그 부분에 한하여 제소전 화해가 행해진 것으로 본다. 다만 **소송물 외의 권리관계**에도 화해의 효력이 미치려면 특별한 사정이 없는 한 그 권리관계가 ① (화해조항의 내용으로) **화해조항**에 **특정**되거나, ② **화해조서** 중 **청구의 표시** 다음에 **부가적**으로 **기재**됨으로써, 화해조서의 기재 내용에 의하여 **소송물인 권리관계**가 되었다고 인정할 수 있어야 한다.[2] **재판상 화해**와 같은 효력을 가지는 **확정된 화해권고결정**의 경우(법 231조), 소송절차의 진행 중 사건이 조정에 회부되어 **조정이 성립**된 경우(민조 29조), 또는 **확정된 조정을 갈음하는 결정**의 경우(민조 34조 4항) 등도 마찬가지이다.[3]

---

1) 이에 대하여, 민법 731조의 효력은 상호양보하여 서로 불이익을 감수하는 경우에만 발생하는 것이지만, 소송상 화해에서 당사자의 상호양보는 당사자 사이의 다툼이 있는 법률관계를 확정시키려는 목적을 달성하기 위한 수단이고, 상호양보 자체가 소송상 화해의 목적이 아닌 것으로 보고, 상호양보를 소송상 화해의 요건으로 할 필요가 없다는 견해로는, 김용상, 주석서(제 7 판)(5), 599쪽.

2) 정준영, "소송절차 진행 중에 조정이 성립한 경우 원래의 소송물 이외의 권리관계에 조정조서의 효력이 미치기 위한 요건," 대법원판례해설 68호(2007년 상반기), 66쪽 이하.

3) 확정된 화해권고결정에 관해서는, 대판 2017. 4. 13. 2016다274966. 조정조서에 관해서는,

2) 소송상 화해에서 소송물의 전부를 인정 또는 포기하더라도 **소송비용의 부담**에 관해서만 양보할 수도 있으며, 피고가 채무를 전부 인정하고 원고가 기한의 유예를 주는 경우도 있다. 결국 소송상 화해에는 소송물 자체에 관한 것이든, 그렇지 않든 원고의 양보(일부포기)가 포함되어야 하므로 실무상 화해조서에는 "원고는 나머지 청구를 포기한다"는 조항이 일반적으로 기재된다.[1]

6. 조건부 소송상 화해의 인정 여부

1) 소송상 화해에서 그 내용을 이루는 이행의무의 발생에 조건을 붙이는 것[예컨대 피고가 언제까지 금 ○○원을 지급하지 못하면 피고는 원고 앞으로 가등기에 기한 본등기 절차를 이행한다는 경우]이 허용됨은 달리 의문이 없다.[2] 그러나 **소송상 화해 자체**의 성립이나 그 효력 발생에 **조건**을 붙이는 **조건부 소송상 화해**가 허용되는지에 관해서는 논의가 있다. 소송상 화해의 법적 성질에 대하여 사법행위설 또는 절충설(특히 양성설)은 사적자치의 원칙에 의하여 기한부 화해 또는 해제권유보부 화해도 허용된다고 본다.[3] 이에 반하여 소송행위설을 엄격히 관철하는 경우 이러한 화해는 소송행위의 확정성·안정성을 이유로 허용되지 않는다고 본다.[4]

판례는, 소송상 화해가 사법상 화해계약이 아님을 이유로 해제 자체가 허용되지 않는다고 보면서도,[5] 재판상 화해에서도 예컨대 제3자의 이의가 있는 때에는 화해의 효력을 실효시키기로 하는 약정(**실효조건부 화해**)이 가능하고 그 실효조건의 성취로 그 화해의 효력은 당연히 소멸되며,[6] 이 경우 화해가 없었던 상태로 돌아

대판 2007. 4. 26. 2006다78732, 2011. 9. 8. 2009다91903, 2013. 3. 28. 2011다3329. 확정된 조정을 갈음하는 결정에 관해서는, 대판 2015. 2. 26. 2014다78225, 2017. 4. 26. 2017다200771, 2023. 6. 29. 2023다219417. 특히 조정을 갈음하는 결정은 당사자 사이에 합의가 성립되지 않은 경우 조정담당판사나 수소법원이 직권으로 당사자의 이익이나 그 밖의 모든 사정을 고려하여 신청취지 내지 청구취지에 반하지 않는 한도에서 사건의 공평한 해결을 위하여 하는 결정이므로(민조 30조), 그 효력이 소송물 외의 권리관계에 미치는지 여부는 더욱 엄격하게 보아야 한다는 판결로는, 대판 2023. 6. 29. 2023다219417.

1) 법원실무제요 민사소송(3), 1613, 1947쪽.
2) 이를 인정하더라도 소송절차의 안정성과 확실성을 해칠 염려가 없다. 일단 성립한 소송상의 화해 그 자체의 효력에는 영향이 없기 때문이다. 김홍규·강태원, 608쪽.
3) 이시윤, 621쪽; 정동윤·유병현·김경욱, 757쪽; 호문혁, 827쪽; 안병희, "소송상 화해의 몇 가지 문제점," 사법논집 3집(1972. 12.), 379쪽 이하.
4) 이 경우에 소송상 화해 전체가 무효로 되는 것은 아니고, 해제조건만 무효로 되고, 조건 없는 소송상 화해가 된다는 견해로는, 송상현·박익환, 496쪽.
5) 대판(전) 1962. 2. 15. 4294민상914.
6) 대판 1988. 8. 9. 88다카2332, 1993. 6. 29. 92다56056 등.

가므로 화해의 성립 전의 법률관계를 다시 주장할 수가 있다고 한다.[1] 즉 소송상 화해에서 실효조건이 성취되었을 때에 구소송이 다시 부활하게 되고 이미 생겼던 확정판결과 동일한 효력은 없어지게 된다고 본다.

2) 소송상 화해의 성립이나 효력에 **정지조건**을 붙이는 것은 조건이 성취되거나 불성취가 확정될 때까지는 소송상 화해의 효력이 발생할 수 없어 소송상 화해의 소송종료효 및 절차의 안정성에 비추어 허용되지 않는다. 소송상 화해에 **해제조건**을 붙이는 것 역시 당사자의 의사에 의하여 이미 발생한 확정판결과 같은 효력을 상실시키는 것으로 소송행위설에 입각할 때에는 허용될 수 없다고 보아야 하나, 소송상 화해가 공권적 분쟁의 해결이 아닌 당사자 사이의 자치적 분쟁해결기능에 따르는 것을 고려하면 이를 인정함이 타당하다고 본다.

> ■ 판례가 소송행위설을 취하고 있으나 일관되지 못하다는 비판에 대한 검토
>
> **판례**가 앞서 본 바와 같이 실효조건부 화해 등을 인정하고 있는 입장에 대하여, ① 소송행위설과 모순된다는 견해,[2] ② 순수한 소송행위설로서는 도저히 이해할 수 없기 때문에 판례의 입장은 '실체법적 소송행위설'이라고 하여 순수한 소송행위설과 구별하는 것이 타당하다는 견해,[3] ③ 법적 안정성을 강조하는 입장에서 소송행위설에 의하는 판례의 기본입장과는 맞지 않으며, 소송행위가 소송 외적 조건의 적임을 도외시하는 것이라고 보는 견해[4] 등이 있다.
>
> 판례가 소송상 화해의 법적 성질에 관하여 소송행위설을 취하면서도 실효조건부 화해와 (뒤에서 보는 바와 같이) 소송상 화해에 창설적 효력을 인정하고 있는 것은 소송행위설과 온전히 일치한다고 볼 수 없음은 달리 이의가 있을 수 없다. 그러나 판례는 비록 소송상 화해 자체의 법적 성질과는 부분적으로 일치하지 않는다는 비난을 무릅쓰고서라도 소송상 화해의 **기능적 측면**에서 **제한적**이나마 민법상 화해와 같은 실체법적 효력이나 실효를 인정하고 있는 것이므로, 이를 들어 판례가 취하는 소송행위설 자체가 본질적으로 문제가 되는 것처럼 확대하는 논리는 결코 정당하다고 볼 수 없다.

---

1) 대판 1965. 3. 2. 64다1514, 1996. 11. 15. 94다35343.

2) 김홍규 · 강태원, 608쪽.

3) 강현중, 650쪽.

4) 이시윤, 621쪽.

7. 시기와 방식

소송상 화해는 소송계속 중 어느 때나 할 수 있다. 상소심(항소심·상고심)에
서도 할 수 있다. 변론이 종결된 뒤 또는 **판결**이 선고되어 그 정본이 송달된 뒤라
도 아직 **확정 전**이라면 소송상 화해를 위한 화해기일지정신청을 하여 지정된 기
일에 화해할 수 있다.[1] 법원은 소송의 정도와 관계없이 **화해**를 **권고**하거나 수명법
관·수탁판사로 하여금 권고하게 할 수 있다(법 145조 1항). 소송대리인이 선임된
사건에서 화해를 위하여 당사자본인이나 그 법정대리인의 출석을 **명**할 수 있다(법
145조 2항). 화해는 **기일**에 **양쪽 당사자**가 **출석**하여 말로 진술하는 것이 원칙적이
다. 그러나 서면인낙과 마찬가지로 변론기일 또는 변론준비기일에 **불출석**한 **당사
자**가 진술간주되는 답변서, 그 밖의 준비서면에 **화해의 의사표시**가 적혀 있고 공
증사무소의 **인증**을 받은 경우에, **상대방 당사자**가 변론기일 또는 변론준비기일에
출석하여 그 화해의 의사표시를 받아들인 때에는 화해가 성립된 것으로 본다(**서면
화해제도**, 법 148조 3항, 286조).

8. 효 과

당사자 양쪽의 화해의 진술이 있는 경우 변론조서·변론준비기일조서에 이를
적은 때에는 그 조서는 확정판결과 같은 효력을 가진다(법 220조). 조서의 작성 등
에 관해서는 청구의 포기·인낙의 경우에서 본 바와 다를 바 없다. 다만 확정판
결과 같은 효력에 기판력이 인정되는지, 기판력이 인정된다면 아무런 제한 없이
기판력이 인정되는지 여부에 관해서는 다툼이 있다.

▣ **소송상 화해와 소송종료효**

일부 견해에 의하면 화해조서의 작성에 의하여 소송이 종료하는 점에 관해서는
다툼이 없다고 한다.[2] 그러나 화해조서의 작성으로 소송종료효가 발생하는지 여부
역시 뒤에서 보는 바와 같이 소송상 화해에 기판력이 인정되는지 여부 등의 논의와
맞물려 있음에 유의해야 한다.

소송상 화해에 기판력을 부정하는 입장(**기판력부정설**) 및 무제한기판력을 인정
하는 입장(**무제한기판력설**)에서는 소송상 화해에 당연히 소송종료효를 인정하지만

---

1) 법원실무제요 민사소송(3), 1608쪽.
2) 정동윤·유병현·김경욱, 759쪽.

(물론 확정판결에서와 같은 당연무효사유가 없는 한 그렇다), 제한적으로 기판력을
인정하는 입장(**제한적 기판력설**)에서는 소송상 화해에 실체법상 흠이 있는 경우에
는 비록 화해조서가 작성되었다고 하더라도 무효이므로, 실체법상 흠이 없는 경우
에 한하여 소송이 종료한다고 보아야 한다. 따라서 제한적 기판력설의 입장에 서면
서도 화해조서의 작성으로 소송종료효가 발생한다는 점에 다툼이 없다는 언급은 타
당하지 않다.

(1) 기 판 력

(a) 기판력부정설

법 220조에서 화해조서에 확정판결과 같은 효력을 인정한 것은 소송종료효와
집행력을 인정한 것에 그치고, 기판력까지 인정한 것이라고 볼 수 없다는 견해가 있
다(**기판력부정설**).[1] 소송상 화해의 법적 성질론에서 사법행위설을 취하는 입장 및
양성설을 취하는 일부 입장은 주로 이러한 견해를 취한다. 법 220조의 규정뿐만
아니라, 법 461조에서 화해의 흠에 대한 구제수단으로서 준재심의 소를 규정한 이
상 기판력부정설은 그 입론의 여지가 적다.[2]

(b) 무제한기판력설

1) 화해조서에는 확정판결과 마찬가지로 어떠한 경우에나 기판력이 인정되며,
화해의 성립과정의 흠은 그것이 재심사유에 해당되어 준재심절차에 의한 구제를
받는 외에는 그 무효를 주장할 수 없다고 보는 견해가 있다(**무제한기판력설**). 소송
상 화해의 법적 성질론에서 소송행위설을 취하는 입장은 이러한 견해를 취한다.[3][4]
이러한 입장은 화해의 무효·취소를 쉽사리 다투면 법적 안정성을 해치게 되며,
독일 민사소송법이나 일본 민사소송법과는 달리, 법 461조를 두고 있는 우리 민

---

1) 정동윤·유병현·김경욱, 761쪽; 김상수, "소송상 화해와 기판력," 21세기민사소송법의 전망
(하촌정동윤선생화갑기념, 1999. 6.), 251쪽 이하; 최성호, "제소전 화해의 본질과 창설적 효
력," 판례월보 331호(1998. 4.), 9쪽 이하.

2) 입법론적으로 법 461조에서, '제220조의 조서 또는'이라는 문구를 과감히 삭제하여 1961년
구법 개정 이전으로 다시 돌아감으로써 화해조서의 확정력을 배제하고 이에 대한 불복의 길
을 허용함으로써 재판상 화해제도가 사적 분쟁의 해결수단으로서 기능을 다할 수 있도록 해
야 한다는 견해로는, 양병회, "민사소송법상의 화해제도에 관한 고찰," 건국대사회과학 11집
(1987. 8.), 65쪽 이하.

3) 김홍규·강태원, 606쪽; 송상현·박익환, 495쪽; 한충수, 572쪽; 김일룡, 630쪽; 김연, 440쪽.

4) 소송상 화해의 법적 성질에 관하여 양성설을 취하는 입장에서도 화해의 효력에 관해서는
무제한기판력설을 취하는 입장도 있다. 호문혁, 830쪽; 전원열, 586쪽.

사소송법상[1] 확정판결의 무효사유와 같은 사유가 있을 때에는 별론으로 하고, 실체법상 흠이 있더라도 재판상 화해의 효력을 다툴 수 없다고 본다. 이러한 입장에서는 재심사유에 해당하는 때, 즉 소송능력 또는 대리권 등의 흠이 있는 경우나 형사상 처벌받을 다른 사람의 행위로 인하여 행해진 때에 한하여 준재심의 소에 의하여 다툴 수 있을 뿐, 그 밖의 사유에 의해서는 무효·취소를 주장할 수 없다고 본다.[2]

2) **판례**는, 소송상 화해는 소송행위로서 사법상 화해와는 달리 사기나 착오를 이유로 취소할 수는 없으며,[3] 소송상 화해를 조서에 기재한 때에는 그 조서는 확정판결과 동일한 효력이 있고 당사자 사이에 기판력이 생기는 것이므로 확정판결의 당연무효사유와 같은 사유가 없는 한 준재심의 소에 의해서만 효력을 다툴 수 있다고 하여,[4] **무제한기판력설**을 취한다.[5]

(c) 제한적 기판력설

소송상 화해에 실체법상 아무런 흠이 없는 경우에만 제한적으로 법 220조에 의하여 기판력이 생기며, 실체법상 흠이 있는 한 기판력은 인정될 수 없다고 보는 견해가 있다(**제한적 기판력설**). 소송상 화해의 분쟁처리기능과 당사자의 절차보장과의 조화를 위하여 그렇게 보아야 한다고 한다. 소송상 화해의 법적 성질론에서 양성설을 취하는 입장은 주로 이러한 견해를 취한다.[6] 법 461조의 준재심의 소는 실체법상 흠이 없는 소송상 화해의 구제책인 것이며, 실체법상 흠이 있는 경우에는 무효임을 전제로 기일지정신청 또는 화해무효확인의 소로 구제되어야 한다는 입장이다.[7]

1) 1990년 구법 개정안에는 신법 461조에 해당하는 431조에서 신법 220조에 해당하는 '제206조의 조서' 부분이 삭제되어 있었으나 국회의 심의과정에서 부활되었다.
2) 김홍규·강태원, 608쪽; 한충수, 574쪽.
3) 대판 1979. 5. 15. 78다1094.
4) 대결 1990. 3. 17. 90그3, 대판 2000. 3. 10. 99다67703.
5) **판례**는 처음에는 제한적 기판력설을 취했으나(대판 1957. 12. 26. 4290민상638, 1959. 10. 15. 4292민상223, 1959. 10. 22. 4291민상479 등), 1961. 9. 1. 민사소송법이 현행법 461조와 같은 조문으로 개정된 이후부터는 무제한기판력설을 취하고 있다.
6) 이시윤, 624쪽; 강현중, 658쪽; 전병서, 494쪽; 손한기, 323쪽; 김용진, 465쪽.
7) 참고로 **중국 민사소송법**은, "당사자는 이미 법률적 효력을 발생한 조정서(소송상 화해조서)에 대하여 조정의 사적자치원칙을 위반하거나 조정서의 내용이 법률에 위반된다는 것을 증명할 증거를 제출할 수 있는 경우에는 재심신청을 할 수 있다"(중국 민사소송법 182조)는 규정을 두어, 실정법상 재판상 화해에 대하여 기판력을 인정하고 '사적자치원칙을 위반'하거나 '법률에 위반'되는 등 실체법상 흠이 있는 경우에 재심절차로 구제할 수 있게 했다. 김주,

(d) 무제한기판력설의 타당성

1) 소송상 화해에 기판력을 인정한다고 하는 것은 마치 판결의 기판력이 실체법상 흠의 유무를 묻지 않고 그 판결에 반하는 주장 및 이에 저촉되는 판단을 허용하지 않는 것과 같다. 따라서 소송상 화해에 실체법상 흠의 유무에 관계없이, 화해에 반하는 주장이나 저촉되는 판단을 허용하지 않으며 당사자나 법원이 이에 구속된다는 것을 의미한다.[1] 제한적 기판력설과 같이 실체법상 흠이 없는 소송상 화해만이 기판력이 있다고 보고, 화해의 실체법상 유·무효가 심리된다고 한다면 그것은 결국 기판력부정설과 같은 것이 된다고 아니할 수 없다.[2] 주의를 요하는 것은 **법 220조**와 같은 조문만 두고 있는 일본 민사소송법(267조)에서는 기판력부정설이나 제한적 기판력설로 입론할 여지가 있으나, **법 461조**의 준재심 조문까지 두고 있는 우리 민사소송법하에서는 **입법적**으로 이를 **해결**했다는 점이다.[3]

2) 소송상 화해는 확정판결과 같은 효력이 있어 기판력이 생기지만, 그 기판력은 소송상 화해의 당사자가 아닌 **제 3 자**에 대해서까지 미치는 것은 아니다.[4]

■ 기판력부정설의 법 461조의 이해 및 그 타당성 여부

기판력부정설의 입장에서 법 461조는 소송상 화해에 형식적 확정력을 배제하는 규정이라고 보는 견해가 있다.[5] 그러나 법 461조에 의하여 준용되는 법 451조의 재

"재판상 화해의 기판력에 관한 연구," 저스티스 117호(2010. 6.), 91쪽 이하.

1) 김홍규·강태원, 605쪽. 즉 본래 기판력은 그 판결이 오판인 경우라도 뒤에 이를 번복하는 일이 없도록 법적 안정성을 기하자는 제도이므로, 판결이나 화해가 정당한 것인 경우에 한하여 기판력을 인정하고 부당하면 기판력을 부정한다는 것은 기판력의 개념이나 제도의 취지에 전혀 맞지 않는 이론이다. 호문혁, 830쪽.

2) 제한적 기판력설에서는 실체법상 흠이 있는 경우에 기일지정신청 또는 화해무효확인의 소로 구제가능하다고 주장하나, 현행법상 이와 같이 해석할 아무런 명문의 근거가 없다. 참고로 **대만 민사소송법**에서는 "재판상 화해에 무효 또는 취소의 원인이 있는 경우 당사자는 심판의 계속을 청구할 수 있다."(대만 민사소송법 380조 2항), "조정에 무효 또는 취소의 원인이 있는 경우 당사자는 조정무효의 소 또는 조정취소의 소를 제기할 수 있다."(대만 민사소송법 416조 2항)는 규정을 두어, 실체법상 흠이 있는 경우에 재심절차가 아닌 일반 민사소송절차로 구제할 수 있게 하였다. 김주, "재판상 화해의 기판력에 관한 연구," 저스티스 117호(2010. 6.), 91쪽 이하.

3) 이동흡, "재판상 화해의 효력," 민사재판의 제문제 8권(1994. 10.), 794쪽 이하.

4) 대판 1999. 10. 8. 98다38760, 2018. 2. 28. 2015다204496, 2023. 11. 9. 2023다256577.

5) 정동윤·유병현·김경욱, 762쪽. 한편 같은 책, 502쪽에서는 위의 입장과 달리 법 461조가 위헌규정이라고 주장하고 있으나(이는 화해조서에 기판력이 있음을 전제로 한 것으로 이해된다), **헌법재판소**는 법 461조에 대하여 이러한 규정은 화해조서 등의 법적 안정성을 유지하고 재판상 화해 등에 의한 분쟁해결의 실효성을 확보함과 아울러 법원의 업무부담을 경감하기

심은 확정된 종국판결이 갖는 기판력 등 판결의 효력의 배제를 주된 목적으로 하는
것이므로, 비록 집행권원인 경우라도 기판력을 가지지 않는 경우에는 재심이나 준
재심의 소가 허용되지 않는다.[1] 따라서 법 220조가 규정하는 화해조서가 기판력을
가지지 않고 형식적 확정력을 가질 따름인데도 법 461조가 적용된다는 주장은 타당
하지 않다. 결국 법 461조는 화해조서에 기판력이 있음을 전제로 한 것이다.

■ 제한적 기판력설의 법 461조의 이해 및 그 타당성 여부

　　제한적 기판력설을 취하는 입장에서는 법 461조가 실체법상 흠이 없는 소송상
화해의 경우에만 적용된다고 주장하고 있다. 그러나 이는 **법 461조의 해석론의 범**
위를 넘어서는 것으로 본다. 법 461조는 법 220조의 조서의 경우 법 451조 1항에
규정된 사유가 있는 때에만 재심의 소에 준하여 준재심의 소를 제기할 수 있음을
명확히 하고 있다. 만약 소송상 화해에 실체법상 흠이 있는 경우에는 준재심의 소에
의하지 아니하고 그 무효를 주장할 수 있다고 보면 다음과 같은 문제가 생긴다. 소
송상 화해의 법적 성질에 관하여 양성설은 소송상 화해의 진술이라는 하나의 행위
에 사법행위 및 소송행위의 성질이 경합하는 것으로 본다. 양성설을 취하면서 나아
가 제한적 기판력설까지 취하는 입장에서는, 예컨대 소송상 화해가 형사상 처벌을
받을 다른 사람의 행위로 말미암아 이루어진 경우에는 당연히 실체법상으로도 흠이
있는 경우에 해당되어 준재심에 의하지 않고 그 무효를 주장할 수 있다는 것이 된
다. 따라서 준재심으로써 이를 다툴 수 있도록 하는 법 461조의 규정의 취지가 몰
각되게 된다.

　　결론적으로 법 461조는 법 220조의 조서가 확정판결과 같은 효력을 가지는 것
으로 규정함과 같은 맥락에서 확정판결과 같은 효력을 가지는 조서의 효력을 다투
는 방법을 준재심의 소에 의하도록 규정한 것이다[법 461조는 청구의 포기·인낙조
서나 화해조서에 따라 그 효력을 다투는 방법에 차이를 두고 있지도 않다]. 따라서
법 461조는 소송상 화해에 실체법상 흠의 유무를 불문하고 기판력을 인정하고 있음
을 당연히 그 전제로 한다고 보지 않을 수 없다.

(2) 집행력·형성력

　1) 화해조서가 일정한 이행의무를 내용으로 하는 경우에는 **집행력**을 갖는다.

위한 것으로 그 입법목적이 정당하고, 이를 달성하기 위하여 법 451조 1항에 기재한 사유가
있을 때에만 준재심을 허용하고 그 밖의 경우에는 허용하지 않도록 제한한 것은 필요하고도
적정한 것이라는 근거로 합헌이라고 판단했다. 헌재 1996. 3. 28. 93헌바27 결정.

[1] 대판 2009. 5. 14. 2006다34190; 정선주, "확정된 이행권고결정의 효력과 준재심의 대상 여
부," 민사소송 14권 1호(2010. 5.), 290쪽.

따라서 이러한 화해조서는 **집행권원**이 된다(민집 56조 5호). 집행력이 미치는 주관적 범위와 집행력의 배제방법은 집행력이 있는 판결에 준한다.

2) 한편 앞서 본 바와 같이 **형성판결과 같은 내용의 재판상 화해**는 허용되지 않으므로 화해조서에 **형성판결에서와 같은 형성력**이 인정될 여지가 없다.[1] **판례** 역시, **공유물분할의 소**에서 **현물분할의 조정**이 성립하는 경우[조정은 재판상 화해와 동일한 효력이 있다(민조 29조)] 확정판결과 같은 형성력을 인정하지 않고 있다.[2]

(3) 실체법상 창설적 효력 인정 여부

1) **판례**는 소송상 화해에 민법상 화해계약처럼 종전의 법률관계를 바탕으로 한 권리의무를 소멸시키는 **창설적 효력**을 인정하고 있다. 즉 **판례**는 화해가 이루어지면 종전의 법률관계를 바탕으로 한 권리의무관계는 소멸함과 동시에 소송상 화해에 따른 새로운 법률관계가 유효하게 형성된다고 본다.[3] 다만 소송상 화해에 창설적 효력이 있다고 하여 소송물이 물권적 **청구권인 경우 그 법적 성질**이 채권적 청구권으로 바뀌지 않는다. 예컨대 소유권에 기한 방해배제청구로서 소유권이전등기말소를 구하는 소송이나 진정명의회복을 위한 소유권이전등기를 구하는 소송 중에 그 소송물에 대하여 소송상 화해가 이루어지면 상대방은 여전히 물권적인 방해배제의무를 지닌다.[4]

2) 판례가 이러한 사법상 효력을 인정하는 것은 소송상 화해의 법적 성질에 관하여 소송행위설을 취하는 기본입장과는 맞지 않는다. 이에 관해서는 앞서 본 바와 같다. 다만 주의를 요하는 것은 **판례의 주류적 입장**이 소송행위인 재판상 화해에서 바로 창설적 효력이 나오는 것으로 보고 있으나['재판상 화해는 확정판결과 동일한 효력이 있고 창설적 효력을 가지는 것으로서'라고 판시하고 있다], **일부 판례**가 **재판상 화해**에 **사법상 화해계약**이 병존하고, 재판상 화해의 창설적 효력은 이

---

1) 화해조서가 일정한 법률관계의 발생·소멸을 내용으로 할 때에는 형성력이 인정된다는 견해로는, 정동윤·유병현·김경욱, 759쪽; 호문혁, 831쪽; 전원열, 593쪽.

2) 대판(전) 2013. 11. 21. 2011두1917. **판례**는, 일정한 제약 아래 예외적으로 공유물분할의 **판결**을 통하여 이루어지도록 하고 있는 법률관계의 변동을, 법원의 판단절차를 거치지 않은 당사자 사이의 **협의**에 따라 **창설적으로 발생**하도록 하는 것은 비록 **조정절차**에 의했다고 하더라도 허용될 수 없다고 본다(조정은 공유물분할의 소의 소송물 자체를 대상으로 하여 그 소송에서의 법원의 판단을 갈음하는 것이 아니어서, 본질적으로 당사자들 사이에 협의에 의한 공유물분할이 있는 것과 다를 바 없다고 본다).

3) 대판 1977. 6. 7. 77다235, 2008. 2. 1. 2005다42880.

4) 대판 1976. 6. 8. 72다1842, 1977. 3. 22. 76다2778, 2012. 5. 10. 2010다2558.

러한 사법상 화해계약에서 비롯하는 것처럼 판시하고 있어,[1] 마치 판례가 재판상
화해의 법적 성질에 관하여 **양행위병존설**의 입장을 취하는 것으로 이해할 여지를
남기는 등 혼선을 야기하고 있다는 점이다.

3) **판례**는, 당사자 사이의 사법상 화해계약이 그 내용을 이루는 것이면 소송
상 화해의 **창설적 효력**이 미치는 **범위**는 당사자 사이에 다투어졌던 권리관계에
대하여 당사자가 서로 양보하여 확정하기로 합의한 사항에 한하며, 당사자가 다
툰 사실이 없었던 사항은 물론 화해의 전제로서 서로 양해하고 있는 데 지나지
않은 사항에 관해서는 창설적 효력이 생기지 않는다고 본다.[2]

(4) 소송상 화해의 효력을 다투는 방법

(a) 당연무효의 사유로 다투는 경우

화해조서에 확정판결의 당연무효와 같은 사유가 있는 경우[예컨대 실재하지 않
거나 사망한 사람을 당사자로 한 화해조서가 작성된 경우, 화해 자체가 이루어진 바 없는
데도 마치 화해가 이루어진 것처럼 화해조서가 작성된 경우[3] 등은 무효이다]에는 당사자
한쪽이 화해조서의 **당연무효사유**를 주장하며 **기일지정신청**을 할 수 있다(**규칙 67
조 1항 유추적용**, 상소심의 경우에는 규칙 128조·135조, 67조 1항 유추적용). 이 경우
법원으로서는 그 무효사유의 존재 여부를 가리기 위하여 변론기일을 지정하여 심
리를 한 다음 무효사유가 존재한다고 인정되지 않는 때에는 판결로써 **소송종료선
언**을 해야 한다(규칙 67조 2항·3항 유추적용).[4]

(b) 당연무효 외의 사유로 다투는 경우

1) 화해조서에 확정판결에서와 같은 당연무효사유가 없는 한 **준재심의 소**(법
461조)에 의하여 효력을 다투는 방법 이외에는 그 무효를 주장할 수 없다. **판례**의
입장도 같다.[5] 화해조서에 대한 **준재심**에서 실제 문제가 될 수 있는 **재심사유**는

---

1) "재판상 화해는 확정판결과 같은 효력이 있으며 **당사자 사이의 사법상의 화해계약이 그
내용을 이루는 것이면** 화해는 창설적 효력을 가진다."라고 판시하고 있는 판결로는, 대판
2001. 4. 27. 99다17319, 2017. 4. 7. 2016다251727, 2017. 4. 13. 2016다274966. 한편 "재판상
화해는 확정판결과 같은 효력이 있고, **사법상의 화해계약은 창설적 효력**을 가진다(민 732
조)"라고 판시하고 있는 판결로는, **대판 2019. 4. 25. 2017다21176**.

2) 대판 2011. 7. 28. 2009다90856, 2014. 4. 10. 2012다29557, 2017. 12. 22. 2015다205086.

3) 대판 2000. 3. 10. 99다67703.

4) 대판 2000. 3. 10. 99다67703, 2001. 3. 9. 2000다58668.

5) 대판 1990. 3. 17. 90그3, 1992. 11. 27. 92다8521; 김능환, "재판상 화해에 대한 준재심과
특정승계인," 민사재판의 제문제 11권(변재승·권광중선생화갑기념, 2002. 12.), 1125쪽 이하.

실제상 법 451조 1항 **2호**(관여할 수 없는 법관이 관여한 경우), **3호**(대리권 등의 흠이 있는 경우. 여기에는 3호가 **유추적용**되는 소송능력의 흠 등이 있는 경우를 포함한다), **5호**(5호가 **유추적용**되는 형사상 처벌받을 다른 사람의 행위로 말미암은 경우) 등에 불과하다. 그 밖의 재심사유는 법원의 판결을 전제로 한 경우로서 화해조서에 대한 준재심에서는 적용될 여지가 없다.[1] 이에 반하여 제한적 기판력설을 취하는 경우에는 법 461조의 준재심은 화해에 실체법상 흠이 없을 때에 한하여 활용할 제도로 보고, 실체법상 흠이 있을 때에는 기일지정신청이나 별소로 화해무효확인의 소 등으로 그 무효를 주장할 수 있다고 본다.

2) 화해조서에 기재된 내용이 **특정되지 않아** 강제집행을 할 수 없는 때에는 확정판결의 경우와 마찬가지로 동일한 청구를 제기할 소의 이익이 있다.[2]

(c) 화해조서상 의무의 불이행으로 다툴 수 있는지 여부

화해조서의 내용대로 이행하지 않아 화해조서가 **실효**되었다거나,[3] 화해조서의 내용대로 이행하지 않아 화해계약을 **해제**함으로써 소송상 화해가 실효되었다는 이유로 기일지정신청을 하는 것은 허용되지 않는다.[4]

(d) 화해조서가 서로 모순 · 저촉되는 경우의 효력

갑과 을 사이에 제 1 화해가 성립한 후에 갑과 을 사이에 다시 제 1 화해와 모순 · 저촉되는 제 2 화해가 성립했다 하더라도 제 1 화해가 조서에 기재되어 확정판결과 동일하게 기판력이 발생한 이상 제 2 화해에 의하여 제 1 화해가 당연히 실효되거나 변경되는 것은 아니다. 따라서 제 1 화해조서의 집행으로 마쳐진 을 명의의 소유권이전등기 등이 무효로 된다고 볼 수 없다.[5] 이 경우 제 2 화해가 준재심사유가 된다(법 461조, 451조 1항 10호).

9. 화해권고결정

(1) 결정에 의한 화해권고

수소법원 · 수명법관 또는 수탁판사는 소송계속 중 사건에 관하여 **직권으**

---

1) 김윤종, 주석서(2), 941쪽.
2) 대판 1992. 4. 10. 91다45356,45363, 1995. 5. 12. 94다25216.
3) 대결 1990. 3. 17. 90그3.
4) 대판(전) 1962. 2. 15. 4294민상914. 조정조항에서 정한 의무를 이행하지 않았음을 이유로 조정의 무효 또는 해제를 주장할 수 없다는 판결로는, 대판 2012. 4. 12. 2011다109357.
5) 대판 1994. 7. 29. 92다25137, 1995. 12. 5. 94다59028.

로 당사자의 이익, 그 밖의 모든 사정을 참작하여 청구의 취지에 어긋나지 않는 범위 안에서 사건의 공평한 해결을 위하여 화해권고결정을 할 수 있다(법 225조 1항). **변론준비절차**에서도 화해권고결정에 관한 규정이 준용되므로(법 286조, 225조 내지 232조), 그 변론준비절차를 진행하는 재판장 등이 화해권고결정을 할 수 있다.[1] 법원은 소송의 정도와 관계없이 **화해를 권고**할 수 있고(법 145조 1항), 소송계속 후 판결선고 전까지 언제라도 별도의 기일지정이나 조정회부 없이 **화해권고결정**을 할 수 있다. 실제로는 변론준비절차를 거쳐 쟁점이 정리된 후 양쪽 당사자가 소송의 승패에 대하여 어느 정도 예측을 할 수 있게 되는 단계에서 화해권고결정을 하는 것이 바람직하다.[2] 화해권고결정시 필요하다면 **소송물 아닌 권리나 법률관계**를 그 대상에 포함시킬 수 있으며, 이 때 화해권고결정의 효력은 그 내용에 따라 그 결정에 기재된 당사자에게 미친다.[3]

(2) 결정서 등의 송달

법원사무관 등은 화해권고결정의 내용을 적은 조서 또는 결정서의 정본을 당사자에게 송달해야 한다(법 225조 2항 본문). 이러한 송달은 **우편송달**(법 185조 2항, 187조), **공시송달**(법 194조)의 방법으로는 할 수 없다(법 225조 2항 단서). 우편송달·공시송달 외의 방법으로 송달할 수 없을 때에는 법원은 직권으로 또는 당사자의 신청에 따라 화해권고결정을 **취소**해야 한다(규칙 59조 1항). 이 경우 소송은 화해권고결정 이전의 상태로 돌아간다(규칙 59조 2항, 법 232조 1항).

(3) 당사자의 이의신청

당사자는 화해권고결정의 내용을 적은 조서 또는 결정서의 정본을 송달받은 날부터 2주 이내에 이의신청을 함으로써 화해권고결정에 대하여 불복할 수 있다. 이러한 정본을 송달받기 전에도 이의신청을 할 수 있다(법 226조 1항).[4] 2주의 기

---

1) 화해권고결정제도는 2002. 1. 26. 민사소송법 전부개정시 도입되었다. 이미 민사조정법 제정시 도입된 **조정을 갈음하는 결정제도**가 있으나, 수소법원이 복잡한 조정회부절차를 거칠 필요 없이 바로 소송절차 내에서 조정을 갈음하는 결정과 동일한 효력이 있는 제도를 운용할 수 있도록 도입되었다. 법원행정처, 민사소송법개정내용해설(2002년), 120쪽.

2) 청구권의 발생 자체는 분명하지만 신의칙에 의하여 이를 배척하는 경우에 판결에 앞서 화해적 해결을 시도하지 않았다고 하여 위법이라고 할 수 없다. 대판 2009. 12. 10. 2008다78279.

3) 대판 2008. 2. 1. 2005다42880, 2021. 9. 30. 2020다273120.

4) 화해권고결정에 대한 이의신청서에 적어야 하는 화해권고결정의 표시와 그에 대한 이의신청의 취지(법 227조 2항 2호)는 제출된 서면을 전체적으로 보아 어떠한 화해권고결정에 대하여 이의를 한다는 취지가 나타나면 족하고, 그 서면의 표제가 준비서면 등 다른 명칭을 사용하고 있다고 하여 달리 볼 것은 아니다. 대판 2011. 4. 14. 2010다5694.

간은 소송행위의 추후보완이 가능한 불변기간이다(법 226조 2항). 당사자는 화해권
고결정이 송달된 뒤에 생긴 사유에 대해서도 이의신청을 하여 새로운 주장을 할
수 있다.[1] 이의신청을 한 당사자는 그 심급의 판결이 선고될 때까지 상대방의 동
의를 얻어 이의신청을 **취하**할 수 있다(법 228조 1항). 이의신청권은 그 신청 전까
지 서면에 의해 사전에 **포기**할 수 있다(법 229조 1항·2항). 이의신청포기의 서면은
상대방에게 송달해야 한다(법 229조 3항).

(4) 화해권고결정의 효력

화해권고결정에 대하여 소정의 기간 내에 이의신청이 없으면 그 화해권고결
정은 **재판상 화해**와 같은 효력을 가진다(법 231조). 따라서 화해권고결정의 내용에
따라 결정에 기재된 당사자 사이에 **기판력**이 생길 뿐 아니라, **창설적 효력**을 가
지므로 당사자 사이에 **종전의 다툼 있는 법률관계**를 바탕으로 한 권리의무관계는
소멸하고 결정된 내용에 따른 새로운 권리의무관계가 성립한다.[2] 화해권고결정의
기판력은 그 **확정시**를 기준으로 하여 발생한다.[3]

Ⅲ. 제소전 화해

1. 의   의

제소전 화해는 소제기 전에 지방법원 단독판사 앞에서 화해신청을 하여 민사
분쟁을 해결하는 절차이다(법 385조 이하). 제소전 화해는 소송계속이 없이 화해를
한다는 점에서 소송상 화해와 다를 뿐 법적 성질과 효력 등에서 소송상 화해와
동일하다.

제소전 화해에서 법원의 역할은 화해의 알선·권고가 아니라, 당사자 사이에
성립된 계약에 대한 공증적 역할을 함에 그치고 있다. **공증인법**이 **2013. 5. 28. 개
정(2013. 11. 29. 시행)**되기 이전에는 **집행증서**(집행승낙의 취지가 적혀 있는 공정증서)
로는 금전 지급 또는 유가증권 등의 일정한 수량의 급여를 목적으로 하는 경우에
만 집행권원화할 수 있는 데 그치므로(민집 56조 4호) 이에 의해 집행권원을 만들
수 없는 건물이나 토지 등의 인도를 구하는 경우에는 집행증서의 대용물로 제소

---

1) 대판 2012. 5. 10. 2010다2558.
2) 대판 2008. 2. 1. 2005다42880, 2020. 6. 25. 2018다277051, 2022. 1. 27. 2019다299058 등.
3) 대판 2012. 5. 10. 2010다2558.

전 화해가 많이 이용되고 있었다. 그러나 위 **공증인법의 개정**을 통하여, **건물·토지·특정동산의 인도**나 **반환**을 구하는 경우에도 집행증서를 작성할 수 있도록 대상을 확대했다. 다만 사회적 약자인 임차인의 보호를 강화하기 위하여 **임차건물의 반환**에 관한 **집행증서**는 임대차관계의 종료에 따라 건물을 반환하기 전 **6월** 이내에만 작성할 수 있도록 제한하면서 임대인이 상환할 **보증금 반환**도 함께 이루어질 수 있도록 했다(공증 56조의3 신설). 따라서 이러한 공증인법의 개정으로 제소전 화해의 남용의 문제는 일정 부분 해결할 수 있을 것으로 기대하고 있다.

▣ 제소전 화해를 통한 탈법행위에 대한 법적 대응방법

(1) 제소전 화해의 실태

일반적으로, 제소전 화해가 금전소비대차의 채권자가 경제적 강자의 지위를 이용하여 폭리행위를 해놓고 이를 집행권원을 만들기 위하여 악용되어 왔을 뿐 아니라, 판례가 제소전 화해조서에 무제한적으로 기판력을 인정함으로써 강행법규의 탈법을 합법화시키고 뒤에 재판상 다투는 길을 봉쇄하는 방편으로도 이용되고 있음이 제소전 화해의 문제점으로 지적되고 있다.[1]

(2) 제소전 화해의 바람직한 실무운영방식

1) 대여금과 관련하여 담보로 제공하는 것으로 보이는 부동산소유권이전등기 및 그 인도의 화해조항이 있는 경우에는 법원이 이를 분명히 하기 위하여 '담보를 위하여'라는 문구를 화해조항에 넣는 것이 실무적 경향이어서 그 범위 내에서 탈법행위가 방지된다.[2] 그러나 임대차와 관련하여 차임연체 또는 기간만료에 따른 건물인도 및 그 지연시 손해배상에 관한 제소전 화해의 경우 경제적으로 우월한 지위에 있는 임대인에게 과도하게 유리한 불공정한 내용의 화해조항에 대하여 법원이 심리과정에서 충분히 검토하여 이를 걸러내지 못하는 때에는 제소전 화해제도를 이용한 탈법행위의 방지가 현실적으로 곤란하게 된다. 따라서 제소전 화해제도의 부작용을 근절하기 위해서는, 제소전 화해절차에서 법원은 강행법규에 위반한 화해조항이나 당사자 한쪽에 부당하게 불리한 불공정한 내용의 화해조항을 제대로 걸러낼 수 있

---

1) 진성규, "제소전 화해의 실태와 문제점," 부동산거래의 제문제(1979. 6.), 299쪽; 이재성, "강행법규위반의 소송상 화해의 효력," 사법행정 13권 10호(1972년), 19쪽 이하.

2) 제소전 화해가 약정된 채무의 불이행시 소유권을 이전해 주기로 한 것이라면 그 조건에 따라 소유권이전등기를 경료함으로써 바로 소유권을 취득한다. 대판 2006. 6. 29. 2005다32814, 32821. 그러나 제소전 화해가 약정된 채무의 불이행시 **채권담보의 목적**으로 소유권을 이전해 주기로 한 것이라면 '가등기담보 등에 관한 법률'이 적용되고, 그 범위 내에서 청산절차 없이 행해진 소유권이전등기는 무효가 된다. 배호근, "조정채무 불이행시 바로 부동산에 관하여 소유권이전등기절차를 이행한다는 내용의 조정조항의 의미," 대법원판례해설 60호(2006년 상반기), 303쪽.

도록 화해조항에 대한 충분한 심리가 필요하다.

2) **신법**은 뒤에서 보는 바와 같이 화해를 위하여 대리인을 선임하는 권리를 상
대방에게 위임하는 것을 금하고(법 385조 2항), 법원은 필요하다고 판단하는 경우에
는 대리권 유무를 조사하기 위하여 당사자본인이나 법정대리인의 출석을 명하는 등
으로(법 385조 3항), 종래와 같이 채무자가 대리인의 선임을 채권자에게 위임함으로
써 발생하는 폐단을 방지할 수 있도록 했다.

2. 제소전 화해신청

(1) 당사자가 임의로 처분할 수 있는 권리관계에 관한 민사상 다툼

1) 제소전 화해는 당사자가 임의로 처분할 수 있는 권리관계를 그 대상으로
한다. 법 385조 1항은 제소전 화해신청시 민사상 '**다툼**'에 관하여 당사자가 청구
의 취지·원인과 '**다투는 사정**'을 밝힐 것을 요구하고 있으므로 제소전 화해신청
은 **현실의 분쟁**이 있을 때에 한하여 허용된다(**현실분쟁설**).[1]

이에 대하여, 민사상 다툼은 반드시 현재에 구체적으로 발생한 것이 아니더
라도 제소전 화해신청 당시로 보아 장래에 분쟁이 발생할 가능성이 있는 경우도
포함한다는 견해(**장래분쟁설**)도 있으나,[2] 제소전 화해를 집행증서의 대용화(代用
化)라는 수단으로 삼는 폐단을 시정하기 위해서도 민사상 다툼을 엄격히 해석할
필요가 있으므로, 단순히 권리관계의 불확실 또는 권리실현의 불완전이 존재하여
미리 집행권원을 취득할 필요가 있다는 것만으로는 민사상 다툼이 있다고 볼 수
없고, 따라서 제소전 화해가 허용되지 않는다고 보아야 한다. 예컨대 임차인이 1
회라도 차임의 지급을 연체하면 즉시 임대인에게 임차목적물을 인도하도록 하는
내용은 제소전 화해의 대상이 아니다. 그러나 법원의 실무상으로는 민사상 다툼
의 존재를 상당히 완화하여 해석하는 입장에서 앞서의 예와 같은 경우도 제소전
화해를 널리 허용하고 있는 것으로 보인다.[3]

2) 제소전 화해신청에는 그 성질에 어긋나지 않으면 소에 관한 규정이 준용
되므로(법 385조 4항), 장래의 이행을 목적으로 하는 제소전 화해신청은 '미리 청

---

1) 이시윤, 629쪽; 호문혁, 836쪽.
2) 송상현·박익환, 498쪽; 한충수, 577쪽; 정동윤·유병현·김경욱, 770쪽.
3) 장재형, "집행증서의 범위의 확대에 관한 실증적 분석과 검토 —건물 등 부동산의 인도청구
   권에 관한 제소전 화해와의 비교 분석을 중심으로—," 인권과 정의(대한변호사협회지) 423호
   (2012. 2.), 91쪽 이하.

구할 필요'가 있을 것(법 251조)이 요구된다.[1]

(2) 화해신청서의 제출

화해의 신청은 서면 또는 말로 한다(법 161조 1항). 화해신청시 인지액은 소장 인지액의 1/5이다(민인 7조 1항). 신청서 제출시 분쟁의 목적인 권리관계에 대하여 시효중단·기간준수의 효력이 생긴다[화해신청에는 그 성질에 반하지 않으면 소에 관한 규정이 준용되기 때문이다(법 385조 4항)]. 화해의 불성립으로 절차가 종료된 때에도 그 시효중단의 효력을 유지하고자 하면 그 뒤 **1월 내**에 소송을 제기해야 한다(민 173조).

3. 절   차

(1) 화해기일의 지정 등

법원은 화해신청서가 적식(適式)인 때에는 신청서부본을 지체 없이 피신청인에게 송달하고, **화해기일**을 **지정**하여 양쪽 당사자에게 **통지**해야 한다(법 385조 4항, 255조 1항, 258조 1항). 화해신청서부본이 송달불능이 되는 때에는 신청인에게 피신청인 주소의 보정을 명하고, 이에 불응한 때에는 화해신청서를 각하하는 명령을 해야 한다(법 385조 4항, 255조 2항, 254조 1항·2항).

(2) 쌍방대리의 금지

법은 쌍방대리금지의 원칙을 명백히 하여 화해를 위하여 자신의 대리인 선임권을 상대방에 위임하는 것을 금지하고 있다. 더 나아가 법원은 필요한 경우 대리권의 유무를 조사하기 위하여 당사자 또는 법정대리인의 출석을 명할 수 있게 했다(법 385조 2항·3항). 제소전 화해의 신청인이 피신청인의 위임을 받아 피신청인의 대리인을 선임하여 화해를 한 경우에는 일종의 **무권대리인**에 해당하여 대리권의 흠이 있는 것으로 준재심의 소(법 461조, 451조 1항 3호)의 대상이 된다.[2]

(3) 제소전 화해의 성립·불성립

제소전 화해가 성립된 경우 제소전 화해조서가 작성된다(법 386조). 화해가 성립되지 않은 경우 법원사무관 등은 그 사유를 조서에 적는다(법 387조 1항). 신청인 또는 상대방이 기일에 출석하지 않은 때에는 법원은 이들의 화해가 성립하지 않은 것

---

1) 강현중, 667쪽.
2) 이시윤, 630쪽; 정진아, 주석서(5), 876쪽.

으로 볼 수 있다(법 387조 2항). 실무상으로는 당사자 모두 또는 한쪽이라도 **1회 불출석**하면 기일을 연기하고, **2회 불출석**하면 화해불성립으로 종결한다. 법원사무관 등은 화해불성립 사유가 기재된 조서의 등본을 당사자에게 송달해야 한다(법 387조 3항). 당사자는 위 조서등본이 송달된 날부터 2주 이내에 **소제기신청**을 할 수 있다. 다만 조서등본이 송달되기 전에도 소제기신청할 수 있다(법 388조 1항·3항). 위 기간은 불변기간이다(법 388조 4항). 화해불성립에 따라 적법한 소제기신청이 있으면 **화해신청을 한 때**에 소가 제기된 것으로 본다. 이 경우 법원사무관 등은 바로 소송기록을 관할법원에 보내야 한다(법 388조 2항).

4. 제소전 화해조서의 효력

제소전 화해조서의 효력은 **소송상 화해**와 같이 확정판결과 같은 효력을 가진다(법 220조). 준재심의 소(법 461조)에 의하여 화해조서가 취소되었을 때에는 종전의 소송이 부활하는 소송상 화해와 달리, 제소전 화해는 부활할 소송이 없으므로 **불성립**으로 귀착한다.[1] 한편 판례가 제소전 화해에 창설적 효력을 인정하고 있음은 이미 본 바와 같다.

---

1) 대판 1996. 3. 22. 95다14275.

제3장 종국판결에 의한 종료

제1절 재판일반

Ⅰ. 재판의 의의

재판은 소송사건에 관하여 재판기관(법원 또는 법관)이 하는 판단 또는 의사표시로서 소송법상 일정한 효과를 발생시키는 소송행위를 의미한다. 재판을 심판이라고 하는 경우도 있다(가사비송사건, 가소 39조).[1]

Ⅱ. 재판의 종류

1. 판결·결정·명령

재판에는 판결·결정·명령이 있다. 판결은 중요한 사항, 즉 소송에 대한 종국적·중간적 판단에 관하여 하는 데 반하여, 결정·명령은 경미한 사항이나 신속한 재판이 요구되는 사항에 관하여 한다. 판결·결정·명령은 재판의 주체, 심리의 방식, 재판의 방식, 재판의 효력, 불복방법 등에서 차이가 있다.

(1) 재판의 주체 및 심리의 방식

판결과 결정은 법원의 재판이고, 명령은 재판장·수명법관·수탁판사 등 법관의 재판이다.[2] 판결은 원칙적으로 필수적 변론에 의하며, 결정·명령은 임의적 변론에 의한다[즉 변론을 거칠 것인지 여부는 재판의 주체에 일임되어 있다(법 134조 1항 단서)].

(2) 재판의 방식

판결은 판결서를 작성하여 원칙적으로 선고에 의해야 하는 반면(상고이유서

---

1) 이 경우 당사자도 '청구인', '상대방'(마류 가사비송사건) 또는 '청구인', '관계인'(라류 가사비송사건) 등으로 표시한다.
2) 다만 법원의 재판이어서 성질은 결정이나, 명칭은 명령으로 사용하는 경우가 있다. 예컨대 문서제출명령, 압류명령, 추심명령, 전부명령 등이다.

부제출로 인한 상고기각판결 및 **심리불속행으로 인한 상고기각판결**은 선고가 필요하지 않다. 상특 5조 2항), 결정·명령은 결정서·명령서를 작성하지 않고 조서의 기재로 대용할 수도 있으며(법 154조 5호), 원칙적으로 상당한 방법으로 고지하면 된다(법 221조 1항)[집행절차에서의 매각허가결정은 선고로써 고지의 효력이 생긴다(민집 126조 1항, 민집규 74조)]. 판결서는 원칙적으로 이유기재를 생략할 수 없으며, 법관의 서명날인을 요함에 대하여(법 208조 1항), 결정·명령서는 이유기재를 생략할 수 있으며, 기명날인으로써 족하다(법 224조 1항 단서).

(3) 재판의 효력

판결은 법원이 자신이 한 판결내용에 기속됨에 반하여, 결정·명령은 법원이 원칙적으로 이에 기속되지 않고 이를 취소·변경할 수 있다[이를 '**재도의 고안**(再度의 考案)'이라고 한다(법 446조)]. 판결은 확정되어야 기판력 등 효력이 발생하는 데 반하여, 결정·명령은 원칙적으로 고지함으로써 효력이 발생한다(법 221조 1항). 다만 **집행절차**에서 집행절차를 취소하는 결정, 매각허가결정, 전부명령 등은 그 성질이 결정이나, 확정되어야 그 효력이 발생한다(민집 17조 2항, 126조 3항, 229조 7항 등).

(4) 불복방법

판결에 대한 불복은 항소·상고이며, 결정·명령에 대한 불복은 이의신청 또는 항고·재항고이다.

2. 종국적 재판·중간적 재판

(1) 종국적 재판

종국적 재판은 사건에 대하여(동일한 당사자 사이에, 동일한 소송물에 관하여) 종국적 판단을 하고, 그 심급을 완결하는 재판을 말한다. 종국판결, 소·상소각하결정(법 144조 4항), 소장·상소장각하명령(법 254조 2항, 399조 2항, 402조 2항), 증권관련집단소송·소비자단체소송·개인정보단체소송에서의 소제기불허결정(증집 15조 1항, 소기 74조, 개인정보 55조) 등이 그 예다.

(2) 중간적 재판

중간적 재판은 심리도중에 문제가 된 사항에 관하여 판단하는 재판을 말한다. 중간판결(법 201조), 실기한 공격방어방법의 각하결정(법 149조), 청구변경허부

(허가·불허가)결정(법 263조), 수계허가결정(법 243조), 소장보정명령(법 254조 1항) 등이 그 예다.

제 2 절 판   결

제 1 관 판결의 종류

Ⅰ. 중간판결

1. 의   의

중간판결이란 그 심급에서 사건의 전부 또는 일부를 완결하는 종국판결을 하기 전에 그 종국판결의 전제가 되는 개개의 쟁점 사항을 미리 정리·판단하여 종국판결을 준비하는 판결을 의미한다(법 201조).[1] 중간확인의 소에 대한 (중간)확인판결은 종국판결로서 중간판결과 구별된다. 중간판결을 할 것인지, 종국판결의 이유에서 판단할 것인지는 법원의 재량이다. 중간판결사항에 관하여 이를 인정하여 **심리를 계속해야 할 경우**에는 중간판결을 해야 하나, **그와 반대인 경우**에는 종국판결을 해야 한다. 집중심리주의에서의 심리는 기본적 쟁점사항별로 이루어져야 하며, 가능한 한 변론을 그 범위 내로 제한할 필요가 있다(**변론의 제한**, 법 141조). 제한된 쟁점에 대한 실질적인 심리가 이루어진 경우 심리결과에 대하여 필요하다면 중간판결로 이를 명확히 하고, 이를 전제로 그 이후의 심리로 이행되도록 해야 하다. 즉 법원은 **변론의 제한**을 통하여 심리를 집중하고, 그 결과에 대하여 중간적 재판을 함으로써 종국판결에 대한 예측가능성을 높이고 이를 전제로 이후 쟁점에 대한 심리를 보다 실효성 있게 진행할 수 있다.[2]

---

[1] 대판 1994. 12. 27. 94다38366, 2011. 9. 26. 2010다65818; 김용빈, "집중심리를 위한 중간판결의 활용에 관하여," 사법논집 45집(2007년), 113쪽 이하.

[2] 김홍엽, "민사법정에서의 대화와 토론, 설득의 필요성 및 방법," 법정문화개선포럼(서울중앙지방법원·서울지방변호사회, 2015. 6.), 66쪽.

2. 중간판결사항

(1) 독립된 공격방어방법

독립된 공격방어방법이란 다른 공격방어방법과 무관하게 **분리 · 독립**하여 심리할 수 있는 공격방어방법을 의미하며, 그 하나로 독립하여 소송상 청구를 유지 또는 배척하기에 충분한 것을 말한다. 예컨대 소유권확인소송에서 원고가 소유권 취득원인으로서 매매, 증여, 시효취득 등을 주장하는 경우 이는 각각 독립한 공격방법에 해당하며, 대여금청구소송에서 피고가 채무소멸원인으로 변제, 소멸시효 등을 주장하는 경우 이는 각각 독립된 방어방법에 해당한다.

(2) 그 밖의 중간의 다툼

중간의 다툼이란 독립한 공격방어방법에 속하지 않는 **소송상 사항**에 관한 다툼으로서 이를 해결하지 않으면 청구 그 자체에 대한 판단에 나아갈 수 없는 것을 말한다(소송상 선결문제). 구체적으로는 소송요건의 존부, 상소의 적법 여부, 소 취하의 유 · 무효, 추후보완상소의 적법 여부 등이다.

(3) 원인판결

청구의 원인과 액수에 대하여 다툼이 있는 경우에 그 원인에 대해서도 중간판결을 할 수 있다(법 201조 2항). 여기서 말하는 **청구의 원인**은 소장의 청구원인(법 249조 1항)과는 구별되는 것으로, 청구의 액수 · 범위를 제외한 **소송목적인 청구권의 존부**를 말한다. 여기에는 **청구권의 발생** 및 **소멸**에 해당하는 일체의 사유를 포함한다. 따라서 청구권이 발생했다 하더라도 변제나 소멸시효, 또는 상계로 소멸하는지 여부도 심리하여 청구의 액수에 관한 다툼에서 판단할 금액이 남아 있는 한 중간판결로 판단할 수 있다.[1]

(4) 재심의 소와 중간판결

재심의 소에서 재심의 소가 적법하고, 재심사유가 인정되는 경우에는 중간판결을 할 수 있는데 이에 관해서는 별도의 규정을 두고 있다(법 454조 2항).

---

1) 이시윤, 637쪽; 정동윤 · 유병현 · 김경욱, 785쪽; 강현중, 679쪽.

3. 효   력

(1) 법원에 대한 효력

중간판결이 선고되면 판결을 한 **법원**은 이에 구속되므로 종국판결을 할 때에도 그 주문의 판단을 전제로 해야 한다. 즉 중간판결은 해당 심급에 한해 법원이 스스로 취소·변경할 수 없는 자기구속력을 가진다. 따라서 중간판결을 한 법원으로서는 중간판결의 판단이 그릇된 것이라 하더라도 이에 저촉되는 판단을 할 수 없다.[1] 중간판결은 중간적 재판이므로, 확정에 따른 기판력·집행력·형성력이 발생할 여지가 없다.[2]

(2) 당사자에 대한 효력

당사자로서는 원칙적으로 중간판결을 할 때까지 제출할 수 있었던 공격방어방법을 그 뒤의 변론에서 제출할 수 없는 **실권효**의 제재를 받는다. 즉 중간판결의 판단사항은 그 뒤의 심리에서 제외되므로 동일 심급에서는 다시 이를 다툴 수 없다. 다만 중간판결 뒤에 생긴 **새로운 사유**에 기하여 그 판단에 어긋나는 주장을 하는 것은 허용된다. 종국판결에 대한 **상소**가 제기된 경우 중간판결은 뒤에서 보는 바와 같이 상소법원의 판단을 받으므로 중간판결의 판단사항에 대하여 새로운 공격방어방법을 제출할 수 있다. 다만 실기한 공격방어방법으로 각하당할 수는 있다.[3]

(3) 불복방법

중간판결에 대해서는 독립하여 상소할 수 없으며, 종국판결에 대한 상소가 제기된 경우 상소심에서 종국판결과 함께 판단을 받는다(법 392조 본문, 425조). 따라서 중간판결은 상소법원을 구속하지 않는다.

Ⅱ. 종국판결

1. 의   의

(1) 개   념

종국판결은 소 또는 상소에 의하여 계속된 사건의 전부나 일부에 관하여 해

---

1) 대판 2011. 9. 29. 2010다65818.
2) 양병회, 414쪽.
3) 이시윤, 637쪽; 정동윤·유병현·김경욱, 786쪽; 호문혁, 619쪽; 김영진, 주석서(2), 512쪽.

당 심급에서 완결하는 판결을 말한다(법 198조). 종국판결의 예로는, 본안판결, 소
각하판결, 소송종료선언 등이 있다. 종국판결은 ① 사건을 완결시키는 범위에 따
라 **전부판결**, **일부판결**, **추가판결**로 구분되고, ② 소의 적법요건에 관한 판단인
지, 청구의 당부에 관한 판단인지에 따라 **소송판결**과 **본안판결**로 구분된다.

(2) 환송판결이 종국판결인지 여부

해당 심급이 완결되는 경우라면 그 확정에 의하여 소송이 전체로서 종료되지
않는 경우라도 무방하다. 항소법원의 **환송판결**(법 418조 본문)은 물론이거니와,[1]
대법원의 **환송판결**(법 436조 1항 전단)도 해당 사건에 대하여 재판을 마치고 그 심
급을 이탈시키는 판결인 점에서 종국판결이다[대법원의 환송판결은 '실질적으로 확정
된 종국판결'은 아니므로 재심대상이 되는 '확정된 종국판결'에는 해당하지 않는다].[2] 상급
심법원이 원심판결을 취소·파기하고 하는 **이송판결**(법 419조, 436조 1항 후단)도
종국판결이다.

2. 전부판결과 일부판결

(1) 전부판결

전부판결이란 같은 소송절차로 심리되는 사건의 전부를 동시에 완결시키는
종국판결을 말한다. 법원은 사건의 전부에 대하여 심리를 마친 때에는 전부판결
을 해야 한다(법 198조). 하나의 청구에 대하여 하나의 소송절차에서 심리된 때에
그 청구에 대하여 행한 판결임은 물론이고, 청구의 병합, 반소, 변론의 병합 등과
같이 여러 개의 청구가 하나의 소송절차로 병합심리된 때에 여러 개의 청구에 대
하여 동시에 하나의 판결을 한 경우에도 전부판결이다[법 200조 2항은 변론을 병합
한 여러 개의 소송 가운데 하나의 심리를 마친 경우 등을 일부판결로 보고 있으므로, 그
반대해석상 이를 전부판결로 본다]. 전부판결은 하나의 판결이므로 청구 가운데 일부
에 대하여 한 상소는 나머지 청구에 대해서도 그 효력이 미쳐 판결 전체의 확정
을 차단하는 효과와 상급심으로 이심되는 효과가 생긴다. 다만 상소를 하지 않은
부분은 원칙적으로 상소심의 심판범위에 속하지 않는다.

---

1) 대판(전) 1981. 9. 8. 80다3271.
2) 대판(전) 1995. 2. 14. 93재다27,34.

(2) 일부판결

(a) 의   의

일부판결이란 동일한 소송절차에 의해 심판되는 사건의 일부를 다른 부분에서 분리하여 그것만 먼저 끝내는 종국판결을 말한다(법 200조 1항). 이는 법원이 의도적으로 청구의 일부에 대하여 판결을 하지 않고 두는 것으로, 청구의 일부에 대한 판결을 실수로 빠뜨리는 재판의 누락(법 212조)과 구별된다. 소송의 일부의 심리를 마친 때라도 일부판결을 할 것인지 여부는 법원의 재량이다(법 200조 1항). 일부판결을 하는 경우 그 부분의 **변론**을 **분리**하는 결정(법 141조)을 먼저 해야 한다.[1] 일부판결의 경우에 판결하지 않고 남겨둔 나머지 부분은 그 심급에서 심리가 속행된다. 뒤에 이를 완결하는 판결을 **잔부판결** 또는 결말판결이라 한다. 일부판결을 한 뒤의 잔부판결이 법률상 허용될 수 없는 경우나 일부판결과 잔부판결 사이에 내용상 모순이 생길 염려가 있는 경우에는 일부판결이 허용될 수 없다. 소송비용의 재판은 사건을 완결하는 전부판결에서 하는 것이 일반적이나, 예컨대 통상공동소송인의 한 사람에 대한 일부판결의 경우처럼 사정에 따라 일부판결에서도 그 부분에 대한 비용재판을 할 수 있다(법 104조). 일부판결은 독립하여 상소의 대상이 되기 때문에, 사건의 일부는 상소심에, 나머지 부분은 원심에 계속되게 되어 때로는 소송불경제와 판결의 모순·저촉을 초래할 수 있다. 실무상 거의 활용되고 있지 않다.

■ 일부판결이 허용되는 경우와 허용되지 않는 경우

① **일부판결이 허용되는 경우**: 여기에는, i) 단순병합(소의 주관적·객관적 병합)의 경우, ii) 가분적 청구 가운데 수액이 확정된 경우, iii) 변론의 병합의 경우, iv) (일정한 예외를 제외한) 본소와 반소의 경우(법 200조 2항) 등이 있다. ② **일부판결이 허용되지 않는 경우**: 여기에는, i) 선택적·예비적 병합의 경우(여러 개의 청구가 하나의 소송절차에 불가분적으로 결합되어 있다), ii) 본소와 반소가 동일한 목적의 형성청구인 경우(예컨대 같은 이혼을 구하는 본소청구와 반소청구), iii) 그 소송물이 동일한 법률관계인 경우(예컨대 같은 부동산에 대하여 원고의 소유권확인의 본소청구와 피고의 소유권확인의 반소청구), iv) 필수적 공동소송, 독립당사자참가소송, 예비적·선택적 공동소송의 경우, v) 법률상 병합심리(변론의 병합)가 요구되는 경우(상 188조·240조·380조, 증집 14조, 소단규 15조, 개인정보단규 14조) 등이 있다.

---

1) 법원실무제요 민사소송(3), 1572쪽.

(b) 단순병합과 일부판결 허용 여부

단순병합이라도, ① 어느 하나의 청구가 다른 청구의 **선결관계**에 있는 경우
[예컨대 소유권확인청구와 소유권에 기한 방해배제청구, 원금채권확인청구와 이자채권이행
청구 등], ② 각 청구가 **기본적 법률관계**를 공통으로 하고 있는 경우[예컨대 토지소
유권에 기한 건물철거청구와 토지인도청구, 소유권에 기한 건물인도청구와 소유권침해로
인한 손해배상청구 등], ③ 각 청구 사이에 여러 개의 **공통된 사실이 주요한 쟁점**인
경우에도 일부판결이 허용되는지에 관하여 논의가 있다[①, ②, ③ 경우의 각 청구관
계를 '**관련적 병합**'이라고 부른다].

이에 대하여, ① · ②의 경우 일부판결을 할 수 없다고 보는 견해가 있는가
하면,[1] ③의 경우에까지 일부판결을 할 수 없다고 보는 견해가 있다.[2] 그러나
① · ②의 경우이거나 ③의 경우이거나를 불문하고, 이들 경우에서 변론의 분리나
일부판결을 하는 것은 중복심리 및 판결의 모순 · 저촉의 회피라는 면에서 적절한
것이 아니어서 피하는 것이 상당하다. 다만 그렇다고 해서 일부판결이 허용되지 않
는다고 볼 것은 아니다[즉 이들의 경우는 밀접한 관계에 있으나 불가분한 관계에 있다고
볼 수 없다]. 만약 일부판결이 허용되지 않는다고 볼 경우 이들 청구 가운데 하나
의 청구에 대한 심리 · 판단을 빠뜨린 때에는 뒤에서 보는 바와 같이 재판의 누락
이 되지 않고 판단의 누락으로 보아 재판이 된 청구에 대한 항소로 인하여 빠뜨
린 청구까지 항소심으로 이심되는 결과가 되어 부당하다.

3. 재판의 누락과 추가판결

(1) 의   의

재판의 누락이란 청구의 전부에 대하여 재판을 할 의도였으나, 실수에 의하
여 청구의 일부만에 대하여 재판을 한 경우를 의미한다(법 212조). 이와 같이 재판
이 누락된 부분에 대하여 하는 종국판결을 **추가판결**(보충판결)이라 한다. 재판의
누락은 종국판결의 주문에서 판단할 청구의 일부에 대한 재판을 누락한 경우로
서, 판결이유에서 판단할 공격방어방법에 대한 **판단의 누락**과 **구별**된다. 재판의
누락은 판결을 누락 없이 했으나 그 표현상 잘못을 고치는 **판결의 경정**(법 211조)

---

1) 정동윤 · 유병현 · 김경욱, 773쪽; 김영진, 주석서(2), 505쪽.
2) 김홍규 · 강태원, 628쪽. 한편 정영환, 1174쪽도 이 경우에 일부판결이 어렵다고 하여 같은
   취지로 보인다.

과 **구별**된다. 한편 **일부판결**이 허용되지 않는 소송에서는 재판의 누락이 있을 수 없으므로 추가판결로 시정할 것이 아니라, 빠뜨린 것이 있다면 판단의 누락으로 보아 상소[상고시 절대적 상고이유가 된다(법 424조 1항 6호)] 또는 재심의 소(법 451조 1항 9호)로 나투어야 한다(통설).

■ **재판의 누락인지 여부의 판단기준**

(1) **판결주문에 기재되어 있는지 여부에 의한 판단**

재판의 누락인지 아닌지는 원칙적으로 **판결주문**의 기재에 의해 판정한다. 판결에는 법원의 판단을 분명하게 하기 위하여 결론을 주문에 기재하도록 하고 있기 때문이다.[1] 판결주문에 청구의 전부에 대한 판단이 기재되어 있으나 판결이유 중에 청구의 일부에 대한 판단이 빠져 있는 경우에는 이유를 붙이지 않은 위법이 있다고 볼 수 있으나 재판의 누락이 있다고 볼 수 없다. 청구기각판결의 경우 판결주문에 청구 전부에 대한 판단이 기재되어 있는지 여부는 청구취지와 판결이유의 기재를 참작하여 판단해야 한다.[2] 이에 반하여, 판결이유에서 그 당부를 판단했더라도 판결주문에 설시가 없으면 특별한 사정이 없는 한 그에 대한 재판은 누락된 것으로 본다.[3]

(2) **판결주문에 포함된 것으로 볼 수 있는지 여부에 의한 판단**

판결주문에서 명시적으로 기재하지 않았으나 판결이유에서 그 부분에 대하여 판단을 하고 있고, 판결주문에서 그 부분에 대하여 판단한 취지가 포함되어 있다고 볼 수 있다면 재판의 누락으로 보지 않는다. 이 경우 판결의 경정사유가 된다. 이에 관해서는 뒤에서 본다.

(3) **판단한 부분과 밀접불가분한 관계에 있는지 여부에 의한 판단**

판결주문에서 판단하지 않았을 뿐 아니라 판결이유에서도 아무런 판단을 하지 않은 경우에도 그 부분이 판단한 부분과 밀접불가분한 관계(선택적 병합관계 또는 예비적 병합관계)에 있는 때에는 재판의 누락으로 보지 않고, 판단의 누락으로 본다. 이에 관해서도 뒤에서 살펴본다.

(2) 재판의 누락과 누락된 부분의 계속 법원

재판의 누락이 있는 부분은 이를 누락한 법원이 계속하여 재판한다(법 212조 1항). 원심법원이 재판을 누락한 경우에 그 부분은 아직 원심법원에 소송계속 중

---

1) 대판 2002. 5. 14. 2001다73572.
2) 대판 2003. 5. 30. 2003다13604.
3) 대판 2015. 10. 29. 2014다13044, 2017. 12. 5. 2017다237339, 2019. 11. 14. 2019다17034 등.

이므로, 그에 대한 상소는 불복의 대상이 부존재하여 부적법하고 결국 각하를 면할 수 없다.[1] 재판의 누락이 있는 때에는 법원은 누락된 부분에 대하여 **추가판결**을 한다. 추가판결은 **직권으로** 한다. 당사자는 기일지정신청을 하여 직권발동을 촉구할 수 있다.

(3) 소송비용의 재판의 누락과 법원의 조치

종국판결 중 소송비용의 재판을 누락한 경우에는 청구의 일부에 대한 재판을 누락한 경우에 준하여 **직권으로** 또는 **당사자의 신청**에 따라 **결정**으로 소송비용의 액수를 정하고 그 부담을 명하는 **추가재판**을 한다(법 212조 2항, 114조 1항). 다만 종국판결에 대하여 적법한 항소가 있는 때에는 그 **추가결정**은 효력을 잃고 항소법원이 소송의 총비용에 대하여 재판을 한다(법 212조 3항).

4. 소송판결과 본안판결

(1) 소송판결

소송판결은 소 또는 상소가 부적법하다고 하여 이를 각하하는 종국판결이다. 소송종료선언(판결) · 소취하무효선언(판결)(규칙 67조)도 이에 속한다. ① 소송판결에는 필수적 변론의 원칙의 적용이 없다. 즉 부적법한 소나 항소로서 그 흠을 보정할 수 없는 경우에는 변론 없이 소각하판결 또는 항소각하판결을 할 수 있다(법 219조 · 413조)[상고심은 필수적 변론절차가 아니므로 달리 무변론 상고각하의 문제는 생기지 않는다]. ② 소송판결을 할 것이 아님에도 이를 잘못 판단한 경우 상소심(항소심 · 상고심)의 필수적 환송사유가 된다(법 418조, 436조 1항). ③ 소송판결이 확정되어 기판력이 생긴 후에도 그 흠을 보정하면 재소가 허용된다. 소각하판결이 있은 뒤에 소를 취하한 경우라도 재소금지규정(법 267조 2항)의 적용이 없다. ④ 합일확정이 요구되는 소송, 예컨대 필수적 공동소송(법 67조), 예비적 · 선택적 공동소송(법 70조), 독립당사자참가소송(법 79조), 공동소송참가소송(법 83조) 등의 경우에서 상소제기에 의한 확정차단 및 이심의 효력은 본안판결에 한하고 소송판결을 한 때에는 그 적용이 없다.

---

1) 대판 2013. 6. 14. 2013다8830,8847, 2017. 12. 5. 2017다237339, 2020. 5. 14. 2020다205561. 한편 청구 가운데 재판된 부분은 항소가 되어 항소심에 계속 중인 때에는 차라리 누락한 부분을 취하하고 이를 항소심에서 청구의 변경으로 추가하여 항소심에서 함께 심판을 받도록 함이 좋다는 견해가 있으나(이시윤, 640쪽), 누락된 부분에 대한 재판의 심급이익상 바람직한 조치라고만 볼 수 없다.

(2) 본안판결

본안판결은 청구가 이유 있는지 여부에 따라 청구를 인용 또는 기각하는 종국판결을 말한다. 상소심에서 상소가 이유 있는지 여부를 재판하는 것도 본안판결에 해당한다.

제 2 관   판결의 성립

Ⅰ. 판결내용의 확정

1. 의   의

법원은 심리가 판결하기에 성숙하면 변론을 종결하고 판결내용을 확정해야 한다. 판결내용은 직접심리주의의 원칙상 기본이 되는 변론에 관여한 법관이 확정해야 한다(법 204조 1항).

2. 법관이 바뀐 경우

변론종결 뒤 판결내용이 확정되지 않은 상태에서 법관이 바뀐 경우에는 변론을 재개하여 당사자에게 종전 변론결과를 진술시키고 판결을 해야 한다(법 204조 2항). 판결내용이 확정된 뒤에는 비록 변론에 관여한 법관이 퇴임·전근 등으로 바뀌어 판결원본에 서명날인할 수 없어도 합의부의 다른 법관이 서명날인하는 것이 가능하므로(법 208조 4항) 판결의 성립에 아무런 영향이 없다.

Ⅱ. 판 결 서

1. 판결서 기재사항

판결서에는 당사자와 법정대리인, 주문, 청구의 취지 및 상소의 취지, 이유, 변론을 종결한 날짜(무변론판결에서는 판결을 선고하는 날짜), 법원을 기재하고, 법관의 서명날인이 있어야 한다(법 208조 1항).[1] 소송대리인의 표시는 판결의 필수적

---

[1] 판결서는 당사자를 위한 것이기도 하므로 법률전문가가 아닌 당사자도 이해하기 쉽게 되도록 쉬운 단어를 사용하고, 문장은 되도록 짧게 세분하여 간명하게 구성하도록 한다. 재판예규 제1687호 '재판서 양식에 관한 예규'(재일 2003-12, 2018. 2. 22. 개정, 2018. 3. 26. 시행); 재판예규 제316호 '판결서 작성방식의 개선을 위한 참고사항'(송무심의 9호, 1991. 2. 7. 제정·

기재사항이 아니나(따라서 소송대리인의 기재가 없어도 판결에 위법이 있다고 할 수 없다),[1] 송달의 필요상 표시한다.

2. 판결주문 기재의 특정과 명확성

판결주문은 간결·명확해야 하며 주문 자체로 내용이 **특정**될 수 있어야 한다(이를 '**판결주문의 자족성**'(自足性)이라 한다).[2] 판결주문의 내용이 모호하면 기판력의 객관적 범위가 불분명해질 뿐만 아니라 집행력·형성력 등의 내용도 불확실하게 되어 새로운 분쟁을 일으킬 위험이 있게 된다.[3] 따라서 판결주문은 어떠한 범위에서 당사자의 청구를 인용하고 배척한 것인지를 그 이유와 대조하여 분명히 알 수 있고, **집행에 의문이 없을 정도**로 명확히 특정해야 한다.[4] 한편 **동시이행판결**을 하는 경우에는 **반대의무의 내용**을 **명확하게 특정**해야 한다.[5] 판결주문이 특정되었는지 여부는 **직권조사사항**이다.[6]

판결주문의 표시가 판결주문으로서 갖추어야 할 명확성을 결(缺)하는 경우에는 부적법하므로,[7] **상소**로써 취소(항소심에서)나 파기(상고심에서)케 할 수 있다. 확정되는 경우 판결 자체가 무효가 되는 것은 아니나, **주문의 특정**을 위한 **신소의 제기**가 허용된다. 판결주문 기재의 부동산을 **별지**(別紙)로써 특정하면서 별지를 붙이지 않은 데 불과한 경우는 **판결경정사유**가 된다.[8]

시행). 한편 판결서에는 형식적 기재, 중복기재, 무익한 기재 등을 생략하여 그 기재에 들던 시간과 노력을 변론의 충실과 심리의 촉진에 쏟아야 한다. 재판예규 제625-1호 '판결서 작성 방식에 관한 권장사항'(송무심의 0410-132호, 1998. 8. 20. 제정·시행).

1) 대판 1963. 5. 9. 63다127.

2) 대판 1983. 3. 8. 82누294, 2018. 2. 28. 2017다270916.

3) 대판 2006. 9. 28. 2006두8334.

4) 민사상 이행소송의 판결주문은 처분권주의(법 203조)에 따라 당사자가 신청한 사항에 대하여 하되, **집행가능**할 정도로 **특정**할 수 있다면 분쟁을 해결하는 데 가장 적합한 형태를 취하는 것이 타당하다고 판시한 판결로는, 대판(전) 2021. 7. 22. 2020다248124.

5) **동시이행판결**의 **반대의무의 이행 또는 이행제공**은 **집행개시의 요건**(의사진술을 명하는 경우는 **조건성취집행문의 부여요건**이다)으로서 채권자가 이를 증명하는 방법에는 제한이 없으므로, 반대의무의 내용이 특정되지 않아 반대의무의 이행 또는 이행제공을 증명할 수 없는 경우에는 강제집행을 할 수 없게 되어 결국 채권자는 강제집행을 위해 동일한 청구의 소를 다시 제기해야 하므로, 동시이행판결을 하는 법원으로서는 반대의무의 내용을 **명확하게 특정**해야 하고, 자칫 이를 가볍게 여겨 강제집행에 지장이 생김으로써 무익한 절차를 반복하게 하는 것은 아닌지 여부 등을 확인할 필요가 있다는 판결로는, 대판 2021. 7. 8. 2020다290804.

6) 대판 2019. 3. 14. 2017다233849, 2020. 5. 28. 2019므16077,16084.

7) 대판 1995. 6. 30. 94다55118, 2006. 3. 9. 2005다60239.

8) 대판 1970. 4. 28. 70다322, 대결 1980. 7. 8. 80마162, 대판 1989. 10. 13. 88다카19415.

3. 판결이유 기재의 정도

판결에 이유를 기재하는 것은, ① **당사자**에게 그 판결주문이 어떠한 이유와 근거에 의하여 나온 것인지 그 내용을 알려 주어 당사자로 하여금 판결에 승복할 것인지 여부에 관한 결단을 내릴 수 있게 하고, ② **상소법원**으로 하여금 원심법원이 어떠한 사실상 및 법률상 이유에 의하여 재판했는지를 알 수 있게 하며, ③ **판결의 효력의 범위**를 명확하게 특정하려는 데 그 의의가 있다.[1] 판결이유에서는 법원의 판단과정이 합리적·객관적이라는 것을 밝힐 수 있도록 그 결론에 이르게 된 과정에 필요한 판단을 기재해야 한다. 다만 판결이유에는 **주문이 정당하다는 것**을 인정할 수 있을 정도로 당사자의 주장, 그 밖의 공격방어방법에 관한 판단을 표시하면 되고(법 208조 2항), 당사자의 모든 주장이나 공격방어방법에 관하여 판단할 필요가 없다.[2] 판결이유에 필요한 판단의 기재가 누락되거나 불명확한 경우에는 **절대적 상고이유**(법 424조 1항 6호)가 된다.[3]

> ▣ 이유기재의 생략·간이화 등에 관한 특례
>
> 재판상 이유기재의 생략·간이화 등의 특칙은 다음과 같다. ① **이유기재를 인용할 수 있는 경우**: 항소심판결의 이유를 적을 때에는 제1심판결이 법 208조 3항에 따라 작성된 경우(아래에서 보는 바와 같이 이유를 간략하게 적을 수 있는 경우)가 아니라면 제1심판결을 인용할 수 있다(법 420조).
>
> ② **이유기재를 생략할 수 있는 경우**: i) 소액사건(소심 11조의2 3항),[4] ii) 배상명령(소촉 31조 2항 단서), iii) 결정·명령(법 224조 1항 단서), iv) 심리불속행으로 인한 상고기각판결(상특 5조 1항), v) 상고이유서 부제출로 인한 상고기각판결(상특 5조 1항) 등에서는 이유기재를 하지 않을 수 있다.
>
> ③ **이유를 간략하게 적을 수 있는 경우**: 제1심판결 가운데에서 i) 법 257조에 의한 무변론판결, ii) 법 150조 3항 적용의 자백간주판결, iii) 법 194조 내지 196조

---

1) 대판 1992. 10. 27. 92다23780.
2) 대판 2010. 4. 29. 2009다88631, 2013. 10. 31. 2011다98426. 구법(193조 2항)에서는, 주문이 정당함을 인정할 수 있는 한도에서 당사자의 주장과 기타 공격 또는 방어방법의 전부에 관하여 표시하도록 했다.
3) 대판 2005. 1. 28. 2004다38624, 2014. 12. 24. 2014다53110, 2021. 2. 4. 2020다259506.
4) **2023. 3. 28. 개정·시행**된 **소액사건심판법**(11조 3항 단서 **신설**)은 일정한 경우 청구를 특정함에 필요한 사항 및 주문의 정당함을 뒷받침하는 공격방어방법에 관한 **판단 요지**를 판결서의 이유에 **기재하도록 노력**해야 한다는 명시적 규정을 두고 있다.

에 따른 공시송달에 의한 판결 등에서는, 청구를 특정함에 필요한 사항, 상계항변의 판단에 관한 사항만을 간략하게 표시하면 된다(법 208조 3항)[주문이 정당하다고 인정할 수 있을 정도의 이유설시가 아니다].[1] 다만 기판력이 미치는 사항을 빠뜨려서는 안 된다. **항소심판결**의 경우에는 **공시송달**로 진행된 사건에서도 이유를 간략하게 표시할 수 없고, 법 208조 2항에 따라 주문이 정당하다는 것을 인정할 수 있을 정도로 당사자의 주장, 그 밖의 공격방어방법에 관한 판단을 표시해야 한다.[2]

④ **이유의 요지를 기재할 수 있는 경우**: 가압류·가처분결정에 대한 이의·취소신청사건의 결정에서는 변론을 거치지 않는 경우라면 이유의 요지만 기재하면 된다(민집 286조 4항, 288조 3항).

Ⅲ. 판결의 선고 등

1. 의　　의

(1) 선고를 요하는 경우

판결은 원칙적으로 **선고기일**(소액사건은 **예외**이다. 소심 11조의2 1항)에서의 선고에 의하여 대외적으로 성립되고, 판결로서의 효력(**기속력**, **자기구속력**)이 발생한다(법 205조). 판결의 선고는 당사자가 출석하지 않아도 할 수 있다(법 207조 2항). 판결이 선고되면 법원사무관 등은 **선고조서**를 작성해야 하고, 선고조서가 없으면 판결이 선고되었다고 볼 수 없으므로 **판결**은 **부존재**한 것으로 본다(이에 대해서는 '판결의 무효'에서 구체적으로 살펴보기로 한다).

(2) 선고를 요하지 않는 경우

심리불속행으로 인한 상고기각판결, **상고이유서 부제출**로 인한 상고기각판결은 선고가 필요하지 않다[따라서 선고기일이 지정되지 않는다]. 이 경우 법원사무관 등에게 판결원본이 교부된 때에 판결이 성립하며[상고기록을 받은 날부터 4월 이내이어야 한다(상특 6조 2항)]. 상고인에게 판결정본이 송달된 때 판결의 효력(**형식적·실체적 효력**)이 발생한다(상특 5조 2항).

---

1) 예컨대 공시송달에 의한 판결의 이유는, "1. 청구원인의 표시: 가. 나.---, 2. 근거: 공시송달에 의한 판결(법 208조 3항 3호)" 정도로 기재하면 된다.

2) 이미 본 바와 같이 항소심판결은 제1심판결을 인용할 수 있지만 제1심판결이 이유를 간략하게 적은 경우에는 이를 그대로 인용하는 것이 허용되지 않으며(법 420조 단서), 항소심 소송절차에는 특별한 규정이 없으면 민사소송법 제1편 제1장 내지 제3장에서 정한 제1심 소송절차에 관한 규정을 준용할 수 있지만(법 408조), 법 208조 3항 3호의 규정을 준용하는 규정을 별도로 두고 있지 않기 때문이다. 대판 2021. 2. 4. 2020다259506.

2. 종국판결의 선고기일

판결은 **변론종결일**부터 2주 이내에 선고해야 한다. 복잡한 사건이나 그 밖의 특별한 사정이 있는 때에는 변론종결일부터 4주를 넘겨서는 안 된다(법 207조 1항). 위 기간에 관한 규정은 훈시규정이다. 그러나 원칙적으로 그 기간의 준수가 요구된다[법원의 의무임을 강조하기 위하여, '선고하여야' 함을 법률상 명문으로 규정하고 있다]. 소액사건의 경우에는 변론종결 후 즉시 할 수 있다(소심 11조의2 1항). **제 1 심판결**은 **소가 제기된 날**부터 **5월** 이내에, 항소심판결은 항소심에서 항소기록을 받은 날부터 **5월** 이내에, 상고심판결은 상고심에서 상고기록을 받은 날부터 **5월** 이내에 선고한다(법 199조).[1] 위 기간에 관한 규정은 훈시규정이다.[2] 실무상 그 기간이 거의 지켜지지 않고 있다. 헌법상 신속한 재판을 받을 권리(헌 27조 3항 전문)를 제도적으로 보장할 수 있도록 심급별 선고기간을 보다 실효성 있게 현실화하고 법원이 이를 지킬 수 있도록 하는 입법의 필요성이 제기된다.

3. 판결의 선고 뒤의 절차

재판장은 판결을 선고한 뒤에 바로 법원사무관 등에게 **판결서**를 **교부**해야 한다(법 209조). **전자문서**로 작성한 판결서는 사법전자서명을 한 후 전산정보처리시스템에 등재함으로써(민전 7조 2항, 10조 1항) 법원사무관 등에 대한 판결원본의 교부절차를 갈음한다.[3] 법원사무관 등은 판결서를 받은 날부터 2주 이내에 당사자에 **판결정본**을 **송달**해야 한다(법 210조). 위 기간에 관한 규정은 훈시규정이다. 판결정본의 송달로 2주의 상소기간이 진행한다(법 396조 1항, 425조). 상소기간은 불변기간이다(법 396조 2항, 425조). 판결정본을 송달하는 때에는 당사자에게 상소기간과 상소장을 제출할 법원을 고지해야 한다(규칙 55조의2).[4]

---

1) 구 민사소송법 시행 당시인 1994. 7. 27. 개정 전 민사소송법상 종국판결의 선고기간은 제 1심 5월, 항소심 4월, 상고심 3월이었으나, 위 개정으로 각 심급 모두 5월로 했다.

2) 헌재 1999. 9. 16. 98헌마75 결정, 대판 2009. 2. 1. 2007다990.

3) 법원실무제요 민사소송(3), 1586쪽.

4) 전자소송에서 판결선고 후 판결서를 전자문서로 전산정보처리시스템에 등재하고 그 사실을 전자적으로 통지했지만 등록사용자가 판결서를 1주 이내에 확인하지 않은 경우에 판결서 송달의 **효력발생시기**는 등재사실을 등록사용자에게 통지한 날의 다음 날부터 기산하여 7일이 지난 일자의 오전 영시가 된다. 이 경우 상소기간은 민법 157조 단서에 따라 송달의 효력이 발생한 당일부터 **초일을 산입**해서 기산하여 2주가 되는 날로 만료한다. 대법원명령 2014. 12. 22. 2014다229016(상고장이 상고기간을 도과하여 제출된 것이라는 이유로 상고심재판장이 상

제 3 관 판결의 효력

Ⅰ. 기 속 력

1. 의   의

판결이 일단 선고되어 성립되면, **판결을 한 법원** 자신도 이에 구속되며, 스스로 판결을 철회하거나 변경하는 것이 허용되지 않는다. 이를 **판결의 기속력**(자기**구속력**)이라 한다. 일단 재판으로서 외부에 표현된 이상 자유롭게 변경하는 것을 인정하게 되면 법적 안정성을 해치고, 재판의 신뢰에도 악영향을 주기 때문이다.

2. 재판의 기속력이 다른 법원 등에 대한 구속력을 뜻하는 경우

재판의 기속력(羈束力)이 판결법원에 대한 구속력 외에 **다른 법원 등**에 대한 구속력을 뜻하는 경우가 있다. ① 상고법원은 법률심이기 때문에 원심법원의 사실판단에 기속되고(법 432조), ② 상급심법원의 사실판단 및 법률판단은 하급심법원을 기속하고(법조 8조, 법 436조 2항 후문), ③ 이송결정은 이송받은 법원을 구속하며(법 38조), ④ 헌법재판소의 법률의 위헌결정은 법원, 그 밖의 국가기관 및 지방자치단체를 기속한다(헌재 47조 1항).

3. 재판의 기속력이 배제되는 경우

결정·명령은 주로 소송절차의 파생적·부수적 사항에 관한 재판이므로 항고 시에 원심법원이 재도의 고안(再度의 考案)에 의하여 취소·변경할 수 있으며(법 446조 1항), 특히 소송지휘에 관한 결정·명령은 어느 때나 취소·변경할 수 있으므로 기속력이 배제된다(법 222조).

Ⅱ. 판결의 경정

1. 의   의

판결의 경정이란 판결에 잘못된 계산이나 기재, 그 밖에 이와 비슷한 잘못이 있거나 표현상의 잘못이 있고, 그 잘못이 분명한 경우에는 판결내용을 실질적으

고장각하명령을 했다).

로 변경하지 않는 범위 내에서 그 잘못을 법원 스스로가 결정으로써 정정 또는 보충하여 스스로 이를 고치는 것을 말한다(법 211조). 이는 강제집행뿐만 아니라 가족관계등록기록의 기재·정정, 등기의 설정·말소·변경 등 이른바 **넓은 의미의 집행**에 지장이 없도록 하자는 데 그 취지가 있다.[1] 이러한 경우 별도로 상소를 제기하여 이를 시정할 필요없이 판결을 한 법원이 간이하게 이를 정정하게 한 것이다. 넓은 의미의 집행과 관련이 없는 경우에는 판결경정이 허용되지 않는다. 예컨대 ① 판결서에 당사자의 주민등록번호가 기재되지 않은 것은 관련 법령에 따른 적법한 것이어서 판결경정의 대상이 되지 않으며,[2] ② 상고기각판결은 원심판결과 달리 집행권원이 되는 것이 아니므로 그 주소표시의 경정은 필요 없으며,[3] ③ 판결에 표시된 등기의무자의 주소가 등기기록상 주소와 다르거나 등기권리자의 주소가 판결 전후에 변경되었음에도 이를 정정신청하지 않아 판결상 주소와 실제 주소가 다르게 되었다 하더라도 주민등록표 등에 의하여 동일인임을 소명하면 등기가 가능하므로 판결경정의 대상이 되지 않는다.[4] 한편 판결의 경정은 **청구의 포기·인낙조서, 화해조서**(법 220조, 211조)[5] 및 **조정조서**(민조 29조, 법 220조, 211조)[6]에 준용될 뿐만 아니라, 그 밖에 **화해권고결정**(법 225조 1항),[7] **조정을**

---

1) 대결 2014. 10. 30. 2014스123, 2018. 11. 30. 2018그691, 2020. 3. 16. 2020그507 등.

2) 개인정보 보호법의 제정을 계기로, 등록의 의사표시를 명하는 판결서를 제외한 민사·행정·특허·도산사건의 판결에 당사자의 성명·주소만 기재할 뿐 주민등록번호를 기재하지 않도록 정했다. 재판예규 제1687호 '재판서 양식에 관한 예규'(재일 2003-12, 2018. 2. 22. 개정, 2018. 3. 26. 시행) 9조. 다만 집행과정에서의 정확성과 편의성 확보를 위해, ① 집행문부여신청을 하는 경우에는 채무자의 주민등록번호를 소명하는 자료를 제출함으로써 집행문에 이를 기재하게 할 수 있고(민집규 19조·20조), ② 당사자가 법원사무관 등에게 서면으로 소송관계인의 특정을 위한 개인정보에 대한 정정신청 및 그 소명자료를 제출함으로써 재판사무시스템에 개인정보를 추가로 입력하거나 이미 입력된 개인정보를 수정하게 할 수 있다[규칙 76조의2; 재판예규 제1682호 '재판사무시스템을 이용한 개인정보 관리사무 처리지침'(재민 2018-1, 2018. 2. 5. 제정·시행) 4조·5조]. 대결 2022. 3. 29. 2021그713, 2022. 12. 1. 2022그18.

3) 대결 1996. 5. 30. 96카기54.

4) 대결 1987. 2. 26. 87그4, 1996. 5. 30. 96카기54. 한편 등기예규 제1692호 '판결 등 집행권원에 의한 등기의 신청에 관한 업무처리지침'(2020. 7. 21. 개정, 2020. 8. 5. 시행) 5. 라. 1.에서도, 판결서에 기재된 피고의 주민등록번호와 등기기록에 기재된 등기의무자의 주민등록번호가 동일하여 동일인임을 인정할 수 있는 경우를 제외하고, 판결에 의하여 등기권리자가 등기를 신청하는 때에 판결서상의 피고의 주소가 등기기록상 등기의무자의 주소와 다른 경우에는 등기기록상 주소가 판결에 병기(竝記)되어 있는지 여부를 불문하고 동일인임을 증명할 수 있는 자료를 제출해야 하며, 따라서 판결서상 피고의 등기기록상 주소를 기재할 필요가 없다고 규정하고 있다.

5) 대결 2001. 12. 4. 2001그112.

6) 대결 2012. 2. 10. 2011마2177.

7) 대결 2022. 12. 1. 2022그18.

갖음하는 결정(민조 30조), **이행권고결정**(소심 5조의3 1항) 및 **지급명령**(법 462조) 등 에도 준용된다(결정·명령은 그 성질에 어긋나지 않는 한 원칙적으로 판결에 관한 규정 을 준용한다. 법 224조 1항 본문).

2. 요 건

(1) 판결의 표현상 잘못이 분명한 경우

판결의 경정은 판결에 잘못된 계산이나 기재, 그 밖에 이와 비슷한 **표현상의 잘못**이 있고, 또 그 잘못이 **분명**한 경우에 허용된다.[1] 표현상의 잘못이 아닌 판 단내용의 잘못이나 판단누락은 경정사유가 아니다. 경정이 가능한 잘못에는 그것 이 법원의 과실로 인하여 생긴 경우뿐만 아니라 **당사자의 청구**에 **잘못**이 있어 생 긴 경우도 포함된다.[2] 경정결정을 할 때에는 그 소송 전체의 과정에 나타난 자료 는 물론, 경정대상인 **판결선고 후에 제출**된 자료도 다른 당사자에게 아무런 불이 익이 없는 경우나 이를 다툴 수 있는 기회가 있었던 경우에는 소송경제상 이를 참작하여 그 잘못이 명백한지 여부를 판단할 수 있다.[3]

▣ 판결경정이 허용된 구체적 사례

판결경정사유로 인정된 것에는, ① 당사자 성명이 잘못 기재되거나, 또는 당사 자표시에 주소가 누락된 경우, ② 채권자대위소송에서 채무자의 주소나 주민등록번 호가 누락된 경우,[4] ③ 판결서 말미에 별지 목록이 누락된 경우, ④ 건물면적이 잘 못 표시된 경우, ⑤ 판결주문 기재 면적과 건축물대장의 면적이 서로 다른 경우,[5]

---

[1] 따라서 청구취지에서 지급을 구하는 금전 중 원금 부분의 표시를 누락하여 그대로 판결된 경우에는 비록 그 청구원인에서는 원금의 지급을 구하고 있다고 하더라도 판결경정으로 원금 부분의 표시를 추가하는 것은 **주문의 내용을 실질적으로 변경**하는 경우에 해당하여 허용될 수 없다. 대결 1995. 4. 26. 94그26, 2023. 11. 7. 2023그591.

[2] 대결 2000. 5. 24. 99그82, 2020. 3. 16. 2020그507, 2023. 6. 15. 2023그590 등. 예컨대 토 지에 관한 소유권이전등기절차의 이행을 구하는 소송 중 사실심 변론종결 전에 토지가 분할 되었는데도 그 내용이 변론에 드러나지 않은 채 토지에 관한 원고의 청구가 인용된 경우에 판결서의 토지에 관한 표시를 분할된 토지에 관한 표시로 경정해 달라는 신청은 특별한 사정 이 없는 한 받아들여야 한다. 대결 2001. 10. 19. 2001마4618, 2020. 3. 16. 2020그507.

[3] 대결 2020. 3. 16. 2020그507, 2023. 6. 15. 2023그590, 2023. 8. 18. 2022그779 등.

[4] 채권자대위소송의 경우 채무자가 어떤 경위로든지 대위소송의 계속사실을 알았을 때에는 그 판결의 효력이 채무자에게도 미치므로, 판결의 효력이 미치는 주관적 범위를 확정하기 위 해서도 판결주문에 기재된 채무자는 당사자에 준하여 특정되어야 할 필요성이 있고, 이를 위 하여 판결주문상 채무자의 주소나 주민등록번호를 보충하여 달라는 판결경정신청이 허용된다. 대결 1995. 6. 19. 95그26.

[5] 확정판결에 첨부된 도면과 동일한 내용으로 지적현황측량을 의뢰하며 그 측량성과대로 새

⑥ 목적물 표시 가운데에 번지의 호수가 누락된 경우, ⑦ 판결주문 가운데에 등기
원인일자가 잘못 표시된 경우, ⑧ 중간이자의 공제를 위한 호프만식 계산법에 의한
손해배상금 계산에 착오가 있는 경우,[1] ⑨ 개호비(介護費) 손해액 산정시 중간이자
를 부당하게 과다공제함으로써 그 손해배상액의 산정에 잘못이 있는 경우,[2] ⑩ 권
원 없는 점유로 인한 손해액 산정시 그 기간계산이 잘못되어 손해액의 계산에 차이
가 생긴 경우,[3] ⑪ 소송수계절차에서 누락된 상속인들의 상속지분이 고려되지 않아
소송수계한 상속인들의 상속지분이 그들의 실제 상속지분과 일치하지 않은 잘못이
있는 경우[4] 등이 있다.[5]

(2) 판결주문상 잘못이 판결경정사유인지 재판의 누락인지 여부

　　판결주문은 판결의 결론인 핵심부분으로 기판력·집행력·형성력 등을 확정
해 주는 매우 중요한 부분으로서, 주문의 전부 또는 일부가 누락된 경우이거나
주문에 표현된 내용이 이유에서 판단한 내용과 모순되거나 불일치하는 경우에 판
결의 경정이 허용되는지 문제가 된다. 이러한 경우 판결주문과 판결이유 가운데
어느 부분에 표현의 잘못이 있는 것인지, 그 표현의 잘못에 대하여 판결의 경정
이 허용되는 것인지는 판결주문과 판결이유 가운데 어느 하나에 치우치지 말고
판결에 나타난 모든 표현과 소송 전체의 과정을 살펴서 합목적적으로 해석·판
단해야 한다.[6]

로운 도면을 작성한 후 확정판결에 첨부된 도면을 교체하는 경우는 판결경정의 대상이 된다.
대결 2006. 2. 14. 2004마918. 그러나 피고의 토지 점유부위와 그 면적이 측량감정인의 잘못
으로 피고의 실제 점유부위 및 면적과 다르게 감정되었음에도 불구하고, 원고나 법원이 이를
간과하고 그 감정결과에 따른 청구취지대로 판결이 선고된 경우에는 그와 같은 잘못이 분명
하다고 볼 수도 없을 뿐만 아니라, 원고가 구하는 취지대로 판결경정에 의하여 피고의 점유면
적을 증가시키는 내용으로 그 점유부위와 면적의 표시를 고치는 것은 판결주문의 내용을 실
질적으로 변경하는 경우에 해당하여 허용될 수 없다. 대결 1999. 4. 12. 99마486.
1) 대판 1970. 1. 27. 67다774.
2) 대판 2002. 1. 25. 2000다10666, 2007. 7. 26. 2007다30317 등.
3) 대판 2001. 12. 11. 2001다59886.
4) 대결 2023. 8. 18. 2022그779.
5) 이수기, "판결경정의 허용범위," 판례연구(부산판례연구회) 7집(1997. 1.), 507쪽 이하.
6) 이한주, "판결경정의 허용범위," 민사소송 4권(2001. 2.), 467쪽 이하.

■ 판결주문에 명시적 기재가 없으나 판결주문에 판결이유에서 판단한 사항이 포
   함된 것으로 보아 판결의 경정을 허용한 구체적 사례

　1) (제 1 심에서 원고의 청구를 기각한 판결에 대하여 원고가 항소한 사건에서)
항소심에서 청구의 교환적 변경이 있는 경우 항소법원으로서는 변경된 신청구에 대
하여 재판하여야 할 것인데, 항소법원이 신청구를 청구취지로 기재하고 판결이유에
서 신청구를 이유 없는 것으로 판단하고 있다면 판결이유의 결론 및 판결주문에서
'원고의 항소를 기각한다'고 기재한 것은 '(신청구에 대하여) 원고의 청구를 기각한
다'고 할 것을 잘못 표현한 것이 분명하므로(제 1 심판결은 청구의 교환적 변경으로,
즉 구청구의 취하로 실효되었으므로 항소법원은 신청구에 대하여 사실상 제 1 심으
로 재판한다) 그 판결주문을 바로잡는 판결경정을 할 수 있다.1)

　2) (제 1 심에서 원고의 청구를 기각한 판결에 대하여 원고가 항소한 사건에서)
항소심에서 청구의 추가적 변경이 있는 경우 항소법원이 기존의 청구와 추가된 청
구를 모두 판단하면서도 청구변경의 취지를 교환적 변경으로 단정하여 판결주문
에서 '당심에서 교환적으로 변경된 이 사건 소를 각하한다'라고 기재한 것은 '제
1 심판결을 취소하고 당심에서 확장된 부분을 포함하여 이 사건 소를 각하한다'
고 할 것을 잘못 표현한 것이 분명하므로 그 판결주문을 바로잡는 판결경정을 할 수
있다.2)

　3) (제 1 심에서 원고의 청구를 인용한 판결에 대하여 피고가 항소한 사건에서)
항소심에서 원고의 인수승계신청에 따라 승계인이 피고 측을 인수승계하고 종전 당
사자인 피고가 소송탈퇴한 경우 원고와 피고 사이의 소송은 원고와 피고인수승계인
사이의 소송이 되는 것이므로 항소법원으로서는 원고의 피고인수승계인에 대한 청
구에 관하여 재판해야 할 것인데, 항소법원이 판결이유에서 원고의 피고인수승계인
에 대한 청구에 관하여 판단을 하여 이를 인용하면서도 판결주문에서는 '피고의 항
소를 기각한다'는 표시만을 한 것은 원고의 피고인수승계인에 대한 청구를 인용
할 것을 잘못 표현한 것이 분명하므로 그 판결주문을 바로잡는 판결경정을 할 수
있다.3)

3. 절　　차

(1) 경정시기 및 방법

　판결의 경정은 직권으로 또는 당사자의 신청에 따라 한다(법 211조 1항). 판결
의 경정은 어느 때라도 허용된다(상소제기 후는 물론 판결확정 후에도 가능하다). 당

1) 대판 1999. 10. 22. 98다21953.
2) 대판 2011. 9. 8. 2011다17090.
3) 대판 1999. 10. 22. 98다21953, 2000. 5. 12. 98다49142.

사자의 신청에 따라 판결의 경정을 하는 때에는 우선 신청당사자가 판결에 잘못
된 계산이나 기재, 그 밖에 이와 비슷한 잘못이 있음이 분명하다는 점을 소명해
야 한다.[1]

(2) 경정법원

1) 판결의 경정은 **원칙적**으로 **해당 판결**을 한 **법원**이 한다. 다만 상소의 제기
로 본안사건이 상소심에 계속된 때에는 해당 판결의 원본이 상소기록에 편철되어
상소법원으로 송부되므로 판결원본과 소송기록이 있는 **상소법원도** (해당 판결을 한
법원과 더불어) 할 수 있다.[2]

2) 통상공동소송의 경우 판결에 대하여 상소를 하지 않아 사건이 상소심에
계속되지 않은 부분은 상소심으로 이심이 되지 않고 **확정**되므로(상소가분의 원칙),
통상공동소송이었던 다른 당사자 사이의 소송사건이 상소의 제기로 상소심에 계
속된 결과, 상소를 하지 않은 당사자 사이의 원심판결의 원본과 소송기록이 우
연히 상소법원에 있다고 하더라도, 상소법원이 이심이 되지도 않은 부분(확정된
부분)에 관한 판결을 경정할 권한을 가지는 것은 아니다. 따라서 이 경우 상소법
원은 **판결경정신청사건**을 관할법원인 **원심법원**에 **이송**해야 한다.[3] 판결경정신청
이 이미 항소심에서 취소되어 효력이 상실된 제 1 심의 청구기각판결 중의 청구취
지 기재 부분을 경정해 달라는 취지가 아니라, **항소심의 청구인용판결**의 주문에
기재된 소송목적물인 토지의 표시를 경정해 달라는 뜻으로 해석되는 경우에는 제
1 심법원은 그 신청을 기각해서는 안 된다. 이 경우 제 1 심법원은 관할법원인 항
소법원에 이송해야 한다.[4]

---

1) 대결 2011. 10. 5. 2011그200, 2018. 11. 21. 2018그636.
2) 동일한 판결의 동일한 잘못에 관하여 제 1 심과 상급심이 상반된 경정결정을 내릴 염려가
   있다는 등으로 해당 판결을 한 제 1 심법원만이 판결을 경정할 수 있다는 반대견해로는, 방순
   원, 573쪽; 이영섭, 183쪽; 송상현·박익환, 427쪽.
3) 대결 1992. 1. 29. 91마748, 2007. 5. 10. 2007카기35, 2008. 10. 21. 2008카기172(이와 같은
   법리는 통상공동소송에서 상소제기로 소송사건이 상소심에 계속된 후에 그 중 일부 당사자
   간의 소송사건이 상소취하로 확정된 경우에도 마찬가지이다).
4) 대결 2002. 4. 22. 2002그26(원고가 피고를 상대로 토지소유권이전등기청구의 소를 제기한
   사건에서 제 1 심법원이 청구기각판결을 하자 원고가 항소하여 항소법원으로부터 제 1 심판결
   의 취소와 함께 청구인용의 확정판결을 받았으나, 항소심 변론종결 이전에 소송목적물인 토지
   가 이미 분할된 사실을 위 판결확정 뒤에야 비로소 알게 되어 제 1 심법원에 판결경정신청을
   한 사안이다).

(3) 경정재판

1) 판결의 경정은 **결정**으로 한다. 다만 판결로써 경정했다고 하여 위법이라 할 수 없다. 경정결정은 판결의 원본과 정본에 덧붙여 적어야 한다(법 211조 2항 본문). 다만 정본이 이미 당사자에게 송달되어 정본에 덧붙여 적을 수 없을 때에는 따로 경정결정서를 작성하여 그 결정정본을 당사자에게 송달하면 된다(법 211조 2항 단서).[1]

2) **경정결정**에 대해서는 즉시항고할 수 있다(법 211조 3항 본문). 다만 판결에 대하여 적법한 항소가 있을 때에는, 경정결정에 대해서도 항소심의 판단을 받으면 되기 때문에 즉시항고가 허용되지 않는다(법 211조 3항 단서). **경정신청기각결정**에 대해서는 불복할 수 없다(**통설 · 판례**). 일반적으로 소송절차에 관한 신청을 기각한 결정에 대해서는 통상항고(법 439조)를 할 수 있으나, 경정신청을 기각한 결정에 대해서는 통상항고도 할 수 없다고 보아야 한다. 그 이유는, ① 직접 판결을 한 법원이 판결에 표현상 분명한 잘못이 없다고 본 것을 재판에 직접 관여도 하지 않은 다른 법원이 그러한 잘못이 분명하다 하여 판결의 경정을 명하는 것은 **조리**에 반하며, ② 경정결정에 대해서만 즉시항고를 할 수 있게 한 법 211조 3항 본문의 **반대해석**으로도 그렇기 때문이다. 따라서 경정신청기각결정에 대해서는 오로지 **특별항고**(법 449조)가 허용될 뿐이다. 경정신청기각결정에 대한 항고가 있을 때는 이를 특별항고로 보아 대법원으로 기록을 송부해야 한다.[2]

> ■ 경정신청기각결정에 대한 특별항고와 헌법위반의 내용
>
> 경정신청기각결정에 대하여 특별항고를 하기 위해서는 경정신청기각결정에 **헌법위반**이 있어야 하며, 이는 헌법 27조 등에서 규정하고 있는 **적법한 절차**에 따라 **공정한 재판을 받을 권리**가 침해된 경우에 해당해야 한다. **판례**는, ① 신청인이 그 재판에 필요한 자료를 제출할 기회를 전혀 부여받지 못한 상태에서 법원이 기각결정을 한 경우, ② 판결과 그 소송 전체의 과정에 나타난 자료 및 판결선고 뒤에 제출된 자료에 의하여 판결에 잘못이 있음이 분명하여 판결이 경정되어야 하는 사안임에도 불구하고 법원이 이를 간과함으로써 기각결정을 한 경우 등이 이에 해당한다고 보고 있다.[3]

---

1) 실무상 판결의 원본과 정본에 덧붙여 적은 경우는 거의 없다. 법원실무제요 민사소송(3), 1594쪽.

2) 대결 1995. 7. 12. 95마531.

3) 대결 2020. 3. 16. 2020그507, 2021. 9. 30. 2021그633, 2023. 6. 15. 2023그590 등.

4. 효   력

(1) 판결경정의 효력발생시기

경정결정이 확정되는 경우 원판결과 일체가 되어 **판결선고시**에 소급하여 그 효력이 있다.[1] 판결에 대한 **상소기간**은 경정결정에 영향을 받지 않고 **판결정본이 송달된 날**부터 진행한다.

(2) 추후보완상소의 여부

경정한 결과 상소이유가 발생한 경우에는 상소기간이 지난 뒤에도 **추후보완상소**(법 173조)를 할 수 있다.[2] 다만 단순히 상소기간이 지난 뒤에 이루어진 판결경정 내용이 경정 이전에 비하여 피고에게 불리하다는 사정만으로는 추후보완상소가 허용된다고 할 수 없으며,[3] **상소이유의 존재**와 더불어 **추후보완상소의 요건**[당사자가 책임질 수 없는 사유로 말미암아 상소기간을 지킬 수 없었던 경우이어야 한다(법 173조)]을 갖추어야 한다.[4] 따라서 상소기간이 지난 뒤에 판결경정이 이루어지고, 당사자가 책임질 수 없는 사유로 상소기간을 넘긴 경우 당사자가 판결경정결정을 송달받아 그 사실을 알게 된 날부터 2주(당사자가 외국에 있는 때에는 30일) 내에 추후보완상소를 제기할 수 있다.[5]

---

1) 대판 1999. 12. 10. 99다42346.
2) 문일봉, "위산판결의 경정과 추완상소," 인권과 정의 257호(1998. 1.), 60쪽 이하; 김영진, 주석서(2), 731쪽.
3) 대판 1997. 1. 24. 95므1413,1420; 백춘기, "경정결정이 있는 경우 추완상고의 허용 여부," 대법원판례해설 28호(1997년 상반기), 270쪽 이하.
4) 위 **대판 1997. 1. 24. 95므1413,1420**을 들어 판례가 판결경정에 따른 추후보완상소를 불허하고 있는 것으로 언급하고 있는 견해로는, 이시윤, 653쪽; 한충수, 598쪽; 전원열, 482쪽. 그러나 위 대법원판결은, 원심법원이 판결주문에서 피고가 이혼으로 인한 재산분할로 상대방에게 지급할 금액을 15,595,000원으로 기재한 것을 계산착오로 인한 잘못을 이유로 40,305,000원으로 경정했는데, 피고가 상고기간이 지난 뒤에 추후보완상고를 한 사안에 관한 것이다. 이에 대해, 위 대법원판결은 ① 피고나 그 소송대리인인 담당변호사는 송달된 원심판결에 대하여 **상당한 주의**를 기울였더라면 **당초부터** 그 **판결상의 기재**만으로도 위와 같은 계산착오로 인한 잘못이 있었음을 발견할 수 있었다고 보이는 점, ② 피고가 내세우고 있는 추후보완상고이유가 위 경정사유와는 아무런 직접적인 관련이 없는 점 등에 바추어 보면, 피고가 이 사건 **상고기간을 지킬 수 없는 데**에 대하여 **아무런 과실이 없다고 단정할 수 없음**을 명백히 하고 있다. 따라서 위 대법원판결을 들어 판례가 판결경정에 따른 추후보완상소를 허용하지 않는 소극적 입장을 취한 것으로 언급하는 견해는 적절하지 않다.
5) 앞서 본 바와 같이 판례는 판결상 계산 착오로 인한 잘못을 쉽게 발견할 수 있었던 경우에는 '당사자가 책임질 수 없는 사유'에 해당하지 않는다고 보아 추후보완상소를 부적법한 것으로 보고 있는데(대판 1997. 1. 24. 95므1413,1420), 이에 대하여, 당사자로서는 판결경정제도를 잘 모를 수도 있을 수 있으므로 판결주문의 내용이 크게 달라지는 경우에는 가급적 추후보완

Ⅲ. 형식적 확정력

1. 의   의

법원이 한 종국판결이 해당 소송절차 내에서 통상적인 불복방법에 의하여 취소·변경될 수 없게 되면(즉 상소제기의 통상적인 불복방법으로써 다툴 수 없는 상태에 이르게 되면) 그 판결을 **확정판결**이라고 말하고, 이러한 상태에서의 판결의 불가변경성을 판결의 **형식적 확정력**이라고 한다.[1] 추후보완상소나 재심의 소를 제기하여 취소·변경되는 것은 무방하다.

2. 판결의 확정시기

(1) 일반적인 경우

(a) 판결선고와 동시에 확정되는 경우

① 상고기각판결이 선고된 경우에는 그 판결의 선고와 동시에 확정된다. ② 상고할 권리를 유보하지 않고 양쪽 당사자가 항소하지 않을 것을 합의하는 무유보의 불상소합의가 있는 경우에는 제 1 심판결이 선고된 때에 그 판결의 선고와 동시에 확정된다. 다만 비약상고의 합의인 불항소합의(법 390조 1항 단서, 422조 2항)가 있는 경우에는 상고기간 만료시 확정된다.

(b) 상소기간 만료시에 확정되는 경우

① 상소기간 내에 상소를 제기하지 않고 상소기간을 넘긴 경우 상소기간 만료시에 확정된다. ② 상소를 제기했으나 상소기간이 지난 뒤에 **상소를 취하한** 경우에도 상소기간 만료시에 확정된다.[2] ③ 상소를 제기했으나 **상소장각하명령**이

상소를 넓게 받아들이는 것이 타당하다는 견해로는, 서울고등법원 판례공보스터디, 민사판례해설 Ⅳ-하, 827쪽.

1) 대판(전) 1978. 5. 9. 75다634.

2) 항소취하가 있으면 소송이 처음부터 항소심에 계속되지 않은 것으로 보게 되나(법 393조 2항, 267조 1항), 항소취하는 소취하나 항소권포기와 달리 제 1 심 종국판결이 유효하게 존재하므로, 항소기간이 지난 뒤에 항소취하가 있는 경우에는 **항소기간 만료시**로 소급하여 제 1 심 판결이 확정된다. 대판 2016. 1. 14. 2015므3455, 2017. 9. 21. 2017다233931. 다만 판결선고 후 그 판결정본이 당사자에게 송달되지 않았다면 불변기간인 상소기간은 적법하게 진행될 수 없으므로 당사자가 그 판결정본을 송달받기 전에 상소를 제기했다가 그 후 취하를 했다고 하더라도 그 판결이 확정되지 않는다. 대판 1991. 4. 23. 90다14997.

있거나 **상소각하판결**[1][**상소각하결정**(진술금지재판에 따른 변호사선임명령의 불이행시에 한다. 법 144조 4항) 및 **항소각하결정**(항소이유서 제출기간 내 항소이유서 미제출시에 한다. **2024. 1. 16. 개정, 2025. 3. 1. 시행** 법 402조의3)의 경우도 마찬가지이다]이 있는 경우 (이들 재판이 확정되었을 것을 전제로 한다)에도 상소기간 만료시에 확정된다.

(c) 상소기간 경과 전에 상소권을 가진 당사자가 상소권을 포기한 경우

① 양쪽 당사자가 모두 상소권을 가지는 경우 양쪽 당사자가 때를 같이하여 (동시에) 이를 포기했다면 그 시점에 확정되고, 때를 달리하여 포기했다면 그 뒤의 포기시점에 확정된다. ② 당사자 한쪽이 상소권을 포기하고 상소의 이익이 있는 상대방이 상소기간을 넘긴 경우 상소기간 만료시에 양쪽 당사자에 대하여 판결이 확정된다. ③ 상대방이 전부승소하여 상소의 이익이 없는 경우 상소권을 가진 패소자만 상소권을 포기하면 비록 상대방의 상소기간이 만료되지 않았더라도 원심판결은 확정된다.[2]

(d) 판결의 송달과 동시에 확정되는 경우

상고이유서 부제출로 인한 상고기각판결, 심리불속행으로 인한 상고기각판결의 경우 **선고함이 없이** 상고인에게 판결정본을 **송달됨으로써** 확정된다(상특 5조 2항).

(2) 일부불복의 경우

1) 패소한 판결 가운데 **일부**에 대해서만 **불복**한 경우 **불복하지 않은 나머지 부분**에 대한 판결의 **확정시기**가 언제인지는 논의가 있다. 예컨대 원고의 청구(들) 가운데 일부만 인용되고, 나머지는 기각된 경우 **원고**가 자기의 패소부분에 대하여 **상소**하고, 피고가 자신의 패소부분(원고의 승소부분)에 대해서는 **상소** 또는 **부대상소**를 하지 않았다면 원고의 승소부분이 언제 확정되는지의 문제이다. 즉 **상소불가분의 원칙**에 의하면 상소인의 불복신청의 범위에 관계없이 상소의 제기로 인하여 원심판결 전부가 확정이 차단되고, 청구(들) 전부가 불가분적으로 상소심으로 이심되는데,[3] 불복신청이 없는 청구부분의 판결이 언제 확정되는지에 관한 논의이다.

---

1) 부적법한 상소가 제기된 경우에는 그 부적법한 상소를 각하하는 재판이 확정되면 상소기간 만료시에 소급하여 확정된다. 대판 2001. 2. 27. 2000다25798,25804, 2014. 10. 15. 2013다 25781.

2) 대결 2006. 5. 2. 2005마933.

3) 이 경우 상소심의 **심판범위**는 이심된 부분 가운데 상소인이 불복신청한 한도로 제한되고, 불복신청을 하지 않은 부분은 상소심의 **심판대상**이 되지 않는다. 따라서 설령 원심판결이 부당하다고 인정되는 경우라 하더라도 그 판결을 불복당사자인 상소인의 불이익으로 변경하는

이에 대하여 상대방 당사자의 부대상소가 허용될 수 없는 시기에 이르면 불
복이 되지 않은 부분은 확정된다고 보는 입장에서, 항소심에서는 항소심 변론종
결시(법 403조), 상고심에서는 상고이유서 제출기간 만료시가 각 그 확정시라는 견
해가 있다(**상소심변론종결시설**).¹⁾ 그러나 불복신청이 없는 부분의 판결확정시기는
항소심에서는 **항소심 판결선고시**, **상고심**에서는 **상고심 판결선고시**라고 봄이 옳다
(**상소심판결선고시설**).²⁾ 다만 상고심에서 **선고 없이 하는 판결**의 경우, 즉 상고이유
서 부제출로 인한 상고기각판결 또는 심리불속행으로 인한 상고기각판결의 경우
(상특 5조 2항)에는 **판결서 원본**을 법원사무관 등에게 **교부함으로써**(상특 5조 3항)
판결이 성립한 때이다. 항소심에서는 변론이 종결되었다 하더라도 다시 재개될
수 있으므로 법적 안정성을 고려할 때 항소심 판결선고시가 타당하고, 상고심에
서는 상고법원이 법령 해석적용의 통일의 요청상 직권조사사항에 관하여 당사자
가 주장하지 않아도 판단해야 하므로(법 434조) 상고심 판결선고시(**판결을 선고하
는 경우**)가 타당하기 때문이다.³⁾

   2) **판례**도, ① 원고의 여러 개의 청구를 모두 기각한 제 1 심판결에 대하여
원고가 그 가운데 **일부의 청구**에 대해서만 **항소**를 제기한 경우, 항소되지 않았던
나머지 부분도 항소로 인하여 확정이 차단되고 항소심에 이심은 되나 원고가 항
소심 변론종결시까지 **항소취지를 확장**하지 않는 한 나머지 부분에 관해서는 원
고가 불복한 바가 없어 항소심의 심판대상이 되지 않으므로, 항소심으로서는 원
고의 여러 개의 청구 가운데 항소하지 않은 부분을 다시 인용할 수는 없고,⁴⁾ 이
경우 항소심의 심판범위가 되지 않은 나머지 부분은 항소심 판결선고와 동시에

것은 당사자가 한 불복신청의 한도를 넘어 원심판결의 당부를 판단하는 것이 되어 허용될 수
없다(**불이익변경금지의 원칙**). 대판 2005. 8. 19. 2004다8197,8203, 2021. 2. 25. 2020다272486,
2021. 10. 28. 2020다291067 등.
1) 이시윤, 654쪽; 김용진, 541쪽.
2) 정동윤 · 유병현 · 김경욱, 803쪽; 이태영, 521쪽; 범경철 · 곽승구, 537쪽; 이헌묵, 422쪽.
3) 유병현, "병합청구의 상소심절차에서의 제문제," 민사소송 4권(2001. 2.), 321쪽 이하; 윤진
수, "제 1 심 패소부분에 불복하지 않았던 당사자의 상고와 상고범위 등," 사법행정 34권 8호
(1993. 8.), 62쪽. 그러나 상고법원의 법령해석적용의 통일기능을 고려할 때, 항소심에서 불복
하지 않은 부분이든 상고심에서 불복하지 않은 부분이든 묻지 않고 상고심 판결선고로 확정
된다는 견해(**상고심판결선고시설**)도 있다. 한위수, "청구가 단순병합된 소송에 있어 일부 청
구부분에 대해서만 항소 및 상고가 된 경우 항소심에서 불복하지 아니한 청구부분의 확정시
기," 민사재판의 제문제(하)(송천이시윤박사화갑기념, 1995. 10.), 268쪽 이하.
4) 이와 같이 이심되었으나 항소심의 심판범위에 속하지 않은 부분은 항소심이 판결을 하지
않아 상고의 대상이 될 수 없으므로, 그 부분에 관하여 상고를 제기할 수 없다. 대판 2009.
10. 29. 2007다22514,22521, 2013. 6. 28. 2011다83110, 2015. 10. 29. 2013다45037.

확정되어 소송이 종료된다고 보며,[1][2] ② 원고의 1개의 청구 가운데 일부를 기각하는 제 1 심판결에 대하여 **피고만 항소**를 제기한 경우, 제 1 심판결의 심판대상이었던 청구 전부가 불가분적으로 항소심에 이심되나 원고가 항소심 변론종결시까지 **부대항소**를 하지 않는 한 항소심의 심판범위는 이심된 부분 가운데 피고가 불복신청한 한도로 제한되고, 나머지 부분은 원고가 불복한 바 없어 항소심의 심판대상이 되지 않으므로, 그 부분에 대해서는 항소심 판결선고와 동시에 확정되어 소송이 종료된다고 본다.[3]

> ■ **일부불복과 판결확정시기에 관한 구체적 사례의 분석**
>
> **(1) 문제의 상황**
>
> 원고가 피고를 상대로 a, b, c 청구를 했다. 제 1 심법원이 각 청구에 대하여 각 일부인용판결을 했다. 제 1 심판결에 대하여 원·피고는 b 청구의 각 패소부분에 대해서만 각 항소를 했다. 항소법원은 원·피고의 각 항소를 모두 기각했다. 항소심판결에 대하여 피고만이 상고를 했다. a, b, c 청구에 대한 판결은 언제 확정되는지를 검토하기로 한다.
>
> **(2) 검   토**
>
> **(a) a, c 청구에 대한 판결의 확정시기**
>
> 원·피고가 b 청구에 대한 제 1 심판결의 각 패소부분에 대하여 항소를 함으로써 **상소불가분의 원칙**에 의하여 a 청구 및 c 청구에 대한 제 1 심판결도 확정이 차단된 채 항소심으로 **이심**된다. 따라서 원·피고는 b 청구의 제 1 심판결에 대한 각 **항소인**으로서, a 청구 및 c 청구에 대한 제 1 심판결의 각 패소부분에 대하여 **항소취**

---

1) 대판 2013. 7. 11. 2011다18864, 2014. 12. 24. 2012다116864, 2020. 3. 26. 2018다221867 등; 이종오, "청구기각된 수 개의 청구중 일부에 관해서만 항소한 경우 나머지 청구의 확정시기 및 항소심이 심판범위를 오해하여 나머지 청구에 대해서도 이를 인용한 경우 상고심의 처리방법," 대법원판례해설 22호(1994년 하반기), 349쪽 이하.

2) 판례 가운데에는, "원고 승소부분에 대한 상고를 제기하지 아니한 피고가 더 나아가 부대상고기간을 도과한다든가 부대상고권을 포기하는 등으로 그 부분을 더 이상 다툴 수 없는 상태가 된 경우에는, 위 원고 승소부분이 분리되어 확정된 것으로 볼 수 있다."라고 판시한 것이 있으나(대판 2006. 4. 14. 2006카기62), 이는 분리확정시기에 관한 언급이 아니라, 피고가 그 부분을 더 이상 다툴 수 없는 경우에는 그 부분은 분리확정된다는 취지에 불과하며 그 확정시기는 여전히 **상고심**의 경우 **상고심 판결선고시**임은 변함이 없다. 이는 위 판결이 인용하고 있는 판결들(대판 1994. 12. 23. 94다44644, 2001. 4. 27. 99다30312)에서, "원고가 청구를 전부 기각한 제 1 심판결의 일부에 관해서만 항소했을 뿐 항소심 변론종결시까지 항소취지를 확장한 바 없는 이 사건에 있어서 원고가 항소하지 않은 나머지 부분에 관해서는 항소심 판결의 선고와 동시에 확정되어 소송이 종료되었다."고 하여 모두 **상소심판결선고시설**을 취하고 있는 점에 비추어 보아도 알 수 있다.

3) 대판 2021. 9. 15. 2020다297843.

지를 확장함으로써 이들 청구에 대해서도 **심판의 대상**으로 삼을 수 있다. 원·피고가 a 청구 및 c 청구에 대한 제1심판결의 각 패소부분에 대하여 항소취지를 확장하지 않은 이상 이들 패소부분은 항소심의 심판대상이 되지 않는다. 이 경우 a 청구 및 c 청구에 대한 제1심판결은 **항소심 판결선고시**에 각 확정된다.

(b) b 청구에 대한 판결의 확정시기

1) b 청구에 대한 항소법원의 판결에 대하여 피고만이 상고를 했으므로, **b 청구 가운데 원고의 패소부분**은 원고가 **피상고인**으로서 상고심에서 **부대상고**를 하지 않는 한 상고심의 심판대상이 되지 않는다. 이 경우 b 청구 가운데 원고의 패소부분은 **상고심판결이 있는 때**[선고를 하는 경우에는 그 선고시, **선고를 하지 않는 경우** 즉 상고이유서 부제출로 인한 상고기각판결 또는 심리불속행으로 인한 상고기각판결의 경우에는 판결서 원본을 법원사무관 등에게 교부한 때(상특 5조 3항 전단)] 확정된다.

2) **b 청구 가운데 피고가 상고한 피고 패소부분**은 상고심판결의 결과에 따라 각 확정시기를 달리한다. ① **상고기각판결**로서 **선고를 하는 경우**에는 그 선고시, 상고기각판결로서 **선고를 하지 않는 경우**에는 판결정본이 상고인인 피고에게 송달된 때(상특 5조 2항 후단)[이때 판결의 효력이 발생하고 따라서 확정된다]이며, ② 상고가 인용되어 **파기환송판결**을 하는 경우에는 환송 후 원심법원에서 심리·판단하게 되므로 상고심에서 확정되지 않는다.

(3) 판결확정증명

원고 또는 피고가 판결확정증명서를 신청한 때에는 제1심법원의 법원사무관 등이 기록에 따라 내어 준다(법 499조 1항). 소송기록이 상급심에 있는 때에는 상급법원의 법원사무관 등이 그 확정부분에 대해서만 증명서를 내어 준다(법 499조 2항).

3. 소송의 종료와 판결효력의 종류

(1) 판결의 법률적 효력

판결이 형식적으로 확정되면 소송은 종국적으로 끝나게 되며, 확정에 의하여 판결의 내용에 따른 법률적 효력으로서 **본래적 효력**인 기판력·집행력·형성력 등 효력이 생긴다. 이러한 본래적 효력 외에 판결의 법률적 효력으로서 그 **부수적 효력**인 참가적 효력, 법률요건적 효력 등이 있다. **반사적 효력**을 법률적 효력 가운데 부수적 효력으로 인정할 것인지 여부에 관해서는 뒤에서 본다.

(2) 판결의 사실적 효력

판결의 **사실적 효력**으로서 **증명효**(전소 판결이유 중의 판단이 후소에서 갖는 증명효과)와 파급효(현대형소송에서 원고승소판결이 같은 종류의 피해자의 구제에 도움을 주고, 특히 행정이나 입법에까지 파급하는 효과) 등이 있다.[1]

Ⅳ. 기판력 일반

1. 기판력의 의의

(1) 실체적 확정력

판결이 형식적으로 확정되면(판결에 형식적 확정력이 생기게 되면) 당사자가 이를 다시 다투는 것이 허용되지 않거나[**불가쟁**(不可爭)], 법원이 그 판결의 내용인 특정한 법률효과의 존부에 관한 판단과 모순·저촉되는 판단을 할 수 없게 되는 [**불가반**(不可反)] 효력이 생긴다. 판결의 이러한 효력을 실질적(내용적)으로 판결을 확정시킨다고 하여 판결의 **실체적**(실질적) **확정력**이라고도 한다. 이미 판단된 사건 (기판사건)이 가지는 효력이라는 의미에서 **기판력**(旣判力)이라고 한다. 종국판결의 기판력은 판결의 형식적 확정을 전제로 하여 발생한다.[2] **판례**는, 확정판결의 기판력이란 확정판결의 주문에 포함된 법률적 판단의 내용은 이후 그 소송당사자의 관계를 규율하는 새로운 기준이 되는 것이므로 동일한 사항이 **소송상 문제가 되었을 때 당사자**는 이에 저촉되는 **주장**을 할 수 없고 **법원**도 이에 저촉되는 **판단**을 할 수 없는 기속력을 의미하는 것이고, 이 경우 **적극당사자**(원고)가 되어 주장하는 경우는 물론이고 **소극당사자**(피고)로서 항변하는 경우에도 그 기판력에 저촉되는 주장은 할 수 없다고 본다.[3]

(2) 전소 법원의 실질적 판단사항과 기판력

확정된 종국판결이라고 하더라도 구체적 사건의 어느 청구에 대하여 법원이 전혀 판단을 하지 않았다면 그 부분에 한해서는 기판력이 생길 수 없다.[4] 예컨대 소송의 목적물이 특정되어 있지 않다는 이유로 원고의 청구를 기각한 판결과 같이 그 판결이유에서 소송물인 권리관계의 존부에 관하여 실질적으로 판단하지 않은 경우에는 그 권리관계의 존부에 관하여 기판력이 생기지 않는다.[5]

---

1) 백춘기, "판결의 효력," 사법논집 36집(2003년), 461쪽 이하.
2) 대판(전) 1978. 5. 9. 75다634.
3) 대판 1987. 6. 9. 86다카2756, 2020. 5. 14. 2019다261381.
4) 대판 2002. 9. 4. 98다17145.
5) 대판 1983. 2. 22. 82다15, 1992. 11. 24. 91다28283.

2. 기판력의 본질

(1) 실체법설과 소송법설

기판력의 본질에 관하여, ① 판결은 당사자 사이의 실체법상의 권리관계를 변경하는 효력이라고 보는 **실체법설**, ② 이러한 실체법설에 근접한 견해로서 판결을 통하여 추상적인 법규를 당사자 사이의 구체적인 법규로 형성·실현하여 당사자를 구속하는 효력으로 보는 **구체적 법규설**(권리실재설)이 있으나, ③ 현재로서는 기판력은 실체법상 권리관계를 변동시키는 것이 아니라 **오로지 소송법상 효력**으로서 후소를 재판하는 법관을 구속하는 효력이라고 보는 **소송법설**이 타당한 것으로 받아들여지고 있다. **판례** 역시 확정판결의 기판력은 확정판결의 내용대로 실체적 권리관계를 변경하는 **실체법적 효력**을 갖는 것은 **아닌 것**으로 보고 있다.[1] 이러한 소송법설은 다음 입장으로 나누어진다.

(2) 모순금지설

모순금지설(구소송법설, 구속설, 적극적 작용설)은 기판력을 법원 사이의 판결의 통일이라는 요구에 근거한 소송법상 효력으로서 후소 법원에 대해 확정판결과 모순된 판단을 금지하는 효력이라고 본다. 모순금지설에 의하면, 전소에서 승소확정판결을 받은 원고가 다시 동일한 소를 제기하면 이미 권리보호를 받았음에도 다시 구하는 것이므로 소의 이익이 없다고 하여 **소각하판결**을 해야 하지만, 전소에서 패소확정판결을 받은 원고가 다시 동일한 소를 제기하면 전소와 모순된 판단의 금지의 구속력 때문에 **청구기각판결**을 해야 한다고 본다. **판례**의 입장이다.[2] 전소 확정판결이 **원고 일부승소판결**인 경우 **원고가 승소한 부분**(전소에서 원고의 청구가

---

1) 대판 2019. 10. 17. 2014다46778(물건 점유자를 상대로 한 물건의 인도판결이 확정되면 점유자는 인도판결 상대방에 대하여 소송에서 더 이상 물건에 대한 인도청구권의 존부를 다툴 수 없고 인도소송의 사실심 변론종결시까지 주장할 수 있었던 정당한 점유권원을 내세워 물건의 인도를 거절할 수 없다고 하더라도, 의무이행을 명하는 판결의 효력이 **실체적 법률관계**에 영향을 미치는 것은 아니므로, 점유자가 그 인도판결의 효력으로 판결 상대방에게 물건을 인도해야 할 **실체적 의무**가 생긴다거나 정당한 점유권원이 소멸하여 그때부터 그 물건에 대한 점유가 위법하게 되는 것은 아니다), 대판 2022. 12. 1. 2022다258248; 박진수, "물건 점유자에 대한 물건의 인도판결 확정으로 물건 점유자의 점유가 위법하게 되는지와 인도판결의 기판력이 이들 물건에 대한 불법점유를 원인으로 한 손해배상청구 소송에 미치는지 여부," 대법원판례해설 121호(2019년하), 49쪽 이하.

2) 대판 1979. 9. 11. 79다1275, 1989. 6. 27. 87다카2478, 2017. 11. 14. 2017다23066 등. 방순원, 610쪽; 이영섭, 191쪽; 송상현·박익환, 434쪽. 판례의 태도가 모순금지설과 다른 입장이라고 보는 견해로는, 호문혁, 740쪽.

인용된 부분)에 해당하는 후소 청구는 소의 이익이 없어 그 부분에 대하여 소
각하판결을 해야 하며 **원고가 패소한 부분**(전소에서 원고의 청구가 기각된 부분)에
해당하는 후소 청구는 전소 확정판결의 기판력에 저촉되는 것으로서 그 부분
에 대하여 청구기각판결을 해야 한다.1)

(3) 반복금지설

반복금지설(신소송법설, 일사부재리설, 소극적 작용설)은 기판력을 분쟁해결의 1
회성을 근거로 후소 법원에 대해 다시 재판을 금지하는 구속력으로 본다. 반복금
지설에 의하면 전소와 동일한 후소는 전소 확정판결이 승소판결이든 패소판결이
든 관계없이 부적법하게 되어 신소를 제기하면 **소각하판결**을 해야 한다고 본다.
따라서 기판력의 존재가 **소극적 소송요건**이 된다.2)

(4) 검   토

반복금지설은, ① 전·후소의 소송물의 내용이 정면으로 모순된 반대관계이
거나 전소 소송물이 후소 소송물의 선결관계에 있는 경우에는 전소·후소의 소
송물이 다르므로 이를 '반복'이라고 할 수 없음에도 불구하고 기판력이 작용하는
것에 대해 그 근거를 설명할 수 없으며, ② 나아가 시효중단의 필요 등이 있는
때에는 신소제기가 가능한데도, 그 근거를 설명할 수 없는 등 문제점이 있다. 기판
력의 취지는 기본적으로 전소 확정판결을 받았음에도 다시 동일한 소를 제기하는
경우 이미 판단된(旣判의) 확정판결과 모순·저촉되는 판단을 금지하는 데 있으므
로 **모순금지설**이 타당하다. 모순금지설에 의하면 전소에서 승소확정판결을 받았
음에도 불구하고 동일한 소를 제기하는 경우 구태여 본안판단을 할 필요가 없으
므로 소의 이익이 없다고 하여 소를 각하하는데, 이를 들어 모순금지설이 전소
승소자와 전소 패소자를 달리 취급하는 등 논리의 일관성이 없다고 보는 것3)은
무리이다.

---

1) 대판 2006. 4. 14. 2005다74764, 2009. 12. 24. 2009다64215, 2016. 9. 28. 2016다13482.
2) 이시윤, 657쪽; 김홍규·강태원, 669쪽; 정동윤·유병현·김경욱, 810쪽; 강현중, 703쪽; 정영
환, 1209쪽.
3) 이시윤, 657쪽.

3. 기판력의 인정근거

(1) 법적 안정설

법적 안정설(제도적 효력설)은 기판력의 인정근거를 사회질서의 유지와 분쟁해결의 1회성을 위하여 확정된 권리관계를 더 이상 다툴 수 없게 함으로써 법적 안정성을 도모하는 데서 구한다. 따라서 기판력은 소송제도의 불가결한 **제도적 효력**으로 이해한다. 법적 안정설은 종래 전통적 이론이 취하고 있는 입장이다.[1]

(2) 절차보장설

절차보장설(제출책임설)은 기판력의 인정근거를 소송당사자에 대한 절차적 기본권으로서 당사자권의 보장, 즉 소송물인 권리관계의 존부에 관하여 공격방어방법을 제출하는 등 구체적인 절차보장을 받았기 때문에 그 결과에 대해서도 책임을 부담해야 한다는 자기책임에서 구한다. 이러한 입장에서는 판결의 효력의 유무를 해당 소송절차의 경과에 비추어 개별적·구체적으로 판단하여 정하며[그 판단기준은 신의칙이나 공평의 관념이다], 법적 안정설이 취하는 제도적 효력으로서의 기판력을 부정한다.[2]

(3) 이 원 설

이원설은 기판력의 인정근거를 법적 안정성의 요청과 함께 절차보장을 받은 당사자의 자기책임에서 구한다. 따라서 전소에서 절차적 보장이 충족되지 않으면 일정한 주체나 판단사항에 대하여 기판력이 인정되지 않을 수도 있다고 본다.[3]

(4) 검   토

기판력의 인정근거를 절차보장에서만 찾는 견해와 절차보장도 아울러 고려하는 견해는 전소에서의 절차보장 여부에 의하여 기판력의 유무가 정해지는 것을 용인하게 됨으로써 기판력제도의 존재의의를 흔들게 된다. 당사자가 실질적으로 소송절차에 관여하지 못했거나, 소송활동을 보장받지 못하여 절차적 기본권이 부

---

1) 정동윤·유병현·김경욱, 812쪽; 홍기문, 548쪽.
2) 강현중, 703쪽.
3) 이시윤, 658쪽; 정영환, 1211쪽. 이러한 견해는, 가사소송에서 원고패소판결은 다른 제소권자에게 소송참가에 의한 절차보장의 기회가 주어지지 않았다면 그 제3자에게 기판력이 미치지 않도록 하는 것(가소 21조 2항)이 이러한 맥락인 것으로 이해하고 있으나, 뒤에서 보는 바와 같이 가류·나류 가사소송에서 청구를 배척하는 판결(소각하판결 또는 청구기각판결)에 기판력이 인정되지 않는다고 보는 입장에서는 동의하기 어렵다.

당히 침해된 상태에서 판결이 확정된 때에도 그 판결을 무효로 보지 않고 일정한 경우에 재심의 소로써 이를 구제받을 수 있다(법 451조 1항 3호 **적용** 또는 **유추적용**). 따라서 기판력의 인정근거를 법적 안정성에서 구하는 **법적 안정설**이 타당하다. **판례도** 기본적으로 **법적 안정설**의 입장에 서 있다. **판례는**, 확정판결의 기판력은 법원이 당사자 사이의 법적 분쟁에 관하여 판단하여 소송이 종료된 이상 **법적 안정성**을 위해 당사자와 법원 모두 분쟁해결의 기준으로서 **확정판결의 판단**을 존중해야 한다는 요청에 따라 인정된 것으로 본다.[1] 다만 판례 가운데에는, 법원이 구체적 소송사건에 대하여 당사자의 변론을 거쳐 종국판결을 선고하여 그 판결이 확정됨으로써 형식적 확정력이 발생하면 그 판결의 판단내용에 따른 기판력이 생기는데, 법원 판단의 통용성으로서의 그 효력은 처분권주의·변론주의 등의 절차적 보장 아래에서 소송당사자가 자기책임으로 소송을 수행한 소송물에 관하여 법원이 판결주문에 판단을 특정 표시함으로써 이루어지는 것이라고 본 판결도 있다.[2]

4. 기판력이 작용하는 경우

(1) 의   의

기판력은 전소에서 확정된 권리관계가 후소에서 다시 문제되는 때에 작용한다. 전소 소송물과 **동일한** 후소의 제기는 물론이며, 전소 소송물에 관한 판단이 후소의 **선결관계**에 있을 때 또는 후소와 **모순관계**에 있을 때에는 후소에서 전소 확정판결의 판단과 다른 주장을 하는 경우에도 작용을 한다.[3]

(2) 소송물의 동일

(a) 전소 소송물과 동일한 소송물에 대한 후소 제기 여부

1) **원칙적**으로, 전소에서 원고가 승소했든 패소했든 같은 소송물에 대하여 재소하면 기판력에 저촉된다. 다만 **예외적**으로, 기판력 있는 판결이 있어도, ① 확정된 채권의 **소멸시효완성이 임박한**(확정된 채권의 소멸시효기간인 **10년**의 끝나감

---

1) 대판 2018. 3. 27. 2015다70822.
2) 대판 2002. 9. 4. 98다17145, 2017. 6. 19. 2017다204131. 한편 대판(전) 1995. 4. 25. 94다17956의 별개의견은, 기판력의 객관적 범위의 판단에서도 법적 안정성의 관점에서 소송물의 동일성 여부에만 의존할 것이 아니라, 절차보장의 관점에서 후소의 당사자가 전소의 소송절차 내에서 문제로 된 해당 소송물에 관하여 변론을 하고 또 그에 대한 법원의 판단을 받을 기회가 있었느냐 하는 점을 당연히 고려해야 한다는 입장이다.
3) 대판 2002. 12. 27. 2000다47361, 2013. 11. 28. 2013다19083, 2016. 3. 24. 2015두48235 등.

이 임박한) 상황에서 **시효중단**을 위하여 필요한 경우,[1] 또는 ② 판결내용(판결주문)이 특정되지 않아 **강제집행을 할 수 없는** 상황 등에서 **판결내용(판결주문)의 특정**을 위하여 필요한 경우[2]에는 **예외적**으로 신소가 허용된다. 즉 이러한 경우에는 동일한 소송물에 대하여 확정판결이 있다고 하더라도 소의 이익이 인정된다.

 2) 예외적으로 신소 제기가 허용되는 때에도 신소의 판결은 원칙적으로 **전소 확정판결의 내용**에 저촉되어서는 안 된다(다만 **판결내용의 불특정**의 경우는 그 범위 내에서 전소 확정판결의 기판력이 미치지 않는다).[3] 예컨대 ① 전소인 약속어음금청구 소송에서 갑의 을에 대한 약속어음금채권이 확정된 이상 그 확정된 채권의 소멸시효의 중단을 위하여 제기된 후소에서는 약속어음의 소지 여부를 다시 심리할 수 없으며,[4] ② 전소인 구상금청구소송에서 갑의 을에 대한 구상금채권이 확정된 이상 그 확정된 채권의 소멸시효의 중단을 위하여 제기된 후소에서는 보증보험계약서의 진정성립 여부 등을 다시 심리할 수 없으며,[5] ③ 갑이 을로부터 채권을 양도받은 다음 채무자인 병을 상대로 양수금청구소송을 제기하여 승소확정판결을 받았는데, 그 후 채권을 전전(轉轉) 양도받은 정(원고)이 소멸시효의 완성을 차단하기 위해 병(피고)을 상대로 양수금청구소송을 제기한 경우, 전소에서 갑의 병에 대한 채권이 확정된 이상 확정된 채권의 시효중단을 위하여 제기된 후소에서는 을(양도인)이 병(채무자)에 대하여 갑(양수인)에의 채권양도사실을 통지했는지 등 채권양도의 대항요건의 구비 여부에 관하여 다시 심리할 수 없다.[6][7]

---

[1] 소멸시효완성을 막기 위한 경우는 그 **소멸시효완성**이 **임박**할 것이 요구된다. 대판 1987. 11. 10. 87다카1761, 대판(전) 2018. 7. 19. 2018다22008, 대판 2019. 1. 17. 2018다24349 등. 대판(전) 2018. 7. 19. 2018다22008는 소멸시효완성을 **6월** 앞둔 시점에서 재소를 한 사안이며, 뒤에서 볼 대판(전) 2018. 10. 18. 2015다232316은 소멸시효완성을 **1월여** 남겨둔 시점에서 재소를 한 사안이다. 한편 대판 2006. 4. 14. 2005다74764는 원고가 소송물인 채권의 소멸시효 완성이 임박하였다는 이유로 소의 이익을 주장했으나, 시효완성까지 **약 7년 정도**가 남아 있다는 이유로 소의 이익을 부정했다.

[2] 대판 1998. 5. 15. 97다57658. 한편 판결주문상 **반대의무의 내용**이 특정되지 않아 강제집행을 할 수 없는 경우에 관해서는, 대판 2021. 7. 8. 2020다290804. **화해조서**의 기재 내용이 특정되지 않아 강제집행을 할 수 없는 경우에 관해서는, 대판 1992. 4. 10. 91다45356,45363, 1995. 5. 12. 94다25216 등.

[3] **판례도**, 소송물이 동일하더라도 판결내용이 특정되지 않아 집행을 할 수 없는 때에는 다시 소송을 제기할 소의 이익이 있으므로 새로이 특정하여 제기한 후소에는 전소의 기판력이 미치지 않는다고 한다. 대판 1998. 5. 15. 97다57658.

[4] 대판 1998. 6. 12. 98다1645.

[5] 대판 2010. 10. 28. 2010다61557.

[6] 대판 2018. 4. 24. 2017다293858.

[7] **판례**는, 판결이 확정된 채권자가 시효중단을 위한 신소를 제기하면서 확정판결에 따른 원

그러나 **판례**는 특히 소멸시효의 중단을 위하여 제기된 후소에서는 **전소 변론 종결 뒤**에 새로 발생한 **변제, 상계, 면제** 등과 같은 **채권소멸사유는 후소의 심리 대상**이 되어 채무자인 피고는 후소에서 위와 같은 사유를 들어 항변할 수 있다고 보고 있다.[1]

■ 전소 판결이 확정된 후 10년이 지나 후소가 제기된 경우 법원이 이를 이유로 소를 각하할 수 있는지 여부

(1) 문 제 점

전소 승소판결이 확정된 후 확정된 채권의 소멸시효기간인 10년의 끝나감이 임박하지 않은 상태에서 다시 동일한 소를 제기하는 것은 확정판결의 기판력에 비추어 소의 이익이 인정되지 않으나, 그 기간의 끝나감이 임박한 경우에는 시효중단의 필요성이 있으므로 후소를 제기할 소의 이익이 인정된다. 문제는 전소 판결이 확정된 후 10년이 지나 후소가 제기된 경우 법원으로서는 이를 이유로 곧바로 소의 이익이 없다고 하여 소를 각하할 수 있는지 여부이다.

(2) 검   토

1) 이미 본 바와 같이 확정된 채권의 시효중단을 위한 후소에서의 판결은 전소 확정판결의 내용에 저촉되어서는 안 되므로, 후소 법원으로서는 그 확정된 권리를 주장할 수 있는 모든 요건이 구비되어 있는지에 관하여 다시 심리할 수 없다. 그러나 **판례**는 비록 전소 승소확정판결이 있음에도 확정된 채권의 시효중단을 위한 재소를 예외적으로 허용하는 입장에서, 일단 재소를 허용하는 한 기판력에 관한 일반적 법리, 즉 기판력의 시적 범위에 관한 법리를 적용하여 표준시인 **전소 변론종결 뒤**에 발생한 변제, 상계, 면제 등과 같은 **채권소멸사유**는 후소의 심리대상이 된다고 보고 있다. 이러한 판례의 입장에서는, 채무자인 피고는 비록 시효중단을 위한 재소이지만 후소 절차에서 위와 같은 사유를 들어 **항변**할 수 있고, 심리결과 그 주장이 인정되면 법원은 **원고의 청구를 기각**해야 한다고 보고 있다. 전소 확정판결에 따라 확정된 채권이 **소멸시효의 완성**으로 소멸했다는 피고의 항변이 있는 경우에도 마찬가지이다.

2) 판례의 태도에 의하면 채무자는 전소 승소확정판결을 받은 채권자가 시효중

금과 함께 원금에 대한 확정 지연손해금 및 이에 대한 지연손해금을 청구하는 경우, **확정 지연손해금**에 대한 **지연손해금채권**은 채권자가 신소로써 확정 지연손해금을 청구함에 따라 비로소 발생하는 채권으로서 전소의 소송물인 원금채권이나 확정 지연손해금채권은 **별개의 소송물**이므로, 채무자는 **확정 지연손해금**에 대해서도 이행청구를 받은 날의 다음 날부터 지연손해금을 별도로 지급해야 하되 그 이율은 **신소에 적용되는 법률이 정한 이율**을 적용해야 한다고 보고 있다. 대판 2022. 4. 14. 2020다268760.

[1] 대판 2019. 1. 17. 2018다24349, 2019. 8. 29. 2019다215272.

단을 위하여 후소를 제기하고 있는 상황에서는 별도로 청구이의의 소를 제기함이 없이 전소 변론종결 뒤의 채무소멸사유를 들어 원고의 청구를 기각시킬 수 있게 된다. 판례가 확정된 채권의 시효중단을 위한 재소에 대하여 예외적으로 소의 이익을 인정하고 있음에 불구한데도, 더 나아가 이러한 후소에서 일반적인 기판력의 법리를 적용하여 **심리대상**을 정하는 것은 결코 타당한 것으로 보이지 않는다. 여하튼 판례의 입장에서는, 시효중단을 위한 후소를 심리하는 법원으로서는 전소 판결이 확정된 후 소멸시효가 중단된 적이 있어 그 중단사유가 종료한 때부터 새로이 진행된 소멸시효기간의 끝나감이 임박하지 않아 시효중단을 위한 재소의 이익을 인정할 수 없다는 등의 **특별한 사정이 없는 한**, 후소가 전소 판결이 확정된 후 10년이 지나 제기되었다 하더라도 곧바로 소의 이익이 없다고 하여 **소를 각하해서는 안 되고**, 채무자인 **피고의 항변에 따라** 원고의 채권이 소멸시효의 완성으로 소멸했는지에 관하여 심리를 하여 10년이 지나 제기된 사실이 인정되는 경우에는 전소 확정판결에 기한 **청구권**은 **소멸시효가 완성**되어 소멸되었다는 이유로 **원고의 청구를 기각해야** 한다.[1]

▣ 확정된 채권의 시효중단을 위하여 제기하는 신소의 형태로서 새로운 방식의 확인소송을 허용할 것인지 여부

(1) 판례의 태도

1) **대판(전) 2018. 10. 18. 2015다232316**은, 확정판결에 의하여 확정된 채권의 시효중단을 위한 신소는 이행소송 외에 이러한 확정된 채권의 시효를 중단시키기 위한 조치, 즉 '**재판상 청구**'가 **있다는 점에 대해서만 확인을 구하는 형태의 소송**('새로운 방식의 확인소송')도 허용된다고 보고 있다.

2) 확정된 채권의 시효중단을 위하여 종래 예외적으로 허용되는 동일한 소송으로 이행소송만을 인정할 경우 전소 확정판결의 변론종결시(표준시)를 기준으로 청구권의 실체적 존부와 범위를 새로 심사하여 판단하는 결과 불필요한 심리가 이루어지게 되고, 채무자가 자신의 필요에 따라 청구이의의 소를 제기하여 주장하면 될 사항을 굳이 시효중단을 위한 후소에서 심리해야 하므로 법원과 당사자의 노력과 자원이 낭비되는 결과가 야기된다는 이유에서, 이러한 문제점을 해결하기 위하여 시효중단을 위한 재판상 청구가 있다는 점에 대해서만 확인을 구하는 형태의 새로운 소송을 허용할 필요가 있다고 보았다.[2]

---

1) 대판 2019. 1. 17. 2018다24349.
2) 이러한 **다수의견**에 대하여, '새로운 방식의 확인소송'은 허용될 수 없다는 **의견**과 이행소송 외에 다른 소송형태가 허용된다면 '새로운 방식의 확인소송'보다 '청구권 확인소송'이 타당하다는 **의견**이 있다.

(2) 검   토

1) 전소 확정판결이 있음에도 불구하고 확정된 채권의 시효중단을 위하여 신소를 허용할 것인지에 관해서는 이미 **대판(전) 2018. 7. 19. 2018다22008**에서 보듯이 찬반 의견의 대립하고 있으나 다수의견과 같이 여전히 그 필요성을 부정하기 어렵다는 취지에서 예외적으로 이를 허용하고 있을 따름이다. 따라서 비록 시효중단을 위하여 동일한 소송물에 관한 이행의 소를 제기하더라도(전소 피고가 확정판결의 사실심 변론종결 뒤의 사정을 들어 청구이의의 소를 제기하지 않는 한) **예외적으로 허용되는 소송의 목적**에 비추어 **신소의 심리대상**은 여전히 전소 확정판결의 변론종결시로 제한된다고 봄이 타당하며, 이 역시 전소 확정판결의 기판력에 저촉되어서는 안 되므로, 구태여 **새로운 방식의 확인소송을 인정할 실익이 있을 것인지** 의문이다.

2) 특히 새로운 방식의 확인소송은 재판상 청구가 있다는 점, 즉 **사실관계에 대한 확인소송**으로, 사실관계에 대한 확인소송은 예외적으로 법률상 명문의 규정으로 허용하는 경우(증서의 진정 여부를 확인하는 소, 법 250조)를 제외하고는 원칙적으로 허용되지 않는다. 위 전원합의체 판결의 다수의견은 새로운 방식의 확인소송의 소송물을 '시효중단을 위한 재판상의 청구를 통한 시효중단의 법률관계'라고 보고 있으나 납득하기 어렵다. 다수의견은 '재판상 청구가 있다는 점'과 '재판상 청구로 인한 시효중단의 법률관계'를 혼동한 것으로 보인다. 만약 다수의견처럼 새로운 방식의 확인소송을 법률관계의 확인을 구하는 소송으로 무리하게나마 본다면, 이러한 확인소송에 대해서는 확인의 이익이 있다고 보기 어렵다. (시효가 완성되기 전에) 재판상 청구가 있으면 시효중단의 법률효과가 당연히 발생하기 때문에, 굳이 후자의 확인을 구할 필요가 없기 때문이다[법률관계의 존부 및 범위에 관한 다툼이 아닌, 법률효과에 관한 다툼에 대해서는 확인의 소가 허용되지 않으며, 더구나 재판상 청구가 있는 경우 시효중단의 효과가 발생하는 점에 대해서는 달리 다툼이 있을 여지도 없다].[1]

3) 결국 원고 승소확정판결이 있음에도 확정된 채권의 시효중단을 위하여 예외적으로 전소 원고의 재소를 허용하는 **소송의 목적**(또는 소의 이익을 허용하는 이유)에 부합되게 **후소의 심리대상을 재정립**하는 것이 보다 근본적인 문제해결의 방

---

1) 위 전원합의체 판결의 의견(대법관 권순일, 박정화, 김선수, 이동원, 노정희의 의견)에서도, "새로운 방식의 확인소송의 대상은 단지 '시효중단을 위한 재판상 청구가 있었다'는 사실 자체일 뿐이다.", "새로운 방식의 확인소송은 그 청구취지 자체가 '후소 제기사실에 대한 확인'을 구하는 것일 뿐이다. 이를 가지고 채권자가 어떠한 '청구'나 '권리행사'를 하는 것이라고 보는 것은 무리이다. 시효중단은 재판상 청구의 효과 중 하나일 뿐이다."라는 견해를 밝히고 있다. 한편 위 전원합의체 판결에 대하여, 다수의견이 '무슨 소가 있었음'을 권리관계라고 강변하지 말고 그것은 '사실'이지만 예외적으로 증서의 진정 여부를 확인하는 소에 관한 법 250의 유추적용에 의하여 확인의 대상이 된다는 입론을 하는 것이 옳다는 견해로는, 이충상, "시효중단을 위한 새로운 방식의 확인소송," 법률신문 제4576호(2019. 12. 16.), 13쪽.

법이다. 위 전원합의체 판결은 확정된 채권의 시효중단을 위한 재소를 허용하되, 이러한 재소에서도 여전히 기판력의 시적 범위의 적용을 전제로 한 것으로(기판력상 예외로 허용되는 재판에서도 기판력의 일반이론이 반드시 적용된다는 논리에 선 것으로) 여러모로 수긍하기 어렵다.[1]

■ 확정된 채권의 시효중단을 위한 재소 방식과 관련하여 향후 이용가능한 소송 형태의 예상

(1) 대법원이 의도하는 재소 방식(새로운 방식의 확인소송)

1) 위 전원합의체 판결(대판(전) 2018. 10. 18. 2015다232316)은 확정된 채권의 시효중단을 위하여 종래 인정하고 있는 이행소송('전통적 방식의 이행소송')과 별도로 (이와 더불어) 새로운 방식의 확인소송을 허용하고 있다. 대법원이 전원합의체 판결을 통하여 새로운 방식의 확인소송이라는 특이하면서도 부자연스러운 판례이론을 개발한 것은 전통적 방식의 이행소송의 문제점을 극복하기 위한 필요성에 기인한다. 새로운 방식의 확인소송을 인정하는 위 전원합의체 판결은 바로 3개월 전 선고된 전원합의체 판결(대판(전) 2018. 7. 19. 2018다22008)에서 전통적 방식의 이행소송이 허용됨을 재확인했음을 의식하여 전통적 방식의 이행소송의 형태를 여전히 인정하는 연장선에서 새로운 방식의 확인소송의 형태를 고안한 것으로 짐작이 된다. 결과적으로 확정된 채권의 시효중단을 위한 재소의 방식으로, 이행소송 형태의 전통적 방식과 새로운 방식의 확인소송이 병존하게 되어 실무운용상으로 혼선을 야기할 우려가 있다.

2) 대법원은 확정된 채권의 시효중단을 위한 새로운 방식의 확인소송을 만든 위 전원합의체 판결을 선고한지 3개월 남짓 만에 민사소송 등 인지규칙을 개정하면서까지 확정된 채권의 시효중단을 위하여 전통적 방식의 이행소송보다 이러한 새로운 방식의 확인소송을 제기하도록 적극적으로 유도하고 권장하는 조치를 취했다. 즉 대법원은 2019. 1. 29. 민사소송 등 인지규칙을 개정(같은 날부터 시행하되 위 전원합의체 판결이 선고된 2018. 10. 18. 이후에 제1심에 최초로 접수되는 사건부터 적용한다. 위 개정 규칙 부칙)하여 18조의3(시효중단을 위한 재판상 청구 확인소송)을 신설했는데, 그 내용에 의하면 새로운 방식의 확인소송을 제기하는 경우 소송목적의 값(소가)을 그 대상인 전소 판결에서 인정된 권리의 가액(이행소송으로 제기할 경우에 해당하는 소송목적의 값)의 10분의 1로 하고, 나아가 그 권리의 가액이 3억원을 초과하는 때에는 이를 3억원으로 본다는 것이다. 개정된 대법원규칙에 의하면, 결국 새로운 방식의 확인소송의 경우 권리의 가액이 3억원을 초과하는 경우에도 3억원으로 보게 되어 결국 소송목적의 값의 상한은 그 10분의 1인 3,000만원이 되게 된다.

---

1) 김홍엽, "2018년 분야별 중요판례분석 민사소송법," 법률신문 2019. 2. 14.자(제4675호), 13쪽.

그런데 금전 등 지급을 구하는 이행소송에서 소송목적의 값이 3,000만원 이하의 경우에는 **소액사건**이 되는데, 새로운 방식의 확인소송의 소송목적의 값의 상한을 굳이 소액사건의 상한과 같이 3,000만원으로 하는 의도를 구체적으로 파악하기 어렵다.[1]

3) 확정된 채권의 시효중단을 위한 후소를 새로운 방식의 확인소송의 형태로 제기하는 경우 앞서와 같이 파격적으로 인센티브를 줄 필요가 있는지 의문이다. 앞서의 '민사소송 등 인지규칙'의 개정은, 후소를 전통적 방식의 이행소송으로 제기하는 경우 전소 변론종결 뒤 채권소멸사유에 관한 심리 가능성 등 재판의 부담을 고려하여, 새로운 방식의 확인소송으로 제기하도록 유도함으로써 신속하게 집행권원을 만들어주자는 의도에서 비롯한 것으로 짐작되지 않는 바는 아니다.

그러나 확정판결 등 집행권원을 취득한 상태에서 소멸시효기간인 10년의 끝나감이 임박한 시기에 이르기까지 채무자의 재산에 대하여 집행을 하지 않고 있었던 상황에서(물론 집행을 할 수 없었던 사정이 있었다고 하더라도) 또 다시 10년의 새로운 소멸시효기간을 확보하기 위한 재소를 위하여, 전통적 방식의 이행소송을 더 이상 선택하기 어려울 정도로 새로운 방식의 확인소송에 인센티브를 주어야 할 이유를 사법정책적인 측면에서 쉽게 이해하기 어렵다.[2]

(2) 전통적 방식의 이행소송의 향후 운명

1) 새로운 방식의 확인소송을 인정한 전원합의체 판결이 선고되기 불과 3개월 전에 선고된 전원합의체 판결에서 재확인된 전통적 방식의 이행소송은 이제는 더 이상 종전과 같이 이용되기는 어렵게 되었다. 새로운 방식의 확인소송을 선택할 경우 소송목적의 값이 최고 3,000만원으로, **인지액이 최고 140,000원**(3,000만원 × 45/10,000 + 5,000원, 민인 2조 1항)에 불과하며, 사물관할상 소송목적의 값을 기준으로 하는 단독사건 가운데 소송목적의 값이 1억원을 초과하지 않으므로 **비변호사 소송대리**가 허용된다(규칙 15조 1항 2호).

이를 전통적 방식의 이행소송과 극명하게 대비하여 설명하면, 확정된 채권액이 6억원인 경우를 가정할 때, **전통적 방식의 이행소송으로 제기하는 경우** ① 인지액은 2,455,000원(6억원 × 40/10,000 + 55,000원, 민인 2조 1항)이 되며, ② 소송목적의 값이 **5억원**[2022. 1. 28. 개정(2022. 3. 1. 시행) 민가규 2조 본문]을 **초과**하므로 **합**

---

1) 소액사건은 소송목적의 값이 3000만원 이하의 금전 등 지급을 구하는 사건으로, 소액사건심판법은 소액사건에 해당하는 민사사건의 범위를 대법원규칙에 위임하고 있는데 2016. 11. 29. 소액사건심판규칙의 개정(2017. 1. 1. 시행)으로 소액사건의 소송목적의 값이 3,000만원으로 되었다.

2) 대법원이 기존의 소송방식과는 전혀 별개의 새로운 소송방식을 인정하고(이러한 소송방식이 과연 정당한 것인지 아직 제대로 검증도 되지 않은 채) 더 나아가 이러한 새로운 소송방식에 대하여 인지액의 일부 감액도 아닌, 권리의 가액에 따른 소송목적의 값을 자의적으로 대폭 줄이고, 더 나아가 아예 권리의 가액의 상한을 일방적으로 정해버리는 등으로 제도이용의 유인책을 강구하는 조치가 국민을 위한 조치, 즉 **국민의 재판을 받을 권리**를 실질적으로 보장하고, **사법접근성**(access to justice)을 강화하는 조치인지는 의문이다.

의사건이 되고(합의사건에서는 본인소송을 하지 않는 한 변호사를 선임하여 소송을 해야 한다), ③ 피고가 전소 변론종결 뒤 변제 등으로 채권이 소멸되었다고 다투는 때에는 피고로서는 이러한 사유를 들어 청구이의의 소(민집 44조)로 제기할 필요 없이 원고가 제기한 후소(이행소송)에서 이를 다툴 수 있으므로 (피고가 이러한 항변을 하는 한) 원고로서는 전소 변론종결 뒤의 채권소멸사유에 관하여 심리를 받아야 하며 [확정된 채권이 확정된 지급명령 등 집행권원을 기초로 하는 경우에는 이러한 집행권원에는 집행력만 인정되고 기판력이 인정되지 않으므로(민집 58조 3항) 지급명령 발령 전의 사유로도 채권의 불성립이나 무효 및 소멸 등을 다툴 수 있게 된다], ④ 현재 우리 법원의 합의사건의 심리기간 및 상소심 재판기간을 고려하면 그 확정판결까지 상당한 기간이 걸릴 것이므로 도저히 전통적 방식의 이행소송을 택하기 어렵게 된다.

2) 결국 대법원이 의도하는 새로운 방식의 확인소송을 허용하는 경우에는 굳이 종래의 시효중단을 위한 이행의 소로서의 재소를 그대로 허용할 필요가 없게 된다. 원고로서는 확정된 채권의 시효중단을 위하여 재소를 하는 마당에 피고가 전소 변론종결 뒤의 사정을 들어 채무소멸사유를 주장할 수 있는 여지가 애당초 있을 수 없으며, 인지액의 혜택 및 심리방식 및 심리기간 등 모든 면에서 **유리한 새로운 방식의 확인소송**을 제쳐두고, 이와 대비하여 상대적으로 모든 면에서 **불리한 전통적 방식의 이행의 소**를 제기할 아무런 이유와 필요가 없기 때문이다.[1]

(b) 전소 소송물에 관한 실질적 판단이 없는 경우

전소와 후소의 소송물이 동일해도 전소 소송물인 권리관계의 존부에 대하여 **실질적인 판단**이 없는 경우에는 전소 확정판결의 기판력은 후소에 미치지 않는다. 예컨대 ① 원고가 전소에서 매매를 원인으로 한 소유권이전등기청구를 하였으나, 피고의 제 3 자에 대한 신탁이 종료되지 않아 피고로서는 소유권을 회복하여 이를 원고에게 이전할 수 없다는 전제 아래 원·피고 사이의 매매사실 유무에 대한 판단 없이 패소판결을 받았다면, 전소에서 매매를 원인으로 한 소유권이전등기청구권의 존부에 관하여 실질적인 판단이 없었음이 분명하므로 전소 확정판결의 기판력은 후소인 매매를 원인으로 한 소유권이전등기청구에는 미치지 않으며,[2] ② 원고가 전소에서 토지의 전부를 매수했다고 보기 어렵고, 일부를

1) 실제 새로운 방식의 확인소송의 이용이 위 전원합의체 판결 후 크게 증가했다. 통계에 의하면 위 전원합의체 판결 후인 2019년 한 해 동안 접수건수가 373건(처리건수 179건), 2020년 한 해 동안 접수건수가 749건(처리건수 639건), 2021년 1월부터 3월까지 3개월 동안 접수건수가 295건(처리건수 158건)인 것으로 나타났다. 법률신문 2021. 4. 29.자 "시효중단을 위한 재판상 청구 확인소송' 크게 늘어났다" 기사 참조.
2) 대판 1975. 2. 10. 74다1689.

매수했다고 하더라도 그 부분을 특정할 수 없다는 이유로 패소판결을 받았는
데 후소로써 그 일부를 특정하여 소유권이전등기청구를 하고 있다면, 전소에서
그 특정 부분의 매수 여부, 즉 권리관계의 존부에 대해서는 실질적으로 판단이 되
었다고 할 수 없으므로 전소 확정판결의 기판력은 그 부분에 관한 한 미치지 않
는다.[1]

(3) 전소 소송물이 후소 소송물의 선결관계에 있는 경우

전소와 후소의 소송물이 동일하지 않아도 전소의 기판력 있는 법률관계가 후
소의 선결적 법률관계가 되는 때에는 전소 확정판결의 기판력이 후소에 미쳐 후
소의 법원은 전소에서 한 판단과 모순되는 판단을 할 수 없다.[2] 예컨대 ① 원고
가 소유권확인청구에 대한 판결이 확정된 후 다시 같은 피고를 상대로 소유권에 기
한 **물권적 청구권**을 청구원인으로 하는 소송을 제기한 경우에는 전소 확정판결에서
의 **소유권의 존부**에 관한 판단에 구속되어 당사자로서는 이와 다른 주장을 할 수
없을 뿐만 아니라 법원으로서도 이와 다른 판단은 할 수 없다.[3] ② 채권자가 제기
한 **배당이의의 소**(민집 154조 1항)[4]의 본안판결이 확정된 때에는 이의가 있었던
배당액에 관한 **실체적 배당수령권의 존부**의 판단에 기판력이 생긴다. 배당이의
의 소에서 패소의 본안판결을 받은 당사자가 그 판결이 확정된 후 상대방에
대하여 본안판결에 의하여 확정된 배당액이 부당이득이라는 이유로 그 반환을
구하는 소송을 제기한 경우에는, 전소인 배당이의의 소의 본안판결에서 판단된
배당수령권의 존부가 **부당이득반환청구권**의 성립 여부를 판단하는 데 **선결문제**
가 된다. 따라서 후소인 부당이득반환청구의 소에서 당사자는 그 배당수령권의
존부에 관한 배당이의의 소의 본안판결의 판단과 다른 주장을 할 수 없고, 법
원도 이와 다른 판단을 할 수 없다고 보고 있다.[5]

---

1) 대판 1992. 11. 24. 91다28283; 송진현, "후소의 소송물이 전소의 소송물의 일부이나 전소의
   기판력이 후소에 미치지 않는 경우," 판례월보 270호(1993. 3.), 12쪽 이하.
2) 대판 1994. 12. 27. 93다34183, 1994. 12. 27. 94다4684, 1999. 12. 10. 99다25785 등.
3) 대판 2000. 6. 9. 98다18155, 2003. 4. 11. 2003다1250, 2010. 11. 11. 2010다43597.
4) 배당이의의 소(민집 154조 1항)는 경매절차에서 배당표에 대하여 배당받는 것으로 기재된
   사람의 배당액을 줄여 자신에게 배당이 되도록 하기 위하여 배당표의 변경 또는 새로운 배당
   표의 작성을 구하는 소이다. 대판 2006. 1. 26. 2003다29456 등.
5) 대판 2000. 1. 21. 99다3501. 위 판결은 배당이의의 소의 법적 성질을 **소송법상 형성소송**으
   로 이해하는 것을 전제로 하여 배당이의의 소의 소송물이 **배당표변경요건(형성요건)**인 '실체
   적 배당수령권의 존부'에 관한 판단에 기판력이 미친다고 보고 있다. 오종윤, "배당이의의 소
   의 성질과 기판력," 인권과 정의 287호(2000. 7.), 105쪽 이하.

(4) 전·후소 소송물이 모순관계에 있는 경우

전·후 양소의 소송물이 동일하지 않다고 하더라도, 후소에서 전소에서 확정된 법률관계와 모순되는 정반대의 사항을 소송물로 삼았다면 이러한 경우에는 전소 확정판결의 기판력이 후소에 미친다.[1] 이 경우 후소에서 전소 판결의 판단과 다른 주장을 하는 것을 허용하지 않는다. 따라서 원고가 전소 확정판결에 따라 피고에게 명의신탁해지를 원인으로 한 소유권이전등기절차를 이행했음에도 후소로써, 피고 명의의 소유권이전등기가 원인무효라고 주장하며 말소등기청구를 하는 것은 전소에서 확정된 소유권이전등기청구권을 부인하는 것이어서 그 기판력에 저촉된다.[2]

주의할 것은 전소 확정판결의 기판력은 소송물로 주장된 권리관계의 존부에 관한 판단의 결론에만 미치고 그 판단의 전제가 되는 법률관계에 대하여 미치는 것은 아니므로, 후소에서 전소 **소송물의 전제가 된 법률관계와 모순**되는 사항을 소송물로 삼더라도 전소 확정판결의 기판력에 저촉되지 않는다는 점이다.[3] 예컨대 ① 가등기에 기한 본등기절차의 이행을 명하는 전소 확정판결 뒤에 후소로써 위 가등기만의 말소를 청구하는 경우 가등기에 기한 소유권이전등기절차의 이행을 명한 전소 확정판결의 기판력은 소송물인 소유권이전등기청구권의 존부에만 미치고 그 등기청구권의 원인이 되는 채권계약의 존부나 판결이유 중에 설시되었을 뿐인 가등기의 효력 유무에 관한 판단에는 미치지 않는다. 따라서 이러한 후소로써 가등기만의 말소를 청구하는 것은, 전소에서 판단의 전제가 되었을 뿐이고 그로써 아직 확정되지는 않은 법률관계를 다투는 것에 불과하므로 전소 확정판결의 기판력에 저촉된다고 볼 수 없다.[4] ② 매매계약의 무효 또는 해제를 원인으로 한 매매대금반환청구에 대한 전소 확정판결의 기판력은 그 매매대금반환청구권의 존부에 관해서만 발생할 뿐, 그 전제가 되는 선결적 법률관계인 매매계약의 무효 또는 해제에까지 발생하는 것은 아니다. 따라서 전소 확정판결 뒤에 후소로써 위 매

---

1) 대판 1995. 3. 24. 93다52488, 2021. 9. 30. 2021두38635 등.

2) 대판 2002. 12. 6. 2002다44014.

3) 대판 2002. 12. 27. 2000다47361, 2005. 12. 23. 2004다55698, 2009. 3. 12. 2008다36022.

4) 대판 1995. 3. 24. 93다52488; 조용구, "가등기에 기한 본등기를 명한 전소판결의 기판력이 가등기말소청구에 미치는지 여부," 대법원판례해설 23호(1995년 상반기), 274쪽 이하. 한편 직접적인 모순·반대관계(소송물에 대한 직접적인 부정)와 우회적인 모순·반대관계(소송물에 대한 우회적인 부정)를 나누어 고찰하는 견해로는, 한충수, "소송물의 실질적 동일성과 기판력의 작용이론. ─ 판례분석과 시론을 중심으로 ─," 법학논총(한양대학교) 25집 2호(2008. 6.), 115쪽 이하.

매계약에 기해 소유권이전등기를 청구하는 경우 이러한 후소는 전소에서 확정된 법률관계와 정반대의 모순되는 사항을 소송물로 하는 것이라 할 수 없으며, 기판력이 발생하지 않는 전소와 후소의 소송물의 각 전제가 되는 법률관계가 매매계약의 유효 또는 무효로 서로 모순된다고 하여 전소 확정판결의 기판력이 후소에 미친다고 할 수 없다.[1]

5. 기판력이 작용하는 모습

(1) 기판력의 소극적 작용

기판력의 소극적 작용이란 기판력 있는 판단을 다투기 위한 당사자의 주장이나 항변을 허용하지 않고 이를 배척하는 작용(불가쟁)을 말한다. 이러한 기판력의 소극적 작용은 전·후소 소송물이 동일하고, 전소 승소확정판결을 받은 경우에 작용한다(모순금지설의 입장). 다만 반복금지설의 입장에서는 소송물이 동일한 경우, 또는 전·후소 소송물이 모순관계에 있는 경우에 이러한 기판력이 작용한다고 본다.

(2) 기판력의 적극적 작용

기판력의 적극적 작용이란 기판력 있는 판단에 구속되어 이를 전제로 법원이 후소를 심판해야 하는 작용(불가반)을 말한다. 이러한 기판력의 적극적 작용은 ① 전·후소 소송물이 동일하고, 전소 패소확정판결을 받은 경우, ② 전소 소송물이 후소 소송물의 선결관계에 있는 경우, ③ 또는 전·후소 소송물이 모순관계에 있는 경우에 작용한다(모순금지설의 입장).[2] 다만 반복금지설의 입장에서는 전소 소송물이 후소 소송물의 선결관계에 있는 경우에만 이러한 기판력이 작용한다고 본다.

▣ 기판력의 작용의 모습에 관한 반복금지설과 모순금지설의 입장의 구체적 차이점
  (1) 전소 소송물이 후소 소송물과 동일한 경우
  (a) 전소 원고승소확정판결의 경우
    전소에서 승소확정판결을 받은 사람이 동일한 소송물에 관하여 재소했을 경우 **반복금지설**의 입장에서는 기판력의 존재가 소극적 소송요건이 되므로 후소에 대해서는 심리에 들어갈 수 없고 소각하판결을 해야 한다(앞서와 같이 시효중단의 필요 또

---

1) 대판 2005. 12. 23. 2004다55698, 2013. 11. 28. 2013다19083.
2) 대판 2014. 10. 30. 2013다53939, 2020. 7. 23. 2017다224906.

는 판결내용 특정의 필요에 의해 재소할 수 있는 경우는 예외이다). 이와 달리 **모순금지설**의 입장에서는 이러한 경우 소의 이익이 없다고 하여 소각하판결을 해야 한다.

(b) 전소 원고패소확정판결의 경우

전소에서 패소확정판결을 받은 사람이 동일한 소송물에 관하여 재소했을 경우 **반복금지설**의 입장에서는 먼저 전소의 표준시 이전의 사유의 주장을 배척하고 표준시 이후의 새로운 사유의 주장이 있는지 여부를 조사한다. 조사결과 이러한 사유가 있으면 기판력의 적극적 작용에 의하여 이에 대하여 판단하고, 이러한 사유가 없으면 기판력의 소극적 작용에 의하여 소각하판결을 한다. 이와 달리 **모순금지설**의 입장에서는 기판력의 적극적 작용에 의하여 청구기각판결을 한다.

(2) 전소 소송물이 후소 소송물과 모순관계에 있는 경우

전소 소송물이 후소 소송물과 모순관계에 있는 경우 **반복금지설**의 입장에서는 앞서와 같이 전소에서 패소확정판결을 받은 사람이 동일한 소송물에 대하여 후소를 제기하는 경우에서의 취급과 같다. 이와 달리 **모순금지설**의 입장에서는 기판력의 적극적 작용에 의하여 청구기각판결을 하게 된다.

(3) 전소 소송물이 후소 소송물의 선결관계에 있는 경우

전소 소송물이 후소 소송물의 선결관계에 있는 경우 **반복금지설**의 입장에서는 기판력의 적극적 작용에 의하여 전소 확정판결의 내용을 전제로 전소 표준시 이후의 새로운 사유가 없는 한 청구기각판결을 한다. **모순금지설**의 입장에서도 마찬가지이다.

6. 전소 확정판결이 있는 경우의 후소의 재판

(1) 소송요건 및 직권조사사항 해당 여부

전소 확정판결이 있는 경우 기판력의 본질에 관한 **모순금지설**의 입장에서는 전소 확정판결이 **원고승소확정판결**인 때에만 소송요건(소의 이익)으로 보고, 전소 확정판결이 **원고패소확정판결**인 때에는 소송요건이 아니라고 본다. 이에 반해 기판력의 본질에 관한 **반복금지설**의 입장에서는 전소 확정판결의 부존재를 소송요건(소극적 소송요건)으로 본다[다만 이러한 입장에서도 소극적 소송요건이 소의 이익의 문제가 아닌, 소송물에 관한 별도의 소송요건으로 보는 것인지는 명확하지 않다].

전소 확정판결이 소송요건인 경우이든 아니든 전소 확정판결은 **직권조사사항**이다. 즉 전소 확정판결의 존부는 당사자의 주장이 없더라도 법원이 이를 직권으로 조사를 개시하여 판단한다.[1] 기판력의 본질에 관하여 모순금지설을 취하는

---

1) 대판 1992. 5. 22. 92다3892, 1993. 4. 27. 92누9777, 2021. 8. 19. 2019다214071 등.

판례 역시, 전소 패소확정판결을 받은 당사자가 동일한 소를 제기하지 않을 것을 소송요건으로 보지 않고 있으나, 이 경우에도 확정판결의 존재 여부는 직권조사 사항으로 본다.[1]

(2) 기판력 배제의 합의의 효력

당사자 사이에 **기판력 자체**를 배제(무시)하는 취지의 합의가 있더라도 무효이며, 따라서 이러한 합의가 있다 하여 기판력을 면할 수 없다.[2] 다만 기판력 있는 판단에 의하여 **확정된 권리관계**를 실체적으로 변경하는 취지의 합의를 하는 것은 가능하다.[3] 통상 확정판결 등의 집행력을 배제하기 위하여 제기하는 청구이의의 소(민집 44조)에서 화해·조정시 이러한 취지의 합의가 이루어지기도 한다.

(3) 전후 양소의 확정판결이 저촉되는 경우

전소 확정판결의 기판력과 저촉되는 판결은 당연무효가 아니다. 이러한 판결은 위법한 것으로 확정 전에는 상소로써 취소(항소심의 경우)나 파기(상고심의 경우)시킬 수 있으며[재심사유를 상소이유로 삼을 수 있다(법 451조 1항 단서)], 확정 뒤에도 재심의 소로써 취소시킬 수 있다(법 451조 1항 10호).

7. 기판력 있는 재판

(1) 확정된 종국판결

종국판결이라도 **확정**되어야 기판력이 발생한다. 종국판결이라도 무효인 판결은 기판력이 생기지 않는다. 예컨대 소제기 당시에 이미 사망한 사람을 당사자로 한 판결의 경우는 원칙적으로 기판력이 생기지 않는다. 다만 상속인들이 피상속인 명의로 실질적으로 소송에 관여했다면 신의칙상 판결의 효력이 상속인들에게 미치는 경우가 있다.

소송판결도 소송요건의 흠으로 소가 부적법하다는 판단에 기판력이 발생한다.[4] 물론 당사자가 소송요건의 **흠을 보완**하여 다시 소를 제기하는 때에는 전소의 기판력이 미치지 않는다.[5]

1) 대판 2006. 10. 13. 2004두10227 등.
2) 대판 1994. 7. 29. 92다25137.
3) 이시윤, 662쪽.
4) 대판 1996. 11. 15. 96다31406, 1997. 12. 9. 97다25521, 2015. 10. 29. 2015두44288
5) 대판 2003. 4. 8. 2002다70181(전소에서 당사자능력의 흠을 이유로 소각하판결을 받은 단체가 그 후 법인 아닌 사단으로서 당사자능력을 갖는 것으로 볼 여지가 있는 경우에는 전소 소

(2) 결정·명령

결정·명령 가운데에서 실체법적 권리관계를 **종국적**으로 판단하는 내용인 경우에는 기판력이 발생한다.[1] 예컨대 소송비용액확정결정(법 110조·114조), 간접강제수단으로서 배상금지급결정(민집 261조), 과태료결정 등이 이에 해당한다. 그러나 소송지휘에 관한 결정·명령(법 222조)이나 비송사건에 관한 결정에는 기판력이 생기지 않는다.[2] 한편 가압류·가처분결정은 피보전권리의 존재 여부를 종국적으로 확인하는 의미의 기판력은 없으나, 뒤의 보전처분절차에서 동일사항에 관하여 달리 판단할 수 없다는 의미에서 한정적인 기판력은 있다는 견해가 있다.[3] 그러나 보전처분절차는 피보전권리를 종국적으로 확정하는 것을 목적으로 하는 것이 아니므로, 보전처분절차에서 피보전권리가 소명되어 신청을 인용하는 결정이 확정되었다고 하더라도 그 피보전권리에 기판력이 생기는 것은 아니다.[4]

(3) 확정판결과 동일한 효력이 있는 것

확정판결과 동일한 효력이 있는 청구의 포기·인낙조서, 화해조서(법 220조), 조정조서(민조 29조), 확정된 화해권고결정(법 231조), 확정된 조정을 갈음하는 결정(민조 34조 4항), 중재판정(중재 35조) 등에는 **기판력**이 있다. 확정된 이행권고결정(소심 5조의7),[5] 확정된 지급명령(독촉절차, 법 474조) 등에 관해서는 확정판결과 동일한 효력이 있다고 법률상 명문으로 규정하고 있으나, 이들의 경우는 **집행력**만 있고 기판력은 인정되지 않는다.

송판결의 기판력이 미치지 않는다), 2023. 2. 2. 2020다270633.

1) 대결 2002. 9. 23. 2000마5257.

2) 등기신청에 대한 등기관의 각하결정이나 이에 대한 이의신청에 대한 기각결정에는 기판력이 생기지 않으므로, 이러한 결정들을 받더라도 추가자료를 확보하여 다시 등기신청을 할 수 있다. 대판 2017. 12. 22. 2015다73753.

3) 이시윤, 664쪽.

4) **판례**는, 2005. 1. 27. 민사집행법이 개정(2005. 7. 28. 시행)되기 전 가압류·가처분결정에 대한 이의신청 또는 취소신청에 대한 재판이 현재와 같은 결정절차가 아니라 판결절차이었던 때에도 이러한 기판력이 인정되지 않는다고 보고 있었다. 대판 1963. 3. 15. 65다2329, 1977. 12. 27. 77다1698, 대결 2008. 10. 27. 2007마944; 박우동, "보전소송에서의 피보전채권에 대한 기판력의 유무(소극)," 판례회고 6호(1977년도), 98쪽.

5) 대판 2009. 5. 14. 2006다34190.

8. 외국법원의 확정재판 등

(1) 의   의

1) **2014. 5. 20.** 민사소송법을 개정·시행하여 종전의 외국판결의 효력에 관한 **법 217조의 일부를 개정하고, 법 217조의2를 신설했다.** 외국법원의 확정판결 또는 이와 동일한 효력이 인정되는 재판('**확정재판 등**')은 법 217조 1항이 정하는 요건을 모두 갖춘 경우에 **승인**되고[승인요건을 갖추면 법률상 당연히 승인효과가 발생한다(**자동승인의 원칙**)], **기판력**이 생긴다. 따라서 외국법원의 (승소)확정재판 등이 승인요건을 갖추어 승인되면 **국내법원에 동일한 사건을 재소**하는 경우 외국법원의 확정재판 등의 기판력에 저촉되어 소의 이익을 갖추지 못한 것이 된다.[1] '외국법원의 확정재판 등'이란 재판권을 가지는 외국의 사법기관이 그 권한에 기하여 사법상 법률관계에 관하여 **대립적 당사자**에 대한 **상호간의 심문**이 보장된 절차에서 **종국적**으로 한 **재판**으로서 **구체적 급부의 이행 등 그 강제적 실현에 적합한 내용**을 가지는 것을 의미하고, 그 재판의 명칭이나 형식 등이 어떠한지는 문제되지 않는다.[2]

> ■ 승인의 대상이 되는 외국법원의 확정재판 등인지 여부가 문제되는 경우
>   **(1) 외국법원의 재판이 본안판결이 아닌 소송판결인 경우**
>   외국법원의 재판이 판결인 경우라도 구체적 급부의 이행 등 강제적 실현에 적합한 내용을 가지는 본안판결이 아닌 소송판결 등은 외국법원의 확정재판 등에 해당하지 않는다.[3]

---

1) 대판 1987. 4. 14. 86므57,58; 김주형, "미국 뉴욕주 법원판결의 국내법적 효력," 대법원판례해설 7호(1987년 상반기), 239쪽 이하.

2) 대판 2010. 4. 29. 2009다68910(미합중국 캘리포니아주 민사소송법에서 규정하는 이른바 승인판결(confession judgment 또는 judgment by confession)은 법원이 당사자 상호간의 심문이 보장된 사법절차에서 종국적으로 한 재판이라고 할 수 없으므로 민사집행법 26조 1항에 정한 '외국법원의 확정재판 등'에 해당하지 않는다). 위 판결에 대하여 외국재판 등의 개념에 상호간 심문이 보장된 절차를 요구하는 것은 외국재판 등의 개념을 너무 좁게 정의하는 것이라고 비판하는 견해로는, 석광현, "승인대상인 외국판결의 개념에 관한 대법원재판의 상충," 법률신문 3976호(2011. 10.), 11쪽. 위 비판적 견해에 대하여 이러한 상호간 심문이 보장된 절차란 사법기관이 심리하는 절차에 당사자 양쪽의 절차참여권이 보장된 상태에서 서로 유리한 주장과 자료제출의 기회가 부여됨을 의미하는 것으로 외국재판 등의 개념에 당연히 포함되는 것이라는 점에서 이를 재비판하는 견해로는, 오영준, "민사소송법상 승인대상인 '외국법원의 판결'의 의의 — 2011. 10. 20.자 법률신문의 연구논단에 대한 반론 —," 법률신문 3979호(2011. 10.), 12쪽.

3) 이에 대하여 소송요건 가운데 당사자적격이나 소의 이익과 같이 청구의 당부 판단과 밀접

(2) 외국법원의 재판이 판결이 아닌 결정·명령인 경우

외국법원의 재판이 판결 아닌 **결정·명령**이라고 하더라도 그 재판이 대립당사자 구조에 따른 심문절차에서 종국적(확정적)으로 이루어졌다면 외국법원의 확정재판 등에 포함한다.[1] 그러나 대립당사자 구조에 따른 심문이 보장되지 않는 비송재판 등은 이에 포함되지 않는다.[2]

(3) 외국법원의 판결과 동일한 효력을 가지는 화해조서 등의 경우

외국법원의 판결 자체는 아니지만 외국법원의 **재판의 과정**에서 이루어진 **화해조서 등**(예컨대 미국의 경우 pre-trial 단계에서 이루어진 court settlement 등) 확정판결과 동일한 효력이 부여되는 경우에는 외국법원의 확정재판 등에 포함된다고 본다.[3]

2) 외국법원의 확정재판 등에 기초한 **강제집행**을 하기 위해서는 우리나라 법원에서 **집행판결**을 받아야 한다(2014. 5. 20. 개정·시행 민집 26조·27조).[4] **실무**에서는 **이행판결** 외에도 **확인판결**이나 **형성판결**이라도 넓은 의미의 집행력을 가지는 경우에는 집행판결을 요한다고 본다. 다만 법 217조 1항의 요건을 갖추고 있는 **외국법원의 이혼판결**에 대해서는 구태여 집행판결을 받지 않아도 된다.[5] 집행판결을 받지 않아도 되는 것은 외국법원의 이혼판결에 한정되며,[6] 외국법원의 혼인취소, 혼인무효나 이혼무효 등 판결을 받은 경우에는 다시 국내법원의 집행판결을 받아야만 가족관계등록의 신고 및 정정신청을 할 수 있다.

한 관계가 있는 소송요건에 관한 소송판결은 승인의 대상이 포함되어야 한다는 견해로는, 강현중, 712쪽.

1) 대결 2010. 3. 25. 2009마1600(외국도산절차에서 이루어진 외국법원의 면책재판 등의 승인이 문제가 된 사건이다); 이시윤, 665쪽; 정동윤·유병현·김경욱, 820쪽; 강현중, 711쪽.

2) 이에 대하여 소송과 비송의 구별이 명확하지 않으므로 당사자의 심문을 거쳐 이루어진 재판이라면 외국법원의 확정재판 등에 포함시켜야 한다는 견해로는, 강현중, 712쪽.

3) 이규호, "외국판결의 승인·집행에 관한 2014년 개정 민사소송법·민사집행법의 의의 및 향후 전망," 민사소송 19권 1호(2015. 5.), 115쪽. 이에 대하여, 대립당사자에 대한 상호간 심문이 보장된 절차에서 이루어진 것으로 볼 수 없다는 이유로 반대하는 견해로는, 이시윤, 665쪽.

4) 집행판결의 소송물은 외국법원의 확정재판 등을 근거로 우리나라에 집행력을 부여하는 청구권이고 외국법원의 확정재판 등의 기초가 되는 실체적 청구권이 아니다. 대판 2020. 7. 23. 2017다224906.

5) 외국판결에 의한 이혼신고에 관해서는 가족관계등록예규 제419호 '외국법원의 이혼판결에 의한 가족관계등록사무처리지침'(2015. 1. 8. 개정, 2015. 2. 1. 시행); 서성, "외국판결에 대한 집행판결 — 외국의 이혼판결을 중심으로 한 검토 —," 민사판례연구 제 5 권(1983. 5), 238쪽 이하.

6) 호적선례 제1-200 '외국법원의 혼인무효 또는 취소판결에 기한 호적신고절차 등'(1983. 3. 30. 제정); 호적선례 제3-580 '외국법원의 혼인무효판결에 의한 호적정리절차'(1994. 6. 16. 제정); 이상훈, "섭외혼인관계사건의 실무상 제문제," 실무연구(서울가정법원 법관가사재판실무연구모임자료실) 8권(2002년), 263쪽 이하.

3) 외국법원의 확정재판 등의 **승인요건**으로 외국법원의 확정재판 등이, ①
우리나라의 법령·조약에 따른 국제재판관할의 원칙상 그 외국법원이 해당 사건
에 대하여 국제재판관할권을 갖고 있으며(법 217조 1항 1호), ② 패소 피고가 소장
또는 이에 준하는 서면 및 기일통지서나 명령을 적법한 방식에 따라 방어에 필요
한 시간적 여유를 두고 송달을 받았거나, 송달을 받지 않았더라도 응소한 경우로
서(법 217조 1항 2호), ③ 외국법원의 확정재판 등을 인정하는 것이 우리나라의 선
량한 풍속이나 그 밖의 사회질서에 어긋나지 않으며(법 217조 1항 3호), ④ 상호보
증이 있거나 우리나라와 그 외국법원이 속하는 국가에 있어 확정재판 등의 승인
요건이 현저히 균형을 상실하지 않고 중요한 점에서 실질적으로 차이가 없는 경
우(법 217조 1항 4호)에는 그 효력이 인정된다.

(2) 국제재판관할권

법 217조 1항 1호의 국제재판관할권은 국제재판관할상 **간접관할**의 문제로서
이미 재판권의 물적 범위와 관련하여 살펴보았다.

(3) 송   달

(a) 의   의

법 217조 1항 2호의 '소장 또는 이에 준하는 서면 및 기일통지서나 명령'이
란 소장 및 소송개시에 필요한 소환장 등을 말한다. 패소한 피고가 이러한 서면
등을 적법한 방식에 따라 송달받았을 것을 요구하는 것은 소송에서 방어의 기회
를 얻지 못하고 패소한 피고를 보호하려는 데에 그 목적이 있다. 따라서 법정지인
재판국에서 피고에게 방어할 기회를 부여하기 위하여 규정한 송달에 관한 방식·절
차를 따르지 않은 경우에는 적법한 방식에 따른 송달이 이루어졌다고 할 수 없다.[1]
법 217조 1항 2호의 '송달을 받지 아니하였더라도 응소한 경우'란 법정지인 재판
국에서 피고에게 방어할 기회를 부여하기 위하여 규정한 송달에 관한 방식과 절
차를 따르지 않은 경우에도, 패소한 피고가 해당 외국법원의 소송절차에서 실제
로 자신의 **이익을 방어할 기회**를 가졌다고 볼 수 있는 때는 피고의 응소가 있는

---

[1] 대판 2010. 7. 22. 2008다31089(미합중국 워싱턴주 관련법률 및 규칙상 워싱턴주 밖에 주소
를 둔 피고에게 60일의 응소기간을 부여한 소환장을 송달하도록 규정하고 있는데, 한국에 주
소를 둔 피고에게 20일의 응소기간만을 부여한 소환장을 송달하고 한 워싱턴주의 결석판결
(default judgment)은 법 217조 1항 2호의 적법한 방식에 따른 송달이라고 할 수 없어 집행판
결로 그 적법함을 선고할 수 없다고 했다); 구자헌, "외국판결 집행요건으로서의 송달의 적법
성," 대법원판례해설 85호(2010년 하반기), 411쪽 이하.

것으로 본다는 것을 말한다.1)

(b) 인정되는 송달방법

여기서의 송달은 공시송달이나 이와 비슷한 송달에 의한 경우가 아니어야 한다(법 217조 1항 2호). **판례**는, 종전에는 이러한 송달은 보충송달이나 우편송달(발송송달)이 아닌 **통상의 송달방법**에 의한 송달이라고 보았다가, **최근 판례를 변경**하여 외국재판의 과정에서 **보충송달** 방식으로 송달이 이루어졌더라도 그 송달이 방어에 필요한 시간적 여유를 두고 적법하게 이루어졌다면 위 규정에 따른 적법한 송달로 보아야 한다는 입장을 취했다.2)3)4)

(4) 공서양속

(a) 의 의

1) 법 217조 1항 3호의 외국법원의 확정재판 등의 효력을 인정하는 것, 즉 확정재판 등을 승인한 구체적 결과가 우리나라의 선량한 풍속이나 그 밖의 사회질서에 어긋나는지 여부는 그 승인 여부를 판단하는 시점에서 확정재판 등의 승인이 우리나라의 국내법 질서가 보호하려는 기본적인 도덕적 신념과 사회질서에 미치는 영향을 확정재판 등이 다룬 사안과 우리나라와의 관련성의 정도에 비추어 판단해야 한다. 이때 그 확정재판 등의 주문뿐만 아니라 이유 및 확정재판 등을 승인할 경우 발생할 결과까지 종합하여 검토해야 한다.5) 확정재판 등의 **내용 자체**가 선량한 풍속이나 그 밖의 사회질서에 어긋나는 경우뿐만 아니라 그 확정재판 등의 **성립절차**에서 선량한 풍속이나 그 밖의 사회질서에 어긋나는 경우도 승인 및 집행을 거부할 사유에 포함된다.6)

2) **판례**는, 위조·변조 또는 폐기된 서류를 사용했다거나 위증을 이용하는

---

1) 대판 2016. 1. 28. 2015다207747.

2) **대판(전) 2021. 12. 23. 2017다257746.** 대법원은 보충송달은 공시송달 방식과 달리 피고에게 적절한 방어권 행사의 기회를 박탈할 우려가 현저히 적고, 기존 판례의 입장을 유지한다면 외국판결을 우리나라에서 승인·집행하기 위하여 우리나라 판결보다 더 엄격한 방식으로 송달이 이루어져야 하며, 사법절차의 국제적 신뢰가 훼손될 수 있는 점 등을 들어, 보충송달도 법 217조 1항 2호의 적법한 송달방식에 포함되는 것으로 판단했다.

3) 종래 판례의 문제점을 분석하고, 판례변경의 필요성을 강조한 견해로는, 김효정, "외국재판의 승인 및 집행에 관한 연구," 사법정책연구원(2020. 3.), 76쪽·194쪽·206쪽.

4) 대판 1992. 7. 14. 92다2585.

5) 대판 2012. 5. 24. 2009다22549, 2015. 10. 15. 2015다1284, 2016. 1. 28. 2015다207747.

6) 대판 2004. 10. 28. 2002다74213.

것과 같은 사기적인 방법으로 외국법원의 확정재판 등을 얻었다는 사유는 원칙적으로 승인 및 집행을 거부할 사유가 될 수 없고, 다만 피고가 재판국 법정에서 위와 같은 사기적인 사유를 주장할 수 없었고 또한 처벌받을 사기적인 행위에 대하여 **유죄의 판결과 같은 고도의 증명**이 있는 경우에 한하여[1] 승인 또는 집행을 구하는 확정재판 등을 무효화하는 별도의 절차를 해당 판결국에서 거치지 않았다고 할지라도 바로 우리나라에서 승인이나 집행을 거부할 수는 있다고 한다.[2]

(b) 외국법원의 손해배상재판 등의 경우

1) 2014. 5. 20. 민사소송법의 개정시 **법 217조의2**를 **신설**하여, 외국법원의 **손해배상에 관한 확정재판 등**이 우리나라의 법률 또는 우리나라가 체결한 국제조약의 기본질서에 현저히 반하는 결과를 초래할 경우에는 법원이 해당 확정재판 등의 **전부** 또는 **일부**를 승인할 수 없도록 하고(1항), 법원이 이러한 요건을 심리할 때에는 외국법원이 인정한 손해배상의 범위에 **변호사보수**를 비롯한 **소송과 관련된 비용**과 **경비**가 포함되는지와 그 범위를 고려하도록 했다(2항). 이는 **징벌적 손해배상**(punitive damages)과 같이 **손해전보의 범위**를 **초과**하는 배상액의 지급을 명한 외국법원의 확정재판 등의 승인을 적정 범위로 제한하기 위하여 마련된 규정들이다.[3][4] 우리나라도 하도급거래 공정화에 관한 법률(2024. 2 .27. 개정, 2024. 8.

---

1) 재심사유에 해당하는 사기적 방법에 의한 판결의 편취의 경우 외국재판 등에 대하여 승인 및 집행의 거부사유로 된다고 보는 것이 우리 실정법상의 기본취지에 부합한다. 김동윤, "외국판결의 승인 및 집행요건으로서의 공서," 인권과 정의 353호(2006. 1.), 146쪽 이하. 이에 대하여, '유죄의 판결과 같은 고도의 증명'이라는 개념이 생소하며 애매하며, 재심의 법리에 지나치게 의존했다고 비판하는 견해로는, 석광현, "사기에 의해 획득한 외국중재판정의 승인과 공서위반," 법률신문 3880호(2010. 10.), 15쪽.

2) 민사집행법 27조 1항이 "집행판결은 재판의 옳고 그름을 조사하지 아니하고 하여야 한다"고 규정하고 있을 뿐만 아니라 사기적인 방법으로 편취한 판결인지 여부를 심리한다는 명목으로 실질적으로 외국재판 등의 옳고 그름을 전면적으로 재심사하는 것은 외국재판 등에 대하여 별도의 집행판결제도를 둔 취지에도 반하는 것이어서 허용할 수 없기 때문이다. 대판 2004. 10. 28. 2002다74213, 2015. 10. 15. 2015다1284.

3) 대판 2015. 10. 15. 2015다1284, 2016. 1. 28. 2015다207747; 김진오, "징벌적 배상이 아닌 전보배상을 명한 외국판결의 경우, 인용된 손해배상액이 과다하다는 이유로 승인을 제한할 수 있는지 여부," 대법원판례해설 105호(2016년), 316쪽 이하. 한편 해당 징벌적 손해배상이 가해자에 대한 제재와 장래의 동일한 행위의 억제를 목적으로 하는 벌금 등의 형벌과 동일한 의미를 가지는 것으로 인정될 때에는 그러한 외국재판 등의 효력을 부정해야 하나, 그것이 변호사비용·소송비용·위자료 등을 그 내용으로 하는 것으로 인정될 때에는 그 외국재판 등의 효력을 인정할 수 있다는 견해로는, 강수미, "징벌적 손해배상을 명하는 외국판결의 승인·집행에 관한 고찰," 민사소송 12권 2호(2008. 11.), 109쪽 이하. 한편 징벌적 손해가 실제의 손해(변호사비용·정신적 손해 등)를 보충하는 기능을 하고 있으므로 일체의 승인·집행을 허용하지 않는 것은 타당하지 않고, 징벌적 손해액이 우리 법의 관점에서 상응한 금액으로 인정되는 범위

28. 시행, **35조 2항 1호**)을 비롯하여 제조물 책임법(2017. 4. 18. 개정, 2018. 4. 19. 시행, 3조 2항) 등에서 **3배 배상제도**를, 하도급거래 공정화에 관한 법률(2024. 2. 27. 개정, 2024. 8. 28. 시행, **35조 2항 2호**)을 비롯하여 자동차관리법(2020. 2. 4. 개정, 2021. 2. 5. 시행), 개인정보 보호법(2023. 3. 14. 개정, 2023. 9. 15. 시행, 39조 2항) 등에서 **5배 배상제도**를 도입한 바 있으므로, 사안에 따라서는 공서양속에 반하지 않는다고 보아야 할 경우도 있을 수 있기 때문이다.

　　판례는, 손해전보의 범위를 초과하는 손해배상을 명하는 외국재판이 손해배상의 원인으로 삼은 행위가 적어도 우리나라에서 **손해전보의 범위를 초과하는 손해배상을 허용하는 개별 법률의 규율영역**에 속하는 경우에는 그 외국재판을 승인하는 것이 손해배상 관련 법률의 기본질서에 현저히 위배되어 허용될 수 없을 정도라고 보기 어려우며, 이때 외국재판에 적용된 외국 법률이 **실제 손해액의 일정 배수**(倍數)**를 자동적**으로 최종 손해배상액으로 정하는 내용이라고 하더라도 그것만으로 그 외국재판의 승인을 거부할 수는 없고, 우리나라의 관련 법률에서 정한 손해배상액의 상한(上限) 등을 고려하여 외국재판의 승인 여부를 결정할 수 있다고 보고 있다.1) 한편 외국법원의 확정재판 등이 당사자가 실제로 입은 **손해를 전보**하는 손해배상[즉 제재적 성격의 손해액이 포함되어 있지 않은 경우, **전보적 손해배상**(compensatory damages)]을 명하는 경우에는 법 217조의2 1항을 근거로(손해액이 과다하다는 이유로) 승인을 제한할 수 없다.2)

　　2) 외국법원에서 피고에게 급부이행과 함께 그 소송에 소요된 변호사보수 및 비용의 지급을 명하는 판결이 있는 경우 **변호사보수 및 비용의 지급을 명하는 부분**에 대해서는 **급부이행 부분과 별도로** 그 부분 자체로서 법 217조의2 2항의 승

를 초과하는 부분에 대해서 공서요건에 반하는 것으로 승인·집행을 거절해야 한다는 견해로는, 양병회, "징벌적 배상판결의 집행에 관한 소고," 민사소송 4권(2001. 2.), 504쪽 이하; 강태원, "징벌적 손해배상을 포함한 외국판결의 승인," 사법행정 39권 11호(1998. 11.), 7쪽 이하.

4) **판례**는, 이는 법 217조 1항 3호와 관련하여 손해전보의 범위를 초과하는 손해배상을 명한 외국재판의 내용이 대한민국의 법률 또는 대한민국이 체결한 국제조약에서 인정되는 손해배상제도의 근본원칙이나 이념, 체계 등에 비추어 도저히 허용될 수 없는 정도에 이른 경우 그 외국재판의 승인을 적정범위로 제한하기 위하여 마련된 규정이며, 이러한 승인요건을 판단할 때에는 국내적인 사정뿐만 아니라 국제적 거래질서의 안정이나 예측가능성의 측면도 함께 고려해야 하고, **우리나라 법제에 외국재판에서 적용된 법령과 동일한 내용을 규정하는 법령**이 없다는 이유만으로 바로 그 외국재판의 승인을 거부할 것은 아니라고 한다. 대판 2022. 3. 11. 2018다231550.

1) 대판 2022. 3. 11. 2018다231550.

2) 대판 2015. 10. 15. 2015다1284, 2016. 1. 28. 2015다207747.

인요건을 갖추었는지 여부를 살펴 판단해야 한다.1)

(5) 상호보증 등

(a) 의   의

2014. 5. 20. 법개정 전에는 상호보증이 있을 것(개정 전 법 217조 4호)을 그 요건으로 하고 있었으나, 위 법개정시 법 217조 1항 4호는 상호보증이 있거나 우리나라와 그 외국법원이 속하는 국가에서 확정재판 등의 승인요건이 현저히 균형을 상실하지 않고 **중요한 점에서** 실질적으로 차이가 없는 경우에는 그 요건을 구비한 것으로 규정했다.2) 이는 다른 나라에 비하여 지나치게 상호보증의 요건을 엄격하게 설정하는 것은 바람직하지 않으며,3) 상호보증의 요건을 폐지하는 것이 국제적으로 입법의 대세이므로 이 조건은 되도록이면 탄력 있게 해석해야 할 필요성에 기인한 것으로,4) **판례**의 태도를 그대로 수용한 것이다.

(b) 판단방법

상호보증 등은 외국의 법령, 판례 및 관례 등에 의하여 승인요건을 비교하여 인정되면 충분하고 반드시 당사국과의 조약이 체결되어 있을 필요는 없으며, 해당 외국에서 구체적으로 우리나라의 동종 판결을 승인한 사례가 없더라도 실제로 승인할 것이라고 기대할 수 있는 상태이면 충분하다.5) 상호보증 등이 있다는 사실은 직권조사사항이다.6)

---

1) 대판 2017. 5. 30. 2012다23832(원심은, 소송비용부담의 재판을 본안의 재판에 종속하는 재판으로 보고, 외국법원의 판결에서 확인된 급부의무를 우리나라에서 강제실현하는 것이 허용되지 않는 경우에는 그 외국판결을 얻기 위하여 지출한 비용의 상환의무만을 우리나라에서 강제실현하는 것이 허용되지 않는다는 이유로 변호사보수 및 비용 부분에 관해서도 집행판결이 허용되지 않는다고 판단했으나, 대법원은 원심판단이 소송물과 외국판결의 집행에 관한 법리 등을 오해한 위법이 있다는 이유로 원심판결을 파기했다).

2) 외국법원이 속하는 국가의 확정재판 등의 승인요건이 우리나라의 그것과 모든 항목에 걸쳐 완전히 같거나 오히려 관대할 것을 요구하는 것은 지나치게 외국재판 등의 승인범위를 협소하게 하는 결과가 되어 국제적인 교류가 빈번한 오늘날의 현실에 맞지 않고, 오히려 외국에서 우리나라의 판결에 대한 승인을 거부하게 하는 불합리한 결과를 가져오기 때문이다. 대판 2004. 10. 28. 2002다74213, 2009. 6. 25. 2009다22952, 2017. 5. 30. 2012다23832.

3) 한만수, "외국판결 집행요건으로서의 '상호보증'에 관한 고찰 —미국 연방대법원과 우리 대법원의 판례비교를 중심으로—," 법조 46권 7호(1997. 7.), 86쪽 이하.

4) 장상균, "외국판결의 집행요건," 대법원판례해설 51호(2004년 하반기), 502쪽; 양병회, "외국판결의 승인요건에 관하여," 민사재판의 제문제(하)(송천이시윤박사화갑기념, 1995. 10.), 263쪽 이하.

5) 상호보증 요건의 충족 여부에 관한 국가별 검토에 관해서는, 김효정, "외국재판의 승인과 집행에 관한 연구," 사법정책연구원(2020. 2.), 99쪽 이하.

6) 대판 2004. 10. 28. 2002다74213, 2013. 2. 15. 2012므66,73, 2015. 6. 11. 2013다208388.

(6) 승인요건의 직권조사

법원은 외국법원의 확정재판 등의 승인요건이 충족되었는지에 관하여 직권으로 조사해야 한다(법 217조 2항). 일반적으로 기판력의 저촉 여부는 직권조사사항으로 당사자의 주장이 없어도 법원이 직권으로 조사를 개시하여 판단을 하나, 외국법원의 확정재판 등의 승인요건은 기판력의 발생요건으로서의 외국법원의 확정재판 등의 존재와는 별도로 직권조사사항이므로 2014. 5. 20. 법개정시 **217조 2항**을 **신설**하여 이를 명백히 했다.

V. 기판력의 시적 범위

1. 의   의

확정판결의 내용을 이루는 사법상의 권리관계는 시간의 경과에 따라 변동하기 때문에 기판력이 생기는 판단이 어느 시점에서의 권리관계의 존부에 관한 것인가라는 기판력의 시적 범위가 문제가 된다. 기판력의 시적 범위와 관련하여 종국판결은 사실심 변론종결시까지 제출된 주장사실 및 증거자료를 기초로 하므로 기판력의 **표준시**는 사실심 **변론종결시**(무변론판결의 경우 **판결선고시**)이다(법 218조 1항·2항, 민집 44조 2항).[1][2] 기판력은 **표준시 현재**의 **권리관계**의 존부의 판단에만 생기므로, 표준시 전은 물론 표준시 뒤의 권리관계를 확정하는 것은 아니다.

기판력의 인정근거에 관한 **법적 안정설**의 입장에서는 일정한 시점에서 법원의 판단을 받은 이상 그 내용에 통용력이 있어야 하므로 표준시 전에 존재했던 사유를 들어서 전소 확정판결의 판단에 반하는 주장을 하는 것은 모두 실권되는 것이 법적 안정성의 요구에 부합한다고 본다. 한편 기판력의 인정근거에 관하여 자기책임을 강조하는 **절차보장설**이나 **이원설**의 입장에서는 전소에서 절차적 보장이 충족되지 않은 경우에는 일정한 판단사항에 관하여 기판력을 인정하지 않을 수 있다.

---

1) 대판 1998. 7. 10. 98다7001.
2) 소송요건에 관해서는 상고심에서도 당사자가 주장할 수 있으며, 대법원도 새로운 사실을 참작하여 판단할 수 있다는 이유로, 소송판결의 경우에는 기판력의 표준시가 사실심의 변론종결시가 아니라 상고심 판결선고시로 보아야 한다는 견해로는, 정선주, "소송판결의 기판력," 민사소송 22권 1호(2018. 5.), 9쪽 이하.

2. 표준시 전에 존재한 사유

(1) 기판력의 소극적 작용으로서의 실권효

(a) 실권효의 의의

기판력의 소극적 작용에 기한 효력을 **실권효**라고 부른다[이를 **차단효, 배제효**라고도 하며, **실권적 효력, 차단적 효력, 배제적 효력**이라고도 한다]. 실권효가 적용되는 예로서 아래의 여러 경우들을 들 수 있다. **전소에서 원고가 패소한 경우**(원고의 권리가 없다고 인정된 경우) 예컨대 ① 전소인 소유권확인소송에서 **패소한 원고**가 전소 변론종결시(표준시) 전에 주장할 수 있었던 다른 취득원인사실(취득시효완성의 사실)로써, 또는 토지인도소송에서 소유권이 없음을 이유로 **패소한 원고**가 전소 변론종결 전에 주장할 수 있었던 원고에게로 소유권이 환원된 사실로써 후소로 각기 같은 소를 제기하는 것은 전소 확정판결의 기판력에 저촉된다. ② 전소에서 취득시효완성을 원인으로 한 소유권이전등기청구를 했다가 그 점유가 타주점유라는 이유로 **패소한 원고**가 전소 청구원인을 이루고 있던 전소 변론종결 전의 점유사실 중의 일부나 전부를 다시 후소 청구원인으로 삼으면서 그 점유권원과 점유개시의 시기를 달리 주장하는 것은 전소 변론종결 전에 존재했으나 제출하지 않은 공격방법을 그 뒤 후소에 제출하여 전소와 다른 판단을 구하는 것에 해당하여 전소 확정판결의 기판력에 저촉된다.[1] 한편 **전소에서 원고가 승소한 경우**(원고의 권리가 있다고 인정된 경우) **패소한 피고**는 후소(청구이의의 소, 채무부존재확인의 소 등 포함)로 전소 변론종결 전에 발생한 변제·면제·소멸시효완성 등 채무의 소멸사유를 들어 다투는 것은 기판력에 저촉된다.

(b) 실권효와 전후 양소의 소송물관계

실권효는 전후 양소의 소송물이 **동일**하거나 전소 소송물이 후소 소송물의 **선결관계** 또는 후소 소송물과 **모순**(반대)**관계**에 있는 경우에 한하여 생긴다. 따라서 후소 소송물이 전소 소송물과 동일하지 않는 경우에는 후소 소송물이 전소 소송물과 선결관계 또는 후소 소송물과 모순관계에 있지 않는 한 실권효는 적용되지 않는다. 이러한 실권효는 원칙적으로 **기판력의 객관적 범위** 내의 청구에 한해 작용하는 것이므로, 기판력의 객관적 범위 밖의 청구에 관해서는 아무런 작용을

---

[1] 대판 1993. 2. 23. 92다26819, 1994. 4. 15. 93다60120, 1995. 1. 24. 94다28017; 석호철, "취득시효와 기판력," 재판과 판례(대구판례연구회) 6집(1997. 12.), 61쪽 이하.

하지 않는다. 예컨대 매매를 원인으로 한 소유권이전등기청구소송에서 패소한 당사자라도 동일한 목적물에 대하여 전소 변론종결 전에 생긴 사유인 취득시효 완성을 원인으로 하여 다시 소유권이전등기청구를 할 수가 있다.

(2) 전소의 사실자료와 무관하고 모순되지 않은 사실자료에는 실권효가 미치지 않는지 여부

신소송물이론 가운데 **일분지설**을 취하는 입장에서는 기판력의 표준시까지 발생하고 있었던 모든 사실자료, 즉 주장과 항변이 차단된다고 보게 된다.[1] 이에 대하여 일분지설을 취하면서도, 표준시 전에 존재하는 사실로서 당사자가 제출하지 않은 사실 전부가 모두 실권효의 제재를 받을 수는 없으며, 제출하지 않은 사실을 토대로 같은 청구취지의 소송을 제기할 수 있는 때라도 어느 때나 기판력에 저촉된다고 할 수 없으므로, 전소의 사실관계와 무관계한 사실관계이면 실권효의 예외로서 기판력에 의하여 차단되지 않는다고 보아야 한다는 견해가 있다.[2]

그러나 이러한 견해를 취하는 경우 다음과 같은 문제점이 있다. 전소의 사실관계와 무관계한 사실관계의 의미가 불명확할 뿐만 아니라, 일분지설의 입장은 청구취지만에 의하여 소송물이 특정된다고 보는데 청구취지와 관련이 없는 사실관계가 아닌 이상 기판력에 의하여 차단된다고 보아야 하며,[3] 만약 전소에서 제출되지 않은 사실자료가 기판력에 의하여 차단되지 않는다고 본다면 이러한 입장은 결국 실권효의 문제에 관한 한 신소송물이론 가운데 이분지설과 다를 바 없게 된다[통상 전소에서 제출하지 않은 사실관계는 청구원인을 구성하지 않는 사실자료일 것이므로, 청구취지와 청구원인을 구성하는 사실관계에 의하여 소송물이 특정된다고 보는 이분지설과 다를 바 없게 되기 때문이다]. 한편 전소의 사실관계와 무관계한 사실관계는 실권되지 않는다고 보더라도 이는 기판력의 시적 범위의 문제가 아니라, 기판력의 객관적 범위의 문제이다.[4] 전소 확정판결이 있으면, 그 판결의 사실심 변론종결시(표준시) 전에 존재하고 객관적으로 제출할 수 있었으나(주관적으로 제출할 수 있었는지 여부와는 관계없이) 제출하지 않은 사유에 기한 주장이나 항변은 확정

1) 김홍규・강태원, 679쪽.
2) 이시윤, 671쪽.
3) 이러한 견해는 청구취지만을 소송물의 요소로 보는 일분지설의 기본적 입장과는 모순되며, 민집 44조 2항의 규정에도 반한다. 정동윤・유병현・김경욱, 827쪽; 정영환, 1229쪽.
4) 정동윤・유병현・김경욱, 827쪽.

판결의 기판력에 의해 차단된다. 따라서 당사자가 그와 같은 사유를 원인으로 확정판결의 내용에 반하는 주장을 새로이 하는 것은 허용되지 않는다.[1] 다만 별개의 청구원인을 구성하는 사실관계(확인의 소는 예외)는 전소 변론종결 전에 발생한 것이라도 이에 관한 주장이 기판력에 의하여 차단되지 않는다. 따라서 소유권이전등기가 원인무효라는 이유로 그 등기의 말소를 명하는 판결이 확정되었다고 하더라도 그 확정판결의 기판력은 그 소송물이었던 말소등기청구권의 존부에만 미치는 것이므로, 그 소송에서 패소한 당사자도 전소에서 문제된 것과는 전혀 다른 청구원인인 매매에 기하여 상대방에 대하여 소유권이전등기청구를 할 수 있다.[2]

(3) 전소에서 당사자가 제출할 수 있었으나 당사자의 귀책사유로 제출하지 않은 사실자료에 한하여 실권효가 미치는지 여부

실권효는 당사자가 귀책사유로 제출하지 못한 소송자료에 한해서만 미치고, 당사자가 귀책사유 없이 제출할 수 없었거나 제출책임이 없었던 소송자료에 대해서는 미치지 않는다고 보는 견해(**제출책임효력설**)가 있다.[3] 이러한 견해는 제출가능했거나 제출책임이 있는 자료에 한해서만 그 부제출로 인한 패소의 책임을 부담시키는 것은 정당하지만, 귀책사유 없이 제출할 수 없었거나 제출책임이 없었던 소송자료를 제출하지 않아서 패소판결을 받았을 때에 후소에서도 이러한 자료를 제출할 수 없도록 하는 것은 당사자에게 가혹하기 때문에 실권효가 미치지 않는 것으로 보아야 한다는 입장이다.[4]

그러나 실권효의 근거를 법원의 판단에 부여된 통용력 및 구속력으로 보는 입장(**판단효력설**)에서, 기판력은 표준시의 권리관계의 존부에 관한 판단에 대하여 생기는 것이므로 당사자는 사실심 변론종결 전에 존재했으나 제출하지 않은 모든 공격방어방법, 즉 사실과 증거자료에 대하여 알고·모름, 또는 고의·과실의 유무를 불문하고 일률적으로 실권된다고 보아야 한다. **통설·판례**의 입장이다. **판례**는, 전소 확정판결의 기판력은 전소 변론종결 전에 주장할 수 있었던 모든 공격방어방법에 미치는 것이므로 그 당시 알 수 있었다거나 또는 알면서도 이를 주장하지

---

1) 대판 1988. 9. 27. 88다3116, 1991. 3. 27. 91다650,667, 2015. 10. 29. 2015두44288.

2) 대판 1994. 11. 11. 94다30430, 1995. 6. 13. 93다43491.

3) 실권효의 구체적 인정기준을 신의칙에 따라 구별하는 견해로는, 나현, "민사소송에서 무효·취소·해제의 주장 — 기판력을 중심으로 —," 법조 669호(2012. 6.), 45쪽 이하.

4) 조수정, "변론종결 이후에 발생한 새로운 사유," 민사판례연구 22권(2000. 2.), 485쪽 이하.

않았던 사항에 한하여 미치는 것은 아니라고 본다.[1] 즉 전소에서 당사자가 그 공격방어방법을 알지 못하여 주장하지 못했는지 나아가 그와 같이 알지 못한 데 과실이 있는지는 묻지 않는다는 입장이다.[2]

3. 표준시 뒤에 발생한 새로운 사유

(1) 근   거

표준시인 변론종결 뒤에 생긴 사유에 대해서는 실권효의 적용이 없다. 즉 당사자는 표준시 뒤에 발생한 사유를 주장하여 확정된 권리관계(법률효과)를 다툴수 있다. 예컨대 ① 채무이행소송에서 기한미도래, 또는 정지조건의 미성취를 이유로 원고의 청구가 기각되었으나 변론종결 뒤에 기한이 도래하거나 그 조건이 성취된 경우,[3] ② 양도담보로 넘어간 소유권이전등기를 말소하고자 하는 소송에서 피담보채무의 미변제라는 이유로 원고의 청구가 기각되었으나 변론종결 뒤에 피담보채무가 모두 변제된 경우, 또는 장래 잔존 피담보채무의 변제를 조건으로 소유권이전등기의 말소를 구하는 경우,[4] ③ 소유권확인소송에서 원고에게 소유권이 없다는 이유로 원고의 청구가 기각되었으나 변론종결 뒤에 원고가 소유권을 새로이 취득한 경우,[5] ④ 정기금판결에 대한 변경의 소(법 252조)에서 정기금판결에서의 사정과 다른 특별한 사정이 생기지 않았다는 이유로 원고의 청구가 기각되었으나 변론종결 뒤에 이러한 특별한 사정이 생긴 경우[6] 등에는 원고가 각기 신소를 제기할 수 있다.

(2) 범   위

실권효도 전소 확정판결의 기판력의 일부이기 때문에, 앞서 본 바와 같이 표

---

1) 대판 1992. 10. 27. 91다24847,24854, 2000. 5. 12. 2000다5978, 2022. 7. 28. 2019다202146 등.

2) 대판 2005. 5. 27. 2005다12728, 2014. 3. 27. 2011다49981.

3) 대판 1998. 7. 10. 98다7001, 2002. 5. 10. 2000다50909.

4) 대판 2014. 1. 23. 2013다64793.

5) 상속재산분할협의가 전소 변론종결 뒤에 이루어졌다면 비록 상속재산분할의 효력이 상속이 개시된 때에 소급한다 하더라도(민 1015조), 상속재산분할협의에 의한 소유권취득은 전소 변론종결 뒤에 발생한 사유에 해당한다. 따라서 전소에서 원고가 단독상속인이라고 주장하여 소유권확인을 구했으나 공동상속인에 해당한다는 이유로 상속분에 해당하는 부분에 대해서만 원고의 청구를 인용하고 나머지 청구를 기각하는 판결이 선고되어 확정되었다면, 전소의 기판력은 전소 변론종결 뒤에 상속재산분할협의에 의해 원고가 소유권을 취득한 나머지 상속분에 관한 소유권확인을 구하는 후소에는 미치지 않는다. 대판 2011. 6. 30. 2011다24340, 2020. 7. 23. 2017다249295.

6) 대판 2009. 12. 24. 2009다64215.

준시 뒤의 후소가 전소와 **동일한 소송물**이거나, 전·후소가 **선결관계** 또는 **모순 (반대)관계**에 있는 경우에 한하여 생긴다.1) 실권효의 적용이 없는 변론종결 뒤에 발생한 새로운 사유는 원칙적으로 **사실자료**에 한한다. 여기서 사실자료는 법률관계에 대한 사실 자체를 말하며, 기존의 법률관계에 대한 새로운 증거자료나 법적 평가를 의미하는 것이 아니다.2) 따라서 **법률의 변경, 판례의 변경** 또는 판결의 기초가 된 **행정처분의 변경**은 새로운 사유에 포함되지 않는다.3) 나아가 판결확정 뒤에 그 판결의 전제가 된 법률에 관하여 헌법재판소의 위헌결정이 있었다고 하여 전소 확정판결의 효력을 다툴 수 있게 되는 것은 아니다.4) 장래의 이행기 도래분까지의 **정기금의 지급을 명하는 판결**이 확정된 경우 전소 표준시 뒤에 그 액수 산정의 기초가 된 사정이 현저하게 바뀜으로써 당사자 사이의 형평을 크게 침해할 특별한 사정이 생긴 때에는 **소제기 이후 이행기분**에 대하여 정기금판결에 대한 변경의 소(법 252조)가 인정된다. 이 경우 **소제기 전 이행기분**에 대해서는 전소에서 명시적인 일부청구가 있었던 것과 동일하게 평가하여 전소 확정판결의 기판력이 그 차액부분에는 미치지 않는다고 본다.5)

4. 표준시 뒤의 형성권 등의 행사

(1) 형성권 행사 일반의 경우

(a) 전소 변론종결 전에 이미 발생한 형성권 행사의 경우

통설은 **취소권·해제권** 등 **일반적인 형성권**의 경우 표준시 뒤에 그 권리를 행사하는 것을 부정하는 입장이다.6) 즉 전소 확정판결의 변론종결 전에 **이미**

---

1) 조용구, "가등기에 기한 본등기를 명한 전소 판결의 기판력이 가등기말소청구에 미치는지 여부," 대법원판례해설 23호(1995년 상반기), 274쪽 이하.
2) 대판 2001. 1. 16. 2000다41349, 2016. 8. 30. 2016다222149. 다른 사건의 판결이유에서 전소 판결의 기초가 된 사실관계를 달리 인정했다는 것은 변론종결 뒤에 새로이 발생한 사유라고 볼 수 없다. 대판 2012. 7. 12. 2010다42259.
3) 대판 1998. 7. 10. 98다7001, 2019. 8. 29. 2019다215272.
4) 대판 1993. 4. 27. 92누9777, 1995. 1. 24. 94다28017.
5) 대판 1999. 3. 9. 97다58194, 2011. 10. 13. 2009다102452.
6) 이에 대하여, 기판력의 표준시 뒤에 형성권을 행사하면 그때 비로소 법률관계가 변동되고, 이는 표준시 뒤에 새로 발생한 사정이므로 기판력이 거기까지 미치지 않는다는 견해로는, 호문혁, 726쪽. 한편 표준시 뒤의 형성권의 행사를 일률적으로 기판력에 의하여 차단시킬 것이 아니라 법적 안정성을 해치지 않는 범위 내에서 형성권자의 의사를 존중해 주도록 풀이함이 바람직하다고 주장하는 견해도 있다. 이러한 입장에서는, 취소권도 유효한 법률행위의 취소, 흠 있는 의사표시의 취소, 무능력자의 법률행위의 취소 등으로, 해제권도 이행지체, 이행불능,

발생한 취소권·해제권 등을 후소에서 행사하여 전소 확정판결의 기판력을 부인할 수 없다.1) 표준시 전에 존재했던 법률행위의 무효사유의 주장도 기판력에 의하여 차단되는데 이보다 약한 취소권·해제권 등의 행사가 차단되지 않는다면 균형이 맞지 않고, 결국 법적 안정성을 해하게 되어 기판력제도의 목적에 반하게 되기 때문이다.

(b) 전소 변론종결 뒤에 발생한 형성권 행사의 경우

표준시 뒤의 형성권의 행사라고 하더라도 그 형성권이 전소 확정판결의 변론종결 전에 계약상 흠 또는 계약위반 등으로 이미 발생한 형성권에 기한 것이 아니어서 그 행사로 인하여 종전의 법률관계에 영향을 미칠 염려가 없는 때, 예컨대 명의신탁의 해지권의 경우에는 기판력의 실권효가 미치지 않으므로 이를 후소에서 주장할 수 있다.2)

(2) 상계권 행사의 경우

(a) 전소 변론종결 뒤 상계권 행사와 청구이의의 소 제기 여부

당사자 양쪽의 채무가 서로 **상계적상**에 있다 하더라도 그 자체만으로 상계로 인한 채무소멸의 효력이 생기는 것은 아니고, 상계의 의사표시를 기다려 비로소 상계로 인한 채무소멸의 효력이 생긴다(민 492조 1항, 493조). 따라서 채무자가 집행권원인 확정판결의 변론종결 전에 상대방에 대하여 상계적상에 있는 채권을 가지고 있었다 하더라도 집행권원인 확정판결의 변론종결 뒤에 이르러 비로소 상계의 의사표시를 한 때에는 **청구이의의 소**에 관한 민사집행법 44조 2항에서 규정하는 '이의는 그 이유가 변론이 종결된 뒤에 생긴 것'에 해당한다. 이 경우 당사자가 집행권원인 확정판결의 변론종결 전에 **상계권(상계적상에 있는 자동채권)**의 존재를 알았는지 몰랐는지에 관계없이 적법한 청구이의사유로 된다(**상계권비실권설, 실권효부정설**). **통설·판례**의 입장이다.3)

정기행위, 추후보완의 여지가 없는 불완전이행 등으로 나누어 개별적으로 고찰하고 있다. 강현중, "변론종결 후의 형성권행사," 민사재판의 제문제 5권(1989. 10.), 357쪽.

1) 대판 1979. 8. 14. 79다1105, 1981. 7. 7. 80다2751.

2) 신탁자 명의로의 소유권이전등기가 원인무효라고 하여 말소하기로 한 제소전 화해조서의 기판력은 그 후에 명의신탁을 적법하게 해지하고 그 명의신탁해지를 원인으로 소유권이전등기절차의 이행을 소구하는 때에는 미치지 않는다고 본 판결로는, 대판 1978. 3. 28. 77다2311.

3) 대판 1966. 6. 28. 66다780, 1998. 11. 24. 98다25344, 2005. 11. 10. 2005다41443; 김홍규·강태원, 682쪽; 정동윤·유병현·김경욱, 828쪽; 송상현·박익환, 461쪽; 강현중, 734쪽; 정영환, 1235쪽; 한충수, 597쪽; 전원열, 520쪽.

(b) 상계권의 존재를 안 경우와 실권효 적용 여부

이에 대하여, 상계권이 있음을 알면서도 표준시 전에 이를 행사하지 않은 경우에는 실권되지만, 몰랐을 경우에는 달리 보아야 한다는 견해(**제한적 상계권실권설**)[1]도 있다. 그러나 상계권의 행사는 상대방의 소구채권을 소멸시킨다는 점에서는 변제의 항변과 같으나, 상계권자가 상계의 의사표시를 함으로써 상대방에 대하여 갖고 있는 자동채권도 소멸시켜 자기의 채권을 강제적으로 실현시킨다는 점에서 변제의 항변과 근본적으로 다를 뿐만 아니라, 즉 상계권은 소구채권에 부착된 권리가 아니며 또 자동채권의 실현수단이 되기 때문에 자동채권의 행사를 표준시 이전으로 강제할 성질이 아니며 상계권자의 재량에 맡기는 것이 타당하다.

(3) 건물매수청구권 행사의 경우

(a) 전소 변론종결 뒤 건물매수청구권 행사와 청구이의의 소 등 제기 여부

건물의 소유를 목적으로 하는 토지임대차에서 임대차가 종료함에 따라 임차인이 임대인에 대하여 건물매수청구권(민 643조, 283조 2항)을 행사할 수 있음에도 불구하고 이를 행사하지 않은 채, 임대인이 임차인에 대하여 제기한 토지인도 및 건물철거청구소송에서 임차인이 패소하여 그 패소판결이 확정되었다고 하더라도, 그 확정판결에 의하여 건물철거가 **집행되지 않은 이상**, 임차인으로서는 건물매수청구권을 행사할 수 있고(즉 전소 확정판결에 의하여 건물매수청구권의 행사가 차단된다고 볼 수 없고), 이는 **청구이의의 소**의 적법한 **청구이의사유**(민집 44조 2항)가 된다. **통설·판례**의 입장이다.[2] 한편 임차인으로서는 임대인이 전소 건물철거의 확정판결에 따른 건물에 대한 철거집행을 저지하기 위해서 청구이의의 소를 제기하면서, 잠정처분으로 **집행정지결정**(민집 46조)을 받아야 한다. 앞서와 같은 경우 임차인은 건물철거가 집행되지 않은 이상 건물매수청구권을 행사하여 별소로써 임대인에 대하여 **건물매매대금**의 지급을 청구할 수 있다.[3]

---

1) 이시윤, 675쪽. 이러한 입장에서는 상계권비실권설이 권리관계의 안정을 기본으로 하는 기판력 사상에 반하며, 절차의 집중과 촉진, 신의칙의 견지에서 바람직하지 않으며, 피고는 청구이의의 소를 못하는 것이지 별도의 소송을 할 수 있어 상계권자에게 근본적으로 가혹할 것도 없으므로 상계권이 있음을 알면서도 이를 행사하지 않은 경우에는 상계권이 실권된다고 보는 것이 타당하다고 한다.

2) 대판 1995. 12. 26. 95다42195; 정동윤·유병현·김경욱, 828쪽; 정영환, 1235쪽; 한충수, 597쪽; 전원열, 521쪽.

3) 대판 1995. 12. 26. 95다42195.

(b) 건물매수청구권의 존재를 안 경우와 실권효 적용 여부

이에 대하여, 표준시 뒤에 건물매수청구권의 행사가 허용되는 것은 표준시 이전에 이를 모르고 행사하지 않은 때로 한정함이 옳다는 견해가 있다.[1] 그러나 **건물매수청구권**은 ① 취소권·해제권 등과 마찬가지로 형성권이지만 건물철거 및 대지인도청구권의 발생원인에 내재하는 흠에 기한 것이라거나 그 발생원인으로부터 파생된 것이라고 볼 수 없고[따라서 취소권·해제권 등과 같이 소송물인 청구권이나 법률관계 자체에 부착된 흠에 관련된 권리가 아니므로, 이러한 독립한 권리를 언제 행사할 것인지는 권리자의 자유이다], ② 건물 자체의 사회적 효용을 보유하려는 건물매수청구권의 취지 및 법률적 지식이 결여된 임차인의 보호라는 정책적 이유에서 인정된 **건물소유자의 독립된 권리**이다. 따라서 건물매수청구권은 상계권과 마찬가지로 그 행사에 의하여 새로운 소송물을 구성하는 형성권이므로 설사 그것이 전소 변론종결 전에 존재하고 있었더라도 변론종결 뒤에 행사되면 변론종결 뒤 새로운 소송물을 구성하게 되므로 그 행사가 전소의 기판력에 의하여 차단되지 않는다.[2]

(4) 백지보충권 행사의 경우

(a) 전소 변론종결 뒤 보충권 행사와 소송물 동일 여부

어음소지인이 어음요건의 일부(주로 지급받을 사람 또는 발행일이 백지인 경우이다)[3]에 흠이 있는 이른바 **백지어음**(어음 10조, 77조 2항)에 기하여 어음금청구소송을 제기했다가 위 어음요건의 흠을 이유로 청구기각판결을 받고 위 판결이 확정된 후 위 백지 부분을 보충하여 완성된 어음에 기하여 다시 전소의 피고에 대하

---

1) 이시윤, 675쪽. 이 견해는 대판 1995. 12. 26. 95다42195가 임차인이 건물매수청구권을 행사하여 매매대금지급을 청구할 수 있다는 것으로, 임차인이 건물매수청구권을 행사하여 전소 확정판결을 뒤집는 청구이의의 소를 제기할 수 있다는 것까지는 나가지 않았다고 보고 있다. 그러나 위 판결은 '건물매수청구권이 전소에서 행사되지 않아 그 확정판결에 의하여 소멸되었다는 논지는 독자적인 견해에 불과하다'고 판시함으로써, 건물매수청구권을 행사하여 청구이의의 소를 제기할 수 있음을 분명히 한 것으로 보아야 한다.

2) 목영준, "건물매수청구권의 행사시기," 사법행정 37권 8호(1994. 8.), 24쪽 이하.

3) 어음의 요건 가운데 만기가 적혀 있지 않더라도 일람출급의 어음으로 보며(어음 2조 1호, 76조 1호), 발행지가 적혀 있지 않더라도 발행인의 명칭에 부기한 곳을 발행지로 보며(어음 2조 3호, 76조 3호), 지급지가 적혀 있지 않더라도 환어음에서는 지급인의 명칭에 부기한 곳을 지급지 및 지급인의 주소로, 약속어음에서는 발행지를 지급지 및 발행인의 주소로 본다(어음 2조 2호, 76조 2호). 따라서 **백지어음**이라고 할 때에는 주로 어음의 요건 가운데 **지급받을 자** 또는 지급받을 자를 지시할 자의 명칭(어음 1조 6호, 75조 5호)이나 **발행일**(어음 1조 7호, 75조 6호) 등이 백지인 경우를 말한다.

여 어음금청구소송을 제기한 경우에는, 원고가 전소에서 어음요건의 일부를 오해하거나 그 흠을 알지 못했다고 하더라도, 전소와 후소는 동일한 권리 또는 법률관계의 존부를 목적으로 하는 것이므로 그 **소송물**은 동일한 것이라고 보아야한다.

(b) 전소 변론종결 뒤 보충권 행사와 실권효 적용 여부

약속어음의 소지인이 전소 변론종결시까지 백지보충권을 행사하여 어음금의 지급을 청구할 수 있었음에도 변론종결시까지 백지 부분을 보충하지 않아 이를 이유로 패소판결을 받고 그 판결이 확정된 후에 백지보충권을 행사하여 어음이 완성된 것을 이유로 전소 피고를 상대로 다시 동일한 어음금을 청구하는 경우에는, 위 백지보충권 행사의 주장은 특별한 사정이 없는 한 전소 확정판결의 기판력에 의하여 차단되어 허용되지 않는다.[1] 백지보충권은 **어음금청구권의 발생요건** 그 자체에 관한 것이고, 백지어음의 소지인은 어음금청구소송의 사실심 변론종결시까지 보충권을 행사하지 않는다면 승소판결을 받을 수 없기 때문에 이는 해당 소송에서 필연적인 공격방법이므로, 전소 변론종결 전에 보충권을 행사하지 않은 경우 전소 확정판결의 기판력에 의하여 후소에서 백지보충권 행사의 효과를 주장할 수 없다고 봄이 타당하기 때문이다.[2]

(5) 한정승인 또는 상속포기 주장의 경우

(a) 전소 변론종결 뒤 한정승인 주장과 청구이의의 소

상속인이 한정승인(민 1019조 1항·3항)을 하고도 채권자가 피상속인의 금전채무를 상속한 상속인을 상대로 그 상속채무의 이행을 구하여 제기한 소송의 사실심 변론종결시까지 그 사실을 주장하지 않는 바람에 **책임의 범위**에 관하여 아무런 유보가 없는 판결이 선고되어 확정되었다고 하더라도, 상속인은 그 후 위 한정승인사실을 내세워 **청구이의의 소**(민집 44조)를 제기하는 것이 허용된다. 한정승인에 의한 **책임의 제한**은 소송물인 **상속채무의 존재 및 범위**의 확정과는 **관계가 없고** 다만 판결의 **집행대상**을 상속재산의 한도로 한정함으로써 판결의 집행력이 미치는 집

---

1) 대판 2008. 11. 27. 2008다59230.
2) 김영학, "백지어음 소지인이 어음금청구소송에서 백지부분 미보충을 이유로 패소확정판결을 받은 후 백지부분을 보충하여 다시 동일한 어음금청구를 할 수 있는지 여부," 대법원판례해설 77호(2008년 하반기), 192쪽 이하; 장재형, "2008년도 분야별 중요판례분석, 어음수표법," 법률신문 3751호(2009. 6. 4.), 12쪽.

행대상의 범위(**집행력의 범위**)를 **제한**할 뿐이다.[1] 전소에서 한정승인을 **주장하지 않으면 책임의 범위**는 현실적인 **심판대상**이 되지 않고 따라서 판결주문에서는 물론 판결이유에서도 판단되지 않으므로 이에 관해서는 기판력이 미치지 않는다.[2][3]

　이에 대하여, 판결절차에서 주장하지 않았던 유한책임의 항변을 집행단계에서 뒤늦게 내세우는 것은 민사소송법의 적시제출주의(법 146조)의 정신이나 실기한 공격방어방법의 각하규정(법 149조)과의 균형상으로도 맞지 않으며, 절차의 집중, 법적 안정성, 신의칙의 견지에서 허용할 수 없다는 견해가 있다.[4] 그러나 상속인이 변론종결 전에 한정승인한 경우에는, 상속채무청구소송에서 한정승인의 항변을 하여 책임을 제한받을 수 있고, 판결절차에서 항변하지 않고 있다가 책임제한 없는 이행판결이 확정되면 그 판결에 기한 강제집행 단계에서 비로소 한정승인을 주장하여 고유재산에 대한 강제집행을 면할 수도 있는 선택권을 가진다. 따라서 결국 한정승인의 항변도 상계의 항변과 마찬가지로 실권효의 제한을 받지 않는 자유로운 항변권으로 취급받게 되므로, 판례의 태도는 정당하다.[5]

(b) 전소 변론종결 뒤 상속포기 주장과 청구이의의 소

　상속인이 상속포기(민 1019조 1항)를 했으나[6] 채권자가 제기한 소송에서 사실

---

1) 이행소송의 소송물은 채무의 존재 및 범위이고 책임의 범위는 포함되지 않는다고 보는 견해(**소송물부정설**)에 대하여, 채무의 존재 및 범위 외에 책임의 범위까지 포함된다고 보는 견해(**소송물긍정설**)로는, 현낙희, "면책 주장과 기판력 및 청구이의의 소 —대법원 2022. 7. 28. 선고 2017다286492 판결에 대한 평석—," 민사소송 26권 3호(2022년), 390쪽 · 418쪽.

2) 대판 2006. 10. 13. 2006다23138, 2009. 5. 28. 2008다79876, 2019. 12. 12. 2019다254123; 심우용, "청구이의 사유로서의 한정승인," 대법원판례해설 63호(2006년 하반기), 400쪽 이하.

3) 채권자가 피상속인의 금전채무를 상속한 상속인들을 상대로 상속채무의 이행을 구하여 제기한 소송에서 채무자가 한정승인 사실을 **주장한 때**에는 법원은 채무자의 책임의 범위에 관하여 판결주문과 판결이유에서 명확히 판단해야 하며, 이러한 판단을 하지 않으면 **판단을 누락**하여 판결에 영향을 미친 위법이 있다고 본다. 대판 2020. 7. 9. 2020다220539.

4) 이시윤, 신민사집행법(제 8 개정판, 2020년), 95쪽. 한편 원래 이행청구의 소에서 피고의 한정승인의 주장이 인정되면, 법원으로서는 상속한 채무가 상속인의 고유재산에 대해서는 강제집행을 할 수 없는 성질을 가지고 있으므로 집행력을 제한하기 위하여 이행판결의 주문에 상속재산의 한도에서만 집행할 수 있다는 취지를 명시해야 하는데, 이 경우 판결주문에서의 책임한정의 기재에 기판력에 준하는 효력이 인정되어야 한다는 입장에서, 피고가 한정승인의 항변을 할 수 있었으나 하지 않은 때에도 기판력에 준하는 실권효가 인정되어야 한다는 견해로는, 윤진수, "2006년도 주요 민법 관련 판례회고," 민사재판의 제문제 16권(2007. 12.), 90쪽 이하; 민일영, "청구이의 소에 관한 실무상 문제점," 강제집행 · 임의경매에 관한 제문제(상)(재판자료 35집, 1987. 7.), 201쪽 이하.

5) 조대현, "한정승인의 항변," 민사소송 1권(1998. 1.), 140쪽 이하.

6) 상속포기는 가정법원이 상속인의 **포기신고**를 **수리**하는 **심판**을 하여 이를 당사자에게 **고지**한 때에 효력이 발생한다(대판 2004. 6. 25. 2004다20401, 2016. 12. 29. 2013다73520). 상속포

심 변론종결시까지 이를 주장하지 않은 경우 채권자의 승소판결확정 후 청구이의의 소를 제기할 수 없다. 이와 같은 기판력의 실권효의 법리는 채무의 상속에 따른 책임의 제한 여부가 문제되는 한정승인과 달리 상속에 의한 **채무의 존재 자체**가 문제되어 그에 관한 확정판결의 주문에 당연히 기판력이 미치게 되는 상속포기의 경우에는 적용될 수 없기 때문이다.[1]

▣ 한정승인이 인정되어 책임제한의 판결이 확정된 후 표준시 전의 사유를 들어
책임제한 없는 판결을 구할 수 있는지 여부

  (1) 한정승인의 존재 및 효력에 대한 전소 판단에 기판력이 인정되는지 여부
  피상속인에 대한 채권에 관하여 채권자와 상속인 사이의 전소에서 상속인의 한정승인이 인정되어 상속재산의 한도에서 지급을 명하는 판결이 확정된 때에는 그 채권자가 상속인에 대하여 새로운 소에 의해 위 판결의 기초가 된 **전소 사실심의 변론종결시 전**에 존재한 **법정단순승인 등** 한정승인과 양립할 수 없는 사실을 주장하여 위 채권에 대해 책임의 범위에 관한 유보가 없는 판결을 구하는 것은 허용되지 않는다.
  전소 소송물은 직접적으로는 채권(상속채무)의 존재 및 그 범위이지만 한정승인의 존재 및 효력도 이에 준하는 것으로서 심리·판단되었을 뿐만 아니라 한정승인이 인정된 때에는 주문에 책임의 범위에 관한 유보가 명시되므로 **한정승인의 존재 및 효력**에 대한 전소의 판단에 **기판력에 준하는 효력**이 있다고 해야 하기 때문이다.
  (2) 채권자 스스로 책임제한의 판결을 구한 경우에도 앞서의 법리가 적용되는
      지 여부
  이러한 법리는 채권자의 급부청구에 대하여 상속인으로부터의 한정승인의 주장이 받아들여져 상속재산의 한도 내에서 지급을 명하는 판결이 확정된 경우와 채권자 스스로 위와 같은 판결을 구하여 그에 따라 판결이 확정된 경우 모두에 마찬가지로 적용된다.[2]

(6) 파산절차에 따른 면책 주장의 경우

개인채무자가 파산절차에서 면책신청에 따라 면책결정이 확정되어 책임이 면

기의 효력이 발생하면 **상속이 개시된 때**에 소급하여 상속인의 지위를 상실한다(민 1042조).
 1) 대판 2009. 5. 28. 2008다79876.
 2) 대판 2012. 5. 9. 2012다3197; 이영숙, "한정승인에 기한 이행판결이 확정된 후 전소의 변론종결시 이전에 존재한 법정단순승인 등 사실을 주장하는 새로운 소를 제기할 수 있는지 여부," 재판과 판례(대구판례연구회) 23집(2014. 12.), 302쪽 이하.

제되었음에도 불구하고(채무회생 556조, 564조 내지 566조)[1] (파산)채권자가 채무자를 상대로 그 채무의 이행을 구하여 제기한 소송의 사실심 변론종결시까지(무변론 판결의 경우에는 판결선고시까지) 그 사실을 주장하지 않는 바람에 **책임의 면제**에 따른 **책임의 범위**에 관하여[2] 아무런 유보 없는 판결이 선고되어 확정되었다고 하더라도, 특별한 사정이 없는 한 채무자는 그 후 위 면책사실을 내세워 **청구이의의 소**(민집 44조)를 제기하는 것이 허용된다.[3][4] 면책결정에 따라 발생한 **책임의 소멸**은 소송물인 채무의 존부나 범위의 확정되는 직접적인 관련이 없다. 전소에서 면책사실을 주장하지 않으면 책임의 면제는 현실적인 심판대상이 되지 않고 따라서 판결주문에서는 물론 판결이유에서도 판단되지 않으므로 이에 관해서는 기판력이 미치지 않는다.

---

1) 채무자 회생 및 파산에 관한 법률 566조 본문은 면책을 받은 개인채무자는 파산절차에 의한 배당을 제외하고는 파산채권자에 대한 채무의 전부에 관하여 그 책임이 면제된다고 규정하고 있다.

2) 파산선고 후 면책결정이 확정되면 개인채무자의 파산채권자에 대한 채무는 그대로 존속하지만 책임은 소멸하므로, 개인채무자의 파산채권자에 대한 책임은 **파산선고 당시**에 개인채무자가 가진 **재산의 한도로 한정**된다. 즉 채무는 그대로 존속하지만 책임만이 위와 같은 범위로 제한되므로 개인채무자는 파산선고 이후에 취득하는 재산으로 변제할 책임은 지지 않는다.

3) **대판 2022. 7. 28. 2017다286492.** 위 판결은, 전소에서 주장되지 않았던 면책사실도 청구이의의 소에서 이의사유가 될 수 있음을 앞서와 같은 기판력의 문제 외에도, ① 이미 면책결정을 통해 강제집행 위험에서 벗어난 개인채무자로 하여금 그 집행을 다시 수인(受忍)하도록 하는 것은 면책제도의 취지에 반하고 확정된 면책결정의 효력을 잠탈하는 결과를 가져오며, ② 전소에서 개인채무자의 면책 주장 여부에 따라 개인채무자가 일부 파산채권자에 대해서만 파산절차에 의한 배당 외에 추가로 책임을 부담하게 된다면, 파산채권자들 사이의 형평을 해치게 되어 집단적·포괄적으로 채무를 처리하면서 개인채무자의 재기(再起)를 지원하는 개인파산 및 면책제도의 취지에 반하게 됨을 그 이유로 들고 있다.

4) 위 판결에 대하여, 선행소송에서 면책을 주장하지 않아 채무이행을 명하는 판결이 확정된 경우에도 그 후 면책사실을 내세워 청구이의의 소를 제기할 수 있으나, 다만 이를 무조건 허용하는 것이 아니라, ① 선행소송에서 면책사실이 전혀 주장되지 않아 현실적인 심판대상으로 등장하지 않는 경우에 한하여 청구이의의 소에서의 면책 주장을 허용하며, ② 채무자가 소송지연 등을 목적으로 일부러 선행소송에서 면책사실을 주장하지 않았던 경우에까지 허용하는 것은 아니라고 보는 견해로는, 김영석, "면책을 주장하지 않아 채무의 이행을 명하는 판결이 확정된 이후 그 면책 사실을 내세워 청구이의의 소를 제기할 수 있는지," 대법원판례해설 133호(2022년하), 621쪽. 한편 위 판결에 대하여, 위 판결은 면책결정을 받은 개인채무자를 강하게 보호하기 위하여 한정승인에 관한 판례 법리를 면책에서도 그대로 적용한 것인데, 면책결정을 받은 개인채무자는 한정승인을 받은 상속인보다 보호의 필요성이 상대적으로 덜 함에도 이러한 법리가 적용되는 새로운 유형을 추가할 필요가 있었는지 의문이라는 견해로는, 현낙희, "면책 주장과 기판력 및 청구이의의 소 ―대법원 2022. 7. 28. 선고 2017다286492 판결에 대한 평석―," 민사소송 26권 3호(2022년), 417쪽.

5. 정기금판결에 대한 변경의 소

(1) 의   의

정기금판결에 대한 변경의 소란 정기금의 지급을 명하는 판결이 확정된 뒤에 그 액수산정의 기초가 된 사정이 현저하게 바뀐 경우에 장차 지급할 정기금의 액수를 바꾸어(증액 또는 감액하여) 달라는 소를 말한다(법 252조). **신법 전 판례**는 정기금판결 뒤 사정변경의 문제를 명시적 일부청구로 처리했다.[1] 즉 장래의 임료 상당의 부당이득금의 지급을 명한 판결의 확정 후에 그 차임이 9배 정도 상승하자 전소 원고가 그 차액을 추가청구한 사안에서, 전소 사실심 변론종결 뒤에 전소 확정판결의 기초가 된 사정이 위와 같이 변경됨으로 말미암아 전소 확정판결에서 인용된 차임이 현저하게 상당하지 않게 된 경우에는, 일부청구임을 명시하지는 않았지만 명시한 경우와 마찬가지로 그 청구가 일부청구이었던 것으로 보아, 전소 확정판결의 기판력이 그 일부청구에서 제외된 위 차액에 상당하는 부당이득금의 청구에는 미치지 않는다고 했다. 이러한 판례의 태도에 대하여, 전소에서의 청구를 명시적 일부청구로 간주하는 것 등은 이론구성에 무리가 있고 해석론의 한계를 벗어난다는 비판이 있었다.[2] 따라서 무리 없이 같은 결론을 얻기 위해서는 독일과 같은 정기금판결에 대한 변경의 소를 입법화하는 것이 해결책이라 하여 **신법**에서는 이를 도입하게 되었다.[3]

(2) 성   질

(a) 소의 성질론

정기금판결에 대한 변경의 소는 확정판결의 변경을 목적으로 하는 소로서, **소송법상 형성의 소**이다. 판결의 소송내적 효력과 기판력의 변경을 목적으로 하는 소이며, 단순한 집행력의 변경의 소가 아니다. 이 점에서 청구이의의 소(민집 44조)가 확정판결 후 권리소멸·저지사실의 발생 등 사정변경을 이유로 판결의 효력(집행력)을 배제시키는 것과 대비된다. 정기금판결에 대한 변경의 소는 청구의

---

1) 대판(전) 1993. 12. 21. 92다46226; 백현기, "장래 이행의 판결로 확정된 임료상당 부당이득금의 증액을 청구할 수 있는가," 국민과 사법(윤관대법원장퇴임기념, 1999. 1.), 639쪽 이하.

2) 최성준, "장래 차임상당 부당이득금청구에 대한 확정판결의 기판력과 사정변경에 의한 추가청구," 민사재판의 제문제 8권(1994. 10.), 812쪽 이하; 한충, "일부청구에 관한 판례이론의 적용," 민사판례연구 23권(2001. 2.), 458쪽 이하.

3) 법원행정처, 민사소송법개정내용해설(2002. 6.), 128쪽.

내용에 따라 **이행의 소**의 성질도 아울러 가진다.[1] 즉 전소 원고의 청구에 의해 정기금의 금액이 **증액**되는 때에는 새로운 **이행판결**이 행해지게 된다. 다만 전소 피고의 청구에 의해 정기금의 금액이 **감액**되는 때에는 판결효력의 일부소멸을 목적으로 한 **형성판결**만 행해지게 된다.[2] 정기금판결에 대한 변경의 소는 확정판결의 효력을 제거하는 특별한 권리구제수단으로 판결의 실질적 확정력(기판력)을 배제하는 재심의 소와 유사한 기능을 가지는 것으로 이해된다.[3]

(b) 전소 소송물과의 동일성 여부

정기금판결에 대한 변경의 소의 대상인 소송물은 전소 소송물과 동일하다(**소송물동일설**).[4] 즉 정기금판결에 대한 변경의 소는 그 소의 소송물이 전소 소송물과 동일하나 형평의 관념 및 실체적 정의의 측면에서 전소 확정판결의 기판력을 증액 또는 감액하는 범위 내에서 배제하는 것이다.[5] **판례**는 정기금판결에 대한 변경의 소는 그 소제기 이후의 기간에 해당하는 부분의 변경을 구하는 소로서, 전소 소송물과는 동일하지 않는 것으로 보고 있다.[6]

(3) 원고적격

정기금판결에 대한 변경의 소는 정기금판결의 확정 뒤에 발생한 현저한 사정변경을 이유로 확정된 정기금판결의 기판력을 예외적으로 배제하는 것을 목적으로 하므로, 확정된 정기금판결의 **당사자** 또는 **법 218조 1항에 의하여 그 확정판결의 기판력이 미치는 제3자**만이 정기금판결에 대한 변경의 소를 제기할 수 있다. 예컨대 **토지의 전소유자**가 소유권에 기하여 그 토지의 무단점유자를 상대로 차임

1) 이시윤, 676쪽; 정동윤·유병현·김경욱, 832쪽; 호문혁, 790쪽; 정영환, 1238쪽; 전원열, 522쪽; 김학기, 590쪽.
2) 이호원, "정기금판결에 대한 변경의 소," 민사소송 7권 1호(2003. 2.), 139쪽; 김상훈, "개정 민소법상의 정기금판결에 대한 변경의 소," 민사소송 7권 2호(2003. 8.) 231쪽.
3) 정선주, "정기금판결에 대한 변경의 소 — 한국과 독일의 입법례 비교 —," 비교사법 11권 2호(2004. 6.), 399쪽 이하.
4) 이시윤, 678쪽; 정동윤·유병현·김경욱, 833쪽; 정영환, 1238쪽; 전원열, 523쪽; 권혁재, 384쪽; 김학기, 590쪽.
5) 이에 대하여, 변경의 소는 변경된 사실관계를 기초로 하는 별개의 소송물을 그 대상으로 한다는 견해도 있다. 즉 장래의 급부의무 부분도 전소 변론종결로 시적 제한을 받는 결과 당사자가 변경된 사실관계를 기초로 하여 정기금의 증액 또는 감액을 신청하는 별개의 소송상 청구라고 본다. 호문혁, 791쪽. 한편 변경의 소는 특별규정에 따른 복합적 유형의 소(형성의 소와 이행의 소)로 보고 비록 실질적으로 전소에서 확정된 권리·의무를 다툰다고 하더라도 양소의 소송물은 다르다고 보아야 한다는 견해로는, 김상훈, 위 논문 232쪽 이하.
6) 대판 2009. 12. 24. 2009다64215.

상당의 부당이득반환을 구하는 소송을 제기하여 무단점유자가 그 점유 토지의 인도시까지 매월 일정금액의 차임 상당 부당이득을 반환하라는 판결이 확정된 경우, 전소 소송물은 **채권적 청구권**인 **부당이득반환청구권**이므로 **전소 변론종결 뒤**에 위 **토지의 소유권을 취득**한 사람은 법 218조 1항에 의하여 위 확정판결의 기판력이 미치는 변론종결 뒤의 승계인에 해당한다고 볼 수 없다.[1] 따라서 이러한 토지의 새로운 소유자가 그 토지의 무단점유자를 상대로 다시 부당이득반환청구의 소를 제기하지 않고, 그 토지의 전소유자가 앞서 제기한 위 부당이득반환청구소송에서 내려진 정기금판결에 대하여 변경의 소를 제기하는 것은 부적법하다.[2]

(4) 요   건

(a) 정기금의 지급을 명한 판결일 것

1) 여기서 정기금의 지급을 명한 판결은 정기금 방식의 배상판결만이 아니다. 즉 정기금 방식의 연금·임금·이자지급판결 등도 포함된다. 일본에서는 손해배상의 방법으로 명해진 판결에 대해서만 변경의 소를 인정한다. 정기금의 지급을 명한 판결에는 **과거 발생한 특정의 행위**의 결과로서 발생하는 급부의무가 장래에 걸쳐 계속적으로 발생하는 경우에 대한 것(예컨대 손해배상청구소송에서 일실수익의 배상에 대한 정기금지급판결)[3]뿐만 아니라, 계속적 불법행위와 같이 침해행위 자체가 **장래에 걸쳐 계속적으로 발생**하는 경우에 대한 것(예컨대 토지의 불법점유로 인한 손해배상 또는 부당이득반환을 명한 정기금지급판결) 등도 포함한다.

2) 일부 견해에 의하면, 장래의 손해에 대하여 정기금 방식이 아닌 (호프만식 계산법에 의하여 중간이자를 공제한) **일시금 방식의 배상판결**에서도 만약 원고가 정

---

1) 대판 2016. 6. 28. 2014다31721, 2023. 6. 29. 2021다206349. 나아가 전소 소송물인 부당이득반환청구권은 **그 토지의 소유를 요건**으로 하므로 그 토지소유권이 다른 사람으로 이전된 이후에는 그 토지의 무단점유자에 대한 **부당이득반환청구권**(판결금채권)은 **더 이상 발생하지 않고**, 그에 대한 **양도도 있을 수 없으므로**, 후소로 자신이 그 토지의 소유권을 취득한 이후의 부당이득반환을 구하는 원고로서는 전소 소송물을 양수한 변론종결 뒤의 승계인에도 해당하지 않는다. 대판 2023. 6. 29. 2021다206349.

2) 대판 2016. 6. 28. 2014다31721; 김상훈, "토지의 전 소유자가 무단점유자를 상대로 제기한 부당이득반환청구소송의 변론종결 후에 토지의 소유권을 취득한 사람이 위 소송에서 확정된 정기금판결에 대하여 변경의 소를 제기할 수 있는지," 대법원판례해설 109호(2017년), 316쪽 이하.

3) 일본에서는 변론종결 전에 발생한 손해에 대한 정기금판결에서만 변경의 소를 인정한다. 즉 변론종결 전후에 걸쳐 계속하는 불법행위에 의해 생기거나 생길 수밖에 없는 손해에 관하여 정기금을 명하는 판결은 변경의 대상이 되지 않는다. 김원태, "정기금판결 변경의 소," 법조 52권 12호(2003. 12.), 105쪽 이하.

기금 방식의 청구를 했는데도 법원의 선택으로 일시금 방식의 판결을 했을 때에
는 당사자가 불의의 피해를 입게 되는 결과가 생긴다는 이유로 그 집행이 되지
않은 상태에서 현저한 사정변경이 있다면 정기금판결에 대한 변경의 소를 유추적
용해야 한다고 한다.[1] 그러나 이러한 견해는 무엇보다도 법률상 명문의 규정에
반할 뿐만 아니라, 당사자가 일시금 방식의 판결을 용인하여 상소 등으로 다투지
않은 점, 일시금의 이행 또는 집행 여하에 따라 변경의 소의 허용 여부가 결정된
다고 보기 어려운 점 등에 비추어, 이러한 경우에도 정기금판결에 대한 변경의
소가 유추적용된다고 보는 것은 무리이다.[2]

한편 전소 변론종결 당시에 전혀 예상할 수 없었던 후유증으로 인한 확대손
해의 배상에서도 정기금판결에 대한 변경의 소가 허용된다는 견해가 있으나,[3] 이
는 **별개의 소송물**로서 전소 확정판결의 기판력이 미치지 않아 별소가 가능하므로
정기금판결에 대한 변경의 소가 허용되지 않는다.[4]

(b) 정기금의 지급을 명한 판결이 확정될 것

확정판결과 같은 효력이 있는 인낙조서, 화해조서, 조정조서, 확정된 화해권고결
정·조정을 갈음하는 결정 등도 정기금판결에 대한 변경의 소가 **유추적용**된다[기판력
이 인정되지 않는 확정된 이행권고결정·지급명령, 집행증서 등은 해당하지 않는다]. 다만
화해조서·조정조서 등의 경우 정기금의 액수산정의 기초가 된 사정이 명시되지
않으며, 당사자의 입장이나 자력 등을 고려하여 화해·조정이 이루어진 점 등을 고
려하면 정기금판결에 대한 변경의 소를 인정하기 어려운 면도 있다.[5]

(c) 정기금 액수산정의 기초가 된 사정이 현저하게 바뀜으로써 당사자 사이의 형평을 크게 침해할 특별한 사정이 생겼을 경우일 것

1) 정기금의 지급을 명한 확정판결의 변경을 구할 수 있는 것은, '당사자 사
이의 형평을 크게 침해할 특별한 사정이 생긴 때'이어야 한다. 여기에는 후유장애
의 정도 등 당사자의 개별적 사정의 변경(**주관적 사정의 변경**), 금전가치의 급격한
하락과 상승 등 경제사정의 변경(**객관적 사정의 변경**)이 포함된다. 기초가 된 사정

---

1) 이시윤, 677쪽; 정영환, 1239쪽; 권혁재, 385쪽.
2) 전원열, 523쪽.
3) 정영환, 1240쪽; 남동현, "정기금변경판결과 후유장애에 관한 연구," 민사소송 14권 1호
   (2010. 5.), 211쪽.
4) 이시윤, 678쪽.
5) 이호원, "정기금판결에 대한 변경의 소," 민사소송 7권 1호(2003. 2.), 141쪽.

의 **현저한 변경**은 전소에서는 예견 또는 기대할 수 없을 정도로 사정이 변경되어 이를 시정하지 않으면 당사자 사이의 형평의 관념에 반한다는 사회적 평가가 내려질 경우를 가리킨다. 현저한 변경에 관한 획일적인 기준을 제시하기는 어려우며, 구체적인 사건의 사정에 따라 개별적으로 판단해야 한다.[1] 구체적으로 어떠한 경우가 이에 해당하는지는 앞으로 판례의 축적을 통하여 그 기준을 정립해야 한다.[2]

> ■ 판례상 액수산정의 기초가 된 사정의 현저한 변경에 해당하는지 여부에 관한 구체적 사례
>
> **판례**는, 전소 사실심 변론종결 뒤 후소 사실심 변론종결 당시까지 사이의 피고 점유 토지의 공시지가가 약 **2.2배** 상승했고, ㎡당 연 차임이 약 **2.9배** 상승한 것에 불과하다면, 전소 확정판결이 있은 뒤에 그 액수산정의 기초가 된 사정이 현저하게 바뀜으로써 당사자 사이의 형평을 크게 침해할 특별한 사정이 생겼다고 할 수 없으므로, 원고로서는 그 연 차임 상당액의 증액지급을 구할 수 없다고 한다. 다만 위와 같은 특별한 사정이 생기면 언제든지 다시 위 정기금판결에 대한 변경을 청구할 수 있다고 보고 있다.[3]

　　2) 그 액수산정의 기초가 된 사정의 현저한 변경은 정기금의 지급을 명한 확정판결의 변론종결 뒤에 생긴 것이어야 한다.[4] 법문상으로는 이러한 '판결이 확정된 뒤'라고 하나, 기판력의 표준시와 관련하여 그 판결의 **변론종결 뒤**로 봄이 상당하다.[5] 신법 전 판례이지만, **판례**도 전소 확정판결의 변론종결 뒤 액수산정의 기초가 된 사정이 현저하게 바뀜으로써 당사자 사이의 형평을 크게 침해할 특별한

---

1) 이에 관하여 우리나라에서는 독일 판례에서 인정하고 있는 청구금액의 10% 정도의 변경기준과는 달리 20% 정도가 그 기준이 될 수 있을 것이라는 견해로는, 정선주, "정기금판결에 대한 변경의 소 ─한국과 독일의 입법례 비교─," 비교사법 11권 2호(2004. 6.), 399쪽 이하.

2) 하급심 판결례(21건)를 분석한 결과 지료 또는 차임의 변동률과 관련하여 차임 등의 변동률이 1.5배 이하인 경우(하락의 경우는 제외)에서는 배척된 사건수가 훨씬 많고, 1.5배 이상 2배 미만인 경우에서는 인용된 사건수가 배척된 것보다 많다는 보고로는, 문영화, "'정기금판결 변경의 소'의 현저한 사정변경의 의미 ─하급심판결례를 중심으로─," 민사소송 18권 2호(2014. 11.), 270쪽.

3) 대판 2009. 12. 24. 2009다64215. 한편 30% 정도를 그 기준으로 제시하는 견해로는, 전병서, "개정 민사소송법상 정기금판결과 변경의 소," 변호사(서울지방변호사회) 33집(2003년), 166쪽.

4) 정기금판결에 대한 변경의 소는 판결이 확정된 뒤에 발생한 사정변경을 그 요건으로 하므로, 단순히 종전 확정판결의 결론이 위법·부당하다는 등의 사정을 이유로 정기금의 액수를 바꾸어 달라고 하는 것은 허용되지 않는다. 대판 2016. 3. 10. 2015다243996.

5) 김원태, "정기금판결의 변경의 소," 법조 52권 12호(2003. 12.), 105쪽 이하. 일본 민사소송법 117조 1항은 "구두변론을 종결한 뒤"라는 명문의 규정을 두고 있다.

사정이 생겼다고 볼 수 없는 때에는 전소 확정판결의 기판력에 저촉된다고 보았다.[1] 현저한 사정변경에 관한 **증명책임**은 사정변경이 있음을 주장하는 원고에게 있다.[2]

(5) 소의 대상이 되는 시기

정기금판결에 대한 변경의 소의 대상이 되는 시기가 언제인지에 관하여 인용액과 적정액의 차이가 현저하게 된 시점인지, 즉 본질적인 상황의 변화가 있게 된 시점인지, 소제기 이후로 한정할 것인지가 문제가 되나, 변경의 소를 제기한 이후로 한정함이 타당하다.[3] **판례**는, 정기금판결의 변경을 구하는 원고의 청구 가운데 그 소제기일 이후의 기간에 해당하는 부분이 정기금판결에 대한 변경의 소의 대상이라고 봄이 상당하다고 하여,[4] 같은 입장이다.

■ **인용액과 적정액의 차이가 현저하게 된 시점부터 정기금판결에 대한 변경의 소 제기 전까지의 차액 청구 허용 여부**

(1) 차액 청구가 허용되는 경우와 특별한 사정의 존재

판례는, 인용액과 적정액이 현저하게 차이가 나는 시점부터 변경의 소 제기 전까지의 부분에 대해서도, 확정판결의 사실심 변론종결 뒤에 액수산정의 기초가 된 사정이 현저하게 바뀜으로써 당사자 사이의 형평을 크게 침해할 **특별한 사정이 생긴 때**에는 전소에서 명시적인 일부청구가 있었던 것과 동일하게 평가하여 **별개의 소송물**로서 전소 확정판결의 기판력이 미치지 않는 것으로 보아 비록 정기금판결에 대한 변경의 소의 대상은 아니지만 **명시적 일부청구의 나머지 청구**로서 이를 인정하고 있다.[5]

(2) 차액 청구가 허용되지 않는 경우와 후소 청구의 판결방법

판례는, 이러한 특별한 사정이 생기지 않은 때에는 변경의 소 제기 전까지의 청구 부분이 전소 소송물과 동일하여 전소 확정판결의 기판력이 미치므로, ① 전소 확정판결에서 원고가 승소한 부분(즉 인용액)에 해당하는 부분은 소의 이익이 없어

---

1) 대판 1999. 3. 9. 97다58194. 한편 대판 2009. 12. 24. 2009다64215는, 전소 변론종결일 이후 정기금판결에 대한 변경의 소의 변론종결 당시까지의 토지의 공시지가 및 연 차임의 상승 정도를 심리·판단하고 있다.

2) 이호원, 위 논문 143쪽; 정영환, 1241쪽.

3) 인용액과 적정액의 현저한 차이가 발생하면 언제라도 변경의 소를 제기하는 것이 가능함에도 당사자가 변경의 소를 늦게 제기했다면, 제소 이전의 기간에 대해서는 변경을 허용하지 않아도 변경을 구하는 당사자에게 가혹하다고 할 수 없을 뿐 아니라 그 상대방이 전소판결에 기하여 갖는 신뢰를 보호할 필요가 있기 때문이다. 조수정, "장래정기금이행판결의 변경청구," 법학논집(이화여자대학교 법학연구소) 창간호(1996. 5.), 195쪽.

4) 대판 2009. 12. 24. 2009다64215.

5) 대판 2011. 10. 13. 2009다102452.

소를 각하해야 하고, ② 이를 초과하는 부분은 전소 확정판결의 기판력에 저촉되는 것이어서 청구를 기각해야 한다는 입장이다.[1]

(6) 재판절차

정기금판결에 대한 변경의 소는 제 1 심 판결법원의 **전속관할**로 한다(법 252조 2항). 소장에는 변경을 구하는 확정판결의 사본을 붙여야 한다(규칙 63조 3항).[2] 다만 정기금판결의 강제집행이 종료한 뒤에 감액을 구하는 소는 소의 이익이 없다. 정기금판결에 대한 변경의 소를 제기했다고 하여 강제집행이 정지되는 것은 아니므로, 별도의 신청에 의하여(집행정지사유를 소명하여) **집행정지결정**을 받아야 한다(법 501조·500조). 정기금판결에 대한 변경의 소의 재판에서는 변경된 사정의 한도에서 전소 확정판결의 변경을 위한 심리를 해야 하며, 전소의 사실관계를 근본적으로 달리 판단하거나 정기금을 원점으로 돌아가 새로 산정해야 하는 것은 아니다.

> ▣ **정기금판결에 대한 변경의 소에서 청구인용의 판결방식 및 집행권원**
>
> 법원이 청구를 인용하는 때에는 전소 확정판결을 **감액** 또는 **증액**하는 **변경판결**을 한다. 변경판결은 전소 확정판결을 변경하는 범위 내에서 전소 확정판결을 취소한다. 변경의 소 제기일을 기준으로 장차 지급할 정기금 액수만이 **변경판결의 대상**이 된다. **전소 확정판결**은 변경의 소 제기일 이후의 의무이행에 관해서도 변경되지 않는 한도 내에서는 **집행권원**이 된다[즉 이 범위 내에서는 전소 확정판결의 집행권원은 소멸되지 않는다].[3]

---

1) 대판 2009. 12. 24. 2009다64215.
2) 기간이 확정되지 않은 정기금의 지급을 명한 판결에 대한 변경의 소에서는, 그 소로써 증액 또는 감액을 구하는 부분의 **1년간 합산액**을 소송목적의 값으로 보아 소장에 붙일 인지액을 계산한다(민인규 12조 10호).
3) 이시윤, 679쪽; 김상연, 주석서(3), 188쪽. 이에 대하여, 변경의 소 제기일 이후의 의무이행에 관해서는, 전소 확정판결을 취소한 후 별도로 변경주문의 형식으로 내어 확정된 변경판결만이 집행권원이 되도록 해야 한다는 견해로는, 정영환, 1243쪽.

VI. 기판력의 객관적 범위

1. 판결주문의 판단

(1) 의   의

판결의 기판력은 **판결주문**에 포함된 소송물인 법률관계의 존부에 관한 판단의 결론에 대해서만 발생한다(법 216조 1항).[1] 이를 **기판력의 객관적 범위**라 한다.[2] 판결서의 기재사항(법 208조 1항) 가운데 **판결이유**에서의 판단에는 기판력이 없고, 판결의 결론부분인 판결주문에 포함된 판단사항에 한하여 기판력을 인정한다. 판결주문은 당사자의 소송목적에 대한 해결이고, 주된 관심사이므로 이에 기판력을 생기게 한 것이다.[3] 판결주문의 판단은 소송물에 대한 판단을 의미하므로 기판력의 객관적 범위는 **소송물의 범위**와 원칙적으로 일치한다. 따라서 소송물에 관한 소송물이론의 입장에 따라 기판력의 객관적 범위가 달라진다. 판결주문은 간결하므로, 경우에 따라서는 **판결주문의 해석**이 필요하다. 확정판결의 기판력의 범위는 판결주문의 문언의 형식에만 의하여 판단할 것이 아니고 판결에 기재된 이유와 대조해서 판단해야 한다. 따라서 **소송판결**(소송요건의 흠으로 인한 **소각하판결**)에서는 어떠한 소송요건의 흠에 대한 판단인지를, **본안판결**에서는 어떠한 소송물에 관한 판단인지를 판결이유를 참작해서 판단해야 한다(특히 **청구기각판결**의 경우는 더욱 그렇다).

(2) 동일 소송물의 범위

(a) 청구취지가 다른 경우

이러한 경우에는 원칙적으로 양소의 소송물이 같다고 할 수 없다. 이 점에서는 신·구소송물이론의 차이가 없다.[4] 예컨대 ① 전소 소송물은 같은 부동산에

---

1) 대판 1970. 9. 29. 70다1759, 2006. 7. 13. 2004다36130, 2008. 10. 23. 2008다48742.

2) **판례**는 **기판력의 객관적 범위**라는 용어를 **소송물**이 동일하여 기판력이 미치는 경우 외에도 **선결관계** 또는 **모순관계**에 의하여 기판력이 미치는 경우를 포함한 개념으로 사용하기도 한다. 대판 2014. 10. 30. 2013다53939, 2020. 7. 23. 2017다224906.

3) 변론종결시를 기준으로 이행기가 도래하는 청구권이더라도 미리 청구할 필요가 있는 경우에는 **장래의 이행의 소**를 제기할 수 있으므로 이행판결의 주문에서 그 **변론종결 이후 기간**까지의 급부의무의 이행을 명한 이상 그 확정판결의 기판력은 **판결주문**에 포함된 기간까지의 청구권의 존부에 대하여 미친다. 대판 2011. 10. 13. 2009다102452, 2019. 8. 29. 2019다215272.

4) 김건호, "기판력의 물적범위에 관한 소고 — 소송물이론을 중심으로 —" 법조 56권 9호(2007.

대한 소유권이전등기의 말소등기청구권인 데 반하여, 후소 소송물은 매매로 인한 소유권이전등기청구권인 경우,[1] ② 전소 소송물은 같은 부동산에 대한 소유권보존등기의 말소등기청구권인 데 반하여, 후소 소송물은 시효취득으로 인한 소유권이전등기청구권인 경우[2] 등은 모두 전후 양소의 청구가 각기 상이하고, 나아가 각기 청구취지와 청구원인들도 상이하다고 본다.[3] **기판력의 저촉 여부**, 즉 **소송물의 동일성 여부** 판정을 위한 **청구취지의 동일성**은 전후 양소의 청구취지를 **전체적·실질적**으로 관찰하여 판단해야 한다.[4]

■ 1필의 토지의 일부인 특정부분에 대한 소유권이전등기청구와 그 토지 전체에 관한 지분이전등기청구가 그 특정부분의 한도 내에서 동일 소송물인지 여부

　1필의 토지의 일부인 특정부분에 대한 소유권이전등기청구를 기각한 전소 확정판결의 기판력이 당사자와 청구원인을 같이 하면서 그 1필의 토지의 일부 지분에 대한 소유권이전등기를 구하는 후소에 미치는지 여부에 관하여 논의가 있다. 이에 대하여, 공유지분은 1개의 소유권의 분량적 일부이므로 어떤 토지의 특정부분에 해당하는 지분이전등기청구(후소)는 특정부분 자체에 대한 소유권이전등기청구(전소)의 분량적 일부임이 분명하고, 따라서 양자는 그 특정부분의 한도 내에서 동일 소송물이라고 보는 견해도 있다.[5]

　그러나 특정부분 자체에 대한 소유권이전등기청구와 특정부분에 해당하는 (토지 전체에 관한) 지분이전등기청구는 **전체적으로 볼 때** 어느 한쪽이 다른 쪽 전부에

9.), 132쪽 이하; 홍기문, "소송물과 기판력의 상호관계," 민사법의 새로운 전개(정환담교수정년기념, 2006. 8.), 215쪽 이하.

1) 대판 1994. 11. 11. 94다30430, 1995. 6. 13. 93다43491.

2) 대판 1971. 12. 28. 71다2353.

3) 농지개량조합(현 농업기반공사)이 원고가 되어 조합이 농지에 관한 적법한 양도담보권자라는 전제에서 농지인도청구 등을 인용한 전소의 확정판결과 전소의 피고가 원고가 되어 위 조합이 위 농지에 대하여 양도담보권자가 될 수 없다하여 소유권이전등기의 말소를 청구한 후소와는 그 소송물이 상이하므로 기판력에 저촉되지 않는다. 대판(전) 1979. 2. 13. 78다58.

4) 조용구, "토지의 특정 일부 매수 주장의 배척과 지분 매수 주장의 차단 여부," 국민과 사법(윤관대법원장퇴임기념, 1999. 1.), 643쪽 이하. 환지처분 전 종전 토지에 관한 소유권확인의 소와 환지처분 후 새로운 환지 중 종전의 토지에 상응하는 비율의 해당 공유지분에 관한 소유권확인의 소는 서로 동일한 소송물이므로, 환지처분 전 종전 토지에 관한 소유권확인청구에 대한 판결이 확정된 후 다시 동일 피고를 상대로 환지처분 후 새로운 환지 중 종전 토지에 상응하는 비율의 해당 공유지분에 관한 소유권확인청구소송을 제기한 경우에는 전소 확정판결의 소유권 존부에 관한 판단에 구속되어 법원으로서는 이와 다른 판단을 할 수 없다. 대판 2011. 5. 13. 2009다94384,94407.

5) 대판(전) 1995. 4. 25. 94다17956의 반대의견.

포함되는 분량적 일부의 관계, 즉 통상의 전부청구와 일부청구의 관계에 있다고 볼
수 없으므로 양자는 **청구취지가 다르다**고 보아야 한다.[1] **다만** 원고가 전소에서 특
정부분 자체에 대한 소유권이전등기를 구하는 경우 만일 그 청구가 전부인용되지
않는다면 특정부분에 해당하는 지분에 관해서라도 (지분)소유권이전등기를 구하는
취지가 포함되어 있다고 보여지는 때에는 그렇지 않다.[2]

▣ 소유권이전등기의 말소등기청구와 진정명의회복을 위한 소유권이전등기청구의 소송물의 동일 여부

(1) 판례의 태도

판례는, 소유권이전등기의 말소등기청구소송과 진정명의회복을 위한(원인으로
한) 소유권이전등기청구소송은 형식상(명목상)으로는 청구취지가 다름에도 불구하
고 동일한 소송물로 보고 있다. 말소등기를 갈음하여 허용되는 진정명의회복을 위
한 소유권이전등기청구권과 무효등기의 말소등기청구권은 어느 것이나 진정한 소유
자의 등기명의를 회복하기 위한 것으로서 **실질적**으로 그 **목적**이 동일하고, 두 청구
권 모두 소유권에 기한 방해배제청구권으로서 그 **법적 근거**와 **성질**이 동일하므로,
비록 전자는 이전등기, 후자는 말소등기의 형식을 취하고 있다고 하더라도 그 소송
물은 **실질상 동일**한 것으로 보아야 하고, 따라서 소유권이전등기의 말소등기청구소
송에서 패소확정판결을 받았다면 그 기판력은 그 후 제기된 진정명의회복을 위한
소유권이전등기청구소송에도 미친다고 보아야 한다는 입장이다.[3]

(2) 견해의 대립

위 전원합의체 판결을 어떻게 이해할 것인지에 관해서는 다양한 견해가 제시되
고 있다. ① 소유권이전등기의 말소등기청구소송과 진정명의회복을 위한 소유권이
전등기청구소송은 양소의 청구취지 및 청구원인이 모두 다르다고 보는 입장에서,
진정명의회복을 위한 이전등기는 등기실무의 편의상 예외적으로 생겨났고, 그 중에
서도 말소등기를 갈음하는 진정명의회복을 위한 소유권이전등기는 지극히 예외적·
편법적인 것으로 말소등기와 실질적 목적과 법적 성질이 동일하므로 구소송물이론

---

1) 대판(전) 1995. 4. 25. 94다17956의 다수의견.
2) 대판 1974. 9. 24. 73다1874는 특정매수부분에 대한 소유권이전등기를 구하는 청구취지 중
   에는 특정부분에 대한 지분이전등기를 구하는 취지가 포함되어 있다고 보고 있고, 대판 1990.
   12. 7. 90다카26355는 임야 전체에 대한 지분이전등기가 허용되지 않는다면 매수한 특정부분
   에 대한 지분이전등기를 구하는 취지가 원고의 청구에 포함되어 있다고 보았다.
3) 대판(전) 2001. 9. 20. 99다37894, 대판 2023. 4. 13. 2022다294251. 다만 진정한 소유자라고
   주장하는 사람이 소유권확인을 구하거나 인도청구 등 소유권을 행사하는 내용의 청구를 할
   경우 이를 인용할 것인지는 별개의 문제이다. 김명수, "전소인 소유권이전등기말소 청구소송
   의 확정판결의 기판력이 후소인 진정명의회복을 원인으로 한 소유권이전등기 청구소송에 미
   치는지 여부," 대법원판례해설 38호(2001년 하반기), 297쪽 이하.

에 대한 예외로 양소의 소송물을 동일한 것으로 볼 수 있다는 견해가 있다.¹⁾ ② 소유권이전등기의 말소등기청구소송과 진정명의회복을 위한 소유권이전등기청구소송은 양소의 청구취지가 다르므로 소송물이 다르다고 보는 입장에서, 말소등기청구소송에서 받은 확정판결의 기판력이 이전등기청구소송에 미치는 것은 양 소송물이 단지 사실상 동일하다는 이유에서가 아니라 전소 소송물과 후소 소송물이 모순된 반대관계이기 때문이므로, 소송물은 다르나 기판력이 미친다는 견해가 있다.²⁾ ③ 다른 각도에서, 양소는 소송물이 다르므로 기판력은 미치지 않으나 말소등기청구소송의 판결의 증명효로 후소를 기각할 수 있다는 견해가 있다.³⁾

(3) 검   토

그러나 먼저 청구취지와 소송물에 관한 판례의 기본적 입장을 유지한다면, 소유권이전등기의 말소등기청구소송과 진정명의회복을 위한 소유권이전등기청구소송은 양소의 **청구취지가 형식적으로는 다르나 실질적으로는 동일**한 것으로 이해하는 것이 보다 논리적이다. 따라서 양소의 청구취지는 형식적으로 다르나 실질적으로 모두 소유권에 대한 방해를 배제하여 달라는 것으로 동일하며, 단지 그 배제의 형태를 당사자의 편의에 의하여 선택하도록 한 데에 불과하므로 양소의 청구취지가 모두 **실질적**으로 동일하다고 봄이 상당하다.⁴⁾

■ 소유권이전등기의 말소등기청구와 말소회복등기청구 및 진정명의회복을 위한
   소유권이전등기청구 사이의 소송물의 동일 여부

(1) 구체적 사례

다음의 사례를 예로 들어 본다. A가 B를 상대로 B 명의의 소유권이전등기가 원인무효로 경료되었다는 이유로 소유권이전등기의 말소등기청구소송(전소)을 제기하여 승소확정판결을 받고 B 명의의 소유권이전등기가 말소되었다. A는 그 후 C 앞으로 소유권이전등기를 했다. B는 그 후 C를 상대로 진정명의회복을 위한 소유권이전등기청구소송을 제기했다.

(2) 판례의 태도

이에 대하여, **대판 2003. 3. 28. 2000다24856**은 현재의 소유명의인인 C는 위 확

---

1) 이충상, "진정명의회복을 위한 소유권이전등기청구와 기판력," 저스티스 66호(2002. 4.), 121쪽 이하.

2) 유병현, "기판력과 진정명의회복을 위한 소유권이전등기청구소송," 고려법학(고려대학교 법학연구원) 39호(2002. 11.), 320쪽; 정영환, 1175쪽.

3) 호문혁, 755쪽.

4) 김홍엽, "소유권이전등기의 말소등기청구소송과 진정명의회복을 위한 이전등기청구소송에 있어서 기판력의 문제에 관하여," 민사재판의 제문제 11권(2002. 12.), 1061쪽 이하; 김홍엽, "소송물 및 기판력의 동일성의 판단방법," 21세기사법의 전개(최종영대법원장재임기념, 2005. 9.), 254쪽 이하.

정된 전소의 사실심 변론종결 뒤의 승계인으로서 위 전소의 확정판결의 **기판력**은 그와 **실질적**으로 **동일한** 소송물인 C에 대한 진정명의회복을 위한 소유권이전등기 청구에 미친다고 판시했다.

(3) 검　토

그러나 위 판결은 그 결론에서는 타당하나 논리과정에서는 문제가 있다. 후소인 B의 C에 대한 진정명의회복을 위한 소유권이전등기청구소송은 B가 A를 상대로 **말소회복등기청구소송**하는 경우를 가정할 때와 비교하면[말소회복등기청구는 말소될 당시의 소유자를 상대로 해야 하므로,[1] B는 A를 상대로 하여 청구해야 한다. 이 경우 말소회복등기와 양립할 수 없는 C 명의의 소유권이전등기는 B 명의로 회복하기 위한 전제로서 말소의 대상이 될 뿐이다],[2] 위 두 소송은 어느 것이나 진정한 소유자의 등기명의(B 소유명의)를 회복하기 위한 것으로서 실질적으로는 그 목적이 동일하고, 두 청구권 모두 소유권에 기한 방해배제청구권으로서 그 법적 근거와 성질이 동일하므로 그 소송물은 실질상 동일하다. 그런데 전소의 A의 B에 대한 말소등기청구소송과 후소로 가정할 경우의 B의 A에 대한 말소회복등기청구소송은 기판력의 작용상 **모순관계**(반대관계)에 있게 된다. 따라서 후소로 가정할 경우 말소회복등기청구소송은 전소 확정판결의 기판력에 저촉된다. 결국 후소인 B의 C에 대한 진정명의회복을 위한 소유권이전등기청구소송은 전소 확정판결과 **모순관계**(반대관계)에 있으므로 허용되지 않는다.[3]

(b) 청구취지는 동일하나 청구원인을 이루는 사실관계를 달리하는 경우

이러한 경우 ① 구소송물이론은 당연히 양소의 소송물이 다르다고 하여 전소 확정판결의 기판력은 후소에 미치지 않는다고 본다. ② 신소송물이론의 이분지설은 사실관계를 달리하여 양소의 소송물이 같지 않기 때문에 신소가 허용된다고 보나, 신소송물이론의 일분지설은 양소의 소송물이 같다 하여 전소 확정판결의 기판력이 후소에 미친다고 본다.

(c) 청구취지는 동일하나 청구원인을 이루는 실체법상 권리 또는 법률관계를 달리하는 경우

이러한 경우 ① 구소송물이론은 실체법상 권리 또는 법률관계를 소송물로 보

---

1) 대판 2009. 10. 15. 2006다43903.
2) 대판 2004. 2. 27. 2003다35567.
3) 송명호, "기판력의 문제를 중심으로 한 진정명의회복을 위한 소유권이전등기청구에 관한 고찰," 법조 52권 11호(2003. 11.), 149쪽 이하; 유병현, "기판력과 진정명의회복을 위한 소유권이전등기청구소송," 고려법학(고려대학교 법학연구원), 39호(2002. 11.), 315쪽 이하.

므로 양소의 소송물이 다르다고 하여 전소 확정판결의 기판력은 후소에 미치지 않는다고 본다. ② 신소송물이론은 실체법상 권리 또는 법률관계는 법률적 관점 또는 공격방어방법에 불과하다고 보므로 양소의 소송물이 같기 때문에 전소 확정판결의 기판력은 후소에 미친다고 본다.

(d) 일부청구

일부청구를 허용할 것인지에 관하여, 판례·다수설이 **명시적 일부청구설**을 취하고 있음은 이미 본 바와 같다. 명시적 일부청구설에 의하면, 하나의 가분채권 중 일부의 청구에 대한 판결의 기판력은 일부청구임을 명시한 경우에는 청구의 인용 여부에 관계없이 청구의 범위에 한하여 미치며 나머지 부분의 청구에는 미치지 않으나, 일부청구임을 명시하지 않은 경우에는 나머지 부분의 청구에까지 미친다.[1] 이러한 법리는 여러 채권을 일괄하되 그 합계금액의 일부를 청구하는 경우에도 마찬가지이다.[2]

> ■ 전소에서 청구의 범위를 정확히 알 수 없어 일부청구를 한 경우에 전소 확정 판결의 기판력이 잔부청구에 미치는지 여부
>
> 원고가 제기한 전소와 후소가 모두 명의신탁해지의 약정을 원인으로 한 **공유지분이전등기청구**로서 전체로서 소구가능한 한 개의 가분채권을 분할하여 별도로 행사하는 때에 해당하는 경우, 전소 청구가 결과적으로 볼 때 일부청구에 지나지 않는 것임에도 불구하고, 원고가 그 소송에서 위 약정에 의하여 생긴 채권의 전부에 관하여 소구하고 있을 따름으로 그 청구의 일부를 유보하고 나머지만을 청구한다는 취지를 명시적으로 밝히지 않았다면, 전소 확정판결의 기판력은 그 채권의 전부에 미친다고 본다. 이 경우 원고가 전소 사실심 변론종결 당시까지 위 약정에 따라 피고에 대하여 소유권이전을 소구할 수 있는 **공유지분의 범위를 정확히 알 수 없어 결과적으로** 전소에서 일부 공유지분에 관한 청구를 하지 못하게 된 것이라고 하더라도, 이를 일부청구임을 명시한 경우와 마찬가지로 취급하여 전소 확정판결의 기판력이 그 잔부청구에 미치지 않는다고 볼 수는 없다.[3]

---

1) 대판 1989. 6. 27. 87다카2478, 2000. 2. 11. 99다10424, 대결 2011. 9. 8. 2009마1689 등.
2) 대판 2008. 12. 24. 2008다6083,6090.
3) 대판 1993. 6. 25. 92다33008; 한승, "일부청구에 관한 판례이론의 적용," 민사판례연구 23 권(2001. 2.), 458쪽.

2. 판결이유에서의 판단

(1) 사실 및 선결적 법률관계

판결이유에서 판단된 사실인정, 항변, 법규의 해석·적용, 선결적 법률관계 등에는 기판력이 미치지 않음이 **원칙**이다[다만 뒤에서 보는 바와 같이 그 유일한 **예외**로서 상계항변이 있다(법 216조 2항)].[1] 즉 확정판결의 기판력은 판결주문에 포함된 것, 즉 소송물로서 주장된 법률관계의 존부에 관한 판단의 결론 그 자체에만 미치며 판결이유에서 설시된 그 전제가 되는 법률관계의 존부에까지 미치지 않는다.[2] 예컨대 ① 임대차보증금의 지급을 명하는 판결이 확정되면 변론종결 전의 사유를 들어 당사자 사이에 수수된 임대차보증금의 수액 자체를 다투는 것은 기판력에 저촉되어 허용되지 않는다 하더라도 임대차보증금반환청구권 행사의 전제가 되는 연체차임 등 피담보채무(임대차보증금으로 담보되는 채무)의 부존재에 대하여 기판력이 작용하는 것은 아니며,[3] ② 대여금채무가 변제로 소멸되었음을 이유로 하는 청구이의의 소(전소)의 확정판결에서 변제의 효력 유무는 청구이의의 소의 소송물이 아니라 그 전제가 되는 법률관계에 불과하여 후소에서 전소 확정판결과 달리 판단했다고 하여 전소 확정판결의 기판력에 저촉된다고 볼 수 없으며,[4] ③ 물건을 점유하는 사람을 상대로 하여 물건의 인도를 명하는 판결이 확정되더라도 그 판결의 효력은 물건에 대한 인도청구권의 존부에만 미치고, 인도판결의 기판력이 물건에 대한 불법점유를 원인으로 한 손해배상청구소송에 미치지 않으며,[5] ④ 토지소유권에 기한 물권적 청구권을 원인으로 하는 가등기말소청구소송의 소송물은 가등기말소청구권이므로 그 소송에서 청구기각된 확정판결의 기판력은 가등기말소청구권의 부존재 그 자체에만 미치고, 소송물이 되지 않은 토지소

1) 대판 2005. 7. 22. 2004다17207.
2) 대판 2010. 12. 23. 2010다58889, 2020. 7. 23. 2017다224906, 2021. 4. 8. 2020다219690 등.
3) 임대차보증금의 지급을 명하는 판결이 확정됨으로써 당사자 사이에 수수된 임대차보증금의 수액 자체를 다툴 수는 없게 되었다 하더라도, 임대인은 ① **별소**로 그 임대차보증금에서 아직 공제되지 않은 연체차임 등의 지급을 구하거나, ② 위 연체차임 등의 채권으로 임차인이 임대인에 대하여 가지고 있는 다른 채권과 **상계**를 할 수도 있으며, ③ 나아가 위와 같은 임대차보증금에 관한 확정판결이 있다 하여 그 임대차보증금의 성질이 달라진다고 볼 것은 아니므로, 아직 반환하지 않은 임대차보증금에서 위 연체차임 등을 **공제**하고 이를 반환할 수도 있다. 대판 2001. 2. 9. 2000다61398.
4) 대판 2008. 10. 23. 2008다48742; 강수미, "실체법상 종속관계의 소송상 작용 ─선결적 법률관계에 관한 판결이 제3자에게 미치는 영향─," 법조 56권 7호(2007. 7.), 148쪽 이하.
5) 대판 2019. 10. 17. 2014다46778.

유권의 존부에 관해서는 미치지 않는다.[1]

(2) 쟁점효이론

1) 판결이유에서의 판단에도 **제도적**으로 **구속력**을 인정해야 한다는 기판력 확장이론을 **쟁점효이론**이라 한다. 쟁점효이론은 쟁점효를 판결의 제도적 효력(기판력과는 별개의 판결의 구속력)으로 이해하여, 그 효력의 적용을 받는 사람의 절차적 보장을 위하여 그 요건의 명확화를 도모하고 있다. **쟁점효**의 요건으로, ① 전·후소의 양 청구의 판단과정상 주요쟁점에 관한 것일 것, ② 당사자가 전소에서 그 쟁점에 관하여 주장·증명을 다했을 것, ③ 법원이 그 쟁점에 관하여 실질적인 판단을 하고 있을 것, ④ 전·후소에서 다투는 이익이 거의 동등할 것 등을 들고 있다.[2]

2) 쟁점효이론은 '소송물＝기판력'이라는 원칙에 대하여, '판결이유에서의 판단'에 구속력을 인정하려는 이론이다. 그러나 쟁점효이론을 채용하기 위해서는 법 216조 1항에 규정하고 있는 기판력의 객관적 범위와의 저촉 문제가 해결되어야 한다. 한편 쟁점효를 인정해야 할 근거로서 제시되는 쟁점판단에 대한 구속력의 인정에 대해서는 법상 중간확인의 소(법 264조)의 규정을 두고 있으므로 그 효용도 의문이다. 뿐만 아니라 어떠한 경우를 주요쟁점이라고 볼 수 있는지, 주요쟁점이라고 할 때 권리 또는 법률관계에 한하는지 그렇지 않으면 사실관계만인 경우도 포함하는지 여부[3] 등 쟁점효의 개념 및 요건의 명확화가 우선되어야 그 실천적 기능이 발휘될 수 있다.[4] **판례**도 기본적으로 쟁점효이론을 부정하고 있다.[5]

---

1) 대판 2020. 5. 14. 2019다261381.
2) 쟁점효를 인정하면 심리대상이 확대되어 법원은 쉽사리 공격방어방법을 선택하여 심리·판단할 수 없게 되고, 판결이유에 대한 판단에 치중할 수밖에 없어 결국 심리의 경직화와 소송의 지연을 면하기 어려우며, 판결결론에 대해서는 별다른 이의가 없는 때에도 쟁점에 대한 판결이유에서의 판단에 이의가 있는 경우 상소를 하게 되는 등 부정적 측면도 무시할 수 없다는 견해로는, 호문혁, 민사소송법 연구(1), 531쪽.
3) 이에 대하여, 전·후소를 통하여 판결주문을 끌어내는 데 필수불가결한 전제가 되는 선결적 법률관계에 관한 전소법원의 판단에 대해서는 기판력 유사의 구속력을 인정하는 것이 타당하다는 견해로는, 권혁재, "쟁점사실에 대한 판단의 법적 효력," 저스티스 66호(2002. 4.), 164쪽 이하.
4) 김상원, "소유권확인 등 청구사건 ―쟁점효의 문제―," 판례연구(서울지방변호사회) 1집(1988. 1.), 71쪽 이하. 한편 기판력의 객관적 범위에 관한 전통적 명제가 지니고 있는 문제점을 다소라도 해소하여 분쟁의 근원적 해결을 도모한다는 점에서 경우에 따라서는 쟁점효를 적용해도 무방할 것이나, 아직 이론 자체가 미숙한 점이 많으므로 신중을 기해야 한다는 견해로는, 김윤종, 주석서(2), 819쪽.
5) 대판(전) 1979. 2. 13. 78다58.

이에 대하여, 이러한 쟁점효이론을 부정하고 **개별적**으로 **신의칙의 적용**으로 이를 해결하려고 하는 입장이 있다. 이러한 입장에서는 판결이유에서의 판단의 구속력의 문제를 신의칙의 개별적 적용의 문제로 이해하여, 쟁점효와 같은 제도적 효력과 구별하고 있다. 다만 신의칙의 일반조항으로의 도피의 위험성을 방지하기 위하여 적용의 유형화를 도모하여, 신의칙에서의 **선행행위와 모순되는 거동금지의 원칙, 소권남용의 원칙**을 적용하고 있다.[1]

3) 결론적으로, 쟁점효이론을 부정하되, 특별한 사정이 있는 경우에 한하여 **신의칙의 제한적 적용**을 신중하게 고려할 필요가 있다. **판례**도 이러한 경우 신의칙 적용의 가능성을 열어두고 있다고 본다. 판례는, 예컨대 매수인인 원고가 매매계약의 **무효** 또는 **해제**를 주장하면서 그 매매대금의 반환을 구하는 소를 제기하여 승소확정판결을 받았음에도, 이중의 이득을 얻으려는 목적으로 매매계약의 **유효**함을 주장하여 그 이행을 구하는 후소를 제기하는 등 특별한 사정이 있는 때에는 원고의 후소제기가 **신의칙**에 반하는 것으로 허용될 수 없다고 본다.[2]

■ 판례상 인정되는 증명효를 통한 쟁점효 기능의 부분적 대체 가능성

(1) 증명효의 의의

일반적으로 전소 확정판결의 소송물에 관한 판단이나 판결이유에서의 사실인정이나 권리관계에 관한 법률판단은 후소 법원의 판단에 사실상 영향을 미친다. **전소 확정판결의 판단**이 후소의 판단에 대하여 갖는 사실상 **증명적 효과(증명력)**를 **증명효**라고 한다.[3] **판례**는 이를 '관련 민사 확정판결의 증명력에 관한 법리', 또는 '관련 사건 확정판결에서 인정된 사실의 증명력에 관한 법리'라고 부른다.

(2) 판례상 증명효의 기능

1) **판례**는, 소송물이 다르나 당사자가 같고 분쟁의 기초된 사실을 같이 하는 경우 전소 확정판결에 강한 증명효를 인정함으로써 상대적으로나마 **쟁점효의 대체적 기능**을 부여하고 있다.[4] 즉 **판례**는, 민사재판에서는 다른 민사사건 등의 판결에서

1) 이시윤, 687쪽; 정동윤·유병현·김경욱, 849쪽; 전원열, 531쪽.
2) 대판 2005. 12. 23. 2004다55698은 전소 소송계속 중 후소를 제기한 경우 같은 결론을 도출하고 있으나, 이와 같은 판례의 태도에 비추어 보면 전소 확정판결 뒤 후소를 제기한 경우에도 같은 입장을 취할 것으로 보인다. 한편 일본 최고재 1976. 9. 30. 판결은, 당사자가 어떤 청구 또는 주장에 관하여 이미 전소에서 심리·재판을 받아 종국판결이 확정된 결과 그 청구나 주장에 관련된 다툼이 끝났다는 정당한 신뢰가 생긴 경우에는 전소와 성질상 동일한 논점에 관하여 후소로써 다시 재판을 구하는 것은 신의칙상 허용될 수 없다고 했다.
3) 강현중, "판결의 파생적 효력," 사법행정 27권 1호(1986. 12.), 59쪽 이하.
4) 판례의 이러한 태도를 **증명력설**이라고 부르고, 이러한 증명력설이 우리 법체계에도 잘 어

인정된 사실에 구속받는 것이 아니라 할지라도 이미 확정된 관련 민사사건에서 인정된 사실은 특별한 사정이 없는 한 **유력한 증거가** 되므로 **합리적인 이유설시 없이** 이를 배척할 수 없고,[1] 특히 전후 두 개의 민사소송이 **당사자가 같고 분쟁의 기초가 된 사실도** 같으나 다만 소송물이 달라 기판력에 저촉되지 않는 결과 새로운 청구를 할 수 있는 경우에서는 더욱 그렇다고 보고 있다.[2] 확정된 민사판결이 외국의 민사판결인 경우에도 마찬가지이다.[3] 따라서 새로운 증거가 아니거나 쟁점과 관계가 없는 것이어서 종전 사건에서 확정한 사실을 번복할 정도의 것이라고 할 수 없는 증거만으로 종전 사건에서 확정된 사실과 배치되는 사실인정과 판단을 하는 것은 허용되지 않는다.[4] 예컨대 확정된 관련 민사판결에서 종전 건물이 현존 건물과 동일성을 인정할 수 있을 정도로 일부 구조 등이 변경되었을 뿐이라는 사실이 인정된 경우, 후소 법원은 합리적인 이유설시 없이 이를 배척할 수 없다.[5]

　　2) 다만 증명효가 인정된다고 하더라도, 후소에서 제출된 다른 증거내용에 비추어 확정된 전소 판결의 사실인정을 그대로 채용하기 어려운 경우에는 **합리적인 이유를 설시하여** 이를 배척할 수 있다.[6] 이와 같은 법리는 '주의의무위반'과 같은 **불확정개념이** 당사자가 주장하는 법률효과발생에 관한 요건사실에 해당할 때, 관련 민사사건의 확정판결에서 이를 인정할 증거가 없거나 부족하다는 이유로 당사자의 주장을 받아들이지 않았음에도 이와 달리 후소 법원에서 위와 같은 요건사실을 인정하는 경우에도 마찬가지로 적용된다.[7]

(3) 일반적 주장에 대한 판단의 경우

판결이유에서 판단되는 피고의 항변(예컨대 지상권·유치권항변, 동시이행항변

울리고 확정판결에 신뢰를 부여하면서도 구체적인 상황에 따라 타당성 있는 결론을 도출해 낼 수 있다는 점에서 타당하다는 견해로는, 호문혁, 763쪽. 한편 신의칙을 적용하는 경우 전후 모순되는 거동이 있다고 하여 이를 일률적으로 불허할 수 없으므로 이러한 문제점을 시정하고 재판의 모순방지를 위하여 판례의 입장인 증명효설이 타당하다는 견해로는, 김학기, 579쪽.

1) 대판 2001. 8. 24. 2000다15661, 대결 2019. 4. 19. 2019그510, 대판 2020. 7. 9. 2020다208195.
2) 대판 2007. 11. 30. 2007다30393, 2008. 6. 12. 2007다36445, 2018. 11. 9. 2016다5863 등. 판례가 최근 판결들에서 전소 확정판결의 증명효를 종전에 비하여 더욱 높여서 적용하려 하고 있는 경향을 지적하면서, 이러한 판례의 태도는 쟁점효이론과 관련한 상황인식에 기초한 것으로 평가된다는 견해로는, 권혁재, "확정판결의 효력범위에 관한 몇 가지 문제점 고찰," 민사소송 10권 1호(2006. 5.), 78쪽 이하.
3) 대판 1993. 3. 12. 92다51372, 2007. 8. 23. 2005다72386,72393.
4) 대판 2009. 3. 26. 2008다48964,48971.
5) 대판 2009. 9. 24. 2008다92312,92329.
6) 이는 그와 같이 확정된 민사판결 이유 중의 사실관계가 **현저한 사실(불요증사실)**에 해당하지 않음을 전제로 한다. 대판 2019. 8. 9. 2019다222140. 다만 배척하는 이유를 일일이 설시할 필요까지는 없다고 본다. 대판 1993. 3. 12. 92다51372, 1997. 3. 14. 95다49370.
7) 대판 2018. 8. 30. 2016다46338.

등)에 대해서는 그것이 판결의 기초가 되었다 해도 기판력이 생기지 않는다. 특히 전소 확정판결이 **동시이행판결**인 경우 비록 판결주문에 동시이행관계가 표시되기는 하나, 동시이행관계에 있는 반대채권의 존부 및 액수 등에 대해서는 기판력이 생길 여지가 없다.[1] 그러나 동시이행판결인 경우 동시이행의 **조건이 붙어 있다는** 점에 관해서는 기판력이 미친다.[2]

(4) 상계항변에 대한 판단의 경우

(a) 상계항변에 기판력이 미치는 의의

피고가 상계항변을 제출했을 경우에 **자동채권(반대채권)의 존부**에 대하여 비록 판결이유에서 판단하게 되지만 상계하자고 **대항한 액수**에 한하여 기판력이 생긴다(법 216조 2항).[3] 판결이유에서의 판단임에도 불구하고 상계 주장에 관한 법원의 판단에 기판력을 인정한 취지는, 만일 이에 대하여 기판력을 인정하지 않는다면 원고의 소구채권의 존부에 대한 분쟁이 나중에 다른 소송으로 제기되는 피고의 반대채권의 존부에 대한 분쟁으로 변형됨으로써 상계 주장의 상대방은 상계를 주장한 사람이 그 반대채권을 이중으로 행사하는 것에 의하여 불이익을 입을 수 있게 될 뿐만 아니라 상계 주장에 대한 판단을 전제로 이루어진 원고의 소구채권의 존부에 대한 전소의 판결이 결과적으로 무의미하게 될 우려가 있게 되므로, 이를 막기 위함이다.[4]

■ 상계 주장의 대상이 된 수동채권이 동시이행항변으로 행사된 채권일 경우 그러한 상계 주장에 대한 법원의 판단에 기판력이 발생하는지 여부

(1) 원 칙

상계 주장에 관한 판단에 기판력이 인정되는 경우는, 상계 주장의 대상이 된 수동채권이 소송물로서 심판되는 **소구채권**이거나, 그와 실질적으로 동일하다고 보이는 경우(가령 원고가 상계를 주장하면서 청구이의의 소를 제기하는 경우 등)이다.

---

1) 대판 2007. 2. 22. 2005다17082,17099, 2021. 8. 12. 2021다215497.
2) 대판 1975. 5. 27. 74다2074, 1996. 7. 12. 96다19017; 이재성, "동시이행 청구에 있어서의 반대급여와 확정력," 법학(서울대학교 법학연구소) 17권 1호(1976. 6.), 135쪽 이하; 이시윤, "상환이행 판결의 기판력의 범위," 판례회고(서울대학교) 4호(1976. 9.), 199쪽 이하.
3) 대판 2014. 4. 10. 2013다54390. 따라서 예컨대 예비적 반소의 원인채권인 계약금반환채권에 기한 상계항변이 다른 사건에서 인용되어 이미 확정된 이상, 예비적 반소는 소의 이익이 없어 부적법하게 된다. 대판 2010. 8. 26. 2010다30966,30973.
4) 대판 2005. 7. 22. 2004다17207, 2022. 2. 17. 2021다275741.

즉 상계를 주장한 반대채권과 그 수동채권을 기판력의 관점에서 동일하게 취급해야
할 필요성이 인정되는 경우이다.

　(2) 구체적 경우

　　예컨대 매도인 갑이 매수인 을에게 토지를 매도하여 인도했으나 을이 계약상 의
무를 이행하지 않아 매매계약을 해제하고 토지인도를 구하는 소를 제기한 경우 그
소송에서 을이 위 매매계약의 해제에 따른 중도금반환채권으로 **동시이행항변**을 하
자, 갑은 을이 그 동안 토지점유·사용에 따른 약정점용료채권을 자동채권으로 하
여 **상계재항변**을 한 경우와 같이, 상계 주장의 대상이 된 수동채권이 동시이행항변
에 행사된 채권일 경우에는 그러한 상계 주장에 대한 판단에는 기판력이 발생하지
않는다고 보아야 한다.

　　위와 같이 해석하지 않는다면 동시이행항변이 상대방의 상계재항변에 의하여 배
척된 경우에 그 동시이행항변에 행사된 채권을 나중에 소송상 행사할 수 없게 되어
법 216조(기판력의 객관적 범위)가 예정하고 있는 것과 달리 **동시이행항변**에 행사
된 채권의 존부나 범위에 관한 판결이유에서의 판단에 **기판력이 미치는 결과**에 이
르기 때문이다.[1] 따라서 앞서의 예에서 을은 비록 전소에서 제출한 동시이행항변이
피고의 상계재항변에 의하여 배척되었다고 하더라도 을로서는 여전히 위 동시이행
항변에 행사된 채권(중도금반환채권)을 행사할 수 있으므로, 을은 갑을 상대로 후소
로 그 중도금반환채무의 이행을 구하는 소를 제기할 수 있다.

　　물론 앞서 본 바와 같이 법원으로서는 전소와 후소가 당사자가 같고 분쟁의 기
초가 된 사실도 같으나 다만 기판력에 저촉되지 않은 결과 새로운 청구를 할 수 있
는 경우에 해당하므로 종전 소송에서의 판단이유를 합리적인 이유 없이 배척할 수
없게 되는 제한(**증명효**)을 받는다.[2]

(b) 상계항변에 기판력이 미치는 경우

　상계항변에 기판력이 인정되기 위해서는 **자동채권**(반대채권)**의 존부**에 대하여
실질적인 판단을 한 경우이어야 한다. 따라서 상계항변이, ① 실기한 공격방어방법
으로 각하되거나(법 149조), ② 성질상 상계가 허용되지 않거나(민 496조, 492조 1항
단서 등),[3] ③ 상계부적상(민 492조 1항 본문)을 이유로 배척된 경우에는 이에 해당되

---

1) 대판 2005. 7. 22. 2004다17207.
2) 김상환, "상계 주장의 대상이 된 수동채권이 동시이행항변으로 행사된 채권일 경우, 그러한
　상계 주장에 대한 법원의 판단에 기판력이 발생하는지 여부," 대법원판례해설 57호(2005년 하
　반기), 478쪽 이하.
3) 항변권이 부착되어 있는 채권을 자동채권으로 하여 다른 사람의 채무와의 상계를 허용한다
　면 상계라는 일방의 의사표시에 의하여 상대방의 항변권 행사의 기회를 상실케 하는 결과가
　되므로 이와 같은 상계는 그 성질상 허용할 수 없다. 대판 1969. 10. 28. 69다1084, 1975. 10.
　21. 75다48.

지 않는다.1)

(c) 상계항변에 기판력이 미치는 사항

1) 자동채권의 부존재로 **상계항변이 배척된 때**에는 **자동채권**(반대채권)의 **부존재**에 기판력이 생긴다. 자동채권이 부존재한다는 판결이유 중의 판단의 **기판력**은 특별한 사정이 없는 한 '법원이 자동채권의 존재를 인정했더라면 상계에 관한 실질적 판단으로 나아가 **수동채권**의 **상계적상일까지의 원리금**과 대등액에서 소멸하는 것으로 판단할 수 있었던 **자동채권의 원리금 액수**'의 범위에서 발생한다.2) 이러한 법리는 피고가 상계항변으로 주장하는 **반대채권의 액수**가 소송물로서 심판되는 **소구채권의 액수**보다 더 큰 경우에도 마찬가지로 적용된다.3)4)

■ 전소 확정판결에서 여러 개의 자동채권 가운데 일부만 그 존재를 인정하고 나머지는 모두 부존재한다고 판단한 경우 판결이유 중의 판단의 기판력의 범위

(1) 판례의 태도

1) 피고가 전소에서 상계항변을 하면서 2개 이상의 자동채권을 주장했는데 전소 법원이 그 가운데 어느 하나의 자동채권의 존재를 인정하고 수동채권의 일부와 대등액에서 상계하는 판단을 하고, 나머지 자동채권들을 모두 부존재한다고 판단하여 그 부분 상계항변은 배척한 경우에, 수동채권 중 위와 같이 상계로 소멸하는 것으로 판단된 부분은 피고가 주장하는 자동채권들 가운데 그 존재가 인정되지 않은 채권들에 관한 분쟁이나 그에 관한 법원의 판단과는 관련이 없어 기판력의 관점에서 동일하게 취급할 수 없다. 따라서 그와 같이 **자동채권들이 부존재한다는 판단**에 대하여 **기판력이 발생하는 전체 범위**는 위와 같이 **상계를 마친 후의 수동채권의 잔액을 초과할 수 없다**고 보아야 한다. 이러한 법리는 피고가 주장하는 2개 이상의 반대채권의 원리금 액수의 합계가 법원이 인정하는 수동채권의 원리금 액수를 초과하

---

1) **판례**도, 상계항변에서 들고 나온 자동채권을 부정하여 그 항변을 배척하는 것과 그 자동채권의 성립은 인정되나 성질상 상계를 허용할 수 없다 하여 상계항변을 배척하는 것은 얼핏 보아 그 형식면에서는 같을지라도 전자의 경우에는 기판력이 있으므로, 위 양자는 판결의 효력이 다른 것이라고 한다. 대판 1975. 10. 21. 75다48.

2) 대판 2004. 3. 26. 2002다6043, 2018. 8. 30. 2016다46338.

3) 대판 2018. 8. 30. 2016다46338.

4) 상계의 효력은 상계적상시로 소급하여 발생하는데(민 493조 2항), 상계적상은 자동채권과 수동채권이 상호 대립하는 때에 비로소 생긴다. **채권양수인**이 **양수채권**을 자동채권으로 하여 그 채무자가 채권양수인에 대해 가지고 있던 기존 채권과 상계한 경우, 채권양수인은 채권양도의 **대항요건이 갖추어진 때**에 비로소 자동채권을 행사할 수 있으므로 채권양도 전에 이미 양 채권의 변제기가 도래했다고 하더라도 상계의 효력은 변제기로 소급하는 것이 아니라 채권양도의 대항요건이 갖추어진 시점으로 소급한다. 대판 2022. 6. 30. 2022다200089.

는 경우에도 마찬가지로 적용된다.[1]

2) 이 경우 **자동채권의 부존재**에 대한 **기판력의 범위의 상한**이 되는 **상계를 마친 후의 수동채권의 잔액**은 **수동채권의 원금 잔액**만을 의미한다. 부존재한다고 판단된 자동채권에 관하여 법원이 그 존재를 인정하여 수동채권 중 일부와 상계하는 것으로 판단했을 경우를 **가정**하더라도, 그러한 상계에 의한 수동채권과 해당 자동채권의 차액계산 또는 상계충당은 수동채권과 해당 자동채권의 **상계적상의 시점**을 기준으로 하였을 것이고, **그 이후에** 발생하는 **이자·손해배상금채권**은 어차피 그 상계의 대상이 되지 않았을 것이기 때문이다[다만 위와 같은 **가정적인 상계적상 시점**이 '**실제 법원이 상계항변을 받아들인 반대채권**'에 관한 상계적상 시점(**실제 상계적상 시점**)보다 더 뒤라는 등의 **특별한 사정**이 있다면 그렇지 않다].

(2) 구체적 사례

1) 원고가 피고를 상대로 피고에 대한 X 채권(소구채권, 원금 3,000만원)의 이행을 구하는 소를 제기했다. 피고는 위 소에서 상계항변을 하면서 A 채권(원금 7,000만원)과 B 채권(원금 2,000만원) 등 2개의 채권을 주장했다(피고 주장의 위 2개의 반대채권의 채권액은 소구채권의 액수를 초과한다). 전소 법원은 위 2개의 반대채권 가운데 B 채권만이 존재한다고 보아 이를 자동채권으로 하여 원고의 수동채권과 대등액에서 상계하는 판단을 하고, A 채권은 부존재한다고 판단했다.

원고의 X 채권과 피고의 B 채권의 상계적상일은 2021. 6. 30.인데, 위 상계적상일까지의 X 채권의 원리금 액수와 A 채권의 원리금 액수가 대등액에서 상계되어 그 범위에서 X 채권이 소멸되었다. 설명의 편의상 각 원리금 액수를 고려하지 않으면 위 사례에서 B 채권과 상계되어 소멸한 **전소의 소구채권** 중 2,000만원 부분에 대하여 소구채권 및 자동채권인 B에 대하여 기판력이 발생한다. 그리고 전소 법원이 **A 채권이 부존재**한다고 판단한 데 대한 기판력은 앞서의 **상계로 인하여 대등액에서 소멸한 후의 수동채권인 X 채권의 잔액**인 1,000만원(3,000만원 − 2,000만원)을 한도로 발생한다.

2) 상계로 인하여 대등액에서 소멸한 후의 **수동채권인 X 채권의 잔액**에 **이자·지연손해금채권**을 **포함할 여부**는, 전소에서 부존재한다고 판단을 받은 자동채권이 존재하는 것으로 판단되었을 경우를 가정할 때 상계할 수 있었던 날, 즉 수동채권인 X 채권과 해당 자동채권인 A 채권 **모두 변제기가 도달할 날(가정적 상계적상일)**을 기준으로 판단하게 된다. 따라서 만약 가정적 상계적상일이 **실제 상계판단**이 이루어진 2021. 6. 30.보다 **이전이라면**, '그 상계로 인하여 대등액에서 소멸한 후의 수동채권의 **원금 잔액**'을 한도로 기판력이 발생한다. 반면 가정적 상계적상일이 **실제 상계판단**이 이루어진 2021. 6. 30. **뒤라면**, 위와 같은 **원금 잔액**에 '가정적 상계적상일까지의 **이자·손해배상채권**'을 **합산한 금액**을 한도로 기판력이 발생한다.[2]

---

1) 대판 2018. 8. 30. 2016다46338.

2) 이에 관한 구체적 설명은, 양진수, "상계항변이 배척된 경우에 반대채권(또는 자동채권)이

2) **상계항변이 채택된 때**에는 수동채권과 자동채권이 다함께 존재했다가 그
것이 상계에 의하여 소멸되었다는 점에 기판력이 생긴다고 볼 것인지,[1] 이 경우
에도 현재의 법률관계로서 자동채권이 부존재한다는 점에 기판력이 생긴다고 볼
것인지 논의의 여지가 있다. 상계항변이 채택된 때에도 **수동채권**인 소구채권도
존재했다가 상계에 의하여 소멸된 데 대해서도 기판력이 미친다고 보아야 한다.
다만 소구채권이 상계로 대항한 액수의 범위에서 소멸하면 원고의 청구는 그 범
위 내에서 이유 없어 기각하는 판결이 선고되고, 이는 **판결주문**에 포함된 사항으
로 당연히 기판력이 미치게 된다. 따라서 상계로써 대항한 액수 범위에서 소멸한
수동채권에 대해서는 이를 상계항변에 따른 기판력으로 볼 필요가 없다. 결국 상
계항변에 따른 기판력은 **자동채권**에 관해서 **상계로써 주장한 액수**에 한하여 기판
력이 미치는 데에 의의가 있다.[2]

(d) 상계항변과 판결이유상 특정정도

상계를 주장하면 그것이 받아들여지든 않든 상계하고자 대항한 액수에 대하
여 기판력이 생기므로, 상계의 항변이 이유 있고 일견하여 자동채권의 수액이 수
동채권의 수액을 초과하는 것이 명백해 보이는 때라도, 자동채권에 대하여 어느
범위에서 **상계의 기판력**이 미치는지 판결이유 자체로 당사자가 분명하게 알 수
있을 정도까지는 밝혀 주어야 한다.[3] 한편 **여러 개**의 **자동채권**으로 한 상계항변
이 이유 있고 수동채권의 원리금이 자동채권의 원리금 합계에 미치지 못하는 때
에는 최소한 **상계충당**이 지정충당(민 499조·476조)에 의하게 되는지 법정충당(민
499조·477조)에 의하게 되는지 여부를 밝히고, 지정충당이 되는 경우라면 어느 자
동채권이 우선 충당되는지를 특정해야 한다.[4]

부존재한다는 판결이유 중의 판단에 관하여 기판력이 발생하는 범위," 대법원판례해설 제117
호(2019년), 274쪽 이하.

[1] 김용철, "기판력의 범위와 실권효," 법조 32권 11호(1983. 11.), 13쪽; 김윤종, 주석서(2), 813쪽.
[2] 다만 앞서의 어느 견해를 취하더라도 원고가 피고의 반대채권이 당초부터 부존재했다고 주
장하거나, 피고가 원고의 소구채권이 상계 이외의 다른 이유로 부존재했다고 주장하여 부당이
득반환청구나 손해배상청구의 후소를 제기할 수 없으므로, 논의의 실익은 없다. 김홍규·강태
원, 689쪽.
[3] 상계적상의 시점 이전에 수동채권의 변제기가 이미 도래하여 지체가 발생한 상태라고 인정
된다면, 법원으로서는 상계에 의하여 소멸되는 채권의 금액을 일일이 계산할 것까지는 없다고
하더라도 최소한 **상계적상의 시점** 및 **수동채권의 지연손해금의 기산일과 이율** 등을 구체적
으로 특정해 주어야 한다. 대판 2013. 11. 14. 2013다46023.
[4] 자동채권으로 **이자채권**이나 **지연손해금채권**이 함께 주장되는 경우에는 그 **기산일**이나 **이율**

(e) 상계항변과 항소심판결

소구채권 그 자체를 부정하여 원고의 청구를 기각한 제 1 심판결과 소구채권은 인정하면서도 상계항변을 받아들인 결과 원고의 청구를 기각한 항소심판결은 기판력의 범위를 서로 달리하므로, 항소심으로서는 그 결론이 같다고 하여 원고의 항소를 기각할 것이 아니라 제 1 심판결을 취소하고 다시 원고의 청구를 기각하는 판결을 해야 한다.[1]

Ⅶ. 기판력의 주관적 범위

1. 당 사 자

기판력은 원칙적으로 당사자 사이에만 미치고 제 3 자에게는 미치지 않는다(법 218조 1항). 이를 **기판력의 상대성의 원칙**이라 한다. 소송에 관여하지 않았던 제 3 자는 자기의 이익이나 주장을 소송절차의 과정에서 반영시킬 수 없었기 때문에 그 결과에 대하여 책임을 부담하지 않는다.[2] 따라서 소송 밖의 제 3 자는 물론 법정대리인, 소송대리인, 보조참가인(공동소송적 보조참가인이 아닌 통상의 보조참가인), 공동소송인에게도 기판력은 미치지 않으며, 단체가 당사자가 된 경우에라도 그 대표자나 구성원에게는 기판력이 미치지 않는다.[3]

판결에 표시된 채무자의 포괄승계인이나 특정승계인이 아니면 판결에 표시된 채무자 외의 사람이 실질적으로 부담해야 하는 채무자(**실질적 채무자**)라고 해도 기판력이 미치지 않는다.[4] **법인격부인**과 관련하여 당사자(거래회사)와 배후의 주체는 별개의 법인격이므로 당사자에 대한 판결의 효력이 배후의 주체에 미치지 않

등도 구체적으로 특정해 주어야 한다. 대판 2011. 8. 25. 2011다24814, 2013. 2. 28. 2012다94155.

1) 대판 2013. 11. 14. 2013다46023.

2) 대판 2000. 6. 9. 98다54397, 2001. 9. 14. 99다42797 등; 양병회, "판결효의 인적 범위에 관한 소고," 현대법학의 이론 3권(우제이명구박사화갑기념, 1996. 11.), 226쪽 이하.

3) 대판 2010. 10. 23. 2010다58889.

4) 대판 1995. 5. 12. 93다44531, 2002. 10. 11. 2002다43851, 2018. 9. 13. 2018다231031(지부·분회·지회 등 어떤 법인의 하부조직을 상대로 일정한 의무의 이행을 구하는 소를 제기하여 승소확정판결을 받은 경우 그 판결의 집행력이 해당 지부·분회·지회 등을 넘어서 소송의 당사자도 아닌 법인에까지 미친다고 볼 수는 없으므로 그 판결을 집행권원으로 하여 법인의 재산에 대해 강제집행을 할 수는 없고, 법인의 재산에 대한 강제집행을 위해서는 그 법인 자체에 대한 별도의 집행권원이 필요하다).

음은 이미 법인격부인과 당사자의 확정에서 본 바와 같다.

2. 변론종결 뒤의 승계인

(1) 의   의

1) 확정판결의 기판력은 당사자는 물론 변론종결 뒤의 승계인(무변론판결의 경우에는 판결선고 뒤의 승계인)에 대해서도 효력이 미친다(법 218조 1항). 변론종결 뒤의 특정승계는 피승계인으로부터 **소송물**인 실체법상 권리나 의무 자체를 승계한 경우에 국한하지 않고[이에 국한된다는 입장을 **실체적 의존관계설**이라 한다] 소송물에 관한 **당사자적격**을 승계한 경우도 포함한다. 이러한 입장을 **적격승계설**이라 한다(**통설**).[1]

2) 변론종결 뒤에 당사자로부터 **소송물**인 **실체법상 권리나 의무**를 승계한 사람으로서는, 예컨대 ① 소유권확인판결에서 소유권의 양수인, ② 이행판결에서 채권의 양수인,[2] ③ 이행판결에서 채무의 면책적 인수인[3][4] 등이 이에 해당한다. 한편 변론종결 뒤에 소송물인 권리나 의무 자체를 승계한 것은 아니나, 소송물에 관한 **당사자적격**을 승계한 사람(동일사건에 대하여 다시 소송을 한다면 당사자가 될 사람)으로는, 예컨대 **건물인도청구소송**에서 목적물인 **건물의 소유권**을 양수한 사람 등이 이에 해당한다. **판례**도 **적격승계설**의 입장에 있다. 즉 **판례**는 소송의 목적물인 권리관계의 승계란 소송물인 권리관계의 양도뿐만 아니라 **당사자적격 이전의 원인**이 되는 실체법상의 권리 이전을 널리 포함하는 것이라고 보고 있다.[5]

---

1) 이시윤, 694쪽; 송상현·박익환, 465쪽.
2) **판례**는, 집행권원상의 청구권이 양도되어 대항요건을 갖춘 경우 **집행당사자적격**이 양수인으로 변경되고, 양수인이 승계집행문을 부여받음에 따라 집행채권자는 양수인으로 확정된다고 본다. 대판 2008. 2. 1. 2005다23889.
3) 대판 2016. 9. 28. 2016다13482. 중첩적 채무인수는 당사자의 채무는 그대로 존속하며 이와 별개의 채무를 부담하는 것에 불과하므로 중첩적 채무인수인은 승계인에 해당하지 않는다. 대결 2010. 1. 14. 2009그196.
4) 주택임대차보호법 3조 4항은 임차주택의 양수인은 임대인의 지위를 승계한 것으로 본다고 규정하고 있는데 이는 **법률상 당연승계** 규정으로 보아야 하므로, 임차주택이 양도된 경우에 그 양수인은 주택의 소유권과 결합하여 임대인의 임대차계약상의 권리·의무를 그대로 승계한다. 그 결과 양수인이 임대차보증금반환채무를 **면책적으로 인수**하고, 양도인은 임대차관계에서 탈퇴하여 임차인에 대한 임대차보증금반환채무를 면하게 된다. 대판(전) 2013. 1. 17. 2011다49523. 따라서 변론종결 뒤 임차주택을 양수한 사람은 민사소송법 218조 2항의 변론종결 뒤의 승계인에 해당한다. 대결 2002. 1. 30. 2001그35, 대판 2022. 3. 17. 2021다210720.
5) 대판 2003. 2. 26. 2000다42786.

(2) 기판력의 객관적 범위와의 관계

전·후소 소송물이 동일하거나 선결관계 또는 모순관계에 있는 등 기판력이 미치는 **객관적 범위**에 해당하지 않는 경우에는 전소 확정판결의 변론종결 뒤에 당사자로부터 소송의 목적물 등을 승계한 사람이 후소를 제기하더라도 그 후소에 전소 확정판결의 기판력이 미치지 않는다.[1]

(3) 승계의 모습

승계의 피승계인이 원고·피고이든, 승소자·패소자이든 불문한다. 승계의 모습이 일반승계·특정승계인지를 가리지 않으며, 승계원인도 임의처분·국가의 강제처분, 법률의 규정에 기한 것이든 차이가 없다.

(4) 승계의 시기

승계의 시기는 사실심 변론종결 뒤이어야 한다. **제 1 차 승계**가 변론종결 전에 있었다면 비록 **제 2 차 승계**가 변론종결 뒤에 있었다 할지라도 제 2 차 승계인은 변론종결 뒤의 승계인이 아니다.[2] 매매 등 원인행위가 변론종결 이전이라도 등기를 뒤에 갖추었으면 변론종결 뒤의 승계로 보아야 한다.[3] 한편 변론종결 전에 경료된 소유권이전등기청구권 보전의 **가등기**(순위보전 가등기, 일반가등기)에 기하여 변론종결 뒤에 **소유권이전등기**(본등기)가 이루어진 경우에는 변론종결 뒤의 승계인이다[본등기의 순위만 가등기의 순위에 따를 따름이다(부등 91조)].[4]

(5) 전소 소송물에 의한 승계인 여부 판단

(a) 문 제 점

부동산·동산 등에 관한 **등기관계소송**(이전등기·말소등기 등 소송)이나 **인도·철거 등 소송**의 확정판결의 기판력이 미치는 법 218조 1항의 **승계인**인지 여부에 관해서는 원칙적으로 소송물에 관한 소송물이론의 입장에 따라 달리 보고 있다. 주로 원고가 피고를 상대로 이러한 소를 제기하여 승소확정판결을 받았는데도,

---

1) 대판 2014. 10. 30. 2013다53939, 2020. 5. 14. 2019다261381.

2) 대결 1967. 2. 23. 67마55.

3) 소유권이전등기말소청구소송을 제기당한 사람이 소송계속 중 해당 부동산의 소유권을 다른 사람에게 이전한 경우에는, 부동산물권 변동의 효력이 생기는 때인 소유권이전등기가 이루어진 시점을 기준으로 그 승계가 변론종결 전의 것인지 변론종결 뒤의 것인지 여부를 판단해야 한다. 대판 2005. 11. 10. 2005다34667,34674.

4) 대판 1992. 10. 27. 92다10883.

피고가 전소 변론종결 뒤 제 3 자에게 소송물에 관한 권리관계를 이전한 경우 그 제 3 자에게 전소 확정판결의 기판력(집행력)이 미치는지 문제이다.

(b) 소송물이론과의 관계

구소송물이론은 기판력의 주관적 범위를 정하는 데 전소 소송물인 청구권이 물권적인 것인지, 채권적인 것인지에 따라 다르게 취급하고 있다. 이는 **판례**가 취하는 입장이다. 이에 관해서는 아래에서 상세히 보기로 한다. 신소송물이론은 기판력의 주관적 범위를 정하는 데 전소 청구권이 물권적 청구권인지, 채권적 청구권인지를 문제삼지 않는다. 따라서 신소송물이론에 의하면 기판력이 미치는 승계인의 범위가 지나치게 넓게 된다.

(c) 전소 소송물이 물권적 청구권인 경우

전소 소송물이 **물권적 청구권**인 경우로서, 예컨대 ① 소유권에 기한 방해배제로서 원인무효인 소유권이전등기의 말소를 명하는 판결이 확정된 경우에 그 변론종결 뒤에 피고로부터 소유권이전등기 또는 담보권설정등기를 경료받은 사람,[1] ② 소유권에 기한 방해배제로서 근저당권설정등기가 애당초 원인무효임을 이유로 그 말소를 명하는 판결이 확정된 경우에 그 변론종결 뒤에 그 근저당권에 기한 담보권실행절차에서 부동산을 매수·취득하거나, 이를 전득(轉得)한 사람,[2] ③ 토지소유권에 기한 건물철거청구소송에서 원고가 패소확정판결을 받은 경우 그 변론종결 뒤에 피고로부터 건물을 매수한 사람[3] 등은 모두 법 218조 1항의 승계인에 해당하여 기판력이 미친다. 다만 소유권이전등기의 말소등기청구를 인용한 확정판결의 기판력은 소유권의 존부에는 미치지 않으므로 그 판결 뒤에 등기명의인을 상대로 처분금지가처분등기를 한 사람은 법 218조 1항의 승계인에 해당하지 않는다.[4]

(d) 전소 소송물이 채권적 청구권인 경우

전소 소송물이 **채권적 청구권**인 경우로서, 예컨대 ① 채권적 청구권에 기한 건물인도소송의 변론종결 뒤에 건물의 점유를 승계한 사람,[5] ② 매매로 인한 소유권

---

1) 대판 1976. 6. 8. 72다1842, 1977. 3. 22. 76다2778, 1980. 5. 13. 79다1702 등.
2) 대판 1974. 12. 10. 74다1046, 1994. 12. 27. 93다34183.
3) 대판 1991. 3. 27. 91다650,667.
4) 대판 1998. 11. 27. 97다22904.
5) 대판 1991. 1. 15. 90다9964.

이전등기소송의 변론종결 뒤에 해당 목적부동산을 이중매수하는 등으로 매도인으로부터 취득하여 소유권이전등기를 경료받은 사람,[1] ③ 취득시효완성을 이유로 한 소유권이전등기소송의 변론종결 뒤에 승소 원고로부터 소유권이전등기를 경료받은 사람,[2] ④ 임차권에 기한 건물인도청구소송의 변론종결 뒤에 그 건물의 소유권을 양수받아 점유하고 있는 사람,[3] ⑤ 건물신축공사를 위하여 토지를 점유·사용할 수 있는 채권적 청구권을 취득한 소송의 변론종결 뒤에 그 토지에 관한 지상권을 취득한 사람,[4] ⑥ 채권계약에 근거한 통행권에 관한 소송의 변론종결 뒤에 해당 토지의 소유권을 취득한 사람[5] 등은 모두 법 218조 1항의 승계인에 해당하지 않는다.

(6) 전소 원고에 대한 제3자의 실체법상 항변권 유무에 의한 승계인 여부 판단

(a) 문 제 점

원고가 승소확정판결을 받은 경우 변론종결 뒤에 권리를 취득한 제3자가 원고에게 대항할 실체법상 독자적인 권리(**실체법상 고유한 항변권**)를 가지는 때에도 **법 218조 1항의 승계인**에 해당하는지 여부에 관하여 논의가 있다. 예컨대 ① 원고가 매수인으로서 매도인인 피고를 상대로 부동산 매매계약에 기하여 소유권이전등기 청구소송을 제기하여 승소확정판결을 받은 경우 패소한 피고로부터 위 부동산을 매수하여 소유권이전등기를 마친 사람[**부동산소송에서, 실체법상 원고의 청구권이 채권적 청구권**이므로 **제3자에게 대항할 수 없는 경우**이다], ② 원고가 매도인으로서 매수인인 피고를 상대로 부동산 매매계약이 통정허위표시로 무효라고 주장하면서 소유권이전등기의 말소등기청구소송을 제기하여 승소확정판결을 받은 경우 패소한 피고로부터 선의로 위 부동산을 매수하여 소유권이전등기를 마친 사람[**부동산소송에서, 실체법상 원고의 청구권이 물권적 청구권**이지만 **제3자에게 대항할 수 없는 경우**이다(민

---

1) 대판 1980. 11. 25. 80다2217, 1993. 2. 12. 92다25151, 2003. 5. 13. 2002다64148. 한편 대판 1987. 3. 24. 86다카1958, 1996. 6. 25. 96다8666은, 소유권이전등기를 명하는 확정판결에 기하여 소유권이전등기를 경료한 경우, 그 패소자가 그 등기뿐만 아니라 그 등기에 근거하여 이루어진 제3자 명의의 이전등기가 원인무효임을 주장하여 말소를 구하는 것 역시 기판력에 저촉된다고 보고 있다. 이에 대하여, 확정판결에 기하여 경료된 등기 그 자체의 말소를 구하는 것은 기판력에 저촉되지만 제3자 명의의 이전등기의 원인무효를 주장하는 것은 기판력 저촉의 문제라기보다는 그 등기의 기초가 된 앞의 등기가 원인무효가 아니기 때문에 제3자 명의의 등기 또한 원인무효로 될 수 없을 뿐이라고 보아야 한다는 견해로는, 김능환, "재판상화해에 대한 준재심과 특정승계인," 민사재판의 제문제 11권(변재승·권광중선생화갑기념, 2002. 12.), 1125쪽 이하.

2) 대판 1997. 5. 28. 96다41649.

3) 대판 1991. 1. 15. 90다9964.

4) 대판 2008. 2. 15. 2005다47205.

5) 대판 1992. 12. 22. 92다30528.

108조 2항). 이러한 **통정허위표시**의 경우 외에도 **비진의의사표시**(민 107조 2항), **착오로 인**
한 의사표시(민 109조 2항), **사기·강박에 의한 의사표시**(민 110조 3항) 등의 경우도 마찬가
지이다], ③ 원고가 소유자로서 피고를 상대로 소유권에 기하여 동산인도청구소송을
제기하여 승소확정판결을 받은 경우 패소한 피고로부터 위 동산을 선의취득한 사
람[동산소송에서, 실체법상 원고의 청구권이 **물권적 청구권**이지만 **제 3 자에게 대항할 수 없**
는 경우이다(민 249조)] 등이 이러한 제 3 자가 승계인에 해당하는지 문제가 된다.

(b) 견해의 대립

형식설은 실체법상 대항할 수 있는 권리를 가진 사람으로서 실체법상 보호될
제 3 자인 경우에도 일단 승계인으로 보아 기판력이 미치도록 하고, 그 후 실체
법상 대항할 수 있는 고유의 권리를 주장할 수 있도록 하자는 견해이다. 이러한
입장에서는, 기판력을 미치게 하면서 승계시기가 변론종결 전인 사실을 뒤에 주
장·증명하게 한 추정승계인제도(법 218조 2항)를 근거로 들기도 하고, 기판력이 확
장되는 승계인을 당사자적격이나 분쟁주체인 지위의 승계에서 찾기도 한다.[1]

이에 대하여 **실질설**은 실체법상 보호될 제 3 자인지 아닌지를 기준으로 승계
인의 범위를 결정해야 한다는 입장으로, 실체법상 대항할 수 있는 권리를 가진
제 3 자는 당사자와 동일시할 수 있는 지위에 있다고 할 수 없으므로, 기판력이
확장되는 승계인의 범위에서 제외된다고 보는 견해이다.[2]

(c) 소송물이론과의 관계

구소송물이론을 취하는 입장에서는, 실체법상 권리를 기초로 하여 기판력의
주관적 범위를 정하므로, 청구권이 채권적 청구권인지, 물권적 청구권인지에 따라
승계인에 해당하는지를 판단하게 된다.[3] 따라서 **실질설**의 입장을 취하게 된다.
즉 앞서 승계인의 범위에서 본 바와 같이 실체법상 대항할 수 있는 권리를 가진
제 3 자는 실질상 당사자의 지위나 권리관계를 승계했다고 할 수 없으므로, 기판
력이 확장되는 법 218조 1항의 승계인에 해당하지 않는다고 본다.

그런데 **신소송물이론**을 취하는 입장에서는, 청구권이 채권적 청구권인지, 물

---

1) 이시윤, 696쪽; 김홍규·강태원, 696쪽; 정동윤·유병현·김경욱, 857쪽; 송상현·박익환,
466쪽; 강현중, 755쪽; 정영환, 1267쪽.
2) 홍기문, "변론종결 후의 승계인," 민사소송 1권(1998. 1.), 27쪽 이하; 호문혁, 776쪽; 김용
진, 453쪽; 한충수, 635쪽; 범경철·곽승구, 567쪽.
3) 판례의 이러한 입장을 비판하는 견해로는, 김용철, "임대가옥명도청구소송에 있어서 소송물
이론을 중심으로 한 기판력의 범위," 법학논집(취봉김용철선생고희기념, 1993. 12.), 36쪽 이하.

권적 청구권인지를 구별하지 않고 변론종결 뒤에 권리의 변동이 있는 경우 일단 승계인으로 보게 된다. 따라서 기본적으로는 **형식설**의 입장을 취하게 된다.

(d) 검   토

실질설 또는 형식설의 어느 입장에 따르든, 실체법상 대항할 수 있는 권리를 가지고 있는 제 3 자는 결국 강제집행을 받지 않게 되는 점에는 차이가 없다. 다만 **형식설**에 의하면 그 제 3 자를 일단 승계인에 해당한다고 보므로 집행채권자(피승계인의 상대방)는 그 제 3 자가 표준시 뒤의 승계인인 사실을 증명하면 승계집행문(민집 31조)을 부여받을 수 있게 되어, 실체법상 대항할 수 있는 권리를 가진 **제 3 자가 집행문부여에 대한 이의신청**(민집 34조), 또는 **집행문부여에 대한 이의의 소**(민집 45조)를 제기할 책임이 있게 된다.

이에 대하여, **실질설**에 의하면 그 제 3 자를 애당초부터 승계인에 해당하지 않는다고 보므로 승계집행문 부여의 단계에서 그 제 3 자가 실체법상 대항할 수 있는 권리를 가지고 있다고 보여지는 경우[즉 집행채권자가 제 3 자에게 대항할 수 있는 권리를 가지고 있어 제 3 자가 승계인이 된다는 사실을 증명하지 못하는 경우(민집 31조 1항)]에는 집행채권자가 승계집행문을 부여받을 수 없게 되어, **집행채권자가 집행문부여거절에 대한 이의신청**(민집 34조), 또는 **집행문부여의 소**(민집 33조)를 제기할 책임이 있게 된다.

실질설에 의하면 제 3 자가 실체법상 대항할 수 있는 권리가 있는지 여부에 관하여 실체적 판단이 이루어지기 전에는 기판력이 미치는 승계인인지가 판명되지 않는다는 문제점이 있으나,[1] 이는 구소송물이론 체계하에서는 부득이한 일이며, 더구나 제 3 자가 실체법상 대항할 수 있는 권리를 가지고 있음에도 불구하고 앞서 본 바와 같이 오히려 제 3 자로 하여금 소제기 등 권리구제의 부담을 주는 것은 부당하므로 **실질설**이 타당하다고 본다.

■ **실질설을 취하는 경우 승계집행문의 부여 여부**

(1) 일반적 경우

실질설을 취하는 경우 집행채권자의 청구권이 **물권적 청구권**인 경우에는 대세적 효력이 있어 변론종결 뒤 권리취득자는 원칙적으로 집행채권자에게 대항할 수 없으므로 승계인에 해당된다. 따라서 집행문부여기관인 법원사무관 등은 재판장 또는

---

1) 피정현, "변론종결 후의 승계인에 대한 판결의 효력," 비교사법 6권 1호(1999. 6.), 539쪽 이하.

사법보좌관의 명령을 받아 집행채권자의 승계집행문 부여신청에 따라 승계집행문을 내어 준다(민집 32조 1항, 사보규 2조 1항 4호). 집행문부여기관은 집행채권자의 청구권이 물권적 청구권인지 여부를 판결로써 용이하게 판단할 수 있기 때문이다[재판장 또는 사법보좌관은 필요한 경우에는 서면이나 말로 채무자를 심문할 수도 있다(민집 32조 2항, 사보규 2조 1항 4호)].

(2) 집행채권자의 청구권이 물권적 청구권이더라도 제 3 자가 선의의 취득자로서 집행채권자에게 대항할 수 있는 경우

집행채권자의 청구권이 물권적 청구권이라고 하더라도 앞서와 같이 집행목적물의 변론종결 뒤 권리취득자인 제 3 자가 **선의**이어서 집행채권자에 대항할 수 있는 경우라면 그 제 3 자는 승계인에 해당하지 않을 수 있다. **실질설**을 취하는 경우 집행채권자가 승계집행문 부여신청을 하더라도 집행문부여기관으로서는 변론종결 후 제 3 자가 악의취득하였음이 밝혀지지 않는 한 승계집행문을 내어 줄 수 없다(실체법상으로도 **원고**가 제 3 자의 **악의**에 대한 **증명책임**이 있다고 본다. **판례**도 같은 취지이다).[1] 즉 승계집행문은 법원에 승계사실이 명백한 경우 외에는 집행채권자가 증명서로 승계를 증명하지 않는 한 승계집행문을 내어 주지 않는데(민집 31조), 집행채권자로서는 승계집행문 부여신청 단계에서 제 3 자가 악의취득자로서 승계인에 해당한다는 사실(승계사실)을 증명하는 것이 용이하지 않기 때문에 결국 집행문부여기관으로서는 승계집행문을 내어 주지 않게 된다. 집행채권자로서는 변론종결 뒤 권리취득자가 악의취득자로서 승계인에 해당한다고 주장하면서 **집행문부여거절에 대한 이의신청**(민집 34조) 또는 **집행문부여의 소**(민집 33조)를 제기하여, 제 3 자의 악의를 증명함으로써 승계집행문을 부여받을 수 있다.

(7) 추정승계인

(a) 의   의

법 218조 1항의 승계인에 해당하는지 여부에 관한 앞서의 논의와 더불어, 승계사실 자체가 변론종결 전에 있었는지, 그 뒤에 있었는지 **분명하지 않은 경우** 승계시기를 어떻게 볼 것인지에 관하여 문제가 된다[소송의 목적물이 **부동산**인 경우에는 등기로 공시가 되므로 승계시기가 불명확한 때를 예상하기 어려우나, 점유로 공시되는 **동산**이나 대항요건에 의한 **채권** 등의 경우에는 승계시기가 불명확한 때가 얼마든지 생길 수 있다]. **법 218조 2항**은 이러한 경우에 비록 변론종결 전에 승계가 있었다 하더라도 당사자가 변론종결 전까지 이러한 승계사실을 진술하지 않았으면 변론종

---

1) 진의 아닌 의사표시에 관해서는, 대판 1992. 5. 22. 92다2295 등. 통정의사표시에 관해서는, 대판 1998. 9. 4. 98다20981 등.

결 뒤에 승계가 있는 것으로 **법률상 추정**되어, 변론종결 전에 승계가 있었다는 **반대사실의 증명**이 없는 한 기판력이 승계한 사람에게도 미치도록 규정하고 있다. 이와 같은 경우의 승계인을 **추정승계인**이라고 한다. 법은 무변론판결(법 257조 1항 본문, 2항)의 경우에는 그 판결선고시까지 승계사실을 진술하지 않았으면 판결선고 뒤에 승계한 것으로 추정하도록 했다(법 218조 2항).[1]

(b) 변론종결 전 승계사실을 진술할 사람

여기서 변론종결 전 승계사실을 진술할 사람에 관하여, 피승계인이 진술하지 않았기 때문에 승계인에게 추정의 불이익을 입게 하는 것이 불합리하다는 이유로 '승계인'이라고 보는 견해가 있으나(**승계인설**),[2][3] 법 218조 2항에서 '당사자'라고 했으므로 승계사실을 진술할 사람은 당사자인 **피승계인**이다(**피승계인설**).[4]

(c) 승계사실에 관한 증명책임

법 218조 2항에 의하여 원고(채권자)는 일응 피승계인 상대의 승소판결로써도 뒤에 밝혀진 승계인에 대한 승계집행문을 구할 수 있다. 이 경우 **원고**는 승계사실만 주장·증명하면 된다. 추정**승계인**은 **변론종결 전**에 승계되었음을 **주장·증명**하여 기판력·집행력에서 벗어날 수 있다. 법 218조 2항의 취지는 변론종결 전의 승계를 주장하는 사람에게 그 증명책임이 있다는 뜻을 규정하여 변론종결 전의 승계사실이 증명되면 확정판결의 기판력이 그 승계인에게 미치지 않는다는 데에 있다.[5] 따라서 전소 확정판결의 기판력의 배제를 원하는 당사자 한쪽이 변론종결 전에 당사자지위의 승계가 이루어진 사실을 증명한다면, 전소 소송에서 당사자가 그 승계에 관한 진술을 했는지 여부와 상관없이, 그 승계인이 종전의 확

---

1) 입법상 무변론판결의 경우까지 추정승계인제도를 확장한 것에 의문을 제시하는 견해로는, 이시윤, 697쪽. 한편 피승계인으로서는 답변서 등을 제출하여 승계사실을 밝히는 것이 신의칙상 타당함에도 그렇게 하지 않은 것이므로 추정승계인제도는 그대로 적용하는 것이 승소한 원고의 보호라는 취지에 부합하므로 달리 문제가 될 것이 없다는 견해로는, 정영환, 1269쪽.

2) 방순원, 614쪽; 이영섭, 197쪽; 김홍규·강태원, 699쪽; 송상현·박익환, 466쪽. 이러한 입장에서 승계인으로 하여금 승계의 진술을 하도록 하기 위해서는 원고로서는 변론종결 전에 승계인에 대하여 인수승계신청(법 82조 1항)을 하는 것이 필요하며, 당사자로 된 승계인의 진술은 변론에서만이 아니라 재판 외에서 하더라도 무방하다(재판 외에서 하는 경우 변론에서 이를 원용해야 한다)고 본다.

3) 한편 상대방이 승계사실을 알도록 하는 것이 중요하므로, 승계사실의 진술은 승계인이 하든 피승계인이 하든 무관하다는 견해로는, 호문혁, 775쪽; 전원열, 546쪽.

4) 이시윤, 697쪽; 정동윤·유병현·김경욱, 857쪽.

5) 대판 1977. 7. 26. 77다92.

제3장 종국판결에 의한 종료

정판결의 기판력이 미치는 변론종결 뒤의 승계인이라는 추정은 깨어진다.[1]

3. 청구의 목적물을 소지한 사람

(1) 의   의

확정판결의 기판력은 **당사자**를 위해서 청구의 목적물을 소지하는 사람 또는 변론종결 뒤(무변론판결의 경우 판결선고 뒤)의 **승계인**을 위해서 청구의 목적물을 소지하는 사람에 대해서도 미친다(법 218조 1항). 이들은 당사자 또는 승계인은 아니지만, 그들과 같이 보아야 할 사람이므로 기판력을 미치게 해도 그의 절차권을 침해하지 않기 때문이다. **청구의 목적물**은 소송물이 **특정물의 급부**를 목적으로 하는 청구권일 때 **그 물건**(동산·부동산)을 말한다. 여기서 **청구권**은 **물권적 청구권**이든, **채권적 청구권**이든 모두 포함한다. 청구의 목적물의 **소지 시기**는 **변론종결 전**이든, **뒤**이든 묻지 않는다. 따라서 변론종결 전부터 소지한 사람도 이에 해당된다.

(2) 범   위

청구의 목적물을 소지한 사람에는 수치인, 창고업자, 관리인, 운송인 등이 있다. 그러나 임차인, 전차인, 질권자, 전세권자, 지상권자 등은 **자기의 고유이익**을 위하여 목적물을 소지한 사람이므로 이에 속하지 않는다. 법정대리인, 법인 등의 대표자,[2] 점유보조자(피고용인 등, 민 195조) 등은 이에 속하지 않는다. 본인 자신이 직접 소지한 것과 같기 때문이다[따라서 이들에 대해서는 별도의 집행권원을 필요로 하지 않는다]. 동거가족은 사회통념상 이들이 당사자와 별개의 독립한 점유를 가진다고 인정되는 등 **특별한 사정**이 없는 한 당사자의 **점유보조자**로 본다.[3][4]

---

1) 대판 2005. 11. 10. 2005다34667,34674. 위 판결의 해설로는, 이범균, 대법원판례해설 57호 (2005년 하반기), 609쪽 이하.

2) 예컨대 **집행권원상 채무자**가 **법인**인 경우 그 대표자가 법인이 소유하는 건물을 점유하고 있다면 이는 법인의 기관으로 소지하고 있음에 불과하므로 별도의 집행권원이 없더라도 퇴거시킬 수 있다. 김홍엽(민사집행), 421쪽. 그러나 **집행권원상 채무자**가 법인의 **대표자 개인**인 경우 건물의 일부가 그가 대표자로 있는 법인이 점유하고 있는 것으로 판명되었다면 그 법인이 비록 이른바 1인 회사라고 보이는 때에도 법인이 점유하는 부분에 대해서는 인도집행을 할 수 없다. 법원실무제요 민사집행(4), 699쪽.

3) 법원실무제요 민사집행(4), 698쪽; 대판 1980. 7. 8. 79다1928.

4) 부동산경매절차에서 매각부동산의 매수인의 신청(매각대금을 낸 뒤 6월 이내에 신청해야 한다)에 따른 집행법원의 **인도명령**(민집 136조)에서 상대방이 채무자인 경우에 그 인도명령(집행권원이 된다)의 집행력은 해당 채무자는 물론 채무자와 한 세대를 구성하여 독립된 생계를 영위하지 않는 가족과 같이 그 채무자와 동일시되는 사람에게도 미친다는 것으로는, 대판

■ 제 3 자의 점유가 독립적 지위에 의한 경우인지 여부와 인도집행방법

　　① 제 3 자가 임차인·전차인 등 **독립한 지위를 갖는** 사람인 경우: 이들에게는
집행력이 미치지 않으므로, 승계집행문을 부여받을 수 없다. 이들에 대하여 집행을
하기 위해서는 **별도의 집행권원**이 필요하다. 그러나 채무자가 이들에 대하여 **인도
청구권**을 갖고 있는 경우에는 그 인도청구권(채권적 또는 물권적)을 압류하여 채권
자에게 넘겨주는 이부(移付)명령을 할 수 있다(민집 259조, 민집규 190조). ② 이에
반하여 제 3 자가 수치인·관리인 등 **채무자를 위하여** 청구의 목적물을 소지하는 사
람인 경우: 이들에게 집행력이 미치므로(법 218조 1항), **승계집행문**을 부여받아 이
들에 대하여 집행한다.[1]

　　한편 당사자와 같이 볼 제 3 자에 포함되는 청구의 목적물의 소지자의 개념을
확대하여, 강제집행을 면탈할 목적으로 목적물을 가장양수한 사람도 위 규정을 유추
적용하여 패소한 피고를 위하여 목적물을 소지한 사람으로 보아야 한다는 견해[2]가
있다. 그러나 기판력의 주관적 범위는 원칙적으로 집행력의 주관적 범위와 일치
하는데(민집 25조 1항), 기판력이나 집행력이 미치는 권리관계의 확정 및 그 신
속·확실한 실현과 절차의 명확·안정을 위하여 법률상 명문으로 정하는 기판력
의 주관적 범위를 넘어서서 이를 유추적용하려는 입론(立論)은 결코 바람직하지
않다.[3]

4. 제 3 자 소송담당의 경우의 권리관계의 주체

(1) 일반적인 경우

　　다른 사람의 권리관계에 관하여 당사자로서 소송수행권을 가지는 사람, 즉
소송담당자가 받은 판결의 기판력은 그 권리관계의 귀속주체인 다른 사람에게 미
친다(법 218조 3항).[4] 여기서 **소송담당**이란 관리처분권이 제 3 자에게 부여된 결과
제 3 자가 권리관계의 주체를 갈음하여(갈음형) 또는 이와 함께(병행형) 소송수행권
을 갖는 경우 및 법률상 직무로서 권리관계의 주체를 위하여 소송수행권을 갖는

1998. 4. 24. 96다30786, 대결 2019. 4. 19. 2019그510.

1) 김홍엽(민사집행), 422쪽.

2) 이시윤, 698쪽; 정동윤·유병현·김경욱, 859쪽; 송상현·박익환, 467쪽; 강현중, 756쪽; 정
　　영환, 1271쪽.

3) 전원열, 552쪽.

4) 이 경우 권리귀속주체는 소송담당자가 소송담당을 할 권능이나 자격이 없음을 다투어 판결
　　의 효력을 면할 수 있다. 이시윤, 698쪽; 정동윤·유병현·김경욱, 860쪽.

경우(직무상 당사자) 등 **법정소송담당**과 **임의적 소송담당**의 경우를 말한다.

다만 제 3 자가 **권리관계의 주체와 함께** 소송수행권을 갖는 경우(**병행형**)에는 원칙적으로 권리관계의 주체인 사람에게 절차적 보장이 된 경우에 한하여 기판력이 미친다고 본다. 판결의 기판력(집행력)이 미치는 권리관계의 주체에 대하여 집행을 하거나, 그 사람을 위하여 집행을 하는 경우 이러한 권리관계의 주체가 비록 승계인은 아니나, **승계집행문**을 받아야 한다(민집 25조 1항·2항).

(2) 채권자대위소송의 경우

1) **판례**[1]와 다수설은 채권자대위소송을 소송담당으로 이해하고, 다만 법 218조 3항이 그대로 적용되는 것이 아니라 채무자가 어떤 사유로든 **대위소송의 계속사실을 알았을 때**에 한해서 대위소송의 기판력이 채무자에게 미친다고 본다.[2] 이에 대하여, 채권자대위소송을 소송담당으로 보지 않는 입장에서는 채권자에 대한 확정판결의 효력은 어떠한 경우에도 채무자에게 미치지 않는다고 본다.[3]

2) 채권자대위소송에서 채권자가 채무자를 대위할 **피보전채권**이 인정되지 않는다는 이유로 **소각하판결**을 받아 확정된 경우 그 판결의 기판력이 채권자가 채무자를 상대로 피보전채권의 이행을 구하는 소송에 미치지 않는다. 채권자대위소송의 확정판결의 효력은 채무자가 대위소송의 계속사실을 어떠한 사유로든지 알았을 때 채무자에게 미친다는 의미는 채권자대위소송의 **소송물인 피대위채권**(채무자가 제 3 채무자에 대하여 가지는 채권)**의 존부**에 관하여 채무자에게도 기판력이 인정된다는 것이지, **채권자대위소송의 소송요건인 피보전채권의 존부**에 관하여 해당 소송의 당사자도 아닌 채무자에게 기판력이 인정된다는 것은 아니기 때문이다.[4]

---

1) 대판(전) 1975. 5. 13. 74다1664, 대판 1988. 2. 23. 87다카1108.

2) 이러한 판례의 태도에 대하여, 이는 절차적 기본권인 법적심문청구권을 절차법 해석의 기준으로 인정한 것으로 중요한 의미가 있다는 견해로는, 장석조, "민사소송상 절차적 기본권의 보장," 헌법판례해설(대법원헌법연구회) 1권(2010. 9.), 601쪽 이하.

3) 호문혁, 780쪽.

4) 대판 2014. 1. 23. 2011다108095. 위 판결은, **피대위채권에 관계된 소송요건**이 흠결되어 채권자대위소송에서 소각하판결이 있었던 경우에 그 판결의 기판력이 채무자에게 미치는지 여부에 대한 입장은 명확하게 밝히지 않고 있다. 이에 대하여, 채권자대위소송을 제기하는 채권자를 소송담당자로 보고, 채무자가 대위소송의 계속사실을 안 경우에 채권자대위소송의 기판력이 채무자에게 미친다는 판례에 의할 때, 피대위채권에 관계된 소송요건이 흠결되어 소각하판결이 있었던 경우에는 '소송담당자'에 대한 확정판결이라 할 수 있으므로, 소송요건의 흠결에 관하여 발생한 소각하판결의 기판력이 권리관계의 주체인 채무자에게 미친다고 보아야 한다는 견해로는, 양진수, "채권자대위소송에서 소각하 판결이 있었던 경우 그 판결의 기판력이 채무자에게 미치는지 여부," 민사판례연구(민사판례연구회) 37권(2015년), 867쪽 이하.

■ 채권자대위소송의 확정판결의 효력이 채무자에게 미치기 위하여 채무자가 대
  위소송의 계속사실을 알 것을 요구하는 판례의 태도에 대한 비판적 견해 및
  그 타당성 여부

  (1) 판례의 태도에 관한 비판적 견해

  판례의 태도에 반대하는 다음과 같은 견해들이 제시되고 있다. ① 판례는 기판
력의 범위를 채무자의 주관적 사정에 얽매이게 함으로써 기판력이 지향하고 있는
법적 안정성이라는 정신을 해치고 있음은 물론 기판력이 미치는지 여부에 따라 또
한 번 소송을 해야 할 정도로 논리적 획일성이 결여되어 있으며, 나아가 판례는 채
무자가 대위소송이 제기된 사실을 몰랐으나 채권자가 승소판결을 받은 경우까지 그
판결의 효력이 미치지 않는다고 한 것처럼 보여 실체법상의 이론과 균형이 맞지 않
는다는 견해,[1] ② 판례가 통지나 고지 이외에도 '어떠한 사유로든지 적어도 소송이
제기된 사실을 알았을 경우'까지 포함시킴으로써 채권자·채무자·제 3 자 사이의
재산관계의 원활한 해결을 시도하려던 본래의 취지가 채무자의 알고·모름이라는
주관적인 불확정사유 때문에 새로운 분쟁을 유발하여 더욱 해결이 복잡하게 될 우
려가 있다는 견해,[2] ③ 판례는 대위소송의 계속사실을 채무자가 알게 된 경우만으
로 족하다고 했으나, 그 사실을 알게 되어 참가 등으로 채권자의 소송수행을 현실
적으로 협조·견제할 수 있어야 한다는 견해[3] 등이 있다.

  (2) 검   토

  판례가 채권자대위소송의 확정판결의 효력이 채무자에게 미치기 위하여 채무자
가 대위소송의 계속사실을 알 것을 요구하는 것은, 채무자가 대위소송의 계속사실
을 알지도 못하여 대위소송에 소송참가를 할 수 있는 기회를 보장받지도 못했는데
도 판결의 효력을 미치게 하는 것은 채무자의 **절차적 기본권**을 침해하는 것으로 부
당하기 때문이다. 나아가 채무자가 대위소송의 계속사실을 **알게 된 이상**은 법상 규
정된 절차에 의한 통지·고지 등에 의하지 않은, 그 밖의 방법으로 알았다고 하더라
도 절차보장의 측면에서 다를 바 없으므로 채무자가 어떠한 사유로든 안 경우에 채
무자에게 기판력이 미친다고 보는 것은 정당하다. 끝으로 채무자가 대위소송의 계
속사실을 안 경우에 기판력이 미친다고 본 것은 채무자가 이를 알았다면 채권자의
소송수행을 협조·견제하는 등으로 채무자의 절차권을 보장할 수 있기 때문이다.
따라서 채무자에게 판결의 효력이 미치기 위하여 채무자가 안 경우만으로는 부족하

---

1) 이용훈, "채권자대위소송판결의 효력의 범위," 민사판례연구 1권(1979. 4.), 246쪽 이하.
2) 박종윤, "채권자대위권 ―무자력이론과 기판력에 관한 재검토―," 사법논집 6집(1975. 12.),
   40쪽 이하. 한편 채권자대위소송을 소송담당으로 보지 않는 입장에서, 판례가 그 취지를 살리
   려면 어떤 사유로 인했든 채무자가 안 경우라고 그 범위를 확장할 것이 아니라 고지와 같이
   법에 규정된 절차를 밟아 채무자가 대위소송의 계속사실을 알았을 경우로 한정해야 한다는
   견해로는, 호문혁, 780쪽.
3) 이시윤, 699쪽; 김학기, 562쪽.

고 그 밖에 채무자가 알게 되어 채권자의 소송수행을 협조 · 견제할 수 있을 것을 요구하는 견해는 수긍하기 어렵다.

■ **채무자가 제 3 채무자를 상대로 한 전소 확정판결의 효력이 후소인 채권자대위 소송에 미치는지 여부**

(1) 채권자에게 기판력이 미치는지 여부

채무자(A)가 **제 3 채무자(B)**를 상대로 한 소송(전소)의 확정판결의 기판력이 위 채무자(A)에 대한 채권자(X)가 같은 제 3 채무자(B)를 상대로 제기한 채권자대위소송(후소)에서 채권자(X)에게 미치는지 여부에 관하여, **판례**는 양소는 **당사자가 다르지만 실질상 동일한 소송**으로 보아 기판력이 미친다고 본다.[1] 한편 같은 논리로 **제 3 채무자(B)**가 **채무자(A)**를 상대로 한 소송(전소)의 확정판결(승소확정판결)의 기판력 역시 위 채무자(A)에 대한 채권자(X)가 같은 제 3 채무자(B)를 상대로 제기한 채권자대위소송(후소)의 채권자에게 미친다.[2] 이에 대하여, 후소를 제기한 채권자에게 미치는 판결의 효력은 기판력의 상대성의 원칙에 비추어 기판력이라기보다 채권자와 채무자 사이의 실체법상 의존관계에 의한 반사적 효력이라고 보아야 한다는 견해가 있다.[3]

(2) 채권자에게 당사자적격이 있는지 여부

앞서와 같이 채권자에게 기판력이 미치기는 하나, 채권자대위권은 채무자가 제 3 채무자에 대한 권리를 행사하지 않는 경우에 한하여 채권자가 자기의 채권을 보전하기 위하여 행사할 수 있는 것이기 때문에, 채권자가 대위권을 행사할 당시 이미 채무자가 스스로 그 권리를 재판상 행사했을 때에는 설사 패소의 확정판결을 받았더라도 채권자는 채무자를 대위하여 채무자의 권리를 행사할 **당사자적격**이 없게 된다. **판례**의 태도도 마찬가지이다.[4]

(3) 법원의 조치

판례는 채무자가 제 3 채무자를 상대로 제기한 전소 확정판결이 **채무자의 패소**

---

1) 대판 1979. 3. 13. 76다688, 2002. 5. 10. 2000다55171, 2021. 8. 12. 2021다215497.

2) 예컨대 제 3 자(**B**)가 명의수탁자(**A**) 등을 상대로 한 승소확정판결에 의하여 소유권이전등기를 마친 경우, **다른 소유권이전등기청구권자(X)**가 명의수탁자나 그 밖의 종전 소유자를 대위하여 제 3 자(**B**) 명의의 소유권이전등기가 원인무효임을 내세워 그 등기 및 그에 기초한 또 다른 등기의 말소를 구하는 것은 확정판결의 기판력에 저촉된다. 대판 2014. 3. 27. 2013다91146. 위 판결은 그 이유를 명시하지 않고 있으나, 양소는 **당사자가 다르나 실질상 동일한 소송**으로 보아야 하기 때문이다.

3) 이시윤, 699쪽.

4) 대판 1992. 11. 10. 92다30016, 1993. 3. 26. 92다32876. 이러한 경우는 이미 채무자가 그 권리를 행사했으므로 채권자대위권의 법률요건이 불비되어 채권자대위소송은 실체법상 이유없는 것이 될 뿐이라는 견해로는 호문혁, 781쪽.

확정판결인 경우에는 채권자가 제 3 채무자를 상대로 한 후소는 기판력에 저촉된다는 이유로 청구기각판결을 할 것이 아니라, **당사자적격이** 없다는 이유로 **소각하판결**을 해야 한다는 입장이다. 이러한 판례의 입장을 유추하면, 채무자가 제 3 채무자를 상대로 제기한 전소 확정판결이 **채무자의 승소확정판결인 경우**에는 채권자가 제 3 채무자를 상대로 한 후소는 **기판력**에 저촉되어 **소의 이익**이 없다는 이유로(모순금지설의 입장이다) **소각하판결**을 하든지, **당사자적격이** 없다는 이유로 **소각하판결**을 하든지 후소를 각하하는 것은 마찬가지일 것으로 보인다.

■ 채권자대위소송의 확정판결의 효력이 다른 채권자가 같은 제 3 채무자를 상대로 한 채권자대위소송에 미치는지 여부

(1) 다른 채권자에게 기판력이 미치는지 여부

어느 채권자(**X**)가 채권자대위권을 행사하는 방법으로 제 3 채무자(**B**)를 상대로 소송을 제기하여 판결을 받은 경우 어떠한 사유로든 채무자가 대위소송의 계속사실을 알았을 때에는 그 판결의 효력이 채무자에게 미친다. 그리고 이 경우 채무자와 **당사자는 다르지만 실질상 동일한 관계**에 있는 다른 채권자(**B**)가 그 후 동일한 소송물에 대하여 채권자대위소송을 제기하면 전소 확정판결의 **기판력**을 받게 된다. **판례도 같은 태도이다.**[1]

(2) 다른 채권자에게 반사적 효력이 미친다고 보는 견해의 타당성 여부

이에 대하여, 채무자가 알았을 때 채권자 갑의 판결의 기판력이 그 소제기 사실을 안 채무자에게 미치며, 그 결과 그와 실체법상 의존관계에 있는 다른 채권자 을은 반사적 효력을 받게 된다고 보는 견해가 있다.[2] 이 견해는, 갑과 을 사이에 반사적 효력이 있음을 전제로, 갑·을 사이의 소송이 유사필수적 공동소송의 관계라는 대판 1991. 12. 27. 91다23486이 이를 뒷받침한다고 한다고 한다. 그러나 위 대판 1991. 12. 27. 91다23486은 전소 확정판결의 효력이 을에게 미친다는 판결로, 반사적 효력을 전제로 한 것이 아니다.[3] 위 판결 및 그 후 판결들에서,[4] 대법원은 "어느 채권자가 채권자대위권을 행사하는 방법으로 제 3 채무자를 상대로 소송을 제기하여 판결을 받은 경우에는 어떠한 사유로든 채무자가 위 채권자대위소송이 제기된 사실을 알았을 경우에 한하여 그 **판결의 효력**이 채무자에게 미치므로 이러한 경우에는 그 후 다른 채권자가 동일한 소송물에 대하여 채권자대위권에 기한 소를 제

1) 대판 1991. 12. 27. 91다23486, 1994. 8. 12. 93다52808, 2008. 7. 24. 2008다25510.
2) 이시윤, 700쪽; 남동현, "채권자대위소송과 채무자의 절차권 보장," 민사소송 8권 1호(2004. 2.), 181쪽 이하.
3) 최세모, "수인의 채권자들이 제기한 채권자대위소송에 있어서의 다수채권자들 상호간의 소송관계," 대법원판례해설 17호(1992년 상반기), 91쪽 이하.
4) 대판 1994. 8. 12. 93다52808, 2008. 7. 24. 2008다25510.

기하면 전소 확정판결의 **기판력**을 받게 된다고 할 것이지만, 채무자가 전소인 채권자대위소송이 제기된 사실을 알지 못하였을 경우에는 전소 확정판결의 기판력이 다른 채권자가 제기한 후소인 채권자대위소송에 미칠 수는 없다."고 판시하여,[1] 그 판결의 효력이 기판력임을 분명히 하고 있다.

(3) 채권자취소소송의 경우

1) 채권자취소소송은 채권자대위소송과 달리 채권자취소권의 요건을 가진 각 채권자가 고유한 권리로서 행사하는 소송이다. 사해행위취소판결의 기판력은 소송당사자인 채권자와 그 상대방인 수익자 또는 전득자와의 **상대적인 관계**에서만 미친다. 따라서 채권자취소소송에 참가하지 않은 채무자에게, 또는 채무자와 수익자 사이의 법률관계에는 판결의 효력이 미치지 않으며, 소송의 상대방이 아닌 제3자에게는 아무런 효력이 미치지 않는다.[2]

2) 민법 407조에서 "전조의 규정에 의한 취소와 원상회복은 모든 채권자의 이익을 위하여 그 효력이 있다"는 규정을 두고 있으나, 이는 수익자 또는 전득자로부터 찾아온 '재산' 또는 '재산을 갈음하는 손해배상'은 채무자의 일반재산으로서 편입되어 모든 채권자를 위한 공동담보가 되는 것으로, 취소채권자가 그것으로부터 우선변제를 받는 권리를 취득하지 않는다는 것을 말하며(**공동담보선언설**의 입장),[3] 판결의 기판력이 모든 채권자에게 미친다는 것(기판력확장설의 입장)을 규정한 것은 아니라고 본다.[4] 다만 어느 한 채권자가 동일한 사해행위에 관하여 사해행위취소청구 및 원상회복청구를 하여 승소확정판결을 받았으나 원상회복이 이루어지지 않은 경우 민법 407조에 의하여 수익자는 채무자의 다른 채권자에 대해서도 사해행위취소로 인한 **원상회복의무**를 부담한다.[5]

---

1) 채권자대위소송의 판결의 효력이 그 소송과는 아무런 관계가 없는 다른 채권자에게까지 미친다고 보는 것은 아무런 법적 근거도 없이 제3자의 소송가능성을 박탈하는 것이어서 부당하다는 견해로는, 호문혁, 780쪽.

2) 대판 1988. 2. 23. 87다카1989, 2001. 5. 29. 99다9011, 2015. 11. 17. 2013다84995 등.

3) 하현국, "채권자취소로 인한 가액배상과 취소채권자의 우선변제," 민사재판의 제문제 19권 (박일환대법관화갑기념, 2010. 12.), 76쪽; 조재건, "민법 제407조의 사해행위취소의 효력을 받는 '모든 채권자'의 범위," 대법원판례해설 79호(2009년 상반기), 162쪽.

4) 이계정, "민법 제407조(채권자평등주의)의 법률관계에 관한 연구," 사법논집 47집(2008년), 470쪽.

5) 대판 2015. 11. 17. 2013다84995. 따라서 다른 채권자는 일단 사해행위가 취소되면 아직 원상회복 전이라 하더라도 위 규정에 따라 그 취소의 효력이 자신에게도 미친다고 주장하면서 곧바로 원상회복을 구할 수 있다. 신신호, "사해행위취소 및 원상회복으로 소유권이전등기의

3) 한편 어느 한 채권자가 동일한 사해행위에 관하여 사해행위취소청구 및 원상회복청구를 하여 승소확정판결을 받아 그에 기하여 이행이 완료되어 **재산이나 가액의 회복을 마친 경우**에는1) 다른 채권자의 사해행위취소청구 및 원상회복청구는 그와 중첩되는 범위 내에서 **소의 이익**이 없게 된다.2) 이 경우 확정판결에 따라 재산이나 가액의 반환을 마친 **수익자**가 다른 채권자의 사해행위취소청구 및 원상회복청구에 대하여 소의 이익이 없다고 주장하는 것이 **신의칙**에 위배된다고 볼 수 없다.3)

(4) 추심금청구소송의 경우

1) 동일한 채권(**피압류채권**)에 대하여 여러 명의 채권자가 압류·추심명령을 받은 경우 어느 한 채권자가 제기한 **추심금청구소송**에서 확정된 판결의 **기판력**은 그 소송의 변론종결 전에 압류·추심명령을 받았던 다른 추심채권자에게 미치지 않는다.

추심금청구소송에서 **집행력 있는 집행권원 정본**(집행력 있는 정본)을 가진 모든 채권자는 공동소송인으로 원고 쪽에 **공동소송참가**를 할 권리가 있으며(**자발참가**, 민집 249조 2항, 법 83조), 소를 제기당한 제3채무자는 집행력 있는 정본을 가진 모든 채권자가 원고 쪽에 공동소송인으로 참가하도록 첫 변론기일까지 **참가명령**을 신청할 수 있는데(**강제참가**, 민집 249조 3항) 이러한 참가명령을 받은 다른 채권자는 참가 여부에 관계없이 추심금청구소송의 판결의 효력을 받는다(민집 249조 4항).4) 따라서 다른 채권자가 추심금청구소송에 자발참가를 하지 않는다면 (제3

말소를 명한 판결의 소송당사자가 아닌 다른 채권자가 위 판결에 기하여 채무자를 대위하여 마친 소유권이전등기 말소등기의 효력," 대법원판례해설 105호(2015년 하반기), 146쪽.

1) 앞서 본 바와 같이 사해행위취소판결의 효력은 채권자와 수익자 또는 전득자 사이에만 미치므로, 수익자 또는 전득자가 채권자에 대하여 사해행위의 취소로 인한 **원상회복의무를 부담**하게 될 뿐, 채권자와 채무자 사이에서 그 취소로 인한 법률관계가 형성되거나 취소의 효력이 소급하여 채무자의 책임재산으로 복구되는 것은 아니다. 대판 2006. 8. 24. 2004다23110, 2007. 4. 12. 2005다1407, 2014. 6. 12. 2012다47548.

2) 대판 2008. 4. 24. 2007다84352, 2008. 12. 11. 2007다91398,91404, 2012. 4. 12. 2011다110579 등.

3) 수익자가 확정된 판결에 기하여 해당 채권자에게 재산이나 가액을 반환함으로써 그 채권자가 다른 채권자보다 사실상 우선변제를 받는 불공평한 결과가 초래된다고 하더라도, 그 재산이나 가액의 반환이 다른 채권자를 해할 목적으로 수익자와 해당 채권자가 통모한 행위라는 등의 특별한 사정이 없는 한 확정된 판결에 따른 반환의무를 이행하는 것이 다른 채권자의 신의에 반하는 행위라고 할 수는 없기 때문이다. 대판 2014. 8. 20. 2014다28114.

4) 김홍엽(민사집행), 391쪽.

채무자에 의한 참가명령신청에 의하여) 법원으로부터 참가명령을 받지 않는 한 그 채권자에 대해서는 확정판결의 기판력이 미치지 않는다.

제 3 채무자로서는 다른 압류채권자에 대하여 참가명령신청을 하여 그 압류채권자에게 기판력을 미치게 하거나, 패소한 부분에 대하여 변제공탁을 하여 그 채무를 소멸시킬 수 있으며, 집행공탁(민집 248조)을 하여 면책될 수 있으므로 이로써 다른 압류채권자가 계속 자신을 상대로 소를 제기하는 것을 피할 수 있다.[1]

2) 이는 앞서 본 바와 같이 동일한 채권(**피대위채권**)에 대하여 여러 명의 채권자가 있는 경우 어느 한 채권자가 제기한 **채권자대위소송**에서 확정된 판결의 기판력은 채무자가 대위소송의 계속사실을 아는 이상 다른 채권자에게 미친다고 보는 것과 차이가 있다.[2]

5. 소송탈퇴자

제 3 자가 독립당사자참가(법 79조), 참가승계(법 81조), 인수승계(법 82조)한 경우에 종전 당사자는 그 소송에서 탈퇴할 수 있는데, 그 뒤 제 3 자와 상대방 당사자 사이의 판결의 기판력은 탈퇴자에게 미친다(법 80조 단서, 81조, 82조 3항).

6. 일반 제 3 자에의 확장

(1) 의   의

통상의 소송은 대립당사자 사이의 분쟁을 상대적으로 해결하면 되므로 그 판결의 효력도 당사자 사이에만 미치게 하면 충분하다(**기판력의 상대성의 원칙**). 그러나 파산채권·회생채권의 확정에서, 또는 신분관계 및 단체의 법률관계 등에서 당사자 사이에서만 개별적·상대적으로 분쟁을 해결하게 되면 공익에 반하고, 이해관계인의 법률생활을 혼란시킬 염려가 있다. 그 결과 판결의 효력을 **일정 범위의 제 3 자**에게 확장하거나(**한정적 확장**), 또는 **제 3 자 일반**에게 확장하여[**일반적 확장, 대세적 효력(대세효)**] 법률관계의 획일적인 처리를 꾀하는 경우가 있다.

---

1) 대판 2020. 10. 29. 2016다35390.

2) 위 대판 2020. 10. 29. 2016다35390은, 추심금청구소송과 채권자대위소송은 소송물이 채무자의 제 3 채무자에 대한 채권의 존부로서 같다고 볼 수 있지만, 그 근거규정과 당사자적격의 요건이 달라 추심금청구소송의 기판력과 채권자대위소송의 기판력을 반드시 같이 보아야 하는 것은 아니라고 한다.

(2) 한정적 확장

1) **파산채권의 확정에 관한 소송**(파산채권조사확정재판에 대한 이의의 소 등)[1]의 판결의 효력은 **파산채권자 전원**에게 미치고(채무회생 468조 1항), **개인회생채권의 확정에 관한 소송**(개인회생채권조사확정재판에 대한 이의의 소 등)의 판결의 효력은 **회생채권자 전원**에게 미치며(채무회생 607조 1항), **회생채권 또는 회생담보권의 확정에 관한 소송**(회생채권조사확정재판 또는 회생담보권조사확정재판에 대한 이의의 소 등)의 판결은 **회생채권자, 회생담보권자, 주주, 지분권자 전원**에게 미친다(채무회생 176조 1항).

2) **추심금청구소송**(추심의 소)의 판결의 효력은 그 소에 **공동소송인으로 참가하도록 명령**(참가명령)을 받은 **채권자**(집행력 있는 정본을 가진 모든 채권자)에게 미친다(민집 249조 4항).[2] 그러나 앞서 본 바와 같이 채무자의 같은 채권에 대하여 압류 및 추심명령을 받은 다른 채권자들이 있다고 하더라도 이들이 **법원으로부터 참가명령을 받지 않는 한** 추심금청구소송의 **판결의 효력**이 이들에 미치지 않는다. 추심금청구소송에서 **화해**가 이루어지거나 **화해권고결정**이 **확정**된 경우에도 마찬가지이다.[3]

3) **증권관련집단소송**의 판결의 효력은 제외신고를 하지 않은 구성원에게도 미친다(증집 37조). **소비자단체소송 · 개인정보단체소송**에서 **원고단체가 청구기각의 확정판결**을 받았을 때에 그 사안과 관련하여 국가 또는 지방자치단체가 설립

---

1) 이러한 파산채권의 확정에 관한 소에는 채권조사확정재판에 대한 이의의 소(채무회생 463조)나 이의채권에 관하여 파산채권자가 수계한 소송(채무회생 464조)뿐만 아니라 집행권원이 있는 채권에 대해 이의자 등이 제기 또는 수계한 소송(채무회생 466조)도 포함된다. 대판 2012. 6. 28. 2011다63758.

2) 위 규정은 참가명령을 받지 않은 채권자에게는 추심금청구소송의 확정판결의 효력이 미치지 않음을 전제로 참가명령을 통해 판결의 효력이 미치는 범위를 확장할 수 있도록 한 것이다. 대판 2020. 10. 29. 2016다35390.

3) 대판 2020. 10. 29. 2016다35390. 이지영, "추심금소송에서 청구를 일부 포기하는 내용의 화해권고결정이 확정된 경우 그 의미와 기판력," 대법원판례해설 125호(2020년하), 296쪽 이하. 위 판결은, 추심금청구소송은 추심채권자의 당사자적격은 법정소송담당자로서의 것이 아니라 자신의 실체법상 권리에 기한 고유한 것으로 보는 고유적격설의 입장에서 타당성을 가진다고 보는 견해로는, 전병서, "추심의 소에 있어서 몇 가지 쟁점에 관한 검토 —대법원 2020. 10. 29. 선고 2016다35390 판결을 계기로—," 민사집행법연구 17권(2021. 2.), 194쪽. 한편 위 판결에 대하여, 추심금청구소송은 채권자대위소송과 마찬가지로 제 3 자 소송담당의 소송이므로 채권자대위소송과 달리 취급할 명확한 근거가 없다면 추심금청구소송에서도 다른 채권자에 대하여 기판력의 확장을 인정하는 것이 타당하다는 견해로는, 박재완, "추심소송과 기판력의 확장," 법학논총(한양대학교 법학연구소) 39집 4호(2022. 12.), 228쪽.

한 기관에 의하여 새로운 연구결과나 증거가 나타난 경우, 또는 청구기각판결이 원고의 고의로 인한 것임이 밝혀진 경우가 아니면, **다른 단체**는 **동일한 사안**에 관하여 다시 단체소송을 할 수 없게 된다(소기 75조, 개인정보 56조).[1] 원고단체가 청구기각의 확정판결을 받았음에도 다른 단체가 동일한 사안에 대하여 단체소송을 제기하면 소각하판결을 해야 한다.

(3) 일반적 확장

(a) 가사소송의 경우

가류·나류 가사소송사건의 확정된 청구인용판결은 제 3 자 일반에 대하여 효력이 있다(가소 21조 1항). 가류·나류 가사소송은 모두 기본적인 신분관계에 관한 것이므로 그 획일적 확정을 통한 신분관계의 안정을 도모할 필요가 있으므로 법률상 명문의 규정을 두어 그 청구를 인용한 확정판결의 기판력을 제 3 자에게까지 확장한 것이다. 가사소송법은 판결의 대세효가 미치는 경우를 원고의 **청구를 인용한 확정판결**로 한정하여 규정하고 있다. 따라서 가사소송법 21조 1항의 반대해석상 **청구를 배척한**(소각하·청구기각) **확정판결**에는 원칙적으로 대세효가 부인된다. 그런데 가사소송법 21조 2항은 가류·나류 가사소송사건에서 청구를 배척한 판결이 확정된 때에는 다른 제소권자는 사실심의 변론종결 전에 참가하지 못한 데에 대하여 정당한 사유가 있지 않으면 다시 소를 제기할 수 없다고 규정하고 있다. 이에 대하여, ① 가류·나류 가사소송에서 청구배척판결의 기판력은 제 3 자의 절차보장을 위하여 그가 소송참가하지 못한 데 정당한 사유가 있으면 제 3 자에게 미치지 않아 제 3 자가 제소할 수 있으나, 정당한 사유가 없으면 제 3 자에게 확장되어 제 3 자가 제소할 수 없다고 보는 견해(**제한적 기판력확장설**),[2] ② 기판력은 정당한 사유의 유무에 불구하고 발생하므로 가류·나류 가사소송에서

---

[1] 재소금지의 효력을 갖는 것은 청구기각의 확정판결뿐이다. 재소가 금지되는 '**동일한 사안**'이 반드시 소송물의 동일성을 가리키는지, 아니면 그보다 넓은 개념인지에 관하여 견해의 대립이 있을 수 있다. 그러나 소송물의 동일성으로 이해하는 것은 재소금지의 범위를 지나치게 협소하게 만들 위험이 있을 뿐만 아니라 위 조항의 문언에 충실한 것도 아니므로, 소비자기본법 75조나 개인정보 보호법 56조에서 말하는 사안의 동일성은 소송물 자체의 동일성이라기보다 청구의 변경(소기 76조 1항, 소단규 14조, 개인정보 57조 1항, 개인정보단규 13조)이 가능한 범위를 구획짓는 **청구의 기초의 동일성**과 같은 의미에서 기본적 사실관계의 동일성을 의미한다고 이해하는 것이 타당하다.

[2] 이시윤, 702쪽. 한편 가사소송법 21조의 조문명칭이 '기판력의 주관적 범위에 관한 특칙'으로 21조 1항은 기판력의 일반 제 3 자의 확장이고, 2항은 그 범위의 일부 제한으로 보는 견해(정영환, 1276쪽; 전원열, 558쪽)도 같은 입장이다.

청구배척판결의 기판력은 제 3 자에게 미치지 않으나, 소송참가를 하지 못한 데 정당한 사유가 없는 경우에는 제 3 자의 소제기권을 제한하는 특별한 효력으로 보는 견해(**특수효력설**)가 있다.[1]

가사소송법 21조 1항·2항을 구별하여 규정하고 있는 **입법취지 및 조문 내용**을 보면 가류·나류 가사소송에서 청구배척의 확정판결이 제 3 자에게 기판력이 미친다고 보는 것은 무리이다[일본의 경우 인사소송법 24조 1항이 청구인용 여부와 상관없이 인사소송의 확정판결은 제 3 자에 대해서도 효력이 있다고 규정하고 있어, 문리해석상으로 청구배척판결에도 대세효를 인정하고 있다]. 가사소송법상 이러한 규정을 두게 된 **입법취지**는, 가류·나류 가사소송에서 제대로 소송수행을 하지 못한 결과 청구배척판결을 받은 경우에 그 효력이 제 3 자에게 미친다고 하면 소송에 관여할 기회가 부여되지 않았던 이해관계인의 이익을 부당히 침해하는 결과가 되는 반면, 제 3 자에게 미치지 않는다고 하여 그 이해관계인이 다시 동일한 소송을 제기하는 것을 무한정 허용한다면 신분관계가 불안정해지는 것을 피할 수 없게 되기 때문에 이를 방지할 필요에서이다. 따라서 실제로 소를 제기하여 소송을 수행했던 사람 이외에 원고로서의 당사자적격이 인정되는 제 3 자(다른 제소권자)가 사실심 변론종결시까지 공동소송적 보조참가, 공동소송참가 등의 방법으로 앞서의 소송에 관여할 수 있었음에도 불구하고 **정당한 사유**[2] 없이 이를 하지 않는 경우에는 청구배척의 확정판결의 효력을 그 사람에게도 미치게 하여 재소를 금지하고, 그 밖의 사람에 대해서는 확정판결의 효력이 미치게 하지 않음으로써 소송에 관여하지 못한 제 3 자의 소송관여권 보장 등 이익보호와 신분관계의 안정 사이에 조화를 기하려는 것이다.[3] 따라서 **특수효력설**이 타당하다.[4]

(b) 행정소송의 경우

행정소송에서 행정처분의 취소소송·무효등확인소송 등 **항고소송**의 경우 ① **청구인용의 확정판결**은 그 효력이 일반 제 3 자에게 미치는 대세효가 있으나(행소

---

1) 정동윤·유병현·김경욱, 864쪽.
2) '정당한 사유'란 소송계속 중에 외국에 거주하여 그 소송계속 사실을 알지 못한 경우와 같이, 소송에 참가하지 못한 데 대하여 고의 또는 과실이 없는 것을 의미한다. 법원실무제요 가사(1), 562쪽 이하.
3) 서정우, "새 가사소송법의 개설," 가족법학논총 1권(박병호교수환갑기념, 1991. 10.), 689쪽.
4) 김홍엽, "가사소송의 특질 —민사소송과 관련하여—," 성균관법학(성균관대학교 법학연구소) 22권 3호(2010. 12.), 593쪽 이하.

29조 1항, 38조 1항·2항 등), ② **청구기각의 확정판결**은 그 효력이 당사자에게만 미친다(**편면적 대세효**).

(c) 회사관계소송의 경우

피고를 회사로 하는 회사관계소송의 경우 ① **청구인용의 확정판결**은 그 효력이 **원칙적**으로 일반 제 3 자에게 미치나[다만 **예외적**으로 회사관계소송 가운데 소수주주가 제기하는 **이사해임의 소**(상 385조 2항, 542조의6 3항), **청산인해임의 소**(상 539조 2항, 542조의6 3항) 등에서는 **이사**, 또는 **청산인**과 더불어 **회사도** 반드시 피고가 되어야 하는 필수적 공동소송이나, 일반 제 3 자에 대한 판결의 효력을 규정하고 있는 상법 190조를 준용하고 있지 않다], ② **청구기각의 확정판결**은 그 효력이 일반원칙에 의하여 그 당사자에게만 미친다(상 190조, 다만 상법 376조·380조·381조 등은 상법 190조 본문만 준용한다)(**편면적 대세효**).

(4) 제 3 자에의 확장에 따른 절차보장

기판력이 제 3 자에게 확장되는 경우 제 3 자의 절차보장을 위하여 여러 가지 **특칙**을 두고 있다. ① **처분권주의·변론주의의 제한**: 처분권주의·변론주의를 일부 제한하여 직권탐지주의에 의하거나 직권주의를 가미하고 있다(가소 12조 단서·17조, 행소 26조, 증집 30조 등). ② **제소권자의 한정**: 해당 분쟁의 해결을 위하여 충실하고 공정하게 소송수행할 것을 기대할 수 있는 관계인으로 제소권자를 한정하고 있다(상 376조, 증집 11조, 소기 70조 등). ③ **소제기의 공고**: 제 3 자에게 공고를 함으로써 소송계속을 알려 소송참가의 기회를 주고 있다(상 187조, 376조 2항, 380조·430조, 민집 238조 본문, 증집 18조 등). ④ **기판력확장의 제한**: 원칙적으로 원고승소확정판결에 한하여 기판력을 제 3 자에게 확장하고, 원고패소확정판결은 이를 배제하고 있다(상 190조, 가소 21조 1항 등). ⑤ **사해판결과 재심의 소**: 일정한 경우에 제 3 자는 사해(詐害)판결에 대하여 재심의 소를 제기할 수 있다(상 406조, 행소 31조).

Ⅷ. 판결의 그 밖의 효력

1. 집 행 력

(1) 의　　의

좁은 의미의 집행력이란 판결로 명한 이행의무를 강제집행절차에 의하여 실

현할 수 있는 효력을 말한다[통상 집행력이라 할 때는 이를 가리킨다]. 이러한 집행력
은 원칙적으로 확정된 이행판결에 인정되는 것이나 가집행선고에 의하여 판결확
정 전에도 부여된다. 이에 대하여, **넓은 의미의 집행력**이란 강제집행 외의 방법에
의하여 판결의 내용에 적합한 상태를 실현할 수 있는 효력을 포함한다. 예컨대
확정판결에 기하여 가족관계등록기록의 기재·정정, 등기의 설정·말소·변경을
신청할 수 있는 효력이 생기는 것 등이다. 넓은 의미의 집행력은 이행판결뿐만
아니라 확인판결·형성판결에도 인정된다.

(2) 집행력을 갖는 재판

판결 가운데에 집행권원이 되는 것은 이행판결[확정된 종국판결이나 가집행의 선
고가 있는 종국판결(민집 24조)]뿐이며, 확인판결·형성판결에서는 소송비용의 재판부
분에 집행력이 생기는 데 그친다. **집행권원**은 강제집행의 기초가 되는 집행력을
갖는 증서를 말한다(민사집행법 제정 전에는 '채무명의'라고 했다). 집행권원에는 그 밖
에도 확정판결과 같은 효력을 가지는 각종 조서(청구인낙조서, 화해조서, 조정조서 등),
확정된 화해권고결정·조정을 갈음하는 결정, 확정된 이행권고결정·지급명령, 형
사판결에 부대(附帶)하여 행하는 배상명령(소촉 34조) 등이 있다(민집 56조).

(3) 집행력의 범위와 확장

집행력의 시적·객관적·주관적 범위는 원칙적으로 기판력의 그것에 준한다
[민집 25조 1항은 집행력의 주관적 범위에 관하여 규정하고 있다].[1] 한편 기판력의 확장
에서는 형식설을 취하면서도, 집행력의 확장에서는 실질설을 취하는 견해도 있
다.[2] **판례**는, **채권자대위소송**의 확정판결의 경우 **기판력**이 채무자에게 미치는 때
가 있으나 (제3채무자인 피고로 하여금 채권자인 원고에게 이행하도록 명한) 그 확정판
결의 **집행력**은 원·피고 사이에만 생길 뿐 원고와 채무자 사이에는 생기지 않는
다고 본다.[3] 채권자대위소송의 확정판결의 집행력이 채무자에게 미치지 않는 경
우 **채무자**는 위 확정판결을 가지고 승계집행문(민집 25조 1항 본문, 25조 2항, 31조)
을 발부받아 위 확정판결의 피고인 제3채무자에게 집행할 수 있는 지위에 있지
않다.

---

1) 대판 2018. 9. 13. 2018다231031.
2) 정동윤·유병현·김경욱, 868쪽.
3) 대결 1979. 8. 10. 79마232.

2. 형 성 력

(1) 의   의

형성력은 형성의 청구를 인용하는 형성판결이 확정됨으로써 판결 내용대로 **새로운 법률관계가 발생**하거나 **종래의 법률관계를 변경·소멸**시키는 효력을 말한다. 형성력은 형성판결의 확정과 동시에 발생하고, 당사자뿐만 아니라 제 3 자에게 그 효력이 미친다(**법률요건적 효력설**).[1]

(2) 형성력의 범위

형성소송의 대상인 소송물에 관하여 형성력이 생긴다(**객관적 범위**). 확정된 형성력에 의한 법률관계의 변동의 효과는 누구나 인정해야 하기 때문에 형성력은 일반 제 3 자에게 확장된다(**대세효, 주관적 범위**).[2]

■ 판결효력의 일반 제 3 자에 대한 확장과 형성력과의 관계

(1) 회사관계소송·행정소송(항고소송)과 판결의 효력으로서의 형성력 여부

회사관계소송과 행정소송(항고소송)의 청구인용판결의 대세효는 기판력의 확장이라기보다는 형성력의 효과라고 보는 견해가 있다.[3] 이러한 견해는 회사관계소송 가운데 주주총회결의취소의 소나 회사설립무효·합병무효의 소 등과 같은 형성소송, 또는 행정소송 가운데 취소소송과 같은 형성소송에 관해서는 타당할 수 있다.

그러나 회사관계소송 가운데에서도 주주총회결의부존재·무효확인의 소 등은 확인소송이며(형성소송으로 보는 견해도 있다), 행정소송 가운데 무효등확인소송 등은 확인소송이므로 이를 일률적으로 볼 것은 아니다. 따라서 회사관계소송이나 행정소송 가운데 **형성소송**으로 확정판결의 효력이 제 3 자에게 미치는 경우에는 이를 형성력으로 볼 수 있다고 할 것이나, **확인소송**으로 판결의 효력이 제 3 자에게 미치는 경우에는 기판력의 확장으로 봄이 상당하다.

(2) 판례가 이해하는 판결의 효력으로서의 형성력의 의미

판례는, 행정처분을 취소하는 확정판결이 제 3 자에 대해서도 효력이 있다고 하더라도 일반적으로 판결의 효력은 판결주문에 포함한 것에 한하여 미치는 것이므로 그 취소판결 자체의 효력으로써 그 행정처분을 기초로 하여 이미 새롭게 형성된 제

---

1) 정동윤·유병현·김경욱, 869쪽.

2) 판례는, 행정처분을 취소한다는 확정판결이 있으면 그 취소판결의 형성력에 의하여 해당 행정처분의 취소나 취소통지 등의 별도의 절차를 요하지 않고 당연히 취소의 효과가 발생한다고 본다. 대판 1969. 4. 15. 68다1087, 1991. 10. 11. 90누5443; 홍광식, "행정소송의 특질," 행정소송에 관한 제문제(상)(재판자료 67집, 1995. 5.), 447쪽 이하.

3) 이시윤, 702쪽; 호문혁, 783쪽.

3 자의 권리까지 당연히 그 행정처분 전의 상태로 환원되는 것이라고는 할 수 없고,
단지 취소판결의 존재와 **취소판결에 의해 형성되는 법률관계**를 소송당사자가 아니
었던 **제 3 자**라 할지라도 이를 **용인하지 않으면 안 된다**는 것을 의미하는 것에 불과
하다고 한다.[1]

3. 법률요건적 효력

(1) 의   의

민법 그 밖의 실체법에 의하여 판결의 효력이 법률상 명문으로 인정되는 경
우를 **법률요건적 효력**이라고 한다. 즉 실체법규에 의하여 일정한 내용의 확정판결
의 존재가 요건사실로 되고 여기에 어떤 법률효과가 주어지는 경우이다. 예컨대
① 판결이 확정되면 소제기로 중단된 시효가 다시 진행하는 것(민 178조 2항), ②
단기소멸시효라도 판결이 확정되면 10년의 소멸시효로 되는 것(**소멸시효기간의 연
장**, 민 165조 1항. 다만 판결확정 당시에 변제기가 도래하지 않은 채권은 그렇지 않다. 민
165조 3항), ③ 보증채무의 지급을 명하는 판결이 확정되면 수탁보증인이 사전구상
권을 행사할 수 있는 것(민 442조 1항 1호), ④ 공탁유효의 판결이 확정되면 변제자
가 공탁물을 회수할 수 없는 것(민 489조 1항) 등이다.

(2) 법적 성질

법률요건적 효력은 모두 법률상 명문의 규정에 의하여 인정되며, 소송법상
효력이 아니라 실체법상 효력이라는 점에 특색이 있다.[2]

4. 반사적 효력

(1) 의   의

제 3 자가 직접 판결의 효력을 받는 것은 아니나 당사자가 기판력을 받는 결
과 당사자와 실체법상 의존관계에 있는 제 3 자가 이를 승인하지 않을 수 없어서
반사적으로 이익 또는 불이익을 받는 경우가 있다고 하여, 이러한 경우에는 판결
의 부수적 효력으로 **반사적 효력**(반사효라고도 한다)을 인정해야 한다는 견해가 있

---

1) 대판 1986. 8. 19. 83다카2022.
2) 강현중, 768쪽; 윤진수, "채권자가 채무자에 대하여 받은 패소판결이 채권자대위소송에 미
   치는 법률요건적 효력," 판례월보 274호(1993. 7.), 7쪽 이하.

다. 이러한 입장에서는 ① 채권자와 주채무자 사이의 소송에서 주채무자가 승소판결을 받은 경우 보증인도 보증채무의 부종성으로 인하여 이러한 승소판결을 유리하게 원용하여 보증채무의 이행을 거절할 수 있으며(민 433조 1항), ② 합명회사와 그 채권자 사이의 소송에서 회사채무의 존부에 관하여 회사가 승소판결을 받은 경우 사원도 이러한 승소판결을 유리하게 원용하여 그 채무의 이행을 거절할 수 있음(상 214조 1항)을 그 예로 들고 있다.

(2) 법적 성질

반사적 효력을 인정하는 입장에서는 반사적 효력을 일반적으로 법률요건적 효력의 일종으로 본다.[1] 다만 법률요건적 효력은 민법 등 법률상 명문의 규정에 의하여 인정되므로 그 법률효과가 명확함에 대하여, 반사적 효력은 실체법상 의존관계에서 인정된다는 것으로 그 법률효과가 명확하지 못하다.

(3) 인정 여부

반사적 효력을 인정하는 것이 다수설이다.[2] 그러나 반사적 효력은 그 개념 및 범위가 불명확하여 민사소송법상 판결의 효력으로 인정하는 것은 적절하지 않다.[3] **판례**도 반사적 효력을 인정한 사례는 없다.[4] **판례**는, 채권자와 주채무자 사이의 소송에서 주채무의 존부나 범위에 관하여 주채무자가 전부 또는 일부 승소하는 판결이 확정된 경우에도 그 판결의 기판력이 보증인에게는 미치지 않으므로, 보증채무의 부종성 원칙에도 불구하고 보증인이 주채무자 **승소판결을 원용하여** 자신의 보증채무의 이행을 **거절할 수는 없다**고 하여, 반사적 효력이 인정될

---

1) 이시윤, 705쪽; 강현중, 769쪽: 정영환, 1288쪽. 소송법상 효력 밖에 없는 기판력이 당사자와 실체법상 의존관계에 있는 제 3 자에게 반사되어 실체법상 법률요건적 효력으로 전화(轉化)된 것으로 기판력보다는 약한 판결의 효력이라는 견해로는, 김홍규·강태원, 661쪽.

2) 이시윤, 706쪽; 김홍규·강태원, 661쪽; 강현중, 769쪽; 손한기, 344쪽. 제 3 자가 소송당사자와 실체법상 의존관계에 있는 경우에는 실체법적 판단과 공평의 관념을 전제로, 관련 분쟁을 통일적으로 해결해야 할 필요성 등을 고려하여 반사적 효력을 인정하는 것이 타당하다는 견해로는, 정규상, "판결의 반사적 효력에 관한 고찰," 민사소송 15권 1호(2011. 5.), 425쪽 이하. 한편 반사적 효력의 성질론 그 자체가 그다지 중요하지 않고, 당사자와 어떠한 의존관계에 있는 제 3 자에게 어떠한 이유로 판결의 효력이 미치는지를 기판력의 인정근거와의 관계에서 검토할 필요가 있다는 견해로는, 양병회, "기판력의 주관적 범위에 관한 소고," 일감법학 (건국대학교 법학연구소) 1권(1996. 8.), 97쪽 이하.

3) 정동윤·유병현·김경욱, 874쪽; 송상현·박익환, 470쪽; 김용진, 620쪽; 이태영, 571쪽; 전원열, 541쪽.

4) 일본 최고재판소도 반사적 효력의 법률적 근거를 인정할 수 없다고 하여 그 인정에 소극적인 태도를 취하고 있다. 일본 최고재 1978. 3. 23. 판결 등.

여지가 없음을 분명히 하고 있다.1)

> ■ **반사적 효력의 개념을 인정하는 경우 기판력과의 차이점**
>
> ① **직권조사사항인지 여부**: 기판력은 소송법상 효력으로서 당사자의 주장과 무관한 법원의 직권조사사항이나, 반사적 효력은 변론주의의 적용을 받으므로 이에 의해 이익을 받을 제 3 자의 원용에 의하여 비로소 고려할 사항이다. ② **효력의 부정 여부**: 기판력은 절대불가쟁성을 가지나, 반사적 효력은 해당 소송이 사해(詐害)소송일 경우에는 그 효력을 부정할 수 있다. ③ **소송참가의 방법**: 기판력을 받는 사람은 공동소송참가나 공동소송적 보조참가를 할 수 있으나, 반사적 효력을 받는 사람은 통상의 보조참가를 할 수 있을 뿐이다. ④ **효력의 주관적 범위**: 기판력은 판결의 유·불리를 불문하고 일정한 제 3 자에게 확장될 수 있는 경우가 있지만, 반사적 효력은 실체법상 의존관계의 모습에 따라 편면적으로 유리한 경우에만 미치는 수가 있다. ⑤ **효력의 객관적 범위**: 기판력은 판결주문에 발생하지만, 반사적 효력은 판결이유의 판단에도 미친다. ⑥ **집행력과의 관계**: 기판력의 확장은 보통 집행력의 확장을 수반하지만, 반사적 효력은 집행력과 무관하다.2)

Ⅸ. 판결의 무효 등

1. 판결의 부존재

판결의 부존재(非判決)란 어느 판결이 판결로서 성립하기 위하여 갖추어야 할 요건을 갖추지 않아 법원에 의하여 판결이 **선고**되었다고 볼 수 없어 판결로서의 존재 자체를 인정할 수 없는 경우를 말한다. 예컨대 ① 법관 아닌 사람이 행한 판결, ② 선고되지 않은 판결, ③ 선고조서가 없는 판결(판결의 선고가 있었으나 선고조서가 작성되지 않은 경우는 판결이 선고되지 않은 것과 마찬가지로 본다),3) ④ 선고조서가 있으나 선고조서에 재판장의 기명날인 또는 서명이 없는 판결 등이다.4)5)

---

1) 대판 2015. 7. 23. 2014다228099.

2) 이해진, "판결의 반사효에 관한 고찰," 민사법학의 제문제(소봉김용한교수화갑기념, 1990. 5.), 327쪽 이하.

3) 대결 1967. 11. 17. 67마914는 경매절차에서 매각허가결정이 있었으나 선고조서가 작성되지 않은 경우(매각허가결정은 재판형식이 결정이나 일반적인 결정에서와 같은 고지의 방법으로 하지 않고, **선고**의 방법으로 한다. 민집 128조 2항, 민집규 74조)에는 매각허가결정이 선고되지 않은 것으로 그 효력이 없다고 보고 있으나, 선고되지 않은 것과 같이 보는 한 **부존재**한 것으로 보아야 한다.

4) 오래 전 선고된 판결이기는 하나 대판 1955. 4. 7. 4288민상6은, 선고조서에 판결을 선고한 취지의 기재가 있고 법원사무관 등의 기명날인이 있으나 특별한 사유 없이 재판장의 기명날

어느 판결이 판결의 부존재로 판명되면 기판력·집행력·형성력 그 밖의 파생적 효력 일체가 발생하지 않는다. 이 경우 형식적 확정력 및 기속력도 없어(소송종료효가 발생하지 않으므로) 사건은 계속하여 해당 심급에 남아 있게 된다. 따라서 상소의 대상이 되지 않는다. 당사자는 **기일지정신청**(규칙 67조 유추적용)을 통하여 절차의 속행을 신청할 수 있다.

2. 판결의 무효

(1) 의   의

판결의 외관은 갖추고 있지만 그 내용상 중대한 흠이 있어서 판결의 내용상 효력 즉 기판력·집행력·형성력 등이 발생하지 않는 판결을 **당연무효의 판결**이라 한다. 당연무효의 판결로서 뒤에서 보는 바와 같이 **원칙적으로** 상소제기가 허용되지 않지만 **현실적으로** 더 이상 상소제기와 같은 통상적인 불복방법으로써 다툴 수 없다는 의미에서 **형식적 확정력**은 존재하고, 이에 따라 **소송종료효가** 발생한다. 한편 당연무효사유가 있는 판결의 형식적 확정력이 인정된다고 하더라도 **실체적 확정력**이 인정되지 않으므로 동일한 소송물에 대하여 **신소제기**가 가능하다.

> ■ **무효의 판결의 구체적 예**
>
> 무효의 판결에는, ① 재판권이 없음에도 한 판결(국내재판권에 복종하지 않는 치외법권자 등에 대한 판결), ② 실재하지 않거나 제소 당시 이미 사망한 사람을 당사자로 한 판결, ③ 당사자적격이 없는 사람에 대한 판결, ④ 현재 존재하지 않는 법률관계의 형성을 목적으로 한 판결(소제기 이전 한쪽 당사자의 사망사실을 간과한 판결), ⑤ 소제기가 없음에도 이루어진 판결, ⑥ 소취하 이후에 이를 간과한 판결(청구의 교환적 변경 뒤 이로 인하여 취하되어 소멸된 구청구에 대한 판결), ⑦ 판결주문이 선량한 풍속 그 밖의 사회질서나 강행법규에 반하는 등 국내법이 인정하지 않는 법률효과를 긍정한 판결 등이 있다.[1]

인이 없다면 이 조서로는 선고사실을 **증명**할 수 없고, 따라서 적법하게 선고가 있었음을 인정할 수 없어 선고의 효력이 아직 생기지 못한 것이라고 보고 있으나, 앞서 본 바와 같이 판결의 부존재를 판결의 무효와 구별하는 한 이러한 경우는 **부존재**인 것으로 보아야 한다.

5) 판결서의 문자정정·삽입 또는 삭제한 곳에 법관의 도장을 찍지 않았다 하여 그 판결을 무효라고 할 수 없다. 대판 1962. 11. 1. 62다567.

1) 박송하, "판결의 무효," 대법원판례해설 6호(1987년), 171쪽 이하.

■ 판결주문의 내용이 불명확한 경우 무효의 판결인지 여부

  (1) 집행불능의 판결과 신소의 제기

    판결주문의 내용이 불명확하다고 하여[이러한 판결을 **집행불능의 판결**이라고 한다] 이로써 곧 판결이 무효가 되는 것은 아니다. 확정 전에는 상소로써 취소할 수 있다. 확정되는 경우에는 무효로 되지 않는다. 다만 판결주문을 특정하여 명확히 하기 위하여 재소(再訴)가 허용된다. 이에 대하여, 판결주문의 내용이 불명확하여 집행불능인 경우에는 확정되어도 그 판결은 무효라고 보는 견해가 있다.[1] 그러나 집행불능의 판결이라고 하여 무효의 판결이라고 볼 수 없으며, 무효의 판결이기 때문에 재소가 허용되는 것이 아니라 유효한 판결이라고 하더라도 집행불능을 구제하기 위하여 예외적으로 재소를 허용하고 있다고 보아야 한다.

  (2) 기판력의 저촉 문제

    판결주문이 불명확한 확정판결도 기판력은 있으나, 판결주문의 특정을 위하여 허용되는 재소에서는 전소판결이 불명확한 범위 내에서 기판력이 미치지 않는다[즉 판결주문의 특정을 위한 범위 내에서는 기판력의 저촉 문제가 생기지 않는다].[2]

(2) 무효의 판결 등과 불복 허용 여부

    1) 무효의 판결에 대한 **상소**, 또는 무효의 보전처분(가압류·가처분)결정에 대한 **이의신청**은 부적법하므로 원칙적으로 허용되지 않는다.[3] 다만 **예외적**으로 이러한 무효의 판결 등으로 인하여 생기거나 생길 **외관**(이러한 무효의 판결 등에 의하여 경료될 등기·등록 등)을 **제거할 목적의 상소**(또는 이의신청)는 허용된다. 이에 관해서는 사망한 사람을 당사자로 한 소송에서 제소 당시 당사자가 이미 사망한 사실을 간과한 판결의 효력에 관한 설명에서 살펴보았다.

    이에 대해서는 ① 무효의 판결이라도 (원칙적으로) **유효의 판결처럼 보이는**

1) 이시윤, 644쪽; 정동윤·유병현·김경욱, 877쪽. 한편 이시윤, 708쪽에서는 판결내용이 불명확한 판결은 전부무효로는 되지 않고 일부무효가 되며, 기판력은 가진다고 보고 있다.

2) 대판 1972. 2. 22. 71다2596, 1986. 9. 9. 85다카1952, 1995. 5. 12. 94다25216.

3) 대판 2000. 10. 27. 2000다33775. 이에 대하여, 판례가 이 경우 상소를 허용하지 않는 것은 이론적으로 타당할 수 있을지 몰라도 지나치게 형식논리에 치우친 것으로 당연무효의 판결이 오용되거나 그렇게 될 가능성이 있다고 생각하고 불안하여 상소를 제기한다면 상소를 허용하는 것이 수요자 중심의 정당한 태도라는 견해로는, 오상현, "소장송달 전에 사망한 사람을 당사자로 한 판결의 효력과 상소, 수계," 법조 통권 713호(2016. 2.), 320쪽 이하. 한편 상소가 판결의 흠을 다투고 바로잡는 과정이라면 판결절차상의 흠이 중대할수록 상소를 허용할 필요성이 더 크다고 보아야 하며, 판결을 무효로 볼 정도로 흠이 중대하다는 이유로 상소를 불허하는 것은 형평에 어긋난다고 볼 수도 있다는 견해로는, 나현, "당사자 사망을 간과한 판결에 대한 상소와 재심청구," 법학논집(이화여자대학교 법학연구소) 23권 4호(2019. 6.), 36쪽.

외관의 제거를 위한 상소는 허용되어야 한다는 견해가 있으나,[1] 이러한 입장은 무효의 판결인데도 단지 이러한 판결이 있었다는 것만으로 유효의 판결로 보이는 외관이 생겼음을 전제로 하는 것으로 납득하기 어렵다. ② 한편 무효의 판결이라도 판결로서 외관을 갖추고 있으므로 **집행문**을 부여받아 **집행절차에 착수할 수** 있는 위험성을 제거하기 위해서는 부득이하게 상소를 허용해야 한다는 견해가 있으나,[2] **이행판결**에 당연무효사유가 존재하여 무효의 판결인데도 집행채권자의 신청에 의하여 집행문이 부여된 경우에는 집행채무자로서는 보다 간이한 절차인 **집행문부여에 대한 이의신청**(민집 34조 1항)을 하여 이를 다툴 수 있으므로[3] 이 역시 상소 허용의 타당한 근거로 보기 어렵다.

　판례는, 이미 사망한 사람을 채무자로 한 가처분신청은 부적법하고 그 신청에 따른 가처분결정이 있었다고 해도 그 결정은 당연무효로서 그 효력이 상속인에게 미치지 않으나,[4] 채무자의 상속인은 일반승계인으로서 무효인 가처분결정에 의하여 생긴 **외관**(등기·등록 등)을 제거하기 위한 방편으로 가처분결정에 대한 이의신청으로써 그 취소를 구할 수 있다고 한다.[5]

　2) 당연무효사유를 간과한 확정판결은 **실체적**(실질적) **확정력**인 **기판력**을 가질 수 없으므로 확정판결의 기판력을 **배제**하기 위한 **재심의 소**의 대상이 되지 않는다.[6] **판례**는, 제소 당시 이미 사망한 사람을 당사자로 하여 선고된 판결은 당연무효로서 실체적 확정력이 없어 이에 대한 재심의 소는 부적법하다고 보고 있다.[7]

X. 판결의 편취

1. 의　　의

　판결의 편취(騙取)란 당사자가 악의로 상대방이나 법원을 속여 부당한 내용의

---

1) 이시윤, 709쪽; 정동윤·유병현·김경욱, 877쪽; 손한기, 371쪽; 정영환, 1292쪽; 박재완, 440쪽.
2) 한충수, 661쪽.
3) 김홍엽(민사집행), 78쪽.
4) 대판 1982. 10. 26. 82다카884, 대결 1991. 3. 29. 89그9 등.
5) 대판 2002. 4. 26. 2000다30578.
6) 이시윤, 709쪽; 전원열, 560쪽; 이현종, "민사판결의 무효가 문제되는 몇 가지 사례에 관한 검토," 법조 통권 745호(2021. 2.), 147쪽. 한편 재심의 소의 대상이 된다는 견해로는, 정동윤·유병현·김경욱, 877쪽; 정영환, 1293쪽.
7) 대판 1994. 12. 9. 94다16564.

판결을 받는 경우를 말한다. 이를 **판결의 부당취득**이라고 하며, 이렇게 취득한 판결을 '**사위**(詐僞)**판결**' 또는 '편취판결'이라고 한다. 판결의 편취에 해당하는 예로는, ① 성명모용소송에 의하여 승소판결을 받는 경우, ② 소취하합의에 의하여 피고 불출석의 원인을 만들어 놓고 원고가 소취하를 하지 않은 채 자신만이 출석하여 피고의 불출석을 이용해 승소판결을 받는 경우, ③ 피고의 주소를 알고 있음에도 불구하고 소재불명으로 법원을 속여 공시송달로 재판이 진행되게 함으로써 피고 모르게 승소판결을 받는 경우, ④ 소장에 피고의 주소를 거짓으로 적어 그 주소로 소장부본이 송달되게 하여 실제로 피고 아닌 원고나 그 하수인이 수령하도록 함으로써 피고 자신이 송달받고도 답변서를 제출하지 않은 것처럼 법원을 속여 피고의 자백간주로 무변론의 승소판결(법 257조 1항 본문)을 받는 경우, ⑤ 실체적 청구권이 없음에도 불구하고 소송을 제기하여 그 소송에서 허위의 증거들을 제출하는 등으로 승소판결을 받는 경우 등이 있다.

2. 소송법상 구제방법

(1) 추후보완상소 및 재심의 소 등에 의한 구제 여부

성명모용소송의 경우와 소취하합의를 한 원고가 피고로 하여금 기일에 불출석하게 하여 승소판결을 받은 경우의 구제방법은 대리권의 흠이 있는 경우를 유추적용하여 재심의 소(법 451조 1항 3호 **유추적용**)에 의한다. 피고의 거짓 주소로 소장부본 등이 공시송달되어 승소판결을 받은 경우의 구제방법은 추후보완상소(법 173조) 또는 재심의 소(법 451조 1항 11호)에 의한다.[1]

(2) 항소에 의한 구제 여부

피고의 거짓 주소로 소장부본 등이 송달되어(피고가 답변서를 답변서 제출기간 내에 제출하지 못함으로써) 자백간주로 원고가 무변론 승소판결을 받은 경우 피고의 구제방법에 관하여 논의가 있다.

(a) 판례의 태도

판례는, 그러한 판결은 그 정본이 거짓 주소로 송달되었기 때문에 그 송달이 무효이고 따라서 판결정본이 송달된 때로부터 진행하는 항소기간이 진행되지 않은 상태의 **미확정판결**이 되므로, 피고는 어느 때나 항소를 제기할 수 있다고 본다

---

[1] 대판 1985. 8. 20. 85므21, 1985. 10. 8. 85므40 등.

(항소설).[1] 미확정판결이기 때문에 추후보완상소나 재심의 소는 허용되지 않는다.[2]

이에 대하여, ① 판례의 태도는 법 451조 1항 11호의 규정에 반할 뿐만 아니라, 판례에 의하면 재심기간(법 456조)의 제약을 피할 수 있어 피고의 구제에 도움이 될지 모르나 어느 때라도 항소할 수 있게 하는 것이 되어 불안정한 법률상태를 무한정 방치시키는 것이며, 제1심의 심리를 생략하는 것이 되어 심급의 이익을 박탈한다는 입장에서 재심의 소에 의해야 한다는 견해(재심설),[3] ② 판례의 태도는 법 451조 1항 11호의 규정에 반한다고 보면서도, 다만 다른 한편으로는 실질적으로 피고에 대하여 판결정본의 송달이 없어서 판결이 확정되지 않았으므로 사위판결의 피해자인 피고의 구제라는 입장에서 재심의 소를 통한 구제 외에 항소를 통한 구제도 허용해야 한다는 견해(재심·항소병용설)[4]가 있다.

(b) 검   토

이러한 판결이 유효하다는 것은 소장부본·기일통지서 등의 송달이 유효임을 전제로 할 때 가능한데, 판례가 판결정본의 송달과 소장부본 그 밖의 소송서류의 송달을 구별하여 판결정본의 송달만을 무효로 보는 것은 논리의 일관성을 잃은 것이라 아니할 수 없으나,[5] 이러한 판결 자체가 유효한지의 문제를 일단 접어두는 전제에서 판결정본이 송달받을 사람에게 송달되지 않았다면 그 송달은 무효로서 항소기간이 진행되지 않아 판결은 확정되지 않으므로 결과적으로 판례가 취하는 **항소설**이 타당하다.

(3) 청구이의의 소에 의한 구제 여부

확정된 사위판결에 기한 강제집행이 종료하기 전에 **청구이의의 소**(민집 44조)에 의하여 구제받을 수 있는지가 문제된다[확정판결 등 집행권원에 기한 **강제집행이 전체적으로 종료한 때**에는 특별한 사정이 없는 한 그 집행권원이 가지는 집행력의 배제를 구하는 청구이의의 소는 허용될 수 없다].[6]

---

1) 대판(전) 1978. 5. 9. 75다634, 대판 1994. 12. 22. 94다45449, 1995. 5. 9. 94다41010.

2) 판례와 같은 견해로는, 호문혁, 1034쪽.

3) 이시윤, 711쪽.

4) 정동윤·유병현·김경욱, 879쪽; 정영환, 1295쪽; 손한기, "판결의 하자의 소송상 취급," 민사소송 19권 1호(2014. 5.), 210쪽.

5) 이 점을 강조하여, 결국 사위판결을 유효라고 보고 나아가 법 451조 1항 11호의 명문규정이 있는 이상 그에 대한 구제도 실정법에 따라 재심의 소의 방법에 의해야 한다는 견해로는, 김능환, "판결의 하자와 그 구제에 관한 몇 가지 문제," 사법행정 7권 4호(1976. 4.), 63쪽 이하.

6) 대판 1995. 11. 10. 95다37568, 1997. 4. 25. 96다52489, 2021. 7. 8. 2021다218168 등.

(a) 판례의 태도

판례는, 판결이 확정되면 기판력에 의하여 대상이 된 청구권의 존재가 확정되고 그 내용에 따라 집행력이 발생되는 것이나, 확정판결에 의한 권리라 하더라도 신의에 좇아 성실히 행사되어야 하므로 그 판결에 기한 강제집행이 **권리남용**에 해당한다면 이를 허용할 수 없고, 따라서 집행채무자는 **청구이의의 소**에 의하여 그 집행의 배제를 구할 수 있다고 본다.[1] 다만 확정판결의 내용이 **실체적 권리관계에 배치**되어 그 판결에 의한 **집행이 권리남용**에 해당된다고 하기 위해서는 그 집행권원이 된 권리의 성질과 그 내용, 판결의 성립 경위 및 판결 성립 후 집행에 이르기까지의 사정, 그 집행이 당사자에게 미치는 영향 등 모든 사정을 종합해 볼 때, 그 확정판결에 기한 집행이 현저히 부당하고 상대방으로 하여금 그 집행을 수인(受忍)하도록 하는 것이 **정의에 반함이 명백**하여 사회생활상 용인할 수 없다고 인정되는 것과 같은 **특별한 사정**이 있어야 한다.[2] 이에 관한 **주장·증명책임**은 확정판결에 기한 집행이 권리남용이라고 주장하며 그 집행의 불허를 구하는 (청구이의의 소의) 원고에게 있다.[3]

(b) 검   토

실체상 권리라도 그 행사가 권리남용이 된다면 그 권리의 실현이 저지당하게 되는데, 이는 청구권의 소멸사유는 아니지만 청구권의 행사를 **저지하는 사유**로서, 이러한 **청구권에 기한 집행**이 **권리남용**이 되는 때에는 이를 전소 변론종결 뒤에 생긴 사유라고 보아 청구이의의 소를 인정하는 것이 타당하다. 따라서 판례의 입장이 정당하다.[4] 다만 앞서 본 바와 같이 **강제집행이 이미 종료된 후** 다시 확정

---

1) 대판 1997. 9. 12. 96다4862, 2008. 11. 13. 2008다51588, 2009. 5. 28. 2008다79876등; 이공현, "확정판결의 부당취득과 청구이의," 민사판례연구 7권(1985. 5.), 190쪽 이하.
2) 확정판결에 따른 강제집행이 권리남용에 해당한다고 쉽게 인정해서는 안 된다는 판결로는, 대판 2017. 9. 21. 2017다232105, 2018. 3. 27. 2015다70822.
3) 대판 2014. 5. 29. 2013다82043, 2017. 9. 21. 2017다232105.
4) 김상일, "확정판결의 편취와 부정이용에 대한 청구이의에 의한 구제론 비판," 민사소송 5권 (2002. 2), 352쪽 이하. 한편 판례의 입장에 찬성하면서도, 권리남용, 신의칙 위반을 들어 확정판결에 기한 강제집행을 저지할 수 있다고 하더라도 이는 **제한적으로만 허용**되어야 한다는 입장에서 구체적 타당성을 앞세워 청구이의의 소를 쉽게 허용할 경우 집행권원을 취득한 권리자의 신뢰를 저버리고 또 한 번의 소송을 거치도록 하는 결과가 되어 법적 안정성에 대한 중대한 침해가 될 수 있다는 점도 간과해서는 안 된다는 견해로는, 송방아, "집행 과정에서의 불합리를 제거하기 위한 수단으로서의 청구이의의 소," 법조 통권 760호(2023. 8.), 179쪽 이하.

판결에 기한 강제집행이 권리남용에 해당하여 허용될 수 없다는 등의 사유를 들어 강제집행에 따른 효력 자체를 다투는 것은 **확정판결의 기판력에 저촉**되어 허용될 수 없다. 확정판결은 소송당사자를 구속하는 것이므로 재심의 소에 의하여 취소되거나 청구이의의 소에 의하여 집행력이 배제되지 않은 채 확정판결에 기한 강제집행절차가 적법하게 진행되어 종료되었다면 강제집행에 따른 효력 자체를 부정할 수 없기 때문이다.[1]

3. 실체법상 구제방법

확정된 사위판결에 기한 강제집행 등으로 손해가 생긴 경우에 **재심의 소에** 의하여 그 **판결을 취소함이 없이** 직접 부당이득반환청구, 불법행위로 인한 손해배상청구 등이 가능한지 여부는 기판력과 관련하여 문제가 된다.

(1) 부당이득반환청구 여부

부당이득은 법률상 원인이 없이 이익을 얻은 경우(민 741조)인데 확정판결의 집행을 원인으로 얻은 이득을 부당이득이라 할 수 없음은 당연하나, 이 때에도 **확정판결이 부당함**을 내세워 그로 인한 집행결과가 부당이득이라고 주장할 수 있는지, 즉 후소인 부당이득반환청구소송에서 전소 변론종결 전의 사유를 내세워 전소 확정판결이 부당하다고 주장하는 것이 전소 확정판결의 기판력에 저촉되지 않는지 논의가 있다.[2]

(a) 판례의 태도

판례는, 일반적으로 편취된 판결에 의한 강제집행의 경우에 그 판결이 **재심의 소로 취소되지 않는 한** 강제집행에 의한 부당이득이 안 된다는 입장이다(재심필요설).[3] 확정판결이 재심의 소로 취소되지 않는 한, 그 판결의 강제집행으로 교부받은 금원 등을 법률상 원인 없는 이득이라 하여 부당이득반환청구를 하는 것은 **확정판결의 기판력**에 저촉되어 허용될 수 없기 때문이다.[4] 예컨대 대여금 중

---

1) 대판 2024. 1. 4. 2022다291313.
2) 이재환, "확정판결의 집행과 부당이득반환청구, 불법행위로 인한 손해배상청구와의 관계," 대법원판례해설 24호(1995년 하반기), 104쪽 이하.
3) 대판 1977. 12. 13. 77다1753, 1995. 6. 29. 94다41430, 2001. 11. 13. 99다32905 등.
4) 대판 2001. 11. 13. 99다32905, 2024. 4. 12. 2023다307741. 한편 확정된 **지급명령**은 집행력만 인정될 뿐 기판력이 인정되지 않으므로 실체적 권리관계와 다른 내용으로 지급명령이 확정되고 그 지급명령에 기한 이행으로 금전 등이 교부되었다면 그에 관하여 부당이득이 성립

일부를 변제받고도 이를 속이고 대여금 전액에 대하여 소송을 제기하여 승소확정
판결을 받은 후 강제집행에 의하여 위 금원을 수령한 채권자에 대하여, 채무자가
그 일부 변제금 상당액은 법률상 원인 없는 이득으로서 반환되어야 한다고 주장하
면서 부당이득반환청구를 하는 경우, 그 변제주장은 대여금반환청구소송의 확정판
결 전의 사유로서 그 판결이 재심의 소로 취소되지 않는 한 그 판결의 기판력에
저촉되어 이를 주장할 수 없으므로, 그 확정판결의 강제집행으로 교부받은 금원을
법률상 원인 없는 이득이라고 할 수 없다고 본다.[1][2]

　　　이에 대하여, ① 사위판결에 대하여 재심사유가 없거나 재심기간을 넘겨서
재심에 의한 구제가 불가능한 때가 많을 뿐만 아니라, 명백히 잘못된 것을 바로
잡기 위하여 재심의 소를 거쳐 부당이득반환청구의 소를 제기하는 등 두 번의 소
송을 강요하는 것은 불합리하다는 견해,[3] ② 판례가 부당이득반환청구에 대해서
는 지나치게 형식논리에 얽매여 있다고 지적하면서, 판례가 확정판결의 집행에
따른 불법행위로 인한 손해배상청구를 인정하고 있는 것과 같이 이 경우에 부당
이득반환청구를 인정해야 한다는 견해,[4] ③ 재심필요설의 입장에 서면서도, 재심
의 소를 제기하면서 이와 함께 관련청구로 부당이득반환청구를 병합하여 제기하
는 것을 허용함으로써 두 번의 소송으로 생기는 번거로움과 불경제를 극복할 수
있다는 견해 등이 있다.[5]

　　(b) 검　　토

　　　그러나 ① 사위판결에 대하여 재심사유가 없거나, 재심사유가 있다고 하더라
도 재심기간을 넘겨 재심의 소로 확정판결을 취소하지 못하는 때도 있을 수 있으
나, 이와 같은 경우에도 뒤에서 보는 바와 같이 불법행위로 인한 손해배상청구로
써 구제될 수 있으므로 마치 재심의 소를 제기할 수 없다고 하여 아무런 실체상
구제방법이 없는 것을 전제로 하는 논리는 부당하다[판례 역시 확정판결이 명백히 잘
못된 것이라면 재심의 소를 제기할 필요 없이 바로 불법행위로 인한 손해배상청구를 할 수

　　할 수 있다. 대판 2014. 1. 29. 2013다79405, 2024. 4. 12. 2023다307741.

1) 대판 1995. 6. 29. 94다41430.

2) 이는 해당 급부뿐만 아니라 그 급부의 대가로서 **기존 급부와 동일성을 유지**하면서 형태가
변경된 것에 불과한 처분대금 등에 대해서도 마찬가지이다. 대판 2023. 6. 29. 2021다243812.

3) 정동윤·유병현·김경욱, 880쪽.

4) 호문혁, 1037쪽. 한편 정영환, 1297쪽은 같은 입장이나, 부당이득반환청구에서 특별한 사정
의 존재는 불법행위로 인한 손해배상청구보다는 상대적으로 좁은 것으로 보고 있다.

5) 이시윤, 711쪽; 손한기, "판결의 하자의 소송상 취급," 민사소송 19권 1호(2014. 5.), 214쪽.

있다고 본다). ② 한편 부당이득과 불법행위의 요건이 엄연히 다름에도 이로 인한
각 청구를 같이 취급해야 한다는 논리 역시 수긍할 수 없다. ③ 나아가 부당이득
반환청구를 하기 위하여 재심의 소가 필요하다는 전제에 서면서도 재심의 소에
부당이득반환청구를 병합하는 것이 허용될 수 있다고 보는 견해 역시 재심의 소
에서 재심대상판결의 취소를 조건으로 원상회복의 통상의 소를 병합하는 것이 허
용되지 않는다고 보는 입장(판례의 태도도 같다)[1])에서는 받아들일 수 없는 견해이
다. 결국 **판례**의 입장이 타당하다.

(2) 말소·회복등기청구 여부

피고의 거짓 주소로 소송서류가 송달되게 하여 그로 인하여 자백간주로 무변
론 원고승소판결을 받아 그 판결에 기하여 부동산에 관한 소유권이전등기나 말소
등기가 경료된 경우에는 별소로써 위 등기의 말소나 회복을 구할 수도 있다.[2])

(3) 불법행위로 인한 손해배상청구 여부

확정판결에 기한 강제집행을 하는 것 자체가 불법행위(확정판결의 위법한 편취
로 인한 불법행위)로 되는 것은 ① 소송당사자가 상대방의 권리를 해할 의사로 **상
대방의 소송관여를 방해**하거나 **허위의 주장**으로 **법원을 기망**하는 등 부정한 방법
으로 실체적 권리관계와 다른 내용의 확정판결을 취득하고, ② 그로 인하여 상대
방의 **절차적 기본권**을 근본적으로 **침해**함으로써 확정판결의 효력을 존중하는 것
이 **정의관념**에 반하여 이를 도저히 묵과할 수 없는 경우로 한정된다.[3]) 이와 같은
경우에는 불법행위가 성립되어 바로 손해배상청구를 할 수 있으나, **그 밖의 경우**
는[4]) 재심의 소를 제기하여 확정판결을 취소해야 한다(**제한적 재심불요설**).[5]) 법관

---

1) 대판 1971. 3. 31. 71다8, 1997. 5. 28. 96다41649.
2) 대판 1981. 3. 24. 80다2220, 1992. 4. 24. 91다38631, 1995. 5. 9. 94다41010 등.
3) 대판 2001. 11. 13. 99다32899, 2019. 2. 28. 2018다272735.
4) 예컨대 당사자가 단순히 실체적 권리관계에 반하는 주장을 하거나, 자신에게 유리한 증거
   를 제출하고 불리한 증거를 제출하지 않거나, 제출된 증거의 내용을 자기에게 유리하게 해석
   하는 등의 행위만으로는 확정판결의 위법한 편취에 해당하는 불법행위가 성립한다고 단정할
   수 없다. 대판 2010. 2. 11. 2009다82046,82053.
5) 편취된 판결에 기한 강제집행이 불법행위로 되는 경우가 있다고 하더라도 당사자의 법적
   안정성을 위해 확정판결에 **기판력을 인정한 취지**나 확정판결의 효력을 배제하기 위해서는
   그 확정판결에 재심사유가 존재하는 경우에 **재심의 소**에 의하여 그 취소를 구하는 것이 **원칙
   적인 방법**인 점에 비추어 볼 때 불법행위의 성립을 쉽게 인정해서는 안 된다. 대판 1995. 12.
   5. 95다21808, 2007. 5. 31. 2006다85662, 2010. 2. 11. 2009다82046,82053 등. 최세모, "확정판
   결의 집행과 불법행위의 성립," 대법원판례해설 19-1호(1993년 상반기), 212쪽 이하.

이 증거의 취사선택을 통해 자유심증에 의하여 확정한 모든 사실관계에 대하여 재심의 소에 의하지 않고 불법행위의 성립을 인정한다면 기판력제도 및 재심제도를 통하여 달성하려고 하는 법적 안정성이 훼손되어 용인할 수 없기 때문이다.[1]

제 4 관　종국판결의 부수적 재판

Ⅰ. 가집행선고

1. 의　　의

　　가집행선고는 미확정의 종국판결에 미리 집행력을 주는 형성적 재판이다(법 213조). 일반적으로 판결은 확정되어야만 집행력이 발생하는 것이지만 판결확정 전이라도 승소자의 신속한 권리실현을 위하여 마련된 제도이다. 피고로서도 가집행선고에 의하여 즉시 집행 당하는 것을 피하기 위하여 제 1 심에서 적극적으로 모든 소송자료를 제출하도록 하여 심리를 집중케 할 수 있는 간접적인 효과도 있다.

2. 요　　건

(1) 가집행선고의 대상

(a) 재산권의 청구에 관한 판결의 의미

　　가집행선고는 원칙적으로 '**재산권의 청구**'에 관한 판결에 한하여 허용된다(법 213조 1항 본문). 원칙적으로 **종국판결**로서 가집행할 수 있는 판결이어야 한다[따라서 소각하·청구기각 등의 경우는 허용되지 않는다]. 따라서 중간판결(법 201조) 및 상고심판결에는 가집행이 허용되지 않는다. 결정·명령은 원칙적으로 즉시 집행력이 있으므로(민집 56조 1호) **재산권의 청구**에 관한 **결정·명령**[예컨대 소송비용액확정결정(법 110조), 부동산인도명령(민집 136조)]이라도 원칙적으로 가집행선고를 할 수 없다. 그러나 유죄판결의 선고와 동시에 하는 **배상명령**은 가집행선고를 할 수 있다(소촉 31조 3항). 한편 가사비송사건에서 재산권의 청구 또는 유아의 인도에 관한 심판으로서 즉시항고의 대상이 되는 심판에는 가집행선고를 할 수 있다(가소 42조 1항).[2]

---

1) 조관행, "확정판결에 기한 강제집행과 불법행위," 대법원판례해설 24호(1995년 하반기), 112쪽.
2) 민법 837조에 따른 이혼당사자 사이의 양육비청구사건은 마류 가사비송사건으로서 즉시항

(b) 이행판결에 한하는지 여부

가집행선고는 좁은 의미의 집행력을 가지는 **이행판결**에 한한다는 것이 판례의 태도이다.[1] 그러나 통설은 강제집행에 적합하지 않은 판결이라도 넓은 의미의 집행력을 부여할 필요가 있기 때문에 강학상 확인판결·형성판결에도 가집행선고를 붙일 수 있다고 본다. **형성판결**에서도 법률에 특별한 규정이 있거나 그 성질이 허용하는 경우에는 가집행선고가 허용된다. 예컨대 **청구이의의 소**나 **제3자이의의 소**에서 **잠정처분**의 **취소·변경** 또는 **인가판결**에는 직권으로 가집행선고를 해야 한다(민집 47조 2항, 48조 3항).

▣ 재산권의 청구이지만 가집행선고를 붙일 수 없는 구체적 경우

재산권의 청구이지만 판결이 확정되어야만 집행력이 발생하는 경우에는 가집행선고가 허용되지 않는다. ① **의사진술을 명하는 판결의 경우**: 의사진술을 명하는 판결은 원칙적으로 확정된 때에 의사를 진술한 것으로 보므로(민집 263조 1항), 가집행선고가 허용되지 않는다. ② **사해행위취소판결 및 가액배상판결의 경우**: 채권자취소소송(민 406조)에서 사해행위취소를 구하는 청구는 형성소송으로서 가집행선고가 허용되지 않으며, 원상회복 중 가액배상을 구하는 청구는 사해행위취소의 효과발생을 전제로 하는 것이어서 그 이행기의 도래가 판결확정 후임이 명백하여 확정 전에는 집행할 수 없으므로 가집행선고가 허용되지 않는다. ③ **이혼판결과 동시에 하는 재산분할판결의 경우**: 나류 가사소송사건인 재판상 이혼청구와 병합하여 하나의 소로써 제기한 마류 가사비송사건인 재산분할청구(가소 2조 1항 2호 나목)에 대해서도 가집행선고가 허용되지 않는다.[2] 민법상 재산분할청구권은 이혼을 한 당사자의 한쪽이 다른 쪽에 대하여 재산분할을 청구할 수 있는 권리로서 이혼이 성립한 때에 그 법적 효과로서 비로소 발생하는데, 당사자가 이혼이 성립하기 전에 이혼소송과 병합하여 재산분할청구를 하고(민 843조, 839조의2 2항), 법원이 이혼과 동시에 재산분할을 명하는 판결을 하는 경우에도 이혼판결은 확정되지 않은 상태이므로, 그 시점에서 가집행을 허용할 수는 없기 때문이다.

고의 대상에 해당하고, 가집행선고의 대상이 된다. 대결(전) 1994. 5. 13. 92스21, 대판 2014. 9. 4. 2012므1656.

1) 대판 1966. 1. 25. 65다2374.
2) 대판 1998. 11. 13. 98므1193.

(2) 가집행선고를 붙이지 않을 상당한 이유가 없을 것

가집행선고를 붙이지 않을 상당한 이유가 없는 한 직권으로 가집행을 할 수 있다는 것을 반드시 선고해야 한다(법 213조 1항 본문). 여기서 **상당한 이유**란 패소한 피고에게 회복할 수 없는 손해의 위험이 있는 경우를 의미한다(예컨대 건물철거 등). 실무상 상당한 이유의 존재를 비교적 엄격하게 제한적으로 보고 있다.[1]

3. 절   차

(1) 직권으로 하는 가집행선고

가집행선고는 법원이 직권으로 한다(법 213조 1항 본문). 당사자의 신청은 직권발동을 촉구하는 의미에 불과하다(이에 대한 허부판단은 필요하지 않다). 다만 예외적으로 상소법원이 원심판결 중 불복신청이 없는 부분에 대해서 하는 가집행선고(법 406조 1항, 435조)는 당사자의 신청이 있는 경우에 한하여 가능하다.

(2) 가집행선고와 담보제공명령

가집행선고시에 담보를 제공시킬 것인지 여부는 **원칙적**으로 법원의 재량에 속한다(법 213조 1항 본문). 상소심에서 판결이 변경될 가능성이 있는 경우에는 담보의 제공을 명한다. 가집행선고의 담보는 **채무자**가 가집행선고로 인하여 입게 될 손해의 배상채권을 확보하기 위한 것이다[이에 반하여, 가집행선고가 붙은 판결에 대한 집행정지를 위한 담보(법 501조·500조)는 채권자가 그 집행정지로 인하여 입게 될 손해의 배상채권을 확보하기 위한 것이다].[2] **예외적**으로, ① **어음·수표금청구**에 관한 판결에는 담보를 제공하게 하지 않고 가집행선고를 해야 한다(법 213조 1항 단서). 또한 ② 불복신청이 없는 부분에 대하여 당사자의 신청에 따라 하는 항소심이나 상고심에서의 가집행선고결정(법 406조 1항, 435조)의 경우에도 담보를 제공하게 하지 않고 가집행선고를 한다.

(3) 가집행면제선고

법원은 직권으로 또는 당사자의 신청에 따라 채권 전액을 제공하고 가집행을 면제받을 수 있다는 것을 선고할 수 있다(법 213조 2항). 다만 실무상 당사자가 변론종결 전에 가집행면제선고를 신청하는 예가 드물다. 당사자는 오히려 가집행선고가 행하여

---

1) 김영진, 주석서(2), 755쪽.
2) 대결 1992. 1. 31. 91마718, 대결(전) 1999. 12. 3. 99마2078.

진 뒤에 강제집행정지신청(법 501조·500조)의 방법으로 구제받으려 하기 때문이다.

(4) 가집행선고의 재판에 대한 불복

가집행선고의 재판에 대해서만 독립하여 상소할 수 없다(법 391조). 다만 **본안판결과 함께** 불복해야 한다.[1] 가집행선고의 재판에 대해서는 본안의 재판에 대한 상소의 전부 또는 일부가 이유 있다고 판단되는 경우에만 가집행선고의 재판에 불복이유가 있다. 따라서 본안과 더불어 상소된 가집행선고의 재판에 비록 잘못이 있다 하더라도 본안판결에 대한 상소가 이유 없다고 판단되는 때에는 가집행선고의 재판을 시정하는 판단을 할 수 없다.[2] 피고로서는 상소를 한다고 해도 그것만으로는 강제집행을 저지할 수 없고 별도의 신청에 의하여(집행정지사유를 소명하여) **집행정지결정**을 받아야 한다. 법원은 담보를 제공하게 하거나 담보를 제공하지 않게 하고 집행정지결정을 할 수 있다(법 501조·500조 1항).[3]

4. 효　　력

(1) 집행권원으로서 가집행선고

가집행선고가 붙은 판결은 선고 즉시 집행력이 발생하므로 이행판결은 바로 집행권원이 된다(민집 56조 2호).

(2) 가집행선고에 의한 집행이 확정적인지 여부

가집행선고가 붙은 판결에 기한 집행은 그 효력이 확정적인 것이 아니고, 본안판결 또는 **가집행선고가 취소·변경**될 것을 **해제조건**으로 하는 것이다. 따라서 ① 가집행선고에 기하여 채권자가 집행을 완료함으로써 만족을 얻은 경우에도 상소심에서 본안에 관하여 판단할 때에는 그 집행의 이행상태를 고려하지 않고 청구의 당부에 관하여 판단해야 하며,[4] ② 제 1 심 가집행선고가 붙은 판결에 기하

---

1) 대판 1994. 4. 12. 93다56053.

2) 대판 1993. 12. 10. 93다42979, 2009. 4. 23. 2008다88269, 2010. 4. 8. 2007다80497.

3) 가집행선고가 붙은 판결에 대한 **집행정지를 위한 담보**는 채권자가 강제집행의 정지로 인하여 입게 될 손해의 배상채권을 확보하기 위한 것이다. 따라서 본안소송의 소송비용은 이에 의하여 담보되지 않으며, 본안판결에 따른 강제집행시 발생한 집행비용 역시 이에 의하여 담보되지 않는다. 대결 2011. 2. 21. 2010그220, 2018. 12. 21. 2018카담516, 2020. 1. 31. 2019마6648.

4) 대판 1993. 10. 8. 93다26175,26182, 1995. 4. 21. 94다58490,58506, 2009. 3. 26. 2008다95953,95960. 그러나 이는 해당 소송절차에서 취소·변경대상이 되는 본안판결이 존재하는 경우에 만약 가집행에 기한 이행상태를 판결자료로 채용한다면 가집행선고에 기한 집행 때문에 그 본안청구에 관하여 승소의 종국판결을 얻을 길이 막히게 되는 이상한 결과가 되어 실제상 불합

여 피고가 강제집행을 피하기 위하여 가집행선고 금액을 지급했다 하더라도 그에 따라 확정적으로 변제의 효과가 발생하는 것은 아니므로 채무자인 피고가 위와 같이 돈을 지급한 사실을 주장하더라도 항소법원으로서는 이를 고려함이 없이 해당 청구의 당부를 판단해야 한다.[1] 한편 가집행선고에 의한 금원 지급에 의하여 **청구채권**이 **소멸**되는 효과는 그 **판결이 확정된 때**에 비로소 발생한다. 따라서 채무자가 그와 같이 금원을 지급했다는 사유는 본래의 소송의 확정판결의 집행력을 배제하는 적법한 **청구이의사유**(민집 44조 2항)가 된다.[2]

5. 실   효

(1) 가집행선고의 실효

(a) 의   의

가집행선고는 상소에 의하여 본안판결이 확정되기 전에 그 가집행선고만을 바꾸거나 본안판결을 바꾸는 판결의 선고로 바뀌는 한도에서 실효된다(법 215조 1항). 예컨대 항소법원이 무조건이행을 명한 가집행선고가 붙은 제 1 심판결을 변경하여 상환이행을 명하면서 다시 가집행선고를 붙인 경우 제 1 심판결에서 인정된 소송목적인 권리가 항소심에서도 여전히 인정되는 점에서는 아무런 바뀐 것이 없고, 다만 가집행채권자는 항소심판결에 따라 상환조건을 성취해야만 강제집행을 할 수 있게 되었을 뿐이므로, 무조건이행을 명한 제 1 심판결의 가집행선고는 그 차이가 나는 한도 내에서만 실효된다.[3] 그러나 담보부 가집행을 무담보 가집행으로 바꾸는 것과 같이 채권자에게 유리하게 바뀌는 때에는 실효되지 않는다. 항소심에서 청구가 교환적으로 변경되어 구청구가 취하된 때에는 구청구에 붙여진 가집행선고도 실효된다.[4]

리하기 때문이지 가집행선고가 붙은 판결에 기한 집행이 종국적인 것임을 부인하는 것은 아니다.
1) 대판 1993. 10. 8. 93다26175,26182, 2009. 3. 26. 2008다95953,95960, 2020. 1. 30. 2018다 204787 등.
2) 대판 1995. 6. 30. 95다15827. 한편 가집행선고로 인한 지급물은 원래 종국적인 변제의 효과가 있는 것이 아닌데도 **원고**가 스스로 그 **공제**를 **주장**하는 이상 그 공제방법은 법정변제충당의 법리에 따를 것이 아니라 원고의 주장에 따라야 한다. 대판 1994. 7. 29. 92다30801.
3) 대판 1995. 9. 29. 94다23357. 한편 제 1 심에서 가집행선고가 붙은 승소판결을 받아 그 판결에 기해 강제경매를 신청한 다음 항소심에서 조정(조정을 갈음하는 결정 포함)이나 화해가 성립한 경우, 제 1 심판결 및 그 가집행선고의 효력은 조정이나 화해에서 제 1 심판결보다 인용범위가 줄어든 부분에 한하여 실효되고 그 나머지 부분에 대해서는 여전히 효력이 미친다고 보아야 한다. 대판 1992. 8. 18. 91다35953, 대결 2011. 11. 10. 2011마1482.
4) 대판 1995. 4. 21. 94다58490,58506.

(b) 가집행선고의 실효의 장래효

가집행선고의 실효의 효력은 **장래에 향하여** 발생한다. 다만 가집행선고를 붙인 제 1 심 본안판결이 항소심판결로 취소되면 가집행선고의 효력은 상실되나 항소심판결이 상고심에서 파기되면 그 효력은 다시 회복된다.[1] 실효 이후에는 더 이상 집행할 수 없다. 가집행선고만을 바꾸거나 본안판결을 바꾸는 판결의 정본을 제출하면 집행기관은 그 이후의 집행을 정지하고 집행처분을 취소해야 한다(민집 49조 1호, 50조). 가집행선고의 실효에는 **소급효가 없으므로** 이미 집행이 종료되었다면 그 효력에는 영향이 없다. 따라서 가집행에 의한 매수인의 소유권취득에는 영향이 없다.[2]

(2) 원상회복 및 손해배상의무

(a) 의　　의

가집행선고가 붙은 본안판결이 바뀌거나 가집행선고가 바뀐 뒤 본안판결이 바뀐 경우 법원은 **피고의 신청**에 따라 그 판결에서 가집행의 선고에 따라 지급한 물건 또는 그와 동일시할 수 있는 것(**가지급물**)을 돌려 줄 것(**원상회복**)과,[3] 가집행으로 말미암은 손해 또는 그 면제를 받기 위하여 입은 손해를 배상할 것(**손해배상**)을 원고에게 명해야 한다(법 215조 2항·3항). **원상회복의무**는 일종의 부당이득반환의무의 성질을 가진다.[4] 이러한 원상회복의무는 가집행선고의 실효에 소급효

---

1) 대결 1964. 3. 31. 63마78, 1993. 3. 29. 93마246,247.

2) 대판 1990. 12. 11. 90다카19098,19104,19111, 1993. 4. 23. 93다3165 등. 가집행선고가 붙은 판결에 기한 강제집행은 확정판결에 기한 경우와 같이 본집행이므로, 가집행선고의 효력이 소멸되거나 집행권원의 존재가 부정된다고 할지라도 이미 완료된 집행절차나 이에 기한 매수인의 소유권취득의 효력에는 아무런 영향을 미치지 않는다. 다만 강제경매가 반사회적 법률행위의 수단으로 이용된 때에는 그러한 강제경매의 결과를 용인할 수 없다. 윤진수, "가집행선고의 실효와 경락인 가집행채권자의 부당이득반환의무," 민사재판의 제문제 6권(1991. 11.), 175쪽 이하.

3) '가집행의 선고에 따라 지급한 물건'이란 가집행의 결과 피고가 원고에게 **지급한 물건 또는 그와 동일시할 수 있는 것**을 의미한다. 가집행선고가 붙은 판결이 선고된 후 피고가 판결인용금액을 변제공탁했다 하더라도 원고가 이를 수령하지 않는 이상 그와 같이 공탁된 돈 자체를 가집행의 선고에 따른 가지급물이라고 할 수 없다. 대판 2011. 9. 29. 2011다17847. 한편 가집행에 의하여 매각된 물건은 가지급물이 아니다. 대판 1965. 8. 31. 65다1311,1312.

4) 대판 2005. 1. 15. 2001다81320, 2011. 8. 25. 2011다25145, 2015. 2. 26. 2012다79866. 가집행으로 인하여 지급된 것이 금전이라면 특별한 사정이 없는 한 가집행채권자는 그 지급된 금원과 그 지급된 금원에 대하여 지급된 날 이후부터 **민사법정이율**에 의한 **지연손해금**을 지급해야 한다[가집행선고의 실효에 따른 원상회복의무는 상행위로 인한 채무 또는 그에 준하는 채무라고 할 수 없으므로, 상법 소정의 법정이율을 적용해서는 안 된다]. 대판 2012. 4. 13. 2011다104130, 2014. 4. 10. 2013다52073, 2020. 5. 14. 2017다220058.

가 없기 때문에 본래부터 가집행이 없었던 것과 같은 원상으로 회복시키려는 공평의 관념에서 민사소송법이 인정한 **법정채무이다.**[1] **손해배상의무** 역시 공평의 관념에 입각한 일종의 **무과실책임**에 해당하는[2] **불법행위책임**의 일종으로서 민법상 과실상계[3] 및 시효의 규정이 적용된다.

(b) 가지급물반환신청

1) 피고가 이러한 원상회복 및 손해배상을 청구하는 방법은 ① 피고가 원고를 상대로 별도의 소를 제기하여 청구하는 방법, ② 상소심절차에서 피고가 본안판결의 변경을 구하면서 원고의 소에 병합하여 청구하는 방법(법 215조 2항)이 있다. 후자 가운데 가집행의 **원상회복신청**을 실무상 **가지급물반환신청**이라 한다. 가지급물반환신청은 가집행에 의하여 집행을 당한 채무자로 하여금 본안 심리절차를 이용하여 그 신청의 심리를 받을 수 있게 함으로써 반소나 별소를 제기하는 비용과 시간 등을 절약할 수 있게 하려는 제도이다.[4] 가지급물반환신청은 후발적 병합소송인 **소송 중의 소**의 일종으로 본안판결이 취소·변경될 때를 대비하여 조건부로 하는, 즉 본안판결이 **취소·변경되지 않는 것**을 **해제조건**으로 하는[5][6] **부진정예비적 반소**의 성질을 가지며,[7] 그 신청의 이유인 사실의 진술 및 그 당부의 판단을 위해서는 소송에 준하여 **변론**이 필요하다.[8] 다만 이때의 피고의 신청은 항소심에서의 반소이기는 하지만 원고의 동의를 요하지 않으므로[항소심에서의 반소는 원칙적으로 원고의 동의를 받아야 한다(법 412조)], **특수반소**에 해당한다.[9]

2) 제1심에서 가집행선고가 붙은 승소판결을 받고 그에 기하여 판결원리금을 지급받았다가 항소심에 이르러 **청구의 교환적 변경**으로 당초의 **소가 취하**된 것으로 되었다면 이로 인해 **제1심판결이 실효**되었으므로 항소심에서 곧바로 가

---

1) 대판 2015. 2. 26. 2012다79866.

2) 대판 1979. 9. 11. 79다1123.

3) 따라서 가집행채무자에게 가집행에 관하여 과실이 있는 때에는 가집행채권자의 손해배상책임 및 그 금액을 정하는 데에 이를 참작해야 한다. 대판 1995. 9. 29. 94다23357.

4) 대판 2007. 5. 10. 2005다57691, 2023. 4. 13. 2022다293272.

5) 대판 2021. 8. 19. 2017다235791, 2021. 10. 28. 2021다253376, 2022. 4. 28. 2019다224726 등.

6) 대판 2011. 8. 25. 2011다25145, 2023. 4. 13. 2022다293272 등은 가지급물반환신청에 관하여 그 성질이 "본안판결의 취소·변경을 조건으로 하는 예비적 반소에 해당한다."고 판시하고 있으나 정확한 표현이 아니다.

7) 대판 1996. 5. 10. 96다5001, 2005. 1. 13. 2004다19647.

8) 대판 2000. 2. 25. 98다36474, 2001. 7. 24. 2000다25873, 2011. 8. 25. 2011다25145.

9) 이시윤, 728쪽; 정동윤·유병현·김경욱, 887쪽.

지급물의 반환 등을 구할 수 있다.[1]

　3) 가지급물반환신청은 (항소심에서 가집행선고가 붙은 이행판결에 대하여) **상고심에서도 할 수 있으나** 다만 사실관계에 다툼이 없어서 사실심리가 필요하지 않는 경우에 한한다.[2] 즉 상고심은 법률심이어서 과연 집행에 의하여 어떠한 지급이 이행되었으며 어느 범위의 손해가 있었는지 등의 사실관계를 심리하여 확정할 수 없기 때문에 신청이유로써 주장하는 사실관계에 대하여 **당사자 사이에 다툼이 없어 사실심리를 요하지 않는 경우**를 제외하고는 가지급물반환신청은 상고심에서는 원칙적으로 허용되지 않는다.[3] 다만 환송 후 항소법원에서 환송 전 항소심판결에 따른 가지급물의 반환신청을 할 수 있다.[4] 한편 제 1 심에서 가집행선고가 붙은 이행판결을 선고받고 항소한 피고는 항소심에서 법 215조 2항의 재판을 구하는 신청을 하지 않고 제 1 심의 본안판결을 바꾸는 판결을 선고받아 상대방이 상고한 때에는 상고심에서 위와 같은 신청을 하지 못한다.[5]

Ⅱ. 소송비용의 재판

1. 의　　　의

　종국판결의 주문에는 부수적으로 가집행선고 외에도 소송비용의 부담에 관한 재판을 한다(법 104조). 당사자 가운데 누가 어느 비율로 소송비용을 부담할 것인지를 정한다. **소송비용**이란 소송당사자가 현실적으로 특정한 소송에서 소송을 수행하기 위하여 지출한 비용 중 법령에 정한 범위에 속하는 비용을 말한다. **민사소송비용법**이 **명시적**으로 정한 **비용종목**(2조 내지 8조) 및 **그 외의 비용**이더라도 소송행위에 **필요한 한도**의 비용에 해당하는 경우(9조)에는 소송비용으로 인정된다(개괄주의). 여기에는 당사자들이 소송 그 밖의 절차를 수행하기 위하여 **법원에** 납부하는 비용인 **재판비용**[인지액, 송달료, 증인·감정인 등의 일당·여비 등[6]과 감정·통역·번역

---

1) 대판 2011. 8. 25. 2011다25145, 2023. 4. 13. 2022다293272.

2) 대판 2000. 2. 25. 98다36474.

3) 대판 1999. 11. 26. 99다36617, 2001. 7. 24. 2000다25873, 2007. 5. 10. 2005다57691; 송기방, "상고심에서의 가지급물 반환신청의 허부," 법조 30권 6호(1981. 6.), 62쪽 이하.

4) 대판 1995. 12. 12. 95다38127.

5) 대판 2003. 6. 10. 2003다14010,14027.

6) 증인·감정인 등의 일당·여비 등에 관해서는 '민사소송비용법' 4조의 위임에 따라 '민사소송비용규칙(2017. 2. 2. 개정·시행)'에서 그 기준을 정하고 있다. 특히 증인의 일당·여비 등

등에 관한 **특별요금**[1] 등의 **민사예납금**]과 당사자가 소송수행을 위해 자신이 **제 3 자**에게 직접 지출하는 **당사자비용**(재판 외의 비용)[소장 등 소송서류의 **작성료**・제출비용 등과[2] **변호사보수** 등]이 있다.

◼ 변호사보수의 소송비용 산입기준

(1) 의   의

법 109조 1항은 "소송을 대리한 변호사에게 당사자가 지급하였거나 지급할 보수는 대법원규칙이 정하는 금액의 범위안에서 소송비용으로 인정한다."고 규정하고 있다. 여기서 **'당사자가 지급하였거나 지급할 보수'**는 소송위임계약에 따라 소송대리업무를 실제로 수행한 변호사에게 당사자가 **이미 주었거나 주기로 약속한** 경제적 대가로서 객관적 방법을 통해 소명할 수 있는 것으로 말하며,[3] **'당사자'**는 법 98조 내지 108조의 규정에 의하여 소송비용부담의 재판을 받은 사람을 말한다.[4] 변호사보수를 소송비용에 산입하는 것은 정당한 권리행사를 위하여 소송을 제기하거나 부당한 제소에 대하여 응소하려는 당사자를 위하여 실효적인 권리구제를 보장하고, 남소와 남상소를 방지하여 사법제도의 적정하고 합리적인 운영을 도모하려는 데 그 취지가 있다.[5]

(2) 산입범위

1) 변호사보수의 소송비용 산입범위에 대해서는 대법원규칙인 **'변호사보수의 소**

에 관해서는, 재판예규 제1607호 '증인의 일당・여비 등의 지급에 관한 예규'(재일 2003-5, 2016. 11. 2. 개정・시행)가 있다.

1) 감정료에 관해서는, 재판예규 제1801호 '감정인등 선정과 감정료 산정기준 등에 관한 예규' (재일 2008-1, 2023. 7. 20. 개정・시행), 통역・번역에 관해서는, 재판예규 제1730호 '통역・번역 및 외국인 사건 처리 예규'(재일 2004-5, 2020. 1. 23. 개정・시행)가 있다.

2) **법무사**에게 지급한 또는 지급할 서기료, 도면작성료 및 제출대행수수료는 대한법무사협회의 회칙이 정하는 법무사의 보수에 관한 규정에 정한 금액으로 한다(민사소송비용규칙 2조 3항). 다만 위 금액 전부를 소송비용에 산입하는 것이 소송목적의 값, 사건의 특성 및 난이도 등에 비추어 현저히 부당하다고 인정되는 경우에는 법원은 상당한 정도까지 감액 산정할 수 있다(민사소송비용규칙 2조 4항).

3) 소송비용에 산입되는 변호사의 보수는 당사자가 보수계약에 의하여 현실적으로 지급한 것 뿐만 아니라 사후에 지급하기로 약정한 것까지 포함된다. 대결 2005. 4. 30. 2004마1055, 2020. 4. 24. 2019마6990, 2023. 11. 9. 2023마6427. 따라서 소송비용액확정절차에 편입될 변호사보수를 판단할 때에는 특정금액의 지급의무가 발생했는지가 문제될 뿐 그 지급방법이나 실제 지급 여부는 영향을 미치지 않는다. 대결 2022. 4. 8. 2021마7301, 2023. 11. 9. 2023마6427.

4) **제 3 자**가 지급한 경우에도 당사자가 지급한 것과 동일하다고 볼 수 있는 사정이 인정되면 소송비용에 산입되는 변호사보수로 인정할 수 있다. 대결 2020. 4. 24. 2019마6990. 한편 **공동소송인 가운데 일부만이** 변호사보수를 실제 지급한 경우 그 일부에 대해서만 변호사보수를 배분하고, 변호사보수를 지급하지 않은 공동소송인에게는 배분해서는 안 된다. 대결 1992. 12. 28. 92두62, 1995. 12. 4. 95마726, 2020. 10. 30. 2020마6255.

5) 헌재 2002. 4. 25. 2001헌바20 결정, 2019. 11. 28. 2018헌바235등 결정.

송비용 산입에 관한 규칙'에서 이를 정하고 있다. 위 **규칙 3조 1항**은 "소송비용에 산입되는 변호사의 보수는 당사자가 보수계약에 의하여 지급한 또는 지급할 보수액의 범위 내에서 각 심급단위로 **소송목적의 값**에 따라 별표의 기준에 의하여 산정한다."고 규정하고 있다. 위 규칙에 의하면 변호사에게 지급했거나 지급할 보수 전액을 소송비용으로 지급하는 것이 아니라, 위 규칙에 따라 산정한 금액의 범위에 한정하여 지급한다. 항소심 또는 상고심의 소송목적의 값은 원칙적으로 상소로써 **불복하는 범위**를 기준으로 한다.[1][2]

2) 한편 피고의 **전부자백** 또는 **자백간주에 의한 판결**과 **무변론판결**, (소액사건에서의) **이행권고결정**의 경우 지급보수액의 범위 내에서 위 규칙에 따라 **산정한 금액의 1/2**로 하며(위 규칙 5조), 위 규칙 3조·5조에 따른 금액 전부를 소송비용에 산입하는 것이 **현저히 부당**하다고 인정되는 경우에는 법원은 상당한 정도까지 **감액산정**을 할 수 있고(위 규칙 6조 1항),[3] 위 규칙 3조에 따른 금액이 현저히 부당하게 낮은 금액이라고 인정하는 때에는 **당사자의 신청**에 따라 위 금액의 2분의 1 한도에서 이를 **증액**할 수 있는 등 **재량에 의한 조정**을 할 수 있다(위 규칙 6조 2항).

2. 소송비용부담의 재판

(1) 원   칙

1) 소송비용부담의 재판은 각 심급을 완결하는 재판을 하는 법원의 직권에 의한다(법 104조 본문). 다만 사정에 따라 사건의 일부나 중간의 다툼에 관한 재판에서 그 비용에 대한 재판을 할 수 있다(법 104조 단서). 소송비용부담의 재판은 **직권으로** 하는 것으로 당사자에게 소송비용부담의 재판을 구할 신청권이 없다. 당사자의 신청은 법원의 직권발동을 촉구하는 의미를 지니는 데 불과하다.

2) 소송이 **재판에 의하지 않고 끝난 경우**[화해·조정의 경우를 제외한다. 소송상

---

1) 대결 2007. 6. 1. 2006마1473, 2019. 6. 4. 2019마5241, 2020. 5. 22. 2019마6178.

2) 당사자 사이에 소송비용을 일정 비율로 분담하도록 재판이 된 경우로서 소송비용액확정신청을 한 신청인에게 피신청인이 상환해야 할 변호사보수를 확정할 때에는 신청인이 변호사에게 보수계약에 따라 지급하거나 지급할 금액과 '변호사보수의 소송비용 산입에 관한 규칙'에 따라 산정한 금액을 비교하여 그 가운데 적은 금액을 소송비용으로 결정한 다음, 이에 대하여 소송비용부담의 재판의 분담비율을 적용하여 계산해야 한다. 대결 2022. 5. 31. 2022마5141.

3) 여기서 '현저히 부당하다고 인정되는 경우'란 소송목적의 값, 위 규칙 3조·5조에 따라 산정한 보수액의 규모, 소송의 경과와 기간, 소송종결사유, 사건의 성질과 난이도, 변호사가 들인 노력의 정도 등 여러 사정에 비추어 볼 때, 위 규칙 3조·5조에 따른 산정액 전부를 소송비용으로 인정하여 상대방에게 상환을 명하는 것이 공정이나 형평의 이념을 반하는 결과를 가져오는 경우를 말한다. 대결 2010. 7. 13. 2010마658, 2013. 12. 27. 2013마1803, 2022. 5. 12. 2017마6274.

화해가 성립하거나 수소법원이 직권으로 조정에 회부하여(민조 6조) 조정이 성립된 경우
원칙적으로 **화해조서 · 조정조서**에서 소송비용을 **각자 부담**으로 정한다(법 106조, 민조37
조 1항). 따라서 여기서 소송이 재판에 의하지 않고 끝난 경우란 **청구의 포기 · 인낙, 소취
하, 상소취하, 당사자참가의 취하** 등을 말한다] 당사자가 소송비용을 상환받기 위해서
는 법 114조 1항에 의하여 **해당 소송이 종결될 당시의 소송계속 법원에 소송비용
부담의 재판을 신청**해야 한다.1) 예컨대 **소취하**로 소송이 끝난 경우 당사자의 신
청이 있으면 법원은 **결정(소송비용부담 및 확정결정)**으로 **소송비용의 액수**를 정하고
이를 **부담**하도록 명해야 한다.2) 이 경우 특별한 사정이 없는 한 **패소한 당사자에
준하여** 소를 취하한 원고가 소송비용의 부담자가 되는 것이 원칙이다.3) **소의 일
부가 취하**되거나 **청구가 감축**된 경우에도 마찬가지이다.4) 한편 소장부본(상소장부
본)이 상대방에게 송달되지 않은 채 **소장(상소장)각하명령**으로 소송이 끝난 경우
상대방이 소송대리인의 선임비용을 지출했다고 하더라도 **대심적 소송구조에서 지
출된 비용**이 아니므로 이를 원고나 상소인에게 부담시킬 수 없으며, 따라서 그
비용부담자 등을 정할 필요도 없다.5)

(2) 상소심과 소송비용부담의 재판

상소심이 상소기각 또는 상소각하판결을 하는 경우에는 그 심급에서 생긴 상
소비용만을 재판하면 족하다. 상소심이 하급심의 본안재판을 바꾸는 경우에는 (하
급심 소송비용을 포함함) **소송총비용**에 대하여 재판을 해야 한다. 환송 또는 이송을
받은 경우에도 소송총비용에 대하여 재판을 해야 한다.

(3) 소송비용부담의 재판을 누락한 경우

소송비용의 재판을 하지 않은 경우에는 **재판의 누락**에 해당한다. 이 경우 **직
권** 또는 **당사자의 신청**에 의해 그 소송비용에 대한 재판**(추가결정)**을 한다(법 212조

---

1) 따라서 이를 제 1 심 수소법원에 소송비용액확정신청을 하는 방법으로는 할 수 없다. 대결
   1999. 8. 25. 97마3132, 2017. 2. 7. 2016마937, 2018. 4. 6. 2017마6406.
2) 법원은 이 경우 소취하의 경위, 각 당사자의 소송행위 내용 등 여러 사정을 종합하여 재량
   에 의하여 소송비용을 부담할 사람과 그 액수를 정한다. 대결 2007. 5. 23. 2007마27.
3) 소취하는 처음부터 소송계속이 없었던 것으로 간주되므로 그 소는 원칙적으로 원고에게 무
   익한 것, 즉 권리를 늘리거나 방어에 필요한 행위가 않았던 셈이 되어 피고가 채무를 이행하
   였기 때문에 소를 취하한 것이라는 등의 **특별한 사정**이 없는 한 패소한 당사자에게 준하여
   보기 때문이다. 대결 2016. 4. 19. 2016마241, 2020. 7. 17. 2020카확522.
4) 대결 1999. 8. 25. 97마3132, 2017. 2. 7. 2016마937.
5) 대결 2019. 11. 29. 2019카확564.

2항)[일반적인 재판의 누락의 경우와 달리 **당사자의 신청권**을 인정하고 있다]. 소송비용의 재판을 누락하여 그 소송비용에 대한 재판을 하는 경우에도 본안판결에 대하여 적법한 항소가 있는 때에는 그 효력을 잃는다. 이 경우 항소법원은 소송총비용에 대하여 재판을 한다(법 212조 3항).

(4) 소송비용부담의 재판과 불복방법

소송비용부담의 재판에 대해서는 독립하여 상소하지 못하며(법 391조·425조), 본안재판과 함께 불복해야 한다. 소송비용부담의 재판은 본안의 당부에 관한 결론에 따라 당사자의 소송비용부담 부분이 정해지는 **부수적 재판**으로서 그 당부를 판단하기 위해서는 본안의 당부를 판단하지 않을 수 없기 때문이다.[1] 본안의 재판에 대한 상소가 이유 없으면 그 불복신청은 부적법하게 된다.[2]

3. 소송비용부담의 원칙

(1) 패소자부담의 원칙

소송비용은 **패소자부담**을 **원칙**으로 한다(법 98조).[3] 다만 **승소자**인 경우에도, ① **승소자**가 그 권리를 늘리거나 지키는 데 **필요하지 않은 행위**로 말미암은 소송비용(법 99조 전단), ② **패소자**가 그 권리를 늘리거나 지키는 데 **필요한 행위**로 말미암은 소송비용(법 99조 후단), ③ **승소자**가 책임져야 할 사유로 **소송이 지연**됨으로 말미암은 소송비용(법 100조) 등의 **전부 또는 일부**를 부담한다. 소송비용부담의 재판은 본안사건 소송절차에 대한 **부수적 재판**으로서, 본안사건 청구의 당부와 그 밖에 소송행위의 필요성, 소송지연 등 본안사건 소송절차 내의 사정만으로 고려하여 부담의무주체 및 부담부분을 판단한다.[4]

(2) 일부패소의 경우

일부패소의 경우 패소한 비율만큼 패소한 당사자가 소송비용을 부담해야 하지만, 일부패소의 모습이 다양하여 패소부분에 따른 소송비용을 정확히 안분(按

---

1) 헌재 2010. 3. 25. 2008헌마51 결정.
2) 대판 2005. 3. 24. 2004다71522,71539, 2020. 3. 26. 2015다44410, 2023. 10. 12. 2020다246999, 247008.
3) 한편 인권, 국민의 건강과 안전, 환경 등 공공의 이익을 침해하는 행위에 관한 **공익소송**의 경우 패소한 당사자가 부담해야 할 소송비용의 전부 또는 일부를 면제할 수 있도록 하는 **민사소송법 일부개정법률안**(의안번호 2115832, 제안일자 2022. 6. 8., 제안자 박주민 의원 등 10인)이 제21대 국회에 계류되었으나 임기종료(2024. 5. 29.)로 자동폐기되었다.
4) 대결 2020. 7. 17. 2020카확522.

分)하는 것이 쉽지 않으므로 법은 이 경우 각 당사자가 부담할 소송비용을 법원이
정하도록 하고 있다(법 101조). 일부패소의 경우에 각 당사자가 부담할 소송비용은
법원이 모든 사정을 종합하여 재량에 의해 정할 수 있으며, 반드시 청구액과 인
용액의 비율만으로 정해야 하는 것은 아니다.[1]

(3) 공동소송 등의 경우

법은 **공동소송**, **참가소송** 등의 경우 소송비용부담의 재판에 관하여 상세히
규정하고 있다(법 102조 · 103조 이하).

1) **공동소송**의 경우 공동소송인은 소송비용을 균등하게 부담하는 것을 **원칙**
으로 한다(법 102조 1항 본문). 판결주문에서 공동소송인별로 소송비용의 부담비율
을 정하거나, 연대부담을 명하지 않고 단순히 소송비용은 공동소송인들의 부담으
로 한다고 정했다면 공동소송인들은 상대방에 대하여 균등하게 소송비용을 부담
하고, 공동소송인들 사이에 내부적으로 비용분담 문제가 생기더라도 그것은 그들
사이의 합의와 실체법에 의하여 해결되어야 한다.[2] 법원은 **사정에 따라**(공동으로
소송비용을 부담하는 것이 형평에 반하거나 불합리하다고 판단되는 때에는) 공동소송인
에게 소송비용을 다른 방법으로 부담하게 할 수 있다(법 102조 1항 단서).[3] 한편
법원은 그 권리를 늘리거나 지키는 데 필요하지 않은 행위로 생긴 소송비용은 그
행위를 한 당사자에게 부담하게 할 수 있다(법 102조 2항).

2) **참가소송**의 경우 이로 인한 소송비용에 관해서는 법 98조 내지 102조의
규정이 준용된다(법103조). 예컨대 **보조참가의 경우**에도 소송비용 가운데 '**보조참
가로 인한 부분**'에 대하여 재판을 해야 함이 원칙이다. **판례**는, 소송비용부담에
관한 판결주문에 보조참가로 인한 부분이 **특정되지 않은 채** 소송비용은 패소한
당사자가 부담한다는 취지만 기재되어 있는 경우 **피참가인이 전부승소한 때**에는
당연히 패소한 당사자(상대방 당사자)가 보조참가로 인한 소송비용까지도 부담하는
것으로 볼 수 있으나, **피참가인이 일부승소했음에도** 판결주문에 보조참가로 인한
부분이 **특정되지 않은 채** 피참가인과 상대방 당사자 사이의 소송비용부담의 비율
만 기재되어 있다면 이러한 판결주문에는 보조참가로 인하여 생긴 부분까지 당연

---

1) 대판 1985. 12. 24. 85누180, 2000. 1. 18. 98다18506, 2007. 7. 12. 2005다38324.
2) 대결 2001. 10. 16. 2001마1774, 2017. 11. 21. 2016마1854; 서경환, "현행 소송비용 부담재
   판 실무의 맹점 한 가지," 조정연구(서울고등법원 조정위원회) 창간호(2007년), 73쪽 이하.
3) 대결 2017. 11. 21. 2016마1854.

히 포함되어 있다고 볼 수 없어 이는 소송비용부담의 **재판이 누락**이 된 것에 해
당하여, 해당 소송비용부담의 재판을 누락한 법원이 직권 또는 당사자의 신청에
따라 이에 대한 재판을 **추가로 (결정**으로써) 해야 한다(법 212조 2항)고 본다.[1]

(4) 무권대리인의 경우

법정대리인이나 소송대리인에게 대리권 또는 소송행위에 필요한 권한을 받았
음을 증명하지 못하거나, 추인을 받지 못하는 때에는 법원은 종국판결로써 소를
각하하면서 소송비용을 당사자본인으로 된 사람을 대신하여 그 소송행위를 한 무
권대리인에게 부담하도록 한다(법 108조, 107조 2항). 소송대리인이 소송비용부담의
재판을 받은 때에는 일반적인 소송비용부담의 경우와는 달리 소송비용을 부담하
는 사람이 본안의 당사자가 아니어서 소송비용의 재판에 대한 독립한 상소가 허
용된다. 소송대리인으로서는 자신에게 비용부담을 명한 재판에 대하여 그 재판의
형식에 관계없이 즉시항고나 재항고에 의하여 불복할 수 있다.[2]

4. 소송비용액확정절차

(1) 의   의

실무상 소송비용부담의 재판은 이를 부담할 당사자 및 그 부담의 비율만 정하
고, 구체적인 비용액까지 확정하는 예는 거의 없다. 따라서 이러한 구체적인 액수를
확정하여 강제집행이 가능하도록 하는 절차가 **소송비용액확정절차**이다(법 110조). 즉
소송비용액확정절차는 소송비용부담의 재판에서 액수를 정하지 않은 경우 당사자
의 신청을 받아 법원이 결정으로 정하는 절차이다.[3] 소송비용액확정절차는 권리
의무의 존부를 확정하는 것이 아니라는 점에서 비송적 성격을 가지므로 개개의
비용항목이나 금액에 관해서는 처분권주의가 적용되지 않고, 법원은 당사자가 신
청한 총금액을 한도로 부당한 비용항목을 삭제·감액하고 정당한 비용항목을 추
가하거나 당사자가 주장한 항목의 금액보다 액수를 증액할 수 있다.[4]

---

[1] 대결 2022. 4. 5. 2020마7530.
[2] 이 경우 그 소송대리인이 판결선고 전에 이미 **사임**했다고 하더라도 판결정본을 송달하는
등의 방법으로 **재판결과를 통지**해야 한다. 만일 법원이 소송비용을 부담하도록 명한 무권대
리인에게 재판결과를 통지하지 않아 그가 소송비용부담의 재판에 대한 항고기간을 지키지 못
했다면 특별한 사정이 없는 한 그 무권대리인은 자기책임에 돌릴 수 없는 사유로 항고기간을
지키지 못한 것으로 보아야 한다. 대결 2016. 6. 17. 2016마371.
[3] 대결 2010. 3. 20. 2009스146, 2023. 12. 21. 2023마6918.
[4] 대결 2011. 9. 8. 2009마1689.

(2) 소송비용액확정신청

(a) 소송비용부담의 재판의 확정 또는 집행력을 갖게 된 경우

소송비용부담의 재판에서 그 액수가 정해지지 않은 경우에는 **제 1 심법원**이 그 재판이 확정되거나 소송비용부담의 재판이 집행력을 갖게 된 후에 당사자의 신청을 받아 그 소송비용액을 확정하는 결정을 한다(법 110조).[1] 여기서 '제 1 심법원'은 **수소법원**을 가리키고, 이는 직분관할로서 성질상 **전속관할**에 속한다.[2] 신법 이전에는 소송비용부담의 재판에 집행력이 생긴 때가 아니라 그 재판이 확정된 후에만 소송비용액확정신청을 할 수 있었으나, **신법**은 소송비용부담의 재판 자체에 **가집행 선고**가 붙어 집행력을 갖게 된 이후에도 확정신청이 가능하도록 했다. 소송비용액확정절차는 소송비용액을 확정하는 유일한 방법이므로, 소송비용에 관한 한 소송비용액확정절차에 의하지 않고 별소로 청구하는 것은 소의 이익이 없으므로 인정되지 않는다.[3]

(b) 비용부담 의무자의 승계가 있는 경우

소송비용부담의 재판 뒤에 비용부담 의무자의 승계가 있는 경우 그 승계인을 상대로 소송비용액확정신청을 하기 위해서는 **승계집행문**(민집 31조)을 부여받아야 한다.[4]

(3) 소송비용액확정신청에 대한 재판

(a) 상환할 소송비용의 수액에 대한 심리 · 판단

1) 법원은 소송비용액을 결정하기 전에 상대방에게 비용계산서의 등본을 교부하고 이에 대한 진술을 할 것과 일정한 기간 이내에 비용계산서와 비용액을 소명하는 데 필요한 서면을 제출할 것을 최고해야 한다(법 111조 1항).[5] 상대방이 위 서면을 위 기간 이내에 제출하지 않은 때에는 법원은 신청인의 비용에 대해서만 결정을 할 수 있는데, 이 경우 상대방도 소송비용액확정신청을 할 수 있다(법 111조 2항) 소송비용액확정절차에서는 상환할 **소송비용의 액수**를 정할 수 있을 뿐이

---

1) 따라서 상소심에 제기된 재심청구사건의 판결에서 소송비용의 부담자만을 정하고 그 액수를 정하지 않은 때에도 그 소송비용액확정결정은 제 1 심법원이 해야 한다. 대결 2008. 3. 31. 2006마1488.
2) 대결 2008. 6. 23. 2007마634.
3) 대판 2000. 5. 12. 99다68577.
4) 대결 2009. 8. 6. 2009마897.
5) 대결 2019. 7. 25. 2019마5407.

고, 소송비용부담의 재판에서 확정한 **상환의무 자체의 존부**를 심리·판단하거나 변경할 수는 없다.1) 따라서 상대방은 신청인이 제출한 비용계산서의 비용항목이 소송비용에 속하는지 여부 및 그 수액에 대하여 의견을 진술하고 소명자료를 제출할 수 있을 뿐이다. 소송비용액확정절차 외에서 이루어진 변제·상계·화해 등에 의하여 **소송비용부담에 관한 실체상 권리가 소멸**되었다고 하더라도 이러한 사유는 소송비용액확정결정의 집행단계에서 **청구이의의 소**(민집 44조)를 제기할 사유가 될 따름으로, 소송비용액확정절차에서 심리·판단할 대상은 될 수 없다.2)

2) **소송비용부담의 재판에서 당사자 사이에 소송비용을 일정 비율로 분담하도록 정하고 있는 경우** 앞서와 같이 상대방에 대해서도 상대방이 지출한 소송비용을 비용계산서에 의하여 항목별로 밝히고 이에 관한 소명자료를 제출하도록 최고하여, ① **상대방이 비용계산서와 소명자료를 제출한 경우** 당사자 양쪽이 각각 지출한 **비용 총액을 산정**하고 부담비율에 따라 **각자 부담할 액**을 정하여 **대등액에서 상계**하고, 남은 차액을 상대방이 상환할 금액을 결정한다.3)4)5) ② 상대방이 비용계산서와 소명자료를 **제출하지 않은 경우** 법원은 소송비용액확정신청을 한 당사자로부터 제출된 비용계산서에 기초하여 지출한 비용총액을 산정한 다음, 그 비용총액에 대한 소송비용부담의 재판의 분담비율에 따라 **상대방이 부담할 소송비용액**을 정하여 그 금액의 **지급을 명하는 방법**으로 소송비용액을 확정한다.6)

(b) 공동피고별 소송비용부담의 재판이 있는 경우

본안판결에서 패소한 공동피고별로 소송비용의 각 부담을 명한 경우, 소송비용액확정신청의 법원은 본소에 관하여 신청인이 상환받을 소송비용액을 신청인이

---

1) 대결 2002. 9. 23. 2000마5257, 대판 2011. 3. 24. 2010다96997, 대결 2022. 5. 12. 2017마6274 등.
2) 대결 2008. 5. 7. 2008마482, 2020. 7. 17. 2020카확522.
3) 대결 2015. 2. 13. 2014마2193, 2023. 9. 27. 2022마6885. 이는 당사자 양쪽이 소송비용을 일정 비율로 분담하도록 재판이 된 경우 당사자 각자의 분담액이 대등액에서 상계된 것으로 하고 그 차액만을 한쪽의 당사자가 상대방에게 지급하도록 함으로써 소송비용을 둘러싼 법률관계를 간이하게 처리하기 위한 것이다. 대결 2023. 9. 27. 2022마6885.
4) 그러나 상대방이 **별도의** 소송비용액확정신청을 하여 그 결정이 확정된 경우에는 상대방은 그 결정에 따라 자신의 소송비용액을 상환받아야 할 것이므로, 위와 같이 별도의 결정에서 상환받는 것으로 확정된 상대방의 소송비용액에 대해서는 상대방이 상환해야 할 소송비용액과 상계를 해서는 안 된다. 대결 2023. 9. 27. 2022마6885.
5) 만약 상계 결과 잔액이 없거나 오히려 신청한 당사자가 상대방이 상환해야 할 소송비용액만 있다면 "상대방이 신청인에게 상환할 소송비용액이 없다."는 결정을 한다.
6) 대결 2015. 2. 13. 2014마2193, 2022. 5. 31. 2022마5141.

공동피고들에 대하여 각각 구한 본소의 소송목적의 값의 비율에 따라 안분한 후, 해당 피신청인에 대한 해당 안분금액을 상환하도록 한다.[1]

(c) 사법보좌관의 재판

사법보좌관도 소송비용액확정절차에서의 법원의 사무를 행할 수 있다(법조 54조 2항 1호, 사보규 2조 1항 1호). 소송비용액확정결정에 대하여 당사자는 **즉시항고**[사법보좌관의 처분에 대한 **이의신청**을 통하여(법조 54조 3항, 사보규 4조)]를 할 수 있다(법 110조 3항).[2] 소송비용액확정신청에 대한 사법보좌관의 처분은 제 1 심법원의 사무를 행한 것이므로, 이에 대한 **이의신청**에 관하여 본안사건의 수소법원인 지방법원 단독판사가 사법보좌관의 처분을 인가한 경우[3] 그 이의신청에 의한 즉시항고 사건은 항고법원인 지방법원 합의부가 관할법원이 된다.[4]

(d) 확정된 소송비용액확정결정의 효력

소송비용부담의 구체적인 내역과 액수 등은 **소송비용액확정절차**가 **종결**된 뒤에야 비로소 확정될 수 있다.[5] **확정된 소송비용액확정결정**에는 상대방이 부담할 구체적인 **소송비용액**, 즉 **수액**에 관하여 **기판력**이 인정된다. 이미 기판력 있는 **본안판결**에서 소송비용상환의무의 실체관계 판단이 확정된 후에 **그에 근거하여** 법원이 상환청구권자인 당사자가 신청한 수액에 따라 소송비용확정결정을 했다면 그 소송비용에 관한 결정은 본안판결의 소송비용부담의 실체관계 판단을 계량적으로 구체화한 종국적 판단을 내용으로 하는 것이기 때문이다.[6] 따라서 확정된

---

1) 대결 2010. 2. 16. 2009마2224.

2) 소송비용확정에 관하여 제 1 심법원이 산정한 비용액이 법규에 따라 정당하게 산출된 것인지에 관하여 항고심은 직권으로 살펴볼 의무가 있다. 대결 2006. 8. 9. 2006마455.

3) 지방법원 합의부가 재판한 민사합의사건에 관한 소송비용액확정신청에 대하여 한 사법보좌관의 처분을 본안사건의 수소법원인 지방법원 합의부가 아닌 단독판사가 인가한 것은 전속관할 위반이다. 대결 2008. 6. 23. 2007마634; 김시철, "소송비용액 확정에 관한 사법보좌관의 처분에 대한 불복절차와 후발적 공동소송에서 소송비용에 산입되는 변호사 보수를 산정하는 방법에 관하여," 대법원판례해설 75호(2008년 상반기), 315쪽 이하.

4) 대결 2008. 3. 31. 2006마1488, 2008. 6. 23. 2007마634, 2010. 4. 16. 2010마357.

5) 대판 2008. 12. 24. 2008다61172.

6) 대결 2002. 9. 23. 2000마5257. 이미 확정된 소송비용액확정결정의 기판력은 그 성격상 개별비용항목과 액수에만 미치는 것이 아니라 신청인의 소송총비용에 미친다. 대결 2011. 9. 8. 2009마1689; 김선일, "확정된 소송비용액확정사건의 기판력이 개별비용항목과 액수에만 미친다고 볼 것인지, 신청인의 소송총비용에 미친다고 볼 것인지 여부," 대법원판례해설 89호(2011년 하반기), 261쪽 이하.

소송비용액확정결정은 **그 자체**로 **(독립하여) 집행권원**이 되므로,[1] 이에 대하여 집행문을 부여받아 집행할 수 있다.

5. 소송비용의 담보

(1) 담보제공사유

원고가 대한민국에 주소·사무소와 영업소를 두지 않은 때 또는 소장·준비서면, 그 밖의 소송기록에 의하여 청구가 이유 없음이 명백한 때 등 소송비용에 대한 담보제공이 필요하다고 판단되는 경우에 **피고의 신청**이 있으면 법원은 원고에게 소송비용에 대한 담보를 제공하도록 명해야 한다. 담보가 부족한 경우에도 또한 같다(**2010. 7. 23. 개정, 2010. 10. 24. 시행** 법 117조 1항). 청구의 일부에 대하여 다툼이 없는 때에는 그 액수가 담보로 충분하면 담보제공을 명하지 않는다(법 117조 3항). 한편 법원은 **직권으로** 원고에게 소송비용의 담보를 제공하도록 명할 수 있다(법 117조 2항). 소송비용에 대한 담보제공명령은 원고가 대한민국에 주소 등을 두지 않은 때 또는 소송기록에 의하여 청구가 이유 없음이 명백한 때에 해당하거나 그 밖에 이에 준하는 사유가 있어 피고의 이익을 보호하기 위하여 소송비용상환청구권의 용이한 실현을 미리 확보하여 둘 필요가 있는 경우에만 허용된다.[2]

개정 전 법 117조 1항은 원고가 대한민국 내에 주소·사무소와 영업소를 두지 않은 경우 법원이 피고의 신청에 따라 원고에게 소송비용에 대한 담보제공을 명하도록 규정하고 있어(**주소주의형**) 그 사유가 지나치게 제한적이었다. 이에 대하여, 원고의 청구 자체가 이유 없음이 명백한 경우, 원고의 재산상 능력이 부족한 경우, 명백한 해의(害意)나 악의에 의한 소권의 남용의 경우 등에서 소송비용 담보제공이 필요한 경우가 많으므로, 위 법을 개정하여 법원이 소송비용에 대한 담보제공이 필요하다고 판단하는 때에는 담보제공을 명할 수 있도록 해야 한다(**법원재량형**)는 주장이 제기되었다.[3] 이에 따라 **담보제공을 명하는 사유를 확대하고**,[4]

---

1) 대판 2020. 10. 29. 2020다205806.
2) 대결 2013. 5. 31. 2013마488.
3) 법률신문 3724호(2009. 2.), 2쪽.
4) 헌법재판소는 담보제공사유를 확대하는 위 개정 조항이 원고의 재판청구권을 침해하지 않는다고 본다. 위 개정 조항은 원고의 법원에의 접근을 완전히 차단하는 것은 아니며, 이를 통하여 피고의 소송비용상환청구권의 이행을 확보해 줌으로써 피고의 소송비용에 대한 부담을 덜고, 원고가 명백히 부당한 소송을 제기하거나 남소를 제기하는 것을 방지하여 사법자원의 효율적 활용과 합리적 분배에 기여하도록 할 필요성이 크므로 이러한 개정 조항이 과잉금지

법원이 **직권**으로도 담보제공을 명할 수 있도록 위 법을 **개정**하기에 이르렀다.

(2) 담보제공신청권

(a) 담보제공신청권의 상실

담보제공사유가 있다는 것을 알고도 피고가 **본안**에 관하여 변론하거나 변론준비기일에서 진술한 경우에는 담보제공을 신청하지 못한다(법 118조). 담보제공사유가 있음을 알고 피고가 본안에 관하여 응소한 때에는 피고의 담보제공신청권은 상실되며, 그 상실의 효과는 **제 1 심**만이 아니라 소송이 계속되어 있는 **상급심**에까지 미치므로 상소심에서 한 피고의 담보제공신청은 부적법하다.[1] 다만 담보제공의 원인이 이미 제 1 심 또는 항소심에서 발생되어 있었음에도 신청인이 **과실없이** 담보제공을 신청할 수 없었거나 **상소심**에서 **새로이** 담보제공의 원인이 발생한 경우에는 상소심에서의 소송비용 담보제공신청이 가능하다.[2] 상소의 제기나 청구의 확장 등으로 말미암아 소송비용이 추가로 소요될 것이 예상되는 등 소송의 경과에 따라 제공된 **담보가 충분하지 않게** 되었다면, 그와 같은 사유가 있음을 알면서도 응소한 경우에도 역시 담보제공신청권은 상실된다. 담보가 부족한지 여부는 지출한 소송비용의 총액과 담보액을 대비하여 정하며, 전자가 후자를 초과할 때에 피고가 담보의 부족이 생긴 것을 안 것으로 추정한다.[3]

(b) 응소를 거부할 권리

담보제공을 신청한 피고는 원고가 담보를 제공할 때까지 소송에 응하지 않을 수 있다(**피고의 거부권**, 법 119조). 피고가 적법한 담보제공신청을 한 경우에는 그 후 응소를 거부하지 않고 본안에 관하여 변론 등을 했더라도 이미 이루어진 담보제공신청의 효력이 상실되거나 그 신청이 부적법하게 되는 것은 아니다.[4]

(3) 담보제공명령

법원은 담보를 제공하도록 명하는 결정에서 담보액과 담보제공의 기간을 정해야 한다(법 120조 1항). 담보제공신청에 관한 결정에 대해서는 즉시항고를 할 수 있다(법 121조). 법원의 직권에 의한 담보제공결정에 대해서도 법 121조를 준용하

원칙에 반한다고 볼 수 없음을 그 이유로 들고 있다. 헌재 2019. 4. 11. 선고 2018헌바431.

1) 대결 2008. 5. 30. 2008마568.
2) 대결 2017. 4. 21. 2017마63, 2020. 7. 3. 2020마5417.
3) 대결 1996. 5. 9. 96마299, 2002. 8. 14. 2002카담20.
4) 대결 2018. 6. 1. 2018마5162.

여 즉시항고를 할 수 있다.[1] 담보를 제공해야 할 기간 이내에 원고가 이를 제공하지 않는 때에는 법원은 **변론 없이** 판결로 소를 각하할 수 있다. 다만 판결하기 전에 담보를 제공한 때에는 그렇지 않다(법 124조).

■ 담보취소결정

(1) 의   의

법원은 담보취소사유가 있는 경우 담보제공자의 신청에 의하여 담보취소결정을 해야 한다(법 125조 1항 내지 3항). 담보취소결정에 대해서는 즉시항고를 할 수 있다(법 125조 4항). 담보취소신청을 기각하는 결정에 대해서는 통상항고를 할 수 있다(법 439조).[2]

(2) 담보취소사유

(a) 담보사유의 소멸

담보제공자가 담보사유의 소멸을 증명하면서 담보취소신청을 하면, 법원은 담보취소결정을 해야 한다(법 125조 1항). 담보사유의 소멸은 그 담보를 제공할 원인이 부존재인 경우는 물론이고, 그 후 담보의 존속을 계속시킬 원인이 부존재하게 된 경우 또는 장래에 손해발생의 가능성이 없게 된 경우 등을 의미한다. 예컨대 담보를 제공한 원고가 우리나라에 주소·사무소 등을 갖게 되었거나, 원고가 본안소송에서 승소의 확정판결을 얻은 경우 등이다.[3]

(b) 담보권리자의 동의

담보제공자가 담보취소에 대한 담보권리자의 동의를 받았음을 증명한 때에도 법원은 담보취소결정을 해야 한다(법 125조 2항). 소송이 완결된 뒤 담보제공자가 신청하면, 법원은 담보권리자에게 일정한 기간 이내에 그 권리를 행사하도록 최고하고, 담보권리자가 그 행사를 하지 않는 때에는 담보취소에 대하여 동의한 것으로 본다(법 125조 3항). 이 경우 담보권리자의 권리행사는 담보의무자에 대하여 소송의 방법으로 해야 한다.[4]

---

1) 대결 2011. 5. 2. 2010부8.

2) 대결 2011. 2. 21. 2010그220.

3) **판례**는, 확정된 이행권고결정도 확정판결과 같은 효력을 가지므로(소심 5조의7 1항), 이행권고결정이 확정된 때에도 본안승소의 확정판결을 받은 것과 같이 담보사유가 소멸되었다고 본다. 대결 2006. 6. 30. 2006마257.

4) 권리행사기간 안에 또는 담보취소결정이 확정되기 전에 일단 담보권리자에 의한 소의 제기 등의 권리행사가 있었으나 그 후 그 소가 취하되거나 취하간주되는 등의 이유로 권리행사가 처음부터 없었던 것으로 보는 때에는 권리행사기간이 지남으로써 담보취소에 관하여 담보권리자의 동의가 있는 것으로 간주한다. 대결 2008. 3. 17. 2008마60.

병합소송 **PART** 5

제 1 장   병합청구소송

제 1 절   청구의 병합

I. 의   의

청구의 병합이란 원고가 피고에 대하여 하나의 소송절차에서 여러 개의 청구를 하는 소송형태를 말한다(법 253조). 청구의 병합을 **소의 객관적 병합**이라고도 한다. 청구의 병합은 소송경제와 판결의 모순·저촉을 방지하기 위한 것이다. 청구의 병합은 **공격방법의 복수와 구별**된다. 따라서 소유권확인청구에서 권리의 발생원인을 여러 개 주장하는 경우, 말소등기청구에서 원인무효사유를 여러 개 주장하는 경우, 부당이득반환청구에서 법률상 원인이 없다는 이유로 여러 개 주장을 하는 경우, 같은 실체법상의 권리에 기한 청구에서 법조경합관계에 있는 법규를 여러 개 주장을 하는 경우 등은 청구의 병합이 아니다.

II. 요   건

1. 같은 종류의 소송절차에 따라 심판될 수 있을 것

청구의 병합은 같은 종류의 소송절차에 따르는 경우에만 허용된다(법 253조).

(1) 민사사건에 가사소송사건을 병합할 수 있는지 여부

가사소송사건은 다른 종류의 소송절차에 의하므로 통상의 민사사건과의 병합은 허용되지 않는다. 예컨대 부부 사이의 명의신탁해지를 원인으로 한 소유권이전등기청구, 또는 부부가 혼인성립 전에 그 재산에 관하여 한 약정(부부재산약정, 민 829조 2항)의 목적물1)이 아닌 부부 공유재산의 분할청구는 모두 통상의 민사사건이므로, 그 소송절차를 달리하는 재판상 이혼(나류 가사소송사건) 및 재산분할청

---

1) 부부재산약정의 목적물인 공유재산의 분할청구는 마류 가사비송사건이다. 가소 2조 1항 2호 나목.

구(마류 가사비송사건)와는 병합할 수 없다.1)

(2) 민사사건에 행정소송사건을 병합할 수 있는지 여부

행정소송사건도 다른 종류의 소송절차에 의하므로 통상의 민사사건과의 병합은 원칙적으로 허용되지 않는다. 다만 행정소송에서 민사상 관련사건을 병합하는 것은 **예외적**으로 허용된다(행소 10조 2항). 여기서 행정소송에 병합될 수 있는 **관련청구소송**은 '해당 행정처분 등과 관련되는 손해배상·부당이득반환·원상회복 등의 청구'이다(행소 10조 1항). **판례**는, 손해배상청구 등의 민사소송이 행정소송에 관련청구로 병합되기 위해서는 그 청구의 내용 또는 발생원인이 행정소송의 대상인 처분 등과 법률상 또는 사실상 공통되거나, 그 처분의 효력이나 존부 유무가 선결문제로 되는 등의 관계에 있어야 한다고 본다.2)

(3) 재심의 소에 통상의 민사사건을 병합할 수 있는지 여부

1) 재심의 소에 통상의 민사사건을 병합할 수 있는지에 관하여 논의가 있다. **판례**는 원칙적으로 재심의 소에 (재심의 소가 인용되어) 재심대상판결이 취소될 것을 조건으로 **재심대상판결**에 의하여 이루어진 **결과**에 대하여 **회복** 등을 구하는 통상의 소(**장래의 이행의 소**)를 병합하는 것을 허용하지 않는다.3) 예컨대 (본소피고가 재심원고가 되어) 재심의 소를 제기하면서 재심대상판결의 취소와 그 본소청구의 기각을 구하는 외에 재심대상판결에 의하여 경료된 소유권이전등기의 말소를 구하는 청구를 병합하여 제기하는 것을 인정하지 않는다(이와 같은 청구는 별소로 제기해야 한다). 다만 **판례**는, 재심의 소에서 재심대상소송의 청구(재심 전 소송상 청구)에 대한 선결관계에 있는 법률관계의 존부의 확인을 구하는 중간확인의 소(법 264조)를 인정하고,4) 재심의 소에서 재심대상소송의 청구를 교환적으로 변경하는 것은 인정하고 있다.5)

---

1) 대판 2006. 1. 13. 2004므1378.
2) 대판 2000. 10. 27. 99두561; 김의환, "손해배상청구 등의 민사소송이 행정소송에 관련청구로 병합되기 위한 요건 등," 대법원판례해설 35호(2000년 하반기), 443쪽 이하. 취소소송에 병합할 수 있는 해당 처분과 관련되는 부당이득반환소송에는 해당 처분의 취소를 선결문제로 하는 부당이득반환청구가 포함되고, 이러한 부당이득반환청구가 인용되기 위해서는 그 소송절차에서 판결에 의해 해당 처분이 취소되면 충분하고 그 처분의 취소가 확정되어야 하는 것은 아니다. 대판 2009. 4. 9. 2008두23153; 김국현, "취소소송과 부당이득반환청구소송의 관련청구병합," 대법원판례해설 79호(2009년 상반기), 728쪽 이하.
3) 대판 1971. 3. 31. 71다8, 1997. 5. 28. 96다41649, 2009. 9. 10. 2009다41977.
4) 대판 2008. 11. 27. 2007다69834,69841.
5) 대판 1993. 4. 27. 92다24608.

2) 이에 대하여, 상소심판결에 대한 재심의 소가 아닌 한[1] 통상의 민사상 청구를 병합시키는 것을 막을 이유가 없다는 견해가 있다.[2] 이러한 입장에서는 패소한 통상의 절차에서 피고가 재심의 소를 제기하면서 판결집행에 의하여 원고 측에 넘어간 목적물에 대한 원상회복 등의 관련청구를 병합시키는 것은 분쟁의 1회적 해결에 도움이 되며, 가집행선고의 실효에 따른 가지급물반환신청이 인정되는 점(법 215조 2항)과도 균형이 맞는다고 주장하고 있다.

재심의 소는 소송법상 형성의 소로서 확정된 종국판결의 기판력을 배제하기 위하여 인정된 비상구제수단으로 통상의 소송절차와 그 성질을 달리한다. 재심의 소에서는 재심사유가 존재하는 때에 한하여 재심 전 소송상 청구에 대해서만 그 심판의 대상으로 한다[재심 전 소송상 청구의 변경, 중간확인의 소 등은 허용된다]. 따라서 이러한 성질의 재심의 소에 재심의 소가 인용될 것을 조건으로 하여 재심대상판결에 의하여 이루어진 **결과의 회복**을 구하는 통상의 민사상 청구를 병합하는 것은 동종의 소송절차에 한하여 청구의 병합을 인정하는 청구병합제도에 반한다. 더 나아가 재심의 소는 **형성의 소**로서 원칙적으로 법률상 명문의 규정이 없는 한 판결의 확정으로 인하여 형성될 법률관계를 전제로 하는 이행의 소를 이에 병합하는 것이 허용되지 않는다[재심의 소에서 재심대상판결에 대한 취소판결의 확정 여부가 불확실한 상황에서 그 확정을 조건으로 한 청구는 장래의 이행의 소의 요건을 갖춘 것으로도 보기 어렵다]. 결국 법률상 명문의 규정을 두고 있는 가집행선고의 실효에 따른 가지급물반환신청을 예로 들거나, 단지 분쟁의 1회적 해결만을 들어 이를 허용하는 견해들은 타당하지 않다.

▣ 형성의 소와 형성판결의 확정으로 인하여 형성될 법률관계를 전제로 하는 이행의 소를 병합할 수 있는지 여부에 관한 판례의 태도
판례는 제권판결에 대한 불복의 소(법 490조 2항)와 제권판결에 대한 취소판결의 확정으로 인한 **수표금청구**를 병합할 수 있는지 여부에 관한 판결(**대판 2013. 9. 13. 2012다36661**)의 판시를 통하여, 일반적으로 형성의 소와 형성판결의 확정으로

---

1) 재심대상판결이 상소심판결인 경우에는 그 판결을 한 법원의 전속관할에 속하므로(법 453조 1항), 통상의 민사상 청구를 이에 병합시키는 것은 민사상 청구에 대하여 심급의 이익을 상실케 하기 때문이다.
2) 이시윤, 733쪽; 김홍규·강태원, 736쪽; 정동윤·유병현·김경욱, 1004쪽; 송상현·박익환, 606쪽; 호문혁, 853쪽; 정영환, 882쪽; 한충수, 675쪽.

인하여 형성될 법률관계를 전제로 하는 이행의 소를 병합할 수 없는 이유를 상세히 언급하고 있다.

위 판결을 통하여 판례의 태도를 정리하면 다음과 같다. ① 형성의 소는 그 판결이 확정됨으로써 비로소 권리변동의 효력이 발생하게 되므로 이에 의하여 형성되는 법률관계를 전제로 하는 이행소송 등을 병합하여 제기할 수 없는 것이 원칙이다. ② 형성의 소에서 형성판결의 확정 여부가 불확실하다. 따라서 이러한 불확실한 상황에서 그 확정을 조건으로 한 이행의 소는 장래의 이행의 소의 요건을 갖추었다고 보기 어렵다. ③ 이러한 형성의 소의 결과에 따라서는 이행의 소에 관한 심리가 무위에 그칠 우려가 있고, 형성의 소가 인용될 것을 대비하여 방어해야 하는 이행의 소의 피고에게도 지나친 부담을 지우게 된다. 따라서 이러한 이행의 소를 쉽사리 허용할 수 없다.

(4) 민사소송사건에 간접강제청구를 병합할 수 있는지 여부

간접강제는 채무자에게 **부작위채무나 부대체적 작위채무** 등의 불이행에 대하여 손해배상의 제재를 예고하는 방법으로 심리적 압박을 가함으로써 채무자 스스로 채무의 내용을 실행하도록 유도하는 **집행방법**이다. 간접강제는 **원칙적**으로 집행권원이 성립한 후 별도로 간접강제신청에 의하여 한다(민집 261조). 다만 **판례**는, ① 판결절차의 변론종결 당시로 보아 집행권원이 성립하더라도 **부작위채무**를 단기간 내에 위반한 개연성이 크거나 **부대체적 작위채무**를 임의로 이행할 가능성이 없음이 명백하고, 또한 ② 판결절차에서 채무자에게 간접강제결정의 당부에 관하여 충분히 변론할 기회가 부여되었으며, ③ 민사집행법 261조에 의하여 명할 적정한 배상액을 산정할 수 있는 경우에는 판결절차에서도 채무불이행에 대한 간접강제를 명할 수 있다고 본다. 따라서 부작위채무나 부대체적 작위채무의 이행을 청구하는 소송에서 간접강제청구를 **병합**할 수 있다.[1][2]

---

1) 대판 2013. 11. 28. 2013다50367, 2014. 5. 29. 2011다31225, **대판(전) 2021. 7. 22. 2020다248124**(한편 **반대의견**은, ① 현행 법체계는 판결절차와 강제집행절차를 준별하고 있는 점, ② 판결절차에서 명하는 간접강제는 민사집행법이 예정한 간접강제와는 전혀 다르고 법률에 근거가 없는 점, ③ 다수의견이 우려하는 집행공백의 문제는 가처분절차를 통해 해결되어야 마땅한 점, ④ 부작위채무 등을 다른 종류의 채무와 차별하는 것은 부당하다는 점 등을 고려하면 판결절차에서 간접강제를 명할 수 없다고 보아야 한다는 입장이다); 김홍엽(민사집행), 424쪽.

2) '언론중재 및 피해구제 등에 관한 법률'(26조 3항)과 '장애인차별금지 및 권리구제 등에 관한 법률'(48조 3항)은 명시적으로 본안의 소와 동시에 그 인용을 조건으로 한 간접강제를 명할 수 있다고 규정하고 있다. 따라서 이러한 **법률상 명문의 규정이 없는** 일반적인 영역에서도 본안판결과 함께 간접강제를 명할 수 있는지 문제가 된다.

(5) 제권판결에 대한 불복의 소에 통상의 민사사건을 병합할 수 있는지 여부

제권판결에 대한 불복의 소(법 490조 2항)에서 제권판결로 입은 손해(증권이 무효가 되어 그 권리를 행사할 수 없게 되어 입은 손해)에 대하여 **손해배상청구**를 병합하는 것이 허용된다.[1] 그러나 제권판결에 대한 취소판결의 확정을 조건으로 한 **수표금청구** 등은 앞서 본 바와 같이 허용되지 않는다.

(6) 중재판정취소의 소에 민사사건을 병합할 수 있는지 여부

중재판정취소의 소(중재 36조)도 특수한 소가 아니라 통상의 소송절차에 의하는 것이므로 이러한 소에서 민사상 청구를 병합할 수 있다고 본다.[2]

2. 수소법원에 공통의 관할권이 있을 것

통상 수소법원이 병합된 청구 가운데 하나의 청구에 대하여 토지관할권을 가지면 관련재판적(법 25조 1항)에 의하여 나머지 청구에 대해서도 관할권이 있으므로, 여러 개의 청구 가운데 하나에 대해서만 관할이 존재하면 된다. 물론 다른 법원의 전속관할에 속하는 청구에 대해서는 관련재판적이 발생할 여지가 없다 (법 31조, 25조 1항).

3. 청구 사이에 관련성이 있을 것이 요구되는지 여부

(1) 단순병합의 경우

단순병합에서는 병합하는 청구들 사이에 관련성이 요구되지 않는다. 예컨대 매매대금청구와 건물인도청구를 병합하는 것과 같이 아무런 관련성이 없는 청구들을 병합해도 무방하다.

(2) 예비적 · 선택적 병합의 경우

예비적 · 선택적 병합에서는 병합하는 청구들 사이에 **관련성**이 있을 것을 요

---

1) 제권판결에 대한 불복의 소는 확정판결의 취소를 구하는 형성의 소로서 제소사유(법 490조 2항)가 법정되어 있고 제소기간(법 491조)의 제한이 있는 등 **재심의 소와 유사한 점**이 있다. 그러나 위 불복의 소는 통상의 판결절차로서 성립한 판결에 대한 것이 아니라 증권상실자의 일방적 관여로 이루어지는 판결에 대한 것으로, 이에 대하여 통상의 상소절차를 이용하게 하는 것이 불합리하기 때문에[제권판결에 대해서는 상소를 하지 못하므로(법 490조 1항), 제권판결은 선고와 동시에 확정된다] 별도로 불복방법을 마련하고 있는 것이므로 재심의 소와는 **성질상 차이**가 있다. 대판 1989. 6. 13. 88다카7962.
2) 정동윤 · 유병현 · 김경욱, 1004쪽.

한다. 따라서 법원이 기존의 청구와 논리적 관련성이 없는 청구를 예비적 또는 선택적으로 병합하여 추가하는 내용의 청구원인변경신청을 받아들였다고 하더라도 그 청구의 병합형태가 적법한 예비적 또는 선택적 병합관계로 바뀌는 것은 아니다.[1]

Ⅲ. 모　　습

1. 단순병합

(1) 의　　의

단순병합이란 여러 개의 청구가 있을 때 그 전부에 대하여 병렬적으로 심판을 구하는 병합형태이다. 병합된 다른 청구가 이유 있든 없든 관계없이 심판을 구하는 것이기 때문에 법원은 병합된 모든 청구에 대하여 심판을 해야 한다. 따라서 양립할 수 없는 청구인 때에는 단순병합이 허용되지 않는다.[2]

(2) 대상청구의 경우

본래적 급부청구인 목적물인도청구가 장래 **집행불능**(민집 41조 2항)이 될 것을 대비하여 하는 전보배상청구인 **대상**(代償)**청구**도 단순병합에 속한다.[3][4] 제 1 의 청구뿐만 아니라 제 2 의 청구에 관해서도 무조건적으로 심판을 요구한 것으로 보아야 하기 때문에, 법원은 두 개의 청구 모두에 대하여 판결을 해야 한다.[5] 물건의 인도를 구하고 그 **집행불능**을 대비하여 금전으로 손해배상청구를 하면서 그 문언을 '인도불능일 때에는' 또는 '인도하지 않을 때에는'이라고 기재하는 예가

---

1) 대판 2008. 12. 11. 2005다51495, 2009. 5. 28. 2007다354.
2) 대판 1999. 8. 20. 97누6889. 행정처분에 대한 무효확인청구와 취소청구는 서로 양립할 수 없는 청구로서 주위적·예비적 청구로만 병합이 가능하고 선택적 청구로서 병합하거나 단순병합은 허용되지 않는다.
3) 여기서 목적물은 대체물·부대체물을 불문한다. '**집행불능**'이면 족하므로 집행시 '이행불능'일 것을 요하지 않는다. 이행불능은 실체법상 개념이며, 집행불능은 절차법, 즉 **집행법상 개념**이다(본안의 소에서는 이행불능을 이유로 항변하는 것은 가능하지만 집행불능을 이유로 항변하는 것은 원칙적으로 허용되지 않는다). 대체물의 인도청구에서 원고가 승소한 후 피고가 이를 다른 사람에게 처분해 버린 경우 이행불능은 아니지만 집행불능에 해당한다. 이행불능은 당연히 집행불능이 될 수 있지만 집행불능이라 하여 당연히 이행불능이 되는 것은 아니다. 임채웅, "특수한 형태의 병합청구에 관한 연구," 인권과 정의 297호(2001. 5.), 26쪽 이하.
4) 대체물 인도의무의 집행불능을 이유로 이를 갈음한 금전의 지급을 구하는 청구의 성질은 **이행지체**로 인한 **전보배상**을 구하는 것이라는 판결로는, 대판 1975. 5. 13. 75다308, 2024. 2. 15. 2019다238640.
5) 김홍규, "소의 객관적 병합," 사법행정 31권 11호(1990. 1.), 45쪽 이하.

있으나 이는 '집행불능일 때에는'의 의미로 보아야 한다.1)

　대상청구는 미리 청구할 필요가 있는 경우 **장래의 이행의 소로서** 목적물인도청구에 단순병합한 것이다.2) 소유권이전등기를 구하는 현재의 급부청구와 장래에 확정판결에 따른 소유권이전등기를 경료할 수 없을 것을 대비한 대상청구의 병합도 가능하다.3) **대상청구금**은 전보배상청구권이 발생한 때를 기준으로 해야 하나 그 시기가 도래하지 않았으므로 **사실심 변론종결시**를 기준으로 한다.4) 한편 **특정물**의 인도청구를 하면서 **변론종결시** 현재에 **이행불능**이 될 것을 염려하여 전보배상을 청구하는 것은 단순병합이 아니라, **예비적 병합**이 된다.

2. 선택적 병합

(1) 의   의

　선택적 병합이란 논리적으로 양립할 수 있는 여러 개의 경합적 청구권에 기하여 동일 취지의 급부를 구하거나 양립할 수 있는 여러 개의 형성권에 기하여 동일한 형성적 효과를 구하는 경우에 그 가운데 어느 한 청구가 인용될 것을 해제조건으로 하여 여러 개의 청구에 관한 심판을 구하는 병합형태이다.5) 법원은 이유 있는 어느 한 청구를 선택하여 원고의 청구를 인용하면 된다. 병합의 형태가 선택적 병합인지 예비적 병합인지 여부는 당사자의 의사가 아닌 **병합청구의 성질**을 기준으로 판단해야 한다.6)

> ■ 예비적 병합으로 구해야 할 여러 청구를 선택적 병합으로 청구하는 것이 허용되는지 여부
> **논리적으로 양립할 수 없는 여러 개의 청구는 선택적 병합으로 청구할 수 없다.**7)

---

1) 대판 1975. 5. 13. 75다308.
2) 대판 1975. 7. 22. 75다450, 2006. 1. 27. 2005다39013, 2011. 8. 18. 2011다30666,30673.
3) 대판 2006. 1. 27. 2005다39013, 2006. 3. 10. 2005다55411, 2011. 1. 27. 2010다77781; 김평우, "비금전채권(등기말소청구권)의 집행불능시 행사하는 전보배상청구권의 법적 성질," 저스티스 103호(2008. 4.), 237쪽 이하. 불법말소된 근저당권설정등기의 회복등기를 구하는 현재의 급부청구와 장래 확정판결에 따른 회복등기를 경료할 수 없는 경우를 대비한 대상청구의 병합도 마찬가지이다. 대판 2011. 8. 18. 2011다30666,30673.
4) 대판 1975. 7. 22. 75다450.
5) 대판 1998. 7. 24. 96다99, 2018. 6. 15. 2016다229478, 2020. 2. 27. 2019다285837 등.
6) 대판 2017. 6. 15. 2015다30244, 2018. 2. 28. 2013다26425, 2022. 5. 12. 2020다278873 등.
7) 대판 1982. 7. 13. 81다카1120, 1999. 8. 20. 97누6889.

예컨대 원고가 매매계약이 유효하다고 하여 이에 기한 대금지급청구를 하면서 매매계약이 무효가 될 것을 대비하여 목적물반환을 병합청구하는 경우에 이를 **예비적으**로 병합하지 않고 **선택적**으로 병합하면, 원고는 매매의 유효를 주장하는 동시에 매매의 무효를 주장하는 것이 되므로 주장 자체가 서로 모순되어 일관성이 없게 되고, 양립할 수 없는 여러 개의 청구 가운데 어느 것을 인정해 줄 것인가를 법원에 맡기는 것은 처분권주의에 반하며, 신청 자체가 불특정하게 되므로, 부적법하여 허용되지 않는다.1)

■ 단순병합으로 구해야 할 여러 청구를 선택적 병합으로 청구하는 것이 허용되는지 여부

(1) 선택적 병합관계로 청구한 경우와 법원의 조치

논리적으로 관계가 있는 경우에는 단순병합으로 구하지 않고 선택적 병합으로 청구할 수 있으나,2) **논리적으로 아무런 관계가 없어** 순수하게 단순병합으로 구해야 할 여러 개의 청구를 선택적 병합으로 청구하는 것은 부적법하여 허용되지 않는다.3) 원고가 그와 같은 형태로 소를 제기한 경우 법원이 본안에 관하여 심리·판단하기 위해서는 소송지휘권을 적절히 행사하여 이를 단순병합의 청구로 보정하는 등의 조치를 취해야 한다.

(2) 단순병합관계를 간과한 판결의 경우

법원이 이러한 조치를 취함이 없이 본안판결을 하면서 그 가운데 하나의 청구에 대해서만 심리·판단하여 이를 인용하고 나머지 청구에 대한 심리·판단을 모두 생략하는 내용의 판결을 했다 하더라도, 그로 인하여 **청구의 병합형태**가 적법한 선택적 병합관계로 바뀌지 않는다. 이 경우 피고만이 인용된 청구에 대하여 항소를 제기한 때에는 제 1 심법원이 심리·판단하여 인용한 청구만이 항소심으로 이심될 뿐, 나머지 심

1) 문일봉, "선택적 병합과 청구권병합," 법조 48권 3호(1999. 3.), 112쪽 이하. 이에 대하여, 여러 개의 청구 가운데 법원이 양립할 수 없는 하나를 들어 자유롭게 선택하여 인용할 수 있도록 함이 법원의 업무를 경감할 수 있다는 면에서 이를 긍정해야 한다는 견해로는, 손한기, "소의 객관적 병합에 관한 연구," 법조 46권 10호(1997. 10.), 113쪽 이하.
2) **판례**는, 제 1 심판결선고 전의 명예훼손행위에 관하여 손해배상청구를 했으나 피고가 그 내용이 진실이라고 믿을 만한 상당한 이유가 있다는 이유로 청구를 기각당한 원고가 그 항소심에서 청구취지를 변경하지 않은 채 피고가 제 1 심판결 선고 뒤에 행한 새로운 명예훼손행위를 청구원인으로 추가했다면 이는 다른 특별한 사정이 없는 한 피고의 새로운 명예훼손행위를 원인으로 하는 손해배상청구를 선택적으로 병합하는 취지라고 보아야 한다는 입장이다. 따라서 항소심이 새로운 명예훼손행위를 원인으로 한 선택적 청구에 관하여 아무런 판단도 하지 않은 채 원고의 청구를 기각하는 것은 판단누락에 해당한다고 본다. 대판 2010. 5. 13. 2010다8365.
3) 대판 2008. 12. 11. 2006다5550.

리·판단하지 않은 청구는 여전히 **제 1 심**에 남아 있게 된다.[1] 다만 법원이 그 **모든 청구**의 본안에 대하여 심리를 한 다음 그 가운데 하나의 청구만을 인용하고 나머지 청구를 기각하는 내용의 판결을 했다면, 이는 법원이 위 청구의 **병합관계**를 본래의 성질에 맞게 단순병합으로서 판단한 것이라고 보아야 한다. 이 경우 피고만이 위 인용된 청구에 대하여 항소를 제기한 때에는 일단 단순병합관계에 있는 모든 청구가 전체적으로 항소심으로 **이심**되기는 하나, 항소심의 **심판범위**는 이심된 청구 중 피고가 불복한 청구에 한정된다.[2]

(2) 소송물이론과의 관계

선택적 병합은 하나의 목적을 위해 청구권·형성권이 경합하는 경우에 경합하는 여러 개의 권리에 기하여 청구하는 때에 한하여 인정한다. 목적이 하나이므로 청구취지는 하나이고, 청구원인만이 여러 개인 경우이다. 선택적 병합은 실체법상 청구권이 경합하는 경우 복수의 소송물로 보는 **구소송물이론** 또는 신청(청구취지)과 청구원인에 해당하는 사실관계에 기한 청구권 경합을 인정하는 **신소송물이론** 가운데 **이분지설**을 취하는 입장에서 가능하다.

3. 예비적 병합

(1) 의   의

예비적 병합이란 논리적으로 양립할 수 없는 여러 개의 청구를 하면서 제 1 차적 청구(주위적 청구)가 각하·기각될 때를 대비하여 제 2 차적 청구(예비적 청구)에 대하여 심판을 구하는 것으로, 여러 개의 청구를 하면서 그 **심판순위**를 붙여 제 1 차적 청구가 인용될 것을 해제조건으로 하여 제 2 차적 청구에 대하여 심판을 구하는 병합형태이다. 예비적 병합은 원고가 제 1 차적 청구에 대하여 증명이 어렵다든가 법률적으로 확신이 서지 않을 경우에, 그 청구가 배척된 뒤에 신소를 제기해야 하는 소송불경제를 덜어주며 분쟁의 1회적 해결에 이바지한다. 한편 분쟁의 합리적 해결을 위하여 필요하다면 석명권의 행사(법 136조)를 통하여 예비적 청구의 추가적 병합을 시사해야 한다는 견해가 있으나,[3] 이러한 석명은 청구취지의 변경을 시사하는 적극적 석명에 해당하므로 석명권의 범위를 넘어선 것이어서 원

---

1) 대판 2008. 12. 11. 2005다51471, 2009. 5. 28. 2007다354.

2) 대판 2008. 12. 11. 2005다51471.

3) 이시윤, 736쪽.

칙적으로 허용되지 않는다. 예비적 병합에서는 **심판순위**에서 **선·후순위**가 있을 것을 요하며(이 점에서 심판순위의 정함이 없는 선택적 병합과 구별된다), 사실관계가 서로 **관련성**이 있어야 한다.

(2) 예비적 병합과 청구의 양립불가능성 여부

1) 예비적 청구는 주위적 청구와의 사이에서 원칙적으로는 **양립할 수 없는 관계**이어야 한다(**통설·판례**). 따라서 ① 예비적 청구가 주위적 청구와 동일한 목적물에 관하여 **동일한** 청구원인을 내용으로 하고 있고, 다만 주위적 청구에 대하여 **양적·질적으로 일부감축**해서 하는 청구는 주위적 청구에 흡수되는 것일 뿐 소송상 예비적 청구라고 할 수 없으며,[1] ② 주위적으로 무조건적인 소유권이전등기절차의 이행을 구하고, 예비적으로 금전지급과 **상환으로** 소유권이전등기절차의 이행을 구하는 경우 위 예비적 청구는 주위적 청구를 **질적으로 일부감축**해서 하는 청구에 지나지 않을 뿐 그 목적물과 청구원인은 주위적 청구와 완전히 동일하므로 소송상 예비적 청구라고 볼 수 없다.[2]

한편 뒤에서 보는 바와 같이 **부진정예비적 병합**이 허용되는 것을 전제로, 예비적 병합에 있어서 양 청구의 양립불가능성을 그 요건으로 하는 것에 부정적으로 보는 견해도 있다. 이러한 견해는, 원고가 특별히 양 청구에 심판순위를 정하는 것은 그 승소의 판결이유를 중시하는 데 있으므로 구태여 예비적 병합을 막을 이유가 없으므로, 결국 양립가능한 청구는 선택적 병합이 가능한 것은 물론이고 예비적으로 병합하는 것도 가능하다고 하여 양립불가능성이 예비적 병합의 요건이라고 볼 필요가 없다고 한다.[3] 그러나 판례가 부진정예비적 병합을 허용하고 있다고 하더라도 '합리적 필요성'이 있는 경우에 **제한적**으로 이를 허용하고 있는 데 불과하므로 예비적 병합에서 양립불가능성을 그 요건으로 보지 않는 입장은 타당하지 않다.

2) **주위적 청구**의 **일부**에 대한 **예비적 청구**도 원칙적으로 **허용**된다. 즉 주위적 청구와 예비적 청구가 분할가능한 것이며, 주위적 청구가 일부만 인용되는 경우에 더 나아가 예비적 청구를 심리할 것인지 여부는 **당사자의 의사해석**에 달린

---

1) 대판 1991. 5. 28. 90누1120, 2008. 3. 27. 2007다88507, 2017. 10. 31. 2015다65042.

2) 대판 1999. 4. 23. 98다61463.

3) 호문혁, 856쪽. 부진정예비적 병합이 허용되므로 선택적 병합과 예비적 병합의 엄격한 구분
   이 없다고 보아야 한다는 견해(정영환, 887쪽)도 같은 입장이다.

문제이다. 따라서 주위적 청구의 **일부**를 **특정**해서 그 부분이 인용될 것을 해제조
건으로 하여 그 부분에 대해서만 하는 예비적 청구는 **특별한 사정이 없는 한**(소송
절차의 안정을 해친다거나, **예비적 청구의 성질**에 반하는 것이 아닌 한) 허용된다.[1] 예
비적 병합에서는 예비적 청구가 **주위적 청구의 전체**에 대한 예비적 청구인지, 그
렇지 않으면 **주위적 청구 가운데 일부**에 대한 예비적 청구인지 등에 관하여 원고
의 의사를 확인해야 한다. 원고의 의사가 분명하지 않으면 법원은 석명권을 행사
하여 각 청구 사이의 관계를 명확히 해야 한다.[2]

> ■ 단순병합으로 구해야 할 여러 청구를 예비적 청구로 병합하는 것이 허용되는
>   지 여부
>   **논리적으로 아무런 관계가 없어** 순수하게 단순병합으로 구해야 할 여러 개의 청
>   구를 예비적 청구로 병합하여 청구하는 것은 부적법하여 허용되지 않는다. 이에 관
>   해서는 이러한 관계에 있는 여러 개의 청구를 선택적 청구로 병합하여 청구하는 경
>   우에서의 법원의 조치에서 본 바와 같다. **판례**는 현재의 본래적 급부청구와 장래의
>   급부청구인 대상청구는 단순병합에 속하는 것이므로, 이러한 대상청구를 본래의 급
>   부청구에 예비적으로 병합한 때에도 본래의 급부청구가 인용된다는 이유만으로 예
>   비적 청구에 대한 판단을 생략할 수 없다고 하여 같은 입장이다.[3]

(3) 부진정예비적 병합의 허용 여부

(a) 의   의

성질상 선택적 관계에 있는 양 청구를 당사자가 주위적·예비적 청구의 병합
형태로 제소함에 의하여 **심판순위**와 **심판범위**(수액범위)를 한정하여 청구하는 이
른바, **부진정예비적 병합**도 허용된다. 즉 **논리적으로 양립할 수 있는** 여러 개의
청구라 하더라도 ① 여러 개의 청구 사이에 **논리적 관계가 밀접**하고, ② 당사자
가 심판순위를 붙여 청구를 할 **합리적 필요성**이 있는 경우에는 당사자가 붙인 순
위에 따라서 당사자가 먼저 구하는 청구를 심리하여 이유가 없으면, 다음 청구를
심리해야 한다.[4] 예컨대 **어음금청구**와 병합하여 어음의 무효 등으로 청구가 기각

1) 대판 1996. 2. 9. 94다50274.
2) 대판(전) 2000. 11. 16. 98다22253.
3) 대판 1975. 5. 13. 75다308, 2011. 8. 18. 2011다30666,30673.
4) 대판 2002. 2. 8. 2001다17633, 2021. 5. 7. 2020다292411. 처분권주의와 관련하여, 병합청구

될 것을 대비하여 **원인관계**에 기한 동일한 금액의 대여금청구를 하는 경우이다. **판례**는(인신사고가 아닌 **물적 침해**에 대하여 불법행위로 인한 손해배상청구를 하는 사건에서), 제 1 심에서 재산적 손해배상만을 구하다가 항소심에 이르러 재산적 손해배상을 주위적 청구로, 정신적 손해배상을 예비적 청구로 변경하는 방법으로 예비적 청구를 추가한 경우에도 부진정예비적 병합이 인정될 수 있다고 본다.[1] **판례** 가운데 ① 대여금청구를 주위적 청구로, 불법행위(사기)를 원인으로 한 손해배상청구를 예비적 청구로 심판순위를 붙인 경우, ② 채무불이행을 원인으로 한 손해배상청구를 주위적 청구로, 불법행위를 원인으로 한 손해배상청구를 예비적 청구로 심판순위를 붙인 경우 등은 부진정예비적 병합에 해당하지 않는 듯한 판시를 한 판결도 있다.[2]

(b) 부진정예비적 병합의 재판상 취급방법

1) 주위적 청구가 전부인용되지 않을 경우(즉 일부라도 인용되지 않는 부분이 있는 경우)에는 주위적 청구에서 인용되지 않은 수액범위 내에서 예비적 청구에 대해

의 성질을 고려하되 원고의 의사에만 구속될 것이 아니라, 원고의 의사를 존중할 필요성과 합리성이 있는 경우에는 부진정예비적 병합으로 처리할 수 있다고 보는 견해(병합청구의 성질과 원고의 의사 사이에 합리적 조정이 필요하다는 입장으로, 절충설인 **합리적 필요성설**)로는, 전병서, "청구의 양립과 예비적 병합 —대법원 2014. 5. 29. 선고 2013다96868 판결을 소재로—," 인권과 정의 445호(2014년), 126쪽; 곽승구·범경철, "양립 가능한 청구의 예비적 병합 허용여부," 법학논집(이화여자대학교 법학연구소) 24권 3호(2020년), 129쪽.

1) 대판 2021. 5. 7. 2020다292411. 위 판결에 대하여, 위 판결이 (실무상 세 개 청구의 단순병합관계로 보는 손해항목에 대하여), 주위적으로 재산상 손해배상을 청구하면서 그 손해가 인정되지 않을 경우에 예비적으로 같은 액수의 정신적 손해배상을 청구하는 때에도 이른바 부진정예비적 병합이 허용된다고 하여, 단순병합관계에 있는 청구에 순위를 붙인 경우에도 예비적 병합의 법리를 적용할 수 있는 것으로 볼 수 있다고 이해하는 견해로는, 곽승구, "순위를 붙인 단순병합 허용여부—대법원 2021. 5. 7. 선고 2020다292411 판결을 소재로—," 법학논고(경북대학교 법학연구원) 82집(2023. 7.), 123쪽 이하. **인신사고로 인한 손해배상청구**에서는 손해 3분설에 따라 재산적 손해와 정신적 손해(위자료)를 단순병합하여 구할 수 있지만, **물적 침해로 인한 손해배상청구**에서는 **원칙적**으로 재산적 손해에 대한 배상, **예외적**으로 정신적 고통에 대한 손해를 구할 수 있을 따름으로(일반적으로 물적 침해를 입은 피해자는 그 재산적 손해의 배상에 의하여 정신적 고통도 회복된다고 보아야 하므로 이를 이유로 위자료 청구권을 행사하는 것이 허용되지 않는다. 대판 1991. 6. 11. 90다20206, 1995. 5. 12. 94다25551) 이들을 **단순병합**하여 구할 수 있는 것은 **예외**에 속한다. 위 판결의 사안은 원고가 오피스텔의 구분소유자이며, 피고가 관리단인데 원고가 오피스텔 관리를 위한 공사대금의 분담금을 미납하자 피고가 승강기를 이용할 수 있는 전자카드키를 주지 않는 바람에 승강기를 사용할 수 없는 등 재산상 손해에 대한 배상을 주위적으로, 전자카드키 미교부 등으로 인한 정신적 손해에 대한 배상을 예비적으로 병합한 경우로서, 이들 청구 사이에 단순병합관계에 있다고 보기 어려우며 오히려 **선택적 병합관계**에 있다고 보는 것이 타당하다.

2) 전자로는 대판 2014. 5. 29. 2013다96868, 후자로는 대판 2018. 2. 28. 2013다26425.

서도 판단해 주기를 바라는 취지로 **불가분적으로 결합시켜** (즉 부진정예비적 병합형
태로) 제소할 수도 있으므로,[1] 법원이 주위적 청구원인에 기한 청구를 일부기각하
고 예비적 청구취지보다 적은 금액만을 인용할 때에는, (애당초 원고가 이를 **명확**하
게 하지 않는 한) 원고에게 주위적 청구가 전부인용되지 않을 경우 주위적 청구에
서 **인용되지 않는 수액범위** 내에서의 예비적 청구에 대해서도 판단해 주기를 바
라는 취지인지 여부에 관하여 **석명권**을 행사하여 그 결과에 따라 예비적 청구에
대한 판단 여부를 정해야 한다.[2]

   2) 실질적으로 선택적 병합관계에 있는 두 청구의 병합형태가 **부진정예비적
병합으로 인정되는 경우** 이러한 **부진정예비적 병합**은 **진정예비적 병합**과 마찬가
지로 취급된다. **주의할 것은** 실질적으로 선택적 병합관계에 있는 두 청구에 관하
여 **당사자가** 주위적·예비적으로 순위를 붙여 청구를 하고 **법원도** 당사자가 붙인
주위적·예비적 청구의 순서에 따라 판결(예컨대 주위적 청구를 기각하고, 예비적 청
구를 인용하는 판결)을 한 경우라고 하더라도 **이로써** 이러한 병합형태를 **곧바로** 부
진정예비적 병합형태로 취급해서는 안 되며, **부진정예비적 병합으로 취급할 수
있는 요건**(논리적 관계성, 합리적 필요성)이 갖추어진 경우에만 **부진정예비적 병합**에
해당하여 **진정예비적 병합**과 같이 취급될 수 있다는 점이다. (실질적으로 선택적 병
합관계에 있으나 그 개념에 부합되는) **부진정예비적 병합**으로 취급되는 사건에서는,
① 법원이 **주위적 청구**를 **일부만 인용**하고서도 **예비적 청구**에 관하여 **전혀 판단
하지 않은 경우** 이는 예비적 병합청구의 성격에 반하여 위법한 것이므로 그 사
건이 상소되면 그 예비적 청구부분도 재판의 누락이 됨이 없이(판단을 누락한 것
이 되어) 이심되어 당사자는 상소심에서 그 위법사유에 대하여 시정을 받게 되
며,[3] ② **주위적 청구** 가운데 **일부를 기각**한 부분에 대해서는 원고가 항소를 하지
않고, 주위적 청구 가운데 기각한 부분에 대한 **예비적 청구를 인용한 데** 대해서
만 **피고가 항소**를 한 경우 항소심의 **심판대상**은 (원고가 **부대항소**를 하지 않는 한)
예비적 청구인용부분만이 된다.

   (4) 예비적 청구에 대한 판단누락과 별소 제기의 허용 여부
   예비적 청구에 대한 판단누락이 있는 판결이 확정된 후 그 누락된 예비적 청

---

1) 대판 2002. 9. 4. 98다17145.
2) 대판 2002. 10. 25. 2002다23598.
3) 대판 2002. 9. 4. 98다17145.

구를 **별소**로 제기할 수 있는지에 관하여, 특히 **부진정예비적 병합**에서 문제가 된다. **판례**는, 법원이 예비적 청구부분에 관하여 전혀 판단하지 않았다면 **상소** 또는 **재심의 소**에 의하여 구제를 받을 수 있으며, 판결상 예비적 청구에 관하여 이루어져야 할 판단이 누락되었음을 알게 된 당사자로서는 상소를 통하여 그 잘못의 시정을 구했어야 하는데, 상소로 다툴 수 없는 특별한 사정이 없었음에도 상소로 다투지 않아 그 판결을 확정시켰다면 그 후에는 그 예비적 청구의 전부나 일부를 소송물로 하는 **별도의 소송**을 새로 제기함은 권리보호를 위한 적법요건을 갖추지 못한 부적법한 소제기이어서 허용되지 않는다고 한다.[1]

Ⅳ. 절차 및 심판

1. 소송목적의 값의 산정과 병합요건 등의 조사

사물관할과 인지의 표준이 되는 **소송목적의 값의 산정**에서, 단순병합은 원칙적으로 **합산의 원칙**을 따르며(법 26조 1항)[다만 본래적 급부청구와 병합하여 청구하는 대상청구와 같이 경제적 이익이 동일하거나 중복되는 경우에는 그렇지 않다], 예비적·선택적 병합은 **흡수(중복)의 원칙**에 따른다(민인규 20조). **병합요건**은 청구의 병합에 특수한 소송요건이므로, 법원의 직권조사사항이다. 병합요건의 흠이 있을 때에는 변론을 분리하여 별도의 소로 심판해야 하는 것이 원칙이다. 다만 병합된 청구 가운데 어느 하나가 다른 법원의 전속관할에 속하는 때에는 결정으로 이송(일부이송)해야 한다(법 34조 1항). 병합요건이 갖추어졌으면 각 청구에 대한 **소송요건**을 조사해야 하며, 소송요건에 흠이 있으면 해당 청구의 소를 판결로 각하해야 한다(법 219조).

---

[1] 대판 1992. 11. 24. 91다29026, 1993. 7. 13. 92다48857, 2002. 9. 4. 98다17145(당사자가 상고하여 예비적 청구에 대한 항소심의 판단이 누락되었다는 위법사유를 지적했음에도 법률심인 상고심에서도 그 쟁점에 대한 판단을 빠뜨림으로써 그 잘못이 시정되지 않은 채 상고심판결이 확정되면 당사자는 재심사유를 주장·증명하여 그 상고심판결에 대한 재심을 구하는 길만이 남게 된다). 이에 대하여, 상소로 다투어야 할 것인데 상소하지 않아 판결이 확정되더라도 누락된 예비적 청구에 대해서는 판결이 없어 기판력도 생기지 않았으므로, 새로운 제소가 가능하다고 보아야 하며, 이를 권리보호이익이 없다고 각하하는 것은 개인의 재판청구권을 침해하는 부당한 판결이라는 견해로는, 호문혁, "예비적 청구에 대한 재판누락과 권리보호요건," 민사판례연구 26권(2004. 2.), 523쪽 이하.

2. 심리의 공통

병합요건과 소송요건이 갖추어졌으면 병합된 여러 개의 청구는 같은 절차에 서 심판된다. 따라서 변론, 증거조사, 판결 등은 같은 기일에 여러 개의 청구에 대하여 공통으로 행한다. 변론·증거조사에서 나타난 사실자료·증거자료는 모든 청구에 대한 판단의 자료가 된다. 어떠한 형태의 병합이든 어느 하나의 청구에 대한 **변론의 제한**은 허용된다. 그러나 **변론의 분리**는 단순병합에 한한다(통설). 다 만 단순병합이라도 쟁점을 공통으로 하는 병합청구(**관련적 청구**)에서는 중복심판 과 재판의 모순·저촉을 피하기 위하여 변론의 분리를 하지 않을 필요가 있다(이 점에 관해서는 '변론의 분리', '일부판결'에서 본 바와 같다).

3. 종국판결

(1) 단순병합의 경우

단순병합에서 전부판결을 했으나 어느 하나의 청구에 대하여 **재판을 누락**하 면 누락된 청구는 **추가판결**의 대상이다(법 212조 1항). 한편 단순병합에서는 **일부 판결**이 허용된다(변론을 분리할 수 있기 때문이다). 비록 단순병합의 관계에 있는 청 구들이 관련적 병합관계에 있다고 하더라도 일부판결이 가능함은 (비록 바람직한 것은 아니지만) 이미 본 바와 같다. 일부판결에 대하여 상소한 때에는 나머지 부 분에 대해서는 이심의 효력이 없다. 그러나 전부판결의 일부에 대하여 상소(일부 상소)하면 모든 청구에 대하여 이심과 확정차단의 효력이 있다.[1]

(2) 예비적·선택적 병합의 경우

(a) 변론분리·일부판결 허용 여부

예비적·선택적 병합에서는 일부판결이 허용되지 않는다[통설·판례이다. 여러 개의 청구가 하나의 소송절차에 **불가분적으로 결합**되어 있어 변론을 분리할 수 없기 때문 이다].[2]

---

1) 대판 2019. 11. 28. 2018다37925.
2) 대판 1998. 7. 24. 96다99(선택적 병합의 경우), 대판(전) 2000. 11. 16. 98다22253, 대판 2002. 10. 25. 2002다23598 등(예비적 병합의 경우); 문일봉, "선택적으로 병합된 청구 중 어 느 하나를 간과한 판결의 효력," 인권과 정의 270호(1999. 2.), 122쪽 이하; 강현중, "청구의 예비적 병합과 선택적 병합의 실무상 몇 가지 문제점에 관한 고찰," 민사법의 제문제(온산방 순원선생고희기념, 1984. 4.), 359쪽 이하.

(b) 선택적 병합의 판단방법

1) **선택적 병합**에서 **원고 승소판결**을 할 때에는 청구 가운데 **어느 하나**를 선택하여 판단하면 되고, 나머지 청구에 관해서는 심판을 요하지 않는다. **원고 패소판결**을 할 때에는 병합된 청구 **전부**에 대하여 배척하는 판단을 요한다. 선택적 청구들 가운데 어느 **하나의 청구**만을 기각하고 병합된 다른 청구에 대하여 아무런 판단을 하지 않는 것은 위법하다.[1]

2) 선택적 청구들 가운데 **어느 하나의 청구**의 **일부만 인용**되는 때에는 법원이 어떻게 선택·판단해야 하는지 문제가 된다. 즉 선택적으로 병합된 청구의 **청구취지가 가분적**이고 그 가운데 **어느 하나의 청구의 일부만 인용**되는 경우에 법원이 어떻게 심리·판단할 것인지 실무상으로도 문제가 된다. ① 선택적 청구들 가운데 일부인용되는 청구만을 선택하여 판단하여 일부인용 및 일부기각의 판결주문을 내면 족하며, 병합된 다른 청구들에 대하여 아무런 심리·판단을 할 필요가 없다고 볼 것인지, ② 선택적 청구들 가운데 일부기각되는 청구가 있는 한 항상 기각부분에 해당하는 다른 청구들도 심리·판단하여 이를 기각하는 판결주문을 내고 판결이유에도 기재해야 한다고 볼 것인지, ③ 선택적 청구들 가운데 **반드시 가장 많이 인용되는 청구**를 먼저 **선택하여 판단**하고 그러한 취지를 **판결이유에서 기재**하되 적게 인용되는 다른 청구들에 대해서는 심리·판단할 필요가 없다고 볼 것인지 견해가 나뉠 수 있다.[2]

판례는, 선택적 청구들 가운데 **어느 하나의 청구**에 대해 **일부만 인용**하고 **다른 선택적 청구에 대하여 아무런 판단을 하지 않은 것**은 위법이라고 본다.[3] 판례의 이러한 입장은 앞서 본 ①의 입장을 배척한 것은 분명하나, 그렇다고 하여 반드시 ②의 입장을 취한 것인지 불분명하다.[4] 판례의 입장은 그 경우 다른 청구가 어느 하나의 청구 가운데 일부인용된 것보다 더 많이 인용될 수 있음에도 다른

---

1) 대판 2017. 10. 26. 2015다42599, 2018. 6. 15. 2016다229478, 2020. 2. 27. 2019다285837.
2) 법원실무제요 민사소송(2), 701쪽·702쪽에서는 이에 관한 여러 입장이 있을 수 있음을 소개하고 있다.
3) 대판(전) 2016. 5. 19. 2019다66549.
4) 이에 대하여, 위 전원합의체 판결의 취지를 선택적 병합청구 중 하나를 선택하여 원고의 청구 중 일부를 인용하는 판결을 할 경우에는 병합된 나머지 청구에 대해서도 모두 심리·판단하도록 하는 것으로 이해하는 견해로는, 권혁재, "선택적 병합청구에 있어서의 일부승소판결 —대법원 2016. 5. 19. 선고 2009다66549 전원합의체 판결—," 법조 통권 718호(2016. 8.), 580쪽.

청구들에 대하여 판단을 하지 않는 것은 위법하다는 것으로 보아, 굳이 ②의 입장과 같이 다른 나머지 청구들에 대해서도 심리·판단의 내용을 일일이 기재하여 이에 따른 판결주문을 내도록 요구하는 것까지는 아니라고 보여지므로, ③의 입장과 같이 비록 선택적 청구 가운데 어느 하나의 청구의 일부에 대해서만 인용하더라도 그 인용이 다른 청구들을 선택하여 인용할 경우보다 많다는 취지를 판결이유에서 기재하는 것(이로써 다른 청구들에 대한 심리·판단이 이루어진 것으로 본다)으로 족하다고 본다.[1]

(c) 예비적 병합의 판단방법

1) **예비적 병합**에서 **주위적 청구가 인용**될 때에는 예비적 청구에 대하여 심판할 필요가 없으나, **주위적 청구가 기각**되는 때에는 예비적 청구에 대하여 심판해야 한다. 주위적 청구를 기각하고 예비적 청구를 인용하는 때에는 **판결주문**에서 먼저 주위적 청구의 기각을 표시하고, 다음 예비적 청구를 인용하는 뜻을 표시해야 한다.

2) 예비적 병합 가운데 **진정예비적 병합**에서는, 주위적 청구의 **일부라도 인용**되는 때에는 주위적 청구와 양립불가능한 관계에 있는 예비적 청구에 대해서는 달리 판단을 하지 않는다. 다만 앞서 본 바와 같이 주위적 청구의 **일부를 특정**하여 그 부분이 **인용**될 것을 **해제조건**으로 그 부분에 대해서만 예비적 청구를 한 때에는 주위적 청구 가운데 그 특정된 부분이 기각되면 예비적 청구에 대하여 판단해야 한다. **판례도**, 원고가 주위적 청구의 일부를 특정하여 그 부분이 인용될 것을 해제조건으로 하여 그 부분에 대해서만 예비적 청구를 했다는 등의 특별한 사정이 없는 한, 주위적 청구원인에 기한 청구의 일부가 기각될 운명에 처했다고 하여 다시 그 부분에 대한 예비적 청구원인이 이유 있는지 여부에 관하여 나아가 판단할 필요는 없다고 보고 있다.[2]

3) 이에 반하여 **부진정예비적 병합**에서는, 주위적 청구의 일부(예비적 청구취지보다 적은 금액)만이 인용되는 경우 기각되는 부분에 관하여 주위적 청구와 양립가능한 관계에 있는 예비적 청구부분에 대하여 판단해야 한다.

---

1) 위 판결의 취지에 관한 이해를 달리하고 있으나, 결론적으로 선택적 병합이 있으면 법원은 가장 유리한 청구를 기초로 판결하도록 의무화하고, 그것으로써 나머지 병합청구에 대한 심리·판단이 함께 이루어진 것으로 보아야 한다는 견해로는, 권혁재, 위 논문, 580쪽.

2) 대판 2000. 4. 7. 99다53742.

(d) 판단누락 · 이심 여부

선택적 병합에서 원고 패소판결을 하면서 병합된 청구 가운데 어느 하나를 판단하지 않거나, **예비적 병합**에서 주위적 청구를 먼저 판단하지 않거나, 주위적 청구만을 배척하고 예비적 청구는 판단하지 않은 때에는 누락시킨 청구부분이 판단의 누락(법 424조 1항 6호, 451조 1항 9호)인지, 재판의 누락(법 212조)인지에 관하여 논의가 있다. ① **선택적 병합**에서는 **판단의 누락**으로 보아야 하며 재판의 누락이 아니다. 따라서 누락된 부분까지 선택적 청구 전부가 상소심으로 이심된다.1) ② **예비적 병합**에서도 선택적 병합에서와 마찬가지이다. 이러한 경우 형식적으로는 일부판결이어도 법률적으로는 하나의 전부판결로 보아야 하기 때문이다. 따라서 주위적 청구를 배척하면서 예비적 청구에 대하여 판단하지 않은 경우에는 그 판결에 대한 상소가 제기되면 **판단이 누락**된 예비적 청구부분도 상소심으로 이심이 되고, 그 부분이 재판의 누락에 해당하여 원심에 계속 중이라고 볼 것은 아니다.2) 이러한 법리는 **부진정예비적 병합**의 경우에도 마찬가지로 적용된다.3)

4. 항소심의 심판대상

(1) 단순병합의 경우

1) 제 1 심법원이 원고의 단순병합된 여러 개의 청구 중 일부를 인용하자 피고가 제 1 심판결 중 인용된 청구에 대해서만 항소를 제기한 경우, 항소되지 않은 나머지 청구부분도 확정이 차단되고 항소심에 이심은 되나, 원고가 **부대항소**를 하지 않은 경우 그 나머지 청구부분에 관해서는 불복한 바가 없어 항소심의 심판대상이 되지 않고, 항소심으로서는 원고의 청구 중 항소되지 않은 부분을 다시 인용할 수 없으며, 그 부분은 **항소심의 판결선고**와 동시에 **확정**되어 소송이 종료된다.4) 이에 관해서는 판결의 확정시기에서 살펴본 바와 같다.

---

1) 대판 1998. 7. 24. 96다99.
2) 대판(전) 2000. 11. 16. 98다22253은 종래 원심이 주위적 청구를 배척했음에도 예비적 청구에 대한 판단을 누락했다면 누락된 예비적 청구부분은 아직 원심에 소송계속 중이라 할 것이므로 이 부분에 대한 상고는 그 대상이 없어 부적법하다는 취지의 판례를 변경했다. 한창호, "예비적 청구에 대한 재판의 누락," 21세기사법의 전개(송민최종영대법원장재임기념, 2005. 9.), 175쪽 이하. 위 전원합의체 판결 후 판결로는, 대판 2017. 6. 29. 2017다218307, 2021. 1. 14. 2020다 268081, 2023. 12. 7. 2023다273206 등.
3) 대판 2021. 4. 15. 2020다293438, 2021. 5. 7. 2020다292411, 2023. 3. 16. 2022다279658.
4) 대판 1994. 10. 11. 94다32979, 2011. 7. 28. 2009다35842, 2019. 11. 28. 2018다37925.

2) 항소심에서 단순병합의 형태로 청구의 변경이 있는 경우(예컨대 청구취지의 확장의 경우) 항소심은 병합된 청구에 대하여 **실질상 제 1 심**으로서 재판해야 한다. 따라서 제 1 심이 기존의 청구를 배척하면서 "원고의 청구를 기각한다."라고 판결했는네 항소심이 기존의 청구와 항소심에서 단순병합된 청구(예컨대 확장된 청구)를 모두 배척할 경우에는 단순히 "항소를 기각한다."라는 주문표시만 해서는 안 되고, 이와 함께 항소심에서 단순병합된 청구에 대하여 "원고의 청구를 기각한다."라는 주문표시를 해야 한다.[1]

(2) 선택적 병합의 경우

(a) 청구기각판결에 대하여 원고가 항소한 경우

1) 제 1 심에서 선택적 병합에서 병합된 여러 개의 청구 모두를 배척하여 원고의 청구를 기각한 판결에 대하여 **원고가 항소한 경우** 항소법원이 원고의 청구를 인용할 경우에는 그 가운데 어느 하나를 선택하여 판단할 수 있다. 심리결과 항소법원이 어느 하나의 청구가 이유 있다고 인정할 때에는 제 1 심판결을 **전부취소**해야 한다.[2] 한편 항소법원이 원고의 청구를 모두 기각할 경우에는 선택적 청구 전부에 대하여 판단해야 한다.[3]

2) 제 1 심에서 원고의 청구가 기각되어 **원고가 항소**한 다음 **항소심**에서 청구를 **선택적으로 병합**한 경우에는 (뒤에서 보는 제 1 심에서 여러 개의 청구가 선택적으로 병합되었다가 그 청구가 모두 이유 없다고 인정되어 청구를 기각한 판결에 대하여 원고가 항소한 경우와 마찬가지로) 항소법원은 병합된 여러 개의 청구 가운데 어느 하나를 선택하여 심리할 수 있고, 제 1 심에서 기각된 청구를 먼저 심리할 필요는 없으며, 어느 하나의 청구가 이유 있다고 인정될 경우에는 원고의 청구를 기각한 **제 1 심판결을 취소**하고 **이유 있다고 인정하는 청구를 인용**하는 주문을 선고해야 한다. 예컨대 원고의 A 청구를 기각한 제 1 심판결에 대하여 원고가 항소를 하여 항소심에서(청구의 추가적 변경을 통하여) B 청구를 추가하여 선택적 병합을 한 경우 항소법원이 원고의 B 청구를 이유 있다고 인정하는 이상 제 1 심판결을 취소하고 선택적으로 추가된 B 청구를 인용하는 주문을 선고해야 한다. 따라서 항소법

---

1) 대판 2019. 11. 14. 2019다17034.
2) 대판(전) 2012. 1. 19. 2010다95390, 대판 2021. 7. 8. 2018다286642, 2023. 4. 27. 2021다 262905 등.
3) 대판 2010. 5. 27. 2009다12580.

원이 A 청구를 기각한 제 1 심판결을 항소심이 인용하는 금액 범위 내에서만 취소하고 나머지 항소를 기각하는 주문을 선고해서는 안 된다.[1]

(b) 청구인용판결에 대하여 피고가 항소한 경우

1) 원고가 제 1 심에서 선택적 병합으로 구한 **여러 개의 청구** 가운데 하나만을 받아들여 원고의 청구를 인용한 판결에 대하여 **피고가 항소한 경우** 판단하지 않은 나머지 청구도 항소심으로 이심되므로 항소심의 심판대상이 된다. 이 경우 항소법원은 제 1 심판결에서 인용된 청구를 먼저 심리하여 판단할 필요는 없고, 제 1 심판결이 한 것처럼 병합된 여러 개의 청구 중 제 1 심에서 심판되지 않은 청구를 임의로 선택하여 심판할 수 있다. 그러나 심리결과 그 청구가 이유 있다고 인정되고 그 결론이 제 1 심판결의 주문과 동일한 때에도 피고의 항소를 기각해서는 안 되며 **제 1 심판결을 취소**한 다음 새로이 **청구를 인용**하는 주문을 선고해야 한다.[2] 한편 원고가 제 1 심에서 **하나의 청구**만을 하여 원고의 청구를 인용한 판결에 대하여 **피고가 항소**한 경우 원고가 **항소심**에서 선택적 청구(B)를 추가하여 (부대항소를 한 것으로 본다) **선택적 병합**을 한 때에도 마찬가지이다.[3] 즉 구소송물이론에 입각하는 한 이러한 경우 소송물이 다르므로 제 1 심판결을 취소하고 새로이 청구를 인용하는 주문을 선고해야 한다.

2) 원고가 제 1 심에서 선택적 병합으로 구한 여러 개의 청구 가운데 하나만을 받아들여 원고의 청구를 인용한 판결에 대하여 **피고가 항소한 경우** 원고가 **항소심에서 병합의 형태를 변경**하여 제 1 심에서 심판되지 않은 청구 부분을 **주위적 청구**로, 제 1 심에서 인용된 위 청구 부분을 **예비적 청구**로 구함에 따라 항소심이 주위적 청구 부분을 먼저 심리하여 그 청구가 이유 있다고 인정하는 경우에는 비록 그 결론이 제 1 심판결의 주문과 동일하더라도 피고의 항소를 기각해서는 안 되며 제 1 심판결을 취소한 다음 새로이 청구를 인용하는 주문을 선고해야 한다.[4]

3) **실질적**으로 **선택적 병합관계**에 있는 두 청구에 관하여 당사자가 **주위적 · 예비적**으로 순위를 붙여 **청구**했다고 하더라도 (그 명칭에도 불구하고) 병합청구의 성질상 선택적 병합관계에 있는 한 항소심에서의 심판범위도 그러한 **병합청구의**

1) 대판 1993. 10. 26. 93다6669, 2021. 7. 15. 2018다298744.
2) 대판 2006. 4. 27. 2006다7587,7594, 2020. 2. 27. 2019다285837, 2021. 11. 25. 2021다259855 등; 문일봉, "선택적 병합과 청구권 병합," 법조 48권 3호(1999. 3.), 112쪽 이하.
3) 대판 1992. 9. 14. 92다7023, 2006. 4. 27. 2006다7587,7594.
4) 대판 2020. 10. 15. 2018다229625.

성질을 기준으로 결정해야 한다[합리적 필요성이 인정되지 않아 **부진정예비적 병합에 해당하지 않는 경우**이다]. 따라서 제 1 심법원이 (**개념상** 부진정예비적 병합에 해당되지 않음에도) 주위적 청구를 기각하고 예비적 청구만을 인용하는 판결을 선고하여 피고만이 항소를 세기했다면 항소심으로서는 두 청구 모두를 심판대상으로 삼아 판단해야 하며, 예비적 청구만을 심판대상으로 삼아 청구를 기각해서는 안 된다.[1]

(3) 예비적 병합의 경우

(a) 주위적 청구인용판결에 대하여 피고가 항소한 경우

예비적 병합에서 주위적 청구를 인용한 판결에 대하여 피고가 항소한 경우 판단하지 않은 예비적 청구도 항소심으로 이심되므로 항소심의 심판대상이 된다.

(b) 주위적 청구기각판결 및 예비적 청구인용(일부인용)판결에 대하여 피고만이 항소한 경우

1) 예비적 병합에서 주위적 청구기각 · 예비적 청구인용(전부인용 또는 일부인용)의 제 1 심판결에 대하여 피고만이 그 패소부분(예비적 청구인용부분)에 항소한 경우 항소제기에 의한 이심의 효력은 당연히 사건 전체에 미쳐 주위적 청구에 관한 부분도 항소심으로 이심이 되지만, 항소심의 **심판범위**는 이에 관계없이 피고의 불복신청의 범위에 한하는 것이므로 예비적 청구를 인용한 제 1 심판결의 당부에 그치고, 원고의 **부대항소**(법 403조)**가 없는 한**(즉 원고가 부대항소를 하여 주위적 청구에 대해서도 심판대상으로 하지 않는 한) **주위적 청구**는 **심판대상이 되지 않는다.**[2] 이 경우 피고의 항소에 이유가 있는 때에는 항소법원은 제 1 심판결 가운데 예비적 청구에 관한 피고패소부분만 취소해야 하고, 취소의 대상이 되지 않은 주위적 청구부분은 예비적 청구에 관한 취소판결의 선고와 동시에 확정

---

1) 대판 2014. 5. 29. 2013다96868.
2) 대판 1995. 2. 10. 94다31624 등. 이에 대하여, 원고가 불복하지 않은 것은 예비적 청구인용부분이 유지되리라는 기대에 따른 것이므로 원고의 합리적인 의사해석을 통하여 제 1 심에서 인용된 예비적 청구와 모순관계에 있는 주위적 청구기각부분은 예외적으로 항소심의 심판대상에 포함되는 것으로 보고, 항소심에서 결론이 달라질 경우 원심판결 중 예비적 청구가 인용되었던 부분을 한도로 하여 주위적 청구를 인용하더라도 무방하다는 견해로는, 황경남, "상소심의 심판범위와 불이익변경금지원칙과의 관계," 민사재판의 제문제 11권(2002. 12.), 1116쪽. 이 경우 주위적 청구는 물론 예비적 청구도 항소심으로 이심되고, 항소심의 심판대상이 된다는 입장에서는 앞서의 견해와 같으나, 다만 항소법원의 심리결과 주위적 청구가 이유 있는 경우에 항소법원은 주위적 청구를 기각하고, 예비적 청구를 인용한 제 1 심판결을 전부취소하고, 주위적 청구를 인용해야 한다는 견해로는, 임병석, "소의 객관적 병합요건과 항소심에서의 심판대상 —청구의 예비적 병합을 중심으로— ," 사법 53호(2020. 9.), 520쪽.

된다.1)

2) 이처럼 원고의 주위적 청구가 항소심의 심판대상이 아닌 때에도 피고가 항소심의 변론에서 원고의 **주위적 청구**를 **인낙**하여 그 인낙이 조서에 기재되면 그 조서는 확정판결과 동일한 효력이 있으므로(법 220조) 그 인낙으로 인하여 주위적 청구의 인용을 해제조건으로 병합심판을 구한 예비적 청구에 관해서는 심판할 필요가 없어 사건이 그대로 종결된다.2)

3) 주위적 청구의 일부에 대한 예비적 청구인 **예비적 병합**, 또는 **부진정예비적 병합**에서 원고의 주위적 청구 가운데 일부를 인용하고 주위적 청구 가운데 기각한 부분에 대한 원고의 예비적 청구를 모두 기각한 제1심판결에 대하여 피고가 불복항소하자 항소법원이 피고의 항소를 받아들여 제1심판결을 취소하고 그에 해당하는 원고의 주위적 청구를 기각하는 경우, 항소법원은 기각하는 주위적 청구부분과 관련된 예비적 청구를 심판대상으로 삼아 판단해야 한다.3)

(c) 주위적 청구기각 및 예비적 청구를 모두 기각한 판결에 대하여 원고가 항소한 경우

이 경우 항소법원이 **주위적 청구**를 **인용**하는 때에는 제1심판결을 전부취소하여 주위적 청구를 인용하는 판결을 해야 하며, **예비적 청구**를 **인용**하는 때에는 제1심판결 가운데 예비적 청구에 관한 부분을 취소하고 예비적 청구를 인용하는 판결을 해야 한다.

---

1) 대판 2001. 12. 24. 2001다62213, 2007. 1. 11. 2005다67971. 한편 이 경우 항소법원이 심판대상이 아닌 주위적 청구에 대하여 판단하여 이를 배척하는 취지의 판결을 했다고 하더라도, 원고가 이에 대하여 상고함으로써 상고심의 심판대상이 되는 것은 아니므로, 원고의 상고는 심판대상이 되지 않은 부분에 대한 상고로서 불복의 이익이 없어 부적법하다. 대판 2002. 4. 26. 2001다83333, 2002. 12. 26. 2002므852.

2) 대판 1992. 6. 9. 92다12032; 김신, "주위적 청구기각·예비적 청구인용의 일심판결에 불복항소한 피고가 항소심에서 주위적 청구를 인낙 할 수 있는가?," 판례연구(부산판례연구회) 4집(1994. 1.), 353쪽 이하.

3) 대판(전) 2000. 11. 16. 98다22253. 주위적 청구 가운데 일부를 인용한 제1심판결에 대하여 양쪽이 항소한 경우 항소심이 제1심판결 가운데 피고 패소부분을 취소하고 그에 해당하는 주위적 청구를 기각하면서, 원고의 예비적 청구의 취하 여부에 대하여 석명을 구하지 않은 채 그에 대한 판단을 하지 않는 것은 위법하다. 대판 2007. 10. 11. 2007다37790,37806.

제 2 절 청구의 변경

Ⅰ. 의   의

청구의 변경은 법원과 당사자의 동일성을 유지한 채 청구, 즉 소송물을 변경하는 것을 의미한다(법 262조). 청구변경제도는 원고의 청구가 분쟁의 해결방식이나 범위에서 적합하지 않다고 인정되는 경우에 종래의 소송절차를 유지하면서 이를 변경함으로써 분쟁의 1회적 해결을 도모하기 위한 것이다.[1]

Ⅱ. 모   습

1. 청구취지의 변경과 청구원인의 변경

(1) 청구취지의 확장

1) 청구취지의 변경에서 청구를 확장하는 것은, 예컨대 금전지급과 상환으로 한 소유권이전등기청구에서 무조건적인 소유권이전등기청구로 바꾸는 경우와 같은 **질적 확장**이든, 매매 또는 취득시효완성을 원인으로 하는 소유권이전등기청구에서 그 대상을 1필 토지의 일부로부터 전부로 확장하는 경우,[2] 또는 금전채권의 일부청구에서 나머지 부분으로 확장하는 경우(이 경우에 대해서는 아래에서 살펴본다)와 같은 **양적 확장**이든, 모두 **청구의 추가적 변경**으로 본다.

2) 양적 확장의 경우 **명시적 일부청구**에서 잔부청구(殘部請求)로 확장하는 것은 별개의 소송물의 추가이므로 추가적 변경으로 보게 된다.[3] **비명시적**(묵시적) **일부청구**에서 잔부청구를 확장하는 것은 소송물의 변동이 없으므로 엄밀한 의미에서는 청구의 변경인지 논의의 여지가 있을 수 있다. 이에 대하여, 이 경우 청구원인의 변경이 없다는 입장에서 청구의 변경이 아니라고 보는 견해[4]와 청구취지의 변경이 있고 피고의 방어범위의 증가에 따른 예기치 않았던 판결을 받을 가능성

---

1) 김홍규, "소 변경에 있어서 소의 동일성의 기준," 사법행정 14권 8호(1973. 8.), 47쪽 이하.

2) 대판 1997. 4. 11. 96다50520.

3) 명시적 일부청구설을 취하면서도, 명시적 일부청구에서 잔부청구로 확장하는 경우에는 소송물 자체에 변경은 없다고 하더라도 피고의 방어권에 영향이 있으므로 청구의 변경에 해당한다는 견해가 있으나(정영환, 897쪽), 명시적 일부청구설에 의하면 이 경우 소송물의 변동이 있으므로 청구의 변경(추가적 변경)에 해당한다. 이시윤, 744쪽.

4) 이영섭, 234쪽.

을 들어 청구의 변경으로 보는 견해가 있다.[1] 청구취지상 액수의 변경만으로는 (실질적인 면에서) 소송물의 변동을 초래하는 청구의 변경이라고 볼 수 없으나, 피고의 방어범위의 확대에 따른 피고의 방어권 보장을 위하여 (형식적인 면에서) **청구의 변경**(추가적 변경)으로 취급함이 타당하다고 본다. **판례**도 일부 채권액에 대해서만 소를 제기하고 나머지 채권액에 대해서는 청구취지를 확장하는 경우 **소를 추가로 제기한 것**으로 보고 있으므로 이를 **청구의 변경**으로 보는 입장이다.[2]

(2) 청구취지의 감축

청구원인은 동일한데 청구취지를 감축하는 것은 **질적 감축**이든 **양적 감축**이든 청구의 변경으로 보지 않고, 감축한도 내에서 **소의 일부취하** 또는 **청구의 일부포기**로 본다. 그 가운데 어디에 해당하는지에 관해서는, 기본적으로는 원고의 의사에 의할 것이나, 분명하지 않은 경우에는 원고에게 유리한 **소의 일부취하**로 본다.[3] 물론 **청구원인의 변경**에 따라 청구취지를 감축하는 것은 당연히 청구의 변경에 해당한다. **판례**도, 수량적으로 가분인 **동일 청구권**에 기한 **청구금액의 감축**은 소의 일부취하로 본다.[4] 따라서 상대방이 본소에 응소한 경우에는 **상대방의 동의**를 얻지 않으면 취하의 효력이 없다.

(3) 청구취지의 정정 · 보충

청구취지가 불명확한 때에 이를 명확하게 하기 위하여 청구의 동일성을 유지하면서 사실적 또는 법률적으로 보충하거나 정정하는 것은 청구의 변경에 해당하지 않는다.[5] 원고가 '청구취지변경신청서'라는 제목의 서면을 제출했다고 하더라

---

1) 정영환, 897쪽.

2) 대결 2008. 7. 10. 2008마260.

3) 대판 1993. 9. 14. 93누9460. 다만 이 경우 소의 일부취하로 보면 피고의 동의를 요할 뿐만 아니라, 항소심에서는 제 1 심판결 선고 뒤의 일부취하에 해당하여 재소금지규정에 저촉되게 되는 등 원고의 의사 및 소송수행의 범위를 지나치게 제한한다고 하여 이에 반대하는 견해로는, 호문혁, 865쪽. 이러한 견해는 앞서 본 대판 2004. 7. 9. 2003다46758의 원심판결의 입장으로, 대법원은 원심판결을 파기했다.

4) 대판 1993. 9. 14. 93누9460, 2004. 7. 9. 2003다46758, 2005. 7. 14. 2005다19477. 한편 추심명령을 받아 **추심금청구소송**을 제기한 원고가 청구금액을 감축한 사안에서, 소송상 청구금액을 감축한다는 것은 소의 일부취하를 뜻하는 것이므로 취하된 부분의 청구를 포기했다고 볼 수 없고, 더욱이 민사집행법 240조는 채권자가 추심명령에 따라 얻은 권리(**추심권**)를 포기할 수 있으나 이를 포기하려면 법원에 **서면**으로 **신고**해야 하고 법원사무관 등은 그 등본을 제 3 채무자와 채무자에게 **송달**하도록 규정하고 있는데, 기록상 이런 절차를 밟았다고 볼 자료가 없다고 한 판결로는, 대판 1983. 8. 23. 83다카450.

5) 대판 1982. 9. 28. 81누106, 1997. 4. 11. 96다50520, 2008. 2. 1. 2005다74863. 예컨대 청구

도 **착오**로 청구취지를 **누락**한 부분을 보충하거나 정정한 것으로 볼 수 있는 경우에는 기존의 청구와 다른 청구로 변경하는 청구취지의 변경으로 보지 않는다.[1]

(4) 청구원인의 변경

청구원인의 변경에 관하여, **구소송물이론**에서는 청구원인을 구성하는 권리 또는 법률관계를 바꾸는 것을 청구의 변경으로 보고, **신소송물이론**의 **이분지설**에서는 청구원인을 구성하는 사실관계를 바꾸는 것을 청구의 변경으로 본다. 한편 신소송물이론의 **일분지설**에서는 청구원인의 변경을 청구의 변경이 아니고 공격방법의 변경으로 본다. 즉 청구의 변경인지, 공격방법의 변경인지는 소송물이론에 따라 달리 이해한다. 그러나 법상 청구원인의 변경도 청구의 변경으로 명시적으로 규정하고 있으므로(법 262조 1항), 청구원인의 변경을 청구의 변경으로 보지 않는 입장은 실정법의 정당한 해석론이라고 보기 어렵다.

▣ **청구원인의 변경인지 여부가 문제되는 몇 가지 경우**

(1) 소유권이전등기청구의 경우

소유권이전등기청구를 하면서 등기원인을 바꾸는 것은 청구의 변경이다. 예컨대 동일 부동산에 대하여 소유권이전등기청구를 하면서 등기원인(등기청구권의 발생원인)을 처음에는 매매로 했다가 후에 취득시효완성을 선택적으로 추가하는 것은 단순한 공격방법의 차이가 아니라 별개의 청구를 추가시킨 것이므로 청구의 추가적 변경에 해당한다.[2] 이 경우 공격방법의 변경으로 보아야 한다는 견해가 있으나,[3] 신소송물이론(일분지설)에서 가능한 견해이다.

(2) 가등기에 기한 본등기청구의 경우

가등기에 기한 본등기청구를 하면서 등기원인을 매매예약완결이라고 주장하면서 그 가등기로 담보되는 채권을 대여금채권이라고 주장했다가 손해배상채권이라고 주장하는 것은 가등기에 기한 본등기청구의 등기원인이 위 주장의 변경에 관계없이 매매예약완결이므로 등기원인에 변경이 없어 청구의 변경에 해당하지 않고 공격방법의 변경에 불과하다.[4]

(3) 사해행위취소청구의 경우

채권자가 사해행위취소청구를 하면서 그 보전하고자 하는 채권을 추가하거나 교

취지에 기재된 건물의 구조·평수·지번 등을 변경하는 등의 경우이다.

1) 대판 2019. 10. 31. 2019다215746.
2) 대판 1997. 4. 11. 96다50520.
3) 이시윤, 745쪽.
4) 대판 1992. 6. 12. 92다11848.

환하는 것은 사해행위취소권을 이유 있게 하는 공격방법에 관한 주장을 변경하는 것일 뿐이지 소송물 또는 청구 자체를 변경하는 것이 아니므로, 청구의 변경이라고 할 수 없다.[1]

2. 청구의 교환적 변경과 청구의 추가적 변경

(1) 청구의 교환적 변경

1) 청구의 교환적 변경은 구청구를 갈음하여 신청구를 제기하는 청구의 변경 형태이다. 즉 교환적 변경은 기존 청구의 소송계속을 소멸시키고, 새로운 청구에 대하여 법원의 판단을 받고자 하는 소송법상 행위이다.[2] 교환적 변경의 법적 성질은 **구청구의 취하**와 **신청구의 제기**의 **결합형태**로 보는 **결합설**이 통설·판례이다. 청구가 교환적으로 변경된 때에는 구청구는 취하되고 신청구가 심판대상이 된다.[3]

2) 교환적 변경에서 피고가 본안에 **응소**한 때에는 **피고의 동의**를 얻어야 하는지에 관하여, 결합설의 입장을 논리적으로 관철하면 교환적 변경에 의해 구청구의 취하의 효력이 생기므로 동의가 필요하다고 볼 수 있다(법 266조 2항). 그러나 **판례**는 청구의 교환적 변경에서는 변경 전후의 청구의 기초사실의 동일성에 영향이 없으므로 피고의 동의가 없어도 취하의 효력이 생기는 것으로 보고 있다.[4]

이에 대하여 **결합설의 입장**에서, ① 이 경우 피고의 동의를 얻지 못하면 청구의 변경은 구청구에 신청구를 추가하는 추가적 변경이 된다고 보는 견해(다수

---

1) 대판 1964. 11. 24. 64다564, 2003. 5. 27. 2001다13532, 2012. 7. 5. 2010다80503; 김대원, "사해행위취소소송에서 피보전채권을 변경하는 것이 소의 변경에 해당하는지 여부(소극)," 대법원판례해설 44호(2003 상반기), 172쪽 이하.

2) 대판 2018. 5. 30. 2017다21411. 위 판결에 대하여, 위 판결은 청구의 교환적 변경의 법적 성질을 구청구의 취하와 신청구의 제기가 결합된 형태로 보는 기존 판례의 태도와 달리(비록 기존 판례를 변경한 것은 아니지만), '구청구의 취하'로서의 성질이 있다고 명시하지 않음으로써 청구의 교환적 변경의 성질에 관하여 새로운 모색의 여지를 남겨두었다는 견해로는, 박진수, "항소심에서 항소취하 합의가 있었으나 항소취하서가 제출되지 않은 상태에서 청구의 교환적 변경 신청이 있는 경우 법원이 취하여야 할 조치," 민사재판의 제문제(민사실무연구회) 29권(2022. 8.), 529쪽·538쪽.

3) 대판 2003. 1. 24. 2002다56987, 2017. 2. 21. 2016다45595, 2021. 4. 15. 2016다271523 등. 이에 대하여, 법이 청구의 변경에 관한 규정을 두어 그 요건과 효과를 규율하고 있으므로 그 법적 성격도 청구의 변경이라고 보면 족하지 다른 제도를 끌어들여 구청구의 취하가 포함되었다고 볼 필요가 없다는 견해로는, 호문혁, 869쪽.

4) 대판 1962. 1. 31. 4294민상310, 1970. 2. 24. 69다2172.

설),[1] ② 청구의 교환적 변경은 소취하의 특수형태로서 법 262조가 소취하의 일반규정의 요건을 우선한다는 이유에서 판례의 입장을 지지하는 견해,[2] ③ 청구의 기초의 동일성을 요구함으로써 피고의 보호가 보장되고, 관련된 분쟁을 한꺼번에 해결할 필요성이 있으므로 판례의 입장을 지지하는 견해[3]가 있다. 한편 결합설의 입장을 취하지 않고 청구의 변경을 **독자적인 제도로 보는 입장**에서는 법 262조에서 피고의 동의를 요구한 바 없으므로 동의가 필요 없다고 본다.[4]

그러나 결합설의 입장을 취하더라도 청구의 교환적 변경에서 구청구가 소취하의 효과를 가지는 것은 신청구의 소송계속을 전제로 하는 것으로 이 경우에도 소취하의 일반적 요건을 그대로 가져오는 것이 반드시 타당하다고 볼 수 없으므로, 결론적으로 **판례의 입장**이 **타당**하다.

(2) 청구의 추가적 변경

청구의 추가적 변경은 구청구를 유지하면서 신청구를 추가로 제기하는 청구의 변경형태이다. 이것은 청구의 후발적 병합에 해당하므로 청구의 병합요건(법 253조)을 갖추어야 한다. 추가적 변경은 **단순병합 · 선택적 병합 · 예비적 병합**의 형태로 행해진다. 추가적 변경에 의하여 소송목적의 값이 단독판사의 사물관할을 초과하는 때에는[소송목적의 값을 기준으로 하는 사물관할에서 소송목적의 값이 5억원을 초과하여 합의사건의 사물관할에 속하게 될 때에는] 변론관할(법 30조)이 발생하지 않는 한 **직권** 또는 **당사자의 신청**에 따른 결정으로 이를 합의부로 이송한다(법 269조 2항 **유추적용**).

(3) 청구의 변경형태의 불분명 등과 그 확정

(a) 석명의무 및 법적관점지적의무

청구의 변경이 교환적인지, 추가적인지의 판단은 기본적으로 당사자의 의사해석에 의한다. 그러나 당사자가 구청구를 취하한다는 분명한 의사가 없이 새로운 청구로 변경하는 등 그 변경형태가 불명한 때에는 법원은 이러한 청구의 변경이 교환적인지, 추가적인지 여부에 관하여 **석명**을 구할 의무가 있다. 이 경우 법원은 단순히 청구의 변경이 교환적인지를 확인하는 데 그치지 않고 **구청구를 취**

---

1) 이시윤, 746쪽; 김홍규 · 강태원, 742쪽; 강현중, 810쪽; 범경철 · 곽승구, 628쪽.
2) 정영환, 901쪽.
3) 정동윤 · 유병현 · 김경욱, 1031쪽.
4) 호문혁, 870쪽; 한충수, 689쪽.

하한다는 뜻인지를 확인해야 한다. 따라서 당사자의 주장이 법률적 관점에서 보아 불명료 또는 불완전하거나 모순이 있다면 법원은 석명을 구해야 하고, 만일 당사자가 전혀 의식하지 못하거나 예상하지 못했던 법률적 관점을 이유로 법원이 청구의 당부를 판단하려 한다면 그 법률적 관점에 대하여 당사자에게 **의견진술의 기회**를 주어야 한다.[1]

특히 **항소심**에서 원고가 부주의 또는 법률적 지식의 부족으로 잘못하여 청구를 **교환적으로 변경**하는 때에는 이로 인하여 구청구가 취하되어 구청구에 대해서는 **재소금지의 효력**(법 267조 2항)에 따라 더 이상 소를 제기할 수 없는 **중대한 법적 효과**가 발생하게 되므로 법원은 이러한 청구의 변경의 법률적 모순을 지적하고, 의견진술의 기회를 주어야 할 **법적관점지적의무**(법 136조 4항)가 있다.[2]

(b) 청구의 교환적 변경과 신청구의 적법성

청구의 변경에 의한 신청구가 부적법한 경우까지 구청구가 취하되는 교환적 변경이라 할 수 없다. 즉 청구의 변경에서 구청구를 취하한다는 분명한 표시가 없이 신청구를 한 경우 청구의 교환적 변경으로 구청구가 취하된다고 보기 위해서는 신청구가 적법한 소임을 전제로 하는 것이므로, 신청구가 부적법하여 법원의 판단을 받을 수 없는 청구인 경우까지도 구청구가 취하되는 청구의 교환적 변경이라고 볼 수는 없다.[3] 청구를 변경하는 당사자로서는 자기가 법원에 대하여 요구하고 있는 권리 또는 법률관계에 대한 판단을 구하는 것을 단념하여 소송을 종료시킬 의도로 청구를 변경했다고는 볼 수 없기 때문이다.

Ⅲ. 요   건

1. 청구의 기초가 바뀌지 않을 것(청구기초의 동일성)

(1) 판단기준

청구의 변경은 청구의 기초가 바뀌지 않는 한도 안에서 허용된다(법 262조 1항 본문). 청구의 기초가 무엇인지에 관하여 논의가 있다. 크게 보아 이익설, 사실

---

1) 대판 2009. 1. 15. 2007다51703, 2013. 10. 24. 2010다90661,90678, 2014. 6. 12. 2014다11376, 11383.

2) 대판 2003. 1. 10. 2002다41435.

3) 대판 1975. 5. 13. 73다1449; 이시윤, "소의 변경에 의한 신청구가 부적법해질 때와 교환적 변경," 판례회고(서울대학교) 4호(1976. 9.), 214쪽 이하.

설 및 병용설로 나누어 볼 수 있다. 청구의 기초에 관하여, ① **이익설**은 청구를 특정한 권리로 구성하기 전의 사실적인 이익분쟁관계로 보며,[1] ② **사실설**은 청구의 기본적 사실의 동일성(**기본적 사실동일설**)[2] 또는 신청구와 구청구의 사실자료 사이에 심리를 계속적으로 하는 것이 정당할 정도의 공통성(**사실자료동일설**)[3]으로 보며, ③ **병용설**은 신청구와 구청구 사이의 재판자료 및 이익관계의 공통성[4]으로 본다.

판례는, 청구의 변경제도를 인정하는 취지는 소송으로서 요구받고 있는 당사자 양쪽의 분쟁의 합리적 해결을 실질적으로 달성시키고, 동시에 소송경제에 적합하도록 함에 있으므로, **동일한 생활사실** 또는 **동일한 경제적 이익**에 관한 분쟁에서 그 해결방법에 차이가 있음에 불과한 청구의 변경은 청구의 기초에 변경이 없다고 하여 기본적으로는 **이익설**을 따르고 있다.[5] 청구의 변경의 제도적 취지에 비추어 보면 **이익설**이 정당하다. 다만 어느 설을 따르든 구체적 적용에서는 별다른 차이가 없다.

(2) 구체적 유형

청구의 기초의 동일성의 판단기준으로 일응 제시할 수 있는 유형을 판례에서 문제된 사안을 통하여 분류하면 다음과 같다.

(a) 청구원인은 동일한데 청구취지만을 변경한 경우

청구취지의 금액을 확장하는 경우,[6] 같은 지상의 방해물의 철거를 구하면서 그 대상만을 달리하는 경우,[7] 소유권이전등기의 말소등기청구에 건물의 인도청구를 추가하는 경우,[8] 토지의 인도청구에 같은 지상의 가건물의 철거를 추가하는 경우[9] 등이다.

---

1) 이영섭, 244쪽; 김홍규·강태원, 746쪽; 정영환, 903쪽; 한충수, 691쪽.
2) 방순원, 333쪽; 송상현·박익환, 614쪽.
3) 이시윤, 747쪽; 호문혁, 873쪽.
4) 정동윤·유병현·김경욱, 1025쪽.
5) 대판 1998. 4. 24. 97다44416, 2009. 3. 12. 2007다56524, 2012. 3. 29. 2010다28338,28345 등.
6) 대판 1984. 2. 14. 83다카514.
7) 대판 1962. 4. 18. 4294민상1145.
8) 대판 1992. 10. 23. 92다29662.
9) 대판 1969. 12. 23. 69다1867.

(b) 신·구청구 가운데 어느 쪽이 다른 쪽의 변형물이거나 부수물인 경우

어음·수표금청구에 원인채권에 기한 청구를 추가하는 경우, 명의신탁해지를 원인으로 한 소유권이전등기청구에서 소유권이전등기의무의 이행불능을 원인으로 한 전보배상청구로 변경하는 경우,1) 건물인도청구에 차임 상당의 손해배상청구를 추가하는 경우2) 등이다.

(c) 동일한 급여나 동일한 법률관계의 형성을 목적으로 하지만 법률적 구성을 달리하는 경우

소유권에 기한 물건인도청구에서 점유권에 기한 것으로 변경하는 경우,3) 대물변제로 인한 소유권이전등기청구에서 양도담보로 인한 것으로 변경하는 경우,4) 소비대차계약에 인한 금전지급청구에서 준소비대차계약에 인한 것으로 변경하는 경우5) 등이다(신소송물이론에서는 이러한 경우를 공격방어방법의 변경으로 본다).

(d) 동일한 생활사실이나 경제적 이익에 관한 것인데 분쟁의 해결방법을 달리하는 경우

매매계약에 의한 소유권이전등기청구에서 매매계약해제로 인한 계약금반환청구로 변경하는 경우6) 어음·수표금청구에서 어음·수표의 위조에 따른 사용자책임에 기한 손해배상청구로 변경하는 경우7) 원인무효를 원인으로 한 소유권이전등기말소청구에서 명의신탁해지를 원인으로 한 소유권이전등기말소청구로 변경하는 경우,8) 소유권이전등기청구에서 직접 매수를 원인으로 하다가 채권자대위권에 기한 대위청구로 변경하는 경우,9) 매매를 원인으로 한 소유권이전등기청구에서 대물변제를 원인으로 한 소유권이전등기청구로 변경하는 경우,10) 동일한 건물에 대한 인도청구를 소유권확인청구로 변경하는 경우11) 등이다.

---

1) 대판 1969. 7. 22. 69다413.
2) 대판 1964. 5. 26. 63다973.
3) 대판 1960. 8. 18. 4292민상898.
4) 대판 1959. 12. 10. 4291민상614.
5) 대판 1963. 5. 9. 63다131.
6) 대판 1972. 6. 27. 72다546.
7) 대판 1966. 10. 21. 64다1102.
8) 대판 1998. 4. 24. 97다44416, 2001. 3. 13. 99다11328.
9) 대판 1971. 10. 11. 71다1805.
10) 대판 1997. 4. 25. 96다32133.
11) 대판 1966. 1. 25. 65다2277.

(e) 청구의 기초에 변경이 있는 경우

판례는, 이에 반하여 건축공사보수금채권의 부존재확인청구를 건물소유권확인청구로 변경하는 경우1) 어음금청구를 전화가입권 명의변경청구로 변경하는 경우,2) 행정소송에서 취소를 구하는 행정처분을 다른 행정처분으로 변경하는 경우3) 에는 청구의 기초에 변경이 있다고 보고 있다.

> ▣ 보전처분에서 피보전권리 등의 변경 가부
>
> ① 보전처분(가압류·가처분)의 **피보전권리**와 본안소송의 **소송물인 권리 또는 권리관계**는 엄격히 일치함을 요하지 않으며, 청구의 기초의 동일성이 인정되는 한 보전처분의 효력은 본안소송의 권리에 미친다.4) ② 당사자가 권리 없음이 명백한 피보전권리를 내세워 보전처분을 신청한 것이라는 등의 특별한 사정이 없는 한 청구의 기초에 변경이 없는 범위 내에서는 **보전처분**에 대한 **이의신청절차**(민집 283조·301조)에서도 신청이유의 **피보전권리**를 변경할 수 있다.5) ③ **판례**는 특별한 사정이 없는 한 **가처분**에 대한 **이의신청절차**에서 채권자가 **신청취지**를 확장하거나 변경하는 것을 허용하지 않는다.6)

(3) 사익적 규정의 성질

청구의 기초의 동일성은 **사익적 규정**이다. 청구의 변경으로 피고의 방어목표가 예상 밖으로 변경되어 입는 불이익을 방지하기 위한 것이기 때문이다. 따라서 피고가 청구의 변경에 동의하거나 이의 없이 응소하는 때에는 이러한 요건을 갖추지 않아도 청구의 변경이 허용된다(이의권의 포기·상실의 대상이 된다).7)

---

1) 대판 1957. 9. 26. 4290민상230.

2) 대판 1964. 9. 22. 64다480.

3) 대판 1979. 5. 22. 79누37.

4) 대판 2006. 11. 24. 2006다35223, 2007. 8. 24. 2007다26882, 2017. 3. 9. 2016다257046. 다만 가압류의 피보전채권과 본안소송의 권리 사이에 청구의 기초의 동일성이 인정된다 하더라도 본안소송의 권리가 **금전채권**이 아닌 경우에는 가압류의 효력이 그 본안소송의 권리에 미친다고 할 수 없다. 가압류는 금전채권이나 금전으로 환산할 수 있는 채권에 의한 강제집행을 보전하기 위한 것이기 때문이다(민집 276조 1항). 대결 2013. 4. 26. 2009마1932.

5) 대판 1982. 3. 9. 81다1221, 대결 2009. 3. 13. 2008마1984. 가압류신청은 긴박한 필요에 따른 것으로서 피보전권리의 법률적 구성과 소명자료관계를 충분하게 검토·확정할 만한 시간적 여유가 없이 이루어지기 때문이다. 대판 1996. 2. 27. 95다45224.

6) 대결 2010. 5. 27. 2010마279.

7) 대판 1992. 12. 22. 92다33831, 2011. 2. 24. 2009다33655. 이에 대하여, 제 1 심에서는 사익적 규정으로 보아도 무방하나, 항소심에서는 구청구와 아무런 공통성이 없는 새로운 청구를 청구의 변경의 이름을 빌려 비로소 심리하도록 하는 것은 전속관할인 심급관할에 위반되므로

2. 소송절차를 현저히 지연시키지 않을 것

(1) 의   의

청구의 변경은 소송절차를 **현저히** 지연시키지 않을 경우에 허용된다(법 262조 1항 단서). 새로운 청구의 심리를 위하여 **종전의 소송자료를 대부분 이용**할 수 있다면 소송절차를 지연케 함이 현저하다고 할 수 없다.[1] 청구변경신청이 있더라도 법원은 새로운 청구의 심리를 위하여 종전의 소송자료를 대부분 이용할 수 없고 별도의 증거제출과 심리로 인하여 소송절차를 현저히 지연시키는 경우에는 이를 허용하지 않는 결정을 할 수 있다.[2] 이 경우 원고가 새로운 청구의 당부를 판단받기 위하여 소를 별도로 제기하도록 하더라도 부당하거나 소송경제에 반한다고 볼 수 없다.[3] 한편 항소심 변론준비기일이 끝난 뒤에 청구를 교환적으로 변경하는 것은 종래의 쟁점정리를 무의미하게 할 수 있고 1회 변론기일의 원칙을 관철하기 어렵게 만들 수 있으므로 특별한 사정이 없는 한 절차를 현저히 지연시키는 것으로 보는 견해가 있으나,[4] 2008. 12. 26. 법개정으로 변론준비절차가 예외적 절차가 되었을 뿐만 아니라(따라서 1회 변론기일원칙은 사실상 폐기되었다) 변론준비기일을 거쳤다는 사정만으로 그 후 청구의 변경을 허용하지 않는다는 것은 비록 항소심에서의 청구의 변경이라고 하더라도 청구변경제도의 성격에 비추어 납득하기 어렵다.

(2) 공익적 규정의 성질

소송절차를 현저히 지연시키지 않을 것은 **공익적 규정**이다. 따라서 피고의 이의가 없어도 직권조사를 요한다. 다만 법률상 청구이의의 소와 같이 이의사유를 달리 하는 별도의 소를 법률상 금지하고 있다면[이의사유가 여러 가지인 때에는 동시에 주장해야 한다(민집 44조 3항)] 소송절차를 지연시키는 경우에도 청구의 변경이 허용된다.

공익·사익을 떠나 피고가 동의하는 경우에는 청구의 변경을 허용하되 제 1 심으로 이송해야 한다는 견해로는, 호문혁, 877쪽.

1) 대판 1998. 4. 24. 97다44416, 2009. 3. 12. 2007다56524.
2) 대판 1992. 2. 25. 91다34103, 2015. 4. 23. 2014다89287, 2017. 5. 30. 2017다211146.
3) 대판 2017. 5. 30. 2017다211146.
4) 이시윤, 716쪽.

3. 사실심에 계속되고 변론종결 전일 것

(1) 의   의

청구의 변경은 소송계속 후 사실심 변론종결시까지 가능하다.[1] 항소심 소송절차에는 특별한 규정이 없으면 제 1 심 소송절차에 관한 규정이 준용되므로(법 408조), 항소심에서도 청구의 교환적 변경을 할 수 있다.[2] 사실심 변론종결 뒤에는 원칙적으로 청구의 변경이 허용되지 않는다(물론 변론을 재개할 필요도 없다). 변론 없이 판결을 하는 때에는 판결을 선고할 때까지 할 수 있다(법 262조 1항 본문). 다만 법률심인 상고심에서는 청구를 변경할 수 없다.[3] 소송계속 전, 즉 피고에게 소장 부본이 송달되기 전이면 자유롭게 보충·정정을 할 수 있다(청구의 변경이 아니다).

(2) 원고 전부승소와 항소심에서의 청구의 변경(청구취지의 확장)

제 1 심에서 원고가 전부승소한 경우에 청구의 변경만을 목적으로 하여 항소하는 것은 항소의 이익이 없다. 다만 **비명시적 일부청구**(묵시적 일부청구)에서 전부승소한 원고가 잔부청구를 하기 위해서 하는 항소는 예외적으로 허용된다.[4] 항소를 허용하지 않으면 잔부청구까지 확정판결의 기판력이 미치기 때문이다. 제 1 심에서 전부승소했으나 상대방의 항소가 있는 때에는 피항소인인 원고는 항소심에서 **청구취지를 확장**할 수 있으며 이 경우 원고는 그 확장부분만큼 **부대항소**를 한 것으로 의제한다.[5] 인신사고로 인한 손해배상청구사건에서 **손해 3 분설**을 엄격하게 적용하면 부당한 결과를 초래하는 경우 이를 **완화**하여, 예컨대 일실수입(소극적 손해)에 대한 청구부분에 관하여 전부승소한 경우에도 매우 **제한적**이기는 하나 다른 청구부분(적극적 손해 또는 정신적 손해에 대한 청구부분)에 대한 항소인으로서 항소심에서 일실수입에 대한 청구취지의 확장을 허용한다.[6]

---

1) 대판 1992. 10. 23. 92다29962(보험회사가 교통사고 피해자 한 사람에게 손해를 변제하고 피보험자의 공동불법행위자를 상대로 구상금청구를 한 다음 항소심에 이르러 다른 피해자에게도 손해를 배상하고 구상금청구를 위해 청구취지를 확장했다면 확장된 액수 이외의 나머지 청구원인에 대하여 실질적 심리를 마쳤으므로 심급의 이익을 박탈한 것이 아니라고 보았다), 2012. 3. 29. 2010다28338,28345.
2) 대판 1984. 2. 14. 83다카514, 2018. 5. 30. 2017다21411.
3) 대판 1992. 2. 11. 91누4126, 1995. 5. 26. 94누7010, 2022. 10. 27. 2022다241998.
4) 대판 1997. 10. 24. 96다12276, 2007. 6. 15. 2004다37904,37911 등.
5) 대판 1969. 10. 28. 68다158, 1992. 12. 8. 91다43015, 2008. 7. 24. 2008다18376 등.
6) 대판 1994. 6. 28. 94다3063.

4. 청구의 병합의 일반요건을 갖출 것

청구의 변경은 신·구청구가 **같은 종류의 소송절차**에 따라 재판될 수 있어야 한다(소송절차의 공통, 법 253조). 다만 **판례**는, **행정소송** 가운데 **당사자소송**에 대해서도 청구의 기초가 바뀌지 않는 한도 안에서 **민사소송**으로 소변경이 가능하다고 보고 있다.[1]

Ⅳ. 절   차

1. 청구변경신청

(1) 의   의

청구의 변경은 원고의 신청에 의해야 한다. 청구의 변경을 시사(示唆)하는 적극적 석명을 강조하는 견해가 있으나,[2] 원·피고의 의사를 고려한 분쟁의 1회적 해결과 소송경제상 불합리하지 않는 범위 내에서 제한적으로 가능하다.[3]

(2) 청구취지변경신청의 경우

1) 법 262조 2항에서 **청구취지의 변경**은 **서면**으로 신청해야 한다고 규정하고 있다. 이에 대하여, 신소송물이론의 일분지설은 청구원인의 변경은 공격방법의 변경에 불과하여 이를 청구의 변경으로 보지 않으므로 위 규정은 당연한 규정으로 보는 반면, 신소송물이론의 이분지설(청구취지 및 청구원인을 구성하는 사실관계로 소

---

1) **판례**는, ① 민사소송에서 공법상 항고소송으로의 소변경을 허용하고 있는데, 공법상 당사자소송과 민사소송이 서로 다른 소송절차에 해당한다는 이유만으로 청구기초의 동일성이 없다고 해석하여 양자 간의 소변경을 허용하지 않을 이유가 없으며, ② 일반 국민으로서는 공법상 당사자소송의 대상과 민사소송의 대상을 구분하기가 쉽지 않고 소송진행 도중의 사정변경 등으로 인해 공법상 당사자소송으로 제기된 소를 민사소송으로 변경할 필요가 발생하는 경우도 있는데, 소변경의 필요성이 인정됨에도, 단지 소변경에 따라 소송절차가 달라진다는 이유만으로 이미 제기한 소를 취하하고 새로 민사상의 소를 제기하도록 하는 것은 당사자의 권리구제나 소송경제의 측면에서도 바람직하지 않음을 그 근거로 들고 있다. 대판 2023. 6. 29. 2022두44262. 한편 2007년 및 2013년 **행정소송법 개정안**을 통하여 위와 같은 소변경을 허용하는 근거규정을 도입하고자 했으나 행정소송법 개정이 이루어지지 않았다. 이러한 상황에서 위 판례는 행정소송과 민사소송 사이의 소변경이 **일반적으로** 허용될 수 있음을 명확히 했다. 하정훈, "공법상 당사자소송에서 민사소송으로의 소변경이 허용되는지 여부," 대법원판례해설 135호(2023년상), 693쪽·695쪽.

2) 이시윤, 751쪽; 정동윤·유병현·김경욱, 1028쪽; 정영환, 908쪽.

3) 대판(전) 1995. 7. 11. 94다34265.

송물이 특정된다고 본다) 및 구소송물이론은 서면주의를 규정하고 있는 법 248조(소는 법원에 소장을 제출함으로써 제기한다)의 특별규정으로 본다. 청구원인의 변경을 청구의 변경으로 명시하고 있는 법 262조 1항에 비추어 보면 법 262조 2항을 신소송물이론의 입장에서 당연한 규정으로 이해하는 것은 무리이다. 법문상 청구취지의 변경만을 서면에 의하도록 규정하고 있으므로 **청구원인의 변경**은 반드시 서면에 의할 필요가 없다.1) **판례**도 같다.2) 다만 **판례**는, 피고가 불출석한 상태에서 원고가 말로 청구원인을 변경한 다음 법원이 피고에게 이에 대한 **방어의 기회**를 주지 않고 변론을 종결한 것은 위법하다고 보고 있다.3)

한편 **청구취지의 변경**을 서면으로 하지 않은 경우에도 **이의권의 포기**나 **상실**(법 151조 본문)로 치유될 수 있다.

2) 청구취지를 변경하기 위하여 반드시 '청구취지변경신청서'라는 제목 및 형식을 갖춘 서면이 필요한 것은 아니며, 준비서면의 형식에 따른 서면이라도 그때까지 이루어진 소송의 경과 등에 비추어 그 내용이 청구취지를 변경하는 뜻을 포함하고 있다면 서면에 의한 청구취지의 변경이 있는 것으로 볼 수 있다.4)

청구의 추가적 변경(청구의 확장 포함), 또는 **청구의 교환적 변경**에서 **변경 후의 소송목적의 값**이 변경 전의 것보다 **증가하는 경우**에는 청구변경신청서에 **변경 후의 청구**에 관하여 소장에 붙이는 것과 같은 **인지액**(제 1 심의 경우, 다만 항소심에서는 그 금액의 **1.5배액**)에서 **변경 전의 청구**에 관한 **인지액**을 뺀 금액의 인지를 붙여야 한다(민인 5조 1호·2호).5)

다만 **청구의 교환적 변경**에서 **변경 후의 소송목적의 값**이 변경 전의 것보다 **증가하지 않는 경우**에는 인지를 붙이지 않는다.

2. 소비자단체소송 등의 경우

소비자단체소송·개인정보단체소송에서 원고는 청구의 기초가 바뀌지 않는

---

1) 다수설이다. 이시윤, 751쪽; 김홍규·강태원, 748쪽; 강현중, 817쪽; 호문혁, 879쪽; 정영환, 909쪽. 서면에 의해야 한다는 견해로는, 방순원, 336쪽; 이영섭, 245쪽; 정동윤·유병현·김경욱, 1028쪽; 송상현·박익환, 617쪽.
2) 대판 1961. 10. 19. 4292민상531.
3) 대판 1989. 6. 13. 88다카19231.
4) 대판 2009. 5. 28. 2008다86232, 2023. 11. 2. 2023므12218.
5) 이 경우 **인지액**을 **상호 비교**하여 차액을 계산해야 하며, 소송목적의 값을 비교한 차액을 기준으로 인지액을 계산하면 안 된다. 법원실무제요 민사소송(2), 739쪽.

한도 안에서 별도의 허가를 받을 필요 없이 청구의 취지와 원인을 변경할 수 있다(소단규 14조, 개인정보단규 13조).

V. 효　　력

1. 소송계속의 효력

청구변경신청에 따른 신청구에 대한 소송계속의 효력은 원칙적으로 청구변경의 서면을 상대방에게 송달하거나(법 262조 3항) 변론준비기일 또는 변론기일에 이를 상대방에게 교부한 때에 발생한다.[1]

2. 시효중단·기간준수의 효력

신청구의 시효중단·기간준수의 효력은 변경 전 애당초 소를 제기한 때가 아니라, **청구변경의 서면**(통상 청구취지 및 청구원인 변경신청서, 한편 청구원인을 변경하는 준비서면의 경우도 같다)을 **법원에 제출**했을 때에 발생한다.[2] 다만 청구취지의 변경인데도 말로 한 경우(서면에 의하지 않았으나 이의권의 포기나 상실로 그 흠이 치유된 경우)나 청구원인의 변경으로서 말로 한 경우에는 **기일에 말로 진술한 때**에 발생한다. **비명시적 일부청구**(묵시적 일부청구)에서 소송계속 중 잔부청구를 추가하는 경우에도 청구의 변경으로 보기는 하나, 일부청구시 시효중단·기간준수의 효력이 발생함은 소제기의 실체법상의 효력에서 본 바와 같다.

VI. 심　　판

1. 청구변경신청과 재판

(1) 청구변경신청이 부적법한 경우

법원은 청구의 취지 또는 원인의 변경이 옳지 않다고 인정한 때에는 직권으로 또는 상대방의 신청에 따라 변경을 허가하지 않는 결정(**청구변경불허결정**)을 해야 한다(법 263조). 청구변경불허결정은 **중간적 재판**이므로(청구변경불허결정은 신청구의 면에서 보면 종국적 재판일 수 있으나, 구청구의 면에서 보면 중간적 재판이다) 독립

---

[1] 대판 1992. 5. 22. 91다41187, 2021. 5. 13. 2020다71690.
[2] 대판 2004. 11. 25. 2004두7023, 2009. 2. 12. 2008다84229, 대판(전) 2012. 3. 22. 2010다28840.

하여 항고할 수 없고, 종국판결에 대한 상소로써만 다툴 수 있다.[1] 이 경우 상소
법원의 판단을 받는다(법 392조 본문, 425조). 항소법원이 제 1 심의 청구변경불허결
정이 부당하다고 판단한 때에는 원심결정을 명시적·묵시적으로 취소하고[2] 변경
을 허용하여 신청구에 대하여 심리를 개시하면 된다. 이 경우 제 1 심법원으로 환
송할 수 없다[제 1 심으로 환송하게 되면 소송경제에 반하며, 항소법원의 임의적 환송제도
를 없앤 취지에도 부합하지 않는다].

(2) 청구변경신청이 적법한 경우

청구변경신청이 적법하다고 인정한 때에는 법원은 따로 청구의 변경을 허가한
다는 뜻의 **명시적 재판**을 **요하지 않는다**. 다만 상대방이 이를 **다툴 때**에는 법 263
조를 **준용**하여 결정(**청구변경허가결정**)으로 중간적 재판을 하거나, 종국판결의 이유
에서 판단할 수 있다. 청구변경허가결정에 대해서는 불복할 수 없다.[3] 따라서 청
구변경허가결정은 중간적 재판이나, 상소법원의 판단을 받지 않는다(법 392조 단서,
425조).[4]

(3) 항소심에서의 청구의 교환적 변경과 재판

1) 항소심에서 청구를 교환적으로 변경하면 구청구는 취하되고 신청구가 심
판대상이 되는 것이므로 항소법원은 이미 취하된 구청구에 대하여 판단을 해서는
안 된다.[5] 항소심에서 청구가 교환적으로 변경된 경우 구청구의 취하의 효력이
발생할 때에 그 소송계속은 소멸되는 것이므로 항소심에서는 구청구에 대한 제 1
심판결을 취소할 필요 없이 신청구에 대해서만 **실질상**(**사실상**) **제 1 심**으로서 판
결을 하게 된다.[6] 제 1 심판결이 원고의 청구를 기각한 데 대하여 원고가 항소하
고, 항소법원이 항소심에서 교환적으로 변경된 신청구를 기각할 경우라 하더라도

---

1) 대판 1992. 9. 25. 92누5096.
2) 명시적인 취소가 필요하다는 견해로는, 정영환, 911쪽.
3) 이시윤, 753쪽; 김홍규·강태원, 749쪽; 정동윤·유병현·김경욱, 1030쪽.
4) 청구변경허가결정에 대하여 불복할 수 있다고 본다면, 청구변경허가결정은 중간적 재판으로
   종국판결에 대한 상소로써 항소법원의 판단을 받게 되는데, 만일 항소법원이 원심법원의 청구
   변경허가결정이 부당하다고 하여 취소하는 때에는 원고로서는 신청구에 대하여 부득이 별소
   로서 제 1 심법원에 재소할 수밖에 없게 된다. 이 경우 제 1 심법원이 신청구에 대하여 다시
   심리하게 되어 **소송경제**에 반할 뿐만 아니라, 원고가 **시효중단·기간준수**의 효력을 잃게 되
   는 결과가 되어 원고에게 매우 가혹하게 된다. 참고로 독일 민사소송법 268조는 청구변경불
   허결정에 대하여 불복할 수 없도록 규정하고 있다. 김상연, 주석서(3), 310쪽.
5) 대판 1997. 6. 10. 96다25449,25456, 2017. 2. 21. 2016다45595 등.
6) 대판 1989. 3. 28. 87다카2372, 2018. 5. 30. 2017다21411.

'원고의 청구를 기각한다'는 **주문표시**를 해야 하며, '원고의 항소를 기각한다'는 주문표시를 해서는 안 된다.[1] 마찬가지로 제 1 심판결이 원고의 청구를 일부인용한 데 대하여 **쌍방**(원고 및 피고)이 **항소**하고, 항소법원이 항소심에서 교환적으로 변경된 신청구에 기해 제 1 심판결이 인용한 금액보다 **추가**로 **인용**하는 경우에도 항소법원은 제 1 심판결 중 항소심이 추가로 인용하는 부분에 해당하는 원고 패소 부분을 취소한다거나, 피고의 항소를 기각한다는 주문표시를 해서는 안 된다.[2]

2) 항소심에서 청구를 교환적으로 변경한 다음 원고가 다시 본래의 구청구로 교환적 변경을 했다면 이는 종국판결이 있은 후 소를 취하했다가 동일한 소를 다시 제기한 경우에 해당하여(**재소금지의 효력** 법 267조 2항) 부적법하다.[3]

3) 항소심에서 청구를 교환적으로 변경하면 구청구에 대한 **제 1 심판결**은 구청구의 취하로 **실효**되고, 제 1 심판결에 대한 **항소** 역시 **실효**된다.[4] 따라서 항소심에서 청구를 교환적으로 변경한 다음 원고가 항소를 취하하더라도 취하의 대상이 없어 아무런 효력이 발생하지 않는다. 이 경우 항소법원은 항소취하와 상관없이 기일을 지정하여 소송을 진행하거나, 원고 측에 대한 **석명**을 통하여 그 항소취하가 교환적으로 변경된 **신청구를 취하하는 의미**인 것으로 인정된 때에는 피고가 이에 대하여 응소했다면 그 항소취하서를 피고 측에 송달하여 **소취하**에 대한 **동의 여부**(법 393조 2항, 266조 4항·6항)를 확인해야 한다.[5]

(4) 항소심에서의 청구의 추가적 변경과 재판

1) 피고만이 항소한 항소심에서 원고가 청구취지를 확장·변경한 때에는 이로 인하여 피고에게 불리하게 되는 한도에서 원고가 **부대항소**를 한 것으로 보므로, 항소법원이 제 1 심판결의 인용금액을 초과하여 원고의 청구를 인용하더라도 **불이익변경금지의 원칙**에 위배되는 것이 아니다.[6]

2) 제 1 심이 기존의 청구를 일부인용한 데 대하여 원·피고 모두 항소했고, 항소심에서 원고가 청구를 추가했는데 항소법원이 기존의 청구에 관해서는 제 1 심에

---

1) 대판 1997. 6. 10. 96다25449,25456, 2021. 6. 24. 2020다289477, 2021. 10. 14. 2021다246262.
2) 대판 1980. 7. 22. 80다127, 2009. 2. 26. 2007다83908.
3) 대판 1987. 6. 9. 86다카2600.
4) 대판 2013. 2. 28. 2011다31706, 2018. 5. 30. 2017다21411(따라서 제 1 심판결이 있음을 전제로 한 항소각하판결을 할 수 없다).
5) 대판 1995. 1. 24. 93다25875, 2008. 5. 29. 2008두2606 등.
6) 대판 1992. 12. 8. 91다43015, 2000. 2. 25. 97다30066, 2003. 9. 26. 2001다68914.

서 인용된 부분을 넘어 추가로 일부를 더 인용하고 항소심에서 추가된 청구를 배척할 경우에, 항소법원으로서는 단순히 제1심판결 가운데 항소심이 추가로 인용하는 부분에 해당하는 원고 패소부분을 취소하고 원고의 나머지 항소와 피고의 항소를 각 기각한다는 주문표시만 해서는 안 되고, 이와 함께 (제1심판결의 대상이 되지 않은) **항소심**에서 **추가된 청구**에 대하여 '원고의 청구를 기각한다'는 **주문표시**를 해야 한다.[1]

2. 청구의 변경을 간과한 판결에 대한 상소법원의 조치

청구의 변경이 적법하여 원심법원이 신청구에 대하여 재판을 해야 함에도 불구하고 이를 간과한 채 구청구에 대해서만 재판을 한 경우 상소법원의 처리방법은 청구의 변경이 교환적 변경인지, 추가적 변경인지에 따라 다르다.

(1) 청구의 교환적 변경의 경우

이 경우 원심법원이 신청구에 대하여 재판을 함이 없이 구청구에 대해서만 판단했다면 이는 취하되어 심판대상이 아닌 것(구청구)에 대하여 판단한 것이어서, 상소법원으로서는 원심판결을 취소(항소심에서)하거나 파기(상고심에서)하고 구청구에 대하여 청구의 변경시 소송이 종료되었다는 **소송종료선언**을 한다.[2] 한편 심판대상인 **신청구**에 대해서는 **재판누락**이 된다. 이 경우 신청구는 상소심으로 이심되지 않고 원심법원에 소송계속 중이므로(법 212조 1항) 원심법원이 이에 대하여 **추가판결**을 해야 한다.[3]

(2) 청구의 추가적 변경의 경우

(a) 단순병합으로 추가된 경우

이 경우 원심법원이 구청구에 대해서만 판단하고 신청구에 대해서는 판단하지 않았다면 **신청구**에 대해서는 **재판의 누락**이 되어 신청구는 여전히 원심법원에 소송계속 중이므로 원심법원이 이에 대하여 **추가판결**을 해야 하며, 상소법원으로서는 이심된 구청구에 대해서만 판단을 한다.

---

1) 대판 2009. 2. 26. 2007다83908, 2009. 5. 28. 2007다354, 2021. 5. 7. 2020다292411.
2) 대판 2017. 2. 21. 2016다45595.
3) 대판 2003. 1. 24. 2002다56987, 2017. 2. 21. 2016다45595.

(b) 선택적 · 예비적 병합으로 추가된 경우

이 경우 원심법원이 구청구에 대해서만 판단하고 신청구에 대해서는 판단하지 않았다면 선택적 · 예비적 병합으로 추가되어 구청구와 **밀접불가분한 관계**에 있는 **신청구**에 대해서는 **판단누락**이 되어 전부에 대하여 이심되므로, 상소법원으로서는 전부에 대하여 판단을 한다[따라서 신청구에 대한 판단누락은 원심판결의 취소사유나 파기사유가 된다].[1]

제 3 절 중간확인의 소

Ⅰ. 의   의

중간확인의 소란 소송계속 중에 본래의 청구(본소청구)의 판단에 전제가 되는 선결적 법률관계의 존부에 대하여 기판력 있는 판단을 받기 위하여 원고 또는 피고가 추가적으로 본소법원에 제기하는 소이다(법 264조). 선결적 법률관계는 종국판결의 이유에서 판단하기 때문에 기판력이 생기지 않으므로 이에 관하여 기판력 있는 판단을 받기 위하여 당사자는 별도의 소송에 의할 수도 있으나 소송경제와 재판의 통일을 위하여 이미 제기되어 있는 소송절차를 이용하여 함께 판단을 받도록 하기 위한 제도이다. 중간확인의 소를 **원고**가 제기하는 것은 일종의 **청구의 추가적 변경**(단순병합)에 해당하고, **피고**가 제기하는 것은 일종의 **반소**에 해당한다. 중간확인의 소는 소송 중의 소로서 단순한 공격방어방법이 아니다. 따라서 이에 대한 판단은 중간판결(법 201조 1항)에 의할 것이 아니라, 종국판결의 주문에 기재해야 한다.

Ⅱ. 요   건

1. 다툼 있는 선결적 법률관계의 확인을 구할 것

중간확인의 소는 **권리관계**의 확인을 구하는 소로서(**권리관계**), 이러한 권리관계는 본소청구의 전부 또는 일부와 **선결적 관계**에 있어야 하며(**선결성**), 당사자 사

---

1) 대판 1989. 9. 12. 88다카16270, 1998. 7. 24. 96다99.

이에 **다툼이 있는 법률관계**이어야 한다(**계쟁성**)(법 264조 1항 본문). 중간확인의 소도 확인의 소이므로 확인의 이익을 갖추어야 하지만 선결적 법률관계에 관하여 **소송상 다툼**이 있으면 확인의 이익은 당연히 인정되므로 별도의 확인의 이익은 필요 없다. 소송상 다툼(쟁점)이 있어야 하므로 선결적 법률관계에 대하여 당사자 사이에 다툼이 없는 경우에는 확인의 이익이 있다고 볼 수 없다.[1] 한편 다툼 있는 선결적 법률관계는 **청구원인**뿐만 아니라 **항변사실**과 관련된 것도 포함된다.[2] 이러한 다툼 있는 선결적 법률관계는 중간확인판결을 할 때까지 **현실적**으로 **존재**해야 한다. 따라서 중간확인의 소의 제기 후 본소청구가 취하·각하되거나 본소청구가 확인의 대상이 된 다툼 있는 선결적 법률관계에 대한 판단을 전제로 하지 않은 채 기각되는 경우 중간확인의 소는 부적법하게 되어 각하되어야 한다.[3]

2. 사실심에 계속되고 변론종결 전일 것

중간확인의 소는 법률심인 상고심에서는 제기할 수 없으나, 항소심에서는 상대방의 동의가 없어도 제기할 수 있다.[4] 항소심에서 중간확인의 소를 제기하는 것은 상대방의 심급의 이익과 관련하여 문제가 될 수 있으나, 제 1 심에서 본소청구에 대한 심리·판단시 선결적 법률관계에 대해서도 사실상 심리·판단한 것으로 볼 수 있으므로 실질적으로 상대방의 심급의 이익을 침해한다고 볼 수 없다.

3. 다른 법원의 전속관할에 속하지 않을 것

중간확인의 소에 대하여 본소청구의 수소법원이 법정관할을 가지지 못하는 때에도 법 264조 1항 본문에 의하여 관할을 가진다. 법 25조 1항의 관련재판적은 토지관할에 국한되는데 비하여 법 264조 1항 본문은 토지관할·사물관할을 갖지 못하는 경우에까지 적용되기 때문이다. 다른 법원의 전속관할에 속하는 때에는 중간확인의 소를 제기할 수 없고(법 264조 1항 단서), 수소법원으로서는 이러한 소가 독립의 소로 취급받을 수 있다면 이를 분리하여 관할법원으로 **이송**해야 한다.[5]

---

1) 대판 1984. 6. 24. 83누554.
2) 대판 2015. 8. 27. 2013다215744,215751.
3) 대판 2008. 11. 27. 2007다69834.
4) 대판 1973. 9. 12. 72다1436(소유권이전등기나 그 말소등기절차이행의 소송계속 중 해당 부동산에 대한 소유권확인청구를 추가하는 청구의 변경은 항소심에서도 유효하게 할 수 있다).
5) 이시윤, 756쪽; 송상현·박익환, 620쪽. 이에 대하여, 수소법원은 전속관할 유무를 심리할 수는 있어도 다른 소송요건을 심리할 권한이 없으므로 독립의 소로서의 요건을 갖추었는지

그러나 이러한 소가 독립의 소로서의 소송요건을 갖추고 있지 않음이 명백하여 관할법원에 별소로 제기되었더라도 어차피 부적법하게 되는 때에는 이를 **각하**해야 한다.[1]

4. 본소청구와 같은 종류의 소송절차에 의할 것

본소청구와 다른 종류의 소송절차에 의하는 **가사소송사항**에 관해서는 중간확인의 소로 제기할 수 없다. **행정처분무효등확인청구**(행정처분무효확인 또는 부존재확인청구)를 중간확인의 소로 제기할 수 있는지에 관해서는 견해의 대립이 있다.

이에 대하여, 행정처분의 효력 유무 또는 존재 여부가 민사소송의 선결문제로 된 경우에 민사법원의 심리·판단에서 행정소송법의 규정을 일부 준용하게 되어 있으므로(행소 11조 1항) 민사소송절차에서 행정처분무효확인의 병합제기를 허용해도 무방하다는 견해가 있다.[2] 그러나 ① 행정소송법 11조 1항은 행정처분의 효력 유무 또는 존재 여부가 선결문제로 되어 민사법원이 이를 심리·판단하는 경우에 관해서이며 이로써 이러한 선결문제에 관하여 민사법원에 행정처분무효등확인의 소를 제기할 수 있는지 여부에 관한 근거가 될 수 없는 점, ② 행정처분무효등확인의 소가 행정법원의 관할로 되어 있는 점(법조 40조의4), ③ 행정처분무효등확인판결에 대세효가 있는 점(행소 38조 1항, 29조 1항), ④ 특히 행정처분무효등확인의 소(항고소송)의 피고적격은 행정청으로(행소 13조 1항) 민사소송의 그것(국가 또는 지방자치단체)과 다른 점 등을 고려하면, 중간확인의 소로 **병합할 수 없다**고 봄이 상당하다.[3]

여부를 심리함이 없이 관할법원에 이송해야 한다는 견해로는, 호문혁, 886쪽.

[1] 행정소송사항을 민사법원에 제기한 경우의 판례(대판 2008. 7. 24. 2007다25261 등)의 태도와 같은 논리에서이다.

[2] 이시윤, 756쪽; 송상현·박익환, 620쪽; 호문혁, 886쪽. 한편 송상현·박익환, 620쪽과 정영환, 931쪽은 대판 1966. 11. 29. 66다1619를 들어 판례가 행정처분무효확인의 소를 병합하여 제기할 수 있는 것으로 소개하고 있으나, 위 판결은 민사소송에서 선결문제로 행정처분의 무효 여부를 심리할 수 있으나 이에 관하여 **별도로** (행정법원에) 무효확인의 소를 제기할 수 있다는 취지의 것으로서, 무효확인소송을 중간확인의 소로 병합할 수 있다는 것이 아니다.

[3] 강현중, 826쪽; 박재완, 630쪽; 전원열, 618쪽.

Ⅲ. 절차 및 심판

1. 중간확인의 소의 제기

(1) 소의 제기와 그 효과

중간확인의 소는 소송 중의 소이므로 소장에 준하는 서면을 법원에 제출해야 하고(법 264조 2항), 법원은 그 서면을 상대방에 송달해야 한다(법 264조 3항, 규칙 64조 2항·1항). 중간확인의 소의 서면을 제출한 때에 시효중단·기간준수의 효력이 생긴다(법 265조). 한편 이러한 서면의 송달시에 소송계속의 효과가 생긴다.

(2) 합의부 이송 여부

단독판사 관할의 사건에서 중간확인의 소가 제기되었을 때 본소의 소송목적의 값과 합산하여 합의부의 관할에 속하는 경우 본소와 함께 합의부로 이송해야 하는지에 관하여 이를 긍정하는 견해가 있다.[1] 그러나 중간확인의 소는 원고가 제기하는 경우는 **청구의 추가적 변경**에, 피고가 제기하는 경우는 **반소**에 준하여 처리되므로, ① 원고가 제기하는 경우 **본래의 청구와 흡수(중복)의 관계에 있는 한** (본래의 청구의 소송목적의 값과 합산하지 않고) 중간확인의 소의 소송목적의 값(다액)만으로 합의부의 관할 여부를 결정하고, ② **피고가 제기하는 경우 본소청구의 소송목적의 값과 합산하지 않고 중간확인의 소의 소송목적의 값만으로 합의부의 관할 여부를 결정한다(합의사건인 경우 변론관할이 생기지 않는 한 합의부로 이송한다).[2]

중간확인의 소의 제기로 합의부 관할사건이 되는 경우에는 **변론관할**(법 30조)이 생기지 않는 한 **직권** 또는 **당사자의 신청**에 따른 결정으로 **본소 및 중간확인의 소 모두** 합의부로 이송한다(**법 269조 2항 유추적용**).

---

1) 정동윤·유병현·김경욱, 1046쪽; 정영환, 930쪽.

2) 중간확인의 소에서 **인지**도 독립의 소와 동일한 기준에 의하여 붙여야 한다. ① **원고 측** 중간확인의 소에서 원고가 중간확인의 소에 의하지 않고 처음부터 본래의 청구에 **병합**하여 하나의 소로 제기했더라면 본래의 청구와 흡수관계에 있는 청구(민인규 20조)를 중간확인의 소로 제기하는 경우에는, 중간확인의 소의 소송목적의 값이 본래의 청구의 소송목적의 값보다 **다액**인 때에 한하여 중간확인의 소의 인지액에서 이미 납부한 인지액을 **공제한 금액**을 추가로 납부하면 된다(민인 5조). ② **피고 측** 중간확인의 소에서 피고가 중간확인의 소에 의하지 않고 처음부터 **반소**를 제기했더라면 본소와 그 **목적이 동일**할 수 있었던 청구를 중간확인의 소로 제기하는 경우에는, 중간확인의 소의 인지액에서 본소의 인지액을 **공제한 금액**을 납부하면 된다(민인 4조 2항). 이재성, "중간확인의 소," 민사재판의 이론과 실제 1권(1976. 9.), 228쪽 이하.

(3) 소송대리인의 특별수권 여부

중간확인의 소를 ① **피고**가 제기하는 경우는 **반소**에 준하므로 그 소송대리인에게 특별한 권한의 수여가 있어야 하나(법 90조 2항 1호), ② **원고**가 제기하는 경우는 **청구의 추가적 변경**에 준하므로 본소청구의 대리권에 당연히 포함되고 특별한 권한의 수여가 필요 없다.[1] 이는 우리 법제가 반소제기를 특별수권사항으로 하고, 청구의 추가적 변경은 그렇게 하지 않았기 때문에 생기는 당연한 결과이다. 이에 대하여, 중간확인의 소는 독자적 제도이므로 반소에 관한 규정에 구애될 필요가 없다는 이유로, 피고의 소송대리인이 중간확인의 소를 제기할 때에도 특별한 권한수여를 요하지 않는다는 견해도 있다.[2]

2. 재　　판

중간확인의 소에 대한 재판은 청구의 추가적 변경이나 반소의 경우에 준하여 한다. 중간확인의 소에 대한 판결은 중간판결(법 201조 1항)이 아니라 종국판결이다.

제 4 절　반　　소

Ⅰ. 의　　　의

반소는 소송계속 중에 피고가 그 소송절차에 병합하여 원고를 상대로 제기하는 소를 말한다(법 269조). 반소는 피고가 자기의 신청에 대하여 판결을 구하는 소의 일종이며, 본소를 기각시키기 위한 방어방법과는 다르다[공격방어방법에 관한 법 147조, 149조 1항, 285조 등의 실권제재의 규정이 적용되지 않는다]. **판례**는, 민법 628조에 의한 임차인의 차임감액청구권은 그 성질이 사법상의 형성권에 속하는 것으로서 법원에 대하여 형성판결을 구할 수 있는 권리가 아니므로 이를 반소로 구할 수 없다고 본다.[3] 반소에는 본소의 방어방법(본소청구의 기각) 이상의 **적극적 내용**

---

1) 이시윤, 756쪽; 정동윤·유병현·김경욱, 1047쪽; 송상현·박익환, 621쪽; 강현중, 827쪽; 정영환, 931쪽; 전원열, 618쪽.

2) 호문혁, 887쪽.

3) 대판 1968. 11. 19. 68다1882,1883.

이 포함되어야 한다. 반소청구에 본소청구의 기각을 구하는 것 이상의 적극적 내용이 포함되어 있지 않다면 반소청구로서의 이익이 없다. 따라서 어떤 채권에 기한 이행의 소에 대하여 동일 채권에 관한 채무부존재확인의 반소를 제기하는 것은 그 청구의 내용이 실질적으로 본소청구의 기각을 구하는 데 그치는 것이므로 부적법하다.1)

　　피고가 반소를 제기할 것인지 여부는 피고의 선택에 의한다. 미국에서는 본소 청구원인인 거래 또는 사건(transactions or occurrences)에서 발생한 청구원인에 의할 때에는 반소가 강제되어 있다(**강제반소**, compulsory counterclaim).2) 피고가 본소와 주요쟁점을 공통으로 하는 청구를 반소에 의하지 않고 별소를 제기하는 경우 비록 중복소송에 해당되지는 않으나, 이부(移部), 이송 또는 변론의 병합에 의하여 하나의 소송절차로 집중하여 병합시키는 것이 바람직하다는 견해가 있으나,3) 실제 재판의 운영에서 크게 지침이 될지는 의문이다.

　■ **본소피고가 본소원고 외에 제 3 자를 상대로 소 또는 반소를 제기할 수 있는지 여부**

　　(1) 외국의 법제
　　미국에서는 본소피고가 본소원고 아닌 공동피고에 대해서도 소를 제기할 수 있으며(**횡소**(橫訴), crossclaim),4) 본소원고 또는 본소피고는 제 3 자를 상대방으로 소송에 인입시킬 수 있다(**제 3 자 소송인입의 소**, third-party practice).5) **독일**의 판례는 피고가 제 3 자를 반소피고로 추가하거나, 제 3 자가 피고와 함께 반소원고가 되어 원고를 상대로 반소를 제기하는 것을 허용한다(**제 3 자 반소**, Dritt-Widerklage).
　　(2) 현행법상 허용 여부
　　우리 법제에는 **원칙적**으로 이러한 제도가 허용되지 않는다. 따라서 피고가 원고 외의 제 3 자를 추가하여 반소피고로 하는 반소도 원칙적으로 허용되지 않는다. 다만 피고가 제기하려는 반소가 필수적 공동소송이 될 때에는 법 68조의 필수적 공동소송인의 추가요건을 갖추면 제 3 자를 반소피고로 추가하는 **제 3 자 반소**가 허용된다.6)

---

1) 대판 2007. 4. 13. 2005다40709,40716.
2) 미국 연방민사소송규칙(FRCP) 13조(a).
3) 이시윤, 760쪽.
4) 미국 연방민사소송규칙(FRCP) 13조(g).
5) 미국 연방민사소송규칙(FRCP) 14조.
6) 대판 2015. 5. 29. 2014다235042,235059,235066; 이시윤, 759쪽; 김홍규 · 강태원, 758쪽; 정동윤 · 유병현 · 김경욱, 1035쪽.

Ⅱ. 모   습

1. 단순반소와 예비적 반소

단순반소는 본소청구가 인용되든 기각되든 관계없이 반소청구에 대하여 심판을 구하는 것으로서, 반소의 전형적 형태이다. **예비적 반소**는 일반적으로 **본소청구가 인용**될 때를 대비하여 조건부로 반소청구에 대하여 심판을 구하는 것으로, **본소가 배척**(각하·기각)될 것을 **해제조건**으로 반소를 제기하는 조건부 반소이다. 따라서 본소 각하판결 또는 본소 기각판결이 확정되면 해제조건의 성취로 인하여 반소 소송계속은 소급적으로 소멸한다.[1] 예컨대 피고(매수인)가 원고(매도인)의 매매대금청구에 대하여 계약의 성립 또는 효력을 다투면서 청구기각판결을 구하고, 반소로써 원고의 청구가 인용될 경우에는 매매목적물의 반환(소유권이전등기, 인도)을 구하는 반소의 경우이다.

본소청구가 배척될 때를 대비하여 조건부로 반소청구에 대하여 심판을 구하는 것으로, **본소가 인용**될 것을 해제조건으로 하는 조건부 반소인 **부진정예비적 반소**도 허용된다. 예컨대 피고가 원고의 매매잔대금청구에 대하여 계약의 취소·해제를 주장하여 청구기각판결을 구하고, 반소로써 원고의 청구가 배척될 경우에는 원상회복으로서 이미 지급한 금액의 반환을 구하는 반소의 경우이다. 상소심(원칙적으로는 항소심)에서의 **가지급물반환신청**(법 215조 2항)은 소송 중의 소의 일종으로서 그 성질은 본소청구가 배척될 것을 대비하여 제기하는 부진정예비적 반소이다.[2]

2. 재 반 소

반소에 대한 재반소도 기존의 소송절차를 현저히 지연시키지 않는 등 반소로서의 요건(법 269조 1항)을 충족하면 허용된다. 제 1 심 재판에서 원고는 취하했던 본소청구를 재반소의 방식으로 다시 부활시킬 수 있다. **판례**는, 원고가 본소의 이

---

[1] 대결 2018. 4. 6. 2017마6406(이러한 예비적 반소는 소송이 재판에 의하지 않고 끝난 경우에 해당하므로 당시의 소송계속 법원은 본안재판에서 반소비용에 관하여 판단할 필요가 없고 이에 대하여 판단했더라도 아무런 효력이 없다).

[2] 대판 1996. 5. 10. 96다5001, 2005. 1. 13. 2004다19647.

혼청구에 병합하여 재산분할청구를 하나의 소로 제기한 후[1] 피고가 반소로서 이혼청구를 한 경우(재산분할청구는 별도로 하지 않은 경우이다), 원고가 반대의 의사를 표시했다는 등의 특별한 사정이 없는 한, 원고의 재산분할청구 가운데에는 본소의 이혼청구가 받아들여지지 않고 피고의 반소청구에 의하여 이혼이 명해지는 경우에도 재산을 분할해 달라는 취지의 청구가 포함된 것으로 봄이 상당하고, 이때의 원고의 재산분할청구는 피고의 반소청구에 대한 **재반소**로서의 실질을 가지게 된다고 한다.[2]

Ⅲ. 요　　　건

1. 본소의 청구 또는 본소의 방어방법과 서로 관련성이 있을 것

(1) 의　　　의

반소청구는 본소의 청구 또는 본소의 방어방법과 서로 관련성이 있어야 한다(법 269조 1항 단서 후단). 이는 변론과 증거조사를 함께 실시하는 데 편리하고 심리의 중복과 재판의 저촉을 피할 수 있기 때문이다. 이 요건은 청구의 변경에서 청구의 기초의 동일성에 대응하는 요건이다. 관련성은 **사익적 요건**으로 직권조사사항이 아니다. 따라서 원고가 동의하거나 이의 없이 응소한 때에는 서로 관련성이 없어도 반소는 적법하게 된다.[3]

(2) 본소의 청구와 상호관련성

반소청구가 본소청구와 서로 관련성이 있다는 것은 반소청구가 **본소청구의 소송물 또는 그 대상·발생원인**에서 법률상 또는 사실상 공통성이 있음을 의미한다. 여기에는 본소청구와 반소청구가, ① 같은 법률관계의 형성을 목적으로 하는 경우[예컨대 원고의 이혼청구에 대하여 피고가 반소로 이혼청구를 하는 경우 등], ② 청구원인과 법률상 또는 사실상 공통성이 있는 경우[예컨대 원고의 매매를 원인

---

　1) 재산분할청구는 마류 가사비송사건(가소 2조 1항 2호 나목)이지만 나류 가사소송사건인 재판상 이혼청구(가소 2조 1항 1호 나목)와 하나의 소송절차에 병합하여 제기할 수 있고, 이 경우 병합된 여러 개의 청구에 관하여 1개의 판결을 한다(가소 14조 1항·4항).

　2) 대판 2001. 6. 15. 2001므626,633.

　3) **판례**도, 피고의 반소청구에 대하여 원고가 아무런 이의를 제기함이 없이 변론을 한 때에는 반소청구의 적법 여부에 대한 이의권을 포기한 것으로 보고 있다. 대판 1968. 11. 26. 68다1886,1887.

으로 한 소유권이전등기청구에 대하여, 피고가 잔대금지급청구를 하는 경우 등], ③ 서로의 청구원인이 일치하지 않아도 그 대상·발생원인에서 주된 부분이 공통인 경우[i) **대상이 공통**된 경우로는 예컨대 원고의 건물인도청구에 대하여 피고가 같은 건물에 대하여 임차권확인청구를 하는 경우 등. ii) **발생원인이 공통**된 경우로는 예컨대 원고의 교통사고를 원인으로 한 손해배상청구에 대하여 피고가 같은 사유를 원인으로 한 손해배상청구를 하는 경우 등] 등이 있다.

(3) 본소의 방어방법과 상호관련성

1) 반소청구가 본소의 방어방법과 서로 관련성이 있다는 것은 반소청구가 **본소청구에 대한 항변사유와 대상·발생원인에서 법률상 또는 사실상 공통성이 있음**을 의미한다. 예컨대 ① 원고의 대여금청구에 대하여 피고가 상계항변을 하면서 상계 후 초과채권의 지급을 청구하는 반소, ② 원고의 건물인도청구에 대하여 피고가 항변으로 유치권을 주장하면서 그 건물에 관하여 생긴 피담보채권의 지급을 청구하는 반소 등이 그것이다.

2) 본소의 방어방법과 서로 관련된 반소는 반소가 그 바탕으로 하는 방어방법이 반소제기 당시에 **현실적**으로 **제출**되어야 하며, 또 **법률상 허용**되어야 한다. 예컨대 ① 본소에 대한 방어방법이 실기한 공격방어방법으로 각하된 경우 이러한 항변에 바탕을 둔 반소는 부적법하며, ② 본소에 대한 방어방법이 **상계금지채권**[불법행위채권·압류금지채권·지급금지채권 등을 **수동채권으로 하는** 상계는 금지된다(민 496조 내지 498조, 근기 21조)]에 의한 상계항변과 같이 실체법상 허용되지 않는 경우 이러한 항변에 바탕을 둔 반소는 **부적법**하다.[1]

3) 원고가 제기한 **점유권에 기한 본소**(점유의 소)에 대하여 피고가 본권자로서 본소청구 인용에 대비하여 **본권에 기한 예비적 반소**를 제기할 수 있는지에 관하여 논의가 있다. 민법 208조 2항의 "점유권에 기인한 소는 본권에 관한 이유로 재판하지 못한다" 라는 규정은 원고의 점유의 소에 대하여 피고가 본권을 **방어방법**으로 내세울 수 없다는 것이지,[2] 본권에 기한 **반소**를 제기하는 것까지 막

---

1) 이시윤, 762쪽; 정동윤·유병현·김경욱, 1039쪽; 강현중, 832쪽; 전원열, 622쪽. 다만 이 경우 상계하는 것은 실체법상 부적법하지만 그렇다고 소송에서 상계의 주장이 각하되는 것이 아니라, 실체심리의 결과 이유 없어 배척된다는 견해로는, 호문혁, 893쪽.

2) 점유권에 기인한 소는 사회의 사실적 지배상태가 법률에 의하여 있어야 할 상태에 반한 것이라 하더라도 일응 있는 대로의 상태를 보호하려는 데 그 제도의 취지가 있는 것이므로 특별한 사정이 없는 한 그 점유가 불법점유라 하더라도 점유권에 기인한 청구는 보호되어야 하

는 것이 아니므로 허용된다고 본다.[1][2] **법원**은 점유권에 기한 본소와 본권에 기한 예비적 반소가 모두 이유 있다면 **양 청구**를 **인용**해야 한다(즉 점유권에 기한 본소를 본권에 관한 이유로 배척할 수 없다).[3]

판례는 (보전처분에 대하여 사정변경으로 인한 취소의 가부가 주된 쟁점이 된 사안에서) 피고가 본소청구의 인용으로 원고에게 점유가 회복될 것을 대비하여 조건부로 소유권에 기한 인도청구를 구하는 **예비적 반소**를 제기한 경우라면 본소 및 반소 모두 인용되어 확정되었다고 하더라도 **본소 확정판결에 기한 점유회수의 집행**은 무의미한 점유상태의 변경을 반복하는 결과를 초래할 뿐 아무런 실익이 없다고 보았으나(**집행불허설**),[4] **최근 판례**(대판 **2021. 2. 4. 2019다202795,202801**)는 (본집행의 구체적 실익의 존부가 주된 쟁점이 된 사안에서) 이 경우 **점유자가 본소 확정판결**에 의하여 (집행문을 부여받아) **강제집행**으로 물건의 점유를 회복할 수 있으며, 본권자의 본권에 기한 반소청구는 본소의 의무실현을 정지조건으로 하므로 **본권자**는 위 **본소 확정판결의 강제집행 후** (집행문을 부여받아) 비로소 **반소 확정판결에**

며 본권에 관한 이유로 배척할 수 없다. 대판 1965. 3. 30. 64다1556.

1) 이시윤, 763쪽. 이에 대하여, ① 점유의 소에 본권의 반소를 병합하면 법원의 심리부담이 가중되어 분쟁해결의 신속성의 요청에 반하며, ② 점유의 소에 본권의 반소를 병합할 경우 본권자가 점유자의 권리를 무시하고 부적법한 점유침탈을 할 우려가 있어 이를 회피할 필요가 있으며, ③ 점유의 소는 현실적으로 점유를 회수하는 데 의의가 있으므로 민법 208조 2항의 실질적 의의는 점유권과 본권의 양 청구의 관련성을 절단하는 데 있다고 보아야 한다는 등의 논리를 들어 반대하는 견해도 상당히 설득력이 있다.

2) 점유의 소에 본권의 반소를 병합하는 것을 허용하는 경우 **판결주문**은 "피고는 원고에게 이 사건 건물을 인도하라(본소인용). 원고는 피고로부터 위 건물을 인도받은 뒤에 이를 피고에게 인도하라(반소인용)"라는 형태의 특이한 것이 된다. 오영준, 주석서(3), 468쪽.

3) 대결 2013. 5. 31. 2013마198, 대판 2021. 2. 4. 2019다202795,202801, 2021. 3. 25. 2019다208441. 한편 이러한 법리는 점유를 침탈당한 사람이 점유권에 기한 점유회수의 소를 제기하고, 본권자가 그 점유회수의 소가 인용될 것에 대비하여 본권에 기초한 **장래의 이행의 소로서 별소**를 제기한 경우에도 마찬가지로 적용된다. 대판 2021. 3. 25. 2019다208441(원심은, 점유자가 현실 점유를 회수하지 못했을 뿐만 아니라, 점유자가 점유회수의 소를 제기하여 승소판결을 얻고 가집행선고가 되었다 하더라도 그러한 점만으로는 피고가 점유를 회복할지 여부를 현재 단계에서 단정할 수 없으며, 또한 본권에 기한 장래의 이행의 소를 폭넓게 허용하는 것은 점유회수의 소와 본권에 관한 소가 서로 영향을 미치지 않도록 규정한 민법 208조의 취지에 반하는 것으로서 허용할 수 없다는 이유로, 이러한 장래의 이행의 소는 그 소송요건을 갖추었다고 볼 수 없다고 하여 소를 각하했으나, 대법원은 원심판결을 파기했다).

4) 따라서 점유자(가처분채권자)가 점유침탈을 원인으로 한 점유물반환청구권을 피보전권리로 하여 **점유이전금지가처분결정**을 받았다고 하더라도 그 집행을 보전하기 위한 이러한 가처분결정은 더 이상 유지할 필요가 없는 **사정변경**이 생겼다고 보아야 하므로, 본권자(가처분채무자)는 그 가처분결정에 대하여 **취소신청**(민집 301조, 288조 1항 1호)을 하여 이를 취소할 수 있다. 대결 **2013. 5. 31. 2013마198**.

따른 **강제집행**으로 물건의 점유를 회복할 수 있다고 보고 있다(**집행허용설**).[1]

4) 원고의 본소청구에 대하여 피고가 본소청구를 다투면서 사해행위취소 및 원상회복을 구하는 반소를 적법하게 제기했는데, 법원이 반소청구가 이유 있다고 판단하여 사해행위취소와 원상회복을 명하는 판결을 선고하는 경우, **반소청구**에 대한 **판결이 확정되지 않았더라도** 사해행위인 법률행위가 취소되었음을 전제로 원고의 **본소청구**를 **심리**하여 **판단**할 수 있다. 이때 반소 사해행위취소판결의 확정을 기다리지 않고, 반소 사해행위취소판결을 이유로 원고의 본소청구를 기각할 수 있다.[2]

2. 소송절차를 현저히 지연시키지 않을 것

반소는 본소절차를 **현저히** 지연시키지 않는 경우에만 허용된다(법 269조 1항 본문). 이는 반소가 본소의 지연책으로 남용되는 것을 방지할 필요가 있기 때문이다. 따라서 반소청구가 서로 관련성이 있다고 하더라도 반소청구의 심리를 위해 본소절차가 지연되게 되어 **별도의 소송**에 의하는 것이 **오히려 적절**할 경우에는 법원은 반소를 허용하지 않을 수 있다.[3] 반소요건으로서 소송절차를 현저히 지연시키는지 여부의 **판단기준**은 **청구변경요건**으로서 그것과 마찬가지이다.

새로운 청구에 대하여 실질적 심리가 있었고 추가된 청구의 심리를 위하여 **종전의 소송자료를 대부분 이용**할 수 있는 때, 즉 변경 전에 나온 소송자료를 바탕으

---

[1] 위 **대판 2021. 2. 4. 2019다202795,202801**은 이러한 과정이 애당초 본권자가 허용되지 않는 자력구제로 점유를 회복한 데 따른 것으로 그 과정에서 본권자가 점유침탈 중 설치한 장애물 등이 제거될 수 있으며, **다만** ① 점유자의 점유회수의 집행이 무의미한 점유상태의 변경을 반복하는 것에 불과할 뿐 아무런 실익이 없는 경우, ② 본권자로 하여금 점유회수의 집행을 수인(受忍)하도록 하는 것이 명백히 정의에 반하여 사회생활상 용인할 수 없다고 판단되는 경우, 또는 ③ 점유자가 점유권에 기한 본소 승소확정판결을 장기간 강제집행을 하지 않음으로써 본권자의 예비적 반소 승소확정판결의 조건불성취로 강제집행에 나아갈 수 없게 되는 등 **특별한 사정**이 있다면 **본권자**는 점유자가 제기하여 승소한 본소 확정판결에 대한 **청구이의의 소**(민집 44조)를 통해서 **점유권에 기한 강제집행을 저지**할 수 있다고 본다(집행을 허용하되 예외적으로 청구이의의 소를 허용하는 입장이다). 이주연, "점유의 소와 본권의 소의 관계 —집행단계를 중심으로—," 대법원판례해설 127호(2021년상), 29쪽 이하.

[2] 대판 2019. 3. 14. 2018다277785(본소와 반소가 같은 소송절차 내에서 함께 심리·판단되는 이상, 반소 사해행위취소판결의 확정 여부가 본소청구의 판단시 불확실한 상황이라고 보기 어렵고, 그로 인해 원고에게 소송상 지나친 부담을 지운다거나, 원고의 소송상 지위가 불안정해진다고 볼 수도 없으며, 오히려 이로써 반소 사해행위취소소송의 심리를 무위로 만들지 않고, 소송경제를 도모하며, 본소청구에 대한 판결과 반소청구에 대한 판결의 모순·저촉을 피할 수 있다).

[3] 이 점과 관련하여 '반소로의 도피'를 경계하는 견해로는, 정동윤·유병현·김경욱, 1039쪽.

로 변경된 청구를 판단하기에 충분한 때에는 소송절차를 현저히 지연시키는 것으로 보지 않는다. 한편 변론준비절차에 부쳐져 변론준비기일까지 마친 단계에서 반소를 제기하는 것은 1회 변론기일의 원칙을 관철하기 어렵게 만들므로 특별한 사정이 없으면 본소절차를 현저히 지연시키는 경우로 볼 수 있다는 견해가 있으나,[1] 2008. 12. 26. 법개정으로 변론준비절차가 예외로 된 변론기일 중심주의하에서는 적절치 않다.

3. 본소가 사실심에 계속되고 변론종결 전일 것

(1) 항소심에서의 반소제기의 경우

1) 반소는 사실심인 항소심 변론종결시까지 제기할 수 있다(법 269조 1항 본문). 항소심에서의 반소제기는, ① 상대방의 심급의 이익을 해할 우려가 없는 경우, ② 또는 상대방의 **동의**를 받은 경우에 한한다(법 412조 1항). 상대방이 이의를 제기하지 않고 반소의 본안에 관하여 변론을 한 때에는 반소제기에 동의한 것으로 본다(법 412조 2항). 이 점에서 항소심에서 청구의 변경의 경우에 피고의 동의를 요하지 않는 것과 대비된다. 청구의 변경은 청구의 기초에 변경이 없을 것을 요건으로 하고 있는데 반하여, 반소는 방어방법과도 관련성이 있으면 모두 허용하여 그 허용범위가 넓기 때문에 상대방의 심급의 이익을 보호하기 위하여 상대방의 동의를 요구하는 것이다.

상대방의 **심급의 이익을 해할 우려가 없는 경우**로는, 예컨대 ① 중간확인의 반소, ② 본소와 청구원인을 같이하는 반소, ③ 제 1 심에서 이미 충분히 심리한 쟁점과 관련된 반소, ④ 제 1 심에서 제기한 반소청구를 항소심에서 확장하거나, 제 1 심에서 제기한 반소를 주위적 청구로 하고 항소심에서 이에 대하여 예비적으로 반소청구를 추가하는 경우[2] 등이 있다. 항소심에서의 상계항변에 반소에 관한 법 412조를 유추적용할 수 있는지에 관하여, 상계항변이 불완전한 반소로서의 성질을 가지고 있음에 착안하여 유추적용할 수 있다는 견해가 있다.[3]

2) **구법**은 항소심에서의 반소제기를 상대방의 동의를 받은 경우에 한하여 인

---

1) 이시윤, 763쪽.

2) 대판 1969. 3. 25. 68다1094, 대결 2018. 4. 6. 2017마6406.

3) 소송상 상계항변은 실체법적으로 상대방의 청구에 대한 방어기능과 아울러 자기 채권의 실현기능도 갖고 있으며, 소송절차상으로도 단순한 방어방법 이상의 '불완전한 반소'라고 볼 수 있다는 점에서 반소와 상당부분 유사성과 공통성이 있다고 보는 입장에서의 견해이다. 강용현, "민사항소심에서의 반소와 상계항변 ―민사소송법 개정법률을 중심으로―," 21세기 한국민사법학의 과제와 전망(심당송상현선생화갑기념, 2002. 1.), 565쪽 이하.

정했다(구민소 382조 1항). 그러나 **구법하**에서의 **판례**는, 항소심에서의 반소제기에는 상대방의 동의를 얻어야 함이 원칙이나, 반소청구의 기초를 이루는 실질적인 쟁점에 관하여 제 1 심에서 본소의 청구원인 또는 방어방법과 관련하여 충분히 심리되어 항소심에서의 반소제기를 상대방의 동의 없이 허용하더라도 상대방에게 제 1 심에서의 심급의 이익을 잃게 하거나 소송절차를 현저하게 지연시킬 염려가 없는 경우에는 상대방의 동의 여부와 관계없이 항소심에서의 반소제기를 허용해야 한다고 보았고,[1] 통설도 판례와 같은 입장이었다. **신법**은 이를 입법화했다.[2]

(2) 반소제기 후 본소의 취하·각하, 본소청구의 포기의 경우

1) 본소의 소송계속은 반소제기의 요건일 따름이며, 그 존속요건은 아니다. 따라서 반소제기 후에 본소가 각하·취하 또는 청구의 포기·인낙, 화해 등의 사유로 그 소송계속을 이탈해도, 예비적 반소가 아닌 한[예비적 반소는 본소청구의 인용이나 기각을 조건으로 하는 것이므로 예컨대 본소가 취하·각하되면 반소도 해제조건의 성취로 소멸된다] 반소에는 영향이 없다.[3]

2) 한편 본소 취하 등의 경우 **반소 취하시 원고 동의**가 필요한지 여부에 관해서는, ① **본소가 취하**된 때에는 원고가 반소에 응소한 후라도 피고는 원고의 동의 없이 반소를 취하할 수 있다(법 271조). 원고가 반소의 제기를 유발한 본소를 취하해 놓고 그로 인하여 유발된 반소만의 유지를 강요한다는 것은 공평하지 못하기 때문이다. ② **본소청구가 포기**된 때에도 이는 원고의 의사에 기한 것이므로 법 271조가 준용될 여지가 있다고 본다(즉 원고의 동의 없이 반소를 취하할 수 있다).[4] ③ **본소가 각하**된 때에는 원고가 반소에 응소한 후에 피고는 원고의 동의 없이 반소를 취하할 수 없다. 본소가 원고의 의사와 관계없이 부적법하다 하여 각하됨으로써 종료된 경우에까지 법 271조를 유추적용할 수 없기 때문이다. 따라서 이 경우에는 원고의 동의가 있어야만 반소취하의 효력이 발생한다.[5]

---

1) 대판 1999. 6. 25. 99다6708,6715, 2005. 11. 24. 2005다20064,20071 등.
2) 대판 2005. 11. 24. 2005다20064,20071, 2013. 1. 10. 2010다75044,75051, 2015. 5. 28. 2014다24327 등.
3) 피고가 추후보완항소를 하면서 항소심에서 반소를 제기한 경우에 그 항소가 부적법하면 반소는 소멸된다. 대판 2003. 6. 13. 2003다16962,16979.
4) 오영준, 주석서(3), 484쪽.
5) 대판 1984. 7. 10. 84다카298.

4. 본소와 같은 종류의 소송절차에 의할 것

본소청구와 반소청구는 청구의 병합요건(법 253조)을 갖추어야 하므로 반소청구는 본소청구와 같은 소송절차에 따르는 경우이어야 한다.

5. 다른 법원의 전속관할에 속하지 않을 것

반소청구가 다른 법원의 **전속관할**에 속하지 않아야 한다(법 269조 1항 단서 전단). **전속적 합의관할**은 이에 해당하지 않는다. 즉 반소청구에 전속적 합의관할이 있더라도 본소가 계속된 법원에 반소를 제기할 수 있다.[1] 지방법원 단독판사는 본소의 계속 중에 피고가 합의사건에 속하는 청구를 반소로 제기한 경우에는 **직권** 또는 **당사자의 신청**에 따른 결정으로 **본소와 반소를 모두** 합의부에 이송해야 한다(법 269조 2항 본문). 다만 원고가 관할위반의 항변을 하지 않고 반소의 본안에 대하여 변론을 하는 등 **변론관할**(법 30조)이 생기면 이송하지 않는다(법 269조 2항 단서).

Ⅳ. 절차 및 심판

1. 반소의 제기

반소는 본소에 관한 규정을 따른다(법 270조). 반소는 반소장을 제출한다. 반소장에는 원칙적으로 소장에 붙이는 것과 **같은 금액**(제 1 심의 경우, **항소심**의 경우는 그 금액의 **1.5배액**)의 **인지**를 붙여야 한다(민인 4조 1항). 그러나 본소와 그 **목적이 동일**한 반소의 경우에는 **반소의 인지액**에서 **본소의 인지액**(제 1 심의 경우, **항소심**의 경우는 그 금액의 **1.5배액**을 **뺀** 금액)의 인지를 붙이면 된다(민인 4조 2항 1호·2호). 반소장부본은 바로 반소피고인 원고에게 송달해야 한다(규칙 64조 2항·1항).

---

[1] 이시윤, 765쪽; 김홍규·강태원, 761쪽; 정동윤·유병현·김경욱, 1041쪽; 강현중, 834쪽; 정영환, 925쪽. 전속적 합의관할이 있는 경우에는 본소가 계속된 법원에 반소청구를 할 수 없다는 견해로는, 한종렬, 586쪽; 한충수, 704쪽.

2. 반소요건 등의 조사

(1) 반소요건의 흠과 법원의 조치

1) 반소가 제기되면 반소요건과 일반소송요건을 직권으로 조사해야 한다. 반소요건에 흠이 있는 경우 반소는 부적법하게 된다. 이러한 경우 법원이 어떠한 조치를 취해야 할 것인지에 관하여 논의가 있다. 이에 대하여, 당사자의 의사나 이익보호 및 소송경제를 고려하여, 독립의 소로서의 요건을 갖춘 것이면 본소와 분리하여 심판해야 한다는 견해가 있다(**분리심판설**).[1] 구법하의 **판례**는 항소심에서 상대방의 동의 없이 제기한 반소는 그 반소 자체가 부적법한 것이어서 단순히 관할법원을 잘못한 소제기와는 다른 것이므로 이를 각하해야 한다고 보고 있다(**각하설**).[2]

2) **제 1 심에서 제기한 반소**는 반소요건의 흠이 있는 경우에도 **독립의 소로서의 요건**을 갖춘 것이면(일반 소송요건의 흠이 없다면) 본소와 분리해서 심판하는 것이 허용된다. 다만 다른 종류의 소송절차에 의하는 경우에는 해당 법원으로 이송함이 상당하다. 다만 **항소심에서 제기한 반소**는 상대방의 심급의 이익을 해할 우려가 있음에도 상대방의 동의가 없어 반소의 요건을 갖추지 않은 경우라면 이를 각하함이 상당하다. 이 경우에도 본소와 분리하여 심판해야 한다는 것은 상대방의 심급의 이익을 박탈하는 것으로 허용될 수 없다고 본다.

(2) 소송요건의 흠과 법원의 조치

반소제기가 **반소요건**을 갖춘 경우 반소는 소송 중의 소이므로 소송요건을 갖추고 있는지 여부를 직권으로 조사해야 한다. 반소제기가 **소송요건**에 흠이 있는 경우 달리 보정이 이루어지지 않는 한 반소제기는 부적법하므로 판결로 각하해야 한다.

3. 본안심판

(1) 본안의 심리

본소와 반소는 심리의 중복, 재판의 불통일을 피하기 위하여 **원칙적으로 병합심리**를 해야 한다. 다만 절차의 번잡·지연의 염려 등 **특별한 사정**이 있는 경우

---

1) 이시윤, 766쪽; 김홍규·강태원, 762쪽; 정동윤·유병현·김경욱, 1042쪽; 호문혁, 895쪽.
2) 대판 1965. 12. 7. 65다2034,2035; 법원실무제요 민사소송(2), 727쪽; 오영준, 주석서(3), 477쪽.

에는 변론을 분리할 수 있고, 일부판결을 할 수 있다(법 200조 2항 후단, 1항).[1] 제 1 심에서 적법하게 반소를 제기했던 당사자가 항소심에서 반소를 교환적으로 변경한 경우에 변경된 청구와 종전 청구와 **실질적인 쟁점**이 동일하여 청구의 기초에 변경이 없으면 그와 같은 청구의 변경도 허용된다.[2] 지방법원 합의부가 지방법원 단독판사의 판결에 대한 항소사건을 제 2 심으로 심판하는 도중에 지방법원 합의부의 관할에 속하는 반소[예컨대 소송목적의 값을 기준으로 하는 합의사건의 경우 소송목적의 값이 **5억원**을 초과하는 반소]가 제기되었더라도 이미 정해진 항소심 관할에는 영향이 없다.[3]

■ 본소 및 예비적 반소를 모두 각하한 판결에 대하여 원고만이 항소한 경우 예비적 반소가 항소심의 심판대상이 되는지 여부

(1) 판례의 태도

판례는, 피고가 원고의 본소청구가 인용될 것에 대비하여 예비적 반소를 제기한 사건에서, 제 1 심법원이 소의 이익이 없음을 이유로 원고의 본소와 피고의 반소를 모두 각하했는데, 원고만이 제 1 심판결에 대하여 불복항소한 경우, 피고의 예비적 반소는 본소청구가 인용될 것을 조건으로 심판을 구하는 것으로서 제 1 심이 원고의 **본소청구를 배척한 이상** 피고의 예비적 반소는 제 1 심의 **심판대상**이 될 수 없는 것이고, 이와 같이 심판대상이 될 수 없는 소에 대하여 제 1 심이 판단했다고 하더라도 그 효력이 없으므로, 피고가 제 1 심에서 각하된 반소에 대하여 항소를 하지 않았다는 사유만으로 예비적 반소가 제 2 심의 심판대상으로 될 수 없는 것은 아니라고 보고 있다. 따라서 항소심으로서는 원고의 항소를 받아들여 원고의 본소청구를 인용하는 경우 피고의 예비적 반소청구를 심판대상으로 삼아 이를 판단해야 한다고 보고 있다.[4]

(2) 검   토

이러한 판례의 태도에 대하여, 피고가 재판결과에 승복하여 항소·부대항소를 하지 않는 마당에 항소심이 심판을 하는 것이므로 예비적 반소가 본소와 합일확정할 관계가 아닌 한 처분권주의에 반한다는 문제가 생긴다는 견해가 있다.[5] 그러나 본소청구가 인용될 것에 대비한 예비적 반소에서 본소청구가 각하 또는 기각되는

---

1) 이시윤, 766쪽; 김홍규·강태원, 762쪽; 정동윤·유병현·김경욱, 1042쪽; 호문혁, 895쪽.
2) 대판 2012. 3. 29. 2010다28338,28345.
3) 대결 2011. 7. 14. 2011그65.
4) 대판 2006. 6. 29. 2006다19061,19078.
5) 이시윤, 761쪽.

경우에는 예비적 반소는 심판대상이 될 수 없고, 따라서 이에 대한 판결을 하더라도 그 판결은 무효로서 피고의 항소 또는 부대항소의 대상이 될 수 없으므로(즉 항소 또는 부대항소를 한다고 하더라도 무효이다), 처분권주의의 문제는 애당초 발생하지 않는다. 따라서 항소법원이 본소청구를 인용할 때에 예비적 반소에 대하여 심판을 하는 것은 예비적 반소의 성질상 당연하므로, 판례의 태도는 정당하다.

(2) 본안의 재판

본소와 반소에 대하여 하나의 **전부판결**을 해야 한다. 앞서 본 바와 같이 법률상 본소와 반소에 대하여 일부판결을 할 수 없는 것은 아니나 원칙적으로 전부판결을 해야 하며, 일부판결을 하는 것은 결코 바람직하지 않다.[1] 판결서의 주문과 청구취지란에서 반소에 관하여 기재해야 한다(법 208조 1항). 제 1 심에서 피고가 반소청구를 한 경우 반소청구가 이유 없다면 판결주문에서 반드시 반소청구에 관하여 기재해야 한다. 판결주문에서 이를 누락한 경우에는 **재판의 누락**이 된다. 따라서 이 경우 비록 피고가 본소 및 반소에 대하여 항소를 하더라도 반소부분에 대해서는 여전히 제 1 심에 계속 중이므로, 항소법원은 반소부분에 대해서는 항소를 각하해야 한다.[2]

---

[1] 전원열, 625쪽.
[2] 대판 2013. 6. 14. 2013다8830.

제 2 장   다수당사자소송

제 1 절   공동소송

제 1 관   총   설

I. 의   의

공동소송이란 하나의 소송절차에 여러 사람의 원고 또는 피고가 관여하는 소송형태를 말한다. 이 경우 원고 측 또는 피고 측에 서는 여러 사람을 **공동소송인**이라 한다. 공동소송을 **소의 주관적 병합**이라고도 한다. 일반적인 공동소송은 공동소송인 사이에 합일확정이 필수적인지 여부에 따라 **통상공동소송**과 **필수적 공동소송**으로 구분된다.

II. 발생원인과 소멸원인

공동소송의 발생원인으로는 처음부터 여러 사람의 원고가, 또는 여러 사람의 피고에 대하여 공동으로 소를 제기한 경우(**원시적 발생원인**)와 처음은 단일소송이었다가 소송계속이 된 뒤에 공동소송이 되는 경우(**후발적 발생원인**)가 있다. 후자의 예로는, ① 필수적 공동소송인의 추가(법 68조), ② 예비적·선택적 공동소송인의 추가(법 70조 1항, 68조), ③ 참가승계(법 81조), ④ 인수승계(법 82조), ⑤ 공동소송참가(법 83조), ⑥ 변론의 병합(법 141조), ⑦ 당사자 한 사람의 지위의 여러 사람에 의한 당연승계 등이 있다. **공동소송의 소멸원인**으로는 공동소송인에 관하여 **소송관계의 일부처리**가 가능한 경우 공동소송인 **일부의 소송관계**가 일부판결(법 200조 1항), 일부화해, 청구의 일부포기·인낙(법 220조), 소의 일부취하가 되어 종료되는 경우 또는 변론이 분리되는 경우 등이 있다.

Ⅲ. 공동소송의 일반요건

1. 주관적 요건

법 65조는 통상공동소송을 포함한 **공동소송 일반**의 주관적 요건을 정하고 있다.[1] 법 65조의 표제도 통상공동소송과 구별하여, '**공동소송의 요건**'이라고 하고 있다. 이에 대하여, 법 65조를 통상공동소송의 요건으로 이해하는 견해도 있다.[2] 공동소송의 주관적 요건으로, 소송목적이 되는 권리·의무가 다음의 각 경우에 해당되어야 한다. ① **권리·의무가 공통된 경우**(법 65조 전문 전단): 예컨대 i) 여러 사람의 합유자·공유자들의 소송, ii) 연대채권자·연대채무자들의 소송, iii) 불가분채권자·불가분채무자들의 소송 등이 있다. ② **권리·의무의 사실상·법률상 발생원인이 동일한 경우**(법 65조 전문 후단): 예컨대 i) 같은 사고에 의한 여러 피해자들의 손해배상청구 또는 여러 가해자들에 대한 손해배상청구(사실상 발생원인이 동일한 경우), ii) 주채무자와 보증인을 공동피고로 하는 청구(법률상 발생원인이 동일한 경우) 등이 있다. ③ **권리·의무가 동종**이거나, **권리·의무의 사실상·법률상 발생원인이 동종인 경우**(법 65조 후문): 예컨대 i) 여러 통 어음의 발행인에 대한 각 별개의 어음청구, ii) 같은 종류의 분양계약에 기해 여러 사람에 대한 분양대금청구 등이 있다.[3]

이러한 주관적 요건은 피고의 이의를 기다려 조사하는 **항변사항**이다. 따라서 피고의 이의가 없으면 이러한 요건에 흠이 있다고 하더라도 각하할 수 없다.[4]

■ 법 65조 전문의 공동소송과 법 65조 후문의 공동소송의 법리상 차이점

① **관련재판적 적용 가부**: 전자에서는 관련재판적이 준용되나(법 25조 2항), 후자에서는 그 준용이 없다. ② **선정당사자 선정 가부**: 전자에서는 선정당사자를 선정할 수 있지만, 후자에서는 그 가운데 주요한 공격방어방법을 공통으로 하는 경우를

---

1) 이시윤, 770쪽; 김홍규·강태원, 765쪽; 정동윤·유병현·김경욱, 1052쪽.
2) 강현중, 838쪽; 송상현·박익환, 630쪽; 호문혁, 899쪽.
3) 행정소송에서는 여러 사람의 청구 또는 여러 사람에 대한 청구가 처분 등의 취소청구 또는 무효확인청구 등과 관련되는 청구인 경우에 한하여 그 여러 사람은 공동소송인이 될 수 있다. 행소 15조·38조.
4) 이시윤, 770쪽; 김홍규·강태원, 766쪽.

제외하고는 그렇지 않다. ③ **공동소송인독립의 원칙의 수정 논의 해당 여부**: 전자에서는 '공동소송인독립의 원칙'의 수정이 논의되나, 후자에서는 그렇지 않다. ④ **이론상 합일확정소송 논의 해당 여부**: 전자에서는 이론상 합일확정소송이 논의되나, 후자에서는 그렇지 않다.

2. 객관적 요건

공동소송의 객관적 요건으로, 공동소송은 고유필수적 공동소송의 경우를 제외하고 청구의 병합이 뒤따르므로, **청구의 병합요건**(법 253조)을 갖추어야 한다. 따라서 공동소송인에 관한 각 청구가 같은 종류의 소송절차에 의해 심판될 수 있어야 한다. 한편 공동소송인에 관한 각 청구에 대하여 수소법원에 **공통의 관할권**이 있어야 한다. **법 65조 후문**의 공동소송에는 관련재판적의 규정이 적용되지 않으므로(법 25조 2항) 공동소송의 제기를 위한 **공통의 관할법원**을 찾기 어려울 수 있다.[1] 다만 법 65조 후문의 공동소송이어서 관련재판적이 인정되지 않는 경우에도 해당 피고가 **관할위반의 항변**을 하지 않는 한 **변론관할**(법 30조)이 발생할 수 있다.

이러한 객관적 요건은 **직권조사사항**이다. 따라서 피고의 이의가 없더라도 직권으로 조사를 개시하여 판단한다.

제 2 관   통상공동소송

Ⅰ. 의   의

통상공동소송이란 공동소송인 사이에 합일확정이 필수적이 아닌 공동소송으로서, 공동소송인 사이에서 승패가 일률적으로 될 필요가 없는 공동소송의 형태이다. 원래 각기 개별적인 소송으로도 가능한 성질의 사건이 우연히 하나의 절차에 병합된 형태이다. 필수적 공동소송을 제외한 모든 공동소송은 **통상공동소송**이다[이를 **보통공동소송**이라고도 한다].[2]

---

1) 이시윤, 770쪽.

2) 판례는 '통상공동소송'이라는 용어 외에도 **'보통공동소송'**이라는 용어도 아울러 사용하고 있다. 대판(전) 2012. 5. 17. 2010다28604, 대판 2017. 9. 12. 2015다242849 등.

Ⅱ. 공동소송인독립의 원칙

1. 의   의

통상공동소송에서는 각 공동소송인은 다른 공동소송인에 의한 제한·간섭을 받지 않고 각자 독립하여 소송수행을 할 수 있는 권리를 갖고, 상호간에 연합관계나 협력관계가 없는데 이를 **공동소송인독립의 원칙**이라 한다(법 66조).

2. 심판원칙

(1) 소송요건의 개별처리

소송요건의 존부는 각 공동소송인마다 개별적으로 심사·처리해야 한다. 일부 공동소송인에 관하여 소송요건에 흠이 있는 때에는 흠이 있는 공동소송인에 한하여 보정이 이루어지지 않는 한 판결로 소를 각하한다.

(2) 소송자료의 불통일

공동소송인 가운데 한 사람의 소송행위는 유·불리를 가리지 않고 원칙적으로 다른 공동소송인에게 영향을 미치지 않는다. 예컨대 청구의 포기·인낙, 화해, 자백,1) 답변서의 제출 등을 각자가 할 수 있으며, 상소제기, 소·상소취하도 각자가 할 수 있다.

(3) 소송진행의 불통일

공동소송인 가운데 한 사람에 관한 사항은 다른 공동소송인에 영향이 없다. 예컨대 개별적으로 소송절차가 중단·중지 되며, 기일·기간을 지키지 못한 불이익도 별도로 발생한다. 공동소송인 가운데 한 사람에 대해 판결할 정도로 재판이 성숙한 때에는 변론을 분리하여 일부판결을 할 수 있다.

(4) 본안재판 등의 불통일

판결내용이 공동소송인 사이에 일치할 필요가 없다.2) 소송비용부담의 재

---

1) 통상공동소송에서 공동소송인 가운데 한 사람의 소송행위는 다른 공동소송인에게 영향을 미치지 않으므로 공동소송인 가운데 한 사람인 피고 병이 원고의 주장사실을 자백한 때에도 다른 공동소송인인 피고 갑·을에 대해서는 아무런 효력이 생기지 않으므로 법원은 원고의 주장을 다투는 피고 갑·을에 대한 관계에서는 그 사실을 증거에 의하여 확정해야 한다. 대판 1968. 5. 14. 67다2787.
2) 대판 1982. 1. 23. 81다39.

판도 공동소송인별로 한다(법 102조). 다만 공동소송인 사이의 소송비용부담에
관해서는 특칙이 있다(법 102조). 상소제기기간의 진행 및 상소부제기로 인한 **분
리확정** 등도 공동소송인별로 정해진다[상소하지 않은 공동소송인에 대해서는 원심판결
이 분리확정되므로, 상소한 공동소송인의 상대방이 상소하지 않은 공동소송인에 대하여 부
대상소도 할 수 없다].[1]

3. 소송절차상 공통적 진행

통상공동소송에서 각 공동소송인은 독립의 지위를 갖지만 같은 절차에서 병
합심리되는 이상 각 공동소송인에 대해 기일을 공통으로 지정하고 변론·증거조
사·판결도 같이하는 것이 원칙이다.

Ⅲ. 공동소송인독립의 원칙의 수정

1. 의   의

통상공동소송에서 공동소송인독립의 원칙을 기계적으로 관철하면 공동소송
인 사이에 재판의 통일이 보장되기 어려운 경우가 있다. 특히 공동소송인 사이에
실질적인 관련성이 있는 **법 65조 전문의 통상공동소송**의 경우에 재판의 모순·저
촉은 매우 부자연스럽다. 따라서 이 원칙을 부분적으로 수정해야 하는 것인지, 수
정한다면 어떤 방법으로 가능한 것인지가 문제가 된다.

2. 증거공통의 원칙의 적용 여부

통상공동소송 가운데 법 65조 전문의 통상공동소송의 경우 병합심리에 의하
는 이상 변론 전체의 취지 및 증거조사의 결과 얻은 심증(**자유심증주의**, 법 202조)
은 각 공동소송인에 대해 공통하기 때문에, 한 사람의 공동소송인이 제출한 증거
는 다른 공동소송인의 원용이 없어도 그를 위한 유리한 사실인정의 자료로 사용
할 수 있다고 본다. 이를 **공동소송인 사이의 증거공통의 원칙**이라 한다. **긍정설**이
현재 **통설**이다.[2] 물론 이를 인정하는 입장에서도, ① 공동소송인 사이에 **이해관계**

---

[1] 대판 1994. 12. 23. 94다40734, 2015. 4. 23. 2014다89287, 2019. 10. 18. 2019다14943 등.

[2] 이시윤, 773쪽; 김홍규·강태원, 768쪽; 정동윤·유병현·김경욱, 1055쪽; 강현중, 843쪽; 정영
환, 941쪽. 증거공통의 원칙이 긍정되지 않는다 하더라도 법원이 당사자의 원용을 얻어내지
못하여 통일적인 사실인정을 포기하는 일은 거의 없을 것이므로, 결국 법원이 개개의 경우에

가 상반된 경우에까지 확장되는 것은 아니며[이때에는 다른 공동소송인의 방어권의 보장을 위하여 **명시적인 원용**을 요한다],1) ② 공동소송인 가운데 한 사람이 **자백**한 경우에는(자백간주도 포함한다) 자백한 공동소송인에 대해서는 증거에 의한 심증에 불구하고 자백대로 사실확정을 해야 한다고 본다. 다만 다른 공동소송인에 대해서는 변론 전체의 취지로 영향을 미칠 수 있다.2)

이에 대하여, 이러한 증거공통의 원칙은 변론주의 원칙상 대립당사자 사이에서만 적용되므로 통상공동소송에서는 공동소송인독립의 원칙상 다른 공동소송인 또는 상대방이 원용하지 않으면 공동소송인 가운데 한 사람이 제출한 증거는 다른 공동소송인에 대한 청구의 사실인정의 자료로 삼을 수 없고, 따라서 실무상 원용 여부를 석명하여 판결의 모순·저촉을 방지해야 한다는 **부정설**도 있다.3) 오래된 것이기는 하나 **판례**는, "공동소송에서 증명 그 밖의 행위가 행위자를 구속할 뿐 다른 당사자에게는 영향을 주지 않는 것이 원칙이다"라는 입장을 취한 바 있다.4)

3. 주장공통의 원칙의 적용 여부

통상공동소송에서는 당사자가 자주적으로 분쟁을 해결할 수 있게 마련된 변론주의가 적용되므로, 우연히 여러 개의 청구가 병합심리되었다 하여 본래부터 당사자가 가지고 있었던 자주적인 분쟁해결권이 다른 공동소송인 때문에 제한이나 간섭을 받을 수는 없다. 통상공동소송에서는 공동소송인 사이의 공격방어방법의 차이에 따라 모순되는 결론이 발생할 수 있다. 이는 변론주의를 원칙으로 하

증거를 제출하지 않은 다른 공동소송인 또는 그 상대방에게 석명권의 행사를 통하여 필요한 증거를 원용하게 한 후 이를 증거로 사용하는 방법과 증거공통의 원칙을 긍정하는 방법의 두 가지 방법 가운데 어느 것을 선택한다고 하더라도 실제 결과에서는 차이가 없을 것인데, 그렇다면 원용 유무에 따라 소송관계가 복잡해지고, 이에 따라 법원의 소송지휘상 부담이 가중되는 것을 피하기 위해서라도 증거공통의 원칙을 긍정하는 것이 결론적으로는 바람직하다는 견해로는, 김진기, "공동소송인 간의 증거공통의 원칙," 민사증거법(상)(재판자료 25집, 1985. 7.), 246쪽 이하.

1) 이에 대하여, 이해관계가 상충되는 반대당사자인 원고와 피고 사이에도 증거공통의 원칙이 적용되고 있는데, 공동소송인 사이에 이해관계가 상반된다고 하여 이 원칙의 적용이 배제된다고 볼 이유가 없다는 견해로는, 박재완, 650쪽; 전원열, 633쪽.

2) 대판 1976. 8. 24. 75다2152.

3) 통상공동소송에서 재판의 통일을 염두에 두는 것은 비법률적인 것이고, 다른 공동소송인에 대한 증거가 불충분한 경우에 법원이 보충적으로 직권증거조사가 가능하므로 증거공통의 결과가 실현되는 것에 지나지 않으며, 원용하지 않은 다른 공동소송인의 소송에 대한 증거가 충분하다면 증거공통의 원칙도 인정되어서는 안 된다는 견해로는, 호문혁, 905쪽.

4) 대결 1959. 2. 19. 4291민항231.

는 소송제도에서는 부득이하다.[1] 따라서 공동소송인 가운데 한 사람에 대한 상대방의 주장사실은 다른 공동소송인에게 영향을 미치지 않는다. 결론적으로, 법 66조의 명문의 규정과 우리 민사소송법이 취하고 있는 변론주의의 소송구조 등에 비추어 볼 때, 통상공동소송에서 이른바 **공동소송인 사이의 주장공통의 원칙**은 적용되지 않는다. **부정설**이 **판례**[2] 및 **다수설**[3]의 입장이다. 예컨대 공시송달의 방법이 아닌 적법한 기일통지를 받고도 변론기일에 출석하지 않아 자백간주가 된 피고들과 원고의 주장을 다툰 피고들 사이에서 동일한 실체관계에 대하여 서로 배치되는 내용의 판단이 내려지더라도 이를 위법하다고 할 수 없다.[4]

　이에 대하여, 공동소송인 가운데 한 사람에 의하여 공통사실이 주장되었을 때에 다른 공동소송인이 이에 어긋나는 행위를 적극적으로 하지 않고(즉 명시적으로 그 효력을 부정하지 않고) 그 주장이 다른 공동소송인에게 이익이 되는 한 그 사람에게도 효력이 미친다고 보아 한정적으로 긍정하는 견해(**제한적 긍정설**)가 있다.[5] 그러나 앞서 본 바와 같이 통상공동소송에서 공동소송인 사이에 모순되는 결론이 나오는 것은 변론주의의 소송구조상 불가피하며, 경우에 따라서는 법원이 석명권이나 소송지휘권을 적절히 행사하여 해결할 수도 있으므로, 주장공통의 원칙을 제한적으로나마 긍정하는 견해는 현행법상 받아들이기 어렵다고 본다.

　한편 판결결과가 서로 다르게 나오는 것을 피하기 위해 주장공통의 원칙 외에 공동소송인 사이에 보조참가의 이익이 인정되는 때에는 보조참가의 신청이 없더라도 공동소송인 한 사람이 한 소송행위는 다른 공동소송인을 위하여 보조참가

---

1) 대판 1991. 4. 12. 90다9872, 2008. 6. 12. 2007다36445.

2) 대판 1968. 5. 14. 67다2787, 1994. 5. 10. 93다47196(원심은 통상공동소송관계에서 어느 공동소송인의 주장이 다른 공동소송인에게 이익이 되는 경우에는 그 다른 공동소송인이 그와 저촉되는 주장을 적극적으로 하지 않는 한, 주장공통의 원칙이 적용되어 동일한 주장을 한 것으로 보아야 한다는 전제에서 판결했으나, 대법원은 원심판결을 파기했다), 대판 2009. 4. 23. 2009다1313 등. 변론기일에 전혀 출석하지도 않거나 출석하고서도 아무런 변론을 하지도 않은 당사자가 출석하여 변론한 당사자와 같은 주장을 한 것으로 취급하는 것은 재판의 통일을 기한다는 목적이 있다고 하더라도 지나친 의제라는 견해로는, 조수현, "통상의 공동소송에서의 주장공통의 원칙," 대법원판례해설 21호(1994년 상반기), 301쪽 이하.

3) 김홍규·강태원, 768쪽; 정동윤·유병현·김경욱, 1056쪽; 송상현·박익환, 635쪽; 호문혁, 905쪽; 한충수, 710쪽; 이태영, 684쪽; 범경철·곽승구, 669쪽; 김연, 577쪽. 일본의 경우도 판례·통설은 이를 부정한다.

4) 대판 1997. 2. 28. 96다53789.

5) 이시윤, 774쪽; 강현중, 844쪽; 정영환, 942쪽; 홍기문, "공동소송인독립의 원칙," 민사재판의 제문제(하)(송천이시윤박사화갑기념, 1995. 10.), 124쪽 이하.

인으로 한 것으로 취급해야 한다는 **당연의 보조참가이론**[1])도 제기되고 있다. 현행 법상 보조참가의 요건을 갖춘 보조참가신청에 의하지 않는 보조참가는 허용된다 고 볼 수 없으므로(법 71조·72조), 이 역시 타당한 견해라고 볼 수 없다.

▣ 통상공동소송에서 주장공통의 원칙의 적용 여부가 애당초 문제되지 않는 사례

　　주의할 것은 통상공동소송에서 주장공통의 원칙이 적용되는지 여부와 관계없이, 통상공동소송의 구체적인 사안에서 사실관계가 공통되지 않아 아예 주장공통의 원 칙의 문제가 야기될 수 없는 경우도 있다는 점이다. 예컨대 어느 부동산에 관하여 순차로 마쳐진 소유권이전등기가 원인무효의 등기 및 이에 근거하여 이루어진 등기 라는 이유로 각 그 말소를 구하는 소송(법 65조 전문 후단)에서 후순위등기의 말소 등기이행청구는 배척하면서도 그 전순위등기의 말소등기이행청구는 인용할 경우가 있는데, 이는 순차로 마쳐진 각 소유권이전등기의 유효 여부 즉 실체관계의 부합 여부가 각 등기별로 별도로 주장·증명될 사항이어서 공동소송인마다 그 공격방어 방법을 달리하기 때문이다.[2]) 따라서 주장공통의 원칙의 허용 여부에 관한 논의에 앞서 이러한 원칙이 적용될 수 있는 사안인지를 명확히 할 필요가 있다.

제 3 관　필수적 공동소송

I. 의　　의

　　필수적 공동소송은 공동소송인 사이에 합일확정을 필수적으로 요하는 공동소 송을 말한다(법 67조). 필수적 공동소송에서는 공동소송인 사이에 소송의 승패를 일률적으로 할 필요가 있고, 본안판결의 결과가 서로 다르게 되는 것을 법률상 허용하지 않는다(이를 **합일확정소송** 또는 **특별공동소송**이라고도 한다). 필수적 공동소 송은 **소송공동이 강제되는지 여부**에 따라 **고유필수적 공동소송**과 **유사필수적 공 동소송**으로 분류된다.

---

1) 일본 최고재 1968. 9. 12. 판결은 당연의 보조참가이론을 명시적으로 거부했다.
2) 대판 1991. 11. 8. 91다15829, 1994. 5. 10. 93다47196; 조수현, "통상의 공동소송에서의 주 장공통의 원칙," 대법원판례해설 21호(1994년 상반기), 301쪽 이하; 이성룡, "통상공동소송에 주장공통의 원칙이 적용되는지 여부," 대법원판례해설 16호(1991년 하반기), 199쪽 이하.

Ⅱ. 고유필수적 공동소송

1. 의   의

고유필수적 공동소송이란 소송물에 이해관계를 가지는 일정 범위의 사람이 모두 공동소송인이 되어야만 **당사자적격**을 가지는 공동소송을 말한다. **소송공동**이 법률상 강제되고, 또 합일확정의 필요가 있는 공동소송이다. 즉 여러 사람에게 **소송수행권**이 **공동**으로 **귀속**되어 여러 사람이 공동으로 원고 또는 피고가 되지 않으면 당사자적격을 잃어 부적법해지는 경우이다. 중복소송의 회피, 판결의 모순·저촉의 방지 및 당사자적격자 전원의 소송관여의 확보라는 절차보장의 실현을 위한 취지에서 요구되는 공동소송이다. 고유필수적 공동소송은 실체법상 **관리처분권**이 여러 사람에게 **공동귀속**되는 경우이므로**(관리처분권설)**[1] **'실체법상 이유에 의한 필수적 공동소송'**이라고 한다.[2][3]

2. 일정한 경우의 가사소송 및 회사관계소송 등

① **가사소송**에서, 예컨대 i) 제 3 자가 제기하는 **혼인무효·취소의 소**, 또는 이

---

[1] 소송물인 권리 또는 법률관계의 실체법적 성질에 근거하여 객관적으로 결정하는 입장으로 **다수설**의 입장이다. 이시윤, 742쪽; 강현중, 805쪽; 송상현·박익환, 636쪽. **판례도 관리처분권설**의 입장에 있다. 이에 대하여, 관리처분권의 귀속 여부의 실체법적 관점과 함께 소송법적 관점, 즉 분쟁의 통일적 해결, 당사자 사이 및 당사자와 이해관계인 사이의 이해관계의 조절, 해당 절차의 진행상황 등을 같이 고려해야 한다는 견해(**절충설**)도 있다. 김홍규·강태원, 769쪽; 정동윤·유병현·김경욱, 1058쪽; 정영환, 944쪽; 홍기문, "공동소유관계와 그 소송형태," 21세기 민사소송법의 전망(하촌정동윤선생화갑기념, 1999. 6.), 395쪽 이하.

[2] 필수적 공동소송과 통상공동소송과의 **구별의 엄격성**을 **완화**하는 입장이 있음을 주목할 필요가 있다. 이러한 입장에서는 필수적 공동소송에서 소송공동의 필요와 합일확정의 두 명제가 절대불가분의 것으로 결합되어 있던 것을 해체시키고, 그 결합의 필요성을 상대화한 후 재조합시키는 구상과 함께 과거의 경직성에 대한 **탄력적 운용**의 **필요성**을 강조하고 있다. 변재승, "필요적 공동소송인 중 일부의 상소," 민사재판의 제문제 7권(죽당김상원·공우윤일영선생화갑기념, 1993. 6.), 229쪽 이하.

[3] 한편 어떤 소송유형이 통상공동소송인지 필수적 공동소송인지 **명확하지 않는 경우**, 법원은 소송목적인 권리의 성격, 이에 적용되는 실체법과 소송법 규정, 그 소송이 필수적 공동소송과 통상공동소송 중 무엇에 더 가깝다고 평가할 수 있는지, 그리고 관련된 당사자의 이익과 소송경제 등을 **종합적으로 고려**하여 판단해야 하며 여기에 어떤 절대적인 경계나 기준이 있거나 필수적 공동소송의 전형적인 유형에 해당하지 않으면 모두 통상공동소송으로 보아야 할 논리 필요성이나 당위성이 있는 것이 아니라는 **대판(전) 2021. 7. 22. 2020다284977**의 **다수의견에 대한 보충의견**(대법관 김재형, 대법관 민유숙, 대법관 노태악)은 충분히 주목할 만하다.

혼무효의 소는 부부를 공동피고로 해야 하고(가소 24조 2항 전단),[1] ii) 제 3 자가 제기하는 **친생자관계 존부확인의 소**도 부모 및 자(子)를 공동피고로 해야 한다(가소 28조, 24조 2항 전단).[2] ② **회사관계소송**에서, 예컨대 i) 소수주주에 의한 **청산인해임의 소**(상 539조 2항, 제542조의6 3항)는 회사와 청산인을 공동피고로 해야 하고,[3] ii) 소수주주에 의한 **이사해임의 소**(상 385조 2항, 제542조의6 3항)도 회사와 이사를 공동피고로 하여야 한다.[4] 다만 이사해임의 소를 본안소송으로 하는 **가처분**(직무집행정지가처분·직무대행자선임가처분 등)에서는 이사 개인만이 피신청인적격이 있고, 회사는 피신청인적격이 없다. ③ **집합건물에 관한 소송**에서 **관리인**이 부정한 행위 그 밖에 그 직무를 수행하기에 적합하지 않은 사정이 있어 각 구분소유자가 **관리인해임의 소**를 제기하는 경우(집합건물의 소유 및 관리에 관한 법률 24조 5항)에는 그 법률관계의 당사자인 관리단과 관리인 모두를 공동피고로 해야 한다.[5] ④ 개인회생채권자의 신청에 의한 **개인회생채권조사확정재판**에 대하여 다른 개인회생채권자가 불복하여 제기하는 **이의의 소**(채무회생 605조)에서는, 채무자와 그 재판을 신청한 개인회생채권자 모두를 피고로 해야 한다.[6]

3. 형성권이 공동으로 귀속된 소송

(1) 일반적 경우

형성권이 여러 사람에게 공동으로 귀속된 경우에는 그 주체인 여러 사람이 공동으로 원고 또는 피고가 되지 않으면 안 된다. 예컨대 ① **공유물분할의 소**는 공유자 모두에게 귀속된 분할청구권에 관한 소송이므로 공유자인 원고가 다른 나머지 공유자 전원을 공동피고로 해야 하며,[7] ② **경계확정의 소**에서 **인접한 토지가 공유**인 경우는 공유자 전원을 원고 또는 피고로 해야 한다.[8]

---

1) 대판 1965. 10. 26. 65므46.
2) 대판 1970. 3. 10. 70므1, 대결 1983. 9. 15. 83즈2, 대판 2018. 5. 15. 2014므4963 등; 유현석, "친생관계존부확인소송의 정당한 당사자," 대한변호사협회지 10호(1975. 1.), 42쪽 이하; 박동섭, "친생자관계존부확인의 소의 당사자적격," 법률신문 3514호(2006. 12.), 14쪽.
3) 대결 1976. 2. 11. 75마533.
4) 일본 회사법 855조는 이를 명문화하고 있다.
5) 대결 1976. 2. 11. 75마533, 대판 2011. 6. 24. 2011다1323.
6) 대판 2009. 4. 9. 2008다91586.
7) 대판 2014. 1. 29. 2013다78556, 2022. 6. 30. 2020다210686,210693.
8) 대판 2001. 6. 26. 2000다24207. 이에 대하여, 경계확정의 소의 경우 공유자 가운데 한 사람이 청구한다고 해서 그의 지분에 한해서 경계가 정해진다는 일은 있을 수 없고 공유물 전

(2) 매매예약완결을 원인으로 한 가등기에 기한 본등기청구소송 등의 경우

1) 매매예약에서 예약자의 상대방이 매매예약완결의 의사표시를 하여 매매의 효력을 생기게 하는 권리, 즉 매매예약완결권은 일종의 형성권이다.[1] 여기서 **수인의 채권자의 공동명의로 가등기**(담보가등기)가 마쳐진 경우 **매매예약완결을 원인으로 한 본등기의 이행**을 구하는 소가 필수적 공동소송인지에 관하여 논의가 있다.

이에 대하여 **종전의 판례**는, 1인의 채무자에 대한 수인의 채권자의 채권을 담보하기 위하여 그 수인의 채권자와 채무자가 채무자 소유의 부동산에 관하여 수인의 채권자를 권리자로 하는 1개의 매매예약을 체결하고 그에 따른 가등기를 마친 경우에, 매매예약의 내용이나 매매예약완결권 행사와 관련한 당사자의 의사와 관계없이 언제나 수인의 채권자가 공동으로 매매예약완결권을 가진다고 보고, 매매예약완결권도 수인의 채권자 전원이 공동행사해야 한다는 태도를 취했다.[2] 그러나 **그후 판례**는 종전의 태도를 **변경하여** 이 경우, ① 수인의 채권자가 **공동으로** 매매예약완결권을 가지는 관계인지 아니면 **채권자 각자의 지분별로** 별개의 독립적인 매매예약완결권을 가지는 관계인지는 **매매예약의 내용**에 따라야 하고, ② 매매예약에서 그러한 내용을 **명시적으로 정하지 않은 때**에는 수인의 채권자가 공동으로 매매예약을 체결하게 된 동기 및 경위, 그 매매예약에 의하여 달성하려는 담보의 목적, 담보관련 권리를 공동행사하려는 의사의 유무, 채권자별 구체적인 지분권의 표시 여부 및 그 지분권 비율과 피담보채권 비율의 일치 여부, 가등기담보권 설정의 관행 등을 **종합적으로 고려**하여 판단해야 한다는 입장을 취하고 있다.[3]

체의 경계가 정해지는 것으로 이해하여, 그 소송에서 당사자가 되지 않는 공유자도 그 판결의 효력을 받으므로 유사필적 공동소송이라는 견해로는, 호문혁, 852쪽. 그러나 공유자 한 사람이 청구를 하더라도 공유물 전체의 경계가 정해지며, 공유자 한 사람이 한 청구에 대한 판결의 효력이 다른 공유자에게 미치는 논리적 근거가 무엇인지 불분명하며 수긍하기 어렵다.

1) 대판 2003. 1. 10. 2000다26425.
2) 대판 1984. 6. 12. 83다카2282, 1985. 10. 8. 85다카604, 1987. 5. 26. 85다카2203 등. 황인행, "복수채권자 공동명의로 가등기가 된 경우 본등기 이행청구," 대법원판례해설 4호(1985년), 105쪽 이하. 이론적으로 종전의 판례의 태도에 찬성하면서도 실무적으로 수인의 채권자 가운데 한 사람이 자기가 가지게 될 지분에 관하여 가등기에 기한 본등기절차이행을 청구하는 것을 막을 수는 없다는 견해로는, 양승태, "공동명의로 가등기한 수인의 매매예약자의 법률관계," 민사판례연구 7권(1993. 5.), 32쪽 이하. 한편 종전의 판례의 태도를 정면으로 비판한 견해로는, 윤경, "공동명의의 가등기권자가 매매예약이 완결된 매매목적물에 대한 본등기의 이행을 구하는 소의 형태," 법조 51권 12호(2002. 12.), 214쪽 이하.
3) **대판(전) 2012. 2. 16. 2010다82530**(갑이 을에게 돈을 대여하면서 담보목적으로 을 소유의

2) 앞서와 달리, 원고가 매매 또는 매매예약완결을 원인으로 한 가등기에 기한 본등기절차의 이행을 구하고 있지만, 그 청구원인으로서는 명의신탁해지를 원인으로 하여 **이미 발생한** 소유권이전등기청구권을 보전하기 위하여 매매예약의 형식으로 가등기를 마쳐 두었다고 주장한 경우에는 원고의 청구는 **실질적으로는** 명의신탁해지를 원인으로 한 소유권이전등기절차의 이행을 구하는 것으로 보아야 한다. 따라서 공유자가 다른 공유자의 동의 없이 공유물을 처분할 수는 없으나 그 지분은 단독으로 처분할 수 있으므로, 복수의 권리자가 명의신탁해지에 따라 발생한 소유권이전등기청구권을 보전하기 위하여 가등기를 마쳐 둔 때에는 특별한 사정이 없는 한 그 권리자 가운데 한 사람은 자신의 지분에 관하여 단독으로 그 가등기에 기한 본등기를 청구할 수 있으며, 이때 그 가등기원인을 매매예약으로 하였다는 이유만으로 가등기권리자 전원이 동시에 본등기절차의 이행을 청구해야 한다고 볼 수 없다.[1]

나아가 **장래 발생할** 소유권이전등기청구권을 보전하기 위한 가등기가 **형식상** 매매예약을 등기원인으로 하고 있지만 **실제상**으로는 가등기권자의 청구가 있으면 별도의 매매예약완결권의 행사를 요하지 않고 언제든지 본등기를 경료하기 위한 것이라면, 가등기권자는 언제든지 가등기에 기한 본등기를 청구할 수 있으므로,[2] 이 경우 가등기권자가 여러 사람이라면 매매예약완결권의 행사 없이 각자 그 지분범위 내에서 가등기에 기한 본등기를 청구할 수 있다.[3]

부동산 지분에 관하여 을의 다른 채권자들과 공동명의로 매매예약을 체결하고 각자의 채권액 비율에 따라 지분을 특정하여 가등기를 마친 사안에서, 채권자가 각자의 지분별로 별개의 독립적인 매매예약완결권을 갖는 것으로 보아, 갑이 **단독으로** 담보목적물 중 자신의 지분에 관하여 **매매예약완결권**을 행사할 수 있고, 이에 따라 **단독으로** 자신의 지분에 관하여 가등기담보 등에 관한 법률이 정한 청산절차를 이행한 후 **가등기에 기한 본등기절차의 이행**을 구할 수 있다고 본 원심판단을 정당하다고 한 사례이다). 장재형, "수인 공동명의의 가등기에 기한 본등기청구와 그 소송형태," 인권과 정의 428호(2012. 9.), 58쪽 이하; 김상훈, "공동명의 가등기담보권자의 권리행사방법," 양승태대법원장 재임 3년 주요판례평석(2015년), 14쪽 이하.

1) 대판 2002. 7. 9. 2001다43922,43939.

2) 이 경우에는 판결주문에 그 원인인 예약완결권의 행사나 그 연월일을 표시하지 않아도 무방하며, 원고는 그 승소판결이 확정되면 그 **등기신청서**에 그 **등기원인**을 그 **확정판결**로, **등기원인일자**를 그 **확정판결의 선고연월일**로 각 기재하면 족하다. 대판 1981. 3. 10. 80다2583. 등기예규 제1632호 '가등기에 관한 업무처리지침'(2018. 3. 7. 개정·시행)(종전의 등기예규 제1057호 '가등기에 관한 업무처리지침'(2002. 8. 14. 제정)은 2011. 10. 12. 등기예규 제1408-1호로 폐지되었다).

3) 하나의 가등기에 관하여 여러 사람의 가등기권자가 있는 경우에, 가등기권자 모두가 공동의 이름으로 본등기를 신청하거나, 그 가운데 일부의 가등기권자가 자기의 가등기 지분에 관하여 본등기를 신청할 수 있지만, 일부의 가등기권자가 공유물의 보존행위에 준하여 가등기

한편 여러 권리자가 소유권이전등기청구권을 보전하기 위하여 가등기를 마쳐
둔 때에는 특별한 사정이 없는 한 **여러 권리자에 대한** 그 가등기의 말소등기청구
소송은 권리관계의 합일적인 확정을 필요로 하는 필수적 공동소송이 아니라 통상
공동소송이다.[1]

4. 합유관계소송

(1) 합유재산 등 소송

1) 민법상 합유물의 처분·변경권은 물론 그 지분처분권도 합유자 전원에 공동
귀속되어 있다(민 272조 본문, 273조 1항). 따라서 이에 관한 소송수행권도 전원이 공
동행사할 것을 요한다. 예컨대 ① 합유인 조합재산,[2] 공동이행방식의 공동수급체
의 공사대금채권,[3] 공동광업권,[4] 여러 사람의 수탁자에 의한 신탁재산, 공유지식

전부에 관한 본등기를 신청할 수는 없다. 공동가등기권자 가운데 일부의 가등기권자가 자
기의 지분에 관하여 본등기를 신청한 때에는 신청서에 그 뜻을 기재해야 하고 등기부에도
그 뜻을 기재해야 한다. 등기예규 제1632호 '가등기에 관한 업무처리지침'(2018. 3. 7. 개
정·시행).

1) 대판 1991. 4. 12. 90다9872, 2003. 1. 10. 2000다26425.

2) **조합재산**의 **처분·변경**에 반드시 조합원 전원의 동의를 요하는지 여부에 관하여 **판례**는,
민법 272조에 따르면 합유물을 처분 또는 변경함에는 합유자 전원의 동의가 있어야 하나, **합
유물** 가운데서도 **조합재산**의 경우 그 처분·변경에 관한 행위는 조합의 특별사무에 해당하는
업무집행으로서, 이에 대해서는 **특별한 사정**이 없는 한 **민법 706조 2항**이 민법 272조에 **우선
하여 적용**되므로, 조합재산의 처분·변경은 업무집행자가 없는 때에는 조합원의 과반수로 결
정하고, 업무집행자가 여러 사람인 때에는 그 업무집행자의 과반수로 결정하며, 업무집행자가
한 사람인 때에는 그 업무집행자가 단독으로 결정한다고 보고 있다. 대판 2010. 4. 29. 2007
다18911.

3) **공동이행방식의 공동수급체**(당사자들이 공동이행방식의 공동수급체를 구성하여 도급인으
로부터 공사를 수급하는 경우)는 기본적으로 민법상 조합의 성질을 가진다. 따라서 공동수급
체가 공사를 시행함으로 인하여 도급인에 대하여 가지는 채권은 원칙적으로 공동수급체 구성
원에게 **합유적으로 귀속**하는 것이어서 **특별한 사정이 없는 한** 구성원 중 1인이 임의로 도
급인에 대하여 출자지분 비율에 따른 급부를 청구할 수 없고, 구성원 중 1인에 대한 채권으
로써 그 구성원 개인을 집행채무자로 하여 공동수급체의 도급인에 대한 채권에 대하여 강제
집행을 할 수 없다. 그러나 공동이행방식의 공동수급체와 도급인이 공사도급계약에서 발생한
채권과 관련하여 공동수급체가 아닌 개별 구성원으로 하여금 지분비율에 따라 직접 도급인에
대하여 권리를 취득하게 하는 **약정을 하는 경우**와 같이 공사도급계약의 내용에 따라서는 공
사도급계약과 관련하여 도급인에 대하여 가지는 채권이 공동수급체 구성원 각자에게 지분비
율에 따라 구분하여 귀속될 수도 있고, 위와 같은 약정은 **명시적**으로는 물론 **묵시적**으로도
이루어질 수 있다. 대판(전) 2012. 5. 17. 2009다105406; 진상범, "공동이행방식의 공동수급체
에 있어서 공사대금채권의 귀속주체 및 형태," 양승태대법원장 재임 3년 주요판례평석(2015년),
57쪽 이하.

4) 공동광업권자는 조합계약을 한 것으로 간주하므로(광업법 17조 5항, 30조 1항) 그 합유인
공동광업권을 소송의 목적물로 하는 소송에서는 공동광업권자 전원을 상대로 하는 필수적 공

재산권, 공동명의의 허가권·면허권1) 등에 관한 소송, ② 같은 선정자단에서 선출된 여러 사람의 선정당사자(법 53조 1항)가 수행하는 소송, ③ 증권관련집단소송에서 여러 사람의 대표당사자(증집 20조)가 수행하는 소송, ④ 여러 사람의 유언집행자(민 1102조)에 대하여 유증의무의 이행을 구하는 소송,2) ⑤ 회생절차상 여러 사람의 관리인(채무회생 75조 1항) 또는 파산절차상 여러 사람의 파산관재인(채무회생 360조 1항)이 하는 소송[법원의 허가를 얻어 직무를 분장했다는 등의 **특별한 사정**이 없는 경우이다]3) 등은 모두 필수적 공동소송이다.

2) 합유재산에 관한 소송에서 여러 조합원이 조합체로서 매수한 부동산에 대한 소유권이전등기절차의 이행을 구하는 소송은 필수적 공동소송이다.4) 여러 사람의 합유로 소유권이전등기가 된 부동산에 관하여 명의신탁해지를 원인으로 한 소유권이전등기절차의 이행을 구하는 소송은 **합유물에 관한 소송**으로서 필수적 공동소송이므로 합유자 모두를 피고로 해야 하나,5) 합유물에 관하여 경료된 원인무효의 소유권이전등기의 말소를 구하는 소송은 **합유물에 관한 보존행위**로서 합유자 각자가 할 수 있다(민 272조 단서).6) 합유물이라고 하더라도 현실적으로 점유사용하고 있는 사람을 상대로 하여 그 인도를 청구할 수 있으므로 **합유물의 인도청구**가 합유자 모두를 상대로 해야 하는 필수적 공동소송이라고 할 수 없다.7)

동소송으로 해야 한다. 대판 1966. 10. 4. 66다1079 등. 광업권자가 사망하여 상속인들이 그 광업권을 공동으로 상속하는 때에도 그 상속인들 사이에도 조합계약을 체결한 것으로 보아야 하므로, 합유인 공동광업권에 관한 소송은 합일확정을 요하는 필수적 공동소송이다. 따라서 광업권자가 광업권에 관한 소송을 수행하던 중 사망한 때에는 상속인 전원이 공동으로 수계신청을 해야 한다. 대판 1966. 9. 27. 65다2025,2026, 1995. 5. 23. 94다23500; 사공영진, "합유지분의 상속성," 재판과 판례(대구판례연구회) 4집(1995. 8), 29쪽 이하.

1) 여러 사람이 공동명의로 공유수면매립면허를 받았을 경우 그 매립권을 소송의 목적물로 한 소송에서는 그 면허명의자 전원을 필수적 공동소송인으로 해야 한다. 대판 1969. 11. 25. 65다1352. 다만 여러 사람이 공동명의로 받은 공유수면매립면허의 취소처분의 취소청구는 합유권리인 그 면허권에 대한 보존행위이므로 공동명의자 각자가 단독으로 청구할 수 있다. 대판 1972. 5. 23. 72누9.

2) 대판 2011. 6. 24. 2009다8345; 이수영, "수인의 유언집행자에게 유증의무의 이행을 구하는 소송의 형태," 대법원판례해설 87호(2011년 상반기), 207쪽 이하.

3) 대판 2008. 4. 24. 2006다14363.

4) 대판 1967. 8. 29. 66다2200, 1994. 10. 25. 93다54064 등. 김인호, "합유관계에 관한 고유필수적 공동소송의 당사자적격," 법학논집(이화여자대학교 법학연구소) 8권 1호(2003. 8.), 161쪽 이하.

5) 대판 1983. 10. 25. 83다카850, 1996. 12. 10. 96다23238, 2011. 2. 10. 2010다82639 등. 이 경우 명의신탁해지를 구하는 당사자가 합유자 가운데 한 사람이라는 사유만으로 달리 볼 것은 아니다. 대판 2015. 9. 10. 2014다73794.

6) 대판 1997. 9. 9. 96다16896.

7) 대판 1969. 12. 23. 69다1053.

(2) 조합관계소송의 경우

민법상 조합이 가지는 채권(**조합채권**)에 관한 소송이나, 민법상 조합이 부담하는 채무(**조합채무**)로서 조합재산에 의한 소송은 필수적 공동소송이다. 예컨대 조합채권의 추심은 원칙적으로 조합원 전원이 공동으로 행해야 한다.[1] 그러나 조합관계소송에서, 조합의 채권자가 조합원에 대하여 **조합재산에 의한 공동책임**을 묻는 것이 아니라 각 **조합원의 개인재산**에 의한 **개별책임**(조합원이 부담하는 조합채무에 관한 분할채무 또는 연대채무)에 기하여 해당 채권을 행사하는 경우(민 712조)[2]에는 조합원 각자를 상대로 하여 그 이행의 소를 제기할 수 있다.[3] 조합이 해산된 경우 조합원이 가지는 조합의 **잔여재산**에 대한 **분배청구권**(민 724조 2항)은 조합원 사이의 내부관계에서 발생하는 것으로서 각 조합원이 분배비율을 초과하여 잔여재산을 보유하고 있는 조합원을 상대로 **개별적**으로 행사하면 족하고 반드시 조합원들이 공동으로 행사하거나 조합원 모두를 상대로 행사해야 하는 것은 아니다.[4]

(3) 공동명의예금의 반환청구소송의 경우

공동명의예금채권자들이 은행을 상대로 한 예금반환청구소송은 그 예금이 동업자들의 **동업자금**이면 필수적 공동소송이나, **동업 외 목적의 자금**이면 필수적 공동소송이 아니다.[5] 즉 은행에 대하여 공동명의로 예금을 하고 그 권리를 함께 행사하기로 한 경우에 ① 만일 동업자금을 공동명의로 예금했다면 **채권의 준합유**

---

1) 대판 2009. 4. 23. 2007다87214, 2021. 7. 8. 2020다290804. 한편 조합원이 조합재산을 횡령하는 행위로 인하여 손해를 입은 주체는 조합재산을 상실한 조합이며, 그 손해배상채권은 조합채권으로 조합원 전원의 준합유에 속하므로 원칙적으로 조합원 전원이 고유필수적 공동소송에 의해서만 이를 청구할 수 있다. 대판 2011. 2. 10. 2010다82639, 2022. 12. 29. 2022다263448.

2) 이 경우 특별한 사정이 없는 한 조합의 채권자는 각 조합원에 대하여 지분의 비율에 따라 또는 균일적으로 변제의 청구를 할 수 있을 뿐이다(민 712조). 다만 조합채무가 특히 **조합원 전원**을 위하여 **상행위**가 되는 행위로 인하여 부담하게 된 것이라면 그 채무에 관하여 조합원들에 대하여 상법 57조 1항을 적용하여 조합원들의 **연대책임**을 인정함이 상당하다. 대판 1998. 3. 13. 97다6919, 2014. 8. 20. 2014다26521, 2018. 4. 12. 2016다39897.

3) 대판 1976. 12. 14. 76다2212, 1991. 11. 22. 91다30705.

4) 대판 1995. 2. 24. 94다13749, 1998. 12. 8. 97다31472, 2000. 4. 21. 99다35713.

5) 박철, "공동명의예금과 다수당사자채권관계의 법리," 민사판례연구 24권(2002. 1.), 341쪽 이하; 조용구, "공동명의예금채권자들의 예금반환청구소송이 필요적 공동소송인지 여부 및 예금주인 공동명의 예금채권자 중 일부의 권리행사방법," 대법원판례해설 21호(1994년 상반기), 156쪽 이하.

관계에 있다고 보나, ② 동업 외의 특정 목적을 위하여 자금을 공동명의로 예치하여 둠으로써 그 목적이 달성되기 전에는 공동명의예금채권자들 가운데 한 사람이 단독으로 예금을 인출할 수 없도록 방지·감시하고자 하는 목적으로 공동명의로 예금을 개설했다면 **채권의 준공유관계**에 있다고 본다. 후자의 경우 하나의 예금채권이 분량적으로 분할되어 각 공동명의예금채권자들에게 공동으로 귀속되고, 각 공동명의예금채권자가 예금채권에 대하여 갖는 각자의 지분에 대한 관리처분권은 각자에게 귀속되며, 다만 은행에 대한 지급청구만은 **공동반환의 특약**에 의하여 공동명의예금채권자들 모두가 공동으로 해야 한다.[1]

■ 공동반환의 특약이 있는 준공유 예금채권에 대한 소송상 예금인출방법

　(1) 다른 공동명의예금채권자를 상대로 하는 소의 제기

　　공동명의예금의 인출방법은 공동명의자(공동명의예금채권자)와 금융기관 사이의 공동명의예금계약의 내용에 따라 결정되는 것이므로, 공동명의예금계약의 내용이 공동명의자 모두의 서명 또는 날인된 예금청구서에 의하는 한 공동명의자 가운데 한 사람은 다른 공동명의자의 동의를 받아 단독으로 예금을 청구할 수 있다. 만약 다른 공동명의자가 그 공동반환청구절차에 협력하지 않을 때에는, 공동명의자들 가운데 한 사람은 먼저 다른 공동명의자를 상대로 제소하여 자신이 단독으로 하는 반환청구에 관하여 **승낙의 의사표시**를 하라는 등 공동반환절차에 협력하라는 취지의 **판결(의사진술을 명하는 판결**, 민 389조 2항 전단, 민집 263조)을 얻은 다음 이 판결을 은행에 제시함으로써 예금을 반환받을 수 있다.

　(2) 금융기관을 공동피고로 하는 소의 제기

　　위와 같은 방식에 의하여 약정에 의한 공동반환청구의 요건이 충족되었음에도 불구하고 은행이 정당한 이유 없이 예금의 반환을 거절하는 경우에는 공동명의자들 가운데 한 사람은 **은행을 상대로** 단독으로 예금의 반환을 소구할 수밖에 없으며, **미리 청구할 필요**가 있을 때에는 은행을 다른 공동명의자와 함께 **공동피고**로 하여 (은행에 대해서는 장래의 이행의 소로) 위와 같은 취지의 제소를 할 수도 있다.[2]

---

1) 대판 2004. 10. 14. 2002다55908, 2005. 9. 9. 2003다28, 2008. 10. 9. 2005다72430. 이러한 판례의 입장을 '공동반환특약부 분할채권설'이라고 부르기도 한다. 김상국, "시공사와 시행사 공동명의예금의 법률관계," 판례연구(부산판례연구회) 21집(2010. 2.), 533쪽.

2) 대판 1994. 4. 26. 93다31825.

5. 총유관계소송

(1) 법인 아닌 사단의 총유재산관계소송

　　법인 아닌 사단의 **총유재산에 관한 소송**은 ① **법인 아닌 사단**이 그 명의로 사원총회의 결의를 거쳐 하거나,[1] ② 또는 그 **구성원 전원**이 당사자가 되어 필수적 공동소송의 형태로 할 수 있다.[2] 총유물의 관리처분권이 구성원 전원에 귀속되기 때문이다(민 276조).[3] **법인 아닌 사단**이 총유관계에 관한 소송을 제기할 때에는 **정관**에 다른 정함이 있다는 등의 **특별한 사정이 없는 한 사원총회의 결의**를 거쳐야 한다.[4] 따라서 법인 아닌 사단이 이러한 사원총회의 결의 없이 그 명의로 제기한 소는 소제기에 관한 **특별한 권한의 수여**를 결한 것으로 부적법하므로 그 소를 각하해야 한다.[5] 다만 법인 아닌 사단의 총유재산에 관한 소송이 사원총회의 결의 없이 제기된 경우라도 그 후 사원총회의 결의를 거쳐 그 대표자가 이를 **추인**하면(추인은 상고심에서도 할 수 있다) 그 소송행위는 행위시에 소급하여 유효하게 된다.[6]

　　한편 법인 아닌 사단이 총유재산에 관한 권리를 행사하지 않고 있어 **법인 아닌 사단의 채권자**가 **채권자대위권**에 기하여 법인 아닌 사단의 총유재산에 관한 권리를 대위행사하는 경우에는 사원총회의 결의 등 법인 아닌 사단의 내부적인

---

1) 총유물의 보존에서는 공유물의 보존에 관한 민법 265조의 규정이 적용될 수 없고, 특별한 사정이 없는 한 민법 276조 1항의 규정에 따라 사원총회의 결의를 거쳐야 한다. 예컨대 법인 아닌 사단인 종중이 그 총유재산에 대한 보존행위로서 소송을 하는 때에는 종중총회의 결의를 거쳐야 한다. 대판 2007. 12. 27. 2007다17062, 2010. 2. 11. 2009다83650, 2011. 7. 28. 2010다97044 등.

2) 대판 1994. 5. 24. 92다50232, 1995. 9. 5. 95다21303.

3) 민법 276조 1항에 따라 사원총회의 결의를 요하는 총유물의 관리 및 처분이란 총유물 그 자체에 관한 이용·개량행위나 법률적·사실적 처분행위를 의미한다. 따라서 법인 아닌 사단이 다른 사람들 사이의 금전채무를 보증하는 행위는 총유물 그 자체의 관리·처분이 따르지 않는 단순한 채무부담행위에 불과하여 이를 총유물의 관리·처분행위라고 볼 수 없다. 대판(전) 2007. 4. 19. 2004다60072,60089.

4) 법인 아닌 사단을 위하여 법 62조에 따라 선임된 **특별대리인의 경우에도** 특별대리인이 법인 아닌 사단의 대표자와 동일한 권한을 가져 그 소송수행에 관한 일체의 소송행위를 할 수 있으나 총유물에 관한 소제기는 원칙적으로 사원총회의 결의를 거쳐야 하므로 이러한 결의 없이 특별대리인이 소를 제기할 수는 없다. 대판 2022. 12. 29. 2021다307372.

5) 대판 2011. 7. 28. 2010다97044, 2013. 4. 25. 2012다118594, 2018. 10. 25. 2018다210539 등. 화해권고결정에 의하여 의무를 부담하게 된 법인 아닌 사단이 그 화해권고결정에 대하여 **준재심의 소**를 제기하는 경우도 마찬가지이다. 대판 2021. 5. 13. 2020다282889.

6) 대판 2018. 7. 24. 2018다227087, 2022. 12. 29. 2021다307372.

의사결정을 거칠 필요가 없다.[1]

(2) 법인 아닌 사단의 구성원에게 당사자적격이 있는지 여부

법인 아닌 사단의 **구성원**은 비록 그가 사단의 대표자라거나 사원총회의 결의를 거쳤다 하더라도 그 소송의 당사자가 될 수 없고, 이러한 법리는 총유재산의 보존행위로서 소를 제기하는 경우에도 마찬가지이다. 예컨대 종중의 구성원에 불과한 개인이 총유재산의 보존행위로서 제기한 소는 **당사자적격**의 흠으로 부적법하므로 그 소를 각하해야 한다.[2][3]

6. 공유관계소송

공유관계소송은 공유자 측이 제 3 자나 다른 공유자를 상대로 제기한 소송(**능동소송**)과 제 3 자가 공유자 측을 상대로 제기한 소송(**수동소송**)으로 나누어볼 수 있다.

(1) 능동소송(공유자가 제 3 자 또는 다른 공유자를 상대로 하는 소송)

(a) 공유물에 대한 보존행위 또는 자신의 지분권에 기한 경우

1) 공유자 가운데 한 사람이 공유물에 대한 **보존행위**[보존행위란 공유물의 멸실·훼손을 방지하고 공유물의 현상을 유지하는 사실적·법률적 행위를 말한다]로서 그 공유물에 관하여 공유자 아닌 제 3 자 명의로 경료된 원인무효의 등기에 관하여 **전부의 말소등기**를 구하든지 원고인 공유자에게 **공유자 전원의 각 해당 지분별로**

---

1) 채권자대위권은 채무자 스스로 자기의 권리를 행사하지 않는 때에 채권자가 채무자의 권리를 대위하여 행사할 수 있는 권리로서 그 권리행사에 채무자의 동의를 필요로 하는 것이 아니기 때문이다. 대판 2014. 9. 25. 2014다211336. 법인 아닌 사단인 채무자 명의로 제 3 채무자를 상대로 한 소가 제기되었으나 사원총회의 결의 없이 총유재산에 관한 소가 제기되었다는 이유로 각하판결을 받고 그 판결이 확정된 때에는 채무자 스스로 제 3 채무자에 대한 권리를 행사한 것으로 볼 수 없다. 법인 아닌 사단이 사원총회의 결의 없이 소를 제기한 것은 소제기에 관한 법인 아닌 사단의 의사결정이 있었다고 할 수 없기 때문이다. 대판 2018. 10. 25. 2018다210539.

2) 총유의 경우 그 **구성원 각자**가 보존행위를 할 수 있다는 민법 265조 단서나 민법 272조 단서와 같은 **규정을 두고 있지 않다**. 이는 법인 아닌 사단의 소유형태인 총유가 공유나 합유에 비하여 단체성이 강하고 구성원 개인의 총유재산에 대한 지분권이 인정되지 않는 데에서 나오는 당연한 귀결이다. 대판(전) 2005. 9. 15. 2004다44971, 대판 2019. 11. 15. 2019다247262; 민유숙, "법인 아닌 사단의 보존행위를 위한 소의 원고 적격," 대법원판례해설 57호(2005년 하반기), 103쪽 이하.

3) 주의할 것은 당사자(원고)가 조합의 **명칭**을 사용하고 있다고 하더라도 그 **실체**가 법인 아닌 사단이라면 그 구성원은 어떠한 경우라도 총유재산에 관한 소를 제기할 수 없다는 점이다.

진정명의회복을 위한 소유권이전등기를 이행할 것을 단독으로 청구할 수 있다.1)

공유자 가운데 한 사람이 부정한 방법으로 공유물 전체에 관한 소유권이전등기를 경료한 경우, 또는 공유자 가운데 한 사람이 다른 공유자의 동의 없이 공유부동산을 매도하여 다른 사람 명의로 소유권이전등기를 마친 경우 그 공유자의 지분범위 내에서 실체관계에 부합하는 유효한 등기이므로, **다른 공유자** 가운데 한 사람은 공유물에 대한 보존행위로서 **유효한 등기 부분을 제외한 나머지 부분**에 한하여 앞서의 청구를 할 수 있다.2)

2) 공유물에 대한 **과반수 지분**을 소유하고 있지 않은, 즉 **소수지분을 소유하고 있는 공유자**(소수지분권자)나 그 지분에 관한 소유권이전등기청구권을 가지고 있는 사람은 다른 공유자와의 협의 없이는 공유물을 배타적으로 점유하여 사용·수익할 수 없다(민 265조 본문).3) 이 경우 **다른 공유자**는 자신이 소유하고 있는 지분이 과반수에 미달되더라도 공유물의 전부 또는 일부를 배타적으로 점유하고 있는 공유자를 상대로 공유물에 대한 보존행위로서 **공유물의 인도**를 청구할 수 있는지 여부가 문제된다.

대판(전) 2020. 5. 21. 2018다287522는 이 경우 공유물에 대한 **보존행위로 공유물의 인도를 청구할 수 없으나,** (공유물에 대한 **보존행위가 아니라) 자신의 지분권에 기초하여** (자신의 지분권 행사를 방해하는) 공유물에 대한 **방해상태를 제거하거나 공동점유를 방해하는 행위의 금지 등을 청구할 수 있다**고 보고 있다.4) 위 전

---

1) 대판 1993. 5. 11. 92다52870, 2005. 9. 29. 2003다40651, 2009. 2. 26. 2006다72802.

2) 대판 1988. 2. 23. 87다카961, 1994. 12. 2. 93다1596, 2008. 4. 24. 2008다5073.

3) 과반수 지분권자는 공유물인 토지의 관리방법으로서 특정 부분을 배타적으로 사용·수익할 수 있다. 그러나 그로 말미암아 그 부분을 전혀 사용·수익하지 못하여 손해를 입는 소수지분권자의 지분만큼 임료 상당 부당이득을 얻는 것이므로 이를 반환할 의무가 있다. 소수지분권자가 공유물을 자기 지분비율로 사용·수익할 권리(민 263조)가 침해되었기 때문이다. 대판 2014. 2. 27. 2011다42430, 2021. 12. 30. 2021다252458.

4) 위 **전원합의체 판결**로, 소수지분권자는 공유물에 대한 보존행위로서 공유물의 인도를 청구할 수 있다는 **대판(전) 1994. 3. 22. 93다9392,9408 등 관련 판결**들을 변경했다. 위 전원합의체 판결의 다수의견에 대하여 공유관계에서 소수지분권자인 피고가 자의적으로 공유물을 독점적으로 점유하는 위법상태를 초래하여 그와 같은 위법상태가 유지되고 있는 경우 이를 적법한 상태로 회복하기 위하여 다른 소수지분권자인 원고는 보존행위로서 공유물의 인도를 청구할 수 있다고 보아야 한다는 **반대의견** 등이 있다. 위 전원합의체 판결에 대하여, 공유물의 사용·수익, 보존행위와 인도의무에 관하여 기존에 견고하게 확립되어 온 법리를 너무 쉽게 변경한 것은 아닌지, 위법하게 공유물을 점유한 소수지분권자의 권리만을 과보호하는 것은 아닌지 우려스럽다는 견해로는, 박봉철, "소수지분권자의 위법한 공유물 점유에 관한 판결 유감," 법조 통권 762호(2023. 12.), 404쪽 이하. 한편 위 전원합의체 판결은 변경된 판결 등이 보존행위의 취지에 반하고, 소수지분권자에게 과도한 구제수단을 부여하는 면이 있다는 비판

원합의체 판결은[1] 만약 피고가 공유물을 독점적으로 점유하는 위법한 상태를 시정한다는 명목으로 원고의 인도청구를 허용한다면, 피고의 점유를 전면적으로 배제함으로써 피고가 적법하게 보유하는 '**지분비율에 따른 사용수익권**'까지 근거 없이 박탈하는 부당한 결과를 가져오며, 이러한 행위는 애당초 보존행위가 다른 공유자에게 이익이 되기 때문에 허용된다는 점을 고려하면 민법 265조 단서에서 정한 보존행위라고 보기 어렵다는 점 등을 그 이유로써 들고 있다.[2] 다만 위 전원합의체 판결은 공유자들 사이에 공유물 관리에 관한 결정이 없는 경우 공유자가 다른 공유자를 배제하고 공유물을 **독점적으로** 점유·사용하는 것은 위법하여 허용되지 않지만, 다른 공유자의 **사용수익권을 침해하지 않는 방법**으로, 즉 **비독점적인 형태**로 공유물 전부를 다른 공유자와 함께 점유·사용하는 것은 **자신의 지분권**에 기초한 것으로 적법하다고 본다. 따라서 일부 공유자가 공유물의 전부나 일부를 독점적으로 점유한다면 이는 다른 공유자의 지분권에 기초한 사용·수익권을 침해하는 것이므로 공유자는 자신의 지분권 행사를 방해하는 행위에 대하여 자신의 지분권에 기하여 **민법 214조**에 따른 **방해배제청구권**을 행사할 수 있다(공유물에 대한 지분권은 공유자 개개인에게 귀속되는 것이므로 **공유자 각자**가 행사할 수 있다).[3][4]

　　적 입장을 수용한 것으로, 향후 공유물을 둘러싼 소수지분권자 사이의 분쟁에서, 공유지분권이 침해된 공유자는 공유물을 무단독점하는 다른 공유자를 상대로 구체적인 방해행위를 특정해서 금지·예방을 구하거나 방해물의 제거를 청구하도록 하여, 권리구제와 적정한 공유관계의 회복을 도모하도록 했다고 보는 견해로는, 이지영, "공유물의 소수지분권자의 다른 공유자에 대한 인도 및 방해배제 청구," 대법원판례해설 125호(2020년하), 139쪽.

1) 위 전원합의체 판결의 **사안**은 다음과 같다. 원고는 이 사건 토지의 1/2 지분을 소유하고 있는 소수지분권자인데 이 사건 토지의 지상에 소나무를 식재하여 그 토지를 독점적으로 점유하고 있는 피고를 상대로 소나무 등 지상물의 수거와 점유토지의 인도 등을 청구했다. 원심은 공유물의 보존행위로서 공유토지에 대한 방해배제와 인도를 청구할 수 있다고 보아 원고의 청구를 모두 받아들였다. 대법원은 소수지분권자인 원고가 피고를 상대로 공유물의 인도를 청구할 수 없다는 이유로(지상물의 수거 부분을 제외하고) 원심판결 가운데 원고의 인도청구 부분 등에 대한 판결을 파기·환송했다.

2) 위 전원합의체 판결의 다수의견(변경된 판례의 입장)과 반대의견(변경 전 판례의 입장)의 차이는, **반대의견**은 결국 소수지분권자인 원고가 자신이 가진 권리(공동점유)를 넘는 법적 상태(원고의 단독점유)를 실현한 다음 그 초과하는 부분을 다시 임의로 피고에게 되돌려주어 원래 실현되어야 할 상태(공동점유)를 달성하겠다는 것인데 반하여, **다수의견**은 '원고의 단독점유'라는 중간 과정 없이 곧바로 공동점유 상태를 달성하도록 한다는 것이라고 본다. 서울고등법원 판례공보스터디 민사판례해설 Ⅱ, 24쪽.

3) 위 전원합의체 판결은, 원고가 공유토지에 피고가 무단으로 건축·식재한 건물·수목 등 지상물이 존재하는 경우 지상물은 그 존재 자체로 다른 공유자의 공유토지에 대한 점유·사용을 방해하므로 원고는 지상물의 철거나 수거를 청구할 수 있으며, 그 밖에도 원고가 공유물의 종류(토지, 건물, 동산 등), 용도 및 상태(피고의 독점적 점유를 전후로 한 공유물의 현황)나 당사자의 관계 등을 고려해서 원고의 공동점유를 방해하거나 방해할 염려 있는 피고의 행

　　3) 공유자가 **다른 공유자의 지분권**을 대외적으로 주장하는 것은 공유물의 보존행위에 속한다고 할 수 없으므로 다른 사람 명의로 된 소유권이전등기 가운데 **자신의 소유지분**을 침해하는 지분범위를 **초과하는 부분**에 대해서는 공유물의 보존행위로서 무효라고 주장하면서 그 말소를 구할 수 없다. 즉 부동산 공유자의 한 사람이 **자신의 공유지분이 아닌** '다른 공유자'의 공유지분을 침해하는 원인무효의 등기가 이루어졌다는 이유로 공유물에 관한 보존행위로서 그 부분 등기의 말소를 구할 수 없다.[1][2]

　　(b) 공유물에 대한 침해로 인한 손해배상청구 등의 경우

　　공유물에 대한 침해로 인한 **손해배상청구권**이나 **부당이득반환청구**은 특별한 사유가 없는 한 각 공유자는 그 지분에 대응하는 비율의 한도 내에서만 이를 행사할 수 있다.[3]

　　(c) 공유물 전체에 대한 소유권확인청구의 경우

　　공유물 전체에 대한 소유권확인청구는 이를 다투는 제 3 자를 상대로 공유자 **모두가** 해야 하며, 공유자 일부만이 그 관계를 대외적으로 주장할 수 없다.[4] 이에 대하여, 공유물 전체에 대한 소유권확인도 공유자 일부가 다른 사람의 지분을 대외적으로 주장하여 새로운 법률관계를 형성하거나 그 물건을 처분하려는 것이 아니라 단지 공유물의 소유권에 대한 법적 불안을 제거하려는 것일 뿐이므로, 이러한 청구도 보존행위에 해당하여 각 공유자가 단독으로 할 수 있다고 보아야 한다는 견해가 있다.[5]

　　그러나 공유자의 지분은 다른 공유자의 지분에 의하여 일정한 비율로 제한을

위와 방해물을 **구체적으로 특정**하여 **방해의 금지, 제거 및 예방**(작위·부작위의무의 이행)을 청구하는 형태로 청구취지를 구성할 수 있으며, 법원은 이것이 피고의 방해상태를 제거하기 위하여 필요하고 원고가 달성하려는 상태가 공유자들의 공동점유상태에 부합한다면 이를 인용할 수 있다고 한다.

4) 위 전원합의체 판결 후 같은 취지의 판결로는, **대판 2020. 9. 7. 2017다204810, 2020. 10. 15. 2019다245822.**

1) 대판 2009. 2. 26. 2006다72802, 2010. 1. 14. 2009다67429.

2) 따라서 원인무효의 등기가 **특정 공유자의 지분에만 한정하여** 마쳐진 경우에는 그로 인하여 지분을 침해받게 된 특정 공유자를 제외한 나머지 공유자들은 공유물의 보존행위로서 위 등기의 말소를 구할 수 없다. 대판 2023. 12. 7. 2023다273206.

3) 대판 1970. 4. 14. 70다171, 1979. 1. 30. 78다2088, 2021. 12. 16. 2021다257255.

4) 대판 1994. 11. 11. 94다35008.

5) 호문혁, 911쪽.

받는 것을 제외하고는 독립한 소유권과 같으므로 공유자는 그 지분을 부인하는
제 3 자에 대하여 **각자 그 지분권**을 주장하여 **지분의 확인**을 소구(訴求)해야 한다.
즉 공유자 일부가 제 3 자를 상대로 다른 공유자의 지분의 확인을 구하는 것은 다
른 사람의 권리관계의 확인을 구하는 소에 해당하므로, 그 다른 사람들 사이의
권리관계가 자기의 권리관계에 영향을 미치는 경우에 한하여 확인의 이익이 있
다. 따라서 달리 특별한 사정이 없이 다른 공유자의 지분의 확인을 구하는 것은
확인의 이익이 없다. 나아가 공유자가 단독으로 공유물 전체에 대한 소유권확인
을 구하는 것은 결국 다른 공유자의 지분권까지를 대외적으로 주장하는 것으로
이러한 경우를 보존행위에 해당한다고 보는 것은 무리이다.

> ■ **상속인들 사이의 상속재산확인소송 등과 필수적 공동소송 여부**
> **판례**는, 공동상속인이 다른 공동상속인을 상대로 특정한 재산이 **상속재산이라는
> 확인**을 구하는 소는 고유필수적 공동소송이라고 본다.[1] 일부 공동상속인들 사이에
> 서만 어떤 재산이 상속재산인지 여부에 대한 판결이 확정된 후 그 소송에서 당사자가
> 되지 못한 다른 공동상속인이 일부 공동상속인들을 상대로 다시 상속재산인지 여부
> 에 대한 확인을 구하는 소를 제기하여 전소와 다른 결론으로 확정된 경우 이를 상속
> 재산에 포함시켜 분할하는 것이 어렵게 되므로, 공동상속인 전원에 대하여 한꺼번에
> 상속재산에 해당하는지 여부에 대한 판단이 이루어질 필요가 있기 때문이다.[2] 다
> 만 공동상속재산의 지분에 관한 **지분권존재확인**을 구하는 소는 필수적 공동소송이
> 아니라 통상공동소송이다.[3]

(2) 수동소송(제 3 자가 공유자를 상대로 하는 소송)

제 3 자가 공유자들을 상대로 하는 **공유물의 철거** 또는 **반환**(이전등기·말소등
기, 또는 **인도**)에 관한 소송은 필수적 공동소송이 아니다. 공유물의 경우 공유자들
의 소유권이 지분의 형식으로 공존하고 있을 뿐이고, 그 처분권이 공동으로 귀속
하는 것이 아니기 때문이다. 따라서 제 3 자는 **공유자 각자**에 대하여 그의 **지분범
위** 내에서 철거나 반환을 구할 수 있다.[4] 예컨대 ① 제 3 자가 그 소유의 토지 위

1) 대결 2002. 1. 23. 99스49, 대판 2007. 8. 24. 2006다40980.
2) 박정수, "공동상속인이 다른 공동상속인을 상대로 어떤 재산이 상속재산임의 확인을 구하는
   소가 확인의 이익이 있는지 여부 및 그 소의 성질," 대법원판례해설 71호(2007년 하반기),
   668쪽 이하.
3) 대판 2010. 2. 25. 2008다96963,96970.
4) 대판 1966. 3. 15. 65다2455, 1968. 7. 31. 68다1102, 1969. 7. 22. 69다609. **판례** 가운데, 공

에 건립되어 있는 공유자들 소유의 건물에 대하여 철거를 청구하는 소송,[1] ② 제 3 자가 공유자들 소유의 토지 일부에 대하여 취득시효완성을 원인으로 그 시효취득부분에 대한 소유권이전등기절차의 이행을 청구하는 소송,[2] ③ 제 3 자가 공유자들 소유 명의로 된 소유권보존등기의 말소등기절차의 이행을 청구하는 소송 등은 필수적 공동소송이 아니다.

　　이에 대하여, 공유자는 다른 공유자의 동의 없이 공유물의 처분·변경을 못하므로(민 264조) 공유물 자체의 처분·변경에 해당하는 소송, 즉 공유자들에 대한 공유건물의 철거나 공유부동산에 관한 소유권이전등기청구는 필수적 공동소송으로 보아야 한다는 견해가 있다.[3] 그러나 ① 제 3 자의 공유자들에 대한 공유물반환청구는 공유물 자체의 처분·변경이 아니라, 공유자가 공유물에 대하여 가지는 지분범위 내에서 공유물의 반환을 구하는 것이므로 민법 264조의 규정이 적용되는 경우로 볼 수 없으며, ② 제 3 자의 공유자들에 대한 공유물철거청구는 공유물에 대한 지분범위 내에서 철거청구권의 확정판결을 받는 것에 불과할 뿐만 아니라, 강제집행의 불가능 또는 곤란은 본안절차에서 고려할 사항이 아니므로 위의 견해는 적절하지 않다.[4]

동상속인들의 건물철거의무는 그 **성질상 불가분채무**이며, 공동상속인들은 **지분의 한도** 내에서 **건물 전체**에 대한 철거의무를 진다고 보는 판결로는, 대판 1980. 6. 24. 80다756.

1) 대판 1993. 2. 23. 92다49218. 토지소유자는 공유자 소유의 건물에 관하여 **일부 공유자들**에 대해서만 **각 그 소유지분 범위**에서 철거를 명하는 확정판결을 받은 경우 **나머지 공유자**들을 상대로 **각 그 소유지분 범위**에서 철거를 명하는 확정판결을 받아 건물 전체에 대하여 **철거에 관한 집행권원**을 확보해야 **철거집행**이 가능하다. 토지소유자로서는 이러한 집행권원에 기하여 집행을 하지 않는 한 철거집행 전까지 토지점유에 관한 **부당이득반환** 등을 청구하는 방법으로 권리구제를 받을 수 있다. 대판 2022. 6. 30. 2021다276256.

2) 대판 1965. 6. 20. 64다412, 1994. 12. 27. 93다32880,32897.

3) 이시윤, 780쪽; 정영환, 949쪽.

4) 실무상 공유자 가운데 일부만을 상대로, 또는 공유자 전원을 상대로 건물철거청구를 하는 경우 이를 인용하는 **판결주문**에서는 각 **공유자의 지분**을 명시하고 있다. 일부 공유자만을 상대로 한 경우에는 피고로 되지 않은 다른 공유자에 대한 **별도의 집행권원**이 **추가**되지 않는 한 그 판결만으로써는 **철거의 집행**을 할 수 없기 때문이다. 사법연수원, 민사실무(2)(2019년), 93쪽.

Ⅲ. 유사필수적 공동소송

1. 의　　의

유사필수적 공동소송이란 반드시 공동으로 소송을 수행하는 것이 강제되지 않으나, 일단 공동으로 수행하는 경우에는 법률상 합일확정의 필요에 의하여 공동소송인 사이에 승패를 일률적으로 해야 하는 소송형태를 말한다. 소송법상 판결의 효력이 제 3 자에게 확장되는 경우에 인정되므로, **'소송법상 이유에 의한 필수적 공동소송'**이라고도 한다.

2. 허용범위

(1) 판결의 본래적 효력이 미치는 경우 등

1) 유사필수적 공동소송은 **원칙적**으로 판결의 효력이 당사자 외에 제 3 자에게 확장되는 경우에 인정된다. 여기서 판결의 효력은 원칙적으로 **판결의 본래적 효력**만을 의미한다. 예컨대 ① 여러 채권자가 제기하는 **채권자대위소송**, ② 여러 사람이 회사를 상대로 제기하는 **회사관계소송**[원고를 주주·이사·감사로, 피고를 회사로 하는 회사관계소송에서는 **청구인용확정판결**에 한하여 **대세적 효력**이 인정된다(상 190조 본문). 이를 **'편면적 대세효'**라고 한다]으로, 회사합병무효의 소(상 236조·529조), 회사설립무효·취소의 소(상 184조)[주식회사의 경우 회사설립무효의 소만 인정된다(상 328조 1항)], 주주총회결의부존재확인·무효확인·취소의 소(상 376조·380조) 등은 모두 유사필수적 공동소송이다.

판례 역시 앞서와 같은 회사관계소송에서 이러한 소를 여러 사람이 공동으로 제기한 경우 당사자 한 사람이 받은 승소판결의 효력이 다른 공동소송인에게 미치므로 공동소송인 사이에 **소송법상 합일확정의 필요성**이 인정되고, 상법상 회사관계소송에 관한 전속관할이나 병합심리 규정들(상 186조·188조)도 당사자 사이의 합일확정을 전제로 하는 점 및 당사자의 의사와 소송경제 등을 함께 고려하면, 이는 법 67조가 적용되는 **유사필수적 공동소송**에 해당한다고 보고 있다.[1]

---

[1] 대판(전) **2021. 7. 22. 2020다284977**. 위 전원합의체 판결의 **별개의견**은, 이러한 회사관계소송을 여러 사람이 공동으로 소를 제기한 경우 필수적 공동소송의 요건인 합일확정의 필요성을 인정할 수 없어, 법 67조를 적용하여 소송자료와 소송진행을 엄격히 통일시키고 당사자의 처분권이나 소송절차에 관한 권리를 제약할 이유나 필요성이 있다고 할 수 없으므로, 이러한

2) 한편 공동소송참가에서 보는 바와 같이, **예외적**으로 판결의 효력이 다른 사람에게 미치지 않더라도 **법률상 명문의 규정**으로 **참가를 허용**하고 있고, 참가인과 피참가인에 대하여 **합일적으로 확정**되어야 할 경우에도 공동소송참가가 인정되는데, 이 때 참가와 피참가인은 **유사필수적 공동소송관계**에 있게 된다. 추심금청구소송에서 집행력 있는 정본을 가진 다른 채권자가 원고 쪽에 참가를 하는 경우(민집 249조 2항) 그 참가는 공동소송참가에 해당하고, 참가인과 원고는 공동소송관계에 있게 된다.1)

(2) 반사적 효력이 미친다고 보는 경우에도 인정되는지 여부

반사적 효력이 미치는 경우에도 유사필수적 공동소송을 인정할 것인지 논의가 있다. 이를 긍정하는 입장이 다수설이다.2) **판례**는 반사적 효력 자체를 아직까지 인정하지 않고 있으며, 나아가 반사적 효력이 미치는 사람도 유사필수적 공동소송관계에 있다고는 결코 보지 않고 있다. 판례는 다수의 채권자가 각 채권자대위권에 기하여 공동하여 채무자의 권리를 행사하는 경우(채무자가 대위소송의 계속사실을 알았을 경우) 유사필수적 공동소송관계에 있다고 보고 있으나, 이는 판결의 **기판력**이 이들 다수의 채권자에게 미치기 때문에 그런 것이지 판결의 반사적 효력이 미치기 때문인 것은 아니다[판례가 이들 다수의 채권자에게 미치는 효력을 '기판력'으로 보고 있음은 그 판시상으로도 분명하다.3) 이 점에 관해서는 이미 살펴보았다].

반사적 효력을 판결의 본래적 효력이 아닌 판결의 부수적 효력으로 인정할

소송은 **공동소송의 원칙적 형태**인 **통상공동소송**이라고 보아야 한다는 입장이다. 이러한 별개의견에 기본적으로 찬성하는 견해로는, 강구욱, "판결의 편면적 대세효와 필수적 공동소송 —대법원 2021. 7. 22. 선고 2020다284977 전원합의체 판결—," 민사소송 26권 2호(2022년), 206쪽; 곽승구, "수인이 제기한 주주총회결의하자소송의 공동소송형태 —대법원 2021. 7. 22. 선고 2020다284977 전원합의체 판결을 소재로—," 전북법학(전북대학교 부설법학연구소) 68권(2022년), 157쪽 이하.

1) 이에 대하여, 추심금청구소송에서 다른 채권자는 참가명령(민집 249조 3항)을 받지 않는 한 판결의 효력이 미치지 않는다는 대판 2020. 10. 29. 2016다35390의 취지에 의하면 다른 채권자는 추심금청구소송에 공동소송참가를 할 수 없다고 보는 입장에서, 다른 채권자가 참가를 한다고 하더라도 원고와 참가인 사이에는 통상공동소송관계에 있다고 보는 견해로는, 전병서, "추심의 소에 있어서 몇 가지 쟁점에 관한 검토," 민사집행법연구(2021. 2.), 204쪽.

2) 이시윤, 781쪽; 정동윤·유병현·김경욱, 1053쪽; 송상현·박익환, 638쪽; 강현중, 860쪽; 양병회, 440쪽; 홍기문, 684쪽; 정영환, 949쪽; 최건호, "확정판결의 반사효와 유사필수적 공동소송," 저스티스 86권(2005. 8.), 40쪽 이하.

3) 대판 1991. 12. 27. 91다23486, 1994. 8. 12. 93다52808, 2008. 7. 24. 2008다25510; 최세모, "수인의 채권자들이 제기한 채권자대위소송에 있어서의 다수채권자들 상호간의 소송관계," 대법원판례해설 17호(1992년 상반기), 91쪽 이하.

것인지에 관하여 많은 논란이 있으므로, 반사적 효력을 인정하는 것에는 매우 신중을 기해야 한다. 따라서 반사적 효력이 미치는 것으로 주장되는 경우에는 원칙적으로는 유사필수적 공동소송으로 보지 않는 것이 타당하다.[1] 만약 반사적 효력이 미치는 것으로 보는 경우에도 유사필수적 공동소송이 될 수 있다면, 주채무자와 보증인이 유사필수적 공동소송관계에 있다는 것인데, 다수설의 대부분은 이러한 경우에 유사필수적 공동소송이 되는지에 관하여 별다른 언급이 없다.[2] 한편 판례가 다수의 채권자의 채권자대위소송에서 채권자들 사이에 반사적 효력이 미치는 것을 전제로 유사필수적 공동소송관계에 있는 것으로 판시했다고 보는 견해[3]는 적절하지 않다.

3. 이론상 합일확정소송

법률상으로는 합일확정의 필요가 없으나 **논리상** 또는 **실천상** 합일확정이 요청되는 경우[**이론상 합일확정소송**, 준(準)**합일확정소송**]를 어떻게 취급할 것인지에 관하여 논의가 있다. 예컨대 공동소송인 사이에 권리·의무가 공통되거나, 권리·의무의 사실상·법률상 발생원인이 동일한 경우(법 65조 전문)로서 공동소송인의 또는 이들에 대한 청구가 중요한 쟁점이 공통되든지, 여러 사람의 피고에 대한 청구가 목적·수단의 관계에 있어 모두에 대하여 승소해야 종국적인 목적을 달성할 수 있는 경우 등이다. 이러한 경우는 실체법상 이유이든, 소송법상 이유이든 법률상 합일확정의 필요가 없으므로 필수적 공동소송이 되지 않으며, **통상공동소송**에 해당한다. 이와 관련하여 공동소송인독립의 원칙의 수정을 통하여 판결의 모순·저촉을 완화하려는 논의에 관해서는 이미 살펴본 바와 같다.

---

1) 호문혁, 912쪽.

2) 반사적 효력을 인정하는 입장에서도 반사적 효력이 미치는 모든 경우가 유사필수적 공동소송이 되는 것은 아니라고 보는 입장에서, 채무자와 보증인을 공동피고로 하게 되면 주채무자 승소시에는 반사적 효력이 미쳐 유사필수적 공동소송이 되나, 주채무자 패소시에는 반사적 효력이 미치지 않아 통상공동소송이 된다는 결론이 되어 모순이므로 이러한 경우는 유사필수적 공동소송이 되지 않는다고 보는 견해로는, 정규상, "판결의 반사적 효력에 관한 고찰," 민사소송 15권 1호(2011. 5.), 425쪽 이하.

3) 이시윤, 782쪽; 양병회, 168쪽; 정영환, 949쪽.

Ⅳ. 필수적 공동소송의 심판

1. 필수적 공동소송인의 소송상 지위

필수적 공동소송에서는 판결의 합일확정의 요청상 통상공동소송에서와 같은 공동소송인독립의 원칙이 적용되지 않으며, 공동소송인 사이에 긴밀한 연합관계가 요구된다(법 67조). 다만 공동소송인이 소송행위를 반드시 공동으로 해야 하는 것은 아니므로 공동소송인은 개별적으로 소송행위를 할 수 있고, 개별적으로 소송대리인도 선임할 수 있다.

2. 소송요건의 조사 및 누락된 필수적 공동소송인의 추가 등

(1) 각 공동소송인별 소송요건의 조사

필수적 공동소송의 경우에서도 소송요건은 각 공동소송인별로 독립하여 조사해야 한다. 공동소송인 가운데 한 사람에 관하여 소송요건의 흠이 있고 그 흠을 보정할 수 없는 경우 ① 고유필수적 공동소송에서는 모든 사람의 소를 각하해야 하고, ② 유사필수적 공동소송에서는 그 한 사람만의 소를 각하한다.

(2) 필수적 공동소송인이 누락된 경우와 보정방법

고유필수적 공동소송에서는 소송공동이 강제되므로, 공동소송인 가운데 한 사람이라도 누락된 때에는 그 소는 당사자적격의 흠으로 부적법하게 된다. 이러한 **당사자적격의 흠을 보정하는 방법**으로는, ① 누락된 사람이 또는 누락된 사람에 대하여 별소를 제기하여 **변론**을 **병합**하도록 하는 방법(법 141조), ② 누락된 사람이 **공동소송참가**를 하는 방법(법 83조) 등도 있으나, ③ 원고의 신청에 의하여 법원의 허가를 받아 누락된 사람을 **추가**하는 방법(**필수적 공동소송인의 추가**, 법 68조 1항 본문)이 가장 직접적이고 용이한 방법이다. 다만 공동소송참가는 제 2 심 변론종결시까지 허용되나,[1] 필수적 공동소송인의 추가는 제 1 심 변론종결시까지(법 68조 1항 본문)만 허용된다.

(3) 누락된 필수적 공동소송인의 추가신청 및 재판

1) 원고는 누락된 필수적 공동소송인을 추가하는 신청을 해야 한다. 원고의

---

1) 대판 2002. 3. 15. 2000다9086 등.

추가신청은 추가될 당사자의 이름, 주소와 추가신청의 이유를 적은 **서면**으로 해
야 한다(규칙 14조)[다만 **소액사건**에서는 말로써 소를 제기할 수 있으므로(소심 4조) 필수
적 공동소송인 추가신청 역시 **말로써도** 할 수 있다]. 추가신청서에는 인지를 붙이지 않
는다. 추가신청은 앞서 본 바와 같이 **제 1 심 변론종결시**까지 해야 하며, **원고 측
추가**의 경우에는 추가될 사람의 **동의**를 받아야 한다(법 68조 1항 단서).

　　2) 누락된 필수적 공동소송인의 추가에 대하여 법원이 **허가결정**을 한 때에는
허가결정의 정본을 당사자 모두에게 송달해야 하고, 추가될 당사자에게는 소장부
본도 송달해야 한다(법 68조 2항). 이 경우 추가된 당사자에 대한 관계에서는 **처음
의 소가 제기된 때**에 소가 제기된 것으로 간주된다(법 68조 3항).

　　3) 법원의 **기각결정**에 대해서는 즉시항고를 할 수 있다(법 68조 6항). 다만 법
원의 **허가결정**에 대해서는 이해관계인이 **추가될 원고의 동의**가 없었다는 것을 사
유로 하는 경우에만 즉시항고를 할 수 있다(법 68조 4항). 이 경우 **허가결정**에 대
한 즉시항고는 소송절차에 관한 일반적인 즉시항고의 경우(법 447조)와 달리, 집행
정지의 효력을 가지지 않는다(법 68조 5항). **허가결정**에 대하여 즉시항고를 할 수
없는 경우에는 법 449조의 **특별항고**로만 불복할 수 있다.[1]

3. 소송자료의 통일

(1) 공동소송인이 한 소송행위로서 공동소송인에게 유리한 경우

　공동소송인 가운데 한 사람이 한 소송행위는 모두의 이익을 위해서만 효력을
가진다(법 67조 1항).

　　1) **주장·증거제출 요부**: 공동소송인 가운데 한 사람이 상대방의 주장사실을
다투거나 증거를 제출하면 공동소송인 모두에게 효력이 있다.

　　2) **응소 요부**: 피고 측 공동소송인 가운데 한 사람이 본안에 관하여 **응소**를
했으면 소취하에 공동소송인 모두의 동의를 받아야 한다.

　　3) **기일불출석 불이익 적용 여부**: 공동소송인 가운데 한 사람이 기일에 출석
하여 변론을 하면 다른 공동소송인이 기일에 **불출석**하더라도 자백간주(법 150조)
나 취하간주(법 268조)의 효과가 발생하지 않는다. **고유필수적 공동소송**에서는 공
동소송인에 관한 소의 일부취하가 허용되지 않을 뿐만 아니라(무효이다)[2] 취하간

　1) 대결 2021. 6. 8. 2021마5514.
　2) 대결 2002. 1. 23. 99스49, 대판 2007. 8. 24. 2006다40980.

주의 규정도 적용될 여지가 없다. 그러나 **유사필수적 공동소송**에서는 공동소송인에 관한 소의 일부취하가 허용되므로[1] 취하간주의 규정이 적용되며, 이 한도 내에서 법 67조 1항의 규정이 배제된다.[2] 다만 유사필수적 공동소송에서도 기일에 출석한 공동소송인의 소송행위 가운데 불출석한 공동소송인에게 불리한 행위(예컨대 청구의 포기·인낙, 화해, 재판상 자백)는 공동소송인 모두에게 효력이 없다. 즉 기일에 출석한 공동소송인의 소송행위 가운데 불출석한 공동소송인에게 유리한 소송행위만이 그 효력이 미친다.[3]

4) **기간준수 적용 여부**: 공동소송인 가운데 한 사람이라도 답변서 제출기간·상소기간·상고이유서 제출기간·재심기간 등 **기간**을 지켰으면 다른 공동소송인이 기간을 지키지 못했다고 하더라도 이를 게을리한 효과가 발생하지 않는다.

(2) 공동소송인이 한 소송행위로서 공동소송인에게 불리한 경우

공동소송인에게 불리한 소송행위는 공동소송인 모두가 함께 해야 한다(법 67조 1항). 따라서 공동소송인 가운데 한 사람이 이러한 불리한 소송행위를 해도 효력이 없다. 예컨대 청구의 포기·인낙, 화해,[4] 재판상 자백은 공동소송인 모두가 함께 하지 않으면 효력이 없다[다만 변론 전체의 취지로 고려될 수 있다].

(3) 공동소송인에 대하여 한 소송행위

공동소송인 가운데 한 사람에 대한 **상대방**의 소송행위는 공동소송인 모두에게 효력이 미친다(법 67조 2항). 공동소송인 가운데 일부가 불출석을 하더라도 상대방이 소송행위를 하는 데 지장을 주지 않도록 하기 위한 것이다. 예컨대 공동소송인 가운데 한 사람이라도 기일에 출석했으면 **상대방**은 준비서면에 적지 않은 사실이라도 주장할 수 있고(법 276조 본문), 공동소송인 가운데 한 사람이라도 기

---

1) 유사필수적 공동소송에서는 원고들 중 일부가 소를 취하할 때에 다른 공동소송인들의 동의를 받을 필요가 없다. 대결 2013. 3. 28. 2012아43, 대판 2013. 3. 28. 2011두13729.

2) 이시윤, 784쪽; 강현중, 862쪽; 전원열, 643쪽. 이에 대하여, 유사필수적 공동소송의 경우에도 일부가 불출석해도 출석한 효과가 생긴다고 보는 입장에서 이러한 때에도 취하간주가 적용되지 않는다고 보는 견해로는, 호문혁, 915쪽.

3) 이시윤, 785쪽; 정동윤·유병현·김경욱, 1064쪽; 강현중 862쪽. 이 경우 기일에 출석한 공동소송인의 소송행위는 기일에 불출석한 공동소송인에게 불이익하게 되더라도 효력이 미친다고 보아 불출석한 공동소송인으로 인하여 소송이 지연됨을 방지해야 한다는 견해로는, 방순원, 203쪽; 송상현·박익환, 643쪽.

4) 유사필수적 공동소송에서 공동소송인 가운데 한 사람이 상대방과 화해를 할 수 있다는 견해도 있으나(방순원, 203쪽), 합일확정의 요청에 반하므로 부정함이 타당하다.

일에 출석했으면 **상대방**은 청구를 인낙하거나 자백을 할 수 있고 이 경우 공동소송인 모두를 위하여 인낙 또는 자백의 효력이 생긴다.

4. 소송진행의 통일

(1) 기일의 진행

변론(변론준비)·증거조사는 같은 기일에 행한다. 변론의 분리는 허용되지 않는다. 공동소송인 가운데 한 사람에게 소송절차를 중단 또는 중지해야 할 이유가 있는 경우 그 중단 또는 중지는 모두에게 효력이 미치므로(법 67조 3항), 공동소송인 모두에 대하여 소송절차의 진행이 정지되고 이와 같이 소송절차가 정지된 기간 중에는 유효한 소송행위를 할 수 없다.[1]

(2) 상소의 경우

(a) 상소기간의 진행

상소기간은 각 공동소송인에게 판결정본이 송달된 때부터 **개별적으로** 진행되나, 공동소송인 **모두에 대하여** 상소기간이 만료될 때까지 판결이 확정되지 않는다.[2]

(b) 공동소송인 일부에 관한 상소의 경우

1) 공동소송인과 상대방 사이에 판결의 합일확정을 필요로 하는 필수적 공동소송에서 공동소송인 가운데 **일부가 제기한 상소**, 또는 공동소송인 가운데 **일부에 대한 상대방의 상소**는 다른 공동소송인에게도 그 효력이 미치는 것이므로 공동소송인 모두에 대한 관계에서 **판결의 확정이 차단**되고 그 소송은 전체로서 **상소심에 이심**된다. 따라서 상소심판결의 효력은 상소를 제기하지 않은 공동소송인에게 미치므로 상소심으로서는 공동소송인 전원에 대하여 심리·판단해야 한다.[3]

2) 패소한 공동소송인 가운데 한 사람만이 상소를 제기한 경우에 **상소를 제기하지 않은 다른 공동소송인의 지위**에 대해서는 견해의 대립이 있다. 이에 대하여, ① 스스로 상소를 제기하지 않은 공동소송인도 상소를 제기한 공동소송인과 마찬가지로 상소심에서 상소인이 된다는 견해(**상소인설**), ② 상소를 제기한 사람은 상소를 제기하지 않은 나머지 공동소송인의 청구부분에 관해서도 해당 심급의 한도에서 소송을 담당·수행하는 권리를 가지는 심급한정의 소송담당자로서, 이 경우

---

1) 대판 1983. 10. 25. 83다카850.
2) 대판 2017. 9. 21. 2017다233931.
3) 대판 2010. 4. 29. 2008다50691, 2010. 12. 23. 2010다77750, 2011. 6. 24. 2011다1323 등.

상소를 제기하지 않은 공동소송인으로부터 개별적 수권행위가 없어도 묵시적 수권 행위가 있는 것으로 보아 상소를 제기하지 않은 사람을 '완화된 선정자'로 파악하는 견해(**완화된 형식의 선정자설, 묵시의 수권자설**)도 있으나, ③ 스스로 상소를 제기하지 않은 공동소송인은 합일확정의 요청 때문에 다른 공동소송인의 상소에 의하여 그 소송관계가 상소심으로 이심되게 되는 단순한 상소심당사자일 뿐 상소인은 아니라고 봄이 정당하다(**상소심당사자설**). **상소심당사자설이 통설**[1] · **판례**[2]의 입장이다.

3) 패소한 공동소송인 가운데 한 사람이 상소를 제기한 경우에 다른 공동소송인이 **소송무능력자**인 때에는 법 56조 1항의 규정을 준용하여 법정대리인은 후견감독인이 있다고 하더라도 후견감독인으로부터 특별한 권한을 받을 필요 없이 상소심에서 소송행위를 할 수 있다(법 69조). 이는 패소한 공동소송인 가운데 상소를 제기하지 않은 공동소송인의 지위가 상소인이 아니라 단순한 상소심당사자임에 비추어 당연한 결과이다.[3]

5. 본안재판의 통일

필수적 공동소송에 대하여 본안판결을 할 때에는 공동소송인 모두에 대한 **하나의 종국판결**을 선고해야 한다. 판결결과는 모순 없이 **합일적**이어야 한다. 공동소송인 일부에 대해서만 판결하거나 남은 공동소송인에 대해 추가판결을 하는 것은 모두 허용될 수 없다.[4] 착오로 일부판결을 해도 추가판결을 할 수 없고, **전부판결**을 한 것으로 보아 상소로써 시정해야 한다. 필수적 공동소송인 측이 패소할 경우 **소송비용**은 공동소송인의 **연대부담**으로 함이 상당하다(법 102조 1항 단서).

---

1) 변재승, "필요적 공동소송인 중 일부의 상소," 민사재판의 제문제 7권(죽당김상원 · 공우윤 일영선생화갑기념, 1993. 6.), 207쪽 이하; 이시윤, 786쪽; 정동윤 · 유병현 · 김경욱, 1065쪽; 강현중, 863쪽; 호문혁, 917쪽; 정영환, 954쪽.

2) 필수적 공동소송에서, 당사자표시 중 상고를 하지 않은 피고를 단순히 '피고'라고만 표시하고 주문 중 상고비용을 상고한 피고에게만 부담시킨 것으로는, 대판 1993. 4. 23. 92누17297, 1995. 1. 12. 94다33002. 당사자표시 중 상고를 하지 않은 피고를 단순히 '피고'라고만 표시하고 주문 중 소송총비용을 피상고인인 원고에게 부담시킨 것으로는, 대판 2012. 6. 14. 2010다105310. 한편 대판 1992. 1. 21. 91므405와 같이, 일부의 공동소송인이 상고한 사건에서 상고를 기각하면서, 상고를 하지 않은 사람을 포함한 필수적 공동소송인 모두에게 상고비용을 부담시키고, 판결의 당사자로 공동소송인 모두를 '피고, 상고인'이라고 표시함으로써 **상고인설**을 취한 경우도 있다.

3) 김지향, 주석서(1), 569쪽.

4) 대판 2010. 4. 29. 2008다50691, 2011. 6. 24. 2011다1323.

제 2 절   공동소송의 특수형태

제 1 관   예비적·선택적 공동소송(소의 주관적 예비적·선택적 병합)

I. 의   의

예비적·선택적 공동소송은 공동소송인 가운데 일부의 청구가 다른 공동소송인의 청구와 양립할 수 없거나(원고 측 공동소송인), 공동소송인 가운데 일부에 대한 청구가 다른 공동소송인에 대한 청구와 양립할 수 없는 경우(피고 측 공동소송인)에 하나의 소송절차에서 동시에 심판을 구하는 공동소송을 말한다(법 70조). 즉 예비적·선택적 공동소송은 공동소송인의 청구나 공동소송인에 대한 청구가 법률상 양립할 수 없는 관계에 있고, 어느 것이 인용될 것인지를 쉽게 판정할 수 없을 때에 필수적 공동소송의 규정을 준용하여 서로 모순 없는 통일적인 재판을 구하는 공동소송형태이다. **신법 이전**에는 이러한 소의 주관적 예비적 병합의 적법성에 관하여 견해의 대립이 있었으며, 판례는 일관되게 부정설의 입장을 취하고 있었다.[1] **신법**은 판례가 인정하지 않았던 피고를 복수로 한 소의 주관적 예비적 병합뿐만 아니라(**피고 측 예비적 공동소송**), 피고를 복수로 한 소의 주관적 선택적 병합까지 인정하고(**피고 측 선택적 공동소송**), 나아가 원고를 복수로 한 소의 주관적 예비적·선택적 병합도 인정하는(**원고 측 예비적·선택적 공동소송**) 등 이를 입법적으로 해결했다.[2]

---

[1] 대판 1984. 6. 26. 83누554,555, 1996. 3. 22. 95누5509, 1997. 8. 26. 96다31079(소의 주관적 예비적 병합에서 예비적 당사자, 특히 예비적 피고에 대한 청구의 당부에 관한 판단은 제1차적 피고에 대한 청구의 판단결과에 따라 결정되므로, 예비적 피고의 소송상 지위가 현저하게 불안정하고 또 불이익하게 되어 이를 허용할 수 없으므로 예비적 피고에 대한 청구는 이를 바로 각하해야 한다).

[2] 당초 개정과정에서는 주관적 예비적 병합에 관해서만 논의되었고 법조문의 제목도 '예비적 공동소송에 대한 특별규정'으로 되어 있다가 입법과정 최종단계에서 주관적 선택적 병합의 내용이 삽입되었다. 심중선, "예비적 공동소송과 일본의 동시심판신청 공동소송," 민사소송 5권 (2002. 2.), 124쪽 이하. 선택적 공동소송은 본래 원고가 소송상 청구와 당사자를 특정하지 않으면 그 소는 부적법하다는 소송법상 기본원칙을 무시하고 인정한 것으로 원고가 주위적 당사자를 특정하지 않아도 된다는 점에서 원고에게는 매우 편리한 제도이나, 그에 따라 남용의 가능성도 높다는 지적으로는, 호문혁, "2002년 개정 민사소송법의 주요내용에 관한 고찰," 민사소송 7권 2호(2003. 8.), 42쪽.

■ '예비적' 공동소송의 용어의 적절성

　　주의를 요하는 것은, '**예비적**' 공동소송이라는 용어의 사용에 대해서는 오해의
여지가 있을 수 있다는 점이다. 일반적으로 '예비적'이라는 용어는 어느 한쪽의 청
구가 인용되면 다른 쪽 청구에 대해서는 판단의 필요가 없는 때에 사용하는 것이
일반적인데, 법 70조 2항에서는 모든 공동소송인에 관한 청구에 대하여 판결을 해
야 한다고 규정함으로써 지금까지 사용해 온 '예비적'이라는 의미와는 다소 다르게
규정하고 있기 때문이다. 따라서 입법시 '**순차적**'이라는 용어,[1] 또는 '**순위적**'이라는
용어[2]를 사용하는 것이 보다 적절했던 것으로 보인다.

Ⅱ. 모   습

1. 수동형과 능동형

　　예비적·선택적 공동소송에는 피고 측이 수동적으로 공동소송인이 되는 유형
(**수동형**, 법 70조 1항 본문 후단)과 원고 측이 능동적으로 공동소송인이 되는 유형
(**능동형**, 법 70조 1항 본문 전단)이 있다.

2. 예비형과 선택형

　　예비적·선택적 공동소송에는 공동소송인이 또는 공동소송인에 대하여 양립
할 수 없는 청구를 하면서 심판순서를 붙여서 청구하는 유형(**예비형**)과 그렇지 않
은 유형(**선택형**)이 있다[**선택적 공동소송**은 선택적 병합과 달리 각 청구가 **법률상 양립할
수 없는 관계**에 있어야 함에 주의를 요한다]. **예비형**에서는, 법원은 **심판순서**에 따라
판단을 해야 한다. 즉 법원은 먼저 주위적 당사자에 관한 청구의 인용 여부를 판
단하고, 그 다음 예비적 당사자에 관한 청구를 판단한다. 이에 반하여 **선택형**에서
는, 법원은 심판순서에 관계없이 어느 선택적 당사자에 관한 청구를 먼저 판단하
고, 나머지 당사자에 관한 청구를 판단할 수 있다.

3. 원시형과 후발형

　　예비적·선택적 공동소송에는 소제기 당시부터 시작되는 유형(**원시형**)과 소송계

---

[1] 최영락, "예비적·선택적 공동소송," 사법논집 41집(2005. 12.), 109쪽.
[2] 전병서, "예비적·선택적 공동소송," 민사소송 6권(2002. 8.), 11쪽 이하.

속 중에 예비적 공동소송인 또는 선택적 공동소송인이 추가되는 유형(**후발형**)이 있다. 후발형의 경우 **법 70조 1항 본문**이 **법 68조**(필수적 공동소송인의 추가)를 준용하고 있으므로 **제 1 심 변론종결시까지 원고의 신청**에 따라 **법원의 결정**에 의하여 **원고 측** 또는 **피고 측**의 **예비적 공동소송인** 또는 **선택적 공동소송인**을 추가할 수 있다 (원고 측 추가의 경우에는 추가될 사람의 동의를 받아야 한다).[1][2] 한편 원고가 각 다른 피고를 상대로 별개로 법률상 양립할 수 없는 각 소송을 제기하거나, 각 다른 원고가 같은 피고를 상대로 별개로 법률상 양립할 수 없는 각 소송을 제기한 경우 **제 1 심 단계**에서 법원의 **변론의 병합**으로 각 소송이 **하나의 공동소송으로 된** 뒤 청구의 변경 등으로 공동소송인들 가운데 순서를 지정하거나 선택적으로 심판해 달라고 청구하는 예비적·선택적 공동소송도 가능하다.[3][4]

■ 판례 가운데 선정당사자가 항소심에서 한 청구의 추가적 변경을 예비적 공동 소송의 관계로 본 판결의 문제점

대판 2008. 4. 10. 2007다36308은, 선정당사자 및 선정자들이 제 1 심에서 임대보 증금반환을 청구했는데 항소심에 이르러 선정당사자 자신의 대여금(또는 구상금)청 구를 추가하면서 이를 주위적으로 구하고 위 임대보증금반환청구는 예비적으로 구 하는 것으로 변경한 사안에서, 선정당사자의 대여금(또는 구상금)청구와 선정자들의 각 임대보증금반환청구는(원고 측) 예비적 공동소송의 관계에 있으므로 위 대여금 (또는 구상금)청구를 모두 인용하더라도 다른 공동소송인인 선정자들의 각 임대보 증금반환청구에 관해서도 판단을 해야 한다고 보고 있다. 즉 위 판결은 선정당사자 가 소송담당자로서 하는 청구와 선정당사자 자신의 청구는 비록 형식적으로는 당사 자 한 사람의 청구의 객관적 병합에 불과한 듯이 보이나, 실질적으로는 두 당사자 의 소의 주관적 병합의 형태를 띤 것으로 보고, 주위적 원고인 선정당사자 자신의 청구가 인용되더라도 예비적 원고인 선정자들의 청구에 대해서도 판결을 해야 한다 는 입장이다.

1) 대결 2021. 6. 8. 2021마5514.
2) 이에 대하여, 항소심 변론종결시까지로 하는 법개정이 이루어져야 한다는 견해로는, 이시윤, 792쪽. 한편 법문상 규정에도 불구하고 제 1 심에서 예비적·선택적으로 심리할 수 있을 정도 로 변론이 성숙되었을 때에는 항소심에서 상대방의 동의를 받아 예비적·선택적 공동소송이 가능하다는 견해로는, 강현중, 868쪽.
3) 법원실무제요 민사소송(1), 370쪽.
4) 당사자가 각기 독립하여 청구를 한 사건을 법원이 직권으로 변론의 병합에 의하여 예비적· 선택적 공동소송관계로 바꾸는 것은 처분권주의와의 관계에서 문제가 있다는 지적으로는, 이시윤, 790쪽(다만 이러한 입장에서도 석명을 통한 당사자의 의사확인이 있었다면 별론으로 본다).

그러나 위 판결은, ① 선정당사자를 소송담당자로 하는 선정자들의 청구와 선정당사자 자신의 청구가 **법률상 양립불가능한 관계**에 있는지도 언급하지 않은 채 이러한 청구의 형태를 예비적 공동소송으로 본 것도 문제일 뿐만 아니라, ② **항소심**에서는 이러한 후발적 예비적 공동소송이 허용되지 않음에도(법 70조 1항, 68조) 이를 간과한 잘못이 있음을 지적하지 않을 수 없으며, ③ 나아가 예비적 공동소송인의 추가는 **법원의 명시적 허가결정절차**를 거쳐야 함에도(법 70조 1항 본문, 68조 1항·2항) 위 판결의 사안에서는 이러한 허가결정절차를 거친 것으로 보이지 않는 등 법리면에서 많은 문제점이 있다.[1]

Ⅲ. 요   건

1. 청구 사이에 법률상 양립할 수 없는 경우의 의미

(1) 의   의

원고 측의 청구이든, 피고 측에 대한 청구이든 청구 사이에 법률상 양립할 수 없는 경우라야 한다(법 70조 1항). 즉 어느 한 청구가 인용되면 법률상 다른 청구는 기각될 관계에 있어야 하며, 두 청구 모두 인용될 수 있는 경우이면 허용되지 않는다. 여기서 '청구'는 **주장 자체**로서의 청구를 의미하며 실체법상 적법·유효한 청구일 것이 요구되지 않는다.[2]

(2) 법률상 양립할 수 없는 경우에 포함되는 법률적용상 양립불가능한 경우

(a) 법률상 명문의 규정에 의한 양립불가능성

법률상 명문의 규정으로 당사자가 동시에 권리자 또는 의무자가 될 수 없게 되는 경우가 법률상 양립불가능한 경우에 해당함은 당연하다. 예컨대 ① 공작물의 설치·보존의 흠을 이유로 민법 758조 1항에 따른 손해배상청구에서 점유자를 주위적 피고로 하여 청구를 하고, 점유자가 손해의 방지에 필요한 주의를 게을리하지 않은 것으로 판단될 때를 대비하여 소유자를 예비적 피고로 하여 청구를 하는 경우, ② 대리인과 거래한 상대방이 본인을 주위적 피고로 하여 계약상 이행청구

---

1) 이에 대하여, 선정당사자 자신의 청구와 소송담당자로서의 선정자들의 청구의 관계를 단일한 당사자 사이의 예비적 병합으로 이해하여, 이러한 예비적 병합에서는 주위적 청구가 인용되면, 예비적 청구에 대하여 더 나아가 심판할 필요가 없게 된다는 견해로는, 전병서, "항소심서 후발적 예비적 공동소송 가능한가," 법률신문 3863호(2010. 8.), 15쪽.

2) 이규진, "민사소송법 제70조 소정의 예비적·선택적 공동소송의 요건," 대법원판례해설 67호(2007년 상반기), 620쪽 이하; 태기정, "예비적 공동소송에서의 양립불가능성 —대판 2015. 6. 11. 2014다232913과 관련하여—," 법학논총(국민대학교 법학연구소) 32권 1호(2019. 6.), 360쪽.

를 하고, 대리인의 대리권을 증명하지 못하고 또 본인의 추인을 얻지 못하는 것(무
권대리)으로 판단될 때를 대비하여 민법 135조 1항에 따라 무권대리인을 예비적 피
고로 하여 손해배상청구를 하는 경우 등이 있다.

(b) 동일한 사실관계에 대한 법률적 평가상 양립불가능성

동일한 사실관계에 대한 법률적 평가를 달리하여 두 청구 가운데 어느 한쪽
에 대한 법률효과가 인정되면 다른 쪽에 대한 법률효과가 부정됨으로써 두 청구
가 모두 인정될 수 없는 관계에 있는 때에도 법률상 양립불가능한 경우에 해당한
다. **판례**의 태도도 마찬가지이다.[1] **부진정연대채무의 관계**에 있는 채무자들을 공
동피고로 하여 이행의 소가 제기된 경우 그 공동피고에 대한 각 청구가 서로 법률
상 양립할 수 없는 것이 아니므로 그 소송을 법 70조 1항 소정의 예비적·선택적
공동소송이라고 할 수 없다. 예컨대 어떤 물건에 대한 **직접점유자**를 주위적 피고
로, **간접점유자**를 예비적 피고로 하여 그에 대한 점유·사용으로 인한 부당이득
반환을 구하는 소가 제기된 경우 이러한 부당이득반환채무는 부진정연대채무의
관계에 있으므로 그 소송은 진정한 의미의 예비적·선택적 공동소송이라고 할 수
없다.[2]

■ 동일한 사실관계에 대한 법률적 평가상 양립불가능으로 법률상 양립불가능한
경우에 해당하는 구체적 사례

법인, 또는 법인 아닌 사단이나 재단 등 당사자능력이 있는 단체의 대표자 또는
구성원의 지위에 관한 확인소송에서 그 대표자 또는 구성원 개인뿐 아니라 그가 소
속된 단체를 공동피고로 하여 소가 제기된 경우에는, 누가 **피고적격**을 가지는지에
관한 법률적 평가에 따라 어느 한쪽에 대한 청구는 부적법하고 다른 쪽의 청구만이
적법하게 될 수 있으므로, 이는 법 70조 1항 소정의 예비적·선택적 공동소송의 요건
인 각 청구가 서로 법률상 양립할 수 없는 관계에 해당하는 것으로 본다. 예컨대 아
파트 동(棟)대표지위의 부존재확인을 구하는 소송에서 입주자대표회의와 그 구성원
개인 중 누가 피고적격을 가지는지에 따라 어느 한쪽에 대한 청구는 부적법하고 다
른 쪽에 대한 청구는 적법하게 될 수 있으므로 이들 각 청구는 법률상 양립할 수
없는 경우에 해당하여 예비적 공동소송의 한 태양에 속한다. 따라서 이러한 경우에
는 법 70조 1항에 의하여 준용되는 법 68조의 규정에 따라 예비적 피고의 추가가

---

[1] 대결 2007. 6. 26. 2007마515, 대판 2008. 3. 27. 2005다49439, 2008. 7. 10. 2006다57872.
[2] 대판 2009. 3. 26. 2006다47677, 2012. 9. 27. 2011다76747.

허용된다[입주자대표회의 구성원 개인을 피고로 삼아 제기한 동대표지위부존재확인
의 소의 계속 중에 입주자대표회의를 예비적 피고로 추가하는 것이 허용된다고 한
사례이다].[1]

2. 사실관계에 의한 양립불가능도 법률상 양립불가능에 포함되는지 여부

(1) 문 제 점

문제는 법률상 양립할 수 없는 경우에 앞서의 법률적용상 양립불가능의 경우
외에 사실관계에 의한 양립불가능의 경우도 포함하는지 여부이다. 여기서 **'사실관
계에 의한 양립불가능한 경우'**란 당사자들 사이의 사실관계 여하에 따라 또는 택
일적 사실인정에 의하여 어느 한쪽만이 권리자 또는 의무자가 될 수밖에 없는 경
우를 말한다. 물론 법률상 양립불가능한 경우인지 사실상 양립불가능한 경우인지
그 구별이 용이한 것은 아니다.[2]

(2) 검   토

1) 이에 대하여, 법 70조 1항 본문에서 '법률상'이라고 표현한 점에 비추어
사실관계에 의한 양립불가능한 경우는 법문상 규정하고 있는 양립불가능한 경우
에는 해당하지 않는 것으로 보는 견해가 있다.[3] 그러나 양립불가능의 원인을 반
드시 법률적용상 양립불가능성에 국한할 것은 아니다. 사실관계 여하 등에 따라
법률적으로 양립할 수 없게 되는 경우도 얼마든지 생각해 볼 수 있고, 이러한 경
우에도 예비적·선택적 공동소송제도의 적용의 필요성은 마찬가지이다. 따라서

---

1) 대결 2007. 6. 26. 2007마515. 위 결정에 대하여, 법리상 피고적격은 입주자대표회의에 있고
피고 구성원 개인에게 없음이 명백하므로, 두 청구의 적법 여부가 논리필연적으로 결합되어
있지 않고, 두 청구에 대한 합일확정의 필요 없으므로 예비적 공동소송이 허용되지 않는다
고 보아야 한다는 견해로는, 민경도, "예비적·선택적 공동소송의 허용 여부와 이중패소의 위
험," 인권과 정의 429호(2012. 11.), 160쪽 이하. 그러나 분쟁된 사안에서 입주자대표회의에게
피고적격이 있는지, 구성원 개인에게 피고적격이 있는지 여부가 명백한 것만은 아니며, 위 사
안의 경우 역시 법률적 평가 여하에 따라 한쪽에 대한 피고적격이 인정되면 다른 쪽에 대한
피고적격이 부정되는 관계에 있으므로, 판례의 태도가 정당하다.
2) 최영락, "예비적·선택적 공동소송," 사법논집 41집(2005. 12.), 115쪽 이하; 김상균, "예비
적·선택적 공동소송," 비교사법 10권 2호(2003. 6.), 521쪽 이하. 한편 당사자 지위에 대한
해석이나 사실인정을 위한 증거의 가치판단 등 사실인정과정에서 법률문제는 대부분 수반되
므로 사실문제인지 법률문제인지 구분이 명확치 않다는 견해로는, 태기정, "예비적 공동소송
에서의 양립불가능성 —대판 2015. 6. 11. 2014다232913과 관련하여—," 법학논총(국민대학교
법학연구소) 32권 1호(2019. 6.), 359쪽.
3) 이시윤, 791쪽.

법 70조 1항 본문에서 말하는 '법률상 양립할 수 없는 경우'에는 그 원인이 법률
적용상 발생하는 경우와 사실관계에 의하여 발생하는 경우 모두가 포함된다고 봄
이 상당하다. 즉 택일적 사실인정 등이 문제되는 경우라도 그것이 공동소송인 한쪽
의 법률효과를 긍정하고 다른 쪽의 법률효과를 부정하게 된다면, 법률상 양립할 수
없는 청구에 포함된다고 본다.[1] 다만 이 경우에도 예비적·선택적 피고의 지위를
심히 불안정하게 하고 **투망식 소송** 또는 **시험적 소송**의 우려가 있는 때에는 허용
될 수 없다.[2]

  2) **사실관계에 의한 양립불가능**으로 **법률상 양립불가능**한 경우에 포함되는
예로는, ① 채권양도가 이루어졌으나 그 **양도의 효력**이 불명한 경우(채권양도의 대
항요건을 갖추었는지 여부가 불명한 경우), ② 면책적 채무인수가 이루어졌으나 그
인수의 효력이 불명한 경우(채권자의 승낙에 의하여 인수의 효력이 발생했는지 여부가
불명한 경우), ③ 공탁이 이루어졌으나 그 **공탁의 효력**이 불명한 경우(채권자불확지
의 변제공탁사유를 갖추었는지 여부가 불명한 경우),[3] ④ 주식회사의 대표이사인 사람
과 계약을 했는데 **계약당사자**가 회사인지 대표이사 개인인지 불명한 경우(대표이
사인 사람이 대표자의 지위에서 계약을 한 것인지 불명한 경우), ⑤ 임대차목적물의 매
각 또는 낙찰이 이루어졌으나 **임대인 지위승계의 효력**이 불명한 경우(임차인이 임
대차목적물의 매각 등으로 종전 임대인의 지위가 매수인에게 승계된 것에 대하여 이의를
제기하여 임대인 지위승계가 차단되었는지 여부가 불명한 경우),[4] ⑥ 도로의 관리 소홀
에 대한 **배상책임의 주체**가 국가인지 지방자치단체인지 불명한 경우(사고지점 도
로부분의 관리자가 누구인지 불명한 경우)[5] 등이 있다.

  다만 불법행위의 가해자가 A인지, B인지는 사실인정의 문제로서, 상황에 따
라 가해자가 A, B 어느 쪽도 아닌 제 3 자인 경우도 있을 수 있어 예비적·선택적
피고 어느 쪽에 대해서도 패소하는 것이 법률적으로 이상할 것이 없으므로, 이때

---

1) 이규진, "민사소송법 제70조 소정의 예비적·선택적 공동소송의 요건," 대법원판례해설 67
   호(2007년 상반기), 613쪽 이하.
2) 청구가 양립불가능한지 여부에 관해서는 당사자의 주장 내용을 기초로 해야 하며, 위 제도
   의 남용가능성, 특히 투망식 제소행위에 대해서는 신의칙의 적용을 통하여 해결하는 것이 타
   당하다는 견해로는, 권혁재, "예비적·선택적 공동소송의 포섭범위," 인권과 정의 379호(2008.
   3.), 126쪽 이하.
3) 대판 2011. 2. 24. 2009다43355.
4) 대판 2021. 11. 11. 2021다251929.
5) 서울고등법원 2004. 1. 14. 선고 2003나6639 판결.

는 법률상 양립할 수 없는 경우에 해당하지 않는다고 본다.[1]

(3) 판례의 태도

판례도 당사자들 사이의 **사실관계 여하**에 의하여 또는 청구원인을 구성하는 **택일적 사실인정**에 의하여 어느 한쪽의 법률효과를 긍정하거나 부정하고 이로써 다른 쪽의 법률효과를 부정하거나 긍정하는 반대의 결과가 되는 경우로서, 두 청구들 사이에서 한쪽 청구에 대한 판단이유가 다른 쪽 청구에 대한 판단이유에 영향을 주어 각 청구에 대한 **판단과정이 필연적으로 상호결합되어 있는 관계**를 의미하며, **실체법상** 서로 양립할 수 없는 경우뿐 아니라 **소송법상** 서로 양립할 수 없는 경우를 포함한다고 본다.[2]

> ■ 사실관계에 의한 양립불가능으로 법률상 양립불가능한 경우에 해당하는 구체적 사례
>
> **주위적 청구**는 피고 카드회사가 피고 자동차판매회사에게 차량대금을 지급했음을 전제로 피고 자동차판매회사(**주위적 피고**)에 대하여 차량미인도로 인한 채무불이행책임(차량인도와는 별도로 차량인도의 지연으로 인해 원고가 입은 손해에 대한 배상책임) 또는 사용자책임을 근거로 구하고, **예비적 청구**는 피고 카드회사가 피고 자동차판매회사에게 차량대금을 지급하지 않았음을 전제로, 피고 카드회사(**예비적 피고**)에 대하여 할부금의 지급채무가 없음을 확인하고 아울러 이미 납입한 할부금의 반환을 구하는 것은 예비적 공동소송에 해당한다. 이러한 경우에는 주위적 청구에 대한 판단이유가 예비적 청구에 대한 판단이유에 영향을 줌으로써 위 각 청구에 대한 판단과정이 필연적으로 상호결합되어 있는 관계에 있어 위 두 청구는 법률상 양립할 수 없고, 또한 주위적 청구는 예비적 청구와 그 상대방을 달리하고 있기 때문이다.[3]

3. 통상공동소송관계와 예비적 공동소송관계의 병합

(1) 피고 측 공동소송의 경우

피고 측 예비적 공동소송에서 법 70조 1항 본문의 '공동소송인 가운데 일부에 대한 청구'를 반드시 '공동소송인 가운데 일부에 대한 모든 청구'라고 해석할

---

1) 전병서, "예비적·택일적 공동소송," 민사소송 6권(2002. 8.), 11쪽 이하.
2) 대판 2008. 3. 27. 2005다49430, 2008. 7. 10. 2006다57872; 2011. 2. 24. 2009다43355.
3) 대판 2008. 7. 10. 2006다57872.

근거는 없다. **주위적 피고**에 대한 주위적 · 예비적 청구 가운데 **주위적 청구부분**이 인용되지 않을 경우 그와 법률상 양립할 수 없는 관계에 있는 **예비적 피고**에 대한 청구를 인용하여 달라는 취지로 결합하여 소를 제기하는 것도 가능하다.[1] 따라서 처음에는 주위적 피고에 대한 주위적 · 예비적 청구만을 했다가 그 청구 가운데 주위적 청구 부분이 받아들여지지 않을 경우 그와 법률상 양립할 수 없는 관계에 있는 예비적 피고에 대한 청구를 받아들여 달라는 취지로 예비적 피고에 대한 청구를 결합하기 위하여 예비적 피고를 추가하는 것도 법 70조 1항 본문에 의하여 준용되는 법 68조 1항에 의하여 가능하다.[2]

예비적 공동소송과 함께 주위적 피고에 대한 예비적 청구와 예비적 피고에 대한 청구가 서로 법률상 양립할 수 있는 관계에 있으면 양 청구를 병합하여 **통상공동소송**으로 보아 심리 · 판단할 수 있다.[3] 앞서의 법리는 원고가 주위적 피고에 대하여 실질적으로 선택적 병합 관계에 있는 두 청구를 주위적 · 예비적으로 순위를 붙여 청구한 경우에도 그대로 적용된다.[4]

(2) 원고 측 예비적 공동소송의 경우

원고 측 예비적 공동소송의 경우도 앞서의 경우와 마찬가지이다. 따라서 주위적 원고가 (예비적 원고가 청구하고 있는) 동일한 피고에 대하여 다른 청구를 병합하여 청구할 수 있을 뿐만 아니라 다른 피고를 공동피고로 하는 통상공동소송을 병합시키는 것도 가능하다.[5]

4. 항소심에서 변론의 병합에 의한 예비적 · 선택적 공동소송의 허용 여부

항소심에서 변론의 병합에 의한 예비적 · 선택적 공동소송이 허용되는지에 관하여, ① 별소로 제기된 소송에 대하여 변론의 병합에 의한 예비적 · 선택적 공동소송은 제 1 심 변론종결시까지만 가능하다는 견해,[6] ② 법 70조 1항에 의해 준용되는 법 68조 1항의 취지는 당사자의 실질적 변론의 기회의 확보와 심급의 이익의 보장을 위한 것인데, 항소심에서 변론의 병합을 하는 경우 이미 각각 제 1 심

---

1) 대판 2014. 3. 27. 2009다104960,104977.
2) 대판 2015. 6. 11. 2014다232913.
3) 대판 2009. 3. 26. 2006다47677, 2015. 6. 11. 2014다232913.
4) 대판 2015. 6. 11. 2014다232913.
5) 대판 2012. 9. 13. 2009다23160.
6) 정동윤 · 유병현 · 김경욱, 1071쪽.

판결이 있다는 점에서 병합에 따른 심급의 이익을 박탈하지 않을 뿐만 아니라, 예비적·선택적 공동소송관계가 인정되는 때에는 판결을 같이 함으로써 판결의 모순·저촉을 막을 수 있기 때문에, 변론의 병합에 의한 예비적·선택적 공동소송은 항소심에서도 가능하다는 견해,1) ③ 항소심에서도 당사자들이 동의한다면 예비적·선택적 공동소송이 가능하다는 견해가 있다.2)

법 68조 1항은 공동소송인의 추가가 가능한 시기를 **제 1 심 변론종결시**로 제한하고 있으므로 항소심에서는 당사자를 변론의 병합에 의하여 예비적·선택적 공동소송의 형태로 추가할 수는 없다고 보는 것이 타당하다.

5. 허용요건 등의 심판

(1) 공동소송요건의 조사

예비적·선택적 공동소송의 **허용요건**에 관해서는 직권으로 조사해서 판단해야 한다. 원고가 순서를 정하지 않았거나 선택적이라는 취지를 밝히지 않고 통상공동소송처럼 보이는 형태로 **양립불가능한 청구**를 한 경우에는, 법규정의 취지에 비추어 법원으로서는 적극적으로 **석명권**을 행사하여[석명을 적극적으로 하라는 의미이며, 그렇다고 하여 개념상 '적극적 석명'을 하라는 말은 아니다] 원고의 의사를 명확히 밝히도록 유도해야 한다.3) 원시적으로 예비적·선택적 공동소송을 제기했는데 그 요건을 갖추지 못한 경우 바로 그 예비적 당사자에 관한 소를 각하할 것이 아니라, 각 청구가 **통상공동소송의 요건**을 갖추고 있으면 통상공동소송으로 취급한다. **판례**도, 주위적 피고에 대한 청구와 예비적 피고에 대한 청구가 서로 **법률상 양립할 수 있는 관계**에 있으면 양 청구를 병합하여 **통상공동소송**으로 보아 심리·판단할 수 있다는 입장이다.4) 예컨대 원고가 부진정연대채무의 관계에 있는 피고들을 상대로 예비적 공동소송의 형태로 소를 제기했다고 하더라도 이로 인해 공동소송형태가 변경되는 것이 아니라 그 **청구의 본래의 성질**에 따라 통상공동소송의 관계에 있다고 보아야 한다.5)

---

1) 정영환, 960쪽.
2) 강현중, "예비적·선택적 공동소송," 민사소송 5권(2002. 2.), 88쪽 이하; 한충수, 725쪽.
3) 이규진, 위 논문, 624쪽 이하.
4) 대판 2009. 3. 26. 2006다47677, 2015. 6. 11. 2014다232913.
5) 대판 2012. 9. 27. 2011다76747.

(2) 병합요건 · 소송요건의 조사

예비적 · 선택적 공동소송의 허용요건을 갖춘 경우에는 예비적 · 선택적 공동소송도 공동소송의 한 형태이므로 **공동소송의 병합요건 및 일반 소송요건** 등에 관하여 직권으로 조사해서 판단해야 한다.

Ⅳ. 본안심판

1. 소송자료의 통일

(1) 의　　의

예비적 · 선택적 공동소송에는 필수적 공동소송에 관한 법 67조 1항이 준용된다(법 70조 1항 본문). 그러나 예비적 · 선택적 공동소송에서는 판결결과의 모순을 방지하기 위하여 소송진행의 통일 및 본안재판의 통일의 면에서는 필수적 공동소송의 그것과 일치하나, **소송자료의 통일**의 면에서는 유리한 소송행위와 불리한 소송행위의 판단과 그 효력의 인정 여부, 공동소송인 가운데 한 사람이 한 자백에 대한 그 효력의 인정 여부 등을 둘러싸고 논의가 있다.[1]

이에 대하여, ① 예비적 · 선택적 공동소송에서는 세 당사자 사이의 분쟁관계를 한꺼번에 통일적으로 해결할 필요성이 예비적 · 선택적 공동소송과 마찬가지로 필수적 공동소송의 규정을 준용하는 독립당사자참가소송(법 79조 2항)의 경우보다 약하므로 공동소송인이 승패를 같이 할 것을 전제로 한 규정, 즉 소송자료의 통일을 위한 규정은 준용되지 않고, 소송진행의 통일 및 본안재판의 통일을 위한 규정만이 준용된다고 보는 견해(**부정설**),[2] ② 예비적 · 선택적 공동소송에서 재판상 자백을 공동소송인 모두가 동시에 해야 한다는 것은 서로 배척적이고 모순된 사항에 대한 자백을 요구하는 것이 되어 무의미하므로 공동소송인에게 불리한 행위 가운데 재판상 자백만은 소송자료의 통일을 위한 법 67조 1항을 준용할 수 없다는 견해(**제한적 긍정설**)도 있다.[3] 그러나 예비적 · 선택적 공동소송의 경우 분쟁

---

1) 김상균, "공동소송에서 합일확정의 의미," 청주대학술논집(청주대학교 학술연구소) 4집(2004. 12.), 125쪽 이하.

2) 홍기문, "신민사소송법의 법제와 전망," 민사소송 8권 1호(2004. 2.), 11쪽 이하; 호문혁, 854쪽; 김용진, 858쪽.

3) 강현중, "예비적 · 선택적 공동소송," 민사소송 5권(2002. 2.), 98쪽 이하; 장재형, "예비적 공동소송의 심판과 합일확정," 인권과 정의 398호(2009. 10.), 169쪽 이하.

을 모순 없이 해결하기 위하여 법 67조 1항의 준용을 법률상 명문화하고 있으므로 **소송자료의 통일**도 포함된다고 보아야 한다(**긍정설, 전면적 준용설**). 다수설[1] 및 판례[2]는 **긍정설**을 취하고 있다.

(2) 공동소송인이 한 소송행위로서 공동소송인에게 유리한 경우

예비적·선택적 공동소송인 가운데 한 사람이 한 소송행위는 모두의 이익을 위해서만 효력을 가진다(법 70조 1항 본문, 67조 1항). 이에 관해서는 필수적 공동소송에서 본 바와 같다.

(3) 공동소송인이 한 소송행위로서 공동소송인에게 불리한 경우

공동소송인에게 불리한 소송행위는 공동소송인 모두가 함께 해야 한다. 법 70조 1항 본문은 소송자료의 통일도 규정하고 있으므로, 공동소송인 가운데 한 사람이 자백을 한 경우(**일방자백**) 자백으로서의 효력이 없으며, 자백은 **공동소송인 모두가 함께하지**(concurrently) 않으면 안 된다(**동시자백**).[3] 동시자백이라고 하여 동시에(simultaneously) 이를 자백해야 하는 것은 아니며, 때를 달리하여 같은 사실에 관하여 불리한 진술을 하는 경우에도 재판상 자백이 성립한다. 동시자백이 요구되므로 공동소송인 모두에게 **공통된 기본적 사실** 또는 공동소송인 사이의 **동일한 사실관계**에 관하여 공동소송인 모두가 하는 경우에만 자백이 성립된다.

■ 예비적·선택적 공동소송에서 일방자백이 허용된다고 보는 입장 및 그 논리적 근거

예비적·선택적 공동소송에서도 일방자백이 허용된다고 보는 입장에서, 주위적 피고 및 예비적 피고의 동시자백이 아닌 그 가운데 한쪽의 일방자백의 경우, 즉 주위적 피고는 자백하고 예비적 피고는 부인한다든지, 아니면 그 반대의 경우에 이러한 자백이 유효하다고 볼 것인지에 관하여 논의가 있다.

(1) 다른 공동소송인에게 유리한 경우에만 자백을 인정하는 견해

공동소송인의 일부가 자백한 경우 다른 공동소송인에게 유리한 경우에 한하여 자백의 효력을 인정해야 한다는 견해이다.[4] 즉 공동소송인의 일부가 자백하더라도 자백한 사실이 다른 공동소송인에게 불리한 경우에는 자백의 효력이 인정되지 않는

---

1) 이시윤, 793쪽; 김홍규·강태원, 772쪽; 손한기, 401쪽; 박재완, 672쪽; 전원열, 650쪽.
2) 대판 2008. 7. 10. 2006다57872.
3) 이시윤, 793쪽.
4) 정영환, 962쪽.

다고 본다. 이러한 입장에 의하면, 공동소송인의 일부가 자백한 사실이 다른 공동소
송인에게 유리하다면, 그 자백을 유효한 것으로 보아 자백한 공동소송인에게 자백
한 사실(불리한 사실)을 전제로 불리한 판결이 가능하고, 자백하지 않은 다른 공동
소송인에 대하여 이러한 자백으로 말미암아 유리하게 된 사실을 전제로 유리한 판
결이 가능하게 된다.

(2) 다른 공동소송인에게 유·불리를 불문하고 자백을 인정하는 견해

공동소송인 일부가 자백한 경우 다른 공동소송인에게 유리한지 여부를 묻지 않
고 유효한 것으로 보는 견해이다. 이러한 입장에 의하면, ① 주위적 피고가 자백한
경우에는, 그 자백이 유효하므로 이를 전제로 심리하여 원고의 주위적 피고에 대한
청구가 인용되면 예비적 피고에 대한 청구를 기각해야 한다고 본다. ② 예비적 피고
가 자백한 경우에는, 주위적 피고에 대한 청구가 기각된다면 예비적 피고에 대해서
는 그가 자백한 사실을 전제로 판단하여 청구인용할 수 있다고 본다.

다만 예비적 피고가 자백하고 있음에도 주위적 피고에 대한 청구가 인용되는 경
우 예비적 피고에 대한 판단방법에 대해서는 견해의 대립이 있다. ① 이 경우 주위
적 피고에 대하여 청구인용판결이 있는 이상 예비적 피고에 대해서는 그가 자백한
사실에 구애되지 않고 청구기각판결을 해야 한다는 견해,[1] ② 이 경우에도 원고의
권리보호와 예비적 피고의 처분권을 존중하여, 예비적 피고에 대해서도 예비적 피
고가 자백한 사실을 전제로 청구인용판결을 할 수 있다는 견해가 있다.[2]

(4) 공동소송인에 대하여 한 소송행위

예비적·선택적 공동소송에서 공동소송인 가운데 한 사람에 대한 상대방의
소송행위는 유·불리를 묻지 않고 공동소송인 모두에게 효력이 미친다(법 70조 1
항 본문, 67조 2항). 이에 관해서도 필수적 공동소송에서 본 바와 같다.

2. 소송진행의 통일

(1) 의   의

1) 예비적·선택적 공동소송의 경우 소송진행의 통일이 요구된다(법 70조 1항
본문, 67조 3항). 기본적으로는 필수적 공동소송에서 본 바와 같다. 예비적·선택적
공동소송인의 일부가 누락된 경우 필수적 공동소송인의 추가에 관한 **법 68조가**
준용된다(법 70조 1항 본문). 따라서 예비적·선택적 공동소송인 가운데 일부가 누
락된 경우에는 **제 1 심 변론종결시까지** 원고의 신청에 따라 법원의 결정으로 누락

---

1) 김상균, "예비적·선택적 공동소송," 비교사법 10권 2호(2003. 6.), 530쪽 이하.
2) 이연주, "예비적·선택적 공동소송에 관한 연구," 저스티스 114호(2009. 12.), 126쪽 이하.

된 공동소송인을 추가할 수 있다. **판례**는, 원고가 어느 한 사람을 피고로 지정하여 소를 제기했다가 다른 사람이 주위적 또는 예비적 피고의 지위에 있다고 주장하면서 그에 대한 청구를 함께하는 경우 그것이 주위적 또는 예비적 피고를 **추가하는 취지**라면 법원은 누락된 필수적 공동소송인의 추가의 경우와 마찬가지로 법 68조 1항·2항의 조치를 취해야 한다고 본다.[1]

    2) 법 70조 1항 단서는 예비적·선택적 공동소송인 각자가 청구의 포기·인낙, 화해 및 소취하를 할 수 있다고 규정하고 있다. 예비적·선택적 공동소송에서는 일반적으로 필수적 공동소송의 규정이 준용되는데(법 70조 1항 본문) 이러한 행위는 소송물에 관한 처분행위로서 공동소송인에게 불리한 행위가 되어 공동소송인 모두가 하지 않으면 그 효력이 없는 것이 원칙이지만(법 67조 1항), 각 공동소송인이 자신의 소송물을 처분하는 것을 제한하는 것은 가혹하므로 예비적·선택적 공동소송인의 일부가 자유롭게 분쟁의 자치적 해결을 하는 것을 가능하도록 하여 그 범위 내에서 합일확정의 요구를 완화하고 있다.[2]

▣ 예비적 병합과 예비적 공동소송의 각 법률적 관계에 대한 비교적 검토
    (1) 예비적 병합과 예비적 공동소송의 공통점
    예비적 병합이나 **예비적 공동소송**에서, 주위적 청구와 예비적 청구(예비적 병합의 경우) 또는 주위적 피고에 대한 청구와 예비적 피고에 대한 청구(예비적 공동소송의 경우)는 모두 하나의 소송절차에서 여러 개 청구가 불가분적으로 결합되어 있는 점, 이들 각 청구는 양립불가능한 점 및 당사자가 이들 각 청구에 대하여 심판의 순서를 붙이고 있다는 점 등에서 동일하다.
    (2) 예비적 병합과 예비적 공동소송의 차이점
    예비적 병합의 경우에는 주위적 청구가 인용되면 예비적 청구에 대하여 별도의 판단을 하지 않으나, **예비적 공동소송**에서는 주위적 피고에 대한 청구가 인용되더라도 예비적 피고에 대한 청구에 대하여 판단(청구기각)해야 한다는 점(법 70조 2항)에서 차이가 있다.
    판례는, **예비적 병합**에서 주위적 청구를 먼저 판단하지 않고 예비적 청구만을 판단하는 등의 일부판결은 예비적 병합의 성질에 반한다고 보거나,[3] 예비적 병합의

---

1) 대판 2008. 4. 10. 2007다86860.
2) 이에 대하여, 소취하는 별개의 문제이나 그 나머지의 행위까지 처분의 자유를 인정함은 입법목적에 합치하는지에 관하여 의문을 제기하는 견해로는, 이시윤, 793쪽.
3) 대판(전) 2000. 11. 16. 98다22253, 대판 2002. 10. 25. 2002다23598.

경우 피고로서는 예비적 청구에 관해서만 인낙할 수 없고, 가사 인낙을 한 취지가 조서에 기재되었다 하더라도 무효라고 보고 있는데,[1] 이는 예비적 청구는 주위적 청구의 인용을 해제조건으로 하고 있는 만큼 주위적 청구가 인용되는 경우 예비적 청구는 없어지는 관계에 있어 주위적 청구에 대한 판단 없이 예비적청구만을 인낙하는 것은 허용되지 않기 때문인 것으로 이해된다. 그러나 **예비적 공동소송**에서는 주위적 피고에 대한 청구가 인용되더라도 예비적 피고에 대한 청구가 없어지는 것이 아니며, 단지 예비적 피고에 대해서는 청구기각의 판결을 해야 할 따름이다.

따라서 예비적 공동소송에서는, 예비적 청구병합의 경우에서 예비적 청구에 대한 인낙을 할 수 없는 것과 달리, **예비적 피고**는 자신에 대한 청구에 대하여 **인낙**을 할 수 있다고 보아야 한다. 주위적 피고에 대한 청구인용판결시 예비적 피고에 대한 청구기각판결을 해야 한다는 것은 주위적 피고에 대한 청구와 예비적 피고에 대한 청구의 양립불가능성으로 인한 것이며, 이는 주위적 피고에 대한 청구인용판결시 예비적 피고에 대한 청구가 소송계속 중인 것을 전제로 한 것이다. 뿐만 아니라 예비적 피고가 자신에 대한 청구를 인낙을 한 경우 이를 무효로 보면서까지 반드시 예비적 피고에 대하여 청구기각판결을 해야 할 아무런 논리적 이유가 없을 뿐만 아니라, 실제적 필요도 없다.

예비적 피고가 자신에 대한 청구를 인낙함으로써 자신에 대한 판결을 기다리지 않고 소송을 종료케 하려고 해도 법원이 이를 허용하지 않고, 굳이 주위적 피고 및 예비적 피고에 대한 각 청구에 관하여 모든 심리를 마친 후 주위적 피고에 대한청구기각판결과 함께 예비적 피고에 대하여 청구인용판결을 하는 것은 처분권주의에도 반한다. 한편 법 70조 1항 단서가 예비적·선택적 공동소송에서 청구의 인낙을 허용하고 있고, 달리 예비적 피고의 경우 이를 배제하지 않고 있다.

(2) 예비적 공동소송에서의 소취하 또는 청구의 포기

피고 측 예비적 공동소송의 경우를 전제로 하여, 원고가 **일부 공동소송인**에 대한 **소취하** 또는 **청구의 포기**를 하는 경우 원고의 그 공동소송인 사이의 소송관계는 이로써 종료하므로, 법원은 원고의 **나머지 공동소송인**에 대한 청구에 대하여 심리·판단한다.[2]

(3) 예비적 공동소송에서의 청구의 인낙

피고 측 예비적 공동소송을 전제로 하여, 주위적 피고가 인낙한 경우와 예비적 피고가 인낙한 경우를 나누어 본다.

---

1) 대판 1995. 7. 25. 94다62017.
2) 대판 2018. 2. 13. 2015다242429.

(a) 주위적 피고가 인낙한 경우

주위적 피고가 인낙한 경우 예비적 피고에 대하여 심리를 계속할 필요없이 예비적 피고에 대하여 청구기각판결을 한다. 주위적 피고에 대한 청구의 인용판결시 예비적 피고에 대해서는 청구기각판결을 해야 하는 예비적 공동소송의 특성상 주위적 피고가 청구를 인낙한 때에도 마찬가지로 예비적 피고에 대하여 청구기각판결을 함이 타당하기 때문이다. 실무적으로는 주위적 피고가 청구를 인낙하는 경우 법원은 원고에 대하여 예비적 피고에 대한 청구를 유지할 것인지를 석명을 구하여 예비적 피고에 대한 소취하(및 예비적 피고의 이에 대한 동의) 여부를 확인한 다음 원고의 예비적 피고에 대한 청구가 그대로 유지되는 경우에 청구기각판결을 함이 바람직하다.

(b) 예비적 피고가 인낙한 경우

예비적 피고가 청구를 인낙한 경우에 대해서는 논의가 있다. 즉 예비적 피고가 청구를 인낙한 경우에 그 효과가 발생하는지, 즉 주위적 피고에 대한 청구에 대하여 심리를 계속하여 판단할 필요가 있는지 여부가 문제가 된다. 이에 대하여, ① 예비적 청구는 주위적 청구에 대한 인용판결을 해제조건으로 청구인용판결을 구하는 것이므로, 청구인용판결과 같은 결과를 낳는 청구인낙도 주위적 청구에 관한 아무런 판단이 없는 상태에서는 할 수 없다고 보는 것이 타당하고, 만일 예비적 피고가 인낙을 하여 그것이 조서에 기재되더라도 인낙으로서의 효과를 인정해서는 안 된다는 견해,[1] ② 예비적 피고의 인낙은 유효하고, 이 경우 예비적 공동소송은 해소되어, 원고와 주위적 피고와의 소송관계로 잔존한다는 견해,[2] ③ 예비적 피고의 인낙은 유효하고, 주위적 피고에 대한 청구는 법 70조 2항의 규정상 반대의 판결을 해야 한다는 견해 등이 있다.

이미 앞서 본 바와 같이 예비적 피고가 청구를 인낙하는 것이 허용되므로, 예비적 피고가 인낙한 경우 주위적 피고에 대한 심리를 계속하여 주위적 피고에 대한 청구가 이유 없으면 주위적 피고에 대한 청구를 기각하고, 주위적 피고에 대한 청구가 이유 있으면 주위적 피고에 대한 청구를 인용해야 한다(**인낙허용설, 단일소송환원설, 중복승소긍정설**). 주위적 피고에 대하여 우선적으로 승소판결을 받

---

1) 호문혁, 930쪽.
2) 이시윤, 794쪽; 송상현·박익환, 651쪽; 정영환, 963쪽; 박재완, 673쪽; 전원열, 651쪽.

고자 하는 원고의 의사를 존중해야 하는 예비적 공동소송의 특성상 그렇다.[1] 주위적 피고에 대한 청구인용판결에 따른 이중집행에 대해서는 **청구이의의 소**(민집 44조)로 구제된다.

(4) 예비적 공동소송에서의 화해

피고 측 예비적 공동소송을 전제로 하여, 원고와 주위적 피고 사이에 화해가 이루어진 경우 및 원고와 예비적 피고 사이에 화해가 이루어진 경우를 나누어 본다. 이들 사이에 **조정이 성립**된 경우에도 마찬가지이다[조정이 성립하면 재판상 화해와 같은 효력이 발생하기 때문이다(민조 29조)].

(a) 주위적 피고와 화해한 경우

주위적 피고와의 화해에 관하여, 주위적 피고와의 화해 후 예비적 피고에 대한 청구가 소취하, 청구의 포기 등으로 종료하지 않고 그대로 유지되는 경우 심리를 계속하여 예비적 피고에 대한 청구에 대하여 판결을 해야 한다는 견해도 있을 수 있으나, 예비적 피고에 대한 청구에 대하여 심리를 계속할 필요 없이 청구기각판결을 해야 한다.[2] 주위적 피고와의 화해는 주위적 피고의 청구인낙의 경우와 마찬가지로 예비적 피고에 대한 청구기각판결을 예정하고 있다고 볼 수 있기 때문이다. 다만 실무적 처리는 앞서 예비적 공동소송에서의 청구의 인낙에서 본 바와 같다.

(b) 예비적 피고와 화해한 경우

예비적 피고와의 화해에 관해서는, 주위적 피고에 대한 청구를 기각해야 한다는 견해[3]도 있으나, 예비적 피고의 청구인낙의 경우와 마찬가지로 주위적 피고에 대한 심리를 계속하여 주위적 피고에 대한 청구가 이유 없으면 청구기각판결을, 이유 있으면 청구인용판결을 해야 한다.

---

1) 박익환, "항소심에서 예비적 공동소송의 심리," 민사소송 7권 2호(2003. 8.), 400쪽 이하; 장재형, "예비적 공동소송의 심판과 합일확정," 인권과 정의 398호(2009. 10.), 171쪽; 오상현, "예비적·선택적 공동소송에 있어서의 합일확정과 당사자의 처분," 성균관법학(성균관대학교 법학연구소) 21권 3호(2000. 12.), 58쪽; 오시영, "예비적·선택적 공동소송과 독립당사자참가소송에 있어서 당사자처분권주의와 불이익변경금지원칙 배제의 타당성 검토," 민사소송 16권 1호(2012년), 310쪽; 송재우, "예비적 공동소송에서의 청구인낙," 법학연구(부산대학교 법학연구소) 61권 4호(2020. 11.), 8쪽·15쪽.

2) 장재형, 위 논문, 171쪽.

3) 최영락, 위 논문, 128쪽; 장재형, 위 논문, 172쪽 이하.

(5) 예비적 공동소송에서의 조정을 갈음하는 결정 또는 화해권고결정

원고와 주위적·예비적 피고 모두에 대하여 한 법원의 **조정을 갈음하는 결정**(민조 30조. 실무상 **강제조정**이라고 한다)에 대하여(예컨대 "주위적 피고에 대하여, 원고의 청구를 포기한다. 예비적 피고에 대하여, 예비적 피고는 원고에게 일부 급부를 이행한다."는 내용의 조정을 갈음하는 결정에 대하여) 예비적 피고가 이의신청(민조 34조 1항)을 하고 원고와 주위적 피고는 이의신청을 하지 않은 사안에서, 이의신청을 하지 않은 원고와 주위적 피고 사이의 청구는 원고와 예비적 피고 사이의 청구와 달리 분리하여 확정될 수 있는지 여부가 문제된다. 예비적 공동소송에서의 **화해권고결정**(법 225조)의 경우에도 마찬가지이다[화해권고결정은 조정을 갈음하는 결정과 같이 당사자의 이의신청 여부에 따라 확정 여부가 결정되며, 그 **확정시 재판상 화해**와 같은 **효력**이 있기 때문이다(법 231조, 민조 34조 4항)].[1]

판례는 이 경우 **원칙적으로 분리확정**되나, **다만** 조정을 갈음하는 결정이나 화해권고결정에서 분리확정을 불허하고 있거나, 그렇지 않더라도 그 결정에서 정한 사항이 공동소송인들에게 공통되는 법률관계를 형성함을 전제로 하여 이해관계를 조절하는 경우 등과 같이 **결정사항의 취지**에 비추어 볼 때에 ① 분리확정을 허용할 경우 **형평**에 반하고, ② 또한 (이에 더하여) 이해관계가 상반된 공동소송인들 사이에서의 소송진행의 통일을 목적으로 하는 법 70조 1항 본문의 **입법취지**에 반하는 결과가 초래되는 경우에는 **분리확정이 허용되지 않는다**고 보아야 한다는 입장이다.[2]

이에 대하여, ① 판례의 입장을 지지하는 견해,[3] ② 판례의 입장과 달리 조정을 갈음하는 결정이 화해와 같은 효력은 있지만, 법 70조 1항 단서에서 열거하고 있는 청구의 포기·인낙, 화해, 소취하와 같은 당사자의 의사에 의한 소송물의 처분과 달리 법원의 재판의 일종이라는 점에서 법 70조 1항 단서의 적용대상이 아니라, 법 70조 1항 본문의 적용대상으로 보고 조정을 갈음하는 결정이나 화해권고결정에 일부 당사자만 이의한 경우에도 모든 당사자에 대하여 그 결정이 확정되지 않는다는 견해가 있다.[4]

---

1) 대판 2015. 3. 20. 2014다75202.
2) 대판 2008. 7. 10. 2006다57872, 2015. 3. 20. 2014다75202, 2022. 4. 14. 2020다224975.
3) 장재형, "예비적 공동소송의 심판과 합일확정," 인권과 정의 398호(2009. 10.), 179쪽.
4) 오상현, "예비적·선택적 공동소송에 있어서의 합일확정과 당사자의 처분," 성균관법학(성

조정을 갈음하는 결정이 재판상 화해와 같은 효력을 가지는 것은 그 결정이 확정되어야 가능한 것으로(민조 34조 4항), 이는 당사자의 이의신청권이라는 당사자의 처분권에 기한 것이므로 확정된 조정을 갈음하는 결정을 법 70조 1항 단서의 적용대상에서 배제하는 것은 무리라고 본다. **판례의 태도가 정당**하다. 확정된 **화해권고결정**(법 231조)의 경우도 마찬가지이다.

문제는 조정을 갈음하는 결정이나 화해권고결정에 대하여 **이의신청을 하지 않은 원고와 주위적 피고** 사이에는 **확정된 것으로 보아야 하는지** 여부이다. 이는 조정을 갈음하는 결정사항이나 화해권고결정사항 등에 비추어 분리확정을 허용할 것인지 여부에 따라 결정된다. 이는 예비적 공동소송에서 조정을 갈음하는 결정이나 화해권고결정에 대하여 일부 공동소송인만이 이의신청을 한 후 그 **공동소송인 전원**이 분리확정에 대해서는 **이의가 없다는 취지로 진술**했더라도 마찬가지이다.[1] 다만 판례가 분리확정되는 경우를 **원칙적**인 것으로 보고 있으나, 판례가 (예외적인 것처럼 판시하고 있는) 분리확정되지 않는 경우에 해당하는지 여부에 관한 **판단 기준에 따르면 실제상(실무상) 분리확정되지 않는 경우가 오히려 대부분**이며, 분리확정되는 경우는 드물 것으로 보인다.[2]

만약 원고의 **주위적 피고**에 대한 청구가 분리확정되는 경우라면, 법원은 원고의 **예비적 피고**에 대한 청구에 대하여 심리를 계속하여 판단해야 한다.

3. 본안재판의 통일

(1) 의   의

예비적·선택적 공동소송에서는 모든 공동소송인에 관한 청구에 대하여 판결을 해야 한다(법 70조 2항). 예비적·선택적 공동소송은 동일한 법률관계에 관하여 모든 공동소송인과 사이의 다툼을 하나의 소송절차로 한꺼번에 모순 없이 해결하는 소송형태이기 때문이다. ① **예비적 공동소송**에서는 주위적 당사자에 관한 청구가 이유 있을 때에는 주위적 당사자에 관한 청구에 대한 청구인용판결과 함께 예비적 당사자에 관한 청구에 대한 청구기각판결을 해야 한다. 한편 주위적 당사

균관대학교 법학연구소) 21권 3호(2009. 12.), 443쪽.

1) 대판 2022. 4. 14. 2020다224975.

2) 판례가 '분리확정불가'를 예외처럼 설시했으나 실질적으로는 예외가 아니며, 판례가 원칙으로서 설시한 상황이 오히려 실무상 찾아보기 어렵다는 견해로는, 서울고등법원 판례공보스터디, 민사판례해설 Ⅲ-하, 1075쪽·1081쪽.

자에 관한 청구가 이유 없을 때에는 주위적 당사자에 관한 청구에 대해서는 청구기각판결을, 예비적 당사자에 관한 청구에 대해서는 이유 있는지 여부에 따라 청구인용판결 또는 청구기각판결을 해야 한다. ② **선택적 공동소송**에서는 어느 당사자에 관한 청구가 이유 있을 때에는 그 당사자에 관한 청구에 대하여 청구인용판결을 함과 동시에 나머지 당사자에 관한 청구에 대하여 청구기각판결을 해야 한다. 한편 어느 당사자에 관한 청구도 모두 이유 없을 때에는 모든 당사자에 관한 청구에 대하여 모두 청구기각판결을 해야 한다.

(2) 일부 공동소송인에 관한 청구에 대해서만 판결한 경우

예비적·선택적 공동소송인 가운데 일부 공동소송인에 관한 청구에 대해서만 판결을 하거나, 남겨진 공동소송인을 위한 추가판결을 하는 것은 허용되지 않는다.[1] 일부 공동소송인에 관한 청구에 대해서만 판결을 한 경우 이는 일부판결이 아닌 **흠이 있는 전부판결**에 해당하여 상소로써 이를 다투어야 하고, 그 판결에서 **누락된 공동소송인**은 이러한 판단누락을 시정하기 위하여 **상소를 제기할 이익**이 있다.[2] 일부 공동소송인에 대한 청구에 대해서만 판결을 한 경우의 위법은 소송요건에 준하여 직권으로 조사해야 할 사항에 해당한다.[3]

(3) 상소심의 심판범위 및 불이익변경금지의 원칙의 적용 여부

1) 예비적·선택적 공동소송인 가운데 어느 한 사람에 대하여 상소가 제기되면 다른 공동소송인에 대한 청구부분도 상소심에 이심되어 상소심의 **심판대상**이 된다.[4] 이러한 경우 상소심의 심판대상은 주위적·예비적 공동소송인들 및 상대방 당사자 사이에 결론의 **합일확정의 필요성**을 고려하여 판단해야 한다.[5]

2) 예비적 공동소송에서 원고의 주위적 피고에 대한 청구가 기각되고 원고의 예비적 피고에 대한 청구가 인용되자 **예비적 피고만이 항소**한 경우 항소법원은 원심판결을 원고에게 유리하게 변경할 수 있는지 논의가 있다. 법률상 양립할 수 없는 공동소송인 사이의 분쟁관계를 모순 없이 통일적으로 해결함으로써 재판의 통일을 기하려는 예비적 공동소송제도의 취지상 **불이익변경금지의 원칙이 적용**

---

1) 대판 2018. 2. 13. 2015다242429, 2018. 12. 27. 2016다202763, 2021. 7. 8. 2020다292756 등.
2) 대판 2008. 3. 27. 2005다49430, 2021. 7. 8. 2020다292756.
3) 대판 2008. 4. 10. 2007다36308, 2022. 4. 14. 2020다224975.
4) 대판 2008. 3. 27. 2006두17765, 2014. 3. 27. 2009다104960,104977, 2018. 2. 13. 2015다242429.
5) 대판 2015. 3. 20. 2014다75202, 2018. 12. 27. 2016다202763, 2022. 4. 14. 2020다224975 등.

되지 않는다고 보아야 한다.[1] 따라서 먼저 원고의 예비적 피고에 대한 청구에 관하여 심리하여, 예비적 피고에 대한 청구가 이유 있으면 예비적 피고의 항소를 기각한다. 그러나 예비적 피고에 대한 청구가 이유 없으면 예비적 피고의 항소를 인용하여 제 1 심판결을 취소하고 예비적 피고에 대한 청구에 대하여 청구기각판결을 한다. 이 경우 주위적 피고에 대한 청구도 심판대상이 되므로, 주위적 피고에 대한 청구를 판단하여 이유 없으면 그대로 청구기각판결을 하고, 이유 있으면 주위적 피고에 대한 청구에 대하여 청구인용판결을 한다.

3) 예비적·선택적 공동소송인 가운데 **어느 한 사람**의 상소가 이유 있어 원심판결을 취소(항소심판결로써) 또는 파기(상고심판결로써)하는 경우에는 합일확정의 필요에 의하여 상소가 이유 없는 **다른 한 사람 청구부분**도 **함께** 취소 또는 파기해야 한다.[2] 예컨대 예비적 공동소송에서 제 1 심판결이 원고의 주위적 피고에 대한 청구를 인용하고 원고의 예비적 피고에 대한 청구를 기각한 데 대하여 **주위적 피고가 항소**한 경우 항소법원이 항소가 이유 있어 주위적 피고에 대한 청구를 기각하는 때에는 **주위적 피고에 대한 청구 부분뿐만** 아니라 **예비적 피고에 대한 청구 부분도 함께** 제 1 심판결을 취소하고 예비적 피고에 대한 청구를 다시 심리·판단해야 한다.[3]

제 2 관 추가적 공동소송(소의 주관적 추가적 병합)

I. 의 의

추가적 공동소송이란 소송계속 중 제 3 자가 원고 측이나 피고 측에 스스로 당사자로 소송절차에 가입하거나, 종래 당사자가 제 3 자에 대한 소를 추가적으로 병합함으로써 공동소송의 형태가 되는 것을 말한다. 법률상 명문으로 추가적 공동소송을 허용하는 예로서, ① 필수적 공동소송인의 추가(법 68조), ② 예비적·선택적 공동소송인의 추가(법 70조 1항 본문, 68조), ③ 공동소송참가(법 83조), ④ 참가승계·인수승계(법 81조·82조) 등이 있다.

---

1) 이시윤, 795쪽; 강현중, 876쪽; 정영환, 964쪽.
2) 대판 2009. 4. 9. 2008다88207, 2011. 11. 11. 2010다32542, 2015. 3. 20. 2014다75202 등.
3) 대판 2021. 9. 30. 2016다252560.

Ⅱ. 법률상 명문의 규정이 없는 경우 추가적 공동소송 허용 여부

법률상 명문의 규정을 두어 추가적 공동소송을 허용하는 경우 외에도 추가적 공동소송을 인정할 것인지에 관해서는 논의가 있다. **판례**는, 애당초 제소한 원·피고 외에 다른 사람을 원·피고로 추가하는 당사자의 변경은 허용하지 않는다는 입장으로, 법률상 명문의 규정을 두고 있는 경우를 제외하고는 어떠한 형태로든 추가적 공동소송을 부정하고 있다. 즉 법률상 명문의 규정 없이 소송계속 중 당사자를 추가하는 것은 그 명목이 어떻든 간에, 또는 그 경위가 어떻든 간에 허용될 수 없다는 입장이다.[1]

이에 대하여, 추가적 공동소송을 불허하더라도 변론의 병합에 의하여 동일한 목적을 달성할 수 있으므로 이를 허용하는 것이 보다 직접적이고 소송경제적이며, 관련 분쟁의 1회적 해결에 부합한다는 보는 견해가 다수설이다.[2] 해석론상 추가적 공동소송을 확대하여 인정하자는 입장에서 이해하는 추가적 공동소송의 **형태**로, ① 제3자가 스스로 절차에 가입하여 종전의 원고 측이나 피고 측의 공동소송인이 되는 경우(예컨대 손해배상청구소송에서 자기도 피해자라고 주장하며 원고 측에 공동소송인으로 추가신청을 하는 경우 등), ② 종래의 당사자가 제3자에 대한 청구를 병합하는 경우(소송인입이론)를 들고 있으며, 그 **요건**으로서 공동소송의 요건(법 65조) 및 소송절차를 현저히 지연시키지 않을 것 등을 요구하고 있다.[3]

그러나 법률상 명문의 규정이 없이 추가적 공동소송을 허용하는 것은 **입법론**으로는 경청할 만하나, **해석론**을 벗어난 것이다. 민사소송법은 남소(濫訴)를 방지하고 확정된 당사자 사이의 소송절차의 안정을 위하여 추가적 공동소송을 엄격한 요건하에 허용하고 있는데, 이러한 법률상 명문의 규정이 없음에도 불구하고 이를 허용하는 것은 결코 타당하지 않다.[4] 특히 법률상 명문의 규정이 없는 상태에

---

1) 대판 1993. 9. 28. 93다32095, 2009. 5. 28. 2007후1510 등.
2) 이시윤, 798쪽; 송상현·박익환, 652쪽. 한편 이러한 입장에서 제3자를 강제로 인입하는 경우에는 제3자의 심급의 이익을 고려하여 제1심 소송계속 중에 할 수 있으며 다만 제1심 소송계속 중이라도 제3자가 추가됨으로써 심리가 현저히 지연되는 등의 경우에는 인정되지 않는다고 보되, 제3자가 스스로 가입하는 경우에는 심급의 이익을 해할 염려가 없고, 실질적 쟁점에 대하여 제1심에서 심리되었다면 항소심에서도 인정할 여지가 있다는 견해로는, 정영환, 966쪽.
3) 이시윤, 798쪽.
4) 호문혁, 918쪽은, 필요한 경우는 필수적 공동소송인의 추가로 이미 입법화되었고, 다른 경우는 법 규정에 위반하거나 입법론에 그칠 뿐 해석론으로 인정하는 것은 무리라고 보고 있다.

서 추가적 공동소송을 허용할 경우 그 **요건의 불명확성**으로 인하여 소송절차의
혼란을 가중할 뿐만 아니라, **소송절차의 복잡화**에 따른 **심리의 지연** 등을 초래하
여 오히려 **소송경제에 반하는** 결과를 초래할 우려도 예상된다. 특히 민사절차법
에서는 법률상 명문의 규정에 직접적으로 저촉되는 해석은 신중해야 하며, 제도
운영에 따른 소송 실제를 실증적으로 파악하여 입법론적으로 이를 해결함이 보다
바람직하다.

　　한편 추가적 공동소송을 긍정하는 입장에서는 변론의 병합으로 동일한 목적
이 달성될 수 있으므로 구태여 추가적 공동소송을 허용하지 않을 이유가 없다고
주장한다. 그러나 변론의 병합은 법원의 결정에 의하여 소송절차의 단순화에 반
하지 않는 범위 내에서 절차의 통일을 위하여 허용되는 제도이지, 추가적 공동소
송이 법률상 허용되지 않는 경우에 만연히 변론의 병합을 통하여 이를 실현할 수
있는 것은 결코 아니므로 이를 논거로 제시하는 것은 합당하지 않다.

제 3 절   선정당사자

I. 의　　의

　　선정당사자란 공동의 이해관계를 가진 여러 사람이 원고 또는 피고로서 공동소
송인이 되어 소송을 해야 할 경우에, 그 가운데에서 모두를 위해 소송을 수행할 당
사자로 선출된 사람을 말한다(법 53조 1항). 이러한 선정행위를 하는 사람을 **선정자**
라고 한다. 선정당사자제도는 공동의 이해관계를 가진 여러 사람이 법인 아닌 사
단의 실체를 갖추지 못하여 법 52조의 당사자능력을 인정받지 못한 경우에 여러
사람 모두가 당사자로서 직접 소송에 관여하는 데 따르는 소송상 불편을 제거하
여 소송을 단순화할 목적으로 인정된 것이다. 선정당사자제도는 선정자의 소송수
행권을 신탁하는 임의적 소송담당에 해당하므로 결국 **당사자적격**의 문제이다. 선
정당사자제도를 이용할 것인지 여부는 다수당사자의 자유이다.

　　민사소송법상 선정당사자에 관한 규정은 **민사조정절차** 및 **비송절차**에서는 준
용되거나 유추적용되지 않는다.[1] 민사조정법 및 비송사건절차법의 각 민사소송법

---

1) 비송사건에 관해서는, 대결 1990. 12. 7. 90마674.

의 준용규정에도 선정당사자에 관한 규정이 빠져 있다(민조 38조, 비송 10조). 다만 경매절차에서 다수 근로자가 임금채권에 대하여 배당요구를 하는 경우에는 실무상 선정당사자제도를 이용하는 것을 허용하고 있다.[1]

한편 민사조정절차에서는 **대표당사자제도**를 채택하여, 공동의 이해관계가 있는 다수의 당사자는 그 가운데 한 사람 또는 여러 사람을 대표당사자로 선임할 수 있다(민조 18조 1항).[2] 대표당사자의 선임은 서면으로 해야 한다(민조 18조 2항). 조정담당판사나 상임조정위원, 조정위원회는 필요하다고 인정하면 당사자에게 대표당사자를 **선임**할 것을 **명**할 수 있다(민조 18조 3항)[**가사조정**에서는 그렇지 않다(가소 49조 단서)]. 대표당사자의 권한은 뒤에서 보는 바와 같이 선정당사자와 달리 상당한 제한이 있다.

Ⅱ. 선정의 법적 성질

선정당사자의 선정은 선정자가 자기의 권리·이익에 대해 소송수행권을 수여하는 것으로 대리권의 수여에 유사한 **단독적 소송행위**이다(통설).[3] 선정당사자 자신도 동시에 선정자로 본다.[4] 선정행위를 하기 위해서는 소송능력이 있어야 한다. 선정에 조건을 붙여서는 안 된다. 선정은 각 선정자가 **개별적**으로 한다. 전원이 공동으로 같은 사람을 선정할 필요가 없다. 판례 가운데 선정행위의 철회(선정의 취소)를 '총원의 합의'로써 할 수 있는 것처럼 판시하고 있는 판결들이 있으나 (선정행위 자체를 총원의 합의로써 할 수 있음을 전제로)[5] 적절하지 않은 것으로 그

---

1) 재판예규 제1652호 '근로자의 임금채권에 대한 배당시 유의사항'(재민 97-11, 2017. 5. 1. 개정, 2017. 5. 26. 시행)
2) 수소법원에 의하여 **직권으로 조정에 회부한 사건**에서 조정회부 전 수소법원에서 **이미 선정당사자가 선정**되었다면 조정절차에서도 여전히 당사자로서 아무런 제한 없이 모든 행위(조정성립 등 종국적 행위 포함)를 할 수 있다고 본다. 법원행정처, 조정실무(2002년), 63쪽.
3) 일종의 합동행위라고 보는 견해로는, 방순원, 177쪽.
4) 다만 실무상으로는 선정당사자를 포함한 선정자 전원이 작성한 **선정서**를 법원에 제출하고, 법원도 판결서에 선정당사자를 포함한 **선정자목록**을 작성하여 별지로 이를 붙인다. 조무제, "각급 법원 판결상의 선정당사자 이전등기청구사건에서의 선정과 선정판결의 주문기재를 중심으로," 판례연구(부산판례연구회) 7집(1997. 1.), 415쪽 이하. **판례**도, 선정당사자 자신도 공동의 이해관계를 가진 사람으로서 선정행위를 했다면 이러한 의미에서 선정자로 표기하는 것이 허용되지 않는다고 할 수 없으므로, 그 선정당사자를 선정자로 표기하는 것이 위법하다고 할 수 없다고 한다. 대판 2011. 9. 8. 2011다17090.
5) 대결 1995. 10. 5. 94마2452, 대판 2003. 11. 14. 2003다34038.

뒤의 판결들의 판시에서는 그 부분을 삭제하고 있다.[1]

Ⅲ. 선정의 요건

1. 공동소송인으로 될 여러 사람이 있을 것

선정당사자를 선정하기 위해서는 공동소송인으로 될 여러 사람이 있어야 한다. 공동소송이 될 여러 사람은 원고 측에 한하지 않으며, 피고 측이라도 무방하다. 여러 사람은 두 사람 이상이면 된다. 당사자가 당사자능력을 가지는 법인 아닌 사단(법 52조)인 경우에는 선정의 여지가 없다. 그러나 **민법상 조합**과 같이 그 자체에 당사자능력이 인정되지 않는 경우에는 선정당사자제도를 활용할 수 있다.

2. 공동의 이해관계를 가질 것

선정당사자를 선정하기 위해서는 공동소송인으로 될 사람이 **공동의 이해관계**(공동의 이익)가 있어야 한다. 여러 사람이 반드시 공동으로 소송하지 않으면 안 되는 **고유필수적 공동소송**의 경우나 그 밖에 **통상공동소송** 가운데 **법 65조 전문**의 '소송목적이 되는 권리나 의무가 여러 사람에게 공통되거나 사실상 또는 법률상 같은 원인으로 말미암아 생긴 경우'의 통상공동소송에서도 공동의 이해관계가 있다고 보는 데는 달리 문제가 없다.

이에 반하여, 통상공동소송 가운데 **법 65조 후문**의 '소송목적이 되는 권리나 의무가 같은 종류의 것이고, 사실상 또는 법률상 같은 종류의 원인으로 말미암은 것인 경우'의 통상공동소송에서도 공동의 이해관계가 있다고 볼 것인지에 관하여 논의가 있다. 이에 대하여, ① 법 65조 후문의 경우에는 원칙상 공격방어방법이 공통적일 것을 기대하기 어려우므로 그 선정을 허용해서는 안 된다는 견해,[2] ② 법 65조 후문의 경우에도 구체적으로 보아 주요한 공격방어방법이 공통으로 되는 것이 예상된다고 한다면 선정당사자제도에 의하여 소송절차의 단순화가 도모될 것이므로 예외적으로 선정당사자제도를 이용할 수 있는 경우가 있다는 견해가 있다.[3]

그러나 법 65조 후문의 경우에도 **주요한 공격방어방법을 공통**으로 한다면 공

---

1) 대판 2015. 10. 15. 2015다31513, 2018. 10. 12. 2018다231871.
2) 다만 이러한 입장에서도 특별히 쟁점에 공통성이 있으면 별론으로 본다. 이시윤, 800쪽.
3) 전병서, "선정당사자의 선정요건," 법률신문 2723호(1998. 9.), 14쪽 이하.

동의 이해관계가 있다고 보아야 한다.[1] **판례**도, 공동의 이해관계란 여러 사람 사이에 공동소송인이 될 관계가 있고 또 주요한 공격방어방법을 공통으로 하는 것을 의미하므로, 여러 사람의 권리·의무가 같은 종류이며 그 발생원인이 같은 종류인 관계에 있는 것만으로는 공동의 이해관계를 가진다고 할 수 없어 선정당사자의 선정을 허용할 것이 아니지만,[2] 법 65조 후문에 해당하더라도 주요한 공격방어방법을 공통으로 하는 경우에는 선정당사자의 선정을 허용할 수 있다는 입장이다. 예컨대 주택의 임차인들인 원고를 포함한 선정자들이 피고를 임대차계약상의 임대인이라고 주장하면서 피고에게 각 보증금의 전부나 일부의 반환을 구하고 있는 사안에서, 쟁점이 피고가 임대차계약상의 임대인으로 계약당사자인지 여부인 때에는 원고 등 선정자들은 서로들 사이에 공동소송인이 될 관계가 있을 뿐아니라, 주요한 공격방어방법을 공통으로 하는 경우에 해당함이 분명하므로 공동의 이해관계가 있다.[3]

3. 공동의 이해관계가 있는 사람 가운데에서 선정할 것

선정당사자는 공동의 이해관계가 있는 **당사자가 될 사람들** 또는 (소송계속 중인 경우) **당사자인 사람들**에 의하여, 그 가운데에서 선정되어야 한다. 제 3 자를 선정당사자로 선정할 수 있게 하면 소송신탁금지원칙(신탁 6조) 및 변호사소송대리원칙(법 87조)을 잠탈할 수 있기 때문이다. 이에 대하여, 공동의 이해관계가 있는 사람이라면 소송당사자가 아닌 제 3 자도 일정한 요건하에 선정당사자를 선정할 수 있다고 해석할 필요가 있다는 견해가 있으나,[4] 법 53조 1항의 법문에 반한다.[5]

Ⅳ. 선정의 방법

1. 심급을 한정한 선정이 허용되는지 여부

심급을 한정한 선정당사자의 선정도 허용되는지에 관하여, **판례**는 선정당사

---

1) 김지향, 주석서(1), 427쪽.
2) 대판 1997. 7. 25. 97다362, 2007. 7. 12. 2005다10470, 2014. 10. 15. 2013다25781.
3) 대판 1999. 8. 24. 99다15474.
4) 정영환, 1060쪽.
5) 일본 민사소송법 30조 3항은, 계속 중인 소송의 원고 또는 피고와 공동의 이익을 가지나 당사자는 아닌 사람이라도 원고 또는 피고를 자기를 위한 선정당사자로 선정할 수 있다고 규정하여 **추가적 선정**을 인정하고 있다.

자의 선정행위시 **심급의 제한에 관한 약정** 등이 **없는 한** 선정의 효력은 해당 소송이 종료에 이르기까지 계속된다고 본다.[1] **판례**는, 선정당사자제도가 당사자가 여러 사람인 소송에서 소송절차를 간소화·단순화하여 소송의 효율적인 진행을 도모하는 것을 목적으로 하고, 선정된 사람이 당사자로서 소송의 종료에 이르기까지 소송을 수행하는 것이 그 본래의 취지임에 비추어 보면, 예컨대 제 1 심에서 제출된 선정서에 사건명을 기재한 다음에 '제 1 심 소송절차에 관하여' 또는 '제 1 심 소송절차를 수행하게 한다'라는 문언이 기재되어 있는 경우라 하더라도, 특별한 사정이 없는 한 이러한 기재는 사건명 등과 더불어 선정당사자를 선정하는 사건을 특정하기 위한 것으로 보아야 하고, 따라서 그 선정의 효력은 제 1 심의 소송에 한정하는 것이 아니라 소송의 종료에 이르기까지 계속하는 것으로 해석함이 상당하다는 입장이다.[2]

이에 대하여, 선정서에 제 1 심 소송절차만을 수행케 하는 내용이 조건으로 붙어 있어도 특별한 사정이 없는 한 그 선정의 효력은 제 1 심 소송절차에 한정할 것이 아니므로 선정당사자는 소송의 종료까지 소송수행권을 갖는다고 보아야 한다는 견해가 있다(**무효설**).[3] 그러나 당사자의 의사해석으로 **명확히** 제 1 심 소송절차에 **한하여**(**한정하여**) 선정한 것이라면 제 1 심으로 심급을 **한정한** 선정으로 보아야 한다(**유효설**). 앞서의 **판례의 사안**은 단지 "제 1 심 소송절차에 관하여," 또는 "제 1 심 소송절차를 수행하게 한다"고 하여, 상소심절차에 관해서도 선정했는지가 분명하지 않은 경우임을 유의할 필요가 있다. 결국 심급의 한정은 조건이 아니어서 이를 부정할 이유가 없으며, 선정자는 언제든지 선정당사자의 선정을 취소할 수 있으므로 **심급한정의 선정도 유효**하다고 할 것이다.[4]

---

[1] 대판 2001. 10. 26. 2000다37111,37128, 2003. 11. 14. 2003다34038, 2014. 10. 15. 2013다25781.

[2] 대결 1995. 10. 5. 94마2452.

[3] 이시윤, 801쪽.

[4] 정동윤·유병현·김경욱, 1079쪽; 강현중, 881쪽; 호문혁, 944쪽; 전원열, 695쪽; 윤인태, "심급을 한정한 선정당사자의 선정의 효력," 대법원판례해설 24호(1995년 하반기), 236쪽 이하. 유효설과 무효설은 실제 결정적인 차이는 없다. 즉 **무효설**을 취하여 시간적 제한의 효력을 부정한다고 하더라도 선정자는 심급에 따라 언제든지 선정을 취소·변경함으로써 유효설과 같은 결과를 가져올 수 있으므로 무효설을 취한다고 하더라도 별다른 실익이 없는 것이다. 따라서 당사자의 편의를 위해서도 **유효설**을 취함이 상당하므로 심급을 한정한 선정당사자의 선정은 유효하다.

2. 선정의 시기

선정의 시기는 소송계속 전·후를 불문한다. 소송계속 후 선정하면 선정자는 당연히 소송에서 탈퇴하게 되고(법 53조 2항), 선정당사자가 그 지위를 수계하게 된다.

3. 선정행위의 서면증명

선정행위는 서면증명이 필요하기 때문에(법 58조 1항 후문) **선정서**를 작성·제출하는 것이 보통이다. 선정서는 소송기록에 붙여야 한다(법 58조 2항).

V. 선정의 효과

1. 선정당사자의 지위

(1) 선정당사자의 소송상 당사자로서의 지위

1) 선정당사자는 선정자의 대리인이 아니고, 당사자본인이다. 따라서 선정당사자는 소송수행에서 소송대리인에 관한 법 90조 2항(특별수권사항)과 같은 제한을 받지 않는다. 선정당사자는 일체의 소송행위에 대하여 포괄적 수권을 받은 사람이므로, 소취하, 화해, 청구의 포기·인낙, 상소의 제기 등 **일체의 소송행위**는 물론 소송수행에 필요한 **사법상의 행위**도 할 수 있으며,[1] 개개의 소송행위를 하는 데에 선정자의 개별적인 동의가 필요한 것은 아니다.[2] 다만 **입법론**으로는 소취하, 화해, 청구의 포기·인낙, 상소의 제기 등과 같은 소송행위를 할 때에는 선정자의 동의를 얻도록 하든지,[3] 또는 법원의 허가를 얻도록 하는 방안[4] 등 견제조치가 필요하다는 논의가 있다.

민사조정절차에서의 **대표당사자**는 이를 선임한 당사자를 대표하여 조정기일

---

[1] 대판 2014. 10. 15. 2013다25781 등. 한편 선정당사자는 자신과 선정자들을 위한 공격이나 방어를 위하여 필요한 범위에서 특정한 법률관계에 실체법적 효과를 발생시키는 행위나 변제의 수령 등을 할 수 있다. 다만 변호사인 소송대리인과 사이에 체결하는 **보수약정**은 소송위임에 필수적으로 수반되어야 하는 것은 아니므로 선정당사자가 그 자격에 기한 독자적인 권한으로 행할 수 있는 소송수행에 필요한 사법상의 행위라고 할 수 없다. 따라서 선정당사자가 선정자로부터 별도의 수권 없이 변호사보수에 관한 약정을 했다면 선정자들이 이를 추인하는 등의 특별한 사정이 없는 한 선정자들에 대하여 효력이 없다. 대판 2010. 5. 13. 2009다105246.

[2] 대판 2003. 5. 30. 2001다10748, 2012. 3. 15. 2011다105966.

[3] 정동윤·유병현·김경욱, 1080쪽.

[4] 이시윤, 802쪽.

의 통지를 받고, 조정기일에 출석할 수 있는 등의 권한은 있으나, 조정조항안의 수락, 조정신청의 취하, 조정을 갈음하는 결정에 관계되는 행위, 대리인의 선임 등 **중요한 사항**은 할 수 없는 등(민조 18조 4항) 분쟁해결에 관한 종국적 행위를 할 권한은 없다.[1][2]

2) 선정당사자가 선정자와의 사이에 권한행사에 관한 내부적인 제한계약을 맺었다 하더라도 그와 같은 제한으로써 법원이나 상대방에 대항할 수 없다. 한편 선정당사자는 비록 그 소송의 당사자이기는 하지만 선정행위의 본질이 임의적 소송담당에 불과하여 다른 선정자들과의 내부적 관계에서는 소송수행권을 위임받은 **소송대리인과 유사한** 측면도 있다.[3] 따라서 선정당사자가 법원의 **변호사선임명령**에 따라 변호사를 선임하기 위해서는 선정자들의 의견을 참작하지 않을 수 없는 현실적 사정을 고려하면, 법원이 선정당사자에게 진술을 금지하거나 변호사선임명령을 한 경우(법 144조 1항·2항)에도 **법 144조 3항의 규정**을 **유추적용**하여 실질적으로 변호사선임권한을 가진 선정자들에게 법원이 그 취지를 통지하거나 다른 적당한 방법으로 이를 알려주어야 하고, 그러한 조치 없이는 변호사선임이 이루어지지 않았다 하여 곧바로 소를 각하하는 결정을 할 수는 없다고 봄이 상당하다.[4]

(2) 여러 선정당사자들 사이의 소송관계

동일한 선정자단에서 여러 사람의 선정당사자들이 선정되었을 때에는 그 여러 사람이 소송수행권을 **준합유**하는 관계에 있기 때문에 그 여러 선정당사자들 사이의 소송관계는 고유필수적 공동소송관계가 된다. **별개의 선정자단**에서 각기

---

[1] 따라서 조정절차에서 선정당사자의 선정을 굳이 금할 필요가 있는지에 관하여 의문이 제기되고 있다. 법원실무제요 민사소송(3), 1889쪽. 한편 조정절차에서도 선정당사자의 선정이 가능하도록 하여, 선정당사자제도와 대표당사자제도를 병존시키는 입법론적 제시로는, 법원행정처, 조정실무(2002년), 63쪽.

[2] 환경분쟁 조정 및 환경피해 구제 등에 관한 법률(2024. 3. 19. 전부개정, 2025. 1. 1. 시행)상 **환경분쟁조정위원회 조정절차**에서 **선정대표자**는 당사자를 위하여 해당 사건의 조정에 관한 모든 행위를 할 권한이 있으나, 신청의 철회, 조정성립을 위한 합의, 조정을 갈음하는 결정(조정결정)에 대한 이의신청에 대해서는 다른 당사자들로부터 **서면으로 동의**를 받도록 하고 있다(33조 3항).

[3] 가압류·가처분신청절차상 채권자 측에서 한 선정행위의 효력은 채무자 측의 제소명령신청사건(민집 287조 1항, 301조)에서도 여전히 미치나, 제소명령 부준수에 따른(제소기간을 넘겼다는 이유로 하는) 채무자 측의 가압류·가처분결정에 대한 취소신청사건(민집 287조 3항, 301조)까지는 그 선정의 효력이 미치는 것은 아니다. 대판 2001. 4. 10. 99다49170.

[4] 대결 2000. 10. 18. 2000마2999; 이동률, "선정당사자에 대한 소각하결정," 민사소송 9권 1호(2005. 5.), 169쪽 이하.

선정된 여러 선정당사자들 사이의 소송관계는 원래의 소송이 필수적 공동소송이
아닌 경우에는 통상공동소송관계가 된다.

(3) 선정당사자와 스스로 당사자가 된 사람 사이의 관계

일단의 선정자들에 의해 선출된 선정당사자와 스스로 당사자가 된 사람과의
관계는 원래의 소송이 필수적 공동소송이 아닌 한, 통상공동소송이다. 이 경우 선
정당사자와 스스로 당사자가 된 사람들은 소송수행권을 준합유하는 관계가 아니
기 때문이다.

2. 선정자의 지위
(1) 선정자의 선정 후 소송상 지위 — 소송수행권의 상실 여부

소송계속 중 선정당사자를 선정한 때에는 선정자는 당연히 소송탈퇴한 것으
로 본다(법 53조 2항). 이 경우에 선정자가 그 소송에 관한 소송수행권을 상실하는
지에 관하여 논의가 있다. 이에 대하여, ① 당사자적격이 유지되어야 법 94조의
경정권을 유추하여 선정당사자의 독주에 대한 견제가 가능하므로, 선정자는 자기
의 고유의 소송수행권, 즉 당사자적격을 상실하지 않는 것으로 보는 견해(**적격유
지설**),[1] ② 선정당사자가 소송대리인이 아닌데도 선정자에게 경정권을 인정하는
것은 무리일 뿐만 아니라, 선정자가 소송수행권을 상실한다 하더라도 다시 소송
수행권을 원한다면 **선정의 취소**에 의해 소송수행권을 회복하는 것이 가능하므로,
당사자적격을 상실한다는 견해(**적격상실설**)[2]가 있다.

적격유지설에 의하더라도 선정자가 당사자가 될 수 있는 자격을 가지고 있다
는 것일 뿐 당사자는 아니어서, 당사자가 가지는 권리인 경정권을 행사할 수 있
는 것은 아니므로 적격유지설의 논거로 경정권을 들고 있는 것은 부당하다.[3] 따
라서 **적격상실설**이 타당하다. **판례**도 적격상실설을 취하고 있다.[4] 다만 선정자는
해당 소송에 관하여 아무런 이해관계가 없는 완전한 소외인이라고 할 수 없고, 언제
든지 선정을 취소하고 소송당사자가 될 수 있는 특이한 지위에 있다고 할 수 있다.[5]

---

1) 이시윤, 803쪽; 정동윤·유병현·김경욱, 1081쪽; 정영환, 1064쪽.
2) 김홍규·강태원, 794쪽; 강현중, 882쪽; 송상현·박익환, 176쪽; 호문혁, 945쪽; 전원열, 696
   쪽; 김지향, 주석서(1), 433쪽.
3) 이완수, "선정당사자에 관한 연구," 사법논집 41집(2005. 12.), 63쪽 이하.
4) 대결 2013. 1. 18. 2010그133.
5) 신동윤, "선정당사자 제도의 실무상 문제점," 실무연구자료 4권(대전지방법원, 2000. 5.), 45

(2) 선정자의 동일한 소제기시 중복소송의 문제

선정당사자에 의한 소송이 계속 중 선정자가 동일한 소에 관하여 별개의 소
송절차에서 제소하거나 제소당하면 중복소송(법 259조)에 해당한다. 이 경우 선정
자가 선정 뒤 소송수행권을 가지는지 여부와 상관없다. 적격유지설의 입장에서는
선정자가 당사자적격을 그대로 가지고 있으므로 중복소송에 해당한다고 보나, **적
격상실설**의 입장에서는 선정자가 당사자적격을 상실하므로 중복소송에 해당할 뿐
만 아니라 당사자적격이 없는 사람에 의하여 제기한 소가 된다. 이에 대하여, 적
격유지설의 입장에서 적격상실설의 입장을 비판하면서 적격상실설을 취하면서도
선정자가 소를 제기하면 중복소송으로 보는 것은 결국 선정자에게 소송수행권이
있다는 것을 전제로 하는 것이라는 견해가 있으나,[1] 중복소송의 여부는 당사자적
격의 유무보다 우선하여 판단할 문제이므로(중복소송금지가 당사자적격보다 일반적인
소송요건이다) 적격상실설의 입장에서도 중복소송에 해당한다고 보는 것은 논리적
으로 아무런 문제가 없다.

(3) 선정자에 대한 판결의 효력

선정당사자가 받은 판결은 선정자에 대해서도 그 효력이 미친다(법 218조 3
항). 선정당사자가 이행판결을 받았으면 이를 집행권원으로 하여 선정자를 위해
또는 선정자에 대해 강제집행을 할 수 있다.[2] ① 집행권원상 **실질적으로** 선정당
사자와 선정자들이 **공동권리자**이지만 **집행권원의 주문**(판결주문, 화해·조정조항 등)
에 **선정당사자**가 권리자로 **표시된 경우** 선정당사자가 단독으로 일괄하여 강제집
행을 신청할 수 있지만, **선정자**가 강제집행을 신청하기 위해서는 **승계집행문**(민집
31조)을 부여받아야 한다. ② 집행권원상 **실질적으로** 선정당사자와 선정자들이 **공
동의무자**이지만 **집행권원의 주문**(판결주문, 화해·조정조항 등)에 **선정당사자**가 의무
자로 **표시된 경우 선정자에 대하여** 승계집행문을 부여받아야 선정자에 대한 강제
집행을 신청할 수 있다.[3] 집행권원에서 선정당사자가 채무자로 표시된 경우 선정

쪽 이하.

1) 이시윤, 803쪽.

2) 선정당사자가 이행판결을 받으면 선정자를 위하여 또는 선정자에 대하여 강제집행을 할 수
있으므로, 이행판결의 주문에서는 **각 선정자**가 수령하거나 또는 부담해야 할 **급부의 내용**을
개별적으로 명시하는 것이 집행의 편의상 적절하다. 법원실무제요 민사소송(1), 341쪽.

3) 집행권원의 주문에 선정자의 권리·의무에 관한 내용이 기재되어 있으면 일반적인 승계집
행문으로 충분하지만, 이러한 기재가 없는 때에는 승계집행문에 집행당사자와 권리·의무의

당사자의 재산에 대하여 채무 전액을 강제집행할 수 있는지에 관하여 논의가 있
으나, 부정함이 타당하다.[1]

■ 집행권원상 주문에서 선정당사자만 의무자로 표시된 경우 선정자에 대한 집행
 가능 여부에 관한 판례의 태도

 (1) 소송비용부담의 재판과 소송비용액확정결정상 선정당사자만 소송비용 부담
  자로 표시된 경우

   대결 2013. 1. 18. 2010그133은, 법원이 소송비용부담의 재판을 하면서 판결주문
에서 선정자들의 공동부담으로 하지 않고 소송당사자인 선정당사자의 부담으로 한
경우에, 판결에서 실질적으로 선정당사자 및 선정자들의 공동부담으로 하면서 판결
주문 표시만 선정당사자에게 명했음이 명백한 경우 등과 같은 특별한 사정이 없고,
주문 표시대로 그 선정당사자를 상대로 소송비용액확정결정이 이루어진 때에는, 비
용상환권리자는 선정당사자 외의 다른 선정자가 비용상환의무를 분담함을 전제로
하여 다른 선정자를 상대로 **민사집행법 25조 2항**[판결에 표시된 당사자 외의 사람
에게 판결의 효력이 미치는 때에는 그 사람에 대하여 집행을 하거나 그 사람을 위
하여 집행을 하기 위해서는 승계집행문이 필요하다]에서 정한 **승계집행문**을 내어
달라고 신청할 수 없고, 위 선정당사자 역시 다른 선정자의 비용 분담을 이유로 그
부분에 대하여 상환의무를 부담하지 않는다고 주장하여 확정된 소송비용액에 관한
승계집행문의 부여를 다툴 수 없다고 보고 있다.

   그런데 위 대법원결정은 소송비용부담의 재판과 소송비용액확정결정에서 소송
비용의 지급책임이 선정당사자에 있음을 전제로 한 것이다. 위 결정의 판시부분에
서 주목할 점은 '판결에서 실질적으로 선정자들의 공동부담으로 하면서 판결주문
표시만 선정당사자에게 부담을 명했음이 명백한 경우 등과 같은 **특별한 사정**'에 관
한 언급이다. 즉 이러한 특별한 사정이 있다면 승소당사자는 선정자에 대하여 승계
집행문을 부여받아 이를 집행할 수 있으며, 선정당사자로서는 자신의 부담부분에
한하여 지급책임이 있으므로, 만약 법원이(법원사무관 등이 재판장 또는 사법보좌관
의 명에 따라) 승소당사자에게 자신의 부담부분을 넘어 다른 선정자들 부분에까지
집행할 수 있는 승계집행문을 내어 주는 경우에는 집행문부여에 대한 이의신청(민
집 34조 2항)을 할 수 있다.[2]

범위를 밝혀야 한다. 김홍엽(민사집행), 74쪽; 법원실무제요 민사집행(1), 216쪽.
1) 김지향, 주석서(1), 434쪽.
2) 재판 실무례에서는 선정당사자가 소송당사자로 소송수행한 재판에서 선정당사자가 패소한
 경우 판결주문에서 **선정당사자 및 선정자들**이 소송비용을 부담하는 것으로 표시하는 경우가 많
 으나 **선정당사자만**이 소송비용을 부담하는 것으로 표시하는 경우가 있다. 이론적으로는 선정
 당사자만이 **소송당사자**이며 선정자는 소송당사자가 아니라는 점에서 **후자의 실무례**가 타당할

(2) 본안에 관한 판결 등 집행권원의 주문에서 선정당사자만 의무자로 표시된 경우

이에 관한 판례의 태도를 확인할 수 있는 대법원의 판결이 없다. 그러나 위에서 본 판례에 대한 해석의 연장선상에서, 소송비용부담의 재판이 아닌 본안의 재판에서 앞서 본 바와 같이 판결이유 등에서 실질적으로는 선정당사자와 선정자들이 **공동의무자임이 명백한** 경우(판결주문 등에서 **지급책임의 범위**에 당연히 **선정자들의 의무 부담부분이 포함**되어 있음이 명백한 경우)에는 비록 판결 등 집행권원의 주문에서 선정당사자만이 의무자로 표시되었다고 하더라도 상대방인 승소당사자는 선정당사자 및 선정자들에 대하여 각 그 부담부분에 한하여 집행을 할 수 있다고 보아야 한다.

3. 선정당사자의 자격상실

(1) 일 반

선정당사자자격은 선정당사자의 사망, **선정의 취소**에 의하여 상실된다. 또 선정당사자는 공동의 이해관계를 가진 여러 사람 가운데에서 선정되어야 하므로 선정당사자 본인에 관한 청구부분의 소취하·판결확정 등으로 **공동의 이해관계가 소멸**하는 경우에도 선정당사자는 그 자격을 상실하게 된다.[1] 이에 반하여 선정자의 사망, 선정자의 공동의 이해관계의 소멸 등은 선정당사자자격에 영향이 없다 (법 95조 유추적용).

(2) 선정당사자의 변경

선정자는 언제든지 **선정행위**를 **철회**하여 **선정**을 **취소**할 수 있다. ① 선정의 취소로 선정당사자 모두 없게 되거나[선정당사자 모두 자격상실이 되었으나 소송대리

것 같지만, 선정당사자와 다른 선정자들의 내부적 관계에서는 소송수행권을 위임받은 소송대리인과 유사한 측면도 있으며(변호사선임명령에 관한 법 144조 3항이 유추적용되는 것도 이러한 까닭에서이다), 무엇보다 공동의 이해관계가 가지는 공동소송인이 될 관계에 있는 사람들 사이에 소송수행의 편의상 인정되는 선정당사자제도의 취지에서 보면, 선정당사자가 소송수행을 한 결과 패소를 한 경우에는 선정당사자만이 승소한 상대방과의 관계에서 소송비용을 부담하는 셈이 되므로, 일부 실무례처럼 선정당사자 측이 패소한 경우 소송비용부담의 재판에서 선정당사자만이 소송비용을 부담하도록 하는 것은 결코 바람직하지 못하다. 한편 이러한 문제점을 의식하고 이를 지적하고 있는 하급심판결로는 **서울고등법원 2012. 1. 11. 선고 2011나33544 판결**이 있다.

1) 대판 2006. 9. 28. 2006다28775, 2015. 10. 15. 2015다31513, 2018. 10. 12. 2018다231871; 오정후, "소송계속 중 선정당사자가 자격을 잃은 사건에서 나타난 몇 가지 민사소송법적 문제," 민사소송 12권 1호(2008. 5.), 59쪽 이하. 이에 대하여, 이 경우는 공동의 이해관계가 처음부터 없는 경우와 달라 선정당사자자격이 상실된다고 보기 어렵다는 견해로는, 정영환, 1066쪽.

인이 없다면 소송절차가 중단되게 된다(법 237조 2항, 238조)], 또는 이에 새로이 선정당사자를 선정한 경우, ② (일부 선정당사자에 대한) 선정의 취소가 있더라도 다른 선정당사자가 있는 경우, 또는 이에 새로이 선정당사자를 선정하여 추가하는 경우 등에는 **선정당사자**의 **변경**이 있게 된다. **선정행위**의 **철회**는 반드시 **명시적**으로 해야만 하는 것은 아니며, **묵시적**으로도 가능하다.[1] 선정행위를 철회한 경우 (선정을 취소하여 선정당사자의 변경이 있는 경우) **선정자** 또는 **선정당사자**는 **상대방**에 대하여 선정행위의 **철회사실**을 **통지**하지 않으면,[2] 상대방에게 그 효력을 주장하지 못한다(법 63조 2항, 1항 본문). 다만 **법원**에 선정당사자의 변경사실이 **알려진 뒤**에는 종전의 선정당사자는 법 56조 2항의 소송행위(**소송처분적 소송행위**)를 하지 못한다(법 63조 2항, 1항 단서). 통지자는 통지 후에 그 취지를 법원에 **신고**해야 한다 (규칙 13조 2항·1항).

(3) 선정당사자의 자격상실과 소송절차의 중단 여부

여러 선정당사자들 가운데 **일부**가 자격을 상실하는 때라도 소송절차는 중단되지 않는다(다른 선정당사자가 소송을 수행한다. 법 54조). 선정당사자 **모두**가 그 자격을 상실한 때에는 선정자 모두 또는 새로운 선정당사자가 소송을 수계할 때까지 소송절차는 중단된다(법 237조 2항). 그러나 소송대리인이 있으면 중단되지 않는다(법 238조).

Ⅵ. 선정당사자자격의 흠과 그 효과

1. 선정당사자자격의 흠과 법원의 조치

선정당사자자격의 유무는 **당사자적격**의 문제로서, 직권조사사항이다. 선정행위에 흠이 있으면 법원은 **보정명령**을 해야 한다. 만일 보정하는 것이 지연됨으로써 손해가 생길 염려가 있는 때에는 법원은 보정하기 전의 선정당사자로 하여금

---

1) 대판 2015. 10. 15. 2015다31513, 2018. 10. 12. 2018다231871(선정자가 제 1 심 패소판결에 대하여 자신의 이름으로 항소를 제기했다면 그 항소장의 제출로써 **묵시적**으로 **선정행위**를 **철회**하는 의사를 표시했다고 볼 여지가 있다).
2) 대판 2015. 10. 15. 2015다31513, 2018. 10. 12. 2018다231871은 통지의 상대방이 '**상대방 또는 법원**'인 것으로 판시하고 있으나, 통지의 상대방은 '**상대방**'이어야 한다(물론 법원에 통지한 경우 법원을 통하여 상대방에게 통지될 수도 있으나 법원을 통한 통지 여부 및 통지시기 등이 명확하지 않으므로 원칙적으로 법상 규정하고 있는 바와 같이 '상대방'에게 통지해야 한다).

일시적으로 소송행위를 하게 할 수 있다(법 61조·59조). **선정행위**에 **흠**이 있으면
선정행위는 **무효**가 된다. 선정당사자자격이 없는 사람 또는 그 자격증명이 없는
사람의 소송행위일지라도 선정자가 적법한 선정당사자를 선정하여 그 소송행위를
추인하거나 뒤에 그 **자격증명**을 하면 유효하게 될 수 있다(법 61조·60조). 원고
측 선정당사자로서 제소 당시 **선정당사자자격**이 없는 때에는 그 후 보정이나 추
인을 얻지 못하면 **소각하판결**을 해야 한다.

2. 선정당사자자격의 흠을 간과한 판결의 경우

선정행위가 없거나, 선정당사자자격이나 그 자격증명이 없음을 간과하고 본안
판결을 했을 때에는 **당사자적격**의 흠을 간과한 때와 같이 상소로써 취소할 수 있지
만, 재심사유로는 되지 않는다(통설). 이러한 의미에서 그 판결은 내용적으로 효력이
생길 수 없는 무효이며, 선정자에게 그 효력이 미치지 않는다. 여러 사람 사이에 공
동소송인이 될 관계에 있기는 하지만 주요한 공격방어방법을 공통으로 하는 것이
아니어서 **공동의 이해관계가 없는 사람**이 선정당사자로 선정되었음에도 법원이
그러한 선정당사자자격의 흠을 간과하여 그를 당사자로 한 판결이 확정된 경우
(또는 그를 당사자로 한 청구의 포기·인낙, 화해의 경우), 그와 같은 사정이 법 451조
1항 3호 본문(확정판결인 경우, 청구의 포기·인낙, 화해의 경우에는 법 461조)가 정하
는 **재심사유(준재심사유)**인 '법정대리권·소송대리권 또는 대리인이 소송행위를 하
는 데에 필요한 권한의 수여에 흠이 있는 때'에 해당하는지(**유추적용**을 할 수 있는
지)에 관하여 논의가 있다. **판례**는, 이러한 재심사유에 해당하기 위해서는 무권대
리인이 대리인으로서 본인을 위하여 실질적인 소송행위를 했거나 또는 대리권의
흠으로 인하여 본인이나 그의 소송대리인이 실질적인 소송행위를 할 수 없어야
하는데, 위와 같은 경우 선정자가 스스로 해당 소송의 공동소송인 가운데 한 사
람인 선정당사자에게 소송수행권을 수여하는 선정행위를 했다면 그 선정자로서는
실질적인 소송행위를 할 기회 또는 적법하게 해당 소송에 관여할 기회를 박탈당
한 것이 아니므로, 비록 그 선정당사자와의 사이에 공동의 이해관계가 없었다고
하더라도 그러한 사정은 위 재심사유에 해당하지 않는 것으로 봄이 상당하다는
입장이다.[1] 이 경우 공동의 이해관계를 가지지 않아 선정당사자가 될 자격이 없

---

1) 대판 2007. 7. 12. 2005다10470(그 선정당사자가 청구를 인낙하여 인낙조서가 작성된 경우
  이다).

었다고 하더라도 그와 같은 사유만으로 판결 또는 인낙조서(법 220조)가 **당연무효**
가 되지 않는다.[1] 비록 공동의 이해관계를 가지지 않은 사람을 선정당사자로 선
정한 행위는 흠이 있는 소송행위이기는 하지만 그 흠은 판결이나 인낙조서가 당
연무효가 될 정도의 중대한 흠으로 보기는 어렵기 때문이다.

제 4 절   집단소송 등

I. 증권관련집단소송

1. 의   의

　　증권관련집단소송이란 증권(자본시장과 금융투자업에 관한 법률 4조에 따라 발행
한 증권)의 매매, 그 밖의 거래과정에서 많은 사람에게 피해가 발생한 경우 그 중
한 사람 또는 여러 사람이 대표당사자가 되어 피해자 집단의 구성원 모두를 위하
여 소송수행을 하는 **손해배상청구소송**을 말한다(증집 2조 1호). 즉 허위공시·분식
회계·부실감사·주가조작 등과 같은 불법행위로 다수의 소액투자자들에게 피해
가 발생한 경우 한 사람 또는 여러 사람이 대표해 손해배상청구소송을 제기하고
피해자가 별도의 제외신고를 하지 않는 한 판결의 효력이 피해자 전체에게 미치
는 집단구제제도이다.[2] 증권관련집단소송은 구성원이 다수이고, 중요쟁점을 공통
으로 하고 이러한 소송이 구성원의 이익보호에 적절한 수단이며, 대표당사자가
당사자적격을 갖추었을 때 허용된다(증집 12조).[3][4] 증권관련집단소송에 대해서는

---

1) 판례가 판결의 무효를 극도로 제한하고 있는 점 등에 비추어 선정자가 선정당사자에게 선
　정행위를 한 이상 판결의 무효를 쉽게 인정하는 것은 소송절차의 안정의 측면에서 바람직하
　지 않다. 엄상필, "선정당사자의 선정 요건 및 선정당사자 자격의 흠과 재심사유," 대법원판례
　해설 71호(2007년 하반기), 626쪽 이하.

2) 우리나라에서 집단소송과 관련하여 입법자료로서 준비된 최초의 산물은 법무부가 주도하여
　1996년에 만든 "집단소송법시안"이다. 법무부는 이를 위해 '민사특별법제정특별분과위원회'를
　결성하여 5년 6개월 간에 걸친 작업 끝에 시안을 마련했으나 법 시행상의 문제점을 들어 더
　이상의 입법작업을 중단했다. 법무부는 2001. 8. '증권관련집단소송법제정특별분과위원회'를
　조직한 후, 2001. 11. 2. 위 위원회가 성안한 법안을 토대로 공청회를 개최하기에 이르렀고,
　그 후 약간의 수정을 거쳐 국회에 상정한 바 있다. 한충수, "증권관련집단소송에서의 손해산
　정과 분배절차," 저스티스 72호(2003. 4.), 28쪽 이하; 정중근, "증권관련집단소송의 도입배경
　및 내용," 법조 54권 1호(2005. 1.), 19쪽 이하.

3) 증권관련집단소송에서 소를 제기하는 피해자의 구성원이 50인 이상이어야 하고, 청구원인

증권관련 집단소송법과 증권관련 집단소송규칙이 적용된다[위 법과 규칙에 특별한 규정이 없는 경우에는 민사소송법과 민사소송규칙이 적용된다(증집 6조, 증집규 2조)].

■ 각국의 집단적 분쟁해결제도의 유형[1]

(1) 집단소송형과 단체소송형

이는 피해자 자신에게 당사자적격을 부여하는지 여부에 따른 분류이다. ① **집단소송형**: 집단소송형은 피해자 자신에게 당사자적격을 부여하는 형태로서, 미국의 Class Action, 캐나다의 Class Proceeding, 영국의 Group Action, 독일의 표본소송절차(Musterverfahren), 일본의 선정당사자추가제도·대규모소송제도, 중국의 소송대표자제도 등이 이에 해당한다. 우리나라의 증권관련집단소송제도가 이에 해당한다. ② **단체소송형**: 단체소송형은 피해자가 아닌, 법에서 정한 일정한 자격이 있는 단체에게만 당사자적격을 부여하는 형태로서, 독일의 소비자단체소송제도를 비롯하여 프랑스, 오스트리아, 스위스 등의 대륙법계 국가에서 개별입법으로 이를 허용하고 있다. 우리나라의 소비자단체소송·개인정보단체소송제도 등이 이에 해당한다.

(2) 제외신청형과 참가신청형

이는 집단소송형에서 소송참가의 방식 및 기판력의 적용범위의 차이에 따른 분류이다. ① **제외신청형**: 제외신청형은 판결의 효력을 받을 사람, 즉 총원의 범위를 일반적·대략적으로 결정한 다음 이에 포함되는 것을 원하지 않는 사람은 제외신청(opt-out)을 하도록 하되 제외신청을 하지 않는 경우에는 판결의 효력이 미치도록 하

이 된 행위 당시를 기준으로 구성원의 보유 유가증권의 합계가 피고법인이 발행한 유가증권의 총수의 1/10,000 이상일 것을 요구하며, 대표당사자와 소송대리인이 3년에 3건 이상의 집단소송에 관여할 수 없다는 엄격한 제소요건이 집단소송의 활성화에 장애요인으로 작용한다. 최정식, "증권관련집단소송법의 개선방안에 관한 고찰," 저스티스 102호(2008. 2.), 152쪽 이하; 한충수, "증권관련집단소송법의 허가요건과 허가절차상의 몇 가지 문제점," 인권과 정의 331호(2004. 3.), 156쪽 이하.

4) 증권 분야 외에 **집단적 피해발생**이 우려되는 **다른 분야**에도 **집단소송제도**를 확대도입하고 그 실효성을 확보하기 위해 집단소송절차를 개선하고자 하는, 증권관련 집단소송법 일부개정법률안(4개 법안, 제안일자 2020. 6. 10., 2022. 2. 23., 2022. 4. 27. 및 2022. 7. 7.), 소비자의 권익보호를 위한 집단소송법안(제안일자 2020. 7. 3.), 소비자집단소송법안(제안일자 2020. 7. 7.), 공정거래관련 집단소송법안(제안일자 2020. 7. 7.), 집단소송법안(2개 법안, 제안일자 2020. 9. 15. 및 2020. 9. 22.), 개인정보관련 집단소송법안(제안일자 2022. 10. 20.) 등 **10개 법안**이 제21대 국회에 계류되었으나 임기종료(2024. 5. 29.)로 각 자동폐기되었다. 이러한 법안들은 제소대상을 제한된 특정 영역으로 한정하지 않아 일반집단소송을 허용하는 집단소송제도 확대법안으로서, 총원(구성원)의 범위 확인가능을 포함하여, 공통성·적합성·효율성 등의 집단소송의 허용요건 판단에 많은 어려움을 내포하고 있고, 분배절차에서도 많은 비용과 혼란을 초래할 가능성이 있음을 지적하고 있는 견해로는, 전원열, "집단소송의 소송허가요건 및 금전배상에 관한 연구," 저스티스 통권 제184호(2021. 6.), 147쪽 이하.

1) 사법제도개혁추진위원회, "사법선진화를 위한 개혁"(사법제도개혁위원회백서, 2006. 12.), 323쪽.

는 방식으로, 미국의 Class Action, 캐나다의 Class Proceeding, 우리나라의 증권관련 집단소송제도 등이 이에 해당한다. ② **참가신청형**: 참가신청형은 참가신청(opt-in)이 있는 경우에만 판결의 효력이 미치도록 하는 방식으로, 영국의 Group Action, 독일의 표본소송절차(Musterverfahren), 일본의 선정당사자추가제도, 중국의 소송대표자제도 등이 이에 해당한다.

2. 증권관련집단소송절차의 특례

증권관련집단소송의 절차는 일반 민사소송절차와 다른 **특례**를 두고 있다. ① **전속관할**: 관할은 피고의 보통재판적 소재지를 관할하는 지방법원 본원 합의부의 전속관할로 한다(증집 4조). ② **처분권주의의 제한**: 처분권주의의 제한이 있다. 소제기, 소취하, 소송상 화해, 청구의 포기, 상소취하, 상소권포기 등은 법원의 허가를 얻어야 한다(증집 15조 1항, 35조 1항, 38조 1항). ③ **변호사강제주의**: 원고와 피고는 변호사를 소송대리인으로 선임해야 한다(증집 5조 1항). ④ **원칙적 직권증거조사**: 법원은 필요하다고 인정하는 때에는 원칙적으로 직권증거조사를 할 수 있다(증집 30조). 법원은 필요하다고 인정하는 때에는 직권으로 소송과 관련있는 문서의 소지자에 문서제출명령이나 송부촉탁을 할 수 있다(증집 32조 1항). ⑤ **증거보전사유의 확대**: 법원은 증거보전의 필요성이 있지 않은 경우에도 필요하다고 인정하는 때에는 당사자의 신청에 따라 증거조사를 할 수 있다(증집 33조). ⑥ **합리적 손해배상액의 산정**: 손해배상액의 산정에서 증거조사 등을 통해서도 정확한 손해액을 산정하기 곤란한 때에는 여러 사정을 고려하여 표본적·평균적·통계적 방법 또는 그 밖의 합리적인 방법으로 손해액을 정할 수 있다(증집 34조 2항). ⑦ **기판력의 확장**: 확정판결은 제외신고를 하지 않은 구성원에 대해서도 그 효력이 미친다(증집 37조).

Ⅱ. 소비자단체소송 등

1. 소비자단체소송

(1) 의   의

소비자단체소송이란 사업자(물품을 제조·수입·판매하거나 용역을 제공하는 자)가 소비자기본법 20조에서 정한 소비자의 **권익관련의 기준**(위해방지안전기준·표시기준·광고기준, 부당행위금지기준·개인정보보호기준)을 위반하여 소비자의 생명·신체 또는 재산에 대한 권익을 직접적으로 침해하고 그 침해가 계속되는 경우 소비자단체 등이 나서서 그 **권리침해행위의 금지·중지**를 구하는 소송으로서(소기 70조), 2008. 1. 1.부터 시행되는 **공익소송**이다. 소비자단체소송은 위법행위의 금지라는 **부작위소송**인 점에서 손해배상소송인 증권관련집단소송과는 다르다.[1][2] 소비자단체소송은 소액 다수 소비자의 피해를 효율적으로 구제하고 사업자의 부당한 행위를 방지할 수 있는 장치로서 단체소송의 형태를 채택하여 입법화했다. 이로써 종래 증권관련집단소송제도와 함께 집단적 분쟁처리방안으로서 그동안 논의되어 오던 것들, 즉 미국식 class action 제도와 독일식 단체소송제도를 모두 보유하게 되었다.[3] 소비자단체소송에 대해서는 **소비자기본법**과 **소비자단체소송규칙**이 적용된다[위 법과 규칙에 특별한 규정이 없는 경우에는 민사소송법과 민사소송규칙이 적용된다(소기 76조 1항, 소단규 2조)].

(2) 단체소송상 원고적격단체

소비자단체소송에서 원고적격이 있는 단체는, ① 공정거래위원회에 등록한 소비자단체로서 단체의 정회원수가 1천명 이상인 경우 등 일정한 요건을 갖춘 단체, ② 한국소비자원, ③ 대한상공회의소, 중소기업협동조합중앙회 및 전국 단위의 경제단체로서 대통령령(63조)이 정하는 단체, ④ 법률상 또는 사실상 동일한 침해를 입은 50명 이상의 소비자로부터 단체소송의 제기를 요청받은 단체의 상시 구성원수가 5천명 이상으로 중앙행정기관에 등록된 단체인 경우 등 그 밖

[1] 소비자단체소송은 현재 진행되고 있는 사업자의 위법행위의 금지 또는 중지를 내용으로 하므로 위법행위로 인하여 이루어진 결과의 제거를 그 대상으로 하고 있지 않다. 따라서 입법론적으로, 소비자단체소송의 대상에 단지 위법행위의 금지·중지청구 외에도 위법행위의 결과에 대한 제거, 즉 해당 행위에 제공된 물건의 수거·폐기 등 소비자의 피해가 현실적으로 확대되지 않도록 필요한 조치의 청구도 포함할 필요가 있다. 고형석, "소비자기본법의 평가와 과제," 저스티스 120호(2010. 12.), 36쪽.

[2] **일본의 경우** 2013. 11. 12. '소비자의 재산적 피해의 집단적 회복을 위한 민사재판절차의 특례에 관한 법률'을 제정하여, 소비자계약에서 발생한 피해에 대하여 특정적격의 소비자단체가 원고가 되어 **금전적 손해배상**을 청구할 수 있는 소송을 제기할 수 있도록 했다. 이러한 소송은 **2단계 소송**(two-stage action system), 즉 **제1단계의 공통의무 확인소송절차**와 **제2단계의 대상채권의 확정절차**로 나누어 진행하는 형태를 취하고 있다. 특히 대상채권의 확정절차는 소비자의 **채권신고(opt-in)**의 방식을 취하고 있다. 김홍엽(민사사법제도), 94쪽. **우리나라의 경우** 2020. 7. 7. 이학영 의원 등 11인 제안에 의한 소비자집단소송법안(의안번호 2101561)이 제21대 국회에 계류되었으나 임기종료(2024. 5. 29.)로 자동폐기되었다.

[3] 정영수, "소비자단체소송에 관한 고찰," 법조 56권 3호(2007. 3.), 5쪽 이하; 정규상, "소비자단체소송," 성균관법학(성균관대학교 법학연구소) 19권 2호(2007. 8.), 287쪽 이하.

에 일정한 요건을 갖춘 비영리민간단체 등이다.

2. 개인정보단체소송

소비자단체소송과 유사한 단체소송으로 **개인정보단체소송**이 있다. 개인정보단체소송은 일정한 요건을 갖춘 소비자단체나 비영리민간단체가 개인정보를 둘러싼 사건(정보주체의 피해 또는 권리침해가 다수의 정보주체에게 같거나 비슷한 유형으로 발생하는 일정한 사건)에 관하여 개인정보처리자가 집단분쟁조정을 거부하거나 집단분쟁조정의 결과를 수락하지 않는 경우에 법원에 권리침해행위의 금지·중지를 구하는 소송으로서(개인정보 51조 이하), 2011. 9. 30.부터 시행되는 **공익소송**이다. 개인정보단체소송에 대해서는 **개인정보 보호법**과 **개인정보 단체소송규칙**이 적용된다[위 법과 규칙에 특별한 규정이 없는 경우에는 민사소송법과 민사소송규칙이 적용된다](개인정보 57조 1항, 개인정보단규 2조).

3. 소비자단체소송절차 등의 특례

소비자단체소송·개인정보단체소송의 절차는 일반 민사소송절차와 다른 **특례**를 두고 있다. ① **전속관할**: 관할은 피고의 보통재판적 소재지를 관할하는 지방법원 본원 합의부의 전속관할로 한다(소기 71조, 개인정보 52조). ② **처분권주의의 제한**: 처분권주의의 제한이 있다. 소제기는 법원의 허가를 얻어야 한다(소기 73조·74조, 개인정보 54조·55조). ③ **변호사강제주의**: 원고는 변호사를 소송대리인으로 선임해야 한다(소기 72조, 개인정보 53조). ④ **기판력의 확장**: 확정판결 가운데 **원고 청구를 기각**하는 확정판결은 **동일한 사안**에 관하여 **다른 단체**에 대해서도 그 효력이 미친다[다만 판결이 확정된 후 그 사안과 관련하여 국가 또는 지방자치단체가 설립한 기관에 의하여 새로운 연구결과나 증거가 나타난 경우 또는 기각판결이 원고의 고의로 인한 것임이 밝혀진 경우에는 **예외**로 한다](소기 75조, 개인정보 56조).

제 5 절 제 3 자 소송참가

제 1 관 보조참가

Ⅰ. 의 의

보조참가란 다른 사람 사이의 소송계속 중 소송결과에 이해관계가 있는 제 3 자가 한쪽 당사자의 승소를 돕기(보조하기) 위하여 그 소송에 참가하는 것을 말한다(법 71조). 보조참가하는 제 3 자를 **보조참가인** 또는 종된 당사자라고 하며, 보조받는 당사자를 **피참가인** 또는 주된 당사자라 한다. 보조참가인은 자기의 이름으로 판결을 구하지 않고 단지 한쪽 당사자의 승소를 위하여 소송을 수행하는 것이므로, 진정한 의미의 소송당사자와 다르다.1) 보조참가인은 자기를 위한 소송대리인을 선임할 수 있다. 보조참가인은 소송당사자는 아니나, 제척이유(법 41조)나 소송구조(법 128조)에 관해서는 소송당사자에 **준하여** 취급된다.

Ⅱ. 요 건

1. 소송계속 중일 것

(1) 당사자 아닌 제 3 자의 의미

보조참가는 다른 사람 사이의 소송에 한하여 허용되며, 한쪽 당사자는 자기 소송의 상대방에는 참가할 수 없다(법 71조 본문). 그러나 자기의 공동소송인이나 그 공동소송인의 상대방을 위하여 보조참가하는 것은 가능하다. 법정대리인은 소송수행상 당사자에 준하기 때문에 본인의 소송에 보조참가할 수 없다.

(2) 보조참가와 소송계속

1) 보조참가는 소송계속 중인 경우에 허용된다(법 71조 본문). 상고심에서도 허용된다. 다만 상고심에 참가하면 법 76조 1항 단서에 의한 제약 때문에 사실상 주장·증거의 제출이 허용되지 않는다. 판결확정 뒤라도 추후보완상소(법 173조)나 재심의 소(법 451조 1항 본문)의 제기와 동시에 참가신청을 할 수 있다(법 72

---

1) 다만 판결서상 보조참가인, 공동소송적 보조참가인을 원고 또는 피고의 표시 다음에 기재한다.

조 3항).

2) 여기서 소송계속이란 판결절차를 의미한다.[1] 여기에는 판결절차 외에 독촉절차와 같이 이의신청에 의해 판결절차로 이행될 절차(법 472조 2항)도 포함한다. **결정절차**에도 보조참가가 허용되는지에 관하여, **대립당사자 구조를 가지는 결정절차** 예컨대 가압류·가처분결정에 대한 이의·취소신청절차[2005. 1. 27. 민사집행법 개정으로 2005. 7. 28.부터 종전의 판결절차에서 결정절차로 바뀌었다] 등에서는 보조참가가 허용된다고 본다.[2] 문제는 **대립당사자 구조를 가지지 않는** 결정절차 예컨대 매각허가결정에 대한 즉시항고절차(민집 129조·130조) 등에서 보조참가가 허용되는지 여부이다. 널리 결정절차에서도 보조참가인의 권리상태에 법률상 영향을 줄 관계가 있으면 그의 절차권의 보장을 위해 보조참가의 규정을 준용하여 허용할 것이라는 견해가 있으나,[3] 대립당사자 구조를 가지지 못하는 결정절차에서는 보조참가가 허용되지 않는다고 보아야 한다.[4] **판례**는 결정절차 가운데 상대방이 정해진 경우가 아니기 때문에 대립당사자 구조를 가지지 못하는 결정절차에서는 보조참가를 할 수 없다는 입장이다.[5]

(3) 쌍면참가의 허용 여부

보조참가인은 대립하는 당사자 가운데 어느 한쪽에 참가하는 것이므로 이미 당사자 한쪽에 참가한 사람이 그 상대방에 참가하기 위해서는 먼저 한 참가신청을 취하해야 한다(쌍면참가의 금지).

2. 소송결과에 이해관계가 있을 것(참가이유)

(1) 의   의

보조참가는 제 3 자가 한쪽 당사자와 소송결과에 이해관계가 있는 경우에 한

---

1) 일본의 경우 구법에서의 '소송의 계속 중'이라는 문언이 신법에서 삭제되고 단지 '소송'이라고 하고 있다(일본 민사소송법 42조).
2) 보전처분의 신청절차에서 당사자대립주의는 통상의 판결절차에서와 같이 전면적이고 완전한 형태로 나타나지 않다가, 보전처분에 대한 이의신청·취소신청절차에서 비로소 분명한 형태로 나타나게 된다고 하더라도 **보전소송**도 민사소송절차의 일환으로서 대립당사자의 존재를 전제로 하는 것이다. 대판 2004. 12. 10. 2004다38921,38938. 다만 판례 가운데에는 가압류·가처분신청사건에 한하여 변론이나 심문 없이 진행된 경우에는 대립당사자 구조의 형태를 지니지 않는다고 본 결정도 있다. 대결 2010. 5. 25. 2010마181.
3) 이시윤, 821쪽; 정동윤·유병현·김경욱, 1097쪽; 정영환, 999쪽.
4) 김홍규·강태원, 806쪽; 송상현·박익환, 656쪽; 호문혁, 960쪽.
5) 대결 1973. 11. 15. 73마849, 1994. 1. 20. 93마1701.

하여 허용된다(법 71조 본문). '**소송결과**'에 대해 이해관계가 있다고 하려면, 판결
의 결과가 그대로 참가인 자신의 법적 지위, 즉 권리·의무에 영향을 미칠 경우
라야 한다. 피참가인이 승소하면 참가인의 법률상 지위가 유리해지고, 패소하면
그 지위가 불리하게 될 때이다. 본소판결의 효력이 직접 참가인에게 미칠 경우도
포함되나, 이 경우는 공동소송적 보조참가(법 78조)에 해당한다. 엄격하게는 통상
의 보조참가는 참가인의 법적 지위가 **본소의 승패**에 **논리적**으로 **의존관계**에 있을
때로서, 참가인의 법적 지위가 본소결과인 승패, 즉 **판결주문**에서 판단되는 소송
물인 권리관계의 존부에 의하여 직접적으로 영향을 받는 관계에 있을 때 및 피참
가인의 승소에 의해 기득권의 확보 등 유리한 영향을 받을 수 있을 때에 허용된다.

(2) 판결주문에 대한 이해관계

'소송결과'를 '판결주문'에서 '판결이유의 판단'까지 확장하여 본소의 중요쟁
점인 사항에 참가인의 지위가 논리적으로 의존관계에 있으면 참가의 이익이 있다
는 반대견해가 있다.[1] 이는 소송당사자를 공평하게 처우하고 보조참가제도의 기
능적 확대를 꾀하는 관점에서 그 의미를 좀더 탄력성 있게 해석하는 것이 바람직
하다는 입장에서 제기되는 견해이다. 그러나 이러한 견해는 판결이유에 대하여
쟁점효가 적용된다는 쟁점효이론을 전제로 한 것으로, 소송결과 즉 판결주문에
대하여 이해관계를 필요로 한 현행법의 명문에 반한다.[2] **통설**은 판결주문이 아니
라 판결이유 속에서 판단되는 중요쟁점에 의하여 영향을 받는 것만으로는 참가할
수 없다고 본다.[3] 예컨대 교통사고의 공동피해자들 가운데 한 사람이 가해자를
상대로 제기한 손해배상청구소송에 다른 피해자는 보조참가할 수 없다. 공동피해
자는 그 권리가 사실상 같은 원인으로 말미암아 생긴 것이어서 공동소송인이 될
법률상 지위에 있으나, 다른 피해자의 소송결과에 대하여 법률상 이해관계가 있
다고 볼 수 없기 때문이다.[4]

(3) 법률상 이해관계

여기서 **이해관계**는 사실상·경제상 또는 감정상 이해관계가 아니라 법률상

---

1) 강현중, 895쪽; 전병서, "보조참가의 이익에 대한 재검토," 인권과 정의 290호(2000. 10.),
120쪽 이하.
2) 이시윤, 823쪽; 정동윤·유병현·김경욱, 1098쪽.
3) 강수미, "보조참가이익에 관한 고찰," 민사소송 13권 1호(2009. 5.), 139쪽 이하.
4) 김홍규·강태원, 807쪽.

이해관계를 말한다.1) 이러한 법률상 이해관계는 ① 해당 소송의 판결의 기판력이나 집행력을 당연히 받는 경우(**공동소송적 보조참가**), ② 또는 해당 소송의 판결의 효력이 직접 미치지는 않는다고 하더라도 적어도 그 **판결을 전제**로 하여 보조참가를 하려는 사람의 **법률상 지위가 결정되는 관계**에 있는 경우(**통상의 보조참가**)를 의미한다.2) 법률상 이해관계라면 재산법상 관계에 한하지 않고, 가족법상 관계, 공법상 관계도 포함한다.

■ 법률상 이해관계가 있는지 여부에 관한 구체적 사례

(1) 판례가 법률상 이해관계가 있다고 본 경우

1) 건물의 원시취득자인 원고가 그 소유권에 기한 방해배제청구로서 피고를 상대로 건축주명의변경절차의 이행을 구하는 소송에서, 원고가 그 소송에서 패소하면 매매계약이 해지되는 것을 조건으로 하여 원고로부터 해당 건물을 매수한 사람은 그 소송결과에 대하여 법률상 이해관계를 가진다[원고 측에 보조참가한 경우이다].3)

2) 건물의 임대인 원고가 임차인인 피고 회사를 상대로 임대차계약상의 차임액이 그 사이의 경제사정 변경 등으로 상당하지 않다는 이유로 일정 기간의 차임증액분의 지급을 구하는 소송에서, 원고와 피고 회사와 함께 합작투자계약을 체결한 사람은 위 임대차계약이 위 합작투자계약에서 전제조건으로 약정한 사항들을 기초로 하고 있다면 그 소송결과에 대하여 법률상 이해관계를 가진다[피고 측에 보조참가한 경우이다].4)

3) 피해자가 공동불법행위자들을 상대로 손해배상을 구하는 소송에서, 불법행위로 인한 손해배상책임을 지는 다른 공동불법행위자는 그 소송결과에 대하여 법률상 이해관계를 가진다[제2심 공동피고이었던 사람이 다른 공동불법행위자인 피고들에 대한 원고의 패소판결이 확정되는 것을 방지하기 위하여 원고의 상고기간 내에 보조참가신청과 아울러 상고를 제기한 경우이다].5)

---

1) 대판 2007. 6. 28. 2007다16885, 2014. 10. 30. 2012두17223, 2023. 8. 31. 2018다289825 등.
2) 대판 2007. 4. 26. 2005다19156, 대결 2014. 5. 29. 2014마4009, 2021. 12. 10. 2021마6702 (**회생채권자**가 제기한 **채권자취소소송**이 계속되어 있던 중 채무자에 대한 회생절차가 개시되어 **소송절차가 중단**된 상태에서 **관리인**이 소송을 **수계**하고 **부인의 소로 청구를 변경**한 경우 **소송결과**가 채무자 재산의 증감에 직접적인 영향을 미치는 등 회생채권자의 **법률상 지위에 영향**을 미친다고 볼 수 있으므로, 종전에 채권자취소의 소를 제기한 **회생채권자**는 특별한 사정이 없는 한 소송결과에 이해관계를 갖고 있어 관리인을 돕기 위해 **보조참가**를 할 수 있다) 등.
3) 대판 2007. 4. 26. 2005다19156.
4) 대결 1992. 7. 3. 92마244.
5) 대판 1999. 7. 9. 99다12796.

　4) 학교법인의 이사장이었던 원고가 피고(교육부장관)를 상대로 피고의 원고에 대한 임원취임승인취소처분의 취소를 구하는 소송에서, 학교법인은 그 소송결과에 대하여 법률상 이해관계를 가진다[피고 측에 보조참가한 경우이다].[1]

　(2) 판례가 법률상 이해관계가 없다고 본 경우

　1) 피고 학교법인이 경영하는 대학의 입시합격자인 원고가 다른 대학의 합격통지서를 첨부하여 피고 학교법인에 등록포기신청을 했음에도 피고 학교법인이 등록금을 반환하지 않고 있다는 이유로 피고 학교법인을 상대로 등록금반환을 구하는 소송에서, 피고 학교법인과 마찬가지로 사립대학을 경영하고 있는 다른 학교법인은 위 소송의 간접적 영향으로 파급효가 미치게 되어 교육재정의 대부분을 차지하는 등록금제도 운영에 차질이 생기게 된다는 사정만으로는 그 소송결과에 대하여 법률상 이해관계를 가진다고 볼 수 없다[피고 측에 보조참가신청을 한 경우이다].[2]

　2) 일정한 지역을 근거로 둔 원고 단체가 그 단체의 구성원인 피고를 상대로 피고가 다른 지역에 이주하여 구성원의 지위를 가지지 못하게 됨에 따라 피고에게 부여된 분묘사용권을 상실하게 되었음을 이유로 분묘철거를 구하는 소송에서, 피고와 마찬가지로 원고 단체의 구성원으로 있다가 다른 지역으로 이주함으로써 분묘사용권을 상실하게 된 사람은 원고의 청구가 인용되면 그 영향을 받게 될 수 있으나 이러한 사정만으로는 그 소송결과에 대하여 법률상 이해관계를 가진다고 볼 수 없다[피고 측에 보조참가신청을 한 경우이다].[3]

　3) 사찰인 원고가 피고 도지사를 상대로 사찰등록처분무효확인을 구하는 소송에서, 원고 사찰이 그 재산을 처분하려고 할 때 소속된 종단의 승인을 받아야 하는 관계 등은 종단과 사찰 사이의 계약의 존부 및 그 내용에 의하여 결정되는 것이므로, 종단은 그 소송결과에 대하여 법률상 이해관계를 가진다고 볼 수 없다[피고 측에 보조참가신청을 한 경우이다].[4]

　4) 을 회사로부터 채권을 양수한 원고가 채무자인 피고를 상대로 양수금의 지급을 구하는 소송에서, 을 회사의 채권자인 갑 회사가 원고의 (을 회사로부터의) 채권양수행위 중 일부가 사해행위로 취소되었는데도 원고가 승소하여 피고로부터 채권을 변제받으면 갑 회사가 을 회사를 대위하여 채권을 행사할 수 없게 된다는 사정은 **사실적 · 경제적 이해관계**에 불과하다[피고 측에 보조참가신청을 한 경우이다].[5]

---

1) 대판 2001. 1. 19. 99두9674, 2003. 5. 30. 2002두11073.

2) 대판 1997. 12. 26. 96다51714.

3) 대판 2007. 6. 28. 2007다16885.

4) 대판 1982. 2. 23. 81누42.

5) 대판 2018. 7. 26. 2016다242440.

3. 소송절차를 현저히 지연시키지 않을 것

보조참가는 소송절차를 **현저히** 지연시키는 경우에는 허용되지 않는다(법 71조 단서). 이것은 신법에서 추가한 요건으로, 보조참가가 변호사소송대리원칙을 잠탈하는 수단으로 이용되거나 제3자가 이 제도를 남용하여 소송지연책으로 삼는 것을 방지하기 위한 것이다. 이러한 요건은 공익적 요건으로 **직권조사사항**이다.

4. 소송행위의 유효요건을 갖출 것

참가인은 당사자능력과 소송능력이 있어야 하며,[1] 그 대리인은 대리권이 존재하여야 한다.

Ⅲ. 절차 및 심판

1. 참가신청

(1) 신청방식

현재 소송이 계속된 법원에 **서면** 또는 **말로** 신청한다. **참가의 취지**에는 참가하는 소송과 당사자 어느 쪽의 승소보조를 위해 참가하는지를 표시해야 하며, **참가이유**에는 소송결과에 관하여 이해관계를 갖는 사정을 밝혀야 한다(법 72조 1항). 보조참가신청서에는 인지를 붙이지 않는다(민인 10조 단서, 민인규 2조의2).[2] 공동소송인 사이에 이론적으로나 실천적으로 합일확정의 필요가 있는 공동소송(이론상 합일확정소송)에서는 따로 참가신청이 없어도 참가관계를 인정해야 한다는 **당연의 보조참가이론**이 있으나, 명시적인 참가신청이 없는데도 보조참가관계를 인정하는 것은 무리이다.[3]

(2) 신청과 동시에 하는 소송행위

참가신청은 참가인으로서 할 수 있는 소송행위(예컨대 상소제기, 지급명령에 대한 이의신청, 추후보완상소 또는 재심의 소 제기 등)와 **동시에** 할 수 있다(법 72조 3항).

---

1) 따라서 그러한 당사자능력 및 소송능력이 없는 행정청으로서는 민사소송법상 보조참가를 할 수 없다. 대판 2002. 9. 24. 99두1519.
2) 재판예규 제1692호 '민사접수서류에 붙일 인지액 및 그 편철방법 등에 관한 예규'(재민 91-1, 2018. 6. 7. 개정, 2018. 7. 1. 시행).
3) 정동윤·유병현·김경욱, 1097쪽.

신청서는 당사자 양쪽에 송달해야 한다(법 72조 2항).

(3) 참가신청의 취하

참가인은 어느 때나 신청을 취하할 수 있다(피참가인이나 상대방의 동의는 필요 없다). 신청이 취하되어도 법 77조의 참가적 효력을 면치 못한다. 참가인이 한 소송행위는 취하에 불구하고 그 효력을 상실하지 않으며 당사자의 **원용이 없어도** 판결의 판단자료로 할 수 있다.[1]

2. 참가의 허부 재판

(1) 당사자의 이의신청이 있는 경우

당사자가 참가에 대하여 **이의신청**을 한 때에는 참가신청의 방식과 참가이유의 유무에 대하여 조사함이 원칙이다. 이의신청은 피참가인의 상대방뿐만 아니라 피참가인 자신도 할 수 있다. 이의신청이 있는 때에는 참가인은 **참가이유를 소명**해야 한다(법 73조 1항). 당사자가 이의신청을 하지 않은 채 변론을 하거나 변론준비기일에서 진술을 한 때(본안에 관한 것이든, 아니든 묻지 않는다)에는 **이의신청권**을 잃는다(법 74조). 이 경우 참가인은 법원의 참가허가결정 없이도 계속 소송행위를 할 수 있다.[2]

(2) 법원이 직권으로 참가이유의 소명을 명한 경우

법원은 당사자의 이의신청이 없어도 필요하다면 **직권으로** 참가인에게 **참가이유를 소명**하도록 명할 수 있다(법 73조 2항 전단). **구법**에서는 정당한 참가이유도 없이 사실상 소송대리의 목적으로 보조참가신청을 하여 변호사소송대리원칙을 잠탈하는 때에도 당사자의 이의신청이 있어야 보조참가의 허부재판을 할 수 있었다. 그러나 **신법**에서는 앞서 본 '소송절차를 현저하게 지연시키는 경우'가 아닐 것이라는 요건을 추가하는 한편, 당사자의 이의신청이 없더라도 법원이 직권으로 보조참가의 이유의 유무를 심사하여 보조참가를 허가하지 않을 수 있도록 하였다.[3]

---

[1] 방순원, 290쪽; 이시윤, 825쪽; 전원열, 672쪽. 효력이 소급적으로 상실하지만 당사자가 원용하면 판결자료로 할 수 있다는 견해로는, 송상현·박익환, 660쪽; 강현중, 897쪽; 호문혁, 963쪽; 정영환, 1004쪽.

[2] 대판 2017. 10. 12. 2015두36836.

[3] 이에 대하여, 이러한 경우라면 직권조사사항인 신의칙으로도 막을 수 있을 것이므로 구태여 이 때문에 당사자주의의 틀을 버릴 필요는 없었을 것이라는 견해로는, 이시윤, 825쪽. 그

(3) 참가의 허부결정과 즉시항고

1) 당사자의 **이의신청**이 있는 때에는 법원은 **허부결정(참가허가결정, 참가불허결정)**을 해야 한다(법 73조 1항 후단). 법원이 **직권**으로 소명을 명한 경우 참가이유가 있다고 인정되지 않는 때에는 **참가불허결정**을 해야 한다(법 73조 2항 후단). 실무상 참가불허결정은 **참가신청각하결정**의 방식으로 한다.[1] 당사자의 이의신청이 있는 경우 법원이 결정이 아닌 **종국판결**로써 심판을 했더라도 위법한 것은 아니다.[2] 다만 판결에는 법원의 판단을 분명하게 하기 위하여 결론을 판결주문에 기재하도록 하고 있으므로(법 208조 1항 2호), 비록 판결이유에서 그 당부를 판단했더라도 판결주문에 설시가 없으면 특별한 사정이 없는 한 이의신청에 대한 재판은 누락된 것으로 본다.[3]

2) 참가의 허부결정에 대해서는 당사자 또는 참가인이 즉시항고를 할 수 있다(법 73조 3항). **참가허가결정**에 대해서는 이의신청을 한 당사자는 물론 이의신청권을 잃지 않은 상대방도 즉시항고를 할 수 있으며, **참가불허결정(참가신청각하결정)**에 대해서는 참가인은 물론 피참가인도 즉시항고를 할 수 있다.[4]

3) 참가인은 참가불허결정이 있어도 그 결정이 확정될 때까지는 참가인으로서 할 수 있는 일체의 소송행위를 할 수 있다(법 75조 1항). 그러나 참가인이 한 이러한 소송행위는 참가불허결정이 확정되면 효력을 잃는다. 다만 이 경우에도 피참가인이 **원용**하면 참가인이 한 소송행위는 효력을 가진다(법 75조 2항). 이러한 원용은 참가불허결정의 확정 전이어도 무방하며, **포괄적**(전부원용) 또는 **선별적**(일부원용)으로도 할 수 있다. 또한 이러한 원용은 **명시적** 또는 **묵시적**으로도 할 수 있다.[5]

러나 원칙적으로는 당사자의 이의신청이 있을 것을 요구하고 있으므로 당사자주의의 틀은 기본적으로 그대로 유지하고 있다고 봄이 상당하다.

1) 법원실무제요 민사소송(1), 385쪽. 예컨대 대판 2017. 9. 21. 2015다61286, 2018. 11. 9. 2015다237755 등에서도, (원고 또는 피고) 측 보조참가신청이 참가요건을 갖추지 못하여 부적법하다고 하여 판결주문에 '(원고 또는 피고) 보조참가인의 **보조참가신청**을 **각하**한다. 보조참가신청으로 인한 소송비용은 (원고 또는 피고) 보조참가인이 부담한다'라는 판시를 했다.

2) 실무상 통상 보조참가신청에 대한 이의신청이 있는 경우에 먼저 별도로 이에 대한 결정을 하지 않고 본안판결에 포함시켜 재판을 한다. 서울고등법원 판례공보스터디, 민사판례해설 Ⅲ-하, 614쪽.

3) 대판 2004. 8. 30. 2004다24083, 2007. 11. 16. 2005두15700, 2015. 10. 29. 2014다13044.

4) 김지향, 주석서(1), 618쪽.

5) 보조참가는 피참가인의 승소를 보조하기 위한 것이므로, 피참가인이 원용하지 않을 이유가

(4) 보조참가소송으로의 전환 문제

독립당사자참가(법 79조)를 보조참가로 전환할 수 있는지, 공동소송참가를 공동소송적 보조참가로 전환할 수 있는지 문제되는데, 이에 대하여 소송참가인의 보호와 소송경제를 고려하여 적극적으로 해석해야 한다는 견해가 있다.[1] 한편 **판례**는, 참가인의 부적법한 독립당사자참가를 법원이 보조참가로 보지 않았다 하더라도 잘못이 없다고 한다.[2]

부적법한 독립당사자참가라고 하더라도 보조참가의 요건을 갖추었으면 보조참가로 전환된다는 견해는 이러한 전환의 의미 및 근거를 분명히 하지 않고 있으나, 소송행위에 관한 무효행위의 전환이론을 전제로 한 것으로 이해된다. 그러나 민법상 무효행위의 전환규정(민 138조)을 소송행위에 유추적용할 수 없음은 이미 소송행위의 흠의 치유 등에서 살펴본 바와 같다. 참가인이 독립적인 당사자의 지위에서 합일확정의 재판을 구하고 있음에도 어느 한쪽을 위한 보조참가로 취급한다는 것은 부당하다. 이러한 경우에는 **독립당사자참가신청**을 **취하**하고 **보조참가신청**을 하는 것이 참가인에게 유리하다[독립당사자참가신청을 취하하는 경우 **인지액**의 1/2을 **환급**받을 수 있다(민인 14조 1항 2호)]. 한편 이 경우에도 보조참가신청서를 별도로 제출할 필요 없이(보조참가신청은 서면에 의하지 않아도 된다) 독립당사자참가신청서를 기본적으로 원용하되 어느 쪽을 위한 보조참가인지, 그리고 참가이유를 밝힘으로써(법 72조 1항) 하면 족하므로 소송경제에 부합한다.

■ 신청한 참가소송의 요건의 흠과 적법한 소송으로의 전환 여부에 관한 판례의 태도

(1) 독립당사자참가(쌍면참가)의 일부취하와 보조참가신청으로의 취급

독립당사자참가에서 편면참가를 허용하지 않았던 **구법하의 판례** 가운데에는, 참가인이 참가취지 중 피고에 대한 청구부분을 취하한 결과 참가인의 피고에 대한 청구가 없게 됨에 따라 위 참가는 당초의 독립당사자참가의 성질을 상실하고 참가인의 원고에 대한 청구부분만이 잔존하게 되었다면 참가인의 이러한 일부취하 후의 참가의 유지에 관한 진술은 이를 피고를 위한 보조참가의 신청이었다고 해석해야

없고, 따라서 실무상 대부분의 경우에는 피참가인이 특별히 반대하지 않으면 모두 원용했다고 보고 있다. 서울고등법원 판례공보스터디, 민사판례해설 Ⅲ-하, 614쪽.

1) 이시윤, 850쪽; 최한수, "보조참가에 관한 고찰," 사법논집 12집(1981. 12.), 335쪽 이하.

2) 대판 1976. 12. 28. 76다797.

한다는 취지의 판결이 있었다.[1] 그러나 위 판결은 독립당사자참가의 요건에 흠이 있는, 부적법하게 제기된 독립당사자참가신청을 보조참가신청으로 전환한 사례에 대한 것이 아님을 유의할 필요가 있다.

  (2) 독립당사자참가가 상고이유서 기재에 의하여 보조참가로 취급될 수 있는지 여부

  판례는, 독립당사자참가제도와 보조참가제도의 본래의 취지에 비추어 볼 때, 독립당사자참가를 하면서 예비적으로 보조참가를 한다는 것은 허용될 수 없으며, 비록 소송관계인의 소송행위가 분명하지 않더라도 이를 합리적으로 해석하여 그 소송관계인에게 유리한 쪽으로 보아줄 수 있는 경우가 있을지언정, 참가인이 제 1 심에서부터 상고심에 이르기까지 그 참가가 독립당사자참가임을 명시하고 있는 경우에는, 상고이유서에 비로소 '예비적으로 원고의 보조참가인'이라는 표시를 덧붙였다 하여, 참가인의 소송행위를 원고를 위한 보조참가의 소송행위로 볼 수는 없다고 한다.[2]

Ⅳ. 참가인의 소송상 지위

1. 의   의

  참가인은 당사자의 승소를 위한 보조자일 뿐이다. 당사자로서 독자적 청구를 하고 참가하는 사람이 아니며, 공동소송인도 아니다.[3] 피참가인을 보조하기 위하여 참가하는 사람이므로 피참가인과의 관계에서 그 지위가 종속적이다(**보조참가인의 종속성**). 참가인은 소송비용의 재판(법 103조)을 제외하고는 참가인의 이름으로 판결을 받지 않으며, 제 3 자로서 증인·감정인능력이 있다. 참가인에게 사망 등 중단사유가 생겨도 본소송절차는 중단되지 않는다(참가인의 승계인이 수계하는 절차만 남는다).

  한편 참가인은 피참가인의 대리인이 아니며 자기의 이익을 옹호하기 위해 독자적인 권한으로 소송에 관여하는 사람이다(**보조참가인의 독립성**). 당사자에 준하는

---

1) 대판 1960. 5. 26. 4292민상524.
2) 대판 1994. 12. 27. 92다22473,22480. 소송당사인 독립당사자참가인은 그의 상대방 당사자인 원·피고의 어느 한쪽을 위하여 보조참가를 할 수 없으므로, 보조참가인이 독립당사자참가를 했다면 그와 동시에 보조참가는 종료된 것으로 보아야 한다. 대판 1993. 4. 27. 93다5727,5734.
3) 따라서 법 267조 2항에서 규정한 '본안에 대한 종국판결이 있은 뒤에 소를 취하한 사람'이란 그 소송의 당사자만을 의미하는 것이고, 그 보조참가인은 이에 해당하지 않는다. 대판 1984. 9. 25. 80다1501.

절차관여권이 인정되므로 별도로 참가인에 대해 기일통지·소송서류의 송달을 하지 않으면 안 되며(이러한 소송서류에 판결 '정본'도 포함된다),[1] 참가인에 기일통지를 하지 않고 변론의 기회를 부여하지 않았으면 기일을 적법하게 열었다고 할 수 없다.[2] 피참가인이 기일에 불출석해도 참가인이 출석하면 피참가인을 위해 기일을 지킨 것이 된다.

2. 참가인이 할 수 있는 소송행위

참가인은 피참가인의 승소를 위하여 필요한 소송행위를 자기의 이름으로 할 수 있다. 따라서 참가인은 사실주장은 물론 증거신청, 상소제기나 이의신청을 할 수 있다(법 76조 1항 본문). 이와 같은 참가인의 소송행위는 피참가인 자신이 행한 것과 같은 효과가 생긴다.

3. 참가인이 할 수 없는 소송행위

참가인은 어디까지나 다른 사람의 소송의 보조자에 그치기 때문에 다음과 같은 행위는 할 수 없다.

(1) 참가 당시의 소송의 진행정도에 따라 피참가인도 할 수 없는 행위

참가인은 자백의 취소, 실기한 공격방어방법의 제출, 상고심에서 새로운 사실이나 증거의 제출, 피참가인에 대한 상소기간이 지난 뒤의 상소제기 등 참가 당시의 소송의 진행정도에 따라 피참가인도 할 수 없는 소송행위는 참가인도 역시 할 수 없다(법 76조 1항 단서).[3] 특히 상소제기와 관련하여, 참가인에게도 절차관여의 기회를 준 이상 참가인에게 독자적인 상소기간을 인정해야 한다는 견

---

1) 보조참가인이 상소할 권한을 보장하기 위하여 판결정본이 아니라 판결의 '등본'을 송달하는 것으로 족하다는 견해로는, 이재성, "보조참가인에 대한 판결정본의 송달과 상소제기의 기간," 사법행정 241호(1981. 1.), 61쪽 이하.

2) 대판 1964. 10. 30. 64누34, 대결 1968. 5. 31. 68마384 등. 다만 보조참가인에 대하여 기일통지서를 송달하지 않은 채 변론준비기일 및 변론기일을 진행한 것은 잘못이나, 본안에 관한 보조참가인의 주장이 기재된 보조참가신청서가 변론준비기일에 진술한 것으로 간주되었고 보조참가인이 변론기일에 직접 출석하여 변론할 기회를 가졌으며, 변론 당시 보조참가인은 기일통지서를 송달받지 못한 점에 관하여 아무런 이의를 하지 않았다면 보조참가인에 대하여 기일통지를 하지 않은 절차진행상의 흠은 치유가 되었다고 봄이 상당하다. 대판 2007. 2. 22. 2006다75641.

3) 이를 보조참가인의 **소송상태승인의무**라고 한다. 변동걸, "보조참가인의 소송상 지위," 사법논집 14집(1983. 12.), 181쪽.

해가 있으나,1) **공동소송적 보조참가**(법 78조)와 달리 통상의 보조참가에서 이를
인정하는 것은 참가인의 종속적 성격에 반한다. 예컨대 피고보조참가인이 상소
장을 제출한 경우에 피고보조참가인에 대하여 판결정본이 송달된 때부터 기산한
다면 상소기간 내의 상소라 하더라도 이미 피참가인인 피고에 대한 관계에서 상
소기간이 지난 것이라면 피고보조참가인의 상소 역시 상소기간이 지난 뒤의 것
이 되어 피고보조참가인의 상소는 부적법하다.2)

　　한편 당사자가 상소에 의하여 재심사유를 주장했거나 이를 알고도 주장하지
않은 때(상소를 제기하지 않고 판결이 그대로 확정된 때도 포함한다)에는 **재심의 소**를
제기할 수 없는데(법 451조 1항 단서), 당사자가 이러한 사정으로 재심의 소를 제기
할 수 없는 경우에는 **보조참가인**도 재심의 소를 제기할 수 없다(**공동소송적 보조참
가인**도 마찬가지이다).3)

(2) 피참가인의 행위에 어긋나는 행위

　　참가인은 피참가인이 이미 행한 소송행위에 어긋나는 소송행위를 할 수 없으
며, 참가인이 이러한 소송행위를 한 경우 그 소송행위는 효력을 가지지 않는다(법
76조 2항).4) 참가인의 소송행위가 피참가인의 소송행위에 **어긋나는 경우**란 참가인
의 소송행위가 피참가인의 행위와 **명백히 적극적으로 배치**되는 경우를 말한다.
예컨대 피참가인이 자백한 뒤에 참가인이 이를 부인한다든지, 피참가인이 상소권
을 포기한 뒤에 참가인이 상소를 제기하는 소송행위는 할 수 없다.5) 그러나 참가
인의 소송행위가 **소극적**으로만 피참가인의 소송행위와 불일치하는 때에는 피참가
인의 소송행위에 어긋나는 것으로 보지 않는다. 예컨대 피참가인인 피고가 원고
가 주장하는 사실을 명백히 다투지 않아 법 150조 1항 본문에 의하여 그 사실을
자백한 것으로 보게 되더라도 참가인이 보조참가를 신청하면서 그 사실에 대하여

---

1) 피참가인의 항소기간이 지난 경우에도 보조참가인의 항소기간 이내에 항소를 제기할 수 있
　다는 견해이다. 강현중, 898쪽.
2) 대판 1969. 8. 19. 69다949, 대결 2007. 8. 30. 2006무123, 대판 2007. 9. 6. 2007다41966 등.
3) 대판 2015. 10. 29. 2014다13044.
4) 즉 피참가인의 소송행위와 보조참가인의 소송행위가 어긋날 때에는 피참가인의 의사가 우
　선한다. 대판 2010. 10. 14. 2010다38168. 보조참가인의 소송행위가 피참가인의 소송행위에 어
　긋나는 경우에 그 효력이 없다는 규정(법 76조 2항)이 보조참가인의 재판을 받을 권리 등을
　침해하는 것은 아니다. 헌재 2001. 11. 29. 2001헌바46 결정.
5) 피참가인이 상대방의 주장사실을 자백한 이상 보조참가인이 이를 다투었다고 해도 법 76조
　2항에 의하여 참가인의 주장은 그 효력이 없다. 대판 1981. 6. 23. 80다1761.

다투는 것은 피참가인의 행위와 명백히 적극적으로 배치되는 것이라고 할 수 없어
그 소송행위는 효력이 있다.1) 한편 피참가인이 패소부분 가운데 일부는 상소를 하
고 있지 않을 때에 참가인이 패소부분 전부에 대해 상소하는 것은 허용된다.2) 참가
인의 행위와 어긋나는 행위를 **피참가인이 뒤에 한 때에도** 참가인의 행위는 **무효**가
된다. 따라서 참가인이 제기한 항소를 피참가인이 포기·취하할 수 있다.3)

(3) 피참가인에게 불이익한 행위

참가인은 피참가인의 승소보조자이므로 소취하, 청구의 포기·인낙, 화해, 상
소권포기와 상소취하 등을 할 수 없다. 참가인이 자백할 수 있는지에 관하여, **통
설**은 피참가인에게 불리한 행위로서 허용되지 않는다고 본다.4) 이에 대하여, ①
여기서 불리한 사실의 의미는 전체적으로 보아 평가해야 한다는 입장에서, 예컨대
상대방의 대여금청구에 대하여 참가인이 변제의 항변을 하기 위하여 대여사실을
자백(제한부자백)하는 것과 같이 전체적으로 보아 피참가인에게 유리한 때에는 자백
을 허용해야 한다는 견해,5) ② 피참가인이 보조참가인에 의하여 자백된 사실을 다
투지 않으면 피참가인의 소송행위에 어긋나지 않는 행위로 되어 유효해질 수 있다
는 견해도 있다.6)

(4) 청구를 변경하거나 확장하는 행위

참가인은 기존의 소송을 전제로 하여 피참가인을 승소시키기 위하여 참가하
는 것이므로 기존의 소송형태를 변경시키는 청구의 변경이나7) 반소·중간확인의
소 제기 등을 할 수 없다.

(5) 피참가인이 가지는 사법상 권리의 행사

법률상 명문의 규정으로 제 3 자에게 당사자의 권한의 행사를 인정한 경우8)

---

1) 대판 2007. 11. 29. 2007다53310.
2) 대판 2002. 8. 13. 2002다20278.
3) 대판 1984. 12. 11. 84다카659, 2010. 10. 14. 2010다38168; 박상선, "항소권의 포기," 대법
원판례해설 4호(1985년), 133쪽 이하.
4) 이시윤, 827쪽; 김홍규·강태원, 811쪽; 송상현·박익환, 188쪽; 호문혁, 966쪽; 박재완 713쪽.
5) 강현중, 899쪽.
6) 정동윤·유병현·김경욱, 1104쪽; 정영환, 1107쪽.
7) 대판 1989. 4. 25. 86다카2329. 보조참가인이 별개의 재심사유(별개의 청구원인에 해당한다)
를 주장하며 재심청구를 추가할 수 없다. 대판 1992. 10. 9. 92므266.
8) 예컨대 ① 채권자는 자기의 채권을 보전하기 위하여 채무자의 권리를 행사할 수 있으며(민
404조 1항), ② 연대채무자는 상계할 채권이 있는 다른 연대채무자가 상계하지 않는 때에는

참가인이 피참가인의 권한을 행사할 수 있음은 물론이다. 이와 같은 **법률상 명문의 규정이 없는 경우**에 참가인이 자신의 사법상 권리를 행사하는 것은 별 문제이나, 참가인이 소송수행상 필요하다 하더라도 피참가인의 사법상 권리를 행사할 수 없는지에 관하여 논의가 있다.[1] 이러한 경우 피참가인의 사법상 권리를 행사하는 것은 허용되지 않는다고 본다(**다수설**).[2] 따라서 피참가인의 채권을 가지고 상계권을 행사해서는 안 되며, 피참가인의 계약상의 취소권, 해제·해지권 등을 행사할 수 없다고 본다. 이에 대하여, ① 참가의 이유가 있다고 하여 참가가 인정되는 이상 참가인으로서는 모든 수단을 써서 피참가인의 승소를 꾀할 독자적 이익이 있다는 점에서 이러한 사법상 권리를 행사할 수 있다는 견해,[3] ② 당연히는 행사할 수 없으나 참가인이 권리행사를 했는데도 피참가인이 지체 없이 권리행사의 의사가 없음을 명시하지 않는 한 이에 대해 묵시적 추인이 있는 것으로 볼 수 있다는 견해도 있다.[4]

V. 판결의 참가인에 대한 효력

1. 효력의 성질

(1) 참가적 효력

1) 피참가인과 그 상대방 사이의 판결이 참가인에 대하여 미치는 효력에 관하여, 현재의 **통설·판례**는 기판력과는 다른 특수효력인 **참가적 효력**으로 본다.[5] 참가적 효력이란 피참가인이 전소에서 패소한 뒤에 피참가인이나 참가인이 소송을 제기하는 경우 참가인은 피참가인에 대한 관계에서 전소 판결(패소판결)내용이

그 채무자의 부담부분에 한하여 상계할 수 있으며(민 418조 2항), ③ 보증인은 주채무자의 채권에 의한 상계로 채권자에게 대항할 수 있다(민 434조).

1) 물론 피참가인이 이미 **소송 외**에서 자신의 사법상 권리를 행사했지만 소송상 이를 주장하지 않은 때에는 참가인이 이를 대신하여 주장하는 것은 문제가 없다. 호문혁, 906쪽; 정영환, 1008쪽.

2) 이시윤, 828쪽; 호문혁, 966쪽; 정영환, 1007쪽. 소송대리인은 소송상 상계항변을 할 수 있음에 반하여 보조참가인은 이를 할 수 없는 것은 보조참가인은 참가의 이유가 있는 한 피참가인의 의사에 반해서도 소송에 개입할 수 있을 뿐만 아니라 피참가인의 이익과 반드시는 일치하지 않는 자기 자신의 이익을 위하여 소송행위를 수행하는 것이기 때문이다. 변동걸, "보조참가인의 소송상 지위," 사법논집 14집(1983. 12.), 192쪽 이하.

3) 김홍규·강태원, 810쪽.

4) 강현중, 900쪽.

5) 이시윤, 828쪽; 김홍규·강태원, 812쪽; 정동윤·유병현·김경욱, 1105쪽; 송상현·박익환, 665쪽; 호문혁, 967쪽.

부당하다고 주장할 수 없는 구속력을 말한다(**참가적 효력설**). **민사집행법** 25조 1항 단서도 참가인에 대하여 기판력(집행력)이 미치는 것이 아님을 분명히 하고 있다. 참가인이 피참가인과 협력하여 공동으로 소송을 수행했음에도 불구하고 패소했으면 자기책임의 범위 내에서는 그 결과에 대해 피참가인과 같이 책임을 분담하는 것이 형평의 원칙과 금반언의 사상에 맞는다.

판례도, 보조참가인이 피참가인을 보조하여 공동으로 소송을 수행했으나 피참가인이 그 소송에서 패소한 때에는 판결의 보조참가인에 대한 효력은 형평의 원칙상 보조참가인이 피참가인에게 그 패소판결이 부당하다고 주장할 수 없도록 구속력을 미치게 하는 이른바 참가적 효력에 불과하고, 피참가인과 그 소송상대방 사이의 판결의 기판력이 피참가인의 상대방과 보조참가인과의 사이에까지 미치는 것은 아니라고 본다.[1]

2) 이와 같은 전소 확정판결의 참가적 효력은 뒤에서 보는 바와 같이 전소 확정판결의 결론의 기초가 된 사실상 및 법률상 판단으로서 보조참가인이 피참가인과 공동이익으로 주장하거나 다툴 수 있었던 사항에 한하여 미치므로, 전소가 확정판결이 아닌 확정된 **화해권고결정**에 의하여 종료된 때에는 확정판결에서와 같은 법원의 사실상 및 법률상 판단이 이루어졌다고 할 수 없으므로 참가적 효력이 인정되지 않는다.[2]

(2) 기판력과 참가적 효력의 차이

기판력과 참가적 효력은 다음과 같은 차이가 있다. ① 기판력은 분쟁을 종국적으로 해결하는 공권적 판단에 부여하는 효력이므로 승패에 불구하고 생기는 효력이며 직권조사사항이다. 참가적 효력은 서로 협동하여 소송수행했으므로 책임을 분담해야 한다는 데 기초를 두었기 때문에 피참가인이 **패소**한 때에만 문제가 되며, 주장을 기다려 고려해야 할 **항변사항**이다. ② 기판력은 원칙적으로 소송당사자 사이에 미친다. 참가적 효력은 당사자인 **피참가인**과 제 3 자인 **참가인**과의 사이에 그 효력이 미친다. ③ 기판력은 판결주문, 즉 판결의 결론부분인 소송물에 대한 판단에 미친다. 참가적 효력은 **판결이유**에서의 판단인 사실인정·법률판단에도 미친다. ④ 기판력은 법적 안정성을 최고의 목표로 하며 당사자 사이의 주관적 책임과 관계없이 생기는 효력이다. 참가적 효력은 패소에 대해 피참가인의 단독책임으로

---

1) 대판 1979. 2. 29. 70다617, 1988. 12. 13. 86다카2289, 2020. 1. 30. 2019다268252.
2) 대판 2015. 5. 28. 2012다78184.

돌릴 사정이 있을 때에는 **예외적**으로 배제된다.

2. 참가적 효력의 범위

(1) 주관적 범위

참가적 효력은 피참가인과 참가인 사이에만 미치고, 피참가인의 상대방과 참가인 사이에는 미치지 않는다.[1] 피참가인 측이 패소하고 난 뒤에 피참가인과 참가인 사이에 소송이 제기된 때 참가인은 피참가인에 대한 관계에서 이전의 판결의 내용이 부당하다고 다툴 수 없고, 후소법원은 전소의 판결의 기초가 되었던 사실인정이나 법률판단에 구속된다.

(2) 객관적 범위

참가적 효력은 판결주문에 대해서뿐만 아니라 판결이유 가운데 패소이유가 되었던 사실상 또는 법률상 판단으로서 참가인이 **피참가인과 공동이익으로** 주장하거나 다툴 수 있었던 사항에 미친다.[2] 따라서 전소에서 참가인이 피참가인과의 공동이익으로 다툴 수 있었던 사항이 아니라 **피참가인과 다투어야** 할 사항에 관해서는 참가적 효력이 미치지 않으므로, 참가인이 (후소) 원고가 되어 피참가인을 (후소) 피고로 하여 제기한 후소에서 다투어지고 있는 사항이 원고와 피고의 이해관계가 상반되는 입장에 있는 경우에는 전소의 참가적 효력이 미치지 않는다.[3] 참가적 효력이 미치는 것은 판결이유 가운데 결론에 영향을 미칠 중요한 판결이유이고, 그 영향이 없는 부가적·보충적인 판단 등에까지는 미치지 않는다.[4]

3. 참가적 효력의 배제

(1) 구체적 경우

참가인은 다음 경우 가운데 어느 하나에 해당하면 참가적 효력을 면한다[즉 패소에 대해 피참가인의 단독책임으로 돌릴 사정이 있을 때에는 참가적 효력이 배제된다(법 77조)].

　1) 참가인이 참가 당시의 소송의 진행정도로 보아 필요한 소송행위를 유효하

---

1) 대판 1971. 1. 26. 70다2596, 1974. 6. 4. 73다1030.
2) 대판 1997. 9. 5. 95다42133, 2020. 1. 30. 2019다268252.
3) 대판 2003. 6. 13. 2001다28336,28343, 2007. 12. 27. 2006다60229.
4) 대판 1986. 2. 25. 85다카2091, 1997. 9. 5. 95다42133 등. 선택적 판단이나 중복적 판단에 대해서도 참가적 효력을 부인함이 타당하다. 이성호, "보조참가인에 대한 전소 확정판결의 참가적 효력이 미치는 범위," 대법원판례해설 29호(1997년 하반기), 288쪽 이하.

게 할 수 없었을 경우이다(1호 전단). 예컨대 참가인이 법률심인 상고심에 비로소 참가하여 사실자료를 제출할 수 없는 경우 등이다.

2) 참가인의 소송행위가 피참가인의 소송행위와 어긋나게 되어 효력을 가지지 않는 경우이다(1호 후단). 여기서 '어긋난다'는 것은 각자가 한 소송행위가 결과적으로 서로 어긋나므로 효력을 가지지 않는다는 의미이다. 예컨대 참가인이 상소를 제기했지만 피참가인이 상소권을 포기하여 효력을 잃은 경우 등이다. 다만 공동소송적 보조참가에서는 적용되지 않는다. 공동소송적 보조참가에서 참가인은 피참가인의 소송행위와 어긋나는 소송행위를 할 수 있기 때문이다.

3) 피참가인이 참가인의 소송행위를 방해한 경우이다(2호). 여기서 '방해한다'는 것은 참가인이 한 소송행위에 반하여 피참가인이 소송행위를 하여 피참가인의 소송행위가 효력을 가지게 한다는 의미이다. 예컨대 ① 참가인이 사실을 다투는데도 피참가인이 자백이나 청구를 인낙한 경우,[1] ② 참가인이 상소를 제기했는데도 피참가인이 이를 취하한 경우, ③ 참가인이 증거신청을 했는데도 피참가인이 이를 철회한 경우 등이다. 다만 공동소송적 보조참가에서는 적용되지 않는다. 공동소송적 보조참가에서 참가인이 한 앞서의 소송행위를 피참가인이 이에 반하여 소송행위를 할 수 없기 때문이다.

4) 참가인이 할 수 없는 소송행위를 피참가인이 고의나 과실로 하지 않는 경우이다(3호). 예컨대 참가인이 알지 못하나 피참가인이 알고 있는 사실의 주장 및 증거의 제출을 피참가인이 게을리하거나, 피참가인이 참가인이 행사할 수 없는 사법상 권리를 행사하지 않는 경우 등이다.

(2) 주장·증명책임

참가인으로서는 위의 각 경우가 발생하지 않았으면 전소의 판결결과가 피참가인의 패소가 아니라 승소로 달라졌을 것을 주장·증명하지 않으면 안 된다.[2]

■ 참가적 효력의 유추확장시도

법정대리인이 소송무능력자인 본인을 대리하는 소송에서, 또는 소송담당자가 권리관계의 주체를 위하여 하는 소송에서 이들 법정대리인·소송담당자가 잘못 소송수행한 결과 본인이나 권리관계의 주체가 입은 손해에 대하여 본인이나 권리관계의

1) 대판 1974. 6. 4. 73다1030.
2) 이시윤, 830쪽.

주체가 뒤에 손해배상청구를 한 경우, **전자**는 법정대리인과 소송무능력자인 본인 사이의 대리관계이고, **후자**는 소송담당자와 권리관계의 주체인 제 3 자 사이의 소송 담당관계이지만, 양자 사이에 **보조참가관계**가 있는 것으로 **유추**하거나 **확장**하여 참 가적 효력을 인정하자는 견해가 있다. 그러나 이러한 견해는 참가신청이 없음에도 불구하고 '당연의 보조참가관계'를 인정하는 것이 되어 부당하므로 인정할 수 없으며, 오히려 신의칙의 적용에 의하여 처리하는 것이 옳다.[1]

제 2 관 공동소송적 보조참가

I. 의   의

1. 판결의 효력이 미치는 제 3 자의 보조참가

공동소송적 보조참가는 본소의 소송결과에 단순한 법률상 이해관계가 아니라 판결의 효력까지 미치는 제 3 자가 보조참가를 하는 참가형태를 말한다(법 78조).[2] 여기서 판결의 효력은 판결의 **본래적 효력**(기판력·집행력·형성력)을 말하며, 반사 적 효력은 포함하지 않는다.[3] 공동소송적 보조참가는 판결의 효력이 미치는 제 3 자가 당사자로서 참가하는 공동소송참가(법 83조)와 다르다.

2. 입법취지·경위

이러한 공동소송적 보조참가의 경우 재판의 효력이 참가인에게도 미치기 때문 에 참가인의 이익을 해치는 소송행위를 견제할 수 있도록 통상의 보조참가와 구별 하여 통상의 보조참가보다 훨씬 강한 필수적 공동소송에 준하는 소송수행권을 참 가인에게 부여할 필요가 있다. 공동소송적 보조참가는 구법하에서도 학설과 판례

---

1) 이시윤, 831쪽; 정동윤·유병현·김경욱, 1109쪽; 정영환, 1012쪽.
2) 이에 대하여, 판결의 효력이 미치는지 여부만으로 공동소송적 보조참가인지를 정할 것이 아니라, 제 3 자의 이익을 보호하기 위하여 제 3 자에게 통상의 보조참가보다 강력한 지위나 권한을 인정할 필요가 있는지 여부의 관점에서 개별적으로 검토하여 정해야 한다는 견해로는, 전병서, "파산관재인에 의한 파산재단에 관한 소송에서 파산자의 참가를 공동소송적 보조참가 로 볼 것인가," 법률신문 4528호(2017. 7. 20.자), 11쪽.
3) 이에 대하여, 반사적 효력이 제 3 자에게 유리하게만 미칠 때에는 참가인에게 강한 소송상 지 위를 인정할 필요가 없으므로 통상의 보조참가만 허용된다고 보나, 제 3 자에게 불리하게도 미 칠 때에는 강한 소송상 지위가 부여되어야 하므로 공동소송적 보조참가를 인정해야 한다는 견 해로는, 김상균, "공동소송적 보조참가에 관한 고찰," 법조 570호(2004. 3.), 75쪽 이하.

에 의하여 인정되고 있었지만 법률상 명문의 근거가 없었는데, **신법**은 이에 관한
법률상 명문의 규정을 신설하여 그 의미를 분명히 하고, 참가인의 소송수행에 관
하여 필수적 공동소송에 관한 특별규정을 준용하도록 했다.[1]

3. 공동소송적 보조참가 해당 여부의 판단

통상의 보조참가인지 공동소송적 보조참가인지 여부, 또는 공동소송적 보조
참가인지 공동소송참가인지 여부는 법원이 **법령의 해석**에 의하여 결정해야 하고,
당사자의 신청에 의하여 결정해서는 안 된다.[2] **판례**도 같은 입장이다.[3] **판례** 가
운데 파산관재인이 파산재단에 관한 소송을 할 때 그 재판의 효력이 미치는 채무
자는 **통상의 보조참가**는 물론 **공동소송적 보조참가**를 할 수도 있다고 하여, 통상
의 보조참가도 허용될 수 있다고 판시한 판결이 있으나,[4] 의문이다.

Ⅱ. 공동소송적 보조참가가 성립되는 경우

1. 일반적 경우

판결의 효력이 미치는 제 3 자가 **당사자적격**이 없는 경우 그 제 3 자가 보조
참가를 하면 공동소송적 보조참가가 된다. 여기에 해당하는 제 3 자에는 ① **법정
소송담당** 가운데 **갈음형**에서 **권리관계의 주체**(예컨대 파산관재인이 당사자가 된 소송
에서 파산채무자, 관리인이 당사자가 된 소송에서 회생채무자, 추심채권자가 당사자가 된
소송에서 채무자 등), ② 제소권자의 정함이 있는 **가류·나류 가사소송**이나 **회사관
계소송** 등에서 제소권자 아닌 자, ③ **행정소송**에서 피고적격이 없는 자[5] 등이 있
다.[6] 판결의 효력이 미치는 제 3 자가 비록 당사자적격이 있으나, ① **다른 소송절**

---

1) 법원행정처, 민사소송법개정내용해설(2002. 6), 30쪽.

2) 이시윤, 831쪽; 정동윤·유병현·김경욱, 1110쪽; 김지향, 주석서(1), 642쪽.

3) **통상의 보조참가**인지, **공동소송적 보조참가**인지에 관해서는, 대판 2001. 1. 19. 2000다
59333. **공동소송적 보조참가**인지, **공동소송참가**인지에 관해서는, 헌재 2008. 2. 28. 2005헌마
872,918 결정.

4) 대판 2015. 10. 29. 2014다13044.

5) 행정소송(항고소송의 경우) 사건에서 참가인이 피고 행정청에 대해서 한 보조참가가 행정소
송법 16조가 규정한 제 3 자의 소송참가에 해당하지 않는 때에도, 판결의 효력이 참가인에게
까지 미치는 점 등 행정소송의 성질에 비추어 보면 그 참가는 공동소송적 보조참가로 보아야
한다. 대판 1969. 1. 21. 64누39, 2013. 3. 28. 2011두13729, 2017. 10. 12. 2015두36836.

6) 추심위임배서에 의한 피배서인의 소송에 배서인이 하는 참가는 배서인이 당사자적격이 없

차에서 이미 소, 반소, 참가의 소를 제기하거나 참가승계를 하여 **중복소송**에 해당하는 경우, ② 제소기간의 정함이 있는데도 **제소기간**을 넘긴 경우 등에서 그 제 3 자가 보조참가하면 공동소송적 보조참가가 된다.1)

2. 채권자대위소송의 경우

채무자가 채권자대위소송에 참가하는 경우도 공동소송적 보조참가가 된다는 것이 통설이다. 이에 대하여, 채권자대위소송은 채권자가 자기의 대위권을 행사하는 것으로 소송담당이 아니라는 전제에서 이에 해당하지 않는다는 반대견해(법 218조 3항이 적용되지 않는다)가 있다.2)

> ■ **채권자대위소송에서 채무자가 하는 참가가 공동소송적 보조참가라고 보는 근거에 대한 이해**
>
> 채권자대위소송이 계속 중이면 채무자의 제 3 채무자에 대한 소제기가 허용되지 않으므로 해당 채권자대위소송에 채무자가 하는 참가가 [뒤에서 보는 바와 같이 채권자의 피보전채권을 다투면서 하는 독립당사자참가(권리주장참가)가 아닌 한] 공동소송적 보조참가라고 할 수밖에 없는데, 그 **근거**에 대해서는 논의가 있다.
>
> **(1) 채무자가 당사자적격을 가지나 중복소송에 해당하므로 공동소송적 보조참가라고 보는 입장**
>
> 채권자대위소송이 소송담당이 아니라고 보는 일부 견해를 제외하고는, 대부분의 견해는 채권자대위소송의 계속 중에 채무자가 하는 참가는 공동소송적 보조참가라고 본다.3) 이러한 다수설의 논거는, 전소 당사자가 받은 판결의 효력이 후소의 당사자에게 확장될 경우에는 후소 당사자가 별도의 소를 제기하면 중복소송에 해당하는데, 이 경우 판결의 효력을 받는 당사자가 **별소를 제기하든** 실질적으로 신소제기의 성질을 지니는 **공동소송참가를 하든 중복소송**에 해당한다는 입장에서, 채권자대위소송에서 채무자는 당사자적격을 그대로 가지는 것('병행형')이므로 채무자가 채권자대위소송의 계속 중에 공동소송참가를 하는 것은 중복소송에 해당한다는 것이다.4)

─────────────

으므로 공동소송적 보조참가가 된다. 정영환, 1013쪽. 이 경우 배서인은 어음상의 권리를 잃지 않으므로 공동소송참가를 할 수 있다는 견해로는, 정동윤·유병현·김경욱, 1110쪽.

1) 제 3 자에게 판결의 효력이 확장되는 것 이외에 제 3 자에게 참가의 법률상 이익이 있어야 한다는 견해로는, 김원태, "공동소송적 보조참가," 민사소송 14권 1호(2010. 5.), 255쪽 이하.

2) 호문혁, 969쪽.

3) 이시윤, 832쪽은 이를 통설이라고 보고 있다.

4) 이시윤, 832쪽.

(2) 채무자가 당사자적격을 가지지 않으므로 공동소송적 보조참가라고 보아야
할 논리적 근거

그러나 이미 당사자적격에서 본 바와 같이 채권자대위소송에서 채권자의 통지
(민 405조 1항), 법원의 재판상 대위신청에 대한 허가의 고지(민 404조 2항, 비송
49조 1항), 소송고지(법 84조 1항) 등으로 어떠한 방법으로든 대위소송의 계속사실
을 알고 있는 경우에는 채무자는 대위의 대상이 되는 권리에 관한 처분권한을 상실
하게 됨으로써 소송수행권을 상실하게 되어 대위의 대상인 권리에 관한 소송의 당
사자적격을 가지지 못하게 된다(갈음형). 따라서 채무자가 하는 보조참가는 **당사자
적격이 없는 경우에 해당**하여 **공동소송적 보조참가**가 된다고 보아야 한다.[1] 더 나
아가 다수설의 입장과 같이 채권자대위소송에서 채무자가 당사자적격을 그대로 가
지는 것으로 보더라도 당사자적격을 가진다고 하여 동일한 소송절차에서 소송참가
를 할 때에도 중복소송에 해당한다고 보는 것은 심리의 중복에 의한 소송불경제와
판결의 모순·저촉의 회피라는 중복소송금지제도의 취지에도 반한다. **판례**도, 판결
의 효력을 받는 권리관계의 주체가 자신의 권리를 보호하기 위하여 소송수행권한을
가진 정당한 당사자로서 소송에 참가할 필요가 있으며, 이러한 소송참가는 소송경
제가 도모될 뿐만 아니라 판결의 모순·저촉을 유발할 가능성도 없으므로 중복소송
에 해당하지 않는다는 점을 명확히 하고 있다.[2]

3. 주주대표소송 등의 경우

주주대표소송에서 회사가 원고 측에 참가하는 경우(상 404조 1항) 공동소송적
보조참가가 된다는 견해가 있으나,[3] 이 경우에는 뒤에서 보는 바와 같이 공동소
송참가가 된다고 보아야 한다. 다중대표소송의 경우(상 406조의2 3항, 404조 1항)에
도 마찬가지이다.

Ⅲ. 공동소송적 보조참가인의 소송상 지위

1. 의   의

공동소송적 보조참가인은 원래 당사자가 아니라 어디까지나 보조참가인이므
로 보조참가인으로서의 종속성을 완전히 벗어날 수는 없다. 그러나 공동소송적

---

1) 김상균, "공동소송적 보조참가에 관한 고찰," 법조 570호(2004. 3.), 74쪽 이하.
2) 대판 2002. 3. 15. 2000다9086.
3) 이시윤, 832쪽.

보조참가인에게 기판력이 미치므로, 그 **독립성**을 가급적 **강화**하지 않으면 안 된
다. 공동소송적 보조참가인은 당사자가 아니므로 이 밖에는 통상의 보조참가인과
같은 지위를 갖는다. 따라서 공동소송적 보조참가인은 통상의 보조참가인과 **마찬
가지로**(법 76조 1항 단서) 참가할 때의 소송의 진행정도에 따라 피참가인이 할 수
없는 행위를 할 수 없다.[1] 다만 증거조사에서 공동소송적 보조참가인이 증인능력
을 갖는지, 당사자신문의 대상이 되는지 여부에 관해서는 논의가 있다.

2. 필수적 공동소송인에 준하는 소송상 지위

본소 확정판결의 효력을 직접 받는 공동소송적 보조참가인과 피참가인에 대
해서 필수적 공동소송인의 경우처럼 법 67조 및 69조를 준용한다(법 78조). 판례
는, 공동소송적 보조참가가 그 성질상 필수적 공동소송 가운데 **유사필수적 공동
소송에 준하는 것**으로 보고 있다.[2] 공동소송적 보조참가인은 통상의 보조참가인
과 달리 다음에서 보는 크게 세 가지의 점에서 필수적 공동소송인에 준하는 강한
소송수행권이 부여된다.

(1) 소송행위상 독립성

1) 참가인은 피참가인의 행위와 어긋나는 행위를 할 수 있다. 통상의 보조참
가의 경우에 참가인에게 적용되는 법 76조 2항의 제한은 배제된다. 참가인이 상
소를 제기한 후 피참가인이 단독으로 상소권포기나 상소취하를 해도 상소의 효력
은 지속되며, 참가인이 재심의 소를 제기한 뒤 피참가인이 단독으로 재심의 소를
취하해도 재심의 효력은 유지된다.[3]

2) 피참가인은 자백, 청구의 포기·인낙, 화해 등 참가인에게 불리한 소송행
위를 할 수 없다(법 78조, 67조 1항). 다만 피참가인은 자신이 제기한 **소**를 스스로
취하할 수는 있다. 공동소송적 보조참가는 앞서 본 바와 같이 성질상 **유사필수적
공동소송에 준하는 것**으로 유사필수적 공동소송에서는 원고들 가운데 일부가 소
를 취하하는 때에는 다른 공동소송인의 동의를 받을 필요가 없으며, 소취하는 재
판의 효력과는 직접적인 관련이 없는 소송행위로서 공동소송적 보조참가인에게

---

1) 대판 2015. 10. 29. 2014다13044, 2018. 11. 29. 2018므14210.

2) 대결 2013. 3. 28. 2012아43, 대판 2013. 3. 28. 2011두13729.

3) 대판 1970. 7. 28. 70누35, 2013. 3. 28. 2011두13729, 2017. 10. 12. 2015두36836; 이재성,
   "행정소송에 있어서 보조참가인이 한 재심청구를 피참가인이 취하한 경우의 효력," 판례월보
   2호(1970. 11.), 84쪽 이하.

불이익하지 않기 때문이다. 따라서 피참가인이 공동소송적 보조참가인의 동의 없이 소를 취하했다 하더라도 이러한 소취하는 유효하다.[1]

■ 공동소송적 보조참가의 경우 피참가인 또는 통상의 보조참가인이 제기한 재심의 소를 피참가인이 취하할 수 있는지 여부

재심의 소에 공동소송적 보조참가인이 참가한 뒤에는 피참가인이 재심의 소를 취하하더라도 공동소송적 보조참가인의 동의가 없는 한 효력이 없다. 재심의 소를 취하하는 것은 통상의 소를 취하하는 것과는 달리 확정된 종국판결에 대한 불복의 기회를 상실하게 하여 더 이상 확정판결의 효력을 배제할 수 없게 하는 행위이므로, 이는 재판의 효력과 직접적인 관련이 있는 소송행위로서 그 확정판결의 효력이 미치는 공동소송적 보조참가인에 대해서는 불리한 행위이기 때문이다. 이는 앞서 본 바와 같이 재심의 소를 공동소송적 보조참가인이 제기한 경우에 피참가인이 재심의 소를 취하할 수 없을 뿐만 아니라, 재심의 소를 피참가인이 제기한 경우나 통상의 보조참가인이 제기한 경우에도 마찬가지이다. 특히 통상의 보조참가인이 재심의 소를 제기한 경우에는 피참가인이 통상의 보조참가인에 대한 관계에서 재심의 소를 취하할 권능이 있더라도 이를 통하여 공동소송적 보조참가인에게 불리한 영향을 미칠 수는 없으므로 피참가인이 재심의 소취하서를 제출했다고 하더라도 이는 공동소송적 보조참가인에게 불리한 행위로 그 효력이 없고, 그로 인하여 재심의 소제기가 무효로 된다거나 부적법하게 되지도 않는다.[2]

(2) 상소기간 진행상 독립성

참가인의 상소기간은 피참가인과 관계없이 참가인에 대한 판결정본의 송달시부터 독자적으로 계산된다. 참가인이 상고를 제기한 경우 참가인은 (자신의) 상고이유서 제출기간 내[상고인이 상고장에 상고이유를 적지 않은 때에는 소송기록의 접수통지를 받은 날부터 20일 이내]에 상고이유서를 제출하면, 상고를 제기하지 않은 피참가인의 상고이유서 제출기간이 지났다고 하더라도 그 상고이유서의 제출은 적법

---

1) 대결 2013. 3. 28. 2012아43, 대판 2013. 3. 28. 2011두13729; 이시윤, 833쪽; 정동윤·유병현·김경욱, 1111쪽.

2) 대판 2015. 10. 29. 2014다13044(원심은 통상의 보조참가인이 재심의 소를 제기한 행위가 피참가인의 재심의 소취하서 제출 등의 소송행위에 명백히 적극적으로 어긋나는 경우라고 보아 법 76조 2항에 따라 효력을 가지지 않고, 따라서 재심의 소가 부적법하다고 판단했다); 이종환, "재심의 소에 공동소송적 보조참가인이 참가한 후 피참가인이 공동소송적 보조참가인의 동의 없이 한 재심의 소 취하의 효력," 대법원판례해설 105호(2016년), 280쪽 이하. 이에 대하여, 일반의 소와 재심의 소를 구별하지 않고 양쪽을 통합하여 해석하는 것이 바람직하다는 견해로는, 강현중, "공동소송적 보조참가인의 동의 없이 피참가인이 한 재심의 소 취하 효력," 법률신문 4414호(2016. 5. 16.), 13쪽.

하다.[1] 한편 **피참가인이 상고를 제기**하고, **참가인은 상고를 제기하지 않은 경우**에도 참가인은 피참가인이 상고를 제기한 부분에 대한 상고이유서를 제출할 수 있다. 다만 이 경우 참가인이 상고이유서 제출기간을 지켰는지 여부는 **피참가인의 상고이유서 제출기간**을 기준으로 판단해야 한다. 따라서 상고를 제기하지 않은 참가인이 피참가인의 상고이유서 제출기간이 지난 뒤 상고이유서를 제출했다면 적법한 기간 내에 제출한 것으로 볼 수 없다[상고하지 않은 참가인이 적법하게 제출된 피참가인의 상고이유서에서 주장되지 않은 내용을 피참가인의 상고이유서 제출기간이 지난 뒤 제출한 서면에서 주장했더라도 이는 적법한 기간 내에 제출된 상고이유의 주장이라고 할 수 없다].[2]

(3) 소송절차의 중단·중지상 독립성

참가인에게 소송절차의 중단·중지의 사유가 발생하여 참가인을 제외한 소송진행이 **참가인의 이익을 해할 우려**가 있으면 소송절차는 정지된다(법 78조, 67조 3항).[3] 만약 무조건적으로 본소송의 정지를 인정하는 강력한 지위를 참가인에게 부여하게 되면 제3자의 당사자적격을 부정한 취지가 몰각되기 때문이다.[4]

제 3 관   소송고지

I. 의   의

소송고지란 소송계속 중에 당사자가 소송참가를 할 이해관계 있는 제3자에 대하여 일정한 방식에 따라서 소송계속의 사실을 통지하는 것을 말한다(법 84조). 제3자에 대한 소송참가의 최고나 청구와 같은 의사통지가 아니며, 상대방 당사자에 대한 권리의 주장이나 방어가 아니다. 당사자가 소송에서 패소했을 때에 제3자

---

1) 대판 2012. 11. 29. 2011두30069, 2020. 10. 15. 2019두40611.

2) 공동소송적 보조참가를 한 **참가인**과 **피참가인**이 서로 원심판결에 대해 불복하는 부분을 달리하여 **각각 상고를 제기한 경우** '피참가인만이 불복한 부분'에 대하여 참가인은 '**상고하지 않은 참가인**'의 지위에 있게 된다. 따라서 '피참가인만이 불복한 부분'에 대하여, 피참가인이 상고이유서에서 주장하지 않은 새로운 내용을 참가인이 피참가인의 상고이유서 제출기간이 지난 뒤에 주장한다면 이는 적법한 기간 내에 제출된 상고이유의 주장이라고 할 수 없다. 대판 2020. 10. 15. 2019두40611.

3) 이시윤, 834쪽.

4) 이 경우 무조건 소송절차가 중단·중지된다는 견해로는, 김홍규·강태원, 817쪽; 강현중, 905쪽; 호문혁, 970쪽; 정영환, 1015쪽.

에게 담보책임청구나 구상청구 등 법적 추급(追及)을 하고자 하는 경우에는, 미국의
제 3 자소송인입소송(third-party practice)제도처럼 바로 해당 소송에서 제 3 자를 상대
로 하는 직접 청구는 허용되지 않지만, 그 제 3 자에 대해 미리 소송고지해 두는 것
이 결정적 대비책이 된다. 이러한 소송고지제도는 소송결과에 대하여 이해관계를
가지는 제 3 자로 하여금 보조참가 등 소송참가를 하여 그 이익을 옹호할 기회
를 부여함과 아울러 한편으로는 **고지자가 패소한 경우** 그 책임을 제 3 자에게
분담시켜 후일에 **고지자와 피고지자 사이의 소송**에서 피고지자가 패소의 결과를
무시하고 전소 확정판결에서의 인정과 판단에 반하는 주장을 못하게 하기 위해
마련된 제도이다.[1]

■ 소송고지를 통한 기판력 확장 등 여부

　소송고지제도는 참가적 효력을 미치게 하는 데 주안(主眼)을 두고 출발한 제도
이지만, 아래와 같이 특수소송에서 활용한다면 기판력 등 입법자가 의도하지 않은
효력까지 피고지자에게 미치게 할 수 있다.[2] ① **채권자대위소송**에서 피고(제 3 채무
자)가 채무자에게 소송고지하여 채무자가 대위소송의 계속사실을 알았으면 피고가
승소시에 기판력이 채무자에게 미치게 되어 채무자가 신소제기하는 것을 막을 수
있다. ② **가류·나류 가사소송**에서 피고가 다른 제소권자에게 소송고지를 하여 다
른 제소권자가 해당 소송의 계속사실을 알았으면 피고가 승소시 다른 제소권자가
사실심 변론종결 전에 소송참가를 하지 못한 데 대해 정당한 사유가 있다고 주장할
근거를 잃게 된다(가소 21조 2항).

II. 요　　건

1. 소송계속 중일 것

　소송고지는 소송계속 중에 할 수 있다(법 84조 1항). 여기서 **소송계속**이란 판
결절차, 독촉절차, 재심절차 등을 말한다. 이러한 소송절차는 국내법원에 계속 중
이어야 한다. 상고심에 계속 중인 경우도 허용된다. 제소전 화해절차, 조정절차,

---

[1] 대판 1986. 2. 25. 85다카2091, 1991. 6. 25. 88다카6358, 2007. 11. 29. 2005다23759.

[2] 이시윤, 839쪽. 이에 대하여, 가사소송법 21조 2항은 소송고지와 관계없는 규정이며, 채권
　자대위소송에 관한 이러한 해석은 아무런 법적 근거가 없는 것일 뿐만 아니라, 소송고지로 가
　사소송과 채권자대위소송에서 기판력의 주관적 범위가 확장되는 것으로 해석하는 것에 반대
　하는 견해로는, 호문혁, 972쪽.

중재절차,[1] 강제집행절차는 이에 해당하지 않는다. 판례가 결정절차에서는 보조
참가를 허용하지 않고 있으므로 소송고지도 허용되지 않는다고 해석된다는 견해
가 있으나,[2] **판례**는 결정절차 가운데 대립당사자 구조를 가지지 않는 결정절차에
서만 보조참가를 허용하지 않고 있으므로,[3] **대립당사자 구조를 가지는 결정절차**
에서는 소송고지가 가능하다.

2. 고 지 자

고지를 할 수 있는 사람은, 계속 중인 소송의 당사자인 원·피고(당사자참가인,
소송승계인 포함), 보조참가인 및 이들로부터 고지받은 피고지자(법 84조 1항·2항)이
다. 일반적으로는 소송고지를 할 것인지는 고지를 할 수 있는 사람의 자유이며
권한이다.

■ **소송고지가 의무인 경우**

(1) 소송고지의무에 관한 구체적 경우

법률상 명문으로 반드시 소송고지를 하도록 규정하고 있는 경우가 있다. 예컨대
추심명령을 받은 채권자가 제 3 채무자를 상대로 **추심금청구소송**을 제기하는 때에는
채무자에게 원칙적으로 소송고지해야 하며(민집 238조 본문)[다만 채무자가 외국에
있거나 있는 곳이 분명하지 않은 때에는 고지할 필요가 없다(민집 238조 단서)], 소
수주주가 **주주대표소송·다중대표소송**을 제기하는 때에는 지체 없이 회사·자회사
에 대하여 소송고지해야 한다(상 404조 2항, 406조의2 2항, 403조 3항·4항, 542조
의6 6항). 한편 ① 법원이 재판상 대위의 신청을 허가한 경우 직권으로 하는 **고지**
(비송 49조 1항), ② 회사관계소송에서 회사가 하는 **공고**(상 376조·380조·187조),
③ 채권자대위권 행사에서 채권자가 하는 **통지**(민 405조)도 이와 **유사한 기능**을 한다.

(2) 소송고지의무의 제도적 기능 등

소송고지가 의무로 되어 있는 경우는 피고지자가 권리귀속자 또는 진정한 실체
적 이해관계인이라는 점을 공통된 특질로 하며(이러한 이해관계인의 절차보장을 주
목적으로 한다), '고지자를 위한 고지'라기보다는 '**피고지자를 위한 고지**'라는 면이
있다.[4] 이러한 고지의무를 위반할 때에는 손해배상의무를 부담하는 불이익이 있을

---

[1] 중재절차에도 소송고지가 허용된다는 견해로는, 정동윤·유병현·김경욱, 1113쪽.
[2] 이시윤, 836쪽.
[3] 대결 1973. 11. 15. 73마849, 1994. 1. 20. 93마1701.
[4] 이시윤, 836쪽; 김홍규·강태원, 820쪽.

뿐 소송에는 영향이 없다는 견해가 있으나,[1] 실체법상 손해배상의무의 부담과는 **별
도로** 채권자대위소송에서와 같이 고지가 되지 않으면 **판결의 효력(기판력)**이 고지
의무의 상대방인 피고지자에게 미치지 않는 것으로 보아야 한다.[2] 소송고지가 의무
로 되어 있는 경우라고 하더라도 이러한 소송고지가 소제기 자체에 대한 필수적 요
건(소송요건)도 아니고 직권조사사항이라고도 볼 수 없다.[3]

3. 피고지자

고지를 받을 수 있는 사람은 당사자 이외의 그 소송에 참가할 수 있는 제 3
자이다. 보조참가(법 71조), 공동소송적 보조참가(법 78조)를 비롯하여 독립당사자
참가(법 79조), 공동소송참가(법 83조), 소송승계(법 81조·82조)를 할 수 있는 제 3
자라도 상관없다. 그러나 소송고지는 이에 의하여 피고지자에게 참가적 효력을
미치게 하는 데에 그 이익이 있으므로, 여기의 제 3 자란 주로 보조참가(통상의 보
조참가 또는 공동소송적 보조참가)할 이해관계인이다.

Ⅲ. 절   차

1. 소송고지의 신청과 소송고지서의 제출

소송고지신청은 **소송고지신청서**와 함께 **소송고지서**를 필요한 통수만큼 첨부
하여 제출해야 한다.[4] 소송고지신청서에는 인지를 붙이지 않는다(민인 10조 단서,
민인규 2조의2).[5] 소송고지서에는 고지이유 및 소송의 진행정도를 적어야 한다(법
85조 1항). **고지이유**에는 청구의 취지와 원인을 적어 계속 중인 소송의 내용을 명
시하고, 이 소송에 피고지자가 참가의 이익을 갖는 사유(소송결과에 피고지자가 이
해관계를 갖게 되는 사유)를 밝혀야 한다. **소송의 진행정도**에는 소송의 현재의 진행

---

1) 방순원, 163쪽.
2) 이시윤, 836쪽; 김홍규·강태원, 820쪽; 정동윤·유병현·김경욱, 1114쪽. 한편 고지의무를
   위반한 경우 판결확정시 고지를 받을 사람에게 참가적 효력이 미치지 않는다고 보는 견해로
   는, 호문혁, 971쪽.
3) 대판 1976. 9. 28. 76다1145,1146.
4) 실무상 소송고지신청서에는 사건의 표시(사건번호와 당사자의 성명)와 함께 '**별첨 소송고
   지서와 같은 소송고지를 신청한다**'는 내용의 문구를 기재하고 신청인이 기명날인 또는 서명
   을 한다. 법원실무제요 민사소송(1), 414쪽.
5) 재판예규 제1692호 '민사접수서류에 붙일 인지액 및 그 편철방법 등에 관한 예규'(재민
   91-1, 2018. 6. 7. 개정, 2018. 7. 1. 시행).

단계(예컨대 변론준비절차나 변론절차 중)를 명시해야 한다. 소송고지신청이 있는 때에는 법원은 소송고지의 방식(특히 소송고지서의 방식)이 지켜졌는지 여부를 조사하여 소송고지신청에 **흠이 있는 경우**에는 보정을 명하고, 보정에 응하지 않으면 소송고지신청을 각하하는 결정을 한다. 각하결정에 대해서는 통상항고(법 439조)를 할 수 있다. 소송고지신청이 **소송고지의 방식을 갖춘 경우** 고지자가 소송고지신청서와 함께 제출한 **소송고지서**에 따라 소송고지를 한다.[1]

2. 소송고지서의 송달 등

소송고지서는 **피고지자**만이 아니고 **상대방 당사자**에 대해서도 송달해야 한다(법 85조 2항). **고지비용**(소송고지서의 송달에 필요한 비용)은 본안소송(고지자와 상대방 사이)의 소송비용에는 산입되지 않고 고지자가 부담한다. 다만 뒤에 피고지자가 참가한 경우 고지한 당사자의 **참가인**(피고지자)에 대한 소송비용이 되는데 불과하다.[2] **소송고지의 효력**은 소송고지서를 법원에 제출한 때에 생기는 것이 아니라 **피고지자**에게 적법하게 **송달**된 때에 비로소 생긴다.[3] 상대방 당사자에게도 송달해야 하나, 이는 상대방에게 소송고지를 알려서 피고지자의 소송참가에 대비시키기 위한 것으로 상대방에게 송달하지 않더라도 소송고지의 효력에는 아무런 영향이 없다.[4]

Ⅳ. 효　　과

1. 소송법상 효과

(1) 피고지자의 참가 여부

소송고지를 받은 사람이 참가할 것인지 여부는 피고지자의 자유이다. 피고지자가 참가신청을 한 경우에 고지자는 참가에 대하여 이의를 진술할 수 없으나, 상대방은 이의를 진술할 수 있다. 피고지자가 고지를 받고도 소송에 참가하지 않

---

1) 통상 소송고지를 할 경우인지 여부가 분명하지 않다면 엄격한 심사를 할 필요 없이 일단 신청에 따라 고지를 행하고, 그 요건 해당 여부는 후에 피고지자가 소송고지에 따라 참가를 한 경우 그 허부를 결정할 때, 또는 후소에서 고지자와 피고지자 사이에 소송고지의 효력이 문제될 때 판단하면 된다고 보고 있다. 법원실무제요 민사소송(1), 415쪽.
2) 법원실무제요 민사소송(1), 416쪽.
3) 대판 1975. 4. 22. 74다1519.
4) 정동윤·유병현·김경욱, 1115쪽; 한충수, 769쪽; 김지향, 주석서(1), 745쪽.

은 이상, 당사자가 아님은 물론 보조참가인도 아니다. 피고지자에게 변론기일을 통지하거나 판결서에 피고지자의 이름을 표시할 필요가 없다.

(2) 고지자가 참가적 효력을 원용할 수 있는 경우

고지자가 패소한 경우에는 피고지자가 고지자에게 보조참가할 이해관계가 있는 한, 피고지자가 소송에 참가하지 않거나 뒤늦게 참가한 경우에도 소송고지에 의하여 참가할 수 있었을 때(소송고지서가 피고지자에게 송달되었을 때)에 참가한 것과 마찬가지로 법 77조의 참가적 효력을 받는다(법 86조).[1] 피고지자는 참가적 효력 때문에 뒤에 고지자와의 소송에서 본소판결의 결론의 기초가 된 사실상·법률상 판단에 반하는 주장을 할 수 없다. 여기서 주장할 수 없는 것은 피고지자가 참가했다면 고지자와 **공동이익**으로 주장할 수 있었던 사항에 한한다. 따라서 고지자와 피고지자 사이에서만 이해가 대립되는 사항에 대해서는 참가적 효력이 생기지 않는다.[2]

(3) 고지자가 참가적 효력을 원용할 수 없는 경우

고지자는 스스로가 어떠한 실체관계에 의하여 당사자로 된 이상 패소의 방지를 위하여 성실하게 소송을 수행할 의무를 부담한다. 따라서 고지자가 피고지자의 협력 없이도 상대방을 공격하거나 상대방의 공격에 대하여 방어함으로써 쉽게 승소할 수 있음에도 불구하고, 이를 게을리한 채 소송고지만을 한 뒤 아예 상대방의 주장을 다투지도 않았거나 스스로 제출할 수 있는 주장·증명을 하지 않는 등의 **불성실한 소송수행**으로 인하여 패소한 때에는 **신의칙** 또는 **패소책임의 공평한 분담**이라는 소송고지제도의 취지상 참가적 효력을 원용할 수 없다고 본다.[3]

2. 실체법상 효과

(1) 법률상 명문으로 시효중단의 효력을 인정하는 경우

일반적으로 소송고지에 시효중단의 효력을 인정하는 것이 독일법(ZPO § 204 ①vi)이나, 우리 법은 단지 어음·수표법상의 상환청구권에 대해서만 시효중단의

---

1) 대판 2020. 1. 30. 2019다268252.

2) 대판 1986. 2. 25. 85다카2091, 1991. 6. 25. 88다카6358; 정규상, "증명책임분배의 관점에서 본 소송고지의 효과," 21세기민사소송법의 전망(하촌정동윤선생화갑기념, 1999. 6.), 435쪽 이하.

3) 서명수, "소송고지로 인한 참가적 효력의 범위," 민사재판의 제문제 7권(1993. 6.), 637쪽 이하.

효력을 인정하는 데 그친다(어음 80조, 수표 64조).

(2) 해석상 시효중단의 효력을 인정하는 경우

소송고지에 민법상의 **최고**(민 174조)로서의 시효중단의 효력을 인정해야 한다는 것이 **판례·통설**이다.[1] **판례**는, 요건을 갖춘 소송고지서에 피고지자에 대한 **채무이행청구의 의사가 표명**되어 있으면 민법 174조에 정한 시효중단사유로서의 최고의 효력이 인정된다고 한다.[2][3] 이러한 소송고지에 최고의 효력이 인정되는 경우 고지자로서는 소송고지를 통하여 해당 **소송결과**에 따라 피고지자에게 권리를 행사하겠다는 취지의 의사를 표명한 것으로 볼 수 있으므로, 해당 **소송계속 중인 동안**은 최고에 의하여 권리를 행사하고 있는 상태가 지속되는 것으로 보아 민법 174조에 규정된 6월의 기간은 해당 **소송이 종료**된 때부터 기산된다.[4] 소송고지에 의한 최고는 **법 265조를 유추적용**하여 당사자가 **소송고지서를 법원에 제출한 때**에 시효중단의 효력이 발생한다고 본다.[5]

제 4 관 독립당사자참가

Ⅰ. 의   의

1. 제도적 특질

독립당사자참가란 다른 사람 사이의 소송계속 중에 원·피고 양쪽 또는 한쪽을 상대방으로 하여 원·피고 사이의 청구와 관련된 자기의 청구에 대하여 함께

1) 이시윤, 839쪽; 강현중, 909쪽; 호문혁, 973쪽. 한편 입법론적으로는 소송고지를 독자적인 시효중단사유로 정할 필요가 있다는 견해로는, 전원열, 680쪽.
2) 대판 1970. 9. 17. 70다593, 2009. 7. 9. 2009다14340.
3) 소송고지서에는 고지이유와 소송의 진행정도를 적도록 하고 있어(법 85조 1항) 피고지자에 대한 채무이행청구의 의사가 반드시 표명되어 있을 것을 요구하지 않으나, 소송고지서의 전체적인 취지에 비추어 고지자가 피고지자에 대해 권리행사를 하는 것으로 볼 여지가 있으면 최고로서의 효력을 인정하는 것이 타당하다는 견해로는, 한충수, 771쪽.
4) 소송고지에 의한 최고의 경우 보통의 최고와 달리 법원의 행위를 통하여 이루어지는 것이므로 **해당 소송이 종료될 때까지** 최고의 효력은 계속된다. 대판 2009. 7. 9. 2009다14340, 2020. 2. 6. 2019다223723. 이에 대하여, 소송이 종료되기 전 당사자 또는 법원이 소송행위를 한 최후의 시점부터 기산된다고 보는 견해로는, 김용진, 815쪽.
5) 만일 법원이 소송고지서의 송달사무를 우연한 사정으로 지체하는 바람에 소송고지서의 송달 전에 시효가 완성된다면 고지자가 예상치 못한 불이익을 입게 되기 때문이다. 대판 2015. 5. 14. 2014다16494.

심판을 구하기 위하여 그 소송절차에 참가하는 것을 말한다(법 79조). 독립당사자 참가는 소송 중의 소의 일종이며, 이에 의하여 원·피고, 참가인 3자 사이의 분쟁을 한꺼번에 모순 없이 해결함으로써, 소송경제를 도모하고 판결의 모순·저촉을 방지할 수 있다. 독립당사자참가는 당사자로서의 참가이기 때문에 보조참가(법 71조)와는 구별되고, 독립한 지위에서 참가하는 것이기 때문에 종전 당사자의 한쪽과 연합관계인 공동소송참가(법 83조)와 구별된다. 독립당사자참가는 서로 이해관계가 대립되는 원·피고, 참가인 사이의 3파(三巴) 분쟁의 해결형태임을 특색으로 하나, 소송형태로서는 결코 예외적인 형태인 것은 아니다. 비록 공동소송형태를 취해도 공동소송인 사이에 이해가 대립되어 **다면적**(多面的) **분쟁**을 이루고 있는 경우도 있기 때문이다. 예컨대 공유물분할의 소, 여러 사람을 공동피고로 하여 아버지를 정하는 소[예컨대 자녀가 제기하는 때에는 어머니, 어머니의 배우자 및 어머니의 전(前)배우자를 상대방으로 해야 한다(가소 27조 2항 전단)], 예비적·선택적 공동소송(법 70조)도 다면적 분쟁에 관한 소송에 해당한다.

2. 구 조

(1) 3개소송병합설과 3면소송설

독립당사자참가소송의 소송구조(특히 쌍면참가의 경우)에 관하여, ① 참가인이 종전 당사자 한쪽의 필수적 공동소송인으로 되어 상대방과 소송하는 것으로 보는 입장(**공동소송설**), ② 같은 권리관계를 에워싼 3개의 소송, 즉 원·피고 사이, 참가인·원고 사이, 그리고 참가인·피고 사이에 각 1개씩 성립된 **3개의 소송관계**가 병합된 것으로 파악하는 입장(**3개소송병합설**),[1] ③ 제 3 자가 당사자로 참가함으로써

---

1) 이시윤, 841쪽; 호문혁, 980쪽; 김일룡, 998쪽; 김학기, 768쪽; 전원열, 655쪽; 오시영, "편면참가의 법적 성질에 관한 고찰," 민사소송 14권 2호(2010. 11.), 690쪽 이하. **3개소송병합설**은 다음과 같이 입론(立論)한다. ① 만일 가분적 3개의 소송관계가 아니고 3면적인 1개의 소송관계라고 한다면 독립당사자참가소송의 전면취하·전면각하는 있을 수 있을지언정, 원고의 본소, 참가인의 참가신청이 가분적으로 취하·각하되어 2면적으로 전환되는 것은 허용될 수 없다는 점(따라서 독립당사자참가소송의 구조를 3면소송으로 보면서도 이 경우에 공동소송으로 잔존한다는 **공동소송잔존설**을 지지하는 것은 논리적으로는 일관된 입장으로 보기 어렵다고 한다), ② 참가인의 참가취지가 이미 참가인이 원고로서 별도로 소송을 제기한 종전 당사자에 대한 청구와 같은 것일 때에 중복소송이 될 리 없다는 점 등을 들고 있다. 이에 대하여, **3면소송설**을 지지하면서도 논리적 일관성은 없으나 소송경제의 관점에서 보아 공동소송잔존설에 찬성하는 견해로는, 송상현·박익환, 696쪽. 한편 본소 또는 참가신청이 취하·각하되어 2개의 당사자소송으로 환원하는 경우는 분쟁의 본질적 성질과 관련된 것이라기보다는 당사자의 처분권주의에 의한 분쟁해결의 방식의 선택에 따른 결과일 뿐이므로 문제가 될 수 없다는 견해로는, 정영환, 971쪽.

전통적인 양 당사자대립 구조의 예외적인 소송형태로 되어, 원·피고와 참가인 세 당사자 사이에 각각 독립한 지위에서 대립되는 **3면의 1개 소송관계**가 성립되며, 법 67조가 준용되는 것은 당사자가 서로 대립·견제관계에 있기 때문이라고 보는 입장(**3면소송설**)[1]이 있다. **판례**는, "독립당사자참가소송에서, 본소가 피고 및 참가인의 동의를 얻어 적법하게 취하되면 그 경우 **3면소송관계**는 소멸하고, 참가인의 원·피고에 대한 소가 독립의 소로서 소송요건을 갖춘 이상 그 소송계속은 적법하며, 이때 참가인의 신청이 비록 참가신청 당시 당사자참가의 요건을 갖추지 못했다고 하더라도 이미 본소가 소멸되어 3면소송관계가 해소된 이상 종래의 3면소송 당시에 필요했던 당사자참가요건의 구비 여부는 더 이상 가려볼 필요가 없는 것이다"[2]라고 하여 **3면소송설**을 취하고 있다.

(2) 검   토

3면소송설의 논리를 그대로 관철한다면 본소 또는 참가의 소의 취하·각하의 경우 2개소송으로 전환하는 근거를 설명하기 곤란한 점이 있으나, 이는 3개소송 병합설을 취할 때 독립당사자참가소송에 법 67조가 준용되는 근거를 설명하기 어려운 점보다 더 문제가 되는 것은 아니다. 뿐만 아니라 본소 또는 참가의 소의 취하·각하시 2개소송으로 전환하는 것은 민사소송법상 본소 또는 참가의 소의 취하·각하를 허용하고 있는 데 따른 것으로 독립당사자참가소송의 구조론과 직접적으로 관련이 있는 것으로도 볼 수 없다. 따라서 독립당사자참가소송의 본래적 형태가 유지되는 경우의 구조론에서 법 79조 2항이 법 67조를 준용하고 있는 이상 **3면소송설**이 타당하다.

---

1) 정동윤·유병현·김경욱, 1122쪽; 강현중, 913쪽; 양병회, 186쪽; 홍기문, 747쪽; 손한기, 427쪽; 정영환, 974쪽; 범경철·곽승구, 724쪽. 3면소송설의 입장에서 3개소송병합설을 비판하는 가장 주된 논거는 법 67조를 준용하는 근거를 설명할 수 없다는 점을 들고 있다. 이에 대하여, 3개소송병합설에서는 이는 단순히 세 개의 소송이 병합된 것이 아니라, '동일한 법률관계'를 둘러싼 3개의 소송이 병합된 것이라고 보므로 여기서 당연히 한꺼번에 통일적으로 재판할 필요성은 생기는 것이고, 그렇게 하기 위해서는 법 67조가 준용될 필요가 인정된다고 반박하고 있다. 호문혁, 980쪽.
2) 대판 1991. 1. 25. 90다4723, 2007. 2. 8. 2006다62188 등.

Ⅱ. 요 건

1. 소송계속 중일 것

(1) 독립당사자참가가 허용되는 절차

독립당사자참가의 대상인 소송계속 중인 절차는 판결절차 또는 이에 준하는 절차이다. 강제집행절차, 증거보전절차, 제소전 화해절차, 중재절차, 공시최고절차는 이에 해당하지 않는다. 독촉절차에 대해서는 소극설도 있으나, 이의신청 후에는 (민조 5조의2 1항에 따라 **조정으로의 이행신청**을 하지 않는 한) 판결절차로 이행하므로 (법 472조 2항) 참가할 수 있다(**다수설**).

(2) 독립당사자참가가 허용되는 심급

독립당사자참가는 **항소심**에서도 가능하다. **상고심** 계속 중이라도 독립당사자참가를 할 수 있는지에 관하여 논의가 있다. 이에 대하여, 상고심에서도 원심판결이 파기되어 사실심으로 환송되면 그때 사실심리를 받을 기회가 생기기 때문에 참가신청을 일응 허용해야 하며, 다만 상고가 각하·기각될 때에는 참가신청이 부적법한 것으로 처리할 것이라는 입장에서 당사자 가운데 누구도 상고하지 않아 사해판결이 확정되는 것을 방지하기 위해서도 상고심에서의 참가를 허용해야 한다는 견해가 있다.[1] 그러나 **판례**는, 독립당사자참가는 그 실질에서 신소제기의 성질을 가지므로 법률심인 상고심에서는 참가할 수 없는 것으로 본다.[2] 독립당사자참가는 신소제기의 실질을 가지므로 **법률심**인 상고심에서는 허용된다고 볼 수 없을 뿐만 아니라 참가인이 법률심인 상고심에서 참가하더라도 어차피 참가로써 원심판결을 파기시킬 방법은 없으므로(참가신청은 심판대상조차 되지 않는다) 상고심 자체에서는 참가할 이익이 없고 참가하려면 **파기환송된 뒤**에 **참가**하는 것이 타당하므로 판례의 태도가 정당하다.[3] **민사소송 등 인지법**에서도 독립당사자참가가 **제1심** 및 **항소심**에서만 허용되는 것을 전제로 제1심 및 항소심에 붙일 인지액에 대해서만 규정하고 있다(민인 6조 1항).

---

1) 이시윤, 842쪽; 김홍규·강태원, 827쪽; 정동윤·유병현·김경욱, 1130쪽; 강현중, 914쪽; 정영환, 976쪽.
2) 대판 1994. 2. 22. 93다43682,51309 등.
3) 방순원, 221쪽; 송상현·박익환, 679쪽; 호문혁, 981쪽; 전원열, 655쪽.

2. 쌍면참가와 편면참가

(1) 구법하의 독립당사자참가의 요건

구법하의 독립당사자참가와 신법하의 독립당사자참가는 차이가 있다. 구법하의 독립당사자참가의 요건에 관하여 **판례**는, 참가인은 참가의 요건으로서 피참가소송의 원·피고 양쪽에 대하여 각기 자기의 청구를 해야 할 뿐만 아니라 위 각 청구는 모두 적법할 것을 요구하고,[1] 이른바 편면참가(**편면적 독립당사자참가**)를 허용하지 않았다. 그러나 소송의 실제에서는 위와 같은 쌍면참가의 요건을 모두 갖춘 독립당사자참가의 예는 매우 드물고, 오히려 참가의 이익이 있는 한 편면참가를 통하여 분쟁을 한꺼번에 해결할 필요성이 있는 사건이 많으며, 학설도 편면참가를 허용해야 한다고 보는 견해가 다수설이었다.

> ■ 판례가 구법하에서 독립당사자참가신청이 부적법하다고 본 구체적 사례
>
> 판례는 **구법**하에서, ① 원·피고 가운데 한쪽에 대해서만 청구를 하고, 다른 쪽에 대해서는 청구를 하지 않은 경우,[2] ② 참가인이 피고에 대해서만 청구를 하고 원고에 대해서는 원고청구의 기각을 구할 뿐 적극적으로 독립된 청구를 하지 않은 경우,[3] ③ 원·피고 양쪽에 대하여 형식상 별개의 청구를 했지만 그 한쪽에 대한 청구는 다툼이 없어 소의 이익이 없는 경우,[4] ④ 원·피고 가운데 한쪽에 대해서는 승소가능성이 있으나, 다른 쪽에 대해서는 승소가능성이 없는 경우[5] 등은 모두 부적법한 참가신청이라고 보았다.

(2) 신법하의 독립당사자참가의 요건

(a) 의   의

신법은 편면참가를 법률상 명문으로 인정하여 참가인은 본소송의 원고와 피고 **양쪽**을 모두 상대방으로 하여 청구를 할 수도 있고, 그 중 **한쪽**에 대해서만 청구를 할 수 있도록 규정했다(법 79조 1항). 따라서 신법은 참가인의 주장과 원고의 주장이 양립할 수 없는 관계라면, 형식상은 쌍면참가라도 참가인과 당사자 어느

---

1) 대판 1994. 11. 25. 94다12517,12524.

2) 대판 1981. 12. 8. 80다577, 1991. 5. 28. 91다6832,6849, 1994. 11. 25. 94다12517,12524.

3) 대판 1992. 8. 18. 92다18399,18405,18412.

4) 대판 1965. 11. 16. 64다241, 1966. 3. 29. 66다222,223, 1970. 2. 10. 69다73,74.

5) 대판 1980. 7. 22. 80다362,363, 1992. 8. 18. 90다9452,9469.

한쪽과의 사이에 다툼이 없어 실질적 분쟁이 성립되지 않는 **실질적 편면참가**는 물론, **전형적 편면참가**까지도 참가이익을 인정했다. 편면참가를 입법화한 신법하에서는 구법하에서 판례가 부적법하게 보던 앞서의 **네 가지 사례**(①, ②, ③, ④)의 참가를 **모두 적법**한 것으로 보게 되었다.[1]

(b) 편면참가의 성질

1) 편면참가라고 하더라도 참가취지에서 양쪽 당사자 중 한쪽만을 상대로 실질적 청구를 한다는 차이뿐 **합일확정의 필요성**은 쌍면참가와 다를 바 없으므로[편면참가의 경우에도 본소청구와 참가인의 청구가 실체법상 양립불가능할 것이 요구된다] 참가요건, 참가절차 및 심리방법 등은 필수적 공동소송에 관한 규정을 준용한다(법 79조 2항, 67조).[2] **판례**도, 참가인이 **여러 개의 청구**를 **병합**하여 독립당사자참가를 하는 경우에는 **각 청구별**로 독립당사자참가의 요건을 갖추어야 하고, 편면참가가 허용된다고 하여, 참가인이 독립당사자참가의 **요건을 갖추지 못한 청구**를 **추가**하는 것을 허용하는 것은 아니라고 본다.[3]

2) 신법상 편면참가를 법률상 명문의 규정으로 허용함으로써 독립당사자참가소송의 구조론과는 관계없이[4] 참가의 이익이 있는 한, 즉 본소청구와 참가인의 청구가 논리상 양립할 수 없거나, 양립하더라도 본소청구가 사해소송에 해당하는 등으로 합일확정의 필요가 있는 때에는 참가인으로서는 굳이 본소의 원·피고 모두를 상대로 별도의 청구를 할 필요가 없게 되었다. 나아가 참가인이 원·피고 모두를 상대로 청구를 하여 어느 한쪽에 대한 청구가 소의 이익이 없는 등으로 부적

---

[1] 편면참가에서 청구 없는 당사자 사이의 권리관계의 심판대상에 관해서는, 김창형, "편면적 독립당사자참가에 관한 제반문제 고찰," 사법논집 41집(2005. 12.), 143쪽 이하.

[2] 정영환, 802쪽; 심중선, "편면적 독립당사자참가," 비교사법 14권 1호(2007년), 417쪽 이하.

[3] 대판 2014. 8. 26. 2013다49404,49411, 2018. 5. 15. 2018다350,367, 2022. 10. 14. 2022다 241608,241615(원고가 피고를 상대로 주위적으로 약속어음금 지급을 구하고, 예비적으로 피고와 체결한 사업양수도계약의 해제에 따른 원상회복의무의 이행불능에 의한 가액배상을 구함에 대하여, **참가인**이 원고의 피고에 대한 위 양수도계약에 따른 채권이 참가인에게 양도되었다고 주장하면서 **피고를 상대로** 양수금의 지급을, **원고를 상대로**는 원고가 피고의 참가인에 대한 양수금채무를 연대보증했다고 주장하면서 연대보증채무의 이행을 구한 사안에서, 대법원은 위와 같은 법리에 따라, 독립당사자참가신청 가운데 **원고에 대하여** 연대보증채무의 이행을 구하는 참가신청 부분은 독립당사자참가의 요건을 갖추지 못했다고 판단하고, 이와 달리 이 부분의 참가신청도 적법요건을 갖추었다는 전제에서 이를 인용한 원심판결 부분을 파기하고, 이 부분의 참가신청을 각하했다).

[4] 편면참가의 소송구조론은 쌍면참가와 달리 취급할 필요는 없다. 손한기, "독립당사자참가에 관한 연구 —개정안의 편면적 참가를 중심으로—," 민사소송 5권(2002. 2.), 135쪽 이하.

법 각하되더라도 나머지 한쪽에 대한 청구만으로도 그 참가가 가능하게 되었다.[1]

3. 권리주장참가와 사해방지참가

(1) 일   반

독립당사자참가 가운데 **권리주장참가**는 불이익방지의 목적도 겸하여 제 3 자 자신의 독립의 청구에 의하여 원·피고 사이의 소송을 견제하면서 병합심판을 구하는 데 중점이 있는 반면(**견제적 독립심판요구형**), **사해(詐害)방지참가**는 다른 사람 사이의 소송의 결과에 의하여 자기의 지위에 불이익이 미칠 것을 우려한 제 3 자가 그러한 불이익을 방지하기 위하여 참가하는 데 중점이 있다(**불이익방지형**). 구체적인 참가소송에서 권리주장참가 또는 사해방지참가의 어느 쪽의 형태로 참가하는 것인지가 분명하지 않은 경우도 많으며, 양자의 경계가 애매하고 유동적일 수 있음도 부정할 수 없다.[2] **판례**는, 참가인이 자신의 참가가 권리주장참가인지 또는 사해방지참가인지를 분명히 밝히고 있지 않은 경우 법원으로서는 **석명권**의 행사를 통하여 이를 분명히 한 후에 그 참가의 적법 여부를 심리해야 하며, 이를 밝혀 보지도 않은 채 참가인이 사해방지참가를 하는 것으로는 보이지 않는다고 판단한 때에는 석명권 불행사로 인한 심리미진의 위법이 있다고 본다.[3]

(2) 권리주장참가

(a) 의   의

권리주장참가는 제 3 자가 '소송목적의 전부나 일부가 자기의 권리라고 주장'하는 경우의 참가이다(법 79조 1항 전단). 참가인이 본소청구와 양립되지 않는 권리

---

1) 따라서 독립당사자참가제도는 편면적 참가의 도입으로 그 운용의 폭을 한층 넓힐 수 있는 토대가 마련되었으므로, 실체적으로 세 당사자 사이에 권리분쟁이 있고, 절차적으로 그 분쟁해결에서 합일확정의 필요성이 요구되는 한, 지금까지와는 달리 이러한 형태의 제 3 자 소송참가를 적극적으로 받아들이는 것이 소송경제나 분쟁의 통일적 해결이라는 측면에서 바람직하다는 견해로는, 박민수, "사해방지참가의 요건에 관하여," 판례연구(부산판례연구회) 14집 (2003. 2.), 611쪽 이하. 한편 편면참가제도의 허용에 따른 효과를 극대화하기 위해서는 참가인이 쌍면참가를 한 경우라도 종전처럼 엄격한 요건을 설정하여 이를 각하하기보다는 예컨대 어느 한쪽의 청구가 부적법하거나 소의 이익이 없는 때에는 석명을 통해 이 부분 청구를 취하하도록 유도하거나 적어도 편면참가로서의 요건을 갖춘 때에는 참가인의 청구에 대한 본안판결을 해야 한다는 견해로는, 한충수, "편면참가를 둘러싼 제반 문제 고찰 —민사소송법 개정안과 관련하여—," 변호사(서울지방변호사회) 32집(2002. 1.), 155쪽 이하.
2) 김용담, "사해방지참가의 요건," 민사재판의 제문제 6권(1991. 11.), 54쪽 이하.
3) 대판 1994. 11. 25. 94다12517,12524.

또는 그에 우선할 수 있는 권리를 주장할 것을 요한다.[1] 여기서 권리주장참가의
요건으로서 '소송목적'이란 본소의 **소송물로 되어 있는 권리관계**나 그 **기초로 되
는 법률관계**를 가리킨다. 소유권에 기한 말소등기 등의 본소청구에서 소유권 자
체와 같은 것은 여기에 포함된다.[2]

▣ 판례가 구법하에서 권리주장참가로 인정한 구체적 사례

1) 갑이 을을 상대로 소유권확인을 구하는 본소에 대하여, **병**이 을에 대해서는
소유권확인 및 소유권보존등기말소를, 갑에 대해서는 소유권확인을 각 구하는 독립
당사자참가를 하는 경우에, 참가인은 피고에 대하여 일정한 청구를 하고 있음은 물
론이고 원고에 대해서도 일정한 청구를 하고 있으며, 본소청구와 참가인의 청구는
서로 양립할 수 없는 관계에 있으므로 독립당사자참가는 적법하다[원고 또는 참가
인 가운데 **누가 소유자인지** 여부가 문제된 사안이다].[3]

2) 갑이 을을 상대로 점유취득시효완성을 원인으로 한 소유권이전등기를 구하는
본소에 대하여, **병**이 갑·을 양쪽을 상대로 각 소유권확인을 구하는 독립당사자참
가를 하는 경우에, 본소청구와 참가인의 청구는 그 주장 자체에서 서로 양립할 수
없는 관계에 있으므로 독립당사자참가는 적법하다[피고 또는 참가인 가운데 **누가
소유자인지** 여부가 문제된 사안이다].[4]

3) 갑이 을을 상대로 취득시효완성을 원인으로 한 소유권이전등기를 구하는 본
소에 대하여, **병**이 을에 대해서는 점유취득시효 완성을 원인으로 한 소유권이전등
기를, 갑에 대해서는 갑의 점유가 관리위탁계약에 기한 것으로서 타주점유임을 전
제로 하여 그 관리위탁계약의 해제로 인한 토지인도를 각 구하는 독립당사자참가를
하는 경우에, 본소청구와 참가인의 피고에 대한 청구는 주장하는 권리가 채권적 권
리인 등기청구권이기는 하나, 어느 한쪽의 청구권이 인정되면 다른 한쪽의 청구권
은 인정될 수 없는 것으로서 각 청구가 서로 양립할 수 없는 관계에 있으므로 독립
당사자참가는 적법하다[원고 또는 참가인 가운데 **누가 자주점유자인지** 여부가 문제
된 사안이다].[5]

4) 갑이 을을 상대로 명의신탁해지로 인한 소유권이전등기를 구하는 본소에 대

---

1) 대결 2005. 10. 17. 2005마814, 대판 2007. 8. 23. 2005다43081,43098, 2017. 4. 26. 2014다
  221777,221784.
2) 당사자 사이의 소송의 소송물이 금전채권과 같은 특정물을 목적으로 하지 않는 권리관계인
  경우에는 그 권리관계 자체를 가리키고, 소유권에 기한 인도청구권과 같이 특정물을 목적으로
  하는 권리관계인 경우에는 그 특정물을 가리킨다는 견해로는, 최복규, "독립당사자참가의 요
  건," 대법원판례해설 44호(2003년 상반기), 357쪽 이하.
3) 대판 1998. 7. 10. 98다5708,5715.
4) 대판 1997. 9. 12. 95다25886,25893,25909.
5) 대판 1996. 6. 14. 94다53006.

하여, **병**이 자신이 진정한 명의신탁자라고 주장하면서 을에 대해서는 명의신탁해지로 인한 소유권이전등기를 구하고, 갑에 대해서는 그 이전등기청구권의 존재확인을 구하는 독립당사자참가를 하는 경우에, 원고의 피고에 대한 명의신탁해지로 인한 이전등기청구권과 참가인의 피고에 대한 명의신탁해지로 인한 이전등기청구권은 어느 한쪽의 청구권이 인정되면 다른 한쪽의 청구권은 인정될 수 없는 것으로서 각 청구가 서로 양립할 수 없는 관계에 있으므로 독립당사자참가는 적법하다(원고 또는 참가인 가운데 **누가 명의신탁자인지** 여부가 문제된 사안이다).[1]

권리주장참가에 관하여 **신법**하에서 **판례**는, 권리주장참가를 하기 위하여 독립당사자참가인은 우선 참가하려는 소송의 당사자 양쪽 또는 한쪽을 상대방으로 하여 양립할 수 없는 청구를 해야 하고 그 청구는 소의 이익을 갖추는 외에 그 **주장 자체**에 의하여 성립할 수 있음을 요한다고 본다(**주장설**).[2] 따라서 권리주장참가는 소송목적의 전부나 일부가 자기의 권리임을 주장하면 참가가 허용되며, 본안에 들어가 심리한 결과 이유가 없는 것으로 판단된다고 하더라도 참가신청이 부적법하게 되는 것은 아니다.[3] 권리주장참가는 소송목적의 전부나 일부가 자기의 권리임을 주장하면 되는 것이므로 참가하려는 소송에 여러 개의 **청구가 병합**된 경우 그 가운데 어느 하나의 청구라도 참가인의 주장과 양립하지 않는 관계에 있으면 그 본소청구에 대한 참가가 허용된다.[4]

(b) 부동산의 이중매매와 권리주장참가의 허용 여부

부동산의 이중매매의 경우 제 2 매수인과 매도인 사이의 본소청구에 제 1 매수인이 **권리주장참가**를 할 수 있는지에 관하여 논의가 있다.[5] **판례**는, (부동산의

---

1) 대판 1995. 6. 16. 95다5905,5912 등.

2) 대판 2007. 8. 23. 2005다43081,43098, 2017. 4. 26. 2014다221777,221784, 2022. 10. 14. 2022다241608,241615.

3) 대판 2007. 6. 15. 2006다80322,80339. 위 판결은 원심이 원고의 주위적·예비적 동산인도청구 가운데 주위적 청구만이 소유권에 기초한 독립당사자참가인의 주장과 양립하지 않는 관계에 있는데, 본안판단 결과 주위적 청구를 기각하게 된 이상 독립당사자참가가 부적법하게 되었다는 이유로 이를 각하한 것은 권리주장참가의 요건에 대한 법리를 오해한 결과 판결에 영향을 미친 위법이 있다고 했다. 조규현, "참가하려는 소송에 수개의 청구가 병합된 경우 권리주장참가의 요건," 대법원판례해설 67호(2008년 상반기), 637쪽 이하.

4) 대판 2007. 6. 15. 2006다80322,80339; 조규현, "참가하려는 소송에 수개의 청구가 병합된 경우 권리주장참가의 요건," 대법원판례해설 67호(2007년 상반기), 637쪽 이하.

5) ① 부동산의 이중매매에서 제 2 매수인이 매도인을 피고로 하여 소유권이전등기청구의 소를 제기하여 계속 중에 **제 1 매수인**이 원고에 대하여 소유권이전등기청구권의 확인청구, 피고에 대하여 소유권이전등기청구를 하면서 참가하는 것, ② (부동산의 이중매매와 같은 법률적 성

이중매매와 같은 법률적 성질을 지닌 경우로서) 매수인인 원고가 매도인인 피고를 상대로 매매를 원인으로 한 소유권이전등기청구의 **본소**에 참가인이 피고에 대하여 취득시효완성을 원인으로 한 소유권이전등기청구를 하는 **권리주장참가**가 허용되는지에 관하여, 참가인의 권리주장참가는 합일확정을 필요로 하는 동일한 권리관계에 관한 것이 아니어서 **서로 양립**할 수 있으므로 부적법하다고 보고 있다.[1]

이에 반하여, **다수설**은 본소청구와 참가인의 청구의 양립불가능성은 참가인의 주장 자체에 의하여 인정되면 충분하고, 따라서 본안의 심리결과 본소청구와 참가인의 청구가 양립된다고 해도 그것 때문에 독립당사자참가가 부적법하게 되는 것은 아니라는 이유로 이 경우에 권리주장참가가 허용된다고 한다.[2] 그러나 부동산의 이중매매의 경우에 제 1 매수인과 제 2 매수인의 각 소유권이전등기청구권은 모두 채권이고 그 발생원인이 서로 다르므로,[3] 원고의 소유권이전등기청구권과 참가인의 소유권이전등기청구권은 서로 다른 것이 된다. 따라서 참가인은 소송목적의 전부 또는 일부가 자기의 권리라고 주장하는 것이 아니라는 결론이 되고, 참가인의 청구는 본소청구와 **양립이 가능**하므로[주장 자체로도 양립불가능한 것이 아니라 **양립가능**한 경우이다] 참가가 부적법하다.[4]

한편 이러한 경우도 피고만을 상대로 소유권이전등기청구의 편면참가를 하는 권리주장참가가 가능하다고 보는 견해가 있다.[5] 그러나 권리주장참가로 볼 경우

질을 지니는 경우로서) 매수인이 매도인을 피고로 하여 소유권이전등기청구의 소를 제기하여 계속 중에 **시효취득을 주장하는 제 3 자**가 피고를 상대로 취득시효완성에 기한 소유권이전 등기청구를 하면서 참가하는 것이 적법한지가 문제가 된다.

1) 대판 1982. 12. 14. 80다1872,1873.
2) 이시윤, 844쪽; 김홍규·강태원, 825쪽; 한종렬, 310쪽; 송상현·박익환, 681쪽; 전원열, 657쪽.
3) 이에 대하여, 독립당사자참가를 하여 하나의 소송에서 동시에 소유권이전등기를 명하는 판결이 선고되더라도 누구든지 먼저 등기하는 쪽이 우선하게 되어 독립당사자참가를 허용한다고 하더라도 분쟁의 모순 없는 해결은 보장되지 않으므로, 이러한 경우에 굳이 독립당사자참가를 긍정할 실익도 없다는 견해로는, 정동윤, "부동산의 이중양도와 독립당사자참가," 민사재판의 제문제 5권(1989. 10.), 340쪽 이하.
4) 정동윤·유병현·김경욱, 1125쪽; 강현중, 917쪽; 호문혁, 984쪽; 범경철·곽승구, 727쪽. 한편 부정설 가운데에서도 소유권이전등기가 되어 있지 않은 당사자 사이에 동일 절차에서 권리의 우열을 가릴 요소가 존재하는 경우, 예컨대 참가인이 처분금지가처분을 한 때에는 제한적으로 이를 허용할 수 있다는 견해로는, 정영환, 978쪽.
5) 이시윤, 845쪽; 오시영, "독립당사자참가에 관한 연구 —개정안의 편면적 참가를 중심으로—," 민사소송 5권(2002. 2.), 962쪽. 이러한 입장에서는, 편면참가로 피고(매도인)에 대해서만 소유권이전등기청구를 하면서 참가할 수 있으므로 참가의 적법성 문제는 쉽게 피해갈 수 있다고 보고, 부동산의 이중매매에 관한 판례의 태도도 변경될 여지가 있다고 본다. 손한기, "독립당사자참가에 관한 연구 —개정안의 편면적 참가를 중심으로—," 민사소송 5권(2002. 2.), 153쪽

법원은 심리결과 매매계약이 무효가 아니면 본소청구와 참가인의 피고에 대한 청구를 모두 인용할 수밖에 없어, 분쟁의 모순 없는 해결이라는 독립당사자참가제도의 목적을 달성할 수 없을 뿐만 아니라, 신법은 편면참가를 허용하고 있으나 피고에 대해서만 청구하면서 참가하는 경우에도 이러한 청구가, 원고가 주장하는 본소청구의 청구권이 자기에게 속한다고 주장하는 것(법 79조 1항 전단)은 아니므로 권리주장참가로는 허용되지 않는다고 봄이 상당하다.[1] 물론 이때 뒤에서 볼 사해방지참가의 요건[원·피고 사이의 소송이 참가인의 권리를 침해하는 사해소송임을 인정할 수 있어야 한다]을 갖추면 **사해방지참가**가 성립할 수 있다. 예컨대 원·피고 사이의 매매계약이 무효이고 참가인만이 진정한 이전등기청구권자라고 주장하며 사해방지참가를 할 수 있다.[2]

(c) 부동산의 매매계약상 매수인 확정과 권리주장참가의 허용 여부

　　원고가 부동산에 관한 매매계약에 기하여 소유권이전등기청구의 소를 제기한데 대하여, 참가인이 그 매매계약상의 매수당사자는 원고가 아니라 참가인이라고 주장하며 원고에 대해서는 매수인으로서 권리의무가 참가인에게 있다는 확인을 구하고, 피고에 대해서는 원고가 주장하는 날짜의 매매계약에 기한 소유권이전등기청구의 소를 제기한 경우에는, **부동산의 이중매매와는 달리** 하나의 매매계약상의 당사자가 누구인지가 문제가 되고, 따라서 본소청구와 참가인의 청구는 양립할 수 없는 관계에 있어 하나의 판결로서 분쟁이 모순 없이 해결될 수 있으므로, 독립당사자참가가 적법하다고 본다.[3]

▣ 채권자대위소송에 채무자가 독립당사자참가를 할 수 있는지 여부
　(1) 채무자가 피보전채권의 존재를 다투는 경우와 독립당사자참가
　　1) 채권자대위소송의 경우 채무자가 채권자로부터 대위권 행사에 관하여 통지를 받는 등 대위소송의 계속사실을 안 이후에는 채무자는 관리처분권을 상실하여 당사자

도 같은 입장이다.
　1) 부동산의 이중매매의 경우 한쪽 매수인은 피참가소송이 사해소송임을 주장하여 사해방지참가를 할 수 있음에 그치고, 권리주장참가는 이론적으로 두 청구권이 양립가능하여 참가요건을 갖추지 못할 뿐 아니라, 실제상으로도 이와 같은 참가로서는 분쟁을 한꺼번에 모순 없이 해결할 수 없으므로, 부적법하여 허용될 수 없다. 이영석, "독립당사자참가의 요건," 판례연구(부산판례연구회) 1집(1991. 2.), 372쪽 이하.
　2) 대판 1982. 12. 14. 80다1872,1873.
　3) 대판 1988. 3. 8. 86다148.

적격이 없어지게 된다. 그러나 채무자가 관리처분권을 상실하는 것은 적법한 대위권의 존재를 전제로 하는 것이므로 채무자가 채권자의 **대위권의 적법성**(즉 채권자의 채무자에 대한 **피보전채권의 존재**)을 다투는 경우 독립당사자참가를 허용해야 한다.[1]

2) 채무자가 채권자의 대위권의 적법성을 다투면서 독립당사자참가를 한다고 하더라도 **중복소송의 문제**는 생기지 않는다. 독립당사자참가에는 병합심리가 강제되고, 합일확정이 요구되므로 중복소송금지의 이유인 심판의 중복에 의한 소송불경제, 판결의 모순·저촉을 피할 수 있기 때문이다.[2] 특히 채권자대위소송에 채권자라고 주장하는 원고를 상대로 피보전채권의 부존재확인을 구하는 편면참가를 함으로써 중복소송의 문제를 아예 피할 수 있다.[3]

(2) 피보전채권의 존재 여부와 독립당사자참가의 적법성 여부

채무자가 앞서와 같이 독립당사자참가를 한 경우 심리결과 채권자의 피보전채권이 인정되어 채권자가 대위의 목적인 권리에 관한 소송수행권을 가지는 것으로 판명되면, 채무자의 독립당사자참가는 결국 소송수행권이 없이 한 것으로 되어 **당사자적격의 흠**(참가요건의 흠이 아니라 **일반 소송요건**의 흠)이 있으므로, 독립당사자참가를 각하해야 한다. 그러나 채권자의 피보전채권이 인정되지 않아 채권자가 소송수행권을 가지지 않는 것으로 판명되면, 채무자의 독립당사자참가신청은 적법한 것이 된다.[4]

(3) 사해방지참가

(a) 의   의

사해방지참가는 제 3 자가 '소송결과에 따라 권리가 침해된다고 주장'하면서 하는 참가이다(법 79조 1항 후단). 권리주장참가와 달리 참가인의 청구가 본소청구와 양립할 수 있는 관계라도 상관없고, 또한 권리주장참가를 하여 각하된 뒤에 사해방지참가를 해도 기판력을 받지 않는다. 즉 권리주장참가에서는 어느 하나의 권리를 두고 원고와 참가인이 서로 자기의 권리라고 주장하는 때에 그것이 원고든 참가인이든 어느 한쪽에게만 귀속할 수 있을 뿐이므로 피고에 대한 원고의 청구와 참가인의 청구는 서로 양립될 수 없고 또 그 권리가 누구에게 속한다는 점에 관하여 합일확정이 요구되지만, **사해방지참가**에서는 반드시 위와 같은 엄격한 요

---

1) 김상균, "채권자대위소송과 독립당사자참가," 법학논집(청주대학교 법학연구소) 17집(2001. 2.), 225쪽 이하.
2) 이재성, "채권자대위소송과 중복소송," 민사재판의 이론과 실제 1권(1976년), 198쪽 이하.
3) 김창형, "편면적 독립당사자참가에 관한 제반문제 고찰," 사법논집 41집(2005. 12.), 249쪽.
4) 일본 최고재 1973. 4. 24. 판결.

건을 갖출 필요가 없다. 사해방지참가는 권리주장참가와는 달리 사해소송의 결과로
제 3 자의 권리나 법률상 지위가 침해될 우려가 있는 때에는 그 제 3 자가 확정될
사해판결을 방지하기 위하여 그 사해소송에 참가할 수 있도록 한 것이기 때문
이다.1)

(b) 사해방지참가의 인정기준

1) 사해방지참가를 할 수 있는 **일정기준**에 대하여, ① 단지 소송당사자의 사
해적 의사의 존재만으로는 부족하고 사해소송 결과 판결의 기판력이 참가인에게
미치거나 판결의 반사적 효력을 받는 관계상 그 소송을 방치해 둘 수 없는 경우
에 한한다고 보는 입장(**판결효설, 판결효력승인설**)2)과 ② 이를 완화하여 참가인이
갖는 권리나 법적 지위가 본소청구의 존부를 그 논리적 전제로 하는 관계상 참가
인이 본안판결에 의해서 사실상 권리침해를 입는 경우에도 참가할 수 있다는 입
장(**이해관계설**)이 있으나,3) ③ 그 중간에 위치한다고 볼 수 있는 입장(**사해의사설**)
이 **다수설**이다.4) 사해방지참가는 원고가 제 3 자인 채권자를 해(害)하려고 담합소
송을 제기하는 경우가 그 전형적인 예이나 사해의사의 확인은 어려운 문제로서,
사해에 해당하는 주관적 의도의 직접적인 탐구는 개개의 구체적 사정에 의하여
결정할 수밖에 없다.

2) **판례**는, 사해방지참가는 원·피고가 소송을 통하여 제 3 자를 **해칠 의사**가
있다고 **객관적**으로 인정되고, 그 소송결과 제 3 자의 **권리 또는 법률상 지위가 침
해될 우려**가 있다고 인정되어야만 한다고 보고 있다.5) 사해방지참가에서 소송결

---

1) 대판 1991. 12. 27. 91다4409, 1996. 3. 8. 95다22795,22801, 2014. 6. 12. 2012다47548,
47555 등. 따라서 자기의 권리 또는 법률상 지위가 다른 사람들 사이의 사해적 법률행위를
청구원인으로 한 사해소송의 결과로 인하여 침해를 받을 염려가 있는 경우에는 그 다른 사람
들을 상대로 하여 사해소송의 청구원인이 된 법률행위에 대하여 무효임의 확인을 소구할 수
있다. 이러한 무효확인청구야말로 사해판결이 선고·확정되고 집행됨으로써 자기의 권리 또는
법률상 지위가 침해되는 것을 방지하기 위한 유효적절한 수단이 된다고 할 수 있기 때문이다.
대판 1990. 7. 13. 89다카20719,20726; 이기광, "사해방지참가소송의 구조와 그 요건에 관하
여," 판례연구(대구판례연구회) 3집(1992. 12.), 163쪽 이하; 김재구, "사해방지 독립당사자참가
의 요건," 대법원판례해설 13호(1990년 상반기), 63쪽 이하.
2) 방순원, 221쪽. 판결효설에 대하여, 이러한 입장에 의하면 권리의 침해범위를 좁게 인정하
게 되어 결국 참가신청을 제한적으로 인정하게 되므로, 판결효력의 범위를 넓게 인정하여 본
소 당사자와 참가인 사이에 존재하는 분쟁의 통일적 해결의 필요성과 상당성에 의해야 한다
는 견해(**판결효력확장설**)로는, 송상현·박익환, 684쪽.
3) 한종열, 311쪽.
4) 이시윤, 845쪽; 김홍규·강태원, 827쪽; 정동윤·유병현·김경욱, 1127쪽.
5) 대판 2014. 6. 12. 2012다47548,47555, 2017. 4. 26. 2014다221777,221784, 2022. 10. 14.

과로 인하여 참가인의 권리 또는 법률상 지위가 침해될 우려(염려)가 있다는 것은 원·피고에 대한 확정판결로 인하여 참가인의 권리의 실현 또는 법률상 지위의 확보가 사실상 불가능하거나 장애를 받는다는 것을 의미하는 것이라 할 수 있다.[1] 이에 대하여, 사해의사가 인정되면 권리침해의 우려가 추정된다고 할 것이므로 판례의 입장이 사해의사설과 큰 거리가 있다고 보기 어렵다는 견해가 있으나,[2] **판례는 사해의사와 권리침해의 우려를 별개의 요건으로 보고 있다.**[3]

▣ 본소청구의 원인행위가 사해행위라는 이유로 채권자가 사해방지참가를 하는 것이 적법한지 여부

채권자가 사해행위의 취소와 함께 수익자 또는 전득자로부터 책임재산의 회복을 명하는 채권자취소의 판결을 받은 경우 그 **취소의 효과**는 채권자와 수익자 또는 전득자에만 미치므로, 수익자 또는 전득자가 채권자에 대하여 사해행위취소로 인한 원상회복의무를 부담하게 될 뿐, 채권자와 채무자 사이에서 그 취소로 인한 법률관계가 형성되거나 취소의 효력이 소급하여 채무자의 책임재산으로 복구되는 것은 아니다(**사해행위취소의 상대적 효력**).[4] 따라서 원고(수익자)의 피고(채무자)에 대한 청구의 원인행위가 사해행위라는 이유로 참가인(채권자)이 원고에 대하여 사해행위취소를 청구하면서 독립당사자참가신청을 하는 경우, 참가인의 청구가 그대로 받아들여진다 하더라도 원고와 피고 사이의 법률관계에는 아무런 영향이 없다(피고는

2022다241608,241615 등; 윤경, "사해방지참가의 요건과 인정기준," 인권과 정의 306호(2002. 2.), 104쪽 이하. 판례의 입장에 찬동하는 견해로는, 호문혁, 986쪽; 김일룡, 1003쪽.

1) 이에 대하여, 본소의 다툼의 대상에 대해 직·간접적 권리를 갖고 있거나, 본소판결의 결과에 따라서 참가인의 권리나 지위에 대한 침해가능성이 있는 경우에도 '권리침해의 우려'가 인정된다고 보는 것이 타당하다는 견해로는, 한충수, "사해의사의 권리침해의 우려," 판례연구(서울지방변호사회) 15집(하)(2001. 12.), 48쪽 이하. 한편 법 79조 1항 후단이 '권리가 침해된다'를 사해방지참가의 요건으로 규정하고 있음에도 불구하고, 판례가 '권리 또는 법률상 지위가 침해될 우려가 있을 것'이라고 바꾸어 요구하고 있는 것은 그 요건을 완화하려는 취지로 보는 견해로는, 김능환, "판례에 나타난 사해방지참가의 이유," 민사재판의 제문제 8권(1994. 10.), 607쪽 이하.

2) 이시윤, 845쪽. 다만 판례가 말하는 '권리침해의 우려'가 사해의사로써 당연히 추정되는 정도의 부수적인 요건은 아니라는 견해로는, 한충수, "사해의사와 권리침해의 우려," 판례연구(서울지방변호사회) 15집(하)(2001. 12.), 48쪽 이하.

3) 대판 2009. 10. 15. 2009다42147,42154,42161. 이러한 판례의 태도에 대하여, 사해의사설이라고 하더라도 순수한 의미의 사해의사설이 아니라 사해의사가 확인되고 이해관계설적인 사실상의 불이익이 있는 경우에 사해방지참가를 허용하는 의미에서, '사해의사설의 외연이 확대된 사해의사설(완화된 사해의사설)'로 보아야 한다는 견해로는, 정규상, "사해방지참가의 적법요건에 관한 고찰," 민사소송 15권 2호(2011. 11.), 307쪽 이하.

4) 대판 2007. 4. 12. 2005다1407, 2022. 12. 1. 2022다247521.

원고에게 그와 같은 사해행위에 기하여 이행을 할 수 있다). 결국 그러한 참가신청
은 사해방지참가의 목적을 달성할 수 없으므로 부적법하다.[1]

4. 청구의 병합요건

독립당사자참가로 인하여 하나의 절차에서 여러 개의 청구를 병합하여 재판
하게 되므로 참가인의 청구가 본소청구와 같은 종류의 소송절차에서 심판될 청구
이어야 한다(소송절차의 공통, 법 253조). 참가인의 청구나 본소청구가 다른 법원의
전속관할에 속해서는 안 된다.

5. 소송요건

참가신청은 새로운 소제기와 같으므로 당사자능력, 당사자적격, 중복소송금지
등과 같은 일반적인 소송요건을 갖추어야 한다. 예컨대 독립당사자참가로서 구하는
청구와 동일한 청구에 관하여 이미 별소(소·반소, 참가의 소, 참가승계 등)를 제기하
여 그 소송계속된 후에 별개의 소송절차에서 독립당사자참가를 한 경우 이는 중복
소송에 해당하여 부적법하다.[2]

Ⅲ. 절   차

1. 참가신청

(1) 참가신청의 방식

독립당사자참가는 **제 1 심** 및 **항소심**에서만 허용되며 상고심에서는 허용되지
않음은 이미 본 바와 같다. 참가신청의 방식은 보조참가의 신청에 준한다(법 79조
2항, 72조). 참가신청은 신소제기의 실질을 가지고 있으므로 소액사건(소심 4조)의
경우를 제외하고 **서면**에 의한다. **제 1 심** 참가신청서에는 소장에 붙이는 것과 같
은 금액의 인지를 붙이고, **항소심** 참가신청서에는 그 금액의 **1.5**배에 해당하는 인

---

1) 대판 2014. 6. 12. 2012다47548,47555. 사해행위의 취소는 취소소송의 당사자 사이에서 상
   대적으로 취소의 효력이 있는 것으로 당사자 이외의 제 3 자는 다른 특별한 사정이 없는 이상
   취소로 인하여 그 법률관계에 영향을 받지 않는다. 대판 2005. 11. 10. 2004다49532.
2) 대판 1994. 11. 25. 94다12517,12524. 이에 대하여, 일종의 소권의 남용으로 해석되므로 중
   복소송으로 봄이 타당하다는 견해로는, 이시윤, 848쪽. 그러나 소권의 남용 문제와 중복소송
   문제는 적용의 국면이 다르며, 이러한 경우는 전형적인 중복소송에 해당한다. 정영환, 983쪽.

지를 붙여야 한다(민인 6조 1항).

(2) 참가신청에 따른 소송행위

당사자가 항소하지 않을 때에는 참가인은 항소제기와 동시에 참가신청을 할 수 있다(법 79조 2항, 72조 3항).[1] 참가신청에 대하여 종전 당사자는 이의할 수 없다[법 79조 2항은 법 72조만 준용하고, 이의신청권을 규정하고 있는 법 73조는 준용하고 있지 않다].

(3) 참가신청의 효력

참가신청은 소제기의 효과인 시효중단·기간준수의 효력이 있다. 참가에 의하여 상대방 당사자가 되는 원·피고는 참가인을 상대로 반소를 제기할 수 있다.[2] 판례는 독립당사자참가를 하면서 예비적으로 보조참가를 하는 것을 허용하지 않는다(이에 관해서는 이미 보조참가소송으로의 전환 문제에서 살펴보았다).[3] 이에 대하여 독립당사자참가에서 보조참가로의 전환이 가능하다는 입장에서 이를 불허할 이유가 없다는 견해도 있다.[4]

2. 중첩적 참가와 4면소송

다면(多面)소송, 즉 4자 사이 또는 5자 사이의 다면적인 소송이 허용되는지, 즉 중첩적 독립당사자 사이에서 소송관계가 성립할 수 있는지에 관하여, 판례는, 권리주장참가가 여러 개인 경우에 참가자들 사이에는 소송관계가 성립하지 않으므로 법원은 이에 대하여 판결할 수 없다고 하여 이를 부정하고 있다.[5] 이에 대하여, 절차의 번잡·지연의 염려 등 특별한 사정이 없는 한 제 2 참가인이 제 1 참가인까지 끌어들여(제 2 참가인의 제 1 참가인에 대한 청구도 허용함으로써) 4자 사이에 한꺼번에 모순 없이 합일확정하려는 4면소송을 막을 이유가 없다는 견해가 있다.[6]

---

1) 참가인이 제 1 심판결 선고 후 적법한 항소기간 내에 참가신청과 동시에 제 1 심판결에 대하여 항소를 제기하여 참가인의 주위적 청구가 항소법원에 계속 중인 경우 예비적으로 구한 추가적 청구가 항소기간이 지난 뒤에 행해졌다는 이유만으로 추가적 청구를 배척할 수 없다. 대판 1978. 11. 28. 77다1515.
2) 대판 1969. 5. 13. 68다656,657,658; 이시윤, 849쪽.
3) 대판 1993. 4. 27. 93다5727,5734, 1994. 12. 27. 92다22473,22480.
4) 이시윤, 848쪽.
5) 대판 1958. 11. 20. 4290민상308,309,310,311.
6) 이시윤, 849쪽; 정동윤·유병현·김경욱, 1131쪽; 정영환, 985쪽.

Ⅳ. 심   판

1. 참가요건 등의 조사

(1) 참가요건 · 병합요건의 조사

참가신청이 있는 때에는 먼저 참가신청이 **참가요건**을 갖추고 있는지, 그리고 이러한 참가신청으로 인한 **병합요건**을 갖추고 있는지를 직권으로 조사해야 한다. 참가요건 · 병합요건의 흠이 있을 때에는 참가신청은 부적법하게 된다. 따라서 참가신청을 판결로 **각하**해야 한다.

이에 대하여, 소송경제와 참가인의 보호를 위하여 여러 소송참가형태 사이의 전환을 적극적으로 인정해야 한다는 입장에서, 참가신청이 부적법하더라도 독립의 소로서의 요건을 갖춘 때에는 이를 각하할 것이 아니라 본소에 병합시켜 통상 공동소송의 형식으로 심리해야 하고, 만일 병합심리가 허용되지 않으면 별개의 독립한 소로서 분리 · 심리해야 한다는 반대견해가 있다.[1] 소송 중의 소에서 소송참가형태의 전환을 일반적으로 허용하는 것은 민사소송법이 규정하고 있는 소송참가형태를 잠탈할 우려가 있을 뿐만 아니라 소송절차를 지나치게 복잡하게 할 우려가 있으므로 이를 **부정**함이 옳다. 따라서 독립당사자참가소송은 **소송 중의 소**로서 참가요건이나 병합요건을 갖추지 않은 때에는 원칙적으로 **부적법**하므로 **각하**해야 한다(이에 관해서는 보조참가에서 상세히 살펴보았다). **판례**도 독립당사자참가신청이 부적법한 경우 통상공동소송의 형태로의, 또는 보조참가의 형태로의 **전환**을 **부정**하고 있다.[2]

(2) 소송요건의 조사

참가신청이 참가요건을 갖추고 있다면 참가신청은 (소송 중의) 소이므로 **소송요건**을 갖추고 있는지 직권으로 조사해야 한다. 소송요건에 흠이 있는 경우 달리 보정이 이루어지지 않는 한 참가신청은 부적법하므로 판결로 각하해야 한다. 예컨대 원고가 참가인의 주장과는 양립할 수 없는 권리 또는 법률관계를 피고를 상대로 주장하는 경우 참가인은 원고를 상대로 **자기의 권리 또는 법률관계의 존재확**

---

1) 정동윤 · 유병현 · 김경욱, 1132쪽; 송상현 · 박익환, 688쪽; 정영환, 986쪽.
2) 통상공동소송의 형태로 취급하는 것을 부정한 판결로는, 대판 1993. 3. 12. 92다48789,48796. 보조참가의 형태로 취급하는 것을 부정한 판결로는, 대판 1976. 12. 28. 76다797.

인을 구해야 함에도, 원고 주장의 피고에 대한 권리 또는 법률관계의 부존재확인
을 구하는 것은 확인의 이익이 없어 부적법하다.[1]

2. 본안심판

(1) 합일확정의 필요

독립당사자참가소송에서는 본안심리와 판결이 통일적으로 되어야 한다. 따라
서 원·피고, 참가인 사이의 소송자료의 통일과 소송진행의 획일화를 기할 필요
가 있으며, 이를 보장하기 위하여 필수적 공동소송에 관한 법 67조의 규정을 준
용한다(법 79조 2항). 그러나 필수적 공동소송에서처럼 협동·연합관계가 아니라,
상호 대립(배척)·견제관계에 있게 된다.[2]

(2) 소송자료의 통일

1) 본안심리에서는 소송자료의 통일이 요구된다. 원·피고, 참가인 가운데 어
느 한 사람의 유리한 소송행위는 나머지 한 사람에 대해서도 그 효력이 있다(법
79조 2항, 67조 1항). 두 당사자 사이의 소송행위는 나머지 한 사람에게 불이익이
되는 한, 두 당사자 사이에도 효력이 발생하지 않는다. 피고가 원고 또는 참가인
의 주장에 대하여 **자백**을 해도 그 효력이 없다.[3]

2) 원·피고, 참가인 사이의 소송관계에 대하여 **청구의 포기·인낙**, **화해**나
상소권포기·상소취하[4]는 세 당사자 사이의 합일확정의 목적에 반하기 때문에
허용되지 않는다. 따라서 피고가 원고 또는 참가인의 청구를 인낙해도 무효이
다. **판례**는, 독립당사자참가소송에서 참가인이 법원의 **화해권고결정**에 대하여 이
의신청을 한 경우(법 226조 1항)에는 이의신청의 효력이 참가인뿐만 아니라 원고와
피고 사이에서도 미치므로, 화해권고결정에 대하여 원·피고, 참가인 모두가 이의
신청을 하지 않는 때에만 재판상 화해로서 효력이 있다고 본다.[5]

---

1) 대판 2009. 12. 24. 2009다75635,75642, 2014. 11. 13. 2009다71312.
2) 이시윤, 850쪽.
3) 대판 2009. 1. 30. 2007다9030,9047.
4) 대판 1952. 8. 19. 4285행상4.
5) 대판 2005. 5. 26. 2004다25901,25918; 조용현, "독립당사자참가에 의한 소송에서 원·피고
   사이에만 재판상 화해를 하는 것이 허용되는지 여부," 대법원판례해설 54호(2005년 상반기),
   437쪽 이하.

(3) 소송진행의 통일

본안심리에서는 소송진행의 통일이 요구된다(법 79조 2항, 67조 3항). 원·피고, 참가인 사이의 소송절차는 필수적 공동소송에서와 같이 기일을 함께 진행해야 하며, **변론을 분리**할 수 없다.[1] 원·피고, 참가인 가운데 어느 한 사람에 대하여 소송절차의 **중단·중지**의 원인이 생긴 때에는 모든 소송절차가 정지되게 된다. 당사자 가운데 한 사람이 **기일지정신청**을 하면 모든 소송에 대하여 기일을 지정해야 한다. **상소기간**과 같이 소송행위를 위한 기간은 개별적으로 진행한다.

(4) 본안재판의 통일

1) 원·피고, 참가인에 대한 본안판결을 할 때에도 하나의 **종국판결**을 해야 하며, 당사자의 일부에 관해서만 판결을 하거나 추가판결을 하는 것은 모두 허용되지 않는다. 일부판결을 한 때에는 판결 전체가 위법하게 되어 상소심의 심판대상이 된다.[2] 제 1 심에서 원고 승소, 피고 및 참가인 각 패소의 판결이 선고된 데 대하여 피고와 참가인이 각 항소한 이상, 항소법원으로서는 변론을 일체로 진행하여 원·피고, 참가인 사이의 청구를 모두 항소심의 심판대상으로 하여 1개의 판결을 해야 한다.[3]

2) 원·피고, 참가인 가운데 한쪽이 제 1 심 본안판결에 대해 항소하고 피항소인 가운데 한 사람에게 항소장이 적법하게 송달되어 항소법원과 당사자들 사이의 소송관계가 일부라도 성립한 것(항소심 소송계속이 있는 것)으로 볼 수 있다면, 항소심재판장은 더 이상 단독으로 **항소장각하명령**을 할 수 없다(소장·항소장각하**명령의 가능시기**에 관하여 **소송계속시설**에 따른다).[4]

(5) 판결에 대한 상소

(a) 패소당사자 가운데 상소하지 않은 사람의 소송관계

판결에 대한 상소에서, 원·피고, 참가인 세 당사자 가운데 두 당사자가 패소했으나 패소한 당사자 가운데 일부만이 승소당사자를 상대로 상소를 제기했을 때에, 그 상소의 효력이 패소했으나 상소를 하지 않은 다른 당사자에게도 미치는지 여부에 관하여 논의가 있다. 이 경우 패소한 당사자의 소송관계는 끝나고 이심의

---

1) 대판 1995. 12. 8. 95다44191.

2) 대판 1991. 3. 22. 90다19329,19336, 2007. 12. 14. 2007다37776,37783.

3) 대판 1995. 12. 8. 95다44191.

4) 대결 2020. 1. 30. 2019마5599,5600; 정영호, "독립당사자참가소송에서 일부 피항소인에 대해서만 항소장이 송달된 경우 항소장 각하명령을 할 수 있는지 여부," 대법원판례해설 123호 (2020년상), 132쪽 이하.

효력이나 확정차단의 효력이 생기지 않는다는 견해(**분리확정설**)가 있으나,[1] 독립
당사자참가소송은 동일한 권리관계에 관하여 원·피고, 참가인이 서로 사이의 다
툼을 하나의 소송절차로 한꺼번에 모순 없이 해결하는 소송형태로서, 독립당사자
참가가 적법하다고 인정되어 원·피고, 참가인 사이의 소송에 대하여 본안판결을
할 때에는 세 당사자에 대하여 하나의 종국판결을 선고함으로써 세 당사자 사이
에서 합일확정적인 결론을 내리는 것이므로, 이러한 본안판결에 대하여 한쪽이
상소한 때에는 제1 심판결 전체의 확정이 차단되고 사건 전부에 대하여 이심의
효력이 생긴다고 보아야 한다(**이심설**).[2] **통설·판례**의 입장이다.

(b) 패소당사자 가운데 상소하지 않은 사람의 상소심에서의 지위

1) 독립당사자참가소송에서 패소하고도 상소를 하지 않은 당사자의 패소부
분도 상소심으로 이심된다면 그의 **상소심**에서의 **소송상 지위**가 어떠한지에 관하
여, ① 법 67조 1항을 준용하여 상소인이 된다는 견해(**상소인설**), ② 법 67조 2항
을 준용하여 피상소인이 된다는 견해(**피상소인설**), ③ 승소자에 대해서는 상소인
이 되고, 상소를 제기한 패소자에 대해서는 피상소인이 되는 특수한 지위라는
견해(**상대적 이중지위설**)[3] 등이 있으나, ④ 상소인도 피상소인도 아닌 단순한
상소심의 당사자에 불과하다고 본다(**상소심당사자설**, **통설**). **판례**도, 참가인의
청구와 원고의 청구가 모두 기각되고 원고만이 항소한 경우 참가인도 항소심에
서의 당사자라고 하여, 항소인도 피항소인도 아닌 단순한 '**항소심당사자**'라고
보고 있다.[4]

2) **상소심당사자설**을 취하는 경우 패소하고도 상소하지 않은 당사자는 ① **상
소취하권**이 없고, ② 상소장에 **인지**를 붙일 의무도 없으며, ③ **상소비용**도 부담하
지 않는다. 물론 **판결서**에서도 상소인 또는 피상소인으로 표시하지 않고 단순히
독립당사자참가인으로 표시한다.

한편 상소인·피상소인도 아닌 상소심당사자라고 하더라도 상소심에서 **기일
통지·소송서류의 송달** 등 **변론의 기회**가 부여되는 것은 당연하다.[5]

---

1) 김주상, "민사항소심의 심판대상과 심판범위," 사법논집 5집(1974. 12.), 300쪽 이하.
2) 대판 2007. 10. 26. 2006다86573,86580, 2007. 12. 14. 2007다37776,37783.
3) 김홍규·강태원, 833쪽.
4) 대판 1981. 12. 8. 80다577.
5) 이에 대하여, 상소심당사자설의 문제점을 지적하면서, 상소심당사자설의 입장에 서면 상소
   인·피상소인도 아닌 상소심당사자에게 변론(주장과 증명 등 소송행위) 등을 할 수 있는 절차

(c) 불이익변경금지의 원칙의 적용 여부

1) 독립당사자참가소송에서 패소하고도 항소 또는 부대항소를 하지 않은 당사자의 판결부분이 원·피고, 참가인 세 당사자 사이의 합일확정의 요청 때문에 유리한 내용으로 변경될 수 있는 등 **불이익변경금지의 원칙**(법 415조)이 배제된다.[1] 항소심의 심판대상은 실제 항소를 제기한 사람의 항소취지에 나타난 **불복범위**에 한정하되[2] 세 당사자 사이의 **결론의 합일확정의 필요성**을 고려하여 그 심판범위를 판단해야 한다.[3] 따라서 항소심에서 세 당사자 사이의 결론의 합일확정을 위하여 필요하다면 그 한도 내에서 항소 또는 부대항소를 제기한 바 없는 당사자에게 결과적으로 제 1 심판결보다 유리한 내용으로 판결이 변경되는 것도 배제할 수는 없다.[4][5]

2) 독립당사자참가소송에서 원고의 피고에 대한 청구를 인용하고 참가인의 참가신청을 부적법하다고 하여 각하한 제 1 심판결에 대하여 **참가인만이** **항소**했는데, 참가인의 항소를 기각하면서 제 1 심판결 중 피고가 항소하지도 않은 본소부분을 취소하고 원고의 피고에 대한 청구를 기각하는 것은 부적법하다.[6] 원고승소

참여권을 보장할 수 없게 되는 것으로 이해하는 견해로는, 강구욱, "판결의 편면적 대세효와 필수적 공동소송 ―대법원 2021. 7. 22. 선고 2020다284977 전원합의체 판결―," 민사소송 26권 2호(2022년), 211쪽; 한충수, 792쪽.

1) 이시윤, 854쪽; 정동윤·유병현·김경욱, 1135쪽; 호문혁, 994쪽; 정영환, 989쪽.

2) 예컨대 제 1 심에서 원고와 참가인이 각 일부패소했으나 그 패소부분에 관하여 항소하지 않고, 피고만이 원고가 승소한 부분에 관하여 항소를 하고 참가인이 승소한 부분에 관해서는 항소하지 않은 경우, 참가인이 승소한 부분은 피고의 불복범위 밖이므로 이 부분에 관해서는 항소심의 심판대상에서 제외된다. 대판 1974. 2. 12. 73다820,821.

3) 대판 1991. 3. 22. 90다19329,19336, 2014. 11. 13. 2009다71312, 2022. 7. 28. 2020다231928 등.

4) 대판 2007. 10. 26. 2006다86573,86580(원고의 피고에 대한 청구 및 참가인의 피고에 대한 청구에 대하여 각 일부인용한 제 1 심판결에 대하여 원고가 항소하고, 참가인이 부대항소를 한 경우에, 항소법원이 제 1 심판결에서 각 일부씩 인용되었던 원고의 피고에 대한 청구부분과 참가인의 피고에 대한 청구부분까지를 각 기각함으로써 제 1 심판결에 대하여 항소 또는 부대항소를 제기한 바 없는 피고에 대하여 제 1 심판결보다 더 유리한 내용의 판결을 선고한 것은 적법하다), 대판 2022. 7. 28. 2020다231928.

5) 그러나 판결결론의 합일확정을 위하여 항소 또는 부대항소를 제기한 바 없는 당사자의 청구에 대한 제 1 심판결을 취소하거나 변경할 필요가 없다면, 항소 또는 부대항소를 제기한 바 없는 당사자의 청구가 **항소심의 심판대상**이 되어 항소심이 그 청구에 대하여 **심리·판단**해야 하더라도 그 청구에 대한 당부를 반드시 **판결주문에서 선고할 필요**가 있는 것은 아니며, 이와 같이 항소 또는 부대항소를 하지 않은 당사자의 청구에 관하여 항소심에서 판결주문이 선고되지 않고 독립당사자참가소송이 그대로 확정된다면, 취소되거나 변경되지 않은 제 1 심판결의 주문에 대하여 기판력이 발생한다. 대판 2022. 7. 28. 2020다231928.

6) 대판 2007. 12. 14. 2007다37776,37783; 정태학, "독립당사자참가소송에서 원고승소 판결에 대

의 판결에 대하여 참가인만이 상소를 했음에도 상소심에서 원고의 피고에 대한 청구인용부분을 원고에게 불리하게 변경할 수 있는 것은 참가인의 참가신청이 적법하고 나아가 합일확정의 요청상 필요한 경우에 한하기 때문이다.

V. 단일소송 또는 공동소송으로 환원

1. 본소의 취하·각하의 경우

(1) 의　　의

참가 후에도 원고는 본소를 취하할 수 있다. 본소취하에는 피고가 본안에 관하여 응소했다면 **피고의 동의**는 물론 **참가인의 동의**가 필요하다. 참가인은 원·피고와 합일확정의 관계에 있으므로 본소 유지에 이익이 있기 때문이다(법 79조 2항, 67조 1항, 266조 2항).[1] 법원은 본소가 부적법하면 본소를 각하해야 한다.

(2) 본소의 취하·각하 후 소송형태

(a) 쌍면참가의 경우

1) **쌍면참가**에서 본소가 피고 및 참가인의 동의를 얻어 적법하게 취하되거나, 본소가 부적법하여 각하되면 3면소송관계는 소멸한다. 이 경우 참가인의 원·피고에 대한 소가 독립의 소로서 소송요건을 갖춘 이상 그 소송계속은 적법하다. 참가인의 신청이 비록 신청 당시 독립당사자참가의 요건을 갖추지 못했다고 하더라도 이미 본소가 취하·각하로 소멸되어 3면소송관계가 해소되었다면 종래의 3면소송 당시에 필요했던 독립당사자참가요건이 갖추어졌는지 여부는 더 이상 가려볼 필요가 없다. **판례**도 같은 입장이다.[2]

2) 쌍면참가에서 본소가 취하되거나 각하되는 경우 독립당사자참가의 애초의 소송목적을 상실하게 되므로 3면소송은 끝이 난다는 견해도 있으나(**전체소송종료설**),[3] **통설**은 본소의 계속을 조건으로 한 참가신청이라는 특별한 사정이 없는 한, 참가

하여 참가인만이 상소한 경우의 법률관계," 대법원판례해설 71호(2007년 하반기), 655쪽 이하.

1) 대결 1972. 11. 30. 72마787. 김창형, "편면적 독립당사자참가에 관한 제반 문제 고찰," 사법논집 41집(2005. 12.), 228쪽. 이에 대하여, 참가인이 피고를 상대로만 편면참가를 한 경우 원고는 참가인의 동의 없이 본소를 취하할 수 있다는 견해로는, 손한기, "독립당사자참가에 관한 연구 ―개정안의 편면적 참가를 중심으로―," 민사소송 5권(2002. 2.), 156쪽.

2) 대판 1991. 1. 25. 90다4723, 2007. 2. 8. 2006다62188.

3) 이영섭, 114쪽.

인의 원·피고에 대한 청구가 **통상공동소송**으로 남는다고 본다(**공동소송잔존설**).[1]

(b) 편면참가의 경우

편면참가에서는 본소가 소멸하면 참가인과 원고, 또는 참가인과 피고 사이의 **단일소송**으로 남는다.

2. 참가신청의 취하·각하의 경우

(1) 의   의

독립당사자참가신청의 성질은 소이므로 그 취하에는 원고나 피고가 본안에 관하여 응소한 경우에는 양쪽의 동의를 필요로 한다.[2] **쌍면참가**의 경우이든 **편면참가**의 경우이든 불문한다. 이들 모두 합일확정의 관계에 있기 때문이다(법 79조 2항, 67조 1항, 266조 2항). 참가신청이 취하되거나 부적법 각하(각하판결이 확정되는 경우를 말한다)되면 원·피고 사이의 본소만이 남는다. 다만 참가인이 쌍면참가를 했다가 원·피고 어느 한쪽에 대해서만 참가신청을 취하하거나 어느 한쪽의 청구만이 부적법 각하되면 그로 인해 편면참가가 된다.

(2) 참가신청의 취하·각하 후 참가인 제출의 증거방법에 대한 법원의 조치

참가신청이 취하·각하되어 본소로 환원된 경우에 참가인이 제출한 **증거방법**은 본소의 당사자가 원용하지 않는 한 법원은 이에 대하여 (**증거조사**를 하여) **증거판단**할 필요가 없다.[3] **판례**도 참가신청이 부적법하여 각하됨이 마땅한 이상 참가인이 제출한 증거방법에 대하여 증거판단을 할 필요가 없다고 보고 있다.[4] 다만 **판례**는 참가신청이 부적법하여 각하되었다 하더라도 법원이 그 증거방법에 대하여 이미 **증거조사**를 **실시**했다면 법원이 얻은 증거자료의 효력에 아무런 영향이 없다고 보고 있다.

---

1) 이시윤, 854쪽; 김홍규·강태원, 835쪽; 정동윤·유병현·김경욱, 1136쪽; 송상현·박익환, 694쪽; 홍기문, 743쪽. 본소가 취하 또는 각하되면 참가소송도 소멸된다고 해석하는 것보다는 원·피고에 대한 공동소송으로 남는다고 해석하는 것이 참가인의 의사에 부합되고 소송경제에 이바지하며, 또한 반소나 중간확인의 소의 경우에 본소가 취하되더라도 반소나 중간확인의 소가 독립된 소로서의 요건을 갖추고 있으면 독립된 소로서 취급하는 것과 같은 이치이기 때문이다.

2) 대판 1981. 12. 8. 80다577.

3) 이에 대하여, 참가신청이 취하·각하된 경우 참가인이 제출한 증거방법은 본소의 당사자가 이를 원용하지 않는 한 그 효력이 없다고 보는 견해가 있으나(이시윤, 855쪽; 송상현·박익환, 693쪽; 호문혁, 997쪽; 정영환, 991쪽), 참가인이 제출한 증거방법이 효력이 없다는 의미가 증거방법의 신청, 즉 증거신청을 의미하는 것인지 분명치 않다.

4) 대판 1962. 5. 24. 4294민상251,252, 1966. 3. 29. 66다222,223.

(3) 참가신청의 각하와 본소재판의 진행 여부

참가신청을 각하한 경우 그 각하판결이 상소심에서 확정될 때까지는 본소에 관한 판결을 미루는 것이 원·피고, 참가인 사이의 합일확정을 위하여 바람직하다.[1] **판례**는, 법원이 참가신청에 대한 각하판결을 하는 경우 원·피고 사이의 본안재판을 각하판결의 귀결이 날 때까지 기다려야 하는 것은 아니라고 본다.[2] 이 경우 참가신청의 각하판결이 확정되기 전에 원·피고 사이의 본안판결이 있었다고 하여 참가인이 이에 대하여 상소할 수 있는지는 논의가 있다.[3] 다만 참가의 적법 여부에 대한 판결을 본소에 대한 판결과 함께 하는 것이 실무운영이므로 본소절차의 정지문제는 실제로는 생기지 않는다.

3. 소송탈퇴

(1) 의   의

참가로 인하여 본소의 **원고** 또는 **피고**가 더 이상 소송을 계속할 필요가 없게 된 때에는 소송에서 탈퇴할 수 있다.[4] 이러한 소송탈퇴는 **참가신청**이 **적법한** 경우에만 허용된다.[5] 원고 또는 피고가 소송탈퇴를 하기 위해서는 참가인의 승낙을 받을 필요가 없다. 그러나 **상대방의 승낙**은 얻어야 한다(법 80조).[6] 이에 대하여, 상대방이 뜻밖의 손해를 입을 염려가 없으면 상대방의 승낙조차 불필요하다는 견해가 다수설이다.[7] 소송상 대리인(친권자를 제외한 법정대리인, 소송위임에 의한 소송대리인)에 의하여 소송탈퇴를 하기 위해서는 **특별한 권한**의 **수여**가 있어야 한다(법 56조 2항, 90조 2항 2호).

---

1) 이에 대하여, 참가신청의 적법 여부가 확정될 때까지 당연히 기다려야 한다는 견해로는, 이시윤, 855쪽; 정동윤·유병현·김경욱, 1137쪽; 정영환, 992쪽.

2) 대판 1976. 12. 28. 76다797.

3) 김지향, 주석서(1), 683쪽. 일본 최고재 1962. 5. 29. 판결은 부정하고 있다.

4) 소송탈퇴를 할 수 있는 사람은 원고 또는 피고이고, 참가인은 참가신청을 취하할 수 있을 뿐이므로, 참가인이 소송탈퇴서를 제출하는 것은 그 참가신청을 취하하는 것으로 본다. 대판 2010. 9. 30. 2009다71121.

5) 대판 2012. 4. 26. 2011다85789.

6) 송상현·박익환, 695쪽; 한충수, 795쪽; 전원열, 663쪽. 상대방의 승낙은 법규정에 명시되어 있는 것으로 소송법규정을 자의적으로 축소해석해서는 안 된다는 견해로는, 호문혁, 999쪽.

7) 방순원, 230쪽; 이시윤, 856쪽; 정동윤·유병현·김경욱, 1138쪽. 다만 김홍규·강태원, 837쪽은 통지로 충분하다고 한다.

(2) 사해방지참가와 소송탈퇴 허용 여부

사해방지참가에서도 소송탈퇴가 허용되는지에 관하여, 사해방지참가에서는 참가취지에 비추어 사해소송의 당사자가 탈퇴하는 일이란 실제로 거의 없을 것이라는 점과 법 80조의 문언이 권리주장참가의 경우만을 규정하고 있음에 비추어 사해방지참가에서는 소송탈퇴를 인정할 수 없다는 견해[1]가 있다. 그러나 사해방지참가에서도 사해소송의 당사자가 소송수행의 의욕이 없고 전혀 소극적 태도로 일관해 온 때에는 제 3 자가 소송참가함을 계기로 소송탈퇴할 경우가 있으므로, 사해방지참가에서도 소송탈퇴가 **허용**된다고 본다(다수설).[2]

(3) 소송탈퇴 후 소송관계

(a) 조건부 청구포기·인낙설

조건부 청구포기·인낙설은 독립당사자참가에서 소송탈퇴가 있는 때에는 본소의(탈퇴자·상대방 사이의) 소송계속과 참가인·탈퇴자 사이의 소송계속은 각 없어지고, 참가인과 (탈퇴자의) 상대방과의 소송계속만 남게 된다고 보는 입장이다.[3] 이러한 입장에서는, 예컨대 본소원고가 탈퇴하는 경우 피고의 승소, 즉 참가인의 패소를 **조건부**로 탈퇴자인 원고가 청구를 포기하는 것으로, 그리고 본소피고가 탈퇴하는 경우 원고의 승소, 즉 참가인의 패소를 **조건부**로 탈퇴자인 피고가 원고의 청구를 인낙하는 것으로 본다.[4]

(b) 소송담당설

소송담당설은 독립당사자참가에서 소송탈퇴가 있는 때에는 탈퇴자가 소송결과에 전면승복하기보다는 소송수행권만 열의가 있는 두 당사자에게 맡겨 **소송담당**을 하게 하는 것일 뿐 탈퇴자에 관계되는 소송계속은 없어지지 않고 남는다고 보는 입장이다(**청구잔존설, 소송신탁설**이라고도 한다).[5]

---

1) 송상현·박익환, 695쪽; 호문혁, 998쪽.

2) 이시윤, 856쪽; 김홍규·강태원, 836쪽; 정동윤·유병현·김경욱, 1138쪽; 강현중, 928쪽.

3) 김용진, 792쪽; 손한기, 436쪽; 범경철·곽승구, 738쪽.

4) 이시윤, 855쪽에서는 최근 판례도 소송탈퇴하면 종전 당사자의 소송관계가 종료된다는 입장을 취했다고 보면서 **대판 2011. 4. 28. 2010다103048**을 소개하고 있으나, 위 판결은 **참가승계**에서 피승계인이 승계사실을 다투지 않고 소송탈퇴를 한 경우 이러한 소송탈퇴로 피승계인에 관한 소송관계는 종료된다는 것으로, 3면소송구조를 가지는 독립당사자참가에서의 소송탈퇴에 관한 판결이 아님에 주의를 요한다.

5) 이시윤, 856쪽; 김홍규·강태원, 836쪽; 이태영, 753쪽. 한편 소송탈퇴의 의미를 당사자로서의 적극적인 행위를 하지 않겠다는 것으로 파악하여, 소송절차에서 잠재적 당사자로 계속 인

(c) 검   토

조건부 청구포기 · 인낙설에 의하면, ① 만약 **탈퇴자가 승소**한 경우를 설명할
수 없는 약점이 있고[탈퇴자인 원고가 청구를 포기하는 것으로 보든지, 탈퇴자인 피고가
청구를 인낙한 것으로 보든지에 관계없이 모두 탈퇴자가 패소한 경우에 관한 것으로, 탈퇴
자가 승소한 경우에 관해서는 달리 처리가 없다], ② 또한 **참가인이 승소**한 경우 예컨
대 피고가 탈퇴를 했는데 참가인이 승소한 경우에는 패소자인 원고와 탈퇴자인 피
고 사이에는 아무런 처리가 없어 어떠한 효과도 발생하지 않는 단점[탈퇴한 피고로
서는 승소한 참가인의 청구를 인낙한 것으로 볼 수 있으나, 탈퇴한 피고와 패소한 원고와
사이에는 달리 처리가 없다]이 있다. 따라서 가장 간명하게 탈퇴자에 대한 판결의 효
력을 설명하는 **소송담당설**이 타당하다. 실무상 판결서에 본소의 사건번호와 사건
명 및 탈퇴당사자도 표시하고, 탈퇴당사자 옆에는 괄호하여 '탈퇴'라고 표시한다.1)

(4) 탈퇴자에 대한 판결의 효력

소송탈퇴를 하더라도 탈퇴자에게 판결의 효력이 미치는데(법 80조 단서), 그
효력에 관하여 참가적 효력설, 기판력설, 기판력 및 집행력설(집행력포함설) 등의
견해가 있으나, **기판력 및 집행력설**이 타당하다(통설). 참가인과 잔존 당사자의
소송에서 **승소자의 탈퇴자에 대한 청구가 이행청구**인 경우에는 판결주문에 **탈퇴
자에 대한 이행의무의 선고**를 함으로써 이러한 판결이 탈퇴자에 대한 **집행권원**
이 되도록 해야 한다.2) 이러한 선고를 빠뜨린 때에는 **판결의 경정**(법 211조 1항)
의 대상이 된다.3)

정하여 본소송의 당사자 사이 및 참가인과 탈퇴자 사이의 청구가 잠재적으로 잔존하는 것으
로 보는 견해(잠재적 당사자설)도 있다. 정영환, 996쪽.

1) 법원실무제요 민사소송(1), 399쪽.
2) 법원실무제요 민사소송(1), 399쪽; 이시윤, 857쪽; 송상현 · 박익환, 696쪽; 정영환, 997쪽.
3) 김홍규 · 강태원, 838쪽. 한편 이러한 경우 추가판결의 대상이 된다고 보는 견해가 있으나
(정동윤 · 유병현 · 김경욱, 1140쪽), 독립당사자참가소송에서는 본안재판의 통일의 요청상 추가
판결이 가능한 재판의 누락은 생기지 않으므로 타당하지 않다.

제 5 관   공동소송참가

Ⅰ. 의   의

공동소송참가는 소송목적이 한쪽 당사자와 제 3 자에게 합일적으로 확정되어야 할 경우에 그 제 3 자가 계속 중인 소송에 원고 또는 피고의 공동소송인으로서 참가하는 것을 말한다(법 83조). 공동소송참가는 별소를 제기하거나 제기당하는 것보다 현재 계속 중인 소송의 공동소송인이 되어 소송을 수행함으로써 소송경제를 도모하고, 참가인을 적시에 충분히 보호해 주는 제도이다.[1] 처음부터 여러 사람의 원고가 또는 여러 사람의 피고에 대하여 공동으로 소를 제기한 경우가 소의 고유의 주관적 병합인데, 이러한 공동소송참가는 소의 주관적 추가적 병합인 점에서 공통되나 소송인수, 변론의 병합에서와 같이 소송계속 후에 추가적 · 후발적으로 발생한다.

Ⅱ. 요   건

1. 소송계속 중일 것

(1) 항소심에서의 공동소송참가의 경우

소송계속 중이면 **항소심**에서도 참가할 수 있다. **판례**도, 공동소송참가는 항소심에서도 할 수 있으며,[2] 항소심절차에서 공동소송참가가 이루어진 이후에 본소가 소송요건의 흠결로 각하된다고 할지라도 소송목적이 당사자 한쪽과 제 3 자에 대하여 합일적으로 확정될 경우에 한하여 인정되는 공동소송참가의 특성에 비추어 볼 때, 심급이익 박탈의 문제는 발생하지 않는다고 한다.[3]

(2) 상고심에서의 공동소송참가 허용 여부

상고심에서 공동소송참가를 할 수 있는지에 관하여, 참가하지 않아도 참가인에게 판결의 효력이 미치는 경우의 참가임을 고려한다면 상고심이라도 참가를 이용하여 방어의 기회를 주어야 한다(피고 측 공동소송참가의 경우)는 견해가

---

1) 김홍규 · 강태원, 820쪽.
2) 대판 1962. 6. 7. 62다144.
3) 대판 2002. 3. 15. 2000다9086.

있다.1) 그러나 **판례**는 공동소송참가가 신소제기의 실질을 갖기 때문에 법률심인 상고심에서는 불가능하다는 입장이다.2)

상고심에서도 공동소송참가를 할 수 있다는 입장에서는 상고심이라도 공동소송참가를 허용함으로써 방어할 수 있는 기회를 주어야 한다고 하나, 공동소송참가는 당사자참가로서 원고 측 공동소송참가는 스스로의 신소제기의 실질(적극적 소제기)을, 피고 측 공동소송참가는 이에 준하는 실질(소극적 소제기)을 가지고 있으므로 상고심에서는 공동소송참가가 허용되지 않는다고 보아야 한다. 주의해야 할 것은 법상으로도 상고심에서의 공동소송참가가 허용되지 않음이 분명하다는 점이다. **민사소송 등 인지법**은 공동소송참가가 제 1 심 및 항소심에서만 허용되는 것을 전제로 **제 1 심** 및 **항소심**에서의 공동소송참가신청에 붙일 인지액에 대해서만 규정하고 있을 따름이다(민인 6조 1항).

(3) 법원의 허가를 요하는 공동소송참가의 경우

소비자단체소송·개인정보단체소송에서, 소비자기본법·개인정보 보호법에서 정하는 단체(소기 70조 각 호, 개인정보 51조 각 호)는 법원의 허가를 받아 다른 단체와 사업자·개인정보처리자 사이에 계속 중인 소비자단체소송·개인정보단체소송에 공동소송참가할 수 있다(소단규 13조 1항, 개인정보단규 12조 1항).

2. 당사자로 될 사람일 것

(1) 원 칙

공동소송참가를 하는 제 3 자는 별도의 소를 제기하는 대신에 계속 중의 소송에 공동소송인으로 참가하는 것이므로, 자기 자신도 소를 제기할 수 있는 **당사자적격**을 갖추어야 한다. 따라서 앞서 본 바와 같이 ① 제 3 자가 당사자적격이 없거나, ② 당사자적격이 있어도 중복소송에 해당하든지, ③ 제소기간의 정함이 있는데도 제소기간을 넘긴 때에는 공동소송참가를 할 수 없고, **공동소송적 보조참가**(법 78조)를 해야 한다.

1) 이시윤, 858쪽; 정동윤·유병현·김경욱, 1118쪽; 호문혁, 974쪽; 한충수, 773쪽.
2) 대판 1961. 5. 4. 4292민상853.

▣ 채권자대위소송에 채무자가 공동소송참가를 할 수 있는지 여부

(1) 채무자가 당사자적격을 가지지 않는다고 보는 입장과 공동소송적 보조참가

채권자대위소송에서 채무자가 대위소송의 계속사실을 안 경우에는 채무자가 당사자적격을 상실한다(갈음형)고 보아야 함은 이미 각 해당 부분에서 살펴본 바와 같다. 채무자가 대위소송의 계속사실을 안 경우에 당사자적격을 상실한다고 보는 입장에서는 채무자가 대위소송에 참가하는 것을 공동소송적 보조참가로 보게 된다.

(2) 채무자가 당사자적격을 가진다고 보는 입장과 공동소송적 보조참가 해당 여부에 관한 논리추론

채무자가 대위소송의 계속사실을 안 경우에도 채무자가 당사자적격을 상실하지 않는다(병행형)고 보는 입장에서는 채무자의 대위소송에의 참가가 공동소송참가가 될 것인지 문제가 되는데, 다음과 같은 이론이 가능하다.

먼저 동일 소송절차에 당사자참가를 하는 것도 중복소송에 해당한다고 보는 입장에서는 채무자의 대위소송에의 참가는 공동소송적 보조참가로 보게 된다. 그러나 동일한 소송절차에 당사자참가를 하는 것은 소송불경제 및 판결의 모순·저촉의 회피라는 중복소송금지제도의 취지에 반하는 것이 아니라고 보는 입장에서는 채무자의 대위소송에의 참가를 (다른 논리를 전제로 하지 않고서는) 공동소송적 보조참가라고 볼 수 없게 된다.

이러한 결론에 대해서는, 채무자가 대위소송에 참가하는 것은 채무자가 자신의 권리를 스스로 행사하는 셈이 되어 채권자가 대위소송으로 채무자의 권리를 행사하는 것이 대위요건을 상실하게 되는 결과가 됨으로써, 결국 채권자는 당사자적격을 잃게 되지 않는지 의문이 생기게 된다.[1] 그런데 채무자가 자신의 권리를 행사하지 않아 채권자가 제기한 대위소송이 그 후 채무자가 그 소송절차에 참가를 했다고 하여 대위소송 자체가 당사자적격의 흠으로 부적법해진다는 것은 대위소송의 본래의 목적에 반하는 결과가 된다. 나아가 이러한 경우 대위소송이 적법하다고 한다면(즉 채권자가 채무자의 권리를 대위행사하는 것이 적법하다고 한다면) 채무자의 대위소송에의 참가를 구태여 공동소송참가로 볼 이유가 없게 된다[뒤에서 보는 주주대표소송·다중대표소송에 회사·자회사가 원고 측에 참가하는 경우와 다르다. 주주대표소송·다중대표소송에서는 소송참가에 관하여 법률상 명문의 규정을 두고 있다 (상 404조 1항, 406조의2 3항)]. 따라서 채권자대위소송에서 채무자가 대위소송의 계속사실을 알든 모르든 당사자적격을 잃지 않는다고 보는 다른 입장에 서더라도 채무자의 대위소송에의 참가는 공동소송적 보조참가로 보게 된다.

---

[1] 채무자가 자신의 권리를 재판상 행사하고 있음에도 채권자가 채무자의 권리를 행사하는 채권자대위소송을 제기하는 경우 당사자적격의 흠이 있게 됨은 이미 본 바와 같다. 대판 1992. 11. 10. 92다30016, 2009. 3. 12. 2008다65839.

(3) 결　론
결국 채무자가 채권자대위소송에 참가하는 경우 채무자가 **당사자적격이 없다**는 이유로 공동소송적 보조참가로 보는 것이 가장 논리적으로 명확하다.

(2) 주주대표소송·다중대표소송의 경우
주주대표소송에서 **회사**(다중대표소송에서는 자회사)가 **원고 측**에 **소송참가**하는 것(상 404조 1항, 406조의2 3항)이 공동소송참가인지, 공동소송적 보조참가인지에 관하여 논의가 있다.

(a) 공동소송참가설
판례는, 주주대표소송의 경우 공동소송참가로 보되 중복소송이 안 된다고 한다. 즉 상법 404조 1항에서 규정하고 있는 회사의 참가는 공동소송참가를 의미하는 것으로 해석함이 타당하고, 나아가 이러한 해석이 중복소송을 금지하고 있는 민사소송법 259조에 반하는 것도 아니라는 입장이다.[1] 그 **이유**로, ① 주주대표소송에서 원고 주주가 원고로서 제대로 소송수행을 하지 못하거나 또는 상대방이 된 이사와 결탁함으로써 회사의 권리보호에 미흡하여 회사의 이익이 침해될 염려가 있는 경우 그 판결의 효력을 받는 권리관계의 주체인 회사가 이를 막거나 자신의 권리를 보호하기 위하여 소송수행권한을 가진 정당한 당사자로서 그 소송에 참가할 필요가 있으며, ② 회사가 주주대표소송에 당사자로서 참가하는 경우 소송경제가 도모될 뿐만 아니라 판결의 모순·저촉을 유발할 가능성도 없으며, ③ 상법 404조 1항에서 특별히 참가에 관한 규정을 두어 주주대표소송의 특성을 살려 회사의 권익을 보호하려 한 입법취지를 함께 고려해야 함을 들고 있다. **판례**는, 주주대표소송에서 원고 주주들이 소제기시에는 주주요건을 갖추었으나, 사실심 변론종결 전까지 주주요건을 유지하지 못하여 소각하판결을 해야 할 경우라도 소각하판결이 선고되기 이전에 회사가 공동소송참가를 신청한 경우 그 참가가 적법하다고 보고 있다.[2]

---

[1] 대판 2002. 3. 15. 2000다9086.

[2] 대판 2002. 3. 15. 2000다9086. 그러나 주주대표소송을 제기한 주주 중 일부가 주식을 처분하는 등의 사유로 주식을 전혀 보유하지 않게 되어 주주의 지위를 상실하면, 특별한 사정이 없는 한 그 주주는 원고적격을 상실하여 그가 제기한 부분의 소는 부적법하게 되고, 이는 함께 주주대표소송을 제기한 다른 원고들이 주주의 지위를 유지하고 있다고 하여 달리 볼 것은 아니다. 대판 2013. 9. 12. 2011다57869.

(b) 공동소송적 보조참가설

이에 대하여, 이 경우 공동소송적 보조참가로 보아야 중복소송이 되지 않는다는 **반대견해**가 있다.[1] 위 반대견해의 논거의 요지는, 후소의 당사자가 소제기와 같은 실질의 공동소송참가를 하면 중복소송이 되므로 주주가 먼저 주주대표소송을 하여 그 판결의 효력을 받을 처지에 있는 회사(법 218조 3항)가 공동소송참가의 형태로 소제기와 같은 행위를 한다면 공동소송참가는 중복소송이 되어 부적법하다는 것이다.

(c) 검   토

상법 406조 1항은 원고 주주와 피고 이사가 공모하여 소송의 목적인 회사의 권리를 사해할 목적으로 판결을 하게 한 때에는 회사가 재심의 소를 제기할 수 있도록 규정하고 있는 점에 비추어 보면, 상법 404조 1항의 소송참가는 현재 계속 중인 주주대표소송이 사해소송으로 나아가는 것을 미리 방지할 수 있는 장치를 마련한 것이라고 볼 수 있다. 이러한 사해소송을 방지하기 위해서는 회사가 해당 소송에서 **적극적**으로 소송을 수행할 수 있도록 회사에게 **소송수행권**이 인정되어야 한다. 따라서 주주대표소송이 제기된다 해도 회사는 소송수행권을 상실하지 않으며, 그 결과 소송담당자인 원고 주주와 피담당자인 회사가 소송수행권을 함께 갖고 있는 것으로 해석하는 것이 타당하다.[2]

한편 중복소송금지원칙은 원칙적으로 전소와 동일사건인 후소를 별소로 제기하는 것을 금지하여, 소송경제를 도모하고 기판력의 모순·저촉을 방지하기 위한 것이다. 따라서 주주대표소송이 먼저 제기된 후에 회사가 별소를 제기하는 것은 중복소송에 해당하지만, 회사가 **현재 계속 중**인 주주대표소송에 **소송참가**를 하면, 그 소송과 병합심리되고 또 합일확정을 이룰 수 있기 때문에 중복소송에는 해당되지 않는다. 나아가 회사의 주주대표소송에의 참가를 공동소송적 보조참가라고 보는 경우 회사가 당사자로서 이사에 대하여 소를 제기하는 경우[이 때에는 원칙적으로 감사(또는 감사위원회)가 그 소에 관하여 회사를 대표한다(상 394조 1항, 415조의2 7항)]가 아니어서 회사를 대표하는 사람은 감사가 아니라 대표이사 자신이 되므로, **대표이사 자신이 피고**로 된 주주대표소송에서 그 대표이사가 다른 한편 회사의

---

1) 이시윤, 832쪽.
2) 김상균, "주주대표소송에서의 소송참가," 민사소송 4권(2001. 2.), 225쪽 이하.

대표자로서 원고인 주주를 보조하여 전체 주주를 포함한 회사의 의사나 이익을 적절하게 대표할 수 있는 지위에 있다고는 보기 어렵다[그러나 회사의 주주대표소송에의 참가를 **공동소송참가**라고 본다면 주주대표소송에서 대표이사 자신이 피고인 경우에는 회사의 대표자는 원칙적으로 **감사**가 되므로 앞서와 같은 문제가 발생할 여지가 없다].

　결국 회사의 주주대표소송에의 소송참가를 중복소송으로 보아 공동소송적 보조참가로 이해하는 것은 정당하지 않으며, **공동소송참가**로 보아야 한다.[1][2]

3. 합일확정의 경우일 것

(1) 원　　칙

　공동소송참가는 다른 사람 사이의 소송목적이 당사자 한쪽과 제 3 자에 대하여 합일적으로 확정될 경우로서 **원칙적**으로는 다른 사람 사이의 **판결의 효력**이 제 3 자에게도 미치게 되는 경우에 한하여 그 제 3 자에게 허용된다. 다만 **예외적**으로 판결의 효력이 다른 사람에게 미치지 않더라도 **법률상 명문의 규정**으로 **참가를 허용**하고 있고, 참가인과 피참가인에 대하여 합일적으로 확정되어야 할 경우에도 공동소송참가가 인정된다. 이 때 참가인과 피참가인 사이에는 필수적 공동소송관계가 생긴다. 즉 제 3 자와 당사자 한쪽이 애당초 함께 소를 제기하거나 제기당했을 때 필수적 공동소송으로 될 경우이다. 일반적으로는 **유사필수적 공동소송관계**에 있는 때이다.[3]

　예컨대 ① **주주총회결의취소소송**에 다른 주주가 제소기간 내에 원고 측에 참가하는 경우, ② **주주대표소송·다중대표소송**에 회사·자회사가 원고 측에 참가하는 경우(상 404조 1항, 406조의2 3항),[4] ③ 추심명령을 받은 압류채권자(추심채권자)가 제 3 채무자에 대하여 제기하는 **추심금청구소송**에 **집행력 있는 집행권원 정본**을 가진 모든 **채권자**가 원고 측에 참가하는 경우(민집 249조 2항·3항) 등이 이

---

　1) 오세빈, "주주의 대표소송에 관한 몇 가지 문제," 민사재판의 제문제 12권(2003. 12.), 173쪽 이하; 최건호, "주주대표소송과 회사의 참가," 민사판례연구 26권(2004. 2.), 471쪽 이하. 상법학자들의 통설도 **공동소송참가설**을 취하고 있다.

　2) 한편 회사의 주주대표소송에의 소송참가는 **상법상 소송참가**로서 민사소송법상 공동소송참가의 성질을 지닌다고 보아야 상법상 명문으로 이를 규정하고 있는 입법취지에도 부합한다고 보는 견해로는, 김효정, "주주대표소송에 관한 연구 — 국내 및 국제소송상의 쟁점을 중심으로 —," 연세대학교 대학원(박사학위논문, 2016년), 168쪽 이하.

　3) 대판 1986. 7. 22. 85다620, 2001. 7. 13. 2001다13013.

　4) 대판 2002. 3. 15. 2000다9086.

에 해당한다.[1][2]

■ 채권자대위소송의 계속 중 다른 채권자가 공동소송참가를 할 수 있는지 여부

(1) 판례의 태도

판례는, 채권자대위소송이 계속 중에 다른 채권자가 동일한 채무자를 대위하여 채권자대위권을 행사하면서 공동소송참가신청을 할 경우, 양 청구의 소송물이 동일하다면 법 83조 1항이 요구하는 '소송목적이 한쪽 당사자와 제 3 자에게 합일적으로 확정되어야 할 경우'에 해당하므로 그 참가신청은 적법하다고 본다[이때 양 청구의 **소송물이 동일한지**는 채권자들이 각기 대위행사하는 **피대위채권이 동일한지**에 따라 결정된다고 본다. 채권자들이 각기 자신을 이행 상대방으로 하여 금전의 지급을 청구하였더라도 채권자들이 채무자를 대위하여 변제를 수령하게 될 뿐 자신의 채권에 대한 변제로서 수령하게 되는 것이 아니므로 이러한 채권자들의 청구가 서로 소송물이 다르다고 할 수 없다]. 따라서 **판례**는, 원고가 **일부청구임**을 **명시**하여 피대위채권의 일부만을 청구한 것으로 볼 수 있는 경우에는 **참가인의 청구금액이 원고의 청구금액을 초과하지 않는 한** 참가인의 청구가 원고의 청구와 소송물이 동일하여 중복된다고 할 수 있으므로 소송목적이 원고와 참가인에게 합일적으로 확정되어야 할 필요성을 인정할 수 있어 참가인의 공동소송참가신청을 적법한 것으로 보아야 한다는 입장이다.[3]

(2) 검　토

1) 채권자대위소송의 **확정판결의 효력(기판력)**은 채무자가 대위소송의 계속사실을 아는 경우에는 채무자에게 미치고, 채무자와 당사자는 다르나 실질상 동일하다고 보는 **다른 채권자**에게 미친다.[4] 물론 채권자대위소송의 소송물인 **피대위채권이**

---

1) 김홍엽(민사집행), 391쪽. 집행력 있는 정본을 가진 **모든 채권자**는 공동소송인으로 추심의 소의 원고 쪽에 **참가할 권리**를 가지며(민집 249조 2항), 소를 제기당한 피고인 제 3 채무자에게도 집행력 있는 집행권원 정본을 가진 모든 채권자에 대하여 공동소송인으로 원고 측에 참가하도록 **참가명령**을 **첫 변론기일**까지 **신청**할 수 있도록 하여(민집 249조 3항), 공동소송참가의 길을 열어 분쟁의 1회적 해결을 도모했다. **참가명령을 받은 다른 채권자**는 참가 여부에 관계없이 추심소송의 **판결의 효력**을 받는다(민집 249조 4항). 한편 참가명령을 받지 않은 다른 채권자에 대해서는 그 판결(소송상 화해, 확정된 화해권고결정)의 효력이 미치지 않음은 이미 살펴보았다. **대판 2020. 10. 29. 2016다35390.**

2) 추심금청구소송에서 다른 채권자는 참가명령을 받지 않는 한 판결의 효력이 미치지 않는다는 위 대판 2020. 10. 29. 2016다35390의 취지에 의하면 다른 채권자는 추심금청구소송에 공동소송참가를 할 수 없다고 보는 견해로는, 전병서, "추심의 소에 있어서 몇 가지 쟁점에 관한 검토," 민사집행법연구(2021. 2.), 202쪽. 그러나 추심금청구소송에 집행력 있는 정본을 가진 모든 채권자가 원고 쪽에 참가할 권리가 있음은 앞서 본 바와 같이 **민사집행법 249조 2항**에서 인정하고 있으며, 이 경우 다른 채권자의 소송참가는 원고의 소송목적과 합일적으로 확정되어야 하므로 **공동소송참가**로 보아야 한다.

3) 대판 2015. 7. 23. 2013다30301.

4) 대판 1994. 8. 12. 93다52808, 2008. 7. 24. 2008다25510.

동일한 경우를 전제로 한다. 채권자대위소송의 확정판결의 기판력이 다른 채권자에게 미치는 경우에는 채권자대위소송의 원고인 채권자와 위 대위소송에 참가하려는 다른 채권자 사이에는 합일확정관계에 있다. 따라서 문제는 **피대위채권이 동일한지** 여부, 즉 **소송물이 동일한지** 여부이다.

2) **판례**는 피대위채권의 전부에 대한 청구가 아닌 **일부청구**인 경우에는 명시적 일부청구인지에 따라 **명시적 일부청구**인 경우에는 명시된 청구부분에 한하여 **소송물**이 된다는 입장(**명시적 일부청구설**)에서 다른 채권자의 청구금액이 원고의 청구금액을 **초과하지 않는 경우**에 **한하여 중복관계**에 있고, 따라서 합일확정관계에 있으므로 다른 채권자의 공동소송참가는 적법하다고 본다. 결국 원고의 청구가 **일부청구가 아니든지**, 일부청구라고 하더라도 **명시적 일부청구가 아닌 경우**에는 소송물이 피대위채권의 전부이므로 당연히 다른 채권자의 참가는 공동소송참가가 되는 것은 달리 문제가 없다.

3) 만약 원고의 청구가 **명시적 일부청구의 경우** 다른 채권자의 청구금액이 원고의 청구금액을 **초과하는 경우**에는 다른 채권자의 공동소송참가가 적법한 것인지 문제가 된다. 판례는 이 경우 원고의 청구금액의 범위 내에서 공동소송참가가 적법하다고 보는 것인지, 그렇지 않으면 아예 공동소송참가가 적법하지 않다고 보는 것인지 명확히 하고 있지 않다. 그러나 피대위채권 가운데 참가인의 청구금액이 원고의 청구금액을 초과한다고 하여 원고의 청구와 참가인의 청구가 합일확정관계에 있지 않다고 보는 것은 부당하므로 이 경우에도 공동소송참가가 적법하다고 보는 것이 타당하다. 즉 비록 양 청구가 초과하는 부분에서는 소송물이 일치하지 않다고 하더라도 피대위채권이 **실질적으로 동일**하다면 합일확정관계에 있다고 보아야 한다. 만약 초과하는 부분 범위 내에서 합일확정관계에 있다고 보지 않더라도 초과하지 않는 범위 내에서는 합일확정관계인 공동소송참가관계에 있는 것으로 보고, 초과하는 범위 내에서는 참가인의 피고를 상대로 독립한 소를 제기한 것으로 볼 여지도 얼마든지 있다.

(2) 반사적 효력을 인정하는 입장과 공동소송참가

판결의 효력 가운데 판결의 본래적 효력 외에 반사적 효력을 인정하는 견해 가운데 반사적 효력이 미치는 때에도 유사필수적 공동소송이 된다고 보는 입장에서는 반사적 효력이 미치는 제 3 자도 공동소송참가를 할 수 있다고 본다.[1] 그러나 반사적 효력을 인정하는 견해 가운데 반사적 효력이 미치는 때에는 유사필수적 공동소송이 되지 않는다고 보는 입장에서는 반사적 효력이 미치는 제 3 자는 공동소송참가를 할 수 없다고 본다.[2]

---

1) 이시윤, 858쪽.
2) 호문혁, 974쪽.

(3) 고유필수적 공동소송관계에 있는 경우와 공동소송참가

공동해야만 당사자적격을 가지는 **고유필수적 공동소송관계**에 있는 때에도 공동소송참가를 할 수 있다(통설). 따라서 고유필수적 공동소송의 공동소송인으로 애당초 당사자가 되어야 할 사람이 잘못 제외되어 제기된 소도 공동소송참가에 의하여 당사자로 되면 그 흠이 치유된다. 고유필수적 공동소송의 경우 일부누락된 공동소송인을 추가하는 제도가 따로 마련되어 있지만(법 68조) 제1심에서만 허용되므로, 공동소송참가는 법 68조에 의한 추가와는 달리 **항소심에서까지** 허용되고,[1] 제3자가 이 방식에 의하여 스스로 소송에 참가하여 당사자적격의 흠을 보정할 수 있게 된다는 점에서 이 제도의 독자적 의의가 있다.

Ⅲ. 절차 및 심판

1. 참가신청

(1) 참가신청의 방식

공동소송참가신청의 방식은 보조참가신청의 그것에 준한다(법 83조 2항). 참가신청은 소제기로서(원고 측의 경우) 또는 이에 준하여(피고 측의 경우) 하므로 소액사건을 제외하고(소심 4조) **서면**에 의해야 한다. **참가의 취지**에는 계속된 소송의 당사자 어느 쪽에 참가하는지를 표시하고, 참가의 이유에는 합일확정될 경우에 해당하는 사유를 적어야 한다(법 83조 2항, 72조 1항). 피고 측 공동소송참가의 경우 소각하판결 또는 청구기각판결을 구하는 것으로도 충분하다. **원고 측** 공동소송참가의 경우 제1심 참가신청서에는 소장에 붙이는 것과 같은 금액의 인지를 붙이고, 항소심 참가신청서에는 그 금액의 1.5배에 해당하는 인지를 붙여야 한다(민인 6조 1항). 민사소송 등 인지법은 상고심에서 참가신청이 허용되지 않음을 전제로 이에 관한 별도의 규정을 두고 있지 않음은 이미 본 바와 같다. 다만 **피고 측** 공동소송참가의 경우에는 인지를 붙이지 않는다.[2]

(2) 참가신청에 대한 이의 여부

참가신청은 소제기나 이에 준하는 실질을 가지므로, 종전 당사자가 이의신청

---

1) 대판 2002. 3. 15. 2000다9086.
2) 재판예규 제1692호 '민사접수서류에 붙일 인지액 및 그 편철방법 등에 관한 예규'(재민 91-1, 2018. 6. 7. 개정, 2018. 7. 1. 시행).

을 할 수 없다.

2. 참가신청의 재판

(1) 참가요건에 흠이 있는 경우와 법원의 조치

　법원은 직권으로 참가의 요건을 조사하여 그 요건에 흠이 있는 때에는 종국 판결로 공동소송참가신청을 각하해야 한다.[1] 다만 **법령의 해석상** 공동소송참가신청을 했으나 **공동소송적 보조참가**로 볼 경우가 있다(이에 관해서는 이미 공동소송적 보조참가 해당 여부에 대한 판단에서 본 바와 같다). **판례**도 공동소송참가신청을 했으나 **통상의 보조참가**에 해당하는 때에는 공동소송참가신청을 각하해야 한다고 보고 있다.[2] 이에 대하여, 참가의 요건에 흠이 있다고 하더라도 공동소송참가신청이 보조참가 또는 공동소송적 보조참가의 요건을 갖추었으면 부적법한 소송행위의 전환의 법리에 따라 이러한 참가로 보아도 무방하다는 견해가 있다.[3]

　소송행위에 관한 무효행위의 전환이론이 부당함은 이미 살펴본 바와 같다. 공동소송참가인지, 공동소송적 보조참가에 해당하는지는 **법령의 해석**의 문제이므로 비록 **공동소송참가신청**을 했다고 하더라도 **공동소송적 보조참가**에 해당하는 경우에는 이를 공동소송적 보조참가신청으로 보아야 하므로 공동소송참가신청 자체가 무효가 된다거나 부적법한 것이 아니다. 그런데 **공동소송참가신청**을 했으나 **통상의 보조참가**에 해당하는 때에는 이를 법령의 해석상 보조참가로 취급해야 한다고 볼 수 없다. 참가인이 당사자 지위에서 합일확정의 재판을 구하고 있음에도 어느 한쪽을 위한 통상의 보조참가로 취급한다는 것은 부당하다. 이러한 경우 특히 **원고 측 공동소송참가**라면 공동소송참가신청을 **취하**하고 **보조참가신청**을 하는 것이 참가인에게 유리하다[원고 측 공동소송참가신청에는 인지액을 납부해야 하는데, 참가신청을 취하하는 경우 인지액의 1/2을 환급받을 수 있다(민인 14조 1항 2호)]. 공동소송참가신청을 취하하고 보조참가신청을 할 때에도 보조참가신청서를 별도로 제출할 필요 없이 공동소송참가신청서를 기본적으로 **원용**하는 방법을 택한다면 소송경제에 부합한다.

---

1) 대판 2012. 6. 28. 2011다63758.
2) 대판 2012. 6. 28. 2011다63758. 법원행정처가 공간한 실무제요서[법원실무제요 민사소송(1), 412쪽]에서는 판례의 태도와는 상반된 반대견해의 입장을 취하고 있다.
3) 이시윤, 860쪽; 정동윤·유병현·김경욱, 1120쪽; 정영환, 970쪽.

(2) 참가신청이 적법한 경우와 심리방법

참가신청이 적법하다고 인정되면 참가인은 피참가인과 공동소송인이 되고, 그 관계는 **유사필수적 공동소송**으로 된다. 따라서 원칙적으로 필수적 공동소송에 관한 **법 67조**가 적용된다. 다만 본소가 취하·각하되더라도 공동소송참가는 그대로 유지된다.

제 6 절   당사자의 변경

제 1 관   임의적 당사자변경

Ⅰ. 의   의

임의적 당사자변경이란 소송계속 중 당사자가 임의적으로 당사자를 교체하거나 추가하는 것을 말한다. 임의적 당사자변경에는 **교환적 당사자변경**과 **추가적 당사자변경**이 있다. **법률상 명문**으로 임의적 당사자변경을 허용하는 예로는, ① **당사자추가**의 한 형태로 필수적 공동소송인의 추가(법 68조), 예비적·선택적 공동소송인의 추가(법 70조 1항 본문, 68조), ② **당사자교체**의 한 형태로 피고의 경정(법 260조) 등이 있다.

이러한 임의적 당사자의 변경이 **법률상 명문의 규정이 없는 경우**에도 허용되는지에 관해서는 논의가 있다. **판례**는 당사자표시정정 이외에 임의적 당사자변경은 원칙적으로 허용하고 있지 않다. 예컨대 원고의 표시를 개인에서 단체로 정정한 당사자표시정정신청이 임의적 당사자변경신청에 해당한다고 하여 이를 허용하지 않으며,[1] 당사자가 제소한 단체와 전혀 다른 실체를 가진 단체로 변경하는 것 역시 허용하지 않는다.[2] 당사자교체의 형태이든, 당사자추가의 형태이든 마찬가지이다. 다만 사망한 사람인 것을 모르고(경우에 따라서는 알고서도) 피고로 표시하여 제소한 경우에 피고를 상속인으로 바꾸든지, 학교와 같이 당사자무능력자를 내세웠다가 당사자능력자(자연인 또는 학교법인)로 바꾸는 것은 당사자표시정

---

1) 대판 2003. 3. 11. 2002두8459.
2) 대판 2008. 5. 29. 2007다63683. 다만 법인 아닌 사단의 구성원을 일부 추가하는 것은 임의적 당사자변경이 아니다.

정의 형태로 허용될 뿐이다.

이에 대하여, 대부분의 견해는 임의적 당사자변경을 지위의 승계가 없는 당사자의 변경으로 보고, 소송경제 및 소송진행 중에 밝혀진 상황에 따른 탄력적인 소송수행을 위해서 이를 허용해야 한다는 입장을 취하고 있다.1)2) 그러나 법률상 명문의 규정이 없음에도 임의적 당사자변경을 자유로이 허용한다면 **소송절차의 진행에 혼란**을 초래하고, 또 **상대방의 방어권 행사**에도 **지장**을 줄 우려가 있으므로 임의적 당사자변경은 **원칙적**으로 **허용되지 않는다**고 봄이 상당하다.3) 소의 주관적 추가적 병합이 허용되는지 여부에서 본 바와 같이 민사소송법에서 임의적 당사자변경이 **허용**되는 경우를 **제한적**으로 **규정**하고 있고, 허용되는 경우에도 그 **요건**을 **엄격히 규정**하고 있음에도 불구하고 이러한 법률상 명문의 규정과 달리 해석에 의하여 임의적 당사자변경을 허용하는 것은 그 인정요건을 어떻게 설정하든지 관계없이 **해석론의 범위**를 넘어선 것으로 경계해야 한다.

임의적 당사자변경이 허용된다고 보는 경우를 가정할 때 그 **법적 성질**에 관해서는, ① 청구의 변경의 일종으로 보아 청구의 변경에 관한 법 262조가 준용된다고 보는 견해(**청구변경설**), ② 신당사자에게는 신소의 제기이고, 구당사자에게는 구소의 취하라는 두 가지 소송행위가 복합되어 있다고 보는 견해(**신소제기 · 구소취하설, 복합설**), ③ 당사자의 변경을 목적으로 하는 특수한 단일행위로 그 요건과 효과를 별도로 정해야 한다고 보는 견해(**특수행위설**)4) 등이 있다. 필수적 공동소송

---

1) 이시윤, 860쪽; 정동윤 · 유병현 · 김경욱, 1159쪽; 정영환, 1024쪽; 손한기, 462쪽.

2) 법원은 당사자표시정정제도를 구체적인 사안에 따라 자의적으로 활용할 것이 아니라, 임의적 당사자변경제도를 정면으로 받아들이고, 문제유형에 따른 요건의 정립, 소송상태에의 구속 여부에 대한 기준확립 등에 힘쓰는 것이 소송절차의 명확성 · 안정성을 도모하는 것이고 소송경제를 꾀한다고 보는 견해(**전면적 허용설**)로는, 유병현, "임의적 당사자변경의 한계," 민사소송 2권(1999. 2.), 217쪽 이하. 한편 일반론으로 임의적 당사자변경을 완전히 자유롭게 무제한으로 허용하면 소송계속 중에 당사자로 되는 사람의 절차보장, 즉 주장 · 증명의 기회를 부당하게 빼앗는 결과가 될 수 있으므로 어느 정도 제한을 가할 필요가 있으나, 구체적 사안에서 새롭게 당사자로서 관여하게 되는 사람의 절차보장과 종전 소송을 무위로 돌리지 않으면서 어떻게 후소에 연결시킬 것인가라는 소송경제 및 분쟁해결의 1회성의 요청에 비추어 볼 때 타당한 경우에는 임의적 당사자변경을 허용해도 무방하다는 견해(**제한적 허용설**)로는, 전병서, "임의적 당사자변경," 판례월보 338호(1998. 11.), 37쪽 이하. 이들 견해는 해석론의 범위를 넘어서는 것으로 입법론적 참고에 불과한 것으로 본다.

3) 헌재 2003. 12. 18. 2001헌마163 결정; 이태영, 770쪽; 전원열, 671쪽; 범경철 · 곽승구, 741쪽.

4) 우리나라는 독일과 다르게 명문의 규정을 두고 있으며, 그 행위의 요건 · 효과를 다른 제도인 소제기와 소취하로 나누어 해석 · 적용할 필요가 없음을 근거로 들고 있다. 정동윤 · 유병현 · 김경욱, 1162쪽; 호문혁, 1103쪽; 정영환, 1028쪽.

인의 추가는 신소의 제기로 보되 그 효과를 처음의 소가 제기된 때로 소급시키고 있고(법 68조 3항), 피고의 경정에서 종전 피고가 본안에 관하여 응소한 때에는 그의 동의를 얻게 하는 한편 피고의 경정허가결정이 된 때에는 종전 피고에 대한 소는 취하된 것으로 보고 있으므로(법 260조 1항, 261조 4항), 이러한 규정들에 비추어 보면 임의적 당사자변경이 허용된다고 보는 경우에는 그 법적 성질을 **복합설**로 이해함이 타당하다.[1]

Ⅱ. 피고의 경정

1. 의   의

피고의 경정은 원고가 피고를 잘못 지정한 것이 분명한 경우에 원고의 신청에 따라 피고적격을 가지는 새로운 제 3 자로 피고를 바꾸는 것을 말한다(법 260조). 법이 허용하고 있는 임의적 당사자변경 가운데 하나이다. 피고만을 바꾸는 것이므로 교체 전후의 소송물이 동일해야 한다.

2. 요   건

(1) 피고를 잘못 지정한 것이 분명한 경우에 해당하는지 여부

(a) 피고를 잘못 지정한 것이 분명한 경우의 의미

법 260조 1항 본문에서 '피고를 잘못 지정한 것이 분명한 경우'란 ① **청구취지나 청구원인의 기재 내용 자체**로 보아 원고가 **법률적 평가**를 그르치는 등의 이유로 피고의 지정이 잘못된 것이 분명한 때, 또는 ② **법인격의 유무**에 관하여 착오를 일으킨 것이 분명한 때를 말한다.

판례도, 예컨대 원고가 공사도급계약상의 수급인은 그 계약명의인인 피고라고 하여 피고를 상대로 소송을 제기했다가 심리 도중 변론에서 피고 측 답변이나 증거에 따라 이를 번복하여 수급인이 피고보조참가인이라고 하면서 피고의 경정을 구하는 경우에는 계약명의인이 아닌 실제상의 수급인이 누구인지는 **증거조사를 거쳐** 사실을 인정하고, 그 인정사실에 근거하여 **법률판단**을 해야 인정할 수 있는 사항이므로, 위 법문상의 '피고를 잘못 지정한 것이 분명한 경우'에 해당한

---

1) 이시윤, 863쪽; 김홍규·강태원, 844쪽; 송상현·박익환, 698쪽. 일본에서는 복합설이 통설이고, 특수행위설이 유력설이다.

다고 볼 수 없다는 입장이다.[1] 이러한 판례의 태도에 대하여, 이는 경정요건을 좁히고, 소송경제에 반하며, 탄력성 있는 소송수행을 위하여 바람직하지 않으므로 이때에도 피고의 지정에서 잘못이 있음이 분명하면 경정을 허용해야 한다는 견해가 있으나,[2] 원고가 피고를 잘못 지정했음이 **증거조사를 거친 사실인정**을 통하여 비로소 판명될 수 있는 경우라면 법상 요구하는 '원고가 피고를 잘못 지정한 것이 분명한 경우'에 해당한다고 볼 수 없으므로 판례의 태도가 정당하다.[3]

(b) 피고를 잘못 지정한 것이 분명하지 않은 경우와 당사자변경 가능 여부

'피고를 잘못 지정한 것이 분명한 경우'에 해당하지 않아 피고의 경정이 허용되지 않는 때에도 이들 사이에 법률상 양립불가능한 관계가 있어 **예비적ㆍ선택적 공동소송인**으로 추가(법 70조ㆍ68조)할 수 있는지 여부는 별개의 문제이다.

(c) 피고를 잘못 지정한 것이 분명한지 여부에 대한 석명

피고를 잘못 지정한 것이 분명한지 여부에 관하여 석명을 요한다.[4] 피고를 잘못 지정했다면 법원으로서는 당연히 **석명권**을 행사하여 원고로 하여금 피고를 경정하게 하여 소송을 진행해야 한다.[5] **판례**는, 재판장이 피고적격에 대하여 구체적으로 석명을 하고, 그 사항만으로 두 차례나 변론기일을 속행하면서 석명에 응할 기회를 충분히 제공했음에도 불구하고 원고가 최종적으로 피고의 경정을 하지 않은 채 피고를 피고적격이 없는 종전 당사자로 그대로 유지한다는 명시적 답변을 하고 있는 경우 피고적격이 없는 사람을 상대로 한 부적법한 소로 보아 각하한 것은 정당하다고 한다.[6]

(2) 원고의 경정의 허용 여부

원고가 잘못 지정된 것이 분명한 경우 원고의 경정도 허용할 것인지에 관하여, 법은 이를 포함시키지 않고 있으나, 신원고의 동의가 있으면 법 68조 1항 단서를 유추(또는 확장해석)하여 원고의 경정도 허용할 것이라는 견해가 있다.[7] 그러

---

1) 대결 1997. 10. 17. 97마1632.

2) 이시윤, 864쪽; 손한기, 464쪽; 범경철ㆍ곽승구, 743쪽.

3) 판례의 입장을 지지하는 견해로는, 호문혁, 1005쪽; 한충수, 799쪽.

4) 대판 1979. 7. 24. 78누405, 1985. 11. 12. 85누621, 1990. 1. 12. 89누1032.

5) 따라서 이러한 조치를 취하지 않은 채 피고의 지정이 잘못되었다는 이유로 소를 각하한 것은 위법이다. 대판 2004. 7. 8. 2002두7852.

6) 대판 2009. 7. 9. 2007두16608.

7) 이시윤, 864쪽; 정동윤ㆍ유병현ㆍ김경욱, 1166쪽; 강현중, 936쪽; 호문혁, 100쪽; 김상수, 463쪽.

나 민사소송법이 명백히 일정한 요건하에 피고의 경정에 한하여 허용하고 있을 뿐인데 (원고 측 누락된) 필수적 공동소송인의 추가에 관한 법 68조 1항 단서를 유추하면서까지 원고의 경정을 허용한다는 것은 해석론을 넘어선 입법론적 견해에 불과하다. **판례**도 원고의 경정은 아예 고려조차 하지 않고 있다. 이에 대하여, 대판 1994. 5. 24. 92다50232를 들어, 위 판결이 원고 측의 변경을 불허하는 판례라고 새길 필요는 없다는 견해가 있으나,1) 위 판례는 부락의 구성원 중 일부가 제기한 소송에서 원고의 표시를 부락으로 정정함은 당사자의 동일성을 해(害)한다고 하여 불허한 것으로, 당사자의 동일성을 벗어났다는 이유로 당사자표시정정도 허용하지 않고 있는 판례의 태도에 비추어 보면 판례가 원고의 경정은 전혀 고려하지 않았음을 알 수 있다.

(3) 항소심에서 피고의 경정의 허용 여부

피고의 경정은 **제 1 심**에 한한다(법 260조 1항 본문). **가사소송법** 및 **행정소송법**상 피고의 경정은 제 1 심에 국한되지 않으므로(가소 15조 1항, 행소 14조 1항), 사실심 변론종결시까지 피고를 경정할 수 있다.2) 민사소송법상 피고의 경정에 대해서도 명문의 규정에 불구하고 신·구 양 당사자의 동의를 얻으면 항소심에서도 허용해야 한다는 견해가 있으나,3) 입법론으로 고려할 문제에 불과하다고 본다. 한편 행정소송법 14조 1항을 유추적용하여 항소심에서도 피고의 경정을 허용해야 한다는 견해가 있으나,4) 민사소송법상 명문의 규정이 있음에도 행정소송법상 규정을 유추적용해야 한다는 논리는 수긍하기 어렵다.

---

1) 호문혁, 1005쪽.

2) **가사소송법 15조 1항**은 피고의 경정을 사실심 변론종결시까지 할 수 있다는 명문의 규정을 두고 있다. **행정소송법 14조 1항**은 피고의 경정의 시기에 관한 명문의 규정을 두고 있지 않으나, 민사소송법 260조 1항과 같이 제 1 심법원에 국한한다는 규정도 두고 있지 않다. **판례**는, 행정소송법 14조에 의한 피고경정은 사실심 변론종결에 이르기까지 허용되는 것으로 해석해야 하며, 굳이 제 1 심 단계에서만 허용되는 것으로 해석할 근거는 없다고 보고 있다. 대판 1996. 1. 23. 95누1378, 대결 2006. 2. 23. 2005부4. **2023. 8. 31. 제정·시행**된 **행정소송규칙 6조**는 행정소송법 14조 1항에 따른 피고경정은 **사실심 변론을 종결할 때**까지 할 수 있다고 규정하고 있다.

3) 정동윤·유병현·김경욱, 1167쪽.

4) 한충수, 802쪽.

3. 절 차

(1) 피고경정신청

피고의 경정은 원고가 **서면으로 제 1 심법원**에 신청해야 한다(법 260조 1항·2항)[다만 **소액사건**에서는 말로써 소를 제기할 수 있으므로(소심 4조) 피고경정신청 역시 **말로써도** 할 수 있다]. 경정신청은 소제기 후 제 1 심 변론종결시까지 해야 한다. 피고경정신청서에는 인지를 붙이지 않는다(민인 10조 단서, 민인규 2조의2).[1] 피고경정신청서는 피고에게 소장부본을 송달하지 않은 경우를 제외하고는 피고에게 송달해야 한다(법 260조 3항). 경정신청은 피고가 본안에 관하여 준비서면을 제출하거나, 변론준비기일에서 진술하거나, (변론기일에서) 변론을 한 뒤에는 **피고의 동의**를 받아야 한다(법 260조 1항). 피고가 위 신청서를 송달받은 날부터 2주 이내에 이의를 제기하지 않으면 동의를 한 것으로 본다(법 260조 4항).

(2) 경정허부결정과 불복

(a) 경정허부결정과 법원의 조치

경정신청에 대하여 법원은 결정으로 허부의 재판을 한다. **경정허부결정**은 피고에게 소장부본을 송달하지 않은 경우를 제외하고는 피고에게 송달해야 한다(법 261조 1항). 경정허가결정을 한 때에는 그 결정정본과 소장부본을 신피고에게 송달해야 한다(법 261조 2항). 다만 **경정허가결정시**에는 구피고에 대한 **소는 취하**된 것으로 본다(법 261조 4항).

(b) 경정허부결정과 불복방법

경정허가결정에 대해서는 동의권을 가진 구피고의 동의가 없었다는 사유로만 **즉시항고**를 할 수 있으며, **그 밖에는** 달리 불복할 수 없다(법 261조 3항). **불복할 수 없는 경정허가결정**에 대해서는 이러한 경정허가결정이 신피고에 대한 관계에서는 **중간적 재판**이기는 하나 **법 392조 단서**에 의하여 항소법원의 판단대상도 되지 않는다.[2] 한편 이러한 경정허가결정은 (신피고에 대한 관계에서는 중간적 재판에 해당하므로) 종국적 재판에 허용되는 **특별항고**(법 449조)의 대상이 되는 불복을 신청

---

[1] 재판예규 제1692호 '민사접수서류에 붙일 인지액 및 그 편철방법 등에 관한 예규'(재민 91-1, 2018. 6. 7. 개정, 2018. 7. 1. 시행).

[2] 대판 1992. 10. 9. 92다25533.

할 수 없는 결정에도 해당하지 않는다.[1] **경정기각결정**에 대해서는 통상항고를 할 수 있다(법 439조). 따라서 이에 대하여 특별항고를 제기할 수 없다.[2]

4. 효　　과

(1) 시효중단 · 기간준수의 효력발생시기

1) 경정에 의한 시효중단 · 기간준수의 효력은 **경정신청서를 제출**한 때에 생긴다(법 265조). 이 점에서 처음 소가 제기된 때부터 그 효력이 생기는 참가 · 인수승계의 경우와 다르다(법 81조, 82조 3항)[법 81조의 '소송이 법원에 처음 계속된 때'는 '소송이 법원에 처음 **제기된** 때'를 의미한다]. 입법론으로는 처음 소가 제기된 때를 기준으로 하는 것이 당사자의 보호를 위하여 바람직하다(법 68조 3항 참조). **가사소송**[신분에 관한 사항에 한정한다][3]과 **행정소송**에서는 처음 소가 제기된 때를 기준으로 한다(가소 15조 2항, 행소 14조 4항).

2) 피고의 표시에 잘못이 있는 것에 지나지 않는 경우에는 피고표시정정의 대상이 된다. 변경 전후 당사자의 동일성이 인정됨을 전제로 진정한 당사자를 확정하는 **표시정정의 대상**으로서의 성질을 지니는 이상 비록 소송에서 피고의 표시를 바꾸면서 **피고경정의 방법**을 취했다고 하더라도 피고표시정정으로서의 법적 성질 및 효과는 잃지 않는다. 따라서 이러한 경우 시효중단 · 기간준수의 효력 여부는 소제기시를 기준으로 보아야 한다.[4]

(2) 구피고에 의한 소송수행의 효력

피고의 경정이 있는 경우 원고와 구피고 사이의 (종전의) 소송수행의 결과는 신피고에게는 **원칙적**으로 효력이 없다. 이 점에서도 승계인이 피승계인과 상대방 사이의 소송상태에 구속되는 참가 · 인수승계(법 81조 · 82조)와 다르다. 다만 **신피고**는 구피고에 의한 소송수행의 결과를 **원용하여** 자기의 소송자료로 할 수 있고, 이러한 신피고의 원용에 대하여 상대방 당사자는 이의할 수 없다.[5] 한편 신피고

---

1) 대결 1994. 6. 29. 93프3.

2) 대결 1997. 3. 3. 97으1.

3) 따라서 **가사소송**에서 신분에 관한 사항이 아닌 **그 밖의 사항**에 대해서는 **경정신청서가 법원에 제출된 때**에 시효중단 · 기간준수의 효력이 있다.

4) 대판 2009. 10. 15. 2009다49964.

5) 실무상 경정허가결정을 한 뒤 첫 변론기일에 법원이 신피고에게 구피고의 소송수행의 결과를 **원용**할 것인지 여부를 확인하여, 그 취지를 조서에 기재하도록 하고 있다. 법원실무제요 민사소송(1), 347쪽.

가 경정에 동의하거나, 신피고가 종전부터 사실상 소송수행에 관여하여 오는 등 구피고에 의한 소송수행이 신피고에 의한 소송수행과 **실질적**으로 **동일**하다고 평가되는 때에는 신피고의 **원용이 없더라도** 구피고의 소송수행의 결과는 그대로 유지되고 신피고는 이를 다툴 수 없다고 풀이하는 것이 공평하다고 본다.[1]

Ⅲ. 필수적 공동소송인의 추가

1. 의　　의

필수적 공동소송인의 추가란 고유필수적 공동소송인 가운데 일부가 누락된 경우 누락된 원고 또는 피고를 추가하는 것을 말한다(법 68조). 피고의 경정과 같이 법이 허용하고 있는 임의적 당사자변경 가운데 하나이다.

2. 요　　건

이러한 추가는 고유필수적 공동소송에 한하여 허용된다. 유사필수적 공동소송과 통상공동소송은 해당되지 않는다.[2] 이러한 경우는 공동소송인을 일부 빠뜨려도 당사자적격의 흠의 문제가 생기지 않기 때문이다. 추가된 신당사자는 종전의 당사자와의 관계에서 공동소송인이 되므로, 공동소송의 요건을 갖추어야 한다. 원고 측이든, 피고 측이든 추가가 허용되지만, **원고 측**을 추가하는 때에는 추가될 **신당사자**의 동의가 있어야 한다(법 68조 1항 단서). 신당사자의 절차보장(절차적 기본권의 보장)을 위한 당연한 요청이다.

3. 절　　차

공동소송인의 추가는 추가된 당사자와의 사이에 신소제기의 실질을 가지므로 추가신청은 서면에 의해야 한다(규칙 14조). 누락자에 대한 추가는 제 1 심 변론종결시까지 해야 한다(법 68조 1항 본문).[3] 가사소송에서는 항소심 변론종결시까지

---

1) 이시윤, 866쪽; 정동윤·유병현·김경욱, 1166쪽; 정영환, 1033쪽.
2) 대판 1993. 9. 28. 93다32095, 1998. 1. 23. 96다41496. 동일한 특허권에 관하여 두 사람 이상이 공동으로 특허의 무효심판을 청구하여 승소한 경우에 그 특허권자가 제기할 심결취소소송은 고유필수적 공동소송이라고 할 수 없으므로, 공동심판청구인 가운데 일부만을 상대로 제기한 심결취소소송에서 당사자의 변경을 가져오는 당사자추가신청은 부적법하여 허용될 수 없다. 대판 2009. 5. 28. 2007후1510.
3) 항소심의 추가를 제한할 필요가 없다는 견해로는, 정영환, 1036쪽.

할 수 있다(가소 15조 1항).[1] 추가신청에 대한 결정절차에 관해서는 이미 필수적 공동소송에서 살펴보았다.

4. 효   과

처음 소가 제기된 때에 추가된 당사자와의 사이에 소가 제기된 것으로 보기 때문에 시효중단·기간준수의 효력은 처음 소제기시에 소급한다(법 68조 3항, 피고의 경정과 다르다). 필수적 공동소송인의 추가이므로, 종전 공동소송의 소송수행의 결과는 유리한 소송행위인 범위 내에서 신당사자에게도 효력이 미친다.

5. 예비적·선택적 공동소송인의 추가에 준용

신법은 예비적·선택적 공동소송을 신설하여, 법 68조의 필수적 공동소송인의 추가규정을 준용하도록 했다(법 70조 1항 본문). 소송진행 중에 밝혀진 상황을 소송절차에 반영하여 탄력성 있게 소송수행을 할 수 있게 하여, 분쟁의 1회적 해결을 할 수 있도록 하려는 입법취지에서 둔 규정이다.

제 2 관   소송승계

I. 의   의

소송승계란 널리 소송계속 중에 소송목적인 권리관계의 변동으로 새로운 승계인이 종전의 당사자를 갈음하여 당사자가 되고 소송을 인계받는 것을 말한다(**당사자적격의 이전**). 변론종결 전의 승계인은 소송을, 변론종결 뒤의 승계인은 기판력을 승계받는 것이다. 소송승계가 된 뒤에는 신당사자는 피승계인의 소송상 지위를 이익·불이익을 막론하고 그대로 승계하며, 이를 전제로 상대방과 승계인 사이에 심판을 해야 한다. 종전의 변론, 증거조사, 재판이나 종전의 소제기에 의해 생긴 시효중단·기간준수의 효력이 신당사자에게 미치며, 자백에 반하는 주장, 실기한 공격방어방법의 제출(법 149조 1항) 등 구당사자가 소송상 할 수 없

---

[1] 시적 한계를 민사소송보다 넓힌 것은 가사소송에서는 당사자적격 및 제소기간이 법정되어 있는 경우가 많고, 본인의 의사와는 관계없이 의무적으로 당사자가 되어야 할 경우도 있는데, 자칫 당사자적격자의 일부를 빠뜨려 제소기간을 지키지 못하는 사태가 생길 위험이 크고, 당사자의 무지로 소송의 번잡에서 오는 소송불경제보다는 사안의 진상을 밝혀 신분관계를 바로잡아 줄 필요성이 더 크기 때문이다. 법원실무제요 가사(1), 67쪽.

는 행위는 신당사자도 할 수 없다. 다만 종전의 소송비용은 당연승계의 경우와
달리 소송물의 양도에 의한 승계의 경우에는 특별한 사정이 없는 한 승계하지
않는다. 소송승계는 **당연승계**(당사자의 사망 등 **포괄적 승계원인**의 발생과 동시에 법률
상 당연히 일어나는 당사자의 변경인 소송승계)와 **소송물의 양도**에 의한 승계(소송물의
양도 등 **특정한 승계원인**이 생겨 당사자나 제 3 자의 신청에 의하여 일어나는 당사자의 변
경인 소송승계)가 있다. 소송물의 양도에 의한 승계에는 **참가승계**(법 81조), **인수승
계**(법 82조)가 있다.

Ⅱ. 당연승계

1. 원   인

당연승계는 실체법상 포괄승계원인이 있는 경우에 법률상 당연히 소송당사자
가 바뀌고 소송을 인계받게 되는 것을 말한다. 법은 당연승계의 발생원인인 포괄
승계가 있는 때에 소송절차의 중단·수계의 면에서 이를 규정한다. 그러나 소송
절차의 중단·수계는 소송수행상의 장애에 대한 대책이므로 소송승계와 같은 관
념이라 할 수 없다. 중단사유가 있음에도 당사자가 바뀌지 않는 경우도 있으며(소
송능력의 상실 또는 법정대리권의 소멸, 법 235조), 소송승계가 있음에도 중단이 생기
지 않는 경우가 있기 때문이다(원칙적으로 소송대리인이 있는 경우, 법 238조).

2. 종   류

당연승계의 경우는, ① 당사자의 사망(법 233조), ② 당사자인 법인의 합병에
의한 소멸(법 234조), ③ 당사자인 수탁자의 임무종료(법 236조), ④ 일정한 자격에
기하여 당사자가 된 사람 모두의 자격상실(법 237조 1항), ⑤ 선정당사자의 소송
에서 선정당사자 모두의 사망 또는 그 자격의 상실(법 237조 2항), ⑥ 당사자에 대
한 파산의 선고 또는 해지(법 239조·240조) 등이 있다.

3. 소송상 취급

(1) 소송절차의 수계

당연승계의 원인이 생긴 때에는 소송은 승계인에게 넘어가지만 곧바로 소송수
행을 할 수 있는 것은 아니므로 민사소송법은 소송절차를 중단시키고 수계절차를

밟도록 했다. 수계신청은 승계인 자신 또는 상대방(법 241조)이 해야 한다. 소송계속 중 당사자인 피상속인이 사망한 경우 공동상속재산은 상속인들의 공유이므로 소송목적이 공동상속인들 전원에게 합일확정되어야 할 것이 아닌 이상 상속인 모두가 반드시 공동으로 수계해야 하는 것은 아니다. 수계하지 않은 나머지 상속인들에 대한 소송은 중단상태로 사망 당시의 심급법원에 그대로 남는다.

> ▣ 당연승계에서 수계신청이 부적법함에도 법원이 이를 간과하고 절차를 진행했으나 그 후 수계인적격이 없음이 밝혀진 경우 법원의 참칭수계인의 배척방법
>
> 당연승계에 따른 수계신청이 있는 때에는 법원은 직권으로 조사하여 판단한다(법 243조 1항). 법원이 수계신청의 부적법함을 간과한 때에는 법원이 어떻게 처리할 것인지에 관하여 논의가 있다.
>
> (1) 종국판결 선고 전에 그 부적법함이 밝혀진 경우
>
> 이 경우 그 소송이 참칭수계인에 의하여 또는 그 사람에 대하여 제기된 것과 마찬가지로 보아 당사자적격의 흠을 이유로 판결로써 소를 각하해야 한다는 견해가 있으나(소각하설),[1] 참칭수계인을 소송절차에서 배척하면 되므로 수계신청에 흠이 있는 것으로 보아 수계허가결정을 한 경우에는 **수계허가결정을 취소**하고 **수계신청을 기각**해야 한다(법 243조 1항, **신청기각설**).[2] 일부 견해는 이 경우 수계허가결정을 취소하고 수계신청을 각하해야 한다는 입장(**신청각하설**)을 취하기도 한다.[3]
>
> 그러나 판례가 "당사자의 사망으로 소송이 중단되어 수계신청이 있을 때에 신청인에게 수계자격이 없는 경우 그 신청을 '각하'해야 하고 일단 이유 있다고 하여 소송절차를 진행시킨 경우에도 그 후에 자격 없음이 판명된 때에는 수계재판을 취소하고 수계신청을 '각하'해야 한다."고 판시하고 있으나,[4] 그 판시상 '각하'는 **법상 '기각'하도록** 하고 있음을 간과하여 잘못 표현한 데 불과하다. 따라서 판례가 수계신청기각과 수계신청각하의 의미를 구별하여 수계신청각하의 입장을 취한 것이 아닌 만큼 마치 판례의 태도가 신청각하설의 입장을 취하고 있다고 소개하고 있는 견해들은 부적절하다. 참고로 일본 민사소송법(128조 1항)에서는 수계신청을 '각하'하도록 하고 있다.
>
> (2) 종국판결 선고 뒤에 상소심에서 그 부적법함이 밝혀진 경우
>
> 이 경우 정당한 수계적격자에 대한 소송은 원심법원에 중단 중에 있으므로, 상소법원은 이를 간과한 원심판결을 취소·파기하는 한편 원심법원이 (명시적으로) 수계허가결정을 한 경우에는 **수계허가결정을 취소**하고 **수계신청을 기각**한 다음, **원**

---

1) 이시윤, 869쪽; 강현중, 941쪽.
2) 호문혁, 1019쪽; 정영환, 1040쪽; 한충수, 806쪽; 전원열, 683쪽; 범경철·곽승구, 750쪽.
3) 정동윤·유병현·김경욱, 1143쪽.
4) 대판 1981. 3. 10. 80다1895.

심법원으로 환송해야 한다. 판례도, 제 1 심판결과 원심판결 모두 수계신청이 부적법
함에도 불구하고 적법한 것으로 보고 소송절차를 진행한 사례에서, 원심판결을 파
기하고 수계신청을 기각한 다음 사건이 중단된 채 제 1 심법원에 계속 중임을 명백
히 하는 취지에서 제 1 심법원으로 환송했다.[1)

(2) 소송절차가 중단되지 않는 경우의 실질적 당사자

당연승계가 있어도 **소송대리인**이 있어 소송절차가 중단되지 않는 경우에는
소송절차의 진행에 아무런 영향이 없고 종전의 소송대리인이 계속 구당사자의 이
름으로 소송을 수행하게 되지만(법 238조), 실질상 승계인의 소송대리인이다. 판결
전에 승계사실과 승계인이 판명되었을 때에는 따로 수계절차를 밟을 필요 없이
판결에 승계인을 당사자로 표시해야 한다. 신당사자를 잘못 표시한 판결에서, 그
표시가 사망한 사람의 상속인, 소송승계인, 소송수계인 등 사망한 사람의 상속인
임을 나타내는 문구로 되어 있으면 그 잘못 표시된 당사자가 아니라 **정당한 상속
인**에 대하여 판결의 효력이 미친다고 본다.[2)

Ⅲ. 소송물의 양도

1. 의   의

널리 소송물의 양도란 소송계속 중에 소송물인 권리관계에 관한 당사자적격
이 특정적으로 제 3 자에게 이전됨으로써 소송을 인계받게 되는 경우를 말한다.
따라서 소송물의 양도를 **특정승계**라고도 한다. 소극적으로는 소송승계의 원인 가
운데 당연승계가 아닌 것을 말한다. 다만 소제기 전에 권리관계의 변동이 있어도
소송물의 양도라 할 수 없으며 소송승계의 문제가 생길 수 없다.

■ '소송물의 양도'의 용어의 적절성

주의를 요하는 것은 뒤에서 보는 바와 같이 소송물의 양도란 **소송물 자체**의 양
도 외에 **소송물인 권리관계의 대상 · 목적물**[계쟁물(係爭物)]의 양도, 즉 소송물인 권

---

1) 대판 2002. 10. 25. 2000다21802; 한범수, "소송계속 중 당사자가 사망하고 그 상속인의 존
  부가 분명하지 않은 경우 법원이 취해야 할 소송절차의 진행 등," 대법원판례해설 42호(2002
  년 상반기), 606쪽 이하.
2) 대결 1992. 11. 5. 91마342.

리관계에 관한 **당사자적격**의 이전을 포함한다는 점이다. 따라서 '소송물'의 양도란 용어가 적확한 것만은 아니다.[1] 그렇다고 하여 '계쟁물'의 양도라는 표현도 문제가 없지 않다. '계쟁물'이라는 표현은 현행법상 **'다툼의 대상'**으로 바뀌었으므로[구 민사소송법 714조 1항에서는 '계쟁물에 관한 가처분'이라는 용어를 사용했으나 민사집행법 300조 1항은 '다툼의 대상에 관한 가처분'이라는 용어로 바꾸었다], 소송물의 양도를 '다툼의 대상'의 양도라는 표현으로 바꾸어 부르는 것이 보다 적절할 것이지만 종래의 용어인 '소송물'의 양도를 그대로 사용하되 그 의미를 분명히 하는 것이 용어의 변경에 따른 혼란을 피하는 면에서 보다 바람직하다고 본다.

2. 입 법 례

(1) 소송승계주의 등

소송물의 양도에 관하여 **양도금지주의, 양도허용주의, 당사자항정(恒定)주의, 소송승계주의** 등의 입장이 있다. 소송물의 양도를 허용하면서 당사자항정주의와는 달리 양수인으로 하여금 종래의 소송절차 내에 들어가서 종전의 당사자인 피승계인의 지위를 이어받아 소송을 수행할 수 있게 하는 입장을 **소송승계주의**라고 한다.

(2) 현행법의 태도

법 81조·82조는 소송물의 양도의 자유를 허용하는 기조하에 **소송승계주의**를 채택했다.[2] 입법론으로는 소송승계주의와 당사자항정주의를 병용하여, 승계인이나 상대방의 신청에 의하여 승계인 자신이 당사자가 될 수 있도록 하되, 한편 소송승계가 행해질 때까지는 종전 당사자가 승계인을 위하여 소송수행권을 갖게 함이 타당하다는 견해가 있다.[3] 현행법은 소송승계주의의 결함을 시정하는 방법으로, 승계인 측의 상대방을 보호하기 위하여 **추정승계인제도**(법 218조 2항) 및 **가처분제도**(민집 300조 1항) 등을 마련해 놓고 있다.

---

1) 이를 '계쟁물의 양도'라고 표현하는 것이 오해의 염려가 없다는 견해로는, 정동윤·유병현·김경욱, 1145쪽. 한편 소송물의 양도에서 양도의 대상이 되는 소송물은 소송상 청구에서의 청구원인을 구성하는 실체법상 권리·법률관계를 의미하는데, 소송물이론에서 신소송물이론을 취하는 입장에서 이러한 표현을 쓰는 것은 적절치 않다는 견해로는, 호문혁, 1009쪽.
2) 이재성, "소송물의 승계와 소송절차," 민사재판의 이론과 실제 1권(1976. 9.), 130쪽 이하.
3) 이시윤, 871쪽.

■ 점유이전금지가처분과 처분금지가처분에서 당사자항정의 법률적 의미

(1) 점유이전금지가처분의 경우

점유이전금지가처분은 그 목적물의 점유이전을 금지하는 것으로서 이러한 가처분이 있음에도 불구하고 점유가 이전되었을 때에는 가처분채무자는 가처분채권자에 대한 관계에서 여전히 그 점유자의 지위에 있다는 의미로서의 **당사자항정의 효력**이 인정될 뿐이다. 가처분채권자로서는 가처분채무자의 점유상실을 고려하지 않고 가처분채무자를 피고로 한 채 본안소송을 계속할 수 있다. 그러나 가처분채무자가 가처분채권자가 아닌 제 3 자에 대한 관계에서도 점유자의 지위에 있다고는 볼 수 없다.[1] 따라서 가처분 이후에 매매나 임대차 등에 기하여 가처분채무자로부터 점유를 이전받은 제 3 자에 대하여 가처분채권자가 가처분 자체의 효력으로 직접 퇴거를 강제할 수 없고, 가처분채권자로서는 **본안판결의 집행단계**에서 **승계집행문**(민집 31조)을 부여받아서 그 제 3 자의 점유를 배제할 수 있다.[2]

(2) 처분금지가처분의 경우

부동산처분금지가처분등기가 유효하게 기입된 이후에도 가처분채권자의 지위만으로는 가처분 이후에 경료된 처분등기의 말소청구권은 없으며, 나중에 가처분채권자가 본안 승소판결에 기하여 등기의 기재를 청구할 수 있게 되면서 가처분등기 후에 경료된 가처분 내용에 위반된 위 등기의 말소를 신청할 수 있다[즉 등기관은 이러한 신청이 있는 경우 가처분등기 이후에 이루어진 위반등기를 직권으로 말소할 수 있다(부등 94조·95조)].[3] 따라서 부동산처분금지가처분의 가처분채권자가 본안사건에서 승소하여 그 확정판결을 붙여 소유권이전등기를 신청하는 경우, 그 가처분등기 이후에 제 3 자 명의의 소유권이전등기가 경료되어 있을 때에는 반드시 위 소유권이전등기신청과 함께 단독으로 가처분등기 이후에 경료된 제 3 자 명의의 소유권이전등기의 말소신청도 동시에 하여 그 가처분등기 이후의 소유권이전등기를 말소하고 가처분채권자의 소유권이전등기를 해야 한다.[4]

---

1) 대결 1996. 6. 7. 96마27.

2) 대판 1999. 3. 23. 98다59118.

3) 대판 1992. 2. 14. 91다12349.

4) 다만 가처분등기 이후에 경료된 제 3 자 명의의 소유권이전등기가 가처분등기에 우선하는 저당권 또는 압류에 기한 경매절차에 따른 매각을 원인으로 하여 이루어진 것인 때에는 가처분채권자의 말소신청이 있다고 하더라도 이를 말소할 수 없다. 등기예규 제1690호 '처분금지가처분채권자가 가처분채무자를 등기의무자로 하여 소유권이전등기 또는 소유권이전(보존)등기말소등기 신청 등을 하는 경우의 업무처리지침'(2020. 7. 21. 개정, 2020. 8. 5. 시행).

3. 모   습

(1) 의   의

양도의 형태는 **임의처분**(예컨대 매매, 증여 등), **행정처분**[예컨대 금융위원회의 **계약이전의 결정**('금융산업의 구조개선에 관한 법률' 14조 2항) 등],[1] **집행처분**[예컨대 경매에 의한 취득(민집 135조 · 268조), 전부명령(민집 229조 3항) 등], **법률상 당연이전**[예컨대 변제자의 법정대위(민 481조) 등] 등을 포함한다. 소송물인 권리관계의 **전부양도**만이 아니라, **일부양도**도 포함한다.

(2) 소송물의 양도의 개념

(a) 당사자적격의 이전과 적격승계설

1) 소송물의 양도에는 소송물인 권리관계 자체가 제 3 자에게 양도된 경우(예컨대 채무이행청구소송의 채권 자체가 양도된 경우),[2] 채무 자체가 면책적으로 인수된 경우,[3] 계약당사자로서의 지위승계를 목적으로 하는 계약인수의 경우[4]뿐만 아니라, 소송물인 권리관계의 목적물(예컨대 건물철거 · 토지인도청구소송에서 그 건물이나 토지 그 자체), 즉 **계쟁물**(다툼의 대상)이 양도된 경우를 포함한다. 계쟁물은 소송물보다 넓은 개념이다. 따라서 소송물의 양도란 소송계속 중에 일반승계(예컨대 상속, 법인합병 등) 이외의 사유로 소송물인 권리관계에 관한 **당사자의 지위**(**당사자적격**)가 특정적으로 제 3 자에게 이전되는 것을 말한다(이러한 입장을 **적격승계설**이라고 한다).[5] 예컨대 채무자가 제 3 채무자를 상대로 금전채권 등의 이행을 구하는 소의 계속 중 이러한 금전채권 등에 대하여 압류 및 추심명령이 있으면 채무자가 제 3 채무자에 대하여 가지는 금전채권 등이 압류채권자에게 이전되거나 귀속되는 것은 아니지만 이러한 금전채권 등의 이행을 구할 당사자적격은 채무자로

---

1) 금융산업의 구조개선에 관한 법률 14조의2 1항 본문에 의하면, 부실금융기관에 대한 계약이전의 결정이 있는 경우 원칙적으로 계약이전을 받은 금융기관(인수금융기관)이 부실금융기관의 권리와 의무를 승계한다. 대판 1987. 11. 10. 87다카473.

2) **판례**는, 청구권이 양도되어 대항요건을 갖춘 경우 집행당사자적격이 양수인으로 변경된다고 본다. 대판 2008. 2. 1. 2005다23889.

3) 대결 2010. 1. 14. 2009그196.

4) 대판 2007. 9. 6. 2007다31990.

5) 특정한 물건에 대하여 소송이 계속되는 것은 물건에 대한 법률관계로 인하여 원고나 피고가 본안에 대하여 적격을 가지는 경우이다. 강태원, "집행보전절차에 있어서 소송물의 양도," 민사재판의 제문제(하)(송천이시윤박사화갑기념, 1995. 10.), 503쪽 이하.

부터 압류채권자에게 이전되게 된다.[1]

판례도, 적격승계설의 입장을 취하고 있다. 즉 판례는, 법 81조에서 규정하고 있는 소송목적인 권리 또는 의무의 승계란 소송물인 권리관계의 양도뿐만 아니라 **당사자적격 이전**의 원인이 되는 실체법상의 권리이전을 널리 포함하는 것이므로, 신주발행무효의 소(상 429조)의 소송계속 중 그 원고적격의 근거가 되는 주식이 양도된 경우에 그 양수인은 제소기간(신주발행일부터 6월) 등의 요건이 충족된다면 새로운 주주의 지위에서 신소를 제기할 수 있을 뿐만 아니라, 양도인이 이미 제기한 기존의 소송을 적법하게 승계할 수도 있다고 한다.[2]

2) 적격승계설을 취하는 경우 특정승계에서 **원칙적**으로 **이전적 승계**(교환적 승계)만이 인정한다. 따라서 소송승계가 있다고 하더라도 청구의 변경이 따르지 않는다. 다만 적격승계설의 입장을 취하더라도 **예외적**으로 뒤에서 보는 바와 같이 **당사자적격**의 **질적·양적 일부이전** 등의 경우에는 **추가적 승계**(설정적 승계, 당사자적격의 추가, 즉 구당사자는 그대로 유지되고 신당사자가 이에 추가되는 경우)가 일어날 수 있다.

■ 변론종결 전·후의 승계인을 반드시 통일적으로 이해해야 하는지 여부에 관한 논의

(1) 기본적 입장

법 81조와 82조 1항의 승계인(변론종결 전의 승계인)은 법 218조 1항의 변론종결 뒤의 승계인에 준하여 통일적으로 이해해야 한다(**동일설**, 통설). **판례도** 같다.[3] 이에 대하여, 승계인(특히 인수승계인)의 범위를 변론종결 뒤의 승계인의 범위보다 넓게 풀이하는 것이 타당하다고 보는 견해(**비동일설**)도 있다.[4] 이러한 견해의 논거로서, 소송승계는 앞으로 심리를 속행하는 과정에서 문제되는 것으로 심리 도중에 공격방어방법의 제출 기회가 보장되지만, 변론종결 뒤의 승계에서 기판력·집행력의 확장은 이미 심리를 마친 뒤에 문제되는 것으로 양자 사이에 절차보장의 충족가능성에 차이가 있기 때문이며, 이 차이로 인하여 승계인의 범위에서도 차이가 발생함을 들고 있다.

(2) 구체적 경우

① **부동산소송**에서 원고의 청구권이 **채권적 청구권**인 경우: 피고에 대한 채권적

---

1) 대판(전) 2013. 12. 18. 2013다202120.
2) 대판 2003. 2. 26. 2000다42786.
3) 대결 1983. 3. 22. 80마283, 1970. 2. 11. 69마1286, 대판 1972. 7. 25. 72다935 등.
4) 정동윤·유병현·김경욱, 1150쪽; 송상현·박익환, 705쪽; 강현중, 942쪽; 정영환, 1046쪽.

청구권에 기한 소유권이전등기청구의 소송계속 중 그 소송목적이 된 피고의 부동산에 관한 소유권이전등기이행의 채무 자체를 승계함이 없이 단순히 부동산에 관한 소유권이전등기(또는 근저당권설정등기)가 피고로부터 제 3 자 앞으로 경료되었다 하여 이를 가지고 법 82조 1항의 소송목적인 의무를 승계한 때에 해당한다고 할 수 없다.[1] ② **부동산소송**에서 원고의 청구권이 **물권적 청구권**인 경우: 토지소유권에 기한 건물철거소송에서 소송계속 중 건물에 관한 소유권이전등기를 경료받은 사람은 법 82조 1항의 소송목적인 의무를 승계한 사람에 해당한다.

(b) 분쟁주체지위승계설과 그 타당성 여부

특정승계에서 앞서 본 이전적 승계(교환적 승계) 외에 **추가적 승계**를 **일반적**으로 인정하는 견해가 있다(이를 **분쟁주체지위승계설**이라고 한다). 분쟁주체지위승계설은 승계 전의 소송목적물과 승계 후의 소송목적물이 달라져서 비록 당사자적격이 그대로 승계되지 않더라도 소송승계를 인정하는 입장으로서, 소송승계는 당사자적격의 이전이라고 하기보다는 종전의 분쟁과 일련의 관련이 있는 분쟁에 관한 '분쟁주체의 지위'의 이전이라고 하는 것이 적합하다고 보는 견해이다. 이러한 견해는 소송승계를 불허하여 별도의 소를 제기하는 소송불경제보다 관련 분쟁의 1회적 해결을 위하여 승계를 인정하는 것이 소송경제적이며, 소송승계제도에 합치된다는 입장이다.[2] 분쟁주체지위승계설의 입장에서 추가적 승계를 인정하는 경우 새로운 당사자적격이 추가되므로(당연히 이에 대한 새로운 소송물이 추가되므로), 당사자교체뿐만 아니라 청구도 달라지는 **청구변경형 소송승계**가 일어난다. 따라서 추가적 승계를 인정하는 입장에서는 이러한 경우 청구취지 및 청구원인을 새로 추가·보충해야 한다.

일반적으로 추가적 승계를 인정하는 견해는 소송목적인 권리 또는 의무의 전부나 일부를 승계한 경우에 한하여 소송승계할 수 있음을 규정하고 있는 법 81조·82조에 반할 뿐 아니라, 소송승계제도를 본래의 목적을 넘어서 부당히 확대함으로써 파생된 분쟁까지 소송에 끌고 들어와 심리의 복잡화를 초래하고 심리대상을 불명확하게 하므로, 단순히 소송경제나 분쟁의 1회적 해결의 명분만으로 이를 인정하는 것은 무리이다. 따라서 **이전적 승계(교환적 승계)**만을 허용하는 **적격**

---

1) 대결 1983. 3. 22. 80마283.
2) 정동윤·유병현·김경욱, 1149쪽; 정영환, 1045쪽; 이재화, "소송계속 중의 특정승계에 관한 고찰," 사법논집 7집(1976. 12.), 342쪽 이하.

승계설이 타당하다. **판례**도 원칙적으로 추가적 승계를 인정하지 않고 있다. 판례는, 소송당사자가 법 82조의 규정에 의하여 제 3 자로 하여금 그 소송을 인수하게 하기 위해서는 그 제 3 자가 소송계속 중 그 **소송목적인 채무**를 승계했음을 전제로 하여 그 제 3 자에 대하여 인수한 소송목적인 채무의 이행을 구하는 경우에 허용되고 그 소송목적된 채무와는 전혀 별개의 채무의 이행을 구하기 위한 경우에는 허용될 수 없으므로, 피고를 상대로 소송목적된 채무인 **건물철거채무**의 승계를 전제로 그 건물철거채무와는 **전혀 별개의 채무**인 피고 명의로 경료된 **등기의 말소채무**의 이행을 구하는 것은 부적법하다고 한다.[1]

■ 적격승계설의 입장에서도 예외적으로 추가적 승계(청구변경형 승계)가 인정되는 경우

    (1) 소유권이전등기의 말소등기청구소송의 소송계속 중 피고가 제 3 자에게 소유권을 이전한 경우

    이 경우 소송물인 말소등기청구권은 물권적 청구권이므로 제 3 자에게 대항할 수 있는 권리이다. 피고가 소유권이전등기의 말소등기의무가 있음에도 제 3 자에게 소유권을 이전했으므로 제 3 자는 피고가 가지는 당사자적격을 **(전부)**승계하게 된다. 제 3 자(소유권자) 명의의 소유권이전등기를 말소하기 위해서는 제 3 자에 대하여 소유권이전등기의 말소등기청구를 추가해야 한다. 따라서 **추가적 승계**가 일어난다. 다만 원래의 청구인 말소등기청구를 진정명의회복을 위한 소유권이전등기청구로 변경한 경우에는 제 3 자에 대한 청구를 추가할 필요 없으므로 추가적 승계가 일어나지 않는다.

    (2) 소유권이전등기의 말소등기청구소송의 소송계속 중 피고가 제 3 자에게 근저당권을 설정한 경우

    이 경우 소송물인 말소등기청구권은 물권적 청구이므로 제 3 자에게 대항할 수 있는 권리이다. 피고가 소유권이전등기의 말소등기의무가 있음에도 제 3 자에게 근저당권을 설정했으므로 제 3 자는 피고가 가지는 당사자적격을 **질적**으로 **일부승계**하게 된다(소유권이전등기의 말소등기청구에 대한 확정판결의 기판력이 변론종결 뒤 근저당권자에 미치는 것과 마찬가지이다).[2] 제 3 자(근저당권자) 명의의 근저당권등기를 말소하기 위해서는 제 3 자에 대하여 저당권설정등기의 말소등기청구를 추가해야 한다. 따라서 **추가적 승계**가 일어난다.

    (3) 공유물분할청구소송의 소송계속 중 피고가 제 3 자에게 자신의 공유지분의 일부를 제 3 자에게 이전한 경우

    공유물분할청구소송은 필수적 공동소송이다. 따라서 공유자가 다른 공유자 전원

---

1) 대판 1971. 7. 6. 71다726.
2) 대판 1976. 6. 8. 72다1842, 1977. 3. 22, 76다2778, 1980. 5. 13. 79다1702.

을 상대로 공유물분할청구를 해야 하며, 만약 그 일부가 누락된 때에는 원고는 제 1
심 변론종결시까지 누락된 사람을 당사자로 추가할 수 있다(법 68조). 한편 공유자
가운데 한 사람인 피고가 공유물분할청구소송의 계속 중 자신의 공유지분의 일부를
제 3 자에게 이전하는 경우 제 3 자는 피고가 가지는 당사자적격을 **양적으로** **일부승
계**하게 된다. **원고로서는 제 1 심 변론종결시까지 법 68조에 따라 제 3 자를 추가하**
든지, **항소심 변론종결시까지 법 82조에 따라 인수승계**를 신청할 수 있으며, **제 3 자**
로서는 항소심 변론종결시까지 법 81조에 따라 참가승계를 신청할 수 있다.[1] 따라서
제 3 자에 대한 인수승계 또는 제 3 자가 참가승계를 하는 때에는 **추가적 승계**가 일어
난다.

(3) 승계의 방식

소송승계의 방식으로는 **참가승계**(법 81조, 승계인의 소송참가)와 **인수승계**(법 82
조, 승계인의 소송인수)가 있다. **판례상** 참가승계를 **승계참가**라고 부르며, 인수승계
를 **승계인수, 소송인수,** 또는 **인수참가**라고 부른다. 참가승계와 인수승계의 차이는
제 3 자 쪽에서 자발적으로 참가하는지(**적극적 참가, 자발참가, 임의참가**) 아니면 기존
당사자 쪽에서 제 3 자를 강제적으로 끌어들이는지(**소극적 참가, 강제참가**)에 있을 뿐
권리·의무의 전부 또는 일부를 승계한다는 점에는 전혀 차이가 없다.

4. 참가승계[승계참가]

(1) 의   의

참가승계는 소송계속 중 소송목적인 권리·의무의 전부나 일부의 승계가 있는
때에 그 승계인이 독립당사자참가신청의 방식으로 스스로 참가하여 새로운 당사자
가 되는 것이다(법 81조).[2] 참가승계는 다른 사람 사이의 소송계속(**제 1 심·항소심**)
중에 소송목적인 권리·의무의 승계가 있다고 주장하는 경우에 허용된다(법 81조).
다만 법률심인 상고심에서는 참가승계신청이 허용되지 않는다.[3]

(2) 참가승계신청 및 재판

1) **참가승계신청**은 **소제기**에 해당한다. (**원고 측 참가승계**에서) 참가승계신청

---

1) 대판 2014. 1. 29. 2013다78556, 2022. 6. 30. 2020다210686,210693.
2) 원고가 소송진행 중에 다른 사람으로부터 소송목적인 권리를 양도받았음을 청구원인으로
내세우는 것은 참가승계를 신청한 것으로 볼 수 없다. 대판 1989. 7. 25. 88다카26499.
3) 대판 2001. 3. 9. 98다51169, 2002. 12. 10. 2002다48399, 2019. 1. 31. 2018다39815. 이시윤,
873쪽 등. 다만 상고심에서도 할 수 있다는 견해로는, 정동윤·유병현·김경욱, 1152쪽.

에 대하여 피신청인(피승계인, 피참가인)이 신청인의 (참가승계신청상) 승계주장사실
을 **다투는** 때에는 참가승계신청서에 소장에 붙이는 것과 같은 금액(**제 1 심의 경우,
항소심의 경우**에는 그 금액의 **1.5배액**)의 인지를 붙여야 한다(민인 6조 2항).[1] 참가승
계신청은 독립당사자참가신청의 방식에 따라 한다(법 81조, 79조 2항). 독립당사자
참가신청의 방식은 보조참가신청의 방식에 따라 하므로(법 79조 2항, 72조), 참가승
계신청을 하면서 **승계인**으로서 할 수 있는 **소송행위를 동시에** 할 수 있다. 예컨
대 화해권고결정이 송달된 뒤에 참가승계를 하려는 승계인은 화해권고결정에 대
한 이의신청과 동시에 참가승계신청을 할 수 있다.[2]

  2) 참가요건은 소송요건에 상당하는 **직권조사사항**이다. 승계인에 해당하는
지 여부는 **본소청구**와 **참가인의 신청이유**에 의하여 판단한다. ① **참가요건에 흠
이 있는 때**(예컨대 참가신청의 이유로 주장하는 사실관계 자체에서 **승계인적격의 흠이
분명한 때**)에는 **변론**을 거쳐 참가승계신청을 각하하는 **판결(참가승계신청각하판결)**
을 한다.[3] **판례**는, 변론종결 뒤에 변론의 재개신청을 함과 동시에 참가승계신청
이 있었던 경우, 법원이 본래의 소송에 대하여 변론재개를 하지 않은 채 그대로
판결하는 한편, 참가승계신청에 대해서는 이를 분리하여 각하하는 판결을 했더라
도 위법은 아니라고 한다.[4] 즉 부적법한 참가승계신청을 각하하는 판결은 반드시
본래의 당사자 사이의 소송에 대한 판결과 함께해야 하는 것은 아니다.[5] ② 한편
참가요건에 흠이 없는 때에는 본안청구에 대하여 심리·판단을 한다. 승계인의
또는 승계인에 대한 청구의 당부에 관하여 심리결과 **승계사실이 인정되지 않으면**
승계인의 또는 승계인에 대한 청구를 기각하는 판결(**청구기각판결**)을 해야 하며,
참가승계신청을 각하하는 판결을 해서는 안 된다.[6]

  (3) 효   과
  1) 참가승계신청을 하면 참가의 시기에 관계없이 당초의 **소제기시에 소급하**

---

1) 이 경우 **독립한 민사사건**으로 전산입력하며, 별도의 사건번호를 부여하고 본소 소송기록에
   합철한다. 재판예규 제1692호 '민사접수서류에 붙일 인지액 및 그 편철방법 등에 관한 예규'
   (재민 91-1, 2018. 6. 7. 개정, 2018. 7. 1. 시행).
2) 대판 2012. 5. 10. 2010다2558.
3) 대결 2007. 8. 23. 2006마1171(따라서 재판장이 변론준비기일에 말로 참가승계신청을 불허
   하는 명령을 한 것은 위법이다).
4) 대판 2005. 3. 11. 2004다26997.
5) 대판 2012. 4. 26. 2011다85789.
6) 대판 2003. 3. 14. 2002다70211,70228, 2014. 10. 27. 2013다67105,67112.

여 시효중단·기간준수의 효력이 생긴다. 법 81조는 '소송이 법원에 처음 계속된
때'에 소급하는 것으로 규정하여 마치 소장부본이 피고에게 송달되어 소송계속된
때에 소급하는 것처럼 볼 여지가 없지 않으나, 여기서 '소송이 법원에 처음 계속
된 때'는 '소가 법원에 처음 **제기된 때**'의 의미로 새겨야 한다. 승계인은 고유한
독립당사자참가에서와 달리 피승계인의 소송상 지위를 승계하기 때문에, 참가시
까지 피승계인이 한 소송수행의 결과에 구속된다.

　　2) 참가승계의 참가방식은 독립당사자참가의 그것과 같지만(법 81조), 원칙적
으로 피승계인과 참가인 사이에 이해대립이 있는 관계가 아니므로 **소송구조**는 그
것과 근본적인 차이가 있다. ① **피승계인이 승계사실을 다투지 않는 때**에는, 독립
당사자참가에서와 같은 대립·견제의 소송관계가 성립하지 않는다. 참가인이 피
승계인에 대하여 아무런 청구를 하지 않아도 된다(**편면참가**). 피승계인의 대리인이
참가인의 대리인을 겸해도 쌍방대리의 문제가 되지 않는다.1) ② **피승계인이 승계
사실을 다투는 때**에는(특히 **권리자 측** 참가승계에서는), **독립당사자참가**에서와 같이
피승계인·승계인, 피승계인의 상대방 사이의 대립·견제의 **삼면소송관계**가 성립
한다. 이 경우 승계인은 **피승계인**에 대해서도 **일정한 청구**를 해야 한다(**쌍면참가**).2)
이에 따라 독립당사자참가에서와 같은 액수의 인지를 붙여야 한다(민인 6조 2항).

5. 인수승계[승계인수]

(1) 의   의

　　1) 인수승계는 소송계속 중 소송목적인 권리·의무의 전부나 일부의 승계가
있는 때에 종전 당사자의 인수승계신청에 의하여 승계인인 제 3 자를 새로운 당사
자로 소송에 강제로 끌어들이는 것을 말한다(법 82조). 인수승계는 **의무승계인**이
승계적격자가 되는 것이 일반적이지만, 권리승계인도 자기 측이 승소의 자신이
없으면 참가를 꺼리는 때도 있을 수 있으므로 **권리승계인도 피승계인**, 또는 **피
승계인의 상대방**에 의한 인수승계가 가능하다[즉 인수승계는 의무승계인·권리승
계인에 대한 것인지를 불문한다]. 인수승계는 법률이 인정한 제 3 자 소송인입의
대표적 예이다. 인수승계는 원칙적으로 그 소송목적인 권리·의무관계 자체나 권
리·의무관계에 관한 당사자적격을 제 3 자가 승계한 경우에 허용된다. 소송목적

---

1) 대판 1969. 12. 9. 69다1578.
2) 이시윤, 874쪽; 정영환, 1049쪽.

인 권리·의무 자체를 승계한 때가 아니라도, 소송목적이 된 권리·의무를 전제로 새로운 권리·의무가 생김으로써 제 3 자가 새로 **원·피고적격**을 취득한 때에도 인수승계를 허용할 것인지에 관해서는 이미 살펴본 바와 같다.

2) 인수승계는 다른 사람 사이의 소송계속(**제 1 심·항소심**) 중에 소송목적인 권리·의무의 승계가 있는 경우에 허용된다(법 82조 1항). 인수승계신청은 법률심인 상고심에서는 허용되지 않는다.[1] 사실심 변론종결 뒤의 승계인은 법 218조 1항에 의하여 판결의 효력이 미치므로 소송승계를 인정할 이익이 없다. 채권자가 **가처분**(**다툼의 대상에 관한 가처분**인, **처분금지가처분** 또는 **점유이전금지가처분**)을 하여 채무자의 피고적격을 굳혀 놓은 경우에는 채무자가 이에 위반하여 피고적격을 이전해도 승계인에게 인수승계를 시킬 필요가 없다.

3) 인수승계신청에서 **이전적 승계**(교환적 인수)의 경우 **원칙적**으로 청구가 피승계인에 대한 것과 마찬가지이므로 청구취지를 따로 밝힐 필요가 없다. 다만 이미 앞서 본 바와 같이 **예외적**으로 **당사자적격의 질적·양적 일부이전** 등의 경우에는 청구취지·청구원인을 새로 추가하는 청구의 변경이 일어날 수 있다. **일반적**으로 **추가적 승계**(추가적 인수)를 인정하는 입장에서는(판례는 이를 원칙적으로 인정하지 않는다) 추가적 승계의 경우 인수승계신청에서 인수승계인에 대해 청구취지·청구원인을 새로 추가해야 한다고 본다.

(2) 인수승계신청 및 재판

1) 종전 당사자가 인수승계를 **신청**해야 한다(법 82조 1항). 여기의 **당사자**란 피승계인의 상대방이고 피승계인 자신은 포함하지 않는다는 견해가 있으나,[2] 법 82조 1항이 단순히 '당사자'라고만 규정하고 있고 **피승계인**이 자기의 지위를 승계인에게 인수시켜 그 부분의 채무를 면하고자 할 수 있으므로 **피승계인** 자신도 신청권자로 본다(통설). **판례**도 마찬가지이다.[3] 의무승계인도 인수승계를 신청할 수 있다는 견해가 있으나,[4] 이와 같은 해석은 법문에 반하며, 의무승계인은 법 81조 1항에 의한 참가승계신청을 해야 한다. 법원이 당사자에게 승계인에 대하여 인수

---

1) 대판 2001. 3. 9. 98다51169, 2002. 12. 10. 2002다48399.

2) 김홍규·강태원, 859쪽.

3) 원고 측 소송승계에서 **피승계인인 원고**가 자신이 제 3 자에게 채권을 양도했다는 이유로 제 3 자에 대하여 **인수승계신청**을 한 판결로는, 대판 2017. 7. 18. 2016다35789.

4) 방순원, 238쪽; 송상현·박익환, 707쪽.

승계신청을 하도록 촉구하는 등의 석명의무까지 있는 것이라고는 할 수 없다.[1) 인수승계신청서에는 인지를 붙이지 않는다(민인 10조 단서, 민인규 2조의2).[2)

2) 인수승계신청이 있는 때에는 법원은 **당사자**(양쪽 당사자)와 **제 3 자**를 **심문**해야 하며(**필수적 심문**), 그 결과 결정으로 그 허가 여부를 재판한다(법 82조 2항). ① 심문결과 **승계인적격의 흠이 분명한 때**에는 인수승계신청을 각하하는 결정(**인수승계신청각하결정**)을 한다. 이러한 **신청각하결정**은 **종국적 재판**으로 이에 대해서는 항고할 수 있다(통상항고, 법 439조).[3) ② 한편 심문결과 **승계인적격의 흠이 분명하지 않는 한** 인수승계를 명하는 결정(**인수승계결정**)을 한다. **전부인수**인 경우에는 인수승계인이 피승계인을 위하여 소송을 인수한다는 결정을 한다. **일부인수**인 경우에는 **인수범위**를 특정해서 해야 한다. 이러한 **인수승계결정**은 **중간적 재판**이기 때문에 독립하여 불복신청할 수 없다. 이 경우 상소심의 판단을 받는다(법 392조 본문, 425조). **판례**도, 인수승계결정은 일응 승계인적격을 인정하여 이를 당사자로서 취급하는 취지의 중간적 재판이므로 이에 불복이 있으면 본안에 대한 종국판결과 함께 상소할 수 있을 뿐이라고 본다.[4)

3) 소송계속 중 소송목적인 의무의 승계를 이유로 하는 인수승계신청이 있는 경우 신청이유로서 **주장하는 사실관계 자체**에서 그 승계인적격에 흠이 있음이 **분명하지 않는 한** 결정으로 그 신청을 인용(**인수승계결정**)해야 하며, **승계인에 해당하는지 여부**는 승계인의 또는 승계인에 대한 청구의 당부와 관련하여 판단할 사항이다. 따라서 본안청구의 당부에 관한 **심리결과 승계사실이 인정되지 않으면** 승계인의 또는 승계인에 대한 **청구를 기각하는 본안판결**을 하면 되는 것이지 인수승계신청 자체가 부적법하게 되는 것은 아니므로 인수승계신청을 각하해서는 안 된다.[5)

---

1) 대판 1975. 9. 9. 75다689.

2) 인수승계신청의 경우 독립한 신청사건으로 취급하지 않으므로 **문건**으로 전산입력하며, 인수승계신청서와 관계서류를 본소 소송기록에 **가철**한다. 재판예규 제1692호 '민사접수서류에 붙일 인지액 및 그 편철방법 등에 관한 예규'(재민 91-1, 2018. 6. 7. 개정, 2018. 7. 1. 시행).

3) **대판 1995. 6. 30. 95다12927**은 인수승계신청을 각하하는 결정에 대해서는 신청인이 항고를 할 수 있으므로, 이와 같이 항고로써 불복을 신청할 수 있는 재판은 항소법원의 판단대상이 되지 않는다고 하여 법 392조 단서를 적용하고 있으나, 이러한 신청각하결정은 **종국적 재판**이므로 법 392조 단서가 적용될 여지가 없음에도(법 392조는 제 1 심이 종국판결의 전제로 중간적 재판을 한 경우에 항소법원의 판단을 받을지 여부에 관한 규정이다) 이를 간과한 판시로서 부당하다.

4) 대결 1981. 10. 29. 81마357, 1990. 9. 26. 90그30.

5) 대판 2005. 10. 27. 2003다66691.

이에 대하여, 인수승계결정이 있은 뒤에 본안 심리결과 승계사실이 인정되지 않으면 인수승계결정을 취소하고 그 신청을 각하해야 한다는 견해가 있다.[1]

(3) 효   과

인수승계로 (당사자의 **인수승계신청**에 따라 법원이 **인수승계결정**을 한 경우에)[2] 당초의 소제기에 의한 시효중단·기간준수의 효력도 승계인인 신당사자에 (**소제기시로**) 소급적으로 미친다(법 82조 3항, 81조). 인수승계한 신당사자는 피승계인의 소송상 지위를 그대로 물려받게 되며, 피승계인이 한 소송행위의 결과가 유리·불리한지를 불문하고 이에 구속된다(**소송상태승인의무**).[3]

6. 피승계인의 지위와 소송탈퇴

(1) 의   의

1) 소송물의 양도에 의한 참가·인수승계의 경우 피승계인은 **상대방의 승낙**을 받아 소송탈퇴를 할 수 있다(법 81조·80조, 82조 3항). 이러한 소송탈퇴는 참가·인수승계신청이 **적법한 경우**에만(인수승계에서는 법원의 **인수승계결정**이 있는 경우에만)[4] 허용된다. 따라서 참가·인수승계신청이 부적법한 경우에는 피승계인의 소송탈퇴는 허용되지 않고 피승계인과 상대방 사이의 소송관계가 유효하게 존속한다.[5] **소송상 대리인**(친권자를 제외한 법정대리인, 소송위임에 의한 소송대리인)에 의하여 소송탈퇴를 하기 위해서는 **특별한 권한의 수여**가 있어야 한다(법 56조 2항, 90조 2항 2호).

2) 적법한 소송탈퇴로 **피승계인과 상대방** 사이의 **소송관계**는 적법하게 **종료**된다.[6] 그러나 소송탈퇴에도 불구하고 **판결의 효력**은 탈퇴한 당사자에게 미친다

---

1) 정동윤·유병현·김경욱, 1152쪽.

2) 대판 2017. 7. 18. 2016다35789.

3) 추가적 인수를 인정하는 입장에서 승계인의 이익을 고려하여 피승계인의 행위와 모순되는 승계인의 독자적인 소송행위를 넓게 인정할 필요가 있다는 견해로는, 이시윤, 877쪽; 정영환, 1052쪽.

4) 대판 2017. 7. 18. 2016다35789.

5) 대판 2012. 4. 26. 2011다85789(따라서 참가승계인의 참가신청이 부적법함에도 불구하고 법원이 이를 간과하여 참가승계인의 참가신청과 피승계인의 소송탈퇴가 적법함을 전제로 참가승계인과 상대방 사이의 소송에 대해서만 판결을 했는데, **상소심에서 참가승계인의 참가신청이 부적법하다고 밝혀진 경우**, 피승계인과 상대방 사이의 소송은 여전히 **탈퇴 당시의 심급에 계속**되어 있으므로 상소심법원은 탈퇴한 피승계인의 청구에 관하여 심리·판단할 수 없다).

6) 대판 2011. 4. 28. 2010다103048[소송계속 중 사망한 갑에게서 소송탈퇴에 관한 특별수권을

(법 81조, 82조 3항, 80조). 다만 승계인의 청구나 승계에 대한 청구에 대한 판결의 효력이 탈퇴한 당사자에게 미치기 위해서는 승계된 **소송목적인 권리·의무**에 관한 **실체적 판단이 있는 경우**(청구인용판결, 또는 소송목적인 권리·의무의 불성립, 무효, 소멸 등에 의한 청구기각판결의 경우)에 한하는 것으로 보아야 한다. 따라서 이러한 **실체적 판단이 없이 승계사실의 부존재나 승계의 무효**에 따라 승계인에 관한 청구가 기각된 경우에는 그 판결의 효력은 **소송물의 양도가 무효**라는 한도 내에서만 탈퇴한 당사자에게 미치고, 탈퇴한 당사자의 또는 탈퇴한 당사자에 대한 재소는 허용된다고 보아야 한다.[1]

　　판례는 이에 관하여 명시적인 판단을 하지 않고 있으나, 뒤에서 보는 바와 같이 **대판 2017. 7. 18. 2016다35789**는 소송물의 양도가 **무효**인 경우 탈퇴한 당사자인 피승계인에게 승계인에 관한 판결의 효력이 미치지 않아 **피승계인의 재소가** 허용되는 전제에서 전소 소제기에 의한 시효중단의 효력의 유지 여부에 관하여 판단한 것으로 이해된다.[2]

　　(2) 소송탈퇴를 하지 않은 경우의 소송상태

　　1) 피승계인이 소송탈퇴를 하지 못하는 경우로는, ① 피승계인인 종전 당사자가 **승계사실을 다투는 경우**, ② 소송목적인 **권리·의무의 일부승계**가 있는 경우, 또는 **예외적으로 추가적 승계**가 인정되는 경우[적격승계설의 입장에서도 예외적으로

받은 소송대리인은, 참가승계인 을이 참가승계신청을 하자 소송탈퇴를 신청했고 상대방 측 소송대리인이 위 탈퇴에 승낙했는데, 을이 소송물과 관련한 갑의 재산을 단독으로 상속하게 되었다면서 소송수계신청을 했고 이후 을은 참가승계신청취하서를 제출하여 상대방 측 소송대리인이 위 취하에 동의한 사안에서, 갑의 소송대리인이 한 소송탈퇴신청은 상속인들 모두에게 그 효력이 미치므로 **갑과 상대방 사이의 소송관계**, 즉 **갑의 상속인들과 상대방 사이의 소송관계**는 소송탈퇴로 적법하게 **종료**되었고 을의 소송수계신청은 이미 종료된 소송관계에 관한 것이어서 이유 없음이 명백하고, 한편 **을과 상대방 사이의 소송관계**도 참가승계신청취하와 상대방의 이에 대한 동의로 적법하게 종료되었다고 보았다. **대법원**은 "원심판결을 파기하고, 제 1 심판결을 취소한다. 원고(탈퇴) 망 갑의 소송수계인 을의 소송수계신청을 기각한다. 이 사건 소송은 (언제) 승계참가인의 승계참가신청취하로 종료되었다. 소송종료 이후의 소송비용은 원고(탈퇴) 망 갑의 소송수계인 을이 부담한다"는 주문으로 판결을 선고했다; 김형석, "승계참가신청 후 소송탈퇴가 있고, 탈퇴자가 사망하자 망인에 대한 소송수계신청이 있은 다음 승계참가신청이 취하된 경우의 처리," 대법원판례해설 87호(2011년 상반기), 287쪽 이하.

1) 문영화, "소송승계와 탈퇴의 효력," 민사소송(한국민사소송법학회) 20권 1호(2016년), 197쪽 이하; 양진수, "승계가 무효임을 이유로 한 원고 인수참가인의 청구기각 또는 소각하 판결이 확정된 후 탈퇴원고가 다시 소를 제기하는 경우 원고의 최초 소제기로 인한 소멸시효 중단효과 의 운명," 대법원판례해설 113호(2017년 하반기), 29쪽.

2) 양진수, 위 해설, 29쪽.

추가적 승계가 인정될 수 있음은 앞서 살펴본 바와 같다], ③ 상대방이 소송탈퇴에 대하여 **승낙하지 않는** 경우 등이 있다. 이러한 때에는 소송승계에도 불구하고 피승계인은 당사자적격을 잃지 않는다.

2) **이들 가운데 피승계인이 승계사실을 다투는 경우**에는 권리자 측으로서는 권리자합일확정의 **독립당사자참가**(권리주장참가) **형태**가 되므로 **법 79조**를 유추적용하여, **의무자** 측으로서는 채무자합일확정의 **예비적 공동소송 형태**가 되므로 **법 70조**를 유추적용하여 재판의 통일을 기해야 한다.[1] 이에 대하여, 권리자·의무자 측을 불문하고 승계사실에 다툼이 있는 경우에는 피승계인과 승계인, 피승계인의 상대방 사이에는 3면소송의 형태를 갖게 되므로 독립당사자참가소송에 관한 법 79조를 적용해야 한다는 견해도 있다.[2]

3) **이들 가운데 피승계인이 승계사실을 다투지 않는 경우**에는, 특히 참가승계(권리승계형 참가승계)에서 피승계인과 새로 가입한 신당사자가 **통상공동소송관계**에 있다고 볼 것인지, **필수적 공동소송에 관한 법 67조가 준용되는 관계**(독립당사자참가관계 또는 예비적 공동소송관계)에 있다고 볼 것인지 문제가 된다. 이에 대하여 **대부분의 학설 및 판례**는 통상공동소송관계에 있다고 보았으나,[3][4] **대판(전) 2019. 10. 23. 2012다46170**은 이들의 관계가 **양립불가능한 관계**에 있어 **필수적 공동소송에 관한 법 67조가 준용**되는 것으로 보고(위 전원합의체 판결은 위 규정이 '적용'된다고 하나, '준용'된다는 표현이 정확하다) 위 판결의 견해에 배치되는 범위 내에서 **종래 판례**를 이루었던 판결들을 모두 **변경**했다.[5] 이에 관해서는 아래와 같이 상세히 검토하기로 한다.

---

1) 이시윤, 877쪽; 이재성, "소송물의 승계와 소송절차," 민사재판의 이론과 실제 1권(1976. 9.), 130쪽 이하.
2) 호문혁, 1014쪽; 정영환, 1055쪽; 한충수, 817쪽; 손한기, 461쪽.
3) 학설상 통상공동소송관계로 보았던 통설적 입장에 대하여, 민사소송법이 전부개정되기 전에는 독립당사자참가에서 편면참가가 인정되지 않고 예비적·선택적 공동소송도 인정되지 않았으므로 이 경우 통상공동소송관계로 볼 여지가 있었으나, 민사소송법이 전부개정된 이후에는 독립당사자참가에서 편면참가가 인정되고 예비적·선택적 공동소송이 인정되어 법 79조 2항 또는 법 70조 1항 단서에 의하여 필수적 공동소송에 대한 특별규정인 법 67조가 준용됨으로써 계쟁물의 귀속에 관한 합일확정의 소송관계를 정립할 수 있으므로, 통상공동소송관계로 본 판례는 변경되어야 한다고 보았던 견해로는, 강현중, 945쪽.
4) 이 경우 통상공동소송으로 본 종래 판결로는, 대판 2004. 7. 9. 2002다16729, 2009. 12. 4. 2009다65850, 2014. 10. 30. 2011다113455,113462 등.
5) 그 뒤 같은 취지의 판결로는, 대판 **2022. 6. 16. 2018다301350**.

■ 위 대판(전) 2019. 10. 23. 2012다46170에 관한 검토

(1) 사안의 이해 및 쟁점의 정리

1) 위 전원합의체 판결의 사안을 요약하여 이해하기 쉽게 재구성하면 다음과 같다. 갑은 공사업자로서 을에 대하여 11억원의 정산금청구의 소(공사대금채권이 있음을 전제로 이를 정산한 금액을 청구하는 소)를 제기했다. 소송계속 중 갑의 위 11억원의 정산금채권 가운데 9억원에 대하여 채권압류 및 전부명령을 받은 병이 참가승계신청을 했다(**권리승계형 참가승계**의 경우). 갑은 병의 승계사실에 대하여 다투지 않았다. 갑은 전부(轉付)된 채권액을 제한 나머지 금액으로 청구금액을 감축하지 아니한 상태에서(물론 소송탈퇴신청을 하지 않은 채) 그대로 소송절차에서 원고로 남아 있었다. 제1심판결은 갑의 을에 대한 정산금채권을 4억원으로 인정한 결과 갑의 을에 대한 청구를 전부기각하고, 병의 을에 대한 청구를 일부인용했다. 이에 대하여 갑은 항소를 하지 않고, 을과 병은 각 항소를 했다.

2) 갑은 항소심의 재판 진행 중 병이 채권압류 및 전부명령을 받기 전에 이미 갑의 을에 대한 공사대금채권에 대하여 갑의 하수급인이 가압류를 했으므로 병의 압류는 **압류의 경합** 상태에 있고, 따라서 병이 받은 전부명령은 무효라고 주장하면서[1] **부대항소**를 했다.[2]

3) 이 사건의 **쟁점**은 제1심에서 승계사실을 다투지 않았던 피승계인인 갑이 항소심에서 승계사실을 다투면서(승계인 병이 받은 전부명령이 무효라고 다투면서) 부대항소를 할 수 있는 지위에 있는지 여부, 즉 갑의 청구가 제1심판결로 인하여 분리확정되지 않아(따라서 소송이 종료되지 않아) 갑이 여전히 항소심에서 당사자로 남아 있는지 여부이다.

(2) 종래 판례의 문제점

종래 판례에 의하면 갑이 병의 승계사실을 다투지 않았음에도 불구하고 소송탈퇴를 하지 않은 채(이 사건과 같이 일부승계의 경우이거나, 만약 일부승계가 아닌 전부승계에서도 갑이 소송탈퇴신청을 하지 않거나, 소송탈퇴신청을 한다고 하더라도 상대방인 을이 소송탈퇴에 승낙을 하지 않는 경우) 소송에 남아 있는 한 갑과 병은 통상공동소송관계에 있다고 보았다. 앞서 본 바와 같이 대부분의 학설도 종래의 판례의 태도를 지지했다. 그런데 종래의 판례에 의하면 갑이 패소판결을 받고도 항소를 하지 않는 경우라면[3] **통상공동소송에서는 상소불가분의 원칙이 적용되지**

---

1) **압류의 경합**이란 피압류채권액을 초과하여 압류 및 압류, 또는 압류 및 가압류 등의 경합이 있는 것을 말하는데(민집 235조), 이 경우 압류채권자에게 변제적 효과를 가져오는 전부명령을 할 수 없으며, 압류가 경합된 상태에서 **전부명령**을 하는 경우 그 전부명령은 **무효**가 된다(민집 229조 5항). 김홍엽(민사집행), 396쪽.

2) **부대항소**(법 403조)란 적법한 항소기간을 넘겨 항소권이 소멸되더라도 이미 이루어진 다른 당사자의 항소에 부대하여 제1심판결을 다투는 것을 말한다.

3) 갑으로서는 병이 갑의 정산금채권을 전부(轉付)받았다고 하더라도 이는 정산금채권의 전부

않으므로, 갑에 대해서는 제 1 심판결이 분리확정되는 결과가 되며, 따라서 갑으로서는 자신이 항소심에서도 여전히 당사자임을 전제로 하는 부대항소를 할 수 없게 된다. 이러한 결론이 타당한지 여부가 이 사건 전원합의체 판결에 다루어졌다.

(3) 위 전원합의체 판결의 검토

1) 갑이 병 앞으로 일부 이전된 채권 부분에 대하여 달리 다투지 않았다고 하더라도 그 이전의 효과가 확정적이라고 볼 수 없다. 이는 갑과 을 사이에 그 부분에 대한 다툼이 없다는 의미에 지나지 않고, 승계사실 여부는 본안의 판단에서 여전히 다투어지게 된다. 예컨대 권리승계형 참가승계에서, 승계인이 피승계인으로부터 채권을 양수했다고 주장하면서 참가승계를 하는 경우 그 주장 자체에서 승계사실을 인정할 수 없는 경우가 아닌 한 본안심리 결과 승계사실이 인정되지 않는 때에도 승계신청 자체를 각하하는 판결을 할 수 없으며, 승계인의 청구를 기각하는 판결을 할 수 있을 따름이다. 따라서 피승계인이 승계인의 승계사실을 다투지 않는다고 하더라도 피승계인이 소송탈퇴를 하지 않는 한 원칙적으로 **피승계인의 청구와 승계인의 청구가 같이 병합된 상태**에서 재판을 받게 된다.

2) 전원합의체 판결은 다음과 같은 논리로 **갑의 청구와 병의 청구는 양립불가능한 관계**에 있고, 따라서 **필수적 공동소송에 관한 법 67조가 준용**된다고 보고 있다.

권리승계형 참가승계에서 피승계인인 원고가 소송탈퇴, 소취하(일부취하의 의미를 갖는 청구감축을 포함) 등을 하지 않아 승계된 부분에 관한 원고의 청구가 그대로 유지되는 경우 원고의 피고에 대한 청구와 승계인의 피고에 대한 청구는 그 주장 자체로 법률상 양립할 수 없는 관계에 있다. 원고의 피고에 대한 채권이 존재하는 경우 승계인이 승계원인으로 주장하는 채권양도나 전부명령에 의하여 채권이 법률상 유효하게 승계되었는지 여부에 따라 원고 또는 승계인 가운데 어느 쪽의 청구는 인정되고 다른 쪽의 청구는 기각되어 두 청구가 모두 인용될 수는 없기 때문이다. 따라서 권리승계형 참가승계에서도 원고의 청구가 그대로 유지되고 있는 한 **독립당사자참가소송**이나 **예비적·선택적 공동소송**과 마찬가지로 **필수적 공동소송에 관한 규정(법 67조)을 준용**하여 같은 소송절차에서 두 청구에 대한 판단의 모순·저촉을 방지하고 이를 합일적으로 확정할 필요성이 있다[한편 위 전원합의체 판결은 이러한 이유에 더하여, **법 81조**는 승계인이 독립당사자참가에 관한 법 79조에 따라 소송에 참가하도록 정하고 있는데, 법 79조 2항은 필수적 공동소송에 관한 특칙인 법 67조를 준용하고 있으므로 법 81조는 참가승계에 관해서도 필수적 공동소송에 관한 특별규정을 준용할 근거가 될 수 있다고 보고 있다].

3) 전원합의체 판결은, 갑이 항소심에서 부대항소를 할 수 있는 지위를 가진다고 보아야 하는데, 종래의 판례로서는 갑이 승계사실을 다투지 않는 한 병과의 관

가 아닌 일부에 대한 것이므로 전부되지 않은 나머지 청구 범위 내에서 제 1 심판결에 불복하여 항소를 하는 것이 마땅할 것 같으나, 갑은 이에 항소를 하지 않았다.

계에서 통상공동소송관계에 있고, 따라서 갑이 패소판결을 받고도 항소를 하지 않는 이상 갑의 을에 대한 청구가 분리확정되는 결과가 되어 갑으로서는 부대항소를 할 수 없는 지위에 있기 때문에, 이를 해결하기 위하여 일단 갑과 을의 각 청구 관계는 양립불가능한 관계에 있고, 따라서 법 67조가 준용되어야 한다는 결론에 이르렀다.

   4) 위 전원합의체 판결은 **권리승계형 참가승계**에 관한 것으로, 결론적으로 피승계인이 승계사실을 다투는지 여부를 불문하고 피승계인이 소송절차에 남아 있는 한 피승계인의 청구와 승계인의 청구가 양립불가능한 관계에 있다는 이유로, 더 나아가 **독립당사자참가소송의 형태로 되는 것인지, 예비적·선택적 공동소송의 형태로 되는 것인지를 분명히 하지 않은 채** 필수적 공동소송에 관한 법 67조가 준용된다고 하고 있을 뿐만 아니라,[1][2] **인수승계**의 경우에 승계사실(채무인수 등)을 다투지 않는 피승계인과 승계인 사이의 관계를 어떻게 볼 것인지는 전혀 다루지 않아, 앞으로 이에 관한 많은 연구를 남겨놓고 있다.[3][4]

(3) 항소심에서의 소송탈퇴 여부에 따른 소송상태

1) 피승계인이 소송에서 **탈퇴한 경우** 심판대상은 어디까지나 승계인의 청구

---

1) **보충의견**(주심대법관 민유숙)은, 이 경우 법원은 석명권을 행사하여 소송관계를 분명하게 하기 위하여 원고와 승계인으로 하여금 그들의 청구가 어떤 관계인지 분명히 하도록 석명하는 것이 바람직하며(보충의견은 승계인이 주위적 원고, 피승계인이 예비적 원고에 있는 것과 '유사'하다고 이해하고 있다), 원고와 승계인이 자신들의 청구취지와 청구원인을 예비적·선택적 공동소송으로 변경하는 경우 **예비적·선택적 공동소송 절차**에 따라 소송절차를 진행하고, 그렇지 않는 경우에는 원고와 승계인의 청구는 **편면적 독립당사자참가소송과 유사한 구조**로 보아 향후 소송관계를 그에 준하여 처리할 수 있을 것이라고 보고 있다.

2) 이에 대하여, 참가승계의 경우 독립당사자참가의 형식을 빌리는 것일 뿐인데 피승계인이 승계사실을 다투지 않으면 독립당사자참가의 실질을 갖지 않으므로 편면참가에 준하는 소송구조로 파악할 수 없으며, 한편 예비적·선택적 공동소송은 당사자의 신청이 있어야 하므로 이러한 신청이 없음에도 예비적·선택적 공동소송으로 강조하는 것은 명백히 처분권주의에 반한다고 보는 견해로는, 한충수, "참가승계와 필수적 공동소송의 심리특칙," 법조 69권 2호(통권 740호)(2020. 4.), 531쪽 이하.

3) **의무승계형 인수승계에서 원고의 종전 피고(피승계인)와 (인수)승계인에 대한 청구가 서로 양립불가능하여** 전부인용 또는 전부기각이 불가능한 관계에 있다면 예비적·선택적 공동소송에 준하여 법 67조가 준용될 여지가 있다는 보는 견해로는, 이지영, "권리승계형 승계참가 사건에서 승계로 인해 중첩된 원고와 승계참가인의 청구 사이의 소송관계," 사법 51호(2020. 3.), 652쪽.

4) 참고로 **일본의 경우** 1999. 1. 1. 시행된 개정 민사소송법 전에는 통설이 이를 통상공동소송으로 보아 합일확정을 부정했으나, 위 **개정 민사소송법**은 **참가승계**(일 민소 49조·51조)에서 피승계인이 소송탈퇴를 하지 않는 경우에 독립당사자참가의 규정(일 민소 47조)에 따라 필수적 공동소송에 관한 특칙 규정(일 민소 40조)을 준용하도록 하고, **인수승계**(일 민소 50조·51조)에서 피승계인이 소송탈퇴를 하지 않는 경우에는 동시심판신청 공동소송에 관한 규정(일 민소 50조 3항, 51조)을 준용하도록 하고 있는 등 입법적으로 해결하고 있다.

또는 승계인에 대한 청구이다. 따라서 원고가 손해배상청구권을 참가승계인에게 양도하고 항소심 계속 중에 피고에게 채권양도의 통지를 한 다음 승계인이 참가승계신청을 하자 **탈퇴한 경우**(원고가 탈퇴를 신청하고 피고가 이에 승낙한 경우) 항소법원으로서는 제 1 심판결을 변경하여 승계인의 청구에 대하여 판단을 해야 한다.[1]

2) 피승계인이 소송에서 **탈퇴를 하지 않는 경우** 앞서 본 전원합의체 판결에 따르면 피승계인이 승계사실을 다투는지 여부를 불문하고 **피승계인의 청구**와 **승계인의 청구**는 양립불가능한 관계에 있고, 따라서 필수적 공동소송에 관한 **법 67조**가 준용되어 이에 따라 재판을 하게 된다[다만 편면적 독립당사자참가소송관계에 있는지, 예비적·선택적 공동소송관계에 있는지에 따라 차이가 있을 수 있다].

(4) 소송탈퇴 후 애당초 소제기에 따른 시효중단 효력의 존속 여부

1) **원고**(권리자, 피승계인)**가** 소송목적인 권리를 제 3 자에게 양도한 후 **제 3 자**(승계인)**에 대하여** 인수승계신청을 하여 법원의 인수승계결정이 있는 경우(권리승계에서 피승계인의 승계인에 대한 인수승계신청의 경우) 원고는 피고(의무자)의 승낙을 받아 소송탈퇴를 할 수 있는데, 원고가 **소송탈퇴**를 하더라도 애당초 소제기로 인한 **시효중단의 효력**은 소멸하지 않는다. 소송탈퇴는 **소취하**와는 그 성질이 다르며, 탈퇴 후 잔존하는 소송에서 내린 판결은 탈퇴자에 대해서도 그 효력이 미치기 때문이다(법 82조 3항, 80조 단서). 그런데 법원이 그 후 (원고의 소송상 지위를 승계한) 인수승계인의 청구의 당부에 관하여 심리한 결과 **인수승계인의 청구**를 **기각**하거나 **소**를 **각하**하는 판결을 선고하여 그 판결이 확정되었다면 원고가 제기한 최초의 재판상 청구로 인한 **시효중단의 효력**은 **소멸**한다(민 170조 1항).

2) **판례**는, 이 경우 인수승계인의 **소송목적 양수의 효력**이 **부정**되어 인수승계인에 대한 **청구기각판결** 또는 **소각하판결**이 확정된 날부터 **6월** 내에 **탈퇴한 원고**가 다시 탈퇴 전과 같은 **재판상 청구** 등을 한 때에는, 탈퇴 전에 원고가 제기한 재판상 청구로 인하여 발생한 시효중단의 효력은 그대로 유지된다고 보고 있다(민 170조 2항).[2]

주목할 점은 위 판례는 앞서와 본 바와 같이 탈퇴 후 잔존하는 소송에서 내린 판결의 효력이 탈퇴한 당사자에게 미치는 범위와 관련하여, 소송목적인 권리·의무 자체에 대한 **실체적 판단**을 한 판결이 아니라 **승계사실의 부존재**나 승

---

[1] 대판 2004. 1. 27. 2000다63639.
[2] 대판 2017. 7. 18. 2016다35789.

계의 무효를 들어 소각하판결이나 청구기각판결을 한 경우에는 탈퇴한 당사자에게 원칙적으로 이러한 판결의 효력이 미치지 않아 탈퇴한 당사자인 피승계인이 재소(再訴)를 할 수 있음을 전제로 하고 있다는 점이다.

Ⅳ. 제 3 자 소송인입제도

종전의 원·피고가 일정한 제 3 자를 소송에 끌어들이는 제 3 자의 소송인입의 형태로는, 강제참가로서 앞서 본 인수승계(법 82조), 추심의 소에서 추심의 소를 제기당한 제 3 자가 집행력 있는 집행권원 정본을 가진 모든 채권자를 공동소송인으로 원고 측에 참가시키는 경우[첫 변론기일까지 신청할 수 있다(민집 249조 3항)] 등이 있다. 피고의 경정(법 260조·261조), 필수적 공동소송인의 추가(법 68조), 예비적·선택적 공동소송인의 추가(법 70조 1항 본문, 68조) 등도 제 3 자 소송인입의 경우에 해당한다.

상소심절차 PART 6

제 1 절 총   설

I. 상소의 의의

상소는 재판의 확정 전에 상급법원에 대하여 원심판결의 취소·변경을 구하는 불복신청이다. 상소에는 항소·상고·항고의 세 가지가 있다. 상소제도는 당사자의 구제를 보장함과 동시에 하급심에서의 법운영의 혼선방지 및 법령해석 적용의 통일을 위해 마련되었다. 상소는 3심제이다. 제 1 회의 상소심은 사실심, 제 2 회의 상소심은 법률심이다. 제 2 회의 상소심을 법률심으로 한 것은 상소제도의 둘째 목적인 법령해석·적용의 통일을 이 단계에서 실현시키려는 배려에서이다. 상소에는 판결에 대한 상소인 항소·상고와 결정·명령에 대한 상소인 항고·재항고가 있다.

II. 상소의 종류

1. 항소·상고·항고·재항고

항소는 사실심에의 상소로서 제 1 심 종국판결에 대한 불복신청이다. 상고는 법률심에의 상소로서 원칙적으로 제 2 심 종국판결에 대한 불복신청이나, 예외적으로 제 1 심판결에 대하여 직접 상고법원에 불복신청을 하는 경우가 있다(이를 **비약상고**라 부른다. 법 390조 1항 단서, 422조 2항). 항고는 결정·명령에 대한 불복신청으로 특히 항고법원에 대하여 다시 항고를 하는 것을 재항고라 한다. 항고에 대해서는 항소의, 재항고에 대해서는 상고의 규정이 원칙적으로 준용된다(법 443조).

2. 불복신청방법의 선택

당사자가 어떤 종류의 상소를 할 것인지는 재판의 종류에 따라 결정된다. 따라서 상소의 신청시 원재판의 종류에 맞는 불복신청방법을 선택해야 한다. 선택을 잘못한 상소는 부적법하다. 다만 법원은 불복신청서의 표제에 구애받음이 없이 신청의 취지로 보아 당사자의 진의(眞意)를 선해(善解)하여 적법한 것으로 취급해야 한다. 예컨대 ① 항고장의 표제에 관계없이 재항고 또는 특별항고에 해당하는 경우에는 대법원으로 기록송부를 해야 하고, ② 항고장의 표제가 재항고 또는 특별항고로 되어 있다고 하더라도 통상항고에 해당하는 경우에는 항고법원으로 기록송부를 해야 하며, ③ 항소장의 표제가 추후보완항소로 기재되어 있지 않더라도 당사자가 책임질 수 없는 사유로 항소기간을 넘긴 것으로 인정되는 경우에는 추후보완항소로 보아야 한다.

3. 형식에 어긋나는 재판

(1) 의   의

판결로 재판해야 할 것을 결정으로 했다거나, 결정으로 재판할 것을 판결로 한 경우처럼 민사소송법에서 본래 기대되는 형식의 재판과는 다른 형식의 재판으로서 한 재판을 **형식에 어긋나는 재판**(위식(違式)의 재판)이라 한다. 예컨대 가압류·가처분결정에 대한 이의신청이나 취소신청에 대해서는 결정으로 재판을 해야 함에도 판결로 한 경우이다.

(2) 상소의 종류의 결정기준

이에 대하여, ① 현재 한 재판의 형식에 따라 상소의 종류를 정할 것인지(**주관설**), ② 본래 해야 할 재판의 형식에 따라 상소의 종류를 정할 것인지(**객관설**) ③ 현재 한 재판의 형식에 따른 상소이든지 본래 해야 할 재판의 형식에 따른 상소이든지 어느 것을 선택해도 적법한 상소로 볼 것인지(**선택설**)의 논의가 있다. 법원의 실수로 인하여 형식에 어긋나는 재판을 한 경우 이에 대한 상소의 종류를 결정할 때에는 당사자에게 어떤 소송상의 불이익을 입혀서는 안 되므로, 법원에 의해 현실적으로 행해진 재판의 형식을 기준으로 하는 상소이든, 본래 해야 할 형식의 재판의 형식을 기준으로 하는 상소이든 어느 것을 선택해도 적법한 상소로 인정해야 한다. 따라서 **선택설**이 타당하다.[1] **법 440조**도 "결정이나 명령으로 재판할 수 없는 사항에 대하여 결정 또는 명령을 한 때에는 항고할 수 있다"고 규정하여 선택설을 따랐다. 다만 선택설을 취하더라도, 불복할 수 없는 재판을 불복할 수 있는 재판의 형식으로 판단했다 하여 불복이 허용되는 것은 아니다.

---

[1] 이시윤, 883쪽; 김홍규·강태원, 872쪽; 정동윤·유병현·김경욱, 894쪽; 한충수, 826쪽; 전원열, 708쪽.

Ⅲ. 상소요건

1. 의   의

일정한 요건을 갖춘 적법한 상소에 대해서만 본안심리를 한다. 상소가 적법한 것으로 취급되어 본안심판을 받기 위한 요건을 상소요건이라 한다. 조사결과 흠이 있는 때에는 상소를 각하하는 판결을 한다.

2. 상소의 일반요건

(1) 상소의 대상적격

각 상소에 공통한 상소요건으로는, 원심판결에 대한 불복신청이 허용되는 경우이어야 한다. 즉 상소의 대상적격이 있어야 한다. 따라서 판결선고 전의 재판, 중간적 재판, 무효의 판결[다만 이로 인한 외관(등기·등록 등)을 제거하기 위한 상소는 허용된다], 다른 불복방법이 있는 경우(예컨대 판결의 경정사유, 추가판결의 대상이 되는 재판의 누락,[1] 이의방법으로 다툴 수 있는 조서의 기재 등) 등은 상소의 대상적격이 없다.

(2) 방식에 맞는 상소제기와 상소기간의 준수

상소제기행위는 그 방식이 적법해야 하며, 상소제기는 상소기간 내에 제기되어야 한다. **상소기간**은 **항소·상고**의 경우에는 원심판결의 판결서(판결정본)가 송달된 날부터 **2주**이며(법 396조 1항 본문, 425조), **즉시항고·특별항고**의 경우에는 재판의 고지가 있는 날부터 **1주**이다(법 444조 1항, 449조 2항). 다만 **통상항고**는 재판의 취소를 구할 이익이 있는 한 어느 때나 제기할 수 있다. 상소기간은 **불변기간**이다(법 396조 2항, 444조 2항, 449조 3항). 상소기간을 넘기면 상소권은 소멸한다. 재판서 정본이 수령권한 없는 사람에게 송달된 경우에는 그 송달은 효력이 발생하지 않으므로 상소기간은 진행되지 않는다.[2] 한편 판결선고 후 판결정본의 송달 전이라도 적법하게 상소를 제기할 수 있다(법 396조 1항 단서, 425조). 상소기간이 진행되지 않아 언제든지 상소를 제기할 수 있는 경우라도 신의칙에 의한 **실효의 원칙**이 적용되어 상소권의 행사가 허용되지 않을 수도 있음은 이미 신의칙에서

---

1) 대판 1996. 2. 9. 94다50274, 2020. 5. 14. 2020다205561.
2) 대판 2018. 10. 12. 2018다239899.

본 바와 같다.

(3) 상소권포기

(a) 의   의

상소권은 제 1 심 판결선고에 기하여 발생하며, 이를 포기할 수 있다(법 394 조·425조). 당사자는 상소권 발생 후, 즉 **판결선고 후**에만 이를 **포기**할 수 있다.[1] 다만 상소권포기는 **상소제기 전**이든 **후**이든 상관없다. 다만 **상소**를 제기한 **후**의 **상소권포기**는 **상소취하의 효력**도 있다(법 395조 3항, 425조). 상소권포기는 상대방의 동의 없이 할 수 있다(법 394조). 다만 판결의 효력이 제 3 자에게 미치는 대세효가 있을 때에는 상소권을 포기할 수 없다. 제 3 자의 공동소송참가(법 83조)의 기회를 박탈하기 때문이다. 통상공동소송에서는 공동소송인 가운데 어느 한 사람의 또는 어느 한 사람에 대한 상소권포기가 가능하나, 필수적 공동소송에서는 상소권포기가 허용되지 않는다(법 67조 1항). 독립당사자참가, 예비적·선택적 공동소송에서도 역시 상소권포기가 허용되지 않는다(법 70조 1항 본문, 79조 2항). 증권관련집단소송에서 상소권포기에는 법원의 허가를 요한다(증집 38조 1항, 35조).

(b) 상소권포기의 방식

상소권포기는 서면으로 해야 하며, **상소를 하기 이전**에는 원심법원에, **상소를 한 뒤**에는 소송기록이 있는 법원에 제출해야 한다(법 395조 1항, 425조). 상소를 한 뒤 소송기록이 원심법원에 있는 동안 원심법원에 상소권포기서를 제출한 경우에는 원심법원에 상소권포기서를 제출한 즉시 상소권포기의 효력이 발생한다.[2]

---

1) 이에 대하여, 상소권포기의 시기에 관한 제한이 없는 법 394조·395조의 해석론상 판결선고 전 상소권포기를 부정할 이유가 없다는 견해로는, 문영화, "불상소합의와 판결선고 전 상소권포기의 합의," 민사소송 26권 2호(2022. 6.), 256쪽·264쪽(독일의 경우 2001년 민사소송법을 개정하면서 상소권포기에 관하여 '판결선고 후'라는 제한을 삭제하고, 판결선고 전에 법원에 대하여 상소권을 포기하는 절차에 관한 규정을 신설했으며, 처분권주의하에서 장래의 권리에 대한 포기라고 해서 무조건적으로 부정되는 것도 아님을 들고 있다).

2) 대결 2006. 5. 2. 2005마933. **구법** 365조 1항에서는 "항소권의 포기는 항소제기 전에는 제 1 심법원에, 항소제기 후에는 항소법원에 서면으로 하여야 한다"고 규정했고, 이와 관련하여 대법원은 항소제기 후 항소권포기서를 제 1 심법원에 제출했다 하더라도 그 서면이 기록에 편철되어 항소법원에 도착되면 그때 항소권포기의 효력이 생기고 따라서 항소취하의 효력도 있다고 했다(대판 1984. 12. 11. 84다카659). 그러나 **신법**으로 규정이 개정되었으므로 항소권포기의 효력 발생시기에 관한 해석도 달라져야 한다. 정창호, "항소를 한 뒤 소송기록이 있는 제 1 심법원에 항소권포기서를 제출한 경우의 법률관계," 민사재판의 제문제 15권(2006. 12.), 447쪽 이하.

(c) 상소권포기의 합의

상소권포기의 합의는 판결선고 전이나, 판결선고 뒤 상소기간이 지나기 전에 소송 외에서 상소권을 포기하기로 하는 소송상 합의이다(법률상 명문의 규정을 두고 있지 않은 경우로서 그 법적 성질은 **사법계약**이다). 상소권포기의 합의가 있음에도 상소가 제기되면 피상소인의 본안전 항변(**방소항변**)에 기하여 부적법한 상소로 각하된다. 다만 상소권포기의 합의가 있어도 **포기서를 법원에 제출하기 전**에 계약을 해지하기로 다시 합의하고[상소권포기의 합의는 앞서와 같이 사법계약으로 당연히 합의해제·해지가 인정된다. 이에 관해서는 이미 소송상 합의의 특질에서 살펴보았다] 상소를 제기했으면 상소는 적법하다.1)

(4) 불상소합의 · 불항소합의

(a) 의   의

불상소합의란 상소를 하지 않기로 하는 소송상 합의[법률상 명문의 규정을 두고 있는 불항소합의와 마찬가지로 그 법적 성질은 **소송계약**이다]로서, 구체적 사건의 심급을 제 1 심에 한정하여 그것으로 끝내기로 하는 양쪽 당사자의 합의를 말한다(**무유보의 불상소합의**라고도 한다).2) 불상소합의는 심급제도의 이용을 배제하여 간이·신속하게 분쟁을 해결하고자 하는 당사자의 의사를 존중하여 인정되는 제도이다. 불상소합의는 개념상 **불항소합의**와 구별해야 한다. 불항소합의는 **상고할 권리를 유보**하되 항소만 하지 않기로 하는 합의로서, **비약상고의 합의**를 말한다(법 390조 1항 단서).3) 불상소합의는 제 1 심 판결선고 전이라도 할 수 있다[불항소합의, 즉 비약상고의 합의는 제 1 심판결 선고 뒤에만 할 수 있다(법 390조 1항 단서). 제 1 심판결이 선고된 뒤 그 사실인정에 관한 다툼의 유무를 확인한 다음 이러한 합의를 하도록 하기 위해서이다]. 항소권발생 후에는 합의가 없어도 일방적으로 항소권을 포기할 수 있기 때문이다. 적법한 불상소합의가 **판결선고 전에** 있으면 판결은 선고와 동시에 확정되

---

1) 대판 1987. 6. 23. 86다카2728.

2) 대판 2002. 10. 11. 2000다17803, 2007. 11. 29. 2007다52317,52324.

3) 여기서 '불상소합의'를 '불항소합의'로 표현하고, 상고할 권리를 유보하되 항소만 하지 않기로 하는 합의를 '비약상고의 합의'로 표현하는 견해로는, 이재신, 주석서(5), 60쪽. 판례 가운데에, "구체적인 어느 특정 법률관계에 관하여 당사자 양쪽이 제 1 심판결 선고 전에 미리 항소하지 않기로 합의했다면, 제 1 심판결은 선고와 동시에 확정되는 것이므로, 그 판결선고 후에는 당사자의 합의에 의하더라도 그 '불항소합의'를 해제하고, 소송계속을 부활시킬 수 없다"라고 한 판결로는, 대판 1987. 6. 23. 86다카2728.

고1)[이 경우 판결선고 후에는 당사자의 합의에 의하더라도 그 불상소합의를 배제하고 소송계속을 부활시킬 수 없다],2) 불상소합의가 **판결선고 뒤에** 있으면 이러한 합의의 성립과 동시에 판결이 확정된다. 이와 같은 불상소합의는 항변사항이라고 보는 견해도 있으나,3) 불상소합의는 법률상 명문의 규정을 두고 있는 불항소합의의 경우와 같이 소송상 합의로서, 판결의 확정과 관련된 것이므로 **직권조사사항**으로 보아야 한다.4) 다만 이 합의는 재판 외에서도 할 수 있으므로 부적법한 항소라는 주장이 현실적으로 제출되지 않으면 참작될 여지가 없다.5)

(b) 불상소합의의 방식

불상소합의는 소송당사자에 대하여 상소권의 사전포기와 같은 중대한 소송법상의 효과가 발생하게 되는 것으로서 반드시 **서면**에 의해야 하며(법 390조 2항, 29조 2항 참조), 그 서면 문언에 의하여 당사자 **양쪽**이 상소를 하지 않는다는 취지가 명백히 표현되어 있어야 한다.6) 당사자 한쪽만이 상소를 하지 않기로 약정하는 합의는 공평에 어긋나 불상소합의로서의 효력이 없다.7)

3. 상소의 이익

(1) 의　　의

상소의 이익은 상소의 제기로 원심재판에 대하여 불복을 주장할 수 있는 이익을 말한다. 이는 소의 이익의 특수한 형태로서 무익한 상소권의 행사를 견제하기 위한 것이다. 어떠한 경우에 상소의 이익을 인정할 것인지에 대해서는 견해의 대립이 있다.

(a) 형식적 불복설

원심에서의 당사자의 신청과 그 신청에 대하여 한 판결을 형식적으로 비교하여, **판결주문**이 신청보다도 양적으로나 질적으로 불리한 경우에 불복의 이익을

---

1) 대판 2002. 10. 11. 2000다17803, 2007. 11. 29. 2007다52317,52324.

2) 대판 1987. 6. 23. 86다카2728; 이재곤, "불상소의 합의와 항소권포기의 약정 및 그 합의해제," 대법원판례해설 8호(1987년 하반기), 259쪽 이하.

3) 정동윤·유병현·김경욱, 901쪽; 호문혁, 658쪽; 정영환, 1335쪽.

4) 대판 1980. 1. 29. 79다2066. 판례와 같은 견해로는, 이시윤, 888쪽; 송상현·박익환, 723쪽.

5) 이재신, 주석서(5), 61쪽.

6) 대판 2002. 10. 11. 2000다17803, 2007. 11. 29. 2007다52317,52324.

7) 대판 1987. 6. 23. 86다카2728.

긍정하는 입장이다. 이러한 불리 여부는 청구취지와 판결주문을 형식적으로 비교
한다. 제 1 심에서 전부승소의 판결을 받은 사람은 항소를 할 수 없다.

(b) 실질적 불복설(실체적 불복설)

당사자가 상급심에서 원심재판보다도 실체법상 유리한 판결을 받을 가능성이
있으면 불복의 이익을 긍정하는 입장이다. 제 1 심에서 전부승소의 판결을 받은
사람이라도 유리한 판결을 구하기 위해 항소할 수 있다.

(c) 절 충 설

원고에 대해서는 형식적 불복설, 피고에 대해서는 실질적 불복설에 따라 상
소의 이익의 유무를 판단한다는 입장이 있으며, 다른 한편 실체법상 유리한 판
결가능성을 기준으로 할 것이 아니라 기판력을 포함한 판결의 효력이 미치는지
여부를 기준으로 하여 원심판결이 그대로 확정되면 기판력 등 판결의 효력에서
불이익을 입게 되는 경우에 상소의 이익을 인정하자는 입장(**신실질적 불복설**)도
있다.

(d) 검 　토

원칙적으로는 **형식적 불복설**이 타당하다. 상소는 자기에게 불이익한 재판에
대하여 유리하게 취소변경을 구하기 위하여 하는 것이므로, 전부승소한 판결에
대해서는 상소를 제기할 이익이 없다.[1] 재판이 상소인에게 불이익한 것인지 여부
는 원칙적으로 판결주문을 표준으로 하여 판단해야 하므로, 청구가 인용된 바 있
다면 비록 그 판결이유에 불만이 있더라도 특별한 사정이 없는 한 그에 대해서는
상소의 이익이 없다.[2] 따라서 원칙적으로 제 1 심에서 전부승소한 원고가 청구의
변경 또는 청구취지의 확장을 위하여 항소하거나, 전부승소한 피고가 반소의 제
기를 위하여 항소하는 것은 허용하지 않는다[피고가 부대항소를 하여 반소를 제기하는

---

1) 대판 1997. 12. 26. 97다22676, 2015. 1. 29. 2012다41069.

2) 대판 2008. 12. 24. 2008다51649, 2009. 5. 14. 2009다4947, 2020. 1. 9. 2017두61836 등. 예
컨대 원고(반소피고)와 피고(반소원고) 사이의 혼인관계가 파탄에 이르게 된 주된 책임이 원
고에게 있음을 이유로 원고의 본소 이혼청구를 기각하고, 피고의 반소 이혼청구를 인용한 판
결에 대하여, 피고가 판결주문상 이혼청구 부분에 대하여 불만이 없고 다만 그 판결이유에서
혼인관계가 파탄에 이르게 된 데에는 피고에게도 일부 책임이 있다는 설시 부분에 잘못이 있
다고 하여 상소를 제기한 경우 이는 상소의 이익이 없는 것이어서 부적법하다. 대판 2004. 7.
9. 2003므2251,2268. 한편 전부승소한 판결에 대하여, 상소를 제기할 이익이 없다는 표현 외
에, "상소를 제기할 대상이나 이익이 전혀 없다"는 표현을 사용하고 있는 판결로는, 대판 1999.
12. 21. 98다29797, 2002. 6. 14. 99다61378.

것은 별문제이다). 다만 형식적 불복의 원칙을 적용하는 것이 부당한 결과가 되는 일정한 경우 예컨대 판결이유에서의 판단에 기판력이 생기는 **상계항변**의 경우(법 216조 2항) 등에 대해서는 판결주문에 대한 불복이 없어도 예외적으로 불복을 허용하고 있다.1) 즉 원칙적으로 형식적 불복설을 따르되 **예외적**으로 기판력 그 밖의 판결의 효력 때문에 별소의 제기가 허용될 수 없는 경우는 **실질적 불복설**에 의해야 한다.2) **판례**의 태도도 같다. 다만 판례는 뒤에서 보는 바와 같이 하나의 소송물에 관하여 형식상 전부승소한 당사자의 상소이익의 부정은 절대적인 것이라고는 보지 않는다.3)

(2) 전부승소자이지만 청구가 실질적으로 인용된 것이 아니어서 상소의 이익이 인정되는 경우

판결주문상 전부승소한 것으로 보이나 실질적으로 원고의 청구를 인용한 것이 아닌 경우(원고 주장의 청구원인에 대하여 심판한 것이 아닌 경우) 상소의 이익이 인정된다. 예컨대 원고의 피고에 대한 소유권이전등기청구 부분은 판결주문상으로는 원고가 전부승소한 것으로 보이기는 하나, 원고의 청구원인과 관련하여 그 판결이유에 의하면 법원이 원고가 주장하지도 않은 양도담보약정을 원인으로 한 소유권이전등기청구에 관하여 심판했을 뿐 정작 원고가 주장한 매매를 원인으로 한 소유권이전등기청구에 관해서는 심판을 한 것으로 볼 수 없다면 원고의 이 부분 청구는 실질적으로 인용된 것이 아니어서 판결결과가 불이익하게 되었으므로 원고가 이 부분 판결에 대하여 처분권주의를 위반한 위법을 들어 상소한 경우 그 상소의 이익이 인정된다고 본다.4)

(3) 전부승소자이지만 판결의 확정을 차단할 필요가 있어 상소의 이익이 인정되는 경우

전부승소한 원고라도 기판력을 받게 되기 때문에 별도의 소송을 제기할 수

---

1) 원심판결이 원고의 청구원인사실을 모두 인정한 다음 피고의 상계항변을 받아들여 상계 후 잔존하는 원고의 나머지 청구부분만을 일부 인용한 경우, 피고로서는 원심판결이유 가운데 원고의 소구채권을 인정하는 전제에서 피고의 상계항변이 받아들여진 부분에 관해서도 상소를 제기할 수 있다. 대판 2002. 9. 6. 2002다34666; 이홍권, "승소판결에 대한 불복과 상소의 이익," 대법원판례해설 17호(1992년 상반기), 199쪽 이하.
2) 이시윤, 889쪽; 정동윤·유병현·김경욱, 898쪽; 호문혁, 655쪽; 정영환, 1331쪽; 한충수, 829쪽.
3) 대판 1994. 6. 28. 94다3063.
4) 대판 1992. 3. 27. 91다40696.

없게 되어 청구의 변경 또는 청구취지의 확장을 허용해야 하는 경우에는 상소의
이익이 인정된다.

(a) 비명시적(묵시적) 일부청구의 경우

잔부를 유보하지 않은 묵시적 일부청구의 경우에는 전부승소자라도 잔부청구
를 하기 위한 항소는 인정된다.[1] 가분채권에 대한 이행청구의 소를 제기하면서
나머지 부분을 유보하고 일부만 청구하는 것이라는 취지를 명시하지 않은 경우에
는 그 확정판결의 기판력은 나머지 부분에까지 미치는 것이어서 별소로써 나머지
부분에 관하여 다시 청구할 수는 없으므로, 일부청구에 관하여 전부승소한 채권
자는 나머지 부분에 관하여 청구를 확장하기 위한 항소가 허용되지 않는다면 나
머지 부분을 **소구할 기회**를 **상실**하는 불이익을 입게 된다. 따라서 이러한 경우에
는 예외적으로 전부승소한 판결에 대해서도 나머지 부분에 관하여 청구를 확장하
기 위한 항소의 이익을 인정해야 한다. 그러나 원고의 청구가 가분채권의 묵시적
인 일부청구라고는 볼 수 없는 경우에는 청구를 확장하기 위한 항소의 이익은 인
정되지 않는다.[2]

(b) 인신사고로 인한 손해배상청구의 경우

판례는, 인신사고로 인한 손해배상청구의 경우에 엄격한 **손해 3 분설**의 적용
에서 오는 문제점을 해소하기 위하여, 예컨대 재산적 손해 가운데 소극적 손해(일
실수입)에 대해서는 (형식상) 전부승소했다고 하더라도 법적 안정성을 부당하게 해
하거나 실체적 권리를 침해한다고 볼 수 없는 일정한 경우에 한하여 **제한적으로**
나마 상소의 이익을 인정하고 있다.[3]

(c) 예비적 상계항변의 경우

승소한 당사자는 판결이유에서의 판단에 불만이 있어도 상소의 이익이 없다.
기판력은 판결주문의 판단에 대해서만 생기고, 어떠한 이유로 승소해도 승소의
법률효과에는 차이가 없기 때문이다. 다만 예비적 상계항변이 이유 있다 하여 승

---

[1] 대판 1997. 10. 24. 96다12276, 2010. 11. 11. 2010두14534.
[2] 대판 2007. 6. 15. 2004다37904,37911.
[3] 예컨대 원고가 제 1 심에서 중복장애에 대한 합산장애율의 산정, 또는 한시적 장애의 회복
시점에 대한 판단을 잘못하여 소극적 손해(일실수입) 중 일부를 빠뜨리고 청구한 경우이다.
대판 1994. 6. 28. 94다3063; 전병식, "전부 승소자의 항소의 이익과 항소심에서의 청구취지의
확장," 대법원판례해설 21호(1994년 상반기), 306쪽 이하.

소한 피고는 원고의 소구채권이 부존재한다는 이유로 승소한 것보다도 결과적으로 불이익을 받게 되므로(법 216조 2항), 상소의 이익이 있다.[1]

(4) 원·피고 모두의 상소의 이익이 인정되는 경우

(a) 청구의 일부인용·기각판결의 경우

청구를 일부인용하고, 일부기각한 판결에 대해서는 원·피고 모두가 상소할 수 있다. **예비적 병합청구**에서 주위적 청구가 기각되고 예비적 청구가 인용된 경우에 원고로서는 주위적 청구가 기각된 데 대하여, 피고로서는 예비적 청구가 인용된 데 대하여 각각 상소의 이익이 있다. **예비적 공동소송**에서 주위적 피고에 대하여 청구가 기각되고, 예비적 피고에 대하여 청구가 인용된 경우에도 마찬가지로 원고와 예비적 피고가 각각 상소의 이익이 있다.

(b) 소각하판결의 경우

소각하판결은 원고에게 불이익할 뿐만 아니라, 만일 피고가 청구기각의 신청을 구한 때에는 본안판결을 받지 못한 점에서 피고에게도 불이익이 있기 때문에, 원·피고 모두 상소할 수 있다.

IV. 상소의 효력

1. 확정차단의 효력과 이심의 효력

적법한 상소가 제기되면 원심판결은 상소기간이 지나도 확정이 되지 않는다. 이를 **확정차단의 효력**이라 한다. 적법한 상소가 제기되면 그 사건 전체가 원심법원을 떠나 상소심으로 이전하여 계속되게 된다. 이를 **이심의 효력**이라 한다. 하급심에서 재판한 부분에 한하여 이심의 효력이 있다. 하급심에서 재판을 일부 누락한 때에는 그 청구부분은 하급심에 계속되며(법 212조 1항), 상소해도 이심의 효력이 생기지 않는다.

2. 상소불가분의 원칙

상소제기에 의한 확정차단의 효력과 이심의 효력은 원칙적으로 상소인의 불복신청의 범위에 관계없이 원심판결의 전부에 대하여 불가분으로 발생한다. 이를

---

1) 대판 2002. 9. 6. 2002다34666.

상소불가분의 원칙이라 한다.

(1) 이심의 범위

(a) 청구의 병합 등의 경우

원칙적으로, 여러 개의 청구에 대해 하나의 **전부판결**을 한 때에는 그 가운데 한 청구에 대해 불복상소를 해도 다른 청구에 대해서도 상소의 효력이 미친다. **예외적**으로, 청구의 일부에 대하여 **불상소합의**나 **상소권·부대상소권의 포기**가 있는 때에는 그 부분만이 가분적으로 확정된다.

(b) 공동소송·참가소송 등의 경우

통상공동소송에서는 공동소송인독립의 원칙 때문에 공동소송인 가운데 한 사람의 또는 한 사람에 대한 상소는 다른 공동소송인에 관한 청구에는 상소의 효력이 미치지 않으므로 그 부분은 확정된다. 이와 달리 필수적 공동소송, 예비적·선택적 공동소송, 독립당사자참가소송, 공동소송참가소송 등 이른바 합일확정소송에서 본안판결이 있었을 때에는 가분적으로 효력이 발생하지 않는다.

(2) 심판의 범위

원심판결의 전부에 대해 확정차단 및 이심의 효력이 생긴다 하여 전부가 곧 심판범위에 포함되는 것은 아니다. 상소심의 심판은 **불복신청의 범위**에 국한하므로 **확정차단·이심의 범위**와 **심판범위**와는 일치하지 않을 수 있다. 예컨대 여러 개의 청구 가운데 각 일부를 인용한 제1심판결에 대하여 적법한 항소의 제기가 있으면 그 청구 전부의 확정이 차단되어 항소심에 이심되고, 다만 불복하지 않은 부분은 항소심의 **심판대상**이 될 수 없을 뿐이다.[1]

---

[1] 원고의 청구를 일부인용하는 제1심판결에 대하여 원고는 항소했으나 피고는 항소나 부대항소를 하지 않은 경우 제1심판결의 원고 승소부분은 원고의 항소로 인하여 항소심에 이심은 되나, 항소심의 심판범위에서는 제외된다. 따라서 항소심이 원고의 항소를 일부인용하여 제1심판결의 원고 패소부분 가운데 일부를 취소하고 그 부분에 대한 원고의 청구를 인용했다면, 이는 제1심에서의 원고 패소부분에 한정된 것이며 제1심판결 가운데 원고 승소부분에 대해서는 항소심이 판결을 한 바 없어 이 부분은 피고의 **상고의 대상**이 될 수 없다. 결국 원고 일부승소의 제1심판결에 대하여 아무런 불복을 제기하지 않은 피고는 제1심판결에서 원고가 승소한 부분에 관해서는 상고를 제기할 수 없다(따라서 원고의 상고 가운데 상고대상이 되지 않은 부분에 대한 상고는 **부적법**하여 이를 **각하**해야 한다). 대판 2006. 1. 27. 2005다16591,16607, 2009. 10. 29. 2007다22514,22521, 2017. 12. 28. 2014다229023. 한편 판례 가운데에 앞서와 같이 **상고의 대상**이 될 수 없다고 보지 않고, **상고의 이익**이 없다고 본 판결로는, 대판 1992. 12. 8. 92다24431, 2004. 7. 9. 2003므2251,2268, 2008. 3. 14. 2006다2940.

(3) 항소취지의 확장 등

상소불가분의 원칙에 의하여 상소의 효력은 원심판결의 전부에 미치므로 **항소인**은 항소심 변론종결시까지 어느 때나 항소취지를 확장할 수 있다. **피항소인도** 항소심 변론종결시까지 부대항소(법 403조)를 할 수 있다. 즉 항소인은 언제든지 불복신청의 범위를 확장할 수 있고, 피항소인도 부대항소를 제기하여 그때까지 불복신청의 대상이 되지 않은 부분을 항소심의 심판범위로 되게 할 수 있다.

V. 상소의 제한

1. 일반사건의 경우

3심급제하에서 무제한하게 반복심리를 허용하는 것은 소송촉진과 소송경제에 반한다. 우리나라의 경우 높은 상고율에 따른 상고사건의 폭주로 상고제한을 위하여 1981년 소송촉진 등에 관한 특례법(1981. 1. 29. 제정, 1981. 3. 1. 시행)에서 허가상고제(상고이유의 제한과 허가에 의한 상고, 11조·12조)를 채택하여 시행했으나, 1990년 민사소송법을 개정하면서 이를 폐지했다. 그 후 1994년 **상고심절차에 관한 특례법**을 제정하여 상고의 남용[남상고(濫上告)]을 제한하기 위하여 **심리불속행 제도**를 시행하고 있다. 현행법하에서는 통상의 상고사건에 대해서는 상고이유에 해당하더라도 '**중대한 법령위반**'에 관한 사항을 포함하고 있지 않을 때에는 대법원이 원심법원으로부터 상고기록을 받은 날부터 4월 이내에 상고심리를 불속행한다는 이유로 상고기각판결을 하도록 했다(상특 4조·6조).

2. 소액사건 등의 경우

소액사건에서는 하위법규의 상위법규에의 위반 여부에 관한 부당한 판단, 대법원판례를 위반한 판단에 한하여 상고할 수 있도록 했다(소심 3조). 가압류·가처분사건, 재항고사건에서는 소액사건의 상고이유에 준하여 심리속행사유를 제한하고 있다(상특 4조 2항, 7조). 민사집행절차에서는 재판에 영향을 미친 헌법·법률 또는 규칙의 위반에 한하여 재항고할 수 있다(민집규 14조의2 1항). 부동산에 대한 강제집행절차나 담보권실행을 위한 경매절차에서는 경매절차의 유지와 남용을 방지하기 위하여 매각허가결정에 대한 즉시항고시(사법보좌관의 처분에 대한 이의신청시) **보증**으로 매각대금의 1/10에 해당하는 현금 등을 공탁하게 하고 있다(민집 130조

3항, 268조, 사보규 4조 1항).

제 2 절 항　　소

Ⅰ. 의　　의

항소란 제 1 심판결에 대한 상급심에의 상소를 말한다. 항소의 대상은 지방법원의 단독판사 또는 지방법원 합의부가 제 1 심으로서 행한 종국판결이다(법 390조 1항 본문, 법조 32조 2항). 항소의 제기에 의하여 제 1 심판결의 확정은 차단되고, 사건은 항소심으로 이전된다. 항소심은 제 1 심에서 수집한 재판자료를 전제로 이에 항소심에서 새로이 수집한 자료를 보태어 항소심 변론종결시를 기준시로 하여 항소의 적부와 제 1 심판결에 대한 항소·부대항소에 의한 불복신청 등에 관하여 그 당부를 판단한다. 이를 **속심주의**(속심제) 또는 **계속심리주의**라고 한다.[1]

Ⅱ. 항소제기절차

1. 항소장의 제출

(1) 원심법원제출주의

항소의 제기는 항소기간 내에 **원심법원**인 제 1 심법원에 항소장을 제출함으로써 한다(**상소장 원심법원제출주의**, 법 397조 1항). 원심법원 이외의 법원에 항소장이 제출되었을 때에도 항소제기의 효력이 생기므로 법 34조 1항에 의하여 원심법원으로 이송해야 한다는 견해가 있으나,[2] **판례**는 이 경우 항소장을 원심법원에 송부하여 원심법원에 도착한 때에 적법한 항소가 제기된 것으로 보고 있다[항소법원에 제출한 항소장이 원심법원에 송부되어 도착한 때를 기준으로 항소기간을 넘긴 경우

---

1) 대판 2007. 4. 12. 2006다72765, 대결 2009. 2. 26. 2007마1652. 항소심은 **속심**으로서 제 1 심에서의 **당사자의 주장**이 **그대로 유지**되므로, 항소심에서 항소이유를 특별히 지적하거나 그 후의 심리에서 다시 지적하지 않는다 하더라도 법원은 제 1 심에서의 주장을 받아들일 수 있음은 당연하고, 이를 들어 직접심리주의나 변론주의의 원칙에 어긋난다거나 불의타(不意打)를 가한 것이라 할 수는 없다. 대판 1996. 4. 9. 95다14572, 2002. 4. 23. 2002다2416, 2021. 4. 8. 2018다224491.

2) 이시윤, 902쪽; 정동윤·유병현·김경욱, 909쪽; 강현중, 185쪽; 송상현·박익환, 728쪽.

에는 항소가 부적법하게 된다. **규칙 55조의2**에 의하면 판결정본을 송달할 때 항소장을 제출할 법원을 밝혀주도록 하고 있다].

(2) 항소장의 기재사항

항소장에는 당사자와 법정대리인 이외에 제 1 심판결의 표시와 그 판결에 대한 불복의 뜻의 항소의 취지를 반드시 기재해야 한다(법 397조 2항).[1] 항소장 인지액은 소장 인지액의 1.5배이나, 항소로써 불복하는 범위의 소송목적의 값을 기준으로 한다(민인 3조 전단, 민인규 25조). 항소인은 항소의 취지를 분명하게 하기 위하여 항소장 또는 항소심에서 처음 제출하는 준비서면에, ① 제 1 심판결 중 사실을 잘못 인정한 부분 또는 법리를 잘못 적용한 부분, ② 항소심에서 새롭게 주장할 사항, ③ 항소심에서 새롭게 신청할 증거와 그 증명취지, ④ 이러한 주장 또는 증거를 제 1 심에서 제출하지 못한 이유를 적어야 한다(규칙 126조의2).

2. 재판장 등의 항소장심사권

제출된 항소장에 대해서는 원심재판장 등이 심사하고, 항소기록이 항소심으로 송부된 다음에는 항소심재판장 등이 다시 심사한다.

(1) 원심재판장 등에 의한 심사

1) **원심재판장**은 항소장에 필수적 기재사항이 기재되어 있는지 여부[항소장에는 당사자와 법정대리인 및 원심판결을 표시하고, 그 판결에 대하여 항소하는 취지를 기재해야 한다(법 397조 2항)] 및 소정의 인지가 붙여져 있는지 여부 등을 심사하여, 그 흠이 있을 때에는 상당한 기간을 정하여 항소인에게 **보정명령**을 해야 한다(법 399조 1항 전문). **2014. 12. 30. 개정(2015. 7. 1. 시행)** 법에 의하여 원심재판장이 **법원사무관 등**으로 하여금 위 보정명령을 할 수 있도록 했다(법 399조 1항 후문).

2) 항소인이 그 기간 내에 보정하지 않을 때는 원심재판장은 **명령으로 항소장을 각하**해야 한다(법 399조 1항).[2] **항소기간**을 넘긴 것이 분명한 때에도 마찬가

---

1) 항소장에는 당사자 또는 대리인이 기명날인 또는 서명해야 한다(법 398조, 274조 1항). 항소장에 항소인의 기명날인 등이 누락되었다고 하더라도 그 기재에 의하여 항소인이 누구인지 알 수 있고, 그것이 항소인의 의사에 기하여 제출된 것으로 인정되면 이를 무효라고 볼 수 없다. 대판 1978. 12. 26. 77다1362, 2011. 5. 13. 2010다84956.

2) 항소장에 **불복신청의 범위**를 기재하지 않은 때에는 항소법원의 심리범위 및 항소장에 붙일 인지액을 확정하기 위하여 불복신청의 범위를 명확히 할 필요가 있으므로 항소인에게 그 보정을 명해야 한다. 그러나 불복신청의 범위는 항소장의 필수적 기재사항이 아니므로, 항소인이 위 보정명령에 불응한다고 하더라도 이는 항소장각하에 관한 법 399조 1항 소정의 사유

지이다(법 399조 2항).[1] **항소권포기** 등으로 제 1 심판결이 확정된 후에 항소장이
제출되었음이 분명한 경우도 같다.[2] 원심재판장이 (항소심에서의) 항소장부본 등의
송달을 위한 **송달료**에 대하여 보정명령을 한 경우에 항소인이 이에 따른 보정을
하지 않았다고 하더라도 원심재판장으로서는 그러한 사유만으로는 항소장을 각하
해서는 안 된다[3](이는 **항소심재판장**의 권한이다. 법 402조 1항·2항). 원심재판장의 항
소장각하명령에 대해서는 **즉시항고**를 할 수 있다(법 399조 3항). 이 경우의 항고는
성질상 최초의 항고이므로 항고법원은 제 2 심 법원이다.[4]

(2) 항소심재판장 등에 의한 재심사

1) 원심재판장에 의해 항소장이 각하되지 않은 때에 법원사무관 등은 항소장이
제출된 날부터 2주 이내에 항소기록에 항소장을 붙여 항소법원으로 보내야 한다(법
400조 1항)[원심재판장 등이 흠을 보정하도록 명한 때에는 그 흠이 보정된 날부터 1주 이
내에 보내야 한다(법 400조 2항)].

2) 항소장이 항소기록과 함께 항소심으로 송부되면, **항소심재판장**은 **항소장**
을 **다시 심사**한다. 항소심재판장은 ① 항소장에 형식적 흠(방식을 위배하거나 인지
를 붙이지 않은 경우)이 있음에도 원심재판장 등이 보정명령을 하지 않은 경우, 또
는 ② **항소장부본**을 송달할 수 없는 경우 등에는 상당한 기간을 정하여 항소인에
게 **보정명령**을 해야 한다. 항소심재판장은 **법원사무관 등**으로 하여금 위 보정명
령을 하게 할 수 있다(법 402조 1항). **항소심재판장**은 ① 항소인이 항소심재판장
등의 보정명령에 따라 앞서의 흠을 보정하지 않은 때,[5] 또는 ② 원심재판장 등이
보정명령을 했으나 항소인이 그 흠을 보정하지 않거나, 항소기간을 넘긴 것이 분
명함에도 원심재판장이 항소장을 각하하지 않은 때에는 **명령**으로 **항소장**을 **각하**
해야 한다(법 402조 1항·2항). 항소심재판장의 항소장각하명령에 대해서는 **즉시항**

에 해당하지 않아, 재판장은 불복신청의 범위를 보정하지 않았다는 이유로 항소장을 각하할
수 없다. 이러한 경우 재판장은 항소인의 **패소한 부분 전부**에 관하여 불복하는 것으로 처리
하여 인지 등을 붙이도록 해야 한다. 대결 2011. 10. 27. 2011마1595, 2012. 3. 30. 2011마2508.

1) 법 399조 2항에서 원심재판장이 지정한 인지보정기간 이내에 항소인이 항소장에 법률의 규
정에 따른 인지를 붙이지 않은 흠을 보정하지 않은 경우 원심재판장이 명령으로 항소장을 각
하하도록 한 부분은 항소인의 재판받을 권리를 침해하지 않아 헌법에 위반되지 않는다는 헌
법재판소결정으로는, 헌재 2012. 7. 26. 2009헌바297 결정.

2) 대결 2006. 5. 2. 2005마933.

3) 대결 2012. 9. 4. 2012마876, 2014. 5. 16. 2014마588.

4) 대결 1995. 5. 15. 94마1059,1060, 2020. 5. 22. 2020그19 등.

5) 대결 1968. 9. 24. 68마1029, 1971. 5. 12. 71마317 등.

고를 할 수 있다(법 402조 3항).

한편 **항소장부본**이 **송달불능**된 경우 항소심재판장 등은 상당한 기간을 정하여 **주소보정명령**을 해야 하고 항소인이 이를 이행하지 않은 때 항소심재판장은 **항소장각하명령**을 해야 한다는 현재의 판례를 유지할 것인지에 관하여, **대결(전) 2021. 4. 22. 2017마6438**은, ① 법 402조 1항 · 2항의 문언해석과 입법연혁, ② 현재의 판례는 항소인이 항소심재판 진행에 필요한 최소한의 요건을 갖추지 않는데 대한 제재의 의미라고 이해할 수 있는 점, ③ 항소인에 대한 주소보정명령은 항소인에게 수인(受忍)하지 못할 정도의 과중한 부담을 부과하는 것이 아닌 점, ④ 항소장각하명령은 항소인이 충분히 예측할 수 있는 재판인 점, ⑤ 현재의 판례는 제 1 심재판을 충실화하고 항소심을 사후심에 가깝게 운영하기 위한 향후의 발전 방향에도 부합하는 점 등을 이유로, **현재의 판례가 타당**하므로 그대로 유지되어야 한다고 보고 있다.[1][2]

3) 항소법원은 항소장에 대한 항소심재판장의 심사 후 그 **항소장부본**을 **피항소인**에게 **송달**해야 한다(법 401조). 이는 피항소인으로 하여금 항소의 제기사실을 알게 하여 부대항소의 기회를 주기 위한 조치이다. 항소법원의 법원사무관 등이 원심법원으로부터 **소송기록의 송부**를 받은 때에는 바로 그 사유를 당사자에게 통지해야 한다(**2024. 1. 16. 개정, 2025. 3. 1. 시행 법 400조 3항**).

3. 항소이유서의 제출

(1) 의   의

항소장에 항소이유를 적지 않은 항소인은 소송기록의 접수통지를 받은 날부터 **40일 이내**에 항소법원에 항소이유서를 제출해야 한다(**항소이유서 제출강제주의**,

---

1) 이에 대하여 **반대의견**은, ① 소송절차의 연속성을 고려할 때 항소장부본의 송달불능은 소송계속 중 소송서류가 송달불능된 것에 불과한 점, ② 항소인이 항소장부본의 송달불능을 초래한 것이 아닌데도 그 송달불능으로 인한 불이익을 오로지 항소인에게만 돌리는 것은 부당한 점, ③ 소장각하명령과 항소장각하명령은 본질적으로 다른 재판인 점 등을 종합하여 고려할 때, 항소장부본이 송달불능된 경우에는 법 402조 1항 · 2항에 근거하여 항소인에게 주소보정을 명하거나 그 불이행시 항소장각하명령을 하는 것은 허용될 수 없다고 보아야 한다는 입장이다.

2) 실무에서는 이 경우 ① 항소법원은 제 1 심에서 피항소인, 또는 피항소인이 소송대리인을 선임한 경우에는 그 소송대리인에게 연락을 하거나, ② 기록에 나타나 있는 피항소인의 휴대전화번호 등의 연락처로 연락을 해 보거나, ③ 그 경우에도 연락이 되지 않으면 가급적 공시송달의 방법으로 송달한 후 항소심재판을 진행하는 것으로 보인다.

2024. 1. 16. 개정, 2025. 3. 1. 시행 법 402조의2 1항). 다만 항소인의 **신청**이 있는 경우 항소법원은 결정으로 위 제출기간을 **1회**에 한하여 **1개월 연장**할 수 있다(위 개정 법 402조의2 2항). 위 개정법 전에는 상고심에서 상고이유서 제출강제주의가 적용되는 것과 달리 항소심에서는 항소이유서 제출강제주의가 적용되지 않았으나 항소심 재판의 신속하고 원활한 운영을 도모하기 위하여 위 개정법은 항소이유서 제출강제주의를 채택했다.

(2) 항소이유서 미제출에 따른 항소각하결정 등

1) 항소인이 위 제출기간(연장된 경우에는 그 연장된 기간) 내에 항소이유서를 제출하지 않은 때에는 직권조사사항이 있거나 항소장에 항소이유가 적혀 있는 경우를 제외하고는 항소법원은 **결정**으로 **항소를 각하**해야 한다(**항소이유서 미제출에 따른 항소각하결정**, 위 개정 법 402조의3 1항). 위 결정에 대해서는 **즉시항고**를 할 수 있다(위 개정 법 402조의3 2항).

2) 항소이유서 미제출에 따른 항소각하결정이 있는 때에는 항소인은 항소장에 붙인 인지액의 2분의 1에 해당하는 금액(인지액의 2분의 1에 해당하는 금액이 10만원 미만이면 인지액에서 10만원을 빼고 남은 금액)의 **환급**을 청구할 수 있다[위 개정 법 부칙(법률 제20003호) 3조, **2024. 1. 16. 개정, 2025. 3. 1. 시행** 민인 14조 1항 6호의2].

Ⅲ. 항소의 취하

1. 의　　의

항소취하는 항소의 신청을 철회하는 소송행위이다. 항소를 제기하지 않았던 것으로 될 뿐이기 때문에, 소 자체를 철회하는 소취하나 항소할 권리를 소멸시키는 항소권포기와 다르다. **항소취하의 합의**가 있는 경우 사법계약설에 입각하여 피항소인의 항소취하의 합의에 대한 주장·증명이 있으면(**항변사항**), 항소법원은 항소의 이익이 없다 하여 항소를 각하하는 판결을 한다.[1] 항소인이 항소심 변론종결 전까지 항소를 취하한 경우(항소취하간주도 포함한다) 항소인은 항소장에 붙인 인지액의 2분의 1에 해당하는 금액(인지액의 2분의 1에 해당하는 금액이 10만원 미만이면 인지액에서 10만원을 빼고 남은 금액)의 환급을 청구할 수 있다(민인 14조 1항 2호).

---

1) 대판 2018. 5. 30. 2017다21411.

2. 요 건

(1) 허용시기

항소취하는 항소제기 후 항소심 종국판결선고 전까지 할 수 있다(법 393조 1항). 물론 항소심의 종국판결이 선고된 뒤라도 그 판결이 상고심에서 파기환송된 경우에는 새로운 종국판결이 있기까지 항소인은 항소를 취하할 수 있다.[1] 항소심의 판결선고 후에는 항소취하를 허용하지 않는다. 이 점에서 소취하가 종국판결이 확정될 때까지 판결선고 후에도 가능한 것(법 266조 1항)과 다르다. 항소인이 항소심에서 부대항소 때문에 제1심판결보다 더 불리한 판결을 선고받았을 때에 항소를 취하하여 보다 유리한 제1심판결을 선택함으로써 제1심판결을 확정시키는 것을 방지하기 위함이다.

(2) 허용범위

(a) 일부취하의 경우

항소의 취하는 항소의 전부에 대해서 해야 하며, 항소의 **일부취하**는 효력이 없다. 항소제기는 상소불가분의 원칙에 의하여 모든 청구에 미치기 때문이다. 따라서 병합된 여러 개의 청구 전부에 대하여 불복한 항소에서 그 가운데 일부 청구에 대한 불복신청을 철회했더라도 그것은 단지 불복범위를 감축하여 심판대상을 변경하는 효과를 가져오는 것에 지나지 않고, 항소인이 항소심의 변론종결시까지 언제든지 불복범위를 다시 확장할 수 있는 이상 항소 자체의 효력에 아무런 영향이 없다.[2]

(b) 공동소송의 경우

통상공동소송에서는 공동소송인 한사람이 또는 한 사람에 대하여 항소를 취하할 수 있다. **필수적 공동소송**에서는 공동소송인 모두가 또는 모두에 대하여 항소를 취하할 수 있다(법 67조 1항).

(c) 참가소송의 경우

보조참가소송에서 ① 참가인은 피참가인이 제기한 항소를 취하할 수 없지만, ② 참가인이 항소를 제기한 경우에는 **피참가인의 동의**가 있으면 참가인도 항소를

---

[1] 대판 1995. 3. 10. 94다51543.
[2] 대판 2017. 1. 12. 2016다241249.

취하할 수 있다. 한편 피참가인은 참가인이 제기한 항소에 대해서도 항소권을 포
기하거나 항소를 취하할 수 있다[다만 **공동소송적 보조참가**에서는 그렇지 않다]. **독립
당사자참가소송**에서 ① **패소한 두 당사자**가 모두 항소했다가 그 가운데 한 사람
이 항소를 취하한 경우에는 그 취하의 효력이 없으나[이 경우 항소인 전원이 항소를
취하해야 항소취하의 효력이 발생한다. 따라서 항소인 가운데 한 사람만이 항소를 취하하
더라도 항소의 효력은 그대로 유지된다], ② **패소당사자 가운데 한 사람**만이 항소했다
가 취하한 때에는 항소가 소급하여 소멸한다.[1]

(d) 그 밖의 경우

항소취하는 직권탐지주의가 적용되는 사건에서도 할 수 있다. 증권관련집단
소송에서는 항소취하에 법원의 허가가 필요하다(증집 38조 1항, 35조).

(3) 유효한 항소취하행위

항소취하는 항소인의 의사표시만으로 되는 단독적 소송행위이다. 소송행위이
므로 소송행위 일반의 유효요건을 갖추어야 한다. 소송상 대리인(친권자를 제외한
법정대리인, 소송위임에 의한 소송대리인)이 항소취하를 하기 위해서는 특별한 권한
의 수여가 있어야 한다(법 56조 2항, 90조 2항 3호)[법정대리인의 소송행위에 관한 법
56조 2항의 '**소의 취하**'에는 '**상소의 취하**'도 포함된다]. 항소취하는 소취하와 달리, 어
느 때나 상대방의 동의가 필요 없다(법 393조 2항에서 266조 2항 부준용).[2]

3. 방   식

항소취하는 **서면**으로 해야 한다. 다만 변론 또는 변론준비기일에서는 **말로** 할
수 있다(법 393조 2항, 266조 3항).[3] 항소취하는 항소법원에 해야 하나, 소송기록이
원심법원에 있을 때에는 원심법원에 해야 한다(규칙 126조). 항소장부본을 송달한
뒤에는 서면에 의한 항소취하가 있는 때에는 그 서면을 상대방에게 **송달**해야 한
다(법 393조 2항, 266조 4항). 변론 또는 변론준비기일에서 말로 항소취하를 하는
경우 상대방이 그 기일에 출석하지 않은 때에는 그 기일의 조서등본을 상대방에
게 송달해야 한다(법 393조 2항, 266조 5항). 상대방에게 하는 송달은 상대방에게

---

1) 이시윤, 907쪽; 정동윤·유병현·김경욱, 913쪽; 송상현·박익환, 745쪽; 정영환, 1353쪽; 이
   재신, 주석서(5), 77쪽.
2) 대판 1971. 10. 22. 71다1965.
3) 대판 2018. 5. 30. 2017다21411.

항소취하를 알리는 취지이며, 서면취하시에 취하의 효력이 생기는 것은 항소취
하서가 항소법원에 제출된 때이고 상대방에게 송달된 때가 아니다.[1]

4. 효   력

항소기간이 **지나기 전**에 항소취하가 있는 때에는 그 판결은 확정되지 않을
뿐만 아니라, 항소기간 내라면 다시 항소의 제기가 가능하다.[2] 항소기간이 **지난
뒤**에 항소취하가 있는 때에는 항소취하에 의하여 항소는 소급적으로 그 효력을
잃게 되고(취하된 부분에 대해서는 항소가 처음부터 계속되지 않은 것으로 본다), 항소
심절차는 종료된다(법 393조 2항, 267조 1항). 항소기간이 지난 뒤에 항소가 취하된
경우 **항소기간의 만료시로 소급하여 제 1 심판결이 확정된다**.[3] 원심판결을 소급적
으로 소멸시키는 소취하와 달리 항소취하는 원심판결에 영향을 미치지 않으며 그
에 의하여 원심판결이 확정된다. 다만 항소심에서 청구의 교환적 변경이 이루어
진 뒤에 한 항소취하는 그 대상이 없어져 아무런 효력이 발생할 수 없다.[4]

5. 항소취하의 간주

양쪽 당사자가 2회에 걸쳐 항소심의 변론기일에 출석하지 않거나 출석하더
라도 변론하지 않는 때에는 1월 내에 기일지정신청을 하지 않거나 그 신청에 의
하여 정한 기일에 출석하지 않는 때에는 항소취하가 있는 것으로 본다(법 408
조·268조). 항소심에서 변론준비기일을 여는 경우에도 마찬가지이다(법 408조·
286조).

Ⅳ. 부대항소

1. 의   의

부대항소란 피항소인이 이미 개시된 항소심절차에 편승하여 자기에게 유리하
게 항소심의 심판범위를 확장시키는 신청이다. 즉 어느 당사자가 항소기간 내에
항소를 제기하지 않거나, 항소권을 포기하는 등으로 독립하여 항소를 할 수 없게

---

1) 대판 1980. 8. 26. 80다76.
2) 대판 2016. 1. 14. 2015므3455.
3) 대판 2016. 1. 14. 2015므3455, 2017. 9. 21. 2017다233931.
4) 대판 1995. 1. 24. 93다25875.

된 경우라도 상대방이 제기한 항소가 있음을 전제로 이에 부대하여 원심판결 가운데 자기에게 불이익한 부분의 변경을 구하거나 청구취지를 확장하는 신청을 할 수 있다. 한편 부대항소는 상대방의 **동의 없이 취하**할 수 있다.

2. 법적 성질

부대항소의 성질을 항소의 일종으로 보는지, 항소와 다른 성질의 것으로 보는지는 제 1 심에서 전부승소한 당사자가 부대항소를 할 수 있는지 여부와 관련한 문제로서, **통설·판례**는 부대항소를 항소와 다른 성질의 것으로 본다(**비상소설**). 즉 통설·판례는 부대항소를 항소로 보지 않고, 항소기각의 단순한 방어적 신청과는 달리 제 1 심판결 이상으로 자기에게 유리한 판결을 구하는 공격적 신청으로 보며, 이러한 부대항소에는 항소의 이익을 요구하지 않는다.[1]

3. 요　　건

(1) 부대항소의 당사자적격

주된 항소가 적법하게 계속되어 있어야 하며, 주된 항소의 피항소인(또는 보조참가인)이 항소인을 상대로 제기해야 한다(법 403조). 당사자 양쪽이 모두 주된 항소를 제기한 때에는 그 한쪽은 상대방의 항소에 부대항소할 수 없다. 통상공동소송에서 공동당사자 일부만이 항소를 한 때에는 피항소인은 항소인인 공동소송인 이외의 다른 공동소송인을 상대방으로 하거나 상대방으로 보태어 부대항소를 할 수는 없다[이러한 부대항소는 부적법하므로 각하해야 한다].[2] 공동소송인독립의 원칙(법 66조)상 해당 판결부분은 분리확정된다.

(2) 부대항소의 제기기한

피항소인에게 항소장부본이 송달되기 전이라도 피항소인은 부대항소를 할 수 있다. 제 1 심 판결선고 후 그 판결이 송달되기 전에도 항소가 가능한 것과 같은 이치에서이다. 한편 부대항소를 했다가 일단 취하를 했더라도 변론종결시까지 다시 부대항소를 할 수 있다.[3] 부대항소는 **항소심 변론종결시**까지 해야 한다(법 403조). 한편 판례는 **부대상고**를 할 수 있는 기한을 항소심 변론종결시에 대응하는

---

1) 대판 1980. 7. 22. 80다982, 1995. 6. 30. 94다58261.
2) 대판 1994. 12. 23. 94다40734, 2015. 4. 23. 2014다89287, 2019. 10. 18. 2019다14943.
3) 이재신, 주석서(5), 133쪽.

상고이유서 제출기간 만료시까지로 보고 있다.[1]

(3) 부대항소가 허용되는 경우

피항소인은 스스로 항소권을 포기하거나 항소기간을 넘김으로써 자기의 항소권이 소멸된 때에도 부대항소를 할 수 있다(법 403조). 부대항소권까지 포기했으면 그렇지 않다. 상대방이 항소를 제기한 때에는 **청구의 변경** 또는 **반소의 제기**를 위한 부대항소를 할 수 있다.

■ **부대항소와 소송대리인의 특별수권의 필요 여부**

항소인의 소송대리인은 상대방의 부대항소에 응소할 수 있음은 달리 문제가 없다. 그러나 **피항소인의 소송대리인**이 단순히 항소심에서의 소송대리권은 있고 **상소의 특별수권이 없는 경우**에 스스로 부대항소를 할 수 있는지에 관해서는 논의가 있다. 이에 대하여, ① 민사소송법상 부대항소에는 항소에 관한 규정을 적용한다고 규정하고 있으므로(법 405조), 피항소인의 소송대리인이 부대항소를 하기 위해서는 특별수권이 필요하다는 견해,[2] ② 부대항소는 상대방의 항소에 편승하여 원심판결에 대한 불복을 주장하여 항소심에서 심판범위를 자기에게 유리하게 확장시키는 신청에 그치므로 원고 측 소송대리인이든 피고 측 소송대리인이든 상관없이 특별수권이 없이도 부대항소를 할 수 있다는 견해[3] 등이 있다.

원고 측 피항소대리인이 부대항소를 하는 때에는 청구취지의 확장에 관한 대리권이 포괄적 대리권에 포함되어 있으므로 특별수권이 필요 없으나, **피고 측 피항소대리인**이 부대항소를 하는 때에는 반소를 제기하는 것(법 90조 2항 1호)과 마찬가지로(피고가 제1심에서 전부승소한 경우 항소심에서 부대항소로 반소를 제기하는 것과 같이), 특별수권이 있어야 한다.[4]

■ **피항소인인 원고의 청구취지의 확장과 부대항소의 의제**

판례는, 청구취지의 변경이 청구취지를 확장한 것이라고 하더라도 피고만이 항소를 한 사건에서 원고는 항소심에서 청구취지를 확장할 수 있고 이는 **부대항소를** 한 것으로 **의제**되므로(부대항소를 한 취지라고 볼 수 있으므로) 청구취지의 변경은 허용된다고 한다.[5] **한때 판례**는, 제1심에서 전부승소한 원고가 항소심에서 청구를

---

1) 대판 2001. 3. 23. 2000다30165, 2007. 4. 12. 2006다10439.

2) 강현중, 271쪽.

3) 정동윤·유병현·김경욱, 916쪽; 정영환, 1357쪽.

4) 이재신, 주석서(5), 141쪽.

5) 대판 1992. 12. 8. 91다43015, 2000. 2. 25. 97다30066, 2008. 7. 24. 2008다18376.

확장할 수 있다고 했다.[1] 법 408조에 의하여 준용되는 청구의 변경에 관한 법 262조 1항에 의하면 청구의 기초에 변경이 없는 한 원고는 항소심에서 청구의 변경을 할 수 있으며, 이러한 경우에 원고의 항소 또는 부대항소를 전제로 하는 것은 아니라고 해석하는 것이 타당하다는 이유에서였다.

그러나 종전의 판례는 부대항소의 절차를 무시한 것이다. 종전의 판례의 태도에 의하면 주된 항소가 취하되거나 부적법한 것으로 각하된 때에도 원고의 청구취지확장의 효력은 존속하게 되는데, 이는 사실상 부대항소 이상의 효과를 부여하는 것이 된다. 뿐만 아니라 종전의 판례의 태도는 전부승소한 원고가 청구취지의 확장을 하기 위하여 상소를 할 수 없다는 통설·판례의 입장과도 상치하게 된다.[2] 따라서 그 후 판례의 입장과 같이 전부승소한 원고가 청구취지의 확장을 하기 위해서는 반드시 부대항소의 절차를 따라야 함을 전제로 하여, 비록 전부승소한 원고가 항소심에서 청구취지를 확장한 경우라도 부대항소를 한 것으로 의제함이 상당하다.

(4) 부대항소의 범위

피항소인이 부대항소를 할 수 있는 범위는 항소인이 주된 항소에 의하여 불복을 제기한 범위에 의하여 제한을 받지 않는다.[3] 예컨대 원고가 제 1 계약에 기한 청구와 제 2 계약에 기한 청구를 병합한 구상금청구의 소를 제기하여 제 1 심에서 원고의 청구가 모두 인용되었는데, 이에 대하여 **피고**는 제 1 계약에 기한 청구와 제 2 계약에 기한 청구 가운데 지연손해금 부분에 대해서만 항소를 하고, 제 2 계약에 기한 청구 가운데 원금 부분에 대해서는 항소를 하지 않았다고 하더라도, 제 1 심에서 전부승소한 **원고**가 항소심 계속 중 부대항소로써 제 2 계약에 기한 청구취지를 확장할 수 있는 것이므로, 항소법원이 제 2 계약에 기한 원고의 부대항소를 받아들여 제 1 심판결의 인용금액을 초과하여 원고의 청구를 인용하더라도 불이익변경금지의 원칙이나 항소심의 심판범위에 관한 법리에 위배되지 않는다.[4]

4. 방   식

부대항소의 방식 등에 관해서는 항소의 규정을 준용한다(법 405조. 법조문상으로는 '**적용**'이라고 되어 있으나, '**준용**'이 맞다).[5] **부대항소장**에는 항소장에 준하는 인

---

1) 대판 1963. 1. 24. 62다801, 1969. 10. 28. 68다158.
2) 이재신, 주석서(5), 135쪽.
3) 대판 1995. 6. 30. 94다58261, 1999. 11. 26. 99므1596,1602, 2003. 9. 26. 2001다68914.
4) 대판 1992. 12. 8. 91다43015, 2000. 2. 25. 97다30066, 2003. 9. 26. 2001다68914.
5) 대판 2022. 10. 14. 2022다252387에서도 '준용'이라고 판시하고 있다.

지를 붙여야 한다(민인규 26조 본문).1) 다만 반소의 제기 또는 청구의 변경을 위한 부대항소장에는 민사소송 등 인지법 4조·5조의 규정에 의한다(민인규 26조 단서). **피항소인**이 부대항소를 하면서 표제로 부대항소라고 기재하지 않고, '항소장', '청구취지확장신청서', '준비서면', '청구취지 및 원인정정신청서'라고 기재했다고 하더라도 **상대방에게 불리하게 되는 한도**에서 부대항소장으로서의 실질이 갖춰진 것으로 본다.2) **판례**는, **피항소인**이 항소기간이 지난 뒤에 단순히 항소기각을 구하는 방어적 신청에 그치지 않고 제1심판결보다 자신에게 유리한 판결을 구하는 **적극적·공격적 신청**의 의미가 객관적으로 명백히 기재된 서면을 제출하고, 이에 대하여 상대방인 항소인에게 공격방어의 기회 등 절차적 권리가 보장된 경우에는 비록 그 서면에 '부대항소장'이나 '부대항소취지'라는 표현이 사용되지 않았더라도 이를 부대항소로 볼 수 있다고 한다.3) 이 경우 항소법원으로서는 **석명권을 행사**하여 피항소인에게 제1심판결 중 상대방인 항소인의 승소부분에 대하여 부대항소를 할 의사가 있는지를 확인하고, 부대항소를 하는 취지라면 **불복신청의 범위를 특정**하게 하고 법령에 따른 **인지를 붙이도록** 한 후 소송절차에서 '부대항소인'으로 취급함으로써 항소심의 심판범위를 명확히 해야 한다.4)

5. 효   력

(1) 불이익변경금지의 원칙의 배제

부대항소에 의하여 항소법원의 심판범위가 확장되면 항소인에 대해 불이익변경금지의 원칙이 적용되지 않는다.

---

1) 항소장에 붙이는 인지와 같은 금액의 인지를 요구함은 비항소설과 일치하지 않는 느낌이 있으며, 차라리 소장에 준함이 옳다는 견해로는, 이시윤, 910쪽.

2) 대판 1967. 9. 19. 67다1709, 1980. 7. 22. 80다982, 1993. 4. 27. 92다47878.

3) 따라서 **피항소인**이 **항소기간이 지난 뒤**에 실질적으로 제1심판결 중 자신이 패소한 부분에 대하여 불복하는 취지의 내용이 담긴 **항소장**을 제출한 경우도 달리 보지 않는다. 대판 2022. 10. 14. 2022다252387. 한편 **판례**는, 원고의 **주위적 청구**를 **기각**하고 예비적 청구를 인용한 제1심판결에 대하여 피고만이 항소를 한 경우 원고가 **항소심에서 제출**한 청구취지변경신청서 및 준비서면에서 주위적 청구에 관하여 이를 인정할 증거가 충분하므로 **주위적 청구를 인용**해야 한다고 주장하고 있는 경우에는 비록 이러한 서면에 부대항소를 한다는 취지가 명시적으로 기재되어 있지 않더라도 그 전체의 기재 내용으로 보아 원고는 **제1심에서 패소한 주위적 청구**에 대하여 **부대항소를** 한 것으로 봄이 상당하다고 한다. 대판 1993. 4. 27. 92다47878.

4) 대판 2022. 12. 29. 2022다263462.

(2) 부대항소의 종속성

1) 부대항소는 상대방의 항소에 의존하는 은혜적인 것이기 때문에, 주된 항소의 **취하** 또는 **부적법 각하**에 의하여 그 효력을 잃는다(**부대항소의 종속성**, 법 404조 본문). 항소는 항소심의 종국판결이 있기 전에 취하할 수 있는데(법 393조 1항), 일단 항소심의 종국판결이 있은 뒤라도 그 종국판결이 상고심에서 파기되어 사건이 다시 항소심에 환송된 경우에는 먼저 있은 종국판결은 그 효력을 잃고 그 종국판결이 없었던 것과 같은 상태로 돌아가게 되므로 새로운 종국판결이 있기까지는 항소인은 피항소인이 부대항소를 했는지 여부와 관계없이 항소를 취하할 수 있다. 이러한 항소의 취하로 피항소인이 부대항소의 이익을 잃게 되어도 이는 그 이익이 본래 상대방의 항소에 의존한 은혜적인 것으로 주된 항소의 취하에 따라 소멸되는 것이어서 어쩔 수 없으므로, 이미 부대항소가 되어 있다 하더라도 주된 항소의 취하는 그대로 유효하다.[1]

법 393조가 부대항소인의 동의 없이 항소인의 항소취하를 허용함으로써 부대항소인이 항소심재판을 받을 권리를 침해하는지에 관하여, **판례**는, 위 법률이 부대항소인이 상고하여 유리한 파기환송판결을 받은 경우에까지 적용함으로써 환송 후 항소심에서 항소인이 임의로 항소를 취하하여 결과적으로 상고심재판의 효력을 상실하게 하고 부대항소인이 항소심판단을 다시 받지 못하게 되었다고 하더라도 이는 부대항소의 종속성에서 도출되는 당연한 결과이므로 이것 때문에 항소심의 재판을 받을 당사자의 권리가 침해된 것으로 볼 수는 없다고 한다.[2]

2) 부대항소인이 **독립하여** 항소기간 이내에 제기한 **부대항소**(항소기간 이내에 '부대항소장'을 제출한 경우를 말한다)는 독립된 항소로 보기 때문에(법 404조 단서), 항소가 취하·각하되더라도 독립된 항소로서의 요건을 갖춘 때에는 부대항소의 효력을 잃지 않는다(이를 **독립부대항소**라고 한다). 독립부대항소는 **독립된 항소**로서의 **요건**을 갖추어야 하므로, 항소기간을 넘겨서는 안 되며, 항소권을 포기한 경우라든지 제 1 심에서 전부승소한 경우 등이 아니어야 한다.

---

1) 대판 1995. 3. 10. 94다51543.
2) 헌재 2005. 6. 30. 2003헌바117 결정.

V. 항소심의 심리

1. 항소의 적법성 심리

항소법원은 앞서와 같이 항소심재판장 등의 항소장심사를 거쳐 항소의 **적법 여부**를 직권조사해야 한다. 조사결과 부적법한 항소로서 그 흠을 보정할 수 없는 때에는 변론 없이 판결로 항소를 각하할 수 있다(법 413조).

2. 본안심리

항소가 적법하면 불복의 당부(當否), 즉 항소가 이유 있는지 여부에 관한 본안심리를 한다.[1] 2008. 12. 26. 법개정에 의하여 제 1 심 소송절차에 준하여 변론준비절차 중심주의에서 **변론기일 중심주의**로 되었다(법 408조·258조).

(1) 항소심의 판단을 받는 중간적 재판

제 1 심이 종국판결의 전제로서 **중간적 재판**을 하는 경우 가운데, 예컨대 중간판결(법 201조), 소송수계결정(법 243조 2항), 청구변경불허결정(법 263조) 등에 대하여 항소법원은 당사자의 불복 유무에 관계없이 그 당부를 판단할 수 있다(법 392조 본문).[2] **예외적**으로, 중간적 재판 가운데 **불복할 수 없는 재판**과 **항고로 불복할 수 있는 재판**에 대해서는 항소법원이 그 판단에 구속된다. 따라서 항소법원이 그 당부를 판단하는 것은 허용되지 않는다(법 392조 단서). 여기서 '항고로 불복할 수 있는 재판'이란 원칙적으로 **즉시항고**로 불복할 수 있는 재판을 말한다. 통상항고와 특별항고는 원칙적으로 종국적 재판에 대한 불복방법이기 때문이다.

(2) 변론의 범위(**항소심의 심판범위**)

(a) 불복신청의 범위

항소심의 심판대상으로서 변론의 범위는 항소인이 제 1 심판결의 변경을 청구하는 한도 즉 불복신청의 범위 안에서 하며(법 407조 1항), 그 **불복범위** 안에서 항소심의 판결도 한다(법 415조 본문). 원칙적으로 제 1 심판결 가운데 불복하지 않

---

1) 항소심에서는 항소이유를 기재한 서면 및 이에 대한 답변서에 기재된 내용을 통해 드러난 쟁점에 집중하여 심리를 진행한다. 재판예규 제1857호 '사건관리방식에 관한 예규'(재일 2001-2, 2023. 9. 14. 개정, 2023. 10. 19. 시행) 17. 가.

2) 이재신, 주석서(5), 70쪽.

은 것은 항소심의 심판대상이 되지 않는다[이심의 범위는 심판범위와 일치하지 않는
다]. 원칙적으로 제 1 심판결로 심판하지 않고 재판누락한 청구부분은 이심이 되지
않으므로 또한 항소심의 심판대상이 되지 않는다. 원심판결 가운데에서 어느 당
사자도 불복신청을 하지 않은 부분에 대해 가집행선고가 붙어 있지 않은 때에는
항소법원은 당사자의 신청에 따라 결정으로 가집행선고를 할 수 있다(법 406조 1
항). 이러한 신청을 기각한 결정에 대해서는 즉시항고를 할 수 있다(법 406조 2항).

(b) 심판범위의 확장 또는 축소

항소인은 항소의 이익이 있는 한 항소심 변론종결시까지 **항소취지를 확장**함
으로써 불복범위를 변경할 수 있다. **피항소인**은 **부대항소**에 의하여 패소부분을
심판대상으로 삼을 수 있다. 피항소인이 **원고**인 경우에는 부대항소에 의하여(원고
가 제 1 심에서 전부승소하든, 일부승소하든 불문하고) **청구취지를 확장**함으로써 심판
범위를 확장시킬 수 있다. 항소심에서도 반소의 제기, 중간확인의 소, 청구의 변
경, 소의 일부취하가 허용되기 때문에 심판대상이 확장되거나 또는 축소되는 때
도 있다.

(3) 변론의 갱신 및 변론의 갱신권

당사자는 제 1 심의 자료를 상소심에 상정(上程)할 필요가 있다. 이를 위해
불복신청을 하는 데 필요한 한도에서 제 1 심 변론결과를 진술하지 않으면 안
된다(법 407조 2항). **전자소송**에서 제 1 심 변론결과의 진술방법에 관해서는 민사소
송 등에서의 전자문서의 이용 등에 관한 규칙 30조 4항에 따른다. 이를 **변론의
갱신**이라 한다. 제 1 심 변론결과의 진술은 당사자가 사실상 또는 법률상 주장,
정리된 쟁점 및 증거조사결과의 요지 등을 진술하거나, 법원이 당사자에게 해당
사항을 확인하는 방식으로 할 수 있다(규칙 127조의2). 변론의 갱신은 출석한 당사
자 한쪽만이 해도 되지만, 변론결과의 일부만을 분리하여 진술할 수 없다. 당사자
가 출석하여 소송관계를 표명하고 증거조사결과에 대하여 변론했다면 제 1 심의
공격방어방법과 증거조사결과를 원용한 것이 된다. 한편 항소심에서 당사자가 제
1 심 변론결과의 진술에 이어 변론종결시까지 종전의 주장을 보충·정정하거나
새로운 공격방어방법을 제출할 수 있다(법 408조). 이를 **변론의 갱신권**이라 한다.

■ 항소심에서의 변론의 갱신권의 제한

 (1) 재정기간의 실권효 활용

　법 146조에서 적시제출주의를 규정하고 법 147조에서 재정기간제도를 규정하고 있다. 이것들은 모두 **총칙편**에서 규정하고 있으므로, 항소심에서도 적용된다. 특히 법 147조의 재정기간제도에 대해서는 제 2 심에서 비로소 채택한 일본법(일 민소 301조)과 달리 제 1 심부터 적용하도록 총칙편에 규정했지만, 항소심에서 그 제도를 적절히 활용하여 공격방어방법의 제출기간을 정하고 그 기간을 넘기면 실권적 제재를 강행하여 **변론의 갱신권**을 철저히 **제한**한다면 항소심의 소송촉진에 결정적인 도움이 된다.

 (2) 제 1 심 변론준비기일의 실권효 활용

　제 1 심에서의 변론준비절차는 항소심에서도 그 효력이 있다(법 410조). 제 1 심에서 집중심리를 위하여 변론준비절차를 거친 예외적 경우에는 제 1 심 변론준비기일까지 제출하지 못한 주장이나 증거는 예외사항(법 285조 1항 각호)을 제외하고는 항소심에서도 제출할 수 없는 실권적 제재를 받을 사건이 많아지게 된다.[1] 그 적용의 적극적 활용이 필요하다.[2]

Ⅵ. 항소심의 종국적 재판

1. 항소장각하명령

항소장이 방식에 위배되는 등[3]의 경우이거나 항소장이 항소기간을 넘겨 제

---

1) 항소심의 속심구조를 유지하고 있지만 실제로는 사후심이나 다를 바 없는 입법태도라고 보는 견해로는, 유병현, "민사항소심에서 변론의 갱신권의 제한," 법조 48권 11호(1999. 11.), 116쪽 이하.

2) **제 1 심 중심주의**를 관철하기 위하여 항소심에서의 **변론의 갱신권**을 **대폭 제한**하는 방향으로 운용해야 한다. 김홍엽, "민사소송의 제 1 심 강화를 위한 실효적 방안의 모색," 성균관법학(성균관대학교 법학연구소) 23권 3호(2011. 12.), 47쪽 이하. 현행법의 운영과정에서 법원은 실질적 소송지휘를 통하여 법 285조의 실권효 규정을 적극적으로 적용할 수 있는 여건조성에 힘써야 하며, 궁극적으로는 항소심구조를 사후심화하는 근본적인 대책이 마련되어야 한다는 견해로는, 김용진, "항소심을 사후심화하는 세계적 추세에 대한 법리적·법정책적 분석과 개정민사소송절차 및 행정소송절차에서의 운영방향," 법조 53권 9호(2004. 9.), 5쪽 이하. 항소이유서의 기재를 충실하게 하여 남항소를 방지하고, 변호사강제주의를 도입하여 항소심의 심리가 보다 원활히 진행될 수 있도록 해야 한다는 견해로는, 정선주, "효율적인 항소심 운영을 위한 개선방안," 민사소송 13권 1호(2009. 5.), 348쪽 이하.

3) 항소장부본의 송달이 불능인 경우 항소장이나 판결서 등에 기재된 피항소인의 주소 외에 **다른 주소가 소송기록**에 있다면 그 다른 주소로 송달을 시도해 본 다음 그곳으로도 송달되지 아니한 때에는 항소인에게 주소보정을 명해야 하며, 그러한 조치를 취하지 않은 채 항소장에 기재된 주소로 송달이 되지 않았다는 것만으로 곧바로 주소보정을 명하고 이에 응하지 않았음을 이유로 항소장을 각하하는 것은 위법하다. 대결 2011. 11. 11. 2011마1760, 2014. 4.

출된 경우에는 재판장의 **명령**으로 **항소장**을 **각하**한다. 다만 이러한 경우에도 항
소장부본이 피항소인에게 송달된 뒤에는 법원이 **판결**로 **항소**를 **각하**해야 한다.
즉 항소장부본이 피항소인에게 송달되어 항소법원과 당사자들 사이에 소송관계가
성립되면 항소심재판장은 더 이상 단독으로 항소장각하명령을 할 수 없다.1)

2. 항소각하판결 등

항소가 항소요건에 흠이 있어 부적법할 때에는 항소법원은 **판결**로 항소를 각
하한다. 부적법한 항소로서 그 흠을 보정할 수 없을 때에는 무변론으로 항소를
각하할 수 있다(법 413조). 한편 법원이 변론무능력자에 대하여 변호사선임명령을
했음에도 불구하고 새 기일까지 변호사를 선임을 하지 않은 때에는 판결이 아닌
결정으로 항소각하를 할 수 있다(법 408조, 144조 4항).

3. 항소기각판결

(1) 항소기각판결을 할 경우

항소법원은 제 1 심판결이 정당하다고 인정한 때(항소가 이유 없다고 인정한 때)
에는 항소기각판결을 한다(법 414조 1항). 제 1 심판결의 이유가 정당하지 않다고
하더라도 다른 이유에 따라 원심판결과 동일한 결론을 도출할 수 있는 때에도 판결
이유에서의 판단에는 기판력이 생기지 않으므로 항소기각판결을 한다(법 414조 2항).
그러나 원심판결이 인정한 **상계항변**을 부정하고, 다른 이유를 인정한 때에는 원
심판결을 취소하여 청구를 기각해야 한다. 상계항변에 관한 판단에는 기판력이
생기기 때문이다(법 216조 2항).

(2) 항소심에서 청구를 교환적으로 변경한 경우

항소심에 이르러 청구가 교환적으로 변경된 때에는 구청구는 취하되어 그에
해당하는 제 1 심판결은 실효되고 신청구만이 항소심의 심판대상이 된다. 따라서
제 1 심이 원고의 청구를 일부인용한 데 대하여 양쪽이 항소했고, 항소심이 제 1
심이 인용한 금액보다 추가로 인용하는 경우, 항소심은 제 1 심판결 중 항소심이
추가로 인용하는 부분에 해당하는 원고 패소부분을 취소한다거나 피고의 항소를
기각한다는 주문표시를 해서는 안 된다.2)

---

16. 2014마4026, 2020. 3. 2. 2019마7009.
1) 대결 1981. 11. 26. 81마275, 2020. 1. 30. 2019마5599,5600.
2) 대판 1980. 7. 22. 80다127, 1997. 6. 10. 96다25449,25456, 2009. 2. 26. 2007다83908.

4. 항소인용판결

(1) 원심판결의 취소

항소법원은 항소가 이유 있을 때에는 판결로 원심판결을 취소한다. 원심판결의 취소는 ① 원심판결이 정당하지 않다고 인정한 때(법 416조), ② 원심판결의 절차가 법률에 어긋날 때(법 417조)에 한다.

(a) 자　　판

항소심은 사실심이므로 항소법원은 스스로 소에 대하여 재판을 하는 것이 원칙이다. 다른 법원으로 환송・이송은 예외적이다. 이 점은 법률심인 상고심과 대조적이다.

(b) 환　　송

항소법원이 취소할 **원심판결**이 **소각하판결**인 때에는 본안심리가 이루어지지 않았기 때문에 심급의 이익을 보장하기 위하여 사건을 원심법원으로 환송해야 한다(법 418조 본문). 이를 **필수적 환송**이라 한다. **예외적**으로, 제 1 심에서 본안판결을 할 수 있을 정도로 본안심리가 된 경우, 또는 당사자의 동의가 있는 경우에는 항소법원은 환송하지 않고 자판할 수 있다(법 418조 단서).[1]

필수적 환송 외에 재량에 의한 **임의적 환송**(재량이송)이 허용되는지 논의가 있으나, 입법취지 및 소송촉진의 필요 등을 고려하면 원칙적으로 이를 부정함이 옳다.[2] **판례**는, 항소법원이 제 1 심판결을 취소한 경우 반드시 사건을 제 1 심법원에 환송하여야 하는 것은 아니라는 입장(환송하지 않고 직접 다시 판결을 할 수 있다는 입장)으로, 필요한 경우 재량에 의한 임의적 환송을 인정하는 태도인 것으로 이해된다.[3] 환송판결은 중간판결이 아니라 **종국판결**이므로 이에 대하여 상고할 수

---

1) 실무상 제 1 심법원의 소각하판결을 취소하는 경우에도 대부분 법 418조 단서에 해당한다고 보아 항소법원이 제 1 심법원으로 환송하지 않고 자판하고 있다. 전원열, 739쪽. 이에 대하여, 통상 제 1 심법원에서 본안의 심리와 소송요건의 심리가 병행되고 있어 항소법원이 본안판단을 하는 데 지장이 없을 정도로 사건이 성숙해 있는 경우가 대부분이므로 굳이 실무의 경향을 비판할 일이 아니라는 견해로는, 한충수, 850쪽.

2) 이시윤, 922쪽; 정동윤・유병현・김경욱, 924쪽; 송상현・박익환, 741쪽; 호문혁, 675쪽; 한충수, 850쪽. 이에 대하여, 법률상 명문의 규정이 없다고 하여 임의적 환송이 금지된다고 해석할 수 없고, 임의적 환송을 인정할 합리적 근거가 있으면 인정하는 것이 타당하다는 견해로는, 김홍규・강태원, 901쪽.

3) 대판 2013. 8. 23. 2013다28971(항소심이 제 1 심에서 변론 없이 한 판결(자백간주판결)을 취소한 후 사건을 환송하지 않고 직접 다시 판결했다고 하여 거기에 심급의 이익에 관한 법

있다.[1]

(c) 이   송

전속관할위반을 이유로 원심판결을 취소하는 때에는 항소법원은 원심법원으로 환송하지 않고, 직접 제 1 심 관할법원으로 이송해야 한다(법 419조). 임의관할을 위반한 경우에는 원심판결의 취소사유가 되지 않는다(법 411조 본문).

(2) 불이익변경금지의 원칙

(a) 의   의

항소법원은 항소인의 불복신청의 범위를 넘어서 항소인에게 유리한 재판을 할 수 없다(**이익변경의 금지**). 항소법원은 상대방으로부터 항소·부대항소가 없는 한, 불복하는 항소인에게 제 1 심판결보다 더 불리하게 변경할 수 없다(**불이익변경의 금지**). 항소심은 당사자의 불복신청의 범위 내에서 제 1 심판결의 당부를 판단할 수 있을 뿐이기 때문이다(법 415조 본문). 따라서 설사 제 1 심판결이 부당하다고 인정되는 경우라 하더라도 그 판결을 불복당사자의 불이익으로 변경하는 것은 당사자가 신청한 불복의 한도를 넘어 제 1 심판결의 당부를 판단하는 것이 되어 허용될 수 없으므로, 원고만이 항소한 때에는 항소심으로서는 제 1 심보다 원고에게 불리한 판결을 할 수는 없다.[2]

(b) 불이익변경 여부의 판단기준

1) 불이익하게 변경된 것인지 여부는 기판력의 범위를 기준으로 하나 공동소송에서는 원·피고별로 각각 판단해야 한다.

2) **동시이행판결**은 원고가 그 반대급부를 제공하지 않고는 판결에 따른 집행을 할 수 없어 원고만이 항소한 사건에서 비록 피고의 반대급부이행청구에 관하여 기판력이 생기지 않더라도 **반대급부의 내용**이 항소인인 원고에게 불리하게 변경된 때에는 불이익변경금지의 원칙에 반하게 된다.[3] 한편 피고의 금전채권에 기한 동시이행의 주장을 받아들인 판결의 경우 원고는 그 금전채권에 관한 이행을 제공하지 않고는 자신의 채권을 집행할 수 없으므로, 동시이행의 주장을 한 **피고만**이 항소한 경우 항소심이 제 1 심판결에서 인정된 금전채권에 기한 동시이행의

리를 오해한 잘못이 없다), 대판 2020. 12. 10. 2020다255085.

1) 대판(전) 1981. 9. 8. 80다3271.

2) 대판 1983. 12. 27. 83다카1503, 2022. 8. 25. 2022다211928.

3) 대판 2005. 8. 19. 2004다8197,8203.

주장을 공제 또는 상계의 주장으로 바꾸어 인정하면서 그 금전채권의 내용을 항소인인 피고에게 불리하게 변경하는 것은 특별한 사정이 없는 한 불이익변경금지의 원칙에 반한다.[1]

3) 제 1 심판결상 판결주문의 불리한 변경이 문제되며, 기판력이 생기지 않는 판결이유의 변경은 원칙적으로 항소인에게 더 불이익한 변경이 되어도 상관없다. 다만 원고만이 항소한 사건에서 피고가 항소심에서 비로소 상계항변을 하고 이러한 상계항변이 인용된 때에는 예외이다(법 415조 단서). 한편 **판례**는, **피항소인인 피고가 부대항소를 한다는 취지를 명시적으로 밝히지는 않았더라도 피고가 항소심에서 변제항변**을 한 것은 제 1 심판결에서 지급을 명한 금액이 모두 변제되어 소멸되었다는 취지이므로, 이는 제 1 심판결에 대해 **부대항소를 한 취지**라고 볼 여지가 많고, 따라서 피고가 부대항소를 한 것이라면 항소심이 제 1 심판결에서 지급을 명한 금액보다 적은 금액만 인용하더라도 불이익변경금지의 원칙에 반하지 않는다고 본다.[2]

(c) 상계항변을 인용한 제 1 심판결과 항소심에서의 불이익변경 여부

제 1 심판결이 원고가 청구한 채권의 발생을 인정하면서 피고가 한 상계항변을 받아들여 원고의 청구의 전부 또는 일부를 기각하고 이에 대하여 **원고만이 항소**한 때에, 항소심이 제 1 심과는 다르게 원고가 청구한 채권(소구채권)의 발생이 인정되지 않는다는 이유로 원고의 청구를 기각하는 것은 항소인인 원고에게 불이익하게 제 1 심판결을 변경하는 것이 되어 허용되지 않는다. 따라서 이 경우 항소법원은 제 1 심판결과 같은 이유로 원고의 항소를 기각해야 한다.[3] 한편 제 1 심판결이 피고가 한 상계항변을 받아들여 원고의 청구를 기각하고 이에 대하여 **피고만이 항소**를 한 때에, 피고가 주장한 채권(반대채권)의 발생이 인정되지 않는다는 이유로 피고의 항소를 기각하는 것도 항소인인 피고에게 불이익하게 제 1 심판결을 변경하는 것이 되어 허용되지 않는다. 따라서 이 경우에도 항소법원은 제 1 심판결과 같은 이유로 피고의 항소를 기각해야 한다.[4]

---

1) 대판 2005. 8. 19. 2004다8197,8203, 2022. 8. 25. 2022다211928.
2) 대판 2014. 9. 4. 2014다17848,17855, 2021. 2. 25. 2020다201187, 2022. 10. 28. 2021다253376.
3) 대판 2010. 12. 23. 2010다67258, 2011. 10. 13. 2011다51205, 2021. 2. 25. 2020다272486 등.
4) 대판 1995. 9. 29. 94다18911.

▣ 소각하판결에 대한 원고만의 항소시 소가 적법하나 청구기각할 사안이 분명한 경우 항소법원의 조치

(1) 문 제 점

제 1 심법원이 소가 부적법하다고 하여 소각하판결을 한 데에 대하여 원고만이 항소를 한 경우(피고의 항소 또는 부대항소가 없는 경우), 항소법원이 **소 자체는 적법하지만** 본안에 관하여 이유 없어 **청구기각할 사안**임이 **분명**하다고 판단될 때 어떠한 조치를 취할 것인지에 관하여 논의가 있다. 예컨대 ① '공익사업을 위한 토지 등의 취득 및 보상에 관한 법률' 91조 소정의 환매권 행사기간의 경과로 인하여 소멸된 환매권의 행사를 청구원인으로 하는 소송을 제기한 때에는 소 자체가 부적법한 것이 되는 것은 아니고 단지 환매권의 행사로서 형성하려는 법률관계인 매매의 효과가 발생하지 않는 데 그쳐 그 청구원인사실이 인정되지 않는다는 이유로 청구기각판결을 해야 함에도 제 1 심법원이 소각하판결을 한 경우, 또는 ② 원고가 전소에서 패소확정판결을 받았음에도 후소를 제기한 때에는 청구기각판결을 해야 함에도 제 1 심법원이 소각하판결을 한 경우 등에, 항소법원이 어떠한 판결을 할 것인지이다.

(2) 판례의 태도(항소기각설)

판례는, 청구기각판결을 하는 것은 소각하판결을 하는 것보다 항소인인 원고에게 더 불리하기 때문에 불이익변경금지의 원칙상 항소기각을 할 수밖에 없다는 입장이다(**항소기각설**).[1] 항소인은 최악의 경우라도 항소기각될 뿐 그 이상의 위험이 있어서는 안 된다는 취지에서 항소기각을 해야 한다는 견해[2]도 같은 입장이다.

(3) 환송설과 절충설의 입장

이러한 경우 제 1 심법원의 소각하판결이 잘못되었으므로 심급의 이익을 고려하여 법 418조 본문의 규정에 따라 특별한 사정이 없는 한 제 1 심판결을 취소하고 제 1 심법원으로 환송해야 한다는 견해(**환송설**),[3] 제 1 심에서 본안심리가 이루어졌거

---

1) 대판 1995. 7. 11. 95다9945, 1999. 4. 9. 98다46945, 2018. 7. 24. 2018다227087 등. **판례**는, "원고들의 이 사건 청구는 본안에서 기각되어야 할 것임이 분명하다. 따라서 원고들의 불법행위에 기한 주위적 청구를 각하한 원심판결은 파기되어야 할 것이나, 앞서 본 바와 같이 원고들의 위 청구는 기각될 것임이 분명한데 원고들만이 상고한 이 사건에 있어서 불이익변경금지의 원칙상 상고인인 원고들에게 불이익하게 청구기각의 판결을 할 수는 없는 것이므로, 원심판결을 파기하는 대신 원고들의 이 부분 상고를 기각하기로 한다(대판 2001. 9. 7. 99다50392)", "그렇다면 이 사건 청구에 대해서는 위 확정판결의 기판력이 그대로 미친다 할 것이어서 이를 기각하여야 할 것인바, 이 사건 소를 각하한 원심판결에 대하여 원고만이 상고한 이상 불이익변경금지의 원칙에 의하여 원고에게 불리하지 아니한 원심판결을 유지하기로 한다(대판 2006. 10. 13. 2004두10227)", "원심판결 중 이 사건 재심의 소를 각하한 부분은 위법하지만, 이 사건 재심의 소는 재심사유가 존재하지 아니하여 결국 기각될 것임이 분명하므로, 원고만이 상고한 이 사건에서는 불이익변경금지의 원칙상 원고에게 유리한 원심의 각하판결을 유지함이 상당하다(대판 2009. 9. 10. 2009다41977)" 등으로 판시하고 있다.

2) 김홍규·강태원, 903쪽.

3) 송상현·박익환, 739쪽.

나 당사자의 동의가 있으면 법 418조 단서에 따라 제 1 심판결을 취소하고 청구기각 판결을 할 것이나, 그렇지 않고 항소심이 판단하기에 본안에 관한 결론을 내기 위하여 더 심리가 필요하다면 법 418조 본문에 따라 환송하는 것이 옳다는 견해(**절충설**)1)가 있다.

(4) 청구기각설의 타당성

1) 먼저 논의의 전제가 제 1 심법원이 소각하판결을 했지만 항소법원이 본안에 관하여 청구기각할 사안이 분명하다고 판단되는 상황에서 항소법원이 할 조치에 관한 것이므로, 제 1 심에서 본안판결을 할 수 있을 정도로 심리가 되지 않은 것을 전제로 한 환송설과 절충설은 받아들이기 어렵다.

2) 불이익변경금지의 원칙은 원심판결이 본안판결을 통하여 당사자에게 부여한 **실체상의 법적 지위**를 당사자에게 불리하게 변경할 수 없다는 것으로, 제 1 심법원이 소각하판결을 함으로써 아무런 **실체적 판단**을 하지 않은 때에는 항소법원이 제 1 심판결을 취소하고 청구기각판결을 하더라도 불이익변경금지의 원칙에 반하는 것이 아니다. 뿐만 아니라, 항소법원이 원고의 항소제기 목적에 따라 소각하판결을 한 제 1 심판결을 취소함으로써 일단 원고에게 유리한 판결을 했다고 볼 수 있다. 따라서 항소법원으로서는 항소심에서 본안에 관하여 별도의 심리 없이 본안판결을 할 수 있을 정도로 제 1 심에서 심리가 되어 있어 법 418조 단서에 따라 청구기각판결을 하는 것이므로, 항소법원은 이 경우 **제 1 심판결을 취소**하고 **청구기각판결**을 해야 한다(**청구기각설**).2)3)

3) 다만 제 1 심법원이 소송요건을 갖춘 적법한 소임에도 소송요건의 흠이 있다고 보아 소각하판결을 한 데에 대하여 항소법원이 이미 제 1 심에서 심리된 내용을 가지고 본안에 관한 청구가 이유 없음을 들어 청구기각판결을 하는 것이므로 항소기각설의 입장을 취하든 청구기각설의 입장을 취하든 **실무상**으로는 그다지 문제가 될 것이 없다고 본다. 항소기각설을 비판하는 입장에서는, 항소법원이 항소기각판결을 한다면 잘못된 제 1 심의 소각하판결을 확정시키는 것이 되어 뒤에 원고가 문제의 소송요건을 보정하여 다시 재소하여 올 때 이를 막을 길이 없게 된다고 하나,4) 실제 이러한 결과를 예상하기 어렵다. 항소법원이 항소기각판결을 하여 제 1 심법원

---

1) 이시윤, 925쪽; 이재신, 주석서(5), 205쪽.
2) **다수설**의 입장이다. 정동윤·유병현·김경욱, 926쪽; 강현중, 993쪽; 호문혁, "기판력에 저촉되는 제소에 대한 재판과 불이익변경금지," 민사판례연구 19권(1997. 12.), 490쪽 이하. 한편 소송판결에 대한 원고의 항소시 심리결과 소송요건이 충족되어 있고, 원고의 청구가 이유 없을 경우에는 청구기각판결을 해야 하며, 소송판결에 대한 피고의 항소시 심리결과 소송요건이 충족되어 있고 원고의 청구가 이유 있을 때에는 피고의 항소를 기각해야 한다는 견해로는, 김기정, "소송판결에 대한 항소," 민사소송 9권 1호(2005. 5.), 219쪽 이하.
3) 서울고등법원 2011. 3. 23. 선고 2010나63173 판결도 같은 취지이다. 법률신문 3923호(2011. 3. 31.), 4쪽.
4) 이시윤, 884쪽.

의 소각하판결을 확정시키더라도 **원래 적법한 소이므로** 다시 소송요건을 보정하여 재소할 것이라고 예상하기 어려울 뿐만 아니라(제 1 심법원이 부적법한 소로 잘못 알고 소각하판결을 하였을 따름이다), 설령 재소하더라도 위 확정판결은 원고의 청구가 이유 없음을 전제로 단지 불이익변경금지의 원칙상 항소기각판결을 한 데 불과하므로 원고가 재소의 목적을 달성할 것이라고는 더욱 예상하기 어렵다. 따라서 **판례가** 항소기각설의 입장을 그대로 유지할 수 있는 **실제적 이유에** 대하여 **실무상으로는** 충분히 이해가 된다.

(d) 불이익변경금지의 원칙이 적용되지 않는 경우

예비적·선택적 공동소송이나 독립당사자참가소송 등에서 패소했으나 상소하지 않은 당사자의 판결부분에 대해서는 불이익변경금지의 원칙이 배제되며, 합일확정을 위하여 필요한 한도에서 더 유리하게 변경할 수도 있다. 불이익변경금지의 원칙은 처분권주의에 근거를 두고 있으므로, 처분권주의가 배제되는 형식적 형성의 소(경계확정의 소, 공유물분할의 소 등)에서는 불이익변경금지의 원칙이 적용되지 않는다.[1] 직권조사사항인 소송요건의 흠, 판결절차의 위반 등도 불이익변경금지의 원칙에서 배제된다. 소송비용의 재판과 가집행선고도 불이익변경금지의 원칙의 예외이다.[2]

제 3 절   상   고

Ⅰ. 의   의

상고는 법률심으로서의 상고심에 불복신청을 하는 것으로 통상 항소심의 종국판결에 대하여 허용된다. 즉 고등법원이 항소심으로서 한 판결과 지방법원 합

---

1) 그러나 본소 및 반소에 의한 이혼(나류 가사소송사건) 및 재산분할청구(마류 가사비송사건) 등이 병합된 사건에서 하나의 판결이 선고된 경우, 당사자가 본소와 반소에 의한 **재산분할청구**에 대하여 소송물과 금액을 특정하여 항소를 제기하고 있다면 항소심은 당사자의 불복신청의 한도 내에서 제 1 심판결의 당부를 판단할 수 있을 뿐이므로, 항소심의 심판범위는 특별한 사정이 없는 한 당사자가 항소취지에서 특정한 소송물과 금액을 기준으로 하여 결정해야 한다. 대판 1996. 7. 18. 94므20051, 1996. 12. 23. 95므1192,1208.
2) 가집행선고는 당사자의 신청 유무에 관계없이 법원이 직권으로 판단할 사항으로 처분권주의를 근거로 하는 법 415조의 적용을 받지 않으므로, 가집행선고가 붙지 않은 제 1 심판결에 대하여 피고만이 항소한 항소심에서 항소를 기각하면서 가집행선고를 붙였어도 불이익변경금지의 원칙에 위배되지 않는다. 대판 1991. 11. 8. 90다17804, 1998. 11. 10. 98다42141.

의부[본원 합의부 또는 지원 합의부(춘천지방법원 강릉지원, 법조 32조 2항 본문), 이를 **지방법원 항소부**라 한다]가 항소심으로서 한 판결이 상고의 대상이 된다(법 422조 1항, 법조 14조 1호). **불항소합의(비약상고의 합의)**가 있는 경우(법 390조 1항 단서)에는 제1심판결에 대하여 직접 상고할 수 있다(법 422조 2항). 모든 국민에게 상고심의 재판을 받을 권리를 보장하는 헌법상의 명문규정을 두지 않고 상고의 허용 여부를 법률이 정하는 바에 따르도록 한 우리의 법제하에서는 헌법 27조에서 규정한 재판을 받을 권리에 상고법원의 구성법관에 의한, 상고심절차에 의한 재판을 받을 권리까지도 포함된다고 할 수는 없다. 따라서 특별한 사정이 없는 한, 모든 사건에 대하여 획일적으로 상고할 수 있게 하는지 여부는 입법재량의 문제이다.[1]

　　상고심은 사후심으로 원심판결의 당부를 법률적인 측면에서만 심사한다. 원심판결이 적법하게 확정한 사실은 상고법원을 기속한다(법 432조). 상고심에서도 **예외적**으로 직권조사사항인 소송요건이나 상소요건의 존부, 재심사유, 원심의 소송절차위배의 유무 등 판단에서는 새로운 사실을 참작할 수 있으며, 필요한 증거조사를 할 수 있다. 당사자는 이에 관하여 새로 주장·증명할 수 있다. 따라서 예컨대 당사자는 확정판결의 존재를 사실심 변론종결시까지 주장하지 않았다 하더라도 상고심에서 새로이 이를 주장·증명할 수 있으며,[2] 채권압류 및 추심명령(민집 227조, 229조 1항)이 있어 당사자적격을 상실한 사람이 제기한 소는 상고심에 압류해제(집행취소) 및 추심포기서를 제출하여 그 흠을 치유할 수 있다.[3] 한편 상고심에서는 새로운 청구를 할 수 없다. 새로 사실조사를 해야 하기 때문이다. 예외적으로 가집행선고의 실효로 인한 **가지급물반환신청**(법 215조 2항)은 신청이유로써 주장하는 사실관계에 대하여 당사자 사이에 다툼이 없어 사실심리를 요하지 않는 경우에 한하여 상고심에서도 할 수 있다.[4]

Ⅱ. 상고이유

　　상고이유는 법 423조에서 규정한 **일반적 상고이유**와 법 424조에서 규정한 **절**

---

1) 대결 2004. 8. 20. 2003카기33.
2) 대판 2006. 10. 13. 2004두10227.
3) 대판 1998. 8. 21. 98다20202, 2007. 11. 29. 2007다63362.
4) 대판 1980. 11. 11. 80다2055.

대적 상고이유가 있다. 일반적 상고이유는 판결에 영향을 미친 헌법·법률, 명령 또는 규칙의 위반이 있는 경우이다.[1] 절대적 상고이유는 일반적 상고이유와 달리 원심판결의 결과에 영향을 미쳤는지 여부에 관계없이 상고이유가 되는 경우이다.

1. 일반적 상고이유

(1) 법령위반의 원인

일반적 상고이유인 법령위반은 법령위반의 원인을 기준으로, **법령의 해석 자체의 과오**와 법령의 해석에 대해서는 잘못이 없으나 구체적 사건에서 법령을 잘못 적용한 **법령적용의 과오**(법률문제)로 나누어 볼 수 있다.[2] 법령적용의 과오는 **사실인정의 과오**(사실문제)와 구별된다. 사실인정의 과오(사실문제)는 상고이유가 되지 않는다. 즉 증거의 취사와 사실인정은 사실심의 전권에 속하는 것으로서, 자유심증주의의 한계를 벗어난 경우가 아닌 한 적법한 상고이유로 삼을 수 없다.[3] 사실인정의 과오(사실문제)와 법령적용의 과오(법률문제)의 구별에서, 구체적 사실의 존부는 사실문제이나, 사실에 대한 평가적 판단(예컨대 과실, 선량한 풍속, 정당한 사유, 신의칙 위반 등 불확정개념의 법률요건에 해당하는지 여부의 판단)은 법률문제이다. 증거가치의 평가(예컨대 증언의 신빙성, 서증의 증거력)는 사실문제이다. 그러나 사실추정의 법리(일응의 추정도 포함), 논리법칙·경험법칙 위반 여부는 법률문제가 될 수 있다. 법률행위와 관련하여 의사표시의 존부 및 내용의 인정 자체는 사실문제이나, 그에 기하여 법률상 어떠한 법률효과를 인정할 것인지는 법률문제이다.[4] 법원이나 행정관청의 자유재량에 속하는 사항은 원칙적으로 법률문제가 아니다. 예

---

1) 예컨대 당사자의 주장에 대한 판단누락의 위법이 있다 하더라도 그 주장이 배척될 경우임이 분명한 때에는 판결결과에 영향이 없다. 대판 2002. 12. 26. 2002다56116, 2006. 6. 29. 2005다 11602,11619.

2) 김상원, "상고이유에 관하여," 민사재판의 제문제 8권(우당박우동선생화갑기념, 1994. 10.), 844쪽.

3) 대판 2006. 6. 29. 2005다11602,11619, 2010. 1. 28. 2006다79650, 2010. 7. 22. 2008다64522, 64539 등.

4) **판례**는, 의사표시와 관련하여 당사자에 의하여 무엇이 표시되었는가 하는 점과 그것으로써 의도하려는 목적을 확정하는 것은 사실인정의 문제이고, 인정된 사실을 토대로 그것이 가지는 법률적 의미를 탐구·확정하는 것은 이른바 의사표시의 해석으로서 이는 사실인정과 구별되는 법률적 판단의 영역에 속한다고 본다. 그리고 어떤 목적을 위하여 한 당사자의 일련의 행위가 법률적으로 다듬어지지 않은 탓으로 그것이 가지는 법률적 의미가 명확하지 않는 경우에는 그것은 법률적 관점에서 음미·평가하여 그 법률적 의미가 무엇인가를 밝히는 것 역시 의사표시의 해석에 속한다고 본다. 대판(전) 2001. 3. 15. 99다48948, 대판 2011. 1. 13. 2010다69940.

컨대 과실상계의 항변을 참작하여 배상액을 산정하는 것은 현저하게 불합리한 것이 아니면 사실문제이다.

(2) 법령위반의 형태

일반적 상고이유인 법령위반은 형태를 기준으로 하여 판단상 과오와 절차상 과오로 나누어 볼 수 있다. **판단상 과오**는 원심판결에서의 법률판단이 부당하여 청구의 당부판단에서 잘못을 초래하게 된 것을 말하며, 주로 실체법 위반의 경우에 문제된다. 법령의 올바른 적용은 법원의 당연한 직책이므로 법원은 당사자 주장의 상고이유에 구속됨이 없이 법률판단의 과오의 유무를 직권조사해야 한다(법 434조, **상고이유불구속의 원칙**). 상고이유로 한 법령위반이 인정된다 하더라도, 다른 이유에 의해 원심판결이 그 결론에서 정당한지 여부를 심사해야 한다. 주장한 법령위반이 없어도 다른 법령위반 여부도 심사해야 한다. **절차상 과오**는 절차법규를 위배한 잘못이 있는 것을 말한다[예컨대 변론주의·처분권주의의 위반, 석명의무의 위반, 당사자에게 기일통지 없이 한 변론 등이다]. 훈시규정의 위반은 상고이유가 아니다. 효력규정 가운데 임의규정의 위반이 있는 때에는 당사자가 이의권을 포기·상실했으면(법 151조) 여기의 과오에 해당되지 않는다. 절차상 과오는 판결에 잠재적으로 존재하여 쉽게 발견하기 어려우므로, 직권조사사항을 제외하고는 당사자가 상고이유로 주장한 경우에 한하여 조사한다(법 431조). **판례**는 심리미진도 상고이유가 된다고 보는데, 이것은 법령해석·적용 이전의 문제로서 필요한 심리를 다하고 변론을 종결해야 함에도 그렇지 않은 절차법규의 위배를 가리킨다. 이를 독립한 상고이유로까지 취급할 수 있는지에 대해서는 논의가 있다.[1]

2. 절대적 상고이유

절대적 상고이유(법 424조 1항)로서, ① 판결법원구성의 위법(1호), ② 판결에 관여할 수 없는 법관의 관여(2호),[2] ③ 전속관할규정의 위반(3호), ④ 대리권 및 특별한 권한 수여의 흠(4호), ⑤ 변론공개규정의 위반(5호), ⑥ 이유불명시·이유모순(6호)이 있다. 절대적 상고이유[다만 절대적 상고이유 가운데 이유불명시·이유모순

---

1) 상고심의 운영과 관련하여 개선점을 지적하는 견해로는, 이시윤, "민사사법제도의 개선을 위한 몇가지 제언," 민사소송법의 제문제 1권(경허김홍규박사화갑기념, 1992. 12.), 45쪽 이하; 김상원, "상고이유에 관하여," 민사재판의 제문제 8권(우당박우동선생화갑기념, 1994. 10.), 844쪽 이하.

2) 대판 2020. 1. 9. 2018다229212.

은 애당초 심리속행사유에서 제외되어 있다라도 **판결에 영향을 미친 때**에만 **심리불속행으로 인한 상고기각판결**을 면할 수 있다(상특 4조 1항 6호, 3항).

　4호 가운데 **대리권의 흠**은 이른바 당사자권을 보장하기 위한 규정이므로, 당사자가 변론에서 공격방어방법을 제출할 기회를 부당하게 박탈당한 경우에도 **유추적용**된다. 예컨대 ① 성명모용을 간과한 판결, ② 소송무능력을 간과한 판결, ③ 소송절차의 중단을 간과한 판결, ④ 소송절차의 중단시 진정한 소송수계인을 간과한 판결, ⑤ 당사자가 책임질 수 없는 사유로 변론기일에 불출석하였음에도 한 판결 등이다.

　6호 가운데 **이유를 밝히지 않은 경우**는 판결에 이유를 전혀 기재하지 않거나[1] 이유의 일부를 빠뜨리는 경우 또는 이유의 어느 부분이 명확하지 않아 법원이 어떻게 사실을 인정하고 법규를 해석·적용하여 주문에 이르렀는지가 불명확한 경우를 일컫는다.[2] 한편 **이유에 모순이 있는 경우**는 판결이유의 문맥에 모순이 있어 일관성이 없고, 이유로서 체제를 갖추지 못한 것을 말한다.

3. 그 밖의 상고이유(재심사유)

　재심사유도 상소에 의하여 주장할 수 있기 때문에(법 451조 1항 단서), 재심사유가 비록 **절대적 상고이유**(법 424조 1항)에 포함되어 있지 않아도 법령위반으로서 상고이유가 된다는 것이 **통설·판례**이다.[3] 재심사유 가운데 절대적 상고이유에 해당하지 않는 경우 판결결과에 영향을 미친 때에 상고이유(**일반적 상고이유**, 법 423조)가 된다. **심리속행사유**와 관련하여, 절대적 상고이유에 해당하는 재심사유이든, 일반적 상고이유에 해당하는 재심사유이든 모두 **판결결과에 영향을 미친 경우**에 한하여 심리속행사유가 된다. 즉 절대적 상고이유에 해당하는 경우는 상고심절차에 관한 특례법 4조 1항 6호의 사유로, 일반적 상고이유에 해당하는 경

---

1) 판결에 이유를 전혀 기재하지 않은 것과 같은 정도가 되어 당사자가 상고이유로 내세우는 법령위반 등의 주장의 당부를 판단할 수도 없게 되었다면 그와 같은 사유는 당사자의 주장이 없더라도 법원이 직권으로 판단할 수 있다. 대판 2005. 1. 28. 2004다38624.
2) 법원의 판결에 당사자가 상고이유로 주장한 사항에 대한 구체적·직접적인 판단이 표시되어 있지 않았더라도 판결이유의 **전반적인 취지**에 비추어 그 주장을 인용하거나 배척했음을 알 수 있는 정도라면 판단누락이라고 할 수 없고, 비록 실제로 판단을 하지 않았다고 하더라도 그 주장이 **배척될 경우임이 분명**한 때에는 판결결과에 영향이 없어 판단누락의 위법이 있다고 할 수 없다. 대판 2012. 4. 26. 2011다87174, 2016. 12. 1. 2016두34905, 2018. 7. 20. 2016다34281.
3) 대판 2001. 1. 16. 2000다41349.

우는 같은 항 5호(중대한 법령위반이 있는 경우)의 사유로, 모두 같은 조 3항 2호에 따라 판결결과에 영향을 미친 때에만 심리불속행으로 인한 상고기각판결을 면할 수 있다. 재심사유를 상고이유로 삼는 경우에 그 재심사유는 **해당 사건**에 대한 것이어야 하고, 해당 사건과 관련한 다른 사건에 재심사유가 존재한다는 점을 들어 해당 사건의 상고이유로 삼을 수는 없다.[1]

법 451조 1항 4호 내지 7호의 **가벌적 재심사유**에 관해서는 유죄의 판결이나 과태료부과의 재판이 확정된 때 또는 증거부족 이외의 이유로 이러한 확정판결이나 확정재판을 받을 수 없을 때에 한하여 재심의 소를 제기할 수 있다(법 451조 2항). 그런데 **항소심판결**에 가벌적 재심사유에 해당하는 사유가 있는 때에 이를 **상고이유**로 하여 상고할 경우에도 **유죄확정판결 등** 법 451조 2항의 요건을 갖추어야 할 것인지(법 451조 2항을 **유추적용**할 것인지)에 관해서는 논의가 있다. 상고심이 법률심이라는 점에서 상고심에 의한 사실심리는 가능한 한 예외적으로만 허용되어야 하며, 허용될 때에도 상고심의 부담경감을 최대한으로 꾀할 수 있도록 함이 상당하므로, 이 경우에도 유죄확정판결 등을 구비하도록 한 법 451조 2항과 같은 요건이 필요하다.[2]

4. 소액사건의 상고이유

소액사건의 경우 소액사건심판법에서 통상의 민사소송사건과 달리 상고이유를 제한하는 특례규정을 두고 있다. 즉 ① 법률·명령·규칙 또는 처분의 헌법위반 여부와 명령·규칙 또는 처분의 법률위반 여부에 관한 판단이 부당한 때, ② 대법원판례와 상반되는 판단을 한 때만을 상고이유로 삼을 수 있다(소심 3조).

Ⅲ. 상고심의 절차

1. 상고의 제기

(1) 상고의 제기와 원심법원의 조치

상고의 제기는 상고기간 내에 상고장을 원심법원에 제출해야 한다(법 425조·

---

1) 대판 2001. 1. 16. 2000다41349.
2) 대판 1988. 2. 9. 87다카1261, 2006. 10. 12. 2005다72508 등; 이시윤, 901쪽; 정영환, 1307쪽; 정규상, "가벌적 재심사유와 상고이유에 관한 소고," 한일관계의 법사적 고찰(우담지익표 변호사고희기념, 1996. 4.), 217쪽 이하.

396조·397조). 상고장 인지액은 소장 인지액의 2배이나, 상고로써 불복하는 범위의 소송목적의 값을 기준으로 한다(민인 3조 후단, 민인규 25조). 상고장이 제출되면 원심법원은 원심재판장 등의 상고장심사 후(법 425조, 399조) 소송기록을 송부한다(법 425조·400조).

(2) 소송기록의 접수에 따른 상고법원의 조치

상고심으로 소송기록이 송부되고 상고심재판장 등의 상고장심사 후(법 425조, 402조 1항·2항, 보정명령 등을 거쳐 상고장각하명령을 하지 않은 경우) **상고장부본**을 피상고인에게 송달해야 한다(법 425조·401조). 이는 피상고인으로 하여금 상고의 제기사실을 알게 하여 부대상고의 기회를 주기 위한 조치이다. 상고법원의 법원사무관 등이 원심법원으로부터 **소송기록의 송부**를 받은 때에는 바로 그 사유를 적은 **서면**을 당사자에게 송달하는 방법으로 통지해야 한다(법 426조, 규칙 132조).

2. 상고이유서의 제출

(1) 의   의

상고인이 상고장에 상고이유를 적지 않은 때에는 소송기록의 접수통지를 받은 날부터 **20일 이내**에 **상고법원**에 상고이유서를 제출해야 한다(**상고이유서 제출강제주의**, 법 427조).[1] 상고심 재판의 신속하고 원활한 운영을 도모하고, 상고심에서의 소송경제와 신속을 모색하기 위한 것이다.[2][3] 상고이유서의 분량은 **30쪽**을 넘지 못한다(2016. 8. 1. 개정·시행 규칙 133조의2). 보조참가사건에서 **피참가인이 상**

---

[1] 상고인이 상고장에 상고이유를 적었거나, 이미 상고이유서를 제출했다고 하더라도 위 20일 이내에는 상고이유서를 추가로 제출할 수 있다. 법원실무제요 민사소송(3), 1689쪽.

[2] 헌재 2008. 10. 30. 2007헌마532 결정. 외국의 입법례에 비추어 보거나 사건내용이 날로 복잡화되어가는 현실에서 20일은 너무 짧으므로 입법적 개선이 요망된다는 견해로는, 이시윤, 942쪽.

[3] 상고장에 상고이유를 적지 않은 상고인은 **상고장을 제출한 날부터 60일 이내**에 **원심법원**에 **상고이유서를 제출**하도록 하여, ① 그 기간 내에 상고이유서를 제출한 사건에 대해서만 소송기록을 대법원에 송부하도록 하고, ② 그 기간 내에 상고이유서를 제출하지 않은 사건에 대해서는 원심법원이 **결정**으로 **상고를 각하**하도록 하며, 이에 불복시 즉시항고를 할 수 있도록 하는 **민사소송법 일부개정법률안**(의안번호 2101836, 제안일자 2020. 7. 13., 제안자 유동수 의원 등 11인)이 제21대 국회에 계류되었으나 임기종료(2024. 5. 29.)로 자동폐기되었다. 상고이유서 원심법원 제출제도의 도입으로, 원심법원이 상고이유서의 기한 내 제출 여부 심사, 상고이유의 적법 심사 등을 할 공간을 가지게 되고, 그만큼 대법원은 최고법원으로서 판단할 가치가 있는 사건에 더 집중할 수 있다고 보는 입장의 제시로는, 강영재, "상고심 재판의 개선방안에 관한 연구 —상고이유서 원심법원 제출제도 및 재항고 제한제도 도입을 중심으로—," 사법정책연구원(2021. 3.), 236쪽.

고를 **제기**한 경우에 참가인은 피참가인의 상고이유서 제출기간 내에 한하여 상고이유서를 제출할 수 있다. 이 점에서는 **통상의 보조참가**의 경우나 **공동소송적 보조참가**의 경우나 마찬가지이다.

(2) 상고이유서 제출기간의 법적 성질

(a) 상고이유서 제출기간을 넘긴 경우와 추후보완 여부

상고이유서 제출기간은 법정기간이지만 불변기간이 아니다. 당사자가 책임질 수 없는 사유로 제출기간을 지키지 못했다 하더라도 추후보완(법 173조)이 허용되지 않는다.[1] 다만 불변기간이 아닌 경우에는 기간을 늘이고 줄이는 것이 허용되므로(법 172조 1항) 상고이유서 제출기간을 늘이는 것이 허용된다고 본다[다만 그 기간을 줄이는 것은 성질상 허용되지 않는다]. 따라서 극히 드물게나마 상고이유서 제출기간이 지난 뒤에 제출한 상고이유서를 적법한 것으로 처리할 수 있다.[2] 이에 대하여, 상소기간과 같이 불변기간의 성질을 가진 것으로 보아 기간을 넘긴 뒤라도 추후보완을 인정해야 한다는 견해,[3] 불변기간은 아니나 추후보완규정의 유추적용이 필요하다는 견해[4] 등이 있다.

(b) 상고이유서 제출기간을 넘긴 경우와 재심의 소 여부

당사자가 책임질 수 없는 사유로 말미암아 상고이유서 제출기간을 넘겨 상고기각판결이 확정된 경우 재심의 소로 구제될 수 있다. **판례**는, **우편집배원**이 **착오**로 수령권한 없는 사람에게 소송기록접수통지서를 배달하여 원고가 이를 송달받지 못한 경우 원고는 적법하게 소송에 관여할 수 있는 기회를 부여받지 못했으므로, 이는 법 451조 1항 3호의 **'대리권의 흠'**을 **유추적용**하여 재심사유에 해당한다고 보고 있다.[5]

---

1) 대결 1981. 1. 28. 81사2.
2) **판례**는, 광주민주화운동 당시 이러한 상황하에서 상고이유서 제출이 늦어진 경우에 상고이유서 제출기간을 상고이유서가 대법원에 제출된 날까지 늘이는 것이 타당하다고 하여 기간의 연장을 인정한 바 있다. 대판 1980. 6. 12. 80다918. 한편 헌재 2008. 10. 30. 2007헌마532 결정은 법 429조(상고이유서 부제출로 인한 상고기각판결)에 대한 위헌확인의 헌법소원사건에서, 당사자의 책임에 돌릴 수 없는 사유로 제출기간을 지키지 못한 경우 추후보완은 허용되지 않지만 기간이 지난 뒤라도 상고이유서가 제출되면 기간의 늘임을 인정하여 상고이유서를 적법한 것으로 처리할 수도 있는 점 등을 들어 위헌이 아니라고 보고 있다.
3) 김홍규·강태원, 923쪽.
4) 이시윤, 445쪽.
5) 대판 1997. 8. 29. 95재누91, 1998. 12. 11. 97재다445.

(3) 상고이유서 기재와 판단의 대상 여부

상고법원의 판단대상이 되는 상고이유는 상고이유서 제출기간 내에 제출된 것에 한하며(법 430조 1항, 431조),[1] 그 기간이 지난 뒤에 제출된 것은 이미 제출한 상고이유서를 보충한 것 이외는 원칙적으로 판단의 대상이 되지 않는다. 예외적으로 그 기간이 지난 뒤에 새로운 상고이유가 생긴 경우(예컨대 재심사유)이거나, 직권조사사항(법 429조 단서)은 그 후라도 추가 제출할 수 있다.[2]

(4) 상고이유서 기재방법

상고이유를 기재함에는 원심판결의 어느 점이 어떻게 법령에 위배되었는지를 알 수 있도록 구체적이고 명시적인 위배의 사유, 법령의 조항 또는 내용, 절차위반의 사실을 표시해야 하며, 절대적 상고이유의 경우에는 해당 조항 및 이에 해당하는 사실, 판례위반을 주장하는 때에는 그 판례를 구체적으로 명시해야 한다(규칙 129조 내지 131조). 따라서 상고이유서에 원심판결의 법령위반에 관한 구체적 이유의 기재 없이 원심에서의 준비서면 또는 다른 서면의 기재 내용을 단순히 원용할 수는 없다.[3] 상고이유서에서 위와 같은 구체적이고도 명시적인 이유의 기재가 없는 때에는 상고이유서의 부제출로 취급된다.[4]

(5) 상고이유서 부제출로 인한 상고기각판결

1) 상고인이 상고장에 상고이유를 기재하지 않고, 나아가 상고기록접수통지서의 송달을 받은 날부터 20일 이내에 상고이유서를 제출하지 않는 때에는 변론 없이 판결로 상고를 기각한다(법 429조 본문). 그러나 직권조사사항에 관하여 원심 법원에 위법이 있을 때에는 상고이유에서 주장하지 않았다 하더라도 원심판결을 파기해야 한다(법 429조 단서).

2) 상고이유서 부제출로 인한 상고기각판결에는 판결이유를 기재하지 않을 수 있다(상특 5조 1항). 이러한 상고기각판결은 선고가 필요하지 않으며, 판결정본이 상고인에게 송달되면 판결의 효력이 발생한다(상특 5조 2항).

3) 상고이유서 부제출로 인한 상고기각판결이 있는 때에는 상고인은 상고장

---

1) 대판 1996. 2. 9. 95재다229, 2006. 12. 8. 2005재다20.
2) 대판 1998. 3. 27. 97다55126, 2006. 12. 8. 2005재다20.
3) 대판 2001. 3. 22. 2000다29356,29363, 2008. 1. 24. 2007두23187, 2008. 2. 28. 2007다52287.
4) 대판 2019. 10. 31. 2019다238794, 2020. 4. 26. 2019다280313, 2024. 1. 25. 2023다283913 등.

에 붙인 인지액의 2분의 1에 해당하는 금액(인지액의 2분의 1에 해당하는 금액이 10만원 미만이면 인지액에서 10만원을 빼고 남은 금액)의 **환급**을 청구할 수 있다(민인 14조 1항 7호).

3. 부대상고

(1) 의　　의

부대항소와 마찬가지로 피상고인은 상고에 부대하여 원심판결을 자기에게 유리하게 변경할 것을 신청할 수 있다(법 425조·403조·404조). 다만 법률심인 상고심에서는 청구의 변경이나 반소가 허용되지 않으므로, 부대항소와 달리 전부승소자는 부대상고를 할 수 없다.

(2) 부대상고의 제기방식

부대상고의 제기와 부대상고이유서의 제출은 항소심에서의 변론종결시에 대응하는 **상고이유서 제출기간** 내에 제출해야 한다.[1] **판례**도 같은 입장이다.[2] 이에 대하여, 어느 때나 그와 같이 볼 것이 아니라 본상고이유와 같은 이유에 의한 부대상고의 경우에는 상고심판결이 있을 때까지 부대상고장과 부대상고이유서를 제출할 수 있다는 견해가 있다.[3] 상고이유서 제출기간 내에 부대상고를 제기하지 않은 경우 부대상고는 부적법한 것으로서 그 흠결을 보정할 수 없으므로 부대상고를 **각하**한다.[4] 상고이유서 제출기간 내에 부대상고를 제기했으나 부대상고장에 부대상고이유를 기재하지 않고 부대상고이유서를 제출하지도 않은 경우에는 부대상고를 **기각**한다.[5]

4. 상고이유서의 송달과 답변서의 제출

상고법원이 **상고이유서**를 제출받은 때에는 바로 피상고인에게 그 부본이나 등본을 송달해야 한다(법 428조 1항). 피상고인은 상고이유서의 부본이나 등본을 송달받은 날부터 **10일** 내에 **답변서**를 제출할 수 있다(법 428조 2항). 답변서의 분량은 **30쪽**을 넘지 못한다(규칙 133조의2). 상고법원은 답변서의 부본이나 등본을

---

1) 송상현·박익환, 764쪽; 정영환, 1394쪽.
2) 대판 2004. 9. 24. 2004다7286, 2006. 10. 13. 2006다39720, 2007. 4. 12. 2006다10439.
3) 방순원, 666쪽.
4) 대판 2001. 3. 23. 2000다30165, 2007. 4. 12. 2006다10439.
5) 대판 2006. 10. 13. 2006다39720.

상고인에게 송달해야 한다(법 428조 3항). 답변서 제출기간 내에 답변서가 제출되지 않은 상태에서 상고기각판결을 하는 것은 달리 문제가 되지 않으나, 답변서 제출기간이 지나기 전에 상고를 인용하여 원심판결을 파기하는 것은 피상고인의 절차권을 침해하는 것으로 허용되지 않는다.[1]

Ⅳ. 심리불속행제도(심리속행사유의 심사)

1. 의   의

상고이유에 해당하지 않으면서도 마치 이에 해당하는 것처럼 무익한 상고 내지 남상고(濫上告)를 하는 것을 본안심리에 앞서 사전에 추려내어 대법원으로 하여금 법률심으로서의 기능을 강화하기 위하여, 1994. 7. 27. 제정 상고심절차에 관한 특례법은 **심리불속행제도**를 채택했다.[2][3] 심리불속행제도는 민사소송뿐 아니라, 가사소송·행정소송·특허소송의 상고사건까지 모두 적용되며(상특 2조), 민사소송·가사소송·행정소송의 재항고 및 특별항고에도 준용된다(상특 7조). 다만 소액사건에 대한 상고사건 등에는 그 적용이 배제된다.

> **■ 심리불속행제도의 문제점**
> 대법원이 민사상고사건에서 심리불속행으로 인한 상고기각판결을 하는 비율은 2017년 말 기준으로 **77.2% 정도**이다(대법원이 2017년 한 해 처리한 민사본안사건 1만 3,362건 중 1만 322건이 심리불속행으로 인한 상고기각판결을 받았다).[4] 심리불

1) 이시윤, 949쪽; 정영환, 1405쪽.
2) 심중선, "상고심리불속행제도," 민사재판의 제문제(하)(송천이시윤박사화갑기념, 1995. 10.), 305쪽 이하.
3) 심리불속행제도가 합헌이라는 헌법재판소결정으로는, 헌재 2011. 12. 29. 2010헌마344 결정. 심리불속행제도의 도입 당시 대한변호사협회에서는 대법원의 법안에 대하여 사실심의 획기적인 개선이 없는 현상황에서 상고심사제를 주요내용으로 하는 법안은 국민의 재판을 받을 권리를 크게 제약할 우려가 있고, 대법원의 사건부담만을 경감시키려는 법원편의주의적인 발상이며, 상고심의 업무량증가에 관해서는 대법관의 수를 늘리거나 대법원을 대법관과 대법원판사의 2원제로 구성하는 등 인적·물적 시설을 확립하는 것이 근본적인 해결책이라는 이유로 위 법안에 대하여 강력히 반대했다. 대한변호사협회, "상고심절차에 관한 특례법(안)에 대한 의견서," 대한변호사협회지 1994. 5호, 111쪽. 상고제한은 불가피한 일이지만, 지나친 상고제한이나 대법원 편의를 위주로 제정된 위 특례법을 대법원이 자의적으로 운용할 때 아무런 제어장치가 없음을 들어 우려하는 목소리가 높았다. 김광년, "상고심절차에 관한 특례법에 관한 관견," 법률신문 2357호(1994. 11.), 14쪽.
4) 민사본안 상고심사건의 심리불속행으로 인한 상고기각률은 2013년도 51.7%, 2014년도 54.5%,

속행재판에서, 상고심절차에 관한 특례법 4조 1항 5호의 '중대한 법령위반'이 무엇인지 구체적인 기준을 마련해 당사자들의 예측가능성을 높여야 한다는 지적이 있다.[1] 또 소송목적의 값이 일정 규모 이상이거나 제 1 심과 제 2 심의 결론이 다른 경우에는 심리불속행으로 인한 상고기각판결을 할 수 없도록 해야 한다는 의견도 있다.

2. 법적 성질

심리불속행재판의 법적 성질에 대하여, 심리불속행재판이 상고의 제기가 적법함을 전제로 한 것이기는 하지만, 상고이유에 관한 실체적 당부의 판단이 이루어지지 않는다는 점에서 상고각하판결의 형식적 판단과 전형적 상고기각판결의 실체적 판단과의 중간적 지위를 갖는다고 보는 견해(**중간적 지위설**)가 있으나,[2] 심리속행사유에 해당하는지 여부에 관한 판단 역시 상고이유에 관한 실체적 판단으로 볼 수 있으므로[따라서 심리속행사유가 없으면 상고기각판결을 한다], 심리불속행재판은 전형적인 **상고기각판결**의 일종으로 봄이 상당하다(**전형적 상고기각판결설**).[3]

3. 심리속행사유 및 조사

(1) 심리속행사유에 해당하는 경우

심리속행사유로, ① 헌법위반이나 헌법의 부당해석, ② 명령·규칙 또는 처분의 법률위반 여부에 대한 부당판단, ③ 대법원판례위반, ④ 대법원판례의 부존재 또는 변경의 필요성, ⑤ 중대한 법령위반, ⑥ 이유불명시 및 이유모순을 제외한 절대적 상고이유(법 424조 1항 1호 내지 5호) 등이 있다(상특 4조 1항 1호 내지 6호). 위 ① 내지 ④는 ⑤의 **중대한 법령위반**의 예시로서 이를 구체화한 것이다.

2015년도 60.7%, 2016년도 70%, 2017년도 77.2%, 2018년도 75%, 2019년도 69.6%, 2020년도 69.8%, 2021년도 72.7%, 2022년도 69.3%, 2023년도 70.5%, 2024년 1월 내지 5월 72.3%로 2016년 이후 70% 정도를 유지하는 선에 그치며 줄어들지 않고 있다. 법률신문 2018. 3. 8.자, 1쪽 이하; 법률신문 2024. 7. 11.자, 1쪽 이하.

1) 해당 규정이 너무 추상적이어서 심리불속행의 여부가 주심 대법관 개개인의 재량에 너무 의존해 편차가 심하므로, 대법원규칙으로라도 기준을 정해 예측가능성을 높일 필요가 있다는 지적으로는, 법률신문 3754호(2009. 6. 15.), 1, 2쪽.

2) 권성, "남상고 여과를 위한 심리불속행제도," 법조 51호(1994. 4.), 25쪽; 심중선, "상고심리불속행제도," 민사재판의 제문제(하)(송천이시윤박사화갑기념, 1995. 10.), 308쪽; 정준영, 주석서(6), 411쪽.

3) 정동윤, "심리불속행제도에 관하여," 민사재판의 제문제(하)(송천이시윤박사화갑기념, 1995. 10.), 295쪽.

결국 중대한 법령위반이 중심적인 심리속행사유이다.1) 여기서 '중대한 법령위반'
은 '법령의 중대한 위반'을 뜻하는 것으로 법령해석의 통일의 중요성과 당사자의
권리구제의 중요성을 아울러 고려해야 한다.2)

(2) 심리속행사유에 해당하나 심리불속행을 하는 경우

상고이유로 주장한 것이 비록 위 6가지 속행사유에 해당되어도, ① 그 주장
자체로 보아 이유가 없는 때, ② 원심판결과 관련이 없거나 원심판결에 영향을
미치지 않는 때에는 심리속행을 하지 않는다(상특 4조 3항).

(3) 심리속행사유와 조사 및 재판

심리속행사유 존부의 조사기간은 원심법원으로부터 **상고기록을 송부받은 날**
부터 **4월** 이내이다[판결의 시한인 4월은 상고기록을 송부받은 날부터 기각판결원본을 법
원사무관 등에게 교부하기까지이다(상특 6조 2항)]. **전자소송**에서 위 4월의 기간은 상고
사건이 대법원에 **전자적 방법**으로 **이관된 날**부터 기산한다(민전 14조 2항). 심리속
행사유가 없는 때에는 그 기간 내에 상고기각판결(**심리불속행으로 인한 상고기각판
결**)을 해야 한다(상특 4조 1항). 위 기간이 지난 뒤에는 통상의 상고심절차에 따라
심리를 속행한다.

4. 심리불속행으로 인한 상고기각판결의 특례

(1) 성   질

심리불속행으로 인한 상고기각판결은 내용상으로는 소송판결(상고본안심리 거
부)이며, 형식상으로는 '각하'가 아니라 '기각'의 본안판결이다.

(2) 일반적 상고기각판결과의 차이점

1) 심리불속행으로 인한 상고기각판결에는 이유를 적지 않을 수 있다(상특 5
조 1항).3) 실무상은 심리불속행사유에 해당한다는 취지 기재만 이유에서 적고 있

---

1) 위와 같은 예시 외에 어떠한 법령위반을 중대한 법령위반이라고 할 것인지는 모호하여 자
   의에 흐를 면이 없지 않다는 지적으로는, 이시윤, 904쪽.
2) 전보성, 주석서(5), 392쪽.
3) 헌법재판소는 상고심절차에 관한 특례법 5조 1항이 위헌이 아니라고 본다. 헌재 2010. 12.
   28. 2009헌바410 결정 등. 심리불속행으로 인한 상고기각판결에 이유를 기재한다고 해도, 당
   사자의 상고이유가 법률상의 상고이유를 실질적으로 포함하고 있는지 여부만을 심리하는 심
   리불속행 재판의 성격 등에 비추어 현실적으로 위 특례법 4조의 심리속행사유에 해당하지 않
   는다는 정도의 이유기재에 그칠 수밖에 없고, 나아가 그 이상의 이유기재를 하게 하더라도 이
   는 법령해석의 통일을 주된 임무로 하는 상고심에게 불필요한 부담만 가중시키는 것으로서

다.[1] 심리불속행으로 상고기각판결은 판결의 선고가 불필요하며(선고기일이 지정되지 않는다), **상고인**에의 **송달**로써 **판결의 효력**이 발생한다(상특 5조 2항).

2) 심리불속행으로 인한 판결의 경우 판결의 **성립시기**가 어느 때가 되는지는 **심리속행 여부의 심사기간**인 **4월**의 준수와 관련하여 문제가 된다. 원심법원으로부터 상고기록을 송부받은 날부터 4개월 이내에 판결원본이 법원사무관 등에게 교부되지 않으면 심리불속행으로 인한 상고기각판결의 특례(상특 4조·5조)는 적용되지 않으므로(상특 6조 2항), 판결의 성립시기는 '**판결원본**이 법원사무관 등에게 **교부된 때**'로 보아야 하고, 심리속행 여부의 심사시기도 이를 기준으로 해야 한다.[2] 법원사무관 등은 교부받은 판결원본에 받은 날짜를 덧붙여 적고 도장을 찍은 후 바로 당사자에게 송달해야 한다(상특 5조 3항).

3) 심리불속행으로 인한 상고기각판결이 있는 때에는 상고인은 상고장에 붙인 인지액의 2분의 1에 해당하는 금액(인지액의 2분의 1에 해당하는 금액이 10만원 미만이면 인지액에서 10만원을 빼고 남은 금액)의 **환급**을 청구할 수 있다(민인 14조 1항 6호).

■ **상고심제도의 개선방안에 관한 논의**

사법제도개선안으로 상고심 기능을 개선하기 위하여 제기된 방안은 다음과 같다.

(1) 고등법원에 상고심사부의 설치를 전제로 심리불속행제도를 폐지하는 방안

상고심사부제도는 5개 고등법원에 **상고심사부**의 재판부(모두 8개 재판부, 법관 25인)를 설치하여 대법원이 심리하게 될 상고사건을 가려내는 기능을 담당하게 한다는 방안으로, ① 상고심사시 인지액은 1/2만 납부하고, ② 상고심사는 원칙적으로 구술심문에 의하며, ③ 상고심사부는 상고이유 없음이 명백한 경우 상고불수리결정을 하고, ④ 이에 대하여 당사자는 대법원에 즉시항고할 수 있게 한다는 것이었다.[3] 이러한 방안을 주장하는 입장에서는, 상고심사부제도는 상고심이 여전히 대법원이므로 상고심 분산을 방지하고, 상고사건의 관할에서 소송목적의 값 등 정량적·기계적 기준에 의한 분할도 방지할 수 있으며, 종래 논의된 고등법원 **상고부제**

심리불속행제도의 입법취지에 반하는 결과를 초래할 수 있음을 그 이유로 한다. 이에 대하여, 심리불속행으로 인한 상고기각판결에 이유기재가 생략되어야 할 논리필연적 이유가 없을 뿐더러, 일체의 이유기재를 하지 않아 재심청구권마저 행사할 수 없도록 하는 것은 명백한 재판청구권의 침해에 해당한다는 이유로, 상고심절차에 관한 특례법 5조 1항 가운데 4조(심리불속행)에 관한 부분은 헌법에 위반된다는 **반대의견**은 주목할 만하다.

1) 심리불속행으로 인한 상고기각판결에 대해 판단누락이나 대법원판례 위반 등의 사유를 들어 재심청구를 할 수 없다. 대판 2009. 2. 12. 2008재다502.
2) 김홍규·강태원, 930쪽.
3) 대법원 2010. 3. 21. 사법제도개선안보도자료, 1쪽.

도에 의하면 고등법원 상고부(상고심) – 대법원(재상고심) 구조로 4심제화 우려가 있으나, 상고심사부제도는 1차적 여과기능만 수행할 뿐 원심판결의 파기권한이 없어 4심제화 방지가 가능하다고 한다.1)

(2) 상고법원 설치를 전제로 심리불속행제도를 폐지하는 방안

상고사건의 폭주에 따른 대법원의 상고사건처리 부담을 근본적으로 해결하기 위하여 **상고법원제도**의 도입에 관한 논의가 있다.2) 이에 따라 대법원은 매우 제한된 사건만 심리하여 재판을 하고, 상고사건을 대법원 아래의 **상고법원**을 별도로 설치하여 상고법원 법관(대법원장이 임명하는 경륜 있는 법관)이 원칙적으로 상고사건을 재판하도록 하는 내용의 법률안이 제19대 국회에 발의되었으나3) 심의·처리되지 못한 채 19대 국회 임기만료와 함께 자동폐기되었다. 상고법원 설치안은 ① 대법원과 상고법원 사이에 사건을 분배하는 기준이 추상적이어서 대법원이 자의적으로 취사선택하여 심리할 우려가 있다는 점, ② 상고법원을 최종심으로 하면 대법원을 최고법원으로 규정한 헌법에 위반될 소지가 있다는 점, ③ 상고법원 재판에 대한 불복을 허용함으로써 사실상 4심제가 될 위험이 있다는 점, ④ 상고법원 설치에 대한 대안으로 대법관 수의 증원을 검토할 필요가 있다는 점 등이 문제점으로 지적되었다.4)

(3) 대법관증원을 전제로 상고심사제를 도입하여 심리불속행제도를 폐지하는 방법

1) 현재 대법원은 6년에 걸쳐 순차적으로 대법관 4명을 증원해 소부 1개를 증설하는 대법관증원 방안을 검토 중이다. 이 방안이 실현되면 대법관 수는 대법원장을 제외하고 13명에서 17명으로 늘어나고 소부(小部)도 현행 3개부에서 4개부로 확대되게 된다. 현재 대법관 가운데 1명이 법원행정처장을 맡고 있고 법원행정처장은 재판업무를 담당하지 않고 있으나, 법원조직법을 개정하여 법원행정처장을 대법관 아닌 정무직공무원이 맡게 되면 대법원장을 제외한 16명이 재판업무를 담당하게 되어 4개의 소부에 각 4명의 대법관이 배치가 가능하게 된다.5)

1) 김현석, "고등법원 상고심사부 제도의 도입 필요성 및 시행방안," 사법제도개선공청회(2010. 5. 26.) 보도자료(대법원공보관실, 2010. 6. 9.); 임종헌, "사법개혁의 방향 —지정토론요지—," 저스티스 118호(2010. 8.), 106쪽 이하.
2) 2022년도 사법연감에 의하면, 2022년 대법원 전체 상고접수사건(본안) 수가 52,480건이며, 그 가운데 민사상고접수사건(본안) 수가 28,284건(합의 20,532건, 단독 5,537건, 소액 2,215건)이다. 법원행정처, 사법연감(2022년), 2022년 사건개황 703쪽·710쪽. 대법원장을 포함한 대법관 14인 중 전원합의체 판결이 아닌 경우(전원합의체 판결의 경우에는 대법원장을 포함한 대법관 13인이 판결을 한다)에는 일반적으로 대법원장, 법원행정처장인 대법관을 제외한 12인 대법관으로 소부(小部)를 구성하여 판결을 한다. 따라서 대법관 1인당 주심사건으로 연간 처리건수가 약 4,400건(비주심사건 포함시 약 17,600건)에 이른다.
3) 2014. 12. 여야의원 168명 명의로 법원조직법 등 이에 관련된 6개 법률의 개정안이 제19대 국회에 발의되었다.
4) 윤남근, "우리나라 상고제도의 개선방안," 인권과 정의 455호(2016. 2.), 49쪽 이하.
5) 법원행정처 상고제도 개선 실무추진 태스크포스(TF)에서 논의 중인 상고심 개편방안이다.

2) 대법원은 대법관증원을 전제로 중요한 법적 쟁점을 포함한 사건의 심리에 집중할 수 있도록 상고심의 실질적 심리가 필요한 사건을 선별하여 처리하는 **상고심사제**를 도입하고, 심리불속행제도를 골자로 하는 상고심절차에 관한 특례법을 폐지하는 방안을 **2023. 1. 5. 대법원장의 입법의견**으로 국회에 제출했다. 상고심사제는 **상고유형**을 '**법정상고**'와 '**심사상고**'로 구분하여 상고제기시 상고이유서 제출에 따른 **본안전 심사**로 명백히 법정상고사유에 해당되지 않거나('법정상고'의 경우), 심사상고사유가 인정되지 않는 경우('심사상고'의 경우)에는 **상고기각결정**을 하고, **본안전 심사기간**(본안전 심사기간은 4개월로 하되, 기산일은 상고이유서에 대한 답변서 제출기한 만료일로 한다)까지 이러한 상고기각결정이 없는 경우에는 본안심사를 통하여 본안판결을 하도록 하는 제도이다.

V. 상고심의 본안심리

1. 심리범위

상고법원은 상고이유가 심리속행사유를 포함하고 있다고 판단되면 상고이유에 관하여 심리를 속행한다. 이 경우 상고법원은 **상고이유**로서 주장한 사항에 한하여 **또 불복신청한 한도**에서 원심판결의 정당 여부를 조사한다(법 431조). 그 결과 원심판결을 변경하는 때에도 불복신청의 한도에 한한다(법 425조, 407조 1항). 다만 직권조사사항은 예외이다(법 434조). 상고심은 **법률심**이므로 직권조사사항을 제외하고 새로 소송자료의 수집과 사실확정을 할 수 없다. 상고심에서는 새로운 청구나 청구의 변경, 중간확인의 소나 반소가 허용되지 않는다.

2. 심리방법

(1) 임의적 변론

상고법원은 상고장, 상고이유서, 답변서 그 밖의 소송기록에 기하여 서면심리만으로 판결할 수 있다(법 430조 1항). 즉 상고심은 변론을 열지 않아도 되는 임의적 변론절차이다.

(2) 참고인진술제도

신법에서는 상고법원이 소송관계를 분명하게 하기 위하여 필요한 경우에는

법률신문 5018호(2022. 9. 19.), 1, 2쪽. 대법관을 최소 3인 정도 증원하더라도 상고심 재판업무 부담을 획기적으로 줄일 수 있다는 견해로는, 김홍엽(민사사법제도), 135쪽.

특정한 사항에 관하여 변론을 열어 참고인의 진술을 들을 수 있도록 했다(**참고인 진술제도**, 법 430조 2항). 이에 관하여 대법원규칙인 '**대법원에서의 변론에 관한 규칙**'(2019. 4. 4. 개정·시행)을 두고 있다. 대법원은 특정한 사항에 관하여 전문적 식견을 가지고 있다고 인정되는 사람 중에서 참고인을 직권으로 지정하여 그 진술을 요청할 수 있다. 참고인은 대법원이 지정한 특정한 사항에 관한 의견서를 변론기일 10일 전까지 대법원에 제출해야 한다(위 규칙 4조 1항·2항). 참고인은 변론기일에서 당사자의 변론이 끝난 후에 진술한다(위 규칙 5조 4항). 이러한 참고인진술제도는 대법원에서 구술변론을 실시하는 경우에 필요적절한 제도이다.[1]

(3) 참고인의견서제출제도

2015. 1. 28. 개정·시행 민사소송규칙은, ① 국가기관과 지방자치단체는 공익과 관련된 사항에 관하여 대법원에 재판에 관한 의견서를 제출할 수 있고, 대법원은 이들에게 의견서를 제출하게 할 수 있으며(규칙 134조의2 1항), ② 대법원은 소송관계를 분명하게 하기 위하여 공공단체 등 그 밖의 참고인에게 의견서를 제출하게 할 수 있도록 했다(규칙 134조의2 2항). 참고인의견서제출제도는 영미식 **amicus curiae제도**(이를 **법정조언자**(friend of the court, adviser to the court)**제도**라고도 한다)를 참고한 것이다. 이는 대법원에 계속 중인 공익관련사건이나 사회적 파장이 큰 사건에서 국가 또는 지방자치단체를 비롯한 공공단체 등 참고인이 재판에 대한 입장을 설명하고, 이에 관한 전문적 지식이나 정보 등 의견을 제시하는 제도이다. 참고인의견서제출제도는 변론이 열리지 않는 사건에서도, 그리고 참고인의 지정 없이도 참고인으로서 의견서를 제출할 수 있는 제도로서 그 범위가 훨씬 넓다고 할 수 있다.[2]

Ⅵ. 상고심의 종료

1. 상고장각하명령

상고심재판장은 상고장에 불비가 있고 그 흠이 보정되지 않은 때, 또는 상

---

1) 이광범, "대법원에서의 구두변론에 관한 시론," 저스티스 33권 2호(2000. 6.), 109쪽 이하.

2) 참고인의견서제출제도가 대법원 재판에서 제대로 자리매김할 수 있도록 제도의 시행 초기부터 필요한 근거 규정을 마련하고, 이에 따른 분명한 기준을 설정하여 효율적으로 제도가 이용될 수 있도록 운용의 묘를 살려나가야 한다. 김홍엽, "법정조언자제도," 법률신문(2015. 10. 12.자), 14쪽.

고기간을 넘겨 상고를 제기한 때에는 명령으로 상고장을 각하해야 한다(법 425조, 402조 1항·2항). 상고심재판장의 상고장각하명령에 대해서는 즉시항고를 할 수 없다.

2. 상고각하판결

상고요건의 흠이 있는 때에는 상고법원은 판결로써 상고를 각하한다(법 425조·413조).

3. 상고기각판결

원심판결이 정당하다고 인정한 때(상고가 이유 없다고 인정할 때)에는 상고기각판결을 해야 한다(**일반적 상고기각판결**, 법 425조, 414조 1항). 상고이유대로 원심판결이 정당하지 않은 경우에도 다른 이유에 따라 그 판결이 정당하다고 인정되는 때에는 상고를 기각해야 한다(법 425조, 414조 2항).

한편 상고이유에 관한 주장이 ① 심리속행사유를 포함하지 않은 때, ② 상고이유에 관한 주장이 심리속행사유를 포함하고 있다고 하더라도 그 주장 자체로 보아 이유가 없는 때, 또는 원심판결과 관계가 없거나 원심판결에 영향을 미치지 않는 때에는 상고기각판결을 하며(**심리불속행으로 인한 상고기각판결**, 상특 4조 1항·3항), 상고인이 상고장에 상고이유를 적지 않은 채 상고기록접수통지서의 송달을 받은 날부터 20일 이내에 상고이유서를 제출하지 않은 때에는 직권조사사항이 있은 경우가 아닌 한 변론 없이 상고기각판결을 한다(**상고이유서 부제출로 인한 상고기각판결**, 법 429조).

4. 상고인용판결
(1) 원심판결의 파기

상고법원은 상고에 정당한 이유가 있다고 인정할 때에는 원심판결을 파기한다(법 436조 1항). 파기사유로는 상고이유에 해당할 때, 또는 직권조사사항에 관하여 조사한 결과 원심판결이 부당할 때 등이다. 다만 비약상고(법 422조 2항)에 대해서는 원심판결의 사실확정이 법률에 어긋난다는 것을 이유로 그 판결을 파기하지 못한다(법 433조).

(2) 환송 · 이송 · 자판

상고법원이 원심판결을 파기하면서 새로 심리해야 할 경우에는 원심판결을 한 법원, 즉 원심법원에 사건을 **환송**하며, **전속관할위반**이 있는 경우에는 관할권 있는 법원에 사건을 **이송**한다(법 436조 1항). 상고법원이 환송이나 이송을 하지 않고 스스로 **자판**하는 경우도 있다. ① 확정된 사실에 대한 법령의 해석 · 적용의 잘못을 이유로 원심판결을 파기하는 경우에 새로운 사실의 확정을 요하지 않고 그 확정사실에 기하여 판결을 할 수 있는 때(법 437조 1호), ② 사건이 법원의 권한에 속하지 않는 때(법 437조 2호), ③ 그 밖에 소송요건의 흠을 이유로 원심판결을 파기할 때에는 상고법원은 사건에 대하여 자판을 해야 한다.

(3) 환송 후의 심리절차

1) 환송 후의 항소심의 변론은 환송 전의 종전 변론을 재개하여 계속 진행하는 것에 지나지 않는다. 즉 환송 전의 항소심의 속행이다. 그러나 환송 후의 항소심은 새로 재판부를 구성해야 하는 관계로(법 436조 3항) 반드시 **변론의 갱신절차**를 밟아야 한다(법 204조 2항). 변론의 갱신이 있은 뒤에 환송 전의 소송자료와 증거자료가 새 판결의 기초자료가 될 수 있음은 통상의 경우와 다를 바 없다. 그 뒤의 속행절차에서는 해당 심급에서 허용되는 일체의 소송행위, 예컨대 청구나 항소취지의 변경, 반소의 제기, 부대항소의 제기, 새로운 공격방어방법의 제출 등 **변론의 갱신권**이 인정된다.[1] 환송 후의 판결결과가 환송 전의 원심판결보다도 상고인에게 더 불리하게 바뀔 수도 있다(일종의 불이익변경금지의 예외).[2]

2) **환송 후 심판대상**이 되는 청구는 원심판결 가운데 **파기되어 환송된 부분**만이다. 따라서 원심판결 가운데 ① 불복신청한 부분 가운데 상고기각한 부분, ② 불복신청한 부분 가운데 파기자판한 부분, ③ 불복신청이 없는 부분(즉 상고심의 심판대상이 되지 않은 부분)은 판결선고와 동시에 확정되어 종료되므로[3] 심판대상에서 제외된다. 예컨대 원고의 본소청구 및 피고의 반소청구가 각 일부인용된 환송 전 원심판결에 대하여 피고만이 상고하고 상고법원은 이 상고를 받아들여 원심판결 중 본소 및 반소에 관한 각 피고 패소부분을 파기환송했다면 피고 패소부분만이 각 상고되었으므로 상고심에서의 심리대상은 이 부분에 국한되고, 환송되

---

1) 대판 2013. 2. 28. 2011다31706, 2014. 6. 12. 2014다11376,11383.
2) 대판 1991. 11. 22. 91다18132, 2014. 6. 12. 2014다11376,11383.
3) 대판 2004. 6. 10. 2004다2151,2168, 2006. 4. 27. 2006두2091 등.

는 사건의 범위, 즉 환송 후 원심의 심판범위도 환송 전 원심에서 피고가 각 패소
한 부분에 한정되는 것이 원칙이다. 이 경우 환송 전 원심판결 중 본소에 관한 원
고 패소부분과 반소에 관한 피고 승소부분은 각 확정되어, 환송 후 원심으로서는
이에 대하여 심리할 수 없다.[1]

　　3) 환송 전의 원심판결에 관여한 판사는 환송 후의 재판에 관여할 수 없다(법
436조 3항). 여기의 **원심판결에 관여한 판사**란 파기된 해당 원심판결 자체에 관여
한 판사만을 말하며, 그 이전에 파기되었던 원심판결에 관여했던 판사까지 포함
하는 것은 아니다.[2]

(4) 환송판결의 기속력

　　1) 환송받은 법원이 다시 심판을 하는 경우에는 상고법원이 파기의 이유로
삼은 사실상 및 법률상 판단에 기속된다(법조 8조, 법 436조 2항 후문).[3] 이를 **환송
판결의 기속력**이라 한다. 환송받은 법원이 자신의 견해가 상고법원의 그것과 다
르다는 이유로 이에 따르지 않고 다른 견해를 취하는 것을 허용한다면 **법령의 해
석적용의 통일**이라는 상고법원의 임무가 유명무실하게 되고, 사건이 하급심법원
과 상고법원 사이를 여러 차례 왕복할 수밖에 없게 되어 분쟁의 종국적 해결이
지연되거나 불가능하게 되며, 나아가 **심급제도** 자체가 무의미하게 되는 결과를
초래하게 된다. 따라서 환송판결의 기속력은 법령의 해석적용의 통일을 기하고
심급제도를 유지하며 당사자의 법률관계의 안정과 소송경제를 도모하기 위하여
인정된다.[4] 기속력은 심급제도를 유지하고 이를 효율적으로 운영하기 위하여 상
고법원의 판결이 원심법원을 구속하는 특수한 효력이다(**특수효력설**).[5] **판례**도 환
송판결의 기속력을 법원조직법 8조 및 민사소송법 436조 2항 후문에 의하여 인정
되는 특수한 효력으로 보고 있다.[6]

---

1) 대판 1991. 5. 24. 90다18036, 2013. 2. 28. 2011다31706, 2014. 6. 12. 2014다11376.

2) 대판 1973. 11. 27. 73다763.

3) 형사소송법에서는 민사소송법에 상응하는 명문의 규정이 없지만 조리(條理)상 상고심판결의
　파기이유가 된 사실상 및 법률상 판단은 기속력을 가진다. 대판 2009. 4. 9. 2008도10572,
　2019. 11. 14. 2019도13427.

4) 대판(전) 2001. 3. 15. 98두15597.

5) 정동윤·유병현, "부의 판례변경과 환송판결의 구속력," 인권과 정의 178호(1991. 6.), 148
　쪽; 박준서, "재심사유 있는 환송판결의 기속력," 민사재판의 제문제 8권(우당박우동선생화갑
　기념, 1994. 10.), 844쪽 이하.

6) 대판(전) 1995. 2. 14. 93재다27,34.

2) 환송판결의 기속력은 해당 사건에서 상고법원의 판결의 판결이유에 포함된 판단에 미친다. 다른 사건에는 미치지 않는다. 기속력은 환송판결의 하급심법원뿐만 아니라 상고법원 자신에게도 미친다. 환송판결의 하급심법원에 대한 기속력을 절차적으로 담보하고 그 취지를 관철하기 위해서는 원칙적으로 하급심법원뿐만 아니라 상고법원 자신도 동일 사건의 재상고심에서 환송판결의 법률상 판단에 기속된다고 보아야 하기 때문이다.[1] 다만 재상고심의 전원합의체에까지는 미치지 않는다(**예외인정설**).[2] 대법원은 법령의 정당한 해석적용과 그 통일을 주된 임무로 하는 최고법원이고, 대법원의 전원합의체는 종전에 대법원이 판시한 법령의 해석적용에 관한 의견도 스스로 변경할 수 있으므로(법조 7조 1항 3호), 대법원의 전원합의체가 종전의 환송판결의 법률상 판단을 변경할 필요가 있다고 인정하는 때에는 그에 기속되지 않고 통상적인 법률의 해석적용에 관한 의견의 변경절차에 따라 이를 변경할 수 있다고 보아야 하기 때문이다.

상고법원이 환송판결에서 한 **법률상 판단**이 그 뒤 상고법원의 판례에 의하여 **변경된 때**에는 환송판결의 기속력이 소멸된다고 본다. 판례가 법령과는 달리 법원에 대하여 일반적인 구속력이 없기는 하지만 상고법원이 가지는 법령의 해석적용의 통일이라는 기능은 하급심이 상고심의 판례에 따름으로써 신속히 달성되어야 하고, 상고심의 판례가 나누어지는 것을 피할 필요가 있기 때문이다.[3]

3) 환송받은 법원이 기속되는 상고법원의 **사실상 판단**이란 상고법원이 사실심이 아닌 점에 비추어, 단지 직권조사사항에 관하여 한 사실, 절차위배에 관하여 한 사실, 재심사유에 관하여 한 사실 등과 같이 상고법원으로서 확정할 수 있는 사실에 대한 판단으로서 파기이유로 삼은 것을 말하며, 파기이유로 삼지 않은 본안에 관한 사실판단은 여기에 포함되지 않는다.[4] 따라서 환송받은 법원은 본안에 관하여 새로운 증거에 의하여 새로운 사실을 인정할 수 있다. 환송받은 법원이 기속되는 상고법원의 **법률상 판단**은 법령의 해석·적용상의 견해를 말한다. 여기

1) 대판 1995. 8. 22. 94다43078, 1997. 6. 13. 97다12150, 2018. 10. 30. 2013다61381 등.
2) 대판(전) 2001. 3. 15. 98두15597; 백춘기, "파기환송 판결의 기속력에 대한 예외를 인정할 수 있는지 여부," 21세기사법의 전개(송민최종영대법원장재임기념, 2005. 9.), 691쪽 이하; 유병현, "환송판결과 재심의 대상," 인권과 정의 232호(1995. 12.), 80쪽 이하; 김상수, "파기판결의 구속력과 전원합의체," 판례월보 369호(2001. 6.), 7쪽 이하.
3) 박우동, "파기판결의 구속력이 미치는 법원," 판례월보 139호(1982. 4.), 136쪽 이하; 정동윤·유병현·김경욱, 954쪽.
4) 대판 2000. 4. 25. 2000다6858, 2011. 12. 22. 2009다75949 등.

에는 사실에 대한 법률적 평가나 판단도 포함한다.[1] 이러한 법률상 판단은 상고
법원이 명시적으로 파기이유로 삼은 부분, 명시적으로 파기이유로 삼지는 않았으
나 파기이유로 한 부분과 논리적·필연적 관계가 있는 부분에 대한 것을 포함한
다.[2] 다만 환송판결에서 파기이유로 하지 않은 부분에서 부수적으로 지적한 사항
에는 미치지 않는다.[3]

4) 환송받은 법원은 변론을 거쳐 새로운 증거나 보강된 증거에 의하여 본안
의 쟁점에 관하여 **새로운 사실인정**을 할 수 있으므로, 그 심리과정에서 당사자의
주장·증명이 새로이 제출되거나 또는 보강되어 상고법원의 기속적 판단의 기초
가 된 **사실관계에 변동이 생긴 때**에는 환송판결의 기속력은 미치지 않는다.[4] 즉
환송받은 법원은 새로운 변론에 의하여 새로 제출된 공격방어방법을 기초로 하여
새로운 사실을 인정할 수 있으며, 이에 따라 상고법원의 판단과 다른 판단을 할
수 있다.[5]

제 4 절 항   고

I. 의   의

항고란 결정·명령에 대한 독립한 상소이다. 결정·명령절차는 판결절차와
달리 심판절차가 간이하므로, 결정·명령에 대한 불복신청도 간이한 절차에 의하
여 처리하기 위하여 항고제도를 마련했다. 항고는 상급법원에 대한 불복신청이므
로 동일심급에 대한 불복신청인 이의신청, 즉 수명법관·수탁판사의 재판에 대한
이의신청(법 441조), 사법보좌관의 처분에 대한 이의신청(법조 54조 3항, 사보규 3

---

1) 대판 1983. 6. 14. 82누480 등.
2) 대판 1991. 10. 25. 90누7890, 2012. 3. 29. 2011다106136.
3) 대판 1997. 4. 25. 97다904, 2008. 2. 28. 2005다11954.
4) 대판(전) 2001. 3. 15. 98두15597, 대판 2011. 12. 22. 2009다75949, 2024. 4. 16. 2023다
   315391 등. **판례**는, 환송 후 원심에서의 증인들의 각 증언 내용이 환송 전과 같은 취지여서
   그들의 종전 진술을 다시 한 번 확인하는 정도에 그쳤고, 그 밖에 환송 후 원심에서 추가적인
   증거조사가 이루어지지 않았다면, 환송 후의 심리과정에서 새로운 증거가 제시되어 기속적 판
   단의 기초가 된 증거관계의 변동이 생긴 때에 해당한다고 볼 수 없다고 한다. 대판 2009. 4.
   9. 2008도10572.
5) 박준서, "재심사유 있는 환송판결의 기속력," 민사재판의 제문제 8권(우당박우동선생화갑기
   념, 1994. 10.), 866쪽 이하.

조·4조·5조), 변론의 지휘에 대한 이의신청(법 138조), 화해권고결정·이행권고결정·조정을 갈음하는 결정·지급명령 등에 대한 이의신청(법 226조, 소심 5조의4, 민조 34조, 법 469조), 가압류결정·가처분결정 등에 대한 이의신청(민집 283조·301조) 등과 구별된다.

Ⅱ. 항고의 종류

1. 통상항고·즉시항고

통상항고는 항고기간의 제한이 없는 항고로서, 항고의 이익이 있는 한 어느 때나 제기할 수 있는 것이다. **즉시항고**는 신속한 해결을 위하여 고지된 날부터 **1주**의 불변기간 내에 제기할 것을 요한다(법 444조). 통상항고가 원칙이며, 즉시항고는 원칙적으로 법률에 '즉시항고할 수 있다'는 명문의 규정이 있는 경우에 예외적으로 허용된다. **즉시항고**는 원칙적으로 **집행정지의 효력**을 가진다(법 447조)[다만 집행절차에서는 그렇지 않다(민집 15조 6항)]. 한편 민사소송상 즉시항고에서 집행정지의 효력을 배제하는 규정을 두는 경우도 있다(법 47조 3항, 68조 5항 등).

2. 최초의 항고·재항고

최초의 항고는 결정·명령에 대하여 처음으로 하는 항고이며, **재항고**는 최초의 항고에 대한 항고법원의 결정[1] 그리고 고등법원 또는 항소법원의 결정·명령에 대한 항고이다(법 442조). 최초의 항고에는 항소의 규정이 준용되며, 재항고에는 상고의 규정이 준용된다(법 443조).

3. 특별항고

특별항고는 불복신청을 할 수 없는 결정·명령에 대하여 비상구제수단으로 대법원에 하는 항고이다. 결정·명령에 대하여 불복할 수 있는지 여부는 원칙적으로 명문의 규정에 따른다. 특별항고는 재판에 영향을 미친 헌법위반이 있거나, 재판의 전제가 된 명령·규칙·처분의 헌법 또는 법률의 위반 여부에 대한 판단이 부당하다는 것을 이유로 하는 때에만 할 수 있다(**특별항고이유**, 법 449조 1항). 따라서 재판절차에서 헌법 27조 1항에 규정된 **공정한 재판을 받을 권리**를 침해받

---

1) 대결 2004. 4. 28. 2004스19, 2005. 5. 6. 2004재마28.

은 당사자는 특별항고를 제기할 수 있지만, 단순히 그 재판에 영향을 미친 법률 위반이 있다고 주장하는 것은 적법한 특별항고이유에 해당하지 않는다.[1]

Ⅲ. 적용범위

1. 항고로써 불복할 수 있는 결정·명령

항고는 모든 결정·명령에 대하여 허용되는 것이 아니며, 성질상 상소(불복)할 수 있고 또 법률이 인정하는 경우에 허용된다. 항고로써 **불복할 수 있는 결정·명령**에는 ① 소송절차에 관한 신청을 배척(각하·기각)한 결정·명령(법 439조), ② 형식에 어긋나는 결정·명령(법 440조), ③ 그 밖에 법률상 개별적으로 항고가 허용된 결정·명령(이 경우는 거의 즉시항고이다) 등이 있다. 항고로써 불복할 수 없는 결정·명령에는 ① **법률상 명문**으로 불복할 수 없는 재판, 또는 **해석상** 불복할 수 없는 재판, ② 항고 이외의 불복신청방법이 인정된 재판, ③ 대법원의 재판, ④ 수명법관 또는 수탁판사의 재판(준항고), ⑤ 항고권이 실효되거나 즉시항고기간이 지난 재판 등이 있다.

2. 소송절차에 관한 신청을 배척한 결정·명령에 대한 항고

(1) 신청권 없는 신청에 대한 재판과 항고 여부

소송절차에 관한 신청이 있다 하더라도 당사자에게 신청권이 없고 법원의 재량에 의하여 재판할 사항(직권조사사항)에 대해서는 항고를 할 수 없다. 이 경우 당사자의 신청은 단지 법원의 직권발동을 촉구하는 의미가 있는 데 불과하고 법원이 이에 응답할 의무가 없기 때문이다. 예컨대 변론재개의 신청, 변론의 분리 또는 병합의 신청, 당사자가 거짓 진술을 했음을 이유로 과태료의 재판을 구하는 신청, 당사자의 합의가 없는 최초의 변론기일의 변경신청, 최초의 기일이 아닌 변론기일의 변경신청(법 165조 2항) 등이다.

(2) 조건부 인용재판과 항고 여부

항고의 대상이 되는 것은 소송절차에 관한 신청을 **배척**(각하·기각)한 재판에 한한다(법 439조).[2] 소송절차에 관한 신청을 무조건 인용하지 않고 **조건을 붙인 경**

---

[1] 대결 2008. 1. 24. 2007그18, 2008. 10. 23. 2007그40, 2010. 1. 14. 2009그196 등.

[2] 법 439조에는 '**신청을 기각한**' 결정이나 명령이라고 규정하고 있으나, 통상 신청의 '기각'

우와 같은 때에는 이론적으로는 일부기각에 해당하므로 항고를 할 수 있다. 그러나 조건부인용이라 하더라도 그것이 법원의 **재량적**인 것이라면 원칙적으로 항고를 허용할 수 없다. 예컨대 가집행선고가 붙은 판결에 대한 상소를 제기한 데 따른 강제집행정지결정(잠정처분)을 위한 담보금액(법 501조, 500조 1항)에 관해서는 항고를 할 수 없다. 한편 가압류 및 가처분명령의 담보액(민집 280조 2항·3항, 301조)에 관해서는 이를 법원의 재량으로 해석하더라도 그 액의 확정이 경험법칙에 반하여 부당하다고 인정되는 경우에는 그 재량의 범위를 넘어선 것이 되어 위법이라 할 수 있으므로, 채권자는 담보결정에 대하여 항고를 할 수 있다고 해석하는 것이 일반적이다. 그러나 채무자는 담보결정 그 자체에는 직접 이해관계가 없으므로 항고권이 없다.

(3) 항고가 허용되지 않는 경우

소송절차에 관한 신청을 인용한 재판에 대해서는 항고를 할 수 없다. 그러나 법률이 특히 그 재판에 의하여 불이익을 받는 상대방이나 그 밖의 이해관계인을 보호하는 취지에서 항고(즉시항고)를 인정하는 경우가 있다. 중간적 재판에 대해서는 본안에 대한 원심판결과 함께 상소할 수 있을 뿐이고 독립하여 항고할 수 없다(법 392조 본문, 425조). 소송절차에 관한 신청을 배척한 재판이라 하더라도 개별적으로 특히 불복신청을 인정하지 않는 취지를 규정하고 있는 경우 항고를 할 수 없음은 당연하다. 재판장의 명령에 대하여 항고를 할 수 있는 것은 재판장이 독립의 재판기관으로서 한 경우에 한한다. 재판장이 합의체의 일원으로서 그 대표자의 자격으로 명령하는 것이라면 이에 대하여 항고를 할 수 없고 법원에 대하여 이의를 할 수 있을 뿐이다(법 138조).

Ⅳ. 절   차

1. 항고의 제기

원심재판에 의하여 불이익을 받는 당사자 또는 제 3 자는 항고를 할 수 있다. 항고는 항고장을 원심법원에 제출함으로써 한다(법 445조). 항고는 항고심의 결정이 있기 전까지 취하할 수 있다(법 443조 1항, 393조 1항). 결정·명령의 원본이 법원사무

과 '각하'를 법률상 엄격히 구별하여 규정하고 있는 것은 아니므로, 위 법조에서 '신청을 기각한'의 의미는 '**신청을 배척한**'이라는 의미로 이해해야 한다. 따라서 신청을 **각하**한 결정·명령도 포함한다고 보아야 한다. 이시윤, 959쪽; 구태회, 주석서(5), 672쪽.

관 등에게 교부되어 성립한 경우 결정·명령이 당사자에게 고지되어 효력이 발생하기 전에도 이에 불복하여 항고를 할 수 있다.[1]

2. 항고제기의 효력

(1) 재도의 고안

1) 항고가 제기되면 판결의 경우와 달리 원심재판에 대한 기속력이 배제되어 원심법원은 스스로 항고의 당부를 심사할 수 있다. 이를 **'재도의 고안'**(再度의 考案)이라 한다(이를 '재고에 의한 원심재판의 경정'이라고도 하며,[2] 판례는 이를 **'재도의 고려'**라고도 한다[3]). 재도의 고안은 상급심의 절차를 생략하고, 간이·신속하게 사건을 처리하여 당사자의 이익을 보호하기 위하여 항고가 이유 있다고 인정하는 때에는 그 재판을 경정할 수 있는 제도이다(법 446조).[4] 여기서 **'경정'**이란 단순히 잘못된 계산이나 기재 등의 경정(법 211조)에 그치지 않고 재판을 취소·변경하는 것을 말한다.

2) 재도의 고안의 대상인 항고는 **통상항고·즉시항고**를 불문한다. 다만 **특별항고**는 해당되지 않는다. 통상의 절차에 의하여 불복을 신청할 수 없는 결정이나 명령에 대하여 특별히 대법원에 위헌이나 위법의 심사권을 부여하고 있는 특별항고의 경우에 원심법원에 반성의 기회를 부여하는 재도의 고안을 허용하는 것은 특별항고를 인정한 취지에 맞지 않기 때문이다[따라서 특별항고가 있는 경우 원심법원은 경정결정을 할 수 없고 기록을 그대로 대법원에 송부해야 한다].[5] 재도의 고안에 의한

---

[1] 이미 성립한 결정·명령에 불복하여 제기한 즉시항고가 항고인에 대한 결정·명령의 고지 전에 이루어졌다는 이유만으로 부적법하다고 한다면, 항고인에게 결정·명령의 고지 뒤에 동일한 즉시항고를 다시 제기하도록 하는 부담을 지우게 된다. 뿐만 아니라 이미 즉시항고를 한 당사자는 그 후 법원으로부터 결정서·명령서를 송달받아도 다시 항고할 필요가 없다고 생각하는 것이 통상의 경우이므로 다시 즉시항고를 제기해야 한다는 것을 알게 되는 시점에서는 이미 즉시항고기간이 경과하여 회복할 수 없는 불이익을 입게 되기 때문이다. 대결(전) 2014. 10. 8. 2014마667.

[2] 김홍규·강태원, 939쪽. 한편 이를 원심법원의 '자기경정권'이라고 부르는 견해로는, 한충수, 885쪽.

[3] 대결 1970. 7. 23. 70마424, 1996. 1. 12. 95두61.

[4] 대립당사자가 없는 사건에서는 재도의 고안이 적극적으로 활용되어야 하지만, 반면에 대립당사자가 있는 사건에서는 당사자권의 보호를 위하며 충분한 절차보장이 행해진 재판이 중요하므로, 재도의 고안제도의 운영에 신중을 기해야 한다는 견해로는, 피정현, "재도의 고안에 의한 경정(재판의 경정)과 그의 문제점," 비교사법 12권 2호(2005. 6.), 819쪽 이하.

[5] 대결 2001. 2. 28. 2001그4.

원심재판의 경정은 **항고가 적법한 경우**에만 허용된다는 것이 **판례·통설이다.**[1] 이에 대하여, 부적법한 항고라도 항고가 이유 있으면 법 446조에 의한 경정을 할 수 있다는 견해가 있다.[2] 그러나 예컨대 즉시항고기간을 넘긴 항고에 대하여 원심법원이 경정할 수 있다고 한다면 이미 항고기간이 지나 확정된 결정에 대하여 항고법원으로서는 부적법하다는 이유로 각하할 수밖에 없는데도 불구하고 원심법원이 그 이상의 것을 할 수 있다고 하는 셈이 되어 부당하므로 통설이 옳다.[3]

　　3) 재도의 고안에 의한 원심재판의 경정은 항고의 제기가 있는 경우에 한하여 인정되며, 불복신청의 범위에서 행해진다. 원심법원은 재도의 고안을 위해 필요하다면 변론을 열거나 또는 당사자를 심문하고 새로운 사실이나 증거를 조사할 수 있다. 원심법원이 **경정결정**을 하면 항고의 목적이 달성되어 항고절차는 당연히 종료된다. 경정결정의 효력은 고지와 더불어 발생한다. **경정결정**에 대해서는 별도의 **즉시항고가** 허용된다(**법 211조 3항 유추적용**)[이는 최초의 항고이며, 재항고가 아니다.[4] 만일 항고법원이 경정결정을 취소하면 경정결정이 없는 상태로 환원되어 당초의 항고가 존속된다고 본다.[5] 이에 대하여, 당초의 항고는 경정결정에 의하여 이미 소멸했기 때문에 부활하지 않는다는 견해도 있다.[6]

(2) 이심의 효력 및 집행정지의 효력

　　항고제기에 의하여 사건은 항고심으로 이심된다. 결정·명령은 원칙적으로

---

1) 이시윤, 963쪽; 정동윤·유병현·김경욱, 966쪽; 정영환, 1422쪽; 진원열, 766쪽; 구태회, 주석서(6), 706쪽.

2) 호문혁, 713쪽; 한충수, 886쪽.

3) 구태회, 주석서(6), 706쪽.

4) **판례** 역시 제 1 심법원이 항고에 정당한 이유가 있다고 인정하여 항고대상인 재판을 경정한 때에는 그로 인해 불이익을 받는 상대방 당사자도 법 211조 3항을 준용 또는 유추적용하여 즉시항고로 불복할 수 있다고 해석하는 것이 타당하다고 본다. 대결 2023. 7. 14. 2023그585,586. 위 결정은, 제 1 심법원의 명령 또는 결정에 대한 항고가 이유 있다고 보아 그 재판을 취소 또는 변경하는 경정결정을 한 경우 그로 인해 불이익을 받는 상대방 당사자에게 즉시항고를 허용하지 않고 특별항고로만 불복하도록 하는 것은, 특별항고가 법 449조 1항에 따라 재판에 영향을 미친 헌법위반이 있는 경우 등에 한하여 허용되는 점에 비추어 그 상대방 당사자의 정당한 권원에 따른 불복권한을 사실상 박탈하거나 심급의 이익을 해하는 것이어서 헌법상 재판청구권을 침해하는 결과가 되며, 한쪽 당사자에게 법원의 명령 또는 결정에 대한 즉시항고를 제기할 권원이 인정된다면, 그 즉시항고가 정당하다고 보아 원래의 명령 또는 결정이 법 446조에 따라 경정되는 경우 다른 당사자에게도 역시 즉시항고를 제기할 권원을 인정하여 그 경정재판에 관하여 동일한 형태의 불복방법을 인정하는 것이 공평의 관점에서도 타당하다는 이유를 들고 있다.

5) 대결 1967. 3. 22. 67마141.

6) 구태회, 주석서(5), 708쪽. 일본의 통설이다.

곧바로 집행력을 가진다. ① **즉시항고**의 경우 즉시항고가 제기되면 **원칙적으로** 일단 발생한 **집행력이 정지**된다(법 447조). **예외적으로 소송절차**에서 i) 기피신청 각하결정에 대한 즉시항고(법 47조 3항), ii) 필수적 공동소송인의 추가결정에 대한 즉시항고(법 68조 5항), iii) 과태료·감치결정에 대한 즉시항고(법 311조 8항 단서) 등의 경우에는 집행정지의 효력이 없다. 한편 **민사집행절차**에서 집행법원의 재판에 대한 즉시항고(민집 15조 6항 본문)에는 원칙적으로 집행정지의 효력이 없다. ② **통상항고**의 경우 통상항고가 제기되더라도 일단 발생한 집행력이 정지되지 않으므로 항고법원 또는 원심법원은 항고에 대한 결정이 있을 때까지 원심재판의 **집행정지 등의 처분**을 명할 수 있다(법 448조).

3. 항고이유서의 제출

민사소송절차상 항고에서도 **항고이유서의 제출**이 **강제**된다(**항고이유서 제출강제주의**). **2024. 1. 16. 민사소송법**이 **개정(2025. 3. 1. 시행)**되기 전에는 (집행법원의 민사집행절차상 즉시항고에 항고이유서의 제출이 강제되는 것과 달리) 민사소송절차상 항고에는 항고이유서의 제출이 강제되지 않았으나 **위 개정법**이 민사소송법 400조 3항 및 402조의2·3을 각 신설하여 **항소이유서 제출을 강제**함으로써 민사소송절차상 항고절차에서도 **항고이유서의 제출을 강제**하게 되었다[항고법원의 소송절차에는 (그 성질에 어긋나지 않는 범위 안에서) 항소법원의 소송절차에 관한 규정을 준용한다. 법 443조 1항, 규칙 137조 1항].

■ 민사집행절차상 즉시항고와 항고이유서 제출강제주의

민사소송법상 즉시항고에서는 **2024. 1. 16. 민사소송법의 개정(2025. 3. 1. 시행)**에 따라 항고이유서 제출이 강제되게 되었으나, 민사집행법상 **집행절차에 관한 집행법원의 재판에 대한 즉시항고**에서는 **2002. 1. 26. 민사집행법의 제정(2002. 7. 1. 시행)** 당시부터 항고이유서 제출이 강제되고 있다. 민사집행절차상 즉시항고에서 항고장에 항고이유를 적지 않은 때에는 원심법원에 항고장을 제출한 후 10일 내에 항고이유서를 제출해야 하며(민집 15조 3항), 이에 따른 항고이유서를 제출하지 않는 경우 원심법원은 항고각하결정을 한다(민집 15조 5항).[1] 항고이유서 제출에 관한 위

---

1) 사법보좌관의 처분에 대하여 먼저 이의신청을 해야 하는 것과 관련하여, 항고이유서 제출 시기 및 그 절차에서 많은 문제점이 지적된다. 김홍엽, "민사집행절차상 즉시항고 및 재항고," 민사재판의 제문제 15권(손지열대법관화갑기념, 2006. 12.), 299쪽 이하.

규정이 민사집행법의 총칙에 규정되어 있다고 하더라도 그 규정의 문언상 집행절차
에 한하는 것이 명백하므로 민사집행법에 규정된 **가압류·가처분**에서 가압류·가처
분의 **집행절차**(민집 291조·299조·301조)[1]를 제외한 **나머지 절차**에 관해서는 그
적용이 없음을 유의해야 한다.[2] 다만 이 경우 역시 앞서 본 개정된 민사소송법이
준용되어 항소이유서 제출이 강제됨은 마찬가지이다.

4. 항고심의 재판

항고심의 절차는 성질에 반하지 않는 한 항소심에 관한 규정을 준용한다(법
443조 1항, 규칙 137조 1항). ① **속심제**: 민사항소심은 속심제로서 항고심의 소송절
차도 속심제를 취하고 있으므로, 항고심에서의 새로운 사실과 증거의 제출은 항
고심에서 심문을 연 때에는 그 **심문종결시**까지, 심문을 열지 않은 때에는 **결정고
지시**까지 가능하다. 따라서 항고법원으로서는 그때까지 제출한 자료를 토대로
제 1 심결정·명령, 또는 항고이유의 당부를 판단해야 한다.[3] ② **심리범위**: 항고
심의 심리범위는 불복신청의 범위 내에 한정된다(법 443조 1항, 407조 1항). 비송사
건에서는 직권탐지주의가 적용되므로(비송 11조) 항고법원의 조사범위가 항고이
유에 의하여 제한되지 않는다.[4] ③ **임의적 변론**: 항고심은 결정절차이므로, 변론
을 열 것인지 여부는 항고법원의 재량에 속한다(법 134조 1항 단서). 변론을 열지
않고 심리를 하는 경우라도 당사자·이해관계인, 그 밖의 참고인을 심문할 수 있
다(법 134조 2항).[5] ④ **재판형식**: 항고의 재판은 결정의 형식으로 한다. 항고각하,
항고기각, 원심재판취소 중 어느 하나이다. 항고법원이 제 1 심재판을 취소하는 때
에는 특별한 규정이 없는 한 제 1 심법원으로 환송하지 않고 직접 스스로 신청에

---

1) 가압류·가처분의 집행에 관해서는 원칙적으로 강제집행에 관한 규정이 준용된다(민집 291
   조·301조).
2) 예컨대 가압류이의신청에 대한 재판은 집행절차에 관한 집행법원의 재판에 해당하지 않으
   므로 그에 대한 즉시항고에는 민사집행법 15조가 적용될 수 없고, 민사소송법의 즉시항고에
   관한 규정이 준용된다.
3) 즉시항고를 한 채무자가 항고심의 보정명령에 따라 추가로 소명하거나 제출한 자료가 있다
   면 항고심은 이를 포함하여 제 1 심결정·명령 또는 항고이유의 당부를 판단해야 한다. 대결
   2009. 2. 26. 2007마1652.
4) 대결 1982. 10. 12. 82마523, 2007. 3. 29. 2006마724.
5) **특별한 사정이 없는 한** 항고법원이 변론을 열거나 이해관계인을 심문하지 않은 채 서면심
   리만으로 결정에 이르렀다고 하여 이를 위법하다고 할 수 없다. 대결 1994. 7. 30. 94마1107,
   2001. 3. 22. 2000마6319, 2020. 6. 11. 2020마5263.

대한 재판을 할 수 있다.1)

V. 재 항 고

1. 의   의

재항고는 항고법원·고등법원 또는 항소법원의 결정 및 명령에 대한 법률심인 대법원에의 항고이다.2) 재항고는 재판에 영향을 미친 헌법·법률·명령 또는 규칙의 위반을 이유로 하는 때에 한하여 인정된다(법 442조)[집행절차에 관한 집행법원의 재판에서의 재항고사유는 민사집행규칙에서 정하고 있다(민집규 14조의2 1항)].

2. 적용범위

재항고도 항고와 마찬가지로 통상항고와 즉시항고로 나누어진다. 항고법원의 재판에 대한 재항고에서 그 구분은 원래의 항고 자체가 통상항고인지 즉시항고인지에 의하는 것이 아니라 **재항고의 대상**이 되는 **재판의 내용**에 따르게 된다. 즉시항고를 항고심이 각하·기각했으면 그에 대한 재항고는 즉시항고로서의 성격을 가진다.3) 항고심이 원재판을 취소하여 **새로운 재판**을 한 때에는 그 새로운 재판의 내용을 기준으로 즉시항고에 의할 것이면 재항고도 즉시항고, 통상항고에 의할 것이면 재항고도 통상항고로 된다. 예컨대 담보취소결정에 대한 최초의 항고는 즉시항고이지만(법 125조 4항), 항고를 인용하고 담보취소의 신청을 기각한 결정에 대한 재항고는 통상항고이다.4) 재항고가 **즉시항고**인 때에는 **재항고기간**(명령·결정을 고지받은 날부터 7일 이내, 법 444조)의 제한이 있으나, 재항고가 **통상항고**

---

1) 대결 2008. 4. 14. 2008마277, 대판 1971. 10. 11. 71다1805.

2) 결정·명령에 재항고까지 인정할 것인지에 대하여 입법론상 재검토를 요한다는 견해로는, 이시윤, 966쪽. 한편 주로 소송절차에 부수·파생하는 사항에 관한 결정·명령에 대하여 이를 본안에 대한 판단인 판결과 같이 대우하여 무조건 최고법원의 판단까지 받을 수 있도록 할 것이 아니라, 이를 제한하는 방안을 검토할 필요성이 있다는 전제에서 재항고재심사제도 및 재항고허가제도를 그 방안으로 제시하는 견해로는, 강영재, "상고심 재판의 개선방안에 관한 연구 —상고이유서 원심법원 제출제도 및 재항고 제한제도 도입을 중심으로— ," 사법정책연구원(2021. 3.), 47쪽, 210쪽 이하.

3) 대결 2007. 7. 2. 2006마409.

4) 이에 대하여, 항고법원의 재판에 대한 재항고에서 항고재판의 내용에 따라 즉시항고적인 재항고와 통상항고적인 재항고를 인정하는 것은 법리상으로나 현실적인 측면에서도 매우 불합리하다는 지적으로는, 한충수, "즉시항고에 따른 항고심재판에 대한 재항고는 즉시항고인가?," 민사소송 15권 2호(2011. 11.), 359쪽.

인 때에는 이러한 제한이 없다.

3. 절   차

재항고는 항소심판결의 **상고에 관한 규정을 준용**한다(법 443조 2항, 규칙 137
조 2항). 민사집행절차에 관한 재항고의 경우에는 민사집행법 15조의 규정이 준용
된다(민집규 14조의2 2항). **상고심절차에 관한 특례법**은 재항고사건에도 준용된다
(상특 7조). 따라서 재항고이유에 관한 주장이 위 특례법 4조 1항 1호·2호·3호의
심리속행사유[① 원심결정 등이 헌법에 위반하거나 헌법을 부당하게 해석한 경우, ② 원
심결정 등이 명령·규칙 또는 처분의 법률위반 여부에 대하여 부당하게 판단한 경우, ③
원심결정 등이 법률·명령·규칙 또는 처분에 대하여 대법원판례와 상반되게 해석한 경우]
를 포함하지 않거나, 이러한 심리속행사유를 포함하고 있다 하더라도 그 주장 자
체로 보아 이유가 없는 때 또는 원심결정 등과 관계가 없거나 원심결정 등에 영
향을 미치지 않는 때에는 재항고법원은 기록송부를 받은 날부터 4월을 시한으로
(상특 6조), **심리불속행의 재항고기각결정**을 한다(상특 7조, 4조 2항·3항).[1]

Ⅵ. 특별항고

1. 의   의

특별항고는 결정·명령에 대한 재판확정 후의 비상불복방법이며 통상의 불복
방법으로서의 상소가 아니다. 따라서 특별항고는 재판의 확정을 차단시키는 효과
가 없다. 특별항고는 종국적 재판으로써 불복할 수 없는 결정·명령에 대하여 헌
법적 통제를 위한 제도이다[재판도 헌법소원의 대상으로 하는 독일에서는 이는 대법원
이 아니라 헌법재판소의 소관사항이다]. 한편 대법원의 결정·명령에 대해서는 특별
항고를 제기할 수 없다.[2]

2. 특별항고이유

특별항고의 대상은 **법률상** 명문으로 불복할 수 없는 결정·명령 외에, **해석
상** 불복이 인정되지 않는 경우(예컨대 판결경정신청기각결정 등)도 포함한다. **특별항**

---

1) 이에 의하여 재항고의 남용도 다소 견제될 것으로 보는 견해로는, 이시윤, 967쪽.
2) 대결 1994. 8. 11. 94그25.

고이유는 ① 재판에 영향을 미친 헌법위반(헌법 27조 등에서 규정하고 있는 적법한 절차에 따라 공정한 재판을 받을 권리가 침해된 경우를 포함한다), ② 재판의 전제가 된 명령·규칙·처분의 헌법 또는 법률의 위반 여부에 대한 판단부당 등 두 가지 가운데 하나에 해당할 때이다(법 449조 1항). 따라서 결정이나 명령이 법률에 위반되었다는 사유만으로는 재판에 영향을 미친 헌법위반이 있다고 할 수 없어 특별항고이유가 되지 못한다.[1] 구법에서는 법률위반도 특별항고이유로 했으나, 이로 인한 남항고(濫抗告)의 폐단이 지적되어 신법에서는 법률위반을 삭제했다.[2] 다만 특별항고사건에서도 상고심절차에 관한 특례법상 **심리불속행제도**가(일정 범위 내에서) 적용된다(상특 7조). 결정이나 명령에 대하여 재판에 영향을 미친 헌법위반 등이 있는지 여부는 그 결정이나 명령 당시의 헌법 등 규정에 따라서 판단된다.[3] 여기에는 결정이나 명령의 절차에서 헌법 27조 1항·3항 등에서 규정하고 있는 적법한 절차에 따라 공정한 재판을 받을 권리가 침해된 경우를 포함한다.[4]

3. 절　　차

특별항고는 재판이 고지된 날부터 **1주**의 불변기간 이내에 해야 한다(법 449조 2항·3항). 특별항고기간을 넘긴 것이 분명한 때에는 원심재판장은 명령으로 항고장을 각하해야 하고, 그 명령에 대해서는 즉시항고를 할 수 있다(법 450조·425조, 399조 2항·3항)[이러한 즉시항고에 대한 재판에 대해서는 재항고나 특별항고를 할 수 없다].[5] 특별항고의 제기는 원심재판의 집행을 정지시키지 못한다. 원심법원 또는 대법원은 **집행정지의 처분**을 명할 수 있다(법 450조·448조). 특별항고에서는 재도의 고안이 허용될 수 없다.[6] 특별항고에는 그 성질에 반하지 않는 한 **상고에 관한 규정**이 **준용**된

---

1) 대결 2008. 1. 24. 2007그18, 2008. 8. 21. 2007그49, 2017. 12. 28. 2017그100. 관할 등과 같은 소송요건의 적법 여부를 다투는 특별항고사건에서도 대법원은 원심법원의 결정이나 명령에 재판에 영향을 미친 헌법위반을 비롯한 특별항고이유가 있는지 여부에 한정하여 심사해야 하고 이에 관하여 단순한 법률위반이 있다는 이유만으로 원심결정을 파기할 수는 없다. 대결 2008. 10. 23. 2007그40, 2008. 10. 24. 2008그162, 2009. 5. 20. 2009그70; 김시철, "재판에 영향을 미친 법률위반이 있다고 주장하여 특별항고를 할 수 있는지 여부 및 특별항고사건에서 대법원의 심판범위," 대법원판례해설 77호(2008년 하반기), 223쪽 이하.
2) 법원행정처, 민사소송법개정내용해설(2002. 6), 243쪽.
3) 대결 1989. 11. 6. 89그19.
4) 대결 2004. 6. 25. 2003그136.
5) 대결 2010. 6. 7. 2010그37.
6) 대결 2001. 2. 28. 2001그4.

다(법 450조, 규칙 137조 2항). 상고심절차에 관한 특례법은 특별항고사건에도 준용
된다(상특 7조). 그러나 위 특례법 7조는 위 특례법 4조 2항·3항을 준용하도록 하
고 있어 4조 1항 각호의 심리속행사유 가운데 1호·2호·3호만 준용하게 되는데
(상특 4조 2항), 위 특례법 제정 후 민사소송법이 전부개정(신법)되어 위 특례법보
다 특별항고이유를 제한하고 있으므로[상특 4조 1항 1호·2호·3호 가운데 3호에 해당
하는 대법원판례위반을 배제시켰다], 위 특례법상 심리속행사유에 관해서는 위 특례
법이 준용될 여지가 없게 되었다. 다만 민사소송법이 정하는 특별항고이유에 해
당하는 주장을 하더라도 그 주장 자체로 보아 이유가 없는 때 또는 원심결정 등
과 관계가 없거나 원심결정 등에 영향을 미치지 않는 때에는 상고법원은 기록송
부를 받은 날부터 4월을 시한으로(상특 6조), 심리불속행의 재항고기각결정을 한다
(상특 7조, 4조 3항).

재심절차 PART 7

Ⅰ. 재심의 의의

1. 일 반

재심은 확정된 종국판결에 재심사유에 해당하는 중대한 흠이 있는 때에 그 판결의 취소와 이미 종결되었던 사건의 재심판을 구하는 비상의 불복신청방법으로서(법 451조 이하), 확정된 종국판결이 갖는 기판력·형성력·집행력 등 판결의 효력의 배제를 주된 목적으로 한다.[1] 재심제도는 확정판결에 중대한 흠이 있는 때에 법적 안정성을 후퇴시키고 구체적 정의의 실현을 위해 예외적으로 마련된 것이다.[2] 재심은 그것이 판결에 대한 불복방법의 하나인 점에서는 상소와 마찬가지이나, 재심은 상소와는 달리 확정판결에 대한 불복방법이고 확정판결에 대한 법적 안정성의 요청은 미확정판결에 대한 그것보다 훨씬 크기 때문에, 상소보다 더 예외적으로 인정되어야 한다는 점에서 다를 뿐이다.[3]

2. 재심의 소송물

(1) 재심소송의 소송물론(구조)

재심의 소의 소송물은 구소송의 소송물로 구성된다고 보는 견해(일원론, 본안소송설)가 있다.[4] 이러한 입장은 재심의 소에서 확정판결의 취소는 재심사유가 있을 때 거듭 본안의 소송물에 대하여 재판을 받기 위한 전제조건일 뿐 독자적인 소송물을 가리는 기준이 될 수 없다고 본다. 그러나 재심의 소의 소송물은 **확정판결의 취소요구**와 **구소송의 소송물**의 두 가지로 구성된다고 봄이 타당하다(**이원론, 소송상 형성소송설**), 현재의 통설·판례이다).[5] 재심의 소는 확정판결의 취소에 중점을 두고 있기 때문에 **형성소송**으로 본다. **판례**도, 확정판결에 대한 재심의 소는 **판결의 취소**와 본안사건에 관하여 **확정된 판결을 갈음한 판결**을 구하는 **복합적**

---

1) 대판(전) 1995. 2. 14. 93재다27,34, 대판 2009. 5. 14. 2006다34190, 2015. 10. 29. 2014다13044.

2) 대판 1992. 5. 26. 90므1135, 2000. 8. 18. 2000재다87, 2019. 10. 17. 2018다300470.

3) 헌재 2004. 12. 16. 2003헌바105 결정.

4) 정동윤·유병현·김경욱, 976쪽; 강현중, 1037쪽.

5) 이시윤, 974쪽; 김홍규·강태원, 949쪽; 송상현·박익환, 787쪽; 호문혁, 1040쪽; 정영환, 1436쪽; 한충수, 893쪽; 전병서, 713쪽; 홍기문, "재심사유에 관한 중간판결제도," 민사법연구(대한민사법학회) 13집 1호(2005. 6.), 199쪽.

목적을 가진 것으로서 이론상으로는 재심의 허부와 재심이 허용됨을 전제로 한 본안심판의 두 단계로 구성되는 것이라고 보고 있다.[1]

(2) 재심사유와 소송물의 개수

재심의 소에서는 구소송물이론에 의하면 **개개의 재심사유마다 소송물이 별개이다**(재심사유는 각각 **별개의 청구원인**에 해당한다).[2] 재심소송 중에 새로운 재심사유를 추가한 경우에는 재심사유별로 별개의 소송물을 구성하므로 추가한 때를 기준으로 기간준수 여부를 판단해야 한다. 신소송물이론 가운데 이분지설도 각 재심사유는 각기 다른 사실관계를 전제로 한 것으로 별개의 소송물을 구성하므로 구소송물이론과 같이 본다. 그러나 신소송물이론 가운데 일분지설에 의하면 각 재심사유는 단순한 공격방법에 불과하여, 새로운 재심사유의 추가·변경은 공격방법의 추가·변경에 지나지 않으므로 재심기간을 지켰는지 여부는 당초에 재심의 소를 제기한 때를 기준으로 한다. 한편 신소송물이론 가운데 일분지설을 취하면서도 (재심사유를 몰랐으면 실권되지 않는다는 이유로) 새로운 재심사유를 추가한 때를 기준으로 기간준수의 효력이 생긴다고 보는 견해도 있어,[3] 논리일관성에 문제가 있다.

Ⅱ. 적법요건

1. 재심당사자적격

(1) 일반적 경우

재심의 소는 확정판결을 취소하고 그 기판력을 배제할 것을 구하는 것이므로 확정판결의 기판력에 의하여 불이익을 받는 사람이 **재심원고**, 이익을 받는 사람이 **재심피고**로 되는 것이 원칙이다. 확정판결에 표시된 당사자뿐만 아니라, 변론종결 뒤의 일반·특정승계인(법 218조 1항), 제3자 소송담당에서 권리관계의 주체(법 218조 3항), 판결의 효력이 제3자에게 확장되는 때에 판결의 취소에 대하여 고유의 이익을 갖는 제3자도 당사자적격을 갖는다.[4] 재심의 소는 채권자대위권의 목

---

1) 대판 1994. 12. 27. 92다22473,22480.

2) 대판 1992. 10. 9. 92므266, 1993. 9. 28. 92다33930, 2019. 10. 17. 2018다300470.

3) 김홍규·강태원, 943쪽. 한편 재심의 소의 각하·기각판결이 확정되어도 알지 못하여 주장할 수 없었던 별개의 재심사유까지 재심기간을 넘김으로써 실권된다는 것은 아니며 이에 기한 새로운 재심청구가 허용된다는 견해로는, 이시윤, 974쪽; 김홍규·강태원, 949쪽; 홍기문, "재심사유에 관한 중간판결제도," 민사법연구(대한민사법학회) 13집 1호(2005. 6.), 199쪽 이하.

4) 대판 1987. 12. 8. 87재다24.

적이 되지 않는다.1)

(2) 필수적 공동소송의 경우

필수적 공동소송의 확정판결에 대해서는 공동소송인 가운데 한 사람이 재심의 소를 제기하면 다른 공동소송인도 당연히 재심당사자가 되고, 상대방으로부터 재심의 소가 제기된 때에는 공동소송인 모두가 재심피고가 되어야 한다(법 67조 1항·2항).

(3) 보조참가의 경우

재심 전 소송의 보조참가인도 재심의 소를 제기할 수 있으며, 보조참가신청과 동시에 재심의 소를 제기할 수도 있다(법 72조 3항). 다만 보조참가인은 피참가인이 당사자로 되어 있는 기존의 소송을 전제로 피참가인을 승소시키기 위하여 참가하는 것이기 때문에 청구의 변경과 같이 기존의 소송형태를 변형시키는 행위는 할 수 없으므로, 보조참가인은 별개의 청구원인이 해당하는 재심사유를 주장하여 재심청구를 추가할 수 없다.2)

(4) 독립당사자참가의 경우

제 3 자가 다른 사람 사이의 재심소송에 독립당사자참가를 한 경우 제 3 자는 아직 재심대상판결에 재심사유 있음이 인정되어 본안사건이 부활되기 전에는 원·피고를 상대방으로 하여 소송목적의 전부나 일부가 자기의 권리라고 주장하거나 소송결과에 따라 권리가 침해된다고 주장할 여지가 없고, 재심사유 있음이 인정되어 본안사건이 부활된 다음에 이르러서 비로소 위와 같은 주장을 할 수 있다. 따라서 제 3 자는 재심대상판결에 재심사유가 있음이 인정되어 본안소송이 부활되는 단계를 위하여 독립당사자참가를 하는 것이 된다.3)

---

1) 채권을 보전하기 위하여 대위권행사가 필요한 경우는 실체법상 권리뿐만 아니라 소송법상 권리에 대해서도 대위가 허용되나, 채무자와 제 3 채무자 사이의 소송이 계속된 이후의 소송수행과 관련한 개개의 소송상 행위는 그 권리의 행사를 소송당사자인 채무자의 의사에 맡기는 것이 타당하기 때문에 대위가 허용되지 않는다. 대판 2012. 12. 27. 2012다75239.

2) 대판 1982. 12. 28. 82므2, 1989. 4. 25. 86다카2329, 1992. 10. 9. 92므266.

3) 민사소송에서의 재심은 재심의 개시와 본안의 심리가 외관상으로 명확히 구분되지 않으므로 참가인의 소송행위는 재심이 개시되기 전에는 원·피고의 어느 한쪽을 보조하는 소송행위로 비치게 되나, 본안심리가 개시된 다음에 이르러서야 비로소 독립한 당사자로서의 소송행위임이 명확히 드러나게 된다. 대판 1994. 12. 27. 92다22473,22480.

2. 재심의 대상적격

(1) 확정판결의 경우

1) 재심의 소는 **확정된 종국판결**에 대해서만 허용된다(법 451조 1항 본문). 재심의 대상이 되는 확정된 종국판결이란 해당 사건에 대한 소송절차를 최종적으로 종결시켜 그것에 흠이 있다고 하더라도 다시 통상의 절차로는 더 이상 다툴 수 없는 기판력이나 형성력·집행력을 갖는 판결을 말한다. 따라서 **대법원의 환송판결**은 형식적으로 보면 '확정된 종국판결'에 해당하지만, 여기서 '종국판결'이란 해당 심급의 심리를 완결하여 사건을 해당 심급에서 이탈시킨다는 것을 의미하는 것일 뿐이고 이는 중간판결의 특성을 갖는 판결로서 '실질적으로 확정된 종국판결'이라 할 수 없으므로, 환송판결은 재심의 대상이 되는 '확정된 종국판결'에는 해당하지 않는다.[1] 확정된 종국판결에는 재심의 소에서 확정된 종국판결도 포함한다. 따라서 **확정된 재심판결**에 재심사유가 있을 때에는 확정된 재심판결에 대하여 재심의 소를 제기할 수 있다.[2]

2) 중간적 재판 가운데 종국판결의 기본이 되는 재판에 재심사유가 있을 때에는 그 재판에 대하여 독립된 불복방법이 있는 경우라도 그 사유를 재심의 이유로 삼아 종국판결에 대하여 재심의 소를 제기할 수 있다(법 452조). **미확정판결**에 대한 재심의 소는 부적법하며, 뒤에(판결확정 전에 제기한 재심의 소가 부적법하다는 이유로 각하되지 않고 있는 동안에) 그 판결이 확정되어도 적법하게 되는 것은 아니다.[3] 종국판결이라도 형식적으로 확정되었지만 내용상 확정력이 없는 무효의 판결(예컨대 제소 당시 이미 사망한 사람을 상대로 한 판결)은 재심의 소의 대상이 되지 않는다.[4]

(2) 확정판결 외의 경우

확정판결은 아니지만 이와 같은 효력을 가진 청구의 포기·인낙조서, 재판상화해조서, 조정조서, 확정된 화해권고결정(법 231조)이나 확정된 조정을 갈음하는 결정(민조 34조 4항)에 대해서는 **준재심의 소**(법 461조)가 인정된다. 다만 기판력이 없는 **확정된 지급명령**(법 474조, 민집 58조 3항), **확정된 이행권고결정**(소심 5조의7)

---

1) 대판(전) 1995. 2. 14. 93재다27,34; 윤진수·강용현, "대법원의 파기환송판결이 재심대상이 되는지 여부," 인권과 정의 226호(1995. 6.), 75쪽 이하.
2) 대판 2015. 12. 23. 2013다17124, 2016. 1. 28. 2013다51933.
3) 대판 1980. 7. 8. 80다1132, 2016. 12. 27. 2016다35123.
4) 대판 1982. 12. 28. 81사8, 1994. 12. 9. 94다16564.

은 준재심의 소의 대상이 아니다. **외국판결**도 재심의 대상이 아니다. **중재판정**은 중재판정에 대한 승인 또는 집행이 거절되는 경우를 제외하고는 양쪽 당사자 사이에 확정판결과 동일한 효력을 가지지만(**2016. 5. 29. 개정, 2016. 11. 30. 시행** 중재 35조) [다만 집행하기 위하여 **집행결정**이 필요하다(중재 37조 2항)]¹⁾ 별도로 중재판정취소의 소가 인정되므로(중재 36조) 재심의 소의 대상이 되지 않는다.

3. 재심기간

(1) 의   의

1) 법 451조 1항이 정하고 있는 재심사유 가운데 ① 대리권의 흠(3호 가운데 법정대리권·소송대리권의 흠이 있는 경우), ② 기판력의 저촉(10호) 등의 재심사유를 **제외한 경우**에는 **재심제기기간**(재심기간)이 정해져 있다(법 456조). 재심기간의 적용이 배제되는 경우(법 457조)로서 '**대리권의 흠**'이란 대리권이 전혀 없는 때를 의미하므로, 법 451조 1항 3호 재심사유 가운데 대리권은 있지만 소송행위를 함에 필요한 특별한 권한의 수여에 흠이 있는 경우에는 재심기간의 적용을 받는다.²⁾ 당사자가 실질적으로 소송에 관여할 수 없었던 경우로서 대리권의 흠이 유추적용되는 때에도 법 457조가 **유추적용**되어 재심기간의 적용이 배제된다.

2) 재심의 소를 재심기간 내에 제기했더라도 재심기간이 지난 뒤에 비로소 주장한 재심사유 부분에 관한 재심의 소는 부적법하므로 각하해야 한다.³⁾

(2) 재심사유를 안 날부터 30일

1) 재심원고는 원칙적으로 재심의 대상인 판결이 확정된 후 재심사유를 안 날부터 30일 내에 재심의 소를 제기해야 한다(법 456조 1항). 30일의 기간은 **제소기간**으로 **불변기간**이다(법 456조 2항). 따라서 추후보완이 가능하다(법 173조). 각 **재심사유마다** 이를 안 때부터 재심기간이 진행된다.⁴⁾ 재심의 소를 제기한 후에

---

1) 위 중재법 개정 전에는 중재판정의 승인 및 집행절차를 판결절차(**승인판결, 집행판결**)에 의하도록 했으나, 위 개정시 간단한 절차인 **결정절차**(**승인결정, 집행결정**)에 의하도록 했다. 다만 **필수적 심문**을 거치도록 했으며, 그 결정에 대해서는 **즉시항고**할 수 있도록 했다(위 개정 중재 37조 4항·6항).

2) 대판 1993. 10. 12. 93다32354, 1994. 6. 24. 94다4967, 1999. 10. 22. 98다46600.

3) 재심사유가 재심기간이 지난 뒤에 제출한 준비서면에서 비로소 주장된 경우에 관해서는, 대판 1990. 12. 26. 90재19. 재심사유가 재심의 소에 대한 판결시까지 주장되지 않은 경우에 관해서는, 2012. 9. 13. 2012재다202, 2021. 3. 11. 2020재두5121.

4) 대판 1982. 12. 28. 82무2, 1993. 9. 28. 92다33930.

재심사유를 변경한 경우에는 변경할 때에 새 재심사유에 의한 소의 제기가 있는 것으로 보아 재심기간을 계산해야 한다.[1] 다만 어느 재심사유를 구성하는 사실관계의 주장에서 새로운 것을 추가하는 때에는 공격방법의 추가에 불과하므로 제소기간에는 아무런 영향이 없다.

　2) 법 451조 1항 4호 내지 7호의 재심사유의 경우(즉 형사상 가벌적 행위를 재심사유로 하는 경우)의 재심기간은 같은 조 2항의 **유죄판결 등이 확정되었음을 안 때**부터 진행한다.[2] 다만 증거부족 이외의 이유로 유죄확정판결 등을 할 수 없을 경우(공소권 없음의 불기소결정, 면소판결)에는 이를 알았을 때부터 진행된다.[3]

■ 형사상 가벌적 행위를 재심사유로 하는 경우와 재심사유를 안 날

　(1) 위증의 유죄확정판결의 경우

　판례는, 증인의 거짓 진술이 판결의 증거로 된 때를 재심사유로 하는 경우(법 451조 1항 7호)에 그 판결의 증거로 된 증인의 증언이 위증이라는 유죄판결이 확정된 사실을 알았다면 위 재심사유를 알았다고 보아야 하며,[4] 그때부터 법 456조 1항의 재심기간이 진행한다고 한다.[5]

　(2) 검사의 공소권 없음(공소시효완성)의 불기소처분의 경우

　판례는, 재심대상이 된 확정판결에 법 451조 1항 5호·6호의 사유가 있다고 하여 고소를 제기했으나 검사가 이에 대해서는 공소시효가 완성되어 공소권이 없다는 이유로 불기소처분을 한 때에는 이러한 불기소처분이 내려진 것을 안 날부터 진행한다고 본다.[6] 이 경우 당사자가 검사의 불기소처분에 불복하여 검찰청법상의 항고절차(10조)나 형사소송법상의 재정신청절차(260조 내지 262조)를 거친 때에는 항고나 재정신청에 대한 결정이 있었던 것을 안 날, 즉 그 결정의 통지를 받은 날에 재심사유를 알았다고 보고 있다.[7]

　3) 재심사유를 안 날부터 진행하는 법 456조 1항의 제소기간은 같은 조 3항의 제척기간과는 별개의 재심기간으로서 위 제소기간을 넘긴 이상 재심대상판결의 확정일부터 진행하는 위 제척기간이 지났는지 여부와는 관계없이 재심의 소를

---

1) 대판 1990. 12. 26. 90재다19.
2) 대판 1996. 5. 31. 95다33993.
3) 대판 2006. 10. 12. 2005다72508.
4) 대판 1994. 12. 9. 94다38960, 1984. 11. 27. 84다카729 등.
5) 대판 1996. 5. 31. 95다33993.
6) 대판 2006. 10. 12. 2005다72508.
7) 대판 1997. 4. 11. 97다6599.

제기할 수 없다.[1]

(3) 판결확정일 등부터 5년

재심사유의 존재를 알지 못했다 하더라도 판결이 확정되어 5년이 경과하면 재심의 소를 제기할 수 없다(법 456조 3항). 5년의 기간은 **제척기간**이다[불변기간이 아니므로 추후보완할 수 없다].[2] 5년의 제척기간은 재심사유가 판결확정 전에 생긴 때에는 그 **판결확정일**부터 기산하고, **판결확정 뒤에 생긴 때**에는 그 **사유가 발생한 때**부터 기산한다(법 456조 4항).[3] 재심사유가 '판결이 확정된 뒤에 생긴 때'란 재심대상판결이 확정된 뒤에 **가벌적 행위**에 대한 유죄확정판결 등이 존재하거나 또는 판결의 기초된 재판 또는 행정처분이 바뀐 경우(법 451조 1항 8호)를 말한다.[4]

Ⅲ. 재심사유

1. 의   의

재심의 소는 법 451조 1항에 한정적으로 열거된 재심사유를 주장하는 경우에 한하여 허용된다. 재심원고가 법에서 정한 재심사유를 주장하는 것은 소의 적법요건이다. 따라서 재심의 소가 적법한 법정의 재심사유에 해당하지 않는 사유를 재심사유로 주장한 경우 그 재심의 소는 부적법하므로 각하되어야 한다.[5]

2. 보 충 성

(1) 근   거

당사자가 재심사유를 상소로써 주장했으나 기각된 경우, 또는 이를 알고도 상소심에서 주장하지 않은 경우에는 같은 사유로 재심의 소를 제기할 수 없다(법 451조 1항 단서). 즉 재심의 소는 재심사유를 재심 전 소송에서 상소로써 주장할 수 없었던 때에 한하여 보충적으로 그 제기가 허용된다. 이를 상소에 대한 관계에서 **재**

---

1) 대판 1996. 5. 31. 95다33993.
2) 대판 1992. 5. 26. 92다4079.
3) 대판 1991. 6. 25. 91다1561.
4) 대판 1982. 9. 14. 82다16, 1985. 2. 26. 84누734.
5) 추후보완상소를 제기할 수 있었다는 사정은 이에 포함되지 않는다. 대판 1987. 3. 26. 86사 3, 1987. 12. 8. 87재다24, 1996. 10. 25. 96다31307.

심의 소의 보충성이라 한다. 당사자가 상소를 제기할 수 있는 시기에 재심사유의
존재를 안 때에는 상소에 의하여 이를 주장하게 하고, 상소로 주장할 수 없었던 때
에 한하여 재심의 소에 의한 비상구제를 인정하려 한 것이다.[1] 재심의 소의 보충
성은 재심사유이면서 절대적 상고이유로 되어 있지 않은 것도 있으나, 재심사유
는 당연히 상고이유가 됨을 전제로 한 것이다. 소액사건에서는 재심사유가 상고
이유가 될 수 없으므로(소심 3조), 재심의 소의 보충성은 완전히 배제된다.[2]

   (2) 요   건

   당사자가 '상소에 의하여 그 사유를 주장하였다'고 하기 위해서는 단지 법
451조 1항 각 호의 사실만 주장하는 것으로는 부족하고 재심의 대상이 되는 상
태, 즉 유죄판결 등이 확정되었다거나 증거부족 외의 이유로 유죄판결 등을 할
수 없다는 등 법 451조 2항의 사실도 아울러 주장했어야 한다.[3] 여기서 '이를 알
고도 주장하지 아니한 때'란 재심사유가 있는 것을 알았음에도 불구하고 상소를
제기하고도 상소심에서 그 사유를 주장하지 않은 경우뿐만 아니라, 상소를 제기
하지 않아 판결이 그대로 확정된 경우까지도 포함한다.[4] 그리고 상고이유서 제출
기간이 지남으로써 상고가 기각된 경우도 같다.[5] 특별한 사정이 없는 한 소송당
사자나 소송대리인이 판결정본을 송달받았을 때에 그 판결에 판단누락의 재심
사유가 있는 것을 알게 되었다고 본다.[6]

   (3) 효   과

   보충성 적용의 유무는 재심요건으로서 상소에 의하여 그 사유를 주장했거나
이를 알고도 주장하지 않은 때에는, 주장된 재심사유가 실제로는 존재하지 않음
이 판명된 경우와 같이 재심청구를 기각해야 한다는 견해가 있으나, 적법한 재심
사유가 될 수 없다고 보아 재심의 소를 각하해야 한다.[7] 판례도 같은 입장이다.[8]

---

1) 대판 2011. 12. 22. 2011다73540.
2) 이시윤, 979쪽; 정동윤·유병현·김경욱, 981쪽; 호문혁, 1045쪽; 정영환, 1444쪽; 한충수,
   899쪽.
3) 대판 1988. 2. 9. 87다카1261, 2006. 1. 12. 2005다58236, 2006. 10. 12. 2005다72508.
4) 대판 1985. 10. 22. 84후68, 1991. 11. 12. 91다29057, 2015. 10. 29. 2014다13044.
5) 정진아, 주석서(5), 759쪽.
6) 대판 1991. 11. 12. 91다29057.
7) 정진아, 주석서(5), 75쪽·835쪽.
8) 대판 1980. 11. 11. 80다2126, 1991. 11. 12. 91다29057.

3. 개별적 재심사유

(1) 의   의

1) 재심사유는, 판결법원구성의 위법(법 451조 1항 1호),[1] 재판에 관여할 수 없는 법관의 관여(2호), 대리권 등의 흠(3호), 법관의 직무상의 범죄(4호), 형사상 처벌을 받을 다른 사람의 행위로 인한 자백 또는 공격방어방법의 제출방해(5호), 문서의 위조·변조(6호), 증인 등의 거짓 진술(7호), 판결의 기초된 재판 또는 행정처분의 변경(8호), 판단누락(9호), 판결효력의 저촉(10호), 상대방의 주소를 소재불명 또는 거짓 주소로 한 소제기(11호) 등이다. 이러한 사유는 예시적인 것이 아니므로 **열거한 사유**만이 재심사유가 된다.[2] 재심사유 가운데 **1호 내지 3호, 11호**는 판결절차상 중대한 흠에 관한 것으로 절대적 상고이유가 되므로(**재심사유 1호 내지 3호**는 절대적 상고이유 가운데 법 424조 1항 1호, 2호, 4호에, **재심사유 11호**는 절대적 상고이유 가운데 법 424조 1항 4호에 포함되는 것으로 본다) 판결결과에 영향을 미쳤는지 여부를 불문하나, **4호 내지 10호**는 판결기초(판단자료)상 중대한 흠에 관한 것으로 판결결과에 영향을 미칠 가능성이 있어야 한다.[3]

2) 재심사유 가운데 **4호 내지 7호**는 모두 판결에 영향을 미친 범죄 그 밖의 위법행위 즉 **가벌적 행위**를 규정하고 있다. 이 경우 가벌적 행위만으로 충분하지 않고 유죄확정판결 또는 과태료부과확정재판이 있거나, 아니면 증거부족 외의 이유로 유죄확정판결 또는 과태료부과확정재판을 할 수 없을 때에 한하여 재심의 소를 제기할 수 있다(법 451조 2항)[이를 **증거확실성의 원칙**이라 한다]. 이러한 유죄확정판결 등을 기다리지 않고 재심의 소가 제기되어도 재심의 소에 대한 판결이 있을 때까지 유죄확정판결 등이 있으면 족하다.[4] 증거부족 외의 이유로 유죄확정판결 등을 할 수 없을 때란 범인의 사망, 심신장애, 사면, 기소유예처분, 공소시효의 완성 등의 사유로 유죄판결 등을 할 수 없게 된 때를 말하며,[5] 소재불명으로 기소

---

1) 종전에 대법원에서 판시한 헌법·법률·명령 또는 규칙의 해석적용에 관한 의견을 변경할 필요가 있음을 인정한 경우에는 대법관 전원의 3분의 2 이상의 합의체에서 이를 행해야 하는데도(법조 7조 1항) 이에 미달하는 대법관으로 구성된 부에서 이를 심판한 경우에는 법 451조 1항 1호의 재심사유에 해당한다. 대판(전) 2011. 7. 21. 2011재다199 등.

2) 대판 1990. 3. 13. 89누6464.

3) 대판 1983. 12. 27. 82다146; 이시윤, 980쪽; 정동윤·유병현·김경욱, 981쪽; 강현중, 1054쪽; 정영환, 1444쪽; 한충수, 899쪽.

4) 대판 1972. 6. 27. 72므3, 1983. 12. 27. 82다146.

5) 대판 1985. 11. 26. 85다418, 1998. 3. 24. 97다32833, 1999. 5. 25. 99두2475 등. 기소유예

중지결정을 하거나 혐의없음 등으로 불기소처분을 한 때는 이에 포함되지 않는다.¹⁾

　　3) 가벌적 행위만이 재심사유가 될 뿐이며, 유죄확정판결 등이 존재해야 하는 요건은 재심의 소의 **적법요건**이므로, 유죄확정판결 등이 없을 때에는 재심의 소를 각하하는 판결을 해야 한다(**적법요건설**, **통설**이다). 이에 반하여, 가벌적 행위와 유죄확정판결 등이 합쳐서 재심사유가 된다는 견해(**합체설**)도 있다. 합체설에 의하면 유죄확정판결 등이 없을 때에는 재심청구를 기각하는 판결을 해야 한다고 한다. 판례 가운데에는 유죄판결 등이 확정된 때(또는 증거부족 외의 이유로 이러한 확정판결 등을 받을 수 없는 때)에 비로소 재심사유가 발생했다고 본다고 하여 합체설에 입각한 듯한 것도 있으나,²⁾ **판례**의 주류적 입장은 **적법요건설**을 따르고 있다.³⁾ 따라서 가벌적 행위가 있었다고 주장하더라도 그에 대한 유죄확정판결 등이 없으면 그 재심의 소는 그 주장된 가벌적 행위가 있었는지 여부에 대한 심리를 함이 없이 부적법 각하된다.⁴⁾

(2) 대리권 등에 흠이 있는 때(3호)

(a) 의　　의

　　대리권 등의 흠은 절대적 상고이유(법 424조 1항 4호)에서와 같다. ① 법정대리권·소송대리권에 흠이 있는 경우(이 경우만을 '**대리권의 흠**'이라고 한다. 재심기간에 관한 **법 457조**의 규정상 '**대리권의 흠**'은 바로 이 경우를 말한다), ② 또는 대리인이 소송행위를 하는 데에 필요한 특별한 권한의 수여에 흠이 있는 경우이다. 대리권의 흠은 원칙적으로 본인의 의사에 관계없이 선임된 대리인이 소송수행하거나, 특별대리인(법 62조)의 선임 없이 소송수행한 경우를 말한다.

> ■ 재판상 화해와 관련한 준재심의 소에서 대리권 등의 흠에 관한 구체적 사례
> 　대표이사가 주주총회의 특별결의사항에 관하여 그 결의 없이 제소전 화해를 하는 경우,⁵⁾ 법인 아닌 사단의 대표자가 총유물의 처분에 관하여 사원총회의 결의 없

처분에 관해서는, 대판 1989. 10. 24. 88다카29658.
1) 기소중지에 관해서는, 대판 1989. 10. 24. 88다카29658. 소재불명에 관해서는, 대판 1975. 5. 27. 74다1144, 1999. 5. 25. 99두2475.
2) 대판 1982. 9. 28. 81다557.
3) 대판 1989. 10. 24. 88다카29658.
4) 정진아, 주석서(5), 811쪽.
5) 대판 1980. 12. 9. 80다584.

이 재판상 화해와 같은 효력을 가지는 조정을 성립(민조 29조)시키는 경우,[1] 파산관재인이 법원의 허가 없이 재판상 화해를 하는 경우[2]도 준재심사유로서 대리권 등의 흠이 있는 때(법 461조, 451조 1항 3호, 64조)에 해당한다. 나아가 제소전 화해의 신청인이 피신청인의 의사에 의하지 않고 마음대로 선임한 사람의 대리행위로 화해가 성립되었다면 쌍방대리의 문제가 나올 여지가 없이 대리권의 흠이 있으므로 재심에서 취소되어야 한다.[3] 특히 신법하에서는 제소전 화해의 대리인을 선임하는 권리를 상대방에게 위임할 수 없도록 하고 있으므로(법 385조 2항), 제소전 화해의 신청인이 피신청인의 위임을 받아 피신청인의 대리인을 선임하여 화해를 한 경우에도 대리권의 흠이 있는 것으로 보아야 한다.[4]

여기서 **대리권의 흠**이란 무권대리인이 대리인으로서 본인을 위하여 실질적인 소송행위를 했을 경우뿐만 아니라 대리권의 흠으로 인하여 본인이나 그의 소송대리인이 실질적인 소송행위를 할 수 없었던 경우도 포함한다.[5] 참칭대표자의 불출석으로 인하여 변론종결되고 선고기일이 지정되었으나 피고의 적법한 대표자가 변론기일통지서를 송달받지 못했기 때문에 실질적인 소송행위를 하지 못한 관계로 자백간주의 판결이 선고된 경우에는 법 451조 1항 3호(법 64조)의 재심사유가 된다.[6] 그러나 본인에게 송달되어야 할 소송서류 등이 본인이나 그의 소송대리인에게 송달되지 않고 무권대리인에게 송달된 채 판결이 확정되었다고 하더라도, 그로 말미암아 본인이나 그의 소송대리인이 그에 대응하여 공격방어방법을 제출하는 등의 실질적인 소송행위를 할 기회가 박탈되지 않았다면, 그 사유를 재심사유로 주장할 수 없다.[7] 대리권의 흠을 재심사유로 하는 때에는 앞서 본 바와 같이 **재심기간의 제한이 없다**(법 457조).

(b) 3호 가운데 대리권의 흠이 유추적용되는 경우

그 밖에도 본인이 **실질적**으로 소송절차에 관여하지 못한 채 판결이 확정된 경우, 예컨대 ① 성명모용소송의 경우,[8] ② 소송무능력자가 소송수행을 한 경우,

---

1) 대판 1999. 10. 22. 98다46600.
2) 대판 1990. 11. 13. 88다카26987.
3) 대판 1996. 12. 23. 95다22436, 1999. 2. 9. 98다38739.
4) 정진아, 주석서(5), 876쪽.
5) 대판 1994. 1. 11. 92다47632, 1999. 2. 26. 98다47290, 2007. 7. 12. 2005다10470.
6) 대판 1999. 2. 26. 98다47290.
7) 대판 1992. 12. 22. 92재다259.
8) 대판 1964. 3. 31. 63다656.

③ 소송계속 중 당사자 사망으로 소송절차가 중단되었음에도 소송이 진행된 경우,[1] ④ 소송서류가 소장부본부터 공시송달의 방법으로 송달되어 피고가 귀책사유 없이 소나 항소가 제기된 사실조차 모르는 상태에서 피고의 출석 없이 변론기일이 진행된 경우,[2] ⑤ 우편집배원이 소송기록접수통지서를 착오로 상고인 아닌 사람에게 배달하여 상고이유서 부제출로 인한 상고기각판결이 확정되게 한 경우[3] 등에도 **법 451조 1항 3호가 유추적용**된다.

(c) 대리권 등의 흠과 상대방 주장의 허용 여부

법정대리권 등의 흠을 재심사유로 규정한 취지는 원래 그러한 대리권 등의 흠이 있는 당사자 측을 보호하려는 데에 있으므로, 그 **상대방**이 이를 재심사유로 삼기 위해서는 그러한 사유를 주장함으로써 **이익**을 받을 수 있는 경우에 한한다.[4] 여기서 이익을 받을 수 있는 경우란 위와 같은 대리권 등의 흠 **외의 사유로도** 종전의 판결이 종국적으로 상대방의 이익으로 변경될 수 있는 때를 가리킨다.[5] 즉 대리권 등의 흠이 있다고 하더라도 달리 재심대상인 확정판결의 결과를 좌우할 만한 사유가 없는 이상, 대리권 등의 흠을 재심사유로 하는 주장만으로는 어떠한 이익을 받을 수 없다. 상대방의 대리권 등의 흠을 재심사유로 주장하는 것은 사실상 별다른 의미가 없다. 상대방은 뒤에서 보는 바와 같이 재심의 소에서도 **추인**할 수 있으므로 이로써 그 흠은 보정되고 재심사유는 소멸하기 때문이다.

(d) 대리권 등의 흠을 추인한 경우와 재심사유

대리권 등의 흠이 있는 경우라고 하더라도 법 60조 또는 97조의 **추인**이 있는 때에는 유효한 소송행위로 치유되기 때문에 재심사유로 삼지 못한다(법 451조 1항 3호 단서). **판례**는, 재심대상판결의 소송절차(항소심)에서 피고 본인이 그 변론기일에 출석하여 소송관계를 표명하고 증거조사의 결과를 진술했다면 피고는 그 제1심 소송절차에서 이루어진 모든 공격방어방법과 증거조사의 결과를 항소심에서 그대로 원용한 것이라고 볼 것이므로, 재심대상판결의 제1심 소송절차에서 피고를 대리하여 소송행위를 한 변호사가 가사 적법한 소송대리인이 아

---

1) 대판(전) 1995. 5. 23. 94다28444.
2) 대판 1997. 5. 30. 95다21365, 2009. 11. 12. 2009다59282, 2011. 4. 28. 2010다98948.
3) 대판 1997. 8. 29. 95재누91, 1998. 12. 11. 97재다445.
4) 대판 1967. 2. 28. 66다2569, 1983. 2. 8. 80사50, 1990. 11. 13. 88다카26987.
5) 대판 1983. 2. 8. 80사50, 2000. 12. 22. 2000재다513.

니었다고 하더라도 그러한 소송절차상의 흠은 그로써 모두 치유되었다고 본다.1)

(e) 대리권 등의 흠과 증명책임

일반적으로 소송대리권은 그 존재를 주장하는 사람에게 증명책임이 있으나, **재심의 소의 경우 대리권 등의 흠**이 재심사유로 되어 있으므로 그 **증명책임**은 이를 주장하는 재심원고에게 있다.2) 재심의 소에서 대리권 등의 흠의 증명은 **소극적 사실**에 대한 것으로 직접증거에 의한 직접증명이 어려우므로 통상 **간접사실**을 통한 **간접증명**의 방법으로 한다.

(3) 형사상 처벌을 받을 다른 사람의 행위로 말미암아 자백을 했거나 판결에 영향을 미칠 공격 또는 방어방법의 제출에 방해를 받은 때(5호)

(a) 의   의

여기서 **형사상 처벌을 받을 행위**는 형법뿐만 아니라 특별형법을 포함한 형사법상 범죄행위를 말한다. 경범죄 처벌법 위반행위나 질서벌은 포함되지 않는다. 상대방의 주소를 소재불명이라 하여 공시송달이 되게 하여 사위(詐僞)판결을 받은 경우 문서위조 등 형사상 처벌받을 다른 위법사유가 게재되지 않고 오로지 소송사기로밖에 처벌할 수 없는 때에도 본호에 해당한다. 이 경우 본호와 11호의 재심사유가 병존한다.3) **공격방어방법**에는 판결에 영향이 있는 주장, 답변 또는 항변뿐만 아니라 **증거방법**도 포함한다. **판례**는, 재심대상사건에 관한 공격방어방법이 담긴 합의각서를 소송계속 중 제 3 자가 반환을 거부했다면 그 반환을 거부한 행위는 공격방어방법의 제출을 방해한 것이며, 그 반환거부로 인하여 횡령의 유죄확정판결을 받았다면 본호의 재심사유에 해당한다고 보았다.4)

공격방어방법의 **제출에 방해를 받은 때**란 형사상 처벌받을 다른 사람의 행위로 인하여 **해당 소송절차**에서 **직접** 방해받은 경우를 말하며, 그 소송절차와는 관계없이 범죄행위로 인하여 실체법상 어떤 효과발생이 저지되었다든가 어떤 사실이 조작되었기 때문에 법원이 사실인정을 그르치게 되었다든가 하는 경우까지 포함하지 않는다.5) 한편 다른 사람의 범죄행위로 인하여 자백하거나 또는 공격방어

---

1) 대판 1980. 7. 22. 79다2148.
2) 대판 1996. 12. 23. 95다22436.
3) 대판 1970. 1. 27. 69다1888, 1997. 5. 28. 96다41649.
4) 대판 1985. 1. 29. 84다카1430.
5) 대판 1993. 11. 9. 93다39553.

방법의 제출이 방해받았다는 것과 판결과 사이에는 **인과관계**가 있어야 한다. **판례**는, 형사상 처벌받을 다른 사람의 행위로 인한 사유가 청구의 인낙에 대한 준재심사유가 되기 위해서는 그것이 당사자가 인낙의 의사표시를 하게 된 **직접적인** 원인이 되었어야 하고 인낙에 이르게 된 간접적인 원인밖에 되지 않았다고 보이는 경우까지 준재심사유가 된다고 볼 수 없다고 한다.[1]

(b) 5호가 유추적용되는 경우

형사상 처벌을 받을 다른 사람의 행위로 말미암아 **소** 또는 **상소**를 **취하**하는 경우에도 법 451조 1항 5호가 **유추적용**된다.[2] 한편 형사상 처벌을 받을 다른 사람의 행위로 말미암아 자백을 한 경우 종국판결이 확정되기 전에도 법 451조 1항 5호를 유추적용하여 해당 소송절차에서 이를 고려할 수 있다.

(4) 판결의 증거가 된 문서, 그 밖의 물건이 위조되거나 변조된 것인 때(6호)

위조 또는 변조된 문서, 그 밖의 물건이 판결의 증거로 되었다는 것은 위조나 변조된 문서 등이 판결주문을 유지하는 근거가 된 사실인정의 증거로 채택된 것을 말한다.[3] 여기서 '**위조 또는 변조**'에는 허위공문서작성이나 공정증서원본불실기재가 포함되며,[4] '**문서**'에는 공문서·사문서를 가리지 않는다. 대조용문서(법 360조 1항)도 포함한다. 한편 '**그 밖의 물건**'이란 공인(公印) 또는 사인(私印) 등으로서 그것이 위조 또는 부정사용된 경우(형 238조·239조)를 말한다. 단순히 법관의 심증에 영향을 주었으리라고 추측되는 자료라고 하더라도 그것이 증거로 채택되어 사실인정의 직접적 또는 간접적 자료가 된 바 없다면 이는 재심사유가 될 수 없으며, 유죄로 확정된 변조부분이 민사판결에서 사실인정의 증거로 채택되지 않고 나머지 문서부분만이 증거로 채택된 때에는 유죄로 확정된 바 없는 나머지 문서부분이 위조 또는 변조되었음을 주장하여 재심의 소를 제기할 수 없다.[5] **판례**는, 소송종료를 선언한 재심대상판결에서 소송이 종료되었다는 사실인정자료가 된 소취하서가 형사판결에서 위조된 것이 판명된 경우 본호의 재심사유에 해당한다고 보았다.[6]

---

1) 대판 1995. 4. 28. 95다3077. 소송상 화해에 관해서는, 대판 1979. 5. 15. 78다1094.
2) 대판 2004. 7. 9. 2003다46758, 2012. 6. 14. 2010다86112 등.
3) 대판 1963. 10. 31. 63다458, 1992. 11. 10. 91다27495.
4) 대판 1997. 7. 25. 97다15470, 1999. 5. 25. 99두2475 등.
5) 대판 1997. 9. 26. 96다50506.
6) 대판 1982. 2. 23. 81누216.

(5) 증인 등의 거짓 진술이 판결의 증거가 된 때(7호)

증인 등의 거짓 진술이 판결의 증거가 된 때란 증인 등이 직접 재심대상이 된 소송사건을 심리하는 법정에서 거짓으로 진술하고 그 거짓 진술이 판결주문에 영향을 미치는 사실인정의 자료가 된 때를 말한다. 따라서 증인 등이 그 재심대상이 된 소송사건 외의 다른 민·형사 관련사건에서 증인 등으로서 거짓 진술을 하고 그 진술을 기재한 조서가 재심대상판결에서 서증으로 제출되어 채용된 때는 이에 포함되지 않는다.[1] 그러나 이 경우에도 재심사유를 인정해야 한다는 견해도 있다.[2] 판결주문에 영향을 미친다는 것은 만약 그 거짓 진술이 없었더라면 판결주문이 달라질 수도 있었을 것이라는 **개연성**이 있는 경우를 말하고 변경의 확실성을 요구하는 것은 아니며, 사실인정의 자료가 된 경우에는 그 거짓 진술이 **직접적**인 증거가 된 때뿐만 아니라 대비증거로 사용되어 **간접적**으로 영향을 준 경우도 포함된다.[3]

(6) 판결의 기초된 재판 또는 행정처분이 뒤에 바뀐 때(8호)

재판 또는 행정처분이 **판결의 기초**가 되었다는 것은 재심대상판결을 한 법원이 그 재판이나 행정처분에 법률적으로 구속되는 경우뿐만 아니라, 널리 재판이나 행정처분의 판단사실을 원용하여 사실인정을 한 경우를 말한다.[4] 한편 판결의 기초가 된 재판 또는 행정처분이 다른 재판이나 행정처분에 따라 **바뀐 때**란 판결의 기초가 된 재판 또는 행정처분이 그 후의 재판 또는 행정처분에 따라 **확정적**이고 또한 **소급적**으로 변경된 때를 말한다.[5] 예컨대 유죄의 형사판결이 재심대상판결의 사실인정에서 증거로 채택되었는데 그 뒤 형사판결이 변경 또는 무죄확정

---

1) 대판 1992. 6. 12. 91다33179,33186, 1993. 6. 11. 93므195, 1997. 3. 28. 97다3729. 예컨대 서로 관련된 두 사건을 같은 법원에서 병합심리 도중 그 두 사건에 대한 증인으로 한 사람을 채택하여 그 증인이 두 사건에 관하여 동시에 같은 내용의 증언을 하고 그 두 사건 가운데 하나의 사건에 관한 증언이 위증으로 확정된 경우에는 그 증인의 위증은 그 사건에 관한 재심사유가 될 뿐이고 동시 진행된 다른 사건의 재심사유는 될 수 없다. 대판(전) 1980. 11. 11. 80다642, 대판 1998. 3. 24. 97다32833; 김학세, "관련사건이 병행심리되던 중 한 증인이 두 사건에 관하여 동시에 같은 내용의 증언을 하여 한 사건에서만 위증의 확정판결을 받은 경우와 다른사건에서의 재심사유," 대법원판례해설 2권 2호(1980. 1.), 183쪽 이하.
2) 이재성, "증인신문조서에 기재된 증언이 위증으로 유죄확정된 경우와 재심사유," 민사재판의 이론과 실제 3권(1978. 10.), 244쪽 이하.
3) 대판 1997. 12. 26. 97다42922, 2001. 6. 15. 2000두2952, 2016. 1. 14. 2013다53212,53229.
4) 대판 1996. 5. 31. 94다20570, 2019. 10. 17. 2018다300470.
5) 대판 1987. 12. 8. 87다카2088, 2019. 10. 17. 2018다300470.

되거나, 제권판결(법 487조 1항)을 이유로 어음금청구를 기각했는데 그 뒤 제권판
결이 취소된 경우와 같은 것이다. 여기의 **재판**은 민·형사, 가사판결은 물론 가압
류·가처분결정, 비송재판도 포함한다. 행정처분의 변경은 재판기관에 의하든, 행
정관청에 의하든 무방하다. 그 변경은 판결확정 뒤일 것을 요하며, 또 확정적이고
소급적인 변경이어야 한다.

    재판 또는 행정처분이 재심대상판결에서 사실인정의 자료가 되었고 그 재판
등의 변경이 재심대상판결의 사실인정에 영향을 미칠 가능성이 있는 이상 재심
사유는 있으며, 재판 내용이 담겨진 문서가 재심대상판결이 선고된 소송절차에
서 반드시 증거방법으로 제출되어 그 문서의 기재 내용이 증거자료로 채택된 경
우에 한정되는 것은 아니다.[1] 그러나 재심대상판결의 증거로 채용된 재판 또는
행정처분이 재심대상판결 선고 뒤에 변경되었더라도 그 재판 등을 제외한 나머
지 증거들만으로도 재심대상판결의 사실인정을 충분히 할 수 있는 경우에는, 재
심대상판결의 기초가 된 재판 등이 다른 재판 등에 의하여 변경된 때에 해당하
지 않는다.[2] 재심대상판결에서 사실인정의 자료가 된 재판 또는 행정처분이 변
경되었다는 사정은 원칙적으로 사실심 판결에 대한 재심사유는 될지언정 법률심
인 상고심 판결에 대한 재심사유는 되지 않는다.[3] 한편 판결의 전제로 된 행정처
분의 적법 여부에 관한 법원의 해석이나 판단이 그 후 다른 사건에서의 판례의
변경으로 그와 상반된 해석을 내렸다는 것만으로는 이에 해당하지 않으며,[4] 법률
조항에 대한 위헌결정이 있었다는 것도 이에 해당하지 않는다.[5]

    (7) 판단을 누락한 때(9호)
    판결에 영향을 미칠 중요한 사항에 관하여 판단을 누락한 때란 당사자가 소
송상 제출한 공격방어방법으로서 판결주문에 영향이 있는 것에 대하여 판결이유
중에서 판단을 표시하지 않은 때를 말한다. 직권조사사항에 해당하는지 여부를
불문하고 그 판단 여하에 따라 판결의 결론에 영향을 미치는 사항으로서 당사자
가 변론에서 주장하거나 또는 법원의 직권조사를 촉구했음에도 불구하고 판단을

---

1) 대판 1996. 5. 31. 94다20570, 2005. 6. 24. 2003다55936.
2) 대판 1991. 7. 26. 91다13694, 2007. 11. 30. 2005다53019.
3) 대판 2001. 12. 14. 2000다12679, 대결 2007. 11. 15. 2007재마26.
4) 대판 1987. 12. 8. 87다카2088.
5) 헌재 2010. 2. 25. 2007헌바34 결정.

하지 않은 경우를 말하는 것이므로 당사자가 주장하지 않거나 그 조사를 촉구하지 않은 사항은 이에 해당하지 않는다.[1] 당사자의 주장을 배척한 근거나 이유를 일일이 또는 개별적으로 설시하지 않았거나, 그 판단내용에 잘못이 있다는 등의 경우는 판단누락이 아니다.[2] 재판누락(법 212조)은 추가판결의 대상이지 재심사유가 아니다. 적법한 기간 내에 상고이유서를 제출했음에도 착각하여 기간 내의 부제출을 이유로 상고이유 판단 없이 상고기각한 경우는 판단누락이다. 다만 상고법원이 상고심절차에 관한 특례법 4조가 정한 심리불속행사유에 해당한다고 판단하여 더 나아가 심리를 하지 않고 상고를 기각한 이상, 직권조사사항 등 판결에 영향을 미칠 중요한 사항에 관하여 판단을 누락했다고 할 수 없다.[3]

판단누락이 있었는지 여부는 판결서의 이유에 의하여 판단하며, 그 이유의 기재로 판단누락의 유무를 알 수 있으므로, 당사자가 그 판결에 대하여 상소를 하지 않은 때에는 물론, 상소를 하면서 판단누락을 주장하지 않은 것도 대체로 이를 알고 주장하지 않은 것으로 인정한다.[4] 따라서 본호에 의한 재심의 소는 통상 상소의 길이 없는 최종심판결에 대한 것이 아니면 성공하기 어렵다.[5]

(8) 전에 선고한 확정판결에 어긋난 때(10호)

여기서 전에 선고한 확정판결이란 전에 확정된 기판력 있는 본안의 '종국판결'로서 효력이 당사자에게 미치는 경우를 말한다. 재심대상판결의 기판력이 그 이전의 확정판결의 기판력과 서로 어긋나는 때를 말하므로(판례 저촉은 포함하지 않는다), 재심대상판결이 그보다 늦게 선고·확정된 판결과 어긋나는 때에는 여기에 해당하지 않는다. 이는 확정판결의 기판력의 충돌을 조정하기 위한 것으로, **같은 당사자** 사이에 **같은 내용의 사건**에 관하여 두 개의 어긋나는 확정판결일 것을 요하므로 당사자를 달리하면서 서로 어긋나도 재심사유로 되지 않는다.[6] 같은 내용의 사건에 관한 것은 **소송물을 같이** 하는 것을 뜻하는데, 구소송물이론(신소송물이

1) 대결 2000. 10. 28. 2000마629, 2004. 9. 13. 2004마660, 대판 2019. 4. 11. 2018재다50131.
2) 대판 1990. 9. 25. 90재다26, 1991. 12. 27. 91다6528,6535, 2005. 1. 28. 2003재다415.
3) 대판 1996. 11. 22. 96재다325, 2010. 10. 14. 2010재두80, 2021. 5. 7. 2020재두5145 등.
4) 대판 1971. 3. 30. 70다2688.
5) 대판 1992. 2. 11. 91다43503; 정진아, 주석서(5), 797쪽.
6) 따라서 전에 선고한 확정판결이 재심대상판결과 그 내용이 유사한 사건에 관한 것이라고 해도 당사자들을 달리하여 그 판결의 기판력이 재심대상판결의 당사자에게 미치지 않는 때에는 위 규정의 재심사유에 해당하는 것으로 볼 수 없다. 대판 1986. 2. 11. 85무6, 1987. 5. 12. 86무2, 대판(전) 2011. 7. 21. 2011재다199.

론 가운데 이분지설도 유사하다)은 청구원인을 기준으로 하여 이를 구별하므로 청구
원인을 달리하면 상호저촉의 문제가 일어나지 않는다.

확정판결과 같은 효력을 가진 화해조서, 청구의 포기·인낙조서(법 220조), 조
정조서(민조 29조), 외국법원의 확정재판 등(법 217조 1항), 중재판정(중재 35조)과
서로 어긋날 때에도 재심사유가 된다.

(9) 상대방의 주소 등을 잘 모른다고 하거나 이를 거짓으로 하여 소를 제기한 때(11호)

판례는, 사위판결의 경우 판결정본이 소를 제기한 사람이 거짓으로 표시한
상대방의 주소로 보내져서 상대방 아닌 다른 사람이 그것을 수령하게 되므로 상
대방에 대한 판결정본의 송달은 부적법하여 무효이고 상대방은 아직도 판결정본
의 송달을 받지 않은 상태에 있는 것으로서 그 판결에 대한 상소기간은 진행을
개시하지 않은 것이라고 보아야 한다는 입장이다.[1] 즉 법 451조 1항 11호의 재심
사유는 공시송달의 방법에 의하여 상대방에게 판결정본을 송달한 때를 말하며[공
시송달의 방법에 의하여 상대방의 거짓 주소에다가 판결정본을 송달했다고 하더라도 공시
송달의 방법을 취했기 때문에 그 송달은 유효한 것으로 보아야 하기 때문이다], 공시송달
의 방법에 의하여 송달된 것이 아닌 사위판결의 경우까지 재심사유가 되는 것으로
규정한 취지는 아니라고 보고 있다.[2] 자백간주에 의한 판결의 편취의 경우 재심
의 소를 허용하지 않는 판례의 태도에 대하여, 이는 법률상 명문에 반하는 해석이
라는 비판적 견해가 있다. 이에 관해서는 판결의 편취에서 이미 살펴본 바와 같다.

한편 상대방이 소송진행 중 그 소송계속사실을 알고 있었고, 그럼에도 불구
하고 아무런 조치를 취하지 않아 판결이 선고되고 확정에 이른 때에는 특별한 사
정이 없는 한 그 판결에 재심사유가 있다고 할 수 없다.[3]

4. 특별법상 재심사유

소수주주의 소제기청구에 따라 **회사·자회사가 이사책임추궁의 소를 제기하
거나**(원고가 회사인 경우, 상 403조 1항, 406조의2 1항, 542조의6 6항) **소수주주가 주주**

---

1) 따라서 추후보완항소의 문제는 나올 수가 없다. 대판 1994. 12. 12. 94다45449, 1997. 5.
   30. 97다10345.
2) 대판(전) 1978. 5. 9. 75다634; 호문혁, 1049쪽; 한충수, 905쪽; 전원열, 784쪽.
3) 대판 1992. 10. 9. 92다12131.

대표소송·다중대표소송을 제기하는 경우(원고가 소수주주인 경우, 상 403조 3항·4
항, 406조의2 2항·3항, 542조의6 6항) 원고와 피고(이사 등)의 공모로 인하여 소송의
목적인 회사의 권리를 사해할 목적으로써 판결을 하게 한 때에는 **회사 또는 자회
사**(소수주주가 원고인 경우, 즉 주주대표소송 또는 다중대표소송의 경우) 또는 **주주**(회사
또는 자회사가 원고인 경우, 즉 회사 또는 자회사가 소수주주의 소제기청구에 따라 제기하
는 이사책임추궁의 소의 경우)는 확정된 종국판결에 대하여 재심의 소를 제기할 수
있다(상 406조 1항, 406조의2 3항).[1] **행정소송**(원칙적으로 항고소송)에서 처분 등을 취
소하는 판결에 의하여 권리 또는 이익의 침해를 받은 제 3 자는 자기에게 책임 없
는 사유로 소송에 참가하지 못하여 판결의 결과에 영향을 미칠 공격방어방법을
제출하지 못한 때에는 이를 이유로 확정된 종국판결에 대하여 재심의 청구를 할
수 있다(행소 31조·38조).

Ⅳ. 재심절차

1. 재심대상판결

(1) 항소심판결의 경우

항소심에서 본안판결을 한 때에는 제 1 심판결이 아니라 항소심판결에 대하
여 재심의 소를 제기해야 한다(법 451조 3항). 여기서 항소심에서의 본안판결은 **항
소기각판결**을 말한다. 항소를 인용하여 제 1 심판결을 취소한 때에는 제 1 심판결
이 소멸되어 제 1 심판결이 재심의 대상이 될 여지가 없기 때문이다. 이에 반하여
제 1 심판결에 대한 항소가 부적법하다는 이유로 항소심에서 **항소각하판결**을 한
때에는, 항소심에서 제 1 심판결의 당부에 관하여 심리되지 않았으므로 항소심판
결에 별도의 재심사유가 없는 한 제 1 심판결이 재심의 대상이 된다.

---

1) 공모나 담합에 의한 소송 및 사해소송의 경우에 한하므로 단순히 불성실한 소송수행이거나
부당소송의 경우에는 재심의 소를 제기할 수 없다. 한편 회사가 이사책임추궁의 소를 제기하
는 경우라고 하더라도 이러한 재심의 소가 허용되는 것은 회사가 **소수주주의 소제기청구에
따라** 이사책임추궁의 소를 제기하는 경우에 한한다. 따라서 소수주주가 주주대표소송을 제기
하려는 기색을 보이면 회사가 소수주주로부터 소제기청구를 받기 전에 미리 이사책임추궁의
소를 제기하는 경우에는 주주는 재심의 소를 제기할 수 없으며, 다른 구제수단도 마련되어 있
지 않다. 일본의 경우 회사가 소수주주에 의한 소제기청구를 받지 않은 채 직접 소송을 제기
했더라도 주주가 재심청구를 할 수 있다(일본 회사법 853조 1항). 김효정, "주주대표소송에
관한 연구 ─국내 및 국제소송상의 쟁점을 중심으로─," 연세대학교 대학원 박사학위논문
(2016. 12.), 304쪽.

(2) 상고심판결의 경우

상고심에서 상고기각판결을 한 때에도 원심이 한 사실인정은 심판대상이 되지 않았으므로 하급심판결도 상고심판결과 함께 재심의 소의 대상이 될 수 있다.[1] 상고심은 사실인정에 관한 한 직권조사사항을 제외하고는 증거조사와 사실인정의 권한이 없으므로, 재심사유 가운데 **사실인정 자체**에 관한 것, 예컨대 법 451조 1항 6호의 문서 등의 위조나 변조에 관한 것이거나, 7호의 증인 등의 거짓진술에 관한 것 등에 대해서는 상고심판결을 대상으로 재심의 소를 제기할 수 없고, 하급심판결에 대해 재심의 소를 제기해야 한다.

2. 재심관할법원

(1) 재심대상판결을 한 법원

재심의 소는 재심을 제기할 판결을 한 법원의 **전속관할**로 한다(법 453조 1항). 즉 소송목적의 값이나 심급에 관계없이 취소의 대상이 된 판결을 한 법원의 전속관할에 속한다. 취소대상인 판결이 상고심판결이면 상고법원의 관할로 한다.

(2) 재심대상판결을 한 법원이 심급을 달리하는 법원인 경우

심급을 달리하는 법원이 동일사건에 대하여 내린 판결에 대한 재심의 소는 **상급법원**이 관할한다(법 453조 2항 본문). 예컨대 제 1 심법원의 원고청구기각판결, 항소법원의 항소각하판결이 있고(이 경우 각각의 판결이 재심대상판결이다) 당사자가 제 1 심법원 및 항소법원에 각 재심의 소를 제기한 때에는 항소법원이 제 1 심법원의 재심사건을 함께 심리함으로써 재판의 모순·저촉을 피하고 당사자의 편의를 도모할 목적으로 항소법원이 이를 병합심리한다.[2] 이 경우 제 1 심법원에 제기된 재심의 소는 항소법원으로 이송해야 한다.

다만 동일사건에 대하여 심급을 달리하는 법원이 **항소법원**과 **상고법원**으로서 각각 **독립된 재심사유**가 있는 때에는 항소법원에 대한 재심의 소까지 상고법원에서 심리하는 것은 아니다[즉 이 경우에는 항소법원과 상고법원이 각 재심관할법원이 된다. 법 453조 2항 단서].

---

1) 정진아, 주석서(5), 821쪽.
2) 정진아, 주석서(5), 825쪽.

3. 재심의 소제기

(1) 소제기의 방식 및 효력

재심의 소는 원칙적으로 재심소장의 제출에 의한다(법 455조 · 248조). 재심소장에는 이를 제출하는 법원의 심급에 따라 소장(반소장), 항소장, 상고장 등에 붙일 인지액 해당의 인지액을 붙여야 한다(민인 8조 1항). 준재심의 소의 경우에도 마찬가지이다(민인 8조 2항 본문)[다만 제소전 화해조서에 대한 준재심의 소의 경우에는 화해신청서에 붙일 인지액(소장 인지액의 1/5) 해당의 인지액을 붙여야 한다(민인 8조 2항 단서)]. 재심소장의 제출에 의하여 그 재심사유에 대한 기간준수의 효력이 생긴다(법 455조 · 265조). 재심의 소를 제기했다고 하더라도 이로써 확정판결에 기한 강제집행을 저지할 수 없고 별도의 신청에 의하여 집행정지사유를 소명하여 **집행정지결정**을 받아야 한다. 법원은 담보를 제공하게 하거나 담보를 제공하지 않게 하고 집행정지결정을 할 수 있다(법 500조).

(2) 재심의 소의 이익

재심의 소에서 재심원고는 확정판결의 효력을 받는 사람으로서 그 취소를 구할 이익이 있는 사람이어야 하므로, 전부승소한 당사자는 재심의 소를 제기할 이익이 없다.[1]

4. 재심소송에서 일반소송절차의 준용 및 그 한계

(1) 해당 심급의 소송절차에 관한 규정의 준용

재심의 소송절차는 그 성질에 어긋나지 않는 범위 안에서 각 심급의 소송절차에 관한 규정이 준용된다(법 455조, 규칙 138조). 재심의 소에서 상대방인 재심피고는 자기의 재심사유에 기한 **반소**를 제기할 수 있다(법 455조 · 412조). 한편 부대상소에 준하여 재심원고가 주장하는 재심사유에 편승하여 원판결을 자기에게 유리하게 변경할 것을 구하는 신청(**부대재심**)을 할 수도 있다(부대재심은 자기의 재심소권을 상실한 뒤에도 할 수 있다).[2]

1) 대판 1993. 4. 27. 92다24608.
2) 정진아, 주석서(5), 838쪽.

(2) 재심청구에 통상의 민사상 청구를 병합할 수 있는지 여부

일반 민사소송절차와 같은 종류의 절차가 아닌 재심절차에서 재심청구에 민사상의 청구를 병합할 수 없다.[1] 예컨대 피고가 재심대상판결의 취소와 본소청구의 기각을 구하는 외에, 원고를 상대로 재심대상판결에 의하여 경료된 원고 명의의 소유권이전등기의 말소를 구하는 청구를 병합하여 제기한 경우 그와 같은 청구는 별소로 제기해야 하며, 재심의 소에 병합하여 제기할 수 없다. 재심의 소는 소송법상 형성의 소로서 확정된 종국판결의 기판력을 배제하기 위하여 인정된 비상구제수단으로 통상의 소송절차와는 그 성질을 달리하기 때문이다. **판례**의 태도도 같다(이에 관해서는 이미 청구의 병합에서 자세히 살펴보았다).

5. 재심소송의 심판

(1) 중간판결제도

법 454조는, 재심의 소의 소송절차에서 **적법요건**과 **재심사유의 존부**에 관한 심리·재판을 **본안**에 관한 심리·재판과 분리하여 앞의 것만 먼저 심리할 수 있도록 하되(1항), 그 존재가 **인정되지 않으면** 종국판결로 재심의 소를 각하하거나(재심의 소가 적법하지 않은 경우) 재심청구를 기각하고(재심사유가 존재하지 않은 경우), 재심의 소가 적법하고 재심사유가 **인정되면** 그 취지의 중간판결을 한 뒤 본안에 관하여 심리를 속행할 수 있도록 했다(2항). **변론을 제한**하여 특정한 쟁점에 한하여 변론을 진행하거나 정리된 쟁점에 대하여 중간판결(법 201조)을 선고하는 것으로도 같은 목적을 달성할 수 있으나, 새 제도를 잘 활용하여 소송경제를 도모하기 위한 주의적·상징적 의미로 이 제도를 신설한 것이다.[2] 중간판결을 위한 선행심리 여부는 어디까지나 법원의 재량이다.[3] 이러한 중간판결에 대해서는 독립하여 불복할 수 없고, 본안에 관한 종국판결과 함께 불복해야 한다(법 455조, 390조 1항, 425조).

---

[1] 대판 1971. 3. 31. 71다8.

[2] 이시윤, 991쪽. **독일**에서와 같이 재심사유를 인정하는 중간판결에 대하여 독립하여 불복하는 것을 허용하거나, **일본**에서와 같이 재심사유의 존부에 관한 판단을 재판형식상 결정(재심기각결정, 재심개시결정)에 의할 수 있도록 하지 않는 이상 종전 제도와 실질적 의미에서 큰 차이가 없다. 법원행정처, 민사소송법개정내용해설(2002. 6.), 248쪽.

[3] 재심의 소의 적법성 등에 관하여 반드시 분리하여 먼저 심리하도록 요구하면 그것이 오히려 심리의 효율성을 떨어뜨리는 결과가 될 수 있기 때문이다. 법원행정처, 민사소송법개정내용해설 (2002. 6.), 246쪽.

제 7 편 재심절차

(2) 재심의 소의 적법 여부에 관한 심판

법원은 일반소송요건과 함께 재심의 소의 적법요건을 심리한다. 이와 같은
요건은 직권조사사항이다. 재심의 소의 적법요건에 흠이 있는 경우에 보정하지
않거나 보정할 수 없을 때에는 판결로 재심의 소를 각하한다(법 455조·219조·413
조). 따라서 재심원고가 주장하는 재심사유가 법정의 재심사유에 해당하지 않는
사유인 때에는 재심의 소를 각하해야 한다.[1] 재심사유 가운데 법 451조 1항 4호
내지 7호의 가벌적 행위를 주장하면서 같은 조 2항의 유죄확정판결 등이나 증거
부족 외의 이유로 유죄확정판결 등을 받지 않은 사유의 존재를 주장·증명하지
않은 때에도 재심의 소는 부적법하여 각하해야 한다.[2] 재심사유의 존재는 인정되
나 이러한 재심사유에 해당하는 사유를 당사자가 상소에 의하여 주장했거나, 이를
알고도 주장하지 않은 때에 해당하는 경우(법 451조 1항 단서)에는 적법한 재심사유가
될 수 없으므로, 재심의 소를 각하해야 한다.[3]

(3) 재심사유의 존부에 관한 심판

재심의 소가 적법하면, 다음 단계로 재심사유의 존재 여부를 조사해야 한다
(그 증명책임은 재심원고에게 있다). 재심사유에 해당하는 사실의 존부에 관한 자료
의 수집은 원칙적으로 **직권탐지주의**에 의한다. 재심사유의 존부에 관해서는 당사
자의 처분권을 인정할 수 없고, 재심법원은 직권으로 당사자가 주장하는 재심사
유 해당사실의 존부에 관한 자료를 탐지하여 판단할 필요가 있다.[4] 따라서 재심
사유에 대해서는 당사자의 자백(법 288조 본문) 및 자백간주(법 150조 1항 본문, 3항
본문)가 허용되지 않는다.[5] 한편 재심의 소에서 **확정판결의 취소**[재심의 소송물론에
서 이원론을 취하는 통설·판례의 입장에서는 확정판결의 취소를 별개의 **독립된 소송물**로
본다]에 대해서는 청구의 포기·인낙, 화해(법 220조)가 허용되지 않는다(당사자가

---

1) 대판 1982. 9. 14. 82사14, 1984. 3. 27. 83사22, 1987. 12. 8. 87재다24.

2) 대판 1983. 12. 27. 82다146.

3) 다만 재심의 소를 각하해야 할 것임에도 불구하고, 이를 간과하여 기각했음은 부당하나 결
국 재심의 소를 배척한 점에서는 타당하므로 원심판결은 결과적으로 정당하다. 대판 1980.
11. 11. 80다2126.

4) 대판 1992. 7. 24. 91다45691. 다만 재심사유 가운데 법 451조 1항 11호(당사자가 상대방의
주소 또는 거소를 알고 있었다는 사실)와 같이 사실상 당사자의 증명에 의존하지 않으면 안
될 사항도 있다. 정진아, 주석서(5), 834쪽.

5) 대판 1992. 7. 24. 91다45691.

임의로 처분할 수 있는 사항이 아니다).¹⁾ 이 점이 본안재판의 경우와 다르다.

　　법원은 재심원고가 주장하는 재심사유에 관해서만 조사·판단한다.²⁾ 심리한 결과 **재심사유가 없는 것으로 인정되는 때**에는 종국판결로 재심청구를 기각해야 한다.³⁾ **재심사유가 있는 것으로 인정되는 때**에는 그 존부에 관하여 당사자 사이에 다툼이 있으면 중간판결(법 454조 2항)로, 또는 종국판결의 이유에서 판단한다.

(4) 본안에 관한 재판

　　1) 재심사유가 있다고 인정될 때에는 본안에 대해 심리를 한다. 원판결에 의하여 완결된 **전 소송(재심 전 소송)**에 대하여 다시 심판한다. 원판결의 대상이 된 청구에 관하여 처음부터 새로 심리하는 것이 아니라, 그 청구에 관한 전 소송의 **변론이 재개**되어 재심 이전(변론종결 전)의 상태로 돌아가서 심리하는 것이다⁴⁾[변론기일의 차수(次數), 서증의 번호 등도 재심 전 소송과 연속된다(규칙 140조 1항)].

　　2) 본안에 대한 변론은 재심 전 소송의 변론의 속행으로 그것과 일체를 이룬다. 재심 전 소송과 재심소송 사이에 법원의 구성에 변경이 있으면 **변론의 갱신 절차**를 밟아야 한다. 사실심이면 새로운 공격방어방법을 제출할 수 있다.⁵⁾ 즉 **변론의 갱신권**이 인정된다. 재심절차가 사실심 절차인 경우에는 청구의 변경, 반소의 제기, 새로운 공격방어방법의 제출 등 본래의 심급에서 할 수 있는 소송행위를 할 수 있다.⁶⁾ 재심의 소는 취하할 수 있으며, 본안의 소를 취하하거나 본안의 소송물에 관한 화해도 할 수 있다. 본안의 변론과 재판은 재심청구이유의 범위 즉 원판결에 대한 불복신청의 범위 안에서 행해야 한다(법 459조 1항). 재심피고에 의하여 부대재심(법 455조·403조·425조)이 제기되지 않는 한 재심원고에 대하여 원래의 확정판결보다 불이익한 판결을 할 수 없다(**불이익변경금지**).⁷⁾

　　3) **원판결이 부당하다고 인정한 때**에는 원판결을 불복신청의 한도 내에서 이를 취소하고, 이에 대신하는 판결을 한다. 재심판결은 원판결을 소급적으로 취소

---

1) 대판 2012. 9. 13. 2010다97846.
2) 대판 1980. 7. 22. 80누161. 법원은 재심대상 본안사건의 기록을 검토하지 않고서도 재심소장의 기재만으로 그 주장의 재심사유가 존재하는지 여부를 심리하여 재심사유의 존재가 인정되지 아니할 때에는 재심의 소를 배척할 수 있다. 대판 2000. 8. 18. 2000재다87.
3) 대판 1990. 12. 7. 90다카21886.
4) 대판 2001. 6. 15. 2000두2952, 2021. 5. 7. 2019다14950.
5) 대판 1965. 1. 19. 64다1260, 2001. 6. 15. 2000두2952.
6) 대판 1965. 1. 19. 64다1260, 2001. 6. 15. 2000두2952.
7) 대판 2003. 7. 22. 2001다76298.

하는 형성판결이다. **원판결이 정당하다고 인정한 때**에는 재심사유가 있는 경우라도 법원은 재심청구를 기각해야 한다(법 460조).[1] 여기서 원판결이 **표준시**(변론종결시) 이전의 사유로 보아 정당한 경우에는 달리 문제가 되지 않으나, 원판결이 표준시 이전의 사유로 보면 부당하지만 그 표준시 이후에 발생한 새로운 사유 때문에 원판결의 결론이 정당한 경우(예컨대 이혼판결에 재심사유가 있는 경우 재심과정에서 새로운 이혼사유가 발견된 때)의 처리에 관해서는 논의가 있다. 이 경우 재심청구의 기각이 아니라 원판결을 취소하는 판결을 해야 한다는 견해가 있으나,[2] 이 경우에도 법문에 충실하게 재심청구를 기각해야 한다.[3] **판례**는, 재심사건에서 법원이 재심사유는 있다고 인정하면서도 재심대상판결의 변론종결 뒤의 사유를 이유로 재심청구를 기각한 경우에는 그 기판력의 표준시는 재심대상판결의 변론종결시가 아니라 재심판결의 변론종결시로 보고 있다.[4]

4) 재심의 소에 대한 종국판결에는 다시 그 재심에 맞추어 항소나 상고가 인정된다. 재심의 상고심에서는 사실심 변론종결 뒤에 생긴 재심사유인 사실을 주장할 수 없다.

V. 준 재 심

1. 의   의

준재심은 확정판결과 같은 효력을 가지는 조서와 즉시항고로 불복할 수 있는 결정·명령이 확정된 경우에 재심사유가 있을 때에는, 재심의 소에 준하여 재심을 제기하는 것을 말한다(법 461조).

2. 준재심의 소(조서에 대한 준재심)

(1) 준재심의 소의 대상

준재심의 소(조서에 대한 준재심)의 대상이 되는 법 220조의 조서에는 화해, 청구의 포기·인낙조서뿐만 아니라 재판상 화해와 동일한 효력을 가진 **조정조서**도

---

1) 대판 1991. 12. 24. 91므528.
2) 방순원, 696쪽; 이영섭, 347쪽. 입법론으로서는 이러한 경우에는 원판결을 취소하고 다시 판결을 하도록 하는 것이 타당하다는 견해로는, 김홍규·강태원, 963쪽.
3) 이시윤, 993쪽; 정동윤·유병현·김경욱, 995쪽; 정영환, 1465쪽; 한충수, 909쪽.
4) 대판 1993. 2. 12. 92다25151, 2003. 5. 13. 2002다64148.

해당한다. 화해조서는 소송상 화해조서만이 아니라 **제소전 화해조서도** 포함한다. **화해권고결정**이나 **조정을 갈음하는 결정**이 **확정**되면 재판상 화해와 동일한 효력이 있으므로(법 231조, 민조 34조 4항), 이러한 경우 준재심의 소를 유추한다. 다만 기판력을 가지지 않는 **확정된 이행권고결정**에 설사 재심사유에 해당하는 흠이 있다고 하더라도 이를 이유로 준재심의 소를 제기할 수 없고, 청구이의의 소를 제기하거나 또는 전체로서의 강제집행이 종료된 때에는 부당이득반환청구의 소 등을 제기할 수 있을 뿐이다.[1]

(2) 준재심의 소와 재판절차

1) 준재심의 소송절차는 확정판결에 대한 재심의 소의 소송절차가 준용된다. 법 451조 1항 각호의 재심사유는 판결에서 생길 수 있는 흠을 예상하여 규정한 것으로 준재심의 소에 전면적으로는 준용될 수 없다. 법 451조 1항의 각호의 재심사유 가운데 관여할 수 없는 법관의 관여(법 451조 1항 2호), 대리권 등의 흠(3호), 형사상 처벌받을 다른 사람의 행위로 인한 소송행위(5호) 등 그 일부만 준용된다.[2]

> ■ **법인, 또는 법인 아닌 사단이 당사자가 된 청구의 포기·인낙 또는 화해와 준재심의 소**
>
>   법인, 또는 법인 아닌 사단이 당사자로서 청구의 포기·인낙 또는 화해를 하여 이를 변론조서나 변론준비기일조서에 적은 경우에, 그 법인 등의 대표자가 그러한 청구의 포기·인낙 또는 화해를 하는 데에 필요한 권한의 수여에 흠이 있는 때에는 법인 등은 위 변론조서나 변론준비기일조서에 대하여 준재심의 소를 제기할 수 있다. 이러한 준재심의 소는 법인 등이 청구를 포기·인낙 또는 화해를 한 뒤 준재심의 사유를 안 날부터 30일 이내에 제기해야 한다[461조·220조, 451조 1항 3호(필요한 권한의 수여에 흠이 있는 때), 456조·64조]. 주의할 점은 대표자가 그 권한을 행사하는 데에 대표권의 흠이 있는 때가 아니라 대표권은 있으나 소송행위를 하는 데에 **필요한 권한의 수여에 흠이 있는** 때에는 법 457조가 준용되지 않고, **법 456조**에 따라 **재심기간이 준용**된다는 점이다.
>
>   이때 '법인 등이 준재심의 사유를 안 날'은 특별한 사정이 없는 한 법인 등의 대

---

[1] 대판 2009. 5. 14. 2006다34190; 문정일, "확정된 이행권고결정에 대한 준재심의 소," 대법원판례해설 79호(2009년 상반기), 364쪽 이하.

[2] 이에 대하여, 판결의 흠에 대한 구제보다 어렵게 되고 그 구제의 폭을 좁힌 결과가 되었기 때문에 입법론상 재검토가 요망된다는 견해로는, 이시윤, 994쪽.

표자가 그 준재심의 사유를 안 날로서 그때부터 위 준재심기간이 진행되는 것이 원칙이다. 그러나 법인 등의 대표자가 자기 또는 제 3 자의 이익을 도모할 목적으로 그 **권한을 남용**하여 **법인 등의 이익에 배치되는** 청구의 포기·인낙 또는 화해를 했고, 또한 상대방 당사자가 위 대표자의 그러한 진의를 **알았거나 알 수 있었을 경우**에는 위 대표자가 그 준재심의 사유를 아는 것만으로는 부족하고 적어도 **법인 등의 이익을 정당하게 보전할 권한을 가진** 다른 임원 등이 그 준재심의 사유를 안 때에 비로소 위 준재심기간이 진행된다.[1]

2) 준재심에는 법 460조(결과가 정당한 경우의 재심기각)의 규정이 준용되지 않는다. 따라서 재심법원은 재심사유가 있는 경우에는 반드시 조서를 취소해야 한다.[2] 소송상 화해, 청구의 포기·인낙에 의하여 종료되었다가 부활하는 소송에 대하여 스스로 재판해야 한다. 그러나 **제소전 화해조서**를 취소할 때에는 부활될 소송은 없으므로 취소 이외에 다른 판단조치를 요하지 않음이 원칙이다.[3] 다만 대리권의 흠 등의 재심사유가 있을 때에는 판결로 화해조서를 취소하고 대리권의 흠을 이유로 제소전 화해신청을 각하할 것을 요한다.[4]

3. 준재심의 신청(결정·명령에 대한 준재심)

(1) 준재심의 신청의 대상

준재심의 신청은 원칙적으로 '즉시항고로 불복할 수 있는 결정이나 명령'이 대상이 된다. 준재심의 대상을 '즉시항고로 불복할 수 있는 결정이나 명령'으로 한정하고 있으나 이는 대표적인 사례를 든 것에 불과하며, 종국적 재판의 성질을 가진 결정이나 명령, 또는 종국적 재판과 관계없이 **독립하여 확정되는** 결정이나 명령에 해당하면 독립하여 준재심을 신청할 수 있다.[5] 여기에는 소장각하명령, 상소장각하명령, 상소각하결정(변호사선임명령 불이행에 따른 재판), 항소각하결정(항소이유서 미제출에 따른 재판), 소송비용부담에 관한 결정과 소송비용액확정결정, 과태료의 결정, 매각허부결정 따위가 속한다.

---

1) 대판 1998. 11. 10. 98다34126, 2004. 3. 26. 2003다34045, 2016. 10. 13. 2014다12348.
2) 대판 1998. 10. 9. 96다44051.
3) 이 경우 제소전 화해절차는 화해가 성립되지 않은 것으로 귀착되어 그 제소전 화해에 의하여 생긴 법률관계가 처음부터 없었던 것과 같이 된다. 대판 1996. 3. 22. 95다14275.
4) 정진아, 주석서(5), 881쪽.
5) 대결 2004. 9. 13. 2004마660.

(2) 준재심의 신청과 재판절차

준재심의 신청의 재판절차에도 확정판결에 대한 재심의 소의 소송절차가 준용된다(법 461조). 준재심의 신청은 소가 아니라 **신청**의 방식에 의해 한다. 준재심의 신청에 대한 심판은 준재심의 대상이 된 결정·명령과 같은 절차에 따라 행하며, 판결이 아니라 **결정**으로 한다.

간이소송절차 PART 8

Ⅰ. 소액사건심판절차

1. 의   의

소액사건은 **소액사건심판법**에 의하여 일반 민사소송절차와 달리 간이·신속한 절차에 의하여 재판된다. 소액심판제도의 이념은 소액의 민사사건을 간이한 절차에 따라 신속히 처리하는 데 있다(소심 1조). 민사소송절차가 지향하는 이상은 신속과 적정인데, 이 둘은 서로 충돌하는 관계에 있으므로 어느 하나에 치중할 수 없고 그 조화가 요청되나, 소액사건심판절차는 적정성보다는 신속성을 우월한 위치에 두는 기본원칙의 지배하에 있다. 소액사건에서는 전통적인 처분권주의·변론주의를 어느 정도 후퇴시키고, 직권주의적 소송진행을 할 필요가 있으며, 아울러 법원이 당사자에게 개입하여 주도적으로 후견적인 역할을 감당하여 분쟁을 신속·적정하게 해결하도록 해야 한다.[1] **소액사건심판법**은 상고제한에 관한 규정(소심 3조)을 제외하고 **소액사건의 제1심절차**에만 적용되는 법규이다(소심 2조, 소심규 1조의2).[2] 따라서 소액사건이라도 항소사건은 일반 민사소송법이 적용된다.

2. 소액사건의 범위

(1) 소액사건의 인정기준

소액사건은 **소액사건심판법(2023. 3. 28. 개정·시행)**이 적용되는 사건으로 소액사건심판법은 소액사건의 범위를 대법원규칙인 **소액사건심판규칙**에 위임하고 있다. 현재 소액사건은 소송목적의 값이 **3,000만원 이하**의 금전, 그 밖의 대체물이나 유가증권의 일정한 수량의 **지급을 구하는** 사건(이행소송)이다(소심 2조 1항, 2016. 11. 29. 개정, 2017. 1. 1. 시행 **소심규 1조의2 본문**).[3] 다만 청구의 변경으로 이에 해당하지 않게 된 사건이나, 당사자참가, 중간확인의 소 또는 반소의 제기 및 변론의 병합으로 이에 해당하지 않는 사건과 병합심리하게 된 사건은 **제외**한다(소심규 1조의2 단서). 소액사건으로 소액사건심판법에 따라 심리되어야 함에도 단독사건번

---

1) 김홍엽, "한국소액심판제도의 특징과 실무현황," 인권과 정의 209호(1994. 1.), 69쪽 이하.
2) 주택임대차보호법이나 상가건물 임대차보호법상 임차인이 임대인에 대하여 제기하는 **보증금반환청구소송**에 관해서는 소액사건심판법 가운데 **일부 규정**(6조·7조·10조·11조의2)이 준용된다. 주택임대차보호법 13조, 상가건물 임대차보호법 18조.
3) 김상영, "소액사건심판법의 문제점," 민사소송 7권 1호(2003. 2.), 177쪽 이하.

호('가단')가 부여되고, 단독사건의 심리방식에 따라 심리가 되었다고 하더라도 여전히 소액사건으로 보아야 한다.[1]

(2) 변론의 병합의 경우

여러 개의 소액사건에 대해 법원이 변론을 병합한 경우 소송목적의 값을 합한 금액이 소액사건의 범위를 넘어도 제소시에 소액사건이었던 이상 소액사건임에 변함이 없다.[2] 소액사건인지 여부를 결정하는 데 변론의 병합이 있더라도 소송목적의 값에 관한 합산의 원칙이 적용되지 않기 때문이다.

(3) 일부청구의 경우

소액사건심판법을 적용받기 위해 청구를 분할하여 일부청구를 하는 것은 허용되지 않는다(소심 5조의2 1항). 이를 위반한 소는 판결로 각하해야 한다(소심 5조의2 2항).

■ 소액사건 범위의 변동과 문제점

(1) 대법원규칙에 의한 소액사건 범위의 규정

현행의 소액사건심판법은 소액사건의 범위에 관하여 대법원규칙(소액사건심판규칙)에 맡김으로써 소액사건의 범위가 비정상적으로 확대될 수 있게 되었다. 소액사건심판법의 제정 당시인 1973. 2. 24. 소송목적의 값이 20만원을 초과하지 않는 민사사건으로 규정했다가, 1975. 12. 31. 1차 개정시 30만원을 초과하지 않는 민사사건으로 규정했다. 그 후 1980. 1. 4. 2차 개정시 **대법원규칙**으로 정하도록 한 후 대법원규칙으로 50만원, 100만원, 200만원, 500만원, 1,000만원 등 여러 차례 개정을 거쳐 1997. 12. 31.부터 2016. 12. 31.까지 20년 가까이 2,000만원을 초과하지 않는 금액으로 했다가, **2017. 1. 1.부터 3,000만원**을 초과하지 않는 금액으로 인상했다.

(2) 문 제 점

소액사건의 경우 지나치게 그 범위가 확대되어 3,000만원을 초과하지 않는 금전, 그 밖의 대체물이나 유가증권의 일정한 수량의 지급을 목적으로 하는 제1심의 민사사건이면 사건의 성질 여하를 불문하고 소액사건심판법상의 특칙이 적용된다는 것은 문제이다.[3] **2022년 제1심 민사본안사건**을 기준으로 전체 829,987건 중 **59.3%**

---

1) 대판 2003. 4. 25. 2003다4808, 2011. 10. 13. 2007다83304.

2) 대판 1992. 7. 24. 91다43176 등.

3) 소액사건심판법이 적용되는 소액사건에서의 **소액**은 경제적 관념에서는 결코 소액이 아님을 유의해야 한다. 금액이 상대적으로 적은 것도 아닐 뿐만 아니라, 설령 적다고 하더라도 외국의 입법례에 비추어 보거나 우리나라의 전반적 경제사정에 비춰 보더라도 결코 소액이라고 할 수 없는 사건을 소액사건으로 분류하여, 가볍게 재판하는 것은 허용되지 않는다. 한편 대

에 해당하는 492,576건이 소액사건으로 가장 높은 비율을 차지하고 있다(2021년도 기준으로는 전체 814,664건 중 68.6%에 해당하는 558,854건이 소액사건이다).1) 그 럼에도 뒤에서 보는 바와 같이 소액사건의 경우 판결이유의 기재를 생략할 수 있어 국민으로서는 '깜깜이 판결서'에 패소이유조차 제대로 알 수 없는 등 국민의 재판을 받을 권리를 제한한다는 비판이 제기되고 있다. 따라서 소액사건의 심판취지를 살 려 소액사건의 범위 축소 등 대안을 검토할 필요가 있다.2)

3. 소액사건의 관할

소액사건은 지방법원(지원 포함) 관할구역 내에서는 **지방법원 단독판사**가 관할 한다. **시·군법원** 관할구역 안의 사건은 시·군법원 판사의 **전속관할**(**직분관할**)에 속한다(법조 7조 4항, 34조 1항 1호). 따라서 지방법원 단독판사가 소액사건을 담당하 는 경우와 달리, 청구의 확장, 반소, 중간확인의 소 등에 의하여 소송목적의 값이 3,000만원을 넘어서면 시·군법원에는 사물관할권이 없게 되어 관할지방법원으로 이송해야 한다(법 34조 1항). 간이한 절차로 빠르게 처리할 수 없는 사건이면 법 34 조 2항에 의하여 지방법원 합의부로 이송할 수 있다.3) 이 경우 이송된 이후에는 소액사건심판절차에 의하지 않고 통상의 소송절차에 의하여 처리된다.

4. 이행권고결정제도

소액사건에 대하여 변론에 의한 소송절차에 부치기에 앞서 전치(前置)절차로 서 이행권고결정제도를 두고 있다. 이행권고결정제도는 직권으로 지급명령을 발하 는 것과 유사한 제도라고 할 수 있다.4)5) 이행권고결정절차에 관한 업무는 **사법**

법원이 정하기만 하면 (소액사건심판규칙을 개정하여) 소액사건으로 취급이 가능하도록 한 소 액사건심판법은 헌법적 차원에서 검토가 요구된다. 김홍엽(민사사법제도), 76쪽 이하.

1) 법원행정처, 사법연감(2022년), 2022년 사건개황 710쪽.

2) 법률신문 4913호(2021. 8. 12.자), 1쪽.

3) 대결 1974. 7. 23. 74마71.

4) 이행권고결정제도는 2001. 1. 29. 소액사건심판법의 개정시 도입되었다. 2002. 1. 26. 전부 개정 민사소송법은 분쟁의 화해적 해결수단으로서 화해권고결정제도를 신설했으므로(법 225 조 내지 232조), 이행권고결정과의 절차적 중복을 피하면서 분쟁의 화해적 해결을 제고할 수 있는 노력이 필요하다. 법원행정처, "소액사건의 이행권고결정제도 해설"(2002, 단행본).

5) 소액사건심판법상 이행권고결정제도는 IMF 외환위기라는 이례적인 상황에서 소송의 폭증을 대비하기 위해 소액사건의 범위를 크게 넓힌 데(1998. 3. 1. 소액사건심판규칙의 개정으로 소 액사건의 기준이 되는 소송목적의 값의 범위를 1,000만원 이하에서 2,000만원 이하로 크게 인 상했다) 따른 부작용을 상쇄하기 위하여 사법부의 비상한 대응책으로 도입된 제도로서 외국

보좌관이 이를 행할 수 있다(**2016. 3. 29. 개정, 2016. 7. 1. 시행** 법조 54조 2항 1호). 법원은 소액사건이 제기된 경우에 **특별한 사정이 없으면** 소장부본이나 제소조서등본을 첨부하여 피고에게 원고의 청구취지대로 의무이행할 것을 권고하는 취지의 결정을 한다(소심 5조의3 1항). 이행권고결정에는 피고가 이의신청을 할 수 있음과 이행권고결정의 효력의 취지를 덧붙여 적어야 한다(소심 5조의3 2항). 법원사무관 등은 결정서**등본**을 피고에게 **송달**하여야 한다(소심 5조의3 3항 본문).[1] 다만 결정서등본의 송달은 **우편송달·공시송달**의 방법에 의할 수 없다(소심 5조의3 3항 단서). 결정서등본을 우편송달·공시송달 외의 방법으로 송달할 수 없는 때에는 지체 없이 **변론기일**을 **지정**해야 한다(소심 5조의3 4항).

    결정서등본을 송달받은 피고는 그 송달받은 날부터 2주 이내에 서면에 의한 **이의신청**을 할 수 있다(소심 5조의4 1항). 2주의 기간은 불변기간이다(소심 5조의4 2항). 따라서 피고는 **부득이한 사유**로 2주의 기간 이내에 이의신청을 할 수 없었던 때에는 그 사유가 없어진 후 2주 내에 이의신청을 추후보완할 수 있다(소심 5조의6 1항 본문).[2] 피고가 이의신청기간 내에 **이의신청을 했으면** 이행권고결정은 실효되며, 법원은 변론절차에 부치기 위하여 바로 변론기일을 지정해야 한다(소심 5조의4 3항). 피고가 이행권고결정의 송달을 받고 이의신청기간 내에 **이의신청을 하지 않은 때**, 이의신청각하결정이 확정된 때 그리고 이의신청이 취하된 때에는 이행권고결정은 **확정**되며 확정판결과 동일한 효력을 가진다(소심 5조의7 1항)[이때 법원사무관 등은 이행권고결정서의 **정본**을 원고에게 송달해야 한다(소심 5조의7 2항)].

    ■ 확정된 이행권고결정의 강제집행상 특례

      (1) 확정된 이행권고결정과 집행권원 등

      확정된 이행권고결정은 **집행력만** 인정되고, 기판력은 인정되지 않는다. **판례도,** 확정된 이행권고결정에는 확정판결이 가지는 효력 중 **기판력을 제외한** 나머지 효력

의 입법례에서도 찾아 볼 수 없는 제도라고 보는 견해로는, 전휴재, "소액사건심판법상 이행권고결정의 제도적 문제점에 관한 연구 ―헌법상 재판청구권과의 관계를 중심으로―," 저스티스 통권 184호(2021. 6.), 114쪽 이하.

1) 지급명령의 경우에는 채무자에게 지급명령의 '정본'을 송달한 후 그 송달 결과에 따라 채권자에게 다시 그 정본을 송달하나, 이행권고결정의 경우는 법원사무관 등이 업무를 경감하기 위하여 이행권고결정의 '**등본**'을 송달한 후 이행권고결정이 확정판결과 같은 효력을 가지게 된 때에 원고에게 '**정본**'을 송달한다. 법원행정처, 재판실무편람(6)(소액재판실무편람, 개정판), 25쪽.

2) 여기서 부득이한 사유는 법 173조 1항의 추후보완사유인 '책임질 수 없는 사유'보다 완화된 개념이다. 정동윤·유병현·김경욱, 1176쪽; 정영환, 1476쪽.

인 집행력 및 법률요건적 효력 등의 부수적 효력이 인정되며, 기판력까지 인정되는 것은 아님을 분명히 하고 있다.[1] 확정된 이행권고결정은 집행권원이 된다. 확정된 이행권고결정의 강제집행에서는 원칙적으로 집행문을 부여받을 필요가 없다(소심 5 조의8 1항 본문). 다만 **조건성취집행문**이나 **승계집행문**을 받아야 할 경우는 예외이다(소심 5조의8 1항 단서).

  (2) 확정된 이행권고결정에 대한 청구이의의 소의 경우

  피고가 청구이의의 소(민집 44조 1항)를 제기하는 경우 이행권고결정 **이전**의 발생사유를 가지고 이의사유로 할 수 있다(소심 5조의8 3항, 민집 44조 2항).

5. 소액사건심판절차상의 특례

(1) 소송대리에 관한 특칙

당사자의 배우자 · 직계혈족 · 형제자매이면 변호사가 아니더라도 법원의 허가 없이 소송대리인이 될 수 있다(소심 8조 1항, 법 88조의 특칙). 이러한 소송대리인은 당사자와의 신분관계 및 수권관계를 **서면**으로 증명해야 한다(소심 8조 2항 본문). 다만 **수권관계**에 대해서는 당사자가 판사 앞에서 말로 소송대리인을 선임하고 법원사무관 등이 조서에 그 사실을 적은 경우 예외로 한다(소심 8조 2항 단서).

(2) 구술에 의한 소제기

소액사건에서는 말로써도 소를 제기할 수 있고(소심 4조 1항 · 2항. 이 경우 **제소조서**를 작성한다. 소심 4조 3항), 양쪽 당사자가 법원에 임의출석하여 변론함으로써 간이하게 제소할 수 있다(**임의출석제**, 소심 5조).

(3) 심리절차상의 특칙

(a) 소장부본 등의 지체 없는 송달

소장부본이나 제소조서등본을 지체 없이 피고에게 송달해야 한다(소심 6조 본문). **이행권고결정서**의 **등본**이 **송달**된 때에는 소장부본이나 제소조서등본이 송달된 것으로 본다(소심 6조 단서).

---

[1] 대판 2009. 5. 14. 2006다34190. 현행법의 해석상 이행권고결정에 기판력이 인정되지 않는다고 보는 것이 일응 타당하지만, 소액소송을 제기한 원고가 판결을 받기 위해 소를 제기했음에도 그에 대하여 기판력이 인정되지 않는 이행권고결정을 하는 것은 소를 제기한 원고의 재판청구권을 침해하는(공정한 재판을 받을 권리의 보호영역에 포함되는 당사자주의와 기판력 제도를 침해하는) 위헌적 소지가 있다는 견해로는, 전휴재, "소액사건심판법상 이행권고결정의 제도적 문제점에 관한 연구 ―헌법상 재판청구권과의 관계를 중심으로―," 저스티스 통권 184호(2021. 6.), 114쪽 이하.

(b) 1회 변론기일의 원칙

1회 변론기일로 심리를 마치도록 한다(소심 7조 2항). 판사는 이를 위하여 변론기일 이전이라도 당사자로 하여금 증거신청을 하게 하는 등 필요한 조치를 할 수 있다(소심 7조 3항).

(c) 무변론 청구기각판결 등

법원은 소장, 준비서면, 그 밖의 소송기록에 의하여 청구가 **이유 없음이 명백한 경우**에는 변론 없이 청구를 기각할 수 있으며(소심 9조 1항, **구술심리주의의 예외**), 판사가 바뀐 경우에도 **변론의 갱신 없이** 판결할 수 있다(소심 9조 2항, **직접심리주의의 예외**).

(d) 공휴일 개정 등

판사는 필요한 경우에는 근무시간 외의 시간 또는 공휴일에도 개정할 수 있다(소심 7조의2). 1990. 1. 13. 개정시 직장근무자 등의 재판의 편의를 위하여 도입된 제도이다. 그러나 현재까지 거의 실시되지 않고 있다. 주 5일 근무제가 본격 실시된 현 시점에서 적극적으로 운영할 필요가 있다.

(e) 직권증거조사 등

판사는 필요하다고 인정하는 경우에는 직권으로 증거조사를 할 수 있다(소심 10조 1항 본문). 그러나 증거조사의 결과에 관해서는 당사자의 의견을 들어야 한다(소심 10조 1항 단서). 증인신문에서 교호신문제를 폐지하여 판사가 주신문을 하고, 당사자는 보충신문을 하는 **직권신문제**를 채택했다(소심 10조 2항). 판사는 상당하다고 인정하는 경우에는 증인 또는 감정인에게 신문을 갈음하여 서면을 제출하게 할 수 있다(**서면신문제**, 소심 10조 3항). 이는 상대방의 이의가 있으면 출석증언케 할 수 있는 특칙을 둔 법 310조의 서면증언제도와 다르다. 이때 제출한 서면은 증인·감정인에 대한 신문을 갈음한 것으로 서증으로 취급되지 않는다.[1]

(f) 조서의 기재사항 생략 등

조서는 당사자의 이의가 있는 경우를 제외하고 판사의 허가가 있는 경우에는 이에 기재할 사항을 생략할 수 있다(소심 11조 1항). 다만 변론의 방식에 관한 규정의 준수와 화해, 청구의 포기·인낙, 취하 및 자백에 대해서는 조서에 반드시

---

1) 이시윤, 1003쪽; 정영환, 1480쪽.

기재해야 한다(소심 11조 2항).

(4) 판결에 대한 특칙

소가 제기된 경우에는 피고의 답변서 제출기간을 기다리지 않고 **바로** 변론기일을 지정하여 변론을 거쳐 판결을 할 수 있다(소심 7조 1항·2항). 판결의 선고는 변론종결 뒤 즉시 할 수 있다(소심 11조의2 1항). 판결선고시 주문이 정당함을 인정할 수 있는 범위 안에서 **판결이유의 요지**를 말로 **설명**해야 한다(소심 11조의2 2항).[1] 판결서에는 원칙적으로 **판결이유의 기재를 생략**할 수 있다(소심 11조의2 3항).[2] 그러나 **2023. 3. 28. 개정·시행**된 **소액사건심판법**(11조 3항 단서 **신설**)에서 ① 판결이유에 의하여 기판력의 객관적 범위가 달라지는 경우, ② 청구의 일부를 기각하는 사건에서 계산의 근거를 명확하게 제시할 필요가 있는 경우, ③ 소송의 쟁점이 복잡하고 상대방의 주장, 그 밖의 공격방어방법에 대한 다툼이 상당한 사건 등 당사자에 대한 설명이 필요한 경우 등에는 청구를 특정함에 필요한 사항 및 주문의 정당함을 뒷받침하는 공격방어방법에 관한 **판단 요지**를 판결서의 이유에 **기재하도록 노력**해야 한다는 명시적 규정을 두었다.[3]

(5) 상고 및 재항고 제한

소액사건은 통상의 소송사건과 달리 상고 및 재항고가 제한된다. 즉 소액사건에서는, ① 제 2 심 판결이나 결정·명령에 대하여 법률·명령·규칙 또는 처분의 헌법위반 여부와 명령·규칙 또는 처분의 법률위반 여부에 대한 판단이 부당한 때(하위법규의 상위법규에의 위반 여부에 관한 부당한 판단), ② 대법원판례에 상반되는 판단을 한 때 등 두 가지 사유로만 상고이유 또는 재항고이유로 삼을 수 있다(소심 3조).[4] 이는 민사소송법 423조·442조 중 '헌법·법률·명령 또는 규칙의 위반' 부분에 대한 특칙에 불과하므로, **'판결에 영향을 미친 경우'**(상고의 경우) 또는 **'재판에 영향을 미친 경우'**(재항고의 경우)에 한하여 적법한 상고이유 또는 재항

고이유가 된다고 한 민사소송법의 규정은 소액사건심판에도 당연히 적용된다.[1] 여기서 **'대법원의 판례에 상반**되는 판단을 한 때'란 구체적인 해당 사건에 적용될 법령의 해석에 관하여 대법원이 내린 판단과 상반되는 해석을 한 경우를 말하고,[2] 단순한 법리오해나 채증법칙 위반 또는 심리미진과 같은 법령위반 사유는 이에 해당하지 않는다.[3] 다만 **특별한 사정**이 있는 경우에는 소액사건에 관하여 상고이유로 할 수 있는 '대법원의 판례에 상반되는 판단을 한 때'의 **요건을 갖추지 않았더라도** 법령해석의 통일이라는 대법원의 본질적 기능을 수행하는 차원에서 **실체법 해석·적용상의 잘못**에 관하여 **직권으로** 판단할 수 있다.[4] 상고이유서 또는 재항고이유서에는 상고이유·재항고이유에 해당하는 사유만을 구체적으로 명시해야 하며, 이 밖의 사유를 기재한 때에는 기재하지 않은 것으로 본다(소심규 2조).

Ⅱ. 독촉절차

1. 의 의

독촉절차란 금전, 그 밖에 대체물이나 유가증권의 일정 수량의 지급을 목적으로 하는 청구권에 관하여 채무자가 다투지 않을 것이 예상될 경우에 판결절차와 같은 소제기, 변론, 판결을 거치지 않고, 채권자가 간이·저렴하게 집행권원을 얻게 하는 절차를 말한다(법 462조). 독촉절차에서는 신청인을 채권자, 상대방을 채무자라 한다. 2006년부터 시행된 '독촉절차에서의 전자문서 이용 등에 관한 법

---

[1] 대판(전) 1977. 9. 28. 77다1137, 대판 2009. 6. 11. 2009다11556.

[2] 구체적인 해당 사건에 적용될 법령의 해석에 관한 대법원의 판단이란 구체적인 해당 사건의 사안에 적용될 법령조항의 전부 또는 일부에 관한 정의적 해석(定義的)을 한 판례의 판단을 말하고, 원심이 상반된 해석을 한다는 것은 그 법령조항에 관한 대법원의 그 정의적 해석과 반대되는 해석을 하거나 반대되는 해석을 전제로 해당 사건에 그 법령조항의 적용 여부를 판단한 경우를 말한다. 대판 2006. 2. 24. 2005다64132, 2006. 10. 13. 2006다53078, 2010. 12. 9. 2010다62413.

[3] 대판 2000. 10. 13. 2000다26517, 2001. 1. 5. 2000다52394 등.

[4] 소액사건인 구체적 사건에 적용할 법령의 해석에 관한 대법원판례가 아직 없는 상황에서 같은 법령의 해석이 쟁점으로 되어 있는 다수의 소액사건들이 하급심에 계속되어 있는 상황에서 재판부에 따라 엇갈리는 판단을 하는 사례가 나타나고 있는 경우, 소액사건이라는 이유로 대법원이 그 법령의 해석에 관하여 판단을 하지 않은 채 사건을 종결하고 만다면 국민생활의 법적 안정성을 해칠 것이 우려되기 때문이다. 대판 2019. 8. 14. 2017다217151, 2022. 7. 28. 2021다293831, 2024. 2. 8. 2021다206356 등. 위 판례에 대하여, 사법권의 한계를 벗어난 일종의 입법행위적 해석이라는 견해로는, 이시윤, 1004쪽. 대법원의 법령의 해석·적용의 통일이라는 기능에 비추어 타당한 결론이라는 견해로는, 정영환, 1482쪽.

률'은 2010년부터 소송절차별로 단계적으로 시행되고 있는 '민사소송 등에서의 전자문서 이용 등에 관한 법률'에 비해 규정 체계와 내용이 세분화되어 있지 않았다. 따라서 **2014. 5. 20.** '민사소송 등에서의 전자문서 이용 등에 관한 법률'을 개정(2014. 12. 1. 시행)하면서 '독촉절차에서의 전자문서 이용 등에 관한 법률'을 폐지하고, 독촉절차에서도 '민사소송 등에서의 전자문서 이용 등에 관한 법률'의 명확하고 세분된 규정을 적용하도록 했다.

2. 지급명령신청

(1) 관　　할

청구목적의 값에 불구하고, 지방법원 단독판사 또는 시·군법원판사(법조 34조 1항 2호)의 직분관할에 전속한다. 독촉절차에 관한 업무는 **사법보좌관**이 이를 행할 수 있다(법조 54조 2항 1호, 사보규 2조 1항 2호). 신법은 토지관할을 확대하여 채무자의 보통재판적 소재지, 근무지, 사무소·영업소 소재지 이외에 거소지, 의무이행지, 어음·수표지급지, 불법행위지를 추가하고, 그 곳 법원의 **전속관할**로 했다(법 463조).

(2) 요　　건

(a) 지급명령의 대상

지급명령의 대상은 금전, 그 밖에 대체물이나 유가증권의 일정한 수량의 지급을 목적으로 하는 청구이다(법 462조 본문). 채무자의 지급명령에 대한 이의신청 기간이 지나기 전까지 이행기가 도래하여 즉시 지급을 구할 수 있는 경우이어야 한다. 한편 반대급부의 이행과 동시에(상환하여) 금전 등 대체물이나 일정한 수량의 유가증권의 지급을 명하는 지급명령도 허용된다.[1] 다만 즉시 집행할 수 없는 조건부·기한부 청구는 허용되지 않는다.[2]

(b) 지급명령과 공시송달 허용 여부

채무자에 대한 지급명령을 국내에서 공시송달에 의하지 않고 송달할 수 있는

---

[1] 이때 **반대급부**는 지급명령신청의 대상이 아니어서 법 462조에서 정한 '금전' 그 밖에 대체물이나 유가증권의 일정한 수량의 지급을 목적으로 하는 청구'라는 제한을 받지 않고, **반대급부를 이행해야 하는 사람**도 '지급명령의 신청인'에 한정되는 것은 아니다. 대결 2022. 6. 21. 2021그753.

[2] 이시윤, 1008쪽; 김홍규·강태원, 967쪽; 정동윤·유병현·김경욱, 1182쪽; 송상현·박익환, 818쪽; 강현중, 1082쪽; 정영환, 1485쪽.

경우이어야 한다(법 462조 단서). 다만 **2014. 10. 15. 소송촉진 등에 관한 특례법**을 개정(**2014. 12. 1. 시행**)하여 위 특례법에서 정하는 **금융기관 등**이 그 업무 또는 사업으로 취득하여 행사하는 대여금, 구상금, 보증금 및 그 양수금 채권에 대하여 지급명령을 신청하는 때에는 채무자에 대한 지급명령을 **공시송달**에 의하여 송달해야 할 경우에도 지급명령을 할 수 있도록 했다(소촉 20조의2 1항). 공시송달에 의한 지급명령이 허용되는 경우 채권자는 **청구원인을 소명**해야 하며(소촉 20조의2 2항), 청구원인의 소명이 없는 때에는 결정으로 그 신청을 각하해야 한다[청구의 일부에 대하여 지급명령을 할 수 없는 때에는 그 일부에 대하여 신청을 각하해야 한다(소촉 20조의2 3항)]. 이러한 각하결정에 대해서는 불복할 수 없다(소촉 20조의2 4항). 한편 지급명령이 공시송달의 방법으로 송달되어 채무자가 이의신청기간을 지킬 수 없었던 경우에는 **소송행위의 추후보완사유**(법 173조 1항)가 있는 것으로 본다(소촉 20조의2 5항).

(c) 채권자의 소제기신청 및 법원의 소송절차회부결정

지급명령을 해도 송달불능이 되면 주소보정을 명할 수 있으나, 이때에 보정명령을 받은 채권자는 보정 대신에 **소제기신청**을 하여 소송절차로 이행시킬 수 있다(법 466조 1항, 종전은 규칙 92조의3에 규정했다). 지급명령을 외국으로 송달하거나, 국내에서도 공시송달에 의하지 않고는 송달할 수 없는 경우라면 오랜 시일이 소요되어 독촉절차의 간이·신속성에 반하므로, 법원은 **직권**에 의한 결정으로 사건을 소송절차에 부칠 수 있다(법 466조 2항)[다만 앞서와 같이 공시송달로 지급명령을 송달할 수 있는 **예외적**인 경우에는 적용하지 않는다(소촉 20조의2 1항)]. 이러한 결정에 대해서는 불복할 수 없다(법 466조 3항). 이러한 경우 **지급명령신청시**에 소가 제기된 것으로 본다(법 472조 1항).

(3) 지급명령신청의 방식과 효력

지급명령신청시 납부할 인지액은 소장 인지액의 **1/10**이다(민인 7조 2항). 지급명령신청서를 **전자문서**로 작성하여 제출하려고 하는 사람은 전자소송시스템의 이용권한을 부여받기 위하여 먼저 **사용자등록**을 하고 전자소송시스템을 이용한 절차의 진행에 **동의**해야 한다. 등록사용자는 지급명령신청서를 작성하여 이를 제출할 때에 전자서명을 해야 한다(민전 7조 1항).[1] 지급명령의 신청은 재판상 청구로

---

1) 등록사용자는 인지액, 송달료(문자메시지 전송으로 인한 비용 포함), 그 밖에 소송행위에

서 그 **신청시**에 청구권에 대하여 시효중단·기간준수의 효력이 미친다(법 265조, 472조 2항).[1]

3. 지급명령신청에 대한 재판

지급명령신청에 대하여 채무자를 심문하지 않고(법 467조), 결정으로 지급명령을 한다.

(1) 신청각하결정

신청에 **관할위반**, **신청요건의 흠**, 신청의 취지에 의하여 **청구가 이유 없음**이 **명백**한 때에는 신청을 각하하는 결정을 한다(법 465조 1항 본문). 청구의 일부에 대하여 지급명령을 할 수 없는 때에도 그 일부에 대하여 신청을 각하하는 결정을 해야 한다(법 465조 1항 단서). 각하결정에 대해서는 채권자는 불복신청을 할 수 없다(법 465조 2항). 각하결정한 때라도 확정판결과 달리 기판력이 없으므로, 새로 소를 제기하거나 다시 지급명령신청을 할 수 있다.

(2) 지급명령

각하사유가 없으면 더 나아가 청구가 이유 있는지 여부를 심리할 필요 없이 지급명령을 발하고, 당사자 양쪽에 직권으로 송달해야 한다(법 469조 1항). 지급명령에 대하여 ① 이의신청기간 내에 이의신청이 없거나, ② 이의신청의 취하, ③ 각하결정의 확정시에는 지급명령은 확정판결과 같은 효력을 가진다(법 474조).

> ▣ **지급명령의 효력과 강제집행상 특례**
>
>   (1) 확정된 지급명령과 집행권원 등
>   확정된 지급명령은 확정판결과 같은 효력을 가지나 기판력은 없으며 단지 집행력만 인정된다. 확정된 지급명령은 **집행권원**이 된다(민집 56조 3호). 확정된 지급명령에 기하여 강제집행을 할 때에는 원칙적으로 집행문을 부여받을 필요가 없다(민집 58조 1항 본문). 다만 **조건성취집행문**이나 **승계집행문**의 경우는 예외이다(민집 58조 1항 단서).

필요한 비용과 전자소송시스템의 이용수수료를 신용카드에 의한 결제방식 또는 계좌이체에 의한 결제방식, 그 밖에 법원행정처장이 전자소송홈페이지에 공고하는 방식(가상계좌 납부에 의한 결제방식, 휴대폰 소액결제방식)에 따라 **전자적**으로 **납부**해야 한다. 법원실무제요 민사소송(3), 1823쪽.

1) 대판 2011. 11. 10. 2011다54686, 2015. 2. 12. 2014다228440.

(2) 확정된 지급명령에 대한 청구이의의 소의 경우

지급명령은 확정되어도 기판력이 생기지 않아서 그에 대한 청구이의의 소(민집 44조)에는 기판력의 시적 범위에 따른 제한은 적용되지 않으므로(민집 58조 3항), 그 청구이의의 소의 심리에서는 그 지급명령에 기재된 **모든 청구원인** 주장에 관하여 심리·판단되어야 한다.[1] 따라서 확정된 지급명령에 대한 청구이의의 소에서는 지급명령 발령 뒤의 그 청구권의 소멸이나 청구권의 행사를 저지하는 사유뿐만 아니라 지급명령 **발령 전**의 **청구권의 불성립**이나 **무효** 등도 그 이의사유가 된다.[2]

4. 채무자의 이의신청

(1) 이의신청

지급명령에 대하여 채무자는 지급명령을 **송달받은 날부터 2주 이내**에 이의신청을 할 수 있다(법 469조 2항, 470조 1항).[3] 이의신청기간은 **불변기간**이다(법 470조 2항). 채무자가 적법한 이의신청을 내면 지급명령은 이의의 범위 안에서 실효되고(법 470조 1항), 통상의 소송절차로 이행한다. 적법한 이의신청이 있는 때에는 이의신청된 청구목적의 값에 따라 지급명령 신청시에 지방법원단독판사 또는 지방법원합의부에 소의 제기가 있는 것으로 본다(법 472조 2항). 이 경우 심판의 대상(소송물)은 청구의 이유 유무이다. 이의신청은 뒤에서 보는 바와 같이, 이의신청이 부적법하다는 이유로 이의신청을 각하하는 결정이 있거나(법 471조 1항) 또는 이의신청이 적법하여 인지보정명령에 따라 보정을 할 때까지 **취하**할 수 있다(**소송이행조치설**).[4]

(2) 이의신청의 조사

지방법원 단독판사 또는 사법보좌관은 이의신청의 적법 여부(주로 신청인의 소송능력, 대리권, 기간준수 등)를 조사하여 부적법하다고 인정되면 결정으로 이의신청

---

1) 대판 2002. 2. 22. 2001다73480; 김상수, "지급명령에 따른 강제집행과 청구이의사유," JURIST 382호(2002. 7.), 63쪽 이하.

2) 대판 2004. 5. 14. 2004다11346, 2009. 7. 9. 2006다73966.

3) 지급명령이 발령되었다고 하더라도 그것이 채무자에게 송달되기 전에 한 채무자의 이의신청은 부적법하기만 그 후에 채무자에게 지급명령이 적법하게 송달되면 그 흠이 치유된다. 대결 2024. 6. 7. 2024마5496.

4) 대판 1977. 7. 12. 76다2146,2147; 이시윤, 1012쪽. 민사소송법 473조 1항의 보정명령에 따라 채권자가 **인지를 보정하기 전**에 채무자의 이의신청취하서가 제출된 때에는 독촉법원의 법원사무관 등은 지급명령의 확정에 따른 처리를 해야 하며, 위 보정명령에 따라 채권자가 **인지를 보정한 뒤**에 이의신청취하서가 제출된 때에는 본안법원에 기록을 송부한다. 재판예규 제1661호 '독촉절차관련 재판업무처리에 관한 지침'(재민 2002-4, 2017. 7. 18. 개정·시행) 10조.

을 각하한다(법 471조 1항). 이의신청이 적법할 때에는 아무런 재판을 요하지 않는다. 지방법원 단독판사가 한 각하결정에 대해서는 즉시항고를 할 수 있다(법 471조 2항). **사법보좌관**이 한 각하결정에 대하여 불복이 있는 경우에는 사법보좌관에게 **이의신청**을 할 수 있다. 사법보좌관으로부터 신청기록을 송부받은 단독판사는 이의신청이 이유 있다고 인정되면 각하결정을 경정하고, 이의신청이 이유 없다고 인정되면 각하결정을 인가한 후 이의신청사건을 항고법원에 송부하며, 이 경우 이의신청을 즉시항고(법 471조)로 본다(사보규 4조).

5. 소송절차로의 이행에 따른 처리

(1) 인지액의 보정

소송절차로 이행되는 경우 채권자는 지급명령신청시에 낸 인지액 1/10을 뺀 나머지 **9/10**를 더 내어 소장 인지액과 같은 액수로 채워야 한다. 법원은 채권자가 더 내도록 상당한 기간을 정하여 보정을 명해야 한다(법 473조 1항).[1] 채권자가 보정기간 내에 인지보정을 하지 않을 때에는 **지급명령신청서 각하결정**을 한다[법문상 명령이 아닌 **결정**으로 하도록 하고 있다(법 473조 2항 전문)]. 이러한 결정에 대해서는 즉시항고를 할 수 있다(법 473조 2항 후문). 신법은 인지보정절차를 거쳐 인지보정이 제대로 된 사건에 대해서만 법원사무관 등이 바로 소송기록을 관할법원(합의부의 관할이면 합의부)에 보내게 했다(법 473조 3항).

(2) 사법보좌관 업무의 종기

사법보좌관의 업무의 종기(終期)는 지급명령에 대한 채무자의 이의신청에 따라 소송절차로 이행되는 경우 **소송기록의 송부시점**까지이다. 채무자의 이의신청에 따른 인지보정명령과 이러한 보정명령의 불이행에 따른 지급명령신청서각하결정도 사법보좌관의 업무이다(사보규 2조 1항 2호, 법 473조 1항·2항).

(3) 소송절차로 이행된 뒤의 재판절차

소송절차로 이행된 뒤에 이의신청이 부적법함이 판명된 때에도 이미 사법보

---

1) 채무자가 지급명령에 대하여 적법한 이의신청을 하여 지급명령신청이 소송으로 이행하게 되는 경우 지급명령신청시의 청구금액을 소송목적의 값으로 하여 인지액을 계산함이 원칙이나, 소송기록이 관할법원으로 송부되기 전에 지급명령신청시의 청구금액을 기준으로 한 인지부족액이 보정되지 않은 상태에서 채권자가 지급명령을 발령한 법원에 청구금액을 감액하는 청구취지변경서를 제출하는 등 특별한 사정이 있는 경우에는 변경 후 청구에 관한 소송목적의 값에 따라 인지액을 계산해야 한다. 대결 2012. 5. 3. 2012마73.

좌관 등이 이의신청을 적법하다고 인정한 이상 법원은 이에 구속된다(**구속설**).[1] 따라서 이의신청이 적법하다고 하여 소송으로 이행된 때에는 그 뒤 이의신청이 부적법하다고 하여 이의신청을 각하할 수 없다. 채권자 제출의 지급명령신청서의 기재사항이나 채무자 제출의 이의신청서의 기재사항 등이 소송절차로 이행 뒤에 당연히 소송자료로 되는 것이 아니다. 따라서 변론기일에 이를 주장하지 않으면 효력이 없다.

6. 조정으로의 이행신청

(1) 조정으로의 이행신청을 할 경우

채무자가 적법한 이의신청을 하여 법원이 인지보정을 명한 경우 채권자는 인지를 보정하는 대신 해당 기간 이내에 **조정으로의 이행을 신청**할 수 있다(**2012. 1. 17. 개정, 2012. 4. 18. 시행** 민사조정법 5조의2 1항).[2]

(2) 조정으로의 이행신청과 법원의 조치

조정으로의 이행신청이 부적법하다고 인정하는 때에는 법원은 결정으로 이를 각하해야 한다. 이 결정에 대해서는 즉시항고를 할 수 있다(민조 5조의2 2항). 조정으로의 이행신청이 적법하다면 **지급명령을 신청한 때**에 이의신청된 청구목적의 값에 관하여 **조정이 신청**된 것으로 본다(민조 5조의2 3항). 이 경우 법원은 채권자에게 상당한 기간을 정하여 조정을 신청할 때 내어야 할 **수수료**(민조 5조 4항, 민조규 3조 1항)에서 지급명령신청시에 붙인 인지액을 **뺀** 액수에 해당하는 수수료를 보정하도록 명하며(민조 5조의3 1항)[다만 현재로서는, 2013. 10. 11. 민사조정규칙 3조 1항이 개정(2013. 11. 1. 시행)되어 **조정신청의 수수료**가 원칙적으로 민사소송 등 인지법 2조에 따라 산출된 금액의 10분의 1이므로, **지급명령신청시 붙이는 인지액과 같다**], 위 기간 이내에 수수료를 보정하지 않는 때에는 법원은 결정으로 지급명령신청서를 각하한다. 이 결정에 대해서는 즉시항고를 할 수 있다(민조 5조의3 2항).

---

[1] 이시윤, 1012쪽; 정동윤 · 유병현 · 김경욱, 1187쪽; 송상현 · 박익환, 822쪽; 김일룡, 879쪽.
[2] 현행의 독촉절차는 채권자가 신청하여 법원이 발령한 지급명령에 대하여 채무자가 적법한 이의신청을 하면 지급명령이 그 범위에서 효력을 상실하고 지급명령을 신청한 때에 소가 제기된 것으로 보아 곧바로 소송으로 이행되도록 되어 있어 당사자가 소제기 이전 단계에서 조정을 통하여 분쟁을 해결할 수 있도록 **절차선택권**을 보장하는 데에는 미흡한 측면이 있다고 보아, 법원이 발령한 지급명령에 대하여 채무자가 적법한 이의신청을 한 경우에 채권자의 의사에 따라서 독촉절차가 **소송**뿐만 아니라 **조정**으로도 이행될 수 있도록 제도적 장치를 마련했다.

대법원 판결·결정

헌법재판소 결정

사항색인

저자약력

서울대학교 법과대학 법학과 졸업
미국 컬럼비아 로스쿨(Columbia School of Law) 졸업(LL.M.)
사법시험 20회 합격(사법연수원 10기 수료)
서울지방법원 등 판사, 서울고등법원 판사
헌법재판소 헌법연구관, 대법원 재판연구관
서울지방법원 등 부장판사
언론중재위원회 중재부장
사법연수원 교수
법무법인 산경 대표변호사
대한변호사협회 인권과 정의 편집위원, 대한변협신문 편집위원회 부위원장
대한변호사협회 전문분야등록변호사심사위원회 부위원장
대법원 송무제도개선위원회 위원
법무부 민사특별법제정자문위원회 위원
대법원 사법제도비교연구회 부회장
한국도산법학회 부회장
헌법재판소 헌법재판소법개정위원회 위원, 헌법소송규칙제정위원회 위원
법률신문 논설위원·편집위원
대법원 법관임용제도 자문교수
법무부 민법·민사집행법개정 자문교수
법무부 변호사제도개선위원회 분과위원장
법무부 민사집행법개정위원회 위원장
명지대학교 법과대학 교수
연세대학교 법과대학 교수
성균관대학교 법학전문대학원 교수
전국법학전문대학원 실무가교수협의회 회장
한국민사소송법학회 부회장
한국민사집행법학회 회장
법무부 집단소송제개선위원회 위원장
법무법인 법교 대표변호사
대법원 국민과 함께하는 사법발전위원회 위원
성균관대학교 법학전문대학원 초빙교수
서울북부지방법원 상임조정위원장
법률사무소 법교 대표변호사

제12판
민사소송법

초판발행	2010년 3월 20일
제 2 판발행	2011년 2월 28일
제 3 판발행	2012년 2월 29일
제 4 판발행	2013년 7월 30일
제 5 판발행	2014년 8월 30일
제 6 판발행	2016년 8월 30일
제 7 판발행	2018년 1월 30일
제 8 판발행	2019년 1월 25일
제 9 판발행	2020년 2월 10일
제10판발행	2021년 8월 15일
제11판발행	2023년 2월 15일
제12판발행	2024년 8월 15일

지은이	김홍엽
펴낸이	안종만·안상준
편 집	김선민
기획/마케팅	조성호
표지디자인	이수빈
제 작	고철민·김원표
펴낸곳	(주) **박영사**
	서울특별시 금천구 가산디지털2로 53, 210호(가산동, 한라시그마밸리)
	등록 1959. 3. 11. 제300-1959-1호(倫)
전 화	02)733-6771
f a x	02)736-4818
e-mail	pys@pybook.co.kr
homepage	www.pybook.co.kr
ISBN	979-11-303-4778-3 93360

정 가	64,000원